LAR

DICCIONARIO DE

Esencial

LAROUSSE

DICCIONARIO DE LA LENGUA ESPAÑOLA

Esencial

LAROUSSE

El **Diccionario Esencial de la lengua Española** a sido concebido, realizado y dirigido por el equipo de Larousse Planeta.

Proyecto, edición y coordinación de redactores

Eladio Pascual Foronda
Regino Echaye Díaz

Equipo de redacción

Anna Agüera Urbajena
Gemma Arbusá Mirabitllas
M.ª Ángeles Arregui Sierra
Inmaculada Caro Gallarín
Raquel Luzárraga Alonso de Ilera
Juan Pérez Robles
María Villalba Gómez

Redacción de apéndices

Marisa Santiago Barriendos

Los americanismos han sido revisados por el profesor Francisco Petrecca, miembro de la Asociación de Lingüística y Filología de América Latina y de la European Association for Lexicography.

NI UNA FOTOCOPIA MÁS

© Larousse Editorial, S. A.

D. R. © MCMXCIV, por Ediciones Larousse, S. A. de C. V.
                                        Renacimiento 180, Col. San Juan Tlihuaca,
                                        México, 02400, D. F.
ISBN 84-8016-059-4 (Larousse Planeta)
ISBN 970-22-0992-7 (Colección)
        978-970-22-0992-8
ISBN 970-22-0995-1 (Ediciones Larousse)
        978-970-22-0995-9

PRIMERA EDICIÓN — 70ª reimpresión

Impreso en México — Printed in Mexico

Este *Diccionario Esencial de la Lengua Española* tiene varios objetivos: en primer lugar, proporcionar ayuda y seguridad en el uso de las voces al escolar y al estudiante extranjero con un nivel medio de conocimiento de la lengua. En segundo lugar, ser una herramienta útil para quienes no siendo estudiantes desean conocer mejor la lengua y pretenden formarse un criterio más claro y preciso acerca del significado de las palabras.

Además de las informaciones usuales en este tipo de diccionarios, el *Diccionario Esencial* incluye en sus artículos información sobre la conjugación y las palabras relacionadas formalmente con la entrada, tal como se describe a continuación:

Modelos de conjugación. Todos los verbos contenidos en esta obra van acompañados de un número, o de un número y una letra, que remite a los modelos de conjugación que se encuentran en los apéndices finales:

> **mineralizar** v. tr. y pron. [1g]. Transformar una sustancia en mineral.

Estas remisiones a los modelos de conjugación permiten conocer todas las formas de flexión. Por ejemplo, el verbo **animar**, cuya remisión [1] envía al modelo de este número, **amar**, se conjuga aplicando las desinencias de este modelo a la raíz **anim** y así obtenemos **anim-o**, **anim-as**, **anim-a**, etc.

Familias de palabras. Las familias de palabras, que aparecen tras el rombo blanco (◇) y la abreviatura FAM., incluyen una una relación de términos emparentados morfológica y etimológicamente con la entrada. Esta relación de términos se divide en dos bloques separados por el signo (/), cada uno de los cuales se ordena alfabéticamente: en primer lugar aparecen los derivados por sufijación; a continuación, los derivados por composición, prefijación y parasíntesis (ver el apéndice FORMACIÓN DE PALABRAS). Al final de esta serie se remite, cuando la palabra depende de otra, a la palabra de la que a su vez dicho término depende:

> **brillante** adj. Que brilla. ‖ Admirable, sobresaliente. ➤ s. m. Diamante tallado. ◇ FAM. brillantez. / abrillantar. BRILLAR.

Algunos términos que aparecen en el repertorio de las familias no figuran con entrada propia. Se trata de términos cuyo significado es fácilmente deducible a partir del significado de la palabra tomada como cabeza de familia y el significado del sufijo (ver el apéndice SUFIJOS) que se adjunta a dicha base.

ESTRUCTURA DEL ARTÍCULO

Entrada
dominical adj. Relativo al domingo. ➤ s. m. Suplemento que algunos periódicos editan los domingos.

Categoría gramatical
desatar v. tr. y pron. [1]. Soltar lo que está atado. ● desatarse v. pron. Descomedirse, desmadrarse. ‖ Desencadenarse, estallar con violencia. ◇ FAM. desatado, desatadura. ATAR.

Cambio de categoría gramatical

Conjugación
azarar v. tr. y pron. [1]. Azorar *.

Remisión

Indicaciones geográficas
abalear v. tr. [1]. Amer. Central y Amer. Merid. Disparar contra alguien. ◇ FAM. abaleo. BALEAR1.

Separación de acepciones

Indicaciones de materia
labial adj. Relativo a los labios. ‖ LING. Dícese del fonema en cuya articulación intervienen los labios. ◇ FAM. labializar. / bilabial. LABIO.

Indicaciones de nivel de lengua
enchiquerar v. tr. [1]. Encerrar el toro en el chiquero. ‖ Fam. Meter en la cárcel. ◇ FAM. enchiqueramiento. CHIQUERO.

Inicio de las familias de palabras

Definición
presagio s. m. Señal que anuncia algún suceso. ‖ Conjetura derivada de esta señal. ◇ FAM. presagiar.

Ejemplo de uso
ganchudo, da adj. Que tiene forma de gancho: nariz ganchuda.

Términos compuestos y locuciones
cama1 s. f. Mueble para descansar y dormir. ‖ Plaza para un enfermo en un establecimiento sanitario. ‖ Sitio donde se echan a descansar los animales. ● Cama turca: la que no tiene cabecera. ● Estar en, guardar, o hacer cama: estar en ella por enfermedad. ◇ FAM. camada, camastro, camero, camilla. / cubrecama, encamar.

Inicio de los términos compuestos

Inicio de las locuciones

Familia de palabras
implorar v. tr. [1]. Pedir con ruegos o lágrimas. ◇ FAM. imploración, implorante. LLORAR.

ABREVIATURAS

a.C.	antes de Cristo	FAM.	familia de palabras
adj.	adjetivo	FILOS.	filosofía
adj. dem.	adjetivo demostrativo	FÍS.	física
adj. indef.	adjetivo indefinido	g	gramo
adj. num. card.	adjetivo numeral cardinal	GEOGR.	geografía
adj. num. ord.	adjetivo numeral ordinal	GEOL.	geología
adj. num. part.	adjetivo numeral partitivo	Guat.	Guatemala
adj. poses.	adjetivo posesivo	HIST.	historia
adj. relat.	adjetivo relativo	Hond.	Honduras
adv.	adverbio	INFORMÁT.	informática
adv. afirm.	adverbio de afirmación	interj.	interjección
adv. c.	adverbio de cantidad	interrog.	interrogativo
adv. d.	adverbio de duda	kg	kilogramo
adv. l.	adverbio de lugar	km	kilómetro
adv. m.	adverbio de modo	l	litro
adv. neg.	adverbio de negación	LING.	lingüística
adv. ord.	adverbio de orden	loc.	locución
adv. relat.	adverbio relativo	m	metro
adv. t.	adverbio de tiempo	m.	masculino
Amér.	América	MAR.	marina
Amér. Central	América Central	MAT.	matemáticas
Amér. Merid.	América Meridional	MED.	medicina
ANAT.	anatomía	Méx.	México
Antill.	Antillas	MIN.	mineralogía
Argent.	Argentina	mm	milímetro
ARQ.	arquitectura	MÚS.	música
art.	artículo	Nicar.	Nicaragua
art. det.	artículo determinado	Pan.	Panamá
art. indet.	artículo indeterminado	Par.	Paraguay
ARTE	arte	Perú	Perú
ASTRON.	astronomía	pl.	plural
BIOL.	biología	pref.	prefijo
Bol.	Bolivia	prep.	preposición
BOT.	botánica	P. Rico	Puerto Rico
C. Rica	Costa Rica	pron.	pronombre
CINE y TV.	cine y televisión	pron. dem.	pronombre demostrativo
cm	centímetro	pron. indef.	pronombre indefinido
Colomb.	Colombia	pron. pers.	pronombre personal
conj.	conjunción	pron. poses.	pronombre posesivo
conj. advers.	conjunción adversativa	pron. relat.	pronombre relativo
conj. caus.	conjunción causal	PSIC.	psicología
conj. comp.	conjunción comparativa	QUÍM.	química
conj. conc.	conjunción concesiva	R. de la Plata	Río de la Plata
conj. cond.	conjunción condicional	R. Dom.	República Dominicana
conj. conse	conjunción consecutiva	REL.	religión
conj. cop.	conjunción copulativa	Rur.	rural
conj. distrib.	conjunción distributiva	s.	sustantivo; siglo
conj. disyunt.	conjunción disyuntiva	Salv.	El Salvador
Cuba	Cuba	sing.	singular
Chile	Chile	s. m. o f.	sustantivo ambiguo
DEP.	deporte	s. m. y f.	sustantivo común
DER.	derecho	Urug.	Uruguay
Desp.	despectivo	v.	verbo
ECOL.	ecología	v. impers.	verbo impersonal
ECON.	economía	v. intr.	verbo intransitivo
Ecuad.	Ecuador	v. pron.	verbo pronominal
etc.	etcétera	v. tr.	verbo transitivo
exclamat.	exclamativo	Venez.	Venezuela
f.	femenino	Vulg.	vulgar
Fam.	familiar	ZOOL.	zoología

a

a¹ s. f. Primera letra del alfabeto español y primera de sus vocales; representa un sonido central abierto y sonoro.

a² prep. Expresa fundamentalmente idea de movimiento material o figurado. ‖ Introduce los complementos del adjetivo: *semejante a ti*. ‖ Denota los complementos de la acción verbal: *quiero a mi madre; escribo una carta a mi novia*.

a posteriori loc. Con posterioridad.

a priori loc. Con anterioridad.

a-¹ pref. Significa 'privación' o 'negación': *apolítico*.

a-² pref. Forma verbos a partir de nombres y adjetivos: *avinagrar* (de *vinagre*), *asegurar* (de *seguro*).

ab- pref. Indica 'separación': *abjurar*.

abacado s. m. *Antill.* Aguacate.

abacería s. f. Tienda donde se venden comestibles. ◇ FAM. abacero.

ábaco s. m. Cuadro con alambres y bolas para hacer cálculos.

abacorar v. tr. [1]. *Cuba, P. Rico* y *Venez.* Hostigar, perseguir a alguien.

abad, desa s. Superior de un monasterio. ➤ s. m. Superior de algunas colegiatas. ◇ FAM. abadía.

abadejo s. m. Bacalao.

abadía s. f. Dignidad de abad o de abadesa. ‖ Iglesia, territorio o bienes de un abad o una abadesa.

abajeño, ña adj. y s. *Amér. Central* y *Amér. Merid.* De las costas y tierras bajas. ‖ *Méx.* Natural de El Bajío, región del centro de México.

abajera s. f. *Argent.* y *Urug.* Sudadero, manta que se coloca debajo del aparejo de las caballerías.

abajo adv. l. En un lugar inferior o más bajo, o en dirección hacia él. ‖ Pospuesto a un nombre, en dirección a su parte más baja: *calle abajo*. ● **¡Abajo!** interj. Grito de hostilidad: *¡abajo la tiranía!* ◇ FAM. abajeño, abajera. BAJO, JA.

abalanzar v. tr. [1g]. Igualar, equilibrar. ➤ v. tr. y pron. Lanzar, impeler violentamente. ➤ **abalanzarse** v. pron. Dirigirse violentamente hacia un sitio. ◇ FAM. BALANZA.

abalear v. tr. [1]. *Amér. Central* y *Amér. Merid.* Disparar contra alguien. ◇ FAM. abaleo. BALEAR¹.

abalizar v. tr. [1g]. Señalar con balizas. ◇ FAM. abalizamiento. BALIZA.

abalorio s. m. Cuenta agujereada para hacer adornos y collares.

abanderado s. m. Oficial subalterno que lleva la bandera en las formaciones. ‖ El que lleva bandera en las procesiones. ‖ Persona que se destaca en la defensa de una causa.

abanderar v. tr. y pron. [1]. DER. Matricular un barco de nacionalidad extranjera, bajo la bandera de un estado. ◇ FAM. abanderado, abanderamiento. BANDERA.

abandonar v. tr. [1]. Dejar, desamparar una persona o cosa. ‖ Desistir, renunciar. ‖ Dejar un lugar. ‖ Prescindir. ➤ **abandonarse** v. pron. Confiarse. ‖ Dejarse caer en un estado de ánimo depresivo o de exaltación. ‖ Descuidar el aseo personal. ◇ FAM. abandonado, abandonismo, abandonista, abandono.

abandonismo s. m. Tendencia a abandonar sin lucha algo propio.

abandono s. m. Acción y efecto de abandonar o abandonarse.

abanicar v. tr. y pron. [1a]. Hacer aire con el abanico. ◇ FAM. abaniqueo. ABANICO.

abanico s. m. Instrumento para hacer o hacerse aire, en especial el plegable y de figura semicircular. ‖ Despliegue de elementos que ofrecen gran diversidad: *un abanico de posibilidades*. ◇ FAM. abanicar. ABANO.

abaniqueo s. m. Acción de abanicar o abanicarse.

abano s. m. Aparato para hacer aire que se cuelga del techo. ◇ FAM. abanico.

abarajar v. tr. [1]. *Amér.* Tomar o agarrar al vuelo. ‖ *Argent.* Adivinar las intenciones de otro. ‖ *Argent., Par.* y *Urug.* Con el cuchillo, parar los golpes de un adversario.

abaratar v. tr. y pron. [1]. Disminuir el precio de una cosa. ◇ FAM. abaratamiento. BARATO, TA.

abarca s. f. Calzado rústico de cuero que se ata con correas.

abarcar v. tr. [1a]. Ceñir, rodear. ‖ Comprender, contener, implicar o encerrar en sí. ‖ Alcanzar con la vista. ‖ Ocuparse de muchas cosas a un tiempo. ◇ FAM. abarcable. / inabarcable.

abaritonado, da adj. Con voz o sonido de barítono. ◇ FAM. BARÍTONO.

abarquillar v. tr. y pron. [1]. Encorvar un

cuerpo como un barquillo. ◇ FAM. abar-
quillado, abarquillamiento. BARQUILLO.

abarraganarse v. pron. [1]. Amancebarse. ◇ FAM. abarraganamiento. BARRA-
GANA.

abarrotar v. tr. [1]. Ocupar totalmente un
espacio o lugar. || Cargar un buque hasta
la cubierta inferior. ◇ FAM. abarrotado.
BARROTE.

abarrotería s. f. Amér. Central. Ferretería.

abarrotero, ra s. Amér. Persona que tiene
tienda de abarrotes.

abarrotes s. m. pl. Amér. Artículos de
comercio, como conservas, especias, etc.
◇ FAM. abarrotería, abarrotero.

abasia s. f. MED. Afección nerviosa que
impide andar.

abastecer v. tr. y pron. [2m]. Proveer de
bastimentos u otras cosas a una persona,
ciudad, etc. ◇ FAM. abastecedor, abastecimiento, abasto. / desabastecer. BASTAR.

abastecimiento s. m. Acción y efecto de
abastecer o abastecerse.

abastero s. m. Chile y Cuba. Persona que
compra reses vivas, las sacrifica y vende
su carne al por mayor.

abasto s. m. Provisión de víveres o bastimentos. ● Dar abasto, proveer de todo lo
necesario. ◇ FAM. abastecer. ABASTECER.

abatanar v. tr. [1]. Golpear el paño en el
batán. ◇ FAM. BATÁN.

abatatar v. tr. y pron. [1]. Argent., Par. y
Urug. Avergonzar, apocar, turbar. ◇ FAM.
abatatamiento. BATATA.

abatí s. m. Argent. y Par. Maíz. || Par.
Aguardiente de maíz.

abatimiento s. m. Postración física o moral de una persona.

abatir v. tr. y pron. [3]. Derribar. || Hu-
millar. || Hacer perder las fuerzas o el
ánimo. ◆ v. tr. Bajar, tumbar. || Desarmar,
descomponer. ◆ abatirse v. pron. Precipitarse un ave de rapiña. ◇ FAM. abatible,
abatido, abatimiento. BATIR.

abdicar v. tr. [1a]. Ceder o renunciar a
un trono, o a otras dignidades o empleos.
◇ FAM. abdicación.

abdomen s. m. Vientre. || Parte posterior
del cuerpo de los artrópodos. ◇ FAM. abdominal.

abdominal adj. Relativo al abdomen.
◆ s. f. pl. Ejercicio para fortalecer el abdomen.

abducción s. f. Movimiento de separación de un miembro del plano medio del
cuerpo. ◇ FAM. abductor.

abductor adj. y s. m. ANAT. Dícese del
músculo que produce abducción.

abecé s. m. Abecedario. || Rudimentos de
una ciencia, facultad, etc. ◇ FAM. abecedario.

abecedario s. m. Serie ordenada de las
letras de un idioma.

abedul s. m. Árbol de ramas flexibles y
colgantes, de corteza blanca. || Madera de
este árbol. ◇ FAM. betuláceo.

abeja s. f. Insecto social que se cría en
colmenas y produce miel y cera. ◇ FAM.
abejaruco, abejón, abejorro. / apicultura.

abejaruco s. m. Ave trepadora de pico
largo y curvado, que se alimenta de abejas
y avispas.

abejón s. m. Zángano, abeja macho. ||
Abejorro.

abejorro s. m. Insecto de cuerpo velloso
y abdomen anillado, parecido a la abeja
pero de mayor tamaño.

abemolar v. tr. [1]. Suavizar la voz. ◇ FAM.
BEMOL.

aberración s. f. Desviación de lo que pa-
rece natural y lógico. || Desvío aparente de
los astros. ◇ FAM. aberrante, aberrar.
ERRAR.

abertura s. f. Acción de abrir o abrirse. ||
Hendidura, grieta o rendija. || Franque-
za en el trato. || Anchura del canal bucal,
durante la articulación de un fonema.
◇ FAM. ABRIR.

abertzale adj. y s. m. y f. Relativo al nacionalismo vasco.

abetal s. m. Terreno poblado de abetos.

abeto s. m. Árbol resinoso de hojas perennes, copa cónica y ramas horizontales.
|| Madera de este árbol. ◇ FAM. abetal.

abicharse v. pron. [1]. Argent., Chile, Par.
y Urug. Agusanarse una planta o la herida
de un animal. ◇ FAM. BICHO.

abierto, ta adj. No cerrado. || Separado o
extendido. || Llano, raso, desembarazado.
|| Franco, espontáneo. || Comprensivo, li-
beral. || Dícese del fonema caracterizado
por una abertura del canal bucal. ◆ s. m.
Colomb. Abra, desmonte de un bosque.
◇ FAM. boquiabierto. ABRIR.

abigarrar v. tr. [1]. Poner a una cosa varios colores mal combinados. ◆ abiga-
rrarse v. pron. Amontonarse, acumular
cosas diferentes. ◇ FAM. abigarrado, abi-
garramiento.

abisal adj. Relativo a las profundidades
oceánicas adonde no llega la luz solar.
◇ FAM. ABISMO.

abismal adj. Relativo al abismo. || Muy
profundo, insondable.

abismar v. tr. y pron. [1]. Hundir en un
abismo. || Confundir, abatir. ◆ abismarse
v. pron. Entregarse al dolor, al vicio, al
placer, etc. || Amér. Merid. Asombrarse.

abismo s. m. Profundidad grande. || In-
fierno. || Cosa inmensa, insondable o in-
comprensible. ◇ FAM. abismal, abismar. /
abisal.

abjurar v. tr. e intr. [1]. Renunciar solemnemente a una religión, sentimiento o
creencia. ◇ FAM. abjuración. JURAR.

ablación s. f. Acción de extirpar un órgano, un tumor, etc.

ablandar v. tr. y pron. [1]. Poner blando.
|| Mitigar la ira o enfado. ◆ v. intr. y pron.
Ceder en sus rigores el frío o el viento. ◇ FAM. ablandador, ablandamiento,
ablande. BLANDO, DA.

ablande s. m. *Argent*. Rodaje de un automóvil.

ablativo s. m. LING. Caso de la declinación indoeuropea que expresa relaciones de procedencia, modo, tiempo, etc.

ablución s. f. Lavatorio, acción de lavarse. || REL. Ceremonia de purificación mediante el agua. ✦ pl. REL. Agua y vino para la purificación del cáliz.

abnegación s. f. Renuncia del interés propio en beneficio de los demás. ◇ FAM. abnegadamente, abnegado, abnegar. NEGAR.

abocado, da adj. Predestinado: *abocado a la desaparición*. ✦ adj. y s. m. Dícese del vino que tiene mezcla de seco y dulce.

abocar v. tr. [1a]. Verter el contenido de un recipiente en otro. ✦ **abocarse** v. pron. Juntarse una o más personas para tratar un negocio. || *Argent.*, *Méx.* y *Urug*. Dedicarse plenamente a algo. ◇ FAM. abocado, abocamiento. BOCA.

abocetar v. tr. [1]. Hacer el boceto de un dibujo, cuadro o escultura. ◇ FAM. abocetado, abocetamiento. BOCETO.

abochornar v. tr. y pron. [1]. Causar bochorno el excesivo calor. || Avergonzar. ◇ FAM. abochornado. BOCHORNO.

abocinar v. tr. [1]. Dar forma de bocina. ◇ FAM. abocinamiento. BOCINA.

abofetear v. tr. [1]. Dar de bofetadas a uno. ◇ FAM. BOFETADA.

abogacía s. f. Profesión y ejercicio del abogado.

abogaderas s. f. pl. *Amér. Merid*. Argumentos capciosos.

abogado, da s. Persona legalmente autorizada para defender en juicio. || Intercesor o mediador. ● **Abogado de oficio**, el designado por la ley para defender a las personas consideradas legalmente pobres. ◇ FAM. abogacía, abogaderas, abogar.

abogar v. intr. [1b]. Defender en juicio. || Interceder, hablar en favor de alguien: *abogaré por ti*.

abolengo s. m. Ascendencia de abuelos o antepasados, especialmente si son ilustres. ◇ FAM. ABUELO, DE.

abolición s. f. Acción y efecto de abolir.

abolicionismo s. m. Actitud y doctrina que propugna la abolición de una ley o costumbre, especialmente la esclavitud.

abolir v. tr. [3ñ]. Derogar, dejar sin vigor un precepto o costumbre. ◇ FAM. abolición, abolicionismo, abolicionista.

abollar v. tr. [1]. Producir una depresión con un golpe. ◇ FAM. abollado, abolladura. / desabollar. BOLLO².

abolsarse v. pron. [1]. Formar bolsas. ◇ FAM. abolsado. BOLSA¹.

abombar v. tr. [1]. Dar forma convexa. ✦ **abombarse** v. pron. *Argent.* y *Urug*. Aturdirse a causa de la bebida, la comida o el cansancio. || *Argent.* Quedar imposibi-

litada para andar una caballería. ◇ FAM. abombado, abombamiento. BOMBA.

abominar v. tr. [1]. Condenar, maldecir. || Aborrecer, detestar. ◇ FAM. abominable, abominación.

abonado, da adj. Dispuesto a decir o hacer una cosa. ✦ s. Persona que ha tomado un abono para un espectáculo o servicio.

abonanzar v. intr. [1g]. Cesar la tormenta o serenarse el tiempo. ◇ FAM. BONANZA.

abonar v. tr. [1]. Salir por fiador de algo o alguien. || Beneficiar la tierra con materias fertilizantes. || Pagar una cuenta, una factura, etc. || Sentar en las cuentas las partidas que corresponden al haber. ✦ v. tr. y pron. Inscribir a alguno mediante pago para que pueda disfrutar de alguna comodidad o servicio: *abonarse al teatro*. ◇ FAM. abonable, abonado, abonador, abonamiento, abonaré, abono. BUENO, NA.

abonaré s. m. Pagaré.

abono s. m. Acción y efecto de abonar o abonarse. || Producto incorporado al suelo para incrementar su fertilidad. || Lote de entradas o billetes que permiten el uso periódico de un servicio o la entrada a un espectáculo. || Cada uno de los pagos parciales de un préstamo o una compra hecha a plazos.

abordaje s. m. Acción y efecto de abordar. ● **Al abordaje**, pasando de una embarcación a otra para embestir al enemigo.

abordar v. tr. e intr. [1]. Chocar o rozar una embarcación con otra. ✦ v. tr. Atracar una nave. || Acercarse a alguno para tratar con él un asunto. || Emprender un negocio que ofrece dificultades. ◇ FAM. abordable, abordaje. / inabordable. BORDE¹.

aborigen adj. Originario del suelo en que vive. ✦ adj. y s. m. pl. Natural de un país. ◇ FAM. ORIGEN.

aborrecer v. tr. [2m]. Tener odio o aversión. || Abandonar los animales a sus crías. ◇ FAM. aborrecible, aborrecimiento.

aborregarse v. pron. [1b]. Cubrirse el cielo de nubes a modo de vellones de lana. || Volverse una persona gregaria. ◇ FAM. aborregado. BORREGO, GA.

abortar v. tr. e intr. [1]. Practicar o sufrir un aborto. ✦ v. intr. Fracasar una empresa o proyecto. ◇ FAM. abortista, abortivo, aborto.

abortista adj. y s. m. y f. Que es partidario de despenalizar el aborto voluntario.

abortivo, va adj. y s. m. Que provoca el aborto.

aborto s. m. Expulsión espontánea o provocada del feto antes de que sea viable. || Cosa abortada.

abotagarse o **abotargarse** v. pron. [1b]. Hincharse el cuerpo, generalmente por enfermedad. ◇ FAM. abotargamiento.

abotonar v. tr. y pron. [1]. Ajustar una

prenda de vestir con botones. ⬦ FAM. abotonadura. / desabotonar. BOTÓN.

abovedar v. tr. [1]. Cubrir un espacio con bóveda. ‖ Dar figura de bóveda. ⬦ FAM. abovedado. BÓVEDA.

abra s. f. Ensenada o bahía en una costa elevada. ‖ *Amér. Central* y *Amér. Merid.* Camino abierto a través de la maleza. ‖ *Colomb.* Hoja de una ventana o puerta.

abracadabra s. m. Palabra cabalística a la que se atribuían propiedades mágicas.

abrasar v. tr. y pron. [1]. Quemar con fuego o con una sustancia corrosiva. ‖ Agitar o consumir a uno una pasión. ⬥ v. intr. Estar algo demasiado caliente. ⬥ **abrasarse** v. pron. Sentir demasiado calor o ardor. ⬦ FAM. abrasador, abrasamiento, abrasante. BRASA.

abrasión s. f. Acción de desgastar o arrancar por fricción. ⬦ FAM. abrasivo.

abrasivo, va adj. Relativo a la abrasión o que la produce. ⬥ adj. y s. m. Dícese de toda sustancia dura capaz de desgastar y pulimentar por frotamiento.

abrazadera s. f. Pieza que sirve para sujetar ciñendo.

abrazar v. tr. y pron. [1g]. Rodear o estrechar con los brazos. ⬥ v. tr. Rodear, ceñir. ‖ Comprender, contener, abarcar. ‖ Admitir, seguir. ⬦ FAM. abrazadera, abrazo. BRAZO.

abrazo s. m. Acción y efecto de abrazar o abrazarse.

abreboca s. m. Aperitivo.

abrecartas s. m. Instrumento para abrir cartas o cortar papel.

ábrego s. m. Viento suroeste.

abrelatas s. m. Utensilio que sirve para abrir latas.

abrevadero s. m. Lugar donde se abreva el ganado.

abrevar v. tr. [1]. Dar de beber al ganado. ⬦ FAM. abrevadero.

abreviar v. tr. e intr. [1]. Acortar, reducir a menos tiempo y espacio. ⬥ v. tr. Acelerar, apresurar. ⬦ FAM. abreviación, abreviado, abreviatura. BREVE.

abreviatura s. f. Representación abreviada de la palabra en la escritura. ‖ Palabra representada de este modo.

abriboca adj. y s. m. y f. *Argent.* y *Urug.* Persona que suele estar distraída. ⬥ s. f. *Argent.* Arbusto de ramas espinosas, hojas lanceoladas y flores pequeñas.

abridero s. m. Variedad de melocotonero, cuyo fruto se abre con facilidad y deja suelto el hueso. ‖ Fruto de este árbol.

abridor s. m. Abrelatas. ‖ Instrumento para destapar botellas.

abrigar v. tr. y pron. [1b]. Defender, resguardar del frío, lluvia, etc. ⬥ v. tr. Auxiliar, amparar. ‖ Tratándose de ideas, afectos, etc., tenerlos: *abrigar una esperanza*. ⬦ FAM. abrigado, abrigador, abrigo. / desabrigar.

abrigo s. m. Prenda de vestir larga que se

pone sobre las demás para abrigar. ‖ Cosa que abriga. ‖ Lugar para resguardar o proteger de algo. ‖ Auxilio, amparo.

abril s. m. Cuarto mes del año. ⬥ pl. Años de la primera juventud: *muchacha de quince abriles*.

abrillantar v. tr. [1]. Iluminar o dar brillantez. ‖ Dar aspecto brillante a una superficie metálica. ⬦ FAM. abrillantado, abrillantador, abrillantamiento. BRILLANTE.

abrir v. tr. y pron. [3m]. Descubrir lo que está cerrado u oculto. ‖ Mover el mecanismo que cierra un conducto: *abrir un grifo*. ‖ Extender o desplegar. ‖ Hender, rasgar, dividir. ‖ Romper la continuidad de una pared, fachada, etc. ‖ Separar las hojas de una puerta o cortina, descorrer un cerrojo, tirar de un cajón, etc. ‖ Separar, esparcir, ocupar mayor espacio. ⬥ v. tr. Dejar al descubierto una cosa. ‖ Tratándose de partes del cuerpo o de cosas unidas por algún sitio, separarlas. ‖ Romper o despegar cartas, paquetes, etc. ‖ Con nombres como *agujero, ojal, camino*, etc., hacer. ‖ Iniciar las sesiones o las tareas de un establecimiento, organismo, etc. ‖ Comenzar ciertas cosas. ‖ Ir delante en una formación. ⬥ **abrirse** v. pron. Sincerarse. ‖ *Amér.* Hacerse a un lado en un asunto, desentenderse, separarse. ‖ *Argent.* y *Urug.* En competiciones de velocidad, desviarse hacia el exterior de la pista. ‖ *Argent.* y *Venez.* Apartarse, desviarse. ⬦ FAM. abertura, abierto, abridero, abridor. / abreboca, abrecartas, abrelatas, abriboca, apertura, entreabrir, reabrir.

abrochadora s. f. *Argent.* Grapadora.

abrochar v. tr. y pron. [1]. Sujetar o cerrar con botones, broches, etc. ⬦ FAM. abrochadora. / desabrochar. BROCHE.

abrogar v. tr. [1b]. Abolir o derogar una ley. ⬦ FAM. abrogación, abrogatorio. ROGAR.

abrojal s. m. Terreno poblado de abrojos.

abrojillo s. m. *Argent.* Hierba de tallos ramosos, cuyas puntas con espinas ganchudas se adhieren fácilmente a la lana.

abrojo s. m. Planta de fruto espinoso, perjudicial para los sembrados. ‖ Fruto de esta planta. ⬦ FAM. abrojal, abrojillo.

abroncar v. tr. y pron. [1a]. Reprender, reñir. ⬦ FAM. BRONCA.

abrótano s. m. Planta arbustiva de hojas muy finas y blanquecinas, que se cultiva por su olor suave y penetrante.

abrumar v. tr. [1]. Agobiar con algún grave peso. ‖ Causar gran molestia. ⬦ FAM. abrumado, abrumador.

abrupto, ta adj. Escarpado, accidentado. ‖ Áspero, rudo.

absceso s. m. Acumulación de pus en una parte del organismo.

abscisa s. f. Primera de las dos coordenadas con que se fija la posición de un punto en un plano. ⬦ FAM. abscisión. ESCINDIR.

absentismo s. m. Costumbre de residir el propietario fuera de la localidad en que radican sus bienes inmuebles. ‖ Ausencia frecuente del puesto de trabajo. ⬦ FAM. absentista. AUSENTE.

ábside s. m. o f. Parte posterior, en forma de semicírculo, del presbiterio de una iglesia. ⬦ FAM. absidal.

absolutismo s. m. Régimen político en que todos los poderes se hallan bajo la autoridad única del jefe del estado.

absoluto, ta adj. Sin restricción, limitación o condición. ‖ Que excluye toda relación o comparación. ‖ Autoritario. ‖ Partidario del absolutismo. • **En absoluto**, de manera general y terminante. ‖ De ninguna manera. ⬦ FAM. absolutamente, absolutismo, absolutista. ABSOLVER.

absolver v. tr. [2n]. Dar por libre de algún cargo u obligación. ‖ Declarar no culpable a un acusado. ‖ REL. Perdonar los pecados. ⬦ FAM. absolución, absoluto, absolutorio.

absorber v. tr. [2]. Atraer un cuerpo y retener entre sus moléculas las de otro en estado líquido o gaseoso. ‖ Consumir, gastar. ‖ Atraer a sí, cautivar. ‖ Asumir, incorporar. ⬦ FAM. absorbencia, absorbente, absorbible, absorción, absorto. SORBER.

absorción s. f. Acción y efecto de absorber.

absorto, ta adj. Admirado, pasmado. ‖ Concentrado.

abstemio, mia adj. y s. Que no bebe alcohol.

abstención s. f. Acción y efecto de abstenerse.

abstencionismo s. m. No participación en una votación.

abstenerse v. pron. [8]. Privarse de alguna cosa. ‖ No participar en una votación u otra cosa. ⬦ FAM. abstención, abstencionismo, abstencionista, abstinencia. TENER.

abstinencia s. f. Acción de abstenerse de algo. ‖ Privación de comer carne por motivos religiosos.

abstracción s. f. Acción y efecto de abstraer o abstraerse.

abstracto, ta adj. Que procede de una operación de abstracción: *concepto abstracto.* ‖ General, vago, alejado de la realidad. ‖ Se dice del arte que no se vincula a la representación de la realidad tangible.

abstraer v. tr. [10]. Aislar mentalmente o considerar por separado las cualidades de un objeto. ⬥ **abstraerse** v. pron. Concentrarse en algo apartando la atención de otras cosas. ⬦ FAM. abstracción, abstracto, abstraído. TRAER.

abstruso, sa adj. Recóndito, de difícil comprensión.

absurdo, da adj. Que es contrario a la razón. ⬥ s. m. Dicho o hecho repugnante a la razón. ⬦ FAM. absurdidad.

abubilla s. f. Ave de plumaje rojizo y pico curvado, que tiene en la cabeza un gran copete de plumas.

abuchear v. tr. [1]. Manifestar ruidosamente el público su desagrado o protesta. ⬦ FAM. abucheo.

abuelo, la s. Padre o madre del padre o de la madre. ‖ Persona anciana. ⬥ s. m. pl.. Ascendientes o antepasados de que desciende una persona. ⬦ FAM. abolengo, bisabuelo, tatarabuelo.

abulense adj. y s. m. y f. De Ávila (España).

abulia s. f. Ausencia patológica de voluntad. ⬦ FAM. abúlico.

abulonar v. tr. [1]. *Argent.* Sujetar con bulones. ⬦ FAM. BULÓN.

abultar v. tr. [1]. Aumentar el bulto o el volumen de una cosa. ‖ Ponderar, exagerar: *abultar una noticia.* ⬥ v. intr. Tener o hacer bulto. ⬦ FAM. abultado, abultamiento. BULTO.

abundancia s. f. Gran cantidad. ‖ Riqueza, bienestar.

abundar v. intr. [1]. Haber gran cantidad de una cosa. ‖ Estar adherido a una idea u opinión: *abundar en un criterio.* ⬦ FAM. abundamiento, abundancia, abundante. / sobreabundar, superabundar.

¡abur! interj. *Fam.* Se usa para despedirse.

aburguesarse v. pron. [1]. Volverse burgués. ⬦ FAM. aburguesamiento. BURGUÉS, SA.

aburrido, da adj. y s. Dícese de la persona o cosa que aburre. ‖ Que no es capaz de divertirse.

aburrimiento s. m. Tedio, fastidio.

aburrir v. tr. y pron. [3]. Molestar, cansar, fastidiar. ⬥ **aburrirse** v. pron. Sufrir un estado de ánimo producido por falta de estímulo o distracción. ⬦ FAM. aburrido, aburrimiento.

abusado, da adj. *Guat.* y *Méx.* Listo, despierto.

abusar v. intr. [1]. Usar mal o indebidamente de una cosa. ‖ Hacer objeto de trato deshonesto: *abusar de una menor.*

abusivo, va adj. Que se introduce o practica por abuso.

abuso s. m. Acción y efecto de abusar. ⬦ FAM. abusado, abusar, abusivo, abusón. USO.

abusón, na adj. y s. Que abusa.

abyección s. f. Bajeza, envilecimiento. ‖ Humillación.

abyecto, ta adj. Bajo, vil, despreciable. ⬦ FAM. abyección.

acá adv. l. Denota un lugar cercano, como *aquí,* pero más indeterminado. ⬥ adv. t. Tras las preposiciones de o *desde* y una expresión de tiempo, denota lo presente: *de ayer acá.*

acabado, da adj. Perfecto, completo, terminado. ‖ Destruido, viejo. ⬥ s. m. Último retoque que se da a una obra o labor.

acabar v. tr. y pron. [1]. Poner o dar fin,

terminar. ‖ Apurar, consumir. ⬦ v. tr. Poner mucho esmero en la conclusión de una cosa. ⬦ v. intr. Rematar, finalizar: *el cuchillo acaba en punta.* ‖ Con la prep. *con,* destruir, aniquilar. ‖ Con la prep. *de* y un infinitivo, haber ocurrido algo inmediatamente antes: *acaba de llegar.* ‖ Con la prep. *por* y un infinitivo, llegar el momento de producirse un suceso: *acabó por ceder.* ⬦ FAM. acabado, acabamiento. / inacabable, inacabado, sanseacabó.

acacharse v. pron. [1]. *Chile.* Paralizarse la venta de algún artículo.

acacia s. f. Planta leñosa de flores blancas y olorosas, que se cultiva como árbol de jardín. ‖ Madera de este árbol.

academia s. f. Sociedad o institución científica, literaria o artística. ‖ Junta de académicos y lugar en que se reúnen. ‖ Centro docente de carácter privado: *academia de danza.* ⬦ FAM. academicismo, academicista, académico, academizar.

académico, ca adj. Relativo a la academia. ‖ Que sigue las normas de la academia. ‖ Se dice de los estudios o títulos de enseñanza oficial. ⬦ s. Miembro de una academia.

acadio, dia adj. y s. Del país de Acad. ⬦ s. m. Antigua lengua semítica hablada en Mesopotamia.

acaecer v. intr. [2m]. Suceder, acontecer. ⬦ FAM. acaecimiento.

acahual s. m. *Méx.* Nombre genérico del girasol y de otras plantas de tallo grueso que suelen crecer en los barbechos.

acalambrarse v. pron. [1]. Contraerse los músculos a causa del calambre. ⬦ FAM. CALAMBRE.

acallar v. tr. y pron. [1]. Hacer callar. ‖ Aplacar, aquietar, calmar: *acallar el hambre.*

acalorar v. tr. [1]. Dar o causar calor. ‖ Fomentar, avivar, enardecer. ⬦ v. tr. y pron. Sofocar, fatigar con el trabajo o ejercicio. ⬦ **acalorarse** v. pron. Enardecerse en la discusión. ‖ Hacerse viva y ardiente una disputa o conversación. ⬦ FAM. acalorado, acaloramiento, acaloro. CALOR.

acamaya s. f. *Méx.* Langostino de agua dulce de color gris.

acampada s. f. Acción y efecto de acampar. ‖ Campamento.

acampar v. intr. [1]. Detenerse e instalarse en el campo. ⬦ FAM. acampada. CAMPO.

acanalado, da adj. Que pasa por un canal o lugar estrecho. ‖ De figura larga y abarquillada. ‖ Con estrías.

acanalar v. tr. [1]. Hacer canales o estrías. ‖ Dar forma de canal o teja. ⬦ FAM. acanalado, acanaladura. CANAL.

acantilado s. m. Costa rocosa cortada casi verticalmente.

acanto s. m. Planta de hojas largas, rizadas y espinosas. ‖ Ornamento arquitectónico que imita esta planta.

acantonar v. tr. y pron. [1]. Distribuir y alojar tropas en diversos lugares o cantones. ⬦ FAM. acantonamiento. CANTÓN.

acaparar v. tr. [1]. Adquirir el total o la mayor parte de algo. ‖ Absorber la atención o la actividad. ⬦ FAM. acaparador, acaparamiento.

acápite s. m. *Amér. Central* y *Amér. Merid.* Párrafo.

acapulqueño, ña adj. y s. De Acapulco (México).

acaramelar v. tr. [1]. Bañar de caramelo. ⬦ **acaramelarse** v. pron. Mostrarse excesivamente cariñoso o dulce. ⬦ FAM. acaramelado. CARAMELO.

acariciar v. tr. [1]. Hacer caricias. ‖ Tocar suavemente, rozar. ‖ Complacerse en pensar algo con deseo o esperanza de conseguirlo o llevarlo a cabo. ⬦ FAM. acariciador. CARICIA.

ácaro adj. y s. m. Se dice de ciertos arácnidos de pequeño tamaño, algunos de los cuales son parásitos.

acarreado s. m. *Méx.* Individuo pagado para asistir a un mitin.

acarrear v. tr. [1]. Transportar en carro o de cualquier otra manera. ‖ Ocasionar, causar: *acarrear disgustos.* ⬦ FAM. acarreadizo, acarreador, acarreamiento, acarreo. CARRO.

acartonarse v. pron. [1]. Ponerse como el cartón. ⬦ FAM. acartonamiento. CARTÓN.

acaserado, da adj. *Amér. Central* y *Amér. Merid.* Dícese del perro que se introduce en casa ajena y logra quedarse en ella con zalamerías. ‖ *Chile* y *Perú.* Cliente habitual. ⬦ FAM. CASA.

acaso s. m. Casualidad, suceso imprevisto. ⬦ adv. Quizá, tal vez. ● **Por si acaso,** o **si acaso,** en previsión. ⬦ FAM. CASO.

acatanca s. f. *Argent.* y *Bol.* Escarabajo pelotero. ‖ *Bol.* Excremento.

acatar v. tr. [1]. Tributar homenaje de sumisión y respeto, aceptar. ⬦ FAM. acatable, acatamiento. / desacato. CATAR.

acatarrar v. tr. [1]. Resfriar, constipar. ‖ *Méx.* Importunar. ⬦ **acatarrarse** v. pron. Contraer catarro. ⬦ FAM. CATARRO.

acaudalado, da adj. Rico, adinerado.

acaudalar v. tr. [1]. Hacer o reunir caudal de una cosa. ⬦ FAM. acaudalado. CAUDAL¹.

acaudillar v. tr. [1]. Ponerse al frente de un ejército, un bando, etc. ⬦ FAM. acaudillador, acaudillamiento. CAUDILLO.

acceder v. intr. [2]. Consentir en lo que otro solicita o quiere. ‖ Tener paso o entrada a un lugar. ‖ Alcanzar o tener acceso a una situación, condición o grado superiores. ⬦ FAM. accesibilidad, accesible, accesión, accésit, accesorio. ACCESO.

accesible adj. Que tiene acceso o se puede alcanzar. ‖ De fácil acceso o trato. ⬦ FAM. inaccesible. ACCEDER.

accésit s. m. En un certamen, recompensa inmediatamente inferior al premio.

acceso s. m. Acción de llegar o acercarse. ‖ Entrada o paso. ‖ Acción y efecto de alcanzar u obtener algo, o de acercarse a alguien. ‖ Arrebato, exaltación o ataque: *acceso de tos*.

accesorio, ria adj. Que depende de lo principal o se le une por accidente. ► s. m. Instrumento o aparato que no es parte integrante de una máquina. ‖ Utensilio auxiliar.

accidentado, da adj. Turbado, agitado, revuelto: *reunión accidentada*. ‖ Escabroso, abrupto: *terreno accidentado*. ► adj. y s. Que ha sufrido un accidente.

accidental adj. Que no es principal o esencial. ‖ Casual, fortuito. ‖ Que desempeña ocasionalmente un cargo.

accidentar v. tr. [1]. Producir accidente. ► **accidentarse** v. pron. Sufrir un accidente.

accidente s. m. Suceso eventual, especialmente desgraciado. ‖ Casualidad. ‖ Lo que altera la uniformidad: *accidente del terreno*. ‖ LING. Modificación en la forma de las palabras variables. ◇ FAM. accidentado, accidental, accidentar.

acción s. f. Posibilidad o facultad de hacer alguna cosa. ‖ Efecto de hacer, hecho. ‖ Operación o cualquier acto del agente en el paciente. ‖ Postura, ademán. ‖ Actividad, movimiento. ‖ Trama de cualquier tipo de narración, representación, etc. ‖ Batalla, combate. ‖ DER. Derecho de pedir una cosa en juicio y manera de ejercitarlo. ‖ ECON. Cada una de las partes en que se considera dividido el capital de una sociedad anónima. ‖ ECON. Título que representa el valor de cada una de estas partes. ◇ FAM. accionar, accionariado, accionista. / coacción, inacción, interacción, reacción, retroacción. ACTO.

accionar v. tr. [1]. Dar movimiento a un mecanismo o parte de él. ► v. intr. Hacer movimientos y gestos para expresar algo. ◇ FAM. accionador, accionamiento. ACCIÓN.

accionariado s. m. Conjunto de accionistas de una sociedad.

accionista s. m. y f. Poseedor de acciones en una sociedad financiera, industrial o comercial.

acebo s. m. Árbol de hojas duras y espinosas y fruto en forma de bolitas rojas. ‖ Madera de este árbol.

acebuche s. m. Olivo silvestre. ‖ Madera de este árbol.

acechanza s. f. Acecho, espionaje, persecución cautelosa.

acechar v. tr. [1]. Observar, aguardar con cautela. ‖ Amenazar. ◇ FAM. acechanza, acecho. / asechanza.

acecho s. m. Acción de acechar. ‖ Lugar desde el cual se acecha. ● **Al acecho**, observando a escondidas.

acecinar v. tr. [1]. Salar la carne y secarla para que se conserve. ◇ FAM. CECINA.

acedar v. tr. y pron. [1]. Poner agria alguna cosa. ◇ FAM. ÁCIDO, DA.

acedera s. f. Hortaliza de hojas comestibles, empleada como condimento por su sabor ácido. ‖ *Cuba*. Vinagrera. ◇ FAM. ÁCIDO, DA.

acéfalo, la adj. Falto de cabeza. ► adj. y s. m. Bivalvo. ◇ FAM. acefalía, acefalismo.

aceitar v. tr. [1]. Untar con aceite.

aceite s. m. Grasa líquida que se obtiene por presión de la aceituna u otros frutos o semillas. ‖ Sustancia fluida y untuosa, de origen mineral, animal o vegetal. ◇ FAM. aceitar, aceitero, aceitoso, aceituna. / ajiaceite.

aceitero, ra adj. Relativo al aceite. ► s. Persona que vende aceite. ► s. f. Recipiente destinado a contener aceite.

aceituna s. f. Fruto del olivo. ◇ FAM. aceitunado, aceitunero, aceituno. ACEITE.

aceitunado, da adj. De color de aceituna verde.

aceitunero, ra s. Persona que coge, acarrea o vende aceitunas.

aceituno s. m. Olivo.

aceleración s. f. Acción y efecto de acelerar o acelerarse. ‖ Variación de la velocidad de un cuerpo en movimiento.

acelerador, ra adj. y s. Que acelera. ► s. m. Mecanismo que regula la admisión de la mezcla gaseosa en el motor de explosión de un vehículo para variar su velocidad.

acelerar v. tr. y pron. [1]. Hacer más rápido un movimiento, un proceso, etc. ‖ Accionar el acelerador de un automóvil. ‖ Hacer que una cosa suceda antes. ◇ FAM. aceleración, acelerado, acelerador, aceleramiento, acelerón. / desacelerar. CELERIDAD.

acelerón s. m. Aceleración súbita a que se somete un motor.

acelga s. f. Planta hortense de hojas grandes y comestibles, con el nervio medio muy desarrollado.

acémila s. f. Mula o macho de carga. ‖ Persona ruda.

acendrar v. tr. [1]. Purificar los metales. ‖ Depurar los sentimientos o las cualidades humanas. ◇ FAM. acendrado, acendramiento.

acento s. m. Elevación de la voz en una sílaba de una palabra o de un grupo de palabras. ‖ Signo gráfico con que se indica esta elevación. ‖ Pronunciación particular de un grupo lingüístico. ‖ Modulación de la voz en la expresión de una pasión o sentimiento o en un estilo. ◇ FAM. acentual, acentuar.

acentuación s. f. Acción y efecto de acentuar.

acentuar v. tr. [1s]. Dar o poner acento a las palabras. ► v. tr. y pron. Realzar, resaltar, aumentar. ◇ FAM. acentuación, acentuado. / inacentuado. ACENTO.

acepción s. f. Cada uno de los sentidos o significados en que se toma una palabra o frase. ◇ FAM. ACEPTAR.

acepillar v. tr. [1]. Cepillar, alisar con cepillo la madera. ◇ FAM. acepillado, acepillador. CEPILLO.

aceptación s. f. Acción y efecto de aceptar. ‖ Éxito.

aceptar v. tr. [1]. Recibir uno, voluntariamente, lo que se le da, ofrece o encarga. ‖ Aprobar, dar por bueno. ‖ Aplicado a una letra de cambio, comprometerse por escrito a pagarla a su portador. ◇ FAM. acepción, aceptabilidad, aceptable, aceptación, aceptante, aceptor. / inaceptable.

acequia s. f. Canal para conducir las aguas.

acera s. f. Parte lateral de la calle reservada a los peatones.

acerado, da adj. Parecido al acero o que lo contiene. ‖ Fuerte, de mucha resistencia. ‖ Incisivo, mordaz, penetrante.

acerar v. tr. [1]. Dar a un hierro las propiedades del acero. ‖ Recubrir de acero. ◆ v. tr. y pron. Fortalecer, vigorizar. ◇ FAM. aceración, acerado. ACERO.

acerbo, ba adj. Áspero al gusto. ‖ Cruel, riguroso, desapacible. ◇ FAM. acerbamente, acerbidad. / exacerbar.

acerca de loc. Expresa el asunto o materia de que se trata.

acercar v. tr. y pron. [1a]. Poner cerca o a menor distancia. ‖ Acordar o armonizar personas, ideas, etc. ◆ **acercarse** v. pron. Ir a un lugar. ◇ FAM. acercamiento. CERCA[2].

acería o **acerería** s. f. Fábrica de acero.

acerico s. m. Almohadilla para clavar agujas y alfileres.

acero s. m. Aleación de hierro con una pequeña proporción de carbono. ‖ Arma blanca. ◇ FAM. acerar, acerería, acería.

acérrimo, ma adj. Muy fuerte, decidido o tenaz: *creyente acérrimo.* ◇ FAM. acérrimamente. ACRE[2].

acertar v. tr. [1j]. Dar en el punto previsto o propuesto. ‖ Tener acierto. ‖ Dar con la solución o el resultado de algo. ◆ v. tr. e intr. Encontrar, hallar. ◆ v. intr. Con la prep. *a* y un infinitivo, suceder por casualidad: *acertó a salir.* ◇ FAM. acertado, acertante, acertijo, acierto. / desacertar. CIERTO, TA.

acertijo s. m. Enigma para entretenerse en acertarlo.

acervo s. m. Montón de cosas menudas, como trigo, legumbres, etc. ‖ Conjunto de bienes en común. ‖ Conjunto de valores, patrimonio, riqueza: *acervo cultural.*

acetato s. m. QUÍM. Sal formada por la combinación del ácido acético con una base.

acético, ca adj. Dícese del ácido que da al vinagre su sabor característico. ◇ FAM. acetileno, acetona. / acetilsalicílico.

acetileno s. m. Hidrocarburo gaseoso que se emplea para el alumbrado, en soldadura, etc. ◇ FAM. ACÉTICO, CA.

acetilsalicílico, ca adj. Dícese del ácido con propiedades analgésicas, antipiréticas y antirreumáticas. ◇ FAM. ACÉTICO, CA y SALICÍLICO, CA.

acetona s. f. Líquido incoloro de olor peculiar, volátil e inflamable, utilizado como disolvente. ‖ Presencia anormal de este líquido en la sangre. ◇ FAM. ACÉTICO, CA.

achabacanar v. tr. y pron. [1]. Hacer chabacano. ◇ FAM. achabacanamiento. CHABACANO, NA.

achacar v. tr. [1a]. Atribuir, imputar. ◇ FAM. achacable, achaque.

achacoso, sa adj. Que sufre achaque.

achampañado, da adj. Dícese de la bebida que imita al vino de Champagne. ◇ FAM. CHAMPÁN.[2]

achanchar v. tr. y pron. [1]. *Colomb., Ecuad.* y *Perú.* Hacer vida sedentaria. ◆ **achancharse** v. pron. *Amér. Central* y *Amér. Merid.* Dejarse estar. ‖ *Argent.* Perder potencia un motor.

achantar v. tr. y pron. [1]. Apabullar, humillar, acobardar. ◆ **achantarse** v. pron. Callarse resignadamente o por cobardía.

achaparrado, da adj. De forma o figura baja o gruesa: *árbol achaparrado.* ◇ FAM. CHAPARRO, RRA.

achaque s. m. Indisposición habitual. ◇ FAM. achacoso. ACHACAR.

achatar v. tr. y pron. [1]. Poner chato. ◇ FAM. achatado, achatamiento. CHATO, TA.

achicar v. tr. y pron. [1a]. Disminuir el tamaño de una cosa. ‖ *Fam.* Humillar, acobardar a alguien. ◆ v. tr. Extraer el agua de un dique, una mina, una embarcación, etc. ◇ FAM. achicador, achicadura, achicamiento, achique. CHICO, CA.

achicharrar v. tr. y pron. [1]. Freír, asar o tostar un manjar en exceso. ‖ Abrasar, calentar: *achicharrarse de calor.* ◇ FAM. achicharradero, achicharrante. CHICHARRÓN.

achichincle s. m. *Méx. Fam.* Ayudante, empleado cercano al jefe.

achicoria s. f. Planta herbácea de cuya raíz se prepara un sucedáneo del café.

achinado[1], da adj. De facciones parecidas a las de los chinos. ◇ FAM. CHINO[1], NA.

achinado[2], da adj. *Argent., Par.* y *Urug.* De facciones que denotan ascendencia india. ◇ FAM. CHINO[2], NA.

achiote s. m. *Amér. Central, Bol.* y *Méx.* Árbol de pequeño tamaño de cuyo fruto se extraen unas semillas empleadas para hacer un tinte de color rojo vivo.

achira s. f. *Amér. Merid.* Planta herbácea, propia de terrenos húmedos, cuya raíz se utiliza, en medicina popular, contra la epilepsia.

achispar v. tr. y pron. [1]. Poner casi ebrio. ◇ FAM. CHISPA.

acholado, da adj. *Amér. Merid.* Que tiene características de cholo. || *Chile.* Avergonzado. ◇ FAM. CHOLO, LA.

achuchar v. tr. [1]. Azuzar o provocar a una persona o animal contra otro. ◆ v. tr. y pron. Dar apretones, manosear. ◆ **achucharse** v. pron. *Argent., Par.* y *Urug.* Contraer el paludismo. || Tener escalofríos. ◇ FAM. achuchón.

achuchemo s. m. *Argent.* Variedad de maíz con granos negros y amarillos.

achuchón s. m. Acción y efecto de achuchar. || *Fam.* Indisposición pasajera.

achunchar v. tr. [1]. *Bol., Chile, Ecuad.* y *Perú.* Avergonzar a alguien, atemorizarlo.

achuntar v. tr. [1]. *Bol.* y *Chile.* Acertar, dar en el blanco.

achura s. f. *Amér. Merid.* Cualquier intestino o menudo del animal vacuno, lanar o cabrío. || *Amér. Merid.* Desperdicio de una res. ◇ FAM. achurar.

achurar v. tr. [1]. *Amér.* Sacar las achuras de una res. || *Amér. Merid.* Matar con arma blanca. || *Amér. Merid.* Matar cruelmente.

aciago, ga adj. Infausto, desgraciado, de mal agüero.

acial s. m. Instrumento que oprime el hocico o una oreja de las bestias para mantenerlas quietas. || *Ecuad.* y *Guat.* Látigo.

acíbar s. m. Áloe, planta y sustancia amarga extraída de ésta. || Amargura, disgusto.

acicalar v. tr. y pron. [1]. Adornar, aderezar. || Afinar, aguzar. ◇ FAM. acicalado, acicaladura, acicalamiento.

acicate s. m. Espuela con sólo una punta de hierro. || Estímulo, incentivo. ◇ FAM. acicatear.

acicular adj. Que tiene forma o figura de aguja. ◇ FAM. AGUJA.

acidez s. f. Calidad de ácido. || Sensación de ardor en el estómago producida por un exceso de ácidos.

acidificar v. tr. [1a]. Hacer ácida una cosa.

ácido, da adj. Que tiene sabor agrio. || Áspero, desabrido. || QUÍM. Que posee las propiedades de los ácidos. ◆ s. m. LSD, droga alucinógena que afecta a los sentidos. || QUÍM. Compuesto hidrogenado que actúa sobre las bases y sobre numerosos metales formando sales. ◇ FAM. acidez, acidificar. / acedar, acedera, aminoácido, oxácido.

acierto s. m. Acción y efecto de acertar. || Destreza, habilidad. || Cordura, tino.

ácimo adj. Ázimo*.

acimut s. m. ASTRON. Ángulo que forma el meridiano con el plano vertical que pasa por un punto del globo terráqueo. ◇ FAM. acimutal.

acinesia s. f. Ausencia patológica de movimiento.

ación s. m. Correa de la silla de montar de la que cuelga el estribo.

acivilarse v. pron. [1]. *Chile.* Contraer únicamente matrimonio civil. ◇ FAM. CIVIL.

aclamación s. f. Acción y efecto de aclamar.

aclamar v. tr. [1]. Dar voces la multitud en honor de una persona. || Otorgar por unanimidad algún cargo u honor. ◇ FAM. aclamación, aclamado. CLAMAR.

aclarar v. tr. y pron. [1]. Hacer menos oscuro o menos espeso. || Hacer más perceptible la voz. || Poner en claro, explicar, dilucidar. ◆ v. tr. Enjuagar con agua lo que está enjabonado: *aclarar el cabello.* ◆ v. intr. y pron. Amanecer, clarear, serenarse el tiempo. ◆ **aclararse** v. pron. Entender, comprender. ◇ FAM. aclaración, aclarado, aclaratorio, aclareo. CLARO, RA.

aclimatar v. tr. y pron. [1]. Acostumbrar a un ser orgánico a un ambiente que no le es habitual. ◇ FAM. aclimatable, aclimatación, aclimatamiento. CLIMA.

acné s. f. Enfermedad cutánea, caracterizada por pequeñas pústulas y comedones, principalmente en la cara.

acobardar v. tr., intr. y pron. [1]. Amedrentar, causar miedo. ◇ FAM. acobardamiento. COBARDE.

acocil s. m. *Méx.* Crustáceo parecido al camarón, muy común en el Valle de México.

acodar v. tr. y pron. [1]. Apoyar el codo. ◆ v. tr. Acodillar. || Meter debajo de tierra el vástago de una planta, para que eche raíces. ◇ FAM. acodado, acodadura, acodo. CODO.

acodillar v. tr. [1]. Doblar en forma de codo. ◇ FAM. CODO.

acodo s. m. Vástago acodado. || Acción y efecto de acodar.

acogedor, ra adj. y s. Hospitalario, cómodo.

acoger v. tr. [2b]. Admitir uno en su casa o compañía a otra persona. || Recibir de determinada manera a alguien o algo. || Aceptar, admitir. ◆ v. tr. y pron. Proteger, amparar. ◇ FAM. acogedor, acogido, acogimiento. COGER.

acogido, da s. Persona mantenida en un establecimiento de beneficencia. ◆ s. f. Acción de acoger.

acogotar v. tr. [1]. Derribar a una persona sujetándola por el cogote. || Dominar, vencer. ◇ FAM. COGOTE.

acojonar v. tr. y pron. [1]. *Vulg.* Acobardar.

acolchado s. m. Acción y efecto de acolchar. || *Argent.* Cobertor relleno de materia suave que se pone sobre la cama para adorno o abrigo.

acolchar v. tr. [1]. Poner lana, algodón, etc., entre dos telas y bastearlas. ◇ FAM. acolchado. COLCHA.

acólito s. m. Monaguillo. || Persona que acompaña y sirve a otra. ◇ FAM. acolitar.

acollar v. tr. [1]. Tapar con tierra el pie de las plantas.

acollarar v. tr. [1]. *Argent., Chile* y *Urug.* Unir por el cuello dos animales. ◆ v. tr. y pron. *Amér.* Unir dos personas o cosas. ◇ FAM. COLLAR.

acomedirse v. pron. [30]. *Amér.* Prestarse espontáneamente a hacer un servicio. ◇ FAM. acomedido. COMEDIRSE.

acometer v. tr. [2]. Embestir, arremeter. || Emprender, intentar, generalmente con ímpetu o energía. ◇ FAM. acometedor, acometida, acometimiento, acometividad. COMETER.

acometida s. f. Acción y efecto de acometer. || Punto de toma de un sistema de distribución de un fluido.

acometividad s. f. Propensión a acometer o embestir.

acomodadizo, za adj. Que se aviene fácilmente a todo.

acomodado, da adj. Conveniente, oportuno. || Rico, con buena posición económica. || Moderado en el precio.

acomodador, ra s. Persona que indica a los concurrentes a un espectáculo, ceremonia, etc., el sitio que deben ocupar.

acomodar v. tr. [1]. Ordenar, componer, ajustar una cosa con otra. || Aplicar, adaptar. ◆ v. tr. y pron. Proporcionar ocupación o empleo. || Poner en sitio conveniente o cómodo. ◇ FAM. acomodable, acomodación, acomodado, acomodadizo, acomodador, acomodamiento, acomodaticio, acomodo. CÓMODO, DA.

acomodaticio, cia adj. Acomodadizo.

acomodo s. m. Acción de acomodar. || Empleo, ocupación. || Lugar conveniente o apropiado para vivir.

acompañamiento s. m. Acción y efecto de acompañar. || Gente que acompaña a alguien. || Guarnición de una comida. || MÚS. Parte instrumental o vocal, que da soporte a una parte principal.

acompañar v. tr. y pron. [1]. Estar o ir en compañía de otro. || Existir una cosa junta o simultánea con otra. || MÚS. Dar soporte musical mediante un acompañamiento. ◆ v. tr. Juntar, agregar una cosa a otra. || Compartir con otro un afecto o un estado de ánimo. || Existir o hallarse una cualidad, habilidad, etc., en una persona. ◇ FAM. acompañado, acompañador, acompañamiento, acompañante. COMPAÑÍA.

acompasado, da adj. Hecho o puesto a ritmo o compás.

acompasar v. tr. [1]. Compasar. ◇ FAM. acompasado. COMPÁS.

acomplejar v. tr. y pron. [1]. Causar un complejo psíquico o inhibición. ◇ FAM. acomplejado, acomplejamiento. COMPLEJO, JA.

aconchabarse v. pron. [1]. Conchabarse.

aconcharse v. pron. [1]. *Chile.* Clarear un líquido por sedimentación de los posos en el fondo del recipiente.

acondicionar v. tr. [1]. Dar cierta condición o calidad. || Disponer una cosa a un determinado fin. || Poner en determinadas condiciones físicas la atmósfera de un recinto. ◇ FAM. acondicionado, acondicionador, acondicionamiento. CONDICIÓN.

aconfesional adj. Que no es confesional.

acongojar v. tr. y pron. [1]. Oprimir, angustiar, afligir. ◇ FAM. acongojado, acongojante. CONGOJA.

acónito s. m. Planta venenosa usada en medicina.

aconsejar v. tr. [1]. Dar consejo. || Indicar a uno lo que debe hacer. ◆ **aconsejarse** v. pron. Tomar consejo o pedirlo a otro. ◇ FAM. aconsejable, aconsejado. / desaconsejar, malaconsejado. CONSEJO.

aconsonantar v. tr. [1]. Rimar los versos en consonante. ◇ FAM. CONSONANTE.

acontecer v. intr. [2m]. Suceder, producirse un hecho. ◇ FAM. acontecimiento. / cariacontecido.

acontecimiento s. m. Suceso importante.

acopiar v. tr. [1]. Juntar, reunir en gran cantidad. ◇ FAM. acopiamiento, acopio. COPIA.

acoplado s. m. *Amér. Merid.* Remolque, vehículo remolcado.

acoplar v. tr. [1]. Ajustar una pieza. || Unir dos piezas u objetos de modo que ajusten. || *Amér. Merid.* Unir un vehículo a otro para que lo remolque. ◆ v. tr. y pron. Ajustar o unir personas o cosas discordes. ◆ **acoplarse** v. pron. Adaptarse a una situación o a un grupo. || *Argent., Perú* y *Urug.* Unirse una persona a otras para acompañarlas. ◇ FAM. acoplado, acoplar, dor, acoplamiento. / desacoplar.

acoquinar v. tr. y pron. [1]. Acobardar, amilanar. ◇ FAM. acoquinado, acoquinamiento.

acorazado, da adj. Que tiene sus elementos principales protegidos por un blindaje. ◆ s. m. Buque de guerra blindado y dotado de una artillería.

acorazar v. tr. [1g]. Revestir con planchas de hierro o acero buques de guerra, fortificaciones u otras cosas. ◇ FAM. acorazado, acorazamiento. CORAZA.

acorazonado, da adj. De figura de corazón. ◇ FAM. CORAZÓN.

acorcharse v. pron. [1]. Ponerse una cosa como el corcho. || Embotarse la sensibilidad de alguna parte del cuerpo o la sensibilidad moral. ◇ FAM. acorchado, acorchamiento. CORCHO.

acordar v. tr. [1r]. Resolver algo varias personas de común acuerdo. || Determinar o resolver algo una persona sola. ◆ v. tr. y pron. Recordar, traer a la memoria: *acordarse de la niñez.* ◆ v. intr. Concordar una cosa con otra. ◇ FAM. acordado, acorde, acuerdo. / desacuerdo.

acorde adj. Conforme, de un mismo dictamen. ‖ Con la prep. *con*, en armonía, en consonancia. ◆ s. m. MÚS. Superposición de notas que guardan las reglas de la armonía.

acordeón s. m. Instrumento musical de viento, portátil, compuesto de un fuelle y provisto de teclado. ◇ FAM. acordeonista.

acordonar v. tr. [1]. Ceñir o sujetar con un cordón. ‖ Rodear o incomunicar un sitio con un cordón de gente. ◇ FAM. acordonado, acordonamiento. CORDÓN.

acorralar v. tr. y pron. [1]. Encerrar el ganado en el corral. ◆ v. tr. Tener a uno rodeado para que no pueda escaparse. ‖ Dejar confundido y sin respuesta. ◇ FAM. acorralamiento. CORRAL.

acortar v. tr., intr. y pron. [1]. Disminuir la longitud, duración o cantidad. ◇ FAM. acortamiento. CORTO, TA.

acosar v. tr. [1]. Perseguir sin descanso. ‖ Importunar, molestar. ‖ Hacer galopar al caballo. ◇ FAM. acosador, acosamiento, acoso.

acoso s. m. Acción y efecto de acosar.

acostar v. tr. y pron. [1r]. Echar o tender a uno para que descanse, especialmente en la cama. ‖ MAR. Arrimar o acercar al costado de una embarcación. ◆ v. intr. y pron. Inclinarse hacia un lado, especialmente los edificios. ◆ **acostarse** v. pron. Tener relaciones sexuales. ◇ FAM. COSTADO.

acostumbrar v. tr. y pron. [1]. Hacer adquirir costumbre. ◆ v. intr. Tener costumbre: *acostumbra a salir de noche*. ◇ FAM. acostumbrado. / desacostumbrado, malacostumbrado. COSTUMBRE.

acotación s. f. Señal puesta al margen de algún escrito o impreso. ‖ Nota que en una obra teatral indica todo lo relativo a la acción o movimiento de las personas.

acotamiento s. m. Acción y efecto de acotar[1]. ‖ *Méx.* Arcén.

acotar[1] v. tr. [1]. Amojonar un terreno con cotos. ‖ Fijar, limitar. ◇ FAM. acotamiento. COTO[1].

acotar[2] v. tr. [1]. Poner acotaciones al margen de un escrito. ‖ Poner cotas o medidas en un plano o croquis. ◇ FAM. acotación, acotado. COTA[2].

acracia s. f. Doctrina que niega la necesidad de un poder y de una autoridad política. ‖ Anarquía. ◇ FAM. ácrata.

ácrata adj. y s. m. y f. Partidario de la acracia.

acre[1] s. m. Medida inglesa de superficie que equivale a 0,4047 hectáreas.

acre[2] adj. Áspero y picante al gusto y al olfato. ‖ Dícese del lenguaje o genio áspero y desabrido. ◇ FAM. acrílico, acrimonia, acritud. / acérrimo. AGRIO, GRIA.

acrecentar v. tr. y pron. [1j]. Aumentar. ◆ v. tr. Mejorar, enriquecer, enaltecer. ◇ FAM. acrecentador, acrecentamiento. CRECER.

acreditación s. f. Acción de acreditar o

acreditarse. ‖ Documento que acredita a una persona.

acreditar v. tr. y pron. [1]. Hacer digna de crédito una cosa. ‖ Afamar, dar crédito o reputación. ◆ v. tr. Dar seguridad de que una persona tiene facultades para desempeñar una comisión. ‖ Abonar. ◇ FAM. acreditación, acreditado, acreditativo. / desacreditar. CRÉDITO.

acreedor, ra adj. Que tiene mérito para obtener alguna cosa. ◆ adj. y s. Que tiene derecho a pedir el cumplimiento de una obligación o de una deuda. ◇ FAM. CREER.

acrecente adj. BOT. Dícese del cáliz de la flor fecundada que sigue creciendo. ◇ FAM. CRECER.

acribillar v. tr. [1]. Abrir muchos agujeros en una cosa. ‖ Hacer muchas heridas o picaduras. ‖ Molestar mucho y con frecuencia.

acrílico, ca adj. Dícese de la fibra textil sintética y de sus derivados. ‖ Dícese de un tipo de pintura soluble al agua, de secado rápido y colores muy vivos. ◇ FAM. metacrílico. ACRE[2].

acrimonia s. f. Acritud. ◇ FAM. ACRE[2].

acriollarse v. pron. [1]. *Amér.* Contraer un extranjero los usos y costumbres del país. ◇ FAM. acriollado. CRIOLLO, LLA.

acrisolar v. tr. [1]. Depurar los metales en el crisol. ◆ v. tr. y pron. Purificar, depurar cualidades morales. ◇ FAM. acrisolado, acrisolador. CRISOL.

acristalar v. tr. [1]. Poner cristales o vidrios en una puerta o ventana. ◇ FAM. acristalamiento. CRISTAL.

acritud s. f. Aspereza, brusquedad. ‖ Mordacidad, malignidad: *criticar con acritud una obra*. ◇ FAM. ACRE[2].

acrobacia s. f. Profesión del acróbata. ‖ Maniobra de destreza realizada durante un vuelo y empleada corrientemente en los combates aéreos.

acróbata s. m. y f. Persona que ejecuta con habilidad ejercicios gimnásticos sobre la cuerda floja, el alambre o el trapecio. ◇ FAM. acrobacia, acrobático, acrobatismo.

acrocefalia s. f. Deformidad patológica caracterizada por la forma cónica del cráneo.

acrofobia s. f. Temor patológico a las alturas.

acromático, ca adj. Sin color. ‖ Dícese de las lentes que dejan pasar la luz blanca sin descomponerla. ◇ FAM. acromatismo. CROMÁTICO, CA.

acromegalia s. f. Enfermedad caracterizada por un desarrollo exagerado de las extremidades, labios, nariz, lengua y mandíbulas.

acromio o **acromion** s. m. ANAT. Parte del omóplato que se articula con el extremo externo de la *clavícula*.

acrónimo s. m. Término formado por las

primeras letras de las palabras de una expresión compuesta: *OVNI, Objeto Volante No Identificado.*

acrópolis s. f. Parte más elevada y fortificada de las ciudades griegas. ◇ FAM. POLIS.

acróstico, ca adj. y s. m. Dícese de la composición poética en la cual las letras iniciales, medias o finales de los versos forman, leídas verticalmente, un vocablo o frase.

acsu s. f. *Bol.* y *Perú.* Saya usada por las indias quechuas.

acta s. f. Relación escrita de lo tratado o acordado en una junta, asamblea, etc. || Certificación en que consta la elección de una persona. ➡ pl. Memoria de alguna sociedad, congreso, etc. ● **Acta notarial,** relación escrita hecha por un notario. ● **Levantar acta,** extenderla. ◇ FAM. ACTO.

actinio s. m. Metal de color plateado y propiedades radiactivas.

actitud s. f. Postura del cuerpo humano: *actitud de reposo.* || Disposición de ánimo manifestada exteriormente.

activar v. tr. y pron. [1]. Avivar, excitar, mover. || Hacer radiactiva una sustancia. || Hacer funcionar un mecanismo. ◇ FAM. activación, activador. / desactivar, reactivar. ACTIVO, VA.

actividad s. f. Calidad de activo, facultad de obrar. || Diligencia, prontitud en el obrar. || Conjunto de tareas u operaciones de una persona o entidad: *actividad literaria.*

activismo s. m. Actividad en favor de una doctrina, partido político, etc.

activo, va adj. Que obra o tiene virtud de obrar: *carácter activo.* || Diligente, eficaz. || Que obra rápidamente: *veneno activo.* || LING. Dícese de la forma verbal que expresa la realización por el sujeto de la acción representada por el verbo. ➡ s. m. Conjunto de bienes que se poseen. ◇ FAM. activar, actividad, activismo, activista. / inactivo, radiactividad, retroactivo. ACTO.

acto s. m. Hecho o acción: *acto de bondad.* || Hecho público o solemne: *acto inaugural.* || Cada una de las partes en que se dividen las obras teatrales. || FILOS. Estado de realidad en oposición a posibilidad. ● **Acto seguido,** a continuación. || **En el acto,** inmediatamente. ◇ FAM. acta, activo, actor¹, actor², actual, actuar. / acción, auto², entreacto.

actor¹, ra s. DER. Persona que toma la iniciativa procesal, ejercitando una acción legal. ◇ FAM. ACTO.

actor², triz s. Persona que representa un personaje en una obra escénica, cinematográfica, radiofónica o televisiva. ◇ FAM. ACTO.

actuación s. f. Acción y efecto de actuar. ➡ pl. DER. Conjunto de diligencias y trámites de un expediente o pleito.

actual adj. Que ocurre o sucede en el momento presente. || Que existe, sucede o se usa en el tiempo presente: *moda actual.* ◇ FAM. actualidad, actualizar. ACTO.

actualidad s. f. Tiempo presente. || Estado presente o condición de presente, contemporaneidad. ● **De actualidad,** de moda: *la política es un tema de actualidad.*

actualizar v. tr. [1g]. Convertir una cosa pasada en actual: *actualizar una obra.* ◇ FAM. actualización, actualizador. ACTUAL.

actuar v. intr. [1s]. Ejercer una persona o cosa actos propios de su naturaleza u oficio. || Obrar o comportarse de una determinada manera. || Representar un papel en obras de teatro, cine, etc. || DER. Emprender actuaciones en un proceso judicial. ◇ FAM. actuación. ACTO.

acuarela s. f. Técnica pictórica, realizada sobre papel o cartón, que emplea exclusivamente colores a la goma disueltos en agua. || Obra realizada con esta técnica. ➡ pl. Conjunto de colores con que se realiza esta pintura. ◇ FAM. acuarelista. AGUA.

acuario s. m. y f. y adj. Persona nacida bajo el signo zodiacal de Acuario. ➡ s. m. Depósito donde se cuidan o se exhiben plantas y animales de agua dulce o salada. ◇ FAM. AGUA.

acuartelar v. tr. y pron. [1]. Obligar a la tropa a permanecer en el cuartel. ◇ FAM. acuartelamiento. CUARTEL.

acuático, ca adj. Que vive en el agua: *planta acuática.* || Relativo al agua: *esquí acuático.* ◇ FAM. subacuático. AGUA.

acuchillar v. tr. y pron. [1]. Herir o matar con cuchillo o cualquier arma blanca. ◇ FAM. acuchillador. CUCHILLO.

acuciar v. tr. [1]. Estimular, dar prisa. ◇ FAM. acuciador, acuciante.

acudir v. intr. [3]. Ir uno al sitio adonde le conviene o es llamado. || Venir, presentarse: *imágenes de su niñez acudieron a su memoria.* || Ir en ayuda de alguien.

acueducto s. m. Canal para transportar agua. ◇ FAM. AGUA.

acuerdo s. m. Unión, armonía entre dos o más personas. || Resolución tomada en común por varias personas, especialmente por una junta, asamblea o tribunal. || Pacto, tratado. || *Argent.* Pleno de ministros convocado por el presidente. || *Argent.* Conformidad de un nombramiento hecha por el senado. || *Colomb.* y *Méx.* Reunión de una autoridad gubernativa con sus colaboradores para tomar una decisión conjunta. ◇ FAM. ACORDAR.

acui- pref. Significa 'agua': *acuífero.*

acuicultura s. f. Arte de la cría de animales y plantas acuáticos. ◇ FAM. acuicultor. AGUA.

acuífero, ra adj. Que contiene agua. ● **Manto acuífero,** capa de agua subterránea. ◇ FAM. AGUA.

aculla adv. l. En parte alejada del que habla: *acá y aculla.* ◇ FAM. ALLÁ.

acullico s. m. *Argent., Bol. y Perú.* Bola de hojas de coca que se masca para extraer su jugo estimulante.

acumulador s. m. Aparato que almacena y suministra energía.

acumular v. tr. y pron. [1]. Juntar y amontonar personas, animales o cosas. ◇ FAM. acumulable, acumulación, acumulador, acumulativo. CÚMULO.

acunar v. tr. [1]. Mecer al niño en la cuna. ◇ FAM. CUNA.

acuñar[1] v. tr. [1]. Imprimir y sellar una pieza de metal por medio de cuño o troquel. || Hacer o fabricar moneda. || *Fam.* Fijar, consolidar: *acuñar una expresión.* ◇ FAM. acuñación, acuñador. / reacuñar. CUÑO.

acuñar[2] v. tr. [1]. Meter cuñas. ◇ FAM. CUÑA.

acuoso, sa adj. Abundante en agua: *terreno acuoso.* || Parecido a ella: *sustancia acuosa.* || Dícese de una solución cuyo disolvente es el agua. ◇ FAM. acuosidad. AGUA.

acupuntura s. f. Método terapéutico de origen chino, consistente en clavar agujas en determinados puntos del organismo. ◇ FAM. acupuntor. AGUJA.

acurrucarse v. pron. [1a]. Encogerse para resguardarse del frío o por otros motivos.

acusación s. f. Acción y efecto de acusar. || DER. Exposición de los delitos que se imputan a un acusado.

acusado, da adj. Destacado, evidente: *rasgos acusados.* ◆ s. Persona a quien se acusa en un juicio.

acusar v. tr. y pron. [1]. Imputar a alguien un delito o culpa. || Delatar, denunciar. ◆ v. tr. Reflejar, manifestar: *acusar cansancio.* ◇ FAM. acusación, acusado, acusador, acusativo, acusatorio, acuse, acusetas, acusica, acusón. / excusar, recusar.

acusativo s. m. LING. Caso de la declinación latina que expresa la función de complemento directo.

acuse s. m. Acción y efecto de acusar recibo.

acusetas o **acusica** adj. y s. m. y f. Acusón.

acusón, na adj. y s. Que tiene el vicio de acusar.

acústico, ca adj. Relativo a la acústica. ◆ s. f. Parte de la física que estudia las ondas y fenómenos sonoros. || Condiciones sonoras de un local. ◇ FAM. electroacústico.

acutángulo adj. Que tiene los tres ángulos agudos.

ad hoc loc. A propósito, especial para aquello de que se trata.

ad- pref. Significa 'dirección' o 'proximidad': *adverbio.*

adagio[1] s. m. Sentencia breve, generalmente moral.

adagio[2] adv. m. Con tiempo lento. ◆ s. m. MÚS. Fragmento ejecutado de este modo.

adalid s. m. Caudillo militar. || Guía o cabeza de algún partido o movimiento.

adán s. m. Hombre desaliñado o descuidado.

adaptación s. f. Acción y efecto de adaptar o adaptarse. ◇ FAM. inadaptación. ADAPTAR.

adaptador, ra adj. y s. Que adapta. ◆ s. m. Aparato que permite adaptar un mecanismo eléctrico para diversos usos.

adaptar v. tr. y pron. [1]. Acomodar, acoplar una cosa a otra. || Hacer que algo destinado a un fin sirva para otra cosa: *adaptar una novela al cine.* ◆ **adaptarse** v. pron. *Fam.* Acomodarse o amoldarse a circunstancias, condiciones, etc. ◇ FAM. adaptabilidad, adaptable, adaptación, adaptador, adaptativo. / readaptar. APTO, TA.

adarme s. m. Porción mínima de algo.

addenda s. f. Conjunto de notas adicionales al final de una obra.

adecentar v. tr. y pron. [1]. Poner decente. ◇ FAM. adecentamiento. DECENTE.

adecuado, da adj. Conveniente. ◇ FAM. inadecuado. ADECUAR.

adecuar v. tr. y pron. [1]. Proporcionar, acomodar una cosa a otra. ◇ FAM. adecuación, adecuadamente, adecuado.

adefesio s. m. Persona o cosa muy fea o extravagante.

adelantado, da adj. Precoz, aventajado, atrevido. ● **Por adelantado,** por anticipado.

adelantar v. tr. y pron. [1]. Mover o llevar hacia adelante. || Ganar la delantera a alguno andando o corriendo. ◆ v. tr. Mover hacia adelante las agujas de un reloj. || Anticipar: *adelantar la boda.* ◆ v. intr. Progresar en una cosa. ◇ FAM. adelantado, adelantamiento, adelanto. ADELANTE.

adelante adv. l. Más allá: *mirar adelante.* ◆ adv. t. Denota tiempo futuro: *se hará más adelante.* || *Amér. Merid.* Delante. ◆ interj. Se usa para indicar a alguien que puede entrar, continuar haciendo lo que hacía o emprender algo. ● **En adelante,** en el tiempo que siga al tiempo presente. ◇ FAM. adelantar. DELANTE.

adelanto s. m. Anticipo. || Progreso.

adelfa s. f. Arbusto perenne de flores decorativas, rosadas o blancas. || Flor de esta planta.

adelgazar v. tr. y pron. [1g]. Poner delgado. ◆ v. intr. Enflaquecer. ◇ FAM. adelgazamiento, adelgazante. DELGADO, DA.

ademán s. m. Movimiento, actitud o gesto con que se manifiesta un afecto del ánimo. ◆ pl. Conjunto de expresiones o comportamientos.

además adv. A más de esto o aquello: *es lista y además guapa.* ◇ FAM. MÁS.

adentrarse v. pron. [1]. Ir hacia la parte

más interna u oculta de un lugar o un asunto: *adentrarse en el estudio del arte.*

adentro adv. 1. A o en el interior: *pasar adentro.* ◆ s. m. pl. Interior del ánimo. ● **¡Adentro!** interj. Se usa para ordenar que se entre. ◇ FAM. adentrarse. DENTRO.

adepto, ta adj. y s. Afiliado, miembro, partidario.

aderezar v. tr. [1g]. Condimentar los alimentos. ◆ v. tr. y pron. Embellecer, arreglar. ◇ FAM. aderezo.

aderezo s. m. Acción y efecto de aderezar. || Condimento. || Objeto o conjunto de objetos con que se adorna alguien o algo.

adeudar v. tr. [1]. Deber algo o tener deudas. || Hacer una anotación en el debe de una cuenta. ◇ FAM. DEUDA.

adherencia s. f. Acción y efecto de adherirse o pegarse. || Parte añadida. || Soldadura de dos órganos del cuerpo.

adherir v. tr. y pron. [22]. Pegar una cosa con otra. ◆ v. intr. y pron. *Fam.* Convenir en un dictamen. || Abrazar una doctrina, partido, etc. ◇ FAM. adherencia, adherente, adhesión, adhesivo.

adhesión s. f. Acción y efecto de adherirse a una idea, partido, opinión, etc.: *mostró su adhesión al nuevo gobierno.*

adhesivo, va adj. Capaz de adherirse o pegarse. ◆ s. m. Etiqueta que tiene un lado engomado para ser adherido sobre cualquier superficie.

adicción s. m. Hábito que crea en el organismo el consumo habitual de drogas, alcohol, tabaco u otros productos.

adición s. f. Acción y efecto de añadir. || Añadidura en alguna obra o escrito. || MAT. Suma, operación aritmética. ◇ FAM. adicional, adicionar, aditamento, aditivo.

adicto, ta adj. y s. Partidario de algo o alguien. || Se dice de la persona dominada por el uso de alguna droga u otros productos. ◇ FAM. adicción.

adiestrar v. tr. y pron. [1]. Enseñar, instruir. ◇ FAM. adiestrado, adiestrador, adiestramiento. DIESTRO, TRA.

adinerado, da adj. Acaudalado, que tiene mucho dinero. ◇ FAM. adinerarse. DINERO.

¡adiós! interj. Expresión de saludo o despedida. ◆ s. m. Despedida. ◇ FAM. DIOS.

adiposo, sa adj. Grasiento, que tiene grasa. || De naturaleza grasa: *tejido adiposo.* ◇ FAM. adiposidad.

aditamento s. m. Añadidura. ◇ FAM. ADICIÓN.

aditivo, va adj. y s. Que se añade o puede añadirse. ◆ s. m. Sustancia que se agrega a otras para mejorar sus cualidades o darles otras nuevas. ◇ FAM. ADICIÓN.

adivinación s. f. Acción y efecto de adivinar. || Conjunto de prácticas con que se pretende conocer el futuro o lo oculto.

adivinanza s. f. Acertijo adivinado por pasatiempo.

adivinar v. tr. [1]. Predecir el futuro o descubrir las cosas ocultas. || Descubrir lo que no se sabe, por conjeturas o sin fundamento lógico: *adivinar las intenciones.* || Acertar, dar con lo cierto. ◇ FAM. adivinable, adivinación, adivinador, adivinanza, adivinatorio, adivino. DIVINO, NA.

adivino, na s. Persona que adivina.

adjetivar v. tr. [1]. Calificar, aplicar adjetivos. || GRAM. Convertir en adjetivo una palabra o grupo de palabras. ◇ FAM. adjetivación. ADJETIVO, VA.

adjetivo, va adj. Que pertenece al adjetivo o que participa de su naturaleza. || Que no tiene existencia independiente. ◆ s. m. LING. Parte variable de la oración que sirve para calificar o determinar al sustantivo. ◇ FAM. adjetivar.

adjudicar v. tr. [1a]. Declarar que una cosa corresponde a una persona o conferírsela en satisfacción de algún derecho. ◆ **adjudicarse** v. pron. Apropiarse de una cosa de forma indebida. ◇ FAM. adjudicable, adjudicación, adjudicador.

adjuntar v. tr. [1]. Acompañar o remitir adjunto.

adjunteño, ña adj. y s. De Adjuntas (Puerto Rico).

adjunto, ta adj. y s. Unido con o a otra cosa: *copia adjunta al original.* || Dícese de la persona que acompaña como auxiliar a otra, en un cargo o trabajo. ◇ FAM. adjuntar. JUNTO, TA.

adlátere s. m. y f. Persona que acompaña o representa a otra.

adminículo s. m. Objeto pequeño que sirve de ayuda o complemento.

administración s. f. Acción y efecto de administrar. || Cargo y oficina del administrador. ● **Administración central,** conjunto de órganos de la administración pública de competencia general. || **Administración local,** sector de la administración pública integrado por las provincias, municipios y otras entidades locales menores. || **Administración pública,** complejo orgánico del estado destinado al desarrollo de funciones y fines públicos.

administrar v. tr. y pron. [1]. Dirigir la economía de una persona o una entidad. || Racionar una cosa para que resulte suficiente. ◆ v. tr. Gobernar los intereses de una comunidad. || Aplicar o hacer tomar los medicamentos. ◇ FAM. administración, administrador, administrativo. MINISTRO, TRA.

administrativo, va adj. Relativo a la administración. ◆ s. Empleado de oficina.

admiración s. f. Acción de admirar o admirarse. || Signo ortográfico que se coloca al principio (¡) y final (!) de una expresión exclamativa.

admirar v. tr. [1]. Tener en singular estimación a una persona o cosa que de algún modo sobresale en su línea. ◆ v. tr. y pron. Ver, contemplar con sorpresa y placer alguna cosa admirable. ◇ FAM. ad-

adular

mirable, admiración, admirador, admirativo. MIRAR.

admisión s. f. Acción y efecto de admitir. ‖ Entrada de la mezcla carburante en el cilindro del motor: *válvula de admisión.*

admitir v. tr. [3]. Recibir o dar entrada a alguien o algo. ‖ Aceptar, recibir voluntariamente. ‖ Permitir, tolerar. ◇ FAM. admisibilidad, admisible, admisión. / inadmisible, readmitir.

admonición s. f. Amonestación, advertencia. ‖ Reconvención. ◇ FAM. admonitorio. AMONESTAR.

ADN s. m. Abrev. de *Ácido DesoxirriboNucleico,* constituyente esencial de los cromosomas del núcleo celular.

adobar v. tr. [1]. Poner o echar en adobo las carnes u otras cosas para sazonarlas o conservarlas. ‖ Curtir pieles. ◇ FAM. adobado, adobo.

adobe s. m. Mezcla de barro y paja, moldeada en forma de ladrillo y secada al aire, que se emplea en la construcción.

adobo s. m. Acción y efecto de adobar. ‖ Salsa o caldo para sazonar o conservar las carnes y otros alimentos.

adocenarse v. pron. [1]. Caer o permanecer en la mediocridad. ◇ FAM. adocenado. DOCENA.

adoctrinar v. tr. [1]. Instruir, adiestrar, especialmente la conducta. ◇ FAM. adoctrinamiento. DOCTRINA.

adolecer v. intr. [2m]. Tener algún defecto, carencia o vicio: *adolecer de soberbia.* ◇ FAM. DOLER.

adolescencia s. f. Período de la vida entre la pubertad y la edad adulta. ◇ FAM. adolescente.

adonde adv. l. A la parte que: *va adonde quiere.* ◆ **adónde** adv. interrog. A qué parte: *¿adónde vas?* ◇ FAM. adondequiera. DONDE.

adondequiera adv. l. A cualquier parte. ‖ Dondequiera.

adonis s. m. Hombre de gran belleza.

adoptar v. tr. [1]. Recibir o tomar legalmente como hijo a quien no lo es. ‖ Recibir o admitir alguna opinión, parecer, etc. ‖ Tomar una resolución o acuerdo. ◇ FAM. adopción, adoptable, adoptivo. OPTAR.

adoptivo, va adj. Dícese de la persona adoptada o de la que adopta. ‖ Dícese de la persona o cosa que uno elige para tenerla por lo que realmente no es con respecto a él: *patria adoptiva.*

adoquín s. m. Bloque de piedra de forma rectangular empleado para pavimentar. ‖ *Fam.* Hombre torpe. ◇ FAM. adoquinado, adoquinar.

adoquinado s. m. Suelo de adoquines.

adoquinar v. tr. [1]. Pavimentar con adoquines.

adorable adj. Digno de adoración. ‖ Que inspira simpatía y cariño: *tiene una hija adorable.*

adorar v. tr. [1]. Reverenciar como divino o rendir culto a un dios o a un ser. ‖ Amar con extremo a una persona o cosa. ◇ FAM. adorable, adoración, adorador. ORAR.

adormecer v. tr. [2m]. Dar o causar sueño. ◆ v. tr. y pron. *Fam.* Calmar, sosegar: *adormecer el dolor.* ◆ **adormecerse** v. pron. Empezar a dormirse. ◇ FAM. adormecedor, adormecimiento. DORMIR.

adormidera s. f. Planta de hojas anchas y flores ornamentales, de cuyo fruto se extrae el opio. ◇ FAM. DORMIR.

adormilarse v. pron. [1]. Quedarse medio dormido. ◇ FAM. DORMIR.

adornar v. tr. y pron. [1]. Poner adornos. ‖ *Fam.* Concurrir en una persona ciertas cualidades favorables o dotarla de dichas cualidades: *le adornan muchas virtudes.* ◆ v. tr. e intr. Servir de adorno. ◇ FAM. adorno. ORNAR.

adorno s. m. Cosa que sirve para adornar.

adosar v. tr. [1]. Arrimar una cosa a otra por su espalda o envés: *adosar un mueble a la pared.* ◇ FAM. adosado. DORSO.

adquirir v. tr. [3f]. Ganar, conseguir. ‖ Empezar a poseer: *adquirir fama.* ◇ FAM. adquirible, adquisición, adquisidor, adquisitivo. / readquirir.

adquisición s. f. Acción y efecto de adquirir. ‖ Cosa adquirida.

adquisitivo, va adj. Que sirve para adquirir: *goza de un gran poder adquisitivo.*

adrede adv. m. Con deliberada intención: *lo hizo adrede.*

adrenalina s. f. Hormona que acelera el ritmo cardíaco y estimula el sistema nervioso central.

adscribir v. tr. [3n]. Inscribir, atribuir algo a una persona o cosa. ◆ v. tr. y pron. Agregar una persona al servicio de algo. ◇ FAM. adscripción, adscrito. ESCRIBIR.

adsorber v. tr. [2]. Retener líquidos o gases la superficie de cuerpos sólidos. ◇ FAM. adsorbente, adsorción. SORBER.

adstrato s. m. LING. Influencia entre lenguas en contacto, en especial cuando sus territorios lingüísticos son colindantes. ◇ FAM. ESTRATO.

aduana s. f. Oficina que cobra los derechos impuestos sobre las mercancías que pasan la frontera. ‖ Derechos percibidos: *pagar aduana.* ◇ FAM. aduanero.

aducción s. f. ANAT. Movimiento que acerca un miembro al plano medio del cuerpo. ◇ FAM. aductor.

aducir v. tr. [20]. Presentar pruebas, razones.

aductor adj. y s. m. Dícese del músculo que realiza la aducción.

adueñarse v. pron. [1]. Apoderarse de una cosa. ‖ Dominar a alguien una pasión o estado de ánimo. ◇ FAM. DUEÑO, ÑA.

adular v. tr. [1]. Halagar a uno en exceso

con un fin determinado. ◇ FAM. adulación, adulador.

adulterar v. tr. y pron. [1]. Alterar la pureza de una cosa mezclándola con una sustancia extraña. || Falsificar: *adulterar la verdad*. ◇ FAM. adulteración, adulterado, adulterio, adúltero.

adulterio s. m. Relación sexual de una persona con otra distinta de su cónyuge.

adulto, ta adj. y s. Que ha llegado al término de la adolescencia.

adusto, ta adj. Quemado, yermo: *terreno adusto*. || *Fam*. Seco, rígido, desabrido en el trato: *persona adusta*. ◇ FAM. adustez.

advenedizo, za adj. y s. Que tiene un origen humilde y pretende figurar entre gente de mayor posición social.

advenimiento s. m. Venida o llegada, en especial si es esperada y solemne. || Ascenso al trono de un soberano o papa. ◇ FAM. advenedizo, adventicio, adviento. VENIR.

adventicio, cia adj. Que sobreviene de manera accidental. || BIOL. Dícese de las plantas o animales que se desarrollan en un sitio distinto del normal.

adverbial adj. Relativo al adverbio. || Que tiene las características de un adverbio: *locución adverbial*.

adverbio s. m. Parte invariable de la oración que modifica al verbo, al adjetivo, a otro adverbio o a una oración completa. ◇ FAM. adverbial, adverbializar. VERBO.

adversario, ria s. Persona o colectividad contraria y enemiga.

adversativo, va adj. LING. Dícese de una conjunción o un adverbio que señalan una oposición, como *pero, sin embargo*.

adversidad s. f. Calidad de adverso. || Mala suerte, infortunio. || Situación o suceso desgraciado.

adverso, sa adj. Contrario, desfavorable. ◇ FAM. adversario, adversativo, adversidad.

advertir v. tr. [22]. Fijar la atención, reparar, observar. || Atender, tener en cuenta. ◆ v. intr. Llamar la atención sobre algo. ◇ FAM. advertencia, advertido, advertimiento. / inadvertido.

adviento s. m. Tiempo litúrgico de preparación de la Navidad.

advocación s. f. Dedicación de algún templo, capilla o altar a Dios, a la Virgen o a un santo.

adyacente adj. Que está situado en la inmediación o proximidad de otra cosa. ● **Ángulos adyacentes** (MAT.), los que tienen el vértice común y un lado común que los separa. ◇ FAM. YACER.

aer- pref. Significa 'aire': *aeropuerto*.

aéreo, a adj. Relativo al aire: *fenómeno aéreo*. || Ligero, sutil. ● **Línea aérea**, itinerario regular de un servicio de transporte aéreo. ◇ FAM. antiaéreo. AIRE.

aerobic s. m. Modalidad de gimnasia rítmica acompañada de música.

aerobio, bia adj. y s. m. Dícese de los seres vivos cuya existencia depende de la presencia de oxígeno.

aeroclub s. m. Centro de formación y entrenamiento de pilotos de aviación civil.

aerodinámico, ca adj. Relativo a la aerodinámica. || Dícese de la forma dada a un objeto para reducir al mínimo la resistencia del aire a su movimiento. ◆ s. f. Parte de la mecánica que estudia el movimiento de los gases.

aeródromo s. m. Terreno acondicionado para el despegue y aterrizaje de aviones.

aeroespacial adj. Relativo a la vez a la aeronáutica y la astronáutica. ◇ FAM. ESPACIO.

aerofagia s. f. Deglución involuntaria de aire.

aerofobia s. f. Temor patológico al aire o al viento.

aerógrafo s. m. Aparato utilizado para proyectar colores líquidos por la presión de aire comprimido.

aerolínea s. f. Compañía de transporte aéreo regular.

aerolito s. m. Meteorito.

aeromodelismo s. m. Técnica de la construcción de maquetas de aviones. ◇ FAM. aeromodelista. MODELISMO.

aeromoza s. f. *Amér. Merid.* y *Méx*. Azafata.

aeronauta s. m. y f. Persona que practica la navegación aérea.

aeronáutico, ca adj. Relativo a la aeronáutica. ◆ s. f. Ciencia de la navegación aérea. ◇ FAM. aeronauta. AERONAVE.

aeronaval adj. Relativo a la vez a la marina y la aviación.

aeronave s. f. Cualquier aparato capaz de volar. ◇ FAM. aeronáutico, aeronaval, aeronavegación. NAVE.

aeroparque s. m. *Argent*. Pequeño aeropuerto, especialmente el de área urbana.

aeroplano s. m. Avión.

aeropuerto s. m. Conjunto de las instalaciones necesarias para el tráfico de las líneas de transporte aéreo.

aerosol s. m. Envase especial que desprende a presión partículas suspendidas en un gas.

aerostática s. f. Estudio del equilibrio de los gases.

aeróstato o **aerostato** s. m. Aparato que se eleva en la atmósfera mediante el empleo de un gas más ligero que el aire. ◇ FAM. aerostática, aerostático.

aerotransportado, da adj. Transportado por vía aérea. ◇ FAM. TRANSPORTAR.

aerotrén s. m. Vehículo con colchón de aire, que se desplaza sobre una vía especial.

aerovía s. f. Ruta para el vuelo de los aviones comerciales.

afable adj. Agradable, amable, cordial. ◇ FAM. afabilidad.

afamado, da adj. Acreditado, ilustre, reputado.

afamar v. tr. [1]. Hacer famoso, dar fama. ◇ FAM. afamado. FAMA.

afán s. m. Trabajo excesivo, solícito y penoso. ‖ Anhelo vehemente. ◇ FAM. afanar, afanoso.

afanar v. tr. [1]. Hurtar o engañar. ◆ **afanarse** v. pron. Entregarse al trabajo con solicitud.

afanoso, sa adj. Que se afana. ‖ Que es muy trabajoso o cuesta mucho esfuerzo.

afasia s. f. Pérdida de la palabra o de la capacidad de comprensión del lenguaje. ◇ FAM. afásico.

afear v. tr. y pron. [1]. Hacer o poner feo. ◆ v. tr. Fam. Reprochar: afear su mala acción. ◇ FAM. afeamiento. FEO, A.

afección s. f. Enfermedad. ‖ Afecto o inclinación por alguien o algo.

afectación s. f. Falta de sencillez y naturalidad: hablar con afectación.

afectado, da adj. Que adolece de afectación. ‖ Aparente, fingido.

afectar v. tr. [1]. Atañer, interesar. ‖ Poner un cuidado excesivo en las palabras, movimientos, etc.: afectar la voz. ‖ Fingir, aparentar. ◆ v. tr. y pron. Impresionar, emocionar. ◇ FAM. afección, afectable, afectación, afectado. AFECTO[1].

afectividad s. f. PSIC. Conjunto de los fenómenos afectivos como las emociones o las pasiones.

afecto[1] s. m. Amistad, cariño. ‖ Estado de ánimo, sentimiento o emoción. ◇ FAM. afectar, afectividad, afectivo, afecto[2], afectuosidad, afectuoso, afición. / desafecto.

afecto[2], ta adj. Inclinado, partidario de alguien o de algo.

afectuoso, sa adj. Amoroso, cariñoso.

afeitar v. tr. y pron. [1]. Cortar el pelo de una parte del cuerpo, en especial el de la barba. ◆ v. tr. Limar las puntas de las astas del toro. ◇ FAM. afeitado, afeitadora, afeite.

afeite s. m. Cosmético.

afelpar v. tr. [1]. Dar al tejido aspecto de felpa, o recubrir con ella. ◇ FAM. afelpado. FELPA.

afeminado, da adj. y s. m. Dícese del hombre que tiene ademanes o características propios de una mujer.

afeminar v. tr. y pron. [1]. Hacer perder a uno las cualidades varoniles. ◇ FAM. afeminación, afeminado, afeminamiento. HEMBRA.

aferente adj. Dícese del vaso sanguíneo o nervio que desemboca en otro o que llega a un órgano.

aferrar v. tr. y pron. [1]. Agarrar con fuerza. ◆ **aferrarse** v. pron. Obstinarse en una idea u opinión. ◇ FAM. aferramiento. / desaferrar.

affaire s. m. Asunto o caso, generalmente de tipo ilegal. ‖ Aventura amorosa.

afgano, na adj. y s. De Afganistán.

afianzar v. tr. y pron. [1g]. Afirmar, asegurar con puntales, clavos, etc. ‖ Fam. Consolidar, fundamentar. ◇ FAM. afianzamiento. FIANZA.

afiche s. m. Amér. Merid. Cartel.

afición s. f. Amor hacia alguien o algo. ‖ Conjunto de personas aficionadas a una actividad o espectáculo. ◇ FAM. aficionado, aficionar. AFECTO[1].

aficionado, da adj. y s. Que cultiva algún arte, profesión o deporte sin tenerlo por oficio. ‖ Que tiene afición por algo. ◇ FAM. radioaficionado. AFICIÓN.

aficionar v. tr. [1]. Inducir a uno a que guste de una persona o cosa. ◆ **aficionarse** v. pron. Prendarse de alguien o algo.

afijo s. m. y adj. LING. Elemento que se coloca al principio, en medio o al final de las palabras para modificar su sentido o función. ◇ FAM. FIJO, JA.

afilar v. tr. [1]. Sacar filo o punta a un arma o instrumento. ‖ Argent., Par. y Urug. Flirtear. ◆ **afilarse** v. pron. Fam. Adelgazarse la cara, nariz o dedos. ‖ Prepararse cuidadosamente para realizar algo. ◇ FAM. afilado, afilador, afiladura, afilamiento. / desafilar. FILO.

afiliar v. tr. y pron. [1]. Entrar o hacer entrar a uno como miembro en una sociedad, corporación, secta, etc. ◇ FAM. afiliación, afiliado. FILIAL.

afiligranar v. tr. [1]. Hacer filigrana en una cosa. ‖ Pulir, hermosear. ◇ FAM. afiligranado. FILIGRANA.

afín adj. Que tiene semejanza con otra persona o cosa. ◆ s. m. y f. Pariente, allegado. ◇ FAM. afinidad. FIN.

afinar v. tr. y pron. [1]. Hacer fino, sutil o delicado: afinar los modales. ‖ Perfeccionar, mejorar. ◆ v. tr. Purificar los metales. ‖ MÚS. Poner en tono unos instrumentos con otros. ◆ v. intr. Cantar o tocar entonando con perfección. ◇ FAM. afinación, afinado, afinador, afinadura, afinamiento. / desafinar. FINO, NA.

afincar v. intr. y pron. [1a]. Establecer o fijar la residencia en un lugar: afincarse en la ciudad. ◇ FAM. FINCA.

afinidad s. f. Analogía o semejanza de una cosa con otra. ‖ QUÍM. Tendencia de un átomo o molécula a combinarse entre sí.

afirmación s. f. Acción y efecto de afirmar.

afirmar v. tr. y pron. [1]. Poner firme, dar firmeza o consolidar. ◆ v. tr. Asegurar o dar por cierta una cosa: afirmar una teoría. ‖ Decir que sí. ◆ **afirmarse** v. pron. Ratificarse en lo dicho. ◇ FAM. afirmación, afirmadamente, afirmativamente, afirmativo. / reafirmar. FIRME.

aflautar v. tr. [1]. Tener o adquirir voz de flauta. ◇ FAM. aflautado. FLAUTA.

aflicción s. f. Estado de ánimo de la persona afligida, pena.

afligir v. tr. y pron. [3b]. Causar dolor, sufrimiento, tristeza, pena. ◇ FAM. aflicción, aflictivo, afligido, afligimiento.

aflojar v. tr. y pron. [1]. Disminuir la presión o la tirantez. ◆ v. tr. Fam. Soltar, entregar: aflojar dinero. ◆ v. intr. Fam. Perder fuerza, flaquear en un esfuerzo: aflojar en su empeño. ◇ FAM. aflojamiento. FLOJO, JA.

aflorar v. intr. [1]. Asomar, surgir, aparecer algo oculto: aflorar los sentimientos. ◇ FAM. afloramiento. FLOR.

afluencia s. f. Acción y efecto de afluir: afluencia de gente. || Abundancia.

afluente s. m. Corriente de agua que desemboca en otra. ◇ FAM. subafluente. AFLUIR.

afluir v. intr. [29]. Acudir en abundancia o en gran número a un lugar. || Verter en un sitio, un río u otro líquido que discurre de forma semejante. ◇ FAM. afluencia, afluente. FLUIR.

afonía s. f. Pérdida total o parcial de la voz. ◇ FAM. afónico.

aforar v. tr. [1]. Determinar el valor de las mercancías para el pago de derechos. || Calcular la capacidad de un recipiente o la cantidad de líquido, grano, etc., que contiene. || Medir la cantidad o volumen de agua que lleva una corriente en una unidad de tiempo. ◇ FAM. aforador, aforamiento, aforo. / desaforado. FORO.

aforismo s. m. Sentencia breve y doctrinal. ◇ FAM. aforístico.

aforo s. m. Acción y efecto de aforar. || Número de localidades de un teatro, cine, etcétera.

afortunado, da adj. Que tiene fortuna o buena suerte: afortunado en el juego. || Feliz, dichoso. ◇ FAM. desafortunado. FORTUNA.

afrancesar v. tr. y pron. [1]. Dar carácter francés a alguien o algo. ◇ FAM. afrancesado, afrancesamiento. FRANCÉS, SA.

afrenta s. f. Vergüenza y deshonor que resulta de algún dicho o hecho. ◇ FAM. afrentar, afrentoso. FRENTE.

afrentar v. tr. [1]. Causar afrenta, ofender o insultar. ◆ afrentarse v. pron. Avergonzarse, sonrojarse.

africado, da adj. y s. f. LING. Dícese del sonido consonántico caracterizado por ser oclusivo al principio de su emisión y fricativo al final, como la ch. ◇ FAM. FRICATIVO, VA.

africano, na adj. y s. De África. ◇ FAM. africanizar, afro. / centroafricano, negroafricano, norteafricano, sudafricano.

afro adj. Que imita modelos africanos. || Dícese de un corte de pelo muy rizado. ◇ FAM. afroamericano, afroasiático, afrocubano. AFRICANO, NA.

afroamericano, na adj. y s. Relativo a los negros de América.

afroasiático, ca adj. Relativo a Asia y África conjuntamente.

afrocubano, ca adj. y s. Relativo a los negros cubanos de origen africano.

afrodisiaco, ca o **afrodisíaco, ca** adj. y s. m. Dícese de ciertas sustancias que excitan el apetito sexual.

afrontar v. tr. [1]. Hacer frente a un enemigo, peligro o dificultad. ◇ FAM. afrontado, afrontamiento. FRENTE.

afuera adv. l. Hacia o en la parte exterior: te esperan afuera. ◆ s. f. pl. Zona que está alrededor o en las inmediaciones de una población. ◆ ¡Afuera! interj. Se usa para ordenar a alguien que se retire de un lugar. ◇ FAM. FUERA.

agachada s. f. Argent. Evasiva, desleal o cobarde. || Chile. Inclinación, adulación. || Urug. Pillería, artimaña.

agachar v. tr. y pron. [1]. Inclinar hacia abajo o bajar alguna parte del cuerpo. ◇ FAM. agachada, agachado. / gacho.

agalla s. f. Branquia de los peces. || Cada uno de los costados de la cabeza del ave, correspondientes a las sienes. || Excrecencia que se forma en algunos árboles por la picadura de determinados insectos. ● Tener agallas, tener coraje o valentía.

agamí s. m. Ave de América del Sur, del tamaño de un gallo y plumaje negro.

ágape s. m. Banquete o comida para celebrar algún acontecimiento.

agarrada s. f. Altercado, riña.

agarraderas s. f. pl. Favor, influencia, buenas relaciones.

agarradero s. m. Mango o parte de un objeto que permite asirlo. || Fam. Amparo, recurso.

agarrado, da adj. y s. Mezquino, avaro. ◆ adj. y s. m. Dícese del baile en que la pareja va enlazada.

agarrar v. tr. y pron. [1]. Asir fuertemente a alguien o algo. || Contraer una enfermedad. ◆ v. tr. Atrapar a alguien. || Fam. Conseguir, lograr: agarrar un buen empleo. ◆ agarrarse v. pron. Fam. Valerse de algo como pretexto. ◇ FAM. agarrada, agarraderas, agarradero, agarrado, agarrador, agarrón. GARRA.

agarrón s. m. Sacudida, tirón. || Amér. Riña, altercado.

agarrotar v. tr. y pron. [1]. Ponerse rígidos los miembros. || Paralizar o inmovilizar un mecanismo o acción. ◆ v. tr. Dar muerte por medio del garrote. ◇ FAM. agarrotado, agarrotamiento. GARROTE.

agasajar v. tr. [1]. Tratar a alguien con atención y afecto. || Halagar, obsequiar. ◇ FAM. agasajado, agasajador, agasajo.

ágata s. f. Roca silícea con bandas de distintos colores, utilizada en joyería.

agaucharse v. pron. [1]. Amér. Merid. Adquirir aspecto o costumbres de gaucho. ◇ FAM. agauchado. GAUCHO, CHA.

agave s. m. Planta de hojas anchas y carnosas, de las que se saca una fibra textil.

agazaparse v. pron. [1]. Agacharse, encogerse, ocultarse. ◇ FAM. GAZAPO[1].

agencia s. f. Empresa comercial que se ocupa de diferentes asuntos. ‖ Sucursal o despacho de determinadas empresas.

agenciar v. tr. y pron. [1]. Procurar o conseguir algo con diligencia o maña: *agenciarse un trabajo*.

agenciero, ra s. *Argent.* Persona encargada de una agencia de lotería o de venta de automotores. ‖ *Chile.* Prestamista. ‖ *Cuba* y *Méx.* Agente de mudanzas.

agenda s. f. Cuaderno para anotar lo que se ha de hacer o se ha de recordar. ‖ Programa de actividades o trabajos de una persona.

agente adj. y s. m. Que obra o tiene la virtud de obrar. ◆ s. m. y f. Persona que obra por cuenta de un organismo, gobierno, etc. ‖ Funcionario público. ◇ FAM. agencia, agenciar, agenciero, agenda.

ágil adj. Ligero, suelto, pronto, expedito: *persona ágil; movimientos, respuestas ágiles.* ◇ FAM. agilidad, agilizar.

agilizar v. tr. y pron. [1g]. Hacer ágil o dar rapidez.

agitador, ra s. Persona que promueve disturbios. ◆ s. m. Instrumento utilizado para remover líquidos.

agitar v. tr. y pron. [1]. Mover con frecuencia y violentamente algo. ‖ *Fam.* Inquietar, excitar, promover disturbios: *agitar a las masas.* ◇ FAM. agitable, agitación, agitador.

aglomerado s. m. Plancha formada por fragmentos de madera prensada. ‖ Material de construcción prefabricado en hormigón.

aglomerar v. tr. y pron. [1]. Reunir, amontonar. ◆ **aglomerarse** v. pron. Reunirse desordenada o apretadamente personas o cosas. ◇ FAM. aglomeración, aglomerado, aglomerante. / conglomerar.

aglutinante adj. y s. m. Que aglutina. ◆ **Lenguas aglutinantes** (LING.), las que expresan las relaciones gramaticales mediante la yuxtaposición de afijos a las raíces.

aglutinar v. tr. y pron. [1]. Pegar fuertemente una cosa con otra usando una sustancia viscosa. ‖ Reunir, aliar. ◇ FAM. aglutinación, aglutinante. GLUTEN.

agnosticismo s. m. Doctrina que declara lo absoluto como inaccesible para el entendimiento humano, en especial la existencia de Dios. ◇ FAM. agnóstico. GNOSIS.

agnus o **agnusdéi** s. m. Oración que se dice en la misa entre el padrenuestro y la comunión.

agobiar v. tr. y pron. [1]. Causar gran fatiga, preocupación o abatimiento. ◇ FAM. agobiado, agobiador, agobiante, agobio.

agolpar v. tr. y pron. [1]. Juntar o juntarse de golpe en un lugar personas, animales o cosas. ◇ FAM. agolpamiento. GOLPE.

agonía s. f. Momento de la vida que precede inmediatamente a la muerte. ‖ Lenta desaparición: *la agonía de un régimen político.* ◇ FAM. agónico, agonizar.

agonizar v. intr. [1g]. Estar muriéndose una persona o animal. ‖ Extinguirse una cosa.

ágora s. f. Plaza pública de las polis griegas. ◇ FAM. agorafobia.

agorafobia s. f. Miedo patológico a los espacios abiertos.

agorar v. tr. [1q]. Augurar, presagiar. ◇ FAM. agorero. AGÜERO.

agorero, ra adj. y s. Que adivina por agüeros o cree en ellos. ‖ Que predice males o desdichas.

agostar v. tr. y pron. [1]. Secar el excesivo calor las plantas. ◇ FAM. agostador, agostamiento. AGOSTO.

agosto s. m. Octavo mes del año. ● **Hacer uno su agosto**, realizar un buen negocio. ◇ FAM. agostar.

agotar v. tr. y pron. [1]. Extraer todo el líquido que hay en un sitio. ‖ *Fam.* Gastar del todo, consumir. ‖ Cansar, extenuar. ◇ FAM. agotable, agotado, agotador, agotamiento. / inagotable. GOTA.

agracejo s. m. Arbusto caduco de bayas comestibles. ‖ Uva que no llega a madurar. ◇ FAM. AGRAZ.

agraciar v. tr. [1]. Dar o aumentar la gracia y belleza. ‖ Hacer o conceder una gracia o merced. ◇ FAM. agraciado. GRACIA.

agradar v. intr. [1]. Complacer, gustar. ◇ FAM. agradable, agrado. / desagradar. GRATO, TA.

agradecer v. tr. [2m]. Mostrar gratitud por algún favor. ‖ *Fam.* Corresponder una cosa al trabajo empleado en conservarla. ◇ FAM. agradecido, agradecimiento. / desagradecido. GRATO, TA.

agrado s. m. Amabilidad, simpatía. ‖ Voluntad, gusto, complacencia.

agramatical adj. Que no se ajusta a las reglas de la gramática. ◇ FAM. agramaticalidad. GRAMATICAL.

agrandar v. tr. y pron. [1]. Hacer más grande. ◇ FAM. agrandamiento. GRANDE.

agrario, ria adj. Relativo al campo. ◇ FAM. agrarismo. AGRO.

agravar v. tr. y pron. [1]. Hacer una cosa más peligrosa o grave. ◇ FAM. agravación, agravamiento, agravante. GRAVE.

agraviar v. tr. [1]. Hacer agravio. ◆ **agraviarse** v. pron. Ofenderse o resentirse por algún agravio. ◇ FAM. agraviado, agraviador, agraviante, agravio. / desagraviar. GRAVE.

agravio s. m. Ofensa a la honra o fama de una persona. ‖ Perjuicio que se hace a uno en sus derechos o intereses.

agraz s. m. Uva sin madurar. ‖ Zumo de esta uva. ◇ FAM. agracejo. AGRIO, GRIA.

agredir v. tr. [3ñ]. Acometer a uno para hacerle daño. ◇ FAM. agresión, agresividad, agresivo, agresor.

agregado, da adj. y s. Unido, anexionado. ‖ Dícese del profesor con categoría inferior a la de catedrático. ◆ s. m. Empleado adscrito a un servicio del cual no es titular. ‖ Agregación, añadidura. ‖ *Amér. Central* y *Amér. Merid.* Pequeño arrendatario de tierra. ‖ *Argent., Par.* y *Urug.* Persona que vive en casa ajena a costa del dueño.

agregar v. tr. y pron. [1b]. Unir unas personas o cosas a otras. ◆ v. tr. Destinar accidentalmente un empleado a un servicio, o asociarlo a otro empleado. ‖ Añadir algo a lo ya dicho o escrito. ◇ FAM. agregación, agregado.

agremiar v. tr. y pron. [1]. Reunir en gremio. ◇ FAM. agremiación. GREMIO.

agresión s. f. Acción y efecto de agredir. ‖ DER. Ataque perpetrado por un estado contra otro.

agresivo, va adj. Que implica agresión, provocación o ataque. ‖ Propenso a faltar al respeto, a ofender o a provocar. ‖ Activo, emprendedor: *ejecutivo agresivo.*

agreste adj. Relativo al campo. ‖ Áspero, inculto. ‖ Falto de educación.

agri- pref. Significa 'campo': *agricultura.*

agriar v. tr. y pron. [1]. Poner agrio. ‖ Exasperar los ánimos.

agricultura s. f. Cultivo de la tierra. ◇ FAM. agrícola, agricultor. AGRO.

agridulce adj. y s. m. Que tiene mezcla de agrio y de dulce.

agriera s. f. *Amér.* Acidez de estómago. ◇ FAM. AGRIO, GRIA

agrietar v. tr. y pron. [1]. Abrir grietas. ◇ FAM. agrietamiento. GRIETA.

agrimensor, ra s. Persona experta en agrimensura.

agrimensura s. f. Medición de la superficie de las tierras. ◇ FAM. agrimensor.

agringarse v. pron. [1b]. *Amér.* Adquirir las costumbres de los gringos. ◇ FAM. agringado. GRINGO, GA.

agrio, gria adj. Ácido. ‖ Acre, desabrido. ◆ s. m. pl. Cítricos. ◇ FAM. agraz, agriar, agriera, agrura. / acre², agridulce.

agro s. m. Campo de cultivo. ◇ FAM. agrario, agricultura, agrología, agronomía. / agropecuario.

agro- pref. Agri-*: *agropecuario.*

agrología s. f. Ciencia que estudia la relación entre el suelo y la vegetación. ◇ FAM. agrológico. AGRO.

agronomía s. f. Ciencia de la agricultura. ◇ FAM. agronómico, agrónomo. AGRO.

agrónomo, ma s. Persona que se dedica a la agronomía.

agropecuario, ria adj. Que concierne a la vez a la agricultura y a la ganadería.

agrupación s. f. Acción y efecto de agrupar. ‖ Conjunto de personas agrupadas para un fin.

agrupar v. tr. y pron. [1]. Reunir en grupo. ◇ FAM. agrupación, agrupamiento. / reagrupar. GRUPO.

agua s. f. Líquido incoloro, inodoro e insípido, compuesto por oxígeno e hidró-

geno. ‖ Infusión, disolución o emulsión de flores, plantas o frutos, que se usan en medicina y perfumería. ‖ Lluvia. ◆ pl. Visos o destellos que presentan determinadas sustancias. ● **Agua de borrajas**, o de **cerrajas**, cosa de poca trascendencia o sustancia. ‖ **Agua mineral**, la que contiene una solución de sustancias minerales. ‖ **Agua termal**, agua de manantial que mana a una temperatura elevada. ‖ **Agua viva** *(Argent.* y *Urug.)*, medusa. ● **Hacer agua**, entrar agua en una embarcación por alguna grieta o agujero. ‖ **Romper aguas**, romperse la bolsa que envuelve al feto y derramarse el líquido amniótico. ◇ FAM. aguacero, aguachento, aguada, aguaderas, aguador, aguamanil, aguanoso, aguar, aguardiente, aguarrás, aguatero, aguazal. / acuarela, acuario, acuático, acueducto, acuicultura, acuífero, acuoso, aguacal, aguachirle, aguadulce, aguafuerte, aguají, aguamarina, aguamiel, aguanieve, desaguar, mediagua, paraguas, vierteaguas.

aguacal s. m. Lechada de cal con yeso usada para enjalbegar.

aguacate s. m. Árbol de fruto comestible en forma de pera, de pulpa espesa y perfumada. ‖ Fruto de este árbol.

aguacero s. m. Lluvia repentina e impetuosa.

aguachento, ta adj. *Amér. Central* y *Amér. Merid.* Dícese de lo que pierde sustancia por haber estado impregnado de agua mucho tiempo.

aguachirle s. f. Bebida o alimento sin fuerza ni sustancia.

aguacil s. m. *Argent.* y *Urug.* Libélula, caballito del diablo.

aguada s. f. Pintura preparada con colorantes desleídos en agua. ‖ Obra realizada con esta pintura. ‖ Lugar para proveerse de agua. ‖ *Amér. Merid.* Abrevadero.

aguaderas s. f. pl. Armazón que se coloca sobre las caballerías para llevar cántaros de agua u otras cosas.

aguadillano, na adj. y s. De Aguadilla (Puerto Rico).

aguador, ra s. Persona que vende o transporta agua.

aguadulce s. m. *C. Rica.* Bebida hecha de agua y miel.

aguafiestas s. m. y f. Persona que turba una diversión o regocijo. ◇ FAM. AGUAR.

aguafuerte s. m. o f. Disolución de ácido nítrico empleada por los grabadores. ‖ Estampa obtenida con una plancha atacada por esta disolución.

aguaitar v. intr. [1]. *Amér. Merid.* Estar al acecho, observando y esperando atentamente.

aguají s. m. *Cuba* y *R. Dom.* Salsa hecha de ajo, cebolla, ají, zumo de limón y agua.

agualate s. m. *Colomb.* Chocolate muy poco espeso.

aguamanil s. m. Jarro con pico para echar

agua en la jofaina donde se lavan las manos. || Palanganero.

aguamarina s. f. Variedad del berilo, de color azul, apreciada en joyería.

aguamiel s. f. *Amér.* Bebida hecha de agua con caña de azúcar o papelón. → s. m. *Méx.* Jugo del maguey que, fermentado, produce el pulque.

aguanieve s. f. Lluvia mezclada con nieve.

aguanoso, sa adj. Con demasiada agua o muy húmedo.

aguantadero s. m. *Argent.* y *Urug.* Guarida de delincuentes.

aguantar v. tr. [1]. Detener, contener. || Sostener, resistir. || Sufrir o tolerar algo molesto o desagradable. → **aguantarse** v. pron. Contenerse, reprimirse. ◇ FAM. aguantable, aguantadero, aguante / inaguantable.

aguante s. m. Sufrimiento, paciencia. || Fuerza, resistencia.

aguapé s. m. *Argent.* Camalote, planta acuática.

aguar v. tr. y pron. [1c]. Mezclar agua con vino u otra bebida. || Estropear una fiesta o diversión. ◇ FAM. aguafiestas. AGUA.

aguará s. m. *R. de la Plata.* Animal parecido al zorro, de largas patas y pelaje en forma de crin.

aguardar v. tr. [1]. Esperar a alguien o algo. || Tener que ocurrirle algo a una persona.

aguardiente s. m. Bebida alcohólica que se obtiene por destilación del vino o de otras sustancias. ◇ FAM. aguardentoso. AGUA.

aguaribay s. m. *Amér. Central* y *Amér. Merid.* Árbol de tronco torcido y corteza rugosa, cuyo fruto es una baya pequeña y redondeada, de color rojizo.

aguarrás s. m. Esencia de trementina.

aguasado, da adj. *Chile.* Guaso, rústico. ◇ FAM. GUASO, SA.

aguascalentense adj. y s. m. y f. De Aguascalientes (México).

aguatero, ra s. *Amér. Central* y *Amér. Merid.* Aguador.

aguazal s. m. Terreno donde se estanca el agua llovediza.

agudizar v. tr. [1g]. Hacer agudo. → **agudizarse** v. pron. Agravarse, empeorar.

agudo, da adj. Acerado, afilado. || Sutil, perspicaz. || Vivo, gracioso, oportuno. || Que produce una sensación fuerte. → adj. y s. m. Dícese del sonido de tono alto. || MAT. Dícese del ángulo menor que un ángulo recto. → adj. y s. f. LING. Se dice de la palabra que tiene su acento en la última sílaba. ◇ FAM. agudeza, agudizar, aguzar. / acutángulo, peliagudo, puntiagudo.

agüero s. m. Presagio, señal. ◇ FAM. agorar, augurar.

aguerrido, da adj. Valiente.

aguerrir v. tr. y pron. [3ñ]. Acostumbrar

a los soldados a los peligros de la guerra. ◇ FAM. aguerrido. GUERRA.

aguijada s. f. Vara larga con una punta de hierro para picar a la yunta.

aguijar v. tr. [1]. Aguijonear.

aguijón s. m. Punta de la aguijada. || Dardo de las abejas y avispas. || Estímulo, incitación. ◇ FAM. aguijada, aguijar, aguijonear.

aguijonear v. tr. [1]. Picar con el aguijón. || Estimular.

águila s. f. Ave rapaz diurna de gran tamaño, fuerte musculatura y vista muy aguda. || Persona de mucha viveza y perspicacia. ◇ FAM. aguileño, aguilucho.

aguileño, ña adj. Relativo al águila. || Dícese del rostro largo y afilado y de la nariz curva y delgada.

aguilucho s. m. Ave rapaz, esbelta y robusta, con un disco facial a ambos lados de la cabeza. || Pollo del águila.

aguinaldo s. m. Regalo que se da en Navidad. || Villancico. || *Amér.* Sobresueldo que reciben los empleados como gratificación de fin de año.

aguja s. f. Barrita con un extremo terminado en punta y el otro provisto de un ojo por donde pasa un hilo para coser, bordar o tejer. || Pequeña varilla de metal utilizada para diversos usos: *aguja de reloj.* || Púa que recorre los surcos de los discos fonográficos. || Pez de hocico alargado en forma de aguja. || Raíl móvil que sirve para realizar los cambios de vía. → pl. En una res, costillas del cuarto delantero. ◇ FAM. agujero, agujeta, agujetas. / acicular, acupuntura, guardagujas.

agujerar o **agujerear** v. tr. y pron. [1]. Hacer agujeros.

agujero s. m. Abertura redondeada. ● Agujero negro (ASTRON.), astro cuyo campo de gravitación impide que salga ninguna radiación de él. ◇ FAM. agujerar, agujerear. AGUJA.

agujeta s. f. *Méx.* Cordón para amarrarse los zapatos.

agujetas s. f. pl. Dolor muscular que se siente después de realizar un esfuerzo intenso.

¡agur! interj. ¡Adiós!, ¡hasta luego!

agusanarse v. pron. [1]. Criar gusanos una cosa. ◇ FAM. GUSANO.

agustino, na adj. y s. Relativo a la orden de san Agustín.

agutí s. m. *Amér. Merid.* Roedor de cuerpo esbelto, coloración amarillento verdosa y cola corta.

aguzanieves s. m. Pájaro insectívoro, de color gris en su parte superior, provisto de una larga cola.

aguzar v. tr. [1g]. Sacar punta a una cosa. || Forzar algún sentido para que preste más atención: *aguzar la vista.* ◇ FAM. aguzamiento. AGUDO, DA.

¡ah! interj. Denota pena, admiración o sorpresa.

ahechar v. tr. [1]. Limpiar con harnero o criba el grano trillado.

aherrojar v. tr. [1]. Aprisionar con grilletes o hierros. || Oprimir, subyugar. ◇ FAM. aherrojamiento.

ahí adv. l. En o a ese lugar. || Precedido de la prep. *de* o *por*, de esto o de eso. ● **Por ahí**, por lugar indeterminado.

ahijado, da s. Cualquier persona respecto a sus padrinos. ◇ FAM. HIJO, JA.

ahijar v. tr. [1u]. Prohijar, adoptar. || Acoger un animal a la cría ajena. ◇ FAM. HIJO, JA.

¡ahijuna! interj. *Argent., Chile* y *Urug.* Expresa enfado o asombro.

ahilar v. intr. [1u]. Ir uno tras otro formando hilera. ➤ **ahilarse** v. pron. Adelgazarse por causa de alguna enfermedad. || Crecer las plantas más alargadas de lo normal. ◇ FAM. ahilado, ahilamiento. HILO.

ahincar v. tr. [1v]. Instar con ahínco. ➤ **ahincarse** v. pron. Apresurarse. ◇ FAM. ahínco. HINCAR.

ahínco s. m. Esfuerzo, empeño grande.

ahíto, ta adj. Que padece una indigestión o empacho. || Repleto, lleno. || Cansado, enfadado. ◇ FAM. HITO.

ahogar v. tr. y pron. [1b]. Matar o morir por asfixia. || Extinguir, apagar. || Inundar de combustible el carburador de un automóvil, dificultándole la arrancada. ➤ v. tr. *Amér.* Rehogar. ➤ v. tr., intr. y pron. Oprimir, acongojar, fatigar. ➤ **ahogarse** v. pron. Sofocarse. ◇ FAM. ahogado, ahogamiento, ahogo. / desahogar.

ahogo s. m. Dificultad para respirar. || Aprieto, congoja o aflicción grande. || *Colomb.* Salsa para sazonar ciertas comidas.

ahondar v. tr. [1]. Hacer más hondo. ➤ v. tr. e intr. Estudiar un asunto a fondo. ➤ v. tr., intr. y pron. Introducir una cosa muy dentro de otra. ◇ FAM. ahondamiento. HONDO, DA.

ahora adv. t. En el momento presente. || Hace poco tiempo. ➤ *Dentro de poco tiempo.* ➤ conj. Enuncia o introduce un pensamiento. || Indica alternancia u oposición entre dos oraciones. ● **Ahora bien**, pero, sin embargo. || **Ahora que**, pero. || **Por ahora**, por lo pronto. ◇ FAM. ahorita. / ora. HORA.

ahorcajarse v. pron. [1]. Montar a horcajadas.

ahorcar v. tr. y pron. [1a]. Matar a alguien colgándolo por el cuello. ◇ FAM. ahorcado, ahorcadura, ahorcamiento. HORCA.

ahorita adv. t. *Amér.* Ahora mismo, de inmediato.

ahormar v. tr. y pron. [1]. Ajustar a una horma o molde. ◇ FAM. HORMA.

ahorrar v. tr. y pron. [1]. No malgastar, reservar dinero separándolo del gasto ordinario. || Evitar, excusar algún trabajo,

riesgo, etc. ◇ FAM. ahorrador, ahorramiento, ahorrativo, ahorro.

ahorro s. m. Acción de ahorrar. || Lo que se ahorra.

ahuchar v. tr. [1w]. *Colomb.* Instigar, azuzar.

ahuecar v. tr. [1a]. Poner hueco o cóncavo. || Afectar la voz. ➤ **ahuecarse** v. pron. Fam. Engreírse. ● **Ahuecar el ala** (*Fam.*), marcharse. ◇ FAM. ahuecado, ahuecador, ahuecamiento. HUECO, CA.

ahuehué o **ahuehuete** s. m. Árbol conífero de madera elástica de gran calidad y fruto en piña.

ahuevar v. tr. [1]. Dar limpidez al vino con clara de huevo. ◇ FAM. HUEVO.

ahuesarse v. pron. [1]. *Amér.* Quedarse una mercancía sin vender.

ahumado, da adj. Dícese de los cuerpos transparentes que tienen color sombrío. || Dícese de un alimento que ha sido expuesto al humo.

ahumar v. tr. [1w]. Exponer al humo para secar y conservar. ➤ v. tr. y pron. Llenar de humo. ➤ **ahumarse** v. pron. Tomar los guisos sabor de humo. ◇ FAM. ahumado. HUMO.

ahuyentar v. tr. [1]. Hacer huir. || Desechar lo que molesta, asusta, etc. ◇ FAM. ahuyentador. HUIR.

aiboniteño, ña adj. y s. De Aibonito (Puerto Rico).

aimara o **aimará** adj. y s. m. De un pueblo amerindio que habita en la región del lago Titicaca, entre Perú y Bolivia. ➤ s. m. Lengua que habla este pueblo.

aindiado, da adj. y s. *Amér.* Que se parece a los indios en las facciones y el color. ◇ FAM. INDIO[2], DIA.

airar v. tr. y pron. [1u]. Hacer sentir ira. ◇ FAM. airado. / desairar. IRA.

aire s. m. Gas que forma la atmósfera. || Viento, corriente de aire. || Aspecto, apariencia. || Garbo, brío, elegancia. || Cada una de las maneras de andar las caballerías. || MÚS. Música de una canción. ● **Aire de suficiencia**, afectación. || **Al aire libre**, en espacios abiertos. || **Cambiar de aires**, cambiar de lugar de residencia. || **Darse aires** (*Fam.*), presumir. || **En el aire**, pendiente de decisión. || Realizando una emisión. || **Tomar el aire**, pasearse. || **Vivir del aire**, vivir sin recursos. ◇ FAM. aireado, airear, airoso. / aéreo, aerífero, tentenlaire.

airear v. tr. [1]. Poner al aire, ventilar. ➤ **airearse** v. pron. Ponerse al aire para refrescarse o respirar con desahogo. ◇ FAM. aireación, aireo. AIRE.

airón s. m. Penacho de plumas de las aves, o de sombreros, cascos, etc.

airoso, sa adj. Garboso o gallardo. || Que lleva a cabo una empresa con éxito.

aisenino, na adj. y s. De Aisén (Chile).

aislacionismo s. m. Actitud del país que no participa en asuntos internacionales.

aislado, da adj. Solo, suelto, individual.

aislamiento s. m. Acción de aislar. || Incomunicación.

aislante adj. y s. m. Dícese del cuerpo que impide el paso del calor, la electricidad, etc.

aislar v. tr. [1u]. Separar, poner o dejar fuera de contacto, comunicación o relación. ◇ FAM. aislable, aislacionismo, aislacionista, aislado, aislador, aislamiento, aislante. ISLA.

¡ajá! interj. Fam. Denota aprobación.

ajacho s. m. Bol. Bebida muy fuerte hecha de chicha y ají.

ajamonarse v. pron. [1]. Fam. Engordar una persona. ◇ FAM. JAMONA.

ajar v. tr. y pron. [1]. Maltratar, deslucir. ◇ FAM. ajamiento.

ajedrea s. f. Planta aromática utilizada como condimento.

ajedrez s. m. Juego que se practica en un tablero de 64 casillas o escaques y 32 piezas. ◇ FAM. ajedrecista, ajedrecístico, ajedrezado.

ajedrezado, da adj. Que forma cuadros como el tablero de ajedrez.

ajenjo s. m. Planta aromática utilizada en medicina. || Licor alcohólico aromatizado con esta planta.

ajeno, na adj. Perteneciente a otro. || Distante, lejano, impropio. || Distraído. ◇ FAM. alienar, enajenar.

ajetrearse v. pron. [1]. Fatigarse con algún trabajo o actividad excesivos. ◇ FAM. ajetreado, ajetreo.

ajetreo s. m. Acción y efecto de ajetrearse.

ají s. m. Amér. Merid. y Antill. Pimiento pequeño y picante. || Ajiaco. ◇ FAM. ajacho, ajiaco. / aguají.

ajiaceite s. m. Salsa hecha de ajos machacados y aceite.

ajiaco s. m. Amér. Merid. Guiso hecho con carne, patatas, pimientos, etc. || Amér. Merid. Salsa hecha de ajíes. || Cuba. Tumulto, revuelo.

ajilimójili o **ajilimoje** s. m. Fam. Salsa para los guisados. || Fam. Revoltijo. ◆ pl. Agregados, acompañamiento.

ajillo s. m. Salsa compuesta de ajos, aceite y guindillas.

ajimez s. m. Ventana partida por una columna, rematada por dos arcos gemelos.

ajo s. m. Planta hortense cuyo bulbo se utiliza como condimento. || Bulbo de esta planta. ● **Estar en el ajo** (Fam.), estar al tanto de un asunto que se trata reservadamente. ◇ FAM. ajilimójili, ajillo, ajoarriero. / ajiaceite, aliáceo, alioli.

ajoaceite s. m. Ajiaceite*.

ajoarriero s. m. Guiso de bacalao, rehogado en aceite con ajos y otros ingredientes.

ajolote s. m. Batracio de los lagos centroamericanos, capaz de reproducirse en estado larvario.

ajonjear v. tr. [1]. Colomb. Mimar, acariciar.

ajonjolí s. m. Planta cultivada por sus semillas comestibles del mismo nombre, de las que se extrae aceite.

ajorca s. f. Aro usado como adorno de brazos o piernas.

ajotollo s. m. Perú. Guiso hecho con tollo.

ajuar s. m. Enseres y ropas de una casa. || Conjunto de muebles, ropa de casa y enseres que aporta la mujer al matrimonio.

ajumar v. tr. y pron. [1]. Vulg. Emborrachar.

ajuntarse v. pron. [1]. Unirse en matrimonio o amancebarse. ◇ FAM. JUNTAR.

ajustado, da adj. Justo, recto.

ajustadores s. m. pl. Cuba. Prenda interior femenina para el busto.

ajustar v. tr. y pron. [1]. Proporcionar y adaptar una cosa de modo que venga justo con otra. || Ceñir, apretar, encajar. ◆ v. tr. Concertar el precio de una cosa. || Comprobar una cuenta y liquidarla. || Saldar una cuenta con la justicia. ◆ v. intr. Venir justo, casar. ◆ **ajustarse** v. pron. Ponerse de acuerdo. ◇ FAM. ajustado, ajustador, ajustadores, ajustamiento, ajuste. / desajustar, reajustar. JUSTO, TA.

ajuste s. m. Acción y efecto de ajustar o ajustarse. || Medida proporcionada de las partes de una cosa.

ajusticiar v. tr. [1]. Aplicar a un reo la pena de muerte. ◇ FAM. ajusticiado, ajusticiamiento. JUSTICIAR.

al. Contracción de la prep. a y el art. el.

ala s. f. Miembro de las aves e insectos del que se sirven para volar. || Cada una de las partes de ciertas cosas que se extienden a los lados o alrededor de ellas. || Cada una de las tendencias extremas de un partido, organización, etc. || Parte lateral de un ejército terrestre o naval en orden de batalla. || Jugador que ataca por el lateral. ◆ pl. Osadía, libertad, atrevimiento: tener alas, dar alas. ◇ FAM. alado, alar, alero, alerón, aleta, aletear. / alicaído, alicorto.

alabanza s. f. Expresión o conjunto de expresiones con que se alaba.

alabar v. tr. y pron. [1]. Elogiar con palabras. ◇ FAM. alabador, alabanza.

alabarda s. f. Arma enastada de hierro puntiagudo por un lado y cortante por el otro. ◇ FAM. alabardero.

alabardero s. m. Soldado armado con alabarda.

alabastro s. m. Piedra blanca, blanda, traslúcida y compacta, utilizada en escultura.

álabe s. m. Cada una de las piezas metálicas que canalizan un fluido en una turbina o una bomba. ◇ FAM. alabear.

alabear v. tr. y pron. [1]. Dar a una superficie forma combada. ◇ FAM. alabeado, alabeo. ÁLABE.

alacena s. f. Armario empotrado que solía utilizarse para guardar utillaje o comida.

alacrán s. m. Escorpión. ‖ Pieza del freno de las caballerías. ◇ FAM. alacranear.

alacranear v. intr. [1]. *Argent.* Hablar mal de alguien.

aladar s. m. Mechón de cabello que cae sobre las sienes.

alado, da adj. Con alas. ‖ Ligero, veloz.

alagoano, na adj. y s. De Alagoas (Brasil).

alajuelense adj. y s. m. y f. De Alajuela (Costa Rica).

alambicar v. tr. [1a]. Destilar. ‖ Hablar con excesiva sutileza. ◇ FAM. alambicado, alambicamiento. ALAMBIQUE.

alambique s. m. Aparato para destilar. ◇ FAM. alambicar.

alambrada s. f. Valla hecha con alambre.

alambre s. m. Hilo de metal. ◇ FAM. alambrada, alambrar, alambrera. / inalámbrico.

alambrera s. f. Red de alambre.

alameda s. f. Terreno poblado de álamos. ‖ Paseo con árboles.

álamo s. m. Árbol de gran tamaño, de madera blanca utilizada para fabricar papel. ‖ Madera de este árbol. ◇ FAM. alameda.

alancear v. tr. [1]. Herir con lanzas. ◇ FAM. alanceador. LANZA.

alano, na adj. y s. De un pueblo bárbaro que invadió España a principios del s. v. ‖ De una raza de perros de cabeza grande y pelo de color rojo.

alar s. m. Alero. ‖ *Colomb.* Acera. ◇ FAM. ALA.

alarde s. m. Ostentación y gala que se hace de una cosa. ◇ FAM. alardear.

alardear v. intr. [1]. Hacer alarde.

alargadera s. f. Pieza que sirve para alargar alguna cosa.

alargar v. tr. y pron. [1b]. Dar más longitud o duración. ◆ v. tr. Estirar, desencoger, extender. ‖ Aplicar con interés el sentido de la vista o del oído. ‖ Alcanzar algo y darlo a otro que está apartado. ◇ FAM. alargadera, alargado, alargador, alargamiento. LARGO, GA.

alarido s. m. Grito de dolor o espanto.

alarife adj. *Amér. Central* y *Amér. Merid.* Inteligente.

alarma s. f. Inquietud, sobresalto, temor. ‖ Sonido producido por un mecanismo para avisar un peligro. ‖ Dispositivo avisador. ◇ FAM. alarmar, alarmista. ARMA.

alarmante adj. Que produce alarma.

alarmar v. tr. y pron. [1]. Dar, producir o experimentar alarma. ◇ FAM. alarmador, alarmante. ALARMA.

alarmista adj. y s. m. y f. Que hace cundir noticias alarmantes o que se alarma fácilmente.

alavés, sa adj. y s. De Álava (España).

alazán, na adj. y s. m. Dícese del caballo o yegua de pelo color canela.

alba s. f. Amanecer. ‖ Primera luz del día antes de salir el sol. ‖ Vestidura larga de tela blanca utilizada en determinadas ceremonias religiosas. ◇ FAM. ALBO, BA.

albacea s. m. y f. Persona a la que el testador confía la ejecución de su testamento. ◇ FAM. albaceazgo.

albacetense adj. y s. m. y f. Albaceteño.

albaceteño, ña adj. y s. De Albacete (España).

albacora s. f. Pez parecido al bonito, apreciado en alimentación.

albahaca s. f. Planta aromática de flores blancas.

albanés, sa o **albano, na** adj. y s. De Albania. ◆ s. m. Lengua hablada en Albania.

albañal o **albañar** s. m. Cloaca. ‖ Cosa repugnante o inmunda.

albañil s. m. Maestro u oficial de albañilería. ◇ FAM. albañilería.

albañilería s. f. Arte de construir edificios u obras en que se emplean piedra, ladrillo, cal, etc.

albar adj. De color blanco. ◇ FAM. ALBO, BA.

albarán s. m. Documento acreditativo de la recepción de mercancías.

albarda s. f. Pieza principal del aparejo de las caballerías de carga. ◇ FAM. albardería, albardero, albardilla.

albardilla s. f. Silla para domar potros. ‖ Tejadillo que se pone en los muros para facilitar la evacuación del agua.

albardón s. m. *Argent., Par.* y *Urug.* Loma o elevación situada en terrenos bajos y anegadizos que, cuando suben las aguas, se convierte en islote. ‖ *Guat.* y *Hond.* Caballete de los muros.

albaricoque s. m. Fruto del albaricoquero, de hueso liso y piel y carne amarillas. ◇ FAM. albaricoquero.

albaricoquero s. m. Árbol de flores blancas o rosadas, cultivado por sus frutos.

albariño adj. y s. m. Dícese de un vino gallego afrutado, ácido y ligero.

albatros s. m. Ave palmípeda de 3 m de envergadura, color blanco, excelente voladora y muy voraz.

albedrío s. m. Facultad que posee el hombre de decidir y obrar por voluntad propia. ◇ FAM. ARBITRIO.

alberca s. f. Depósito artificial de agua destinado al riego. ‖ *Méx.* Piscina.

albérchigo s. m. Especie de melocotón o albaricoque de carne blanca, ligeramente ácida. ‖ Alberchiguero. ‖ Albaricoque. ◇ FAM. alberchiguero.

alberchiguero s. m. Árbol cuyo fruto es el albérchigo. ‖ Albaricoquero.

albergar v. tr. y pron. [1b]. Dar o tomar albergue. ◆ v. tr. Tener ciertos sentimientos, ideas o intenciones.

albergue s. m. Lugar o edificio en que una persona halla hospedaje o resguardo. ‖ Cobijo. ◇ FAM. albergar.

albigense adj. y s. m. y f. Dícese de los

adeptos de la doctrina cátara que se extendió por el sur de Francia.

albino, na adj. y s. Que padece una carencia de pigmentación en la piel, ojos y pelo. <> FAM. albinismo. ALBO, BA.

albis. In albis, sin saber o comprender nada.

albo, ba adj. Blanco. <> FAM. alba, albar, albino, albor, álbum, albumen, albura.

albóndiga s. f. Bola de carne o pescado picado y trabado con ralladuras de pan, huevo's y especias.

albor s. m. Luz del alba. || Comienzo, principio de una cosa. <> FAM. alborada, alborear. ALBO, BA.

alborada s. f. Tiempo del amanecer. || Toque o música militar al alborear. || Composición poética o musical destinada a cantar la mañana.

alborear v. impers. [1]. Amanecer.

albornoz s. m. Especie de capote con capucha. || Bata de tejido de toalla, que se usa después del baño.

alborotar v. tr. y pron. [1]. Inquietar, alterar, desordenar. || Amotinar, sublevar. ◆ v. intr. Causar alboroto. <> FAM. alborotadizo, alborotado, alborotador, alboroto.

alboroto s. m. Griterío o estrépito. || Desorden, motín. ◆ pl. *Amér. Central.* Palomitas de maíz con miel.

alborozar v. tr. y pron. [1g]. Causar alborozo.

alborozo s. m. Extraordinario regocijo, placer o júbilo. <> FAM. alborozar.

albricias s. f. pl. Felicitación o alegría por una buena noticia. ● ¡Albricias! interj. Expresa júbilo.

albufera s. f. Extensión de agua salada separada del mar por un cordón litoral.

álbum s. m. Libro en blanco para escribir o coleccionar firmas, fotografías, etc. || Disco de larga duración. <> FAM. ALBO, BA.

albumen s. m. Reserva nutritiva del embrión de ciertas semillas. <> FAM. albúmina, albuminoide. ALBO, BA.

albúmina s. f. Sustancia orgánica viscosa, contenida en la clara de huevo, el plasma, la leche, etc.

albuminoide s. m. y adj. Sustancia orgánica que constituye la parte fundamental de las células de los seres vivos.

albur s. m. Contingencia, azar.

albura s. f. Blancura. <> FAM. ALBO, BA.

alcachofa s. f. Hortaliza cuya voluminosa inflorescencia es comestible antes de abrirse. || Cabezuela de esta planta. || Pieza con muchos orificios por los que sale el agua de los grifos, regaderas, etc. <> FAM. alcachofal, alcachofar.

alcahuete, ta s. Persona que procura, encubre o facilita un amor ilícito. || *Fam.* Correvedidile, chismoso. <> FAM. alcahuetear, alcahuetería.

alcaide s. m. Director de una prisión. || El que tenía a su cargo la guardia y defensa de una fortaleza. <> FAM. alcaidía.

alcaldada s. f. Acción arbitraria realizada afectando autoridad o abusando de la que se tiene.

alcalde, desa s. Presidente del ayuntamiento. ◆ s. f. Mujer del alcalde. <> FAM. alcaldada, alcaldía.

alcaldía s. f. Empleo de alcalde. || Oficina del alcalde.

álcali s. m. QUÍM. Hidróxido de un metal alcalino. <> FAM. alcalino, alcaloide.

alcalino, na adj. QUÍM. Relativo a los álcalis. <> FAM. alcalinidad, alcalinizar. ÁLCALI.

alcaloide s. m. QUÍM. Sustancia orgánica similar a los álcalis por sus propiedades, como la morfina, la atropina, etc. <> FAM. ÁLCALI.

alcance s. m. Distancia a que llega la acción o eficacia de determinadas cosas. || Capacidad o talento: *persona de pocos alcances.* || Trascendencia, resultado importante. ● Al, a mi, a tu, etc., **alcance,** se aplica a lo que uno puede conseguir. || Dar alcance a alguien, alcanzarle, llegar hasta él. <> FAM. ALCANZAR.

alcancía s. f. Hucha.

alcanfor s. m. Sustancia aromática cristalizada, extraída del alcanforero. <> FAM. alcanforado, alcanforar, alcanforero.

alcanforero s. m. Árbol de madera compacta de la que se extrae el alcanfor por destilación.

alcantarilla s. f. Conducto subterráneo destinado a recoger las aguas de lluvia y residuales. <> FAM. alcantarillado, alcantarillar, alcantarillero.

alcantarillado s. m. Conjunto de alcantarillas.

alcantarillar v. tr. [1]. Hacer o poner alcantarillas.

alcanzar v. tr. [1g]. Llegar a juntarse con una persona o cosa que va delante. || Dar o acercar algo a alguien. || Llegar a percibir con la vista, el oído o el olfato. || Llegar a determinado punto, momento o distancia. || Lograr lo que se busca o solicita. ◆ v. tr. e intr. Llegar a un lugar, tocar algo. ◆ v. intr. Bastar, ser suficiente. ◆ **alcanzarse** v. pron. Llegar a tocarse o juntarse. <> FAM. alcance, alcanzable, alcanzado. / inalcanzable.

alcaparra s. f. Arbusto espinoso cuyos botones florales se comen confitados en vinagre. || Botón de la flor de este arbusto. <> FAM. alcaparral, alcaparrón.

alcaparrón s. m. Fruto de la alcaparra.

alcaraván s. m. Ave zancuda nocturna, de cuello largo, cola corta y plumaje de gran colorido.

alcatraz s. m. Ave marina de gran tamaño, de pico largo y fuerte.

alcaudón s. m. Ave de presa, de pico largo y curvado, que se alimenta de insectos y pequeños mamíferos.

alcayata s. f. Escarpia, clavo.

alcazaba s. f. Refugio fortificado situado en el interior de una población murada.

alcázar s. m. Recinto fortificado. ‖ Casa o palacio real.

alce s. m. Mamífero rumiante, parecido al ciervo, de cornamenta aplanada.

alcista adj. Dícese de la tendencia al alza en los precios. ◆ s. m. y f. Persona que juega al alza en la bolsa. ◇ FAM. ALZAR.

alcoba s. f. Dormitorio.

alcohol s. m. Líquido obtenido por la destilación del vino y de otros licores o zumos fermentados. ‖ Compuesto químico procedente de la oxidación de un hidrocarburo. ◇ FAM. alcoholemia, alcohólico, alcoholímetro, alcoholismo, alcoholizarse.

alcoholemia s. f. Presencia de alcohol en la sangre.

alcohólico, ca adj. Que contiene alcohol. ◆ adj. y s. Que padece alcoholismo.

alcoholímetro s. m. Aparato para medir la cantidad de alcohol contenida en un líquido.

alcoholismo s. m. Abuso de bebidas alcohólicas. ‖ Enfermedad que ocasiona.

alcoholizarse v. pron. [1g]. Contraer alcoholismo. ◇ FAM. alcoholización, alcoholizado. ALCOHOL.

alcor s. m. Colina, collado.

alcornoque s. m. Árbol de hojas persistentes, parecido a la encina, cuya corteza proporciona el corcho. ◆ adj. y s. m. y f. Estúpido, necio. ◇ FAM. alcornocal.

alcorque s. m. Hoyo hecho al pie de las plantas para detener el agua de riego.

alcotán s. m. Halcón de pequeño tamaño, cabeza gris y alas y cola negras.

alcurnia s. f. Ascendencia, linaje.

alcuza s. f. Vasija en que se guarda el aceite de uso diario.

alcuzcuz s. m. Guiso moruno preparado con sémola de trigo, carne, legumbres y salsas.

aldaba s. f. Pieza metálica que se pone en las puertas para llamar. ‖ Pieza de metal o madera con que se aseguran los postigos o las puertas. ● **Agarrarse a, o tener, buenas aldabas,** contar con amigos influyentes. ◇ FAM. aldabada, aldabazo, aldabilla, aldabonazo.

aldabilla s. f. Gancho de hierro que entrando en una hembrilla sirve para cerrar puertas, cofres, etc.

aldabonazo s. m. Golpe dado con la aldaba.

aldea s. f. Pueblo pequeño, generalmente sin jurisdicción propia. ◇ FAM. aldeano.

aldeano, na adj. y s. Habitante u originario de una aldea. ◆ adj. Relativo a la aldea. ‖ Inculto.

aldehído s. m. QUÍM. Compuesto químico obtenido por la oxidación de un alcohol.

¡ale! interj. ¡Hala!

aleación s. f. Sustancia de características metálicas obtenida por la incorporación de uno o varios elementos a un metal. ◇ FAM. alear.

alear v. tr. [1]. Hacer una aleación.

aleatorio, ria adj. Que depende de la suerte o del azar. ◇ FAM. aleatoriedad.

alebrestarse v. pron. [1]. *Méx.* y *Venez.* Excitarse, ponerse nervioso.

aleccionar v. tr. y pron. [1]. Instruir, enseñar. ◇ FAM. aleccionado, aleccionador, aleccionamiento. LECCIÓN.

aledaño, ña adj. Confinante, lindante. ◆ s. m. pl. Inmediaciones.

alegar v. tr. [1b]. Presentar algo como excusa o disculpa o como fundamento de una petición. ◇ FAM. alegable, alegación, alegato, alegatorio. LEGAR.

alegato s. m. Razonamiento, exposición o escrito, en especial el que se presenta ante un tribunal. ‖ *Amér.* Disputa, altercado.

alegoría s. f. Ficción en virtud de la cual una persona o cosa representa o simboliza otra distinta: *la paloma es una alegoría de la paz.* ‖ Composición literaria o artística que utiliza esta forma de ficción. ◇ FAM. alegórico, alegorizar.

alegórico, ca adj. Relativo a la alegoría.

alegrar v. tr. [1]. Causar alegría. ◆ **alegrarse** v. pron. Sentir alegría. ‖ Achisparse.

alegre adj. Que siente, manifiesta, produce alegría o es propenso a ella. ‖ Vivo, con mucha luz. ‖ *Fam.* Bebido, ligeramente borracho. ‖ *Fam.* Algo libre o deshonesto. ◇ FAM. alegrar, alegremente, alegría.

alegreto s. m. MÚS. Tiempo más lento que el alegro. ‖ MÚS. Composición interpretada con este tiempo.

alegría s. f. Sentimiento de placer originado generalmente por una viva satisfacción. ‖ Manifestaciones de este sentimiento. ‖ Irresponsabilidad, ligereza. ◆ pl. Cante y baile flamenco de ritmo vivo.

alegro s. m. MÚS. Tiempo moderadamente vivo. ‖ MÚS. Composición interpretada con este tiempo. ◇ FAM. alegreto.

alejandrino, na adj. y s. De Alejandría. ‖ Relativo a Alejandro Magno. ● **Verso alejandrino,** el de catorce sílabas, compuesto de dos hemistiquios de siete sílabas.

alejar v. tr. y pron. [1]. Poner lejos o más lejos. ◇ FAM. alejado, alejamiento. LEJOS.

alelado, da adj. Lelo, tonto.

alelar v. tr. y pron. [1]. Poner lelo. ◇ FAM. alelado, alelamiento. LELO, LA.

aleluya s. m. o f. Aclamación litúrgica judía y cristiana. ◆ s. f. Alegría. ‖ Pareado, estrofa.

alemán, na adj. y s. De Alemania. ◆ s. m. Lengua hablada principalmente en Alemania y Austria.

alentar v. intr. [1j]. Respirar, absorber el aire. ◆ v. tr. y pron. Animar, infundir aliento, dar vigor. ◇ FAM. alentador, aliento. / desalentar.

alerce s. m. Árbol de gran altura, de agujas caducas, agrupadas en fascículos.

alergeno o **alérgeno** s. m. Sustancia capaz de provocar una alergia en el organismo.

alergia s. f. Sensibilidad especial a determinadas sustancias que produce ciertos fenómenos fisiológicos. ‖ Sensibilidad extremada y contraria respecto a determinados temas, personas o cosas. ◇ FAM. alergeno, alérgico.

alérgico, ca adj. De la alergia. ◆ adj. y s. Que padece alergia.

alero s. m. Parte inferior del tejado, que sobresale de la pared. ‖ En baloncesto, el que juega en los laterales de la cancha. ◇ FAM. ALA.

alerón s. m. Aleta de algunos peces. ‖ Aleta articulada colocada en el borde de salida de las alas de un avión, que permite la inclinación o el enderezamiento lateral del aparato. ◇ FAM. ALA.

alerta s. m. o f. Señal que previene del peligro. ‖ Aviso dado a una fuerza militar para que se prepare y esté en situación de intervenir. ◆ adv. m. Con vigilancia y atención. ● **¡Alerta!** interj. Se emplea para prevenir de un peligro o para excitar a la vigilancia.

alertar v. tr. y pron. [1]. Poner en alerta.

aleta s. f. Miembro o apéndice corto y plano, que permite nadar a numerosos animales acuáticos. ‖ Parte lateral que sobresale en diferentes objetos. ‖ Nombre dado a la parte exterior de las ventanas de la nariz. ◇ FAM. ALA.

aletargar v. tr. [1b]. Causar letargo. ◆ **aletargarse** v. pron. Padecer letargo. ◇ FAM. aletargado, aletargamiento. LETARGO.

aletear v. intr. [1]. Mover un ave las alas, sin echar a volar. ‖ Mover los peces frecuentemente las aletas. ‖ Cobrar fuerza o vigor alguien o algo. ◇ FAM. aleteo. ALA.

alevín s. m. Cría de pez destinada a la repoblación de estanques y ríos. ‖ Joven principiante, novato.

alevosía s. f. DER. Cautela para asegurar la ejecución de un delito: *con premeditación y alevosía.*

alfa s. f. Primera letra del alfabeto griego.

alfabético, ca adj. Relativo al alfabeto.

alfabetizar v. tr. [1g]. Poner en orden alfabético. ‖ Enseñar a leer y escribir. ◇ FAM. alfabetización. ALFABETO.

alfabeto s. m. Abecedario. ‖ Conjunto de signos empleados en un sistema de comunicación: *alfabeto morse.* ◇ FAM. alfabético, alfabetizar. / analfabeto.

alfajor s. m. Dulce hecho de almendras, miel y otros ingredientes. ‖ *Argent., Chile* y *Urug.* Dulce formado por dos bizcochos circulares unidos entre sí por dulce de chocolate, leche, etc. ‖ *Venez.* Pasta de harina de yuca, piña y jengibre.

alfalfa s. f. Planta forrajera de pequeñas flores violáceas.

alfanumérico, ca adj. Dícese de una clasificación establecida a partir de las letras del alfabeto y de los números.

alfaque s. m. Banco de arena en la desembocadura de un río.

alfarería s. f. Arte de fabricar vasijas de barro. ‖ Taller donde se fabrican y tienda donde se venden. ◇ FAM. alfarero.

alfarero, ra s. Persona que hace vasijas de barro.

alféizar s. m. Vuelta o derrame de la pared en el corte de una puerta o ventana.

alfeñique s. m. Pasta de azúcar, en forma de barras, cocida en aceite de almendras. ‖ Persona de complexión débil.

alférez s. m. Oficial del ejército de tierra y del aire con grado inferior al de teniente.

alfil s. m. En el ajedrez, pieza que se mueve en diagonal.

alfiler s. m. Clavillo de metal con punta por uno de sus extremos y una cabecilla por el otro. ‖ Joya semejante al alfiler común, o de figura de broche. ◇ FAM. alfilerazo, alfilerillo, alfiletero.

alfilerazo s. m. Punzada de alfiler. ‖ Pulla.

alfilerillo s. m. *Méx.* Insecto que ataca la planta del tabaco.

alfiletero s. m. Estuche o almohadilla para guardar alfileres o agujas.

alfombra s. f. Pieza de tejido grueso con que se cubre el piso. ‖ Conjunto de cosas que cubren el suelo. ◇ FAM. alfombrado, alfombrar, alfombrilla.

alfombrado s. m. Conjunto de alfombras de una casa o salón. ‖ Operación de alfombrar.

alfombrar v. tr. [1]. Cubrir el suelo con alfombras.

alfombrilla s. f. Alfombra pequeña para diversos usos.

alforja s. f. Especie de talega, abierta por el centro y cerrada por los extremos, formando dos bolsas grandes.

alga s. f. Vegetal clorofílico sin raíces ni vasos, que vive en el agua o en ambientes húmedos.

algarabía s. f. Lengua árabe. ‖ Griterío confuso.

algarada s. f. Motín de poca importancia. ‖ Alboroto, desorden.

algarroba s. f. Fruto del algarrobo. ◇ FAM. algarrobal, algarrobo.

algarrobo s. m. Árbol mediterráneo leguminoso de gran altura cuyo fruto, la algarroba, contiene una pulpa azucarada.

algazara s. f. Ruido, griterío de una o muchas personas, por lo común alegre.

álgebra s. f. MAT. Ciencia del cálculo con magnitudes representadas por letras afectadas de los signos + o —. ◇ FAM. algebraico, algebrista.

álgido, da adj. Muy frío. ‖ Dícese del momento culminante, decisivo o crítico de algunos procesos. ◇ FAM. algidez.

algo pron. indef. Expresa el concepto general de cosa en contraposición a nada:

tramar algo. ‖ Cantidad indeterminada: *le queda algo de dinero.* ◆ adv. c. Un poco, hasta cierto punto. ◇ FAM. ALGUNO, NA.

algodón s. m. Fibra textil natural que recubre la semilla del algodonero. ‖ Hilo o tela que se fabrica con esta fibra. ‖ Algodonero. ◈ FAM. algodonal, algodonero, algodonoso.

algodonero, ra adj. Relativo al algodón. ◆ s. m. Planta herbácea o leñosa que produce el algodón.

algoritmo s. m. MAT. Proceso de cálculo que permite llegar a un resultado final. ◇ FAM. algorítmico. GUARISMO.

alguacil s. m. Oficial inferior de justicia, que ejecuta las órdenes de un tribunal. ‖ Funcionario subalterno de un ayuntamiento. ‖ *Argent.* y *Urug.* Aguacil, caballito del diablo. ◇ FAM. alguacilazgo.

alguien pron. indef. Significa una persona cualquiera, sin determinación: *preguntar por alguien.* ◆ s. m. Persona importante. ◇ FAM. ALGUNO, NA.

algún adj. Apócope de *alguno.*

alguno, na adj. y pron. Se aplica a personas, animales o cosas indeterminados. ‖ Expresa una cantidad imprecisa pero escasa: *tener algunos bienes.* ‖ Pospuesto al sustantivo, tiene valor negativo: *no sufrir cambio alguno.* ◇ FAM. algo, alguien, algún.

alhaja s. f. Joya, pieza de oro, plata, platino o pedrería. ‖ Persona o cosa de gran valor. ◇ FAM. alhajar, alhajero.

alhajar v. tr. y pron. [1]. Adornar con alhajas.

alhajero, ra s. *Amér.* Joyero, cofre.

alhelí s. m. Planta ornamental de flores aromáticas de colores variados, cultivada en jardinería. ‖ Flor de esta planta.

alhóndiga s. f. Local público para la venta, compra y depósito de granos y otros comestibles.

aliáceo, a adj. Que tiene el sabor u olor del ajo. ◇ FAM. AJO.

aliado, da adj. y s. Dícese de la persona o país coligado con otro u otros.

aliaga s. f. Planta arbustiva con ramas espinosas en su extremo y fuertes espinas laterales.

alianza s. f. Acuerdo que se hace entre personas, naciones, etc. con un fin determinado. ‖ Acción y efecto de aliar. ‖ Parentesco contraído por casamiento. ‖ Anillo de boda. ‖ *Chile.* Mezcla de varios licores en un mismo vaso.

aliarse v. pron. [1t]. Unirse, coligarse. ‖ Juntarse dos o más cosas. ◇ FAM. aliado, alianza. LIAR.

alias adj. De otro nombre, por otro nombre. ◆ s. m. Apodo.

alicaído, da adj. Caído de alas. ‖ Triste, desanimado.

alicantino, na adj. y s. De Alicante (España).

alicatado s. m. Conjunto decorativo de cerámica vidriada, usado para revestir zócalos y fachadas interiores.

alicatar v. tr. [1]. Recubrir de azulejos una pared. ◇ FAM. alicatado.

alicates s. m. pl. Tenacillas de acero de puntas fuertes.

aliciente s. m. Incentivo, estímulo que proporciona algo.

alicorto, ta adj. Que tiene las alas cortas. ‖ Que no tiene aspiraciones ni ideales.

alicrejo s. m. *Amér. Central.* Caballo viejo y flaco.

alícuota adj. MAT. Que está contenido un número entero de veces en un todo: *tres es una parte alícuota de doce.*

alicurco, ca adj. *Chile.* Sagaz, astuto.

alienación s. f. Proceso por el que un individuo o colectividad transforma su conciencia hasta contradecir lo que se espera de su condición.

alienar v. tr. y pron. [1]. Enajenar. ‖ Producir alienación. ◇ FAM. alienable, alienación, alienado, alienante, alienígena. / inalienable. AJENO, NA.

alienígena adj. y s. m. y f. Extranjero. ‖ Extraterrestre.

aliento s. m. Respiración, aire que se respira. ‖ Aire espirado, vaho. ‖ Vigor del ánimo, esfuerzo, valor. ◇ FAM. ALENTAR.

aligátor s. m. Caimán.

aligerar v. tr. y pron. [1]. Hacer ligero o menos pesado. ‖ Aliviar una carga moral, dolor, etc. ◆ v. tr. e intr. Abreviar, acelerar: *aligerar el paso.* ◇ FAM. aligeramiento. LIGERO, RA.

alijar v. tr. [1]. Descargar una embarcación. ‖ Transbordar o echar en tierra géneros de contrabando. ◇ FAM. alijo.

alijo s. m. Conjunto de géneros de contrabando: *alijo de droga.*

alilaya s. f. *Colomb.* y *Cuba.* Excusa frívola.

alimaña s. f. Animal que se alimenta del ganado y de la caza menor.

alimentación s. f. Acción y efecto de alimentar o alimentarse. ‖ Comercio e industria de los productos alimenticios. ‖ Régimen o dieta alimenticia. ◇ FAM. subalimentación. ALIMENTAR.

alimentador, ra adj. y s. Que alimenta. ◆ s. m. Conductor en una distribución de energía eléctrica.

alimentar v. tr. y pron. [1]. Dar al organismo alimento. ◆ v. tr. Suministrar a una máquina la materia necesaria para su funcionamiento. ‖ Fomentar las pasiones, sentimientos, costumbres, etc.: *alimentar el odio.* ◇ FAM. alimentación, alimentador. / sobrealimentar. ALIMENTO.

alimentario, ria adj. Propio de la alimentación o referente a ella: *industria alimentaria.*

alimenticio, cia adj. Que alimenta: *productos alimenticios.*

alimento s. m. Sustancia que proporciona al organismo la materia y la energía necesarias para mantenerse con vida. ‖ Lo que mantiene la existencia de algunas cosas. ‖ Aquello que estimula un sentimiento, virtud, etc. ◇ FAM. alimentar, alimentario, alimenticio, alimentoso.

alimón. Al alimón *(Fam.),* conjuntamente, en colaboración.

alindar v. tr. [1]. Señalar los lindes de un terreno. ‖ Lindar.

alineación s. f. Acción y efecto de alinear o alinearse. ‖ Formación de un equipo deportivo.

alineado, da adj. Partidario de una posición, idea o ideología.

alinear v. tr. y pron. [1]. Poner algo en línea recta. ‖ Incluir a un jugador en un equipo deportivo. ◆ **alinearse** v. pron. Adscribirse a un bando, posición ideológica, etc. ◇ FAM. alineación, alineado, alineamiento. / desalinear. LÍNEA.

aliñar v. tr. [1]. Condimentar, aderezar. ‖ *Chile.* Colocar en su posición los huesos dislocados. ◆ v. tr. y pron. Adornar, arreglar. ◇ FAM. aliñado, aliño. / desaliño. LÍNEA.

aliño s. m. Acción y efecto de aliñar. ‖ Aquello con que se aliña. ‖ Arreglo, adorno.

alioli s. m. Ajoaceite. ◇ FAM. AJO.

¡alirón! interj. Denota júbilo en manifestaciones deportivas de masa.

alisar v. tr. y pron. [1]. Poner liso o plano. ‖ Peinar ligeramente el cabello. ◇ FAM. alisado, alisador, alisamiento. LISO, SA.

alisio adj. y s. m. Dícese de los vientos regulares que soplan desde las zonas de altas presiones tropicales.

aliso s. m. Árbol de gran altura, que crece a menudo al borde del agua.

alistar v. tr. y pron. [1]. Sentar o incluir en lista a uno. ◆ **alistarse** v. pron. Inscribirse en el ejército. ◇ FAM. alistado, alistamiento. LISTA.

aliteración s. f. Repetición de uno o varios sonidos en una palabra o enunciado.

aliviadero s. m. Desagüe o vertedero de agua.

aliviar v. tr. [1]. Aligerar, hacer menos pesado. ‖ Acelerar el paso o cualquier actividad. ‖ Disminuir un mal físico o moral. ◇ FAM. aliviadero, aliviador, alivio. LEVE.

alivio s. m. Acción y efecto de aliviar o aliviarse.

aljama s. f. Junta de moros o judíos. ‖ Sinagoga o mezquita.

aljamía s. f. Lengua castellana transcrita en caracteres árabes. ◇ FAM. aljamiado.

aljamiado, da adj. Dícese del texto castellano escrito en aljamía.

aljibe s. m. Cisterna. ‖ *Amér. Merid.* Pozo de agua.

allá adv. l. Indica lugar alejado del que habla, pero menos preciso que el que se denota con *allí* y, por esto, admite grados de comparación: *ponerse más para allá.* ◆ adv. t. Denota el remoto pasado. ● **Allá**

cada cual, allá tú, indican despreocupación o desinterés. ‖ **El más allá,** el otro mundo, la vida de ultratumba. ◇ FAM. allende, allí. / acullá.

allanamiento s. m. Acción y efecto de allanar o allanarse. ● **Allanamiento de morada,** acción de penetrar en la casa de alguien sin su consentimiento.

allanar v. tr. y pron. [1]. Poner llana o igual una cosa. ‖ Vencer o superar alguna dificultad o inconveniente. ‖ Entrar a la fuerza en casa ajena. ◆ **allanarse** v. pron. Conformarse, avenirse a alguna cosa. ◇ FAM. allanador, allanamiento. LLANO, NA.

allegado, da adj. Partidario. ‖ Que tiene algo que ver, amigo. ◆ adj. y s. Pariente de la misma familia.

allegar v. tr. [1b]. Recoger, juntar. ‖ Arrimar una cosa a otra. ◆ **allegarse** v. pron. Adherirse o convenir con un dictamen o idea. ◇ FAM. allegadizo, allegado. LLEGAR.

allende adv. l. De la parte de allá de: *estar allende el mar.*

allí adv. l. En aquel lugar preciso. ‖ A aquel lugar. ‖ En correlación con *aquí,* suele designar sitio o paraje indeterminado. ◆ adv. t. Entonces, en tal ocasión: *a partir de allí, la película mejora.*

alma s. f. Principio espiritual que informa al cuerpo humano y con él constituye la esencia del hombre. ‖ Parte moral y emocional del hombre. ‖ Ser humano, individuo. ‖ Persona o cosa que da vida, aliento y fuerza. ‖ Viveza, energía. ‖ Parte interior de ciertos objetos. ● **Alma de cántaro,** persona ingenua e insensible. ‖ **Alma en pena,** persona solitaria y melancólica. ● **Como alma que lleva el diablo,** con gran rapidez. ‖ **En el alma,** profunda, entrañablemente. ‖ **Llegarle a uno al alma** alguna cosa, sentirla intensamente. ◇ FAM. desalmado. / ánimo.

almacén s. m. Lugar donde se guardan géneros de cualquier clase. ‖ Local donde se venden géneros al por mayor. ‖ *Amér. Merid.* Tienda de comestibles. ◇ FAM. almacenaje, almacenar, almacenero, almacenista.

almacenaje s. m. Acción y efecto de almacenar. ‖ Derecho pagado por almacenar.

almacenar v. tr. [1]. Poner o guardar en almacén. ‖ Reunir muchas cosas.

almacenero, ra s. *Argent., Par.* y *Urug.* Dueño o encargado de una tienda de comestibles.

almáciga[1] s. f. Resina amarillenta que se extrae del lentisco. ◇ FAM. almacigado. almácigo[1].

almáciga[2] s. f. Lugar donde se siembran las semillas de las plantas para trasplantarlas después. ◇ FAM. almácigo[2].

almacigado, da adj. *Amér. Central* y *Amér. Merid.* Dícese del ganado de color cobrizo subido. ‖ *Perú.* Moreno.

almácigo[1] s. m. Lentisco. <> FAM. ALMÁCIGA[1].

almácigo[2] s. m. Almáciga[2]. <> FAM. ALMÁCIGA[2].

almadraba s. f. Pesca de atunes. || Lugar donde se hace esta pesca y red utilizada para ello. <> FAM. almadrabero.

almadreña s. f. Zueco, zapato de madera.

almanaque s. m. Calendario con indicaciones de todos los días del año, semanas, meses, santoral, etc.

almazara s. f. Molino de aceite. || Aparato para moler la aceituna antes de ser prensada.

almeja s. f. Molusco bivalvo comestible, que vive en lugares arenosos.

almena s. f. Cada uno de los prismas, generalmente rectangulares, que coronan los muros de una fortaleza.

almendra s. f. Semilla comestible del almendro. || Semilla carnosa de cualquier fruto con hueso. <> FAM. almendrado, almendral, almendro, almendruco.

almendrado, da adj. De figura de almendra. ➤ s. m. Dulce o salsa preparados con almendras.

almendro s. m. Árbol originario de Asia, de madera dura y flores blancas o rosadas, cultivado por sus semillas comestibles.

almendruco s. m. Fruto tierno del almendro con la cubierta exterior aún verde y la semilla a medio cuajarse.

almeriense adj. y s. m. y f. De Almería (España).

almez s. m. Árbol con copa ancha, cuya madera del mismo nombre se utiliza en ebanistería por su gran dureza. <> FAM. almeza.

almeza s. f. Fruto del almez.

almíbar s. m. Azúcar disuelto en agua y espesado a fuego lento. <> FAM. almibarar.

almibarar v. tr. [1]. Bañar con almíbar. || Suavizar las palabras para ganarse la voluntad de otro.

almidón s. m. Sustancia que se halla acumulada en forma de granos en casi todos los vegetales, usada en la industria alimentaria y papelera. <> FAM. almidonado, almidonar, almidonado.

almidonado, da adj. Fam. Dícese de la persona compuesta con excesiva pulcritud. ➤ s. m. Acción y efecto de almidonar.

almidonar v. tr. [1]. Impregnar de almidón la ropa blanca para que quede tiesa.

alminar s. m. Torre de una mezquita.

almirantazgo s. m. Dignidad y jurisdicción del almirante.

almirante s. m. Grado superior de la armada equivalente al de teniente general en los ejércitos de tierra. <> FAM. almirantazgo. / contralmirante, vicealmirante.

almirez s. m. Mortero de metal para machacar o moler.

almizcle s. m. Sustancia odorífera utilizada en perfumería y producida por el almizclero macho. <> FAM. almizclero.

almizclero ra adj. Relativo al almizcle. ➤ s. m. Pequeño rumiante parecido al cabrito, que vive en África y Asia.

almogávar s. m. Soldado de una tropa muy diestra que hacía correrías en campo enemigo.

almohada s. f. Colchoncillo que sirve para reclinar sobre él la cabeza en la cama. <> FAM. almohadilla, almohadón.

almohade adj. y s. m. y f. De la dinastía musulmana que dominó la España árabe durante los ss. XII y XIII.

almohadilla s. f. Cojincillo para clavar agujas y alfileres. || Almohada para sentarse o apoyarse. <> FAM. almohadillado, almohadillazo, almohadillero. ALMOHADA.

almohadillado, da adj. y s. Acolchado. ➤ s. m. Capa de materiales diversos para amortiguar ruidos, golpes, etc.

almohadón s. m. Cojín a manera de almohada para sentarse, recostarse o apoyar los pies en él.

almoneda s. f. Subasta de bienes. || Venta de géneros a bajo precio. || Establecimiento donde se realiza esta venta.

almorávide adj. y s. m. y f. De la dinastía musulmana que dominó la España árabe durante el s. XI.

almorrana s. f. Hemorroide.

almorzar v. intr. [1n]. Tomar el almuerzo. ➤ v. tr. Comer en el almuerzo: *almorzar fruta.*

almuecín o **almuédano** s. m. Persona que anuncia, desde lo alto del alminar, las oraciones del islam. <> FAM. muecín.

almuerzo s. m. Desayuno. || Comida del mediodía. <> FAM. almorzar.

alocado, da adj. y s. Loco, irreflexivo, precipitado. <> FAM. LOCO[2], CA.

alocución s. f. Discurso breve pronunciado por un superior a sus inferiores. <> FAM. LOCUCIÓN.

áloe o **aloe** s. m. Planta originaria de África, de cuyas hojas carnosas se extrae un jugo resinoso utilizado en medicina.

alófono s. m. LING. Cada una de las variantes en la pronunciación de un fonema, por la influencia de los sonidos vecinos.

aloja s. f. Argent., Bol. y Chile. Bebida refrescante hecha generalmente con semillas de algarroba blanca, machacadas y fermentadas.

alojado, da s. Chile y Ecuad. Huésped.

alojamiento s. m. Acción y efecto de alojar. || Lugar donde alguien está alojado.

alojar v. tr., intr. y pron. [1]. Hospedar. || Colocar una cosa dentro de otra. <> FAM. alojado, alojamiento. / desalojar.

alomorfo s. m. LING. Cada una de las variantes de un morfema para una misma función.

alondra s. f. Pájaro insectívoro de plumaje pardo y pico cónico, que abunda en los campos de España.

alopatía s. f. Tratamiento de las enfermedades con remedios de naturaleza contraria a la de dichas enfermedades. <> FAM. alópata, alopático.

alopecia s. f. Caída, generalmente temporal y localizada, del pelo. <> FAM. alopécico.

alotropía s. f. QUÍM. Propiedad que poseen ciertos cuerpos, como el carbono y el fósforo, de presentarse en diversos estados con propiedades físicas diferentes. <> FAM. alotrópico.

alpaca[1] s. f. Rumiante parecido a la llama, domesticado en América del Sur por su largo pelaje. || Fibra textil, suave y sedosa, obtenida de este animal, y paño que se fabrica con ella.

alpaca[2] s. f. Aleación de estaño y otros metales, usada en la fabricación de cubiertos y joyas.

alpargata s. f. Calzado de tela con suela de esparto trenzado. <> FAM. alpargatería, alpargatero.

alpinismo s. m. Deporte que consiste en la ascensión a las cumbres de altas montañas.

alpinista s. m. y f. Persona que practica el alpinismo.

alpino, na adj. Relativo a los Alpes o a las regiones de alta montaña de características similares. <> FAM. alpinismo, alpinista. / subalpino, transalpino.

alpiste s. m. Gramínea cultivada por sus semillas, que sirven de alimento a los pájaros. || Semilla de esta planta.

alquería s. f. Casa o conjunto de casas de labor.

alquilar v. tr. [1]. Dar o tomar una cosa para su uso, con ciertas condiciones y por un precio convenido. ➡ **alquilarse** v. pron. Vender a alguien sus servicios. <> FAM. alquilable, alquilador, alquiler. / desalquilar, realquilar.

alquiler s. m. Acción de alquilar. || Precio por el que se alquila alguna cosa, renta.

alquimia s. f. Rama de la filosofía natural que buscaba la panacea universal e intentaba convertir los metales en oro. <> FAM. alquimista.

alquitrán s. m. Sustancia oscura y viscosa que se obtiene, por destilación, de la hulla, madera, petróleo, etc. <> FAM. alquitranar.

alrededor adv. l. Denota la situación de lo que rodea alguna cosa. ➡ adv. c. Cerca, sobre poco más o menos: *alrededor de un año.* ➡ s. m. pl. Contornos, periferia. <> FAM. derredor.

alsaciano, na adj. y s. De Alsacia, región de Francia. ➡ s. m. Dialecto germano hablado en esta región.

alta s. f. Ingreso de una persona en un cuerpo, profesión, carrera, etc. || Reanudación de una actividad, trabajo, etc. || Declaración médica que indica el restablecimiento de una persona enferma. <> FAM. ALTO[2], TA.

altanería s. f. Altivez, soberbia. <> FAM. altanero. ALTO[2], TA.

altar s. m. Antiguamente, mesa destinada a los sacrificios. || Mesa donde se celebra el sacrificio de la misa. <> FAM. trasaltar. ALTO[2], TA.

altavoz s. m. Aparato que reproduce en voz alta los sonidos transmitidos mediante oscilaciones eléctricas.

alteración s. f. Acción de alterar o alterarse. || Sobresalto, movimiento de una pasión. || Altercado, disputa.

alterar v. tr. y pron. [1]. Cambiar la esencia, forma o cualidades de una cosa. || Perturbar, inquietar: *alterar la calma.* || Estropear, dañar, descomponer. <> FAM. alterabilidad, alterable, alteración, alterado, alterador. / inalterable.

altercado s. m. Disputa acalorada y violenta.

altercar v. intr. [1a]. Disputar, porfiar. <> FAM. altercado.

alternador s. m. Generador de corriente eléctrica alterna. <> FAM. turboalternador. ALTERNAR.

alternar v. tr., intr. y pron. [1]. Hacer cosas diversas por turnos y sucesivamente. ➡ v. intr. Tener trato las personas entre sí, relacionarse. || En ciertos bares o salas, tratar mujeres contratadas para ello con los clientes, para que estos consuman. <> FAM. alternación, alternado, alternador, alternancia, alternativo, alterne. ALTERNO, NA.

alternativo, va adj. Que se dice, hace o sucede alternándose. ➡ s. f. Acción de sucederse unas cosas alternando con otras. || Opción entre dos cosas. || Acto por el cual un matador de toros eleva a su misma categoría a un novillero.

alterne s. m. Acción de relacionarse en locales públicos los empleados con los clientes, para incitarles al consumo.

alterno, na adj. Alternativo. || Dícese de la corriente eléctrica que cambia periódicamente de sentido. || Que sucede cada dos días. <> FAM. alternar. / subalterno.

alteza s. f. Elevación, excelencia moral. || Tratamiento dado a los hijos de los reyes y a quien tiene el título de príncipe.

alti- pref. Significa 'alto, altura': *altiplanicie.*

altibajo s. m. Cambio brusco. ➡ pl. Desigualdades de un terreno. || *Fam.* Alternativa de sucesos prósperos y adversos.

altillo s. m. Cerrillo o lugar elevado. || Construcción en alto en el interior de una tienda o almacén. || Habitación aislada en la parte superior de una casa.

altímetro s. m. Aparato para medir la altura. <> FAM. altimetría. ALTO[2], TA.

altiplanicie s. f. Meseta de gran extensión y altitud.

altiplano s. m. Altiplanicie.

altisonante o **altísono, na** adj. Altamente sonoro, enfático: *lenguaje altisonante.* ◇ FAM. altisonancia. ALTO², TA y SONAR.

altitud s. f. Altura de un punto sobre el nivel medio del mar.

altivo, va adj. Orgulloso, soberbio. ◇ FAM. altivez. ALTO², TA.

alto¹ s. m. Voz que se usa para que otro suspenda la conversación, discurso o cosa que esté haciendo. ‖ Detención o parada. ‖ *Amér. Central* y *Amér. Merid.* Montón. ◆ pl. *Argent., Chile* y *Perú.* El piso o los pisos altos de una casa. ● ¡Alto el fuego!, locución con que se ordena que cese un tiroteo.

alto², ta adj. Levantado, elevado sobre la tierra. ‖ De gran estatura. ‖ Situado en una zona montañosa o de mayor altitud. ‖ De superior categoría, calidad o condición. ‖ Caro, subido. ‖ Fuerte, agudo: *voz alta.* ◆ s. m. Altura. ‖ Sitio elevado en el campo. ◆ adv. l. En lugar o parte superior. ◆ adv. m. Con voz fuerte: *hablar alto.* ● Pasar por alto, omitir, callar. ◇ FAM. alta, altamente, altanería, altar, alteza, altillo, altímetro, altísimo, altitud, altivo, altura. / altozano, altibajo, altiplanicie, altiplano, altisonante, altísono, altoparlante, altorrelieve, contralto, enaltecer, exaltar, peralto.

altoparlante s. m. *Amér. Central* y *Amér. Merid.* Altavoz.

altorrelieve s. m. Relieve cuyas figuras son muy abultadas, casi independientes del fondo.

altozano s. m. Monte de poca altura en terreno llano. ‖ *Amér. Central* y *Amér. Merid.* Atrio de una iglesia.

altramuz s. m. Planta de hojas palmeadas y fruto en legumbre, algunas de cuyas variedades se cultivan como planta forrajera.

altruismo s. m. Cuidado desinteresado en procurar el bien ajeno. ◇ FAM. altruista.

altruista adj. y s. m. y f. Que profesa el altruismo.

altura s. f. Elevación que tiene un cuerpo sobre la superficie de la tierra. ‖ Dimensión de los cuerpos perpendicular sobre su base. ‖ Alteza, excelencia. ‖ Mérito, valor de alguien o algo. ‖ Altitud. ‖ Región del aire, considerada a cierta elevación sobre la tierra. ◆ pl. Cielo, paraíso. ● A estas alturas, en este tiempo.

alubia s. f. Judía.

alucinación s. f. Percepción ilusoria en la que el sujeto tiene conciencia plena de una realidad inexistente.

alucinante adj. Que alucina. ‖ Asombroso, impresionante.

alucinar v. tr. e intr. [1]. Producir alucinación. ‖ Gustar o atraer mucho algo: *me alucinan las motos.* ◇ FAM. alucinación, alucinado, alucinador, alucinante, alucinatorio, alucinógeno.

alucinógeno, na adj. y s. m. Dícese de la sustancia natural o artificial que produce alucinaciones.

alud s. m. Masa de nieve que cae de los montes con violencia. ‖ Lo que se desborda y precipita con ímpetu: *un alud de gente.*

aludir v. intr. [3]. Referirse a una persona o cosa sin nombrarla. ‖ Nombrar incidentalmente a alguien o algo en una conversación. ◇ FAM. aludido, alusión, alusivo.

alumbrado, da adj. Que se ilumina o sale a la luz. ◆ s. m. Conjunto de luces que iluminan un pueblo o lugar.

alumbramiento s. m. Parto.

alumbrar v. tr. e intr. [1]. Iluminar, poner luz o acompañar con luz. ‖ Parir la mujer. ◆ v. tr. Descubrir algo subterráneo y sacarlo a la superficie. ◆ **alumbrarse** v. pron. *Fam.* Embriagarse. ◇ FAM. alumbrado, alumbrador, alumbramiento. LUMBRE.

alumbre s. m. Sulfato doble de aluminio y potasio, usado en medicina e industria. ◇ FAM. ALUMINIO.

alúmina s. f. QUÍM. Óxido de aluminio que, coloreado por ciertos óxidos, forma el rubí, la esmeralda y el zafiro.

aluminio s. m. Metal ligero, maleable y dúctil, muy usado en la industria. ◇ FAM. alúmina, alumínico. / alumbre, duraluminio.

alumnado s. m. Conjunto de alumnos.

alumno, na s. Discípulo respecto de su maestro, de la materia que aprende, de la escuela donde estudia, etc. ◇ FAM. alumnado.

alunado, da adj. *Argent.* y *Urug.* Malhumorado. ◇ FAM. LUNA.

alunizar v. intr. [1g]. Posarse en la superficie lunar una aeronave. ◇ FAM. alunizaje. LUNA.

alusión s. f. Acción de aludir.

alusivo, va adj. Que alude o implica alusión.

aluvión s. m. Avenida fuerte de agua, inundación. ‖ Cantidad de personas o cosas agolpadas. ‖ Depósito de sedimentos dejado por una corriente de agua. ◇ FAM. aluvial.

álveo s. m. Madre o lecho de un río. ‖ Fondo de un lago o laguna.

alveolar adj. Relativo o semejante a los alveolos. ‖ LING: Dícese del fonema articulado a la altura de los alveolos, y de la letra que lo representa.

alveolo o **alvéolo** s. m. Celdilla del panal. ‖ Cavidad de los maxilares en la que se encaja un diente. ‖ Cavidad abierta en el tejido del lóbulo pulmonar. ◇ FAM. alveolado, alveolar.

alverjado s. m. *Chile.* Guiso de arvejas. ◇ FAM. ARVEJA.

alza s. f. Subida, aumento. ‖ Regla en el cañón de un arma de fuego para precisar la puntería. ● **En alza**, aumentando la estimación, intensidad, precio, etc.: *valores* *en alza.* ‖ **Jugar al alza,** especular en la bolsa previendo la elevación de las cotizaciones.

alzada s. f. Altura del caballo.

alzado, da adj. Dícese del ajuste o precio fijado en determinada cantidad. ‖ *Amér.* Dícese del animal en celo. ‖ *Amér. Merid.* Dícese del animal doméstico que se vuelve bravío. ‖ *Amér. Merid.* Dícese del animal cimarrón. ◆ adj. y s. *Amér.* Engreído e insolente. ◆ s. m. Diseño de un edificio, máquina, etc., en su proyección geométrica o vertical.

alzamiento s. m. Acción y efecto de alzar o alzarse. ‖ Levantamiento, sublevación militar.

alzapaño s. m. Cada una de las piezas fijadas en la pared, a los lados de una cortina, para tenerla recogida.

alzar v. tr. y pron. **[1g].** Mover de abajo hacia arriba. ‖ Poner una cosa en lugar alto. ‖ Poner vertical lo inclinado o tumbado. ‖ Rebelar, sublevar. ◆ v. tr. Tratándose de los ojos, la mirada, la puntería, etc., dirigirlos hacia arriba. ‖ Aumentar, subir. ‖ Fabricar, construir, edificar. ◆ **alzarse** v. pron. Sobresalir, elevarse sobre una superficie o plano. ‖ *Amér. Central* y *Amér. Merid.* Fugarse el animal doméstico y hacerse montaraz. ◇ FAM. alcista, alza, alzada, alzado, alzamiento. / alzapaño, realzar.

ama s. f. Cabeza o señora de la casa o de la familia. ‖ Criada principal de una casa. ● **Ama de brazos** (*Amér. Central* y *Amér. Merid.*), niñera. ‖ **Ama de cría,** mujer que da de mamar a una criatura ajena. ‖ **Ama de llaves,** criada encargada de las llaves o de la economía de la casa. ◇ FAM. amo.

amabilidad s. f. Calidad de amable.

amable adj. Afable, afectuoso. ◇ FAM. amabilidad, amablemente. AMAR.

amadrinar v. tr. **[1].** Desempeñar las funciones propias de madrina. ‖ *Amér. Merid.* Acostumbrar al ganado caballar a que vaya en tropilla detrás de la yegua madrina. ◇ FAM. amadrinamiento. MADRINA.

amaestrar v. tr. y pron. **[1].** Enseñar, adiestrar. ‖ Domar los animales, enseñarles ciertas habilidades. ◇ FAM. amaestrado, amaestrador, amaestramiento. MAESTRO, TRA.

amagar v. tr. e intr. **[1b].** Dejar ver la intención o disposición de ejecutar próximamente algo. ◆ v. intr. Estar una cosa próxima a sobrevenir.

amago s. m. Acción de amagar. ‖ Señal, indicio. ◇ FAM. amagar.

amainar v. intr. **[1].** Aflojar, perder su fuerza el viento, lluvia, tormenta, etc. ◆ v. intr. y tr. Aflojar, ceder: *amainó su enfado.*

amalgama s. f. Aleación de mercurio y otro metal, en especial la plata, utilizada para realizar empastes. ‖ Mezcla de elementos heterogéneos. ◇ FAM. amalgamar.

amamantar v. tr. **[1].** Dar de mamar. ◇ FAM. amamantamiento. MAMA.

amambayense adj. y s. m. y f. De Amambay (Paraguay).

amancebamiento s. m. Unión de un hombre y una mujer en vida matrimonial sin estar casados. ◇ FAM. amancebarse. MANCEBO, BA.

amancebarse v. pron. **[1].** Unirse en amancebamiento.

amanecer[1] v. impers. **[2m].** Apuntar el día. ◆ v. intr. Hallarse en un lugar o condición determinados al apuntar el día: *amanecimos en la playa.* ‖ Empezar a manifestarse algo. ◇ FAM. amanecer[2].

amanecer[2] s. m. Tiempo durante el cual amanece.

amanerado, da adj. y s. Afectado, forzado: *lenguaje amanerado.*

amanerar v. tr. y pron. **[1].** Dar un artista cierta monotonía y uniformidad a sus obras. ◆ **amanerarse** v. pron. Contraer alguien, por afectación, vicio similar en su actitud, lenguaje, etc. ◇ FAM. amanerado, amaneramiento. MANERA.

amanita s. f. Hongo de diversos colores, con un anillo bajo el sombrero, que puede ser comestible o venenoso.

amansador s. m. *Amér.* Domador de caballos. ◆ s. f. *Argent.* y *Urug.* Espera prolongada.

amansar v. tr. y pron. **[1].** Hacer manso, domesticar. ‖ Sosegar, apaciguar a alguien. ◇ FAM. amansador, amansadora, amansamiento. MANSO, SA.

amante adj. Que ama. ◆ s. m. y f. Hombre o mujer que tienen relaciones amorosas.

amañar v. tr. **[1].** Arreglar, urdir algo con maña. ◆ **amañarse** v. pron. Darse maña para hacer algo. ◇ FAM. amaño. MAÑA.

amaño s. m. Treta o artificio para conseguir algo. ‖ Habilidad para hacer algo.

amapola s. f. Planta herbácea de flores rojas, común en los campos de cereales.

amar v. tr. **[1].** Tener amor a personas o cosas. ‖ Desear. ‖ Estimar, apreciar. ◇ FAM. amable, amado, amador, amante, amatorio, amigo, amor.

amaranto s. m. Planta anual de origen tropical cultivada por sus flores rojas agrupadas en racimos largos.

amarar v. intr. **[1].** Posarse en la superficie del agua una aeronave. ◇ FAM. amaraje. MAR.

amarchantarse v. pron. **[1].** *Cuba, Méx.* y *Venez.* Hacerse cliente de alguna tienda. ◇ FAM. MARCHANTE.

amargar v. intr. y pron. **[1b].** Tener alguna cosa sabor o gusto desagradable al paladar. ◆ v. tr. Comunicar este sabor o gusto a algo. ◆ v. tr. y pron. Causar aflicción o disgusto. ‖ Experimentar una persona resentimiento por problemas, etc.

amargo, ga adj. Que amarga. ‖ Que

causa o denota aflicción o pesar. ◇ FAM. amargado, amargar, amargor, amargura.

amargor s. m. Sabor amargo.

amargura s. f. *Aflicción, disgusto: las amarguras de la vida.*

amarillear v. intr. [1]. Tirar a amarillo. ‖ Palidecer.

amarillento, ta adj. Que tira a amarillo.

amarillo, lla adj. y s. m. Dícese del color comprendido entre el verde y el anaranjado en el espectro solar. ◆ adj. De color amarillo. ◇ FAM. amarillear, amarillecer, amarillento, amarillez.

amariposado, da adj. De figura de mariposa. ◆ adj. y s. m. Afeminado. ◇ FAM. MARIPOSA.

amarra s. f. Cualquier cosa que sirva para ligar, atar o sujetar. ‖ MAR. Cabo para asegurar la embarcación fondeada en un muelle. ◆ pl. Fam. Protección, apoyo.

amarradero s. m. Poste, pilar o argolla donde se amarra algo.

amarrado, da adj. *Antill.* y *Chile.* Dícese de la persona de acciones y movimientos lentos. ‖ *Cuba* y *Méx.* Mezquino, tacaño.

amarrar v. tr. [1]. Atar, asegurar por medio de cuerdas, cadenas, etc. ‖ Asegurar. ◇ FAM. amarra, amarradero, amarrado, amarradura, amarraje, amarre, amarrete. / desamarrar.

amarre s. m. Acción y efecto de amarrar. ‖ MAR. Espacio destinado en un puerto para amarrar cualquier embarcación.

amarrete, ta adj. y s. Tacaño.

amarrocar v. tr. e intr. [1a]. *Argent.* y *Urug.* Juntar dinero con avaricia.

amartelarse v. pron. [1]. Adoptar los enamorados una actitud muy cariñosa. ◇ FAM. amartelado, amartelamiento.

amartillar v. tr. [1]. Montar un arma de fuego para disparar. ◇ FAM. MARTILLO.

amasandería s. f. *Chile, Colomb.* y *Venez.* Panadería.

amasar v. tr. [1]. Formar o hacer masa. ‖ Reunir, juntar: *amasar una fortuna.* ◇ FAM. amasadera, amasado, amasador, amasadura, amasandería, amasijo. MASA.

amasiato s. m. *C. Rica, Méx.* y *Perú.* Amancebamiento.

amasijar v. tr. [1]. *Argent.* y *Urug.* Dar una paliza a alguien.

amasijo s. m. Porción de masa hecha con harina, yeso, tierra, etc., y agua u otro líquido. ‖ Fam. Mezcla confusa de cosas.

amateur adj. s. m. y f. Aficionado. ◇ FAM. amateurismo.

amatista s. f. Piedra fina, variedad del cuarzo, muy apreciada en joyería.

amatorio, ria adj. Relativo al amor. ‖ Que induce a amar.

amazacotado, da adj. Pesado, hecho a manera de mazacote. ‖ Dícese de obras literarias o artísticas pesadas y confusas. ◇ FAM. amazacotar. MAZACOTE.

amazona s. f. Mujer guerrera de algunas mitologías. ‖ Mujer que monta a caballo.

amazonense adj. y s. m. y f. De Amazonas (Perú).

amazónico, ca adj. Relativo al río Amazonas y a su cuenca.

amazoniense adj. y s. m. y f. De Amazonas (Brasil).

ambages s. m. pl. Rodeos de palabras o circunloquios: *dímelo sin ambages.*

ámbar s. m. Resina fósil amarillenta y traslúcida. ‖ Color amarillo anaranjado.

ambateño, ña adj. y s. De Ambato (Ecuador).

ambición s. f. Pasión por conseguir poder, dignidades, fama, etc. ◇ FAM. ambicionar, ambicioso.

ambicioso, sa adj. y s. Que tiene ambición o deseo vehemente de algo. ◆ adj. Dícese de aquellas cosas de gran envergadura.

ambidextro, tra o **ambidiestro, tra** adj. y s. Dícese de la persona que emplea con igual soltura las dos manos.

ambientador s. m. Líquido usado para desodorizar y perfumar locales cerrados.

ambientar v. tr. [1]. Proporcionar a un lugar un ambiente adecuado mediante decoración, luces, objetos, etc. ◆ v. tr. y pron. Adaptar o acostumbrar a alguien a un ambiente o medio. ◇ FAM. ambientación, ambientador. AMBIENTE.

ambiente adj. y s. m. Dícese del fluido material en que alguien o algo está inmerso. ◆ s. m. Circunstancias sociales, culturales, etc., que rodean a una persona o cosa: el *ambiente familiar.* ‖ *Argent., Chile* y *Urug.* Habitación de una casa o departamento. ◇ FAM. ambiental, ambiental.

ambigüedad s. f. Calidad de ambiguo.

ambiguo, gua adj. Que puede admitir distintas interpretaciones. ‖ Incierto, dudoso. ● **Género ambiguo** (LING.), el atribuido a los sustantivos que pueden usarse indistintamente en masculino o en femenino. ◇ FAM. ambigüedad.

ámbito s. m. Espacio comprendido dentro de límites determinados. ‖ Esfera de influencias o intereses. ‖ Ambiente, grupo social.

ambivalencia s. f. Condición que consiste en presentar dos aspectos, valores o sentidos contradictorios o distintos. ◇ FAM. ambivalente.

ambivalente adj. Que presenta ambivalencia.

ambo s. m. *Argent., Chile* y *Urug.* Conjunto de chaleco y pantalón cortados de la misma tela.

ambos, bas adj. y pron. El uno y el otro; los dos. ◇ FAM. entrambos.

ambrosía s. f. Manjar o alimento de los dioses, que confería la inmortalidad. ‖ Cualquier manjar o bebida de gusto suave y delicado. ◇ FAM. ambrosíaco.

ambulancia s. f. Vehículo destinado al transporte de enfermos y heridos.

ambulante adj. Que va de un lugar a otro sin tener asiento fijo. ⬦ FAM. ambulancia, ambulatorio / deambular, funámbulo, noctámbulo, sonámbulo.

ambulatorio, ria adj. Dícese de la enfermedad que permite llevar una vida normal o de su tratamiento. ◆ s. m. Dispensario.

ameba s. f. Ser unicelular que vive en el agua y que se desplaza mediante falsos pies originados por la deformación de su cuerpo.

amedrentar v. tr. y pron. [1]. Infundir miedo. ⬦ FAM. amedrentado, amedrentador, amedrentamiento. MEDROSO, SA.

amelcochar v. tr. y pron. [1]. *Amér.* Dar a un dulce el punto espeso de la melcocha. ◆ **amelcocharse** v. pron. *Méx. Fam.* Reblandecerse. ⬦ FAM. MELCOCHA.

amén s. m. Voz hebrea que significa *ciertamente* y con la que se pone término a algunas oraciones. ‖ Conformidad, acuerdo.

amenaza s. f. Acción de amenazar. ‖ Dicho o hecho con que se amenaza. ⬦ FAM. amenazar.

amenazar v. tr. [1g]. Dar a entender con actos o palabras que se quiere hacer algún mal a otro. ◆ v. tr. e intr. Presagiar la proximidad de algún daño o peligro. ⬦ FAM. amenazador, amenazante. AMENAZA.

amenizar v. tr. [1g]. Hacer ameno.

ameno, na adj. Grato, deleitable, placentero. ‖ Divertido, delicioso, apacible. ⬦ FAM. amenidad, amenizar.

amenorrea s. f. Ausencia de flujo menstrual.

americanismo s. m. Calidad, condición o carácter de americano. ‖ Afición o dedicación a las cosas de América. ‖ Palabra o giro propio de los hispanoamericanos. ⬦ FAM. panamericanismo. AMERICANO, NA.

americanista s. m. y f. Especialista en el estudio de América.

americano, na adj. y s. De América. ‖ Norteamericano. ◆ s. f. Chaqueta de hombre. ⬦ FAM. americanismo, americanista, americanizar. / afroamericano, angloamericano, centroamericano, hispanoamericano, iberoamericano, latinoamericano, mesoamericano, norteamericano, sudamericano.

americio s. m. Elemento químico artificial y radiactivo.

amerindio, dia adj. y s. De los indios de América.

ameritar v. intr. [1]. *Amér. Central y Méx.* Merecer. ⬦ FAM. MÉRITO.

amerizar v. intr, [1g]. Amarar. ⬦ FAM. amerizaje.

ametrallador, ra adj. Que ametralla. ◆ s. f. Arma de fuego automática que dispara ráfagas de proyectiles.

ametrallar v. tr. [1]. Disparar ráfagas de proyectil. ⬦ FAM. ametrallador, ametrallamiento. METRALLA.

amianto s. m. Mineral fibroso resistente al fuego y al calor.

amiba s. f. Ameba*.

amida s. f. QUÍM. Compuesto orgánico derivado del amoníaco por la sustitución de al menos un hidrógeno por un radical ácido. ⬦ FAM. AMONÍACO.

amigable adj. Afable, amistoso.

amígdala s. f. Cada uno de los dos órganos de tejido linfático situados a ambos lados de la entrada de la faringe. ⬦ FAM. amigdalitis.

amigo, ga adj. y s. Que tiene amistad. ‖ Dícese de la persona que mantiene relaciones sexuales irregulares con otra. ◆ adj. Aficionado o inclinado a algo. ⬦ FAM. amigable, amiguismo. / amistad, enemigo. AMAR.

amilanar v. tr. [1]. Causar tal miedo a uno que quede aturdido y sin acción. ◆ **amilanarse** v. pron. Abatirse, acobardarse, desanimarse. ⬦ FAM. amilanado, amilanamiento. MILANO.

amina s. f. QUÍM. Compuesto orgánico derivado del amoníaco, por sustitución del hidrógeno por un radical alcohólico. ⬦ FAM. aminoácido.

aminoácido s. m. QUÍM. Sustancia orgánica que constituye la base de las proteínas.

aminorar v. tr. [1]. Disminuir: *aminorar la marcha*. ⬦ FAM. aminoración. MENOR.

amistad s. f. Afecto personal, puro y desinteresado, ordinariamente recíproco. ‖ Amigo, conocido. ◆ pl. Conjunto de personas con las que se tiene amistad. ⬦ FAM. amistoso. AMIGO, GA.

amistoso, sa adj. Relativo a la amistad. ‖ Dícese del encuentro deportivo que no es de competición.

amnesia s. f. Disminución o pérdida total de la memoria.

amnios s. m. La más interna de las membranas que rodean el feto de los mamíferos, aves y reptiles. ⬦ FAM. amniótico.

amniótico, ca adj. Relativo al amnios: *líquido amniótico*.

amnistía s. f. Perdón concedido por el poder público para ciertos delitos, particularmente políticos. ⬦ FAM. amnistiar.

amo s. m. Cabeza de la casa o de la familia. ‖ Poseedor de alguna cosa. ‖ Persona que tiene uno o más criados, respecto a ellos. ‖ Persona que tiene ascendiente decisivo sobre otra u otras. ⬦ FAM. AMA.

amodorrar v. tr. y pron. [1]. Causar modorra o caer en ella. ⬦ FAM. amodorrado, amodorramiento. MODORRA.

amohinar v. tr. y pron. [1u]. Causar mohína. ⬦ FAM. MOHÍN.

amojamar v. tr. [1]. Hacer cecina de atún. ◆ **amojamarse** v. pron. Enflaquecer, secarse. ⬦ FAM. amojamamiento.

amojonar v. tr. [1]. Señalar con mojones los linderos de una propiedad o de un término jurisdiccional. ◇ FAM. amojonamiento. MOJÓN.

amolado, da adj. Méx. Modesto. ‖ Méx. Enfermo.

amolar v. tr. [1r]. Afilar un arma o instrumento cortante o punzante con la muela. ← v. tr. y pron. Fam. Fastidiar, molestar con pertinacia. ◇ FAM. amolado, amolador, amoladura. MUELA.

amoldar v. tr. y pron. [1]. Ajustar, acomodar, reducir una cosa a un molde. ← **amoldarse** v. pron. Ajustarse a normas, pautas, etc. ◇ FAM. amoldable, amoldador, amoldamiento. MOLDE.

amonal s. m. Mezcla de aluminio y nitrato amónico, utilizada en la fabricación de explosivos.

amonestación s. f. Acción y efecto de amonestar. ‖ Publicación de los nombres de los que quieren contraer matrimonio.

amonestar v. tr. [1]. Hacer presente alguna cosa a uno para que la considere, procure o evite. ‖ Advertir, prevenir, reprender. ‖ Publicar en la iglesia los nombres de los que quieren contraer matrimonio. ◇ FAM. amonestación, amonestador. / admonición.

amoniacal adj. Que contiene amoníaco.

amoníaco o **amoniaco** s. m. Gas de olor muy penetrante, formado por nitrógeno e hidrógeno combinados. ◇ FAM. amoniacal. / amida, amónico.

amónico, ca adj. Amoniacal.

amontillado adj. y s. m. Dícese de un vino claro, variante del jerez, que imita al vino de Montilla.

amontonar v. tr. y pron. [1]. Poner en montón, colocar unas cosas sobre otras desordenadamente. ‖ Reunir en abundancia personas, animales o cosas. ← **amontonarse** v. pron. Sobrevenir muchos sucesos en poco tiempo. ◇ FAM. amontonador, amontonamiento. MONTÓN.

amor s. m. Vivo afecto o inclinación a una persona o cosa. ‖ Sentimiento que atrae una persona hacia otra. ‖ Persona amada. ‖ Esmero con que se trabaja una obra deleitándose en ella. ← pl. Relaciones amorosas. ● **Amor platónico**, el que idealiza a una persona amada sin establecer con ella una relación real. ‖ **Amor propio**, orgullo, vanidad. ● **Al amor de**, cerca de, junto a. ‖ **Con**, o **de**, **mil amores**, con mucho gusto. ‖ **Por amor al arte** (Fam.), gratuitamente, sin obtener recompensa por el trabajo. ◇ FAM. amorcillo, amorío, amoroso. / desamor, enamorar, mor. AMAR.

amoral adj. s. m. y f. Indiferente o desprovisto de valores morales. ◇ FAM. amoralidad, amoralismo. MORAL².

amoratarse v. pron. [1]. Ponerse de color morado. ◇ FAM. amoratado. MORADO, DA.

amorcillo s. m. Figura infantil con que se representa a Cupido, dios del amor.

amordazar v. tr. [1g]. Poner mordaza. ‖ Impedir hablar a alguien libremente. ◇ FAM. amordazador, amordazamiento. MORDAZA.

amorfo, fa adj. Sin forma regular o bien determinada.

amorío s. m. Fam. Aventura sentimental pasajera, romance.

amoroso, sa adj. Que siente o manifiesta amor. ‖ Blando. ‖ Templado, apacible.

amortajar v. tr. [1]. Poner la mortaja a un difunto. ‖ Cubrir, envolver, esconder. ◇ FAM. amortajamiento. MORTAJA.

amortiguador, ra adj. Que amortigua. ← s. m. Dispositivo para amortiguar la violencia de un choque, la intensidad de un sonido o la vibración de una máquina.

amortiguar v. tr. y pron. [1c]. Moderar, disminuir, hacer menos violento. ◇ FAM. amortiguación, amortiguador, amortiguamiento.

amortizar v. tr. [1g]. Usar mucho o sacar mucho provecho a algo. ‖ DER. Reembolsar una deuda por anualidades. ‖ ECON. Reconstituir progresivamente el capital empleado en la adquisición de los medios de producción de una empresa, de un inmueble, de un automóvil, etc. ◇ FAM. amortizable, amortización. / desamortizar.

amoscarse v. pron. [1a]. Fam. Enfadarse. ◇ FAM. amoscamiento. MOSCA.

amotinar v. tr. y pron. [1]. Alzar en motín a una multitud. ◇ FAM. amotinado, amotinador, amotinamiento. MOTÍN.

amovible adj. Que puede ser quitado del lugar o cargo que ocupa.

amover v. tr. [2e]. Remover, destituir. ◇ FAM. amovible. MOVER.

amparar v. tr. [1]. Favorecer, proteger. ← **ampararse** v. pron. Valerse del favor o protección de alguno. ‖ Defenderse, guarecerse. ◇ FAM. amparo. / desamparar. PARAR.

amparo s. m. Acción y efecto de amparar o ampararse. ‖ Abrigo, defensa, auxilio. ‖ Persona o cosa que ampara.

amperímetro s. m. Instrumento para medir la intensidad de una corriente eléctrica.

amperio s. m. Unidad de intensidad de la corriente eléctrica en el Sistema Internacional. ◇ FAM. amperímetro. / microamperio, miliamperio, voltamperio.

ampliación s. f. Acción y efecto de ampliar. ‖ Fotografía que ha sido ampliada.

ampliar v. tr. [1t]. Hacer más extenso. ‖ Reproducir una fotografía, impreso, etc., en tamaño mayor del que tenía. ◇ FAM. ampliable, ampliación, ampliador. AMPLIO, PLIA.

amplificador, ra adj. y s. Que amplifica. ← s. m. Aparato que permite aumentar la intensidad de una magnitud física, sonido, fotografía, etc.

amplificar v. tr. [1a]. Ampliar. ‖ Aumentar la intensidad de una magnitud física mediante un aparato. ◇ FAM. amplificación, amplificador, amplificativo. AMPLIO, PLIA.

amplio, plia adj. Dilatado, extenso, espacioso. ‖ Abierto, comprensivo. ◇ FAM. ampliar, amplificar, amplitud.

amplitud s. f. Extensión, dilatación. ‖ Capacidad de comprensión.

ampolla s. f. Vejiga formada por la elevación de la epidermis y llena de líquido. ‖ Vasija de vidrio o cristal, de cuello largo y angosto y cuerpo ancho y redondo. ‖ Recipiente de vidrio que contiene un medicamento. ◇ FAM. ampolleta.

ampolleta s. f. Chile. Bombilla eléctrica. ‖ Méx. Ampolla, recipiente de vidrio que contiene un medicamento.

ampuloso, sa adj. Hinchado y redundante: lenguaje ampuloso. ◇ FAM. ampulosidad.

amputar v. tr. [1]. Cortar y separar una parte de un todo, en especial, un miembro del cuerpo. ◇ FAM. amputación.

amueblado s. m. Argent. y Urug. Hotel por horas al que las parejas acuden para mantener relaciones sexuales.

amueblar v. tr. [1]. Dotar de muebles algún lugar. ◇ FAM. desamueblar. MUEBLE.

amuermar v. intr. [1]. Aburrir. ◇ FAM. MUERMO.

amulatado, da adj. Parecido a los mulatos. ◇ FAM. MULATO, TA.

amuleto s. m. Objeto portátil al que supersticiosamente se atribuye alguna virtud sobrenatural.

amurallar v. tr. [1]. Cercar con muro o muralla. ◇ FAM. MURALLA.

an- pref. Significa 'privación' o 'negación': anestesia.

ana- pref. Significa 'contra': anacrónico. ‖ Significa 'nuevo': anabaptismo. ‖ Significa 'conforme': analogía.

anabaptismo s. m. Doctrina religiosa que defendía el bautismo en edad adulta. ◇ FAM. anabaptista. BAUTISMO.

anabolizante adj. y s. m. Dícese de una sustancia que favorece la síntesis de las proteínas y atenúa su excesiva desintegración.

anacardo s. m. Árbol maderable de América tropical con tronco grueso, copa muy poblada y fruto pulposo y comestible. ‖ Fruto de este árbol.

anacoluto s. m. LING. Falta de congruencia en la construcción de una cláusula.

anaconda s. f. Serpiente de gran tamaño no venenosa, que vive en América del Sur y se alimenta de aves y mamíferos.

anacoreta s. m. y f. Persona que vive en lugar solitario, entregada a la contemplación y a la penitencia.

anacreóntico, ca adj. y s. f. Dícese de la composición poética que canta los placeres del amor, del vino y otros similares.

anacrónico, ca adj. Que adolece de anacronismo.

anacronismo s. m. Error de cronología que consiste en atribuir a una época elementos pertenecientes a otra. ‖ Antigualla, mueble, traje, etc., en desuso. ◇ FAM. anacrónico.

ánade s. m. o f. Pato. ‖ Nombre común de cualquier ave con los mismos caracteres genéricos que el pato.

anáfora s. f. Repetición de una misma palabra, al iniciar frases sucesivas. ◇ FAM. anafórico.

anagrama s. m. Palabra formada con las letras de otra palabra cambiadas de orden.

anal adj. Relativo al ano.

anales s. m. pl. Obra que refiere lo sucedido por años. ◇ FAM. AÑO.

analfabeto, ta adj. y s. Que no sabe leer ni escribir. ‖ Ignorante, inculto. ◇ FAM. analfabetismo. ALFABETO.

analgésico, ca adj. y s. m. Que disminuye o suprime el dolor, en especial referido a algunos medicamentos. ◇ FAM. analgesia.

análisis s. m. Descomposición de una sustancia en sus principales componentes: análisis de sangre. ‖ Estudio realizado para separar las distintas partes de un todo: análisis de una obra. ‖ MAT. Arte de resolver problemas de álgebra. ◇ FAM. analista, analítico, analizar / psicoanálisis.

analista s. m. y f. Especialista en análisis.

analítico, ca adj. Relativo al análisis. ‖ Que procede por vía de análisis. ◆ s. f. Conjunto de los distintos exámenes practicados para obtener un diagnóstico.

analizar v. tr. [1g]. Hacer el análisis de algo.

analogía s. f. Relación de semejanza entre cosas distintas.

analógico, ca adj. Análogo. ‖ Relativo a la analogía.

análogo, ga adj. Semejante. ◇ FAM. analogía, analógico.

ananás o **ananá** s. m. Planta originaria de América tropical cuyo fruto, parecido a la piña, contiene en su interior una pulpa azucarada y sabrosa. ‖ Argent. y Urug. Piña tropical.

anaquel s. m. Tabla o estante de un armario o librería.

anaranjado, da adj. y s. m. Dícese del color parecido al de la naranja. ◆ adj. De color anaranjado. ◇ FAM. NARANJA.

anarquía s. f. Falta de gobierno en un estado. ‖ Perturbación de la vida pública por ausencia o relajación de la autoridad. ‖ Desorden, confusión. ◇ FAM. anárquico, anarquismo, anarquista, anarquizar.

anarquismo s. m. Ideología que desecha toda autoridad, en particular la del estado, y preconiza la libertad absoluta del individuo.

anarquista adj. y s. m. y f. Partidario del anarquismo.

anatema s. m. o f. Excomunión. ‖ Maldición. ⬦ FAM. anatematizar.

anatematizar v. tr. [1g]. Pronunciar un anatema.

anatomía s. f. Estudio de la estructura y forma del organismo de los seres vivos. ‖ Disposición y tamaño de las partes externas del cuerpo humano y de los animales. ⬦ FAM. anatómico, anatomista.

anatómico, ca adj. Relativo a la anatomía. ‖ Que se ajusta a la forma del cuerpo: *respaldo anatómico*.

anca s. f. Cada una de las mitades laterales de la parte posterior de las caballerías y otros animales. ‖ *Fam.* Parte semejante del cuerpo de las personas. ⬦ FAM. encancrise.

ancashino, na adj. y s. De Ancash (Perú).

ancestral adj. Relativo a los antepasados remotos.

ancestro s. m. Antepasado. ⬦ FAM. ancestral.

ancho, cha adj. Que tiene anchura considerable o excesiva. ‖ Holgado, amplio. ‖ Desembarazado, libre de agobio, ufano. ◆ s. m. Anchura: *dos metros de ancho*. ◆ **A mis, a tus, a sus, anchas**, cómodamente. ⬦ FAM. anchura, anchuroso. / ensanchar.

anchoa o **anchova** s. f. Boquerón curado en salmuera. ⬦ FAM. anchoveta.

anchoveta s. f. Especie de sardina que se pesca en abundancia en las costas de Perú.

anchura s. f. La menor de las dos dimensiones principales de los cuerpos. ‖ Holgura, espacio libre.

anchuroso, sa adj. De mucha anchura.

anciano, na adj. y s. Dícese de la persona que tiene muchos años. ⬦ FAM. ancianidad.

ancla s. f. Instrumento pesado pendiente de un cable o una cadena, que se arroja al mar para inmovilizar las embarcaciones. ⬦ FAM. anclaje, anclar. / áncora.

anclar v. intr. [1]. Fondear una nave mediante el ancla.

áncora s. f. Ancla. ‖ Amparo en un peligro o infortunio.

ancudano, na adj. y s. De Ancud (Chile).

andada s. f. Acción y efecto de andar[1]. ◆ **Volver a las andadas** (*Fam.*), reincidir en un vicio o mala costumbre.

andaderas s. f. pl. Aparato en que se coloca a los niños para que aprendan a andar sin riesgo de caídas.

andador, ra adj. y s. Que anda mucho o con velocidad. ◆ s. m. Andaderas.

¡ándale! interj. *Méx.* Se emplea para dar ánimos. ‖ Se emplea para dar prisa.

andalucismo s. m. Amor o apego a las cosas andaluzas. ‖ Vocablo, giro o modo de hablar propios del dialecto andaluz.

andalusí adj. De la España musulmana o al-Ándalus.

andaluz, za adj. y s. De Andalucía (España). ◆ s. m. Dialecto del español hablado en Andalucía. ⬦ FAM. andalucismo, andalucista, andalusí.

andamiaje s. m. Conjunto de andamios.

andamio s. m. Armazón de tablones o metálico, usado para trabajar sobre él en la parte alta de un edificio. ⬦ FAM. andamiaje.

andana s. f. Orden de algunas cosas puestas en línea. ⬦ FAM. andanada.

andanada s. f. Andana. ‖ Localidad cubierta y con gradas en la parte más alta de las plazas de toros. ‖ Descarga simultánea de una línea de batería de una nave. ‖ *Fam.* Represión severa.

andante s. m. MÚS. Movimiento moderadamente lento. ‖ MÚS. Composición interpretada con este movimiento.

andanza s. f. Caso, suceso, aventura: *contar las andanzas*. ⬦ FAM. malandanza. ANDAR[1].

andar[1] v. intr. y pron. [1h]. Ir de un lugar a otro dando pasos. ‖ Trasladarse lo inanimado: *este coche anda poco*. ◆ v. intr. Funcionar un mecanismo: *este reloj no anda*. ‖ Junto con algunos adjetivos, estar, sentir o tener la cualidad que ellos significan: *andar cansado*. ‖ Con las prep. *con* o *sin* y algunos sustantivos, tener o padecer lo que éstos significan, o al contrario: *andar con recelo*. ‖ Con la prep. *en* y un número que indique años, estar para cumplir éstos: *andar en los cuarenta*. ‖ Con gerundios denota la acción que expresan éstos: *anda pensando en su futuro*. ◆ v. tr. Recorrer un espacio o lugar: *anda un buen trecho*. ◆ **¡Andando!** interj. Se emplea para dar prisa. ◆ **Andar tras algo**, pretenderlo insistentemente. ⬦ FAM. andada, andaderas, andador, andadura, ¡ándale!, andanza, andar[2], andariego, andurrial. / desandar.

andar[2] s. m. Modo de andar de las personas: *tiene andares amanerados*.

andariego, ga adj. y s. Que anda mucho y sin parar.

andarivel s. m. Maroma tendida entre las dos orillas de un río para guiar una barca. ‖ Cuerda colocada en diferentes sitios de un buque, a manera de pasamanos.

andas s. f. pl. Tablero sostenido por dos barras horizontales y paralelas para llevar personas o cosas.

andén s. m. En las estaciones de ferrocarril, acera o plataforma que se extiende a lo largo de las vías. ‖ *Amér. Merid.* Bancal en las laderas de un monte para los cultivos. ‖ *Amér. Central* y *Colomb.* Acera.

andinismo s. m. *Amér. Central* y *Amér. Merid.* Deporte consistente en escalar montañas, alpinismo.

andino, na adj. y s. De los Andes. ⬦ FAM. andinismo, andinista. / interandino, subandino, transandino.

andorrano, na adj. y s. De Andorra.

andrajo s. m. Jirón de ropa muy usada. ⬦ FAM. andrajoso.

andro- pref. Significa 'hombre': *andrógino*.

androceo s. m. Conjunto de estambres u órganos masculinos de la flor.

andrógeno s. m. Sustancia hormonal que provoca el desarrollo de los caracteres sexuales secundarios masculinos.

andrógino, na adj. Dícese de las plantas o animales que presentan en un mismo individuo caracteres de ambos sexos.

androide s. m. Autómata de figura humana.

andullo s. m. *Amér.* Cualquier hoja grande para envolver. ‖ *Cuba.* Pasta de tabaco de mascar.

andurrial s. m. Paraje extraviado o fuera de camino. ◇ FAM. ANDAR[1].

anea s. f. Planta parecida a la espadaña, cuyas hojas se emplean para hacer asientos de sillas.

anécdota s. f. Relato breve de algún hecho o suceso curioso. ◇ FAM. anecdotario, anecdótico.

anecdotario s. m. Colección de anécdotas.

anecdótico, ca adj. Que tiene carácter de anécdota.

anegadizo, za adj. Que frecuentemente se anega o inunda.

anegar v. tr. y pron. [1b]. Inundar, cubrir con agua u otro líquido. ◇ FAM. anegación, anegadizo, anegamiento.

anejo, ja adj. y s. m. Anexo o unido a otra cosa. ◇ FAM. ANEXO, XA.

anélido, da adj. y s. m. Relativo a un tipo de gusanos anillados, formados por una serie de segmentos, sin patas, como la lombriz.

anemia s. f. Disminución del número de glóbulos rojos en la sangre. ◇ FAM. anémico.

anémico, ca adj. Relativo a la anemia. ◆ adj. y s. Que padece anemia.

anemómetro s. m. Instrumento que sirve para indicar la fuerza y velocidad del viento. ◇ FAM. anemometría.

anémona o anemona s. f. Planta herbácea con un bulbo en la raíz, pocas hojas en los tallos y flores grandes y vistosas. ‖ Flor de esta planta.

anestesia s. f. Privación total o parcial de la sensibilidad del cuerpo. ‖ Sustancia que produce este estado, utilizada en operaciones quirúrgicas. ◇ FAM. anestesiar, anestésico, anestesista. / hiperestesia, radiestesia, sinestesia.

anestésico, ca adj. Relativo a la anestesia. ◆ adj. y s. m. Que la produce.

anestesista s. m. y f. Especialista que aplica la anestesia.

aneurisma s. f. o m. Dilatación localizada de un vaso sanguíneo.

anexar v. tr. y pron. [1]. Anexionar.

anexionar v. tr. y pron. [1]. Unir una cosa a otra con dependencia de ella, especialmente un territorio o un estado.

anexo, xa adj. y s. m. Unido a otra cosa con dependencia de ella. ◇ FAM. anexar, anexión, anexionar, anexionismo, anexionista. / anejo. NEXO.

anfetamina s. f. Droga estimulante del sistema nervioso central.

anfibio, bia adj. Que puede moverse por tierra y por agua: *vehículo anfibio.* ◆ adj. y s. Dícese de los animales y plantas que pueden vivir dentro y fuera del agua, como la rana. ◆ s. m. pl. Clase constituida por estos animales.

anfibología s. f. Ambigüedad de sentido de una frase o palabra.

anfiteatro s. m. Construcción romana de planta generalmente elíptica, con gradas y arena, y en la cual se celebraban combates de gladiadores, fieras, etc. ‖ En cines, teatros, etc., conjunto de asientos instalados sobre gradas. ◇ FAM. TEATRO.

anfitrión, na s. El que tiene convidados, con respecto a éstos.

ánfora s. f. Vasija alta y estrecha, de cuello largo y con dos asas, muy usada por griegos y romanos. ‖ *Méx.* Urna utilizada para las votaciones.

anfractuoso, sa adj. Sinuoso, tortuoso. ◇ FAM. anfractuosidad.

angarillas s. f. pl. Andas para transportar carga. ‖ Armazón que se coloca sobre las caballerías para llevar vidrio, loza, etc.

ángel s. m. Espíritu celeste creado por Dios para su ministerio. ‖ Gracia, simpatía: *tiene ángel la muchacha.* ‖ Persona muy bondadosa. ◇ FAM. angelical, angélico, angelito, angelote, ángelus. / arcángel, desangelado.

angelical adj. Relativo a los ángeles.

angelino, na adj. y s. De Los Ángeles.

angelito s. m. Niño de muy poca edad. ‖ *Argent.* y *Chile.* Cadáver de un niño arreglado para el velatorio.

angelote s. m. *Fam.* Figura grande de ángel que aparece en retablos, pinturas, etcétera.

ángelus s. m. Oración cristiana en honor del misterio de la encarnación, así llamada por la palabra con que comienza.

angina s. f. Inflamación de las amígdalas. ● Angina de pecho, afección del corazón que se manifiesta por crisis dolorosas acompañadas de sensación de angustia.

angioma s. m. Tumor, generalmente benigno, que aparece en la piel debido a la acumulación de vasos sanguíneos.

angiospermo, ma adj. y s. f. BOT. Relativo a las plantas fanerógamas cuyas semillas están encerradas en un fruto.

anglicanismo s. m. Conjunto de principios, instituciones y doctrinas de la iglesia oficial de Inglaterra. ◇ FAM. anglicano.

anglicismo s. m. Término de origen inglés, usado en otra lengua. ◇ FAM. anglicista.

anglicista s. m. y f. Persona que emplea anglicismos. ‖ Persona aficionada a lo propio de Inglaterra. ‖ Persona versada en la lengua y cultura inglesa.

anglófono, na adj. y s. Que habla inglés.

anglosajón, na adj. y s. De los pueblos germánicos que invadieron Inglaterra en el s. v. ‖ Relativo a los pueblos de lengua y civilización inglesa. ● s. m. Lengua germánica de la cual procede el inglés.

angoleño, ña adj. y s. De Angola.

angora s. f. Fibra textil animal.

angosto, ta adj. Estrecho, reducido. ◇ FAM. angostura¹.

angostura¹ s. f. Calidad de angosto. ‖ Paso estrecho.

angostura² s. f. Corteza de ciertos árboles, con la que se prepara una sustancia amarga, tónica y estimulante.

anguila s. f. Pez de agua dulce, cuerpo delgado y cilíndrico, y piel viscosa, cuya carne es muy apreciada. ◇ FAM. angula.

angula s. f. Cría de la anguila.

angular adj. Relativo al ángulo.

ángulo s. m. Porción de plano comprendida entre dos semirrectas con el mismo origen. ‖ Rincón. ‖ Punto de vista, opinión. ◇ FAM. angular. / acutángulo, cuadrangular, equiángulo, obtusángulo, rectángulo, triángulo.

angurria s. f. Amér. Hambre incontrolada ‖ Amér. Egoísmo, avaricia.

angustia s. f. Estado de desasosiego y de inquietud profunda, acompañada de un sentimiento opresivo. ‖ Aflicción, congoja. ◇ FAM. angustiado, angustiar, angustioso.

angustiar v. tr. y pron. [1]. Causar angustia.

anhelar v. tr. [1]. Tener ansia de conseguir una cosa, desear. ◇ FAM. anhelo, anheloso.

anhelo s. m. Deseo vehemente.

anhídrido s. m. Antigua denominación de los óxidos no metálicos.

anidar v. intr. [1]. Hacer nido las aves o vivir en él. ‖ Morar, habitar. ‖ Hallarse algo en una persona o cosa: *en él anida la esperanza de ser feliz.* ◇ FAM. anidación. / desanidar. NIDO.

anilina s. f. Sustancia química nitrogenada, derivada del benceno, utilizada en la elaboración de ciertos colorantes.

anilla s. f. Anillo de madera, metal, etc., que sirve para colocar colgaduras o cortinas. ‖ Aro que se coloca en la pata de un ave. ● pl. Aparato de gimnasia formado por dos aros metálicos que penden de cuerdas.

anillar v. tr. [1]. Dar forma de anillo. ‖ Sujetar con anillos. ‖ Marcar con anillas, en especial las aves. ◇ FAM. anillado. ANILLO.

anillo s. m. Aro, generalmente de metal, que se lleva en los dedos de la mano. ‖ Anilla para las aves. ‖ ASTRON. Elemento circular de materia que rodea ciertos planetas. ‖ ZOOL. Cada uno de los segmentos de un artrópodo. ● **Venir** una cosa como

anillo al dedo (*Fam.*), haber sido dicha o hecha con oportunidad. ◇ FAM. anilla, anillar. / anular².

ánima s. f. Alma del hombre, en especial, la que pena en el purgatorio. ‖ Alma, hueco interior de algunos objetos. ◇ FAM. ÁNIMO.

animación s. f. Acción y efecto de animar o animarse. ‖ Viveza en las acciones. ‖ Concurso de gente en algún lugar. ‖ CINE y TV. Procedimiento para diseñar los movimientos de los dibujos animados.

animado, da adj. Dotado de alma. ‖ Con animación, divertido. ‖ Dotado de movimiento: *dibujos animados.* ◇ FAM. inanimado. ANIMAR.

animador, ra adj. y s. Que anima. ● s. Presentador o cantante de algunos espectáculos.

animadversión s. f. Antipatía, odio. ◇ FAM. AVERSIÓN.

animal n. m. Ser vivo dotado de movimiento y sensibilidad. ‖ Ser animado privado de razón, en oposición al hombre. ● adj. Relativo a este ser vivo. ‖ Relativo a lo sensitivo, a diferencia de lo intelectual. ● adj. y s. Grosero o muy ignorante. ◇ FAM. animalada. ÁNIMO.

animar v. tr. y pron. [1]. Dar ánimo, comunicar mayor vigor, intensidad y movimiento. ‖ Impulsar, mover: *no le anima ningún afán de lucro.* ‖ Dar o comunicar alegría, animación, etc.: *animar la fiesta.* ◇ FAM. animación, animado, animador. / reanimar. ÁNIMO.

anímico, ca adj. Psíquico, espiritual: *estado anímico.*

animismo s. m. Creencia que atribuye alma a todos los cuerpos.

ánimo s. m. Estado emocional o afectivo del ser humano: *tener el ánimo alegre.* ‖ Valor, esfuerzo, energía. ‖ Intención, voluntad. ● **¡Ánimo!** interj. Se usa para alentar. ◇ FAM. ánima, animal, animar, anímico, animismo, anímista, animosidad, animoso. / desánimo, exánime, magnánimo, pusilánime, unánime. ALMA.

animosidad s. f. Enemistad, antipatía. ‖ Valor, esfuerzo.

aniñado, da adj. Que se parece a los niños: *rostro aniñado.* ◇ FAM. NIÑO, ÑA.

anión s. m. Ion cargado negativamente. ◇ FAM. ION.

aniquilar v. tr. y pron. [1]. Destruir o arruinar por completo. ● **aniquilarse** v. pron. Deteriorarse mucho alguna cosa, como la salud, el ánimo, etc. ◇ FAM. aniquilación, aniquilador, aniquilamiento.

anís s. m. Planta aromática cuya semilla del mismo nombre se emplea en la confección de dulces y licores. ‖ Aguardiente hecho con esta semilla. ◇ FAM. anisado, anisar, anisete.

anisete s. m. Licor que se fabrica con anís, alcohol y azúcar.

aniversario s. m. Día en que se cumplen

años de algún suceso y celebración en que se conmemora. ◇ FAM. AÑO.

ano s. m. Orificio externo del recto, por el cual se expulsan los excrementos. ◇ FAM. anal.

anoche adv. t. En la noche de ayer. ◇ FAM. anteanoche. NOCHE.

anochecer[1] v. impers. [2m]. Empezar a faltar la luz del día, venir la noche. ◇ FAM. anochecer[2], anochecido. NOCHE.

anochecer[2] s. m. Tiempo durante el cual anochece.

anochecido adv. t. Al empezar la noche.

anodino, na adj. Ineficaz, insustancial, insignificante.

ánodo s. m. Electrodo de carga positiva.

anofeles adj. y s. m. Dícese de un género de mosquitos cuya hembra transmite el paludismo.

anomalía s. f. Irregularidad, anormalidad. ◇ FAM. anómalo.

anómalo, la adj. Extraño, irregular.

anonadar v. tr. y pron. [1]. Desconcertar o aturdir por completo a alguien: *nos anonadó con su oratoria.* || Maravillar, dejar estupefacto. ◇ FAM. anonadado, anonadamiento. NONADA.

anonimato s. m. Estado o condición de anónimo.

anónimo, ma adj. y s. Dícese de la obra o escrito que no lleva el nombre de su autor. || Dícese del autor de nombre desconocido. ➤ s. m. Escrito no firmado en que, por lo común, se dice algo ofensivo o amenazador contra alguien. ◇ FAM. anonimato.

anorak s. m. Chaqueta corta impermeable, generalmente con capucha.

anorexia s. f. Pérdida del apetito, debida a causas psíquicas, en la que el individuo se niega a comer. ◇ FAM. anoréxico.

anormal adj. Que no es normal: *conducta anormal.* ◇ FAM. anormalidad. NORMAL.

anormalidad s. f. Calidad de anormal.

anotar v. tr. [1]. Poner notas, apuntar, tomar nota por escrito. || DEP. Conseguir un tanto: *anotar una canasta.* ◇ FAM. anotación, anotador. NOTA.

anovulatorio, ria adj. y s. m. Dícese de ciertas sustancias que inhiben la ovulación. ◇ FAM. anovulación. OVULACIÓN.

anquilosar v. pron. [1]. Producirse una disminución o privación de los movimientos de una articulación. || Inmovilizarse, detenerse algo en su progreso natural. ◇ FAM. anquilosado, anquilosamiento.

ánsar s. m. Ganso. || Ave palmípeda de gran tamaño y plumaje denso, de la que proceden la mayoría de gansos domésticos.

ansia s. f. Congoja o fatiga que causa inquietud o agitación violenta. || Anhelo, deseo vivo: *ansias de grandeza.* ◇ FAM. ansiar, ansiedad, ansiolítico; ansioso.

ansiar v. tr. [1t]. Desear con ansia algo.

ansiedad s. f. Estado de inquietud o zozobra del ánimo.

ansiolítico s. m. y adj. Fármaco que apacigua la ansiedad.

antagónico, ca adj. Opuesto, contrario, incompatible: *posturas antagónicas.* ◇ FAM. antagonismo, antagonista.

antagonista s. m. y f. Persona o cosa opuesta o contraria a otra. ➤ adj. Que actúa en sentido opuesto: *músculos antagonistas.*

antaño adv. t. En tiempo antiguo: *modas de antaño.* ◇ FAM. AÑO.

antártico, ca adj. Relativo al polo sur y a las regiones que lo rodean. ◇ FAM. ÁRTICO.

ante[1] s. m. Alce. || Piel de algunos animales, especialmente del alce, adobada y curtida.

ante[2] s. m. *Guat.* Almíbar de harina de garbanzos y frijoles. || *Méx.* Postre de bizcocho mezclado con dulce de huevo y coco. || *Perú.* Bebida refrescante.

ante[3] prep. En presencia de, delante de. || En comparación de, respecto de: *opinar ante un asunto.* ◇ FAM. anterior, antes.

ante- pref. Significa 'que está antes de' en el espacio: *antesala;* o en el tiempo: *antediluviano.*

anteanoche adv. t. Durante la noche de anteayer.

anteayer adv. t. En el día inmediatamente anterior a ayer. ◇ FAM. antier. AYER.

antebrazo s. m. Parte de la extremidad superior comprendida entre el codo y la muñeca.

antecámara s. f. Habitación situada ante la sala principal de una mansión o palacio.

antecedente adj. Que antecede o precede. ➤ s. m. Acción, dicho o circunstancia anterior, que sirve para juzgar hechos posteriores. || LING. Nombre o pronombre que precede al pronombre relativo y con el que guarda relación. ● **Poner,** o **ponerse, en antecedentes,** informar, poner al corriente.

anteceder v. tr. [2]. Preceder, suceder antes: *la causa antecede al efecto.* ◇ FAM. antecedente, antecesor. CEDER.

antecesor, ra s. Persona que precedió a otra en un empleo o cargo. ➤ s. m. Antepasado, ascendiente.

antedicho, cha adj. Dicho antes o con anterioridad.

antediluviano, na adj. Anterior al diluvio universal. || Muy antiguo: *un coche antediluviano.* ◇ FAM. DILUVIO.

antefirma s. f. Expresión del cargo del firmante de un documento, puesta antes de la firma.

antelación s. f. Anticipación con que, en orden al tiempo, sucede una cosa respecto a otra.

antemano. De antemano, anticipadamente.

antena s. f. Dispositivo formado por conductores, que permite emitir y recibir ondas radioeléctricas. ‖ Órgano alargado, móvil, situado en la cabeza de los artrópodos.

anteojera s. f. Parte de la brida que proteje el ojo del caballo y le impide ver por los lados.

anteojo s. m. Instrumento óptico formado por un sistema de lentes dispuestas en el interior de un tubo, con el que se obtienen imágenes aumentadas de objetos lejanos. ➡ pl. Quevedos, antiguas gafas sin patillas. ‖ *Amér.* Gafas. ◇ FAM. anteojera. OJO.

antepasado s. m. Ascendiente, persona de la que otra desciende.

antepecho s. m. Pretil o barandilla que se coloca en parajes altos para proteger de las caídas. ‖ Reborde de ventana colocado a suficiente altura para que se puedan apoyar los codos en él.

antepenúltimo, ma adj. y s. Inmediatamente anterior al penúltimo.

anteponer v. tr. y pron. [5]. Poner delante o inmediatamente antes. ‖ Preferir, dar más importancia. ◇ FAM. anteposición, antepuesto. PONER.

anteproyecto s. m. Estudio preparatorio del proyecto de una obra.

antera s. f. Parte superior del estambre de las flores que contiene el polen.

anterior adj. Que precede en lugar o tiempo. ‖ LING. Dícese de las vocales palatales. ◇ FAM. anterioridad, anteriormente. ANTE².

antes adv. l. y t. Denota prioridad en el tiempo y en el espacio: *te lo dije antes.* ➡ adv. m. Denota preferencia o prioridad: *prefiere callar antes que mentir.* ➡ conj. advers. Denota idea de contrariedad y preferencia de una oración respecto a otra: *no le molesta, antes le divierte.* ● **De antes** (*Fam.*), de tiempo anterior. ◇ FAM. ANTE².

antesala s. f. Pieza que precede a una sala principal, donde se espera para ser recibido.

anti- pref. Significa 'opuesto, contrario': *antisocial.*

antiaéreo, a adj. y s. m. Relativo a la defensa contra los ataques aéreos.

antibiótico, ca adj. y s. m. Dícese de la sustancia capaz de destruir bacterias u otros microorganismos.

anticiclón s. m. Centro de altas presiones atmosféricas. ◇ FAM. anticiclónico. CICLÓN.

anticipación s. f. Acción y efecto de anticipar o anticiparse.

anticipado, da adj. Que ocurre antes de tiempo. ● **Por anticipado**, de antemano.

anticipar v. tr. y pron. [1]. Hacer que ocurra u ocurrir una cosa antes del tiempo regular o señalado. ➡ v. tr. Entregar dinero antes del tiempo regular o señalado. ◇ FAM. anticipación, anticipado, anticipo.

anticipo s. m. Pago parcial a cuenta de una cantidad debida.

anticlerical adj. y s. m. y f. Opuesto a la influencia del clero en los asuntos públicos. ◇ FAM. anticlericalismo. CLERICAL.

anticlímax s. m. Gradación retórica descendente. ‖ En una novela o película, momento en que la tensión de la acción decrece.

anticlinal adj. y s. m. Dícese de un pliegue del terreno cuya convexidad está orientada hacia arriba.

anticonceptivo, va adj. y s. m. Dícese de los métodos y productos que impiden la fecundación de la mujer. ◇ FAM. anticoncepción. CONCEBIR.

anticongelante adj. y s. m. Dícese del producto que se añade al agua del radiador de un motor para impedir que se hiele. ◇ FAM. CONGELAR.

anticonstitucional adj. Que es contrario a la constitución.

anticristo s. m. Nombre que en el *Apocalipsis* se da a un ser diabólico y perverso que apartará a los cristianos de su fe.

anticuado, da adj. Que no está de moda o no se usa ya. ◇ FAM. anticuar, anticuario. ANTIGUO, GUA.

anticuario, ria s. Comerciante en objetos antiguos.

anticucho s. m. *Bol., Chile* y *Perú.* Pedacito de carne asada o frita que se vende ensartado en un palillo de madera o de metal.

anticuerpo s. m. Sustancia de defensa que aparece en el organismo por la introducción de un antígeno.

antidisturbios adj. y s. m. Dícese de una brigada de la policía cuya misión es evitar disturbios, disolver manifestaciones, etc.

antídoto s. m. Contraveneno de un tóxico determinado. ‖ Medio con que se evita o previene un mal.

antier adv. s. m. *Amér.* Anteayer.

antifaz s. m. Velo o máscara con que se cubre la cara, en particular las facciones alrededor de los ojos.

antífona s. f. Estribillo cantado antes y después de un salmo.

antígeno s. m. Sustancia que, introducida en el organismo, puede provocar la formación de anticuerpos.

antigualla s. f. Cosa de mucha antigüedad o pasada de moda.

antiguano, na adj. y s. De Antigua.

antigüedad s. f. Período de la historia correspondiente a las civilizaciones más antiguas. ‖ Calidad de antiguo. ‖ Tiempo que se lleva en un cargo o empleo. ➡ pl. Monumentos u objetos antiguos.

antiguo, gua adj. Que existe desde hace mucho tiempo. ‖ Que existió o sucedió en tiempo remoto. ➡ adj. y s. Dícese de la persona que lleva mucho tiempo en un empleo, profesión, etc. ➡ s. m. pl. Los que vivieron en siglos remotos: *el estudio* *de los antiguos.* ⟷ FAM. antigualla, antiguamente, antigüedad. / anticuado.

antihéroe s. m. Personaje de una obra literaria cuyas características son contrarias a las del héroe tradicional.

antihistamínico, ca adj. y s. m. Dícese de la sustancia que se opone a la acción nociva de la histamina. ⟷ FAM. HISTAMINA.

antillano, na adj. y s. De las Antillas.

antílope s. m. Nombre dado a diversos rumiantes salvajes de gran tamaño, con cornamenta persistente, como la gacela.

antimonio s. m. Cuerpo simple, de aspecto sólido y color blancoazulado, con acusadas propiedades metálicas.

antinatural adj. No natural.

antiniebla adj. Que permite la visión a través de la niebla.

antinuclear adj. Que se opone al uso de energía nuclear. ‖ Que protege de los efectos de una explosión nuclear.

antioqueño, ña adj. y s. De Antioquia (Colombia).

antioxidante adj. y s. m. Dícese del producto que evita la oxidación.

antipapa s. m. Papa elegido irregularmente y no reconocido por la Iglesia.

antiparasitario, ria adj. y s. m. Dícese del producto, método, etc., para combatir los parásitos. ⟷ FAM. antiparásito. PARÁSITO.

antiparras s. f. pl. *Fam.* Anteojos, gafas.

antipatía s. f. Sentimiento instintivo que inclina a rechazar algo o a alguien. ⟷ FAM. antipático.

antipirético, ca adj. y s. m. Que reduce la fiebre.

antípoda adj. y s. m. y f. Dícese de un habitante de la Tierra, con respecto a otro de un lugar diametralmente opuesto. ‖ *Fam.* Contrario u opuesto a otra persona o cosa.

antirrobo adj. y s. m. Dícese del dispositivo de seguridad destinado a impedir robos.

antisemitismo s. m. Doctrina o actitud de hostilidad sistemática hacia los judíos. ⟷ FAM. antisemita. SEMITISMO.

antiséptico, ca adj. y s. m. Dícese de las sustancias que previenen contra la infección.

antisudoral s. m. *Amér. Central* y *Amér. Merid.* Sustancia que se aplica contra el mal olor de la transpiración del cuerpo humano, desodorante. ⟷ FAM. SUDOR.

antítesis s. f. Oposición entre dos palabras o expresiones que manifiestan ideas contrarias. ‖ Persona o cosa opuesta a otra. ⟷ FAM. antitético. TESIS.

antitranspirante s. m. *Méx.* Desodorante. ⟷ FAM. TRANSPIRAR.

antofagastino, na adj. y s. De Antofagasta (Chile).

antojadizo, za adj. Que tiene antojos o caprichos con frecuencia.

antojarse v. pron. [1]. Hacerse una cosa objeto de vehemente deseo, especialmente por capricho. ‖ Considerar algo como probable: *se me antoja que es bueno.*

antojitos s. m. pl. *Méx.* Pequeñas porciones de comida que se toman fuera de las comidas principales, y como aperitivo.

antojo s. m. Deseo caprichoso y pasajero de algo. ‖ Lunar, mancha en la piel. ⟷ FAM. antojadizo, antojarse, antojitos.

antología s. f. Colección escogida de fragmentos literarios o musicales. ⟷ FAM. antológico, antólogo.

antónimo, ma adj. y s. m. LING. Dícese de las palabras de significados opuestos. ⟷ FAM. antonimia.

antonomasia s. f. Sustitución de un nombre común por un nombre propio, o viceversa. ● **Por antonomasia,** por excelencia: *la pasta es el plato italiano por antonomasia.*

antorcha s. f. Hacha, vela grande y gruesa. ‖ Lo que sirve de guía para el entendimiento.

antracita s. f. Carbón fósil de color negro, que arde con dificultad y desprende mucho calor.

ántrax s. m. Infección dolorosa de la piel, caracterizada por la aparición de varios forúnculos agrupados, con abundante pus.

antro s. m. Caverna, cueva, gruta. ‖ *Fam.* Lugar de condiciones desagradables, sórdido y de mala fama.

antropo- pref. Significa 'persona': *antropomorfo.*

antropocentrismo s. m. Doctrina o teoría que sitúa al hombre en el centro del universo. ⟷ FAM. antropocéntrico. CENTRO.

antropófago, ga adj. y s. Que come carne humana. ⟷ FAM. antropofagia.

antropoide s. m. Antropomorfo.

antropología s. f. Ciencia que estudia el ser humano partiendo de la relación entre su base biológica y su evolución histórica y cultural. ⟷ FAM. antropológico, antropólogo. / paleoantropología.

antropólogo, ga s. Persona que se dedica a la antropología.

antropomorfo, fa adj. y s. Dícese de ciertos monos sin cola, como el gorila, el chimpancé, etc. ◆ adj. De figura humana. ⟷ FAM. antropomórfico.

anual adj. Que sucede o se repite cada año. ‖ Que dura un año: *renta anual.* ⟷ FAM. anualidad, anualmente. / bianual. AÑO.

anualidad s. f. Calidad de anual. ‖ Importe anual de una renta o carga periódica.

anuario s. m. Publicación anual que contiene datos de interés. ⟷ FAM. AÑO.

anudar v. tr. y pron. [1]. Hacer nudos o unir con nudos. ‖ Juntar, unir. ⟷ FAM. anudado. / desanudar, reanudar. NUDO.

anuencia s. f. Consentimiento, permiso.

anulación s. f. Acción y efecto de anular¹.

anular¹ v. tr. [1]. Dar por nulo o invalidar una disposición, una orden, etc. ◆ v. tr. y pron. Incapacitar, desautorizar a uno. ◇ FAM. anulación. NULO, LA.

anular² adj. Relativo al anillo o de figura de anillo: *eclipse anular.* ◆ adj. y s. m. Dícese del cuarto dedo de la mano empezando por el pulgar. ◇ FAM. ANILLO.

anunciación s. f. Acción y efecto de anunciar. ‖ Mensaje del arcángel san Gabriel a la Virgen María para anunciarle el misterio de la encarnación.

anunciar v. tr. [1]. Dar noticia de una cosa, proclamar, hacer saber. ‖ Pronosticar. ◆ v. tr. y pron. Dar a conocer, poner un anuncio comercial. ◇ FAM. anunciación, anunciante, anuncio.

anuncio s. m. Acción y efecto de anunciar. ‖ Conjunto de palabras o signos con que se anuncia un producto comercial, espectáculo, servicio, etc. ‖ Pronóstico, señal por donde se sacan conjeturas.

anverso s. m. Lado de una moneda o medalla que lleva la imagen o inscripción principal.

anzuelo s. m. Arponcillo de metal que, pendiente de un sedal y puesto en él algún cebo, sirve para pescar. ‖ Atractivo, aliciente. ● **Caer**, o **picar, en el anzuelo** (*Fam.*), ser engañado mediante trucos o trampas.

añada s. f. Cosecha de un año, especialmente de vino.

añadir v. tr. [3]. Agregar una cosa a otra. ‖ Replicar, responder. ◇ FAM. añadido, añadidura. / sobreañadir.

añagaza s. f. Señuelo para atrapar o amaestrar aves. ‖ Artificio para atraer con engaño.

¡añañay! interj. *Chile.* Se usa para celebrar las acciones de los niños.

añares s. m. pl. *Argent.* Muchos años, mucho tiempo.

añejo, ja adj. Que es muy viejo: *vino añejo.* ◇ FAM. añejar. AÑO.

añero, ra adj. *Chile.* Dícese de la planta que da frutos en años alternos.

añicos s. m. pl. Pedacitos en que se divide alguna cosa al romperse.

añil s. m. Arbusto leguminoso, de cuyas hojas se saca una pasta colorante azul. ◆ adj. y s. m. Dícese del color comprendido entre el azul y el violeta en el espectro solar.

año s. m. Tiempo convencional igual al período de revolución de la Tierra alrededor del Sol. ‖ Período de doce meses entre el 1 de enero y el 31 de diciembre, ambos inclusive. ● **Año civil**, el que consta de un número exacto de 365 días si es común, o 366 si es bisiesto. ● **De buen año**, gordo, saludable. ‖ **Entrado en años**, de edad avanzada. ◇ FAM. añada, añares, añejo, añero. / anales, aniversario, antaño, anual, anuario, bienio, cuatrienio, cua-

trienal, cumpleaños, decenio, hogaño, milenio, quinquenio, septenio, sexenio, trienio.

añoranza s. f. Soledad, melancolía por una ausencia o pérdida.

añorar v. tr. e intr. [1]. Sentir añoranza. ◇ FAM. añoranza.

aorta s. f. Arteria principal del sistema circulatorio animal por donde sale la sangre del corazón. ◇ FAM. aórtico.

aovado, da adj. De figura de huevo. ◇ FAM. HUEVO.

aovar v. intr. [1]. Poner huevos algunos animales, especialmente las aves. ◇ FAM. HUEVO.

aovillarse v. pron. [1]. Encogerse, hacerse un ovillo. ◇ FAM. OVILLO.

apabullar v. tr. y pron. [1]. *Fam.* Abrumar, dejar confuso. ◇ FAM. apabullamiento, apabullante.

apacentar v. tr. y pron. [1j]. Dar pasto al ganado. ◆ **apacentarse** v. pron. Pacer el ganado. ◇ FAM. PACER.

apache adj. y s. m. y f. De un pueblo amerindio que se extendía por la zona de Nuevo México y Arizona.

apacible adj. Dulce, agradable y sereno. ◇ FAM. apacibilidad. / desapacible. PLACER¹.

apaciguar v. tr. y pron. [1c]. Poner en paz, aquietar. ◇ FAM. apaciguador, apaciguamiento. PAZ.

apadrinar v. tr. [1]. Desempeñar las funciones propias de padrino. ‖ Patrocinar, proteger. ◇ FAM. apadrinamiento. PADRINO.

apagado, da adj. De genio muy sosegado y apocado. ‖ Amortiguado, sordo, poco vivo: *color apagado.*

apagar v. tr. y pron. [1b]. Extinguir el fuego o la luz. ‖ Aplacar, disminuir algo: *apagar la sed; apagar la pasión.* ‖ Interrumpir el funcionamiento de un aparato desconectándolo de su fuente de energía. ● **Apaga y vámonos** (*Fam.*), expresión que se emplea para dar por terminada una cosa. ◇ FAM. apagadizo, apagado, apagón.

apagón s. m. Corte súbito y accidental de la energía eléctrica.

apaisado, da adj. Que es más ancho que alto: *cuadro apaisado.* ◇ FAM. PAISAJE.

apajarado, da adj. *Chile.* Alocado.

apalabrar v. tr. [1]. Concertar de palabra dos o más personas una cosa: *apalabrar una cita.* ◇ FAM. PALABRA.

apalancar v. tr. [1a]. Levantar, mover con una palanca. ◆ **apalancarse** v. pron. *Fam.* Acomodarse en un lugar o en un estado. ◇ FAM. apalancamiento. PALANCA.

apalear¹ v. tr. [1]. Golpear o sacudir, especialmente con un palo. ‖ Varear, derribar con golpes de vara los frutos de los árboles. ◇ FAM. apaleador, apaleamiento. PALO.

apalear² v. tr. [1]. Aventar con la pala el

grano, a fin de limpiarlo. ◇ FAM. apaleo. PALA.

apaleo s. m. Acción y efecto de apalear².

apañado, da adj. Hábil, mañoso. ‖ *Fam.* Adecuado, a propósito para el uso que se pretende.

apañar v. tr. [1]. Apoderarse de algo ilícitamente. ‖ Acicalar, ataviar. ‖ Remendar lo que está roto. ‖ *Argent., Bol., Nicar., Perú* y *Urug.* Encubrir, ocultar a alguien. ◆ **apañarse** v. pron. *Fam.* Darse maña para hacer algo. ◇ FAM. apañado, apaño.

apaño s. m. Acción y efecto de apañar. ‖ *Fam.* Amaño, chanchullo.

apapachado, da adj. *Cuba* y *Méx.* Mimado.

aparador s. m. Mueble destinado a contener la vajilla y lo necesario para el servicio de mesa. ‖ Escaparate.

aparato s. m. Instrumento o conjunto de instrumentos necesarios para la realización de determinados trabajos, mediciones, observaciones, etc. ‖ Máquina o mecanismo con una función determinada. ‖ Suntuosidad, lujo, pompa. ‖ Conjunto de órganos que realizan la misma función: *aparato respiratorio.* ◇ FAM. aparatoso.

aparatoso, sa adj. Exagerado, espectacular: *caída aparatosa.*

aparcamiento s. m. Acción y efecto de aparcar. ‖ Lugar donde se dejan los coches durante un cierto tiempo.

aparcar v. tr. [1a]. Colocar, situar en un lugar coches u otros vehículos. ‖ Posponer algo. ◇ FAM. aparcamiento. / desaparcar. PARQUE.

aparcería s. f. Convenio por el cual una persona se obliga a ceder a otra el disfrute de ciertos bienes, a cambio de obtener una parte proporcional de los frutos o beneficios. ◇ FAM. aparcero.

aparcero, ra s. Persona que directamente cultiva la tierra; cría el ganado o explota un negocio bajo contrato de aparcería.

aparear v. tr. y pron. [1]. Unir o juntar dos cosas de manera que formen un par. ‖ Juntar dos animales de distinto sexo para la reproducción. ◇ FAM. apareamiento. PAREAR.

aparecer v. intr. y pron. [2m]. Manifestarse, dejarse ver. ‖ Estar, hallarse. ‖ Salir al mercado o ser publicado algo. ◇ FAM. aparecido, aparición. / desaparecer, reaparecer. PARECER¹.

aparecido s. m. Espectro de un difunto, fantasma.

aparejado, da adj. Apto, idóneo. ‖ Unido o vinculado a algo.

aparejador, ra s. Técnico de la construcción, especializado en el trazado de planos parciales, direcciones de obras, etc.

aparejar v. tr. y pron. [1]. Preparar, disponer. ◆ v. tr. Poner el aparejo a caballerías o buques. ◇ FAM. aparejado, aparejador, aparejo. / desaparejar. PAREJO, JA.

aparejo s. m. Conjunto de útiles o instru-

mentos de una profesión, oficio o arte. ‖ Arreo necesario para montar o cargar las caballerías. ‖ Arboladura, velamen y jarcias de un buque.

aparentar v. tr. [1]. Manifestar o dar a entender lo que no es o no hay. ‖ Tener aspecto de determinada cosa, especialmente de tener cierta edad. ◇ FAM. aparente, apariencia. PARECER¹.

aparente adj. Que parece y no es. ‖ Que se muestra a la vista.

aparición s. f. Acción y efecto de aparecer o aparecerse. ‖ Aparecido, espectro.

apariencia s. f. Aspecto o parecer exterior. ‖ Cosa que parece y no es. ◇ FAM. APARENTAR.

apartadero s. m. Lugar que sirve en los caminos y canales para que, apartándose las personas, las caballerías, los carruajes o los barcos, quede libre el paso. ‖ Vía muerta donde se apartan los vagones.

apartado, da adj. Retirado, distante. ◆ s. m. Párrafo o grupo de párrafos de un escrito o documento dedicado a una materia concreta. ● **Apartado de correos,** sección de una oficina de correos en que los interesados recogen su correspondencia.

apartamento s. m. Vivienda situada en un edificio donde existen otras análogas, generalmente de pequeñas dimensiones.

apartar v. tr. y pron. [1]. Separar, alejar. ‖ Quitar a una persona o cosa del lugar donde estaba para dejarlo libre. ◆ **aparte** adv. l. En otro lugar. ‖ A distancia, desde lejos. ◆ adv. m. Separadamente, con distinción. ‖ Con omisión de: *aparte de lo dicho.* ◆ s. m. Párrafo, cada uno de las divisiones de un escrito. ‖ Lo que, en la escena teatral, dice un personaje cualquiera como hablando para sí y suponiendo que no lo oyen los demás. ◇ FAM. apartadero, apartado, apartar. PARTE.

aparvar v. tr. [1]. Disponer la mies para trillarla. ◇ FAM. PARVA.

apasionar v. tr. y pron. [1]. Causar, excitar alguna pasión. ◆ **apasionarse** v. pron. Aficionarse con exceso a una persona o cosa. ◇ FAM. apasionado, apasionamiento, apasionante. / desapasionar. PASIÓN.

apaste s. m. *Guat.* y *Hond.* Lebrillo hondo de barro y con asas.

apatía s. f. Impasibilidad, desinterés, abulia. ◇ FAM. apático.

apátrida adj. y s. m. y f. Dícese de la persona que no tiene patria por haber perdido la nacionalidad. ◇ FAM. PATRIA.

apeadero s. m. Poyo en la puerta de las casas para montar en las caballerías. ‖ En los trayectos ferroviarios, punto de parada para los viajeros, pero sin estación.

apear v. tr. y pron. [1]. Desmontar o bajar de un vehículo o de una caballería. ‖ *Fam.* Disuadir, convencer a alguien de algo. ◆ **apearse** v. pron. *Cuba.* Comer sin protocolo, con las manos. ● **Apearse del bu-**

rro, salir de un error tercamente mantenido. ⬦ FAM. apeadero, apeo. PIE.

apechugar v. intr. [1b]. Aceptar algo, venciendo la repugnancia que causa. ⬦ FAM. PECHUGA.

apedrear v. tr. [1]. Tirar piedras a una persona o cosa. ➡ v. impers. Caer pedrisco. ➡ **apedrearse** v. pron. Padecer daño los árboles, viñas, etc., con el granizo. ⬦ FAM. apedreamiento. PIEDRA.

apegarse v. pron. [1]. Cobrar apego. ⬦ FAM. apegado, apego. / desapegarse. PEGAR.

apego s. m. Afición, inclinación, cariño hacia alguien o algo.

apelación s. f. Acción de apelar.

apelar v. intr. [1]. Recurrir al juez o tribunal superior para que enmiende o anule una sentencia. ➡ v. intr. y pron. Recurrir a una persona o cosa por alguna necesidad: *apelar a su bondad*. ⬦ FAM. apelable, apelación, apelativo. / inapelable, interpelar.

apelativo s. m. y adj. Sobrenombre. ‖ Nombre común, por oposición al nombre propio.

apellidar v. tr. y pron. [1]. Nombrar, llamar, dar un nombre. ➡ **apellidarse** v. pron. Tener un determinado apellido. ⬦ FAM. apellido.

apellido s. m. Nombre de familia con que se distinguen las personas.

apelmazar v. tr. y pron. [1g]. Hacer más compacto y apretado de lo requerido. ⬦ FAM. apelmazado, apelmazamiento.

apelotonar v. tr. y pron. [1]. Formar pelotones, amontonar. ⬦ FAM. apelotonamiento. PELOTÓN.

apenar v. tr. y pron. [1]. Causar o sentir pena. ➡ **apenarse** v. pron. *Méx.* Avergonzarse. ⬦ FAM. PENA.

apenas adv. c. y m. Con dificultad, muy poco. ➡ adv. t. Denota la inmediata sucesión de dos acciones. ⬦ FAM. PENA.

apencar v. intr. [1a]. *Fam.* Cargar con una obligación ingrata.

apéndice s. m. Cosa adjunta a otra, de la cual es como prolongamiento o parte accesoria. ‖ ANAT. Prolongación delgada y hueca del intestino ciego. ⬦ FAM. apendicitis. PENDER.

apendicitis s. f. Inflamación del apéndice del intestino ciego.

apensionarse v. pron. [1]. *Argent., Chile, Colomb., Méx.* y *Perú.* Entristecerse. ‖ *Colomb.* Sobresaltarse, inquietarse.

apepsia s. f. MED. Falta de digestión.

apepú s. m. *Argent.* y *Par.* Naranjo de corteza gris oscura, y frutos rugosos de color anaranjado rojizo y pulpa jugosa, que tiene sabor entre agrio y amargo.

aperar v. tr. [1]. *Argent., Nicar.* y *Urug.* Ensillar, colocar el apero.

apercibir[1] v. tr. [3]. Amonestar, advertir, avisar.

apercibir[2] v. tr. y pron. [3]. Percibir, ob-

servar, notar. ⬦ FAM. apercibimiento. / desapercibido. PERCIBIR.

apergaminarse v. pron. [1]. *Fam.* Acartonarse. ⬦ FAM. apergaminado. PERGAMINO.

aperitivo, va adj. y s. Que abre el apetito. ➡ s. m. Bebida y tapas que se toman antes de una comida principal. ⬦ FAM. APERTURA.

apero s. m. Conjunto de instrumentos de un oficio, en especial los de labranza. ‖ *Amér. Merid.* y *P. Rico.* Arreos de montar, más lujosos que los comunes en ciertos países. ⬦ FAM. aperar.

aperrear v. tr. y pron. [1]. Fatigar, causar gran molestia y trabajo. ⬦ FAM. aperreado, aperreador, aperreo. PERRO[1].

apertura s. f. Acción de abrir. ‖ Inauguración de un local, curso, asamblea, etc. ‖ Tendencia favorable a la aceptación de ideas o actitudes avanzadas. ⬦ FAM. aperturista. / aperitivo, reapertura. ABRIR.

apesadumbrar v. tr. y pron. [1]. Causar o sentir pesadumbre. ⬦ FAM. apesadumbrado. PESADUMBRE.

apestar v. tr. y pron. [1]. Causar o comunicar la peste. ➡ v. tr. e intr. Arrojar o comunicar mal olor. ➡ v. tr. Corromper, viciar. ⬦ FAM. apestado, apestoso. PESTE.

apestillar v. tr. [1]. *Argent.* Apremiar a una persona.

apestle s. m. *Guat.* y *Hond.* Apaste*.

apestoso, sa adj. Que apesta o causa mal olor.

apétalo, la adj. BOT. Que carece de pétalos.

apetecer v. tr. [2m]. Desear alguna cosa. ➡ v. intr. Gustar, agradar. ⬦ FAM. apetecible, apetencia, apetito.

apetencia s. f. Deseo. ⬦ FAM. inapetencia. APETECER.

apetito s. m. Tendencia a satisfacer las necesidades orgánicas, especialmente la de comer. ⬦ FAM. apetitoso. APETECER.

apiadar v. tr. y pron. [1]. Causar o tener piedad. ➡ FAM. PIEDAD.

ápice s. m. Extremo superior o punta de una cosa. ‖ Parte pequeñísima.

apicultura s. f. Arte de criar abejas. ⬦ FAM. apícola, apicultor. ABEJA.

apilar v. tr. [1]. Poner una sobre otra varias cosas. ⬦ FAM. apilamiento. PILA[1].

apiñar v. tr. y pron. [1]. Juntar o agrupar estrechamente. ⬦ FAM. apiñado, apiñamiento. PIÑA.

apiñonado, da adj. *Méx.* Dícese de la persona que tiene la piel de color moreno. ⬦ FAM. PIÑÓN[1].

apio s. m. Planta hortense de raíz y tallo comestibles.

apiolar v. tr. [1]. *Fam.* Prender, apresar. ‖ *Fam.* Matar.

apiparse v. pron. [1]. *Fam.* Atracarse de comida o bebida.

apisonador, ra adj. y s. Que apisona.

◆ s. f. Máquina con rodillos grandes y pesados, usada para allanar superficies.

apisonar v. tr. [1]. Apretar fuertemente, aplanar la tierra, el asfalto, etc. ◇ FAM. apisonador. PISAR.

apitiguarse v. pron. [1c]. *Chile.* Desmoronarse, abatirse.

aplacar v. tr. y pron. [1a]. Amansar, suavizar, mitigar. ◇ FAM. aplacable, aplacador, aplacamiento. / implacable.

aplanar v. tr. [1]. Poner llano. ◆ **aplanarse** v. pron. Perder el vigor, desalentarse. ◇ FAM. aplanamiento. PLANO, NA.

aplastante adj. Definitivo, que apabulla: *éxito aplastante.*

aplastar v. tr. y pron. [1]. Deformar una cosa, aplanándola o disminuyendo su grueso. || Vencer, aniquilar. || *Fam.* Apabullar, dejar confuso. ◇ FAM. aplastamiento, aplastante.

aplatanar v. tr. y pron. [1]. Producir o experimentar indolencia o apatía. ◇ FAM. PLÁTANO.

aplaudir v. tr. [3]. Dar palmadas en señal de aprobación o entusiasmo. || Celebrar, aprobar, asentir. ◇ FAM. aplauso. / plausible.

aplauso s. m. Acción de aplaudir. || Alabanza, elogio.

aplazar v. tr. [1g]. Retardar la ejecución de algo. || *Amér.* Suspender un examen. ◇ FAM. aplazado, aplazamiento. / inaplazable. PLAZO.

aplicación s. f. Acción y efecto de aplicar o aplicarse. || Adorno de materia distinta a la que se superpone. || MAT. Operación por la que se hace corresponder a todo elemento de un conjunto un solo elemento de otro conjunto.

aplicado, da adj. Que estudia o trabaja con interés. || Dícese de la ciencia o disciplina considerada en su aspecto más práctico. ◇ FAM. desaplicado. APLICAR.

aplicar v. tr. [1a]. Poner una cosa sobre otra o en contacto con otra. || Hacer uso de una cosa para conseguir un fin. || Destinar, adjudicar. ◆ **aplicarse** v. pron. Ejecutar algo con esmero. ◇ FAM. aplicable, aplicación, aplicado, aplicador, aplique. / inaplicable.

aplique s. m. Lámpara que se fija en la pared.

aplomo s. m. Gravedad, serenidad, circunspección.

apocalipsis s. m. Libro del Antiguo Testamento que contiene las revelaciones sobre el fin del mundo: *el Apocalipsis de san Juan.* || Acontecimiento o situación de características aterradoras. ◇ FAM. apocalíptico.

apocar v. tr. y pron. [1a]. Intimidar, cohibir. ◇ FAM. apocado, apocamiento. POCO, CA.

apócope s. f. Supresión de un fonema o de una o más sílabas al final de una palabra. ◇ FAM. apocopar.

apócrifo, fa adj. Falsificado, atribuido indebidamente: *evangelio apócrifo.*

apodar v. tr. y pron. [1]. Dar un apodo o ser conocido por él.

apoderado, da adj. y s. Que tiene poderes de otro para representar y proceder en su nombre.

apoderar v. tr. [1]. Otorgar poderes. ◆ **apoderarse** v. pron. Hacerse dueño de una cosa. ◇ FAM. apoderado. PODER².

apodo s. m. Nombre que se da a una persona, tomado de sus defectos o de otra circunstancia. ◇ FAM. apodar.

ápodo, da adj. ZOOL. Falto de pies.

apófisis s. f. ANAT. Eminencia natural de la superficie de un hueso.

apogeo s. m. Grado superior que puede alcanzar alguna cosa, como el poder, la gloria, etc. || ASTRON. Distancia máxima entre la Tierra y cualquier astro.

apolillar v. tr. [1]. Roer la polilla la ropa u otra cosa. ◇ FAM. apolillamiento. POLILLA.

apolíneo, a adj. Relativo al dios griego Apolo. || Apuesto, bien plantado.

apolítico, ca adj. Ajeno a la política.

apología s. f. Discurso o escrito en alabanza o defensa de alguien o algo. ◇ FAM. apologético, apologista, apólogo.

apólogo s. m. Fábula con intención moralizante.

apoltronarse v. pron. [1]. Hacerse perezoso, llevar vida sedentaria. || Arrellanarse en el asiento. ◇ FAM. apoltronamiento. POLTRÓN, NA.

apoplejía s. f. Cuadro clínico consecutivo a la hemorragia o embolia cerebral. ◇ FAM. apoplético.

apoquinar v. tr. [1]. *Fam.* Pagar uno lo que le corresponde.

aporreado, da adj. Arrastrado, pobre, desafortunado. ◆ s. m. *Cuba* y *Méx.* Guiso que entre otros ingredientes cuenta con carne de vaca, manteca, tomate y ajo.

aporrear v. tr. y pron. [1]. Golpear, especialmente con porra. ◇ FAM. aporreado, aporreamiento, aporreo. PORRA.

aportación s. f. Acción y efecto de aportar. || Conjunto de bienes aportados.

aportar v. tr. [1]. Dar, proporcionar, contribuir. ◇ FAM. aportación. PORTAR.

aportillar v. tr. y pron. [1]. Romper o abrir cualquier cosa que está unida y compacta. ◇ FAM. aportillado. PORTILLO.

aposentar v. tr. y pron. [1]. Alojar, hospedar. ◇ FAM. aposentador, aposentamiento, aposento. POSAR¹.

aposento s. m. Cuarto o pieza de una casa.

aposición s. f. Construcción que consiste en determinar un sustantivo por medio de otro sustantivo yuxtapuesto.

apósito s. m. MED. Material terapéutico que se aplica sobre una lesión. ◇ FAM. PONER.

aposta adv. m. Adrede, a propósito.

apostar v. tr. [1]. Pactar entre sí los que tienen alguna disputa o hacen algún pronóstico, de manera que quien acierte gana cierta cantidad o cosa determinada de antemano. ‖ Arriesgar cierta cantidad de dinero en la creencia de que alguna cosa tendrá tal o cual resultado. ◆ v. tr. y pron. Poner en determinado lugar para algún fin. ◇ FAM. apostante, apuesta. PONER.

apostasía s. f. Abandono público de una religión o doctrina.

apostilla s. f. Nota que interpreta, aclara o completa un texto. ◇ FAM. apostillar.

apóstol s. m. Denominación aplicada a los doce discípulos elegidos por Jesucristo. ‖ Propagador de una doctrina. ◇ FAM. apostolado, apostólico.

apostolado s. m. Misión de los apóstoles y tiempo que dura. ‖ Predicación de una doctrina, trabajos en favor de una causa.

apostólico, ca adj. Relativo a los apóstoles. ‖ Relativo al papa.

apóstrofe s. m. o f. Interpelación brusca y poco cortés. ‖ Figura de estilo consistente en dirigirse directamente a personas o cosas personificadas. ◇ FAM. apostrofar, apóstrofo.

apóstrofo s. m. Signo gráfico que indica la elisión de una vocal.

apostura s. f. Cualidad de apuesto.

apotegma s. m. Dicho breve y sentencioso, especialmente el atribuido a una persona ilustre.

apotema s. f. MAT. Perpendicular trazada desde el centro de un polígono regular a uno de sus lados.

apoteosis s. f. Glorificación, ensalzamiento de una persona, colectividad, etc. ‖ Final brillante, en especial de un espectáculo. ◇ FAM. apoteósico.

apoyar v. tr. [1]. Hacer que una cosa descanse sobre otra. ‖ Basar, fundar. ‖ Favorecer, ayudar. ‖ Sostener o confirmar una opinión o doctrina. ◇ FAM. apoyatura, apoyo.

apoyo s. m. Lo que sirve para sostener. ‖ Protección, auxilio. ‖ Fundamento.

apozarse v. pron. [1g]. *Chile* y *Colomb.* Rebalsarse.

apreciación s. f. Acción y efecto de apreciar. ‖ Juicio, valoración. ‖ Aumento del valor de una moneda.

apreciar v. tr. [1]. Sentir afecto. ‖ Reconocer los méritos, valores o la importancia de las cosas. ‖ Percibir o captar los rasgos de algo. ◆ v. tr. y pron. Aumentar el valor de una moneda. ◇ FAM. apreciable, apreciación, apreciativo, aprecio. / inapreciable. PRECIO.

aprecio s. m. Acción y efecto de apreciar. ‖ Estimación afectuosa de una persona.

aprehender v. tr. [2]. Prender a una persona o un alijo de contrabando. ‖ Aprender. ◇ FAM. aprehensible, aprehensión, aprehensivo. / aprender, aprensión. PRENDER.

apremiar v. tr. [1]. Dar prisa para que se haga algo. ‖ Imponer apremio o recargo. ◇ FAM. apremiante, apremio. / premura.

apremio s. m. Acción y efecto de apremiar. ‖ Procedimiento judicial o administrativo para conseguir un pago o el cumplimiento de otras obligaciones. ‖ Recargo de contribuciones por demora en el pago.

aprender v. tr. [2]. Adquirir el conocimiento de algo por medio del estudio, ejercicio o experiencia. ‖ Memorizar. ◇ FAM. aprendiz, aprendizaje. APREHENDER.

aprendiz, za s. Persona que aprende un arte u oficio. ‖ Persona que está en el primer grado del escalafón laboral.

aprendizaje s. m. Acción y efecto de aprender. ‖ Tiempo que se emplea.

aprensión s. f. Temor, escrúpulo, en especial hacia las enfermedades. ◇ FAM. aprensivo. / desaprensión. APREHENDER.

apresar v. tr. [1]. Asir, agarrar con las garras o colmillos. ‖ Aprisionar. ◇ FAM. apresamiento. PRESO, SA.

aprestar v. tr. y pron. [1]. Preparar, disponer lo necesario. ‖ Dar consistencia a los tejidos con goma, almidón, etc. ◇ FAM. apresto.

apresto s. m. Acción y efecto de aprestar. ‖ Sustancia para aprestar los tejidos.

apresurar v. tr. y pron. [1]. Dar prisa, acelerar. ◇ FAM. apresurado, apresuramiento. PRESUROSO, SA.

apretado, da adj. Arduo, peligroso. ‖ Intenso, lleno de actividades.

apretar v. tr. [1j]. Estrechar con fuerza, oprimir. ‖ Aumentar la tirantez o presión de algo. ‖ Reducir algo a menor volumen. ◆ v. tr. e intr. Constreñir, tratar de reducir con amenazas, ruegos o razones. ◆ v. intr. Obrar con mayor esfuerzo o intensidad que de ordinario. ◇ FAM. apretado, apretón, apretujar, apretura, aprieto. / desapretar, prieto.

apretón s. m. Acción de apretar con fuerza y rapidez: *apretón de manos.* ‖ Apretura de gente.

apretujar v. tr. [1]. *Fam.* Apretar mucho o reiteradamente. ◆ **apretujarse** v. pron. Oprimirse varias personas en un recinto reducido. ◇ FAM. apretujamiento. APRETAR.

apretura s. f. Opresión causada por la excesiva concurrencia de gente. ‖ Aprieto. ‖ Escasez o falta de algo.

aprieto s. m. Conflicto, apuro.

apriorismo s. m. Método de razonamiento *a priori.* ◇ FAM. apriorístico. A PRIORI.

aprisa adv. m. Con rapidez.

aprisco s. m. Lugar donde se recoge el ganado.

aprisionar v. tr. [1]. Poner en prisión. ‖ Atar, sujetar, asir. ◇ FAM. PRISIÓN.

aprobado, da adj. Que es resultado de aprobar. ◆ s. m. Calificación mínima de aptitud en un examen.

aprobar v. tr. [1r]. Dar por bueno. ‖ Asentir a una opinión, ruego, etc. ◆ v. tr. e intr. Alcanzar en un examen la calificación de apto. ◇ FAM. aprobación, aprobado. / desaprobar. PROBAR.

apropiado, da adj. Adecuado para el fin a que se destina. ◇ FAM. inapropiado. APROPIARSE.

apropiarse v. pron. [1]. Tomar para sí una cosa haciéndose dueño de ella. ◇ FAM. apropiación, apropiado. / desapropiarse. PROPIO, PIA.

aprovechado, da adj. Aplicado, diligente. ◆ adj. y s. Que saca provecho de todo.

aprovechar v. intr. [1]. Servir de provecho una cosa. ◆ v. intr. y pron. Adelantar, mejorar. ◆ v. tr. Emplear útilmente una cosa. ◆ **aprovecharse** v. pron. Sacar utilidad de alguien o algo, generalmente con astucia o abuso. ◇ FAM. aprovechable, aprovechado, aprovechamiento. / desaprovechar. PROVECHO.

aprovisionar v. tr. [1]. Abastecer. ◇ FAM. aprovisionamiento. PROVISIÓN.

aproximación s. f. Acción y efecto de aproximar o aproximarse. ‖ Modo de abordar un tema o problema.

aproximar v. tr. y pron. [1]. Acercar, arrimar. ◇ FAM. aproximación, aproximadamente, aproximado, aproximativo. PRÓXIMO, MA.

áptero, ra adj. Sin alas: *insecto áptero*.

aptitud s. f. Capacidad para ejercer determinados trabajos, tareas, etc.

apto, ta adj. Que tiene aptitud. ‖ Adecuado para algún fin. ◆ s. m. En los exámenes, calificación que garantiza la suficiente preparación. ◇ FAM. aptitud. / adaptar, inepto.

apuesta s. f. Acción y efecto de apostar. ‖ Cosa o cantidad que se apuesta.

apuesto, ta adj. Arrogante, gallardo, elegante. ◆ FAM. apostura. PONER.

apunarse v. pron. [1]. *Amér. Merid.* Indisponerse por la falta de oxígeno que hay en las grandes alturas.

apuntado, da adj. Que termina en punta. ◇ FAM. PUNTA.

apuntador, ra adj. y s. Que apunta. ◆ s. m. En las representaciones teatrales, persona que dicta al que actúa lo que debe decir cuando a éste le falla la memoria.

apuntalar v. tr. y pron. [1]. Poner puntales. ‖ Sostener, afianzar. ◇ FAM. apuntalamiento. PUNTAL.

apuntar v. tr. [1]. Señalar hacia algún lugar u objeto determinados. ‖ Tomar nota por escrito. ‖ Insinuar o sugerir. ‖ Dirigir un arma hacia algo o alguien. ‖ Dictar a alguien con disimulo lo que debe decir. ◆ v. tr. y pron. Inscribir en una lista o registro. ◆ v. intr. Empezar a manifestarse alguna cosa. ◆ **apuntarse** v. pron. Atribuirse un éxito o un tanto. ◇ FAM. apuntador, apunte. / desapuntar. PUNTA.

apunte s. m. Acción y efecto de apuntar. ‖ Nota que se toma por escrito. ‖ Esbozo de un dibujo o pintura. ◆ pl. Extracto de las explicaciones de un profesor.

apuntillar v. tr. [1]. Rematar al toro con la puntilla. ◇ FAM. PUNTILLA.

apuñalar v. tr. [1]. Dar puñaladas. ◇ FAM. apuñalamiento. PUÑAL.

apurado, da adj. Pobre, necesitado. ‖ Dificultoso, peligroso. ‖ Exacto, esmerado.

apurar v. tr. [1]. Acabar, llevar hasta el fin, agotar. ‖ Apremiar, dar prisa. ◆ v. tr. y pron. Inquietar, preocupar. ‖ Dar vergüenza. ◇ FAM. apurado, apuro.

apurimeño, ña adj. y s. De Apurimac (Perú).

apuro s. m. Aprieto, escasez grande. ‖ Aflicción, conflicto. ‖ Apremio, prisa. ‖ Vergüenza.

aquejar v. tr. [1]. Afectar una enfermedad, vicio o defecto. ◇ FAM. aquejado. QUEJARSE.

aquel, lla adj. y pron. dem. Designa lo que está lejos de la persona que habla y de la persona con quien se habla. ◆ s. m. *Fam.* Gracia, atractivo. ◇ FAM. aquello.

aquelarre s. m. Conciliábulo nocturno de brujos.

aquello pron. dem. neutro. Aquella cosa.

aquenio s. m. Fruto seco con una sola semilla y con pericarpio no soldado a ella.

aqueo, a adj. y s. Relativo a un pueblo de la antigua Grecia.

aquerenciarse v. pron. [1]. Tomar querencia a un lugar, especialmente los animales. ◇ FAM. aquerenciado. QUERENCIA.

aquí adv. l. En este lugar. ‖ A este lugar. ‖ En este punto, en esta cuestión. ‖ En correlación con *allí*, designa sitio o paraje indeterminado. ◆ adv. t. Ahora, en este momento. ‖ Entonces, en tal ocasión.

aquiescencia s. f. Consentimiento, conformidad. ◇ FAM. aquiescente.

aquietar v. tr. y pron. [1]. Apaciguar, sosegar. ◇ FAM. QUIETO, TA.

aquilatar v. tr. [1]. Medir los quilates de un objeto precioso. ‖ Examinar y apreciar debidamente el mérito de una persona o la verdad de una cosa. ◇ FAM. aquilatamiento. QUILATE.

aquintralarse v. pron. [1]. *Chile.* Enfermarse de quintral los melones, sandías y otras plantas. ‖ *Chile.* Recubrirse los árboles de quintral. ◇ FAM. QUINTRAL.

aquitano, na adj. y s. De Aquitania, región histórica de Francia.

ara s. f. Altar donde se ofrecen sacrificios a los dioses. ‖ Piedra consagrada sobre la cual el sacerdote celebra la misa. ● **En aras de**, en honor o en interés de.

árabe adj. y s. m. y f. De Arabia. ‖ Relativo a los pueblos islámicos. ◆ s. m. Lengua semítica hablada por los pueblos árabes. ◇ FAM. arabesco, arábigo, arabismo, arabizar. / hispanoárabe, mocárabe, mozárabe.

arabesco s. m. Decoración de dibujos geométricos entrelazados, característica de la arquitectura árabe.

arábigo, ga adj. y s. Árabe. ➤ s. m. Idioma árabe.

arabismo s. m. Palabra o giro árabe incorporado a otra lengua, ◇ FAM. arabista. / panarabismo. ÁRABE.

arabista s. m. y f. Persona que estudia la lengua y cultura árabes.

arácnido, da adj. y s. m. Dícese del artrópodo perteneciente a la clase en que se incluye la araña, el escorpión, etc. ◇ FAM. ARAÑA.

arada s. f. Acción de arar. ‖ Tierra labrada con el arado.

arado s. m. Instrumento o máquina para arar.

aragonés, sa adj. y s. De Aragón (España). ➤ s. m. Dialecto romance llamado también navarro-aragonés. ‖ Variedad del español hablada en Aragón. ◇ FAM. aragonesismo.

aragonesismo s. m. Palabra o giro propio de los aragoneses.

arahuaco, ca adj. Dícese de un pueblo indio que vivía en el Alto Paraguay. ➤ s. m. Lengua que hablaba este pueblo.

arameo, a adj. y s. De un antiguo pueblo nómada semita. ➤ s. m. Lengua semítica que tuvo gran difusión en Oriente Medio.

arancel s. m. Tarifa oficial que determina los derechos que se han de pagar en costas judiciales, aduanas, etc. ◇ FAM. arancelario.

arándano s. m. Arbusto de hojas caducas y fruto comestible en forma de baya de color negro. ‖ Fruto de este arbusto.

arandela s. f. Pieza plana y redonda, con un agujero en el centro en el que se puede introducir un vástago.

araña s. f. Pequeño animal provisto de cuatro pares de patas articuladas y órganos secretores de un hilo sedoso. ‖ Lámpara de varios brazos que se cuelga del techo. ◇ FAM. arácnido. / musaraña, telaraña.

arañar v. tr. y pron. [1]. Rasgar ligeramente la piel, especialmente con las uñas. ➤ v. tr. Rayar una superficie lisa. / Fam. Recoger en cantidades pequeñas y procedentes de varias partes lo necesario para algún fin. ◇ FAM. arañazo.

arañazo s. m. Herida superficial, rasguño.

arar v. tr. [1]. Abrir surcos en la tierra con el arado. ◇ FAM. arable, arada, arado, arador.

arasá s. m. Argent., Par. y Urug. Árbol de copa ancha y madera flexible. ‖ Argent., Par. y Urug. Fruto de este árbol, del que se hacen confituras.

araticú s. m. Argent., Par. y Urug. Nombre de diversos árboles que alcanzan los 6 m de altura, de fruto comestible.

araucano, na adj. y s. De Arauco (Chile). ‖ De un pueblo amerindio que habita en Chile y Argentina. ➤ s. m. Lengua amerindia que se extendió desde Chile hasta las inmediaciones de Buenos Aires.

arawako, ka adj. y s. Dícese de un pueblo amerindio que habita en la cuenca del Orinoco.

arazá s. m. Arasá*.

arbitraje s. m. Acción o facultad de arbitrar. ‖ Resolución o juicio de un árbitro.

arbitral adj. Relativo al árbitro o al arbitrio.

arbitrar v. tr. [1]. Allegar, disponer, reunir: arbitrar recursos. ➤ v. tr. e intr. Ejercer de árbitro en los deportes. ‖ Juzgar como árbitro. ➤ v. intr. Proceder uno con arreglo a su libre albedrío.

arbitrariedad s. f. Acto o proceder regido por la voluntad o capricho, sin sujeción a la justicia o a la razón.

arbitrario, ria adj. Que depende del arbitrio. ‖ Que procede con arbitrariedad.

arbitrio s. m. Facultad de resolver o decidir. ‖ Autoridad, poder. ‖ Voluntad gobernada por el capricho. ‖ Sentencia del juez árbitro. ➤ pl. Derechos o impuestos para gastos públicos. ◇ FAM. arbitrariedad, arbitrario; árbitro. / albedrío.

árbitro, tra adj. y s. Dícese del que puede obrar por sí solo, con total independencia. ➤ s. m. Persona encargada de dirigir un encuentro deportivo. ‖ Persona elegida por las partes interesadas para solucionar un conflicto o litigio. ◇ FAM. arbitraje, arbitral, arbitrar. ARBITRIO.

árbol s. m. Planta leñosa cuyo tronco, fijado al suelo por raíces, carece de ramas hasta determinada altura, a partir de la cual se ramifica y forma la copa. ‖ INFORMÁT. y LING. Representación convencional de una estructura. ‖ MAR. Palo de un navío. ● **Árbol genealógico**, tabla que indica, bajo la forma de un árbol, la filiación de los miembros de una familia. ◇ FAM. arbolar, arboleda, arbóreo, arborescente, arborícola, arboricultura, arbusto.

arboladura s. f. MAR. Conjunto de mástiles y vergas de un buque.

arbolar v. tr. [1]. Enarbolar, levantar en alto. ‖ MAR. Poner la arboladura a una embarcación. ◇ FAM. arboladura. / desarbolar, enarbolar. ÁRBOL.

arboleda s. f. Sitio poblado de árboles.

arbóreo, a adj. Relativo al árbol o parecido a él.

arborescente adj. Que tiene la forma o las características de un árbol. ◇ FAM. arborescencia. ÁRBOL.

arborícola adj. Que vive en los árboles.

arboricultura s. f. Cultivo de los árboles. ‖ Enseñanza del modo de cultivarlos. ◇ FAM. arboricultor. ÁRBOL.

arbotante s. m. ARQ. Arco exterior que descarga el empuje de las bóvedas sobre un contrafuerte separado del muro.

arbustivo, va adj. De la naturaleza o propiedades del arbusto.

arbusto s. m. Vegetal leñoso que se eleva a poca altura y cuyo tallo está ramificado desde la base. ◇ FAM. arbustivo. ÁRBOL.

arca s. f. Caja grande, comúnmente de madera, sin forrar y con tapa plana. ‖ Caja de caudales. ◇ FAM. arcón, arquear², arqueta.

arcabuz s. m. Arma de fuego portátil, de carga por la boca, que apareció entre los ss. XIV y XVI.

arcada s. f. Serie de arcos. ‖ Ojo de un puente. ‖ MED. Contracción del estómago que precede con frecuencia a los vómitos.

arcaico, ca adj. De los primeros tiempos del desarrollo de una civilización. ‖ Anticuado. ◇ FAM. arcaísmo, arcaizar.

arcaísmo s. m. Voz o frase que no están en uso. ‖ Carácter de arcaico.

arcángel s. m. Ángel de un orden superior.

arcano, na adj. Secreto, recóndito. ◆ s. m. Misterio, cosa oculta y muy difícil de conocer: *los arcanos del alma humana.*

arce s. m. Árbol de gran altura, de madera muy dura, que crece en las regiones templadas.

arcediano s. m. Dignidad eclesiástica en las iglesias catedrales.

arcén s. m. Espacio comprendido entre la cuneta y la calzada de una carretera.

archi- pref. Significa, con sustantivos, 'superioridad': *archiduque;* y, con adjetivos, 'muy': *archifamoso.*

archidiócesis s. f. Diócesis arzobispal.

archiduque, quesa s. Título de los príncipes y princesas de la casa de Austria. ◆ s. f. Esposa de un archiduque.

archipiélago s. m. Conjunto de islas dispuestas en grupo.

archivador, ra adj. y s. Que archiva. ◆ s. m. Mueble, caja o carpeta destinados a guardar documentos o fichas.

archivar v. tr. [1]. Poner o guardar papeles o documentos en un archivo. ‖ Dar por terminado un asunto. ◇ FAM. archivador. ARCHIVO.

archivo s. m. Local o mueble en que se guardan documentos. ‖ Conjunto de estos documentos. ‖ INFORMÁT. Fichero. ◇ FAM. archivar, archivero.

arcilla s. f. Sustancia mineral que empapada en agua resulta plástica. ◇ FAM. arcilloso.

arcipreste s. m. Dignidad en el cabildo catedral. ‖ Título otorgado a algunos párrocos que les da preeminencia sobre otros sacerdotes de su circunscripción.

arco s. m. Porción de curva continua comprendida entre dos puntos. ‖ Arma formada por una varilla elástica con una cuerda tensada, que sirve para lanzar flechas. ‖ ARQ. Construcción curvilínea que cubre el vano de un muro o la luz entre dos pilares. ‖ MÚS. Varilla de madera flexible con cerdas, con la que se hace vibrar las cuerdas del violín, violonchelo, etc.

◦ Arco iris, fenómeno luminoso que suele observarse en el cielo durante una tormenta. ◇ FAM. arcada, arquear¹, arquería, arquero. / enarcar.

arcón s. m. Arca grande.

arder v. intr. [2]. Estar encendido o quemándose algo. ‖ Estar muy agitado por una pasión o estado de ánimo: *arder en deseo de saber.* ◇ FAM. ardiente, ardor. / enardecer.

ardid s. m. Artificio, habilidad para el logro de algún fin.

ardiente adj. Que arde, causa ardor o parece que abrasa. ‖ Vehemente, apasionado.

ardilla s. f. Mamífero roedor arborícola, de pelaje rojizo y cola larga y tupida. ◇ FAM. ardita.

ardita s. f. *Colomb.* y *Venez.* Ardilla.

ardor s. m. Calidad de ardiente. ‖ Enardecimiento de los afectos y pasiones. ‖ Intrepidez, valor. ‖ Viveza, ansia, anhelo. ◇ FAM. ardoroso. ARDER.

ardoroso, sa adj. Que tiene ardor. ‖ Vehemente, vigoroso.

arduo, dua adj. Muy difícil.

área s. f. Parte de una superficie o extensión, especialmente de la terrestre. ‖ Medida de una superficie. ‖ Unidad de superficie equivalente a 100 m². ‖ Campo de acción: *área de influencia.* ‖ DEP. Zona del terreno de juego situada junto a la portería. ◇ FAM. decárea, deciárea, hectárea.

arecibeño, ña adj. y s. De Arecibo (Puerto Rico).

arena s. f. Conjunto de partículas, generalmente de cuarzo, disgregadas de las rocas. ‖ Lugar del combate o lucha. ‖ Ruedo de las plazas de toros. ◇ FAM. arenal, arenilla, arenisca, arenoso. / enarenar.

arenal s. m. Extensión grande de terreno arenoso.

arenga s. f. Discurso solemne y enardecedor. ◇ FAM. arengar.

arengar v. tr. e intr. [1b]. Pronunciar en público una arenga.

arenilla s. f. Arena menuda. ◆ pl. MED. Cálculos finos que aparecen en el sedimento urinario.

arenisca s. f. Roca sedimentaria formada por la cementación de la arena.

arenque s. m. Pez semejante a la sardina, muy apreciado por su carne.

areola o **aréola** s. f. ANAT. Círculo pigmentado que rodea al pezón del seno. ‖ MED. Círculo rojizo que rodea un punto inflamatorio.

arepa s. f. *Amér. Central* y *Amér. Merid.* Pan de maíz, amasado con huevos y manteca. ◇ FAM. arepita.

arepita s. f. *Amér. Central* y *Amér. Merid.* Tortita de papelón, maíz y queso.

arequipa s. f. *Colomb.* y *Perú.* Postre de leche.

arequipeño, ña adj. y s. De Arequipa (Perú).

arete s. m. Aro pequeño, en especial el que se lleva como pendiente.

argamasa s. f. Mezcla de cal, arena y agua.

argelino, na adj. y s. De Argel o de Argelia.

argentífero, ra adj. Que contiene plata.

argentinismo s. m. Giro o modo de hablar propio de los argentinos.

argentino¹, na adj. De plata o parecido a ella. ‖ Dícese del sonido claro y bien timbrado: *voz argentina*. ◇ FAM. argentífero.

argentino², na adj. y s. De Argentina. ◇ FAM. argentinismo.

argolla s. f. Aro grueso que sirve de amarre o asidero.

argón s. m. Elemento químico gaseoso, incoloro, inodoro e insípido, que se encuentra en la atmósfera terrestre.

argot s. m. Lenguaje especial de un grupo social o profesional.

argucia s. f. Sutileza, argumento falso presentado con agudeza.

argüir v. tr. [31]. Sacar en claro, deducir. ‖ Demostrar, probar. ‖ Acusar. ◆ v. intr. Argumentar a favor o en contra de algo. ◇ FAM. argucia, argumento.

argumentar v. tr., intr. y pron. [1]. Presentar argumentos, pruebas.

argumento s. m. Asunto o materia de que trata una obra. ‖ Razonamiento, prueba, etc., empleados para apoyar o negar una afirmación. ◇ FAM. argumentación, argumental, argumentar. ARGÜIR.

aria s. f. MÚS. Composición escrita para una sola voz.

aridez s. f. Calidad de árido.

árido, da adj. Seco, estéril. ‖ Falto de amenidad. ◆ s. m. pl. Granos, legumbres y otros cuerpos sólidos a los que se aplican medidas de capacidad. ◇ FAM. aridez.

aries s. m. y f. y adj. Persona nacida bajo el signo zodiacal de Aries.

ariete s. m. Antigua máquina militar usada para derribar murallas. ‖ DEP. En fútbol, delantero centro.

ario, ria adj. y s. De un pueblo primitivo que habitó el centro de Asia.

arisco, ca adj. Áspero, intratable.

arista s. f. MAT. Línea de intersección de dos planos o dos superficies que se cortan. ◆ pl. Dificultades en un asunto.

aristocracia s. f. Nobleza. ‖ Élite. ‖ Gobierno ejercido por la nobleza o por una clase privilegiada. ◇ FAM. aristócrata, aristocrático.

aristócrata s. m. y f. Individuo de la aristocracia.

aritm- pref. Significa 'número': *aritmética*.

aritmética s. f. Parte de las matemáticas que estudia las propiedades de los números y las operaciones que con ellos pueden realizarse. ◇ FAM. aritmético.

arlequín s. m. Bufón de la antigua comedia italiana que vestía traje con rombos de muchos colores y máscara. ◇ FAM. arlequinada, arlequinesco.

arma s. f. Instrumento, medio o máquina destinados a atacar o defenderse. ‖ Cada uno de los cuerpos militares que forman el ejército combatiente. ‖ Medio para conseguir alguna cosa. ● **Arma blanca,** la ofensiva de hoja de acero, como la espada. ‖ **Arma de doble filo,** la que puede producir un resultado contrario al esperado. ‖ **Arma de fuego,** la que emplea la fuerza de una materia explosiva. ● **Alzarse en armas,** sublevarse. ‖ **De armas tomar,** dícese de la persona que muestra bríos y resolución. ‖ **Pasar por las armas,** fusilar. ‖ **Presentar armas,** hacer los honores militares, poniendo el fusil frente al pecho. ◇ FAM. armada, armadillo, armado, armadura, armamentismo, armamentista, armamento, armar, armazón, armería, armero, armisticio. / alarma, inerme.

armada s. f. Conjunto de fuerzas navales de un estado. ‖ Escuadra de buques.

armadía s. f. Conjunto de maderos unidos para pasar los ríos.

armadillo s. m. Mamífero de cuerpo cubierto por placas córneas articuladas, capaz de enroscarse formando una bola.

armado, da adj. Provisto de armas. ‖ Provisto de un armazón interno de metal o de una cubierta protectora. ◆ s. m. *Argent.* Nombre de diversos peces de agua dulce que tienen tres pares de barbillas alrededor de la boca y una fuerte espina aserrada.

armador, ra s. Persona que arma o equipa una embarcación para dedicarla al comercio marítimo.

armadura s. f. Armazón. ‖ Conjunto de defensas metálicas que protegían el cuerpo de los combatientes.

armamentismo s. m. Acumulación de armamento como medio de disuasión.

armamento s. m. Acción de armar o armarse. ‖ Conjunto de armas.

armar v. tr. y pron. [1]. Proveer de armas. ‖ Disponer para la guerra. ‖ *Fam.* Mover, causar, producir: *armar jaleo*. ◆ v. tr. Disponer un arma para disparar. ‖ Montar los elementos o piezas que forman cualquier objeto. ‖ MAR. Equipar una embarcación. ◆ **armarse** v. pron. Disponer el ánimo para lograr algún fin o soportar algo. ◇ FAM. armador. / desarmar. ARMA.

armario s. m. Mueble con puertas y anaqueles para guardar cosas.

armatoste s. m. Cosa grande, tosca y pesada.

armazón s. m. o f. Pieza o conjunto de piezas sobre las que se arma o construye algo.

armenio, nia adj. y s. De Armenia. ◆ s. m. Lengua indoeuropea de la región del Cáucaso.

armería s. f. Arte de fabricar armas. ‖ Establecimiento en que se venden armas. ‖

Lugar donde se conservan o almacenan las armas. ‖ Heráldica.

armero s. m. El que fabrica, vende o se encarga de custodiar y conservar armas. ‖ Armazón en el cual se guardan las armas.

armiño s. m. Mamífero parecido a la comadreja, de piel muy apreciada. ‖ Piel de este animal.

armisticio s. m. Suspensión de las hostilidades pactada entre pueblos o ejércitos beligerantes. ◇ FAM. ARMA.

armonía s. f. Arte de la formación y encadenamiento de los acordes musicales. ‖ Unión y combinación de sonidos agradables. ‖ Conveniente proporción y concordancia de unas cosas con otras. ◇ FAM. armónico, armonio, armonioso, armonizar. / filarmonía, harmonía.

armónico, ca adj. Relativo a la armonía. ◆ s. f. Instrumento musical, cuyo sonido es producido por unos orificios con lengüetas que vibran al soplar y al aspirar. ◇ FAM. inarmónico. ARMONÍA.

armonio s. m. Órgano pequeño.

armonizar v. tr. [1g]. Poner en armonía. ‖ MÚS. Escribir los acordes de una melodía. ◆ v. intr. Estar en armonía.

arnés s. m. Armadura de guerra. ◆ pl. Guarniciones de las caballerías. ◇ FAM. guadarnés.

árnica s. f. Planta medicinal, de flores y raíces muy olorosas. ‖ Tintura preparada con las flores de esta planta.

aro s. m. Pieza en figura de circunferencia. ‖ *Argent.* y *Chile.* Pendiente, arete. ● **Entrar, o pasar por el aro,** ejecutar por fuerza algo que no se quiere. ◇ FAM. arete.

¡aro! interj. *Argent., Bol.* y *Chile.* Se usa para interrumpir al que habla, canta o baila, al tiempo que se le ofrece una copa de licor.

aroma s. m. Perfume, olor muy agradable. ◇ FAM. aromático, aromatizar.

aromático, ca adj. Que tiene aroma.

aromatizar v. tr. [1g]. Dar o comunicar aroma.

arpa s. f. Instrumento musical de forma triangular, con cuerdas verticales que se pulsan con ambas manos. ◇ FAM. arpegio, arpista, arpón.

arpegio s. m. MÚS. Ejecución sucesiva de las notas de un acorde. ◇ FAM. arpegiar. ARPA.

arpía s. f. Ave fabulosa de la mitología griega, con cabeza de mujer. ‖ *Fam.* Mujer de mala condición.

arpillera s. f. Tejido de estopa muy basta.

arpón s. m. Instrumento con punta de hierro y provisto de mango, utilizado para cazar presas. ◇ FAM. arponear, arponero. ARPA.

arponero s. m. El que pesca o caza con arpón.

arqueado, da adj. Curvado en arco.

arquear[1] v. tr. y pron. [1]. Dar a una cosa

figura de arco, curvar. ◇ FAM. arqueado, arqueo[1]. ARCO.

arquear[2] v. tr. [1]. Medir la capacidad de una embarcación. ‖ Hacer recuento de las existencias de caja. ◇ FAM. arqueo[2]. ARCA.

arqueo[1] s. m. Acción y efecto de arquear[1]. ◇ FAM. ARQUEAR[1].

arqueo[2] s. m. Capacidad de una embarcación. ‖ Acción y efecto de arquear[2]. ◇ FAM. ARQUEAR[2].

arqueolítico, ca adj. Relativo a la edad de piedra.

arqueología s. f. Ciencia que estudia los restos de las antiguas civilizaciones. ◇ FAM. arqueológico, arqueólogo.

arqueólogo, ga s. Persona que se dedica a la arqueología.

arquería s. f. Serie de arcos.

arquero s. m. Soldado armado con arco y flechas.

arqueta s. f. Arca pequeña destinada a diversos usos.

arquetipo s. m. Modelo, prototipo ideal en el arte u otro ámbito. ◇ FAM. arquetípico. TIPO.

arquitecto, ta s. Persona que profesa o ejerce la arquitectura. ◇ FAM. arquitectónico, arquitectura.

arquitectónico, ca adj. Relativo a la arquitectura.

arquitectura s. f. Arte de proyectar y construir edificios. ‖ Conjunto de edificios de una misma época, estilo, etc.

arquitrabe s. m. Parte inferior de un entablamento. ◇ FAM. TRABAR.

arquivolta s. f. Cara vertical, con molduras, de una arcada.

arrabal s. m. Barrio extremo de una población. ◇ FAM. arrabalero.

arrabalero, ra adj. y s. Dícese del habitante de un arrabal. ‖ *Fam.* Dícese de la persona vulgar o maleducada.

arracada s. f. Arete con adorno colgante.

arracimarse v. pron. [1]. Unirse en forma de racimo. ◇ FAM. arracimado. RACIMO.

arraigar v. intr. y pron. [1b]. Echar raíces una planta, enraizar. ‖ Hacerse firme una virtud, vicio o costumbre. ◆ **arraigarse** v. pron. Establecerse en un lugar. ◇ FAM. arraigado. / desarraigar. RAÍZ.

arramblar v. tr. y pron. [1]. Dejar un río o torrente cubierto de arena el suelo por donde pasa. ◆ v. tr. Arrastrar, llevarse con abuso o violencia. ◇ FAM. RAMBLA.

arrancada s. f. Partida o salida violenta. ‖ Comienzo del movimiento de una máquina o vehículo que se pone en marcha.

arrancar v. tr. [1a]. Sacar con violencia una cosa del lugar a que está adherida o sujeta. ‖ Obtener algo de una persona con astucia. ◆ v. tr. e intr. Iniciar el funcionamiento de una máquina, un vehículo, etc. ◆ v. intr. Tener su origen, provenir. ◆ v. intr. y pron. Empezar a hacer algo de modo inesperado: *arrancarse por bulerías*. ◇ FAM. arrancada, arranque.

arranque s. m. Acción y efecto de arrancar. ‖ *Comienzo, principio, punto de donde arranca algo*. ‖ *Ímpetu de un sentimiento o una acción: un arranque de celos*.

arrapiezo s. m. *Vulg.* Persona de corta edad.

arras s. f. pl. Suma de dinero que se da como prenda en un contrato. ‖ Donación que, tradicionalmente, el novio hace a la novia por razón del matrimonio.

arrasar v. tr. [1]. Allanar una superficie. ‖ Echar por tierra, destruir. ◆ v. tr. y pron. Llenarse los ojos de lágrimas.

arrastrado, da adj. *Fam.* Pobre, miserable, fatigoso: *llevar una vida arrastrada*. ‖ *Méx. Fam.* Servil. ◆ s. f. *Argent.* Mujer de mala vida. ◆ s. m. *Méx. Fam.* Persona que, falta de dignidad, ruega para pedir afecto.

arrastrar v. tr. [1]. Mover a una persona o cosa por el suelo, tirando de ella. ‖ Llevar o soportar algo penosamente. ‖ Tener por consecuencia inevitable: *la guerra arrastra calamidades*. ◆ v. intr. Pender hasta el suelo: *el traje le arrastra por detrás*. ◆ v. tr., intr. y pron. Trasladar o mover rozando contra el suelo. ◆ **arrastrarse** v. pron. Humillarse indignamente. ◇ FAM. arrastrado, arrastre. RASTRO.

arrastre s. m. Acción de arrastrar, mover, trasladar. ● **Estar para el arrastre**, estar muy agotado, en mal estado, estropeado. ‖ FAM. arrastre. METER.

arrayán s. m. Mirto.

¡arre! interj. Se usa para arrear a las bestias. ◇ FAM. arrear, arriero.

¡arrea! interj. *Fam.* Expresa asombro.

arrear v. tr. [1]. Estimular a las bestias para que anden o para que aviven el paso. ‖ *Fam.* Dar, asestar: *arrear un puntapié*. ‖ *Argent.* Robar ganado. ◆ v. intr. Apresurar.

arrebañar v. tr. [1]. Rebañar.

arrebatado, da adj. Precipitado e impetuoso. ‖ Se dice del color del rostro muy encendido.

arrebatar v. tr. [1]. Quitar, llevarse con violencia. ‖ Atraer la atención, el ánimo. ◆ v. tr. y pron. Conmover poderosamente, embelesar. ◆ **arrebatarse** v. pron. Enfurecerse, dejarse llevar de alguna pasión. ◇ FAM. arrebatado, arrebatador, arrebatamiento, arrebato. REBATO.

arrebato s. m. Furor, ímpetu de un sentimiento. ‖ Éxtasis.

arrebol s. m. Color rojo de las nubes iluminadas por los rayos de sol. ‖ Color rojo de las mejillas. ◇ FAM. arrebolar.

arrebolar v. tr. y pron. [1]. Poner de color de arrebol.

arrebujar v. tr. [1]. Arrugar con desaliño algo flexible, como la tela. ◆ v. tr. y pron. Cubrir y envolver bien con ropa. ◇ FAM. REBUJO.

arrechucho s. m. *Fam.* Arranque, ímpetu de un sentimiento. ‖ *Fam.* Indisposición repentina y pasajera.

arreciar v. tr., intr. y pron. [1]. Dar o cobrar fuerza, violencia o intensidad. ◇ FAM. RECIO, CIA.

arrecife s. m. Roca o grupo de rocas casi a flor de agua en el mar.

arredrar v. tr. y pron. [1]. Asustar, amedrentar, atemorizar. ◇ FAM. arredramiento.

arreglar v. tr. y pron. [1]. Poner algo en la forma en que es conveniente o necesario, o de modo que tenga un aspecto agradable. ‖ Poner de nuevo en condiciones de servir lo estropeado. ‖ Aclarar, desenredar lo confuso o complicado. ◆ v. tr. *Fam.* En frases que implican amenaza, corregir a uno, castigarle. ◆ **arreglarse** v. pron. Apañarse, tener suficiente. ◇ FAM. arreglo. / desarreglar, REGLA.

arreglo s. m. Acción y efecto de arreglar o arreglarse. ‖ Acuerdo o trato. ‖ Transformación de una obra musical para poder ser ejecutada por voces o instrumentos distintos de los originales.

arrejuntarse v. pron. [1]. *Fam.* Vivir dos personas como marido y mujer sin estar casadas. ◇ FAM. JUNTAR.

arrellanarse v. pron. [1]. Colocarse cómodamente en un asiento.

arremangar v. tr. y pron. [1b]. Remangar.

arremeter v. intr. [2]. Acometer con ímpetu y violencia: *arremeter contra alguien*. ◇ FAM. arremetida. METER.

arremolinarse v. pron. [1]. Amontonarse o apiñarse con desorden gente, animales o cosas. ‖ Formar remolinos un líquido o gas. ◇ FAM. REMOLINO.

arrendador, ra s. Persona que da en arrendamiento alguna cosa.

arrendajo s. m. Ave parecida al cuervo pero más pequeña, con las alas a rayas azules y negras.

arrendamiento s. m. Acción y efecto de arrendar.

arrendar v. tr. [1j]. Ceder o adquirir el aprovechamiento y uso temporal de una cosa, obra o servicio, por un precio determinado. ◇ FAM. arrendador, arrendamiento, arrendatario, arriendo. / desarrendar, subarrendar.

arrendatario, ria adj. y s. Que toma en arrendamiento una cosa.

arreo s. m. Atavío, adorno. ‖ *Argent., Chile, Par. y Urug.* Acción y efecto de separar una tropa de ganado y conducirla a otro lugar. ◆ pl. Guarniciones de las caballerías.

arrepanchigarse v. pron. [1b]. *Fam.* Sentarse cómodamente, de manera informal, casi tumbándose. ◇ FAM. REPANCHIGARSE.

arrepentirse v. pron. [22]. Pesarle a uno haber hecho o dejado de hacer alguna cosa. ‖ Desdecirse, volverse atrás. ◇ FAM. arrepentido, arrepentimiento.

arrestar v. tr. [1]. Poner preso, detener. ◇ FAM. arresto.

arresto s. m. Detención provisional del presunto culpable. ‖ Reclusión por un tiempo breve, como corrección o pena. ➡ pl. Arrojo, energía para emprender algo: *tener muchos arrestos.*

arrianismo s. m. Doctrina de Arrio, presbítero del s. IV.

arriar v. tr. [1t]. Bajar una vela o bandera que estaba izada.

arriate s. m. Parterre estrecho para plantas de adorno junto a las paredes de los jardines y patios.

arriba adv. l. Hacia un lugar superior. ‖ En lugar superior o más alto. ‖ Pospuesto a un sustantivo, significa en dirección a la parte más alta del objeto: *huyó escaleras arriba.* ‖ En situación de superioridad: *la orden viene de arriba.* ● ¡**Arriba!** interj. Se usa para que uno se levante o para que recobre ánimos. ‖ **De arriba abajo**, del principio al fin: *lo leí de arriba abajo.* ◇ FAM. arribeño, arribismo, arribista.

arribar v. intr. [1]. Llegar, especialmente una nave al puerto.

arribeño, ña adj. y s. *Amér. Central* y *Amér. Merid.* Dícese de los habitantes de las tierras altas.

arribista s. m. y f. y adj. Persona que quiere progresar en la vida por medios rápidos y sin escrúpulos.

arriendo s. m. Arrendamiento.

arriero s. m. El que tiene por oficio trajinar con bestias de carga. ◇ FAM. ¡ARRE!

arriesgar v. tr. y pron. [1b]. Poner en peligro. ◇ FAM. arriesgado. RIESGO.

arrimado, da s. *Méx.* Persona que vive en casa de alguien sin pagar nada.

arrimar v. tr. y pron. [1]. Acercar, poner en contacto. ➡ **arrimarse** v. pron. Apoyarse sobre una cosa para descansar o sostenerse. ‖ Acogerse a la protección de alguien. ◇ FAM. arrimadero, arrimado, arrimo. / desarrimar.

arrimo s. m. Apoyo, ayuda, auxilio. ‖ Cerca que separa las heredades. ● **Al arrimo de**, al amparo de alguien o de algo.

arrinconar v. tr. [1]. Poner una cosa en un rincón, especialmente retirarla del uso. ‖ Acosar, acorralar. ‖ Privar a uno del favor que gozaba. ◇ FAM. arrinconado, arrinconamiento. RINCÓN.

arriscado, da adj. Lleno de riscos. ‖ Atrevido, arriesgado. ◇ FAM. RISCO.

arritmia s. f. Falta de ritmo regular, en especial en los latidos del corazón. ◇ FAM. arrítmico. RITMO.

arroba s. f. Unidad de peso equivalente a 11 kg y 502 g.

arrobar v. tr. y pron. [1]. Embelesar, cautivar. ◇ FAM. arrobador, arrobamiento. ROBAR.

arrodillarse v. pron. [1]. Ponerse de rodillas. ◇ FAM. RODILLA.

arrogancia s. f. Calidad de arrogante.

arrogante adj. Orgulloso, soberbio. ‖ Gallardo, elegante.

arrogarse v. pron. [1b]. Atribuirse, apropiarse indebidamente de cosas inmateriales como poder, autoridad, etc. ◇ FAM. arrogancia, arrogante. ROGAR.

arrojado, da adj. Resuelto, osado, valiente.

arrojar v. tr. [1]. Lanzar, tirar, echar. ‖ Echar a alguien de algún lugar por desprecio, castigo, etc. ‖ Tratándose de cuentas, documentos, etc., dar como resultado: *la liquidación arroja un saldo positivo.* ➡ **arrojarse** v. pron. Precipitarse, caer de arriba abajo. ◇ FAM. arrojadizo, arrojado, arrojo.

arrojo s. m. Osadía, intrepidez, valor.

arrollado s. m. *Argent.* Brazo de gitano, postre hecho con masa de repostería untada con crema o dulce y enrollada en forma de cilindro. ‖ *Argent., Chile, Perú* y *Urug.* Carne de vaca o puerco que, cocida y aderezada, se acomoda en rollo formado de la piel cocida del mismo animal.

arrollador, ra adj. Que arrolla. ‖ Apabullante, aplastante: *éxito arrollador.*

arrollar v. tr. [1]. Envolver en forma de rollo. ‖ Pasar una cosa con violencia por encima de algo o alguien. ‖ Derrotar, vencer, dominar. ◇ FAM. arrollado, arrollador. / desarrollar. ROLLO.

arropar v. tr. y pron. [1]. Cubrir, abrigar, especialmente con ropa. ◇ FAM. desarropar. ROPA.

arrope s. m. Mosto cocido, con consistencia de jarabe, al que se añade alguna fruta. ‖ *Argent.* Dulce hecho con la pulpa de algunas frutas, hervida hasta que toma la consistencia de jalea.

arrostrar v. tr. [1]. Hacer frente, resistir, afrontar. ◇ FAM. ROSTRO.

arrotado, da adj. *Chile.* Dícese de la persona de baja condición o con modales de roto. ◇ FAM. ROTO, TA.

arroyo s. m. Corriente de agua de escaso caudal y cauce por donde corre. ‖ Parte de la calle por donde corren las aguas.

arroz s. m. Planta cultivada en terrenos muy húmedos y cálidos, cuyo fruto es un grano oval, harinoso y blanco. ‖ Grano de esta planta. ◇ FAM. arrocero, arrozal.

arrozal s. m. Terreno sembrado de arroz.

arruga s. f. Pliegue irregular que se hace en la piel, en la ropa o en cualquier cosa flexible. ◇ FAM. arrugar. / desarrugar, rugoso.

arrugar v. tr. y pron. [1b]. Hacer arrugas. ➡ **arrugarse** v. pron. Encogerse, acobardarse.

arruinar v. tr. y pron. [1]. Causar ruina. ‖ Destruir, ocasionar grave daño. ◇ FAM. arruinado. RUINA.

arrullar v. tr. [1] Emitir el palomo o el

tórtolo su voz natural. ‖ Adormecer al niño cantándole suavemente. ‖ *Fam.* Enamorar con palabras cariñosas. ◇ FAM. arrullador, arrullo.

arrullo s. m. Acción y efecto de arrullar. ‖ Canto monótono con el cual se atraen las palomas o tórtolas.

arrumaco s. m. *Fam.* Demostración de cariño hecha con gestos o ademanes.

arrumbar v. tr. [1]. Poner una cosa como inútil en lugar apartado. ‖ Desechar, dejar fuera de uso.

arrume s. m. *Colomb.* y *Venez.* Montón.

arsenal s. m. Establecimiento en que se construyen, reparan y conservan embarcaciones. ‖ Almacén general de armas y efectos bélicos. ‖ Conjunto o depósito de noticias, datos, etc.

arsénico s. m. Elemento químico de color gris y brillo metálico, algunos de cuyos componentes son altamente tóxicos.

arte s. m. o f. Actividad creativa, propia del hombre, para la que se recurre a ciertas facultades sensoriales, estéticas e intelectuales. ‖ Conjunto de obras artísticas de un país o una época: *el arte romano.* ‖ Conjunto de reglas que rigen en una profesión o una actividad: *arte culinario.* ‖ Habilidad, maña. ‖ Cautela, astucia. ‖ Utensilio para pescar. ● **Bellas artes**, pintura, escultura, arquitectura y música. ‖ **Malas artes**, procedimiento poco honrado. ‖ **Séptimo arte**, cinematografía. ◇ FAM. artefacto, artero, artesanía, artificio, artilugio, artista. / artimaña, videoarte.

artefacto s. m. Obra mecánica, máquina, aparato. ‖ Cualquier carga explosiva. ◇ FAM. ARTE.

artejo s. m. Nudillo de los dedos. ‖ ZOOL. Cada una de las piezas articuladas que forman los apéndices de los artrópodos.

artemisa o **artemisia** s. f. Planta aromática, de hojas blancuzcas por el envés, y flores en panoja, con el centro amarillo.

arteria s. f. Vaso que conduce la sangre desde el corazón a los órganos. ‖ Calle de una población, a la cual afluyen muchas otras. ◇ FAM. arterial. / arteriosclerosis.

arterial adj. Relativo a las arterias.

arteriosclerosis s. f. Enfermedad que consiste en el endurecimiento progresivo de las paredes de las arterias. ◇ FAM. arteriosclerótico. ARTERIA y ESCLEROSIS.

artero, ra adj. Astuto, malintencionado. ◇ FAM. artería. ARTE.

artesa s. f. Recipiente en forma de cajón, usado para amasar pan, dar de comer a los animales, etc.

artesanado s. m. Conjunto de artesanos. ‖ Trabajo del artesano.

artesanal adj. Perteneciente o relativo al artesano o a la artesanía.

artesanía s. f. Tipo de trabajo que se realiza de modo manual, como la cerámica, la orfebrería, etc. ‖ Obra de artesano.

◇ FAM. artesanado, artesanal, artesano. ARTE.

artesano, na adj. Perteneciente o relativo a la artesanía. ● s. Persona que ejerce un arte u oficio manual.

artesón s. m. Compartimiento hueco, adornado con molduras o pinturas, utilizado en la decoración de los techos. ‖ Artesonado. ◇ FAM. artesonado.

artesonado s. m. Techo adornado con artesones.

ártico, ca adj. Relativo al polo norte y a las regiones que lo rodean. ◇ FAM. antártico.

articulación s. f. Acción y efecto de articular. ‖ Punto o zona de unión entre dos o más partes de un mecanismo o un organismo. ‖ LING. Posición y movimientos de los órganos de la voz para la pronunciación de un sonido.

articulado, da adj. Que tiene una o varias articulaciones. ‖ Se dice del lenguaje oral del hombre. ● s. m. Conjunto de artículos de una ley o reglamento.

articular v. tr. y pron. [1]. Unir, enlazar las partes de un todo en forma generalmente funcional. ● v. tr. Producir los sonidos de una lengua disponiendo adecuadamente los órganos de la voz. ◇ FAM. articulación, articulado, articulatorio. / desarticular. ARTÍCULO.

articulista s. m. y f. Persona que escribe artículos para periódicos o publicaciones análogas.

artículo s. m. Escrito de cierta extensión e importancia, inserto en un periódico o revista. ‖ Mercancía, producto. ‖ Cada una de las disposiciones numeradas de un tratado, ley, etc. ‖ LING. Partícula gramatical que se antepone a los sustantivos para individualizarlos e indicar su género y número. ◇ FAM. articular, articulista.

artífice s. m. y f. Persona que ejercita una de las bellas artes o ejerce un arte manual. ‖ Autor, el que es causa de alguna cosa.

artificial adj. Hecho por mano o arte del hombre. ‖ No natural, falso.

artificiero s. m. Especialista en la manipulación de explosivos.

artificio s. m. Arte, habilidad. ‖ Disimulo, doblez. ‖ Aparato, dispositivo, especialmente el que origina efectos explosivos. ◇ FAM. artífice, artificial, artificiero, artificioso. ARTE.

artificioso, sa adj. Hecho con artificio o arte. ‖ Disimulado, cauteloso.

artiguense adj. y s. m. y f. De Artigas (Uruguay).

artillería s. f. Arte de construir y conservar armas, máquinas y municiones de guerra. ‖ Conjunto de armas de un ejército, un buque, etc. ‖ Cuerpo militar destinado a este servicio. ◇ FAM. artillero.

artillero, ra adj. Relativo a la artillería. ● s. m. Militar que sirve en la artillería. ‖ DEP. Futbolista que marca muchos goles.

artilugio s. m. Mecanismo, artefacto de cierta complicación, aunque poco perfeccionado. ◇ FAM. ARTE.

artimaña s. f. Trampa para cazar animales. || *Fam.* Astucia, disimulo para engañar a alguien. ◇ FAM. ARTE y MAÑA.

artista s. m. y f. Persona que ejercita alguna de las bellas artes. || Actor, intérprete. || Persona que hace una cosa con mucha perfección. ◇ FAM. artístico. ARTE.

artístico, ca adj. Relativo al arte o hecho con arte.

artritis s. f. Inflamación de una articulación. ◇ FAM. artrítico, artrosis.

artrópodo adj. y s. m. Relativo a un tipo de animales invertebrados de esqueleto externo y cuerpo dividido en anillos y apéndices articulados, como la araña, el ciempiés, etc.

artrosis s. f. Afección crónica degenerativa de las articulaciones.

arveja s. f. Planta leguminosa de tallo trepador, cuyo fruto es una legumbre que sirve de alimento a las aves. || *Argent., Chile, Colomb.* y *Urug.* Planta leguminosa cuyo fruto es una vaina con semillas de valor alimenticio. || *Argent., Chile, Colomb.*, y *Urug.* Fruto de esta planta, guisante. ◇ FAM. arvejal. / alverjado.

arzobispado s. m. Dignidad de arzobispo. || Territorio en el que el arzobispo ejerce jurisdicción. || Palacio del arzobispo.

arzobispo s. m. Prelado que está al frente de una provincia eclesiástica. ◇ FAM. arzobispado. OBISPO.

as s. m. Naipe o cara del dado que representa el número uno. || Persona que sobresale en un ejercicio o profesión.

asa s. f. Parte que sobresale de un objeto y que sirve para asirlo. || Asidero, ocasión o pretexto. ◇ FAM. asir.

asado s. m. Carne asada.

asador s. m. Utensilio de cocina o aparato mecánico para asar.

asadura s. f. Conjunto de las entrañas comestibles de un animal.

asaetear v. tr. [1]. Disparar saetas. || Herir o matar con saetas. ◇ FAM. SAETA.

asalariado, da adj. y s. Que percibe salario.

asalariar v. tr. [1]. Dar o señalar salario a una persona. ◇ FAM. asalariado. SALARIO.

asalmonado, da adj. De color rosa pálido. ◇ FAM. SALMÓN.

asaltar v. tr. [1]. Acometer una plaza o fortaleza para apoderarse de ella. || Acometer repentinamente y por sorpresa, especialmente para robar. || Ocurrir de pronto una enfermedad, un pensamiento, etc., a uno: *asaltar una duda.* ◇ FAM. asaltante, asalto. SALTAR.

asalto s. m. Acción y efecto de asaltar. || Cada una de las partes de un combate de boxeo.

asamblea s. f. Reunión numerosa de personas convocadas para algún fin. ◇ FAM. asambleario, asambleísta.

asambleísta s. m. y f. Persona que forma parte de una asamblea.

asar v. tr. [1]. Preparar un manjar por la acción directa del fuego o la del aire caldeado de un horno. || Importunar, molestar insistentemente. ◆ **asarse** v. pron. Sentir mucho calor o ardor. ◇ FAM. asado, asador, asadura.

asaz adv. c. y adj. Bastante, harto, muy: *asaz inteligente.*

ascendencia s. f. Conjunto de ascendientes de una persona.

ascendente adj. Que asciende ◆ s. m. Astro que se halla en el horizonte al nacer una persona y que permite hacer predicciones sobre su vida.

ascender v. intr. [2d]. Subir, pasar a un lugar más alto. || Importar una cuenta, cantidad: *la suma asciende a un millón.* || Pasar a una posición social o categoría superior: *ascendió a coronel.* ◇ FAM. ascendencia, ascendente, ascendiente, ascensión, ascensional, ascenso, ascensor. DESCENDER.

ascendiente s. m. y f. Con respecto a una persona, otra de quien ella desciende. ◆ s. m. Predominio moral, influencia.

ascensión s. f. Acción y efecto de ascender, especialmente la de Cristo a los cielos.

ascensional adj. Dícese del movimiento de un cuerpo ascendente y de la fuerza que lo produce.

ascenso s. m. Acción y efecto de ascender. || Promoción a mayor empleo o dignidad.

ascensor s. m. Aparato elevador que sirve para transportar personas. ◇ FAM. ascensorista. ASCENDER.

ascensorista s. m. y f. Persona a cargo del manejo del ascensor.

asceta s. m. y f. Persona que practica una vida de penitencia con fines espirituales o religiosos. || Persona que lleva una vida austera. ◇ FAM. ascético, ascetismo.

ascético, ca adj. Relativo a la vida del asceta.

asco s. m. Alteración del estómago, producida por la repugnancia que se siente hacia algo. || Impresión desagradable causada por una cosa que repugna. || Cosa que repugna, birria. ● **Hecho un asco** *(Fam.),* muy sucio. ◇ FAM. asqueroso.

ascua s. f. Pedazo de materia que está ardiendo sin dar llama. ● **En ascuas** *(Fam.),* inquieto, sobresaltado.

asear v. tr. y pron. [1]. Adecentar y componer con curiosidad y limpieza. || Limpiar. ◇ FAM. aseado, aseo. / desasear.

asechanza s. f. Engaño o artificio para dañar a otro. ◇ FAM. asechar. ACECHAR.

asediar v. tr. [1]. Cercar un lugar enemigo para impedir que los que están en él salgan o reciban ayuda. ‖ Importunar a uno sin descanso. ◇ FAM. asedio.

asegurado, da adj. y s. Que ha contratado un seguro.

asegurar v. tr. [1]. Establecer, fijar sólidamente. ‖ Garantizar, dejar seguro de la certeza de una cosa. ◆ v. tr. y pron. Preservar de daño a alguien o algo. ‖ Concertar un seguro. ◇ FAM. asegurado, asegurador. SEGURO, RA.

asemejar v. intr. y pron. [1]. Tener, mostrar semejanza. ◆ v. tr. y pron. Hacer semejante o presentar como semejante una cosa a otra.

asenso s. m. Acción y efecto de asentir.

asentaderas s. f. pl. *Fam.* Nalgas.

asentado, da adj. Juicioso. ‖ Tranquilo, estable.

asentar v. tr. [1j]. Poner o colocar alguna cosa de modo que permanezca firme. ‖ Tratándose de pueblos o edificios, situar, fundar. ‖ Convenir, acordar. ‖ Anotar algo en un libro de cuentas. ◆ **asentarse** v. pron. Establecerse en un lugar. ‖ Posarse un líquido. ◇ FAM. asentaderas, asentado, asentamiento, asiento. SENTAR.

asentir v. intr. [22]. Admitir como cierta o conveniente una cosa: *asentir con un gesto*. ◇ FAM. asenso, asentimiento. SENTIR[1].

aseo s. m. Limpieza, pulcritud. ‖ Baño, cuarto o lugar para bañarse.

asépalo, la adj. BOT. Que carece de sépalos.

asepsia s. f. Ausencia de microorganismos patógenos. ‖ Conjunto de procedimientos utilizados para preservar de gérmenes infecciosos el organismo. ◇ FAM. aséptico.

aséptico, ca adj. Relativo a la asepsia. ‖ Frío, desapasionado.

asequible adj. Que se puede conseguir o alcanzar. ◇ FAM. inasequible.

aserción s. f. Acción de afirmar, asegurar. ‖ Proposición en que se afirma o da por cierta alguna cosa. ◇ FAM. aserto.

aserradero s. m. Lugar donde se asierra la madera.

aserrar v. tr. [1j]. Serrar. ◇ FAM. aserradero, aserrador, aserradura. SERRAR.

aserruchar v. tr. [1]. *Amér. Central* y *Amér. Merid.* Cortar con serrucho. ◇ FAM. SERRUCHO.

aserto s. m. Aserción.

asesinar v. tr. [1]. Matar alevosamente, por dinero, o con premeditación, a una persona.

asesino, na adj. y s. Que asesina. ‖ Dañino, desfavorable. ‖ Hostil, reprobatorio: *mirada asesina*. ◇ FAM. asesinar, asesinato.

asesor, ra adj. y s. Que asesora. ● **Asesora del hogar** *(Chile)*, empleada de hogar. ◇ FAM. asesorar, asesoría.

asesorar v. tr. y pron. [1]. Dar consejo o dictamen a alguien sobre algo.

asesoría s. f. Cargo y oficina del asesor.

asestar v. tr. [1]. Descargar contra alguien o algo un proyectil o un golpe.

aseverar v. tr. [1]. Afirmar o asegurar lo que se dice. ◇ FAM. aseveración, aseverativo. SEVERO, RA.

asexual adj. Sin participación ni manifestación del sexo.

asfaltadora s. f. Máquina usada para cubrir de asfalto una vía.

asfaltar v. tr. [1]. Revestir de asfalto.

asfalto s. m. Mezcla de hidrocarburos y minerales, negra y compacta, que se utiliza como revestimiento de calzadas. ◇ FAM. asfaltado, asfaltadora, asfaltar, asfáltico.

asfixia s. f. Falta de oxígeno en la sangre ocasionada por el cese de la respiración. ‖ Sensación de agobio producida por diversas causas. ◇ FAM. asfixiar.

asfixiar v. tr. y pron. [1]. Producir o sufrir asfixia.

así adv. m. De esta o esa manera: *está bien así*. ‖ En correlación con *como*, *según*, *cual*, se usa en oraciones comparativas de cualidad: *según trabajes, así se te pagará*. ‖ Precedido generalmente de la conj. *y*, sirve para introducir una consecuencia: *no explicó lo que le ocurría y así le va*. ‖ En oraciones concesivas, equivale a *aunque*. ● **Así, así**, medianamente. ‖ **Así como así**, de cualquier suerte, de todos modos. ‖ **Así mismo**, asimismo. ‖ **Así que**, en consecuencia, por lo cual. ◇ FAM. asimismo.

asiático, ca adj. y s. De Asia. ◇ FAM. afroasiático, euroasiático.

asidero s. m. Parte por donde se coge alguna cosa. ‖ Ocasión, pretexto, motivo.

asiduo, dua adj. y s. Frecuente, constante: *colaboración asidua*. ◇ FAM. asiduidad.

asiento s. m. Mueble destinado para sentarse en él. ‖ Parte de estos muebles sobre la que uno se sienta. ‖ Permanencia, estabilidad. ‖ Anotación, inscripción en un libro, registro, cuenta, etc. ◇ FAM. ASENTAR.

asignación s. f. Acción y efecto de asignar. ‖ Sueldo.

asignar v. tr. [1] Señalar lo que le corresponde a una persona o cosa: *asignarle un papel importante en una obra*. ‖ Destinar, designar: *asignar una plaza vacante*. ◇ FAM. asignable, asignación, asignatario, asignatura. SIGNAR.

asignatura s. f. Cada una de las materias que se enseña en un centro docente o forma parte de un plan académico de estudios.

asilado, da s. Persona acogida en un asilo, embajada, o país donde recibe protección.

asilar v. tr. y pron. [1]. Albergar en un asilo. ‖ Dar asilo.

asilo s. m. Lugar de refugio para los delincuentes. ‖ Establecimiento benéfico en que se asiste a los necesitados. ‖ Amparo, protección. ⬦ FAM. asilado, asilar.

asimetría s. f. Falta de simetría. ⬦ FAM. asimétrico. SIMETRÍA.

asimilación s. f. Acción y efecto de asimilar. ‖ BIOL. Propiedad que poseen los organismos vivos de reconstituir su propia sustancia a partir de elementos tomados del medio.

asimilar v. tr. y pron. [1]. Asemejar, comparar. ⬥ v. tr. Comprender lo aprendido e incorporarlo a los conocimientos previos: *asimilar una materia.* ‖ Homogeneizar grupos sociales. ‖ BIOL. Transformar en sustancia propia. ⬥ v. intr. y pron. Ser semejante, parecerse. ⬦ FAM. asimilable, asimilación. SIMILAR.

asimismo adv. m. De este o del mismo modo.

asíndeton s. m. Eliminación de los términos de enlace, conjunciones y adverbios, en una frase o entre dos frases.

asir v. tr. [3d]. Tomar, agarrar, prender. ⬥ **asirse** v. pron. Agarrarse de algo o a algo. ⬦ FAM. asidero. / desasir. ASA.

asirio, ria adj. y s. De Asiria, antiguo país de Asia. ⬥ s. m. Lengua que se hablaba en Asiria.

asistencia s. f. Acción de estar o hallarse presente. ‖ Acción de prestar ayuda a una persona: *asistencia sanitaria.* ‖ Conjunto de personas que están presentes en un acto.

asistenta s. f. Criada de una casa que no pernocta en ella.

asistente adj. y s. m. y f. Que asiste: *público asistente.* ⬥ s. m. Soldado destinado al servicio personal de un jefe u oficial. ● **Asistente social**, persona titulada que ayuda a grupos o individuos en temas relacionados con el bienestar social.

asistir v. tr. [3]. Socorrer, cuidar, ayudar: *asistir a un enfermo.* ‖ Estar la razón, el derecho, etc., de parte de una persona. ⬥ v. intr. Ir asiduamente a un lugar. ‖ Estar o hallarse presente. ⬦ FAM. asistencia, asistenta, asistente. / desasistir, servoasistido.

asma s. m. Afección respiratoria que se manifiesta por accesos de sofocación, ahogo o tos. ⬦ FAM. asmático.

asmático, ca adj. Relativo al asma. ‖ ⬥ adj. y s. Que padece asma.

asno, na s. Mamífero próximo al caballo, pero más pequeño, que suele emplearse como animal de carga. ⬥ s. y adj. Persona ruda y poco inteligente. ⬦ FAM. asnada, asnal.

asociación s. f. Acción de asociar o asociarse. ‖ Conjunto de los asociados o entidad formada por éstos.

asocial adj. y s. m. y f. Que ignora o rechaza las normas sociales.

asociar v. tr. y pron. [1]. Juntar personas o cosas para que cooperen en un mismo fin. ‖ Relacionar ideas, sentimientos, etc.

⬦ FAM. asociación, asociado, asociativo. SOCIO, CIA.

asociativo, va adj. Relativo a la asociación. ‖ MAT. Se dice de la propiedad de la suma y del producto que afirma que la agrupación parcial de operaciones no altera el resultado.

asolar v. tr. [1r]. Destruir, arruinar, arrasar. ⬦ FAM. asolador, asolamiento. SUELO.

asoleada s. f. *Chile, Colomb., Guat.* y *Méx.* Insolación.

asolear v. tr. [1]. Tener al sol una cosa por algún tiempo. ⬥ **asolearse** v. pron. Acalorarse tomando el sol. ‖ Tomar el sol. ⬦ FAM. asoleada, asoleo. SOL².

asomar v. intr. [1]. Empezar a mostrarse: *asomar la luz del día.* ⬥ v. tr. y pron. Sacar o mostrar una cosa por alguna abertura. ⬦ FAM. asomo.

asombrar v. tr. y pron. [1]. Causar asombro.

asombro s. m. Admiración, sorpresa, pasmo. ⬦ FAM. asombrar, asombroso.

asomo s. m. Amago, indicio o señal. ● **Ni por asomo**, de ningún modo.

asonancia s. f. En dos o más versos, igualdad de los sonidos vocálicos a partir de la última vocal tónica. ⬦ FAM. asonante. SONAR.

asonante adj. Dícese de la rima en que sólo son iguales las vocales.

asorocharse v. pron. [1]. *Amér. Merid.* Padecer soroche, angustiarse por falta de oxígeno de las alturas. ⬦ FAM. SOROCHE.

aspa s. f. Figura en forma de X. ‖ Armazón exterior del molino de viento y cada uno de sus brazos. ⬦ FAM. aspado.

aspaviento s. m. Demostración excesiva o afectada de temor, admiración, etc.

aspecto s. m. Manera de aparecer o presentarse a la vista. ‖ LING. Categoría gramatical que en ciertas lenguas distingue en el verbo diferentes clases de acción: durativa, terminativa, reiterativa, etc.

aspereza s. f. Calidad de áspero.

asperjar v. tr. [1]. Rociar, esparcir un líquido en gotas menudas. ⬦ FAM. aspersión.

áspero, ra adj. Falto de suavidad al tacto, por tener la superficie desigual. ‖ Desapacible, tempestuoso. ‖ Falto de afabilidad en el trato. ⬦ FAM. aspereza. / exasperar.

aspersión s. f. Acción de asperjar. ⬦ FAM. aspersor. ASPERJAR.

aspersor s. m. Mecanismo de riego que funciona a baja presión.

áspid s. m. Víbora muy venenosa, parecida a la culebra común.

aspillera s. f. Abertura estrecha en un muro, que permite disparar a cubierto.

aspiración s. f. Acción y efecto de aspirar. ‖ LING. Acción de emitir un sonido acompañándolo de un soplo perceptible.

aspirador, ra adj. Que aspira el aire. ⬥ s. f. Aparato eléctrico que sirve para recoger el polvo.

aspirante s. m. y f. Persona que ha obtenido derecho a ocupar un cargo público. ‖ Candidato.

aspirar v. tr. [1]. Atraer el aire exterior a los pulmones. ‖ Absorber gases, líquidos u otras sustancias. ‖ LING. Pronunciar con aspiración. ◆ v. intr. Con la prep. *a*, pretender algún empleo, dignidad u otra cosa: *aspira a ser diputado*. ◇ FAM. aspiración, aspirado, aspirador, aspirante. ESPIRAR.

aspirina s. f. Derivado del ácido salicílico, utilizado para combatir la fiebre y como analgésico.

asquear v. tr. e intr. [1]. Causar o sentir asco. ‖ Aburrir, fastidiar.

asqueroso, sa adj. Sucio, repugnante. ‖ Soez, fastidioso. ◇ FAM. asqueado, asquear, asquerosidad. ASCO.

asta s. f. Palo de la lanza, pica, etc. ‖ Lanza o pica. ‖ Palo en que se iza una bandera. ‖ Cuerno de un animal. ● **A media asta**, dícese de la bandera a medio izar, en señal de luto. ◇ FAM. astado. / enastar.

astado, da adj. y s. m. Que tiene astas. ‖ Dícese, por antonomasia, del toro.

astato s. m. Elemento químico artificial y radiactivo, bastante volátil y soluble en agua.

astenia s. f. Estado de fatiga y agotamiento sin causa orgánica. ◇ FAM. asténico. / neurastenia.

aster- pref. Significa 'estrella': *asteroide*.

asterisco s. m. Signo ortográfico en forma de estrella (*).

asteroide s. m. Cada uno de los pequeños planetas que circulan entre las órbitas de Marte y Júpiter. ◇ FAM. asterisco.

astigmatismo s. m. Defecto de un instrumento óptico por el que se obtiene una imagen poco nítida. ‖ Defecto de la visión por el cual los rayos refractados no se juntan en un mismo punto. ◇ FAM. astigmático.

astil s. m. Mango de las hachas, azadas, picos, etc. ‖ Eje córneo de las plumas de las aves.

astilla s. f. Fragmento irregular que se desprende de la madera al romperla. ‖ Trozo que salta o queda del pedernal y otros minerales al romperse. ◇ FAM. astillar, astilloso. / desastillar.

astillero s. m. Establecimiento o factoría donde se construyen y reparan buques.

astracán s. m. Piel de cordero nonato o recién nacido, fina y de pelo rizado, muy apreciada en peletería. ◇ FAM. astracanada.

astracanada s. f. Farsa teatral disparatada y chabacana.

astrágalo s. m. En una columna, moldura que señala el límite entre el capitel y el fuste. ‖ ANAT. Hueso del tarso articulado con la tibia y el peroné.

astral adj. Relativo a los astros: *año astral*.

astringente adj. y s. m. y f. Dícese de los alimentos o sustancias que producen estreñimiento. ◇ FAM. astringencia, astringir. ESTREÑIR.

astro s. m. Cuerpo celeste de forma bien determinada. ‖ Persona que destaca poderosamente en la esfera de sus actividades: *conocido astro de la pantalla*. ◇ FAM. astral, astrolabio, astrología, astronomía, astroso. / astrofísica, astronave.

astrofísica s. f. Parte de la astronomía que estudia la constitución, propiedades físicas y evolución de los cuerpos celestes. ◇ FAM. astrofísico. ASTRO y FÍSICA.

astrolabio s. m. Instrumento que se utilizaba para observar la posición de los astros.

astrología s. f. Estudio de la influencia de los astros en los destino de las personas. ◇ FAM. astrológico, astrólogo. ASTRO.

astronauta s. m. y f. Piloto o pasajero de una astronave.

astronáutica s. f. Navegación por el exterior de la atmósfera terrestre mediante astronaves. ◇ FAM. astronáutico. ASTRONAVE.

astronave s. f. Vehículo espacial. ◇ FAM. astronauta, astronáutica. ASTRO y NAVE.

astronomía s. f. Ciencia que estudia la posición, movimientos y constitución de los astros. ◇ FAM. astronómico, astrónomo. ASTRO.

astronómico, ca adj. Relativo a la astronomía. ‖ Enorme, exagerado: *cifras astronómicas*.

astroso, sa adj. Desaseado, roto.

astucia s. f. Calidad de astuto. ‖ Ardid, artimaña.

astur adj. y s. m. y f. De un antiguo pueblo celta asentado en el norte de España. ‖ Asturiano.

asturiano, na adj. y s. De Asturias (España). ◆ s. m. Bable. ◇ FAM. astur, asturianismo.

astuto, ta adj. Hábil para engañar o evitar el engaño. ◇ FAM. astucia.

asueto s. m. Descanso breve.

asumir v. tr. [3]. Hacerse cargo, tomar para sí: *asumió la dirección del negocio*. ‖ Aceptar: *asumir la derrota*. ◇ FAM. asunto. / reasumir. SUMIR.

asunceno, na adj. y s. De Asunción.

asunto s. m. Materia de que se trata. ‖ Tema o argumento de una obra. ‖ Negocio, ocupación. ◇ FAM. ASUMIR.

asustar v. tr. y pron. [1]. Dar o causar susto. ‖ Producir miedo. ◇ FAM. asustadizo. SUSTO.

atabal s. m. Tambor de forma semiesférica con un solo parche.

atacameño, ña adj. y s. De Atacama (Chile).

atacar v. tr. [1a]. Acometer, embestir. ‖ Perjudicar, dañar: *una plaga atacó la cosecha*. ‖ Combatir, oponerse a ideas o personas. ◇ FAM. atacador, atacante, ataque. / inatacable.

atadijo s. m. *Fam.* Paquete pequeño y mal hecho.

atado s. m. Conjunto de cosas atadas. ‖ *Argent., Par.* y *Urug.* Cajetilla de cigarrillos.

atadura s. f. Acción y efecto de atar. ‖ Cuerda o material con que se ata. ‖ Unión, vínculo.

atajacaminos s. m. *Argent.* Nombre de diversas aves nocturnas de alas y cola largas, cabeza grande y plumaje pardusco.

atajar v. intr. [1]. Ir o tomar por el atajo. ◆ v. tr. Salir al encuentro entorpeciendo el paso a personas o animales. ‖ Impedir el curso de una cosa. ◇ FAM. atajador, atajo. TAJAR.

atajo s. m. Senda por donde se abrevia el camino. ‖ Procedimiento o medio rápido.

atalaya s. f. Torre situada en lugar alto para poder vigilar.

atañer v. intr. [2k]. Tocar, concernir o pertenecer: *este asunto no me atañe.*

ataque s. m. Acción de atacar o acometer. ‖ Acceso repentino de una enfermedad, sentimiento, etc. ◇ FAM. contraataque. ATACAR.

atar v. tr. [1]. Unir, juntar o sujetar con ligaduras o nudos. ‖ Impedir o quitar movimiento o libertad de acción. ◆ **atarse** v. pron. Ceñirse o reducirse a una materia determinada. ◇ FAM. atadijo, atado, atadura. / desatar, maniatar.

atarazana s. f. Arsenal, astillero.

atardecer[1] v. impers. [2m]. Empezar a caer la tarde. ◇ FAM. atardecer[2]. TARDE.

atardecer[2] s. m. Tiempo durante el cual atardece.

atareado, da adj. Ajetreado.

atarear v. tr. [1]. Hacer trabajar mucho a alguien. ◆ **atarearse** v. pron. Entregarse mucho al trabajo. ◇ FAM. atareado. TAREA.

atarugar v. tr. [1b]. *Fam.* Atestar, henchir. ◆ **atarugarse** v. pron. *Fam.* Atragantarse. ◇ FAM. atarugamiento. TARUGO.

atascar v. tr. y pron. [1a]. Obstruir el paso de un conducto. ◆ **atascarse** v. pron. *Fam.* Interrumpirse al hablar, razonar, etc. ‖ Quedarse detenido, sin posibilidad de movimiento. ◇ FAM. atasco. / desatascar.

atasco s. m. Impedimento, obstáculo. ‖ Obstrucción de un conducto. ‖ Embotellamiento, congestión de vehículos.

ataúd s. m. Caja donde se coloca el cadáver para enterrarlo.

ataurique s. m. En la arquitectura islámica, decoración de tipo vegetal.

ataviar v. tr. y pron. [1t]. Vestir, componer, adornar a alguien. ◇ FAM. atavío.

atavío s. m. Compostura, adorno. ‖ Vestido, atuendo.

atavismo s. m. Reaparición de determinados caracteres procedentes de un antepasado, no manifestados en generaciones intermedias. ◇ FAM. atávico.

ate s. m. *Méx.* Dulce de membrillo.

ateísmo s. m. Corriente de pensamiento materialista propia de los ateos. ◇ FAM. ateísta, ateo. TEÍSMO.

atemorizar v. tr. y pron. [1g]. Causar o sentir temor. ◇ FAM. TEMOR.

atemperar v. tr. y pron. [1] Moderar, templar, calmar. ‖ Acomodar una cosa a otra. ◇ FAM. TEMPLAR.

atenazar v. tr. [1g]. Sujetar fuertemente. ‖ Atormentar un pensamiento o idea. ◇ FAM. atenazado, atenazador. TENAZA.

atención s. f. Acción de atender. ‖ Demostración de respeto o cortesía.

atender v. tr. e intr. [2d]. Acoger favorablemente o satisfacer un deseo, un ruego o mandato. ‖ Aplicar el entendimiento a algo. ‖ Cuidar u ocuparse de una persona o cosa. ◆ v. intr. Tener en cuenta alguna cosa. ◇ FAM. atención, atentamente, atento. / desatender. TENDER.

ateneo s. m. Entidad o asociación cultural. ‖ Local de dicha entidad.

atenerse v. pron. [8]. Acogerse o adherirse a una persona o cosa. ‖ Ajustarse, sujetarse, limitarse. ◇ FAM. TENER.

ateniense adj. y s. m. y f. De Atenas.

atentado s. m. Agresión contra la vida, la integridad, los bienes o los derechos de una persona. ‖ Acción contraria a una institución o principio establecidos.

atentar v. intr. [1]. Ejecutar una cosa ilegal. ‖ Cometer atentado. ◇ FAM. atentado. TENTAR.

atento, ta adj. Que tiene fija la atención en alguna cosa. ‖ Cortés, amable.

atenuar v. tr. [1s]. Poner tenue o delgado. ‖ Minorar o disminuir una cosa. ◇ FAM. atenuación, atenuante. TENUE.

ateo, a adj. y s. Que niega la existencia de Dios. ◇ FAM. ATEÍSMO.

aterciopelado, da adj. Semejante al terciopelo. ◇ FAM. TERCIOPELO.

aterir v. tr. y pron. [22]. Pasmar el frío excesivo. ◇ FAM. aterido, aterimiento.

aterrar[1] v. tr. [1j]. Bajar al suelo. ‖ Cubrir con tierra. ◇ FAM. TIERRA.

aterrar[2] v. tr. y pron. [1j]. Causar terror. ◇ FAM. aterrado, aterrador. TERROR.

aterrizaje s. m. Acción de aterrizar.

aterrizar v. intr. [1g]. Posarse sobre el suelo una aeronave. ‖ *Fam.* Caer al suelo. ◇ FAM. aterrizaje. TIERRA.

aterrorizar v. tr. y pron. [1g]. Causar terror. ◇ FAM. TERROR.

atesorar v. tr. [1]. Reunir y guardar dinero o cosas de valor. ‖ Tener muchas virtudes o cualidades. ◇ FAM. TESORO.

atestado s. m. DER. Documento oficial en que se hace constar como cierta alguna cosa.

atestar[1] v. tr. [1j]. Llenar una cosa al máximo. ‖ Haber excesivas cosas o personas en un lugar.

atestar[2] v. tr. [1]. DER. Testificar, atestiguar. ◇ FAM. atestado. TESTAR.

atestiguar v. tr. [1c]. Declarar, afirmar como testigo. ‖ Ofrecer indicios ciertos de algo. ⬦ FAM. TESTIGO.

atezado, da adj. Tostado. ‖ Negro.

atezar v. tr. [1g]. Poner liso, terso o lustroso. ⬧ v. tr. y pron. Poner la piel morena. ⬦ FAM. atezado, atezamiento. TEZ.

atiborrar v. tr. [1]. Atestar¹, llenar completamente. ⬧ v. tr. y pron. Fam. Atracar¹, hartar de comida o bebida.

ático, ca adj. y s. Del Ática o de Atenas. ⬧ s. m. Último piso de un edificio.

atildar v. tr. y pron. [1]. Acicalar. ⬦ FAM. atildado. TILDAR.

atinar v. intr. [1]. Acertar a dar en el blanco. ‖ Hallar lo que se busca a tientas. ⬧ v. intr. y tr. Hallar, acertar por sagacidad o casualidad lo que se busca. ⬦ FAM. desatinar. TINO.

atingencia s. f. Amér. Conexión, relación. ‖ Perú. Incumbencia. ⬦ FAM. atingente, atingir.

atípico, ca adj. Que se sale de la normalidad. ⬦ FAM. atipicidad. TÍPICO, CA.

atiplar v. tr. [1]. Elevar la voz o el sonido hasta el tono de tiple. ⬧ **atiplarse** v. pron. Pasar la voz o el sonido del tono grave al agudo. ⬦ FAM. atiplado. TIPLE.

atirantar v. tr. [1]. Poner tirante. ⬦ FAM. TIRANTE.

atisbar v. tr. [1]. Mirar, observar disimuladamente. ⬧ v. tr. y pron. Ver débilmente, vislumbrar. ⬦ FAM. atisbo.

atisbo s. m. Acción de atisbar. ‖ Indicio, sospecha.

atizar v. tr. [1g]. Remover el fuego. ‖ Excitar pasiones o discordias. ‖ Fam. Golpear. ● **¡Atiza!** interj. Denota sorpresa. ⬦ FAM. atizador. TIZÓN.

atlante s. m. Estatua de hombre que sirve de columna.

atlántico, ca adj. Relativo al océano Atlántico o a los países o regiones que lo bordean. ⬦ FAM. transatlántico.

atlas s. m. Colección de mapas presentada generalmente en forma de libro.

atleta s. m. y f. Persona que practica el atletismo u otro deporte. ‖ Persona robusta y fuerte. ⬦ FAM. atlético, atletismo.

atletismo s. m. Conjunto de deportes individuales que comprende carreras, saltos y lanzamientos.

atmósfera o **atmosfera** s. f. Capa gaseosa que envuelve un astro, particularmente la de la Tierra. ‖ Ambiente o influencias que rodean a alguien o algo. ‖ Unidad de presión. ⬦ FAM. atmosférico. ESFERA.

atmosférico, ca adj. Relativo a la atmósfera.

atol o **atole** s. m. Méx. Bebida caliente de harina de maíz disuelta en agua o leche. ⬦ FAM. chilatole.

atolladero s. m. Sitio donde se atascan personas y vehículos. ‖ Situación difícil o comprometida.

atollarse v. pron. [1]. Fam. Atascarse. ⬦ FAM. atolladero.

atolón s. m. Isla de coral de forma anular.

atolondrado, da adj. Que actúa sin serenidad y reflexión.

atolondrar v. tr. y pron. [1]. Aturdir, causar aturdimiento. ⬦ FAM. atolondrado, atolondramiento.

atomicidad s. f. Valencia de un átomo. ‖ Número de átomos que forman la molécula de un cuerpo.

atómico, ca adj. Relativo al átomo. ● **Energía atómica**, la que procede de la desintegración del átomo. ⬦ FAM. subatómico. ÁTOMO.

atomismo s. m. Doctrina filosófica que explica la formación del mundo por las asociaciones de los átomos. ⬦ FAM. atomista. ÁTOMO.

atomizador s. m. Aparato que sirve para pulverizar líquidos.

atomizar v. tr. y pron. [1g]. Dividir en partes sumamente pequeñas, pulverizar. ⬦ FAM. atomización, atomizador. ÁTOMO.

átomo s. m. Elemento primario de la composición química de los cuerpos. ‖ Partícula material de pequeñez extremada. ⬦ FAM. atomicidad, atómico, atomismo, atomizar.

atonal adj. MÚS. Sin sujeción a una tonalidad determinada. ⬦ FAM. atonalidad. TONO.

atonía s. f. Falta de ánimo o energía. ⬦ FAM. TONO.

atónito, ta adj. Pasmado, estupefacto.

átono, na adj. Dícese de la palabra, sílaba o vocal que carece de acento prosódico. ⬦ FAM. TONO.

atontar v. tr. y pron. [1]. Aturdir, atolondrar. ‖ Entontecer. ⬦ FAM. atontado, atontamiento. TONTO, TA.

atontolinar v. tr. y pron. [1]. Fam. Atontar. ⬦ FAM. TONTO, TA.

atorar v. tr., intr. y pron. [1r]. Atascar, obstruir. ⬧ **atorarse** v. pron. Atragantarse al hablar. ⬦ FAM. atoramiento. / desatorar.

atormentar v. tr. y pron. [1]. Causar dolor o molestia física o moral. ⬦ FAM. atormentado, atormentador. TORMENTO.

atornillar v. tr. [1]. Introducir un tornillo haciéndolo girar alrededor de su eje. ‖ Sujetar una cosa con tornillos. ⬦ FAM. desatornillar. TORNILLO.

atorrante, ta s. Argent., Par. y Urug. Vagabundo, holgazán, haragán. ‖ Argent., Par. y Urug. Persona desfachatada y desvergonzada.

atosigar v. tr. y pron. [1b]. Oprimir con prisas, exigencias, preocupaciones, etc. ⬦ FAM. atosigador, atosigamiento.

atrabiliario, ria adj. y s. Irritable, irascible.

atracadero s. m. Sitio donde atracan las embarcaciones menores.

atracador, ra s. Persona que atraca o saltea para robar.

atún

atracar¹ v. tr. y pron. [1a]. Hacer comer y beber con exceso, hartar.

atracar² v. tr. e intr. [1a]. MAR. Arrimar o arrimarse una embarcación a tierra o a otra embarcación. ◆ v. tr. Asaltar para robar. ‖ *Argent.* y *Chile. Vulg.* Estrechar a una persona con fines sexuales. ‖ *Chile.* Empujar, pegar, zurrar. ◆ **atracarse** v. pron. *Antill.* y *Hond.* Reñir, discutir. ◇ FAM. atracadero, atracador, atraco, atraque. / desatracar.

atracción s. f. Acción de atraer. ‖ Fuerza con que se atrae. ‖ Número que se representa en un programa de variedades. ◆ pl. Conjunto de espectáculos o diversiones: *parque de atracciones.*

atraco s. m. Acción de atracar con el fin de robar.

atractivo, va adj. Que atrae. ◆ s. m. Cualidad o conjunto de cualidades de una persona que atraen.

atraer v. tr. Traer o hacer venir hacia sí alguna cosa. ‖ Captar la voluntad, atención, etc., de alguien. ◇ FAM. atracción, atractivo, atrayente. TRAER.

atrafagar v. intr. y pron. [1b]. Fatigarse o afanarse. ◇ FAM. TRÁFAGO.

atragantarse v. pron. [1]. No poder tragar algo que se atraviesa en la garganta. ‖ *Fam.* Turbarse en la conversación. ‖ *Fam.* Resultarle a uno una persona o cosa desagradable, antipática o difícil. ◇ FAM. atragantamiento. TRAGAR.

atrancar v. tr. [1a]. Asegurar la puerta o ventana con una tranca. ◆ v. tr. y pron. Atascar, obstruir. ◆ **atrancarse** v. pron. Encerrarse asegurando la puerta. ◇ FAM. desatrancar. TRANCA.

atrapar v. tr. [1] Agarrar o aprisionar a alguien o algo. ‖ Conseguir una cosa de provecho. ‖ Engañar, atraer a uno con astucia.

atraque s. m. Acción de atracar una embarcación.

atrás adv. l. Hacia la parte que está a las espaldas de uno: *dar un paso atrás.* ‖ Detrás: *quedarse atrás.* ◆ adv. t. En tiempo pasado: *pocos días atrás.* ● ¡Atrás! interj. Voz que se usa para mandar retroceder a alguno. ◇ FAM. atrasar. TRAS.

atrasar v. tr. y pron. [1]. Retrasar. ◇ FAM. atrasado, atraso. ATRÁS.

atraso s. m. Efecto de atrasar. ‖ Falta o insuficiencia de desarrollo. ◆ pl. Cantidad de dinero que se debe y no ha sido cobrada.

atravesado, da adj. Que bizquea. ‖ De mala intención.

atravesar v. tr. y pron. [1j]. Poner algo de una parte a otra. ◆ v. tr. Poner algo delante para impedir el paso. ‖ Pasar circunstancialmente por una situación. ‖ Pasar de parte a parte. ◆ **atravesarse** v. pron. Ponerse una cosa entre otras. ‖ Resultar algo o alguien antipático. ◇ FAM. atravesado. TRAVÉS.

atrayente adj. Que atrae.

atrechar v. intr. [1]. *P. Rico.* Tomar un atajo.

atreverse v. pron. [2]. Determinarse a algo arriesgado. ‖ Actuar con insolencia. ◇ FAM. atrevido, atrevimiento.

atrevido, da adj. y s. Arriesgado, audaz. ‖ Desvergonzado. ◆ adj. Hecho o dicho con insolencia.

atrezo s. m. Conjunto de objetos que se emplean en una representación de teatro o cine.

atribución s. f. Acción de atribuir. ‖ Facultad o poder de una persona por razón de su cargo.

atribuir v. tr. y pron. [29]. Aplicar hechos o cualidades a una persona o cosa. ‖ Señalar una cosa a alguno como de su competencia. ‖ Achacar, imputar. ◇ FAM. atribución, atribuible, atributivo, atributo.

atribular v. tr. y pron. [1]. Causar o padecer tribulación, pena o pesadumbre. ◇ FAM. atribulación. TRIBULACIÓN.

atributo s. m. Cada una de las propiedades de un ser. ‖ Símbolo característico de un personaje, figura, autoridad, etc. ‖ LING. Función de una palabra que califica al sujeto de una oración por medio de un verbo expreso o sobreentendido.

atrición s. f. Pesar de haber pecado u ofendido a Dios.

atril s. m. Mueble para sostener libros o papeles abiertos.

atrincherar v. tr. [1]. Fortificar con trincheras. ◆ **atrincherarse** v. pron. Ponerse en trincheras a cubierto del enemigo. ◇ FAM. atrincheramiento. TRINCHERA.

atrio s. m. Patio interior cercado de pórticos. ‖ Porche que sirve de acceso a algunos templos, palacios o casas.

atrocidad s. f. Cualidad de atroz. ‖ Cosa atroz.

atrofia s. f. Disminución en el volumen o desarrollo de una parte del cuerpo. ‖ Pérdida o disminución de alguna facultad. ◇ FAM. atrofiar.

atrofiar v. tr. y pron. [1]. Producir o padecer atrofia.

atronar v. tr. [1r]. Ensordecer o perturbar con ruido. ‖ Aturdir, causar aturdimiento. ◇ FAM. atronador. TRONAR.

atropellar v. tr. [1]. Pasar precipitadamente por encima. ‖ Empujar, derribar. ‖ Agraviar abusando de la fuerza o superioridad. ◆ v. tr. e intr. Actuar sin miramiento o respeto. ◆ **atropellarse** v. pron. Apresurarse demasiado. ◇ FAM. atropellado, atropello. TROPEL.

atroz adj. Fiero, inhumano. ‖ Muy intenso o grande. ‖ Muy malo o desagradable. ◇ FAM. atrocidad.

atuendo s. m. Atavío, vestido.

atufar v. tr. y pron. [1]. Trastornar con el tufo. ‖ Enfadar, enojar. ◆ **atufarse** v. pron. Recibir o tomar tufo. ◇ FAM. TUFO¹.

atún s. m. Pez marino grande, azulado

por el lomo y plateado por el vientre, muy apreciado por su carne. ◇ FAM. atúnero.

atuna s. f. *Perú*. Espátula para remover el maíz.

atunero, ra s. Persona que trata en atún. ‖ Pescador de atún. ◆ s. m. y adj. Embarcación destinada a la pesca de atún.

aturdimiento s. m. Perturbación debida a un golpe o a otra causa física o moral. ‖ Falta de serenidad o reflexión.

aturdir v. tr. y pron. [3]. Causar aturdimiento. ‖ Desconcertar, pasmar, asombrar. ◇ FAM. aturdido, aturdimiento.

aturullar o **aturrullar** v. tr. y pron. [1]. Confundir, turbar, aturdir. ◇ FAM. aturullamiento.

atusar v. tr. [1]. Recortar e igualar el pelo. ‖ Alisar el pelo con la mano o el peine.

audacia s. f. Osadía, atrevimiento.

audaz adj. Osado, atrevido. ◇ FAM. audacia.

audición s. f. Acción de oír. ‖ Concierto o recital. ‖ Función del sentido del oído. ◇ FAM. audible, audiencia, auditivo, auditor, auditorio. / inaudible. OÍR.

audiencia s. f. Acto de oír una autoridad a los que acuden. ‖ Atención que se presta a alguien o a algo. ‖ Conjunto de personas que escuchan. ‖ Público destinatario del mensaje de los medios de comunicación. ‖ Acto de oír el juez o el tribunal a las partes, a los efectos de decidir una causa. ‖ Tribunal colegiado. ‖ Lugar donde actúa dicho tribunal.

audífono s. m. Aparato acústico, usado por los sordos, que amplía los sonidos.

audímetro s. m. Audiómetro.

audio adj. Dícese de la técnica o dispositivo relativo al registro o a la transmisión de los sonidos.

audio- pref. Significa 'sonido, audición': *audiovisual*.

audiómetro s. m. Instrumento para medir la agudeza auditiva. ◇ FAM. audiometría. / audímetro.

audiovisual adj. Relativo a los métodos que utilizan sonido e imagen. ‖ Relativo a la vista y al oído conjuntamente.

auditivo, va adj. Relativo a la audición.

auditor s. m. Revisor de la contabilidad de una empresa. ‖ Funcionario jurídico militar o eclesiástico. ◇ FAM. auditoría. AUDICIÓN.

auditoría s. f. Empleo de auditor. ‖ Tribunal o despacho del auditor. ‖ Balance que tiene por objeto reflejar la situación administrativa y financiera de una empresa en un momento dado.

auditorio s. m. Conjunto de oyentes. ‖ Lugar acondicionado para escuchar conferencias, discursos, etc. ◇ FAM. AUDICIÓN.

auge s. m. Momento de máximo esplendor o intensidad de algo.

augurar v. tr. [1g]. Predecir, presentir, presagiar. ‖ Agorar, pronosticar. ◇ FAM. augurio. / inaugurar. AGÜERO.

augurio s. m. Agüero.

augusto, ta adj. Que infunde respeto y veneración.

aula s. f. Sala destinada a dar clases en un centro de enseñanza. ◇ FAM. áulico.

aulaga s. f. Planta espinosa de flores amarillas en racimo.

áulico, ca adj. Perteneciente a la corte o al palacio. ◆ adj. y s. Cortesano o palaciego.

aullar v. intr. [1w]. Dar aullidos. ◇ FAM. aullador, aullido, aúllo. / ulular.

aullido o **aúllo** s. m. Grito agudo y prolongado del lobo, el perro y otros animales.

aumentar v. tr., intr. y pron. [1]. Hacer más grande, numeroso o intenso. ◇ FAM. aumentativo, aumento.

aumentativo, va adj. Que aumenta. ‖ LING. Dícese de los sufijos que aumentan el significado de la palabra. ◆ s. m. y adj. LING. Palabra con este sufijo.

aumento s. m. Acción y efecto de aumentar. ‖ Cantidad que se aumenta. ‖ Potencia o facultad amplificadora de una lente.

aun adv. m. Incluso, hasta, también: *iremos todos, aun tú*. ◆ conj. conc. Unido a *cuando*, a un gerundio o a un participio, significa 'aunque': *aun siendo pequeño, pesa mucho*. ◇ FAM. aunque.

aún adv. t. Todavía: *aún vive*. ‖ Denota encarecimiento o ponderación: *tengo aún más*.

aunar v. tr. y pron. [1w]. Poner juntas o armonizar varias cosas para un fin. ‖ Unificar. ◇ FAM. UNO, UNA.

aunque conj. conc. Introduce una objeción real o posible a pesar de la cual puede ser u ocurrir una cosa: *aunque estoy enfermo no faltaré*. ‖ Algunas veces hace la función de conj. adversativa: *no traigo nada de eso, aunque sí cosas similares*.

¡aúpa! interj. Se emplea para animar a hacer un esfuerzo. ● **De aúpa**, magnífico, muy grande, excelente.

aupar v. tr. y pron. [1w]. Levantar o subir a una persona. ‖ Ensalzar, enaltecer. ◇ FAM. ¡AÚPA!

aura s. f. Viento suave y apacible. ‖ Hálito, aliento, soplo. ‖ Irradiación luminosa que algunas personas dicen percibir alrededor de los cuerpos.

áureo, a adj. De oro o parecido a él. ◇ FAM. aureola, áurico, aurífero. ORO.

aureola o **auréola** s. f. Círculo luminoso que suele figurarse detrás de la cabeza de las imágenes de los santos. ‖ Fama o admiración. ◇ FAM. aureolar. ÁUREO, A.

auri- pref. Significa 'oro': *aurífero*.

aurícula s. f. Cavidad del corazón que recibe la sangre de las venas. ‖ Pabellón de la oreja. ◇ FAM. auricular. OREJA.

auricular adj. Relativo a las aurículas del corazón. ‖ Relativo al oído. ◆ s. m. Parte del receptor del teléfono que se aplica al oído.

auriense adj. y s. m. y f. Orensano.

aurífero, ra adj. Que contiene oro. ◇ FAM. ÁUREO, A.

auriga s. m. En la antigüedad griega y romana, conductor de carruajes.

aurora s. f. Luz difusa que precede inmediatamente a la salida del Sol. ‖ Principio o primeros tiempos de una cosa.

auscultar v. tr. [1]. Explorar los sonidos de las cavidades del pecho y del abdomen aplicando el oído o con instrumentos adecuados. ◇ FAM. auscultación. ESCUCHAR.

ausencia s. f. Acción y efecto de ausentarse. ‖ Tiempo en que alguno está ausente. ‖ Falta o privación de alguna cosa.

ausentarse v. pron. [1]. Alejarse de un lugar o separarse de una persona o lugar.

ausente adj. y s. m. y f. Que está separado de alguna persona o lugar. ‖ Distraído. ◇ FAM. ausencia, ausentarse. / absentismo.

auspiciar v. tr. [1]. Propiciar, fomentar, patrocinar.

auspicio s. m. Agüero. ‖ Protección, favor. ◆ pl. Conjunto de señales que presagian un resultado favorable o adverso. ◇ FAM. auspiciar.

austeridad s. f. Calidad de austero.

austero, ra adj. Agrio, áspero al gusto. ‖ Con rigidez y severidad. ‖ Sobrio, moderado, sencillo. ◇ FAM. austeridad.

austral adj. Relativo a la parte sur de la Tierra o de un astro. ◆ s. m. Unidad monetaria de Argentina.

australiano, na adj. y s. De Australia.

austriaco, ca o **austríaco, ca** adj. y s. De Austria.

autarquía s. f. Situación de autosuficiencia económica en un determinado país. ◇ FAM. autárquico.

auténtico, ca adj. Acreditado de cierto y positivo. ‖ Autorizado, legalizado. ◇ FAM. autenticidad, autentificar.

autentificar v. tr. [1a]. Autorizar o legalizar una cosa.

autillo s. m. Ave rapaz nocturna de plumaje gris claro.

autismo s. m. Aislamiento patológico del que se encierra en sí mismo, con pérdida de contacto con la realidad. ◇ FAM. autista.

auto[1] s. m. Automóvil.

auto[2] s. m. Forma de resolución judicial que decide cuestiones para las que no se requiere sentencia. ‖ Composición dramática con personajes bíblicos o alegóricos. ◆ pl. DER: Conjunto de actuaciones o piezas de un procedimiento judicial. ◇ FAM. ACTO.

auto- pref. Significa 'por sí mismo, de uno mismo': *autorretrato*.

autobiografía s. f. Vida de una persona escrita por ella misma. ◇ FAM. autobiográfico. BIOGRAFÍA.

autobombo s. m. Elogio desmesurado que hace uno de sí mismo.

autobús s. m. Gran vehículo automóvil de transporte público y trayecto fijo. ◇ FAM. bus.

autocar s. m. Gran vehículo automóvil de transporte colectivo.

autocarril s. m. *Bol., Chile* y *Nicar.* Autovía, automotor o ferrocarril.

autocine s. m. Cine al aire libre en el que se puede asistir a proyecciones cinematográficas sin salir del automóvil.

autoclave s. m. o f. Recipiente de cierre hermético para realizar una reacción industrial o la esterilización al vapor.

autocontrol s. m. Capacidad de control de uno mismo.

autocracia s. f. Sistema político en el cual el soberano dispone de poder absoluto. ◇ FAM. autócrata, autocrático.

autocrítica s. f. Crítica de uno mismo.

autóctono, na adj. y s. Originario del país que habita. ◇ FAM. autoctonía.

autodeterminación s. f. Derecho de un pueblo a decidir por sí mismo el régimen político que le conviene.

autodidacto, ta adj. y s. Que se instruye por sí mismo. ◇ FAM. DIDÁCTICO, CA.

autódromo s. m. Pista para carreras y pruebas de automóviles.

autoescuela s. f. Escuela donde se enseña la conducción de automóviles.

autogestión s. f. Gestión de una empresa o colectividad por los propios trabajadores. ‖ Sistema de gestión colectiva en economía socialista.

autogiro s. m. Aeronave provista de un rotor de eje vertical que gira libremente.

autogobierno s. m. Acción de dirigirse o gobernarse a sí mismo. ‖ Gobierno autónomo de un pueblo o país. ◇ FAM. autogobernarse. GOBIERNO.

autógrafo, fa adj. y s. m. Dícese del escrito realizado de mano de su mismo autor. ◆ s. m. Firma de una persona famosa.

autómata s. m. Máquina que imita el movimiento de un ser animado. ‖ *Fam.* Persona que se deja dirigir por otra. ◇ FAM. automático.

automático, ca adj. Que obra o se regula por sí mismo. ‖ Maquinal o indeliberado: *movimiento automático*. ‖ Que se produce indefectiblemente en determinadas circunstancias. ‖ Que opera por medios mecánicos. ◇ FAM. automáticamente, automatismo, automatizar. AUTÓMATA.

automatismo s. m. Cualidad de automático. ‖ Mecanismo o sistema automático. ‖ Conjunto de movimientos que se realizan con carácter inconsciente, sin intervención de la voluntad.

automatizar v. tr. [1g]. Hacer automático un funcionamiento. ◇ FAM. automatización. AUTOMÁTICO, CA.

automotor, ra adj. Dícese del aparato que se mueve sin la intervención de una fuerza exterior. ► s. m. Ferrocarril con motor de explosión o combustión.

automóvil adj. Que se mueve por sí mismo. ► s. m. Vehículo provisto de un motor y destinado al transporte de pocas personas. ◇ FAM. auto¹, automovilismo, automovilista, automovilístico. MÓVIL.

automovilismo s. m. Conjunto de conocimientos referentes a los automóviles. ‖ Deporte que se practica con el automóvil.

automovilista s. m. y f. Persona que conduce un automóvil.

autonomía s. f. Estado o condición de que goza un pueblo de independencia. ‖ Libertad para que un individuo disponga de sí mismo. ‖ En España, comunidad autónoma. ‖ Distancia franqueable por un vehículo, correspondiente al consumo total del combustible cargado. ◇ FAM. autonómico, autonomizar, autónomo.

autonómico, ca adj. Relativo a la autonomía.

autónomo, ma adj. Que goza de autonomía. ► adj. y s. Dícese del trabajador no asalariado que trabaja por cuenta propia.

autopista s. f. Vía de dos calzadas separadas para la circulación rápida de automóviles, exenta de cruces a nivel.

autopropulsión s. f. Acción de moverse una máquina por su propia fuerza. ◇ FAM. autopropulsor. PROPULSIÓN.

autopropulsor, ra adj. Dícese del dispositivo de propulsión automático.

autopsia s. f. MED. Examen y disección de un cadáver, para determinar las causas de la muerte.

autor, ra s. Persona que es causa de alguna cosa. ‖ Persona que inventa alguna cosa o realiza una obra literaria, artística, etc. ‖ DER. Sujeto activo de un delito. ◇ FAM. autoría, autoridad, autorizar. / cantautor, coautor.

autoría s. f. Calidad de autor.

autoridad s. f. Derecho y poder de mandar y de hacerse obedecer. ‖ Poder político, administrativo o religioso. ‖ Persona que desempeña cada uno de estos poderes. ‖ Crédito y fe que se da a una persona en determinada materia. ‖ Autor o texto que se alega o cita en apoyo de lo que se dice. ◇ FAM. autoritario, autoritarismo. AUTOR, RA.

autoritario, ria adj. Que impone su poder de forma absoluta.

autoritarismo s. m. Carácter o sistema autoritario.

autorización s. f. Acción y efecto de autorizar. ‖ Documento que autoriza.

autorizar v. tr. [1g]. Dar facultad para hacer alguna cosa. ‖ Permitir. ‖ Confirmar una cosa con autoridad, texto o testimonio. ‖ Dar fe el notario en un documento. ◇ FAM. autorización, autorizado. / desautorizar. AUTOR, RA.

autorretrato s. m. Retrato que se hace uno mismo.

autoservicio s. m. Establecimiento comercial en que el cliente se sirve a sí mismo.

auto-stop o **autostop** s. m. Modo de viajar por carretera, que consiste en detener un vehículo particular y pedir viajar en él gratuitamente. ◇ FAM. auto-stopista. STOP.

autosuficiente adj. Dícese de la persona o entidad que se basta a sí misma. ‖ Que habla o actúa con suficiencia o presunción. ◇ FAM. autosuficiencia. SUFICIENTE.

autosugestión s. f. Sugestión que nace espontáneamente en una persona. ◇ FAM. autosugestionarse. SUGESTIONAR.

autovacuna s. f. Vacuna obtenida a partir de gérmenes sacados del mismo enfermo.

autovía s. m. Vehículo ferroviario propulsado por motor térmico. ► s. f. Vía de circulación de automóviles con accesos laterales y cruces a nivel.

auxiliar¹ v. tr. [1]. Dar auxilio. ◇ FAM. auxiliador, auxiliar². AUXILIO.

auxiliar² adj. y s. f. Que completa o ayuda. ► adj. y s. m. Dícese de los verbos que sirven para formar los tiempos compuestos de otros verbos o para expresar diversos matices del pensamiento. ► s. m. y f. Empleado que no tiene la calidad de funcionario titular. ‖ Profesor que sustituye al titular. ◇ FAM. auxiliar¹.

auxilio s. m. Ayuda, socorro, amparo.

auyama s. f. *Antill., Colomb., C. Rica y Venez.* Calabaza.

aval s. m. Acto por el que una persona responde de la conducta de otra. ‖ Garantía que se da en un documento de crédito para responder de su pago. ◇ FAM. avalar, avalista.

avalancha s. f. Alud.

avalar v. tr. [1]. Garantizar por medio de aval. ◇ FAM. avalador. AVAL.

avance s. m. Acción y efecto de avanzar. ‖ Anticipo o adelanto. ‖ Insinuación, sugerencia. ‖ Fragmentos de una película que sirven de publicidad antes de su presentación.

avanzadilla s. f. Pequeña partida de soldados destacada para observar al enemigo.

avanzado, da adj. y s. Adelantado, de ideas o doctrinas muy nuevas. ‖ Dícese de lo que está muy alejado de su comienzo.

avanzar v. tr. [1g]. Adelantar, mover o prolongar una cosa hacia adelante. ‖ Anticipar. ‖ *Cuba y R. Dom.* Vomitar. ‖ *Méx.* Robar. ► v. intr. Progresar. ► v. intr. y pron. Ir hacia adelante. ‖ Acercarse a su fin un tiempo determinado. ◇ FAM. avance, avanzadilla, avanzado.

avaricia s. f. Afán excesivo de adquirir y guardar riquezas.

avariento, ta adj. y s. Que tiene avaricia.

avaro, ra adj. y s. Avariento. ‖ Que reserva, oculta o escatima alguna cosa. ◇ FAM. avaricia, avaricioso, avariento.

avasallar v. tr. [1]. Hacer obedecer a alguien contra su voluntad y por la fuerza. ‖ Imponerse sobre otros. ◇ FAM. avasallador, avasallamiento. VASALLO, LLA.

avatar s. m. Cambio, transformación, vicisitud.

ave s. f. Vertebrado ovíparo, cubierto de plumas, con alas que le sirven para volar y maxilares en forma de pico córneo. ◇ FAM. avicultura, avión.

avecinar v. tr. y pron. [1]. Acercar, aproximar. ‖ Avecindar. ◇ FAM. VECINO, NA.

avecindar v. tr. [1]. Dar vecindad o admitir a uno. ◆ **avecindarse** v. pron. Establecerse en algún pueblo. ◇ FAM. avecindamiento. VECINO, NA.

avejentar v. tr. y pron. [1]. Hacer que uno parezca más viejo de lo que es. ◇ FAM. VIEJO, JA.

avellana s. f. Fruto comestible del avellano. ◇ FAM. avellanar, avellano.

avellanar v. tr. [1]. Ensanchar en forma de embudo. ◆ **avellanarse** v. pron. Arrugarse una persona o cosa.

avellano s. m. Arbusto de hojas acorazonadas, aserradas en el borde. ‖ Madera de este arbusto.

avemaría o **ave maría** s. f. Oración que comienza con las palabras con que el arcángel san Gabriel saludó a la Virgen.

avena s. f. Cereal cuyos granos se utilizan para la alimentación. ‖ Grano de esta planta.

avenar v. tr. [1]. Dar salida al agua de un terreno por medio de zanjas de desagüe. ◇ FAM. avenamiento. VENA.

avenencia s. f. Convenio, transacción. ‖ Conformidad y unión.

avenida s. f. Crecida impetuosa de un río. ‖ Calle ancha e importante de una ciudad. ‖ Concurrencia de varias personas o cosas. ◇ FAM. VENIR.

avenido, da adj. Con los adv. *bien* o *mal*, concorde o conforme con personas o cosas, o al contrario. ◇ FAM. bienavenido, malavenido. AVENIR.

avenir v. tr. y pron. [21]. Ajustar las partes discordes. ◆ **avenirse** v. pron. Llevarse bien una persona con otra. ‖ Hablando de cosas, hallarse en armonía o conformidad. ◇ FAM. avenencia, avenido. / desavenir. VENIR.

aventajado, da adj. Que aventaja a lo ordinario o común en su línea.

aventajar v. tr. y pron. [1]. Adelantar, dejar atrás. ‖ Llevar ventaja, exceder en algo. ◇ FAM. aventajado. VENTAJA.

aventar v. tr. [1j]. Echar al viento una cosa, especialmente los granos para limpiarlos. ‖ *Cuba.* Exponer el azúcar al sol y al aire. ‖ *Méx.* Arrojar, tirar. ◆ **aventarse** v. pron. Llenarse de viento algún cuerpo. ‖ *Colomb.* y *Méx.* Arrojarse sobre algo o

alguien. ‖ *P. Rico.* Comenzar la carne a corromperse. ◇ FAM. VIENTO.

aventón s. m. *Méx. Fam.* Transporte en coche, principalmente el que es gratuito.

aventura s. f. Suceso o empresa extraordinario o peligroso. ‖ Riesgo, peligro inopinado. ‖ Relación amorosa pasajera. ◇ FAM. aventurar, aventurero. VENTURA.

aventurar v. tr. y pron. [1]. Arriesgar, poner en peligro. ◆ v. tr. Decir una cosa atrevida o de la que se duda.

aventurero, ra adj. y s. Que busca aventuras. ‖ Se dice de la persona que trata de triunfar por medios deshonestos o ilícitos.

average s. m. DEP. Promedio.

avergonzar v. tr. y pron. [1y]. Causar, tener o sentir vergüenza. ◇ FAM. VERGÜENZA.

avería s. f. Desperfecto o daño que sufre un aparato o una mercancía. ◇ FAM. averiar.

averiar v. tr. y pron. [1t]. Producir o sufrir avería. ◇ FAM. averiado. AVERÍA.

averiguar v. tr. [1c]. Inquirir, indagar la verdad de una cosa. ◇ FAM. averiguación. VERIFICAR.

aversión s. f. Odio y repugnancia. ◇ FAM. animadversión.

avestruz s. m. Ave de gran tamaño, con alas pequeñas, cuello largo y patas largas y fuertes, incapacitada para volar.

avetoro s. m. Ave parecida a la garza, de plumaje leonado con manchas negruzcas y pico largo y recto.

avezar v. tr. y pron. [1g]. Acostumbrar.

aviación s. f. Modalidad de locomoción que se sirve de los aviones. ‖ Cuerpo militar que utiliza aviones.

aviador, ra adj. y s. Que tripula un aparato de aviación. ◆ s. Militar de la aviación.

aviar v. tr. [1t]. *Amér. Central* y *Amér. Merid.* Prestar dinero o efectos al labrador, minero o ganadero. ◆ v. tr. y pron. Preparar, aprestar. ‖ *Fam.* Proporcionar a uno lo que le hace falta para algún fin. ◇ FAM. aviado, avío. VÍA.

avícola adj. Relativo a las aves.

avicultura s. f. Arte de criar las aves y aprovechar sus productos. ◇ FAM. avícola, avicultor. AVE.

avidez s. f. Cualidad de ávido.

ávido, da adj. Ansioso, codicioso. ◇ FAM. ávidamente, avidez.

avieso, sa adj. Torcido, irregular. ‖ Perverso, inclinado a hacer daño.

avilés, sa adj. y s. Abulense.

avinagrar v. tr. y pron. [1]. Poner agrio, especialmente el vino. ◆ **avinagrarse** v. pron. Volverse áspero el carácter de una persona. ◇ FAM. VINAGRE.

avío s. m. Prevención, apresto. ◆ pl. Conjunto de utensilios necesarios para algo. ◇ FAM. desavío. AVIAR.

avión s. m. Aparato de navegación aérea, provisto de alas y motor a hélice o a reacción. ◇ FAM. aviación, aviador, avioneta. / hidroavión, portaaviones. AVE.

avioneta s. f. Avión pequeño y de poca potencia.

avisado, da adj. Prudente, sagaz.

avisar v. tr. [1]. Dar noticia de algún hecho. || Advertir, aconsejar. || Llamar: *avisar al médico*. ◇ FAM. avisado, aviso.

aviso s. m. Noticia. || Indicio, señal. || Advertencia, consejo. || *Amér*. Anuncio.

avispa s. f. Insecto social, de abdomen formado por anillos amarillos y negros y provisto de aguijón. ◇ FAM. avispero.

avispado, da adj. *Fam*. Vivo, despierto.

avispar v. tr. [1]. Avivar a las caballerías. ◆ v. tr. y pron. *Fam*. Hacer despierto y avisado a uno. ◇ FAM. avispado.

avispero s. m. Nido de avispas. || Conjunto de avispas. || *Fam*. Lugar o asunto que ofrece peligro.

avistar v. tr. [1]. Alcanzar algo con la vista. ◇ FAM. VISTA.

avitaminosis s. f. MED. Falta de vitaminas en el organismo. ◇ FAM. VITAMINA.

avituallar v. tr. [1]. Proveer de víveres o alimentos. ◇ FAM. avituallamiento. VITUALLA.

avivar v. tr. [1]. Dar viveza. ◇ FAM. avivador. / reavivar. VIVO, VA.

avizor, ra adj. y s. Que avizora. ● **Ojo avizor**, expresión para indicar alerta, cuidado: *estar ojo avizor*. ◇ FAM. avizorar.

avizorar v. tr. [1]. Acechar.

avocastro s. m. *Chile* y *Perú*. Persona muy fea.

avutarda s. f. Ave zancuda de vuelo corto, de color rojo con líneas negras, cuello delgado y alas pequeñas.

axial o **axil** adj. Relativo al eje. ◇ FAM. axis. / coaxial, paraxial.

axila s. f. Sobaco. || Punto de articulación de una parte de la planta con el tronco o una rama. ◇ FAM. axilar.

axilar adj. Relativo a la axila.

axioma s. m. Proposición que se admite como verdadera sin necesidad de demostración. ◇ FAM. axiomático, axiomatizar.

axiomático, ca adj. Incontrovertible, evidente. ◆ s. f. Conjunto de axiomas en que se basa una teoría científica.

axis s. m. ANAT. Segunda vértebra cervical. ◇ FAM. AXIAL.

axo s. m. *Perú*. Trozo cuadrado de tela de la indumentaria que llevan las indias peruanas.

¡ay! interj. Expresa aflicción o dolor. || Con la prep. *de* denota pena, temor, conmiseración o amenaza: *¡ay de mí!*

ayacuchano, na adj. y s. De Ayacucho (Perú).

ayate s. m. *Méx*. Tela de hilo de maguey que fabrican los indios.

ayer adv. t. En el día que precedió inmediatamente al de hoy. || En tiempo pasado. ◆ s. m. Tiempo pasado. ◇ FAM. anteayer.

aymara o **aymará** s. m. Aimara*.

ayo, ya s. Persona encargada de criar o educar a un niño.

ayote s. m. *Amér. Central*. Calabaza.

ayuda s. f. Acción y efecto de ayudar. || Persona o cosa que ayuda. || Remuneración suplementaria. || Lavativa.

ayudante adj. y s. m. y f. Que ayuda. ◆ s. m. y f. Persona que ayuda a otra o a un superior en el ejercicio de su profesión.

ayudar v. tr. [1]. Prestar cooperación. || Auxiliar, socorrer. ◆ **ayudarse** v. pron. Poner los medios para el logro de alguna cosa. || Valerse de algo. ◇ FAM. ayuda, ayudante. / coadyuvar.

ayunar v. intr. [1]. Abstenerse de comer o beber.

ayuno, na adj. Que carece de algo. || Que no sabe o no comprende nada de cierta cosa. ◆ s. m. Acción de ayunar. ● **En ayunas**, sin haberse desayunado. ◇ FAM. ayunar. / desayuno.

ayuntamiento s. m. Corporación compuesta de un alcalde y varios concejales para la administración de un municipio. || Casa consistorial. || Acto sexual.

azabache s. m. Variedad de lignito, de color negro brillante.

azada s. f. Instrumento agrícola que consiste en una pala cuadrangular de hierro con un mango largo. ◇ FAM. azadón.

azadón s. m. Azada de pala algo curva y más larga que ancha.

azafata s. f. Empleada que se ocupa de los pasajeros en los aeropuertos o en los aviones comerciales, o que atiende a los visitantes de ferias, congresos, etc.

azafrán s. m. Planta cuyos estigmas se emplean para condimentar alimentos. || Conjunto de estigmas de esta planta o polvo hecho con ellos. ◇ FAM. azafranado, azafranar.

azahar s. m. Flor del naranjo, del limonero y del cidro, de color blanco, usada en medicina y perfumería.

azalea s. f. Arbusto de hoja caduca que se cultiva como planta ornamental.

azar s. m. Casualidad, hecho fortuito. ● **Al azar**, sin propósito ni objeto determinado. ◇ FAM. azaroso.

azarar v. tr. y pron. [1]. Azorar*.

azararse v. pron. [1]. *Chile, Guat., Hond., Nicar.* y *Perú*. Avergonzarse. || *Chile* y *Perú*. Irritarse, enfadarse.

azaroso, sa adj. Abundante en peligros o percances.

azerbaiyano, na adj. y s. De Azerbaiyán.

ázimo adj. y s. m. Dícese del pan sin levadura.

azimut s. m. Acimut*.

azogar v. tr. [1b]. Cubrir con azogue. ◆ **azogarse** v. pron. Contraer la enfermedad producida por la absorción de los vapores del azogue. ◇ FAM. azogado, azogamiento. AZOGUE.

azogue s. m. Mercurio. <> FAM. azogar.

azolve s. m. *Méx.* Basura o lodo que tapa un conducto de agua.

azor s. m. Ave rapaz diurna, muy apreciada en cetrería.

azorar v. tr. y pron. [1]. Turbar, avergonzar, confundir. <> FAM. azoramiento.

azotador s. m. *Méx.* Oruga cubierta de pelillos que tiene propiedades urticantes.

azotaina s. f. *Fam.* Paliza, serie de azotes.

azotar v. tr. y pron. [1]. Dar azotes. || Golpear repetida y violentamente: *las olas azotaban la orilla.*

azote s. m. Instrumento para azotar. || Golpe dado con él. || Golpe dado en las nalgas con la mano abierta. || Calamidad, desgracia. <> FAM. azotaina, azotar.

azotea s. f. Cubierta llana de un edificio por la cual se puede andar.

azteca adj. y s. m. y f. De un antiguo pueblo invasor y dominador del territorio de México.

azuayo, ya adj. y s. De Azuay (Ecuador).

azúcar s. m. o f. Alimento de sabor dulce, cristalizado, que se extrae de la caña de azúcar o de la remolacha azucarera. || QUÍM. Hidrato de carbono. <> FAM. azucarado, azucarar, azucarero, azucarillo.

azucarar v. tr. [1]. Bañar o endulzar con azúcar. || *Fam.* Suavizar una cosa.

azucarero, ra adj. Relativo al azúcar. ◆ s. m. Recipiente para servir el azúcar. || Técnico en la fabricación de azúcar. ◆ s. f. Fábrica de azúcar.

azucarillo s. m. Pasta azucarada, esponjosa, preparada con clara de huevo batida y zumo de limón. || Terrón de azúcar.

azucena s. f. Planta herbácea de tallo alto y flores grandes y olorosas. || Flor de esta planta.

azuela s. f. Herramienta de carpintero.

azufaifo s. m. Árbol o arbusto espinoso de flores pequeñas y amarillas, que se cultiva para ornamentación.

azufrar v. tr. [1]. Impregnar de azufre.

azufre s. m. Metaloide sólido de color amarillo, empleado en industria y medicina. <> FAM. azufrar. / sulfuro.

azul adj. y s. m. Dícese del color comprendido entre el verde y el añil en el espectro solar. ◆ adj. De color azul. <> FAM. azulado, azular, azulear, azulejo[1], azulete. / azur, lapislázuli.

azulejo[1], ja adj. *Amér.* Que tira a azul. ◆ adj. y s. m. *Argent.* y *Urug.* Dícese del caballo blanco con reflejos azules. ◆ s. m. Pájaro americano de dorso azul, pecho rojizo y vientre blanco.

azulejo[2] s. m. Ladrillo pequeño o baldosín vidriado, utilizado principalmente para revestir paredes.

azulete s. m. Preparado con que se aviva el color blanco de la ropa después de lavada.

azumagarse v. pron. [1b]. *Chile.* Enmohecerse.

azur s. m. y adj. Azul oscuro.

azuzar v. tr. [1g]. Incitar a un animal para que embista. || Instigar, estimular. <> FAM. azuzador.

b s. f. Segunda letra del alfabeto español y primera de sus consonantes. ‖ Representación del sonido bilabial sonoro y oclusivo.

baba s. f. Saliva que fluye por la boca. ‖ Líquido viscoso segregado por algunos animales y plantas. ◇ FAM. babear, babero, babilla, babosa, babosear, baboso. / rebaba.

babear v. intr. [1]. Expeler o echar baba.

babel s. m. o f. *Fam.* Desorden, confusión.

babero s. m. Prenda o pedazo de lienzo que se pone a los niños en el pecho, para que no se manchen al comer.

babia. Estar en babia, estar distraído o despistado.

babieca s. m. y f. y adj. *Fam.* Persona floja y boba.

babilla s. f. En los cuadrúpedos, región formada por los músculos y tendones que articulan el fémur con la tibia y la rótula. ‖ Parte de la carne del buey correspondiente al corvejón. ◇ FAM. ababillarse. BABA.

babilonio, nia adj. y s. De Babilonia. ◇ FAM. babilónico.

bable s. m. Dialecto leonés hablado en Asturias.

babor s. m. Costado izquierdo de una embarcación, en el sentido de la marcha hacia adelante.

babosa s. f. Gasterópodo pulmonado terrestre, sin concha.

babosear v. tr. [1]. Llenar de babas.

baboso, sa adj. Que echa muchas babas. ‖ *Fam.* Bobo, tonto.

babucha s. f. Zapato ligero y sin tacón, usado especialmente por los moros. ‖ *Amér. Central* y *Amér. Merid.* Zapato de pala alta, cerrada con un cordón. ‖ *Amér. Central* y *Amér. Merid.* Zapato femenino de paño con la punta forrada de cuero.

baca s. f. Soporte dispuesto en el techo de los vehículos para colocar los equipajes.

bacaladero, ra adj. Relativo al bacalao, o a su pesca y comercio. ➡ s. m. Barco especializado en la pesca del bacalao.

bacalao s. m. Pez marino comestible de cuerpo alargado y cabeza grande. ◇ FAM. bacaladero.

bacán adj. y s. m. *Argent.* Persona adinerada o aburguesada. ‖ *Cuba.* Masa de carne de cerdo, tomate y ají, envuelta en hojas de plátano.

bacanal adj. Relativo al dios Baco. ➡ s. f. Orgía. ➡ pl. Fiesta romana en honor del dios Baco.

bacará o bacarrá s. m. Juego de naipes que se juega con dos barajas francesas.

bachata s. f. *Antill.* Juerga, diversión bulliciosa.

bache s. m. Hoyo que se forma en una calzada o camino. ‖ Descenso, período de decadencia. ‖ Zona atmosférica de baja densidad.

bachicha s. m. y f. *Amér. Merid.* Apodo con que se designa al italiano y a su lengua. ‖ *Méx.* Colilla de cigarro.

bachiller s. m. y f. Persona que ha obtenido el grado de segunda enseñanza. ◇ FAM. bachillerato.

bachillerato s. m. Grado de bachiller. ‖ Estudios de enseñanza media que confieren el grado de bachiller.

bacía s. f. Vasija que usan los barberos para mojar la barba.

bacilo s. m. Bacteria alargada en forma de bastoncillo. ◇ FAM. bacilar.

bacín s. m. Orinal alto y cilíndrico.

bacon s. m. Tocino magro ahumado.

bacteria s. f. Microorganismo unicelular sin núcleo, que puede causar enfermedades. ◇ FAM. bactericida, bacteriología.

bactericida adj. y s. m. Que destruye las bacterias.

bacteriología s. f. Parte de la microbiología que estudia las bacterias. ◇ FAM. bacteriológico, bacteriólogo. BACTERIA.

báculo s. m. Palo o cayado para apoyarse en él. ‖ Alivio, apoyo, consuelo.

badajo s. m. Pieza del interior de la campana, que la hace sonar.

badajocense adj. y s. m. y f. De Badajoz (España).

badajoceño, ña adj. y s. Badajocense.

badalonés, sa adj. y s. De Badalona (España).

badana s. f. Piel curtida de carnero u oveja. ➡ s. m. *Fam.* Persona floja y perezosa.

badén s. m. Zanja que forma en el terreno el paso de las aguas llovedizas. ‖ Cauce que se construye en un camino o carretera para dar paso a un corto caudal de agua.

badil s. m. Badila.

badila s. f. Paleta de metal para remover la lumbre. ◇ FAM. badil.

bádminton s. m. Juego parecido al tenis, que en lugar de pelota utiliza una semiesfera de corcho o goma con plumas.

badulacada s. f. Bellaquería, calaverada.

badulaque s. m. y f. y adj. *Fam.* Persona necia e informal. ◇ FAM. badulacada, badulaquear.

bafle s. m. Pantalla rígida sobre la que se monta el altavoz. ‖ Caja acústica.

bagaje s. m. Equipaje de un ejército en marcha. ‖ Conjunto de conocimientos de que dispone una persona: *bagaje cultural.*

bagatela s. f. Cosa fútil.

bagre s. m. Pez abundante en los ríos de América, cuya cabeza presenta tres pares de barbillas y no tiene escamas. ‖ *Amér. Merid.* Mujer fea. ‖ *Hond.* y *Salv.* Persona muy lista.

bagual, la adj. y s. *Amér. Merid.* Indócil, salvaje. ◆ s. m. *Amér.* Dícese del caballo o potro no domado. ◆ s. f. Canto del norte de Argentina. ◇ FAM. bagualada.

bagualada s. f. *Amér. Central* y *Amér. Merid.* Barbaridad, necedad. ‖ *Argent.* Conjunto de baguales.

baguarí s. m. *Argent., Par.* y *Urug.* Cigüeña que aproximadamente mide un metro de largo, de cuerpo blanco, alas negras, pico recto y patas rojas.

¡bah! interj. Denota incredulidad, desprecio o desdén.

bahameño, ña adj. y s. De Bahamas.

bahía s. f. Penetración de mar en la costa, de menor tamaño que el golfo.

bahiano, na adj. y s. De Bahía (Brasil).

bailaor, ra s. Bailarín de flamenco.

bailar v. intr. y tr. [1]. Mover el cuerpo al compás de la música. ‖ Moverse una cosa sin salirse de su sitio. ‖ Girar. ◇ FAM. bailable, bailador, bailaor, bailarín, baile, bailongo, bailotear.

bailarín, na adj. y s. Que baila. ◆ s. Persona que se dedica profesionalmente al baile.

baile s. m. Acción de bailar. ‖ Manera particular de bailar. ‖ Fiesta o reunión en que se baila. ‖ Espectáculo teatral con mímica y danza. ● **Baile de san Vito,** enfermedad nerviosa.

bailongo s. m. Baile de baja categoría.

bailotear v. intr. [1]. Bailar sin formalidad. ◇ FAM. bailoteo. BAILAR.

baja s. f. Disminución del precio, valor o estimación de una cosa. ‖ Acto por el que se declara el cese de industrias o profesiones. ‖ Cese temporal de una persona en un determinado trabajo. ‖ Documento en que se formula. ‖ Pérdida o falta de un individuo. ● **Darse de baja,** dejar de pertenecer a una sociedad. ‖ Cesar en el ejercicio de una actividad.

bajaca s. f. *Ecuad.* Cinta que usan las mujeres en el peinado.

bajada s. f. Acción de bajar. ‖ Camino por donde se baja.

bajamar s. f. Fin del reflujo del mar. ‖ Tiempo que éste dura.

bajante s. f. Tubería de desagüe.

bajar v. intr. y pron. [1]. Ir desde un lugar a otro que esté más bajo. ◆ v. intr. Disminuir el nivel, la intensidad, etc. ◆ v. tr. Poner alguna cosa en lugar más bajo. ‖ Inclinar hacia abajo. ‖ Abaratar. ◆ v. tr., intr. y pron. Apearse. ◆ **bajarse** v. pron. Inclinarse hacia el suelo. ◇ FAM. baja, bajada, bajante, bajón. / rebajar. BAJO, JA.

bajareque s. m. *Amér. Central* y *Amér. Merid.* Enrejado de palos entretejidos con cañas y barro. ‖ *Cuba.* Choza, caserón muy pobre. ‖ *Pan.* Llovizna menuda.

bajativo s. m. *Amér. Merid.* Licor que se toma después de las comidas para facilitar la digestión.

bajel s. m. Buque, barco.

bajero, ra adj. Que se usa o pone debajo de otra cosa.

bajeza s. f. Acción vil. ‖ Calidad de bajo.

bajial s. m. *Perú.* Tierra baja que se inunda en las crecidas.

bajío s. m. En el mar y aguas navegables, elevación del fondo que impide el paso de las embarcaciones. ‖ *Amér.* Terreno bajo.

bajista adj. Relativo a la baja de valores de la bolsa. ◆ s. m. y f. Persona que, en bolsa, especula sobre la baja de los valores mobiliarios. ‖ Persona que toca el bajo.

bajo, ja adj. De poca altura. ‖ Que está situado a poca distancia del suelo: *planta baja.* ‖ Inclinado hacia abajo. ‖ Que tiene un grado de inferioridad con respecto a otras cosas de la misma naturaleza: *clase baja.* ‖ Humilde, despreciable. ‖ Dícese del sonido grave. ‖ Que no se oye de lejos. ‖ Aplícase a la época que con respecto a otra viene después en el tiempo: *baja latinidad.* ‖ GEOGR. Dícese de la parte de un río cercana a la desembocadura o a su confluente. ◆ s. m. Sitio o lugar hondo. ‖ Bajío. ‖ MÚS. Voz o instrumento que ejecuta los sonidos más graves. ‖ MÚS. Persona que tiene esta voz o toca este instrumento. ‖ MÚS. Parte de música escrita para ser ejecutada por un bajo. ◆ pl. Piso bajo de la casa. ‖ Manos y pies del caballo. ‖ Parte inferior del traje. ‖ Parte inferior de cualquier aparato. ◆ adv. l. Abajo. ◆ adv. m. En voz que apenas se oiga. ◆ prep. Debajo de. ‖ Durante el dominio de: *bajo los romanos.* ◇ FAM. bajar, bajero, bajeza, bajial, bajío, bajista, bajura. / abajo, altibajo, bajamar, bajorrelieve, cabizbajo, contrabajo, debajo.

bajón s. m. *Fam.* Notable disminución en el caudal, la salud, las facultades mentales, etc.: *dar un bajón.*

bajorrelieve s. m. En escultura, relieve cuyos motivos tienen poco resalte.

bala¹ s. f. Proyectil de las armas de fuego.

|| Conjunto de bala y casquillo. ◇ FAM. balacear, balacera, balazo, balear¹, balín.

bala² s. f. Fardo apretado de mercancías. || Atado de diez resmas de papel. ◇ FAM. embalar¹.

balaca o **balacada** s. f. Ecuad. Fanfarronada, baladronada.

balacear v. tr. [1]. Amér. Disparar reiteradamente, tirotear.

balacera s. f. Amér. Tiroteo.

balada s. f. Poema narrativo en estrofas, que desarrolla un tema legendario. || Pieza instrumental o vocal de ritmo suave y carácter romántico.

baladí adj. Fútil, poco importante.

baladrón, na adj. Fanfarrón. ◇ FAM. baladronada, baladronear.

baladronada s. f. Acción propia de un baladrón.

bálago s. m. Paja larga de los cereales después de quitarle el grano. || Espuma crasa del jabón.

balalaica s. f. Laúd de forma triangular, con tres cuerdas.

balance s. m. Cuenta general que demuestra el estado de una empresa o negocio. || Determinación de relaciones entre lo ganado, perdido, utilizado, etc. || Inventario, homogéneamente resumido. || Cuba. Mecedora. ◇ FAM. BALANZA.

balancear v. intr. y pron. [1]. Dar o hacer balances. ◆ v. tr. Igualar, poner en equilibrio. || Mover una cosa colgante u oscilante. ◇ FAM. balanceo, balancín. / contrabalancear. BALANZA.

balanceo s. m. Amér. Equilibrado de las ruedas de un automóvil.

balancín s. m. Mecedora. || En jardines o terrazas, asiento colgante provisto de toldo. || Pieza de madera o de metal unida a la caja de un carruaje, o al bastidor de un arado, y a la que se enganchan los tirantes de las caballerías.

balandra s. f. Embarcación pequeña con cubierta y un solo palo. ◇ FAM. balandro.

balandro s. m. Balandra deportiva, fina y alargada.

bálano o **balano** s. m. Parte final o cabeza del pene.

balanza s. f. Instrumento que sirve para pesar. ● **Balanza comercial**, estado comparativo de las importaciones y exportacionesde un país. || **Balanza de pagos**, documento en el que se recogen las operaciones económicas entre un país y otro. ● **Inclinarse la balanza**, inclinarse un asunto a favor de alguien o algo. ◇ FAM. balance, balancear, balanzón. / abalanzar.

balanzón s. m. Méx. Plato de la balanza usado para pesar frutas y verduras.

balar v. intr. [1]. Dar balidos la oveja o la cabra. ◇ FAM. balido.

balarrasa s. m. Aguardiente fuerte. || Fam. Persona alocada.

balasto s. m. Conjunto de piedras machacadas que mantienen las traviesas de una vía férrea y las sujetan.

balata s. f. Chile y Méx. Parte del mecanismo de freno de vehículos motorizados, consistente en un elemento de tejido grueso o de plástico, colocado en el lugar de fricción. || Ecuad., Pan., Perú y Venez. Resina vegetal semejante al caucho.

balaustrada s. f. Línea de balaustres coronada por una repisa. ◇ FAM. abalaustrado. BALAUSTRE.

balaustre o **balaústre** s. m. Pequeña columna o pilar que generalmente se une con otros por una repisa para formar un soporte, una barandilla, etc. ◇ FAM. balaustrada.

balay s. m. Amér. Central y Amér. Merid. Cesta de mimbre o de carrizo. || Colomb. Cedazo de bejuco. || Cuba y R. Dom. Batea para aventar el arroz antes de cocerlo.

balazo s. m. Golpe de bala disparada con arma de fuego. || Argent., Chile y Urug. Rápido y eficaz para ejecutar una cosa.

balboa s. m. Unidad monetaria principal de Panamá.

balbucear v. tr. e intr. [1]. Balbucir. ◇ FAM. balbuceo. BALBUCIR.

balbucir v. tr. e intr. [3]. Hablar articulando las palabras de una manera vacilante y confusa. ◇ FAM. balbucear, balbuciente.

balcánico, ca adj. y s. De los Balcanes.

balcón s. m. Hueco abierto en un muro desde el suelo, con barandilla generalmente saliente. ◇ FAM. balcón.

balda s. f. Anaquel de armario o alacena.

baldado, da adj. Tullido.

baldaquín o **baldaquino** s. m. Obra de tapicería. || Dosel sostenido por columnas, situado sobre un trono o altar.

baldar v. tr. y pron. [1]. Impedir una enfermedad o accidente el uso de un miembro. || Dejar maltrecho por golpes o esfuerzo excesivo. ◇ FAM. baldado, baldo.

balde s. m. Cubo para sacar y transportar agua. ◇ FAM. baldear.

baldear v. tr. [1]. Regar con baldes, especialmente las cubiertas de los buques.

baldío, a adj. y s. m. Yermo, estéril. ◆ adj. Vano, sin fundamento: expresión baldía. ◆ s. m. Argent., Bol., Chile, Guat., Par. y Urug. Terreno urbano sin edificar, solar.

baldo, da adj. Chile y Colomb. Dícese de la persona baldada.

baldón s. m. Ofensa, injuria. || Oprobio, afrenta. ◇ FAM. baldonar.

baldosa s. f. Ladrillo, generalmente fino, para solar. ◇ FAM. baldosín. / embaldosar.

baldosín s. m. Pequeña baldosa esmaltada para recubrir paredes.

baldragas s. m. Hombre débil.

balduque s. m. Chile y Colomb. Belduque, cuchillo grande.

balear¹ v. tr. [1]. Amér. Tirotear, disparar balas. ◇ FAM. baleo. /abalear. BALA¹.

balear² adj. y s. m. y f. De las islas Baleares (España). ► s. m. Variedad del catalán hablada en las islas Baleares.

balero s. m. *Argent., Colomb., Ecuad., Méx., P. Rico.* y *Urug.* Boliche, juguete, generalmente de madera, compuesto por un palo en cuya punta se ensarta la bola. ‖ *Argent.* y *Urug. Fam.* Cabeza humana.

balido s. m. Voz de algunos animales como el ciervo, la cabra, etc.

balín s. m. Bala de calibre inferior a 6,35 mm. ‖ Munición de las escopetas y carabinas de salón.

balística s. f. Ciencia que estudia la trayectoria de los proyectiles. ◇ FAM. balístico.

baliza s. f. Señal óptica, sonora o radioeléctrica destinada a señalar un peligro o a delimitar una vía de circulación marítima, aérea y terrestre. ◇ FAM. balizar. / abalizar, radiobaliza.

ballena s. f. Mamífero marino, el mayor de los animales, de color oscuro, que habita principalmente en los mares polares. ‖ Lámina córnea y elástica que tiene la ballena en la mandíbula superior. ‖ Tira de esa lámina flexible utilizada para reforzar prendas de vestir. ◇ FAM. ballenato, ballenero.

ballenato s. m. Cría de la ballena.

ballenero, ra adj. Relativo a la pesca de la ballena. ► s. m. Barco equipado para la pesca de grandes cetáceos y para tratar su carne. ‖ Persona que pesca ballenas.

ballesta s. f. Arco montado sobre una caja que se tensa con un resorte. ‖ Pieza de la suspensión de los vehículos sobre la que descansa la casa. ◇ FAM. ballestero.

ballet s. m. Composición coreográfica, destinada a ser representada en el teatro. ‖ Compañía fija o itinerante que representa espectáculos coreográficos.

ballico s. m. *Chile.* En la cría de cerdos, el más pequeño y de salud más frágil de una camada. ‖ *Chile.* El menor de una familia numerosa, especialmente si es enteco.

balneario s. m. Establecimiento público de baños medicinales. ◇ FAM. BAÑO.

balompié s. m. Fútbol.

balón s. m. Pelota grande utilizada en deportes de equipo, hinchada de aire y casi siempre redonda. ‖ *Chile, Colomb.* y *Perú.* Recipiente metálico utilizado para contener gas combustible. ◇ FAM. balompié, baloncesto, balonmano, balonvolea.

baloncesto s. m. Deporte que consta de dos equipos de cinco jugadores, que consiste en introducir un balón en una cesta suspendida.

balonmano s. m. Deporte que consta de dos equipos de siete jugadores y en el que se emplean sólo las manos.

balonvolea s. m. Voleibol.

balsa¹ s. f. Hueco o depresión del terreno que se llena de agua. ● Balsa de aceite

(Fam.), lugar o grupo de gente muy tranquilo. ◇ FAM. embalsar, rebalsar.

balsa² s. f. Conjunto de maderos que, unidos, forman una plataforma flotante.

bálsamo s. m. Resina aromática que segregan ciertos árboles. ‖ Perfume aromático. ‖ Consuelo, alivio. ‖ Medicamento compuesto de sustancias aromáticas, que se aplica como remedio en las heridas, etc. ◇ FAM. balsámico. / embalsamar.

báltico, ca adj. y s. De los países y de las poblaciones ribereñas del mar Báltico.

baluarte s. m. Fortificación exterior. ‖ Amparo, defensa.

baluma o **balumba** s. f. *Colomb.* y *Ecuad.* Tumulto, alboroto.

bamba s. f. Acierto casual. ‖ Música y baile cubano.

bambalina s. f. Cada una de las tiras de lienzo o papel pintado que cuelgan del telar de un teatro, para decorar.

bambolearse v. pron. [1]. Balancearse de un lado a otro sin cambiar de sitio. ◇ FAM. bambalina, bamboleo.

bambú s. m. Planta gramínea de los países cálidos cuya caña, ligera y flexible, se utiliza para la fabricación de muebles.

bambuche s. m. *Ecuad.* Figura de barro ridícula.

banal adj. Trivial, vulgar: *cosas banales.* ◇ FAM. banalidad.

banalidad s. f. Insustancialidad, trivialidad: *decir banalidades.*

banana s. f. Banano. ‖ *Argent.* y *Urug.* Plátano, planta. ◇ FAM. bananero, banano.

bananero, ra adj. Relativo al banano. ► s. m. Árbol que produce bananos. ‖ Terreno plantado de bananos.

banano s. m. Planta de hojas largas, que se cultiva en las regiones cálidas, de frutos comestibles. ‖ Fruto de esta planta.

banasta s. f. Cesto grande.

banca s. f. Establecimiento público de crédito donde se realizan operaciones de préstamos, cambio, etc. ‖ Conjunto de operaciones efectuadas por este establecimiento. ‖ Totalidad de los banqueros. ‖ En ciertos juegos, fondo en dinero que tiene quien dirige el juego. ‖ Asiento de madera y sin respaldo. ‖ *Amér.* Banco, asiento. ‖ *Argent., Par.* y *Urug.* Escaño. ● Hacer saltar la banca, ganar todo el dinero que ha puesto en juego la banca. ‖ Tener banca (*Argent.* y *Par. Fam.*), tener influencia o poder.

bancada s. f. Asiento de los remeros en las embarcaciones. ‖ *Argent., Par., Perú* y *Urug.* Conjunto de legisladores de un mismo partido. ‖ MIN. Escalón en las galerías subterráneas.

bancal s. m. Rellano de tierra en una pendiente, que se aprovecha para cultivo. ‖ Arena amontonada a la orilla del mar.

bancar v. tr. y pron. [1]. *Argent. Fam.* Soportar, aguantar a alguien o alguna situación difícil.

bancario, ria adj. Relativo a la banca mercantil.

bancarrota s. f. Cesación o quiebra de una empresa o negocio.

banco s. m. Asiento largo y estrecho, para varias personas. ‖ Bandada de peces de la misma especie. ‖ Soporte o mesa que sirve para diferentes usos en numerosos oficios. ‖ Organismo público de crédito. ‖ *Méx.* Asiento para una sola persona, generalmente sin respaldo. • **Banco de datos,** conjunto de informaciones de naturaleza semejante, almacenadas en un ordenador. ◇ FAM. banca, bancada, bancal, bancario, banquero, banqueta, banquillo, banquisa. / bancarrota, desbancar, sotabanco.

banda[1] s. f. Faja o lista que se lleva atravesada, cruzando el pecho. ‖ Cinta, tira. ‖ En telecomunicaciones, conjunto de frecuencias comprendidas entre dos límites. ‖ *Amér.* Faja, ceñidor. ‖ *Guat.* Franja. ‖ *Guat.* Hoja de puerta o ventana. • **Banda sonora,** parte de la cinta cinematográfica en la que se registra el sonido. ◇ FAM. bandarse.

banda[2] s. f. Asociación armada organizada con fines criminales. ‖ Bandada. ‖ Lado o costado de una cosa o persona. ‖ Conjunto instrumental de viento y percusión. • **Cerrarse** uno en **banda** (*Fam.*), mantenerse firme en sus propósitos. ◇ FAM. bandada, bandazo, bandear, bando[2]. / desbandarse.

bandada s. f. Conjunto numeroso de aves que vuelan juntas. ‖ Tropel o grupo bullicioso de personas.

bandarse v. pron. [1]. *Perú.* Al finalizar los estudios universitarios, ser investido con la banda de profesor.

bandazo s. m. Inclinación brusca de una embarcación hacia babor o estribor.

bandear v. tr. [1]. Mover a una y otra banda. • **bandearse** v. pron. Arreglárselas para vivir o para salvar dificultades.

bandeja s. f. Pieza plana con algo de borde para servir, llevar o poner cosas. ‖ Pieza movible, con forma de cajón de poca altura, que divide horizontalmente el interior de un baúl, maleta, etc. • **Servir en bandeja,** dar grandes facilidades para conseguir algo.

bandera s. f. Trozo de tela rectangular, unido a un asta, que se emplea como insignia o señal. • **De bandera,** excelente en su línea. ◇ FAM. banderilla, banderín, banderola. / abanderar.

banderilla s. f. Palo adornado que se clava al toro en la cerviz. ‖ Tapa de aperitivo pinchada en un palillo. ◇ FAM. banderillazo, banderillear, banderillero. BANDERA.

banderín s. m. Bandera pequeña que sirve de emblema a equipos deportivos, instituciones, etc.

banderola s. f. *Argent., Par.* y *Urug.* Montante, bastidor.

bandido, da s. y adj. Persona fugitiva de la justicia. ‖ Bandolero. ‖ Granuja, truhán. ◇ FAM. bandidaje.

bando[1] s. m. Edicto o mandato solemne. ◇ FAM. contrabando.

bando[2] s. m. Facción o número de personas que favorece o sigue una idea o partido. ‖ Bandada. ◇ FAM. bandolera, bandolero. BANDA[2].

bandolera s. f. Correa que cruza el pecho en diagonal y sirve para sostener un arma.

bandolerismo s. m. Existencia de bandoleros en un lugar.

bandolero s. m. Ladrón o salteador de caminos. ◇ FAM. bandolerismo. BANDO[2].

bandoneón s. m. *Argent.* y *Urug.* Instrumento musical de aire, parecido al acordeón.

bandurria s. f. Instrumento musical con doce cuerdas, parecido a la guitarra pero de menor tamaño.

banjo s. m. Instrumento musical de cuerda, con caja de resonancia redonda y cubierta por una piel tensada.

banquear v. tr. [1]. *Colomb.* Nivelar un terreno.

banquero, ra s. Persona que se dedica a operaciones bancarias. ‖ Propietario de un banco.

banqueta s. f. Asiento o banco sin respaldo. ‖ Banquillo o taburete para reposar los pies. ‖ *Guat.* y *Méx.* Acera. ◇ FAM. embanquetar. BANCO.

banquete s. m. Comida a la que se asiste para celebrar algún acontecimiento. ‖ Comilona, festín.

banquillo s. m. Asiento sin respaldo que, en los tribunales de justicia, ocupan los procesados. ‖ DEP. Lugar ocupado por los jugadores suplentes y el entrenador en un partido.

banquina s. f. *Amér.* Arcén.

banquisa s. f. Capa de hielo que se forma en las regiones polares por la congelación del agua del mar. ◇ FAM. BANCO.

bantú s. m. Conjunto de lenguas negroafricanas que se hablan en toda la mitad sur del continente africano.

bañadera s. f. *Amér. Central* y *Amér. Merid.* Bañera. ‖ *Urug.* Ómnibus viejo de alquiler.

bañado s. m. *Amér. Central* y *Amér. Merid.* Terreno húmedo y cenagoso.

bañador s. m. Traje de baño.

bañar v. tr. y pron. [1]. Meter el cuerpo o parte de él en un líquido. ‖ Sumergir alguna cosa en un líquido. ‖ Tocar algún paraje el agua del mar, de un río, etc. ‖ Cubrir una cosa con una capa de otra sustancia. ‖ Dar el sol, la luz, etc., sobre algo.

bañera s. f. Recipiente para bañarse.

bañista s. m. y f. Persona que concurre a tomar baños.

baño s. m. Acción y efecto de bañar. ‖

Cuarto para bañarse o asearse. || Bañera. || Capa de otra materia con que queda cubierta la cosa bañada. ← pl. Balneario. ◇ FAM. bañadera, bañado, bañador, bañar, bañera, bañista. / balneario.

baobab s. m. Árbol de las regiones tropicales de África y Australia, cuyo tronco alcanza hasta 20 m de circunferencia.

baptisterio s. m. Edificio o anexo de una iglesia destinado a la administración del bautismo. || Pila bautismal. ◇ FAM. BAUTISMO.

baqueano, na adj. y s. *Amér. Central* y *Amér. Merid.* Dícese de la persona conocedora de un terreno o sus caminos.

baquelita s. f. Resina sintética de gran dureza que se emplea en la preparación de lacas, barnices, aislantes, etc.

baqueta s. f. Varilla para limpiar las armas de fuego. ← pl. Par de mazos o palillos de los instrumentos de percusión. ◇ FAM. baquetazo, baquetear.

baquetear v. tr. [1]. Maltratar o incomodar a alguien. || Adiestrar, ejercitar.

baquía s. f. Conocimiento práctico de las vías de comunicación de un país. || *Amér.* Destreza para los trabajos manuales.

bar s. m. Establecimiento de bebidas o comidas, que suelen tomarse de pie o sentado ante el mostrador. ◇ FAM. barman.

barahonense adj. y s. m. y f. De Barahona (Rep. Dominicana).

barahúnda s. f. Ruido y confusión.

baraja s. f. Conjunto de naipes que sirve para varios juegos. || Variedad de cosas entre las que elegir. ◇ FAM. barajar.

barajar v. tr. [1]. Mezclar los naipes antes de repartirlos. || Considerar varias posibilidades antes de tomar una determinación.

baranda s. f. Barandilla. || Banda de la mesa de billar. ◇ FAM. barandal, barandilla.

barandal s. m. Listón sobre el que se sientan los balaustres, o que los sujeta por la parte superior. || Barandilla.

barandilla s. f. Antepecho compuesto de balaustres y barandales.

barata s. f. *Chile* y *Perú. Fam.* Cucaracha. || *Méx.* Venta a bajos pecios.

baratero, ra adj. y s. *Chile, Colomb.* y *Méx.* Que vende barato.

baratija s. f. Cosa de poco valor.

baratillo s. m. Conjunto de cosas de poco precio. || Tienda, puesto en que se venden dichos objetos. || *Argent.* y *Chile.* Mercería, tienda pequeña.

barato, ta adj. De bajo precio. ← s. m. Venta a bajo precio. ← adv. m. Por poco precio: *vender barato.* ◇ FAM. barata, baratero, baratija, baratillo. / abaratar, desbaratar, malbaratar.

baraúnda s. f. Barahúnda*.

barba s. f. Parte de la cara que está debajo de la boca. || Pelo que nace en esta parte de la cara y en las mejillas. || Mechón que crece en la quijada inferior de algunos

animales. ← pl. Conjunto de filamentos que se parecen a las barbas, como los de las plumas de las aves o los de ciertas raíces. ● **Hacer la barba** (*Méx. Fam.*), adular, lisonjear a alguien con algún fin determinado. ◇ FAM. barbada, barbado, barbear, barbería, barbero, barbijo, barbilla, barbiquejo, barbo, barbudo. / barbilampiño, desbarbar, imberbe, sotabarba.

barbacana s. f. ARQ. Abertura estrecha que proporciona luz y ventilación a un local. || Obra que asegura la defensa exterior de una puerta o un puente.

barbacoa s. f. Parrilla usada para asar al aire libre carne o pescado. || Alimento asado de este modo. || *Amér. Central* y *Amér. Merid.* Zarzo que sirve de camastro. || *Amér. Central* y *Amér. Merid.* Choza construida sobre árboles o estacas. || *Guat.* y *Méx.* Conjunto de palos de madera verde, a manera de parrilla para asar carne, que se pone en un hoyo en la tierra. || *Méx.* Carne de cordero o de chivo, asada de este modo.

barbada s. f. *Bol.* y *Perú.* Cinta para sujetar el sombrero por debajo de la barbilla.

barbado, da adj. y s. Que tiene barbas. ← s. m. Árbol o sarmiento que se planta con raíces.

barbaján adj. y s. *Cuba* y *Méx.* Hombre tosco y grosero.

barbaridad s. f. Calidad de bárbaro. || Dicho o hecho necio, imprudente o brutal. || Atrocidad, exceso.

barbarie s. f. Falta de cultura o atraso en un pueblo. || Fiereza, crueldad.

barbarismo s. m. Vicio de dicción que consiste en pronunciar o escribir mal las palabras o en emplear vocablos impropios. || Voz o giro extranjero.

bárbaro, ra adj. y s. Relativo a los pueblos germánicos que en el s. v abatieron el Imperio romano. || Fiero, cruel. || Temerario, valiente. || Inculto, tosco. ← adj. y adv. *Fam.* Extraordinario, estupendo: *hambre bárbara.* ◇ FAM. barbaridad, barbarie, barbarismo, barbarizar.

barbear v. tr. [1]. *Colomb.* Retorcer por el cuello a una res hasta derribarla, sujetándola por el cuerno y el hocico.

barbechar v. tr. [1]. Arar la tierra para la siembra. || Arar la tierra para que se airee y descanse.

barbecho s. m. Campo que no se siembra en uno o más años para que se recupere y produzca después mejores cosechas. ◇ FAM. barbechar.

barbería s. f. Tienda y oficio del barbero.

barbero s. m. Persona que tiene por oficio afeitar y cortar el pelo. || *Méx. Fam.* Halagador, adulador.

barbián, na adj. y s. Desenvuelto, gallardo, arriscado.

barbijo s. m. *Argent., Bol., Par.* y *Urug.* Barbiquejo. || *Argent.* y *Bol.* Herida en la cara. ‖ *Argent*. Pieza de tela con que los médicos y auxiliares se cubren la boca y la nariz.

barbilampiño, ña adj. Con poca barba.

barbilla s. f. Punta de la barba. ‖ Apéndice cutáneo filamentoso que tienen algunos peces alrededor de la boca. ‖ Pequeñas formaciones que nacen sobre las barbas de las plumas de las aves.

barbiquejo s. m. *Amér*. Cinta para sujetar por debajo de la barba. ‖ *Perú*. Pañuelo que se ata rodeando la cara.

barbitúrico, ca adj. y s. m. Dícese de un ácido orgánico cuyos derivados tienen efectos hipnóticos y sedantes.

barbo s. m. Pez teleósteo de río que tiene cuatro barbillas en la mandíbula y cuya carne es muy estimada.

barbotar o **barbotear** v. intr. y tr. [1]. Mascullar. ◇ FAM. barboteo.

barbudo, da adj. De muchas barbas.

barca s. f. Embarcación pequeña para pescar o navegar cerca de la costa o en los ríos. ◇ FAM. barcarola, barcaza, barco, barquero, barquilla. / embarcar.

barcarola s. f. Canción popular italiana, especialmente de los góndoleros venecianos.

barcaza s. f. Barca grande que se utiliza para transportar pasajeros o mercancías de los buques a tierra, o viceversa.

barcelonés, sa adj. y s. De Barcelona (España). ‖ De Barcelona (Venezuela).

barchilón, na s. *Amér. Central* y *Amér. Merid*. Enfermero de hospital.

barco s. m. Construcción dispuesta para flotar y deslizarse por el agua, para transportar personas o mercancías.

barda s. f. Cubierta de ramaje, espino, broza, etc., que se pone sobre las tapias de los corrales y huertas para protegerlos de la lluvia. ‖ *Argent*. Ladera acantilada o barrancosa. ‖ *Méx*. Tapia que rodea o separa un terreno o construcción de otro.

bardo s. m. Poeta y cantor celta.

baremo s. m. Libro o tabla de cuentas ajustadas. ‖ Lista de tarifas. ‖ Escala convencional de valores que se utiliza como base para valorar o clasificar.

baricentro s. m. Centro de gravedad de un cuerpo.

barinés, sa adj. y s. De Barinas (Venezuela).

bario s. m. Metal de color blanco amarillento, dúctil y difícil de fundir, que se oxida en contacto con el aire y con el agua.

barisfera s. f. Núcleo de la Tierra formado por hierro y níquel.

barítono s. m. Voz intermedia entre la de tenor y la de bajo. ‖ Persona que tiene esta voz. ◇ FAM. abaritonado.

barlovento s. m. MAR. Parte de donde viene el viento.

barman s. m. Camarero de un bar.

barniz s! m. Disolución de una resina en un líquido volátil, que al aplicarse sobre una superficie forma una película con cualidades protectoras y decorativas. ‖ Sustancia más o menos transparente empleada en los objetos de cerámica. ‖ Noción superficial de algo. ◇ FAM. barnizar.

barnizar v. tr. [1g]. Recubrir alguna cosa con barniz. ◇ FAM. barnizado, barnizador. BARNIZ.

barómetro s. m. Instrumento para medir la presión atmosférica. ◇ FAM. barométrico.

barón, nesa s. Título nobiliario, que en España sigue al de vizconde. ◆ s. f. Mujer del barón. ◇ FAM. baronía.

barquero, ra s. Persona que conduce o guía una barca.

barquilla s. f. Cesto suspendido de un globo aerostático, donde se coloca la tripulación. ‖ Molde para hacer pasteles.

barquillo s. m. Hoja delgada de pasta de harina sin levadura, azúcar y alguna esencia, de forma triangular o de tubo. ◇ FAM. barquillero. / abarquillar.

barquisimetano, na adj. y s. De Barquisimeto (Venezuela).

barra s. f. Pieza rígida, mucho más larga que gruesa. ‖ Palanca de hierro. ‖ Mostrador de las cafeterías, bares, etc. ‖ Pieza de pan de forma alargada. ‖ Varilla de madera que sirve de punto de apoyo a los bailarines. ‖ Banco que se forma a la entrada de los estuarios en el contacto de la corriente fluvial y de las olas del mar. ‖ *Amér. Merid*. Público que asiste a las sesiones de un tribunal. ‖ *Amér. Merid*. Pandilla de amigos. ‖ *Amér. Merid*. En un espectáculo deportivo, grupo de personas que animan a sus favoritos. ● **Barra fija** (DEP.), aparato formado por un travesaño horizontal redondo, sostenido por dos montantes. ‖ **Barras paralelas** (DEP.), aparato compuesto por dos barras paralelas situadas a la misma altura, sostenido por soportes verticales. ◇ FAM. barrera, barrote.

barrabás s. m. *Fam*. Persona mala, díscola. ◇ FAM. barrabasada.

barrabasada s. f. *Fam*. Travesura grave, trastada.

barraca s. f. Caseta construida toscamente y con materiales ligeros. ‖ En la huerta valenciana y murciana, casa de labor de cañas, paja y adobe, con un techo a dos vertientes muy levantado. ‖ *Chile*. Conjunto de golpes diversos. ‖ *Amér. Central* y *Amér. Merid*. Depósito o almacén para productos destinados al tráfico. ‖ *Chile* y *Urug*. Edificio destinado a depósito y venta de materiales de construcción. ◇ FAM. barracón, barraquero.

barracón s. m. Construcción provisional destinada a albergar soldados, refugiados, etc.

barracuda s. f. Pez de gran tamaño que vive en mares cálidos.

barragana s. f. Concubina. ◇ FAM. aba-rraganarse.

barrajar v. tr. [1]. *Amér. Central* y *Amér. Merid.* Derribar con fuerza.

barranca s. f. Barranco*.

barranco s. m. Despeñadero, precipicio. ‖ Hendidura profunda que hacen en la tierra las corrientes de agua. ◇ FAM. barranca, barrancal. / abarrancar, embarrancar.

barranquillero, ra adj. y s. De Barranquilla (Colombia).

barraquero, ra s. Dueño o administrador de una barraca o almacén.

barrena s. f. Útil para taladrar la madera. ‖ Barra de hierro para agujerear peñascos, sondar terrenos, etc. ◇ FAM. barrenar, barreno.

barrenar v. tr. [1]. Abrir agujeros con barrena o barreno. ‖ Desbaratar, estropear los planes.

barrendero, ra s. Persona que tiene por oficio barrer.

barreno s. m. Barrena grande. ‖ Agujero hecho con barrena. ‖ Agujero relleno de materia explosiva, hecho en una roca o en una obra de fábrica, para hacerla volar.

barreño s. m. Recipiente usado para la limpieza doméstica. ◇ FAM. BARRO.

barrer v. tr. [12]. Limpiar el suelo con la escoba. ‖ Llevarse todo lo que había en alguna parte. ‖ Acabar con algo. ● **Barrer hacia dentro, o para dentro,** actuar interesadamente. ◇ FAM. barredor, barrendero, barrido.

barrera s. f. Cualquier dispositivo con el que se obstaculiza el paso por un sitio. ‖ En algunos deportes, grupo de jugadores que se alinean apretadamente para proteger la portería de los saques de falta del contrario. ‖ Valla de madera situada alrededor del ruedo. ‖ Primera fila de las localidades destinadas al público. ◇ FAM. entrebarrera, guardabarrera. BARRA.

barretina s. f. Gorro catalán, de color rojo o morado.

barretón s. m. *Colomb.* Piqueta del minero.

barriada s. f. Barrio. ‖ Parte de un barrio.

barrica s. f. Tonel de mediana cabida.

barricada s. f. Parapeto improvisado para entorpecer el paso al enemigo.

barrido s. m. Acción y efecto de barrer. ‖ En un motor de combustión interna, fase del ciclo de combustión durante la cual los gases son expulsados al exterior. ‖ FÍS. Exploración de una zona o espacio recorriéndolos punto por punto.

barriga s. f. Vientre. ‖ Parte media abultada de una vasija, pared, columna, etc. ◇ FAM. barrigón, barrigudo.

barrigón, na adj. De gran barriga. ● s. *Cuba* y *P. Rico.* Niño de corta edad.

barril s. m. Tonel pequeño. ‖ Medida de capacidad para líquidos. ◇ FAM. barrilete.

barrilete s. m. Depósito cilíndrico y móvil del revólver, destinado a colocar los cartuchos. ‖ *Argent.* Juguete hecho de un armazón ligero recubierto de papel, que se remonta en el aire.

barrillo s. m. Pequeño grano que sale en la cara.

barrio s. m. Cada una de las partes en que se dividen las poblaciones grandes o sus distritos. ‖ Arrabal. ● **El otro barrio** *(Fam.),* la muerte. ◇ FAM. barriada.

barritar v. intr. Emitir el elefante o el rinoceronte su voz característica.

barrizal s. m. Sitio lleno de barro o lodo.

barro s. m. Masa que resulta de la unión de tierra y agua. ‖ Búcaro. ◇ FAM. barreño, barrizal. / embarrar, guardabarros.

barroco, ca adj. Excesivamente ornamentado, ampuloso. ● s. m. Estilo artístico desarrollado en Europa e Hispanoamérica durante los ss. XVI y XVIII. ◇ FAM. abarrocado.

barrote s. m. Barra gruesa. ‖ Barra de hierro para afianzar algo. ‖ Palo que se pone atravesado sobre otros para sostener o reforzar. ◇ FAM. abarrotar. BARRA.

barruntar v. tr. [1]. Prever, conjeturar, presentir: *barruntar un peligro.*

bartolear v. intr. [1]. *Argent.* Desperdiciar una oportunidad.

bartulear v. tr. [1]. *Chile.* Cavilar.

bártulos s. m. pl. Enseres de uso corriente. ● **Liar los bártulos** *(Fam.),* disponerse para un viaje, mudanza u otra empresa.

barullo s. m. Confusión, desorden. ◇ FAM. embarullar.

basa s. f. Asiento del fuste de una columna, pedestal o estatua.

basal adj. Dícese de la más baja temperatura corporal registrada en condiciones de absoluto reposo o en ayunas.

basalto s. m. Roca volcánica básica que se encuentra en forma de grandes masas de lava que se rompen al enfriarse. ◇ FAM. basáltico.

basamento s. m. Parte inferior y maciza de una construcción, que la eleva por encima del nivel del suelo. ‖ Cuerpo formado por la basa y el pedestal de la columna.

basar v. tr. [1]. Asentar algo sobre una base. ● v. tr. y pron. Fundar, apoyar: *basar un argumento en datos fiables.*

basca s. f. Ansia, desazón en el estómago cuando se quiere vomitar. ‖ *Fam.* Pandilla. ◇ FAM. bascosidad, bascoso.

bascosidad s. f. Inmundicia.

bascoso, sa adj. *Colomb.* y *Ecuad.* Soez, grosero, indecente.

báscula s. f. Aparato que sirve para pesar, provisto de una plataforma donde se apoya el peso. ◇ FAM. bascular.

bascular v. intr. y pron. [1]. Oscilar, tener movimiento vertical de vaivén. ‖ Levantarse la caja de ciertos vehículos de carga, para descargar.

base s. f. Fundamento o apoyo principal de una cosa. ‖ Conjunto de los militantes de un partido político, central sindical, etc. ‖ Línea o cara de las figuras geométricas sobre la que se supone descansan. ‖ MAT. Cantidad que ha de elevarse a una potencia dada. ‖ QUÍM. Compuesto que combinado con los ácidos forma sales. ◇ FAM. basa, basal, basamento, basar, básico.

basic s. m. INFORMÁT. Lenguaje de programación adaptado para iniciarse en el manejo de ordenadores personales.

básico, ca adj. Fundamental: *conocimientos básicos.* ‖ Que tiene las propiedades de una base.

basílica s. f. Edificio romano, de planta rectangular, que termina generalmente en un ábside. ‖ Título que se da a una iglesia que goza de ciertos privilegios. ◇ FAM. basilical.

basilisco s. m. Monstruo fabuloso que mataba con la mirada. ‖ Persona de carácter agrio. ‖ Saurio semejante a la iguana que vive en América tropical.

basset s. m. y adj. Perro de patas cortas y a veces torcidas.

basta s. f. Hilván. ◇ FAM. bastear, bastilla. / embastar.

bastante adv. c. Ni mucho ni poco, suficiente: *ya tengo bastante.* ‖ Algún tanto: *está bastante mejor.*

bastar v. intr. y pron. [1]. Ser suficiente. ‖ Abundar, tener en abundancia. ◇ FAM. bastante, bastimento. / abastecer.

bastardilla adj. y s. f. Dícese de la letra de imprenta cursiva.

bastardo, da adj. y s. Dícese del hijo nacido fuera de matrimonio. ◆ adj. Innoble, vil. ◇ FAM. bastardía, bastardilla.

bastear v. tr. [1]. Hilvanar.

bastidor s. m. Especie de marco o armazón que tiene varios usos: *bastidor de bordar.* ‖ Armazón metálico indeformable que sirve como soporte a un motor o vehículo. ‖ *Amér. Central.* Colchón de tela metálica. ‖ *Chile.* Celosía. ◆ pl. Cada una de las partes de un teatro situadas a los lados y detrás de la escena, entre el decorado y las paredes del escenario.

bastilla s. f. Doblez que se asegura con puntadas en el extremo de una tela para que no se deshilache. ◇ FAM. bastillear. BASTA.

bastillear v. tr. [1]. *Chile.* Rematar una tela con hilvanes pequeños para que no se deshilache.

bastimento s. m. Barco. ‖ Provisión para sustento de una ciudad, ejército, etcétera. ◇ FAM. BASTAR.

bastión s. m. Baluarte.

basto¹ s. m. Carta de la baraja que pertenece al palo de bastos. ◆ pl. Uno de los cuatro palos de la baraja española.

basto², ta adj. Tosco, sin pulimento: *tela basta.* ‖ Inculto, grosero. ‖ *Chile.* Cuero curtido de oveja para proteger el lomo del caballo. ‖ *Ecuad.* Almohadilla de la silla de montar. ◇ FAM. bastedad. / desbastar, embastecer.

bastón s. m. Vara o palo que sirve para apoyarse al andar. ‖ Insignia de mando o de autoridad. ◇ FAM. bastonazo.

basura s. f. Desperdicios, suciedad, inmundicia. ‖ Cosa vil y despreciable. ◇ FAM. basural, basurear, basurero.

basural s. m. *Amér. Central* y *Amér. Merid.* Basurero.

basurear v. tr. [1]. *Argent., Par., Perú* y *Urug.* Insultar a una persona.

basurero, ra s. Persona que tiene por oficio recoger la basura. ◆ s. m. Sitio donde se amontona la basura.

bata s. f. Prenda de vestir que se usa para estar cómodo en casa. ‖ Prenda ligera que se usa para el trabajo profesional en clínicas, talleres, etc. ‖ Traje de cola y volantes que llevan las bailadoras y cantadoras de flamenco. ◇ FAM. batín.

batacazo s. m. Golpe fuerte que se da al caer. ‖ *Argent., Chile, Par., Perú,* y *Urug.* Cualquier suceso afortunado y sorprendente.

batalla s. f. Combate importante entre dos fuerzas militares. ‖ Agitación e inquietud interior: *librar una batalla consigo mismo.* ● **De batalla,** de uso diario. ◇ FAM. batallar, batallón¹.

batallar v. intr. [1]. Pelear, luchar con armas. ‖ Disputar, debatir: *batalló hasta conseguirlo.* ‖ Trabajar, afanarse. ◇ FAM. batallador, batallón². BATALLA.

batallón¹ s. m. Unidad de infantería, compuesta de varias compañías.

batallón², na adj. Que apasiona o exalta: *una asunto batallón.*

batán s. m. Máquina preparatoria de la hilatura del algodón. ◇ FAM. batanar. / abatanar.

batanar v. tr. [1]. Abatanar*.

batata s. f. Planta de tallo rastrero, cultivada por sus tubérculos comestibles. ‖ Raíz de esta planta. ◇ FAM. abatatar.

batatazo s. m. *Chile.* Suerte inesperada en las carreras de caballos. ‖ *Chile.* Resultado sorpresivo de algo.

bate s. m. En béisbol, críquet, etc., bastón o pala que sirve para golpear la pelota. ◇ FAM. batear.

batea s. f. Bandeja, especialmente la de madera pintada. ‖ Barco pequeño en forma de cajón. ‖ *Argent., Chile, Colomb., Cuba* y *Perú.* Artesa para lavar.

batel s. m. Barco pequeño.

batería s. f. Aparato que almacena energía eléctrica. ‖ Conjunto de piezas de artillería dispuestas para una misma misión. ‖ Conjunto de utensilios de cocina para guisar. ‖ Instrumento formado al unir varios instrumentos de percusión. ◆ s. m. y f. Músico que toca este instrumento.

batiborrillo o **batiburrillo** s. m. Mezcla

de cosas que desdicen entre sí o de especies inconexas.

batida s. f. Acción de batir el monte para levantar la caza. ‖ Reconocimiento y registro de un lugar.

batido, da adj. Dícese del camino muy andado y trillado. ‖ Dícese de la tierra muy fina que se emplea en las pistas de tenis. ⬥ s. m. Bebida refrescante hecha a base de leche y frutas, mezcladas con una batidora. ‖ Operación que consiste en batir el algodón, lana, etc., para eliminar las impurezas.

batidor, ra adj. Que bate. ⬥ s. m. Instrumento para batir. ‖ Persona que se encarga de levantar la caza en las batidas. ‖ Soldado de caballería que precede al regimiento en los desfiles, honores, etc. ‖ Máquina que sirve para abrir y mezclar la lana u otra materia textil. ⬥ s. f. Aparato electrodoméstico destinado a mezclar productos alimenticios. ⬥ s. m. y f. *Argent.* y *Urug.* Persona que delata o denuncia.

batiente s. m. Parte del marco en que se detienen y baten las puertas o ventanas al cerrarse. ‖ Hoja de una puerta o ventana. ‖ Lugar donde el mar bate el pie de una costa o dique.

batifondo s. m. *Argent. Fam.* Barullo, desorden, bochinche.

batín s. m. Bata que llega un poco más abajo de la cintura.

batir v. tr. [3]. Golpear con fuerza algo. ‖ Mover una cosa con cierta rapidez. ‖ Mover y revolver una cosa para hacerla más fluida o condensarla. ‖ Martillar una pieza de metal hasta reducirla a chapa. ‖ Ganar, superar un récord o marca. ‖ Recorrer y reconocer un lugar en busca de enemigos, caza, etc. ‖ *Chile, Guat.* y *Méx.* Aclarar la ropa enjabonada. ‖ *Méx.* Ensuciar, manchar algo por completo. ⬥ **batirse** v. pron. Combatir, pelear. ◇ FAM. batida, batido, batidor, batiente. / abatir, combatir, debatir, embate, rebatir.

batiscafo s. m. Embarcación sumergible para explorar el fondo del mar.

batista s. f. Tela de lino o algodón muy fina y tupida.

batracio, cia adj. y s. m. Se dice de los animales anfibios, sobre todo el sapo y la rana.

batuque s. m. *Amér. Central* y *Amér. Merid.* Confusión, barullo. ‖ *Amér. Central* y *Amér. Merid.* Baile desordenado de hombres y mujeres.

baturro adj. y s. Aragonés rústico.

batuta s. f. Vara pequeña con la que el director de una orquesta marca el compás. ● **Llevar la batuta** *(Fam.)*, dirigir algo.

baúl s. m. Cofre, mueble parecido al arca. ‖ *Argent.* Lugar de un vehículo donde se lleva el equipaje. ◇ FAM. baulera. / embaular.

baulera s. f. *Argent.* Lugar de una vivienda donde se guardan valijas. ◇ FAM. BAÚL.

bausán, na adj. *Perú.* Ocioso, holgazán, perezoso.

bautismo s. m. Primero de los sacramentos de las iglesias cristianas, que constituye el signo jurídico y sagrado de pertenencia a una iglesia. ◇ FAM. bautismal, bautizar. / anabaptismo, baptisterio.

bautizar v. tr. [1g]. Administrar el sacramento del bautismo. ‖ Poner nombre a alguien o algo. ‖ Rebajar el vino con agua. ◇ FAM. bautizo. BAUTISMO.

bautizo s. m. Acción de bautizar y fiesta con que se celebra.

bauxita s. f. Roca compuesta básicamente de alúmina, que se explota como mineral de aluminio.

baya s. f. Nombre genérico que se da a los frutos carnosos con semillas, como la uva, la grosella, el melón, etc.

bayadera s. f. Bailarina y cantante de la India.

bayamés, sa adj. y s. De Bayama (Cuba).

bayamonés, sa adj. y s. De Bayamón (Puerto Rico).

bayeta s. f. Paño de tejido absorbente usado para fregar.

bayo, ya adj. y s. Dícese del caballo de color blanco amarillento.

bayoneta s. f. Arma blanca, complementaria del fusil, que un cañón se adapta exteriormente. ◇ FAM. bayonetazo.

bayú s. m. *Cuba.* Casa donde se ejerce la prostitución.

bayunco, ca adj. y s. *C. Rica* y *Guat.* Rústico, grosero, zafio.

baza s. f. Número de naipes que en ciertos juegos recoge el que gana la mano. ‖ Ventaja. ● **No dejar meter baza** *(Fam.)*, hablar una persona sin dejar hacerlo a los demás.

bazar s. m. Mercado público oriental. ‖ Tienda de productos diversos.

bazo s. m. Órgano situado en el lado izquierdo del abdomen que produce leucocitos y tiene una reserva de hematíes.

bazofia s. f. Comida muy mala. ‖ Cosa baja y despreciable.

bazuca s. f. Lanzagranadas.

be s. f. Nombre de la letra *b*. ● **Be larga** *(Amér.)*, nombre de la letra *be*. ‖ **Be corta** *(Amér.)*, nombre de la letra *uve*.

beatería s. f. Devoción exagerada o afectada.

beatificar v. tr. [1a]. Declarar el papa que alguien goza de eterna bienaventuranza y se le puede dar culto. ◇ FAM. beatificación. BEATO, TA.

beatitud s. f. Bienaventuranza completa.

beato, ta adj. Feliz o bienaventurado. ⬥ adj. y s. Dícese de la persona que el papa ha beatificado. ‖ De exagerada devoción o que la afecta. ◇ FAM. beatería, beatificar, beatitud.

bebe, ba s. *Argent., Par.* y *Urug.* Bebé, niño pequeño.

bebé s. m. Nene muy pequeño que aún no anda. ⬦ FAM. bebe, bebo.

bebedero s. m. Vaso en que se pone la bebida a los pájaros y aves domésticas. ‖ Abrevadero.

bebedizo s. m. Bebida a la que se atribuye la virtud de enamorar a quien la toma. ‖ Bebida venenosa. ‖ Bebida medicinal.

bebedor, ra adj. y s. Que abusa de las bebidas alcohólicas.

bebendurria s. f. Reunión en la que se bebe mucho.

beber v. tr. e intr. [2]. Ingerir cualquier líquido. ‖ Consumir bebidas alcohólicas. ‖ Absorber, devorar, consumir. ◆ v. intr. Brindar. ● **Beber los vientos**, anhelar. ⬦ FAM. bebedero, bebedizo, bebedor, bebendurria, bebezón, bebible, bebido, biberón. / beodo, embeber.

bebezón s. f. *Colomb., Cuba, Guat.* y *Venez.* Bebida, especialmente alcohólica.

bebido, da adj. Casi borracho. ◆ s. f. Líquido que se bebe, especialmente el alcohólico.

bebo, ba s. *Argent.* Bebé, niño pequeño.

beca s. f. Ayuda económica que percibe un estudiante, investigador o artista para realizar su actividad. ⬦ FAM. becado, becar, becario.

becada s. f. Ave zancuda menor que la perdiz, de carne muy apreciada.

becar v. tr. [1a]. Conceder a alguien una beca.

becario, ria s. Persona que disfruta de una beca.

becerrada s. f. Lidia de becerros.

becerro, rra s. Toro o vaca que no ha cumplido tres años. ◆ s. m. Piel de ternero, curtida y dispuesta para varios usos. ⬦ FAM. becerrada, becerril.

bechamel s. f. Salsa blanca hecha con harina, leche y mantequilla.

bedel, la s. Empleado subalterno de los centros oficiales de enseñanza.

beduino, na adj. y s. Dícese del árabe nómada.

befo, fa adj. y s. Belfo. ‖ Zambo.

begonia s. f. Planta originaria de América del Sur, cultivada por sus hojas decorativas y sus flores vivamente coloreadas.

beige adj. y s. m. Dícese del color natural de la lana, amarillento, y de las cosas que tienen dicho color.

béisbol s. m. Juego entre dos equipos que se practica con una pelota y un bate y que está muy extendido en EE.UU.

bejuco s. m. Nombre de diversas plantas tropicales, de tallos largos y delgados, que se extienden por el suelo. ⬦ FAM. bejuquear. / embejucar.

bejuquear v. tr. [1]. *Amér. Central, Ecuad.* y *P. Rico.* Varear, apalear.

beldad s. f. Belleza. ‖ Mujer de gran belleza. ⬦ FAM. BELLO, LLA.

belduque s. m. *Colomb.* Cuchillo grande de hoja puntiaguda. ⬦ FAM. balduque.

belén s. m. Representación del nacimiento de Jesús por medio de figuras. ‖ *Fam.* Confusión, desorden y sitio donde lo hay.

belfo, fa adj. y s. Que tiene el labio inferior más grueso que el superior. ◆ s. m. Ese tipo de labio. ‖ Cualquiera de los dos labios del caballo y otros animales. ⬦ FAM. befo.

belga adj. y s. m. y f. De Bélgica.

beliceño, ña adj. y s. De Belice.

bélico, ca adj. Relativo a la guerra. ⬦ FAM. belicismo, belicista, belicosidad, belicoso, beligerante. / posbélico, rebelarse.

belicoso, sa adj. Guerrero, marcial. ‖ Agresivo, pendenciero.

beligerante adj. y s. m. y f. Que participa en un conflicto armado. ⬦ FAM. beligerancia. BÉLICO, CA.

bellaco, ca adj. y s. Malo, pícaro, ruin. ‖ *Amér. Central* y *Amér. Merid.* Dícese de la cabalgadura con resabios y muy difícil de gobernar. ⬦ FAM. bellaquería.

belladona s. f. Planta herbácea de cuyas flores se extrae un alcaloide que se utiliza en medicina.

bellaquería s. f. Calidad de bellaco. ‖ Acción o dicho propio de bellaco.

belleza s. f. Conjunto de cualidades cuya manifestación sensible produce un deleite espiritual, un sentimiento de admiración. ‖ Persona notable por su hermosura. ⬦ FAM. embellecer. BELLO, LLA.

bello, lla adj. Que tiene belleza, hermoso. ‖ Bueno, excelente. ⬦ FAM. belleza. / beldad.

bellota s. f. Fruto de la encina, roble y otros árboles, de color castaño claro y forma ovalada y puntiaguda.

bembo s. m. *Cuba, Ecuad., Perú* y *P. Rico.* Bezo. ◆ adj. *Cuba.* Dícese de la persona de origen africano.

bemol adj. Dícese del signo que baja la nota un semitono. ◆ s. m. Signo que representa esta disminución. ● **Tener bemoles** alguna cosa (*Fam.*), ser grave. ⬦ FAM. abemolar.

benceno s. m. Hidrocarburo aromático, líquido, incoloro, volátil y combustible, obtenido a partir de la hulla y principalmente del petróleo. ⬦ FAM. bencina, benzol.

bencina s. f. Primitiva denominación del benceno. ‖ *Chile.* Gasolina. ⬦ FAM. bencinero. BENCENO.

bendecir v. tr. [19a]. Alabar, engrandecer, ensalzar. ‖ Invocar la protección divina en favor de una persona, o sobre una cosa. ‖ Consagrar personas o cosas al culto divino. ‖ Conceder la providencia su protección o colmar de bienes. ⬦ FAM. bendición, bendito. DECIR[1].

bendición s. f. Acción y efecto de bendecir. ◆ pl. Ceremonia con que se celebra el sacramento del matrimonio.

bendito, ta adj. y s. Santo o bienaventurado. || Sencillo, de pocos alcances. ◆ adj. Feliz, dichoso.

benefactor, ra adj. y s. Bienhechor, protector.

beneficencia s. f. Virtud de hacer bien. || Conjunto de fundaciones benéficas y de los servicios gubernamentales referentes a ellas.

beneficiar v. tr. y pron. [1]. Hacer bien, aprovecharse. ◆ v. tr. Hacer que una cosa produzca rendimiento o beneficio. || Extraer de una mina las sustancias útiles. || Someter estas sustancias al tratamiento metalúrgico. || *Chile, Cuba* y *P. Rico.* Descuartizar una res y venderla en trozos.

beneficio s. m. Bien que se hace o que se recibe. || Utilidad, provecho, ganancia que se obtiene de algo. || MIN. Acción de beneficiar. ◇ FAM. benefactor, beneficencia, beneficiado, beneficiar, beneficiario, beneficioso, benéfico.

benéfico, ca adj. Que hace bien. || Relativo a la beneficencia.

benemérito, ta adj. Digno de galardón o estimación. ◇ FAM. MÉRITO.

beneplácito s. m. Aprobación, permiso. ◇ FAM. PLACER¹.

benevolencia s. f. Bondad.

benevolente adj. Benévolo.

benévolo, a adj. Que tiene buena voluntad o afecto. || Indulgente, tolerante. ◇ FAM. benevolencia, benevolente.

bengala s. f. Fuego artificial que despide claridad muy viva y chispas de diversos colores.

bengalí adj. y s. m. y f. De Bangladesh. ◆ s. m. Lengua hablada en Bangladesh.

benigno, na adj. Afable, benévolo. || Templado, apacible: *tiempo benigno.* || Dícese de la enfermedad que reviste poca gravedad. ◇ FAM. benignidad.

benjamín s. m. Hijo menor.

benjuí s. m. Bálsamo aromático, extraído de la corteza de ciertos árboles, que se emplea en medicina y perfumería.

benteveo s. m. *Argent.* Pájaro de unos 20 cm de longitud, dorso pardo, cola y pecho amarillos y una franja blanca en la cabeza.

benzoico, ca adj. Relativo al benjuí. ◆ adj. y s. m. Dícese del ácido orgánico derivado del benceno y usado como antiséptico.

benzol s. m. Mezcla de benceno y tolueno, extraída del alquitrán de hulla. ◇ FAM. BENCENO.

beodo, da adj. y s. Ebrio o borracho. ◇ FAM. BEBER.

berberecho s. m. Molusco bivalvo comestible, que vive en la arena de las playas.

berbiquí s. m. Instrumento provisto de una broca o barrena, usado para taladrar.

beréber o **bereber** adj. y s. m. y f. Relativo a un pueblo que ocupa una vasta zona del África septentrional y sahariana. ◆ s. m. Lengua hablada por los bereberes.

berenjena s. f. Planta de tallo peloso o espinoso, cuyo fruto oval o alargado, es comestible. || Fruto de esta planta. ◇ FAM. berenjenal.

berenjenal s. m. Terreno plantado de berenjenas. ● **Meterse en un berenjenal** *(Fam.),* meterse en asuntos enredados y dificultosos.

bergamota s. f. Variedad de lima y de pera, muy aromática.

bergante s. m. Pícaro, sinvergüenza.

bergantín s. m. Velero de dos palos, trinquete y vela mayor.

beriberi s. m. Enfermedad debida a la carencia de vitamina B_1, caracterizada por trastornos intestinales, nerviosos y edemas.

berilio s. m. Cuerpo simple metálico, de color blanco y sabor dulce, utilizado en la industria aerospacial.

berilo s. m. Silicato natural de aluminio y de berilio, de color verdemar y a veces amarillo, blanco o azul. ◇ FAM. berilio.

berlín s. m. *Argent.* En algunos juegos, lugar donde el perdedor espera para elegir, a modo de adivinanza, una de las prendas impuestas por los otros jugadores.

berlina s. f. Vehículo con dos asientos y capota, tirado por caballos. || Automóvil de cuatro a seis plazas y cuatro puertas.

berlinés, sa adj. y s. De Berlín.

berma s. f. *Chile.* Franja lateral exterior de una carretera.

bermejo, ja adj. Rubio rojizo. || Rojo. ◇ FAM. bermellón.

bermellón s. m. Polvo de cinabrio de color rojo vivo. || Ese mismo color.

bermudas s. m. y f. pl. Pantalón corto que llega hasta la parte alta de la rodilla.

bermudiano, na adj. y s. De Bermudas.

bernegal s. m. *Venez.* Tinaja pequeña usada para recoger el agua que destila el filtro.

berrear v. intr. [1]. Emitir berridos el becerro y otros animales. || Emitir gritos estridentes. ◇ FAM. berrido, berrinche.

berrendo, da adj. Dícese del toro con manchas de color distinto. ◆ s. m. Bóvido semejante al antílope americano.

berretín s. m. *Amér. Central* y *Amér. Merid.* Capricho, antojo.

berrido s. m. Voz del becerro y otros animales. || Grito estridente y desagradable.

berrinche s. m. *Fam.* Rabieta, enfado o llanto violentos y cortos. ◇ FAM. berrinchudo. / emberrenchinarse, emberrincharse. BERREAR.

berrinchudo, da adj. Que se enoja con frecuencia y facilidad.

berro s. m. Planta herbácea de hojas comestibles.

berza s. f. Col. ◄► pl. Fam. Berzotas.

berzotas s. m. y f. Fam. Persona torpe y necia. ◇ FAM. berza.

besamanos s. m. Recepción oficial en la que los reyes o personas que los representan reciben el saludo de los concurrentes. ‖ Modo de saludar a alguien besándole la mano.

besamel o **besamela** s. f. Bechamel*.

besar v. tr. y pron. [1]. Tocar u oprimir con un movimiento de los labios, en señal de amor, amistad, saludo, etc. ‖ Estar en contacto cosas inanimadas. ◄► **besarse** v. pron. Tropezar una persona con otra. ◇ FAM. beso, besuquear. / besamanos.

beso s. m. Acción de besar o besarse. ● **Comerse a besos** a uno (Fam.), hacerle grandes demostraciones de cariño.

bestia s. f. Animal cuadrúpedo, especialmente el doméstico de carga. ◄► adj. y s. m. y f. Fam. Rudo e ignorante. ◇ FAM. bestial, bestialidad, bestiario.

bestial adj. Brutal, irracional. ‖ Fam. Desmesurado, extraordinario.

bestiario s. m. Hombre que luchaba con las fieras en los circos romanos. ‖ En la Edad Media, obra en la que están catalogados animales, reales o imaginarios.

best-seller s. m. Libro que constituye un éxito editorial.

besugo s. m. Pez teleósteo que tiene unos ojos de gran tamaño y cuya carne es muy estimada en alimentación.

besuquear v. tr. [1]. Fam. Besar repetidamente. ◇ FAM. besuqueo. BESAR.

beta s. f. Segunda letra del alfabeto griego.

betabel s. f. Méx. Remolacha.

beterava s. f. Argent. Remolacha.

bético, ca adj. y s. De la antigua Bética, hoy Andalucía. ◇ FAM. penibético.

betún s. m. Materia mineral natural, rica en carbono y en hidrógeno. ‖ Mezcla de varios ingredientes con que se lustra el calzado. ‖ Cuba y Méx. Mezcla de clara de huevo y azúcar batidos que sirve para bañar muchas clases de dulces. ◇ FAM. embetunar.

bezo s. m. Labio grueso. ‖ Labio colgante de algunos animales.

bi- pref. Significa 'dos': bicicleta.

bibelot s. m. Muñeco, figurilla, chuchería, etc.

biberón s. m. Pequeña botella, con un extremo provisto de una tetina, empleado en la lactancia artificial. ◇ FAM. BEBER.

bibicho s. m. Hond. Gato doméstico.

biblia s. f. Conjunto de libros canónicos del Antiguo y Nuevo Testamento. ◇ FAM. bíblico.

biblio- pref. Significa 'libro, biblioteca': bibliografía.

bibliófilo, la s. Persona aficionada a los libros, especialmente a los raros y valiosos. ◇ FAM. bibliofilia.

bibliografía s. f. Conjunto de libros escritos sobre un tema o sobre un autor. ‖ Descripción y clasificación de los libros, ediciones, etc. ◇ FAM. bibliográfico, bibliógrafo.

bibliorato s. m. Argent. y Urug. Carpeta, archivador.

biblioteca s. f. Colección de libros o manuscritos. ‖ Lugar en que se guardan. ‖ Mueble con estantes donde se colocan los libros. ◇ FAM. bibliotecario. / biblioteconomía.

biblioteconomía s. f. Ciencia de la organización y administración de bibliotecas.

bicameral adj. Se aplica al sistema parlamentario con dos cámaras legislativas. ◇ FAM. bicameralismo. CÁMARA.

bicarbonato s. m. Carbonato ácido, y en particular sal de sodio.

bicéfalo, la adj. Que tiene dos cabezas.

bíceps s. m. Músculo doble, uno en la extremidad superior y otro en la inferior, responsable de la flexión de las extremidades. ◇ FAM. tríceps.

biche adj. Amér. Central y Amér. Merid. Canijo y enteco. ‖ Colomb. y Pan. Dícese de la fruta verde o de las cosas que no han alcanzado su madurez. ‖ Perú. Dícese de una olla grande.

bichear v. tr. e intr. [1]. Argent. Vigilar, espiar, explorar.

bicho s. m. Animal pequeño. ‖ Bestia. ‖ Persona fea, ridícula o de mal genio. ● **Bicho de luz** (Argent. y Urug.), luciérnaga. ‖ **Bicho viviente**, persona. ◇ FAM. abicharse.

bichoco, ca adj. y s. Amér. Merid. Dícese de la persona o animal que por debilidad o vejez no puede apenas moverse.

bicicleta s. f. Vehículo con dos ruedas de igual diámetro, sobre las cuales la trasera está accionada por un sistema de pedales que actúa sobre una cadena.

biciclo s. m. Bicicleta cuya rueda delantera es mucho mayor que la trasera. ◇ FAM. bicicleta. CICLO.

bicoca s. f. Fam. Cosa muy ventajosa y que cuesta poco.

bicolor adj. De dos colores.

bicóncavo, va adj. Que presenta dos caras cóncavas opuestas.

biconvexo, xa adj. Que presenta dos caras convexas opuestas.

bidé s. m. Aparato sanitario para la higiene íntima.

bidón s. m. Recipiente de hojalata o de chapa, que sirve para envasar petróleo, aceite, etc.

biela s. f. Barra que une dos piezas móviles y sirve para transmitir y transformar un movimiento.

bieldo s. m. Instrumento agrícola, compuesto de un palo largo en cuyo extremo hay un travesaño con cuatro púas de madera.

bielorruso, sa adj. y s. De Bielorrusia.

bien adj. De buena posición social: *gente bien.* ◆ s. m. Lo bueno o correcto según la moral: *hacer el bien.* ‖ Lo que es bueno o favorable. ◆ pl. Conjunto de pertenencias, riquezas o hacienda. ◆ adv. m. Según es debido, de manera razonable, acertada o perfecta: *portarse bien.* ‖ Sin inconveniente o dificultad: *bien puedes hacerlo después.* ‖ Con buena salud, sano. ‖ Mucho, muy, bastante: *bien listo.* ◆ conj. Se usa repetido, como partícula distributiva: *bien por una razón, bien por otra, no lo haré.* ‖ Partícula concesiva en *bien que,* que significa *aunque.* ⬦ FAM. requetebién, también.

bienal adj. Que sucede cada dos años. ‖ Que dura dos años. ◆ s. f. Exposición o manifestación artística celebrada cada dos años.

bienaventurado, da adj. y s. Que goza de la bienaventuranza eterna. ◆ adj. Afortunado, feliz.

bienaventuranza s. f. Visión beatífica, vista y posesión de Dios en el cielo. ‖ Prosperidad, dicha. ◆ pl. Grupo de ocho sentencias con las que se inicia el sermón de la montaña, que empiezan con la palabra «Bienaventurados». ⬦ FAM. bienaventurado.

bienestar s. m. Comodidad, abundancia de las cosas necesarias para vivir a gusto. ‖ Satisfacción, tranquilidad de espíritu.

bienhechor, ra adj. y s. Que hace bien a otro. ⬦ FAM. HACER.

bienio s. m. Período de dos años. ⬦ FAM. bienal. AÑO.

bienvenido, da adj. Dícese de la persona o cosa cuya llegada se acoge con alegría. ◆ s. f. Llegada feliz. ‖ Parabién que se da a uno por haber llegado. ⬦ FAM. VENIR.

bies s. m. Tira de tela cortada al sesgo. ● **Al bies,** oblicuamente.

bife s. m. *Argent., Chile* y *Urug.* Bisté. ‖ *Argent., Perú* y *Urug.* Fam. Bofetada.

bífido, da adj. Dividido en dos partes: *lengua bífida.*

bifocal adj. Dícese del cristal corrector cuyas partes superior e inferior presentan distancias focales diferentes.

bifurcación s. f. Lugar en que un camino se divide en dos.

bifurcarse v. pron. [1a]. Dividirse en dos ramales, brazos o puntas. ⬦ FAM. bifurcación.

big bang s. m. Explosión inicial que, según algunas teorías científicas, dio origen al universo.

bigamia s. f. Estado de bígamo. ⬦ FAM. bígamo. / endogamia, exogamia, monogamia, poligamia.

bígamo, ma adj. y s. Que está casado con dos personas al mismo tiempo.

bígaro s. m. Gasterópodo marino de concha oscura, que vive en las aguas del litoral, y cuya carne es apreciada.

bigornia s. f. Yunque con dos puntas.

bigote s. m. Pelo que nace sobre el labio superior. ● **De bigotes,** estupendo, muy bien. ⬦ FAM. bigotudo.

bigotera s. f. Compás pequeño. ‖ Asiento estrecho y plegable que se pone en el interior de algunos carruajes.

biguá s. m. *Argent.* y *Urug.* Ave americana de color pardo negruzco uniforme y de unos 70 cm de largo.

bigudí s. m. Tubo largo y estrecho, que sirve para rizar el cabello.

bikini s. m. Biquini*.

bilabial adj. y s. f. Dícese del sonido que se pronuncia con los dos labios, y de la letras que lo representa: *b, m* y *p.*

bilateral adj. Que se refiere a ambas partes o aspectos de una cosa.

bilbaíno, na adj. y s. De Bilbao (España).

bilbilitano, na adj. y s. De Calatayud (España).

bilet s. f. *Méx.* Lápiz de labios.

biliar adj. Relativo a la bilis.

bilingüe adj. Que habla dos lenguas. ‖ Que está escrito en dos idiomas. ⬦ FAM. bilingüismo. LENGUA.

bilingüismo s. m. Cualidad de un individuo o de una población bilingüe.

bilis s. f. Líquido viscoso y amargo que segrega el hígado y colabora en la digestión. ‖ Cólera, ira, irritabilidad. ⬦ FAM. biliar.

billar s. m. Juego que se realiza con bolas de marfil, impulsadas mediante un taco, sobre una mesa rectangular rodeada de bandas elásticas. ‖ Mesa y sala donde se practica este juego.

billete s. m. Tarjeta o cédula que da derecho para entrar u ocupar asiento en un local, vehículo, etc. ‖ Cédula que acredita participación en una rifa o lotería. ‖ Dinero en forma de papel. ⬦ FAM. billetaje, billetero.

billetero, ra s. Cartera de bolsillo para llevar billetes. ‖ *Méx.* y *Pan.* Persona que vende billetes de lotería. ‖ *P. Rico.* Persona que lleva la ropa con remiendos.

billón s. m. Un millón de millones. ⬦ FAM. MILLÓN.

bilocarse v. pron. [1a]. *Argent.* Chalarse, chiflarse.

bimembre adj. De dos miembros o partes. ⬦ FAM. MIEMBRO.

bimensual adj. Que se hace u ocurre dos veces al mes.

bimestral adj. Que se hace o ejecuta cada dos meses. ⬦ FAM. bimestre. MES.

bimotor adj. y s. m. Que está provisto de dos motores.

binar v. tr. [1]. Arar por segunda vez las tierras de labor. ‖ Hacer la segunda cava en las viñas. ⬦ FAM. binador, binadura.

binario, ria adj. Que está compuesto de dos elementos, unidades o guarismos.

bingo s. m. Juego que consiste en ir señalando las casillas numeradas de unos cartones, a medida que van extrayéndose los números de un bombo. ‖ Sala donde se realiza este juego. ‖ Premio que recibe el que gana este juego.

binocular adj. Que se realiza mediante los dos ojos. ◆ adj. y s. m. Se aplica al instrumento óptico que se emplea con los dos ojos a la vez.

binóculo s. m. Anteojos que se sujetan a la nariz mediante la presión de una pinza, o con la mano cuando van provistos de mango. ◇ FAM. binocular. OJO.

binomio s. m. MAT. Expresión algebraica formada por la suma o la diferencia de dos términos o monomios.

bio- pref. Significa 'vida': *biografía.*

biodegradable adj. Dícese del producto industrial que, una vez desechado, es destruido por las bacterias u otros agentes biológicos. ◇ FAM. biodegradación. DEGRADAR.

biofísica s. f. Estudio de los fenómenos biológicos aplicando métodos propios de la física. ◇ FAM. biofísico. FÍSICA.

biogénesis s. f. Aparición de la vida en la Tierra. ◇ FAM. biogenético. GÉNESIS.

biografía s. f. Historia de la vida de una persona. ◇ FAM. biografiar, biográfico, biógrafo. / autobiografía.

biografiar v. tr. [1t]. Hacer o escribir la vida de una persona.

biógrafo, fa s. Persona que escribe una biografía.

biología s. f. Ciencia que estudia los seres vivos, especialmente el ciclo reproductor de las especies. ◇ FAM. biológico, biólogo. / geobiología, radiobiología.

biombo s. m. Mampara plegable compuesta de varios bastidores articulados.

biónica s. f. Disciplina que aplica a la tecnología principios basados en la estructura y funciones de los seres vivos.

biopsia s. f. Estudio diagnóstico, por lo común microscópico, de una porción de tejido extraída de un cuerpo vivo.

bioquímica s. f. Parte de la química que estudia la constitución de la materia viva y sus reacciones. ◇ FAM. bioquímico. QUÍMICA.

biorritmo s. m. Todo fenómeno periódico en los reinos animal y vegetal.

biosfera s. f. Capa que rodea la corteza terrestre, en la que puede desarrollarse la vida.

biotipo s. m. Prototipo de cada especie de planta o animal. ‖ Conjunto de individuos que tienen las mismas características.

biotopo o **biótopo** s. m. ECOL. Área geográfica correspondiente a una agrupación de seres vivos sometidos a factores ambientales.

bipartición s. f. División de una cosa en dos partes. ◇ FAM. bipartido, bipartito. PARTE.

bipartidismo s. m. Régimen político caracterizado por la alternancia en el poder de dos partidos. ◇ FAM. bipartidista. PARTIDISMO.

bipartito, ta adj. Que tiene dos partes o miembros.

bípedo, da adj. y s. m. De dos pies.

biplano s. m. y adj. Avión cuyas alas están formadas por dos planos de sustentación.

biquini s. m. Bañador de dos piezas de reducidas dimensiones.

birlar v. tr. [1]. Hurtar, quitar algo valiéndose de intrigas.

birlibirloque. Por arte de birlibirloque *(Fam.),* por medios ocultos y extraordinarios.

birmano, na adj. y s. De Birmania. ◆ s. m. Lengua hablada en Birmania.

birome s. f. *Argent.* y *Urug.* Bolígrafo.

birreta s. f. Bonete cuadrado usado por los eclesiásticos cuyo color, negro, morado o rojo, depende de la jerarquía.

birrete s. m. Gorro con una borla, que sirve de distintivo a los licenciados, doctores universitarios, magistrados y jueces. ◇ FAM. birreta.

birria s. f. Persona o cosa fea o ridícula. ‖ *Colomb.* y *Pan.* Odio, tirria, obstinación. ‖ *Méx.* Guiso preparado con carne de chivo en trozos o deshebrada. ◇ FAM. birrioso.

bis adj. Que está repetido o debe repetirse. ◆ s. m. Pieza que se repite al final de un repertorio musical. ◆ pref. Bi-*: *bisabuelo*. ◇ FAM. bisar.

bisabuelo, la s. Respecto de una persona, el padre o la madre de su abuelo o de su abuela.

bisagra s. f. Herraje de puertas, ventanas, tapas, etc., compuesto de dos planchas metálicas unidas por un eje común.

bisbisear v. tr. [1]. *Fam.* Musitar. ◇ FAM. bisbiseo.

biscuit s. m. Bizcocho. ‖ Porcelana.

bisección s. f. MAT. División en dos partes iguales. ◇ FAM. bisector. SECCIÓN.

bisector, triz adj. Que divide en dos partes iguales. ◆ s. f. Semirrecta que divide un ángulo en dos partes iguales.

bisel s. m. Borde cortado oblicuamente, en vez de formar arista en ángulo recto. ◇ FAM. biselar.

biselar v. tr. [1]. Hacer biseles.

bisexual adj. y s. m. y f. Relativo al individuo en el que se dan características físicas o psíquicas de ambos sexos. ‖ Dícese de la persona que siente atracción por los dos sexos. ◇ FAM. bisexualidad. SEXUAL.

bisiesto adj. y s. m. Dícese del año de 366 días.

bisílabo, ba adj. De dos sílabas.

bismuto s. m. Metal de color gris rojizo, muy frágil y fácilmente fusible que se utiliza en aleaciones y en la industria farmacéutica.

bisnieto, ta s. Biznieto*.

bisojo, ja adj. y s. Bizco.

bisonte s. m. Bóvido salvaje de gran tamaño, semejante al toro, caracterizado por tener una joroba en el cuello.

bisoñé s. m. Peluca que cubre la parte anterior de la cabeza.

bisoño, ña adj. y s. Inexperto.

bisté o **bistec** s. m. Lonja de carne para asar o freír.

bisturí s. m. Pequeño cuchillo de cirugía que sirve para hacer incisiones en la carne.

bisutería s. f. Industria que produce joyería de imitación. ‖ Objeto que imita a una joya.

bit s. m. INFORMÁT. Unidad de información que se emplea para medir la capacidad de memoria de un ordenador.

bitácora s. f. En los buques, armario o caja cilíndrica en que se ponen la brújula, los fanales de alumbrado, etc.

bíter o **bitter** s. m. Licor amargo obtenido por infusión de diversas plantas.

bitoque s. m. *Amér. Central y Amér. Merid.* Cánula de la jeringa. ‖ *Chile y Colomb.* Llave de agua, grifo.

bivalvo, a adj. y s. m. Dícese de los moluscos, como el mejillón y la ostra, cuya concha está formada por dos valvas. ◇ FAM. VALVA.

bizantino, na adj. y s. De Bizancio, hoy Constantinopla. ● **Discusión bizantina**, discusión baldía o sutil.

bizarría s. f. Gallardía, valor.

bizarro, rra adj. Valiente, esforzado. ‖ Generoso, espléndido, lucido. ◇ FAM. bizarría.

bizco, ca adj. y s. Que bizquea. ● **Dejar, o quedarse bizco**, asombrar o asombrarse ante algo inesperado. ◇ FAM. bizcorneto, bizquear.

bizcocho s. m. Pan sin levadura que se cuece dos veces para que se conserve más tiempo. ‖ Masa compuesta de harina, huevos y azúcar. ◇ FAM. bizcochería.

bizcorneto, ta adj. y s. *Colomb. y Méx. Fam.* Dícese de la persona bizca.

biznaga s. f. *Méx.* Planta cactácea, carnosa, de forma cilíndrica o redonda y con espinas gruesas y largas.

biznieto, ta s. Respecto de una persona, hijo de su nieto.

bizquear v. intr. [1]. Padecer estrabismo o simularlo.

blanca s. f. MÚS. Figura que equivale a la mitad de la redonda, a dos negras o a cuatro corcheas. ● **Estar sin blanca**, no tener dinero.

blanco, ca adj. y s. Dícese del color que resulta de la combinación de todos los colores del espectro solar. ‖ Dícese del individuo perteneciente a la raza blanca. ◆ adj. De color blanco. ‖ Dícese de las cosas que sin ser blancas tienen color más claro que otras de la misma especie. ◆ s. m. Hueco o intermedio entre dos cosas. ‖ Objeto situado lejos para ejercitarse en el tiro y puntería. ‖ Todo objeto sobre el cual se dispara un arma de fuego. ‖ Objetivo, finalidad. ● **Dar en el blanco** o **hacer blanco**, acertar. ‖ **En blanco**, sin escribir, ni imprimir. ◇ FAM. blanca, blancura, blanquear, blanquecino, blanquillo. / emblanquecer.

blancura s. f. Calidad de blanco.

blandengue adj. y s. m. y f. Que es muy blando, poco resistente, o tiene poca autoridad.

blandir v. tr. [3]. Mover un arma u otra cosa con movimiento vibratorio.

blando, da adj. Tierno. ‖ Suave, benigno. ‖ De genio y trato apacibles. ‖ *Fam.* Cobarde, pusilánime. ◇ FAM. blandengue, blandura. / ablandar, emblandecer, reblandecer.

blanquear v. tr. [1]. Poner blanco. ‖ Dar manos de cal o yeso diluidos en agua a las paredes o techos. ‖ Ajustar a la legalidad fiscal el dinero procedente de negocios delictivos. ◆ v. intr. Mostrar una cosa su blancura. ‖ Tirar a blanco. ◇ FAM. blanqueador, blanqueamiento, blanqueo. BLANCO, CA.

blanquecino, na adj. Que tira a blanco.

blanquillo s. m. *Chile y Perú.* Durazno de cáscara blanca. ‖ *Guat. y Méx.* Huevo.

blasfemar v. intr. [1]. Decir blasfemias. ‖ Maldecir, vituperar. ◇ FAM. blasfemador, blasfematorio, blasfemia, blasfemo.

blasfemia s. f. Palabra injuriosa contra Dios, contra alguien o contra algo.

blasón s. m. Cada una de las figuras que componen un escudo de armas. ‖ Arte de explicar y describir los escudos de armas. ‖ Honor o gloria. ◇ FAM. blasonar.

blasonar v. tr. [1]. Disponer el escudo de armas según las reglas del arte. ◆ v. intr. Hacer ostentación o jactarse de algo.

blástula s. f. ZOOL. Fase de desarrollo del embrión en que éste tiene forma de una esfera hueca constituida por una sola capa de células.

blazer s. m. Chaqueta deportiva, generalmente de color oscuro, con doble botonadura.

bledo s. m. Planta comestible de tallo rastrero, hojas de color verde oscuro y flores rojas. ● **Dársele, importar, valer**, etc., **un bledo**, despreciar, considerar insignificante.

blenda s. f. Sulfuro natural de cinc, que constituye el principal mineral de este metal.

blenorragia s. f. Inflamación de la mucosa de los órganos genitales producida por gonococos. ◇ FAM. blenorrágico.

blindado, da adj. Recubierto por un blindaje. ◆ s. m. Acorazado.

blindaje s. m. Conjunto de materiales usados para blindar.

blindar v. tr. [1]. Proteger con diversos

materiales las cosas o lugares, contra los efectos de los proyectiles, el fuego, etc. ⬦ FAM. blindado, blindaje.

bloc s. m. Conjunto o masa apretada de objetos análogos y separables. ‖ Taco de hojas de papel.

blocar v. tr. [1a]. En fútbol, parar el balón el portero y sujetarlo fuertemente contra el cuerpo.

blofear o **blufear** v. intr. [1]. *Amér.* Engañar, fanfarronear.

bloque s. m. Trozo grande de hormigón o de piedra sin labrar. ‖ Manzana de casas. ‖ Edificio que comprende varios pisos o varias casas de la misma altura. ‖ Conjunto sólido en el que todas las partes dependen unas de otras. ‖ Grupo de partidos políticos, estados, etc., unidos por intereses o ideales comunes. ⬦ FAM. bloc, bloquear.

bloquear v. tr. [1]. Cortar las comunicaciones de una plaza, puerto, territorio o ejército mediante una operación naval o militar. ‖ Impedir un proceso o movimiento de algo. ⬦ FAM. blocar, bloqueo. / desbloquear. BLOQUE.

blues s. m. Canción del folklore negro norteamericano, anterior al jazz, caracterizada por una fórmula armónica constante y un ritmo lento.

blúmer s. m. *Méx.* Calzón largo de mujer que cubre los muslos.

blusa s. f. Camisa femenina, suelta o ceñida al talle, que cubre la parte superior del cuerpo. ⬦ FAM. blusón. / ablusado.

blusón s. m. Blusa larga y suelta.

boa s. f. Serpiente de gran tamaño de América tropical, no venenosa, y que se nutre de vertebrados a los que mata arrollándose sobre su cuerpo.

boaqueño, ña adj. y s. De Boaco (Nicaragua).

boato s. m. Ostentación en el porte exterior.

bobada s. f. Dicho o hecho necio.

bóbilis. De bóbilis, bóbilis *(Fam.)*, de balde, sin trabajo.

bobina s. f. Pequeño cilindro sobre el cual se arrolla cualquier material flexible. ‖ Cilindro hueco sobre el cual se encuentra arrollado un hilo metálico aislado, por el que puede circular una corriente eléctrica. ⬦ FAM. rebobinar.

bobo, ba adj. y s. De muy corto entendimiento. ‖ Muy cándido. ⬦ FAM. bobada, bobería. / embobar, engañabobos.

boca s. f. Parte inicial del tubo digestivo del hombre y de algunos animales. ‖ Entrada o salida. ‖ Abertura, agujero. ‖ Persona o animal a quien se mantiene y da de comer. ‖ Órgano de la palabra. ‖ Pinza con que termina cada una de las patas delanteras de los crustáceos. ‖ *Amér. Central.* Pequeña cantidad de comida, aperitivo. ● **A boca de jarro**, tratándose del disparo de armas de fuego, de muy cerca. ‖ De

improviso, inopinadamente. ‖ **A pedir de boca**, a medida del deseo. ‖ **Poner en boca** de uno, atribuirle algún dicho o hecho. ‖ **Quitar** a uno **de la boca** alguna cosa *(Fam.)*, anticiparse a uno a decir lo que iba a decir otro. ⬦ FAM. bocado, bocana, bocanada, bocatero, bocazas, bocera, bocón, boquear, boquera, boquerón, boqueta, boquete, boquilla, boquique, bucal. / abocar, abreboca, abriboca, bocabajo, bocacalle, bocamanga, boquiabierto, boquiflojo, desbocar, desembocar, embocar, pasabocas.

bocabajo adv. m. Con la boca hacia abajo.

bocacalle s. f. Calle secundaria que afluye a otra.

bocadillo s. m. Panecillo cortado a lo largo, o bien dos rebanadas de pan, rellenos de alimentos. ‖ Espacio que encierra las palabras de los personajes de las viñetas de los cómics, chistes, etc. ‖ *Amér.* Dulce de leche, hecho de guayaba, coco, boniato, etc. ⬦ FAM. bocado. BOCADO.

bocado s. m. Porción de comida que cabe de una vez en la boca. ‖ Mordedura o herida que se hace con los dientes. ‖ Pedazo de cualquier cosa que se saca o arranca con la boca. ‖ *Argent. y Chile.* Correa que atada a la quijada inferior de un potro sirve de freno. ● **Bocado de Adán** (ANAT.), nuez del cuello. ⬦ FAM. bocadillo. / sacabocado. BOCA.

bocajarro. A bocajarro, de improviso, inopinadamente. ‖ Tratándose del disparo de un arma de fuego, desde muy cerca.

bocamanga s. f. Parte de la manga más cercana a la muñeca.

bocana s. f. Canal estrecho entre una isla y la costa de tierra firme, por el que se arriba a un gran puerto o bahía.

bocanada s. f. Cantidad de líquido, humo o aliento que se echa por la boca de una vez. ‖ Afluencia, tropel.

bocata s. m. Bocadillo.

bocatero, ra adj. y s. *Amér. Central.* Jactancioso, fanfarrón.

bocazas s. m. y f. *Fam.* Persona que habla más de lo debido.

bocel s. m. Moldura lisa de forma cilíndrica. ◆ adj. y s. m. Dícese del cepillo usado para hacer dichas molduras. ⬦ FAM. bocelar.

bocera s. f. Resto que queda pegado en los labios después de haber comido o bebido. ‖ Boquera.

boceto s. m. Esbozo de una pintura, escultura u otra obra decorativa. ‖ Proyecto de cualquier obra artística. ⬦ FAM. abocetar, esbozo.

bocha s. f. Bola de madera para jugar a las bochas. ◆ pl. Juego que consiste en acercarse con unas bolas medianas a otra más pequeña.

boche s. m. *Amér. Merid.* Tumulto, follón.

bochinche s. m. Tumulto, barullo.

bochinchero, ra adj. y s. *Amér. Merid.* Dícese de la persona que arma alboroto.

bochorno s. m. Viento cálido que sopla en verano. ‖ Calor sofocante. ‖ Sofocamiento producido por algo que ofende, molesta o avergüenza. ◇ FAM. bochornoso. / abochornar.

bocina s. f. Instrumento de metal en forma de trompeta con que se refuerza un sonido. ‖ Aparato avisador provisto de una lengüeta que se hace vibrar por insuflación. ‖ *Méx.* Auricular del aparato telefónico. ‖ *Méx.* Altavoz, amplificador. ◇ FAM. bocinazo. / abocinar.

bocio s. m. MED. Aumento de volumen de la tiroides.

bocón, na adj. *Chile.* Difamador, murmurador. ◆ s. m. *Amér. Central y Amér. Merid.* Trabuco.

boda s. f. Casamiento y fiesta con que se solemniza. ● **Bodas de oro**, quincuagésimo aniversario. ‖ **Bodas de plata**, vigésimo quinto aniversario. ◇ FAM. bodorrio.

bodega s. f. Lugar donde se guarda y cría el vino. ‖ Despensa en que se guardan comestibles. ‖ Tienda de vinos. ‖ Espacio interior de los buques desde la cubierta inferior hasta la quilla. ‖ *Chile.* En los ferrocarriles, almacén para guardar las mercancías. ‖ *Cuba.* Tienda de ultramarinos. ‖ *Méx.* Almacén, depósito. ◇ FAM. bodegón, bodeguero.

bodegón s. m. Mesón, taberna. ‖ Pintura de naturalezas muertas o en que se representan escenas de taberna, mercado, etc.

bodoque s. m. Motivo de forma redonda bordado al realce. ‖ *Fam.* Persona de cortos alcances. ‖ *Méx.* Bulto o chichón. ‖ *Méx.* Cosa mal hecha.

bodorrio s. m. *Fam.* Boda desigual o sin aparato ni concurrencia. ‖ *Méx. Fam.* Fiesta con que se celebra una boda.

bodrio s. m. Guiso mal aderezado. ‖ Cosa mal hecha.

body s. m. Prenda interior femenina de una sola pieza.

bofe s. m. Pulmón, en especial el de las reses muertas.

bofetada s. f. Golpe que se da en el carrillo con la mano abierta. ◇ FAM. abofetear.

boga[1] s. f. Pez comestible, con cabeza desarrollada y ojos grandes.

boga[2] s. f. Acción de bogar o remar. ‖ Buena aceptación, fama. ● **Estar en boga**, estar de moda, llevarse. ◇ FAM. ciaboga. BOGAR.

bogar v. intr. [1b]. Remar. ‖ Navegar. ◆ v. tr. *Chile.* Quitar la escoria a los metales. ◇ FAM. boga[2], bogada, bogador.

bogavante s. m. Crustáceo marino provisto de grandes pinzas, cuya carne es comestible.

bogotano, na adj. y s. De Bogotá.

bohemio, mia adj. y s. De Bohemia. ‖ Dícese de aquellas personas inconformistas, de costumbres no convencionales respecto a las normas sociales. ◆ adj. y s. f. Dícese de la vida y costumbres de estas personas.

bohío s. m. *Amér. Central y Amér. Merid.* Cabaña de madera cubierta de cañas, ramas o paja.

boicot s. m. Acuerdo tácito o explícito para causar a un individuo o país, un perjuicio y obligar a que realicen lo que se exige. ◇ FAM. boicotear.

boiler s. m. *Méx.* Calentador de agua.

boina s. f. Gorra sin visera, de una sola pieza y redonda.

boj s. m. Arbusto de tallos ramosos, cuya madera es apreciada en tornería por su dureza. ◇ FAM. bojedal.

bojote s. m. *Colomb., Ecuad., Hond., P. Rico, R. Dom. y Venez.* Lío, paquete.

bol s. m. Taza grande y sin asas.

bola s. f. Cuerpo esférico de cualquier materia. ‖ *Fam.* Embuste, mentira. ‖ Betún. ‖ *Amér. Central y Amér. Merid.* Interés que se presta a algo o a alguien. ‖ *Méx.* Grupo de personas. ‖ *Méx.* Conjunto grande de cosas. ◆ pl. *Amér. Merid. Vulg.* Testículo. ● **Dar**, o **darle bola** a alguien (*Amér. Central y Amér. Merid.*), hacer caso. ◇ FAM. bolacear, bolada, bolado, bolazo, bolear, bolero[2], boliche, bolilla, bolo[1]. / bula, bulo, embolado, embolar.

bolacear v. tr. [1]. *Argent., Colomb. y Urug.* Decir mentiras.

bolada s. f. *Argent., Par. y Urug.* Buena oportunidad para hacer un negocio. ‖ *Perú.* Jugarreta, embuste.

bolado s. m. *Amér. Central y Amér. Merid.* Negocio, asunto. ‖ *Hond.* Jugada de billar hecha con destreza.

bolazo s. m. *Argent.* Mentira, embuste, engaño.

bolchevique adj. y s. m. y f. Relativo a los miembros del partido obrero socialdemócrata ruso que apoyaron a Lenin en 1903.

boleadora s. f. *Amér.* Arma arrojadiza formada por dos o tres bolas unidas por una cuerda, que se lanza para cazar animales.

bolear v. tr. [1]. *Argent. y Urug.* Echar las boleadoras a un animal. ◆ v. tr. y pron. *Argent. y Urug.* Enredar a uno, hacerle una mala partida. ‖ *Argent.* Confundir, aturullar. ‖ *Méx.* Lustrar los zapatos. ◇ FAM. boleado, boleadora. BOLA.

bolera s. f. Terreno o local donde se practica el juego de bolos.

bolero[1] s. m. Música, canto y baile español con acompañamiento de castañuelas y guitarras. ‖ Canción y danza antillana, de ritmo binario. ‖ Chaquetilla femenina que no pasa de la cintura. ‖ *Guat. y Hond.* Chistera, sombrero. ‖ *Méx.* Limpiabotas.

bolero[2], **ra** adj. y s. *Fam.* Que miente mucho. ◇ FAM. BOLA.

boleta s. f. Cédula para entrar en alguna parte. ‖ *Amér.* Papeleta. ‖ *Amér. Central* y *Amér. Merid.* Factura, recibo.

boletería s. f. *Amér. Central* y *Amér. Merid.* Taquilla o despacho de billetes.

boletero, ra adj. y s. *Argent. Fam.* Mentiroso.

boletín s. m. Cédula de suscripción a una obra o empresa. ‖ Publicación periódica sobre una materia concreta.

boleto s. m. Billete con el que se participa en una rifa o lotería. ‖ *Amér.* Billete de teatro, tren, etc. ◇ FAM. boleta, boletería, boletero, boletín.

boliche s. m. Bola pequeña que se emplea en diversos juegos. ‖ Juego de bolos. ‖ Adorno esférico de madera torneada que sirve de remate en algunos muebles. ‖ *Argent., Par.,* y *Urug.* Establecimiento comercial modesto dedicado al consumo y despacho de bebidas y comestibles. ‖ *Argent. Fam.* Discoteca, bar. ‖ *P. Rico.* Tabaco de clase inferior. ◇ FAM. BOLA.

bólido s. m. Meteorito. ‖ Vehículo o persona que va muy de prisa.

bolígrafo s. m. Utensilio para escribir que lleva una carga de tinta y una bolita de metal duro.

bolilla s. f. *Argent., Par.* y *Urug.* Bola pequeña usada en los sorteos. ‖ *Argent., Par.* y *Urug.* Parte del programa de una asignatura escolar.

bolillo s. m. Palito torneado para hacer encajes y pasamanería. ‖ *Colomb.* Porra de caucho o madera usada por la policía. ‖ *C. Rica.* Par de palillos para tocar el tambor. ‖ *Méx.* Pan de trigo con los extremos rematados por dos bolitas.

bolívar s. m. Unidad monetaria de Venezuela.

bolivarense adj. y s. m. y f. De Bolívar (Colombia).

bolivariano, na adj. y s. De Ciudad Bolívar (Venezuela).

bolivariense adj. y s. m. y f. Bolivariano.

boliviano, na adj. y s. De Bolivia.

bollería s. f. Establecimiento donde se hacen y venden bollos y repostería. ‖ Conjunto de estos alimentos.

bollo¹ s. m. Panecillo hecho de harina amasada con huevos, leche, etc. ‖ Chichón. ‖ Alboroto, confusión. ‖ *Argent., Chile, Hond.* y *Urug.* Puñetazo. ‖ *Chile.* Barro para hacer tejas. ‖ *Colomb.* Empanada de maíz y carne. ◇ FAM. bollería, bollero. / zampabollos.

bollo² s. m. Abultamiento o hueco producido por un golpe. ◇ FAM. abollar.

bolo¹ s. m. Pieza de madera torneada, cónica o cilíndrica, que puede tenerse en pie. ◆ pl. Deporte en el que el jugador lanza una bola hacia un grupo de bolos, con objeto de derribarlos. ● **Bolo alimenticio**, masa formada por alimentos, correspondiente a una deglución. ◇ FAM. boletra, bolillo. BOLA.

bolo², la adj. *Amér. Central* y *Amér. Merid.* Ebrio, borracho.

boloñés, sa adj. y s. De Bolonia (Italia).

bolsa¹ s. f. Recipiente de materia flexible, para llevar o guardar alguna cosa. ‖ Caudal o dinero de una persona. ‖ Arruga que hace una prenda de vestir. ‖ Estructura anatómica en forma de saco. ‖ Gran cantidad de fluido contenido en una cavidad subterránea. ‖ *Méx.* Bolso de mano. ◇ FAM. bolsear, bolsillo, bolsiquear, bolso. / abolsarse, embolsar.

bolsa² s. f. Edificio público donde se realizan las operaciones financieras relativas a mercancías, valores mobiliarios, etc. ◇ FAM. bolsista. / bursátil.

bolsear v. tr. [1]. *Amér. Central* y *Méx.* Robar del bolsillo.

bolsillo s. m. Bolsa hecha en una prenda de vestir para llevar alguna cosa. ‖ Bolsa para llevar dinero. ‖ Bolsa, dinero. ● **De bolsillo**, dícese de la cosa que por su tamaño se puede llevar en el bolsillo. ‖ **Meterse** a uno en el bolsillo, ganarse sus simpatías. ‖ **Rascarse** uno el bolsillo, soltar dinero, gastar, comúnmente de mala gana.

bolsiquear v. tr. [1]. *Amér. Merid.* Registrar a uno los bolsillos.

bolso s. m. Bolsa en la que se llevan objetos de uso personal.

boludez s. f. *Argent.* y *Urug.* Expresión o acción estúpida.

bomba s. f. Aparato para aspirar, impeler o comprimir fluidos. ‖ Proyectil hueco, cargado de materia explosiva o incendiaria. ‖ Sorpresa, noticia que coge desprevenido o causa sensación. ‖ *Chile.* Coche y estación de bomberos. ‖ *Colomb., Hond.* y *R. Dom.* Pompa, burbuja de agua. ‖ *Cuba.* Chistera. ‖ *Ecuad., Guat., Hond.* y *Perú. Fam.* Borrachera. ◇ FAM. bombacho, bombardear, bombardero, bombazo, bombear, bombero, bombilla, bombillo, bombín, bombo, bombona. / abombar, rimbombante.

bombachas s. f. pl. *Amér. Central* y *Amér. Merid.* Braga, prenda interior femenina.

bombacho adj. y s. m. Dícese del pantalón muy ancho, ceñido por la parte inferior. ◇ FAM. bombachas. BOMBA.

bombardear v. tr. [1]. Atacar un objetivo con bombas, obuses, etc. ‖ *Fís.* Proyectar partículas, a gran velocidad, contra los átomos de un elemento. ◇ FAM. bombardeo. BOMBA.

bombardeo s. m. Acción y efecto de bombardear.

bombardero, ra adj. Dícese de la lancha que lleva un cañón u obús montado. ◆ adj. y s. m. Dícese del aparato de aviación de bombardeo. ◇ FAM. cazabombardero. BOMBA.

bombasí s. m. *Amér. Central* y *Amér. Merid.* Tela encarnada de algodón y seda.

bombazo s. m. Golpe y explosión de la bomba al caer. ‖ Noticia inesperada.

bombear v. tr. [1]. Elevar agua u otro líquido por medio de una bomba. ‖ *Argent. Fam.* Perjudicar intencionadamente a alguien. ◇ FAM. bombeador, bombeo. BOMBA.

bombero s. m. Miembro de un cuerpo organizado para extinguir incendios. ‖ Operario que maneja bombas hidráulicas. ‖ *Amér. Central* y *Amér. Merid.* Empleado de una gasolinera. ◆ adj. *Cuba.* Tonto, soso.

bombilla s. f. Globo de vidrio que contiene un filamento que al paso de la corriente eléctrica se pone incandescente. ‖ *Amér. Merid.* Caña o tubo delgado que se usa para sorber el mate.

bombillo s. m. *Amér. Central, Antill., Colomb.* y *Venez.* Bombilla eléctrica.

bombín s. m. Sombrero hongo. ‖ Bomba pequeña para llenar de aire los neumáticos.

bombo s. m. Tambor grande que se toca con una maza. ‖ Músico que lo toca. ‖ Elogio exagerado. ‖ Caja redonda y giratoria, destinada a contener bolas, cédulas, etc., de un sorteo. ● **Dar bombo** (*Fam.*), elogiar con exageración. ‖ **Ir o irse al bombo** (*Argent. Fam.*), fracasar. ◇ FAM. autobombo. BOMBA.

bombón s. m. Confite de chocolate, que puede contener en su interior licor o crema. ‖ Joven muy agraciada. ◇ FAM. bombonera, bombonería.

bombona s. f. Garrafa. ‖ Vasija metálica de cierre hermético, que se usa para contener gases a presión y líquidos muy volátiles.

bombonera s. f. Caja donde se guardan los bombones.

bonachón, na adj. y s. De genio dócil, crédulo y amable. ◇ FAM. bonachonería. BUENO, NA.

bonaerense adj. y s. m. y f. De Buenos Aires.

bonancible adj. Tranquilo, sereno, suave. ‖ Dícese del viento suave y apacible.

bonanza s. f. Tiempo tranquilo y sereno en el mar. ‖ Prosperidad. ◇ FAM. bonancible. / abonanzar.

bonariense adj. y s. m. y f. Bonaerense.

bondad s. f. Calidad de bueno. ‖ Natural inclinación a hacer el bien. ‖ Favor, gracia, merced. ◇ FAM. bondadosamente, bondadoso. BUENO, NA.

bonete s. m. Especie de gorro de cuatro picos, usado por eclesiásticos, colegiales y graduados.

bonetería s. f. *Amér.* Mercería. ‖ *Méx.* Tienda de lencería.

bongo s. m. *Cuba* y *Méx.* Canoa indígena corta.

bongó s. m. Instrumento de percusión de origen latinoamericano, formado por dos pequeños tambores.

boniato s. m. Batata.

bonificación s. f. Descuento, gratificación, incentivo.

bonificar v. tr. [1a]. Tomar en cuenta, admitir algo en parte del pago de lo que se debe. ‖ Asentar en las cuentas corrientes las partidas que corresponden al haber. ◇ FAM. bonificación. BUENO, NA.

bonito¹ s. m. Pez comestible parecido al atún, que vive en el océano Atlántico y el mar Mediterráneo.

bonito², ta adj. Lindo, agraciado, vistoso. ‖ Bueno.

bono s. m. Vale que se puede canjear por dinero o por algún artículo. ‖ Título de la deuda, emitido por el estado u otra corporación pública. ‖ Tarjeta de abono que da derecho a la utilización de ciertos servicios.

bonsai s. m. Técnica de cultivo, típica de Japón, por la que se reduce al mínimo el tamaño normal de un árbol. ‖ Árbol tratado con esta técnica.

boñiga s. f. Excremento del ganado vacuno o caballar.

boom s. m. Prosperidad, auge o éxito súbito e inesperado.

boomerang s. m. Bumerán.

boqueada s. f. Acción de abrir la boca los moribundos.

boquear v. intr. [1]. Abrir la boca, especialmente los agonizantes. ‖ Estar acabándose algo. ◇ FAM. boqueada. BOCA.

boquera s. f. Boca que se hace en una acequia o cauce de agua, para el riego. ‖ Proceso inflamatorio superficial en las comisuras de los labios. ◇ FAM. boqueriento. BOCA.

boqueriento, ta adj. *Chile.* Dícese de la persona que sufre de boquera. ‖ *Chile.* Dícese de la persona indiscreta.

boquerón s. m. Pez más pequeño que la sardina, y de carne comestible. ◇ FAM. BOCA.

boqueta adj. y s. m. y f. *Colomb.* Dícese de la persona de labios hendidos. ◇ FAM. BOCA.

boquete s. m. Agujero, brecha, abertura irregular. ◇ FAM. BOCA.

boquiabierto, ta adj. Que tiene la boca abierta. ‖ Asombrado, pasmado, sorprendido.

boquiflojo, ja adj. *Méx.* Hablador, chismoso.

boquilla s. f. Pieza hueca de los instrumentos de viento para emisión del sonido al soplar en ella. ‖ Tubo pequeño para fumar cigarrillos. ‖ Parte de la pipa que se introduce en la boca. ‖ Pieza que se coloca en la boca o abertura de ciertos objetos. ◇ FAM. boquillero. / emboquillar. BOCA.

boquillero, ra adj. *Antill.* Charlatán.

boquique adj. y s. m. y f. *Perú.* Hablador, parlanchín. ◇ FAM. BOCA.

bórax s. m. Sal blanca compuesta de

ácido bórico, sosa y agua, que se emplea en medicina y en la industria. ◇ FAM. boro.

borbollar o **borbollear** v. intr. [1]. Hacer borbollones un líquido. || Bullir. ◇ FAM. borbollón.

borbollón s. m. Erupción que hace el agua, elevándose sobre la superficie. • A borbollones, atropelladamente.

borbónico, ca adj. Relativo a los Borbones. || adj. y s. Partidario de esa dinastía.

borborigmo s. m. Ruido que se produce en el intestino por el movimiento de los gases.

borbotar o **borbotear** v. intr. [1]. Manar o hervir un líquido impetuosamente o haciendo ruido. ◇ FAM. borbotón.

borbotón s. m. Borbollón*.

borceguí s. m. Calzado ajustado con cordones más arriba del tobillo.

borda s. f. Canto superior del costado de un buque. • Arrojar, o echar por la borda, echar al mar; malgastar. || desprenderse de alguien o de algo. ◇ FAM. bordo. / fueraborda. BORDE¹.

bordado s. m. Acción y efecto de bordar. || Labor de adorno hecha con diversidad de puntos.

bordar v. tr. [1]. Hacer bordados. || Ejecutar o explicar una cosa con perfección. ◇ FAM. bordado, bordador, bordadura.

borde¹ s. m. Extremo, orilla. • Al borde de, a punto de suceder. ◇ FAM. borda, bordear, bordillo. / abordar, desbordar, reborde, transbordar, zaborda.

borde² adj. Silvestre, no cultivado. ◆ adj. y s. m. y f. Malintencionado, perverso.

bordear v. intr. [1]. Ir por el borde, o cerca del borde u orilla. || Encontrarse una cosa o serie de cosas alrededor de otra u otras. || Estar cerca, frisar, acercarse.

bordillo s. m. Borde de una acera, de un andén, etc.

bordo s. m. Costado exterior de la nave. • A bordo, en un barco o en un avión.

bordona s. f. Argent., Par. y Urug. Cualquiera de las tres cuerdas más bajas de la guitarra, preferentemente la sexta.

boreal adj. Relativo al bóreas. || Del norte. ◇ FAM. hiperbóreo.

bóreas s. m. Viento del norte.

borgoñés, sa adj. y s. De Borgoña, antigua provincia de Francia.

bórico, ca adj. Dícese de un ácido oxigenado derivado del boro.

borla s. f. Conjunto de hilos o cordones sujetos por un extremo. || Insignia de los graduados de doctores y maestros en las universidades. ◇ FAM. aborlado.

borne s. m. Pieza fija a un aparato eléctrico, que permite unir o conectar conductores.

boro s. m. Elemento químico, no metálico, sólido, duro y con propiedades de metaloide. ◇ FAM. bórico. / perborato. BÓRAX.

borona s. f. Amér. Central, Colomb. y Venez. Migaja de pan.

borra s. f. Parte más basta de la lana. || Pelusa del algodón. || Pelusa polvorienta formada en los bolsillos, rincones, etc. ◇ FAM. borrar, borroso.

borrachera s. f. Efecto de emborracharse, embriaguez.

borracho, cha adj. y s. Ebrio, bebido. || Que se embriaga habitualmente. ◆ adj. Vivamente poseído de una pasión: borracho de poder. ◇ FAM. borrachera. / emborrachar.

borrador s. m. Escrito de primera intención que se copia después de enmendado. || Apunte, croquis trazado rápidamente. || Utensilio que se emplea para borrar.

borraja s. f. Planta anual muy ramosa, con grandes flores azules, que crece entre los escombros, usada en medicina.

borrajear v. tr. [1]. Escribir sin asunto ni propósito determinado. || Trazar rúbricas y rasgos por entretenimiento.

borrar v. tr. y pron. [1]. Hacer desaparecer con goma lo escrito. || Tachar algo escrito. || Desvanecer, hacer olvidar. ◇ FAM. borrador, borradura, borrajear, borrón. / imborrable. BORRA.

borrasca s. f. Tempestad fuerte. || Peligro o contratiempo que se padece en algún asunto. || Disputa, gresca. ◇ FAM. borrascoso. / aborrascarse, emborrascar.

borrego, ga s. Cordero de uno o dos años. ◆ adj. y s. Dícese de la persona excesivamente dócil. ◆ s. m. Cuba y Méx. Noticia engañosa y falsa. ◇ FAM. borreguil. / aborregarse.

borrico, ca s. Asno. ◆ s. y adj. Persona necia. ◇ FAM. burro.

borrón s. m. Mancha de tinta. || Borrador, escrito de primera intención. || Imperfección que desluce o afea. || Acción deshonrosa. ◇ FAM. emborronar. BORRAR.

borroso, sa adj. Lleno de borra, poso. || Confuso, impreciso. ◇ FAM. borrosidad. BORRA.

boruca s. f. Méx. Alboroto, ruido.

bosnio, nia adj. y s. De Bosnia-Herzegovina.

bosque s. m. Gran extensión de terreno cubierta de árboles. ◇ FAM. boscaje. / emboscar, guardabosque, sotobosque.

bosquejo s. m. Traza primera y no definitiva de una obra de arte. || Idea vaga de algo. ◇ FAM. bosquejar.

bossa-nova s. f. Modalidad de samba y baile brasileño.

bostezar v. intr. [1g]. Abrir la boca con un movimiento espasmódico y hacer inspiración y espiración lenta y prolongada. ◇ FAM. bostezo.

bota¹ s. f. Recipiente pequeño de cuero, que remata en un cuello con brocal por donde se llena de vino y se bebe. || Cuba para líquidos. ◇ FAM. botella, botija.

bota² s. f. Calzado que cubre el pie y

parte de la pierna o toda ella. ● **Ponerse las botas,** enriquecerse o lograr un provecho extraordinario. ◇ FAM. botín². / limpiabotas, lustrabotas.

botadero s. m. *Colomb.* Parte de un río que es navegable.

botado, da adj. y s. *Amér. Central* y *Amér. Merid.* Expósito. ‖ *Amér. Central* y *Amér. Merid.* Barato o a muy bajo precio.

botador, ra adj. *Amér. Central, Chile* y *Ecuad.* Derrochador.

botadura s. f. Acción de botar un barco.

botafumeiro s. m. Incensario. ◇ FAM. BOTAR y HUMO.

botamanga s. f. *Amér. Merid.* Bajo de un pantalón.

botana s. f. Remiendo que tapa los agujeros de los odres. ‖ *Cuba* y *Méx.* Vaina de cuero que se pone a los gallos de pelea en los espolones. ‖ *Guat.* y *Méx.* Aperitivo.

botánica s. f. Ciencia que estudia los vegetales. ◇ FAM. botánico.

botar v. tr. [1]. Arrojar o echar fuera algo. ‖ Despedir o echar a una persona. ‖ Lanzar al agua un barco. ‖ Hacer saltar una pelota arrojándola contra el suelo. ‖ *Amér.* Echar de alguna parte. ◆ v. intr. Saltar, levantarse del suelo con impulso o ligereza. ◇ FAM. botado, botador, botadura, bote¹. / botafumeiro, rebotar.

botarate s. m. y f. y adj. *Fam.* Persona alocada, atolondrada. ‖ *Amér. Central* y *Amér. Merid.* Persona derrochadora e irreflexiva.

bote¹ s. m. Salto que se da al botar.

bote² s. m. Vasija pequeña y generalmente cilíndrica para guardar o conservar cosas. ‖ Vasija en la que se ponen las propinas dadas por los clientes. ● **Chupar del bote** (*Fam.*), aprovecharse, beneficiarse. ◇ FAM. pote.

bote³ s. m. Barco pequeño, sin cubierta, movido por remos.

botella s. f. Recipiente de cuello estrecho, que sirve para contener líquidos. ‖ Contenido del mismo. ◇ FAM. botellazo, botellero, botellín. / embotellar. BOTA¹.

botellero, ra s. Persona que fabrica o vende botellas. ◆ s. m. Mueble donde se colocan las botellas.

botellín s. m. Botella pequeña.

botica s. f. Farmacia. ‖ Conjunto de medicamentos. ◇ FAM. boticario, botiquín. / emboticar, rebotica.

botija s. f. Vasija de barro redonda y de cuello corto y estrecho. ◇ FAM. botijero, botijo. BOTA¹.

botijo s. m. Vasija de barro, de vientre abultado, con asa en la parte superior, una boca para llenarla y un pitón para beber.

botillería s. f. *Chile.* Tienda donde se venden licores y vinos embotellados.

botín¹ s. m. Conjunto de pertenencias que se toman del enemigo vencido. ‖ Producto de un saqueo, robo, etc.

botín² s. m. Calzado que cubre la parte superior del pie y el tobillo. ◇ FAM. abotinado. BOTA².

botiquín s. m. Habitación, mueble o maleta portátil, donde se guardan medicinas para casos de urgencia. ‖ *Venez.* Tienda al por menor de licores, taberna. ◇ FAM. BOTICA.

botón s. m. Tipo particular de yema que al abrirse da una flor. ‖ Capullo. ‖ Pieza pequeña, generalmente redonda, para abrochar o adornar los vestidos. ‖ Pieza cilíndrica o esférica que, atornillada en algún objeto, sirve de tirador, asidero, etc. ‖ *Amér. Central* y *Amér. Merid.* Agente de policía. ‖ *Cuba.* Reproche. ◆ adj. y s. *Argent. Fam.* Cuentero, alcahuete. ◇ FAM. botonadura. / abotonar, desbotonar.

botonadura s. f. Conjunto de botones de una prenda de vestir.

botones s. m. Muchacho encargado de hacer recados y otros servicios, en hoteles y otros establecimientos.

bototo s. m. *Amér. Central* y *Amér. Merid.* Calabaza usada para llevar agua. ‖ *Chile.* Zapato tosco que usa la gente en los pueblos.

botulismo s. m. Intoxicación al ingerir alimentos mal conservados.

bouquet s. m. Aroma de ciertos vinos. ‖ Ramo de flores.

bourbon s. m. Whisky americano de maíz o de maíz y centeno.

boutique s. f. Tienda de ropa de moda. ‖ Tienda de productos selectos.

bóveda s. f. Construcción de sección curva que sirve para cubrir el espacio entre dos muros o varios pilares. ● **Bóveda celeste,** el firmamento. ◇ FAM. abovedar.

bóvido, da adj. y s. m. Dícese de los rumiantes que se caracterizan por sus cuernos óseos persistentes. ◆ s. m. pl. Familia de estos animales. ◇ FAM. BUEY.

bovino, na adj. Relativo al toro, al buey o a la vaca. ◆ adj. y s. m. Dícese de una subfamilia de bóvidos que comprende el buey, el búfalo, el bisonte, etc. ◆ s. m. pl. Subfamilia de estos animales. ◇ FAM. BUEY.

box s. m. *Amér.* Boxeo. ‖ DEP. En las carreras de vehículos a motor, recinto donde se instalan los servicios mecánicos.

boxeo s. m. DEP. Combate en el que los dos adversarios se enfrentan a puñetazos. ◇ FAM. box, boxeador, boxear.

bóxer adj. y s. m. Dícese de una raza de perros parecidos al dogo alemán y al bulldog.

boya s. f. Cuerpo flotante fijado al fondo del mar por una cadena, que se coloca como señal. ‖ Corcho que se pone en la red para que las plomadas no la lleven al fondo. ◇ FAM. boyar.

boyal adj. Relativo al ganado vacuno. ◇ FAM. BUEY.

boyante adj. Que boya. ‖ Rico, próspero.

boyar v. intr. [1]. Volver a flotar la embarcación que ha estado en seco. || *Amér.* Flotar, mantenerse a flote. ◇ FAM. boyante. BOYA.

boyero s. m. *Argent.* y *Urug.* Nombre de diversos pájaros pequeños, de plumaje negro, que suelen posarse sobre los lomos del ganado. ◇ FAM. BUEY.

boy scout adj. y s. m. y f. Que es miembro del escultismo.

bozal s. m. Pieza que se pone en el hocico de ciertos animales para impedirles morder, mamar o comer. || *Amér.* Cabestro.

bozo s. m. Vello que apunta sobre el labio superior. || Cabestro. ◇ FAM. bozal. / embozo, rebozo.

bracear v. intr. [1]. Mover repetidamente los brazos. || Nadar volteando los brazos fuera del agua. || Forcejear. ◇ FAM. braceador, braceo. BRAZO.

bracero s. m. Peón, jornalero. || *Méx.* Emigrante temporal. ◇ FAM. BRAZO.

bráctea s. f. Hoja que nace del pedúnculo floral.

braga s. f. Prenda interior femenina que cubre desde la cintura hasta las ingles, con dos aberturas para las piernas. ◇ FAM. bragazas, braguero, bragueta.

bragazas s. m. y adj. *Desp.* Hombre que se deja dominar con facilidad, en especial por las mujeres.

braguero s. m. Aparato o vendaje para contener las hernias.

bragueta s. f. Abertura delantera del pantalón.

brahmán s. m. Miembro de la primera de las castas tradicionales de la India. ◇ FAM. brahmánico, brahmanismo.

brahmanismo s. m. Religión de la India que tiene como dios supremo a Brahma.

braille s. m. Sistema de lectura y escritura en relieve para ciegos.

brama s. f. Celo del ciervo y otros animales, y época en que ocurre.

bramadero s. m. Sitio adonde acuden los ciervos y otros animales salvajes en celo. || *Amér. Central* y *Amér. Merid.* Poste al cual se amarran los animales para herrarlos, domesticarlos o matarlos.

bramante s. m. Cuerda de cáñamo.

bramar v. intr. [1]. Dar bramidos. ◇ FAM. brama, bramadero, bramido.

bramido s. m. Voz del toro y otros animales salvajes. || Grito humano debido a una pasión.

brandy s. m. Licor parecido al coñac.

branquia s. f. Órgano respiratorio de numerosos animales acuáticos. ◇ FAM. branquial. / lamelibranquio, subranquial.

braquial adj. ANAT. Relativo al brazo: *vena braquial.* ◇ FAM. BRAZO.

braquicéfalo, la adj. Dícese de la persona que tiene el cráneo casi redondo.

brasa s. f. Trozo incandescente de cualquier materia combustible. ◇ FAM. brasear, brasero. / abrasar.

brasear v. intr. [1]. Asar entre brasas.

brasero s. m. Recipiente metálico en el que se quema carbón menudo, para caldear habitaciones.

brasier s. m. *Colomb., Cuba, Méx.* y *Venez.* Prenda interior femenina para el busto.

brasilense adj. y s. m. y f. De Brasilia.

brasileño, ña adj. y s. De Brasil.

brasilero, ra adj. y s. *Argent., Chile* y *Urug.* Brasileño.

brasiliapolita adj. y s. m. y f. Brasilense.

bravata s. f. Amenaza proferida con arrogancia. || Fanfarronada.

bravío, a adj. Feroz, indómito.

bravo, va adj. Valiente. || Dícese de los animales fieros e indómitos. || Dícese del mar embravecido. || De genio áspero. ● **¡bravo!** interj. Denota aplauso o entusiasmo. ◇ FAM. bravata, braveza, bravío, bravucón, bravura. / desbravar, embravecer.

bravucón, na adj. y s. *Fam.* Que presume de valiente sin serlo. ◇ FAM. bravuconada, bravuconería. BRAVO, VA.

bravura s. f. Fiereza de ciertos animales. || Audacia, valentía.

braza s. f. Medida de longitud que equivale a 1,6718 m. || Estilo de natación en que los brazos y piernas se estiran y encogen simultáneamente.

brazada s. f. Movimiento que se hace con los brazos extendiéndolos y encogiéndolos. || Cantidad de algo que se coge con los brazos. || *Chile, Colomb.* y *Venez.* Braza, medida de longitud.

brazal s. m. Faja de tela que rodea el brazo y que sirve como distintivo.

brazalete s. m. Aro de adorno que se lleva alrededor de la muñeca. || Brazal.

brazo s. m. Parte del miembro superior comprendida entre las articulaciones del hombro y del codo. || Miembro del cuerpo que comprende desde el hombro hasta la extremidad de la mano. || Cada una de las patas delanteras de los cuadrúpedos. || Valor, esfuerzo, poder. || Cada una de las partes en que se ramifica algo. ◆ pl. Bracero, jornalero. ● **Brazo de mar,** porción estrecha y alargada de mar que penetra en la tierra. ● **A brazo partido,** con gran esfuerzo y voluntad. || **Con los brazos abiertos,** con agrado. || **Cruzarse de brazos,** sin hacer nada, sin intervenir. || **Dar uno su brazo a torcer,** ceder. || **Ser el brazo derecho de** uno, ser la persona de su mayor confianza. ◇ FAM. bracear, bracero, braza, brazada, brazal, brazalete. / abrazar, antebrazo, brazal, embrazar, reposabrazos.

brea s. f. Residuo pastoso de la destilación de la hulla o del petróleo. || MAR. Mezcla de este residuo, pez, sebo y aceite, usada para calafatear. ◇ FAM. embrear.

brear v. tr. [1]. *Fam.* Maltratar, molestar.

brebaje s. m. Bebida de aspecto o sabor desagradables.

breca s. f. Pez parecido al besugo, de carne muy apreciada.

brecha s. f. Abertura en una pared o muro. ‖ Herida. ‖ *Méx.* Camino estrecho y sin asfaltar. • **Abrir brecha**, persuadir, impresionar. ‖ *Méx.* Facilitar el paso. ‖ *Méx.* Hallar el medio de resolver alguna dificultad. ‖ **Estar siempre en la brecha**, estar preparado para defender algo.

brécol s. m. Variedad de col común. ⟨⟩ FAM. brócoli.

bregar v. intr. [1b]. Reñir con alguien. ‖ Trabajar con afán y ajetreo. ‖ Luchar contra las dificultades.

breña s. f. Tierra poblada de maleza. ⟨⟩ FAM. breñal, breñoso.

bresca s. f. Panal de miel.

brete s. m. Aprieto, dificultad. ‖ *Argent.*, *Par.* y *Urug.* Pasadizo para conducir el ganado.

bretón, na adj. y s. De Bretaña. ◆ s. m. Lengua céltica hablada en Bretaña.

breva s. f. Primer fruto que anualmente da la higuera. ‖ Ventaja lograda con poco esfuerzo. ‖ Cigarro puro algo aplastado. • **No caerá esa breva** *(Fam.)*, no habrá esa suerte.

breve adj. De corta extensión o duración. • **En breve**, muy pronto, en seguida. ⟨⟩ FAM. brevedad, breviario. / abreviar.

brevedad s. f. Corta extensión o duración.

breviario s. f. Libro que contiene el rezo eclesiástico de todo el año. ‖ Tratado resumido de una materia.

brezo s. m. Arbusto de madera muy dura. ⟨⟩ FAM. brezal.

briago, ga adj. y s. *Méx.* Borracho.

bribón, na adj. y s. Dícese de la persona que engaña o estafa. ‖ Pillo. ⟨⟩ FAM. bribonada, bribonería.

bricolaje o **bricolage** s. m. Trabajo manual realizado por uno mismo para el arreglo o decoración de la casa.

brida s. f. Parte de los arreos de una caballería que se emplea para facilitar el manejo de ésta. ⟨⟩ FAM. desembridar, embridar.

bridge s. m. Juego de naipes entre cuatro personas.

brigada s. f. Reunión de varios regimientos. ‖ Conjunto de personas reunidas para ciertos trabajos: *brigada municipal.* ◆ s. m. Grado militar entre el de sargento primero y subteniente. ⟨⟩ FAM. brigadier.

brigadier s. m. Antiguo grado militar correspondiente hoy a los de general de brigada y contraalmirante.

brillante adj. Que brilla. ‖ Admirable, sobresaliente. ◆ s. m. Diamante tallado. ⟨⟩ FAM. brillantez. / abrillantar. BRILLAR.

brillantina s. f. Cosmético usado para dar brillo al cabello.

brillar v. intr. [1]. Resplandecer, despedir rayos de luz propia o reflejada. ‖ Lucir o sobresalir. ⟨⟩ FAM. brillante, brillantina, brillazón, brillo.

brillazón s. f. *Argent.* y *Bol.* Espejismo.

brillo s. m. Lustre o resplandor. ‖ Lucimiento, gloria.

brin s. m. Tela de lino ordinario que se usa para forros y para pintar al óleo.

brincar v. intr. [1a]. Dar brincos. ⟨⟩ FAM. brinco.

brinco s. m. Movimiento que se hace levantando los pies del suelo con ligereza. ‖ Sobresalto, alteración.

brindar v. intr. [1]. Manifestar un deseo, levantando la copa al ir a beber. ◆ v. tr. Ofrecer voluntariamente a uno alguna cosa. ◆ **brindarse** v. pron. Ofrecerse voluntariamente.

brindis s. m. Acción de brindar al ir a beber. ‖ Lo que se dice al brindar. ⟨⟩ FAM. brindar.

brío s. m. Espíritu, resolución. ⟨⟩ FAM. brioso.

briófito, ta adj. y s. m. BOT. Relativo a las plantas criptógamas sin raíces ni vasos, pero generalmente provistas de hojas, como el musgo.

brisa s. f. Viento del nordeste. ‖ Viento suave y agradable. ⟨⟩ FAM. parabrisas.

brisca s. f. Juego de naipes.

británico, ca adj. y s. De Gran Bretaña o del Reino Unido de Gran Bretaña e Irlanda del Norte.

brizna s. f. Filamento o parte muy pequeña de algo, sobre todo de las plantas. ⟨⟩ FAM. desbriznar.

broca s. f. Barrena para taladrar. ⟨⟩ FAM. brocheta, broqueta.

brocado s. m. Paño de seda tejido con oro y plata. ‖ Tejido con dibujos en relieve.

brocal s. m. Antepecho alrededor de la boca de un pozo.

brocearse v. pron. [1]. *Amér. Merid.* Agotarse una mina. ‖ *Amér. Merid.* Estropearse un negocio.

brocha s. f. Pincel destinado a pintar, afeitarse, etc. • **De brocha gorda**, dícese del pintor o de la pintura no artísticos. ⟨⟩ FAM. brochazo.

broche s. m. Conjunto de dos piezas, una de las cuales engancha o encaja en la otra. ‖ Joya que se lleva prendida en la ropa. ‖ *Chile.* Tenaza metálica que se utiliza para mantener pliegos de papel unidos. • **Broche de oro**, final ostentoso y feliz de una acción. ⟨⟩ FAM. abrochar.

brocheta s. f. Broqueta.

brócoli s. m. Brécol.

broma s. f. Algazara, diversión. ‖ Burla sin mala intención. • **Broma pesada**, la que causa mucha molestia o perjuicio. ⟨⟩ FAM. bromear, bromista. / embromar.

bromatología s. f. Ciencia que estudia los alimentos. ⟨⟩ FAM. bromatológico, bromatólogo.

bromear v. intr. Estar de broma, hacer o decir bromas.

bromo s. m. QUÍM. Elemento químico no metálico, análogo al cloro, tóxico y corrosivo. <> FAM. bromuro.

bromuro s. m. Combinación del bromo con un cuerpo simple.

bronca s. f. Fam. Riña, disputa. ‖ Fam. Reprensión áspera y violenta. ‖ Manifestación colectiva y ruidosa de desagrado en un espectáculo público. ‖ Amér. Enfado, rabia. <> FAM. abroncar, embroncarse. BRONCO, CA.

bronce s. m. Aleación de cobre y estaño. ‖ ARTE Estatua o escultura de bronce. ● **Edad del bronce**, período prehistórico caracterizado por el uso de objetos de este metal. <> FAM. bronceado, broncear.

broncear v. tr. [1]. Dar color de bronce. ◆ **broncearse** v. pron. Poner morena la piel al sol.

bronco, ca adj. Tosco, basto. ‖ De genio y trato áspero. ‖ Dícese del sonido áspero y desagradable. <> FAM. bronca.

bronconeumonía s. f. Infección respiratoria que afecta a los bronquios y los alvéolos pulmonares.

bronquio s. m. ANAT. Cada uno de los conductos en que se divide la tráquea. <> FAM. bronquial, bronquiolo, bronquitis. / bronconeumonía.

bronquiolo o **bronquíolo** s. m. Cada una de las ramificaciones terminales de los bronquios.

bronquitis s. f. Inflamación de los bronquios.

brontosaurio s. m. Reptil de gran tamaño que vivió en la era secundaria. <> FAM. SAURIO.

broquel s. m. Escudo pequeño.

broqueta s. f. Aguja en que se ensartan piezas de carne, pescado, etc. para asarlas. <> FAM. BROCA.

brotar v. intr. [1]. Nacer o salir la planta de la tierra. ‖ Salir en las plantas hojas, flores, etc. ‖ Manar agua u otro líquido. ‖ Comenzar a manifestarse algo. <> FAM. rebrotar. BROTE.

brote s. m. Acción y efecto de brotar. ‖ Bulto que aparece en una planta cuando van a salir los tallos, hojas, etc. <> FAM. brotar.

broza s. f. Despojo de las plantas. ‖ Desecho o desperdicio de alguna cosa. <> FAM. desbrozar.

bruces. De bruces, boca abajo.

brujería s. f. Forma maléfica de hechicería, practicada por quienes se supone han hecho pacto con espíritus malignos o con el demonio.

brujo, ja s. Persona que practica la brujería. ◆ s. f. Fam. Mujer fea y vieja. ‖ Mujer de mal carácter o intenciones malignas. ◆ adj. Muy atractivo: ojos brujos. ‖ Cuba, Méx. y P. Rico. Pobre, miserable. ◆ adj. y s. Chile. Fraudulento, falso.

● **Caza de brujas,** persecución contra minorías políticas o religiosas disidentes. <> FAM. brujería / embrujar.

brújula s. f. Aparato para orientarse en el que una aguja imantada señala la dirección norte-sur. ● **Perder la brújula,** perder el control de algo. <> FAM. brujulear.

brulote s. m. Argent., Bol. y Chile. Palabrota, dicho ofensivo. ‖ Argent. y Chile. Crítica pública de carácter polémico.

bruma s. f. Niebla, particularmente la del mar. <> FAM. brumoso.

bruno, na adj. De color negro u oscuro.

bruñir v. tr. [3h]. Sacar brillo, en especial a los metales. ‖ C. Rica, Guat. y Nicar. Fastidiar. <> FAM. bruñido, bruñidor, bruñidura.

brusco, ca adj. Falto de amabilidad o de suavidad. ‖ Que no tiene fases o grados intermedios. <> FAM. brusquedad.

bruselense adj. y s. m. y f. De Bruselas.

brutal adj. Violento, cruel. ‖ Colosal, extraordinario.

bruto, ta adj. y s. Falto de inteligencia y de instrucción. ◆ adj. Tosco, sin pulimento. ‖ Dícese por oposición a neto, de las cosas no afectadas por ciertas deducciones. <> FAM. brutal, brutalidad, brutalmente. / embrutecer.

bruza s. f. Cepillo de cerdas muy fuertes. <> FAM. bruzar.

buba s. f. Tumor blando que suele salir en las ingles, las axilas y el cuello.

bubón s. m. Inflamación de un ganglio linfático. <> FAM. buba, bubónico.

bubónico, ca adj. Que se manifiesta con bubones.

bucal adj. Relativo a la boca.

bucanero s. m. Pirata que en los ss. XVII y XVIII saqueaba los dominios españoles de ultramar.

búcaro s. m. Botijo. ‖ Florero, jarrón.

buceador, ra adj. y s. Que practica el submarinismo.

bucear v. intr. [1]. Nadar o mantenerse debajo del agua, conteniendo la respiración. ‖ Explorar un asunto a fondo. <> FAM. buceador, buceo. BUZO.

buchaca s. f. Bolsa, bolsillo. ‖ Colomb., Cuba y Méx. Tronera de la mesa de billar.

buche s. m. Bolsa de las aves en que permanecen los alimentos antes de pasar al estómago. ‖ Porción de líquido que cabe en la boca. ‖ Fam. Estómago del hombre. <> FAM. embuchar.

bucle s. m. Rizo de cabello. ‖ Curva en forma de rizo. ‖ INFORMÁT. Conjunto de instrucciones de un programa cuya ejecución se repite hasta la obtención de un determinado resultado.

bucólico, ca adj. Relativo a un género de poesía o a una composición poética en que se trata de asuntos pastoriles o campestres. ◆ adj. y s. Dícese del poeta que cultiva este tipo de poesía.

budín s. m. Pudín*.

budismo s. m. Religión fundada por Buda y extendida en Asia. ⋄ FAM. budista.

buen adj. Apócope de *bueno*, usado delante del sustantivo masculino singular: *un buen padre*.

buenamente adv. m. Fácilmente, sin mucha fatiga. ‖ Voluntariamente.

buenaventura s. f. Buena suerte. ‖ Adivinación supersticiosa.

buenazo, za adj. y s. *Fam.* Que es bondadoso y pacífico.

bueno, na adj. Que tiene bondad. ‖ Que posee todas las cualidades propias de su naturaleza o de su función. ‖ Útil, beneficioso, conveniente. ‖ Gustoso, agradable, apetecible, divertido. ‖ Grande, que excede a lo común y regular. ‖ Sano. ‖ No deteriorado y que puede servir. ‖ Dícese de las personas de gran atractivo físico y sexual. ◄► adv. m. Se emplea para expresar conformidad. ● A, o por buenas, o por las buenas, de grado, voluntariamente. ‖ De buenas a primeras, a primera vista, de repente. ⋄ FAM. bonachón, bondad, bonificar, buen, buenamente, buenazo. / abonar, buenaventura.

buey s. m. Toro castrado. ● **Buey marino**, vaca marina. ⋄ FAM. bóvido, bovino, boyal, boyero.

búfalo s. m. Mamífero rumiante, parecido al toro, que vive en Asia y África. ‖ Bisonte.

bufanda s. f. Prenda larga con que se abriga el cuello y a veces la boca.

bufar v. intr. [1]. Resoplar con ira el toro y otros animales. ‖ *Fam.* Manifestar enojo. ⋄ FAM. bufido.

bufeo s. m. *Argent.* y *Perú.* Delfín¹.

bufet s. m. Mesa o mostrador en donde se disponen platos, bebidas, etc., para que los comensales se sirvan. ‖ Este tipo de comidas.

bufete s. m. Mesa de escribir con cajones. ‖ Despacho y clientela de un abogado. ⋄ FAM. bufet.

bufo, fa adj. Dícese de lo cómico que raya en grotesco y burdo. ◄► s. Cantante que hace el papel de gracioso en la ópera italiana.

bufón, na s. Persona que hace reír. ⋄ FAM. bufo, bufonada, bufonesco.

buganvilla s. f. Planta trepadora utilizada en jardinería.

bugle s. m. Instrumento de viento con llaves y pistones.

buhardilla s. f. Ventana en el tejado de una casa. ‖ Desván.

búho s. m. Ave rapaz nocturna de ojos grandes.

buhonería s. f. Conjunto de baratijas que llevan algunos vendedores ambulantes. ⋄ FAM. buhonero.

buitre s. m. Ave rapaz diurna de gran tamaño, que se alimenta de carroña. ‖ *Fam.* Persona aprovechada y egoísta. ⋄ FAM. buitrear.

buitrear v. tr. [1]. Gorronear, aprovecharse de las pertenencias de los demás. ‖ *Amér.* Vomitar.

buje s. m. Pieza cilíndrica de metal que reviste el cubo de las piezas que giran alrededor de un eje. ‖ *Argent.* Cojinete de una sola pieza.

bujía s. f. Vela de cera, parafina, etc. ‖ Candelero en que se pone. ‖ Pieza del motor de explosión que produce la chispa en los cilindros.

bula s. f. Documento que lleva el sello pontificio. ‖ Sello de plomo de estos documentos. ⋄ FAM. BOLA.

bulbo s. m. Tallo subterráneo de algunos vegetales. ‖ Parte abultada y blanda de algunos órganos. ⋄ FAM. bulboso.

buldog adj. y s. m. Dícese de una raza de perros de presa de cara aplastada.

buldozer s. m. Máquina niveladora.

bule s. m. *Méx.* Calabaza. ‖ *Méx.* Vasija hecha de este fruto.

bulerías s. f. pl. Cante y baile popular andaluz, de ritmo vivo, que se acompaña con palmas.

bulevar s. m. Calle ancha con árboles.

búlgaro, ra adj. y s. De Bulgaria. ◄► s. m. Lengua eslava hablada en Bulgaria.

bulimia s. f. Hambre excesiva.

bulín s. m. *Argent.* y *Urug.* Apartamento que se usa para las citas amorosas.

bulla s. f. Voces, gritos y risas. ‖ Reunión de mucha gente. ⋄ FAM. BULLIR.

bulldog adj. y s. m. Buldog*.

bulldozer s. m. Buldozer*.

bullicio s. m. Ruido que causa mucha gente reunida. ‖ Alboroto, tumulto. ⋄ FAM. bullicioso. BULLIR.

bullir v. intr. [3h]. Hervir el agua u otro líquido. ‖ Moverse, agitarse. ⋄ FAM. bulla, bullicio. / ebullición, rebullir.

bulo s. m. Noticia falsa que se propaga con algún fin. ⋄ FAM. BOLA.

bulón s. m. *Argent.* Tornillo grande de cabeza redondeada. ⋄ FAM. abulonar.

bulto s. m. Volumen o tamaño de una cosa. ‖ Cuerpo que se percibe de forma confusa. ‖ Fardo, maleta, caja, etc. ‖ Abultamiento. ● A bulto, sin medir ni contar. ‖ De bulto, muy importante. ‖ Escurrir el bulto (*Fam.*), eludir un trabajo, riesgo, etc. ‖ Hablar, o contar, algo de bulto (*Méx.*), acompañar un relato con ademanes que lo ilustran. ⋄ FAM. abultar.

bumerán o **bumerang** s. m. Arma arrojadiza de los aborígenes australianos, capaz de girar para volver a su punto de partida.

bungalow s. m. Casa de campo o playa de una planta y de construcción ligera.

búnker o **bunker** s. m. Reducto fortificado.

buñuelo s. m. Masa de harina, agua, etc., que una vez frita, adquiere la forma de una bola hueca.

buque s. m. Embarcación destinada a la navegación en alta mar.

buqué s. m. Bouquet*.

burbuja s. f. Bolsa de aire u otro gas que se forma en el interior de un líquido. <> FAM. burbujear.

burdel s. m. Casa de prostitución.

burdeos s. m. Vino de Burdeos.

burdo, da adj. Tosco, grosero, basto.

burear v. tr. [1]. *Colomb.* Burlar.

bureo s. m. Juerga, diversión.

bureta s. f. QUÍM. Tubo de vidrio graduado.

burga s. f. Manantial de agua caliente.

burgalés, sa adj. y s. De Burgos (España).

burgo s. m. Antiguamente, población pequeña dependiente de otra principal. <> FAM. burgués./ burgomaestre.

burgomaestre s. m. Primer magistrado en las ciudades de Bélgica, Alemania, Suiza, los Países Bajos, etc.

burgués, sa adj. y s. Relativo al burgo. || Relativo a la burguesía. ◆ s. Miembro de dicha clase social. <> FAM. burguesía. / aburguesarse, pequeñoburgués. BURGO.

burguesía s. f. Clase social que comprende a las personas de clase media o media alta.

buril s. m. Punzón de acero para grabar. <> FAM. burilar.

burla s. f. Acción o palabra con que se procura poner en ridículo a personas o cosas. || Engaño. <> FAM. burladero, burlar, burlesco, burlón.

burladero s. m. Trozo de valla en las plazas de toros para resguardo del torero.

burlar v. tr. [1]. Engañar. || Frustrar, esquivar, evitar. ◆ v. intr. y pron. Reírse de algo o alguien. <> FAM. burlador. BURLA.

burlete s. m. Tira de materia que se fija a los cantos de las hojas de puertas y ventanas para evitar el paso del aire.

burlesco, ca adj. Que implica burla.

burlón, na adj. y s. Inclinado a burlarse. || Burlesco.

buró s. m. Escritorio. || Órgano dirigente de ciertos partidos políticos. || *Méx.* Mesilla de noche. <> FAM. burocracia.

burocracia s. f. Conjunto de funcionarios públicos. || Influencia excesiva de estos funcionarios. <> FAM. burócrata, burocrático, burocratismo, burocratizar. BURÓ.

burócrata s. m. y f. Persona que pertenece a la burocracia.

burrada s. f. Manada de burros. || *Fam.* Barbaridad. || *Fam.* Cantidad grande de algo.

burrito, ta s. *Méx.* Tortilla de harina rellena de queso y jamón.

burro, rra s. Asno, animal. ◆ s. m. Armazón para sujetar el madero que se ha de aserrar. || Juego de naipes. || *Argent. Fam.* Caballo de carreras. || *Méx.* Escalera de tijera. || *Méx.* Tabla de planchar. ◆ s. y adj. *Fam.* Persona de pocos alcances y entendimiento. || Persona que actúa sin delicadeza o abusando de su fuerza. ● **Burro de arranque** (*Argent.*), dispositivo eléctrico que sirve para poner en marcha un automotor. || **Burro de carga** (*Fam.*), persona laboriosa y de mucho aguante. ● **Apearse, o caer, uno del burro** (*Fam.*), reconocer un error, ceder. <> FAM. burrada. BORRICO, CA.

bursátil adj. Relativo a la bolsa². <> FAM. BOLSA².

burucuyá s. m. *Argent., Par.* y *Urug.* Pasionaria.

bus s. m. Abrev. de *autobús.* <> FAM. buseta. / aerobús, ferrobús, microbús, ómnibus, trolebús. AUTOBÚS.

busca s. f. Acción de buscar. || *Méx.* Provecho que se obtiene de algún cargo o empleo.

buscapleitos s. m. y f. Persona inquieta y pendenciera.

buscar v. tr. [1a]. Hacer algo para hallar o encontrar a una persona o cosa. || *Argent., Chile* y *Méx.* Provocar, irritar. ● **Buscárselas**, ingeniárselas para subsistir. <> FAM. busca, buscador, buscón, búsqueda. / buscapleitos, buscavidas, rebuscar.

buscavidas s. m. y f. *Fam.* Persona muy curiosa. || *Fam.* Persona que sabe buscárselas.

buscón, na adj. y s. Que busca. ◆ s. f. Ramera.

buseta s. f. *Colomb., Ecuad.* y *Venez.* Autobús pequeño.

busilis s. m. *Fam.* Punto en que estriba la dificultad de un asunto: *dar en el busilis.*

búsqueda s. f. Busca, investigación.

busto s. m. Parte superior del cuerpo humano. || Pecho femenino. || Representación pintada, esculpida, etc., de la cabeza y parte superior del tórax.

butaca s. f. Asiento blando, de brazos, con el respaldo inclinado hacia atrás. || Asiento y billete de entrada de teatros y cines.

butanero, ra s. Persona que trabaja en una distribuidora de bombonas de butano. ◆ s. m. Barco que transporta gas butano.

butano s. m. y adj. Hidrocarburo gaseoso, empleado como combustible y que se vende licuado en botellas metálicas. <> FAM. butanero.

butifarra s. f. Embutido de carne de cerdo.

butírico, ca adj. Dícese del ácido que se encuentra en la grasa de la leche.

buzo s. m. Persona que tiene por oficio trabajar sumergido en el agua. || *Argent., Chile, Perú* y *Urug.* Vestimenta para hacer deporte, chándal. ● **Ponerse buzo** (*Méx. Fam.*), ponerse listo, alerta, actuar con cuidado e inteligencia. <> FAM. bucear.

buzón s. m. Abertura por donde se echan las cartas para el correo. || Caja provista de abertura para el mismo fin.

byte s. m. INFORMÁT. Conjunto de 8 bits.

C

c s. f. Tercera letra del alfabeto español y segunda de sus consonantes; representa un sonido oclusivo sordo ante consonante o ante las vocales *a, o, u: cabo, cola, cubo;* ante *e, i,* interdental fricativo sordo: *celo, cifra,* aunque está muy extendida su pronunciación como *s.*

¡ca! interj. Denota negación o duda.

caaguazuense adj. y s. m. y f. De Caaguazú (Paraguay).

caámini s. f. *Amér. Merid.* Hierba mate.

cabal adj. Completo, exacto. ‖ Sensato. ● **No estar** uno **en sus cabales,** estar loco. ◇ FAM. cabalmente. / descabalar. CABO.

cábala s. f. Interpretación esotérica de la Biblia por los judíos. ‖ *Fam.* Negociación secreta y artificiosa. ‖ Conjetura, suposición. ◇ FAM. cabalista, cabalístico.

cabalgadura s. f. Bestia para cabalgar o de carga.

cabalgar v. intr. y tr. **[1b].** Montar en una caballería. ‖ Ir o estar una cosa sobre otra. ◇ FAM. cabalgadura, cabalgata. / descabalgar, encabalgar. CABALLO.

cabalgata s. f. Desfile de personas, carruajes, etc.

cabalístico, ca adj. Relativo a la cábala. ‖ Misterioso, oculto.

caballa s. f. Pez marino de carne apreciada, muy utilizado en la industria conservera.

caballada s. f. *Amér. Central* y *Amér. Merid.* Animalada.

caballar adj. Relativo al caballo.

caballazo s. m. *Chile* y *Perú.* Encontronazo que da un jinete a otro o a uno de a pie, echándole encima el caballo.

caballerango s. m. *Méx.* Mozo que cuida los caballos.

caballeresco, ca adj. Propio de caballero. ‖ Relativo a la caballería medieval.

caballería s. f. Cualquier animal que sirve para cabalgar en él. ‖ Cuerpo de soldados montados a caballo. ‖ HIST. Institución militar feudal cuyos miembros eran investidos en una ceremonia religiosa.

caballeriza s. f. Cuadra para las caballerías.

caballero, ra adj. Que cabalga, anda o pasea a caballo. ◆ s. m. Combatiente a caballo. ‖ Miembro de una orden de caballería. ‖ Hombre que se conduce con distinción, cortesía y dignidad. ‖ Señor, tratamiento de cortesía. ● **Armar caba-** llero, declarar caballero a alguien en una ceremonia. ◇ FAM. caballeresco, caballerosidad, caballeroso. CABALLO.

caballeroso, sa adj. Que actúa como un caballero.

caballete s. m. Curvatura de la parte media de la nariz. ‖ Soporte que forma un triángulo. ‖ Línea en que confluyen las dos vertientes de un tejado.

caballito s. m. *Méx.* Trozo de paño que se pone a los niños en el pañal. ‖ *Méx.* Paño que usan las mujeres durante la menstruación. ‖ *Perú.* Especie de balsa compuesta de dos odres en la que sólo puede navegar un hombre. ◆ pl. Tiovivo. ● **Caballito de mar,** pez marino cuya cabeza se parece a la de un caballo. ‖ **Caballito del diablo,** insecto de alas replegadas hacia atrás, que habita en las orillas de ríos y estanques.

caballo s. m. Mamífero doméstico, de largos miembros, crin y cola, con un solo dedo en cada pata, utilizado como montura o animal de tiro por el hombre. ‖ Naipe de la baraja española. ‖ En el ajedrez, pieza con forma de caballo. ‖ DEP. Potro de saltos. ‖ *Fam.* Heroína. ● **Caballo de vapor,** unidad de potencia equivalente a unos 735 watios. ● **A caballo,** montado en una caballería. ‖ Participando en dos cosas o situaciones. ◇ FAM. cabalgar, caballa, caballada, caballar, caballazo, caballerango, caballería, caballeriza, caballero, caballete, caballito, caballón. / encaballar.

caballón s. m. Lomo de tierra entre dos surcos.

cabaña s. f. Casita de campo tosca y rústica. ‖ Conjunto de cabezas de ganado de una determinada región o clase. ‖ *Argent.* y *Urug.* Finca destinada a la cría de ganado de raza.

cabaret s. m. Local donde se bebe, se baila y se ofrecen espectáculos. ◇ FAM. cabaretera.

cabarga s. f. *Bol.* y *Perú.* Envoltura de cuero que, en lugar de la herradura, se pone al ganado vacuno.

cabe prep. Significa 'cerca de'.

cabeceador s. m. *Chile* y *Méx.* Correa del caballo.

cabecear v. intr. **[1].** Mover la cabeza a un lado y a otro o arriba y abajo. ‖ Inclinarse lo que debería estar en equilibrio. ‖

Moverse la embarcación bajando y subiendo de proa a popa. ‖ En fútbol, golpear el balón con la cabeza. ◇ FAM. cabeceador, cabeceo. CABEZA.

cabecera s. f. Principio o parte principal de alguna cosa. ‖ Parte de la cama donde se ponen las almohadas. ‖ Titular de cada página de un libro, periódico, etc. ‖ Capital de un territorio.

cabecero s. m. Cabecera de cama.

cabecilla s. m. Líder de un grupo.

cabellera s. f. Conjunto del pelo de la cabeza. ‖ ASTRON. Cola luminosa de un cometa.

cabello s. m. Cada uno de los pelos de la cabeza de una persona. ‖ Conjunto de todos ellos. ◇ FAM. cabellera, cabelludo. / capilar, descabellar.

caber v. intr. [13]. Poder contenerse una cosa dentro de otra. ‖ Tener lugar o entrada. ‖ Tocarle a uno alguna cosa. ‖ Ser posible. ► v. tr. Tener capacidad. ● **No caber uno en sí**, mostrarse muy contento. ◇ FAM. cabida. / cupo.

cabestrillo s. m. Tipo de vendaje que se anuda al cuello para sostener la mano o el brazo lesionados.

cabestro s. m. Cuerda o correa que se ata a la cabeza de las caballerías. ‖ Buey manso que guía al ganado bravo. ◇ FAM. cabestrillo. / encabestrar.

cabeza s. f. Parte superior del cuerpo humano, y anterior de muchos animales. ‖ Cráneo. ‖ Intelecto, talento. ‖ Parte extrema de una cosa, especialmente cuando es abultada. ‖ Res. ‖ TECNOL. Parte de un órgano mecánico que lleva a cabo una función particular. ► s. m. y f. Persona más importante de una colectividad. ● **Cabeza de ajo**, o **de ajos**, conjunto de los dientes que forman el bulbo del ajo. ‖ **Cabeza de chorlito** (*Fam.*), persona de poco juicio. ‖ **Cabeza de partido**, capital de un partido judicial. ‖ **Cabeza de turco** (*Fam.*), persona a la que se culpa de algo sin razón. ● **Calentar la cabeza** (*Fam.*), abrumar con habladurías o conversaciones necias. ‖ **Llevar**, o **traer**, **de cabeza** a alguien, darle trabajo o preocupación. ‖ **Perder** uno **la cabeza**, ofuscársele la razón o el juicio. ‖ **Romperse la cabeza** (*Fam.*), preocuparse mucho por una cosa. ‖ **Sentar la cabeza** (*Fam.*), hacerse juicioso. ‖ **Subirse** una cosa **a la cabeza**, ocasionar aturdimiento la bebida, el tabaco, etc. ‖ Envanecerse. ◇ FAM. cabecear, cabecera, cabecero, cabecilla, cabezada, cabezal, cabezazo, cabezón, cabezota, cabezudo. / cabizbajo, descabezar, encabezar, reposacabezas, rompecabezas.

cabezada s. f. Golpe que se da con la cabeza o se recibe en ella. ‖ Inclinación que hace con la cabeza el que se va durmiendo sin estar acostado. ‖ Inclinación de cabeza como saludo de cortesía. ‖ Correaje que ciñe la cabeza de una caballe-

ría. ‖ *Argent.* y *Cuba*. Cabecera de un río. ‖ *Ecuad.* y *Par.* Pieza de madera de la silla de montar.

cabezal s. m. Cabecera de la cama. ‖ Almohada larga. ‖ Parte de un mecanismo que ocupa una parte extrema.

cabezón, na adj. y s. *Fam*. Terco, obstinado. ‖ *Fam*. De cabeza grande. ◇ FAM. cabezonada. CABEZA.

cabezonada s. f. Acción propia de una persona terca.

cabezota adj. y s. m. y f. Cabezón.

cabezudo, da adj. Que tiene grande la cabeza. ‖ *Fam*. Terco, obstinado. ► s. m. Persona disfrazada con una gran cabeza de cartón.

cabiblanco s. m. *Amér. Central* y *Amér. Merid*. Cuchillo de cintura.

cabida s. f. Capacidad que tiene una cosa para contener otra. ‖ Área o extensión de un terreno.

cabildear v. intr. [1]. Intrigar, procurar ganarse las voluntades en una corporación o cabildo. ◇ FAM. cabildeo. CABILDO.

cabildo s. m. Comunidad de eclesiásticos capitulares de una catedral. ‖ Junta que celebra esta comunidad. ‖ Ayuntamiento de una ciudad. ‖ HIST. Denominación que se daba al municipio en la América española. ● **Cabildo insular**, corporación que representa a los pueblos de cada isla, en Canarias. ◇ FAM. cabildada, cabildear.

cabina s. f. Pequeño departamento, generalmente aislado, para usos diversos. ◇ FAM. cabinera. / telecabina.

cabinera s. f. *Colomb*. Azafata.

cabio s. m. Listón atravesado a las vigas para formar suelos y techos. ‖ Travesaño superior e inferior del marco de una puerta o ventana. ◇ FAM. CABRIO.

cabizbajo, ja adj. Preocupado, avergonzado.

cable s. m. Maroma gruesa. ‖ Hilo metálico para la conducción eléctrica. ‖ Cablegrama. ● **Echar un cable**, ayudar al que se halla en un apuro. ◇ FAM. cablear, cablegrama.

cableado, da s. m. Acción y efecto de cablear. ‖ Conjunto de cables de una instalación eléctrica.

cablear v. tr. [1]. Colocar cables en una instalación eléctrica. ◇ FAM. cableado. CABLE.

cablegrama s. m. Telegrama transmitido por cable submarino.

cabo s. m. Punta o extremo de una cosa. ‖ Parte pequeña que queda de algo. ‖ Porción de terreno que entra en el mar. ‖ Grado menos elevado de la jerarquía militar. ‖ Hilo. ‖ Cuerda. ● **Cabo suelto**, circunstancia que queda sin resolver. ● **Al cabo de**, después de. ‖ **Atar cabos**, reunir datos para sacar una consecuencia. ‖ **De cabo a cabo**, o **de cabo a rabo**, del principio al fin. ‖ **Estar al cabo de la calle** (*Fam.*), estar perfectamente enterado.

‖ **Llevar a cabo,** ejecutar, concluir. ◇ FAM. cabal, cabotaje.

cabotaje s. m. Navegación a lo largo de las costas de un mismo país. ‖ *Argent.* Transporte público aeronáutico entre puntos de un mismo país.

cabra s. f. Mamífero rumiante de pelo fuerte, con cuernos arqueados hacia atrás. ‖ *Chile.* Carruaje ligero de dos ruedas. ‖ *Chile. Fam.* Muchacha. ‖ *Colomb., Cuba* y *Venez.* Dado trucado. ‖ *Colomb., Cuba* y *Venez.* Trampa hecha en los dados o en el dominó. ● **Estar como una cabra,** estar chiflado. ◇ FAM. cabrear, cabrero, cabrilla, cabrío, cabritilla, cabrito, cabrón. / capricornio, encabritarse.

cabrales s. m. Queso de fuerte sabor, que se elabora con leche de vaca, oveja y cabra mezcladas.

cabrear v. tr. y pron. [1]. *Fam.* Enfadar, poner malhumorado. ◇ FAM. cabreado, cabreo. CABRA.

cabrero, ra s. Pastor de cabras.

cabrestante s. m. Torno de eje vertical, empleado en las maniobras que exigen grandes esfuerzos.

cabria s. f. Aparato que sirve para levantar grandes pesos.

cabrilla s. f. Pez marino de boca grande de color marrón, con bandas oscuras. ● pl. Mancha que aparece en las piernas por estar mucho tiempo cerca del fuego. ‖ Conjunto de pequeñas olas cubiertas de espuma.

cabrio s. m. Cada uno de los maderos que se colocan en el tejado para sostener las tejas. ◇ FAM. cabio.

cabrío, a adj. Relativo a las cabras.

cabriola s. f. Voltereta, brinco o salto que se ejecuta en el aire.

cabriolé s. m. Carruaje de caballos y cuatro ruedas, con capota plegable.

cabritilla s. f. Piel curtida de cabrito, cordero, etc.

cabrito s. m. Cría de la cabra.

cabro s. m. *Bol., Chile* y *Ecuad.* Chico, chaval.

cabrón s. m. Macho de la cabra. ● s. m. y adj. *Vulg.* Hombre que consiente el adulterio de su mujer. ‖ *Vulg.* Persona que hace malas pasadas a otra. ‖ *Amér. Merid.* Hombre que trafica con prostitutas. ◇ FAM. cabronada. CABRA.

cabuya s. f. *Amér.* Cuerda. ◇ FAM. encabuyar.

caca s. f. Excremento. ‖ Suciedad. ‖ Cosa de poco valor o mal hecha.

cacahuate s. m. Cacahuete*.

cacahué s. m. Cacahuete*.

cacahuero, ra s. *Amér. Central* y *Amér. Merid.* Propietario de huertas de cacao. ‖ *Amér. Central* y *Amér. Merid.* Cultivador o vendedor de cacao.

cacahuete s. m. Planta tropical originaria de Brasil, de cuyas semillas comestibles se extrae aceite. ‖ Fruto de esta planta. ◇ FAM. cacahuate, cacahuatero, cacahué.

cacao¹ s. m. Árbol originario de los países tropicales de América, cuyo fruto es una vaina que contiene las semillas que se emplean como principal ingrediente del chocolate. ‖ Semilla de esta planta. ‖ Polvo soluble comestible, extraído de la semilla. ◇ FAM. cacahuero, cacaotal.

cacao² s. m. *Fam.* Barullo, jaleo.

cacarear v. intr. [1]. Dar voces repetidas el gallo o la gallina. ● v. tr. *Fam.* Ponderar excesivamente las cosas propias. ‖ Decir una cosa a demasiada gente. ◇ FAM. cacareador, cacareo.

cacatúa s. f. Pájaro de plumaje blanco, con copete amarillo o rojo. ‖ *Fam.* Mujer vieja, fea y estrafalaria.

cacaxtle o **cacastle** s. m. *Guat.* y *Méx.* Enrejado de madera que sirve para llevar algo a cuestas.

cacera s. f. Zanja por donde se conduce el agua para regar.

cacereño, ña adj. y s. De Cáceres (España).

cacería s. f. Partida de caza. ◇ FAM. CAZAR.

cacerola s. f. Utensilio con asas para guisar. ◇ FAM. CAZO.

cacha¹ s. f. Nalga. ‖ Cada una de las dos piezas del mango de un arma blanca o la culata de ciertas armas de fuego. ◇ FAM. encachar.

cacha² s. f. *Colomb.* Cuerna o vaso de cuerno. ◇ FAM. CACHO³.

cachaco, ca adj. *Colomb.* Dícese del joven elegante, servicial y caballeroso. ‖ *Colomb., Ecuad.* y *Venez.* Lechuguino, petimetre. ● s. m. *Perú.- Desp.* Policía. ● s. *P. Rico.* Nombre dado en la zona rural de la isla a los españoles acomodados.

cachada¹ s. f. *Chile, Colomb.* y *Ecuad.* Cornada. ◇ FAM. CACHAR¹.

cachada² s. f. *Argent., Par.* y *Urug.* Broma. ◇ FAM. CACHAR².

cachafaz adj. y s. m. *Amér. Merid.* Pícaro, sinvergüenza.

cachalote s. m. Mamífero parecido a la ballena que tiene dientes fijados a la mandíbula inferior.

cachañar v. tr. [1]. *Chile.* Hacer burla.

cachapa s. f. *Venez.* Panecillo de maíz.

cachar¹ v. tr. [1]. *Amér. Central, Chile* y *Colomb.* Cornear. ◇ FAM. cachada¹. CACHO³.

cachar² v. tr. [1]. *Amér. Central.* Hurtar. ‖ *Amér. Merid.* y *C. Rica. Fam.* Hacer bromas o burlarse de alguien. ‖ *Argent., Chile* y *Méx. Fam.* Sorprender a alguien, descubrirle. ‖ *Chile.* Sospechar. ‖ *Argent., Chile* y *Urug. Vulg.* Darse cuenta de algo; captar. ‖ *Argent., Nicar.* y *Urug. Vulg.* Agarrar, asir. ◇ FAM. cachada².

cachar³ v. tr. [1] *Amér. Central, Argent., Colomb., Salv.* y *Venez.* En algunos juegos, agarrar al vuelo la pelota u otro objeto pequeño.

cacharpari s. m. *Bol.* y *Perú.* Fiesta de despedida que los amigos dan a alguien, antes de un viaje. ‖ *Perú.* Baile que con tal motivo se celebra.

cacharpas s. f. pl. *Amér. Merid.* Conjunto de trastos.

cacharpaya s. f. *Argent.* Fiesta con la que se despide el carnaval y muchas veces al viajero.

cacharpearse v. pron. [1]. *Chile.* Adornarse con las mejores galas o vestirse con prendas nuevas.

cacharro s. m. Recipiente para usos culinarios. ‖ *Fam.* Trasto, cachivache. ‖ *Desp.* Cualquier máquina o aparato viejos que funcionan mal. ‖ *Colomb.* Chuchería, baratija. ◇ FAM. cacharrería, cacharrero. / descacharrar, escacharrar. CACHO[1].

cachava s. f. Bastón curvado en la parte superior.

cachaza s. f. *Fam.* Lentitud, sosiego, flema. ‖ Aguardiente de melaza. ◇ FAM. cachazudo. / descachazar.

cachear v. tr. [1]. Registrar a alguien para ver si lleva algo oculto, especialmente armas. ‖ *Chile* y *Méx.* Cachar, cornear. ◇ FAM. cacheo.

cachemir s. m. Tejido muy fino de lana de cabra de Cachemira.

cachencho s. m. *Chile.* Bobo.

cachero, ra adj. *C. Rica* y *Venez.* Mentiroso, embustero.

cachet s. m. Cotización de un artista en el mercado.

cacheteada s. f. *Amér.* Tortazo, bofetada.

cachete s. m. Bofetada. ‖ Carrillo abultado. ◇ FAM. cacheteada, cachetear.

cachicamo s. m. *Amér. Central* y *Amér. Merid.* Armadillo.

cachicha s. f. *Hond.* Enojo, berrinche.

cachifo, fa s. *Colomb.* y *Venez.* Muchacho, niño. ◇ FAM. CACHO[1].

cachimba s. f. Pipa para fumar. ◇ FAM. cachimbo.

cachimbo s. m. *Amér. Central* y *Amér. Merid.* Cachimba*. ‖ *Perú. Desp.* Guardia nacional. ‖ *Perú.* Estudiante de enseñanza superior que cursa el primer año. ‖ *MÚS.* Danza y canción típicas de las zonas salineras de Chile.

cachiporra s. f. Palo con una bola o cabeza abultada en uno de sus extremos. ◆ adj. *Argent.* Farsante, vanidoso. ◇ FAM. cachiporrazo.

cachirí s. m. *Venez.* Licor de yuca o batata que hacen los indios.

cachirula s. f. *Colomb.* Mantilla de punto.

cachivache s. m. *Desp.* Cacharro, chisme, trasto. ◇ FAM. CACHO[1].

cacho[1] s. m. Pedazo pequeño de algo. ‖ *Argent., Par.* y *Urug.* Racimo de bananas. ◇ FAM. cacharro, cachifo, cachivache.

cacho[2] s. m. Pez de cuerpo macizo, con la boca pequeña, muy oblicua y grandes escamas.

cacho[3] s. m. *Amér. Merid.* Cuerno de animal. ‖ *Amér. Merid.* Cubilete de los dados. ‖ *Chile.* y. *Guat.* Cuerna o vaso de cuerno. ‖ *Chile* y *Guat.* Objeto inservible. ‖ *Chile.* Artículo de comercio que ya no se vende. ‖ *Ecuad.* Chascarrillo, generalmente obsceno. ◇ FAM. cacha[2], cachar[1], cachudo.

cachondearse v. pron. [1]. *Vulg.* Burlarse. ◇ FAM. cachondeo. CACHONDO, DA.

cachondeo s. m. *Fam.* Acción y efecto de cachondearse. ‖ *Fam.* Fiesta, jolgorio.

cachondo, da adj. *Vulg.* Sexualmente excitado. ‖ *Vulg.* Gracioso, divertido. ◇ FAM. cachondearse, cachondez.

cachorro, rra s. Cría de los mamíferos, en especial del perro.

cachua s. f. *Bol., Ecuad.* y *Perú.* Danza india por parejas con movimientos circulares y armoniosos.

cachucha s. f. *Chile.* Bofetada. ‖ *Chile.* Cometa pequeña con forma similar al cucurucho.

cachudo, da adj. *Amér. Merid.* Dícese del animal que tiene los cuernos grandes. ‖ *Chile.* Ladino. ◇ FAM. CACHO[3].

cachumbo s. m. *Colomb.* Rizo del cabello, tirabuzón.

cachupín, na s. Gachupín*.

cachurear v. intr. [1]. *Chile.* Remover las basuras u otras cosas abandonadas para recoger las que puedan tener todavía algún valor. ◇ FAM. cachureo.

cachureco, ca adj. *Amér. Central.* Conservador en política. ‖ *Méx.* En Jalisco, torcido, deformado.

cacique s. m. Jefe de algunas tribus indias de América Central y del Sur. ‖ Persona que ejerce una autoridad abusiva en un pueblo o comarca. ‖ *Chile.* Persona que puede darse la gran vida. ◇ FAM. cacicada, cacicato, cacicazgo, caciquil, caciquismo.

caciquismo s. m. Influencia abusiva de los caciques en lo político y lo social.

cacle s. m. *Méx.* Sandalia tosca de cuero.

caco s. m. Ladrón.

caco- pref. Significa 'feo, desagradable': *cacofonía.*

cacofonía s. f. Repetición de un sonido dentro de una frase o palabra, que produce un efecto desagradable. ◇ FAM. cacofónico.

cacomiztle s. m. *Méx.* Animal más pequeño que un gato, de color gris, cola larga y hocico puntiagudo, que se alimenta de huevos y aves de corral.

cacreco, ca adj. y s. *C. Rica* y *Hond.* Decrépito.

cacto o **cactus** s. m. Planta de tallo grueso, rico en agua y generalmente espinoso.

cacumen s. m. *Fam.* Perspicacia.

cacuy s. m. *Argent.* Ave de color pardusco, pico corto y ancho, párpados ribeteados de amarillo y canto quejumbroso.

cada adj. Tiene un sentido distributivo, individualizador y diferenciador: *dar a cada uno lo suyo*. ‖ Indica correlación y correspondencia: *cada cosa a su tiempo*. ‖ Tiene un valor ponderativo: *organizan cada juerga...* ● **Cada cual**, cada persona, todas las personas.

cadalso s. m. Tablado que se erige para patíbulo.

cadáver s. m. Cuerpo muerto. ◇ FAM. cadavérico.

cadavérico, ca adj. Relativo al cadáver. ‖ Pálido y desfigurado como un cadáver.

cadejo s. m. *Amér. Central.* Cuadrúpedo fantástico que de noche acometía a los que encontraba por las calles.

cadena s. f. Sucesión de anillas metálicas enlazadas. ‖ Conjunto de establecimientos comerciales que forman parte de la misma organización. ‖ Sucesión de cosas o acontecimientos. ‖ Conjunto de emisoras de radio, de televisión o periódicos que trabajan conjuntamente. ‖ Canal de televisión. ‖ Sistema de reproducción del sonido que comprende una fuente, un elemento amplificador y varios elementos reproductores. ‖ QUÍM. Conjunto de átomos unidos linealmente unos con otros. ◇ FAM. cadeneta. / concatenar, encadenar.

cadencia s. f. Repetición regular de sonidos o movimientos. ◇ FAM. cadencioso. CAER.

cadeneta s. f. Punto de ganchillo con figura de cadena.

cadera s. f. Cada una de las dos regiones salientes formadas a ambos lados del cuerpo por la pelvis.

cadete s. m. Alumno de una academia militar. ‖ *Argent.* y *Bol.* Aprendiz en un comercio.

cadí s. m. Entre los musulmanes, juez civil.

cadillo s. m. Planta herbácea de tallo áspero y flores purpúreas o blancas, común en los campos cultivados. ‖ *Chile.* Pelusa proveniente de ciertas plantas que se pega a la ropa.

cadmio s. m. Elemento químico metálico de color blanco, dúctil y maleable.

caducar v. intr. [1a]. Perder validez, extinguirse, prescribir. ‖ Arruinarse o acabarse alguna cosa por antigua o gastada. ◇ FAM. caducidad.

caducidad s. f. Acción y efecto de caducar. ‖ Calidad de caduco o decrépito.

caduco, ca adj. Viejo, decrépito. ‖ Perecedero. ‖ Gastado, obsoleto. ‖ BOT. Dícese de los órganos de las plantas destinados a caerse. ◇ FAM. caducar, caducidad.

caer v. intr. y pron. [16]. Ir un cuerpo hacia abajo por la acción de su propio peso. ‖ Perder un cuerpo el equilibrio hasta dar en algo que lo detenga. ‖ Desprenderse o separarse algo del lugar a que estaba adherido. ◆ v. intr. Ser apresado mediante una trampa o engaño. ‖ Desaparecer, morir, dejar de ser. ‖ Incurrir. ‖ Llegar a entender algo. ‖ Corresponder, sobrevenir. ‖ Corresponder un suceso a determinada época del año. ‖ Sentar bien o mal. ‖ Acercarse algo a su fin. ‖ Presentarse de improviso, aparecer. ‖ Pender, colgar. ● **Caer bien**, o **mal**, una persona *(Fam.)*, obtener buena o mala acogida. ‖ **Caer muy bajo**, perder la dignidad. ‖ **Dejar caer**, decir una cosa con astucia y como sin querer. ‖ **Dejarse caer**, presentarse o aparecer en un sitio ocasionalmente. ‖ **Estar al caer**, estar muy próximo a suceder. ◇ FAM. caedizo, caído. / cadencia, decaer, recaer.

café s. m. Cafeto, arbusto. ‖ Semilla contenida en el fruto de este arbusto. ‖ Infusión hecha con estas semillas tostadas. ‖ Establecimiento donde se sirve café u otras bebidas. ‖ *Amér. Merid.* Reprimenda. ‖ *Méx.* Disgusto, berrinche. ◆ adj. y s. m. *Argent., Chile, Méx.* y *Urug.* De color marrón. ● **De mal café** *(Vulg.)*, de mal humor. ◇ FAM. cafeína, cafetear, cafetera, cafetería, cafetero, cafeto.

cafeína s. f. Sustancia estimulante contenida en el café, té y en la nuez de cola. ◇ FAM. descafeinado. CAFÉ.

cafetear v. tr. [1]. *Argent., Par., Perú* y *Urug. Fam.* Reprender, retar ásperamente.

cafetera s. f. Aparato para hacer café. ‖ Recipiente para servir café.

cafetería s. f. Establecimiento público donde se sirve café y otras bebidas, y alimentos.

cafetero, ra adj. Relativo al café. ◆ adj. y s. Aficionado a tomar café. ◆ s. Persona que trabaja en una plantación de café.

cafeto s. m. Arbusto de hasta 10 m de altura, de fruto rojo con dos semillas, que constituyen el café. ◇ FAM. cafetal. CAFÉ.

cafiroleta s. f. *Cuba.* Dulce de batata, azúcar y coco.

cafre adj. y s. m. y f. Que habita en la parte oriental de África del Sur. ‖ Bárbaro, cruel, brutal.

cafúa s. f. *Argent.* y *Urug.* Prisión, cárcel.

cafuche s. m. *Colomb.* Tipo de tabaco.

cagado, da adj. y s. *Vulg.* Cobarde. ◆ s. f. *Fam.* Excremento que sale cada vez que se evacua el vientre. ‖ *Vulg.* Equivocación.

cagajón s. m. Porción del excremento de las caballerías.

cagalera s. f. *Vulg.* Diarrea.

cagar v. tr., intr. y pron. [1b]. Evacuar el vientre. ◆ v. intr. *Vulg.* Estropear, echar a perder algo. ◆ **cagarse** v. pron. *Vulg.* Acobardarse. ◇ FAM. cagado, cagajón, cagalera, cagarruta, cagón, cagueta.

cagarruta s. f. Cada una de las porciones de las deposiciones del ganado menor.

cagón, na adj. y s. Que evacúa el vientre muchas veces. ‖ *Vulg.* Muy cobarde.

caguama s. f. Tortuga marina, algo mayor que el carey. ‖ Materia córnea de esta tortuga.

caguayo s. m. *Cuba*. Iguana. ‖ *Cuba*. Reptil, lagartija.

cagüeño, ña adj. y s. De Caguas (Puerto Rico).

cagueta s. m. y f. *Vulg.* Cobarde.

cahuín s. m. *Chile.* Comilona, borrachera.

caí s. m. *Argent.* Mono de Sudamérica, de tamaño mediano, que se caracteriza por su casquete de pelos muy oscuros.

caico s. m. *Cuba.* Arrecife grande que constituye un peligro para la navegación.

caíd s. m. Especie de juez o gobernador en algunos países musulmanes.

caído, da adj. Desfallecido, abatido. ‖ Se dice de la persona o animal que tiene demasiado declive en una parte del cuerpo: *caído de hombros*. ◆ adj. y s. m. Muerto en la lucha. ◆ s. f. Acción y efecto de caer. ‖ Declive de alguna cosa, pendiente. ‖ Manera de caer una tela o paño. ● **Caída libre** (FÍS.), la que experimentaría un cuerpo sometido exclusivamente a la acción de la gravedad. ◇ FAM. alicaído, paracaídas. CAER.

caima adj. *Amér.* Lerdo, estúpido, soso.

caimacán s. m. *Colomb.* Persona con autoridad.

caimán s. m. Tipo de cocodrilo que habita en América Central y Meridional.

cairel s. m. Adorno en forma de fleco.

cairota adj. y s. m. y f. De El Cairo.

caja s. f. Recipiente generalmente con tapa, utilizado para guardar o transportar cosas. ‖ Ataúd. ‖ Oficina de un establecimiento mercantil o comercial donde se realizan los cobros o los pagos. ‖ *Chile.* Lecho de los ríos. ‖ MÚS. Parte exterior de madera que cubre algunos instrumentos. ‖ Tambor. ● **Caja de cambios**, mecanismo para cambiar de velocidad en un coche. ‖ **Caja de recluta**, o **de reclutamiento**, organismo militar que se ocupa del llamamiento de los reclutas. ‖ **Caja fuerte**, armario o recinto blindado que sirve para guardar dinero, valores, etc. ‖ **Caja negra**, aparato registrador, colocado a bordo de un avión, helicóptero, etc., que permite verificar las incidencias de un viaje. ● **Despedir** o **echar a uno con cajas destempladas** (*Fam.*), hacerlo con gran enojo. ◇ FAM. cajero, cajetilla, cajetín, cajón, cajuela. / cápsula, encajar.

cajamarqueño, ña adj. y s. De Cajamarca (Perú).

cajero, ra s. Persona encargada del control de la caja en un comercio, banco, etc. ● **Cajero automático**, máquina de una entidad bancaria que permite a los clientes realizar operaciones sobre sus cuentas, mediante claves personales.

cajeta s. f. *Amér. Central* y *Méx.* Dulce hecho de leche quemada, azúcar, vainilla, canela y otros ingredientes.

cajete s. m. *Guat., Méx.* y *Salv.* Cuenco o cazuela honda de barro. ‖ *Méx.* Hueco que se hace en la tierra para plantar.

cajetilla s. f. Paquete de tabaco. ◆ adj. *Argent.* y *Urug.* Dícese del hombre presumido y afectado.

cajetín s. m. Caja de distribución de una instalación eléctrica.

cajón s. m. Caja grande. ‖ En algunos muebles, cada uno de los receptáculos que se pueden sacar y meter en ciertos huecos a los que se ajustan. ‖ *Amér.* En algunos lugares, tienda de abacería. ‖ *Amér. Merid.* Ataúd. ‖ *Argent.* y *Chile.* Cañada larga por cuyo fondo corre un río o arroyo. ● **Cajón de sastre**, conjunto de cosas diversas y desordenadas. ● **De cajón** (*Fam.*), muy claro y manifiesto. ◇ FAM. cajonera. / encajonar. CAJA.

cajonera s. f. Mueble con cajones.

cajonga s. f. *Hond.* Tortilla grande de maíz mal molido.

cajuela s. f. *Méx.* Portaequipajes de un automóvil.

cakchiquel adj. De un antiguo pueblo de Guatemala. ◆ s. m. Lengua que hablaba este pueblo.

cal s. f. Óxido de calcio. ● **Cal apagada**, la mezclada con agua. ‖ **Cal viva**, la que no está mezclada con agua. ● **A cal y canto** (*Fam.*), fuerte, sólido. ‖ **Una de cal y otra de arena**, alternar las cosas buenas con las malas. ◇ FAM. calcáreo, calcificar, calcinar, calcio, calcita, caliche, calizo. / aguacal, calicanto, encalar.

cala¹ s. f. Acción y efecto de calar una fruta. ‖ Pedazo de una fruta que se corta para probarla. ‖ Parte más baja en el interior de un buque. ‖ *Vulg.* Peseta.

cala² s. f. Bahía pequeña. ◇ FAM. caleta.

cala³ s. f. Planta acuática ornamental, de flores amarillas.

calabacera s. f. Planta herbácea, de tallo largo y hueco, una de cuyas variedades da la calabaza y otra el calabacín.

calabacín s. m. Calabaza pequeña, comestible, cilíndrica, de corteza verde y carne blanca. ‖ *Fam.* Calabaza, persona inepta.

calabaza s. f. Calabacera. ‖ Fruto de esta planta. ‖ *Fam.* Cabeza. ‖ *Fam.* Persona inepta y muy ignorante. ● **Dar calabazas** (*Fam.*), suspender a uno en los exámenes. ‖ Rechazar a un pretendiente. ◇ FAM. calabacera, calabacín.

calabobos s. m. Lluvia menuda y continua. ◇ FAM. CALAR.

calabozo s. m. Prisión subterránea. ‖ Celda en que se incomunica a los reos.

caladero s. m. Sitio idóneo para calar las redes de pesca.

calado, da adj. y s. m. Que tiene agujeros o aberturas. ◆ s. m. Labor de aguja en una tela, sacando o juntando hilos. ‖ Medida vertical de la parte sumergida del buque. ‖ Profundidad de las aguas. ‖ Acción y efecto de calarse un motor. ◆ s. f. Acción y efecto de calar o calarse. ‖ *Fam.* Chupada dada a un cigarrillo.

calador s. m. *Amér.* Tubo acanalado terminado en punzón para sacar muestras de las mercaderías sin abrir los bultos que las contienen.

caladora s. f. *Venez.* Piragua grande.

calafatear v. tr. [1]. Cerrar o tapar junturas, en especial las de un barco. ◇ FAM. calafateador, calafateo.

calaguasca s. f. *Colomb.* Aguardiente.

calalú s. m. *Cuba* y *P. Rico.* Potaje compuesto por vegetales picados y cocidos con sal, vinagre, manteca, etc.

calamar s. m. Molusco comestible de concha interna, dotado de diez brazos tentaculares provistos de ventosas.

calambre s. m. Contracción involuntaria de uno o varios músculos. ◇ FAM. acalambrarse, encalambrarse.

calambur s. m. Juego de palabras.

calamidad s. f. Desgracia, infortunio. ‖ Persona torpe o con mala suerte. ◇ FAM. calamitoso.

calamitoso, sa adj. Que causa calamidades. ‖ Infeliz.

cálamo s. m. Caña cortada oblicuamente, utilizada en la antigüedad para escribir. ‖ Pluma para escribir.

calamorro s. m. *Chile.* Zapato bajo y ancho.

calandria¹ s. f. Ave parecida a la alondra.

calandria² s. f. Máquina de cilindros para alisar y lustrar telas o papel. ‖ Máquina para levantar pesos.

calandria³ s. f. *Méx.* Carruaje tirado por caballos, en el que se realizan recorridos urbanos por lugares turísticos.

calaña s. f. Índole, calidad, naturaleza.

calar v. tr. [1]. Penetrar un líquido en un cuerpo permeable. ‖ Bordar con calados una tela. ‖ Cortar una fruta para probarla. ‖ *Fam.* Penetrar, comprender el motivo o secreto de una cosa o conocer las cualidades o intenciones de alguien. ‖ Armar el fusil con la bayoneta. ‖ Sumergir las redes en el agua. ‖ *Amér.* Sacar con el calador una muestra en un fardo. ‖ *Colomb.* Confundir, apabullar. ◆ v. tr. y pron. Ponerse la gorra, el sombrero, etc., haciéndolos entrar mucho en la cabeza. ‖ Pararse el motor de un vehículo por insuficiecia de carburante. ◆ v. intr. Alcanzar determinada profundidad la parte sumergida de un buque. ◆ calarse v. pron. Mojarse, empaparse. ◇ FAM. cala¹, calabobos, caladero, calado, calador, caladora, caladura. / recalar.

calato, ta adj. *Perú.* Desnudo, en cueros.

calavera s. f. Parte del esqueleto que corresponde a la cabeza. ‖ *Méx.* Cada una de las luces traseras de un automóvil. ◆ s. m. Hombre juerguista y alocado. ‖ *Perú.* Depósito para el reparto y recepción de agua. ◇ FAM. calaverada. / descalabrar.

calaverada s. f. *Fam.* Acción propia del calavera.

calcar v. tr. [1a]. Sacar copia de un dibujo, inscripción, etc., por contacto del original con el material al que ha de ser trasladado. ◇ FAM. calcado, calcador, calco, calcomanía. / recalcar.

calcáreo, a adj. Que tiene cal.

calce s. m. Calza, cuña. ‖ *Amér. Central* y *Méx.* Pie de un documento. ◇ FAM. CALZAR.

calcedonia s. f. Variedad de cuarzo traslúcida.

calceta. Hacer calceta, confeccionar a mano prendas de punto con agujas de media.

calcetín s. m. Media que no pasa de la rodilla. ◇ FAM. CALZA.

calcha s. f. *Chile.* Plumaje o pelusa que en los tarsos tienen algunas aves.

calchaquí adj. y s. Dícese del indio que habita en un valle del Tucumán.

calchona s. f. *Chile.* Fantasma que asusta a los caminantes solitarios. ‖ *Chile.* Mujer vieja y fea, bruja.

calcificar v. tr. [1a]. Producir artificialmente carbonato de cal. ◆ v. tr. y pron. Fijarse las sales de calcio en un tejido orgánico. ◇ FAM. calcificación. / descalcificar. CAL.

calcinar v. tr. [1]. Quemar. ‖ Someter al calor una materia para que, al descomponerse, desprenda toda sustancia volátil. ◇ FAM. calcinación, calcinado, calcinamiento. CAL.

calcio s. m. Elemento químico metálico, blanco y blando, que abunda en la naturaleza y es importante para el cuerpo humano. ◇ FAM. cálcico. CAL.

calcita s. f. Carbonato natural de calcio cristalizado. ◇ FAM. CAL.

calco s. m. Acción y efecto de calcar. ‖ Papel de calco.

calcografía s. f. Arte de grabar en cobre. ◇ FAM. calcografiar, calcográfico, calcógrafo.

calcomanía s. f. Procedimiento que permite transportar imágenes coloreadas sobre una superficie, para decorarla. ‖ Imagen así obtenida. ‖ Papel que tiene la figura, antes de transportarla. ◇ FAM. CALCAR.

calcopirita s. f. Sulfuro de cobre y hierro. ◇ FAM. PIRITA.

calculador, ra adj. y s. Que calcula. ‖ Interesado, egoísta, previsor. ◆ s. f. Máquina que efectúa cálculos matemáticos.

calcular v. tr. [1]. Hacer las operaciones necesarias para determinar el valor de una cantidad cuya relación con otra se conoce. ‖ Conjeturar, considerar. ◇ FAM. calculable, calculador, cálculo. / incalculable.

cálculo s. m. Acción y efecto de calcular. ‖ Nombre de distintas ramas de las matemáticas. ‖ Piedra o sustancia sólida patológica que se forma en el interior de algún tejido o conducto: *cálculo biliar.*

caldas s. f. pl. Baño de aguas minerales calientes.

caldear v. tr. y pron. [1]. Calentar. ‖ Animar, entusiasmar. ‖ Excitar propiciando la riña. ◇ FAM. caldas, caldeamiento, caldera, caldo.

caldeo, a adj. y s. De Caldea, antigua región de Asia. ◆ s. m. Lengua de los caldeos.

caldera s. f. Generador de vapor de agua o de agua caliente para calefacción o producción de energía. ‖ Recipiente metálico para calentar, hervir, etc. ‖ *Argent.* y *Chile.* Pava o tetera para hacer el mate. ◇ FAM. calderería, calderero, caldereta, calderilla, caldero, calderón. CALDEAR.

caldereta s. f. Guisado de pescado, cordero o cabrito.

calderilla s. f. Conjunto de monedas de poco valor.

caldero s. m. Caldera pequeña de fondo redondeado.

calderón s. m. MÚS. Signo que representa la suspensión más o menos larga del compás.

caldillo s. m. *Méx.* Salsa líquida para sazonar la comida.

caldo s. m. Alimento líquido que se obtiene haciendo hervir en agua carne, verduras, pescado, etc. ‖ Vino. ‖ *Chile.* Disolución concentrada y caliente de nitratos. ‖ *Méx.* Jugo de la caña de azúcar, guarapo. ◇ FAM. caldillo, caldoso, calduda. / escaldar. CALDEAR.

calducho s. m. *Chile.* Fiesta ocasional que realizan los estudiantes en la sala de clases.

calduda s. f. *Chile.* Empanada caldosa de ají, pasas, huevos y aceitunas.

calé adj. y s. m. y f. Gitano.

calefacción s. f. Conjunto de aparatos destinados a calentar un edificio o parte de él. ◇ FAM. calefactor, calefón. CALIENTE.

calefón s. f. *Argent.* y *Chile.* Calentador doméstico.

caleidoscopio s. m. Calidoscopio*.

calendario s. m. Sistema de división del tiempo. ‖ Catálogo con los días, semanas, meses y fiestas del año.

calendas s. m. pl. Para los romanos, primer día del mes. ‖ *Fam.* Época o tiempo pasado. ◇ FAM. calendario.

caléndula s. f. Planta de jardín de flores amarillentas.

calentador, ra adj. Que calienta. ◆ s. m. Recipiente o aparato para calentar.

calentar v. tr. y pron. [1j]. Hacer subir la temperatura. ‖ Azotar, dar golpes. ◆ v. tr. Enardecer, animar. ‖ *Vulg.* Excitar sexualmente. ◇ FAM. calentador, calentamiento, calentón, calentura. / recalentar. CALIENTE.

calentón s. m. Subida rápida y breve de la temperatura.

calentura s. f. Fiebre. ‖ *Chile.* Tisis. ‖ *Cuba.* Descomposición por fermentación del tabaco.

caleño, ña adj. y s. De Cali (Colombia).

calesa s. f. Carruaje de dos o cuatro ruedas, con la caja abierta por delante y con capota. ◇ FAM. calesero, calesita.

calesita s. f. *Amér. Merid.* Tiovivo.

caleta s. f. Cala pequeña. ‖ *Venez.* Gremio de cargadores de mercancías en los puertos de mar. ◇ FAM. CALA².

calibrar v. tr. [1]. Medir el calibre de algo. ‖ Medir la calidad o importancia de algo o alguien. ◇ FAM. calibración, calibrador. CALIBRE.

calibre s. m. Diámetro interior del cañón de las armas de fuego y de cualquier cilindro hueco. ‖ Diámetro de un proyectil o un alambre. ‖ Tamaño, importancia, clase. ‖ Instrumento que mide diámetros. ◇ FAM. calibrar.

calicanto s. m. Obra de mampostería. ◇ FAM. CAL y CANTO².

caliche s. m. Costra de cal que se desprende del enlucido de las paredes. ‖ *Bol.*, *Chile* y *Perú.* Nitrato de sosa. ◇ FAM. calichera. CAL.

calichera s. f. *Bol.*, *Chile* y *Perú.* Yacimiento de caliche.

calidad s. f. Manera de ser de una persona o cosa. ‖ Superioridad en su línea, categoría, importancia. ‖ Condición o función: *calidad de ciudadano.* ◇ FAM. CUALIDAD.

cálido, da adj. Caluroso, caliente. ‖ Afectuoso. ◇ FAM. calidez. CALIENTE.

calidoscopio s. m. Aparato formado por un tubo opaco que contiene varios espejos y unos objetos coloreados que se ven formando dibujos simétricos.

caliente adj. Dotado de calor. ‖ Acalorado, fogoso. ‖ *Vulg.* Excitado sexualmente. ◆ **En caliente,** al momento. ◇ FAM. calefacción, calentar, cálido. CALOR.

califa s. m. Jefe supremo del Islam, sucesor de Mahoma. ◇ FAM. califal, califato. / jalifa.

califato s. m. Dignidad, tiempo de gobierno y territorio de la jurisdicción del califa. ‖ Período histórico en que hubo califas.

calificación s. f. Acción y efecto de calificar. ‖ Nota que obtiene el examinando.

calificado, da adj. Dícese de la persona que tiene autoridad, mérito o respeto o que reúne los requisitos necesarios.

calificar v. tr. [1a]. Apreciar o determinar las cualidades de una persona o cosa. ‖ Resolver las notas que se han de dar al examinado. ‖ Ennoblecer, ilustrar. ‖ LING. Expresar la cualidad, la manera de ser: *el adjetivo califica al nombre.* ◇ FAM. calificable, calificación, calificado, calificador, calificativo. / descalificar, incalificable. CUALIFICADO, DA.

calificativo, va adj. Que califica. ◆ adj. y s. m. LING. Se dice del adjetivo que denota alguna cualidad del nombre.

califórnio s. m. Elemento químico radiactivo.

calígine s. f. Niebla, oscuridad. ‖ *Fam.* Bochorno. ◇ FAM. caliginoso. CALINA.

caligrafía s. f. Arte de escribir con letra correctamente formada. ‖ Conjunto de rasgos que caracterizan una escritura. ◇ FAM. caligrafiar, caligráfico, calígrafo.

caligrafiar v. tr. [1t]. Hacer un escrito con hermosa letra.

caligrama s. m. Composición poética en que se representa una idea por medio de dibujos realizados con las palabras.

calilla s. f. *Amér. Central* y *Amér. Merid. Fam.* Molestia, pejiguera. ‖ *Chile.* Deuda. ‖ *Chile. Fam.* Serie de adversidades. ‖ *Guat.* y *Hond.* Persona molesta o pesada.

calima s. f. Calina.

calimba s. f. *Cuba.* Hierro para marcar los animales.

calina s. f. Neblina que enturbia el aire con partículas en suspensión. ◇ FAM. calígine, calima.

cáliz s. m. Vaso sagrado en el que se consagra el vino en la misa. ‖ Aflicción. ‖ Conjunto de los sépalos de una flor.

calizo, za adj. Que contiene cal. ◆ s. f. Roca formada por carbonato de cal.

calla s. f. *Amér.* Palo puntiagudo, usado para sacar plantas con sus raíces y abrir hoyos para sembrar.

callado, da adj. Silencioso, reservado. ‖ Dícese de lo hecho con silencio o reserva.

callampa s. f. *Chile.* Hongo, seta. ‖ *Chile.* Barraca, chabola. ‖ *Chile.* Sombrero.

callana s. f. *Amér. Merid.* Vasija tosca para tostar maíz, trigo, etc.

callar v. intr. y pron. [1]. No hablar, guardar silencio. ‖ Cesar un ruido o sonido. ◆ v. tr. y pron. No decir lo que se siente o se sabe. ◇ FAM. callado / acallar.

calle s. f. Vía entre edificios o solares en una población. ‖ Conjunto de calles, plazas, etc., de una población. ‖ Conjunto de ciudadanos: *lenguaje de la calle.* ‖ Cada una de las zonas de una pista de atletismo o de natación. ● **Dejar en la calle** *(Fam.),* privar del medio de vida. ‖ **Echar** uno **por la calle** de enmedio *(Fam.),* atropellarlo todo para conseguir un fin. ‖ **Llevar de calle** *(Fam.),* despertar un fuerte interés. ‖ **Traer o llevar** a uno **por la calle de la amargura,** darle disgustos o preocupaciones. ◇ FAM. callejear, callejero, callejón. / bocacalle, pasacalle.

callejear v. intr. [1]. Andar paseando por las calles.

callejero, ra adj. Relativo a la calle. ‖ Que gusta de callejear. ◆ s. m. Lista de las calles de una ciudad que acompaña a un mapa descriptivo.

callejón s. m. Paso estrecho y largo entre paredes, casas o elevaciones del terreno. ‖ En una plaza de toros, espacio entre la barrera y el muro en que empieza el tendido. ● **Callejón sin salida** *(Fam.),* negocio o conflicto de muy difícil resolución. ◇ FAM. encallejonar. CALLE.

callicida s. m. Sustancia para quitar los callos.

callista s. m. y f. Persona dedicada al cuidado y extirpación de los callos.

callo s. m. Dureza que se produce en los pies o manos por el roce con un cuerpo duro. ‖ *Fam.* Persona fea. ◆ pl. Pedazos del estómago de la vaca, ternera o carnero que se comen guisados. ● **Dar el callo** *(Fam.),* trabajar mucho. ◇ FAM. callicida, callista, callosidad, calloso. / encallecer, matacallos.

callosidad s. f. Engrosamiento y endurecimiento de la epidermis.

calma s. f. Estado de la atmósfera o del mar cuando no hay viento. ‖ Cesación o suspensión de alguna cosa: *calma en el dolor.* ‖ Tranquilidad, serenidad. ‖ *Fam.* Cachaza, pachorra. ◇ FAM. calmar, calmo, calmoso. / encalmar.

calmante adj. Que calma. ◆ adj. y s. m. Dícese de los medicamentos que calman el dolor.

calmar v. tr. y pron. [1]. Sosegar, adormecer, templar. ‖ Aliviar o moderar el dolor, la violencia, etc. ◇ FAM. calmado, calmante. CALMA.

calmo, ma adj. *Argent., Chile* y *Urug.* Que está calmado, en reposo.

caló s. m. Lenguaje de los gitanos.

calor s. m. Temperatura elevada. ‖ Sensación que produce un cuerpo caliente. ‖ Ardor, entusiasmo. ‖ Afecto. ‖ FÍS. Forma de energía, capaz de elevar la temperatura y dilatar, fundir, vaporizar o descomponer un cuerpo. ● **Al calor de,** al amparo de, con la ayuda de. ◇ FAM. caliente, caloría, calorífero, calorífico, calorífugo, caluroso. / acalorar, escalofrío.

caloría s. f. Unidad de cantidad de calor. ‖ Unidad del contenido energético de los alimentos. ◇ FAM. kilocaloría. CALOR.

calorífero, ra adj. Que conduce y propaga el calor.

calorífico, ca adj. Relativo al calor. ‖ Que produce calor.

calorífugo, a adj. Que se opone a la transmisión del calor. ‖ Incombustible.

calostro s. m. Primera leche de la hembra después de parir.

calpul s. m. *Guat.* Asamblea, reunión. ‖ *Hond.* Montículo que indicaba el emplazamiento de antiguos pueblos aborígenes.

calpulli s. m. En el México prehispánico, territorio en que habitaba un clan o linaje.

caluma s. f. *Perú.* Paso en la cordillera de los Andes.

calumnia s. f. Acusación falsa, hecha para causar daño. ◇ FAM. calumniar, calumnioso.

calumniar v. tr. [1]. Levantar calumnias contra alguien. ◇ FAM. calumniador. CALUMNIA.

calungo s. m. *Colomb.* y *Venez.* Perro de pelo rizado.

caluroso, sa adj. Que tiene o causa calor. ‖ Vivo, ardiente.

caluyo s. m. *Bol.* Baile indígena con zapateado.

calvario s. m. Vía crucis. ‖ *Fam.* Sufrimiento prolongado.

calvicie s. f. Pérdida o falta de los cabellos.

calvinismo s. m. Doctrina religiosa nacida del pensamiento de Calvino, teólogo francés del s. XVI. ◇ FAM. calvinista.

calvo, va adj. y s. Que sufre calvicie. ◆ adj. Dícese del tejido gastado, raído. ‖ Sin vegetación. ◆ s. f. Parte de la cabeza que se ha quedado sin pelo. ◇ FAM. calvicie.

calza s. f. Cuña usada para calzar. ‖ Media. ‖ *Colomb., Ecuad.* y *Pan.* Empaste en la dentadura. ◇ FAM. calcetín, calzón. CALZAR.

calzada s. f. Camino empedrado y ancho. ‖ Parte de una calle o de una carretera reservada a la circulación de vehículos.

calzado, da adj. Dícese de algunos religiosos que usan zapatos, en contraposición a los descalzos. ‖ Dícese del animal cuyas extremidades tienen color distinto al del cuerpo. ◆ s. m. Prenda que cubre y resguarda el pie o la pierna.

calzador s. m. Utensilio utilizado para facilitar la introducción del pie en el zapato. ● **Con calzador** (*Fam.*), con dificultad.

calzar v. tr. y pron. [1g]. Cubrir el pie con el calzado. ‖ Poner o llevar puestos los guantes, espuelas, etc. ◆ v. tr. Proveer de calzado. ‖ Impedir el movimiento de algo poniendo debajo cuñas u otros objetos similares. ‖ *Colomb.* y *Ecuad.* Empastar un diente o muela. ◇ FAM. calce, calza, calzado, calzador, calzo. / descalzar.

calzo s. m. Calza; cuña. ◆ pl. Patas de una caballería, en especial cuando son de color distinto al resto del cuerpo.

calzón s. m. Prenda masculina que cubre desde la cintura hasta las rodillas. ‖ *Argent., Chile, Méx.* y *Perú.* Prenda interior femenina. ‖ *Méx.* Enfermedad de la caña de azúcar. ◆ pl. *Chile.* Bragas. ◇ FAM. calzonarias, calzonazos, calzoncillos, calzoneras. CALZA.

calzonarias s. f. pl. *Bol., Colomb.* y *Ecuad.* Bragas.

calzonazos s. m. *Fam.* Hombre débil y condescendiente.

calzoncillos s. m. pl. Prenda interior masculina que se lleva debajo de los pantalones.

calzoneras s. f. pl. *Méx.* Pantalón abierto por los dos lados que se usa para montar a caballo.

cama[1] s. f. Mueble para descansar y dormir. ‖ Plaza para un enfermo en un establecimiento sanitario. ‖ Sitio donde se echan a descansar los animales. ● **Cama turca**, la que no tiene cabecera. ● **Estar en, guardar, o hacer, cama**, estar en ella por enfermedad. ◇ FAM. camada, camastro, camero, camilla. / cubrecama, encamar.

cama[2] s. f. Cada una de las palancas del bocado, en cuyos extremos se sujetan las riendas. ‖ Pieza curva del arado.

camada s. f. Conjunto de crías de un mamífero paridas de una sola vez. ‖ Capa de cosas extendidas. ‖ *Fam.* Cuadrilla de ladrones o de pícaros.

camafeo s. m. Piedra dura y preciosa con un relieve tallado.

camagua adj. *Amér. Central.* Dícese del maíz que empieza a madurar, y del tardío que madura una vez seca la planta.

camagüeyano, na adj. y s. De Camagüey (Cuba).

camaleón s. m. Pequeño reptil de los países cálidos, que cambia de color para camuflarse. ‖ *Fam.* Persona que muda con facilidad de parecer. ◇ FAM. camaleónico.

camalero s. m. *Perú.* Matarife.

camalote s. m. *Amér. Merid., Méx.* y *Salv.* Nombre de ciertas plantas acuáticas que crecen en las orillas de los ríos, lagunas, etc., y tienen hojas y flores flotantes. ◇ FAM. camalotal.

camanchaca s. f. *Chile* y *Perú.* Niebla espesa y baja.

camándula s. f. *Fam.* Marrullería, astucia, hipocresía. ◇ FAM. camandulear.

cámara s. f. Aparato para la captación de imágenes: *cámara fotográfica.* ‖ Habitación o sala, especialmente las privadas de los reyes: *cámara nupcial.* ‖ Organismo, junta. ‖ Espacio que ocupa la carga en las armas de fuego. ‖ Tubo anular de goma en el interior de un neumático, que se llena de aire comprimido. ◆ s. m. y f. Persona que maneja una cámara de cine o televisión. ● **Cámara alta**, senado. ‖ **Cámara baja**, congreso. ‖ **Cámara de apelaciones** (*Argent.*), tribunal colegiado de segunda o última instancia. ‖ **Cámara de gas**, local donde se realizan ejecuciones mediante gases tóxicos. ◇ FAM. camarada, camarero, camareta, camarilla, camarín, camarista, camarote. / antecámara, bicameral, monocameralismo, recámara, unicameral, videocámara.

camarada s. m. y f. Persona a quien se está unida por lazos nacidos del desempeño de actividades comunes. ‖ En algunos partidos políticos, compañero. ◇ FAM. camaradería. CÁMARA.

camarero, ra s. Persona que cuida de las habitaciones en hoteles, barcos de pasajeros, etc., o que sirve a los clientes en establecimientos como bares, cafeterías o restaurantes. ◇ FAM. recamarera. CÁMARA.

camareta s. f. *Argent., Bol., Chile* y *Perú.* Petardo que se dispara en las fiestas infantiles.

camarilla s. f. Grupo de personas que influye subrepticiamente en las decisiones de alguna persona importante.

camarín s. m. Capilla pequeña, colocada detrás de un altar, en la cual se venera alguna imagen. ‖ Camerino.

camarista s. m. *Argent.* Miembro de la cámara de apelaciones. ‖ *Méx.* Camarero.

camarlengo s. m. Cardenal administrador de los bienes pontificios que tiene a su cargo la convocatoria del cónclave.

camarón s. m. Pequeño crustáceo de cuerpo comprimido y abdomen prolongado, de carne muy apreciada. ◇ FAM. camaronero.

camaronero s. m. *Perú.* Martín pescador.

camarote s. m. Dormitorio de un barco. ◇ FAM. camarotero. CÁMARA.

camarotero, ra s. *Argent., Bol., Chile* y *Perú.* Camarero que trabaja en los barcos.

camastro s. m. *Desp.* Lecho pobre y sin aliño. ◇ FAM. CAMA¹.

cambado, da adj. *Amér.* Patizambo.

cambalache s. m. Trueque, con frecuencia malicioso, de objetos de poco valor. ‖ *Argent.* y *Urug.* Tienda de compraventa de objetos usados. ◇ FAM. cambalachear.

cambiador s. m. *Chile.* Guardagujas.

cambiante adj. Que cambia. ◆ s. m. pl. Variedad de visos o colores que hace la luz en algunos cuerpos.

cambiar v. tr., intr. y pron. [1]. Dar, tomar o poner una cosa por otra. ‖ Mudar, variar, alterar: *cambiar las ideas.* ◆ v. intr. En los vehículos de motor, pasar de una marcha o velocidad a otra. ◆ v. tr. Dar una clase de moneda y recibir el equivalente en otras más pequeñas o de otro país. ◆ **cambiarse** v. pron. Mudarse. ◇ FAM. cambiable, cambiador, cambiante, cambiazo, cambio, cambista. / cambiavía, descambiar, intercambiar, recambiar.

cambiavía s. m. *Colom., Cuba* y *Méx.* Guardagujas.

cambiazo. Dar, o pegar, el cambiazo *(Fam.),* cambiar fraudulentamente una cosa por otra.

cambio s. m. Acción y efecto de cambiar o cambiarse. ‖ Dinero menudo. ‖ Operación que consiste en cambiar una moneda por otra. ‖ Valor relativo entre ambas monedas por el cual se efectúa ésta operación. ‖ Engranaje para pasar de una velocidad a otra en un vehículo. ● **A cambio, o en cambio,** en lugar de, en vez de. ‖ **A la primera, o a las primeras de cambio,** sin preámbulos, súbitamente. ‖ **En cambio,** por el contrario. ◇ FAM. librecambio. CAMBIAR.

cambista s. m. Persona dedicada a determinado tipo de operaciones bancarias.

camboyano, na adj. y s. De Camboya.

cámbrico, ca adj. y s. m. GEOL. Dícese del primer período del paleozoico.

cambrún s. m. *Colomb.* Cierta tela de lana.

cambucha s. f. *Chile.* Cometa con la que juegan los niños.

cambucho s. m. *Chile.* Papelera. ‖ *Chile.* Canasto de la ropa sucia. ‖ *Chile* y *Perú.* Cucurucho. ‖ *Chile* y *Perú.* Envoltura de paja que se pone a las botellas para que no se rompan.

cambullón s. m. *Chile* y *Perú.* Enredo, trampa, confabulación. ‖ *Colomb.* Trueque, cambalache.

cambuto, ta adj. *Perú.* Dícese de la persona o cosa pequeña, rechoncha y gruesa.

camelar v. tr. [1]. *Fam.* Galantear, requebrar. ‖ *Fam.* Seducir, engañar adulando. ◇ FAM. camelador, camelo.

camelia s. f. Arbusto de hojas perennes, de un verde muy vivo, y flores blancas, rojas o rosadas. ‖ Flor de esta planta.

camélido adj. Relativo a una familia de rumiantes de las regiones áridas, sin cuernos, como el camello y el dromedario.

camello, lla s. Mamífero rumiante de gran corpulencia, que posee dos gibas llenas de grasa en la espalda. ◆ s. m. *Fam.* Traficante de pequeñas cantidades de droga. ◆ FAM. camellero. / camélido.

camellón s. m. *Méx.* Acera en medio de una avenida, generalmente adornada con árboles y plantas.

camelo s. m. *Fam.* Chasco, burla, engaño. ‖ *Fam.* Bulo, noticia falsa.

camembert s. m. Queso de pasta blanda fabricado con leche de vaca.

camerá s. f. *Colomb.* Especie de conejo silvestre.

camerino s. m. Cuarto donde se visten los actores para salir a escena.

camero, ra adj. Relativo a la cama. ◆ adj. y s. f. Dícese de la cama intermedia entre la individual y la de matrimonio.

camerunés, sa adj. y s. De Camerún.

cámica s. f. *Chile.* Declive del techo.

camilla s. f. y adj. Mesa redonda, con faldas y una tarima para colocar el brasero. ◆ s. f. Cama estrecha y portátil, para transportar enfermos y heridos. ◆ FAM. camillero. CAMA¹.

camilucho, cha adj. y s. *Amér.* Dícese del indio que trabaja como jornalero.

caminar v. intr. [1]. Trasladarse andando de un lugar a otro. ‖ Seguir su curso o movimiento las cosas. ◆ v. tr. Recorrer cierta distancia.

caminata s. f. *Fam.* Recorrido largo efectuado a pie.

caminero adj. Relativo al camino: *peón caminero.*

caminí s. m. *Argent., Par.* y *Urug.* Variedad muy estimada de la hierba-mate.

camino s. m. Vía de comunicación más ancha que la vereda y el sendero y más estrecha que la carretera. ‖ Viaje. ‖ Medios o método para hacer alguna cosa. ● **Abrir camino,** facilitar el paso. ‖ Hallar el medio de resolver una dificultad. ◇ FAM. caminante, caminar, caminata, caminero. / descaminar, encaminar.

camión s. m. Vehículo automóvil de gran tamaño que sirve para el transporte de cargas pesadas. ‖ *Méx.* y *Venez.* Autobús. ◇ FAM. camionero, camioneta.

camioneta s. f. Camión pequeño.

camisa s. f. Prenda de vestir de tela, abotonada por delante, que suele llevar cuello y puños. ‖ Revestimiento interior de algunas piezas mecánicas. ‖ Epidermis que se desprende periódicamente de las serpientes. ● **Camisa de fuerza,** la que sirve para sujetar a los locos. ● **Cambiar de camisa,** cambiar de opiniones, generalmente políticas, por conveniencia. ‖ **Meterse** uno **en camisa de once varas** *(Fam.),* inmiscuirse en lo que no le incumbe. ◇ FAM. camisería, camisero, camiseta, camisola, camisón. / descamisado.

camisero, ra s. Persona que hace o vende camisas. ➔ adj. y s. m. Dícese de la prenda de vestir femenina de forma parecida a la camisa: *blusa camisera.*

camiseta s. f. Prenda interior sin cuello que se pone directamente sobre la piel. ‖ *Bol.* Camisón blanco, sin mangas y ceñido, que usan algunos indios.

camisola s. f. Camisa fina que solía estar guarnecida de encajes en la abertura del pecho y en los puños. ‖ *Argent.* y *Chile.* Prenda suelta y liviana, con o sin mangas, que cubre los hombros a la cintura.

camisón s. m. Prenda femenina usada para dormir. ‖ *Antill.* y *C. Rica.* Blusa. ‖ *Chile, Colomb.* y *Venez.* Vestido femenino, exceptuando el de seda negra.

camoati s. m. *Argent., Par.* y *Urug.* Nombre común a varias especies de avispas. ‖ *Argent., Par.* y *Urug.* Nido de estos insectos.

camomila s. f. Manzanilla.

camorra s. f. *Fam.* Riña, pendencia. ◇ FAM. camorrear, camorrista.

camorrear v. tr. [1]. *Argent.* y *Urug. Fam.* Reñir, armar camorra.

camorrista adj. y s. m. y f. Que es propenso a armar camorra.

camote s. m. *Amér.* Batata. ‖ *Amér.* Bulbo. ‖ *Amér.* En algunos lugares, amante, querida. ‖ *Amér.* En algunos lugares, enamoramiento. ‖ *Chile.* Mentira, bola. ‖ *Chile.* Lío, desorden, dificultad. ‖ *Ecuad.* y *Méx.* Tonto, bobo. ◇ FAM. camotear.

camotear v. intr. [1]. *Méx.* Andar de aquí para allá, sin encontrar lo que se busca.

camp adj. Que revaloriza lo que está pasado de moda: *música camp.*

campal adj. Se dice de la batalla que se efectúa en un espacio abierto. ‖ Se dice de la pelea o discusión generalizada. ◇ FAM. CAMPO.

campamento s. m. Acción de acampar. ‖ Instalación, en terreno abierto, de fuerzas militares, excursionistas, cazadores, etc. ◇ FAM. CAMPO.

campana s. f. Instrumento de metal, en forma de copa invertida, que se hace sonar golpeándolo con un badajo o un martillo. ‖ Cualquier cosa de forma semejante. ● **Echar las campanas al vuelo** *(Fam.),* publicidad con júbilo a alguna cosa. ◇ FAM. campanada, campanario, campanero, companiforme, campanilla, campanudo. / acampanado, encampanar.

campanada s. f. Golpe que da el badajo en la campana. ‖ Sonido que hace. ‖ Escándalo o novedad que llama la atención.

campanario s. m. Torre de iglesia donde se colocan las campanas.

campaniforme adj. Que tiene forma de campana.

campanilla s. f. Campana pequeña que suele tener mango. ‖ Pequeña masa muscular que cuelga en la parte posterior del velo del paladar. ‖ Planta que produce flores cuya corola es de una pieza y de figura de campana. ‖ Flor de esta planta. ◇ FAM. campanillear, campanillero. CAMPANA.

campante adj. *Fam.* Despreocupado, tranquilo, existiendo motivos para no estarlo: *quedarse tan campante.* ‖ *Fam.* Ufano, satisfecho.

campanudo, da adj. Altisonante: *lenguaje campanudo.*

campaña s. f. Expedición militar. ‖ Conjunto de actividades o esfuerzos, aplicados a un fin determinado: *campaña electoral.* ‖ Campo llano, sin montes. ◇ FAM. campañista. CAMPO.

campañista s. m. *Chile.* Pastor que cuida el ganado en las fincas con campaña.

campear v. intr. [1]. Sobresalir, destacar. ‖ *Amér.* Recorrer el campo cuidando del ganado. ‖ *Amér. Merid.* Salir al campo en busca de alguien o de algo.

campechana s. f. *Cuba* y *Méx.* Bebida consistente en la mezcla de diferentes licores. ‖ *Méx.* Mezcla de distintos mariscos servidos como cóctel. ‖ *Venez.* Hamaca. ‖ *Venez.* Prostituta.

campechano, na adj. y s. *Fam.* Relativo a la persona llana, cordial y de buen humor. ◇ FAM. campechana, campechanía.

campeón, na s. Persona o equipo que obtiene la victoria en un campeonato. ‖ Defensor esforzado de una causa o doctrina. ◇ FAM. campeonato. / subcampeón.

campeonato s. m. Certamen en que se disputa el premio en ciertos juegos o deportes. ‖ Triunfo obtenido en este certamen. ● **De campeonato** *(Fam.),* muy grande o extraordinario.

campero, ra adj. Relativo al campo. ‖ *Amér. Central* y *Amér. Merid.* Dícese del animal muy adiestrado en el paso de ríos y caminos peligrosos. ‖ *Argent., Par.* y *Urug.* Dícese de la persona muy práctica en el campo, así como en las operaciones y usos particulares de las estancias.

◆ s. f. *Argent.*, *Chile* y *Urug.* Chaqueta de abrigo, cazadora.

campesino, na adj. y s. Relativo al campo. ◆ s. Persona que vive y trabaja en el campo. ◇ FAM. campesinado. CAMPO.

campestre adj. Propio del campo.

camping s. m. Actividad que consiste en acampar al aire libre en tiendas de campaña. ‖ Lugar preparado para realizar esta actividad.

campiña s. f. Espacio grande de tierra dedicada al cultivo.

campirano, na adj. *C. Rica.* Patán, rústico. ◆ adj. y s. *Méx.* Relativo al campo. ‖ *Méx.* Entendido en las faenas del campo. ‖ *Méx.* Diestro en el manejo del caballo y en domar o sujetar otros animales.

campista s. m. y f. Persona que hace camping.

campo s. m. Terreno extenso fuera de poblado. ‖ Tierra laborable. ‖ Sembrados, árboles y demás cultivos. ‖ Terreno preparado para determinado uso: *campo de fútbol.* ‖ Espacio real o imaginario que ocupa una cosa o que abarca un asunto; *el campo de la ciencia.* ● **A campo traviesa,** cruzando el campo. ‖ **Dejar el campo libre,** retirarse de un empeño en que hay competidores. ◇ FAM. campal, campamento, campaña, campear, campero, campesino, campestre, campiña, campirano, campista. / acampar, camposanto, centrocampista, descampado, escampar.

camposanto s. m. Cementerio.

campus s. m. Conjunto de terrenos e instalaciones universitarias.

camuflaje s. m. Acción y efecto de camuflar.

camuflar v. tr. [1]. Disimular la presencia de armas, tropas o material de guerra. ‖ Disfrazar, enmascarar, encubrir. ◇ FAM. camuflaje.

can s. m. Perro. ‖ Bloque de piedra, ladrillo o madera que sobresale de la pared y da asiento a una viga, un arco, etc. ◇ FAM. canino, canódromo.

cana s. f. Cabello blanco. ● **Echar una cana al aire** *(Fam.),* divertirse ocasionalmente. ‖ **Peinar canas** *(Fam.),* ser de edad avanzada.

canaca s. m. y f. *Chile. Desp.* Individuo de raza amarilla. ‖ *Chile.* Dueño de un burdel.

canadiense adj. y s. m. y f. De Canadá.

canal s. m. o f. Vía de agua abierta artificialmente y utilizada para irrigación, navegación, etc. ‖ Conducto natural o artificial. ‖ Cada uno de los conductos por donde corren las aguas en los tejados. ‖ Res muerta, abierta y sin despojos. ‖ *Amér. Central* y *Amér. Merid.* Centro de la corriente de un río. ◆ s. m. Paso natural o artificial entre dos mares. ‖ Transmisión radioeléctrica a la que se ha asignado una banda del espectro de frecuencias. ● **Abrir en canal,** abrir de arriba abajo. ◇ FAM. canaleta, canalizar, canalón. / acanalar.

canalé s. m. Tejido de punto estriado y elástico.

canaleta s. f. *Amér. Merid.* Tubo para desaguar el agua de lluvia desde los tejados hasta la calle, canalón.

canalizar v. tr. [1g]. Abrir canales. ‖ Regularizar el cauce o la corriente de un río, arroyo, etc. ‖ Orientar, dirigir hacia un fin concreto. ◇ FAM. canalizable, canalización. CANAL.

canalla s. f. *Fam.* Gente baja, ruin. ◆ s. m. y f. *Fam.* Persona ruin y despreciable. ◇ FAM. canallada, canallesco.

canalón s. m. Canal situado en la vertiente de un tejado para recoger las aguas de lluvia. ‖ Canelón*.

canana s. f. Cinto para llevar cartuchos. ‖ *Colomb.* Camisa de fuerza.

canapé s. m. Especie de sofá o diván. ‖ Aperitivo consistente en una rebanadita de pan sobre la que se colocan viandas diversas.

canario, ria adj. y s. De las islas Canarias (España). ◆ s. m. Ave doméstica de plumaje generalmente amarillo, oriunda de las islas Canarias y Madeira.

canasta s. f. Cesto de mimbre, de boca ancha y con dos asas. ‖ Juego de naipes que se juega con dos barajas francesas. ‖ En el baloncesto, aro con una red colgante por el que se introduce el balón. ‖ En el baloncesto, tanto conseguido.

canastero s. m. *Chile.* Mozo de panadería que traslada en canastos el pan. ‖ *Chile.* Vendedor ambulante de frutas y verduras, que transporta en canastos.

canastilla s. f. Cestilla de mimbre de uso doméstico. ‖ Ropa que se prepara para un recién nacido.

canasto s. m. Canasta alta y con dos asas. ● **¡Canastos!** interj. Expresa sorpresa, enfado o protesta. ◇ FAM. canasta, canastero, canastilla.

cáncamo s. m. Tornillo con una anilla en vez de cabeza.

cancán s. m. Baile de escenario de origen francés, frívolo y de ritmo vertiginoso.

cancanear v. intr. [1]. *Fam.* Vagar o pasear sin objeto determinado. ‖ *Colomb., C. Rica* y *Nicar.* Tartamudear.

cancel s. m. Contrapuerta, generalmente con una hoja de frente y dos laterales, ajustadas éstas a las jambas de una puerta de entrada y cerrado todo por un techo. ‖ *Argent.* Puerta o verja que separa el vestíbulo o el patio del zaguán, cancela. ◇ FAM. cancela.

cancela s. f. Verja que se pone en el umbral de algunas casas.

cancelar v. tr. [1]. Anular, dejar sin validez un documento, una obligación, etc. ‖ Suspender, anular. ‖ Saldar, pagar una deuda. ◇ FAM. cancelación.

cancelario s. m. *Bol.* Rector de una universidad.

cáncer s. m. Tumor maligno formado por la multiplicación desordenada de las células de un tejido o de un órgano. ‖ Mal que devora una sociedad, una organización, etc. ◆ s. m. y f. y adj. Persona nacida bajo el signo zodiacal de Cáncer. ◇ FAM. cancerar, canceroso. / cangro, carcinoma.

cancerbero s. m. Portero o guarda severo. ‖ Guardameta o portero de los equipos de fútbol.

cancha[1] s. f. Local destinado a la práctica de distintos deportes. ‖ *Amér.* Terreno, espacio, local o sitio llano y desembarazado. ‖ *Amér. Central* y *Amér. Merid.* Hipódromo. ‖ *Amér. Merid.* Parte ancha y despejada de un río. ‖ *Argent., Bol., Par.* y *Urug.* Corral o cercado espacioso para almacenar: *cancha de maderas*. ‖ *Argent., Chile, C. Rica, Par.* y *Perú. Fam.* Habilidad adquirida a través de la experiencia. ● **Abrir,** o **dar, cancha** a uno (*Amér. Central* y *Amér. Merid.*), concederle alguna ventaja. ‖ *Argent., Bol., Par.* y *Urug.* Despejar un sitio. ‖ **¡Cancha!** interj. *Amér. Merid.* y *C. Rica.* Se usa para solicitar paso libre. ‖ **Estar** uno **en su cancha** (*Chile* y *Par.*), estar en su elemento. ◇ FAM. canchear, canchero.

cancha[2] s. f. *Colomb.* y *Perú.* Maíz o habas tostadas.

canchear v. intr. [1]. *Amér. Merid.* Buscar distracción para no trabajar seriamente.

canchero, ra adj. y s. *Amér. Central* y *Amér. Merid.* Que tiene una cancha de juego o cuida de ella. ‖ *Amér. Merid.* Experto en determinada actividad. ‖ *Chile.* Dícese de la persona que busca trabajos de poca duración y esfuerzo.

cancho s. m. Peñasco grande.

canciller s. m. En algunos estados europeos, jefe o presidente del gobierno. ‖ Empleado auxiliar en las embajadas, legaciones, consulados, etc. ◇ FAM. cancillería.

cancillería s. f. Oficio y oficina de canciller. ‖ Centro diplomático encargado de las relaciones exteriores de un país.

canción s. f. Pequeña composición musical, generalmente en verso, destinada a ser cantada. ‖ Música de esta composición. ● **Canción de cuna,** canto para dormir a los niños. ◇ FAM. cancionero. CANTAR[1].

cancionero s. m. Colección de poesías y canciones, por lo común de autores diversos.

canco s. m. *Bol.* y *Chile.* Nalga. ‖ *Chile.* Olla o vasija destinada a diversos usos domésticos. ‖ *Chile.* Maceta. ◆ pl. *Chile.* En la mujer, caderas anchas.

candado s. m. Cerradura suelta que asegura puertas, cofres, etc.

candeal adj. y s. m. Dícese de una especie de trigo muy blanco y del pan que con él se elabora.

candela s. f. Vela, cilindro de materia crasa, con torcida en el eje para alumbrar. ‖ *Fam.* Lumbre, materia combustible encendida. ● **Arrimar, dar,** etc., **candela** (*Fam.*), pegar, golpear. ◇ FAM. candelabro, candelero, candelilla. / encandilar.

candelabro s. m. Candelero de dos o más brazos sujeto en la pared o sobre su pie.

candelario, ria adj. y s. *Perú.* Necio, tonto.

candelejón s. m. *Chile, Colomb.* y *Perú.* Tonto, simple, bobo.

candelero s. m. Utensilio para sostener una vela o candela. ● **En,** o **en el, candelero,** en posición destacada o sobresaliente.

candelilla s. f. *Argent.* y *Chile.* Nombre que se da a cualquier luz o fosforescencia pequeña que se ve de noche en el campo. ‖ *Chile, C. Rica, Hond.* y *Méx.* Luciérnaga.

candente adj. Dícese de un cuerpo, generalmente de metal, cuando se enrojece o blanquea por la acción del fuego. ‖ Vivo, de actualidad: *noticias candentes.* ◇ FAM. incandescente.

candidato, ta s. Persona que aspira a un cargo, dignidad, etc., o que es propuesta para que se lo concedan. ◇ FAM. candidatura.

candidatura s. f. Reunión de candidatos. ‖ Papeleta en que figura el nombre de uno o varios candidatos. ‖ Aspiración o propuesta para cualquier dignidad o cargo.

cándido, da adj. y s. Sencillo, ingenuo, sin malicia. ◇ FAM. candidez, candor.

candil s. m. Lámpara de aceite formada por dos recipientes de metal superpuestos y con un pico cada uno. ‖ Puntas que salen del cuerno del ciervo. ‖ *Méx.* Lámpara de araña. ◇ FAM. candilejas.

candilejas s. f. pl. Línea de luces situadas en el proscenio de un teatro.

candinga s. f. *Chile.* Majadería. ‖ *Hond.* Enredo.

candonga s. f. *Fam.* Chasco o burla que se hace de palabra. ‖ *Hond.* Lienzo con el que se faja el vientre de los bebés. ◆ pl. *Colomb.* Pendientes.

candongo, ga adj. y s. *Fam.* Zalamero y astuto. ‖ *Fam.* Holgazán. ◇ FAM. candonga.

candor s. m. Inocencia, ingenuidad. ◇ FAM. candoroso. CÁNDIDO, DA.

caneca s. f. *Colomb.* Cubo de la basura. ‖ *Colomb.* y *Ecuad.* Tambor de hojalata para transportar petróleo y otros líquidos.

caneco, ca adj. *Bol.* Ebrio, borracho.

canela s. f. Corteza de diversas plantas aromáticas, especialmente del canelo, utilizada como condimento. ‖ *Fam.* Cosa muy fina y exquisita. ◇ FAM. canelo.

canelo s. m. Árbol originario de Ceilán, de hojas parecidas a las del laurel, de cuya corteza se extrae la canela.

canelón s. m. Pieza de pasta de harina, rellena y enrollada en forma tubular. ‖ Canalón. ‖ *Venez.* Rizo que las mujeres se hacen en el pelo.

canesú s. m. Cuerpo de un vestido, corto y generalmente sin mangas. ‖ Pieza superior de una camisa, blusa o vestido, a la que se cosen el cuello, las mangas y el resto de la prenda.

canfinflero s. m. *Amér. Central* y *Amér. Merid.* Rufián, hombre despreciable.

canga s. f. *Amér. Merid.* Mineral de hierro que tiene arcilla.

cangagua s. f. *Colomb.* y *Ecuad.* Tierra empleada para hacer adobes.

cangalla s. f. *Argent.* y *Chile.* Desperdicios minerales. ‖ *Bol.* Aparejo que se utiliza para que las bestias transporten carga. ‖ *Colomb.* Animal o persona enflaquecida. ◇ FAM. cangallar.

cangallar v. tr. [1]. *Bol.* y *Chile.* Robar en las minas. ‖ *Chile.* Defraudar al fisco.

cangilón s. m. Cada una de las vasijas de barro o metal que extraen agua de una noria, o fango, arena, etc., en una draga.

cangreja s. f. MAR. Vela en forma de trapecio que va a popa.

cangrejal s. m. *Argent.* y *Urug.* Terreno pantanoso e intransitable por la abundancia de cangrejillos negruzcos.

cangrejo s. m. Crustáceo marino que presenta el cuerpo redondeado. ● **Cangrejo de río**, crustáceo que posee unas patas delanteras muy desarrolladas y provistas de pinzas. ◇ FAM. cangrejal. CANGRO.

cangro s. m. *Colomb.* y *Guat.* Cáncer. ◇ FAM. cangrejo. CÁNCER.

canguelo s. m. *Fam.* Miedo, temor.

canguil s. m. *Ecuad.* Maíz pequeño muy apreciado.

canguro s. m. Mamífero australiano marsupial, con las extremidades traseras muy largas. ◆ s. m. y f. Persona cuyos servicios se contratan para cuidar niños en ausencia de sus padres.

caníbal adj. y s. m. y f. Antropófago. ‖ Dícese de la persona cruel y feroz. ◇ FAM. canibalismo.

canica s. f. Juego de niños con bolitas de barro, vidrio u otra materia dura. ‖ Cada una de estas bolitas. ● **Botársele** a alguien **la canica** (*Méx., Fam.*), enloquecer, actuar como loco.

caniche adj. y s. m. y f. Dícese de una raza de perros de pelo rizado, generalmente de color negro o blanco.

canícula s. f. Período del año en que arrecia el calor. ◇ FAM. canicular.

cánido adj. y s. m. Relativo a una familia de mamíferos carnívoros, de garras no retráctiles, como el perro o el lobo.

canijo, ja adj. y s. *Fam.* Débil y enfermizo o raquítico. ◆ adj. *Méx.* Malo, desalmado. ‖ *Méx. Fam.* Difícil, complicado. ◇ FAM. encanijar.

canilla s. f. Cualquiera de los huesos largos de la pierna o del brazo. ‖ Pequeño cilindro sobre el que se arrollan los hilos en la lanzadera. ‖ *Argent.* y *Chile.* Espinilla, parte anterior de la pierna. ‖ *Argent.* y *Urug.* Grifo, dispositivo que sirve para regular el paso de un líquido. ‖ *Colomb.* y *Perú.* Pantorrilla. ‖ *Perú.* Juego de dados. ◆ pl. *Argent.* y *Méx.* Piernas, especialmente las muy delgadas. ◇ FAM. canillera, canillita. CAÑA.

canillera s. f. Máquina que arrolla el hilo de trama sobre las canillas. ‖ *Amér. Central.* Temblor de piernas originado por el miedo. ‖ *Argent.* y *Chile.* Almohadilla que protege la parte anterior de la pierna.

canillita s. m. *Amér. Merid.* y *R. Dom.* Muchacho que vende periódicos o billetes de lotería.

canino, na adj. Relativo al perro. ◆ adj. y s. m. Dícese del diente puntiagudo, situado entre los incisivos y los premolares.

canjear v. tr. [1]. Intercambiar, entregarse recíprocamente personas o cosas. ◇ FAM. canjeable.

cánnabis s. m. Género de plantas de hojas compuestas, entre las que destaca el cáñamo y la marihuana. ◇ FAM. CÁÑAMO.

cano, na adj. Con canas o cabellera blanca. ◇ FAM. cana, canoso. / encanecer, entrecano.

canoa s. f. Embarcación ligera, sin puente, propulsada a remo, pala, vela o motor. ‖ *Amér. Central* y *Amér. Merid.* Cualquier especie de canal para conducir el agua. ‖ *Chile, Colomb., C. Rica, Cuba, Nicar.* y *P. Rico.* Especie de artesa o cajón de forma oblonga que sirve para recoger pieles, dar de comer a los animales, etc.

canódromo s. m. Recinto para las carreras de galgos. ◇ FAM. CAN.

canon s. m. Regla, precepto, norma. ‖ Modelo de características perfectas. ‖ Arquetipo, prototipo. ‖ Ley o regla establecida por la Iglesia católica. ‖ Composición musical en la que sucesivamente van entrando voces o instrumentos, repitiendo cada una el canto anterior. ‖ Pago por un alquiler. ◆ pl. Derecho canónico. ◇ FAM. canónico, canónigo, canonizar.

canónico, ca adj. Conforme a los cánones, en especial los eclesiásticos. ● **Derecho canónico**, derecho eclesiástico.

canónigo s. m. Sacerdote que forma parte del cabildo de una catedral. ◇ FAM. canonjía. CANON.

canonizar v. tr. [1g]. Declarar el papa santa a una persona ya beatificada. ◇ FAM. canonizable, canonización. CANON.

canonjía s. f. Dignidad de canónigo. ‖ Prebenda de canónigo.

canoro, ra adj. Dícese del ave de canto melodioso y grato. ‖ Dícese de la voz humana, sonidos, etc., de estas características.

canoso, sa adj. y s. Que tiene muchas canas.

canotier s. m. Sombrero de bordes planos, que solía ser de paja.

cansancio s. m. Falta de fuerzas que resulta de haberse fatigado. ‖ Fastidio, aburrimiento.

cansar v. tr. y pron. [1]. Causar cansancio. ‖ Agotar la fertilidad de la tierra de labor. ‖ Enfadar, molestar, aburrir. ● **¡Me canso!** (Méx. Fam.), ¡por supuesto!, ¡claro que sí! ◇ FAM. cansado, cansancio, cansera, cansino. / descansar, incansable.

cansera s. f. Colomb. Tiempo perdido en algún empeño.

cansino, na adj. Lento, pesado.

cantábrico, ca adj. y s. De Cantabria o del mar Cantábrico (España).

cántabro, bra adj. y s. De Cantabria (España). ‖ De un antiguo pueblo celta asentado en esta región del norte de España. ◇ FAM. cantábrico.

cantaleta s. f. Cantinela, cosa que se repite pesadamente. ‖ Amér. Estribillo, repetición enfadosa. ‖ Colomb. Regañina continuada. ◇ FAM. cantaletear. CANTAR[1].

cantamañanas s. m. y f. Fam. Persona informal e irresponsable.

cantaor, ra s. Intérprete de flamenco.

cantar[1] v. intr. y tr. [1]. Emitir con los órganos de la voz sonidos modulados. ‖ Emitir su voz los animales, en especial las aves, y producir sonidos estridentes ciertos insectos. ‖ Ensalzar: cantar al amor. ‖ Fam. Descubrir o confesar lo secreto. ◇ FAM. cantable, cantador, cantaleta, cantante, cantaor, cantar[2], cantata, cante, cántico, cantiga, cantilena, cantinela, canto[1], cantor, canturrear. / canción, cantautor, encantar.

cantar[2] s. m. Composición breve, nacida de la lírica popular, destinada al canto. ● **Cantar de gesta**, poema que narra las hazañas de personajes históricos o legendarios.

cántaro s. m. Vasija grande de barro o metal, de abertura angosta, barriga ancha y base estrecha, con una o dos asas. ● **A cántaros**, en abundancia, con mucha fuerza: llover a cántaros.

cantata s. f. Composición musical escrita para una o varias voces con acompañamiento instrumental.

cantautor, ra s. Cantante cuyo repertorio se nutre preferentemente de sus propias composiciones.

cante s. m. Acción de cantar[1]. ‖ Canto popular andaluz.

cantegril s. m. Urug. Barrio marginal de chabolas.

cantera s. f. Terreno del que se extrae piedra apropiada para la construcción. ‖ Lugar, institución, etc., donde se forman personas hábiles o capaces en alguna disciplina. ◇ FAM. CANTO[2].

cantero s. m. Persona que labra piedras destinadas a la construcción. ‖ Extremo de algunas cosas duras que pueden partirse con facilidad: un cantero de pan. ‖ Amér. Central y Amér. Merid. Espacio de jardín donde se siembra y trabaja.

cántico s. m. Canto religioso de acción de gracias. ‖ Nombre de ciertas poesías profanas: cántico nupcial.

cantidad s. f. Carácter de lo que puede ser medido o contado. ‖ Porción de alguna cosa. ‖ Suma de dinero. ‖ Gran número de personas o cosas. ‖ Cifra. ◇ FAM. CUANTO[2], TA.

cantiga o **cántiga** s. f. Antigua composición poética destinada al canto.

cantilena s. f. Composición poética breve, hecha para ser cantada. ‖ Fam. Repetición molesta e inoportuna.

cantimpla adj. Amér. Central y Amér. Merid. Tonto, bobo.

cantimplora s. f. Vasija aplanada para llevar agua en viajes y excursiones. ‖ Colomb. Recipiente para llevar la pólvora.

cantina s. f. Local público en que se venden bebidas y comida. ‖ Argent. Fonda. ◇ FAM. cantinero.

cantinela s. f. Cantilena.

canto[1] s. m. Acción y efecto de cantar[1]. ‖ Cada una de las partes en que se divide un poema épico. ‖ Arte de cantar[1].

canto[2] s. m. Extremidad o borde de algo. ‖ Lado opuesto al filo de los instrumentos cortantes. ‖ Grueso de alguna cosa: canto de un libro. ‖ Piedra de pequeño tamaño, más o menos desgastada por la erosión: canto rodado. ‖ Colomb. Falda, regazo. ● **De canto**, de lado, no de plano. ◇ FAM. cantera, cantón, cantonera. / calicanto, decantar, descantillar, descantonar.

cantón s. m. Esquina. ‖ División administrativa de ciertos territorios: cantones suizos. ‖ Hond. En medio de una llanura, parte alta y aislada. ◇ FAM. cantonalismo, cantonalista. / acantonar, guardacantón. CANTO[2].

cantonalismo s. m. Sistema político que aspira a dividir el estado en cantones federados.

cantonera s. f. Pieza puesta en las esquinas de libros, muebles, etc., para refuerzo o adorno.

cantor, ra adj. y s. Que canta, especialmente si es por oficio. ‖ Dícese de las aves de canto melodioso y variado. ‖ Poeta.

cantora s. f. Chile. Orinal.

cantúa s. f. Cuba. Dulce seco hecho de coco, boniato, ajonjolí y azúcar.

canturrear v. intr. [1]. Cantar a media voz. ◇ FAM. canturreo. CANTAR[1].

cantuta s. f. Amér. Clavel de flor sencilla.

cánula s. f. Tubo de tamaño y forma variables utilizado en medicina para introducirlo en una abertura del cuerpo. ‖ Porción terminal de las jeringas. ◇ FAM. CAÑA.

canutillo s. m. Tejido en el que los cordoncillos corren siempre en dirección de la urdimbre y los hilos son de algodón cardado.

canuto s. m. Tubo corto y no muy grueso, para diferentes usos. || *Fam.* Porro. || *Chile.* Apelación despectiva que se da a los ministros y pastores protestantes. || *Méx.* Sorbete de leche, azúcar y huevo, cuajado en forma de canuto. ◇ FAM. canutillo. CAÑA.

caña s. f. Planta gramínea de tallo hueco y flexible, hojas anchas y ásperas y flores en panojas terminales muy ramosas. || Tallo de las plantas gramíneas, por lo común hueco y nudoso. || Vaso, generalmente cónico, alto y estrecho. || Medida de cerveza equivalente a un vaso pequeño. || Canilla del brazo o de la pierna. || Vara larga, delgada y flexible, que se emplea para pescar. || *Amér. Merid.* Aguardiente destilado de la caña de azúcar. || *Colomb.* Cierto baile. ● **Caña de azúcar,** planta tropical cultivada por el azúcar que se extrae de su tallo. ◇ FAM. cañada, cañaveral, cañería, cañizo, caño, cañón. / canilla, cánula, canuto, mediacaña.

cañada s. f. Paso estrecho entre dos montañas. || Vía para el ganado trashumante. || *Argent., Par.* y *Urug.* Terreno bajo entre lomas, bañado de agua y con vegetación propia de tierras húmedas. ◇ FAM. cañadón. CAÑA.

cañadón s. m. *Argent., Cuba* y *Urug.* Cauce antiguo y profundo entre dos lomas o sierras.

cañahua s. f. *Perú.* Mijo que comen los indios y con el que, una vez fermentado, elaboran chicha. ◇ FAM. cañihua.

cañamazo s. m. Tela de cáñamo, lino o algodón, de hilos dobles, que se emplea para bordar.

cáñamo s. m. Planta de hojas palmeadas, cultivada por su tallo, que proporciona una excelente fibra textil. || Fibra textil obtenida de esta planta. ● **Cáñamo índico,** variedad de cáñamo de la que se obtiene el hachís y la marihuana. ◇ FAM. cañamazo, cañamón. / cánnabis.

cañamón s. m. Simiente del cáñamo.

cañarejo, ja adj. y s. De Cañar (Ecuador).

cañarí adj. y s. m. y f. Cañarejo.

cañaveral s. m. Terreno poblado de cañas.

cañería s. f. Conducto formado de caños por donde circula un fluido.

cañí adj. y s. m. y f. Gitano.

cañihua s. f. *Perú.* Cañahua*.

cañingue adj. *Amér. Central* y *Amér. Merid.* Canijo, enclenque.

cañizo s. m. Armazón de cañas entretejidas. ◇ FAM. encañizada. CAÑA.

caño s. m. Tubo de metal, vidrio o barro, por donde cae el agua. || Albañal, conducto de desagüe. || Chorro, líquido que sale de un orificio. ◇ FAM. encañado. CAÑA.

cañón s. m. Pieza hueca y larga a modo de tubo de diversos objetos: *cañón de fu-*

sil. || Arma de fuego no portátil tomada en su conjunto || Valle estrecho y encajado, con paredes abruptas. || Parte córnea y hueca de la pluma del ave. ◇ FAM. cañonazo. / encañonar. CAÑA.

cañonazo s. m. Disparo efectuado por un cañón. || Ruido o daño que causa.

caoba s. f. Árbol de tronco alto, recto y grueso, cuya madera rojiza es muy apreciada en ebanistería. || Color similar al de esta madera.

caolín s. m. Arcilla blanca muy pura usada en la fabricación de porcelana.

caos s. m. Confusión, desorden: *reinar el caos.* ◇ FAM. caótico.

capa s. f. Prenda de vestir larga y suelta, sin mangas, abierta por delante. || Baño, revestimiento: *capa de caramelo.* || Estrato o plano superpuesto de una cosa: *capa terrestre.* || Capote de torero. ● **Andar,** o **ir, de capa caída** (*Fam.*), ir decayendo, perdiendo intensidad y fuerza. || **Defender a capa y espada,** defender encarecidamente. ◇ FAM. capear, caperuza, capirote, capota, capote. / capisayo, socapar.

capacha s. f. *Bol.* y *Chile.* Prisión, cárcel. ◇ FAM. capacho. / capacha.

capacho s. m. Espuerta de juncos o mimbres. || Espuerta de cuero o de estopa muy recia. ◇ FAM. capacha. / capacho.

capacidad s. f. Espacio hueco de alguna cosa, suficiente para contener otra u otras: *sala de mucha capacidad.* || Aptitud, talento o disposición para algo. ◇ FAM. CAPAZ.

capacitar v. tr. y pron. [1]. Hacer a uno apto, habilitarle para alguna cosa. ◇ FAM. capacitación, capacitado. / recapacitar. CAPAZ.

capanga s. f. *Argent.* Guardaespaldas, matón.

capar v. tr. [1]. Castrar. ◇ FAM. capador, capadura, capón.

caparazón s. m. Cubierta quitinosa, dura y sólida, que protege las partes blandas de diversos animales.

capataz s. m. Persona encargada de dirigir y vigilar a un grupo de trabajadores. || Persona que está a cargo de la labranza y administración de una hacienda.

capaz adj. Que tiene capacidad o disposición para una cosa. || Instruido, competente. || *Amér.* Posible. ◇ FAM. capacidad, capacitar. / incapaz.

capazo s. m. Espuerta grande. ◇ FAM. CAPACHO.

capcioso, sa adj. Artificioso, engañoso, que induce a error: *pregunta capciosa.* ◇ FAM. capciosidad.

capea s. f. Acción de capear. || Fiesta taurina con novillos o becerros en la que participan aficionados.

capear v. tr. [1]. Torear con la capa. || Eludir, entretener con evasivas: *capear la situación.* || Sortear una embarcación el mal tiempo con maniobras adecuadas. || *Chile»* y *Guat.* Faltar a clase, hacer novillos. ◇ FAM. capea, capeo. CAPA.

capellán s. m. Titular de una capellanía. ‖ Sacerdote que ejerce sus funciones en una institución religiosa, seglar, castrense, etc. ◇ FAM. capellanía. CAPILLA.

capellanía s. f. Beneficio irregular que da derecho a recibir los frutos de unos bienes con la obligación de celebrar unas misas o unos actos religiosos determinados.

capelo s. m. Sombrero rojo de los cardenales. ‖ Dignidad de cardenal. ‖ *Méx.* Campana de cristal para resguardar del polvo.

caperuza s. f. Capucha que va suelta. ‖ Pieza que cubre o protege la extremidad de algo. ◇ FAM. capia.

capi s. m. *Bol.* Harina blanca de maíz. ‖ *Chile.* Vaina tierna de las leguminosas. ◇ FAM. capia.

capia s. f. *Argent., Colomb.* y *Perú.* Maíz blanco muy dulce que se usa para preparar golosinas. ‖ *Argent.* y *Colomb.* Masita hecha con harina de capia y azúcar. ‖ *Bol.* Harina de maíz tostado. ‖ *Bol.* Masa hecha con esa harina.

capibara s. m. *Argent.* y *Bol.* Carpincho.

capicúa adj. y s. m. y f. Dícese del número que es igual leído de izquierda a derecha que de derecha a izquierda.

capiguara s. m. *Argent.* y *Bol.* Capibara.

capilar adj. Relativo al cabello: *loción capilar.* ‖ Dícese de los tubos de diámetro muy pequeño. ◆ adj. y s. m. Se dice de las últimas ramificaciones de los vasos sanguíneos, extremadamente finas. ◇ FAM. capilaridad. CABELLO.

capilaridad s. f. Calidad de capilar. ‖ Conjunto de los fenómenos que se producen en la superficie de un líquido, en particular cuando éste se halla dentro de un tubo capilar.

capilla s. f. Iglesia pequeña aneja a otra mayor, o parte integrante de ésta, con un único altar. ‖ Lugar destinado al culto en determinados edificios o casas particulares. ‖ Cuerpo de músicos de una iglesia. ● **Capilla ardiente,** lugar en que se vela u honra a un difunto. ◇ FAM. capellán.

capirotada s. f. Aderezo para carne, hecho con hierbas, huevos, ajos, etc. ‖ *Amér.* Plato criollo a base de carne, choclo tostado, queso, manteca y otras especias.

capirotazo s. m. Golpe dado, generalmente en la cabeza, haciendo resbalar un dedo y soltándolo con violencia.

capirote s. m. Caperuza con que se cubre la cabeza de las aves de cetrería. ‖ Cucurucho de cartón forrado de tela, usado por los cofrades en las procesiones. ◇ FAM. capirotada, capirotazo. CAPA.

capisayo s. m. *Colomb.* Camiseta.

capital adj. Principal, muy grave, importante. ◆ adj. y s. f. Se dice de la letra mayúscula. ◆ s. m. Conjunto de los bienes poseídos, por oposición a las rentas que pueden producir. ‖ Factor económico constituido por el dinero. ◆ s. f. Ciudad donde reside el gobierno de un estado, comunidad autónoma, etc. ● **Pena capital,** pena de muerte. ◇ FAM. capitalidad, capitalismo, capitalista, capitalizar.

capitalidad s. f. Calidad de capital, población principal.

capitalismo s. m. Sistema económico y social basado en el dinero como fuente de riqueza y en la propiedad privada de los medios de producción. ◇ FAM. neocapitalismo. CAPITAL.

capitalista adj. Relativo al capitalismo. ◆ s. m. y f. Persona que posee capital o lo proporciona a una empresa.

capitalizar v. tr. [1g]. Transformar intereses en capital, a su vez productor de intereses. ‖ Utilizar una renta transformándola en medio de producción. ◇ FAM. capitalizable, capitalización. / descapitalizar. CAPITAL.

capitán, na s. Jefe de un equipo deportivo, grupo, banda, etc. ◆ s. m. Oficial de los ejércitos de tierra y aire, de grado intermedio entre el teniente y el comandante. ‖ El que tiene el mando de un buque. ‖ *Cuba* y *Méx.* Maitre, jefe de comedor. ◆ s. m. y s. f. Se dice del buque que arbola la insignia de un almirante. ◇ FAM. capitanear, capitanía.

capitanear v. tr. [1]. Mandar tropa haciendo el oficio de capitán. ‖ Encabezar un grupo o un acto militar, político, etc.

capitel s. m. Elemento que constituye la parte superior de una columna, un pilar o una pilastra. ◇ FAM. chapitel.

capitolio s. m. Edificio majestuoso y elevado. ‖ Acrópolis.

capitoné s. m. Vehículo destinado al transporte de muebles.

capitoste s. m. *Fam. Desp.* Cabecilla, jefe de un grupo.

capitulación s. f. Convenio en el que se estipulan las condiciones de una rendición.

capitular¹ v. intr. [1]. Rendirse un ejército, ciudad, etc., estipulando condiciones. ‖ Ceder, someter uno su voluntad. ‖ Pactar, hacer algún ajuste o concierto. ◇ FAM. capitulación. CAPÍTULO.

capitular² adj. Relativo a un cabildo o al capítulo de una orden religiosa. ◆ adj. y s. f. Dícese de la letra adornada que empieza un capítulo.

capítulo s. m. División que se hace en los libros y otros escritos para el mejor orden de la exposición. ‖ Apartado, tema. ‖ Reunión de religiosos de una orden. ● **Ser capítulo aparte,** ser cuestión merecedora de un tratamiento diferente. ◇ FAM. capitular¹, capitular². / recapitular.

capo s. m. Jefe de la mafia. ◇ FAM. caporal.

capó s. m. Cubierta metálica del motor de un vehículo.

capohaitiense adj. y s. m. y f. De Cap Haïtien (Haití).

capón s. m. Pollo castrado que se ceba para comerlo. ‖ *Fam.* Golpe dado en la cabeza con los nudillos. ◇ FAM. CAPAR.

caporal s. m. Persona que manda un grupo de gente. ‖ El que se encarga del ganado de la labranza. ‖ *Amér.* Capataz de una estancia ganadera.

capota s. f. Cubierta plegable de determinados automóviles. ‖ Tocado femenino sujeto con cintas por debajo de la barbilla. ◇ FAM. descapotable. CAPA.

capotazo s. m. Pase que realiza el torero con el capote.

capote s. m. Prenda de abrigo a manera de capa, pero con mangas y menos vuelo. ‖ Prenda de abrigo larga que usan los militares. ‖ Capa corta, ligera y de colores vivos, que usan los toreros para la lidia. ‖ *Chile.* Tunda, paliza. • **Echar un capote** (*Fam.*), ayudar al que se halla en apuro. ◇ FAM. capotazo, capotera. / encapotar. CAPA.

capotera s. f. *Hond.* Percha para colgar ropa. ‖ *Venez.* Maleta hecha de lienzo y abierta por sus extremos.

cappa s. f. Kappa*.

capricho s. m. Idea o propósito, comúnmente repentino y sin motivación aparente. ‖ Deseo vehemente, antojo. ‖ Obra de arte con aspecto de fantasía imaginativa y espontánea. ◇ FAM. caprichoso. / encapricharse.

caprichoso, sa adj. Que obra por capricho. ‖ Que se hace por capricho.

capricornio s. m. y f. y adj. Persona nacida bajo el signo zodiacal de Capricornio. ◇ FAM. CABRA.

cápsula s. f. Casquillo metálico o de otro material que cierra ciertas botellas. ‖ Envoltura soluble de ciertos medicamentos. ‖ Compartimiento de una nave o satélite espacial habitable por un animal o un hombre. ◇ FAM. capsular. CAJA.

captación s. f. Acción y efecto de captar.

captar v. tr. y prn. [1]. Atraer, conseguir, lograr: *captar su simpatía.* ➤ v. tr. Percibir, comprender. ‖ Recoger humos, polvo, las aguas de un manantial, etc. ‖ Recibir una emisión radiofónica. ◇ FAM. captación, captador.

captura s. f. Acción y efecto de capturar.

capturar v. tr. [1]. Aprehender a alguien a quien se busca, a un animal que huye, al enemigo, etc. ◇ FAM. captura.

capucha s. f. Pieza que llevan determinadas prendas de vestir para cubrir la cabeza. ‖ Capuchón. ◇ FAM. capuchón. / encapuchar.

capuchino, na adj. y s. Dícese del religioso o religiosa de una rama reformada de la orden de los franciscanos.

capuchón s. m. Caperuza, pieza que protege el extremo de algo.

capuera s. f. *Argent.* y *Par.* Parte de la selva desbrozada para el cultivo, rozado.

capulina s. f. *Méx.* Araña de color negro y abdomen abultado, sumamente venenosa.

capullo s. m. Envoltura de ciertas crisálidas y de los huevos de las arañas. ‖ Yema floral a punto de abrirse. ‖ *Vulg.* Torpe, estúpido.

caquexia s. f. Estado de debilidad y delgadez extrema del cuerpo, que constituye la fase terminal de ciertas enfermedades.

caqui[1] s. m. Planta arbórea, originaria de Japón, de hoja caduca y fruto en baya, rojo y comestible. ‖ Fruto de este árbol.

caqui[2] s. m. Color entre el amarillo ocre y el verde gris.

cara s. f. Parte anterior de la cabeza del hombre, rostro. ‖ Anverso de las monedas y medallas. ‖ Expresión de un estado de ánimo en el rostro. ‖ Fachada o frente. ‖ Aspecto, apariencia: *este guiso tiene buena cara.* ‖ Desfachatez, descaro. ‖ Cada uno de los polígonos que limitan un poliedro. • **Cara a cara**, en presencia, delante de alguien. • **Cruzar la cara** a uno, abofetearle. • **Dar la cara**, responder de los propios actos. ‖ **Echar a cara o cruz**, decidir algo por el procedimiento de lanzar una moneda al aire. ‖ **Echar en cara**, reprochar, recordar a uno un beneficio que se le ha hecho. ‖ **Plantar cara** a alguien, desafiarlo, resistir a su autoridad. ◇ FAM. carear, careta, careto. / caradura, cariacontecido, descarado, encarar, malcarado.

carabela s. f. Antigua embarcación de vela, rápida y de reducido tonelaje, utilizada en la época de los grandes descubrimientos.

carabina s. f. Fusil de cañón normalmente rayado, empleado como arma de guerra, de caza o deporte. ◇ FAM. carabinero.

carabinero s. m. Soldado armado de una carabina. ‖ Miembro de un cuerpo dedicado a la persecución del contrabando.

caraca s. f. *Cuba.* Torta hecha de harina de maíz.

caracense adj. y s. m. y f. Guadalajareño.

caracha o **carache** s. m. Enfermedad de las llamas y otros animales, parecida a la sarna.

carachupa s. f. *Perú.* Zarigüeya.

caracol s. m. Molusco gasterópodo, provisto de concha en espiral, capaz de alojar todo el cuerpo del animal. ‖ Concha de este molusco. ‖ Rizo de pelo. ‖ Parte del oído interno en forma de conducto arrollado en espiral. ‖ Cada una de las vueltas que da el caballo cuando está inquieto o cuando se lo ordena el jinete. • **¡Caracoles!** interj. Denota asombro. ◇ FAM. caracola, caracolear.

caracola s. f. Caracol marino, con la concha en espiral y de forma cónica. ‖ Concha de este caracol.

caracolear v. intr. [1]. Hacer caracoles el caballo.

carácter s. m. Conjunto de cualidades psíquicas y afectivas que individualizan la personalidad del hombre. || Condición, naturaleza: *visita de carácter privado*. || Energía, genio. || Signo de escritura y su forma: || Particularidad transmisible según las leyes de la herencia. ◇ FAM. característico, caracterizar, caracterología.

característico, ca adj. y s. f. Singular, distintivo, particular: *rasgo característico*. ◆ s. f. *Argent*. y *Urug*. Prefijo telefónico.

caracterizado, da adj. Referido a personas, notable, distinguido.

caracterizar v. tr. y pron. [1g]. Determinar a alguien o algo por sus cualidades peculiares: *la franqueza le caracteriza*. ◆ v. tr. Representar un actor su papel con veracidad y fuerza de expresión. ◆ **caracterizarse** v. pron. Maquillarse y vestirse el actor conforme al personaje que ha de representar. ◇ FAM. caracterización, caracterizado. CARÁCTER.

caracterología s. f. Estudio de los tipos de carácter. ◇ FAM. caracterológico. CARÁCTER.

caracú adj. y s. m. *Argent*., *Bol*., *Chile*., *Par*. y *Urug*. Dícese de una raza de ganado vacuno, de pelo corto y fino, más útil para carne que para el trabajo. ◆ s. m. *Amér*. Hueso con tuétano usado en guisos.

caradura adj. y s. m. y f. Sinvergüenza.

¡caráfita! interj. *Chile*. ¡Caramba!

carajillo s. m. Bebida compuesta de café y coñac, anís u otro licor.

carajo s. m. *Vulg*. Miembro viril. ● **¡Carajo!** interj. *Vulg*. Denota enfado, sorpresa o insulto. || Irse algo **al carajo** *(Vulg.)*, acabar mal la cosa de que se trate. ◇ FAM. carajillo.

caramanchel s. m. *Chile*. Cantina. || *Colomb*. Tugurio. || *Ecuad*. Puesto del vendedor ambulante. || *Perú*. Cobertizo.

caramañola o **caramayola** s. f. *Amér*. *Merid*. Cantimplora de soldado.

¡caramba! interj. Denota extrañeza o enfado.

carámbano s. m. Pedazo de hielo más o menos largo y puntiagudo.

carambola s. f. Lance del juego del billar, consistente en hacer que la bola impulsada toque a las otras dos. || *Fam*. Resultado favorable que se logra más por suerte que por habilidad.

caramelo s. m. Azúcar fundido y tostado por la acción del fuego. || Golosina compuesta de azúcar y un cuerpo graso, como la leche o la crema, aromatizado. ◇ FAM. acaramelar.

caramillo s. m. Flautilla de caña, madera o hueso, con sonido muy agudo.

carancho s. m. *Argent*. y *Urug*. Ave de presa, de color pardo, que se alimenta de animales muertos, insectos, etc. || *Perú*. Búho.

caranday s. m. *Argent*. Palmera cuyas hojas en abanico se usan para hacer sombreros y pantallas.

carángano s. m. *Amér. Central* y *Amér. Merid*. Piojo. || *Colomb*. Instrumento musical que hace las veces de bajo.

carantoñas s. f. pl. Halagos y lisonjas para conseguir algo.

caráota s. f. *Venez*. Judía, alubia.

carapacho s. m. Caparazón de tortugas, cangrejos, etc. || *Cuba* y *Ecuad*. Guiso que se hace en la misma concha de los mariscos.

carapulca s. f. *Perú*. Guiso de carne, papas y ají.

caraqueño, ña adj. y s. De Caracas.

carato s. m. *Amér*. Jagua. || *P. Rico*. Bebida refrescante hecha con jugo de guanábana y aderezada con azúcar y agua.

caratula s. f. *Argent*. Cubierta con que se resguardan y presentan legajos u otros documentos administrativos. || *Argent*. Denominación, rótulo del expediente de un caso judicial.

carátula s. f. Careta, máscara. || Mundo del teatro. || Portada de un libro o de la funda de un disco. || *Méx*. Esfera del reloj.

caravana s. f. Grupo de gentes que viajan juntas con diversos medios de transporte, generalmente por zonas desérticas. || Hilera compacta de vehículos que dificulta el tránsito normal en una carretera. || Remolque acondicionado para vivienda.

¡caray! interj. Denota enfado o extrañeza.

carayá s. m. *Argent*., *Colomb*. y *Par*. Nombre de dos especies de monos americanos, de cola larga y pelaje espeso.

carbón s. m. Combustible sólido de color negro, que contiene una elevada proporción de carbono. || Carboncillo. ● **Carbón animal**, el que procede de la calcinación de los huesos. || **Carbón mineral**, el fosilizado procedente de antiguas acumulaciones de materias vegetales. || **Carbón vegetal**, el obtenido de la carbonización de la madera. ◇ FAM. carboncillo, carbonada, carbonería, carbonero, carbonífero, carbonilla, carbonizar, carbono.

carbonada s. f. Cantidad grande de carbón que se echa de una vez en un horno, caldera, etc. || *Amér. Merid*. Guiso compuesto de pedazos de carne, choclo, zapallo, papas y arroz.

carbonatar v. tr. y pron. [1]. Transformar en carbonato.

carbonato s. m. Sal derivada del ácido carbónico. ◇ FAM. carbonatado, carbonatar. / bicarbonato. CARBONO.

carboncillo s. m. Palillo de carbón ligero, usado para dibujar.

carbonear v. tr. [1]. Hacer carbón vegetal. ◇ FAM. carboneo. CARBÓN.

carbonero, ra adj. Relativo al carbón.

◆ s. Persona que hace o vende carbón.
◆ s. f. Pila de leña dispuesta para ser convertida en carbón. ‖ Lugar donde se guarda el carbón.

carbónico, ca adj. Relativo al carbono. ‖ Dícese de las combinaciones en las que entra el carbono: *agua carbónica.*

carbonífero, ra adj. Que contiene carbón. ◆ adj. y s. m. GEOL. Dícese del quinto período del paleozoico. ◇ FAM. CARBÓN.

carbonilla s. f. Carbón vegetal menudo. ‖ Ceniza del carbón.

carbonizar v. tr. y pron. [1g]. Quemar completamente. ‖ Transformar en carbón. ◇ FAM. carbonización. CARBÓN.

carbono s. m. Elemento no metálico, que constituye el elemento esencial de los carbones naturales y los compuestos orgánicos. ◇ FAM. carbonado, carbonato, carbónico, carburo. CARBÓN.

carbunco s. m. Enfermedad infecciosa de ciertos animales domésticos, que puede ser transmitida al hombre.

carburación s. f. Acción y efecto de carburar. ‖ Operación que tiene por objeto someter ciertos cuerpos a la acción del carbono.

carburador s. m. Aparato que prepara la mezcla de gasolina y aire en los motores de explosión.

carburante adj. y s. m. Que contiene un hidrocarburo: *mezcla carburante.* ◆ s. m. Combustible utilizado en los motores de explosión o de combustión interna. ◇ FAM. supercarburante. CARBURO.

carburar v. tr. [1]. Mezclar los gases o el aire atmosférico con los carburantes gaseosos o con los vapores de los carburantes líquidos para hacerlos combustibles. ◇ FAM. carburación. CARBURO.

carburo s. m. Combinación del carbono con otro cuerpo simple, especialmente la que se forma con el calcio. ◇ FAM. carburador, carburante, carburar. / hidrocarburo. CARBONO.

carca[1] adj. y s. m. y f. Retrógrado, de ideas muy conservadoras.

carca[2] s. f. *Amér. Central* y *Amér. Merid.* Olla para cocer la chicha.

carcacha s. f. *Chile* y *Méx.* Automóvil viejo y en mal estado.

carcaj s. m. Caja o estuche en que se llevan las flechas.

carcajada s. f. Risa impetuosa y ruidosa. ◇ FAM. carcajear.

carcajear v. intr. y pron. [1]. Reír a carcajadas. ◆ **carcajearse** v. pron. Burlarse, no hacer caso.

carcamal s. m. y adj. *Fam.* Persona vieja y achacosa.

carcamán, na s. *Argent.* Persona de edad y achacosa, carcamal.

carcasa s. f. Cierta bomba incendiaria. ‖ Armazón que sostiene las piezas de un conjunto.

cárcava s. f. Hoya que suelen hacer las avenidas de agua. ‖ Zanja o foso.

cárcel s. f. Edificio destinado a la reclusión de los presos. ‖ Instrumento para mantener unidas y apretadas entre sí dos piezas de madera. ◇ FAM. carcelario, carcelero. / encarcelar, excarcelar.

carcelero, ra s. Persona que vigila los presos de una cárcel.

carchi s. m. *Colomb.* Carne salada.

carcinógeno, na adj. Se dice de la sustancia o el agente capaz de producir cáncer.

carcinoma s. m. Cáncer del tejido epitelial. ◇ FAM. carcinógeno. CÁNCER.

carcoma s. f. Insecto cuya larva excava galerías en la madera. ‖ Polvo que deja este insecto. ‖ Hecho o situación que destruye algo lentamente. ◇ FAM. carcomer.

carcomer v. tr. [2]. Destruir la madera la carcoma. ‖ Destruir algo lentamente.

carda s. f. Acción y efecto de cardar. ‖ Cepillo usado para cardar. ‖ Máquina para limpiar fibras textiles.

cardar v. tr. [1]. Peinar y limpiar las materias textiles antes de hilarlas. ‖ Sacar el pelo con la carda a los paños. ‖ Peinar ahuecando el cabello. ◇ FAM. carda, cardado, cardador. CARDO.

cardenal[1] s. m. Miembro del sacro colegio, elector y consejero del papa. ‖ Ave de América, de penacho rojo escarlata. ‖ *Chile.* Geranio. ◇ FAM. cardenalato.

cardenal[2] s. m. Mancha morada o amarillenta de la piel, producida por un golpe.

cardenillo s. m. Acetato de cobre que se emplea en pintura. ‖ QUÍM. Mezcla venenosa de acetatos básicos de cobre.

cárdeno, na adj. y s. m. Morado. ◆ adj. Dícese del toro cuyo pelo es mezcla de blanco y negro. ◇ FAM. cardenal[2].

cardiaco, ca o **cardíaco, ca** adj. Relativo al corazón. ◆ adj. y s. Dícese de la persona enferma del corazón. ◇ FAM. cardiografía, cardiograma, cardiología, cardiopatía. / endocardio, miocardio, pericardio, taquicardia.

cardias s. m. Orificio que comunica el estómago con el esófago.

cárdigan s. m. Chaqueta de punto con escote en pico.

cardillo s. m. Planta herbácea, de hojas rizadas y espinosas, cuyas pencas se comen cocidas.

cardinal adj. Principal, fundamental. ‖ Se aplica al numeral que expresa cantidad. • **Puntos cardinales**, los cuatro puntos de referencia que permiten orientarse: norte, sur, este y oeste.

cardio- pref. Significa 'corazón': *cardiograma.*

cardiografía s. f. Estudio y descripción del corazón. ‖ Cardiograma. ◇ FAM. cardiógrafo. CARDIACO, CA.

cardiograma s. m. Gráfico que refleja los

movimientos del corazón. ◇ FAM. electro-cardiograma. CARDIACO, CA.

cardiología s. f. Parte de la medicina que se ocupa del estudio de las enfermedades del corazón. ◇ FAM. cardiólogo. CAR-DIACO, CA.

cardiopatía s. f. Enfermedad del corazón. ◇ FAM. cardiópata. CARDIACO, CA.

cardo s. m. Planta anual, de hojas grandes y espinosas y flores azules. || *Fam.* Persona arisca. ◇ FAM. cardar, cardillo, cardón. / escardar.

cardón s. m. *Amér. Merid.* y *Méx.* Nombre de diversas plantas arbóreas de zonas áridas, de flores grandes y fruto carnoso.

cardumen s. m. Banco de peces. || *Chile* y *Urug.* Multitud y abundancia de cosas.

carear v. tr. [1]. Confrontar unas personas con otras para aclarar la verdad o resolver algún asunto. || *Argent., Colomb.* y *P. Rico.* Enfrentar dos gallos para conocer su modo de pelear. ◇ FAM. careo. CARA.

carecer v. intr. [2m]. Tener carencia de algo: *carecer de lo indispensable.* ◇ FAM. carencia, carente.

carenaje s. m. Cuerpo fusiforme cuya resistencia al avance es muy reducida.

carenar v. tr. [1]. Limpiar, pintar o reparar el casco de un buque. ◇ FAM. carenado, carenadura.

carencia s. f. Falta o privación de alguna cosa.

carestía s. f. Precio elevado de las cosas. || Escasez.

careta s. f. Máscara o mascarilla para cubrir la cara. || Mascarilla de alambre usada por los practicantes de esgrima.

careto, ta adj. Dícese del animal de la raza caballar o vacuna de cara blanca, con el resto de la cabeza de color oscuro.

carey s. m. Tortuga marina de los mares cálidos, cuyos huevos son muy apreciados como manjar. || Materia córnea que se obtiene del caparazón de este animal.

carga s. f. Acción y efecto de cargar. || Lo que se transporta a hombros, en vehículo, etc. || Peso sostenido por alguna estructura. || Situación penosa, suplicio. || Repuesto de cierto material que se consume con el uso: *carga de un bolígrafo.* || Cantidad de pólvora, explosivo, etc., destinada a asegurar la propulsión de un proyectil o a producir un efecto determinado. || Gravamen, tributo. || **Carga eléctrica,** cantidad de electricidad que posee un cuerpo. ◇ FAM. montacargas. CARGAR.

cargada s. f. *Argent. Fam.* Burla o broma.

cargadilla s. f. *Colomb.* Tirria, manía.

cargado, da adj. Dícese del tiempo que amenaza tormenta o lluvia. || Fuerte, espeso, saturado: *un café cargado.*

cargador, ra adj. y s. Que carga. ◆ s. f. y adj. Máquina para la carga de materiales en las minas, canteras, etc. ◆ s. Persona que embarca las mercancías para su transporte. || *Amér.* Mozo de cordel. ◆ s. m.

Cualquier dispositivo que sirve para cargar algo.

cargamento s. m. Conjunto de mercancías que carga una embarcación, tren, etc.

cargante adj. *Fam.* Enojoso, pesado, fastidioso.

cargar v. tr. [1b]. Poner o echar pesos sobre una persona, un animal o un vehículo para transportarlos. || Llenar, poner demasiado de algo. || Aumentar, añadir. || Imponer un gravamen u obligación. || Imputar, achacar: *cargar la culpa a otro.* || Poner en un lugar o dispositivo el material que ha de consumir o que está destinado a contener: *cargar una pistola.* || Acumular electricidad: *cargar una batería.* ◆ v. tr. y pron. Incomodar, molestar, cansar. ◆ v. intr. Estribar o descansar una cosa sobre otra más firme. || Acometer, atacar: *cargar contra los manifestantes.* || Con la prep. *con,* llevarse, tomar. || Tomar o tener sobre sí algún peso u obligación. ◆ v. intr. y pron. Inclinarse una cosa hacia alguna parte. ◆ **cargarse** v. pron. Con la prep. *de,* llegar a tener abundancia de ciertas cosas: *cargarse de deudas.* || *Fam.* Matar, eliminar: *cargarse un jarrón.* ● **Cargársela,** recibir las consecuencias desagradables de algún acto propio o ajeno. ◇ FAM. carga, cargadilla, cargado, cargador, cargamento, cargante, cargazón, cargo, cargoso, carguero. / descargar, encargar, recargar, sobrecargar.

cargazón s. f. Pesadez en una parte del cuerpo: *cargazón de ojos.* || *Argent.* Recargamiento, exceso de adornos.

cargo s. m. Empleo o puesto que alguien ocupa. || Gobierno, dirección, custodia. || Carga o peso. || Falta que se imputa a uno en su comportamiento: *cargos contra el sospechoso.* || Acción de cargar. ● **Hacerse** uno **cargo** de una cosa, cuidar de ella || Entender, comprender.

cargoso, sa adj. Pesado, grave. || Molesto, cargante, gravoso. || *Argent., Chile* y *Urug.* Persona que molesta reiteradamente. ◇ FAM. cargosear. CARGAR.

carguero, ra adj. y s. Que lleva carga. ◆ s. m. Buque de carga.

cari adj. *Argent.* y *Chile.* De color pardo o plomizo.

cariacontecido, da adj. *Fam.* Que muestra en el semblante aflicción o sobresalto. ◇ FAM. CARA y ACONTECER.

cariar v. tr. y pron. [1]. Producir caries.

cariátide s. f. Columna con figura de mujer.

caribe adj. Caribeño. ◆ adj. y s. m. y f. Relativo a un grupo de pueblos que ocupó diversas zonas del continente americano. ◆ s. m. Conjunto de lenguas de estos pueblos. ◇ FAM. caribeño.

caribeño, ña adj. y s. Del Caribe.

caribú s. m. Reno americano, de carne comestible.

caricato s. m. Cantante que en la ópera

hace el papel de bufo. ‖ Actor que basa su actuación en la imitación de personajes conocidos. ‖ *Amér. Central* y *Amér. Merid.* Caricatura.

caricatura s. f. Dibujo o pintura satírica o grotesca de una persona o cosa. ‖ Ridiculización de alguien o de algo. ‖ *Méx.* Cortometraje de dibujos animados. ◇ FAM. caricato, caricaturesco, caricaturista, caricaturizar.

caricaturizar v. tr. [1g]. Hacer la caricatura de algo o alguien. ‖ Remedar de manera grotesca. ◇ FAM. caricaturización. CARICATURA.

caricia s. f. Demostración cariñosa que se hace rozando suavemente con la mano. ‖ Sensación suave y agradable causada por el roce de algo. ◇ FAM. acariciar.

caridad s. f. Virtud cristiana que consiste en amar a Dios y al prójimo. ‖ Limosna, auxilio a los necesitados. ◇ FAM. caritativo.

caries s. f. Infección del diente de tipo bacteriano que produce la destrucción de sus elementos. ◇ FAM. cariado, cariar.

carillón s. m. Conjunto de campanas acordadas. ‖ Reloj con estas campanas. ‖ Instrumento de percusión que consiste en una serie de tubos o láminas de acero.

carimbo s. m. *Bol.* Hierro para marcar las reses.

cariño s. m. Sentimiento o inclinación de amor y afecto. ‖ Expresión de dicho sentimiento. ‖ Esmero con que se hace algo. ◇ FAM. cariñoso. / acariñar, encariñar.

cariñoso, sa adj. Que muestra cariño.

carioca adj. y s. m. y f. De Río de Janeiro (Brasil).

carisma s. m. Don espiritual que concede Dios a algunas personas para realizar misiones cristianas. ‖ Cualidad de algunas personas para atraer de forma irresistible a los demás. ◇ FAM. carismático.

caritativo, va adj. Que ejercita la caridad.

cariucho s. m. *Ecuad.* Guiso de carne papas con ají.

cariz s. m. Aspecto de la atmósfera. ‖ Aspecto que presenta un asunto o negocio.

carlanca s. f. Collar con puntas de hierro, que preserva a los mastines de las mordeduras de los lobos. ‖ *Chile* y *Hond.* Molestia causada por una persona machacona y fastidiosa. ‖ *Colomb.* y *C. Rica.* Grillete.

carlinga s. f. Parte del avión donde se acomoda la tripulación.

carlismo s. m. Movimiento político conservador, que toma su nombre de Carlos María Isidro, hijo de Carlos IV. ◇ FAM. carlista.

carlón s. m. *Argent.*, *Chile* y *Urug.* Vino tinto, espeso y fuerte.

carmelita adj. y s. m. y f. Dícese del religioso o religiosa de la orden del Carmelo. ◇ FAM. carmelitano.

carmenar v. tr. y pron. [1]. Desenredar y limpiar el cabello, la lana, la seda, etc. ◇ FAM. carmenador, carmenadura.

carmesí adj. y s. m. Dícese del color grana muy vivo. ◆ adj. De este color.

carmín s. m. Pigmento rojo intenso, que se extrae de la cochinilla. ‖ Este color. ‖ Barrita para colorear los labios.

carnada s. f. Cebo o animal para pescar o cazar. ‖ *Fam.* Añagaza, trampa para atraer con engaño.

carnal adj. Relativo a la carne, en oposición al espíritu: *amor carnal.* ‖ Dícese de los parientes de primer grado: *tío carnal.*

carnaval s. m. Período de tres días que precede al miércoles de ceniza y fiestas que se celebran durante estos días. ◇ FAM. carnavalada, carnavalesco, carnavalito.

carnavalito s. m. *Argent.* Baile vivaz, colectivo, cuya música es acompañada por coplas en español o en quechua.

carnaza s. f. Cara de las pieles que ha estado en contacto con la carne. ‖ Carnada, cebo. ‖ *Amér.* Víctima inocente.

carne s. f. Sustancia fibrosa del cuerpo del hombre y de los animales, que constituye los músculos. ‖ Alimento animal comestible, en contraposición al pescado. ‖ Parte blanda de la fruta. ‖ Cuerpo humano, en contraposición al espíritu. ● **Carne de cañón**, tropa expuesta a los máximos riesgos. ‖ Gente tratada sin miramientos. ● **Metido en carnes** (*Fam.*), algo grueso sin llegar a obeso. ● **Ser uno de carne y hueso**, sentir las incomodidades y trabajos de esta vida. ◇ FAM. carnada, carnal, carnalidad, carnaza, carnear, carnero[1], carnicería, carnicero, cárnico, carnitas, carnívoro, carnosidad, carnoso. / descarnar, encarnar, encarnizarse.

carné s. m. Tarjeta de identificación: *carné de identidad.*

carneada s. f. *Argent.*, *Chile*, *Par.* y *Urug.* Acción y efecto de carnear, descuartizar las reses.

carnear v. tr. [1]. *Amér. Central* y *Amér. Merid.* Matar y descuartizar las reses para el consumo. ‖ *Chile. Vulg.* Engañar o hacer burla de alguien. ◇ FAM. carneada. CARNE.

carnero[1] s. m. Rumiante doméstico, macho, de cuernos arrollados en espiral, que se cría por su carne y su lana. ◇ FAM. CARNE.

carnero[2] s. m. Lugar donde se echan los cadáveres. ● **Cantar para el carnero** (*Amér.*), morirse.

carnero[3], **ra** adj. *Argent.*, *Chile*, *Par.* y *Perú.* Sin voluntad e iniciativa. ◆ s. *Argent.*, *Chile* y *Par.* Persona que no se adhiere a una huelga con la protesta de sus compañeros.

carnestolendas s. f. pl. Carnaval.

carnet s. m. Carné*.

carnicería s. f. Tienda donde se vende

carne. ‖ *Fam.* Destrozo y mortandad de gente, matanza. ‖ *Ecuad.* Matadero.

carnicero, ra adj. y. s. Dícese de los animales carnívoros. ‖ Cruel, sanguinario. ◆ s. Persona que vende carne.

cárnico, ca adj. Relativo a la carne destinada al consumo.

carnitas s. f. pl. *Méx.* Carne de cerdo frita.

carnívoro, ra adj. y s. m. Dícese del animal, en especial el mamífero, que se alimenta de carne. ◆ adj. y s. f. Dícese de determinadas plantas que se alimentan principalmente de insectos.

carnoso, sa adj. De carne. ‖ Que tiene muchas carnes. ‖ Dícese de los órganos vegetales blandos y llenos de jugo.

caro, ra adj. De precio elevado. ‖ Amado, querido: *caro amigo.* ◆ adv. m. A un alto precio. ◇ *FAM.* encarecer.

carolingio, gia adj. y s. Relativo a Carlomagno, a su familia y dinastía, o a su tiempo.

carótida s. f. y adj. Cada una de las arterias que conducen la sangre del corazón a la cabeza.

carozo s. m. Corazón o raspa de la mazorca de maíz. ◇ *FAM.* descarozar.

carpa¹ s. f. Pez de agua dulce, comestible, que vive en las aguas tranquilas y profundas de ríos y lagos.

carpa² s. f. Lona que cubre un recinto amplio. ‖ *Amér.* Toldo, tenderete. ‖ *Amér. Central* y *Amér. Merid.* Tienda de campaña.

carpanta s. f. *Fam.* Hambre violenta.

carpelo s. m. Cada una de las piezas florales cuyo conjunto forma el pistilo de las flores.

carpeta s. f. Par de cubiertas entre las que se guardan papeles, documentos, etc. ‖ *Argent.* y *Urug.* Útil de escritorio, con tapas generalmente de cartón o material plástico, donde se abrochan hojas sueltas. ‖ *Argent.* y *Urug.* Fam. Habilidad o experiencia en el trato con los demás. ◇ *FAM.* carpetazo. / encarpetar.

carpetazo. Dar el carpetazo, suspender la tramitación de una solicitud o expediente. ‖ Dar por terminado un asunto.

carpincho s. m. *Amér.* Roedor adaptado a la vida acuática, que habita en América del Sur.

carpintería s. f. Oficio o arte del carpintero. ‖ Taller donde trabaja. ‖ En un edificio, conjunto de las obras de madera.

carpintero, ra s. Persona que tiene por oficio trabajar la madera. ◇ *FAM.* carpintería.

carpo s. m. Conjunto de los huesos de la muñeca. ◇ *FAM.* metacarpo.

carraca¹ s. f. Antiguo navío usado para el transporte. ‖ Cualquier artefacto deteriorado o caduco.

carraca² s. f. Instrumento de madera que produce un ruido seco y desapacible. ‖ Ave de pico curvado y plumaje de colores muy vivos. ‖ *Colomb.* Mandíbula o quijada seca de algunos animales.

carramplón s. m. *Colomb.* y *Venez.* Fusil.

carrasca s. f. Encina, especialmente la de pequeño tamaño. ‖ *Colomb.* y *Venez.* Instrumento musical que tiene unas muescas que se raspan con un palillo. ◇ *FAM.* carrascal, carrasco.

carrascal s. m. Terreno poblado de carrascas. ‖ *Chile.* Pedregal.

carrasco s. m. Carrasca. ‖ *Amér. Central* y *Amér. Merid.* Extensión grande de terreno cubierto de vegetación leñosa.

carraspear v. intr. [1]. Tener carraspera. ‖ Toser para librarse de la carraspera. ◇ *FAM.* carraspeo, carraspera, carrasposo.

carraspera s. f. Aspereza en la garganta que enronquece la voz.

carrasposo, sa adj. y s. Que padece carraspera. ◆ adj. *Colomb., Ecuad.* y *Venez.* Áspero al tacto, que raspa la mano.

carrera s. f. Acción de correr cierto espacio. ‖ Trayecto, recorrido. ‖ Competición de velocidad. ‖ Conjunto de estudios que capacitan para ejercer una profesión. ‖ Profesión, actividad. ‖ Línea de puntos que se sueltan en una media o una prenda de punto. ◆ **A la carrera,** muy deprisa. ‖ **Hacer carrera,** prosperar, medrar. ◇ *FAM.* carrerear, carrerilla. CARRO.

carrerear v. tr. [1]. *Méx.* Urgir, dar prisa a alguien.

carrerilla. De carrerilla (*Fam.*), de memoria, sin reflexión.

carreta s. f. Carro largo y más bajo que el ordinario, con una lanza a la cual se sujeta el yugo. ‖ *Ecuad.* Carrete de hilo. ‖ *Venez.* Carretilla. ◇ *FAM.* carretada, carretela, carretera, carretero, carretilla, carretonaje. CARRO.

carretada s. f. Carga que lleva una carreta o un carro. ‖ *Fam.* Gran cantidad de algo.

carrete s. m. Cilindro taladrado por el eje y con bordes en sus bases, sobre el que se arrolla hilo, películas, etc. ‖ Ruedecilla de la caña de pescar que regula el sedal. ◇ *FAM.* carretel. CARRO.

carretel s. m. *Amér. Central* y *Amér. Merid.* Carrete de hilo para coser. ‖ *Amér. Central* y *Amér. Merid.* Carrete de la caña de pescar.

carretela s. f. *Chile.* Vehículo de dos o cuatro ruedas, que se dedica por lo general al acarreo de bultos. ◇ *FAM.* CARRETA.

carretera s. f. Vía pública destinada a la circulación de vehículos. ● **Carretera de cuota** (*Méx.*), carretera de peaje. ◇ *FAM.* CARRETA.

carretero s. m. Persona que construye o conduce carros y carretas. ● **Como un carretero,** seguido de verbos como *hablar* o *fumar,* hacerlo con extrema intensidad o rudeza.

carretilla s. f. Carro pequeño, normalmente con una rueda y dos varas por donde se agarra con las manos.

carretón s. m. Carro pequeño y abierto.

carretonaje s. m. *Chile*. Transporte en carretón. || *Chile*. Precio de cada uno de estos transportes.

carretonero s. m. *Colomb*. Trébol.

carricoche s. m. Carro cubierto con caja de automóvil. || *Desp*. Automóvil viejo o de mal aspecto.

carriel s. m. *Colomb., Ecuad.* y *Venez*. Maletín de cuero. || *C. Rica*. Bolsa de viaje con compartimientos para papeles y dinero.

carril s. m. En una vía pública, parte destinada al tránsito de una sola fila de vehículos. || Cada una de las dos barras de hierro paralelas por donde circulan las locomotoras y los vagones. ⬦ FAM. carrilano / autocarril, descarrilar, encarrilar, ferrocarril, monocarril. CARRO.

carrilano s. m. *Chile*. Obrero del ferrocarril.

carrillo s. m. Parte carnosa de la cara, desde la mejilla hasta el borde inferior de la mandíbula. ⬦ FAM. carrilludo.

carriola s. f. *Méx*. Carro pequeño en que se lleva a los bebés.

carrizo s. m. Planta de raíz larga y rastrera que crece cerca del agua. ⬦ FAM. carrizal.

carro s. m. Carruaje generalmente de dos ruedas, con lanza o varas para enganchar el tiro. || Carga transportada con este vehículo. || *Amér. Central, Colomb., Méx., Perú, P. Rico* y *Venez*. Vehículo automóvil. || *P. Rico* y *Venez*. Carreta. ● **Carro de combate**, tanque grande de guerra. ● **Parar el carro** *(Fam.)*, contenerse o moderarse. ⬦ FAM. carrera, carreta, carrete, carril, carromato, carroza, carruaje. / acarrear, carricoche.

carrocería s. f. Parte de los vehículos que reviste el motor y sirve para transportar pasajeros o carga. ⬦ FAM. carrocero. CARROZA.

carromato s. m. Carro grande con toldo, arrastrado por más de una caballería.

carroña s. f. Carne corrompida. ⬦ FAM. carroñero.

carroñero, ra adj. y s. Dícese del animal que se alimenta de carroña.

carroza s. f. Carro lujoso de cuatro ruedas, cubierto y tirado por caballos, usado en ciertos actos. || *Argent., Chile., Méx., Par.* y *Urug*. Vehículo especial en que se transporta a los difuntos al cementerio. ➤ s. m. y f. *Fam*. Persona anticuada o de cierta edad. ⬦ FAM. carrocería. CARRO.

carruaje s. m. Vehículo formado por un armazón de madera o hierro, montado sobre ruedas. ⬦ FAM. carruajero. CARRO.

carruajero s. m. *Amér. Central* y *Amér. Merid*. El que fabrica carruajes.

carrusel s. m. Espectáculo hípico en que los jinetes ejecutan movimientos rítmicos. || Tiovivo.

carta s. f. Escrito dirigido a una persona ausente para comunicarle algo. || Menú o minuta. || Mapa: *carta de navegación*. || Leyes constitucionales de un estado. || Naipe. ● **Carta blanca**, facultad que se da a uno para obrar con entera libertad. || **Carta de ciudadanía** *(Argent.)*, documento por el que el estado otorga la nacionalidad a un residente en el país. || **Echar las cartas**, adivinar el porvenir mediante los naipes. || **Tomar cartas en el asunto** *(Fam.)*, intervenir en algo. ⬦ FAM. cartapacio, cartearse, cartel, cartera, cartería, cartero, cartilla, cartografía, cartomancia, cartón, cartulina. / abrecartas, descartar, encartar, pancarta, pesacartas.

cartabón s. m. Instrumento en forma de triángulo rectángulo isósceles, usado en el dibujo lineal.

cartagenero, ra adj. y s. De Cartagena (Colombia). || De Cartagena (España).

cartaginense adj. y s. m. y f. De Cartago, antigua ciudad del norte de África.

cartaginés, sa adj. y s. Cartaginense.

cartapacio s. m. Cuaderno de apuntes. || Carpeta o cartera. ⬦ FAM. CARTA.

cartearse v. pron. [1]. Escribirse cartas recíprocamente: *cartearse con alguien*. ⬦ FAM. carteo. CARTA.

cartel s. m. Lámina de papel u otro material, con inscripciones o figuras, que sirve de anuncio, propaganda, etc. || Reputación, fama. ⬦ FAM. cartelera. CARTA.

cártel s. m. Acuerdo entre empresas con el fin de suprimir la competencia y controlar la producción y los precios.

cartelera s. f. Armazón con superficie adecuada para fijar carteles. || En los periódicos, sección donde se anuncian los espectáculos.

cárter s. m. Envoltura protectora de las piezas de un mecanismo.

cartera s. f. Utensilio de bolsillo a modo de libro para llevar dinero, papeles, etc. || Bolsa de piel o plástico, cuadrangular y con asa, para llevar libros, legajos, etc. || Conjunto de valores, efectos comerciales o pedidos de que dispone una sociedad, banco, etc. || Ministerio. ● **En cartera**, en estudio, en proyecto. ⬦ FAM. carterista. CARTA.

cartería s. f. Oficina de correos donde se recibe y despacha la correspondencia.

carterista s. m. y f. Ladrón de carteras de bolsillo.

cartero, ra s. Persona que reparte las cartas del correo.

cartesiano, na adj. y s. Relativo a la doctrina de Descartes, filósofo francés del s. XVII. || Metódico, racional, lógico.

cartilaginoso, sa adj. De la naturaleza del cartílago o parecido a él.

cartílago s. m. Tejido de sostén del organismo, más elástico que el hueso aunque menos resistente. ⬦ FAM. cartilaginoso.

cartilla s. f. Libro para aprender las letras del alfabeto. ‖ Cuaderno donde se anotan ciertos datos: *cartilla de ahorros.*

cartografía s. f. Arte y técnica de hacer cartas y mapas geográficos. ◇ FAM. cartografiar, cartográfico, cartógrafo. CARTA.

cartomancia o **cartomancía** s. f. Arte de adivinar el futuro por medio de naipes. ◇ FAM. cartomántico.

cartón s. m. Lámina gruesa hecha de pasta de papel endurecida, o de varias hojas de papel superpuestas y adheridas. ‖ Modelo realizado sobre papel grueso o cartón para un tapiz, fresco, etc. ◇ FAM. cartoné. / acartonarse, encartonar. CARTA.

cartoné adj. Encuadernación que se hace con tapas de cartón, forradas de papel.

cartuchera s. f. Estuche o canana donde se llevan los cartuchos.

cartucho s. m. Cilindro de cartón, de metal, etc., que contiene la carga para un arma de fuego. ‖ Envoltorio cilíndrico o en forma de cucurucho. ‖ Repuesto de ciertos instrumentos o aparatos: *cartucho de pluma.* ◇ FAM. cartuchera. / encartuchar.

cartuja s. f. Orden monástica fundada por san Bruno en 1804. ‖ Monasterio de dicha orden. ◇ FAM. cartujano, cartujo.

cartujano, na adj. Relativo a la cartuja. ◆ adj. y s. Cartujo. ‖ Dícese del caballo o yegua de genuina raza andaluza.

cartujo, ja adj. y s. Dícese del religioso de la Cartuja. ◆ s. m. *Fam.* Hombre taciturno o muy retraído.

cartulina s. f. Cartón delgado y terso. ◇ FAM. CARTA.

caruata s. f. *Venez.* Especie de pita que se utiliza para hacer cuerdas muy resistentes.

casa s. f. Vivienda, lugar en que habita una persona o familia. ‖ Familia, conjunto de individuos que viven juntos. ‖ Linaje, estirpe. ‖ Establecimiento industrial o comercial. ‖ Delegación de una empresa. ● **Casa consistorial,** ayuntamiento. ● **Caérsele** a uno **la casa encima** (*Fam.*), producirle tristeza un contratiempo. ‖ **Echar la casa por la ventana** (*Fam.*), derrochar. ◇ FAM. casal, caserío, casero, caseta, casilla, casino. / acaserado.

casaca s. f. Prenda de vestir ceñida al cuerpo, con faldones y manga larga. ‖ Chaqueta o abrigo corto.

casación s. f. DER. Anulación de una sentencia. ◇ FAM. CASAR².

casadero, ra adj. Que está en edad de casarse: *hijo casadero.*

casado, da adj. y s. Dícese de la persona que ha contraído matrimonio.

casal s. m. Casa de campo o solariega. ‖ *Amér. Merid.* Pareja de macho y hembra: *un casal de lechuzas.*

casamentero, ra adj. y s. Que es aficionado a proponer o arreglar bodas.

casamiento s. m. Ceremonia nupcial.

casar¹ v. intr. y pron. [1]. Contraer matrimonio. ◆ v. tr. Dar o unir en matrimonio: *casar a un hijo.* ‖ Unir una cosa con otra, ajustar. ◆ v. tr. e intr. Disponer y ordenar cosas para que hagan juego o armonicen. ● **No casarse con nadie** (*Fam.*), conservar la independencia el pensar y obrar. ◇ FAM. casadero, casado, casamentero, casamiento, casorio. / descasar, malcasar.

casar² v. tr. [1]. DER. Anular, abrogar, derogar. ◇ FAM. casación.

cascabel s. m. Bola de metal, hueca y agujereada, con un pedacito de hierro o de latón dentro para que suene al moverla. ◇ FAM. cascabelear, cascabeleo.

cascabelero, ra adj. y s. *Fam.* Dicharachero, alegre.

cascada s. f. Caída de agua desde cierta altura por rápido desnivel del cauce.

cascado, da adj. Dícese de lo que está gastado o muy trabajado, o carece de fuerza, sonoridad, entonación, etc.

cascajo s. m. Fragmento de piedra y de otros materiales. ‖ Conjunto de frutas de cáscara seca.

cascanueces s. m. Utensilio a modo de tenaza, para partir nueces, avellanas, etc. ‖ Ave granívora semejante al cuervo.

cascar v. tr. y pron. [1a]. Romper una cosa quebradiza. ◆ v. tr. *Fam.* Pegar, golpear. ◆ v. tr. e intr. *Fam.* Charlar mucho. ‖ *Vulg.* Morir. ◇ FAM. cascado, cascadura, cascajo, cáscara, casco, cascote, casquijo. / cascanueces, cascarrabias.

cáscara s. f. Corteza o cubierta exterior de algunas cosas. ● **¡Cáscaras!** interj. *Fam.* Denota sorpresa o admiración. ◇ FAM. cascarilla, cascarón. CASCAR.

cascarilla s. f. Corteza más delgada y quebradiza que la cáscara. ◇ FAM. descascarillar. CÁSCARA.

cascarón s. m. Cáscara de huevo, en especial la rota por el pollo al salir de él.

cascarrabias s. m. y f. *Fam.* Persona que se irrita fácilmente.

cascarria s. f. Lodo o barro que salpica y se adhiere en las piernas o en la parte baja de la ropa.

casco s. m. Pieza que cubre y defiende la cabeza. ‖ Envase, botella para contener líquidos. ‖ Uña de las caballerías. ‖ Cuerpo de un buque o avión, independientemente de los aparejos y la maquinaria. ● **Casco urbano,** espacio de un área urbana edificado con continuidad. ◇ FAM. casquería, casquete, casquillo, casquivano. CASCAR.

cascote s. m. Fragmento de algún edificio derribado. ‖ Conjunto de escombros. ‖ Trozo de metralla. ◇ FAM. CASCAR.

caserío s. m. Conjunto de casas en el campo que no llegan a constituir un pueblo. ‖ Casa aislada en el campo.

casero, ra adj. Que se hace o cría en casa: *pan casero.* ‖ De confianza, sin cumplidos: *trato casero.* ‖ *Chile* y *Perú.* Se dice del cliente habitual de un establecimiento. ‖ DEP. Dícese del árbitro que favorece al equipo en cuyo campo se juega. ✦ s. m. y f. Dueño o administrador de una casa, que la alquila a otro.

caseta s. f. Casilla o garita donde se cambian de ropa los bañistas. || Perrera donde se guarece un perro guardián. || Tenderete, barracón. || *Méx.* Cabina telefónica.

casete s. f. Cajita de plástico que contiene una cinta magnética en su interior para grabar o reproducir sonido. ✦ s. m. Aparato grabador o reproductor de sonidos. ◇ FAM. radiocasete, videocasete.

casi adv. c. Cerca de, poco menos de, por poco: *casi un año.*

casilla s. f. Casa o albergue pequeño y aislado. || Cada una de las divisiones del papel rayado verticalmente o en cuadrículas. || Cada uno de los compartimientos de un casillero. || Cada uno de los cuadros que componen el tablero de algunos juegos. || *Cuba.* Trampa para cazar pájaros. || *Ecuad.* Retrete. ● **Casilla postal** (*Amér.*), apartado de correos. ● **Sacar a uno de sus casillas** (*Fam.*), alterar su método de vida. || Hacerle perder la paciencia. ◇ FAM. casillero. / encasillar. CASA.

casillero s. m. Mueble con varios compartimientos, para tener clasificados papeles u otros objetos.

casimba s. f. *Cuba y Perú.* Agujero en la playa para extraer agua potable.

casinete s. m. *Argent., Chile, Hond.* y *Perú.* Tela de inferior calidad que el cachemir. || *Ecuad., Perú y Venez.* Paño barato.

casino s. m. Asociación de carácter recreativo o cultural, cuyos miembros pagan una cuota por usar sus instalaciones. || Local de esta asociación. || Casa de juegos. ◇ FAM. CASA.

casiterita s. f. Óxido de estaño natural, principal mineral de este metal.

caso s. m. Suceso, acontecimiento. || Oportunidad, ocasión: *llegado el caso, ya actuaré.* || Problema que se plantea o pregunta que se hace. || Manifestación particular de una enfermedad. || LING. Posibilidad de variación de la forma de algunas palabras según la función desempeñada en la oración. ● **En todo caso**, de todas maneras. || **Hacer al caso** (*Fam.*), ser conveniente u oportuno. || Tener relación con el asunto de que se trata. || **Hacer caso**, tomar en cuenta, prestar atención. ◇ FAM. casual, casuística. / acaso.

casorio s. m. *Fam.* Casamiento de poco lucimiento. ◇ FAM. CASAR¹.

caspa s. f. Pequeñas escamas que se forman en el cuero cabelludo. ◇ FAM. casposo.

caspiroleta s. f. *Amér.* Bebida refrescante hecha de leche, huevos, canela, azúcar y algún otro ingrediente.

¡cáspita! interj. Denota extrañeza o admiración.

casquería s. f. Tienda donde se venden

los despojos de las reses. ◇ FAM. casquero. CASCO.

casquete s. m. Cubierta de tela, cuero, etc., que se ajusta a la cabeza. ● **Casquete glaciar**, masa de nieve y de hielo que recubre las regiones polares. ◇ FAM. encasquetar. CASCO.

casquijo s. m. Multitud de piedra menuda que sirve para hacer hormigón y como grava. ◇ FAM. CASCAR.

casquillo s. m. Cartucho metálico vacío: *casquillo de bala.* || Parte metálica de la bombilla que enroscándola permite conectarla con el circuito eléctrico. ◇ FAM. encasquillar. CASCO.

casquivano, na adj. *Fam.* De poco juicio y reflexión. ◇ FAM. CASCO.

cassette s. f. Casete*.

casta s. f. Generación o linaje. || Grupo social muy cerrado que constituye una clase especial por razones de religión, nacimiento, etc. || Especie, calidad. ◇ FAM. castizo. / descastado.

castaña s. f. Fruto comestible del castaño, rico en almidón. || Especie de moño que se hacen las mujeres. || *Fam.* Golpe, trompazo. || *Fam.* Bofetada, cachete. || *Fam.* Borrachera. ● **Sacar a uno las castañas del fuego**, sacarle de un apuro o problema. ◇ FAM. castañar, castañazo, castañero, castañeta, castañetear, castaño, castañuela.

castañeta s. f. Castañuela. || Sonido que resulta de juntar la yema del dedo medio con la del pulgar y hacerla resbalar para que choque en el pulpejo.

castañetear v. tr. [1]. Tocar las castañuelas. ✦ v. intr. Sonarle a uno los dientes, dando los de una mandíbula contra los de otra.

castaño, ña adj. y s. m. Dícese del color pardo oscuro parecido al de la cáscara de la castaña. ✦ s. m. Árbol de tronco grueso, copa ancha y redonda, y hojas grandes y lanceoladas, cuyo fruto es la castaña.

castañuela s. f. Instrumento compuesto de dos piezas cóncavas de madera, que se sujetan a los dedos y se hacen chocar entre sí. ◇ FAM. CASTAÑA.

castellanizar v. tr. [1g]. Dar forma castellana a un vocablo de otro idioma. || Enseñar el castellano. ◇ FAM. castellanización. CASTELLANO, NA.

castellano, na adj. y s. De Castilla (España). ✦ s. m. Dialecto del antiguo reino de Castilla. || Idioma español. ◇ FAM. castellanismo, castellanizar. / castellanoleonés, castellanomanchego. CASTILLO.

castellanoleonés, sa adj. y s. De Castilla y León (España).

castellanomanchego, ga adj. y s. De Castilla-La Mancha (España).

castellonense adj. y s. m. y f. De Castellón (España).

casticismo s. m. Cualidad de castizo. || LING. Tendencia a usar vocablos y expre-

siones propias, evitando los extranjeris-
mos.

castidad s. f. Continencia sexual por motivos morales o religiosos.

castigar v. tr. [1b]. Imponer o infligir un
castigo. ‖ Mortificar, afligir: *castigar al
caballo con la espuela*. ‖ Escarmentar, corregir con rigor. ◇ FAM. castigador, castigo.

castigo s. m. Pena impuesta al que ha cometido un delito o falta. ‖ Tormento, padecimiento, daño, perjuicio.

castilla s. f. *Chile*. Tela de lana muy peluda.

castillete s. m. Armazón de diversos materiales y formas para sostener algo.

castillo s. m. Edificio o conjunto de edificios cercados de murallas, baluartes, fosos y otras fortificaciones. ‖ Parte de la cubierta alta de un buque, entre el palo
trinquete y la proa. • **Castillo de fuego**,
armazón para fuegos artificiales. ‖ **Casti-
llos en el aire** *(Fam.)*, esperanzas sin fundamento alguno. ◇ FAM. castellano, castillete.

castizo, za adj. Genuino, típico de un determinado lugar o época: *lenguaje castizo*.
◆ adj. y s. *Méx*. Dícese del cuarterón,
nacido en América del cruce de mestizos
y españoles. ◇ FAM. casticismo. CASTA.

casto, ta adj. Que practica la castidad o
es conforme a ella. ◇ FAM. castidad.

castor s. m. Mamífero roedor de patas
posteriores palmeadas y cola aplanada,
que vive a orillas de ríos o lagos.

castrar v. tr. [1]. Extirpar los órganos genitales. ‖ Debilitar, apocar: *castrar el entendimiento*. ◇ FAM. castración, castrado.

castrense adj. Relativo al ejército y al estado o profesión militar.

casual adj. Que sucede por casualidad. ‖
LING. Relativo al caso. ◇ FAM. casualidad,
casualmente. CASO.

casualidad s. f. Combinación de circunstancias que no se pueden prever ni evitar.
‖ Suceso o acontecimiento imprevisto.

casuística s. f. Conjunto de casos particulares en que es posible explicar una teoría, norma, etc. ◇ FAM. casuista, casuísti-
co. CASO.

casulla s. f. Vestidura litúrgica en forma
de capa que se utiliza en la celebración
de la misa.

cata[1] s. f. Acción de catar o probar una
cosa. ‖ Porción de algo que se prueba.

cata[2] s. f. *Colomb*. Sondeo que se hace
de un terreno para ver los materiales que
contiene. ‖ *Colomb*. Cosa oculta o ence-
rrada.

cata[3] s. f. *Argent*. y *Chile*. Cotorra, perico.

catabolismo s. m. Conjunto de reacciones bioquímicas que llevan a la transformación de la materia viva en desechos, y
constituyen la parte destructora del metabolismo. ◇ FAM. catabólico.

catabre o **catabro** s. m. *Colomb*. Reci-

piente de calabaza o mimbre, usado para
transportar granos, frutas, etc.

cataclismo s. m. Trastorno físico súbito
del globo terráqueo, de efectos destructi-
vos. ‖ Gran trastorno social, político, etc.

catacumbas s. f. pl. Galerías subterráneas
en las que los primitivos cristianos ente-
rraban a los muertos y practicaban las ceremonias del culto.

catador, ra s. Persona que cata.

catadura s. f. Aspecto o semblante.

catafalco s. m. Túmulo suntuoso que
suele ponerse en los templos para las exequias solemnes.

catalán, na adj. y s. De Cataluña (España). ◆ s. m. Lengua hablada en Cataluña y otros territorios de la antigua corona de Aragón. ◇ FAM. catalanidad,
catalanismo, catalanista.

catalanismo s. m. Tendencia política que
propugna una forma de autogobierno para
Cataluña y defiende sus valores históricos
y culturales. ‖ Palabra o giro catalán incorporado a otra lengua.

catalejo s. m. Anteojo de larga vista.

catalepsia s. f. Alteración nerviosa repentina que suspende la sensibilidad e inmoviliza el cuerpo. ◇ FAM. cataléptico.

catálisis s. f. Modificación de velocidad
de las reacciones químicas. ◇ FAM. cata-
lítico, catalizador.

catalizador s. m. Cuerpo que provoca
una catálisis. ◇ FAM. catalizar. CATÁLISIS.

catalogar v. tr. [1b]. Hacer un catálogo o
incluir algo en él. ‖ Clasificar. ◇ FAM. catalogación, catalogador. CATÁLOGO.

catálogo s. m. Lista ordenada de personas, cosas o sucesos. ◇ FAM. catalogar.

catamarán s. m. Embarcación a vela, hecha con una plataforma y dos cascos aco-
plados. ‖ Piragua provista de uno o dos
flotadores laterales.

catamarqueño, ña adj. y s. De Cata-
marca (Argentina).

cataplasma s. f. Masa medicinal espesa
que se aplica sobre una parte del cuerpo
para combatir una inflamación.

catapulta s. f. Antigua máquina de guerra
para lanzar proyectiles. ‖ Dispositivo mecánico que sirve para el lanzamiento de
aviones desde un buque de guerra.
◇ FAM. catapultar.

catapultar v. tr. [1]. Lanzar con una catapulta. ‖ Ascender a alguien rápidamente.

catar v. tr. [1]. Probar algo para examinar
su sabor. ◇ FAM. cata[1], catador, catadura.
/ acatar, catavino, percatarse, recatar.

catarata s. f. Caída importante de agua en
el curso de un río. ‖ Opacidad del cristalino del ojo o de sus membranas, causada
por la presencia de depósitos de albúmina.

catarina s. f. *Méx*. Catarinita.

catarinense adj. y s. m. y f. De Santa Catarina (Brasil).

catarinita s. f. *Méx.* Mariquita, coleóptero. ◇ FAM. catarina.

cátaro, ra adj. y s. De una secta maniquea de la Edad Media que se distinguía por una extremada sencillez en las costumbres.

catarro s. m. Inflamación aguda o crónica de las mucosas, especialmente las nasales, acompañada de un aumento de secreción. ◇ FAM. catarral, catarroso. / acatarrar.

catarsis s. f. Descarga emotiva, ligada a la exteriorización de conflictos, tensiones, etc. ◇ FAM. catártico.

catastro s. m. Censo descriptivo o estadística gráfica de las fincas rústicas y urbanas. ‖ Impuesto que se paga por la posesión de una finca. ◇ FAM. catastral.

catástrofe s. f. Suceso desgraciado que altera gravemente el orden regular de las cosas. ◇ FAM. catastrófico, catastrofismo, catastrofista.

catastrofista adj. y s. m. y f. Muy pesimista, alarmista.

catatar v. tr. [1]. *Perú.* Hechizar, fascinar.

catauro s. m. *Antill.* Cesto hecho de yagua que se usa para llevar alimentos.

catavino s. m. Copa u otro recipiente para probar el vino.

catchup s. m. Salsa de tomate hecha con vinagre, especias y azúcar.

cate s. m. Golpe, bofetada. ‖ *Fam.* Nota de suspenso en los exámenes.

catear¹ v. tr. [1]. *Fam.* Suspender en los exámenes. ◇ FAM. cate, cateador, cateo.

catear² v. tr. [1]. *Amér.* Registrar la policía la casa de alguno o a alguien. ‖ *Amér. Merid.* Explorar terrenos en busca de una veta mineral. ◇ FAM. cata².

catecismo s. m. Libro que contiene, en preguntas y respuestas, la explicación del dogma y de la moral de la religión cristiana. ◇ FAM. catecúmeno, catequesis.

catecúmeno, na s. Persona que se instruye en la doctrina católica para recibir el bautismo. ◇ FAM. CATECISMO.

cátedra s. f. Asiento elevado desde donde explica un profesor. ‖ Aula. ‖ Cargo o plaza de catedrático. ‖ Departamento dependiente de su autoridad. ● **Poner, o sentar, cátedra,** actuar o hablar dándoselas de entendido. ◇ FAM. catedral, catedrático.

catedral s. f. Iglesia episcopal de una diócesis.

catedrático, ca s. Persona de nivel más alto en el escalafón docente de institutos y universidades.

categoría s. f. Cada uno de los grupos en que se pueden clasificar personas o cosas. ‖ Cada uno de los grados establecidos en una profesión o carrera. ‖ Nivel, calidad, importancia. ‖ LING. Unidad de clasificación gramatical de los elementos que componen el lenguaje. ◇ FAM. categórico.

categórico, ca adj. Que afirma o niega de una manera absoluta, sin condiciones.

catequesis s. f. Instrucción religiosa. ◇ FAM. catequismo, catequista, catequístico, catequizar. CATECISMO.

catequismo s. m. Ejercicio de instruir en la religión.

catequizar v. tr. [1g]. Instruir a uno, especialmente en la religión católica.

caterva s. f. Muchedumbre, tropel de personas o cosas.

catete s. m. *Chile.* Guiso de harina en caldo de cerdo. ‖ *Chile.* Nombre popular del demonio. ◆ adj. *Chile.* Molesto, majadero.

catéter s. m. Sonda que se introduce en un conducto natural del organismo.

cateto¹ s. m. MAT. Cada uno de los dos lados que forman el ángulo recto en un triángulo rectángulo.

cateto², ta s. *Fam.* Paludro.

catinga s. f. *Amér. Central y Amér. Merid.* Olor fuerte y desagradable de algunos animales y plantas. ‖ *Chile.* Nombre que despectivamente dan los marinos a los soldados de tierra.

catión s. m. Ión de carga positiva. ◇ FAM. CÁTODO e IÓN.

catire, ra adj. y s. *Colomb., Cuba, Perú y Venez.* Se dice de la persona rubia de ojos verdosos o amarillentos.

catitear v. intr. [1]. *Argent.* Cabecear involuntariamente los ancianos.

catizumba s. f. *Amér. Central.* Multitud, muchedumbre.

cátodo s. m. Polo negativo, electrodo de salida de una pila o generador eléctrico. ◇ FAM. catódico. / catión.

catolicismo s. m. Conjunto de la doctrina, instituciones y prácticas de la Iglesia católica romana.

católico, ca adj. y s. Relativo al catolicismo. ‖ Que profesa el catolicismo. ◇ FAM. catolicidad, catolicismo.

catón s. m. Libro para aprender a leer.

catorce adj. num. cardin. y s. m. Diez más cuatro. ◆ adj. num. ordin. y s. m. y f. Decimocuarto.

catorceavo, va o **catorzavo, va** adj. y s. m. Dícese de cada una de las catorce partes iguales en que se divide un todo.

catre s. m. Cama ligera para una persona.

catrín, na s. *Amér. Central y Méx.* Persona elegante y presumida. ◆ adj. y s. *Guat. y Nicar.* Ricachón.

caturra s. f. *Chile.* Loro pequeño.

caucano, na adj. y s. De Cauca (Colombia).

caucasiano, na adj. y s. Del Cáucaso, cordillera asiática. ◇ FAM. caucásico.

caucásico, ca adj. y s. Dícese de la raza blanca o indoeuropea y de lo que a ella se refiere.

cauce s. m. Lecho de ríos y arroyos. ‖ Conducto por donde corren las aguas para los riegos y otros usos. || Procedimiento, modo: *cauce legal.* ◇ FAM. encauzar.

caucel s. m. *C. Rica, Hond.* y *Nicar.* Gato montés americano cuya piel es muy hermosa y manchada como la del jaguar.

caucho s. m. Sustancia elástica y resistente que procede de la coagulación del látex de varios árboles de los países tropicales. || *Colomb.* y *Venez.* Banda de caucho que recubre exteriormente la cámara de la rueda de un vehículo, cubierta. ◇ FAM. encauchado, recauchaje.

caución s. f. DER. Garantía que una persona da a otra de que cumplirá un pacto, contrato, etc. ◇ FAM. CAUTO, TA.

caudal[1] s. m. Hacienda, dinero. || Abundancia de algo. || Cantidad de agua de un curso fluvial. ◇ FAM. caudaloso. / acaudalar.

caudal[2] adj. Relativo a la cola[1]: *plumas caudales.* ◇ FAM. COLA[1].

caudaloso, sa adj. De mucha agua.

caudillaje s. m. Mando de un caudillo. || *Amér. Central* y *Amér. Merid.* Caciquismo. || *Argent., Chile* y *Perú.* Conjunto o sucesión de caudillos. || *Argent.* y *Perú.* Época de su predominio histórico.

caudillo s. m. Jefe o guía, especialmente en la guerra. ◇ FAM. caudillaje, caudillismo. / acaudillar.

caula s. f. *Chile, Guat.* y *Hond.* Treta, engaño, ardid.

causa[1] s. f. Lo que se considera fundamento u origen de algo. || Motivo o razón para obrar. || Empresa o doctrina en que se toma interés o partido: *abrazar la causa liberal.* || Pleito, proceso judicial. ◇ FAM. causal, causalidad, causar, causativo. / encausar.

causa[2] s. f. *Chile* y *Perú.* Comida ligera. || *Perú.* Puré de papas con lechuga, choclo, queso fresco y ají, que se sirve frío.

causal adj. Dícese de la relación de causa entre dos o más seres o hechos. || LING. Se aplica a un tipo de oraciones subordinadas que indican la causa de lo expresado y a las conjunciones que las introducen.

causalidad s. f. Relación que una o varias causas a uno o varios efectos. || Conjunto de causas de algo.

causar v. tr. [1]. Producir un efecto o ser motivo de ello. ◇ FAM. causante. CAUSA[1].

cáustico, ca adj. y s. m. Que ataca a los tejidos orgánicos. ◆ adj. y s. Mordaz, agresivo: *tono cáustico.* ◇ FAM. causticidad. / encáustico.

cautela s. f. Precaución, reserva o cuidado. ◇ FAM. cautelar, cauteloso. CAUTO, TA.

cauteloso, sa adj. Que obra con cautela.

cauterio s. m. Lo que corrige o ataja algún mal. || MED. Medio usado para convertir los tejidos en una escara. ◇ FAM. cauterizar.

cauterizar v. tr. [1g]. Quemar con un agente químico. || Reprimir, corregir.

◇ FAM. cauterización, cauterizador. CAUTERIO.

cautivar v. tr. [1]. Aprisionar al enemigo en la guerra. || Atraer, captar, seducir. ◇ FAM. cautivador, cautiverio, cautividad, cautivo.

cautiverio s. m. Estado de cautivo y duración de dicho estado.

cautividad s. f. Cautiverio.

cautivo, va adj. y s. Dícese del animal o persona privada de libertad y retenida por la fuerza en algún lugar. || Dominado por el atractivo de alguien o algo.

cauto, ta adj. Que muestra o actúa con cautela. ◇ FAM. caución, cautela. / incauto, precaución.

cava s. f. Cada una de las dos grandes venas que desembocan en la aurícula derecha del corazón. || Acción de cavar, remover la tierra. || Lugar subterráneo en el que se guarda o conserva el vino. ◆ s. m. Nombre de un tipo de vino espumoso elaborado en España.

cavar v. tr. e intr. [1]. Levantar o mover la tierra con la azada, azadón, etc. || Hacer un hoyo o zanja. ◇ FAM. cava, cavador, cavadura, caverna, cavidad. / entrecavar, excavar, socavar.

caverna s. f. Concavidad natural vasta y profunda. ◇ FAM. cavernario, cavernícola, cavernoso. CAVAR.

cavernícola adj. y s. m. y f. Que habita en cavernas. || *Fam.* Retrógrado, carca.

caviar s. m. Huevas de esturión aderezadas.

cavidad s. f. Espacio hueco de un cuerpo cualquiera. ◇ FAM. CAVAR.

cavilar v. tr. e intr. [1]. Reflexionar tenazmente sobre algo. ◇ FAM. cavilación, caviloso.

caviloso, sa adj. Propenso a cavilar. || *Colomb.* Quisquilloso, camorrista.

cayado s. m. Bastón corvo por la parte superior. || Báculo pastoral de los obispos.

cayo s. m. Tipo de isla rasa y arenosa, muy común en el mar de las Antillas y en el golfo de México.

caza s. f. Acción de cazar. || Nombre colectivo de los animales que se cazan. ◆ s. m. Avión de combate de gran velocidad horizontal y ascendente. ● **Andar, o ir, de caza,** o **a la caza de** una cosa, pretenderla, solicitarla. ◇ FAM. cazabombardero, cazatorpedero. CAZAR.

cazabe s. m. *Amér. Central, Antill., Colomb.* y *Venez.* Torta hecha de harina de mandioca.

cazabombardero adj y s. m. Dícese de cierto tipo de avión de combate destinado a misiones diversas.

cazador, ra adj. y s. Que caza. || Dícese de los animales que por instinto cazan a otros animales. ◆ s. f. Chaqueta de tipo deportivo que llega sólo hasta la cintura, a la que se ajusta.

cazalla s. f. Aguardiente seco, que se toma como aperitivo.

cazar v. tr. [1g]. Perseguir animales para apresarlos o matarlos. || *Fam.* Adquirir con destreza algo que resulta difícil. || *Fam.* Captarse la voluntad de alguien con halagos o engaños. || *Fam.* Sorprender a uno en un descuido, error o acción que deseaba ocultar. ◇ FAM. cacería, caza, cazador.

cazatorpedero s. m. y adj. Buque destinado a rechazar los torpederos.

cazcarria s. f. Cascarria*.

cazo s. m. Vasija por lo común semiesférica y con mango largo. ◇ FAM. cacerola, cazoleta, cazuela.

cazoleta s. f. Receptáculo pequeño de algunos objetos: *la cazoleta de la pipa*. || Guarda de la empuñadura de una espada que sirve para proteger la mano.

cazón s. m. Especie de tiburón pequeño, comestible.

cazuela s. f. Vasija redonda, más ancha que honda, usada para guisar. || Guiso de legumbres y carne que se prepara en ella.

cazurro, rra adj. y s. *Fam.* De pocas palabras, huraño, encerrado en sí mismo. || *Fam.* Basto, zafio. ◇ FAM. cazurrería.

cazuzo, za adj. *Chile.* Hambriento.

ce s. f. Nombre de la letra *c*. ● **Ce por be** o **ce por ce** (*Fam.*), con todo detalle: *contar algo ce por be*. ◇ FAM. cecear.

cearense adj. y s. m. y f. De Ceará (Brasil).

cebada s. f. Planta de la familia gramíneas, con flores en espiga, de interés industrial, nutritivo y forrajero. || Semilla de esta planta. ◇ FAM. cebadal. CEBAR.

cebador, ra adj. Que ceba. ◆ s. m. Dispositivo utilizado para encender lámparas de neón, tubos fluorescentes, etc.

cebar v. tr. [1]. Dar comida a los animales para engordarlos. || Poner cebo en el anzuelo. || Con referencia a máquinas, motores, etc., poner el combustible necesario para que empiecen a funcionar. || Fomentar en una persona un afecto o pasión. || *Amér. Merid.* Preparar la infusión de mate. ◆ **cebarse** v. pron. Encarnizarse, ensañarse. ◇ FAM. cebada, cebado, cebador, cebadura. CEBO.

cebiche s. m. *Chile, C. Rica, Ecuad., Méx., Pan. y Perú.* Plato de pescado o marisco crudo, troceado y preparado con un adobo de jugo de limón, cebolla picada, sal y ají.

cebo s. m. Comida que se da a los animales para engordarlos. || Añagaza para atraer la caza o la pesca. || Persona o cosa que sirve para persuadir o atraer a alguien. ◇ FAM. cebar, cebiche.

cebolla s. f. Hortaliza de bulbo comestible y olor y sabor fuerte y picante. || Bulbo de esta planta. || Bulbo de otras plantas. ◇ FAM. cebollar, cebolleta, cebollino.

cebolleta s. f. Planta similar a la cebolla, de bulbo pequeño. || Cebolla replantada que se come tierna antes de florecer.

cebollino s. m. Planta parecida a la cebolla, que se cultiva por sus hojas huecas y cilíndricas. || *Fam.* Persona necia e indiscreta.

cebra s. f. Mamífero ungulado de África, parecido al caballo, de pelaje blanquecino con rayas negras o pardas. ● **Paso de cebra**, paso de peatones marcado en la calzada. ◇ FAM. cebrado.

cebú s. m. Bóvido rumiante parecido al buey, caracterizado por poseer una o dos gibas encima de la cruz.

ceca s. f. Antigua casa de moneda. || *Argent.* Reverso de la moneda, cruz.

cecear v. intr. [1]. Pronunciar la *s* como *z*. ◇ FAM. ceceante, ceceo. / sesear. CE.

ceceo s. m. Acción y efecto de cecear.

cecina s. f. Carne salada y seca. || *Argent.* Tira de carne delgada, sin sal y seca. || *Chile.* Embutido de carne. ◇ FAM. acecinar, chacina.

cedazo s. m. Instrumento formado por un aro y una tela metálica o de cerdas, que sirve para cerner la harina, el suero, etcétera.

ceder v. tr. [2]. Dar, transferir, traspasar: *ceder los bienes*. ◆ v. intr. Disminuir o cesar la resistencia de una cosa o persona. || Hablando del viento, la calentura, etc., mitigarse o disminuir su fuerza. ◇ FAM. cesión. / anteceder, conceder, exceder, interceder, preceder, retroceder, suceder.

cedilla s. f. Signo gráfico de idiomas como el francés, que representa una *c* con una virgulilla (¸). || Esta misma virgulilla.

cedro s. m. Árbol de gran altura, tronco grueso y madera aromática, compacta y duradera.

cedrón s. m. *Amér.* Planta productora de unas semillas muy amargas, utilizadas contra el veneno de las serpientes.

cédula s. f. Pedazo de papel o pergamino escrito o para escribir en él. || Documento escrito en que se acredita o se notifica algo. ● **Cédula de identidad** (*Argent., Chile y Urug.*), tarjeta de identidad, documento.

cefalalgia s. f. Cefalea.

cefalea s. f. Dolor de cabeza.

cefalo- pref. Significa 'cabeza': *cefalópodo*.

cefalópodo adj. y s. m. Relativo a una clase de moluscos marinos, cuya cabeza presenta unos tentáculos provistos de ventosas, como el calamar o el pulpo.

cefalorraquídeo adj. Relativo a la cabeza y a la médula o a la columna vertebral.

céfiro s. m. Poniente, viento que sopla de la parte occidental. || Viento suave y apacible.

cegar v. intr. [1d]. Perder enteramente la vista. ◆ v. tr. Quitar o privar de la vista a uno: *le cegó la luz*. || Cerrar, tapar u obstruir. ◆ v. tr. e intr. Ofuscar u obcecar el entendimiento o la razón. ◇ FAM. cegador, cegato, ceguedad, ceguera. / obcecar. CIEGO, GA.

cegato, ta adj. y s. *Fam.* Corto o escaso de vista.

cegesimal adj. Se dice del sistema de medidas que tiene como base el centímetro, el gramo y el segundo.

ceguera s. f. Pérdida de la visión. ‖ Alucinación, ofuscación.

ceibeño, ña adj. y s. De La Ceiba (Honduras).

ceilandés, sa adj. y s. De Ceilán, actual Sri Lanka.

ceja s. f. Formación pilosa que existe en la parte baja de la frente, encima de cada uno de los ojos. ‖ Parte que sobresale de algo. ‖ Pieza aplicada en el mástil de un instrumento de cuerda o en el bastidor de un piano, para apoyo de las cuerdas. ‖ Pieza suelta que se aplica transversalmente sobre la encordadura de la guitarra para elevar la entonación del instrumento. • **Metérsele** a uno **entre ceja y ceja** alguna cosa, fijarse un pensamiento o propósito. ◇ FAM. cejilla, cejudo. / cejijunto, cilio, entrecejo.

cejar v. intr. [1]. Aflojar o ceder en un empeño o discusión.

cejijunto, ta adj. De cejas casi juntas.

cejilla s. f. Ceja de los instrumentos de cuerda.

celada s. f. Asechanza dispuesta con disimulo. ‖ Pieza de la armadura que cubría la cabeza.

celador, ra adj. Que cela o vigila. ◆ s. Persona destinada por la autoridad o una institución para ejercer vigilancia.

celaje s. m. Cielo con nubes tenues y de varios matices. ◇ FAM. CIELO.

celar[1] v. tr. [1]. Vigilar a una persona de quien se desconfía. ◇ FAM. celador. / recelar. CELO[1].

celar[2] v. tr. y pron. [1]. Encubrir, ocultar: *celar algún secreto*. ◇ FAM. celada.

celda s. f. Aposento de un convento, colegio, prisión, etc. ‖ Casilla de un panal de abejas. ◇ FAM. celdilla. / enceldar.

celdilla s. f. Cada uno de los alvéolos de cera de que se componen los panales de las abejas. ‖ Cavidad o seno.

celebérrimo, ma adj. Muy célebre.

celebración s. f. Acción de celebrar.

celebrar v. tr. [1]. Llevar a cabo una función, ceremonia, junta, o cualquier otro acto. ‖ Alabar, aplaudir: *celebrar la hermosura*. ‖ Festejar a una persona, cosa o acontecimiento: *celebrar un cumpleaños*. ◆ v. tr. e intr. Decir misa. ◇ FAM. celebración, celebrante. CÉLEBRE.

célebre adj. Famoso, que tiene fama o renombre. ◇ FAM. celebérrimo, celebrar, celebridad.

celebridad s. f. Fama, renombre. ‖ Persona famosa.

celemín s. m. Medida para áridos equivalente a 4,625 litros.

celentéreo adj. y s. m. Dícese del animal, sobre todo marino, cuyo cuerpo, formado por dos paredes que limitan una cavidad digestiva, está provisto de tentáculos, como la medusa.

celeque adj. *Hond.* y *Salv.* Dícese de la fruta tierna o en leche.

celeridad s. f. Prontitud, rapidez. ◇ FAM. acelerar, desacelerar.

celesta s. f. Instrumento musical de teclado.

celeste adj. Relativo al cielo: *cuerpos celestes*. ◆ adj. y s. m. Dícese del color azul claro. ◇ FAM. celestial. CIELO.

celestial adj. Perteneciente al cielo, como mansión de los bienaventurados. ‖ Perfecto, delicioso.

celestina s. f. Alcahueta. ◇ FAM. celestinesco.

celiaco, ca o **celíaco, ca** adj. Relativo al vientre o a los intestinos.

celibato s. m. Soltería.

célibe adj. y s. m. y f. Soltero. ◇ FAM. celibato.

cellisca s. f. Temporal de agua y nieve muy menudas, y fuerte viento.

celo[1] s. m. Cuidado y esmero al hacer las cosas. ‖ Conjunto de fenómenos que aparecen en algunos animales en la época del apetito sexual. ◆ pl. Temor de que otra persona pueda ser preferida a uno. ‖ Envidia de alguien. ◇ FAM. celar[1], celosía, celoso. / encelar.

celo[2] s. m. Cinta adhesiva transparente.

celofán s. f. Película transparente de celulosa.

celoma s. m. Cavidad interna de los animales superiores, que contiene los órganos más importantes.

celosía s. f. Enrejado tupido de madera o metálico que se pone en una ventana.

celoso, sa adj. Que tiene celo o celos. ‖ *Amér.* Dícese del arma o resorte que se dispara con demasiada facilidad.

celta adj. y s. m. y f. De un antiguo pueblo indoeuropeo establecido en el occidente de Europa. ◆ s. m. Idioma hablado por este pueblo. ◇ FAM. céltico. / celtíbero.

celtíbero, ra o **celtibero, ra** adj. y s. De un pueblo prerromano de la España primitiva, de cultura celta. ◆ s. m. Lengua primitiva de la península Ibérica. ◇ FAM. celtibérico. ◇ FAM. CELTA e IBERO, RA.

céltico, ca adj. Celta.

célula s. f. Pequeña celda, cavidad o seno. ‖ BIOL. Elemento constitutivo de todo ser vivo. ◇ FAM. celular, celulitis, celuloide, celulosa. / fotocélula.

celular adj. Relativo a las células. ‖ Dícese de las prisiones con celdas individuales. ◇ FAM. intercelular, pluricelular, subcelular, unicelular. CÉLULA.

celulitis s. f. Inflamación del tejido conjuntivo, especialmente del tejido celular subcutáneo.

celuloide s. m. Materia plástica muy inflamable, utilizada en fotografía y en la industria cinematográfica.

celulosa s. f. Sustancia vegetal sólida, usada para fabricar papel, tejidos, etc.

cementar v. tr. [1]. Calentar un metal en contacto con un cemento. <> FAM. cementación. CEMENTO.

cementerio s. m. Terreno destinado a enterrar cadáveres. || Terreno en el que se acumulan vehículos inutilizables.

cemento s. m. Materia en forma de polvo que forma con el agua una pasta plástica capaz de solidificarse en contacto con el aire. || Materia que, al ser calentada en contacto con un metal, modifica la composición de éste. || ANAT. Sustancia ósea que recubre la raíz de los dientes. <> FAM. cementar. CIMIENTO.

cemita s. f. *Amér.* Pan hecho con mezcla de salvado y harina.

cempasúchil s. m. *Méx.* Planta herbácea utilizada para adorno de las tumbas. || *Méx.* Flor de esta planta.

cena s. f. Última comida del día, que se hace por la noche. <> FAM. cenáculo, cenador, cenaduría, cenar.

cenáculo s. m. Reunión o conjunto de personas con aficiones comunes.

cenador, ra s. m. Espacio generalmente de planta circular que suele haber en los jardines.

cenaduría s. f. *Méx.* Fonda en la que se sirven comidas.

cenagal s. m. Lugar lleno de cieno. || *Fam.* Asunto apurado. <> FAM. cenagoso. CIENO.

cenar v. intr. [1]. Tomar la cena. ➡ v. tr. Comer en la cena.

cenceño, ña adj. Dícese de la persona o animal delgados.

cencerrada s. f. Ruido de cencerros, cuernos, etc.

cencerrear v. intr. [1]. Tocar o sonar insistentemente cencerros. || *Fam.* Rechinar, chirriar.

cencerro s. m. Campanilla tosca, que se ata al pescuezo de las reses que guían el ganado. <> FAM. cencerrada, cencerrear.

cendal s. m. Tejido de seda parecido al tafetán.

cenefa s. f. Dibujo de ornamentación en forma de tira o lista, consistente en elementos repetidos en un mismo motivo.

cenestesia s. f. Conjunto de sensaciones internas del organismo.

cenicero s. m. Recipiente donde se echa la ceniza del cigarro.

cenicienta s. f. Persona o cosa injustamente despreciada.

ceniciento, ta adj. De color de ceniza.

cenit s. m. Punto del cielo situado en la vertical de un lugar de la Tierra. || Momento de apogeo. <> FAM. cenital.

ceniza s. f. Polvo mineral de color gris claro que queda como residuo de una combustión completa. || Residuos de un cadáver. <> FAM. cenicero, cenicienta, ceniciento, cenizo. / cinerario, cinéreo.

cenizo s. m. *Fam.* Persona que trae a los demás mala suerte.

cenobio s. m. Monasterio.

cenotafio s. m. Monumento funerario que no contiene el cadáver del personaje a quien se dedica.

cenote s. m. *Guat., Hond.* y *Méx.* Manantial situado a grandes profundidades, y que es alimentado por corrientes subterráneas.

cenozoico, ca adj. y s. m. GEOL. Dícese de la tercera era geológica, que abarca los últimos 65 millones de años.

censar v. tr. e intr. [1]. Hacer el censo de los habitantes de un lugar.

censo s. m. Lista de la población o riqueza de un país, provincia o localidad. || Lista general de los ciudadanos con derecho a voto. || DER. Sujeción de un inmueble al pago de un canon anual. <> FAM. censal, censar, censatario, censor.

censor s. m. Funcionario que censura los escritos y obras destinados a la difusión. || Persona que critica las acciones o cualidades de los demás. || En las corporaciones, persona que vela por el cumplimiento de los acuerdos. <> FAM. censura. CENSO.

censura s. f. Acción y efecto de censurar. || Organismo oficial encargado de censurar obras de difusión. || Cargo y funciones del censor. <> FAM. censurar. CENSOR.

censurar v. tr. [1]. Examinar y formar juicio el censor de un texto, doctrina, película, etc. || Suprimir o prohibir la difusión de parte de una obra. || Corregir, reprobar. || Murmurar, criticar. <> FAM. censurable, censurador. CENSURA.

centauro s. m. Ser mitológico, mitad hombre y mitad caballo.

centavo, va adj. y s. m. Centésimo, se dice de cada una de las cien partes en que se divide un todo. ➡ s. m. Centésima parte de la unidad monetaria en muchos países americanos.

centella s. f. Rayo, especialmente el de poca intensidad. || Chispa, partícula incandescente. <> FAM. centellear.

centellear v. intr. [1]. Despedir rayos de luz trémulos en forma de destellos. <> FAM. centelleante, centelleo. CENTELLA.

centena s. f. Conjunto de cien unidades. <> FAM. centenar, centenario.

centenar s. m. Centena. ● A centenares, en gran número.

centenario, ria adj. Relativo a la centena. ➡ adj. y s. Que tiene cien años de edad. ➡ s. m. Espacio de cien años. || Día en que se cumplen una o más centenas de años de algún suceso.

centeno s. m. Cereal cultivado en tierras pobres de climas fríos, como forraje. || Grano de esta planta.

centésimo, ma adj. Que ocupa el último lugar en una serie de cien. ← adj. y s. Que cabe cien veces en un todo. ◇ FAM. centesimal.

centi- pref. Significa 'centésima parte': *centímetro*.

centígrado, da adj. Que tiene la escala dividida en cien grados: *termómetro centígrado*.

centigramo s. m. Centésima parte del gramo.

centilitro s. m. Centésima parte del litro.

centímetro s. m. Centésima parte del metro.

céntimo, ma adj. Centésimo, que cabe cien veces en un todo. ← s. m. Centésima parte de la unidad monetaria.

centinela s. m. Soldado que está de vigilancia en un puesto.

centolla s. f. Centollo.

centollo s. m. Crustáceo marino, decápodo, comestible y de gran tamaño. ◇ FAM. centolla.

centón s. m. Manta hecha de piezas de tela de diversos colores. ‖ Obra literaria compuesta de expresiones y sentencias ajenas.

centrado, da adj. Dícese de las cosas cuyo centro se halla en la posición que debe ocupar. ‖ Dícese del individuo que está a gusto en un ambiente o medio.

central adj. Relativo al centro. ‖ Que está en el centro. ‖ Principal, fundamental. ← s. f. Instalación para la producción de energía eléctrica. ‖ *Cuba y P. Rico.* Fábrica de azúcar. ← s. f. y adj. Oficina o establecimiento principal de una empresa o servicio.

centralismo s. m. Sistema político en que la acción política y administrativa está centrada en manos de un gobierno único.

centralista adj. y s. m. y f. Relativo al centralismo. ← s. m. y f. *P. Rico.* Dueño de una fábrica de azúcar.

centralita s. f. Instalación telefónica que permite conectar las llamadas hechas a un mismo número, con otros teléfonos interiores.

centralizar v. tr. y pron. [1g]. Reunir varias cosas en un centro común o bajo un poder central. ‖ Asumir el poder central, facultades atribuidas a organismos locales. ◇ FAM. centralización, centralizador. / descentralizar. CENTRO.

centrar v. tr. [1]. Determinar el punto céntrico de una cosa. ‖ Colocar una cosa de manera que su centro coincida con el de otra. ‖ Hacer coincidir en el lugar conveniente los proyectiles de las armas de fuego, la luz de los focos, etc. ‖ Atraer la atención, la mirada, etc. de los demás. ← v. tr. e intr. DEP. Lanzar la pelota desde la banda hacia el área de la portería contraria. ← **centrarse** v. pron. Dominar una situación y obrar con seguridad. ◇ FAM. concentrar, descentrar. CENTRO.

céntrico, ca adj. Que está en el centro.

centrifugador, ra adj. Que centrifuga. ← s. f. Máquina que utiliza la fuerza centrífuga para secar, o separar los componentes de una mezcla.

centrifugar v. tr. [1b]. Someter a la fuerza centrífuga. ◇ FAM. centrifugación, centrifugado, centrifugador. CENTRÍFUGO, GA.

centrífugo, ga adj. Dícese de la fuerza que tiende a alejar del centro. ◇ FAM. centrifugar. CENTRO.

centrípeto, ta adj. Que tiende a aproximar al centro.

centro s. m. Punto o zona de una cosa que se halla más lejana de la periferia. ‖ Punto de donde parten o a donde se dirigen una o varias cosas. ‖ Lugar donde se concentra una actividad. ‖ Establecimiento u organismo dedicado a una determinada actividad. ‖ Conjunto de tendencias y agrupaciones políticas situadas entre la derecha y la izquierda. ‖ Zona de una población en la cual hay más actividad comercial o social. ‖ *Cuba.* Saya de color que se trasluce por el traje de género claro que se le sobrepone. ‖ *Cuba.* Tira de lienzo que se pone en las camisas. ‖ *Hond.* Chaleco. ‖ DEP. Acción de centrar, lanzar la pelota. ‖ MAT. Punto respecto del cual todos los puntos de una figura geométrica son simétricos dos a dos. ◇ FAM. centrado, central, centralismo, centralista, centralita, centralizar, centrar, céntrico, centrífugo, centrípeto, centrismo, centrista. / antropocentrismo, baricentro, concéntrico, epicentro, etnocentrismo, excéntrico, geocéntrico, heliocéntrico, hipocentro, ortocentro.

centroafricano, na adj. y s. De África Central. ‖ De la República Centroafricana.

centroamericano, na adj. y s. De Centroamérica.

centrocampista s. m. y f. Jugador que actúa en el centro del campo. ◇ FAM. CAMPO.

centroeuropeo, a adj. y s. De Europa Central.

centuplicar v. tr. y pron. [1a]. Ser o hacer cien veces mayor. ← v. tr. Multiplicar por cien.

céntuplo, pla adj. y s. m. Dícese del producto de multiplicar por cien una cantidad. ◇ FAM. centuplicar.

centuria s. f. Siglo. ‖ En la milicia romana, compañía de cien hombres. ◇ FAM. centurión.

centurión s. m. Jefe de una centuria en la milicia romana.

cenzontle s. m. *Méx.* Pájaro de color gris pardo cuya voz abarca una extensa gama de sonidos y es capaz de imitar los cantos de otras aves.

ceñir v. tr. y pron. [24]. Apretar o colocar algo de manera que ajuste o apriete. ← v. tr. Rodear una cosa a otra. ← ce-

ñirse v. pron. Amoldarse, concretarse, limitarse. ◇ FAM. ccñidor. / desceñir.

ceño s. m. Gesto de disgusto que consiste en arrugar el entrecejo. ◇ FAM. ceñudo.

cepa s. f. Parte del tronco de una planta que está dentro de la tierra y unida a las raíces. ‖ Tronco y planta de la vid. ‖ Tronco u origen de una familia o linaje. ◇ FAM. cepellón. / descepar. CEPO.

cepellón s. m. Tierra que se deja adherida a las raíces de una planta para trasplantarla.

cepillar v. tr. [1]. Alisar con cepillo la madera. ‖ Limpiar con un cepillo. ‖ Pasar el cepillo por el cabello. ◆ v. tr. y pron. *Fam.* Matar. ‖ *Fam.* Suspender un examen.

cepillo s. m. Arca pequeña con una ranura para recoger limosnas y donativos. ‖ Utensilio que consta de unos filamentos fláccidos fijados sobre una placa. ‖ Instrumento formado por una pieza de madera con una cuchilla para alisar la madera. ◇ FAM. cepillar. / acepillar. CEPO.

cepo s. m. Instrumento o dispositivo que inmoviliza, sujeta o aprisiona. ‖ Trampa para cazar animales. ◇ FAM. cepa, cepillo, ceporro.

ceporro s. m. Cepa vieja arrancada para la lumbre. ‖ Persona torpe de entendimiento.

cera s. f. Sustancia sólida elaborada por las abejas. ‖ Conjunto de velas o hachas de cera. ‖ Sustancia que segregan ciertas glándulas de los oídos. ◇ FAM. céreo, cerería, cerilla, cerumen. / cirio, encerar.

cerámica s. f. Arte de fabricar objetos de barro, loza o porcelana. ‖ Objeto de esta clase. ◇ FAM. cerámico, ceramista.

cerbatana s. f. Tubo largo para lanzar, soplando, un dardo.

cerca[1] s. f. Vallado, tapia o muro con que se rodea algún espacio, heredad o casa. ◇ FAM. CERCO.

cerca[2] adv. l. y t. Denota proximidad, generalmente inmediata. ● **Cerca de**, aproximadamente, casi: *cerca de seis días.* ◇ FAM. cercanía, cercano. / acercar.

cercado s. m. Terreno o lugar rodeado con una cerca o un seto. ‖ Cerca[1]. ‖ *Bol.* y *Perú.* Capital de un estado o provincia y los pueblos que de aquélla dependen. ◇ FAM. CERCO.

cercanía s. f. Calidad de cercano. ‖ Contorno, afueras.

cercano, na adj. Próximo, inmediato.

cercar v. tr. [1a]. Rodear un sitio con una cerca o valla. ‖ Rodear mucha gente a una persona o cosa. ‖ Asediar una fortaleza o plaza con intención de expugnarla. ◇ FAM. descercar. CERCO.

cercenar v. tr. [1]. Cortar las extremidades de una cosa. ‖ Disminuir o acortar. ◇ FAM. cercenadura, cercenamiento.

cercha s. f. Armazón que sostiene un arco o bóveda en construcción.

cerciorar v. tr. y pron. [1]. Dar o adquirir la certeza de algo: *cerciorarse de un hecho.* ◇ FAM. CIERTO, TA.

cerco s. m. Cosa que ciñe o rodea. ‖ Cerca[1]. ‖ Aureola alrededor de un astro. ‖ Marco que rodea alguna cosa. ‖ Asedio de una plaza o ciudad. ◇ FAM. cerca[1], cercado, cercar.

cerda s. f. Pelo grueso y duro de la cola y crin de las caballerías, y del cuerpo del jabalí, puerco, etc. ‖ Pelo de cepillo. ◇ FAM. cerdo.

cerdada s. f. Acción innoble, vil o grosera.

cerdo, da s. Mamífero doméstico, de cuerpo grueso y patas cortas, cuya carne se aprovecha en alimentacion ◆ s. y adj. *Fam.* Persona desaliñada y sucia. ‖ *Fam.* Persona grosera o despreciable. ◇ FAM. cerdada, cerdear. CERDA.

cereal s. m. y adj. Planta cuyas semillas sirven para la alimentación del hombre y de los animales, como el trigo, centeno, maíz, etc. ‖ Semilla de esta planta. ◇ FAM. cerealista.

cerebelo s. m. Centro nervioso encefálico situado debajo del cerebro, detrás del tronco cerebral. ◇ FAM. CEREBRO.

cerebral adj. Relativo al cerebro. ‖ Que predominan las cualidades intelectuales sobre las afectivas.

cerebro s. m. Centro nervioso encefálico situado en el cráneo de los vertebrados. ‖ Conjunto de las facultades mentales. ‖ Persona sobresaliente en actividades culturales, científicas o técnicas. ‖ Inteligencia, talento. ◇ FAM. cerebral. / cerebelo.

ceremonia s. f. Acto solemne que se celebra según ciertas normas o ritos. ‖ Solemnidad, deferencia, amabilidad excesiva. ◇ FAM. ceremonial, ceremoniosidad, ceremonioso.

ceremonial adj. Relativo al uso de las ceremonias. ◆ s. m. Conjunto de normas de una ceremonia. ‖ Libro que las contiene.

ceremonioso, sa adj. Que observa puntualmente las ceremonias. ‖ Que gusta de ceremonias y cumplimientos exagerados.

céreo, a adj. De cera o de aspecto semejante al de la cera.

cerería s. f. Tienda en la que se trabaja o vende cera u objetos de cera.

cereza s. f. Fruto comestible del cerezo. ‖ *Amér. Central, Antill., Colomb.* y *Pan.* Cáscara del grano de café. ◇ FAM. cerezal, cerezo.

cerezo s. m. Árbol de tronco liso, flores blancas y hojas lanceoladas, cuyo fruto es la cereza. ‖ Madera de este árbol.

cerilla s. f. Vela de cera, muy delgada y larga. ‖ Fósforo para encender fuego. ◇ FAM. cerillero, cerillo. CERA.

cerillero, ra s. Persona que vende tabaco y cerillas. ◆ s. m. Caja para guardar cerillas.

cerillo s. m. *Méx.* Fósforo, cerilla.

cerio s. m. Metal duro y brillante, empleado en industria y en medicina.

cerner v. tr. [2d]. Separar con el cedazo lo grueso de lo fino, especialmente la harina del salvado. ◆ v. tr. y pron. Amenazar de cerca algún mal. ‖ Mantenerse las aves en el aire. ◇. FAM cernedor, cernido, cernir. / discernir.

cernícalo s. m. Ave de rapiña de plumaje rojizo con manchas negras. ◆ s. m. y adj. Fam. Hombre ignorante y rudo.

cernir v. tr. [3e]. Cerner*.

cero adj. Ninguno: cero pesetas. ◆ s. m. Número con que se anota el valor nulo de una magnitud. ‖ Absolutamente nada. ‖ Fís. Punto de partida de la escala de graduación de un instrumento de medida.

cerrado, da adj. Incomprensible, oculto y oscuro. ‖ Estricto, rígido, terminante. ‖ Dícese del cielo cargado de nubes. ‖ Dícese del acento de la persona cuya pronunciación presenta rasgos locales muy marcados. ‖ Dícese de la vocal pronunciada con un estrechamiento del paso del aire. ◆ s. m. Cercado.

cerradura s. f. Mecanismo que cierra una puerta, tapa, etc., generalmente con llave.

cerraja s. f. Planta herbácea de flores amarillas, que contiene un látex blanco.

cerrajería s. f. Oficio de cerrajero. ‖ Taller o sitio donde se fabrican y venden cerraduras, llaves, etc.

cerrajero, ra s. Persona que hace cerraduras y otros instrumentos de metal. ◇. FAM. cerrajería. / descerrajar. CERRAR.

cerrar v. tr. [1j]. Hacer que el interior de un lugar o receptáculo quede incomunicado con el exterior. ‖ Tratándose de partes del cuerpo o de cosas articuladas, juntarlas. ‖ Entorpecer, interrumpir el curso de algo o de alguien. ‖ Interrumpir el funcionamiento de un aparato: cerrar la radio. ‖ Concluir ciertas cosas, ponerles término. ‖ Ir detrás o en último lugar. ‖ Plegar, doblar o tapar. ◆ v. tr. y pron. Tapar u obstruir aberturas, huecos, conductos, etc. ◆ v. tr., intr. y pron. Encajar o asegurar en su marco la hoja de una puerta, ventana, etc. ◆ v. intr. y pron. Cicatrizar las heridas. ‖ Llegar la noche a su plenitud. ◆ cerrarse v. pron. Mostrarse reacio a admitir algo. ‖ Encapotarse el cielo. ◇. FAM. cerrado, cerradura, cerrajero, cerramiento, cerrazón, cierre, cierro. / encerrar, entrecerrar.

cerrazón s. f. Oscuridad grande por cubrirse de nubes el cielo. ‖ Incapacidad de comprender algo por ignorancia o prejuicio. ‖ Argent. Niebla que dificulta la visibilidad.

cerrero, ra adj. Amér. Central y Amér. Merid. Inculto, grosero, tosco, brusco. ‖ Venez. Amargo.

cerril adj. Dícese del terreno escabroso. ‖ Dícese del ganado salvaje. ‖ Fam. Obstinado, terco. ‖ Fam. Tosco, grosero.

cerro s. m. Elevación de tierra aislada, menor que el monte. ‖ Cuello o pescuezo del animal. ‖ Espinazo o lomo. ◇ FAM. cerril.

cerrojazo s. m. Acción y efecto de cerrar o acabar algo con brusquedad.

cerrojo s. m. Pasador de una cerradura que está sostenido horizontalmente por guías. ‖ Mecanismo que cierra la recámara de algunas armas de fuego. ◇ FAM. cerrojazo.

certamen s. m. Concurso abierto para estimular el cultivo de las ciencias, las letras o las artes. ‖ Discusión literaria.

certero, ra adj. Diestro en tirar. ‖ Seguro, acertado. ◇ FAM. CIERTO, TA.

certeza o **certidumbre** s. f. Conocimiento seguro, claro y evidente de las cosas. ◇ FAM. incertidumbre. CIERTO, TA.

certificado, da adj. Se dice de la carta o paquete que se certifica. ◆ s. m. Documento que certifica una cosa.

certificar v. tr. [1a]. Afirmar una cosa, darla por cierta. ‖ Hacer registrar los envíos por correo, obteniendo un resguardo que acredite el envío. ◇ FAM. certificación, certificado, certificador, certificatorio. CIERTO, TA.

cerúleo, a adj. Dícese del color azul celeste.

cerumen s. m. Cera que segregan los oídos.

cerval adj. Perteneciente al ciervo o parecido a él. ‖ Dícese del miedo muy grande o excesivo.

cervato s. m. Ciervo menor de seis meses.

cervecería s. f. Lugar donde se fabrica o vende cerveza.

cerveza s. f. Bebida alcohólica hecha con granos de cebada germinados y fermentados y lúpulo. ‖ Vaso o copa con dicha bebida. ◇ FAM. cervecería, cervecero.

cervical adj. Relativo al cuello. ◆ s. f. Vértebra del cuello.

cérvido adj. y s. m. Relativo a una familia de rumiantes de aspecto esbelto y ágil. ◇ FAM. CIERVO, VA.

cerviz s. f. Parte posterior del cuello. ◇ FAM. cervical.

cesante adj. y s. m. y f. Dícese del empleado a quien se priva de su empleo.

cesantear v. tr. [1]. Amér. Central y Amér. Merid. Rescindir el contrato laboral a alguien.

cesar v. intr. [1]. Suspenderse o acabarse una cosa. ‖ Dejar de hacer algo. ‖ Dejar de desempeñar un empleo o cargo. ◇ FAM. cesación, cesante, cesantear, cese. / incesante, recesar.

césar s. m. Título de los emperadores romanos.

cesárea s. f. Operación quirúrgica que consiste en extraer el feto del vientre de la madre, por medio de una incisión en las paredes del abdomen y del útero.

cese s. m. Acción y efecto de cesar. ‖ Formalidad o diligencia que acredita que alguien cesa de su empleo o función.

cesio s. m. Metal alcalino, blando y de color blanco plateado.

cesión s. f. Acción y efecto de ceder o renunciar a algo.

césped s. m. Hierba menuda y tupida que cubre el suelo. || Tepe. ◇ FAM. cortacésped.

cesta s. f. Recipiente hecho de mimbres, juncos, etc., que sirve para recoger o llevar objetos. || Especie de pala curva y acanalada que sirve para jugar a la pelota. || En baloncesto, canasta. ◇ FAM. cestería, cestero, cesto. / encestar.

cestería s. f. Lugar donde se hacen o venden cestas.

cesto s. m. Cesta grande, más ancha que alta. || En baloncesto, canasta. ◇ FAM. baloncesto. CESTA.

cesura s. f. Pausa situada en el interior de un verso que sirve para regular el ritmo y lo divide en dos hemistiquios.

cetáceo, a adj. y s. m. Relativo a un orden de mamíferos marinos con forma de pez, como la ballena o el delfín. ◇ FAM. cetina.

cetaria s. f. Estanque artificial donde se conservan vivos crustáceos destinados al consumo.

cetina s. f. Esperma de la ballena. ◇ FAM. CETÁCEO, A.

cetrería s. f. Arte de criar y adiestrar aves para la caza. || Caza con aves de presa.

cetrino, na adj. y s. m. Dícese del color amarillo verdoso. ◆ adj. De color cetrino. ◇ FAM. CÍTRICO, CA.

cetro s. m. Bastón de mando, que usan como distintivo ciertas dignidades. || Preeminencia o superioridad en algo. || Reinado o mandato de un rey.

ceutí adj. y s. m. y f. De Ceuta (España).

ch s. f. Letra doble que en español representa un sonido consonántico palatal africado y sordo.

chabacano, na adj. Grosero, de mal gusto. ◆ s. m. Méx. Albaricoque. ◇ FAM. chabacanada, chabacanería. / achabacanar.

chabela s. f. Bol. Bebida hecha mezclando vino y chicha.

chabelón adj. y s. m. Guat. Hombre cobarde.

chabola s. f. Barraca, choza, generalmente construida en el campo. || Vivienda en los suburbios de las ciudades. ◇ FAM. chabolismo.

chabolismo s. m. Forma y condiciones de vida propias de las chabolas.

chacal s. m. Mamífero carnívoro que vive en Asia y África y se alimenta de los restos que abandonan las grandes fieras.

chacalín s. m. Amér. Central. Camarón, crustáceo.

chacanear v. intr. y tr. [1]. Chile. Espolear

con fuerza a la cabalgadura. || Chile. Importunar.

chácara[1] s. f. Amér. Central y Amér. Merid. Chacra, granja. ◇ FAM. chacarero. CHACRA.

chácara[2] s. m Colomb. Monedero.

chacarera s. f. Argent., Bol. y Urug. Música, letra y baile de ritmo rápido que se acompaña con castañeteos y zapateo.

chacarero, ra s. Amér. Central y Amér. Merid. Dueño de una chácara. || Amér. Central y Amér. Merid. Persona que trabaja en ella. ◆ s. m. Chile. Tipo de sandwich con algunas verduras y carne.

chacha s. f. Fam. Niñera. || Fam. Criada. ◇ FAM. MUCHACHO, CHA.

cha-cha-cha s. m. Baile de origen cubano, derivado de la combinación de determinados ritmos de rumba y de mambo.

chachaguato, ta adj. y s. Amér. Central. Gemelo, mellizo.

chachalaca s. f. Amér. Central y Méx. Ave galliforme de plumas muy largas, verdes tornasoladas en la cola, cuya carne es comestible. ◆ s. f. y adj. Amér. Central. Persona locuaz.

cháchara s. f. Fam. Charla inútil. || Fam. Conversación sobre temas intrascendentes. ◆ pl. Baratijas, cachivaches. ◇ FAM. chacharear, chacharero.

chacho, cha adj. y s. Amér. Central. Hermano gemelo. ◇ FAM. MUCHACHO, CHA.

chacina s. f. Cecina. || Carne de puerco adobada, con la cual se suelen hacer embutidos. ◇ FAM. chacinería, chacinero. CECINA.

chaco s. m. Amér. Terreno bajo y llano con ríos, lagunas, etc.

chacolí s. m. Vino español que se elabora en las regiones húmedas del noroeste, especialmente en el País Vasco.

chacota s. f. Bulla y alegría ruidosa con que se celebra alguna cosa. || Burla. ◇ FAM. chacotear.

chacra s. f. Amér. Central y Amér. Merid. Granja. || Chile. Terreno de extensión reducida destinado al cultivo de hortalizas. ● **Helársele la chacra** a uno (Chile), fracasar una persona en un trabajo o negocio. || **Venir de la chacra** (Chile), ser ignorante o ingenuo. ◇ FAM. chácara[1], chagra.

chacuaco s. m. Méx. Chimenea alta de una fabrica o refinería. ● **Fumar como chacuaco** (Méx.), fumar sin parar.

chafar v. tr. y pron. [1]. Aplastar, estropear algo. ◆ v. tr. Fam. Abatir, desanimar. ◇ FAM. chafado, chafadura.

chaflán s. m. Cara que se obtiene cortando la arista de un cuerpo sólido. || Fachada que sustituye una esquina de un edificio. ◇ FAM. chanfle.

chagra s. m. y f. Ecuad. Campesino. ◆ s. f. Colomb. Chacra.

chagual s. m. Argent., Chile y Perú. Planta de tronco escamoso cuya médula es comestible y cuyas fibras sirven para hacer cordeles.

chaguala s. f.*Colomb.* Zapato viejo. || *Colomb.* Herida.

chagualón s. m. *Colomb.* Planta con la que se obtiene incienso.

cháguar s. m. *Amér. Merid.* Especie de pita que se utiliza como planta textil.

chagüí s. m. *Ecuad.* Pájaro pequeño que abunda en el litoral.

chahuistle s. m. *Méx.* Hongo que ataca el maíz, el trigo, etc.

chaira s. f. Cuchilla que usan los zapateros para cortar la suela. || *Vulg.* Navaja.

chajá s. m. *Argent., Par.* y *Urug.* Ave zancuda de color generalmente grisáceo, que se caracteriza por su fuerte grito.

chajuán s. m. *Colomb.* Bochorno, calor.

chal s. m. Prenda de lana, seda, etc., que se ponen las mujeres sobre los hombros. ◇ FAM. chalina, chalón.

chala s. f. *Amér. Merid.* Hoja que envuelve la mazorca del maíz y que, una vez seca, se usa para liar cigarros.

chalaco, ca adj. y s. De El Callao (Perú).

chalado, da adj. *Fam.* Alelado, falto de seso o juicio. || *Fam.* Muy enamorado.

chaladura s. f. Extravagancia, manía.

chalán, na adj. y s. Que trata en compras y ventas, especialmente de caballerías y ganados. || Tramposo, estafador. ◆ s. m. *Colomb.* y *Perú.* Domador de caballos. || *Méx.* Ayudante de albañil. ◇ FAM. chalanear.

chalana s. f. Embarcación de fondo plano, sin puente, destinada al transporte de mercancías en ríos y canales.

chalar v. tr. y pron. [1]. Enloquecer, alelar. || Enamorar: *sus ojazos me chalaron.* ◇ FAM. chalado, chaladura.

chalchal s. m. *Argent., Par.* y *Urug.* Árbol empleado en ornamentación, con fruto rojo y flores amarillentas.

chalchalero s. m. *Argent.* Zorzal.

chalchihuite s. m. *Guat.* y *Salv.* Baratija. || *Méx.* Piedra semipreciosa de distintos colores, muy apreciada en joyería.

chale s. m. y f. *Méx.* Persona de origen chino, o con rasgos orientales, residente en México.

chalé s. m. Casa unifamiliar, generalmente aislada y con jardín.

chaleco s. m. Prenda de vestir sin mangas y abrochada por delante.

chalet s. m. Chalé*.

chalina s. f. Corbata de caídas largas. || *Argent., Colomb.* y *C. Rica.* Chal estrecho usado por las mujeres. ◇ FAM. CHAL.

challa s. f. *Amér. Merid.* Chaya*.

challulla s. f. *Perú.* Pez de río sin escamas.

chalón s. m. *Urug.* Mantón negro. ◇ FAM. CHAL.

chalona s. f. *Argent.* y *Bol.* Carne de oveja, salada y secada al sol. || *Perú.* Carne de carnero, salada y puesta al humo.

chalupa s. f. Lancha, bote o canoa de diversas formas. || *Méx.* Torta de maíz pequeña y ovalada.

chamaco, ca s. *Méx.* Niño, muchacho.

chamagoso, sa adj. *Méx.* Descuidado, sucio, basto.

chamal s. m. *Chile.* Túnica utilizada por las indias araucanas.

chamán s. m. Hechicero al que se supone dotado de poderes sobrenaturales.

chamanto s. m. *Chile.* Chamal con una abertura para la cabeza.

chamarilero, ra s. Persona que tiene por oficio comprar o vender trastos viejos. ◇ FAM. chamarilear, chamarilería.

chamarra s. f. Prenda de vestir parecida a la zamarra. || *Amér. Central* y *Venez.* Manta que puede usarse como poncho. || *Méx.* Abrigo corto de tela o piel. ◇ FAM. chamarro. ZAMARRA.

chamarrita s. f. *Argent.* Baile semejante a la polca.

chamarro s. m. *Hond.* Prenda rústica de vestir.

chamba s. f. *Fam.* Casualidad favorable, suerte. || *Méx. Fam.* Trabajo ocasional y mal remunerado. ◇ FAM. chambón.

chambado s. m. *Argent.* y *Chile.* Cuerna, vaso rústico.

chambear v. intr. [1]. *Méx.* y *Perú. Fam.* Trabajar.

chambelán s. m. *Méx.* Joven que acompaña a una jovencita en la celebración de sus quince años.

chambergo s. m. Sombrero de ala ancha levantada por un lado y sujeta con presilla. || Chaquetón.

chambista adj. y s. m. y f. *Méx. Fam.* Dícese de la persona que trabaja sin interés.

chambón, na adj. y s. *Fam.* De escasa habilidad en el juego o los deportes. || *Fam.* Que consigue algo por casualidad. ◇ FAM. chambonada, chambonear. CHAMBA.

chambonear v. intr. [1]. *Amér. Central* y *Amér. Merid. Fam.* Hacer las cosas torpemente.

chamborote adj. *Ecuad.* Dícese del pimiento blanco. || *Ecuad.* Se dice de la persona de nariz larga.

chambrana s. f. *Colomb.* y *Venez.* Bullicio, algazara.

chambrita s. f. *Méx.* Chaquetita de bebé tejida.

chamelo s. m. Juego de dominó.

chamicado, da adj. *Chile* y *Perú.* Taciturno. || *Chile* y *Perú.* Ligeramente borracho.

chamico s. m. *Amér. Merid., Cuba* y *R. Dom.* Arbusto silvestre, variedad del estramonio.

chamiza s. f. Hierba gramínea que nace en las tierras húmedas. ◇ FAM. chamizo.

chamizo s. m. Choza cubierta de chamiza. || *Fam.* Tugurio.

champa s. f. *Amér. Central.* Tienda de

palma o cobertizo rústico. ‖ *Amér. Merid.* Raíces con tierra que forman una masa compacta.

champán¹ s. m. Embarcación grande de fondo plano, para navegar por los ríos, usada en el Pacífico y en algunas partes de América.

champán² s. m. Vino blanco espumoso que se elabora en la comarca francesa de Champagne. ◇ FAM. champañazo. / achampañado.

champaña s. m. Champán².

champañazo s. m. *Chile. Fam.* Fiesta familiar en la que se bebe champán.

champiñón s. m. Hongo comestible que se cultiva en subterráneos.

champola s. f. *Amér. Central, Cuba* y *R. Dom.* Refresco hecho con pulpa de guanábana y leche. ‖ *Chile.* Refresco de chirimoya.

champú s. m. Jabón líquido usado para el lavado del pelo.

champurrado s. m. *Méx.* Bebida preparada con masa de maíz, agua o leche, chocolate, etc.

champús s. m. *Colomb.* Champuz*.

champuz s. m. *Ecuad.* y *Perú.* Gachas de harina de maíz, azúcar y zumo de naranjilla. ◇ FAM. champús.

chamuchina s. f. *Chile, Cuba, Ecuad., Hond.* y *Perú.* Populacho.

chamuscar v. tr. y pron. [1a]. Quemar algo por la parte exterior. ‖ *Méx.* Vender a bajo precio. ◇ FAM. chamusquina.

chamusquina s. f. *Fam.* Camorra, riña o pendencia. ● Oler a chamusquina *(Fam.)*, recelar, barruntar un peligro.

chancaca s. f. *Amér. Central, Chile* y *Perú.* Dulce sólido hecho con melaza de caña de azúcar y cacahuete molido.

chancar v. tr. [1a]. *Amér. Central, Argent., Chile* y *Perú.* Triturar, machacar. ‖ *Chile* y *Ecuad.* Ejecutar una cosa mal o a medias. ‖ *Amér. Merid.* Apalear, maltratar. ‖ *Chile* y *Perú.* Apabullar. ‖ *Perú.* Estudiar con ahínco, empollar.

chance s. m. o f. *Amér.* Oportunidad.

chancear v. intr. y pron. [1]. Usar o decir chanzas.

chanchería s. f. *Amér. Central* y *Amér. Merid.* Tienda donde se vende carne de cerdo y embutidos.

chanchero, ra s. *Argent., Chile* y *Perú.* Persona encargada de cuidar chanchos para comerciar con ellos.

chancho, cha adj. y s. *Amér. Central* y *Amér. Merid.* Puerco, sucio. ◆ s. *Amér. Central* y *Amér. Merid.* Cerdo, animal. ◇ FAM. chanchería, chanchero.

chanchullo s. m. *Fam.* Manejo ilícito para obtener provecho.

chancleta o **chancla** s. f. Zapatilla o sandalia sin talón o con el talón doblado.

chanclo s. m. Calzado de madera o suela gruesa, para preservarse de la humedad o del barro. ◇ FAM. chancla, chancleta.

chancro s. m. Úlcera contagiosa de origen venéreo.

chancuco s. m. *Colomb.* Tabaco de contrabando.

chándal s. m. Conjunto de pantalón y jersey o chaqueta, que se usa para hacer deporte.

chanfle s. m. *Argent., Chile* y *Méx.* Chaflán. ‖ *Argent., Chile* y *Méx.* Golpe oblicuo que se da a una pelota para que cambie su dirección. ◇ FAM. CHAFLÁN.

changa¹ s. f. *Amér. Merid.* Trabajo eventual. ‖ *Amér. Merid.* Servicio que presta el changador y retribución que se le da. ‖ *Amér. Merid.* y *Cuba.* Chanza, burla.

changa² s. f. *P. Rico.* Insecto dañino para las plantas. ‖ *P. Rico.* Persona perversa. ‖ *P. Rico.* En el lenguaje de la droga, colilla del cigarro de marihuana.

changador s. m. *Argent., Bol.* y *Urug.* Mozo que en las estaciones y aeropuertos se ofrece para llevar cargas.

changar v. intr. [1b]. *Amér. Merid.* Prestar un servicio el changador. ‖ *Bol.* y *Par.* Hacer trabajos de poca montá. ◇ FAM. changa¹, changador.

changarro s. m. *Méx.* Tienda pequeña y mal surtida.

chango, ga adj. y s. *Chile.* Torpe y fastidioso. ‖ *P. Rico, R. Dom.* y *Venez.* Bromista. ◆ s. *Argent.* y *Bol.* Niño, muchacho. ◆ s. *Méx.* Mono, en general cualquier simio.

changüí s. m. *Argent. Fam.* Ventaja, especialmente en el juego.

chanquete s. m. Pez teleósteo de pequeño tamaño, comestible, semejante a la cría del boquerón.

chantaje s. m. Delito consistente en obtener dinero, ventajas, etc., de una persona, mediante amenaza, escándalo, etc. ◇ FAM. chantajear, chantajista.

chantar v. tr. [1]. *Amér. Merid.* Actuar con brusquedad o violencia. ‖ *Argent., Chile, Ecuad.* y *Perú.* Plantarle cara a alguien.

chantillí o **chantilly** s. m. Crema hecha de nata o claras de huevo batidas con azúcar.

chanza s. f. Dicho alegre y gracioso, burla. ◇ FAM. chancear.

chañaca s. f. *Chile.* Sarna.

chañar s. m. *Amér. Merid.* Árbol parecido al olivo en el tamaño y las hojas. ‖ Fruto de este árbol, dulce y comestible.

chaño s. m. *Chile.* Manta de lana usada como colchón o como prenda de abrigo.

¡chao! interj. Se emplea para despedirse. ◇ FAM. ¡chau!

chapa s. f. Trozo plano, delgado, y de grosor uniforme, de cualquier material duro. ‖ Trozo pequeño de este material que se usa como contraseña o distintivo. ‖ Tapón para cerrar las botellas. ‖ *Amér.* Cerradura. ◆ pl. Cierto juego en que se tiran por alto dos monedas iguales.

chapar, chapear, chapista. / deschapar.

chapado, da adj. Hermoso, gentil, gallardo. ● **Chapado a la antigua**, muy apegado a los hábitos y costumbres antiguos.

chapalear v. intr. [1]. Chapotear.

chapar v. tr. [1]. Cubrir con chapas. || Colomb., Ecuad. y Perú. Mirar, acechar. ◇ FAM. chapado. / contrachapado. CHAPA.

chaparreras s. f. pl. Méx. Especie de zahones, pantalones de piel adobada.

chaparro, rra adj. y s. Rechoncho, retaco. || Méx. Se dice de la persona de estatura baja. ◆ s. m. Mata ramosa de encina o roble. || Amér. Central. Planta de cuyas ramas se hacen bastones. ◇ FAM. chaparral, chaparrudo. / achaparrado.

chaparrón s. m. Lluvia recia de corta duración. || Chile y P. Rico. Reprimenda, riña. ◇ FAM. chaparrear.

chape s. m. Chile y Colomb. Trenza de pelo. ◆ pl. Chile. Coletas.

chapeado, da adj. Chile. Dícese de la persona bien vestida. || Chile. Acicalado, adornado con joyas. || Chile. Adinerado. || Colomb. y Méx. Dícese de la persona que tiene las mejillas sonrosadas.

chapear v. tr. [1]. Chapar. || Amér. Central. Limpiar la tierra de malas hierbas. ◇ FAM. chapeado. CHAPA.

chapeca s. f. Argent. Rur. Trenza de pelo. || Argent. Rur. Ristra de ajos.

chapela s. f. Boina o gorra redonda.

chapetón, na adj. y s. Amér. Central y Amér. Merid. Dícese del español recién llegado. ◇ FAM. chapetonada.

chapetonada s. f. Amér. Inexperiencia, desconocimiento. || Ecuad. Novatada.

chapín, na adj. y s. Amér. Central. Guatemalteco. ◆ adj. y s. m. Colomb., Guat. y Hond. Se dice de la persona con las piernas y pies torcidos.

chapisca s. f. Amér. Central. Recolección del maíz.

chapista s. m. y f. Obrero que trabaja en chapa de metal. ◇ FAM. chapistería. CHAPA.

chapitel s. m. Remate de las torres en forma piramidal. || Capitel. ◇ FAM. CAPITEL.

chapona s. f. Urug. Americana, chaqueta.

chapopote s. m. Méx. Sustancia negra obtenida del petróleo que se usa para asfaltar.

chapotear v. intr. [1]. Hacer ruido agitando el agua, barro, etc. || Sonar el agua batida por los pies y las manos. ◇ FAM. chapoteo.

chapucería s. f. Tosquedad, imperfección en cualquier obra. || Obra mal hecha.

chapucero, ra adj. Hecho tosca y groseramente. ◆ adj. y s. Dícese de la persona que trabaja con chapucería.

chapul s. m. Colomb. Libélula. ◇ FAM. chapulín.

chapulín s. m. Amér. Central. Niño, chi-

quitín. || Amér. Central y Méx. Langosta, insecto.

chapurrear o **chapurrar** v. tr. e intr. [1]. Hablar con dificultad o de manera incorrecta un idioma. ◇ FAM. chapurreo.

chapuza s. f. Trabajo mal hecho o sucio. || Méx. Trampa, engaño. ◇ FAM. chapucear, chapucería, chapucero.

chapuzar v. tr., intr. y pron. [1g]. Meter bruscamente en el agua. ◇ FAM. chapuzón.

chapuzón s. m. Acción y efecto de chapuzar o chapuzarse.

chaqué s. m. Prenda de vestir masculina parecida a la levita, cuyos faldones se van estrechando hacia atrás desde la cintura.

chaqueño, ña adj. y s. De Chaco (Argentina).

chaqueta s. f. Prenda exterior de vestir, con mangas, que se ajusta al cuerpo y llega a las caderas. ◇ FAM. chaqué, chaquetero, chaquetilla, chaquetón.

chaquetero, ra adj. y s. Fam. Dícese del que cambia de ideas y opiniones para lograr beneficios.

chaquetilla s. f. Chaqueta más corta que la ordinaria.

chaquetón s. m. Prenda de vestir de más abrigo y algo más larga que la chaqueta.

chaquira s. f. Argent., Bol., Chile, Ecuad., Méx., Pan., Perú y Venez. Conjunto de cuentas muy pequeñas, de distintos colores, con las que se hacen bordados.

charabón s. m. Argent. Fam. Persona torpe e inexperta.

charada s. f. Acertijo que consiste en adivinar una palabra descomponiéndola en partes, que forman por sí solas otras palabras.

charal s. m. Méx. Pez de cuerpo comprimido y espinoso que abunda en los lagos. ● **Estar** alguien **hecho un charal** (Méx.), estar muy flaco.

charamusca s. f. Méx. Dulce de azúcar en forma de tirabuzón.

charanga s. f. Conjunto musical que consta sólo de instrumentos de viento, especialmente de metal. || Orquesta popular.

charca s. f. Depósito de agua detenida en el terreno.

charco s. m. Charca pequeña que se forma en los hoyos del terreno o en el pavimento. ◇ FAM. charca. / encharcar.

charcón, na adj. Argent. y Bol. Dícese de la persona o animal doméstico que no engorda nunca.

charcutería s. f. Establecimiento donde se venden fiambres, embutidos, etc. ◇ FAM. charcutero.

charla s. f. Acción de charlar. || Conferencia sobre tema poco trascendente.

charlar v. intr. [1]. Fam. Hablar mucho, sin sustancia o fuera de propósito. || Fam. Conversar, dialogar. ◇ FAM. charla, charlador, charlatán.

charlatán, na adj. y s. Que habla mucho

y sin sustancia. ‖ Embaucador. ⇔ FAM. charlatanear, charlatanería. CHARLAR.

charlestón s. m. Baile de origen americano, que se puso de moda hacia 1925 y posteriormente en los años setenta.

charlotada s. f. Festejo taurino bufo. ‖ Actuación grotesca o excéntrica.

charnela s. f. Bisagra, gozne de puertas, ventanas, etc.

charol s. m. Barniz muy lustroso y permanente, que conserva su brillo y se adhiere perfectamente. ‖ Cuero tratado con este barniz. ‖ Amér. Central, Bol., Colomb., Cuba, Ecuad. y Perú. Bandeja.

charola s. f. Méx. Bandeja. ‖ Méx. Fam. Documento de identificación.

charqui o **charque** s. m. Amér. Merid. Tasajo, pedazo de carne secado al sol y salado. ‖ Amér. Merid. Tajada de algunas frutas que ha sido secada al sol. ⇔ FAM. charquicán.

charquicán s. m. Amér. Merid. Guiso de charqui con patatas.

charrán, na adj. y s. Pillo, tunante. ⇔ FAM. charranada, charranear, charranería.

charro, rra adj. y s. Dícese del aldeano de tierra de Salamanca. ‖ Basto y rústico: adorno charro. ◆ s. m. y adj. Méx. Jinete o caballista que, viste un traje especial, compuesto de chaqueta con bordados, pantalón ajustado, camisa blanca y sombrero de ala ancha y copa cónica.

chárter adj. Se dice del avión que realiza un vuelo especial, de precio más reducido que uno regular. ‖ Dícese de este vuelo.

chartreuse s. m. Licor aromático fabricado por los monjes cartujos.

chasca s. f. Leña menuda. ‖ Bol., Chile y Perú. Greña, cabellera enmarañada. ‖ Chile. Mechón de la crin del caballo. ⇔ FAM. chasco².

chascar v. tr. e intr. [1a]. Dar chasquidos. ⇔ FAM. chasquear, chasquido.

chascarrillo s. m. Fam. Anécdota, cuentecillo o frase graciosa.

chasco¹ s. m. Burla o engaño. ‖ Decepción que produce un suceso inesperado o adverso. ⇔ FAM. chasquear.

chasco², ca adj. Bol., Chile y Perú. Dícese del cabello recio y ensortijado.

chasis s. m. Armazón que soporta la carrocería de un vagón, de un automóvil, etc.

chasquear v. tr. [1]. Dar chasco. ‖ Dar chasquidos con la lengua o con el látigo.

chasqui o **chasque** s. m. Argent., Bol., Chile, Perú y Urug. Rur. Emisario, mensajero. ‖ Argent., Bol., Chile y Perú. Indio que sirve de correo.

chasquido s. m. Sonido hecho con el látigo cuando se sacude en el aire con violencia. ‖ Ruido seco y súbito que se produce al romperse o rajarse algo. ‖ Ruido producido por la lengua al separarse violentamente del paladar.

chatarra s. f. Desperdicio y residuo metálico. ‖ Hierro viejo. ⇔ FAM. chatarrería, chatarrero.

chatarrero, ra s. Persona que se dedica a comerciar con chatarra.

chato, ta adj. y s. De nariz pequeña y aplastada. ◆ adj. Dícese de la nariz de esta figura. ‖ Dícese de las cosas más planas o cortas que de ordinario. ◆ s. m. Fam. Vaso, bajo y ancho, para vino. ⇔ FAM. achatar.

chatre adj. Chile y Ecuad. Elegante, acicalado.

¡chau! interj. Perú y R. de la Plata. Fam. ¡Chao!

chaucha s. f. Argent. Vaina de algunas semillas, como las de la algarroba. ‖ Argent., Bol., Chile y Perú. Moneda de poco valor. ‖ Argent. y Urug. Judía verde. ‖ Chile, Ecuad. y Perú. Patata temprana y menuda.

chauvinismo s. m. Patriotismo exagerado. ⇔ FAM. chauvinista. / chovinismo.

chaval, la adj. y s. Fam. Niño o muchacho.

chavalongo s. m. Chile. Fiebre alta acompañada con dolores de cabeza.

chaveta s. f. Clavija que se introduce a presión en una ranura abierta en una o en las dos piezas que se han de ajustar. ● **Perder la chaveta** (Fam.), perder el juicio. ⇔ FAM. deschavetarse.

chavo s. m. Moneda de escaso valor. ● **Estar sin, no tener o quedarse sin, un chavo**, no tener dinero, estar arruinado.

chaya s. f. Argent. El carnaval mismo. ‖ Argent. y Chile. Juegos de los carnavales. ⇔ FAM. challa.

chayote s. m. Fruto de la chayotera. ⇔ FAM. chayotera.

chayotera s. f. Planta trepadora americana cuyo fruto, comestible y en forma de pera, es el chayote.

che s. f. Nombre de la letra doble ch.

¡che! interj. Argent., Bol. y Urug. Sirve para manifestar sorpresa, disgusto, alegría, etc., o como muletilla en la conversación.

checar v. tr. [1a]. Méx. Verificar, comprobar. ‖ Méx. Registrar las horas de entrada y salida del trabajo.

chécheres s. m. pl. Colomb. y C. Rica. Cachivaches, baratijas.

checo, ca adj. y s. De la República Checa. ◆ s. m. Lengua eslava que se habla en Bohemia, Moravia y una parte de Silesia.

chef s. m. Jefe de cocina en restaurantes, hoteles, etc.

cheli s. m. Jerga madrileña compuesta por palabras y expresiones castizas.

chelín s. m. Moneda británica que valía una vigésima parte de la libra esterlina. ‖ Unidad monetaria principal de Austria.

chepa s. f. Fam. Joroba, giba. ⇔ FAM. cheposo, chepudo. ●

cheque s. m. Orden de pago que sirve a una persona para retirar de un banco todos o parte de los fondos disponibles de su cuenta. ◇ FAM. chequear.

chequear v. tr. [1]. Consignar, expedir, facturar. ‖ Examinar, inspeccionar, revisar. ◇ FAM. chequeo. CHEQUE.

chequeo s. m. Reconocimiento médico general.

chercán s. m. *Chile*. Pájaro similar al ruiseñor.

chercha s. f. *Hond*. Chacota. ‖ *Venez*. Burla. ◇ FAM. cherchar.

chericles s. m. *Ecuad*. Ave trepadora, especie de loro.

cheuto, ta adj. *Chile*. Que tiene el labio partido o deformado.

chévere adj. *Colomb*. y *Venez*. Excelente. ‖ *Cuba*, *Perú* y *Venez*. Benévolo, indulgente. ‖ *Ecuad*., *Perú*, *P. Rico* y *Venez*. Primoroso, gracioso, agradable.

cheviot s. m. Lana de cordero de Escocia. ‖ Paño que se hace con esta lana.

chía s. f. *Méx*. Planta leñosa con cuya semilla se elabora una bebida refrescante.

chianti s. m. Vino tinto que se cosecha en la región italiana de Chianti.

chiapaneco, ca adj. y s. De Chiapas (México).

chibcha adj. y s. m. y f. De un pueblo amerindio que en época precolombina desarrolló una de las más elevadas culturas de la América prehispánica.

chic adj. y s. Elegante, distinguido. ◆ s. m. Elegancia, buen gusto: *vestir con chic*.

chicano, na s. y adj. Persona de origen mexicano que habita en los Estados Unidos de América.

chicarrón, na adj. y s. *Fam*. Dícese de la persona joven, alta y robusta.

chicha[1] s. f. *Fam*. Carne comestible. ‖ *Fam*. Carne del cuerpo humano. ● **No ser ni chicha ni limonada** (*Fam.*), no tener carácter definido, no valer para nada.

chicha[2] s. f. *Amér. Merid*. Bebida que resulta de la fermentación del maíz en agua azucarada. ‖ *Chile*. Bebida que se obtiene de la fermentación del zumo de la uva o la manzana. ◇ FAM. chichería, chichero.

chícharo s. m. Guisante. ‖ *Colomb*. Cigarro de mala calidad.

chicharra s. f. Cigarra. ‖ *Fam*. Persona muy habladora. ◇ FAM. CIGARRA.

chicharrón s. m. Residuo frito y requemado de las pellas del cerdo. ‖ *Méx*. Piel de cerdo frita y dorada. ‖ *Méx*. Frituras de harina con el color y la consistencia del chicharrón. ◇ FAM. achicharrar.

chiche adj. *Amér. Merid*. Pequeño, bonito. ◆ s. m. *Amér. Central* y *Amér. Merid*. Juguete. ‖ *Amér. Central* y *Amér. Merid*. Joya de bisutería. ‖ *Argent.*, *Chile* y *Urug*. Pequeño objeto para adorno. ‖ *Salv*. Pecho de la mujer. ◇ FAM. chichi.

chicheme s. m. *Amér. Central*. Bebida elaborada con maíz cocido y sin moler, azúcar, leche y otros ingredientes.

chichi adj. *Amér. Central*. Cómodo, sencillo. ◆ s. f. *Méx*. Nodriza. ‖ *Méx*. Teta, mama, ubre. ◇ FAM. CHICHE.

chichimeca adj. y s. m. y f. De un grupo de pueblos procedentes del norte de México que llegaron a la meseta central a fines del s. XII y principios del s. XIII.

chichinar v. tr. [1]. *Méx*. Chamuscar, quemar.

chicholo s. m. *Bol*. y *Urug*. Dulce que va envuelto en una hoja de mazorca de maíz.

chichón s. m. Hinchazón que se forma en la cabeza por efecto de un golpe.

chichona adj. *Méx*. Que tiene las tetas grandes.

chicle s. m. Goma de mascar aromatizada. ◇ FAM. chicloso.

chicloso, sa adj. y s. *Méx*. Se dice de lo que tiene la consistencia y el sabor del chicle.

chico, ca adj. Pequeño, de poco tamaño. ◆ s. y adj. Niño, muchacho. ◆ s. Recadero, aprendiz. ‖ *Fam*. Término de familiaridad: *bueno, chico, me voy*. ◇ FAM. chicarrón, chiquillo, chiquito. / achicar.

chicolear v. intr. [1]. *Fam*. Decir chicoleos. ◆ **chicolearse** v. pron. *Perú*. Recrearse, divertirse.

chicoleo s. m. *Fam*. Requiebro. ◇ FAM. chicolear.

chicotazo s. m. *Amér*. Golpe dado con el chicote, látigo.

chicote s. m. *Fam*. Cigarro puro. ‖ *Amér*. Látigo, azote largo. ◇ FAM. chicotazo, chicotear.

chicotear v. tr. [1]. *Amér*. Dar chicotazos.

chicozapote s. m. *Méx*. Árbol cuyas semillas, negras y brillantes, son comestibles. ‖ Fruto de este árbol.

chiflado, da adj. y s. *Fam*. Maniático, perturbado.

chiflar v. tr. y pron. [1]. *Fam*. Sentir entusiasmo, amor o afición por alguien o algo. ◆ v. intr. Silbar. ◆ **chiflarse** v. pron. *Fam*. Perder la razón. ◇ FAM. chiflado, chifladura. / rechiflar.

chifle s. m. *Argent*. Cantimplora. ‖ *Argent*. y *Urug*. Recipiente de cuerno para llevar agua u otros líquidos.

chiflón s. m. *Amér*. Corriente muy sutil de aire. ‖ *Chile*. Derrumbe de piedra en el interior de las minas.

chifonier s. m. Cómoda pequeña, estrecha y alta, de cajones superpuestos.

chigua s. f. *Bol*. y *Chile*. Cesto hecho con cuerdas o cortezas de árboles, de forma oval, para usos domésticos.

chigüil s. m. *Ecuad*. Masa de maíz, huevos, queso y manteca, envuelta en hojas de choclo y cocida al vapor.

chigüín s. m. *Amér. Central*. Chiquillo desmedrado.

chihuahua adj. y s. m. Dícese de una raza de perros de pequeño tamaño oriunda de México.

chinchoso

chihuahuense adj. y s. m. y f. De Chihuahua (México). ◇ FAM. chihuahua.

chiíta adj. y s. m. y f. De una de las dos grandes divisiones religiosas del mundo islámico.

chijetazo. Como chijetazo (Argent. Fam.), rápidamente, con violencia.

chijete s. m. Argent. Fam. Chorro de líquido que sale violentamente. || Argent. Fam. Corriente de aire.

chilaba s. f. Túnica con capucha que llevan los árabes.

chilacayote s. m. Méx. Variedad de calabaza cuyo fruto comestible se emplea en la elaboración de diversos guisos.

chilango, ga adj. y s. Méx. Nativo de la Ciudad de México.

chilaquiles s. m. pl. Méx. Guiso hecho con pedazos de tortilla de maíz fritos en manteca y adobados con salsa de chile.

chilate s. m. Amér. Central. Bebida hecha con chile, maíz tostado y cacao.

chilatole s. m. Méx. Especie de caldo de chile y atole de maíz. ◇ FAM. CHILE y ATOL.

chilca s. f. Colomb. y Guat. Planta resinosa y balsámica, utilizada en veterinaria para tratar tumores.

chile s. m. Amér. Central, Amér. Merid. y Méx. Ají o pimiento picante. || Guat. Mentira, cuento. ◇ FAM. chilaquiles, chilate, chilmole. / chilatole, enchilar.

chileno, na adj. y s. De Chile.

chilillo s. m. Amér. Central y Méx. Látigo, azote.

chilindrina s. f. Méx. Cierto tipo de pan de huevo.

chilindrón s. m. Condimento a base de tomate y pimiento.

chilinguear v. tr. [1]. Colomb. Mecer, columpiar.

chilla s. f. Chile. Especie de zorra pequeña. || Cuba. Falta de dinero.

chillar v. intr. [1]. Dar chillidos. || Gritar. || Reñir, amonestar. || Méx. Llorar. ◇ FAM. chillido, chillón.

chillido s. m. Sonido inarticulado de la voz, agudo y desagradable.

chillón, na adj. y s. Fam. Que chilla mucho. ← adj. Dícese de todo sonido agudo o molesto. || Se aplica a los colores demasiado vivos o mal combinados. || Méx. Llorón. || Méx. Cobarde.

chilmole s. m. Méx. Salsa o guisado de chile con tomate u otra legumbre.

chiloense adj. y s. m. y f. De Chiloé (Chile).

chilpayate s. m. Méx. Chiquillo, chaval.

chilpe s. m. Chile. Andrajo, jirón de ropa muy usada. || Ecuad. Cabuya, cordel. || Ecuad. Hoja seca de maíz.

chimaltenaco, ca adj. y s. De Chimaltenango (Guatemala).

chimango s. m. Argent., Par. y Urug. Ave de rapiña de la familia de los falcónidos.

chimarse v. pron. [1] Amér. Central. Lastimarse.

chimba s. f. Amér. Merid. Trenza de pelo. || Chile y Perú. Orilla opuesta de un río.

chímbalo s. m. Colomb. Murciélago.

chimbo, ba adj. y s. Amér. Central y Amér. Merid. Dícese de una especie de dulce hecho con huevos, almendras y almíbar.

chimboracense adj. y s. m. y f. De Chimborazo (Ecuador).

chimenea s. f. Conducto destinado a evacuar los humos de una caldera, cocina, etc. || Conducto de un volcán por donde se expulsa la lava. || En alpinismo, paso vertical en un muro rocoso o glaciar.

chimojo s. m. Cuba. Medicamento popular, constituido por la mezcla de tabaco, cáscara de plátano y salvia.

chimpancé s. m. Simio antropoide de África ecuatorial con los brazos largos, la cabeza grande y la nariz aplastada.

chimú adj. y s. m. y f. De un pueblo amerindio anterior a los incas que se asentaba en las costas del norte de Perú.

chimuelo, la adj. Méx. Dícese de la persona a la que le faltan algunos dientes.

china¹ s. f. Piedra pequeña. || Fam. Trozo pequeño de hachís prensado. ● **Tocarle a uno la china**, corresponderle la peor parte en algo. ◇ FAM. chinazo. / enchinar, tirachinos.

china² s. f. Amér. Central y Amér. Merid. India que presta un servicio doméstico como el de niñera. || Amér. Merid. India o mestiza en general. || Argent. Mujer del gaucho. ◇ FAM. chinear, CHINO².NA.

chinamo s. m. Amér. Central. Puesto en las fiestas populares para vender comidas y bebidas.

chinampa s. f. Méx. Terreno flotante donde se cultivan verduras y flores.

chinandegano, na adj. y s. De Chinandega (Nicaragua).

chinchar v. tr. y pron. [1]. Vulg. Molestar, fastidiar. ◇ FAM. enchinchar, CHINCHE.

chinche s. f. Insecto de cuerpo aplastado, que chupa la sangre del hombre y produce en la piel picaduras irritantes. ← cheta. ← adj. y s. m. y f. Fam. Dícese de la persona chinchosa. ◇ FAM. chinchar, chincheta, chinchorrería, chinchoso.

chincheta s. f. Clavo pequeño, de cabeza circular y chata, y punta corta y muy fina.

chinchilla s. f. Roedor de América del Sur, muy apreciado por su pelaje fino y sedoso, de coloración grisácea.

chinchón s. m. Aguardiente anisado, de fuerte graduación.

chinchorrería s. f. Fam. Impertinencia, pesadez. || Fam. Chisme, cuento. ◇ FAM. chinchorrear. CHINCHE.

chinchorro s. m. Red de pesca, menor que la jábega. || Embarcación de remos pequeña. || Antill., Chile, Colomb., Méx. y Venez. Hamaca hecha de red.

chinchoso, sa adj. Molesto y pesado.

chinchudo, da adj. y s. *Argent. Fam.* Malhumorado, irritable.

chinchulín s. m. *Bol., Ecuad.* y *R. de la Plata.* Intestino de ovino o vacuno trenzado y asado.

chincol s. f. *Amér. Merid.* Avecilla parecida al gorrión. || *Chile.* Persona baja.
● **De chincol a jote** *(Chile)*, indica que, desde el menor al mayor, todo el mundo está incluido.

chiné adj. Dícese del tejido de seda cuyos dibujos son estampados sobre el hilo antes de tejer. ◇ FAM. CHINO[1], NA.

chinear v. tr. [1]. *Amér. Central.* Llevar en brazos o a cuestas. ◇ FAM. CHINA[2].

chinela s. f. Calzado sin talón, que se usa como zapatilla.

chinero s. m. Armario para guardar la vajilla, cristalería, etc. ◇ FAM. CHINO[1], NA.

chinesco, ca adj. Que procede de China. || Según el gusto chino[1]. ◆ s. m. Instrumento de percusión compuesto de una armadura metálica guarnecida de campanillas y cascabeles.

chinga s. f. *Amér. Central* y *Amér. Merid.* Mofeta. || *C. Rica.* Colilla del cigarro. || *Méx. Fam.* Cosa molesta y pesada.

chingada s. f. **Mandar** o **irse alguien a la chingada** *(Méx. Vulg.)*, mandar o irse al diablo.

chingar v. tr. **[1b]**. *Fam.* Beber con frecuencia vino o licores. || Importunar, molestar. || *Vulg.* Realizar el acto sexual. || *Amér. Central.* Cortarle el rabo a un animal. ◆ v. tr. y pron. *Méx. Vulg.* Estropear algo. ◆ v. intr. *Argent.* y *Urug.* Colgar un vestido más de un lado que de otro. ◆ **chingarse** v. pron. Embriagarse. || *Méx. Vulg.* Robar. || *Méx. Fam.* Padecer un contratiempo. ◇ FAM. chinga, chingo.

chingo, ga adj. *Amér. Central.* Dícese del animal rabón. || *Amér. Central.* Hablando de vestidos, corto. || *Amér. Central* y *Venez.* Chato. || *C. Rica.* Desnudo. || *Venez.* Deseoso, ávido. ◆ s. m. *Méx. Vulg.* Cantidad exagerada de algo.

chingolo s. m. *Argent.* Pájaro de pico grueso, color pardo rojizo, y canto agradable y melancólico.

chingón, na adj. *Méx. Vulg.* Extraordinario, muy bueno.

chínguere s. m. *Méx. Vulg.* Bebida alcohólica.

chinguirito s. m. *Cuba.* Aguardiente de caña, de calidad inferior.

chinita s. f. *Chile.* Mariquita, coleóptero.

chino[1], na adj. y s. De China. ◆ s. m. Lengua hablada en China. ◆ s. f. Porcelana o tela de China. ● **Engañar** a uno **como a un chino** *(Fam.)*, engañarle completamente. ◇ FAM. chiné, chinero, chinesco. / achinado[1].

chino[2], na adj. y s. *Amér. Merid.* Dícese de la persona aindiada. || *Méx.* Dícese del pelo rizado y de la persona que así lo tiene. || *Perú.* Cholo. ◆ s. *Amér. Merid.*

Persona del pueblo bajo. || *Amér. Merid.* Criado de rasgos aindiados. || *Amér. Merid.* Designación emotiva de la persona, cariñosa o despectiva. ◆ s. m. *Méx.* Rizo del cabello. ◇ FAM. china[2]. / achinado[2].

chip s. m. Placa de silicio en cuyo interior existen circuitos integrados.

chipa s. f. *Colomb.* Cesto de paja para recoger frutas y legumbres. || *Colomb.* Rodete para cargar a la cabeza, mantener en pie una vasija redonda, etc. || *Colomb.* Materia enrollada.

chipá s. m. *Argent., Par.* y *Urug.* Torta de harina de mandioca o maíz.

chipaco s. m. *Argent.* Torta de salvado con alguna corta porción de harina.

chipe s. m. *Chile. Vulg.* Dinero. ● **Tener** o **dar chipe** *(Chile. Fam.)*, tener libertad de acción.

chipichipi s. m. *Méx.* Llovizna.

chípil adj. y s. *Méx.* Dícese del niño celoso de sus hermanos.

chipirón s. m. Calamar de pequeño tamaño.

chipote s. m. *Guat.* y *Méx.* Chichón.

chipriota adj. y s. m. y f. De Chipre.

chiqueo s. m. *Cuba* y *Méx.* Mimo, halago. ◇ FAM. chiquear.

chiquero s. m. Pocilga. || Toril. ◇ FAM. enchiquerar.

chiquihuite s. m. *Guat., Hond.* y *Méx.* Cesto o canasta sin asas.

chiquilicuatro s. m. *Fam.* Mequetrefe, persona insignificante.

chiquillada s. f. Acción propia de chiquillos.

chiquillo, lla adj. y s. Chico, niño, muchacho. ◇ FAM. chiquillada, chiquillería. CHICO, CA.

chiquitear v. tr. [1]. *Méx. Fam.* Dar o tomar algo de forma moderada.

chiquito, ta adj. y s. Muy pequeño. ● **Andarse en chiquitas** *(Fam.)*, tener contemplaciones o pretextos para esquivar o diferir algo. ◇ FAM. chiquitear. CHICO, CA.

chirca s. f. *Amér.* Planta de madera dura, hojas ásperas, flores amarillas y fruto en forma de almendra.

chiribita s. f. Chispa, partícula inflamada. ◆ pl. *Fam.* Lucecillas que dificultan la visión.

chiribital s. m. *Colomb.* Erial, tierra infecunda.

chiricano, na adj. y s. De Chiriquí (Panamá).

chirigota s. f. *Fam.* Cuchufleta, broma. || Comparsa de carnaval.

chirimbolo s. m. *Fam.* Utensilio, vasija o cosa análoga.

chirimía s. f. Instrumento musical de viento, parecido al clarinete.

chirimoya s. f. Fruto del chirimoyo.

chirimoyo s. m. Árbol de América tropical cuyos frutos, pulposos con semillas negras, son comestibles. ◇ FAM. chirimoya.

chiringuito s. m. Quiosco o puesto de bebidas o comidas al aire libre.

chirinola s. f. Juego de muchachos parecido al de los bolos.

chiripa s. f. Suerte, acierto, en especial en el juego. ⬦ FAM. chiripada.

chiripá s. m. o f. *Amér. Merid.* Prenda de vestir del gaucho que consiste en un paño pasado entre las piernas y sujeto a la cintura por la faja. || *Argent.* Pañal que por su forma recuerda a dicha prenda.

chiripada s. f. *Méx. Fam.* Suerte. || *Méx. Fam.* Hecho afortunado.

chirla s. f. Molusco pequeño con la concha en forma de cuña.

chirle adj. *Fam.* Insípido, insustancial. || *Argent.* Poco denso, blanduzco. || *Argent.* De poco interés. ⬦ FAM. aguachirle.

chirola s. f. *Argent.* Antigua moneda de níquel. ➛ pl. *Argent.* Poco dinero.

chirona s. f. *Fam.* Cárcel, prisión. ⬦ FAM. enchironar.

chiroso, sa adj. *Amer. Central.* Andrajoso.

chirote adj. y s. *C. Rica.* Grande, hermoso. || *Perú.* Dícese de la persona ruda o poco inteligente.

chirriar v. intr. [1t]. Producir un sonido agudo al roce de un objeto con otro. ⬦ FAM. chirriante, chirrido.

chirrido s. m. Voz o sonido agudo o desagradable.

chirucas s. f. pl. Botas de lona, ligeras y resistentes.

chirusa o **chiruza** s. f. *Argent.* y *Urug. Desp.* Mujer del bajo pueblo.

¡chis! o **¡chist!** interj. ¡Chitón! ⬦ FAM. chistar, ¡chitón!

chiscón s. m. *Fam. Desp.* Cuchitril, cuartucho.

chisgarabís s. m. *Fam.* Persona insignificante y chismosa.

chisme s. m. Noticia verdadera o falsa con que se murmura o se pretende difamar. || *Fam.* Baratija o trasto pequeño. ⬦ FAM. chismorrear, chismoso.

chismorrear v. intr. [1]. *Fam.* Traer y llevar chismes. ⬦ FAM. chismorreo, CHISME.

chismoso, sa adj. y s. Que es dado a chismorrear.

chispa s. f. Partícula inflamada que salta de la lumbre. || Ingenio, gracia, agudeza. || Pequeña cantidad de algo. || Fenómeno luminoso debido a una descarga eléctrica. || *Fam.* Borrachera. ● **Echar chispas** *(Fam.),* estar furioso. ⬦ FAM. chispazo, chispeante, chispear, chisporrotear. / achispar.

chispazo s. m. Acción de saltar la chispa. || Salto violento de una chispa entre dos conductores eléctricos. || Daño que hace.

chispeante adj. Que abunda en detalles de ingenio y agudeza.

chispear v. intr. [1]. Echar chispas. || Relucir o brillar mucho. ➛ v. impers. Lloviznar.

chisporrotear v. intr. [1]. *Fam.* Despedir chispas reiteradamente. ⬦ FAM. chisporroteo. CHISPA.

chisquero s. m. Encendedor de bolsillo.

chistar v. intr [1]. En frases negativas, hablar. ➛ v. tr. Llamar la atención de alguien para imponer silencio. ⬦ FAM. rechistar. ¡CHIS!

chiste s. m. Historieta relatada o dibujada que provoca risa. || Gracia, chispa. ⬦ FAM. chistoso.

chistera s. f. *Fam.* Sombrero masculino de copa alta.

chistoso, sa adj. y s. Que usa de chistes. || Gracioso.

chistu s. m. Flauta típica del País Vasco. ⬦ FAM. chistulari.

chistulari s. m. Tocador de chistu.

chita s. f. Astrágalo, hueso. ● **A la chita callando** *(Fam.),* con disimulo o en secreto. || **¡Por la chita!** *(Chile. Fam.),* ¡caramba!

¡chitón! interj. *Fam.* Se usa para imponer silencio. ⬦ FAM. ¡CHIS!

chiva[1] s. f. *Amér.* Perilla, barba.

chiva[2] s. f. *Amér. Central.* Manta, colcha. || *Méx.* Objeto cuyo nombre se desconoce o no se quiere mencionar. ➛ pl. *Méx. Fam.* Objetos personales.

chivar v. tr. y prn. [1]. *Amér. Central* y *Amér. Merid.* Fastidiar, molestar. ➛ **chivarse** v. prn. Delatar, decir algo que perjudique a otro. || *Amér. Merid.* y *Guat.* Enojarse, irritarse. ⬦ FAM. chivatazo, chivatear, chivato.

chivatazo s. m. *Fam.* Delación, denuncia.

chivatear v. intr. [1]. *Argent.* y *Chile.* Jugar los niños con algarabía.

chivato, ta adj. y s. Soplón, delator. ➛ s. m. Chivo entre seis meses y un año. || Dispositivo que advierte de una anormalidad.

chivo, va s. Cría de la cabra desde que no mama hasta que llega a la edad de procrear.

chivudo adj. y s. m. *Argent. Fam.* Malhumorado.

chocante adj. Gracioso, chocarrero. || Extraño. || *Argent. Colomb., C. Rica, Ecuad., Méx.* y *Perú.* Antipático, presuntuoso. ⬦ FAM. chocantería. CHOCAR.

chocantería s. f. *Amér. Merid., Méx.* y *Par.* Impertinencia.

chocar v. intr. [1a]. Encontrarse violentamente una cosa con otra. || Pelear, discutir. || Causar extrañeza algo. ➛ v. tr. e intr. Darse las manos en señal de saludo o felicitación. ➛ v. tr. Brindar. ⬦ FAM. chocante, choque. / entrechocar.

chocarrería s. f. Chiste grosero. ⬦ FAM. chocarrear, chocarrero.

chocarrero, ra adj. y s. Que tiene por costumbre decir chocarrerías.

chochear v. intr. [1]. Tener debilitadas las facultades mentales por efecto de la edad. || *Fam.* Querer mucho a personas o cosas.

chocho, cha adj. Que chochea. || *Fam.*

Alelado de puro cariño por alguien. ◆ s. m. Altramuz. ‖ Órgano genital femenino. ◇ FAM. chochear, chochez.

choclo s. m. *Amér. Merid.* Mazorca tierna de maíz. ● Un choclo (*Argent. Fam.*), mucho, demasiado.

choclón s. m. *Chile y Perú.* Reunión de mucha gente, multitud.

choco, ca adj. *Amér. Central y Amér. Merid.* Mutilado. ‖ *Bol.* De color rojo oscuro. ‖ *Colomb.* De tez morena. ‖ *Guat. y Hond.* Tuerto, torcido. ◆ s. m. *Bol.* Sombrero de copa. ‖ *Amér. Merid.* Perro de hocico agudo y pelo largo y rizado, muy apto para nadar.

chocolate s. m. Alimento sólido compuesto esencialmente por cacao y azúcar molidos. ‖ Bebida preparada con esta sustancia desleída en agua o leche. ‖ En el lenguaje de la droga, hachís. ◇ FAM. chocolatería, chocolatero.

chocolatería s. f. Establecimiento donde se fabrica, vende o sirve chocolate.

chófer o **chofer** s. m. y f. Conductor de vehículos.

chola s. f. *Fam.* Cabeza.

cholga s. f. *Argent. y Chile.* Molusco parecido al mejillón.

cholla s. f. *Amér. Central.* Pereza, cachaza.

chollar v. tr. [1]. *Amér. Central.* Desollar, pelar.

chollo s. m. *Fam.* Ganga.

cholo, la adj. y s. *Amér. Central y Amér. Merid.* Mestizo de blanco e india. ◆ adj. *Amér. Merid.* Apelativo cariñoso que se da a un niño o a un muchacho. ◇ FAM. acholado.

choluteca adj. y s. m. y f. De Choluteca (Honduras).

cholutecano, na adj. y s. Choluteca.

chompa o **chomba** s. f. *Amér. Merid.* Jersey.

chompipe s. f. *Amér. Central.* Pavo.

chongo s. m. *Chile.* Cuchillo sin filo. ‖ *Guat.* Rizo de pelo. ‖ *Méx.* Moño de pelo, trenza. ◆ pl. *Méx.* Dulce típico preparado con leche cuajada, azúcar y canela.

chonguear v. intr. y pron. [1]. *Guat. y Méx.* Burlarse.

chontal adj. y s. m. y f. Dícese de una tribu indígena de América Central de costumbres muy primitivas. ‖ *Amér. Central, Colomb. y Venez.* Rústico e inculto.

chop s. m. *Argent., Bol. y Chile.* Jarra grande de cerveza.

chope s. m. *Chile.* Palo que sirve para cavar las tierras, extraer tubérculos, etc. ‖ *Chile.* Puñetazo. ◇ FAM. chopazo, chopear.

choped s. m. Embutido parecido a la mortadela.

chopo s. m. Álamo. ◇ FAM. chopera.

choque s. m. Acción de chocar. ‖ Contienda, disputa. ‖ MED. Shock. ◇ FAM. electrochoque, parachoques. CHOCAR.

chorcha s. f. *Méx.* Reunión de amigos que se juntan para charlar.

chorear v. intr. y pron. [1]. *Chile.* Molestar, fastidiar.

choricear v. tr. [1]. *Fam.* Hurtar.

chorizar v. tr. [1g]. Choricear.

chorizo¹ s. m. Embutido hecho con carne de cerdo, picada y condimentada con sal y pimentón. ‖ *Argent.* Embutido de carne porcina que se sirve asado. ‖ *Argent., Par. y Urug.* Carne de lomo vacuno situada a ambos lados del espinazo.

chorizo² s. m. *Fam.* Ratero. ◇ FAM. choricear, chorizar.

chorlito s. m. Ave de patas altas y delgadas y pico recto.

choro, ra adj. *Chile. Fam.* Dícese de la persona valiente y decidida. ◆ s. m. *Chile.* Mejillón. ‖ *Chile.* Ladrón. ‖ *Chile. Vulg.* Nombre que se da al aparato genital femenino. ● Sacar a alguien los choros del canasto (*Chile*), molestar, irritar.

chorote s. m. *Colomb.* Vasija de barro. ‖ *Venez.* Chocolate cocido en agua y endulzado con papelón.

chorrada s. f. Sandez, tontería.

chorreado, da adj. *Amér.* Sucio, manchado.

chorrear v. intr. [1]. Caer un líquido formando chorro. ‖ *Fam.* Ir viniendo ciertas cosas sin interrupción. ◆ v. tr. e intr. Salir un líquido lentamente y goteando.

chorrera s. f. Paraje por donde cae una corta porción de líquido. ‖ Señal que el agua deja por donde ha corrido. ‖ Adorno de encaje en la pechera de la camisa.

chorrillo s. m. *Fam.* Acción continua de recibir o gastar una cosa. ‖ *Méx. Fam.* Diarrea.

chorro s. m. Líquido o fluido que sale o cae con fuerza y continuidad. ‖ Caída sucesiva de cosas iguales y pequeñas. ● A chorros, con abundancia. ◇ FAM. chorreado, chorrear, chorrera, chorrillo.

chotacabras s. m. Ave de plumaje pardo rojizo, que durante la noche caza los insectos al vuelo manteniendo el pico muy abierto.

chotearse v. pron. [1]. Burlarse de alguien o algo. ◇ FAM. choteo.

chotis s. m. Baile de parejas, muy popular en Madrid desde fines del s. XIX. ‖ Música de este baile.

choto, ta s. Cría de la cabra mientras mama. ‖ Ternero. ● Como una chota (*Fam.*), de poco juicio, alocado.

chovinismo s. m. Chauvinismo*.

chow-chow s. m. Perro fuerte y de cabeza grande de origen chino.

choya s. f. *Guat.* Pereza, pesadez. ‖ *Méx. Fam.* Cabeza.

choza s. f. Cabaña formada de estacas y cubierta de ramas o paja. ‖ Casita tosca y rústica.

chubasco s. m. Chaparrón acompañado de viento, o lluvia de corta duración. ‖

Contratiempo transitorio. ◇ FAM. chubasquero.

chubasquero s. m. Impermeable, prenda para la lluvia.

chubuteño, ña adj. y s. De Chubut (Argentina).

chúcaro, ca adj. *Amér. Central* y *Amér. Merid.* Dícese del ganado equino y vacuno no desbravado, arisco o bravío.

chucha s. f. *Chile. Vulg.* Nombre que se da a los genitales externos de la mujer.

chuchería s. f. Cosa de poco valor pero delicada. ‖ Alimento ligero y apetitoso.

chucho, cha s. *Fam.* Perro. ◆ s. m. *Amér.* Fiebre intermitente. ‖ *Amér. Central* y *Amér. Merid.* Estremecimiento, escalofrío. ‖ *Argent.* y *Urug. Fam.* Miedo.

chuchoca s. f. *Amér. Merid.* Maíz cocido y seco usado como condimento.

chueco, ca adj. *Amér.* Dícese de la persona que tiene las puntas de los pies torcidas hacia dentro. ‖ *Amér.* Torcido. ◇ FAM. enchuecar.

chufa s. f. Planta que crece en lugares húmedos, de tubérculos comestibles con los que se prepara horchata.

chufla s. f. *Fam.* Cuchufleta, broma.

chuico s. m. *Chile.* Garrafa.

chulada s. f. Chulería.

chulear v. intr. [1]. Jactarse, presumir.

chulengo s. m. *Argent.* Persona de piernas largas y delgadas.

chulería s. f. Cierto aire o gracia en las palabras o ademanes. ‖ Insolencia.

chuleta s. f. Costilla de buey, ternera, carnero o cerdo, sin descarnar. ‖ *Fam.* Entre estudiantes, papel que se lleva escondido para copiar en los exámenes escritos.

chullo[1] s. m. *Bol.* y *Perú.* Gorro tejido de lana.

chullo[2], **lla** adj. y s. *Bol., Ecuad.* y *Perú.* Persona de clase media.

chullu s. m. *Bol.* y *Perú.* Chullo[1].

chulo, la adj. y s. Que hace y dice las cosas con chulería. ‖ *Fam.* Bonito, gracioso. ◆ s. Madrileño castizo. ◆ s. m. Rufián. ◇ FAM. chulada, chulear, chulería, chulesco / achularse.

chumarse v. pron. [1]. *Argent., Ecuad.* y *Urug.* Emborracharse.

chumbe s. m. *Amér. Merid.* Ceñidor, faja.

chumbera s. f. Nopal.

chumbo[1] s. m. *Argent.* Bala, proyectil. ‖ *Argent.* Revólver. ‖ *Argent.* Balazo.

chumbo[2], **ba** adj. y s. m. Dícese del higo procedente de la chumbera o nopal. ◇ FAM. chumbera.

chuncho, cha adj. *Perú.* Rústico, huraño. ◆ s. m. *Chile.* Lechuza. ‖ *Chile.* Cafe, persona que trae mala suerte.

chungo, ga adj. *Fam.* De poca calidad. ◆ s. f. Broma, burla: *hablar en chunga.* ◇ FAM. chunguearse.

chuña s. f. *Argent.* y *Bol.* Ave zancuda corredora que habita terrenos arbolados y campos abiertos y nidifica en los árboles.

chuño s. m. *Amér. Merid.* Fécula de patata. ‖ *Amér. Merid.* Alimento que se prepara con fécula de patata y leche.

chupa s. f. Chaqueta o cazadora.

chupa-chups s. m. Caramelo redondo con un palito para asirlo.

chupado, da adj. *Fam.* Muy flaco y extenuado. ‖ *Fam.* Muy fácil.

chupalla s. f. *Chile.* Planta con hojas en forma de roseta, cuyo jugo se emplea en medicina casera. ‖ *Chile.* Sombrero hecho con tirillas de las hojas de esta planta.

chupamirto s. m. *Méx.* Colibrí.

chupar v. tr. e intr. [1]. Sacar o atraer con los labios el jugo o la sustancia de una cosa. ◆ v. tr. Absorber, aspirar un líquido. ‖ Humedecer una cosa con la lengua, lamer. ‖ *Fam.* Sacar provecho de alguien o algo. ‖ *Amér. Merid.* Beber en abundancia. ‖ *Hond.* Fumar. ◆ v. intr. *Méx. Vulg.* Ingerir bebidas alcohólicas. ◆ **chuparse** v. pron. Adelgazar una persona. ◇ FAM. chupada, chupado, chupador, chupadura, chupete, chupetear, chupo, chupón. / chupatintas.

chupatintas s. m. *Desp.* Oficinista.

chupe s. m. *Chile* y *Perú.* Guiso hecho con patatas, carne o pescado, queso, ají, tomate, etc.

chupete s. m. Objeto en forma de pezón que se da a chupar a los niños pequeños.

chupetear v. tr. e intr. [1]. Chupar con frecuencia. ◇ FAM. chupeteo. CHUPAR.

chupinazo s. m. Disparo de un cohete de fuegos artificiales.

chupo s. m. *Colomb.* Chupete.

chupón, na adj. Que chupa. ◆ adj. y s. Que saca el dinero con astucia o engaño. ◆ s. m. Brote inútil de las plantas que les chupa la savia. ‖ *Méx.* Chupete.

chuquisa s. f. *Chile* y *Perú.* Mujer de vida alegre.

chuquisaqueño, ña adj. y s. De Chuquisaca (Bolivia).

churrasco s. m. Carne asada a la brasa. ‖ *Argent.* En general, asado hecho al aire libre. ◇ FAM. churrasquear.

churrasquear v. intr. [1] *Argent., Par.* y *Urug.* Hacer y comer churrascos.

churrería s. f. Tienda o puesto donde se venden churros.

churrero, ra s. Persona que hace o vende churros.

churrete s. m. Mancha producida por un líquido que chorrea. ◇ FAM. churretoso.

churrigueresco, ca adj. Dícese de un estilo arquitectónico barroco, muy recargado de adornos.

churro[1] s. m. Masa de harina a la que se da una forma alargada y se fríe en aceite. ‖ *Fam.* Chapucería, cosa mal hecha. ‖ *Fam.* Casualidad favorable. ‖ *Méx. Fam.* Cinta cinematográfica de mala calidad. ◇ FAM. churrería, churrero.

churro[2], **rra** adj. y s. Dícese de la res

cuya lana es más barata y larga que la merina. ◆ adj. Dícese de esta lana.

churruscar v. tr. y pron. [1a]. Socarrar. ◇ FAM. churrusco.

churrusco s. m. Pedazo de pan demasiado tostado.

churumbel s. m. Fam. Niño, hijo.

chusca s. f. Chile. Mujer ordinaria de vida disipada. ‖ Chile. En medios populares, amante.

chusco, ca adj. y s. Que tiene gracia y picardía. ‖ Perú. Dícese de los animales que no son de casta, sino cruzados. ◆ s. m. Mendrugo, pedazo de pan. ◇ FAM. chuscada.

chusma s. f. Fam. Conjunto de gente soez. ‖ Argent. Desp. Persona chismosa y entrometida. ◇ FAM. chusmear.

chusmear v. intr. [1]. Argent. Fam. Chismorrear, husmear.

chuspa s. f. Amér. Merid. Morral. ‖ Urug. Bolsa para el tabaco.

chusquero adj. y s. m. Se dice del militar que ha ascendido sin pasar por la academia.

chut s. m. Acción y efecto de chutar.

chutar v. tr. e intr. [1]. En el fútbol, impulsar el balón con el pie. ◆ **chutarse** v. pron. En el lenguaje de la droga, inyectarse. ◇ FAM. chut, chutazo.

chuza s. f. Argent. y Urug. Lanza parecida al chuzo. ‖ Chile y Méx. Lance en el juego de los bolos que consiste en derribar todos los palos de una vez. ◆ pl. Argent. Fam. Cabellos largos, lacios y duros. ● Hacer chuza (Méx.), destruir algo por completo.

chuzo s. m. Palo armado con un pincho de hierro. ‖ Chile. Barra de hierro puntiaguda usada para abrir suelos. ‖ Chile. Persona incompetente, torpe.

chuzonada s. f. Bufonada.

cía s. f. Hueso de la cadera. ◇ FAM. ciático.

ciaboga s. f. Maniobra de hacer girar en redondo una embarcación.

cian adj. y s. m. Dícese del color azul verdoso.

cianhídrico, ca adj. Dícese de un ácido de gran toxicidad.

cianuro s. m. Sal del ácido cianhídrico. ◇ FAM. cianhídrico.

ciar v. intr. [1t]. Remar hacia atrás. ◇ FAM. ciaboga.

ciático, ca adj. Relativo a la cadera. ◆ adj. y s. Dícese del nervio que inerva los músculos del muslo y de la pierna. ◆ s. f. Neuralgia del nervio ciático. ◇ FAM. CÍA.

cibernética s. f. Ciencia que estudia los mecanismos de control en las máquinas y los seres vivos. ◇ FAM. cibernético.

cibucán s. m. R. Dom. Talega de tela muy basta usada para exprimir la yuca rallada y para hacer el cazabe.

cicatero, ra adj. y s. Avaro, tacaño. ◇ FAM. cicatear, cicatería.

cicatriz s. f. Señal que queda de una herida, llaga, etc. ‖ Impresión que deja en alguien un sentimiento. ◇ FAM. cicatrizar.

cicatrizar v. tr., intr. y pron. [1g]. Cerrar una herida o llaga. ‖ Borrarse los efectos de un sentimiento. ◇ FAM. cicatrización, cicatrizante. CICATRIZ.

cicerone s. m. y f. Persona que enseña y explica a los visitantes las características del lugar visitado.

ciclamen s. m. Planta de flores blancas o rosadas de la que se cultivan algunas variedades como plantas ornamentales.

ciclamor s. m. Árbol de tronco y ramas retorcidas y flores rosadas, cultivado como ornamental.

cíclico, ca adj. Relativo a un ciclo. ‖ Que ocurre en ciclos: enseñanza cíclica.

ciclismo s. m. Ejercicio y deporte que se practica con la bicicleta. ◇ FAM. ciclista. CICLO.

ciclista adj. Relativo al ciclismo. ◆ s. m. y f. Persona que practica el ciclismo.

ciclo s. m. Sucesión de períodos o fenómenos que se repiten en un orden determinado. ‖ Sucesión de hechos que forman un todo. ‖ Serie de actos culturales relacionados entre sí. ‖ Conjunto de poemas agrupados en torno a un hecho o a un héroe. ‖ Cada uno de los períodos en que están divididos los planes de estudio. ◇ FAM. cíclico, ciclismo, ciclón, cíclope, ciclostil, ciclotimia. / biciclo, ciclocross, ciclomotor, megaciclo, monociclo, motociclo, reciclar, triciclo.

ciclocross s. m. Carrera ciclista en terreno accidentado.

ciclomotor s. m. Motocicleta de pequeña cilindrada.

ciclón s. m. Viento muy violento. ‖ Perturbación atmosférica de una zona de bajas presiones, caracterizada por fuertes vientos. ◇ FAM. ciclónico. / anticiclón. CICLO.

cíclope o **ciclope** s. m. Gigante mitológico que tenía un solo ojo en medio de la frente. ◇ FAM. CICLO.

ciclostil o **ciclostilo** s. m. Aparato que sirve para copiar muchas veces un escrito o dibujo por medio de una tinta especial sobre una plancha gelatinosa. ◇ FAM. ciclostilar. CICLO.

ciclotimia s. f. Estado psicológico con alternancia de fases de euforia y de depresión. ◇ FAM. ciclotímico. CICLO.

cicuta s. f. Planta de los escombros y caminos que contiene un alcaloide tóxico, la cicutina. ‖ Veneno extraído de ella.

cidra s. f. Fruto del cidro, especie de limón de gran tamaño.

cidro s. m. Árbol de tronco liso, hojas perennes y flores encarnadas y olorosas. ◇ FAM. cidra. / cítrico.

ciego, ga adj. y s. Privado de la vista. ◆ adj. Ofuscado, obcecado. ‖ Dícese de la persona que no ve algo patente. ‖ Dícese de un conducto o de un muro sin aberturas o huecos. ➤ adj. y s. m. ANAT. Dícese de la parte inicial del intestino grueso. ● **A ciegas,** sin ver. ‖ Sin conocimiento, sin reflexión. ◇ FAM. cegar.

cielo s. m. Espacio infinito que rodea la Tierra. ‖ Región superior, considerada la morada de Dios, de los ángeles y de los bienaventurados. ‖ Dios o su providencia. ‖ Parte superior que cubre algunas cosas. ‖ Expresión cariñosa dirigida a una persona. ● **¡Cielos!** interj. Denota extrañeza, admiración, enfado, etc. ◇ FAM. celaje, celeste. / rascacielos.

ciempiés s. m. Artrópodo terrestre cuyo cuerpo, formado por anillos, está provisto de numerosas patas.

cien adj. num. card. Apócope de *ciento:* cien millones.

ciénaga s. f. Lugar pantanoso o lleno de cieno. ◇ FAM. CIENO.

ciencia s. f. Conjunto coherente de conocimientos relativos a ciertas categorías de hechos, de objetos o de fenómenos. ‖ Cada rama de ese conocimiento que se considera por separado. ‖ Saber o erudición. ➤ pl. Conjunto de disciplinas basadas fundamentalmente en el cálculo y la observación. ● **A,** o **de, ciencia cierta,** con toda seguridad. ◇ FAM. cientificismo, cientificista, científico.

cienfueguino, na adj. y s. De Cienfuegos (Cuba).

cieno s. m. Barro depositado en el fondo de ríos, mares, lagos y sectores húmedos. ◇ FAM. cenagal, ciénaga.

cientificismo s. m. FILOS. Corriente de pensamiento según la cual no existe más conocimiento verdadero que el científico.

científico, ca adj. Relativo a la ciencia. ➤ adj. y s. Que se dedica a la investigación científica.

ciento adj. num. card. Diez veces diez. ➤ adj. num. ord. y s. m. Centésimo. ➤ s. m. Centenar.

cierne. En ciernes, en los comienzos.

cierre s. m. Acción y efecto de cerrar. ‖ Cosa que sirve para cerrar. ‖ Bloque de acero que sirve para obturar la abertura posterior de un arma de fuego. ‖ Clausura temporal de tiendas y establecimientos.

cierro s. m. *Chile.* Tapia, cerca, vallado. ‖ *Chile.* Sobre. ◇ FAM. CERRAR.

cierto, ta adj. Seguro, exacto, verdadero. ‖ Alguno, determinado: *tengo ciertas dudas.* ‖ Un poco de algo. ➤ adv. afirm. Con certeza. ● **Por cierto,** a propósito. ‖ Ciertamente, en verdad. ◇ FAM. cerciorar, certero, certeza, certidumbre, certificar, ciertamente. / acertar, incierto.

ciervo, va s. Rumiante de la familia cérvidos, de patas largas y delgadas y cuernos ramificados. ◇ FAM. cerval, cervato, cérvido.

cierzo s. m. Viento fuerte y frío del norte.

cifra s. f. Cada uno de los signos con que se representan los números. ‖ Número, cantidad. ‖ Escritura secreta. ‖ Suma y compendio, emblema. ◇ FAM. cifrado, cifrar.

cifrar v. tr. [1]. Escribir en clave. ‖ Valorar cuantitativamente. ➤ v. tr. y pron. Compendiar, reducir a una sola cosa, individualizar. ◇ FAM. descifrar. CIFRA.

cigala s. f. Crustáceo decápodo parecido a la langosta, de caparazón duro y con grandes pinzas.

cigarra s. f. Insecto de color amarillo verdoso, que produce un sonido estridente y monótono. ◇ FAM. cigarrón. / chicharra.

cigarrería s. f. *Amér.* Tienda en que se vende tabaco.

cigarrero, ra s. Persona que hace o vende cigarros. ➤ s. f. Caja o mueblecillo para cigarros puros. ‖ Petaca, pitillera.

cigarrillo s. m. Cilindro de papel especial relleno de tabaco picado o en hebra.

cigarro s. m. Cigarrillo. ‖ Rollo de hojas de tabaco para fumar. ‖ *Ecuad.* Libélula. ◇ FAM. cigarrería, cigarrero, cigarrillo.

cigarrón s. m. Saltamontes.

cigomático, ca adj. Relativo a la mejilla o pómulo.

cigoñino s. m. Cría de la cigüeña.

cigoto s. m. Célula resultante de la fecundación.

cigüeña s. f. Ave zancuda migratoria de patas altas y rojas, y cuello y pico largos. ◇ FAM. cigoñino.

cigüeñal s. m. Pieza del motor que transforma el movimiento rectilíneo alternativo de un motor en movimiento circular.

cilampa s. f. *C. Rica* y *Salv.* Llovizna.

cilantro s. m. Hierba aromática medicinal.

ciliado, da adj. y s. m. Dícese del protozoo que posee cilios, que utiliza para moverse.

cilicio s. m. Faja de cerdas o cadenillas de hierro con puntas, que se lleva ceñida al cuerpo para mortificarlo.

cilindrada s. f. Capacidad de los cilindros de un motor de explosión.

cilindro s. m. Sólido limitado por una superficie curva cerrada y dos planos paralelos que forman sus bases. ‖ Pieza en cuyo interior se mueve el pistón de un motor. ‖ *Nicar.* Bombona usada para contener gases y líquidos. ◇ FAM. cilindrada, cilíndrico. / semicilindro.

cilio s. m. Filamento delgado de ciertas células animales o vegetales. ◇ FAM. ciliado, ciliar. / superciliar. CEJA.

cima s. f. Parte más alta de algunas cosas, especialmente de una montaña. ‖ Apogeo, máximo esplendor. ‖ BOT. Inflorescencia cuyo eje tiene una flor en su extremo. ◇ FAM. cimacio, cimero. / encima.

cimacio s. m. ARQ. Moldura en forma de S. ‖ ARQ. Elemento que remata el capitel de una columna.

cimarra. Hacer la cimarra (*Chile*), hacer novillos.

cimarrero, ra adj. y s. *Chile.* Que hace novillos.

cimarrón, na adj. y s. Dícese del animal doméstico que se hace montaraz. || Dícese del esclavo americano que huía al campo. ◆ adj. y s. m. *Argent.* y *Urug.* Dícese del mate sin azúcar.

cimba s. f. *Bol.* y *Perú.* Trenza que usan algunos indios. ◇ FAM. cimbado. / cimpa.

cimbado s. m. *Bol.* Látigo.

címbalo s. m. Instrumento musical de percusión que consta de dos platillos de metal.

cimborrio o **cimborio** s. m. Cuerpo cilíndrico o poligonal que sirve de base a la cúpula. || Linterna que remata una cúpula.

cimbra s. f. ARQ. Armazón interior de un arco o cúpula.

cimbrar o **cimbrear** v. tr. y pron. [1]. Hacer vibrar un objeto largo, delgado y flexible. || Mover el cuerpo o parte de él con garbo y soltura. ◇ FAM. cimbreante, cimbreo, cimbrón.

cimbrón s. m. *Argent., Colomb.* y *C. Rica.* Tirón fuerte o súbito del lazo u otra cuerda. || *Ecuad.* Punzada, dolor. ◇ FAM. cimbronazo. CIMBRAR.

cimbronazo s. m. *Argent.* Cimbrón, tirón fuerte. || *Argent., Colomb.* y *C. Rica.* Estremecimiento nervioso muy fuerte.

cimentar v. tr. [1j]. Poner los cimientos de un edificio. || Fundar, edificar. || Establecer o asentar los principios de algo. ◇ FAM. cimentación. CIMIENTO.

cimera s. f. Adorno que forma la parte superior de un casco.

cimero, ra adj. Que está en la parte más alta. ◇ FAM. CIMA.

cimiento s. m. Parte del edificio que está debajo de tierra. || Principio y raíz de algo. ◇ FAM. cemento, cimentar.

cimitarra s. f. Sable oriental ancho y curvado.

cimpa s. f. *Perú.* Cimba*.

cinabrio s. m. Mineral pesado del que se extrae el mercurio.

cinc s. m. Metal de color blanco azulado y brillo intenso, empleado en aleaciones. ◇ FAM. cincado.

cincel s. m. Herramienta con punta acerada y doble bisel, usada para labrar piedras y metales. ◇ FAM. cincelar.

cincelar v. tr. [1]. Labrar, grabar con cincel piedras o metales. ◇ FAM. cincelado, cincelador, cinceladura. CINCEL.

cincha s. f. Faja con que se asegura la silla o albarda sobre la cabalgadura. ● A raja cincha (*Argent.*), muy rápidamente.

cinchar v. tr. [1]. Apretar la cincha. || Asegurar algo con cinchos. || *Argent.* y *Urug.* Procurar afanosamente que se cumpla algo como uno lo desea. || *Argent.* y *Urug.* Trabajar con esfuerzo.

cincho s. m. Faja o cinturón. || Aro de hierro con que se aseguran los barriles, maderos ensamblados, etc. || *Chile* y *Méx.* Cincha. ◇ FAM. cincha, cinchar. / descinchar.

cinco adj. num. card. y s. m. Cuatro y uno. ◆ adj. num. ord. y s. m. y f. Quinto.

cincuenta adj. num. card. y s. m. Cinco veces diez. ◆ adj. num. ord. Quincuagésimo.

cincuentenario s. m. Conmemoración del día en que se cumplen cincuenta años de algún suceso.

cincuentón, na adj. y s. Dícese de la persona que ha cumplido cincuenta años de edad.

cine s. m. Local o edificio destinado a la proyección de películas. || Cinematografía. ◇ FAM. cineasta, cinéfilo, cinema, cinemascope, cinematógrafo, cinerama. / autocine, cineclub. CINEMÁTICA.

cine- pref. Significa 'movimiento': *cinético.*

cineasta s. m. y f. Profesional de la cinematografía.

cineclub s. m. Asociación que difunde la cultura cinematográfica.

cinéfilo, la s. Persona apasionada por el cine.

cinegética s. f. Arte de la caza. ◇ FAM. cinegético.

cinegético, ca adj. Relativo a la cinegética.

cinema s. m. Cine, local.

cinemascope s. m. Sistema cinematográfico que comprime la imagen de las tomas y la proyecta sobre una pantalla panorámica para dar sensación de perspectiva.

cinemática s. f. Parte de la mecánica que estudia los movimientos de los cuerpos, con independencia de las fuerzas que los producen. ◇ FAM. cine, cinemático. CINÉTICO, CA.

cinematografía s. f. Arte de representar, sobre una pantalla, imágenes en movimiento por medio de la fotografía.

cinematógrafo s. m. Aparato de proyección. || Cine, local. ◇ FAM. cinematografía, cinematografiar, cinematográfico. CINE.

cinerama s. f. Sistema cinematográfico que proyecta tres imágenes superpuestas para dar la impresión de relieve.

cinerario, ria o **cinéreo, a** adj. Ceniciento. || Destinado a contener cenizas de cadáveres. ◇ FAM. CENIZA.

cinético, ca adj. Relativo al movimiento. ◆ s. f. Parte de la mecánica que trata del movimiento. || Estudio de la velocidad de las reacciones químicas. ◇ FAM. cinemática.

cingalés, sa adj. y s. Ceilandés.

cíngaro, ra adj. y s. Gitano, especialmente de Europa Central.

cínico, ca adj. y s. Que miente con desfachatez. || Impúdico, inmoral. ◆ adj. y

s. m. Dícese de cierta escuela filosófica griega y de sus miembros. ◇ FAM. cínicamente, cinismo.

cinismo s. m. Calidad de cínico.

cinta s. f. Tira larga y estrecha de material flexible y usos diversos. ‖ ARQ. Adorno que imita una cinta. ● **Cinta magnética**, banda de material plástico que sirve como soporte para el registro de sonido e imagen. ◇ FAM. cintillo, cinto. / encintar, videocinta.

cintillo s. m. *Chile.* Diadema. ‖ *Colomb.* Collar pequeño.

cinto s. m. Faja para ceñir y ajustar la cintura.

cintura s. f. Parte del cuerpo humano entre el tórax y las caderas. ‖ Parte de una prenda de vestir que la mantiene alrededor del talle. ◇ FAM. cinturilla, cinturón.

cinturilla s. f. Tira de tela que se pone en la cintura de pantalones y faldas para ajustar la prenda.

cinturón s. m. Tira de material flexible con la que se sujetan a la cintura las prendas de vestir. ‖ Cada uno de los grados en artes marciales.

cipe adj. *C. Rica, Hond.* y *Salv.* Dícese del niño enfermizo.

cipote s. m. *Vulg.* Pene. ‖ *Hond., Nicar.* y *Salv.* Muchacho.

ciprés s. m. Árbol de copa alargada y hojas pequeñas de color verde oscuro. ‖ Madera de esta planta. ◇ FAM. cipresal.

circense adj. Relativo al circo.

circo s. m. En la antigua Roma, espacio en forma de cuadrilátero alargado, donde se disputaban las carreras de carros o las luchas. ‖ Recinto circular en el que se dan espectáculos ecuestres, acrobáticos, etc. ‖ Espectáculo que se da en estos recintos. ◇ FAM. circense, cirquero.

circón s. m. Silicato de circonio, mineral de color variable o incoloro. ◇ FAM. circonio, circonita.

circonio s. m. Elemento metálico en forma de polvo negro, parecido al titanio y al silicio.

circonita s. f. Variedad de circón, usada en joyería.

circuir v. tr. [29] Rodear, cercar.

circuito s. m. Terreno comprendido dentro de un perímetro cualquiera. ‖ Contorno. ‖ Red de comunicaciones. ‖ Recorrido turístico o de una prueba deportiva con retorno al punto de partida. ‖ Sucesión de conductores eléctricos por donde pasa una corriente. ◇ FAM. circuir. / cortacircuitos, cortocircuito.

circulación s. f. Acción de circular². ‖ Tránsito por las vías públicas. ‖ Recorrido que hace la sangre por el cuerpo. ‖ Movimiento de los productos, y, en general, de la riqueza.

circular¹ adj. Relativo al círculo o en figura de círculo. ◆ s. f. Escrito dirigido a varias personas para notificar algo.

circular² v. intr. [1]. Transitar. ‖ Correr o pasar una cosa de una persona a otra: *circular una noticia, un rumor.* ‖ Salir alguna cosa por una vía y volver por otra al punto de partida. ◇ FAM. circulación, circulatorio. CÍRCULO.

circulatorio, ria adj. Relativo a la circulación.

círculo s. m. Superficie plana comprendida dentro de una circunferencia. ‖ Circunferencia. ‖ Circuito, distrito, corro. ‖ Sector o ambiente social. ‖ Grupo de personas reunidas con un propósito particular o con fines recreativos. ‖ Local donde se reúnen. ◇ FAM. circular¹, circular². / semicírculo.

circun- pref. Significa 'alrededor': *circuncidar.*

circuncidar v. tr. [1]. Cortar circularmente una porción de prepucio. ◇ FAM. circuncisión.

circundar v. tr. [1]. Cercar, rodear. ◇ FAM. circundante.

circunferencia s. f. Curva cerrada cuyos puntos equidistan del centro. ‖ Contorno de una superficie. ◇ FAM. semicircunferencia.

circunflejo, ja adj. Curvado, doblado en arco. ‖ LING. Dícese del acento que se representa como un ángulo con el vértice hacia arriba.

circunlocución s. f. Modo de expresar algo por medio de rodeos o de forma indirecta. ◇ FAM. circunloquio. LOCUCIÓN.

circunloquio s. m. Circunlocución.

circunscribir v. tr. y pron. [3n]. Reducir a ciertos límites o términos una cosa. ‖ Construir una figura de modo que una quede dentro de ella, tocando a todas las líneas o superficies que la limitan. ◇ FAM. circunscripción, circunscrito. ESCRIBIR.

circunscripción s. f. Acción y efecto de circunscribir. ‖ División administrativa, militar o religiosa de un territorio.

circunscrito, ta adj. Dícese de la figura geométrica que circunscribe a otra.

circunspección s. f. Calidad de circunspecto.

circunspecto, ta adj. Que se comporta con comedimiento y prudencia. ‖ Serio, grave, respetable. ◇ FAM. circunspección.

circunstancia s. f. Accidente de tiempo, lugar, modo, etc., que está unido a la sustancia de algún hecho o dicho. ‖ Calidad o requisito. ‖ Conjunto de todo lo que está en torno a uno. ◇ FAM. circunstancial.

circunstancial adj. Que implica una circunstancia o depende de ella.

circunvalación s. f. Acción de circunvalar.

circunvalar v. tr. [1]. Cercar, rodear. ◇ FAM. circunvalación.

circunvolución s. f. Vuelta o rodeo de alguna cosa. ‖ Repliegue de la corteza cerebral.

cirial s. m. Candelero alto con cirios.

cirílico, ca adj. Dícese del alfabeto eslavo con que se transcribe el ruso, el servio y el búlgaro.

cirio s. m. Vela de cera larga y gruesa. ‖ Jaleo, trifulca. ◇ FAM. cirial. CERA.

cirquero, ra adj. *Amér.* Concerniente al circo, circense. ✱ adj. y s. *Argent. Fam.* Extravagante, histriónico. ✱ s. m. y f. *Argent.* Persona que forma parte de la compañía de un circo.

cirro s. m. Nube blanca y ligera que aparece en las capas altas de la atmósfera. ‖ Zarcillo de ciertas plantas.

cirrosis s. f. Proceso degenerativo de un órgano, en especial la del hígado. ◇ FAM. cirrótico.

ciruela s. f. Fruto del ciruelo, de forma redondeada y tamaño y color variable. ◇ FAM. ciruelo.

ciruelo s. m. Árbol de flores blancas cultivado principalmente por su fruto.

cirugía s. f. Parte de la medicina que tiene por objeto curar por medio de operaciones. ◇ FAM. cirujano. / quirúrgico.

ciruja s. m. y f. *Argent.* Persona que busca, entre los desperdicios, objetos para vender.

cirujano, na s. y adj. Médico que ejerce la cirugía.

ciscar v. tr. **[1a]**. Ensuciar una cosa. ✱ v. tr. y pron. *Fam.* Defecar. ‖ *Méx.* Avergonzar.

cisco s. m. Carbón vegetal menudo. ‖ *Fam.* Bullicio, reyerta. ● **Hacer cisco** *(Fam.),* destrozar una cosa.

cisma s. m. Ruptura de la unión en la Iglesia cristiana. ‖ División en un partido, un grupo, etc. ◇ FAM. cismático.

cisne s. m. Ave palmípeda de cuello largo y flexible y plumaje blanco.

cisterciense adj. y s. m. y f. Relativo a la orden monástica del Císter.

cisterna s. f. Depósito subterráneo en el que se recoge el agua de la lluvia. ‖ Depósito de agua de un retrete. ‖ Vehículo o barco acondicionado para transportar líquidos: *camión cisterna.*

cistitis s. f. Inflamación de la vejiga urinaria.

cisura s. f. Rotura o hendidura sutil.

cita s. f. Acuerdo entre dos o más personas para encontrarse o reunirse. ‖ Nota que se alega en lo que se dice o escribe.

citación s. f. Acción de citar. ‖ Aviso por el que se cita a alguien.

citar v. tr. **[1]**. Señalar o notificar una cita. ‖ Mencionar, hacer referencias. ‖ Provocar al toro para que embista. ‖ DER. Llamar el juez a una persona. ◇ FAM. cita, citación.

cítara s. f. Instrumento antiguo que consiste en una caja de resonancia con dos series de cinco cuerdas. ‖ Instrumento de cuerda desprovisto de mástil. ◇ FAM. citarista.

citerior adj. Que está en la parte de acá.

citología s. f. Parte de la biología que estudia la célula en sus diferentes aspectos. ◇ FAM. citológico, citólogo.

citoplasma s. f. Parte de la célula que contiene el núcleo.

cítrico, ca adj. Relativo al limón. ✱ s. m. Fruta agridulce o ácida. ◇ FAM. citrícola. / cetrino. CIDRO.

ciudad s. f. Núcleo urbano de población generalmente densa. ‖ Lo urbano en oposición a lo rural. ‖ Grupo de instalaciones o edificios destinados a una actividad: *ciudad universitaria.* ◇ FAM. ciudadela. / cívico, civil, civismo.

ciudadanía s. f. Calidad y derecho de ciudadano. ‖ Conjunto de ciudadanos de un país. ‖ Civismo.

ciudadano, na adj. y s. Relativo a la ciudad. ‖ Habitante o vecino de una ciudad. ✱ s. Persona que posee los derechos civiles y políticos de una nación. ◇ FAM. conciudadano. CIUDAD.

ciudadela s. f. Fortaleza en el interior de una ciudad.

ciudadrealeño, ña adj. y s. De Ciudad Real (España).

cívico, ca adj. Relativo a la ciudad o a los ciudadanos. ‖ Que muestra civismo. ‖ Relativo al civismo.

civil adj. Relativo a la ciudad o a los ciudadanos. ‖ Que no es militar ni eclesiástico. ‖ Cívico, educado. ✱ s. m. *Fam.* Individuo del cuerpo de la Guardia Civil. ◇ FAM. civilidad, civilista, civilizar. / acivilarse, incivil. CIUDAD.

civilista adj. y s. m. y f. Dícese del abogado especializado en derecho civil.

civilización s. f. Acción y efecto de civilizar. ‖ Conjunto de conocimientos, cultura y formas de vida de un pueblo.

civilizado, da adj. Que tiene conocimientos, cultura y formas de vida propias de los países más desarrollados. ‖ Educado, cívico.

civilizar v. tr. y pron. **[1g]**. Sacar del estado salvaje. ‖ Educar, ilustrar. ◇ FAM. civilización, civilizado, civilizador. CIVIL.

civismo s. m. Calidad de buen ciudadano. ‖ Calidad de cortés o educado. ‖ Celo por los intereses de la patria.

cizalla s. f. Máquina que sirve para cortar. ✱ pl. Instrumento a modo de tijeras, para cortar materiales duros.

cizaña s. f. Planta gramínea perjudicial para los sembrados. ‖ Discordia, causa de enemistad. ◇ FAM. cizañar. / encizañar.

cizañar v. tr. **[1]**. Encizañar*.

clamar v. tr. e intr. **[1]**. Gritar con vehemencia. ✱ v. intr. Manifestar con vehemencia la necesidad de algo. ◇ FAM. clamor. / aclamar, declamar, exclamar, proclamar, reclamar. LLAMAR.

clamor s. m. Conjunto de gritos o ruidos fuertes. ‖ Grito de queja, protesta, etcétera. ◇ FAM. clamorear, clamoroso. CLAMAR.

clamoroso, sa adj. Acompañado de clamor.

clan s. m. Tribu formada por un cierto número de familias. || Grupo de personas unidas por un interés común.

clandestinidad s. f. Calidad o situación de clandestino.

clandestino, na adj. Secreto, oculto, que contraviene la ley y escapa a su vigilancia. ◇ FAM. clandestinidad.

claqué s. m. Tipo de baile en el que se repiquetea con la punta y el tacón de los zapatos.

claqueta s. f. En cinematografía, pizarra donde se anota el título de la película y el número del plano que se va a rodar.

clara s. f. Materia blanca que rodea la yema del huevo. || Parte de la cabeza con escaso pelo. || Cerveza con gaseosa.

claraboya s. f. Ventana en el techo o en la parte alta de una pared.

clarear v. impres. e intr. [1]. Empezar a amanecer. || Irse disipando las nubes. ◆ v. intr. y pron. Transparentar.

clarete adj. y s. m. Dícese del vino tinto de color claro.

claridad s. f. Calidad de claro. || Efecto de la luz al iluminar un espacio. || Nitidez. || Lucidez.

clarificar v. tr. [1a]. Poner en claro. || Aclarar, poner clara una cosa. ◇ FAM. clarificación, clarificador. CLARO, RA.

clarín s. m. Instrumento de viento parecido a la trompeta, más pequeño y de sonido más agudo. ◇ FAM. clarinete. CLARO, RA.

clarinete s. m. Instrumento de viento provisto de llaves, boquilla y lengüeta sencilla. ◇ FAM. clarinetista. CLARÍN.

clarisa s. f. y adj. Religiosa de la orden contemplativa fundada por san Francisco de Asís y santa Clara.

clarividencia s. f. Facultad de comprender y discernir con claridad. || Supuesta percepción paranormal de realidades. ◇ FAM. clarividente. CLARO, RA y VIDENTE.

claro, ra adj. Que recibe luz o mucha luz. || Que se distingue bien: *una letra clara*. || Transparente, terso, limpio. || Dícese del color poco subido: *azul claro*. || Dícese de los líquidos poco viscosos. || Poco tupido: *bosque claro*. ||.Dícese de los sonidos netos y puros y de los timbres agudos. || Capaz de comprender, perspicaz, agudo: *mente clara*. || Fácil de comprender. ◆ s. m. Espacio que media entre algunas cosas. || Porción de cielo despejado entre dos nubes. ◆ adv. m. Con claridad. ◇ FAM. clara, claraboya, clarete, claridad, clarificar, clarín. / aclarar, clarividencia, claroscuro, declarar, esclarecer, preclaro.

claroscuro s. m. Efecto que resulta de la distribución adecuada de luces y sombras, especialmente en un cuadro.

clase s. f. Cada una de las categorías en que se pueden clasificar las personas o las cosas. || Conjunto de personas de la misma condición social. || Cada una de las divisiones de estudiantes que reciben un mismo grado de enseñanza. || Aula. || Enseñanza de una materia. || Distinción, categoría. || BIOL. Cada una de las grandes divisiones de un tipo de seres vivos, subdividida a su vez en órdenes. ◇ FAM. clásico, clasificar, clasismo, clasista. / subclase.

clasicismo s. m. Tendencia artística que se caracteriza por la armonía en las proporciones, y el gusto por los modelos griegos y latinos. ◇ FAM. neoclasicismo. CLÁSICO, CA.

clásico, ca adj. y s. Relativo a la antigüedad grecolatina. || Relativo a una época, en la historia del arte, en la que se aúnan calidad técnica, racionalidad y armonía. || Dícese de la música de tradición culta. || Consagrado, considerado modélico en su género. || Que se adapta a las normas estéticas tradicionales. ◆ adj. Típico, característico. ◇ FAM. clasicismo, clasicista. CLASE.

clasificador, ra adj. y s. Que clasifica. ◆ s. m. Objeto o mueble que sirve para clasificar los documentos.

clasificar v. tr. [1a]. Ordenar por clases. || Determinar la clase o grupo a que corresponde una cosa. ◆ **clasificarse** v. pron. Obtener determinado puesto en una competición. ◇ FAM. clasificable, clasificación, clasificado, clasificador. CLASE.

clasista adj. y s. m. y f. Partidario de las diferencias de clase social o que se comporta con fuerte conciencia de ellas.

claudia adj. Dícese de una variedad de ciruela muy dulce.

claudicar v. intr. [1a]. Faltar a los deberes o principios. || Ceder, rendirse o someterse. ◇ FAM. claudicación.

claustro s. m. Galería en torno al patio principal de un monasterio o templo. || Monasterio, estado monástico. || Junta que interviene en el gobierno de ciertos centros docentes. ◇ FAM. claustral. / claustrofobia, enclaustrar.

claustrofobia s. f. Temor morboso a los espacios cerrados. ◇ FAM. claustrofóbico. CLAUSTRO.

cláusula s. f. Cada una de las disposiciones de un contrato u otro documento. || Conjunto de palabras que expresan un pensamiento completo.

clausura s. f. Acción y efecto de clausurar. || Recinto interior de un convento donde no pueden entrar personas ajenas. || Obligación que tienen determinados religiosos de no salir de cierto recinto. ◇ FAM. clausurar.

clausurar v. tr. [1]. Cerrar por orden gubernativa. || Poner fin solemne a la actividad de un organismo o institución.

clavado, da adj. Guarnecido o armado con clavos. ‖ Fijo, puntual. ‖ Muy parecido. ◆ s. m. *Argent.* y *Méx.* Salto de alguien que se tira al agua desde un trampolín u otro sitio de altura.

clavar v. tr. y pron. [1]. Introducir en un cuerpo un clavo u otra cosa aguda. ‖ Fijar, parar, poner: *clavar la mirada.* ◆ v. tr. Sujetar, fijar con clavos. ‖ *Fam.* Cobrar a uno más de lo justo. ◇ FAM. desclavar, enclavar. CLAVO.

clave s. f. Información o idea necesaria para entender o resolver una cosa. ‖ Conjunto de convenciones necesarias para efectuar las operaciones de cifrar y descifrar. ‖ ARQ. Piedra central con que se cierra un arco o una bóveda. ‖ MÚS. Signo que se coloca al principio del pentagrama y que fija el nombre de los sonidos y su entonación. ◆ s. m. Clavicémbalo. ◆ adj. Esencial, fundamental. ◇ FAM. clavecín, clavicémbalo, clavicordio, clavícula, clavija. / autoclave. LLAVE.

clavecín s. m. Clavicémbalo.

clavel s. m. Planta con flores olorosas de colores variados y borde dentado. ‖ Flor de esta planta. ◇ FAM. clavellina.

clavellina s. f. Clavel silvestre.

clavero s. m. Árbol perenne originario de Indonesia, que proporciona la especia llamada clavo.

clavetear v. tr. [1]. Guarnecer con clavos. ‖ Echar o poner herretes.

clavicémbalo s. m. Instrumento músico de cuerdas y teclado. ◇ FAM. clavicembalista. CLAVE.

clavicordio s. m. Instrumento de teclado y cuerdas percutidas, antecesor del piano. ◇ FAM. CLAVE.

clavícula s. f. Cada uno de los dos huesos largos que van del esternón al omóplato. ◇ FAM. clavicular. CLAVE.

clavija s. f. Pieza que se encaja en un agujero para sujetar o ensamblar algo. ‖ Pieza que se conecta a la base de un enchufe, para establecer un contacto eléctrico. ‖ Pieza pequeña que sirve para tensar las cuerdas de un instrumento musical. ◇ FAM. CLAVE.

clavillo s. m. Pasador que sujeta las varillas de un abanico o las hojas de unas tijeras.

clavo s. m. Pieza de metal, puntiaguda por un extremo y con una cabeza en el otro. ‖ Capullo seco de la flor del clavero, empleado como especia. ‖ Zona central de un forúnculo. ‖ Dolor agudo. ‖ *Argent.* y *Chile.* Artículo de comercio que no se vende. ● **Dar en el clavo** *(Fam.),* acertar en lo que se hace o dice. ◇ FAM. clavado, clavar, clavero, clavetear, clavillo.

claxon s. m. Bocina eléctrica de los automóviles.

clemencia s. f. Virtud que modera el rigor de la justicia. ◇ FAM. clemente. / inclemencia.

clementina s. f. Variedad de mandarina sin pepitas.

clepsidra s. f. Reloj de agua.

cleptomanía s. f. Trastorno patológico que impulsa a determinadas personas a robar. ◇ FAM. cleptomaníaco, cleptómano.

clerecía s. f. Conjunto de los clérigos. ‖ Estado de clérigo.

clerical adj. Relativo al clero. ◇ FAM. anticlerical. CLERO.

clericalismo s. m. Conjunto de opiniones favorables a la intervención del clero en los asuntos públicos.

clérigo s. m. Hombre que ha recibido las órdenes sagradas.

clero s. m. Conjunto de los clérigos. ‖ Clase sacerdotal en la Iglesia católica. ◇ FAM. clerecía, clerical, clericalismo, clérigo.

cliché s. m. Idea o expresión demasiado repetida. ‖ Soporte material sobre el que ha sido grabado o impresionado un texto o una imagen para su reproducción. ◇ FAM. clisar, clisé.

cliente, ta s. Persona que utiliza los servicios de un profesional, un establecimiento o una empresa. ◇ FAM. clientela.

clientela s. f. Conjunto de clientes.

clima s. m. Conjunto de los fenómenos meteorológicos que caracterizan a una región o lugar. ‖ Ambiente, conjunto de condiciones que caracterizan una situación o rodean a una persona. ◇ FAM. climático, climatizar, climatología. / aclimatar, microclima.

climaterio s. m. Época de la vida en la que hay una declinación de la función sexual. ◇ FAM. climatérico. CLÍMAX.

climatizar v. tr. [1g]. Acondicionar la temperatura de un recinto. ◇ FAM. climatización, climatizado, climatizador. CLIMA.

climatología s. f. Ciencia que estudia o describe los climas. ◇ FAM. climatológico. CLIMA.

clímax s. m. Momento culminante de un proceso o una obra dramática. ‖ Gradación retórica ascendente. ◇ FAM. climaterio. / anticlímax.

clínico, ca adj. Relativo a la clínica. ◆ s. Médico. ◆ s. f. Establecimiento privado destinado al cuidado de enfermos. ‖ Parte práctica de la enseñanza médica. ◇ FAM. policlínica.

clip s. m. Broche o pendiente con resorte. ‖ Horquilla para el cabello. ‖ Grapa para sujetar papeles. ◇ FAM. videoclip.

clíper s. m. Velero largo y estrecho de mucha resistencia.

clisar v. tr. [1]. Reproducir en planchas de metal la composición tipográfica o los grabados. ◇ FAM. CLICHÉ.

clisé s. m. Cliché*.

clítoris s. m. ANAT. Pequeño órgano eréctil situado en la parte superior de la vulva.

cloaca s. f. Conducto por donde van las aguas sucias o inmundicias. ‖ ZOOL. Orificio común de las vías urinarias, intestinales y genitales de las aves y otros vertebrados.

clon s. m. Reproducción exacta de un individuo a partir de una célula originaria.

cloquear v. intr. [1]. Cacarear la gallina clueca. <> FAM. cloqueo. CLUECO, CA.

clorhídrico, ca adj. Dícese del ácido compuesto de cloro e hidrógeno.

cloro s. m. Cuerpo simple, gaseoso a la temperatura ordinaria, de color amarillo verdoso, olor sofocante y tóxico. <> FAM. clorhídrico, cloroformo, cloruro. / perclorato.

clorofila s. f. Pigmento verde de los vegetales, que se forma únicamente en presencia de luz. <> FAM. clorofílico, cloroplasto.

cloroformo s. m. Líquido incoloro, de olor etéreo, que se usa como anestésico. <> FAM. clorofórmico, cloroformizar. CLORO.

cloroplasto s. m. Corpúsculo de las células vegetales coloreado por la clorofila, que asegura la fotosíntesis.

cloruro s. m. Combinación del cloro con un metal.

closet s. m. *Amér.* Armario empotrado.

clown s. m. Payaso.

club s. m. Asociación deportiva, cultural o política. ‖ Círculo en el que la gente se reúne para un fin. <> FAM. aeroclub, cineclub, videoclub.

clueco, ca adj. y s. f. Dícese de las aves cuando se echan sobre los huevos para empollarlos. <> FAM. cloquear.

cluniacense adj. y s. m. y f. Relativo a la congregación o monasterio de Cluny.

cnidario, ria adj. y s. m. Relativo a un subtipo de celentéreos provistos de células que producen picores, como el coral y las medusas.

coa s. f. *Chile.* Jerga dialectal. ‖ *Méx., Pan.* y *Venez.* Pala usada para labranza. ‖ *Venez.* Siembra.

coacción s. f. Violencia con que se obliga a una persona a hacer o decir una cosa. <> FAM. coaccionar, coactivo. ACCIÓN.

coaccionar v. tr. [1]. Ejercer coacción.

coadjutor, ra s. Persona que ayuda a otra en determinados trabajos.

coadyuvar v. tr. e intr. [1]. Contribuir o ayudar a la consecución de una cosa. <> FAM. coadjutor, coadyuvante. AYUDAR.

coagulación s. f. Acción y efecto de coagular o coagularse.

coagulante adj. Que coagula. ◆ adj. y s. m. Sustancia que facilita o acelera el proceso de coagulación de la sangre. <> FAM. anticoagulante. COAGULAR.

coagular v. tr. y pron. [1]. Cuajar, solidificar lo líquido. <> FAM. coagulación, coagulante, coágulo. / descoagular. CUAJAR[1].

coágulo s. m. Masa de sustancia coagulada.

coalescencia s. f. Propiedad de las cosas de unirse o fundirse. <> FAM. coalescente. COALIGAR.

coalición s. f. Alianza, confederación.

coaligar v. tr. y pron.* [1b] Coligar*. <> FAM. coalescencia, coalición. LIGAR.

coartada s. f. Prueba con que un acusado demuestra que no ha estado presente en el momento y lugar del delito.

coartar v. tr. [1]. Estorbar, limitar o impedir la libertad de alguien. <> FAM. coartación, coartada.

coatí s. m. Mamífero americano carnívoro, de pelaje tupido y largo, cabeza alargada y hocico prolongado y móvil.

coautor, ra s. Autor en colaboración con otro u otros.

coaxial adj. Que tiene el mismo eje que otro cuerpo.

coba s. f. *Fam.* Halago: *dar coba.*

cobalto s. m. Metal blanco rojizo, duro y maleable, que se usa en la fabricación de pinturas y esmaltes. <> FAM. cobáltico.

cobarde adj. y s. m. y f. Falto de valor, sin ánimo ni espíritu. ‖ Hecho con cobardía. <> FAM. cobardía. / acobardar.

cobardía s. f. Falta de ánimo y valor.

cobaya s. f. Pequeño mamífero del orden de los roedores, originario de América del Sur.

cobayo s. m. Cobaya*.

cobertizo s. m. Tejado saledizo para guarecerse de la lluvia. ‖ Sitio cubierto rústicamente para resguardar. <> FAM. CUBRIR.

cobertor s. m. Colcha. ‖ Manta de abrigo para la cama.

cobertura s. f. Cosa que sirve para tapar o resguardar algo. ‖ Acción de cubrir. ‖ Garantía de una operación financiera o comercial. ‖ Apoyo militar. <> FAM. cobertor. CUBRIR.

cobija s. f. Teja que se coloca con la parte cóncava hacia abajo. ‖ *Mex.* y *Venez.* Manta. ◆ pl. *Amér.* Ropa de cama.

cobijar v. tr. y pron. [1]. Cubrir o tapar. ‖ Dar albergue o refugio. ‖ Amparar, proteger. <> FAM. cobija, cobijador, cobijo.

cobijo s. m. Acción de cobijar. ‖ Lugar para cobijarse.

cobo s. m. *C. Rica.* Manta peluda que se pone sobre la cama. ‖ *Cuba.* Caracol grande de color rosa nacarado en el interior.

cobol s. m. INFORMÁT. Lenguaje simbólico para la programación de problemas de gestión.

cobra s. f. Serpiente venenosa de las regiones cálidas de África y de Asia, cuya longitud rebasa los 4 m.

cobrar v. tr. [1]. Recibir una cantidad como pago de algo. ‖ Aprehender, agarrar. ‖ Tomar o sentir algún afecto. ‖ Adquirir, conseguir: *cobrar fama.* ◆ v. intr. *Fam.*

Recibir una paliza. ◇ FAM. cobrador, cobro. / incobrable, RECOBRAR.

cobre s. m. Metal de color pardo rojizo, maleable, dúctil y brillante, de amplio uso industrial. ◇ FAM. cobrizo. / cúprico.

cobrizo, za adj. Que contiene cobre o es parecido a él.

cobro s. m. Acción de cobrar.

coca s. f. Arbusto de cuyas hojas se extrae la cocaína. ‖ Cocaína. ◇ FAM. cocada, cocaína.

cocacho s. m. Amér. Merid. Coscorrón, golpe dado en la cabeza. ‖ Perú. Variedad de frijol que se endurece al cocer.

cocada s. f. Bol., Colomb. y Perú. Especie de turrón. ‖ Chile y Méx. Dulce de coco. ‖ Perú. Provisión de hojas de coca.

cocaína s. f. Alcaloide extraído de las hojas de coca, utilizado como droga. ◇ FAM. cocainomanía. COCA.

cocán s. m. Perú. Pechuga de ave.

cocaví s. m. Argent., Bol. y Perú. Provisión de víveres para un viaje.

cocción s. f. Acción y efecto de cocer o cocerse.

cóccix s. m. Coxis*.

cocear v. intr. [1]. Dar o tirar coces. ◇ FAM. COZ.

cocer v. tr. [2f]. Preparar los alimentos sometiéndolos a la acción del fuego. ‖ Someter algunas cosas a la acción del calor para que tengan ciertas propiedades. ‖ Preparar, tramar: cocer un plan. ◆ v. intr. Hervir un líquido. ◇ FAM. cocción, cocido, cocimiento, cocina. / cocho, escocer, recocer.

cocha s. f. Chile, Colomb. y Ecuad. Charco, laguna.

cochabambino, na adj. y s. De Cochabamba (Bolivia).

cochada s. f. Colomb. Cocción. ◇ FAM. COCHO, CHA.

cochambre s. m. o f. Fam. Suciedad, basura. ◇ FAM. cochambroso. COCHINO, NA.

cochayuyo s. m. Amér. Merid. Alga marina comestible.

coche s. m. Automóvil. ‖ Vagón de ferrocarril que transporta viajeros. ‖ Carruaje para viajeros. ‖ Méx. Cerdo, puerco. ● Coche cama, vagón de ferrocarril dividido en compartimientos, cuyos asientos pueden convertirse en camas o literas. ◇ FAM. cochera, cochero. / carricoche, guardacoches, lavacoches.

cochera s. f. Lugar donde se encierran los coches.

cochero s. m. Persona que guía un carruaje.

cochinada o **cochinería** s. f. Fam. Porquería, suciedad. ‖ Fam. Acción indecorosa, ruin, grosera.

cochinilla s. f. Insecto de pequeño tamaño que produce graves plagas en los cultivos, sobre todo en los frutales.

cochinillo s. m. Cochino o cerdo de leche.

cochino, na s. Cerdo. ‖ Cerdo cebado que se destina a la matanza. ◇ FAM. cochinada, cochinería, cochinillo. / cochambre.

cocho, cha adj. Colomb. Crudo. ◆ s. m. Chile. Mazamorra de harina tostada. ◇ FAM. cochada, cochura. / salcocho, sancocho. COCER.

cochura s. f. Cocción.

cocido s. m. Guiso preparado con carne, garbanzos, tocino, y otros ingredientes.

cociente s. m. MAT. Resultado de la división.

cocina s. f. Pieza de la casa en que se guisa la comida. ‖ Aparato con fuegos para guisar los alimentos. ‖ Arte de preparar la comida. ◇ FAM. cocinar, cocinería, cocinero. COCER.

cocinar v. tr. e intr. [1]. Guisar.

cocinería s. f. Chile y Perú. Tienda de comidas preparadas.

cocinero, ra s. Persona que tiene por oficio cocinar.

coclesano, na adj. y s. De Coclé (Panamá).

coco¹ s. m. Cocotero. ‖ Fruto del cocotero. ‖ Fam. Cabeza. ‖ Fam. Ser fantástico con el que se asusta a los niños. ‖ Fam. Persona muy fea. ◇ FAM. cocada, cocotal, cocotero. / comecocos.

coco² s. m. Bacteria de forma redondeada. ◇ FAM. estafilococo, estreptococo, gonococo, meningococo, micrococo.

cococha s. f. Abultamiento carnoso de la parte baja de la cabeza de la merluza y el bacalao, muy apreciado en alimentación.

cocodrilo s. m. Reptil anfibio de gran tamaño, cubierto de escamas, que vive en las regiones intertropicales.

cocol s. m. Méx. Figura con forma de rombo. ‖ Méx. Pan con forma de rombo. ● Estar del cocol, (Méx. Fam.), estar en una situación muy difícil.

cocoliche s. m. Argent. y Urug. Jerga que remeda el habla mezcla de español e italiano.

cocoroco, ca adj. Chile. Engreído, ufano.

cocotero s. m. Palmera de las regiones tropicales, que alcanza 25 m de altura, y cuyo fruto es el coco.

cóctel o **coctel** s. m. Mezcla de licores y otras bebidas. ‖ Reunión en la que se suele beber cócteles. ◇ FAM. coctelera.

coctelera s. f. Recipiente en que se mezclan los componentes de un cóctel.

cocuisa s. f. Colomb., P. Rico y Venez. Especie de pita. ‖ Colomb., P. Rico y Venez. Hilo obtenido de esta planta.

cocuma s. f. Perú. Mazorca asada de maíz.

cocuyo s. m. Amér. Especie de luciérnaga.

codear v. intr. [1]. Mover los codos o dar golpes con ellos. ◆ codearse v. pron. Tratarse de igual a igual con otra persona.

codeína s. f. Alcaloide extraído del opio.

codera s. f. Adorno o refuerzo que se pone en los codos.

códice s. m. Libro manuscrito antiguo. <> FAM. CÓDIGO.

codicia s. f. Deseo exagerado de riquezas u otras cosas. <> FAM. codiciar, codicioso.

codiciar v. tr. [1]. Desear con ansia.

codicilo s. m. Acto posterior a un testamento y que lo modifica. <> FAM. CÓDIGO.

codificar v. tr. [1a]. Hacer un código. || Formar un solo cuerpo legal siguiendo un plan metódico y sistemático. || Transformar un mensaje según un código. <> FAM. codificación, codificador. / decodificar, descodificar. CÓDIGO.

código s. m. Recopilación sistemática de leyes. || Sistema de signos y reglas que permite formular y comprender un mensaje. || Signo o signos que expresan una información dentro de un sistema. || Conjunto de reglas de una determinada materia. <> FAM. códice, codicilo, codificar.

codillo s. m. En los cuadrúpedos, coyuntura del brazo próxima al pecho, y parte comprendida entre esta unión y la rodilla.

codo s. m. Articulación que une el brazo con el antebrazo. || Codillo. || Parte doblada de un tubo o cañería. || Medida de longitud equivalente a unos 42 cm. → adj. Méx. Tacaño. <> FAM. codazo, codear, codera, codillo. / acodar, acodillar, recodo.

codorniz s. f. Ave migratoria parecida a la perdiz, de plumaje pardo con manchas amarillas y rojizas.

coeficiente s. m. Número que representa el grado o intensidad de una determinada cualidad o fenómeno. || MAT. En un monomio, factor constante que multiplica la parte algebraica variable.

coercer v. tr. [2a]. Contener, refrenar, sujetar. <> FAM. coercible, coerción, coercitivo. / incoercible.

coetáneo, a adj. y s. De la misma edad o época. <> FAM. EDAD.

coexistir v. intr. [3]. Existir simultáneamente. <> FAM. coexistencia. EXISTIR.

cofia s. f. Tocado femenino que recoge el pelo. || Cubierta membranosa de algunas semillas. || Cubierta que protege el extremo de las raíces.

cofradía s. f. Asociación de personas para fines mutualistas o religiosos: cofradía de pescadores. <> FAM. cofrade.

cofrade s. m. y f. Persona que pertenece a una cofradía.

cofre s. m. Arca o caja para guardar objetos de valor. || Colomb. Joyero, cajita para guardar joyas. || Méx. Tapa que protege el motor de los automóviles. <> FAM. encofrar.

cogedor s. m. Especie de pala para recoger la basura.

coger v. tr. y pron. [2b]. Asir, agarrar. → v. tr. Tomar con la mano. || Abarcar, ocupar cierto espacio. || Apoderarse de una cosa, apresar. || Proveerse de algo, contratar, alquilar. || Adquirir, contraer: coger un resfriado. || Montar en un vehículo. || Sobrevenir, sorprender. || Alcanzar a una persona o cosa que va delante. || Atropellar a alguien con un vehículo. || Captar, percibir, recibir. || Entender, comprender. || Herir o enganchar con los cuernos. || Amér. Vulg. Realizar el acto sexual. → v. intr. Hallarse, estar situado: la oficina coge lejos. || Caber, tener capacidad. || Seguido de la conj. y y otro verbo, indica una resolución o determinación: cogió y se metió en un bar. <> FAM. cogedor, cogida, cogido. / acoger, encoger, escoger, recoger, sobrecoger.

cogestión s. f. Participación de los trabajadores en la gestión de la empresa.

cogida s. f. Acción de coger, herir o enganchar el toro.

cogido s. m. Pliegue que se hace en vestidos, cortinas, etc.

cognación s. f. Parentesco por línea femenina.

cognoscible adj. Que se puede conocer. <> FAM. cognoscitivo. / incógnito, incognoscible. CONOCER.

cognoscitivo, va adj. Relativo a la capacidad de conocer.

cogollo s. m. Parte interior de hortalizas como la col, la lechuga, etc. || Brote de un vegetal. || Parte mejor de una cosa.

cogorza s. f. Vulg. Borrachera.

cogote s. m. Parte superior y posterior del cuello. <> FAM. cogotudo. / acogotar.

cogotudo, da adj. Que tiene muy grueso el cogote. → adj. y s. Amér. Central y Amér. Merid. Persona adinerada y orgullosa.

cogulla s. f. Hábito de algunos monjes, generalmente con capucha.

cohabitar v. intr. [1]. Habitar con otro u otros. || Hacer vida marital el hombre y la mujer. <> FAM. cohabitación. HABITAR.

cohecho s. m. Soborno a un juez o funcionario público.

coherencia s. f. Armonía o relación lógica de unas cosas con otras. || Cohesión. <> FAM. coherente, cohesión.

coherente adj. Que tiene coherencia. <> FAM. incoherente. COHERENCIA.

cohesión s. f. Unión de personas o cosas entre sí. || Atracción entre las moléculas de un cuerpo.

cohete s. m. Artefacto propulsado por reacción a chorro. || Artificio pirotécnico que asciende y estalla en el aire. • Al cohete (Argent.), inútilmente, en vano. <> FAM. cohetería, cohetero. / lanzacohetes.

cohibir v. tr. [3q]. Refrenar, reprimir, contener. <> FAM. cohibición, cohibido.

cohiué s. m. Argent. y Chile. Planta maderable.

cohombro s. m. Pepino.

cohorte s. f. División de la legión romana. ‖ Conjunto, serie. ‖ *Fam.* Grupo de gente.

coima[1] s. f. Concubina.

coima[2] s. f. *Argent., Chile, Ecuad., Perú y Urug.* Soborno.

coincidencia s. f. Acción y efecto de coincidir.

coincidir v. intr. [3]. Convenir o estar de acuerdo dos o más personas o cosas. ‖ Ajustar una cosa con otra. ‖ Ocurrir dos o más cosas al mismo tiempo. ‖ Encontrarse dos o más personas en un lugar. ◇ *FAM.* coincidencia, coincidente. INCIDIR[1].

coiné s. f. Koiné*.

coipo s. m. *Argent. y Chile.* Roedor parecido al castor.

coirón s. m. *Bol. y Chile.* Planta gramínea de hojas duras y punzantes, que se utiliza principalmente para techar casas.

coito s. m. Unión sexual, especialmente la del hombre y la mujer.

cojear v. intr. [1]. Andar con dificultad. ‖ Moverse un mueble por tener mal asiento. ‖ *Fam.* Tener algún vicio o defecto.

cojera s. f. Defecto o lesión que impide andar con normalidad.

cojín s. m. Almohadón. ◇ *FAM.* cojinete, cojinillo.

cojinete s. m. Almohadilla. ‖ Elemento que sirve para soportar y guiar un eje o árbol de maquinaria.

cojinillo s. m. *Argent. y Urug.* Manta pequeña de lana que se coloca sobre el lomillo del recado de montar.

cojo, ja adj. y s. Que cojea o que carece de una pierna o una pata. ◆ adj. Incompleto, imperfecto. ◇ *FAM.* cojear, cojera.

cojón s. m. *Vulg.* Testículo.

cojonudo, da adj. *Vulg.* Magnífico, estupendo, excelente.

cojudo s. m. *Amér. Merid.* Persona estúpida, imbécil. ‖ *Argent., Par. y Urug.* Caballo que se dedica a la procreación, semental.

col s. f. Planta hortense comestible de hojas anchas y radiales. ◇ *FAM.* coliflor.

cola[1] s. f. Extremidad posterior de numerosos vertebrados, que es una prolongación de la columna vertebral. ‖ Parte posterior o final de una cosa. ‖ Prolongación de algo. ‖ Hilera de personas que esperan su turno. ‖ Coleta en la parte posterior de la cabeza. ◇ *FAM.* colear, coleta, colilla, colista. / caudal[2].

cola[2] s. f. Pasta adhesiva. ◇ *FAM.* colágeno. / encolar.

cola[3] s. f. Árbol africano cuyo fruto se emplea como tónico y estimulante.

colaboración s. f. Acción y efecto de colaborar.

colaboracionismo s. m. Colaboración con un régimen que la mayoría de los ciudadanos de una nación rechaza.

colaborar v. intr. [1]. Contribuir una cosa al logro de otra. ‖ Trabajar con otras personas, especialmente en obras intelectuales. ‖ Escribir habitualmente en un periódico, revista, etc., sin ser redactor fijo. ◇ *FAM.* colaboración, colaboracionismo, colaboracionista, colaborador. LABORAR.

colación s. f. Comida ligera. ‖ Acto de otorgar un beneficio eclesiástico o un grado universitario. ‖ Cotejo de una cosa con otra. ‖ *Amér.* Golosina recubierta con un baño de azúcar. ● **Sacar a colación,** mencionar una cosa.

colada s. f. Lavado de la ropa de la casa. ‖ Conjunto de esa ropa lavada. ‖ Operación de sacar el hierro fundido en un alto horno. ‖ Masa de lava líquida que fluye de un volcán. ‖ *Colomb.* Postre similar al arroz con leche.

coladera s. f. *Méx.* Cloaca.

coladero s. m. Colador. ‖ Paso estrecho. ‖ Entre estudiantes, centro de enseñanza donde se aprueba muy fácilmente.

colado, da adj. Dícese del hierro fundido que no ha sido retocado. ‖ *Fam.* Dícese del que está muy enamorado.

colador s. m. Utensilio de cocina para filtrar líquidos.

colage s. m. Collage*.

colágeno s. m. Proteína compleja que constituye la sustancia fundamental de algunos tejidos. ◇ *FAM.* COLA[2].

colapsar v. intr. y pron. [1]. Sufrir un colapso, o caer en él. ◆ v. tr. Producir colapso.

colapso s. m. Debilitación extrema y brusca de las actividades vitales. ‖ Paralización o disminución de una actividad. ◇ *FAM.* colapsar.

colar v. tr. [1r]. Filtrar un líquido. ◆ v. tr. e intr. *Fam.* Pasar una cosa con engaño o artificio. ‖ *Fam.* Hacer creer una cosa falsa. ◆ v. intr. y pron. Pasar por un lugar estrecho. ◆ **colarse** v. pron. *Fam.* Introducirse ocultamente en un lugar. ‖ *Fam.* Equivocarse, errar. ‖ *Fam.* Enamorarse perdidamente. ◇ *FAM.* colada, coladera, coladero, colado, colador.

colateral adj. Dícese de las cosas que están al lado de otras. ◆ adj. y s. m. y f. Dícese del pariente que no lo es por línea recta.

colcha s. f. Cobertura de cama para adorno y abrigo. ◇ *FAM.* colchón. / acolchar.

colchón s. m. Saco rectangular y aplanado que se pone sobre la cama para dormir sobre él. ◇ *FAM.* colchonería, colchonero, colchoneta. / acolchonar. COLCHA.

colchoneta s. f. Colchón delgado y estrecho.

colear v. intr. [1]. Mover la cola. ‖ Durar todavía las consecuencias de algo. ◆ v. tr, *Chile:* Frustrar a alguien un intento o pretensión. ‖ *Colomb.* Molestar. ‖ *Méx. y Venez.* Tirar de la cola de una res para derribarla.

colección s. f. Conjunto de cosas, generalmente de una misma clase. ◇ *FAM.* CO-

leccionar, coleccionismo, coleccionista, colecta, colectivo. / recolección.

coleccionar v. tr. [1]. Formar colección.

coleccionista s. m. y f. Persona que hace colecciones.

colecta s. f. Recaudación de donativos voluntarios para fines benéficos. ◇ FAM. colectar, colector. COLECCIÓN.

colectividad s. f. Grupo social constituido por personas que comparten unos mismos intereses o ideas.

colectivismo s. m. Sistema económico que propugna la propiedad y gestión colectiva de la actividad productiva.

colectivizar v. tr. [1g]. Convertir en colectivo lo que era particular. ◆ **colectivizarse** v. pron. Agruparse, reunirse en sus intereses o trabajo. ◇ FAM. colectivización. COLECTIVO, VA.

colectivo, va adj. Relativo a un grupo o colectividad. ◆ adj. y s. Dícese del sustantivo singular que denota pluralidad. ◆ s. m. Grupo de personas con intereses u objetivos comunes. || *Argent., Bol.* y *Perú.* Autobús. || *Chile.* Taxi con recorrido fijo que recoge pasaje hasta llenarse. ◇ FAM. colectividad, colectivismo, colectivista, colectivizar. COLECCIÓN.

colector, ra adj. Que recoge. ◆ s. m. Conducto principal que en las tuberías de conducción de aguas, vapor, etc., recibe los ramales secundarios. ◇ FAM. COLECTA.

colega s. m. Persona que tiene la misma profesión, ocupación o cargo que otra. || *Fam.* Compañero, amigo. ◇ FAM. COLEGIO.

colegiado, da adj. y s. Dícese del individuo que pertenece a un colegio. ◆ adj. Dícese del cuerpo constituido en colegio. || Formado por varias personas. ◆ s. m. DEP. Árbitro.

colegial, la s. Alumno que tiene plaza en un colegio o asiste a él. || *Fam.* Persona joven inexperta y tímida.

colegiarse v. pron. [1]. Constituirse en colegio los individuos de una profesión o clase. || Afiliarse a un colegio.

colegiata s. f. Iglesia que posee un cabildo de canónigos. ◇ FAM. COLEGIO.

colegio s. m. Establecimiento de enseñanza. || Sociedad o corporación de personas de la misma dignidad o profesión. ◇ FAM. colega, colegiado, colegial, colegiarse, colegiata.

colegir v. tr. [30b]. Juntar, unir cosas sueltas. || Inferir o deducir una cosa de otra.

coleóptero, ra adj. y s. m. Relativo a un orden de insectos provistos de boca masticatoria y alas posteriores plegables.

cólera s. f. Bilis. || Ira, enojo, enfado. ◆ s. m. Enfermedad epidémica contagiosa caracterizada por diarreas y vómitos. ● **Montar en cólera**, enfadarse. ◇ FAM. colérico. / encolerizar.

colesterol o **colesterina** s. m. y f. Sustan-

cia grasa presente en todas las células, en la sangre y en la bilis.

coleta s. f. Pelo recogido en forma de cola¹ que cae sobre la espalda. || Coletilla. ◇ FAM. coletazo, coletilla. COLA¹.

coletazo s. m. Golpe dado con la cola. || Última manifestación de una actividad que va a finalizar.

coletilla s. f. Adición breve a lo escrito o hablado.

colgado, da adj. *Fam.* Dícese de la persona burlada en sus esperanzas o deseos. || *Fam.* Que depende o está totalmente pendiente de algo.

colgador s. m. Percha para colgar ropa u otros objetos.

colgadura s. f. Conjunto de tapices o telas con que se cubren y adornan las paredes interiores o exteriores.

colgajo s. m. Trapo que cuelga.

colgante adj. y s. m. Que cuelga. ◆ s. m. Joya que cuelga.

colgar v. tr. [1m]. Poner una cosa pendiente de otra sin que llegue al suelo. || Cortar una comunicación telefónica. || Atribuir, achacar. || *Fam.* Ahorcar. ◆ v. intr. Estar una cosa pendiente de otra. || *Fam.* Suspender en un examen. ◆ **colgarse** v. pron. Depender de la droga o de otras cosas. ◇ FAM. colgado, colgador, colgadura, colgajo, colgante. / descolgar.

colibrí s. m. Ave de pequeño tamaño, pico largo y plumaje brillante, cuyo vuelo es muy rápido.

cólico, ca adj. Relativo al colon. ◆ s. m. Dolor abdominal agudo con contracciones espasmódicas y diarrea. ◇ FAM. COLON.

coliflor s. f. Variedad de col cuyos pedúnculos forman una pella blanca y compacta.

coligarse v. pron. [1b]. Unirse o aliarse diferentes bandos para conseguir algo. ◇ FAM. coligación, coligado. LIGAR.

coliguacho s. m. *Chile.* Especie de tábano negro con los bordes del tórax y el abdomen cubiertos de pelos rojizos.

coligüe s. m. *Argent.* y *Chile.* Planta gramínea trepadora de hojas perennes y madera muy dura.

colilla s. f. Punta del cigarro que ya no se fuma. ◇ FAM. COLA¹.

colimba s. f. *Argent. Fam.* Servicio militar, mili. ◆ s. m. *Argent. Fam.* Quinto, soldado mientras recibe la instrucción.

colimense adj. y s. m. y f. De Colima (México).

colimeño, ña adj. y s. Colimense.

colina s. f. Elevación de terreno menor que la de un monte.

colindar v. intr. [1]. Lindar entre sí dos o más fincas, términos municipales, etc. ◇ FAM. colindante. LINDAR.

colineta s. f. *Venez.* Dulce de almendra y huevo.

colirio s. m. Medicamento para enfermedades oculares.

coliseo s. m. Cine o teatro de alguna importancia.

colisión s. f. Choque de dos cuerpos. || Encuentro violento entre dos grupos de personas. || Oposición de ideas, intereses, etc. ⬦ FAM. colisionar.

colisionar v. intr. [1]. Producirse una colisión.

colista s. m. y f. Persona que va la última en una competición. ⬦ FAM. COLA[1].

colitis s. f. Inflamación del colon. ⬦ FAM. enterocolitis. COLON.

collado s. m. Colina, pequeña elevación. || Depresión suave por donde se pasa fácilmente de un lado a otro de una sierra.

collage s. m. Procedimiento pictórico que consiste en pegar sobre lienzo o tabla diversos materiales, generalmente papel. || Obra pictórica realizada con este procedimiento.

collar s. m. Adorno que rodea el cuello. || Correa que se coloca en el pescuezo de ciertos animales domésticos. || Banda de plumas en el cuello de ciertas aves, de color distinto al del cuerpo. || Abrazadera circular que fija a un apoyo una tubería, conducto, etc. ⬦ FAM. collarín, colleras. / acollarar. CUELLO.

collareja s. f. Colomb. y C. Rica. Paloma de color azul, apreciada por su carne. || Méx. Comadreja.

collarín s. m. Alzacuello de los eclesiásticos. || Aparato ortopédico que inmoviliza las vértebras cervicales.

colleras s. f. pl. Chile y Colomb. Par de gemelos de camisa.

colmado s. m. Tasca, taberna. || Tienda de comestibles.

colmar v. tr. [1]. Llenar algo hasta el borde. || Satisfacer plenamente. || Dar con abundancia. ⬦ FAM. colmado. COLMO.

colmena s. f. Lugar o recipiente que sirve de habitación a un enjambre de abejas. ⬦ FAM. colmenar.

colmillo s. m. Diente agudo colocado entre el último incisivo y el primer molar de los mamíferos. || Cada uno de los dos incisivos de los elefantes.

colmo s. m. Parte de una sustancia que rebasa de los bordes del recipiente que la contiene. || Complemento o término de alguna cosa. ⬦ FAM. colmar.

colocación s. f. Acción y efecto de colocar. || Situación, disposición de una cosa. || Empleo o destino.

colocado, da adj. y s. Dícese de la persona que tiene un empleo. || Que está bajo los efectos del alcohol o las drogas.

colocar v. tr. y pron. [1a]. Poner a una persona o cosa en su debido lugar. || Proporcionar un estado o empleo. ◆ **colocarse** v. pron. Fam. Ponerse bebido o drogado. ⬦ FAM. colocación, colocado. / descolocar.

colocho, cha adj. y s. Salv. Que tiene el cabello rizado. ◆ s. m. Amér. Central. Viruta de madera. || Amér. Central. Rizo, tirabuzón. || Salv. Servicio, favor.

colodrillo s. m. Parte posterior de la cabeza.

colofón s. m. Texto o anotación al final de los libros. || Término, remate, fin.

colofonia s. f. Resina amarilla, sólida y transparente, que queda como residuo de la destilación de la trementina.

colombiano, na adj. y s. De Colombia.

colombino, na adj. Relativo a Cristóbal Colón. ⬦ FAM. precolombino.

colombofilia s. f. Cría de palomas mensajeras. ⬦ FAM. colombófilo.

colon s. m. Parte del intestino grueso que empieza en el ciego y termina en el recto. ⬦ FAM. cólico, colitis.

colón s. m. Unidad monetaria de El Salvador y Costa Rica.

colonato s. m. Sistema de explotación de las tierras por medio de colonos.

colonense adj. y s. m. y f. De Colón (Panamá).

colonia[1] s. f. Territorio ocupado y administrado por una potencia extranjera. || Grupo de gente que se establece en un país o territorio. || Lugar donde se establecen. || Conjunto de extranjeros oriundos de un mismo país que viven en la misma ciudad o región. || Conjunto de personas que pasan temporadas en un lugar. || Grupo de animales que viven en colectividad. || Amér. Coloniaje. || Méx. Barrio urbano. ⬦ FAM. coloniaje, colonial, colonialismo, colonizar, colono.

colonia[2] s. f. Perfume compuesto por agua, alcohol y esencias aromáticas.

coloniaje s. m. Amér. Central y Amér. Merid. Período que duró la dominación española en América.

colonial adj. Relativo a la colonia[1]. ◆ s. m. pl. Conjunto de productos alimenticios que eran traídos de las colonias.

colonialismo s. m. Doctrina que tiende a legitimar la dominación política y económica de un territorio o nación. ⬦ FAM. colonialista. / neocolonialismo. COLONIA[1].

coloniense adj. y s. m. y f. De Colonia (Uruguay).

colonizar v. tr. [1g]. Establecer colonias en un territorio o convertir un país en colonia. || Poblar de colonos una región. ⬦ FAM. colonización, colonizador. / descolonización. COLONIA[1].

colono s. m. Persona inmigrada o descendiente de inmigrados de una colonia. || Labrador arrendatario de tierras. ⬦ FAM. colonato. COLONIA[1].

coloquial adj. Relativo al coloquio. || Dícese del lenguaje usado corrientemente en la conversación.

coloquio s. m. Conversación entre dos o más personas. || Debate organizado para tratar un tema determinado. ◇ FAM. coloquial.

color s. m. Impresión que produce en el ojo la luz emitida por los focos luminosos, o difundida por los cuerpos. ‖ Sustancia preparada para pintar o teñir. ‖ Coloración, colorido. ‖ Carácter peculiar o aspecto de una cosa. ‖ Animación, viveza. ‖ Ideología o partido. • **De color,** dícese de las personas mulatas o de raza negra. ◇ FAM. coloración, colorado, colorante, colorear, colorete, colorido, colorín¹, colorín², colorinche, colorismo, colorista. / bicolor, decolorar, descolorido, incoloro, monocolor, multicolor, tecnicolor, tricolor, unicolor.

coloración s. f. Acción de colorear. ‖ Estado de un cuerpo coloreado.

colorado, da adj. Que tiene color. ‖ De color más o menos rojo. • **Poner colorado,** avergonzar.

colorante adj. y s. m. Que colorea. ◆ s. m. Sustancia coloreada natural o sintética que se usa para dar coloración.

colorear v. tr. [1]. Dar o adquirir color. ◆ v. intr. y pron. Tirar a colorado. ◆ **colorearse** v. pron. Ruborizarse.

colorete s. m. Cosmético de color encarnado que suele aplicarse en las mejillas.

colorido s. m. Disposición y grado de intensidad de los colores de algo. ‖ Color, animación.

colorín¹ s. m. Color vivo y llamativo. ‖ Jilguero. ‖ *Méx.* Árbol con ramas espinosas y madera blanda, de flores comestibles. ‖ *Méx.* Fruto de esta planta.

colorín², na adj. *Chile.* Dícese de la persona de pelo rojizo.

colorinche adj. *Amér. Fam.* Relativo a la mala combinación de colores con resultado chillón.

colorista adj. y s. m. y f. Dícese del pintor y escritor que se expresan sobre todo mediante el color o descripciones muy expresivas.

colosal adj. De estatura o proporciones mayores que las naturales. ‖ Excelente, extraordinario.

coloso s. m. Estatua que excede mucho del tamaño natural. ‖ Persona o cosa sobresaliente. ◇ FAM. colosal.

colt s. m. Revólver.

columbino, na adj. Relativo a la paloma.

columbrar v. tr. [1]. Atisbar, vislumbrar. ◇ FAM. LUMBRE.

columna s. f. Soporte vertical formado por un fuste de sección circular. ‖ Monumento conmemorativo de forma cilíndrica y alargada. ‖ Pila o serie de cosas ordenadas. ‖ Persona o cosa que sirve de apoyo. ‖ Espacio fijo de un periódico para la colaboración de un columnista. ‖ Porción de tropa en formación, de poco frente y mucho fondo. ‖ Parte de un ejército en campaña. ◇ FAM. columnata, columnista.

columnata s. f. Serie de columnas que sustentan o adornan un edificio.

columnista s. m. y f. Colaborador de un periódico que escribe en una columna fija.

columpiar v. tr. y pron. [1]. Mecer en un columpio.

columpio s. m. Asiento o tabla que se suspende de unas cuerdas para mecerse. ◇ FAM. columpiar.

colutorio s. m. Enjuague medicinal de la boca.

colza s. f. Planta forrajera de flores amarillas, cuyas semillas proporcionan aceite.

coma¹ s. f. Signo ortográfico de puntuación que separa las partes de una frase. ‖ Signo aritmético que separa la parte entera de la decimal. ◇ FAM. comilla.

coma² s. m. Estado caracterizado por la pérdida de la motricidad y la conciencia, con conservación de las funciones vegetativas. ◇ FAM. comatoso.

comadre s. f. Madrina de un niño respecto del padre, o la madre, o el padrino del mismo. ‖ *Fam.* Vecina y amiga con quien una mujer tiene más trato. ‖ *Fam.* Mujer chismosa, murmuradora. ◇ FAM. comadrear, comadreja, comadrón. MADRE.

comadrear v. intr. [1]. *Fam.* Chismorrear, murmurar.

comadreja s. f. Pequeño mamífero carnívoro, de pelaje leonado en el dorso y blanco en el vientre. ◇ FAM. COMADRE.

comadrón, na s. Auxiliar médico que ayuda en los partos. ◇ FAM. COMADRE.

comal s. m. *Amér. Central* y *Méx.* Disco bajo y delgado de metal o barro sin vidriar, que se usa para asar alimentos y para tostar el café y el cacao.

comanche adj. y s. m. y f. Dícese de los indios que vivían al este de las Montañas Rocosas. ◆ s. m. Lengua de estos indios.

comandancia s. f. Empleo de comandante. ‖ Territorio sujeto a él.

comandante s. m. Oficial de los ejércitos de tierra y aire. ‖ Piloto al mando de una aeronave. ◇ FAM. comandancia. COMANDAR.

comandar v. tr. [1]. Mandar un ejército, una flota, etc. ◇ FAM. comandante, comandita, comando. MANDAR.

comandita s. f. Sociedad en la que se aportan fondos sin contraer obligación mercantil: *sociedad en comandita.* • **En comandita,** en grupo.

comando s. m. Formación militar de pocos efectivos, que actúa aisladamente en misiones especiales. ‖ Cada uno de los hombres que la integran. ‖ Grupo guerrillero.

comarca s. f. Territorio con clara unidad geográfica, de extensión más circunscrita que una región. ◇ FAM. comarcal. MARCA.

comatoso, sa adj. Relativo al estado de coma. ‖ Dícese del enfermo en este estado.

comayagua adj. y s. m. y f. De Comayagua (Honduras).

comba s. f. Inflexión de algunos cuerpos sólidos cuando se encorvan. ‖ Juego de niños en que se salta por encima de una cuerda que se hace pasar sobre la cabeza. ‖ Esta misma cuerda. ◇ FAM. combar, combo.

combar v. tr. y pron. [1]. Encorvar, torcer. ◇ FAM. combado, combadura. COMBA.

combate s. m. Lucha contra obstáculos de todas clases. ● **Fuera de combate**, imposibilitado para la lucha.

combatir v. intr. y pron. [3]. Mantener un combate. ◆ v. tr. Acometer, embestir. ‖ Oponerse a algo. ◆ v. tr., intr. y pron. Agitar el ánimo los afectos o pasiones. ◇ FAM. combate, combatible, combatiente, combatividad, combativo. BATIR.

combativo, va adj. Dispuesto o inclinado a la lucha.

combinación s. f. Acción y efecto de combinar. ‖ Plan, artimaña. ‖ Cóctel, combinado. ‖ Prenda interior femenina de una sola pieza. ‖ Dispositivo mecánico interno de apertura de una caja fuerte y la clave que da la posición de éste.

combinado s. m. Conjunto, mezcla de elementos diversos. ‖ Cóctel, mezcla de licores. ‖ Aparato que reúne las características del avión y las del helicóptero.

combinar v. tr. [1]. Unir cosas diversas de manera que formen un compuesto. ‖ Concertar, disponer elementos para conseguir un fin. ◇ FAM. combinable, combinación, combinado, combinatorio.

combo, ba adj. Que está combado. ◆ s. m. Pequeña formación de músicos. ‖ Amér. Mazo. ‖ Chile y Perú. Puñetazo. ◇ FAM. COMBA.

combustible adj. y s. m. Que arde con facilidad. ◆ s. m. Material cuya combustión produce energía calorífica. ◇ FAM. combustibilidad. / incombustible. COMBUSTIÓN.

combustión s. f. Acción y efecto de arder o quemar. ◇ FAM. combustible.

comecocos s. m. y f. pl. Vulg. Persona o cosa alienante.

comedero s. m. Recipiente donde se echa la comida a algunos animales.

comedia s. f. Obra dramática. ‖ Obra teatral o cinematográfica de tema ligero y desenlace feliz. ‖ Género que engloba estas obras. ‖ Suceso de la vida real que mueve a risa. ‖ Farsa o fingimiento. ● **Comedia de capa y espada**, en el teatro español, la que describe las costumbres de los caballeros. ◇ FAM. comediante, comediógrafo, cómico. / tragicomedia.

comediante, ta s. Actor. ‖ Fam. Persona que aparenta lo que no siente.

comediógrafo, fa s. Escritor de comedias.

comedirse v. pron. [30]. Moderarse, contenerse. ‖ Amér. Ofrecerse o disponerse para alguna cosa. ◇ FAM. comedido, co-

medimiento. / acomedirse, descomedido. MEDIR.

comedón s. m. Grano sebáceo con un punto negro que sale en la cara.

comedor, ra adj. y s. Que come mucho. ◆ s. m. Habitación destinada en las casas y establecimientos, para comer. ‖ Conjunto de los muebles de dicha habitación.

comendador s. m. Caballero que tiene encomienda en alguna de las órdenes militares o de caballeros.

comensal s. m. y f. Persona que come en la misma mesa que otras. ◇ FAM. MESA.

comentar v. tr. [1]. Realizar o hacer comentarios. ◇ FAM. comentador, comentario, comentarista.

comentario s. m. Observación hablada o escrita para explicar, ilustrar o criticar una obra, discurso, etc.

comenzar v. tr. [1e]. Empezar, dar principio a algo. ◆ v. intr. Empezar, tener una cosa principio. ◇ FAM. comienzo. / recomenzar.

comer v. intr. y tr. [2]. Masticar el alimento en la boca y pasarlo al estómago. ◆ v. intr. Tomar alimento. ◆ v. tr. y pron. Gastar, consumir algo. ‖ Sentir comezón física o moral. ‖ Suprimir elementos de una conversación o escrito. ● **Comer** algo o a alguien **con los ojos**, mirarlo con codicia, envidia, amor o cólera. ‖ **Ser de buen comer**, comer mucho. ‖ **Sin comerlo ni beberlo** (Fam.), sin haber participado en la causa de algo. ◇ FAM. comedero, comedor, comestible, comezón, comible, comida, comilona, comiscar. / comecocos, concomerse, incomible, malcomer, recomerse.

comercial adj. Relativo al comercio. ‖ Dícese de aquello que tiene fácil aceptación en el mercado. ◆ s. m. y f. Comerciante.

comercializar v. tr. [1g]. Dar a los productos organización comercial para su venta. ◇ FAM. comercialización. COMERCIO.

comerciante adj. Que comercia. ◆ s. m. y f. Propietario de un comercio.

comerciar v. intr. [1]. Comprar, vender o permutar géneros, con fin lucrativo.

comercio s. m. Acción y efecto de comerciar. ‖ Establecimiento comercial. ◇ FAM. comercial, comercializar, comerciante, comerciar.

comestible adj. Que se puede comer. ◆ s. m. Artículo alimenticio.

cometa s. m. Astro del sistema solar, formado por un núcleo poco denso y una cola. ◆ s. f. Juguete consistente en un armazón ligero poligonal que se hace volar mediante una larga cuerda.

cometer v. tr. [2]. Incurrir en alguna culpa, error o delito. ◇ FAM. cometido, comisión. / acometer. METER.

cometido s. m. Comisión, encargo. ‖ Deber, obligación.

comezón s. f. Picor. ‖ Desasosiego. ◇ FAM. COMER.

cómic o **comic** s. m. Secuencia de representaciones gráficas acompañadas por texto, que relatan una acción.

comicios s. m. pl. Votación.

cómico, ca adj. Relativo a la comedia. ‖ Gracioso, que hace reír. ◆ s. *Fam.* Actor. ◇ FAM. comicidad. COMEDIA.

comida s. f. Alimento, sustancia que proporciona energía al organismo. ‖ Acción de comer. ‖ Alimento que se ingiere, especialmente al mediodía.

comidilla s. f. *Fam.* Tema preferido en una murmuración.

comienzo s. m. Principio, origen de una cosa.

comilla s. f. Signo ortográfico con que se encierran las citas o expresiones inusuales o que se quieren destacar. ◇ FAM. entrecomillar. COMA[1].

comilona s. f. *Fam.* Comida variada y muy abundante.

comino s. m. Planta herbácea de flores pequeñas y rojizas y fruto de olor aromático y sabor acre. ‖ Fruto y semilla de esta planta. ‖ Cosa de ínfimo valor. ‖ Persona de pequeño tamaño.

comisaría s. f. Empleo y oficina del comisario. ‖ Oficina de la policía, de carácter público.

comisariato s. m. *Colomb., Nicar.* y *Pan.* Economato, almacén.

comisario s. m. El que tiene poder de otro para ejecutar una orden o entender en un negocio. ‖ Agente de policía. ◇ FAM. comisaría, comisariato.

comiscar v. tr. e intr. [1a]. Comer a menudo y poco.

comisión s. f. Acción de cometer. ‖ Misión encargada a alguien. ‖ Retribución que se percibe por la mediación en un negocio. ‖ Conjunto de personas delegadas temporalmente para hacer algo. ◇ FAM. comisionado, comisionar, comisionista. / subcomisión. COMETER.

comisionado, da adj. y s. Encargado de una comisión.

comisionar v. tr. [1]. Delegar un poder, atribuir una función a alguien. ‖ Encargar la compra o venta de mercancías.

comiso s. m. Decomiso. ◇ FAM. decomiso.

comisquear v. tr. e intr. [1a]. Comiscar*.

comisura s. f. Unión de los bordes de una hendidura orgánica.

comité s. m. Conjunto de personas encargadas de ciertas gestiones o funciones en representación de un colectivo.

comitiva s. f. Acompañamiento, séquito, cortejo.

como adv. m. Denota idea de equivalencia, semejanza o igualdad. ‖ Según, conforme: *como dijiste.* ‖ En calidad de: *como testigo de boda.* ◆ conj. caus. Porque: *como tardé no pude verle.* ◆ conj. cond. Si: *como llores me enfadaré.* ◆ conj. cop. Que: *¡tanto como lo digo y no lo sabes!*

cómo adv. m. interrog. De qué modo o manera: *no sé cómo empezar.* ‖ Por qué motivo, en virtud de qué: *¿cómo dices esto?* ‖ Expresa encarecimiento: *¡cómo llueve!* ◆ s. m. Modo, manera: *importa el cómo se vive.* ● **¡Cómo!** interj. Denota enfado o extrañeza. ‖ **¡Cómo no, sí:** *¿Vienes? - ¡Cómo no!* ‖ **Como quiera que,** de cualquier modo que. ‖ Dado que. ‖ **Como si tal cosa,** con indiferencia. ◇ FAM. comoquiera.

cómoda s. f. Mueble con tablero de mesa y cajones. ◇ FAM. CÓMODO, DA.

comodín s. m. En algunos juegos de naipes, carta que toma el valor que le da el que la posee. ‖ Cosa que sirve para fines diversos. ‖ Pretexto habitual o poco justificado. ◇ FAM. CÓMODO, DA.

comodidad s. f. Calidad de cómodo.

cómodo, da adj. Que se presta al uso necesario. ‖ Oportuno, fácil, acomodado. ‖ Que está a gusto. ‖ Comodón. ◇ FAM. cómoda, comodidad, comodín, comodón. / acomodar, incómodo.

comodón, na adj. *Fam.* Que gusta de la comodidad.

comodoro s. m. Oficial al mando de una división naval.

comoquiera adv. m. De cualquier manera.

compactar v. tr. [1]. Hacer compacto. ◇ FAM. compactación, compactador. COMPACTO, TA.

compacto, ta adj. Dícese de los cuerpos de textura apretada y poco porosa. ‖ Apretado, apiñado. ◆ adj. y s. m. Dícese del disco digital que se reproduce por rayo láser. ◆ s. m. Aparato que reúne el amplificador, receptor de radio, tocadiscos casete y reproductor de discos compactos. ◇ FAM. compactar, compactibilidad.

compadecer v. tr. y pron. [2m]. Compartir la desgracia ajena. ◇ FAM. compasión. PADECER.

compadre s. m. Padrino de un niño respecto del padre, o la madre, o la madrina del mismo. ‖ Tratamiento que se da entre personas de las clases populares. ◇ FAM. compadrear, compadreo, compadrito. PADRE.

compadrear v. intr. [1]. *Argent., Par.* y *Urug.* Jactarse, envanecerse.

compadreo s. m. *Fam.* Pacto de varias personas para ayudarse, por lo general en algo ilícito.

compadrito s. m. *Argent.* y *Urug. Fam.* Fanfarrón. ◆ adj. y s. m. *Argent., Par.* y *Urug.* Dícese de la persona popular, pendenciera, afectada en sus maneras y vestir.

compaginar v. tr. y pron. [1]. Poner en buen orden cosas que guardan relación. ◆ v. tr. En imprenta, ajustar las galeradas. ◆ **compaginarse** v. pron. Corresponder bien una cosa con otra. ◇ FAM. compaginación. PÁGINA.

compañerismo s. m. Vínculo que existe entre compañeros. ‖ Concordia y buena correspondencia entre ellos.

compañero, ra s. Persona que acompaña a otra o que comparte con ella la misma actividad o ideología. ‖ Cosa que hace juego o tiene correspondencia con otra. ◇ FAM. compañerismo. COMPAÑÍA.

compañía s. f. Efecto de acompañar. ‖ Persona o cosa que acompaña. ‖ Sociedad comercial. ‖ Cuerpo estable de actores. ‖ Unidad de los ejércitos regulares. ◇ FAM. compañero. / acompañar.

comparación s. f. Acción y efecto de comparar. ‖ Igualdad y proporción entre las cosas que se comparan.

comparar v. tr. [1]. Examinar dos o más cosas para descubrir sus relaciones, diferencias o semejanzas. ‖ Establecer una semejanza entre dos cosas. ◇ FAM. comparable, comparación, comparado, comparativo. / parar. PARAR.

comparativo, va adj. Que compara o sirve para comparar. ◆ adj. y s. m. LING. Dícese del grado de significación de los adjetivos y adverbios, que expresa una cualidad igual, superior o inferior. ◆ adj. y s. f. LING. Dícese de la oración que denota comparación. ‖ LING. Dícese de la conjunción que introduce esta oración.

comparecer v. intr. [2m]. Presentarse ante una autoridad. ‖ Llegar a destiempo o de manera inesperada. ◇ FAM. comparecencia, compareciente. / incomparecencia. PARECER[1].

comparsa s. f. Acompañamiento, conjunto de figurantes del teatro. ‖ Conjunto de personas vestidas con trajes de una misma clase. ◆ s. m. y f. Persona que forma parte del acompañamiento.

compartimiento o **compartimento** s. m. Acción y efecto de compartir. ‖ Cada una de las partes que resultan de compartir un todo. ◇ FAM. compartimentación, compartimentar. COMPARTIR.

compartir v. tr. [3]. Repartir, distribuir en partes. ‖ Poseer en común. ‖ Participar en algo. ◇ FAM. compartible, compartidor, compartimiento, compartimento. / incompartible. PARTIR.

compás s. m. Instrumento de dibujo y medición, compuesto por dos varillas articuladas por un extremo. ‖ Brújula, en especial la de navegación. ‖ MÚS. Ritmo de una pieza musical. ● **Compás de espera**, detención temporal de un asunto. ◇ FAM. compasar. / acompasar, descompasar. PASO[1].

compasar v. tr. [1]. Medir con el compás. ‖ Arreglar.

compasión s. f. Sentimiento de lástima por la desgracia ajena. ◇ FAM. compasivo. COMPADECER.

compatible adj. Capaz de unirse o con-

currir en un mismo lugar o sujeto. ◇ FAM. compatibilidad, compatibilizar. / incompatible.

compatriota s. m. y f. Respecto a una persona, otra de su misma patria. ◇ FAM. PATRIA.

compeler v. tr. [2]. Obligar a uno, con fuerza o por autoridad, a que haga algo. ◇ FAM. compulsión.

compendiar v. tr. [1]. Reducir a compendio.

compendio s. m. Breve y sumaria exposición de lo más sustancial de una materia. ◇ FAM. compendiar, compendioso.

compenetrarse v. pron. [1]. Penetrar las partículas de una sustancia entre las de otra. ‖ Identificarse en ideas y sentimientos. ◇ FAM. compenetración. PENETRAR.

compensar v. tr. y pron. [1]. Neutralizar el efecto de una cosa con el de otra. ‖ Dar o hacer una cosa en pago del daño o molestia causados. ◇ FAM. compensable, compensación, compensador, compensatorio. / descompensar, recompensar.

competencia s. f. Acción y efecto de competir. ‖ Incumbencia. ‖ Aptitud, capacidad. ‖ Argent., Chile, Colomb., Méx., Par., Perú, Urug. y Venez. Competición. ◇ FAM. incompetencia. COMPETER.

competente adj. Dícese de la persona a quien compete o incumbe alguna cosa. ‖ Experto, apto.

competer v. intr. [2]. Pertenecer, tocar o incumbir a uno una cosa. ◇ FAM. competencia, competente.

competición s. f. Competencia. ‖ Acción y efecto de competir. ‖ Prueba deportiva.

competir v. intr. y pron. [30]. Contender dos o más personas para lograr la misma cosa. ◆ v. intr. Igualar una cosa a otra en su perfección o propiedades. ◇ FAM. competición, competidor, competitividad, competitivo.

competitividad s. f. Capacidad de competir.

compilación s. f. Acción y efecto de compilar. ‖ Colección de noticias, leyes o materias.

compilar v. tr. [1]. Reunir en un solo cuerpo de obra, extractos de diferentes libros, documentos, etc. ◇ FAM. compilación, compilador. RECOPILAR.

compinche s. m. y f. Fam. Amigo, camarada. ◇ FAM. PINCHE.

complacencia s. f. Sentimiento con que uno se complace en una cosa.

complacer v. tr. [2m]. Acceder a los deseos o gustos de otro. ◆ **complacerse** v. pron. Hallar plena satisfacción en una cosa. ◇ FAM. complacencia, complaciente. PLACER[1].

complaciente adj. Que complace. ‖ Que está siempre dispuesto a complacer.

complejo, ja adj. Que está compuesto de elementos diversos. ◆ s. m. Conjunto de cosas. ‖ Fam. Sentimiento de inferioridad. ⬦ FAM. complejidad, complexión. / acomplejar.

complementar v. tr. [1]. Dar complemento.

complemento s. m. Cosa que es preciso añadir a otra para que sea íntegra o perfecta. ⬦ FAM. complementar, complementario.

completar v. tr. [1]. Hacer completa una cosa.

completivo, va adj. y s. f. LING. En una oración compuesta, dícese de la oración subordinada que tiene la función de complemento directo.

completo, ta adj. Entero, lleno. || Acabado, perfecto. ⬦ FAM. completamente, completar, completivo. / incompleto.

complexión s. f. Constitución fisiológica propia de una persona o de un animal. ⬦ FAM. COMPLEJO, JA.

complexo, xa adj. Complejo*.

complicación s. f. Concurrencia de cosas diversas. || Embrollo, dificultad.

complicado, da adj. Enmarañado, de difícil comprensión. || Que está compuesto de gran número de piezas.

complicar v. tr. [1a]. Mezclar, unir cosas diversas entre sí. || Mezclar o comprometer a alguien en un asunto. ➤ v. tr. y pron. Enredar, dificultar. ➤ **complicarse** v. pron. Confundirse, embrollarse. ⬦ FAM. complicación, complicado.

cómplice s. m. y f. Persona que participa en un delito o falta. ⬦ FAM. complicidad.

complot o **compló** s. m. Conjunto de maniobras secretas, concertadas contra algo o alguien.

complutense adj. y s. m. y f. De Alcalá de Henares (España).

componedor s. m. Argent., Chile y Colomb. Persona diestra en tratar dislocaciones de huesos.

componenda s. f. Arreglo poco escrupuloso.

componente adj. y s. m. Que compone o entra en la composición de algo.

componer v. tr. [5]. Formar un todo juntando o disponiendo elementos diversos. || Reparar lo estropeado. || Producir obras literarias, musicales, etc. || En imprenta, juntar los caracteres tipográficos de un texto. || Argent., Chile, Colomb., Guat., Méx., Perú y Urug. Colocar en su lugar los huesos dislocados. ➤ v. tr. y pron. Constituir, formar un cuerpo de varias cosas o personas. || Adornar, acicalar. ➤ **componerse** v. pron. Estar formado de los elementos que se especifican. • **Componérselas** (Fam.), ingeniárselas. ⬦ FAM. componedor, componenda, componente, composición, compositivo, compositor, compostura, compuesto. / descomponer, recomponer. PONER.

comportamiento s. m. Manera de comportarse.

comportar v. tr. [1]. Implicar. ➤ **com-**

portarse v. pron. Portarse, conducirse. ⬦ FAM. comportamiento. PORTAR.

composición s. f. Acción y efecto de componer. || Ajuste, convenio entre dos o más personas. || Obra científica, literaria o musical. || En imprenta, acción de juntar los caracteres tipográficos. • **Formar**, o **hacer**, **una composición de lugar**, formar una idea sobre un asunto. ⬦ FAM. fotocomposición. COMPONER.

compositivo, va adj. Dícese del prefijo o palabra que forma compuestos.

compositor, ra s. Persona que compone música.

compostelano, na adj. y s. De Santiago de Compostela (España).

compostura s. f. Composición de un todo que consta de varias partes. || Acción y efecto de componer, ordenar, reparar, adornar. || Moderación.

compota s. f. Dulce de fruta hervida con agua y azúcar.

compra s. f. Acción y efecto de comprar. || Cosa o conjunto de cosas compradas. ⬦ FAM. compraventa. COMPRAR.

comprar v. tr. [1]. Adquirir algo a cambio de dinero. || Sobornar. ⬦ FAM. compra, comprador.

compraventa s. f. Negocio consistente en comprar y vender objetos usados.

comprender v. tr. [2]. Abarcar, rodear por todas partes. || Entender, percibir. || Encontrar justificados los actos o sentimientos de alguien. ➤ v. tr. y pron. Contener, incluir en sí. ⬦ FAM. comprensibilidad, comprensible, comprensión, comprensivo. PRENDER.

comprensión s. f. Acción o facultad de comprender. ⬦ FAM. incomprensión. COMPRENDER.

comprensivo, va adj. Que es capaz de entender a los demás fácilmente.

compresa s. f. Pedazo de gasa, tela u otro material, empleado para empapar líquidos y oprimir heridas o lesiones.

compresión s. f. Acción y efecto de comprimir.

compresor, ra adj. y s. Que comprime. ➤ s. m. Aparato que sirve para comprimir un fluido. ⬦ FAM. termocompresor, turbocompresor. COMPRIMIR.

comprimido, da adj. Reducido a menor volumen por presión. ➤ s. m. Pastilla que contiene una dosis de medicamento.

comprimir v. tr. y pron. [3]. Reducir por presión el volumen de algo. ⬦ FAM. compresa, compresible, compresión, compresor, comprimido. / descomprimir.

comprobante s. m. Escrito o documento que atestigua una transacción o gestión.

comprobar v. tr. [1r]. Verificar, confirmar una cosa mediante demostración o pruebas. ⬦ FAM. comprobable, comprobación, comprobante, comprobatorio. PROBAR.

comprometer v. tr. y pron. [2]. Poner en manos de un tercero la determinación de una diferencia o pleito. ‖ Exponer a un riesgo o peligro. ‖ Asignar o adquirir una obligación, ◇ FAM. comprometedor, comprometido, compromisario, compromiso. PROMETER.

comprometido, da adj. Peligroso, delicado.

compromisario, ria adj. Relativo al compromiso. ◆ adj. y s. Dícese de la persona delegada para resolver o realizar algo.

compromiso s. m. Acuerdo obtenido mediante concesiones recíprocas. ‖ Situación comprometida o difícil. ● **De compromiso**, de importancia.

compuerta s. f. Dispositivo que sirve para controlar el paso del agua de un canal, presa, etc. ◇ FAM. PUERTA.

compuesto, ta adj. Formado por varios elementos. ◆ adj. y s. m. ARTE. Dícese del orden de la arquitectura griega caracterizado por un capitel formado por volutas jónicas y hojas corintias. ‖ LING. Dícese del vocablo formado por la unión de palabras simples, como *vanagloria* y *correveidile*. ◇ FAM. COMPONER.

compulsar v. tr. [1]. Comprobar un texto con el original. ◇ FAM. compulsación, compulsado.

compulsión s. f. PSIC. Fuerza interior que impulsa al sujeto a seguir una conducta determinada. ◇ FAM. compulsivo. COMPELER.

compulsivo, va adj. Que tiene poder o fuerza para obligar.

compungido, da adj. Apenado, atribulado, dolorido. ◇ FAM. compungir.

computador, ra adj. y s. Que computa o calcula. ◆ s. m. y f. Ordenador, máquina. ◇ FAM. computerizar. COMPUTAR.

computar v. tr. [1]. Determinar una cantidad por el cálculo de ciertos datos. ‖ Considerar una cosa como equivalente a cierto valor. ◇ FAM. computable, computación, computador, cómputo. CONTAR.

computerizar v. tr. [1]. Tratar una información mediante computadora. ◇ FAM. computerización. COMPUTADOR, RA.

cómputo s. m. Determinación de una cantidad mediante el cálculo de ciertos datos.

comulgar v. tr. e intr. [1b]. Administrar o recibir la comunión. ◆ v. intr. Compartir con otro u otros los mismos principios o sentimientos. ● **Comulgar con ruedas de molino**, ser muy crédulo. ◇ FAM. comulgante, comulgatorio, comunión. / excomulgar.

comulgatorio s. m. Barandilla ante la que los fieles se arrodillan para tomar la comunión.

común adj. Que es compartido por varios a la vez. ‖ Relativo a la mayoría. ‖ Ordinario, regular, vulgar. ‖ Bajo, de inferior calidad. ◆ s. m. Generalidad de personas. ● **En común**, que se usa o posee una cosa por varios. ‖ **Por lo común**, habitual-

mente. ◇ FAM. comuna, comunal, comunero, comunicar, comunidad, comunismo, comunitario. / descomunal, mancomunar.

comuna s. f. Forma de autoorganización de los habitantes de una localidad. ‖ Célula de convivencia, alternativa a la familia. ‖ *Amér. Central* y *Amér. Merid.* Municipio, ayuntamiento.

comunal adj. Dícese de la propiedad poseída en común.

comunero, ra s. Persona que tiene parte indivisa con otros en una posesión o derecho. ◆ pl. Conjunto de pueblos con comunidad de pastos.

comunicación s. f. Acción y efecto de comunicar o comunicarse. ‖ Escrito en que se comunica algo. ‖ Medio de unión entre lugares. ◆ pl. Correo, telégrafo, teléfono, etc. ◇ FAM. radiocomunicación, telecomunicación. COMUNICAR.

comunicado s. m. Información oficial difundida por los medios de comunicación.

comunicar v. tr. [1a]. Hacer saber una cosa a alguien. ◆ v. tr., intr. y pron. Tratar con alguien de palabra o por escrito. ◆ v. intr. Dar un teléfono la señal de línea ocupada. ◆ v. intr. y pron. Tener correspondencia o paso unas cosas con otras. ◇ FAM. comunicabilidad, comunicable, comunicación, comunicado, comunicante, comunicativo. / incomunicar. COMÚN.

comunicativo, va adj. Relativo a la comunicación. ‖ Dícese de la persona abierta, que se comunica con facilidad.

comunidad s. f. Calidad de común, de compartido. ‖ Grupo social con intereses comunes. ‖ Sociedad religiosa. ◇ FAM. COMÚN.

comunión s. f. Participación en lo que es común. ‖ Congregación de personas con la misma fe religiosa. ‖ REL. Sacramento de la eucaristía y la acción de darlo o recibirlo. ◇ FAM. excomunión. COMULGAR.

comunismo s. m. Doctrina que tiende a la colectivización de los medios de producción. ‖ Movimiento político inspirado en esa doctrina. ◇ FAM. comunista. COMÚN.

con prep. Significa el instrumento, medio o modo para hacer algo. ‖ En compañía: *llegó con su padre.* ‖ Denota contenido o adherencia: *una bolsa con dinero.* ‖ Señala relación o comunicación: *hablar con todos.* ‖ Antepuesta al infinitivo, equivale a gerundio: *con declarar se eximió del tormento.* ‖ A pesar de: *con lo joven que es y ya es director.* ‖ Se utiliza al comienzo de ciertas exclamaciones: *¡con lo que me divertía!* ◆ conj. cond. **Con que, con tal que** o **con sólo que**, en el caso de que. ◇ FAM. conque.

con- pref. Significa 'unión, cooperación': *conciudadano.*

conato s. m. Inicio de una acción que no

llega a realizarse plenamente. ‖ Propensión; tendencia, propósito.

concatenación s. f. Figura retórica que consiste en emplear, al principio de una frase, la última palabra de la frase anterior.

concatenar o **concadenar** v. tr. [1]. Unir o enlazar unas cosas con otras. ⬦ FAM. concatenación. CADENA.

cóncavo, va adj. Dícese de la línea o superficie curvas que, respecto del que las mira, tienen su parte más deprimida en el centro. ⬦ FAM. concavidad. / bicóncavo.

concebir v. intr. y tr. [30]. Quedar fecundada la hembra. ‖ Formar en la mente una idea de algo. ⬦ v. tr. Comenzar a sentir una pasión o afecto. ‖ Expresar, redactar, contener. ⬦ FAM. concebible, concepción, conceptivo, concepto. / anticonceptivo, contraceptivo, inconcebible, preconcebir.

conceder v. tr. [2]. Dar, otorgar, atribuir. ⬦ FAM. concesión, concesivo. CEDER.

concejal, la s. Miembro de un concejo o ayuntamiento.

concejalía s. f. Cargo de concejal.

concejo s. m. Reunión de los vecinos de una localidad. ‖ Ayuntamiento. ‖ Municipio. ⬦ FAM. concejal, concejalía.

concentración s. f. Acción y efecto de concentrar o concentrarse.

concentrado, da adj. y s. m. Dícese de la salsa espesa de alguna cosa.

concentrar v. tr. y pron. [1]. Reunir en un centro o punto. ‖ Fijar la atención con intensidad. ⬦ **concentrarse** v. pron. Reunirse. ‖ Abstraerse. ⬦ FAM. concentrable, concentración, concentrado, concentrador. / reconcentrar. CENTRAR.

concéntrico, ca adj. Dícese de las figuras geométricas que tienen el mismo centro. ⬦ FAM. CENTRO.

concepción s. f. Acción y efecto de concebir.

concepcionero, ra adj. y s. De Concepción (Paraguay).

conceptismo s. m. Estilo literario caracterizado por la complicación conceptual.

concepto s. m. Idea abstracta y general. ‖ Pensamiento expresado con palabras. ‖ Dicho ingenioso. ‖ Opinión, juicio. ‖ Aspecto, calidad, título. ⬦ FAM. conceptismo, conceptista, conceptual, conceptualizar, conceptuar, conceptuosidad, conceptuoso. CONCEBIR.

conceptualizar v. tr. [1]. Organizar en conceptos.

conceptuar v. tr. [1s]. Formar concepto, opinión o juicio.

concernir v. intr. [3e]. Afectar, atañer. ⬦ FAM. concerniente.

concertar v. tr. y pron. [1j]. Pactar, ajustar, acordar. ⬦ v. intr. y pron. Concordar, convenir entre sí una cosa con otra. ⬦ FAM. concertación, concierto. / desconcertar.

concertina s. f. Instrumento musical de viento.

concertista s. m. y f. Instrumentista que toca en un concierto. ‖ Músico o cantante solista de un concierto.

concesión s. f. Acción y efecto de conceder. ⬦ FAM. concesionario. CEDER.

concesionario, ria adj. y s. Que recibe o transfiere una concesión.

concesivo, va adj. Que concede o puede concederse. ⬦ adj. y s. f. LING. Dícese de la oración subordinada que expresa una objeción, pero no impide la realización de la oración principal. ‖ LING. Dícese de la conjunción que une estas oraciones.

concha s. f. Envoltura dura y calcárea que cubre el cuerpo de algunos animales invertebrados ‖ Carey, materia córnea traslúcida. ‖ *Amér. Central* y *Amér. Merid. Vulg.* Órgano genital de la mujer. ● **Meterse en su concha**, apartarse del trato de la gente. ‖ **Tener conchas**, o **más conchas que un galápago**, ser astuto o cauteloso. ⬦ FAM. desconchar.

conchabar v. tr. [1]. Unir, juntar, asociar. ⬦ v. tr. y pron. *Amér. Merid.* y *Méx.* Asalariar, tomar sirviente a sueldo. ‖ *Chile.* Cambiar cosas de escaso valor. ⬦ **conchabarse** v. pron. *Fam.* Unirse varias personas para un fin, generalmente no lícito. ⬦ FAM. conchabamiento, conchabo. / aconchabarse, desconchabar.

conchabo s. m. *Amér. Merid.* Contratación de servicio doméstico, mediante un intermediario. ‖ *Chile.* Cambio, permuta.

concho¹ s. m. *Amér. Central* y *Amér. Merid.* Poso, sedimento. ‖ *Amér. Central* y *Amér. Merid.* Restos de comida. ‖ *Chile. Fam.* Hijo menor de una familia. ‖ *R. Dom.* Taxi.

concho² s. m. *Ecuad.* Túnica de la mazorca de maíz.

conchudo, da adj. y s. *Amér. Fam.* Sinvergüenza, caradura. ‖ *Amér. Central* y *Amér. Merid. Vulg.* Estúpido, bobo. ‖ *Méx.* Indiferente, desentendido. ‖ *Méx.* Dícese de la persona perezosa que se aprovecha del trabajo de los demás.

conciencia s. f. Conocimiento que el espíritu humano tiene de su propia existencia, de sus actos y de las cosas. ‖ Integridad moral. ● **A conciencia**, bien hecho. ‖ **En conciencia**, con honradez, sinceramente. ‖ **Tomar conciencia** de algo, percatarse intencionadamente de ello. ⬦ FAM. concienciar, concienzudo. / consciencia.

concienciar v. tr. [1]. Tomar o hacer tomar conciencia de algo.

concienzudo, da adj. Que obra o está hecho a conciencia.

concierto s. m. Buen orden y disposición de las cosas. ‖ Convenio entre personas o entidades sobre un fin común. ‖ Sesión en la que se interpretan obras musicales. ⬦ FAM. concertina, concertista. CONCERTAR.

conciliábulo s. m. Junta para tratar de algo que es o se presume ilícito. ◇ FAM. CONCILIO.

conciliar[1] adj. Relativo a los concilios.

conciliar[2] v. tr. [1]. Concertar, poner de acuerdo. ► **conciliarse** v. pron. Granjearse las voluntades y la benevolencia. ◇ FAM. conciliable, conciliación, conciliador, conciliatorio. / reconciliar. CONCILIO.

concilio s. m. Junta o congreso para tratar alguna cosa. || Asamblea regular de obispos. ◇ FAM. conciliábulo, conciliar[1], conciliar[2].

conciso, sa adj. Breve y preciso en el modo de expresar los conceptos.

concitar v. tr. [1]. Promover discordias o sediciones.

conciudadano, na s. Ciudadano de una misma ciudad respecto de los demás. || Persona natural de una misma nación que otros.

cónclave o **conclave** s. m. Asamblea de cardenales. || Junta para tratar algún asunto.

concluir v. tr. y pron. [29]. Acabar, terminar. ► v. tr. Decidir, formar juicio. ► v. intr. y pron. Finalizar, rematar. ◇ FAM. conclusión, conclusivo, concluso, concluyente. / inconcluso.

conclusión s. f. Acción y efecto de concluir. || Consecuencia de un razonamiento. ● **En conclusión**, en suma, por último.

concluyente adj. Que no admite discusión o réplica.

concomerse v. pron. [2]. Consumirse de impaciencia, envidia u otro sentimiento. ◇ FAM. reconcomerse. COMER.

concomitancia s. f. Hecho de acompañar una cosa a otra u obrar junto con ella. ◇ FAM. concomitante.

concordancia s. f. Correspondencia de una cosa con otra.

concordar v. tr. [1r]. Poner de acuerdo lo que no lo está. ► v. intr. Coincidir, estar de acuerdo. ◇ FAM. concordancia, concordante, concordato, concorde, concordia.

concordato s. m. REL. Convenio que reglamenta las relaciones entre la Iglesia católica y el estado de un país.

concorde adj. Conforme, de un mismo parecer y sentir.

concordia s. f. Acuerdo, convenio, armonía.

concreción s. f. Acción y efecto de concretar.

concretar v. tr. [1]. Hacer concreta una cosa. || Reducir a lo más esencial una cosa. ► **concretarse** v. pron. Limitarse a tratar de una sola cosa. ◇ FAM. concreción, CONCRETO, TA.

concreto, ta adj. Dícese de cualquier objeto considerado únicamente en sí mismo. || Preciso, exacto. ► s. m. *Amér.* Cemento armado. ● **En concreto**, en resumen, en conclusión. ◇ FAM. concretamente, concretar. / inconcreto.

concubina s. f. Mujer que hace vida marital con un hombre que no es su marido. ◇ FAM. concubinato.

conculcar v. tr. [1a]. Quebrantar una ley. ◇ FAM. conculcación.

concuñado, da s. Respecto a una persona, el cuñado de un hermano suyo o el cónyuge de un cuñado. ◇ FAM. concuño. CUÑADO, DA.

concuño, ña s. *Amér.* Concuñado.

concupiscencia s. f. Atracción natural hacia los bienes sensibles y placeres sexuales. ◇ FAM. concupiscente.

concurrencia s. f. Acción y efecto de concurrir. || Reunión de personas.

concurrir v. intr. [3]. Coincidir, juntarse en un mismo lugar o tiempo diferentes personas, sucesos o cosas. || Contribuir, influir. || Concursar. ◇ FAM. concurrencia, concurrente, concurrido, concurso.

concursar v. intr. [1]. Tomar parte en un concurso o certamen.

concurso s. m. Concurrencia. || Competencia abierta entre personas en las mismas condiciones. || Procedimiento para cubrir un puesto de trabajo. ◇ FAM. concursante, concursar. CONCURRIR.

condado s. m. Dignidad de conde. || Territorio gobernado o poseído por un conde.

conde, desa s. Título nobiliario inferior a marqués y superior a vizconde. ◇ FAM. condado, condal, condestable. / vizconde.

condecoración s. f. Acción y efecto de condecorar. || Distintivo que se concede como recompensa a unos méritos.

condecorar v. tr. [1]. Enaltecer a uno con honores o condecoraciones. ◇ FAM. condecoración, condecorado. DECORAR.

condena s. f. Castigo que se impone a quien comete una falta. || Sentencia de un juez.

condenado, da adj. y s. Según algunas religiones, que padece las penas eternas. || Que causa molestia.

condenar v. tr. [1]. Dictar el juez o el tribunal sentencia. || Reprobar una doctrina u opinión. || Obligar, forzar. || Tapiar una habitación o una abertura de un muro. ► v. tr. y pron. Molestar. ► **condenarse** v. pron. Incurrir en la pena eterna. ◇ FAM. condena, condenable, condenación, condenado, condenador.

condensador, ra adj. y s. m. Que condensa. ► s. m. Dispositivo eléctrico destinado a almacenar electricidad.

condensar v. tr. y pron. [1]. Reducir el volumen de una cosa, dándole mayor densidad. || Espesar, apretar unas cosas con otras haciéndolas más tupidas. ► v. tr. Reducir un texto o exposición conservando lo esencial. ◇ FAM. condensable, condensación, condensado, condensador. DENSO, SA.

condescender v. intr. [2d]. Acceder o acomodarse a la voluntad o parecer de otro. ⋄ FAM. condescendencia, condescendiente. DESCENDER.

condescendiente adj. Dispuesto a condescender.

condestable s. m. En la Edad Media, primera autoridad en la milicia. ⋄ FAM. CONDE, DESA.

condición s. f. Modo de ser de las personas o cosas. ‖ Circunstancia para que una cosa sea u ocurra. ◆ pl. Aptitud o disposición. ● **A condición que, o de que,** con tal que, siempre que. ⋄ FAM. condicional, condicionar. / acondicionar.

condicional adj. y s. m. Que incluye una condición. ◆ adj. y s. f. LING. Dícese de la oración subordinada que establece una condición para que se cumpla la acción expresada en la principal. ‖ LING. Dícese de la conjunción que une estas oraciones. ◆ s. m. LING. Tiempo verbal que indica una acción futura, respecto de otra pasada. ⋄ FAM. incondicional. CONDICIÓN.

condicionamiento s. m. Acción y efecto de determinar unas condiciones.

condicionar v. tr. [1]. Hacer depender una cosa de alguna condición. ‖ Influir en una persona. ◆ v. intr. Acomodarse una cosa a otra. ⋄ FAM. condicionamiento, condicionante. CONDICIÓN.

condimentar v. tr. [1]. Añadir a la comida ingredientes para hacerla más sabrosa. ⋄ FAM. condimentación. CONDIMENTO.

condimento s. m. Sustancia que se emplea para condimentar. ⋄ FAM. condimentar.

condiscípulo, la s. Persona que estudia junto a otra bajo la dirección de un mismo maestro.

condolerse v. pron. [2e]. Compadecerse, dolerse de lo que otro siente o padece. ⋄ FAM. condolencia. DOLER.

condominio s. m. Amér. Propiedad de una cosa en común. apartamentos en condominio.

condón s. m. Preservativo masculino.

condonar v. tr. [1]. Perdonar una pena o deuda. ⋄ FAM. condonación. DONAR.

cóndor s. m. Ave rapaz de gran tamaño, de color negro y blanco.

conducción s. f. Acción y efecto de conducir. ‖ Conjunto de tuberías, cables, etc., para conducir un fluido.

conducir v. tr. [20]. Dirigir y guiar hacia un lugar. ‖ Gobernar, regir. ‖ Guiar, manejar un vehículo. ‖ Ser causa de que una persona o cosa llegue a cierto estado. ‖ Transportar de una parte a otra. ◆ v. intr. Llevar, dar acceso. ◆ **conducirse** v. pron. Comportarse de cierta manera. ⋄ FAM. conducción, conducta, conductancia, conductibilidad, conductible, conductividad,

conductivo, conducto, conductor. / reconducir.

conducta s. f. Manera de conducirse. ⋄ FAM. conductismo. CONDUCIR.

conductancia s. f. Aptitud de un circuito para conducir la electricidad.

conductibilidad s. f. Conductividad*.

conductismo s. m. Doctrina psicológica basada en la observación del comportamiento. ⋄ FAM. conductista. CONDUCTA.

conductividad s. f. Propiedad que tienen los cuerpos de transmitir el calor o la electricidad. ⋄ FAM. superconductividad. CONDUCIR.

conducto s. m. Canal o tubo por el que circula un fluido. ‖ Medio o vía que sigue un negocio. ● **Por conducto de,** por medio de. ⋄ FAM. salvoconducto. CONDUCIR.

conductor, ra adj. y s. Que conduce. ◆ adj. y s. m. Dícese del cuerpo capaz de transmitir calor o electricidad. ◆ s. Persona que conduce un vehículo.

conectar v. tr. [1]. Poner en contacto, unir. ⋄ FAM. conectador, conectivo, conexión. / desconectar. CONEXO, XA.

conejero, ra adj. Que caza conejos. ◆ s. f. Madriguera de los conejos.

conejillo. Conejillo de Indias, cobaya.

conejo, ja s. Mamífero roedor, de orejas muy largas y cola corta. ⋄ FAM. conejero, conejillo. / cunicultura.

conepate s. m. Méx. Mofeta.

conexión s. f. Relación o enlace entre personas, ideas, cosas, etc. ‖ Órganos que aseguran dicha unión. ◆ pl. Conjunto de amistades. ⋄ FAM. CONECTAR.

conexo, xa adj. Que tiene conexión. ⋄ FAM. conectar. / inconexo. NEXO.

confabularse v. pron. [1]. Acordar una acción, generalmente en contra de alguien. ⋄ FAM. confabulación. FÁBULA.

confección s. f. Acción y efecto de confeccionar, especialmente prendas de vestir. ‖ Cosa confeccionada. ⋄ FAM. confeccionar, confeccionista.

confeccionar v. tr. [1]. Hacer una obra combinando sus diversos elementos.

confederación s. f. Acción de confederar. ‖ Unión transitoria de estados soberanos. ‖ Agrupación de asociaciones.

confederado, da adj. y s. Relativo a una confederación.

confederar v. tr. y pron. [1]. Hacer alianza, unión o pacto entre varias personas, naciones o estados. ⋄ FAM. confederación, confederado. FEDERAR.

conferencia s. f. Reunión de varias personas para tratar de un asunto. ‖ Exposición en público de una cuestión concreta. ‖ Comunicación telefónica entre ciudades de distintas provincias. ⋄ FAM. conferenciante, conferenciar, conferencista. CONFERIR.

conferenciante s. m. y f. Persona que pronuncia una conferencia.

conferencista s. m. y f. *Amér.* Conferenciante.

conferir v. tr. [22]. Conceder a uno dignidad, empleo o facultades. ‖ Atribuir una cualidad no física. ◇ FAM. conferencia.

confesar v. tr. [1j]. Manifestar algo que se había mantenido oculto. ‖ Oír el confesor al penitente. ◆ v. tr. y pron. Declarar el penitente al confesor sus pecados. ‖ Reconocer uno lo que no puede negar, por motivos de razón, fe, etc. ◇ FAM. confesable, confesión, confesional, confesionario, confeso, confesonario, confesor. / inconfesable.

confesión s. f. Acción y efecto de confesar. ‖ Credo religioso y conjunto de personas que lo profesan.

confesional adj. Relativo a una confesión religiosa. ‖ Dícese del estado que reconoce como propia en su constitución una o varias confesiones religiosas. ◇ FAM. aconfesional. CONFESAR.

confesionario s. m. Confesonario*.

confeso, sa adj. y s. Que ha confesado haber cometido un delito.

confesonario s. m. Cabina de madera, con celosías a los lados, en cuyo interior se sienta el sacerdote para confesar.

confesor s. m. Sacerdote que oye las confesiones.

confeti s. m. Conjunto de pedacitos de papel de diversos colores que se arrojan en las fiestas.

confiado, da adj. Que confía en cualquiera. ‖ Que está seguro de sí mismo.

confianza s. f. Seguridad que uno tiene en sí mismo, en otro o en una cosa. ‖ Familiaridad en el trato. ‖ Ánimo, aliento y vigor para obrar. • **De confianza**, dícese de la persona en quien se puede confiar. ‖ **En confianza**, en secreto.

confiar v. intr. y pron. [1t]. Tener confianza, seguridad. ◆ v. tr. Poner una persona o cosa al cuidado de alguien. ‖ Decir, explicar en confianza. ◆ **confiarse** v. pron. Franquearse. ◇ FAM. confiado, confianza, confidencia. / desconfiar. FIAR.

confidencia s. f. Revelación secreta, noticia reservada. ◇ FAM. confidencial, confidente. CONFIAR.

confidencial adj. Que se hace o dice en confidencia.

confidente, ta s. Persona a quien se fía secretos o se encarga la ejecución de cosas reservadas. ‖ Persona que transmite confidencialmente información de interés.

configuración s. f. Disposición de las partes que componen una cosa.

configurar v. tr. y pron. [1]. Dar o adquirir determinada forma o conformación. ◇ FAM. configuración. FIGURA.

confín adj. Que confina o linda. ◆ s. m. Término que delimita las poblaciones, provincias, etc. ‖ Último punto que alcanza la vista. ◇ FAM. confinar. FIN.

confinamiento s. m. Acción y efecto de confinar. ‖ Pena grave consistente en la residencia forzosa del condenado en un determinado lugar. ‖ Situación de una especie animal que habita un espacio reducido.

confinar v. intr. [1]. Lindar, estar contiguo. ◆ v. tr. Condenar a uno a confinamiento. ◆ **confinarse** v. pron. Encerrarse, recluirse. ◇ FAM. confinado, confinamiento. CONFÍN.

confirmación s. f. Acción y efecto de confirmar. ‖ Nueva prueba de la verdad y certeza de algo. ‖ REL. Sacramento que completa la gracia conferida por el bautismo.

confirmar v. tr. [1]. Corroborar la verdad o certeza de una cosa. ‖ REL. Administrar la confirmación. ◆ v. tr. y pron. Asegurar, dar mayor firmeza. ◇ FAM. confirmación, confirmante, confirmatorio. FIRME.

confiscar v. tr. [1a]. Privar del estado a alguien de sus bienes, para dárselos al fisco. ◇ FAM. confiscable, confiscación. FISCO.

confitar v. tr. [1]. Cubrir con azúcar las frutas o semillas preparadas para este fin. ‖ Cocer las frutas en almíbar.

confite s. m. Golosina en forma de bola pequeña. ◇ FAM. confitar, confitería, confitero, confitura.

confitería s. f. Establecimiento donde se hacen o venden dulces. ‖ *Amér. Merid.* Bar, cafetería.

confitura s. f. Preparación hecha con azúcar y frutas frescas.

conflagración s. f. Incendio, siniestro. ‖ Conflicto violento, en especial una guerra. ◇ FAM. FLAGRANTE.

conflictivo, va adj. Que origina conflicto. ‖ Relativo al conflicto.

conflicto s. m. Combate, lucha. ‖ Apuro, dificultad. ◇ FAM. conflictivo.

confluencia s. f. Acción de confluir. ‖ Lugar donde confluyen dos o más cosas.

confluir v. intr. [29]. Juntarse en un lugar varios elementos, personas o cosas. ‖ Concurrir diversos factores en un hecho o fenómeno. ◇ FAM. confluencia, confluente. FLUIR.

confor s. m. Confort*.

conformación s. f. Disposición de las partes que forman una cosa.

conformar v. tr., intr. y pron. [1]. Ajustar, concordar una cosa con otra. ‖ Dar o adquirir una forma o característica. ◆ v. intr. y pron. Ser de la misma opinión. ◆ **conformarse** v. pron. Aceptar sin protesta algo malo o insuficiente. ◇ FAM. conformación, conforme. FORMAR.

conforme adj. Acorde con una cosa o con una opinión. ‖ Resignado y paciente en la adversidad. ◆ s. m. Asentimiento que se pone al pie de un escrito. ◆ adv. m. Según, con arreglo a. ‖ Tan pronto como, a medida que. • **Según y conforme**, de igual suerte o manera que. ◇ FAM.

conformidad, conformismo, conformista. /
disconforme, inconformismo. CONFORMAR.
conformidad s. f. Calidad o actitud de
conforme. ● **De conformidad**, con unión.
‖ **En conformidad**, según, con arreglo a.
conformista adj. y s. m. y f. Que se con-
forma por rutina con lo establecido.
confort s. m. Comodidad, bienestar.
◇ FAM. confortable.
confortable adj. Que conforta o proporciona confort.
confortar v. tr. y pron. [1]. Animar, consolar, dar vigor. ◇ FAM. confortable, con-
fortador, confortante. / reconfortar. FUERTE.
confraternizar v. intr. [1g]. Tratarse con
amistad y camaradería. ◇ FAM. confrater-
nidad. FRATERNIZAR.
confrontar v. tr. [1]. Examinar dos o más
cosas para averiguar sus semejanzas o diferencias. ‖ Enfrentar a dos personas que
defiendan sus afirmaciones. ◆ v. tr.
y pron. Ponerse una persona o cosa frente
a otra. ◆ v. intr. Confinar, lindar. ◇ FAM.
confrontación. FRENTE.
confucianismo o **confucionismo** s. m.
Doctrina de Confucio y de sus discípulos.
◇ FAM. confuciano, confucionista.
confundir v. tr. y pron. [3]. Mezclar varias personas o cosas de modo que no
puedan distinguirse unas de otras. ‖ Tomar
erróneamente una cosa por otra. ‖ Dejar
confuso. ‖ Humillar, abatir, avergonzar.
◇ FAM. confusión, confusionismo, confuso. / inconfundible. FUNDIR.
confusión s. f. Acción y efecto de confundir. ‖ Falta de orden y claridad.
confusionismo s. m. Confusión y oscuridad en las ideas o el lenguaje.
confuso, sa adj. Mezclado, desordenado.
‖ Oscuro, dudoso, ambiguo. ‖ Difícil de
distinguir. ‖ Turbado, temeroso, avergonzado.
conga¹ s. f. Roedor que alcanza hasta 30
o 40 cm, y vive en las Antillas.
conga² s. f. Danza popular cubana que se
ejecuta en grupos. ‖ Música e instrumento
de percusión, que se toca en este baile.
congal s. m. Méx. Prostíbulo.
congelador s. m. Aparato o compartimiento de los frigoríficos que congela y
conserva congelados alimentos u otras
sustancias.
congelar v. tr. y pron. [1]. Transformar un
líquido en sólido mediante el frío. ‖ Someter algo al frío para la conservación. ‖
Detener o aplazar el curso o desarrollo de
algún proceso. ◇ FAM. congelable, congelación, congelado, congelador, conge-
lamiento. / anticongelante, descongelar.
HIELO.
congénere adj. y s. m. y f. Que tiene el
mismo género, clase u origen que otra
persona o cosa. ◇ FAM. GÉNERO.
congeniar v. intr. [1]. Avenirse dos o más
personas por tener el mismo genio, carácter o inclinaciones. ◇ FAM. GENIO.

congénito, ta adj. Que se engendra juntamente con otra cosa.
congestión s. f. Acumulación anormal de
sangre en los vasos sanguíneos de un órgano. ‖ Aglomeración. ◇ FAM. congestio-
nar, congestivo. / descongestionar.
conglomerado s. m. Efecto de conglo-
merarse. ‖ Roca sedimentaria formada por
cantos rodados o angulosos de restos ci-
mentados. ‖ Masa compacta que resulta
de unir fragmentos de una sustancia.
conglomerar v. tr. [1]. Aglomerar. ◆ **con-
glomerarse** v. pron. Agruparse fragmentos de una o varias sustancias formando una masa compacta. ◇ FAM. conglome-
ración, conglomerado. AGLOMERAR.
congoja s. f. Fatiga y aflicción del ánimo.
◇ FAM. acongojar.
congola s. f. Colomb. Pipa de fumar.
congoleño, ña adj. y s. De la República
Popular del Congo.
congraciar v. tr. y pron. [1]. Conseguir o
atraerse la benevolencia o estimación de
alguien. ◇ FAM. GRACIA.
congratular v. tr. y pron. [1]. Manifestar
alegría y satisfacción a una persona a la
que ha sucedido algo favorable. ◇ FAM.
congratulación, congratulatorio. GRATO, TA.
congregación s. f. Junta para tratar de
uno o más negocios. ‖ Reunión de personas que se rigen por los mismos estatutos
o siguen unos mismos fines piadosos.
congregar v. tr. y pron. [1b]. Juntar, reunir. ◇ FAM. congregación, congregante.
congresal s. m. y f. Amér. Congresista.
congresista s. m. y f. Miembro de un congreso.
congreso s. m. Junta de varias personas
para deliberar sobre intereses o estudios
comunes. ‖ Cuerpo legislativo compuesto
por diputados o representantes electos. ‖
Edificio donde este cuerpo celebra sus sesiones. ◇ FAM. congresal, congresista.
congrio s. m. Pez marino de color gris
oscuro y cuerpo casi cilíndrico.
congruencia s. f. Ilación o conexión de
ideas, palabras, etc. ◇ FAM. congruente. /
incongruencia.
conguito s. m. Amér. Ají.
cónico, ca adj. Relativo al cono. ‖ De
forma de cono.
conífero, ra adj. y s. f. BOT. Relativo a
ciertos árboles de hoja perenne, resinosos,
como el pino y el abeto.
conjetura s. f. Juicio que se forma de algo
por señales o indicios. ◇ FAM. conjeturar.
conjeturar v. tr. [1]. Creer algo por conjeturas. ◇ FAM. conjeturable, conjetura-
dor. CONJETURA.
conjugación s. f. LING. Flexión propia del
verbo, que adopta formas distintas según
los accidentes de persona, número, tiempo, modo y voz.
conjugar v. tr. y pron. [1b]. Unir, enlazar,
combinar. ◆ v. tr. LING. Formar o enu-

merar la conjugación de un verbo. ◇ FAM. conjugable, conjugación.

conjunción s. f. Acción y efecto de unirse. || LING. Partícula invariable que une palabras u oraciones. ◇ FAM. CONJUNTAR.

conjuntar v. intr. y pron. [1]. Armonizar los elementos de un conjunto. ◇ FAM. conjunción, conjuntiva, conjuntivo, conjunto. JUNTAR.

conjuntiva s. f. Mucosa que cubre la parte anterior del globo del ojo. ◇ FAM. conjuntival, conjuntivitis. CONJUNTAR.

conjuntivitis s. f. Inflamación de la conjuntiva.

conjuntivo, va adj. Que junta o une. || LING. Relativo a la conjunción. ◇ FAM. CONJUNTAR.

conjunto, ta adj. Unido o contiguo a otra cosa. || Mezclado, incorporado con otra cosa diversa. ◆ s. m. Agrupación de varios elementos en un todo. || Grupo de músicos. || MAT. Grupo de elementos que cumplen una propiedad. ◇ FAM. subconjunto. CONJUNTAR.

conjura o **conjuración** s. f. Conspiración.

conjurar v. intr. y pron. [1]. Aliarse varias personas para realizar una acción secreta o subversiva. ◆ v. tr. Tomar juramento. || Exigir por la autoridad que se posee. || Impedir algún peligro. ◇ FAM. conjura, conjuración, conjuro. JURAR.

conjuro s. m. Acción y efecto de conjurar. || Ruego encarecido. || Palabras mágicas que se utilizan para conjurar.

conllevar v. tr. [1]. Ayudar a soportar las contrariedades. || Sufrir el genio o impertinencias de una persona. || Implicar, suponer. ◇ FAM. conllevador. LLEVAR.

conmemoración s. f. Acción de conmemorar.

conmemorar v. tr. [1]. Celebrar solemnemente el recuerdo de una persona o un acontecimiento. ◇ FAM. conmemorable, conmemoración, conmemorativo. MEMORAR.

conmensurable adj. Sujeto a medida. ◇ FAM. inconmensurable. CONMESURAR.

conmensurar v. tr. [1]. Medir con igual o debida proporción. ◇ FAM. conmensurable. MESURA.

conmigo pron. pers. de 1.ª persona. Forma del pronombre personal *mí* cuando va seguido de la preposición *con*.

conminar v. tr. [1]. Amenazar con alguna pena o castigo quien tiene autoridad para ello. ◇ FAM. conminación, conminatorio.

conmiseración s. f. Compasión por la desgracia ajena. ◇ FAM. MISERIA.

conmoción s. f. Movimiento o perturbación violenta del ánimo o del cuerpo. || Levantamiento, disturbio. ◇ FAM. conmocionar. CONMOVER.

conmover v. tr. y pron. [2e]. Perturbar, mover con fuerza. || Enternecer. ◇ FAM. conmoción, conmovedor. / inconmovible. MOVER.

conmutador, ra adj. Que conmuta. ◆ s. m. Aparato que modifica las conexiones entre circuitos. || *Amér.* Centralita telefónica.

conmutar v. tr. [1]. Trocar, permutar. ◇ FAM. conmutable, conmutación, conmutador, conmutativo. / inconmutable. MUTAR.

conmutativo, va adj. Que puede conmutarse. || MAT. Se dice de la propiedad de las operaciones en las que el orden de sus elementos no altera el resultado.

connatural adj. Propio de la naturaleza de cada ser. ◇ FAM. connaturalizar. NATURAL.

connivencia s. f. Tolerancia de un superior acerca de las transgresiones de sus subordinados. || Acción de confabularse.

connotación s. f. Acción y efecto de connotar. || Parentesco en grado remoto. ◇ FAM. connotar, connotativo. NOTAR.

connotar v. tr. [1]. Sugerir la palabra, además de su significado propio, otro por asociación. || Hacer relación.

cono s. m. Cuerpo geométrico formado por una base circular y la superficie generada por dos rectas que parten de esa base y se unen en un vértice. ◇ FAM. cónico.

conocedor, ra adj. y s. Que conoce o está enterado de algo. || Experto, entendido.

conocer v. tr. [2m]. Averiguar por el intelecto la naturaleza y relaciones de las cosas. || Entender, advertir, saber. || Entender en un asunto con legitimidad para ello. || Reconocer. || Tener trato carnal el hombre con la mujer. || Tener idea del carácter de una persona. ◆ v. tr. y pron. Tener comunicación con alguien. ◆ conocerse v. pron. Juzgarse justamente. ◇ FAM. conocedor, conocido, conocimiento. / cognoscible, desconocer, inconocible, reconocer.

conocido, da adj. Distinguido, acreditado. ◆ s. Persona con quien se tiene trato, pero no amistad.

conocimiento s. m. Acción y efecto de conocer. || Entendimiento, inteligencia. || Conciencia de la propia existencia. ◆ pl. Noción, ciencia, sabiduría.

conque conj. consec. Anuncia una consecuencia natural de lo dicho o de lo ya sabido.

conquense adj. y s. m. y f. De Cuenca (España).

conquista s. f. Acción y efecto de conquistar. || Cosa o persona conquistada.

conquistar v. tr. [1]. Apoderarse, hacerse dueño de algo. || Ganar la voluntad o el amor de alguien. ◇ FAM. conquista, conquistable, conquistador. / inconquistable, reconquistar.

consabido, da adj. Sabido de antemano. || Habitual o frecuente.

consagración s. f. Acción y efecto de

consagrar. ‖ Acto de la misa por el que se convierte el pan y el vino en el cuerpo y sangre de Jesucristo.

consagrar v. tr. [1]. Erigir un monumento o celebrar un homenaje para perpetuar la memoria de algo o alguien. ‖ Dedicar algo o a alguien al servicio de Dios y convertirlo en sagrado. ‖ Realizar el acto de la consagración. ➡ v. tr. y pron. Dedicar, destinar, emplear. ‖ Lograr fama o reputación. ◇ FAM. consagrable, consagración. SAGRADO, DA.

consanguinidad s. f. Carácter de los que pertenecen a un mismo tronco de familia. ◇ FAM. SANGRE.

consciencia s. f. Conciencia*. ◇ FAM. consciente. / inconsciencia, subsconsciencia. CONCIENCIA.

consciente adj. Que tiene conciencia, conocimiento.

conscripción s. f. *Argent.* Servicio militar. ◇ FAM. conscripto.

conscripto s. m. *Amér. Merid.* Soldado que realiza el servicio militar.

consecución s. f. Acción y efecto de conseguir algo.

consecuencia s. f. Proposición que se deduce lógicamente de otra. ‖ Correspondencia lógica entre la conducta y los principios de alguien. ‖ Hecho que se sigue de otro. • **A consecuencia,** por efecto, como resultado de. ‖ **En consecuencia,** conforme a lo dicho o acordado. ‖ **Por consecuencia,** en consecuencia. ◇ FAM. consecuente, consecutivo. CONSEGUIR.

consecuente adj. Que es consecuencia de algo. ‖ Dícese de la persona cuya conducta concuerda con sus principios. ➡ s. m. Proposición que se deduce de otra que se llama antecedente. ◇ FAM. inconsecuente. CONSECUENCIA.

consecutivo, va adj. Que sigue inmediatamente a otra cosa. ‖ Se dice de la oración que expresa consecuencia de lo indicado en otra. ‖ Se dice de la conjunción que expresa relación de consecuencia. ◇ FAM. consecutivamente. CONSECUENCIA.

conseguir v. tr. [30a]. Alcanzar, obtener lo que se pretende o desea. ◇ FAM. consecución, consecuencia. SEGUIR.

conseja s. f. Cuento, fábula, leyenda.

consejero, ra s. Persona que aconseja. ‖ Miembro de algún consejo o, en determinadas regiones o estados, de algún ministerio.

consejo s. m. Advertencia hecha a alguien sobre lo que se debe hacer. ‖ Organismo formado por un conjunto de personas encargadas de una determinada labor legislativa o administrativa. ‖ Reunión celebrada por este organismo. ‖ Lugar donde se reúne. ◇ FAM. conseja, consejería, consejero. / aconsejar.

consenso s. m. Asenso, acuerdo, consentimiento. ◇ FAM. consensual, consensuar. CONSENTIR.

consentido, da adj. y s. Mimado con exceso. ➡ adj. y s. m. Dícese del marido que tolera la infidelidad de su mujer.

consentimiento s. m. Acción y efecto de consentir.

consentir v. tr. e intr. [22]. Permitir algo o condescender a que se haga. ➡ v. tr. Resistir, sufrir, admitir. ‖ Mimar con exceso, ser muy indulgente con alguien. ◇ FAM. consenso, consentido, consentidor, consentimiento. SENTIR¹.

conserje s. m. y f. Persona que custodia un edificio o establecimiento público. ◇ FAM. conserjería.

conserjería s. f. Oficio de conserje. ‖ Lugar donde lo desempeña.

conserva s. f. Sustancia alimenticia preparada, esterilizada y envasada herméticamente, que se conserva mucho tiempo.

conservador, ra adj. y s. Que conserva. ‖ Que es partidario de mantener el orden social establecido. ➡ s. Persona encargada de la conservación de los fondos de un museo.

conservante adj. Que conserva. ➡ s. m. Sustancia que evita la alteración de un alimento.

conservar v. tr. y pron. [1]. Mantener una cosa en buen estado. ➡ v. tr. Continuar la práctica de una costumbre, virtud o vicio. ‖ Guardar algo con cuidado. ➡ **conservarse** v. pron. Continuar en un estado o situación. ◇ FAM. conserva, conservación, conservador, conservadurismo, conservante, conservatorio.

conservatorio, ria adj. Que contiene y conserva alguna cosa. ➡ s. m. Establecimiento oficial donde se enseña música, danza, etc. ‖ *Argent.* Colegio o academia particular.

considerable adj. Digno de consideración. ‖ Grande, cuantioso.

consideración s. f. Acción y efecto de considerar. ‖ Urbanidad, respeto, deferencia. • **De consideración,** importante. ‖ **En consideración,** en atención. ‖ **Tomar en consideración** una cosa, considerarla digna de atención.

considerado, da adj. Que obra con reflexión. ‖ Respetado, admirado. ◇ FAM. inconsiderado. CONSIDERAR.

considerar v. tr. [1]. Pensar, reflexionar una cosa con atención. ‖ Tratar a uno con deferencia. ➡ v. tr. y pron. Juzgar, estimar. ◇ FAM. considerable, consideración, considerado. / desconsiderar, reconsiderar.

consigna s. f. Orden dada al que manda un puesto o a un centinela, guarda, etc. ‖ Orden dada por un partido político a sus afiliados. ‖ Lugar de una estación donde se deposita el equipaje provisionalmente.

consignar v. tr. [1]. Señalar en un presupuesto una cantidad para determinado fin. ‖ Entregar algo en depósito. ‖ Manifestar por escrito opiniones, doctrinas, etc. ‖ En-

.viar una mercancía. <> FAM. consigna, consignación, consignador, consignatario. SIGNAR.

consignatario, ria adj. y s. Dícese de la empresa o persona a quien va consignada una mercancía.

consigo pron. pers. de 3.ª persona. Forma del pronombre personal reflexivo *sí* cuando va precedido de la preposición *con*.

consiguiente adj. Que depende y se deduce de otra cosa. • Por consiguiente, como consecuencia. <> FAM. SEGUIR.

consistencia s. f. Duración, estabilidad, solidez. || Trabazón, coherencia. <> FAM. inconsistencia. CONSISTENTE.

consistente adj. Que tiene consistencia. || Que consiste en lo que se indica. <> FAM. consistencia. CONSISTIR.

consistir v. intr. [3]. Estribar, estar fundada una cosa en otra. || Ser, estar formado por lo que se indica. <> FAM. consistente.

consistorio s. m. Asamblea de cardenales. || En algunas ciudades de España, cabildo secular. <> FAM. consistorial.

consola s. f. Especie de mesa con pies adosada a una pared. || INFORMÁT. Terminal de ordenador que comunica con la unidad central.

consolar v. tr. y pron. [1r]. Aliviar la pena o aflicción de uno. <> FAM. consolación, consolador, consuelo. / desconsolar, inconsolable.

consolidar v. tr. y pron. [1]. Asegurar, dar o adquirir firmeza o solidez. <> FAM. consolidación. SÓLIDO, DA.

consomé s. m. Caldo, especialmente el de carne.

consonancia s. f. Afinidad entre dos o más sonidos. || Relación de igualdad o conformidad entre algunas cosas. || Coincidencia de sonidos, desde la última vocal acentuada, en dos o más versos.

consonante adj. Que tiene consonancia. ◆ s. f. Sonido articulado por el cierre completo o parcial de la boca, seguido de una apertura. <> FAM. consonancia, consonántico, consonantizar. / aconsonantar, semiconsonante. SONAR.

consorcio s. m. Unión de varias cosas que contribuyen a un mismo fin, especialmente empresas. || *Argent.* Entidad formada por los dueños de un edificio de propiedad horizontal.

consorte s. m. y f. Cónyuge. || Persona que es partícipe con otra en la misma suerte. ◆ adj. y s. m. y f. Dícese del marido o esposa de un soberano reinante. <> FAM. consorcio.

conspicuo, cua adj. Ilustre, visible, sobresaliente.

conspiración s. f. Acción y efecto de conspirar.

conspirar v. intr. [1]. Obrar de acuerdo con otros contra una persona o cosa. || Concurrir varias cosas a un mismo fin, ge-

neralmente malo. <> FAM. conspiración, conspirador.

constancia s. f. Perseverancia del ánimo. || Exactitud de algo. || Acción y efecto de hacer constar una cosa. <> FAM. inconstancia. CONSTAR.

constante adj. Que tiene constancia. || Persistente, durable. ◆ s. f. Tendencia que se manifiesta de forma duradera. <> FAM. constantemente. CONSTAR.

constantinopolitano, na adj. y s. De Constantinopla.

constar v. intr. [1]. Ser cierto y evidente. || Estar compuesto un todo de determinadas partes. || Figurar, estar, hallarse. <> FAM. constancia, constante.

constatar v. tr. [1]. Comprobar un hecho, establecer su veracidad. <> FAM. constatación.

constelación s. f. Grupo de estrellas que presentan una figura convencional determinada. <> FAM. ESTRELLA.

consternación s. f. Acción y efecto de consternar o consternarse.

consternar v. tr. y pron. [1]. Causar o sentir abatimiento, disgusto, pena o indignación. <> FAM. consternación.

constipado s. m. Catarro, resfriado.

constipar v. tr. [1]. Cerrar los poros impidiendo la transpiración. ◆ constiparse v. pron. Resfriarse; acatarrarse. <> FAM. constipado.

constitución s. f. Acción y efecto de constituir. || Manera de estar constituida una cosa. || Forma de gobierno de un estado. || Ley fundamental de la organización de un estado. <> FAM. constitucional, constitucionalidad. CONSTITUIR.

constitucional adj. Relativo a la constitución de un estado. || Propio de la constitución de un individuo. <> FAM. anticonstitucional, inconstitucional. CONSTITUCIÓN.

constituir v. tr. [29]. Componer, ser parte esencial de un todo. || Otorgar o adquirir cierta condición o situación legal. ◆ v. tr. y pron. Fundar, establecer. ◆ constituirse v. pron. Asumir una obligación, cargo o cuidado. || Personarse, presentarse. <> FAM. constitución, constitutivo, constituyente. / reconstituir.

constitutivo, va adj. Que constituye.

constituyente adj. y s. m. Que constituye. ◆ adj. y s. f. Dícese de las cortes o asambleas encargadas de establecer una constitución política.

constreñir v. tr. [24]. Obligar, forzar a hacer algo. || MED. Apretar y cerrar oprimiendo. ◆ v. tr. y pron. Impedir o quitar la libertad. <> FAM. constreñimiento, constricción, constrictivo. / vasoconstricción.

constricción s. f. Acción y efecto de constreñir.

construcción s. f. Acción y efecto de construir. || Obra construida. || Disposición sintáctica de las palabras y oraciones.

• **Construcción de material** (*Amér. Merid.* y *P. Rico*), construcción hecha de ladrillos.

constructivo, va adj. Que construye o sirve para construir.

construir v. tr. [29]. Hacer una obra material o inmaterial, juntando los elementos según un plan. ⬦ FAM. construcción, constructivo, constructor. / reconstruir.

consubstancial adj. Consustancial*.

consuegro, gra s. Padre o madre de un cónyuge, respecto del padre o madre del otro.

consuelo s. m. Acción y efecto de consolar. ‖ Cosa que consuela.

consuetudinario, ria adj. Que es por costumbre. ⬦ FAM. COSTUMBRE.

cónsul s. m. y f. Agente diplomático en una ciudad extranjera. ‖ Antiguo magistrado romano. ⬦ FAM. consulado, consular. / vicecónsul.

consulado s. m. Cargo y jurisdicción de cónsul.

consular adj. Relativo a un cónsul.

consulta s. f. Acción y efecto de consultar. ‖ Visita del médico a un enfermo y despacho donde la realiza. ‖ Parecer o dictamen que se pide o da acerca de una cosa.

consultar v. tr. [1]. Pedir parecer y deliberar sobre un asunto. ‖ Someter una duda a la consideración de otra persona. ‖ Buscar datos o información en un libro, texto, etc. ⬦ FAM. consulta, consultante, consultivo, consultor, consultoría, consultorio.

consultivo, va adj. Establecido para dar asesoramiento o consejo.

consultor, ra adj. y s. Que da su parecer, consultado sobre algún asunto. ‖ Que consulta.

consultoría s. f. Asesoramiento a una empresa y entidad que lo realiza.

consultorio s. m. Establecimiento privado donde se despachan informes sobre materias técnicas. ‖ Despacho donde el médico recibe a los enfermos. ‖ Sección en la prensa, la radio, etc., en que se atienden las consultas del público.

consumado, da adj. Perfecto en su línea o especialidad.

consumar v. tr. [1]. Llevar a cabo totalmente una cosa. ⬦ FAM. consumación, consumado. SUMAR.

consumición s. f. Acción y efecto de consumir o consumirse. ‖ Lo que se consume en un establecimiento público, bar, etc.

consumidor, ra adj. y s. Que consume.

consumir v. tr. y pron. [3]. Extinguir, gastar. ‖ *Fam.* Causar o sentir desasosiego. ➡ v. tr. Utilizar una cosa como fuente de energía o para satisfacer necesidades de la persona. ⬦ FAM. consumible, consumición, consumido, consumidor, consumismo, consumista, consumo, consunción.

consumismo s. m. Inducción al consumo no necesario de bienes.

consumo s. m. Gasto de las cosas que con el uso se extinguen o destruyen. ‖ Utilización de un bien para satisfacer las necesidades.

consunción s. f. Consumición, acción y efecto de consumir. ‖ Enflaquecimiento, extenuación.

consuno. De consuno, en unión, de común acuerdo.

consustancial adj. De la misma sustancia. ‖ Íntimamente unido a algo. ⬦ FAM. consustancialidad. SUSTANCIAL.

contabilidad s. f. Calidad de contable. ‖ Ciencia que se dedica a la representación y medida de los hechos contables. ‖ Conjunto de cuentas de una empresa u organismo. ⬦ FAM. CONTAR.

contabilizar v. tr. [1g]. Apuntar una cantidad en los libros de cuentas. ⬦ FAM. contabilizador. CONTAR.

contable adj. Que puede ser contado. ➡ s. m. y f. Persona que lleva la contabilidad de una empresa, negocio, etc. ⬦ FAM. incontable. CONTAR.

contactar v. intr. [1]. Establecer o mantener contacto.

contacto s. m. Relación entre cosas que se tocan. ‖ Trato o correspondencia entre personas. ‖ Persona que actúa de enlace con ciertos organismos u organizaciones. ‖ Conexión entre dos partes de un circuito eléctrico. ⬦ FAM. contactar. TACTO.

contado, da adj. Raro, escaso. ‖ Determinado, señalado. • **Al contado,** dícese de la forma de pago en que se satisface el precio en el momento de la compra.

contador, ra adj. y s. Que cuenta o relata. ➡ s. m. Persona que lleva la contabilidad. ‖ Aparato que registra ciertas magnitudes o efectos mecánicos.

contaduría s. f. Oficio de contador. ‖ Oficina del contador.

contagiar v. tr. y pron. [1]. Transmitir o adquirir por contacto una enfermedad. ‖ Comunicar o adquirir costumbres, gustos, vicios, etc. ⬦ FAM. contagio, contagioso.

contagio s. m. Transmisión de una enfermedad por contacto directo o indirecto.

container s. m. Contenedor.

contaminación s. f. Acción y efecto de contaminar o contaminarse.

contaminar v. tr. y pron. [1]. Alterar nocivamente una sustancia u organismo. ‖ Contagiar. ‖ Alterar, pervertir, corromper. ⬦ FAM. contaminación, contaminador, contaminante. / descontaminar.

contante adj. Dícese del dinero en efectivo.

contar v. tr. [1r]. Determinar el número de elementos de un conjunto para saber cuántas unidades hay. ‖ Enumerar correlativamente los números. ‖ Incluir algo en una cuenta. ‖ Referir un suceso imaginario o real. ➡ v. tr. y pron. Poner a una persona o una cosa en el orden u opinión correspondiente. ◆ v. intr. Hacer cuentas según reglas de aritmética. ‖ Seguido de la prep. *con*, confiar en una persona o cosa. ‖ Tener o haber cosas que se pueden numerar. ◇ FAM. contabilidad, contabilizar, contable, contado, contador, contaduría, contante, conteo, cuenta, cuento. / computar, cuentagotas, cuentakilómetros, cuentarrevoluciones, descontar, recuento.

contemplación s. f. Acción de contemplar. ‖ Meditación religiosa profunda. ◆ pl. Complacencias, miramientos.

contemplar v. tr. [1]. Mirar con atención. ‖ Tener en cuenta. ‖ Ser muy condescendiente. ◇ FAM. contemplación, contemplativo.

contemplativo, va adj. Relativo a la contemplación. ‖ Que contempla o medita. ‖ Que practica la contemplación religiosa.

contemporáneo, a adj. y s. Que existe al mismo tiempo. ‖ De la época actual. ◇ FAM. contemporaneidad. TIEMPO.

contemporizar v. intr. [1g]. Acomodarse al gusto o dictamen ajeno. ◇ FAM. contemporización, contemporizador. TIEMPO.

contención s. f. Acción y efecto de contener, detener.

contencioso, sa adj. Que acostumbra a disputar o contradecir. ‖ DER. Dícese de las materias que son objeto de litigio. ‖ DER. Dícese del procedimiento judicial mediante el cual se ventilan.

contender v. intr. [2d]. Pelear, luchar. ‖ Competir. ‖ Discutir. ◇ FAM. contencioso, contendiente, contienda. TENDER.

contenedor s. m. Recipiente de dimensiones normalizadas para transportar mercancías. ‖ Recipiente metálico en el que se echan escombros. ‖ Recipiente para depositar basura en las calles.

contener v. tr. y pron. [8]. Llevar o tener dentro de sí una cosa a otra. ‖ Sujetar, reprimir. ◇ FAM. contención; contenedor, contenido, continencia, continente. / incontenible. TENER.

contenido, da adj. Moderado, reservado. ◆ s. m. Lo que se contiene dentro de una cosa. ‖ Significado del signo lingüístico.

contentar v. tr. [1]. Satisfacer, complacer. ◆ contentarse v. pron. Conformarse, darse por contento o quedar contento.

contento, ta adj. Alegre, satisfecho. ◆ s. m. Alegría, satisfacción. ◇ FAM. contentar. / descontento.

conteo s. m. Cálculo, valoración.

contertulio, lia s. Con respecto a una persona, otra que asiste a la misma tertulia. ◇ FAM. TERTULIA.

contesta s. f. *Amér. Central* y *Amér. Merid.* Contestación.

contestación s. f. Acción y efecto de contestar. ‖ Disputa.

contestar v. tr. [1]. Responder, dar una respuesta. ◆ v. intr. Replicar, poner objeciones. ‖ Adoptar una actitud de rechazo

o protesta. ◇ FAM. contesta, contestable, contestación, contestador, contestatario. / incontestable.

contestatario, ria adj. y s. Que se opone o protesta contra lo establecido.

contexto s. m. Texto, hilo de un discurso, escrito, narración, historia, etc. ‖ Conjunto de circunstancias en que se sitúa un hecho. ◇ FAM. contextual. TEXTO.

contextura s. f. Disposición, unión de las partes que contienen un todo. ‖ Configuración corporal de la persona.

contienda s. f. Acción de contender.

contigo pron. pers. de 2.ª persona. Forma del pronombre personal *tú* cuando va precedido de la preposición *con*.

contiguo, gua adj. Que está junto a otra cosa. ◇ FAM. contigüidad.

continencia s. f. Acción de contener. ‖ Contención o abstinencia en la satisfacción de los placeres, especialmente en los sexuales.

continental adj. Relativo al continente o a los países de un continente. ◇ FAM. intercontinental, transcontinental. CONTINENTE.

continente adj. Que practica la continencia. ◆ s. m. Cosa que contiene en sí a otra. ‖ Aspecto, compostura. ‖ Extensa superficie de tierra emergida. ◇ FAM. continental. CONTENER.

contingencia s. f. Posibilidad de que una cosa suceda o no. ‖ Suceso posible. ‖ Riesgo.

contingente adj. Que puede producirse o no. ◆ s. m. Parte proporcional con que cada uno contribuye para un fin. ‖ Fuerzas militares. ‖ Cupo anual de reclutas. ◇ FAM. contingencia.

continuación s. f. Acción y efecto de continuar.

continuar v. tr. [1s]. Proseguir lo comenzado. ◆ v. intr. Durar, permanecer. ◆ v. intr. y pron. Seguir, extenderse. ◇ FAM. continuación, continuador, continuidad, continuo.

continuidad s. f. Unión natural que tienen entre sí las partes de un todo homogéneo. ‖ Persistencia, perseverancia.

continuo, nua adj. Sin interrupción. ‖ Con reiteración, repetidamente. ◇ FAM. discontinuo. CONTINUAR.

contonearse v. pron. [1]. Mover con exageración los hombros y caderas al andar. ◇ FAM. contoneo.

contoneo s. m. Acción de contonearse.

contornear v. tr. [1]. Trazar o seguir el contorno de algo.

contorno s. m. Línea que limita una figura o composición. ‖ Territorio que rodea un lugar. ◇ FAM. contornear. TORNO.

contorsión s. f. Posición forzada o grotesca del cuerpo o una parte de él. ◇ FAM. contorsionarse, contorsionista. TORSIÓN.

contorsionista s. m. y f. Artista de circo que ejecuta contorsiones difíciles.

contra prep. Denota oposición o contrariedad. || Expresa contacto o apoyo. || A cambio de: *contra rembolso.* ◆ s. m. Concepto opuesto o contrario a otro: *el pro y el contra.* || Contrarrevolucionario. ◆ s. f. Contrarrevolución. ◇ FAM. contrario. / encontrar.

contra- pref. Significa 'oposición': *contraataque.* || Significa 'refuerzo': *contraventana.*

contraataque s. m. Ataque en respuesta a otro del contrario o rival. ◇ FAM. contraatacar. ATAQUE.

contrabajo s. m. El mayor y más grave de los instrumentos de cuerda, de la familia de los violines. || Voz más grave que la del bajo. ◆ s. m. y f. Persona que toca el contrabajo.

contrabalancear v. tr. [1]. Equilibrar la balanza. || Compensar, contrapesar.

contrabando s. m. Importación o exportación de artículos prohibidos o sin pagar los derechos de aduana. || Estos artículos. ◇ FAM. contrabandear, contrabandista. BANDO[1].

contracción s. f. Acción y efecto de contraer o contraerse. || Unión de dos palabras o dos sílabas en una sola.

contraceptivo, va adj. Anticonceptivo. ◇ FAM. contracepción. CONCEBIR.

contrachapado s. m. Tablero formado por láminas delgadas de madera, encoladas y superpuestas. ◇ FAM. contrachapar. CHAPAR.

contracorriente s. f. Corriente opuesta a otra principal de la que procede.

contráctil adj. Capaz de contraerse.

contractual adj. Relativo al contrato. ◇ FAM. CONTRATAR.

contractura s. f. Contracción muscular duradera e involuntaria.

contracultura s. f. Conjunto de manifestaciones que suponen una rebelión contra las normas ideológicas y artísticas dominantes.

contradecir v. tr. y pron. [19a]. Decir uno lo contrario de lo que otro afirma, o de lo que él mismo dijo anteriormente. ◆ **contradecirse** v. pron. Obrar contrariamente a lo que se dice o se piensa. ◇ FAM. contradicción, contradictor, contradictorio. DECIR[1].

contradicción s. f. Acción y efecto de contradecir o contradecirse. || Afirmación y negación que se oponen mutuamente.

contraer v. tr. y pron. [10]. Reducir una cosa. ◆ v. tr. Adquirir una enfermedad, vicio, obligación, etc. ◆ **contraerse** v. pron. Encogerse un músculo o nervio. ◇ FAM. contracción, contráctil, contractura, contrayente. TRAER.

contraespionaje s. m. Servicio de seguridad contra la actividad de los servicios de información extranjeros.

contrafuerte s. m. Pieza de cuero que refuerza la parte posterior del calzado. ||

ARQ. Parte de una obra que sobresale de un muro para reforzarlo.

contrahecho, cha adj. y s. Que tiene torcido o corcovado el cuerpo.

contraindicación s. f. Circunstancia que se opone al empleo de un medicamento. ◇ FAM. contraindicar. INDICACIÓN.

contralmirante s. m. Oficial general de la armada, inmediatamente inferior al vicealmirante.

contralor s. m. Oficio honorífico de la casa real española. || *Chile, Colomb., Méx.* y *Venez.* Funcionario encargado de controlar los gastos públicos. ◇ FAM. contraloría.

contraloría s. f. *Amér.* Oficina de la nación, encargada de revisar las diversas cuentas del gobierno.

contralto s. m. MÚS. Voz media entre la de tiple y la de tenor. ◆ s. m. y f. MÚS. Persona que tiene esta voz.

contraluz s. m. o f. Iluminación de un objeto que recibe la luz del lado opuesto al que se mira.

contramaestre s. m. Jefe o encargado en una fábrica o taller. || Suboficial jefe de marinería, que dirige las tareas de a bordo.

contramano. A contramano, en dirección contraria.

contraofensiva s. f. Operación militar que responde a una ofensiva del enemigo.

contraorden s. f. Orden con que se revoca otra anterior.

contrapartida s. f. En la contabilidad por partida doble, asiento para corregir algún error. || Cosa con que se compensa o resarce.

contrapear v. tr. [1]. Aplicar hojas de madera unas con otras, de forma que sus fibras queden cruzadas. || Revestir con chapas de madera fina muebles u objetos construidos con madera corriente.

contrapelo. A contrapelo, contra la dirección del pelo.

contrapesar v. tr. [1]. Servir de contrapeso. || Igualar, compensar.

contrapeso s. m. Peso con que se equilibra otro peso. || Lo que equilibra, modera o neutraliza una cosa. ◇ FAM. contrapesar. PESO.

contraponer v. tr. [5]. Poner una cosa enfrente de otra. || Comparar, cotejar. ◆ v. tr. y pron. Oponer. ◇ FAM. contraposición, contrapuesto. PONER.

contraportada s. f. Página anterior a la portada. || Parte posterior de la cubierta de un libro o revista.

contraproducente adj. De efectos opuestos a los que se pretende.

contrapuerta s. f. Puerta situada detrás de otra.

contrapuntear v. tr. [1]. Cantar o tocar de contrapunto.

contrapunto s. m. Contraste entre dos o más cosas. || *Argent., Chile* y *Urug.* Certamen poético entre payadores. ‖ MÚS. Arte de combinar varias líneas melódicas superpuestas. ◇ FAM. contrapuntear, contrapuntista. PUNTO.

contrariar v. tr. [1]. Oponerse a la intención, propósito, deseo, etc., de una persona. ‖ Disgustar, afligir.

contrariedad s. f. Oposición entre dos cosas. ‖ Contratiempo o dificultad imprevista. ‖ Disgusto, desazón.

contrario, ria adj. Opuesto, adverso a una cosa. ‖ Que daña o perjudica. ◆ s. Enemigo, adversario. ‖ Persona que pleitea con otra. ◇ FAM. contrariar, contrariedad. CONTRA.

contrarreforma s. f. Movimiento producido en el seno del catolicismo para oponerse a la reforma protestante.

contrarrestar v. tr. y pron. [1]. Hacer frente y oposición a algo. ‖ Neutralizar una cosa los efectos de otra.

contrarrevolución s. f. Revolución dirigida contra otra anterior. ◇ FAM. contrarrevolucionario. REVOLUCIÓN.

contrasentido s. m. Acción, actitud o razonamiento sin lógica.

contraseña s. f. Palabra o señal que se dan unas personas a otras para entenderse, ser identificadas o reconocerse entre sí.

contrastar v. tr. [1]. Comprobar la autenticidad o exactitud de algo. ‖ Resistir, hacer frente. ◆ v. intr. Mostrar notable diferencia dos personas o cosas. ◇ FAM. contrastable, contraste.

contraste s. m. Acción y efecto de contrastar. ‖ Oposición o diferencia notable que existe entre personas o cosas.

contrata s. f. Contrato hecho con el gobierno para ejecutar una obra o prestar un servicio por precio determinado.

contratar v. tr. [1]. Pactar, convenir, hacer contratos o contratas. ‖ Ajustar, mediante convenio, un servicio. ◇ FAM. contractual, contrata, contratación, contratante, contratista, contrato. / subcontratación. TRATAR.

contratiempo s. m. Accidente perjudicial e inesperado.

contratista s. m. y f. Persona que ejecuta una obra por contrata.

contrato s. m. Pacto por el que una o varias personas se obligan al cumplimiento de una cosa. ‖ Documento en que se acredita.

contravenir v. tr. [21]. Obrar en contra de lo que está mandado. ◇ FAM. contravención, contraventor. VENIR.

contraventana s. f. Puerta que interiormente cierra sobre la vidriera.

contrayente adj. y s. m. y f. Dícese de la persona que contrae matrimonio.

contri s. m. Chile. Molleja, estómago de las aves. ‖ Chile. Corazón, entraña, lo más íntimo de algo.

contribución s. f. Acción y efecto de con-

tribuir. ‖ Cantidad con que se contribuye a algún fin. ‖ Imposición fiscal a los beneficiados por una obra o servicio del estado.

contribuir v. tr. e intr. [29]. Pagar la cuota que corresponde por un impuesto. ◆ v. intr. Dar una cantidad para un determinado fin. ‖ Ayudar y cooperar con otros al logro de algún fin. ◇ FAM. contribución, contribuidor, contributivo, contribuyente.

contributivo, va adj. Relativo a las contribuciones e impuestos.

contribuyente adj. y s. m. y f. Que contribuye. ‖ Que paga contribución o impuestos al estado.

contrición s. f. Dolor o arrepentimiento por una culpa, especialmente por haber ofendido a Dios.

contrincante s. m. y f. Competidor, rival.

contristar v. tr. y pron. [1]. Afligir, entristecer. ◇ FAM. TRISTE.

control s. m. Comprobación, inspección, intervención. ‖ Dirección, mando, regulación. ‖ Lugar donde se controla. ◇ FAM. controlar. / autocontrol.

controlar v. tr. [1]. Comprobar, intervenir, inspeccionar. ‖ Dirigir, regular, dominar. ◆ controlarse v. pron. Moderarse. ◇ FAM. controlable, controlador. / descontrolar, incontrolable. CONTROL.

controversia s. f. Discusión larga y reiterada.

controvertir v. intr. y tr. [22]. Mantener una controversia. ◇ FAM. controversia, controvertible.

contubernio s. m. Amancebamiento. ‖ Alianza vituperable.

contumaz adj. Porfiado y tenaz en mantener un error. ◆ adj. y s. m. y f. DER. Rebelde, por no comparecer en el juicio.

contundente adj. Dícese del agente capaz de producir contusión. ‖ Que convence clara o decisivamente. ◇ FAM. contundencia. CONTUNDIR.

contundir v. tr. y pron. [3]. Golpear. ◇ FAM. contundente, contusión. TUNDIR².

conturbar v. tr. y pron. [1]. Alterar, turbar, inquietar. ◇ FAM. conturbación, conturbado. TURBAR.

contusión s. f. Lesión que se produce por golpe, sin que haya herida exterior. ◇ FAM. contusionar. CONTUNDIR.

contusionar v. tr. y pron. [1]. Producir contusión.

conuco s. m. Antill., Colomb. y Venez. Pequeña heredad o campo con su rancho. ‖ Cuba, P. Rico y R. Dom. Montículo de tierra en el que se siembran ritualmente las raíces de la yuca.

conurbación s. f. Aglomeración de ciudades vecinas. ◇ FAM. URBE.

convalecencia s. f. Estado de una persona tras haber pasado una enfermedad. ‖ Período que dura este estado.

convalecer v. intr. [2m]. Recobrar las

fuerzas perdidas por enfermedad. <> FAM. convalecencia, convaleciente.

convaleciente adj. y s. m. y f. Que convalece.

convalidar v. tr. [1]. Confirmar, revalidar lo ya aprobado: *convalidar unos estudios por otros.* <> FAM. convalidación. VALIDAR.

convección s. f. Movimiento de un fluido por diferencias de temperatura. ‖ Movimiento vertical del aire.

convecino, na adj. y s. Que tiene vecindad con otra u otras personas.

convencer v. tr. y pron. [2a]. Reducir a uno a reconocer la verdad de una cosa, a adoptar una resolución, etc. ‖ Probarle a alguien una cosa. <> FAM. convencimiento, convicción, convicto, convincente. VENCER.

convención s. f. Pacto entre naciones, organismos o individuos. ‖ Asamblea o reunión de personas para tratar un asunto. ‖ Norma o práctica admitida tácitamente. <> FAM. convencional, convencionalismo. CONVENIR.

convencional adj. Relativo a la convención o pacto. ‖ Que resulta o se establece por costumbre. ‖ Tradicional: *arma convencional.*

convencionalismo s. m. Idea o procedimiento aceptado y mantenido por comodidad o conveniencia social.

conveniencia s. f. Cualidad de conveniente. ‖ Cosa o situación conveniente. ‖ Ajuste, concierto y convenio.

conveniente adj. Que conviene, útil, provechoso. ‖ Conforme, concorde. ‖ Decente, proporcionado. <> FAM. inconveniente. CONVENIR.

convenio s. m. Acuerdo, convención, pacto.

convenir v. intr. [21]. Ser de un mismo parecer u opinión. ‖ Ser oportuno, útil, adecuado. ◆ v. tr. y pron. Llegar a un acuerdo. <> FAM. convención, convenido, conveniencia, conveniente, convenio. / reconvenir. VENIR.

conventillo s. m. *Amér. Merid.* Casa grande que contiene muchas viviendas reducidas.

convento s. m. Casa en que viven en comunidad miembros de una orden religiosa. <> FAM. conventillo, conventual. / trotaconventos.

convergencia s. f. Acción y efecto de convergir.

converger v. intr. [2b]. Convergir*.

convergir v. intr. [3b]. Dirigirse a un mismo punto. ‖ Concurrir los dictámenes u opiniones de dos o más personas. <> FAM. convergencia, convergente.

conversación s. f. Acción y efecto de conversar. ‖ Manera de conversar.

conversar v. intr. [1]. Hablar unas personas con otras. <> FAM. conversación, conversador. VERSAR.

conversión s. f. Acción y efecto de convertir.

converso, sa adj. y s. Se dice de los moros y judíos convertidos al cristianismo.

convertible adj. Que puede ser convertido o transformado. ◆ adj. y s. m. Dícese del automóvil descapotable.

convertir v. tr. y pron. [22]. Mudar, transformar. ‖ Hacer cambiar a alguien su religión, sus ideas, etc. <> FAM. conversión, converso, convertible, convertidor. / reconvertir.

convexo, xa adj. Dícese de la línea o superficie curva que, respecto del que las mira, tienen su parte más prominente en el centro. <> FAM. convexidad. / biconvexo.

convicción s. f. Acción de convencer. ◆ pl. Ideas, creencias.

convicto, ta adj. Dícese del reo cuyo delito ha sido probado. <> FAM. CONVENCER.

convidado, da s. Persona que recibe una invitación o convite.

convidar v. tr. [1]. Pedir a alguien que participe en algo que se supone grato para él. ‖ Mover, incitar. <> FAM. convidado, convite.

convincente adj. Que convence o tiene capacidad para convencer.

convite s. m. Invitación. ‖ Comida, banquete, etc., a que uno es convidado.

convivir v. intr. [3]. Vivir en compañía de otro u otros, cohabitar. <> FAM. convivencia. VIVIR.

convocar v. tr. [1a]. Llamar a varias personas para que concurran a un lugar o acto. <> FAM. convocador, convocatoria. / desconvocar.

convocatoria s. f. Anuncio o escrito con que se convoca.

convoy s. m. Escolta o guardia. ‖ Conjunto de vehículos de transporte que tienen el mismo destino. ‖ Tren.

convulsión s. f. Contracción muscular patológica, intensa e involuntaria. ‖ Agitación política o social violenta. ‖ Sacudida de la tierra o del mar. <> FAM. convulsionar, convulsivo.

cónyuge s. m. y f. Marido respecto de la mujer y viceversa. <> FAM. conyugal. YUGO.

coña s. f. *Vulg.* Chunga, guasa, burla. ‖ *Vulg.* Cosa molesta.

coñac s. m. Aguardiente hecho a partir de vinos flojos y añejos.

coñete adj. *Chile* y *Perú.* Tacaño, cicatero, mezquino.

coño s. m. *Vulg.* Parte externa del aparato genital femenino. ‖ *Chile. Vulg.* Español.

cooperación s. f. Acción y efecto de cooperar.

cooperar v. intr. [1]. Obrar juntamente con otro u otros para un mismo fin. <> FAM. cooperación, cooperador, cooperante, cooperativismo, cooperativista, cooperativo. OPERAR.

cooperativismo s. m. Sistema basado en las cooperativas.

cooperativista adj. Relativo al cooperativismo o a la cooperativa. ◆ adj. y s. m. y f. Partidario del cooperativismo. ‖ Que es miembro de una cooperativa.

cooperativo, va adj. Que coopera. ◆ s. f. Asociación de consumidores, comerciantes o productores con intereses comunes. ‖ Establecimiento donde se venden los artículos de una cooperativa.

coordenado, da adj. y s. f. Dícese de las líneas que sirven para determinar la posición de un punto. ◇ FAM. ORDENADA.

coordinación s. f. Acción y efecto de coordinar. ‖ LING. Relación mental que se establece entre dos sintagmas u oraciones.

coordinado, da adj. LING. Dícese de los sintagmas u oraciones unidos por coordinación.

coordinar v. tr. [1]. Disponer cosas metódicamente. ‖ Concertar medios, esfuerzos, etcétera, para una acción común. ◇ FAM. coordinación, coordinado, coordinador, coordinante. ORDENAR.

copa s. f. Vaso con pie para beber. ‖ Líquido que contiene. ‖ Conjunto de las ramas de un árbol. ‖ Premio que se da al vencedor de una competición. ‖ La propia competición. ‖ Parte hueca del sombrero. ‖ Carta de la baraja que pertenece al palo de copas. ◆ pl. Uno de los cuatro palos de la baraja española. ◇ FAM. copear, copete, copo¹, copón, copucha.

copaneco, ca adj. y s. De Copán (Honduras).

copar v. tr. [1]. Conseguir todos los puestos en elecciones, concursos, etc. ‖ Acorralar al enemigo. ◇ FAM. copo².

copartícipe s. m. y f. Persona que participa con otra. ◇ FAM. coparticipación. PARTÍCIPE.

copear v. intr. [1]. Tomar copas. ◇ FAM. copeo. COPA.

copec s. m. Moneda rusa.

copete s. m. Tupé levantado sobre la frente. ‖ Penacho de algunas aves. ‖ *Argent.* Resumen de una noticia periodística, que sigue inmediatamente al título. ‖ *R. de la Plata.* Hierba seca o espuma que corona la boca del mate. ◇ FAM. encopetado. COPA.

copia s. f. Reproducción exacta de un escrito, impreso, obra artística, etc. ‖ Acción de copiar. ‖ Gran cantidad, abundancia. ◇ FAM. copiar, copioso. / acopiar, fotocopia, xerocopia.

copiar v. tr. [1]. Hacer una copia. ‖ Escribir lo que otro dice o dicta. ‖ Reflejar, imitar. ‖ Reproducir por fraude, en vez de hacer un trabajo personal. ◇ FAM. copiador, copista. COPIA.

copihue s. m. *Chile.* Planta arbustiva trepadora de flores rojas y blancas, que produce una baya semejante al ají.

copiloto s. m. Piloto auxiliar.

copioso, sa adj. Abundante, cuantioso. ◇ FAM. COPIA.

copista s. m. y f. y adj. Persona que copia, especialmente obras de arte o manuscritos. ◇ FAM. copistería. / multicopista, policopista. COPIAR.

copla s. f. Combinación métrica o estrofa. ‖ Canción popular. ◆ pl. *Fam.* Versos. ◇ FAM. coplear, coplero, cuplé.

copo¹ s. m. Porción de cáñamo, lana u otra materia dispuesta para hilarse. ‖ Pequeña masa que cae cuando nieva. ◇ FAM. COPA.

copo² s. m. Acción de copar. ‖ Bolsa de red con que terminan varias artes de pesca. ‖ Pesca hecha con una de estas artes.

copón s. m. Copa grande en la que se guardan las hostias consagradas.

copro- pref. Significa 'excremento': *coprófago.*

coproducción s. f. Producción cinematográfica en la que intervienen diversos países. ◇ FAM. PRODUCTOR. PRODUCCIÓN.

coprófago, ga adj. y s. Que come excrementos. ◇ FAM. coprofagia.

copropietario, ria adj. y s. Que es propietario de bienes juntamente con otro u otros. ◇ FAM. copropiedad. PROPIETARIO, RIA.

copucha s. f. *Chile.* Vejiga que sirve para varios usos domésticos. ‖ *Chile.* Mentira, bola. ◇ FAM. copuchento. COPA.

copuchento, ta adj. *Chile.* Exagerado, mentiroso.

cópula s. f. Unión sexual de dos individuos de distinto sexo. ‖ Ligamento, unión. ‖ LING. Término que liga el sujeto de una proposición con el predicado. ◇ FAM. copular, copulativo.

copular v. tr. [1]. Realizar la cópula sexual. ◇ FAM. copulación. CÓPULA.

copulativo, va adj. Que ata, liga o junta una cosa con otra. ‖ LING. Se dice del verbo que une un sujeto con su atributo. ‖ LING. Se dice de la conjunción que une frases o partes de frases de igual rango sintáctico y de las oraciones que une.

copyright s. m. Derecho de propiedad intelectual y literaria.

coque s. m. Combustible sólido obtenido de la destilación de la hulla, de gran poder calorífico.

coquear v. intr. [1]. *Argent.* y *Bol.* Mascar el acullico.

coquetear v. intr. [1]. Tratar de agradar o atraer a alguien con medios estudiados. ‖ Tener trato o relación superficial.

coquetería s. f. Acción y efecto de coquetear. ‖ Deseo de agradar a otra persona.

coqueto, ta adj. y s. Que coquetea. ‖ Que cuida excesivamente su aspecto. ◇ FAM. coquetear, coquetería.

coquillo s. m. *Cuba.* Tela de algodón blanco y fino.

cornada

coquina s. f. Molusco comestible de valvas muy aplastadas.

coquito s. m. *Amér.* Nombre de diversas plantas pertenecientes a distintas familias, en especial a la familia de las palmas.

coraje s. m. Valor, energía, decisión. ‖ Irritación, ira. ◇ FAM. encorajinar.

coral[1] s. m. Celentéreo que vive en los mares cálidos formando colonias de estructura calcárea. ‖ Materia que segregan estos animales y que se utiliza en joyería. ◇ FAM. coralífero.

coral[2] adj. Relativo al coro. ◆ s. f. Agrupación de cantantes. ‖ Composición musical ajustada a un texto religioso.

coraza s. f. Armadura que protegía la espalda y el pecho. ‖ Blindaje. ‖ Caparazón de algunos animales. ◇ FAM. acorazar.

corazón s. m. Órgano muscular hueco que constituye el centro del aparato circulatorio. ‖ Punto donde residen sentimientos, deseos y pasiones. ‖ Parte central de algo. ‖ Valor, energía. ◇ FAM. corazonada. / acorazonado, cordial, descorazonar.

corazonada s. f. Presentimiento. ‖ Impulso instintivo.

corbata s. f. Tira de tela que se coloca alrededor del cuello y se anuda por delante. ‖ *Colomb.* Parte anterior del cuello de los gallos. ‖ *Colomb.* Empleo de poco esfuerzo y bien remunerado. ◇ FAM. corbatería, corbatero, corbatín.

corbatín s. m. Corbata de lazo sin caídas.

corbeta s. f. Embarcación de guerra, más pequeña que la fragata.

corcel s. m. Caballo ligero y de mucha alzada.

corchar v. tr. [1]. *Colomb.* Confudir, aturullar.

corchea s. f. MÚS. Figura equivalente a la mitad de la negra. ◇ FAM. semicorchea.

corchete s. m. Gancho de metal que se introduce en una anilla para abrochar una prenda. ‖ Este broche. ‖ Signo ortográfico equivalente al paréntesis [ ]. ◇ FAM. encorchetar.

corcho s. m. Tejido vegetal que reviste por capas el tallo y la raíz de algunos árboles, como el alcornoque. ‖ Tapón de este material. ◇ FAM. acorcharse, descorchar, encorchar, sacacorchos.

corcholata s. f. *Méx.* Tapón metálico de botella, chapa.

¡córcholis! interj. Denota extrañeza, contrariedad o enfado. ◇ FAM. ¡recórcholis!

corcova s. f. Curvatura anómala de la columna vertebral o del pecho. ‖ *Chile.* Día o días de fiesta que siguen a una celebración. ◇ FAM. corcovado, corcovar, corcovo.

corcovado, da adj. Que tiene corcova.

corcovo s. m. Salto que dan algunos animales encorvando el lomo.

cordado, da adj. y s. m. Relativo a un tipo de animales que presentan un cordón

esquelético dorsal. ◆ s. f. Grupo de alpinistas unidos por una cuerda.

cordaje s. m. Conjunto de cuerdas, cabos o cables.

cordal s. m. Pieza donde se sujetan las cuerdas de un instrumento musical. ◇ FAM. CUERDA.

cordel s. m. Cuerda delgada. ◇ FAM. cordelería, cordelero.

cordero, ra s. Cría de la oveja de menos de un año. ‖ Persona dócil y humilde.

cordial adj. Afectuoso, amistoso. ◆ s. m. Bebida para confortar a los enfermos. ◇ FAM. cordialidad, cordialmente. CORAZÓN.

cordillera s. f. Cadena de montañas. ◇ FAM. cordillerano.

cordillerano, na adj. De la cordillera de los Andes.

córdoba s. m. Unidad monetaria de Nicaragua.

cordobés, sa adj. y s. De Córdoba (Argentina). ‖ De Córdoba (España).

cordón s. m. Cuerda hecha con materiales finos. ‖ Cable eléctrico. ‖ Conjunto de personas alineadas para impedir el paso. ‖ Nombre de diversas estructuras del organismo. ‖ *Amér. Merid.* y *Cuba.* Bordillo de la acera. ‖ *Colomb.* Corriente de agua de un río. ◇ FAM. cordoncillo. / acordonar. CUERDA.

cordoncillo s. m. Lista en relieve de algunos tejidos. ‖ Cordón muy fino para bordar. ‖ Adorno del borde de las monedas.

cordura s. f. Prudencia, sensatez, juicio. ◇ FAM. CUERDO, DA.

coreano, na adj. y s. De Corea. ◆ s. m. Lengua hablada en Corea.

corear v. tr. [1]. Repetir a coro lo que alguien canta o dice. ‖ Asentir por adulación al parecer ajeno.

coreografía s. f. Arte de la danza. ‖ Conjunto de figuras y evoluciones de un ballet. ◇ FAM. coreográfico, coreógrafo. CORO.

coreógrafo, fa s. Persona que compone coreografías.

coriáceo, a adj. Parecido al cuero.

coriano, na adj. y s. De Coro (Venezuela).

corifeo s. m. Director del coro en el teatro griego. ‖ Persona que asume la representación de otros, y se expresa por ellos.

corimbo s. m. Inflorescencia en la que los pedúnculos parten de distintas alturas.

corindón s. m. Alúmina cristalizada, usada en joyería.

corintio, tia adj. y s. De Corinto. ◆ adj. y s. m. Dícese del orden de la arquitectura griega caracterizado por un capitel adornado con hojas.

corista s. f. En las revistas o espectáculos musicales, artista que pertenece al coro.

cornada s. f. Golpe o herida producida con la punta del cuerno.

cornamenta s. f. Conjunto de los cuernos de un animal.

córnea s. f. Parte anterior y transparente del globo ocular, en forma de casquete esférico.

cornear v. tr. [1]. Dar cornadas.

corneja s. f. Ave parecida al cuervo pero de menor tamaño.

córneo, a adj. Parecido al cuerno.

córner s. m. En algunos deportes de equipo, saque desde la esquina del campo de juego.

corneta s. f. Instrumento musical de viento, sin llaves ni pistones, utilizado sobre todo en el ejército. ◆ s. m. El que toca la corneta. ◇ FAM. cornetín. CUERNO.

cornetín s. m. Instrumento musical de viento con tres pistones. || Corneta de pequeño tamaño. || Persona que toca dicho instrumento.

cornisa s. f. Cuerpo voladizo con molduras, que sirve de remate a otro. || Moldura que remata un mueble, una pared, etc. || Saliente rocoso de una montaña.

corno s. m. Trompa, instrumento musical de viento. ◇ FAM. CUERNO.

cornucopia s. f. Vaso en figura de cuerno, rebosante de frutas y flores. || Espejo de marco tallado y dorado. ◇ FAM. CUERNO.

cornudo, da adj. Que tiene cuernos. ◆ adj. y s. m. *Vulg.* Dícese del marido cuya mujer le es infiel.

cornúpeta s. m. Toro de lidia. ◇ FAM. CUERNO.

coro s. m. Conjunto de cantantes. || Pieza musical que cantan. || Conjunto de actores o actrices que cantan o declaman en las tragedias clásicas. || Parte de una iglesia donde se sitúan los cantores o donde rezan los religiosos. || Canto y rezo religioso. ◇ FAM. coral², corear, coreografía, corista. / trascoro.

coroides s. f. Membrana del ojo situada entre la retina y la esclerótica.

corola s. f. BOT. Conjunto de pétalos de la flor.

corona s. f. Cerco con que se ciñe la cabeza en señal de premio, recompensa o dignidad. || Reino o monarquía. || Aureola de los santos. || Conjunto de flores y hojas dispuestas en círculo. || Coronilla. || Parte del diente descubierta y esmaltada. || Unidad monetaria de varios países. || Coronamiento. ◇ FAM. coronar, coronario, coronilla.

coronación s. f. Acto de coronar a un soberano.

coronamiento s. m. Fin de una obra. || Adorno que se pone en la parte superior de un edificio, mueble, etc.

coronar v. tr. y pron. [1]. Poner una corona a alguien. ◆ v. tr. Acabar, completar una obra. || Poner o hallarse en la parte superior de algo. ◇ FAM. coronación, coronamiento. CORONA.

coronario, ria adj. Relativo a la corona. || Relativo al corazón: *enfermedad coronaria.* || Dícese de cada uno de los vasos sanguíneos que alimentan el corazón.

coronel s. m. Jefe de los ejércitos de tierra y aire, de grado entre el teniente coronel y el general. || *Cuba.* Cometa grande.

coronilla s. f. Parte superior y posterior de la cabeza humana. || Tonsura circular que se hace a los clérigos en la cabeza. ● **Estar hasta la coronilla** *(Fam.),* estar harto.

coronta s. f. *Amér. Merid.* Mazorca del maíz una vez desgranada.

corotos s. m. pl. *Colomb.* y *Venez.* Trastos, cosas.

corpiño s. m. Prenda femenina sin mangas, que se ciñe al cuerpo desde el busto hasta la cintura. ◇ FAM. CUERPO.

corporación s. f. Entidad pública. || Organización constituida por la agrupación de varias personas con una finalidad común. ◇ FAM. corporativismo, corporativista, corporativo. CUERPO.

corporal adj. Relativo al cuerpo. ◆ s. m. Lienzo bendecido sobre el cual se coloca el sacerdote la hostia y el cáliz.

corporativismo s. m. Doctrina económica y social que preconiza la creación de instituciones profesionales corporativas.

corpóreo, a adj. Que tiene cuerpo o volumen. || Corporal. ◇ FAM. corporeidad. / incorpóreo. CUERPO.

corpulencia s. f. Calidad de corpulento.

corpulento, ta adj. De cuerpo grande. ◇ FAM. corpulencia. CUERPO.

corpus s. m. Recopilación de materiales escritos sobre una misma materia, doctrina, etc., u obras de un mismo autor.

corpúsculo s. m. Partícula muy pequeña. ◇ FAM. corpuscular. CUERPO.

corral s. m. Espacio cerrado y descubierto donde se guardan animales. || Recinto en que se representaban comedias. ◇ FAM. corro. / acorralar.

correa s. f. Tira de cuero. || Cinta de cuero para sujetar los pantalones. || Banda de transmisión que conecta dos ejes de rotación por medio de poleas. || Aguante para soportar bromas, trabajos, etc. ◇ FAM. correaje, correoso.

correaje s. m. Conjunto de correas.

corrección s. f. Acción y efecto de corregir. || Alteración de una obra o escrito para mejorarlo. || Calidad de correcto. ◇ FAM. ultracorrección. CORREGIR.

correccional adj. Que conduce a la corrección. ◆ s. m. Establecimiento penitenciario para menores.

correctivo, va adj. y s. m. Que corrige o atenúa. ◆ s. m. Castigo que se impone a una persona para corregirla.

correcto, ta adj. Que ha sido enmendado. || Libre de errores o defectos. || Comedido, cortés, educado. ◇ FAM. incorrecto. CORREGIR.

corrector, ra adj. y s. Que corrige. ◆ s.

Persona que revisa y prepara las pruebas antes de la impresión.

corredera s. f. Ranura o carril por donde se desliza una pieza en ciertas máquinas o artefactos. ‖ La pieza que se desliza.

corredizo, za adj. Que se desata o corre con facilidad.

corredor, ra adj. y s. Que corre. ◆ s. Persona que participa en una carrera. ◆ s. m. Pasillo, pieza de un edificio. ‖ Persona que media en operaciones de comercio. ◇ FAM. correduría. CORRER.

correduría s. f. Oficio de corredor de comercio.

corregidor s. m. Antiguamente, oficial nombrado por el rey para representar la soberanía real en algunos municipios.

corregir v. tr. y pron. [30b]. Enmendar lo errado o defectuoso. ‖ Amonestar, reprender. ‖ Examinar y valorar el profesor los ejercicios de los alumnos. ◇ FAM. corrección, correccional, correctivo, correcto, corrector, corregible, corregidor. / incorregible.

correlación s. f. Relación mutua entre dos o más personas, cosas, ideas, etc. ◇ FAM. correlativo, correlato. RELACIÓN.

correlativo, va adj. Que tiene o indica una correlación.

correlato s. m. Término que está en correlación con otro.

correligionario, ria adj. y s. Que tiene la misma religión o la misma opinión política que otra. ◆ FAM. RELIGIÓN.

corrclón, na adj. Amér. Que corre mucho. ‖ Colomb., Guat., Méx. y Venez. Cobarde.

correntada s. f. Amér. Merid. Corriente fuerte de un río o arroyo. ◇ FAM. CORRIENTE.

correntino, na adj. y s. De Corrientes (Argentina).

correntoso, sa adj. Amér. Central y Amér. Merid. Dícese del curso de agua de corriente muy rápida. ◇ FAM. CORRIENTE.

correo s. m. Servicio público cuya función es el transporte de la correspondencia. ‖ Correspondencia y paquetes expedidos o recibidos a través de dicho servicio. ‖ Oficina donde se efectúa dicho servicio. ‖ Medio de locomoción que lleva correspondencia.

correoso, sa adj. Blando, flexible y difícil de partir. ‖ Dícese de la persona que tiene resistencia real o física. ◇ FAM. CORREA.

correr v. intr. [2]. Andar velozmente. ‖ Hacer algo con rapidez. ‖ Fluir. ‖ Ir, pasar, extenderse. ‖ Transcurrir el tiempo. ‖ Apresurarse a poner en ejecución una cosa. ‖ Transmitirse una cosa de unos a otros. ‖ Participar en una carrera. ‖ Chile y Méx. Echar fuera, despachar a alguien de un lugar. ◆ v. tr. Echar o pasar un dispositivo de cierre. ‖ Perseguir; acosar. ‖ Extender o recoger las velas, cortinas, etc. ‖ Estar expuesto a peligros. ‖ Recorrer, ir o transitar por un lugar. ◆ v. tr. y pron. Mover o apartar a una persona o cosa. ◆ **correrse** v. pron. Esparcirse la tinta, pintura, etc. ‖ Vulg. Llegar al orgasmo. ◇ FAM. corredera, corredizo, corredor, correlón, correría, corretear, corrido, corriente, corrimiento. / correveidile, descorrer, recorrer, transcurrir.

correría s. f. Viaje corto. ‖ Incursión en territorio enemigo.

correspondencia s. f. Acción de corresponder. ‖ Trato recíproco entre dos personas por correo. ‖ Correo que se despacha o recibe.

corresponder v. intr. [2]. Compensar los afectos, beneficios o favores, pagarlos con igualdad. ‖ Tocar o pertenecer. ◆ v. intr. y pron. Tener proporción o conexión una cosa con otra. ◇ FAM. correspondencia, correspondiente, corresponsal. RESPONDER.

correspondiente adj. Que corresponde a algo o se corresponde con algo. ‖ Oportuno, conveniente, proporcionado. ◆ adj. y s. m. y f. Que tiene correspondencia con una persona o corporación.

corresponsal adj. y s. m. y f. Se dice de la persona que mantiene correspondencia con otra. ◆ s. m. y f. Periodista que informa desde el extranjero. ◇ FAM. corresponsalía. CORRESPONDER.

correteada s. f. Chile y Perú. Acción y efecto de correr, acosar.

corretear v. intr. [1]. Ir corriendo de un lado para otro. ‖ Callejear. ◆ v. tr. Amér. Perseguir, acosar. ◇ FAM. correteada, correteo. CORRER.

correveidile s. m. y f. Persona que lleva y trae chismes.

corrido, da adj. Que excede un poco del justo peso o medida. ‖ Avergonzado, confundido. ‖ Continuo, seguido. ◆ adj. y s. Fam. Dícese de la persona experimentada. ◆ s. f. Acción de correr cierto espacio. ‖ Espectáculo en el que se lidian toros.

corriente adj. Que corre. ‖ Ordinario, habitual. ‖ Dícese de la semana, mes, etc., actual. ‖ Admitido comúnmente. ◆ s. f. Fluido que corre por un cauce o conducción. ‖ Conjunto de pensamientos, ideas, etc. ‖ Electricidad transmitida por un conductor. ● **Estar al corriente** de algo, estar enterado de ello. ‖ **Seguir la corriente** a uno, mostrarse conforme con lo que hace o dice. ◇ FAM. correntada, correntoso. / contracorriente, tomacorriente. CORRER.

corrillo s. m. Corro donde se juntan algunos a discutir y hablar.

corrimiento s. m. Acción y efecto de correr o correrse. ‖ Deslizamiento de una gran extensión de terreno.

corro s. m. Cerco formado por personas para hablar, distraerse, etc. ‖ Espacio más o menos circular. ‖ Juego de niños que forman un círculo agarrados de las manos. ◇ FAM. corrillo. CORRAL.

corroborar v. tr. y pron. [1]. Dar fuerza

a una idea o teoría con nuevos argumentos o datos. ◇ FAM. corroboración, corroborante.

corroer v. tr. y pron. [2i]. Desgastar lentamente una cosa como royéndola. ‖ Perturbar el ánimo o arruinar la salud alguna pasión o sentimiento. ◇ FAM. corrosión, corrosivo. ROER.

corromper v. tr. y pron. [2]. Alterar, echar a perder. ‖ Viciar, pervertir. ✦ v. tr. Sobornar. ◇ FAM. corrupción, corruptela, corruptibilidad, corruptible, corrupto, corruptor. ROMPER.

corronchoso, sa adj. *Amér. Central, Colomb.* y *Venez.* Rudo, tosco.

corrosca s. f. *Colomb.* Sombrero de paja que usan los campesinos.

corrosión s. f. Desgaste lento y paulatino.

corrosivo, va adj. Que corroe. ‖ Mordaz, irónico, hiriente.

corrupción s. f. Acción y efecto de corromper o corromperse.

corruptela s. f. Corrupción. ‖ Abuso en contra de la ley.

corrupto, ta adj. Que está corrompido. ◇ FAM. incorrupto. CORROMPER.

corrusco s. m. *Fam.* Mendrugo, pedazo de pan duro.

corsario, ria adj. y s. Dícese de los tripulantes y de la embarcación que atacaban a barcos mercantes de otros países.

corsé s. m. Prenda interior que usan las mujeres para ajustarse el cuerpo. ◇ FAM. corsetería, corsetero. / encorselar, encorsetar.

corsetería s. f. Tienda donde se venden corsés y prendas parecidas.

corso, sa adj. y s. De Córcega. ✦ s. m. Dialecto italiano que se habla en Córcega.

cortacésped s. m. Máquina para cortar el césped.

cortacircuitos s. m. Dispositivo que interrumpe una corriente eléctrica cuando es excesiva o peligrosa.

cortadera s. f. *Argent., Chile* y *Cuba.* Planta herbácea de hojas con bordes cortantes que crece en lugares pantanosos.

cortadillo s. m. Azúcar cortado en pequeños trozos o terrones.

cortado, da adj. Tímido, apocado. ‖ Dícese del modo de escribir con frases breves y sueltas. ✦ s. m. Café con algo de leche. ✦ s. f. *Amér.* Herida hecha con un instrumento cortante. ‖ *Argent.* Calle corta sin salida. ‖ *Argent., Par.* y *Urug.* Atajo.

cortadura s. f. Corte, división o hendidura. ‖ Paso entre montañas. ✦ pl. Recortes, trozos que sobran de una cosa.

cortafrío s. m. Cincel para cortar metales en frío.

cortafuego s. m. Dispositivo, construcción o espacio carente de vegetación, destinado a impedir la propagación del fuego.

cortapisa s. f. Condición que limita, dificultad, estorbo.

cortaplumas s. m. Navaja pequeña.

cortapuros s. m. Instrumento para cortar la punta de los cigarros puros.

cortar v. tr. [1]. Dividir una cosa o separar sus partes con un instrumento afilado. ‖ Hender un fluido. ‖ Separar o dividir algo en dos partes. ‖ Detener, impedir el paso. ‖ Censurar, suprimir parte de una obra. ‖ Suspender, interrumpir, especialmente una conversación. ‖ Dar la forma conveniente a las piezas de una prenda de vestir. ✦ v. tr. y pron. Agrietar la piel el frío intenso. ‖ Separar los componentes de la leche, salsas, etc. ✦ v. intr. Tomar el camino más corto. ‖ *Chile.* Tomar una dirección. ✦ **cortarse** v. pron. Turbarse, quedarse sin saber qué decir. ‖ Herirse o hacerse un corte. ◇ FAM. cortadera, cortadillo, cortado, cortador, cortadura, cortante, corte¹, corto. / cortacésped, cortacircuitos, cortafrío, cortafuego, cortaplumas, cortapuros, cortauñas, entrecortar, recortar.

cortauñas s. m. Instrumento para cortar las uñas.

corte¹ s. m. Acción y efecto de cortar. ‖ Filo de un instrumento cortante. ‖ Arte de cortar prendas de vestir. ‖ Cantidad de tela para hacer una prenda. ‖ Apariencia, conjunto de rasgos. ‖ Canto de un libro. ‖ *Fam.* Turbación, vergüenza.

corte² s. f. Población donde reside el soberano. ‖ Conjunto de las personas que componen la familia y comitiva del rey. ‖ *Amér.* Tribunal de justicia. ✦ pl. Asamblea parlamentaria española. ◇ FAM. cortejar, cortés, cortesano, cortijo.

cortedad s. f. Pequeñez, poca extensión. ‖ Falta de talento, instrucción, etc.

cortejar v. tr. [1]. Procurar captarse el amor de una mujer. ‖ Hablar entre sí los novios. ◇ FAM. cortejador, cortejo. CORTE².

cortejo s. m. Acción de cortejar. ‖ Conjunto de personas que se trasladan con solemnidad de un sitio a otro en una ceremonia.

cortés adj. Atento, amable. ◇ FAM. cortesía. / descortés. CORTE².

cortesano, na adj. Relativo a la corte. ✦ s. m. Persona que sirve al rey en la corte. ✦ s. f. Prostituta.

cortesía s. f. Calidad de cortés. ‖ Demostración de respeto. ‖ Regalo. ‖ Espacio en blanco que se deja en algunos libros.

corteza s. f. Capa exterior del tronco y las ramas de los árboles. ‖ Parte exterior y dura de frutos y otras cosas. ‖ Exterioridad de una cosa no material. ◇ FAM. cortical, cortisona. / descortezar.

cortical adj. Relativo a la corteza.

cortijo s. m. Hacienda y casa de labor de Andalucía. ◇ FAM. CORTE².

cortina s. f. Paño colgante para cubrir puertas, ventanas, etc. ‖ Lo que encubre y oculta algo. ‖ Lienzo de muralla entre dos baluartes. ◇ FAM. cortinaje.

cortisona s. f. Hormona de la corteza suprarrenal, que posee propiedades antiinflamatorias y metabólicas. ◇ FAM. CORTEZA.

corto, ta adj. Que no tiene la extensión o el tamaño que le corresponde. ‖ De poca duración, breve. ‖ Escaso o defectuoso. ‖ Tímido, encogido. ‖ De poco talento, torpe. ◆ s. m. Cortometraje. ◇ FAM. cortedad. / acortar, alicorto, cortometraje, rabicorto. CORTAR.

cortocircuito s. m. Fenómeno eléctrico con descarga que se produce al unirse accidentalmente dos conductores.

cortometraje s. m. Película cuya duración es inferior a los treinta minutos.

coruñés, sa adj. y s. De La Coruña (España).

corvejón s. m. Articulación situada entre la parte inferior de la pierna y la superior de la caña en las extremidades posteriores de los cuadrúpedos.

corveta s. f. Movimiento que se enseña al caballo, haciendo que ande con los brazos en el aire. ◇ FAM. corvetear. CORVO, VA.

corvo, va adj. Curvo. ◆ s. f. Parte de la pierna opuesta a la rodilla. ◇ FAM. corvejón, corveta. CURVO, VA.

corzo, za s. Rumiante que vive en Europa y Asia, de astas erectas y con numerosas protuberancias.

cosa s. f. Todo lo que existe, ya sea corporal o espiritual, real o abstracto. ‖ Objeto inanimado, en oposición a ser viviente. ‖ En oraciones negativas, nada: *no hacer cosa de provecho.* ‖ Asunto: *no andar bien las cosas.* • **Como si tal cosa,** como si no hubiera pasado nada. ‖ **Cosa de,** poco más o menos. ‖ **Ser algo cosa de** uno, ser de su incumbencia o interés. ‖ **Ser cosa de,** ser necesario. ◇ FAM. quisicosa.

cosaco, ca adj. y s. De una población antiguamente nómada o semisedentaria de las estepas de la Rusia meridional. ◆ adj. Relativo a esta población.

coscacho s. m. *Amér. Merid.* Coscorrón, golpe dado en la cabeza.

coscolino, na adj. y s. *Méx.* Se dice de la persona que tiene muchas relaciones amorosas o le gusta coquetear.

coscorrón s. m. Golpe dado en la cabeza. ‖ *Colomb.* Puñetazo.

cosecante s. f. MAT. Secante del complemento de un ángulo o un arco.

cosecha s. f. Conjunto de productos agrícolas que se cosechan. ‖ Acción de recogerlos. ‖ Temporada en que se recogen. ‖ Conjunto de ciertas cosas no materiales. ◇ FAM. cosechar, cosechero.

cosechador, ra adj. y s. Que cosecha. ◆ s. f. Máquina que corta las mieses, separa el grano y expulsa la paja.

cosechar v. intr. y tr. [1]. Obtener productos agrícolas de la tierra. ‖ Recogerlos. ‖ Recoger, ganar. ◇ FAM. cosechador. COSECHA.

coseno s. m. MAT. Para un ángulo agudo de un triángulo rectángulo, razón entre el cateto contiguo y la hipotenusa.

coser v. tr. [2]. Unir con hilo dos o más pedazos de tela, cuero u otro material. ‖ Hacer labores de aguja. ‖ Unir estrechamente. ‖ Acribillar. • **Ser algo coser y cantar** *(Fam.),* ser muy fácil. ◇ FAM. cosedor, cosido, costura. / descosido, recoser.

cosido s. m. Acción y efecto de coser. ‖ Costura.

cosmético, ca adj. y s. m. Dícese del producto que embellece y limpia la piel. ◆ s. f. Arte que trata de dicho producto.

cósmico, ca adj. Relativo al cosmos.

cosmogonía s. f. Ciencia que estudia el origen y la formación del universo. ◇ FAM. cosmogónico. COSMOS.

cosmografía s. f. Descripción de los sistemas astronómicos del universo. ◇ FAM. cosmográfico, cosmógrafo. COSMOS.

cosmología s. f. Estudio filosófico del universo y sus leyes. ◇ FAM. cosmológico, cosmólogo. COSMOS.

cosmonauta s. m. y f. Astronauta.

cosmonave s. m. Astronave. ◇ FAM. cosmonauta, cosmonáutica, cosmonáutico. COSMOS y NAVE.

cosmopolita adj. y s. m. y f. Dícese de las personas que han vivido en muchos países. ◆ adj. Que es común a muchos países. ◇ FAM. cosmopolitismo. COSMOS y POLIS.

cosmos s. m. Universo. ◇ FAM. cósmico, cosmogonía, cosmografía, cosmología. / cosmonave, cosmopolita, cosmovisión, macrocosmo, microcosmo.

cosmovisión s. f. Manera de ver e interpretar el mundo.

coso s. m. Plaza de toros. ‖ Calle principal.

cosquillas s. f. pl. Sensación producida sobre ciertas partes del cuerpo que provoca risa involuntaria. ◇ FAM. cosquilleo.

cosquilleo s. m. Sensación que producen las cosquillas.

costa[1] s. f. Cantidad que se paga por una cosa. ◆ pl. DER. Gastos de un juicio. ◇ FAM. COSTAR.

costa[2] s. f. Tierra en contacto con el mar o cerca de él. ‖ *Argent.* Faja de terreno que se extiende al pie de una sierra. ◇ FAM. costear[2], costero. / guardacostas.

costado s. m. Parte lateral del cuerpo humano. ‖ Parte lateral de cualquier cosa. ◇ FAM. costal, costalada, costalazo, costilla, cuesta. / acostar, recostar.

costal adj. Relativo a las costillas. ◆ s. m. Saco grande. ◇ FAM. intercostal, subcostal. COSTADO.

costalada s. f. Golpe dado al caer de espaldas. ◇ FAM. costalearse. COSTADO.

costalearse v. pron. [1]. *Chile.* Recibir

una costalada. ‖ *Chile.* Sufrir un desengaño o decepción.

costar v. intr. [1r]. Valer una cosa determinado precio. ‖ Causar una cosa disgustos, molestias, etc. ◇ FAM. costa¹, coste, costo, costoso.

costarricense adj. y s. m. y f. De Costa Rica.

costarriqueño, ña adj. y s. Costarricense. ◇ FAM. cotilleo. COTILLA.

coste s. m. Cantidad pagada por algo. ◇ FAM. costear¹. COSTAR.

costear¹ v. tr. y pron. [1]. Pagar el coste de una cosa. ◆ v. tr. *Chile.* Alisar los cantos de las suelas de los zapatos. ‖ *Perú.* Burlarse de uno. ◆ v. intr. *Méx.* Resultar algo buen negocio. ◇ FAM. costeo. COSTE.

costear² v. tr. [1]. Navegar bordeando la costa². ◆ costearse v. pron. *Argent., Chile y Urug.* Tomarse la molestia de ir hasta un sitio distante o de difícil acceso. ◇ FAM. COSTA².

costeo s. m. *Perú.* Mofa, burla a expensas de alguien.

costero, ra adj. Relativo a la costa².

costilla s. f. Cada uno de los huesos largos y arqueados que parten de la columna vertebral. ‖ *Fam.* Esposa. ◇ FAM. costillar. COSTADO.

costo s. m. Coste.

costra s. f. Corteza exterior que se endurece o se seca sobre algo. ‖ Postilla. ◇ FAM. costroso. / crustáceo, encostrar.

costumbre s. f. Hábito adquirido por la repetición de actos de la misma especie. ‖ Habilidad adquirida con la práctica. ◇ FAM. costumbrismo, costumbrista. / acostumbrar, consuetudinario.

costumbrismo s. m. Género literario y pictórico que concede especial atención al reflejo de las costumbres de un lugar.

costura s. f. Acción de coser. ‖ Labor que se está cosiendo. ‖ Serie de puntadas que une dos piezas de tela. ◇ FAM. costurera, costurero. COSER.

costurera s. f. Mujer que tiene por oficio coser.

costurero s. m. Mueble o recipiente para guardar los enseres de costura. ‖ Cuarto de costura.

cota¹ s. f. Antigua armadura para proteger el cuerpo.

cota² s. f. Número que indica la altura de un punto en los planos y mapas. ‖ Altura de un punto sobre un nivel. ◇ FAM. cotejar, cotizar. / acotar², cuota.

cotangente s. f. MAT. Tangente de un ángulo o arco complementario.

cotarro s. m. *Fam.* Grupo bullicioso de personas ‖ *Fam.* Asunto, negocio.

cotejar v. tr. [1]. Comparar. ◇ FAM. cotejable, cotejo. COTA².

cotejo s. m. Acción y efecto de cotejar.

cotelé s. m. *Chile.* Pana, tejido.

cotense s. m. *Bol., Chile y Méx.* Tela basta de cáñamo.

cotidiano, na adj. Diario, de todos los días. ◇ FAM. cotidianidad.

cotiledón s. m. Primera hoja en el embrión de las fanerógamas. ◇ FAM. cotiledóneo. / dicotiledóneo, monocotiledóneo.

cotilla s. m. y f. *Fam.* Persona chismosa y criticona. ◇ FAM. cotillear.

cotillear v. intr. [1]. *Fam.* Chismorrear. ◇ FAM. cotilleo. COTILLA.

cotilleo s. m. *Fam.* Chisme, habladuría.

cotillón s. m. Baile y fiesta con que se celebra un día señalado.

cotiza s. f. *Colomb. y Venez.* Especie de alpargata de la gente del campo.

cotización s. f. Acción y efecto de cotizar.

cotizar v. tr. y pron. [1g]. Asignar el precio de un valor en la bolsa o en el mercado. ‖ Valorar, estimar. ◆ v. tr. e intr. Pagar una cuota. ◇ FAM. cotizable, cotización, cotizado. COTA².

coto¹ s. m. Terreno acotado. ‖ Término, límite. ◇ FAM. acotar¹.

coto² s. m. *Amér. Merid.* Bocio. ◇ FAM. cotudo.

cotona s. f. *Amér.* Camiseta fuerte de algodón u otra materia.

cotorra s. f. Ave trepadora americana, parecida al papagayo. ‖ Urraca. ‖ *Fam.* Persona habladora e indiscreta. ◇ FAM. cotorrear.

cotorrear v. tr. [1]. Conversar animadamente. ‖ *Méx. Fam.* Engañar a alguien para hacer burla de él. ‖ *Méx. Fam.* Hacer burla de uno.

cotudo, da adj. *Amér. Central y Amér. Merid.* Que tiene bocio. ◇ FAM. COTO².

covacha s. f. Vivienda humilde. ‖ *Ecuad.* Tienda donde se venden comestibles. ‖ *Méx.* Habitación del portero.

covadera s. f. *Chile.* Espacio de tierra de donde se extrae guano.

cowboy s. m. Guardián del ganado en los ranchos norteamericanos.

coxal adj. Relativo a la cadera: *hueso coxal.*

coxis s. m. Hueso formado por la fusión de varias vértebras rudimentarias, en la extremidad del sacro.

coyol s. m. *Amér. Central.* Palmera de mediana altura, con largas espinas. ‖ *Amér. Central.* Fruto de esta planta. ◇ FAM. coyolar.

coyolar s. m. *Amér. Central.* Sitio poblado de coyoles.

coyote s. m. Mamífero carnívoro de América del Norte, parecido al lobo y al chacal. ◇ FAM. coyotero. / tlalcoyote.

coyotero, ra adj. y s. *Méx.* Dícese del perro amaestrado para perseguir coyotes. ◆ s. f. *Méx.* Lugar poblado de coyotes.

coyunda s. f. Correa fuerte o soga con que se atan los bueyes al yugo. ‖ Sujeción, dominio. ‖ *Nicar.* Látigo.

coyuntura s. f. Conjunto de factores y circunstancias que constituyen una situación determinada. ‖ Ocasión favorable. ‖ Articulación de dos huesos. ◇ FAM. coyuntural. / coyunda, descoyuntar. JUNTURA.

coyuyo s. m. *Argent.* Cigarra grande. ‖ *Argent.* Luciérnaga.

coz s. f. Golpe dado por una caballería con las patas. ‖ Retroceso de un arma de fuego al dispararla. ◇ FAM. cocear.

crac s. m. Quiebra comercial.

crack s. m. Cocaína cristalizada muy tóxica. ‖ Persona de gran competencia o habilidad en un campo determinado.

crampón s. m. Sobresuela de puntas metálicas que se fija en la suela de los zapatos para impedir que resbalen.

cráneo s. m. Cavidad ósea que contiene y protege el encéfalo en los vertebrados. ◇ FAM. craneal, craneano.

crápula s. f. Disipación, libertinaje. ◆ s. m. y f. Persona viciosa. ◇ FAM. crapuloso.

crasitud s. f. Gordura.

craso, sa adj. Grueso, gordo o espeso. ‖ Con los sustantivos *error, ignorancia, engaño* y otros semejantes, burdo, grosero. ◇ FAM. crasitud.

cráter s. m. Depresión situada en la parte superior de un volcán, por donde salen los materiales de proyección y la lava.

creación s. f. Acción de crear. ‖ Mundo, todo lo creado. ‖ Producción, obra creada.

crear v. tr. [1]. Hacer algo de la nada. ‖ Formar, forjar. ‖ Fundar, establecer. ‖ Componer artística o intelectualmente. ◆ **crearse** v. pron. Imaginarse, idear. ◇ FAM. creación, creador, creatividad, creativo. / criar, procrear, recrear.

creatividad s. f. Aptitud para crear o inventar.

creativo, va adj. Que implica creatividad. ◆ s. Persona con gran capacidad de creación. ‖ Persona encargada de crear o idear.

crecer v. intr. [2m]. Aumentar de tamaño, especialmente en altura, los organismos. ‖ Aumentar una cosa por añadírsele nueva materia. ‖ Extenderse, propagarse. ‖ Aumentar la parte visible de la Luna. ‖ Añadir puntos en las labores de ganchillo. ◆ **crecerse** v. pron. Tomar uno mayor seguridad o atrevimiento. ◇ FAM. crecida, crecido, creciente, crecimiento. / acrecentar, acrescente, decrecer, excrecencia, incrementar.

creces. Con creces, amplia, colmadamente, más de lo debido.

crecida s. f. Aumento del caudal de una corriente de agua.

crecido, da adj. Grande, numeroso.

creciente adj. Que crece o aumenta. ◆ s. m. Tiempo durante el cual la parte visible de la Luna crece de una manera continua.

crecimiento s. m. Acción y efecto de crecer.

credencial adj. Que acredita. ◆ s. f. Documento que acredita el nombramiento de un empleado público. ◇ FAM. CREER.

credibilidad s. f. Calidad de creíble.

crédito s. m. Dinero que se pide prestado a un banco u otra entidad. ‖ Plazo para pagar una deuda. ‖ Asenso. ‖ Reputación, fama. ◇ FAM. acreditar, descrédito. CREER.

credo s. m. Oración que contiene los artículos fundamentales de la fe católica. ‖ Conjunto de doctrinas o creencias religiosas, políticas, etc. ◇ FAM. CREER.

crédulo, la adj. Que cree con excesiva facilidad. ◇ FAM. credulidad. / incrédulo. CREER.

creencia s. f. Firme asentimiento y conformidad con una cosa. ‖ Completo crédito prestado a un hecho o noticia. ‖ Religión.

creer v. tr. e intr. [2i]. Dar por cierta una cosa. ‖ Tener fe en los dogmas de una religión. ◆ v. tr. Pensar, juzgar, conjeturar. ◆ v. tr. y pron. Tener una cosa por verosímil o probable. ◇ FAM. creencia, creíble, creído, creyente. / acreedor, credencial, credibilidad, crédito, credo, crédulo.

creíble adj. Que se puede creer. ◇ FAM. increíble. CREER.

creído, da adj. Confiado, crédulo. ‖ *Fam.* Orgulloso, vanidoso. ◇ FAM. descreído. CREER.

crema¹ s. f. Sustancia grasa contenida en la leche. ‖ Nata de la leche. ‖ Sopa espesa. ‖ Licor espeso. ‖ Producto cosmético o medicamento pastoso. ‖ Pasta compuesta de ceras. ‖ Lo más selecto de una colectividad. ◇ FAM. cremoso. / descremado.

crema² s. f. Diéresis.

cremación s. f. Acción de quemar. ◇ FAM. crematorio.

cremallera s. f. Sistema de cierre flexible formado por dos hileras de dientes que se engranan. ‖ Pieza de acero, conectada a una rueda dentada, que transforma un movimiento rectilíneo en circular o viceversa. ‖ Raíl suplementario provisto de dientes, en los cuales engrana una rueda dentada de la locomotora.

crematístico, ca adj. y s. f. Relativo a la economía política o al dinero.

crematorio, ria adj. Relativo a la cremación. ◆ s. m. Lugar donde se queman los cadáveres.

crepé s. m. Tejido con relieves parecido al crespón. ‖ Postizo para dar mayor volumen al pelo. ‖ Caucho bruto de uso industrial.

crepitar v. intr. [1]. Hacer un ruido repetido, especialmente dar chasquidos lo que arde. ◇ FAM. crepitación.

crepuscular adj. Relativo al crepúsculo.

crepúsculo s. m. Claridad que hay al amanecer y al anochecer. ‖ Tiempo que dura esta claridad. ‖ Decadencia. ◇ FAM. crepuscular.

crescendo s. m. MÚS. Aumento progresivo de la intensidad de los sonidos.

crespo, pa adj. Dícese del cabello rizado. ‖ Arrugado, retorcido. ‖ Irritado o alterado. ◇ FAM. crespón. / encrespar.

crespón s. m. Tejido de seda ondulada. ‖ Tela negra que se lleva en señal de luto.

cresta s. f. Carnosidad de la cabeza de algunas aves. ‖ Penacho, moño de plumas de algunas aves. ‖ Cumbre peñascosa. ‖ Cima de una ola coronada de espuma.

cretácico, ca adj. y s. m. GEOL. Dícese del último período del mezosoico.

cretense adj. y s. m. y f. De Creta.

cretino, na adj. y s. Estúpido, necio.

cretona s. f. Tejido de algodón estampado.

creyente adj. y s. m. y f. Que cree.

cría s. f. Acción y efecto de criar. ‖ Animal que se está criando. ‖ Conjunto de animales que nacen de una sola vez.

criadero s. m. Lugar para la cría de determinados animales o plantas. ‖ MIN. Lugar donde abunda un mineral.

criadilla s. f. Testículo de algunos animales.

criado, da adj. Con los adverbios *bien* o *mal*, bien o mal educado. ◆ s. Persona empleada en el servicio doméstico.

criador, ra s. Persona que se dedica a la cría de animales. ◆ Viticultor.

criancero, ra adj. *Chile.* Que cría animales. ◆ s. *Argent.* Pastor trashumante de la región sureña.

criandera s. f. *Amér.* Nodriza.

crianza s. f. Acción y efecto de criar. ‖ Época de la lactancia. ‖ Atención, cortesía, educación. ‖ *Chile.* Conjunto de animales nacidos en una finca y destinados a ella.

criar v. tr. [1t]. Nutrir, alimentar, amamantar. ‖ Instruir, educar. ‖ Cuidar y hacer que se reproduzcan plantas o animales. ‖ Someter el vino, después de la fermentación, a ciertos cuidados. ◆ v. tr. y pron. Producir, engendrar. ◆ **criarse** v. pron. Crecer, desarrollarse. ◇ FAM. cría, criadero, criadilla, criado, criador, criancero, criandera, crianza; criatura, crío. / malcriar. CREAR.

criatura s. f. Toda cosa creada. ‖ Niño de poca edad. ◇ FAM. CRIAR.

criba s. f. Instrumento para cribar, generalmente circular. ‖ Selección de lo bueno o importante. ◇ FAM. cribar.

cribar v. tr. [1]. Pasar semillas, minerales, etc., por la criba, para limpiarlos de impurezas o separar las partes menudas de las gruesas. ◇ FAM. cribado. CRIBA.

crimen s. m. Delito grave, comúnmente el que conlleva derramamiento de sangre. ‖ Acción reprobable. ◇ FAM. criminal, criminalidad, criminalista, criminología. / incriminar, recriminar.

criminal adj. Que constituye un crimen. ‖ Relativo al crimen o a las penas. ◆ adj. y s. m. y f. Que ha cometido un crimen.

criminalidad s. f. Calidad de criminal. ‖

Cómputo de los crímenes cometidos en un territorio y tiempo determinados.

criminalista s. m. y f. y adj. Persona dedicada al estudio de las materias criminales. ‖ Abogado especializado en derecho penal.

criminología s. f. Estudio científico de los hechos criminales. ◇ FAM. criminológico, criminólogo. CRIMEN.

crin s. f. Conjunto de pelos que tienen algunos animales en la cerviz, en la parte superior del cuello y en la cola.

crinolina s. f. *Méx.* Miriñaque.

crío, a s. Criatura, niño de poca edad. ◇ FAM. CRIAR.

criollismo s. m. Exaltación de lo criollo.

criollo, lla adj. y s. Dícese del hispanoamericano descendiente de españoles. ◆ adj. Propio de los países hispanoamericanos. ◇ FAM. criollismo. / acriollarse.

cripta s. f. Lugar subterráneo donde se enterraba a los muertos. ‖ Piso subterráneo en una iglesia. ◇ FAM. críptico.

críptico, ca adj. Escondido, oscuro.

cripto- pref. Significa 'oculto': *criptograma.*

criptógamo, ma adj. y s. f. BOT. Relativo a un grupo de plantas que carecen de flores, frutos y semillas.

criptografía s. f. Conjunto de las técnicas de escribir con clave secreta. ◇ FAM. criptográfico.

criptograma s. m. Texto escrito en clave.

criptón s. m. Kriptón*.

críquet s. m. Juego de pelota practicado con bates de madera.

crisálida s. f. Ninfa de los insectos lepidópteros.

crisantemo s. m. Planta ornamental de tallos herbáceos y flores de variado colorido. ‖ Flor de esta planta.

crisis s. f. Manifestación aguda de un trastorno físico o moral. ‖ Momento decisivo en un proceso o asunto. ‖ Situación mala o difícil de una persona, de la política, etc. ‖ Escasez, carestía. ◇ FAM. crítico.

crisma s. m. o f. Mezcla de aceite y bálsamo que se utiliza en ciertas ceremonias religiosas. ◆ s. f. *Fam.* Cabeza.

crisol s. m. Recipiente para fundir metales. ‖ Medio de purificación moral o intelectual. ◇ FAM. acrisolar.

crispación s. f. Irritación.

crispar v. tr. y pron. [1]. Contraer un músculo de forma pasajera y repentina. ‖ Irritar, exasperar. ◇ FAM. crispación, crispamiento.

cristal s. m. Mineral con forma geométrica bien definida. ‖ Vidrio compuesto por sílice, óxido de plomo y potasa. ‖ Hoja de cristal o vidrio que cubre las vidrieras, ventanas, etc. ◇ FAM. cristalera, cristalería, cristalero, cristalino, cristalizar, cristalografía. / acristalar.

cristalera s. f. Armario, cierre o puerta con cristales.

cristalería s. f. Fábrica o tienda de objetos de cristal. ‖ Conjunto de dichos objetos. ‖ Juego de vasos, copas y jarros de cristal que se usan para el servicio de mesa.

cristalino, na adj. De cristal o parecido a él. ◆ s. m. Elemento del ojo, en forma de lente, situado detrás de la retina.

cristalizar v. intr. y pron. [1g]. Tomar cierta sustancia forma cristalina. ◆ v. intr. Aclararse las ideas o sentimientos de una persona o colectividad. ◆ v. tr. Hacer tomar forma cristalina. ◇ FAM. cristalizable, cristalización, cristalizador. CRISTAL.

cristalografía s. f. Ciencia que estudia los cristales y las leyes que rigen su formación. ◇ FAM. cristalográfico. CRISTAL.

cristiandad s. f. Conjunto de los países o fieles cristianos.

cristianismo s. m. Conjunto de las religiones fundadas en la persona y las enseñanzas de Jesucristo. ‖ Mundo cristiano.

cristianizar v. tr. pron. [1g]. Conformar una cosa con el dogma o con el rito cristiano. ‖ Convertir al cristianismo. ◇ FAM. cristianización. CRISTIANO, NA.

cristiano, na adj. Relativo al cristianismo. ◆ adj. y s. Que profesa el cristianismo. ◆ s. Fam. Persona, alma viviente. ◇ FAM. cristianar, cristiandad, cristianismo, cristianizar. / judeocristiano, paleocristiano. CRISTO.

cristo s. m. El Hijo de Dios, hecho hombre, según la teología cristiana. ‖ Crucifijo. ◇ FAM. cristiano. / anticristo.

criterio s. m. Principio o norma de discernimiento o decisión. ‖ Juicio o discernimiento. ‖ Opinión, parecer. ◇ FAM. CRÍTICO, CA.

critérium s. m. Prueba deportiva que sirve para poder apreciar los méritos de los participantes.

criticar v. tr. [1a]. Juzgar una obra artística, literaria, etc. ‖ Censurar, hacer notar los defectos de una persona o cosa. ◇ FAM. criticable. CRÍTICO, CA.

crítico, ca adj. Relativo a la crítica. ‖ Decisivo, preciso, oportuno. ‖ Relativo a la crisis. ◆ s. Persona que se dedica a la crítica. ◆ s. f. Arte de juzgar una obra artística o literaria. ‖ Cualquier juicio sobre algo. ‖ Conjunto de críticos. ‖ Acción de criticar, censurar. ◇ FAM. criterio, criticar, criticón. / autocrítica, diacrítico. CRISIS.

croar v. intr. [1]. Cantar la rana o el sapo.

croata adj. y s. m. y f. De Croacia. ◆ s. m. Lengua hablada en Croacia. ◇ FAM. serbocroata.

crocante s. m. Guirlache.

croché o **crochet** s. m. Labor de ganchillo. ‖ En boxeo, golpe que se da con el brazo doblado en forma de gancho.

croissant s. m. Bollo en forma de media luna.

crol s. m. Estilo de natación.

cromar v. tr. [1]. Dar un baño de cromo

a una pieza metálica. ◇ FAM. cromado, cromador. CROMO.

cromático, ca adj. Relativo a los colores. ‖ MÚS. Dícese del sistema musical que procede por semitonos. ◇ FAM. cromatismo. / acromático.

crómlech s. m. Monumento megalítico formado por varios menhires dispuestos en círculo.

cromo s. m. Metal blanco, duro e inoxidable, usado para revestir metales. ‖ Estampa, grabado. ◇ FAM. cromar. / nicromo.

cromo- pref. Significa 'color': *cromático*.

cromosfera s. f. Capa media de la atmósfera solar.

cromosoma s. m. Elemento de la célula que contiene los caracteres hereditarios. ◇ FAM. cromosómico. SOMA.

crónico, ca adj. Dícese de las enfermedades largas o habituales. ‖ Que viene de tiempo atrás. ◆ s. f. Recopilación de hechos históricos en orden cronológico. ‖ Artículo periodístico que trata algún tema de actualidad. ◇ FAM. cronista.

cronista s. m. y f. Autor de una crónica.

crono s. m. Cronómetro. ‖ DEP. Tiempo. ◇ FAM. cronómetro.

crono- pref. Significa 'tiempo': *cronómetro*.

cronología s. f. Ciencia que se ocupa en determinar el orden y las fechas de los sucesos históricos. ‖ Sucesión en el tiempo de los acontecimientos históricos. ◇ FAM. cronológico.

cronometrar v. tr. [1]. Medir el tiempo, especialmente en una prueba deportiva. ◇ FAM. cronometrador, cronometraje. CRONÓMETRO.

cronómetro s. m. Reloj de precisión. ◇ FAM. cronometrar, cronométrico. CRONO.

croquet s. m. Juego que consiste en hacer pasar bajo unos aros unas bolas de madera, golpeándolas con un mazo.

croqueta s. f. Porción de una masa hecha con carne, pollo, pescado, etc., unida con bechamel, rebozada y frita.

croquis s. m. Dibujo rápido o esquemático hecho sin precisión.

cross s. m. Carrera campo a través. ◇ FAM. ciclocross, motocross.

crótalo s. m. Variedad de castañuelas de madera o de metal. ‖ Serpiente venenosa de América que tiene en la cola unos anillos córneos que hacen cierto ruido particular.

cruce s. m. Acción y efecto de cruzar o cruzarse. ‖ Punto donde se cruzan dos líneas o caminos. ‖ Interferencia en las conversaciones telefónicas o emisiones radiadas. ‖ Paso para peatones.

cruceño, ña adj. y s. De Santa Cruz (Bolivia).

crucería s. f. Conjunto de nervios con molduras que refuerzan y adornan las aristas de las bóvedas.

crucero s. m. El que lleva la cruz en ceremonias religiosas. ‖ Espacio en que se cruzan las naves central y transversal de una iglesia. ‖ Viaje turístico en barco. ‖ Navío de guerra rápido y muy armado.

cruceta s. f. Cruz que resulta de la intersección de dos series de líneas paralelas. ‖ Pieza con forma de cruz. ◆ s. m. Chile. Torniquete colocado en las entradas para que las personas pasen ordenadamente. ‖ Méx. Palo con los extremos terminados en cruz.

crucial adj. En forma de cruz. ‖ Decisivo, esencial.

crucificar v. tr. [1a]. Fijar o clavar a alguien en una cruz. ‖ Fam. Molestar. ◇ FAM. crucificado, crucifijo, crucifixión. CRUZ.

crucifijo s. m. Efigie o imagen de Cristo crucificado.

crucifixión s. f. Acción y efecto de crucificar. ‖ Suplicio de Jesucristo en la cruz. ‖ Cuadro o imagen en que se representa.

cruciforme adj. De forma de cruz.

crucigrama s. m. Entretenimiento que consiste en averiguar cierto número de palabras y transcribirlas en un casillero. ◇ FAM. CRUZ.

crudeza s. f. Calidad de crudo. ‖ Rigor o aspereza.

crudo, da adj. Dícese de los alimentos no cocinados. ‖ Natural, sin elaborar. ‖ Dícese del estilo realista y duro. ‖ Dícese del tiempo frío y destemplado. ‖ Dícese del color beige. ◆ adj. y s. m. Dícese del petróleo bruto. ◆ s. m. Méx. Tela de cáñamo utilizada para hacer sacos y empacar. ‖ Perú. Especie de arpillera, tela. ◇ FAM. crudeza, / cruel, recrudecer.

cruel adj. Que se complace en hacer sufrir o en los sufrimientos ajenos. ‖ Insufrible, excesivo. ◇ FAM. crueldad. CRUDO, DA.

crueldad s. f. Calidad de cruel. ‖ Acción cruel.

cruento, ta adj. Sangriento.

crujía s. f. Corredor de un edificio. ‖ Espacio entre dos muros de carga. ‖ MAR. Zona de la cubierta entre la proa y la popa.

crujido s. m. Acción y efecto de crujir. ‖ Ruido hecho al crujir algo.

crujir v. intr. [3]. Hacer cierto ruido algunos cuerpos cuando se frotan unos con otros o se rompen. ◇ FAM. crujido, crujiente.

crupier s. m. Empleado de una casa de juego, que dirige las partidas, promueve las apuestas y canta los números.

crustáceo, a adj. y s. m. Relativo a una clase de artrópodos con el cuerpo en segmentos cubiertos por un caparazón. ◇ FAM. COSTRA.

cruz s. f. Instrumento formado por dos maderos cruzados en los que se clavaba a ciertos condenados. ‖ Figura formada por dos líneas o barras que se cruzan perpendicularmente. ‖ Sufrimiento, suplicio. ‖ En los cuadrúpedos, parte alta del lomo. ‖ Reverso de una moneda. ‖ Distintivo de órdenes religiosas, militares y civiles, con forma de cruz. ◇ FAM. crucería, crucero, cruceta, crucial, crucificar, cruciforme, crucigrama, cruzada, cruzar. / encrucijada.

cruzada s. f. Expedición militar realizada con finalidad religiosa. ‖ Tropa que iba a esta expedición. ‖ Campaña; conjunto de actos o esfuerzos aplicados a un fin.

cruzado, da adj. y s. m. Dícese del que participaba en alguna cruzada. ‖ adj. Que está atravesado o en cruz. ‖ Dícese de la prenda de vestir en la que se puede sobreponer un delantero sobre otro. ◆ s. m. Unidad monetaria de Brasil.

cruzar v. tr. y pron. [1g]. Atravesar una cosa sobre otra, especialmente en forma de cruz. ‖ Intercambiar palabras, saludos, sonrisas, etc. ‖ Juntar un macho y una hembra de distinta raza para que procreen. ◆ v. tr. Atravesar pasando de una parte a otra. ◆ cruzarse v. pron. Encontrarse de frente dos personas o cosas. ◇ FAM. cruce, cruzado, cruzamiento. / descruzar, entrecruzar. CRUZ.

cu s. f. Nombre de la letra q.

cuache, cha adj. Guat. Dícese de las cosas que constan de dos partes iguales y ofrecen duplicidad. ◆ adj. y s. Guat. Gemelo de parto.

cuaco s. m. Harina de la raíz de yuca. ‖ Méx. Rocín, caballo.

cuaderna s. f. Cada uno de los elementos rígidos transversales, cuyo conjunto forma el costillaje de una embarcación. ◆ **Cuaderna vía**, estrofa de cuatro versos alejandrinos, de dos hemistiquios y una sola rima.

cuaderno s. m. Conjunto de pliegos de papel, doblados y unidos en forma de libro. ◇ FAM. cuaderna. / encuadernar.

cuadra s. f. Caballeriza. ‖ Conjunto de caballos de un mismo propietario. ‖ Amér. Manzana de casas. ‖ Amér. Medida de longitud cuya equivalencia varía según los países. ‖ Perú. Sala para recibir. ◇ FAM. CUADRO.

cuadrado, da adj. Que tiene la forma de un cuadrado. ‖ Perfecto, cabal. ‖ Poco esbelto o casi tan ancho como largo y alto. ◆ s. m. Cuadrilátero que tiene sus lados iguales y sus ángulos rectos. ‖ Resultado de multiplicar un factor por sí mismo. ◇ FAM. CUADRO.

cuadrafonía s. f. Procedimiento de registro y de reproducción de sonidos a través de cuatro canales. ◇ FAM. cuadrafónico.

cuadragésimo, ma adj. num. ord. y s. Que corresponde en orden al número cuarenta. ◆ adj. num. part. y s. m. Dícese de cada una de las cuarenta partes iguales en que se divide un todo.

cuadrangular adj. Que tiene cuatro ángulos. ⟷ FAM. ÁNGULO.

cuadrante s. m. Antiguo instrumento astronómico de medida de ángulos, formado por la cuarta parte de un círculo. ‖ Cuarta parte de la circunferencia o del círculo. ⟷ FAM. CUADRO.

cuadrar v. tr. [1]. Dar a una cosa figura cuadrada. ‖ Hacer que coincidan los totales en una cuenta o balance. ‖ *Amér.* Sentar bien o mal en una persona una cosa. ‖ *Venez.* Agradar, quedar airoso. ◆ v. intr. Conformarse o ajustarse una cosa con otra. ◆ **cuadrarse** v. pron. Ponerse una persona en posición erguida y con los pies en escuadra. ‖ *Chile.* Suscribirse con una importante cantidad de dinero. ⟷ FAM. cuadratura. CUADRO.

cuadratura s. f. Acción y efecto de cuadrar una figura.

cuadrícula s. f. Conjunto de los cuadrados que resultan de cortarse dos series de rectas paralelas. ⟷ FAM. cuadriculado, cuadricular. CUADRO.

cuadrienio s. m. Período de cuatro años. ⟷ FAM. cuadrienal. AÑO.

cuadriga o **cuádriga** s. f. Tiro de cuatro caballos enganchados de frente. ‖ Carro tirado de este modo.

cuadrilátero, ra adj. Que tiene cuatro lados. ◆ s. m. Polígono que tiene cuatro lados. ‖ En boxeo, ring. ⟷ FAM. LADO.

cuadrilla s. f. Conjunto de varias personas que se reúnen para algún fin. ‖ Conjunto de diestros que lidian toros bajo las órdenes de un matador. ⟷ FAM. CUADRO.

cuadro s. m. Pintura, dibujo, etc., ejecutado sobre papel, tela, etc., y colocado en un marco. ‖ Cosa de forma cuadrada. ‖ Descripción literaria. ‖ Conjunto de nombres, cifras o datos presentados de manera que se advierta la relación existente entre ellos. ‖ Conjunto de personas que componen una organización. ‖ Conjunto de tubos que forman el armazón de una bicicleta. ‖ Subdivisión de un acto en una obra dramática. ‖ *Chile.* Bragas, ropa interior femenina. ‖ *Colomb.* Pizarra, encerado. ⟷ FAM. cuadra, cuadrado, cuadrante, cuadrar, cuadrícula, cuadrilla. / encuadrar, escuadra, recuadro.

cuadrúmano, na o **cuadrumano, na** adj. y s. m. Que tiene cuatro manos.

cuadrúpedo, da adj. y s. m. Se dice del animal que tiene cuatro patas.

cuádruple o **cuádruplo** adj. y s. m. Que contiene un número cuatro veces exactamente. ⟷ FAM. cuadriplicar, cuadruplicar.

cuajada s. f. Parte de la leche obtenida por coagulación natural o artificial, que sirve para elaborar el queso. ‖ Requesón.

cuajar[1] v. tr. y pron. [1]. Trabar un líquido para convertirlo en sólido. ‖ Recargar, llenar. ◆ v. intr. y pron. Ser aceptada o tener efecto una cosa. ⟷ FAM. cuajada, cuajado, cuajar[2], cuajarón, cuajo. / coagular.

cuajar[2] s. m. Última cavidad del estómago de los rumiantes.

cuajarón s. m. Coágulo de sangre u otro líquido.

cuajo s. m. Sustancia con que se cuaja un líquido. ‖ *Fam.* Calma, lentitud. ● **De cuajo**, por entero, de raíz.

cual pron. relat. Equivale a *que*, y va precedido del artículo determinado: *el libro del cual me hablaste.* ◆ adv. Equivale a *como, de igual manera*: *blancos cual perlas.* ◆ **cuál** pron. interrog. Pregunta sobre las personas o cosas: *¿cuál es tu nombre?* ⟷ FAM. cualidad, cualificado, cualquiera.

cualidad s. f. Cada uno de los caracteres que distinguen a las personas o cosas. ‖ Calidad. ⟷ FAM. cualitativo. / calidad. CUAL.

cualificado, da adj. Dícese del obrero muy preparado para una tarea. ‖ De buena calidad. ⟷ FAM. cualificar. / calificar. CUAL.

cualitativo, va adj. Relativo a la cualidad.

cualquier pron. indef. Apócope de *cualquiera*, que se utiliza antepuesto al sustantivo: *cualquier persona podría hacerlo.*

cualquiera pron. indef. Expresa la indistinción de una o varias cosas dentro de la serie. ◆ s. m. y f. Persona vulgar. ◆ s. f. Prostituta. ⟷ FAM. cualquier. CUAL.

cuan s. m. *Colomb.* Cuerda de esparto.

cuán adv. c. exclamat. Apócope de *cuánto*, que se utiliza antepuesto al adjetivo o al adverbio para encarecerlos.

cuando adv. t. En el punto, en el momento en que: *llegó cuando te ibas.* ◆ prep. En tiempos de: *cuando la guerra.* ◆ conj. Puesto que; en caso de que, si: *cuando él lo dice será verdad.* ◆ conj. advers. Aunque: *no faltaría a la merienda cuando le fuera en ello la vida.* ◆ **cuándo** adv. t. interrog. En qué tiempo: *¿cuándo vendrás?* ● **De cuando en cuando**, o **de vez en cuando**, algunas veces.

cuantía s. f. Cantidad. ‖ Importancia.

cuantificar v. tr. [1a]. Determinar la cantidad de algo. ⟷ FAM. cuantificación, cuantificador. CUANTO[2], TA.

cuantitativo, va adj. Relativo a la cantidad.

cuanto[1] s. m. FÍS. Cantidad mínima de energía que puede ser emitida, propagada o absorbida.

cuanto[2], **ta** adj. y pron. relat. Se usa en correlación con *tanto*: *cuanta alegría él lleva, tanta tristeza nos deja.* ‖ Todo lo que: *iba anotando cuantas novedades se ofrecían.* ‖ En plural y precedido de *unos*, significa 'algunos': *tengo unos cuantos.* ◆ adv. c. Se usa antepuesto a otros adverbios o con *tanto*: *cuanto más habla, menos le entiendo.* ◆ **cuánto** pron. interrog. y exclamat. Sirve para preguntar por la cantidad o intensidad de una cosa:

¿cuántos necesitas? ● **En cuanto a**, en relación con. ◇ FAM. cuán, cuantía, cuantificar, cuantitativo, cuanto¹. / cantidad.

cuáquero, ra s. Miembro de una secta religiosa fundada en Inglaterra a mediados del s. XVII, carente de culto externo. ◇ FAM. cuaquerismo.

cuarcita s. f. Roca dura, constituida principalmente por cuarzo, que se emplea para el empedrado de las calles. ◇ FAM. CUARZO.

cuarenta adj. num. cardin. y s. m. Cuatro veces diez. ◆ adj. num. ordin. y s. m. Cuadragésimo.

cuarentena s. f. Conjunto de cuarenta unidades. || Aislamiento impuesto a personas o lugares afectados de epidemia.

cuarentón, na adj. y s. Que tiene cuarenta años cumplidos.

cuaresma s. f. Período que abarca desde el miércoles de ceniza hasta el domingo de Pascua. ◇ FAM. cuaresmal.

cuarta s. f. Palmo, medida. || En los instrumentos de cuerda, la que está en cuarto lugar. || *Argent.* Cosa utilizada para tirar de un vehículo. || *Méx.* Látigo para las caballerías. ◇ FAM. cuartazo.

cuartazo s. m. *Méx.* Golpe dado con la cuarta o látigo.

cuartear v. tr. [1]. Partir o dividir una cosa en trozos. ◆ **cuartearse** v. pron. Henderse, agrietarse. ◇ FAM. cuarteo.

cuartel s. m. Edificio donde se aloja la tropa. || División de un escudo. ◇ FAM. cuartelazo, cuartelillo. / acuartelar.

cuartelazo s. m. Sublevación militar.

cuartelillo s. m. Local donde está instalado un puesto o retén de policía, guardias municipales, bomberos, etc.

cuartería s. f. *Chile, Cuba* y *R. Dom.* Casa de varios vecinos, por lo común en una hacienda de campo.

cuartero, ra adj. *Amér.* Dícese del animal que tira de un carro.

cuarterón, na adj. y s. Nacido de mestizo y española o viceversa. ◆ s. m. Cuarta parte de una cosa.

cuarteta s. f. Estrofa de cuatro versos generalmente octosílabos, con rima en los pares y los impares sueltos.

cuarteto s. m. Estrofa compuesta por cuatro versos de arte mayor. || MÚS. Conjunto compuesto de cuatro voces o cuatro instrumentos. || MÚS. Composición para este conjunto.

cuartilla s. f. Cuarta parte de un pliego de papel.

cuartillo s. m. Medida antigua para áridos.

cuarto, ta adj. num. ordin. y s. Que corresponde en orden al número cuatro. ◆ adj. num. part. y s. m. Dícese de cada una de las cuatro partes en que se divide un todo. ◆ s. m. Cuarta parte de una hora, de un litro, etc. || Habitación, parte o pieza de una casa. || Cuarta parte en que

se divide el cuerpo de los cuadrúpedos o aves.

cuarzo s. m. Mineral formado por sílice, de color blanco, brillo vítreo y mucha dureza. ◇ FAM. cuarcita.

cuate, ta adj. y s. *Guat.* y *Méx.* Amigo. || *Méx.* Mellizo, gemelo. ◇ FAM. guate².

cuaternario, ria adj. y s. m. Que consta de cuatro unidades o elementos. ◆ adj. y s. m. GEOL. Dícese del último período geológico, que comprende los dos últimos millones de años.

cuatezón, na adj. *Méx.* Dícese del animal que debiendo tener cuernos carece de ellos.

cuatrero, ra adj. y s. Dícese del ladrón de ganado. || *Perú.* Pícaro, bribón.

cuatri- pref. Significa 'cuatro': cuatrienal.

cuatrienal adj. Que dura cuatro años. || Que tiene lugar o se repite cada cuatro años. ◇ FAM. cuatrienio. AÑO.

cuatrillizo, za s. y adj. Cada uno de los cuatro niños que nacen en un parto. ◇ FAM. MELLIZO, ZA.

cuatrimestral adj. Que dura cuatro meses. || Que sucede o se repite cada cuatro meses.

cuatrimestre s. m. Período de cuatro meses. ◇ FAM. cuatrimestral. MES.

cuatro adj. num. card. y s. m. Tres y uno. ◆ adj. num. ord. y s. m. y f. Cuarto. ◆ adj. Poca cantidad: cuatro gotas. ◆ s. m. *Méx.* Trampa, celada. || *P. Rico.* y *Venez.* Guitarra de cuatro cuerdas.

cuatrocientos, tas adj. num. card. y s. m. Cuatro veces cien. ◆ adj. num. ord. y s. Que sigue por orden al trescientos noventa y nueve.

cuba s. f. Recipiente de madera para contener líquidos. || Su contenido. ◇ FAM. cubeta. / encubar. CUBO¹.

cubalibre s. m. Mezcla de ron o ginebra con un refresco. ◇ FAM. cubata.

cubano, na adj. y s. De Cuba. ◇ FAM. afrocubano.

cubata s. m. *Fam* Cubalibre.

cubertería s. f. Conjunto de cubiertos y utensilios para comer.

cubeta s. f. Recipiente en forma de cubo¹. || Recipiente usado en los laboratorios. || Depósito de mercurio en la parte inferior de los barómetros. || *Méx.* Cubo, balde.

cubicar v. tr. [1a]. Determinar el volumen o la capacidad de un cuerpo.

cúbico, ca adj. De figura de cubo geométrico. || Relativo al cubo, producto de tres factores: raíz cúbica. || Dícese de las unidades destinadas a la medida de volúmenes. ◇ FAM. cubicar. CUBO².

cubículo s. m. Recinto pequeño.

cubierto, ta adj. Tapado, protegido. || Ocupado, lleno. ◆ s. m. Servicio de mesa para cada comensal. || Juego de cuchara, tenedor y cuchillo. || Comida que se da en los restaurantes por un precio determinado. ◆ s. f. Lo que cubre una cosa para taparla o resguardarla. ‖ Parte exterior de la techumbre de un edificio. ‖ Tapa del libro. ‖ Envuelta protectora que rodea la cámara de aire de una rueda. ‖ Cada uno de los pisos que unen los costados del barco. ◇ FAM. cubertería. / entrecubierta, sobrecubierta. CUBRIR.

cubil s. m. Lugar donde los animales se recogen para dormir.

cubilete s. m. Vaso de boca ancha que se emplea para remover los dados. ‖ Vasija metálica que se emplea en cocina como molde.

cubismo s. m. Escuela artística moderna que se caracteriza por el empleo o predominio de figuras geométricas. ◇ FAM. cubista. CUBO².

cúbito s. m. Hueso más grueso de los dos del antebrazo. ◇ FAM. cubital.

cubo¹ s. m. Recipiente con asa en el borde superior. ‖ Pieza central en que se encajan los radios de una rueda. ◇ FAM. cuba. / tapacubos.

cubo² s. m. Paralelepípedo rectángulo cuyas aristas y ángulos son iguales. ‖ Tercera potencia, obtenida al multiplicar un número dos veces por sí mismo. ◇ FAM. cúbico, cubismo.

cubrecama s. m. Cobertor o colcha con que se cubre la cama.

cubrir v. tr. y pron. [3m]. Ocultar o tapar una cosa con otra. ‖ Proteger, defender. ‖ Ocultar, disimular. ◆ v. tr. Ocupar una plaza, puesto, etc. ‖ Recorrer. ‖ Poner techo a un edificio. ‖ Juntarse el macho con la hembra para fecundarla. ‖ Encargarse de una noticia o información periodística. ◆ **cubrirse** v. pron. Ponerse el sombrero, la gorra, etc. ‖ Vestirse. ◇ FAM. cubierto. / cobertizo, cobertura, cubrecama, descubrir, encubrir, recubrir.

cucama adj. y s. f. Perú. Dícese de la mujer gorda, pequeña y desgarbada. ◆ adj. y s. m. y f. Hond. Cobarde.

cucamonas s. f. pl. Fam. Carantoñas.

cucaña s. f. En los festejos, palo untado de jabón o de grasa por el que se ha de andar para obtener un premio.

cucaracha s. f. Insecto de cuerpo aplanado, corredor y nocturno, que se esconde en sitios húmedos y oscuros.

cucarro, rra adj. Chile. Dícese del trompo que baila mal. ‖ Chile. Ebrio, borracho.

cuchara s. f. Instrumento con un mango y una parte cóncava, que sirve para comer alimentos poco consistentes. ‖ Especie de caja metálica articulada de las grúas, excavadoras, etc. ‖ Utensilio con forma de cuchara. ‖ Amér. Central, Amér. Merid., Cuba y Méx. Llana de los albañiles. ◇ FAM. cucharada, cucharilla, cucharón.

cucharada s. f. Porción que cabe en una cuchara.

cucharilla s. f. Cuchara pequeña. ‖ Se-

ñuelo de pesca, en forma de cuchara sin mango y provisto de anzuelos.

cucharón s. m. Cuchara grande con mango largo. ‖ Guat. Tucán.

cuché adj. Dícese del papel recubierto con un baño especial que mejora su opacidad e impermeabilidad.

cuchí s. m. Argent., Bol. y Perú. Cochino, animal.

cuchichear v. intr. [1]. Hablar en voz baja o al oído a alguien. ◇ FAM. cuchicheo.

cuchilla s. f. Cuchillo grande. ‖ Hoja de acero con un filo, empleada para cortar. ‖ Hoja de afeitar.

cuchillada s. f. Corte o herida hecha con un arma de corte.

cuchillero, ra s. Persona que hace o vende cuchillos. ◆ s. m. Amér. Merid. y Hond. Persona pendenciera y camorrista.

cuchillo s. m. Instrumento cortante formado por una hoja de acero y un mango. ‖ Pieza triangular que se pone en las prendas para ensancharlas. ◇ FAM. cuchilla, cuchillada, cuchillería, cuchillero. / acuchillar.

cuchipanda s. f. Fam. Francachela, parranda, juerga.

cuchitril s. m. Pocilga. ‖ Habitación o vivienda pequeña y sucia.

cucho, cha adj. Méx. Dícese de la persona que tiene labio leporino. ‖ Méx. Fam. Estropeado, mal hecho. ◆ s. m. Chile. Gato. ‖ Colomb. Rincón. ◆ s. f. Méx. Ramera, prostituta.

cuchuco s. m. Colomb. Sopa de carne de cerdo y cebada.

cuchufleta s. f. Fam. Dicho o palabras de broma o chanza.

cuchugo s. m. Amér. Merid. Cada una de las dos cajas de cuero que suelen llevarse en la silla de montar.

cuchumbo s. m. Amér. Juego de dados. ‖ Amér. Central. Cubilete para los dados.

cuclillas. En cuclillas, agachado con las piernas flexionadas.

cuclillo s. m. Cuco, ave.

cuco, ca adj. Bonito, gracioso. ◆ adj. y s. Astuto, taimado. ◆ s. m. Ave trepadora de cola larga y negra y grito característico. ◇ FAM. cucamonas, cuclillo.

cucú s. m. Canto del cuco. ‖ Reloj de pared provisto de un sistema que imita el canto del cuco.

cucubano s. m. P. Rico. Luciérnaga.

cucufato, ta adj. Perú. Dícese de la persona beata, mojigata.

cucuiza s. f. Amér. Hilo obtenido de la pita.

cucurbitáceo, a adj. y s. f. Relativo a una familia de plantas de fuertes tallos y frutos grandes, como la calabaza y el melón.

cucurucho s. m. Papel o cartón arrollado en forma cónica. ‖ Cono hecho de barquillo, dentro del cual se pone helado. ‖ Capirote que se ponían los penitentes.

cueca s. f. *Amér. Merid.* Danza de pareja suelta que se baila con unos pañuelos. ‖ *Chile.* Baile popular por parejas, de ritmo vivo.

cuello s. m. Parte del cuerpo comprendida entre el tronco y la cabeza. ‖ Parte más estrecha y delgada de un cuerpo o de un órgano. ‖ Adorno o parte de una prenda de vestir que rodea el cuello. ◇ FAM. collar. / descollar.

cuenca s. f. Cavidad en que está cada uno de los ojos. ‖ Territorio cuyas aguas afluyen a un mismo río, lago o mar. ‖ Región con un amplio yacimiento mineral. ◇ FAM. cuenco.

cuenco s. m. Vaso ancho sin borde. ‖ Concavidad, sitio cóncavo.

cuenta s. f. Acción y efecto de contar. ‖ Cálculo u operación aritmética. ‖ Nota escrita en la que consta el precio que se debe pagar. ‖ Razón, satisfacción de algo: *debes dar cuenta de tus actos.* ‖ Cuidado, incumbencia, obligación. ‖ Beneficio, provecho. ‖ Bolita o pieza perforada con que se hacen rosarios, collares, etc. ● **Cuenta corriente,** depósito bancario. ● **Ajustar las cuentas** a alguien *(Fam.),* reprenderle con amenaza. ‖ **Darse cuenta** de algo, percatarse de ello. ‖ **Tener en cuenta algo,** considerarlo.

cuentagotas s. m. Aparato para verter un líquido gota a gota.

cuentakilómetros s. m. Contador que indica el número de kilómetros recorridos por un vehículo.

cuentear v. intr. [1]. *Amér.* Chismorrear, comadrear. ‖ *Méx. Fam.* Engañar, decir mentiras.

cuentista s. m. y f. Escritor de cuentos. ◆ adj. y s. m. y f. *Fam.* Chismoso. ‖ *Fam.* Exagerado, presumido.

cuento s. m. Relato breve, especialmente el de hechos fantásticos dirigido a los niños. ‖ Mentira, engaño. ‖ Chisme, enredo. ◇ FAM. cuentear, cuentista. CONTAR.

cuerazo s. m. *Amér.* Latigazo. ◇ FAM. CUERO.

cuerda s. f. Conjunto de hilos de cáñamo, cerda, etc., que retorcidos forman uno solo grueso y flexible. ‖ Hilo que, por vibración, produce los sonidos en ciertos instrumentos músicos. ‖ Pieza propulsora del movimiento en relojes, juguetes, etc. ‖ Cada una de las cuatro voces fundamentales de tiple, contralto, tenor y bajo. ‖ MAT. Segmento que une dos puntos de una curva. ● **Cuerda floja,** cable poco tenso para hacer ejercicios de acrobacia. ‖ **Cuerdas vocales,** bandas diferenciadas del interior de la laringe, relacionadas con la producción de la voz. ◇ FAM. cordado, cordaje, cordal, cordel, cordón. / encordar, monocorde.

cuerdo, da adj. y s. Que está en su juicio. ‖ Prudente. ◇ FAM. cordura.

cuereada s. f. *Amér.* Azotaina. ‖ *Amér.*

Merid. Temporada en que se obtienen los cueros secos. ◇ FAM. cuerear, cueriza. CUERO.

cuerear v. tr. [1]. *Amér.* Azotar. ‖ *Amér.* Ocuparse en las operaciones de la cuereada. ‖ *Argent. y Urug.* Despellejar.

cueriza s. f. *Amér.* Azotaina.

cuerna s. f. Vaso rústico hecho con un cuerno de buey. ‖ Trompa sonora en forma de cuerno. ‖ Cuerno macizo que algunos animales, como el ciervo, mudan todos los años.

cuerno s. m. Órgano óseo, generalmente puntiagudo y par, que tienen en la cabeza algunos animales. ‖ Extremidad de una cosa que remata en punta, y se asemeja al cuerno. ‖ Instrumento musical de viento de forma corva. ◆ pl. *Fam.* Símbolo de la infidelidad conyugal: *poner los cuernos a alguien.* ◇ FAM. cornada, cornamenta, cornear, córneo, corneta, corno, cornucopia, cornudo, cornúpeta, cuerna. / descornar, mancuerna, tricornio, unicornio.

cuero s. m. Piel de los animales. ‖ Pellejo del buey y otros animales, después de curtido. ‖ Odre, cuero de cabra para contener líquidos. ‖ **En cueros** *(Fam.),* desnudo. ‖ *Fam.* Completamente arruinado. ‖ **Sacar el cuero** *(Argent. y Chile. Fam.),* Cuerear, chismorrear. ◇ FAM. cuerazo, cuereada, cuerudo. / descuerar, encuerar.

cuerpear v. intr. [1]. *Argent. y Urug.* Esquivar, evadirse.

cuerpo s. m. Toda sustancia material, orgánica o inorgánica. ‖ Cualquier cosa de extensión limitada. ‖ Parte material de un ser animado. ‖ Tronco, por oposición a la cabeza y las extremidades. ‖ Grueso, densidad, solidez. ‖ Parte principal. ‖ Conjunto de personas que forman un pueblo, comunidad o asociación, o que ejercen la misma profesión. ‖ Conjunto de reglas o principios. ● **Cuerpo a cuerpo,** se dice de los que luchan entre sí en contacto directo. ‖ **Tomar cuerpo** algo, empezar a realizarse o tomar importancia. ◇ FAM. corpiño, corporación, corporal, corpóreo, corpulento, corpúsculo, cuerpear. / anticuerpo, incorporar.

cuerudo, da adj. *Amér.* Dícese de las caballerías lerdas. ‖ *Amér.* Que tiene la piel muy gruesa y dura. ‖ *Colomb.* Tonto, lerdo.

cuervo s. m. Ave paseriforme de gran tamaño, con el plumaje, las patas y el pico negros, que se alimenta de presas.

cuesco s. m. Hueso de la fruta. ‖ *Fam.* Pedo ruidoso. ‖ *Chile.* Hombre enamorado. ‖ *Méx.* Masa redonda de mineral de gran tamaño.

cuesta s. f. Terreno en pendiente. ● **A cuestas,** sobre los hombros o espaldas. ‖ A su cargo, sobre sí. ◇ FAM. COSTADO.

cuestación s. f. Petición de limosnas para un fin benéfico. ◇ FAM. CUESTIÓN.

cuestión s. f. Asunto, materia de que se

trata. ‖ Punto controvertible, problema, dificultad. ‖ Disputa, riña. ◇ FAM. cuestionar, cuestionario. / cuestación.

cuestionar v. tr. [1]. Controvertir un punto dudoso. ‖ Poner en duda una opinión o una información. ◇ FAM. cuestionable, cuestionamiento. CUESTIÓN.

cuestionario s. m. Programa de un examen u oposición. ‖ Lista de cuestiones o preguntas sobre un tema o materia.

cuete s. m. Méx. Lonja de carne que se saca del muslo de la res. ‖ Méx. Fam. Borrachera.

cueva s. f. Cavidad de la tierra, natural o artificial. ‖ Sótano. ◇ FAM. covacha.

cuévano s. m. Cesto de mimbres grande y hondo, empleado en la vendimia.

cufifo, fa adj. Chile. Dícese de la persona borracha.

cui s. m. Amér. Merid. Cobayo.

cuidado s. m. Atención para hacer bien alguna cosa. ‖ Ocupación que está a cargo de uno. ‖ Intranquilidad, preocupación. ● ¡Cuidado! interj. Se emplea para avisar de un peligro o para amenazar.

cuidar v. tr. e intr. [1]. Poner atención en la ejecución de una cosa. ‖ Atender, asistir, especialmente a un enfermo. ● **cuidarse** v. pron. Preocuparse uno por su salud. ‖ Ocuparse de algo. ◇ FAM. cuidado, cuidador, cuidadoso. / descuidar.

cuija s. f. Méx. Lagartija muy delgada y pequeña.

cuis s. m. Amér. Merid. Cui*.

cuita s. f. Trabajo, aflicción. ◇ FAM. cuitado.

cuitado, da adj. Afligido, desventurado. ‖ Apocado, tímido.

cujinillo s. m. Guat. Alforja o maleta que se tercia sobre una bestia, para acarrear el agua. ● s. m. pl. Hond. Alforjas.

cujito s. m. Cuba. Persona extremadamente delgada.

culata s. f. Anca. ‖ Parte posterior de un arma de fuego portátil. ‖ Cubierta que cierra los cilindros en un motor de explosión. ◇ FAM. culatazo. CULO.

culear v. intr. [1]. Chile y Méx. Vulg. Realizar el acto sexual.

culebra s. f. Nombre dado a diversos reptiles ofidios desprovistos de veneno. ◇ FAM. culebrear, culebrón.

culebrear v. intr. [1]. Andar haciendo eses.

culebrón s. m. Fam. Serial de televisión de muchos episodios.

culera s. f. Remiendo en los pantalones sobre la parte que cubre las nalgas.

culinario, ria adj. Relativo a la cocina.

culminante adj. Superior, sobresaliente, principal.

culminar v. intr. [1]. Llegar al punto más alto. ● v. tr. Dar fin a una cosa, acabarla. ◇ FAM. culminación, culminante. CUMBRE.

culo s. m. Nombre aplicado a las nalgas de las personas, o ancas de los animales.

‖ Ano. ‖ Extremidad inferior o posterior de una cosa. ‖ Escasa porción de líquido que queda en un recipiente. ◇ FAM. culata, culera, culote. / lameculos, recular.

culombio s. m. Unidad que equivale a la cantidad de electricidad que transporta en 1 segundo una corriente de 1 amperio.

culote s. m. Pantalón corto muy ceñido. ‖ Restos de metal que quedan en el fondo del crisol.

culpa s. f. Falta más o menos grave cometida voluntariamente. ‖ Causa de un daño o perjuicio. ‖ DER. Acción u omisión que causa un resultado dañoso, previsible y penado por la ley. ◇ FAM. culpabilidad, culpable, culpado, culpar. / disculpa.

culpable adj. y s. m. y f. Dícese de la persona que tiene la culpa de una cosa.

culpar v. tr. y pron. [1]. Atribuir la culpa a algo o alguien. ◇ FAM. exculpar, inculpar. CULPA.

culteranismo s. m. Estilo literario caracterizado por metáforas violentas, sintaxis complicada, latinismos, etc. ◇ FAM. culterano. CULTO, TA.

cultismo s. m. Vocablo tomado directamente de una lengua clásica.

cultivador, ra adj. y s. Que cultiva. ● s. m. Aparato de cultivo que sirve para labores poco profundas. ◇ FAM. motocultivador. CULTIVAR.

cultivar v. tr. [1]. Dar a la tierra y a las plantas las labores necesarias para que fructifiquen. ‖ Cuidar, ejercitar una facultad, inclinación, amistad, etc. ‖ Practicar una ciencia o arte. ‖ Criar microorganismos en un medio adecuado. ◇ FAM. cultivable, cultivador. / incultivable. CULTIVO.

cultivo s. m. Acción y efecto de cultivar. ‖ Tierra o plantas cultivadas. ◇ FAM. cultivar. / monocultivo. CULTO, TA.

culto, ta adj. Dotado de cultura. ‖ Dícese de las tierras y plantas cultivadas. ‖ Dícese de las palabras incorporadas del latín o el griego. ● s. m. Reverente homenaje que el hombre tributa a la divinidad. ‖ Admiración hacia alguien o algo. ◇ FAM. culteranismo, cultismo, cultivo, cultura. / inculto.

cultura s. f. Conjunto de conocimientos científicos, literarios, etc., adquiridos. ‖ Conjunto de estructuras y manifestaciones sociales, religiosas, intelectuales, etc., de una sociedad. ◇ FAM. cultural, culturizar. / contracultura, sociocultural, subcultura, transculturación. CULTO, TA.

culturismo s. m. Actividad física destinada a desarrollar la musculatura. ◇ FAM. culturista.

culturizar v. tr. [1g]. Educar, ilustrar, dar cultura. ◇ FAM. culturización. CULTURA.

cuma s. f. Amér. Central. Cuchillo grande.

cumanense adj. y s. m. y f. De Cumaná (Venezuela).

cumanés, sa adj. y s. Cumanense.

cumbamba s. f. Colomb. Barbilla, mentón.

cumbarí adj. *Argent.* Dícese de un ají pequeño y muy picante.

cumbia s. f. Baile típico de Colombia.

cumbre s. f. Parte más alta de una montaña. ‖ Último grado a que puede llegar una cosa. ◇ FAM. culminar, encumbrar.

cumiche s. m. *Amér. Central.* Hijo menor de una familia.

cumpa s. m. *Amér. Merid.* Amigo, camarada.

cumpleaños s. m. Aniversario del nacimiento de una persona.

cumplido, da adj. Completo, lleno, cabal. ‖ Acabado, perfecto. ‖ Largo o abundante. ‖ Cortés, exacto en todos los cumplimientos y atenciones. ◆ s. m. Atención, muestra de urbanidad.

cumplimentar v. tr. [1]. Saludar con determinadas normas a alguien importante. ‖ Poner en ejecución una orden o trámite.

cumplimiento s. m. Acción y efecto de cumplir o cumplirse. ‖ Acción que se hace por pura cortesía.

cumplir v. tr. [3]. Ejecutar, llevar a cabo. ‖ Llegar a tener un número determinado de años o meses. ◆ v. intr. Hacer uno aquello que debe o a que está obligado. ‖ Satisfacer una obligación o cortesía. ◆ v. intr. y pron. Ser el día en que termina un plazo. ◆ **cumplirse** v. pron. Verificarse, realizarse. ◇ FAM. cumplido, cumplidor, cumplimentar, cumplimiento. / cumpleaños, incumplir.

cúmulo s. m. Montón, acumulación, multitud. ‖ Nube densa de desarrollo vertical. ◇ FAM. acumular.

cuna s. f. Cama para bebés. ‖ Lugar de nacimiento. ‖ Estirpe, linaje. ‖ Origen o principio. ◇ FAM. acunar, incunable.

cuncuna s. f. *Chile.* Oruga. ‖ *Colomb.* Paloma silvestre.

cundir v. intr. [3]. Extenderse o multiplicarse una cosa. ‖ Dar mucho de sí. ‖ Adelantar, progresar en cualquier trabajo.

cuneco, ca s. *Venez.* Cumiche, benjamín.

cuneiforme adj. De figura de cuña. ‖ Dícese de cierta escritura asiática antigua con caracteres en forma de cuña. ◇ FAM. CUÑA.

cuneta s. f. Zanja en el borde de una carretera o un camino.

cunicultura s. f. Cría del conejo. ◇ FAM. cunicultor. CONEJO, JA.

cuña s. f. Pieza terminada en ángulo muy agudo, que sirve para hender cuerpos sólidos, ajustarlos, etc. ‖ Orinal plano para enfermos. ‖ Breve espacio publicitario en la radio o la televisión. ‖ *Amér.* Influencia, enchufe. ◇ FAM. cuneiforme. / acuñar². CUÑO.

cuñado, da s. Hermano de un cónyuge respecto del otro, y respecto de una persona, el cónyuge de un hermano. ◇ FAM. concuñado.

cuño s. m. Troquel con que se sellan las monedas, las medallas y otros objetos. ‖ Impresión, señal que deja. ◇ FAM. cuña. / acuñar¹.

cuota s. f. Parte o porción fija o proporcional de algo. ‖ Cantidad de dinero que paga cada miembro de una sociedad. ◇ FAM. COTA².

cupé s. m. Parte anterior de una diligencia. ‖ Automóvil de dos o cuatro plazas, con dos puertas y techo fijo.

cupido s. m. Representación del dios del amor en la figura de un niño con alas y un arco.

cuplé s. m. Canción de carácter ligero y de melodía fácil, muy de moda a principios de siglo. ◇ FAM. cupletista. COPLA.

cupo s. m. Cuota, parte proporcional. ‖ Número de reclutas que pueden entrar en filas. ‖ *Argent., Colomb., Méx.* y *Pan.* Cabida. ‖ *Colomb.* y *Pan.* Plaza en un vehículo. ◇ FAM. CABER.

cupón s. m. Cualquier porción de papel que forma con otras iguales un conjunto, y se puede separar para hacer uso de ella.

cúprico, ca adj. Relativo al cobre o que lo contiene. ◇ FAM. COBRE.

cúpula s. f. Bóveda semiesférica que cubre un edificio. ‖ BOT. Órgano que envuelve la base del fruto de algunas plantas, como el avellano.

cura s. f. Curación. ‖ Tratamiento a que se somete a un enfermo o herido. ‖ *Chile.* Borrachera. ◆ s. m. Sacerdote católico. ◇ FAM. curadera. / incuria, sinecura, sotacura. CURAR.

curación s. f. Acción y efecto de curar o curarse.

curadera s. f. *Chile.* Cura, borrachera.

curagua s. f. *Amér. Merid.* Maíz de grano duro y hojas dentadas.

curandero, ra s. Persona que se dedica a curar con prácticas mágicas o procedimientos naturales. ◇ FAM. curanderismo. CURAR.

curanto s. m. *Chile.* Guiso de mariscos, carnes y legumbres, que se cuecen en un hoyo tapado con piedras calientes.

curar v. tr., intr. y pron. [1]. Sanar, poner bien a una persona o animal enfermo. ◆ v. tr. Preparar convenientemente las carnes y pescados para su conservación. ‖ Curtir las pieles. ◆ v. tr. y pron. Aplicar al enfermo los remedios correspondientes a su enfermedad. ‖ Extinguir una pasión. ◆ v. intr. y pron. *Chile.* Embriagarse, emborracharse. ◇ FAM. cura, curable, curación, curado, curandero, curativo, curioso². / incurable, procurar.

curasao s. m. Licor fabricado con corteza de naranja.

curativo, va adj. Que sirve para curar.

curco, ca adj. y s. *Chile, Ecuad.* y *Perú.* Jorobado. ◇ FAM. curcuncho.

curcuncho, cha adj. y s. *Amér. Merid.* Jorobado.

curia s. f. Organismo administrativo y de gobierno de la Santa Sede o de las diócesis católicas. || Conjunto de procuradores, abogados, etc., de la administración de justicia. <> FAM. curial.

curiche s. m. *Bol.* Cenagal que queda en las zonas llanas después de las crecidas. || *Chile.* Persona de color oscuro o negro.

curio s. m. Elemento químico radiactivo.

curiosear v. intr. y tr. [1]. Fisgonear, husmear, intentar enterarse de algo.

curiosidad s. f. Deseo de saber y averiguar alguna cosa. || Aseo, limpieza. || Cuidado de hacer una cosa con primor. || Cosa curiosa.

curioso¹, sa adj. y s. Que tiene o implica curiosidad. ◆ adj. Que excita curiosidad. || Limpio y aseado. <> FAM. curiosear, curiosidad.

curioso², sa s. *Amér.* Curandero. <> FAM. CURAR.

curitibano, na adj. y s. De Curitiba (Brasil).

currar v. tr. [1]. *Fam.* Trabajar. <> FAM. currante.

currículo s. m. Plan de estudios. || Curriculum vitae. <> FAM. curricular.

curriculum vitae s. m. Conjunto de datos personales, estudios, aptitudes profesionales, etc., de una persona.

curry s. m. Especia compuesta de jengibre, clavo, azafrán, etc.

cursar v. tr. [1]. Estudiar cierta materia en un centro. || Enviar o tramitar un documento, un expediente, etc. <> FAM. cursado. CURSO.

cursi adj. y s. m. y f. Dícese de la persona o cosa que parece fina y elegante sin serlo. <> FAM. cursilada, cursilería.

cursillo s. m. Curso de poca duración. || Breve serie de conferencias acerca de una materia. <> FAM. cursillista. CURSO.

cursivo, va adj. y s. f. Dícese de la letra de imprenta que se caracteriza por su inclinación a la derecha.

curso s. m. Movimiento del agua u otro líquido que corre. || Serie de estados por los que pasa una cosa. || Espacio de tiempo. || Período de tiempo destinado a clases o seminarios en las escuelas y universidades. || Conjunto orgánico de enseñanzas expuestas en un período de tiempo. || Conjunto de estudiantes que pertenecen al mismo grado de estudios. || Circulación, difusión. <> FAM. cursar, cursillo, cursivo, cursor. / decurso.

cursor s. m. Pieza que se desliza a lo largo de otra en algunos aparatos. || Marca móvil en la patalla de un ordenador.

curtido, da adj. Experimentado. || *Méx.* Sonrojado, avergonzado.

curtiembre s. m. *Amér. Central* y *Amér. Merid.* Taller donde se curten y trabajan las pieles, tenería.

curtir v. tr. [3]. Adobar, aderezar las pieles. || *Amér.* Castigar azotando. ◆ v. tr. y pron. Endurecer o tostar el cutis el sol o el aire. || Acostumbrar a la vida dura. <> FAM. curtido, curtidor, curtiembre. / encurtido.

curú s. m. *Perú.* Larva de la polilla.

curucutear v. intr. [1]. *Colomb.* y *Venez.* Cambiar de sitio los trastos.

cururasca s. f. *Perú.* Ovillo de hilo.

cururo, ra adj. *Chile.* De color negro. ◆ s. m. *Chile.* Especie de rata campestre, de color negro y muy dañina.

curvar v. tr. y pron. [1]. Dar forma curva. || Encorvar, doblar. <> FAM. encorvar. CURVO, VA.

curvatura s. f. Desviación continua respecto de la dirección recta.

curvilíneo, a adj. Formado por curvas. <> FAM. CURVO, VA y LÍNEA.

curvo, va adj. Que constantemente se aparta de la dirección recta, sin formar ángulos. ◆ s. f. Línea curva. || En una carretera, camino, etc., tramo que se aparta de la dirección recta. || Gráfica que representa las variaciones de un fenómeno. <> FAM. curvado, curvar, curvatura. / corvo, curvilíneo.

cusca s. f. *Colomb.* Borrachera. || *Méx. Vulg.* Prostituta.

cuscurro s. m. Cantero de pan.

cuscús s. m. Alcuzcuz.

cusma s. f. *Perú.* Camisa usada por los indios de las serranías.

cúspide s. f. Cumbre de una montaña. || Remate superior de una cosa. || Punto o momento culminante de algo.

custodia s. f. Acción y efecto de custodiar. || Pieza de oro, plata, etc., en que se expone la eucaristía a la veneración de los fieles. || *Chile.* Consigna de una estación o aeropuerto. <> FAM. custodiar.

custodiar v. tr. [1]. Guardar, vigilar con cuidado.

cusuco s. m. *Amér. Central.* Armadillo.

cususa s. f. *Amér. Central.* Aguardiente de caña.

cutacha s. f. *Amér. Central.* Machete pequeño.

cutama s. f. *Chile.* Costal, talego. || *Chile.* Persona torpe.

cutáneo, a adj. Relativo a la piel. <> FAM. subcutáneo. CUTIS.

cutara s. f. *Cuba* y *Méx.* Chancleta.

cutícula s. f. Película, piel delgada. || Epidermis o capa más externa de la piel. <> FAM. CUTIS.

cutis s. m. Piel del hombre, especialmente del rostro. <> FAM. cutáneo, cutícula.

cutre adj. *Fam.* Se aplica a personas y lugares poco aseados.

cutuco s. m. *Salv.* Calabaza. || *Salv.* Fruto de esta planta.

cuy s. m. *Amér. Merid.* Cobayo.

cuyo, ya adj. relat. y poses. Forma equivalente al pronombre *que* en función adjetiva: *el amigo a cuya casa me dirijo.*

cuzqueño, ña adj. y s. De Cuzco (Perú).

d s. f. Cuarta letra del alfabeto español y tercera de sus consonantes; representa un sonido dental sonoro y oclusivo.

dacha s. f. Casa de campo rusa:

dactilar adj. Digital: *huellas dactilares.* ◇ FAM. dactilografía, dactiloscopia.

dactilografía s. f. Mecanografía. ◇ FAM. dactilográfico, dactilógrafo. DACTILAR.

dactiloscopia s. f. Identificación de personas por medio de las huellas digitales. ◇ FAM. dactiloscópico. DACTILAR.

dadá o **dadaísmo** s. m. y adj. Movimiento artístico iniciado en 1916 que rechazaba los valores tradicionales y se apoyaba en lo absurdo, el azar, lo irracional, etc. ◇ FAM. dadaísta.

dádiva s. f. Don, regalo. ◇ FAM. dadivoso. DAR.

dadivoso, sa adj. y s. Propenso a hacer dádivas.

dado[1] s. m. Pieza cúbica en cuyas caras hay señalados puntos desde uno hasta seis y que sirve para varios juegos de azar.

dado[2]**, da** adj. Concedido, supuesto.
● **Dado que,** siempre que, ya que. ‖ **Ser dado a,** sentir inclinación o tendencia hacia algo.

dador, ra adj. y s. Que da. ◆ s. m. Librador de una letra de cambio.

daga s. f. Arma blanca de hoja ancha, corta y puntiaguda.

daguerrotipo s. m. Dispositivo que permite registrar una imagen sobre una placa de metal. ‖ Imagen obtenida por este procedimiento.

dalia s. f. Planta de raíces tuberculosas y flores ornamentales, del mismo nombre, de la que se cultivan numerosas variedades.

dálmata adj. y s. m. y f. De Dalmacia. ◆ adj. y s. m. Dícese de una raza de perros de pelaje blanco con numerosas manchas negras.

daltonismo s. m. Anomalía en la visión de los colores, que produce normalmente la confusión entre el rojo y el verde. ◇ FAM. daltónico.

dama s. f. Mujer distinguida, de clase social elevada y de alta educación. ‖ Mujer galanteada o pretendida por un caballero. ‖ Actriz que interpreta los papeles principales. ‖ En el juego de ajedrez, reina. ◆ pl. Juego de tablero con 24 fichas. ◇ FAM. damero, damisela.

damajagua s. m. *Ecuad.* Árbol corpulento cuya corteza interior elaboran los indios para hacer vestidos y esferas de cama.

damajuana s. f. Garrafón de vidrio revestido con una funda de mimbre.

damasceno, na adj. y s. De Damasco.

damasco s. m. Tejido de seda o de lana cuyos dibujos se obtienen mezclando hilos de diferentes gruesos. ◇ FAM. damasquinar.

damasquinar v. tr. [1]. Incrustar con un martillo hilos de oro, plata, cobre, etc., en una superficie metálica.

damasquino, na adj. Damasceno. ‖ Dícese de la ropa u objeto hecho con damasco.

damero s. m. Tablero dividido en 64 escaques o casillas, blancas y negras, alternativamente, sobre el cual se juega a las damas. ◇ FAM. DAMA.

damisela s. f. Muchacha con pretensiones de dama. ◇ FAM. DAMA.

damnificado, da adj. y s. Dícese de las personas o cosas que han sufrido un daño importante. ◇ FAM. damnificar. DAÑO.

dandi o **dandy** s. m. Hombre elegante y refinado. ◇ FAM. dandismo.

danés, sa adj. y s. De Dinamarca. ◆ s. m. Lengua nórdica hablada en Dinamarca.

dantesco, ca adj. Propio y característico del poeta italiano Dante o parecido a sus dotes o calidades. ‖ Aterrador, terrible: *visión dantesca.*

danto s. m. *Amér. Central.* Pájaro de plumaje negro y azulado.

danza s. f. Sucesión de posiciones y de pasos ejecutados según un ritmo musical. ● **En danza** *(Fam.),* en continua actividad.

danzar v. intr. y tr. [1g]. Bailar, ejecutar una sucesión de pasos al compás de la música. ◆ v. intr. Ir de un lado para otro, moverse. ◇ FAM. danza, danzante.

dañar v. tr. y pron. [1]. Causar dolor o perjuicio. ‖ Maltratar o echar a perder.

dañino, na adj. Que daña.

daño s. m. Perjuicio sufrido por alguien o algo. ‖ Dolor físico o moral. ‖ *Amér. Central.* Maleficio, mal de ojo. ◇ FAM. dañar, dañino. / damnificado, incólume.

dar v. tr. [1p]. Ceder gratuitamente. ‖ Entregar, pasar. ‖ Proponer, indicar: *dar tema para un libro.* ‖ Conceder, conferir, otorgar: *¿da usted su permiso?* ‖ Ordenar, aplicar. ‖ Ceder algo a cambio de otra cosa. ‖ Producir beneficio. ‖ Declarar, publicar. ‖ Seguido de algunos sustantivos, hacer o ejecutar la acción que éstos significan: *dar un paseo*. ‖ Con voces que expresan daño o dolor, ejecutar la acción significada por éstas: *dar una puñalada*. ‖ Causar, ocasionar. ‖ Importar, valer. ‖ Celebrar u ofrecer un baile, fiesta, etc. ◄► v. tr. e intr. Sonar en el reloj las campanadas correspondientes a una hora determinada. ◄► v. intr. Sobrevenir: *le dio una embolia*. ‖ Seguido de las prep. *con*, *contra* y *en*, acertar, atinar: *dar en el clavo*. ‖ Golpear, zurrar. ◄► v. intr. y pron. Seguido de la prep. *por*, creer o considerar: *dar por bien empleado*. ◄► **darse** v. pron. Suceder, existir. ‖ Seguido de la prep. *a* y de un nombre o un verbo en infinitivo, entregarse con ahínco: *darse a la bebida*. ● **Dar de sí**, extenderse. ‖ Producir, rendir. ‖ **Dar en**, darse cuenta. ‖ **Dar en qué**, o **qué pensar**, dar ocasión o motivo para sospechar. ‖ **Darla**, o **dárselas de algo** (*Fam.*), presumir. ◇ FAM. dádiva, dado², dador, dato. / dosis.

dardo s. m. Flecha pequeña que se lanza con la mano. ‖ Dicho satírico o agresivo y molesto.

darienita adj. y s. m. y f. De Darién (Panamá).

dársena s. f. MAR. Parte más resguardada de un puerto.

darvinismo o **darwinismo** s. m. Teoría en que la lucha por la vida y la selección natural son consideradas como los mecanismos esenciales de la evolución de los seres vivos. ◇ FAM. darviniano.

data s. f. Indicación del lugar y tiempo en que se ha escrito o ejecutado algo. ‖ Partidas que componen el descargo de lo recibido. ◇ FAM. posdata, DATAR.

datar v. tr. [1]. Poner la data, fechar. ◄► v. tr. y pron. Anotar en las cuentas partidas de data. ◄► v. intr. Existir desde una determinada época. ◇ FAM. data, datación.

dátil s. m. Fruto comestible de la palmera datilera, de pulpa azucarada y nutritiva. ◇ FAM. datilera.

datilera adj. y s. f. Dícese de la palmera que da fruto.

dativo s. m. En las lenguas con declinaciones, caso que expresa complemento indirecto.

dato s. m. Hecho o detalle que sirve de base a un razonamiento o a una investigación. ‖ Cada una de las cantidades conocidas que constituyen la base de un problema. ◇ FAM. DAR.

daudá s. f. *Chile*. Planta morácea.

davideño, **ña** adj. y s. De David (Panamá).

de¹ s. f. Nombre de la letra *d*.

de² prep. Indica la materia de que está hecha una cosa: *mesa de madera*. ‖ Denota posesión o pertenencia: *el libro de*

Pedro. ‖ Expresa el asunto o tema: *lección de historia*. ‖ Manifiesta naturaleza o carácter: *caballo de carreras*. ‖ Indica el origen: *venir de Madrid*. ‖ Denota la causa de algo: *morirse de miedo*. ‖ Sirve para expresar el modo: *estar de pie*. ‖ Indica destino o finalidad: *máquina de afeitar*. ‖ Expresa condición: *de saberlo, no habría venido*. ‖ Equivale a *desde*: *volé de Murcia a Madrid*.

de- pref. Des-*.

deambular v. intr. [1]. Andar o pasear sin objeto determinado. ◇ FAM. AMBULANTE.

deán s. m. En la Iglesia católica, párroco de la parroquia más importante de la ciudad. ◇ FAM. deanato, deanazgo.

debacle s. f. Desastre, catástrofe, ruina.

debajo adv. l. En lugar o puesto inferior. ‖ Con sumisión o dependencia: *por debajo del director*. ◇ FAM. BAJO, JA.

debate s. m. Discusión, disputa.

debatir v. tr. [3]. Discutir, disputar sobre algo. ◄► **debatirse** v. pron. Luchar para librarse de algo. ◇ FAM. debate, BATIR.

debe s. m. Parte de una cuenta en la que constan los cargos de la misma.

deber¹ v. tr. [2]. Seguido de un verbo en infinitivo, estar obligado a hacer lo que ese verbo indica: *debo trabajar*. ‖ Tener obligación de cumplir o satisfacer una deuda. ‖ Seguido de un verbo en infinitivo y generalmente con la prep. *de*, suponer algo: *debe de hacer frío*. ◄► **deberse** v. pron. Sentirse obligado a mostrar gratitud, respeto, etc. ‖ Tener por causa: *esta situación se debe a un error*. ◇ FAM. debe, deber², debido, débito. / deuda.

deber² s. m. Obligación de obrar según los principios de la moral, la justicia o la propia conciencia. ◄► pl. Trabajo que los alumnos deben realizar en su casa.

debido, **da** adj. Justo, razonable. ‖ Oportuno, conveniente. ● **Debido a**, a causa de, en virtud de. ◇ FAM. indebido. DEBER¹.

débil adj. y s. m. y f. Que no tiene suficiente fuerza física o moral. ◄► adj. Escaso, insuficiente: *luz débil*. ‖ LING. Dícese de la sílaba no acentuada. ‖ LING. Se dice de las vocales más cerradas (*i*, *u*). ◇ FAM. debilidad, debilitar.

debilidad s. f. Estado de falta o pérdida de fuerza física o moral. ‖ Gusto o preferencia exagerada por alguien o algo.

debilitar v. tr. y pron. [1]. Disminuir la fuerza o poder. ◇ FAM. debilitación, debilitamiento. DÉBIL.

débito s. m. Deuda. ‖ Debe de una cuenta. ◇ FAM. DEBER¹.

debut s. m. Estreno, presentación de un artista o compañía, o comienzo de una actividad cualquiera. ◇ FAM. debutante, debutar.

debutar v. intr. [1] Estrenarse ante el público.

deca- pref. Significa 'diez': *decalitro*.

década s. f. Período de diez años.

decadencia s. f. Proceso por el que un estado, cultura, movimiento, etc., tienden a debilitarse y desintegrarse.

decadentismo s. m. Movimiento literario caracterizado por el escepticismo de sus temas y la propensión a un refinamiento exagerado.

decaedro adj. y s. m. Cuerpo geométrico que tiene diez caras.

decaer v. intr. [16]. Perder fuerza física o moral: *su fama ha decaído.* <> FAM. decadencia, decadente, decadentismo, decadentista, decaído, decaimiento. CAER.

decágono s. m. Polígono de diez lados. <> FAM. decagonal. / pentadecágono.

decagramo s. m. Unidad de masa que equivale a 10 g.

decaído, da adj. Triste, débil.

decaimiento s. m. Flaqueza, debilidad. ‖ Desánimo, abatimiento.

decalitro s. m. Medida de capacidad que vale 10 l.

decálogo s. m. Los diez mandamientos de la ley de Dios.

decámetro s. m. Medida de longitud que vale 10 m.

decano, na s. Persona más antigua de una comunidad, cuerpo, junta, etc. ‖ Persona que dirige una facultad universitaria o que preside determinadas corporaciones. <> FAM. decanato.

decantar v. tr. [1]. Inclinar suavemente una vasija sobre otra para que caiga el líquido sin que salga el poso. ◆ **decantarse** v. pron. Decidirse por alguien o algo. <> FAM. decantación. CANTO².

decapitar v. tr. [1]. Cortar la cabeza. <> FAM. decapitación.

decápodo, da adj. y s. m. Relativo a un orden de crustáceos, generalmente marinos, que tienen cinco pares de grandes patas torácicas, como el cangrejo de mar, la langosta, etc.

decárea s. f. Medida de superficie que vale 10 áreas.

decatlón s. m. Competición de atletismo que comprende 10 pruebas.

deceleración s. f. Reducción de la velocidad de un móvil. <> FAM. decelerar. CELERIDAD.

decena s. f. Grupo de diez unidades.

decenal adj. Que se repite cada decenio. ‖ Que dura un decenio.

decencia s. f. Respeto exterior a las buenas costumbres o a las conveniencias sociales. ‖ Decoro, honestidad, modestia.

decenio s. m. Período de diez años. <> FAM. AÑO.

decente adj. Que manifiesta o tiene decencia. ‖ Limpio, arreglado. ‖ De buena calidad, suficiente. <> FAM. decencia, decentemente. / adecentar, indecente.

decepción s. f. Sensación de pesar que se experimenta al ocurrir algo de modo distinto a como se esperaba. <> FAM. decepcionar.

decepcionar v. tr. [1]. Causar decepción.

deceso s. m. Muerte, fallecimiento, óbito.

dechado s. m. Modelo a imitar: *dechado de virtudes.*

deci- pref. Significa 'décima parte': *decímetro.*

deciárea s. f. Medida de superficie que tiene la décima parte de un área.

decibelio o **decibel** s. m. Unidad que sirve en acústica para definir una escala de intensidad sonora.

decidido, da adj. Resuelto, audaz.

decidir v. tr. [3]. Formar juicio definitivo sobre algo. ‖ Mover a uno la voluntad a fin de que tome una determinación. ◆ v. tr. y pron. Resolver, tomar una determinación. <> FAM. decididamente, decidido, decisión, decisivo. / indeciso.

decigramo s. m. Medida de masa igual a la décima parte de 1 g.

decilitro s. m. Medida de capacidad igual a la décima parte de 1 l.

décima s. f. Cada una de las diez partes iguales en que se divide un todo. ‖ Décima parte de un grado del termómetro clínico. ‖ Estrofa de ocho versos.

decimal adj. Dícese de cada una de las diez partes iguales en que se divide un todo. ‖ MAT. Sistema de numeración de base diez. ● **Número decimal**, el formado por una parte entera y otra inferior separada por otra coma : 3,14.

decímetro s. m. Medida de longitud equivalente a la décima parte del metro.

décimo, ma adj. num. ordin. y s. Que corresponde en orden al número diez. ◆ s. m. Décima parte de un billete completo de lotería.

décimo- pref. Se usa para la formación de números ordinales: *decimotercero.*

decimonónico, ca adj. Relativo al siglo XIX. ‖ Anticuado.

decir¹ v. tr. [19]. Manifestar con palabras el pensamiento. ‖ Asegurar, juzgar. ‖ Nombrar, llamar. ‖ Armonizar una cosa con otra, o al contrario. ◆ **decirse** v. pron. Hablar uno consigo mismo. ● **Decir por decir**, hablar sin fundamento. ‖ **El qué dirán**, la opinión pública. <> FAM. decir², dicción, dicho. / bendecir, contradecir, desdecir, maldecir, predecir.

decir² s. m. Lo que una persona dice o expresa. ‖ Habladuría: *el decir de las gentes.* ● **Es un decir**, es una suposición.

decisión s. f. Resolución, determinación. ‖ Firmeza de carácter. ‖ Sentencia o fallo en cualquier pleito o causa.

decisivo, va adj. Determinante, concluyente: *combate decisivo.*

declamación s. f. Discurso pronunciado con vehemencia.

declamar v. intr. y tr. [1]. Hablar o recitar en voz alta, con la entonación adecuada y los ademanes convenientes. ◆ v. intr. Expresarse con demasiada vehemencia.

◇ FAM. declamación, declamador, declamatorio. CLAMAR.

declaración s. f. Acción y efecto de declarar.

declarar v. tr. [1]. Manifestar o explicar lo que está oculto o no se entiende bien. || Hacer conocer la cantidad y naturaleza de unas mercancías u objetos, a fin de devengar los derechos a los que está sometido su tráfico. ➜ v. tr. y pron. Adoptar una actitud ante un hecho determinado. ➜ v. tr. e intr. Confesar los testigos o el reo ante el juez. ➜ **declararse** v. pron. Aparecer o producirse abiertamente algo. || Decir a alguien que se está enamorado de él. ◇ FAM. declarable, declaración, declarado, declarador, declarante, declaratorio, declaratorio. CLARO, RA.

declinación s. f. Caída, descenso, declive. || ASTRON. Distancia de un astro al ecuador celeste. || LING. Serie ordenada de los casos gramaticales.

declinar v. intr. [1]. Decaer, disminuir algo en fuerza o valor. || Alejarse un astro del ecuador celeste. || Aproximarse una cosa a su fin. ➜ v. tr. Rehusar, renunciar. || LING. Poner en los casos gramaticales las voces que tienen declinación. ◇ FAM. declinable, declinación. / indeclinable.

declive s. m. Desnivel de una superficie. || Decadencia.

decodificar v. tr. [1a]. Descodificar*. ◇ FAM. decodificación, decodificador. CODIFICAR.

decolorar v. tr. y pron. [1]. Quitar o amortiguar el color de una cosa. ◇ FAM. decoloración, decolorante. COLOR.

decomisar v. tr. [1]. Confiscar, apoderarse el estado de mercancías de contrabando.

decomiso s. m. Acción y efecto de decomisar. || Cosa decomisada. ◇ FAM. decomisar. COMISO.

decoración s. f. Acción y efecto de decorar. || Conjunto de cosas que decoran.

decorado s. m. Conjunto de muebles, objetos, etc., que componen el ambiente de una escena teatral o cinematográfica.

decorador, ra s. Persona que se dedica a la decoración.

decorar v. tr. [1]. Adornar, engalanar. || Poner en una casa o habitación muebles o accesorios para embellecerla. ◇ FAM. decoración, decorado, decorador, decorativo. / condecorar.

decorativo, va adj. Que decora. || Relativo a la decoración.

decoro s. m. Honor, respeto que se debe a una persona. || Dignidad requerida conforme a una categoría. || Pudor, decencia. ◇ FAM. decoroso. / indecoroso.

decrecer v. intr. [2m]. Menguar, disminuir. ◇ FAM. decreciente, decrecimiento. CRECER.

decrépito, ta adj. y s. Que está en gran decadencia.

decretar v. tr. [1]. Ordenar por decreto. || Resolver, deliberar.

decreto s. m. Decisión tomada por la autoridad competente en materia de su incumbencia. || Disposición del poder ejecutivo, dada con carácter general. ◇ FAM. decretar.

decúbito s. m. Posición del cuerpo cuando reposa sobre un plano horizontal.

decuplicar v. tr. [1a]. Hacer una cosa diez veces mayor.

décuplo, pla adj. y s. m. Que es diez veces mayor. ◇ FAM. decuplicar.

decurso s. m. Sucesión o transcurso del tiempo.

dedada s. f. Cantidad que se toma con el dedo.

dedal s. m. Utensilio de costura que sirve para proteger la punta del dedo que empuja la aguja. || Dedil de los operarios.

dédalo s. m. Laberinto.

dedicar v. tr. [1a]. Consagrar al culto un templo u otra cosa. || Dirigir algo a una persona como obsequio. ➜ v. tr. y pron. Emplear, destinar. ➜ **dedicarse** v. pron. Tener un oficio, empleo o educación. ◇ FAM. dedicación, dedicatoria.

dedicatoria s. f. Carta o nota dirigida a la persona a quien se dedica una obra.

dedil s. m. En ciertos trabajos, funda para proteger el dedo.

dedillo. Al dedillo (*Fam.*), con toda precisión o detalle.

dedo s. m. Cada una de las partes en que terminan las manos y los pies del hombre y de algunos animales. || Medida equivalente al ancho de un dedo. • **A dedo**, al azar o por influencia. || **A dos dedos de** (*Fam.*), muy cerca de, a punto de. || **Chuparse, o comerse, los dedos**, sentir gran placer o gusto con el sabor de algo que se come, o con lo que se oye o se ve. || **Hacer dedo** (*Chile*), hacer autostop. || **No tener dos dedos de frente**, ser de poco entendimiento. || **Poner el dedo en la llaga**, acertar y señalar el punto difícil de una cuestión. ◇ FAM. dedada, dedal, dedil. / digital.

deducción s. f. Razonamiento que conduce a la verdad después de examinar conceptos, datos o hechos generales.

deducir v. tr. [20]. Sacar consecuencias de un principio, proposición o supuesto anterior. || Rebajar, descontar una cantidad. ◇ FAM. deducción, deductivo.

defecar v. tr. e intr. [1a]. Expeler los excrementos. ◇ FAM. defecación. FECAL.

defección s. f. Acción de separarse con deslealtad de una causa. ◇ FAM. DEFECTO.

defectivo, va adj. Defectuoso. || LING. Dícese del verbo que no tiene todos sus tiempos, todos sus modos o todas sus personas, como *abolir*, *concernir*, etc.

defecto s. m. Imperfección natural o moral que tiene una persona, animal o cosa. • **Por defecto de**, con menos de lo debido.

◇ FAM. defectivo, defectuoso. / defección, deficiente, indefectible.

defectuoso, sa adj. Que tiene defecto.

defender v. tr. y pron. [2d]. Amparar, proteger. ► v. tr. Sostener una afirmación. ‖ Alegar en favor de alguien. ◇ FAM. defendible, defendido, defensa, defensivo, defensor.

defenestrar v. tr. [1]. Tirar por la ventana a alguien. ‖ Destituir a alguien de un cargo, puesto, etc. ◇ FAM. defenestración.

defensa s. f. Protección, socorro. ‖ Arma o instrumento con que alguien se defiende de un peligro. ‖ Abogado defensor. ‖ Exposición de los argumentos con que se defiende a alguien. ‖ DEP. Conjunto de jugadores encargados de proteger la portería y detener el avance de las líneas de ataque. ► s. m. DEP. Cada uno de estos jugadores. ◇ FAM. indefenso. DEFENDER.

defensivo, va adj. Que sirve para defender: *arma defensiva.* ► s. f. Situación o estado del que sólo trata de defenderse.

defensor, ra adj. y s. Que defiende. ‖ Se dice del abogado que en un juicio está encargado de la defensa del acusado.

defeño, ña adj. y s. De México D. F.

deferencia s. f. Muestra de respeto o de cortesía hacia alguien. ◇ FAM. deferente, deferir.

deferente adj. Que muestra deferencia. ► adj. y s. m. ANAT. Que conduce hacia el exterior: *conducto deferente.*

deficiencia s. f. Defecto.

deficiente adj. Defectuoso, incompleto, insuficiente. ► s. m. y f. Persona que padece una deficiencia orgánica o psíquica. ◇ FAM. deficiencia, déficit. DEFECTO.

déficit s. m. Lo que falta a los ingresos para que se equilibren con los gastos. ‖ Cantidad que falta para llegar al nivel necesario. ◇ FAM. deficitario. DEFICIENTE.

definición s. f. Acción y efecto de definir. ‖ Proposición o fórmula por medio de la cual se define. ‖ Número de líneas de la imagen en televisión.

definir v. tr. [3]. Fijar y enunciar con claridad y exactitud la significación de una palabra, concepto, etc. ► v. tr. y pron. Expresar alguien con claridad su actitud. ◇ FAM. definible, definición, definido, definidor, definitivo, definitorio. / infinitivo.

definitivo, va adj. Que decide o concluye sin dejar lugar a dudas. ● **En definitiva,** en resumen, en conclusión.

deflación s. f. ECON. Disminución del nivel general de los precios. ◇ FAM. deflacionario.

deflagrar v. intr. [1]. Arder rápidamente con llama y sin explosión. ◇ FAM. deflagración, deflagrador. FLAGRANTE.

deforestar v. tr. [1]. Despojar un terreno de plantas forestales. ◇ FAM. deforestación. FORESTAR.

deformación s. f. Alteración morfológica de una parte del organismo. ● **Deforma-**

ción profesional, hábitos resultantes de la práctica de una profesión.

deformar v. tr. y pron. [1]. Alterar una cosa en su forma. ‖ Tergiversar. ◇ FAM. deformación, deformador, deformatorio, deforme, deformidad. FORMAR.

deforme adj. Que presenta una forma anormal. ‖ Que ha sufrido deformación.

defraudar v. tr. [1]. Eludir o burlar el pago de los impuestos. ‖ Frustrar, decepcionar. ◇ FAM. defraudación, defraudador. FRAUDE.

defunción s. f. Muerte, fallecimiento. ◇ FAM. DIFUNTO, TA.

degenerado, da adj. y s. Vicioso, pervertido, degradado.

degenerar v. intr. [1]. Perder cualidades. ‖ Pasar de una condición o estado a otro contrario y peor. ‖ Decaer, desdecir, declinar. ◇ FAM. degeneración, degenerado, degenerativo. GENERAR.

deglución s. f. Paso de los alimentos de la boca al estómago.

deglutir v. intr. y tr. [3]. Tragar los alimentos. ◇ FAM. deglución.

degolladero s. m. Parte del cuello por donde se degüella al animal. ‖ Sitio destinado a degollar las reses.

degollar v. tr. [1r]. Cortar la garganta o el cuello a una persona o animal. ‖ Destruir, arruinar. ◇ FAM. degollación, degolladero, degollado, degollador, degolladura, degollina, degüello.

degollina s. f. *Fam.* Matanza, mortandad.

degradación s. f. Acción y efecto de degradar o degradarse. ‖ Humillación, bajeza.

degradar v. tr. [1]. Deponer a una persona de las dignidades, honores, etc., que tiene. ► v. tr. y pron. Humillar, envilecer. ‖ Hacer perder a alguien o algo su valor, sus cualidades. ‖ Disminuir la intensidad del color o de la luz. ◇ FAM. degradación, degradante. / biodegradable. GRADO.

degüello s. m. Acción y efecto de degollar.

degustar v. tr. [1]. Probar una comida o bebida para valorar su sabor. ◇ FAM. degustación. GUSTO.

dehesa s. f. Tierra acotada y por lo general destinada a pastos.

deíctico, ca adj. Relativo a la deixis.

deidad s. f. Ser divino o esencia divina. ‖ Divinidad de la mitología. ◇ FAM. DIOS.

deificar v. tr. [1a]. Divinizar. ◇ FAM. deificación. DIOS.

deixis s. f. LING. Función que desempeñan algunos elementos consistente en señalar algo presente entre los hablantes o en el enunciado. ◇ FAM. deíctico.

dejadez s. f. Pereza, abandono de uno mismo o de sus cosas.

dejado, da adj. Que no cuida de su conveniencia o aseo. ‖ Abatido, decaído.

dejante prep. *Chile, Colomb. y Guat.* Aparte de, además de.

dejar v. tr. [1]. Poner o colocar algo en algún sitio. ‖ Apartarse o alejarse de una persona o cosa. ‖ Omitir. ‖ Consentir, permitir. ‖ Seguido de un participio pasivo, explica la acción de lo que éste significa: *dejar sumido en un profundo sueño.* ‖ No inquietar o molestar. ‖ Dar una cosa en herencia. ‖ Prestar. ◆ v. tr. y pron. Cesar, no proseguir lo empezado. ◆ **dejarse** v. pron. Abandonarse, descuidarse. ● **Dejar que desear**, ser una persona o cosa de poca estimación o calidad. ◇ FAM. dejación, dejadez, dejado, dejante, deje, dejo.

dejo o **deje** s. m. Acento peculiar del habla de determinada región. ‖ Gusto o sabor que queda de la comida o bebida.

del. Contracción de la preposición *de* y el artículo *el.*

delación s. f. Acusación, denuncia. ◇ FAM. DELATAR.

delantal s. m. Prenda de vestir que se usa para proteger el traje.

delante adv. l. Con prioridad de lugar, en la parte anterior o en el sitio tras el cual está una persona o cosa: *déjalo delante de su puerta.* ◆ adv. m. A la vista, en presencia: *hablar delante de todos.* ◇ FAM. delantal, delantero. / adelante.

delantero, ra adj. Que está o va delante. ◆ s. DEP. Jugador que forma parte de la línea de ataque. ◆ s. f. Parte anterior de una cosa. ‖ En las plazas de toros, teatros, etc., primera fila de cierta clase de asientos. ‖ *Fam.* Pecho de una mujer. ‖ DEP. Línea de ataque.

delatar v. tr. [1]. Acusar, denunciar. ‖ Descubrir, revelar. ◆ **delatarse** v. pron. Dar a conocer una situación, intención, etc., involuntariamente. ◇ FAM. delación, delatador, delator.

delator, ra adj. y s. Que delata.

delco s. m. Dispositivo de encendido de los motores de explosión.

deleble adj. Que se puede borrar. ◇ FAM. indeleble.

delectación s. f. Deleite.

delegación s. f. Cargo y oficina del delegado. ‖ Conjunto de personas con autoridad para representar a otras. ‖ Nombre dado a determinados organismos de la administración pública, de carácter provincial. ‖ *Méx.* Comisaría.

delegado, da s. y adj. Persona en quien se delega una facultad o poder.

delegar v. tr. e intr. [1b]. Transferir el poder o autoridad de una persona a otra para que obre en representación suya. ◇ FAM. delegación, delegado. / subdelegar. LEGAR.

deleitar v. tr. [1]. Producir deleite.

deleite s. m. Placer del ánimo o de los sentidos. ◇ FAM. deleitable, deleitar, deleitoso. / delectación. DELICIA.

deletrear v. intr. y tr. [1]. Nombrar sucesivamente las letras que componen una palabra. ◇ FAM. deletreo. LETRA.

deleznable adj. Que se rompe, disgrega

o deshace fácilmente. ‖ Inconsistente, pasajero, fugaz. ‖ Despreciable, miserable.

delfín[1] s. m. Mamífero marino del orden cetáceos, con hocico delgado y agudo y una sola obertura nasal.

delfín[2] s. m. Presunto heredero de la corona de Francia.

delgado, da adj. Flaco, de pocas carnes. ‖ Fino, poco grueso. ‖ Delicado, suave. ◇ FAM. delgadez. / adelgazar.

deliberado, da adj. Hecho de propósito, premeditado.

deliberar v. intr. [1]. Examinar atentamente el pro y el contra de una decisión, antes de realizarla. ◇ FAM. deliberación, deliberadamente, deliberante.

delicadeza s. f. Cualidad de delicado. ‖ Atención, cortesía.

delicado, da adj. Frágil, endeble. ‖ Débil, enfermizo. ‖ Fino, liso. ‖ Atento, cortés. ‖ Exquisito, sabroso. ‖ Difícil, problemático. ‖ Escrupuloso, remilgado. ◇ FAM. delicadez, delicadeza.

delicia s. f. Placer vivo e intenso. ‖ Aquello que causa alegría o placer. ◇ FAM. delicioso. / deleite.

delicioso, sa adj. Que causa delicia.

delictivo, va adj. Relativo al delito o que lo constituye.

delicuescencia s. f. Propiedad que tienen ciertos cuerpos de convertirse en líquidos. ‖ Decadencia, descomposición. ◇ FAM. delicuescente. LICUAR.

delimitar v. tr. [1]. Señalar los límites. ◇ FAM. delimitación. LIMITAR.

delincuencia s. f. Calidad de delincuente. ‖ Conjunto de crímenes y delitos considerados en el plano social.

delineante s. m. y f. Persona que tiene por oficio trazar planos.

delinear v. tr. [1]. Trazar las líneas de una figura y, especialmente, trazar un plano. ◇ FAM. delineante. LÍNEA.

delinquir v. intr. [3c]. Cometer un delito. ◇ FAM. delincuencia, delincuente. DELITO.

delirar v. intr. [1]. Tener delirios. ‖ Decir o hacer disparates. ◇ FAM. delirante, delirio.

delirio s. m. Trastorno psíquico en que se sufren alucinaciones. ‖ Despropósito, disparate.

delito s. m. Crimen, quebrantamiento de la ley. ‖ Acción o hecho deplorable. ◇ FAM. delictivo, delinquir.

delta s. m. Zona de acumulación aluvial de forma triangular, elaborada por un río en su desembocadura. ◆ s. f. Cuarta letra del alfabeto griego. ● **Ala delta**, ala de avión o de planeador en forma de triángulo. ◇ FAM. deltoides.

deltoides s. m. y adj. Músculo de la espalda, de forma triangular, que permite levantar el brazo.

demacrar v. tr. y pron. [1]. Poner pálido, delgado, con aspecto de enfermo. ◇ FAM. demacración, demacrado. MAGRO, GRA.

demagogia s. f. Utilización de planteamientos radicales para convencer a las masas, principalmente con fines políticos. ◇ FAM. demagógico, demagogo.

demanda s. f. Súplica, solicitud, petición. ‖ Intento, empeño. ‖ DER. Petición que un litigante sustenta en el juicio. ‖ ECON. Cantidad de un bien o de un servicio que los consumidores están dispuestos a comprar a un precio.

demandado, da s. Persona contra quien se actúa en un juicio.

demandante s. m. y f. Persona que demanda en un juicio.

demandar v. tr. [1]. Pedir, rogar. ‖ Preguntar. ‖ DER. Formular una demanda ante los tribunales. ◇ FAM. demanda, demandado, demandante. MANDAR.

demarcación s. f. Terreno demarcado. ‖ En las divisiones territoriales, parte comprendida en cada jurisdicción.

demarcar v. tr. [1a]. Señalar o marcar los límites de un país o terreno. ◇ FAM. demarcación. MARCAR.

demás pron. indef. El resto, la parte no mencionada de un todo: *ordene que salgan los demás.* ● **Por demás,** en vano, inútilmente. ‖ En demasía. ‖ **Por lo demás,** por lo que hace relación a otras consideraciones. ◇ FAM. demasía, demasiado. MÁS.

demasía s. f. Exceso, abundancia.

demasiado, da adj. En mayor número, cantidad o grado de lo conveniente: *has hecho demasiada comida.* ● adv. c. En demasía, con exceso: *llueve demasiado.*

demencia s. f. Pérdida global, progresiva e irreversible de las facultades mentales. ◇ FAM. demencial, demente.

demencial adj. Caótico, disparatado, desproporcionado.

demente adj. y s. m. y f. Loco, falto de juicio.

demérito s. m. Falta de mérito. ‖ Acción por la cual se desmerece.

demo- pref. Significa 'pueblo': *demografía.*

democracia s. f. Gobierno en que el pueblo ejerce la soberanía eligiendo a sus diregentes. ‖ País gobernado por este sistema. ◇ FAM. demócrata, democrático, democratizar. / socialdemocracia.

demografía s. f. Estudio estadístico de la población humana. ◇ FAM. demográfico, demógrafo.

demoler v. tr. [2e]. Deshacer, derribar. ◇ FAM. demoledor, demolición. MOLE².

demoniaco, ca adj. Relativo al demonio.

demonio s. m. Diablo, nombre dado en las diversas religiones a los ángeles rebeldes. ‖ Persona muy mala, fea o astuta. ● **¡Demonio!,** o **¡demonios!** interj. *Fam.* Denota enfado o sorpresa. ◇ FAM. demoniaco, / endemoniar, pandemónium.

¡demontre! interj. *Fam.* Denota enfado o disgusto.

demora s. f. Tardanza, retraso. ‖ DER. Tardanza en el cumplimiento de una obligación desde que ésta es exigible.

demorar v. tr. [1]. Retardar, atrasar. ◆ **demorarse** v. pron. Detenerse en algún lugar. ◇ FAM. demora, demoroso.

demoroso, sa adj. y s. *Chile.* Dícese de la persona lenta, tarda.

demostración s. f. Manifestación exterior de sentimientos o intenciones. ‖ Comprobación experimental de un principio.

demostrar v. tr. [1r]. Probar de forma inequívoca. ‖ Manifestar, declarar. ‖ Enseñar algo en la práctica. ◇ FAM. demostrable, demostración, demostrativo. / indemostrable. MOSTRAR.

demostrativo, va adj. Que demuestra. ◆ adj. y s. m. LING. Dícese de los adjetivos y pronombres que sirven para situar un objeto en relación con las personas gramaticales, como *este, esa, aquello,* etc.

demudar v. tr. [1]. Mudar, variar, cambiar. ◆ **demudarse** v. pron. Cambiarse repentinamente el color y la expresión de la cara. ◇ FAM. demudación. MUDAR.

denario s. m. Antigua moneda romana de plata.

dendrita s. f. Prolongación ramificada del citoplasma de una célula nerviosa. ◇ FAM. dendrítico.

denegar v. tr. [1d]. No conceder lo que se pide o solicita. ◇ FAM. denegación, denegatorio. NEGAR.

dengue¹ s. m. Melindre, delicadeza exagerada. ‖ *Amér. Central y Amér. Merid.* Contoneo. ‖ *Méx.* Berrinche. ● pl. *Méx.* Muecas.

dengue² s. m. *Chile.* Planta ramosa con flores blancas, amarillas o rojas, que se marchitan al menor contacto.

denigrar v. tr. [1]. Hablar mal de una persona o cosa. ‖ Injuriar, ultrajar. ◇ FAM. denigración, denigrante, denigratorio.

denodado, da adj. Intrépido, esforzado, atrevido. ◇ FAM. denodadamente, denuedo.

denominación s. f. Acción de denominar. ‖ Nombre o título con que se conoce una persona o cosa.

denominador s. m. Término inferior de una fracción que indica en cuántas partes está dividida la unidad.

denominar v. tr. y pron. [1]. Aplicar un nombre a una persona o cosa. ◇ FAM. denominación, denominador, denominativo. NOMINAR.

denostar v. tr. [1r]. Injuriar, ofender. ◇ FAM. denuesto.

denotar v. tr. [1]. Indicar, anunciar, significar. ◇ FAM. denotación, denotativo. NOTAR.

densidad s. f. Calidad de denso. ‖ Relación entre la masa de un cuerpo y la del agua o el aire que ocupa el mismo volumen.

densificar v. tr. y pron. [1a]. Hacer denso algo.

depravado

densímetro s. m. Aparato que mide la densidad de un líquido.

denso, sa adj. Compacto, concentrado. ‖ Apiñado, apretado. ‖ Oscuro, confuso. ‖ De mucho contenido. ◇ FAM. densidad, densificar, densímetro. / condensar.

dentado, da adj. Que tiene salientes en forma de dientes.

dentadura s. f. Conjunto de dientes, muelas y colmillos de una persona o animal.

dental adj. Relativo a los dientes. ◆ adj. y s. f. LING. Dícese de los sonidos que se articulan entre la punta de la lengua y los dientes. ◇ FAM. interdental, labiodental. DIENTE.

dentellada s. f. Herida que dejan los dientes en la parte donde muerden.

dentellar v. intr. [1]. Chocar los dientes unos con otros. ◇ FAM. dentellada. DIENTE.

dentera s. f. Sensación desagradable que se experimenta en los dientes al comer ciertas cosas, u oír algunos ruidos chirriantes. ‖ Fam. Envidia.

dentición s. f. Formación, aparición y desarrollo de los dientes. ‖ Número y disposición de las diferentes clases de dientes.

dentífrico, ca adj. y s. m. Dícese del preparado específico usado para limpiar y mantener sanos los dientes.

dentina s. f. Marfil de los dientes.

dentista s. m. y f. y adj. Odontólogo. ◇ FAM. dentistería. DIENTE.

dentistería s. f. Amér. Merid. y C. Rica. Odontología.

dentro adv. l. y t. A o en la parte interior de un espacio o término real o imaginario: *dentro de mi alma*. ‖ Durante un período de tiempo: *dentro de un momento*. ◇ FAM. adentro.

denuedo s. m. Brío, esfuerzo, intrepidez. ◇ FAM. DENODADO, DA.

denuesto s. m. Insulto de palabra o por escrito. ◇ FAM. DENOSTAR.

denuncia s. f. Acción y efecto de denunciar.

denunciar v. tr. [1]. Comunicar a la autoridad un delito. ‖ Declarar oficialmente el estado ilegal, irregular o indebido de algo. ‖ Poner de manifiesto. ◇ FAM. denuncia, denunciable, denunciante.

deontología s. f. Ciencia que trata de los deberes y normas morales de cada profesión. ◇ FAM. deontológico.

deparar v. tr. [1]. Suministrar, proporcionar. ◇ FAM. deparador. PARAR.

departamento s. m. Cada una de las partes en que se divide un territorio, un edificio, un vehículo, etc. ‖ Nombre de algunas divisiones administrativas de Hispanoamérica. ‖ Ministerio o división administrativa. ‖ Unidad estructural universitaria que se ocupa de disciplinas afines. ‖ *Amér.* Apartamento. ◇ FAM. departamental. PARTE.

departir v. intr. [3]. Conversar, hablar. ◇ FAM. departidor. PARTIR.

depauperar v. tr. y pron. [1]. Empobrecer. ‖ Debilitar el organismo. ◇ FAM. depauperación, depauperado. PAUPÉRRIMO, MA.

dependencia s. f. Sumisión, subordinación. ‖ Oficina dependiente de otra superior. ‖ Adicción: *dependencia del tabaco.* ◆ pl. Habitaciones de un edificio. ◇ FAM. independencia. DEPENDER.

depender v. intr. [2]. Estar subordinado a una persona o cosa. ‖ Estar conectada una cosa con otra. ‖ Necesitar una persona o cosa a otra. ◇ FAM. dependencia, dependiente. PENDER.

dependiente, ta s. Persona que atiende al público en una tienda.

depilar v. tr. y pron. [1]. Quitar, hacer caer el pelo o el vello. ◇ FAM. depilación, depilatorio. PELO.

depilatorio, ria adj. y s. m. Que sirve para depilar.

deplorar v. tr. [1]. Lamentar, sentir viva y profundamente algo. ◇ FAM. deplorable. LLORAR.

deponer v. tr. [5]. Dejar, apartar de sí: *deponer una actitud hostil.* ‖ Privar a una persona de su empleo. ‖ *Guat., Hond., Méx.* y *Nicar.* Vomitar. ◆ v. intr. Evacuar el vientre. ◇ FAM. deponente, deposición. PONER.

deportación s. f. DER. Pena consistente en desterrar a un condenado a un lugar determinado. ◇ FAM. deportado.

deportar v. tr. Desterrar por motivos políticos o como castigo.

deporte s. m. Ejercicios físicos que se presentan en forma de juegos, practicados observando ciertas reglas. ◇ FAM. deportista, deportividad, deportivo.

deportista s. m. y f. y adj. Persona aficionada a los deportes, entendida en ellos o que los practica por profesión.

deportivo, va adj. Relativo al deporte. ‖ Que se ajusta a las normas de corrección que deben darse en el deporte. ◇ FAM. polideportivo. DEPORTE.

deposición s. f. Exposición o declaración. ‖ Destitución de un empleo o dignidad. ‖ Evacuación de vientre. ◇ FAM. DEPONER.

depositar v. tr. [1]. Poner algo bajo la custodia de una persona o entidad para guardarlo. ‖ Confiar a alguien un sentimiento. ‖ Colocar a alguien o algo en un sitio. ◆ **depositarse** v. pron. Caer en el fondo de un líquido una materia en suspensión. ◇ FAM. depositario, depósito.

depositario, ria adj. y s. Dícese de la persona o entidad que guarda algo, en especial bienes confiados por otros.

depósito s. m. Cosa depositada. ‖ Lugar destinado a guardar o retener alguna cosa. ‖ Recipiente para contener un líquido.

depravado, da adj. y s. Vicioso, pervertido.

depravar v. tr. y pron. [1]. Viciar, adulterar, corromper. ◇ FAM. depravación, depravado, depravador.

deprecación s. f. Plegaria, súplica. ◇ FAM. deprecar, deprecativo, deprecatorio.

depreciación s. f. Disminución del valor de una cosa, especialmente una moneda.

depreciar v. tr. [1]. Disminuir el valor o precio de una cosa. ◇ FAM. depreciación. PRECIO.

depredación s. f. Pillaje, saqueo con violencia. || Malversación o exacción injusta por abuso de autoridad o confianza.

depredador, ra adj. y s. m. Dícese del animal que caza y devora piezas vivas.

depredar v. tr. [1]. Saquear con violencia y devastación. || Cazar un animal a otro para subsistir. ◇ FAM. depredación, depredador.

depresión s. f. Concavidad de alguna superficie. || Estado psíquico caracterizado por el abatimiento del ánimo. || Fase del ciclo económico en el que las posibilidades de ganancia alcanzan su nivel mínimo. || FÍS. Disminución de la presión atmosférica.

depresor, ra adj. y s. Que deprime. || Dícese de los medicamentos que aminoran la actividad de algunos centros nerviosos. ◇ FAM. inmunodepresor. DEPRIMIR.

deprimido, da adj. Que sufre decaimiento de ánimo.

deprimir v. tr. y pron. [3]. Reducir el volumen de un cuerpo por medio de la presión. || Abatir, quitar el ánimo. ◇ FAM. depresión, depresivo, depresor, deprimente, deprimido.

deprisa adv. m. Con rapidez.

depurador, ra s. Aparato o instalación que se utiliza para eliminar las impurezas de algo.

depurar v. tr. y pron. [1]. Quitar las impurezas de una cosa. || Acrisolar, perfeccionar. ◆ v. tr. Eliminar de una institución, partido político, etc., a los miembros considerados disidentes. ◇ FAM. depuración, depurado, depurador, depurativo, depuratorio. PURO, RA.

derby s. m. Cierta prueba hípica que se celebra anualmente. || Encuentro deportivo entre equipos vecinos.

derecho, cha adj. Recto, siempre en la misma dirección. || Erguido, en posición vertical. || Dícese de las partes del cuerpo que están situadas al lado opuesto del corazón. || Dícese de lo que está situado con respecto a la persona al lado opuesto del corazón. || Directo, sin rodeos. ◆ s. m. Conjunto de leyes, preceptos y reglas a que están sometidos los hombres en su vida social. || Ciencia que estudia las leyes y su aplicación. || Facultad de hacer o exigir alguna cosa por estar establecido o permitido. || Justicia, razón. || Lado mejor de una tela, papel, etc. ◆ s. f. Mano o pierna de una persona dispuesta en el lado opuesto del corazón. || Conjunto de las organizaciones políticas y de las personas de ideas conservadoras. ◆ pl. Cantidad que un estado, una región, un particular, etc., tiene derecho a cobrar. ● **A derechas**, bien, como se debe. ◇ FAM. derechazo, derechista, derechura.

deriva s. f. Desvío del rumbo de un barco o un avión debido al azar. ● **A la deriva**, sin mando o gobierno.

derivación s. f. Descendencia, deducción. || Conducción, camino, cable, etc., que sale de otro. || LING. Procedimiento para la formación de palabras que consiste en añadir un sufijo o un prefijo a otra palabra o radical. || MAT. Cálculo de la derivada de una función.

derivado, da adj. y s. m. LING. Dícese de una palabra que deriva de otra. ◆ s. m. QUÍM. Cuerpo obtenido por la transformación de otro. ◆ s. f. MAT. Magnitud que indica la variación de una función respecto a su variable.

derivar v. intr. y pron. [1]. Proceder, originarse una cosa de otra. ◆ v. intr. Tomar una cosa una dirección nueva. || Proceder una palabra por derivación. || Desviarse una nave del rumbo. ◆ v. tr. Llevar parte de una corriente o conducto en otra dirección. ◇ FAM. deriva, derivación, derivado, derivativo.

derm- o **dermato-** pref. Significa 'piel': *dermatología.*

dermatología s. f. Parte de la medicina que trata de las enfermedades de la piel. ◇ FAM. dermatológico, dermatólogo. DERMIS.

dermatólogo, ga s. Médico especialista en dermatología.

dermis s. f. Capa de la piel, situada entre la epidermis y la hipodermis. ◇ FAM. dermatitis, dermatología, dérmico. / epidermis, hipodermis, taxidermia.

derogar v. tr. [1b]. Anular, abolir. ◇ FAM. derogación, derogador, derogatorio. ROGAR.

derramamiento s. m. Acción y efecto de derramar o derramarse.

derramar v. tr. y pron. [1]. Verter, esparcir cosas líquidas o menudas. ◆ v. tr. Repartir entre los vecinos de una localidad los impuestos o gastos. ◆ **derramarse** v. pron. Esparcirse. ◇ FAM. derramamiento, derrame.

derrame s. m. Derramamiento. || Líquido que se sale del recipiente que lo contiene. || MED. Existencia anormal de líquido en alguna estructura, órgano o cavidad.

derrapar v. intr. [1]. Patinar de lado un automóvil.

derredor s. m. Circuito, contorno de una cosa. ◇ FAM. ALREDEDOR.

derrengar v. tr. y pron. [1d]. Lastimar el espinazo o los lomos de una persona o

animal. || Cansar, fatigar. <> FAM. derrengado.

derretir v. tr. y pron. [30]. Disolver por medio de calor una cosa sólida o pastosa.
➔ **derretirse** v. pron. *Fam.* Enamorarse o mostrarse muy tierno. <> FAM. derretido, derretimiento.

derribar v. tr. [1]. Destruir un edificio u otra construcción. || Tirar, hacer caer al suelo. || Hacer perder a una persona su empleo o posición. <> FAM. derribo.

derribo s. m. Acción y efecto de derribar. || Conjunto de materiales que se obtienen de una demolición.

derriscar v. tr. y pron. [1]. *Cuba* y *P. Rico.* Despeñar. <> FAM. RISCO.

derrocar v. tr. [1a]. Derribar a una persona de su empleo, poder o dignidad por medios violentos. <> FAM. derrocamiento.

derrochar v. tr. [1]. Malgastar el dinero o los bienes. || Tener gran abundancia de algo bueno. <> FAM. derrochador, derroche.

derroche s. m. Acción y efecto de derrochar.

derrota s. f. Fracaso, pérdida. || Rumbo o dirección de una nave.

derrotar v. tr. [1]. Vencer a una persona en una competición, partido, etc., o al enemigo en la guerra. <> FAM. derrota, derrotado, derrotismo, derrotista.

derrotero s. m. Línea, dirección o camino señalado en la carta de navegación. || Derrota, rumbo de una embarcación. || Camino tomado para lograr el fin propuesto.

derrotista adj. y s. m. y f. Dícese de la persona con ideas pesimistas sobre el resultado de cualquier empresa.

derrubio s. m. Depósito formado por fragmentos de rocas que se acumulan en las laderas y fondo de los valles.

derruir v. tr. [29]. Derribar un edificio.

derrumbadero s. m. Despeñadero, precipicio. || Riesgo a que uno se expone.

derrumbar v. tr. y pron. [1]. Derribar una construcción. || Precipitar, despeñar. || Hundir moralmente a alguien. <> FAM. derrumbadero, derrumbamiento.

des- pref. Indica negación: *desacreditar.* || Indica privación o carencia: *desprovisto.* || Indica exceso: *deslenguado.*

desabastecer v. tr. y pron. [2m]. Dejar de abastecer. <> FAM. desabastecimiento. ABASTECER.

desaborido, da adj. Sin sabor o sustancia.
➔ adj. y s. *Fam.* Soso, insípido. <> FAM. desabrido. SABOR.

desabotonar v. tr. y pron. [1]. Abrir una prenda de vestir, sacando los botones de los ojales.

desabrido, da adj. Desagradable, soso. || Dícese del tiempo destemplado, desigual. || Áspero y desagradable en el trato. <> FAM. desabrimiento. DESABORIDO, DA.

desabrigar v. tr. y pron. [1b]. Quitar la ropa que abriga. <> FAM. desabrigado. ABRIGAR.

desabrochar v. tr. [1]. Soltar o abrir los broches, corchetes, botones, etc., de una prenda de vestir u otro objeto.

desacato s. m. Falta del debido respeto. || DER. Delito que se comete insultando o amenazando a una autoridad en el ejercicio de sus funciones. <> FAM. desacatamiento, desacatar. ACATAR.

desacertado, da adj. Falto de acierto.

desacertar v. tr. [1j]. No tener acierto. <> FAM. desacertado, desacierto. ACERTAR.

desacierto s. m. Dicho o hecho falto de acierto.

desaconsejar v. tr. [1]. Disuadir, aconsejar a alguien no hacer una cosa. <> FAM. desaconsejado. ACONSEJAR.

desacoplar v. tr. [1]. Separar lo que estaba acoplado. || Desconectar dos circuitos eléctricos. <> FAM. desacoplamiento. ACOPLAR.

desacorde adj. Que está en desacuerdo.

desacostumbrado, da adj. Que está fuera del uso y orden común. <> FAM. desacostumbrar. ACOSTUMBRAR.

desacreditar v. tr. y pron. [1]. Quitar la buena opinión de alguien o el valor de algo. <> FAM. desacreditado. ACREDITAR.

desactivar v. tr. [1]. Manipular el sistema detonador de un artefacto explosivo para evitar su explosión. || Anular la actividad de un proceso, de una organización, etc. <> FAM. desactivación. ACTIVAR.

desacuerdo s. m. Discordia o disconformidad. <> FAM. desacorde. ACORDAR.

desafecto, ta adj. Que no siente estima por una cosa. || Opuesto, contrario.
➔ s. m. Malquerencia. <> FAM. desafección. AFECTO[1].

desafiar v. tr. [1t]. Provocar a combate, contienda o discusión. || Contender, afrontar. || Hacer frente al enfado de alguien u oponerse a sus opiniones. <> FAM. desafiador, desafiante, desafío. FIAR.

desafinar v. intr. y pron. [1]. MÚS. Apartarse la voz o un instrumento de la debida entonación.

desafío s. m. Acción y efecto de desafiar.

desaforado, da adj. Grande, desmedido. <> FAM. desaforar, desafuero. AFORAR.

desafortunado, da adj. y s. Sin fortuna, desgraciado. || Desacertado, no oportuno.

desafuero s. m. Acto violento contra la ley, las buenas costumbres o la consideración debida.

desagradable adj. Que desagrada.

desagradar v. intr. y pron. [1]. Disgustar, fastidiar, causar rechazo. <> FAM. desagradable, desagrado. AGRADAR.

desagradecido, da adj. y s. Que no agradece los favores recibidos. <> FAM. desagradecer. AGRADECER.

desagrado s. m. Disgusto, descontento. || Expresión de disgusto.

desagraviar v. tr. y pron. [1]. Reparar o

compensar el agravio hecho a alguien. ◇ FAM. desagravio. AGRAVIAR.

desaguadero s. m. Canal de desagüe.

desaguar v. tr. [1c]. Extraer, quitar el agua de un lugar. ◆ v. intr. Desembocar una corriente de agua en el mar. ◇ FAM. desaguadero, desagüe. AGUA.

desagüe s. m. Conducto o canal por donde desagua un líquido.

desaguisado s. m. Agravio, delito. || Destrozo, fechoría. ◇ FAM. GUISA.

desahogado, da adj. Amplio o espacioso. || Holgado, acomodado.

desahogar v. tr. y pron. [1b]. Aliviar. || Expresar libremente un sentimiento. ◆ desahogarse v. pron. Hacer confidencias una persona a otra. || Salir del ahogo de las deudas contraídas. ◇ FAM. desahogado, desahogo. AHOGAR.

desahogo s. m. Alivio, descanso. || Amplitud, desenvoltura.

desahuciar v. tr. y pron. [1]. Desengañar, desencantar. ◆ v. tr. Considerar el médico al enfermo sin esperanza de salvación. || Despedir o expulsar al inquilino o arrendatario de una finca, casa, etc. ◇ FAM. desahucio.

desairar v. tr. [1]. Despreciar, desestimar. ◇ FAM. desairado, desaire. AIRAR.

desaire s. m. Falta de garbo o de gentileza.

desajustar v. tr. [1]. Separar las partes que estaban ajustadas entre sí. ◆ desajustarse v. pron. Apartarse de un ajuste o convenio. ◇ FAM. desajuste. AJUSTAR.

desalar v. tr. [1]. Quitar la sal a una cosa. ◇ FAM. desalación. SALAR.

desalentar v. tr. y pron. [1j]. Quitar el ánimo, acobardar. ◇ FAM. desalentador, desaliento. ALENTAR.

desaliño s. m. Descuido en el aseo personal. ◇ FAM. desaliñado, desaliñar. ALIÑAR.

desalmado, da adj. y s. Cruel, malvado, inhumano. ◇ FAM. ALMA.

desalojar v. tr. [1]. Dejar vacío un sitio o espacio. || Expulsar. ◇ FAM. desalojamiento. ALOJAR.

desalquilar v. tr. [1]. Dejar libre lo que se tenía alquilado. ◆ desalquilarse v. pron. Quedar sin inquilinos un local.

desamarrar v. tr. y pron. [1]. Soltar las amarras de una nave.

desamor s. m. Falta de amor o amistad.

desamortizar v. tr. [1g]. Liberar bienes amortizados, mediante disposiciones legales, de manera que puedan ser vendidos o enajenados. ◇ FAM. desamortización. AMORTIZAR.

desamparar v. tr. [1]. Abandonar, dejar sin amparo a una persona o cosa. ◇ FAM. desamparado, desamparo. AMPARAR.

desandar v. tr. [1h]. Retroceder en el camino ya andado.

desangelado, a adj. Falto de gracia, soso, patoso. ◇ FAM. ÁNGEL.

desangrar v. tr. y pron. [1]. Sacar mucha sangre a una persona o animal. || Empobrecer, arruinar. ◆ desangrarse v. pron. Perder mucha sangre. ◇ FAM. desangramiento. SANGRAR.

desanidar v. intr. Dejar las aves el nido.

desanimar v. tr. y pron. [1]. Desalentar, acobardar.

desánimo s. m. Falta de ánimo. ◇ FAM. desanimado, desanimar. ÁNIMO.

desapacible adj. Desagradable, destemplado: tiempo desapacible. ◇ FAM. desapacibilidad. APACIBLE.

desaparecer v. intr. [2m]. Ocultarse, quitarse de la vista de alguien. || Dejar de existir alguien o algo. ◇ FAM. desaparecido, desaparición. APARECER.

desapasionar v. tr. y pron. [1]. Quitar o perder la pasión o interés. ◇ FAM. desapasionado. APASIONAR.

desapegarse v. pron. [1b]. Desprenderse del apego o afecto a una persona o cosa. ◇ FAM. desapego. APEGARSE.

desapego s. m. Falta de afición o interés.

desapercibido, da adj. Desprevenido, desprovisto de lo necesario. || Inadvertido. ◇ FAM. APERCIBIR².

desaprensivo, va adj. y s. Que no se preocupa de obrar honrada o justamente. ◇ FAM. desaprensión. APRENSIÓN.

desaprobar v. tr. [1]. Reprobar. ◇ FAM. desaprobación. APROBAR.

desapropiarse v. pron. [1]. Desposeerse uno del dominio sobre lo propio. ◇ FAM. desapropiamiento. APROPIARSE.

desaprovechar v. tr. [1]. Desperdiciar, emplear mal una cosa. ◇ FAM. desaprovechado, desaprovechamiento. APROVECHAR.

desarbolar v. tr. [1]. Debilitar, desarmar. || MAR. Quitar o derribar la arboladura.

desarmador s. m. Méx. Destornillador.

desarmar v. tr. [1]. Separar las piezas de que se compone una cosa. || Quitar las armas a una persona, cuerpo o plaza. || Reducir el armamento de un país. ◇ FAM. desarmado, desarmador, desarme. ARMAR.

desarme s. m. Acción y efecto de desarmar. || Reducción del armamento o las fuerzas militares de un país.

desarraigar v. tr. y pron. [1b]. Arrancar de raíz un árbol o una planta. || Echar, desterrar a uno del lugar donde vive. || Extinguir una pasión, una costumbre, un vicio, etc. ◇ FAM. desarraigo. ARRAIGAR.

desarrapado, da adj. Desharrapado*.

desarreglar v. tr. y pron. [1]. Estropear o desordenar. ◇ FAM. desarreglado, desarreglo. ARREGLAR.

desarrendar v. tr. [1j]. Desalquilar. ◇ FAM. desarrendado. ARRENDAR.

desarrollar v. tr. y pron. [1]. Hacer que un miembro, planta, etc., aumente o progrese. ◆ v. tr. Explicar una teoría, tema, idea, etc. || Acrecentar el valor, riqueza, poder, etc., de algo. || Llevar à cabo. ➡ **desarrollarse** v. pron. Suceder, ocurrir, acontecer. ◇ FAM. desarrollable, desarrollado, desarrollo. ARROLLAR.

desarrollo s. m. Crecimiento, progreso. || Relación de multiplicación entre la rueda de pedales de una bicicleta y el piñón pequeño de la rueda posterior. ◇ FAM. subdesarrollo. DESARROLLAR.

desarropar v. tr. y pron. [1]. Desabrigar, destapar.

desarticular v. tr. [1]. Separar las piezas de una máquina o artefacto. ||Quebrantar un plan, una organización. ◇ FAM. desarticulación. ARTICULAR.

desasear v. tr. [1]. Quitar el aseo o limpieza, ensuciar. ◇ FAM. desaseado. ASEAR.

desasir v. tr. y pron. [3d]. Soltar, desprender lo asido. ➡ **desasirse** v. pron. Desprenderse. ◇ FAM. desasimiento. ASIR.

desasistir v. tr. [3]. Desatender, desamparar. ◇ FAM. desasistencia. ASISTIR.

desasosiego s. m. Intranquilidad. ◇ FAM. desasosegar. SOSIEGO.

desastillar v. tr. [1]. Amér. Central y Amér. Merid. Sacar astillas de la madera. ◇ FAM. ASTILLA.

desastrado, da adj. y s. Desgraciado. || Descuidado en el aseo o aliño.

desastre s. m. Desgracia, suceso infeliz y lamentable. || Fam. Hecho frustrado o perjudicial. || Fam. Persona poco hábil. ◇ FAM. desastrado, desastroso.

desatar v. tr. y pron. [1]. Soltar lo que está atado. ➡ **desatarse** v. pron. Descomedirse, desmadrarse. || Desencadenarse, estallar con violencia. ◇ FAM. desatado, desatadura. ATAR.

desatascar v. tr. y pron. [1a]. Sacar de un atolladero. || Dejar libre un conducto obstruido. ◇ FAM. desatasco. ATASCAR.

desatender v. tr. [2d]. No prestar atención. || No hacer caso de alguien o algo. || No corresponder o asistir a alguien. ◇ FAM. desatención, desatento. ATENDER.

desatento, ta adj. y s. Distraído. || Grosero, descortés.

desatinar v. tr. [1]. Errar la puntería. ➡ v. intr. Decir o hacer desatinos. ◇ FAM. desatinado, desatino. ATINAR.

desatino s. m. Falta de tino o acierto. || Locura, despropósito.

desatornillar v. tr. y pron. [1]. Sacar un tornillo dándole vueltas. ◇ FAM. desatornillador. ATORNILLAR.

desautorizar v. tr. y pron. [1g]. Quitar autoridad, poder, crédito o estimación: *desautorizar un acto.* ◇ FAM. desautorización, desautorizado. AUTORIZAR.

desavenencia s. f. Falta de avenencia o armonía.

desavenir v. tr. y pron. [21]. Producir desavenencia. ◇ FAM. desavenencia, desavenido. AVENIR.

desayunar v. intr. y pron. [1]. Tomar el desayuno. ➡ v. tr. Comer en el desayuno.

desayuno s. m. Primer alimento que se

toma por la mañana. || Acción de desayunar. ◇ FAM. desayunar. AYUNO.

desazón s. f. Malestar, indisposición. || Picazón, molestia. || Disgusto, inquietud. ◇ FAM. desazonado, desazonar. SAZÓN.

desbabar v. tr. [1]. Méx., Perú, P. Rico y Venez. Quitar el jugo viscoso generado por la baya del café y del cacao.

desbalagar v. tr. [1b]. Méx. Dispersar, esparcir.

desbancar v. tr. [1a]. Quitar a alguien de una posición y ocuparla uno mismo. || Ganar a un jugador todo el dinero de la banca. ◇ FAM. BANCO.

desbandarse v. pron. [1]. Desparramarse, huir en desorden. ◇ FAM. desbandada. BANDA².

desbarajuste s. m. Desorden, confusión. ◇ FAM. desbarajustar.

desbaratar v. tr. [1]. Deshacer o arruinar una cosa. || Malgastar los bienes. ◇ FAM. desbaratamiento. BARATO, TA.

desbarbar v. tr. [1]. Cortar la raíz de una planta o los bordes irregulares que sobresalen de las hojas de un libro. ◇ FAM. BARBA.

desbarrar v. intr. [1]. Discurrir, hablar u obrar fuera de razón.

desbastar v. tr. [1]. Quitar las partes más bastas de una cosa. ➡ v. tr. y pron. Refinar a alguien. ◇ FAM. desbastador, desbastadura, desbaste. BASTO², TA.

desbloquear v. tr. [1]. Eliminar un obstáculo que bloquea un proceso, movimiento, etc. || Levantar la inmovilidad de valores, dinero, etc. ◇ FAM. desbloqueo. BLOQUEAR.

desbocar v. tr. [1a]. Quitar o romper la boca a una cosa. ➡ **desbocarse** v. pron. Abrirse más de lo normal una abertura. || No obedecer la caballería a la acción del freno y lanzarse a galopar alocadamente. ◇ FAM. desbocado, desbocamiento. BOCA.

desbordar v. intr. y pron. [1]. Salir de los bordes, derramarse. || Manifestar vivamente un sentimiento o pasión. ➡ v. tr. Rebasar, sobrepasar. ◇ FAM. desbordamiento, desbordante. BORDE¹.

desbotonar v. tr. [1]. Cuba. Quitar los botones y la guía a las plantas, para impedir su crecimiento y hacer que sus hojas aumenten de tamaño. ◇ FAM. BOTÓN.

desbravar v. tr. [1]. Amansar el ganado. ➡ v. intr. y pron. Perder algo su fuerza. ◇ FAM. desbravador. BRAVO, VA.

desbriznar v. tr. [1]. Reducir a briznas, desmenuzar. ◇ FAM. BRIZNA.

desbrozar v. tr. [1g]. Quitar la broza, limpiar. ◇ FAM. desbrozo. BROZA.

descabalar v. tr. y pron. [1]. Dejar incompleta una cosa. ◇ FAM. descabalado, descabalamiento. CABAL.

descabalgar v. intr. [1b]. Desmontar de una caballería. ◇ FAM. descabalgadura. CABALGAR.

descabellado, da adj. Absurdo, sin sentido.

descabellar v. tr. [1]. Matar al toro, hiriéndole entre las últimas vértebras cervicales con la espada. <> FAM. descabellado, descabello. CABELLO.

descabezar v. tr. [1g]. Quitar o cortar la cabeza o parte superior de algo. || *Argent.* y *Colomb.* Destituir. <> FAM. descabezado. CABEZA.

descachalandrado, da adj. *Amér. Central* y *Amér. Merid.* Desastrado, andrajoso.

descacharrar v. tr. y pron. [1]. Romper, destrozar. <> FAM. descacharrado, descacharrante. CACHARRO.

descachazar v. tr. [1g]. *Amér. Central* y *Amér. Merid.* Quitar la cachaza al guarapo. <> FAM. CACHAZA.

descafeinado, da adj. y s. m. Dícese del café del que se ha extraído la mayor parte de cafeína. <> FAM. descafeinar. CAFEÍNA.

descalabrar v. tr. y pron. [1]. Herir en la cabeza o en otra parte del cuerpo. ◆ v. tr. Causar daño o perjuicio. <> FAM. descalabrado, descalabradura, descalabro. CALAVERA.

descalabro s. m. Contratiempo, infortunio, daño o pérdida.

descalcificar v. tr. y pron. [1a]. Hacer perder a un cuerpo u organismo el calcio. <> FAM. descalcificación. CALCIFICAR.

descalificar v. tr. [1a]. Desacreditar, desautorizar. || Eliminar de una competición, concurso, etc. <> FAM. descalificación. CALIFICAR.

descalzar v. tr. y pron. [1g]. Quitar el calzado. ◆ v. tr. Quitar los calzos. <> FAM. descalzo. CALZAR.

descalzo, za adj. Con los pies desnudos. ◆ adj. y s. Dícese de las comunidades reformadas de diversas órdenes religiosas.

descamar v. tr. [1]. Quitar las escamas a los peces. ◆ v. pron. Caerse la piel en forma de escamillas. <> FAM. descamación. ESCAMA.

descambiar v. tr. [1]. Deshacer un cambio. || *Amér. Central* y *Amér. Merid.* Convertir billetes o monedas grandes en dinero menudo equivalente, o viceversa.

descaminar v. tr. y pron. [1]. Desviar de un camino. || Apartar a alguien de un buen propósito. <> FAM. descaminado. CAMINO.

descamisado, da adj. *Fam.* Sin camisa. ◆ adj. y s. *Desp.* Muy pobre, desharrapado. <> FAM. CAMISA.

descampado, da adj. y s. m. Dícese del terreno desembarazado, descubierto y limpio de malezas. <> FAM. CAMPO.

descansar v. intr. [1]. Cesar en el trabajo o una actividad para reponer fuerzas. || Tener alivio en un daño, pena, etc. || Reposar, dormir. || Estar enterrado. ◆ v. tr. e intr. Fundamentarse una cosa sobre otra. ◆ v. tr. Aliviar la fatiga. <> FAM. descansado, descansillo, descanso. CANSAR.

descansillo s. m. Plataforma entre los tramos consecutivos de una escalera.

descanso s. m. Acción y efecto de descansar. || Intermedio en un espectáculo o representación. || Descansillo.

descantillar o **descantonar** v. tr. y pron. [1]. Romper o quebrar las aristas o cantos de una cosa. <> FAM. CANTO².

descapitalizar v. tr. y pron. [1g]. Perder o hacer perder el capital. || Hacer perder las riquezas históricas o culturales de un país o grupo social. <> FAM. descapitalización. CAPITALIZAR.

descapotable adj. y s. m. Dícese del automóvil cuya capota puede plegarse, dejándolo descubierto. <> FAM. CAPOTA.

descarado, da adj. y s. Que habla u obra con desvergüenza, sin pudor. <> FAM. descararse, descaro. CARA.

descarapelar v. tr. [1]. *Méx.* Escarapelar*. ◆ **descarapelarse** v. pron. *Méx.* Despellejarse.

descarga s. f. Acción y efecto de descargar. || Fenómeno que se produce cuando un cuerpo electrizado pierde su carga.

descargar v. tr. [1b]. Quitar o aliviar la carga. || Deshacerse una nube en lluvia o granizo. || Liberar de una preocupación u obligación. || Disparar con arma de fuego, o extraer de ella la carga. || Anular una carga eléctrica. ◆ v. tr. e intr. Dar un golpe con violencia. <> FAM. descarga, descargador, descargo. CARGAR.

descargo s. m. Acción y efecto de descargar. || Excusa que da alguien para satisfacer una acusación o cargo judicial.

descarnado, da adj. Dícese de los asuntos, descripciones o relatos, crudos o realistas. || Que tiene poca carne.

descarnar v. tr. y pron. [1]. Quitar la carne al hueso. || Quitar parte de una cosa, desmoronarla. <> FAM. descarnado, descarnadura. CARNE.

descaro s. m. Desvergüenza, atrevimiento, insolencia.

descarozar v. tr. [1]. *Amér. Central* y *Amér. Merid.* Quitar el hueso a las frutas. <> FAM. CAROZO.

descarriar v. tr. y pron. [1t]. Apartar a una persona o cosa de su camino. || Apartar del rebaño a una o varias reses. <> FAM. descarriado, descarrío.

descarrilar v. intr. [1]. Salir fuera del carril un tren, tranvía, etc. <> FAM. descarrilamiento. CARRIL.

descartar v. tr. [1]. Apartar, rechazar, prescindir. ◆ **descartarse** v. pron. En algunos juegos de naipes, dejar las cartas que se consideran inútiles. <> FAM. descarte. CARTA.

descarte s. m. Acción de descartar o descartarse. || Conjunto de cartas que se desechan.

descasar v. tr. y pron. [1]. Deshacer un casamiento. || Alterar o descomponer la disposición de cosas que casaban bien.

descascarillar v. tr. y pron. [1]. Quitar la cascarilla, esmalte, etc.: *descascarillar una taza*. ◇ FAM. descascarillado. CASCARILLA.

descastado, da adj. y s. Que manifiesta poco cariño hacia los parientes o amigos. ◇ FAM. CASTA.

descendencia s. f. Conjunto de descendientes. || Casta, estirpe.

descender v. intr. [2d]. Bajar, pasar de un lugar alto a otro bajo. || Pasar de una dignidad o estado a otro inferior: *descender de categoría*. || Caer, fluir un líquido. || Proceder, por generaciones sucesivas, de una persona o linaje. || Disminuir el nivel, valor, etc., de algo. ◆ v. tr. Bajar, poner en un lugar más bajo. ◇ FAM. descendencia, descendente, descendiente, descendimiento, descenso. / ascender, condescender.

descendiente adj. y s. m. y f. Que desciende. || Hijo, nieto o cualquier persona que desciende de otra.

descenso s. m. Acción y efecto de descender. || DEP. Prueba de bajada en pista de fuerte pendiente.

descentralizar v. tr. [1g]. Hacer menos dependiente del poder o la administración central. ◇ FAM. descentralización, descentralizado. CENTRALIZAR.

descentrar v. tr. y pron. [1]. Sacar una cosa de su centro material o inmaterial. ◇ FAM. descentrado. CENTRAR.

desceñir v. tr. y pron. [24]. Desatar, soltar lo que ciñe. ◇ FAM. desceñidura. CEÑIR.

descepar v. tr. [1]. Arrancar de raíz los árboles o plantas con cepa. ◇ FAM. CEPA.

descercar v. tr. [1a]. Derribar la muralla de un pueblo o la cerca de un terreno.

descerrajar v. tr. [1]. Arrancar, forzar una cerradura. || *Fam.* Disparar tiros con un arma de fuego. ◇ FAM. CERRAJERO, RA.

deschapar v. tr. [1]. *Bol., Ecuad. y Perú.* Descerrajar una cerradura. ◇ FAM. CHAPA.

descharchar v. tr. [1]. *Amér. Central.* Dejar a uno sin su empleo.

deschavetarse v. pron. [1]. *Chile, Colomb., Méx., Perú y Urug.* Perder el juicio, atolondrarse. ◇ FAM. CHAVETA.

descifrar v. tr. [1]. Leer un escrito cifrado mediante una clave. || Explicar o entender algo oscuro e intrincado. ◇ FAM. descifrable. / indescifrable. CIFRAR.

desclavar v. tr. [1]. Aflojar o quitar los clavos a algo. || Desengastar las piedras preciosas de la guarnición de metal.

descocado, da adj. y s. *Fam.* Que demuestra demasiada libertad o desenvoltura.

descocarse v. pron. [1a]. *Fam.* Hablar o actuar con descoco. ◇ FAM. descocado, descoco.

descoco s. m. *Fam.* Descaro, desvergüenza.

descodificar v. tr. [1a]. Aplicar a un mensaje codificado las reglas de su código

para entenderlo. ◇ FAM. descodificación, descodificador. CODIFICAR.

descolgar v. tr. [1m]. Bajar o quitar lo que está colgado. || Bajar o dejar caer poco a poco una cosa pendiente de una cuerda, cadena, etc. ◆ v. intr. Separar el auricular del teléfono de su soporte. ◆ v. tr. y pron. DEP. Dejar atrás un corredor a sus competidores. ◆ **descolgarse** v. pron. Ir bajando de un lugar alto o por una pendiente.

descollar v. intr. y pron. [1r]. Sobresalir, destacar: *descollar en los estudios*. ◇ FAM. descollado. CUELLO.

descolocar v. tr. [1a]. Desordenar, embarullar.

descolonización s. f. Proceso de independencia política de territorios que han sido colonias. ◇ FAM. descolonizar. COLONIZAR.

descolorido, da adj. Que ha perdido o disminuido su color natural. ◇ FAM. descolorar. COLOR.

descombrar v. tr. [1]. Desembarazar un lugar de materiales que estorban. ◇ FAM. descombro. ESCOMBRAR.

descomedido, da adj. Excesivo, desproporcionado. ◆ adj. y s. Descortés. ◇ FAM. descomedirse. COMEDIRSE.

descompensar v. tr. y pron. [1]. Hacer perder la compensación o equilibrio: *descompensar un presupuesto*. ◇ FAM. descompensación. COMPENSAR.

descomponer v. tr. y pron. [5]. Desordenar, desbaratar. || Estropear algún mecanismo. || Corromper, pudrir. || Separar las partes que forman un todo: *descomponer la luz*. || *Argent., Méx. y Urug.* Averiar, estropear. ◆ v. tr. Enfadar, irritar a alguien. ◆ **descomponerse** v. pron. Indisponerse, perder la salud. ◇ FAM. descomposición, descompostura, descompuesto. COMPONER.

descomposición s. f. Acción y efecto de descomponer o descomponerse. || *Fam.* Diarrea.

descompostura s. f. Desaliño. || Descaro, insolencia.

descompresión s. f. Disminución de la presión que actúa sobre algo.

descompresor s. m. Aparato que sirve para reducir la presión de un fluido contenido en un depósito cerrado.

descomprimir v. tr. [3]. Eliminar o disminuir la compresión. ◇ FAM. descompresión, descompresor. COMPRIMIR.

descompuesto, ta adj. *Fam.* Que tiene diarrea. || *Amér. Central, Chile, Perú y P. Rico.* Borracho.

descomunal adj. Gigantesco, fuera de lo normal. ◇ FAM. COMÚN.

desconcertar v. tr. y pron. [1r]. Desordenar, alterar el orden y armonía. || Dislocar los huesos. ◆ v. tr. Sorprender, confundir. ◇ FAM. desconcertador, desconcertante, desconcierto. CONCERTAR.

desconchabar v. tr. y pron. [1]. *Amér. Central, Chile* y *Méx.* Descomponer, descoyuntar.

desconchar v. tr. y pron. [1]. Quitar parte del enlucido o revestimiento de algo. ◇ FAM. desconchado. CONCHA.

desconchinflado, da adj. *Méx. Fam.* Descompuesto, estropeado.

desconcierto s. m. Desorden, desavenencia. || Falta de medida en dichos y hechos.

desconectar v. tr. [1]. Interrumpir una conexión eléctrica. || Interrumpir una relación, comunicación, etc. ◇ FAM. desconexión. CONECTAR.

desconfianza s. f. Falta de confianza.

desconfiar v. intr. [1t]. Recelar, no fiarse: *desconfiar de alguien*. ◇ FAM. desconfiado, desconfianza. CONFIAR.

descongelar v. tr. [1]. Devolver un producto congelado a su estado ordinario. || Liberar precios, salarios, etc., que se hallaban inmovilizados. ◇ FAM. descongelación. CONGELAR.

descongestionar v. tr. y pron. [1]. Disminuir o quitar la congestión: *descongestionar el tráfico*. ◇ FAM. descongestión. CONGESTIÓN.

desconocer v. tr. [2m]. No conocer, ignorar. || No reconocer a una persona o cosa. ◇ FAM. desconocedor, desconocido, desconocimiento. CONOCER.

desconsiderar v. tr. [1]. No guardar la consideración debida. ◇ FAM. desconsideración, desconsiderado. CONSIDERAR.

desconsolar v. tr. y pron. [1r]. Afligir, entristecer. ◇ FAM. desconsolación, desconsolado, desconsolador, desconsuelo. CONSOLAR.

desconsuelo s. m. Angustia, aflicción.

descontado. Por descontado, con toda seguridad.

descontaminar v. tr. [1]. Eliminar o reducir la contaminación. ◇ FAM. descontaminación. CONTAMINAR.

descontar v. tr. [1r]. Rebajar cierta cantidad a algo. || Abonar al contado una letra u otro documento no vencido, cobrando por ello un interés. ◇ FAM. descontado, descuento. CONTAR.

descontento, ta adj. y s. Que no es feliz. ◆ s. m. Disgusto, enojo. ◇ FAM. descontentar. CONTENTO, TA.

descontón s. m. *Méx. Fam.* Golpe.

descontrol s. m. Falta de control, de orden, de disciplina.

descontrolar v. tr. y pron. [1]. Perder o hacer perder el control o dominio de uno mismo. ◇ FAM. descontrol, descontrolado. CONTROLAR.

desconvocar v. tr. [1a]. Anular una convocatoria: *desconvocar una huelga*. ◇ FAM. desconvocatoria. CONVOCAR.

descorazonar v. tr. y pron. [1]. Desanimar, desalentar. ◇ FAM. descorazonador, descorazonamiento. CORAZÓN.

descorchador s. m. Sacacorchos.

descorchar v. tr. [1]. Quitar o arrancar el corcho al alcornoque. || Sacar el corcho que cierra una botella. ◇ FAM. descorchado, descorchador, descorche. CORCHO.

descornar v. tr. y pron. [1r]. Quitar los cuernos a un animal. ◆ **descornarse** v. pron. *Fam.* Trabajar muy duro. ◇ FAM. CUERNO.

descorrer v. tr. [2]. Plegar o reunir lo que estaba antes estirado: *descorrer las cortinas*. || Dar a los cerrojos, pestillos, etc., el movimiento necesario para abrir.

descortés adj. y s. m. y f. Que carece de cortesía. ◇ FAM. descortesía. CORTÉS.

descortezar v. tr. y pron. [1g]. Quitar la corteza. ◇ FAM. descortezador, descortezamiento, descortezo. CORTEZA.

descosido s. m. Parte por donde se ha abierto la costura de una prenda. ◇ FAM. descoser. COSER.

descoyuntar v. tr. y pron. [1]. Dislocar, desencajar un hueso. || Agotar, extenuar. ◇ FAM. descoyuntamiento. COYUNTURA.

descrédito s. m. Disminución o pérdida del crédito o reputación.

descreído, da adj. y s. Que no tiene fe. ◇ FAM. descreer, descreimiento. CREÍDO, DA.

descremado, da adj. Dícese de la sustancia, en especial la leche y sus derivados, a la que se ha quitado la crema o grasa. ◇ FAM. descremar. CREMA[1].

describir v. tr. [3n]. Delinear, dibujar. || Representar por medio del lenguaje: *describir un paisaje*. ◇ FAM. descripción, descriptible, descriptivo, descrito. / indescriptible. ESCRIBIR.

descruzar v. tr. [1g]. Deshacer la forma de cruz que presentan algunas cosas: *descruzar los brazos*.

descuajaringar v. tr. y pron. [1b]. Desvencijar, desunir, estropear. ◆ **descuajaringarse** v. pron. *Fam.* Agotarse, cansarse. || *Fam.* Desternillarse de risa. ◇ FAM. descuajeringado.

descuajeringado, da adj. *Amér.* Desvencijado. || *Amér.* Descuidado en el aseo y en el vestir.

descuajeringar v. tr. y pron. [1b]. Descuajaringar*.

descuartizar v. tr. [1g]. Dividir un cuerpo en cuartos o pedazos. ◇ FAM. descuartizamiento.

descubierto, ta adj. Dícese del que está expuesto a cargos o acusaciones. || Que no está cubierto, despejado. ◆ s. m. Falta de fondos en una cuenta bancaria.

descubrimiento s. m. Acción y efecto de descubrir. || Cosa descubierta.

descubrir v. tr. [3m]. Destapar lo que está tapado o cubierto. || Manifestar; hacer patente. || Hallar, enterarse de algo ignorado u oculto. || Inventar. ◆ **descubrirse** v. pron. Quitarse de la cabeza el sombrero, la gorra, etc. ◇ FAM. descu-

bierto, descubridor, descubrimiento. CUBRIR.

descuento s. m. Rebaja en un precio.

descuerar v. tr. [1]. Quitar la piel. || *Amér.* Criticar. ◇ FAM. CUERO.

descuidar v. tr. y pron. [1]. No prestar el cuidado o la atención debidos. ◆ v. tr. e intr. Descargar a uno del cuidado u obligación que debía tener: *descuida, iré.* ◇ FAM. descuidado, descuido. CUIDAR.

descuido s. m. Negligencia, falta de cuidado. || Olvido, inadvertencia. || Desliz, tropiezo.

desde prep. Denota el punto en el tiempo en que empieza a suceder una cosa: *desde ahora.* || Señala el punto en el espacio donde se halla una persona: *desde aquí veo la playa.* || Después de.

desdecir v. intr. [19]. Degenerar una persona o cosa de su origen, educación o clase. || No convenir, desentonar. ◆ **desdecirse** v. pron. Retractarse de lo dicho. ◇ FAM. desdicho. DECIR[1].

desdén s. m. Indiferencia y desapego.

desdentado, da adj. Sin dientes o que los ha perdido. ◆ adj. y s. m. Relativo a un orden de mamíferos desprovistos de dientes o con dientes reducidos, como el oso hormiguero. ◇ FAM. desdentar. DIENTE.

desdeñar v. tr. [1]. Tratar con desdén. ◆ v. tr. y pron. Desechar, desestimar. ◇ FAM. desdén, desdeñable, desdeñoso.

desdibujar v. tr. y pron. [1]. Hacer confusa o borrosa una imagen, idea, etc. ◇ FAM. desdibujado. DIBUJAR.

desdicha s. f. Desgracia, adversidad. ◇ FAM. desdichado. DICHA.

desdichado, da adj. y s. Desgraciado, desafortunado. || Sin malicia, pusilánime.

desdoblar v. tr. y pron. [1]. Extender lo que estaba doblado. || Duplicar. ◇ FAM. desdoblamiento. DOBLAR.

desear v. tr. [1]. Anhelar, querer intensamente algo. || Sentir atracción sexual.

desecar v. tr. y pron. [1a]. Secar, eliminar la humedad de un cuerpo. ◇ FAM. desecación, desecante. SECAR.

desechar v. tr. [1]. Excluir, rechazar. || Deponer, apartar de sí un temor, pesar, etc. || Dejar algo por inútil. ◇ FAM. desechable, desecho. ECHAR.

desecho s. m. Cosa que se ha desechado. || Escoria, grupo social despreciable. || *Amér. Central* y *Amér. Merid.* Atajo, senda.

desembalar v. tr. [1]. Deshacer un embalaje. ◇ FAM. desembalaje. EMBALAR[1].

desembalsar v. tr. y pron. [1]. Dar salida al agua de un embalse. ◇ FAM. desembalse. EMBALSAR.

desembarazado, da adj. Despejado, libre.

desembarazar v. tr. y pron. [1g]. Dejar una cosa libre de obstáculos. ◆ **desembarazarse** v. pron. Apartar uno de sí lo que le estorba. ◇ FAM. desembarazado, desembarazo. EMBARAZAR.

desembarazo s. m. Desenvoltura, decisión.

desembarcar v. tr., intr. y pron. [1a]. Descender de un barco mercancías o pasajeros. ◇ FAM. desembarco, desembarque. EMBARCAR.

desembarco s. m. Acción y efecto de desembarcar.

desembargar v. tr. [1b]. Alzar el embargo de una cosa. ◇ FAM. desembargo. EMBARGAR.

desembocadura s. f. Lugar por donde un río, canal, etc., desemboca en otro, en un lago o en el mar. || Salida de una calle.

desembocar v. intr. [1a]. Entrar una corriente de agua en el mar, en otra corriente, etc. || Tener salida una calle, un camino, etc., a determinado lugar. || Tener algo determinado desenlace. ◇ FAM. desembocadura. BOCA.

desembolsar v. tr. [1]. Pagar o entregar una cantidad de dinero. ◇ FAM. desembolso. EMBOLSAR.

desembragar v. tr. [1b]. Desconectar del eje motor un mecanismo. || Pisar el pedal del embrague. ◇ FAM. desembrague. EMBRAGAR.

desembrollar v. tr. [1]. *Fam.* Desenredar, deshacer un embrollo.

desembuchar v. tr. [1]. Echar las aves lo que tienen en el buche. || *Fam.* Decir todo cuanto se sabe y se tenía callado.

desempacar v. tr. [1a]. Deshacer las pacas en que van las mercancías. || Deshacer el equipaje.

desempachar v. tr. y pron. [1]. Quitar el empacho o indigestión. ◆ **desempacharse** v. pron. Perder la timidez. ◇ FAM. desempacho. EMPACHAR.

desempacho s. m. Desenvoltura, falta de timidez.

desempañar v. tr. [1]. Limpiar una cosa empañada.

desempaquetar v. tr. [1]. Desenvolver lo que está empaquetado.

desempatar v. tr. e intr. [1]. Deshacer el empate. ◇ FAM. desempate. EMPATAR.

desempeñar v. tr. [1]. Recuperar lo que estaba empeñado. || Cumplir, ejercer un trabajo o función. ◆ v. tr. y pron. Librar a alguien de las deudas contraídas. ◇ FAM. desempeño. EMPEÑAR.

desempleo s. m. Paro, falta de trabajo. ◇ FAM. desempleado. EMPLEO.

desempolvar v. tr. y pron. [1]. Quitar el polvo. ◆ v. tr. Volver a usar o recordar algo abandonado u olvidado.

desencadenar v. tr. [1]. Soltar al que está amarrado con cadenas. ◆ v. tr. y pron. Traer como consecuencia. ◆ **desencadenarse** v. pron. Estallar con violencia las fuerzas naturales o las pasiones. ◇ FAM. desencadenamiento. ENCADENAR.

desencajar v. tr. y pron. [1]. Sacar una cosa de donde estaba encajada. ◆ **desencajarse** v. pron. Desfigurarse el semblante por enfado, enfermedad, etc. ⬦ FAM. desencajamiento. ENCAJAR.

desencajonar v. tr. [1]. Sacar lo que está dentro de un cajón. ⬦ FAM. desencajonamiento. ENCAJONAR.

desencallar v. tr. e intr. [1]. Poner a flote una embarcación encallada.

desencaminar v. tr. [1]. Descaminar. ⬦ FAM. desencaminado. ENCAMINAR.

desencantar v. tr. y pron. [1]. Deshacer el encanto. ‖ Desengañar. ⬦ FAM. desencantamiento, desencanto. ENCANTAR.

desencapotar v. tr. y pron. [1]. Quitar el capote. ◆ **desencapotarse** v. pron. Despejarse, aclararse el cielo.

desenchuecar v. tr. [1a]. *Méx.* Enderezar lo que está torcido.

desenchufar v. tr. [1]. Desconectar de la red eléctrica.

desencoger v. tr. [2b]. Extender lo que estaba encogido. ⬦ FAM. desencogimiento. ENCOGER.

desenfadado, da adj. Fresco, espontáneo: *obra desenfadada.*

desenfado s. m. Desenvoltura, desparpajo. ⬦ FAM. desenfadado, desenfadar. ENFADO.

desenfocar v. tr. [1a]. En cine o fotografía, enfocar mal una imagen. ‖ Deformar, desfigurar. ⬦ FAM. desenfoque. ENFOCAR.

desenfrenar v. tr. [1]. Quitar el freno. ◆ **desenfrenarse** v. pron. Desmandarse, entregarse a vicios y pasiones. ‖ Desencadenarse con ímpetu y violencia. ⬦ FAM. desenfrenado, desenfreno. FRENO.

desenfundar v. tr. [1]. Sacar una cosa de su funda.

desenganchar v. tr. y pron. [1]. Soltar, desprender lo que está enganchado. ⬦ FAM. desenganche. ENGANCHAR.

desengañar v. tr. y pron. [1]. Hacer conocer a alguien el engaño en que está. ‖ Quitar las esperanzas o ilusiones. ⬦ FAM. desengañado, desengaño. ENGAÑAR.

desengaño s. m. Conocimiento de la verdad, con que se sale del engaño o error. ◆ pl. Lecciones de una amarga experiencia.

desengrasar v. tr. [1]. Quitar o limpiar la grasa. ⬦ FAM. desengrasante. ENGRASAR.

desenlace s. m. Final de un suceso o de la trama de una obra literaria, película, etc. ⬦ FAM. desenlazar. ENLACE.

desenmarañar v. tr. [1]. Desenredar.

desenmascarar v. tr. y pron. [1]. Quitar la máscara. ‖ Dar a conocer los verdaderos propósitos de una persona o acción.

desenredar v. tr. [1]. Deshacer algo enredado. ‖ Esclarecer, aclarar algo confuso. ◆ **desenredarse** v. pron. Salir de un lance o dificultad. ⬦ FAM. desenredo. ENREDAR.

desenrollar v. tr. [1]. Extender una cosa arrollada.

desenroscar v. tr. y pron. [1a]. Extender lo que está enroscado. ‖ Sacar o salirse un tornillo o tuerca de donde está enroscado.

desensamblar v. tr. y pron. [1]. Separar cosas ensambladas.

desentenderse v. pron. [2d]. Fingir ignorancia. ‖ Despreocuparse, eludir alguna cosa. ⬦ FAM. desentendido, desentendimiento. ENTENDER.

desenterrar v. tr. [1j]. Exhumar, sacar lo que está enterrado. ‖ Traer a la memoria lo olvidado. ⬦ FAM. desenterramiento. ENTERRAR.

desentonar v. intr. [1]. Desafinar la voz o un instrumento. ◆ v. intr. y pron. Contrastar, chocar con lo que hay alrededor. ⬦ FAM. desentonación. ENTONAR.

desentrañar v. tr. [1]. Descifrar, llegar al fondo de algo.

desentrenarse v. pron. [1]. Perder el entrenamiento. ⬦ FAM. desentrenado, desentrenamiento. ENTRENAR.

desentumecer v. tr. y pron. [2m]. Quitar el entumecimiento a un miembro. ⬦ FAM. desentumecimiento. ENTUMECER.

desenvainar v. tr. [1]. Sacar de la vaina un arma. ‖ *Fam.* Sacar lo que está oculto o encubierto.

desenvoltura s. f. Agilidad, facilidad, gracia, soltura. ‖ Desparpajo, falta de timidez.

desenvolver v. tr. y pron. [2n]. Desenrollar, extender lo envuelto o arrollado. ◆ **desenvolverse** v. pron. Suceder, desarrollarse. ‖ Actuar con soltura o habilidad. ⬦ FAM. desenvoltura, desenvolvimiento, desenvuelto. ENVOLVER.

desenvuelto, ta adj. Que tiene desenvoltura.

desenzarzar v. tr. y pron. [1g]. Soltar lo enredado en zarzas. ‖ *Fam.* Separar a los que riñen o disputan.

desenzolvar v. tr. [1]. *Méx.* Destapar un conducto, limpiarlo.

deseo s. m. Acción y efecto de desear. ‖ Aquello que se desea. ⬦ FAM. deseable, desear, deseoso, desiderata, desiderativo. / indeseable.

desequilibrar v. tr. y pron. [1]. Hacer perder el equilibrio. ‖ Trastornar, enloquecer. ⬦ FAM. desequilibrado, desequilibrio. EQUILIBRAR.

desertar v. tr., intr. y pron. [1]. Abandonar, dejar de frecuentar una reunión, comunidad, etc. ‖ Abandonar un soldado su puesto sin autorización. ⬦ FAM. deserción, desertor. DESIERTO, TA.

desértico, ca adj. Deshabitado, sin nadie. ‖ Relativo al desierto.

desescombrar v. tr. [1]. Descombrar.

desesperación s. f. Pérdida de la esperanza. ‖ Alteración extrema del ánimo.

desesperado, da adj. y s. Poseído de desesperación.

desesperanzar v. tr. y pron. [1g]. Quitar o perder la esperanza. ⬦ FAM. desesperanza, desesperanzador. ESPERANZAR.

desesperar v. tr., intr. y pron. [1]. Desesperanzar. ◆ v. tr. y pron. Impacientar, irritar. ◆ **desesperarse** v. pron. Sentir disgusto por un contratiempo. ◇ FAM. desesperación, desesperado, desesperante. ESPERAR.

desestabilizar v. tr. [1g]. Hacer perder la estabilidad a algo. ◇ FAM. desestabilización, desestabilizador. ESTABILIZAR.

desestimar v. tr. [1]. Menospreciar, valorar poco. || Denegar, rechazar. ◇ FAM. desestimación. ESTIMAR.

desfachatez s. f. Descaro, frescura. ◇ FAM. desfachatado. FACHA¹.

desfalco s. m. Sustracción de valores o dinero por una persona que está a cargo de su custodia. ◇ FAM. desfalcador, desfalcar.

desfallecer v. intr. [2m]. Debilitarse, flaquear. || Desmayarse. || Perder el ánimo. ◇ FAM. desfallecimiento. FALLECER.

desfasado, da adj. Que no se ajusta a las condiciones o circunstancias del momento.

desfase s. m. Falta de adaptación entre personas o cosas y las circunstancias de su tiempo. ◇ FAM. desfasado, desfasar. FASE.

desfavorable adj. Poco favorable, adverso.

desfavorecer v. tr. [2m]. Dejar de favorecer, perjudicar.

desfigurar v. tr. [1]. Deformar, hacer perder a una cosa su figura propia. || Disimular, disfrazar. || Tergiversar, falsear. ◆ **desfigurarse** v. pron. Turbarse por una emoción, susto, etc. ◇ FAM. desfiguración, desfiguro. FIGURA.

desfiguro s. m. Méx. Ridículo.

desfiladero s. m. Paso estrecho entre montañas.

desfilar v. intr. [1]. Marchar en fila. || Ir saliendo la gente de alguna parte. || Pasar las tropas en formación ante un superior, ante un monumento, etc. ◇ FAM. desfiladero, desfile. FILA.

desfile s. m. Acción de desfilar. || Exhibición de moda.

desflorar v. tr. [1r]. Quitar a una cosa su buena apariencia. || Desvirgar. ◇ FAM. desfloración, desfloramiento. FLOR.

desfogar v. tr. y pron. [1b]. Exteriorizar violentamente una pasión o estado de ánimo. ◇ FAM. desfogue.

desfondar v. tr. y pron. [1]. Quitar o romper el fondo de algo. || DEP. Quitar o perder fuerzas. ◇ FAM. desfondamiento, desfonde. FONDO.

desgaire s. m. Descuido, desaliño.
• **Al desgaire**, sin interés.

desgajar v. tr. y pron. [1]. Arrancar una rama del tronco. || Deshacer, separar una parte de una cosa unida y trabada. ◇ FAM. desgajadura, desgajamiento, desgaje. GAJO.

desgalichado, da adj. Desastrado, desgarbado. ◇ FAM. desgalichadura.

desgalillarse v. pron. [1]. Amér. Central. Desgañitarse.

desgana s. f. Falta de apetito. || Falta de interés, indiferencia. ◇ FAM. desganado. GANA.

desgañitarse v. pron. [1]. Fam. Gritar con gran esfuerzo. ◇ FAM. GAÑIR.

desgarbado, da adj. Falto de garbo o gracia. ◇ FAM. GARBO.

desgarrado, da adj. y s. Rasgado, hecho jirones. || Descarado.

desgarrar v. tr. y pron. [1]. Rasgar, romper. || Herir vivamente los sentimientos. ◇ FAM. desgarrado, desgarrador, desgarradura, desgarramiento, desgarro. GARRA.

desgarriara s. f. Méx. Fam. Desorden.

desgarro s. m. Rotura. || Descaro, desvergüenza. || Afectación de valentía, fanfarronada.

desgastar v. tr. y pron. [1]. Gastar una cosa por el uso o roce. ◆ **desgastarse** v. pron. Perder fuerza, debilitarse. ◇ FAM. desgaste. GASTAR.

desglosar v. tr. [1]. Separar, apartar una cuestión de otras para considerarlas por separado. ◇ FAM. desglose. GLOSAR.

desgobierno s. m. Desorden, falta de gobierno. ◇ FAM. desgobernar. GOBIERNO.

desgracia s. f. Suerte adversa. || Suceso o acontecimiento funesto. || Mal que constituye un perpetuo motivo de pena. || Pérdida de favor o protección. ◇ FAM. desgraciado, desgraciar. GRACIA.

desgraciado, da adj. y s. Que padece o implica desgracia. || Falto de gracia o atractivo. ◆ s. Persona que inspira compasión. || Mala persona.

desgraciar v. tr. y pron. [1]. Echar a perder, malograr. || Quitar la gracia.

desgranar v. tr. y pron. [1]. Sacar los granos de una cosa. ◆ **desgranarse** v. pron. Soltarse las piezas ensartadas. ◇ FAM. desgranado, desgranador. GRANO.

desgravar v. tr. [1]. Rebajar los impuestos sobre determinados objetos. ◇ FAM. desgravación. GRAVAR.

desgreñar v. tr. y pron. [1]. Desordenar el cabello. ◆ **desgreñarse** v. pron. Pelearse acaloradamente. ◇ FAM. desgreñado. GREÑA.

desguace s. m. Acción y efecto de desguazar. || Lugar donde se desguaza.

desguarnecer v. tr. [2m]. Quitar el adorno. || Quitar las guarniciones a una caballería. || Quitar las defensas a una plaza, castillo, etc. || Quitar las piezas esenciales de algo.

desguazar v. tr. [1g]. Deshacer un buque, automóvil, máquina, etc., total o parcialmente. ◇ FAM. desguace.

deshabillé s. m. Salto de cama.

deshabitar v. tr. [1]. Dejar de habitar un lugar o casa. || Dejar sin habitantes un lugar, territorio, etc. ◇ FAM. deshabitado. HABITAR.

deshabituar v. tr. y pron. [1s]. Hacer perder a uno el hábito o costumbre que tenía. ◇ FAM. deshabituación. HABITUAR.

deshacer v. tr. y pron. [11]. Destruir lo que estaba hecho. ‖ Derretir, desleír. ‖ Desgastar, estropear. ◆ v. tr. Producir grave pérdida o daño a alguien. ◆ **deshacerse** v. pron. Afligirse mucho. ‖ Trabajar con gran ahínco. ◇ FAM. deshecho. HACER.

desharrapado, da adj. y s. Andrajoso, desastrado. ◇ FAM. HARAPO.

deshecho, cha adj. Desarreglado. ‖ Abatido, hundido. ‖ Agotado, muy cansado. ‖ *Amér. Merid.* Desastrado. ◆ s. m. *Amér. Central* y *Amér. Merid.* Deshecho, atajo.

deshelar v. tr. y pron. [1j]. Fundir o derretir lo que está helado. ◇ FAM. deshielo. HELAR.

desheredado, da adj. y s. Pobre, menesteroso, marginado.

desheredar v. tr. [1]. Excluir a una persona de la herencia que le corresponde. ◇ FAM. desheredación, desheredado. HEREDAR.

deshidratar v. tr. y pron. [1]. Eliminar el agua contenida en un cuerpo. ◇ FAM. deshidratación, deshidratador, deshidratante. HIDRATAR.

deshielo s. m. Fusión de las nieves y el hielo, a consecuencia de la elevación de la temperatura. ‖ Período en que se produce. ‖ Distensión en las relaciones sociales, políticas, etc.

deshilachar v. tr. y pron. [1]. Deshilar un tejido. ◇ FAM. deshilachado. HILACHA.

deshilar v. tr. y pron. [1]. Sacar hilos de una tela dejándola en forma de fleco. ◇ FAM. deshilado. HILO.

deshilvanado, da adj. Dícese del discurso, pensamiento, etc., sin enlace ni trabazón. ◇ FAM. deshilvanar. HILVANAR.

deshinchar v. tr. y pron. [1]. Quitar la hinchazón de una parte del cuerpo. ‖ Desinflar, sacar el contenido de una cosa hinchada. ◆ **deshincharse** v. pron. Humillarse, achicarse. ‖ Desanimarse.

deshojar v. tr. y pron. [1]. Quitar las hojas a una planta o los pétalos a una flor. ‖ Quitar las hojas a algo. ◇ FAM. deshojador, deshojadura, deshoje. HOJA.

deshollinador, ra adj. y s. Dícese del que tiene por oficio deshollinar las chimeneas. ◆ s. m. Utensilio para deshollinar.

deshollinar v. tr. [1]. Limpiar las chimeneas de hollín. ◇ FAM. deshollinador. HOLLÍN.

deshonesto, ta adj. Impúdico, inmoral. ◇ FAM. deshonestidad. HONESTO, TA.

deshonor s. m. Pérdida del honor, afrenta.

deshonra s. f. Pérdida de la honra. ‖ Cosa que deshonra.

deshonrar v. tr. y pron. [1]. Quitar la honra. ◆ v. tr. Hacer perder a una mujer su virginidad fuera del matrimonio. ◇ FAM. deshonra, deshonroso. HONRAR.

deshora. A deshora, o **deshoras**, fuera de hora o tiempo.

deshuesar v. tr. [1]. Quitar los huesos de la carne de un animal o fruto. ◇ FAM. deshuesado, deshuesador. HUESO.

deshumanizar v. tr. y pron. [1g]. Privar de las características humanas a algo. ‖ Perder una persona sus sentimientos. ◇ FAM. deshumanización. HUMANIZAR.

desiderata s. f. Lista de objetos que se desea adquirir, especialmente libros en las bibliotecas. ◇ FAM. DESEO.

desiderativo, va adj. Que expresa o indica deseo: *oración desiderativa.* ◇ FAM. DESEO.

desidia s. f. Descuido, negligencia, dejadez. ◇ FAM. desidioso.

desierto, ta adj. Despoblado, inhabitado. ‖ Dícese de la subasta o certamen en que nadie toma parte o que a nadie se adjudica. ◆ s. m. Lugar seco y casi siempre arenoso, de baja pluviosidad y escasa vegetación. ◇ FAM. desertar, desértico.

designar v. tr. [1]. Denominar, nombrar. ‖ Señalar o elegir una persona o cosa para determinado fin. ◇ FAM. designación, designio. SIGNAR.

designio s. m. Propósito o proyecto de hacer cierta cosa.

desigual adj. Que no es igual, diferente. ‖ De distinto nivel, no liso. ‖ Inconstante, variable. ◇ FAM. desigualado, desigualar, desigualdad. IGUAL.

desigualar v. tr. [1]. Hacer a alguien o a algo desigual.

desigualdad s. f. Calidad de desigual. ‖ Falta de igualdad. ‖ Injusticia.

desilusión s. f. Carencia o pérdida de las ilusiones. ‖ Decepción, chasco. ◇ FAM. desilusionar. ILUSIÓN.

desinencia s. f. LING. Terminación variable de las palabras, que tiene una función gramatical o léxica. ◇ FAM. desinencial.

desinfectar v. tr. y pron. [1]. Destruir los gérmenes que pueden causar infección. ◇ FAM. desinfección, desinfectante. INFECTAR.

desinflamar v. tr. y pron. [1]. Disminuir la intensidad de un proceso inflamatorio.

desinflar v. tr. y pron. [1]. Sacar el aire de un cuerpo inflado. ‖ *Fam.* Desanimar, desilusionar. ‖ *Fam.* Disminuir la importancia de algo.

desinformar v. tr. [1]. Manipular la información para crear confusión o encubrir ciertos hechos. ◇ FAM. desinformación. INFORMAR.

desinhibir v. tr. y pron. [3]. Suprimir una inhibición o librarse de ella. ◇ FAM. desinhibición, desinhibido. INHIBIR.

desinsectación s. f. Destrucción de los insectos nocivos de un lugar. ◇ FAM. desinsectador, desinsectar. INSECTO.

desintegrar v. tr. y pron. [1]. Romper la integridad de lo que forma un todo unitario. ◇ FAM. desintegración. INTEGRAR.

desinterés s. m. Falta de interés, abandono. ‖ Generosidad, altruismo. ◇ FAM. desinteresado, desinteresarse. INTERÉS.

desinteresarse v. pron. [1]. Perder el interés por alguien.o algo.

desintoxicar v. tr. y pron. [1a]. Combatir la intoxicación o sus efectos. ‖ Eliminar los efectos de una información considerada negativa. ◇ FAM. desintoxicación. INTOXICAR.

desistir v. intr. [3]. Abandonar un propósito o intento. ◇ FAM. desistimiento.

deslavazado, da adj. Desordenado, disperso. ‖ Blando, falto de firmeza. ◇ FAM. deslave.

deslave s. m. Amér. Derrubio.

desleal adj. y s. m. y f. Que obra sin lealtad. ◇ FAM. deslealtad. LEAL.

desleír v. tr. y pron. [25]. Disolver un cuerpo sólido por medio de un líquido. ◇ FAM. desleimiento.

deslenguado, da adj. Desvergonzado, mal hablado. ◇ FAM. deslenguarse. LENGUA.

desliar v. tr. y pron. [1t]. Deshacer o desatar un lío o paquete.

desligar v. tr. y pron. [1b]. Desatar las ligaduras. ‖ Separar, desunir. ‖ Librar de un compromiso, obligación, etc. ◇ FAM. desligadura. LIGAR.

deslindar v. tr. [1]. Señalar los límites de un lugar. ‖ Aclarar, definir. ◇ FAM. deslindador, deslindamiento, deslinde. LINDAR.

desliz s. m. Indiscreción, equivocación. ‖ Falta moral, tropiezo.

deslizar v. tr. y pron. [1g]. Pasar o mover suavemente una cosa sobre otra. ‖ Decir o hacer una cosa intencionada con disimulo. ◆ v. intr. y pron. Patinar, resbalar. ◆ deslizarse v. pron. Escabullirse. ‖ Incurrir en un error, indiscreción, falta, etc. ◇ FAM. desliz, deslizable, deslizamiento.

deslomar v. tr. y pron. [1]. Lastimar los lomos. ‖ Fam. Dar una paliza. ‖ Fam. Rendir, agotar. ◇ FAM. deslomadura. LOMO.

deslucir v. tr. y pron. [3g]. Quitar la buena apariencia o el atractivo. ‖ Desacreditar. ◇ FAM. deslucido, deslucimiento. LUCIR.

deslumbrar v. tr. y pron. [1]. Ofuscar la vista con demasiada luz. ‖ Fascinar, asombrar. ◇ FAM. deslumbrador, deslumbramiento, deslumbrante. LUMBRE.

deslustrar v. tr. [1]. Quitar el lustre a una cosa. ‖ Deslucir, difamar, desprestigiar. ◇ FAM. deslustrador. LUSTRAR.

desmadejar v. tr. y pron. [1]. Causar flojedad y debilidad en el cuerpo. ◇ FAM. desmadejado, desmadejamiento.

desmadrarse v. pron. [1]. Fam. Excederse, actuar con desenfreno. ◇ FAM. desmadrado, desmadre.

desmagnetizar v. tr. [1g]. Suprimir la imantación. ◇ FAM. desmagnetización. MAGNETIZAR.

desmalezar v. tr. [1g]. Amér. Central y Amér. Merid. Quitar la maleza. ◇ FAM. MALEZA.

desmán s. m. Exceso, desorden, demasía. ‖ Injusticia, atropello. ‖ Desgracia, suceso infausto. ◇ FAM. DESMANDARSE.

desmanchar v. tr. [1]. Amér. Central y Amér. Merid. Alejarse de las amistades. ◆ v. intr. Amér. Central y Amér. Merid. Huir, salir corriendo. ◆ desmancharse v. pron. Amér. Central y Amér. Merid. Salirse de la manada un animal.

desmandarse v. pron. [1]. Insubordinarse, propasarse, sublevarse. ◇ FAM. desmán, desmandado.

desmano. A desmano, en lugar apartado, a trasmano.

desmanotado, da adj. y s. Fam. Torpe, inhábil. ◇ FAM. MANO¹.

desmantelar v. tr. [1]. Derribar una fortificación. ‖ Despojar una casa, edificio, etc., de sus complementos necesarios. ‖ Desarbolar una embarcación. ◇ FAM. desmantelado, desmantelamiento.

desmañado, da adj. y s. Inhábil, desmanotado. ◇ FAM. MAÑA.

desmañanarse v. pron. [1]. Méx. Despertarse muy temprano.

desmaquillador, ra adj. y s. m. Dícese del cosmético facial que limpia de maquillaje la piel. ◇ FAM. desmaquillar. MAQUILLAR.

desmarcarse v. pron. [1a]. Eludir un trabajo, obligación, etc. ‖ DEP. Librarse del marcaje de un contrario. ◇ FAM. desmarcado. MARCAR.

desmayado, da adj. Dícese del color pálido. ‖ Decaído, abatido.

desmayar v. intr. [1]. Perder el ánimo, flaquear. ◆ desmayarse v. pron. Sufrir un desmayo. ◇ FAM. desmayado, desmayo.

desmayo s. m. Desaliento, pérdida de las fuerzas. ‖ Síncope, pérdida momentánea del conocimiento.

desmedido, da adj. Desproporcionado, falto de medida, excesivo.

desmedirse v. pron. [30]. Desmandarse, excederse. ◇ FAM. desmedido. MEDIR.

desmedrar v. intr. y pron. [1]. Debilitarse o decaer una persona o cosa. ◇ FAM. desmedrado. MEDRAR.

desmejorar v. tr. y pron. [1]. Ajar, deslucir. ◆ v. intr. y pron. Ir perdiendo la salud. ◇ FAM. desmejora, desmejoramiento. MEJORAR.

desmelenar v. tr. y pron. [1]. Desordenar el cabello. ◆ desmelenarse v. pron. Fam. Desmedirse, actuar con excesiva libertad. ◇ FAM. desmelenado, desmelenamiento. MELENA¹.

desmembrar v. tr. [1j]. Dividir y separar los miembros del cuerpo. ◆ v. tr. y pron. Separar en partes un conjunto. ◇ FAM. desmembración, desmembrador, desmembramiento. MIEMBRO.

desmemoriado, da adj. y s. Que tiene

poca memoria. ⬦ FAM. desmemoriarse. MEMORIA.

desmentir v. tr. [22]. Decir que algo no es verdad o sostener o demostrar que es falso. ‖ Proceder alguien de un modo peor al que corresponde por su origen, circunstancias, etc. ⬦ FAM. desmentido. MENTIR.

desmenuzar v. tr. y pron. [1g]. Deshacer una cosa dividiéndola en partes menudas. ⬥ v. tr. Examinar minuciosamente una cosa. ⬦ FAM. desmenuzable, desmenuzamiento. MENUDO, DA.

desmerecer v. tr. [2m]. No merecer o hacerse indigno de algo. ⬥ v. intr. Perder una cosa parte de su valor. ‖ Desentonar. ⬦ FAM. desmerecedor, desmerecimiento. MERECER.

desmesurado, da adj. Excesivo, mayor de lo común. ⬥ adj. y s. Descortés, insolente. ⬦ FAM. desmesurar. MESURA.

desmigajar v. tr. y pron. [1]. Hacer migajas algo. ⬦ FAM. MIGAJA.

desmilitarización s. f. Medida que prohíbe toda presencia o actividad militar en una zona.

desmilitarizar v. tr. [1g]. Quitar el carácter militar a una cosa. ‖ Retirar las instalaciones militares de un territorio. ⬦ FAM. desmilitarización. MILITARIZAR.

desmirriado, da adj. Esmirriado.

desmitificar v. tr. y pron. [1a]. Eliminar el concepto o sentido mítico de algo o alguien. ⬦ FAM. desmitificación. MITIFICAR.

desmochar v. tr. [1]. Quitar, arrancar o desgajar la parte superior de una cosa. ‖ Cortar o eliminar parte de una obra artística. ⬦ FAM. desmocho. MOCHO.

desmocho s. m. Conjunto de las partes que se quitan o cortan de lo que se desmocha.

desmontar v. tr. [1]. Cortar en un monte o parte de él los árboles o matas. ‖ Separar, desunir las piezas de que se compone una cosa. ‖ Desarmar un arma de fuego. ⬥ v. tr., intr. y pron. Bajar a alguien de una cabalgadura. ⬦ FAM. desmontable, desmonte. MONTAR.

desmonte s. m. Acción y efecto de desmontar un terreno. ‖ Terreno o lugar desmontado.

desmoralizar v. tr. y pron. [1g]. Apartar de la moral o las buenas costumbres. ‖ Desanimar, desalentar. ⬦ FAM. desmoralización, desmoralizador, desmoralizante. MORALIZAR.

desmoronar v. tr. y pron. [1]. Deshacer, disgregar poco a poco un cuerpo sólido. ⬥ desmoronarse v. pron. Venir a menos, decaer. ⬦ FAM. desmoronadizo, desmoronamiento.

desmotivar v. tr. [1]. Hacer perder a alguien toda motivación o estímulo.

desmovilizar v. tr. [1g]. Licenciar a las tropas o a las personas movilizadas. ⬦ FAM. desmovilización. MOVILIZAR.

desnatar v. tr. [1]. Quitar la nata a la leche o a otro producto lácteo. ⬦ FAM. desnatado. NATA.

desnaturalizar v. tr. y pron. [1g]. Privar a alguien de su nacionalidad. ⬥ v. tr. Hacer perder las propiedades naturales de algo. ⬦ FAM. desnaturalización, desnaturalizado. NATURALIZAR.

desnivel s. m. Falta de nivel. ‖ Diferencia de alturas entre dos o más puntos. ⬦ FAM. desnivelar. NIVEL.

desnivelar v. tr. y pron. [1]. Hacer que una cosa tenga desnivel. ⬦ FAM. desnivelación. DESNIVEL.

desnucar v. tr. y pron. [1a]. Fracturar los huesos de la nuca. ⬦ FAM. desnucamiento. NUCA.

desnuclearizar v. tr. y pron. [1g]. Prohibir o limitar el uso o fabricación de material nuclear. ⬦ FAM. desnuclearización. NUCLEAR.

desnudar v. tr. y pron. [1]. Dejar o quedar desnudo. ‖ Quitar lo que cubre o adorna una cosa. ‖ Despojar, desvalijar. ⬦ FAM. desnudez, desnudo. / nudismo.

desnudo, da adj. Que no está vestido. ‖ Que lleva poca ropa. ‖ Falto de lo que adorna. ⬥ s. m. Figura humana o parte de ella desprovista de ropas.

desnutrición s. f. Estado de debilidad del organismo a causa de una nutrición deficiente. ⬦ FAM. desnutrirse. NUTRICIÓN.

desobedecer v. tr. [2m]. No obedecer a lo que se manda o está mandado. ⬦ FAM. desobediencia, desobediente. OBEDECER.

desobediente adj. y s. m. y f. Rebelde, insumiso.

desobligado s. m. *Méx.* Irresponsable.

desocupación s. f. Falta de ocupación.

desocupado, da adj. y s. Que no tiene ocupación o empleo. ⬥ adj. Vacío, que no contiene nada.

desocupar v. tr. [1]. Desembarazar, dejar libre un lugar. ‖ Sacar lo que hay dentro de alguna cosa. ⬥ desocuparse v. pron. Quedar libre de un empleo. ⬦ FAM. desocupación, desocupado. OCUPAR.

desodorante adj. y s. m. Que elimina los olores molestos o desagradables. ⬥ s. m. Producto que elimina el olor corporal. ⬦ FAM. desodorizar.

desoír v. tr. [26]. Desatender, no prestar atención.

desojarse v. pron. [1]. Mirar con mucho ahínco para ver o hallar una cosa. ⬦ FAM. OJO.

desolar v. tr. [1r]. Asolar, destruir, arrasar. ⬥ v. tr. y pron. Afligir, apenar. ⬦ FAM. desolación, desolador.

desollar v. tr. y pron. [1r]. Quitar la piel o pellejo. ⬥ v. tr. *Fam.* Criticar, murmurar. ⬦ FAM. desollador, desolladura, desuello.

desorbitar v. tr. y pron. [1]. Hacer que una cosa salga de su órbita habitual.

◆ v. tr. Exagerar, desquiciar. ◇ FAM. desorbitado. ÓRBITA.

desorden s. m. Falta de orden, confusión. ‖ Alteración del orden público. ‖ Demasía, exceso. ◇ FAM. desordenado, desordenar. ORDEN.

desordenado, da adj. Que no tiene orden. ‖ Que actúa sin regularidad o método. ‖ Que no se ajusta a las normas morales o sociales.

desordenar v. tr. y pron. [1]. Poner en desorden, desorganizar. ◆ **desordenarse** v. pron. Excederse.

desorejado, da adj. y s. *Fam.* Vil, infame. ◆ adj. *Amér. Central y Colomb.* Tonto. ‖ *Amér. Merid.* y *Pan.* Que tiene mal oído para la música. ‖ *Argent., Cuba y Urug.* Derrochador. ‖ *Argent.* y *Urug.* Irresponsable, descarado.

desorejar v. tr. [1]. Cortar las orejas. ◇ FAM. desorejado, desorejamiento. OREJA.

desorganización s. f. Destrucción del orden o estructura de un conjunto organizado.

desorganizar v. tr. [1g]. Destruir el orden u organización de algo. ◇ FAM. desorganización. ORGANIZAR.

desorientar v. tr. y pron. [1]. Hacer perder la orientación. ‖ Confundir, ofuscar. ◇ FAM. desorientación, desorientado, desorientador. ORIENTAR.

desosar v. tr. [1i]. Deshuesar*.

desovar v. intr. [1]. Depositar sus huevos las hembras de los peces, insectos y anfibios. ◇ FAM. desove. HUEVO.

desoxidar v. tr. y pron. [1]. Limpiar un metal del óxido que lo mancha. ‖ Desoxigenar. ◇ FAM. desoxidable, desoxidación, desoxidante. OXIDAR.

desoxigenar v. tr. y pron. [1]. Quitar el oxígeno a una sustancia. ◇ FAM. desoxigenación, desoxigenante. OXIGENAR.

despabilado, da adj. Espabilado*.

despabilar v. tr. [1]. Espabilar*. ◇ FAM. despabilado. PABILO.

despachante s. m. y f. *Argent.* Dependiente de comercio. ● **Despachante de aduana** (*Argent., Par.* y *Urug.*), agente que tramita el despacho de las mercancías en la aduana.

despachar v. tr., intr. y pron. [1]. Concluir algo con prontitud. ◆ v. tr. e intr. Resolver y decidir negocios. ‖ Atender a los compradores en un comercio. ◆ v. tr. Enviar a una persona o cosa a una parte. ‖ Despedir de un empleo. ◆ v. tr. y pron. *Fam.* Matar. ◆ **despacharse** v. pron. *Fam.* Hablar sin contención, desahogarse. ◇ FAM. despachante, despachero, despacho.

despachero, ra s. *Chile.* Persona que tiene un despacho, tienda.

despacho s. m. Habitación o local para trabajar. ‖ Mobiliario de esta habitación. ‖ Comunicación transmitida por telégrafo, teléfono, etc. ‖ Comunicación oficial. ‖ *Chile.* Tienda pequeña de comestibles.

despachurrar v. tr. y pron. [1]. *Fam.* Aplastar o reventar una cosa. ◇ FAM. despachurramiento, despachurro. / espachurrar.

despacio adv. m. Poco a poco, lentamente. ‖ *Amér. Central y Amér. Merid.* En voz baja. ◆ adv. t. Por tiempo dilatado: *hablemos de esto más despacio.* ◇ FAM. despacioso. ESPACIO.

despampanante adj. *Fam.* Asombroso, llamativo. ◇ FAM. despampanar.

despancar v. tr. [1a]. *Bol.* y *Perú.* Separar la envoltura o panca de la mazorca del maíz. ◇ FAM. PANCA.

despanzurrar v. tr. y pron. [1]. *Fam.* Despachurrar. ◇ FAM. despanzurramiento. PANZA.

desparejar v. tr. y pron. [1]. Separar dos cosas que forman pareja. ◇ FAM. desparejado. PAREJA.

desparejo, ja adj. Dispar, desigual.

desparpajo s. m. *Fam.* Desenvoltura para decir o hacer algo. ‖ *Amér. Central. Fam.* Desorden, confusión.

desparramar v. tr. y pron. [1]. Esparcir, extender lo que está junto. ◆ v. tr. *Argent., Méx., Par.* y *P. Rico.* Divulgar una noticia. ◇ FAM. desparramado, desparramamiento, desparramo.

desparramo s. m. *Chile.* y *Urug.* Desbarajuste, desconcierto.

despatarrarse v. pron. [1]. Quedar o ponerse con las piernas muy abiertas. ◇ FAM. despatarrado. PATA.

despavorido, da adj. Lleno de pavor. ◇ FAM. despavorir. PAVOR.

despecho s. m. Indignación o aborrecimiento causado por un desengaño. ◇ FAM. despechado, despechar. / despectivo.

despechugar v. tr. [1b]. Quitar la pechuga a un ave. ◆ **despechugarse** v. pron. *Fam.* Dejar el pecho al descubierto. ◇ FAM. PECHUGA.

despectivo, va adj. Que desprecia o indica desprecio. ◇ FAM. despectivamente. DESPECHO.

despedazar v. tr. y pron. [1g]. Hacer pedazos. ‖ Causar un gran daño moral. ◇ FAM. despedazamiento. PEDAZO.

despedida s. f. Acción y efecto de despedir o despedirse. ‖ Expresión utilizada para despedirse.

despedir v. tr. [30]. Lanzar, soltar, arrojar. ‖ Difundir, esparcir. ◆ v. tr. y pron. Acompañar a una persona para decirle adiós. ‖ Echar de un empleo. ◇ FAM. despedida, despido. PEDIR.

despegado, da adj. Que es seco y poco sociable en el trato.

despegar v. tr. y pron. [1b]. Separar una cosa de otra a la que está pegada. ◆ v. intr. Separarse de la superficie donde está posado un avión, cohete, etc.

◆ **despegarse** v. pron. Distanciarse de alguien o algo. ‖ DEP. En una carrera, separarse del grupo o del pelotón. ◇ FAM. despegable, despegado, despego, despegue. PEGAR.

despego s. m. Desapego.

despegue s. m. Acción y efecto de despegar un avión, cohete, etc. ‖ ECON. Etapa de impulso inicial que conduce a un crecimiento económico sostenido.

despeinar v. tr. y pron. [1]. Deshacer el peinado, desordenar el cabello.

despejar v. tr. [1]. Desembarazar o desocupar un lugar. ‖ DEP. Alejar el balón del campo propio. ‖ MAT. Aislar una incógnita en una ecuación. ◆ v. tr. y pron. Aclarar lo confuso. ‖ Espabilar, mantener despierto. ◆ **despejarse** v. pron. Aclararse el cielo. ◇ FAM. despejado, despeje, despejo.

despellejar v. tr. y pron. [1]. Desollar. ‖ Criticar cruelmente. ◇ FAM. despellejamiento. PELLEJO.

despelotarse v. pron. [1]. *Fam.* Desnudarse. ◇ FAM. despelote. PELOTA.

despelucar v. tr. y pron. [1]. *Chile, Colomb., Méx.* y *Pan.* Despeluzar, descomponer. ◆ v. tr. *Argent.* y *Méx. Fam.* Robar en el juego.

despeluchar v. intr. [1]. Cambiar un animal el pelaje. ◇ FAM. PELO.

despeluzar v. tr. [1]. *Cuba* y *Nicar.* Desplumar. ◇ FAM. despeluzamiento. PELO.

despenalización s. f. Acción y efecto de despenalizar.

despenalizar v. tr. [1g]. Dejar de considerar delito: *despenalizar el aborto.* ◇ FAM. despenalización. PENALIZAR.

despensa s. f. Lugar de la casa donde se guardan las provisiones de alimentos. ‖ Provisión de comestibles.

despeñadero s. m. Precipicio, declive alto y peñascoso.

despeñar v. tr. y pron. [1]. Precipitar, arrojar o caer desde un precipicio. ◇ FAM. despeñadero. PEÑA.

despepitarse v. pron. [1]. Hablar o gritar con vehemencia. ‖ Sentir gran deseo de una cosa.

despercudido, da adj. *Amér. Central* y *Amér. Merid.* De piel clara. ‖ *Chile.* Despabilado, vivo, despejado.

despercudir v. tr. [30]. Limpiar una cosa. ◇ FAM. despercudido. PERCUDIR.

desperdiciar v. tr. [1]. Malgastar algo o no usarlo. ◇ FAM. desperdicio.

desperdicio s. m. Derroche, despilfarro. ‖ Residuo de lo que no se aprovecha.

desperdigar v. tr. [1b]. Separar, esparcir. ◇ FAM. desperdigamiento.

desperezarse v. pron. [1g]. Estirar los miembros para librarse del entumecimiento o de la pereza. ◇ FAM. desperezo. PEREZA.

desperfecto s. m. Leve deterioro. ‖ Falta o defecto en una cosa.

despernancarse v. pron. [1]. *Amér. Central* y *Amér. Merid.* Despatarrarse.

despersonalizar v. tr. y pron. [1g]. Hacer perder los rasgos característicos que distinguen a alguien. ◇ FAM. despersonalización. PERSONALIZAR.

despertador s. m. Reloj que suena para despertar a la hora que se marca.

despertar v. tr., intr. y pron. [1j]. Interrumpir el sueño, dejar de dormir. ◆ v. tr. Traer a la memoria una cosa ya olvidada. ‖ Estimular, provocar: *despertar simpatías.* ◆ v. intr. y pron. Hacerse más listo y astuto. ◇ FAM. despertador, despierto.

despezuñarse v. pron. [1]. Estropearse las pezuñas un animal. ‖ *Chile, Colomb., Hond.* y *P. Rico.* Andar muy de prisa. ‖ *Chile, Colomb., Hond.* y *P. Rico.* Desvivirse. ◇ FAM. PEZUÑA.

despiadado, da adj. Inhumano, cruel. ◇ FAM. despiadadamente. PIEDAD.

despido s. m. Acción y efecto de despedir a alguien de un empleo.

despiece s. m. Acción de descuartizar a un animal. ◇ FAM. despiezar. PIEZA.

despierto, ta adj. Espabilado, listo, inteligente.

despilfarrar v. tr. [1]. Derrochar, malgastar. ◇ FAM. despilfarrador, despilfarro.

despilfarro s. m. Gasto excesivo o superfluo.

despintar v. tr. y pron. [1]. Quitar la pintura. ◆ v. tr. Cambiar, desfigurar un asunto. ‖ *Chile, Colomb.* y *P. Rico.* Apartar la vista. ◆ **despintarse** v. pron. Desteñirse o perder el color.

despiojar v. tr. [1]. Quitar los piojos. ◇ FAM. PIOJO.

despiole s. m. *Argent.* Situación de confusión y desorden, jaleo.

despiporre s. m. *Méx. Fam.* Desorden festivo, escándalo.

despistado, da adj. y s. Que no se fija o está distraído.

despistar v. tr. y pron. [1]. Desorientar, desconcertar, distraer. ◇ FAM. despistado, despiste. PISTA.

despiste s. m. Fallo². ‖ *Argent.* En carreras automovilísticas, involuntaria salida de la pista. ‖ *Argent. Fam.* Distracción, lapsus.

desplantar v. tr. [1]. Arrancar de raíz una planta. ◇ FAM. desplante. PLANTAR.

desplante s. m. Dicho o hecho arrogante, descarado. ‖ Adorno que hace el torero para rematar una serie de pases.

desplayado s. m. *Argent.* Playa de arena que aparece con la marea baja. ‖ *Argent., Guat.* y *Urug.* Descampado, terreno sin maleza. ◇ FAM. PLAYA.

desplazado, da adj. Que no está adaptado al sitio en que se halla.

desplazar v. tr. [1g]. Desalojar un cuerpo, especialmente un buque, un volumen de agua u otro líquido, igual al de la parte sumergida. ‖ Sacar a alguien del puesto que ocupa. ◆ v. tr. y pron. Trasladar, mover. ◆ **desplazarse** v. pron. Trasladarse de un lugar a otro. ◇ FAM. desplazado, desplazamiento. PLAZA.

desplegar v. tr. y pron. [1j]. Extender lo que está plegado. ‖ Pasar una tropa de una formación cerrada a otra abierta. ◆ v. tr. Ejercitar una actividad o manifestar una cualidad. ◇ FAM. despliegue. PLEGAR.

despliegue s. m. Acción y efecto de desplegar o desplegarse.

desplomarse v. pron. [1]. Caer a plomo una cosa de gran peso. ‖ Caer sin vida o sin conocimiento una persona. ‖ Arruinarse, hundirse. ◇ FAM. desplome. PLOMO.

desplumar v. tr. y pron. [1]. Quitar las plumas a un ave. ◆ v. tr. Fam. Dejar a alguien sin dinero. ◇ FAM. desplumado, desplumadura. PLUMA.

despoblado s. m. Sitio no poblado.

despoblar v. tr. y pron. [1r]. Disminuir considerablemente la población de un lugar. ◆ v. tr. Despojar un lugar de lo que hay en él. ◇ FAM. despoblación, despoblado, despoblador, despoblamiento. POBLAR.

despojar v. tr. [1]. Privar a uno, generalmente con violencia, de lo que tiene. ◆ **despojarse** v. pron. Desvestirse. ◇ FAM. despojo.

despojo s. m. Acción y efecto de despojar o despojarse. ‖ Botín del vencedor. ‖ Cosa que se ha perdido por el tiempo, la muerte, etc. ◆ pl. Conjunto de sobras o residuos. ‖ Cadáver. ‖ Conjunto de vísceras y partes menos carnosas de aves y reses.

despolitizar v. tr. [1g]. Quitar el carácter político a algo o a alguien. ◇ FAM. despolitización. POLITIZAR.

desportillar v. tr. y pron. [1]. Deteriorar una cosa abriéndole un portillo en su boca o canto². ◇ FAM. desportilladura. PORTILLO.

desposar v. tr. [1]. Unir el sacerdote en matrimonio a una pareja. ◆ **desposarse** v. pron. Contraer esponsales o matrimonio. ◇ FAM. desposado. ESPOSO, SA.

desposeer v. tr. [2i]. Privar a alguien de lo que posee. ◆ **desposeerse** v. pron. Renunciar a lo que se posee. ◇ FAM. desposeído, desposeimiento. POSEER.

despostador s. m. Argent. Persona encargada de despostar.

despostar v. tr. [1]. Amér. Merid. Descuartizar una res o ave. ◇ FAM. despostador, despostar.

despostillar v. tr. [1]. Amér. Desportillar.

déspota s. m. Soberano que gobierna sin sujeción a las leyes. ‖ Persona que abusa de su poder o autoridad. ◇ FAM. despótico, despotismo, despotizar.

despotismo s. m. Autoridad absoluta. ‖ Abuso de poder.

despotizar v. tr. [1g]. Amér. Merid. Gobernar como un déspota.

despotricar v. intr. y pron. [1a]. Fam. Hablar sin consideración ni reparo: despotricar contra alguien. ◇ FAM. despotrique.

despreciar v. tr. y pron. [1]. Desestimar, tener en poco. ‖ Desairar, desdeñar, tener a menos. ◇ FAM. despreciable, despreciativo, desprecio. PRECIO.

desprecio s. m. Falta de aprecio o estima. ‖ Desaire u ofensa que se hace a alguien.

desprender v. tr. y pron. [2]. Desunir lo que estaba fijo o unido. ‖ Echar de sí. ◆ **desprenderse** v. pron. Renunciar a una cosa. ‖ Deducirse, inferirse. ◇ FAM. desprendido, desprendimiento. PRENDER.

desprendido, da adj. Desinteresado, generoso.

despreocupación s. f. Estado de ánimo del que carece de preocupaciones. ‖ Descuido, negligencia.

despreocuparse v. pron. [1]. Librarse de una preocupación. ‖ Desentenderse, descuidar a una persona o cosa. ◇ FAM. despreocupación, despreocupado. PREOCUPAR.

despresar v. tr. [1]. Amér. Merid. Descuartizar un ave.

desprestigiar v. tr. y pron. [1]. Quitar el prestigio. ◇ FAM. desprestigio. PRESTIGIAR.

desprevenido, da adj. Que no está prevenido para algo.

desprolijo, ja adj. Argent. Dícese de los asuntos, generalmente públicos, con descuido en aspectos formales. ‖ Argent., Chile y Urug. Falto de prolijidad, poco esmerado.

desproporción s. f. Falta de proporción. ◇ FAM. desproporcionado, desproporcionar. PROPORCIÓN.

desproporcionado, da adj. Que no guarda la proporción debida.

despropósito s. m. Disparate.

desproteger v. tr. y pron. [2]. Descuidar la protección de alguien o algo.

desproveer v. tr. [2ñ]. Quitar a alguien o algo una cosa necesaria. ◇ FAM. desprovisto. PROVEER.

desprovisto, ta adj. Falto de lo necesario.

después adv. l. y t. Indica posterioridad de tiempo o lugar: después de comer. ◆ adv. ord. Denota posterioridad en el orden o jerarquía: es el primero, después del director. ◆ conj. advers. Se usa con valor adversativo: después de mi esfuerzo, recibo este trato. ◆ adj. Con sustantivos que implican división de tiempo, expresa posterioridad: un año después. ◇ FAM. despuesito.

despuesito adv. t. Guat., Méx. y P. Rico. Fam. Después, en seguida.

despuntar v. tr. y pron. [1]. Quitar o gastar la punta de algo: despuntar un lápiz. ◆ v. tr. Argent. Remontar un río por las márgenes hasta las puntas. ◆ v. intr. Empezar a brotar las plantas. ‖ Distinguirse, sobresalir. ‖ Empezar a manifestarse algo:

despuntar el día. ⟷ FAM. despuntadura, despunte. PUNTA.

despunte s. m. *Argent.* y *Chile.* Leña delgada o desmocho.

desquiciar v. tr. y pron. [1]. Desencajar una cosa. || Dar mucha importancia a una cosa o forzar su interpretación. || Trastornar, perturbar la serenidad o la paciencia de alguien.⟷ FAM. desquiciador, desquiciamiento. QUICIO.

desquitar v. tr. y pron. [1]. Restaurar la pérdida o contratiempo sufridos por alguien. ◆ **desquitarse** v. pron. Vengar a alguien de un disgusto, ofensa, etc. ⟷ FAM. desquite. QUITAR.

desratizar v. tr. [1g]. Exterminar las ratas y ratones de un lugar. ⟷ FAM. desratización. RATA.

desrielar v. intr. y pron. [1]. *Amér. Central, Bol., Chile, Perú* y *Venez.* Descarrilar. ⟷ FAM. RIEL.

desriñonar v. tr. y pron. [1]. Derrengar, deslomar. ⟷ FAM. RIÑÓN.

destacamento s. m. Grupo de soldados con una misión determinada.

destacar v. tr. y pron. [1a]. Separar una parte de tropa del grueso del ejército. ◆ v. tr., intr. y pron. Realzar, poner de relieve. ◆ v. intr. y pron. Sobresalir. ⟷ FAM. destacado, destacamento. TACO.

destajar v. tr. [1]. *Ecuad.* y *Méx.* Descuartizar una res.

destajo s. m. Trabajo que se ajusta por un tanto convenido y no por jornal. ● **A destajo,** con empeño y aprisa.

destapar v. tr. [1]. Quitar la tapa o tapón. ◆ v. tr. y pron. Descubrir, revelar. || Desarropar. ◆ **destaparse** v. pron. Sorprender con una acción o dicho. ⟷ FAM. destape. TAPAR.

destape s. m. Acción y efecto de destapar. || En los espectáculos, acción de desnudarse.

destartalado, da adj. y s. Deteriorado, desarmado. || Desproporcionado, muy grande.

destello s. m. Resplandor, ráfaga de luz intensa y breve. || Manifestación momentánea de algo: *destello de alegría.* ⟷ FAM. destellar.

destemplado, da adj. Que siente frío y un ligero malestar físico. || Dícese de las personas y actitudes bruscas o irritadas. || Dícese del tiempo desapacible. || Dícese del cuadro en el que no hay armonía entre los colores.

destemplar v. tr. [1]. Alterar la armonía y orden de una cosa. ◆ v. tr. y pron. Desafinar un instrumento musical. || Quitar el temple al acero. ◆ **destemplarse** v. pron. Sentir malestar físico, acompañado de frío. || Perder la moderación. ⟷ FAM. destemplado. TEMPLAR.

desteñir v. tr., intr. y pron. [24]. Borrar o empalidecer los colores, quitando el tinte. ⟷ FAM. desteñido. TEÑIR.

desternillarse v. prón. [1]. Reírse mucho, troncharse.

desterrar v. tr. [1j]. Expulsar a uno de un territorio o lugar, en especial por causas políticas. || Apartar de sí, desechar. || Abandonar una costumbre o uso. ⟷ FAM. desterrado, destierro. TIERRA.

destetar v. tr. y pron. [1]. Hacer que deje de mamar el niño o las crías de animales. || Hacer que los hijos se valgan por sí mismos. ⟷ FAM. destete. TETA.

destiempo. A destiempo, fuera de plazo, en momento no oportuno.

destierro s. m. Deportación, exilio.

destilar v. tr. e intr. [1]. Separar un líquido volátil de otros que lo son menos, mediante calor. || Correr un líquido gota a gota. ◆ v. tr. y pron. Filtrar, colar. ⟷ FAM. destilable, destilación, destilador, destilería.

destilería s. f. Establecimiento o fábrica donde se destilan ciertos productos alcohólicos.

destinar v. tr. [1]. Señalar o determinar una cosa para un fin concreto. || Designar a una persona para un empleo determinado. ⟷ FAM. destinación, destinado, destinatario; destino. / predestinar.

destinatario, ria s. Persona a quien va dirigida una cosa.

destino s. m. Hado, fuerza que regula de manera fatal los acontecimientos. || Situación a que una persona llega por sus propios actos. || Uso o aplicación que se da a una cosa. || Empleo, ocupación. || Lugar al que se dirige una persona o cosa.

destituir v. tr. [29]. Desposeer a alguien de su empleo o cargo. ⟷ FAM. destitución, destituible.

destornillador s. m. Instrumento para atornillar y desatornillar.

destornillar v. tr. [1]. Desatornillar. ⟷ FAM. destornillador. TORNILLO.

destral s. m. Hacha pequeña que suele manejarse con una mano.

destreza s. f. Agilidad, habilidad. ⟷ FAM. DIESTRO, TRA.

destripar v. tr. [1]. Quitar o sacar las tripas. || *Fam.* Despedazar una cosa. ⟷ FAM. destripador, destripamiento. TRIPA.

destronar v. tr. [1]. Deponer, echar del trono a un rey. || Quitar a alguien su preeminencia. ⟷ FAM. destronamiento. TRONO.

destrozar v. tr. y pron. [1g]. Despedazar, hacer trozos. || Deteriorar algo no material. ◆ v. tr. Causar gran daño moral: *la noticia del accidente lo destrozó.* || Derrotar con contundencia al enemigo. ⟷ FAM. destrozado, destrozo. TROZO.

destructor s. m. Buque de guerra, encargado especialmente de misiones de escolta.

destrucción s. f. Acción y efecto de destruir. || Ruina.

destruir v. tr. y pron. [29]. Arruinar, deshacer una cosa material. ← v. tr. Inutilizar una cosa inmaterial. ◇ FAM. destrucción, destructible, destructivo, destructor, destruible. / indestructible.

desunir v. tr. y pron. [3]. Separar lo que está unido. || Enemistar, desavenir. ◇ FAM. desunión. UNIR.

desusado, da adj. Poco usual. || Anticuado.

desuso s. m. Falta de uso: *caer una moda en desuso.* ◇ FAM. desusado, desusar. USO.

desvaído, da adj. Dícese del color pálido y débil. || Poco definido, impreciso.

desvalido, da adj. y s. Falto de ayuda y protección. ◇ FAM. desvalimiento. VALER[1].

desvalijar v. tr. [1]. Robar o despojar a alguien de lo que tiene. ◇ FAM. desvalijador, desvalijamiento. VALIJA.

desvalorizar v. tr. [1g]. Disminuir el valor o estimación de una cosa o persona. ◇ FAM. desvalorización. VALORIZAR.

desván s. m. Parte más alta de la casa, debajo del tejado.

desvanecer v. tr. y pron. [2m]. Disgregar las partículas en un cuerpo hasta hacerlo desaparecer. || Borrar de la mente una idea, imagen, etc. ← **desvanecerse** v. pron. Evaporarse la parte volátil de algo. || Desmayarse. ◇ FAM. desvanecedor, desvanecido, desvanecimiento. VANO, NA.

desvanecimiento s. m. Pérdida del conocimiento.

desvariar v. intr. [1t]. Delirar, decir locuras o disparates. ◇ FAM. desvarío. VARIAR.

desvelar[1] v. tr. y pron. [1]. Quitar, impedir el sueño a alguien. ← **desvelarse** v. pron. Poner gran cuidado en lo que se desea hacer o conseguir. ◇ FAM. desvelo. VELAR[1].

desvelar[2] v. tr. [1]. Descubrir, revelar: *desvelar un secreto.* ◇ FAM. VELAR[2].

desvelo s. m. Dificultad para conciliar el sueño. || Esfuerzo, solicitud.

desvencijar v. tr. y pron. [1]. Descomponer, desarmar. ◇ FAM. VENCEJO[1].

desventaja s. f. Circunstancia o situación menos favorable de una persona o cosa con respecto a otra.

desventura s. f. Desgracia, suerte adversa. ◇ FAM. desventurado. VENTURA.

desvergüenza s. f. Insolencia, atrevimiento. || Dicho o hecho impúdico. ◇ FAM. desvergonzado, desvergonzarse. VERGÜENZA.

desvestir v. tr. y pron. [30]. Desnudar.

desviación s. f. Acción y efecto de desviar. || Cambio en la dirección de una carretera. || Cosa irregular, anormalidad.

desviar v. tr. y pron. [1t]. Apartar de su camino o dirección a una persona o cosa. || Disuadir a alguien de su propósito. ◇ FAM. desviación, desviador, desvío. VÍA.

desvincular v. tr. [1]. Anular un vínculo. ◇ FAM. desvinculación. VINCULAR[1].

desvío s. m. Acción y efecto de desviar. || Camino que se aparta de otro más importante. || *Amér. Merid.* y *P. Rico.* Apartadero de una línea férrea.

desvirgar v. tr. [1b]. Quitar la virginidad a una mujer. ◇ FAM. VIRGEN.

desvirtuar v. tr. y pron. [1s]. Quitar la virtud, rigor o mérito de algo. ◇ FAM. VIRTUD.

desvivirse v. pron. [3]. Mostrar gran interés y afecto por una persona o cosa. ◇ FAM. VIVIR.

detallar v. tr. [1]. Relatar o referir con detalle. || Vender al por menor.

detalle s. m. Pormenor, circunstancia o parte de algo. || Rasgo de atención, cortesía o delicadeza. ◇ FAM. detalladamente, detallar, detallista.

detallista adj. y s. m. y f. Que cuida mucho de los detalles. ← s. m. y f. Comerciante que vende al por menor.

detectar v. tr. [1]. Descubrir, localizar, generalmente con ayuda de aparatos. || Notar, captar. ◇ FAM. detección, detector.

detective s. m. y f. Persona que se dedica a la investigación privada. ◇ FAM. detectivesco.

detención s. f. Acción y efecto de detener o detenerse. || Arresto, privación de libertad. || Retraso, tardanza, dilación.

detener v. tr. y pron. [8]. Parar a alguien o algo. ← v. tr. Arrestar, poner en prisión. ← **detenerse** v. pron. Pararse a considerar una cosa. ◇ FAM. detención, detenidamente, detenido, detenimiento. TENER.

detenimiento s. m. Detención, retraso.

detentar v. tr. [1]. Atribuirse uno sin derecho lo que no le pertenece. ◇ FAM. detentador.

detergente adj. y s. m. Que limpia las manchas y la suciedad. ← s. m. Sustancia o producto que limpia.

deteriorar v. tr. y pron. [1]. Estropear, dañar. ◇ FAM. deterioro.

deterioro s. m. Acción y efecto de deteriorar o deteriorarse.

determinación s. f. Acción y efecto de determinar. || Osadía, valor, resolución. || Actitud de la persona que actúa con decisión. ◇ FAM. autodeterminación. DETERMINAR.

determinado, da adj. LING. Dícese del artículo que presenta un sustantivo ya conocido por el hablante, como *el, la.* ◇ FAM. indeterminado. DETERMINAR.

determinante adj. Que determina. ← s. m. LING. Término que concreta al sustantivo, como el artículo, el adjetivo posesivo, etc.

determinar v. tr. [1]. Fijar los términos de una cosa. || Distinguir, discernir. || Señalar, establecer una cosa para algún efecto. || DER. Sentenciar, definir. || LING. Precisar el sentido de una palabra. ← v. tr. y pron. Tomar o hacer tomar una resolución.

◇ FAM. determinable, determinación, determinado, determinante, determinativo. / predeterminar. TERMINAR.

detestable adj. Odioso.

detestar v. tr. [1]. Aborrecer, odiar. ◇ FAM. detestable.

detonación s. f. Acción y efecto de detonar. || Explosión rápida, estampido.

detonador s. m. Dispositivo que provoca la detonación de un explosivo.

detonante adj. Que detona. || Chocante, estridente. ◆ s. m. Sustancia o mezcla que puede producir detonación. || Cosa que desencadena un resultado o circunstancia.

detonar v. tr. [1]. Iniciar una explosión ◆ v. intr. Dar un estampido o trueno. ◇ FAM. detonación, detonador, detonante.

detractar v. tr. [1]. Difamar. ◆ FAM. detractor.

detractor, ra adj. y s. Que critica o desacredita a alguien.

detrás adv. l. En la parte posterior: esconderse detrás de la puerta. || En ausencia: hablan de él por detrás. ◇ FAM. TRAS.

detrimento s. m. Daño, perjuicio.

detrito o **detritus** s. m. Resultado de la descomposición de una masa sólida en partículas. || Conjunto de desechos o sobras. ◇ FAM. detrítico.

deuda s. f. Obligación que uno tiene o contrae de pagar o devolver dinero a otro. || Importe que se debe. || Obligación moral. ◇ FAM. deudo, deudor. / adeudar, endeudarse. DEBER¹.

deudo, da s. Pariente, allegado, familiar.

deudor, ra adj. y s. Que debe, en especial, una cantidad de dinero prestada.

devaluación s. f. Acción y efecto de devaluar.

devaluar v. tr. [1s]. Disminuir el valor de la moneda de un país con respecto a la de otros. || Quitar valor a una cosa. ◇ FAM. devaluación. VALUAR.

devanadera s. f. Instrumento para devanar.

devanar v. tr. [1]. Arrollar hilo, cuerda, etc., en ovillo o carrete. ◆ **devanarse** v. pron. *Cuba* y *Méx.* Retorcerse de risa, dolor, llanto, etc. ◇ FAM. devanadera, devanado, devanador.

devaneo s. m. Distracción, pasatiempo vano. || Amorío pasajero.

devastar v. tr. [1]. Destruir, arrasar. ◇ FAM. devastación, devastador.

devengar v. tr. [1b]. Adquirir derecho a retribución por razón de trabajo, servicio, etc.: *devengar salarios*. ◇ FAM. devengo.

devenir¹ v. intr. [21]. Acaecer. || Llegar a ser, transformarse.

devenir² s. m. FILOS. Movimiento por el cual las cosas se transforman.

devoción s. f. Veneración y fervor religiosos. || Manifestación externa de estos sentimientos. || Predilección, afición especial. ◇ FAM. devocionario. DEVOTO, TA.

devocionario s. m. Libro que contiene oraciones para uso de los fieles.

devolución s. f. Acción y efecto de devolver una cosa a alguien.

devolver v. tr. [2n]. Volver una cosa a su estado original. || Restituir, reintegrar. || Corresponder a un favor o a un agravio. || Vomitar. || Dar la vuelta a quien ha hecho un pago. ◆ **devolverse** v. pron. *Amér.* Volverse, regresar. ◇ FAM. devolución, devolutivo. VOLVER.

devónico, ca adj. y s. m. GEOL. Dícese del cuarto período del paleozoico.

devorar v. tr. [1]. Comer con ansia y apresuradamente. || Comer los animales su presa. || Consumir, destruir. || Hacer algo con avidez: *devorar un libro*. ◇ FAM. devorador. VORAZ.

devoto, ta adj. y s. Que tiene devoción. || Afecto, entusiasta. ◆ adj. Dícese de la imagen, templo o lugar que mueve a devoción. ◇ FAM. devoción. VOTO.

deyección s. f. Expulsión de los excrementos. || Excremento.

di-¹ pref. Indica oposición: *dispar*. || Indica origen: *dimanar*. || Indica extensión: *difundir*.

di-² pref. Significa 'dos': *disílabo*.

di-³ pref. Significa 'separación': *diacrítico*.

día s. m. Tiempo de duración de la rotación de la Tierra sobre sí misma. || Tiempo que dura la claridad del Sol. || Tiempo atmosférico: *día nublado*. || Fecha en que se conmemora algún acontecimiento. ◆ pl. Vida: *llegó al fin de sus días*. ● **Al día**, al corriente, sin retraso. || **Del día**, de moda. || **Fresco**, reciente. || **Día y noche**, constantemente, a todas horas. || **El día de mañana**, en el futuro. || **Poner al día**, actualizar, renovar. ◇ FAM. diana, diario. / diurno, mediodía.

dia- pref. DI-*.

diabetes s. f. Enfermedad que se caracteriza por exceso de azúcar en la sangre. ◇ FAM. diabético.

diablesa s. f. *Fam.* Diablo hembra.

diablo s. m. Nombre general dado a los ángeles que se rebelaron contra Dios, y en particular a cada uno de ellos. || Persona traviesa, inquieta. || Persona intrigante o hábil. ● **Pobre diablo** (*Fam.*), hombre infeliz. ● **¡Diablos!** interj. *Fam.* Denota extrañeza, admiración o disgusto. || **Donde el diablo perdió el poncho** (*Argent.*, *Chile* y *Perú. Fam.*), en lugar muy distante o poco transitado. ◇ FAM. diablesa, diablesco, diablura, diabólico. / endiablado, rajadiablo.

diablura s. f. Travesura.

diabólico, ca adj. Relativo al diablo. || *Fam.* Malo, perverso.

diábolo s. m. Juguete formado por dos conos unidos por sus vértices, que se baila con un cordón tensado entre dos palos.

diácono s. m. Clérigo que ha recibido la

orden inmediatamente inferior al sacerdocio. ◇ FAM. diaconal, diaconato.

diacrítico, ca adj. LING. Dícese del signo gráfico que da a una letra un valor especial, como el acento o la diéresis.

diacronía s. f. Estudio de los hechos sociales a partir de su evolución en el tiempo. ◇ FAM. diacrónico.

diadema s. f. Corona, aureola. ‖ Tocado en forma de media corona, usado por las mujeres.

diáfano, na adj. Dícese del cuerpo que permite el paso de la luz. ‖ Claro, limpio. ◇ FAM. diafanidad.

diafragma s. m. Músculo transversal que separa las cavidades torácica y abdominal. ‖ Tabique transversal que separa los tubos de ciertos instrumentos y máquinas. ‖ Dispositivo regulador de la luz de las cámaras fotográficas.

diagnosis s. f. Conocimiento de los signos y síntomas de las enfermedades. ‖ Examen, análisis. ◇ FAM. diagnóstico.

diagnosticar v. tr. [1a]. Hacer el diagnóstico de una enfermedad.

diagnóstico s. m. Determinación de la naturaleza de una enfermedad por sus síntomas. ‖ Juicio o valoración. ◇ FAM. diagnosticar. / radiodiagnóstico, DIAGNOSIS.

diagonal adj. y s. f. Dícese de la recta que une dos vértices no consecutivos de un polígono, o dos vértices de un poliedro que no pertenecen a la misma cara.

diagrama s. m. Figura gráfica que representa las relaciones entre las diferentes partes de un conjunto o sistema. ◇ FAM. diagramar.

diagramar v. tr. [1]. *Amér.* Realizar una maqueta de una revista, libro, etc. ‖ *Argent.* Organizar, planificar una secuencia de tareas o funciones.

diaguita adj. y s. m. y f. De un pueblo amerindio que en la época de la Conquista habitaba en el noroeste de Argentina.

dial s. m. Superficie graduada sobre la que se mueve un indicador que mide o señala una determinada magnitud.

dialéctica s. f. Arte del diálogo y de la discusión. ‖ Razonamiento, argumentación. ◇ FAM. dialéctico. DIÁLOGO.

dialecto s. m. Variedad regional de una lengua. ‖ Cualquier lengua en cuanto se la considera procedente de otra. ◇ FAM. dialectal, dialectología.

dialectología s. f. Estudio de los dialectos. ◇ FAM. dialectólogo. DIALECTO.

diálisis s. f. Eliminación mediante un riñón artificial de los desechos de la sangre. ◇ FAM. dialítico, dializar. / hemodiálisis.

dialogar v. intr. [1g]. Sostener un diálogo.

diálogo s. m. Coloquio, conversación entre dos o más personas. ‖ Debate entre personas o grupos, de opiniones distintas. ◇ FAM. dialogar. / dialéctica.

diamante s. m. Piedra preciosa compuesta por carbono puro cristalizado, que constituye el mineral más duro y brillante.

diametralmente adv. m. De un extremo al opuesto. ‖ Enteramente, por completo: *son cosas diametralmente opuestas.*

diámetro s. m. Línea recta que pasando por el centro, une dos puntos opuestos de una circunferencia. ◇ FAM. diametral, diametralmente.

diana s. f. Punto central de un blanco de tiro. ‖ Toque militar de trompeta para despertar a la tropa. ◇ FAM. DÍA.

¡diantre! interj. Denota sorpresa o enfado.

diapasón s. m. MÚS. Altura relativa de un sonido determinado, dentro de una escala sonora. ‖ MÚS. Instrumento que al vibrar produce un tono determinado.

diapositiva s. f. Imagen fotográfica positiva sobre soporte transparente, destinada a ser proyectada sobre una pantalla.

diarero, ra s. *Argent.* y *Urug.* Diariero.

diariero, ra s. *Amér. Merid.* Vendedor de diarios.

diario, ria adj. Correspondiente a todos los días. ◆ s. m. Libro en que se recogen, por días, sucesos y reflexiones. ‖ Periódico que se publica todos los días. ◇ FAM. diarero, diariero, diarismo. / telediario. DÍA.

diarismo s. m. *Amér. Central* y *Amér. Merid.* Periodismo.

diarrea s. f. Conjunto de deposiciones líquidas y frecuentes.

diáspora s. f. Conjunto de diversas comunidades con un mismo origen, establecidas en países diferentes.

diástole s. f. Fase de dilatación en los movimientos rítmicos del corazón. ‖ Licencia poética que utiliza como larga una sílaba breve.

diatónico, ca adj. MÚS. Que procede por tonos y semitonos.

diatriba s. f. Discurso o escrito violento o injurioso.

dibujante s. m. y f. Persona que tiene el dibujo por profesión.

dibujar v. tr. y pron. [1]. Representar en una superficie la figura de una cosa por medio de líneas y sombras. ◆ v. tr. Describir. ◆ **dibujarse** v. pron. Manifestarse, aparecer. ◇ FAM. dibujante, dibujo. / desdibujar.

dibujo s. m. Arte y acción de dibujar. ‖ Conjunto de las líneas y contornos que forman una figura.

dicción s. f. Manera de hablar, escribir o pronunciar. ◇ FAM. diccionario. DECIR¹.

diccionario s. m. Recopilación de las palabras de una lengua, de una materia, etc., colocadas por orden alfabético y seguidas de su definición o traducción a otra lengua. ◇ FAM. diccionarista. DICCIÓN.

dicha s. f. Felicidad. ‖ Suerte. ◇ FAM. dichoso. / desdicha.

dicharachero, ra adj. y s. *Fam.* Que emplea bromas y dichos en la conversación.

dicho s. m. Palabra o conjunto de palabras con que se expresa un concepto. ‖ Ocurrencia ingeniosa y oportuna. • **Dicho y hecho,** expresa la prontitud con que se hace algo. ⬦ FAM. dicharachero. / antedicho, entredicho, redicho, susodicho. DE-CIR[1].

dichoso, sa adj. Feliz. ‖ Que incluye o trae consigo dicha. ‖ *Fam.* Fastidioso, molesto: *¡dichoso despertador!*

diciembre s. m. Duodécimo mes del año.

dicotiledóneo, nea adj. y s. f. BOT. Relativo a las plantas angiospermas cuyas semillas tienen dos cotiledones. ⬦ FAM. CO-TILEDÓN.

dicotomía s. f. División en dos partes de una cosa o asunto.

dictado s. m. Acción de dictar. ‖ Ejercicio escolar cuya finalidad es el aprendizaje de la ortografía. ➤ pl. Conjunto de inspiraciones o preceptos de la razón o de la conciencia.

dictador, ra s. Gobernante que concentra en sí todos los poderes políticos de un país y los ejerce sin limitaciones jurídicas. ‖ Persona que abusa de su autoridad. ⬦ FAM. dictadura, dictatorial. DICTAR.

dictadura s. f. Ejercicio del poder absoluto y soberano. ‖ Tiempo que dura.

dictáfono s. m. Aparato que recoge y reproduce lo que se habla o se dice.

dictamen s. m. Opinión o juicio que se forma o emite sobre una cosa. ⬦ FAM. dictaminar. DICTAR.

dictaminar v. intr. y tr. [1]. Dar dictamen.

dictar v. tr. [1]. Decir o leer algo para que otro lo escriba. ‖ Dar o promulgar leyes, fallos, decretos, etc. ‖ Inspirar, sugerir. ⬦ FAM. dictado, dictador, dictáfono, dictamen.

didáctico, ca adj. Que tiene por objeto enseñar o instruir. ‖ Relativo a la didáctica. ➤ s. f. Ciencia que tiene por objeto los métodos de enseñanza. ⬦ FAM. auto-didacto.

diecinueve adj. num. card. y s. m. Diez y nueve.

dieciocho adj. num. card. y s. m. Diez y ocho.

dieciséis adj. num. card. y s. m. Diez y seis.

diecisiete adj. num. card. y s. m. Diez y siete.

diedro adj. y s. m. MAT. Dícese del ángulo formado por dos planos que se cortan.

dieléctrico, ca adj. y s. m. Dícese del cuerpo que no conduce la corriente eléctrica.

diente s. m. Cada uno de los huesos que engastados en las mandíbulas sirven para triturar los alimentos y para morder. ‖ Cada una de las puntas de ciertas herramientas o mecanismos. • **Diente de león,** planta empleada como diurético. • **A regañadientes** *(Fam.),* con disgusto. ‖

Dar diente con diente *(Fam.),* tiritar de frío o tener mucho miedo. ‖ **Enseñar** o **mostrar, los dientes** *(Fam.),* enfrentarse a alguien, amenazarle. ‖ **Hablar, decir,** etc., **entre dientes** *(Fam.),* hablar sin que se entienda lo que se dice. ‖ Murmurar, refunfuñar. ‖ **Pelar el diente** *(Amér. Central, Chile y Colomb.),* sonreír con coquetería. ‖ *(Méx., P. Rico y Venez.),* halagar, adular. ‖ *(Méx. Fam.),* ponerse agresivo con alguien. ‖ **Poner** una cosa **los dientes largos** *(Fam.),* dar envidia. ⬦ FAM. dentado, dentadura, dental, dentario, dentellar; dentera, dentición, dentífrico, dentina, dentista, dentón. / desdentado, endentar, escarbadientes, mondadientes, tridente.

diéresis s. f. Pronunciación de dos vocales consecutivas, en dos sílabas. ‖ Signo diacrítico (¨) que en español se coloca sobre la *u* de las sílabas *gue* y *gui* cuando se pronuncia aquélla.

diesel s. m. Motor donde el aire se comprime a alta presión, provocando la explosión del combustible en el cilindro sin necesidad de bujía.

diestro, tra adj. Que queda a mano derecha. ‖ Que usa con preferencia la mano derecha. ‖ Hábil, sagaz. ➤ s. m. Matador de toros. ➤ s. f. Mano derecha. • **A diestro y siniestro,** sin tino, orden o miramiento. ⬦ FAM. destreza. / adiestrar, ambidextro, ambidiestro.

dieta[1] s. f. Régimen de comidas que se ha de guardar por enfermedad o para adelgazar. ⬦ FAM. dietética, dietético.

dieta[2] s. f. Retribución o indemnización que se da a un empleado por tener que trabajar fuera de su residencia. ‖ Asamblea política y legislativa de algunos estados europeos y Japón. ⬦ FAM. dietario.

dietario s. m. Libro en que se anotan los ingresos y gastos diarios. ‖ Agenda.

dietética s. f. Ciencia que trata de la alimentación conveniente en estado de salud y en las enfermedades.

diez adj. num. card. y s. m. Nueve y uno. ➤ adj. num. ord. y s. m. y f. Décimo.

diezmar v. tr. [1]. Sacar de diez, uno. ‖ Causar gran mortandad la guerra, una epidemia u otra calamidad.

diezmo s. m. Impuesto que se pagaba a la Iglesia o al rey.

difamación s. f. Acción y efecto de difamar.

difamar v. tr. [1]. Desacreditar a alguien. ⬦ FAM. difamación, difamador, difamante, difamatorio. FAMA.

diferencia s. f. Cualidad o accidente por el cual una cosa se distingue de otra. ‖ Desacuerdo, disputa. ‖ MAT. Resultado de la sustracción de dos magnitudes. ⬦ FAM. diferencial, diferenciar; diferendo, diferente. DIFERIR.

diferencial adj. Relativo a la diferencia. ‖ MAT. Dícese de la cantidad infinitamente pequeña de una variable. ➤ s. m. En un automóvil, mecanismo que permite el movimiento independiente de las dos ruedas del eje sobre el que actúa el motor.

diferenciar v. tr. [1]. Hacer distinción entre las cosas. ‖ Averiguar, percibir y señalar diferencias entre las cosas. ◆ **diferenciarse** v. pron. Distinguirse, no ser igual. ◇ FAM. diferenciación. DIFE-RENCIA.

diferendo s. m. *Amér. Merid.* Diferencia, desacuerdo entre instituciones o estados.

diferente adj. Diverso, distinto, o que no es igual. ◆ adv. m. De modo distinto. ◇ FAM. indiferente. DIFERENCIA.

diferido, da adj. Dado posteriormente.

diferir v. tr. [22]. Aplazar, retardar o suspender la ejecución de una cosa. ◆ v. intr. Ser diferente: *mi opinión difiere de la tuya.* ◇ FAM. diferencia, diferido.

difícil adj. Que requiere inteligencia, habilidad y esfuerzo para hacerlo, entenderlo, etc. ‖ Rebelde o poco tratable. ◇ FAM. difícilmente, dificultad, dificultar, dificultoso.

dificultad s. f. Calidad de difícil. ‖ Situación o cosa difícil.

dificultar v. tr. [1]. Poner dificultades a alguna realización o deseo. ‖ Hacer difícil una cosa.

difracción s. f. Desviación de las ondas, cuando encuentran un obstáculo o cuerpo opaco. ◇ FAM. difractar. FRACCIÓN.

difteria s. f. Enfermedad infecciosa caracterizada por la formación de falsas membranas en las mucosas. ◇ FAM. diftérico.

difuminar v. tr. [1]. Esfumar los trazos del lápiz. ◇ FAM. difumino.

difumino s. m. Papel arrollado que sirve para difuminar las sombras de un dibujo.

difundir v. tr. y pron. [3]. Extender, derramar, verter. ‖ Divulgar, propagar. ◇ FAM. difusión, difusivo, difuso, difusor. / radiodifundir. FUNDIR.

difunto, ta adj. y s. Dícese de la persona muerta. ◇ FAM. defunción.

difusión s. f. Acción y efecto de difundir o difundirse. ‖ Número total de ejemplares de una publicación que ha llegado al público. ◇ FAM. teledifusión. DIFUNDIR.

difuso, sa adj. Ancho, dilatado: *espacio difuso.* ‖ Poco preciso.

digerir v. tr. [22]. Hacer la digestión. ‖ Soportar una desgracia u ofensa. ‖ Entender, asimilar. ◇ FAM. digerible, digestible, digestión, digestivo. / indigestarse.

digestión s. f. Transformación, en el aparato digestivo, de los alimentos en sustancia apta para la nutrición.

digestivo, va adj. Dícese de las operaciones y partes del organismo que realizan la digestión. ◆ s. m. Medicamento o sustancia que facilita la digestión.

digital adj. Relativo a los dedos: *huellas digitales.* ‖ Que se expresa o funciona por medio de números. ◆ s. f. Planta con flores en forma de dedal, cuyas hojas se usan

en medicina. ◇ FAM. digitalizar, dígito. DEDO.

digitalizar v. tr. [1g]. INFORMÁT. Convertir en dígitos una información.

dígito s. m. Número que se expresa con una sola cifra.

diglosia s. f. Bilingüismo.

dignarse v. pron. [1]. Consentir en hacer algo.

dignatario s. m. Persona que tiene un cargo o dignidad elevados.

dignidad s. f. Calidad de digno. ‖ Excelencia, realce. ‖ Integridad y nobleza en la forma de comportarse. ‖ Cargo o empleo honorífico y de autoridad.

dignificar v. tr. y pron. [1a]. Hacer digno o presentar como tal. ◇ FAM. dignificable, dignificación, dignificante. DIGNO, NA.

digno, na adj. Que merece algo, en sentido favorable o adverso. ‖ Que corresponde al mérito y condición de una persona o cosa. ‖ Que inspira respeto. ‖ Decente, no humillante. ◇ FAM. dignamente, dignarse, dignatario, dignidad, dignificar. / fidedigno, indigno.

digresión s. f. Parte de un discurso que se aparta del tema principal.

dihueñe o **dihueñi** s. m. *Chile.* Nombre vulgar de varios hongos comestibles de los cuales se obtiene una especie de chicha.

dije s. m. Joya o alhaja que suele llevarse colgada.

dilacerar v. tr. y pron. [1]. MED. Desgarrar los tejidos provocando una herida. ◇ FAM. dilaceración. LACERAR.

dilación s. f. Retraso o detención de una cosa por algún tiempo. ◇ FAM. dilatorio.

dilapidar v. tr. [1]. Despilfarrar, malgastar los bienes. ◇ FAM. dilapidación, dilapidador.

dilatación s. f. Acción y efecto de dilatar o dilatarse. ‖ MED. Aumento del calibre de un conducto natural, sea patológica o terapéuticamente. ‖ FÍS. Aumento de tamaño de un cuerpo sin cambios en su naturaleza. ◇ FAM. vasodilatación.

dilatar v. tr. y pron. [1]. Aumentar la longitud o el volumen de algo. ‖ Hacer que una cosa dure más tiempo. ‖ Retrasar. ‖ Aumentar el volumen de un cuerpo sin que aumente su masa. ◆ **dilatarse** v. pron. Extenderse en un discurso o escrito. ◇ FAM. dilatabilidad, dilatable, dilatación, dilatado, dilatador, dilatativo. LATO, TA.

dilección s. f. Amor tierno y puro. ◇ FAM. dilecto. PREDILECCIÓN.

dilecto, ta adj. Amado con dilección.

dilema s. m. Situación de alguien cuando tiene que decidir entre dos cosas. ‖ Razonamiento formado por dos premisas contradictorias, que conducen a una misma conclusión. ◇ FAM. dilemático. LEMA.

diletante adj. y s. m. y f. Que cultiva un arte o ciencia por simple afición o sin la preparación necesaria. ◇ FAM. diletantismo.

diligencia s. f. Cuidado en hacer una cosa. ‖ Prontitud, prisa. ‖ Carruaje tirado por varias caballerías, que servía para el transporte de viajeros. ‖ Acta en la que se consignan las actuaciones judiciales. ‖ *Fam.* Gestión, encargo.

diligenciar v. tr. [1]. Poner los medios necesarios para el logro de una solicitud.

diligente adj. Cuidadoso y activo. ‖ Rápido. ◇ FAM. diligencia, diligenciar.

dilucidar v. tr. [1]. Aclarar un asunto. ◇ FAM. dilucidación, dilucidador. LUZ.

diluir v. tr. y pron. [29]. Disolver. ‖ Disminuir la concentración de algo. ◇ FAM. dilución, diluyente.

diluvial adj. Dícese del terreno arenoso constituido por la sedimentación de materiales arrastrados por el agua.

diluviar v. impers. [1]. Llover copiosamente.

diluvio s. m. *Fam.* Lluvia muy copiosa. ‖ *Fam.* Excesiva abundancia de una cosa: *un diluvio de felicitaciones.* ◇ FAM. diluvial, diluviar.

diluyente adj. y s. m. Que diluye. ◆ s. m. Sustancia que se añade a una solución para hacerla más líquida.

dimanar v. intr. [1]. Proceder o venir el agua de sus manantiales. ‖ Provenir una cosa de otra. ◇ FAM. dimanación. MANAR.

dimensión s. f. Cada una de las magnitudes necesarias para la evaluación de las figuras planas y de los sólidos. ‖ Importancia de algo. ‖ FÍS. Cada una de las magnitudes que sirven para definir un fenómeno físico. ● **Cuarta dimensión**, el tiempo en la teoría de la relatividad. ◇ FAM. dimensional. / tridimensional, unidimensional.

dimes. Dimes y diretes *(Fam.)*, contestaciones, réplicas.

diminutivo, va adj. LING. Dícese de los sufijos que adoptan ciertas voces para expresar pequeñez, poca importancia, intensidad, etc., como *-ito, -ico, -illo, -in.* ◆ s. m. LING. Voz modificada por una de estas partículas: *arbolito.*

diminuto, ta adj. Muy pequeño. ◇ FAM. diminutivo.

dimisión s. f. Renuncia de algo que se posee u ostenta, especialmente un cargo.

dimitir v. tr. e intr. [3]. Renunciar a un cargo. ◇ FAM. dimisión, dimisionario.

dimorfo, fa adj. Que puede revestir dos formas diferentes. ‖ MINER. Que puede cristalizar en dos sistemas diferentes. ◇ FAM. dimorfismo.

dina s. f. Unidad de medida de fuerza, que equivale a 10^5 newton.

dinámico, ca adj. Relativo a la fuerza o a la dinámica. ‖ *Fam.* Activo, enérgico. ◆ s. f. Parte de la mecánica que estudia las relaciones entre las fuerzas y los movimientos causados por ellas. ◇ FAM. di-

namismo, dinamizar, dinamo, dinamómetro. / aerodinámico, electrodinámica, hidrodinámica, termodinámica.

dinamismo s. m. Cualidad de dinámico. ‖ Actividad, diligencia.

dinamita s. f. Sustancia explosiva compuesta por nitroglicerina y un material poroso. ◇ FAM. dinamitar.

dinamizar v. tr. y pron. [1g]. Comunicar energía, dinamismo.

dinamo o **dínamo** s. f. Máquina que transforma la energía mecánica en energía eléctrica.

dinamómetro s. m. Instrumento para medir fuerzas. ◇ FAM. dinamométrico. DINÁMICO, CA.

dinar s. m. Unidad monetaria de algunos países árabes.

dinastía s. f. Serie de soberanos de una misma familia. ‖ Familia en cuyos individuos se perpetúa el poder o la influencia política, económica o cultural. ◇ FAM. dinástico.

dineral s. m. Cantidad grande de dinero.

dinero s. m. Moneda corriente. ‖ Caudal, fortuna. ◇ FAM. dineral. / adinerado.

dingo s. m. Mamífero australiano parecido al lobo.

dino- pref. Significa 'terrible': *dinosaurio.*

dinosaurio adj. y s. m. Relativo a un grupo de reptiles de la época secundaria, algunos de los cuales alcanzaban un enorme tamaño. ◆ s. m. pl. Orden constituido por estos reptiles. ◇ FAM. SAURIO.

dintel s. m. Parte superior de las puertas, ventanas y otros huecos que carga sobre las jambas.

diñar v. tr. [1]. Dar. ● **Diñarla**, morir. ◇ FAM. dimensional. / tridimensional, uni-

diócesis o **diócesi** s. f. Territorio que está bajo la jurisdicción de un obispo o un arzobispo. ◇ FAM. diocesano. / archidiócesis.

diodo s. f. Componente electrónico utilizado como rectificador de corriente.

dioico, ca adj. BOT. Dícese de las plantas que tienen las flores femeninas y las flores masculinas en pies separados.

dioptría s. f. Unidad de medida usada por los oculistas y que equivale al poder de una lente cuya distancia focal es de 1 m. ◇ FAM. dióptrico.

dios s. m. Entidad o ser sobrenatural, generalmente objeto de culto religioso. ‖ Cualquiera de las deidades a que dan o han dado culto las diversas religiones. ● **¡Dios!** o **¡Dios mío!** interj. Denota admiración, asombro, dolor, extrañeza o susto. ● **A la buena de Dios** *(Fam.)*, de cualquier manera. ‖ **Hacer algo como Dios manda** *(Fam.)*, hacerlo bien, con acierto. ◇ FAM. diosa. / ¡adiós!, deidad, deificar, divino, endiosar, pordiosero, semidiós.

diosa s. f. Divinidad de sexo femenino.

dióxido s. m. QUÍM. Óxido que contiene dos átomos de oxígeno.

diplodoco s. m. Dinosaurio de gran tamaño.

diploma s. m. Documento que expide una corporación o facultad. ‖ Documento oficial que establece un privilegio. ◇ FAM. diplomacia, diplomado, diplomar, diplomático.

diplomacia s. f. Ciencia de las relaciones internacionales. ‖ Carrera diplomática. ‖ *Fam.* Habilidad para tratar a las personas.

diplomar v. tr. y pron. [1]. Dar o recibir un título académico o universitario.

diplomático, ca adj. Relativo a la diplomacia. ◆ adj. y s. Dícese de las personas que intervienen en negocios de estado internacionales. ‖ Que tiene habilidad para tratar a otras personas. ◆ s. f. Ciencia que estudia las reglas formales que rigen la elaboración de los documentos o diplomas.

dipneo, a adj. y s. Dícese de los animales dotados de respiración branquial y pulmonar.

díptero, ra adj. Que tiene dos alas. ◆ adj. y s. m. Relativo a un orden de insectos chupadores que posee un par de alas membranosas y otro par transformado en balancines estabilizadores, como la mosca y el mosquito.

díptico s. m. Obra de arte compuesta por dos paneles fijos o móviles.

diptongo s. m. LING. Unión de dos vocales diferentes que se pronuncian en una sola sílaba. ◇ FAM. diptongación, diptongar. / triptongo.

diputación s. f. Acción y efecto de diputar. ‖ Conjunto de diputados y duración y ejercicio de su cargo. ‖ Edificio o salón donde los diputados provinciales celebran sus sesiones.

diputado, da s. Persona nombrada por los electores para componer una cámara, o designada por una corporación para que la represente. ◇ FAM. diputación, diputar.

diputar v. tr. [1]. Destinar a una persona o cosa para algún uso o ministerio. ‖ Designar una colectividad a uno o más de sus individuos para que la representen.

dique s. m. Muro para contener las aguas. ‖ Cavidad donde se limpian y carenan los buques. ‖ Obstáculo que se pone para contener o reprimir.

dirección s. f. Acción y efecto de dirigir. ‖ Rumbo o sentido que un cuerpo sigue en su movimiento. ‖ Consejo, enseñanza y preceptores con que se encamina a alguien. ‖ Persona o conjunto de personas encargadas de dirigir una sociedad, establecimiento, negocio, etc. ‖ Cargo y oficina del director. ‖ Domicilio de una persona o conjunto de señas de un lugar. ‖ Mecanismo que, gobernado por el volante, permite orientar las ruedas directrices de un vehículo. ‖ Realización escénica o cinematográfica de una obra. ◇ FAM. direccional. / servodirección DIRIGIR.

direccional adj. Que sirve para dirigir. ◇ FAM. unidireccional. DIRECCIÓN.

directivo, va adj. Que tiene la facultad y virtud de dirigir. ◆ s. f. Norma, regla, precepto. ‖ Mesa o junta de gobierno de una corporación, sociedad, etc.

directo, ta adj. Derecho, en línea recta. ‖ Que va de una parte a otra sin detenerse en los puntos intermedios. ‖ Franco, sin rodeos. ‖ Que se sigue de padres a hijos. ◆ s. f. Mayor de las velocidades que permite el cambio de marchas de un vehículo automóvil. ● **En directo,** dícese de las emisiones de radio o televisión que se transmiten al tiempo que se realizan. ◇ FAM. directamente. / indirecto. DIRIGIR.

director, ra adj. y s. Que dirige. ◆ s. Persona que dirige una empresa, una película, una orquesta, etc. ◇ FAM. subdirector. DIRIGIR.

directorio, ria adj. Que es a propósito para dirigir. ◆ s. m. Conjunto de normas e instrucciones sobre una materia. ‖ Lista de direcciones. ‖ Junta directiva. ‖ INFORMÁT. Espacio de un disco que contiene ficheros.

directriz s. f. y adj. Orientación, norma.

dirham s. m. Unidad monetaria de la Unión de Emiratos Árabes y de Marruecos.

dirigente adj. y s. m. y f. Que dirige. ◆ s. m. y f. Persona con cargo directivo.

dirigible adj. Que puede ser dirigido. ◆ s. m. y adj. Aeróstato más ligero que el aire, equipado con hélices propulsoras y provisto de un sistema de dirección.

dirigir v. tr. y pron. [3b]. Encaminar una cosa hacia determinado lugar. ◆ v. tr. Poner la dirección en una carta, paquete, etc. ‖ Encaminar la intención a determinado fin. ‖ Gobernar, regir. ‖ Aconsejar, guiar. ◇ FAM. dirección, directivo, directo, director, directorio, directriz, dirigente, dirigible. / teledirigir.

dirimir v. tr. [3]. Disolver, anular: *dirimir el matrimonio.* ‖ Resolver una controversia. ◇ FAM. dirimente, dirimible.

dis-1 pref. Des-*.

dis-2 pref. Indica 'dificultad' o 'anomalía': *dislexia.*

discar v. tr. [1a]. *Argent.* y *Urug.* Marcar un número de teléfono. ◇ FAM. DISCO.

discernimiento s. m. Acción de discernir. ‖ DER. Poder judicial que habilita a una persona para ejercer un cargo.

discernir v. tr. [3e]. Distinguir y diferenciar una cosa de otra. ‖ Conceder, adjudicar. ◇ FAM. discernible, discernidor, discernimiento. CERNER.

disciplina s. f. Observancia de las leyes y ordenamientos de una profesión o instituto. ‖ Sujeción de las personas a estas leyes. ‖ Asignatura. ‖ Arte, facultad o ciencia. ◇ FAM. disciplinable, disciplinado, disciplinal, disciplinante, discipli-

disciplinar 226

nar, disciplinario. / autodisciplina, indisciplina.

disciplinar v. tr. [1]. Hacer guardar la disciplina o reglas.

disciplinario, ria adj. Relativo a la disci-
plina. || Dícese del régimen que establece
subordinación. || Dícese de las penas que
se imponen por vía de corrección.

discípulo, la s. Alumno. || Persona que si-
gue la opinión de un maestro o escuela.
◇ FAM. discipular. / condiscípulo.

disc- jockey s. m. y f. Persona que escoge
y presenta los discos en programas de radio y discotecas.

disco s. m. Cualquier cuerpo cilíndrico
cuya base es muy grande respecto de su
altura. || Placa circular para el registro y la
reproducción de sonidos, imágenes o da-
tos informáticos. || Pieza circular de metal
que lanzan los atletas. || Pieza giratoria del
aparato telefónico para marcar el número.
|| Cada una de las tres señalizaciones lu-
minosas de que consta un semáforo. ||
Fam. Tabarra, lata. || ASTRON. Superficie
aparente de un astro o de un sistema solar.
◇ FAM. discal, discar, discóbolo, discografía, discoteca, disquete. / pinchadiscos,
tocadiscos, videodisco.

discóbolo s. m. Entre los griegos, atleta
que lanzaba el disco.

discografía s. f. Conjunto de discos de un
tema determinado, un autor, etc. ◇ FAM.
discográfico. DISCO.

díscolo, la adj. y s. Desobediente, rebelde.

disconforme adj. No conforme. ◇ FAM.
disconformidad. CONFORME.

discontinuo, nua adj. Que se interrumpe
o se corta. ◇ FAM. discontinuidad. CON-
TINUO, NUA.

discordancia s. f. Falta de acuerdo o de
armonía.

discordar v. intr. [1r]. Ser diferente. || Dis-
crepar. || MÚS. No estar acordes las voces
o los instrumentos. ◇ FAM. discordancia,
discordante, discorde, discordia.

discordia s. f. Falta de acuerdo.

discoteca s. f. Colección ordenada de dis-
cos. || Local o mueble en que se guarda
dicha colección. || Local donde se baila y
escucha música de discos.

discreción s. f. Prudencia, tacto. || Capa-
cidad para guardar un secreto. ● **A discreción,** al antojo, sin limitación. ◇ FAM. discrecional, discreto. / indiscreción.

discrecional adj. Que se deja al criterio
de cada uno.

discrepar v. intr. [1]. Diferenciarse una
cosa de otra. || Estar en desacuerdo.
◇ FAM. discrepancia, discrepante.

discreto, ta adj. y s. Dotado de discreción. ◆ adj. Que incluye o denota dis-
creción. || Moderado, regular. ◇ FAM. dis-
cretamente, discretear. DISCRECIÓN.

discriminación s. f. Acción y efecto de
discriminar.

discriminar v. tr. [1]. Diferenciar una
cosa de otra. || Dar trato de inferioridad a
una persona o colectividad por motivos
raciales, religiosos, políticos, etc. ◇ FAM.
discriminación, discriminador, discrimi-
nante, discriminatorio. / indiscriminado.

disculpa s. f. Razón que se da para excusarse de una culpa. ◇ FAM. disculpable,
disculpar. CULPA.

disculpar v. tr. y pron. [1]. Pedir, dar dis-
culpas o encontrarlas en algo.

discurrir v. intr. [3]. Andar o pasar continuamente por un sitio: *el río discurre en-
tre montañas.* || Transcurrir el tiempo. ||
Pensar, razonar. ◆ v. tr. Idear, inventar.

discursivo, va adj. Dado a reflexionar. ||
Relativo al discurso.

discurso s. m. Exposición hablada en pú-
blico. || Acto o facultad de discurrir, ra-
zonar o reflexionar. || Escrito o tratado. ||
Transcurso del tiempo. ◇ FAM. discursear,
discursivo.

discusión s. f. Acción y efecto de discutir.
● **Sin discusión,** sin duda.

discutir v. tr. [3]. Examinar y tratar una
cuestión. ◆ v. tr. e intr. Contender y alegar razones contra el parecer de otro.
◇ FAM. discusión, discutible, discutidor. /
indiscutible.

disecar v. tr. [1a]. Preparar los animales
muertos para conservarlos con la aparien-
cia de vivos. || Preparar una planta, secán-
dola para su conservación. || Abrir un or-
ganismo para su estudio o examen.
◇ FAM. disecable, disecación, disecado,
disecador.

disección o **disecación** s. f. Acción y
efecto de disecar. ◇ FAM. diseccionar.
SECCIÓN.

diseminar v. tr. y pron. [1]. Desparramar,
esparcir. ◇ FAM. diseminación, disemi-
nador.

disensión s. f. Desacuerdo. || Riña,
disputa.

disenso s. m. Desacuerdo.

disentería s. f. Enfermedad infecciosa o
parasitaria, que provoca una diarrea dolorosa y sangrante. ◇ FAM. disentérico.

disentir v. intr. [22]. No tener el mismo
sentir o parecer. ◇ FAM. disensión, disenso, disentimiento. SENTIR[1].

diseñar v. tr. [1]. Idear, determinar la
forma concreta de algo.

diseño s. m. Trazado de una figura. || Des-
cripción o bosquejo de alguna cosa. || Dis-
ciplina que tiene por objeto una armoni-
zación del entorno humano. ◇ FAM.
diseñador, diseñar.

disertación s. f. Escrito o discurso en que
se diserta.

disertar v. intr. [1]. Razonar detenidamente sobre una materia, particularmente
en público. ◇ FAM. disertación, diserta-
dor, disertante.

disfavor s. m. Desaire o desprecio que se
hace a alguien.

disfraz s. m. Artificio que se usa para ocultar o disimular una cosa. ‖ Traje de máscara. ‖ Simulación para dar a entender algo diferente a lo que se siente. ◇ FAM. disfrazar.

disfrazar v. tr. y pron. [1]. Disimular la forma o el aspecto de una persona o cosa. ‖ Vestir traje de máscara. ◆ v. tr. Fingir, desfigurar con palabras lo que se siente.

disfrutar v. tr. [1]. Percibir o beneficiarse de los productos y utilidades de una cosa. ◆ v. tr. e intr. Gozar de salud, comodidad, etc. ◆ v. intr. Sentir placer. ◇ FAM. disfrute.

disfunción s. f. Trastorno de la función de un órgano del cuerpo humano.

disgregar v. tr. y pron. [1b]. Separar lo que estaba unido. ◇ FAM. disgregación, disgregador, disgregante, disgregativo.

disgustar v. tr. y pron. [1]. Causar disgusto. ◆ **disgustarse** v. pron. Pelearse o enemistarse. ◇ FAM. disgustado, disgusto. GUSTAR.

disgusto s. m. Pesadumbre e inquietud causados por una desgracia o contrariedad. ‖ Discusión, pelea. ● **A disgusto**, contra la voluntad y gusto de alguien.

disidente adj. y s. m. y f. Que se separa de una doctrina, creencia o partido.

disidir v. intr. [3]. Ser disidente. ◇ FAM. disidencia, disidente.

disímbolo, la adj. *Méx.* Disconforme, diferente.

disimilitud s. f. Diferencia.

disimular v. tr. [1]. Ocultar algo para que no se vea o no se note. ‖ Simular el conocimiento de una cosa. ‖ Disculpar una falta o defecto. ◇ FAM. disimulable, disimulación, disimulado, disimulador, disimulo. SIMULAR.

disimulo s. m. Capacidad para ocultar lo que se siente. ‖ Tolerancia.

disipación s. f. Acción y efecto de disipar. ‖ Cualidad y actitud de disipado.

disipado, da adj. y s. Entregado con exceso a placeres y diversiones.

disipar v. tr. y pron. [1]. Hacer desaparecer algo volátil o inmaterial. ◆ v. tr. Despilfarrar, malgastar. ◇ FAM. disipación, disipado, disipador.

diskette s. m. Disquete*.

dislalia s. f. Trastorno en la emisión de la palabra.

dislate s. m. Disparate, absurdo.

dislexia s. f. Dificultad específica en el aprendizaje de la lectura y la escritura. ◇ FAM. disléxico.

dislocar v. tr. y pron. [1a]. Desencajar una cosa, en especial un hueso o miembro del cuerpo. ‖ Alterar. ◇ FAM. dislocación, dislocadura, disloque.

disloque s. m. *Fam.* Cosa excelente, o que se sale de lo común.

dismenorrea s. f. MED. Menstruación dolorosa.

disminuido, da adj. y s. Dícese de la per-

sona que tiene incompletas sus facultades físicas o psíquicas.

disminuir v. tr., intr. y pron. [29]. Hacer menor la extensión, intensidad o número de algo. ◇ FAM. disminución, disminuido.

disnea s. f. Dificultad para respirar. ◇ FAM. disneico.

disociar v. tr. y pron. [1]. Separar una cosa de otra a la que está unida. ◇ FAM. disociable, disociación, disociador. / indisociable. SOCIO, CIA.

disolución s. f. Acción y efecto de disolver o disolverse. ‖ Relajación de la moral. ‖ Mecla de dos sustancias.

disoluto, ta adj. y s. Entregado a los vicios.

disolvente adj. y s. m. Que disuelve. ◆ s. m. Líquido volátil incorporado a las pinturas y barnices para obtener las características requeridas para su aplicación.

disolver v. tr. y pron. [2n]. Disgregar una sustancia en un líquido. ‖ Separar lo que está unido. ◇ FAM. disolubilidad, disoluble, disolución, disolutivo, disoluto, disolvente, disuelto. / indisoluble.

disonancia s. f. Sonido desagradable.

disonar v. intr. [1r]. Sonar mal. ‖ Discrepar, carecer de conformidad. ◇ FAM. disonancia, disonante. SONAR.

dispar adj. Desigual, diferente. ◇ FAM. disparidad. PAR.

disparada s. f. *Argent., Méx., Nicar.* y *Urug.* Acción de echar a correr de repente o de partir con precipitación, fuga. ● **A la disparada** (*Argent., Chile, Par., Perú* y *Urug.*), precipitada y atolondradamente. ‖ **De una disparada** (*Argent. Fam.*), con gran prontitud, al momento. ‖ **Pegar una disparada** (*Argent.*), dirigirse rápidamente hacia un lugar.

disparadero s. m. Disparador de un arma de fuego. ● **Poner** a alguien **en el disparadero** (*Fam.*), provocarle a que diga o haga lo que de por sí no diría o no haría.

disparador s. m. Mecanismo de un arma de fuego que mueve la palanca de disparo. ‖ Mecanismo que libera el obturador de una cámara fotográfica.

disparar v. tr. y pron. [1]. Lanzar un proyectil con un arma. ‖ Accionar el disparador de una cámara fotográfica. ◆ v. tr. Lanzar con violencia una cosa. ‖ *Méx. Fam.* Invitar. ◆ **dispararse** v. pron. Ponerse bruscamente en movimiento. ‖ Hablar u obrar con violencia. ◇ FAM. disparada, disparadero, disparado, disparador, disparo. PARAR.

disparate s. m. Cosa absurda o tonta. ‖ *Fam.* Exceso. ◇ FAM. disparatar.

disparejo, ja adj. Dispar.

disparidad s. f. Diferencia de una cosa respecto de otra.

disparo s. m. Acción y efecto de disparar o dispararse.

dispendio s. m. Gasto excesivo. ◇ FAM. dispendioso.

dispensar v. tr. [1]. Conceder. ‖ Perdonar una falta leve. ◆ v. tr. y pron. Librar de una obligación. ◇ FAM. dispensa, dispensable, dispensador, dispensario. / indispensable.

dispensario s. m. Local en que se realiza la visita médica sin que los pacientes puedan ser hospitalizados.

dispepsia s. f. Digestión difícil. ◇ FAM. dispéptico. PEPSINA.

dispersar v. tr. y pron. [1]. Separar, diseminar lo que está o debe estar reunido. ‖ Distraer la atención, actividad, etc., entre diversas cosas. ◇ FAM. dispersión, disperso, dispersor.

display s. m. Soporte publicitario para vitrinas y escaparates. ‖ INFORMÁT. Terminal de ordenador donde se expresa la información contenida en los programas.

displicencia s. f. Desagrado, indiferencia. ‖ Descuido, negligencia. ◇ FAM. displicente. PLACER[1].

disponer v. tr. y pron. [5]. Colocar de manera conveniente. ‖ Preparar, prevenir. ◆ v. tr. Mandar lo que se ha de hacer. ◆ v. intr. Con la prep. de, valerse de una persona o cosa: puede disponer de mí. ◆ disponerse v. pron. Prepararse para hacer alguna cosa. ◇ FAM. disponibilidad, disponible, disposición, dispositivo, dispuesto. / indisponer, predisponer. PONER.

disponibilidad s. f. Calidad de disponible. ‖ Situación de disponible. ◆ pl. Conjunto de fondos o bienes disponibles.

disponible adj. Que se puede disponer o utilizar libremente. ‖ Dícese del militar o funcionario que no está en servicio activo.

disposición s. f. Acción y efecto de disponer o disponerse. ‖ Aptitud, capacidad, soltura. ‖ Estado de ánimo para hacer algo. ‖ Orden de una autoridad.

dispositivo s. m. Mecanismo, aparato, máquina.

dispuesto, ta adj. Apto, preparado para llevar a cabo cierta cosa. ◇ FAM. maldispuesto. DISPONER.

disputa s. f. Acción y efecto de disputar. ● Sin disputa, sin duda.

disputar v. tr. e intr. [1]. Altercar con vehemencia. ‖ Debatir, discutir. ◆ v. tr. y pron. Competir, rivalizar. ◇ FAM. disputa, disputable, disputador. / indisputable.

disquete s. m. INFORMÁT. Soporte magnético de información, de pequeña capacidad. ◇ FAM. disquetera. DISCO.

disquisición s. f. Examen o exposición rigurosa de algo. ‖ Comentario o reflexión que se aparta del tema de que se trata.

distancia s. f. Espacio o tiempo que media entre dos cosas o sucesos. ‖ Diferencia. ‖ Falta de afecto entre personas. ◇ FAM. distanciar. DISTAR.

distanciamiento s. m. Distancia, falta de afecto entre personas.

distanciar v. tr. y pron. [1]. Apartar, alejar, poner a distancia. ◇ FAM. distanciamiento. DISTANCIA.

distante adj. Que dista. ‖ Apartado, lejano, remoto. ‖ Que no admite familiaridades en su trato.

distar v. intr. [1]. Estar apartada una cosa de otra en el espacio o en el tiempo. ‖ Diferenciarse notablemente una cosa de otra. ◇ FAM. distancia, distante. / equidistar.

distender v. tr. [2d]. Aflojar lo que está tenso o tirante. ◆ v. tr. y pron. MED. Causar una tensión brusca en los tejidos, membranas, etc. ◇ FAM. distensible, distensión. TENDER.

distinción s. f. Acción y efecto de distinguir o distinguirse. ‖ Honor, privilegio. ‖ Elegancia, refinamiento.

distinguido, da adj. Notable. ‖ Elegante.

distinguir v. tr. [3p]. Reconocer la diferencia que hay de unas cosas a otras. ‖ Caracterizar: la razón distingue al hombre. ‖ Ver. ‖ Mostrar particular estimación por alguien: le distingue con su amistad. ‖ Otorgar a alguien una dignidad o privilegio. ◆ v. tr. y pron. Hacer que una cosa se diferencie de otra por medio de alguna señal. ◆ distinguirse v. pron. Descollar, sobresalir. ◇ FAM. distinción, distinguible, distinguido, distintivo, distinto.

distintivo, va adj. Que distingue. ◆ adj. y s. m. Que caracteriza una cosa. ◆ s. m. Insignia, señal, marca.

distinto, ta adj. Que no es igual o parecido. ‖ Claro, sin confusión. ◇ FAM. indistinto. DISTINGUIR.

distorsión s. f. Torsión de una parte del cuerpo. ‖ Alteración, deformación. ◇ FAM. distorsionar. TORSIÓN.

distracción s. f. Acción y efecto de distraer. ‖ Diversión.

distraer v. tr. y pron. [10]. Divertir, entretener. ‖ Apartar, desviar. ◆ v. tr. Sustraer. ◇ FAM. distracción, distraído. TRAER.

distraído, da adj. y s. Que está poco atento a lo que se habla o pasa a su alrededor.

distribución s. f. Acción y efecto de distribuir. ‖ CINE y TV. Fase de la explotación de películas, intermedia entre la producción y la exhibición. ‖ ECON. Conjunto de operaciones a través de las cuales los productos y los servicios llegan a los diversos consumidores.

distribuidor, ra adj. y s. Que distribuye. ◆ s. f. CINE y TV. Empresa dedicada a la comercialización de las películas cinematográficas. ◆ s. m. Pieza de paso de una casa donde convergen varias habitaciones.

distribuir v. tr. [29]. Repartir una cosa entre varias personas, designando lo que corresponde a cada una. ‖ Comercializar un producto. ◆ v. tr. y pron. Dar a cada cosa su colocación o destino. ◇ FAM. distribución, distribuidor, distributivo. / redistribuir.

distributivo, va adj. Relativo a la distribución. ‖ MAT. Dícese de la operación que, efectuada sobre una suma de términos, da el mismo resultado que se obtiene sumando los resultados obtenidos efectuando esta operación sobre cada término de la suma. ● **Conjunción distributiva** (LING.), cada una de las partículas utilizadas para introducir oraciones distributivas. ‖ **Oración coordinada distributiva** (LING.), aquella en que se enumeran y contraponen sujetos, predicados, tiempos, etc., enlazándose por yuxtaposición.

distrito s. m. Subdivisión territorial, generalmente de carácter administrativo. ● **Distrito federal,** nombre que se da en algunas repúblicas federales al territorio de la capital.

distrofia s. f. MED. Trastorno patológico que afecta a la nutrición y al crecimiento. ◇ FAM. distrófico.

disturbio s. m. Alteración, especialmente del orden público. ◇ FAM. disturbar. / antidisturbios.

disuadir v. tr. [3]. Convencer a alguien con razones, a cambiar o desistir de parecer o propósito. ◇ FAM. disuasión, disuasivo, disuasorio.

disyunción s. f. Acción y efecto de separar o desunir. ◇ FAM. disyuntivo.

disyuntivo, va adj. Que desune, separa o expresa incompatibilidad. ◆ s. f. Alternativa entre dos posibilidades por una de las cuales hay que optar. ● **Conjunción disyuntiva** (LING.), la que uniendo las palabras separa las ideas. ‖ **Oración coordinada disyuntiva** (LING.), aquella que plantea una elección entre dos posibilidades.

dita[1] s. f. Amér. Central y Chile. Deuda.

dita[2] s. f. P. Rico. Vasija hecha con la segunda corteza del coco.

ditirambo s. m. Alabanza entusiasta y generalmente exagerada.

DIU s. m. Abrev. de Dispositivo Intra Uterino, aparato anticonceptivo que se coloca en el cuello de la matriz.

diuca s. f. Argent. y Chile. Pájaro de unos 14 cm de largo y color generalmente ceniciento, algo blanco en el vientre.

diuresis s. f. Secreción de la orina. ◇ FAM. diurético.

diurético, ca adj. y s. m. Que hace orinar.

diurno, na adj. Relativo al día. ‖ Dícese de los animales que desarrollan su actividad durante el día y de las flores que sólo se abren por el día. ◇ FAM. DÍA.

divagar v. intr. [1b]. Separarse del asunto de que se trata. ◇ FAM. divagación. VAGAR.

divalente adj. QUÍM. Que tiene valencia dos. ◇ FAM. VALENCIA.

diván s. m. Especie de sofá, con o sin brazos, y generalmente sin respaldo.

divergencia s. f. Acción y efecto de divergir. ‖ Diversidad de opiniones y pareceres.

divergir v. intr. [3b]. Irse apartando dos o más líneas, superficies o cosas. ‖ Discrepar, disentir. ◇ FAM. divergencia, divergente.

diversidad s. f. Diferencia, variedad. ‖ Abundancia de cosas distintas.

diversificar v. tr. y pron. [1a]. Variar, hacer diversa una cosa de otra. ◇ FAM. diversificación. DIVERSO, SA.

diversión s. f. Acción y efecto de divertir. ‖ Cosa que divierte.

diverso, sa adj. Variado, diferente. ◆ pl. En gran número. ◇ FAM. diversidad, diversificar.

divertido, da adj. Alegre, aficionado a divertirse. ‖ Que divierte. ‖ Argent., Chile, Guat. y Perú. Ligeramente bebido.

divertir v. tr. y pron. [22]. Entretener, recrear. ◇ FAM. diversión, divertido, divertimento.

dividendo s. m. ECON. Parte del interés o del beneficio que corresponde a cada accionista. ‖ MAT. En una división, número que se divide por otro.

dividir v. tr. y pron. [3]. Partir, separar en partes. ‖ Distribuir, repartir. ‖ Enfrentar, enemistar. ◆ v. tr. MAT. Averiguar cuántas veces el divisor está contenido en el dividendo. ◇ FAM. dividendo, divisibilidad, divisible, división, divisor, divisorio. / subdividir.

divieso s. m. MED. Forúnculo.

divinidad s. f. Naturaleza de lo divino. ‖ Dios. ‖ Persona o cosa dotada de gran belleza.

divinizar v. tr. [1g]. Conceder a alguien o algo la categoría de dios. ‖ Ensalzar excesivamente a alguien. ◇ FAM. divinización. DIVINO, NA.

divino, na adj. Relativo a Dios o a un dios. ‖ Excepcional. ◇ FAM. divinidad, divinizar, divo. / adivinar. DIOS.

divisa s. f. Señal exterior para distinguir personas, grados u otras cosas. ‖ Moneda extranjera. ‖ Lema en el escudo.

divisar v. tr. y pron. [1]. Ver confusamente o a distancia un objeto. ◇ FAM. divisa, divisable.

divisible adj. Que se puede dividir. ‖ Dícese de la cantidad que contiene a otra, un número exacto de veces. ◇ FAM. indivisible. DIVIDIR.

división s. f. Acción y efecto de dividir. ‖ DEP. Agrupación de los clubs, según méritos o condiciones. ‖ MAT. Operación de dividir. ‖ MIL. Parte de un cuerpo del ejército. ◇ FAM. divisionario, divisionismo. DIVIDIR.

divisionario, ria adj. Dícese de la moneda que es fracción exacta de la unidad legal.

divisionismo s. m. Puntillismo, técnica pictórica. ⬦ FAM. divisionista. DIVISIÓN.

divisor s. m. y adj. MAT. Cantidad por la cual ha de dividirse otra. • **Común divisor,** número que divide exactamente a otros. ‖ **Máximo común divisor,** el mayor de todos sus divisores comunes.

divo, va s. Artista de un espectáculo de sobresaliente mérito, especialmente cantante de ópera. ⬦ FAM. divismo. DIVINO, NA.

divorciar v. tr. y pron. [1]. Disolver por sentencia legal un matrimonio. ‖ Separar, desunir.

divorcio s. m. Disolución de un matrimonio pronunciada por un tribunal. ‖ Separación, divergencia. ‖ *Colomb.* Cárcel de mujeres. ⬦ FAM. divorciado, divorciar.

divulgación s. f. Acción y efecto de divulgar o divulgarse.

divulgar v. tr. y pron. [1b]. Publicar, difundir, propagar. ⬦ FAM. divulgable, divulgación, divulgador. VULGO.

DNA s. m. ADN*.

DNI s. m. Abrev. de *Documento Nacional de Identidad,* tarjeta oficial que sirve para la identificación de los súbditos españoles.

do¹ s. m. Primera nota de la escala musical. • **Do de pecho,** una de las notas más agudas que alcanza la voz de tenor. ‖ Esfuerzo extraordinario.

do² adv. l. Donde y de donde.

doberman adj. y s. m. Dícese de una raza de perros guardianes de origen alemán, de figura estilizada y pelo negro.

dobla s. f. Moneda de oro castellana de la baja Edad Media. ‖ *Chile.* Beneficio que el dueño de una mina concede a alguno para que saque durante un día todo el mineral que pueda. ‖ *Chile. Fam.* Provecho que saca alguien de una cosa a la que no ha contribuido. ⬦ FAM. DOBLE.

dobladillo s. m. Pliegue y costura que se hace en el borde de una tela.

doblado, da adj. Cansado, agotado. ‖ Dícese de la película sobre la que se ha hecho el doblaje.

doblaje s. m. CINE y TV. Grabación del sonido en una película, cuya versión original es en otra lengua.

doblar v. tr. [1]. Aumentar una cosa haciéndola otro tanto más de lo que era. ‖ Aplicar una sobre otra, dos partes de una cosa flexible. ‖ CINE y TV. Sustituir los diálogos de una banda sonora original por su traducción en otro idioma. ‖ DEP. En las carreras sobre pista, distanciarse un corredor de otro una vuelta completa. ⬦ v. tr. y pron. Torcer una cosa encorvándola. ⬦ v. tr. e intr. Pasar al otro lado, cambiar de dirección: *doblar la esquina.* ‖ Hacer un actor dos papeles en una misma obra. ⬦ v. intr. Tocar las campanas a muerto.

⬦ **doblarse** v. pron. Someterse, ceder. ⬦ FAM. dobladillo, doblado, doblador, dobladura, doblaje, doblamiento, doblegar, doblez. / desdoblar, redoblar. DOBLE.

doble adj. y s. m. Duplo. ⬦ adj. Que se compone de dos cosas iguales. ‖ En los tejidos y otras cosas, de más cuerpo que lo sencillo. ⬦ adj. y s. Falso, hipócrita. ⬦ s. m. Doblez. ⬦ pl. DEP. Partido en el que intervienen, formando equipo, dos concursantes. ⬦ s. m. y f. Con relación a una persona, otra muy parecida que puede sustituirla en una actividad. ⬦ adv. m. Dos veces más o mucho más. ⬦ FAM. dobla, doblar, doblete, doblón. / duplo.

doblegar v. tr. y pron. [1b]. Doblar, torcer una cosa encorvándola. ‖ Someter, obligar a obedecer. ⬦ FAM. doblegable, doblegamiento. / indoblegable. DOBLAR.

doblete s. m. LING. Palabra que posee la misma etimología que otra pero que ha penetrado en la lengua de diferente modo. • **Hacer doblete,** desempeñar un actor dos papeles en la misma obra. ‖ DEP., conseguir dos títulos en un mismo año o en un mismo torneo.

doblez s. m. Parte que se dobla o pliega de una cosa. ‖ Señal que queda en la parte por donde se ha doblado una cosa. ⬦ s. m. o f. Hipocresía, falsedad.

doblón s. m. Antigua moneda de oro española. ⬦ FAM. DOBLE.

doca s. f. *Chile.* Planta de flores rosadas y fruto comestible.

doce adj. num. card. y s. m. Diez y dos. ⬦ adj. num. ord. y s. m. y f. Duodécimo.

docena s. f. Conjunto de doce cosas. ⬦ FAM. adocenarse.

docencia s. f. Enseñanza.

docente adj. Que enseña o instruye. ‖ Relativo a la enseñanza. ⬦ FAM. docencia.

dócil adj. Obediente, tranquilo, fácil de educar. ‖ Dícese del metal, piedra, etc. que se labra con facilidad. ⬦ FAM. docilidad. / indócil.

docto, ta adj. y s. Sabio. ⬦ FAM. indocto.

doctor, ra s. Persona que posee un doctorado. ‖ Persona que enseña una ciencia o arte. ‖ Denominación usual del médico. ⬦ FAM. doctorado, doctoral, doctorando, doctorar.

doctorado s. m. Grado más elevado conferido por una universidad, y estudios necesarios para obtenerlo.

doctorando, da s. Persona que está realizando los estudios de doctorado.

doctorar v. tr. y pron. [1]. Graduar de doctor.

doctrina s. f. Enseñanza que se da para instrucción de alguien. ‖ Conjunto de ideas estructuradas de un autor, escuela, religión, etc. ⬦ FAM. doctrinal, doctrinario, / adoctrinar.

doctrinario, ria adj. y s. Que defiende con rigidez un pensamiento o doctrina.

documentación s. f. Acción y efecto de

documentar. ‖ Conjunto de documentos e información.

documentado, da adj. Que posee noticias o pruebas sobre algún asunto. ‖ Dícese de la persona que tiene documentos de identidad personal. ◇ FAM. indocumentado. DOCUMENTO.

documental adj. Que se funda en documentos o se refiere a ellos. ◆ s. m. Película cinematográfica realizada con el fin de instruir o informar.

documentalista adj. y s. m. y f. Relativo al estudio de documentos. ◆ s. m. y f. Persona que realiza documentales.

documentar v. tr. [1]. Probar, justificar la verdad de una cosa con documentos. ◆ v. tr. y pron. Proporcionar información sobre algo.

documento s. m. Escrito u otra cosa que ilustra acerca de algún hecho. ◇ FAM. documentación, documentado; documental, documentalista, documentar.

dodeca- pref. Significa 'doce': *dodecafonismo*.

dodecaedro s. m. MAT. Poliedro de doce caras.

dodecafonismo s. m. Lenguaje musical atonal, basado en el empleo sistemático de los doce sonidos de la escala cromática. ◇ FAM. dodecafónico.

dodecágono s. m. MAT. Polígono que tiene doce lados.

dodecasílabo, ba adj. y s. m. Dícese del verso de doce sílabas.

dogal s. m. Soga para atar las caballerías. ‖ Cuerda para ahorcar a un reo.

dogaresa s. f. Mujer del dux. ◇ FAM. DOGO[1].

dogma s. m. Punto fundamental de doctrina, en religión o en filosofía. ‖ Conjunto de creencias o principios. ◇ FAM. dogmático, dogmatismo, dogmatizar.

dogmático, ca adj. Relativo a los dogmas. ◆ adj. y s. Que expresa una opinión de manera categórica e irrefutable. ◆ s. f. REL. Exposición sistemática de las verdades de la fe.

dogmatismo s. m. Cualidad de dogmático. ‖ Conjunto de principios que se tienen por innegables en una religión, doctrina, etc.

dogmatizar v. tr. [1g]. Afirmar con presunción como innegables, principios sujetos a examen y contradicción. ◆ v. tr. e intr. Enseñar los dogmas. ◇ FAM. dogmatizador, dogmatizante. DOGMA.

dogo[1] s. m. Dux. ◇ FAM. dogaresa.

dogo[2], ga adj. y s. Dícese de varias razas de perros guardianes, de cabeza gruesa, hocico achatado y orejas pequeñas.

dólar s. m. Unidad monetaria de EE UU, Australia, Canadá y otros países. ◇ FAM. petrodólar.

dolby s. m. Sistema que reduce el ruido de los aparatos electroacústicos.

dolencia s. f. Enfermedad.

doler v. intr. [2e]. Sentir dolor en alguna parte del cuerpo. ◆ v. intr. y pron. Causar o sentir disgusto, tristeza. ◆ **dolerse** v. pron. Quejarse. ◇ FAM. dolencia. / adolecer, condolerse, indolente. DOLOR.

dolmen s. m. Monumento funerario en forma de mesa. ◇ FAM. dolménico.

dolo s. m. DER. Maniobra fraudulenta destinada a engañar. ◇ FAM. doloso.

dolomita s. f. Carbonato natural doble de calcio y magnesio.

dolor s. m. Sensación de sufrimiento físico. ‖ Tristeza, pesar. ◇ FAM. doler, dolorido, doloroso. / duelo[2], indoloro.

dolorido, da adj. Que sufre un dolor. ‖ Que tiene pena o tristeza. ◆ s. f. *Perú.* Planidera.

doloroso, sa adj. Que produce pena. ‖ Que causa dolor.

doma s. f. Acción y efecto de domar.

domador, ra s. Persona que exhibe fieras o animales domados.

domar v. tr. [1]. Amansar, hacer dócil a un animal. ‖ Someter, reprimir. ‖ Hacer que una cosa dura se vuelva más flexible. ◇ FAM. doma, domable, domador. / indomable, indómito, redomado.

domeñar v. tr. [1]. Domar, someter. ◇ FAM. domeñable. / indomeñable. DOMINAR.

domesticar v. tr. [1a]. Hacer dócil y obediente a un animal fiero y salvaje. ◆ v. tr. y pron. Hacer tratable a una persona que no lo es. ◇ FAM. domesticable, domesticación, domesticado. / indomesticable. DOMÉSTICO, CA.

doméstico, ca adj. Relativo a la casa u hogar. ‖ Dícese del animal que ha sido domesticado. ◆ adj. y s. Relativo al criado que sirve en una casa. ◇ FAM. domesticar, domesticidad.

domiciliación s. f. Orden que se da a un banco para que reciba y pague los efectos girados a una persona.

domiciliar v. tr. [1]. Hacer un pago en el domicilio de un tercero. ◆ **domiciliarse** v. pron. Establecer alguien su domicilio en un lugar.

domicilio s. m. Casa donde uno habita o se hospeda. ◇ FAM. domiciliación, domiciliar, domiciliario.

dominación s. f. Acción y efecto de dominar, especialmente un soberano sobre un pueblo o una nación sobre otra.

dominante adj. Que domina. ‖ Dícese de un carácter hereditario que, cuando se posee, siempre se manifiesta en el fenotipo.

dominar v. tr. [1]. Tener dominio sobre personas o cosas. ‖ Conocer o poseer a fondo una ciencia o arte. ‖ Divisar algo con la mirada desde una altura. ◆ v. tr. y pron. Contener, reprimir. ◆ v. intr. y tr. Sobresalir, predominar. ◇ FAM. dominación, dominador, dominancia, dominante, dominio. / domeñar, predominar, subdominante. DUEÑO, ÑA.

domingo s. m. Séptimo y último día de la semana. ⋄ FAM. dominguero, dominical. / endomingarse.

dominguero, ra adj. Que sucede o se suele usar en domingo. ◆ s. *Desp.* Conductor inexperto.

dominical adj. Relativo al domingo. ◆ s. m. Suplemento que algunos periódicos editan los domingos.

dominicanismo s. m. Vocablo o giro propio de la República Dominicana.

dominicano, na adj. y s. De Dominica. ‖ De la República Dominicana. ⋄ FAM. dominicanismo.

dominico, ca adj. y s. Relativo a la orden de santo Domingo. ‖ Religioso o religiosa de esta orden. ◆ s. m. *Amér.* Variedad de plátano de pequeño tamaño. ‖ *Amér. Merid.* Ave de pico alargado y robusto, que se alimenta de frutas, semillas, granos, etc.

dominio s. m. Poder o superioridad que se tiene sobre las personas o cosas. ‖ Derecho de propiedad. ‖ Lugar en el que alguien ejerce la máxima autoridad. ‖ Campo que corresponde a una ciencia o a una actividad de tipo intelectual o artístico. ⋄ FAM. condominio. DOMINAR.

dominó s. m. Juego en el que se utilizan 28 fichas rectangulares, divididas en dos partes iguales, cada una de las cuales tiene de 0 a 6 puntos. ‖ Conjunto formado por estas fichas. ‖ Traje con capucha que se usa como disfraz.

domo s. m. ARQ. Cúpula.

don¹ s. m. Tratamiento de cortesía que se antepone al nombre de pila masculino. ‖ Se antepone a un nombre o adjetivo para motejar a un hombre que se caracteriza por lo que esa palabra expresa: *don cómodo.* ‖ *Amér.* Voz que se usa para dirigirse a un hombre cuyo nombre se desconoce. ● **Don nadie,** hombre poco conocido, o con escaso poder. ⋄ FAM. DUEÑO, ÑA.

don² s. m. Regalo, dádiva. ⋄ FAM. donoso. DONAR.

dona s. f. *Amér. Central, Méx.* y *P. Rico.* Rosquilla de masa esponjosa, frita en aceite y cubierta con chocolate o azúcar.

donación s. f. Acto de donar.

donaire s. m. Gracia en el hablar. ‖ Chiste. ‖ Garbo, gracia. ⋄ FAM. DONAR.

donante s. m. y f. Persona que cede alguno de sus órganos para trasplantes o investigación, o que da sangre para una transfusión.

donar v. tr. [1]. Dar, ceder. ⋄ FAM. don², donación, donador, donaire, donante, donativo. / condonar, perdonar.

donativo s. m. Regalo, dádiva.

doncel, lla s. Joven adolescente, en especial la mujer virgen. ◆ s. m. En la Edad Media, joven antes de ser armado caballero. ◆ s. f. Criada. ⋄ FAM. doncellez.

donde adv. relat. En el lugar en que sucede algo. ‖ *Fam.* A casa de, en casa de, o el sitio en que está: *mañana iré donde Juan.* ‖ Adonde: *irás donde tú quieras.* ‖ Con las preposiciones *de* y *por,* indica deducción o consecuencia: *estaban juntos, de donde deduje que eran amigos.* ● **dónde** adv. interrog. En qué lugar: *¿dónde estás?* ⋄ FAM. adonde, do², dondequiera.

dondequiera adv. l. En cualquier parte. ● **Dondequiera que,** donde: *dondequiera que esté.*

dondiego s. m. Planta cultivada por sus flores, grandes y de varios colores, que se abren al anochecer.

donjuán s. m. Hombre que tiene facilidad para conquistar mujeres. ⋄ FAM. donjuanesco.

donoso, sa adj. Que tiene donaire. ⋄ FAM. DON².

donostiarra adj. y s. m. y f. De San Sebastián (España).

doña s. f. Tratamiento de cortesía que se antepone al nombre de pila femenino, y en especial, al de la mujer casada o viuda. ‖ Se antepone a un nombre o adjetivo para motejar a una mujer que se caracteriza por lo que esa palabra expresa: *doña melindres.* ⋄ FAM. DUEÑO, ÑA.

dopar v. tr. y pron. [1]. DEP. Administrar fármacos o estimulantes para potenciar el rendimiento. ⋄ FAM. doping.

doping s. m. Empleo, por parte de un deportista, de excitantes o estimulantes.

doquier o **doquiera** adv. l. Dondequiera.

doradillo, lla adj. y s. m. *Argent., Par.* y *Urug.* Dícese de los caballos de color de miel.

dorado, da adj. De color de oro o semejante a él. ‖ Feliz. ‖ *Chile* y *Cuba.* Dícese de las caballerías de color de miel. ◆ s. m. Operación de dorar metales. ‖ Capa de oro de un objeto. ‖ *Argent., Par.* y *Urug.* Pez de río parecido al salmón, comestible, muy apreciado en la pesca deportiva. ◆ s. f. Pez de carne muy estimada, con una mancha dorada en la cabeza. ◆ s. m. pl. Conjunto de adornos metálicos o de objetos de latón. ⋄ FAM. doradillo. DORAR.

dorar v. tr. [1]. Recubrir con una fina capa de oro o dar o tomar ese color. ‖ Encubrir con apariencia agradable una cosa desagradable. ◆ v. tr. y pron. Freír o asar ligeramente. ◆ **dorarse** v. pron. Tomar color dorado: *las espigas se doran en el campo.* ⋄ FAM. dorado, dorador, doradura. ORO.

dórico, ca adj. y s. De la Dórida. ◆ adj. y s. m. Dícese del orden de la arquitectura griega, caracterizado por la columna con estrías y el capitel sin molduras. ◆ s. m. Dialecto de los dorios.

dorio, ria adj. y s. Relativo a un pueblo que invadió Grecia a partir del s. XII a. C. ⋄ FAM. dórico.

dormida s. f. *Amér. Merid.* Lugar donde se pernocta.

dormilón, na adj. *Fam.* Que gusta mucho de dormir.

dormir v. intr., tr. y pron. [27]. Estar, entrar o hacer entrar en el estado periódico de reposo, durante el cual se suspenden los sentidos y los movimientos voluntarios. ‖ Reposar, descansar: *dejar dormir un asunto.* ◆ v. intr. y pron. Descuidarse. ◆ v. intr. Pernoctar. ◆ v. tr. Anestesiar. ◆ **dormirse** v. pron. Quedarse un miembro del cuerpo sin sensibilidad y con una sensación de hormigueo. ◇ FAM. dormida, dormido, dormilón, dormitar, dormitorio, durmiente. / adormecer, adormidera, adormilarse, duermevela.

dormitar v. intr. [1]. Dormir con sueño poco profundo.

dormitorio s. m. Habitación destinada para dormir. ‖ Conjunto de los muebles que la ocupan.

dorsal adj. Perteneciente al dorso. ‖ LING. Dícese del fonema en cuya articulación interviene el dorso de la lengua. ◆ s. m. Número que llevan los deportistas en la espalda durante la competición. ◆ s. f. Cordillera terrestre o marina.

dorso s. m. Espalda. ‖ Revés de una cosa. ◇ FAM. dorsal. / adosar.

dos adj. num. card. y s. m. Uno y uno. ◆ adj. num. ord. y s. m. y f. Segundo. ● **Cada dos por tres**, con frecuencia.

doscientos, tas adj. num. card. y s. m. Dos veces ciento. ◆ adj. num. ord. y s. m. Que sigue en orden al ciento noventa y nueve.

dosel s. m. Cubierta ornamental de un trono, púlpito, etc. ‖ Tapiz, antepuerta.

dosificar v. tr. [1a]. Establecer una dosis, especialmente de un medicamento. ‖ Realizar algo a pequeñas dosis. ◇ FAM. dosificable, dosificación, dosificador. DOSIS.

dosis s. f. Cantidad de un medicamento que se toma de una sola vez. ‖ Cantidad o porción de algo. ◇ FAM. dosificar. / sobredosis. DAR.

dossier s. m. Expediente, conjunto de documentos o informaciones sobre una persona o un asunto.

dotación s. f. Acción y efecto de dotar. ‖ Cosa con que se dota. ‖ Personal de un taller, oficina, etc. ‖ Tripulación de un buque.

dotado, da adj. Que tiene la cualidad que se expresa a continuación: *dotado de un gran olfato.* ‖ Que tiene condiciones para lo que se expresa a continuación: *dotado para el deporte.* ◇ FAM. superdotado. DOTAR.

dotar v. tr. [1]. Dar dote a la mujer. ‖ Conceder la naturaleza determinadas cualidades a una persona o cosa. ‖ Proveer de personal o de dinero. ◇ FAM. dotación, dotado. DOTE.

dote s. m. o f. Bienes que aporta la mujer al matrimonio o que entrega al convento en que ingresa. ◆ s. f. pl. Conjunto de cualidades de una persona o cosa. ◇ FAM. dotar.

dovela s. f. Piedra tallada en forma de cuña con que se forman los arcos y las bóvedas.

dracma s. f. Unidad monetaria de la antigua Grecia. ‖ Unidad monetaria de la Grecia actual.

draconiano, na adj. Muy cruel o severo.

draga s. f. Máquina para dragar. ‖ Barco dragador. ◇ FAM. dragar.

dragar v. tr. [1b]. Excavar y limpiar el fondo de los puertos de mar, los ríos, etc. ‖ Limpiar los mares de minas. ◇ FAM. dragado, dragador. DRAGA.

drago s. m. Árbol cuyo tronco puede alcanzar varios metros de diámetro y que puede vivir más de mil años.

dragón s. m. Monstruo fabuloso que se representa con alas y con cola de serpiente. ‖ Soldado que combatía a pie o a caballo. ‖ Reptil parecido al lagarto. ◇ FAM. dragonear.

dragonear v. intr. [1]. *Amér. Central* y *Amér. Merid.* Ejercer un cargo sin tener título para ello. ‖ *Amér. Central* y *Amér. Merid.* Alardear, jactarse de algo.

drama s. m. Obra teatral. ‖ Género literario que comprende las obras escritas para ser representadas. ‖ Suceso capaz de conmover. ◇ FAM. dramático, dramatismo, dramatizar, dramaturgia, dramón. / melodrama, psicodrama.

dramático, ca adj. Relativo al teatro. ‖ Capaz de conmover. ◆ adj. y s. Dícese del autor o actor de obras dramáticas. ◆ s. f. Arte de componer obras dramáticas. ‖ Drama, género literario.

dramatismo s. m. Cualidad de dramático.

dramatizar v. tr. [1g]. Dar forma y condiciones dramáticas. ‖ Exagerar algo con el fin de conmover. ◇ FAM. dramatizable, dramatización. / desdramatizar. DRAMA.

dramaturgia s. f. Dramática. ‖ Conjunto de obras de teatro. ◇ FAM. dramaturgo. DRAMA.

dramaturgo, ga s. Persona que escribe obras de teatro.

dramón s. m. Drama en que se exageran los efectos dramáticos.

drapear v. tr. [1]. Disponer los pliegues de los paños. ◇ FAM. drapeado.

draque s. m. *Amér. Central* y *Amér. Merid.* Bebida confeccionada con agua, aguardiente y nuez moscada.

drástico, ca adj. Rápido, enérgico.

drenaje s. m. Eliminación del agua de una zona por medios naturales o artificiales. ‖ *Méx.* Instalación que sirve para sacar las aguas negras. ‖ MED. Técnica de evacuación de secreciones de una cavidad del organismo. ◇ FAM. drenar.

driblar v. tr. e intr. [1]. En diversos deportes, regatear.

dril s. m. Tela fuerte de hilo o de algodón crudos.

drive s. m. En tenis, golpe de derecha. ‖ En el golf, golpe largo dado desde la salida. ◇ FAM. driver.

driver s. m. En el golf, palo con que se ejecuta el drive.

driza s. f. Cuerda que sirve para izar las vergas en un barco.

droga s. f. Sustancia que produce efectos alucinógenos, estimulantes o sedantes y que puede crear hábito. ‖ Nombre genérico de ciertas sustancias usadas en química, medicina, etc. • **Droga blanda**, estupefaciente que tiene poderes menores sobre el organismo. ‖ **Droga dura**, estupefaciente que provoca efectos graves en el organismo. ◇ FAM. drogadicción, drogadicto, drogar, droguería. / endrogarse.

drogadicción s. f. Hábito de consumir drogas.

drogadicto, ta adj. y s. Toxicómano.

drogar v. tr. y pron. [1b]. Administrar o tomar drogas.

droguería s. f. Establecimiento donde se venden productos de limpieza, pinturas, etc. ‖ *Amér. Central*. Farmacia. ◇ FAM. droguero. DROGA.

droguero, ra s. Persona que vende artículos de droguería.

dromedario s. m. Camello con una sola joroba, utilizado para montar o como bestia de carga en los desiertos de África.

druida s. m. Sacerdote celta. ◇ FAM. drúidico.

drupa s. f. BOT. Fruto carnoso cuyo endocarpo forma un hueso.

dry adj. y s. m. Seco, referido al champaña, aperitivos, etc.

dual adj. y s. m. Que tiene dos partes o aspectos. ‖ LING. En ciertas lenguas, número gramatical que se emplea para designar dos personas o dos cosas. ◇ FAM. dualidad, dualismo. DÚO.

dualidad s. f. Carácter de lo que es doble en sí mismo.

dualismo s. m. Pensamiento filosófico que explica el universo por la acción de dos principios opuestos, como la materia y el espíritu. ◇ FAM. dualista. DUAL.

dubitación s. f. Duda. ◇ FAM. dubitativo. DUDAR.

dubitativo, va adj. Que implica o denota duda.

ducado s. m. Título o dignidad de duque. ‖ Territorio y propiedades del duque. ‖ Antigua moneda de oro de España y otros países.

ducal adj. Relativo al duque.

duce s. m. Título adoptado por Mussolini, jefe de la Italia fascista desde 1922 hasta 1945.

ducentésimo, ma adj. num. ord. y s. Que ocupa por orden el número doscientos. ◆ adj. num. part. y s. m. Dícese de cada una de las doscientas partes iguales en que puede dividirse un todo.

ducha s. f. Aplicación de agua en forma de chorro o de lluvia para limpiar o refrescar el cuerpo. ‖ Aparato para ducharse. ◇ FAM. duchar.

duchar v. tr. y pron. [1]. Dar una ducha.

ducho, cha adj. Hábil, experto.

dúctil adj. Dícese de los metales que se pueden reducir a hilos o alambres. ‖ Dócil y condescendiente. ◇ FAM. ductilidad.

duda s. f. Falta de determinación o decisión entre dos juicios o decisiones. ‖ Cuestión que queda pendiente de resolución. ‖ Sospecha.

dudar v. intr. [1]. Estar en duda. ‖ Sospechar. ◆ v. tr. Dar poco crédito a algo. ◇ FAM. duda, dudoso. / dubitación, indudable.

dudoso, sa adj. Que ofrece duda. ‖ Que está en duda. ‖ Que es poco probable.

duela s. f. Cada una de las tablas que forman las paredes curvas de un tonel. ‖ Gusano plano que en estado adulto vive como parásito en el hígado de varios mamíferos. ‖ *Méx*. Cada una de las tablas de un piso o entarimado.

duelo[1] s. m. Combate entre dos adversarios que se han desafiado. ◇ FAM. duelista.

duelo[2] s. m. Dolor, lástima. ‖ Demostraciones de pesar por la muerte de alguien. ‖ Reunión de personas que asisten a un entierro. ◇ FAM. DOLOR.

duende s. m. Espíritu fantástico. ‖ Encanto que tiene una persona o cosa.

dueño, ña s. Persona que posee una cosa. • **Ser dueño**, o **muy dueño de hacer** algo *(Fam.)*, tener libertad para hacerlo. ◇ FAM. doña. / adueñarse, dominar, don[1].

duermevela s. m. *Fam.* Sueño ligero, inquieto e interrumpido con frecuencia. ◇ FAM. DORMIR y VELA[1].

dueto s. m. Dúo musical. ◇ FAM. DÚO.

dulce adj. Que causa al paladar cierta sensación más o menos azucarada. ‖ Que no es agrio, amargo o salado. ‖ Grato, apacible: *voz dulce*. ‖ Afable, complaciente. ◆ s. m. Manjar en cuya composición entra el azúcar como elemento fundamental. ‖ Fruta cocida con azúcar o almíbar. ‖ *Chile* y *Méx*. Caramelo. • **Dulce de leche** *(Argent.* y *Urug.)*, dulce que se prepara cociendo, a fuego lento, leche y azúcar hasta que adquiere un color marrón claro y consistencia espesa. • **Tirarse al dulce** *(Chile. Vulg.)*, entablar una relación amorosa. ◇ FAM. dulcemente, dulcificar, dulzaina, dulzón, dulzura. / agridulce, edulcorar, endulzar.

dulcificar v. tr. [1a]. Hacer suave y grata una cosa. ◇ FAM. dulcificación, dulcificante. DULCE.

dulzaina s. f. MÚS. Instrumento de viento, hecho de madera, parecido por su forma al clarinete pero de tonos más altos.

dulzón, na adj. Demasiado dulce.

dulzura s. f. Calidad de dulce. ‖ Afabilidad, bondad. ‖ Suavidad, deleite. ‖ Palabra cariñosa.

duna s. f. Colina formada por un montón de arena acumulada por el viento.

dúo s. m. Pieza musical para dos voces o instrumentos. ‖ Conjunto de dos voces o instrumentos. ● **A dúo,** entre dos personas. ◇ FAM. dual, dueto.

duodécimo, ma adj. num. ord. y s. Que corresponde en orden al número doce. ◄ adj. num. part. y s. m. Dícese de cada una de las doce partes iguales en que se divide un todo. ◇ FAM. duodecimal.

duodeno s. m. Primer segmento del intestino delgado, que va desde el estómago hasta el yeyuno. ◇ FAM. duodenal, duodenitis.

dúplex s. m. y adj. Enlace eléctrico o radioeléctrico entre dos puntos, que se puede utilizar simultáneamente en los dos sentidos. ‖ Apartamento que consta de dos pisos unidos por el interior. ◇ FAM. DUPLO, PLA.

duplicado s. m. Copia fiel de un original.

duplicar v. tr. y pron. [1a]. Hacer doble una cosa. ◄ v. tr. Multiplicar por dos. ◇ FAM. duplicación, duplicado, duplicativo. / reduplicar. DUPLO, PLA.

duplicidad s. f. Calidad de doble. ‖ Doblez, falsedad.

duplo, pla adj. y s. m. Que contiene un número dos veces exactamente. ◇ FAM. dúplex, duplicar, duplicidad. / subduplo. DOBLE.

duque, quesa s. Título nobiliario inferior al de príncipe y superior al de marqués y conde. ‖ Persona que lleva este título. ◄ s. f. Mujer del duque. ◇ FAM. ducado, ducal. / archiduque.

durable adj. Duradero.

duración s. f. Acción y efecto de durar. ‖ Tiempo que dura algo.

duradero, ra adj. Que dura o puede durar mucho.

duralex s. m. Materia plástica transparente, parecida al vidrio.

duraluminio s. m. Aleación ligera de aluminio, de alta resistencia y dureza. ◇ FAM. ALUMINIO.

duramadre s. f. ANAT. Capa más externa y resistente de las tres que constituyen las meninges.

duramen s. m. Parte central del tronco y las ramas de los árboles. ◇ FAM. DURO, RA.

duranguense adj. y s. m. y f. De Durango (México).

durante prep. Denota el espacio de tiempo en que dura algo.

durar v. intr. [1]. Existir, estar ocurriendo algo en un cierto espacio de tiempo. ‖ Subsistir, permanecer. ◇ FAM. durabilidad, durable, duración, duradero, durante, durativo. / perdurar.

durativo, va adj. LING. Dícese del modo de significación verbal que expresa una acción en desarrollo, o aún no acabada.

duraznense adj. y s. m. y f. De Durazno (Uruguay).

duraznero s. m. Variedad de melocotonero, de fruto pequeño. ‖ *Amér. Central* y *Amér. Merid.* Durazno.

durazno s. m. Duraznero. ‖ Fruto de este árbol. ‖ *Argent.* y *Chile.* Melocotonero y variedades de este árbol. ‖ *Argent.* y *Chile.* Fruto de estos árboles. ◇ FAM. duraznero.

dureza s. f. Calidad de duro. ‖ Callo que se forma en algunas partes del cuerpo.

duro, ra adj. Dícese del cuerpo poco blando, o que ofrece fuerte resistencia a ser modificado. ‖ Difícil: *vida dura.* ‖ Violento, insensible: *palabras duras.* ‖ Terco u obstinado. ◄ s. m. Moneda que vale cinco pesetas. ‖ Dinero. ◄ adv. m. Con fuerza, con violencia. ● **Duro y parejo** (*Argent., Chile, Colomb., Méx., Par., Perú* y *Urug. Fam.*), con fuerza y constancia. ◇ FAM. duramen, dureza. / endurecer.

dux s. m. HIST. Jefe de las antiguas repúblicas de Génova y Venecia.

e

e¹ s. f. Quinta letra del alfabeto español y segunda de sus vocales; representa un sonido anterior medio y sonoro.

e² conj. cop. Sustituye a *y* para evitar el mismo sonido antes de las palabras que empiecen por *i* o *hi: Juan e Ignacio.*

¡ea! interj. Suele usarse sola o repetida, para significar algún acto de la voluntad o para animar o excitar.

easonense adj. y s. m. y f. De San Sebastián (España).

ebanista s. m. y f. Carpintero de muebles y trabajos finos.

ébano s. m. Árbol de África ecuatorial que proporciona una madera negra, dura y pesada, apreciada en carpintería. ‖ Madera de este árbol. ◇ FAM. ebanista, ebanistería.

ebonita s. f. Caucho endurecido por adición de azufre, que se utilizaba por sus propiedades aislantes.

ebrio, bria adj. y s. Borracho, embriagado. ◆ adj. Ofuscado por una pasión. ◇ FAM. ebriedad. / embriagar.

ebullición s. f. Paso de un líquido al estado gaseoso, manteniéndose el equilibrio de las dos fases. ‖ Agitación. ◇ FAM. BULLIR.

ebúrneo, a adj. De marfil o parecido a él.

eccehomo o **ecce homo** s. m. Representación de Jesucristo coronado de espinas. ‖ Persona de aspecto lastimoso.

eccema s. m. o f. Inflamación de la piel.

echada s. f. Acción y efecto de echar o echarse. ‖ *Méx.* Fanfarronada.

echado, da adj. y s. *C. Rica* y *Nicar.* Indolente, perezoso.

echador, ra adj. Que echa. ◆ adj. y s. *Cuba, Méx.* y *Venez.* Fanfarrón.

echar v. tr. [1]. Hacer que una cosa vaya a parar a alguna parte, dándole impulso. ‖ Despedir de sí una cosa: *echar humo.* ‖ Hacer que algo caiga en un sitio determinado. ‖ Derribar, demoler. ‖ Expulsar. ‖ Juntar los animales machos con las hembras para que procreen. ‖ Poner, aplicar. ‖ Cerrar, asegurar: *echar el cerrojo.* ‖ Jugar: *echar una partida.* ‖ Dar, entregar, repartir. ‖ Hacer cálculos. ‖ Suponer o conjeturar: *¿qué edad le echas?* ‖ Proyectar una película o representar una obra teatral o musical. ‖ Decir, proferir: *echar maldiciones.* ‖ Con algunos nombres, hacer lo que estos expresan: *echar un vistazo.* ‖ Condenar a una pena o reclusión. ◆ v. tr. e intr. Producir un organismo vivo algo que brota de él. ◆ v. tr. y pron. Inclinar o recostar. ‖ Con la preposición *a* y un infinitivo, ser causa o motivo de la acción que se expresa: *echar a rodar la pelota.* ‖ Poner o ponerse una prenda de vestir. ◆ v. intr. Tomar una determinada dirección. ◆ **echarse** v. pron. Arrojarse, precipitarse. ‖ Tenderse o acostarse. ‖ Dedicarse a una cosa: *echarse a la buena vida.* ‖ Empezar a tener cierto trato o relación con alguien. • **Echarse atrás** *(Fam.),* desistir de alguna cosa. ‖ **Echar de menos,** sentir pena por la ausencia o falta de alguien. ‖ **Echarse encima** una cosa, llegar, ser inminente o muy próxima. ◇ FAM. echada; echado, echador. / desechar.

echarpe s. m. Chal, prenda femenina.

echón, na adj. y s. *Venez.* Fanfarrón, jactancioso. ◆ s. f. *Argent.* y *Chile.* Hoz para segar.

eclecticismo s. m. Método que consiste en escoger de entre varios sistemas, las tesis que parecen más aceptables para formar con ellas una doctrina. ‖ Disposición del espíritu que se adapta a todo lo que le parece bueno. ◇ FAM. ecléctico.

ecléctico, ca adj. Relativo al eclecticismo. ◆ adj. y s. Que selecciona lo más conveniente de una cosa, y adopta un criterio intermedio.

eclesial adj. Relativo a la Iglesia.

eclesiástico, ca adj. Relativo a la Iglesia. ◆ s. m. Clérigo, sacerdote. ◇ FAM. eclesial. IGLESIA.

eclipsar v. tr. y pron. [1]. Provocar un eclipse. ‖ Oscurecer, deslucir. ◆ **eclipsarse** v. pron. Desvanecerse, desaparecer.

eclipse s. m. ASTRON. Ocultación de un astro por la interposición de otro, entre él y un tercero. ◇ FAM. eclipsar, eclíptica, eclíptico.

eclíptica s. f. ASTRON. Círculo máximo de la esfera celeste descrito en un año por el Sol, o por la Tierra alrededor del Sol. ‖ ASTRON. Plano determinado por este círculo.

eclosión s. f. Brote, nacimiento, aparición súbita.

eco s. m. Repetición de un sonido debido a la reflexión de las ondas sonoras por un obstáculo. ‖ Sonido que se percibe débil y confusamente. ‖ Noticia vaga o rumor. ‖ Resonancia o difusión que abarca un suceso. ◇ FAM. ecografía.

¡eco! interj. *Bol., Chile, Méx.* y *Venez.* ¡Exactamente! ‖ *Bol., Chile, Méx.* y *Venez.* ¡Aquí está!

ecografía s. f. MED. Método de exploración de los órganos del cuerpo que utiliza ultrasonidos. ◇ FAM. ECO.

¡école! o **¡ecolecuá!** interj. ¡Eco!

ecología s. f. Ciencia que estudia las relaciones entre los seres vivos y el medio ambiente en que viven. ‖ Defensa y protección del medio ambiente. ◇ FAM. ecológico, ecologismo, ecologista.

ecológico, ca adj. Relativo a la ecología. ‖ Que defiende y protege el medio ambiente.

ecologismo s. m. Extensión y generalización de los conceptos de la ecología transferidos al terreno de la realidad social.

ecologista adj. y s. m. y f. Que propugna la necesidad de defender y proteger la naturaleza. ← s. m. y f. Persona que profesa la ecología como ciencia.

economato s. m. Almacén destinado exclusivamente a socios o ciertos grupos de personas, donde pueden adquirir los productos más baratos.

econometría s. f. Aplicación de la estadística y las matemáticas a la economía. ◇ FAM. econométrico. ECONOMÍA.

economía s. f. Ciencia que estudia la producción y utilización de la riqueza. ‖ Recta administración de los bienes. ‖ Buena distribución del tiempo y de otras cosas inmateriales. ‖ Reducción de gastos. ‖ Riqueza pública, conjunto de los recursos de un país. ← pl. Cantidad de dinero ahorrado. • **Economía sumergida,** actividad económica realizada al margen de la legislación. ◇ FAM. economato, econometría, económico, economizar, económo. / biblioteconomía, macroeconomía, microeconomía.

económico, ca adj. Relativo a la economía. ‖ Poco costoso. ‖ Parco en gastar. ◇ FAM. socioeconómico. ECONOMÍA.

economista s. m. y f. Persona versada en economía.

economizar v. tr. [1g]. Ahorrar. ◇ FAM. economizador. ECONOMÍA.

económo s. m. y adj. Eclesiástico que regenta una parroquia en ausencia del titular.

ecosistema s. m. ECOL. Conjunto de seres vivos que viven en un mismo medio y de los elementos unidos a ellos.

ecosonda s. m. Aparato que mide las profundidades del mar, mediante ultrasonidos. ◇ FAM. SONDA.

ecto- pref. Significa 'por fuera, en el exterior': *ectoplasma.*

ectoplasma s. m. En parapsicología, cuerpo material que se desprende del mé-

dium en estado de trance. ‖ Parte exterior del citoplasma de una célula.

ecu s. m. Unidad monetaria de la Unión Europea.

ecuación s. f. MAT. Igualdad entre dos expresiones matemáticas que contienen una o más incógnitas. ◇ FAM. inecuación. EQUIDAD.

ecuador s. m. Círculo imaginario de la esfera terrestre cuyo plano es equidistante y perpendicular a la línea de los polos. ◇ FAM. ecuatorial. EQUIDAD.

ecualizador s. m. Aparato que amplía las bajas frecuencias y atenúa las altas, en un equipo de sonido. ◇ FAM. ecualizar.

ecuanimidad s. f. Igualdad o constancia de ánimo. ‖ Imparcialidad de juicio. ◇ FAM. ecuánime. EQUIDAD.

ecuatorial adj. Relativo al ecuador.

ecuatoriano, na adj. y s. De Ecuador.

ecuestre adj. Relativo al caballero, o a la orden y ejército de caballería. ‖ Relativo al caballo. ◇ FAM. EQUIDO, DA.

ecuménico, ca adj. Universal, especialmente los concilios en los que está representada toda la Iglesia.

ecumenismo s. m. Tendencia a la unión de todas las iglesias cristianas, en una sola. ◇ FAM. ecuménico.

eczema s. m. o f. Eccema*.

edad s. f. Tiempo que una persona ha vivido desde su nacimiento. ‖ Tiempo, época. ‖ Cada uno de los períodos de tiempo en que se ha divido tradicionalmente la historia. • **Edad del pavo,** adolescencia. ‖ **Tercera edad,** período que sigue a la edad adulta, en la que cesan las actividades profesionales. ◇ FAM. coetáneo.

edafología s. f. Ciencia que estudia la composición física, química y biológica del suelo. ◇ FAM. edafológico, edafólogo.

edecán s. m. Ayudante de campo. ‖ Auxiliar, acompañante. ‖ *Méx.* Persona que en reuniones oficiales y actos públicos especiales, atiende a los invitados o participantes.

edelweiss s. m. Planta de flores blancas que crece en las altas cumbres.

edema s. m. Hinchazón de una parte del cuerpo debida a la acumulación de líquido.

edén s. m. Paraíso terrenal, según la Biblia. ‖ Lugar agradable, ameno y delicioso. ◇ FAM. edénico.

edición s. f. Impresión o grabación y publicación de una obra, escrito o disco. ‖ Conjunto de ejemplares de una obra impresa de una sola vez. ‖ Cada celebración de un acto que se repite periódicamente. ◇ FAM. EDITAR.

edicto s. m. Decreto publicado por la autoridad competente.

edificación s. f. Acción y efecto de edificar. ‖ Construcción, obra construida.

edificar v. tr. [1a]. Fabricar, construir. ‖

Infundir la piedad y la virtud con el buen ejemplo. <> FAM. edificable, edificación, edificador, edificante. EDIFICIO.

edificio s. m. Construcción hecha con materiales resistentes, destinada a vivienda o a otros usos. <> FAM. edificar.

edil, la s. Concejal, miembro de un ayuntamiento. <> FAM. edilicio.

edilicio, cia adj. Relativo al empleo de edil. ‖ *Argent.* y *Chile.* Concerniente a los edificios o a la construcción.

editar v. tr. [1]. Publicar una obra por medio de la imprenta o por cualquier otro procedimiento mecánico. ‖ Preparar un programa de televisión, para su emisión. <> FAM. edición, editor, editorial. / inédito, reeditar.

editor, ra adj. Que edita. ← s. Persona o entidad que edita una obra costeando la publicación y administrándola comercialmente.

editorial adj. Relativo al editor o a la edición. ← s. m. Artículo periodístico no firmado, que refleja la opinión de la dirección en un asunto. ← s. f. Empresa que edita.

edredón s. m. Cubrecama acolchado que se rellena de plumón u otro material.

educación s. f. Acción y efecto de educar, formar, instruir. ‖ Conocimiento de las costumbres y buenos modales de la sociedad.

educado, da adj. Que tiene buena educación o buenos modales. <> FAM. maleducado. EDUCAR.

educar v. tr. [1a]. Enseñar, adoctrinar, instruir. ‖ Desarrollar o perfeccionar las facultades intelectuales, morales o físicas. ‖ Afinar los sentidos. <> FAM. educable, educación, educado, educador, educativo. / reeducar.

educativo, va adj. Relativo a la educación. ‖ Que educa o sirve para educar: *juego educativo.*

edulcorante s. m. Sustancia que endulza los alimentos o medicamentos.

edulcorar v. tr. [1]. Endulzar. <> FAM. edulcoración, edulcorante. DULCE.

efe s. f. Nombre de la letra *f.*

efebo s. m. Muchacho, adolescente.

efectivamente adv. m. Real y verdaderamente.

efectividad s. f. Calidad de efectivo.

efectivo, va adj. Que produce efecto. ‖ Real, verdadero. ← s. m. Dinero en moneda o disponible. ← pl. Conjunto de tropas que componen una unidad del ejército. <> FAM. inefectivo. EFECTO.

efecto s. m. Resultado de una causa. ‖ Fin o propósito: *lo explicó a efectos aclaratorios.* ‖ Impresión viva causada en el ánimo. ‖ Fenómeno particular en física, biología, etc. ‖ Rotación que se imprime a una bola o a una pelota para que adquiera trayectorias voluntariamente anormales. ← pl. Conjunto de bienes o enseres.

● **Efectos especiales,** trucajes cinematográficos. <> FAM. efectivamente, efectividad, efectivo, efectuar. / eficaz, eficiente.

efectuar v. tr. y pron. [1s]. Realizar, llevar a cabo. <> FAM. efectuación. EFECTO.

efeméride s. f. Suceso notable que se recuerda en cualquier aniversario del mismo. ‖ Conmemoración de este aniversario. ← pl. Libro que indica los acontecimientos sucedidos el mismo día del año, en diferentes épocas. <> FAM. EFÍMERO, RA.

eferente adj. Que conduce desde el centro a la periferia.

efervescencia s. f. Desprendimiento de burbujas gaseosas a través de un líquido. ‖ Gran agitación. <> FAM. efervescente. HERVIR.

eficacia s. f. Actividad, fuerza para obrar.

eficaz adj. Activo, que tiene la virtud de producir el efecto deseado. <> FAM. eficacia, eficazmente. / ineficaz. EFECTO.

eficiencia s. f. Virtud y facultad para lograr un efecto. ‖ Competencia o eficacia.

eficiente adj. Que tiene eficiencia. <> FAM. eficiencia, eficientemente. / coeficiente. EFECTO.

efigie s. f. Imagen, representación de una persona real. ‖ Personificación de una cosa abstracta: *la efigie del dolor.*

efímero, ra adj. De corta duración. <> FAM. efeméride.

eflorescencia s. f. Eccema que sale en la piel, especialmente del rostro.

efluvio s. m. Exhalación de pequeñas partículas o vapores de un cuerpo. <> FAM. FLUIR.

efusión s. f. Flujo, derrame de un líquido. ‖ Salida de un gas por un poro u orificio pequeño. ‖ Expresión de sentimientos afectuosos o alegres. <> FAM. efusivo. FUSIÓN.

efusivo, va adj. Que siente o manifiesta efusión de los sentimientos.

egeo, a adj. Relativo al Egeo o a los antiguos pueblos del mar Egeo. ← s. m. Dialecto del griego moderno hablado en las islas del mar Egeo.

égida o **egida** s. f. Protección, defensa.

egipcio, cia adj. y s. De Egipto. ← s. m. Lengua hablada en Egipto. <> FAM. egiptología.

egiptología s. f. Estudio de la antigüedad egipcia. <> FAM. egiptólogo. EGIPCIO, CIA.

égloga s. f. Composición poética de tema pastoril.

ego s. m. En psicoanálisis, parte consciente de la personalidad. <> FAM. egocentrismo, egoísmo, egolatría, egotismo. / yo.

egocentrismo s. m. Tendencia a considerar sólo el propio punto de vista y los propios intereses. <> FAM. egocéntrico. EGO.

egoísmo s. m. Afecto excesivo de alguien para consigo mismo. <> FAM. egoísta. EGO.

egolatría s. f. Culto excesivo de la propia persona. <> FAM.ególatra. EGO.

egotismo s. m. Egocentrismo. ◇ FAM. egotista. EGO.

egregio, gia adj. Insigne, ilustre.

egresar v. intr. [1]. *Amér.* Terminar un ciclo de estudios medios y superiores con la obtención del título correspondiente.

¡eh! interj. Se emplea para preguntar, llamar, reprender, etc.

einstenio s. m. QUÍM. Elemento químico radiactivo.

eirá s. m. *Argent. y Par.* Pequeño carnívoro semejante al hurón que se alimenta de pequeños mamíferos y de miel.

eje s. m. Barra que atraviesa un cuerpo giratorio y le sirve de sostén en el movimiento. ‖ Pieza transversal de un vehículo, en cuyos extremos se sitúan las ruedas. ‖ Línea imaginaria alrededor de la cual se mueve un cuerpo. ‖ Línea que divide por la mitad una superficie. ‖ Persona o punto esencial de algo.

ejecución s. f. Acción y efecto de ejecutar. ‖ Manera de ejecutar algo. ‖ Aplicación de la pena de muerte. ◇ FAM. inejecución. EJECUTAR.

ejecutar v. tr. [1]. Realizar, hacer algo. ‖ Hacer una cosa por mandato o encargo. ‖ Matar a un condenado. ‖ Tocar una pieza musical. ◇ FAM. ejecución, ejecutable, ejecutante, ejecutivo, ejecutor, ejecutorio.

ejecutivo, va adj. y s. m. Dícese del poder encargado de aplicar las leyes. ◆ s. Persona que ejerce tareas directivas en una empresa. ◆ s. f. Junta directiva de una asociación.

ejemplar adj. Que sirve o puede servir de ejemplo o enseñanza. ◆ s. m. Cada una de las obras obtenidas de un mismo original. ‖ Cada uno de los individuos de una especie, raza, género, etc. ‖ Cada uno de los objetos que forman una colección.

ejemplarizar v. tr. [1g]. Dar ejemplo.

ejemplificar v. tr. [1a]. Demostrar o autorizar con ejemplos. ◇ FAM. ejemplificación. EJEMPLO.

ejemplo s. m. Caso o hecho digno de ser imitado, o que puede ser motivo de imitación. ‖ Hecho o texto que se cita para comprender o ilustrar una cosa. ◇ FAM. ejemplar, ejemplaridad, ejemplarizar, ejemplificar.

ejercer v. tr. e intr. [2a]. Realizar las actividades propias de una profesión. ‖ Realizar una acción, influjo, poder, etc. ◇ FAM. ejercicio, ejercitar, ejército.

ejercicio s. m. Acción y efecto de ejercer o ejercitarse. ‖ Esfuerzo corporal o intelectual que tiene por objeto la adquisición de una facultad o de la salud. ‖ Cada una de las pruebas que se hacen en los exámenes o en las oposiciones. ‖ Trabajo intelectual que sirve de práctica de las reglas establecidas en una lección. ‖ Período comprendido entre dos inventarios contables o dos presupuestos. ◇ FAM. EJERCER.

ejercitar v. tr. [1]. Usar un poder, facul-

tad, etc. ‖ Dedicarse al ejercicio de un arte, oficio o profesión. ◆ v. tr. y pron. Hacer que se practique algo para adiestrarse en ello. ◇ FAM. ejercitación, ejercitador, ejercitante. EJERCER.

ejército s. m. Conjunto de las fuerzas militares de un país. ‖ Conjunto de gente de guerra unida en un cuerpo, a las órdenes de un general. ‖ Colectividad numerosa, multitud. ◇ FAM. EJERCER.

ejidatario, ria s. *Méx.* Persona que forma parte de un ejido.

ejido s. m. Terreno inculto en las afueras de una población, destinado a usos comunes diversos. ‖ *Méx.* Terreno que el gobierno concede a un grupo de campesinos para su explotación. ◇ FAM. ejidatario.

ejote s. m. *Amér. Central y Méx.* Judía verde. ‖ *Amér. Central y Méx.* Puntada grande y mal hecha en la costura.

el, la, lo, los, las art. det. Se antepone a los sustantivos para individualizarlos, concordando con ellos en género y número: *el vino, los árboles.*

él pron. pers. m. sing. de 3.ª persona. Funciona como sujeto o como complemento cuando va precedido de una preposición: *él lo sabe, sale con él.* ◇ FAM. ella, ellas, ello, ellos.

elaborado, da adj. Que ha sido producido industrialmente. ‖ Que se ha hecho con cuidado y esmero.

elaborar v. tr. y pron. [1]. Preparar un producto para un determinado fin por medio de un trabajo adecuado. ‖ Idear un proyecto, teoría, etc. ◇ FAM. elaborable, elaboración, elaborado, elaborador. LABORAR.

elasticidad s. f. Calidad de elástico. ‖ Propiedad que poseen determinados cuerpos de recuperar su forma cuando la fuerza que los deforma deja de actuar.

elástico, ca adj. Dícese del cuerpo que puede recobrar la forma anterior al retirar la fuerza que lo deforma. ‖ Que se ajusta o se adapta. ◆ s. m. Tejido de goma. ◇ FAM. elasticidad.

ele s. f. Nombre de la letra *l.*

elección s. f. Acción y efecto de elegir. ‖ Nombramiento de una persona para un cargo, hecho por votación. ◆ pl. Votación para elegir cargos políticos. ◇ FAM. eleccionario, electivo, electo, elector, electorado, electoral. / seleccionar. ELEGIR.

eleccionario, ria adj. *Amér. Central y Amér. Merid.* Perteneciente o relativo a la elección o a las elecciones.

electivo, va adj. Que se hace o se da por elección.

electo, ta adj. y s. Dícese de la persona elegida para un cargo, mientras no toma posesión.

elector, ra adj. Que elige o puede elegir. ◆ s. Persona que vota en unas elecciones.

electorado s. m. Conjunto de electores.

electricidad s. f. Forma de energía que

manifiesta su acción por fenómenos mecánicos, caloríficos, luminosos, etc. ‖ Aplicaciones de esta energía. ⬦ FAM. fotoelectricidad, hidroelectricidad, radioelectricidad, termoelectricidad. ELÉCTRICO, CA.

eléctrico, ca adj. Relativo a la electricidad o que es producido por ella. ‖ Que produce electricidad o funciona con ella. ⬦ FAM. electricidad, electricista, electrificar, electrizar, electrocutar, electrodo, electrodoméstico, electrógeno, electrólito, electrómetro, electrón, electrónica, electroscopio, electrotecnia. / dieléctrico.

electrificar v. tr. [1a]. Dotar de instalación eléctrica.

electrizar v. tr. y pron. [1g]. Producir la electricidad en un cuerpo. ‖ Entusiasmar, emocionar.

electroacústico, ca adj. y s. f. Dícese de la técnica de producción, transmisión, grabación y reproducción de las señales acústicas por medios eléctricos.

electrocardiograma s. m. Gráfico que se obtiene mediante el registro de las corrientes producidas por la contracción del músculo cardíaco.

electrochoque s. m. Electroshock*.

electrocutar v. tr. y pron. [1]. Matar o morir por medio de una descarga eléctrica. ⬦ FAM. electrocución. ELÉCTRICO, CA.

electrodinámica s. f. Parte de la física que estudia la electricidad en movimiento. ⬦ FAM. electrodinámico. DINÁMICO, CA.

electrodo s. m. Extremo de cada uno de los conductores fijados a los polos de un generador eléctrico.

electrodoméstico s. m. y adj. Aparato eléctrico de uso doméstico.

electroencefalograma s. m. Gráfico obtenido por la grabación de la potencia eléctrica de las neuronas del cerebro.

electrógeno, na adj. Que produce electricidad.

electroimán s. m. Aparato que sirve para la producción de campos magnéticos.

electrólisis o **electrolisis** s. f. QUÍM. Descomposición de un cuerpo o sustancia mediante el paso de una corriente eléctrica. ⬦ FAM. electrolizar. ELECTRÓLITO.

electrólito o **electrolito** s. m. Compuesto químico que, fundido o disuelto, puede descomponerse por electrólisis. ⬦ FAM. electrólisis, electrolítico. ELÉCTRICO, CA.

electromagnetismo s. m. Parte de la física que estudia las interacciones entre corrientes eléctricas y campos magnéticos. ⬦ FAM. electromagnético. MAGNETISMO.

electromecánica s. f. Técnica que trata de las aplicaciones eléctricas a la mecánica. ⬦ FAM. electromecánico. MECÁNICA.

electrómetro s. m. Instrumento que sirve para medir la cantidad de carga eléctrica.

electromotor, ra adj. Que transforma la energía eléctrica en mecánica.

electrón s. m. Partícula elemental de un átomo cargada de electricidad negativa. ⬦ FAM. electronvoltio. ELÉCTRICO, CA.

electronegativo, va adj. Dícese de un elemento o de un radical que, en la electrólisis, se dirige al ánodo.

electrónica s. f. Parte de la física que estudia y utiliza las variaciones de las magnitudes eléctricas para captar, transmitir y aprovechar información. ⬦ FAM. electrónico. / microelectrónica. ELÉCTRICO, CA.

electrónico, ca adj. Relativo al electrón. ‖ Relativo a la electrónica.

electronvoltio s. m. Unidad de medida de energía utilizada en física nuclear.

electropositivo, va adj. Dícese de un elemento o de un radical que, en la electrólisis, se dirige al cátodo.

electroscopio s. m. Instrumento que permite detectar las cargas eléctricas y determinar el signo de las mismas.

electroshock s. m. Terapéutica de algunas enfermedades mentales por aplicación al cerebro de una descarga eléctrica.

electrostática s. f. Parte de la física que estudia los sistemas de cuerpos electrizados en reposo.

electrotecnia o **electrotécnica** s. f. Estudio de las aplicaciones técnicas de la electricidad. ⬦ FAM. electrotécnico. ELÉCTRICO, CA.

elefante, ta s. Mamífero de gruesa piel, largos incisivos superiores y trompa prensil. ⬦ FAM. elefantiasis.

elefantiasis s. f. Enfermedad que da a la piel un aspecto rugoso y produce un desarrollo excesivo de las extremidades.

elegancia s. f. Calidad de elegante.

elegante adj. Distinguido. ‖ Dotado de gracia, nobleza y sencillez. ⬦ FAM. elegancia.

elegía s. f. Poema lírico que suele expresar tristeza, en especial por la muerte de una persona. ⬦ FAM. elegíaco.

elegir v. tr. [30b]. Preferir a una persona, animal o cosa entre otros. ⬦ FAM. elección, elegible, elegido. / reelegir.

elemental adj. Relativo a los principios o elementos de una ciencia o arte. ‖ Fundamental, primordial. ‖ Obvio, de fácil comprensión. ⬦ FAM. elementalidad. ELEMENTO.

elementado, da adj. *Chile* y *Colomb.* Distraído, alelado.

elemento s. m. Fundamento, móvil o parte integrante de una cosa. ‖ Persona conceptuada positiva o negativamente. ‖ *Chile* y *P. Rico. Fam.* Persona de cortos alcances. ‖ QUÍM. Cuerpo simple. ➤ pl. Conjunto de fundamentos de las ciencias y artes. ‖ Conjunto de fuerzas de la naturaleza. ‖ Conjunto de medios, cosas necesarias para algo. ⬦ FAM. elemental. / oligoelemento.

elenco s. m. Catálogo, índice. ‖ Conjunto de artistas que intervienen en un espectáculo.

elepé s. m. Disco de larga duración, grabado a 33 revoluciones por minuto.

elevación s. f. Acción y efecto de elevar o elevarse. ‖ Parte de una cosa que está más alta que el resto. ‖ Cualidad de elevado.

elevado, da adj. Alto. ‖ Excelente.

elevador, ra adj. Que eleva. ◆ adj. y s. m. Dícese de algunos músculos cuya acción es levantar las partes en que se insertan. ‖ Dícese del mecanismo utilizado para elevar, sostener o bajar personas, cargas, etc. ◆ s. m. *Amér.* Ascensor.

elevalunas s. m. Mecanismo para elevar los cristales de las ventanillas de un automóvil.

elevar v. tr. y pron. [1]. Alzar o levantar. ‖ Colocar a una persona o cosa en un lugar más destacado, o mejor. ◆ v. tr. Dirigir un escrito o petición a una autoridad. ‖ MAT. Calcular una potencia. ⬦ FAM. elevación, elevado, elevador, elevamiento. / elevalunas. LEVAR.

elfo s. m. Genio de la mitología escandinava que simboliza las fuerzas de la naturaleza.

elidir v. tr. [3]. Frustrar, desvanecer una cosa. ‖ LING. Suprimir la vocal final de una palabra ante la vocal inicial de la palabra siguiente. ⬦ FAM. elisión.

eliminar v. tr. [1]. Quitar, suprimir. ‖ Excluir, apartar. ‖ *Fam.* Matar. ‖ MED. Expeler del organismo. ⬦ FAM. eliminación, eliminador, eliminatorio.

eliminatorio, ria adj. Que elimina o sirve para eliminar. ◆ s. f. Prueba selectiva que se hace a los participantes en una competición.

elipse s. f. MAT. Curva plana y cerrada, simétrica respecto a dos ejes perpendiculares entre sí. ⬦ FAM. elipsoide, elíptico.

elipsis s. f. LING. Supresión en una frase de una 'o más palabras, cuyo sentido puede sobreentenderse. ⬦ FAM. elíptico.

elipsoide s. m. MAT. Cuerpo engendrado por la revolución de una elipse alrededor de uno de sus ejes. ⬦ FAM. elipsoidal. ELIPSE.

elíptico, ca adj. LING. Que comporta una elipsis. ‖ MAT. Relativo a la elipse, en forma de elipse.

elisión s. f. LING. Acción y efecto de elidir.

élite o **elite** s. f. Minoría selecta. ⬦ FAM. elitismo, elitista.

elitismo s. m. Sistema que favorece a los mejores individuos de un grupo.

elixir o **elíxir** s. m. Medicamento disuelto en alcohol. ‖ Remedio maravilloso.

ella pron. pers. f. sing. de 3.ª persona. Funciona como sujeto o como complemento cuando va precedido de una preposición: *ella también lo sabe, sale con ella.* ⬦ FAM. ÉL.

elle s. f. Nombre de la letra doble *ll.*

ello pron. pers. neutro de 3.ª persona. Funciona como sujeto o como complemento cuando va precedido de una preposición. ⬦ FAM. ÉL.

ellos, llas pron. pers. m. pl. de 3.ª persona. Funciona como sujeto o como complemento cuando va precedido de preposición: *ellos y ellas opinan lo mismo.* ⬦ FAM. ÉL.

elocución s. f. Manera de expresarse oralmente. ⬦ FAM. elocuencia. LOCUCIÓN.

elocuencia s. f. Facultad de hablar o escribir de modo eficaz para deleitar, conmover o persuadir. ‖ Fuerza expresiva. ⬦ FAM. elocuente. / grandilocuencia. ELOCUCIÓN.

elogiar v. tr. [1]. Hacer elogios.

elogio s. m. Alabanza. ⬦ FAM. elogiable, elogiador, elogiar, elogioso.

elongación s. f. ASTRON. Distancia angular de un astro al Sol con relación a la Tierra. ‖ MED. Aumento accidental o terapéutico de la longitud de un miembro o de un nervio.

elote s. m. *Amér. Central* y *Méx.* Mazorca tierna de maíz.

elucidar v. tr. [1]. Dilucidar, aclarar. ⬦ FAM. elucidación, elucidario. LUZ.

elucubrar v. tr. [1]. Divagar, reflexionar, hacer cábalas. ⬦ FAM. elucubración / lucubrar.

eludir v. tr. [3]. Evitar, librarse de una dificultad o molestia. ⬦ FAM. eludible, elusión, elusivo. / ineludible.

emanar v. intr. y tr. [1]. Hablando de un olor, de la luz, etc., desprenderse de un cuerpo. ‖ Provenir, tener su origen en algo. ⬦ FAM. emanación. MANAR.

emancipar v. tr. y pron. [1]. Liberar o liberarse de la subordinación o sujeción. ⬦ FAM. emancipación, emancipado, emancipador.

emascular v. tr. [1]. Extirpar los órganos genitales masculinos. ⬦ FAM. emasculación. MASCULINO, NA.

embadurnar v. tr. y pron. [1]. Untar, ensuciar, pintarrajear. ⬦ FAM. embadurnador.

embaír v. tr. [3i]. Embaucar, hacer creer lo que no es. ⬦ FAM. embaimiento.

embajada s. f. Mensaje, especialmente los que se envían los jefes de estado por medio de sus embajadores. ‖ Cargo y oficinas del embajador. ‖ Conjunto de diplomáticos y empleados a las órdenes del embajador. ⬦ FAM. embajador.

embajador, ra s. Diplomático que representa a su país en una nación extranjera. ‖ Emisario, mensajero.

embalaje s. m. Acción y efecto de embalar. ‖ Cosa que sirve para embalar, como papel, tela, etc. ‖ Coste de este embalaje.

embalar[1] v. tr. [1]. Envolver, empaquetar o colocar en cajas, cestos, etc., lo que se ha de transportar. ⬦ FAM. embalador, embalaje. / desembalar. BALA[2].

embalar[2] v. intr. y pron. [1]. Aumentar notablemente la velocidad de algo. ◆ **embalarse** v. pron. Entusiasmarse.

embaldosado s. m. Suelo cubierto con baldosas. ‖ Acción de embaldosar.

embaldosar v. tr. [1]. Pavimentar con baldosas. ⬦ FAM. embaldosado. / desembaldosar. BALDOSA.

embalsadero s. m. Lugar hondo y pantanoso en donde se suelen recoger las aguas.

embalsamar v. tr. [1]. Preparar un cadáver con diversas sustancias para evitar su putrefacción. ◆ v. tr. y pron. Perfumar. ⬦ FAM. embalsamador, embalsamamiento. BÁLSAMO.

embalsar v. tr. y pron. [1]. Recoger algo en una balsa. ‖ Detenerse un líquido formando una balsa. ⬦ FAM. embalsadero, embalse. / desembalsar. BALSA[1].

embalse s. m. Acción y efecto de embalsar. ‖ Gran depósito artificial para almacenar las aguas de un río o arroyo.

embanastar v. tr. [1]. Meter en cestos. ⬦ FAM. BANASTA.

embanquetar v. tr. [1]. Méx. Hacer banquetas o aceras en las calles. ⬦ FAM. BANQUETA.

embarazar v. tr. [1g]. Estorbar, retardar. ‖ Hacer que alguien se sienta cohibido o turbado. ◆ v. tr. y pron. Poner encinta o quedarse encinta una mujer. ◆ **embarazarse** v. pron. Hallarse impedido con cualquier obstáculo. ⬦ FAM. embarazado, embarazo, embarazoso. / desembarazar.

embarazo s. m. Acción y efecto de embarazar o embarazarse. ‖ Estado de la mujer encinta y tiempo que dura ese estado.

embarcación s. f. Acción de embarcar personas o embarcarse. ‖ Tiempo que dura una travesía. ‖ MAR. Nombre de todo objeto flotante que sirve para el transporte por agua.

embarcadero s. m. Sitio destinado para embarcar.

embarcar v. tr., intr. y pron. [1a]. Dar ingreso a una persona, cosa o mercancía en una embarcación, tren o avión. ◆ v. tr. y pron. Incluir a uno en una empresa difícil o arriesgada. ⬦ FAM. embarcación, embarcadero, embarco, embarque. / desembarcar, reembarcar. BARCA.

embargar v. tr. [1b]. Enajenar los sentidos. ‖ DER. Retener los bienes judicialmente. ⬦ FAM. embargable, embargador, embargo. / desembargar, inembargable.

embargo s. m. Acción y efecto de embargar. ‖ DER. Retención de bienes por mandato judicial. ● **Sin embargo**, no obstante.

embarque s. m. Acción y efecto de embarcarse personas o embarcar mercancías. ‖ Pasaje o carga que se embarca.

embarrada s. f. Argent., Chile y Colomb. Error grande, patochada.

embarradilla s. f. Méx. Empanadilla de dulce.

embarrancar v. intr. y tr. [1a]. Encallarse un buque en el fondo. ‖ Atascarse en una dificultad. ◆ v. intr. y pron. Atascarse en un barranco o atolladero. ⬦ FAM. desembarrancar. BARRANCO.

embarrar v. tr. y pron. [1]. Untar o manchar con barro u otra sustancia pegajosa. ‖ Amér. Calumniar. ‖ Amér. Cometer algún delito. ‖ Amér. Central y Méx. Complicar a alguien en un asunto sucio. ⬦ FAM. embarrada, embarrado. / desembarrar. BARRO.

embarullar v. tr. y pron. [1]. Fam. Confundir, embrollar. ‖ Fam. Hacer o decir las cosas de forma atropellada. ⬦ FAM. embarullador. BARULLO.

embastar v. tr. [1]. Hilvanar una tela. ⬦ FAM. embaste. BASTA.

embastecer v. tr. [2m]. Hacer basto u ordinario. ⬦ FAM. BASTO,[2] TA.

embate s. m. Golpe impetuoso del mar. ‖ Acometida impetuosa. ⬦ FAM. embatirse. BATIR.

embaucar v. tr. [1a]. Engañar, engatusar. ⬦ FAM. embaucador, embaucamiento.

embeber v. tr. [2]. Absorber un cuerpo sólido otro en estado líquido. ◆ v. intr. Encogerse, tupirse. ◆ **embeberse** v. pron. Concentrarse, ensimismarse. ⬦ FAM. embebido. BEBER.

embejucar v. tr. [1]. Antill., Colomb. y Venez. Cubrir con bejucos. ‖ Colomb. Desorientar. ◆ **embejucarse** v. pron. Colomb. y Venez. Enredarse. ‖ Colomb. Enfadarse. ⬦ FAM. BEJUCO.

embeleco s. m. Embuste, engaño. ⬦ FAM. embelecar.

embelesar v. tr. y pron. [1]. Cautivar los sentidos, encantar. ⬦ FAM. embelesado, embelesamiento, embeleso.

embeleso s. m. Efecto de embelesar. ‖ Persona o cosa que embelesa.

embellecedor, ra adj. Que embellece. ◆ s. m. Chapa o moldura que cubre y adorna algunas partes del automóvil. ‖ Adorno de un objeto.

embellecer v. tr. y pron. [2m]. Poner bello. ⬦ FAM. embellecedor, embellecimiento. BELLEZA.

embero s. m. Árbol de madera de color grisáceo, que se utiliza en ebanistería.

emberrenchinarse o **emberrincharse** v. pron. [1]. Fam. Enfadarse mucho, en especial los niños. ⬦ FAM. BERRINCHE.

embestir v. tr. e intr. [30]. Arrojarse con ímpetu sobre una persona o cosa, especialmente un toro. ⬦ FAM. embestida.

embicar v. tr. [1a]. Cuba. Acertar a introducir una cosa en una cavidad. ‖ Cuba. Empinar el codo, beber.

embijar v. tr. [1]. *Hond., Méx. y Nicar.* Ensuciar, manchar.

emblema s. m. o f. Figura simbólica con una leyenda o lema. ← s. m. Representación simbólica. ◇ FAM. emblemático.

embobar v. tr. [1]. Causar admiración. ← **embobarse** v. pron. Quedarse admirado. ◇ FAM. embobado, embobamiento. BOBO, BA.

embocadura s. f. Acción y efecto de embocar. ‖ Sabor de los vinos. ‖ Bocado del freno de una caballería. ‖ MAR. Boca de un canal, de un río o de un puerto. ‖ MÚS. Boquilla de un instrumento de viento.

embocar v. tr. [1a]. Meter por la boca. ‖ MAR. Entrar por un paso estrecho. ‖ Aplicar los labios a la boquilla de un instrumento de viento. ◇ FAM. embocadura. BOCA.

embolado s. m. *Fam.* Mentira, embuste. ‖ Lío, problema. ◇ FAM. BOLA.

embolador s. m. *Colomb.* Limpiabotas.

embolar v. tr. [1]. Poner bolas de madera en las puntas de los cuernos de una res. ◇ FAM. BOLA.

embolatar v. tr. [1]. *Colomb. y Pan.* Engañar. ‖ *Colomb.* Dilatar, demorar. ‖ *Colomb. y Pan.* Enredar, enmarañar. ← **embolatarse** v. pron. *Colomb.* Estar absorbido por un asunto, entretenerse. ‖ *Colomb.* Perderse, extraviarse. ‖ *Colomb.* Alborotarse. ‖ *Pan.* Entregarse al jolgorio.

embolia s. f. MED. Obstrucción de un vaso sanguíneo por un coágulo.

émbolo s. m. Disco de metal, que se mueve entre dos fluidos, a diferente presión, para transmitir un esfuerzo motor. ‖ MED. Coágulo que introducido en la circulación de la sangre produce la embolia. ◇ FAM. embolia.

embolsar v. tr. [1]. Guardar una cosa en una bolsa. ‖ Cobrar. ← **embolsarse** v. pron. *Fam.* Ganar dinero. ◇ FAM. embolsamiento, embolso. / desembolsar, rembolsar. BOLSA[1].

embonar v. intr. [1]. *Cuba, Ecuad. y Méx.* Empalmar una cosa con otra.

emboquillar v. tr. [1]. Poner boquillas a los cigarrillos. ◇ FAM. emboquillado. BOQUILLA.

emborrachar v. tr. y pron. [1]. Poner o ponerse ebrio. ‖ Atontar, adormecer, perturbar. ← **emborracharse** v. pron. Mezclarse los colores. ◇ FAM. emborrachador, emborrachamiento. BORRACHO, CHA.

emborrascar v. tr. y pron. [1a]. Irritar, enfurecer. ← **emborrascarse** v. pron. Hacerse borrascoso el tiempo. ◇ FAM. BORRASCA.

emborregado adj. Dícese del cielo cubierto de nubes.

emborronar v. tr. [1]. Echar o hacer borrones en un escrito, dibujo, etc. ◇ FAM. emborronador. BORRÓN.

emborucarse v. pron. [1a]. *Méx.* Confundirse.

emboscada s. f. Celada, intriga. ‖ Ataque por sorpresa.

emboscar v. tr. y pron. [1a]. Colocar a alguien en un sitio para atacar por sorpresa. ← **emboscarse** v. pron. Entrarse u ocultarse entre el ramaje. ◇ FAM. emboscada. BOSQUE.

embotar v. tr. y pron. [1]. Engrosar el filo de los instrumentos cortantes. ‖ Debilitar los sentidos. ◇ FAM. embotamiento. / desembotar.

embotellado s. m. Acción de embotellar un líquido.

embotellamiento s. m. Acción y efecto de embotellar. ‖ Obstrucción del tráfico rodado en una vía pública.

embotellar v. tr. [1]. Poner en botellas. ‖ Obstruir, estorbar. ◇ FAM. embotellado, embotellador, embotellamiento. BOTELLA.

emboticar v. tr. y pron. [1]. *Chile.* Medicar. ◇ FAM. BOTICA.

embozar v. tr. y pron. [1g]. Cubrir el rostro por la parte inferior con una prenda de vestir. ‖ Disfrazar, ocultar. ‖ Obstruir un conducto. ◇ FAM. desembozar. EMBOZO.

embozo s. m. Parte de una prenda con que uno se emboza. ‖ Doblez de la sábana por la parte que toca al rostro. ‖ Disimulo. ◇ FAM. embozar.

embragar v. tr. [1b]. Establecer la comunicación entre dos ejes en rotación. ◇ FAM. embrague. / desembragar.

embrague s. m. Mecanismo que permite poner en movimiento una máquina acoplándola al motor. ‖ Pedal de dicho mecanismo.

embravecer v. tr. y pron. [2m]. Irritar, enfurecer. ‖ Comunicar o adquirir bravura los animales. ← **embravecerse** v. pron. Encresparse el mar. ◇ FAM. embravecimiento. BRAVO, VA.

embrazar v. tr. [1g]. Meter el brazo por el asa del escudo o arma semejante. ◇ FAM. embrazadura. BRAZO.

embrear v. tr. [1]. Untar con brea. ◇ FAM. embreado, embreadura. BREA.

embriagar v. tr. y pron. [1b]. Emborrachar, causar embriaguez. ‖ Atontar, adormecer. ‖ Enajenar, extasiar. ◇ FAM. embriagador, embriaguez. EBRIO, BRIA.

embriaguez s. f. Turbación de las facultades por haber bebido mucho alcohol.

embridar v. tr. [1]. Poner la brida a las caballerías. ‖ Obligar al caballo a mover bien la cabeza. ◇ FAM. BRIDA.

embrión s. m. Organismo en vías de desarrollo, antes de la fase de diferenciación de los órganos principales. ‖ Principio de algo. ◇ FAM. embrionario.

embrocar v. tr. [1a]. Vaciar una vasija en otra volviéndola boca abajo.

embrollar v. tr. [1]. Producir embrollos. ← v. tr. *Chile* y *Urug.* Apropiarse de algo mediante engaño. ◇ FAM. embrollador, embrollo. / desembrollar.

embrollo s. m. Enredo, confusión, lío. ‖ Embuste, mentira. ‖ Situación embarazosa.

embromar v. tr. [1]. Gastar una broma. ‖ Engañar por diversión. ◆ v. tr. y pron. *Amér.* Fastidiar, perjudicar. ‖ *Chile, Méx.* y *Perú.* Hacer perder el tiempo. ◇ FAM. embromador. BROMA.

embroncarse v. pron. [1a]. *Argent. Fam.* Enojarse, enfadarse. ◇ FAM. BRONCA.

embrujar v. tr. [1]. Hechizar. ◇ FAM. embrujado, embrujador, embrujamiento, embrujo. BRUJO, JA.

embrujo s. m. Hechizo.

embrutecer v. tr. y pron. [2m]. Entorpecer las facultades del espíritu. ◇ FAM. embrutecedor, embrutecimiento. BRUTO, TA.

embuchado s. m. Tripa rellena de carne picada, en especial de cerdo.

embuchar v. tr. [1]. Embutir carne picada en un buche o tripa de animal. ‖ Introducir comida en el buche de un ave. ◇ FAM. embuchado, embuchador. / desembuchar. BUCHE.

embudo s. m. Utensilio en forma de cono que sirve para trasvasar líquidos.

emburujar v. tr. [1]. Amontonar y mezclar confusamente unas cosas con otras. ‖ *Cuba.* Embarullar, confundir. ◆ **emburujarse** v. pron. *Colomb., Méx., P. Rico* y *Venez.* Arrebujarse, arroparse.

embuste s. m. Mentira.

embutido s. m. Acción y efecto de embutir. ‖ Tripa rellena de carne de cerdo u otra carne picada y aderezada.

embutir v. tr. [3]. Llenar una cosa con otra y apretarla. ‖ Rellenar una tripa para la preparación de embutidos. ‖ Incluir una cosa dentro de otra. ◇ FAM. embutido, embutidor.

eme s. f. Nombre de la letra *m*.

emergencia s. f. Acción y efecto de emerger. ‖ Suceso o accidente súbitos.

emerger v. intr. [2b]. Brotar, salir del agua u otro líquido. ‖ Surgir, aparecer. ◇ FAM. emergencia, emergente, emersión.

emérito, ta adj. Dícese de la persona que después de haber cesado en un empleo, disfruta de algún premio por sus servicios. ◇ FAM. MÉRITO.

emersión s. f. Movimiento de un cuerpo que sale de un fluido en el que estaba sumergido.

emético, ca adj. y s. m. Que provoca el vómito.

emigración s. f. Acción y efecto de emigrar. ‖ Conjunto de emigrantes.

emigrar v. intr. [1]. Dejar el propio país para establecerse en otro extranjero. ‖ Abandonar la residencia habitual para instalarse en otro lugar por motivos de trabajo. ‖ Cambiar de clima algunas especies

animales. ◇ FAM. emigración, emigrado, emigrante, emigratorio. MIGRAR.

eminencia s. f. Elevación del terreno. ‖ Persona eminente. ‖ REL. Título concedido a los obispos y cardenales de la Iglesia católica. ◇ FAM. preeminencia. EMINENTE.

eminente adj. Alto, elevado. ‖ Que sobresale entre los de su clase. ◇ FAM. eminencia. / prominente.

emir s. m. Príncipe o jefe árabe. ◇ FAM. emirato.

emirato s. m. Estado gobernado por un emir. ‖ Dignidad y tiempo que dura el gobierno de un emir.

emisario, ria s. Mensajero.

emisión s. f. Acción y efecto de emitir. ‖ Tiempo durante el que emite la radio o la televisión. ‖ Conjunto de títulos o efectos públicos que se crean de una vez.

emisor, ra adj. y s. Que emite. ‖ Dícese de la persona que hace una emisión. ◆ s. m. Aparato que emite señales, sonidos, etc. ◆ s. f. Estación de emisión de radio. ◇ FAM. radioemisora. EMITIR.

emitir v. tr. [3]. Arrojar, despedir o echar una cosa hacia afuera. ‖ Exponer, manifestar. ‖ Poner en circulación monedas, valores, etc. ◆ v. tr. e intr. Hacer una emisión de radio o de televisión. ◇ FAM. emisario, emisión, emisor.

emoción s. f. Agitación del ánimo que nace de una causa pasajera. ◇ FAM. emocionable, emocional, emocionante, emocionar, emotividad, emotivo.

emocionar v. tr. y pron. [1]. Causar emoción.

emoliente adj. y s. Dícese del medicamento que relaja y ablanda la parte inflamada. ◇ FAM. MULLIR.

emolumento s. m. Remuneración.

emotivo, va adj. Relativo a la emoción o que la produce. ‖ Sensible a las emociones.

empacar v. tr. [1a]. Empaquetar. ‖ *Méx.* Poner en conserva. ◆ v. intr. y tr. *Amér.* Hacer las maletas. ◇ FAM. empacado, empacador, empaque[1]. / desempacar. PACA[1].

empacarse v. pron. [1a]. *Amér. Central* y *Amér. Merid.* Pararse una caballería y no querer seguir. ◇ FAM. empaque[2].

empachar v. tr. y pron. [1]. Causar indigestión o saciedad. ◆ **empacharse** v. pron. Avergonzarse, turbarse. ◇ FAM. empachado, empacho, empachoso. / desempachar.

empacho s. m. Indigestión.

empadronar v. tr. y pron. [1]. Inscribir a uno en el padrón o registro. ◇ FAM. empadronamiento. PADRÓN.

empajar v. tr. [1]. Cubrir o rellenar con paja. ‖ *Chile, Colomb., Ecuad.* y *Nicar.* Techar de paja. ‖ *Chile.* Mezclar con paja. ◆ **empajarse** v. pron. *Chile.* Echar los cereales mucha paja y poco fruto. ‖ *P. Rico* y *Venez.* Hartarse de comida. ◇ FAM. PAJA.

empalagar v. intr. y pron. [1b]. Cansar o desagradar un alimento, especialmente si es dulce. ‖ Cansar, fastidiar. ◇ FAM. empalagoso.

empalar v. tr. [1]. Atravesar a uno con un palo. ◆ **empalarse** v. pron. *Chile.* Envararse, entumecerse. ‖ *Chile* y *Perú.* Obstinarse, encapricharse. ◇ FAM. empalamiento. PALO.

empalicar v. tr. [1a]. *Chile.* Engatusar. ◇ FAM. PÁLIQUE.

empalidecer v. tr. [2m]. Palidecer.

empalizada s. f. Cercado o vallado hecho con estacas o tablas clavadas en el suelo. ◇ FAM. empalizar. PALO.

empalmar v. tr. [1]. Unir dos maderos, cables, etc. ‖ Ligar o combinar planes, ideas, etc. ◆ v. intr. Unirse dos ferrocarriles, carreteras, etc. ◆ v. intr. y pron. Seguir una cosa a continuación de otra sin interrupción. ◇ FAM. empalme.

empalme s. m. Acción y efecto de empalmar. ‖ Punto en que se empalma. ‖ Cosa que empalma con otra: ‖ Conexión eléctrica. ‖ Punto de encuentro de dos líneas férreas.

empamparse v. pron. [1]. *Amér. Merid.* Extraviarse en la pampa. ◇ FAM. PAMPA.

empanada s. f. Envoltura de masa de pan rellena de distintos ingredientes. ● **Empanada mental** (*Fam.*), confusión mental.

empanadilla s. f. Pastel pequeño en forma de media luna y relleno.

empanar v. tr. [1]. Rellenar una empanada. ‖ Rebozar con huevo batido, harina o pan rallado carne o pescado para freírlo. ◇ FAM. empanada, empanadilla. PAN.

empanizar v. tr. [1g]. *Méx.* Empanar. ◇ FAM. PAN.

empantanar v. tr. y pron. [1]. Inundar un terreno dejándolo hecho un pantano. ‖ Detener o dilatar el curso de un asunto. ◇ FAM. empantanado. PANTANO.

empañar v. tr. y pron. [1]. Quitar la tersura, el brillo o la transparencia. ‖ Manchar u oscurecer la fama, el mérito, etc. ◇ FAM. empañado, empañamiento. / desempañar. PAÑO.

empañetar v. tr. [1]. *Amér. Central, Ecuad.* y *P. Rico.* Cubrir una pared con barro y paja. ‖ *Colomb.* y *P. Rico.* Enlucir las paredes.

empapar v. tr. y pron. [1]. Humedecer algo hasta el punto que quede penetrado de líquido. ‖ Penetrar un líquido los poros o huecos de un cuerpo. ‖ Absorber. ◆ **empaparse** v. pron. Poseerse o imbuirse de un afecto, idea, etc. ‖ *Fam.* Enterarse bien de una cosa. ◇ FAM. empapamiento.

empapelado s. m. Acción y efecto de empapelar. ‖ *Méx.* Pescado cocido dentro de un papel.

empapelar v. tr. [1]. Envolver o forrar con papel. ‖ *Fam.* Formar causa criminal o expediente administrativo a uno. ◇ FAM. empapelado, empapelador. / desempapelar. PAPEL.

empaque[1] s. m. Acción y efecto de empacar. ‖ Materiales que forman la envoltura de los paquetes. ‖ *Colomb.* y *P. Rico.* Trozo de material para mantener herméticamente cerradas dos piezas distintas. ‖ *Colomb.; C. Rica* y *Méx.* Pieza de hule que sirve para apretar las junturas de dos piezas de un aparato.

empaque[2] s. m. *Fam.* Distinción, presencia. ‖ Afectación. ‖ *Amér.* Acción y efecto de empacarse un animal. ‖ *Chile, Perú* y *P. Rico.* Descaro, desfachatez.

empaquetar v. tr. [1]. Formar paquetes. ‖ Acomodar en un recinto un número excesivo de personas. ‖ *Fam.* Imponer un castigo. ‖ *Argent.* Engañar. ◇ FAM. empaquetado, empaquetador, empaquetadura. / desempaquetar. PAQUETE[1].

emparamar v. tr. y pron. [1]. *Colomb.* y *Venez.* Aterir, helar. ‖ *Colomb.* y *Venez.* Mojar la lluvia o la humedad. ◇ FAM. PÁRAMO.

empardar v. tr. [1]. *Argent.* y *Urug.* Empatar.

emparedado, da adj. y s. Encerrado por castigo, penitencia o propia voluntad. ◆ s. m. Bocadillo de pan de molde.

emparedar v. tr. y pron. [1]. Encerrar a una persona en un sitio privado de comunicación con el exterior. ◆ v. tr. Ocultar entre paredes. ◇ FAM. emparedado, emparedamiento. PARED.

emparejar v. tr. y pron. [1]. Formar una pareja. ◆ v. tr. Poner una cosa a nivel con otra. ◆ v. intr. Alcanzar a alguien. ‖ Ser pareja una cosa con otra. ◆ **emparejarse** v. pron. *Méx.* Equilibrarse económicamente gracias a una actividad secundaria o ilícita. ◇ FAM. emparejado, emparejamiento. / desemparejar. PAREJA.

emparentar v. intr. [1j]. Contraer parentesco por vía de casamiento. ◇ FAM. emparentado. PARIENTE, TA.

emparrado s. m. Conjunto de los vástagos y hojas de una o varias parras, que, sostenidos por una armazón, forman una cubierta. ‖ Armazón que lo sostiene. ◇ FAM. emparrar. PARRA.

emparrillado s. m. Armazón de barras que sirve para asegurar los cimientos de una construcción. ◇ FAM. PARRILLA.

empastador, ra adj. Que empasta. ◆ s. m. Pincel para empastar[1]. ◆ s. *Amér. Central* y *Amér. Merid.* Persona que encuaderna.

empastar[1] v. tr. [1]. Cubrir de pasta. ‖ Rellenar el hueco producido por las caries en los dientes. ‖ Poner el color en bastante cantidad sobre la tela para que cubra la imprimación. ◇ FAM. empastador, empastadura, empaste. PASTA.

empastar² v. tr. y pron. [1]. *Argent.* y *Chile.* Padecer meteorismo el animal. ‖ *Chile, Méx.* y *Nicar.* Convertir en prado un terreno. ◆ **empastarse** v. pron. *Chile.* Llenarse de maleza un sembrado. ◇ FAM. PASTO.

empaste s. m. Acción y efecto de empastar¹. ‖ Pasta empleada para rellenar una pieza dentaria. ‖ Unión perfecta de los colores de una pintura.

empatar v. tr. y pron. [1]. Obtener el mismo número de votos. ‖ DEP. Obtener dos equipos o participantes el mismo número de tantos. ◆ v. tr. *Colomb., C. Rica, Méx., P. Rico* y *Venez.* Empalmar una cosa con otra. ‖ *Colomb.* Gastar el tiempo en cosas molestas. ◇ FAM. empate. / desempatar.

empate s. m. Acción y efecto de empatar.

empatía s. f. PSICOL. Estado mental en que uno experimenta los sentimientos de otra persona.

empavesada s. f. Conjunto de adornos de la borda de los barcos para ciertas solemnidades. ◇ FAM. empavesar. PAVÉS.

empavonar v. tr. [1]. *Chile.* Dar color empañado a los vidrios. ‖ *Colomb.* y *P. Rico.* Untar, pringar.

empecinarse v. pron. [1]. Obstinarse. ◇ FAM. empecinado, empecinamiento.

empedernido, da adj. Que tiene muy arraigado un vicio o costumbre.

empedrado s. m. Acción y efecto de empedrar. ‖ Pavimento formado con piedras.

empedrar v. tr. [1j]. Cubrir o pavimentar el suelo con piedras. ◇ FAM. empedrado, empedrador, empedramiento. / desempedrar. PIEDRA.

empeine s. m. Parte superior del pie, desde su unión con la pierna hasta los dedos.

empellón s. m. Empujón recio que se da con el cuerpo.

empelotarse v. pron. [1]. *Fam.* Desnudarse. ‖ *Cuba* y *Méx.* Enamorarse apasionadamente. ◇ FAM. PELOTA.

empeñar v. tr. [1]. Dar o dejar una cosa como garantía de un préstamo. ◆ **empeñarse** v. pron. Endeudarse. ‖ Insistir con tesón en algo. ◇ FAM. empeñado, empeño. / desempeñar.

empeño s. m. Acción y efecto de empeñar o empeñarse. ‖ Deseo intenso, afán. ‖ Tesón y constancia. ‖ Intento, empresa. ‖ *Méx.* Casa de empeños. ◇ FAM. empeñoso. EMPEÑAR.

empeorar v. tr., intr. y pron. [1]. Poner o ponerse peor. ◇ FAM. empeoramiento. PEOR.

empequeñecer v. tr., intr. y pron. [2m]. Hacer una cosa más pequeña o aminorar su importancia. ◇ FAM. empequeñecimiento. PEQUEÑO, ÑA.

emperador s. m. Soberano de un impe-

rio. ‖ Pez espada. ◇ FAM. emperatriz. IMPERAR.

emperatriz s. f. Soberana de un imperio. ‖ Mujer del emperador.

emperejilar v. tr. y pron. [1]. *Fam.* Adornar, arreglar. ◇ FAM. PEREJIL.

empericarse v. pron. [1a]. *Amér.* Encaramarse en algún lugar.

emperifollar v. tr. y pron. [1]. *Fam.* Emperejilar. ◇ FAM. emperifollamiento. PERIFOLLO.

empero conj. advers. Pero, sin embargo.

emperrarse v. pron. [1]. *Fam.* Empeñarse en una cosa. ◇ FAM. emperramiento. PERRO¹.

empezar v. tr. [1e]. Dar principio a una cosa. ‖ Comenzar a gastar o consumir una cosa. ◆ v. intr. Tener la cosa su principio. ◇ FAM. empiece, empiezo.

empiece s. m. *Fam.* Acción de empezar.

empiezo s. m. *Colomb., Ecuad.* y *Guat.* Empiece.

empilchar v. tr. y pron. [1]. *Argent.* y *Urug.* Vestir, particularmente si es con esmero. ◇ FAM. PILCHA.

empinado, da adj. Dícese del camino que tiene una pendiente pronunciada. ‖ Muy alto. ‖ Orgulloso, estirado.

empinar v. tr. [1]. Enderezar y levantar una cosa en alto. ‖ Inclinar mucho una vasija para beber. ◆ **empinarse** v. pron. Levantarse alguien sobre las puntas de los pies. ‖ Alzarse, erguirse. ‖ Alcanzar gran altura una cosa. ● **Empinar el codo**, tomar excesivamente bebidas alcohólicas. ◇ FAM. empinado, empinamiento.

empingorotado, da adj. Que tiene una elevada posición social, en especial si se presume de ello. ◇ FAM. empingorotar.

empipada s. f. *Chile, Ecuad.* y *P. Rico.* Atracón, hartazgo. ◇ FAM. empiparse.

empíreo, a adj. Celestial, divino. ◆ s. m. Cielo, paraíso.

empírico, ca adj. Que se apoya en la experiencia y la observación. ◆ adj. y s. Que procede del empirismo. ‖ FILOS. Partidario del empirismo. ◇ FAM. empirismo, empirista.

empirismo s. m. Corriente filosófica según la cual todo conocimiento es reductible a la experiencia.

empitonar v. tr. [1]. Coger el toro al torero o al caballo con su pitón². ◇ FAM. PITÓN².

emplaste s. m. Pasta de yeso que sirve para igualar una superficie antes de pintarla. ◇ FAM. emplastecer.

emplasto s. m. Preparado medicamentoso de uso externo. ‖ *Fam.* Persona delicada de salud. ‖ *Fam.* Parche, pegote. ◇ FAM. emplastar, emplástico.

emplazar¹ v. tr. [1g]. Citar a una persona en determinado tiempo y lugar. ◇ FAM. emplazamiento. PLAZO.

emplazar² v. tr. [1g]. Situar una cosa en

un sitio. ◇ FAM. emplazamiento. / remplazar. PLAZA.

empleado, da s. Persona que ocupa un empleo o cargo retribuido. ● **Estar** una cosa **bien empleada** a uno, tener merecido el mal que le sobrevenga.

emplear v. tr. y pron. [1]. Dar trabajo, empleo. ◆ v. tr. Gastar. ‖ Utilizar. ◇ FAM. empleado, empleo. / malemplear.

empleo s. m. Acción y efecto de emplear. ‖ Función desempeñada por alguien para ganarse la vida. ‖ Cada uno de los escalones de la jerarquía militar. ◇ FAM. desempleo, pluriempleo, subempleo. EMPLEAR.

emplomado s. m. Conjunto de planchas de plomo que recubren un techo, o de plomos que sujetan los cristales de una vidriera.

emplomadura s. f. *Argent.* y *Urug.* Empaste de un diente.

emplomar v. tr. [1]. Cubrir o soldar con plomo. ‖ Poner sellos de plomo a las cosas que se precintan. ‖ *Argent.* y *Urug.* Empastar un diente o muela. ◇ FAM. emplomado, emplomador, emplomadura. PLOMO.

emplumar v. tr. [1]. Poner plumas a una cosa. ‖ *Amér. Central* y *Cuba.* Engañar. ◆ v. intr. Emplumecer. ‖ *Chile, Colomb., Ecuad.* y *P. Rico.* Huir. ◇ FAM. emplumecer. PLUMA.

emplumecer v. intr. [2m]. Echar plumas las aves. ◇ FAM. EMPLUMAR.

empobrecer v. tr. [2m]. Hacer pobre o más pobre. ◆ v. intr. y pron. Venir al estado de pobreza. ‖ Decaer. ◇ FAM. empobrecedor, empobrecimiento. POBRE.

empollado, da adj. Que sabe mucho sobre una materia o asignatura.

empollar v. tr. y pron. [1]. Incubar. ◆ v. tr. *Fam.* Estudiar mucho. ◇ FAM. empollado. POLLO.

empolvado, da adj. *Méx.* Que no está al día en su profesión.

empolvar v. tr. [1]. Echar polvo sobre algo. ◆ v. tr. y pron. Echar polvos en los cabellos o en el rostro. ◆ **empolvarse** v. pron. Cubrirse de polvo. ◇ FAM. desempolvar. POLVO.

emponzoñar v. tr. y pron. [1]. Dar ponzoña, envenenar. ‖ Corromper. ◇ FAM. emponzoñador, emponzoñamiento. PONZOÑA.

emporcar v. tr. y pron. [1f]. Llenar de porquería. ◇ FAM. PUERCO, CA.

emporio s. m. Lugar de gran importancia comercial. ‖ Lugar famoso por sus actividades culturales, artísticas, etc. ‖ *Amér. Central.* Gran establecimiento comercial.

empotrar v. tr. [1]. Hincar algo en la pared o en el suelo asegurándolo con fábrica. ◇ FAM. empotramiento. / desempotrar. POTRO, TRA.

empotrerar v. tr. [1]. *Amér.* Meter el ganado en el potrero. ◇ FAM. POTRERO, RA.

emprender v. tr. [2]. Dar principio a una obra o empresa. ● **Emprenderla con** uno (*Fam.*), meterse con él. ◇ FAM. emprendedor. / reemprender. PRENDER.

empreñar v. tr. y pron. [1]. Preñar a una hembra o quedarse ésta preñada. ‖ *Vulg.* Molestar, fastidiar. ◇ FAM. PREÑAR.

empresa s. f. Acción de emprender y cosa que se emprende. ‖ Sociedad industrial o mercantil. ‖ Acción o tarea ardua o difícil. ◇ FAM. empresariado, empresarial, empresario.

empresariado s. m. Conjunto de empresas o empresarios.

empresario, ria s. Propietario o director de una empresa. ‖ Persona que se ocupa de los intereses de un actor o deportista.

empréstito s. m. Préstamo que toma el estado o una corporación o empresa. ‖ Cantidad prestada. ◇ FAM. PRESTAR.

empretecer v. intr. y pron. [2]. *Ecuad.* Ennegrecer.

empuercar v. tr. [1a]. *Argent.* y *Méx.* Emporcar*.

empujada s. f. *Argent., Guat., Urug.* y *Venez.* Empujón.

empujar v. tr. [1]. Hacer fuerza contra una cosa para moverla. ‖ Hacer presión para conseguir algo. ◇ FAM. empujada, empuje, empujón.

empuje s. m. Acción y efecto de empujar. ‖ Energía, brío, entusiasmo. ‖ Fuerza vertical de abajo arriba, a la que está sometido todo cuerpo sumergido en un líquido.

empujón s. m. Impulso dado con fuerza para mover a una persona o cosa. ‖ Avance rápido y notable.

empuntar v. tr. [1]. *Colomb.* y *Ecuad.* Encarrilar, encaminar. ◆ v. intr. *Colomb.* y *Ecuad.* Irse, marcharse. ◆ **empuntarse** v. pron. *Venez.* Obstinarse uno en su tema. ◇ FAM. PUNTA.

empuñadura s. f. Puño de la espada.

empuñar v. tr. [1]. Asir por el puño una cosa. ‖ Asir una cosa abarcándola con la mano. ‖ *Chile.* Cerrar la mano para formar o presentar el puño. ◇ FAM. empuñador, empuñadura. / desempuñar. PUÑO.

empurrarse v. pron. [1]. *Amér. Central.* Enfurruñarse.

emú s. m. Ave corredora de gran tamaño, parecida al avestruz.

emular v. tr. y pron. [1]. Imitar las acciones de otro. ◇ FAM. emulación, emulador.

emulsión s. f. Líquido que tiene en suspensión pequeñas partículas de sustancias insolubles en el agua. ‖ Preparación sensible a la luz, que cubre las películas y papeles fotográficos. ◇ FAM. emulsionar.

emulsionar v. tr. [1]. Hacer que una sustancia tome el estado de emulsión.

en prep. Expresa relaciones de lugar, tiempo, modo o manera, medio, etc.: *vivir en el campo.* ‖ Precediendo a un infinitivo, forma oraciones adverbiales: *esforzarse en callar.* ‖ Precediendo a ciertos sustantivos y adjetivos, da origen a modos adverbiales: *hablar en broma.*

en- pref. Significa 'dentro de' o 'sobre': *enlatar, empapelar.*

enagua s. f. Prenda interior femenina, que se lleva bajo la falda o el vestido. ◆ pl. *Méx.* Falda.

enajenación s. f. Acción y efecto de enajenar o enajenarse. ‖ Falta de atención. ‖ Locura.

enajenado, da adj. y s. Loco.

enajenamiento s. m. Enajenación.

enajenar v. tr. [1]. Transmitir a otro una propiedad. ◆ v. tr y pron. Sacar a uno fuera de sí. ‖ Embelesar, arrobar. ◆ **enajenarse** v. pron. Desprenderse de algo. ◇ FAM. enajenable, enajenación, enajenado, enajenador, enajenamiento. AJENO, NA.

enaltecer v. tr. y pron. [2m]. Ensalzar. ◇ FAM. enaltecedor, enaltecimiento. ALTO², TA.

enamorar v. tr. [1]. Despertar amor en una persona. ‖ Cortejar. ◆ **enamorarse** v. pron. Sentir amor. ‖ Aficionarse a una cosa. ◇ FAM. enamoradizo, enamorado, enamoramiento, enamoricarse, enamoriscarse. AMOR.

enamoricarse o **enamoriscarse** v. pron. [1a]. *Fam.* Enamorarse levemente de alguien.

enancarse v. pron. [1a]. *Amér.* Montar a las ancas. ‖ *Amér.* Meterse uno donde no lo llaman. ◇ FAM. ANCA.

enanismo s. m. Trastorno del crecimiento caracterizado por una talla inferior a la considerada normal para su especie o raza.

enano, na adj. Dícese de lo que es diminuto en su especie. ◆ s. Persona afectada de enanismo. ‖ *Fam.* Se usa como apelativo cariñoso dirigido a los niños. ◇ FAM. enanismo.

enarbolar v. tr. [1]. Levantar en alto un estandarte, bandera, etc. ◆ **enarbolarse** v. pron. Encabritarse. ‖ Enfadarse. ◇ FAM. enarbolado. ARBOLAR.

enarcar v. tr. y pron. [1a]. Dar forma de arco. ◇ FAM. ARCO.

enardecer v. tr. y pron. [2m]. Excitar o avivar. ◇ FAM. enardecedor, enardecimiento. ARDER.

enarenar v. tr. y pron. [1]. Echar arena para cubrir una superficie. ◇ FAM. ARENA.

enastar v. tr. [1]. Poner el mango o asta a un arma o instrumento. ◇ FAM. enastado. ASTA.

encabalgamiento s. m. Armazón de maderos cruzados donde se apoya alguna cosa. ‖ Licencia métrica que enlaza el final de un verso con el principio de otro.

encabalgar v. intr. [1b]. Producirse un encabalgamiento. ‖ Montar una cosa sobre otra. ◇ FAM. encabalgamiento. CABALGAR.

encabestrar v. tr. [1]. Poner el cabestro a los animales. ◆ **encabestrarse** v. pron. Enredar la bestia una mano en el cabestro. ◇ FAM. CABESTRO.

encabezado s. m. *Argent., Chile, Guat.* y *Méx.* Titular² de un periódico.

encabezamiento s. m. Preámbulo de un escrito.

encabezar v. tr. [1g]. Iniciar una suscripción o lista. ‖ Poner el encabezamiento de un escrito. ‖ Dirigir una manifestación, motín, etc. ‖ Agregar alcohol a los vinos. ◇ FAM. encabezado, encabezamiento. CABEZA.

encabritarse v. pron. [1]. Empinarse el caballo. ‖ Levantarse la parte delantera de un vehículo. ◇ FAM. CABRA.

encabronar v. tr. [1]. *Méx. Vulg.* Hacer enojar, disgustar.

encabuyar v. tr. [1]. *Cuba, P. Rico.* y *Venez.* Liar o envolver alguna cosa con cabuya. ◇ FAM. CABUYA.

encachado, da adj. *Chile.* Bien presentado.

encachar v. tr. [1]. Poner las cachas¹ a un cuchillo, navaja, etc. ‖ *Chile.* Agachar la cabeza el animal vacuno para acometer. ◆ **encacharse** v. pron. *Chile.* y *Venez.* Obstinarse, emperrarse. ◇ FAM. encachado. CACHA¹.

encadenado, da adj. Dícese de la estrofa cuyo primer verso repite en todo o en parte el último de la precedente, y del verso que comienza repitiendo la última palabra del anterior.

encadenar v. tr. [1]. Ligar y atar con cadena. ‖ Dejar a uno sin movimiento y sin acción. ◆ v. tr y pron. Trabar y enlazar unas cosas con otras. ◇ FAM. encadenado, encadenamiento. / desencadenar. CADENA.

encajamiento s. m. Descenso y penetración del feto en la cavidad de la pelvis.

encajar v. tr. [1]. Meter una cosa dentro de otra ajustadamente. ‖ Soportar, aguantar: *encajar un castigo.* ‖ DEP. Recibir o sufrir tantos, derrotas o golpes del contrario. ◆ v. tr. e intr. Unir ajustadamente una cosa con otra. ◆ v. intr. Coincidir, estar de acuerdo dos noticias, informaciones, etc. ◇ FAM. encajador, encajadura, encajamiento, encaje, encajoso. / desencajar. CAJA.

encaje s. m. Acción de encajar una cosa con otra. ‖ Tejido de adorno, calado, y con dibujos. ‖ Hueco en que se encaja una pieza.

encajonar v. tr. [1]. Meter y guardar una cosa dentro de un cajón. ◆ v. tr. y pron. Meter en un sitio estrecho. ◆ **encajonarse** v. pron. Meterse un río en una estrechez. ◇ FAM. encajonamiento. / desencajonar. CAJÓN.

encajoso, sa adj. *Méx.* Pedigüeño.

encalambrarse v. pron. [1]. *Chile, Colomb.* y *P. Rico.* Entumecerse, aterirse. ◇ FAM. CALAMBRE.

encalamocar v. tr. y pron. [1a]. *Colomb.* y *Venez.* Alelar.

encalar v. tr. [1]. Blanquear con cal. ◇ FAM. encalado, encalador. CAL.

encalillarse v. pron. [1a]. *Chile.* Endeudarse.

encallar v. intr. [1]. Varar un barco en un banco de arena o encajonarse entre piedras. ◆ v. intr. y pron. No poder salir adelante en un asunto o empresa. ◇ FAM. encalladura. / desencallar.

encallecer v. tr., intr. y pron. [2m]. Criar callos. ◆ v. tr. y pron. Endurecerse, curtirse. ◇ FAM. CALLO.

encallejonar v. tr. y pron. [1]. Hacer entrar o meter una cosa por un callejón, o por parte estrecha. ◇ FAM. CALLEJÓN.

encamar v. tr. [1]. Tender o echar una cosa en el suelo. ◆ **encamarse** v. pron. Meterse en la cama por enfermedad. ‖ Doblarse o tumbarse las mieses. ◇ FAM. CAMA¹.

encaminar v. tr. [1]. Dirigir una cosa hacia un punto determinado. ◆ v. tr. y pron. Enseñar el camino. ‖ Guiar, orientar. ◇ FAM. encaminado, encaminamiento. / desencaminar. CAMINO.

encamotarse v. pron. [1]. *Amér. Merid.* y *C. Rica.* Enamorarse intensamente.

encampanar v. tr. y pron. [1]. *Colomb., P. Rico, R. Dom.* y *Venez.* Encumbrar a alguien. ◆ v. tr. *Méx.* Involucrar a alguien en una empresa generalmente fallida. ‖ *Méx.* Engañar con halagos y promesas. ◆ **encampanarse** v. pron. *Colomb.* Enamorarse. ‖ *Venez.* Internarse, avanzar hacia dentro. ◇ FAM. encampanado. CAMPANA.

encanallar v. tr. y pron. [1]. Hacer o hacerse canalla. ◇ FAM. encanallamiento. CANALLA.

encanarse v. pron. [1]. Quedarse rígido por el llanto o la risa.

encandelillar v. tr. [1]. *Amér. Merid.* Sobrehilar una tela. ◆ v. tr. y pron. *Amér. Merid.* y *Hond.* Encandilar, deslumbrar.

encandilar v. tr. y pron. [1]. Deslumbrar, pasmar con falsas apariencias. ‖ Suscitar un deseo o ilusión. ◆ **encandilarse** v. pron. Encenderse los ojos por la bebida o la pasión. ‖ *P. Rico.* Enfadarse. ◇ FAM. encandilador. CANDELA.

encanecer v. intr. y pron. [2m]. Ponerse cano. ‖ Envejecer. ◇ FAM. encanecimiento. CANO, NA.

encanijar v. tr. y pron. [1]. Poner flaco y enfermizo. ◆ **encanijarse** v. pron. *Méx.* Enojarse. ◇ FAM. encanijamiento. CANIJO, JA.

encantado, da adj. Distraído o embobado. ‖ Muy complacido.

encantador, ra adj. y s. Que encanta o hace encantamientos. ◆ adj. Que produce una agradable impresión.

encantamiento s. m. Acción y efecto de encantar con artes mágicas.

encantar v. tr. [1]. Ejercitar sobre algo o alguien artes de magia. ‖ Gustar o complacer. ◇ FAM. encantado, encantador, encantamiento, encanto. / desencantar. CANTAR¹.

encanto s. m. Atractivo. ‖ Apelativo cariñoso. ◆ pl. Conjunto de atractivos físicos de una persona.

encañado s. m. Conducto para conducir el agua. ◇ FAM. encañar. CAÑO.

encañizada s. f. Enrejado de cañas. ◇ FAM. encañizar. CAÑIZO.

encañonar v. tr. [1]. Apuntar con un arma de fuego. ◇ FAM. encañonado. CAÑÓN.

encapotado, da adj. Dícese del cielo cubierto de nubes.

encapotar v. tr. y pron. [1]. Cubrir con el capote. ◆ **encapotarse** v. pron. Cubrirse el cielo de nubes. ◇ FAM. encapotado. / desencapotar. CAPOTE.

encapricharse v. pron. [1]. Empeñarse en conseguir un capricho. ◇ FAM. CAPRICHO.

encapuchar v. tr. y pron. [1]. Cubrir o tapar con capucha. ◇ FAM. encapuchado. CAPUCHA.

encaramar v. tr. y pron. [1]. Levantar una cosa o ponerla sobre otra. ‖ *Fam.* Elevar, colocar en puestos altos y honoríficos.

encarar v. tr. y pron. [1]. Poner cara a cara o hacer frente a alguien, o a una dificultad. ◆ v. tr. Contraponer dos aspectos de algo. ◇ FAM. encarado, encaramiento. CARA.

encarcelar v. tr. [1]. Poner a uno preso en la cárcel. ◇ FAM. encarcelación, encarcelador, encarcelamiento. CÁRCEL.

encarecer v. tr., intr. y pron. [2m]. Aumentar el precio de una cosa. ◆ v. tr. Ponderar, alabar. ‖ Recomendar con empeño. ◇ FAM. encarecedor, encarecidamente, encarecimiento. CARO, RA.

encarecidamente adv. m. Con insistencia y empeño.

encargado, da s. Persona que tiene a su cargo un establecimiento, negocio, etc., en representación del dueño o interesado.

encargar v. tr. y pron. [1b]. Poner una cosa al cuidado de uno. ◆ v. tr. Decirle a alguien que haga algo. ‖ Ordenar a alguien que se suministren o sirvan algo. ◆ v. intr. *Argent.* y *Méx.* Quedar embarazada una mujer. ◇ FAM. encargado, encargo. CARGAR.

encargo s. m. Acción y efecto de encargar. ‖ Cosa que se encarga. ● **Estar de encargo** (*Argent.* y *Méx.*), estar embarazada una mujer.

encariñar v. tr. y pron. [1]. Despertar cariño. ◇ FAM. CARIÑO.

encarnaceño, ña adj. y s. De Encarnación (Paraguay).

encarnación s. f. Acción de encarnar o encarnarse. || Personificación, representación de una idea, doctrina, etc.

encarnado, da adj. y s. m. Colorado, rojo o de color carne.

encarnadura s. f. Calidad de la carne viva con respecto a la curación de las heridas.

encarnar v. intr. [1]. Tomar forma carnal. ◆ v. tr. Representar alguna idea o doctrina. || Representar un personaje de una obra teatral, cinematográfica, etc. ◆ **encarnarse** v. pron. Introducirse una uña en la carne. ◇ FAM. encarnación, encarnado, encarnadura. / reencarnar. CARNE.

encarnizado, da adj. Dícese de la lucha, discusión, etc., muy cruel y violenta.

encarnizarse v. pron. [1g]. Cebarse los animales en su víctima. || Mostrarse muy cruel. ◇ FAM. encarnizado, encarnizamiento. CARNE.

encarpetar v. tr. [1]. Guardar papeles en carpetas. || Amér. Merid. y Nicar. Suspender la tramitación de un expediente. ◇ FAM. CARPETA.

encarrerarse v. pron. [1]. Méx. Acelerar el paso. || Méx. Encarrilarse.

encarrilar v. tr. y pron. [1]. Dirigir por el camino conveniente, encaminar. ◆ v. tr. Colocar sobre carriles los vehículos que se han salido de las vías. ◇ FAM. CARRIL.

encartar v. tr. [1]. Echar carta de un palo que el otro tiene que seguir. || Insertar. ◆ **encartarse** v. pron. Tomar cartas o quedarse con ellas. ◇ FAM. encartado, encartamiento, encarte. CARTA.

encarte s. m. Acción y efecto de encartar o encartarse. || Hoja o pliego que se coloca en un libro ya encuadernado.

encartonar v. tr. [1]. Resguardar algo con cartones. || Encuadernar con tapas de cartón. ◇ FAM. encartonado. CARTÓN.

encartuchar v. tr. y pron. [1]. Chile, Colomb., Ecuad. y P. Rico. Enrollar en forma de cucurucho. ◇ FAM. CARTUCHO.

encasillar v. tr. [1]. Poner en casillas. || Clasificar personas o cosas. || Limitar, inmovilizar. ◇ FAM. encasillable, encasillado. CASILLA.

encasquetar v. tr. y pron. [1]. Calarse el sombrero, gorra, etc. || Enseñar a uno o persuadirle de algo, a fuerza de insistencia. ◆ v. tr. Encajar, endilgar. ◆ **encasquetarse** v. pron. Empeñarse en algo. ◇ FAM. CASQUETE.

encasquillar v. tr. [1]. Poner casquillos. || Amér. Central y Amér. Merid. Herrar una caballería. ◆ **encasquillarse** v. pron. Atascarse un arma de fuego. ◇ FAM. encasquillador. CASQUILLO.

encastrar v. tr. [1]. Acoplar dos piezas.

encauchado, da adj. y s. Colomb., Ecuad. y Venez. Dícese de la tela impermeabilizada con caucho. ◇ FAM. encauchar. CAUCHO.

encausar v. tr. [1]. DER. Formar causa judicial contra alguien. ◇ FAM. CAUSA[1].

encáustico, ca adj. Dícese de la pintura o del barniz preparados con ceras. ◆ s. m. Barniz de cera para preservar de la humedad la piedra, madera, etc.

encauzar v. tr. [1g]. Conducir una corriente por un cauce. || Encaminar. ◇ FAM. encauzamiento. CAUCE.

encéfalo s. m. Conjunto de centros nerviosos contenidos en el cráneo. ◇ FAM. encefálico, / encefalitis, encefalograma. / mesencéfalo.

encefalitis s. f. Inflamación del encéfalo, causada por una infección.

encefalograma s. m. Electroencefalograma.

encelar v. tr. [1]. Dar celos o poner celoso. ◆ **encelarse** v. pron. Concebir celos de alguien. || Estar en celo[1] un animal. ◇ FAM. encelamiento. CELO[1].

encenagarse v. pron. [1b]. Meterse en el cieno o ensuciarse en él. || Envilecerse. ◇ FAM. encenagado, encenagamiento.

encendedor s. m. Aparato de pequeño tamaño para encender.

encender v. tr. [2d]. Originar luz o fuego en algo. || Conectar un circuito eléctrico. ◆ v. tr. y pron. Causar ardor. || Suscitar u ocasionar enfrentamientos. || Incitar, inflamar, enardecer. || Ruborizarse. ◇ FAM. encendedor, encendido, encendimiento. / incendiar, incienso.

encendido, da adj. De color rojo muy subido. ◆ s. m. Acto de encender. || Inflamación de la mezcla gaseosa en un motor de explosión.

encerado s. m. Acción y efecto de encerar. || Tela impermeabilizada con cera u otra materia. || Cuadro de hule, etc., usado para escribir en él con tiza. || Capa ligera de cera con que se cubren los muebles.

encerar v. tr. [1]. Aplicar cera. ◇ FAM. encerado, encerador, enceramiento. CERA.

encerrar v. tr. [1j]. Guardar o meter en un sitio cerrado. || Recluir. || Contener, incluir. || Poner cosas escritas entre dos signos de puntuación. ◆ **encerrarse** v. pron. Recluirse, apartarse. ◇ FAM. encerramiento, encerrona, encierro. CERRAR.

encerrona s. f. Fam. Celada, emboscada.

encestar v. tr. [1]. Meter algo en una cesta, especialmente en el baloncesto. ◇ FAM. encestador, enceste. CESTA.

enceste s. m. En baloncesto, acción de encestar y tanto conseguido.

encharcar v. tr. y pron. [1a]. Cubrir de agua un terreno hasta convertirlo en un charco. || Causar empacho de estómago al beber mucho. ◆ **encharcarse** v. pron. Llenar la sangre u otro líquido un órgano, cavidad, etc. ◇ FAM. encharcamiento. CHARCO.

enchilada s. f. Guat., Méx. y Nicar. Tortilla de maíz rellena y aderezada con chile.

enchilado s. m. *Cuba* y *Méx.* Guiso con salsa de chile.

enchilar v. tr. [1]. *Amér. Central, Méx.* y *Nicar.* Aderezar con chile algún manjar. ← v. tr. y pron. *Méx.* Picar, irritar a alguien. ◇ FAM. enchilada, enchilado. CHILE.

enchinar v. tr. [1]. Empedrar con chinas. ‖ *Méx.* Formar rizos en los cabellos. ● **Enchinarse el cuerpo** *(Méx.)*, ponerse la carne de gallina. ◇ FAM. CHINA¹.

enchinchar v. tr. [1]. *Guat.* y *Méx.* Fastidiar, molestar. ← **enchincharse** v. pron. *Amér.* Enojarse, emberroncarse.

enchipar v. tr. [1]. *Colomb.* Enrollar.

enchiquerar v. tr. [1]. Encerrar al toro en el chiquero. ‖ *Fam.* Meter en la cárcel ◇ FAM. enchiqueramiento. CHIQUERO.

enchironar v. tr. [1]. *Fam.* Encarcelar. ◇ FAM. CHIRONA.

enchivarse v. pron. [1]. *Colomb., Ecuad.* y *P. Rico.* Emberrincharse.

enchuecar v. tr. y pron. [1a]. *Chile* y *Méx. Fam.* Torcer, encorvar. ◇ FAM. CHUECO, CA.

enchufar v. tr. [1]. Empalmar tubos. ‖ Hacer una conexión eléctrica. ← v. tr. y pron. *Fam.* Dar u obtener un empleo o situación ventajosos por medio de recomendaciones o influencias. ◇ FAM. enchufado. / desenchufar. ENCHUFE.

enchufe s. m. Clavija que conecta un aparato a la red eléctrica. ‖ *Fam.* Cargo o situación ventajosos que se obtienen por recomendaciones e influencias. ◇ FAM. enchufar.

enchumbar v. tr. [1]. *Antill.* y *Colomb.* Empapar de agua.

encía s. f. Mucosa que rodea la base de los dientes. ◇ FAM. gingival.

encíclica s. f. Carta que el papa dirige a los obispos y fieles de todo el mundo.

enciclopedia s. f. Conjunto de todas las ciencias. ‖ Obra en que se expone metódicamente el conjunto de los conocimientos humanos o de los referentes a una ciencia. ‖ Enciclopedismo. ‖ Diccionario enciclopédico. ◇ FAM. enciclopédico, enciclopedismo, enciclopedista.

enciclopedismo s. m. Ideología de los colaboradores de la *Enciclopedia* francesa y de sus seguidores.

encierro s. m. Acción y efecto de encerrar o encerrarse. ‖ Lugar donde se encierra. ‖ Acción y efecto de conducir los toros al toril, antes de la corrida.

encima adv. l. En lugar más alto que otro y sobre él. ‖ En una situación superior, más elevada: *gastar por encima de sus posibilidades*. ‖ Expresa un peso o carga sobre algo o alguien. ‖ Indica la admisión y aceptación de un trabajo, culpa o pena. ← adv. l. y t. Cerca, de inmediata realización: *ya están encima las fiestas*. ← adv. c. Además, por añadidura. ● **Por encima,** superficialmente.

encimoso, sa adj. *Méx.* Dícese de la persona molesta y latosa.

encina s. f. Árbol de tronco grueso y hoja perenne, cuyo fruto es la bellota. ‖ Madera de este árbol. ◇ FAM. encinar.

encinta adj. Dícese de la mujer embarazada.

encintado s. m. Acción y efecto de encintar. ‖ Hilera de piedra que forma el borde de una acera.

encintar v. tr. [1]. Adornar una cosa con cintas. ‖ Poner el encintado o bordillo de la acera. ◇ FAM. encintado. CINTA.

encizañar v. tr. [1]. Provocar cizaña, discordia, etc. ◇ FAM. encizañador. CIZAÑA.

enclaustrar v. tr. y pron. [1]. Meter, encerrar en un claustro o convento o en otro sitio. ◇ FAM. enclaustramiento. CLAUSTRO.

enclavado, da adj. Dícese del lugar situado dentro de un cierto territorio. ‖ Que está situado o encajado en una cosa.

enclavar v. tr. y pron. [1]. Colocar, situar. ◇ FAM. enclavado, enclave. CLAVAR.

enclave s. m. Territorio o grupo humano incluido en otro y con el que se tienen diferencias étnicas, políticas, etc.

enclenque adj. y s. m. y f. Enfermizo, débil, raquítico.

enclítico, ca adj. y s. LING. Dícese de la palabra que se une con la que le precede, formando con ella un solo vocablo, como *traémelo, aconséjame.*

encofrado s. m. Conjunto de planchas de madera dispuestas para recibir hormigón y sostener tierra.

encofrar v. tr. [1]. Hacer un armazón que sostiene el hormigón mientras éste se fragua. ‖ Revestir las galerías de las minas para evitar los desprendimientos de tierra. ◇ FAM. encofrado, encofrador. COFRE.

encoger v. tr., intr. y pron. [2b]. Reducir a menor volumen o extensión. ← v. tr. y pron. Acobardarse, dejarse dominar. ◇ FAM. encogido, encogimiento. / desencoger. COGER.

encolar v. tr. [1]. Pegar con cola una cosa. ‖ Dar cola a una superficie que ha de pintarse al temple. ‖ Aclarar los vinos con gelatina, clara de huevo, etc. ◇ FAM. encolado, encolador, encoladura, encolamiento. / desencolar. COLA¹.

encolerizar v. tr. y pron. [1g]. Poner furioso. ◇ FAM. CÓLERA.

encomendar v. tr. [1j]. Encargar, confiar. ← v. intr. Llegar a tener encomienda de orden. ← **encomendarse** v. pron. Confiarse al amparo de alguien. ◇ FAM. encomendable, encomendado, encomendería, encomendero, encomienda. / recomendar.

encomendería s. f. *Perú.* Abacería.

encomiar v. tr. [1]. Alabar, celebrar. ◇ FAM. encomiador, encomiástico, encomio.

encomiástico, ca adj. Que alaba o contiene alabanza.

encomienda s. f. Acción y efecto de encomendar. ‖ Cosa encomendada. ‖ Institución jurídica implantada por España en América para reglamentar las relaciones entre españoles e indígenas. ‖ *Amér. Merid., C. Rica, Guat.* y *Pan.* Paquete postal.

encomio s. m. Alabanza, elogio.

enconar v. tr. y pron. [1]. Inflamar una herida. ‖ Intensificar una lucha, discusión, etc. ◇ FAM. enconado, enconamiento, encono. / desenconar.

encono s. m. Odio, rencor.

encontrado, da adj. Puesto enfrente. ‖ Opuesto, antitético.

encontrar v. tr. y pron. [1r]. Hallar. ◆ v. intr. y pron. Topar violentamente una cosa con otra. ◆ **encontrarse** v. pron. Hallarse, estar. ‖ Reunirse. ‖ Oponerse, enemistarse. ‖ Estar en desacuerdo. ‖ Coincidir en gustos, opiniones. ◇ FAM. encontrado, encontronazo, encuentro. / reencontrar. CONTRA.

encontronazo s. m. Choque. ‖ Pelea, disputa.

encopetado, da adj. De alto copete. ‖ Que presume demasiado. ◇ FAM. encopetar. COPETE.

encorajinar v. tr. y pron. [1]. Irritar o enfadar mucho a alguien. ◇ FAM. encorajinado. CORAJE.

encordadura s. f. Conjunto de las cuerdas de un instrumento musical.

encordar v. tr. [1r]. Poner cuerdas a los instrumentos de música. ◆ **encordarse** v. pron. Atarse el montañista a la cuerda de seguridad. ◇ FAM. encordado, encordadura. CUERDA.

encorozar v. tr. [1]. *Chile.* Emparejar una pared.

encorselar v. tr. y pron. [1]. *Amér. Central* y *Amér. Merid.* Encorsetar. ◇ FAM. CORSÉ.

encorsetado, da adj. Dícese de la persona muy tiesa o rígida.

encorsetar v. tr. y pron. [1]. Poner corsé. ‖ Oprimir, limitar. ◇ FAM. encorsetado. CORSÉ.

encorvar v. tr. y pron. [1]. Hacer que alguien o algo tome forma curva. ◇ FAM. encorvadura, encorvamiento. / desencorvar. CURVAR.

encrespar v. tr. y pron. [1]. Ensortijar, rizar. ‖ Erizarse el pelo, plumaje, etc. ‖ Enfurecer. ‖ Levantar y agitar las olas del mar. ◆ **encresparse** v. pron. Enredarse un asunto. ◇ FAM. encrespado, encrespadura, encrespamiento. CRESPO, PA.

encrucijada s. f. Cruce de caminos o calles. ‖ Situación difícil en que no se sabe qué conducta seguir. ◇ FAM. CRUZ.

encuadernar v. tr. [1]. Coser o pegar las hojas que van a formar un libro y ponerles tapa. ◇ FAM. encuadernable, encuadernación, encuadernador. / desencuadernar. CUADERNO.

encuadrar v. tr. [1]. Colocar en un marco o cuadro. ‖ Encajar, ajustar una cosa dentro de otra. ‖ Servir de marco. ‖ Ajustar las imágenes en un televisor. ‖ CINE y TV. Efectuar un encuadre. ◆ v. tr. y pron. Incorporar. ◇ FAM. encuadramiento, encuadre. CUADRO.

encuadre s. m. Porción de espacio que capta el objetivo de una cámara. ‖ Sistema que permite encuadrar o ajustar la imagen de un televisor.

encubrir v. tr. y pron. [3m]. Ocultar una cosa o no manifestarla. ◆ v. tr. DER. Ayudar a un delincuente a no ser descubierto u ocultar su delito. ◇ FAM. encubierto, encubridor, encubrimiento. CUBRIR.

encuentro s. m. Acción de encontrar o encontrarse. ‖ Competición deportiva.

encuerar v. tr. y pron. [1]. *Colomb., Cuba, Méx., Perú* y *R. Dom.* Poner en cueros, desnudar. ◇ FAM. encuerado. CUERO.

encuesta s. f. Estudio de un tema reuniendo testimonios, experiencias, documentos, etc. ‖ Investigación, pesquisa. ◇ FAM. encuestador, encuestar.

encuetarse v. pron. [1]. *Méx. Vulg.* Emborracharse.

encularse v. pron. [1]. *Méx. Vulg.* Enamorarse. ‖ *Argent.* Enojarse.

encumbrar v. tr. y pron. [1]. Levantar en alto. ‖ Colocar a alguien en una posición elevada. ◆ **encumbrarse** v. pron. Envanecerse, engreírse. ◇ FAM. encumbrado, encumbramiento. CUMBRE.

encurtido s. m. Fruto o legumbre que se ha conservado en vinagre. ◇ FAM. encurtir. CURTIR.

ende. Por ende, por tanto, por consiguiente.

endeble adj. Débil, poco resistente. ◇ FAM. endeblez.

endeca- pref. Significa 'once': *endecasílabo.*

endecágono s. m. Polígono que tiene once ángulos.

endecasílabo, ba adj. y s. m. Dícese del verso de once sílabas. ◇ FAM. endecasílabico. SÍLABA.

endecha s. f. Canción melancólica. ‖ Poema de temática triste, que consta de cuatro versos de seis o siete sílabas.

endemia s. f. Enfermedad que afecta a una región o que permanece en ella de forma continua. ◇ FAM. endémico.

endémico, ca adj. Con caracteres de endemia. ‖ Dícese de actos o sucesos que se repiten con frecuencia. ‖ ECOL. Dícese de las especies vegetales y animales propias de un área restringida y que sólo se encuentran en él.

endemoniado, da adj. y s. Poseído del demonio. ‖ Malo, perverso. ◆ adj. Dícese de lo que fastidia, molesta o da mucho trabajo.

endemoniar v. tr. [1]. Hacer entrar el demonio en una persona o cosa. ◆ v. tr. y

pron. Enfurecer o irritar. <> FAM. endemoniado. DEMONIO.

endenantes adv. *Amér. Vulg.* Hace poco.
<> FAM. ANTES.

endentar v. tr. [1j]. Encajar una cosa en
otra. ‖ Poner dientes a una pieza. <> FAM.
DIENTE.

enderezar v. tr. y pron. [1g]. Poner derecho o vertical lo que está torcido, inclinado, o tendido. ‖ Enmendar, castigar. ‖
Dirigir, orientar. ‖ Poner en buen estado
una cosa. ◆ v. intr. y pron. Dirigirse a un
lugar. <> FAM. enderezado, enderezador,
enderezamiento, enderezo.

enderezo s. m. Acción de poner recto lo
que está torcido.

endeudarse v. pron. [1]. Llenarse de deudas. ‖ Reconocerse obligado. <> FAM. en-
deudamiento. DEUDA.

endiablado, da adj. Endemoniado. <> FAM.
endiablar. DIABLO.

endibia s. f. Variedad de escarola, cuyas
hojas largas se blanquean protegiéndolas
de la luz y se consumen en ensalada o
cocidas.

endilgar v. tr. [1b]. *Fam.* Encajar, endosar
algo desagradable.

endiñar v. tr. [1]. *Fam.* Dar un golpe. ‖
Fam. Endilgar.

endiosar v. tr. y pron. [1]. Envanecer a
alguien en exceso. ◆ **endiosarse** v. pron.
Engreírse. <> FAM. endiosamiento. DIOS.

enditarse v. pron. [1]. *Chile.* Endeudarse.

endivia s. f. Endibia*.

endo- pref. Significa 'dentro': *endocardio*.

endocardio s. m. ANAT. Membrana que
recubre internamente las cavidades del
corazón. <> FAM. endocarditis. CARDÍA-
CO, CA.

endocarpo o **endocarpio** s. m. BOT. Parte
más interna del fruto.

endocrino, na adj. ANAT. Dícese de las
glándulas de secreción interna, como
la hipófisis. ◆ s. Médico especializado
en endocrinología. <> FAM. endocrinología.

endocrinología s. f. Estudio de las glándulas endocrinas. <> FAM. endocrinoló-
gico, endocrinólogo. ENDOCRINO, NA.

endogamia s. f. Obligación que tiene un
individuo de contraer matrimonio en el
interior de su propio grupo. <> FAM. en-
dogámico. BIGAMIA.

endogénesis s. f. División de una célula
que posee una estructura resistente para
impedir la separación de las células hijas.
<> FAM. endógeno. GÉNESIS.

endógeno, na adj. Que se forma en el
interior.

endolinfa s. f. Líquido que se encuentra
en el laberinto del oído interno.

endometrio s. m. Mucosa que recubre el
interior del útero.

endomingarse v. pron. [1b]. Vestirse con
la ropa de fiesta. <> FAM. endomingado.
DOMINGO.

endoplasma s. m. Parte interna o central
de una célula.

endosar v. tr. [1]. Ceder a favor de otro
un documento de crédito, haciéndolo
constar al dorso. ‖ Encargar a alguien una
cosa molesta. <> FAM. endosable, endoso.

endoscopio s. m. Aparato provisto de iluminación que sirve para examinar una cavidad interna del organismo. <> FAM. en-
doscopia, endoscópico. / fonendoscopio.

endosfera s. f. Núcleo central de la parte
sólida de la esfera terrestre.

endosperma o **endospermo** s. m. BOT.
Tejido de algunas plantas que nutre al embrión.

endotelio s. m. ANAT. Tejido formado por
células planas que recubre los vasos y las
cavidades internas. <> FAM. endotelial.

endotérmico, ca adj. QUÍM. Dícese de la
reacción que se produce con absorción de
calor.

endovenoso, sa adj. Intravenoso.

endrino, na adj. De color negro azulado.
◆ s. m. Ciruelo silvestre de fruto pequeño, negro azulado y áspero al gusto.

endrogarse v. pron. [1b]. *Chile, Méx.* y
Perú. Contraer deudas. ‖ *P. Rico* y *R. Dom.*
Drogarse. <> FAM. DROGA.

endulzar v. tr. y pron. [1g]. Hacer dulce
una cosa. ‖ Atenuar, suavizar. <> FAM.
DULCE.

endurecer v. tr. y pron. [2m]. Poner dura
una cosa. ‖ Hacer resistente a uno. ‖ Hacer
a alguien cruel e insensible. <> FAM. endurecimiento. DURO, RA.

endurecimiento s. m. Dureza.

ene s. f. Nombre de la letra *n*.

enea s. f. Anea*.

eneágono s. m. Polígono que tiene nueve
ángulos.

enebrina s. f. Fruto del enebro.

enebro s. m. Arbusto de copa espesa, hojas espinosas y bayas de color violeta.
<> FAM. enebral, enebrina. / ginebra.

eneldo s. m. Planta herbácea de flores
amarillas.

enema s. m. Líquido que se inyecta en el
recto, a través del ano, con fines laxantes,
terapéuticos o diagnósticos.

enemigo, ga adj. Contrario, opuesto.
◆ s. Persona que quiere o hace mal a
otra. <> FAM. enemistad, enemistar. AMI-
GO, GA.

enemistad s. f. Aversión, odio entre dos
o más personas.

enemistar v. tr. y pron. [1]. Hacer a uno
enemigo de otro, o hacer perder la amistad.

eneolítico, ca adj. y s. m. Dícese del período prehistórico en el que se empezó a
utilizar el cobre.

energético, ca adj. Relativo a la energía.
◆ s. f. FÍS. Ciencia que trata de la energía.

energía s. f. Potencia activa de un organismo. ‖ Capacidad para obrar o producir

un efecto. || Vigor. || Fuerza de voluntad, tesón en la actividad. || Fís. Facultad que posee un cuerpo o sistema para realizar un trabajo. <> FAM. energético, enérgico, energizar.

enérgico, ca adj. Que tiene energía de carácter. || Que produce un gran efecto.

energizar v. intr. y pron. [1]. *Colomb.* Obrar con energía y vehemencia. ◆ v. tr. *Colomb.* Estimular, dar energía.

energúmeno, na s. Persona muy furiosa o violenta.

enero s. m. Primer mes del año.

enervar v. tr. y pron. [1]. Debilitar, quitar las fuerzas. || Poner nervioso. <> FAM. enervación, enervador, enervamiento, enervante. NERVIO.

enésimo, ma adj. Dícese del número indeterminado de veces que se repite una cosa. || MAT. Que ocupa un lugar indeterminado en una sucesión.

enfadar v. tr. y pron. [1]. Causar o sentir enfado.

enfado s. m. Enojo, disgusto. <> FAM. enfadadizo, enfadado, enfadar, enfadoso. / desenfado.

enfaenado, da adj. Metido en faena. || Que tiene mucho trabajo. <> FAM. FAENA.

enfangar v. tr. y pron. [1b]. Meter en el fango o cubrir con él. <> FAM. FANGO.

énfasis s. m. Exageración en la manera de expresarse para realzar lo que se dice. || Afectación en el tono de la voz o en el gesto. <> FAM. enfático, enfatizar.

enfatizar v. tr. [1g]. Dar énfasis, realzar.

enfermar v. intr. [1]. Contraer enfermedad. ◆ v. tr. Causar enfermedad.

enfermedad s. f. Alteración de la salud.

enfermería s. f. Local donde se atiende a enfermos y heridos.

enfermero, ra s. Persona que atiende a los enfermos y ayuda al médico.

enfermizo, za adj. Que tiene poca salud. || Propio de un enfermo. || Propio de una persona desequilibrada.

enfermo, ma adj. y s. Que tiene o padece una enfermedad. <> FAM. enfermar, enfermedad, enfermería, enfermero, enfermizo.

enfervorizar v. tr. y pron. [1]. Despertar fervor. <> FAM. enfervorizador. FERVOR.

enfilar v. tr. [1]. Poner en fila varias cosas. || Dirigir la vista. ◆ v. tr., intr. y pron. Dirigirse a un lugar. <> FAM. enfilado. FILA.

enfisema s. m. MED. Hinchazón del tejido celular por introducción de aire o gas.

enflaquecer v. tr.; intr. y pron. [2m]. Poner o ponerse flaco. ◆ v. intr. Perder ánimo. <> FAM. enflaquecimiento. FLACO, CA.

enflautar v. tr. [1]. *Colomb.* y *Guat. Fam.* Encajar algo inoportuno o molesto. <> FAM. FLAUTA.

enfocar v. tr. [1a]. Hacer que la imagen de un objeto, obtenida en un aparato óptico se produzca exactamente en un plano determinado. || Centrar en el visor de una cámara fotográfica la imagen que se quiere obtener. || Dirigir. || Analizar, considerar un asunto. <> FAM. enfoque. / desenfocar. FOCO.

enfoque s. m. Acción y efecto de enfocar.

enfrascarse v. y pron. [1a]. Aplicarse con mucha intensidad a una cosa. <> FAM. enfrascado, enfrascamiento.

enfrenar v. tr. [1]. Poner el freno a una caballería.

enfrentar v. tr., intr. y pron. [1]. Poner frente a frente. ◆ v. tr. y pron. Afrontar, hacer frente. <> FAM. enfrentamiento. ENFRENTE.

enfrente adv. l. A la parte opuesta, delante. ◆ adv. m. En contra. <> FAM. enfrentar. FRENTE.

enfriar v. tr., intr. y pron. [1t]. Poner fría o hacer que se ponga fría una cosa. ◆ v. tr. y pron. Entibiar, amortiguar: *enfriarse una amistad.* ◆ v. tr. *Méx. Fam.* Matar. ◆ **enfriarse** v. pron. Acatarrarse, constiparse. <> FAM. enfriamiento. FRÍO, A.

enfrijolada s. f. *Méx.* Tortilla de maíz rellena y bañada en crema de frijol. <> FAM. FRÍJOL.

enfunchar v. tr. y pron. [1]. *Cuba* y *P. Rico.* Enojar, enfadar.

enfundar v. tr. [1]. Poner una cosa dentro de su funda. ◆ v. tr. y pron. Cubrirse con una prenda de vestir. <> FAM. desenfundar. FUNDA.

enfurecer v. tr. y pron. [2m]. Irritar a uno o ponerle furioso. <> FAM. enfurecimiento. FURIA.

enfurruñarse v. pron. [1]. *Fam.* Enfadarse. || *Fam.* Encapotarse el cielo. <> FAM. enfurruñamiento.

enfurruscarse v. pron. [1a]. *Chile. Fam.* Enfurruñarse.

engalanar v. tr. y pron. [1]. Arreglar con galas y adornos. <> FAM. GALA.

engallarse v. pron. [1]. Ponerse arrogante. <> FAM. engallado, engalladura, engallamiento.

enganchar v. tr., intr. y pron. [1]. Agarrar una cosa con gancho o colgarla de él. || Agarrar, apresar. ◆ v. tr. e intr. Poner las caballerías en los carruajes. ◆ v. tr. *Fam.* Atraer, conquistar. ◆ **engancharse** v. pron. Hacerse adicto a una droga. <> FAM. enganchado, enganchamiento, enganche, enganchón. / desenganchar, reenganchar. GANCHO.

enganche s. m. Acción y efecto de enganchar. || *Méx.* Cantidad de dinero que se da como anticipo para comprar algo a plazos.

enganchón s. m. Desgarro producido al engancharse con algo.

engañabobos s. m. y f. *Fam.* Farsante. ◆ s; m. Cosa que engaña.

engañapichanga s. m. y f. *Argent.* Engañifa.

engañar v. tr. [1]. Hacer creer algo que no es verdad. || Estafar. || Ser infiel al cónyuge cometiendo adulterio. ◆ **engañarse** v. pron. Negarse a aceptar la realidad. ◇ FAM. engañadizo, engañador, engaña-pichanga, engañifa, engaño, engañoso. / desengañar, engañabobos.

engañifa s. f. *Fam.* Engaño hecho con artificio.

engaño s. m. Acción y efecto de engañar o engañarse. || Cualquier arte para pescar. || Instrumento con que se burla al toro.

engaratusar v. tr. [1]. *Amér. Central* y *Colomb.* Engatusar.

engarce s. m. Acción y efecto de engarzar. || Metal en que se engarza una cosa.

engarrotar v. tr. [1]. Agarrotar. ◆ v. tr. y pron. *Amér.* Entumecer los miembros el frío o la enfermedad. ◇ FAM. GARROTE.

engarzar v. tr. [1g]. Trabar cosas. || Engastar. || Enlazar, relacionar. ◇ FAM. engarce, engarzador. / desengarzar.

engastar v. tr. [1]. Encajar piedras preciosas en oro, plata u otro metal. ◇ FAM. engastado, engastador, engastadura, engaste.

engaste s. m. Montura o armazón que asegura lo que se engasta. || Perla llana por un lado.

engatusar v. tr. [1]. *Fam.* Ganarse a alguien con halagos y engaños. ◇ FAM. engatusador, engatusamiento. / engaratusar.

engavillar v. tr. [1]. Poner mies en gavillas. ◇ FAM. GAVILLA.

engendrar v. tr. [1]. Producir un animal superior seres de su misma especie. || Causar, ocasionar. ◇ FAM. engendrable, engendración, engendrador, engendramiento, engendro.

engendro s. m. Feto. || Ser desproporcionado o repulsivo. || Obra intelectual mal concebida o absurda.

engentarse v. pron. [1]. *Méx.* Aturdirse a causa de la gente. ◇ FAM. GENTE.

englobar v. tr. [1]. Reunir varias cosas en una o incluir en un conjunto una cosa determinada. ◇ FAM. GLOBO.

engolado, da adj. Presuntuoso. || Dícese del tono de voz afectado. || *Chile* y *Méx.* Muy acicalado. ◇ FAM. engolar. GOLA.

engolfarse v. pron. [1]. Ocuparse intensamente en algún asunto.

engolosinar v. tr. [1]. Excitar el deseo de uno con algún atractivo. ◆ **engolosinarse** v. pron. Aficionarse a una cosa. ◇ FAM. engolosinador. GOLOSINA.

engomar v. tr. [1]. Untar de goma. || Pegar con goma. ◇ FAM. engomado. GOMA.

engominar v. tr. y pron. [1]. Poner gomina en el pelo. ◇ FAM. GOMINA.

engorda s. f. *Chile* y *Méx.* Acción de engordar, cebar. || *Chile* y *Méx.* Conjunto de animales que se ceban para la matanza.

engordar v. tr. [1]. Cebar a los animales. ◆ v. intr. Ponerse gordo. || *Fam.* Enriquecer. ◇ FAM. engorda, engorde. GORDO, DA.

engorde s. m. Acción y efecto de engordar el ganado.

engorrar v. tr. [1]. *P. Rico* y *Venez.* Fastidiar, molestar.

engorro s. m. Estorbo, molestia. ◇ FAM. engorrar, engorroso.

engranaje s. m. Transmisión del movimiento mediante piñones o ruedas dentadas. || Conjunto de estos piñones y ruedas. || Enlace o trabazón de ideas, circunstancias o hechos.

engranar v. intr. y tr. [1]. Endentar, encajar. || Enlazar, trabar ideas, frases, etc. ◇ FAM. engranaje. / desengranar.

engrandecer v. tr. [2m]. Hacer grande una cosa. ◆ v. tr. y pron. Exaltar, enaltecer. ◇ FAM. engrandecimiento. GRANDE.

engrasar v. tr. y pron. [1]. Untar con grasa. ◇ FAM. engrasador, engrase. / desengrasar. GRASA.

engrase s. m. Acción de engrasar. || Materia lubricante.

engreído, da adj. Que se siente o se muestra convencido de su propio valor.

engreír v. tr. y pron. [25]. Envanecer. || *Amér.* Mimar, aficionar, encariñar. ◇ FAM. engreído, engreimiento.

engrescar v. tr. y pron. [1a]. Incitar a gresca. ◇ FAM. GRESCA.

engringarse v. pron. [1b]. *Amér. Central* y *Amér. Merid.* Seguir uno las costumbres de los gringos. ◇ FAM. GRINGO, GA.

engrosar v. tr. y pron. [1]. Hacer grueso. ◆ v. tr. Aumentar, hacer crecer. ◆ v. intr. Ponerse gordo. ◇ FAM. engrosamiento. GRUESO, SA.

engrudar v. tr. [1]. Untar o dar con engrudo.

engrudo s. m. Masa de harina y almidón cocidos en agua, utilizada para pegar. ◇ FAM. engrudar.

engualichar v. tr. [1]. *Argent., Chile* y *Urug.* Hechizar.

enguantar v. tr. y pron. [1]. Poner guantes. ◇ FAM. GUANTE.

enguitarrarse v. pron. [1]. *Venez.* Vestirse de levita.

engullir v. tr. e intr. [3h]. Tragar la comida atropelladamente. ◇ FAM. engullidor.

enharinar v. tr. y pron. [1]. Cubrir con harina. ◇ FAM. HARINA.

enhebrar v. tr. [1]. Pasar el hilo por el ojo de la aguja. || Decir cosas sin conexión. ◇ FAM. desenhebrar. HEBRA.

enhiesto, ta adj. Levantado, derecho, erguido. ◇ FAM. enhestar.

enhorabuena s. f. Felicitación. ◆ adv. m. En hora buena.

enhoramala adv. m. En hora mala.

enhorquetar v. tr. y pron. [1]. *Argent., Cuba, P. Rico* y *Urug.* Poner a horcajadas.

enigma s. m. Cosa que debe adivinarse a partir de una descripción o definición ambiguas. || Persona o cosa que es difícil de comprender. ◇ FAM. enigmático.

enigmático, ca adj. Que encierra o incluye enigma.

enjabonar v. tr. [1]. Jabonar. ◇ FAM. enjabonado, enjabonadura. JABÓN.

enjaezar v. tr. [1g]. Poner los jaeces a las caballerías. ◇ FAM. enjaezamiento. JAEZ.

enjalbegar v. tr. [1d]. Blanquear las paredes. ◇ FAM. enjalbegado, enjalbegador, enjalbegadura.

enjalma s. f. Especie de albarda ligera. ◇ FAM. enjalmar.

enjambrar v. tr. [1]. Encerrar en las colmenas las abejas esparcidas. ‖ Sacar un enjambre de una colmena muy poblada. ◆ v. intr. Criar la colmena un nuevo enjambre.

enjambre s. m. Conjunto de abejas con su reina. ‖ Conjunto numeroso de personas o cosas. ◇ FAM. enjambrar.

enjarciar v. tr. [1]. MAR. Poner las jarcias. ◇ FAM. JARCIA.

enjaretado s. m. Enrejado de listones.

enjaretar v. tr. [1]. Hacer pasar una cinta o cordón por una jareta. ‖ *Fam.* Hacer o decir algo atropelladamente. ‖ *Fam.* Endilgar, encajar. ◇ FAM. enjaretado. JARETA.

enjaular v. tr. [1]. Encerrar dentro de una jaula. ‖ *Fam.* Meter en la cárcel. ◇ FAM. JAULA.

enjoyar v. tr. y pron. [1]. Adornar con joyas. ◇ FAM. JOYA.

enjuagar v. tr. y pron. [1b]. Limpiar la boca y los dientes con líquido. ◆ v. tr. Aclarar con agua limpia lo que se ha jabonado o fregado. ◇ FAM. enjuagadura, enjuagatorio, enjuague. / juagar.

enjuague s. m. Acción de enjuagar. ‖ Líquido con que se enjuaga.

enjugar v. tr. [1b]. Secar o limpiar la humedad. ◆ v. tr. y pron. Saldar una deuda. ◇ FAM. JUGO.

enjuiciar v. tr. [1]. Someter una cuestión a juicio. ‖ DER. Instruir una causa. ◇ FAM. enjuiciable, enjuiciamiento. JUICIO.

enjundia s. f. Gordura de un animal, especialmente de un ave. ‖ Parte más sustanciosa e importante de algo. ◇ FAM. enjundioso.

enjuto, ta adj. Delgado, flaco. ◇ FAM. enjutez.

enlace s. m. Acción y efecto de enlazar. ‖ Unión, conexión. ‖ Boda. ‖ Comunicación regular entre dos puntos. ‖ Persona que sirve de intermediario. ◇ FAM. desenlace. ENLAZAR.

enladrillar v. tr. [1]. Formar el pavimento de ladrillos. ◇ FAM. enladrillado, enladrillador. LADRILLO.

enlajado s. m. *Venez.* Suelo cubierto de lajas. ◇ FAM. LAJA.

enlatar v. tr. [1]. Meter en latas. ◇ FAM. LATA.

enlazar v. tr. [1g]. Unir con lazos. ◆ v. tr. y pron. Atar o trabar una cosa con otra. ◆ v. intr. Empalmar, combinar los medios de transporte. ◆ **enlazarse** v. pron. Casarse. ◇ FAM. enlace, enlazable, enlazador, enlazamiento. LAZO.

enlodar v. tr. y pron. [1]. Manchar con lodo. ‖ Manchar, infamar, envilecer. ◇ FAM. enlodadura, enlodamiento. LODO.

enloquecer v. tr. [2m]. Hacer perder el juicio. ◆ v. tr. y pron. Gustar mucho una cosa. ◆ v. intr. y pron. Volverse loco. ◇ FAM. enloquecedor, enloquecimiento. LOCO², CA.

enlosado s. m. Pavimento de losas.

enlosar v. tr. [1]. Pavimentar con losas. ◇ FAM. enlosado, enlosador. LOSA.

enlozar v. tr. [1g]. *Amér.* Cubrir con loza. ◇ FAM. LOZA.

enlucido s. m. Revestimiento que se da a los muros o paredes.

enlucir v. tr. [3g]. Revestir con enlucido. ‖ Poner brillante una cosa. ◇ FAM. enlucido, enlucimiento. LUCIR.

enlutar v. tr. y pron. [1]. Cubrir o vestir de luto. ◆ v. tr. Entristecer, afligir. ◇ FAM. enlutado. LUTO.

enmaderar v. tr. [1]. Cubrir con madera. ◇ FAM. enmaderación, enmaderado, enmaderamiento. MADERA.

enmadrarse v. pron. [1]. Encariñarse excesivamente el hijo con la madre. ◇ FAM. enmadrado.

enmarañar v. tr. y pron. [1]. Formar una maraña. ‖ Enredar. ◇ FAM. enmarañador, enmarañamiento. / desenmarañar. MARAÑA.

enmarcar v. tr. [1a]. Encuadrar. ◇ FAM. MARCO.

enmascarar v. tr. y pron. [1]. Cubrir con máscara el rostro. ‖ Disfrazar. ◇ FAM. enmascarado, enmascaramiento. / desenmascarar. MÁSCARA.

enmasillar v. tr. [1]. Cubrir con masilla grietas y agujeros. ‖ Sujetar con masilla los cristales. ◇ FAM. MASILLA.

enmelar v. tr. [1j]. Untar con miel. ‖ Añadir miel: *enmelar la leche.* ‖ Hacer miel la abeja. ◇ FAM. MIEL.

enmendar v. tr. y pron. [1j]. Corregir, quitar defectos. ‖ Resarcir, subsanar los daños. ◇ FAM. enmendable, enmienda. / remendar.

enmicado s. m. *Méx.* Funda plástica.

enmienda s. f. Acción de enmendar. ‖ Propuesta de modificación que se hace a un proyecto, ley, etc. ‖ En los escritos, corrección que se señala al final.

enmohecer v. tr. y pron. [2m]. Cubrir de moho. ‖ Inutilizar, dejar en desuso. ◇ FAM. enmohecimiento. MOHO.

enmonarse v. pron. [1]. *Chile* y *Perú.* Emborracharse. ◇ FAM. MONA².

enmontarse v. pron. [1]. *Amér.* Volverse monte un campo, cubrirse de maleza. ◇ FAM. MONTE.

enmoquetar v. tr. e intr. [1a]. Cubrir con moqueta. ◇ FAM. MOQUETA.

enmudecer v. tr. [2m]. Hacer callar. ◆ v. intr. Quedar mudo. ‖ Permanecer callado. ◇ FAM. enmudecimiento. MUDO, DA.

enmugrar v. tr. [1]. *Chile, Colomb.* y *Méx.* Enmugrecer.

enmugrecer v. tr. y pron. [2m]. Cubrir de mugre. <> FAM. enmugrar. MUGRE.

ennegrecer v. tr. y pron. [2m]. Poner negro. ← v. intr. y pron. Ponerse muy oscuro. <> FAM. ennegrecimiento. NEGRO, GRA.

ennoblecer v. tr. y pron. [2m]. Conceder o adquirir un título de nobleza. || Dignificar y dar esplendor. || Adornar, enriquecer. <> FAM. ennoblecedor, ennoblecimiento. NOBLE.

eno- pref. Significa 'vino': enología.

enojar v. tr. y pron. [1]. Causar enojo. || Molestar, desazonar. <> FAM. enojadizo, enojante, enojo, enojoso.

enojo s. m. Alteración del ánimo por algo que contraría o perjudica. || Molestia, trabajo.

enología s. f. Ciencia que estudia la conservación y la fabricación de los vinos. <> FAM. enológico, enólogo.

enorgullecer v. tr. y pron. [2m]. Llenar de orgullo. <> FAM. enorgullecedor, enorgullecimiento. ORGULLO.

enorme adj. Muy grande. || Desmedido, excesivo. <> FAM. enormidad.

enormidad s. f. Cualidad de enorme. || Despropósito, desatino.

enquiciar v. tr. y pron. [1]. Poner una puerta, ventana, etc., en su quicio. || Poner en orden una cosa. <> FAM. QUICIO.

enquistado, da adj. De forma de quiste o parecido a él. || Embutido, encajado. || ZOOL. Dícese del animal en estado de vida latente rodeado de una membrana de protección.

enquistarse v. pron. [1]. Formarse un quiste. || Mantenerse detenido un proceso. <> FAM. enquistado, enquistamiento. QUISTE.

enrabiar v. tr. y pron. [1]. Encolerizar. <> FAM. RABIA.

enraizar v. intr. [1g]. Arraigar, echar raíces. <> FAM. RAÍZ.

enramada s. f. Conjunto de ramas espesas entrelazadas. || Adorno de ramas de árboles. || Cobertizo hecho de ramas.

enramar v. tr. [1]. Cubrir o adornar con ramas. <> FAM. enramada. RAMA.

enranciar v. tr. y pron. [1]. Poner rancio. <> FAM. RANCIO, CIA.

enrarecer v. tr. y pron. [2m]. Hacer menos denso un gas. || Hacer menos respirable. ← v. tr., intr. y pron. Hacer que escasee una cosa. <> FAM. enrarecimiento. RARO, RA.

enrasar v. tr. e intr. [1]. Igualar el nivel de algo. || Allanar una superficie. <> FAM. enrasamiento, enrase. RASAR.

enrase s. m. Acción y efecto de enrasar.

enredadera adj. y s. f. Dícese de la planta de tallos trepadores que se adhiere a un muro u otra planta.

enredar v. tr. [1]. Intrigar o tramar enre-

dos. || Comprometer a alguien en un asunto peligroso o expuesto. ← v. tr. y pron. Enmarañar, liar cosas. || Complicar un asunto. || Entretener, hacer perder el tiempo. ← **enredarse** v. pron. Equivocarse, aturdirse. || Empezar una riña, discusión, etc. || *Fam.* Tener un lío amoroso. <> FAM. enredadera, enredador, enredista, enredo, enredoso. / desenredar. RED.

enredista s. m. y f. *Chile, Colomb.* y *Perú.* Chismoso.

enredo s. m. Conjunto desordenado de hilos o cosas semejantes, que se cruzan entre sí. || Asunto peligroso o turbio. || Confusión, desorden. || Travesura. || Lío amoroso. || En la literatura dramática y narrativa, conjunto de sucesos que preceden al desenlace. || *Argent., R. Dom.* y *Urug.* Fam. Amorío.

enrejado s. m. Conjunto de rejas². || Celosía de cañas o varas entretejidas.

enrejar v. tr. [1]. Cercar con rejas². || *Méx.* Zurcir la ropa. <> FAM. enrejado. REJA².

enrevesado, da adj. Intrincado, con muchas vueltas. || Difícil de hacer o entender. <> FAM. enrevesar. REVÉS.

enrielar v. tr. [1]. *Chile.* Encauzar un asunto. ← v. tr. y pron. *Chile* y *Méx.* Encarrilar un vagón. <> FAM. RIEL.

enriquecer v. tr. y pron. [2m]. Hacer rica o próspera a una persona o cosa. ← v. tr. Adornar, engrandecer. <> FAM. enriquecedor, enriquecimiento. RICO, CA.

enriscado, da adj. Lleno de riscos. <> FAM. RISCO.

enristrar¹ v. tr. [1]. Poner la lanza en el ristre. <> FAM. RISTRE.

enristrar² v. tr. [1]. Hacer ristras con ajos, cebollas, etc. <> FAM. RISTRA.

enrocar v. tr. e intr. [1a]. Hacer un enroque.

enrojecer v. tr. y pron. [2m]. Poner rojo con el calor o el fuego. || Dar color rojo a una cosa. ← v. tr., intr. y pron. Ruborizarse. <> FAM. enrojecimiento. ROJO, JA.

enrolar v. tr. y pron. [1]. Inscribir en la lista de tripulantes de un buque. || Alistar. <> FAM. enrolamiento. ROL.

enrollar v. tr. y pron. [1]. Poner en forma de rollo. ← **enrollarse** v. pron. *Fam.* Hablar mucho o confusamente. || *Fam.* Liarse en un asunto. <> FAM. enrollado. / desenrollar. ROLLO.

enronchar v. tr. [1]. *Méx.* Llenar de ronchas. <> FAM. RONCHA.

enronquecer v. tr., intr. y pron. [2m]. Poner o quedarse ronco. <> FAM. enronquecimiento. RONCO, CA.

enroque s. m. En el ajedrez, movimiento simultáneo del rey y la torre, según ciertas condiciones. <> FAM. enrocar. ROQUE¹.

enroscar v. tr. y pron. [1a]. Poner en forma de rosca. ← v. tr. Introducir una cosa a vuelta de rosca. <> FAM. enroscadura, enroscamiento. / desenroscar. ROSCA.

enrostrar v. tr. [1]. *Amér.* Reprochar. ◇ FAM. ROSTRO.

ensacar v. tr. [1a]. Meter en sacos. ◇ FAM. ensacador. SACO.

ensaimada s. f. Bollo de pasta hojaldrada en forma de espiral.

ensalada s. f. Plato preparado con hortalizas cortadas y aderezadas, además de otros ingredientes. ‖ Mezcla, confusión. ‖ *Cuba.* Refresco preparado con agua de limón, hierbabuena y piña. ◇ FAM. ensaladera, ensaladilla. SAL.

ensaladera s. f. Recipiente para preparar y servir ensalada.

ensaladilla s. f. Ensalada compuesta de legumbres y verduras cortadas a trozos pequeños y aderezadas con mayonesa.

ensalivar v. tr. y pron. [1]. Llenar de saliva.

ensalmar v. tr. [1]. Componer un hueso dislocado o roto. ‖ Curar con ensalmos.

ensalmo s. m. Rezo o modo supersticioso con que se pretende curar. ◇ FAM. ensalmador, ensalmar. SALMO.

ensalzar v. tr. [1g]. Elevar a mayor auge y dignidad. ◆ v. tr. y pron. Alabar, elogiar. ◇ FAM. ensalzador, ensalzamiento.

ensamblar v. tr. [1]. Unir, juntar. ◇ FAM. ensamblado, ensamblador, ensambladura, ensamblaje. / desensamblar.

ensanchar v. tr. [1]. Hacer más ancho o más extenso. ◆ v. intr. y pron. Engreírse. ◇ FAM. ensanchador, ensanchamiento, ensanche. ANCHO, CHA.

ensanche s. m. Dilatación, extensión. ‖ Ampliación del casco urbano de una ciudad.

ensangrentar v. tr. y pron. [1j]. Manchar o teñir de sangre. ◇ FAM. ensangrentado, ensangrentamiento. SANGRE.

ensañarse v. pron. [1]. Deleitarse en hacer daño. ◇ FAM. ensañamiento. SAÑA.

ensartar v. tr. [1]. Pasar por un hilo, alambre, etc., varias cosas. ‖ Enhebrar. ‖ Espetar, atravesar. ‖ Decir muchas cosas sin conexión. ◆ v. tr. y pron. *Argent., Chile, Méx., Nicar., Perú* y *Urug.* Hacer caer en un engaño o trampa. ◇ FAM. desensartar. SARTA.

ensayar v. tr. [1]. Someter algo a determinadas condiciones para ver el resultado. ‖ Hacer la prueba de una cosa antes de ejecutarla en público. ◆ v. intr. y pron. Intentar hacer algo.

ensayista s. m. y f. Autor de ensayos.

ensayo s. m. Acción y efecto de ensayar. ‖ Género literario breve, en prosa, que trata de temas filosóficos, históricos, etc. ◇ FAM. ensayar, ensayismo, ensayista, ensayístico.

enseguida adv. t. En seguida. ◇ FAM. SEGUIR.

ensenada s. f. Entrada de mar en la tierra formando seno. ‖ *Argent.* Corral, lugar donde se encierran animales. ◇ FAM. SENO.

enseña s. f. Insignia, estandarte.

enseñanza s. f. Acción y efecto de enseñar. ‖ Profesión del que enseña. ‖ Sistema y método de dar instrucción. ‖ Ejemplo o suceso que sirve de experiencia o escarmiento.

enseñar v. tr. [1]. Hacer que alguien aprenda algo. ‖ Dar ejemplo o escarmiento. ‖ Mostrar algo a alguien. ‖ Dejar ver una cosa involuntariamente. ◇ FAM. enseñable, enseñado, enseñador, enseñante, enseñanza. SEÑA.

enseñorearse v. tr. y pron. [1]. Hacerse señor y dueño. ◇ FAM. enseñoramiento. SEÑOR, RA.

enseres s. m. pl. Conjunto de muebles, utensilios e instrumentos necesarios en una casa, o para el ejercicio de una profesión.

ensillar v. tr. [1]. Poner la silla a una caballería. ◇ FAM. ensilladura. / desensillar. SILLA.

ensimismarse v. pron. [1]. Abstraerse, quedar pensativo: *ensimismarse con la música*. ‖ *Chile* y *Colomb.* Engreírse. ◇ FAM. ensimismado, ensimismamiento. SÍ[1].

ensoberbecer v. tr. y pron. [2m]. Causar soberbia en alguno. ◆ **ensoberbecerse** v. pron. Agitarse, encresparse las olas. ◇ FAM. ensoberbecimiento. SOBERBIA.

ensombrecer v. tr. y pron. [2m]. Cubrir de sombras. ◆ **ensombrecerse** v. pron. Entristecerse. ◇ FAM. SOMBRA.

ensoñar v. tr. e intr. [1]. Forjar ensueños o ilusiones. ◇ FAM. ensoñación, ensoñador. ENSUEÑO.

ensopar v. tr. y pron. [1]. *Amér. Merid.* Empapar. ◇ FAM. SOPA.

ensordecer v. tr. [2m]. Causar sordera. ‖ Dejar sordo un ruido. ‖ LING. Convertir una consonante sonora en sorda. ◆ v. intr. Quedarse sordo. ◇ FAM. ensordecedor, ensordecimiento. SORDO, DA.

ensordecimiento s. m. Acción y efecto de ensordecer.

ensortijar v. tr. y pron. [1]. Rizar, especialmente el cabello. ◇ FAM. ensortijamiento. SORTIJA.

ensuciar v. tr. y pron. [1]. Poner sucio. ‖ Manchar el honor, el buen nombre, etc. ◇ FAM. ensuciamiento. SUCIO, CIA.

ensueño s. m. Ilusión, fantasía. ◇ FAM. ensoñar. SUEÑO.

entablado s. m. Entramado de tablas. ‖ Suelo formado de tablas.

entablar v. tr. [1]. Cubrir, cercar o asegurar con tablas. ‖ Dar comienzo a alguna cosa: *entablar una conversación*. ‖ En el tablero, colocar las piezas para empezar el juego. ‖ *Amér.* Igualar, empatar. ◇ FAM. entablado, entabladura, entable, entablillar. TABLA.

entablillar v. tr. [1]. Sujetar con tablillas y vendaje un miembro para mantener en su sitio las partes de un hueso roto.

entalegar v. tr. [1b]. Meter en talegos. ‖ Ahorrar, atesorar. ◇ FAM. TALEGO.

entallar[1] v. tr. [1]. Hacer cortes en una pieza de madera. ‖ Esculpir o grabar. ◇ FAM. entallado, entallador, entalladura. TALLAR.

entallar[2] v. tr., intr. y pron. [1]. Ajustar una prenda de vestir al talle. ◇ FAM. entallado. TALLE.

entallecer v. intr. y pron. [2m]. Echar tallos. ◇ FAM. TALLO.

entarimado s. m. Suelo formado de tablas.

entarimar v. tr. [1]. Cubrir el suelo con tablas o tarimas. ◇ FAM. entarimado. TARIMA.

éntasis s. f. Abultamiento del fuste de una columna.

ente s. m. Aquello que es, existe o puede existir. ‖ Entidad, colectividad, corporación: *ente público*. ◇ FAM. entidad.

entecarse v. pron. [1]. *Chile*. Obstinarse, emperrarse.

enteco, ca adj. Enfermizo, débil, flaco.

entelequia s. f. Entidad fantástica o ficticia. ‖ FILOS. Estado de perfección hacia el que tiende cada ser.

entelerido, da adj. *C. Rica, Hond.* y *Venez.* Enteco, flaco.

entendederas s. f. pl. *Fam*. Entendimiento.

entender v. tr. [2d]. Percibir el sentido, el significado y las causas de algo. ‖ Suponer, opinar, juzgar. ‖ Seguido de la prep. *en*, conocer una materia determinada. ◆ **entenderse** v. pron. Estar de acuerdo. ‖ *Fam*. Tener relaciones amorosas. ◇ FAM. entendederas, entendedor, entendible, entendido, entendimiento. / desentenderse, sobrentender. TENDER.

entendido, da adj. Que sabe mucho de una determinada materia: *entendido en leyes*. ◇ FAM. malentendido. ENTENDER.

entendimiento s. m. Facultad para comprender. ‖ Buen juicio, razonamiento. ‖ Razón humana. ‖ Acuerdo, armonía.

entenebrecer v. tr. y pron. [2m]. Oscurecer, llenar de tinieblas. ◇ FAM. TENEBROSO, SA.

entente s. f. Acuerdo entre estados, grupos o empresas.

enterado, da adj. y s. Entendido en una materia. ‖ Que se pasa de listo. ‖ *Chile*. Orgulloso, estirado.

enterar v. tr. [1]. Hacer conocer algo. ‖ *Chile*. Completar, integrar una cantidad. ‖ *Colomb., C. Rica, Hond.* y *Méx*. Pagar, entregar dinero. ◆ **enterarse** v. pron. Darse cuenta de algo. ◇ FAM. enterado.

entereza s. f. Fortaleza, firmeza de ánimo.

entérico, ca adj. Relativo a los intestinos.

enteritis s. f. Inflamación del intestino. ◇ FAM. entérico. / enterocolitis, gastroenteritis.

enterizo, za adj. De una sola pieza: *columna enteriza*.

enternecer v. tr. y pron. [2m]. Poner tierno. ‖ Mover a ternura. ◇ FAM. enternecedor, enternecimiento. TIERNO, NA.

entero, ra adj. Cabal, íntegro, sin falta alguna. ‖ Que tiene entereza. ‖ Recto, justo. ◆ adj. y s. m. MAT. Dícese del número racional no decimal. ◆ s. m. Unidad en que se miden los cambios bursátiles. ‖ *Chile, Colomb.* y *C. Rica* Entrega de dinero. ◇ FAM. enteramente, entereza, enterizo. / íntegro.

enterocolitis s. f. Inflamación del intestino delgado y del colon. ◇ FAM. ENTERITIS Y COLITIS.

enterrador, ra s. Sepulturero.

enterramiento s. m. Entierro. ‖ Sepulcro, sepultura.

enterrar v. tr. [1j]. Poner debajo de tierra. ‖ Dar sepultura a un cadáver. ‖ Arrinconar, relegar al olvido. ◆ v. tr. y pron. *Amér*. Clavar, hincar algo punzante. ◆ **enterrarse** v. pron. Retirarse del trato de los demás. ◇ FAM. enterrador, enterramiento, entierro. / desenterrar. TIERRA.

entibar v. tr. e intr. [1]. MIN. Apuntalar con maderas las excavaciones. ◇ FAM. entibación, entibador. ESTIBAR.

entibiar v. tr. y pron. [1]. Poner tibio un líquido. ‖ Moderar una pasión, afecto, fervor. ◇ FAM. TIBIO, BIA.

entidad s. f. Ente o realidad, especialmente cuando no es material. ‖ Asociación de personas para llevar a cabo una determinada actividad, reconocida jurídicamente. ‖ Valor o importancia de algo. ◇ FAM. ENTE.

entierro s. m. Acción y efecto de enterrar un cadáver. ‖ Cadáver que se lleva a enterrar y su acompañamiento.

entintar v. tr. [1]. Manchar o teñir con tinta. ‖ Teñir; dar a algo color distinto del que tenía. ◇ FAM. entintado. TINTAR.

entoldado s. m. Lugar cubierto de toldos. ‖ Conjunto de toldos que se colocan para un fin.

entoldar v. tr. [1]. Cubrir con toldos. ◆ **entoldarse** v. pron. Nublarse. ◇ FAM. entoldado, entoldamiento. / desentoldar. TOLDO.

entomatada s. f. *Méx*. Tortilla de maíz bañada en tomate. ◇ FAM. TOMATE.

entomología s. f. Parte de la zoología que estudia los insectos. ◇ FAM. entomológico, entomólogo.

entonación s. f. Acción y efecto de entonar. ‖ Movimiento melódico de la voz con variación de altura de los sonidos.

entonado, da adj. Orgulloso, engreído. ‖ Alegre por causa de la bebida.

entonar v. tr. e intr. [1]. Dar el tono debido al cantar. ‖ Dar determinado tono a la voz. ‖ Dar tensión y vigor al organismo. ◆ **entonarse** v. pron. Engreírse. ‖ *Fam*.

Animarse. ◇ FAM. entonación, entonado.
/ desentonar. TONO.

entonces adv. t. Indica un momento u ocasión determinados: *me enteré entonces.* ◆ adv. m. Expresa una consecuencia de lo dicho anteriormente: *entonces no hablemos más.*

entontecer v. tr. y pron. [2m]. Poner tonto. ◇ FAM. entontecimiento. TONTO, TA.

entorchado s. m. Cuerda o hilo de seda, cubierto con otro, enrollado alrededor para darle consistencia. ‖ Bordado de oro o plata que llevan algunos uniformes.

entorchar v. tr. [1]. Cubrir una cuerda o hilo enroscándola otro de seda o de metal. ◇ FAM. entorchado.

entornar v. tr. [1]. Cerrar algo a medias.

entorno s. m. Circunstancias que rodean a personas o cosas.

entorpecer v. tr. y pron. [2m]. Poner torpe. ‖ Turbar, oscurecer el entendimiento. ‖ Retardar, dificultar. ◇ FAM. entorpecedor, entorpecimiento. TORPE.

entrabar v. tr. [1]. *Chile, Colomb.* y *Perú.* Trabar, estorbar.

entrada s. f. Espacio por donde se entra. ‖ Acción de entrar. ‖ Público que asiste a un espectáculo. ‖ Billete que sirve para entrar en un espectáculo. ‖ Plato que se sirve antes del principal. ‖ Ángulo sin pelo en la parte superior de la frente. ‖ En un diccionario, palabra que encabeza un artículo. ‖ Dinero que se adelanta al comprar o alquilar algo. ‖ *Argent., Chile* y *Urug.* Ingreso económico. ‖ *Cuba.* Zurra.

entrado, da adj. *Méx. Fam.* Dedicado por completo a algo.

entrador, ra adj. *Argent.* y *C. Rica.* Simpático, agradable. ‖ *Chile* y *Perú.* Entrometido, intruso. ‖ *Perú* y *Venez.* Que acomete fácilmente empresas arriesgadas.

entramado s. m. Armazón de maderas unidas o entrecruzadas que sirve de soporte a una obra de albañilería. ◇ FAM. TRAMA.

entrambos, as adj. y pron. Ambos.

entrampar v. tr. [1]. Hacer caer en una trampa. ‖ Enredar, engañar. ◆ v. tr. y pron. Endeudar. ◇ FAM. desentrampar. TRAMPA.

entrante adj. y s. m. Dícese de la parte, pieza o figura que entra en otra. ◆ s. m. Plato que sirve como entrada.

entraña s. f. Órgano de la cavidad torácica o abdominal. ‖ Parte más íntima o esencial de algo. ◆ pl. Parte interior y más oculta de una cosa. ‖ Conjunto de sentimientos. ◇ FAM. entrañable, entrañar.

entrañable adj. Íntimo. ‖ Muy afectuoso.

entrañar v. tr. [1]. Contener, llevar dentro de sí. ◇ FAM. desentrañar. ENTRAÑA.

entrar v. intr. [1]. Ir o pasar de fuera a dentro. ‖ Meterse o poderse meter una cosa en otra. ‖ Incorporarse a una colectividad, asociación, etc. ‖ Empezar un período o etapa. ‖ Empezar a sentir algo: *entrar sed.* ‖ Emplearse o caber cierta porción o número de cosas. ‖ Formar parte de algo. ‖ Tomar parte en algo. ‖ Con la prep. a e infinitivo, dar principio a una acción. ‖ Empezar a cantar o tocar en el momento preciso. ◆ v. tr. Meter, introducir. ‖ Acometer o influir en el ánimo de uno. ◇ FAM. entrada, entrado, entrador, entrante.

entre prep. Indica intervalo, relación o reciprocidad: *entre Madrid y Barcelona; entre las once y las doce; entre amigos.* ‖ Indica estado o posición intermedia.

entre- pref. Indica estado o situación intermedia: *entrecano, entresuelo.* ‖ Con verbos, indica acción incompleta: *entreabrir.*

entreabrir v. tr. y pron. [3m]. Abrir un poco o a medias. ◇ FAM. entreabierto. ABRIR.

entreacto s. m. Intermedio entre los actos de un espectáculo.

entrecano, na adj. Dícese del pelo o barba a medio encanecer.

entrecavar v. tr. [1]. Cavar ligeramente, sin ahondar.

entrecejo s. m. Ceño. ‖ Espacio entre las cejas.

entrecerrar v. tr. y pron. [1j]. Entornar.

entrechocar v. tr. y pron. [1a]. Chocar dos cosas entre sí.

entrecomillar v. tr. [1]. Poner entre comillas. ◇ FAM. entrecomillado. COMILLA.

entrecortar v. tr. [1]. Cortar algo a medias. ◇ FAM. entrecortado. CORTAR.

entrecot s. m. Filete de carne de las costillas de la res.

entrecruzar v. tr. y pron. [1g]. Cruzar dos o más cosas entre sí. ◇ FAM. entrecruzado, entrecruzamiento. CRUZAR.

entrecubierta s. f. Entrepuente.

entredicho s. m. Duda sobre el honor o la veracidad de alguien o algo. ‖ Prohibición, censura. ‖ Privación de ciertos sacramentos y de sepultura eclesiástica a una persona.

entredós s. m. Tira bordada que se cose entre dos telas. ‖ Armario de poca altura que suele colocarse entre los balcones.

entrefilete s. m. Pequeño artículo de un periódico.

entrega s. f. Acción y efecto de entregar o entregarse. ‖ Cosa que se entrega de una vez. ‖ Cada uno de los cuadernos en que se suele dividir y vender un libro que se publica por partes.

entregar v. tr. [1]. Poner en poder de otro. ◆ entregarse v. pron. Ponerse en manos de uno. ‖ Dedicarse enteramente a algo. ‖ Abandonarse, dejarse dominar. ◇ FAM. entrega, entreguista.

entreguista s. m. y f. *Argent., Chile, Méx. Par.* y *Urug. Fam.* Persona que traiciona a sus representados en una negociación.

entrelazar v. tr. y pron. [1g]. Enlazar, entretejer una cosa con otra. <> FAM. entrelazado, entrelazamiento. LAZO.

entrelínea s. f. Cosa escrita entre dos líneas. <> FAM. entrelinear. LÍNEA.

entremedias o **entremedio** adv. t. y l. Entre uno y otro tiempo, espacio, lugar o cosa. <> FAM. MEDIO, DIA.

entremés s. m. Comida ligera que se sirve antes del primer plato. || Obra dramática jocosa de un solo acto.

entremeter v. tr. [2]. Meter una cosa entre otras. ◆ **entremeterse** v. pron. Entrometerse. <> FAM. entremetido, entremetimiento. METER.

entremezclar v. tr. [1]. Mezclar una cosa con otra.

entrenar v. tr. y pron. [1]. Adiestrar y ejercitar para la práctica de un deporte u otra actividad. <> FAM. entrenado, entrenador, entrenamiento. / desentrenarse.

entreoír v. tr. [26]. Oír una cosa sin percibirla bien.

entrepaño s. m. Tabla de una estantería. || Pared entre dos columnas, pilastras o huecos. || Tablero de puerta o ventana.

entrepelado, da adj. Argent. Dícese de los caballos de capa con pelos de diferentes colores. <> FAM. entrepelar. PELO.

entrepierna s. f. Parte interior de los muslos.

entrepuente s. m. Espacio entre las dos cubiertas de un buque.

entrerriano, na adj. y s. De Entre Ríos (Argentina).

entresacar v. tr. [1a]. Escoger, elegir. || Cortar algunos árboles de un monte. <> FAM. entresacadura. SACAR.

entresijo s. m. Mesenterio. || Cosa interior, escondida.

entresuelo s. m. Piso inmediatamente superior a los bajos.

entretanto adv. t. Entre tanto, mientras.

entretecho s. m. Chile y Colomb. Desván.

entretejer v. tr. [2]. Tejer conjuntamente. || Mezclar, trabar.

entretela s. f. Tejido que se pone entre la tela y el forro. ◆ pl. Fam. Parte más íntima del corazón o los sentimientos. <> FAM. entretelar. TELA.

entretención s. f. Amér. Entretenimiento, diversión.

entretener v. tr. y pron. [8]. Distraer impidiendo hacer algo. || Divertir. ◆ v. tr. Hacer menos molesta una cosa. || Dar largas a un asunto. || Mantener, conservar. <> FAM. entretención, entretenedor, entretenido, entretenimiento. TENER.

entretenido, da adj. Que entretiene. ◆ s. f. Amante.

entretenimiento s. m. Acción y efecto de entretener. || Cosa para entretener o divertir.

entretiempo s. m. Tiempo de primavera y otoño.

entrever v. tr. [2j]. Ver algo confusamente. || Conjeturar.

entreverado s. m. Venez. Asado de cordero o de cabrito.

entreverar v. tr. [1]. Intercalar, introducir una cosa entre otras. ◆ **entreverarse** v. pron. Argent. y Perú. Mezclarse desordenadamente. || Argent. Chocar dos masas de caballería y luchar los jinetes. <> FAM. entreverado, entrevero.

entrevero s. m. Amer. Merid. Acción y efecto de entreverarse. || Argent., Chile, Perú y Urug. Confusión, desorden.

entrevía s. f. Espacio entre dos rieles de una vía férrea.

entrevista s. f. Reunión concertada. || Diálogo entre un periodista y una persona famosa, para publicar sus opiniones. <> FAM. entrevistador, entrevistar.

entrevistar v. tr. [1]. Realizar una entrevista. ◆ **entrevistarse** v. pron. Tener una entrevista.

entristecer v. tr. y pron. [2m]. Poner triste. ◆ v. tr. Dar aspecto triste. <> FAM. entristecedor, entristecimiento. TRISTE.

entrometerse v. pron. [2]. Meterse alguien donde no le llaman. <> FAM. entrometido, entrometimiento. / intromisión. METER.

entrón, na adj. Méx. Animoso, atrevido, valiente.

entroncar v. tr. [1a]. Establecer relación entre personas o cosas. ◆ v. intr. Emparentar. ◆ v. intr. y pron. Cuba, Perú y P. Rico. Combinarse dos líneas de transporte. <> FAM. entroncamiento, entronque. TRONCO.

entronizar v. tr. y pron. [1g]. Colocar a alguien en el trono. || Ensalzar. ◆ **entronizarse** v. pron. Envanecerse, engreírse. <> FAM. entronización. TRONO.

entronque s. m. Relación de parentesco entre personas que tienen un tronco común. || Empalme de caminos, trenes, etc.

entropía s. f. Fís. Medida que, en termodinámica, permite evaluar la degradación de la energía de un sistema.

entubar v. tr. [1]. Poner tubos. <> FAM. entubación, entubado. / desentubar. TUBO.

entuerto s. m. Injusticia. || Dolor intenso tras el parto.

entumecer v. tr. y pron. [2m]. Entorpecer el movimiento de un miembro. <> FAM. entumecimiento. / desentumecer.

entumecimiento s. m. Acción y efecto de entumecer o entumecerse.

entumir v. tr. [3]. Chile y Méx. Entumecer.

enturbiar v. tr. y pron. [1]. Poner turbio. || Alterar, aminorar, oscurecer. <> FAM. enturbiamiento. TURBIO, BIA.

entusiasmar v. tr. y pron. [1]. Infundir entusiasmo.

entusiasmo s. m. Exaltación emocional provocada por un sentimiento de admiración. || Adhesión fervorosa a una causa o empeño. ◇ FAM. entusiasmar, entusiasta, entusiástico.

enumeración s. f. Acción y efecto de enumerar.

enumerar v. tr. [1]. Enunciar o exponer algo de forma sucesiva y ordenada. ◇ FAM. enumeración, enumerativo. NUMERAR.

enunciado s. m. Acción y efecto de enunciar. || LING. Secuencia de palabras delimitada por silencios marcados.

enunciar v. tr. [1]. Expresar oralmente o por escrito. ◇ FAM. enunciación, enunciado, enunciativo.

enunciativo, va adj. Que enuncia. ● **Oración enunciativa** (LING.), oración afirmativa o negativa, pero sin matices.

enuresis s. f. Emisión involuntaria de la orina.

envainar v. tr. [1]. Meter un arma blanca en la vaina. || Rodear a modo de vaina. ◇ FAM. envainador. / desenvainar. VAINA.

envalentonar v. tr. [1]. Infundir valentía o arrogancia. ◆ **envalentonarse** v. pron. Ponerse atrevido o desafiante. ◇ FAM. envalentonamiento. VALIENTE.

envanecer v. tr. y pron. [2m]. Infundir soberbia o vanagloria. || *Chile.* Quedarse vano el fruto de una planta, por haberse secado o podrido su meollo. ◇ FAM. envanecimiento. VANO, NA.

envarar v. tr. y pron. [1]. Entumecer un miembro. ◆ **envararse** v. pron. Envanecerse. ◇ FAM. envarado, envaramiento.

envasar v. tr. [1]. Introducir en recipientes adecuados líquidos, granos, etc. ◇ FAM. envasado, envasador, envase. VASO.

envase s. m. Acción y efecto de envasar. || Recipiente en que se conservan y transportan ciertos géneros.

envegarse v. pron. [1]. *Chile.* Empantanarse. ◇ FAM. VEGA.

envejecer v. tr., intr. y pron. [2m]. Hacer o hacerse viejo. ◆ v. intr. Durar, permanecer por mucho tiempo. ◇ FAM. envejecido, envejecimiento. VIEJO, JA.

envejecimiento s. m. Acción y efecto de envejecer. || Proceso de evolución de los organismos a partir de la edad adulta.

envelar v. intr. [1]. *Chile.* Huir.

envenenar v. tr. y pron. [1]. Hacer enfermar o matar a alguien con veneno. ◆ v. tr. Poner veneno en algo. || Enemistar, dañar. ◇ FAM. envenenado, envenenador, envenenamiento. VENENO.

enverar v. intr. [1]. Empezar la uva y otras frutas a tomar color de maduras. ◇ FAM. envero.

envergadura s. f. Importancia, fuste, prestigio. || Dimensión de las alas de un avión o un ave. || MAR. Ancho de una vela. ◇ FAM. envergar. VERGA.

envero s. m. Color dorado o rojizo de los frutos cuando empiezan a madurar. || Uva que tiene este color.

envés s. m. Revés, parte opuesta de algo. ◇ FAM. REVÉS.

enviar v. tr. [1t]. Hacer que alguien o algo vaya o sea llevado a alguna parte. ◇ FAM. enviado, envío. / reenviar. VÍA.

enviciar v. tr. [1]. Corromper con un vicio. ◆ v. intr. Echar las plantas muchas hojas y pocos frutos. ◆ **enviciarse** v. pron. Aficionarse demasiado. ◇ FAM. enviciamiento. VICIO.

envidar v. tr. [1]. Hacer envite en el juego. ◇ FAM. envido. ENVITE.

envidia s. f. Pesar por el bien ajeno. || Deseo de hacer o tener lo mismo que otro. ◇ FAM. envidiable, envidiar, envidioso.

envidiar v. tr. [1]. Tener o sentir envidia.

envido s. m. En el mus, envite de dos tantos.

envigar v. tr. e intr. [1b]. Asentar las vigas. ◇ FAM. VIGA.

envilecer v. tr. y pron. [2m]. Hacer vil o despreciable. || Hacer bajar el valor. ◇ FAM. envilecedor, envilecimiento. VIL.

envío s. m. Acción y efecto de enviar. || Cosa que se envía.

enviscar v. tr. [1a]. Untar con liga o con una materia viscosa las ramas de los árboles para cazar pájaros.

envite s. m. Apuesta que se hace en algunos juegos de azar. || Empujón. || Ofrecimiento de una cosa. ◇ FAM. envidar. INVITAR.

enviudar v. intr. [1]. Quedar viudo. ◇ FAM. VIUDO, DA.

envoltijo s. m. Envoltorio mal hecho.

envoltorio s. m. Lío, porción de cosas atadas. || Cosa que sirve para envolver.

envoltura s. f. Capa exterior que envuelve o rodea una cosa.

envolver v. tr. [2n]. Cubrir una cosa rodeándola y ciñéndola. || Acorralar a alguien con argumentos. ◆ v. tr. y pron. Mezclar a uno en un asunto. ◇ FAM. envoltijo, envoltorio, envoltura, envolvente, envolvimiento. / desenvolver. VOLVER.

enyerbar v. tr. [1]. *Méx.* Dar a alguien un bebedizo para embrujarlo. ◇ FAM. YERBA.

enyesar v. tr. [1]. Tapar o allanar con yeso. || Inmovilizar un miembro con vendajes y yeso. ◇ FAM. enyesado, enyesadura. YESO.

enzarzar v. tr. [1g]. Cubrir de zarzas una cosa. || Hacer que riñan o disputen personas o animales. ◆ **enzarzarse** v. pron. Enredarse en algo difícil o comprometido. || Entablar una disputa, pelea, etc. ◇ FAM. desenzarzar. ZARZA.

enzima s. m. o f. QUÍM. Sustancia orgánica soluble, que provoca o acelera una reacción bioquímica. ◇ FAM. enzimático.

enzolvar v. tr. [1]. *Méx.* Cegar un conducto.

enzootia s. f. Enfermedad epidémica limitada a los animales de una sola localidad y que afecta a una o varias especies.

eñe s. f. Nombre de la letra *ñ*.

eólico, ca adj. Relativo al viento o producido por él.

eolito s. m. Fragmento de piedra de sílice usado como instrumento por el hombre primitivo.

eón s. m. En el gnosticismo, ser eterno emanado de la unidad divina. || Unidad de *tiempo que equivale a mil millones de años.*

¡epa! interj. *Hond., Perú y Venez.* ¡Hola! || *Chile y Perú.* Se usa para animar. || *Méx.* Se usa para detener o advertir.

epanadiplosis s. m. Figura retórica que consiste en repetir al final de la frase, la misma palabra con la que empieza.

epazote s. m. *Méx.* Planta de hojas olorosas y flores pequeñas, que se usa como condimento.

epéndimo s. m. Membrana delgada que protege los ventrículos cerebrales y el conducto central de la médula espinal.

epéntesis s. f. Aparición de una vocal o consonante no etimológicas en el interior de una palabra. ◇ FAM. TESIS.

epi- pref. Significa 'sobre': *epidermis.*

epicarpio s. m. Capa externa que cubre el fruto de las plantas.

epiceno adj. y s. m. Dícese del género de los sustantivos que tienen una misma terminación y artículo para el macho y para la hembra, como *salmón*.

epicentro s. m. Punto de la superficie terrestre en donde un seísmo ha sido más intenso.

épico, ca adj. Relativo a la epopeya. || Extraordinario, memorable. ► s. f. Género de poesía que narra las hazañas guerreras o memorables de un héroe o un pueblo. ◇ FAM. epopeya.

epicureísmo s. m. Doctrina de Epicuro, filósofo griego que propugnaba el placer exento de dolor. || Actitud del que tiende a disfrutar de los placeres de la vida.

epidemia s. f. Brote de una enfermedad infecciosa, que aparece en forma aguda y masiva en un determinado lugar. ◇ FAM. epidémico.

epidérmico, ca adj. Relativo a la epidermis.

epidermis s. f. Membrana que cubre el cuerpo de los animales. ◇ FAM. epidérmico. DERMIS.

epifanía s. f. Fiesta cristiana que se celebra el 6 de enero.

epífisis s. f. Extremidad de un hueso largo. || Glándula situada en el dorso del encéfalo.

epifonema s. m. Figura que consiste en concluir una narración o pensamiento, mediante una exclamación o reflexión *profunda.*

epigastrio s. m. Parte superior del abdomen comprendida entre el ombligo y

el esternón. ◇ FAM. epigástrico. GÁSTRICO, CA.

epiglotis s. f. Cartílago que cierra la glotis al deglutir.

epígono s. m. Persona que sigue las huellas o enseñanzas de otra persona, escuela o generación anterior.

epígrafe s. m. Expresión que precede a un capítulo, artículo, etc., anunciando su contenido. || Inscripción en piedra, metal, etc. || Título, rótulo. ◇ FAM. epigrafía, epigrama.

epigrafía s. f. Ciencia que estudia las inscripciones.

epigrama s. m. Composición breve en verso en la que se expresa un pensamiento festivo o satírico. ◇ FAM. epigramático, epigramatista, epigramista. EPÍGRAFE.

epilepsia s. f. Enfermedad caracterizada por accesos bruscos, con pérdida de conocimiento y convulsiones. ◇ FAM. epiléptico.

epílogo s. m. Recapitulación de todo lo dicho en una obra literaria. || Suceso que ocurre después de otro, aparentemente terminado, y que cambia su final. ◇ FAM. epilogar.

episcopado s. m. Dignidad de obispo. || Conjunto de los obispos. ◇ FAM. episcopal, episcopalismo.

episcopal adj. Relativo al episcopado.

episcopalismo s. m. Teoría según la cual la asamblea de los obispos es superior al papa.

episodio s. m. Cada uno de los sucesos que forman un todo o conjunto. || Cada una de las acciones parciales o partes integrantes de la acción principal. ◇ FAM. episódico.

epistemología s. f. Estudio crítico del desarrollo, métodos y resultados de las ciencias. ◇ FAM. epistemológico.

epístola s. f. Carta. || Composición poética en forma de carta. || Parte de la misa. ◇ FAM. epistolar, epistolario.

epistolario s. m. Libro o cuaderno en que se hallan escritas varias cartas o epístolas de un autor.

epitafio s. m. Inscripción sepulcral. ◇ FAM. epitáfico.

epitalamio s. m. Poema lírico compuesto con ocasión de una boda. ◇ FAM. epitalámico. TÁLAMO.

epitelial adj. Relativo al epitelio: *tejido epitelial.*

epitelio s. m. Tejido que recubre el cuerpo, las cavidades internas y los órganos de los animales. ◇ FAM. epitelial.

epíteto s. m. Adjetivo que atribuye al sustantivo al que acompaña una cualidad inherente al mismo.

epítome s. m. Compendio de una obra extensa.

época s. f. Momento de la historia marcado por un personaje o acontecimiento importante. ‖ Momento determinado del año o de la vida de una persona. ‖ Subdivisión de un período geológico.

epónimo, ma adj. Que da su nombre a un pueblo, ciudad, etc.

epopeya s. f. Poema extenso que relata hechos heroicos. ‖ Conjunto de poemas que forman la tradición épica de un pueblo. ‖ Acción realizada con sufrimientos. ◇ FAM. ÉPICO, CA.

épsilon s. f. Quinta letra del alfabeto griego.

equi- pref. Significa 'igual': *equilátero*.

equiángulo adj. Que tiene los ángulos iguales.

equidad s. f. Trato justo y proporcional. ◇ FAM. equitativo. / ecuación, ecuador, ecuanimidad. IGUALDAD.

equidistar v. intr. [1]. Estar a igual distancia. ◇ FAM. equidistancia, equidistante. DISTAR.

équido, da adj. y s. m. Relativo a una familia de mamíferos ungulados, que poseen un solo dedo por pata, como el caballo. ◇ FAM. equino, equitación. / ecuestre.

equilátero, ra adj. Que tiene los lados iguales. ◇ FAM. LADO.

equilibrado, da adj. Ecuánime, sensato. ◆ s. m. Acción y efecto de equilibrar.

equilibrar v. tr. y pron. [1]. Poner en equilibrio. ‖ Hacer que una cosa no exceda ni supere a otra. ◇ FAM. equilibrado. / desequilibrar. EQUILIBRIO.

equilibrio s. m. Estado de reposo, resultante de la actuación de fuerzas que se contrarrestan. ‖ Posición vertical del cuerpo humano. ‖ Armonía entre cosas diversas. ‖ Ecuanimidad, sensatez. ◆ pl. Conjunto de maniobras para sostener una situación dificultosa. ◇ FAM. equilibrar, equilibrismo, equilibrista.

equilibrista adj. y s. m. y f. Que realiza ejercicios de destreza o de equilibrio acrobático.

equino, na adj. Relativo al caballo. ◇ FAM. ÉQUIDO, DA.

equinoccio s. m. Época del año en la que el Sol corta el ecuador celeste, y que corresponde a la igualdad de duración de los días y de las noches. ◇ FAM. equinoccial.

equinodermo, ma adj. y s. m. Relativo a los animales marinos radiados que tienen la piel espinosa, como el erizo de mar.

equipaje s. m. Conjunto de cosas que se llevan de viaje. ◇ FAM. portaequipajes. EQUIPAR.

equipal s. m. *Méx.* Silla rústica de cuero o mimbre.

equipamiento s. m. Acción y efecto de equipar. ‖ Conjunto de instalaciones necesarias para una actividad.

equipar v. tr. y pron. [1]. Proveer de lo necesario. ◇ FAM. equipaje, equipamiento, equipo.

equiparar v. tr. [1]. Considerar iguales o

equivalentes a dos personas o cosas. ◇ FAM. equiparable, equiparación.

equipo s. m. Conjunto de cosas necesarias para un fin. ‖ Grupo de personas para un servicio determinado. ‖ DEP. Grupo de jugadores.

equis s. f. Nombre de la letra *x*. ‖ Signo de la incógnita en el cálculo. ◆ adj. Denota un número desconocido.

equitación s. f. Arte de montar a caballo. ‖ Deporte practicado con el caballo. ◇ FAM. equitador. ÉQUIDO, DA.

equitativo, va adj. Que tiene equidad. ◇ FAM. equitativamente. EQUIDAD.

equivalencia s. f. Igualdad.

equivalente adj. y s. Que equivale a otra cosa. ◆ adj. Se dice de las figuras o sólidos con igual área y distinta forma.

equivaler v. intr. [9]. Ser igual una cosa a otra, en valor, potencia o eficacia. ◇ FAM. equivalencia, equivalente. VALER[1].

equivocación s. m. Acción y efecto de equivocar o equivocarse. ‖ Error.

equivocar v. tr. y pron. [1a]. Tomar una cosa por otra. ◇ FAM. equivocación, equívoco.

equívoco, ca adj. Dícese del término con varios significados. ‖ Que confunde o puede llevar a error. ◆ s. m. Malentendido. ◇ FAM. inequívoco. EQUIVOCAR.

era[1] s. f. Punto fijo y fecha determinada de un suceso a partir del cual empiezan a contarse los años. ‖ Época notable. ‖ GEOL. Subdivisión de los tiempos geológicos.

era[2] s. f. Espacio llano donde se trillan las mieses.

eral, la s. Res vacuna que no pasa de dos años.

erario s. m. Tesoro público. ‖ Lugar donde se guarda.

erasmismo s. m. Ideología suscitada en Europa, en el s. XVI por el humanista Erasmo de Rotterdam. ◇ FAM. erasmista.

erbio s. m. Metal raro en forma de polvo gris oscuro.

ere s. f. Nombre de la letra *r* en su sonido suave.

erección s. f. Acción y efecto de erguir o erguirse. ‖ Estado de rigidez de los órganos, en particular el pene. ◇ FAM. ERGUIR.

eréctil adj. Que puede levantarse, enderezarse o ponerse rígido. ◇ FAM. erectilidad, erecto, erector. ERGUIR.

erecto, ta adj. Derecho, rígido.

eremita s. m. y f. Asceta que vive en soledad. ◇ FAM. eremítico. ERMITA.

ergio s. m. Unidad de trabajo en el sistema cegesimal.

ergo conj. Por tanto, luego, pues. ◇ FAM. ergotismo[2], ergotizar.

ergonomía s. f. Conjunto de estudios e investigaciones sobre la organización metódica del trabajo, en función del hombre.

ergotina s. f. Alcaloide de un hongo parásito del centeno, llamado cornezuelo. ◇ FAM. ergotismo[1].

ergotismo[1] s. m. Intoxicación producida por la ingestión de centeno afectado por hongos.

ergotismo[2] s. m. Abuso de los silogismos en una argumentación. FAM. ergotista. ERGO.

ergotizar v. intr. [1g]. Abusar de los silogismos en una argumentación. ◇ FAM. ERGO.

erguir v. tr. y pron. [23]. Levantar y poner derecha una cosa. ◇ FAM. erección, eréctil, erguimiento. / erigir, yerto.

erial adj. y s. m. Dícese de la tierra o campo sin cultivar.

erigir v. tr. [3b]. Fundar, instituir o levantar. ◆ v. tr. y pron. Elevar a cierta condición. ◇ FAM. ERGUIR.

erisipela s. f. Enfermedad infecciosa con inflamación superficial de la piel.

eritema s. m. Congestión cutánea que provoca un enrojecimiento de la piel.

eritreo, a adj. y s. De Eritrea. ◆ adj. Relativo al mar Rojo.

eritrocito s. m. Hematíe.

erizar v. tr. y pron. [1g]. Levantar, poner rígida y tiesa una cosa. ◇ FAM. erizado, erizamiento. ERIZO.

erizo s. m. Mamífero insectívoro con el cuerpo cubierto de púas. ‖ Cubierta espinosa de la castaña y otros frutos. ‖ *Fam.* Persona de carácter áspero. • **Erizo de mar**, animal equinodermo cubierto de púas móviles. ◇ FAM. erizar.

erke s. m. *Argent.* Instrumento musical de viento parecido a la trompeta, con embocadura lateral, cuyo pabellón se prolonga en dos o más cañas insertadas entre sí hasta alcanzar entre 2 y 6 m de largo.

erkencho s. m. *Argent.* Trompeta rústica, cuyo pabellón se construye con un cuerno de vacuno, en el que se inserta una boquilla de caña terminada a modo de lengüeta.

ermita s. f. Capilla en las afueras de una población. ◇ FAM. ermitaño. / eremita.

ermitaño, ña s. Persona que vive en una ermita y cuida de ella. ‖ Asceta que vive en soledad. ◆ s. m. Decápodo marino que se aloja en la concha vacía de algún molusco.

erogación s. f. Acción de erogar. ‖ *Bol.* y *Méx.* Gasto, pago[1].

erogar v. tr. [1b]. Distribuir bienes o caudales. ‖ *Bol.* y *Méx.* Gastar el dinero, pagar. ◇ FAM. erogación. ROGAR.

erógeno, na adj. Que excita sexualmente. ◇ FAM. EROS.

eros s. m. Componente sexual de la personalidad. ◇ FAM. erógeno, erótico.

erosión s. f. Desgaste producido en un cuerpo por el roce de otro. ‖ Desgaste de la superficie terrestre por agentes externos. ‖ Pérdida de prestigio o influencia de una persona o institución. ◇ FAM. erosionar, erosivo.

erosionar v. tr. [1]. Producir erosión. ◇ FAM. erosionable. EROSIÓN.

erosivo, va adj. Relativo a la erosión. ‖ Que produce erosión.

erótico, ca adj. Relativo al amor, especialmente al sexual. ‖ Que excita sexualmente. ◇ FAM. erotismo, erotizar. EROS.

erotismo s. m. Carácter de erótico. ‖ Sexualidad.

erotizar v. tr. y pron. [1g]. Dar carácter o contenido erótico. ◇ FAM. erotización. ERÓTICO, CA.

erque s. m. *Argent.* Erke*.

erquencho s. m. *Argent.* Erkencho*.

errabundo, da adj. Errante.

erradicar v. tr. [1a]. Arrancar de raíz, eliminar completamente. ◇ FAM. erradicación. RAÍZ.

errante adj. Que anda vagando.

errar v. tr., intr. y pron. [1k]. No acertar. ◆ v. intr. Andar vagando. ◇ FAM. errabundo, errante, errata, errático, errona, error. / aberración, yerro.

errata s. f. Equivocación en lo impreso o lo manuscrito.

errático, ca adj. Errante. ‖ MED. Intermitente, irregular.

erre s. f. Nombre de la letra *r* en su sonido fuerte.

errona s. f. *Chile.* Suerte en que no acierta el jugador.

erróneo, a adj. Que contiene error.

error s. m. Concepto equivocado o juicio falso. ‖ Acción desacertada. ‖ Equivocación. ◇ FAM. erróneo. ERRAR.

eructar v. intr. [1]. Echar por la boca, con ruido, los gases acumulados en el estómago. ◇ FAM. eructo.

eructo s. m. Acción y efecto de eructar.

erudición s. f. Conocimiento profundo de un tema o materia, en especial historia y literatura.

erupción s. f. Desarrollo de manchas o granos en la piel. ‖ GEOL. Emisión violenta de materia, procedente de un volcán. ◇ FAM. erupcionar, eruptivo.

erupcionar v. intr. [1]. *Colomb.* Hacer erupción un volcán.

esbelto, ta adj. Delgado y alto. ◇ FAM. esbeltez.

esbirro s. m. Persona que sirve a otra, que le paga por acciones violentas. ‖ Persona que tiene por oficio ejecutar órdenes de las autoridades.

esbozo s. m. Bosquejo. ◇ FAM. esbozar. BOCETO.

escabechar v. tr. [1]. Poner en escabeche. ‖ *Fam.* Matar.

escabeche s. m. Adobo en que se tiene carne o pescado. ‖ Pescado puesto en este adobo. ‖ *Argent.* Fruto en vinagre. ◇ FAM. escabechar, escabechina.

escabechina s. f. *Fam.* Estrago, daño.

escabel s. m. Banquillo para los pies. ‖ Asiento sin respaldo.

escabroso, sa adj. Abrupto, áspero, quebrado. ‖ Difícil de resolver. ‖ Que roza lo inmoral y obsceno. ⬦ FAM. escabrosidad.

escabullarse v. pron. [1]. Colomb. y Venez. Escabullirse.

escabullirse v. pron. [3h]. Escaparse de entre las manos. ‖ Irse con disimulo. ⬦ FAM. escabullimiento. / escabullarse.

escacharrar v. tr. y pron. [1]. Estropear. ⬦ FAM. CACHARRO.

escafandra s. f. Equipo herméticamente cerrado que emplean los buzos para trabajar debajo del agua.

escafoides s. m. Nombre de un hueso del carpo.

escala s. f. Escalera de mano. ‖ Serie graduada de cosas. ‖ Tamaño o proporción en que se desarrolla un plan o idea. ‖ Sucesión de notas musicales. ‖ Parada de un barco o un avión en su trayecto. ‖ Relación entre las distancias figuradas en un mapa o un plano y las distancias reales. ‖ Serie de divisiones de un instrumento de medida. ‖ Escalafón. ⬦ FAM. escalafón, escalar¹, escalar², escalera, escalinata, escalón.

escalada s. f. Acción y efecto de escalar¹. ‖ Aumento o intensificación progresiva de una cosa.

escalafón s. m. Lista de los funcionarios militares o de la administración, clasificados según su empleo, antigüedad, etcétera.

escálamo s. m. MAR. Estaca pequeña donde se sujeta el remo.

escalar¹ v. tr. [1]. Entrar en un lugar con escalas. ‖ Trepar a una gran altura. ‖ Subir a un puesto social elevado. ⬦ FAM. escalable, escalada, escalador, escalamiento, escalo. ESCALA.

escalar² adj. MAT. Dícese de una magnitud enteramente definida por su medida, en función de una cierta unidad. ⬦ FAM. ESCALA.

escaldado, da adj. Fam. Que se comporta con recelo por haber escarmentado.

escaldar v. tr. y pron. [1]. Bañar con agua hirviendo una cosa. ● **escaldarse** v. pron. Escocerse, ponerse roja e inflamarse la piel. ⬦ FAM. escaldado, escaldadura. CALDO.

escaleno adj. MAT. Que tiene los tres lados desiguales. ● s. m. Cada uno de los tres músculos del cuello.

escalera s. f. Serie de escalones para subir y bajar. ‖ En el póquer, combinación de cinco cartas de valor correlativo. ‖ Trasquilón en el pelo mal cortado. ⬦ FAM. escalerilla. ESCALA.

escalerilla s. f. Escalera de pocos escalones.

escalfar v. tr. [1]. Cocer un huevo sin la cáscara. ‖ Méx. Descontar, mermar. ⬦ FAM. escalfado, escalfador.

escalinata s. f. Escalera exterior de un tramo. ⬦ FAM. ESCALA.

escalo s. m. Acción de escalar.

escalofrío s. m. Contracción muscular breve debida al frío o al miedo. ⬦ FAM. escalofriante, escalofriar. CALOR Y FRÍO, A.

escalón s. m. Peldaño. ‖ Cada uno de los grados o fases de una serie continua y progresiva. ⬦ FAM. escalonado, escalonar. ESCALA.

escalonado, da adj. Que tiene forma de escalón o de escalones.

escalonar v. tr. y pron. [1]. Situar ordenadamente personas o cosas de trecho en trecho, o en tiempos sucesivos las partes de una serie. ⬦ FAM. escalonamiento. ESCALÓN.

escalope s. f. Loncha delgada de vaca o ternera rebozada.

escalpelo s. m. Instrumento de corte empleado en cirugía.

escama s. f. Cada una de las láminas que cubren el cuerpo de algunos animales. ‖ Recelo, desconfianza. ⬦ FAM. escamar, escamoso. / descamar.

escamar v. tr. [1]. Quitar las escamas a los peces. ‖ Méx. Fam. Asustar, intimidar. ● v. tr. y pron. Fam. Causar desconfianza. ⬦ FAM. escamado, escamante. ESCAMA.

escamoles s. m. pl. Méx. Hueva comestible de cierto tipo de hormiga, muy apreciada por su sabor.

escamondar v. tr. [1]. Cortar las ramas inútiles de un árbol. ⬦ FAM. escamonda, escamondadura, escamondo. MONDAR.

escamotear v. tr. [1]. Hacer desaparecer algo con habilidad. ‖ Eliminar algo de modo arbitrario. ‖ Robar o quitar una cosa con habilidad y astucia. ⬦ FAM. escamoteador, escamoteo.

escampada s. f. Interrupción de la lluvia.

escampar v. impers. [1]. Dejar de llover. ⬦ FAM. escampada. CAMPO.

escanciar v. tr. [1]. Servir el vino. ⬦ FAM. escanciador.

escandalera s. f. Fam. Escándalo, alboroto.

escandalizar v. tr. [1g]. Causar escándalo. ● **escandalizarse** v. pron. Mostrarse indignado u horrorizado. ⬦ FAM. escandalizador. ESCÁNDALO.

escándalo s. m. Acción que provoca indignación u horror. ‖ Alboroto. ‖ Acción inmoral. ⬦ FAM. escandalera, escandalizar, escandaloso.

escandallo s. m. Parte de la sonda que sirve para reconocer la calidad del fondo del agua. ‖ Prueba de un conjunto de cosas tomando una muestra al azar. ⬦ FAM. escandallar.

escandinavo, va adj. y s. De Escandinavia.

escandio s. m. Elemento metálico de color gris plateado.

escandir v. tr. [3]. Medir un verso.

escáner s. m. MED. Aparato para la exploración radiográfica.

escantillón s. m. Regla o patrón para trazar las líneas que se han de seguir para labrar piezas.

escaño s. m. Banco con respaldo. ‖ Banco que ocupan los diputados en las cámaras legislativas. ‖ Acta de diputado.

escapada s. f. Acción de escapar o escaparse. ‖ *Fam.* Abandono temporal de las ocupaciones para divertirse o distraerse.

escapar v. intr. y pron. [1]. Salir uno de prisa o en secreto. ‖ Salir de un encierro. ‖ Quedar fuera de la influencia o alcance de una persona o cosa. ➡ **escaparse** v. pron. Salirse un fluido por algún resquicio. ‖ Soltarse algo. ‖ No darse cuenta de algo. ‖ Marcharse un vehículo de transporte público antes de poder entrar en él. ◇ FAM. escapada, escapatoria, escape.

escaparate s. m. Espacio en las fachadas de las tiendas que sirve para exponer las mercancías. ◇ FAM. escaparatista.

escaparatista s. m. y f. Persona especializada en decorar escaparates.

escapatoria s. f. Acción o manera de escaparse. ‖ Excusa y modo de evadirse de un aprieto o dificultad.

escape s. m. Acción de escapar. ‖ Pérdida de un fluido por un orificio o grieta. ‖ Salida, solución. ‖ Expulsión de los gases de un motor. ‖ Dispositivo que permite esta expulsión.

escápula s. f. Omóplato. ◇ FAM. escapular.

escapulario s. m. Pieza del vestido monástico que consiste en dos trozos de tela que caen sobre el dorso y el pecho.

escaque s. m. Cada una de las casillas de los tableros de ajedrez y de damas. ◇ FAM. escaquearse.

escaquearse v. pron. [1]. Eludir o esquivar un trabajo.

escarabajo s. m. Insecto coleóptero de cuerpo ovalado y patas cortas.

escaramujo s. m. Rosal silvestre. ‖ Percebe, molusco.

escaramuza s. f. En la guerra, combate de poca importancia. ‖ Riña o discusión poco violenta.

escarapela s. f. Adorno o distintivo en forma de roseta de cintas o de plumas.

escarapelar v. intr. [1]. *Colomb.* Ajar, manosear. ➡ v. intr. y pron. *Colomb., C. Rica y Venez.* Descascarar, resquebrajar. ➡ v. pron. *Perú.* Ponérsele a uno carne de gallina. ◇ FAM. descarapelar.

escarbadientes s. m. Mondadientes.

escarbar v. tr. [1]. Remover la tierra u otra cosa semejante. ‖ Atizar la lumbre. ‖ Escudriñar, fisgar. ➡ v. tr. y pron. Hurgar. ◇ FAM. escarbador, escarbadura. / escarbadientes.

escarcear v. intr. [1]. *Argent., Urug.* y *Venez.* Hacer escarceos el caballo. ◇ FAM. escarceo.

escarcela s. f. Especie de bolsa que se colgaba de la cintura. ‖ Mochila del cazador, hecha de red.

escarceo s. m. Oleaje menudo en la superficie del mar. ‖ Tentativa que se realiza antes de iniciar una acción. ➡ pl. Conjunto de tornos y vueltas que dan los caballos.

escarcha s. f. Rocío congelado. ◇ FAM. escarchar.

escarchar v. intr. [1]. Formarse escarcha. ➡ v. tr. Preparar confituras de modo que el azúcar cristalice en lo exterior. ‖ Salpicar con una sustancia brillante que imite la escarcha.

escarda s. f. Acción de escardar y época en que se realiza.

escardar v. tr. [1]. Arrancar las malas hierbas. ‖ Separar lo malo de lo bueno. ◇ FAM. escarda, escardador. CARDO.

escarlata adj. y s. m. De color rojo vivo. ◇ FAM. escarlatina.

escarlatina s. f. Enfermedad febril contagiosa, caracterizada por la formación de placas escarlatas en la piel.

escarmentar v. tr. [1j]. Corregir con rigor. ➡ v. intr. Aprender de la experiencia propia o ajena. ◇ FAM. escarmiento.

escarmiento s. m. Cosa que hace escarmentar. ‖ Castigo.

escarnecer v. tr. [2m]. Hacer mofa y burla de otro. ◇ FAM. escarnecedor, escarnecimiento, escarnio.

escarnio s. m. Burla humillante.

escarola s. f. Hortaliza de hojas rizadas. ◇ FAM. escarolado.

escarpa s. f. Declive áspero de cualquier terreno. ◇ FAM. escarpado.

escarpado, da adj. Dícese del terreno con mucha pendiente.

escarpia s. f. Clavo con cabeza acodillada. ◇ FAM. escarpiar.

escarpín s. m. Zapato de una pieza y una costura. ‖ Calzado de bebé, tejido con lana o hilo, que cubre el pie y el tobillo.

escasamente adv. m. Apenas.

escasear v. intr. [1]. Faltar, estar escaso.

escasez s. f. Falta de una cosa. ‖ Pobreza, falta de lo necesario para vivir.

escaso, sa adj. Poco, insuficiente. ‖ Que tiene poca cantidad de algo. ◇ FAM. escasamente, escasear, escasez.

escatimar v. tr. [1]. Dar lo menos posible de algo.

escatología¹ s. f. Conjunto de doctrinas relacionadas con el destino último del hombre y del universo. ◇ FAM. escatológico.

escatología² s. f. Estudio de los excrementos. ◇ FAM. escatológico.

escayola s. f. Yeso calcinado que, amasado con agua, se emplea en escultura, medicina, etc. ◇ FAM. escayolar, escayolista.

escayolar v. tr. [1]. Poner una escayola en un miembro fracturado para inmovilizarlo.

escena s. f. Escenario para actuar. ‖ Caracterización del escenario para representar algo. ‖ Cada parte de una obra con unidad en sí. ‖ Actuación o actitud teatral o exagerada. ‖ Suceso curioso. ‖ Teatro, literatura dramática. ◇ FAM. escenario, escénico, escenificar, escenografía. / proscenio.

escenario s. m. Lugar del teatro en que se actúa. ‖ Lugar en que se desarrolla una película, suceso, etc. ‖ Conjunto de cosas o circunstancias que rodean a algo o a alguien.

escenificar v. tr. [1a]. Poner en escena o dar forma dramática a una obra. ◇ FAM. escenificable, escenificación. ESCENA.

escenografía s. f. Arte de realizar decorados. ‖ Conjunto de decorados. ◇ FAM. escenográfico, escenógrafo. ESCENA.

escepticismo s. m. Doctrina que pone en duda la posibilidad del conocimiento de la realidad. ‖ Duda. ◇ FAM. escéptico.

escindir v. tr. y pron. [3]. Cortar, dividir, separar. ◇ FAM. escindible, escisión. / abscisa, prescindir, rescindir.

escisión s. f. Cortadura, desavenencia. ‖ Eliminación de una parte de tejido u órgano.

escita adj. y s. m. y f. De Escitia, región del Asia antigua.

esclarecer v. tr. [2m]. Iluminar. ‖ Poner en claro. ◆ v. impers. Empezar a amanecer. ◆ FAM. esclarecedor, esclarecimiento. CLARO, RA.

esclavina s. f. Prenda de vestir en forma de capa pequeña.

esclavitud s. f. Estado de esclavo. ‖ Sujeción excesiva o dependencia, por la cual se ve sometida una persona a otra.

esclavizar v. tr. [1]. Reducir a la esclavitud. ‖ Tener sometido a alguien o hacerle trabajar excesivamente.

esclavo, va adj. y s. Que se encuentra bajo el dominio de un amo y carece de libertad. ‖ Sometido fuertemente a alguien o algo. ◇ FAM. esclavina, esclavista, esclavitud, esclavizar.

esclerosis s. f. MED. Endurecimiento de un tejido u órgano. ◇ FAM. esclerótica, esclerótico. / arteriosclerosis.

esclerótica s. f. Membrana externa del globo ocular.

esclusa s. f. Recinto de un canal que permite a los barcos franquear un desnivel, llenándose o vaciándose de agua.

escoba s. f. Utensilio para barrer. ‖ Arbusto parecido a la retama, de ramas angulosas y flores amarillas. ‖ C. Rica y Nicar. Arbusto de la familia de las borragináceas, del cual se hacen escobas. ◇ FAM. escobajo, escobazo, escobeta, escobilla, escobón.

escobajo s. m. Racimo sin uvas.

escobazo s. m. Golpe dado con una escoba. ‖ Argent. y Chile. Acción de barrer ligeramente.

escobeta s. f. Méx. Escobilla corta de raíz de zacatón.

escobilla s. f. Escoba pequeña. ‖ Pieza que garantiza la conexión eléctrica entre un órgano móvil y otro fijo. ◇ FAM. escobillar, escobillón. ESCOBA.

escobillar v. tr. [1]. Amér. En algunos bailes tradicionales, zapatear suavemente.

escobillón s. m. Cepillo unido a un mango largo. ‖ Cepillo cilíndrico para limpiar el cañón de un arma de fuego.

escobón s. m. Especie de escoba de palo largo.

escocer v. intr. [2f]. Causar o sentir escozor. ◆ **escocerse** v. pron. Ponerse irritadas algunas partes del cuerpo. ‖ Sentirse, dolerse. ◇ FAM. escocedura, escozor. COCER.

escocés, sa adj. y s. De Escocia. ‖ Dícese de la tela que tiene un dibujo formado por cuadros de colores. ◆ s. m. Dialecto céltico hablado en Escocia.

escoda s. f. Martillo con corte en ambos lados.

escofina s. f. Herramienta a modo de lima, de dientes gruesos.

escoger v. tr. [2b]. Tomar una o más cosas o personas de entre otras. ◇ FAM. escogido. COGER.

escolanía s. f. Coro de niños. ◇ FAM. escolano. ESCUELA.

escolano s. m. Niño de una escolanía.

escolapio, pia adj. y s. De las Escuelas Pías.

escolar s. m. y f. Estudiante. ◆ adj. Relativo al estudiante o a la escuela. ◇ FAM. preescolar. ESCUELA.

escolaridad s. f. Período de tiempo durante el cual se asiste a la escuela o a un centro de enseñanza.

escolarizar v. tr. [1g]. Suministrar instrucción en régimen escolar. ◇ FAM. escolarización. ESCUELA.

escolástica s. f. Enseñanza medieval basada en la tradición aristotélica. ◇ FAM. escolasticismo, escolástico. ESCUELA.

escolio s. m. Nota que se pone a un texto para explicarlo.

escoliosis s. f. Desviación lateral de la columna vertebral.

escollar v. intr. [1]. Argent. y Chile. Malograrse un proyecto.

escollera s. f. Dique de defensa contra el oleaje o para servir de cimiento a un muelle.

escollo s. m. Peñasco a flor de agua. ‖ Peligro, dificultad. ◇ FAM. escollar, escollera.

escolopendra s. f. Animal artrópodo que tiene las patas del primer par en forma de uñas venenosas.

escolta s. f. Formación militar terrestre, aérea o naval encargada de escoltar. ‖ Conjunto de personas que escoltan. ◇ FAM. escoltar.

escoltar v. tr. [1]. Acompañar para proteger o vigilar.

escombrar v. tr. Quitar los escombros.

◇ FAM. descombrar, desescombrar. ES-COMBRO.

escombrero, ra adj. y s. *Argent. Fam.* Dícese de la persona exagerada.

escombro s. m. Desecho, broza y cascote que queda de una obra de albañilería, derribo, etc. ‖ Desecho de la explotación de una mina o de una fábrica. ● **Hacer escombro** (*Argent. Fam.*), magnificar la importancia de un hecho o el modo de realizarlo. ◇ FAM. escombrar, escombrera.

esconder v. tr. y pron. [2]. Esconder a alguien o a algo en un lugar secreto. ‖ Encerrar, incluir en sí: *esconder un doble sentido.* ◇ FAM. escondidas, escondidillas, escondidizo, escondido, escondite, escondrijo.

escondidas s. f. pl. *Amér. Central* y *Amér. Merid.* Juego del escondite. ● **A escondidas,** de manera oculta.

escondidillas s. f. pl. *Méx.* Juego del escondite.

escondite s. m. Escondrijo. ‖ Juego infantil en el cual uno de los jugadores busca a sus compañeros escondidos.

escondrijo s. m. Rincón o lugar oculto y retirado.

escopeta s. f. Arma de fuego portátil, con uno o dos cañones. ◇ FAM. escopetazo.

escopetazo s. m. Tiro de escopeta. ‖ Herida hecha por el tiro de una escopeta. ‖ Noticia o suceso súbito e inesperado.

escoplo s. m. Especie de cincel de hierro acerado, estrecho y grueso.

escora s. f. Inclinación de una embarcación por la fuerza del viento. ‖ MAR. Puntal que sostiene los costados de un buque en construcción o reparación. ◇ FAM. escorar.

escorar v. tr. [1]. MAR. Apuntalar un buque con escoras. ◆ v. intr. Inclinarse un buque por la fuerza del viento.

escorbuto s. m. Enfermedad carencial, caracterizada por hemorragias múltiples y anemia progresiva. ◇ FAM. escorbútico.

escoria s. f. Sustancia vítrea que sobrenada en un baño de metal fundido y que contiene las impurezas. ‖ Materia que salta del hierro candente. ‖ Persona o cosa despreciable.

escorpión s. m. Artrópodo de los países cálidos, dotado de un par de pinzas delanteras, cuyo abdomen móvil termina en un aguijón venenoso. ◆ s. m. y f. y adj. Persona nacida bajo el signo zodiacal de Escorpión.

escorzar v. tr. [1g]. Representar una figura pictórica según las reglas de la perspectiva. ◇ FAM. escorzo.

escorzo s. m. Representación de una figura especialmente humana, cuando una parte de ella está vuelta con respecto al resto.

escotar¹ v. tr. [1]. Hacer un escote en una prenda de vestir.

escotar² v. tr. [1]. Pagar la parte que corresponde a cada una de las personas que han hecho un gasto en común.

escote¹ s. m. Abertura que se hace alrededor del cuello, en una prenda de vestir. ‖ Parte del busto que deja al descubierto una prenda escotada. ◇ FAM. escotar¹. / descote.

escote² s. m. Parte que corresponde pagar a cada una de las personas que han hecho un gasto en común. ◇ FAM. escotar².

escotilla s. f. MAR. Abertura en la cubierta de un buque que permite el acceso de un piso a otro. ◇ FAM. escotillón.

escotillón s. m. Trampa cerradiza en el suelo. ‖ Trozo del piso del escenario que puede bajarse y subirse para que personas o cosas salgan o desaparezcan.

escozor s. m. Sensación cutánea, poco dolorosa y molesta, como la de una quemadura. ‖ Resentimiento por un desaire, pena o reproche.

escriba s. m. Escribano o copista de distintos pueblos de la antigüedad, en especial de los egipcios. ‖ Doctor o intérprete de la ley, entre los hebreos.

escribanía s. f. Oficio u oficina del secretario judicial en los juzgados de primera instancia e instrucción. ‖ Escritorio. ‖ Juego compuesto de tintero, secante, pluma y otras piezas, colocado en un soporte. ‖ Notaría.

escribano, na s. Persona que copia o escribe a mano. ◆ s. m. Persona que por oficio público estaba autorizada para dar fe de las escrituras y demás actos. ◆ s. f. *Argent., Par.* y *Urug.* Mujer que ejerce la escribanía. ◇ FAM. escriba, escribanía. ES-CRIBIR.

escribir v. tr. [3n]. Representar palabras o ideas con letras u otros signos convencionales, trazados sobre una superficie. ‖ Trazar las notas y demás signos de la música. ◆ v. tr. e intr. Comunicar a uno por escrito algo. ‖ Componer: *escribir poesía.* ◇ FAM. escribano, escribiente, escrito, escritor, escritorio, escritura. / adscribir; circunscribir, describir, inscribir, prescribir, proscribir, suscribir, transcribir.

escrito, ta adj. Dícese de lo que tiene manchas o rayas que semejan letras o rasgos de pluma. ◆ s. m. Papel manuscrito, mecanografiado, impreso, etc. ‖ Obra científica o literaria. ‖ DER. Alegación o petición en un pleito o causa. ● **Estar escrito,** estar así dispuesto por la providencia. ◇ FAM. manuscrito. ESCRIBIR.

escritor, ra s. Persona que escribe obras de creación.

escritorio s. m. Mueble para guardar papeles. ‖ Mesa usada para escribir sobre ella. ‖ Despacho, oficina.

escritura s. f. Representación del pensamiento por signos gráficos convencionales. ‖ Conjunto de signos gráficos que expresan un enunciado. ‖ Conjunto de libros de la Biblia. ‖ DER. Documento suscrito por las partes, en que consta un negocio jurídico. ◇ FAM. escriturar. ESCRIBIR.

escriturar v. tr. [1]. Hacer constar en escritura pública un hecho. ‖ Contratar.

escrófula s. f. Inflamación y absceso de los ganglios linfáticos del cuello causada por una tuberculosis.

escroto s. m. Bolsa en cuyo interior se alojan los testículos.

escrúpulo s. m. Duda y recelo que inquieta el ánimo o la conciencia. ‖ Escrupulosidad. ‖ Asco, repugnancia. ◇ FAM. escrupulosidad, escrupuloso.

escrupulosidad s. f. Exactitud y cuidado en el cumplimiento de derechos y deberes.

escrupuloso, sa adj. Que tiene escrúpulos. ‖ Que trabaja con escrupulosidad.

escrutar v. tr. [1]. Examinar cuidadosamente algo. ‖ Contabilizar los sufragios de una votación, los boletos en una apuesta, etc. ◇ FAM. escrutador, escrutinio. / inescrutable. ESCUDRIÑAR.

escrutinio s. m. Examen detallado de una cosa. ‖ Recuento de votos u otra cosa.

escuadra s. f. Instrumento de dibujo que tiene un ángulo recto. ‖ Pieza de metal con dos ramas en ángulo recto, que se usa en carpintería. ‖ Conjunto de buques de guerra a las órdenes de un almirante. ‖ Cierto número de soldados a las órdenes de un cabo. ◇ FAM. escuadrar, escuadrilla, escuadrón. CUADRO.

escuadrar v. tr. [1]. Disponer las caras planas de un objeto para que formen entre sí ángulos rectos.

escuadrilla s. f. Escuadra de buques de pequeño porte. ‖ Grupo de aviones que realizan un mismo vuelo al mando de un jefe.

escuadrón s. m. Unidad de caballería, al mando de un capitán. ‖ Unidad táctica y administrativa de las fuerzas aéreas.

escuálido, da adj. Flaco, macilento. ◇ FAM. escualidez.

escucha s. f. Acción de escuchar una emisión radiofónica, una conversación telefónica, etc. ● s. m. Centinela que se adelanta de noche para observar de cerca los movimientos del enemigo. ● **A la escucha**, atento para oír algo. ◇ FAM. radioescucha. ESCUCHAR.

escuchar v. tr. [1]. Aplicar el oído para oír. ‖ Prestar atención a lo que se oye. ‖ Atender a algo: *escuchar un consejo.* ‖ *Amér.* Oír. ◆ **escucharse** v. pron. Hablar o recitar con afectación: *hablar escuchándose.* ◇ FAM. escucha. / auscultar.

escuchimizado, da adj. Muy flaco y débil.

escudar v. tr. y pron. [1]. Amparar y resguardar con el escudo. ◆ v. tr. Defender de algún peligro. ◆ **escudarse** v. pron. Usar algo como pretexto.

escudería s. f. Equipo de corredores profesionales y personal técnico adscrito a una marca, club, etc., automovilísticos.

escudero s. m. Paje que acompañaba a un caballero para llevarle el escudo y servirle. ‖ Fabricante de escudos.

escudilla s. f. Vasija pequeña semiesférica para servir caldo.

escudo s. m. Arma de defensa para resguardarse de las ofensivas, que se lleva en el brazo izquierdo. ‖ Amparo, defensa. ‖ Chapa de metal que rodea el ojo de la cerradura. ‖ Campo en forma de escudo, en que se pintan los blasones. ‖ Moneda antigua de oro y de plata. ‖ Unidad monetaria de Portugal y de Cabo Verde. ‖ GEOL. Vasta superficie constituida por terrenos muy antiguos y nivelados por la erosión. ◇ FAM. escudar, escudería, escudero.

escudriñar v. tr. [1]. Examinar cuidadosamente algo. ◇ FAM. escudriñable, escudriñador, escudriñamiento. / escrutar.

escuela s. f. Establecimiento donde se imparte la primera instrucción o cualquier tipo de enseñanza. ‖ Edificio donde se imparte cualquier de estos tipos de enseñanza. ‖ Método o sistema de enseñanza. ‖ Conjunto de seguidores de un maestro, doctrina, estilo, etc. ‖ Enseñanza que se da o se adquiere: *tener buena escuela.* ‖ Cosa que alecciona o da ejemplo y experiencia: *la escuela de la vida.* ◇ FAM. escolanía, escolar, escolaridad, escolarizar, escolástica. / autoescuela.

escueto, ta adj. Sencillo, sobrio, desnudo. ‖ Conciso, breve, preciso. ◇ FAM. escuetamente.

escuincle s. m. *Méx. Fam.* Chiquillo, chaval.

escuintleco, ca adj. y s. De Escuintla (Guatemala).

esculpir v. tr. [3]. Cincelar, labrar a mano. ◇ FAM. ESCULTURA.

escultismo s. m. Movimiento juvenil internacional, cuyo objetivo es mejorar la formación de los jóvenes, mediante actividades al aire libre. ◇ FAM. escultista.

escultor, ra s. Persona que esculpe obras de arte.

escultura s. f. Arte de esculpir. ‖ Conjunto de obras esculpidas. ◇ FAM. escultor, escultórico, escultural. / esculpir.

escultural adj. Relativo a la escultura. ‖ Que participa de las proporciones y caracteres exigidos a la escultura.

escupidera s. f. Pequeño recipiente que sirve para escupir en él. ‖ *Argent., Chile, Ecuad.* y *Urug.* Orinal, bacín.

escupir v. intr. [3]. Arrojar saliva o flema por la boca. ◆ v. tr. Arrojar con la boca algo. ‖ Despedir un cuerpo a la superficie otra sustancia que estaba mezclada o unida a él. ‖ Despedir o arrojar con violencia. ‖ *Fam.* Contar lo que se sabe sobre algo. ◇ FAM. escupidera, escupidor, escupidura, escupitajo.

escupitajo s. m. _Fam._ Esputo.

escurreplatos s. m. Utensililo para escurrir los platos.

escurridizo, za adj. Que evita algo. ‖ Resbaladizo, deslizante.

escurridor s. m. Escurreplatos. ‖ Colador para escurrir los alimentos.

escurrir v. tr. y pron. [3]. Hacer que una cosa mojada suelte el agua que retiene. ◆ v. intr. y pron. Caer poco a poco el líquido contenido en un recipiente. ‖ Correr, resbalar una cosa por encima de otra. ◆ v. tr. Apurar las últimas gotas del contenido de una vasija. ◆ **escurrirse** v. pron. Deslizarse o resbalarse algo. ◇ FAM. escurridizo, escurridor, escurridura, escurrimiento. / escurreplatos.

escusado s. m. Retrete.

escúter s. m. Scooter.

escutismo s. m. Escultismo*.

esdrújulo, la adj. y s. f. LING. Dícese de la palabra acentuada en la antepenúltima sílaba, como _máximo_ o _mecánica_. ◇ FAM. sobresdrújulo.

ese¹ s. f. Nombre de la letra _s_. ‖ Objeto con esa forma. ● **Hacer eses** _(Fam.)_, andar hacia uno y otro lado, como los borrachos.

ese², sa adj. y pron. dem. Designa lo que está más cerca de la persona con quien se habla. ‖ Pospuesto a un sustantivo, toma a veces un matiz despectivo: _el crío ese_. ● **Ni por ésas**, de ninguna manera.

esencia s. f. Naturaleza propia y necesaria, por la que cada ser es lo que es. ‖ Parte más pura y fundamental de una cosa. ‖ Perfume con gran concentración de sustancias aromáticas. ● **Quinta esencia**, quinto elemento que consideraba la filosofía antigua en la composición del universo. ‖ Lo más puro de una cosa: _la quinta esencia del toreo_. ◇ FAM. esencial, esencialidad, esencialismo, esencialmente. / quintaesencia. SER¹.

esencial adj. Relativo a la esencia. ‖ Sustancial, principal.

esencialismo s. m. FILOS. Doctrina filosófica que da mayor importancia a la esencia que a la existencia.

esfenoides s. m. Hueso de la cabeza, en la base de cráneo.

esfera s. f. Sólido o espacio limitado por una superficie curva cuyos puntos equidistan del centro. ‖ Espacio a que se extiende la acción, el influjo, etc., de una persona o cosa. ‖ Rango, clase social. ‖ Círculo en que giran las manecillas del reloj. ◇ FAM. esférico, esferoide. / atmósfera, barisfera, biosfera, cromosfera, endosfera, estratosfera, exosfera, fotosfera, hidrosfera, ionosfera, litosfera, magnetosfera, mesosfera, ozonosfera, planisferio, semiesfera, termosfera, troposfera.

esférico, ca adj. Relativo a la esfera. ‖ Que tiene forma de esfera. ◆ s. m. En algunos deportes, balón.

esferoide s. m. Sólido de forma parecida a la esfera. ◇ FAM. esferoidal. ESFERA.

esferográfico, ca s. _Amér. Merid._ Bolígrafo.

esfinge s. f. Monstruo con cuerpo de león y cabeza humana. ‖ Persona impenetrable y enigmática. ‖ Especie de mariposa nocturna.

esfínter s. m. Músculo que sirve para cerrar un orificio o un conducto natural.

esforzado, da adj. Valiente.

esforzar v. tr. [1n]. Dar o comunicar fuerza o vigor. ◆ **esforzarse** v. pron. Hacer esfuerzos física o moralmente con algún fin. ◇ FAM. esforzado, esfuerzo. FORZAR.

esfuerzo s. m. Empleo enérgico de las fuerzas físicas, intelectuales o morales para conseguir algo. ‖ Sacrificio.

esfumar v. tr. [1]. Difuminar. ‖ Rebajar los tonos y los contornos de una composición pictórica. ◆ **esfumarse** v. pron. Desvanecerse. ‖ _Fam._ Marcharse, irse de un lugar con rapidez. ◇ FAM. esfumación. HUMO.

esgrima s. f. Arte del manejo del florete, la espada y el sable.

esgrimir v. tr. [3]. Sostener o manejar un arma en actitud de utilizarla contra alguien. ‖ Usar una cosa o medio como arma para atacar o defenderse: _esgrimir argumentos_. ◇ FAM. esgrima.

esguince s. m. Movimiento de un cuerpo para evitar un golpe o caída. ‖ Distensión o rotura de uno o varios ligamentos de una articulación. ‖ Movimiento o gesto con que se demuestra disgusto o desdén.

eslabón s. m. Pieza que, enlazada con otras, forma una cadena. ‖ Elemento imprescindible para el enlace de una sucesión de hechos, argumentos, etc. ‖ Hierro acerado con el que se sacan chispas del pedernal. ◇ FAM. eslabonar.

eslabonar v. tr. [1]. Unir unos eslabones con otros formando cadena. ◆ v. tr. y pron. Unir o relacionar una sucesión de ideas, motivos, hechos, etc., con otros. ◇ FAM. eslabonamiento. ESLABÓN.

eslalon s. m. Slálom*.

eslavo, va adj. y s. Del grupo étnico formado por rusos, bielorrusos, ucranianos, polacos, servios, checos, eslovacos, etc. ◆ s. m. Conjunto de lenguas indoeuropeas habladas por los eslavos. ◇ FAM. yugoslavo.

eslip s. m. Slip*.

eslogan s. m. Frase publicitaria breve y expresiva. ‖ Lema.

eslora s. f. MAR. Longitud de un barco de proa a popa.

eslovaco, ca adj. y s. De Eslovaquia. ◆ s. m. Lengua de Eslovaquia.

esloveno, na adj. y s. De Eslovenia, en la antigua Yugoslavia. ◆ s. m. Lengua de Eslovenia.

esmaltar v. tr. [1]. Cubrir con esmalte. ‖ Adornar, hermosear.

esmalte s. m. Sustancia vítrea, opaca o transparente, con la que se recubren algunas materias para darles brillo o color de forma permanente. ‖ Objeto esmaltado. ‖ Sustancia dura y blanca que recubre la corona de los dientes. ◇ FAM. esmaltador, esmaltar.

esmeralda s. f. Piedra preciosa de color verde, compuesta de silicato de alúmina y glucina.

esmerar v. tr. [1]. Pulir o limpiar una cosa. ◆ **esmerarse** v. pron. Poner sumo cuidado en hacer bien una cosa. ◇ FAM. esmerado. ESMERO.

esmeril s. m. Roca que contiene cristales de corindón, de gran dureza, cuyo polvo es utilizado como abrasivo. ◇ FAM. esmerilar.

esmerilar v. tr. [1]. Pulir un objeto con esmeril.

esmero s. m. Máxima atención en hacer las cosas. ◇ FAM. esmerar. MERO², RA.

esmirriado, da adj. *Fam.* Flaco, extenuado, raquítico. ◇ FAM. desmirriado.

esmoquin s. m. Chaqueta masculina con solapas de rasó y sin faldones.

esnifar v. tr. [1]. Inhalar drogas por la nariz.

esnob adj. y s. m. y f. Dícese de la persona que por afectación, adopta costumbres que están de moda. ◇ FAM. esnobismo.

eso pron. dem. neutro. Esa cosa.

eso- pref. Significa 'dentro de': *esófago.*

esófago s. m. Primera parte del tubo digestivo que va desde la faringe hasta el estómago.

esotérico, ca adj. Que es enseñado únicamente a los iniciados o discípulos. ‖ Que es difícil de entender: *lenguaje esotérico.* ‖ Oculto, reservado.

espabilado, da adj. Listo, hábil.

espabilar v. tr. [1]. Acabar una cosa con rapidez. ◆ v. tr. y pron. Avivar y ejercitar el ingenio. ◆ **espabilarse** v. pron. Despertarse. ◇ FAM. espabilado. PABILO.

espachurrar v. tr. [1]. Despachurrar*.

espaciador s. m. En la máquina de escribir y el ordenador, tecla que se pulsa para dejar espacios en blanco.

espaciar v. tr. y pron. [1]. Separar las cosas en el tiempo o en el espacio. ‖ Separar las palabras, letras o renglones con espacios. ◆ **espaciarse** v. pron. Dejar pasar un período de tiempo. ◇ FAM. espaciado, espaciador, espaciamiento. ESPACIO.

espacio s. m. Extensión indefinida que contiene todo lo existente. ‖ Parte de esta extensión que ocupa cada cuerpo. ‖ Distancia entre dos o más objetos. ‖ Transcurso de tiempo. ‖ Emisión de televisión o de radio. ‖ En imprenta, pieza de metal que sirve para separar las palabras. ‖ MÚS. Separación entre dos líneas consecutivas

del pentagrama. ● **Espacio vital,** superficie indispensable para vivir una población dada. ◇ FAM. espacial, espaciar, espaciosidad, espacioso / aeroespacial, despacio, hiperespacio.

espacioso, sa adj. Ancho, dilatado, vasto.

espada s. f. Arma blanca, larga, recta, aguda y cortante, con guarnición y empuñadura. ‖ Naipe del palo de espadas. ◆ s. m. Espadachín. ‖ Torero, matador de toros. ◆ pl. Uno de los cuatro palos de la baraja española. ● **Entre la espada y la pared,** en situación de tener que decidirse por una cosa u otra. ‖ Sin escapatoria. ◇ FAM. espadachín, espadería, espadero, espadín.

espadachín s. m. Persona que sabe manejar bien la espada.

espadaña s. f. Planta herbácea que crece junto a las aguas estancadas. ‖ Campanario con una sola pared, y huecos para colocar las campanas. ◇ FAM. espadañal.

espadín s. m. Espada de hoja estrecha y empuñadura en cruz, usada por los cadetes como prenda de gala.

espagueti s. m. Pasta alimenticia de harina de trigo en forma de cilindros macizos, largos y delgados.

espalda s. f. Parte posterior del cuerpo humano y de algunos animales, desde los hombros hasta la cintura. ‖ Envés o parte posterior de una cosa. ● **A espaldas de** alguien, a escondidas. ‖ **Guardar las espaldas** a alguien, protegerle. ‖ **Tener cubiertas las espaldas,** tener protección suficiente. ◇ FAM. espaldar, espaldarazo, espaldera, espaldilla. / guardaespaldas, respaldo.

espaldar s. m. Espalda. ‖ Respaldo de un asiento. ‖ Enrejado para que trepen y se extiendan ciertas plantas.

espaldarazo s. m. Golpe dado con la mano o la espada en las espaldas. ‖ Reconocimiento de la habilidad o méritos de alguien.

espaldera s. f. Espaldar, enrejado. ◆ pl. Aparato de gimnasia formado por barras de madera horizontales adosadas a la pared.

espaldilla s. f. Omóplato. ‖ Cuarto delantero de las reses.

espantada s. f. Huida repentina de un animal. ‖ Abandono brusco, ocasionado por el miedo.

espantajo s. m. Espantapájaros. ‖ Cosa o persona que infunde falso temor. ‖ Persona fea o ridícula.

espantamoscas s. m. Utensilio que se emplea para espantar las moscas.

espantapájaros s. m. Muñeco con figura humana que se pone en árboles y sembrados para ahuyentar a los pájaros. ‖ Persona fea o ridícula.

espantar v. tr. [1]. Ahuyentar de un lugar. ◆ v. tr. y pron. Causar o sentir espanto, infundir miedo. ◇ FAM. espantable, espantada, espantadizo, espantajo, espanto, espantoso. / espantamoscas, espantapájaros.

espanto s. m. Terror. || *Méx.* Fantasma. • **De espanto,** muy intenso: *hacer un frío de espanto.*

espantoso, sa adj. Que espanta. || Enorme, desmesurado.

español, la adj. y s. De España. ➤ s. m. Lengua hablada en España, en los países de Hispanoamérica y en algunos territorios de cultura española. ◇ FAM. española-lada, españolidad, españolizar. / judeoespañol.

españolada s. f. Acción, espectáculo, fiesta, etc., en que se falsean o exageran las cosas típicas de España.

esparadrapo s. m. Tira de tela o de papel, adherente por una de sus caras, y usada para sujetar los vendajes.

esparaván s. m. Gavilán. || Tumor óseo en el corvejón de las caballerías.

esparcimiento s. m. Acción y efecto de esparcir. || Diversión, recreo.

esparcir v. tr. y pron. [3a]. Separar, desparramar lo que estaba junto. || Derramar extendiendo. || Difundir. || Divertir, recrear. ◇ FAM. esparcidor, esparcimiento.

espárrago s. m. Brote tierno de la esparraguera que se utiliza como alimento. • **Mandar a freír espárragos,** despedir a alguien con aspereza o sin miramientos. ◇ FAM. esparragal, esparraguera.

esparraguera s. f. Hortaliza de la cual se comen los brotes, cuando todavía son tiernos.

espartano, na adj. y s. De Esparta, ciudad de la antigua Grecia. ➤ adj. Severo, austero.

espartero, ra s. Persona que fabrica o vende obras de esparto.

esparto s. m. Planta herbácea cuyas hojas se utilizan en la fabricación de cuerdas, alpargatas, esteras, etc. ◇ FAM. espartería, espartero.

espasmo s. m. Contracción involuntaria de los músculos. ◇ FAM. espasmódico. PASMO.

espasmódico, ca adj. Relativo al espasmo, o acompañado de él.

espatarrarse v. pron. [1]. *Fam.* Despatarrarse*.

espato s. m. Denominación dada a diversos minerales de estructura laminar. ◇ FAM. espático. / feldespato.

espátula s. f. Utensilio en forma de paleta plana. || Ave zancuda de pico ancho, que anida en las costas o en los cañaverales.

especia s. f. Sustancia aromática usada como condimento. ◇ FAM. especiar, especiería, especiero. ESPECIE.

especial adj. Singular o distinto. || Muy adecuado o propio para algo. • **En especial,** de forma singular o particular. ◇ FAM. especialidad, especialista, especializar. ESPECIE.

especialidad s. f. Particularidad. || Aquello a que uno se dedica con cierta exclusividad y competencia. || Cada una de las partes de una ciencia o arte a que se dedica una persona.

especialista adj. y s. m. y f. Dícese de la persona que cultiva un ramo de determinado arte o ciencia y sobresale en él. ➤ s. m. y f. Doble que sustituye al actor en escenas de riesgo.

especializar v. intr. y pron. [1g]. Cultivar con especialidad una rama determinada de una ciencia o arte. ➤ v. intr. Limitar una cosa a uso o fin determinado. ◇ FAM. especialización. ESPECIAL.

especiar v. tr. [1]. Sazonar con especias.

especie s. f. BIOL. Categoría para definir a los seres vivos y que abarca a un conjunto de individuos que tienen caracteres comunes y son fecundos entre sí. || Grupo de seres naturales que tienen varios caracteres comunes: *la especie humana.* || Clase, tipo. || Apariencia, pretexto. • **En especie, o especies,** en género y no en dinero. ◇ FAM. especia, especial, específico. / subespecie.

especiero, ra s. Persona que comercia en especias. ➤ s. m. Utensilio o vasija para guardar las especias.

especificar v. tr. [1a]. Determinar o precisar. ◇ FAM. especificación, especificativo. ESPECÍFICO, CA.

especificativo, va adj. Que tiene virtud o eficacia para especificar. || LING. Dícese del adjetivo u oración subordinada adjetiva que limita la extensión del sustantivo al que alude.

específico, ca adj. Que es propio de una especie, o de una cosa con exclusión de otra. ➤ s. m. Medicamento preparado en un laboratorio, que se vende con nombre registrado. ◇ FAM. especificar, especificidad. ESPECIE.

espécimen s. m. Ejemplar, muestra, modelo, señal.

espectacular adj. Dícese de las cosas aparatosas que impresionan.

espectáculo s. m. Cualquier acción que se ejecuta en público para divertir o recrear. || Aquello especialmente notable que se ofrece a la vista o a la contemplación intelectual. || Acción escandalosa o inconveniente. ◇ FAM. espectacular, espectacularidad, espectador.

espectador, ra adj. Que mira algo con atención. ➤ adj. y s. Que asiste a un espectáculo. ◇ FAM. telespectador. ESPECTÁCULO.

espectral adj. Relativo al espectro. || Misterioso.

espectro s. m. Imagen o fantasma que alguien cree ver. || Conjunto variado de elementos. || FÍS. Conjunto de las líneas resultantes de la descomposición de una luz compleja. ◇ FAM. espectral, espectrógrafo.

espectrógrafo s. m. Aparato que sirve para registrar los espectros luminosos en una placa fotográfica. ◇ FAM. espectrografía. ESPECTRO.

especulación s. f. Acción y efecto de especular[1]. ‖ Operación comercial que se hace con ánimo de obtener lucro.

especular[1] v. tr. e intr. [1]. Meditar, reflexionar. ◆ v. intr. Comerciar, negociar. ‖ Efectuar operaciones comerciales o financieras, cuyo beneficio se obtendrá por las variaciones en los precios de los cambios. ‖ Imaginar, suponer. ◇ FAM. especulación, especulador, especulativo.

especular[2] adj. Dícese de lo que semeja un espejo o es propio de él. ◇ FAM. ESPEJO.

espéculo s. m. Instrumento de que se sirve el médico o el cirujano para explorar ciertas cavidades del cuerpo. ◇ FAM. ESPEJO.

espejismo s. m. Ilusión óptica que consiste en ver ciertas imágenes en la lejanía. ‖ Apariencia seductora y engañosa.

espejo s. m. Superficie pulida que refleja la luz y da imágenes de los objetos. ‖ Aquello que da imagen de una cosa: *los ojos son el espejo del alma.* ‖ Modelo o ejemplo. ◇ FAM. espejarse, espejismo, espejuelo. / especular[2], espéculo.

espejuelo s. m. Reflejo producido en ciertas maderas cortadas a lo largo de los radios medulares. ‖ Yeso cristalizado en láminas brillantes. ◆ pl. Par de cristales de las gafas.

espeleología s. f. Estudio o exploración de las cavidades naturales del subsuelo. ◇ FAM. espeleológico, espeleólogo.

espeluznante adj. Que causa mucho miedo. ◇ FAM. espeluznar, PELO.

espera s. f. Calma, facultad de saberse contener. ● **A la espera de,** denota que se aguarda algo para obrar en consecuencia.

esperanto s. m. Lengua internacional creada en 1887 por Zamenhof, con el fin de servir como idioma universal.

esperanza s. f. Confianza de que ocurra o se logre lo que se desea. ‖ Virtud teologal. ◇ FAM. esperanzar. ESPERAR.

esperanzador, ra adj. Que da o infunde esperanza.

esperanzar v. tr. [1g]. Dar esperanza. ◆ v. intr. y pron. Tener esperanza. ◇ FAM. esperanzado, esperanzador. / desesperanzar. ESPERANZA.

esperar v. tr. [1]. Tener esperanza de conseguir lo que se desea. ‖ Permanecer en un sitio hasta que llegue una persona o cosa. ‖ Aguardar, tener destinado. ‖ Creer que ha de suceder una cosa. ◆ v. intr. *Fam.* Estar embarazada una mujer. ◆ **esperarse** v. pron. Imaginarse. ◇ FAM. espera, esperable, esperanza. / desesperar, inesperado.

esperma s. m. o f. Líquido que secretan las glándulas reproductoras masculinas y que contiene los espermatozoides. ‖ Sustancia grasa que se extrae de la cabeza de ciertos cetáceos. ◇ FAM. espermático, espermatozoide, espermatozoo, espermicida.

espermatozoide o **espermatozoo** s. m. Célula sexual masculina destinada a fecundar el óvulo en la reproducción sexual.

espermicida adj. y s. m. Dícese del anticonceptivo de uso local que destruye los espermatozoides.

esperpento s. m. *Fam.* Persona o cosa fea y ridícula. ‖ Género literario en el que se deforma la realidad valiéndose de rasgos grotescos. ◇ FAM. esperpéntico.

espesar v. tr. y pron. [1]. Convertir en espeso o más espeso.

espeso, sa adj. Dícese de los líquidos muy densos o concentrados. ‖ Dícese de las cosas, partículas, etc., muy próximas unas a otras. ‖ Grueso, recio. ‖ Enrevesado, complicado. ‖ *Perú* y *Venez.* Pesado, impertinente. ◇ FAM. espesar, espesor, espesura.

espesor s. m. Grueso de un sólido. ‖ Cualidad de espeso.

espesura s. f. Calidad de espeso. ‖ Vegetación densa.

espetar v. tr. [1]. Atravesar un cuerpo con un instrumento puntiagudo. ‖ *Fam.* Decir a alguien, de manera brusca, algo que sorprende o molesta.

espetera s. f. Tabla con garfios en que se cuelgan carnes, aves, y utensilios de cocina.

espetón s. m. Varilla de hierro para asar carne o pescado. ◇ FAM. espetar, espetera.

espía s. m. y f. Persona que observa con disimulo las acciones de otra o intenta conocer sus secretos. ◇ FAM. espiar, espionaje.

espiar v. tr. [1t]. Observar a alguien o algo con atención y disimulo, especialmente con fines militares o políticos.

espichar v. tr. [1]. *Fam.* Morir, acabar la vida uno. ◆ **espicharse** v. pron. *Cuba.* Enflaquecer, adelgazar.

espiche s. m. Arma o instrumento puntiagudo. ‖ Estaquilla para cerrar un agujero. ◇ FAM. espichar.

espiga s. f. Inflorescencia formada por un conjunto de flores dispuestas a lo largo de un tallo. ‖ Extremo de una pieza de madera, entallado para que entre en el hueco de otra pieza. ‖ Clavija. ‖ Dibujo, espiguilla. ◇ FAM. espigar, espigón, espiguilla.

espigado, da adj. En forma de espiga. ‖ Alto, crecido de cuerpo.

espigar v. tr. [1b]. Recoger las espigas que han quedado en el rastrojo. ‖ Labrar la espiga con las piezas de madera que se han de ensamblar. ◆ v. intr. Empezar los cereales a echar espiga. ◆ **espigarse**

v. pron. Crecer notablemente una persona. ◇ FAM. espigado, espigador, espigueo. ESPIGA.

espigón s. m. Punta o extremo del palo con que se aguija. ‖ Espiga áspera y espinosa. ‖ Eje o núcleo de una escalera de caracol. ‖ Macizo saliente o dique que protege la orilla de un río o un puerto.

espiguilla s. f. Cinta estrecha que se utiliza como adorno. ‖ Dibujo parecido a la espiga.

espina s. f. Astilla pequeña y puntiaguda. ‖ Hueso largo y puntiagudo de los peces. ‖ BOT. Órgano íntimo y duradero. ‖ BOT. Órgano vegetal endurecido y puntiagudo. ‖ ANAT. Columna vertebral. ● **Darle** a uno **mala espina** una cosa, hacerle entrar con recelo o cuidado. ◇ FAM. espinal, espinazo, espinilla, espino, espinoso.

espinaca s. f. Hortaliza de hojas comestibles.

espinal adj. Relativo a la columna vertebral o espinazo.

espinazo s. m. Columna vertebral.

espinela s. f. Décima, estrofa.

espineta s. f. Instrumento de teclado, con cuerdas pulsadas.

espinilla s. f. Parte anterior de la tibia. ‖ Comedón.

espinillo s. m. *Argent.* Nombre de diversos árboles.

espino s. m. Planta arbórea de ramas espinosas y flores blancas y olorosas. ‖ *Argent.* Arbusto leguminoso de flores muy aromáticas y madera muy apreciada por sus vetas jaspeadas. ◇ FAM. espinillo. ESPINA.

espinoso, sa adj. Que tiene espinas. ‖ Arduo, difícil.

espionaje s. m. Acción y efecto de espiar, y actividades destinadas a este fin. ◇ FAM. contraespionaje. ESPÍA.

espira s. f. Vuelta de una espiral o una hélice. ‖ Parte de la basa de la columna que está encima del plinto. ‖ En electricidad, cada una de las vueltas del conductor en una bobina. ◇ FAM. espiral.

espiral s. f. Curva que se desarrolla alrededor de un punto, del cual se aleja progresivamente. ‖ Pequeño resorte o muelle de un reloj.

espirar v. tr. [1]. Despedir de sí un cuerpo algún olor. ◆ v. tr. e intr. Expulsar el aire de las vías respiratorias. ◇ FAM. espiración, espiratorio, espíritu, espirómetro. / aspirar, expirar, inspirar, respirar, suspirar, transpirar.

espiritismo s. m. Creencia y práctica según las cuales los seres vivos pueden entrar en comunicación con los muertos.

espíritu s. m. Parte inmaterial del hombre que le capacita para pensar, querer, sentir, etc. ‖ Ser inmaterial dotado de razón. ‖ Ánimo, valor, brío. ‖ Idea central, carácter fundamental de algo. ‖ Sentido o intención real de un texto. ‖ Inclinación de al-

guien hacia algo: *espíritu de contradicción.* ‖ Alma individual, especialmente la de un muerto. ● **Pobre de espíritu,** apocado, tímido. ‖ Que desprecia los bienes mundanos. ◇ FAM. espiritismo, espiritista, espiritual, espiritualidad, espiritualismo, espiritualista, espiritualizar, espiritualmente. ESPIRAR.

espiritual adj. Relativo al espíritu. ‖ Formado sólo por el espíritu.

espiritualismo s. m. Filosofía que considera el espíritu como una realidad irreductible y primera, y se opone al materialismo.

espirómetro s. m. Instrumento que sirve para medir la capacidad respiratoria de los pulmones. ◇ FAM. espirometría. ESPIRAR.

espita s. f. Canuto que se mete en el agujero de un recipiente para que pueda salir el fluido. ‖ Grifo pequeño.

espléndido, da adj. Magnífico, ostentoso. ‖ Liberal, desinteresado. ‖ Resplandeciente. ◇ FAM. espléndidamente, esplendidez. ESPLENDOR.

esplendor s. m. Resplandor, brillo. ‖ Lustre, nobleza. ◇ FAM. esplender, espléndido, esplendoroso. / resplandor.

espliego s. m. Planta de cuyas flores se extrae una esencia utilizada en perfumería.

espolear v. tr. [1]. Aguijar con la espuela a la cabalgadura. ‖ Estimular a uno para que haga algo. ◇ FAM. espoleadura. ESPUELA.

espoleta[1] s. f. Artificio que provoca la explosión de la carga de determinados proyectiles.

espoleta[2] s. f. Horquilla que forman las clavículas de las aves.

espolio s. m. Conjunto de bienes que deja a su muerte un eclesiástico.

espolón s. m. Apéndice óseo situado en las extremidades de algunos animales. ‖ Macizo de cantería u otro material que prolonga en ángulo agudo la base del pilar de un puente. ‖ Muro de defensa para contener las aguas de un río o del mar. ‖ ARQ. Contrafuerte. ◇ FAM. ESPUELA.

espolvorear v. tr. [1]. Esparcir algo hecho polvo. ◇ FAM. espolvoreo. POLVO.

esponja s. f. Denominación usual de diversas especies de metazoos acuáticos. ‖ Sustancia ligera y porosa que constituye el esqueleto de estos metazoos, utilizada para el aseo y otros usos. ◇ FAM. esponjera, esponjosidad, esponjoso.

esponjera s. f. Lugar o recipiente donde se guarda la esponja de aseo personal.

esponjoso, sa adj. Dícese del cuerpo poroso, hueco y elástico, como la esponja.

esponsales s. m. pl. Promesa mutua de matrimonio, hecha con cierta solemnidad. ◇ FAM. ESPOSO, SA.

espontáneo, a adj. Que procede de un impulso interior. ‖ Voluntario, hecho sin coacción o indicación de otro. ‖ BOT. Dicese de las plantas que crecen de manera natural. ● adj. y s. Dícese del aficionado que en una corrida de toros se arroja al ruedo a torear. ◇ FAM. espontaneidad.

espora s. f. BOT. Célula reproductora, característica del reino vegetal, que no necesita ser fecundada. ◇ FAM. zoospora.

esporádico, ca adj. Dícese de lo que es ocasional o que se da con poca frecuencia. ◇ FAM. esporádicamente.

esposar v. tr. [1]. Sujetar a uno con esposas.

esposas s. f. pl. Par de manillas de hierro para sujetar a los presos por las muñecas. ◇ FAM. esposar. ESPOSO, SA.

esposo, sa s. Persona que ha contraído matrimonio. || Con respecto a una persona, la que está casada con ella. ◇ FAM. esponsales, esposas. / desposar.

esprea s. f. Méx. Llave que deja salir la gasolina en el motor del automóvil.

espuela s. f. Espiga de metal terminada en una ruedecita con puntas para picar a la cabalgadura. || Estímulo, aliciente. || Última copa que toma un bebedor antes de separarse de sus compañeros. || Amér. Espolón de las aves. ◇ FAM. espolear, espolón.

espuerta s. f. Recipiente cóncavo de esparto, palma u otra materia, con dos asas pequeñas, para transportar escombros, tierras, etc. ● **A espuertas**, en abundancia.

espulgar v. tr. y pron. [1b]. Quitar las pulgas o piojos. ◇ FAM. espulgador, espulgo. PULGA.

espuma s. f. Conjunto de burbujas que se forman en la superficie de un líquido. || Parte del jugo y de las impurezas que ciertas sustancias arrojan de sí al cocer en el agua. ● **Crecer como la espuma** (Fam.), crecer algo rápidamente. ◇ FAM. espumadera, espumajo, espumajoso, espumar, espumarajo, espumilla, espumoso.

espumadera s. f. Cucharón o paleta con agujeros que sirve para sacar los alimentos que se fríen o se cuecen.

espumarajo o **espumajo** s. m. Saliva arrojada en gran abundancia por la boca.

espumilla s. f. Tela ligera y delicada, semejante al crespón.

espumoso, sa adj. Que tiene o hace mucha espuma. ● adj. y s. m. Dícese del vino y de la sidra que forman espuma o burbujas.

espurio, ria o **espúreo, a** adj. Bastardo, que degenera de su origen o naturaleza. || Falto de legitimidad o autenticidad.

espurrear v. tr. [1]. Rociar algo con un líquido arrojado por la boca.

esputo s. m. Secreción de las vías respiratorias, que se arroja por la boca.

esqueje s. m. Brote joven que se injerta en otra planta o se introduce en la tierra para que dé origen a un nuevo tallo.

esquela s. f. Notificación de la muerte de alguien, que se envía particularmente o se publica en un periódico. || Carta breve.

esquelético, ca adj. Relativo al esqueleto. || Muy flaco.

esqueleto s. m. Armazón del cuerpo de los vertebrados, de naturaleza ósea o cartilaginosa. || Parte dura y protectora de los invertebrados. || Armadura que sostiene algo. || Bosquejo, plan. || Colomb., C. Rica, Guat., Méx. y Nicar. Modelo impreso con espacios en blanco que se rellenan a mano. ● **Menear**, o **mover**, **el esqueleto** (Fam.), bailar. ◇ FAM. esquelético.

esquema s. m. Representación gráfica y simbólica de una cosa. || Resumen de ideas o puntos que se van a tratar en un acto, conferencia, etc. ◇ FAM. esquemático, esquematismo, esquematizar.

esquematismo s. m. Procedimiento esquemático para representar algo.

esquematizar v. tr. [1g]. Representar una cosa por medio de un esquema.

esquí s. m. Tabla larga y estrecha, de madera o metal, para deslizarse sobre la nieve o el agua. || Deporte practicado sobre estas tablas. ◇ FAM. esquiador, esquiar. / telesquí.

esquiador, ra s. Persona que esquía o practica el deporte del esquí.

esquiar v. intr. [1]. Practicar el esquí.

esquife s. m. Bote que se lleva en el navío, especialmente para saltar a tierra. || Embarcación de regatas de un solo remero.

esquila s. f. Cencerro pequeño.

esquilar v. tr. [1]. Cortar el pelo, vellón o lana de un animal. ◇ FAM. esquila, esquilador, esquileo. / trasquilar.

esquileo s. m. Acción y efecto de esquilar a los animales. || Tiempo en que se esquila.

esquilmo s. m. Chile. Escobajo de la uva. || Méx. Conjunto de provechos de menor cuantía obtenidos del cultivo o la ganadería.

esquimal adj. y s. m. y f. De un pueblo de raza mongólica que habita en las tierras árticas de América del Norte, Groenlandia y Asia. ● s. m. Lengua hablada por los esquimales.

esquina s. f. Arista, especialmente la que resulta del encuentro de las paredes de un edificio. || Sitio donde se juntan dos lados. ◇ FAM. esquinar, esquinazo, esquinera.

esquinar v. tr. e intr. [1]. Hacer o formar esquina. ● v. tr. Poner en esquina algo. ● v. tr. y pron. Enemistar, indisponer.

esquinazo s. m. Fam. Esquina. || Chile. Serenata. ● **Dar esquinazo** (Fam.), dejar a uno plantado.

esquinera s. f. Amér. Rinconera, mueble.

esquirla s. f. Astilla desprendida de un hueso, vidrio, madera, etc.

esquirol s. m. Obrero que no sigue la orden de huelga o el que remplaza en su trabajo al huelguista.

esquite s. m. *Amér. Central* y *Méx.* Granos de maíz cocidos con epazote que se sirven con limón y chile.

esquivar v. tr. y pron. [1]. Procurar con habilidad no hacer algo, no encontrarse con alguien o que no ocurra algo.

esquivo, va adj. Huraño, arisco. ◇ FAM. esquivar, esquivez.

esquizofrenia s. f. Enfermedad mental caracterizada por la escisión de la realidad y ruptura de contacto con el mundo exterior. ◇ FAM. esquizofrénico, esquizoide.

esquizoide adj. y s. m. y f. Que tiene tendencia a la esquizofrenia.

estabilidad s. f. Cualidad de estable. || Capacidad de un cuerpo de mantener o recuperar el equilibrio.

estabilizador, ra adj. Que estabiliza. ◆ s. m. Mecanismo destinado a evitar o amortiguar las oscilaciones. || Planos fijos en forma de aletas que dan estabilidad al avión. || Sustancia incorporada a una materia para mejorar la estabilidad química.

estabilizar v. tr. [1g]. Dar estabilidad. ◇ FAM. estabilización, estabilizador. / desestabilizar. ESTABLE.

estable adj. Que no está en peligro de caer, de descomponerse, de cambiar o desaparecer. || Que permanece en un sitio indefinidamente. ◇ FAM. estabilidad, estabilizar, establecer. / inestable, termoestable.

establecer v. tr. [2m]. Crear algo en un lugar. || Disponer, ordenar. || Expresar un pensamiento de valor general: *establecer una opinión.* ◆ **establecerse** v. pron. Avecindarse. || Abrir, crear uno por su cuenta un establecimiento comercial. ◇ FAM. establecedor, establecimiento. / restablecer. ESTABLE.

establecimiento s. m. Lugar donde se ejerce una actividad industrial, comercial, social, de enseñanza, etc.

establo s. m. Lugar cubierto en que se encierra el ganado.

estaca s. f. Palo con punta en un extremo para clavarlo. || Garrote, palo grueso. ◇ FAM. estacada, estacar, estacazo, estaquear, estaquilla.

estacada s. f. Obra hecha de estacas clavadas en la tierra para cercar, defender, aislar, etc., un lugar. ● **Dejar en la estacada,** abandonar a alguien en un peligro o situación difícil.

estacar v. tr. [1a]. Atar a un animal a una estaca hincada en la tierra. || Señalar en el terreno una línea con estacas. || *Amér. Central* y *Amér. Merid.* Extender alguna cosa sujetándola o clavándola con estacas. ◆ **estacarse** v. pron. *Colomb.* y *C. Rica.* Clavarse una astilla.

estación s. f. Temporada, tiempo: *estación turística.* || Cada uno de los cuatro períodos en que está dividido el año por los equinoccios y los solsticios. || Cualquiera de los lugares en que se hace alto durante un viaje, paseo, etc. || Conjunto de edificios y vías férreas donde se cargan y descargan las mercancías o donde los viajeros suben y bajan del tren. || Lugar de residencia para hacer una cura o practicar ciertos deportes. || Establecimiento de investigaciones científicas. ◇ FAM. estacional, estacionar. ESTAR.

estacionamiento s. m. Zona de la vía pública donde pueden estacionarse los vehículos.

estacionar v. tr. y pron. [1]. Dejar en un lugar un vehículo. ◆ **estacionarse** v. pron. Quedarse estancado, dejar de progresar. ◇ FAM. estacionamiento, estacionario. ESTACIÓN.

estacionario, ria adj. Que permanece en el mismo punto o situación.

estadía s. f. Tiempo en que se permanece en algún sitio. || Plazo estipulado para la carga y descarga de un barco. || *Amér.* Permanencia en un lugar, estancia. ◇ FAM. ESTAR.

estadio s. m. Lugar público destinado a competiciones deportivas. || Grado de desarrollo de un proceso.

estadista s. m. y f. Persona que ejerce un alto cargo en la administración del estado. ◇ FAM. estadística, estadístico. ESTADO.

estadística s. f. Ciencia cuyo objeto es reunir una información cuantitativa concerniente a hechos de un mismo tipo. || Conjunto de estas informaciones.

estado s. m. Situación en que está una persona o cosa: *estado de salud.* || Manera de ser de un cuerpo en relación a sus átomos: *estado sólido.* || Entidad política que preside los destinos colectivos de una sociedad y que ejerce el poder legal. || Clase o condición de una persona en el orden social. || Territorio o población correspondiente a una nación. ● **Estado civil,** condición de cada persona en relación a los derechos y obligaciones civiles. ● **Estar en estado,** estar preñada la mujer. ◇ FAM. estadista, estatal. ESTAR.

estadounidense adj. y s. m. y f. De los Estados Unidos de América.

estafa s. f. Acción y efecto de estafar.

estafar v. tr. [1]. Privar a alguien, con engaño, de dinero u otra cosa de valor. || No satisfacer lo que uno ha prometido pagar. ◇ FAM. estafa, estafador.

estafermo s. m. Persona que está parada y embobada. || Persona de mal aspecto y facha[1].

estafeta s. f. Oficina del servicio de correos.

estafilococo s. m. Bacteria cuyos individuos están agrupados en racimos y es causante de enfermedades infecciosas. ◇ FAM. COCO[2].

estalactita s. f. Columna que desciende de la bóveda de las grutas y que está formada por concreciones calcáreas.

estalagmita s. f. Columna formada por concreciones calcáreas, que arranca del suelo de las grutas.

estalinismo s. m. Teoría y conjunto de las prácticas desarrolladas por Stalin, estadista sovietico, y sus seguidores. ◇ FAM. estalinista.

estallar v. intr. [1]. Reventar de golpe y con ruido una cosa. || Restallar. || Sobrevenir algo de forma repentina. || Sentir y manifestar violentamente un sentimiento: *estallar de ira.* ◇ FAM. estallido. / restallar.

estallido s. m. Explosión, reventón. || Estampido.

estambre s. m. Parte del vellón de lana compuesta de hebras largas. || Hilo de lana peinada, formado de estas hebras. || Tela obtenida con este hilo. || Órgano sexual masculino de las flores que contiene el polen.

estamento s. m. Grupo social integrado por las personas que tienen una misma situación jurídica y gozan de unos mismos privilegios. ◇ FAM. estamental. ESTAR.

estampa s. f. Efigie o figura impresa. || Apariencia, figura. || Reproducción, representación, ejemplo. || Imprenta o impresión. ◇ FAM. estampilla. ESTAMPAR.

estampación s. f. Acción y efecto de estampar.

estampado, da adj. y s. m. Dícese de los tejidos en que se estampan diferentes labores o dibujos. ◆ s. m. Estampación.

estampar v. tr. e intr. [1]. Dejar impreso algo sobre papel, tela, cuero, etc., ejerciendo presión con un molde. || Dar forma a las piezas de metal forjándolas entre dos matrices: || Escribir: *estampar la firma.* ◆ v. tr. y pron. Señalar o dejar huella una cosa en otra. || Inculcar algo en el ánimo. || *Fam.* Arrojar a alguien o algo haciéndolo chocar contra otra cosa. ◇ FAM. estampa, estampación, estampado, estampador.

estampida s. f. Carrera rápida e impetuosa. ● **De estampida** (*Fam.*), con precipitación, muy de prisa. ◇ FAM. estampido.

estampido s. m. Ruido fuerte y seco, como el producido por un cañonazo.

estampilla s. f. Sello que contiene en facsímil la firma y rúbrica de una persona. || Sello con letrero para estampar en ciertos documentos. || *Amér.* Sello de correos o fiscal. ◇ FAM. estampillar. ESTAMPA.

estancar v. tr. y pron. [1a]. Detener el curso de una cosa. ◆ v. tr. Prohibir el curso o venta libre de algo. ◇ FAM. estancamiento, estanco, estanque.

estancia s. f. Habitación de una vivienda. || Permanencia en un lugar. || *Amér. Merid.* Hacienda agrícola, destinada especialmente a la ganadería. || *Cuba, R. Dom.* y *Venez.* Casa de campo con huerta cercana a la ciudad. ◇ FAM. ESTAR.

estanco, ca adj. Completamente cerrado. ◆ s. m. Monopolio de la producción o venta libre de ciertos productos. || Sitio donde se venden géneros estancados, especialmente sellos, tabaco y cerillas. ◇ FAM. estanquillo. ESTANCAR.

estándar adj. Que está unificado respecto a un modelo. || Dícese del producto fabricado en serie. ◇ FAM. estandarizar.

estandarizar v. tr. [1g]. Ajustar a un tipo, modelo o norma común. ◇ FAM. estandarización. ESTÁNDAR.

estandarte s. m. Insignia o bandera que usan los cuerpos montados y algunas corporaciones. ◇ FAM. portaestandarte.

estanque s. m. Depósito artificial de agua utilizado para riego, cría de peces, etc. ◇ FAM. ESTANCAR.

estanquillo s. m. *Ecuad.* Taberna de vinos y licores. || *Méx.* Tienda mal abastecida, tenducho.

estante s. m. Tabla horizontal que forma parte de un mueble o está adosada a la pared. || Madero incorruptible que sirve de sostén al armazón de las casas en las ciudades tropicales. ◇ FAM. estantería. ESTAR.

estantería s. f. Mueble formado por estantes superpuestos.

estaño s. m. Metal corriente, blanco, y muy maleable. ◇ FAM. estañar.

estaqueadero s. m. *Amér. Merid.* Lugar donde se ponen al aire las pieles de los animales recién desollados para que se oreen.

estaquear v. tr. [1]. *Argent.* Estirar el cuero fijándolo con estacas. || *Argent.* Torturar a una persona estirándolo entre cuatro estacas. ◇ FAM. estaqueadero, estaqueador, estaqueo. ESTACA.

estaquilla s. f. Clavo pequeño de figura piramidal y sin cabeza. || Estaca, palo con punta.

estar v. cop. [4]. Hallarse una persona o cosa en un lugar, situación, condición, etc. || Con algunos adjetivos, tener en ese momento y de forma transitoria, la calidad expresada por éstos: *la calle está sucia.* || Seguido de gerundio, forma la conjugación durativa que expresa una acción prolongada: *estuvieron trabajando todo el día.* || Seguido de los adverbios *bien, mal, mejor,* etc., encontrarse de salud como éstos indican: *ya está bien de la gripe.* || Seguido de la preposición *a* y un número, correr el día del mes indicado por el número. || Tener un determinado precio. || Seguido de la preposición *de* y un nombre, hallarse en las condiciones o actitudes que se expresan: *no estoy de humor.* || Seguido de la preposición *en* y un nombre, consistir, ser causa o motivo de una cosa: *su error está en su terquedad.* || Seguido de la preposición *para* y un infinitivo o nombre, indica la disposición de hacer lo que éste significa: *no estar para bromas.* || Seguido de la preposición *por* y un infinitivo, no haberse ejecutado aún lo que el verbo significa: *la obra está por terminar.* || Seguido de la preposición *por,* estar a favor de la persona o cosa que se expresa: *no estoy por la violencia.* || Seguido de la conjunción *que* y un verbo, hallarse en la situación o actitud que se expresa: *está que salta.* ● **Estar de más,** sobrar, ser inútil o molesto. || **Estar en todo,** atender con eficacia y a un tiempo muchas cosas. || **Estar por ver,** dudar sobre la certeza o ejecución de algo. ◇ FAM. estación, estadía, estado, estamento, estancia, estante, estatua, estatuir, estatura, estatuto. / bienestar, malestar.

estárter s. m. Starter*.

estatal adj. Relativo al estado: *organización estatal.* ◇ FAM. ESTADO.

estática s. f. Parte de la mecánica que tiene por objeto el estudio del equilibrio de los sistemas de fuerzas.

estático, ca adj. Relativo a la estática. || Que permanece en un mismo estado. || Pasmado, asombrado. ◇ FAM. estática, estator. / aerostático.

estator s. m. Parte fija de un motor o generador eléctrico. ◇ FAM. ESTÁTICO, CA.

estatua s. f. Escultura que representa una figura humana. ◇ FAM. estatuaria, estatuario, ESTAR.

estatuaria s. f. Arte y técnica de hacer estatuas.

estatuir v. tr. [29]. Establecer, ordenar. || Asentar como verdad una doctrina o un hecho. ◇ FAM. ESTAR.

estatura s. f. Altura de una persona desde los pies a la cabeza. ◇ FAM. ESTAR.

estatus s. m. Posición social.

estatuto s. m. Conjunto de normas que rigen la organización y vida de una colectividad. ◇ FAM. estatutario. ESTAR.

este¹ s. m. Punto cardinal por donde aparece el Sol. ➡ adj. y s. m. Dícese del viento que sopla desde este punto. ◇ FAM. nordeste, noreste, oeste, sudeste, sureste.

este², ta adj. y pron. dem. Designa lo que está cerca de la persona que habla. || *Desp.* Se emplea para designar a una persona presente: *éste no quiere venir.*

estearina s. f. Cuerpo graso, principal constituyente de las grasas animales.

estela¹ s. f. Zona de turbulencia que deja tras de sí un cuerpo que se mueve en un fluido. || Señal o rastro que deja en el aire un cuerpo luminoso en movimiento. || Rastro que deja en el agua una embarcación.

estela² s. f. Monumento monolítico de carácter conmemorativo, que se dispone en posición vertical sobre el suelo.

estelar adj. Relativo a las estrellas. || Extraordinario, de gran categoría. ◇ FAM. interestelar. ESTRELLA.

estenotipia s. f. Máquina para transcribir, a la velocidad de la palabra, textos en forma fonética simplificada. ◇ FAM. TIPO.

estentóreo, a adj. Muy fuerte, ruidoso o retumbante.

estepa s. f. Formación discontinua de vegetales, de las zonas subdesérticas frías y cálidas de todos los continentes. || Erial llano y muy extenso. ◇ FAM. estepario.

éster s. m. Cuerpo resultante de la acción de un ácido sobre un alcohol, con eliminación de agua. ◇ FAM. poliéster.

estera s. f. Tejido grueso de esparto, juncos, etc., usado para cubrir el suelo. ◇ FAM. esterería, esterero, esterilla.

esteral s. m. *Argent.* y *Urug.* Terreno pantanoso.

estercolero s. m. Lugar donde se recoge y fermenta el estiércol. ◇ FAM. ESTIÉRCOL.

estéreo¹ s. m. Unidad de medida para madera, equivalente a 1 m³.

estéreo² adj. y s. m. Estereofónico.

estéreo- pref. Significa 'sólido': *estereofónico.*

estereofonía s. f. Técnica de la reproducción de los sonidos registrados destinada a dar la impresión de relieve acústico. ◇ FAM. estereofónico.

estereofónico, ca adj. y s. m. Dícese del equipo de grabación y reproducción de sonido que emplea la estereofonía. ◇ FAM. estéreo². ESTEREOFONÍA.

estereoscopio s. m. Instrumento óptico en el cual dos imágenes planas, superpuestas por la visión binocular, dan la impresión de relieve. ◇ FAM. estereoscópico.

estereotipado, da adj. Dícese de los gestos, fórmulas, expresiones etc., que se repiten sin variación.

estereotipia s. f. Arte de imprimir con planchas fundidas, en lugar de moldes compuestos de letras sueltas. || Repetición brusca e involuntaria de palabras, movimientos o actitudes.

estereotipo s. m. Concepción simplificada y comúnmente aceptada que se tiene acerca de alguien o algo. || Cliché obtenido por colada de plomo fundido. ◇ FAM. estereotipado, estereotipar, estereotipia, estereotípico. TIPO.

estéril adj. Que no produce nada. || Que no contiene ningún microbio. || Dícese de la persona o animal que no puede reproducirse. ◇ FAM. esterilidad, esterilizar.

esterilizar v. tr. y pron. [1g]. Hacer estéril. ➡ v. tr. Destruir los microbios que hay o pueda haber en un medio. ◇ FAM. esterilización, esterilizador. ESTÉRIL.

esterilla s. f. Tela de hilos gruesos y separados. || Estera pequeña. || *Argent., Chile, C. Rica, Ecuad.* y *Urug.* Tejido de trama parecida a la del cañamazo.

esternocleidomastoideo s. m. Músculo del cuello cuya función radica en permitir el giro y flexión lateral de la cabeza.

esternón s. m. Hueso plano situado en la parte anterior de la caja torácica, al que están unidas las diez primeras costillas en el hombre. ◇ FAM. esternocleidomastoideo.

estero s. m. Zona del litoral inundada durante la pleamar. ‖ *Amér.* Cada uno de los brazos que forman los ríos que enlazan unos cauces con otros. ‖ *Bol., Colomb.,* y *Venez.* Terreno cenagoso. ‖ *Chile.* Arroyo, riachuelo. ◇ FAM. estuario.

esteroide s. m. Nombre genérico de las sustancias naturales derivadas del colesterol.

estertor s. m. Respiración anhelosa, con ronquido sibilante, propia de los moribundos. ‖ Ruido producido por el paso del aire a través de las vías respiratorias obstruidas.

esteta s. m. y f. Persona amante de la belleza. ‖ Persona que muestra afectación y refinamiento en materia de arte.

esteticismo s. m. Valoración que se hace de los estilos artísticos, exclusivamente desde el punto de vista estético.

esteticista s. m. y f. Especialista en el tratamiento y embellecimiento corporal.

estética s. f. Teoría de la belleza en general y del sentimiento que despierta en el hombre. ‖ Teoría del arte. ◇ FAM. esteta, esteticismo, esteticista, estético. / antiestético.

estético, ca adj. Relativo a la estética. ‖ Artístico, bello.

estetoscopia s. f. Exploración realizada con el estetoscopio.

estetoscopio s. m. Instrumento que sirve para auscultar. ◇ FAM. estetoscopia, estetoscópico.

estevado, da adj. y s. Que tiene las piernas torcidas en arco.

estiaje s. m. Nivel medio más bajo de un curso de agua. ‖ Período que dura este nivel.

estibar v. tr. [1]. Apretar las cosas para que ocupen el menor espacio posible. ‖ Distribuir convenientemente todos los pesos del buque. ◇ FAM. estibador. / entibar.

estiércol s. m. Excremento de los animales. ‖ Abono resultante de la mezcla de excrementos y restos vegetales. ◇ FAM. estercolero.

estigarrobeño, ña adj. y s. De Mariscal Estigarribia (Paraguay).

estigma s. m. Marca o señal en el cuerpo. ‖ Marca impuesta con hierro candente, como pena infamante o como signo de esclavitud. ‖ Señal de infamia, de deshonra. ‖ BOT. Parte superior del pistilo. ‖ ZOOL. Orificio respiratorio de las tráqueas, en los insectos y arácnidos. ◇ FAM. estigmatizar.

estigmatizar v. tr. [1g]. Producir estigmas. ◇ FAM. estigmatizador. ESTIGMA.

estilar v. tr., intr. y pron. [1]. Usar, estar de moda.

estilete s. m. Estilo, punzón. ‖ Pequeño puñal de hoja muy afilada. ‖ Instrumento quirúrgico.

estilismo s. m. Actividad y profesión del estilista.

estilista s. m. y f. Escritor y orador que se distingue por lo esmerado y elegante de su estilo. ‖ Persona responsable del estilo y la imagen, en la moda, la decoración, etcétera.

estilística s. f. LING. Estudio científico del estilo y la expresión lingüística.

estilita adj. y s. m. y f. Dícese de los anacoretas que vivían en lo alto de una columna.

estilizar v. tr. [1g]. Interpretar la forma de un objeto, haciendo resaltar tan sólo sus rasgos elementales. ◆ v. tr. y pron. Afinar, adelgazar. ◇ FAM. estilización, estilizado. ESTILO.

estilo s. m. Punzón metálico que se empleaba para escribir sobre tablillas. ‖ Modo, manera, forma: *estilo de vida.* ‖ Uso, costumbre, moda. ‖ Manera peculiar de ejecutar una obra, propia de un artista, un género, una época o un país: *estilo barroco.* ‖ *Argent.* y *Urug.* Canción típica que se compone de una parte lenta, en compás binario, y otra rápida, en terciario, que se acompaña con la guitarra. ‖ BOT. Región media del pistilo, comprendida entre el ovario y el estigma. ● **Por el estilo,** parecido, similar. ◇ FAM. estilar, estilete, estilismo, estilista, estilística, estilístico, estilizar, estilográfico.

estilográfico, ca adj. y s. f. Dícese de la pluma cuyo mango contiene un depósito de tinta. ◇ FAM. ESTILO.

estima s. f. Consideración, afecto, aprecio.

estimación s. f. Aprecio y valor que se da y en que se tasa una cosa. ‖ Aprecio, respeto.

estimar v. tr., intr. y pron. [1]. Valorar, atribuir un valor. ◆ v. tr. y pron. Sentir afecto por alguien. ◆ v. tr. Juzgar, creer. ‖ Determinar el valor o la medida de algo. ◇ FAM. estima, estimabilidad, estimable, estimación, estimado, estimativo. / desestimar, inestimable, sobrestimar, subestimar.

estimulante adj. Que estimula. ◆ s. m. Sustancia que incrementa o facilita el desarrollo de una actividad orgánica.

estimular v. tr. [1]. Excitar vivamente a uno a la ejecución de una cosa, o avivar una actividad, operación o función. ◇ FAM. estimulación, estimulador, estimulante, estímulo.

estímulo s. m. Impulso, acicate. ‖ Cualquier agente físico que desencadena una reacción funcional en un organismo.

estío s. m. Verano. ◇ FAM. estival.

estipendio s. m. Remuneración dada a una persona por su trabajo y servicio. ◇ FAM. estipendial, estipendiar, estipendiario.

estiptiquez s. f. *Amér. Central, Chile, Colomb., Ecuad.* y *Venez.* Estreñimiento.

estrategia

estipulación s. f. Convenio, pacto, especialmente verbal. || Cláusula de un contrato u otro documento.

estipular v. tr. [1]. Convenir, concertar, acordar. || Determinar por acuerdo las condiciones de un contrato. ◇ FAM. estipulación.

estirado, da adj. Orgulloso, arrogante. ◆ s. m. En el proceso de hilatura, operación que tiene por objeto adelgazar las cintas de fibras textiles. ◆ s. f. Méx. Acción y efecto de estirar o estirarse.

estirar v. tr. y pron. [1]. Alargar, dilatar una cosa extendiéndola con fuerza para que dé de sí. || Poner tenso y tirante. ◆ v. tr. Ir poniendo recto el cuerpo o algún miembro. || Procurar que algo dure más tiempo. || Realizar el estirado de una pieza metálica o de una cinta de fibra textil. ◆ v. intr. Tirar, hacer fuerza sujetando el extremo de algo. ◆ **estirarse** v. pron. Desperezarse. || Tenderse. || Crecer una persona. ◇ FAM. estirado, estiramiento, estirón. TIRAR.

estirón s. m. Tirón, sacudida brusca. || Crecimiento rápido.

estirpe s. f. Raíz y tronco de una familia o linaje.

estitiquez s. f. Amér. Merid., Chile, Colomb., Ecuad. y Venez. Estiptiquez*.

estival adj. Relativo al estío.

esto pron. dem. neutro. Esta cosa.

estocada s. f. Golpe que se tira de punta con la espada o el estoque. || Herida que resulta de él.

estofa s. f. Calidad, clase: de mala estofa.

estofado s. m. Guiso de carne condimentado con aceite, vino o vinagre, cebolla y especias, y cocido a fuego lento. ◇ FAM. estofar.

estoicismo s. m. Doctrina filosófica de Zenón de Citio, filósofo griego del s. III a. C., que después se extendió por el Imperio romano. || Fortaleza y dominio de los sentimientos. ◇ FAM. estoicamente, estoico.

estola s. f. Vestidura de las damas romanas. || Prenda de piel en forma de tira alargada, usada por las mujeres alrededor del cuello o sobre los hombros. || Ornamento litúrgico que el sacerdote se pone en el cuello.

estolón s. m. Tallo rastrero que echa raíces y da lugar a una planta nueva.

estomacal adj. Relativo al estómago. ◆ adj. y s. m. Dícese del medicamento o licor que favorece la digestión.

estómago s. m. Parte del tubo digestivo en forma de bolsa situado entre el esófago y el duodeno, donde los alimentos se descomponen para ser asimilados por el organismo. ◇ FAM. estomacal.

estomatología s. f. Especialidad médica que estudia y trata las afecciones de la boca. ◇ FAM. estomatológico, estomatólogo.

estonio, nia adj. y s. De Estonia. ◆ s. m. Lengua finesa hablada en Estonia.

estopa s. f. Parte basta del lino o cáñamo después de rastrillar y peinar. || Tela basta tejida con este material. || Cuerda o cáñamo sin retorcer.

estoperol s. m. Amér. Tachuela¹ grande dorada o plateada.

estoque s. m. Espada afilada sólo en la punta, utilizada por los toreros para matar al toro. || Espada estrecha que suele llevarse metida en un bastón. ◇ FAM. estocada, estoqueador, estoquear.

estoquear v. tr. [1]. Herir de punta con espada o estoque.

estor s. m. Cortina que cubre el hueco de una ventana o balcón.

estorbar v. tr. [1]. Obstaculizar la ejecución de una cosa. || Molestar, incomodar: el sol me estorba. ◇ FAM. estorbo. TURBAR.

estornino s. m. Pájaro insectívoro de cabeza pequeña y plumaje oscuro con manchas blancas.

estornudar v. intr. [1]. Arrojar violenta y ruidosamente aire por la boca y por la nariz. ◇ FAM. estornudo.

estornudo s. m. Acción y efecto de estornudar.

estrabismo s. m. Defecto de la vista que hace que los dos ojos miren en distinta dirección.

estrado s. m. Tarima sobre la cual se pone el trono real o la mesa presidencial, en actos solemnes. ◆ pl. Conjunto de salas o tribunales donde los jueces oyen y sentencian los pleitos.

estrafalario, ria adj. Fam. Desaliñado, extravagante. ◇ FAM. estrafalariamente.

estragar v. tr. y pron. [1b]. Viciar, estropear. ◆ v. tr. Causar estrago. ◇ FAM. estragador, estrago.

estrago s. m. Daño muy grande causado en la guerra o por un agente natural. || Daño o ruina moral.

estragón s. m. Planta herbácea aromática que suele usarse como condimento.

estrambótico, ca adj. Fam. Extravagante, raro. ◇ FAM. estrambóticamente.

estramonio s. m. Planta venenosa de grandes flores blancas.

estrangular v. tr. y pron. [1]. Ahogar oprimiendo el cuello. || Impedir el paso por una vía o conducto. || Impedir la realización de un proyecto, negocio, etc. ◇ FAM. estrangulación, estrangulador, estrangulamiento.

estraperlo s. m. Mercado negro, comercio ilegal de mercancías. || Conjunto de esas mercancías. ◇ FAM. estraperlear, estraperlista.

estratagema s. f. Ardid de guerra. || Astucia, fingimiento. ◇ FAM. ESTRATEGIA.

estratega s. m. Especialista versado en estrategia.

estrategia s. f. Arte de dirigir y coordinar

las operaciones militares. || Habilidad para dirigir un asunto hasta conseguir el objetivo propuesto. ◇ FAM. estratagema, estratega, estratégico.

estratificar v. tr. y pron. [1]. Formar estratos. || Disponer en estratos. ◇ FAM. estratificación. ESTRATO.

estrato s. m. Cada una de las capas de materiales que constituyen un terreno. || Nube baja que se presenta en forma de banda paralela al horizonte. || Clase o nivel social. ◇ FAM. estratificar. / adstrato, nimboestrato, sustrato.

estratosfera s. f. Región de la atmósfera entre la troposfera y la mesosfera, que tiene un espesor de unos 30 km y una temperatura casi constante. ◇ FAM. estratosférico. ESFERA.

estraza s. f. Trapo de ropa basta. ● **Papel de estraza**, papel áspero y muy basto.

estrechar v. tr. [1]. Hacer estrecho o más estrecho. || Empujar a decir o hacer algo. ◆ v. tr. y pron. Ceñir con los brazos o las manos. || Aumentar el cariño, la intimidad o el parentesco. ◆ **estrecharse** v. pron. Apretarse, apiñarse. || Disminuir los gastos. ◇ FAM. estrechamiento. ESTRECHO, CHA.

estrechez s. f. Calidad de estrecho. || Apuro, escasez de medios económicos. || Limitación o falta de amplitud intelectual o moral: *estrechez de miras*.

estrecho, cha adj. De poca anchura. || Ajustado, apretado, ceñido. || Cercano, íntimo. ◆ s. m. Brazo de mar comprendido entre dos costas. ◇ FAM. estrechamente, estrechar, estrechez, estrechura.

estregar v. tr. y pron. [1b]. Pasar con fuerza una cosa sobre otra. ◇ FAM. estregadura, estregamiento. / restregar.

estrella s. f. Astro dotado de luz propia. || Suerte, destino. || Objeto o adorno, formado de ramas que irradian a partir de un punto central. || Persona que sobresale en su profesión, especialmente un artista o deportista. || Insignia de ciertas condecoraciones. || Divisa de determinadas jerarquías militares. ● **Estrella fugaz**, cuerpo celeste que atraviesa el cielo y desaparece rápidamente. ● **Ver las estrellas** (*Fam.*), sentir un fuerte dolor físico. ◇ FAM. estrellado, estrellar, estrellato, estrellón. / constelación, estelar.

estrellar v. tr. y pron. [1]. Cubrir con estrellas. || *Fam.* Arrojar con violencia una cosa contra otra, haciéndola pedazos. ◆ **estrellarse** v. pron. Quedar malparado por efecto de un choque violento. || Fracasar en algo por tropezar contra un obstáculo insuperable.

estrellato s. m. Condición del artista que ha alcanzado el éxito.

estrellón s. m. *Bol., Ecuad., Hond.* y *R. Dom.* Choque violento.

estremecer v. tr. [2m]. Conmover, hacer temblar. || Alterar, sobresaltar. ◆ **estremecerse** v. pron. Temblar. ◇ FAM. estre- mecedor, estremecimiento, estremezón. TEMBLAR.

estremezón s. m. *Colomb.* Acción y efecto de estremecerse.

estrenar v. tr. [1]. Hacer uso por primera vez de una cosa. || Representar por primera vez un espectáculo. ◆ **estrenarse** v. pron. Empezar a desempeñar un empleo, oficio, etc., o darse a conocer en un arte, facultad o profesión. ◇ FAM. estreno. / reestrenar.

estreno s. m. Acción y efecto de estrenar.

estreñimiento s. m. Dificultad en la eliminación de excrementos.

estreñir v. tr. y pron. [24]. Producir o padecer estreñimiento. ◇ FAM. estreñido, estreñimiento. / astringente.

estrépito s. m. Ruido considerable, estruendo. || Ostentación en la realización de algo. ◇ FAM. estrepitoso.

estreptococo s. m. Bacteria de forma redondeada que se agrupa con otras formando cadenas y es causante de graves infecciones. ◇ FAM. estreptocócico. COCO².

estreptomicina s. f. Antibiótico utilizado contra el bacilo de la tuberculosis y otras bacterias.

estrés s. m. Estado de gran tensión nerviosa causado por la ansiedad, el exceso de trabajo, etc., y que produce trastornos físicos o psicológicos. ◇ FAM. estresante.

estría s. f. Cada una de las ranuras longitudinales que tienen a menudo las columnas y pilastras. ◆ pl. Cada una de las cicatrices lineales de la piel, debidas a una distensión excesiva de las fibras de la dermis, en personas obesas o durante el embarazo. ◇ FAM. estriado, estriar.

estribación s. f. Ramal corto de una cadena montañosa.

estribar v. intr. [1]. Descansar el peso de una cosa en otra sólida y firme. || Fundarse, apoyarse. || *Argent.* Calzar el jinete los pies en el estribo. ◇ FAM. estribación. ESTRIBO.

estribillo s. m. Voz o frase que repite una persona con frecuencia. || Verso o conjunto de versos que se repiten al final de cada estrofa de una composición poética o canción.

estribo s. m. Anillo de metal, suspendido por una correa a cada lado de la montura, sobre el cual el jinete apoya el pie. || Especie de escalón que sirve para subir o bajar de un vehículo. || Macizo de fábrica, que sirve para sostener una bóveda y contrarrestar su empuje. || Contrafuerte. || Chapa de hierro doblada en ángulo recto por sus dos extremos, que se emplea para asegurar la unión de ciertas piezas. || ANAT. Hueso del oído medio. ● **La del estribo** (*Argent., Méx.* y *Urug.*) última copa que se toma alguien antes de irse. || **Perder los estribos**, desbarrar, impacientarse mucho. ◇ FAM. estribar.

estribor s. m. MAR. Costado derecho del barco, mirando de popa a proa.

estricnina s. f. Alcaloide extraído de algunas plantas, que provoca la contracción y después la parálisis de los músculos.

estricote s. m. Venez. Vida licenciosa.

estricto, ta adj. Exacto y riguroso. ◇ FAM. estrictamente.

estridente adj. Dícese del ruido agudo y chirriante. ‖ Que por violento o exagerado produce sensación molesta. ◇ FAM. estridencia.

estro s. m. Inspiración de los artistas y, particularmente, de los poetas. ‖ En los animales, período de celo.

estrofa s. f. Grupo de versos que forman una unidad y tiene correspondencia métrica con uno o varios grupos semejantes. ◇ FAM. estrófico.

estrógeno s. m. Hormona sexual que hace aparecer los caracteres sexuales secundarios femeninos.

estroncio s. m. Metal amarillo que presenta gran analogía con el bario.

estropajo s. m. Porción de esparto machacado, o de otro material, que sirve principalmente para fregar. ◇ FAM. estropajoso.

estropajoso, sa adj. Fibroso o áspero. ‖ Que pronuncia de manera confusa y torpe.

estropear v. tr. y pron. [1]. Maltratar o deteriorar. ‖ Echar a perder, malograr. ◇ FAM. estropicio.

estropicio s. m. Destrozo o rotura con mucho ruido. ‖ Trastorno ruidoso, de escasas consecuencias.

estructura s. f. Manera en que las diferentes partes de un todo están dispuestas entre sí. ‖ Armadura que constituye el soporte de algo. ‖ Conjunto ordenado y autónomo de elementos interdependientes, cuyas relaciones están reguladas por leyes. ◇ FAM. estructural, estructuralismo, estructuralista, estructurar. / infraestructura, superestructura.

estructuralismo s. m. Método de investigación científica basado en la estructura. ‖ LING. Teoría que considera a la lengua como un conjunto de estructuras.

estructurar v. tr. y pron. [1]. Ordenar las partes de una obra o de un cuerpo. ◇ FAM. estructuración. / reestructurar. ESTRUCTURA.

estruendo s. m. Ruido grande. ‖ Confusión, bullicio. ‖ Aparato, pompa: celebrar con estruendo. ◇ FAM. estruendoso.

estrujar v. tr. [1]. Apretar una cosa para sacarle el jugo. ‖ Apretar arrugando o deformando. ‖ Fam. Sacar todo el partido posible de alguien o algo: estrujar una idea. ◇ FAM. estrujador, estrujadura, estrujamiento.

estuario s. m. Desembocadura de un río de amplia abertura. ◇ FAM. ESTERO.

estucar v. tr. [1a]. Dar con estuco o blan-

quear con él. ‖ Colocar piezas de estuco. ◇ FAM. estucado, estucador. ESTUCO.

estuche s. m. Caja o funda adecuada para guardar objetos. ‖ Conjunto de objetos que se guardan en esta caja.

estuco s. m. Masa de yeso y agua de cola usada en escultura y decoración. ‖ Enlucido de yeso fino, cal apagada y polvo de mármol, barnizado con aguarrás o cera. ◇ FAM. estucar.

estudiado, da adj. Afectado, amanerado: gestos estudiados.

estudiante s. m. y f. Persona que cursa estudios, en especial de grado secundario o superior. ◇ FAM. estudiantado, estudiantil, estudiantina. ESTUDIAR.

estudiantina s. f. Grupo de estudiantes vestidos de época, que salen por las calles cantando y tocando instrumentos.

estudiar v. tr. [1]. Ejercitar el entendimiento para comprender o aprender algo. ‖ Reflexionar, examinar un asunto. ◆ v. tr. e intr. Recibir enseñanzas en ciertos centros docentes. ◇ FAM. estudiado, estudiante, estudio, estudioso.

estudio s. m. Obra o trabajo en que se trata sobre un tema. ‖ Despacho o local de ciertos artistas o profesionales. ‖ Pequeño apartamento compuesto de una sola pieza principal. ‖ Pieza musical compuesta para vencer una dificultad técnica. ‖ Dibujo, pintura o escultura que sirve de adiestramiento del autor o ensayo de una obra definitiva. ‖ Cuidado, afectación. ◆ pl. Conjunto de cursos seguidos en un centro de enseñanza. ‖ Conjunto de dependencias donde se realiza el rodaje o preparación de programas para televisión, radio, etc. ‖ Chile y R. de la Plata. Bufete de abogado.

estufa s. f. Aparato que funciona con combustible o electricidad, destinado a caldear un recinto. ‖ Aparato usado para conservar caliente o secar algo. ‖ Méx. Cocina.

estulto, ta adj. Necio, estúpido.

estupefaciente adj. y s. m. Dícese de la sustancia que provoca efectos sedantes, sensación de euforia y una alteración de los sentidos, y cuyo consumo crea hábito.

estupefacto, ta adj. Atónito, pasmado. ◇ FAM. estupefacción, estupefaciente. ESTUPOR.

estupendo, da adj. Muy bueno, magnífico. ◇ FAM. estupendamente.

estúpido, da adj. y s. Torpe, de poca inteligencia. ‖ Inoportuno, molesto. ◇ FAM. estupidez.

estupor s. m. Asombro, pasmo. ‖ Disminución de las funciones físicas y psíquicas de una persona, y de su reacción a los estímulos. ◇ FAM. estupefacto.

estupro s. m. DER. Delito que consiste en el acceso carnal de un adulto con un menor de edad. ◇ FAM. estuprar.

esturión s. m. Pez teleósteo de cuerpo cubierto por placas, que remonta los ríos para desovar, y cuyas huevas constituyen el caviar.

esvástica s. f. Cruz con cuatro brazos acodados, adoptada como símbolo religioso y político, en especial del nacionalsocialismo.

eta s. f. Séptima letra del alfabeto griego.

etano s. m. Hidrocarburo saturado formado por dos átomos de carbono y seis de hidrógeno, presente en los gases del petróleo. ◇ FAM. ÉTER.

etapa s. f. Tramo recorrido entre dos paradas. ‖ Distancia que se corre de una vez en algunas pruebas deportivas. ‖ Fases en el desarrollo de una acción u obra.

etarra adj. y s. m. y f. Relativo al grupo terrorista ETA.

etcétera s. m. Palabra que sustituye el final de una enumeración larga o algo que ya se sobrentiende.

éter s. m. Fluido hipotético cuya existencia fue defendida para explicar la transmisión de la luz. ‖ Nombre común de compuestos orgánicos en cuya molécula se combina un átomo de oxígeno con dos radicales de hidrocarburos, usados como disolventes, anestésicos, etc. ‖ Cielo, bóveda celeste. ◇ FAM. etéreo. / etano, etilo.

etéreo, a adj. Relativo al éter. ‖ Inmaterial, sublime, sutil.

eternidad s. f. Aquello que no tiene principio ni fin. ‖ Vida después de la muerte. ‖ Espacio de tiempo muy largo.

eternizar v. tr. [1g]. Perpetuar la duración de una cosa.

eterno, na adj. Que no tiene principio ni fin. ‖ Válido o existente en todos los tiempos. ‖ Que tiene larga duración o que se repite con frecuencia. ● **Sueño eterno**, la muerte. ◇ FAM. eternal, eternamente, eternidad, eternizar.

ética s. f. Parte de la filosofía que intenta fundamentar la moralidad de los actos humanos. ‖ Conjunto de normas morales que regulan las conductas humanas. ◇ FAM. ético.

ético, ca adj. Relativo o conforme a la ética.

etileno s. m. Hidrocarburo gaseoso incoloro, ligeramente oloroso, usado como anestésico y en la fabricación de plásticos.

etílico, ca adj. Relativo a los derivados del radical etilo. ‖ Dícese del alcohol que se obtiene por fermentación de hidratos de carbono, usado en la elaboración de bebidas alcohólicas, en perfumería y farmacia. ‖ Relativo a este alcohol y a sus efectos.

etilo s. m. Radical monovalente, derivado del alcohol etílico. ◇ FAM. etílico. ÉTER.

étimo s. m. LING. Palabra o raíz de la que proceden otros vocablos. ◇ FAM. etimología.

etimología s. f. Origen particular de una palabra. ‖ LING. Ciencia que estudia el ori-

gen de las palabras. ◇ FAM. etimológico, etimologista, etimólogo. ÉTIMO.

etiología s. f. Estudio de las causas de las cosas. ‖ Parte de la medicina que investiga las causas de las enfermedades. ◇ FAM. etiológico.

etíope adj. y s. m. y f. De Etiopía.

etiqueta s. f. Trozo de papel u otro material que se adhiere a un objeto para identificarlo, clasificarlo, etc. ‖ Ceremonial que se debe observar en ciertos actos oficiales o solemnes, o en sociedad. ◇ FAM. etiquetar.

etiquetar v. tr. [1]. Colocar etiquetas para clasificar o identificar. ◇ FAM. etiquetado. ETIQUETA.

etmoides s. m. Hueso impar del cráneo, que forma la parte superior del esqueleto de la nariz.

etnia s. f. Grupo humano de una misma raza y con un origen, lengua, religión y cultura propios. ◇ FAM. étnico.

etno- pref. Significa 'pueblo': *etnología*.

etnocentrismo s. m. Tendencia de un individuo o grupo a considerar los valores y cultura de su grupo superiores a los del resto. ◇ FAM. etnocéntrico. CENTRO.

etnografía s. f. Rama de la antropología cuyo objetivo es el estudio descriptivo de las etnias. ◇ FAM. etnográfico, etnógrafo.

etnología s. f. Rama de la antropología que se centra en el estudio comparativo de razas, pueblos y culturas. ◇ FAM. etnológico, etnólogo.

etología s. f. Estudio científico del comportamiento de los animales en su medio natural. ◇ FAM. etológico, etólogo.

etopeya s. f. Descripción del carácter, acciones y costumbres de una persona.

etrusco, ca adj. y s. De Etruria, región de la Italia antigua. ◆ s. m. Lengua hablada por los etruscos.

eu- pref. Significa 'bien': *eutanasia*.

eucalipto s. m. Árbol de gran tamaño y rápido crecimiento, originario de Australia, cuyas hojas son muy olorosas.

eucariota adj. Dícese de la célula que presenta un núcleo netamente separado del citoplasma.

eucaristía s. f. Sacramento del cristianismo que conmemora el sacrificio de Cristo con la transformación del pan y del vino en su cuerpo y sangre. ◇ FAM. eucarístico.

eufemismo s. m. Modo de expresar con disimulo palabras de mal gusto, inoportunas o malsonantes. ◇ FAM. eufemístico.

eufonía s. f. Sonoridad agradable de una palabra o frase. ◇ FAM. eufónico.

euforia s. f. Estado de exaltación y júbilo. ◇ FAM. eufórico.

eugenesia s. f. Ciencia que estudia la mejora de los individuos de una especie vegetal o animal, mediante el control de la reproducción. ◇ FAM. eugenésico.

eunuco s. m. Varón castrado.

¡eureka! interj. Denota júbilo por haber hallado o conseguido algo que se buscaba o deseaba.

euritmia s. f. Armonía y proporción entre las partes de una obra de arte. ◇ FAM. eurítmico.

europeísmo s. m. Tendencia que propugna la unidad económica, política o cultural de las naciones europeas.

europeo, a adj. y s. De Europa. ◇ FAM. europeidad, europeísmo, europeísta, europeizar. / centroeuropeo, indoeuropeo.

europio s. m. Metal del grupo de tierras raras, de color gris, blando y volátil.

euskaldún, na adj. y s. Dícese del que habla vasco.

euskera s. m. Lengua vasca. ◆ adj. Relativo a esta lengua. ◇ FAM. euskaldún.

eutanasia s. f. Acción de acortar la vida de un enfermo incurable, a fin de evitarle una agonía prolongada.

evacuar v. tr. [1]. Desocupar, desalojar. || Expeler un ser humano los excrementos. ◇ FAM. evacuación, evacuante, evacuativo, evacuatorio. VACUO, CUA.

evadir v. tr. y pron. [3]. Evitar o eludir con arte y astucia una dificultad, peligro, etc. ◆ evadirse v. pron. Fugarse, escaparse. ◇ FAM. evasión, evasivo, evasor.

evaluación s. f. Valoración de los conocimientos y rendimiento de un alumno.

evaluar v. tr. [1s]. Estimar el valor de una cosa. ◇ FAM. evaluable, evaluación, evaluador. VALUAR.

evanescente adj. Que se desvanece. ◇ FAM. evanescencia. VANO, NA.

evangélico, ca adj. Relativo al Evangelio. ◆ adj. y s. Relativo a las iglesias surgidas de la Reforma.

evangelio s. m. Historia de la vida y doctrina de Jesucristo. || Cada uno de los cuatro libros que la contienen. || *Fam.* Verdad indiscutible. ◇ FAM. evangélico, evangelista, evangelizar.

evangelista s. m. Cada uno de los autores de los Evangelios canónicos. || *Méx.* Memorialista, el que tiene por oficio escribir cartas u otros papeles que necesita la gente que no sabe hacerlo.

evangelizar v. tr. [1g]. Predicar el Evangelio y la fe cristiana. ◇ FAM. evangelización, evangelizador. EVANGELIO.

evaporación s. f. Transformación de un líquido en vapor, sin que se produzca ebullición.

evaporar v. tr. y pron. [1]. Convertir un cuerpo líquido o sólido en vapor. || Disipar, desvanecer. ◆ evaporarse v. pron. Fugarse. ◇ FAM. evaporable, evaporación, evaporador, evaporizar. VAPOR.

evaporizar v. tr. [1g]. Vaporizar*.

evasión s. f. Acción y efecto de evadir o evadirse.

evasivo, va adj. Que elude o desvía una dificultad, peligro, etc.

evento s. m. Suceso. ◇ FAM. eventual.

eventual adj. Que no es fijo o regular. ◇ FAM. eventualidad, eventualmente. EVENTO.

evidencia s. f. Certeza clara y manifiesta de una cosa. || *Amér.* Prueba judicial. ◇ FAM. evidenciar. EVIDENTE.

evidente s. m. Cierto, claro, sin la menor duda. ◇ FAM. evidencia, evidentemente. VER[1].

evitar v. tr. [1]. Impedir que suceda algún mal, peligro o molestia. ◆ v. tr. y pron. Huir de incurrir en algo o encontrarse en cierta situación. ◇ FAM. evitable, evitación. / inevitable.

evocar v. tr. [1a]. Traer algo a la memoria o a la imaginación. ◇ FAM. evocación, evocador.

evolución s. f. Transformación, cambio progresivo. || BIOL. Serie de transformaciones sucesivas de los seres vivos. ◇ FAM. evolucionar, evolucionismo, evolucionista, evolutivo.

evolucionar v. intr. [1]. Sufrir una evolución. || Hacer evoluciones.

evolucionismo s. m. Teoría explicativa del desarrollo de un proceso físico, mental o social, a partir de la transformación progresiva de los elementos que en él participan.

ex profeso loc. lat. De propósito, con la intención que se indica: *vino ex profeso para tratar el asunto.*

ex- pref. Significa 'fuera': *excéntrico.* || Antepuesto a ciertos sustantivos, indica que ha dejado de ser lo expresado por éstos: *ex ministro.*

exabrupto s. m. Salida de tono.

exacción s. f. Acción y efecto de exigir impuestos, multas, etc. || Cobro injusto. ◇ FAM. EXIGIR.

exacerbar v. tr. y pron. [1]. Irritar, causar gran enfado. || Agravar o agudizar un estado de ánimo, un dolor, etc. ◇ FAM. exacerbación, exacerbamiento. ACERBO, BA.

exactitud s. f. Calidad de exacto.

exacto, ta adj. Medido, calculado, expresado o hecho con todo rigor y fidelidad. ◇ FAM. exactamente, exactitud. / inexacto.

exageración s. f. Acción y efecto de exagerar.

exagerar v. tr. e intr. [1]. Decir o hacer algo dándole proporciones excesivas. ◇ FAM. exageración, exagerado.

exaltación s. f. Acción y efecto de exaltar.

exaltado, da adj. Que se exalta y pierde la calma.

exaltar v. tr. [1]. Elevar a alguien a mayor dignidad o auge. || Ensalzar, alabar con exceso. ◆ exaltarse v. pron. Dejarse arrebatar de una pasión. ◇ FAM. exaltación, exaltado, exaltador, exaltamiento. ALTO[2], TA.

examen s. m. Análisis cuidadoso de las cualidades y estado de algo. || Prueba que se realiza para comprobar las aptitudes de un sujeto. ◇ FAM. examinador, examinar.

examinar v. tr. [1]. Someter algo a examen. ◆ v. tr. y pron. Juzgar mediante pruebas las aptitudes de alguien.

exangüe adj. Sin fuerzas, agotado. ‖ Muerto.

exánime adj. Sin señal de vida o sin vida. ‖ Muy debilitado. ◇ FAM. ÁNIMO.

exasperar v. tr. y pron. [1]. Irritar, enfurecer, enojar. ◇ FAM. exasperación, exasperante. ÁSPERO, RA.

excarcelar v. tr. y pron. [1]. Poner en libertad a un preso por mandamiento judicial. ◇ FAM. excarcelación. CÁRCEL.

excavación s. f. Acción y efecto de excavar.

excavar v. tr. [1]. Hacer hoyos o cavidades en un terreno o superficie sólida. ◇ FAM. excavación, excavador. CAVAR.

excedente adj. y s. m. Sobrante, que excede. ◆ adj. y s. m. y f. Dícese del empleado público que temporalmente deja de ejercer un cargo.

exceder v. tr. [2]. Superar, aventajar. ◆ v. intr. Sobrar. ◆ **excederse** v. pron. Propasarse de lo justo o razonable. ◇ FAM. excedencia, excedente, exceso. / sobrexceder. CEDER.

excelencia s. f. Cualidad de excelente. ‖ Tratamiento de cortesía que se da a algunas personas por su dignidad y empleo.

excelente adj. Que tiene el grado más elevado por sus buenas cualidades. ◇ FAM. excelencia, excelentísimo, excelso.

excelentísimo, ma adj. Dícese del tratamiento con que se habla a la persona a quien corresponde el de excelencia.

excelso, sa adj. De elevada categoría espiritual. ‖ Muy alto. ◇ FAM. EXCELENTE.

excéntrico, ca adj. Situado fuera del centro. ◆ adj. y s. De carácter raro, extravagante. ◇ FAM. excentricidad. CENTRO.

excepción s. f. Acción y efecto de exceptuar. ‖ Cosa que se aparta de una ley general que vale para las de su especie. ● **De excepción**, excelente, privilegiado. ◇ FAM. excepcional. EXCEPTO.

excepcional adj. Que es una excepción u ocurre rara vez. ‖ Extraordinario, único, muy bueno: *libro excepcional*.

excepto prep. A excepción de. ◇ FAM. excepción, exceptuar.

exceptuar v. tr. y pron. [1s]. Excluir a alguien o algo del grupo general de que se trata o de la regla común. ◇ FAM. exceptuación. EXCEPTO.

excesivo, va adj. Que excede la regla.

exceso s. m. Cosa que excede de la medida o regla, o de lo razonable. ‖ Abuso, injusticia. ◇ FAM. excesivo. EXCEDER.

excipiente s. m. Sustancia que se emplea

en la composición de los medicamentos para darles forma, consistencia, sabor, etc.

excitar v. tr. [1]. Poner a alguien o algo en actividad, o hacer que ésta sea más intensa. ‖ Avivar los sentimientos. ◆ v. tr. y pron. Provocar estados de ánimo, como enojo, alegría, etc. ◇ FAM. excitabilidad, excitable, excitación, excitador, excitante, excitativo. / sobrexcitar.

exclamación s. f. Grito o frase que expresa con intensidad un sentimiento. ‖ Signo ortográfico (¡!) con que se representa.

exclamativo, va adj. Que implica o denota exclamación.

exclamar v. tr. e intr. [1]. Decir una exclamación. ◇ FAM. exclamación, exclamativo, exclamatorio. CLAMAR.

excluir v. tr. [29]. Dejar fuera de un grupo a alguien o algo. ‖ Descartar, rechazar. ◆ **excluirse** v. pron. Ser incompatibles dos cosas. ◇ FAM. excluible, exclusión, exclusive, exclusivo, excluyente.

exclusiva s. f. Privilegio por el que una entidad o persona es la única autorizada para algo.

exclusive adv. m. Sin tomar en cuenta el último elemento mencionado como límite de una serie: *hasta abril exclusive*.

exclusivismo s. m. Adhesión obstinada a una cosa, persona o idea, con exclusión de las demás. ‖ Cualidad de exclusivo.

exclusivo, va adj. Que excluye o puede excluir. ‖ Único, solo. ◇ FAM. exclusiva, exclusividad, exclusivismo, exclusivista. EXCLUIR.

excomulgar v. tr. [1b]. Apartar la autoridad eclesiástica a alguien de la comunidad de los fieles y del uso de los sacramentos. ◇ FAM. excomulgado, excomulgador. COMULGAR.

excomunión s. f. Acción y efecto de excomulgar. ‖ Decreto en que se excomulga a una persona.

excrecencia s. f. Formación de tipo tumoral, que crece en la superficie de un organismo animal o vegetal. ◇ FAM. CRECER.

excremento s. m. Residuos que el organismo elimina de forma natural, en especial las heces fecales. ◇ FAM. excrementar. / excretar.

excretar v. intr. [1]. Expeler el excremento. ‖ Expeler las sustancias elaboradas por las glándulas. ◇ FAM. excreción, excretor, excretorio. EXCREMENTO.

exculpar v. tr. y pron. [1]. Descargar a uno de culpa. ◇ FAM. exculpación, exculpador, exculpatorio. CULPAR.

excursión s. f. Viaje de corta duración, realizado con finalidad deportiva, científica o recreativa. ◇ FAM. excursionismo, excursionista.

excusa s. f. Explicación con que una persona se disculpa o justifica. ‖ Pretexto que se da para hacer o dejar de hacer algo.

excusado¹, da adj. Superfluo o inútil para el fin que se persigue. ‖ Libre de ciertas obligaciones o impuestos.

excusado², da adj. Separado del uso común. ▸ s. m. Retrete.

excusar v. tr. y pron. [1]. Alegar excusas. ▸ v. tr. Evitar, ahorrar. ▸ **excusarse** v. pron. Justificarse, dar razones para disculparse. ⬦ FAM. excusa, excusable, excusado¹, excusador. / inexcusable. ACUSAR.

execrar v. tr. [1]. Condenar, reprobar. ⬦ FAM. execrable, execración.

exención s. f. Privilegio que exime de una obligación. ⬦ FAM. EXIMIR.

exento, ta adj. Libre, desembarazado. ⬦ FAM. EXIMIR.

exequias s. f. pl. Conjunto de ceremonias religiosas que se hacen por los difuntos.

exfoliación s. f. División en escamas o láminas. ‖ Escamación de la epidermis. ⬦ FAM. exfoliador, exfoliar. FOLIACIÓN.

exfoliador, ra adj. Amér. Dícese de una especie de cuaderno que tiene las hojas desprendibles.

exhalación s. f. Acción y efecto de exhalar o exhalarse. ‖ Rayo. ‖ Estrella fugaz. • Como una exhalación, a toda velocidad.

exhalar v. tr. y pron. [1]. Despedir gases, vapores u olores. ‖ Lanzar quejas, suspiros, etc. ⬦ FAM. exhalación, exhalador. HÁLITO.

exhaustivo, va adj. Minucioso, hecho a fondo: estudio exhaustivo.

exhausto, ta adj. Apurado, consumido. ‖ Agotado, muy debilitado. ⬦ FAM. exhaustividad, exhaustivo.

exhibición s. f. Acción y efecto de exhibir. ‖ Manifestación deportiva de carácter espectacular y no competitivo.

exhibicionismo s. m. Deseo de exhibirse. ‖ Tendencia patológica que busca placer sexual mostrando en público los genitales.

exhibir v. tr. y pron. [3]. Manifestar, mostrar en público. ▸ v. tr. Méx. Pagar una cantidad. ⬦ FAM. exhibición, exhibicionismo, exhibicionista.

exhortación s. f. Palabras con que se exhorta. ‖ Sermón breve.

exhortar v. tr. [1]. Inducir a uno con palabras a que actúe de cierta manera. ⬦ FAM. exhortación, exhortador, exhortativo, exhortatorio, exhorto.

exhortativo, va adj. Que sirve para exhortar. ‖ Dícese de la oración que implica ruego o mandato.

exhorto s. m. Escrito por el que un juez pide a otro que ejecute una diligencia judicial.

exhumar v. tr. [1]. Desenterrar, en especial un cadáver. ‖ Traer a la memoria lo olvidado. ⬦ FAM. exhumación, exhumador. HUMUS.

exigencia s. f. Pretensión caprichosa o desmedida.

exigente adj. y s. m. y f. Que exige en exceso.

exigir v. tr. [3b]. Pedir alguien lo que le corresponde o a lo que tiene derecho. ‖ Reclamar imperiosamente. ‖ Necesitar, requerir. ⬦ FAM. exigencia, exigente, exigibilidad, exigible. / exacción.

exiguo, gua adj. Insuficiente, escaso. ⬦ FAM. exigüidad.

exilado, da s. Exiliado.

exilar v. tr. y pron. [1]. Exiliar.

exiliado, da s. Persona que vive en el exilio.

exiliar v. tr. [1]. Obligar a alguien a dejar su patria. ▸ **exiliarse** v. pron. Abandonar alguien su patria, normalmente por motivos políticos.

exilio s. m. Acción y efecto de exiliar o exiliarse. ‖ Lugar y tiempo que se vive exiliado. ⬦ FAM. exilado, exilar, exiliado, exiliar.

eximente adj. y s. f. Que exime.

eximio, mia adj. Excelente, ilustre. ⬦ FAM. EXIMIR.

eximir v. tr. y pron. [3]. Liberar a uno de una obligación, carga, etc. ⬦ FAM. exención, exento, eximente, eximio.

existencia s. f. Acto de existir. ‖ Vida del hombre. ▸ pl. Conjunto de mercancías.

existencial adj. Relativo al acto de existir.

existencialismo s. m. Doctrina filosófica que se interroga sobre la noción de ser, a partir de la existencia vivida por el hombre.

existir v. intr. [3]. Tener una cosa ser real y verdadero. ‖ Tener vida. ‖ Haber, hallarse. ⬦ FAM. existencia, existencial, existencialismo, existencialista, existente. / coexistir, inexistente, preexistir.

éxito s. m. Buen resultado de algo. ‖ Fama, aceptación. ⬦ FAM. exitoso.

éxodo s. m. Emigración de un grupo o pueblo.

exogamia s. f. Regla social que obliga a un individuo a escoger a su cónyuge fuera del grupo al que pertenece. ⬦ FAM. exogámico. BIGAMIA.

exógeno, na adj. Que se forma u origina en el exterior.

exonerar v. tr. y pron. [1]. Librar de una carga u obligación. ▸ v. tr. Destituir a uno de un empleo o cargo. ⬦ FAM. exoneración.

exorbitante adj. Excesivo, exagerado. ⬦ FAM. exorbitancia. ÓRBITA.

exorcismo s. m. Rito de imprecación contra el demonio, realizado para conjurar su influencia. ⬦ FAM. exorcista, exorcizar.

exorcizar v. tr. [1g]. Usar de exorcismos.

exorcista s. m. Clérigo con facultad y poder para exorcizar.

exordio s. m. Preámbulo de una obra, discurso o conversación.

exosfera s. f. Capa más externa de la atmósfera terrestre.

exótico, ca adj. Que pertenece a un país

lejano. ‖ Extraño, singular. ◆ s. f. *Méx.* Bailarina de cabaret. ◇ FAM. exotismo.

expandir v. tr. y pron. [3]. Extender, aumentar, difundir, propagar. ◇ FAM. expansibilidad, expansible, expansión, expansivo.

expansión s. f. Acción y efecto de expandir. ‖ Exteriorización de algún estado de ánimo reprimido. ‖ Recreo, diversión. ‖ Período de desarrollo económico de un país. ◇ FAM. expansionarse, expansionismo. EXPANDIR.

expansionarse v. pron. [1]. Dilatarse un gas o vapor. ‖ Decir una persona los sentimientos que le aquejan. ‖ Divertirse, recrearse.

expansionismo s. m. Tendencia de una nación a extender su poder político y económico a otras áreas geográficas.

expansivo, va adj. Que tiende a expandirse. ‖ Comunicativo, sociable.

expatriar v. tr. y pron. [1]. Hacer abandonar o abandonar la patria. ◇ FAM. expatriación, expatriado. PATRIA.

expectación s. f. Espera, generalmente curiosa o tensa, de un acontecimiento que interesa. ◇ FAM. expectante, expectativa.

expectativa s. f. Esperanza de conseguir una cosa.

expectorar v. tr. [1]. Expulsar por la boca las secreciones de las vías respiratorias. ◇ FAM. expectoración, expectorante. PECTORAL.

expedición s. f. Acción y efecto de expedir. ‖ Viaje o marcha con un fin militar, científico, deportivo, etc., y personas que participan. ◇ FAM. expedicionario. EXPEDIR.

expedientar v. tr. [1]. Someter a expediente a alguien.

expediente s. m. Conjunto de toda la documentación relacionada con un asunto o negocio. ‖ Procedimiento para enjuiciar la actuación de un funcionario o empleado. ‖ Historial de los servicios prestados, calificaciones académicas, etc. ◇ FAM. expedientar. EXPEDIR.

expedir v. tr. [30]. Enviar mercancías, paquetes, etc. ‖ Cursar, extender un documento. ◆ **expedirse** v. pron. *Chile* y *Urug.* Desenvolverse en asuntos o actividades. ◇ FAM. expedición, expedidor, expediente, expeditivo, expedito. / reexpedir.

expeditivo, va adj. Que obra con eficacia y rapidez.

expedito, ta adj. Libre de todo estorbo. ‖ Rápido en actuar.

expeler v. tr. [2]. Arrojar violentamente algo contenido en un sitio.

expendeduría s. f. Tienda en que se vende al por menor tabaco u otros efectos, estancados o monopolizados.

expender v. tr. [2]. Vender al por menor. ‖ Vender efectos ajenos. ‖ Despachar entradas para espectáculos, billetes de tren, etc. ◇ FAM. expendedor, expendeduría, expendio, expensar, expensas.

expendio s. m. *Méx.* Expendeduría. ‖ *Argent., Méx. Perú* y *Urug.* Venta al por menor.

expensar v. tr. [1]. *Chile.* Costear los gastos de alguna gestión o negocio. ◇ FAM. EXPENDER.

expensas s. f. pl. Conjunto de gastos o costas. ◇ FAM. EXPENDER.

experiencia s. f. Hecho de haber vivido o conocido una persona algo por sí misma. ‖ Conocimientos que se adquieren con la práctica. ‖ Experimento. ◇ FAM. experimental, experimentar, experto. / inexperiencia.

experimental adj. Fundado en la experiencia científica: *método experimental.* ‖ Que sirve para experimentar.

experimentado, da adj. Que tiene experiencia.

experimentar v. tr. [1]. Examinar las condiciones o propiedades de algo a través de experimentos. ‖ Conocer, sentir una cosa por uno mismo. ‖ Sufrir una modificación o cambio. ◇ FAM. experimentación, experimentado, experimentador, experimento. EXPERIENCIA.

experimento s. m. Acción y efecto de experimentar. ‖ Método de investigación científica que establece la validez de una hipótesis a partir de la observación y análisis de un fenómeno.

experto, ta adj. y s. Entendido, muy hábil en cierta actividad o materia. ◇ FAM. EXPERIENCIA.

expiar v. tr. [1t]. Borrar las culpas mediante el sacrificio. ‖ Padecer el castigo correspondiente al delito cometido. ◇ FAM. expiable, expiación, expiatorio, expiatorio. / inexpiable. PÍO², A.

expirar v. intr. [1]. Morir. ‖ Llegar una cosa al término de su duración: *expirar el plazo.* ◇ FAM. expiración. ESPIRAR.

explanada s. f. Espacio de tierra allanado o llano. ◇ FAM. explanar. PLANO, NA.

explayar v. tr. y pron. [1]. Ensanchar, extender. ◆ **explayarse** v. pron. Dilatarse, extenderse. ‖ Esparcirse, distraerse. ‖ Confiarse a alguien para desahogarse.

expletivo, va adj. LING. Dícese de las palabras, expresiones o partículas que tan sólo aportan valores expresivos a una frase.

explicación s. f. Acción y efecto de explicar. ‖ Justificación que disculpa una acción o hecho. ‖ Dato o datos que revelan o aclaran la causa de algo.

explicar v. tr. y pron. [1a]. Declarar, dar a conocer lo que uno piensa o siente. ◆ v. tr. Exponer una materia de manera que sea más comprensible. ‖ Dar a conocer la causa o motivo de una cosa. ◆ **explicarse** v. pron. Comprender algo. ‖ Expresarse. ◇ FAM. explicable, explicación, explicativo, explícito. / inexplicable.

explicativo, va adj. Que explica o sirve para explicar. ‖ LING. Dícese del adjetivo u oración subordinada adjetiva que sólo añade al sustantivo un matiz complementario.

explícito, ta adj. Manifiesto, claramente expresado. ◇ FAM. explicitar. EXPLICAR.

explorador, ra adj. Que explora. ◆ adj. y s. Perteneciente a una asociación juvenil que realiza actividades al aire libre.

explorar v. tr. [1]. Recorrer un lugar, país, etc., para conocerlo. ‖ Estudiar, analizar algo. ‖ MED. Reconocer una parte interna del organismo para formar diagnóstico. ◇ FAM. explorable, exploración, explorador, exploratorio. / inexplorado.

explosión s. f. Acción de reventar un cuerpo violenta y ruidosamente. ‖ Combustión rápida de un cuerpo, acompañada de desprendimiento de calor, luz y gases. ‖ Manifestación súbita y violenta de ciertos estados de ánimo o fenómenos. ‖ LING. Articulación de las consonantes oclusivas en que el aire, tras ser retenido en la oclusión, sale bruscamente. ◇ FAM. explosionar, explosivo, explotar². / implosión.

explosivo, va adj. Que hace o puede hacer explosión. ‖ Vehemente, apasionado. ‖ LING. Se dice del sonido producido con una salida brusca del aire retenido. ◆ s. m. Cuerpo capaz de transformarse rápidamente, por una violenta reacción química, en gas a temperatura elevada.

explotación s. f. Acción y efecto de explotar¹. ‖ Conjunto de instalaciones y operaciones para explotar¹ un producto.

explotar¹ v. tr. [1]. Sacar utilidad de algo poniendo los medios para ello. ‖ Hacer alguien trabajar para su provecho a otro, con abuso. ◇ FAM. explotable, explotación, explotador.

explotar² v. intr. [1]. Hacer explosión. ‖ Manifestarse violentamente un sentimiento. ◇ FAM. EXPLOSIÓN.

expoliar v. tr. [1]. Despojar a alguien de una cosa con violencia o sin derecho. ◇ FAM. expoliación, expoliador, expolio.

expolio s. m. Botín obtenido por el vencedor.

exponente adj. y s. m. y f. Que expone. ◆ s. m. Índice que sirve para juzgar el grado de algo. ‖ Modelo, ejemplo. ‖ MAT. Signo o cifra que indica la potencia a la que se eleva una cantidad.

exponer v. tr. [5]. Presentar una cosa para que sea vista. ‖ Someter a la acción de un agente. ‖ Decir o escribir algo. ◆ v. tr. e intr. Mostrar un artista sus obras. ◆ v. tr. y pron. Arriesgar, poner en peligro. ◇ FAM. exponente, exposición, expositivo, expositor, expuesto. PONER.

exportación s. f. Acción y efecto de exportar. ‖ Conjunto de mercancías que se exportan.

exportar v. tr. [1]. Enviar o vender al extranjero productos nacionales. ◇ FAM. exportable, exportación, exportador. PORTAR.

exposición s. f. Acción y efecto de exponer o exponerse. ‖ Escrito en que se expone o solicita algo. ‖ Tiempo en que se expone una placa o papel fotográfico a la luz para que se impresione.

expósito, ta adj. y s. Dícese del niño recién nacido que ha sido abandonado en un lugar o dejado en un establecimiento benéfico.

expositor, ra adj. y s. Que interpreta, expone y declara una teoría, doctrina, etc. ‖ Dícese de la persona o entidad que presenta sus productos u obras en una exposición pública. ◆ s. m. Mueble para colocar lo que se expone.

exprés adj. y s. Que es rápido, en especial referido a algunos electrodomésticos. ◆ adj. y s. m. Dícese del café hecho a presión. ‖ Se aplica al tren expreso.

expresar v. tr. y pron. [1]. Manifestar lo que uno piensa o siente. ◇ FAM. expresión, expresividad, expresivo, expreso. / inexpresable.

expresión s. f. Acción y efecto de expresar. ‖ Palabra o frase. ‖ Gesto o aspecto del rostro que muestra un sentimiento. ‖ LING. Significante. ◇ FAM. expresionismo, expresionista. EXPRESAR.

expresionismo s. m. Tendencia artística europea del s. XX, caracterizada por la intensidad expresiva de sus creaciones.

expresividad s. f. Cualidad de expresivo.

expresivo, va adj. Que expresa con gran viveza una emoción, sentimiento, etc. ‖ Típico, propio. ◇ FAM. inexpresivo. EXPRESAR.

expreso, sa adj. Que está dicho explícitamente. ◆ adj. y s. m. Dícese del tren rápido de viajeros. ◆ s. m. Correo extraordinario con una noticia o mensaje determinado. ◆ adv. m. Adrede, con particular intención. ◇ FAM. expresamente. EXPRESAR.

exprimidor s. m. Utensilio para extraer el zumo de las frutas.

exprimir v. tr. [3]. Extraer el zumo o líquido de una cosa apretándola o retorciéndola. ‖ Agotar, explotar¹. ◇ FAM. exprimidor.

expropiación s. f. Acción y efecto de expropiar. ‖ Cosa que ha sido expropiada.

expropiar v. tr. [1]. Desposeer a alguien de su propiedad, según unas formas legales y con indemnización. ◇ FAM. expropiación, expropiador. PROPIO, PIA.

expuesto, ta adj. Peligroso, arriesgado.

expugnar v. tr. [1]. Tomar por las armas una fortaleza, una ciudad, etc. ◇ FAM. expugnable, expugnación, expugnador. / inexpugnable. PUGNAR.

expulsar v. tr. [1]. Hacer salir de un lugar a alguien o algo. ◇ FAM. expulsión, expulsor.

expulsión s. f. Acción y efecto de expulsar.

expulsor, ra adj. Que expulsa: *mecanismo expulsor.* ➤ s. m. Pieza de un arma de fuego que expulsa los cartuchos vacíos.

expurgar v. tr. [1b]. Limpiar, purificar. ‖ Suprimir una autoridad párrafos o pasajes de un libro, escrito, etc. ◇ FAM. expurgación, expurgador, expurgatorio. PURGAR.

exquisitez s. f. Calidad de exquisito. ‖ Cosa exquisita.

exquisito, ta adj. Muy delicado o refinado. ‖ Que tiene un gusto selecto. ◇ FAM. exquisitez.

extasiarse v. pron. [1]. Enajenarse, quedarse absorto.

éxtasis s. m. Unión espiritual con Dios acompañada de la suspensión de los sentidos y una inmensa felicidad. ‖ Intensa admiración o placer causado por alguien o algo. ◇ FAM. extasiarse, extático.

extemporáneo, a adj. Que sucede fuera del tiempo que le corresponde. ‖ Inoportuno, inconveniente. ◇ FAM. extemporaneidad. TIEMPO.

extender v. tr. y pron. [2d]. Hacer que una cosa ocupe más espacio que antes. ‖ Esparcir, desperdigar. ➤ v. tr. Repartir algo por una superficie. ‖ Poner por escrito un documento. ➤ **extenderse** v. pron. Ocupar cierto espacio o tiempo. ‖ Tumbarse. ‖ Detenerse mucho en una explicación. ‖ Divulgarse. ◇ FAM. extendido, extensible, extensión, extensivo, extenso, extensor. / inextensible. TENDER.

extensible adj. Que se puede extender. ➤ s. f. *Méx.* Pulsera de reloj.

extensión s. f. Acción y efecto de extender o extenderse. ‖ Dimensión, superficie. ‖ Propiedad de la materia por la cual los cuerpos ocupan espacio. ‖ *Argent.* y *Méx.* Cable que se le añade a un aparato eléctrico para que pueda enchufarse desde más lejos. ➤ **Por extensión**, hablando de palabras o expresiones, las usadas con un sentido que no es el suyo, sino una ampliación de otro con el que guardan una relación.

extenso, sa adj. De mucha extensión. • **Por extenso**, con detalle.

extensor, ra adj. Que extiende o hace que se extienda. ➤ adj. y s. m. Dícese de los músculos que facilitan el estiramiento de pies y manos.

extenuar v. tr. y pron. [1s]. Debilitar o cansar en extremo. ◇ FAM. extenuación, extenuante. TENUE.

exterior adj. Que está en la parte de fuera. ‖ Dícese de la vivienda o sala que da a la calle. ‖ Relativo a los países extranjeros. ➤ s. m. Aspecto de alguien o algo. ➤ pl. CINE y TV. Serie de escenas filmadas fuera de un estudio y espacios de rodaje al aire libre. ◇ FAM. exterioridad, exteriorizar, exteriormente, externo.

exterioridad s. f. Cualidad de exterior. ‖

Apariencia, aspecto de las cosas o porte de una persona.

exteriorizar v. tr. y pron. [1g]. Hacer patente, revelar o mostrar algo al exterior. ◇ FAM. exteriorización. EXTERIOR.

exterminar v. tr. [1]. Acabar del todo con una cosa. ‖ Desolar, destruir con las armas. ◇ FAM. exterminable, exterminación, exterminador, exterminio. TERMINAR.

externo, na adj. Que está, se manifiesta o actúa por fuera. ‖ Relativo a otros países. ➤ adj. y s. Dícese de la persona que sólo permanece en su lugar de estudio o trabajo durante las horas fijadas para dicha actividad. ◇ FAM. externamente. EXTERIOR.

extinción s. f. Acción y efecto de extinguir o extinguirse.

extinguir v. tr. y pron. [3p]. Hacer que cese el fuego o la luz. ‖ Hacer que desaparezca poco a poco una cosa. ‖ Caducar, prescribir un plazo, derecho, etc. ◇ FAM. extinción, extinguible, extintivo, extinto, extintor. / inextinguible.

extinto, ta adj. Que está apagado. ➤ adj. y s. Muerto, difunto.

extintor, ra adj. Que extingue. ➤ s. m. Aparato que sirve para extinguir incendios.

extirpar v. tr. [1]. Arrancar de raíz, especialmente separar quirúrgicamente una parte del organismo. ‖ Destruir radicalmente. ◇ FAM. extirpable, extirpación, extirpador.

extorsión s. f. Molestia, trastorno. ‖ Delito por el se obtiene algo de alguien mediante la violencia y la intimidación. ◇ FAM. extorsionador, extorsionar, extorsionista. TORSIÓN.

extra adj. Extraordinario, óptimo. ➤ adj. y s. m. Que se hace o da por añadidura: *horas extras.* ➤ s. m. y f. Persona que participa en una película sin un papel determinado.

extra- pref. Significa 'fuera de': *extrajudicial.* ‖ Significa 'muy': *extrafino.*

extracción s. f. Acción y efecto de extraer. ‖ Origen, linaje.

extracto s. m. Resumen de un escrito, en sus puntos esenciales. ‖ Sustancia extraída de otra por evaporación o cocción. ◇ FAM. extractar. EXTRAER.

extractor, ra adj. y s. Que extrae. ➤ s. m. Aparato que sirve para extraer.

extradición s. f. Acción de entregar a un condenado o refugiado en un país a las autoridades de otro país que lo reclama. ◇ FAM. extraditar.

extraditar v. tr. [1]. Proceder a una extradición.

extraer v. tr. [10]. Sacar algo que se halla hundido o sepultado. ‖ Obtener la sustancia de algunos frutos u otros cuerpos. ‖ Calcular la raíz de un número. ◇ FAM. extracción, extracto, extractor. TRAER.

extralimitarse v. pron. y tr. [1]. Excederse

en el uso de las facultades o atribuciones. ◇ FAM. extralimitación. LIMITAR.

extramuros adv. l. Fuera del recinto de una población.

extranjería s. f. Condición de extranjero. ‖ Conjunto de leyes que regulan la condición y los intereses de los extranjeros en una nación.

extranjerismo s. m. Afición desmedida a lo extranjero. ‖ Voz, frase o giro de un idioma empleados en otro.

extranjero, ra adj. y s. Que procede o es de otro país. ◆ s. m. País o países distintos del propio de una persona. ◇ FAM. extranjería, extranjerismo, extranjerizar.

extrañar v. tr. y pron. [1]. Desterrar a alguien a un país extranjero. ‖ Producir extrañeza o encontrar extraño. ◆ v. tr. Echar de menos a una persona o cosa. ◇ FAM. extrañación, extrañamiento. EXTRAÑO, ÑA.

extrañeza s. f. Calidad de extraño o raro. ‖ Cosa extraña. ‖ Admiración, novedad.

extraño, ña adj. y s. De otra nación, familia, condición, etc. ◆ adj. Raro, singular. ‖ Que no tiene parte en algo. ◇ FAM. extrañar, extrañeza.

extraordinario, ria adj. Fuera de lo natural o común. ‖ Mayor o mejor que lo ordinario. ◆ adj. y s. m. Dícese del número de un periódico, revista, etc. que se publica por algún motivo especial. ◆ s. f. Paga añadida al sueldo. ◇ FAM. extraordinariamente. ORDINARIO, RIA.

extrapolar v. intr. [1]. Deducir a partir de datos parciales. ‖ Sacar de su contexto un dato, frase, etc. ◇ FAM. extrapolación.

extrarradio s. m. Sector que rodea el casco urbano.

extraterrestre adj. Que está fuera del globo terráqueo. ◆ s. m. y f. Cualquier habitante de otro planeta.

extraterritorial adj. Que está fuera de los límites de un territorio. ◇ FAM. extraterritorialidad. TERRITORIAL.

extraterritorialidad s. f. Inmunidad de que gozan diplomáticos y embajadas que les permite regirse por las leyes de su país de origen.

extravagante adj. y s. m. y f. Fuera de lo común, raro. ◇ FAM. extravagancia.

extravertido, da adj. y s. Que se vuelca hacia el mundo exterior. ◇ FAM. extraversión. / extrovertido. VERTER.

extraviado, da adj. Dícese del lugar poco transitado.

extraviar v. tr. y pron. [1t]. Hacer perder el camino. ‖ Perder alguien una cosa. ◆ v. tr. No fijar la vista en un objeto determinado. ◆ **extraviarse** v. pron. Perderse. ◇ FAM. extraviado, extravío. VÍA.

extravío s. m. Acción y efecto de extraviar o extraviarse. ‖ Desorden en las costumbres. ‖ *Fam.* Molestia, perjuicio.

extremado, da adj. Sumamente bueno o malo en su género. ‖ Exagerado, fuera de lo normal.

extremar v. tr. [1]. Llevar una cosa al extremo. ◆ **extremarse** v. pron. Esmerarse, aplicarse.

extremaunción s. f. En la Iglesia católica, sacramento que administra el sacerdote a los enfermos graves.

extremeño, ña adj. y s. De Extremadura (España).

extremidad s. f. Parte extrema o última. ◆ pl. Cabeza, pies, manos y cola de los animales. ‖ Conjunto de los brazos y piernas o patas.

extremismo s. m. Tendencia a adoptar ideas o actitudes extremas o radicales, especialmente en política.

extremo, ma adj. Que está al final. ‖ Dícese de la parte de un lugar que está más alejada del punto en que se sitúa el que habla. ‖ Dícese del grado más elevado de una cosa. ◆ s. m. Parte que está al principio o al final de una cosa. ‖ Punto último. ‖ En el fútbol y otros deportes de equipo, jugador que forma parte de la línea de ataque no lejos de la banda. ‖ MAT. Primer y último término de una proporción. ◆ pl. Manifestación vehemente de un sentimiento. ● **En último extremo,** en último caso. ◇ FAM. extremado, extremar, extremidad, extremismo, extremista.

extrínseco, ca adj. Que es externo o añadido y no depende de la esencia o naturaleza de algo. ◇ FAM. extrínsecamente.

extrovertido, da adj. y s. Extravertido*.

exuberancia s. f. Riqueza, abundancia excesiva. ◇ FAM. exuberante.

exudar v. intr. y tr. [1]. Salir un líquido fuera de su vaso, conducto, etc. ‖ Rezumar, sacar una cosa la humedad de su interior. ◇ FAM. exudación, exudado. SUDAR.

exultar v. intr. [1]. Mostrar alegría con mucha excitación. ◇ FAM. exultación, exultante.

eyaculación s. f. Acción y efecto de eyacular. ● Eyaculación precoz, eyaculación que se produce al empezar el acto sexual.

eyacular v. tr. [1]. Lanzar con fuerza el contenido de un órgano o depósito, en particular el semen. ◇ FAM. eyaculación, eyaculatorio.

eyección s. f. Acción y efecto de eyectar. ‖ Evacuación de una materia orgánica destinada a ser eliminada.

eyectar v. tr. [1]. Proyectar al exterior con fuerza. ◇ FAM. eyección, eyectable, eyector.

eyector s. m. Aparato que sirve para la evacuación de un fluido. ‖ Expulsor de los cartuchos de las armas de fuego automáticas.

f s. f. Sexta letra del alfabeto español y cuarta de sus consonantes; representa un sonido labiodental fricativo y sordo.

fa s. m. Cuarta nota de la escala musical. ◇ FAM. facón.

fabada s. f. Potaje de judías. ◇ FAM. HABA.

fábrica s. f. Edificio e instalaciones donde se realiza la elaboración de determinados productos. ‖ Cualquier construcción hecha con piedra o ladrillo y argamasa.

fabricación s. f. Acción y efecto de fabricar. ‖ Conjunto de las operaciones realizadas en el proceso de producción.

fabricante adj. y s. Que fabrica. ◆ s. m. Dueño de una fábrica.

fabricar v. tr. [1a]. Hacer un producto industrial por medios mecánicos. ‖ Construir, elaborar. ◇ FAM. fábrica, fabricación, fabricador, fabricante, fabril. / prefabricar.

fabril adj. Relativo a las fábricas.

fábula s. f. Narración corta, frecuentemente en verso, de la que se extrae una moraleja. ‖ Chisme, rumor. ‖ Relato inventado, ficción. ◇ FAM. fabulación, fabulador, fabular, fabulario, fabulesco, fabulista, fabuloso. / confabularse.

fabulista s. m. y f. Autor de fábulas literarias.

fabuloso, sa adj. Inventado, ficticio, imaginario.

faca s. f. Cuchillo de grandes dimensiones y con punta, en especial el de forma curva. ◇ FAM. facón.

facción s. f. Grupo de gente amotinada o en rebelión. ‖ Cada uno de los bandos enfrentados en un conflicto bélico. ‖ Grupo dentro de un partido que se enfrenta a éste. ‖ Cualquiera de las partes del rostro humano. ◇ FAM. faccioso.

faccioso, sa adj. y s. Perturbador de la paz pública. ‖ Que pertenece a una facción o parcialidad.

faceta s. f. Cada una de las caras de un poliedro. ‖ Cada uno de los aspectos que presenta un asunto, la vida de una persona, etc. ◇ FAM. polifacético. FAZ.

facetada s. f. *Méx.* Chiste sin gracia.

faceto, ta adj. *Méx.* Chistoso sin gracia. ‖ *Méx.* Presuntuoso. ◇ FAM. facetada.

facha[1] s. f. Traza, figura, aspecto. ‖ Mamarracho, adefesio. ◆ pl. *Méx.* Disfraz. ◇ FAM. fachada, fachoso. / desfachatez. FAZ.

facha[2] adj. y s. m. y f. Fascista. ◇ FAM. FASCISMO.

fachada s. f. Parte exterior de un edificio. ‖ Aspecto exterior. ◇ FAM. FACHA[1].

fachendoso, sa adj. *Méx.* Que viste de forma inadecuada. ‖ *Méx.* Que hace las cosas con descuido.

fachinal s. m. *Argent.* Lugar anegadizo cubierto de vegetación.

fachoso, sa adj. *Chile, Ecuad.* y *Méx.* Presuntoso. ‖ *Méx.* Que viste de forma inadecuada. ◇ FAM. FACHA[1].

facial adj. Relativo al rostro. ◇ FAM. FAZ.

fácil adj. Que no supone gran esfuerzo o no opone obstáculos. ‖ Dócil, tratable. ‖ Muy probable o posible. ◇ FAM. facilidad, facilitar, fácilmente.

facilidad s. f. Disposición para hacer una cosa sin gran trabajo. ‖ Oportunidad, ocasión propicia. ◆ pl. Conjunto de medios favorables que se proporcionan a alguien.

facilitar v. tr. [1]. Hacer fácil o posible. ‖ Proporcionar o entregar. ◇ FAM. facilitación. FÁCIL.

facineroso, sa adj. y s. Malhechor, bandido. ‖ Malvado, perverso.

facistol s. m. Atril grande de las iglesias, donde se ponen libros para cantar. ‖ *Antill.* y *Venez.* Pedante, vanidoso.

facón s. m. *Argent., Bol.* y *Urug.* Cuchillo grande, recto y puntiagudo usado por el paisano. ◇ FAM. FACA.

facsímil o **facsímile** s. m. Reproducción exacta de firmas, escritos, manuscritos, pinturas, etc. ◇ FAM. facsimilar. SÍMIL.

factible adj. Que se puede hacer. ◇ FAM. factibilidad. FÁCTICO, CA.

fáctico, ca adj. Relativo al hecho o a los hechos. ◇ FAM. factible, factitivo, factual.

factitivo, va adj. LING. Dícese de un verbo que expresa que el sujeto no realiza la acción, sino que la hace ejecutar.

factor s. m. Cosa que contribuye a causar un efecto. ‖ Empleado de las estaciones de ferrocarril que cuida de la recepción, expedición y entrega de equipajes, mercancías, etc. ‖ MAT. Cada uno de los números que figuran en un producto. ◇ FAM. factoría, factorial.

factoría s. f. Empleo y oficina del factor. ‖ Fábrica. ‖ Establecimiento comercial fundado por un pueblo o nación en otro. <> FAM. piscifactoría. FACTOR.

factorial s. f. MAT. Producto de todos los términos de una progresión aritmética.

factótum s. m. Persona de plena confianza de otra, que en nombre de ésta se encarga de asuntos, negocios, etc.

factual adj. Relativo a los hechos. <> FAM. FÁCTICO, CA.

factura s. f. Hechura, ejecución. || Recibo en que se detalla el precio de las mercancías vendidas, servicios prestados, etc., y sirve de justificante del pago realizado. || *Argent.* Nombre dado a diversas clases de panecillos dulces que suelen fabricarse y venderse en las panaderías. <> FAM. facturar.

facturación s. f. Conjunto de operaciones contables relacionadas con el registro de pedidos, servicios, etc. y la expedición de facturas. || Sección donde se llevan a cabo estas operaciones.

facturar v. tr. [1]. Hacer o extender facturas. || Registrar en las estaciones, puertos, etc., mercancías o equipajes para que sean remitidos a su destino. <> FAM. facturación. FACTURA.

facultad s. f. Aptitud, potencia física o moral. || Poder, derecho para hacer una cosa. || Centro universitario que coordina las enseñanzas de una determinada rama del saber. || Edificio de dicho centro. <> FAM. facultar, facultativo.

facultar v. tr. [1]. Conceder facultades a uno para algo.

facultativo, va adj. Relativo a una facultad. || Voluntario, no obligatorio. || Potestativo. ◆ s. Médico o cirujano.

facundia s. f. Exceso o facilidad de palabra.

fado s. m. Canción popular portuguesa.

faena s. f. Trabajo corporal o mental. || En tauromaquia, conjunto de las suertes realizadas desde el primer pase hasta la estocada. || *Fam.* Mala pasada. || *Chile.* Cuadrilla de peones u obreros. <> FAM. faenar, faenero. / enfaenado.

faenar v. tr. [1]. Realizar un trabajo, especialmente los pescadores profesionales.

faenero s. m. *Chile.* Trabajador del campo.

faetón s. m. Automóvil descubierto, con cuatro ruedas y dos asientos paralelos.

fafarachero, ra adj. *Amér. Central* y *Amér. Merid.* Fanfarrón.

fagocitar v. tr. [1]. Englobar una célula un cuerpo extraño para digerirlo o destruirlo.

fagocito s. m. Célula del organismo capaz de englobar y cuerpos extraños para digerirlos. <> FAM. fagocitar.

fagot s. m. Instrumento musical de viento de la familia de los oboes. ◆ s. m. y f. Persona que lo toca. <> FÁM. fagotista.

faisán s. m. Ave de alas cortas con brillante plumaje, y de carne apreciada.

faja s. f. Tira de cualquier materia que ro-

dea una persona o una cosa ciñéndola. || Prenda interior femenina de materia elástica que ciñe las caderas. || Lista o franja mucho más larga que ancha. <> FAM. fajar, fajilla, fajín. / refajo.

fajar v. tr. y pron. [1]. Rodear o envolver con faja. || Pegar, golpear. ◆ v. tr. *Cuba.* Enamorar a una mujer con propósitos deshonestos. || *P. Rico* y *R. Dom.* Pedir dinero prestado. ◆ **fajarse** v. pron. *C. Rica, P. Rico* y *R. Dom.* Emprender con ahínco un trabajo. <> FAM. fajador, fajadura, fajamiento. FAJA.

fajardeño, ña adj. y s. De Fajardo (Puerto Rico).

fajilla s. f. *Amér. Central* y *Méx.* Faja o tira de papel que se pone a los impresos para enviarlos por correo.

fajín s. m. Ceñidor que usan ciertos militares y funcionarios.

fajina s. f. Conjunto de haces de mies. || Toque militar de formación para las comidas. || Leña ligera para encender. || *Méx.* En el trabajo del campo, comida que se hace al mediodía.

fajo s. m. Haz², atado, paquete. || *Méx. Vulg.* Golpe, cintarazo. <> FAM. fajina.

falacia s. f. Engaño, fraude. || Sofisma, falso razonamiento.

falange s. f. Cada uno de los huesos que componen los dedos. || Cuerpo de tropas numeroso. || Conjunto de personas unidas para un fin. <> FAM. falangina, falangismo, falangista.

falangina s. f. ANAT. Segunda falange de los dedos.

falangismo s. m. Ideología de la Falange Española, partido fundado en 1933, de tendencia nacionalista.

falaz adj. Embustero, falso. || Que halaga y atrae con falsas apariencias. <> FAM. falacia, falazmente.

falca s. f. Cuña, pieza terminada en ángulo. || *Colomb.* Cerco que se pone como suplemento a las pailas. || *Méx.* y *Venez.* Especie de canoa grande provista de techo. <> FAM. falcar.

falda s. f. Prenda de vestir que va desde la cintura hacia abajo. || Regazo. || En el despiece de carne bovina, parte de la región inferior de las paredes abdominales. || Parte baja de las vertientes montañosas. ◆ pl. Conjunto de mujeres. <> FAM. faldeo, faldero, faldón. / jalda, minifalda.

faldeo s. m. *Argent., Chile* y *Cuba.* Falda de un monte.

faldero, ra adj. Relativo a la falda. || Mujeriego.

faldón s. m. En algunas prendas de vestir, parte que cae suelta desde la cintura. || Vertiente triangular de un tejado.

faldriquera s. f. Faltriquera*.

falencia s. f. *Argent.* En el lenguaje administrativo, quiebra de un comerciante. || *Argent.* Carencia, defecto.

falible adj. Que puede equivocarse o engañar. ‖ Que puede faltar o fallar. ⋄ FAM. falibilidad. / infalible. FALLAR².

falla¹ s. f. Defecto material de una cosa. ‖ Fractura de las capas geológicas, acompañada de un desplazamiento de los bloques. ‖ *Amér.* Fallo², deficiencia. ⋄ FAM. FALLAR².

falla² s. f. En Valencia, composición de figuras de madera y cartón que reproducen escenas satíricas de actualidad. ➡ pl. Festejos en que se queman estas figuras. ⋄ FAM. fallero.

fallar¹ v. tr. e intr. [1]. Decidir un jurado o un tribunal. ⋄ FAM. fallo¹.

fallar² v. intr. [1]. Frustrarse o salir fallida una cosa. ‖ Perder resistencia. ⋄ FAM. falla¹, fallido, fallo². / falible.

falleba s. f. Varilla de hierro acodillada en sus extremos, que sirve para cerrar las puertas o ventanas.

fallecer v. intr. [2m]. Morir, expirar. ⋄ FAM. fallecido, fallecimiento. / desfallecer.

fallero, ra adj. Relativo a las fallas de Valencia. ➡ s. Persona que toma parte en las fallas de Valencia. ⋄ FAM. FALLA².

fallido, da adj. Frustrado, sin efecto. ‖ Dícese del crédito o cantidad de dinero que se considera incobrable. ⋄ FAM. FALLAR².

fallo¹ s. m. Sentencia del jurado o tribunal. ⋄ FAM. FALLAR¹.

fallo² s. m. Fracaso en la ejecución de algo. ‖ Falta, deficiencia, error. ⋄ FAM. FALLAR².

falluto, ta adj. *Argent.* y *Urug. Vulg.* Hipócrita.

falo s. m. Miembro viril. ⋄ FAM. fálico.

falsario, ria adj. y s. Que falsea o falsifica.

falsear v. tr. [1]. Adulterar, corromper o contrahacer una cosa. ➡ v. intr. Perder una cosa su resistencia y firmeza. ⋄ FAM. falseador, falseamiento, falseo. FALSO, SA.

falsedad s. f. Cualidad de falso. ‖ Dicho o hecho falso.

falsete s. m. Voz artificial, más aguda que la natural.

falsía s. f. Falsedad al actuar o hablar.

falsificar v. tr. [1a]. Fabricar una cosa falsa. ‖ Falsear, contrahacer. ⋄ FAM. falsificación, falsificador. FALSO, SA.

falsilla s. f. Hoja de papel con líneas muy señaladas, que se pone debajo de otra para que aquéllas sirvan de guía.

falso, sa adj. Que no es verdadero o auténtico. ‖ Engañoso, fingido, traidor. ‖ Supuesto o simulado. ⋄ FAM. falsario, falsear, falsedad, falsete, falsía, falsificar, falsilla.

falta s. f. Carencia o privación de una cosa necesaria o útil. ‖ Acto contrario al deber u obligación. ‖ Ausencia de una persona. ‖ Defecto o imperfección en una cosa. ‖ Equivocación. ‖ Infracción del reglamento en un determinado deporte. ‖ Supresión de la menstruación en la mujer. ‖ DER. Hecho ilícito sancionado con una pena leve. ● **Echar en falta,** echar de menos. ‖ **Hacer falta,** ser necesario. ⋄ FAM. faltar, falto.

faltar v. intr. [1]. No estar una persona o cosa donde debiera. ‖ No haber una cosa o ser insuficiente. ‖ Quedar un remanente de tiempo o alguna acción por realizar. ‖ No acudir a un sitio. ‖ Acabarse, morir. ‖ Cometer una falta u ofender a alguien. ● **No faltaba,** o **faltaría, más,** desde luego, sin duda.

falto, ta adj. Defectuoso o necesitado de alguna cosa.

faltriquera s. f. Bolsillo de las prendas de vestir.

falúa s. f. Embarcación pequeña que emplean los jefes y autoridades de marina en los puertos. ⋄ FAM. falucho.

falucho s. m. Embarcación de vela latina. ‖ *Argent.* Sombrero de dos picos y ala abarquillada.

fama s. f. Circustancia de ser alguien o algo muy conocido. ‖ Opinión o juicio sobre alguien o algo. ⋄ FAM. famoso. / afamar, difamar, infamar.

famélico, ca adj. Hambriento. ⋄ FAM. HAMBRE.

familia s. f. Conjunto de personas que provienen de una misma sangre. ‖ Dinastía, estirpe, linaje. ‖ Prole, hijos. ‖ Conjunto de personas o cosas con alguna condición común. ‖ *Chile.* Enjambre de abejas. ‖ BIOL. Unidad sistemática de las clasificaciones que comprende varios géneros y es inferior al orden. ⋄ FAM. familiar, familiaridad, familiarizar.

familiar adj. Relativo a la familia. ‖ Dícese del trato llano y sin ceremonia. ‖ Dícese de aquello que uno sabe muy bien. ‖ Dícese del lenguaje coloquial. ➡ adj. y s. m. Pariente. ⋄ FAM. multifamiliar, unifamiliar. FAMILIA.

familiaridad s. f. Llaneza y confianza en el trato.

familiarizar v. tr. [1g]. Hacer familiar o común una cosa. ➡ **familiarizarse** v. pron. Acomodarse al trato familiar de uno. ‖ Adaptarse, acostumbrarse a algo.

famoso, sa adj. Que tiene fama. ‖ *Fam.* Que llama la atención por su gracia o por ser muy singular y extravagante.

fan s. m. y f. Fanático seguidor de una persona o de una moda.

fanático, ca adj. y s. Que defiende con excesivo celo o apasionamiento una creencia, una causa, etc. ‖ Entusiasmado ciegamente por una cosa. ⋄ FAM. fan, fanatismo, fanatizar.

fandango s. m. Canción o baile, ejecutado por una pareja, con acompañamiento de castañuelas. ‖ *Fam.* Bullicio, jaleo.

fané adj. *Fam.* Lacio, ajado.

fanega s. f. Medida de capacidad para

áridos. ‖ Medida agraria de superficie. ◇ FAM. fanegada.

fanerógamo, ma adj. y s. f. BOT. Relativo a un grupo de plantas que se reproducen por flores y semillas.

fanfarria s. f. Banda militar de música. ‖ *Fam.* Bravata, jactancia.

fanfarrón, na adj. y s. Dícese de la persona que presume con ostentación de alguna cualidad o haber. ◇ FAM. fanfarria, fanfarronada, fanfarronear, fanfarronería.

fanfarronear v. intr. [1]. Hablar con arrogancia y presunción.

fango s. m. Mezcla de tierra y agua. ‖ Deshonra, indignidad. ◇ FAM. fangal, fangosidad, fangoso. / enfangar.

fantasear v. tr. e intr. [1]. Imaginar algo fantástico. ◆ v. tr. Preciarse, vanagloriarse. ◇ FAM. fantaseador. FANTASÍA.

fantasía s. f. Facultad de la mente para representar cosas inexistentes. ‖ Producto mental de la imaginación que no tiene fundamento real. ◇ FAM. fantasear, fantasioso, fantástico.

fantasma s. m. Aparición de algo imaginado o de un ser inmaterial, como el alma de un difunto. ‖ Imagen de un objeto impresa en la fantasía. ‖ *Fam.* Persona entonada y presuntuosa. ◆ adj. Dícese de algunas cosas inexistentes, poco precisas, etc. ◇ FAM. fantasmagoría, fantasmal.

fantasmagoría s. f. Arte de representar figuras por medio de una ilusión óptica. ‖ Ilusión de los sentidos o figuración vana de la inteligencia. ◇ FAM. fantasmagórico. FANTASMA.

fantástico, ca adj. Producto de la imaginación o la fantasía. ‖ Estupendo, asombroso. ◇ FAM. fantásticamente. FANTASÍA.

fantoche s. m. Marioneta, títere. ‖ Persona de figura ridícula o grotesca. ‖ Fanfarrón. ◇ FAM. fantochada.

fañoso, sa adj. *Antill., Méx.* y *Venez.* Gangoso.

faquir s. m. En la India, mendigo que realiza actos de mortificación. ‖ Artista de circo que hace actos semejantes.

fara s. f. *Colomb.* Zarigüeya.

faradio s. m. Unidad de medida de capacidad eléctrica.

faralá s. m. Volante, banda de tela que adorna cortinas, vestidos, etc. ‖ *Fam.* Adorno excesivo y de mal gusto.

farallón s. m. Roca alta y tajada que sobresale en el mar o en la costa.

faramallero, ra adj. y s. *Chile* y *Méx.* Bravucón, farolero.

farándula s. f. Arte, trabajo y profesión de los cómicos. ◇ FAM. farandulero.

faraón s. m. Soberano del antiguo Egipto. ◇ FAM. faraónico.

faraónico, ca adj. Relativo a los faraones y a su época. ‖ Grandioso, fastuoso.

fardar v. intr. [1]. *Fam.* Alardear.

fardo s. m. Paquete grande y apretado.

farfolla s. f. Envoltura de las panojas del maíz, mijo y panizo. ‖ Cosa de mucha apariencia y poca entidad.

farfullar v. tr. [1]. *Fam.* Decir o hacer una cosa con atropello y confusión. ◇ FAM. farfulladamente, farfullador.

faringe s. f. Región entre la boca y el esófago, común a las vías digestivas y respiratorias. ◇ FAM. faringitis.

faringitis s. f. Inflamación de la faringe.

fariña s. f. *Argent., Bol., Colomb., Perú* y *Urug.* Harina gruesa de mandioca. ◇ FAM. HARINA.

fariseo s. m. Entre los judíos, miembro de una secta que afectaba rigor y austeridad. ‖ Hombre hipócrita.

farmacéutico, ca adj. Relativo a la farmacia. ◆ s. Persona que profesa la farmacia.

farmacia s. f. Ciencia que tiene por objeto la preparación de medicamentos. ‖ Local donde se venden los medicamentos.

fármaco s. m. Medicamento. ◇ FAM. farmacéutico, farmacia, farmacología, farmacopea.

farmacología s. f. Estudio científico de los medicamentos y de su uso. ◇ FAM. farmacológico, farmacólogo. FÁRMACO.

farmacopea s. f. Relación de indicaciones relativas a los medicamentos más comunes.

faro s. f. Torre con un potente foco luminoso para guiar los barcos y los aviones durante la noche. ‖ Proyector de luz de la parte delantera de un vehículo. ◇ FAM. farero, farol. / aerofaro.

farol s. m. Caja de cristal o materia transparente, con una luz para que alumbre. ‖ Jugada o envite falso que se hace para deslumbrar o desorientar. ◇ FAM. farola, farolazo, farolear, farolería, farolero, farolillo. FARO.

farola s. f. Farol grande para el alumbrado público.

farolazo s. m. *Amér. Central* y *Méx.* Trago de licor.

farolear v. intr. [1]. Fanfarronear. ◇ FAM. faroleo. FAROL.

farolero, ra adj. y s. Fanfarrón. ◆ s. Persona que tiene por oficio cuidar de las farolas del alumbrado público.

farolillo s. m. Farol hecho de papeles de colores, usado como adorno en verbenas y fiestas. ◆ pl. Planta herbácea de flores azules o blancas, que se cultiva en jardines.

farra s. f. Juerga, jarana. ● **Tomar** a uno **para la farra** (*Argent., Par.* y *Urug. Fam.*), burlarse de uno, tomarle el pelo.

farragoso, sa adj. Desordenado y confuso.

farruco, ca adj. *Fam.* Valiente, desafiante, terco.

farruto, ta adj. *Bol.* y *Chile.* Enteco, enfermizo.

farsa s. f. Pieza cómica breve. ‖ Obra dramática chabacana y grotesca. ‖ Arte y ambiente del teatro. ‖ Enredo para aparentar o engañar. ◇ FAM. farsante, farsear.

farsante adj. y s. Que finge lo que no siente o lo que no es.

fascículo s. m. Cada uno de los cuadernos en que se suele dividir un libro que se publica por partes. ‖ ANAT. Haz de fibras musculares o nerviosas. ◇ FAM. fasciculado.

fascinar v. tr. [1]. Atraer, seducir, retener la atención. ◇ FAM. fascinación, fascinador, fascinante.

fascismo s. m. Régimen basado en la dictadura de un partido único, la exaltación nacionalista y el corporativismo. ‖ Doctrina de este régimen. ◇ FAM. fascista. / facha².

fascista adj. y s. Partidario del fascismo. ◇ FAM. desfavorable. FAVOR.

fase s. f. Cada uno de los aspectos que presentan la Luna y otros planetas según los ilumina el Sol. ‖ Cada uno de los cambios sucesivos de un fenómeno en evolución. ‖ Cada una de las corrientes alternas que originan las corrientes polifásicas. ◇ FAM. bifásico, desfase, interfase, metafase, monofásico, polifásico, trifásico.

fastidiar v. tr. y pron. [1]. Causar fastidio o molestia.

fastidio s. m. Disgusto, molestia. ◇ FAM. fastidiar, fastidioso. HASTÍO.

fasto, ta adj. Memorable, venturoso. ◆ s. m. Fausto, lujo, suntuosidad. ◆ pl. Anales o relación de sucesos memorables por orden cronológico. ◇ FAM. nefasto. FAUSTO¹.

fastuoso, sa adj. Ostentoso, amigo de fausto y pompa. ◇ FAM. fastuosamente, fastuosidad. FAUSTO¹.

fatal adj. Inevitable: *destino fatal*. ‖ Nefasto, funesto. ‖ Malo, pésimo. ‖ Mortal. ◇ FAM. fatalidad, fatalismo, fatalista, fatalmente. / fatídico.

fatalidad s. f. Desgracia, adversidad. ‖ Fuerza del destino.

fatalismo s. m. Teoría que considera los acontecimientos como inevitables. ‖ Actitud del que acepta los acontecimientos, sin intentar modificarlos.

fatídico, ca adj. Que anuncia desgracias o las trae.

fatiga s. f. Agotamiento, cansancio. ‖ Dificultad al respirar. ‖ Molestia, penalidad.

fatigar v. tr. y pron. [1b]. Causar fatiga. ◇ FAM. fatiga, fatigador, fatigoso. / infatigable.

fatuo, tua adj. y s. Presuntuoso. ◇ FAM. fatuidad. / infatuar.

fauces s. f. pl. Parte posterior de la boca de los mamíferos.

fauna s. f. Conjunto de especies animales que viven en una región o un medio. ◇ FAM. fáunico. FAUNO.

fauno s. m. Semidiós de los romanos. ◇ FAM. fauna, faunesco.

fausto¹ s. m. Suntuosidad, lujo. ◇ FAM. fasto, fastuoso.

fausto², ta adj. Que causa alegría o felicidad. ◇ FAM. infausto.

fauvismo s. m. Corriente pictórica desarrollada en París, basada en la exaltación del color puro. ◇ FAM. fauvista.

favela s. f. *Amér.* Chabola, referido especialmente a Brasil.

favor s. m. Ayuda, servicio o protección gratuita. ‖ Apoyo, aprobación. ‖ Ayuda prestada por una persona con autoridad. ‖ Consentimiento de una dama para con un caballero. ‖ *Colomb.* Moño, lazo de cinta. ● A, o en, favor de, en beneficio y utilidad. ◇ FAM. favorable, favorecer, favorito. / disfavor.

favorable adj. Bueno, que beneficia. ◇ FAM. desfavorable. FAVOR.

favorecer v. tr. [2m]. Ayudar, proteger, beneficiar. ◆ v. tr. e intr. Sentar bien. ◇ FAM. favorecedor. / desfavorecer. FAVOR.

favoritismo s. m. Parcialidad del que atiende antes al favor que al mérito o a la equidad.

favorito, ta adj. Que se estima o aprecia con preferencia. ◆ adj. y s. DEP. Ganador más probable. ◇ FAM. favoritismo. FAVOR.

fax s. m. Telefax.

fayuca s. f. *Méx.* Contrabando, estraperlo. ◇ FAM. fayuquero.

fayuquero, ra adj. y s. *Méx.* Contrabandista, estraperlista.

faz s. f. Rostro o cara. ‖ Anverso, lado principal de una cosa. ◇ FAM. faceta, facial. / antifaz, facha¹, haz¹.

fe s. f. Creencia no basada en argumentos racionales. ‖ Confianza que se tiene en una persona o cosa. ‖ Conjunto de creencias religiosas. ‖ DER. Documento que acredita o certifica una cosa. ● Dar fe, asegurar, atestiguar una cosa. ◇ FAM. fedatario, fehaciente, fementido, fidedigno, fiel¹.

fealdad s. f. Calidad de feo.

febrero s. m. Segundo mes del año.

febrícula s. f. MED. Fiebre ligera. ◇ FAM. FIEBRE.

febrífugo, ga adj. y s. m. Que baja o quita la fiebre. ◇ FAM. FIEBRE.

febril adj. Relativo a la fiebre. ‖ Ardoroso, inquieto: *actividad febril.* ◇ FAM. FIEBRE.

fecal adj. Relativo a los excrementos. ◇ FAM. defecar. HEZ.

fecha s. f. Indicación del tiempo en que se hace u ocurre algo. ‖ Tiempo o momento actual. ◇ FAM. fechador, fechar.

fechador s. m. Utensilio para estampar fechas.

fechar v. tr. [1]. Poner la fecha en un escrito. ‖ Determinar la fecha de un escrito, monumento, suceso histórico, etc.

fechoría s. f. Acción especialmente mala, desmán.

fécula s. f. Sustancia compuesta de granos de almidón, abundante en determinados tubérculos.

fecundación s. f. Acción y efecto de fecundar.

fecundar v. tr. [1]. Hacer productiva una cosa. || Unirse el elemento reproductor masculino al femenino para dar origen a un nuevo ser. ◇ FAM. fecundable, fecundación, fecundador, fecundativo, fecundidad, fecundizar, fecundo.

fecundo, da adj. Capaz de fecundar o ser fecundado. || Que produce abundantes obras. ◇ FAM. infecundo. FECUNDAR.

fedatario adj. y s. m. DER. Funcionario que goza de fe pública. ◇ FAM. FE.

federación s. f. Agrupación de estados autónomos bajo una autoridad central. || Agrupación orgánica de colectividades humanas. || DEP. Organismo que regula y controla un deporte.

federal adj. Relativo a la federación o al federalismo. ◆ adj. y s. m. y f. Partidario del federalismo.

federalismo s. m. Sistema político en el que varios estados independientes comparten soberanía con una autoridad superior.

federar v. tr. y prn. [1]. Formar federación. ◇ FAM. federación, federal, federalismo, federalista, federativo. / confederar.

féferes s. m. pl. Colomb., C. Rica, Ecuad., Méx. y R. Dom. Bártulos, trastos, chismes.

fehaciente adj. Que da fe o atestigua como cierto. ◇ FAM. FE.

feldespato s. m. Silicato natural de potasio, sodio y calcio, frecuente en las rocas eruptivas. ◇ FAM. feldespático. ESPATO.

felicidad s. f. Estado del ánimo que se complace en la posesión de un bien. || Satisfacción, contento. || Suerte feliz.

felicitación s. f. Acción de felicitar. || Palabras, tarjeta, etc., con que se felicita.

felicitar v. tr. y prn. [1]. Expresar buenos deseos hacia una persona con motivo de algún suceso favorable. || Expresar el deseo de que una persona sea feliz. ◇ FAM. felicitación. FELIZ.

félido, da adj. y s. m. Relativo a una familia de mamíferos carnívoros con garras retráctiles, como el gato. ◇ FAM. felino.

feligrés, sa s. Miembro de una parroquia. ◇ FAM. feligresía.

felino, na adj. Relativo al gato. || Félido.

feliz adj. Que tiene u ocasiona felicidad. || Acertado, afortunado. || Que ocurre o sucede con felicidad y acierto. ◇ FAM. felicidad, felicitar, felizmente. / infeliz.

felonía s. f. Deslealtad, traición.

felpa s. f. Tela aterciopelada de algodón, seda, lana, etc. || Fam. Rapapolvo. ◇ FAM. felpear, felposo, felpudo. / afelpar.

felpear v. tr. [1]. Argent. y Urug. Reprender ásperamente.

felpudo, da adj. Hecho en forma de felpa. ◆ s. m. Esterilla afelpada que suele ponerse a la entrada de las casas.

femenino, na adj. Propio de la mujer. || Dícese del individuo animal o vegetal apto para producir células fecundables. ◆ adj. y s. m. LING. Que tiene la forma gramatical atribuida a los nombres que designan, en principio, seres del sexo femenino. || LING. Dícese del género de estos nombres.

fementido, da adj. Falto de fe y palabra. || Engañoso. ◇ FAM. FE.

fémina s. f. Mujer. ◇ FAM. femenil, femenino, femineidad, feminidad, feminismo, feminista, feminización, feminoide. HEMBRA.

feminidad s. f. Calidad de femenino.

feminismo s. m. Doctrina y movimiento que defiende la igualdad social, laboral, etc., entre el hombre y la mujer.

femoral adj. Relativo al fémur.

fémur s. m. Hueso que forma el eje del muslo. ◇ FAM. femoral.

fenecer v. intr. [2m]. Morir, fallecer. || Acabarse una cosa. ◇ FAM. fenecimiento.

fenicio, cia adj. y s. De Fenicia, país del Asia antigua. ◆ s. m. Antigua lengua semítica hablada en este país.

fénix s. m. Ave mitológica que renace de sus cenizas.

fenol s. m. Derivado oxigenado del benceno, presente en el alquitrán de hulla y producido industrialmente.

fenomenal adj. Relativo al fenómeno. || Muy grande o muy bueno.

fenómeno s. m. Cualquier manifestación material o espiritual. || Cosa extraordinaria o sorprendente. || Fam. Persona sobresaliente. ◆ adj. y adv. m. Magnífico, estupendo: estoy fenómeno. ◇ FAM. fenomenal, fenoménico, fenomenología.

fenomenología s. f. Estudio filosófico de los fenómenos. ◇ FAM. fenomenológico, fenomenología.

fenotipo s. m. BIOL. Conjunto de caracteres que se manifiestan visiblemente en un individuo. ◇ FAM. fenotípico. TIPO.

feo, a adj. Que carece de belleza. || Que desagrada o disgusta. || De aspecto malo o desfavorable. ◆ s. m. Desprecio, descortesía. ◇ FAM. fealdad. / afear.

feraz adj. Muy fértil: vega feraz. ◇ FAM. feracidad.

féretro s. m. Ataúd, caja.

feria s. f. Mercado o exposición que se celebra en lugar y fecha determinados. || Fiestas con espectáculos y diversiones. || Méx. Dinero menudo, cambio. ◇ FAM. ferial, feriante, feriar.

ferial adj. Relativo a la feria. ◆ s. m. Feria, mercado.

feriar v. tr. y prn. [1]. Comprar o vender en una feria.

fermentación s. f. Degradación de sustancias orgánicas por la acción de microorganismos.

fermentar v. intr. [1]. Sufrir una sustancia una fermentación. ◆ v. tr. Producir la fermentación. ◇ FAM. fermentable, fermentación, fermentado, fermentador, fermentativo, fermento.

fermento s. m. Agente productor de la fermentación.

fermio s. m. Elemento químico radiactivo.

fernandino, na adj. y s. De Maldonado (Uruguay).

ferocidad s. f. Crueldad.

ferodo s. m. Material reforzado con amianto, que se emplea principalmente para forrar las zapatas de freno.

feroz adj. Dícese de los animales que atacan y devoran. || Violento, cruel. || Dícese de lo que causa terror o destrozo. || Muy intenso: *hambre feroz.* ◇ FAM. ferocidad, ferozmente. FIERO, RA.

férreo, a adj. De hierro. || Duro, tenaz. || Del ferrocarril. ◇ FAM. ferrería, ferretería, férrico, ferrita, ferroso, ferruginoso. / ferrobús, ferrocarril, ferroviario. HIERRO.

ferretería s. f. Tienda donde se venden herramientas y otros objetos de metal. || Estos objetos. ◇ FAM. ferretero. FÉRREO, A.

férrico, ca adj. Dícese del compuesto de hierro trivalente.

ferrita s. f. Óxido de hierro natural hidratado.

ferrobús s. m. Tren ligero con tracción en ambos extremos. ◇ FAM. FÉRREO, A y BUS.

ferrocarril s. m. Camino con dos rieles paralelos, sobre los cuales ruedan los trenes. || Tren que circula por este camino. ◇ FAM. ferrocarrilero. FÉRREO, A y CARRIL.

ferrocarrilero, ra adj. *Amér.* Ferroviario.

ferroso, sa adj. Dícese del compuesto de hierro divalente.

ferroviario, ria adj. Relativo al ferrocarril. ◆ s. Persona empleada en los ferrocarriles. ◇ FAM. FÉRREO, A y VÍA.

ferruco, ca s. *Méx.* Muchacho, joven.

ferruginoso, sa adj. Que contiene hierro.

ferry s. m. Embarcación para el transporte de coches o trenes.

fértil adj. Que produce mucho. || BIOL. Dícese del ser vivo que puede reproducirse. ◇ FAM. fertilidad, fertilizar. / infértil.

fertilizante adj. Que fertiliza. ◆ s. m. Abono.

fertilizar v. tr. [1g]. Hacer fértil, especialmente la tierra. ◇ FAM. fertilizable, fertilizador, fertilizante. FÉRTIL.

férula s. f. Palmeta. || Tablilla para inmovilizar miembros fracturados. || Autoridad o dominio.

ferviente adj. Que tiene fervor o celo.

fervor s. m. Sentimiento religioso intenso. || Eficacia con que se hace algo. ◇ FAM. ferviente, fervoroso. / enfervorizar.

fervoroso, sa adj. Que tiene fervor.

festejar v. tr. [1]. Celebrar fiestas. || Cortejar a una mujer. || *Méx.* Golpear, zurrar. ◇ FAM. festejador, festejo. FIESTA.

festejo s. m. Acción y efecto de festejar. ◆ pl. Actos públicos de diversión.

festín s. m. Banquete explendido, acompañado a veces de baile, música u otros entretenimientos. ◇ FAM. FIESTA.

festival s. m. Serie de actividades artísticas dedicadas a un género o artista determinado. ◇ FAM. FIESTA.

festividad s. f. Fiesta o solemnidad con que se celebra algo.

festivo, va adj. De fiesta, que no se trabaja. || Alegre. ◇ FAM. festivamente, festividad. FIESTA.

festón s. m. Bordado en forma de onda a puntas, que adorna el borde de una cosa. || Bordado de realce cuyas puntadas están rematadas por un nudo. ◇ FAM. festonar, festonear.

festonear o **festonar** v. tr. [1]. Adornar con festón. || Constituir el borde ondulado de algo.

feta s. f. *Argent.* Lonja de fiambre.

fetal adj. Relativo al feto.

fetén s. f. y adj. Auténtico, verdadero.

fetiche s. m. Ídolo u objeto de veneración. || Objeto con propiedades mágicas. || Objeto capaz de convertirse por sí mismo en objeto de la sexualidad. ◇ FAM. fetichismo, fetichista.

fetichismo s. m. Culto a los fetiches. || Desviación sexual que sustituye el objeto sexual por un fetiche.

fétido, da adj. Que huele mal. ◇ FAM. fetidez. HEDER.

feto s. m. Producto de la concepción que no ha llegado a nacer, pero que tiene las formas de la especie. ◇ FAM. fetal.

feudal adj. Relativo al feudalismo.

feudalismo s. m. Sistema socioeconómico y político de la Edad Media, basado en la dependencia entre señores y vasallos.

feudatario, ria adj. y s. Sometido a vasallaje.

feudo s. m. Tierra u otro bien de que un señor investía a un vasallo, con determinadas obligaciones y derechos. ◇ FAM. feudal, feudalidad, feudalismo, feudatario.

fez s. m. Gorro de lana en forma de cono truncado, usado por turcos y moros.

fi s. f. Phi*, letra griega.

fiabilidad s. f. Calidad de fiable.

fiable adj. Digno de confianza. ◇ FAM. fiabilidad. FIAR.

fiaca s. f. *Argent., Chile, Méx. y Urug. Fam.* Pereza, flojera.

fiador, ra s. Persona que responde de la deuda de otra. ◆ s. m. Pieza o dispositivo que sirve para asegurar algo. || *Chile y Ecuad.* Cinta que sujeta el sombrero por debajo de la barba.

fiambre s. m. Alimento cocinado y preparado para comerse frío. || *Fam.* Cadáver. || *Guat.* Plato nacional hecho con varias carnes y conservas. ◇ FAM. fiambrera, fiambrería. FRÍO, A.

fiambrera s. f. Recipiente con tapa muy ajustada, usado para llevar comida. ‖ *Argent.* y *Urug.* Fresquera.

fiambrería s. f. *Argent.*, *Chile* y *Urug.* Tienda en la que se venden o preparan fiambres.

fianza s. f. Cualquier garantía, personal o real, prestada para el cumplimiento de una obligación. ◇ FAM. afianzar. FIAR.

fiar v. tr. [1t]. Responder uno de que otro cumplirá lo que promete o pagará lo que debe. ‖ Vender sin cobrar el precio para recibirlo en adelante. ◆ v. intr. y pron. Confiar. ◇ FAM. fiable, fiado, fiador, fianza. / confiar, desafiar.

fiasco s. m. Chasco, fracaso.

fibra s. f. Filamento que constituye determinados tejidos orgánicos o determinadas sustancias minerales. ‖ Filamento artificial usado en la industria textil. ◇ FAM. fibrilación, fibrina, fibroma, fibroso.

fibrilación s. f. Serie de contracciones violentas y desordenadas de las fibras del músculo cardíaco.

fibrina s. f. Sustancia filamentosa que contribuye a la formación del coágulo.

fibroma s. m. Tumor constituido por tejido fibroso.

fibroso, sa adj. Que tiene fibras.

ficción s. f. Acción y efecto de fingir o simular. ‖ Invención, creación de la imaginación. ◇ FAM. FINGIR.

ficha s. f. Pequeña placa de cartón, metal, etc., a la que se asigna un uso o valor convencional. ‖ Cada una de las piezas que se mueven en ciertos juegos de mesa. ‖ Hoja de papel o cartulina para anotar datos. ◇ FAM. fichar, fichero. / microficha.

fichaje s. m. Acción y efecto de fichar o contratar. ‖ Cantidad pagada por un contrato. ‖ Persona fichada.

fichar v. tr. [1]. Rellenar una ficha con datos y clasificarla donde corresponda. ‖ Contratar a un jugador o técnico deportivo. ◆ v. intr. Marcar un empleado en una ficha la hora de entrada y salida del trabajo. ◇ FAM. fichaje. FICHA.

fichero s. m. Caja o mueble adecuados para tener en ellos las fichas ordenadas. ‖ INFORMÁT. Conjunto de datos agrupados en una unidad independiente de tratamiento de la información.

ficticio, cia adj. Falso, no verdadero. ◇ FAM. FINGIR.

ficus s. m. Planta arbórea o arbustiva de hojas grandes, elípticas y brillantes, cultivada como planta ornamental.

fidedigno, na adj. Digno de fe y crédito. ◇ FAM. FE y DIGNO, NA.

fideicomiso s. m. DER. Disposición por la que el testador deja su herencia a una persona para que haga con ella lo que se le señale. ◇ FAM. fideicomisario, fideicomitente.

fidelidad s. f. Cualidad de fiel. ● **Alta fidelidad,** sistema de reproducción del sonido con una gran calidad.

fideo s. m. Pasta de harina de trigo, en forma de hilo más o menos delgado. ‖ *Fam.* Persona muy delgada.

fiduciario, ria adj. y s. DER. Que está encargado de un fideicomiso. ◆ adj. Dícese de los valores ficticios, basados en el crédito o confianza: *moneda fiduciaria.*

fiebre s. f. Elevación patológica de la temperatura central del cuerpo. ‖ Conjunto de alteraciones que acompañan este estado. ‖ Estado de tensión o de agitación de un individuo o de un grupo. ◇ FAM. febrícula, febrífugo, febril.

fiel¹ adj. Dícese de la persona que corresponde a lo que exige de ella el amor, la amistad, el deber, etc. ‖ Exacto, verídico. ◆ adj. y s. m. y f. Que tiene fe, según prescribe su propia religión. ◇ FAM. fidelidad, fielmente. / infiel. FE.

fiel² s. m. Aguja que en las balanzas y romanas marca el equilibrio. ‖ Clavillo que asegura las hojas de las tijeras.

fieltro s. m. Especie de paño no tejido, que resulta de conglomerar borra, lana o pelo. ◇ FAM. filtro².

fiera s. f. Animal salvaje e indómito, cruel y carnicero. ‖ Persona cruel o de mal carácter.

fiero, ra adj. Relativo a las fieras. ‖ Feroz, cruel. ‖ Grande, intenso. ◇ FAM. fiera, fieramente, fiereza. / fiar.

fierro s. m. *Amér.* Hierro. ‖ *Amér.* Hierro para marcar el ganado. ‖ *Argent.*, *Chile*, *Méx.* y *Urug.* Vulg. Puñal, arma blanca. ◆ pl. *Méx.* Dinero. ◇ FAM. HIERRO.

fiesta s. f. Reunión social para divertirse. ‖ Conjunto de actos y diversiones con motivo de una celebración. ‖ Día no laborable en que se celebra alguna solemnidad civil o religiosa. ‖ Alegría, regocijo. ◆ pl. Ciertos días festivos: *fiestas de Navidad.* ◇ FAM. festejar, festín, festival, festivo. / aguafiestas.

fifí adj. y s. m. *Argent.*, *Par.* y *Urug.* Dícese de la persona ociosa y presuntuosa, de familia adinerada.

fifiriche adj. *C. Rica.* Raquítico, flaco, enclenque.

figón s. m. Casa donde se sirven comidas. ◇ FAM. figonero.

figura s. f. Forma exterior de un cuerpo. ‖ Tipo, silueta. ‖ Persona de renombre. ‖ Cosa que representa o significa otra. ‖ Serie de posturas ejecutadas en la danza, la gimnasia, etc. ‖ Personaje de la obra dramática. ‖ Pieza de ciertos juegos de mesa. ‖ MAT. Espacio cerrado por líneas o superficies. ‖ MÚS. Representación de una nota, que indica su duración. ◇ FAM. figurar, figurín, figurita, figurón. / configurar, desfigurar, prefigurar, transfigurar.

figuración s. f. Acción y efecto de figurar o figurarse una cosa. ‖ CINE y TV. Conjunto de actores secundarios.

figurado, da adj. Dícese del sentido en que se toman las voces o frases distinto del que recta y literalmente significan.

figurante s. m. y f. Comparsa de teatro, cine o televisión.

figurar v. tr. [1]. Formar la figura de una cosa. || Aparentar, fingir. ➤ v. intr. Estar entre determinadas personas o cosas. || Desempeñar un brillante papel en sociedad. ➤ **figurarse** v. pron. Imaginarse, suponer algo. ⬦ FAM. figurable, figuración, figurado, figurante, figurativo. FIGURA.

figurativo, va adj. Que es o sirve de representación de una cosa. || Dícese del arte que representa cosas de la realidad.

figurín s. m. Dibujo o modelo pequeño para trajes y adornos de moda. || Revista de modas. || Persona vestida con elegancia afectada. ⬦ FAM. figurinista. FIGURA.

figurita s. f. Argent. Cromo, estampa con la que juegan los niños.

figurón s. m. Fam. Persona presumida.

fija s. f. Argent. En el lenguaje hípico, competidor al que se le adjudica un triunfo seguro. || Argent. Información pretendidamente cierta, respecto de algún asunto controvertido o posible.

fijación s. f. Acción y efecto de fijar. || Obsesión, manía.

fijador, ra adj. Que fija. ➤ s. m. Producto mucilaginoso que sirve para fijar los cabellos.

fijar v. tr. [1]. Clavar, pegar o sujetar algo en algún sitio. || Determinar, establecer, precisar. ➤ **fijarse** v. pron. Darse cuenta. ⬦ FAM. fijación, fijado, fijador. FIJO, JA.

fijeza s. f. Firmeza, seguridad. || Persistencia, continuidad.

fijo, ja adj. Colocado de modo que no pueda moverse o soltarse. || Inmóvil. || No sujeto a cambios. ⬦ FAM. fija, fijamente, fijar, fijeza. / afijo, infijo, prefijo, sufijo.

fila s. f. Línea formada por personas o cosas colocadas unas detrás de otras. ➤ pl. Servicio militar. || Bando, partido. ⬦ FAM. desfilar, enfilar.

filamento s. m. Cuerpo filiforme. ⬦ FAM. filamentoso. HILO.

filantropía s. f. Cualidad de filántropo.

filántropo, pa s. Persona que se distingue por su amor a sus semejantes. ⬦ FAM. filantropía, filantrópico.

filarmonía s. f. Afición a la música. ⬦ FAM. filarmónico. ARMONÍA.

filarmónico, ca adj. y s. Apasionado por la música. ➤ adj. y s. f. Dícese de determinadas sociedades musicales.

filatelia s. f. Estudio de los sellos y afición a coleccionarlos. ⬦ FAM. filatélico, filatelista.

filete s. m. Lonja de carne o de pescado. || Línea fina de adorno. || Línea que se utiliza para separar o enmarcar los textos o las ilustraciones. ⬦ FAM. filetear.

fileteado s. m. Argent. Ornamentación artesanal de filetes hecha sobre la caja o carrocería de un vehículo. || Argent. Técnica de esta artesanía.

filetear v. tr. [1]. Adornar con filetes. ⬦ FAM. fileteado. FILETE.

filfa s. f. Mentira, noticia falsa, engañifa. || Méx. Pifia.

filiación s. f. Conjunto de datos personales de un individuo. || Circunstancia de estar afiliado a cierto partido. || DER. Lazo natural y jurídico que une a los hijos con sus padres.

filial adj. Relativo al hijo. ➤ adj. y s. f. Dícese del establecimiento, organismo, etc., que depende de otro principal. ⬦ FAM. filiación, filiar. / afiliar. HIJO, JA.

filiar v. tr. [1]. Tomar la filiación.

filibustero s. m. Pirata del mar de las Antillas, en el s. XVII. ⬦ FAM. filibusterismo.

filiforme adj. Que tiene forma de hilo. ⬦ FAM. HILO.

filigrana s. f. Trabajo de orfebrería hecho con hilos de plata u oro. || Obra de gran habilidad y finura. ⬦ FAM. afiligranar.

filípica s. f. Invectiva, censura acre.

filipino, na adj. y s. De Filipinas.

filisteo s. adj. y s. Relativo al individuo de una pequeña nación enemiga de los israelitas que existió al norte de Egipto.

film s. m. Filme.

filmar v. tr. [1]. Tomar o fotografiar una escena en movimiento en una película. ⬦ FAM. filmación, filmador. FILME.

filme s. m. Película cinematográfica. ⬦ FAM. film, filmar, fílmico, filmografía, filmoteca. / microfilme, telefilme.

filmografía s. f. Conjunto de películas de un género, un director, un actor, etc. ⬦ FAM. filmográfico, filmógrafo. FILME.

filmoteca s. f. Lugar donde se conservan películas para su difusión y proyección. || Colección de filmes.

filo s. m. Lado afilado de un instrumento cortante. ⬦ FAM. filoso, filudo. / afilar. HILO.

filo- pref. Significa 'amigo', 'amante de': filósofo, filólogo.

filogenia s. f. Estudio de la formación y encadenamiento de líneas evolutivas animales o vegetales. ⬦ FAM. filogenético.

filología s. f. Estudio de una lengua y de los documentos escritos que la dan a conocer. ⬦ FAM. filológico, filólogo.

filón s. m. Fisura del terreno llena de roca eruptiva o mineral. || Negocio o asunto del que se espera sacar provecho.

filoso, sa adj. Amér. Que tiene filo. || Méx. Dícese de la persona dispuesta o bien preparada para hacer algo.

filosofar v. intr. [1]. Reflexionar sobre los problemas y cuestiones de la filosofía. ⬦ FAM. filosofador. FILOSOFÍA.

filosofía s. f. Conjunto de reflexiones sobre los principios del conocimiento, pensamiento y acción humanos. || Conjunto de principios que se establecen o suponen para explicar cierta clase de hechos. ‖ Serenidad para soportar los contratiempos. ◇ FAM. filosofal, filosofar, filosófico, filósofo.

filósofo, fa s. Persona que se dedica a la filosofía.

filoxera s. f. Minúsculo pulgón que ataca la vid. ‖ Enfermedad de la vid, causada por este pulgón. ◇ FAM. filoxérico.

filtrar v. tr. [1]. Hacer pasar por un filtro. ← v. tr., intr. y pron. Dejar un cuerpo sólido pasar un fluido a través de sus poros o resquicios. ← v. intr. y pron. Pasar subrepticiamente una noticia, una idea, etc. ← filtrarse v. pron. Desaparecer inadvertidamente los bienes o el dinero. ◇ FAM. filtración, filtrado, filtrador, filtrante. / infiltrar. FILTRO¹.

filtro¹ s. m. Cuerpo poroso a través del cual se hace pasar un fluido, para limpiarlo de las materias que contiene en suspensión. ‖ Cuerpo transparente que se coloca delante de un objetivo para interceptar determinados rayos del espectro. ◇ FAM. filtrar. FIELTRO.

filtro² s. m. Poción a la que se atribuyen poderes mágicos.

filudo, da adj. *Amér.* Que tiene mucho filo.

fimosis s. f. Estrechamiento del prepucio que impide descubrir el glande.

fin s. m. o f. Hecho de terminarse una cosa. ← s. m. Finalidad o motivo de algo. ● **A fin de**, con objeto de, para. ‖ **Al fin**, después de vencidos todos los obstáculos. ‖ **Por último**. ‖ **Al fin y al cabo**, se emplea para afirmar una cosa que está en oposición con algo dicho anteriormente. ‖ **En fin**, en resumidas cuentas. ◇ FAM. finado, final, finalidad, finito. / afín, confín, finiquito, finisecular, sinfín.

finado, da s. Persona muerta. ◇ FAM. finar. FIN.

final adj. Que termina una cosa. ‖ LING. Se aplica a la conjunción que indica finalidad y a la oración que introduce. ← s. m. Fin, término. ← s. f. Última y decisiva competición de un campeonato o concurso. ◇ FAM. finalista, finalizar, finalmente. / semifinal. FIN.

finalidad s. f. Objetivo o utilidad de algo.

finalista adj. y s. m. y f. Que llega a la prueba final en un certamen deportivo, concurso literario, etc.

finalizar v. tr. e intr. [1g]. Terminar, acabar.

financiar v. tr. [1]. Dar dinero para llevar a cabo un negocio o actividad. ◇ FAM. financiación, financiamiento. FINANZAS.

financiero, ra adj. Relativo a las finanzas. ← s. Especialista en materia de operaciones financieras.

financista adj. y s. m. y f. *Amér.* Persona que financia.

finanzas s. f. pl. Conjunto de actividades

relacionadas con la inversión del dinero. ◇ FAM. financiar, financiero, financista.

finca s. f. Propiedad inmueble rústica o urbana. ◇ FAM. fincar. / afincar.

fincar v. intr. [1a]. *Méx.* Construir una casa.

finés, sa adj. y s. De un antiguo pueblo que se extendió por el norte de Europa y que dio nombre a Finlandia. ‖ Finlandés. ← s. m. Lengua hablada por los fineses.

fingimiento s. m. Acción y efecto de fingir.

fingir v. tr. y pron. [3b]. Hacer creer con palabras, gestos o acciones algo que no es verdad. ‖ Simular, aparentar. ◇ FAM. fingido, fingidor, fingimiento. / ficción, ficticio.

finiquitar v. tr. [1]. Saldar una cuenta. ‖ *Fam.* Acabar, rematar.

finiquito s. m. Hecho de finiquitar una cuenta o un contrato laboral. ‖ Documento en el que consta. ◇ FAM. finiquitar. FIN.

finisecular adj. Relativo al fin de un siglo determinado.

finito, ta adj. Que tiene fin. ◇ FAM. infinito. FIN.

finlandés, sa adj. y s. De Finlandia. ← s. m. Idioma hablado en Finlandia.

fino, na adj. Delgado, de poco grosor. ‖ Selecto, de buena calidad. ‖ Agudo o hábil. ‖ Liso, sin asperezas. ‖ Educado, amable. ← adj. y s. m. Dícese de un tipo de vino claro. ◇ FAM. finamente, fineza, finolis, finura. / afinar, refinar.

finolis adj. y s. m. y f. *Fam.* Que tiene una finura exagerada.

finta s. f. Ademán o amago que se hace con intención de engañar a alguien. ◇ FAM. fintar, fintear.

finura s. f. Calidad de fino. ‖ Urbanidad, cortesía.

fiordo s. m. Antiguo valle glaciar invadido por el mar.

fique s. m. *Colomb.*, *Méx.* y *Venez.* Fibra de la pita.

firma s. f. Nombre de una persona, generalmente acompañado de una rúbrica. ‖ Acción de firmar. ‖ Conjunto de cartas y documentos que se firman. ‖ Nombre comercial, empresa o establecimiento mercantil. ◇ FAM. antefirma. FIRMAR.

firmamento s. m. Cielo. ◇ FAM. FIRME.

firmar v. tr. [1]. Poner uno su firma en un escrito. ◇ FAM. firma, firmante. FIRME.

firme adj. Que no se mueve ni vacila. ‖ Que no cede ante algo. ‖ Constante, entero. ← s. m. Capa sólida de terreno donde se asientan los cimientos de una obra. ‖ Pavimento de una carretera, calle, etc. ← adv. m. Con firmeza. ● **¡Firmes!** interj. MIL. Voz de mando para que la tropa en formación se cuadre. ◇ FAM. firmamento, firmar, firmemente, firmeza. / afirmar, confirmar.

firmeza s. f. Estabilidad, fortaleza. ‖ Entereza, fuerza moral.

firulete s. m. *Amér. Merid.* Adorno superfluo y de mal gusto.

fiscal adj. Relativo al fisco o al oficio del fiscal. ◆ s. m. y f. Funcionario que representa el ministerio público en los tribunales. ‖ *Bol.* y *Chile.* Seglar que cuida de una capilla rural. ◇ FAM. fiscalía. FISCO.

fiscalía s. f. Oficio de fiscal. ‖ Oficina del fiscal.

fiscalizar v. tr. [1g]. Sujetar a la inspección fiscal. ◇ FAM. fiscalizable, fiscalización, fiscalizador. FISCO.

fisco s. m. Tesoro del estado. ‖ Administración que recauda los impuestos públicos. ◇ FAM. fiscal, fiscalizar. / confiscar.

fisga s. f. *Guat.* y *Méx.* Banderilla del toreo.

fisgar v. tr. e intr. [1b]. Procurar enterarse indiscretamente de cosas ajenas. ◇ FAM. fisgador, fisgón. / fisgonear.

fisgón, na adj. y s. Que fisgonea.

fisgonear v. tr. e intr. [1]. Fisgar. ◇ FAM. fisgoneo. FISGAR.

fisiatría s. f. Naturismo médico. ◇ FAM. fisiatra, fisiátrico.

física s. f. Ciencia que estudia las propiedades de la materia y las leyes que dan cuenta de los fenómenos naturales. ◇ FAM. físico. / astrofísica, biofísica, geofísica, metafísica.

físico, ca adj. Relativo a la física. ‖ Material. ‖ Del cuerpo. ‖ *Cuba* y *Méx.* Pedante, melindroso. ◆ s. Persona que se dedica a la física. ◆ s. m. Aspecto exterior de una persona.

fisio- pref. Significa 'naturaleza': *fisioterapia.*

fisiología s. f. Ciencia que trata de las funciones orgánicas y los mecanismos que las regulan. ◇ FAM. fisiológico, fisiólogo.

fisión s. f. FÍS. División del núcleo de un átomo pesado en dos o varios fragmentos. ◇ FAM. fisionar. FISURA.

fisioterapia s. f. Tratamiento médico con agentes naturales. ◇ FAM. fisioterapeuta, fisioterapéutico, fisioterápico. TERAPIA.

fisonomía s. f. Aspecto del rostro de una persona. ◇ FAM. fisonómico, fisonomista, fisónomo.

fisonomista adj. y s. m. y f. Dícese de la persona que recuerda fácilmente los rasgos del rostro de las personas.

fístula s. f. MED. Conducto anormal que comunica un órgano con el exterior o con otro órgano. ◇ FAM. fistular, fistuloso.

fisura s. f. Grieta o raja. ◇ FAM. fisión.

fito- pref. Significa 'vegetal': *fitófago.*

fitófago, ga adj. y s. m. Que se alimenta de vegetales.

fláccido, da o **flácido, da** adj. Blando, flojo y carente de tersura. ◇ FAM. flaccidez. FLACO, CA.

flaco, ca adj. De pocas carnes. ‖ Endeble,

sin fuerza. ◇ FAM. fláccido, flácido, flacura, flaquear, flaqueza. / enflaquecer.

flagelado, da adj. y s. m. Relativo a una clase de protozoos caracterizados por la posesión de flagelos.

flagelar v. tr. y pron. [1]. Pegar golpes con un flagelo. ◇ FAM. flagelación, flagelado, flagelador, flagelante. FLAGELO.

flagelo s. m. Azote, instrumento para azotar. ‖ Calamidad. ‖ BIOL. Filamento móvil de ciertos protozoos. ◇ FAM. flagelar.

flagrante adj. Claro, evidente. ◇ FAM. conflagración, deflagrar.

flama s. f. Llama. ‖ Reflejo o reverbero de una llama. ◇ FAM. flamante, flamear, flamígero. / inflamar, oriflama. LLAMA[1].

flamante adj. Brillante, resplandeciente. ‖ Nuevo, reciente. ◇ FAM. FLAMA.

flamboyán s. m. *Méx.* Árbol de tronco ramificado y flores muy vistosas y abundantes, de color rojo encendido.

flamear v. intr. [1]. Despedir llamas. ‖ Ondear al viento las velas o las banderas. ‖ Aplicar a algo una llama. ◇ FAM. FLAMA.

flamenco, ca adj. y s. De Flandes. ‖ Descarado, insolente. ‖ Dícese de lo relacionado con los cantes y bailes gitanos influidos por rasgos andaluces y orientales. ◆ s. m. Idioma que se habla en Flandes. ‖ Ave de gran tamaño de cuello largo y flexible, grandes patas y pico acodado. ◇ FAM. flamencología, flamenquería, flamenquismo. / aflamencado.

flamencología s. f. Conjunto de conocimientos y técnicas sobre el cante y el baile flamenco. ◇ FAM. flamencólogo. FLAMENCO, CA.

flamígero, ra adj. Que arroja llamas o imita su figura. ‖ ARQ. Dícese del último período del gótico, caracterizado por la decoración con curvas. ◇ FAM. FLAMA.

flan s. m. Dulce de yemas de huevo, leche y azúcar batidos y cuajados en un molde. ◇ FAM. flanera.

flanco s. m. Lado, lateral de un cuerpo visto de frente. ‖ Costado de un buque o de un cuerpo de tropa. ◇ FAM. flanquear.

flanera s. f. Molde en que se cuaja el flan.

flanquear v. tr. [1]. Estar colocado o colocarse en el flanco de algo o alguien. ‖ MIL. Proteger los flancos del ejército. ◇ FAM. flanqueado, flanqueador, flanqueo. FLANCO.

flaquear v. intr. [1]. Debilitarse, ir perdiendo la fuerza. ‖ Estar en cierta materia menos enterado. ◇ FAM. FLACO, CA.

flaqueza s. f. Cualidad de flaco. ‖ Fragilidad o acción reprensible cometida por debilidad. ◇ FAM. FLACO, CA.

flash s. m. Aparato productor de intensos destellos luminosos, para tomar fotografías. ‖ Breve información sobre noticias de última hora. ‖ *Fam.* Impresión fuerte.

flash-back s. m. Secuencia cinematográfica que describe una acción pasada con respecto a la acción principal.

flato s. m. Acumulación de gases en el tubo digestivo. ‖ *Amér.* Melancolía, tristeza. ◇ FAM. flatoso, flatulencia.

flatulencia s. f. Flato.

flauta s. f. Instrumento musical de viento, formado por un tubo vacío con agujeros. ◆ s. m. y f. Flautista. ◇ FAM. flautín, flautista. / aflautar, enflautar.

flautín s. m. Flauta pequeña de sonido agudo.

flebitis s. f. Inflamación de una vena.

flecha s. f. Arma arrojadiza compuesta por una vara con una punta afilada. ‖ Cosa que tiene esta forma. ‖ Punta de un campanario. ‖ Sagita. ◇ FAM. flechar, flechazo, flechero.

flechar v. tr. e intr. [1]. Colocar la flecha en el arco.

flechazo s. m. Golpe o herida causados por una flecha. ‖ Enamoramiento súbito.

flechilla s. f. *Argent.* Nombre genérico de varias especies de la familia de las gramíneas.

fleco s. m. Adorno compuesto por una serie de hilos o cordoncillos colgantes de una tira de tela o pasamanería. ‖ Borde deshilachado de una tela. ◇ FAM. flequillo.

fleje s. m. Tira de metal para asegurar las duelas de cubas o para embalar. ‖ Pieza alargada y curva para muelles y resortes.

flema s. f. Mucosidad que se arroja por la boca. ‖ Tardanza, lentitud. ‖ Serenidad. ◇ FAM. flemático, flemón, flemoso.

flemón s. m. PATOL. Inflamación del tejido conjuntivo.

flequillo s. m. Mechón de cabello sobre la frente. ◇ FAM. FLECO.

fletante s. m. y f. *Chile* y *Ecuad.* Persona que da en alquiler una nave o una bestia para transportar personas o mercaderías.

fletar v. tr. [1]. Contratar un vehículo para el transporte de mercaderías o personas. ‖ *Chile* y *Perú.* Soltar palabras inconvenientes. ‖ *Argent., Chile* y *Urug.* Despedir a alguien de un trabajo. ◆ v. tr. y pron. Embarcar mercancías o personas para su transporte. ◆ **fletarse** v. pron. *Cuba.* Marcharse de pronto. ‖ *Méx.* Encargarse a disgusto de un trabajo pesado. ◇ FAM. fletador, fletante. FLETE.

flete s. m. Precio estipulado por el alquiler de un buque u otro medio de transporte. ‖ Carga que se transporta en un buque, camión o avión. ‖ *Argent.* y *Urug.* Caballo ligero. ‖ *Argent.* Vehículo que hace transporte de mercancías por alquiler. ◆ FAM. fletar, fletar, fletero.

fletero, ra adj. *Amér.* Dícese del vehículo que se alquila para transporte. ◆ adj. y s. *Amér.* Se dice de la persona que tiene por oficio hacer transportes. ◆ s. m. *Chile* y *Perú.* El que transporta personas o mercancías en un puerto. ◆ s. f. *Cuba.* Prostituta callejera.

flexibilizar v. tr. y pron. [1g]. Hacer flexible.

flexible adj. Que se dobla fácilmente. ‖ Dícese del ánimo o genio que tiene disposición a ceder. ‖ Dúctil, acomodadizo. ◇ FAM. flexibilidad, flexibilizar, flexión, flexo. / inflexible.

flexión s. f. Acción y efecto de doblar o doblarse. ‖ LING. Alteración de las voces conjugables y declinables con el cambio de desinencias. ◇ FAM. flexional, flexionar, flexivo, flexor. / genuflexión, inflexión, reflexión. FLEXIBLE.

flexionar v. tr. y pron. [1]. Hacer flexiones con el cuerpo.

flexivo, va adj. LING. Relativo a la flexión de las voces.

flexo s. m. Lámpara de mesa con brazo flexible.

flexor, ra adj. Que dobla o hace que una cosa se doble.

fliparse v. pron. [1]. *Fam.* Drogarse. ◇ FAM. flipe.

flirtear v. intr. [1]. Coquetear. ◇ FAM. flirt, flirteo.

flojear v. intr. [1]. Flaquear. ‖ Decaer.

flojera s. f. *Fam.* Flojedad.

flojo, ja adj. Poco apretado o poco tirante. ‖ Con poca fortaleza o vigor. ◆ adj. y s. Poco activo y cuidadoso. ◇ FAM. flojear, flojedad, flojera. / aflojar, boquiflojo.

flor s. f. Órgano reproductor de las plantas, formado por hojas de vivos colores. ‖ Lo mejor de una cosa. ‖ Piropo, requiebro. ‖ Capa superior y externa de algunos minerales o líquidos. ‖ *Chile.* Mancha pequeña y blanca que aparece en las uñas. ● **Flor y nata,** lo mejor y más selecto. ● **A flor de,** casi en la superficie. ◇ FAM. flora, floración, floral, florar, florear, florecer, florero, floricultura, florido, florilegio, floripondio, florista, floristería. / aflorar, coliflor, desflorar, inflorescencia, picaflor.

flora s. f. Conjunto de las especies vegetales que crecen en una región.

floración s. f. Eclosión de las flores y tiempo en que ocurre.

floral adj. Relativo a la flor.

florear v. tr. [1]. Adornar con flores. ◆ v. intr. Hacer arpegios con la guitarra. ◇ FAM. floreado, floreo. FLOR.

florecer v. intr. [2m]. Dar flores las plantas. ‖ Prosperar, crecer. ‖ Existir. ◆ **florecerse** v. pron. Ponerse mohoso. ◇ FAM. florecedor, floreciente, florecimiento. / reflorecer. FLOR.

floreciente adj. Que florece. ‖ Próspero, favorable.

florentino, na adj. y s. De Florencia.

floreo s. m. Acción y efecto de florear. ‖ Cosa que se hace o dice como demostración de habilidad o ingenio.

florero s. m. Vaso para poner flores.

floresta s. f. Bosque frondoso o lugar poblado de vegetación.

florete s. m. Espada delgada que se emplea en esgrima.

floricultura s. f. Cultivo de las flores. ◇ FAM. floricultor. FLOR.

florideno, na adj. y s. De Florida (Honduras).

florido, da adj. Que tiene flores. || Dícese del lenguaje o estilo muy adornado. || Escogido, selecto.

florilegio s. m. Colección de fragmentos literarios selectos.

florín s. m. Unidad monetaria de los Países Bajos, Surinam y Hungría.

floripondio s. m. Arbusto del Perú, con flores en forma de embudo y muy olorosas. || Adorno exagerado y de mal gusto.

florista s. m. y f. Persona que hace o vende flores.

floritura s. f. Conjunto de adornos añadidos a la melodía. || Adorno, ornato accesorio.

flota s. f. Conjunto de navíos que operan en determinada zona. || Conjunto de fuerzas navales o aviones de un país o de una compañía. || Conjunto de vehículos para un servicio. || *Chile.* Multitud, caterva. || *Colomb.* Autobús de servicio intermunicipal. || *Colomb.* Fanfarronada. ◇ FAM. flotar.

flotación s. f. Acción y efecto de flotar. || ECON. Estado de una moneda cuyo cambio no está sujeto a paridad oficial.

flotador s. m. Salvavidas. || Cuerpo que flota en un líquido.

flotante adj. Que flota. || Sometido a variaciones o cambios.

flotar v. intr. [1]. Permanecer en equilibrio en la superficie de un líquido. || Difundirse en el ambiente algo inmaterial. || Ondear en el aire. ◇ FAM. flotabilidad, flotable, flotación, flotador, flotadura, flotamiento, flotante, flote. FLOTA.

flote s. m. Acción y efecto de flotar. • A flote, flotando sobre un líquido. A salvo de peligros y dificultades. || Salir a flote, recuperarse, superar un inconveniente o dificultad.

fluctuar v. intr. [1s]. Variar, oscilar. || Dudar en la resolución de algo. ◇ FAM. fluctuación, fluctuante, fluctuoso.

fluidez s. f. Calidad de fluido.

fluido, da adj. y s. m. Dícese de los cuerpos, gases y líquidos, que cambian de forma sin esfuerzo. ➜ adj. Que corre fácilmente. || Fácil y natural: *lenguaje fluido.* ◇ FAM. fluidez, fluidificar. FLUIR.

fluir v. intr. [29]. Correr o brotar un fluido. || Surgir de forma fácil y natural. ◇ FAM. fluido, flujo, fluxión. / afluir, confluir, efluvio, influir, refluir.

flujo s. m. Movimiento de las cosas fluidas. || Subida de la marea. || MED. Salida abundante, al exterior del organismo, de un líquido normal o patológico. ◇ FAM. FLUIR.

fluminense adj. y s. m. y f. De Río de Janeiro (Brasil).

flúor s. m. Cuerpo simple gaseoso, amarillo verdoso, de efectos corrosivos y sofocantes. ◇ FAM. fluorescencia.

fluorescencia s. f. Propiedad de algunos cuerpos de emitir luz cuando reciben una radiación. ◇ FAM. fluorescente. FLÚOR.

fluorescente adj. Dotado o producido por fluorescencia. ➜ s. m. Tubo de cristal que produce luz por fluorescencia.

flus s. m. *Colomb.* y *Venez.* Terno, traje completo de hombre.

fluvial adj. Relativo a los ríos.

fluxión s. f. MED. Acumulación morbosa de humores. ◇ FAM. FLUIR.

fobia s. f. Temor irracional a ciertos objetos o a situaciones o personas concretas. || Odio o antipatía hacia alguien o algo.

foca s. f. Mamífero acuático de cuello corto y oídos sin pabellón, que habita normalmente en zonas frías.

focal adj. Relativo al foco. ◇ FAM. bifocal. FOCO.

focha s. f. Ave zancuda de plumaje oscuro, parecida a la becada, que vive entre las cañas de lagos y estanques.

foco s. m. Lámpara que emite una luz potente. || Punto central de donde proviene algo. || Punto de donde parten o donde se concentran radiaciones u ondas. || *Amér.* Bombilla. || *Amér. Central* y *Amér. Merid.* Faro o farola. ◇ FAM. focal. / enfocar.

fofo, fa adj. Esponjoso, blando y de poca consistencia.

fogata s. f. Fuego que levanta llama. ◇ FAM. FUEGO.

fogón s. m. Sitio adecuado en las cocinas para hacer fuego y cocinar. || *Argent.,* *Chile, C. Rica,* y *Urug.* Fogata. ◇ FAM. fogonero.

fogonazo s. m. Llama o fuego momentáneo. ◇ FAM. FUEGO.

fogoso, sa adj. Ardiente, impetuoso, muy vivo. ◇ FAM. fogosidad.

foguear v. tr. [1]. Limpiar un arma con fuego de pólvora. || Acostumbrar a personas o animales al fuego de la pólvora. || Acostumbrar a un trabajo o penalidad. ◇ FAM. fogueo. FUEGO.

fogueo s. m. Acción y efecto de foguear. • De fogueo, se dice de la munición que no tiene bala.

folclor o **folclore** s. m. Folklore*.

folía s. f. Danza de origen portugués que pasó a Europa a través de España. || Canto y danza popular canarios.

foliáceo, a adj. Relativo o parecido a las hojas. ◇ FAM. HOJA.

foliación s. f. Acción y efecto de foliar. || BOT. Acción y efecto de echar hojas las plantas y época en que ocurre. ◇ FAM. defoliación, exfoliación. FOLIAR[1] y FOLIAR[2].

foliar[1] v. tr. [1]. Numerar los folios de un

manuscrito, registro o libro. ◇ FAM. foliación, foliador. FOLIO.

foliar² adj. BOT. Relativo a las hojas. ◇ FAM. foliación. HOJA.

folículo s. m. Fruto seco que se abre por una sola hendidura. ‖ ANAT. Órgano pequeño en forma de saco. ◇ FAM. folicular.

folio s. m. Hoja de un libro o de un cuaderno. ‖ Hoja del tamaño de media cuartilla. ◇ FAM. foliar¹. / portafolios. HOJA.

folio- pref. Significa 'hoja': folíolo.

folíolo o **foliolo** s. m. BOT. Cada división del limbo de una hoja compuesta. ◇ FAM. HOJA.

folk s. m. y adj. Género musical originario de EE UU que, dentro del marco de la música pop, deriva del folklore.

folklore s. m. Conjunto de tradiciones populares y costumbres de un pueblo. ◇ FAM. folklórico, folklorista.

follaje s. m. Conjunto de hojas de un árbol. ‖ Adorno hecho con elementos vegetales. ‖ Palabrería. ◇ FAM. HOJA.

follar v. tr. e intr. [1]. Vulg. Practicar el coito.

folletín s. m. Trabajo literario publicado por entregas en un periódico. ‖ Novela o película de enredo y de gran simplicidad psicológica. ◇ FAM. folletinesco, folletinista. FOLLETO.

folleto s. m. Obra impresa, no periódica y de corta extensión. ‖ Prospecto. ◇ FAM. folletín, folletista.

follisca s. f. Amér. Central, Antill., Colomb. y Venez. Riña.

follón s. m. Alboroto, discusión tumultuosa. ‖ Cohete que se dispara sin trueno. ‖ Ventosidad sin ruido.

fome adj. Chile. Soso, aburrido. ‖ Chile. Pasado de moda.

fomentar v. tr. [1]. Aumentar la actividad o intensidad de algo. ◇ FAM. fomentación, fomentador, fomento.

fomento s. m. Acción y efecto de fomentar. ‖ MED. Medicamento caliente que se aplica en paños exteriormente.

fonación s. f. Emisión de la voz. ◇ FAM. fonador.

fonda s. f. Establecimiento público donde se da hospedaje y se sirven comidas. ◇ FAM. fondista¹.

fondeadero s. m. Lugar donde puede fondear una embarcación.

fondeado, da adj. Chile. Escondido, aislado.

fondear v. tr. e intr. [1]. Asegurar una embarcación por medio de anclas o pesos. ◆ v. intr. Detenerse en un puerto. ◆ v. tr. y pron. Chile. Aislar, esconder. ◇ FAM. fondeadero, fondeado, fondeo. FONDO.

fondista¹ s. m. y f. Propietario de una fonda. ◇ FAM. FONDA.

fondista² s. m. y f. DEP. Corredor de fondo. ◇ FAM. FONDO.

fondo s. m. Parte inferior de un hueco o una concavidad. ‖ Parte opuesta a la entrada. ‖ Profundidad. ‖ Suelo del mar, de un río, etc. ‖ Base visual, auditiva, etc., sobre la que se destaca algo: música de fondo. ‖ Lo esencial o constitutivo de algo. ‖ Conjunto de libros o documentos existentes en una librería, biblioteca o archivo. ‖ Cuba. Caldera usada en los ingenios. ‖ Méx. Saya blanca que las mujeres llevan debajo de las enaguas. ‖ DEP. Modalidad que consiste en carreras de largo recorrido. ◆ pl. Dinero disponible. ● A fondo, del todo, enteramente. ‖ En el fondo, en último término. ◇ FAM. fondear, fondista². / desfondar, semifondo, trasfondo. HONDO, DA.

fondongo, ga adj. Méx. Dícese de la persona perezosa y descuidada en el arreglo y aseo de su casa.

fondue s. f. Plato compuesto de queso fundido en vino blanco.

fonema s. m. LING. Cada una de las unidades fonológicas mínimas que pueden oponerse a otras en contraste significativo. ◇ FAM. fonemática, fonemático.

fonendoscopio s. m. Instrumento médico empleado para auscultar los sonidos del organismo. ◇ FAM. ENDOSCOPIO.

fonética s. f. LING. Estudio de los sonidos del lenguaje desde el punto de vista de su articulación o de su recepción auditiva. ◇ FAM. fonético, fonetismo, fonetista. FONEMA.

foniatría s. f. Parte de la medicina que estudia los trastornos de la fonación. ◇ FAM. foniatra.

fónico, ca adj. Relativo a los sonidos o a la voz.

fono- pref. Significa 'sonido': fonógrafo.

fonógrafo s. m. Gramófono. ◇ FAM. fonografía, fonográfico.

fonología s. f. Ciencia lingüística que estudia los fonemas. ◇ FAM. fonológico, fonólogo.

fonoteca s. f. Lugar donde se conservan documentos sonoros.

fontana s. f. Fuente. ◇ FAM. fontanal, fontanar. FUENTE.

fontanela s. f. Membrana situada entre los huesos de la bóveda craneal antes de su completa osificación.

fontanería s. f. Oficio de fontanero. ‖ Conjunto de instalaciones para la conducción y distribución de aguas.

fontanero, ra s. Operario que se encarga de instalar y reparar las cañerías y conducciones de agua. ◇ FAM. fontanería. FUENTE.

footing s. m. Ejercicio físico que consiste en correr a ritmo moderado.

foque s. m. MAR. Cada una de las velas triangulares situadas en la parte delantera de un navío.

forado s. m. Amér. Merid. Agujero hecho en una pared.

forajido, da adj. y s. Malhechor que huye de la justicia.

foral adj. Relativo al fuero. <> FAM. FUERO.

foráneo, a adj. De fuera, forastero. <> FAM. FUERA.

forastero, ra adj. y s. De otro país o lugar. <> FAM. FUERA.

forcejear v. intr. [1]. Hacer fuerza o esfuerzos para vencer una resistencia. || Disputar, oponerse. <> FAM. forcejeo. FUERZA.

fórceps s. m. Instrumento de cirugía para partos difíciles.

forense adj. Relativo al derecho. ◆ adj. y s. m. y f. Dícese del médico que asiste al juez en asuntos legales. <> FAM. FORO.

forestal adj. Relativo a los bosques. <> FAM. forestar.

forestar v. tr. [1]. Poblar un terreno con plantas forestales. <> FAM. forestación. / deforestar, reforestar. FORESTAL.

forfait s. m. Contrato que fija por adelantado el precio de una cosa o de un servicio. || Abono en una estación de esquí.

forja s. f. Acción y efecto de forjar. || Taller donde se forjan metales. <> FAM. forjar.

forjar v. tr. [1]. Dar forma, por lo general en caliente, a un metal o a una aleación. || Inventar, imaginar. || Fabricar o crear con esfuerzo: *forjar un gran futuro.* <> FAM. forjado, forjador, forjadura. FORJA.

forma s. f. Distribución peculiar de la materia que constituye cada cuerpo. || Apariencia externa de una cosa. || Manera de hacer o proceder. || Modo de expresar un contenido. || Condiciones físicas de un deportista. || DER. Aspecto exterior de un acto jurídico. || LING. Aspecto bajo el cual se presenta una palabra o una construcción: *forma del singular, del plural.* ◆ pl. Figura del cuerpo humano. || Maneras, modales. ● **De cualquier forma,** o **de todas formas,** expresa que algo dicho antes no impide lo que se dice a continuación. || **De forma que,** indica consecuencia o resultado. <> FAM. formal, formalismo, formalista, formalizar, formar, formato, fórmula. / informe[1].

formación s. f. Acción y efecto de formar o formarse. || Educación, instrucción. || MIL. Conjunto ordenado de un cuerpo de tropas. <> FAM. malformación. FORMAR.

formal adj. Relativo a la forma. || Que cumple con sus compromisos. || Que tiene formalidad. || Expreso, preciso, determinado. <> FAM. formalidad. / informal. FORMA.

formalidad s. f. Exactitud, puntualidad. || Seriedad, responsabilidad. || Requisito indispensable para alguna cosa.

formalismo s. m. Aplicación y observancia rigurosa en las formas o normas puramente externas.

formalizar v. tr. [1g]. Dar la última forma a una cosa. || Revestir una cosa de los requisitos legales. || Dar carácter de seriedad. || Concretar, precisar. <> FAM. formalización. FORMA.

formar v. tr. y pron. [1]. Dar forma a algo.

◆ v. tr., intr. y pron. Juntar, congregar diferentes personas o cosas. ◆ v. tr. Adiestrar, educar. || MIL. Disponer las tropas en orden. ◆ v. tr. e intr. Colocarse una persona en una formación. ◆ **formarse** v. pron. Adquirir una persona desarrollo. <> FAM. formable, formación, formador, formativo. / conformar, deformar, informar, reformar, transformar, uniformar. FORMA.

formatear v. tr. [1]. INFORMÁT. Dar estructura a un disco.

formato s. m. Tamaño de la tapa o de la cubierta de un libro. || Tamaño o dimensión de algo. <> FAM. formatear. FORMA.

formica s. f. Conglomerado de papel revestido de una resina artificial, que se adhiere a ciertas maderas para protegerlas.

fórmico, ca adj. QUÍM. Dícese del ácido orgánico que se encuentra en ortigas, hormigas, orugas, etc. <> FAM. formol.

formidable adj. Muy grande. || Muy temible o asombroso. || Extraordinario por lo bueno, lo grande, lo agradable, etc.

formol s. m. Solución acuosa de aldehído fórmico, utilizada como antiséptico. <> FAM. FÓRMICO; CA.

formón s. m. Herramienta de carpintero, parecida al escoplo.

formoseño, ña adj. y s. De Formosa (Argentina).

fórmula s. f. Forma establecida para expresar alguna cosa o para ejecutarla o resolverla. || Receta. || Conjunto de símbolos y de números que expresan una ley física o matemática o la composición de una combinación química. || DEP. Categoría de coches de la misma potencia: *fórmula 1.* <> FAM. formular, formulario, formulismo, formulista. FORMA.

formular v. tr. [1]. Reducir algo a términos claros y precisos. || Recetar. || Expresar, manifestar. || Expresar algo con una fórmula. <> FAM. formulación. FÓRMULA.

formulario, ria adj. Que se hace por pura fórmula. ◆ s. m. Impreso administrativo en el que se formulan las preguntas que los interesados han de responder. || Colección de fórmulas.

formulismo s. m. Excesivo apego a las fórmulas.

fornicar v. intr. y tr. [1a]. Practicar el coito fuera del matrimonio. <> FAM. fornicación, fornicador.

fornido, da adj. Robusto.

fornitura s. f. Conjunto de accesorios usados en la confección de prendas de vestir. || Correaje y cartuchera de los soldados.

foro s. m. Plaza de las antiguas ciudades romanas donde se trataban los asuntos públicos. || Lugar en que los tribunales oyen y determinan las causas. || Todo lo que concierne a la abogacía o a los tribunales. || Coloquio, debate. || Fondo del escenario. <> FAM. forense. / aforar, fuero.

forofo, fa adj. y s. Seguidor apasionado.

forraje s. m. Pasto para alimentar los animales. ◇ FAM. forrajear, forrajero.

forrar v. tr. [1]. Poner forro a una cosa. ➡ **forrarse** v. pron: *Fam.* Hacer mucho dinero. ◇ FAM. forrado. FORRO.

forro s. m. Resguardo o cubierta que se pone a una cosa interior o exteriormente. || *Méx.* Persona guapa. ◇ FAM. forrar.

fortachón, na adj. *Fam.* Fornido. ◇ FAM. FUERTE.

fortalecer v. tr. y pron. [2m]. Fortificar, dar vigor y fuerza material o moral. ◇ FAM. fortalecedor, fortalecimiento. FUERTE.

fortaleza s. f. Fuerza y vigor. || Capacidad para soportar las adversidades. || Recinto fortificado. ◇ FAM. FUERTE.

fortificación s. f. Acción y efecto de fortificar. || Obra con que se fortifica una plaza o posición.

fortificar v. tr. [1a]. Dar vigor y fuerza, material o moral. ➡ v. tr. y pron. Proteger con obras de defensa. ◇ FAM. fortificación, fortificador. FUERTE.

fortín s. m. Fuerte pequeño. || Obra que se levanta en los atrincheramientos de un ejército para su defensa. ◇ FAM. FUERTE.

fortuito, ta adj. Casual. ◇ FAM. fortuitamente. FORTUNA.

fortuna s. f. Causa indeterminable a la que se atribuyen los sucesos. || Suerte favorable. || Éxito, aceptación rápida. || Conjunto de bienes, dinero, propiedades. ● **Por fortuna,** afortunadamente. ◇ FAM. fortuito / afortunado, infortunio.

forúnculo s. m. Tumor inflamatorio en la dermis.

forzado, da adj. No espontáneo o natural. ➡ s. m. Galeote.

forzar v. tr. [1n]. Hacer que algo ceda mediante la fuerza o la violencia. || Abusar sexualmente de una persona. ➡ v. tr. y pron. Obligar a alguien a hacer una cosa contra su voluntad. ◇ FAM. forzado, forzamiento. / esforzar, reforzar. FUERZA.

fosa s. f. Hoyo en la tierra hecho como sepultura. || Depresión alargada del fondo de los océanos. || ANAT. Nombre dado a algunas estructuras óseas del organismo. ◇ FAM. foso.

fosco, ca adj. Hosco.

fosfato s. m. Sal del ácido fosfórico, empleada como fertilizante. ◇ FAM. fosfatado, fosfatar, fosfático. FÓSFORO.

fosforescencia s. f. Propiedad que poseen ciertos cuerpos de desprender luz. ◇ FAM. fosforecer, fosforescente, fosforescer. FÓSFORO.

fosfórico, ca adj. Relativo al fósforo. || Que contiene fósforo.

fósforo s. m. Cuerpo simple, muy inflamable y luminoso en la oscuridad. || Cerilla. ◇ FAM. fosforado, fosforero, fosforescencia, fosfórico. / fosfato.

fósil adj. y s. m. Dícese del resto orgánico que se ha conservado petrificado en los sedimentos geológicos. || *Fam.* Viejo, anticuado. ◇ FAM. fosilífero, fosilizarse.

fosilizarse v. pron. [31g]. Transformarse un cuerpo en fósil. || Estancarse, no evolucionar. ◇ FAM. fosilización. FÓSIL.

foso s. m. Hoyo. || Espacio situado debajo del escenario de un teatro. || En los talleres de reparación de automóviles, excavación que permite operar bajo el vehículo. || Excavación que rodea un castillo o fortaleza. ◇ FAM. FOSA.

foto s. f. *Fam.* Apócope de *fotografía.*

foto- pref. Significa 'luz': *fotoelectricidad.*

fotocélula s. f. Célula fotoeléctrica.

fotocomposición s. f. Procedimiento de composición que proporciona directamente los textos en películas fotográficas.

fotocopia s. f. Reproducción de un documento por el revelado instantáneo de un negativo fotográfico. ◇ FAM. fotocopiar. COPIA.

fotocopiador, ra adj. Que fotocopia. ➡ s. f. Máquina para fotocopiar.

fotocopiar v. tr. [1]. Hacer fotocopias. ◇ FAM. fotocopiador. FOTOCOPIA.

fotoelectricidad s. f. Producción de electricidad por acción de la luz. ◇ FAM. fotoeléctrico. ELECTRICIDAD.

foto-fija s. f. Fotografía de las escenas cinematográficas para uso publicitario. ➡ s. m. y f. Fotógrafo que las hace.

fotofobia s. f. Miedo a la luz. ◇ FAM. fotófobo.

fotogénico, ca adj. Dícese de lo que es especialmente adecuado para la reproducción fotográfica.

fotógeno, na adj. Que produce luz.

fotograbado s. m. Conjunto de procedimientos fotomecánicos que permiten obtener planchas de impresión. || Lámina grabada por este procedimiento. ◇ FAM. fotograbador, fotograbar. GRABADO.

fotografía s. f. Técnica y arte de fijar, mediante la luz, la imagen de los objetos sobre una superficie sensible. || Imagen así obtenida. ◇ FAM. foto, fotografiar, fotográfico, fotógrafo. / macrofotografía, microfotografía, telefotografía.

fotografiar v. tr. [1t]. Hacer fotografías.

fotógrafo, fa s. Persona que se dedica a la fotografía.

fotograma s. m. Imagen de una película cinematográfica.

fotolito s. m. Cliché fotográfico que reproduce el original sobre película o soporte transparente.

fotomatón s. m. Mecanismo que hace fotografías instantáneas.

fotomecánico, ca adj. Dícese de todo procedimiento de impresión en el que el cliché se obtiene por fotografía.

fotómetro s. m. Instrumento que mide la intensidad de la luz.

fotomontaje s. m. Combinación de imágenes fotográficas.

fotón s. m. Partícula mínima de energía luminosa.

fotonovela s. f. Narración articulada en una secuencia de fotos fijas, a las que se superponen textos o diálogos.

fotorrobot s. f. Retrato de una persona elaborado mediante descripciones.

fotosensible adj. Sensible a la luz.

fotosfera s. f. ASTRON. Superficie luminosa que delimita el contorno aparente del Sol y de las estrellas.

fotosíntesis s. f. Síntesis de una sustancia orgánica realizada por las plantas mediante la energía luminosa.

fototeca s. f. Archivo fotográfico.

fototropismo s. m. Orientación de una planta hacia la luz.

foxterrier adj. y s. Dícese de una raza de perros de caza de origen inglés.

frac s. m. Chaqueta masculina de ceremonia, provista de dos faldones por la parte posterior.

fracasar v. intr. [1]. No conseguir el resultado pretendido, frustrarse un proyecto. ◇ FAM. fracasado, fracaso.

fracaso s. m. Acción y efecto de fracasar. ‖ Suceso funesto.

fracción s. f. División de un todo en partes. ‖ MAT. Expresión que indica la división de dos cantidades. ◇ FAM. fraccionar, fraccionario / difracción, fractal, infracción, refracción.

fraccionadora s. f. Méx. Inmobiliaria.

fraccionamiento s. m. Acción y efecto de fraccionar. ‖ Méx. Terreno urbanizado y dividido en lotes para la construcción de casas.

fraccionar v. tr. y pron. [1]. Separar en fracciones un todo. ◇ FAM. fraccionable, fraccionadora, fraccionamiento. FRACCIÓN.

fractal adj. y s. f. MAT. Dícese de los objetos matemáticos cuya creación o forma no encuentra sus reglas más que en la irregularidad o la fragmentación. ◇ FAM. FRACCIÓN.

fractura s. f. Acción y efecto de fracturar. ‖ Lugar por donde se rompe un cuerpo. ‖ Señal que deja. ◇ FAM. fracturar.

fracturar v. tr. y pron. [1]. Romper algo violentamente.

fragancia s. f. Olor suave y delicioso. ◇ FAM. fragante.

fragante adj. Que tiene o despide fragancia.

fragata s. f. Buque de guerra menor que el destructor.

frágil adj. Que se rompe o estropea fácilmente. ‖ Poco fuerte para resistir las tentaciones. ◇ FAM. fragilidad, frágilmente.

fragmentar v. tr. y pron. [1]. Reducir a fragmentos. ◇ FAM. fragmentación. FRAGMENTO.

fragmentario, ria adj. Compuesto de fragmentos. ‖ Incompleto.

fragmento s. m. Cada una de las partes

en que se rompe o divide algo. ◇ FAM. fragmentar, fragmentario.

fragor s. m. Ruido prolongado, estruendo. ◇ FAM. fragoroso.

fragoso, sa adj. Áspero, intrincado. ◇ FAM. fragosidad.

fragua s. f. Fogón, provisto de fuelle u otro aparato análogo, en que se calientan los metales para forjarlos. ◇ FAM. fraguar.

fraguar v. tr. [1c]. Forjar el metal. ‖ Idear, discurrir, planear. ◆ v. intr. Endurecerse la cal, el cemento, etc., una vez aplicados. ◇ FAM. fraguado, fraguador. FRAGUA.

fraile s. m. Religioso de ciertas órdenes. ◇ FAM. frailesco, fray.

frailecillo s. m. Ave palmípeda de los mares árticos.

framboyán s. m. Méx. Flamboyán*.

frambuesa s. f. Fruto parecido a la zarzamora. ◇ FAM. frambueso.

frambueso s. m. Planta parecida a la zarza, cultivada por sus frutos perfumados o frambuesas.

francachela s. f. Fam. Reunión o comida alegre y ruidosa.

francés, sa adj. y s. De Francia. ◆ s. m. Lengua oficial de Francia. ◇ FAM. francesada, francófilo, francófobo, francófono, franchute / afrancesar. FRANCIA, CA.

franchute, ta adj. y s. Desp. Francés.

francio s. m. Metal alcalino radiactivo.

franciscano, na adj. y s. De la orden religiosa de San Francisco de Asís.

francmasonería s. f. Masonería. ◇ FAM. francmasón, francmasónico. MASONERÍA.

franco, ca adj. Sincero, afable, leal. ‖ Desembarazado, sin obstáculos. ‖ Patente, claro. ◆ adj. y s. Francés. ‖ Relativo a los pueblos germanos que conquistaron Francia. ◆ s. m. Lengua hablada por estos pueblos. ‖ Unidad monetaria de Francia y otros países. ◇ FAM. francamente, francés, franquear, franqueza, franquía, franquicia.

francófono, na adj. y s. Que habla francés. ◇ FAM. FRANCÉS, SA.

francotirador, ra s. Tirador que actúa aisladamente.

franela s. f. Tejido de lana cardada, ligeramente batanado.

frangollo s. m. Cuba. Dulce seco hecho de plátano y azúcar.

frangollón, na adj. Amér. Central y Amér. Merid. Dícese del que hace deprisa y mal una cosa. ◇ FAM. frangollar.

franja s. f. Guarnición de pasamanería para adornar especialmente los vestidos. ‖ Faja, lista o tira.

franquear v. tr. [1]. Dejar una cosa libre de estorbos. ‖ Pasar de una parte a otra venciendo alguna dificultad. ‖ Poner los sellos a una carta o paquete. ◆ **franquearse** v. pron. Sincerarse. ◇ FAM. franqueable, franqueamiento, franqueo. / infranqueable. FRANCO, CA.

franqueo s. m. Acción y efecto de fran-

quear. || Abono del importe del servicio postal. || Importe de dicho servicio.
franqueza s. f. Sinceridad. || Confianza. <> FAM. FRANCO, CA.
franquía s. f. Situación en que se coloca un buque al salir de un puerto o al tomar determinado rumbo. <> FAM. FRANCO, CA.
franquicia s. f. Exención del pago de ciertos derechos o de ciertos servicios públicos. <> FAM. FRANCO, CA.
franquismo s. m. Régimen instaurado en España en 1939 por el general Franco y período histórico que comprende. <> FAM. franquista.
frasca s. f. Hojarasca y ramas menudas. || *Méx.* Fiesta, bulla.
frasco s. m. Recipiente de vidrio de formas variadas.
frase s. f. Conjunto de palabras que tiene sentido. • **Frase hecha,** la que tiene una forma inalterable. <> FAM. frasear, fraseología. / paráfrasis, perífrasis.
frasear v. tr. [1]. Formar o hacer frases. <> FAM. fraseo. FRASE.
fraseología s. f. Conjunto de construcciones y expresiones propias de una lengua o un escritor. <> FAM. fraseológico. FRASE.
fraternal adj. Propio de hermanos o relativo a ellos.
fraternidad s. f. Unión y buena correspondencia entre hermanos o entre los que se tratan como tales.
fraternizar v. intr. [1g]. Unirse y tratarse como hermanos. <> FAM. confraternizar. FRATERNO, NA.
fraterno, na adj. Fraternal. <> FAM. fraternal, fraternidad, fraternizar, fratricidio.
fratricidio s. m. Asesinato de un hermano. <> FAM. fratricida. FRATERNO, NA.
fraude s. m. Engaño. || Acto que elude una disposición legal. <> FAM. fraudulencia, fraudulento. / defraudar.
fraudulento, ta adj. Engañoso, falaz.
fray s. m. Apócope de fraile, que se usa delante del nombre.
frazada s. f. Manta de cama.
freático, ca adj. Dícese de la capa de agua subterránea formada por la filtración de las aguas de lluvia.
frecuencia s. f. Repetición de un acto o suceso. || Número de veces que ocurre una cosa. || *Fís.* Número de vibraciones por unidad de tiempo, en un fenómeno periódico. <> FAM. videofrecuencia. FRECUENTE.
frecuentar v. tr. [1]. Repetir un acto a menudo. || Concurrir a menudo a alguna parte. || Tratar con frecuencia a alguien. <> FAM. frecuentación, frecuentador. FRECUENTE.
frecuentativo, va adj. y s. m. *LING.* Iterativo.
frecuente adj. Que se repite a menudo. || Usual, común. <> FAM. frecuencia, frecuentar, frecuentativo. / infrecuente.
free-lance adj. Dícese del trabajo de un periodista, escritor, etc., que se basa

en colaboraciones para varias empresas.
fregadazo s. m. *Méx. Vulg.* Golpe fuerte.
fregadero s. m. Pila para fregar los utensilios de cocina.
fregado, da adj. *Amér.* Majadero, fastidioso. || *Colomb., Ecuad.* y *Perú.* Terco. || *C. Rica, Ecuad.* y *Méx.* Bellaco. || *C. Rica, Ecuad.* y *Pan.* Exigente, severo. ◆ s. m. *Fam.* Lío, jaleo.
fregar v. tr. [1d]. Restregar una cosa con otra. || Limpiar algo restregándolo con un cepillo, bayeta, etc. ◆ v. tr. y pron. *Amér. Fam.* Molestar. <> FAM. fregadero, fregado, fregador, fregona, friega. / refregar.
fregona s. f. Utensilio doméstico para fregar los suelos sin necesidad de arrodillarse. || *Desp.* Mujer que friega.
freidora s. f. Utensilio que sirve para freír alimentos.
freiduría s. f. Establecimiento que sirve pescado y otros alimentos fritos.
freír v. tr. y pron. [25a]. Guisar un alimento con aceite o grasa hirviendo. <> FAM. freidera, freidora, freidura, freiduría, frito. / refreír, sofreír.
fréjol s. m. Judía. <> FAM. fríjol, frijolillo. / enfrijolada.
frenada s. f. *Argent., Bol., Chile, Salv., Méx.* y *Par.* Acción y efecto de frenar súbita o violentamente, frenazo. || *Argent.* y *Chile. Fam.* Reto, llamada de atención.
frenar v. tr. [1]. Moderar o detener el movimiento de algo. || Contener o detener el desarrollo o la intensidad de una cosa. <> FAM. frenada, frenado, frenazo, / enfrenar, refrenar, sofrenar. FRENO.
frenazo s. m. Acto de frenar bruscamente.
frenesí s. m. Locura, delirio furioso. || Exaltación violenta y muy manifiesta. <> FAM. frenético, frenopático.
frenético, ca adj. Afecto de frenesí. || *Fam.* Furioso, rabioso.
frenillo s. m. *ANAT.* Nombre de varias estructuras anatómicas que limitan el movimiento de algún órgano.
freno s. m. Mecanismo destinado a disminuir o detener el movimiento de una máquina o vehículo. || Pieza de hierro que se coloca en la boca de las caballerías para dirigirlas. <> FAM. frenar, frenillo. / desenfrenar, guardafrenos, servofreno.
frenopático, ca adj. Psiquiátrico. <> FAM. frenópata, frenopatía. FRENESÍ.
frente s. f. Parte superior de la cara. ◆ s. m. Parte anterior de una cosa. || Organización política que agrupa a varios partidos. || Línea que separa dos masas de aire de distinta temperatura y humedad. || *MIL.* Zona de combate. • **Hacer frente,** enfrentarse. <> FAM. frontal, frontera, frontis, frontispicio, frontón. / afrenta, afrontar, confrontar, enfrente.
freón s. m. Fluido utilizado como agente frigorífico.
fresa[1] s. f. Planta herbácea rastrera de flores blancas o amarillentas y fruto comes-

tible. ‖ Fruto de esta planta, de color rojo, muy suculento y fragante. ⬦ FAM. fresal, fresón.

fresa² s. f. Herramienta giratoria cortante, con varios filos. ⬦ FAM. fresar.

fresar v. tr. [1]. Trabajar los materiales por medio de la fresa². ⬦ FAM. fresador. FRESA².

frescales s. m. y f. *Fam.* Caradura, sinvergüenza.

fresco, ca adj. Moderadamente frío. ‖ Dícese de los alimentos que conservan sus cualidades. ‖ Reciente. ‖ De aspecto sano y juvenil. ‖ Sereno, que no se inmuta: *dejar fresco; quedar fresco.* ⬥ adj. y s. *Fam.* Dícese de la persona que actúa con descaro. ⬥ s. m. Frío moderado. ‖ Técnica de pintura que consiste en la aplicación de colores disueltos en agua sobre la pared recién revocada. ‖ Pintura mural hecha con esta técnica. ‖ *Amér.* Refresco, bebida fría. ⬥ s. f. Frescor agradable. ‖ Insolencia. ⬦ FAM. frescales, frescor, frescura, fresquera, fresquería. / refrescar.

frescor s. m. Frío moderado y agradable.

frescura s. f. Calidad de fresco. ‖ Insolencia, descaro.

fresno s. m. Árbol que crece en los bosques templados, de madera clara, flexible y resistente. ⬦ FAM. fresneda.

fresón s. m. Variedad de fresa de mayor tamaño que la ordinaria. ⬦ FAM. FRESA¹.

fresquera s. f. Lugar para conservar frescos los alimentos. ⬦ FAM. FRESCO, CA.

fresquería s. f. *Amér. Central, Ecuad., Perú y Venez.* Establecimiento donde se hacen y venden bebidas frías y helados. ⬦ FAM. FRESCO, CA.

freza s. f. Desove. ‖ Tiempo del desove. ⬦ FAM. frezar.

frialdad s. f. Cualidad, estado o sensación de frío. ‖ Indiferencia.

fricandó s. m. Guiso de carne servido con una salsa espesa.

fricativo, va adj. y s. f. LING. Dícese de las consonantes cuya articulación hace salir el aire con fricción entre los órganos bucales, como la *f*, la *j*, etc. ⬦ FAM. fricación. / africado.

fricción s. f. Acción y efecto de friccionar. ‖ Rozamiento de dos cuerpos en contacto. ‖ Desavenencia. ⬦ FAM. friccionar.

friega s. f. Fricción aplicada a alguna parte del cuerpo como medio curativo. ‖ *Amér.* Molestia, fastidio. ⬦ FAM. FREGAR.

frigider s. m. *Chile.* Nevera. ⬦ FAM. FRÍO, A.

frigidez s. f. Ausencia anormal de deseo o goce sexual.

frígido, da adj. Que padece frigidez. ‖ Muy frío. ⬦ FAM. frigidez. FRÍO, A.

frigio, gia adj. y s. De Frigia, región del Asia antigua.

frigoría s. f. Unidad para medir el frío. ⬦ FAM. FRÍO, A.

frigorífico, ca adj. Que produce frío.

⬥ adj. y s. m. Dícese del espacio, cámara o armario refrigerado artificialmente para conservar alimentos. ⬦ FAM. FRÍO, A.

fríjol o frijol s. m. Fréjol*.

frijolillo s. m. *Amér.* Nombre de diversas plantas leguminosas. ⬦ FAM. FRÉJOL.

frío, a adj. Que tiene menos temperatura de la conveniente. ‖ Falto de afecto, pasión o sensibilidad. ‖ Sereno. ‖ Poco acogedor. ‖ Dícese de los colores cercanos al azul. ⬥ s. m. Ausencia total o parcial de calor. ⬦ FAM. frialdad, fríamente, friolero. / cortafrío, enfriar, escalofrío, fiambre, frigider, frígido, frigoría, frigorífico, refrigerar, resfriarse.

friolero, ra adj. Muy sensible al frío. ⬥ s. f. *Fam.* Gran cantidad, especialmente de dinero.

frisa s. f. *Argent.* y *Chile.* Pelo de algunas telas. ⬦ FAM. frisar.

frisar v. tr. [1]. Levantar y rizar el pelo de un tejido. ⬥ v. intr. y tr. Tener aproximadamente la edad que se expresa.

friso s. m. ARQ. Parte del entablamento, entre el arquitrabe y la cornisa. ‖ Conjunto de elementos decorativos en forma de faja muy alargada.

frisón, na adj. y s. De Frisia, región histórica del noroeste de Europa. ⬥ adj. y s. f. Dícese de una raza bovina de pelaje negro. ⬥ s. m. Lengua germánica hablada en Frisia.

fritada s. f. Conjunto de alimentos fritos.

fritanga s. f. Fritada, especialmente la abundante en grasa.

fritar v. tr. [1]. *Argent., Colomb. y Urug.* Freír.

frito, ta adj. Exasperado, harto. ⬥ s. m. Alimento frito. ⬦ FAM. fritada, fritanga, fritar, fritura. FREÍR.

fritura s. f. Fritada.

frívolo, la adj. Ligero, veleidoso, insustancial. ‖ Voluble, irresponsable. ‖ Dícese de lo relacionado con los espectáculos ligeros y sensuales. ⬦ FAM. frívolamente, frivolidad.

friyider s. m. *Chile.* Frigider*.

fronde o fronda s. f. Conjunto de hojas. ‖ Cada una de las hojas de los helechos. ⬦ FAM. frondosidad, frondoso.

frondoso, sa adj. Con abundantes hojas y ramas.

frontal adj. Relativo a la frente. ‖ Situado en la parte delantera. ⬥ adj. y s. m. Dícese de uno de los huesos que forman la cavidad craneal. ⬦ FAM. FRENTE.

frontera s. f. Confín de un estado. ‖ Cualquier cosa que limita la extensión de otra. ⬦ FAM. fronterizo. FRENTE.

fronterizo, za adj. Que está en la frontera o al lado.

frontis s. m. Fachada o frontispicio. ⬦ FAM. FRENTE.

frontispicio s. m. Fachada o delantera de un edificio, libro, etc. ‖ ARQ. Frontón. ⬦ FAM. FRENTE.

frontón s. m. Lugar dispuesto para jugar a la pelota vasca. ‖ Juego de pelota vasca. ‖ ARQ. Remate triangular. ◇ FAM. FRENTE.

frotar v. tr. y pron. [1]. Pasar con fuerza una cosa sobre otra. ◇ FAM. frotación, frotador, frotadura, frotamiento, frote.

fructífero, ra adj. Que fructifica. ◇ FAM. infructífero. FRUTO.

fructificar v. intr. [1a]. Dar frutos. ‖ Producir utilidad. ◇ FAM. fructificable, fructificación, fructificador. FRUTO.

fructosa s. f. Azúcar contenida en la fruta. ◇ FAM. FRUTO.

fructuoso, sa adj. Fructífero. ◇ FAM. infructuoso. FRUTO.

frugal adj. Parco en comer y beber. ‖ Dícese de las comidas sencillas y poco abundantes. ◇ FAM. frugalidad.

frugívoro, ra adj. Que se alimenta de frutos.

fruición s. f. Placer intenso.

frumentario, ria adj. Relativo al trigo y a otros cereales.

frunce s. m. Arruga o pliegue.

fruncir v. tr. [3a]. Arrugar la frente, las cejas, etc. ‖ Arrugar una tela con arrugas paralelas. ‖ Estrechar y recoger una cosa. ◇ FAM. frunce, fruncido, fruncidor, fruncimiento.

fruslería s. f. Cosa de poco valor o entidad.

frustrar v. tr. [1]. Privar a uno de lo que esperaba. ◆ v. tr. y pron. Malograr un intento. ◇ FAM. frustración, frustratorio.

fruta s. f. Fruto comestible. ◇ FAM. frutal, frutería, frutero, frutícola, frutilla. / lavafrutas. FRUTO.

frutal adj. y s. m. Se dice del árbol que produce frutos.

frutilla s. f. Amér. Merid. Fresa. ◇ FAM. frutillar, frutillero. FRUTA.

fruto s. m. Órgano que contiene las semillas de una planta y que procede, generalmente, del ovario de la flor. ‖ Producto de la tierra. ‖ Utilidad, producto, beneficio. ◇ FAM. fruta. / fructífero, fructificar, fructosa, fructuoso, infrutescencia.

fu. Ni fu ni fa (Fam.), indica que algo es indiferente.

fucsia adj. y s. m. De color rojo violáceo. ◆ s. f. Arbusto originario de América de hojas ovaladas y flores rojas.

fuego s. m. Desprendimiento de calor, luz y llamas, producido por la combustión de un cuerpo. ‖ Materia en combustión. ‖ Incendio. ‖ Disparo de un arma. ‖ Sensación de ardor o picor. ◆ pl. Cohetes y otros artificios de pólvora. ◇ FAM. fogata, fogón, fogonazo, foguear. / cortafuego.

fueguino, na adj. y s. De Tierra del Fuego (Argentina).

fuel o **fuel-oil** s. m. Combustible líquido de color oscuro.

fuelle s. m. Instrumento que sirve para soplar o producir aire. ‖ Pieza plegable que regula la capacidad de bolsos o maletas.

‖ En los trenes, parte flexible que une dos vagones.

fuente s. f. Manantial de agua que brota de la tierra. ‖ Construcción con uno o varios caños por los que sale el agua. ‖ Plato grande usado para servir la comida. ‖ Origen o procedencia de algo. ‖ Sistema que puede emitir energía de forma permanente. ◇ FAM. fontana, fontanero.

fuera adv. l. y t. A, o en, la parte exterior. ‖ Antes o después de tiempo. ‖ Excepto, salvo: fuera de esto, no queda nada más. ‖ En situación o de forma contraria a lo que se expresa: fuera de combate. • ¡Fuera! interj. Se emplea para echar a alguien de un sitio. ‖ Fuera de serie, magnífico. ◇ FAM. foráneo, forastero. / afuera, fueraborda.

fueraborda adj. y s. m. Dícese del motor instalado fuera del casco de una embarcación y de la embarcación con este motor.

fuero s. m. Cada uno de los derechos o privilegios concedidos a un territorio o persona. ‖ Compilación jurídica. ‖ Poder, jurisdicción. ◇ FAM. foral, forero, fuerista. FORO.

fuerte adj. Que tiene fuerza o resistencia. ‖ Robusto, corpulento. ‖ Animoso, valiente. ‖ Que tiene gran poder o estabilidad. ‖ Firme o sujeto, muy agarrado. ‖ Dícese de lo que tiene gran intensidad, energía o eficacia: sonido fuerte. ‖ Versado o docto en una ciencia o arte. ◆ s. m. Aquello en que más sobresale o destaca una persona: su fuerte es la música. ‖ Obra de fortificación. ◆ adv. Con fuerza: pegar fuerte. ◇ FAM. fortachón, fortalecer, fortaleza, fortificar, fortín, fuertemente, fuerza. / aguafuerte, confortar, contrafuerte.

fuerza s. f. Resistencia, capacidad de soportar un peso o de oponerse a un impulso. ‖ Utilización de la capacidad física o moral. ‖ Autoridad, poder. ‖ Violencia física. ‖ Vigor, vitalidad. ‖ FÍS. Causa capaz de deformar un cuerpo o de modificar su velocidad. ◆ pl. Tropas. • Fuerza bruta, la material, aplicada sin inteligencia. ‖ Fuerza mayor, circunstancia inevitable que obliga a una cosa. ‖ Fuerzas armadas, ejército de un país. • A fuerza de, empleando con insistencia un medio o reiterando una acción. ‖ A la fuerza o por fuerza, por necesidad. ◇ FAM. forcejear, forzar, forzoso, forzudo. FUERTE.

fuet s. m. Embutido parecido al salchichón.

fuetazo s. m. Amér. Latigazo.

fuete s. m. Amér. Látigo. ◇ FAM. fuetazo.

fufú s. m. Colomb., Cuba y P. Rico. Comida hecha de plátano, ñame o calabaza. ‖ P. Rico. Hechizo, mal de ojo.

fuga s. f. Acción y efecto de fugarse. ‖ Escape accidental de un fluido por un orificio o abertura. ‖ MÚS. Composición musical, basada en la repetición de un tema corto. ◇ FAM. fugarse, fugaz, fugitivo. / prófugo, tránsfuga.

fugarse v. pron. [1b]. Escaparse, huir.

fugaz adj. Que dura poco. ‖ Que huye y desaparece con velocidad. ◇ FAM. fugacidad, fugazmente. FUGA.

fugitivo, va adj. y s. Que anda huyendo y escondiéndose. ← adj. Fugaz. ◇ FAM. FUGA.

fuguillas s. m. y f. *Fam.* Persona de genio vivo e impaciente.

fulano, na s. Voz con que se suple el nombre de una persona. ‖ Persona indeterminada o imaginaria. ← s. f. Prostituta.

fular s. m. Pañuelo para el cuello.

fulcro s. m. Punto de apoyo de la palanca.

fulero, ra adj. *Fam.* Chapucero, inaceptable. ◇ FAM. FULLERO, RA.

fulgir v. intr. [3b]. Resplandecer. ◇ FAM. fulgente, fulgurar. / refulgir.

fulgor s. m. Resplandor, brillo intenso.

fulgurante adj. Brillante. ‖ Espectacular.

fulgurar v. intr. [1]. Brillar, resplandecer intensamente. ◇ FAM. fulguración, fulgurante. FULGIR.

full s. m. En el póquer, conjunto de un trío y una pareja.

fullería s. f. Trampa, engaño. ‖ Astucia, treta.

fullero, ra adj. y s. Que hace fullerías o trampas en el juego. ‖ *Fam.* Chapucero. ◇ FAM. fullería. / fulero.

fulminante adj. Que fulmina. ‖ Rápido. ← adj. y s. m. Dícese de la materia para hacer estallar cargas explosivas.

fulminar v. tr. [1]. Arrojar rayos. ‖ Herir, matar o causar daños un rayo. ‖ Matar con armas o explosivos. ‖ Hacer que explote una materia explosiva. ‖ Imponer sentencias, excomuniones, etc. ◇ FAM. fulminación, fulminador, fulminante.

fumadero s. m. Lugar o sitio destinado para fumar.

fumar v. tr. e intr. [1]. Aspirar y despedir el humo del tabaco u otra sustancia herbácea. ← v. tr. *Cuba, Méx.* y *P. Rico.* Dominar a alguien, chafear. ← **fumarse** v. pron. *Fam.* Gastar algo indebidamente. ‖ *Fam.* Descuidar una obligación. ◇ FAM. fumable, fumada, fumadero, fumador, fumarada. / infumable. HUMO.

fumarada s. f. Porción de humo que sale de una vez. ‖ Porción de tabaco que cabe en la pipa.

fumarola s. f. Emisión de gases de origen volcánico.

fumigar v. tr. [1b]. Desinfectar algo por medio de humo, gas o vapores adecuados. ◇ FAM. fumigación, fumigador. HUMO.

funambulesco, ca adj. Dícese de los pasos y movimientos semejantes a los del funámbulo. ‖ Grotesco, extravagante.

funámbulo, la s. Acróbata que anda o hace habilidades sobre la cuerda floja o el trapecio. ◇ FAM. funambulesco. AMBULANTE.

funche s. m. *Antill., Colomb.* y *Méx.* Especie de gachas de harina de maíz.

función s. f. Actividad particular que corresponde a alguien o a algo. ‖ Ejercicio de un empleo, facultad u oficio. ‖ Acto público, que constituye un espectáculo de cualquier clase. ‖ LING. Papel sintáctico de un elemento dentro de una frase. ‖ MAT. Magnitud dependiente de una o de varias variables. • **En función de,** en relación de dependencia con algo. ‖ **En funciones,** en sustitución del que ejerce un cargo. ◇ FAM. funcional, funcionalismo, funcionalista, funcionar, funcionario. / disfunción.

funcional adj. Relativo a la función. ‖ Práctico, eficaz, utilitario. ‖ Se dice de la obra o técnica adecuada a su fin.

funcionalismo s. m. Doctrina según la cual, en arquitectura y arte, la forma debe estar determinada por la función.

funcionar v. intr. [1]. Ejecutar algo o alguien las funciones que le son propias. ◇ FAM. funcionamiento. FUNCIÓN.

funcionario, ria s. Persona que desempeña un empleo público. ◇ FAM. funcionarial, funcionarismo. FUNCIÓN.

funda s. f. Cubierta con que se envuelve, cubre o resguarda una cosa. ◇ FAM. enfundar. / sobrefunda.

fundación s. f. Acción y efecto de fundar. ‖ Institución benéfica, cultural, etc., sin finalidad lucrativa.

fundamental adj. Que sirve de fundamento o de base.

fundamentalismo s. m. Integrismo.

fundamentar v. tr. [1]. Echar los cimientos a un edificio. ‖ Establecer o poner fundamentos. ‖ Hacer firme algo. ◇ FAM. fundamentación. FUNDAMENTO.

fundamento s. m. Principio o base de una cosa. ‖ Cimiento de un edificio. ‖ Razón, motivo. ‖ Seriedad, sensatez o formalidad. ← pl. Elementos básicos de una ciencia o arte. ◇ FAM. fundamental, fundamentalismo, fundamentalista, fundamentar. FUNDAR.

fundar v. tr. [1]. Establecer, crear una ciudad, edificio, negocio, institución, etc. ← v. tr. y pron. Apoyar, basar. ◇ FAM. fundación, fundado, fundador, fundamento. / infundado.

fundición s. f. Acción y efecto de fundir. ‖ Instalación metalúrgica en la que se funden los metales. ‖ Hierro colado.

fundido, da adj. Que se halla en estado líquido. ‖ *Argent. Fam.* Muy cansado, abatido.

fundir v. tr. y pron. [3]. Transformar en líquido un cuerpo sólido calentándolo. ‖ Dejar de funcionar, por un exceso de tensión, un aparato eléctrico. ‖ Unir ideas, intereses, etc. ‖ *Amér. Fam.* Arruinar, hundir.

◇ FAM. fundente, fundible, fundición, fundido, fundidor. / confundir, difundir, fusible, fusión, infundir, refundir, transfundir.

fundo s. m. Finca rústica. || *Chile* y *Perú*. Finca, hacienda.

fúnebre adj. Relativo a los difuntos. || Muy triste o sombrío. ◇ FAM. funeral, funeraria, funesto.

funeral adj. Relativo al entierro y a las exequias. ◆ s. m. Oficio religioso que se hace por los difuntos. ◇ FAM. FÚNEBRE.

funerario, ria adj. Relativo al entierro. ◆ s. f. Empresa encargada de la conducción y entierro de los difuntos. ◇ FAM. FÚNEBRE.

funesto, ta adj. Que causa o acompaña desgracia. ◇ FAM. FÚNEBRE.

fungible adj. Que se consume con el uso y puede ser reemplazado.

fungicida adj. y s. m. Dícese de la sustancia que destruye los hongos que causan enfermedades. ◇ FAM. HONGO.

funicular adj. y s. m. Dícese del vehículo o cabina cuya tracción se efectúa por medio de un cable o cadena.

furcia s. f. *Fam.* Prostituta.

furgón s. m. Vehículo largo y cubierto, usado para el transporte de mercancías. || Vagón de equipajes. ◇ FAM. furgoneta.

furgoneta s. f. Vehículo de cuatro ruedas, más pequeño que el camión y con puerta trasera, destinado al transporte.

furia s. f. Cólera, ira. || Ímpetu o violencia con que se ejecuta o manifiesta algo. ◇ FAM. furibundo, furioso, furor. / enfurecer.

furibundo, da adj. Lleno de furia. || Muy entusiasta, fanático.

fúrico, ca adj. *Méx.* Furioso, muy enojado.

furioso, sa adj. Poseído de furia. || Violento, terrible.

furor s. m. Cólera, ira exaltada. || Entusiasmo, ímpetu. || Momento cumbre de algo. || Afición excesiva por una cosa.

furriel o **furrier** s. m. Cabo que distribuye las provisiones, los servicios, etc.

furtivo, va adj. Que se hace a escondidas. ◇ FAM. HURTO.

furúnculo s. m. Forúnculo*.

fusa s. f. MÚS. Figura equivalente a la mitad de la semicorchea. ◇ FAM. semifusa.

fusca s. m. *Méx. Fam.* Pistola, arma de fuego.

fuselaje s. m. Cuerpo central de un avión, donde van los pasajeros y las mercancías.

fusi- pref. Significa 'huso': *fusiforme*.

fusible adj. Que puede fundirse por efecto del calor. ◆ s. m. Dispositivo colocado en un circuito eléctrico para impedir el paso excesivo de corriente. ◇ FAM. fusibilidad. FUNDIR.

fusiforme adj. En forma de huso. ◇ FAM. HUSO.

fusil s. m. Arma de fuego portátil, de ca-

ñón largo, que dispara balas. ◇ FAM. fusilar, fusilazo, fusilería, fusilero. / subfusil.

fusilar v. tr. [1]. Ejecutar a alguien con una descarga de fusil. || *Fam.* Copiar fragmentos de una obra original. ◇ FAM. fusilamiento. FUSIL.

fusilería s. f. Conjunto de fusiles o de soldados fusileros. || Fuego de fusiles.

fusilero, ra adj. Relativo al fusil. ◆ s. m. Soldado armado de fusil.

fusión s. f. Paso de un cuerpo sólido al estado líquido. || Unión de partidos, intereses, empresas, etc. ◇ FAM. fusionar, fusionista. / efusión. FUNDIR.

fusionar v. tr. y pron. [1]. Unir partidos, empresas, etc.

fusta s. f. Látigo delgado y flexible. ◇ FAM. FUSTE.

fustán s. m. *Amér. Merid.* Enagua ancha de algodón.

fuste s. m. Asta de la lanza. || Importancia, fundamento. || ARQ. Parte de la columna entre la basa y el capitel. ◇ FAM. fusta.

fustigar v. tr. [1b]. Dar azotes a uno. || Censurar con dureza. ◇ FAM. fustigación, fustigador. HOSTIGAR.

fútbol s. m. Deporte practicado entre dos equipos, que consiste en introducir en la portería del equipo contrario un balón, impulsándolo con los pies, la cabeza o el cuerpo. ◇ FAM. futbolín, futbolista, futbolístico. / fútbol-sala.

futbolín s. m. Juego que consiste en accionar unas figurillas con ayuda de unos ejes móviles, simulando un partido de fútbol.

futbolista s. m. y f. Persona que practica el fútbol.

fútbol-sala s. m. Deporte similar al fútbol, jugado entre menos jugadores y en un campo y con un balón más pequeños.

futesa s. f. Pequeñez, fruslería.

fútil adj. De poca importancia, frívolo. ◇ FAM. futilidad.

futilidad s. f. Poca o ninguna importancia de una cosa.

futre s. m. *Chile.* Persona bien vestida. || *Chile.* En zonas rurales, patrón.

futurible adj. y s. m. Dícese de lo futuro sujeto a ciertas condiciones previas.

futurismo s. m. Movimiento artístico, nacido a principios del s. XX, defensor del progreso y el avance industrial.

futurista adj. Que evoca el futuro.

futuro, ra adj. Que está por venir o suceder. || LING. Dícese del tiempo verbal que expresa una acción o estado que ha de suceder. ◆ s. m. Tiempo que ha de venir: *pensar en el futuro*. ◇ FAM. futurible, futurismo, futurista, futurología.

futurología s. f. Conjunto de investigaciones que estudian e intentan predecir el futuro. ◇ FAM. futurólogo. FUTURO, RA.

g

g s. f. Séptima letra del alfabeto español y quinta de sus consonantes. Seguida de e o i, representa un sonido velar fricativo y sordo: *genio, colegio*; en el resto de los casos, representa un sonido velar oclusivo y sonoro: *goma, gusano*. Para conservar este sonido delante de e, i, se interpone una u: *guerra, guisar*, y en los casos en que la u se pronuncia, debe llevar diéresis: *cigüeña, argüir*.

gabacho, cha adj. y s. Relativo a algunos pueblos de los Pirineos. ‖ *Desp.* Francés. ‖ *Méx. Fam.* Estadounidense.

gabán s. m. Abrigo, sobretodo.

gabardina s. f. Abrigo o sobretodo de tejido impermeable.

gabarra s. f. Pequeño barco destinado a la carga y descarga en los puertos. ◇ FAM. gabarrero.

gabela s. f. Carga, impuesto. ‖ *Colomb., Ecuad., P. Rico, R. Dom.* y *Venez.* Provecho, ventaja.

gabinete s. m. Habitación pequeña, destinada a recibir visitas de confianza. ‖ Sala dotada del instrumental necesario para un arte o ciencia. ‖ Gobierno, conjunto de ministros. ‖ *Colomb.* Balcón cubierto.

gabonés, sa adj. y s. De Gabón.

gabrieles s. m. pl. *Fam.* Garbanzos del cocido.

gacela s. f. Pequeño mamífero rumiante del grupo de los antílopes, muy veloz, que habita en las estepas de África y Asia.

gaceta s. f. Publicación periódica de carácter cultural o científico. ‖ *Fam.* Correveidile. ◇ FAM. gacetilla.

gacetilla s. f. Noticia corta en un periódico. ◇ FAM. gacetillero. GACETA.

gacetillero, ra s. Redactor de gacetillas.

gacha s. f. Masa muy blanda. ‖ *Colomb.* y *Venez.* Cuenco de loza o barro. ◆ pl. Comida hecha con harina cocida en agua, que se aderaza con leche, miel, etc.

gachí s. f. *Vulg.* Mujer, muchacha. ◇ FAM. GACHÓ.

gacho, cha adj. Encorvado, inclinado hacia abajo: *cabeza gacha.* ‖ *Méx. Fam.* Feo, molesto, malo. ◇ FAM. AGACHAR.

gachó s. m. *Vulg.* Hombre, individuo. ◇ FAM. gachí.

gachón, na adj. *Fam.* Que tiene gracia y atractivo. ◇ FAM. gachonada, gachonería.

gachupín na s *Méx.* Sobrenombre despectivo dado a los españoles establecidos en México. ◇ FAM. cachupín.

gaditano, na adj. y s. De Cádiz (España).

gaélico, ca adj. y s. m. Aplícase a los dialectos de la lengua céltica hablados en Irlanda y Escocia.

gafa s. f. Grapa. ◆ pl. Par de lentes engarzados en una montura, que se sujeta detrás de las orejas mediante patillas.

gafar v. tr. [1]. *Fam.* Traer mala suerte.

gafe adj. y s. m. y f. *Fam.* Dícese de la persona o cosa que supuestamente trae mala suerte. ◇ FAM. gafar.

gag s. m. Situación o efecto cómico.

gaita s. f. Instrumento musical de viento formado por una especie de fuelle, al cual van unidos tres tubos de boj. ‖ *Fam.* Cosa difícil, molesta o engorrosa. ◇ FAM. gaitero. / soplagaitas.

gaje s. m. Salario que se cobra aparte del sueldo. ● Gajes del oficio *(Fam.)*, molestias que acarrea un empleo u ocupación.

gajo s. m. Rama de árbol desprendida. ‖ Parte del racimo de uvas. ‖ Racimo de cualquier fruta. ‖ Cada una de las porciones interiores de los cítricos. ‖ *Argent.* Esqueje. ◇ FAM. desgajar.

gala s. f. Adorno o vestido elegante y suntuoso. ‖ Actuación artística excepcional. ‖ *Antill.* y *Méx.* Regalo, premio. ● Hacer gala de una cosa, presumir de ella. ‖ Tener a gala, presumir de algo. ◇ FAM. galán. / engalanar.

galáctico, ca adj. Relativo a la Vía Láctea o a otra galaxia. ◇ FAM. GALAXIA.

galactita s. f. Arcilla que se deshace fácilmente en agua, a la que da un color lechoso.

galactosa s. f. Azúcar de la lactosa presente en la leche. ◇ FAM. LACTOSA.

gálago s. m. Pequeño primate carnívoro de África.

galaico, ca adj. De un antiguo pueblo hispánico que habitaba en Galicia y el norte de Portugal. ‖ Gallego. ◇ FAM. galaicoportugués.

galaicoportugués, sa adj. y s. m. Galleoportugués.

galán s. m. Hombre muy atractivo. ‖ Novio, pretendiente de una mujer. ‖ Actor que interpreta papeles de seductor. ‖ Especie de perchero con pie. ◇ FAM. galano, galante, galanura. GALA.

galano, na adj. De hermoso o agradable aspecto y figura.

galante adj. Atento, obsequioso, especialmente con las mujeres. ◇ FAM. galantear, galantemente, galantería. GALÁN.

galantear v. tr. [1]. Cortejar a una mujer o mostrarse amable con ella. ◇ FAM. galanteador, galanteo. GALANTE.

galantería s. f. Gracia y elegancia. ‖ Dicho o hecho galante.

galanura s. f. Gracia, gallardía, gentileza.

galápago s. m. Tortuga de agua dulce, con caparazón duro y dedos unidos por una membrana.

galapaguense adj. y s. m. y f. De Galápagos (Ecuador).

galardón s. m. Premio, recompensa. ◇ FAM. galardonar.

galardonar v. tr. [1]. Premiar los servicios o méritos de uno.

gálata adj. y s. m. y f. De Galacia, región histórica de Asia Menor.

galaxia s. f. Conjunto de estrellas, polvo y gas interestelares, agrupados en una determinada región del espacio. ◇ FAM. galáctico.

galbana s. f. Fam. Pereza, indolencia.

gálea s. f. Casco usado por los soldados romanos.

galena s. f. Mineral sulfuro de plomo, que constituye la principal mena del plomo.

galeno s. m. Fam. Médico.

galeón s. m. Gran navío de vela, de guerra o mercante, usado antiguamente en el comercio de España con América. ◇ FAM. GALERA.

galeote s. m. Persona condenada a remar en las galeras. ◇ FAM. GALERA.

galera s. f. Navío antiguo de remo y vela, usado principalmente en la armada real. ‖ En imprenta, tabla metálica rectangular sobre la que el cajista deposita las líneas compuestas para formar la galerada. ‖ Argent., Chile y Urug. Sombrero de copa. ‖ Chile y Méx. Galerada. ◇ FAM. galerada, galerón. / galeón, galeote.

galerada s. f. En imprenta, fragmento de composición que cabe en una galera. ‖ Prueba de esta composición que se saca para hacer sobre ella correcciones.

galería s. f. Habitación larga y espaciosa, generalmente con muchas ventanas. ‖ Corredor descubierto o con vidrieras. ‖ Gallinero de un teatro. ‖ Sala donde se exponen obras de arte. ‖ Camino subterráneo. ◆ pl. Centro comercial.

galerna s. f. Viento frío y fuerte de la costa noroeste española.

galerón s. m. Amér. Merid. Romance vulgar que se canta en una especie de recitado. ‖ Colomb. y Venez. Melodía popular. ‖ C. Rica y Salv. Cobertizo. ‖ Méx. Construcción muy grande de espacios amplios. ◇ FAM. GALERA.

galés, sa adj. y s. De Gales. ◆ s. m. Lengua céltica hablada en Gales.

galga s. f. Instrumento para medir longitudes y ángulos.

galgo, ga adj. y s. m. Dícese de la raza de perros de figura esbelta y musculatura potente, usados en la caza y en carreras.

gálibo s. m. Arco metálico en forma de U invertida, para comprobar si las dimensiones de un vehículo son aptas para pasar por un túnel, puente, etc.

galicismo s. m. Palabra o giro propio del francés empleado en otro idioma. ◇ FAM. galicista. GÁLICO, CA.

gálico, ca adj. Relativo a la Galia, antigua región de Europa occidental. ◇ FAM. galicismo, galo.

galileo, a adj. y s. De Galilea.

galimatías s. m. Fam. Lenguaje enrevesado. ‖ Fam. Confusión, lío.

galio s. m. Metal de la familia del aluminio, usado en la fabricación de termómetros y semiconductores.

galladura s. f. Pequeño coágulo de sangre que se halla en la yema del huevo de gallina fecundado. ◇ FAM. GALLO.

gallardete s. m. Bandera o banderín de forma triangular.

gallardía s. f. Gracia, buen aire. ‖ Esfuerzo, ánimo, valor.

gallardo, da adj. De buena presencia y airoso. ‖ Valiente y noble al actuar. ◇ FAM. gallardamente, gallardear, gallardía.

gallear v. tr. [1]. Cubrir el gallo a las gallinas. ◆ v. intr. Fam. Presumir, fanfarronear. ◇ FAM. GALLO.

gallego, ga adj. y s. De Galicia (España). ‖ Argent., Bol., P. Rico y Urug. Desp. Inmigrante español. ◆ s. m. Lengua hablada en Galicia. ◇ FAM. gallegada, galleguismo, galleguista. / gallegoportugués.

gallegoportugués, sa adj. y s. m. Dícese de la antigua lengua romance de la que derivaron el gallego y el portugués.

galleguismo s. m. Doctrina política que defiende una forma de autogobierno para Galicia y sus valores históricos y culturales. ‖ Palabra o giro propio de la lengua gallega.

gallero, ra s. Amér. Criador y entrenador de gallos de pelea. ◇ FAM. GALLO.

galleta s. f. Dulce seco hecho con harina, mantequilla y huevos, y cocido al horno. ‖ Fam. Bofetada. ‖ Méx. Fuerza física, energía. ‖ R. de la Plata. Vasija hecha de calabaza, usada para tomar mate. ● Colgar la galleta (Argent. Fam.), abandonar o desairar a alguien. ◇ FAM. galletero.

galliforme adj. y s. m. Relativo a un orden de aves de costumbres terrestres y vuelo poco sostenido, con patas robustas y pico corto.

gallina s. f. Hembra del gallo, de menor tamaño y cresta más corta que éste. ◆ s. m. y f. Persona cobarde. ◇ FAM. gallinácea, gallináceo, gallinazo, gallinería, gallinero, gallineta. GALLO.

gallinazo s. m. *Amér. Merid.* Especie de buitre de plumaje totalmente negro.

gallinero s. m. Local donde se crían las aves de corral. || Sitio de mucho griterío. || Piso más elevado de algunos teatros o cines, cuyas localidades son más baratas.

gallineta s. f. Ave acuática, de alas cortas y patas largas, que habita en lagunas y pantanos. || *Amér.* Pintada. || *Amér. Merid.* Nombre de varias especies de aves acuáticas.

gallito s. m. Persona que intenta sobresalir e imponerse a los demás. || Matón, bravucón. || *Méx.* Pelota usada en el bádminton.

gallo s. m. Ave doméstica de cresta roja y carnosa y tarsos armados de espolones. || Pez comestible, de cuerpo comprimido, que vive en las aguas atlánticas y mediterráneas. || En boxeo, una de las categorías de peso. || *Chile* y *Colomb.* *Vulg.* Refiriéndose al hombre, tipo, tío. || *Méx.* Serenata. ● **Pelar gallo** (*Méx. Fam.*), huir o morirse alguien. ◇ FAM. galladura, gallear, gallera, gallero, galliforme, gallina, gallito. / pejegallo.

gallofa s. f. Comida mala, bazofia. || Cuento, chisme.

gallón s. m. Cada uno de los segmentos cóncavos usados en la ornamentación de espacios abovedados. ◇ FAM. gallonado.

galo, la adj. y s. De la Galia, antigua Francia. ◆ s. m. Antigua lengua celta hablada en la Galia. ◇ FAM. GÁLICO, CA.

galón[1] s. m. Tejido fuerte y estrecho a modo de cinta, usado como adorno. || Cinta similar utilizada en el ejército como distintivo. ◇ FAM. galonear.

galón[2] s. m. Medida de capacidad inglesa y estadounidense.

galopante adj. Que galopa. || De curso grave y rápido: *inflación galopante*.

galopar v. intr. [1]. Ir a galope el caballo. || Cabalgar una persona a galope. ◇ FAM. galopante. GALOPE.

galope s. m. Marcha más rápida del caballo, en la que por un momento tiene las cuatro patas en el aire. ◇ FAM. galopada, galopar.

galopín s. m. Muchacho sucio y desharrapado. || *Fam.* Granuja, pícaro.

galpón s. m. Dependencia que se destinaba a los esclavos en las haciendas de América. || *Amér. Merid.* y *Nicar.* Almacén.

galucha s. f. *Colomb., Cuba, P. Rico* y *Venez.* Galope. ◇ FAM. galuchar.

galvanismo s. m. Propiedad de la corriente eléctrica de provocar contracciones en la musculatura de animales vivos o muertos. || Electricidad producida mediante el contacto de dos metales de distinto potencial, sumergidos en un líquido. ◇ FAM. galvánico, galvanizar, galvanómetro, galvanoplastia.

galvanizar v. tr. [1g]. Cubrir un metal con una capa de otro. || Infundir nuevos ánimos. ◇ FAM. galvanización, galvanizado. GALVANISMO.

galvanómetro s. m. Instrumento que sirve para medir la intensidad y sentido de las corrientes eléctricas. ◇ FAM. GALVANISMO.

galvanoplastia s. f. Técnica consistente en cubrir de metal una superficie mediante electrólisis. ◇ FAM. galvanoplasta, galvanoplástico. GALVANISMO.

gama s. f. Escala musical. || Escala, gradación de un conjunto de cosas, especialmente de colores: *gama de azules*.

gamada adj. Dícese de la cruz griega con los cuatro brazos acodados.

gamba[1] s. f. Pierna. ● **Meter la gamba** (*Fam.*), meter la pata. ◇ FAM. gambeta.

gamba[2] s. f. Crustáceo comestible semejante al langostino, pero de menor tamaño. || *Argent.* y *Chile.* *Vulg.* Hablando de dinero, cien pesos.

gamberro, rra adj. y s. Dícese de la persona que por diversión alborota y comete actos inciviles. ◇ FAM. gamberrada, gamberrismo.

gambeta s. f. Movimiento especial de las piernas al danzar. || *Amér. Central* y *Amér. Merid.* DEP. Regate. || *Argent.* y *Bol.* Ademán hecho con el cuerpo para evitar un golpe o caída. || *Argent.* y *Urug.* *Fam.* Evasiva para eludir un compromiso. ◇ FAM. gambetear. GAMBA[1].

gambito s. m. En el ajedrez, sacrificio de una pieza con el fin de obtener una posición favorable.

gambusino s. m. *Méx.* Minero encargado de buscar yacimientos minerales. || *Méx.* Buscador de fortuna, aventurero.

gamella[1] s. f. Arco que se forma en cada extremo del yugo.

gamella[2] s. f. Artesa para dar de comer o beber a los animales.

gameto s. m. Célula sexual especializada en la función reproductora. ◇ FAM. gametogénesis.

gametogénesis s. f. Proceso de formación de los gametos.

gamezno s. m. Gamo pequeño.

gamma s. f. Tercera letra del alfabeto griego.

gamo s. m. Mamífero rumiante del grupo de los ciervos, de cornamenta plana y ramificada. ◇ FAM. gamezno, gamitar, gamitido.

gamón s. m. Planta herbácea de raíces tuberosas y flores blancas. ◇ FAM. gamonal.

gamonal s. m. Terreno poblado de gamones. || *Amér. Central* y *Amér. Merid.* Cacique de pueblo. ◇ FAM. gamonalismo. GAMÓN.

gamopétalo, la adj. y s. f. BOT. Dícese de la corola cuyos pétalos están unidos entre sí y de las flores que así los tienen.

gamosépalo, la adj. y s. f. BOT. Dícese del cáliz cuyos sépalos están unidos entre sí y de las flores que así los tienen.

gamuza s. f. Mamífero rumiante de cornamenta lisa y curvada en sus extremos, que habita en las montañas de Europa. || Piel curtida de este animal. || Paño de tejido similar usado para la limpieza.

gana s. f. Deseo, inclinación o buena disposición para hacer algo. || Hambre, apetito. ◇ FAM. ganoso. / desgana, malagana.

ganadería s. f. Conjunto de actividades relacionadas con la cría y comercio de ganado. || Conjunto de los ganados de un país, región, etc.

ganadero, ra adj. Relativo al ganado. ◆ s. Dueño o comerciante de ganado.

ganado s. m. Conjunto de animales domésticos, especialmente los de la misma especie. ◇ FAM. ganadería, ganadero. GANAR.

ganador, ra adj. y s. Que gana, especialmente en una competición.

ganancia s. f. Acción y efecto de ganar. || Beneficio, utilidad que se obtiene de algo. || Chile, Guat. y Méx. Propina. ◇ FAM. ganancial, ganancioso. GANAR.

ganancial adj. Relativo a la ganancia. • **Bienes gananciales,** los adquiridos durante el matrimonio.

ganapán s. m. Recadero, porteador. || Fam. Hombre rudo y tosco. ◇ FAM. GANAR y PAN.

ganar v. tr. [1]. Adquirir, obtener o aumentar un beneficio, en especial dinero. || Aventajar, vencer. || Conquistar. || Alcanzar un lugar. ◆ v. intr. Prosperar, mejorar. ◆ **ganarse** v. pron. Captar la voluntad. ◇ FAM. ganable, ganado, ganador, ganancia, ganón. / ganapán.

ganchillo s. m. Aguja terminada en una punta corva, usada en algunas labores de punto. || Labor hecha con esta aguja.

gancho s. m. Instrumento corvo y puntiagudo en uno o ambos extremos, que sirve para asir o colgar algo. || En boxeo, golpe corto de abajo arriba. || Fam. Atractivo, gracia. || Fam. Persona con facilidad para atraer clientes. || Amér. Horquilla para sujetar el pelo. ◇ FAM. ganchillo, ganchoso, ganchudo. / enganchar.

ganchudo, da adj. Que tiene forma de gancho: nariz ganchuda.

gandalla adj. y s. Méx. Fam. Aprovechado, malo, abusivo.

gandido, da adj. Colomb., C. Rica, Cuba, R. Dom. y Venez. Comilón, glotón.

gandul, la adj. y s. Fam. Holgazán, perezoso. ◇ FAM. gandulear, gandulería.

gandulear v. intr. [1]. Holgazanear.

ganga[1] s. f. Ave parecida a la paloma, con un lunar rojo en la pechuga, que vive en los desiertos de Asia y África.

ganga[2] s. f. Materia mineral no aprovechable de un yacimiento. || Ocasión, cosa ventajosa o a bajo precio.

ganglio s. m. Engrosamiento en el recorrido de un nervio o en una vía linfática. ◇ FAM. ganglionar.

gangocho s. m. Amér. Central, Chile y Ecuad. Guangoche.

gangoso, sa adj. y s. Que ganguea: voz gangosa. ◇ FAM. gangosidad, ganguear.

gangrena s. f. Muerte de un tejido de un ser vivo. ◇ FAM. gangrenarse, gangrenoso.

gangrenarse v. pron. [1]. Producirse o padecer gangrena.

gángster s. m. Bandido, matón. || Fam. Persona que emplea malas artes para su propio beneficio.

ganguear v. intr. [1]. Hablar con resonancia nasal. ◇ FAM. gangueo. GANGOSO, SA.

ganón, na s. Méx. Fam. Persona que resulta beneficiada en una situación determinada. ◇ FAM. GANAR.

ganoso, sa adj. Que tiene deseo o ganas de algo. ◇ FAM. GANA.

gansada s. f. Fam. Hecho o dicho sin sentido. || Fam. Broma.

ganso, sa s. Ave doméstica de gran tamaño, pico grueso y patas fuertes. ◆ s. y adj. Persona tarda, perezosa. || Persona que dice gansadas. ◇ FAM. gansada, gansear.

gantés, sa adj. y s. De Gante.

ganzúa s. f. Garfio para abrir sin llaves las cerraduras. || Fam. Ladrón que roba con maña.

gañán s. m. Mozo de labranza. || Hombre fuerte y rudo.

gañido s. m. Aullido lastimero del perro o de otros animales.

gañil s. m. Gaznate. ◆ pl. Agallas de los peces.

gañir v. intr. [3h]. Aullar el perro u otros animales con gritos agudos y repetidos. ◇ FAM. gañido. / desgañitarse.

gañote s. m. Fam. Garganta o gaznate.

garabatear v. intr. [1]. Echar los garabatos para asir una cosa. ◆ v. intr. y tr. Hacer garabatos. ◇ FAM. garabateo. GARABATO.

garabatero, ra adj. y s. Chile. Dícese de la persona que tiene la costumbre de proferir garabatos, insultos.

garabato s. m. Trazo irregular y caprichoso hecho con el lápiz o la pluma. || Gancho de hierro para asir o colgar algo. || Chile. Palabra o locución grosera usada como insulto. ◇ FAM. garabatear, garabatero, garabatoso.

garaje s. m. Local privado o público donde se guardan vehículos.

garambainas s. f. pl. Conjunto de adornos de mal gusto y superfluos. || Fam. Tonterías.

garandumba s. f. Amér. Merid. Barcaza grande para conducir cargas por un río. || Méx. Mujer gorda y grande.

garante adj. y s. m. y f. Que da garantía.

garantía s. f. Fianza, prenda. || Acción de asegurar durante un tiempo el buen funcionamiento de algo que se vende. || Documento en que consta. || Confianza que ofrece alguien o algo. <> FAM. garante, garantir, garantizar.

garantizar v. tr. [1g]. Dar u ofrecer garantía de algo. <> FAM. garantizador. GA-RANTÍA.

garañón s. m. Macho de asno, camello, caballo, etc., destinado a la reproducción. || Amér. Central, Chile, Méx. y Perú. Caballo semental. || Chile y Méx. Mujeriego.

garbancero, ra adj. Relativo al garbanzo.

garbanzo s. m. Planta herbácea de hojas compuestas, fruto en legumbre y semilla comestible. <> FAM. garbancero, garbanzal.

garbeo s. m. Fam. Paseo corto.

garbo s. m. Gracia o desenvoltura en la manera de actuar, andar o moverse. <> FAM. garbeo, garboso. / desgarbado.

garboso, sa adj. Que muestra garbo. || Generoso.

gardenia s. f. Planta ornamental de flores blancas grandes y olorosas. || Flor de esta planta.

garduña s. f. Mamífero carnicero de pequeño tamaño, pelaje marrón grisáceo y patas cortas.

garete. Ir o irse al garete, estar algo sin dirección o rumbo fijo. || Fracasar, malograrse: el negocio se fue al garete.

garfio s. m. Gancho de hierro curvo y puntiagudo.

gargajo s. m. Mucosidad espesa que se arroja por la boca. <> FAM. gargajear, gargajoso. GARGANTA.

garganta s. f. Región anatómica, tanto interna como externa, correspondiente a la parte anterior del cuello. || Ranura semicircular de una polea. || Valle estrecho entre montañas. <> FAM. gargantilla. / gargajo, gárgaras, garguero.

gargantilla s. f. Collar corto que rodea el cuello.

gárgaras s. f. pl. Acción de mantener un líquido en la garganta, con la boca hacia arriba, sin tragarlo y expulsando el aire para moverlo. <> FAM. gargarismo, gárgarizar. GARGANTA.

gargarismo s. m. Acción de hacer gárgaras.

gárgola s. f. Escultura de remate de la canalización de un tejado o caño semejante de una fuente.

garguero s. m. Parte superior de la tráquea o toda ella. <> FAM. GARGANTA.

garigoleado, da adj. Méx. Adornado en exceso.

garita s. f. Caseta destinada al abrigo de centinelas. || Méx. Oficina o puesto de aduana. <> FAM. garito.

garito s. m. Casa de juego. || Local de mala fama.

garlito s. m. Red de pesca en la que una malla convenientemente dispuesta impide que el pez vuelva a salir. || Fam. Trampa.

garlopa s. f. Cepillo de carpintería largo y con empuñadura.

garnacha s. f. Variedad de uva dulce de color rojo oscuro. || Vino obtenido de esta uva.

garra s. f. Pata del animal armada de uñas corvas y puntiagudas. || Mano del hombre.
• **Tener garra**, tener fuerza, atractivo. <> FAM. garrudo. / agarrar, desgarrar.

garrafa s. f. Vasija ancha y redonda, de cuello largo y estrecho. || Argent. y Urug. Envase metálico para gases.

garrafal adj. Muy grande o grave: error garrafal.

garrapata s. f. Ácaro parásito que vive chupando la sangre.

garrapato s. m. Garabato, rasgo irregular y caprichoso. <> FAM. garrapatear, garrapatoso.

garrapiña s. f. Estado del líquido que se solidifica formando grumos. <> FAM. garrapiñado, garrapiñar.

garrapiñar v. tr. [1]. Poner un líquido en estado de garrapiña. || Bañar golosinas en almíbar solidificado de este modo.

garrido, da adj. Galán, hermoso, gentil.

garrocha s. f. Vara larga rematada en una punta de acero con aponcillo. || Vara larga para picar a los toros. <> FAM. garrochar, garrochazo, garrochero, garrochista. / agarrochar.

garronero, ra adj. Argent. Fam. Gorrón.

garrotazo s. m. Golpe dado con un garrote.

garrote s. m. Palo grueso y fuerte. || Instrumento con qué se ejecutaba a los reos. <> FAM. garrotazo, garrotillo. / agarrotar, engarrotar.

garrotear v. tr. [1]. Amér. Central y Amér. Merid. Apalear. || Chile. Cobrar precios excesivos sin justificación.

garrotillo s. m. Nombre vulgar de la difteria.

garrotín s. m. Baile popular muy de moda a finales del s. XIX.

garrucha s. f. Polea.

garrudo, da adj. Colomb. Dícese de la res muy flaca. || Méx. Forzudo. <> FAM. GARRA.

garrulo, la adj. y s. m. Aplícase a la persona basta y zafia.

gárrulo, la adj. Que habla mucho, charlatán. <> FAM. garrulería.

garúa s. f. Amér. Central y Amér. Merid. Llovizna. <> FAM. garuar.

garza s. f. Ave zancuda de pico largo y cuello alargado y flexible, que habita en las riberas de lagos y pantanos.

garzo, za adj. De color azulado: ojos garzos.

garzón, na s. Chile. Camarero.

gas s. m. Fluido sin forma ni volumen propios, cuyas moléculas tienden a separarse unas de otras. || Cualquier combustible en este estado. ➡ pl. Restos gaseosos de la digestión, acumulados en el intestino.
• **Gas mostaza**, el tóxico usado con fines bélicos. <> FAM. gasear, gaseiforme, ga-

seoso, gasificar, gasoducto, gasógeno, gasómetro. / antigás, gasoil, gasóleo.

gasa s. f. Tela de seda o hilo muy ligera.

gascón, na adj. y s. De Gascuña, región histórica de Francia.

gasear v. tr. [1]. Hacer que un líquido absorba cierta cantidad de gas.

gaseiforme adj. Que se halla en estado gaseoso.

gaseoducto s. m. Gasoducto*.

gaseoso, sa adj. Que se halla en estado de gas. || Que contiene o desprende gases. ◆ s. f. Bebida refrescante, efervescente y sin alcohol.

gásfiter o **gasfíter** s. m. *Chile.* Fontanero, plomero. ◇ FAM. gasfitería.

gasfitería s. f. *Chile, Ecuad.* y *Perú.* Fontanería, plomería.

gasificar v. tr. [1a]. Convertir en gas. || Disolver gas carbónico en un líquido. ◇ FAM. gasificación. GAS.

gasoducto s. m. Tubería para la conducción de gas combustible a larga distancia. ◇ FAM. gaseoducto. GAS.

gasógeno s. m. Aparato para obtener gas combustible.

gasoil o **gasóleo** s. m. Mezcla de hidrocarburos líquidos obtenida de la destilación del petróleo, de aspecto oleoso, usada como combustible. ◇ FAM. gasolina. GAS.

gasolina s. f. Mezcla de hidrocarburos líquidos obtenida de la destilación del petróleo, de color amarillento, usada como carburante. ◇ FAM. gasolinera. GASOLE.

gasolinera s. f. Establecimiento para la venta al público de gasolina y gasoil.

gasómetro s. m. Instrumento para medir el volumen de un gas. ◇ FAM. gasometría, gasométrico. GAS.

gastado, da adj. Disminuido, borrado con el uso. || Debilitado o decaído.

gastador, ra adj. y s. Que gasta mucho dinero. ◆ s. m. Soldado de la escuadra que abre paso en marchas y desfiles.

gastalón, na adj. *Méx. Fam.* Que gasta mucho, derrochador.

gastar v. tr. [1]. Emplear el dinero en algo. || Tener o usar por costumbre. ◆ v. tr. y pron. Consumir, invertir, ocupar: *gastar tiempo.* || Deteriorar, estropear. ◇ FAM. gastable, gastado, gastador, gastalón, gasto. / malgastar, malgastar.

gasterópodo adj. y s. m. Se dice del molusco de concha en espiral, cabeza con tentáculos y un pie ventral para arrastrarse.

gasto s. m. Cantidad de dinero que se gasta. || *Méx.* Dinero destinado a cubrir las necesidades diarias de una familia.

gastr- pref. Significa 'estómago': *gastritis*.

gástrico, ca adj. Relativo al estómago. ◇ FAM. gastritis. / epigastrio, hipogastrio.

gastritis s. f. Inflamación de las capas mucosas del estómago.

gastroenteritis s. f. Inflamación simultá-

nea de las mucosas del estómago y de los intestinos.

gastrointestinal adj. Relativo al estómago y al intestino. ◇ FAM. INTESTINO.

gastronomía s. f. Arte de preparar una buena comida. || Afición a la buena cocina. ◇ FAM. gastronómico, gastrónomo.

gastronómico, ca adj. Relativo a la gastronomía.

gastrónomo, ma s. Persona aficionada a la gastronomía.

gástrula s. f. Estado embrionario de los animales, que sigue a la blástula, en que aparecen las tres capas embrionarias.

gata s. f. *Amér. Central.* Pez marino de color pardo amarillo. || *Chile.* Gato, máquina para levantar pesos a poca altura.

gateado, da adj. Semejante en algún aspecto al gato. ◆ adj. y s. *Argent.* Dícese de la yegua de pelo bayo oscuro con manchas negras transversales.

gatear v. intr. [1]. Trepar como los gatos. || Andar a gatas.

gatera s. f. Agujero en una pared, puerta, etc., para que entren o salgan los gatos o para otros fines. || *Bol., Ecuad.* y *Perú.* Verdulera. || *Chile.* Cueva de ratones.

gatillero s. m. *Méx.* Pistolero, asesino a sueldo.

gatillo s. m. En las armas de fuego, palanca que al presionarla con el dedo acciona el disparo. ◇ FAM. gatillazo, gatillero.

gato, ta s. Pequeño mamífero carnívoro, generalmente doméstico, de cabeza redonda, cola larga y pelaje suave. ◆ s. m. Aparato que permite levantar grandes pesos a poca altura. || *Argent.* Baile folklórico de movimientos rápidos, de pareja suelta o ejecutado por dos parejas relacionadas. ● **A gatas**, con manos y pies o rodillas en el suelo. || **Cuatro gatos** *(Fam.),* muy poca gente. || **Dar gato por liebre** *(Fam.),* hacer pasar una cosa de poca calidad por otra similar de calidad superior. || **Pobre gato** *(Argent.),* persona pobre, material o espiritualmente. ◇ FAM. gata, gateado, gatear, gatera, gatuno. / gatuperio, pelagatos.

gatuno, na adj. Relativo al gato o que tiene sus características.

gatuña s. f. Planta leguminosa, de base leñosa y tallo espinoso.

gatuperio s. m. Mezcla de sustancias incoherentes. || *Fam.* Chanchullo, intriga. ◇ FAM. GATO, TA Y VITUPERIO.

gauchada s. f. *Argent., Chile, Perú* y *Urug.* Acción propia del gaucho. || *Argent.* y *Urug. Fam.* Servicio ocasional realizado con buena disposición. || *Chile.* Servicio, favor.

gauchear v. intr. [1]. Practicar costumbres de gaucho. || Andar errante.

gauchesco, ca adj. Relativo al gaucho.

gaucho, cha adj. y s. m. Se aplica a ciertos habitantes de las pampas argentina y uruguaya dedicados a la ganadería y a la vida nómada. ◆ adj. *Argent., Chile* y *Urug.* Dícese del que posee las cualidades de nobleza y valentía atribuidas modernamente al gaucho. ◆ s. m. *Chile* y *Urug.* Peón rural experimentado en las faenas ganaderas tradicionales. ◇ FAM. gauchada, gauchaje, gauchear, gauchesco. / agaucharse.

gaudeamus s. m. Canto religioso de alegría.

gaveta s. f. Cajón corredizo de los escritorios. ‖ Mueble con uno o varios de estos cajones.

gavial s. m. Cocodrilo de la India, de hocico largo y delgado.

gavilán s. m. Ave rapaz de pequeño tamaño, con plumaje gris azulado y pardo. ‖ *Chile, Cuba, Méx.* y *P. Rico.* Uñero.

gavilla s. f. Conjunto de sarmientos, mieses, etc., atados. ◇ FAM. engavillar.

gaviota s. f. Ave de alas largas y pico robusto, que vive en las costas.

gay adj. y s. m. Homosexual.

gayo, ya adj. Alegre, vistoso. ● **Gaya ciencia**, arte de la poesía.

gayola s. f. *Méx. Fam.* Parte más alta de la gradería en un teatro, estadio, etc.

gazapera s. f. Madriguera de los conejos. ‖ *Fam.* Riña, pelea.

gazapo[1] s. m. Cría del conejo. ◇ FAM. gazapera. / agazaparse.

gazapo[2] s. m. Errata, error al hablar o escribir.

gazmoño, ña adj. y s. Que finge devoción y escrúpulos en temas de moral y religión. ◇ FAM. gazmoñería.

gaznápiro, ra adj. y s. Palurdo, cándido, torpe.

gaznatada s. f. *Amér. Central, Méx., P. Rico* y *Venez.* Bofetada.

gaznate s. m. Garguero, garganta. ‖ *Méx.* Dulce hecho de piña o coco. ◇ FAM. gaznatada.

gazpacho s. m. Sopa fría que se elabora mezclando hortalizas crudas y pan.

gazuza s. f. *Fam.* Hambre.

ge s. f. Nombre de la letra *g*.

geco s. m. Lagarto de las regiones cálidas, provisto de dedos que se ensanchan en su zona terminal formando ventosas.

géiser s. m. Surtidor intermitente de agua caliente y sulfurosa, de origen volcánico.

geisha s. f. Muchacha japonesa que entretiene y da compañía a los hombres.

gel s. m. Sustancia con apariencia de sólido y consistencia viscosa. ‖ Jabón líquido usado en el aseo. ◇ FAM. GELATINA.

gelatina s. f. Sustancia sólida y transparente, que se obtiene de huesos, tendones y ligamentos. ‖ Jalea de frutas. ◇ FAM. gel, gelatinoso.

gelatinoso, sa adj. Abundante en gelatina o parecido a ella.

gélido, da adj. Muy frío. ◇ FAM. HIELO.

gema s. f. Piedra preciosa. ◇ FAM. gemología.

gemación s. f. Modo de multiplicación de una célula en que ésta se divide en dos partes desiguales. ◇ FAM. YEMA.

gemebundo, da adj. Que gime profundamente. ◇ FAM. GEMIR.

gemelo, la adj. y s. Dícese de cada uno de los seres nacidos en un mismo parto. ◆ adj. Dícese de dos elementos que forman pareja. ◆ s. m. Músculo doble, externo e interno, de la pantorrilla. ◆ pl. Prismáticos. ◇ FAM. géminis.

gemido s. m. Acción y efecto de gemir.

geminación s. f. LING. Repetición de un fonema, una sílaba o una palabra en el habla o la escritura. ◇ FAM. geminado, geminar.

geminado, da adj. Doble o dispuesto en par. ‖ Dividido, partido.

géminis s. m. y f. y adj. Persona nacida bajo el signo zodiacal de Géminis. ◇ FAM. GEMELO, LA.

gemir v. intr. [30]. Expresar con sonidos y voz lastimera una pena o dolor. ◇ FAM. gemebundo, gemido, gemidor. / gimotear.

gemología s. f. Ciencia que estudia las gemas o piedras preciosas. ◇ FAM. gemológico, gemólogo. GEMA.

gen s. m. BIOL. Elemento de un cromosoma que condiciona la transmisión y manifestación de un carácter hereditario determinado. ◇ FAM. gene, genoma, genotipo. GENERAR.

genciana s. f. Planta de las zonas montañosas, de flores gamopétalas, cuya raíz tiene aplicaciones medicinales.

gendarme s. m. En Francia y otros países, agente de policía. ◇ FAM. gendarmería.

gendarmería s. f. Cuerpo de gendarmes. ‖ Cuartel o puesto de gendarmes.

gene s. m. Gen*.

genealogía s. f. Serie de los ascendientes de cada individuo. ◇ FAM. genealógico, genealogista.

generación s. f. Acción y efecto de engendrar. ‖ Sucesión de descendientes en línea recta. ‖ Conjunto de todos los seres vivientes coetáneos. ‖ Conjunto de escritores, artistas, etc., de edad parecida, cuya obra presenta rasgos comunes. ◇ FAM. generacional. GENERAR.

generador, ra adj. Que genera. ‖ MAT. Dícese de la línea o plano que genera una figura. o cuerpo geométrico al moverse. ◆ s. m. Aparato que produce energía. ◇ FAM. turbogenerador. GENERAR.

general adj. Común a todos o a muchos. ‖ Vago, indeterminado. ◆ s. m. Oficial superior del ejército. ◇ FAM. generala, generalato, generalidad, generalizar, generalmente. GÉNERO.

generala s. f. MIL. Toque para que las fuerzas se preparen con las armas.

generalato s. m. Grado de general. ‖ Conjunto de los generales.

generalidad s. f. Mayoría, colectividad. ‖

Vaguedad, imprecisión en lo que se dice o escribe: *abundar en generalidades.*

generalizar v. tr. y pron. [1g]. Hacer general o común una cosa. || Extender, ampliar. ◇ FAM. generalizable, generalización, generalizador. GENERAL.

generar v. tr. [1]. Producir algo. || Engendrar un nuevo ser. ◇ FAM. gen, generable, generación, generador, generativo, generatriz, género, génesis, genital, genitivo. / degenerar, regenerar.

generatriz adj. y s. f. Dícese de la máquina que transforma la energía mecánica en eléctrica. || MAT. Dícese de la línea o plano cuyo desplazamiento genera una superficie.

genérico, ca adj. Común a todos los elementos de un conjunto. || LING. Relativo al género gramatical. ◇ FAM. genéricamente. GÉNERO.

género s. m. Conjunto de cosas o seres con características comunes. || Clase de persona o cosa. || Cualquier tipo de mercancía. || BIOL. Categoría de clasificación de plantas y animales intermedia entre la familia y la especie. || LING. Categoría gramatical por la que sustantivos, adjetivos, artículos y pronombres se clasifican en masculinos y femeninos, y algunos en neutros. ◇ FAM. general, genérico, generoso. / congénere, subgénero. GENERAR.

generosidad s. f. Calidad de generoso. || Actitud o hecho generoso.

generoso, sa adj. Dadivoso, desprendido. || Noble, magnánimo. || Excelente en su especie. ◇ FAM. generosamente, generosidad. GÉNERO.

genésico, ca adj. Relativo a la generación. ◇ FAM. GÉNESIS.

génesis s. f. Origen o principio de algo. || Conjunto de fenómenos que dan por resultado un hecho. ◇ FAM. genesíaco, genésico, genético. / biogénesis, endogénesis, gametogénesis, petrogénesis. GENERAR.

genética s. f. Ciencia que estudia las leyes de la transmisión de los caracteres hereditarios de los organismos. ◇ FAM. genetista. GENÉTICO, CA.

genético, ca adj. Relativo a la génesis u origen de las cosas. || Relativo a los genes o a la genética. ◇ FAM. genética. GÉNESIS.

genetista s. m. y f. Persona que se dedica a la genética.

genial adj. Relativo al genio creador o que tiene sus características. || Excelente, extraordinario.

genialidad s. f. Calidad de genial. || Acción original o extravagante.

genio s. m. Índole o condición natural de cada persona. || Gran ingenio o talento para inventar o crear. || Persona de gran genio o talento. || Ser sobrenatural al que se atribuye un poder mágico. ◇ FAM. genial, genialidad. / congeniar, ingenio.

genital adj. Relativo a los órganos reproductores y a sus funciones. ◆ s. m. pl.

Órganos sexuales masculinos o femeninos. ◇ FAM. GENERAR.

genitivo s. m. LING. En las lenguas que tienen declinación, caso que indica pertenencia, posesión o materia. ◇ FAM. GENERAR.

geno- pref. Significa 'producir, engendrar': *genotipo.*

genocidio s. m. Destrucción, exterminio de un grupo social.

genoma s. m. BIOL. Conjunto de los cromosomas que constituyen la dotación genética de un organismo. ◇ FAM. GEN.

genotipo s. m. BIOL. Conjunto de la información genética de un organismo, heredado de sus padres y contenido en los cromosomas. ◇ FAM. genotípico. GEN y TIPO.

genovés, sa adj. y s. De Génova.

gente s. f. Conjunto de personas. || *Fam.* Familia. || *Amér.* En algunos países, persona, individuo. ◇ FAM. gentil, gentilicio, gentío, gentuza. / engentarse.

gentil adj. Gallardo, apuesto. || Amable, cortés. ◆ adj. y s. m. y f. Idólatra o pagano. ◇ FAM. gentileza, gentilmente. / gentilhombre.

gentileza s. f. Gracia, garbo. || Amabilidad y cortesía.

gentilhombre s. m. Noble que servía en la casa real.

gentilicio, cia adj. Perteneciente a las gentes o naciones y al linaje o familia. ◆ adj. y s. m. LING. Dícese del sustantivo o adjetivo que expresa origen o nacionalidad.

gentío s. m. Concurrencia o afluencia considerable de personas.

gentuza s. f. Chusma, gente despreciable.

genuflexión s. f. Acción de doblar la rodilla en señal de sumisión.

genuino, na adj. Puro, que no está mezclado con otras cosas.

geo- pref. Significa 'tierra' o 'suelo': *geodesia.*

geocéntrico, ca adj. Relativo al centro de la Tierra. ◇ FAM. geocentrismo. CENTRO.

geodesia s. f. Ciencia que se ocupa de determinar la forma y dimensiones de la Tierra. ◇ FAM. geodésico, geodesta.

geofísica s. f. Ciencia que estudia los fenómenos físicos que afectan a la Tierra. ◇ FAM. geofísico. FÍSICA.

geografía s. f. Ciencia que tiene por objeto la descripción y explicación de los fenómenos físicos y humanos en la superficie de la Tierra. ◇ FAM. geográfico, geógrafo. / zoogeografía.

geología s. f. Ciencia que estudia la historia de la Tierra y la formación de sus materiales. ◇ FAM. geológico, geólogo.

geomancia o **geomancía** s. f. Adivinación del futuro por medio de los cuerpos terrestres o a través de puntos, líneas, etc. trazados en la tierra. ◇ FAM. geomántico.

geometría s. f. Disciplina matemática que estudia el espacio y las formas, figuras y cuerpos que en él se pueden imaginar. ◇ FAM. geómetra, geométrico.

geométrico, ca adj. Relativo a la geometría. ‖ Muy exacto.

geopolítica s. f. Disciplina que estudia las relaciones entre el medio físico de un país y sus estructuras sociopolíticas. ◇ FAM. geopolítico. POLÍTICA.

geoquímica s. f. Ciencia que estudia la composición química del suelo. ◇ FAM. geoquímico. QUÍMICA.

georgiano, na adj. y s. De Georgia. ➡ s. m. Lengua caucásica hablada en la república de Georgia.

geórgica s. f. Composición poética sobre la vida en el campo.

georgiopolitano, na adj. y s. De Georgetown.

geranio s. m. Planta de jardín de tallo carnoso y flores de vivos colores.

gerencia s. f. Cargo y función del gerente. ‖ Oficina del gerente.

gerente s. m. y f. Persona que dirige, administra y representa una empresa mercantil. ◇ FAM. gerencia.

geriatra s. m. y f. Médico especialista en geriatría.

geriatría s. f. Parte de la medicina que estudia la vejez y sus enfermedades. ◇ FAM. geriatra.

gerifalte s. m. Halcón de gran tamaño, que vive en Europa septentrional.

germanía s. f. Jerga de rufianes y maleantes. ◇ FAM. germanesco.

germánico, ca adj. y s. De Germania, antigua región de Europa. ‖ De Alemania o de sus habitantes. ➡ s. m. Grupo de lenguas indoeuropeas del que derivan el inglés, el alemán, etc.

germanio s. m. Metal blanco grisáceo, usado en la fabricación de transistores y como semiconductor eléctrico.

germanismo s. m. Palabra o giro propios del alemán usados en otra lengua.

germano, na adj. y s. Germánico. ◇ FAM. germánico, germanismo, germanista, germanizar, germanófilo.

germanófilo, la adj. Simpatizante de Alemania, en especial del bando alemán durante las dos guerras mundiales.

germen s. m. Causa, origen, semilla. ‖ Microorganismo capaz de provocar enfermedades. ◇ FAM. germicida, germinal, germinar.

germinar v. intr. [1]. Brotar y empezar a crecer una planta. ‖ Empezar a desarrollarse algo inmaterial. ◇ FAM. germinación, germinador, germinativo. GERMEN.

geronto- pref. Significa 'viejo, anciano': gerontología.

gerontocracia s. f. Gobierno de los más viejos.

gerontología s. f. MED. Estudio de los problemas y fenómenos propios de la vejez. ◇ FAM. gerontólogo.

gerundense adj. y s. m. y f. De Gerona (España).

gerundio s. m. Forma no personal del verbo que comunica a la acción verbal un carácter durativo.

gesta s. f. Conjunto de hechos heroicos de un personaje o pueblo.

gestación s. f. Desarrollo del óvulo fecundado hasta el nacimiento del nuevo ser. ‖ Desarrollo de algo no material.

gestar v. tr. [1]. Llevar y sustentar la madre en el vientre a su hijo hasta el parto. ◇ FAM. gestación, gestante.

gesticular v. intr. [1]. Hacer gestos. ◇ FAM. gesticulación, gesticulador. GESTO.

gestión s. f. Acción y efecto de gestionar. ◇ FAM. autogestión, cogestión. GESTIONAR.

gestionar v. tr. [1]. Administrar, dirigir una empresa, asunto, etc. ‖ Hacer diligencias para resolver o conseguir algo. ◇ FAM. gestión, gestor.

gesto s. m. Expresión del rostro o de las manos. ‖ Mueca, ademán. ‖ Rasgo de amabilidad o generosidad. ◇ FAM. gesticular, gestual.

gestor, ra adj. y s. Que gestiona. ➡ s. Miembro de una empresa que participa en su administración. ◇ FAM. gestoría. GESTIONAR.

gestoría s. f. Oficina del gestor.

gestual adj. Relativo a los gestos.

giba s. f. Corcova, joroba. ◇ FAM. gibar, gibosidad, giboso.

gibelino, na adj. y s. En la Italia medieval, partidario del emperador de Alemania, por oposición a los güelfos, defensores del papado.

giboso, sa adj. y s. Que tiene giba o corcova.

gibraltareño, ña adj. y s. De Gibraltar.

giennense adj. y s. m. y f. Jiennense*.

gigante, ta s. Ser fabuloso de enorme estatura que aparece en cuentos, leyendas, etc. ‖ Persona muy alta. ➡ adj. De gran tamaño. ◇ FAM. gigantesco, gigantez, gigantismo. / agigantar.

gigantesco, ca adj. Relativo a los gigantes. ‖ Excesivo o muy sobresaliente.

gigantismo s. m. Enfermedad del desarrollo caracterizada por un crecimiento excesivo del tamaño del cuerpo.

gigoló s. m. Hombre joven que es amante mantenido de una mujer rica y madura.

gijonense adj. y s. m. y f. Gijonés.

gijonés, sa adj. y s. De Gijón (España).

gil, la s. Argent., Chile y Urug. Fam. Tonto, incauto.

gilí adj. y s. Fam. Tonto, chiflado, lelo.

gilipollas adj. y s. m. y f. Vulg. Que hace o dice tonterías. ◇ FAM. gilipollez.

gimnasia s. f. Actividad de ejercitar, fortalecer y desarrollar el cuerpo mediante ejercicios físicos adecuados. ‖ Ejercicio: gimnasia intelectual. ◇ FAM. gimnasio, gimnasta, gimnástico.

gimnasio s. m. Local destinado a la práctica de la gimnasia.

gimnasta s. m. y f. Persona que practica la gimnasia.

gimnospermo, ma adj. y s. f. BOT. Relativo a las plantas fanerógamas que llevan las semillas en un fruto abierto.

gimnoto s. m. Pez fluvial de América del Sur, similar a la anguila, que paraliza a sus presas con fuertes descargas eléctricas.

gimotear v. intr. [1]. *Fam.* Hacer gestos de llorar, pero sin llegar a ello. ◇ FAM. gimoteo. GEMIR.

gin s. m. Ginebra.

gincana s. f. Competición en la que los participantes deben salvar un gran número de obstáculos y dificultades.

gine- pref. Significa 'mujer', 'femenino': *ginecología.*

ginebra s. f. Licor aromatizado con bayas de enebro. ◇ FAM. ENEBRO.

ginebrés, sa adj. y s. Ginebrino.

ginebrino, na adj. y s. De Ginebra.

gineceo s. m. Órgano femenino de la flor.

ginecología s. f. Parte de la medicina que estudia las enfermedades propias de la mujer. ◇ FAM. ginecológico, ginecólogo.

ginecólogo, ga s. Médico especialista en ginecología.

gingival adj. Relativo a las encías. ◇ FAM. gingivitis. ENCÍA.

gingivitis s. f. Inflamación de las encías.

gira s. f. Viaje por distintos lugares. || Serie de actuaciones de una compañía teatral, artista, etc., en diferentes lugares.

giralda s. f. Veleta de torre con figura humana o animal.

girándula s. f. Artefacto pirotécnico giratorio.

girar v. intr. [1]. Dar vueltas alrededor de un punto o sobre sí mismo. || Cambiar de dirección. ◆ v. intr. y tr. Expedir letras u órdenes de pago. ◆ v. tr. Enviar dinero por correo o telégrafo. || *Méx. Fam.* Ocuparse de una actividad determinada, cumplir cierta función, papel, etc. ◇ FAM. gira, girador, giralda, giramiento, girándula, giratorio, giro¹, girómetro, giroscopio. / girasol, sobregirar.

girasol s. m. Planta herbácea de flores grandes y amarillas, de cuya semilla comestible se extrae un apreciado aceite.

giro¹ s. m. Acción y efecto de girar. || Dirección, aspecto que toma un asunto, etc. || Expresión, frase, atendiendo a la manera de estar construida. ◇ FAM. autogiro. GIRAR.

giro², ra adj. *Amér.* Dícese del gallo o la gallina que tiene el plumaje matizado de amarillo con plumas rojas y negras.

girola s. f. En algunas iglesias o catedrales, galería semicircular que rodea el altar mayor.

girómetro s. m. Aparato que mide la velocidad de rotación de un eje vertical.

giroscopio s. m. Aparato usado en aviones, barcos y naves espaciales como indicador de dirección. ◇ FAM. giroscópico. GIRAR.

gis s. m. *Méx.* Tiza.

gitanear v. intr. [1]. Halagar con gitanería para obtener lo que se desea. || Proceder engañosamente en las compras y ventas.

gitanería s. f. Caricia, halago interesado. || Dicho o hecho propio de los gitanos. || Reunión de gitanos.

gitano, na adj. y s. De una raza de vida nómada, probablemente originaria de la India, extendida en épocas distintas por Europa. ◆ s. m. Lengua de los gitanos. ◇ FAM. gitanear, gitanería, gitanesco, gitanismo.

glabro, bra adj. Calvo, lampiño.

glaciación s. f. Formación de glaciares en determinada época y región.

glacial adj. Helado, muy frío. ◇ FAM. glaciación, glaciar, glacis.

glaciar s. m. Masa de hielo formada en las partes más altas de las montañas. ◆ adj. Relativo a los glaciares. ◇ FAM. glaciarismo. / interglaciar. GLACIAL.

glacis s. m. Explanada, llanura al pie de las zonas montañosas. ◇ FAM. GLACIAL.

gladiador s. m. Luchador que, en el circo romano, combatía contra otros o contra fieras.

gladíolo o **gladiolo** s. m. Planta bulbosa, cultivada por sus flores de colores variados. || Flor de esta planta.

glande s. m. Extremo o cabeza del pene. ◇ FAM. GLÁNDULA.

glándula s. f. Órgano que tiene la función de elaborar ciertas sustancias y verterlas. ◇ FAM. glande, glandular, glanduloso.

glandular adj. Relativo a las glándulas.

glasé s. m. Tela de seda brillante. ◇ FAM. glaseado, glasear.

glasear v. tr. [1]. Dar brillo al papel, las telas, etc. || Recubrir ciertos pasteles o bollos con una mezcla líquida azucarada.

glauco, ca adj. De color verde claro o grisáceo. ◇ FAM. glaucoma.

glaucoma s. m. Enfermedad de los ojos caracterizada por una atrofia de la retina y del nervio óptico, y pérdida de visión. ◇ FAM. GLAUCO, CA.

gleba s. f. Terrón que se levanta con el arado. || Tierra de labor.

glicérido s. m. Éster de la glicerina.

glicerina s. f. Alcohol incoloro y viscoso, que se obtiene al convertir en jabón las grasas. ◇ FAM. glicérido. / nitroglicerina.

glíptica s. f. Arte de grabar piedras finas. || Arte de grabar en acero los cuños para las monedas, medallas, etc. ◇ FAM. gliptografía, gliptoteca.

gliptoteca s. f. Colección de piedras grabadas. || Museo en que se conservan. ◇ FAM. GLÍPTICA.

global adj. Total, considerado en conjunto. ◇ FAM. globalidad, globalizar. GLOBO.

globalizar v. tr. [1g]. Integrar en un planteamiento global. ◆ v. intr. Considerar en su conjunto. ◇ FAM. globalización. GLOBAL.

globo s. m. Cuerpo esférico. ‖ Especie de bolsa de goma, llena de aire o gas ligero, usado por los niños para jugar. ‖ Fanal de una lámpara. ‖ Vehículo aéreo compuesto de una bolsa esférica muy grande, llena de un gas ligero, con una barquilla en la que pueden viajar personas. ● **Globo ocular**, el ojo propiamente dicho. ‖ **Globo sonda**, el usado para estudios meteorológicos. ◇ FAM. global, globoso, glóbulo. / englobar.

globoso, sa adj. De figura de globo.

globulina s. f. Proteína presente en la leche y la sangre. ◇ FAM. GLÓBULO.

glóbulo s. m. Cuerpo esférico pequeño. ‖ Células de diversos tipos transportadas por la sangre. ● **Glóbulo blanco**, leucocito. ‖ **Glóbulo rojo**, el de la sangre coloreado por la hemoglobina. ◇ FAM. globular, globulina, globuloso. GLOBO.

gloria s. f. Fama, celebridad. ‖ En algunas religiones, cielo de los bienaventurados. ◇ FAM. gloriar, glorificar, glorioso. / vanagloria.

gloriado s. m. *Amér. Central* y *Amér. Merid.* Bebida parecida al ponche, hecha con aguardiente.

gloriar v. tr. [1t]. Glorificar. ◆ **gloriarse** v. pron. Vanagloriarse. ‖ Complacerse, alegrarse mucho.

glorieta s. f. Plazoleta. ‖ Plaza donde desembocan varias calles.

glorificar v. tr. [1a]. Conferir la gloria a alguien. ‖ Alabar, ensalzar. ◇ FAM. glorificable, glorificación, glorificador. GLORIA.

glorioso, sa adj. Digno de gloria o fama. ‖ Que goza de la gloria eterna.

glosa s. f. Explicación o comentario de un texto. ‖ Nota explicativa sobre alguna palabra o fragmento de un texto. ◇ FAM. glosar, glosario.

glosar v. tr. [1]. Comentar, explicar. ◇ FAM. glosador. / desglosar. GLOSA.

glosario s. m. Catálogo de palabras, especialmente las dudosas de un texto, con su explicación. ‖ Colección de glosas.

glotis s. f. Espacio existente en la laringe entre las cuerdas vocales. ◇ FAM. glótico. / epiglotis.

glotón, na adj. y s. Que come con exceso y con avidez. ◇ FAM. glotonear, glotonería.

glotonear v. intr. [1]. Comer en exceso y con avidez.

glotonería s. f. Calidad de glotón. ‖ Acción de glotonear.

glucemia s. f. Presencia de glucosa en la sangre. ◇ FAM. hiperglucemia, hipoglucemia. GLÚCIDO.

glúcido s. m. Compuesto de carbono, hi-

drógeno y oxígeno, con importantes funciones energéticas en el organismo de los seres vivos. ◇ FAM. glucemia, glucosa.

glucina s. f. Óxido de berilio.

glucógeno s. m. Glúcido complejo, forma de reserva de la glucosa en el hígado y los músculos. ◇ FAM. GLUCOSA.

glucosa s. f. Glúcido presente en la fruta y en la sangre de los animales. ◇ FAM. glucógeno. GLÚCIDO.

gluten s. m. Sustancia albuminoide viscosa que se encuentra en la harina de los cereales. ◇ FAM. glutinoso. / aglutinar.

glúteo, a adj. Relativo a la nalga. ◆ adj. y s. m. Dícese de cada uno de los tres músculos que forman las nalgas.

glutinoso, sa adj. Pegajoso, con capacidad para pegar una cosa con otra. ◇ FAM. glutinosidad. GLUTEN.

gneis s. m. Roca metamórfica de grano grueso parecida al granito.

gnómico, ca adj. y s. Que contiene o compone sentencias y consejos morales.

gnomo s. m. Ser fantástico, enano, con poder sobrenatural.

gnoseología s. f. FILOS. Ciencia que se ocupa de la teoría del conocimiento. ◇ FAM. gnoseológico. GNOSIS.

gnosis s. f. Conocimiento absoluto e intuitivo de la divinidad, en el gnosticismo y corrientes afines. ◇ FAM. gnoseología, gnosticismo. / agnosticismo.

gnosticismo s. m. Sistema filosófico y religioso, surgido en los inicios del cristianismo, cuyos adeptos fundaban la salvación en el conocimiento o gnosis. ◇ FAM. gnóstico. GNOSIS.

gnóstico, ca adj. Relativo al gnosticismo. ◆ adj. y s. Que profesa el gnosticismo.

gobernación s. f. Gobierno, acción y efecto de gobernar. ‖ En algunos países, división administrativa o territorial.

gobernador, ra adj. y s. Que gobierna. ◆ s. m. Jefe superior de una provincia, territorio o ciudad. ‖ Director de determinados establecimientos públicos.

gobernalle s. m. Timón de la nave.

gobernanta s. f. Mujer encargada de la administración de una casa o institución.

gobernante adj. y s. m. y f. Que gobierna un país o forma parte de su gobierno.

gobernar v. tr. e intr. [1j]. Dirigir un país o conducir una colectividad, dando las órdenes o normas necesarias. ◆ v. tr. Conducir una nave, vehículo, etc. ◇ FAM. gobernable, gobernación, gobernador, gobernalle, gobernanta, gobernante, gobierno. / ingobernable.

gobierno s. m. Acción y efecto de gobernar. ‖ Conjunto de organismos políticos y personas que dirigen un estado. ◇ FAM. gubernamental, gubernativo. / autogobierno, desgobierno. GOBERNAR.

gobio s. m. Pez teleósteo de río, de pequeño tamaño y cuerpo alargado.

goce s. m. Acción y efecto de gozar.

godo, da adj. y s. De un antiguo pueblo germánico que invadió gran parte del Imperio romano. ‖ *Amér. Merid.* Decíase de los españoles durante la guerra de la Independencia. ⬦ FAM. gótico. / ostrogodo, visigodo.

gofio s. m. *Argent., Bol., Cuba, Ecuad.* y *P. Rico.* Golosina hecha de harina gruesa de maíz, trigo o cebada, tostada y con azúcar.

gofrar v. tr. [1]. Estampar dibujos o motivos, en hueco o en relieve, sobre tela, piel, etc. ⬦ FAM. gofrado, gofrador.

gol s. m. En algunos deportes de equipo, acción de introducir la pelota en la portería. ⬦ FAM. golazo, goleada, goleador, golear.

gola s. f. Adorno de tul, encaje, etc., fruncido o plegado, que se colocaba alrededor del cuello. ‖ ARQ. Moldura cuyo perfil tiene la figura de una S. ⬦ FAM. golilla. / engolado.

golear v. tr. [1]. Marcar muchos goles al equipo contrario.

goleta s. f. Barco velero ligero, de dos o tres palos.

golf s. m. Deporte que consiste en introducir una pelota, con la ayuda de unos palos, en ciertos hoyos. ⬦ FAM. golfista. / minigolf.

golfante adj. y s. m. y f. *Fam.* Bribón, sinvergüenza.

golfear v. intr. [1]. Vivir como un golfo.

golfo¹ s. m. Accidente geográfico que consiste en una amplia y profunda entrada del mar en la tierra.

golfo², fa s. y adj. Pillo, vagabundo. ‖ Sinvergüenza, vividor. ◆ s. f. Prostituta. ⬦ FAM. golfante, golfear, golfería.

goliardo s. m. En la Edad Media, clérigo o estudiante de vida disipada y dedicado en ocasiones a la poesía. ⬦ FAM. goliardesco.

golilla s. f. Cuello postizo hecho con una tira negra sobrepuesta a otra blanca almidonada y rizada, usada antiguamente por los hombres. ‖ *Argent.* y *Urug.* Pañuelo de cuello que usa el paisano. ⬦ FAM. GOLA.

gollería s. f. Manjar exquisito y delicado.

golletazo s. m. En tauromaquia, estocada que se da en el gollete al toro.

gollete s. m. Parte superior de la garganta, por donde se une a la cabeza. ‖ Cuello de garrafas, botellas, etc. ⬦ FAM. golletazo.

golondrina s. f. Ave pequeña de lomo negro, vientre blanco, alas puntiagudas y cola recortada. ⬦ FAM. golondrino.

golondrino s. m. Pollo de la golondrina. ‖ Bulto producido en las axilas por la inflamación de una glándula sudorípara.

golosina s. f. Cosa de comer dulce y de sabor muy agradable. ‖ Cosa más agradable que útil. ⬦ FAM. golosinear. / engolosinar. GOLOSO, SA.

goloso, sa adj. y s. Aficionado a comer golosinas. ⬦ FAM. golosear, golosina.

golpe s. m. Encuentro violento y brusco de dos cuerpos. ‖ Infortunio o desgracia. ‖ Ataque repentino. ‖ Asalto, atraco. ‖ Ocurrencia graciosa. ‖ *Méx.* Instrumento de hierro parecido a un mazo. ● **Golpe de estado**, apropiación del poder político por medios ilegales. ● **A golpe de calcetín** (*Méx. Fam.*), a pie, caminando. ‖ **De golpe**, de repente. ‖ **No dar golpe**, no trabajar. ⬦ FAM. golpear, golpetazo, golpetear, golpismo, golpista, golpiza. / agolpar, contragolpe, paragolpes.

golpear v. tr., intr. y pron. [1]. Dar uno o más golpes. ⬦ FAM. golpeador, golpeadura, golpeo. GOLPE.

golpetear v. tr. e intr. [1]. Dar golpes continuados. ⬦ FAM. golpeteo. GOLPE.

golpismo s. m. Actitud política favorable a los golpes de estado. ‖ Actividad de los golpistas.

golpista adj. Relativo al golpe de estado. ◆ adj. y s. m. y f. Que participa en un golpe de estado o lo apoya.

golpiza s. f. *Amér.* Paliza.

goma s. f. Sustancia que se endurece al contacto con el aire y forma con el agua disoluciones pegajosas. ‖ Caucho. ‖ *Amér. Central.* Resaca tras una borrachera. ‖ *Argent.* Neumático. ‖ *Colomb.* Afición, manía. ● **Goma de borrar**, la hecha a base de caucho, que sirve para borrar el lápiz o la tinta. ‖ **Goma de mascar**, chicle. ● **Mandar** a alguien **a la goma** (*Méx. Fam.*), mandarlo a paseo. ⬦ FAM. gomería, gomero², gomina, gomosidad, gomoso. / engomar, gomorresina.

gomería s. f. *Argent.* Lugar de venta o reparación de neumáticos.

gomero¹, ra adj. y s. De La Gomera, isla del archipiélago canario.

gomero², ra adj. Relativo a la goma. ‖ *Argent.* Dícese del que explota la industria de la goma. ◆ s. m. *Amér. Merid.* Árbol que produce goma. ‖ *Argent.* Persona que se dedica a la reparación y venta de neumáticos de automóviles. ◆ s. f. *Argent.* Tirachinas.

gomina s. f. Fijador para el cabello. ⬦ FAM. engominar. GOMA.

gomorresina s. f. Sustancia vegetal formada de goma y resina. ⬦ FAM. GOMA y RESINA.

gomoso, sa adj. De la naturaleza de la goma. ◆ s. m. Petimetre, figurín.

gónada s. f. Glándula sexual que produce las células sexuales o gametos.

góndola s. f. Embarcación típica de Venecia, larga y plana, movida por un solo remo. ⬦ FAM. gondolero.

gondolero s. m. Persona que por oficio conduce una góndola.

gong o **gongo** s. m. Instrumento musical

de percusión consistente en un disco de metal que se toca con una maza.

gongorino, na adj. y s. Relativo a Góngora, poeta del barroco español. ‖ Que imita la manera literaria de Góngora. ◇ FAM. gongorismo, gongorista, gongorizar.

goniómetro s. m. Instrumento para medir ángulos.

gonocito s. m. Célula embrionaria de los animales que, según el sexo, producirá cuatro espermatozoides o un solo óvulo.

gonococia s. f. Enfermedad venérea producida por gonococos.

gonococo s. m. Bacteria que se encuentra en el pus o en el interior de los leucocitos y causa la blenorragia. ◇ FAM. gonococia, gonocócico. COCO².

gonorrea s. f. Blenorragia crónica.

gordinflón, na adj. Fam. Demasiado gordo y fofo.

gordita s. f. Méx. Tortilla de maíz gruesa y rellena de carne, queso u otros ingredientes.

gordo, da adj. Que tiene muchas carnes. ‖ Muy abultado o grueso. ➤ s. m. Premio mayor de la lotería. ‖ Argent., Chile y Méx. Apelativo cariñoso para dirigirse a los seres queridos. ◇ FAM. gordinflón, gordita, gordura. / engordar, regordete.

gordura s. f. Grasa, tejido adiposo. ‖ Abundancia de carnes y grasas.

gorgojo s. m. Insecto coleóptero, de cuerpo ovalado y cabeza con trompa, muy perjudicial para la agricultura.

gorgonzola s. m. Queso italiano de pasta blanda.

gorgorito s. m. Quiebro que se hace con la voz en la garganta. ◇ FAM. gorgoritear, gorgoteo.

gorgoteo s. m. Ruido producido por un líquido al moverse en el interior de una cavidad o recipiente. ◇ FAM. gorgotear. GORGORITO.

gorguera s. f. Gola, adorno de la vestidura.

gorigori s. m. Fam. Canto fúnebre de los entierros.

gorila s. m. Simio antropoide de gran tamaño y pelaje negro, que vive en África ecuatorial. ‖ Fam. Guardaespaldas.

gorjear v. intr. [1]. Hacer gorjeos. ◇ FAM. gorjeador, gorjeo.

gorjeo s. m. Canto o voz de algunos pájaros. ‖ Quiebro que se hace con la voz. ‖ Balbuceo del niño cuando aún no sabe hablar.

gorra s. f. Prenda para abrigar la cabeza, sin copa ni alas. ● De gorra (Fam.), a costa ajena. ◇ FAM. gorrería, gorro, gorrón.

gorrear v. intr. [1]. Hacer el gorrón.

gorrería s. f. Taller o tienda de gorras.

gorrinada s. f. Suciedad, porquería. ‖ Acción indecente o injusta.

gorrino, na s. Cerdo, especialmente el de menos de cuatro meses. ➤ s. y adj. Fam.

Persona desaseada o de mal comportamiento. ◇ FAM. gorrinada, gorrinera, gorrinería. GUARRO, RRA.

gorrión, na s. Ave de pequeño tamaño y plumaje pardo con manchas negras y rojizas. ➤ s. m. Amér. Central. Colibrí.

gorro s. m. Prenda para cubrir y abrigar la cabeza, sin alas ni visera. ● Estar uno hasta el gorro (Fam.), no aguantar más. ‖ Méx. Estar muy borracho. ‖ Ponerle a uno el gorro (Argent. y Chile. Fam.), serle infiel, ponerle los cuernos. ◇ FAM. GORRA.

gorrón, na adj. y s. Que vive o disfruta a costa de otros. ◇ FAM. gorrear, gorronear, gorronería. GORRA.

gorronear v. intr. [1]. Vivir de gorrón.

gota s. f. Glóbulo de cualquier líquido. ‖ Pequeña cantidad de algo. ‖ Colomb. Enfermedad de ciertas plantas. ‖ MED. Afección que produce una inflamación muy dolorosa. ● Sudar la gota gorda (Fam.), esforzarse mucho para conseguir algo. ◇ FAM. gotear, gotera, gotoso. / agotar, cuentagotas.

goteado s. m. Chile. Bebida fresca preparada con pisco.

gotear v. intr. [1]. Caer gota a gota. ◇ FAM. goteado, goteo. GOTA.

gotera s. f. Filtración de agua a través de un techo o pared. ‖ Sitio por donde se filtra.

gótico, ca adj. Relativo a los godos y a su lengua. ➤ adj. y s. m. Relativo al arte europeo que se desarrolló desde el s. XII hasta el renacimiento. ◇ FAM. GODO, DA.

gotoso, sa adj. y s. Que padece gota.

gourmet s. m. y f. Persona experta y refinada en la comida y en la bebida.

goyesco, ca adj. Relativo a Goya, pintor español.

gozar v. tr. y pron. [1g]. Experimentar gozo. ➤ v. tr. e intr. Disponer de algo útil, ventajoso o agradable. ◇ FAM. goce. GOZO.

gozne s. m. Bisagra, en especial la de puertas y ventanas.

gozo s. m. Placer, alegría. ◇ FAM. gozada, gozar, gozoso. / regocijo.

grabación s. f. Acción y efecto de grabar. ‖ Obra musical registrada.

grabado s. m. Arte de grabar. ‖ Imagen, estampa. ◇ FAM. fotograbado, heliograbado, huecograbado, pirograbado. GRABAR.

grabador, ra adj. Que graba. ‖ Relativo al grabado. ➤ s. Persona que se dedica al grabado. ➤ s. m. Magnetófono.

grabar v. tr. y pron. [1]. Labrar una figura, letrero, etc., sobre una superficie. ‖ Fijar en el ánimo sentimientos, recuerdos, etc. ➤ v. tr. e intr. Registrar imágenes, sonidos o información de manera que se puedan reproducir. ◇ FAM. grabación, grabado, grabador.

gracejo s. m. Gracia en el hablar o escribir. ◇ FAM. gracejada. GRACIA.

gracia s. f. Cualidad de divertir o hacer reír. || Chiste. || Beneficio, concesión gratuita. || Indulto o perdón. || Atractivo, donaire. || Don que Dios concede a los hombres para su salvación, según la religión católica. ➤ pl. Expresión de agradecimiento • **Caer en gracia**, agradar. ◇ FAM. gracejo, gracioso. / agraciar, congraciar, desgracia, gratis.

grácil adj. Sutil, delicado. ◇ FAM. gracilidad.

gracioso, sa adj. Que tiene gracia. || Que se da de balde, gratuito. ➤ s. Actor o actriz que representa papeles festivos.

grada[1] s. f. Peldaño. || Asiento a manera de escalón corrido. || Conjunto de estos asientos. ◇ FAM. gradería, graderío, GRADO.

grada[2] s. f. Instrumento de labranza para allanar la tierra.

gradación s. f. Serie de cosas ordenadas por grados o de grado en grado.

gradería s. f. Graderío.

graderío s. m. Conjunto de gradas. || Público que las ocupa.

gradiente s. m. Grado en que varía una magnitud con relación a la unidad. ➤ s. f. Chile, Ecuad., Nicar. y Perú. Pendiente, declive.

grado s. m. Cada uno de los estados, valores o calidades que puede tener algo. || Cada uno de los títulos que se concede al superar alguno de los niveles de la enseñanza. || Cada una de las divisiones de una escala adaptada a un aparato de medida. || FÍS. Unidad de medida de temperatura y densidad. || MAT. Cada una de las 360 partes iguales en que puede dividirse la circunferencia. ◇ FAM. grada[1], gradación, gradiente, gradual, graduar. / centígrado, degradar, multigrado, retrógrado.

graduación s. f. Acción y efecto de graduar. || Proporción de alcohol que contienen las bebidas espirituosas. || Categoría de un militar.

graduado, da adj. Dividido en grados. ➤ adj. y s. Dícese del que tiene un grado universitario.

gradual adj. Que está por grados o que va de grado en grado.

graduar v. tr. [1s]. Dar a una cosa el grado que le corresponde. || Medir el grado de algo. || Dividir en grados. ➤ v. tr. y pron. Dar o recibir un grado o título. ◇ FAM. graduable, graduación, graduado, graduador. GRADO.

graffiti s. m. Inscripción, pintura o dibujo realizado sobre una pared.

grafía s. f. Signo con que se representa un sonido en la escritura.

gráfico, ca adj. Relativo a la escritura. || Dícese del modo de hablar que expone las cosas con claridad. ➤ adj. y s. m. Dícese de lo que se representa por medio del dibujo. ➤ s. Representación de datos mediante magnitudes geométricas o figuras.

◇ FAM. grafía, gráficamente, grafismo, grafista, grafito, grafología.

grafismo s. m. Manera de escribir o dibujar. || Aspecto estético de lo escrito.

grafito s. m. Carbono puro cristalizado.

grafo- pref. Significa 'escribir', 'grabar': grafología.

grafología s. f. Estudio de la personalidad de un individuo a través de los rasgos de su escritura. ◇ FAM. grafológico, grafólogo. GRÁFICO, CA.

gragea s. f. Confite menudo. || Píldora o tableta medicinal recubierta de azúcar.

grajilla s. f. Ave de plumaje negro y cogote gris, que vive en colonias en las torres y campanarios.

grajo s. m. Ave parecida al cuervo. || Antill., Colomb., Ecuad. y Perú. Olor desagradable que se desprende del sudor. ◇ FAM. grajilla.

grama s. f. Planta gramínea medicinal. ◇ FAM. gramalote, gramilla, gramíneo.

gramaje s. m. Peso del papel expresado en gramos por metro cuadrado. ◇ FAM. GRAMO.

gramalote s. m. Colomb., Ecuad. y Perú. Hierba forrajera. ◇ FAM. GRAMA.

gramática s. f. Estudio y descripción del lenguaje como sistema. || Texto en que se recoge este estudio. ◇ FAM. gramatical, gramaticalidad, gramático.

gramatical adj. Relativo a la gramática. || Que se ajusta a las reglas de la gramática. ◇ FAM. agramatical. GRAMÁTICA.

gramaticalidad s. f. LING. Adecuación de una frase a las reglas de la gramática de una lengua.

gramilla s. f. Amér. Merid. Nombre de diversas gramíneas utilizadas para pasto. ◇ FAM. GRAMA.

gramíneo, a adj. y s. f. BOT. Relativo a una familia de plantas monocotiledóneas herbáceas, con espigas de flores poco vistosas y frutos reducidos a granos. ◇ FAM. GRAMA.

gramo s. m. Unidad de masa en el sistema métrico decimal. ◇ FAM. gramaje. / centigramo, decagramo, decigramo, hectogramo, kilogramo, miligramo.

gramófono s. m. Aparato que reproduce las vibraciones de un sonido, inscritas previamente en un disco giratorio. ◇ FAM. gramofónico.

gramola s. f. Nombre de ciertos gramófonos de bocina interior, portátiles o en forma de mueble.

gran adj. Apócope de grande, cuando va antepuesto al sustantivo singular: una gran mujer. || Principal, primero.

grana s. f. Color rojo oscuro. || Cochinilla.

granada s. f. Fruto del granado. || Proyectil ligero que puede lanzarse con la mano o con un arma ligera. ◇ FAM. granadero, granado[1]. / lanzagranadas. GRANO.

granadino[1], **na** adj. Perteneciente al granado. ⬥ s. m. Flor del granado. ⬥ s. f. Refresco hecho con zumo de granada.

granadino², na adj. y s. De Granada, estado insular caribeño. ‖ De Granada (España). ⬥ s. f. Canción popular andaluza, oriunda de Granada.

granado¹ s. m. Arbusto de 2 a 5 m de alto, de flores rojas y fruto comestible. ◇ FAM. granadal, granadino¹. GRANADA.

granado², da adj. Notable, ilustre. ‖ Maduro, experto.

granar v. intr. [1]. Formarse y crecer el grano de ciertos frutos. ◇ FAM. granado². GRANO.

granate s. m. Piedra fina de color rojo. ⬥ s. m. y adj. Color rojo oscuro.

grande adj. Que tiene mayor dimensión o intensidad de lo normal. ‖ De mucha importancia. ‖ *Fam.* Dícese de la persona adulta. ⬥ s. m. Persona ilustre. ● **A lo grande**, con mucho lujo. ‖ **En grande**, muy bien. ◇ FAM. gran, grandeza, grandiosidad, grandioso. / agrandar, engrandecer, grandilocuencia.

grandeza s. f. Cualidad de grande. ‖ Bondad, generosidad. ‖ Majestad, poder.

grandilocuencia s. f. Elocuencia altisonante. ◇ FAM. grandilocuente. GRANDE y ELOCUENCIA.

grandioso, sa adj. Que causa admiración por su tamaño o cualidades.

graneado, da adj. En forma de granos. ‖ Salpicado de pintas.

granel. A granel, sin envase, sin empaquetar. ‖ En abundancia.

granero s. m. Lugar destinado a almacenar granos. ‖ Región fértil que produce grandes cantidades de grano.

granito s. m. Roca dura formada por cuarzo, feldespato y mica. ◇ FAM. granítico. GRANO.

granívoro, ra adj. Que se alimenta de granos.

granizado, da adj. y s. Dícese de la bebida refrescante parcialmente congelada. ⬥ s. f. Precipitación grande de granizo. ‖ Caída o afluencia de algo en gran cantidad.

granizar v. impers. [1]. Caer granizo. ⬥ v. tr. Preparar un refresco granizado.

granizo s. m. Agua congelada que cae de las nubes con violencia en forma de granos. ◇ FAM. granizado, granizar. GRANO.

granja s. f. Finca rústica con huerta, casa y establo. ‖ Lugar destinado a la cría de animales de corral. ◇ FAM. granjear, granjería, granjero.

granjear v. tr. y pron. [1]. Conseguir, captar, atraer. ◇ FAM. granjeable, granjeo. GRANJA.

granjero, ra s. Persona que cuida de una granja.

grano s. m. Semilla y fruto de los cereales y otras plantas. ‖ Pequeño cuerpo esférico. ‖ Partícula, corpúsculo. ‖ Pequeño bulto en la piel. ● **Ir al grano**, atender a lo esen-

cial. ◇ FAM. granada, granar, graneado, granero, granito, granívoro, granizo, granoso, granular¹, granular², gránulo, granuloso. / desgranar.

granuja s. m. y f. Golfo, pillo. ‖ Persona que engaña, estafa, etc. ◇ FAM. granujada, granujería.

granulado, da adj. Que forma granos. ⬥ s. m. Preparación farmacéutica en forma de gránulos.

granular¹ v. tr. y pron. [1]. Formar granos en una sustancia o superficie. ◇ FAM. granulación, granulado. GRANO.

granular² adj. Que se compone de pequeños granos.

gránulo s. m. Grano pequeño. ‖ Pequeña píldora que contiene una dosis mínima de medicamento.

granza s. f. Carbón mineral cuyos trozos son de un tamaño comprendido entre 15 y 25 mm. ‖ *Argent.* Ladrillo triturado. ⬥ pl. Residuos que quedan del trigo y otras semillas después de la criba. ‖ Residuos de metal o de yeso.

grao s. m. Playa que sirve de desembarcadero.

grapa s. f. Pieza de metal que, doblada por los extremos, se clava para unir y sujetar algunas cosas. ⬥ s. m. *Argent., Chile y Urug.* Aguardiente obtenido del orujo de la uva. ◇ FAM. grapadora, grapar.

grapadora s. f. Utensilio que sirve para grapar.

grapar v. tr. [1]. Unir o sujetar con grapa.

grasa s. f. Sustancia untuosa de origen animal o vegetal. ‖ Tejido adiposo que existe entre los órganos. ‖ Suciedad. ◇ FAM. grasiento, graso, grasoso. / engrasar.

grasiento, ta adj. Que está lleno de grasa o sucio de ella.

graso, sa adj. Que tiene grasa o está formado de ella.

gratén s. m. Salsa espesa de bechamel y queso para cubrir algunos alimentos y dorarlos en el horno. ◇ FAM. gratinar.

gratificar v. tr. [1a]. Recompensar a alguien por algún servicio prestado. ‖ Complacer, satisfacer. ◇ FAM. gratificación, gratificador, gratificante. GRATO, TA.

grátil o **gratil** s. m. MAR. Cuerpo o parte central de la verga, donde se sujeta la vela.

gratinar v. tr. [1]. Dorar al horno un manjar cubierto de bechamel, queso, etc. ◇ FAM. GRATÉN.

gratis adv. m. Sin cobrar o sin pagar. ◇ FAM. gratuito. GRACIA.

gratitud s. f. Acción y efecto de agradecer.

grato, ta adj. Que produce agrado. ‖ *Bol. y Chile.* Agradecido, obligado: *le estoy grato.* ◇ FAM. gratamente, gratificar, gratitud. / agradar, agradecer, congratular, ingrato.

gratuito, ta adj. Que no cuesta dinero. ‖

Arbitrario, sin fundamento. <> FAM. gratuidad. GRATIS.

grava s. f. Amasijo de piedras machacadas, usado para allanar carreteras y caminos y en la confección del hormigón. <> FAM. gravera.

gravamen s. m. Impuesto, obligación fiscal. ‖ Carga impuesta sobre un inmueble o un caudal.

gravar v. tr. [1]. Imponer una carga o gravamen. <> FAM. gravamen, gravoso. / desgravar.

grave adj. De mucha entidad o importancia. ‖ Que encierra peligro o es susceptible de consecuencias dañosas. ‖ Que está muy enfermo. ‖ Serio, circunspecto. ◆ adj. y s. m. Dícese del sonido hueco y bajo. ◆ adj. y s. f. LING. Dícese de la palabra que tiene su acento en la penúltima sílaba. <> FAM. gravedad, gravemente. / agravar, agraviar.

gravedad s. f. Calidad o estado de grave. ‖ FÍS. Fuerza resultante de la gravitación entre la Tierra y los cuerpos situados en sus proximidades. <> FAM. gravímetro, gravitar. GRAVE.

gravidez s. f. Estado de la hembra preñada o de la mujer embarazada.

grávido, da adj. Cargado, lleno. ‖ Dícese especialmente de la mujer embarazada. <> FAM. gravidez. / ingrávido.

gravímetro s. m. Instrumento que sirve para medir la aceleración de la gravedad en la superficie de la Tierra. <> FAM. gravimetría, gravimétrico. GRAVEDAD.

gravitación s. f. FÍS. Fenómeno por el cual todos los cuerpos materiales se atraen entre sí.

gravitar v. intr. [1]. Obedecer a la gravitación un cuerpo celeste. ‖ Tener un cuerpo propensión a caer sobre otro. <> FAM. gravitación. GRAVEDAD.

gravoso, sa adj. Molesto, pesado. ‖ Que ocasiona mucho gasto. <> FAM. GRAVAR.

graznar v. intr. [1]. Emitir graznidos. <> FAM. graznador, graznido.

graznido s. m. Voz del cuervo, el grajo, el ganso, etc.

greca s. f. Banda o tira adornada con motivos geométricos. ‖ Antill., Colomb. y Venez. Aparato para preparar café.

grecolatino, na adj. Que es común a griegos y latinos.

grecorromano, na adj. Relativo a la civilización nacida del encuentro de las culturas griega y romana.

greda s. f. Arcilla arenosa. <> FAM. gredal, gredoso.

gredal adj. y s. m. Dícese del terreno que tiene o abunda en greda.

gregario, ria adj. Que está en compañía de otros sin distinción. ‖ Que sigue las ideas o iniciativas ajenas. <> FAM. gregarismo. GREY.

gregoriano, na adj. Relativo a alguno de los papas llamados Gregorio.

greguería s. f. Género literario en prosa que presenta una visión humorística o sorprendente de la realidad.

grelo s. m. Brote tierno y comestible de la planta del nabo.

gremialismo s. m. Tendencia favorable a formar gremios o al predominio de éstos. ‖ Amér. Sindicalismo.

gremio s. m. Conjunto de personas que tienen un mismo oficio, profesión, etc. <> FAM. gremial, gremialismo, gremialista. / agremiar.

greña s. f. Mechón de pelo enredado y desarreglado. ● **Andar a la greña** (Fam.), reñir dos o más personas. ‖ **En greña** (Méx.), en rama, sin purificar o sin beneficiar. <> FAM. greñudo. / desgreñar.

gres s. m. Pasta cerámica parcialmente vitrificada compuesta por arcilla plástica y arena cuarzosa, cocidas a elevadas temperaturas.

gresca s. f. Bulla, algazara. ‖ Riña, pendencia. <> FAM. engrescar.

grey s. f. Rebaño. ‖ Conjunto de individuos que tienen algún carácter común. <> FAM. gregario.

grial s. m. Vaso o copa que sirvió a Jesús para la institución del sacramento eucarístico, según una leyenda medieval.

griego, ga adj. y s. De Grecia. ◆ s. m. Lengua hablada en Grecia. <> FAM. grecismo, grecolatino, grecorromano.

grieta s. f. Abertura larga y estrecha que resulta de separarse algo en dos partes. <> FAM. agrietar.

grifa s. f. Marihuana, cáñamo indio.

grifería s. f. Conjunto de grifos.

grifero, ra s. Perú. Empleado de una gasolinera.

grifo, fa adj. Méx. Dícese de la persona intoxicada con grifa o marihuana. ‖ Colomb. Lleno de presunción. ◆ s. m. Dispositivo que sirve para abrir, cerrar o regular el paso de un fluido por una cañería. ‖ Animal fabuloso con cuerpo de león y cabeza y alas de águila. ‖ Perú. Gasolinera. <> FAM. grifa, grifería, grifero.

grill s. m. Parrilla. ‖ En los hornos, fuego superior que sirve para gratinar o dorar los alimentos.

grilla s. f. Méx. Fam. Actividad política, en especial la que se vale de intrigas.

grillarse v. pron. [1]. Fam. Volverse loco.

grillera s. f. Jaula para grillos. ‖ Fam. Lugar donde hay gran ruido y desorden.

grillete s. m. Arco de hierro utilizado para sujetar los pies de los presos.

grillo s. m. Pequeño insecto de color negro rojizo, que produce un sonido agudo y monótono. <> FAM. grillera.

grima s. f. Desazón, irritación. <> FAM. grimoso.

grimillón s. m. Chile. Multitud, muchedumbre.

grímpola s. f. Bandera pequeña. ‖ Antigua insignia militar.

gringo, ga adj. y s. Amér. Extranjero, especialmente el de origen norteamericano o de rasgos anglosajones. ‖ Chile. Tonto. ◆ adj. y s. m. Amér. Dícese de la lengua extranjera. ◇ FAM. agringarse, engringarse.

gripa s. f. Amér. Gripe.

gripe s. f. Afección contagiosa de origen vírico, que se presenta acompañada de fiebre y, generalmente, de catarro nasal o bronquial. ◇ FAM. gripa, gripal, griposo. / agriparse.

gris adj. y s. m. Dícese del color que resulta de la mezcla de blanco y negro. ◆ adj. De color gris. ‖ Triste, sombrío. ◇ FAM. grisáceo, grisalla. / agrisar.

grisalla s. f. Pintura realizada en diferentes tonos de gris, que produce la ilusión del relieve esculpido. ‖ Méx. Chatarra.

grisma s. f. Chile, Guat., Hond. y Nicar. Brizna, pizca.

grisú s. m. Gas inflamable que se desprende en las minas de carbón.

gritadera s. f. Argent., Chile, Colomb., y Venez. Griterío.

gritar v. intr. [1]. Levantar mucho la voz emitiendo sonidos penetrantes. ◇ FAM. gritadera, gritador, griterío, grito.

griterío s. m. Confusión de voces.

grito s. m. Voz muy levantada y esforzada. ‖ Expresión pronunciada en esta voz. ● **A grito pelado**, en voz muy alta. ‖ **Poner el grito en el cielo**, quejarse vehementemente de algo. ‖ **Ser una cosa el último grito**, estar muy de moda.

groenlandés, sa adj. y s. De Groenlandia.

grogui adj. Aturdido, sin conocimiento.

grosella s. f. Fruto del grosellero, baya de color rojo y de sabor agridulce. ◇ FAM. grosellero.

grosellero s. m. Arbusto cuyo fruto es la grosella.

grosería s. f. Descortesía. ‖ Dicho o hecho grosero.

grosero, ra adj. Basto, ordinario. ◆ adj. y s. Carente de educación o delicadeza. ◇ FAM. grosería. GRUESO, SA.

grosor s. m. Espesor de un cuerpo. ◇ FAM. GRUESO, SA.

grosso modo loc. adv. Sin detallar o especificar.

grotesco, ca adj. Ridículo y extravagante.

grúa s. f. Máquina que sirve para levantar pesos. ‖ Vehículo provisto con esta máquina. ‖ CINE y TV. Plataforma móvil y dirigible que sostiene la cámara y al operador.

grueso, sa adj. Corpulento, abultado. ‖ Grande. ◆ s. m. Anchura o cuerpo de una cosa. ‖ Parte principal de un todo. ◇ FAM. grosero, grosor. / engrosar.

grulla s. f. Ave zancuda de gran tamaño, con plumaje gris, patas y cuello muy largos y cabeza pequeña.

grullo, lla adj. Méx. Dícese del caballo o mula de color ceniciento. ◆ s. m. Argent., Cuba, Méx. y P. Rico. Peso, moneda.

grumete s. m. Aprendiz de marinero.

grumo s. m. Parte coagulada de un líquido. ◇ FAM. grumoso.

gruñido s. m. Voz del cerdo. ‖ Voz amenazadora de algunos animales.

gruñir v. intr. [3h]. Dar gruñidos. ‖ Quejarse. ◇ FAM. gruñido, gruñidor.

grupa s. f. Ancas de una caballería.

grupo s. m. Pluralidad de seres o cosas que forman un conjunto. ‖ Conjunto musical. ‖ Cada uno de los tipos en que se clasifica la sangre. ◇ FAM. grupúsculo. / agrupar, semigrupo, subgrupo.

grupúsculo s. m. Organización política con reducido número de miembros, caracterizada por su radicalismo teórico y su fuerte activismo.

gruta s. f. Caverna natural o artificial. ◇ FAM. grutesco.

gruyere s. m. Queso de color amarillo pálido con grandes agujeros.

gua s. m. Hoyo que se hace en el suelo para hacer entrar en él bolitas o canicas.

¡gua! interj. Amér. Merid. Expresa temor o admiración. ‖ Amér. Merid. Sirve para animar.

guabán s. m. Cuba. Planta arbórea con cuya madera se fabrican herramientas y mangos.

guabina s. f. Antill., Colomb. y Venez. Pez de agua dulce, de carne suave y sabrosa.

guabirá s. f. Argent., Par. y Urug. Árbol grande de fruto amarillo del tamaño de una guinda.

guabiyú s. m. Argent. y Urug. Planta arbórea medicinal, de fruto comestible.

guaca s. f. Amér. Merid. y Amér. Central. Tesoro enterrado. ‖ Amér. Merid. y Amér. Central. Tumba o sepultura arqueológico de la época prehispánica. ‖ Bol., C. Rica y Cuba. Hucha. ‖ C. Rica y Cuba. Hoyo donde se depositan frutas para que maduren. ◇ FAM. guaco². / huaca.

guacal s. m. Amér. Central. Planta arbórea que produce un fruto redondo, del que se hacen vasijas. ‖ Amér. Central y Méx. Recipiente hecho con el fruto de esta planta. ‖ Colomb., Méx. y Venez. Cesta o jaula de varillas que se utiliza para transportar mercancías.

guacalote s. m. Cuba. Planta trepadora de tallos gruesos y fuertes espinas.

guacamayo s. m. Ave de América, especie de papagayo del tamaño de una gallina.

guacamol o **guacamole** s. m. Amér. Central, Cuba y Méx. Ensalada de aguacate, cebolla, tomate y chile verde.

guacamote s. m. Méx. Yuca.

guachafita s. f. Colomb. y Venez. Alboroto, bullicio.

guachaje s. m. Chile. Hato de terneros separados de sus madres. ◇ FAM. GUACHO², CHA.

guachapear v. tr. [1]. Chile. Hurtar, arrebatar.

guache¹ s. m. Pintura a la aguada.

guache² s. m. *Colomb.* y *Venez.* Hombre vulgar, patán.

guachimán s. m. *Amér. Central, Chile, Perú* y *R. Dom.* Guardia jurado, vigilante. || *Nicar.* Sirviente.

guachinango adj. *Cuba, Méx.* y *P. Rico.* Dícese de la persona astuta y zalamera. || *P. Rico.* Dícese de la persona burlona. ◆ s. m. *Méx.* Pez semejante al pagel.

guacho¹ s. m. Huacho*.

guacho², cha adj. *Amér. Central* y *Amér. Merid.* Dícese de la cría que ha perdido la madre. || *Chile.* Desparejado, descabalado. ◆ adj. y s. *Argent., Chile* y *Perú.* Huérfano, expósito. ◆ s. *Amér. Merid. Desp.* Hijo bastardo. || *Argent. Vulg.* Ruin, despreciable. ◇ FAM. guachaje.

guácima s. f. *Antill., Colomb.* y *C. Rica.* Planta arbórea cuyo fruto y hojas sirven de alimento al ganado.

guaco¹ s. m. *Amér.* Planta de flores blancas en forma de campanilla que se utiliza para curar llagas, picaduras venenosas, etc. || *Amér.* Ave casi tan grande como el pavo, cuya carne es más apreciada que la del faisán. || *C. Rica.* Ave con el cuerpo negro y el vientre blanco.

guaco² s. m. *Amér. Central* y *Amér. Merid.* Objeto de valor que se encuentra enterrado en una tumba o yacimiento precolombino. ◇ FAM. GUACA.

guadal s. m. *Argent.* Paraje cenagoso y arenoso.

guadalajarense adj. y s. m. y f. De Guadalajara (México).

guadalajareño, ña adj. y s. De Guadalajara (España).

guadalupano, na adj. *Méx.* Relativo a la Virgen de Guadalupe.

guadamecí o **guadamecil** s. m. Cuero adobado y adornado con dibujos.

guadaña s. f. Instrumento que sirve para segar a ras de tierra. ◇ FAM. guadañador, guadañar, guadañero, guadañil.

guadarnés s. m. Lugar donde se guardan los arneses. ◇ FAM. GUARDAR y ARNÉS.

guagua¹ s. f. *Antill.* Autobús. || *Cuba* y *R. Dom.* Insecto de color blanco o gris que destruye los naranjos y limoneros.

guagua² s. m. o f. *Argent., Bol., Chile, Ecuad.* y *Perú.* Niño pequeño, rorro.

guaina adj. y s. m. y f. *Chile.* Joven.

guaira s. f. *Amér.* Hornillo de barro en que los indios de Perú funden los minerales de plata. || *Amér. Central.* Especie de flauta de varios tubos que usan los indios.

guairabo s. m. *Chile.* Ave nocturna de plumaje blanco, con la cabeza y el dorso negros.

guaireño, ña adj. y s. De Guairá (Paraguay).

guaje adj. y s. m. y f. *Amér. Central.* Trasto, persona o cosa inútil. ◆ adj. y s. m. *Hond.* y *Méx.* Bobo, tonto. ◆ s. m. *Hond.* y *Méx.* Calabaza de base ancha

que sirve para llevar líquidos. || *Méx.* Especie de acacia.

guajiro, ra adj. y s. *Colomb.* y *Cuba.* Campesino. ◆ s. f. Canción popular cubana.

guajolote adj. *Méx.* Tonto, bobo. ◆ s. m. *Méx.* Pavo.

gualdo, da adj. De color amarillo dorado. ◆ s. f. Planta de cuyas flores se obtiene un colorante amarillo dorado.

gualdrapa s. f. Cobertura larga que cubre las ancas de las cabalgaduras.

gualeta s. f. *Chile.* Aleta de peces y reptiles. || *Chile.* Parte saliente, y generalmente flexible, de cualquier objeto.

gualicho s. m. *Argent.* y *Urug.* Hechizo. || *Argent.* y *Urug.* Objeto que supuestamente lo produce.

gualtata s. f. *Chile.* Hierba de los pantanos que se usa como remedio cardíaco.

gualve s. m. *Chile.* Terreno pantanoso.

guamazo s. m. *Méx. Fam.* Golpe fuerte.

guampa s. f. *Amér. Merid.* Asta o cuerno del animal vacuno. ◇ FAM. guampudo.

guamúchil s. m. *Méx.* Árbol espinoso de madera dura y pesada. || *Méx.* Fruto comestible de este árbol.

guanábana s. f. Fruto del guanábano.

guanábano s. m. *Antill.* Planta arbórea que da un fruto de sabor agradable, dulce y refrescante. ◇ FAM. guanábana.

guanaco s. m. *Amér.* Tonto. || *Amér. Central.* Campesino, rústico. || *Amér. Merid.* Mamífero parecido a la llama, de lana apreciada. ◇ FAM. guanaquear.

guanajuatense adj. y s. m. y f. De Guanajuato (México).

guanarense adj. y s. m. y f. De Guanare (Venezuela).

guanche adj. y s. m. y f. De un pueblo que habitaba las islas Canarias antes del s. XIV. ◆ s. m. Lengua de este pueblo.

guando s. m. *Colomb., Ecuad., Pan.* y *Perú.* Parihuelas.

guango, ga adj. *Méx.* Ancho, holgado.

guangoche s. m. *Amér. Central* y *Méx.* Tela basta parecida a la arpillera, que se usa para embalajes, cubiertas, etc. ◇ FAM. gangocho, guangocho.

guangocho, cha adj. *Méx.* Ancho, holgado. ◆ s. m. *Hond.* Guangoche. || *Hond.* Saco hecho de guangoche.

guano s. m. Abono formado por excrementos y cadáveres de ciertas aves marinas. || Abono mineral que se le parece. || *Argent., Chile, Méx.* y *Perú.* Estiércol. ◇ FAM. guanera.

guantada s. f. Bofetón.

guantanamero, ra adj. y s. De Guantánamo (Cuba).

guantazo s. m. Guantada.

guante s. m. Prenda que cubre o protege la mano. ● **Echar el guante** a alguien (*Fam.*), apresarle. ◇ FAM. guantada, guantazo, guantear, guantera, guantería, guantero. / enguantar.

guantear v. tr. [1]. *Amér. Central* y *Méx.* Golpear con la mano abierta.

guantera s. f. Caja del salpicadero de los automóviles en la que se guardan objetos.

guapear v. intr. [1]. *Argent., Chile* y *Urug.* Fanfarronear, echar bravatas.

guapo, pa adj. y s. Bien parecido físicamente. ∥ *Fam.* Bonito. ∥ *Amér. Central* y *Amér. Merid.* Que desprecia los peligros y los acomete. ◆ s. m. Hombre bravucón, fanfarrón. ∥ Galán. ◇ FAM. guapear, guapeza, guapura.

guapura s. f. *Fam.* Cualidad de guapo.

guaquero, ra s. Persona que busca guacas.

guara[1] s. f. *Cuba.* Árbol parecido al castaño.

guara[2] s. f. *Colomb.* Especie de gallinazo que no tiene plumas en la cabeza ni en el cuello. ∥ *Hond.* Guacamayo.

guara[3] s. f. *Chile.* Perifollos, adornos.

guaraca s. f. *Chile, Colomb., Ecuad.* y *Perú.* Correa, látigo.

guaracha s. f. *Chile, Cuba* y *P. Rico.* Baile semejante al zapateado.

guarache s. m. *Méx.* Especie de sandalia tosca de cuero. ◇ FAM. huarache.

guarango, ga adj. *Amér. Merid.* Mal educado, grosero. ◇ FAM. guarangada.

guaraní adj. y s. m. y f. De un pueblo amerindio que en el s. XVI ocupaba la costa atlántica de América del Sur. ◆ s. m. Lengua hablada por este pueblo. ∥ Unidad monetaria de Paraguay. ◇ FAM. tupí-guaraní.

guarapo s. m. *Amér.* Jugo extraído de la caña de azúcar.

guarapón s. m. *Chile* y *Perú.* Sombrero de ala ancha.

guarda s. m. y f. Persona que guarda. ◆ s. f. Acción de guardar. ∥ Hoja en blanco que ponen los encuadernadores al principio y final de los libros. ∥ *Amér. Central* y *Amér. Merid.* Franja con que se adornan los bordes de vestidos, cortinas y telas en general.

guardabarrera s. m. y f. Persona que cuida de un paso a nivel.

guardabarros s. m. Pieza que cubre las ruedas de un vehículo para protegerlas de las salpicaduras de barro.

guardabosque s. m. y f. Guarda forestal.

guardacantón s. m. Poste de piedra que se coloca en las esquinas de los edificios o en los lados de los caminos para resguardarlos de los golpes de los vehículos.

guardacostas s. m. Embarcación encargada de la vigilancia de las costas.

guardaespaldas s. m. y f. Persona que protege la vida de otro.

guardafrenos s. m. y f. Persona que maneja los frenos en los trenes.

guardagujas s. m. y f. Persona que se encarga del manejo de las agujas de una vía férrea.

guardameta s. m. y f. DEP. Portero.

guardamonte s. m. Capote de monte. ∥ Pieza que protege el gatillo de un arma de fuego portátil. ∥ *Argent., Bol.* y *Urug.* Pieza de cuero que cuelga de la parte delantera de la montura y sirve para proteger las piernas del jinete.

guardapolvo s. m. Cualquier cosa que se pone por encima de otra para resguardarla del polvo.

guardar v. tr. [1]. Cuidar y custodiar algo. ∥ Proteger, vigilar. ∥ Observar y cumplir: *guardar las leyes.* ◆ v. tr. e intr. Conservar, retener. ◆ **guardarse** v. pron. Precaverse. ◇ FAM. guarda, guardador, guardería, guardesa, guardia, guardián. / aguardar, guadarnés, guardabarrera, guardabarros, guardabosque, guardacantón, guardacostas, guardaespaldas, guardafrenos, guardagujas, guardameta, guardamonte, guardapolvo, guardarropa, guardavalla, resguardar, salvaguardar.

guardarropa s. m. Habitación o armario donde se guarda la ropa. ∥ Conjunto de prendas de vestir. ◇ FAM. guardarropía. GUARDAR y ROPA.

guardarropía s. f. Conjunto de trajes y objetos que se usan en las representaciones. ∥ Lugar donde se guardan.

guardavalla s. m. *Amér. Central* y *Amér. Merid.* Guardameta, portero.

guardería s. f. Establecimiento destinado al cuidado y enseñanza de los niños que aún no han cumplido la edad de comienzo de la educación preescolar.

guardia s. f. Acción de guardar o vigilar. ∥ Servicio especial que se realiza en determinadas profesiones. ∥ Nombre que se da a algunos cuerpos armados: *guardia civil.* ∥ Tropa que guarda un puesto. ◆ s. m. Individuo de un cuerpo armado. • **En guardia**, prevenido. ◇ FAM. retaguardia, vanguardia. GUARDAR.

guardián, na s. Persona que guarda algo.

guardilla s. f. Buhardilla.

guarecer v. tr. y pron. [2m]. Acoger, poner a cubierto, preservar. ◇ FAM. guarida.

guarén s. m. *Chile.* Rata de gran tamaño que tiene los dedos palmeados y es una gran nadadora.

guarida s. f. Lugar abrigado donde se refugian los animales. ∥ Refugio de maleantes. ◇ FAM. GUARECER.

guaripola s. f. *Chile.* Insignia que lleva el que dirige una banda militar. ◆ s. m. y f. *Chile.* Persona que la lleva.

guarisapo s. m. *Chile.* Renacuajo.

guarismo s. m. Signo o conjunto de signos que expresan un número. ◇ FAM. algoritmo.

guarnecer v. tr. [2m]. Poner guarnición. ∥ Dotar, proveer, equipar. ◇ FAM. guarnecedor, guarnición. / desguarnecer.

guarnición s. f. Adorno que se pone en las ropas. ∥ Alimento que se sirve para acompañar a otro principal. ∥ Parte de las espadas y sables que protege la mano. ∥

Montura de una joya. ‖ Tropa que defiende un lugar. ➡ pl. Conjunto de correajes de las caballerías. ➔ FAM. guarnicionería, guarnicionero. GUARNECER.

guaro[1] s. m. *Venez.* Loro.

guaro[2] s. m. *Amér. Central.* Aguardiente de caña.

guarrada s. f. *Fam.* Porquería, suciedad. ‖ *Fam.* Acción vil.

guarrería s. f. *Fam.* Guarrada.

guarro, rra adj. y s. Cochino. ➔ FAM. guarrada, guarrería. / enguarrar, gorrino.

guarura s. m. *Méx.* Guardaespaldas.

guasa s. f. *Fam.* Ironía o burla con que se dice algo. ➔ FAM. guasearse.

guasada s. f. *Argent. Fam.* Acción o dicho grosero.

guasanga s. f. *Amér. Central, Colomb., Cuba* y *Méx.* Bulla, algazara.

guasca s. f. *Amér. Merid.* y *Antill.* Ramal de cuero, cuerda o soga, que sirve de rienda o de látigo. ‖ *Argent. Vulg.* Semen. ‖ *Argent.* y *Urug. Vulg.* Miembro viril. ➔ FAM. guascazo. / huasca.

guaso, sa adj. *Amér. Merid.* Maleducado, descortés. ➔ FAM. guasada, guasería. / aguasado.

guata[1] s. f. Lámina gruesa de algodón que se usa como relleno. ➔ FAM. guatear.

guata[2] s. f. *Chile. Fam.* Barriga, vientre. ➔ FAM. guatero, guatón.

guate[1] s. m. *Amér. Central* y *Méx.* Plantación de maíz para forraje.

guate[2], ta adj. *Salv.* Cuate*.

guatear v. tr. [1]. Rellenar algo con guata[1].

guatemalteco, ca adj. y s. De Guatemala.

guateque s. m. Fiesta en una casa particular, en la que se merienda y se baila.

guatero s. m. *Chile.* Bolsa de agua caliente. ➔ FAM. GUATA[2].

guatitas s. f. pl. *Chile.* Callos.

guatón, na adj. y s. *Chile.* Barrigón. ➔ FAM. GUATA[2].

guau s. m. Voz onomatopéyica con que se representa el ladrido del perro.

guay adj. *Fam.* Bueno, excelente.

guayaba s. f. Fruto del guayabo. ‖ *Antill., Colomb., Salv., Nicar.* y *Urug. Fam.* Mentira, embuste. ➔ FAM. guayabal, guayabera, guayabo[1].

guayabera s. f. *Méx.* Camisa suelta de tela ligera.

guayabo[1] s. m. Planta arbórea cultivada por sus bayas azucaradas.

guayabo[2] s. m. *Fam.* Muchacha joven y atractiva.

guayaca s. f. *Argent., Bol.* y *Chile.* Taleguilla para guardar monedas o utensilios de fumar. ‖ *Argent., Bol.* y *Chile.* Amuleto.

guayacán o **guayaco** s. m. *Amér.* Planta arbórea de hojas persistentes, apreciada por su madera y por sus extractos. ‖ Madera de este árbol.

guayameño, ña adj. y s. De Guayama (Puerto Rico).

guayanés, sa adj. y s. De la Guayana Francesa.

guayaquileño, ña adj. y s. De Guayaquil (Ecuador).

guayar v. tr. [1]. *R. Dom.* Desmenuzar una cosa con el rallador. ➡ **guayarse** v. pron. *P. Rico.* Embriagarse.

guayasense adj. y s. m. y f. De Guayas (Ecuador).

guayuco s. m. *Colomb., Pan.* y *Venez.* Taparrabos.

guazubirá s. m. *Argent.* y *Par.* Especie de venado pequeño.

gubernamental adj. Relativo al gobierno. ‖ Partidario del gobierno. ➔ FAM. GOBIERNO.

gubernativo, va adj. Gubernamental. ➔ FAM. GOBIERNO.

gubia s. f. Herramienta usada en carpintería para hacer muescas y molduras.

guedeja s. f. Cabellera larga, o mechón de cabello. ‖ Melena del león.

güegüecho, cha adj. *Amér. Central* y *Méx.* Que tiene bocio.

güelfo, fa adj. y s. En la Italia medieval, partidario del papado, por oposición a los gibelinos, defensores del emperador de Alemania.

güemul s. m. *Argent.* y *Chile.* Huemul*.

guepardo s. m. Mamífero parecido al leopardo que alcanza gran velocidad.

güero, ra adj. y s. *Méx.* y *Venez.* Rubio.

guerra s. f. Lucha armada entre sociedades humanas. ‖ Cualquier clase de lucha o de pugna entre personas, animales o cosas. • **Dar guerra** (*Fam.*), causar molestia. ➔ FAM. guerrear, guerrera, guerrero, guerrilla. / aguerrir, posguerra.

guerrera s. f. Chaqueta ajustada de algunos uniformes militares.

guerrero, ra adj. Relativo a la guerra. ➡ adj. y s. Que lucha en la guerra. ‖ Inclinado a la guerra.

guerrilla s. f. Partida armada que lleva a cabo acciones coordinadas en el territorio dominado por el adversario. ‖ Guerra de hostigamiento o de emboscada. ‖ Grupo de personas armadas para desestabilizar el orden establecido. ➔ FAM. guerrillear, guerrillero. GUERRA.

guerrillero, ra adj. De la guerrilla. ➡ s. Miembro de una guerrilla.

gueto s. m. Cualquier minoría de personas que vive separada de la sociedad por razones políticas, raciales, etc. ‖ Lugar en que vive esta minoría.

güey adj. y s. *Méx. Vulg.* Tonto, estúpido.

guía s. m. y f. Persona que encamina, enseña o aconseja a otras. ➡ s. f. Cosa que sirve para dirigir u orientar. ‖ Libro o folleto que contiene datos o instrucciones diversas: *guía telefónica.*

guiar v. tr. [1t]. Servir de guía. ‖ Conducir un vehículo. ➡ **guiarse** v. pron. Orientarse, regirse por algo o alguien. ◇ FAM. guía, guión.

guija s. f. Guijarro. ◇ FAM. guijarro.

guijarro s. m. Piedra pequeña redondeada por la erosión. ◇ FAM. guijarral, guijarroso. GUIJA.

güila s. f. *Méx. Vulg.* Prostituta.

guillarse v. pron. [1]. *Fam.* Irse, escaparse. ‖ *Fam.* Chiflarse, volverse loco. ◇ FAM. guillado, guilladura.

guillatún s. m. *Argent. y Chile.* Ceremonia de los indios araucanos para hacer rogativas por lluvias o bonanza.

guillotina s. f. Instrumento para decapitar a los condenados a muerte. ‖ Máquina para cortar papel. ◇ FAM. guillotinar.

güin s. m. *Cuba.* Vástago de algunas cañas que se usa para la armadura de las cometas y para hacer jaulas.

güincha s. f. *Chile.* Huincha*.

guinche s. m. *Argent.* Grúa.

guinda s. f. Variedad de cereza de color negro o rojo oscuro. ◇ FAM. guindado, guindal, guindilla, guindo.

guindado s. m. *Argent., Chile y Urug.* Bebida alcohólica hecha con aguardiente y guindas cocidas.

guindal s. m. Guindo.

guindar v. tr. y pron. [1]. Colgar de lo alto. ‖ *Fam.* Ahorcar. ‖ *Fam.* Robar.

guindilla s. f. Pimiento pequeño, encarnado y muy picante.

guindo s. m. Variedad de cerezo que produce las guindas.

guinea s. f. Antigua moneda británica.

guineano, na adj. y s. De Guinea.

guineo s. m. *Amér. Central, Ecuad., Perú, P. Rico y Venez.* Plátano de tamaño pequeño y muy dulce.

guiñada s. f. Acción de guiñar o guiñarse.

guiñapo s. m. Andrajo, jirón de ropa. ‖ Persona envilecida, degradada. ‖ Persona abatida o muy débil.

guiñar v. tr. y pron. [1]. Cerrar y abrir un ojo con rapidez, generalmente para hacer una seña a alguien. ◇ FAM. guiñada, guiñadura, guiño.

guiño s. m. Acción y efecto de guiñar o guiñarse los ojos.

guiñol s. m. Teatro de marionetas.

guión s. m. Escrito esquemático que sirve como guía para desarrollar un tema, conferencia, etc. ‖ Texto que contiene todo el desarrollo de una película, programa de radio o televisión, etc. ‖ Signo ortográfico (-). ‖ Estandarte. ◇ FAM. guionista. GUIAR.

guionista s. m. y f. Persona que redacta guiones de cine, radio o televisión.

güipil s. m. *Amér. Central y Méx.* Huipil*.

guipuzcoano, na adj. y s. De Guipúzcoa (España).

güira s. f. *Antill.* Árbol tropical de tronco torcido y copa clara, con cuyo fruto se hacen vasos, tazas, etc.

guirigay s. m. Griterío y confusión.

guirlache s. m. Turrón de almendras tostadas y caramelo.

guirnalda s. f. Tira ornamental.

güiro s. m. *Amér.* Calabaza vinatera. ‖ *Antill. y Méx.* Instrumento musical que tiene como caja una calabaza de este tipo.

guisa s. f. Modo, manera. ◇ FAM. guisar. / desaguisado.

guisado s. m. Plato de carne o pescado cocidos con patatas, zanahoria, etc.

guisante s. m. Planta trepadora que se cultiva por sus semillas globosas comestibles. ‖ Fruto y semilla de esta planta.

guisar v. tr. [1]. Preparar los alimentos para ser comidos, especialmente cociéndolos. ◇ FAM. guisado, guiso. GUISA.

guiso s. m. Manjar guisado.

güisqui s. m. Whisky*.

guita s. f. Cuerda delgada de cáñamo.

guitarra s. f. Instrumento musical de cuerdas, que se pulsan con los dedos, formado por una caja de madera y un mástil. ◆ s. m. y f. Guitarrista. ◇ FAM. guitarrería, guitarrero, guitarresco, guitarrillo, guitarrista, guitarro.

guitarrista s. m. y f. Músico que toca la guitarra.

guitarro s. m. Guitarrillo.

güito s. m. Hueso de albaricoque.

gula s. f. Exceso en la comida y en la bebida. ◇ FAM. gulusmear.

gules s. m. En heráldica, color rojo.

gulusmear v. tr. e intr. [1]. Curiosear. ◇ FAM. GULA y HUSMEAR.

gumía s. f. Especie de daga encorvada que usan los moros.

gurí, risa s. *Argent. y Urug.* Niño, muchacho. ‖ *Urug.* Muchachito indio o mestizo.

guripa adj. y s. m. *Fam.* Bribón, golfo.

gurú s. m. En la India, director espiritual o jefe religioso.

gusanillo s. m. Hilo o alambre arrollado en espiral.

gusano s. m. Animal de cuerpo blando, cilíndrico y alargado, sin patas, que se mueve mediante contracciones. ‖ Larva u oruga. ‖ Persona despreciable o insignificante. ◇ FAM. gusanillo. / agusanarse.

gustar v. tr. [1]. Percibir el sabor. ‖ Experimentar, probar. ◆ v. tr. e intr. Agradar, satisfacer. ◇ FAM. disgustar. GUSTO.

gusto s. m. Sentido que permite distinguir los sabores. ‖ Sabor de un alimento. ‖ Placer o deleite. ‖ Facultad de sentir o apreciar las cosas. ‖ Capricho, deseo arbitrario. ● A gusto, bien, cómodamente. ‖ Tener el gusto, fórmula de cortesía con que se expresa complacencia. ◇ FAM. gustar, gustativo, gustoso. / degustar, regusto.

gutapercha s. f. Sustancia plástica y aislante. ‖ Tela barnizada con ella.

gutural adj. Relativo a la garganta. ◆ adj. y s. f. LING. Velar.

guyanés, sa adj. y s. De Guyana.

guzgo, ga adj. *Méx.* Glotón.

h s. f. Octava letra del alfabeto español y sexta de sus consonantes; en la lengua general no representa sonido alguno, aunque suele aspirarse en el habla de numerosas zonas españolas y americanas.

haba s. f. Planta leguminosa cultivada por su semilla, utilizada en la alimentación. ‖ Fruto y semilla de esta planta. ◇ FAM. habichuela. / fabada.

habanero, ra adj. y s. De La Habana. ◆ s. f. Música y danza de origen cubano, de compás binario y ritmo lento. ◇ FAM. habano.

habano, na adj. Relativo a La Habana. ◆ s. m. Cigarro puro elaborado en Cuba.

hábeas corpus s. m. Derecho que tienen los detenidos de ser llevados ante el juez en un plazo determinado después de su arresto.

haber¹ v. [14]. Verbo auxiliar que, seguido del participio de otro verbo, forma los tiempos compuestos de éste: *hubo llegado.* ‖ Seguido de la preposición *de* y un infinitivo expresa la acción como obligatoria o necesaria: *has de estudiar.* ◆ v. impers. Estar realmente en alguna parte: *hay mucha gente en la sala.* ‖ Existir: *hay gente de buen corazón.* ‖ Suceder: *hubo altercados.* ◇ FAM. haber², habiente.

haber² s. m. Conjunto de bienes y derechos pertenecientes a una persona. ‖ Parte de una cuenta en la que constan los abonos de la misma.

habichuela s. f. Judía, planta y semilla. ◇ FAM. HABA.

hábil adj. Inteligente y dispuesto para cualquier actividad. ‖ Legalmente capaz o apto. ◇ FAM. habilidad, habilidoso, habilitar, hábilmente, habiloso. / inhábil.

habilidad s. f. Calidad de hábil. ‖ Cosa ejecutada con gracia y destreza.

habilitado, da s. Persona que gestiona y efectúa el pago de haberes, pensiones, etc.

habilitar v. tr. [1]. Hacer hábil, apto o capaz. ◇ FAM. habilitación, habilitado, habilitador. / rehabilitar. HÁBIL.

habitación s. f. Edificio o parte de él que se destina a ser habitado. ‖ Cualquiera de las piezas de una casa.

habitáculo s. m. Habitación. ‖ Hábitat natural.

habitante s. m. y f. Persona que habita en un lugar.

habitar v. tr. e intr. [1]. Vivir o morar en un lugar o casa. ◇ FAM. habitabilidad, habitable, habitación, habitáculo, habitante, hábitat. / cohabitar, deshabitar, inhabitable, inhabitado.

hábitat s. m. Territorio que presenta las condiciones adecuadas para la vida de una especie animal o vegetal. ‖ Región donde se cría naturalmente una especie animal o vegetal.

hábito s. m. Traje usado por los religiosos, cofrades o penitentes. ‖ Costumbre. ◇ FAM. habitual, habituar.

habitual adj. Que se hace o posee por hábito, usual.

habituar v. tr. y pron. [1s]. Hacer que uno se acostumbre a una cosa. ◇ FAM. habituación. / deshabituar. HÁBITO.

habla s. f. Facultad de hablar. ‖ Acción y efecto de hablar. ‖ Utilización individual que hacen los hablantes de la lengua. ‖ Conjunto de medios de expresión propios de un grupo determinado: *las hablas regionales.*

hablado, da adj. Expresado de palabra. ◆ s. f. *Méx. Fam.* Exageración, fanfarronada.

hablador, ra adj. y s. Que habla demasiado o indiscretamente. ‖ *Méx. y R. Dom.* Fanfarrón, mentiroso.

habladuría s. f. Chisme, murmuración.

hablantina s. f. *Colomb. y Venez.* Charla desordenada o insustancial.

hablar v. intr. [1]. Articular palabras. ‖ Expresar el pensamiento por medio de la palabra. ‖ Conversar. ‖ Confesar. ‖ Murmurar. ‖ Tratar sobre un asunto: *el libro habla de política.* ◆ v. tr. Conocer y utilizar un idioma. ◇ FAM. habla, hablado, hablador, habladuría, hablante, hablantina, hablantinoso. / bienhablado, hispanohablante, malhablado.

habón s. m. Roncha, bulto que sale en la piel.

hacedor, ra adj. y s. Que hace algo.

hacendado, da adj. y s. Que tiene haciendas o bienes inmuebles. ‖ *Argent. y Chile.* Dícese del estanciero que se dedica a la cría de ganado. ◇ FAM. hacendar. HACIENDA.

hacendoso, sa adj. Diligente en las faenas domésticas.

hacer v. tr. [11]. Producir, fabricar cosas materiales. ‖ Crear: *hacer versos.* ‖ Causar, ocasionar. ‖ Representar: *hace cine*. ‖ Obligar. ‖ Conseguir, ganar: *ha hecho fortuna*. ‖ Imaginar. ‖ Equivaler. ‖ Expeler los excrementos: *hacer de vientre*. ◆ v. tr. y pron. Ejecutar: *no sabe qué hacerse*. ‖ Habituar: *hacerse al frío*. ◆ v. intr. Obrar, actuar: *hace mal*. ◆ v. impers. Haber transcurrido cierto tiempo: *hoy hace un año*. ‖ Expresión del clima: *hace frío*. ◆ **hacerse** v. pron. Volverse, transformarse. ◇ FAM. hacedor, hacendoso, hacienda, hecho, hechor, hechura. / bienhechor, deshacer, hazmerreír, malhechor, quehacer, rehacer.

hacha[1] s. f. Herramienta cortante, compuesta de una pala acerada con filo curvado. ◇ FAM. hachazo.

hacha[2] s. f. Vela de cera grande y gruesa. ‖ Mecha que se hace de esparto y alquitrán. ● Ser alguien **un hacha** *(Fam.)*, ser sobresaliente en algo. ◇ FAM. hachón.

hachazo s. m. Golpe dado con un hacha[1]. ‖ *Argent.* Golpe violento dado de filo con arma blanca. ‖ *Argent.* Herida y cicatriz así producidas ‖ *Colomb.* Espanto súbito y violento del caballo.

hache s. f. Nombre de la letra h.

hachís s. m. Resina que se extrae del cáñamo índico y se consume como droga.

hachón s. m. Hacha, mecha de esparto y alquitrán.

hacia prep. Indica dirección o tendencia: *fue hacia él*. ‖ Indica proximidad a un lugar o tiempo: *hacia fines de mes*.

hacienda s. f. Finca agrícola. ‖ Conjunto de bienes y propiedades de alguien. ‖ *Amér. Central* y *Amér. Merid.* Conjunto de ganado que hay en una estancia. ◇ FAM. hacendado, hacendista, hacendístico. HACER.

hacinamiento s. m. Aglomeración en un lugar de un número excesivo de habitantes.

hacinar v. tr. y pron. [1a]. Amontonar, juntar. ◇ FAM. hacinamiento. HAZ[2].

hada s. f. Ser imaginario, de sexo femenino, dotado de poder mágico. ◇ FAM. HADO.

hado s. m. Destino. ‖ Serie de hechos encadenados que inevitablemente producen un efecto. ◇ FAM. hada. / malhadado.

hafnio s. m. Elemento químico metálico que se emplea en reactores nucleares, aleaciones duras, etc.

hagiografía s. f. Género literario que trata de la vida de los santos. ◇ FAM. hagiográfico, hagiógrafo.

hahnio s. m. Elemento químico artificial.

haitiano, na adj. y s. De Haití.

¡hala! interj. Se emplea para dar prisa o infundir aliento. ‖ Expresa sorpresa o contrariedad. ◇ FAM. ¡hale! / ¡ale!, jalear.

halagar v. tr. [1b]. Dar muestras de afecto o admiración. ‖ Adular. ◇ FAM. halagador, halago, halagüeño.

halago s. m. Acción y efecto de halagar. ‖ Cosa que halaga.

halagüeño, ña adj. Que halaga. ‖ Que atrae con dulzura o suavidad.

halar v. tr. [1]. Tirar hacia sí de un cabo, lona o de cualquier otra cosa. ◇ FAM. halón. / jalar.

halcón s. m. Ave rapaz, poderosa y rápida, que puede ser domesticada. ◇ FAM. halconería, halconero.

¡hale! interj. ¡Hala!*

hálito s. m. Aliento que sale por la boca. ‖ Soplo suave y apacible del aire. ◇ FAM. halitosis. / exhalar, inhalar.

halitosis s. f. Mal aliento.

hall s. m. Vestíbulo.

hallar v. tr. [1]. Dar con una persona o cosa. ‖ Averiguar. ‖ Inventar. ◆ **hallarse** v. pron. Estar en determinado lugar, situación o estado. ◇ FAM. hallado, hallazgo.

hallazgo s. m. Acción y efecto de hallar. ‖ Cosa hallada.

hallulla s. f. *Chile.* Pan hecho con masa más fina y de forma más delgada que el común.

halo s. m. Círculo luminoso que rodea algunas veces el Sol o la Luna. ‖ Aureola.

halógeno s. m. y adj. Nombre dado al cloro y a los elementos de su familia. ‖ Lámpara que contiene alguno de estos elementos y proporciona una luz blanca y brillante. ◇ FAM. halogenuro, haluro.

halogenuro s. m. Haluro.

halón s. m. *Amér. Central* y *Amér. Merid.* Acción y efecto de halar.

halterofilia s. f. Deporte que consiste en el levantamiento de pesos.

haluro s. m. Combinación química de un halógeno con otro elemento. ◇ FAM. HALÓGENO.

hamaca s. f. Red o lona que, colgada por sus extremos, sirve de cama. ‖ *Argent.* y *Urug.* Mecedora. ◇ FAM. hamacar, hamaquear.

hamacar v. tr. y pron. [1a]. *Argent., Guat., Par.* y *Urug.* Mecer. ‖ *Argent. Fam.* Afrontar con esfuerzo una situación difícil. ‖ *Argent.* DEP. Dar al cuerpo un movimiento de vaivén.

hamaquear v. tr. y pron. [1]. *Amér. Central* y *Amér. Merid.* Mecer, columpiar, especialmente en hamaca. ◆ v. tr. *Cuba, P. Rico* y *Venez.* Zarandear, marear a uno.

hambre s. f. Deseo o necesidad de comer. ‖ Deseo ardiente de algo. ● Matar el **hambre** *(Fam.)*, saciarla. ◇ FAM. hambrear, hambriento, hambruna. / famélico, matahambre, matambre.

hambriento, ta adj. y s. Que tiene mucha hambre. ◆ adj. Deseoso.

hambruna s. f. Escasez generalizada de alimentos.

hamburgués, sa adj. y s. De Hamburgo. ◆ s. f. Bistec de carne picada. ‖ Bocadillo hecho con un panecito redondo y este bistec. ◇ FAM. hamburguesería.

hamburguesería s. f. Establecimiento donde se sirven hamburguesas.

hampa s. f. Gente maleante y género de vida que practica. ◇ FAM. hampón.

hampón, na adj. y s. Valentón, bravo. ‖ Que comete habitualmente acciones delictivas.

hámster s. m. Roedor de pequeño tamaño, que almacena legumbres y semillas en una complicada madriguera.

hándicap s. m. Dificultad. ‖ DEP. Ventaja que los participantes de inferior nivel reciben en algunas pruebas para que se equilibren las probabilidades de triunfo.

hangar s. m. Cobertizo donde se guardan y reparan los aviones.

happening s. m. Espectáculo que exige la participación activa del público.

haragán, na adj. y s. Perezoso, holgazán. ◇ FAM. haraganear, haraganería.

haraganear v. intr. [1]. Holgazanear.

harakiri s. m. Modo japonés de suicidio, que consiste en abrirse el vientre.

harapiento, ta adj. Cubierto de harapos.

harapo s. m. Trozo de un traje o prenda que cuelga roto. ◇ FAM. harapiento. / desharrapado.

haraquiri s. m. Harakiri*.

hardware s. m. Conjunto de órganos físicos de un sistema informático.

harén o **harem** s. m. Lugar de la casa destinado a las mujeres, en los países musulmanes. ‖ Conjunto de estas mujeres.

harina s. f. Polvo resultante de moler el trigo y otras semillas. ● **Ser una cosa harina de otro costal** (*Fam.*), ser muy diferente de otra con que se la compara. ◇ FAM. harinero, harinoso. / enharinar, fariña.

harinear v. impers. [1]. Lloviznar.

harinoso, sa adj. Que tiene mucha harina. ‖ De aspecto y propiedades semejantes a la harina.

harmonía s. f. Armonía*.

harnear v. tr. [1]. *Chile* y *Colomb.* Cribar. ◇ FAM. harneadura, harnero.

harnero s. m. Especie de criba.

hartada s. f. Hartón.

hartar v. tr. y prón. [1]. Saciar el apetito de comer o beber. ‖ Satisfacer el gusto o deseo de una cosa. ‖ Fastidiar, molestar. ◇ FAM. hartada, hartazgo, hartón. HARTO, TA.

hartazgo s. m. Acción y efecto de hartar o hartarse.

harto, ta adj. Lleno, repleto. ‖ *Chile, Cuba* y *Méx. Mucho, gran cantidad.* ◆ adv. c. Bastante, demasiado. ◇ FAM. hartar, hartura.

hartón s. m. Acción y efecto de hartar o hartarse de comer o beber.

hartura s. f. Hartazgo.

hasta prep. Expresa el término del cual no se pasa con relación al espacio, al tiempo y a la cantidad: *desde Madrid hasta Roma.*

‖ *Méx.* Señala el momento en que comienza una acción.

hastial s. m. Parte superior de la fachada de un edificio, situada entre las dos vertientes del tejado.

hastiar v. tr. y pron. [1t]. Fastidiar, aburrir, cansar.

hastío s. m. Repugnancia a la comida. ‖ Disgusto, tedio. ◇ FAM. hastiar. / fastidio.

hatajo s. m. Pequeño grupo de cabezas de ganado. ‖ Conjunto de gente o de cosas, generalmente despreciables. ◇ FAM. hatajador. HATO.

hato s. m. Ropa y pequeño ajuar para el uso preciso y ordinario. ‖ Porción de ganado. ‖ Hatajo, conjunto de gente o de cosas. ‖ *Colomb., Cuba, R. Dom.* y *Venez.* Finca destinada a la cría de ganado. ◇ FAM. hatajo, hatero.

hawaiano, na adj. y s. De Hawai.

haya s. f. Árbol de gran altura, que tiene la corteza lisa y la madera blanca, utilizada en ebanistería. ◇ FAM. hayal, hayedo, hayuco.

hayaca s. f. *Venez.* Pastel de harina de maíz relleno de carne y otros ingredientes, que se hace especialmente en Navidad.

hayense adj. y s. m. y f. De Presidente Hayes (Paraguay).

hayo s. m. *Colomb.* y *Venez.* Coca, arbusto. ‖ *Colomb.* y *Venez.* Coca, hoja de este arbusto. ‖ *Colomb.* y *Venez.* Mezcla de hojas de coca y sales calizas o de sosa y a veces ceniza, que mascan los indios de Colombia.

hayuco s. m. Fruto del haya.

haz¹ s. f. Cara o rostro. ‖ Cara anterior de una tela o de otras cosas, y especialmente la opuesta al envés. ‖ BOT. Parte superior de una hoja. ◇ FAM. FAZ.

haz² s. m. Porción de cosas atadas: *haz de leña.* ‖ Conjunto de rayos luminosos. ◇ FAM. hacinar.

hazaña s. f. Hecho ilustre o heroico.

hazmerreír s. m. *Fam.* Persona ridícula que sirve de diversión a los demás. ◇ FAM. HACER y REÍR.

he adv. Junto con los adv. *aquí, allí, ahí,* o unido a pronombres personales átonos, sirve para señalar: *he aquí los papeles que buscabas.*

hebdomadario, ria adj. Semanal.

hebilla s. f. Pieza de metal u otra materia que se emplea para unir los dos extremos de una correa, cinta, etc.

hebra s. f. Porción de hilo que se pone en la aguja para coser. ‖ Filamento de diversas materias que guardan semejanza con el hilo. ◇ FAM. hebroso, hebrudo. / enhebrar.

hebraísmo s. m. Religión hebrea, según la ley antigua de Moisés.

hebraísta s. m. y f. Persona que estudia la lengua y cultura hebreas.

hebreo, a adj. y s. Relativo al pueblo

semita que se estableció en Palestina. ◆ s. m. Lengua semítica hablada antiguamente por los hebreos y, en la actualidad, lengua oficial de Israel. ◇ FAM. hebraico, hebraísmo, hebraísta, hebraizante.

hecatombe s. f. Catástrofe en la que hay muchas víctimas. ‖ Desastre.

hechicería s. f. Conjunto de operaciones mágicas empleadas para hechizar.

hechicero, ra s. y adj. Persona que practica la hechicería. ◆ adj. Que atrae o cautiva.

hechizar v. tr. [1g]. Ejercer un maleficio sobre alguien con prácticas supersticiosas. ‖ Despertar admiración.

hechizo s. m. Hechicería. ‖ Acción y efecto de hechizar. ‖ Lo que se emplea para hechizar. ◆ adj. Chile y Méx. Se dice del aparato o instrumento que no es de fábrica, que está hecho de forma rudimentaria. ◇ FAM. hechicería, hechicero, hechizar.

hecho, cha adj. Acabado, maduro. ◆ s. m. Obra, acción. ‖ Suceso. ◇ FAM. HACER.

hechor, ra s. Chile y Ecuad. Malhechor. ◆ s. m. Amér. Merid. Asno. ◇ FAM. HACER.

hechura s. f. Acción y efecto de hacer. ‖ Forma externa de una persona o cosa. ◇ FAM. HACER.

hectárea s. f. Medida de superficie que equivale a 100 áreas.

hecto- pref. Significa 'cien': hectogramo.

hectogramo s. m. Medida de masa que equivale a 100 g.

hectolitro s. m. Medida de capacidad que equivale a 100 l.

hectómetro s. m. Medida de longitud que equivale a 100 m.

heder v. intr. [1j]. Despedir mal olor. ◇ FAM. hediento, hediondo, hedor. / fétido.

hediento, ta adj. Hediondo.

hediondo, da adj. Que despide hedor. ‖ Repugnante, sucio. ◇ FAM. hedionez. HEDER.

hedonismo s. m. Doctrina que hace del placer un principio o el objetivo de la vida. ◇ FAM. hedónico, hedonista, hedonístico.

hedor s. m. Olor desagradable. ◇ FAM. HEDER.

hegemonía s. f. Supremacía. ◇ FAM. hegemónico.

hégira o **héjira** s. f. Era musulmana que comienza en el año 622 de la nuestra.

heladería s. f. Establecimiento donde se venden helados.

heladero, ra s. Vendedor de helados. ◆ s. m. Lugar donde hace mucho frío. ◆ s. f. Amér. Merid. Nevera, frigorífico.

helado, da adj. Muy frío. ‖ Atónito, pasmado. ◆ s. m. Golosina o postre elaborado con leche, zumos, etc., que se somete a cierto grado de congelación. ◆ s. f. Descenso de la temperatura por debajo de cero grados.

helar v. tr., intr. y pron. [1j]. Congelar. ◆ v. tr. Dejar suspenso y pasmado. ◆ v. impers. Producirse heladas. ◇ FAM. heladería, heladero, helado, helador, helamiento. / deshelar. HIELO.

helecho s. m. Planta sin flores que vive en los bosques y en los lugares húmedos. ◇ FAM. helechal.

helénico, ca adj. Griego. ◇ FAM. prehelénico. HELENO, NA.

helenismo s. m. Influencia ejercida por la antigua civilización y cultura griegas. ‖ Expresión propia de la lengua griega.

helenista s. m. y f. Persona que cultiva la lengua y literatura griegas.

helenizar v. tr. [1g]. Introducir las costumbres, cultura y arte griegos. ◇ FAM. helenización, helenizante. HELENO, NA.

heleno, na adj. y s. Griego. ◇ FAM. helénico, helenismo, helenista, helenístico, helenizar.

helero s. m. Masa de hielo de las altas montañas.

hélice s. f. Dispositivo constituido por aspas o palas dispuestas alrededor de un eje accionado por un motor. ‖ Espiral. ‖ MAT. Curva que corta, bajo un ángulo constante, las generatrices de un cilindro de revolución. ◇ FAM. helicoidal, helicoide, helicóptero. / turbohélice.

helico- pref. Significa 'hélice, espiral': helicóptero.

helicoidal adj. En forma de hélice.

helicóptero s. m. Aeronave que se sostiene gracias a una hélice de eje vertical movida por un motor. ◇ FAM. portahelicópteros. HÉLICE.

helio s. m. Cuerpo simple gaseoso, inodoro, incoloro e insípido, que existe en una cantidad muy pequeña en el aire.

helio- pref. Significa 'sol': helioterapia.

heliocéntrico, ca adj. Que tiene el Sol como centro. ◇ FAM. CENTRO.

heliograbado s. m. Procedimiento para obtener, mediante la acción de la luz solar, grabados en relieve. ‖ Grabado obtenido por este procedimiento.

heliografía s. f. Descripción del Sol. ‖ Fotografía de este astro. ◇ FAM. heliográfico, heliógrafo.

heliógrafo s. m. Aparato que sirve para hacer señales telegráficas por medio de la reflexión de un rayo de sol.

helioterapia s. f. Tratamiento médico que se realiza por medio de la luz solar.

heliotropismo s. m. Fenómeno que ofrecen las plantas al dirigir sus hojas, tallos o flores hacia la luz solar. ◇ FAM. heliotropo. TROPISMO.

heliotropo s. m. Planta de jardín de flores blancas o violetas.

helipuerto s. m. Aeropuerto para helicópteros.

helminto s. m. Gusano.

helvecio, cia adj. y s. De Helvecia, actual Suiza. ‖ De Suiza. <> FAM. helvético.

helvético, ca adj. y s. Helvecio.

hema- pref. Significa 'sangre': *hematoma*.

hematíe s. m. Glóbulo rojo de la sangre, coloreado por la hemoglobina.

hematites s. f. Mineral de hierro oxidado, de color rojo o pardo, que sirve para bruñir metales.

hematología s. f. Parte de la medicina que estudia la sangre. <> FAM. hematológico, hematólogo.

hematoma s. m. Derrame interno de sangre.

hematuria s. f. Emisión de sangre por las vías urinarias.

hembra s. f. Persona o animal del sexo femenino. ‖ Pieza que tiene un hueco en el que se introduce y encaja otra. <> FAM. hembraje, hembrilla. / afeminar, fémina, machihembrar.

hembraje s. m. *Amér. Merid.* Conjunto de las hembras de un ganado. ‖ *Argent.* y *Urug. Desp.* En zonas rurales, conjunto o grupo de mujeres.

hembrilla s. f. Pieza pequeña en la que se introduce otra.

hemeroteca s. f. Biblioteca en que se guardan periódicos y revistas.

hemi- pref. Significa 'medio': *hemisferio*.

hemiciclo s. m. Semicírculo. ‖ Sala o gradería semicircular.

hemiplejía o **hemiplejia** s. f. Parálisis de un lado del cuerpo. <> FAM. hemipléjico.

hemíptero, ra adj. y s. m. Relativo a un orden de insectos provistos de trompa chupadora.

hemisferio s. m. Cada una de las dos partes del globo terrestre o de la esfera celeste. ‖ Cada una de las dos mitades iguales de una esfera. <> FAM. hemisférico.

hemistiquio s. m. Cada una de las dos partes de un verso cortado por la cesura.

hemo- pref. Significa 'sangre': *hemorragia*.

hemodiálisis s. f. Método de depuración sanguínea exterior que se practica en casos de insuficiencia renal grave.

hemofilia s. f. Enfermedad hereditaria que se caracteriza por la dificultad de la sangre para coagularse. <> FAM. hemofílico.

hemoglobina s. f. Pigmento de los glóbulos rojos de la sangre.

hemopatía s. f. Enfermedad de la sangre.

hemorragia s. f. Flujo de sangre.

hemorroide s. f. Variz de las venas del ano. <> FAM. hemorroidal. / almorrana.

henal s. m. Henil.

henar s. m. Sitio poblado de heno.

henchir v. tr. y pron. [30]. Llenar plenamente, hartar. <> FAM. henchido, henchidor, henchidura, henchimiento.

hendedura s. f. Hendidura*.

hender v. tr. y pron. [2d]. Hacer o causar una hendidura. ◆ v. tr. Atravesar un fluido o un líquido. <> FAM. hendedura,

hendible, hendido, hendidura, hendimiento, hendir. / rendija.

hendidura s. f. Abertura, corte en un cuerpo sólido.

hendir v. tr. [3e]. Hender*.

henequén s. m. *Méx.* Especie de pita de la que se extrae una fibra textil, empleada sobre todo para hacer cordeles. ‖ *Méx.* Esta fibra textil. <> FAM. henequenero.

henil s. m. Lugar donde se guarda el heno o forraje.

heno s. m. Hierba segada y seca. ‖ Hierba destinada a ser cortada y secada. ‖ *Méx.* Planta que vive encima de algunos árboles y se usa como adorno en Navidad. <> FAM. henal, henar, henil.

henrio s. m. Unidad de medida de la inductancia eléctrica.

heñir v. tr. [24]. Amasar.

hepático, ca adj. Relativo al hígado. <> FAM. hepatitis.

hepatitis s. f. Inflamación del hígado.

hept- o **hepta-** pref. Significa 'siete': *heptágono*.

heptaedro s. m. Sólido de siete caras.

heptágono s. m. Polígono de siete ángulos. <> FAM. heptagonal.

heptano s. m. Hidrocarburo saturado, principal componente de la gasolina.

heptasílabo, ba adj. y s. m. Que consta de siete sílabas.

heráldica s. f. Blasón. ‖ Código de reglas que permite representar y describir correctamente los escudos de armas. <> FAM. heráldico, heraldista. HERALDO.

heraldo s. m. Mensajero, emisario. <> FAM. heráldica.

herbáceo, a adj. Que tiene el aspecto o es de la naturaleza de la hierba.

herbaje s. m. Conjunto de hierbas de los prados.

herbario, ria adj. Relativo a las hierbas. ◆ s. m. Colección de plantas secas ordenadas y clasificadas.

herbicida adj. y s. m. Dícese del producto químico que destruye las malas hierbas.

herbívoro, ra adj. y s. m. Dícese del animal que se alimenta de vegetales.

herbolario, ria s. Persona que recoge o vende hierbas y plantas medicinales. ◆ s. m. Tienda donde se venden estas plantas.

herboristería s. f. Herbolario, tienda.

herborizar v. intr. [1g]. Recoger plantas para estudiarlas. <> FAM. herborización, herborizador. HIERBA.

hercio s. m. Hertzio*.

herciano, na adj. Hertziano*.

hércules s. m. Hombre fuerte y robusto.

heredad s. f. Terreno cultivado perteneciente a un mismo dueño. <> FAM. heredar.

heredar v. tr. [1]. Recibir los bienes, derechos y acciones que tenía una persona al tiempo de su muerte. ‖ Recibir ciertos caracteres biológicos o inclinaciones de los padres o antepasados. <> FAM. heredable, heredado, heredero, hereditable, hereditario. / desheredar. HEREDAD.

heredero, ra adj. y s. Que hereda o puede heredar de acuerdo con la ley o por un testamento.

hereditario, ria adj. Perteneciente a la herencia o que se adquiere por ella.

hereje s. m. y f. Persona que incurre en herejía. <> FAM. herejía. / heresiarca, herético.

herejía s. f. Doctrina o creencia contraria a los dogmas, en especial a los de la Iglesia católica. || *Fam.* Disparate, error.

herencia s. f. Conjunto de bienes, caracteres, etc., que se heredan.

heresiarca s. m. y f. Autor o promotor de una herejía. <> FAM. HEREJE.

herético, ca adj. Perteneciente a la herejía o al hereje.

herida s. f. Rotura en la piel producida por un golpe, corte, etc. || Ofensa, agravio.

herir v. tr. y pron. [22]. Abrir o romper de un modo violento los tejidos del cuerpo de un ser vivo. ◆ v. tr. Golpear un cuerpo contra otro. || Ofender. <> FAM. herida, herido, heridor, hiriente. / malherir, zaherir.

hermafrodita adj. y s. m. y f. Dícese del ser vivo que tiene los órganos reproductores de los dos sexos. <> FAM. hermafroditismo, hermafroditismo.

hermanar v. tr. y pron. [1]. Unir, armonizar. <> FAM. hermanable, hermanado, hermanamiento. HERMANO, NA.

hermanastro, tra s. Hijo de uno de los dos consortes con respecto al hijo del otro.

hermandad s. f. Fraternidad. || Cierto tipo de asociación de personas, unidas por motivos de trabajo, ideas, etc.

hermano, na s. Persona que con respecto a otra tiene los mismos padres o al menos uno de ellos. || Título dado a los miembros de ciertas órdenes religiosas, cofradías o asociaciones. <> FAM. hermanar, hermanastro, hermandad.

hermenéutica s. f. Ciencia que define los principios y métodos de la crítica y la interpretación de los textos antiguos. <> FAM. hermeneuta, hermenéutico.

hermético, ca adj. Dícese de algo perfectamente cerrado. || Difícil de entender, impenetrable. <> FAM. herméticamente, hermeticidad, hermetismo.

hermoso, sa adj. Que tiene hermosura. <> FAM. hermosear, hermosura.

hermosura s. f Belleza. || Persona o cosa de gran belleza.

hernia s. f. Tumor formado por la salida de un órgano o de una parte de él fuera de su cavidad natural. <> FAM. herniario, herniarse.

herniarse v. pron. [1]. Sufrir una hernia. <> FAM. herniado. HERNIA.

héroe s. m. Persona que se distingue por sus cualidades o acciones extraordinarias. || Personaje principal de un poema, una novela, una película, etc. || Semidiós. <> FAM. heroicidad, heroico, heroína[1], heroísmo. / antihéroe.

heroicidad s. f. Calidad de heroico. || Acción heroica.

heroico, ca adj. Que se comporta como un héroe. || Que narra las hazañas de los héroes.

heroína[1] s. f. Persona que se distingue por sus cualidades o acciones extraordinarias. || Personaje principal de un poema, una novela, una película, etc. <> FAM. HÉROE.

heroína[2] s. f. Estupefaciente derivado de la morfina y más tóxico que ésta. <> FAM. heroinómano.

heroinómano, na s. Toxicómano adicto a la heroína.

heroísmo s. m. Conjunto de cualidades propias del héroe. || Acción heroica.

herpes o **herpe** s. m. Erupción cutánea formada por vesículas agrupadas. <> FAM. herpético.

herpetología s. f. Parte de las ciencias naturales que estudia los reptiles. <> FAM. herpetólogo.

herrada s. f. Cubo de madera con aros de hierro, más ancho por la base que por la boca. <> FAM. HIERRO.

herradura s. f. Hierro en forma semicircular, que se clava en los cascos de las caballerías. <> FAM. HIERRO.

herraje s. m. Conjunto de piezas de hierro con que se guarnece algo. <> FAM. HIERRO.

herramienta s. f. Cualquiera de los instrumentos empleados para desempeñar un oficio o un trabajo manual. || Conjunto de estos instrumentos. <> FAM. herramental. HIERRO.

herrar v. tr. [1j]. Ajustar y clavar las herraduras. || Marcar con un hierro candente. <> FAM. herrado, herrador. HIERRO.

herrería s. f. Oficio de herrero. || Taller y tienda de herrero. <> FAM. HIERRO.

herrero s. m. Persona que trabaja el hierro. <> FAM. HIERRO.

herrete s. m. Remate que se pone en los extremos de un cordón, cinta, etc., para que entre fácilmente por el ojete. <> FAM. HIERRO.

herrón s. m. *Colomb.* Hierro del trompo o peonza.

herrumbre s. f. Orín del hierro. <> FAM. herrumbrar, herrumbroso. HIERRO.

hertzio s. m. Unidad de medida de frecuencia de todo movimiento vibratorio, expresada en ciclos por segundo. <> FAM. hertziano. / kilohertzio, megahertzio.

hertziano, na adj. Relativo a las ondas electromagnéticas.

hervidero s. m. Movimiento y ruido que hacen los líquidos al hervir. || Muchedumbre, multitud.

hervido s. m. *Amér. Merid.* Cocido u olla.

hervir v. intr. [22]. Producir burbujas un líquido cuando se eleva suficientemente su temperatura, o por la fermentación. || Excitarse las pasiones. ◆ v. tr. Hacer que algo entre en ebullición. ◇ FAM. hervidero, hervido, hervidor, hervor, hirviente. / efervescencia.

hervor s. m. Acción y efecto de hervir.

herzegovino, na adj. y s. De Bosnia-Herzegovina.

hetero- pref. Significa 'diferente, otro': *heterogéneo.*

heterocerca adj. Dícese de la aleta caudal de ciertos peces, cuyo lóbulo dorsal contiene la extremidad de la columna.

heteróclito, ca adj. Dícese del conjunto de cosas mezcladas sin orden ni armonía.

heterodoxia s. f. Calidad de heterodoxo.

heterodoxo, xa adj. y s. Contrario a la doctrina ortodoxa o a una opinión comúnmente admitida. ◇ FAM. heterodoxia.

heterogéneo, a adj. Compuesto de partes de diversa naturaleza. FAM. heterogeneidad.

heteronimia s. f. Fenómeno por el cual dos palabras de significado muy próximo proceden de raíces diferentes, como *caballo-yegua.* ◇ FAM. heterónimo.

heterosexual adj. y s. m. y f. Dícese de la persona que experimenta atracción sexual por las del sexo contrario. ◇ FAM. heterosexualidad. SEXUAL.

heterótrofo, fa adj. y s. BIOL. Dícese del ser vivo que se alimenta de sustancias orgánicas elaboradas por otros seres vivos. ◇ FAM. heterotrófico.

hético, ca adj. y s. Tísico. ◇ FAM. hetiquez.

heurística s. f. Disciplina que trata de establecer las reglas de la investigación científica. ◇ FAM. heurístico.

hevea s. m. Árbol del caucho.

hexa- pref. Significa 'seis': *hexaedro.*

hexaedro s. m. Sólido con seis caras planas.

hexágono s. m. Polígono con seis ángulos. ◇ FAM. hexagonal.

hexasílabo, ba adj. y s. m. Que consta de seis sílabas.

hez s. f. Sedimento que se produce en algunos líquidos. ◆ pl. Excrementos. ◇ FAM. fecal.

hiato s. m. Pronunciación en sílabas distintas de dos vocales contiguas.

hibernación s. f. Letargo que experimentan ciertos animales durante el invierno.

hibernar v. intr. [1]. Pasar el invierno en hibernación. ◇ FAM. hibernación. INVIERNO.

híbrido, da adj. Dícese del animal o vegetal que es el resultado del cruce entre dos especies o géneros distintos. ◇ FAM. hibridación, hibridismo.

hico s. m. *Antill.; Colomb., Pan.* y *Venez.* Cuerda, soga.

hidalgo, ga adj. y s. Generoso, noble. ◆ s. Miembro del escalón más bajo de la antigua nobleza castellana. ◇ FAM. hidalguía.

hidra s. f. Pólipo de agua dulce con varios tentáculos. || Serpiente acuática venenosa. || Monstruo mitológico de siete cabezas.

hidratar v. tr. y pron. [1]. Incorporar agua a un cuerpo o sustancia. || QUÍM. Combinar con agua. ◇ FAM. hidratación, hidratador, hidratante. / deshidratar. HIDRATO.

hidrato s. m. QUÍM. Combinación de un cuerpo con el agua. ● **Hidrato de carbono,** glúcido o azúcar. ◇ FAM. hidratar.

hidráulica s. f. Ciencia que estudia el aprovechamiento energético del agua.

hidráulico, ca adj. Que funciona con ayuda de un líquido. ◇ FAM. hidráulica.

hidro- pref. Significa 'agua': *hidroavión.* || Significa 'hidrógeno': *hidrocarburo.*

hidroavión s. m. Aeronave provista de flotadores que puede despegar desde el agua y posarse en ella.

hidrocarburo s. m. Compuesto de carbono e hidrógeno.

hidrocefalia s. f. Acumulación de líquido cefalorraquídeo en la cavidad craneal.

hidrodinámica s. f. Estudio de las leyes que rigen el movimiento de los líquidos y la resistencia que oponen a los cuerpos que se mueven en ellos. ◇ FAM. hidrodinámico. DINÁMICO, CA.

hidroelectricidad s. f. Energía eléctrica obtenida por la fuerza hidráulica. ◇ FAM. hidroeléctrico. ELECTRICIDAD.

hidrófilo, la adj. Dícese de la materia que absorbe el agua con facilidad.

hidrofobia s. f. Horror al agua. ◇ FAM. hidrófobo.

hidrófugo, ga adj. y s. m. Que preserva de la humedad y evita las filtraciones.

hidrógeno s. m. Cuerpo simple, gaseoso, que forma parte del agua y de numerosas sustancias orgánicas. ◇ FAM. hidrogenación.

hidrografía s. f. Ciencia que estudia las aguas marinas y continentales. ◇ FAM. hidrográfico, hidrógrafo.

hidrólisis s. f. Descomposición de ciertos compuestos orgánicos por acción del agua.

hidrometría s. f. Parte de la hidrodinámica dedicada a la medición del caudal, velocidad o fuerza de los líquidos en movimiento. ◇ FAM. hidrómetra, hidrométrico, hidrómetro.

hidropesía s. f. Acumulación anormal de líquido seroso en una cavidad o tejido del organismo. ◇ FAM. hidrópico.

hidrosfera s. f. Parte líquida del globo terráqueo.

hidróxido s. m. QUÍM. Compuesto básico que contiene el radical hidroxilo.

hidroxilo s. m. QUÍM. Radical que contiene un átomo de hidrógeno y otro de oxígeno.

hiedra s. f. Planta trepadora de hojas perennes y bayas negras.

hiel s. f. Bilis. || Amargura.

hielera s. f. *Argent., Chile* y *Méx.* Nevera.

hielo s. m. Agua solidificada por el frío. ◇ FAM. helar, hielera. / congelar, gélido, rompehielos.

hiena s. f. Mamífero carnívoro, de pelo gris o rojizo con manchas marrones y costumbres *nocturnas*. || *Persona cruel*.

hierático, ca adj. Relativo a las cosas sagradas o a los sacerdotes. || Que no deja traslucir sentimientos o que afecta solemnidad. ◇ FAM. hieratismo.

hierba s. f. Planta pequeña de tallo tierno. || Conjunto de estas plantas. ◇ FAM. herbáceo, herbaje, herbario, herbazal, herbicida, herbívoro, herbolario, herboristería, herborizar, herboso, hierbal. / hierbabuena, yerba.

hierbabuena s. f. Planta herbácea, vivaz y aromática, que se usa como condimento.

hierra s. f. *Amér.* Acción de marcar con el hierro el ganado. || *Amér.* Temporada en que se hace y fiesta que se celebra con tal motivo.

hierro s. m. Metal tenaz y maleable, de color gris plateado, de gran importancia por su utilización industrial y tecnológica. || Instrumento de este metal que se calienta al rojo vivo para marcar el ganado. ● **De hierro**, muy resistente. || **Quitar hierro**, quitar importancia. ◇ FAM. herrada, herradura, herraje, herramienta, herrar, herrería, herrero, herrete, herrón, herrumbre, hierra. / férreo, fierro, yerra.

hi-fi Abreviatura de *High Fidelity*, alta fidelidad.

higa s. f. Ademán de desprecio. || *Vulg.* Nada: *no valer una higa.* ◇ FAM. HIGO.

hígado s. m. Órgano contenido en el abdomen que segrega la bilis. ◆ pl. Ánimo, valentía: *tener muchos hígados.* ● **Ser alguien un hígado** (*Méx. Fam.*), ser insoportable por antipático o petulante.

higiene s. f. Parte de la medicina que tiene por objeto la conservación de la salud o la prevención de las enfermedades. || Limpieza, aseo. ◇ FAM. higiénico, higienista, higienizar.

higiénico, ca adj. Relativo a la higiene.

higienista adj. y s. m. y f. Especialista en higiene.

higo s. m. Fruto comestible de la higuera. ◇ FAM. higa, higuera.

higrófilo, la adj. Dícese del organismo que busca la humedad.

higrófobo, ba adj. Dícese del organismo que no puede adaptarse a lugares húmedos.

higrometría s. f. Ciencia que tiene por objeto determinar el grado de humedad de la atmósfera. ◇ FAM. higrométrico, higrómetro.

higroscopio s. m. Aparato que mide la variación de la humedad del aire. ◇ FAM. higroscopia, higroscópico.

higuera s. f. Árbol de savia láctea y hojas grandes, cuyo fruto es el higo. ● **Estar en la higuera** (*Fam.*), estar distraído o no enterarse de nada. ◇ FAM. higueral, higuerón, higuerote. HIGO.

higuerón o higuerote s. m. *Amér.* Planta arbórea, de tronco corpulento y madera fuerte, usada para construir embarcaciones.

hijastro, tra s. Respecto de uno de los cónyuges, hijo o hija que el otro ha tenido de una relación anterior.

hijo, ja s. Persona o animal respecto de *su padre o de su madre.* || *Persona respecto del país, provincia o pueblo donde ha nacido.* || *Obra hecha por alguien o producto de su inteligencia.* ◆ s. m. Brote o retoño. ◆ pl. Descendientes. ◇ FAM. hijastro, hijuela. / ahijado, ahijar, filial, prohijar.

¡híjole! interj. *Méx. Fam.* Expresa admiración o sorpresa.

hijuela s. f. Cosa dependiente de otra principal. || *Chile, C. Rica, Ecuad.* y *Perú.* Finca que resulta de otra mayor al repartir una herencia. ◇ FAM. hijuelar. HIJO, JA.

hilacha s. f. Pedazo de hilo que se desprende de la tela. || Porción diminuta de algo. || *Méx.* Harapo, andrajo. ◇ FAM. hilachento, hilachoso, hilachudo. / deshilachar. HILO.

hilachento, ta adj. *Chile* y *Colomb.* Que tiene muchas hilachas. || *Chile* y *Colomb.* Harapiento.

hilada s. f. Hilera, orden o formación en línea. ◇ FAM. HILO.

hilado, da adj. Dícese de cualquier cosa en forma de hilos. ◆ s. m. Acción y efecto de hilar.

hilandero, ra s. Persona que tiene por oficio hilar.

hilar v. tr. [1]. Convertir en hilo las fibras textiles. || Discurrir, inferir unas cosas de otras: *hilar planes.* || Elaborar el gusano de seda la hebra con que forma el capullo. ● **Hilar tabaco** (*Amér.*), prepararlo para mascar. ◇ FAM. hilado, hilador, hilandería, hilandero, hilatura. HILO.

hilarante adj. Que provoca risa o produce alegría.

hilaridad s. f. Risa ruidosa y sostenida. ◇ FAM. hilarante.

hilatura s. f. Arte, industria y comercialización de los hilados. || Lugar donde se hilan las materias textiles.

hilaza s. f. Conjunto de hebras que forman un tejido.

hilera s. f. Orden o formación en línea. || Pieza de acero para transformar el metal en hilo o alambre. ◇ FAM. HILO.

hilo s. m. Fibra delgada y flexible de una materia textil. || Hebra larga y delgada que se forma ligando entre sí, por medio de la torsión, cierto número de fibras textiles. ||

Tela tejida con fibra de lino. ‖ Filamento de cualquier material flexible. ‖ Curso que siguen las cosas. ● **Al hilo** (*Argent.* y *Chile. Fam.*), sin interrupción.‖ **Colgar, o pender, de un hilo,** estar en grave riesgo. ◇ FAM. hilacha, hilada, hilar, hilera, hilván. / ahilar, deshilar, filamento, filiforme, filo, sobrehilar.

hilván s. m. Costura de puntadas largas que se hace para preparar el cosido definitivo y hacer señales en la tela. ‖ Hilo con que está hecha. ‖ *Venez.* Dobladillo. ◇ FAM. hilvanar. HILO.

hilvanar v. tr. [1]. Coser con hilvanes. ‖ Enlazar o coordinar: *hilvanar ideas.* ◇ FAM. hilvanado. / deshilvanado. HILVÁN.

himen s. m. Membrana que recubre y reduce la entrada de la vagina de la mujer.

himeneo s. m. En lenguaje poético, boda o casamiento.

himenóptero, ra adj. y s. m. Relativo a un orden de insectos que se caracterizan por poseer dos pares de alas membranosas, como las abejas y las avispas.

himno s. m. Composición musical o poética de carácter solemne en alabanza de seres, sucesos o cosas que son importantes.

hincapié s. m. Acción de afianzar el pie para apoyarse o para hacer fuerza. ● **Hacer hincapié** (*Fam.*), insistir con tesón. ◇ FAM. HINCAR y PIE.

hincar v. tr. [1a]. Introducir o clavar una cosa en otra.‖ Apoyar con fuerza una cosa en otra. ◇ FAM. ahincar, hincapié.

hincha s. f. *Fam.* Antipatía o enemistad. ➡ s. m. y f. Persona que demuestra un entusiasmo excesivo por algo.

hinchado, da adj. Enfático o grandilocuente: *lenguaje hinchado.* ➡ s. f. *Argent., Chile, Colomb.* y *Urug.* Conjunto de hinchas.

hinchar v. tr. y pron. [1]. Llenar de aire o gas un objeto flexible. ‖ *Fam.* Exagerar: *hinchar una noticia.* ➡ v. tr. *Argent.* y *Chile. Vulg.* Molestar. ➡ **hincharse** v. pron. Abultarse una parte del cuerpo por una herida, golpe, etc. ‖ Envanecerse, engreírse. ‖ Hartarse de comer. ◇ FAM. hincha, hinchado, hinchamiento, hinchazón. / deshinchar.

hinchazón s. f. Efecto de hincharse. ‖ Soberbia, engreimiento.

hindi s. m. Lengua oficial de la India, derivada del sánscrito.

hindú adj. y s. m. y f. De la India. ‖ Adepto del hinduismo. ◇ FAM. hindi, hinduismo, hinduista.

hinduismo s. m. *Religión* predominante en la India, según la cual el hombre logra su salvación mediante el cumplimiento de las normas morales.

hiniesta s. f. Retama.

hinojo[1] s. m. Rodilla. ● **De hinojos,** de rodillas.

hinojo[2] s. m. Planta aromática de flores pequeñas y amarillas, que se utiliza en medicina y como condimento.

hinterland s. m. GEOGR. Entorno, zona de influencia.

hipálage s. f. Figura retórica por la que se atribuye a determinadas palabras de una frase lo que conviene a otras.

hipar v. intr. [1]. Tener hipo. ‖ Gimotear. ◇ FAM. hipear, hipido, hipo.

hiper- pref. Significa 'mucho': *hipertensión.*

hipérbaton s. m. Figura retórica que consiste en una alteración del orden lógico de las palabras o frases.

hipérbola s. f. Curva simétrica formada por puntos cuya diferencia de distancias a dos puntos fijos es constante. ◇ FAM. hiperbólico, hiperboloide.

hipérbole s. f. Figura retórica consistente en deformar la realidad exagerándola. ◇ FAM. hiperbólico, hiperbolizar.

hiperespacio s. m. Espacio ficticio de más de tres dimensiones.

hiperestesia s. f. PSIC. Sensibilidad exagerada. ◇ FAM. hiperestésico. ANESTESIA.

hiperglucemia s. f. Exceso de la tasa de glucosa en la sangre.

hipermercado s. m. Gran supermercado localizado generalmente en la periferia de las ciudades.

hipermetropía s. f. Anomalía de la visión que impide ver bien de cerca. ◇ FAM. hipermétrope.

hiperónimo s. m. Voz cuyo significado engloba el de otras.

hiperrealismo s. m. Corriente artística que se caracteriza por la traducción literal y fotográfica de la realidad. ◇ FAM. hiperrealista. REALISMO.

hipersensible adj. y s. m. y f. Que tiene una sensibilidad exagerada. ◇ FAM. hipersensibilidad. SENSIBLE.

hipersónico, ca adj. Dícese de la velocidad superior a los 6000 km/h, así como de las aeronaves capaces de alcanzarla.

hipertensión s. f. Aumento de la tensión de la sangre en el aparato circulatorio. ◇ FAM. hipertenso. TENSIÓN.

hipertermia s. f. Fiebre.

hipertiroidismo s. m. Aumento de la secreción de la glándula tiroides y trastornos que origina. ◇ FAM. TIROIDES.

hipertrofia s. f. Crecimiento anormal de un órgano. ◇ FAM. hipertrofiarse, hipertrófico.

hípico, ca adj. Relativo al caballo y a la hípica. ➡ s. f. Nombre genérico de los deportes hípicos que engloba a las carreras de caballos, los concursos de saltos, etc. ◇ FAM. hipismo, hipocampo, hipódromo.

hipnosis s. f. Estado parecido al sueño, provocado por sugestión, y que da lugar a una dependencia que puede ser utilizada para fines diversos. ◇ FAM. hipnótico, hipnotismo, hipnotizar.

hipnótico, ca adj. Relativo a la hipnosis. ← adj. y s. m. Dícese del medicamento que produce sueño.

hipnotizar v. tr. [1g]. Producir hipnosis. ‖ Fascinar: *su simpatía hipnotiza.* ◇ FAM. hipnotización, hipnotizador. HIPNOSIS.

hipo s. m. Serie de inspiraciones bruscas, acompañadas de un ruido característico, causadas por la contracción del diafragma. ● **Quitar el hipo** *(Fam.)*, asombrar, desconcertar. ◇ FAM. HIPAR.

hipo- préf. Significa 'poca cantidad, inferioridad': *hipotermia.*

hipocampo s. m. Caballito de mar.

hipocentro s. m. Región del interior de la corteza terrestre donde tiene su origen un movimiento sísmico.

hipocondría s. f. Estado de ansiedad y depresión debido a una preocupación obsesiva por la propia salud. ◇ FAM. hipocondríaco.

hipocondríaco, ca adj. Relativo a la hipocondría. ← adj. y s. Que sufre de hipocondría.

hipocorístico, ca adj. y s. m. Dícese de los diminutivos o de las alteraciones de los nombres, que se usan de forma cariñosa: *Lola* por *Dolores.*

hipocresía s. f. Fingimiento de cualidades o sentimientos.

hipócrita adj. y s. m. y f. Que finge o aparenta lo que no es o lo que no siente. ◇ FAM. hipocresía.

hipodermis s. f. Parte profunda de la piel, bajo la dermis, rica en tejido adiposo. ◇ FAM. hipodérmico. DERMIS.

hipódromo s. m. Lugar destinado a las carreras de caballos y otras pruebas de equitación. ◇ FAM. HÍPICO, CA.

hipófisis s. f. Glándula endocrina, situada en la parte inferior del encéfalo, que regula el funcionamiento del organismo. ◇ FAM. hipofisario.

hipogastrio s. m. Parte inferior del abdomen. ◇ FAM. hipogástrico. GÁSTRICO, CA.

hipogeo, a adj. Dícese de la planta que se desarrolla bajo tierra. ← s. m. Construcción subterránea, especialmente tumbas, de las civilizaciones prehistóricas.

hipoglucemia s. f. Disminución de la cantidad normal de azúcar en la sangre.

hipopótamo s. m. Mamífero de gran tamaño, cabeza enorme y boca amplia, que vive en los ríos africanos.

hipotálamo s. m. Parte del encéfalo situada en la base del cerebro, donde se hallan numerosos centros reguladores de importantes funciones. ◇ FAM. TÁLAMO.

hipoteca s. f. Contrato por el que se garantiza el cumplimiento de una obligación con un bien inmueble. ◇ FAM. hipotecar, hipotecario.

hipotecar v. tr. [1a]. Imponer una hipoteca sobre ciertas propiedades. ‖ Poner en peligro: *hipotecar el porvenir.* ◇ FAM. hipotecable. / deshipotecar. HIPOTECA.

hipotensión s. f. Tensión de la sangre inferior a la normal en el aparato circulatorio. ◇ FAM. hipotenso. TENSIÓN.

hipotenusa s. f. Lado opuesto al ángulo recto de un triángulo rectángulo.

hipotermia s. f. Descenso anormal de la temperatura del cuerpo.

hipótesis s. f. Suposición, teoría, etc., no confirmada, que se admite de forma provisional. ◇ FAM. hipotético. TESIS.

hipotético, ca adj. Relativo a la hipótesis o fundado en ella.

hippy o **hippie** s. m. y f. Adepto a un movimiento juvenil pacifista surgido en los años sesenta. ← adj. Relativo a los hippies.

hiriente adj. Que hiere. ◇ FAM. HERIR.

hirsuto, ta adj. Dícese del pelo áspero y duro y de lo que está cubierto de él.

hisopo s. m. Planta olorosa de flores azules, blancas o rosadas, cuya infusión es estimulante. ‖ Utensilio para esparcir agua bendita. ‖ *Chile* y *Colomb.* Brocha de afeitar.

hispalense adj. y s. m. y f. Sevillano.

hispánico, ca adj. Relativo a España o a la hispanidad. ‖ Relativo a la antigua Hispania y a los pueblos que vivían en ella. ◇ FAM. prehispánico. HISPANO, NA.

hispanidad s. f. Conjunto de pueblos de lengua y cultura hispánica y conjunto de caracteres que comparten.

hispanismo s. m. Giro o palabra propia y privativa de la lengua española, en especial la empleada en otro idioma.

hispanizar v. tr. [1g]. Dar forma o carácter español. ◇ FAM. hispanización. HISPANO, NA.

hispano, na adj. y s. Español. ‖ Dícese de los hispanohablantes afincados en EE UU. ← adj. Hispanoamericano. ◇ FAM. hispánico, hispanidad, hispanismo, hispanista, hispanizar, hispanófilo. / hispanoamericano, hispanoárabe, hispanohablante, hispanomusulmán, hispanorromano, novohispano.

hispanoamericano, na adj. y s. De Hispanoamérica. ← adj. De España y América.

hispanoárabe adj. Relativo a la España musulmana. ← adj. y s. m. y f. Natural o habitante de la misma.

hispanófilo, a adj. y s. Dícese del extranjero aficionado a la cultura, historia y costumbres de España.

hispanohablante adj. y s. m. y f. Que habla español.

hispanomusulmán, na adj. y s. Hispanoárabe.

hispanorromano, na adj. y s. Relativo a los pueblos romanizados de la península Ibérica.

híspido, da adj. Hirsuto, de pelo áspero y duro.

histamina s. f. Sustancia usada en medicina para disminuir la tensión arterial y causar secreciones. ◇ FAM. antihistámico.

histeria s. f. Enfermedad nerviosa caracterizada por respuestas emocionales graves en estados de ansiedad. ◇ FAM. histérico, histerismo.

histérico, ca adj. Relativo al útero. ‖ Relativo a la histeria. ◆ adj. y s. Dícese de la persona que padece histeria.

histología s. f. Ciencia que estudia los tejidos constituyentes de los seres vivos. ◇ FAM. histológico, histólogo.

historia s. f. Ciencia que estudia el pasado del hombre y las sociedades humanas. ‖ Desarrollo de acontecimientos pasados. ‖ Obra histórica: *la historia de España.* ‖ Narración inventada. ‖ *Fam.* Chisme, enredo ● **Pasar a la historia**, perder actualidad. ◇ FAM. historiador, historial, historiar, historicidad, historicismo, historicista, histórico, historieta, historiografía. / prehistoria, protohistoria.

historiador, ra s. Especialista en historia.

historial s. m. Reseña circunstanciada de los antecedentes de un negocio, de los servicios de un empleado, etc.

historiar v. tr. [1]. Narrar algo de manera ordenada y minuciosa.

historicismo s. m. Actitud que interpreta los fenómenos humanos como producto de su desarrollo histórico.

histórico, ca adj. Relativo a la historia: *novela histórica.* ‖ Sucedido realmente. ‖ De gran importancia y trascendencia.

historieta s. f. Anécdota, chiste o cuento divertido. ‖ Cómic.

historiografía s. f. Estudio de las obras sobre historia y sus fuentes. ◇ FAM. historiográfico, historiógrafo. HISTORIA.

histrión s. m. Actor, especialmente el de la tragedia antigua. ‖ *Desp.* Persona que se expresa con exageración propia de un actor teatral. ◇ FAM. histriónico, histrionismo.

histriónico, ca adj. Relativo al histrión.

histrionismo s. m. *Desp.* Exageración o teatralidad en los gestos, lenguaje, etc.

hit s. m. Disco que constituye un éxito de venta.

hito s. m. Poste con que se marcan los límites de un terreno o la dirección, distancias, etc., de los caminos. ‖ Hecho importante dentro de un contexto. ● **Mirar de hito**, o **de hito en hito**, mirar fijamente, sin apartar la vista. ◇ FAM. ahíto.

hobby s. m. Pasatiempo favorito que sirve para distraerse.

hocico s. m. Parte de la cabeza de algunos animales donde están la boca y las narices. ‖ *Fam.* Boca de una persona. ◇ FAM. hocicar, hocicón, hocicudo, hociquera. / hozar.

hocición, na adj. *Chile* y *Méx.* Fanfarrón, mentiroso. ‖ *Méx. Vulg.* Se dice de la persona que tiene la boca grande.

hociquera s. f. *Argent.* y *Perú.* Bozal de los animales.

hockey s. m. Deporte entre dos equipos que impulsan una pelota con un bastón para tratar de introducirla en la portería del contrario.

hodierno, na adj. Relativo al día de hoy o al tiempo presente.

hogaño adv. t. En este año. ‖ En esta época. ◇ FAM. AÑO.

hogar s. m. Sitio donde se enciende fuego en las cocinas, chimeneas, hornos, etc. ‖ Domicilio, lugar donde se vive con la familia. ◇ FAM. hogareño, hogaza, hoguera.

hogareño, ña adj. Relativo al hogar. ‖ Que es amante del hogar.

hogaza s. f. Pan grande de forma circular. ◇ FAM. HOGAR.

hoguera s. f. Conjunto de materiales combustibles que arden con llama. ◇ FAM. HOGAR.

hoja s. f. Órgano vegetal, plano y simétrico, que crece en la parte extrema de los tallos o de las ramas. ‖ Pétalo. ‖ Lámina muy fina de papel. ‖ Lámina delgada de cualquier material. ‖ Cada una de las partes articuladas que pueden plegarse unas sobre otras. ‖ Cuchilla de las herramientas y armas blancas. ◇ FAM. hojaldre, hojarasca, hojear, hojuela. / deshojar, foliáceo, foliar², folio, folíolo, follaje, hojalata, milhojas.

hojalata s. f. Chapa delgada de acero, revestida de estaño por ambas caras. ◇ FAM. hojalatería, hojalatero. HOJA y LATA.

hojalatería s. f. *Méx.* Taller donde se reparan las carrocerías de los automóviles.

hojaldra s. f. *Amér.* Hojaldre*.

hojaldre s. m. o f. Pasta o masa hecha con harina y mantequilla, que, cocida al horno, forma hojas delgadas y superpuestas. ◇ FAM. hojaldra, hojaldrar. HOJA.

hojarasca s. f. Conjunto de hojas secas de las plantas. ‖ Cosa aparatosa, pero de poco provecho.

hojear v. tr. [1]. Mover o pasar ligeramente las hojas de un libro, cuaderno, etc. ‖ Leer de forma rápida y superficial.

hojuela s. f. Masa frita muy extendida y delgada. ‖ BOT. Hoja pequeña que forma parte de una compuesta.

¡hola! interj. Voz que se emplea para saludar.

holandés, sa adj. y s. De Holanda. ◆ s. m. Idioma hablado en Holanda. ◆ s. f. Hoja de papel más pequeña que el folio.

holding s. m. Sociedad anónima que posee acciones de varias empresas y ejerce control sobre ellas.

holgado, da adj. Amplio, ancho. ‖ Dícese de la situación económica de una persona que vive con bienestar. ◇ FAM. holgadamente, holgura. HOLGAR.

holgar v. intr. [1m]. Estar ocioso, descansar. ‖ Sobrar, estar de más. ◇ FAM. holgado, holganza, holgazán. / huelga, huelgo.

holgazán, na adj. y s. Dícese de la persona vaga y ociosa, que se resiste a trabajar. ◇ FAM. holgazanear, holgazanería. HOLGAR.

holgazanear v. intr. [1]. Estar inactivo voluntariamente.

holgura s. f. Amplitud de las cosas. ‖ Desahogo o bienestar económico. ‖ Esparcimiento, recreo.

hollar v. tr. [1r]. Pisar. ‖ Humillar, despreciar. ◇ FAM. holladura. / huella.

hollejo s. m. Piel delgada que cubre algunas frutas y legumbres.

hollín s. m. Sustancia crasa y negra que el humo deposita en la superficie de los cuerpos. ◇ FAM. deshollinar.

holo- pref. Significa 'totalidad': *holocausto*.

holocausto s. m. Entre los judíos, sacrificio religioso en el que la víctima era quemada. ‖ Gran matanza de seres humanos.

holoceno adj. y s. m. GEOL. Dícese de la época del período cuaternario que abarca desde el pleistoceno hasta nuestros días.

holografía s. f. Método de fotografía que obtiene reproducciones en tres dimensiones de una imagen. ◇ FAM. holográfico.

holograma s. m. Imagen obtenida por holografía.

hombrada s. f. Acción propia de un hombre fuerte o de carácter.

hombre s. m. Ser dotado de inteligencia y de un lenguaje articulado, caracterizado por poseer cerebro voluminoso, postura erguida y manos prensiles. ‖ La especie humana en sentido colectivo. ‖ Persona, miembro de la especie humana. ‖ Individuo de la especie humana de sexo masculino. ● **¡Hombre!** interj. Indica sorpresa o asombro. ◇ FAM. hombrada, hombrear, hombría, hombruno, homínido. / gentilhombre, prohombre, superhombre.

hombrera s. f. Pequeña almohadilla colocada en los vestidos para levantar los hombros.

hombría s. f. Conjunto de cualidades morales que ensalzan a un hombre.

hombro s. m. Parte superior y lateral del tronco del hombre, de donde nace el brazo. ● **Arrimar el hombro**, ayudar. ‖ **Encogerse de hombros**, no saber o no querer responder a lo que se pregunta. ‖ Mostrarse indiferente a lo que se ve u oye. ‖ **Mirar a uno por encima del hombro** (*Fam.*), despreciarle. ◇ FAM. hombrera.

hombruno, na adj. *Fam.* Dícese de la mujer que se parece al hombre y de las cosas en que estriba esta semejanza.

homenaje s. m. Demostración de admiración, respeto, etc., hacia alguien. ‖ Acto que se celebra en honor de alguien. ◇ FAM. homenajeado, homenajear.

homenajear v. tr. [1]. Tributar un homenaje.

homeo- pref. Homo-*.

homeopatía s. f. Sistema curativo de una enfermedad que consiste en administrar a los enfermos pequeñas dosis de las mismas sustancias que la provocan. ◇ FAM. homeópata, homeopático.

homeostasis u **homeóstasis** s. f. Conjunto de mecanismos que conducen al control automático de las constantes biológicas de los seres vivos. ◇ FAM. homeostático.

homicida adj. y s. m. y f. Dícese de la persona que comete homicidio. ◆ adj. Dícese de lo que ocasiona la muerte.

homicidio s. m. Muerte de una persona causada por otra. ◇ FAM. homicida.

homilía s. f. Sermón sobre materias religiosas, que se efectúa en el curso de la misa.

homínido adj. y s. m. Relativo a un suborden de mamíferos primates, cuya especie superviviente es el hombre actual. ◇ FAM. prehomínido. HOMBRE.

homo- pref. Significa 'igual, semejante': *homófono*.

homocerco, ca adj. Dícese de la aleta caudal de los peces que tiene sus dos lóbulos iguales.

homófono, na adj. y s. m. Dícese de las palabras de igual pronunciación, pero de sentido diferente: *ora* y *hora*. ◇ FAM. homofonía.

homogeneizar v. tr. [1g]. Transformar en homogéneo. ◇ FAM. homogeneización. HOMOGÉNEO, A.

homogéneo, a adj. Dícese del conjunto formado por elementos de igual naturaleza y condición. ‖ De estructura uniforme. ◇ FAM. homogeneidad, homogeneizar.

homógrafo, fa adj. Dícese de las palabras que se escriben igual, pero que tienen significados diferentes.

homologación s. f. Acción y efecto de homologar.

homologar v. tr. [1b]. Poner en relación de igualdad o semejanza dos cosas. ‖ Reconocer una autoridad que un producto se ajusta a determinadas normas. ‖ Confirmar un organismo autorizado el resultado de una prueba deportiva. ◇ FAM. homologable, homologación. HOMÓLOGO, GA.

homólogo, ga adj. Dícese de la persona o cosa que se corresponde exactamente con otra. ◇ FAM. homologar.

homónimo, ma adj. y s. Dícese de las palabras que tienen la misma pronunciación o la misma forma, pero sentido diferente. ‖ Que tiene o lleva el mismo nombre. ◇ FAM. homonimia.

homosexual adj. y s. m. y f. Dícese de la persona que siente atracción sexual por individuos de su mismo sexo. ◇ FAM. homosexualidad. SEXUAL.

homosexualidad s. f. Inclinación sexual hacia individuos del mismo sexo.

honda s. f. Utensilio formado por una tira de una materia flexible que se usa para lanzar piedras.

hondo, da adj. Que tiene mucha profundidad. ‖ Dícese de los sentimientos intensos o verdaderos. ⋄ FAM. hondamente, hondonada, hondura. / ahondar, fondo.

hondonada s. f. Parte más honda de un terreno.

hondura s. f. Profundidad de una cosa.

hondureño, ña adj. y s. De Honduras.

honestidad s. f. Calidad de honesto.

honesto, ta adj. Decente, conforme con la moral y las buenas costumbres. ‖ Honrado. ⋄ FAM. honestamente, honestidad. / deshonesto.

hongo s. m. Vegetal sin flores y sin clorofila, que crece en lugares húmedos y poco iluminados. ⋄ FAM. fungicida.

honor s. m. Cualidad moral de la persona, que obedece a los estímulos de su propia estimación. ‖ Recompensa moral que se alcanza con esta cualidad. ‖ Reputación, consideración. ● Hacer honor a algo, comportarse conforme a ello ⋄ FAM. honorabilidad, honorable, honorar, honorario, honorífico. / deshonor, pundonor.

honorable adj. Respetable, digno.

honorario, ria adj. Honorífico. ◆ s. m. pl. Retribución percibida por las personas que ejercen profesiones liberales.

honorífico, ca adj. Dícese de la persona que tiene los honores pero no el ejercicio ni retribución de un empleo, título, etc.

honoris causa loc. adj. Dícese de los grados universitarios concedidos de forma honorífica.

honra s. f. Circunstancia de ser alguien por su conducta digno de aprecio y respeto. ‖ Buena opinión y fama adquirida por la virtud y el mérito. ‖ Motivo de satisfacción y orgullo. ◆ pl. Oficio solemne que se hace por los difuntos después del entierro. ⋄ FAM. honradez, honrado, honrar, honroso.

honradez s. f. Calidad de honrado.

honrado, da adj. Dícese de la persona escrupulosa en el cumplimiento de sus deberes. ‖ Dícese de sus actos y conducta.

honrar v. tr. [1]. Manifestar respeto y estima a alguien o algo. ‖ Adorar, venerar. ◆ v. tr. y pron. Ser motivo de estimación o gloria. ⋄ FAM. deshonrar. HONRA.

honroso, sa adj. Que da honra.

hontanar s. f. Sitio en que nacen fuentes o manantiales.

hopear v. intr. [1]. Menear la cola los animales. ⋄ FAM. hopeo. HOPO.

hopo s. m. Cola lanuda o peluda. ⋄ FAM. hopear.

hoquis. De hoquis (*Méx.*), gratis, de balde.

hora s. f. Cada una de las veinticuatro partes en que se divide el día solar. ‖ Momento determinado del día. ‖ Cita fijada para un momento determinado. ● ¡A buena hora! o ¡a buenas horas!, interj. Expresa que algo llega demasiado tarde. ‖ A la hora de la hora (*Méx.*), en el momento preciso. ‖ Entre horas, entre una comida y otra. ⋄ FAM. horario. / ahora, deshora, enhorabuena, enhoramala.

horadar v. tr. [1]. Agujerear una cosa atravesándola de parte a parte. ⋄ FAM. horadable.

horario, ria adj. Relativo a las horas. ◆ s. m. Saetilla o mano del reloj que indica la hora. ‖ Cuadro detallado que señala las horas en que debe realizarse una actividad.

horca s. f. Armazón del que cuelga una cuerda para ahorcar a los condenados a muerte. ‖ Palo que remata en dos o más púas, usado en las faenas agrícolas. ⋄ FAM. horcón, horqueta, horquilla. / ahorcar.

horcajadas. A horcajadas, poniendo cada pierna por su lado.

horchata s. f. Bebida hecha a base de almendras, chufas, etc., machacadas, agua y azúcar. ‖ *Méx.* Bebida preparada con harina de arroz, agua, azúcar y canela. ⋄ FAM. horchatería, horchatero.

horcón s. m. *Amér. Central* y *Amér. Merid.* Madero vertical que sostiene vigas, aleros, etc. ‖ *Chile.* Palo para sostener las ramas de los árboles.

horda s. f. Grupo de nómadas que forman una comunidad. ‖ Grupo de gente indisciplinada.

horizontal adj. Dícese de lo que está paralelo al plano del horizonte. ⋄ FAM. horizontalidad, horizontalmente. HORIZONTE.

horizonte s. m. Línea imaginaria que separa el cielo y la tierra o el mar. ‖ Conjunto de posibilidades o perspectivas que ofrece algo. ⋄ FAM. horizontal.

horma s. f. Molde o forma que se emplea en la fabricación de zapatos, en sombrerería, peluquería, etc. ‖ *Colomb., Cuba, Perú* y *Venez.* Molde para elaborar los panes de azúcar. ● Encontrar la horma de su zapato (*Fam.*), encontrar lo que es adecuado para él. ‖ Encontrar quien le supere. ⋄ FAM. ahormar.

hormiga s. f. Insecto de pequeño tamaño que vive en hormigueros formando colonias. ‖ *Fam.* Persona muy trabajadora y ahorradora. ⋄ FAM. hormigueo, hormiguero, hormiguillo, hormiguita.

hormigón s. m. Mezcla de piedras menudas, grava, arena y cemento que al endurecerse adquiere gran dureza y consistencia. ⋄ FAM. hormigonera.

hormigonera s. f. Máquina que sirve para preparar hormigón.

hormigueo s. m. Sensación de picor localizada en alguna parte del cuerpo. ‖ Nerviosismo o desazón. ⋄ FAM. hormiguear. HORMIGA.

hormiguero s. m. Nido donde viven las hormigas.

hormiguillo s. m. Hormigueo.

hormiguita s. f. *Fam.* Persona laboriosa o ahorradora.

hormona s. f. Sustancia producida por una glándula de secreción interna que, a través de la sangre, actúa sobre la actividad de órganos y tejidos. ◇ FAM. hormonal.

hornacina s. f. Hueco hecho en un muro, en el que se suele colocar una estatua, imagen o cualquier objeto decorativo.

hornada s. f. Cantidad de pan, piezas de cerámica, etc., que se cuecen de una vez en un horno.

hornaguearse v. pron. [1]. *Chile.* Moverse un cuerpo a un lado y a otro. ◇ FAM. HORNAGUEO.

hornazo s. m. *Méx. Vulg.* Olor fuerte que despide la marihuana.

hornblenda s. f. Silicato natural de calcio, hierro y magnesio, de color negro o verde oscuro y brillo vítreo.

hornero s. m. *Argent.* Pájaro insectívoro, de color pardo rojizo, que construye su nido en forma de horno.

hornillo s. m. Pequeño utensilio portátil, que sirve para cocinar.

horno s. m. Obra de albañilería abovedada, que sirve para cocer diferentes sustancias o para la producción de temperaturas muy elevadas. ‖ Parte de una cocina en la que se ponen los alimentos para cocerlos o calentarlos. ● **No estar el horno para bollos** (*Fam.*), no haber oportunidad o conveniencia para una cosa. ◇ FAM. hornada, hornear, hornero, hornillo.

horóscopo s. m. Predicción del futuro deducida de la posición de los astros y de los signos del Zodíaco.

horqueta s. f. *Argent.* Bifurcación de un camino. ‖ *Argent. y Chile.* Parte donde el curso de un río o arroyo forma ángulo agudo. ‖ *Argent. y Chile.* Terreno que éste comprende. ◇ FAM. HORCA.

horquilla s. f. Pieza de alambre para sujetar el pelo. ‖ Horca, bieldo. ◇ FAM. HORCA.

horrar v. intr. y pron. [1]. *Amér. Central y Colomb.* Hablando de yeguas, vacas, etc., malográrseles las crías.

horrendo, da adj. Que causa horror: *un crimen horrendo*.

hórreo s. m. Granero. ‖ En Galicia y Asturias, cámara elevada sobre cuatro pilares para guardar las cosechas.

horrible adj. Horroroso.

horripilar v. tr. y pron. [1]. Poner los pelos de punta un miedo intenso. ‖ Causar espanto. ◇ FAM. horripilación, horripilante. HORROR.

horror s. m. Miedo muy intenso. ‖ Temor por algo desagradable o que disgusta. ‖ Impresión producida por una catástrofe o tragedia. ‖ Cosa extraordinaria por lo mala

o exagerada. ◇ FAM. horrendo, horrible, horripilar, horrorizar, horroroso.

horrorizar v. tr. [1g]. Causar horror.

horroroso, sa adj. Que causa horror. ‖ *Fam.* Muy feo o malo. ‖ *Fam.* Muy grande.

hortaliza s. f. Planta de huerta comestible. ◇ FAM. HUERTO.

hortelano, na adj. Relativo a la huerta. ● s. Persona que tiene por oficio cuidar y cultivar huertas. ◇ FAM. HUERTA.

hortensia s. f. Arbusto originario de Extremo Oriente, cultivado por sus flores ornamentales blancas, rosas o azules.

hortera adj. y s. m. y f. *Fam.* Se dice de la persona de gusto vulgar o poco refinado. ◇ FAM. horterada.

horticultura s. f. Cultivo de las plantas de huerta. ‖ Rama de la agricultura que se ocupa de este cultivo. ◇ FAM. hortícola, horticultor. HUERTA.

hosco, ca adj. Arisco, poco sociable. ‖ Poco acogedor. ◇ FAM. hosquedad. / fosco.

hospedaje s. m. Alojamiento. ‖ Cantidad que se paga por estar hospedado.

hospedar v. tr. [1]. Tener a alguien como huésped. ● **hospedarse** v. pron. Estar como huésped. ◇ FAM. hospedaje, hospedería, hospedero. HUÉSPED, DA.

hospedería s. f. Albergue, hospedaje, en especial el de conventos y monasterios.

hospicio s. m. Asilo en que se acoge a niños pobres o huérfanos. ‖ Casa destinada para albergar a peregrinos y pobres. ‖ *Argent., Chile y Perú.* Asilo para menesterosos. ◇ FAM. hospiciano. HUÉSPED, DA.

hospital s. m. Establecimiento donde se atiende y cura a los enfermos. ◇ FAM. hospitalario, hospitalizar. HUÉSPED, DA.

hospitalario, ria adj. Relativo al hospital. ‖ Acogedor. ◇ FAM. hospitalariamente, hospitalidad. / inhospitalario. HOSPITAL.

hospitalense adj. y s. m. y f. De Hospitalet de Llobregat (España).

hospitalizar v. tr. [1g]. Internar a alguien en un hospital o clínica. ◇ FAM. hospitalización. HOSPITAL.

hostal s. m. Establecimiento de huéspedes, de menor categoría que el hotel. ◇ FAM. hostalero, hostelería, hostería. HUÉSPED, DA.

hostelería s. f. Conjunto de servicios encaminados a facilitar alojamiento y comida a los clientes. ◇ FAM. hostelero. HOSTAL.

hostería s. f. Hostal. ‖ *Chile.* Restaurante turístico.

hostia s. f. Oblea blanca hecha de pan ázimo que el sacerdote consagra en la misa. ‖ *Vulg.* Bofetón, golpe. ◇ FAM. hostiario.

hostigar v. tr. [1b]. Azotar, golpear. ‖ Perseguir, acosar. ‖ *Amér. Merid., Méx. y Nicar.* Ser empalagoso un alimento o bebida. ◇ FAM. hostigador, hostigamiento, hostigoso. / fustigar.

hostil adj. Contrario, enemigo. <> FAM. hostilidad, hostilizar, hostilmente. HUESTE.

hostilidad s. f. Calidad de hostil. || Acción hostil. ◆ pl. Conflicto armado.

hostilizar v. tr. [1g]. Realizar actos de hostilidad contra alguien, particularmente contra el enemigo.

hotel s. m. Establecimiento público donde se da alojamiento y comida a los clientes. <> FAM. hotelero.

hotentote, ta adj. y s. De un pueblo que vive en la parte meridional de Namibia.

hovercraft s. m. Vehículo que se desplaza sobre el agua sustentado por una capa de aire a presión.

hoy adv. t. En el día y tiempo presente. ● Hoy por hoy, en la actualidad.

hoya s. f. Cavidad u hondura formada en la tierra. <> FAM. hoyo.

hoyar v. intr. [1]. *Cuba, Guat.* y *Méx.* Abrir hoyos para hacer ciertos plantíos, como el del cafeto.

hoyo s. m. Concavidad o agujero en cualquier superficie. <> FAM. hoyar, hoyuelo. HOYA.

hoyuelo s. m. Hoyo en el centro de la barba, o el que se forma en las mejillas de algunas personas al reírse.

hoz[1] s. f. Instrumento de acero usado para segar. <> FAM. hozada.

hoz[2] s. f. Paso estrecho de un valle profundo, entre montañas.

hozar v. tr. [1g]. Escarbar la tierra con el hocico, como lo hacen el cerdo y el jabalí. <> FAM. HOCICO.

huaca s. f. *Amér. Central* y *Amér. Merid.* Guaca*.

huacal s. m. *Méx.* Caja para transportar frutas y verduras. ● Salirse alguien del huacal *(Méx. Fam.)*, salirse de ciertas normas.

huacalón, na adj. *Méx. Fam.* Grueso, obeso.

huachafo, fa adj. y s. *Perú.* Cursi, vanidoso. <> FAM. huachafería, huachafoso.

huachar v. tr. [1]. *Ecuad.* Arar.

huachinango s. m. *Méx.* Pez marino comestible de color rojo.

huacho s. m. *Ecuad.* Surco, hendidura que se hace con el arado en la tierra.

huaico s. m. *Perú.* Riada de agua, barro y piedras.

huaino s. m. *Argent., Bol., Chile* y *Perú.* Canto y baile tradicionales. <> FAM. huayño.

huairuro s. m. *Perú.* Especie de judía de color rojizo, que se emplea para hacer collares, aretes y objetos de adorno.

huamacaeño, ña adj. y s. De Humacao (Puerto Rico).

huancaíno, na adj. y s. De Huancayo (Perú).

huancavelicano, na adj. y s. De Huancavélica (Perú).

huapango s. m. Baile mexicano, de ritmo muy vivo.

huaquero, ra s. *Amér. Central* y *Amér. Merid.* Guaquero*.

huarache s. m. *Méx.* Sandalia de cuero. <> FAM. GUARACHE.

huasca s. f. *Amér. Merid.* Guasca*.

huáscar s. m. *Chile. Fam.* Camión policial que dispara agua.

huasipungo s. m. *Bol., Ecuad.* y *Perú.* Terreno de una hacienda donde los peones siembran sus propios alimentos.

huaso s. m. *Bol.* y *Chile.* Hombre rudo del campo.

huasteca adj. y s. m. y f. De un pueblo amerindio que en época precolombina habitaba en la zona costera del golfo de México. || De una región de México que comprende a los estados de San Luis Potosí, Veracruz, Tamaulipas, Puebla e Hidalgo.

huauzontle s. m. *Méx.* Planta herbácea cuyas inflorescencias se usan como condimento.

huaxteca adj. y s. m. y f. Huasteca*.

huayño s. m. Huaino*.

hucha s. f. Recipiente con una ranura, donde se guarda dinero. || Dinero que se tiene ahorrado.

hueco, ca adj. Que presenta un vacío en su interior. || Presumido, vanidoso. || Hinchado, vacío de contenido. ◆ s. m. Espacio vacío, cavidad. || Intervalo de tiempo o lugar. <> FAM. ahuecar, huecograbado, oquedad.

huecograbado s. m. Procedimiento de impresión mediante cilindros grabados en hueco. || Grabado obtenido por este procedimiento.

huelga s. f. Tiempo en que uno está sin trabajar. || Suspensión del trabajo hecha de común acuerdo por los obreros. <> FAM. huelguista, huelguístico. HOLGAR.

huelgo s. m. Aliento. || Holgura, anchura. <> FAM. HOLGAR.

huella s. f. Señal que dejan en la tierra el pie del hombre o del animal, las ruedas, etc., al pasar. || Señal; vestigio. || *Amér. Merid.* Senda hecha por el paso de personas, animales o vehículos. || *Argent.* y *Urug.* Baile popular. <> FAM. HOLLAR.

huelveño, ña adj. y s. Onubense, de Huelva (España).

huemul s. m. *Argent.* y *Chile.* Mamífero parecido al ciervo, que vive en las estepas y bosques de los Andes. <> FAM. güemul.

huérfano, na adj. y s. Dícese de la persona menor de edad que ha perdido a sus padres o alguno de los dos. <> FAM. orfandad.

huero, ra adj. Vano, vacío. || Insustancial.

huerta s. f. Terreno destinado al cultivo de hortalizas y árboles frutales. <> FAM. hortelano, horticultura, huertano, huertero. HUERTO.

huertano, na adj. y s. Dícese de los habitantes de algunas regiones de regadío, como Murcia, Valencia, etc.

huertero, ra s. *Argent., Nicar.* y *Perú.* Hortelano.

huerto s. m. Pequeña extensión de terreno donde se plantan verduras, legumbres y árboles frutales. ◇ FAM. hortaliza, huerta.

huesecillo s. m. Cada uno de los tres pequeños huesos del oído medio.

huesera s. f. *Chile.* Lugar en que se guardan los huesos de los muertos.

huesillo s. m. *Amér. Merid.* Durazno secado al sol, orejón.

hueso s. m. Parte dura y sólida que forma el esqueleto de los vertebrados. || Envoltura leñosa de las semillas de algunas frutas. || *Méx. Fam.* Influencia, enchufe. ◆ pl. *Restos mortales.* ● *Estar en los huesos,* estar muy delgado. ◇ FAM. huesecillo, huesera, huesudo. / deshuesar, óseo, quebrantahuesos, sinhueso.

huésped, da s. Persona alojada. || Anfitrión. ◆ s. m. Organismo vivo a cuyas expensas vive un parásito. ◇ FAM. hospedar, hospicio, hospital, hostal.

hueste s. f. Ejército, gente o tropa armada. ◇ FAM. hostil.

hueva s. f. Masa oval que forman los huevos de ciertos peces. || *Chile. Vulg.* Testículo. || *Méx. Fam.* Pereza, flojera.

huevada s. f. *Argent., Bol.* y *Chile. Vulg.* Tontería, idiotez.

huevero, ra s. Persona que vende huevos. ◆ s. f. Utensilio que se emplea para servir los huevos pasados por agua. || Utensilio para transportar o guardar huevos.

huévil s. m. *Chile.* Planta de olor fétido que se emplea contra la disentería.

huevo s. m. Cuerpo orgánico puesto por las hembras de algunos animales, que contiene el embrión y que da origen a un nuevo ser, en especial, el de la gallina. || Gameto, óvulo. || *Vulg.* Testículo. ● *Huevo tibio* (*Amér. Central, Ecuad., Méx.* y *Perú*), huevo pasado por agua. ● *A huevo* (*Vulg.*), sin esfuerzo. || *Méx. Vulg.* De manera obligada. ◇ FAM. hueva, huevería, huevero. / ahuevar, aovado, aovar, desovar, óvalo, ovario, oviducto, oviforme, ovíparo, ovoide, ovovivíparo, óvulo.

huevón, na adj. *Vulg.* Dícese de la persona lenta y tranquila. || *Méx. Vulg.* Holgazán, flojo. ◆ adj. y s. *Amér. Vulg.* Lento, tardo. || *Amér. Merid. Vulg.* Estúpido, imbécil.

hugonote, ta adj. y s. Sobrenombre dado antiguamente por los católicos franceses a los protestantes calvinistas.

¡huichi pirichi! interj. *Chile.* Se usa para burlarse de alguien.

huida s. f. Acción y efecto de huir.

huidizo, za adj. Que huye o que tiende a huir. || Fugaz, breve.

¡huifa! interj. *Chile.* Denota alegría.

huila s. f. *Chile.* Harapo. || *Méx.* Prostituta.

huilte s. m. *Chile.* Tallo tierno y comestible del cochayuyo.

huincha s. f. *Bol., Chile* y *Perú.* Cinta de lana o algodón. ◇ FAM. güincha.

huipil s. m. *Guat., Hond.* y *Méx.* Camisa suelta de mujer, sin mangas, adornada con vistosos bordados. ◇ FAM. güipil.

huir v. intr. y pron. [29]. Alejarse de un lugar para evitar un daño o peligro. || Fugarse, escaparse. ◆ v. intr. y tr. Evitar, apartarse. ◇ FAM. huida, huidizo, huido. / ahuyentar, rehuir.

huira s. f. *Chile.* Corteza del maqui que, formando soga, sirve para atar.

huiro s. m. *Chile.* Alga marina.

huisquil s. m. *Amér. Central* y *Méx.* Fruto del huisquilar, usado como verdura en el cocido. ◇ FAM. huisquilar.

huisquilar s. m. *Guat.* Planta trepadora espinosa cuyo fruto es el huisquil.

huitlacoche s. m. *Méx.* Hongo negro, parásito del maíz, que se utiliza en la elaboración de gran variedad de platos comestibles.

huitrín s. m. *Chile.* Colgajo de choclos o mazorcas de maíz.

huizache s. m. *Méx.* Árbol de cuyas vainas de color morado se extrae una sustancia usada para elaborar tinta negra.

hule s. m. Caucho. || Tela pintada y barnizada por uno de sus lados para que resulte impermeable. || *Méx.* Árbol de hojas alargadas y ásperas del que se extrae caucho. ◇ FAM. hulero.

hulla s. f. Mineral fósil usado como combustible y para la obtención de gas.

humanidad s. f. Naturaleza humana. || Género humano. || Bondad, compasión. ◆ pl. Conocimientos literarios y filosóficos, especialmente del pensamiento griego y romano.

humanismo s. m. Corriente filosófica que tiene por objeto el estudio del ser humano. || Movimiento intelectual que se extendió en la Europa del s. XVI, cuyo método y filosofía se basaba en el estudio de los textos antiguos. ◇ FAM. humanista, humanístico. HUMANO, NA.

humanista adj. Relativo al humanismo. ◆ s. m. y f. Persona versada en humanidades.

humanitario, ria adj. Humano, solidario o caritativo con sus semejantes. ◇ FAM. humanitarismo. HUMANO, NA.

humanizar v. tr. y pron. [1g]. Hacer a alguien o algo más humano. ◆ **humanizarse** v. pron. Ablandarse. ◇ FAM. deshumanizar. HUMANO, NA.

humano, na adj. Perteneciente o relativo al hombre. || Solidario o benévolo. ◆ s. m. Hombre, persona. ◇ FAM. humanamente, humanidad, humanismo, humanitario, humanizar, humanoide. / infrahumano, inhumano, sobrehumano.

humanoide adj. Que presenta rasgos o características humanas.

humareda s. f. Abundancia de humo.

humazo s. m. Humo denso y molesto.

humear v. intr. y pron. [1]. Exhalar humo o vapor. ➤ v. tr. *Amér.* Fumigar. ◇ FAM. humeante. HUMO.

humedad s. f. Calidad de húmedo. || Agua que impregna un cuerpo. || Cantidad de vapor de agua que hay en la atmósfera.

humedecer v. tr. y pron. [2m]. Mojar ligeramente algo.

húmedo, da adj. Que está ligeramente mojado. || Cargado de vapor de agua. ◇ FAM. humedad, humedecer, humidificar.

húmero s. m. Hueso del brazo entre el hombro y el codo. ◇ FAM. humeral.

humidificador s. m. Aparato que sirve para aumentar el grado de humedad del aire en ciertos lugares cerrados.

humidificar v. tr. [1a]. Aumentar el grado de humedad de un sitio o cosa. ◇ FAM. humidificación, humidificador. HÚMEDO, DA.

humildad s. f. Ausencia de orgullo. || Sumisión, docilidad.

humilde adj. Que tiene humildad. || Perteneciente a una clase social baja. ◇ FAM. humildad, humildemente, humillar.

humillar v. tr. [1]. Bajar una parte del cuerpo, en señal de sumisión. || Rebajar el orgullo de alguien. ➤ **humillarse** v. pron. Adoptar una persona una actitud de inferioridad frente a otra. ◇ FAM. humillación, humillador, humillante. HUMILDE.

huminta s. f. *Argent.* Humita*.

humita s. f. *Amér. Merid.* Comida hecha de maíz rallado y hervido, envuelto en hojas de maíz, al que se agrega una salsa de guindilla, tomate y cebolla frita. ◇ FAM. humitero. / huminta.

humo s. m. Producto gaseoso que se desprende de los cuerpos en combustión. || Vapor que exhala cualquier cosa que fermenta. ➤ pl. Vanidad, orgullo. ● **irse**, o **venirse**, **al humo** (*Argent.* y *Urug.*), dirigirse a una persona con fines agresivos. ◇ FAM. humareda, humazo, humear. / ahumar, botafumeiro, esfumar, fumar, fumigar, perfume.

humor s. m. Cualquiera de los líquidos del cuerpo animal. || Disposición del ánimo habitual o pasajera: *estar de mal humor.* || Alegría, agudeza. ◇ FAM. humorada, humorismo, humorista, humorístico. / malhumor.

humorada s. f. Dicho o hecho caprichoso o extravagante.

humorismo s. m. Sentido del humor, ingenio. || Actividad profesional que pretende divertir o hacer reír al público.

humorista adj. Que se expresa con humor. ➤ s. m. y f. Persona que cultiva el humorismo, especialmente de forma profesional.

humorístico, ca adj. Relativo al humorismo.

humus s. m. Capa externa del suelo formada por el conjunto de materias orgánicas en descomposición. ◇ FAM. exhumar, inhumar, trashumancia.

hunche s. m. *Colomb.* Hollejo del maíz y de otros cereales.

hunco s. m. *Bol.* Poncho de lana que no tiene flecos.

hundimiento s. m. Acción y efecto de hundir o hundirse. || Socavón, hondonada.

hundir v. tr. y pron. [3]. Hacer que algo se vaya por completo al fondo. || Introducir algo en una masa o materia. || Arruinar o perjudicar. || Abatir, deprimir. ◇ FAM. hundido, hundimiento.

húngaro, ra adj. y s. De Hungría. ➤ s. m. Lengua hablada en Hungría.

huno, na adj. y s. De un pueblo bárbaro asiático, que ocupó en el s. v el territorio europeo.

huracán s. m. Viento de fuerza extraordinaria. || Persona muy impetuosa. ◇ FAM. huracanado, huracanarse.

huraño, ña adj. Que rehúye el trato y la conversación con la gente.

hure s. m. *Colomb.* Olla grande de barro para guardar líquidos.

hurgar v. tr. y pron. [1b]. Remover en un hueco o cavidad. ➤ v. tr. Fisgar, curiosear. ◇ FAM. hurgador, hurgón, hurguete.

hurgón s. m. Instrumento de hierro para remover y atizar la lumbre.

hurguete s. m. *Argent.* y *Chile.* Persona muy curiosa. ◇ FAM. hurguetear. HURGAR.

hurí s. f. Mujer muy bella del paraíso islámico.

hurón s. m. Mamífero carnívoro de pequeño tamaño y cuerpo alargado, que se emplea en la caza de conejos. ◇ FAM. huronear, huronera.

huronear v. intr. [1]. Cazar con hurones. || *Fam.* Fisgar, husmear.

¡hurra! interj. Grito de alegría y entusiasmo o aprobación.

hurtadillas. A hurtadillas, a escondidas.

hurtar v. tr. [1]. Cometer un hurto. ➤ v. tr. y pron. Ocultar, desviar, apartar. ◇ FAM. hurtador. HURTO.

hurto s. m. Robo, con ánimo de lucro y sin violencia. || Cosa hurtada. ◇ FAM. hurtar. / furtivo.

húsar s. m. Militar de caballería ligera.

husmear v. tr. [1]. Rastrear con el olfato una cosa. || *Fam.* Indagar, fisgonear. ◇ FAM. husmeador, husmeo. / gulusmear.

huso s. m. Instrumento para torcer y arrollar el hilo que se va formando. ◇ FAM. fusiforme.

¡huy! interj. Denota dolor físico agudo, extrañeza o asombro.

i

i s. f. Novena letra del alfabeto español y tercera de sus vocales; representa un sonido anterior cerrado y sonoro. ‖ Cifra romana que vale uno (I). ● **I griega**, nombre de la letra *y*.

i- pref. In-*.

ibérico, ca adj. Ibero. ‖ De la península Ibérica.

ibero, ra o **íbero, ra** adj. y s. De la antigua Iberia, hoy España y Portugal. ◆ s. m. Lengua hablada por los iberos. ◇ FAM. ibérico. / iberoamericano, celtíbero.

iberoamericano, na adj. y s. De Iberoamérica. ◆ adj. Relativo a los países de Iberoamérica, junto con España y Portugal.

ibicenco, ca adj. y s. De Ibiza (España).

ibirapitá s. f. *Amér. Central* y *Amér. Merid.* Planta arbórea cuya madera es muy apreciada en tornería y carpintería.

ibis s. m. Ave zancuda de plumaje blanco y pico largo y curvado hacia abajo.

ícaro s. m. *P. Rico.* Especie de ñame, planta leguminosa.

iceberg s. m. Bloque de hielo, desprendido de los glaciares continentales, que flota en las regiones polares del océano.

ico- pref. Significa 'veinte': *icosaedro*.

icono o **ícono** s. m. En las iglesias de oriente de tradición bizantina, imagen religiosa. ◇ FAM. icónico, iconoclasta, iconografía.

iconoclasta adj. y s. m. y f. Que es enemigo de signos, emblemas, etc., religiosos, políticos o de cualquier valor establecido.

iconografía s. f. Estudio descriptivo de imágenes, estatuas, retratos, etc. ◇ FAM. iconográfico. ICONO.

icosaedro s. m. MAT. Sólido que tiene veinte caras planas.

ictericia s. f. MED. Coloración amarilla de la piel, indicio de enfermedades del hígado. ◇ FAM. ictérico.

ictio- pref. Significa 'pez': *ictiología*.

ictiología s. f. Parte de la zoología que trata de los peces. ◇ FAM. ictiológico, ictiólogo.

ictiosauro s. m. Reptil fósil marino de la era secundaria.

ida s. f. Acción de ir de un sitio a otro. ◇ FAM. IR.

idea s. f. Representación mental de una cosa real o imaginaria. ‖ Conocimiento de una cosa: ‖ Proyecto, plan. ‖ Opinión. ● **Hacerse a la idea**, acostumbrarse. ◇ FAM. ideal, idealismo, idealizar, idear, ideario, ideático, ideograma, ideología, ideoso.

ideal adj. Que sólo existe en la imaginación. ‖ Perfecto en su clase. ◆ s. m. Aspiración. ‖ Modelo, arquetipo.

idealismo s. m. Sistema filosófico que defiende las ideas por encima de cualquier consideración práctica. ‖ Tendencia a idealizar. ◇ FAM. idealista. IDEA.

idealizar v. tr. [1g]. Considerar a alguien o algo más perfecto de lo que realmente es. ◇ FAM. idealización, idealizador. IDEA.

idear v. tr. [1]. Pensar, discurrir. ‖ Trazar, inventar.

ideario s. m. Ideología.

ideático, ca adj. *Amér.* Extravagante, maniático, caprichoso.

ídem pron. Significa '*lo mismo*', y se usa para evitar repeticiones. ◇ FAM. idéntico.

idéntico, ca adj. Completamente igual o muy parecido. ◇ FAM. idénticamente, identidad, identificar. ÍDEM.

identidad s. f. Calidad de idéntico. ‖ Circunstancia de ser efectivamente una persona o cosa lo que se dice que es.

identificar v. tr. [1a]. Reconocer la identidad de una persona o cosa. ◆ v. tr. y pron. Considerar dos o más cosas como idénticas. ◆ **identificarse** v. pron. Solidarizarse. ◇ FAM. identificable, identificación. IDÉNTICO, CA.

ideograma s. m. Representación gráfica de un concepto. ◇ FAM. IDEA.

ideología s. f. Conjunto de ideas que caracterizan a una persona, grupo, época, doctrina, etc. ◇ FAM. ideológico, ideólogo. IDEA.

ideológico, ca adj. Relativo a la ideología.

ideoso, sa adj. *Guat.* y *Méx.* Ingenioso, ideático. ◇ FAM. IDEA.

idílico, ca adj. Relativo al idilio. ‖ Placentero o agradable.

idilio s. m. Relación o aventura amorosa. ◇ FAM. idílico.

idiolecto s. m. Variedad individual de habla.

idioma s. m. Lengua de una comunidad de hablantes. ◇ FAM. idiomático.

idiosincrasia s. f. Manera de ser, temperamento. <> FAM. idiosincrásico.

idiota adj. y s. m. y f. Dícese de la persona muy poco inteligente e ignorante. <> FAM. idiotez, idiotismo, idiotizar.

idiotez s. f. Falta congénita de las facultades intelectuales. || Acción propia del idiota.

idiotismo s. m. Ignorancia, falta de instrucción. || Expresión o construcción peculiar de una lengua, difícil de analizar.

ido, da adj. *Fam.* Muy distraído. || *Fam.* Loco, chalado.

idolatrar v. tr. [1]. Adorar a ídolos. || Amar excesivamente a una persona o cosa. <> FAM. idólatra, idolatría, idolátrico. ÍDOLO.

ídolo s. m. Objeto inanimado al que se rinde culto. || Persona o cosa muy admirada. <> FAM. idolatrar.

idóneo, a adj. Que tiene aptitud para alguna cosa. || Muy adecuado. <> FAM. idoneidad.

iglesia s. f. Conjunto de fieles que siguen la religión fundada por Jesucristo: *Iglesia católica*. || Jerarquía eclesiástica. || Templo cristiano. <> FAM. eclesiástico.

iglú s. m. Construcción esquimal hecha con bloques de hielo.

ígneo, a adj. De fuego o que tiene algunas de sus propiedades. <> FAM. ignición.

ignición s. f. Acción y efecto de estar un cuerpo encendido.

ignominia s. f. Deshonor, descrédito. || Motivo que produce esta situación. || Afrenta pública. <> FAM. ignominioso.

ignorancia s. f. Falta general de cultura. || Falta de conocimiento acerca de una materia o asunto determinado.

ignorar v. tr. [1]. No saber una cosa. ◆ v. tr. y pron. No prestar atención. <> FAM. ignorancia, ignorante, ignoto.

ignoto, ta adj. No conocido ni descubierto.

igual adj. Que no difiere de otro. || Semejante, muy parecido. || Liso, sin desniveles. || Constante, no variable. ◆ adj. y s. m. y f. Dícese de la persona de la misma clase o condición que otra. ◆ s. m. Signo de igualdad (=). ◆ adv. m. Posiblemente. || De la misma manera. || *Argent., Chile* y *Urug.* A pesar de todo. <> FAM. igualar, igualdad, igualitario, igualmente. / desigual.

iguala s. f. Acción y efecto de igualar o igualarse. || Ajuste o pacto. || Contrato de servicios médicos mediante pago mensual fijo.

igualado, da adj. *Guat.* y *Méx.* Dícese de la persona que quiere igualarse con otras de clase social superior. || *Méx.* Grosero.

igualar v. tr. y pron. [1]. Hacer iguales dos o más personas o cosas. || Ajustar o contratar algo. ◆ v. tr. Allanar una superficie. ◆ v. intr. y pron. Ser una persona o cosa igual a otra. <> FAM. iguala, iguala-

ble, igualación, igualado, igualador, igualamiento, igualatorio. / inigualable. IGUAL.

igualdad s. f. Condición de igual. || MAT. Expresión de la equivalencia de dos cantidades. <> FAM. esquidad. IGUAL.

igualitario, ria adj. Que entraña igualdad o tiende a ella.

iguana¹ s. f. Reptil americano de gran tamaño, de patas largas y con una cresta espinosa a lo largo del dorso. <> FAM. iguanodonte.

iguana² s. f. *Méx.* Instrumento musical parecido a la guitarra.

iguanodonte s. m. Reptil fósil de gran tamaño que caminaba erguido. <> FAM. IGUANA¹.

ijada s. f. Cavidad comprendida entre las costillas falsas y los huesos de las caderas.

ijar s. m. Ijada.

ikurriña s. f. Bandera vasca.

ilación s. f. Relación entre ideas que se deducen unas de otras o que están relacionadas entre sí. <> FAM. ilativo.

ilegal adj. Contrario a la ley. <> FAM. ilegalidad, ilegalmente. LEGAL.

ilegible adj. Que no se puede o no se debe leer. <> FAM. ilegibilidad. LEGIBLE.

ilegítimo, ma adj. Que está fuera de la ley. || Se aplica a los hijos que se tienen fuera del matrimonio. <> FAM. ilegítimamente, ilegitimar, ilegitimidad. LEGÍTIMO, MA.

íleon s. m. Tercera parte del intestino delgado.

ilerdense adj. y s. m. y f. De la antigua Ilerda, hoy Lérida. || Leridano.

ileso, sa adj. Que no ha recibido heridas o daño. <> FAM. LESIÓN.

iletrado, da adj. Falto de instrucción, inculto.

ilíaco, ca adj. Relativo a las paredes laterales de la pelvis y al ilion. <> FAM. ILION.

ilícito, ta adj. Prohibido por la ley o por la moral. <> FAM. ilícitamente. LÍCITO, TA.

ilimitado, da adj. Que no tiene o no presenta límites. <> FAM. ilimitable, ilimitación, ilimitadamente. LIMITADO, DA.

ilion s. m. Uno de los tres elementos del hueso ilíaco, ancho y plano, que forma el saliente de la cadera. <> FAM. ilíaco.

ilógico, ca adj. Que carece de lógica.

iluminación s. f. Acción y efecto de iluminar. || Conjunto de luces dispuestas para alumbrar un lugar. || Cantidad de luz.

iluminado, da adj. y s. Dícese de la persona que ve visiones en materia de religión. || Dícese de la secta de los alumbrados.

iluminar v. tr. [1]. Alumbrar, dar luz. || Adornar con luces. <> FAM. iluminación, iluminado, iluminador. LUMINOSO, SA.

ilusión s. f. Falsa imagen de un objeto que alguien se forma. || Esperanza sin fundamento real. || Alegría, satisfacción. <> FAM. ilusionar, ilusionismo, iluso. / desilusión.

ilusionar v. tr. y pron. [1]. Producir o forjar ilusiones.

ilusionismo s. m. Arte de producir fenómenos en aparente contradicción con las leyes naturales. ◇ FAM. ilusionista. ILUSIÓN.

iluso, sa adj. Que se deja engañar con facilidad. || Que tiende a crearse esperanzas infundadas. ◇ FAM. ilusorio. ILUSIÓN.

ilusorio, ria adj. Que es sólo ilusión, sin valor real.

ilustración s. f. Acción y efecto de ilustrar. || Estampa, grabado o dibujo que acompaña al texto de un libro, periódico, etc. || Movimiento cultural europeo del s. XVIII, caracterizado por el predominio de la razón. || Educación, formación.

ilustrado, da adj. Docto, instruido. || Adornado con grabados, imágenes, fotografías, etc.: *diccionario ilustrado.*

ilustrar v. tr. y pron. [1]. Instruir, educar. ◆ v. tr. Aclarar un punto o materia. || Adornar con láminas y grabados. ◇ FAM. ilustración, ilustrado, ilustrador, ilustrativo. LUSTRAR.

ilustre adj. De noble linaje. || Célebre, insigne. ◇ FAM. ilustrísimo. LUSTRE.

ilustrísimo, ma adj. Tratamiento que se da a ciertas personas correspondiente a su cargo o dignidad.

im- pref. In-*.

imagen s. f. Representación de una persona o de una cosa por medio de la pintura, la escultura, el dibujo, etc. || Representación mental de un ser o de un objeto. || Aspecto: *cambio de imagen.* ◇ FAM. imaginar.

imaginación s. f. Facultad de imaginar.

imaginar v. tr. y pron. [1]. Representarse algo en la mente. || Idear, concebir. || Pensar o creer. ◇ FAM. imaginable, imaginación, imaginario, imaginativo. / inimaginable, magín. IMAGEN.

imaginaria s. f. Guardia militar que no presta el servicio como tal, pero está dispuesta para prestarlo en caso de necesidad. ◆ s. m. Soldado que vela durante la noche en un cuartel.

imaginario, ria adj. Que sólo existe en la imaginación. ◇ FAM. imaginaria. IMAGINAR.

imaginativo, va adj. Que tiene mucha imaginación. ◆ s. f. Facultad de imaginar.

imago s. m. Insecto adulto que ha alcanzado su completo desarrollo y es capaz de reproducirse.

imam s. m. Imán².

imán¹ s. m. Óxido natural de hierro que atrae el hierro y otros metales. || Barra de acero que tiene las mismas propiedades. ◇ FAM. imanar, imantar. / electroimán.

imán² s. m. Jefe religioso musulmán. || Entre los musulmanes, el que preside la oración en la mezquita.

imanar v. tr. y pron. [1]. Imantar. ◇ FAM. imanación, imanador. IMÁN¹.

imantar v. tr. y pron. [1]. Comunicar a un cuerpo las propiedades del imán¹. ◇ FAM. imantación. / desimantar. IMÁN¹.

imbabureño, ña adj. y s. De Imbabura (Ecuador).

imbécil adj. y s. m. y f. *Desp.* Poco inteligente, estúpido, tonto. ◇ FAM. imbecilidad.

imbecilidad s. f. Escasez de razón. || Acción o dicho imbécil.

imberbe adj. Que no tiene barba o tiene muy poca. ◇ FAM. BARBA.

imbornal s. m. Abertura en las terrazas o en los bordillos de las aceras para desaguar.

imborrable adj. Indeleble. ◇ FAM. BORRAR.

imbricar v. tr. y pron. [1a]. Poner parte de unas cosas sobre otras, como las tejas en un tejado. ◇ FAM. imbricación, imbricado.

imbuir v. tr. y pron. [29]. Inculcar.

imbunchar v. tr. [1]. *Chile.* Hechizar, embrujar. || *Chile.* Robar con cierta habilidad y misterio.

imbunche s. m. *Chile.* Ser maléfico, deforme y contrahecho, que lleva la cara vuelta hacia atrás y anda sobre una pierna. || *Chile.* Niño feo y rechoncho. || *Chile.* Maleficio, brujería. || *Chile.* Asunto embrollado y de difícil solución. ◇ FAM. imbunchar.

imitación s. f. Acción y efecto de imitar. || Cosa imitada.

imitar v. tr. [1]. Hacer algo del mismo modo que otra persona o hacer una cosa a semejanza de otra. ◇ FAM. imitable, imitación, imitado, imitador, imitativo, imitatorio. / inimitable.

impaciencia s. f. Exasperación, irritación. || Ansia, deseo. ◇ FAM. impacientar, impaciente. PACIENCIA.

impacientar v. tr. y pron. [1]. Hacer perder o perder la paciencia.

impacto s. m. Choque del proyectil en el blanco. || Señal que deja en él. || Choque de un objeto con otro. || Impresión que provoca un hecho, noticia, etc. ◇ FAM. impactante, impactar.

impagable adj. Que no se puede pagar. || De tanto valor que es imposible pagarlo.

impago s. m. Situación en que se halla lo que todavía no se ha pagado. ◇ FAM. impagable, impagado. PAGO¹.

impalpable adj. Ligero, sutil, de muy poca densidad.

impar adj. Dícese del número no divisible por dos. || Que no tiene par o igual.

imparcial adj. y s. m. y f. Que juzga o procede con objetividad. ◇ FAM. imparcialidad, imparcialmente. PARCIAL.

impartir v. tr. [3]. Comunicar, repartir.

impasible adj. Indiferente, imperturbable. || Incapaz de padecer. ◇ FAM. impasibilidad. PASIÓN.

impasse s. m. Situación sin salida o punto muerto en que se encuentra algo.

impávido, da adj. Que no tiene miedo. ‖ Impasible. ‖ *Amér. Central* y *Amér. Merid.* Descarado. ◇ FAM. impavidez. PÁVIDO, DA.

impecable adj. Perfecto, intachable. ◇ FAM. impecabilidad. PECAR.

impedancia s. f. FÍS. Resistencia que ejerce un circuito eléctrico al paso de la corriente alterna.

impedido, da adj. y s. Tullido, imposibilitado.

impedimenta s. f. Bagaje que lleva la tropa y que impide la celeridad en la marcha y en las operaciones.

impedimento s. m. Obstáculo. ‖ DER. Circunstancia que obstaculiza la celebración de un matrimonio.

impedir v. tr. [30]. Imposibilitar o hacer difícil una cosa. ◇ FAM. impedido, impedidor, impedimenta, impedimento, impeditivo.

impeler v. tr. [2]. Impulsar. ‖ Motivar, animar. ◇ FAM. impelente.

impenetrable adj. Que no se puede penetrar. ‖ Que no puede ser conocido o descubierto. ◇ FAM. impenetrabilidad. PENETRAR.

impenitente adj. y s. m. y f. Que no quiere arrepentirse. ‖ *Fam.* Incorregible. ◇ FAM. impenitencia. PENITENTE.

impensable adj. Absurdo. ‖ Muy difícil o imposible de realizar.

impensado, da adj. Inesperado, imprevisto. ‖ Improvisado. ◇ FAM. impensable, impensadamente. PENSAR.

impepinable adj. *Fam.* Inevitable, indiscutible.

imperar v. intr. [1]. Dominar, mandar. ◇ FAM. imperante, imperativo, imperio. / emperador.

imperativo, va adj. Que impera u ordena. ◆ adj. y s. m. LING. Dícese del modo del verbo que expresa mandato o ruego. ◆ s. m. Obligación, deber.

imperceptible adj. Que no se puede percibir o que apenas se percibe. ◇ FAM. imperceptiblemente. PERCEPTIBLE.

imperdible adj. Que no puede perderse. ◆ s. m. Alfiler doblado formando resorte que se abrocha sujetando uno de sus extremos en una caperuza. ◇ FAM. PERDER.

imperdonable adj. Que no se debe o no se puede perdonar. ◇ FAM. imperdonablemente. PERDONAR.

imperecedero, ra adj. Que no perece.

imperfección s. f. Falta de perfección. ‖ Defecto, tara.

imperfectivo, va adj. y s. m. LING. Dícese de los verbos y tiempos verbales que expresan la acción en su desarrollo, no acabada.

imperfecto, ta adj. Que tiene defectos. ◆ adj. y s. m. LING. Se aplica a los tiempos verbales simples que presentan la ac-

ción en su transcurso. ◇ FAM. imperfección, imperfectivo. PERFECTO, TA.

imperial adj. Perteneciente al emperador o al imperio.

imperialismo s. m. Sistema que pretende el dominio político y económico de países y estados por parte de una potencia.

impericia s. f. Falta de pericia.

imperio s. m. Organización política en que un estado extiende su autoridad sobre otros países. ‖ Conjunto importante de territorios que dependen de un mismo gobierno. ‖ Dignidad o cargo de emperador y tiempo que dura su gobierno. ◇ FAM. imperial, imperialismo, imperialista, imperioso. IMPERAR.

imperioso, sa adj. Autoritario, despótico. ‖ Que es necesario.

impermeabilizar v. tr. [1g]. Hacer impermeable. ◇ FAM. impermeabilización, impermeabilizante. IMPERMEABLE.

impermeable adj. Dícese de los cuerpos que no pueden ser atravesados por los líquidos. ◆ s. m. Abrigo hecho con tela impermeable. ◇ FAM. impermeabilidad, impermeabilizar. PERMEABLE.

impersonal adj. Que no se aplica a una persona en particular. ‖ Poco original. ‖ LING. Dícese del verbo que sólo se conjuga en tercera persona. ‖ LING. Dícese de las oraciones en que intervienen dichos verbos. ◇ FAM. impersonalidad, impersonalizar. PERSONAL.

impertérrito, ta adj. Que no se altera o asusta ante nada.

impertinente adj. y s. m. y f. Que molesta con sus exigencias. ‖ Indiscreto, inoportuno. ◆ s. m. pl. Anteojos con mango. ◇ FAM. impertinencia. PERTINENTE.

imperturbable adj. Que no se altera. ◇ FAM. imperturbabilidad. PERTURBAR.

impetrar v. tr. [1]. Solicitar una gracia con ahínco. ◇ FAM. impetración, impetrador, impetrante, impetratorio.

ímpetu s. m. Gran intensidad o fuerza de un movimiento. ‖ Energía y eficacia con que se realiza algo. ◇ FAM. impetuosidad, impetuoso.

impetuoso, sa adj. Violento. ‖ Apasionado, irreflexivo.

impío, a adj. y s. Falto de piedad o de fe religiosa. ‖ Falto de compasión. ◇ FAM. impiedad. PÍO², A.

implacable adj. Que no se puede aplacar. ‖ Que no se deja ablandar. ◇ FAM. implacabilidad. APLACAR.

implantación s. f. Acción y efecto de implantar. ‖ MED. Colocación de un trasplante, prótesis, etc., en el organismo.

implantar v. tr. y pron. [1]. Establecer, instaurar. ‖ Plantar, encajar, injertar. ◆ v. tr. MED. Realizar una implantación. ◇ FAM. implantación, implantador. / reimplantar. PLANTAR.

implicación s. f. Participación en un delito. ‖ Consecuencia.

implicancia s. f. *Argent., Chile y Urug.* Incompatibilidad moral.

implicar v. tr. y pron. [1a]. Mezclar, enredar. ◆ v. tr. Significar, comportar. ◇ FAM. implicación, implícito.

implícito, ta adj. Que se sobreentiende.

implorar v. tr. [1]. Pedir con ruegos o lágrimas. ◇ FAM. imploración, implorante. LLORAR.

implosión s. f. LING. *Modo de articulación de las consonantes oclusivas (p, t, k).* ◇ FAM. implosivo. EXPLOSIÓN.

implosivo, va adj. y s. f. LING. Dícese del sonido o articulación que, en posición final de sílaba, acaba sin la abertura brusca de las consonantes explosivas.

impoluto, ta adj. Sin mancha, limpio.

imponderable adj. y s. Que no puede pesarse o medirse. || Que excede a toda ponderación. ◇ FAM. imponderabilidad. PONDERAR.

imponencia s. f. *Chile y Colomb.* Grandeza, majestuosidad.

imponente adj. Que sorprende por alguna cualidad extraordinaria. ◇ FAM. imponencia. IMPONER.

imponer v. tr. y pron. [5]. Obligar a alguien a la aceptación de algo. || Infundir respeto o miedo. ◆ v. tr. Poner dinero a crédito o en depósito. ◆ **imponerse** v. pron. Sobresalir. || Hacerse obedecer. || *Méx.* Acostumbrarse. ◇ FAM. imponente, imponible, imposición, impositivo, impositor, impuesto. PONER.

imponible adj. Que se puede gravar con impuesto o contribución.

impopular adj. Que no es grato a la mayoría. ◇ FAM. impopularidad. POPULAR.

importación s. f. Acción de importar. || Conjunto de mercancías que se importan.

importancia s. f. Calidad de importante. ● **Darse importancia** (*Fam.*), afectar aires de superioridad o influencia.

importante adj. Que tiene valor o interés. || Dícese de la persona socialmente considerada. ◇ FAM. importancia. IMPORTAR.

importar v. intr. [1]. Convenir, ser de mucha entidad o consecuencia. ◆ v. tr. Valer, costar. || Introducir en un país mercancías procedentes de países extranjeros. ◇ FAM. importable, importación, importador, importante, importe. PORTAR.

importe s. m. Cuantía de un precio, crédito, deuda o saldo.

importunar v. tr. [1]. Incomodar, molestar con una pretensión o solicitud. ◇ FAM. importunación. OPORTUNO, NA.

imposibilidad s. f. Falta de posibilidad. || Enfermedad o defecto físico que estorba o excusa para una función pública.

imposibilitado, da adj. y s. Tullido, inválido.

imposibilitar v. tr. [1]. Hacer imposible. ◇ FAM. imposibilitado. IMPOSIBLE.

imposible adj. No posible. || Inaguantable, intratable. || *Chile.* Sucio, repugnante.

◆ s. m. Cosa sumamente difícil. ◇ FAM. imposibilidad, imposibilitar. POSIBLE.

imposición s. f. Acción y efecto de imponer o imponerse.

impositivo, va adj. Que impone. || Relativo a los impuestos.

imposta s. f. Hilada de sillares sobre la que se asienta un arco.

impostergable adj. Que no se puede postergar. ◇ FAM. POSTERGAR.

impostor, ra adj. y s. Que engaña con apariencia de verdad. || Que se hace pasar por quien no es. ◇ FAM. impostura.

impostura s. f. Imputación calumniosa. || Engaño.

impotente adj. Falto de potencia. ◆ adj. y s. m. y f. Incapaz de realizar el acto sexual. ◇ FAM. impotencia. PODER¹.

impracticable adj. Que no se puede practicar. || Intransitable. ◇ FAM. impracticabilidad. PRACTICABLE.

imprecación s. f. Expresión exclamativa con que se evidencia el deseo de que a alguien le ocurra algo malo.

imprecar v. tr. [1a]. Proferir imprecaciones. ◇ FAM. imprecación, imprecatorio.

impreciso, sa adj. Vago, indefinido. ◇ FAM. imprecisión. PRECISO, SA.

impregnar v. tr. y pron. [1]. Introducir entre las moléculas de un cuerpo las de otro, sin que haya mezcla ni combinación. || Mojar, empapar. ◇ FAM. impregnable, impregnación. / desimpregnar.

imprenta s. f. Arte de imprimir. || Establecimiento donde se imprime. ◇ FAM. IMPRIMIR.

imprentar v. tr. [1]. *Chile.* Planchar los cuellos, las solapas o las perneras de los pantalones para darles la forma debida.

imprescindible adj. Dícese de aquello de lo que no se puede prescindir. ◇ FAM. PRESCINDIR.

impresentable adj. Que no es digno de presentarse ni de ser presentado.

impresión s. f. Acción y efecto de imprimir. || Obra impresa. || Marca, señal. || Opinión sobre un hecho, sentimiento, etc. ◇ FAM. impresionar, impresionismo, impresionista. IMPRIMIR.

impresionar v. tr. y pron. [1]. Conmover hondamente. || Fijar la imagen por medio de la luz en una placa fotográfica. ◇ FAM. impresionabilidad, impresionable, impresionante. IMPRESIÓN.

impresionismo s. m. Movimiento pictórico iniciado en Francia a finales del s. XIX, que reproduce en el lienzo las impresiones que un objeto produce en el artista.

impreso s. m. Escrito reproducido por la imprenta o por otro medio mecánico. || Formulario para rellenar. ◇ FAM. IMPRIMIR.

impresor, ra adj. Que imprime. ◆ s. f. INFORMÁT. Máquina accesoria de un ordenador que imprime sobre papel. ◇ FAM. teleimpresor. IMPRIMIR.

imprevisible adj. Que no se puede prever.

imprevisto, ta adj. y s. m. Que ocurre sin haber sido previsto. ◇ FAM. imprevisible, imprevisión, imprevisor. PREVISTO, TA.

imprimar v. tr. [1]. Preparar con los ingredientes necesarios las superficies que se han de pintar o teñir. || *Colomb.* y *Perú.* Cubrir la superficie no pavimentada de una carretera con un material asfáltico. ◇ FAM. imprimación. IMPRIMIR.

imprimir v. tr. [3k]. Reproducir en un papel, tela, etc., caracteres, textos, ilustraciones, etc. || Dejar una huella por medio de la presión. || Comunicar un movimiento, actividad, etc. ◇ FAM. imprenta, impresión, impreso, impresor, imprimar. / impronta, reimprimir, sobreimprimir.

improbable adj. Poco probable. ◇ FAM. improbabilidad. PROBABLE.

ímprobo, ba adj. Falto de probidad. || Dícese del esfuerzo, trabajo, etc., excesivo. ◇ FAM. improbidad. PROBO, BA.

improcedente adj. No conforme a derecho. || Inadecuado, inoportuno. ◇ FAM. improcedencia. PROCEDER.

improductivo, va adj. Que no produce fruto, ganancia o resultado. ◇ FAM. improductividad. PRODUCTIVO.

impronta s. f. Estilo, carácter peculiar. ◇ FAM. IMPRIMIR.

improperio s. m. Injuria, insulto grave.

impropiedad s. f. Calidad de impropio. || Falta de propiedad en el lenguaje.

impropio, pia adj. Ajeno, extraño. || Inadecuado. ◇ FAM. impropiedad. PROPIO, PIA.

improrrogable adj. Que no se puede prorrogar. ◇ FAM. PRORROGAR.

improsulto, ta adj. *Hond.* Malo, inútil. || *Chile.* Sinvergüenza.

improvisar v. tr. [1]. Hacer algo sin haberlo preparado de antemano. ◇ FAM. improvisación, improvisador, improviso. PROVISIÓN.

improviso, sa adj. Que no se prevé o previene.

imprudencia s. f. Falta de prudencia. || Acción imprudente. || Indiscreción. ◇ FAM. imprudente. PRUDENCIA.

imprudente adj. y s. m. y f. Que no tiene prudencia.

impúber adj. y s. m. y f. Que aún no ha alcanzado la pubertad.

impúdico, ca adj. y s. Deshonesto, falto de pudor. ◇ FAM. impudicia, impudor. PÚDICO, CA.

impuesto s. m. Tributo requerido a los ciudadanos por el estado con el fin de cubrir los gastos públicos. ◇ FAM. IMPONER.

impugnar v. tr. [1]. Contradecir, combatir, refutar. ◇ FAM. impugnable, impugnación, impugnador, impugnativo. PUGNAR.

impulsar v. tr. y pron. [1]. Dar empuje para producir movimiento. || Aumentar la actividad de algo. ◇ FAM. impulsivo, impulso, impulsor.

impulsivo, va adj. y s. Que habla o procede de modo irreflexivo y sin cautela.

impulso s. m. Acción y efecto de impulsar. || Deseo o motivo que mueve a hacer algo. || Fuerza con que algo se mueve.

impune adj. Que queda sin castigo. ◇ FAM. impunidad. PUNIR.

impureza s. f. Cualidad de impuro. || Sustancia extraña en un cuerpo o materia.

impuro, ra adj. No puro. ◇ FAM. impureza, impurificar. PURO, RA.

imputar v. tr. [1]. Atribuir a otro una culpa, delito o acción. ◇ FAM. imputabilidad, imputable, imputación, imputador.

in- pref. Significa 'dentro de': *infiltrar.* || Significa 'privación' o 'negación': *incapaz, inapropiado.* (Ante r o l se utiliza la variante i-: *ilegal;* y ante *m, b* o *p,* la variante *im-: imposible.*)

in albis loc. adv. Sin comprender nada, en blanco.

in extremis loc. adv. En los últimos momentos de la existencia.

in fraganti loc. adv. En el mismo instante en que se está cometiendo un delito o falta.

in vitro loc. adv. y adj. Dícese de toda investigación que se realiza fuera del organismo.

inabarcable adj. Que no puede abarcarse. ◇ FAM. ABARCAR.

inabordable adj. Que no se puede abordar. ◇ FAM. ABORDAR.

inaccesible adj. No accesible.

inaceptable adj. Que no se puede aceptar o creer. ◇ FAM. ACEPTAR.

inactividad s. f. Falta de actividad.

inactivo, va adj. Sin acción o actividad. ◇ FAM. inactivar, inactividad. ACTIVO, VA.

inadaptación s. f. Falta de adaptación. ◇ FAM. inadaptabilidad, inadaptable, inadaptado. ADAPTACIÓN.

inadaptado, da adj. y s. Dícese de la persona que no está adaptada a ciertas circunstancias o a la sociedad.

inadecuación s. f. Falta de adecuación.

inadecuado, da adj. Que no es adecuado. ◇ FAM. inadecuación. ADECUADO, DA.

inadmisible adj. Que no se puede admitir o tolerar. ◇ FAM. ADMITIR.

inadvertencia s. f. Falta de advertencia.

inadvertido, da adj. Distraído, desprevenido. || No advertido o notado. ◇ FAM. inadvertencia. ADVERTIR.

inagotable adj. Que no se puede agotar. ◇ FAM. AGOTAR.

inaguantable adj. Que no se puede aguantar. ◇ FAM. AGUANTAR.

inalámbrico, ca adj. Dícese del sistema de comunicación eléctrica sin cables. ◇ FAM. ALAMBRE.

inalcanzable adj. Que no se puede alcanzar. ◇ FAM. ALCANZAR.

inalienable adj. Que no se puede enajenar. ◇ FAM. ALIENAR.

inalterable adj. Que no se altera. ◇ FAM. inalterabilidad, inalterado. ALTERAR.

inamovible adj. Que no se puede mover. ◇ FAM. inamovilidad. MOVIBLE.

inane adj. Vano, fútil, inútil. ◇ FAM. inanidad. INANICIÓN.

inanición s. f. Estado de extrema debilidad y desnutrición producido por la falta de alimentos. ◇ FAM. inane.

inanimado, da adj. Que no tiene vida.

inapelable adj. Dícese de la sentencia contra la que no se puede apelar. || Que no ofrece dudas. ◇ FAM. APELAR.

inapetencia s. f. Falta de apetito. ◇ FAM. inapetente. APETENCIA.

inapetente adj. Que no tiene apetito.

inaplazable adj. Que no se puede aplazar. ◇ FAM. APLAZAR.

inapreciable adj. Que no se puede apreciar o distinguir. || De tal calidad que no se puede valorar materialmente. ◇ FAM. APRECIAR.

inaprensible adj. Que no se puede agarrar. || Que no se puede captar por demasiado sutil. ◇ FAM. PRENDER.

inasequible adj. No asequible.

inaudible adj. Que no se puede oír. ◇ FAM. inaudito. AUDICIÓN.

inaudito, ta adj. Nunca oído, sorprendente. || Intolerable.

inauguración s. f. Acción de inaugurar y acto con el que se inaugura algo.

inaugurar v. tr. [1]. Dar principio a una cosa. || Abrir un establecimiento, estrenar una obra, etc., con alguna celebración. ◇ FAM. inauguración, inaugurador, inaugural. AUGURAR.

inca adj. y s. m. y f. De un pueblo amerindio que habitaba el oeste de Sudamérica a la llegada de los españoles. ◆ s. m. Soberano que gobernaba el Imperio incaico. ◇ FAM. incaico.

incaico, ca adj. De los incas.

incalculable adj. Que no se puede calcular. ◇ FAM. CALCULAR.

incalificable adj. Que no se puede calificar. || Muy vituperable. ◇ FAM. CALIFICAR.

incandescencia s. f. Calidad de incandescente.

incandescente adj. Dícese del cuerpo metálico que por efecto del calor se pone rojo. ◇ FAM. incandescencia. CANDENTE.

incansable adj. Que resiste mucho o que no se cansa. ◇ FAM. CANSAR.

incapacidad s. f. Calidad de incapaz. || DER. Carencia de capacidad legal para disfrutar de un derecho.

incapacitar v. tr. [1]. Ser causa de que alguien o algo sea incapaz. || DER. Declarar la incapacidad de una persona para ejercer ciertos derechos. ◇ FAM. incapacitación; incapacitado. INCAPAZ.

incapaz adj. Que no tiene capacidad para una cosa. || Necio. || Falto de aptitud para algo. ◇ FAM. incapacidad, incapacitar. CAPAZ.

incautarse v. pron. [1]. Tomar posesión una autoridad de dinero o bienes. || Apoderarse de algo arbitrariamente. ◇ FAM. incautación.

incauto, ta adj. y s. Falto de cautela y precaución.

incendiar v. tr. y pron. [1]. Causar un incendio. ◇ FAM. incendiario, incendio. ENCENDER.

incendiario, ria adj. y s. Dícese del que incendia voluntariamente. ◆ adj. Que incendia o que puede causar incendio.

incendio s. m. Fuego grande que se propaga y causa estragos.

incensario s. m. Especie de brasero en el que se quema el incienso durante las ceremonias religiosas. ◇ FAM. INCIENSO.

incentivar v. tr. [1]. Estimular.

incentivo s. m. y adj. Estímulo que mueve o incita a hacer o desear una cosa. ◇ FAM. incentivar.

incertidumbre s. f. Falta de certeza o seguridad. ◇ FAM. CERTEZA.

incesante adj. Que no cesa. ◇ FAM. incesantemente. CESAR.

incesto s. m. Relaciones sexuales entre familiares cercanos. ◇ FAM. incestuoso.

incidencia s. f. Acción de incidir[1]. || Incidente. || Consecuencia, repercusión.

incidental adj. Accesorio, de menor importancia.

incidente adj. Que incide. ◆ s. m. Pequeño suceso que interrumpe el curso de otro. ◇ FAM. incidental. INCIDIR[1].

incidir[1] v. intr. [3]. Caer en una falta o error. || Llegar un proyectil, un rayo de luz, etc., a una superficie. || Repercutir. || Sobrevenir. ◇ FAM. incidencia, incidente. / coincidir, reincidir.

incidir[2] v. intr. [3]. Hacer una incisión o cortadura. ◇ FAM. incisión, incisivo, inciso.

incienso s. m. Resina aromática que desprende un olor fuerte y agradable por combustión. || Fam. Adulación, lisonja. ◇ FAM. incensar, incensario. ENCENDER.

incierto, ta adj. Que no es cierto. || Dudoso. || Impreciso, borroso.

incinerar v. tr. [1]. Reducir una cosa a cenizas. ◇ FAM. incinerable, incineración, incinerador. CINERARIO, RIA.

incipiente adj. Que empieza.

incisión s. f. Hendidura hecha en algunos cuerpos con un instrumento cortante. ◇ FAM. INCIDIR[2].

incisivo, va adj. Apto para abrir o cortar. || Punzante, mordaz. ◆ adj. y s. m. Dícese de los dientes situados en la parte anterior del maxilar. ◇ FAM. INCIDIR[2].

inciso s. m. Oración que se intercala en otra, escrita entre comas o paréntesis. ◇ FAM. INCIDIR[2].

incitar v. tr. [1]. Mover o estimular a alguien para que ejecute algo. ⬦ FAM. incitación, incitador, incitante, incitativo.

incivil adj. Que no tiene civismo.

inclemencia s. f. Falta de clemencia. ‖ Rigor del tiempo atmosférico. ⬦ FAM. inclemente. CLEMENCIA.

inclinación s. f. Acción y efecto de inclinar o inclinarse. ‖ Afecto o propensión a una cosa. ‖ Dirección de una línea o superficie con respecto a otra. ‖ Reverencia.

inclinar v. tr. y pron. [1]. Desviar una cosa de su posición vertical u horizontal. ⬥ v. tr. Influir, persuadir. ⬥ **inclinarse** v. pron. Tender a algo. ⬦ FAM. inclinación, inclinado, inclinador, inclinativo.

ínclito, ta adj. Ilustre, célebre.

incluir v. tr. [29]. Poner una cosa dentro de otra. ‖ Contener una cosa a otra. ⬦ FAM. inclusión, inclusive, incluso.

inclusa s. f. Casa donde se recogen y crían los niños abandonados.

inclusive adv. m. Incluyendo el último objeto nombrado.

incluso adv. m. Con inclusión de. ‖ Además.

incoar v. tr. [1]. Comenzar un pleito, proceso, etc. ⬦ FAM. incoación, incoativo.

incoativo, va adj. Que indica el principio de una cosa. ‖ LING. Dícese de la forma verbal que señala el principio de una acción o el paso a un estado determinado.

incógnita s. f. Cantidad que hay que averiguar en una ecuación. ‖ Misterio, enigma.

incógnito, ta adj. No conocido. ⬥ s. m. Situación de una persona que oculta su identidad. ⬦ FAM. incógnita. COGNOSCIBLE.

incoherencia s. f. Cualidad de incoherente. ‖ Necedad, absurdo.

incoherente adj. Que no tiene coherencia, que carece de sentido. ⬦ FAM. incoherencia. COHERENTE.

incoloro, ra adj. Que carece de color. ⬦ FAM. COLOR.

incólume adj. Sano, sin lesión ni menoscabo. ⬦ FAM. incolumidad.

incombustible adj. Que no puede quemarse. ⬦ FAM. incombustibilidad. COMBUSTIBLE.

incomible adj. Que no se puede comer. ⬦ FAM. COMER.

incomodar v. tr. y pron. [1]. Causar incomodidad o molestia. ⬦ FAM. incomodador. INCÓMODO, DA.

incomodidad s. f. Falta de comodidad. ‖ Molestia, fastidio.

incómodo, da adj. Que incomoda o molesta. ‖ Falto de comodidad. ‖ *Argent.* y *Chile.* Disgustado, violento. ⬦ FAM. incomodar, incomodidad. CÓMODO, DA.

incomparable adj. Que no tiene o no admite comparación. ⬦ FAM. incomparado. COMPARAR.

incomparecencia s. f. Falta de asistencia. ⬦ FAM. COMPARECER.

incompatibilidad s. f. Calidad de incompatible. ‖ Imposibilidad legal de ejercer simultáneamente dos o más funciones.

incompatible adj. Que no es compatible. ⬦ FAM. incompatibilidad. COMPATIBLE.

incompetencia s. f. Falta de competencia. ‖ Ineptitud, incapacidad. ⬦ FAM. incompetente. COMPETENCIA.

incompetente adj. Que tiene o demuestra incompetencia.

incompleto, ta adj. Que no está completo.

incomprendido, da adj. y s. Dícese de la persona que no es comprendida por los demás.

incomprensible adj. Que no se puede comprender. ⬦ FAM. incomprensibilidad, incomprensiblemente. INCOMPRENSIÓN.

incomprensión s. f. Falta de comprensión. ⬦ FAM. incomprendido, incomprensible, incomprensivo. COMPRENSIÓN.

incomunicación s. f. Acción y efecto de incomunicar o incomunicarse. ‖ Aislamiento temporal de procesados y testigos.

incomunicar v. tr. [1a]. Privar de comunicación a personas o cosas. ⬥ **incomunicarse** v. pron. Apartarse del trato con otras personas. ⬦ FAM. incomunicabilidad, incomunicable, incomunicación, incomunicado. COMUNICAR.

inconcebible adj. Que no puede concebirse. ‖ Inaceptable. ⬦ FAM. CONCEBIR.

inconcluso, sa adj. No concluido. ⬦ FAM. CONCLUIR.

incondicional adj. Sin condiciones. ⬥ s. m. y f. Adepto, partidario. ⬦ FAM. incondicionado, incondicionalmente, CONDICIONAL.

inconexo, xa adj. Que no tiene conexión con otra cosa. ⬦ FAM. inconexión. CONEXO, XA.

inconfesable adj. Dícese de lo que no puede confesarse por ser deshonroso o vergonzoso. ⬦ FAM. inconfeso. CONFESAR.

inconfeso, sa adj. Dícese del presunto reo que no confiesa el delito que se le imputa.

inconformismo s. m. Falta de conformidad o de adaptación a los principios morales, políticos, etc., establecidos. ⬦ FAM. inconforme, inconformidad, inconformista. CONFORME.

inconfundible adj. Que no se puede confundir. ⬦ FAM. CONFUNDIR.

incongruencia s. f. Falta de congruencia. ⬦ FAM. incongruente. CONGRUENCIA.

incongruente adj. No conveniente, inoportuno. ‖ Falto de congruencia.

inconmensurable adj. Que no puede medirse. ‖ Enorme, infinito. ⬦ FAM. inconmensurabilidad. CONMENSURABLE.

inconmovible adj. Que no se puede conmover o alterar. ⬦ FAM. CONMOVER.

inconocible adj. *Amér. Central* y *Amér. Merid.* Dícese de la persona que ha sufrido cambios en su manera de ser. ◇ FAM. CONOCER.

inconsciencia s. f. Calidad o estado de inconsciente. ◇ FAM. inconsciente. CONSCIENCIA.

inconsciente adj. y s. m. y f. Que ha quedado sin sentido. ‖ Irreflexivo. ◆ adj. No consciente. ◆ s. m. Conjunto de procesos mentales que escapan a la conciencia del individuo.

inconsecuente adj. y s. m. y f. Dícese de la personas cuyo comportamiento no está de acuerdo con sus ideas, conducta, etc. ◇ FAM. inconsecuencia. CONSECUENTE.

inconsiderado, da adj. No considerado ni reflexionado. ◆ adj. y s. Desconsiderado. ◇ FAM. inconsideración. CONSIDERADO, DA.

inconsistencia s. f. Falta de consistencia. ◇ FAM. inconsistente. CONSISTENCIA.

inconsolable adj. Imposible de consolar; muy triste. ◇ FAM. inconsolablemente. CONSOLAR.

inconstancia s. f. Falta de constancia. ◇ FAM. inconstante. CONSTANCIA.

inconstitucional adj. No conforme a la constitución de un estado. ◇ FAM. inconstitucionalidad, inconstitucionalmente. CONSTITUCIONAL.

incontable adj. Que no puede contarse. ‖ Muy numeroso.

incontenible adj. Que no puede ser contenido o refrenado. ◇ FAM. incontinencia, incontinente. CONTENER.

incontinencia s. f. Falta de continencia. ‖ Alteración del control en la expulsión de la orina o excrementos.

incontinente adj. Dícese de la persona incapaz de reprimir sus deseos. ‖ Que padece incontinencia.

incontrolable adj. Imposible de controlar. ◇ FAM. incontrolado. CONTROLAR.

incontrolado, da adj. y s. Que actúa sin control.

inconveniencia s. f. Calidad de inconveniente. ‖ Grosería.

inconveniente adj. No conveniente. ◆ s. m. Dificultad u obstáculo. ‖ Desventaja. ◇ FAM. inconveniencia. CONVENIENTE.

incordia s. f. Colomb. Aversión, antipatía.

incordiar v. tr. [1]. Fam. Molestar, incomodar. ◇ FAM. incordia, incordio.

incorporar v. tr. [1]. Unir una o más cosas con otras para que formen un todo. ◆ v. tr. y pron. Levantar la parte superior del cuerpo el que está tendido. ◆ **incorporarse** v. pron. Sumarse a una asociación, grupo, etc. ◇ FAM. incorporación. / reincorporar. CUERPO.

incorpóreo, a adj. No corpóreo. ◇ FAM. incorporeidad. CORPÓREO, A.

incorrección s. f. Calidad de incorrecto. ‖ Equivocación.

incorrecto, ta adj. No correcto. ‖ Descortés. ◇ FAM. incorrección, incorrectamente. CORRECTO, TA.

incorregible adj. Que no se puede corregir. ‖ Dícese de la persona que no se quiere enmendar. ◇ FAM. incorregibilidad, incorregiblemente. CORREGIR.

incorrupto, ta adj. Que está sin corromperse. ‖ Honesto. ◇ FAM. incorrupción, incorruptibilidad, incorruptible. CORRUPTO, TA.

incredulidad s. f. Dificultad en creer una cosa. ‖ Falta de fe.

incrédulo, la adj. y s. Falto de fe religiosa. ◆ adj. Que no cree fácilmente. ◇ FAM. incrédulamente, incredulidad. CRÉDULO, LA.

increíble adj. Que no puede creerse. ◇ FAM. incredibilidad, increíblemente. CREÍBLE.

incrementar v. tr. y pron. [1]. Aumentar. ◇ FAM. incremento. CRECER.

incremento s. m. Acción y efecto de incrementar.

increpar v. tr. [1]. Reprender con dureza. ‖ Insultar. ◇ FAM. increpación, increpador, increpante.

incriminar v. tr. [1]. Acusar a alguien de un delito o falta grave. ◇ FAM. incriminación. CRIMEN.

incrustación s. f. Acción de incrustar. ‖ Cosa incrustada.

incrustar v. tr. [1]. Embutir, en una superficie lisa y dura, piedras, metales, madera, etc., formando dibujos. ‖ Fijar firmemente una idea. ◇ FAM. incrustación. / desincrustar.

incubación s. f. Acción y efecto de incubar o incubarse. ‖ BIOL. Tiempo que transcurre entre la fecundación y la formación de un organismo.

incubadora s. f. Aparato que sirve para incubar artificialmente los huevos de aves domésticas. ‖ Aparato en el que se mantiene a los niños prematuros.

incubar v. tr. [1]. Empollar los huevos. ‖ Estar sufriendo algo un desarrollo progresivo. ◇ FAM. incubación, incubadora.

inculcar v. tr. [1a]. Fijar en la mente de alguien una idea, un concepto, etc. ◇ FAM. inculcación, inculcador.

inculpar v. tr. [1]. Culpar, acusar a uno de una falta o delito. ◇ FAM. inculpabilidad, inculpable, inculpación, inculpado. CULPAR.

inculto, ta adj. No cultivado: *terreno inculto.* ‖ Carente de cultura e instrucción. ◇ FAM. incultura. CULTO, TA.

incultura s. f. Falta de cultura. ‖ Falta de cultivo.

incumbencia s. f. Obligación y cargo de hacer una cosa.

incumbir v. intr. [3]. Estar a cargo de alguien o concernirle una acción, función, obligación, etc. ◇ FAM. incumbencia.

incumplir v. tr. [3]. Dejar de cumplir algo. ◇ FAM. incumplido, incumplimiento. CUMPLIR.

incunable adj. y s. m. Dícese de las ediciones hechas desde la invención de la imprenta hasta el año 1500. ⬦ FAM. CUNA.

incurable adj. y s. Que no se puede curar. ⬦ FAM. incurabilidad. CURAR.

incuria s. f. Falta de cuidado, negligencia. ⬦ FAM. CURA.

incurrir v. intr. [3]: Cometer una falta, error, etc. ‖ Hacerse objeto del odio, desprecio, etc., de alguien. ⬦ FAM. incurrimiento, incursión.

incursión s. f. Acción de incurrir. ‖ Penetración en un lugar nuevo o desconocido. ⬦ FAM. incursionar. INCURRIR.

indagar v. tr. [1b]. Tratar de llegar al conocimiento de algo. ‖ Preguntar, investigar. ⬦ FAM. indagación, indagador, indagatorio.

indebido, da adj. Que no es obligatorio. ‖ Ilícito, ilegal. ⬦ FAM. indebidamente. DEBIDO, DA.

indecencia s. f. Falta de decencia. ‖ Acto vergonzoso.

indecente adj. Que no es decente. ‖ Inmoral. ⬦ FAM. indecencia. DECENTE.

indecisión s. f. Falta de decisión.

indeciso, sa adj. Dícese de lo que está aún por decidir. ◆ adj. y s. Que le cuesta decidirse. ⬦ FAM. indecisión. DECIDIR.

indecoroso, sa adj. Que carece de decoro o dignidad. ⬦ FAM. DECORO.

indefectible adj. Que no puede faltar o dejar de ser u ocurrir. ⬦ FAM. indefectibilidad, indefectiblemente. DEFECTO.

indefenso, sa adj. Que carece de defensa. ⬦ FAM. indefendible, indefensión. DEFENSA.

indefinido, da adj. No definido. ‖ Que no tiene término concreto. ‖ LING. Dícese del adjetivo o pronombre que no se refiere a una persona o cosa en concreto; algún, cada, nadie, nada. ‖ LING. Dícese del pretérito perfecto de indicativo. ⬦ FAM. indefinible, indefinidamente. DEFINIR.

indeleble adj. Que no se puede borrar o quitar.

indemne adj. Libre de daño. ⬦ FAM. indemnidad, indemnizar. DAÑO.

indemnización s. f. Acción y efecto de indemnizar. ‖ Cosa con que se indemniza.

indemnizar v. tr. y pron. [1g]. Resarcir de un daño o perjuicio. ⬦ FAM. indemnización. INDEMNE.

indemostrable adj. Que no puede ser demostrado. ⬦ FAM. DEMOSTRAR.

independencia s. f. Calidad de independiente. ‖ Situación del individuo, estado, etc., que goza de libertad. ⬦ FAM. independentismo, independentista, independiente, independizar. DEPENDENCIA.

independentismo s. m. Movimiento que propugna o reclama la independencia política de un país, región, etc.

independiente adj. Que está exento de dependencia.

independizar v. tr. y pron. [1g]. Hacer independiente.

indescifrable adj. Que no se puede descifrar. ⬦ FAM. DESCIFRAR.

indescriptible adj. Que no se puede describir. ⬦ FAM. DESCRIBIR.

indeseable adj. y s. m. y f. Dícese de la persona extranjera cuya permanencia en un país no es deseable. ‖ Dícese de la persona indigna de trato. ⬦ FAM. indeseado. DESEO.

indestructible adj. Que no se puede destruir. ⬦ FAM. indestructibilidad. DESTRUIR.

indeterminación s. f. Falta de determinación.

indeterminado, da adj. No determinado, incierto, impreciso. ‖ LING. Dícese del artículo que presenta un nombre no conocido por los hablantes: un, una, unos, unas. ⬦ FAM. indeterminable, indeterminación. DETERMINADO, DA.

indexar v. tr. INFORMÁT. Registrar datos e informaciones para ordenarlos y elaborar un índice.

indiada s. f. Amér. Conjunto o muchedumbre de indios. ‖ Amér. Dicho o acción propia de indios. ‖ Amér. Salvajada. ‖ Méx. Vulgo, populacho.

indiano, na adj. De las Indias. ◆ adj. y s. Dícese del emigrante que vuelve rico de América.

indicación s. f. Acción y efecto de indicar. ‖ Aquello que sirve para indicar. ‖ Chile. Propuesta o consulta que se hace acerca de una cosa. ⬦ FAM. contraindicación. INDICAR.

indicado, da adj. Señalado. ‖ Conveniente o adecuado.

indicador, ra adj. y s. Que indica o sirve para indicar.

indicar v. tr. [1a]. Dar a entender una cosa con señales, gestos o palabras. ⬦ FAM. indicación, indicado, indicador, indicante, indicativo. ÍNDICE.

indicativo, va adj. y s. m. Que indica o sirve para indicar. ‖ LING. Dícese del modo verbal que expresa la acción como real.

índice s. m. Indicio o señal de una cosa. ‖ Lista de los capítulos, materias, etc., de un libro. ◆ adj. y s. m. Dícese del dedo segundo de la mano. ⬦ FAM. indicar, indicio. / subíndice, superíndice.

indicio s. m. Signo que permite presumir algo con fundamento. ⬦ FAM. indiciar, indiciario. ÍNDICE.

indiferencia s. f. Calidad de indiferente.

indiferente adj. y s. m. y f. Que no muestra o entraña interés o preferencia. ⬦ FAM. indiferencia. DIFERENTE.

indígena adj. y s. m. y f. Originario del país de que se trata. ⬦ FAM. indigenismo, indigenista.

indigencia s. f. Pobreza, miseria. ⬦ FAM. indigente.

indigenismo s. m. Condición de indígena. ‖ Revalorización del pasado de los pueblos indígenas americanos.

indigestarse v. pron. [1]. Sufrir indigestión. ‖ *Fam.* No agradar algo o alguien. ⟨> FAM. indigestión, indigesto. DIGERIR.

indigestión s. f. Digestión anómala.

indignación s. f. Ira, enfado vehemente.

indignar v. tr. y pron. [1]. Irritar, enfadar vehementemente a uno. ⟨> FAM. indignación, indignante. INDIGNO, NA.

indigno, na adj. Que es disconforme o inferior a la calidad y mérito de alguien o algo. ‖ Despreciable, vergonzoso. ⟨> FAM. indignamente, indignar, indignidad. DIGNO, NA.

índigo s. m. Añil.

indio[1] s. m. Metal blanco que tiene analogías con el aluminio.

indio[2], **dia** adj. y s. De la India. ‖ Relativo a las poblaciones autóctonas de América y sus descendientes. ◆ adj. *Cuba.* Dícese del gallo de pelea con pechuga negra y plumaje colorado. ⟨> FAM. indiada, indiano. / indiano.

indirecta s. f. Insinuación hecha con intención determinada.

indirecto, ta adj. Que no va rectamente a un fin, aunque se encamine a él. ⟨> FAM. indirecta, indirectamente. DIRECTO, TA.

indisciplina s. f. Falta de disciplina. ⟨> FAM. indisciplinado, indisciplinarse. DISCIPLINA.

indisciplinarse v. pron. [1]. Negarse a obedecer o a seguir la disciplina debida.

indiscreción s. f. Falta de discreción. ‖ Dicho o hecho indiscreto. ⟨> FAM. indiscreto. DISCRECIÓN.

indiscreto, ta adj. y s. Que obra o se hace sin discreción.

indiscriminado, da adj. No sujeto a discriminación. ⟨> FAM. indiscriminadamente. DISCRIMINAR.

indiscutible adj. Que no se duda ni discute sobre ello. ⟨> FAM. DISCUTIR.

indisoluble adj. Que no se puede disolver o desunir. ⟨> FAM. indisolubilidad. DISOLVER.

indispensable adj. Necesario, que no se puede dispensar ni excusar. ⟨> FAM. indispensabilidad. DISPENSAR.

indisponer v. tr. y pron. [5]. Enfrentar a dos o más personas. ◆ **indisponerse** v. pron. Sufrir una indisposición. ⟨> FAM. indisposición, indispuesto. DISPONER.

indisposición s. f. Enfermedad ligera y pasajera.

indispuesto, ta adj. Que sufre una indisposición.

indistinto, ta adj. Que no se percibe claramente. ‖ Sin preferencia, indiferente. ⟨> FAM. indistinción, indistintamente. DISTINTO, TA.

individual adj. No colectivo, de cada individuo.

individualismo s. m. Tendencia a pensar u obrar con independencia de personas o normas.

individualizar v. tr. [1g]. Distinguir un individuo en una especie por sus peculia-

ridades. ‖ Caracterizar, particularizar. ⟨> FAM. individualización. INDIVIDUO.

individuo s. m. Cada ser distinto, que no puede descomponerse en otros más simples. ‖ Persona considerada aisladamente respecto a la colectividad. ⟨> FAM. individual, individualidad, individualismo, individualista, individualizar.

indivisible adj. Que no puede ser dividido. ⟨> FAM. indivisibilidad, indiviso. DIVISIBLE.

indiviso, sa adj. Que no está dividido.

indo- pref. Significa 'indio' (de la India): *indoeuropeo.*

indoblegable adj. Que no desiste de su opinión, propósito, conducta, etc. ⟨> FAM. DOBLEGAR.

indochino, na adj. y s. De Indochina.

indócil adj. Que no es dócil. ⟨> FAM. indocilidad. DÓCIL.

indocumentado, da adj. Que carece de documentos de identificación personal. ‖ Dícese de la persona ignorante.

indoeuropeo, a adj. y s. Dícese de los pueblos que hacia el 2000 a. C. ocuparon el sureste europeo y el occidente de Asia. ◆ s. m. Lengua antigua, reconstruida a partir de las lenguas que derivarían de ella habladas en Europa y Asia.

índole s. f. Condición natural o propia de algo o alguien.

indolencia s. f. Calidad de indolente.

indolente adj. y s. m. y f. Que no se conmueve. ‖ Que no siente el dolor. ‖ Flojo, perezoso. ⟨> FAM. indolencia. DOLER.

indoloro, ra adj. Que no causa dolor. ⟨> FAM. DOLOR.

indomable adj. Que no se puede domar o someter. ⟨> FAM. indomabilidad, indomado. DOMAR.

indomesticable adj. Que no se puede domesticar. ⟨> FAM. DOMESTICAR.

indómito, ta adj. Indomable. ‖ Difícil de dominar. ⟨> FAM. DOMAR.

indonesio, sia adj. y s. De Indonesia. ◆ s. m. Grupo de lenguas habladas en el sureste de Asia.

indormia s. f. *Colomb.* y *Venez.* Habilidad para hacer algo.

indostaní adj. y s. m. y f. Del Indostán. ◆ s. m. Lengua hablada en la India y en el Pakistán. ⟨> FAM. indostánico.

inducción s. f. Acción y efecto de inducir. ‖ Generalización de un razonamiento establecido a partir de casos singulares.

inducir v. tr. [20]. Hacer, por diversos medios, que alguien realice determinada acción. ‖ Deducir, inferir algo. ⟨> FAM. inducción, inducido, inductivo, inductor.

inductivo, va adj. Relativo a la inducción. ‖ Que procede por inducción.

inductor, ra adj. y s. Que induce.

indudable adj. Que no puede ponerse en duda. ⟨> FAM. indudablemente. DUDAR.

indulgencia s. f. Facilidad en perdonar o conceder gracias.

indulgente adj. Fácil en perdonar, benévolo. ⋄ FAM. indulgencia.

indultar v. tr. [1]. Conceder un indulto. ➡ **indultarse** v. pron. *Bol.* Entrometerse. || *Cuba.* Salir de una situación comprometida.

indulto s. m. Gracia por la que se remite o reduce la pena a los condenados. ⋄ FAM. indultar.

indumentaria s. f. Conjunto de todo lo que sirve para vestirse, especialmente lo que se lleva puesto.

industria s. f. Conjunto de actividades económicas que producen bienes materiales transformando materias primas. || Destreza para hacer algo. || Fábrica, factoría. ⋄ FAM. industrial, industrialismo, industrialista, industrializar, industriarse, industrioso.

industrializar v. tr. y pron. [1g]. Dar o tomar carácter industrial una actividad o país. ⋄ FAM. industrialización. INDUSTRIA.

industrioso, sa adj. Que obra o está hecho con habilidad e ingenio.

inédito, ta adj. Que no ha sido publicado. ⋄ FAM. EDITAR.

inefable adj. Que no se puede expresar con palabras. ⋄ FAM. inefabilidad, inefablemente.

inefectivo, va adj. Falto de efecto.

ineficaz adj. Que no es eficaz. ⋄ FAM. ineficacia, ineficazmente. EFICAZ.

inejecución s. f. *Chile.* Falta de ejecución en una cosa.

ineluctable adj. Que no se puede evitar, inevitable.

ineludible adj. Que no se puede eludir. ⋄ FAM. ineludiblemente. ELUDIR.

inenarrable adj. Imposible o difícil de describir. ⋄ FAM. NARRAR.

ineptitud o **inepcia** s. f. Calidad de inepto. || Dicho necio.

inepto, ta adj. y s. No apto o a propósito para algo, incapaz. || Necio. ⋄ FAM. inepcia, ineptitud. APTO, TA.

inequívoco, ca adj. Que no admite duda.

inercia s. f. Propiedad de los cuerpos por la que no pueden modificar por sí mismos su estado de reposo o movimiento. || Falta de actividad o iniciativa. ⋄ FAM. inercial, inerte.

inerme adj. Desprovisto de armas o defensas. ⋄ FAM. ARMA.

inerte adj. Sin actividad propia, energía o movimiento.

inervar v. tr. [1]. Actuar el sistema nervioso en la función de los demás órganos. ⋄ FAM. inervación, inervador. NERVIO.

inescrutable adj. Que no se puede saber ni averiguar. ⋄ FAM. ESCRUTAR.

inesperado, da adj. Que no es esperado o previsto. ⋄ FAM. inesperable, inesperadamente. ESPERAR.

inestable adj. No estable, firme o seguro. ⋄ FAM. inestabilidad. ESTABLE.

inestimable adj. Inapreciable, que no se

puede apreciar o valorar debidamente. ⋄ FAM. inestimabilidad, inestimado. ESTIMAR.

inevitable adj. Que no se puede evitar. ⋄ FAM. inevitablemente. EVITAR.

inexactitud s. f. Falta de exactitud.

inexacto, ta adj. No exacto o justo. || Falso. ⋄ FAM. inexactitud. EXACTO, TA.

inexcusable adj. Que no se puede eludir excusándose o no se puede dejar de hacer. ⋄ FAM. inexcusablemente. EXCUSAR.

inexistente adj. Que no existe. || Que se considera nulo. ⋄ FAM. inexistencia. EXISTIR.

inexorable adj. Que no se deja vencer por ruegos, implacable. || Inevitable. ⋄ FAM. inexorabilidad, inexorablemente.

inexperiencia s. f. Falta de experiencia. ⋄ FAM. inexperto. EXPERIENCIA.

inexplicable adj. Que no se puede explicar. ⋄ FAM. inexplicablemente, inexplicado. EXPLICAR.

inexpresable adj. Que no se puede expresar. ⋄ FAM. inexpresivo. EXPRESAR.

inexpresivo, va adj. Que carece de expresión.

inexpugnable adj. Que no se puede vencer. ⋄ FAM. EXPUGNAR.

inextricable adj. Difícil de desenredar por intrincado.

infalible adj. Que no puede fallar. ⋄ FAM. infalibilidad, infaliblemente. FALIBLE.

infamar v. tr. y pron. [1]. Difamar.

infame adj. y s. m. y f. Dícese de la persona vil y detestable. ➡ adj. Dícese de las acciones indignas, vergonzosas. ⋄ FAM. infamar, infamia. FAMA.

infamia s. f. Calidad de infame. || Acción mala o vil.

infancia s. f. Período de la vida humana que va del nacimiento a la pubertad. || Conjunto de los niños. ⋄ FAM. INFANTE, TA.

infantado o **infantazgo** s. m. Dignidad de infante. || Territorio de un infante o infanta.

infante, ta s. Niño de corta edad. || Título de los hijos legítimos de los reyes de España, no herederos al trono. ⋄ FAM. infancia, infantado, infantazgo, infantería, infanticidio, infantil.

infantería s. f. Tradicionalmente, tropa que combate a pie.

infanticidio s. m. Muerte dada a un niño, sobre todo recién nacido o próximo a nacer. ⋄ FAM. infanticida. INFANTE, TA.

infantil adj. Relativo a la infancia. || Inocente, cándido. ⋄ FAM. infantilismo. INFANTE, TA.

infarto s. m. MED. Lesión necrótica de los tejidos por obstrucción de los vasos sanguíneos. ⋄ FAM. infartar.

infatigable adj. Que nada le fatiga. ⋄ FAM. FATIGAR.

infatuar v. tr. y pron. [1s]. Volver o volverse fatuo. ⋄ FAM. infatuación. FATUO, TUA.

infausto, ta adj. Que constituye o va acompañado de desgracia.

infección s. f. Invasión del organismo por microbios patógenos.

infeccioso, sa adj. Que es causa de infección.

infectar v. tr. y pron. [1]. Contaminar con gérmenes infecciosos. ◇ FAM. infección, infeccioso, infecto. / desinfectar, inficionar.

infecto, ta adj. Sucio, repugnante. || Fastidioso, muy malo.

infeliz adj. y s. m. y f. Desgraciado, desventurado. || *Fam.* Ingenuo, sin picardía. ◇ FAM. infelicidad, infelizmente. FELIZ.

inferencia s. f. Deducción de una cosa a partir de otra.

inferior adj. Situado más bajo respecto a otra cosa. || Menor en mérito, categoría o valor. ◆ s. m. y f. Subordinado, subalterno. ◇ FAM. inferioridad.

inferioridad s. f. Desventaja en rango, fuerza, mérito, etc.

inferir v. tr. y pron. [22]. Sacar consecuencia de un hecho o principio. ◆ v. tr. Causar heridas u ofensas. ◇ FAM. inferencia.

infernal adj. Relativo al infierno. || De mucha maldad o perfidia.

infestar v. tr. y pron. [1]. Contaminar, corromper. || Abundar en un lugar animales o plantas perjudiciales. ◇ FAM. infestación, infesto.

inficionar v. tr. y pron. [1]. Infectar, contaminar, corromper. ◇ FAM. INFECTAR.

infidelidad s. f. Falta de fidelidad. || Falta de exactitud.

infiel adj. y s. m. y f. Que no guarda fidelidad. || Inexacto, que no expresa la realidad. ◇ FAM. infidelidad. FIEL[1].

infiernillo s. m. Hornillo.

infierno s. m. Lugar donde los condenados sufren castigo eterno, según ciertas religiones. || Tormento o castigo. ◇ FAM. infernal, infiernillo.

infijo s. m. LING. Elemento que se intercala dentro de una palabra para modificar su sentido o valor.

infiltrar v. tr. y pron. [1]. Introducir gradualmente un líquido en los poros o intersticios de un cuerpo sólido. || Infundir una idea o doctrina. ◆ **infiltrarse** v. pron. Penetrar subrepticiamente. ◇ FAM. infiltración, infiltrado. FILTRAR.

ínfimo, ma adj. Muy bajo o el último en situación u orden.

infinidad s. f. Calidad de infinito. || Gran cantidad de cosas o personas.

infinitesimal adj. Dícese de la cantidad infinitamente pequeña.

infinitivo, va adj. y s. m. LING. Dícese de la forma del verbo que expresa la acción sin concretarla.

infinito, ta adj. Que no tiene fin. || Muy grande e intenso. ◆ s. m. Aquello que no tiene límites. ◆ adv. m. Excesivamente, muchísimo. ◇ FAM. infinidad, infinitamente, infinitesimal, infinitivo. FINITO, TA.

inflación s. f. Acción y efecto de inflar. || Desequilibrio económico en que suben persistentemente los precios. ◇ FAM. inflacionario, inflacionista. INFLAR.

inflamable adj. Fácil de inflamar.

inflamación s. f. Acción y efecto de inflamar o inflamarse.

inflamar v. tr. y pron. [1]. Encender una cosa que al quemarse produce llama en el acto. ◆ **inflamarse** v. pron. Irritarse una parte del cuerpo. ◇ FAM. inflamabilidad, inflamable, inflamación, inflamador, inflamamiento, inflamatorio. / desinflamar. FLAMA.

inflar v. tr. y pron. [1]. Hinchar algo con aire u otro gas. || Ensoberbecer, engreír. ◆ v. tr. Exagerar hechos. || *Méx.* Beber alcohol. ◇ FAM. inflación, inflador, inflamiento. / desinflar.

inflexible adj. Incapaz de torcerse o doblarse. || Que no se deja conmover o convencer. ◇ FAM. inflexibilidad. FLEXIBLE.

inflexión s. f. Acción y efecto de doblarse una línea en un punto. || Cambio de tonos de la voz.

infligir v. tr. [3b]. Aplicar o causar castigos o agravios.

inflorescencia s. f. BOT. Forma de agruparse las flores en una planta. || BOT. Conjunto de estas flores. ◇ FAM. FLOR.

influencia s. f. Acción y efecto de influir. || Poder que ejerce uno sobre otro o sobre un medio.

influenciar v. intr. [1]. Influir. ◇ FAM. fluenciable. INFLUIR.

influir v. intr. [29]. Causar unas personas o cosas sobre otras ciertos efectos. ◇ FAM. influencia, influenciar, influjo, influyente. FLUIR.

influjo s. m. Influencia.

información s. f. Acción y efecto de informar. || Conjunto de noticias o informes. || Lugar donde se informa de algo. ◇ FAM. informática. INFORMAR.

informal adj. y s. m. y f. Sin formalidad. ◇ FAM. informalidad. FORMAL.

informante s. m. y f. y adj. Persona que da información.

informar v. tr. [1]. Dar a alguien noticia de alguna cosa. || Imprimir en algo unas características. ◆ v. intr. Dar informes sobre cosas concretas. ◇ FAM. información, informador, informante, informativo, informe[2]. / desinformar. FORMA.

informática s. f. Ciencia del tratamiento automático de la información por medio de ordenadores. ◇ FAM. informático, informatizar. INFORMACIÓN.

informativo, va adj. Que informa o sirve para informar. ◆ s. m. Espacio radiofónico o televisivo que difunde noticias.

informe[1] adj. Deforme. || Con forma vaga e indeterminada. ◇ FAM. informidad. FORMA.

informe² s. m. Acción y efecto de informar. ‖ Noticias o datos que se dan sobre alguien o algo.

infortunio s. m. Suerte o hecho desgraciado. <> FAM. infortunado. FORTUNA.

infra- pref. Significa 'poco, por debajo de lo normal': *infravalorado*. ‖ Significa 'inferior, debajo de': *infrahumano*.

infracción s. f. Quebrantamiento de una ley o norma moral, lógica o doctrinal. <> FAM. infraccionar, infractor, infringir. FRACCIÓN.

infraccionar v. tr. [1]. *Méx.* Multar.

infraestructura s. f. Conjunto de trabajos de cimentación de edificios, carreteras y vías férreas. ‖ Conjunto de servicios esenciales en la creación de una organización.

infrahumano, na adj. Inferior a lo humano.

infranqueable adj. Imposible o difícil de franquear. <> FAM. FRANQUEAR.

infrarrojo, ja adj. y s. m. Dícese de la radiación electromagnética utilizada en terapéutica, armamentos, etc.

infrasonido s. m. Vibración de sonido imperceptible para el oído humano.

infravalorar v. tr. [1]. Disminuir la importancia de algo.

infrecuente adj. Que no es frecuente. <> FAM. infrecuencia. FRECUENTE.

infringir v. tr. [3b]. Quebrantar una ley, norma, etc. <> FAM. INFRACCIÓN.

infructuoso, sa adj. Ineficaz para algún fin. <> FAM. infructuosidad. FRUCTUOSO, SA.

infrutescencia s. f. BOT. Fructificación compuesta por la agrupación de varios frutos. <> FAM. FRUTO.

ínfula s. f. Cinta ancha que pende de la mitra episcopal. ◆ pl. Presunción o vanidad.

infundado, da adj. Sin fundamento real o racional. <> FAM. FUNDAR.

infundio s. m. Noticia falsa, chisme. <> FAM. infundioso.

infundir v. tr. [3]. Provocar cierto estado de ánimo o sentimiento. <> FAM. infusión, infuso. FUNDIR.

infusión s. f. Acción y efecto de infundir. ‖ Preparado líquido que recoge los principios activos de ciertas plantas por la acción del agua hirviendo.

infuso, sa adj. REL. Dícese de la ciencia recibida directamente de Dios.

ingeniar v. tr. y pron. [1]. Idear, inventar algo con ingenio.

ingeniería s. f. Arte de aplicar los conocimientos científicos a la invención y perfeccionamiento de la técnica industrial. <> FAM. ingeniero. INGENIO.

ingeniero, ra s. Persona que tiene un título de ingeniería.

ingenio s. m. Talento para discurrir con facilidad. ‖ Persona de talento. ‖ Maña para conseguir algo. ‖ Artificio mecánico. <> FAM. ingeniar, ingeniería, ingeniosidad, ingenioso. GENIO.

ingenioso, sa adj. Que tiene o implica ingenio.

ingente adj. Muy grande.

ingenuo, nua adj. y s. Sincero, sin doblez. <> FAM. ingenuamente, ingenuidad.

ingerir v. tr. [22]. Introducir por la boca comida, bebida o medicamentos. <> FAM. ingestión.

ingestión s. f. Acción y efecto de ingerir.

ingle s. f. Pliegue de flexión entre el muslo y el abdomen. <> FAM. inguinal.

inglés, sa adj. y s. De Inglaterra. ◆ s. m. Lengua germánica hablada principalmente en el Reino Unido, Estados Unidos, Australia y Canadá.

inglete s. m. Ángulo de 45 grados que con cada cateto forma la hipotenusa del cartabón. ‖ Método de unión en que se cortan las piezas en ángulo recto.

ingrato, ta adj. Desagradecido, que olvida los beneficios recibidos. ‖ Desagradable. ‖ Que no corresponde al esfuerzo que cuesta. <> FAM. ingratamente, ingratitud. GRATO, TA.

ingrávido, da adj. Leve, ligero. <> FAM. ingravidez. GRÁVIDO, DA.

ingrediente s. m. Elemento que con otros forma un guiso, bebida u otro compuesto. <> FAM. INGRESAR.

ingresar v. intr. [1]. Entrar como miembro en una corporación, sociedad, etcétera. ◆ v. tr. Imponer dinero en una entidad bancaria o comercial. ‖ Percibir regularmente una cantidad de dinero. <> FAM. ingrediente, ingreso. / reingresar.

ingreso s. m. Acción de ingresar. ‖ Examen necesario para algunos estudios. ◆ pl. Dinero que se percibe regularmente.

íngrimo, ma adj. *Amér. Central, Colomb., Ecuad., Pan., R. Dom.* y *Venez.* Solitario, aislado.

inguinal adj. Relativo a la ingle.

inhábil adj. No hábil. ‖ Incapacitado para ciertos cargos o empleos. <> FAM. inhabilidad, inhabilitar. HÁBIL.

inhabilitar v. tr. [1]. Declarar a uno inhábil para cargos públicos o para ejercitar ciertos derechos. ◆ v. tr. y pron. Imposibilitar para una cosa. <> FAM. inhabilitación. INHÁBIL.

inhabitable adj. No habitable. <> FAM. inhabitado. HABITAR.

inhalar v. tr. [1]. Aspirar gases y vapores. <> FAM. inhalación, inhalador. HÁLITO.

inherente adj. Unido inseparablemente a algo. <> FAM. inherencia.

inhibición s. f. Acción y efecto de inhibir o inhibirse.

inhibir v. tr. y pron. [3]. Reprimir acciones, impulsos, etc. ‖ Suspender la función de un órgano. ◆ **inhibirse** v. pron. Abstenerse de intervenir en algo. <> FAM. inhibición, inhibitorio. / desinhibir.

inhóspito, ta adj. Desagradable para ser

habitado. ‖ Que no ofrece seguridad ni abrigo.

inhumano, na adj. Falto de humanidad, cruel. ‖ Impropio de la naturaleza humana. ◇ FAM. inhumanidad. HUMANO, NA.

inhumar v. tr. [1]. Dar sepultura. ◇ FAM. inhumación. HUMUS.

iniciación s. f. Acción y efecto de iniciar.

iniciado, da s. Persona que participa en el *conocimiento de algo, especialmente secreto.*

inicial adj. Relativo al principio de las cosas. ◆ adj. y s. f. Dícese de la primera letra de una palabra, capítulo, etc.

iniciar v. tr. y pron. [1]. Empezar alguna cosa. ‖ Enseñar, introducir en un conocimiento. ◇ FAM. iniciación, iniciado, iniciador, inicial, iniciativa, iniciativo, inicio.

iniciativa s. f. Idea que inicia una acción. ‖ Capacidad de emprender, inventar, etc.

inicio s. m. Comienzo, principio.

inicuo, cua adj. Contrario a la equidad, injusto. ‖ Malvado, perverso. ◇ FAM. inicuamente, iniquidad.

inigualable adj. Extraordinario, sin igual. ◇ FAM. inigualado, inigualdad. IGUALAR.

ininteligible adj. Imposible de entender. ◇ FAM. ininteligibilidad. INTELIGIBLE.

ininterrumpido, da adj. Continuado, sin interrumpir. ◇ FAM. ininterrumpidamente. INTERRUMPIR.

iniquidad s. f. Cualidad de inicuo. ‖ Acción inicua.

injerencia s. f. Acción y efecto de injerir o injerirse.

injerir v. tr. [22]. Incluir una cosa en otra. ◆ injerirse v. pron. Entrometerse. ◇ FAM. injerencia.

injertar v. tr. [1]. Introducir en una planta una parte de otra para que brote en ella. ‖ Implantar tejido vivo en un cuerpo humano. ◇ FAM. injertable, injertador, injerto.

injerto s. m. Acción y efecto de injertar. ‖ Elemento que se injerta.

injuria s. f. Insulto u ofensa grave. ◇ FAM. injuriar.

injuriado s. m. *Cuba.* Tabaco en rama, de calidad inferior.

injuriar v. tr. [1]. Proferir o cometer injurias. ◇ FAM. injuriador; injuriamiento; injurioso. INJURIA.

injusticia s. f. Cualidad de injusto. ‖ Acción injusta.

injustificado, da adj. No justificado. ◇ FAM. injustificable, injustificadamente. JUSTIFICAR.

injusto, ta adj. No conforme a la justicia o la equidad. ◇ FAM. injustamente, injusticia. JUSTO, TA.

inmaculado, da adj. Que no tiene mancha. ◇ FAM. MÁCULA.

inmaduro, ra adj. y s. No maduro. ◇ FAM. inmadurez. MADURO, RA.

inmaterial adj. No material. ◇ FAM. inmaterialidad. MATERIAL.

inmediación s. f. Calidad de inmediato. ◆ pl. Zona que rodea un lugar.

inmediato, ta adj. Contiguo, cercano en espacio o tiempo. ◇ FAM. inmediación, inmediatamente, inmediatez. MEDIATO, TA.

inmejorable adj. Que no se puede mejorar. ◇ FAM. MEJORAR.

inmemorial adj. Remoto, sin memoria de ello. ◇ FAM. inmemorable. MEMORIA.

inmenso, sa adj. Sin medida o muy difícil de medir. ‖ Muy grande. ◇ FAM. inmensamente, inmensidad.

inmerecido, da adj. No merecido.

inmersión s. f. Acción y efecto de sumergir o sumergirse.

inmerso, sa adj. Que está sumergido. ‖ Absorto. ◇ FAM. inmersión.

inmigración s. f. Acción y efecto de inmigrar.

inmigrante adj. y s. m. y f. Que realiza una inmigración.

inmigrar v. intr. [1]. Establecerse en un lugar o país individuos o animales procedentes de otro. ◇ FAM. inmigración, inmigrado, inmigrante, inmigratorio. MIGRAR.

inminente adj. Que está muy próximo a suceder. ◇ FAM. inminencia.

inmiscuir v. tr. [29]. Poner una sustancia en otra para crear una mezcla. ◆ inmiscuirse v. pron. Entrometerse.

inmobiliario, ria adj. Relativo a los bienes inmuebles. ◆ s. f. Empresa que construye, vende y administra edificios. ◇ FAM. INMUEBLE.

inmolar v. tr. y pron. [1]. Sacrificar, hacer sacrificios. ◇ FAM. inmolación, inmolador.

inmoral adj. y s. m. y f. Contrario a la moral. ◇ FAM. inmoralidad. MORAL[2].

inmortal[1] adj. No mortal, imperecedero. ‖ Inolvidable. ◇ FAM. inmortal[2], inmortalidad, inmortalizar. MORTAL.

inmortal[2] s. m. *Ecuad.* y *P. Rico.* Siempreviva, planta.

inmortalizar v. tr. y pron. [1g]. Perpetuar en la memoria de los hombres.

inmotivado, da adj. Injustificado. ◇ FAM. MOTIVAR.

inmóvil adj. Que no se mueve. ◇ FAM. inmovilidad, inmovilismo, inmovilizar. MÓVIL.

inmovilismo s. m. Oposición a las innovaciones políticas, sociales, etc. ◇ FAM. inmovilista. INMÓVIL.

inmovilizar v. tr. y pron. [1g]. Hacer que alguien o algo quede inmóvil. ‖ Impedir que algo evolucione. ◇ FAM. inmovilización, inmovilizado. INMÓVIL.

inmueble adj. y s. m. Dícese de los bienes no transportables. ◆ s. m. Casa, sobre todo de varios pisos. ◇ FAM. inmobiliario. MUEBLE.

inmundicia s. f. Calidad de inmundo. ‖ Suciedad, basura.

inmundo, da adj. Sucio y asqueroso. ◇ FAM. inmundicia.

inmune adj. Libre, exento de algo. ‖ Dícese del organismo con defensas para evitar ciertas enfermedades. ◇ FAM. inmunidad, inmunitario, inmunizar, inmunología. / inmunodepresor.

inmunidad s. f. Protección ante un daño o enfermedad. ‖ Privilegio de ciertas personas o cosas ante algunas leyes.

inmunitario, ria adj. Relativo a la inmunidad.

inmunizar v. tr. y pron. [1g]. Hacer inmune. ◇ FAM. inmunización, inmunizador, inmunizante. INMUNE.

inmunodepresor, ra adj. y s. m. Dícese de la sustancia que disminuye las reacciones inmunitarias. ◇ FAM. INMUNE y DEPRESOR, RA.

inmunología s. f. Parte de la medicina que estudia la inmunidad. ◇ FAM. inmunológico, inmunólogo. INMUNE.

inmutable adj. Que no puede ser cambiado. ‖ Que no se inmuta.

inmutar v. tr. y pron. [1]. Mudar o alterar una persona o cosa. ◇ FAM. inmutabilidad, inmutable, inmutación, inmutativo. MUTAR.

innato, ta adj. Que se posee desde el nacimiento.

innecesario, ria adj. No necesario.

innegable adj. Que no se puede negar. ◇ FAM. NEGAR.

innoble adj. Que no es noble. ‖ Vil y despreciable.

innombrable adj. Que no se puede nombrar. ◇ FAM. NOMBRAR.

innominado, da adj. Que no tiene nombre concreto. ◇ FAM. NOMINAR.

innovación s. f. Acción y efecto de innovar. ‖ Aquello que es nuevo.

innovar v. tr. [1]. Introducir novedades. ◇ FAM. innovación, innovador. NUEVO, VA.

innumerable adj. Que no se puede reducir a número. ‖ Muy abundante. ◇ FAM. innumerabilidad. NUMERAR.

inobservancia s. f. Falta de obediencia a leyes o reglamentos. ◇ FAM. inobservante. OBSERVANCIA.

inocencia s. f. Estado de inocente. ‖ Candor, simplicidad.

inocentada s. f. Acción candorosa o simple. ‖ Engaño o broma.

inocente adj. y s. m. y f. Libre de culpa. ‖ Cándido, sin picardía. ◇ FAM. inocencia, inocentada.

inocular v. tr. y pron. [1]. Introducir agentes patógenos en el organismo con fines terapéuticos. ‖ Pervertir a uno con el mal ejemplo o con ideas nocivas. ◇ FAM. inoculación, inoculador.

inocuo, cua adj. Que no es nocivo. ‖ Anodino, soso. ◇ FAM. inocuidad.

inodoro, ra adj. Que no tiene olor. ◆ s. m. Retrete provisto de sifón. ◇ FAM. OLOR.

inofensivo, va adj. Que no puede causar daño ni molestia.

inolvidable adj. Que no puede o no debe olvidarse. ◇ FAM. OLVIDAR.

inoperante adj. Que no produce efecto. ◇ FAM. OPERAR.

inopia s. f. Pobreza, indigencia. ● **Estar en la inopia** (Fam.), estar distraído, no darse cuenta de lo que pasa.

inopinado, da adj. Inesperado. ◇ FAM. OPINAR.

inoportuno, na adj. Fuera de tiempo o propósito. ◇ FAM. inoportunidad. OPORTUNO, NA.

inorgánico, ca adj. Dícese de cualquier cuerpo sin órganos para la vida.

inoxidable adj. Que no se oxida. ◇ FAM. OXIDAR.

inquebrantable adj. Que no puede quebrantarse. ◇ FAM. QUEBRANTAR.

inquietar v. tr. y pron. [1]. Poner inquieto, desasosegado. ◇ FAM. inquietante. INQUIETO, TA.

inquieto, ta adj. De índole bulliciosa. ‖ Desasosegado por una aprensión o duda. ‖ Emprendedor. ‖ Hond. Propenso a algo, inclinado. ◇ FAM. inquietar, inquietud. QUIETO, TA.

inquietud s. f. Estado de inquieto. ◆ pl. Interés de tipo intelectual o espiritual.

inquilinaje s. m. Chile. Inquilinato. ‖ Chile. Conjunto de inquilinos.

inquilinato s. m. Argent., Colomb. y Urug. Casa de vecindad. ‖ Chile. Modo de explotación de fincas agrícolas por inquilinos.

inquilino, na s. Persona que alquila un local o casa. ‖ Chile. Persona que habita y trabaja en una finca rústica en beneficio de su propietario. ◇ FAM. inquilinaje, inquilinato, inquilinismo.

inquina s. f. Antipatía, animadversión.

inquirir v. tr. [3f]. Preguntar para adquirir una información determinada. ◇ FAM. inquiridor, inquisición, inquisidor, inquisitivo, inquisitorio.

inquirriado, da adj. Hond. Que es muy enamoradizo y alegre.

inquisición s. f. Acción y efecto de inquirir. ‖ Tribunal que castigaba la herejía en la Edad Media.

inquisidor, ra adj. y s. Que inquiere. ◆ s. m. Juez de la Inquisición.

inri s. m. Palabra resultante de las iniciales de Iesus Nazarenus Rex Iudaeorum, rótulo latino de la santa cruz.

insaciable adj. Que no se puede saciar. ◇ FAM. insaciabilidad, insaciablemente. SACIAR.

insalubre adj. Perjudicial para la salud. ◇ FAM. insalubridad. SALUBRE.

insano, na adj. Insalubre.

insatisfactorio, ria adj. Que no satisface.

insatisfecho, cha adj. No satisfecho o saciado. ‖ Descontento. ◇ FAM. insatisfacción, insatisfactorio. SATISFECHO, CHA.

inscribir v. tr. [3n]. Grabar. ◆ v. tr. y pron. Anotar a alguien en una lista, registro, etc. ◇ FAM. inscribible, inscripción, inscrito. ESCRIBIR.

inscripción s. f. Acción y efecto de inscribir o inscribirse. ‖ Escrito grabado en piedra, metal u otra materia.

insecticida adj. y s. m. Dícese del producto que destruye los insectos nocivos.

insectívoro, ra adj. y s. m. Dícese de los animales y plantas que se alimentan principalmente de insectos.

insecto adj. y s. m. Dícese de los artrópodos dotados de antenas, tres pares de patas y cabeza, tórax y abdomen. ◇ FAM. insecticida, insectívoro. / desinsectación.

inseguridad s. f. Calidad de inseguro.

inseguro, ra adj. Falto de seguridad. ◇ FAM. inseguridad. SEGURO, RA.

inseminación s. f. Depósito del semen del macho en las vías genitales de la hembra. ◇ FAM. inseminar. SEMEN.

insensatez s. f. Falta de sensatez. ‖ Dicho o hecho insensato.

insensato, ta adj. y s. Falto de sensatez. ◇ FAM. insensatez. SENSATO, TA.

insensibilidad s. f. Falta de sensibilidad.

insensible adj. Que carece de sensibilidad. ‖ Imperceptible. ◇ FAM. insensibilidad, insensibilizar. SENSIBLE.

inseparable adj. Imposible o difícil de separar. ◇ FAM. inseparabilidad, inseparablemente. SEPARAR.

insepulto, ta adj. Que no ha sido sepultado. ◇ FAM. SEPULTAR.

inserción s. f. Acción y efecto de insertar. ‖ Punto en el que una cosa se inserta en otra.

insertar v. tr. [1]. Incluir, introducir una cosa en otra. ◇ FAM. inserción, inserto. / reinsertar.

inservible adj. Que no está en estado de servir. ◇ FAM. SERVIR.

insidia s. f. Asechanza, engaño. ‖ Acción o palabras con mala intención. ◇ FAM. insidiar, insidioso.

insidioso, sa adj. Que actúa con insidia.

insigne adj. Célebre, famoso. ◇ FAM. SEÑA.

insignia s. f. Signo distintivo de grados, dignidades y asociaciones. ◇ FAM. SEÑA.

insignificante adj. Que no merece ser tenido en cuenta, sin importancia. ◇ FAM. insignificancia. SIGNIFICAR.

insinuación s. f. Acción y efecto de insinuar o insinuarse.

insinuar v. tr. [1s]. Dar a entender algo con sólo indicarlo ligeramente. ◆ insinuarse v. pron. Adoptar actitudes prometedoras y amorosas con alguien. ‖ Principiar algo de forma poco perceptible. ◇ FAM. insinuación, insinuador, insinuante, insinuativo.

insípido, da adj. Falto de sabor. ‖ Sin gracia. ◇ FAM. insipidez. SÁPIDO, DA.

insistencia s. f. Acción y efecto de insistir.

insistir v. intr. [3]. Repetir varias veces una petición o acción para lograr lo que se intenta. ‖ Hacer hincapié en algo: insistir en una idea. ◇ FAM. insistencia, insistente, insistentemente.

insobornable adj. Que no puede ser sobornado. ◇ FAM. insobornabilidad. SOBORNAR.

insociable adj. Dícese de la persona que rehúye el trato con otras. ◇ FAM. insociabilidad. SOCIABLE.

insolación s. f. Enfermedad producida por una exposición excesiva al sol. ◇ FAM. insolar. SOL².

insolencia s. f. Calidad de insolente. ‖ Actitud o hecho insolente.

insolente adj. y s. m. y f. Descortés o irrespetuoso con los demás. ◇ FAM. insolencia, insolentarse.

insolidario, ria adj. y s. m. y f. Que no tiene solidaridad. ◇ FAM. insolidaridad. SOLIDARIO, RIA.

insólito, ta adj. No habitual, poco frecuente. ◇ FAM. SOLER.

insoluble adj. Que no puede disolverse. ‖ Que no se puede resolver, sin solución. ◇ FAM. insolubilidad. SOLUBLE.

insolvencia s. f. Imposibilidad de pagar por falta de recursos. ◇ FAM. insolvente. SOLVENCIA.

insolvente adj. y s. Que no puede pagar una deuda u obligación.

insomnio s. m. Dificultad para conciliar o proseguir el sueño. ◇ FAM. SUEÑO.

insondable adj. Imposible de sondear. ‖ Que no se puede averiguar o conocer a fondo. ◇ FAM. SONDAR.

insonorizar v. tr. [1g]. Aislar de ruidos un recinto. ‖ Reducir el ruido de una máquina o motor. ◇ FAM. insonorización. INSONORO, RA.

insonoro, ra adj. Falto de sonoridad. ◇ FAM. insonoridad, insonorizar. SONORO, RA.

insoportable adj. Difícil o imposible de soportar. ◇ FAM. SOPORTAR.

insoria s. f. Venez. Pizca.

insostenible adj. Que no se puede sostener. ◇ FAM. SOSTENER.

inspección s. f. Acción y efecto de inspeccionar. ‖ Oficina del inspector. ◇ FAM. inspeccionar, inspector.

inspeccionar v. tr. [1]. Examinar, reconocer algo atentamente.

inspector, ra adj. y s. Que inspecciona. ◆ s. Persona encargada de velar por el cumplimiento de las leyes. ◇ FAM. inspectoría. / subinspector. INSPECCIÓN.

inspectoría s. f. Chile. Cuerpo de policía sometido al mando de un inspector. ‖ Chile. Territorio vigilado por este cuerpo.

inspiración s. f. Acción y efecto de inspirar. ‖ Estado idóneo para la creación artística y estímulo que lo favorece.

inspirar v. tr. [1]. Hacer entrar aire u otro gas en los pulmones. ‖ Provocar en alguien sentimientos, ideas, etc. ◆ **inspirarse** v. pron. Sentir inspiración creadora. ◇ FAM. inspiración, inspirador, inspirativo. ESPIRAR.

instalación s. f. Acción y efecto de instalar o instalarse. ‖ Conjunto de cosas instaladas para algo.

instalar v. tr. [1]. Colocar algo de forma adecuada para la función que ha de realizar. ◆ v. tr. y pron. Situar, poner en un sitio. ◆ **instalarse** v. pron. Fijar la residencia en alguna parte. ◇ FAM. instalación, instalador. / reinstalar.

instancia s. f. Acción y efecto de instar. ‖ Memorial, solicitud escrita. ‖ Esfera, grupo de poder. • **En última instancia,** como último recurso.

instantáneo, a adj. Que sólo dura un instante. ‖ Dícese del producto alimenticio que puede consumirse con sólo añadir agua, leche, etc. ◇ FAM. instantáneamente, instantaneidad. INSTANTE.

instante s. m. Momento sin extensión que une dos espacios de tiempo. ‖ Tiempo brevísimo. ◇ FAM. instantáneo. INSTAR.

instar v. tr. [1]. Insistir en una petición o súplica. ◆ v. intr. Urgir la pronta ejecución de algo. ◇ FAM. instancia, instante.

instaurar v. tr. [1]. Fundar, instituir, establecer. ◇ FAM. instauración, instaurador, instaurativo.

instigar v. tr. [1b]. Incitar o inducir a uno para que haga una cosa. ◇ FAM. instigación, instigador.

instintivo, va adj. Que es obra del instinto y no de la razón.

instinto s. m. Impulso natural que determina los actos de los animales. ‖ Intuición, sentimiento espontáneo. ◇ FAM. instintivo.

institución s. f. Acción de instituir. ‖ Cosa instituida. ‖ Organismo que desarrolla una tarea social o cultural. ◇ FAM. institucional, institucionalidad, institucionalizar. INSTITUIR.

institucionalizar v. tr. y pron. [1g]. Convertir algo en institución. ◇ FAM. institucionalización. INSTITUCIÓN.

instituir v. tr. [29]. Fundar, establecer, crear. ◇ FAM. institución, institucional; instituto, institutor, institutriz, instituyente.

instituto s. m. Corporación científica, literaria, artística, etc. ‖ Centro oficial de enseñanza secundaria.

institutor s. m. Colomb. Profesor, maestro.

institutriz s. f. Maestra o persona encargada de la educación de los niños de una familia.

instrucción s. f. Acción de instruir o instruirse. ‖ Caudal de conocimientos adquiridos. ‖ INFORMÁT. En un ordenador, orden codificada que desencadena una operación elemental. ◆ pl. Conjunto de normas para la realización o empleo de algo.

instruido, da adj. Que tiene un caudal de conocimientos considerable.

instruir v. tr. [29]. Proporcionar conocimientos. ‖ DER. Formalizar un proceso o expediente conforme a las reglas del derecho. ◆ **instruirse** v. pron. Adquirir conocimientos. ◇ FAM. instrucción, instructivo, instructor, instruido, instruidor.

instrumental adj. Relativo a los instrumentos. ‖ Que sirve de instrumento. ◆ s. m. Conjunto de instrumentos.

instrumentar v. tr. [1]. Acomodar una partitura a cada uno de los instrumentos que han de interpretarla. ‖ Organizar. ◇ FAM. instrumentación. INSTRUMENTO.

instrumentista s. m. y f. Músico que toca un determinado instrumento.

instrumento s. m. Objeto que se utiliza para la realización de algo. ‖ Objeto usado para producir sonidos musicales. ‖ Medio para conseguir un fin. ◇ FAM. instrumental, instrumentar, instrumentista.

insubordinación s. f. Falta de subordinación, desobediencia, rebelión. ◇ FAM. insubordinado, insubordinar. SUBORDINAR.

insubstancial adj. Insustancial*.

insuficiencia s. f. Calidad de insuficiente. ‖ Falta de suficiencia o de inteligencia.

insuficiente adj. Que no es suficiente. ◆ s. m. Valoración negativa del aprovechamiento de un alumno. ◇ FAM. insuficiencia. SUFICIENTE.

insuflar v. tr. [1]. MED. Introducir un gas o un líquido en una cavidad u órgano del cuerpo. ◇ FAM. insuflación, insuflador.

insufrible adj. Que no se puede sufrir o tolerar. ◇ FAM. SUFRIR.

ínsula s. f. Isla. ‖ Territorio pequeño. ◇ FAM. insular, insulina. / península. ISLA.

insular adj. y s. m. y f. Isleño.

insulina s. f. Hormona que disminuye la glucemia y se emplea para el tratamiento de la diabetes. ◇ FAM. ÍNSULA.

insulso, sa adj. Insípido, falto de sabor. ‖ Falto de gracia y viveza. ◇ FAM. insulsez. SOSO, SA.

insultada s. f. Amér. Central, Chile, Colomb., Ecuad., Méx., Perú y P. Rico. Serie de insultos.

insultar v. tr. [1]. Dirigir a alguien expresiones ofensivas. ◇ FAM. insultada, insultador, insultante, insulto.

insulto s. m. Acción y efecto de insultar.

insumiso, sa adj. Que no está sometido o se halla en rebeldía. ◆ adj. y s. m. Que se niega a realizar el servicio militar. ◇ FAM. insumisión. SUMISO, SA.

insuperable adj. Que no se puede superar. ◇ FAM. SUPERAR.

insurgente adj. y s. m. y f. Levantado o sublevado contra la autoridad. ◇ FAM. insurrección. SURGIR.

insurrección s. f. Levantamiento, rebelión, sublevación. ◇ FAM. insurreccional, insurreccionar, insurrecto. INSURGENTE.

insurrecto, ta adj. y s. Insurgente.

insustancial adj. De poca o ninguna sustancia. ◇ FAM. insustancialidad. SUSTAN-CIAL.

intachable adj. Que no admite tacha o reproche. ◇ FAM. TACHA.

intacto, ta adj. Que no ha sido tocado, alterado o dañado.

intangible adj. Que no debe o no puede tocarse. ◇ FAM. intangibilidad. TANGIBLE.

integración s. f. Acción y efecto de integrar o integrarse.

integral adj. Que engloba todas las partes o aspectos de algo.

integrar v. tr. y pron. [1]. Componer un todo con partes diversas. ◆ v. tr. Reintegrar. ◆ **integrarse** v. pron. Introducirse enteramente en un grupo. ◇ FAM. integrable, integración, integrador, integrante. / desintegrar, reintegrar. ÍNTEGRO, GRA.

integridad s. f. Estado de una cosa que mantiene todas sus partes o no ha sufrido alteración. ‖ Cualidad de rectitud y honestidad en el comportamiento.

integrismo s. m. Actitud partidaria del mantenimiento de la integridad en las tradiciones.

íntegro, gra adj. Que tiene todas sus partes o capacidades. ‖ Que actúa con rectitud. ◇ FAM. integral, íntegramente, integrar, integridad, integrismo, integrista. ENTERO, RA.

intelecto s. m. Entendimiento, facultad de entender. ◇ FAM. intelectivo, intelectual. INTELIGENCIA.

intelectual adj. Relativo al entendimiento. ◆ adj. y s. m. y f. Dícese de la persona dedicada a actividades que exigen especial empleo de la inteligencia. ◇ FAM. intelectualidad, intelectualizar, intelectualmente. INTELECTO.

inteligencia s. f. Facultad de entender, de comprender. ‖ Cualidad de inteligible. ‖ Acuerdo. ‖ Habilidad y experiencia. ◇ FAM. inteligente, inteligible. / intelecto.

inteligente adj. Que implica o está dotado de inteligencia. ◆ adj. y s. m. y f. De gran capacidad intelectual.

inteligible adj. Que puede ser entendido o comprendido. ◇ FAM. inteligibilidad. / ininteligible. INTELIGENCIA.

intemperie s. f. Inclemencias o variaciones del tiempo atmosférico. ◇ FAM. TEMPERAR.

intempestivo, va adj. Que está fuera de tiempo y sazón. ◇ FAM. TIEMPO.

intemporal adj. Que es independiente del curso del tiempo. ◇ FAM. intemporalidad. TEMPORAL[1].

intención s. f. Propósito de hacer o conseguir algo. ◇ FAM. intencionado, intencional, intencionalidad.

intencionado, da adj. Que tiene determinada intención. ◇ FAM. bienintencionado, malintencionado. INTENCIÓN.

intencional adj. Deliberado, hecho con intención.

intendencia s. f. Dirección, gobierno de una cosa. ‖ MIL. Cuerpo del ejército encargado de aprovisionar a las tropas.

intendente s. m. Jefe superior de algunos servicios económicos del estado. ‖ Jefe superior de la administración militar. ◇ FAM. intendencia. / subintendente, superintendente.

intensidad s. f. Grado de energía de un agente natural, de una cualidad, expresión o afecto. ‖ Entusiasmo, apasionamiento.

intensificar v. tr. y pron. [1a]. Hacer o volverse algo más intenso. ◇ FAM. intensificación, intensificador. INTENSO, SA.

intensivo, va adj. Que se hace a propósito con más intensidad.

intenso, sa adj. Que tiene intensidad, vehemente, vivo. ◇ FAM. intensidad, intensificar, intensivo.

intentar v. tr. [1]. Trabajar o esforzarse para hacer o comenzar algo. ◇ FAM. intento, intentona.

intento s. m. Acción y efecto de intentar.

intentona s. f. Fam. Intento temerario, en especial frustrado.

inter- pref. Significa 'entre, en medio' o 'entre varios': *internacional, interponer.*

interacción s. f. Acción o influencia recíproca. ◇ FAM. interaccionar. ACCIÓN.

intercalar v. tr. y pron. [1]. Poner una cosa entre otras. ◇ FAM. intercalación, intercaladura.

intercambiar v. tr. y pron. [1]. Realizar un intercambio. ◇ FAM. intercambiable, intercambio. CAMBIAR.

intercambio s. m. Trueque entre cosas, personas o grupos.

interceder v. intr. [2]. Intervenir en favor de alguien. ◇ FAM. intercesión, intercesor. CEDER.

interceptar v. tr. [1]. Apoderarse de algo o detenerlo antes de que alcance su destino. ‖ Obstruir una vía de comunicación. ◇ FAM. intercepción, interceptación, interceptor.

intercontinental adj. Que relaciona dos o más continentes.

intercostal adj. Que está entre las costillas.

interdental adj. y s. f. LING. Dícese de la consonante que se articula colocando la punta de la lengua entre los dientes.

interés s. m. Cualidad de una cosa que la hace importante o valiosa. ‖ Atracción sentida hacia alguien o algo. ‖ Beneficio o provecho de alguien. ‖ Cantidad que se paga por la tenencia de dinero ajeno. ‖ Lucro producido por un capital. ◆ pl. Conjunto de bienes materiales. ◇ FAM. interesar. / desinterés.

interesado, da adj. y s. Que tiene interés en algo. ‖ Que se preocupa mucho del interés material.

interesante adj. Digno de interés o de atención. ‖ Que inspira interés o atracción.

interesar v. tr. [1]. Suscitar, adquirir o tomar interés. || Invertir dinero en algo. || Afectar, lesionar. ◆ **interesarse** v. pron. Tener interés en una persona o cosa. ◇ FAM. interesado, interesante. INTERÉS.

interestelar adj. Que está situado entre las estrellas.

interfase s. f. Período que separa dos fases sucesivas. ◇ FAM. interfásico. FASE.

interfecto, ta adj. y s. Dícese de la persona muerta con violencia. ◆ s. *Fam.* Persona de quien se habla.

interferencia s. f. Acción y efecto de interferir. || Mezcla de las señales de dos emisoras de longitud de onda muy próxima.

interferir v. tr. y pron. [22]. Interponerse o mezclarse una acción o movimiento en otro. ◆ v. tr. e intr. Producir interferencias. ◇ FAM. interferencia.

interfono s. m. Aparato telefónico empleado para las comunicaciones internas.

ínterin s. m. Intervalo, intermedio. ◆ adv. t. Entretanto o mientras.

interino, na adj. y s. Que sirve temporalmente en sustitución de otra persona o cosa. ◆ s. f. Asistenta, criada por horas. ◇ FAM. ínterin, interinato, interinidad.

interior adj. Que está, se lleva, hace u ocurre en la parte de dentro. || Perteneciente al propio país o al país de que se habla. || Relativo al mundo íntimo o espiritual de uno. ◆ s. m. La parte de dentro. || *Méx.* Provincia. ◇ FAM. interioridad, interiorismo, interiorizar, interiormente.

interioridad s. f. Calidad de interior. ◆ pl. Conjunto de asuntos privados, por lo común secretos.

interiorismo s. m. Arte de acondicionar y decorar los espacios interiores de la arquitectura. ◇ FAM. interiorista. INTERIOR.

interiorizar v. tr. [1g]. Guardar para sí mismo, retener. || Hacer propias opiniones o comportamientos ajenos. || Hacer más profundo un sentimiento o idea. ◇ FAM. interiorización. INTERIOR.

interjección s. f. LING. Voz con que se expresa repentinamente un estado de ánimo, una orden, etc. ◇ FAM. interjectivo.

interlínea s. f. Espacio entre dos líneas escritas o impresas. ◇ FAM. interlineado, interlineal, interlinear. LÍNEA.

interlocutor, ra s. Cada una de las personas que toman parte en un diálogo. ◇ FAM. interlocución. LOCUTOR, RA.

interludio s. m. Pieza musical breve que sirve como introducción o intermedio.

intermediar v. intr. [1]. Hacer de intermediario. ◇ FAM. intermediario. MEDIAR.

intermediario, ria adj. y s. Dícese de la persona u organismo que media entre otros para un fin.

intermedio, dia adj. Que está situado en medio. ◆ s. m. Espacio comprendido entre un tiempo o hecho y otro.

interminable adj. Inacabable. ◇ FAM. TERMINAR.

interministerial adj. Relativo a varios ministerios.

intermitente adj. Que se interrumpe y prosigue a intervalos. ◆ s. m. Dispositivo que enciende y apaga alternativamente una luz. ◇ FAM. intermitencia, intermitentemente.

internacional adj. Relativo a dos o más naciones. ◆ adj. y s. m. y f. Dícese del deportista que participa en competiciones entre naciones. ◇ FAM. internacionalidad, internacionalismo, internacionalista, internacionalizar. NACIONAL.

internado s. m. Centro educativo donde los alumnos pernoctan. || Estado y régimen escolar de estos alumnos.

internar v. tr. [1]. Hacer que alguien resida en una institución o local, con determinada finalidad. || Hospitalizar. ◆ **internarse** v. pron. Penetrar o adentrarse en un lugar. || Profundizar en una materia. ◇ FAM. internación, internado, internamiento. INTERNO, NA.

internista adj. y s. m. y f. Dícese del médico especialista en medicina interna.

interno, na adj. Interior. ◆ adj. y s. Que está internado. ◇ FAM. internamente, internar, internista.

interparlamentario, ria adj. Dícese de las comunicaciones y organismos que relacionan los órganos parlamentarios de distintos países.

interpelar v. tr. [1]. Solicitar de alguien explicaciones sobre un suceso en que ha intervenido. ◇ FAM. interpelación. APELAR.

interponer v. tr. y pron. [5]. Poner algo o ponerse entre dos cosas o personas. ◆ v. tr. Usar de la influencia o autoridad para conseguir algo para alguien. ◆ **interponerse** v. pron. Impedir o alterar el curso de una acción. ◇ FAM. interposición, interpuesto. PONER.

interpretación s. f. Acción y efecto de interpretar. || Comentario, explicación. || Forma de representar o ejecutar una obra artística.

interpretar v. tr. [1]. Buscar y explicar el significado de algo. || Dar determinado sentido a palabras, actitudes, etc. || Ejecutar el artista una obra. || Representar los actores en el teatro. || Traducir. ◇ FAM. interpretable, interpretación, interpretador, interpretativo, intérprete.

intérprete s. m. y f. Persona que interpreta en el teatro o en el cine. || Traductor.

interregno s. m. Período en que un estado no tiene soberano. ◇ FAM. REINO.

interrelación s. f. Correspondencia entre personas o cosas.

interrogación s. f. Acción de interrogar, preguntar. || Signo de puntuación que expresa una pregunta directa.

interrogante adj. y s. m. y f. Que interroga. ◆ s. m. Signo de interrogación. (¿?).

s. m. y f. Incógnita, problema no aclarado. || Pregunta.

interrogar v. tr. y pron. [1g]. Preguntar. ◇ FAM. interrogación, interrogador, interrogante, interrogativo, interrogatorio. ROGAR.

interrogativo, va adj. Que implica o denota interrogación.

interrogatorio s. m. Serie de preguntas formuladas a alguien.

interrumpir v. tr. [3]. Cortar la continuación de una acción o hecho en el lugar o el tiempo. ◇ FAM. interrumpidamente, interrupción, interruptor. / ininterrumpido.

interrupción s. f. Acción y efecto de interrumpir.

interruptor, ra adj. Que interrumpe. ◆ s. m. Aparato que sirve para abrir o cerrar un circuito eléctrico.

:%s:SAintersección s. f. Lugar donde se cortan dos elementos.

intersticio s. m. Grieta, resquicio. ◇ FAM. intersticial.

intervalo s. m. Porción de espacio o de tiempo que media entre dos cosas.

intervención s. f. Acción y efecto de intervenir.

intervenir v. intr. [21]. Tomar parte en un asunto. || Interponer uno su autoridad. || Mediar, interceder. ◆ v. tr. Realizar una operación quirúrgica. || Fiscalizar las cuentas del estado o de un organismo. ◇ FAM. intervención, interventor. VENIR.

interventor, ra adj. y s. Que interviene. || Revisor de tren.

interviú s. f. Entrevista periodística.

intervocálico, ca adj. Situado entre dos vocales.

intestado, da adj. y s. Que no ha hecho testamento.

intestino, na adj. Interno, interior. ◆ s. m. ANAT. Víscera hueca donde se realiza la última parte de la digestión. ◇ FAM. intestinal. / gastrointestinal.

intimar v. tr. y pron. [1]. Entablar estrecha amistad con alguien. || Exhortar con autoridad a que se haga algo. ◇ FAM. intimación, intimatorio. ÍNTIMO, MA.

intimidad s. f. Calidad de íntimo. || Conjunto de sentimientos, pensamientos o hábitos propios. || Relación íntima entre personas. ◆ pl. Parte sexual exterior del cuerpo humano.

intimidar v. tr. y pron. [1]. Causar o infundir miedo. ◇ FAM. intimidación.

intimista adj. y s. m. y f. Dícese del artista que tiende a reflejar emociones y sentimientos íntimos o familiares.

íntimo, ma adj. Dícese de lo más interior y profundo. || Acogedor y tranquilo. ◆ adj. y s. Dícese de la relación muy estrecha con una persona y de la persona con quien se entabla. ◇ FAM. íntimamente, intimar, intimidad, intimismo, intimista.

intolerable adj. Que no se puede tolerar. ◇ FAM. intolerabilidad. INTOLERANCIA.

intolerancia s. f. Falta de tolerancia. ◇ FAM. intolerable, intolerante. TOLERANCIA.

intoxicación s. f. Introducción de un tóxico en el organismo.

intoxicar v. tr. y pron. [1a]. Envenenar, impregnar de sustancias tóxicas. || Verter información manipulada por unos intereses o por error. ◇ FAM. intoxicación. / desintoxicar. TÓXICO, CA.

intra- pref. Significa 'dentro de': *intravenoso*.

intramuros adv. l. Dentro de una ciudad, villa o lugar.

intramuscular adj. En o para el interior de los músculos.

intranquilizar v. tr. [1g]. Quitar la tranquilidad. ◆ **intranquilizarse** v. pron. Ponerse intranquilo. ◇ FAM. intranquilizador. INTRANQUILO, LA.

intranquilo, la adj. Falto de tranquilidad. ◇ FAM. intranquilidad, intranquilizar. TRANQUILO, LA.

intransferible adj. Que no se puede transferir. ◇ FAM. TRANSFERIR.

intransigente adj. Que no se presta a transigir. ◇ FAM. intransigencia. TRANSIGENTE.

intransitable adj. Dícese del lugar por donde no se puede transitar.

intransitivo, va adj. y s. m. LING. Dícese de los verbos que no llevan complemento directo. ◆ adj. Propio de estos verbos. ◇ FAM. intransitividad. TRANSITIVO, VA.

intrascendente adj. Falto de trascendencia. ◇ FAM. intrascendencia, intrascendental. TRASCENDENTE.

intratable adj. No tratable ni manejable. || Insociable, de genio áspero. ◇ FAM. intratabilidad. TRATABLE.

intrauterino, na adj. Relativo al interior del útero.

intravenoso, sa adj. Que está o se hace dentro de la vena.

intrépido, da adj. Que no teme al peligro. || Que obra o habla sin reflexión. ◇ FAM. intrépidamente, intrepidez.

intriga s. f. Acción y efecto de intrigar. || Curiosidad que despierta una cosa. || Trama de una obra teatral, novela, etc.

intrigar v. intr. [1b]. Actuar con cautela y astucia para conseguir un fin. ◆ v. tr. Excitar viva curiosidad una cosa. ◇ FAM. intriga, intrigante.

intrincado, da adj. Enredado, enmarañado.

intrincar v. tr. [1a]. Complicar, confundir. ◇ FAM. intrincado.

intríngulis s. m. Causa oculta o intención disimulada que se supone en una acción. || Dificultad o complicación de algo.

intrínseco, ca adj. Que es propio de algo por sí mismo.

introducción s. f. Acción y efecto de in-

traducir. ‖ Prólogo o preámbulo de una obra o discurso:

introducir v. tr. y pron. [20]. Dar entrada a alguien, o entrar en un lugar, situación, ciencia, etc. ‖ Meter, hacer penetrar algo. ◇ FAM. introducción, introductor, introductorio.

introito s. m. Prólogo de un escrito o discurso.

intromisión s. f. Acción y efecto de entrometerse. ◇ FAM. ENTROMETER.

introspección s. f. Estudio del estado de conciencia por ella misma, y del sujeto por sí mismo. ◇ FAM. introspectivo.

introvertido, da adj. y s. Dícese de la persona que tiende a concentrarse en su propio mundo interior. ◇ FAM. introversión. VERTER.

intrusión s. f. Acción de introducirse indebidamente en un lugar, situación, oficio, etc.

intrusismo s. m. Ejercicio de una actividad profesional por parte de una persona no autorizada para ello.

intruso, sa adj. y s. Que detenta algo por intrusión. ‖ Que penetra indebidamente en algún lugar o situación. ◇ FAM. intrusión, intrusismo.

intubar v. tr. [1]. MED. Introducir un tubo o cánula en el interior de un órgano. ◇ FAM. intubación. TUBO.

intuición s. f. Conocimiento inmediato de una cosa, idea o verdad, sin el concurso del razonamiento.

intuir v. tr. [29]. Percibir por intuición. ◇ FAM. intuición, intuitivo.

intuitivo, va adj. Relativo a la intuición. ‖ Dícese de la persona en quien predomina la intuición sobre el razonamiento.

inundación s. f. Crecida de un río que hace desbordarse el agua. ‖ Abundancia excesiva de algo.

inundar v. tr. y pron. [1]. Cubrir el agua un lugar. ‖ Cubrir o llenar algo con exceso. ◇ FAM. inundación, inundado.

inusitado, da adj. Poco habitual o frecuente. ◇ FAM. USO.

inusual adj. Que no es usual.

inútil adj. y s. m. y f. Que no sirve o no es apto. ◇ FAM. inutilidad, inutilizar, inútilmente. ÚTIL[1].

inutilizar v. tr. y pron. [1g]. Hacer inútil, vano o nulo. ◇ FAM. inutilización. INÚTIL.

invadir v. tr. [3]. Acometer, entrar por fuerza o violencia en un sitio. ‖ Irrumpir en un sitio algo perjudicial o molesto. ‖ Apoderarse de alguien un estado de ánimo. ◇ FAM. invasión, invasor.

invaginar v. tr. [1j]. Doblar los bordes de la boca de un tubo hacia dentro. ◇ FAM. invaginación. VAGINA.

invalidar v. tr. [1]. Hacer de ningún valor y efecto una cosa. ◇ FAM. invalidación. INVÁLIDO, DA.

invalidez s. f. Falta de validez. ‖ Incapa-

cidad permanente de una persona para trabajar o realizar algunas actividades.

inválido, da adj. y s. Incapaz por algún defecto físico. ◆ adj. Nulo, sin valor. ◇ FAM. invalidar, invalidez. VÁLIDO, DA.

invariable adj. Que no padece variación. ◇ FAM. invariabilidad, invariablemente, invariación, invariado, invariante. VARIABLE.

invariante adj. Que no varía. ◆ s. f. Magnitud o propiedad que permanece invariable.

invasión s. f. Acción y efecto de invadir.

invasor, ra adj. y s. Que invade.

invectiva s. f. Discurso o escrito acre y violento.

invencible adj. Que no puede ser vencido. ◇ FAM. VENCER.

invención s. f. Acción y efecto de inventar. ‖ Cosa inventada. ‖ Hallazgo. ‖ Engaño, ficción.

inventar v. tr. [1]. Descubrir una cosa nueva o un modo nuevo de hacer algo. ◆ v. tr. y pron. Imaginar narraciones, cuentos, etc. ‖ Expresar como verdadero lo que no lo es. ◇ FAM. invención, inventario, inventiva, inventivo, invento, inventor.

inventario s. m. Lista en que se relacionan y detallan los bienes de una persona o entidad. ‖ Valoración del desarrollo o estado de alguna cosa. ◇ FAM. inventariar. INVENTAR.

inventiva s. f. Facultad y disposición para inventar.

invento s. m. Invención. ‖ Cosa material inventada.

inventor, ra adj. y s. Que inventa.

inverna s. f. Perú. Invernada del ganado.

invernáculo s. m. Invernadero para las plantas.

invernada s. f. Amér. Central y Amér. Merid. Invernadero para el ganado.

invernadero s. m. Espacio cubierto y adaptado para el cultivo de vegetales.

invernal adj. Relativo al invierno.

invernar v. intr. [1j]. Pasar el invierno en un lugar o de un modo determinado. ‖ Argent., Colomb., Perú y Urug. Pastar el ganado en los invernaderos.

invernazo s. m. P. Rico. Período de inactividad en los ingenios de azúcar. ‖ P. Rico y R. Dom. Período de lluvias de julio a septiembre.

inverosímil adj. Que no tiene apariencia de verdad. ◇ FAM. inverosimilitud. VEROSÍMIL.

inversión s. f. Acción y efecto de invertir. ‖ Dinero que se coloca en una actividad o negocio para obtener beneficio. ‖ Homosexualidad. ◇ FAM. inversionista. / reinversión. INVERTIR.

inverso, sa adj. De sentido invertido, opuesto.

inversor, ra adj. y s. Que invierte.

invertebrado, da adj. y s. m. Relativo a

los animales que no tienen columna vertebral. ‖ Carente de vertebración.

invertido, da adj. y s. Homosexual.

invertir v. tr. [22]. Sustituir el orden o disposición de algo por su opuesto. ‖ Emplear dinero en un negocio para lograr provecho. ‖ Emplear una cantidad de algo en una cosa. ◇ FAM. inversión, inverso, inversor, invertido. VERTER.

investidura s. f. Acción y efecto de investir. ‖ Carácter que se obtiene con la posesión de ciertos cargos. ‖ Votación parlamentaria para designar al jefe del estado o del gobierno.

investigación s. f. Acción y efecto de investigar.

investigar v. tr. [1b]. Intentar descubrir o esclarecer algo poniendo los medios necesarios para ello. ‖ Estudiar a fondo un saber o ciencia para ampliar los conocimientos sobre ella. ◇ FAM. investigable, investigación, investigador. VESTIGIO.

investir v. tr. [30]. Conferir una dignidad o cargo importante. ◇ FAM. investidura. VESTIR.

inveterado, da adj. Antiguo, arraigado.

inviable adj. No apto para el fin propuesto. ◇ FAM. inviabilidad. VIABLE.

invicto, ta adj. No vencido, siempre victorioso. ◇ FAM. victoria.

invidente adj. y s. m. y f. Privado del sentido de la vista. ◇ FAM. invidencia. VIDENTE.

invierno s. m. Estación del año, que va del otoño a la primavera. ◇ FAM. inverna, invernáculo, invernada, invernadero, invernal, invernar, invernazo, invernizo. / hibernar.

inviolable adj. Que no se debe o no se puede violar. ‖ Que goza de protección especial. ◇ FAM. inviolabilidad, inviolado. VIOLAR.

invisible adj. Que no se puede ver. ◆ s. m. *Argent. Fam.* Horquilla para el peinado femenino. ◇ FAM. invisibilidad. VISIBLE.

invitación s. f. Acción y efecto de invitar.

invitado, da adj. y s. Que ha recibido invitación.

invitar v. tr. [1]. Llevar o decir a alguien que asista a una fiesta o celebración que se organiza. ‖ Obsequiar con el pago de algo, especialmente comida o bebida. ‖ Mandar o pedir a alguien que haga algo. ‖ Incitar un lugar o circunstancia a hacer una cosa. ◇ FAM. invitación, invitado, invitador. / envite.

invivible adj. *Colomb.* Dícese de una casa inhabitable o de una ciudad en que se han deteriorado las condiciones de vida. ◇ FAM. VIVIR.

invocar v. tr. [1a]. Rogar a Dios pidiendo algo. ‖ Remitirse a algo o a alguien para obtener ayuda. ‖ Alegar una ley para justificar una acción. ◇ FAM. invocación, invocador, invocatorio.

involución s. f. Retroceso en la evolución de algo. ‖ Regresión de un órgano u organismo debido al envejecimiento. ◇ FAM. involucionar, involucionista, involutivo.

involucrar v. tr. [1]. Añadir a los discursos o escritos temas ajenos. ◆ v. tr. y pron. Complicar a alguien en un asunto, comprometiéndole en él.

involuntario, ria adj. Que escapa al control de la voluntad. ◇ FAM. involuntariamente, involuntariedad. VOLUNTARIO, RIA.

invulnerable adj. Que no puede ser herido. ‖ No susceptible de ser afectado por algo. ◇ FAM. invulnerabilidad. VULNERABLE.

inyección s. f. Acción y efecto de inyectar. ‖ Líquido que se inyecta.

inyectado, da adj. Coloreado por un aflujo intenso de sangre.

inyectar v. tr. [1]. Introducir bajo presión un líquido o un gas en un cuerpo. ‖ Administrar algo mediante inyección. ‖ Transmitir un estado de ánimo. ◆ inyectarse v. pron. Llenarse o colorearse por aflujo de sangre. ◇ FAM. inyección, inyectable, inyectado, inyector.

inyector s. m. Aparato que pulveriza el combustible en la cámara de combustión de los motores que no tienen carburador.

iodo s. m. Yodo*.

ión o **ion** s. m. Átomo o grupo de átomos con carga eléctrica. ◇ FAM. ionización. / anión, catión, ionosfera.

ionización s. f. Transformación de átomos o de moléculas neutras, en iones. ◇ FAM. ionizar. IÓN.

ionosfera s. f. Parte alta de la atmósfera, muy ionizada, donde el aire es conductor de electricidad. ◇ FAM. IÓN y ESFERA.

iota s. f. Novena letra del alfabeto griego.

ipegüe s. m. *Salv.* y *Nicar.* Cosa que se da por añadidura a quien realiza una compra.

ípsilon s. f. Vigésima letra del alfabeto griego.

ipso facto loc. Inmediatamente, en el acto.

iqueño, ña adj. y s. De Ica (Perú).

iquiteño, ña adj. y s. De Iquitos (Perú).

ir v. intr. y pron. [18]. Moverse hacia determinado lugar. ◆ v. intr. Ser algo adecuado para alguien. ‖ Tener algo determinada dirección o extensión. ‖ Apostar. ‖ Estar, funcionar, ser o suceder como se expresa. ‖ Con gerundio intensifica la significación durativa. ‖ Con la prep. a y un infinitivo indica inminencia de la acción. ● Estar ido (*Fam.*), estar loco, abstraído. ◆ irse v. pron. Dejar de estar donde se estaba. ‖ Estarse muriendo. ‖ Salirse un líquido o gas de un recipiente. ‖ Deslizarse o caer una cosa. ◇ FAM. ida. / vaivén.

ira s. f. Irritación o enfado muy violento. ‖ Furia o violencia de los elementos. ◇ FAM. iracundo, irascible. / airar.

iraca s. f. *Colomb.* Palma utilizada para tejer sombreros.

iracundo, da adj. y s. Propenso a la ira o dominado por ella. ◇ FAM. IRA.

iraní adj. y s. m. y f. De Irán.

iraquí adj. y s. m. y f. De Irak.

irascible adj. Propenso a irritarse. ◇ FAM. irascibilidad. IRA.

iridio s. m. Metal blanco, duro y resistente a la corrosión.

iridiscente adj. Que muestra los colores del arco iris.

irire s. m. *Bol.* Calabaza ovoide en la que se toma chicha. ◇ FAM irirear.

irirear v. intr. [1]. *Bol.* Tomar chicha en irire.

iris s. m. ANAT. Membrana pigmentada del ojo, en cuyo centro está la pupila. ◇ FAM. iridiscente, irisar.

irisar v. intr. [1]. Presentar un cuerpo franjas de luz, con los colores del arco iris.

irlandés, sa adj. y s. De Irlanda. ◆ s. m. Lengua hablada en Irlanda.

ironía s. f. Burla disimulada con la que se insinúa lo opuesto de lo que se expresa. ◇ FAM. ironista, ironizar.

ironizar v. tr. [1g]. Hablar con ironía, ridiculizar.

irracional adj. Que carece de razón o es opuesto a ella. ◆ adj. y s. m. MAT. Dícese del número real² que no puede expresarse como cociente de dos números enteros. ◇ FAM. irracionalidad, irracionalmente. RACIONAL.

irradiar v. tr. [1]. Despedir un cuerpo radiaciones. || Transmitir un sentimiento o estado de ánimo. ◇ FAM. irradiación, irradiador. RADIAR.

irreal adj. No real, falto de realidad. ◇ FAM. irrealidad. REAL².

irrealizable adj. Que no se puede realizar. ◇ FAM. REALIZAR.

irrebatible adj. Que no se puede rebatir. ◇ FAM. REBATIR.

irrecuperable adj. Sin recuperación posible. ◇ FAM. RECUPERAR.

irreflexión s. f. Falta de reflexión, aturdimiento. ◇ FAM. irreflexivo. REFLEXIÓN.

irreflexivo, va adj. Falto de reflexión. || Que se dice o hace sin reflexionar.

irrefrenable adj. Que no se puede refrenar. ◇ FAM. REFRENAR.

irrefutable adj. Que no se puede refutar. ◇ FAM. REFUTAR.

irregular adj. Que no es regular, simétrico, uniforme. || No conforme a la ley o uso establecidos. ◇ FAM. irregularidad, irregularmente. REGULAR².

irregularidad s. f. Acción que constituye delito o falta.

irrelevante adj. Sin importancia. ◇ FAM. irrelevancia. RELEVANTE.

irremediable adj. Sin remedio posible. ◇ FAM. REMEDIAR.

irremisible adj. Que no se puede remitir o perdonar.

irremplazable adj. Que no puede remplazarse o ser remplazado. ◇ FAM. REMPLAZAR.

irrenunciable adj. Que no se puede renunciar. ◇ FAM. RENUNCIAR.

irreparable adj. Imposible o difícil de reparar. ◇ FAM. REPARAR.

irrepetible adj. Que no puede o no debe ser repetido. ◇ FAM. REPETIR.

irreprimible adj. Que no se puede reprimir. ◇ FAM. REPRIMIR.

irreprochable adj. Sin tacha ni falta. ◇ FAM. irreprochabilidad. REPROCHAR.

irresistible adj. Dícese de aquello a lo que no se puede poner resistencia. || Inaguantable, insufrible. ◇ FAM. RESISTIR.

irresoluble adj. Que no se puede resolver o determinar. ◇ FAM. irresolución, irresoluto. RESOLVER.

irresoluto, ta adj. y s. Falto de resolución. || Que no se decide en un caso determinado.

irrespetuoso, sa adj. No respetuoso. ◇ FAM. irrespetuosidad. RESPETUOSO, SA.

irrespirable adj. Imposible o difícil de respirarse. ◇ FAM. RESPIRAR.

irresponsable adj. Carente de responsabilidad. || Que actúa sin considerar las consecuencias. ◇ FAM. irresponsabilidad. RESPONSABLE.

irreverente adj. y s. m. y f. Irrespetuoso con las cosas respetables. ◇ FAM. Irreverencia. REVERENTE.

irreversible adj. Que no es reversible. || Que sólo puede funcionar en un sentido. ◇ FAM. Irreversibilidad. REVERSIBLE.

irrevocable adj. Que no se puede revocar. ◇ FAM. irrevocabilidad. REVOCAR.

irrigar v. tr. [1b]. Regar. || MED. Rociar con un líquido una parte del cuerpo. ◇ FAM. irrigación. REGAR.

irrisorio, ria adj. Que provoca risa, burla. || Insignificante, de poca estimación. ◇ FAM. irrisible, irrisión. RISA.

irritable adj. Que se irrita con facilidad.

irritación s. f. Acción y efecto de irritar.

irritar v. tr. y, pron. [1]. Hacer sentir enfado violento o excitación. || Causar algo en el cuerpo rojez o ecozor. ◇ FAM. irritabilidad, irritable, irritación, irritador, irritante.

irrompible adj. Que no se puede romper. ◇ FAM. ROMPER.

irrumpir v. intr. [3]. Entrar violentamente en un lugar. ◇ FAM. irrupción.

irrupción s. f. Acción y efecto de irrumpir.

isabeleño, ña adj. y s. De Isabela (Puerto Rico).

isabelino, na adj. Relativo al período en que reinaron soberanas con el nombre de Isabel, en España o Inglaterra.

isangas s. f. pl. *Argent.* Conjunto de espuertas usadas para transportar mercancías a lomo de bestias. || *Perú.* Conjunto de nasas para la pesca del camarón.

isba s. f. Vivienda rural, característica de Rusia.

isla s. f. Porción de tierra rodeada enteramente de agua. ‖ Zona claramente diferenciada del espacio que le rodea. ‖ *Chile.* Terreno próximo a un río que se cubre a veces de agua. ◇ FAM. islario, isleño, isleta, islote. / aislar, ínsula.

islam s. m. Religión musulmana. ‖ Conjunto de los países musulmanes. ◇ FAM. islámico, islamismo, islamita, islamizar.

islamismo s. m. Conjunto de dogmas y preceptos que constituyen la religión de Mahoma, fundador del islam. ◇ FAM. panislamismo. ISLAM.

islandés, sa adj. y s. De Islandia. ◆ s. m. Lengua nórdica hablada en Islandia.

isleño, ña adj. y s. De una isla.

isleta s. f. *Argent.* Grupo de árboles en medio de la llanura.

islote s. m. Isla pequeña. ‖ Peñasco que sobresale del mar.

iso- pref. Significa 'igualdad o semejanza': *isomorfo.*

isobárico, ca adj. De igual presión.

isobaro, ra adj. y s. f. Dícese de la línea imaginaria que une los puntos de igual presión atmosférica. ◇ FAM. isobárico.

isoca s. f. *Argent.* Oruga muy perjudicial para los cereales.

isómero, ra adj. y s. m. Que tiene la misma composición química pero distintas propiedades físicas. ◇ FAM. isomería.

isomorfo, fa adj. Que tiene la misma forma. ◇ FAM. isomorfismo.

isósceles adj. MAT. Que tiene dos lados iguales.

isótopo s. m. Nombre que se da a los elementos químicos idénticos con masas atómicas diferentes. ◇ FAM. isotópico.

israelí adj. y s. m. y f. Del Estado de Israel.

istapacle s. m. *Méx.* Planta usada como purgante.

istmo s. m. Estrecha lengua de tierra que une dos continentes o una península con un continente. ◇ FAM. ístmico.

itacate s. m. *Méx.* Conjunto de provisiones que se llevan para el viaje.

italiano, na adj. y s. De Italia. ◆ s. m. Lengua hablada en Italia. ◇ FAM. italianismo, italianista, italianizar, itálico.

itálico, ca adj. y s. De Italia, particularmente de la Italia antigua. ◆ adj. y s. f. Dícese de la letra cursiva.

itapuense adj. y s. m. y f. De Itapúa (Paraguay).

ítem adv. En un escrito o documento, indica distinción de artículos o capítulos. ◆ s. m. Aditamento, añadidura. ‖ INFORMÁT. Conjunto de caracteres de un mismo dato.

iterar v. tr. [1]. Repetir. ◇ FAM. iteración, iterativo.

iterativo, va adj. Que se repite. ◆ adj. y s. LING. Dícese de la palabra que expresa una repetición de la acción.

iterbio s. m. Metal del grupo de las tierras raras.

itinerante adj. Que se desplaza para ejercer sus funciones.

itinerario s. m. Descripción o guía de un viaje. ‖ Ruta que se sigue para llegar a un lugar. ◇ FAM. itinerante.

ixtle s. m. *Méx.* Especie de agave y fibra textil que se extrae.

izabaleño, ña adj. y s. De Izabal (Guatemala).

izabalino, na adj. y s. Izabaleño.

izar v. tr. [1g]. Elevar una cosa tirando de la cuerda, cable, etc., a que está sujeta. ◇ FAM. izada, izado, izamiento.

izote s. m. Planta arbórea de América Central, que constituye una especie de palma de flores blancas muy olorosas.

izquierdista adj. Relativo a la izquierda política. ◆ adj. y s. m. y f. Partidario de la izquierda política.

izquierdo, da adj. Dícese de las partes del cuerpo situadas del lado del corazón y de las cosas que quedan en dicho lado. ‖ Dícese del lado de un objeto que está situado, con relación a su parte anterior, como en el hombre la parte del cuerpo en relación al lado del corazón. ◆ s. f. Conjunto de grupos y partidos que profesan opiniones avanzadas. ◇ FAM. izquierdista.

j

j s. f. Décima letra del alfabeto español y séptima de sus consonantes; representa un sonido velar, fricativo y sordo.

¡ja! Voz onomatopéyica con que se imita la risa.

jaba s. f. *Amér.* Especie de cajón enrejado en que se transportan útiles domésticos. ‖ *Cuba.* Especie de cesta de junco. ‖ *Cuba.* Cualquier bolsa para llevar a mano.

jabalí, lina s. m. Mamífero parecido al cerdo, de cabeza aguda y colmillos desarrollados que le salen de la boca. ◇ FAM. jabato.

jabalina s. f. Vara para lanzamientos, usada en atletismo.

jabato, ta adj. y s. Valiente, bravo. ◆ s. m. Cachorro de jabalí. ◇ FAM. JABALÍ.

jabear v. tr. [1]. *Guat.* Robar, hurtar.

jábega o **jábeca** s. f. Red muy larga arrastrada desde tierra.

jabón s. m. Producto utilizado para lavar. ● **Dar jabón** (*Fam.*), adular. ◇ FAM. jabonar, jaboncillo, jabonera, jabonería, jabonero, jabonoso. / enjabonar, saponificar.

jabonado s. m. *Chile.* Reprimenda, regañina. ‖ *Chile.* Acción y efecto de jabonar.

jabonar v. tr. [1]. Frotar algo con jabón para lavarlo. ‖ Humedecer la barba con agua jabonosa para afeitarla. ‖ *Fam.* Reprender. ◇ FAM. jabonado, jabonador, jabonadura. JABÓN.

jabotí s. m. *Amér.* Tortuga terrestre de carne comestible.

jaca s. f. Caballo de poca alzada. ‖ Yegua, hembra del caballo. ‖ *Argent.* Gallo viejo de pelea al que se le dejan crecer los espolones. ◇ FAM. jaco.

jacal s. m. *Méx.* y *Venez.* Choza o casa humilde. ◇ FAM. jacalón.

jacalón s. m. *Méx.* Cobertizo, tinglado.

jácara s. f. Romance festivo. ‖ Danza popular y música que la acompaña. ◇ FAM. jacarear.

jacarandá o **jacaranda** s. m. *Amér.* Árbol de flores azules, cuya madera es muy estimada en ebanistería.

jácena s. f. Viga maestra.

jachado, da adj. *Hond.* Que tiene una cicatriz producida por herida de arma blanca.

jachalí s. m. *Amér. Central.* Planta arbórea de fruto aromático y sabroso y de madera dura, muy apreciada en ebanistería.

jacinto s. m. Planta bulbosa, que se cultiva por sus flores. ‖ Piedra semipreciosa de color rojo amarillento.

jack s. m. Parte de un dispositivo de conexión de un circuito eléctrico donde se introduce la clavija.

jaco s. m. Caballo pequeño y de mal aspecto. ◇ FAM. jaca.

jacobeo, a adj. Relativo al apóstol Santiago.

jacobino, na adj. y s. Relativo a los miembros del partido más demagógico y violento de la Revolución Francesa.

jactancia s. f. Orgullo excesivo.

jactarse v. pron. [1]. Presumir de algo que uno tiene o se atribuye. ◇ FAM. jactancia, jactancioso.

jacú s. m. *Bol.* Conjunto de alimentos que se comen acompañando a otros.

jaculatoria s. f. Oración breve y fervorosa.

jade s. m. Piedra preciosa de color verde.

jadear v. intr. [1]. Respirar con dificultad por efecto de cansancio, calor, enfermedad, etc. ◇ FAM. jadeante, jadeo.

jaenés, sa adj. y s. De Jaén (España).

jaez s. m. Adorno que se pone a las caballerías. ◇ FAM. enjaezar.

jagua s. f. Árbol americano de flores blancoamarillentas y fruto de sabor agridulce. ‖ *Colomb.* Variedad de fréjol.

jaguar s. m. Yaguar*.

jaguay s. m. *Cuba.* Planta arbórea de madera amarilla.

jagüey s. m. *Amér. Central* y *Amér. Merid.* Balsa, pozo o zanja llena de agua. ‖ *Cuba.* Bejuco que crece enlazándose a un árbol, al cual mata.

jaiba s. f. *Antill., Chile* y *Méx.* Cangrejo de río. ◆ adj. y s. m. y f. *Cuba.* Perezoso. ‖ *Cuba* y *P. Rico.* Astuto, taimado.

jalada s. f. *Mex. Fam.* Exageración. ‖ *Mex.* Fumada de cigarrillo.

jalapa adj. y s. m. y f. Jalapeño.

jalapeño, ña adj. y s. De Jalapa (Guatemala). ◆ s. m. *Méx.* Variedad de chile.

jalar v. tr. [1]. Halar. ‖ *Fam.* Comer con ganas. ◆ v. intr. *Amér.* Correr o andar muy deprisa. ‖ *Amér. Central.* Mantener relaciones amorosas. ◆ **jalarse** v. pron. *Amér.* Emborracharse. ◇ FAM. HALAR.

jalca s. f. *Perú.* Cumbre elevada de la cordillera andina.

jalda s. f. *P. Rico.* Falda de un monte. ◇ FAM. FALDA.

jalea s. f. Conserva dulce de aspecto gelatinoso y transparente, hecha de zumo de algunas frutas.

jalear v. tr. [1]. Animar con palmadas, exclamaciones y actitudes a los que cantan, bailan o tocan. || Alabar con exageración lo que alguien hace. ◇ FAM. jaleador, jaleo. ¡HALA!

jaleo s. m. Acción y efecto de jalear. || *Fam.* Ruido, agitación, desorden, tumulto. || *Fam.* Lío, enredo, intriga.

jalifa s. m. Autoridad suprema del antiguo protectorado español de Marruecos. ◇ FAM. jalifato. CALIFA.

jalisciense adj. y s. m. y f. De Jalisco (México).

jalón¹ s. m. Vara con regatón de hierro que se clava en tierra para determinar puntos fijos. || Hecho importante que constituye un punto de referencia en la vida de alguien. || *Argent.* y *Bol.* Trecho, distancia. ◇ FAM. jalonar.

jalón² s. m. *Amér.* Tirón. || *Méx.* Trago de bebida alcohólica. ◇ FAM. jalonear.

jalonar v. tr. [1]. Señalar con jalones. || Marcar un hecho la vida de alguien o el curso de algo. ◇ FAM. jalonamiento. JALÓN¹.

jalonear v. tr. [1]. *Guat., Méx.* y *Nicar.* Dar tirones. ◇ FAM. JALÓN².

jama s. f. *Hond.* Iguana de tamaño menor que la común.

jamaica s. f. *Méx.* Flor seca de color rojo oscuro que se utiliza para preparar un refresco con agua. || *Méx.* Tómbola o venta de caridad.

jamaicano, na adj. y s. De Jamaica.

jamaiquino, na adj. y s. Jamaicano.

jamar v. tr. y pron. [1]. *Fam.* Comer.

jamás adv. tr. En ningún tiempo, nunca.

jamba s. f. Cada uno de los elementos verticales que sostienen un arco o dintel de una puerta o ventana.

jamelgo s. m. Caballo flaco y mal proporcionado.

jamón s. m. Pierna de cerdo salada y curada. || Carne de esta pierna. ◇ FAM. jamona.

jamona s. f. y adj. *Fam.* Mujer madura, algo gruesa y de formas pronunciadas. ◇ FAM. ajamonarse. JAMÓN.

jamoncillo s. m. *Méx.* Dulce de leche.

janano, na adj. *Guat.* y *Salv.* Que tiene labio leporino.

jansenismo s. m. Doctrina que pretendía limitar la libertad humana por la influencia de la gracia divina. ◇ FAM. jansenista.

japonés, sa adj. y s. De Japón. ◆ s. m. Lengua hablada en Japón.

jaque s. m. Lance del ajedrez en que el rey o la reina están amenazados por alguna pieza contraria. ● **Jaque mate,** lance con que se acaba el juego del ajedrez.

● **Poner, tener** o **traer en jaque,** amenazar o importunar a alguien. ◇ FAM. jaquear.

jaqueca s. f. Dolor de cabeza intenso. ◇ FAM. jaquecoso.

jáquima s. f. *Amér. Central.* Borrachera.

jara s. f. Arbusto de hojas brillantes, flores blancas y fruto en cápsula, que crece en la región mediterránea. || *Bol.* Descenso o alto en una marcha. ◇ FAM. jaral, jarilla.

jarabe s. m. Bebida que se obtiene cociendo azúcar en agua y añadiendo alguna esencia o medicamento. || Cualquier bebida muy dulce. || Baile popular mexicano, parecido al zapateado español.

jaracatal s. m. *Guat.* Multitud, abundancia.

jarana s. f. Diversión, juerga. || Riña, escándalo. || *Méx.* Guitarra pequeña. ◇ FAM. jaranear.

jaranear v. intr. [1]. *Fam.* Ir de jarana. || *Cuba.* Burlarse.

jarcha s. f. Estrofa final, escrita en dialecto mozárabe, de una composición poética árabe denominada moaxaja.

jarcia s. f. Conjunto de todos los cabos y aparejos de un buque. || Conjunto de instrumentos para pescar. ◇ FAM. enjarciar.

jardín s. m. Terreno donde se cultivan plantas, con fines ornamentales. ◇ FAM. jardinería, jardinero. / ajardinar, enjardinar.

jardinería s. f. Arte de cultivar jardines.

jardinero, ra s. Persona que cuida jardines. ◆ s. f. Mueble para colocar plantas o flores. || *Colomb.* Saco, jubón.

jareta s. f. Dobladillo que se hace en la ropa para meter una cinta o goma y ajustarla. || *C. Rica.* Bragueta, abertura de los pantalones. ◇ FAM. enjaretar.

jarico s. m. *Cuba.* Reptil quelonio emídido.

jarilla s. f. *Argent., Chile* y *Urug.* Nombre de diversas especies de arbustos ramificados y resinosos, que alcanzan los 2 m de altura y poseen pequeñas flores amarillas. ◇ FAM. JARA.

jaripeo s. m. *Méx.* Fiesta charra. || *Méx.* Suerte que los charros hacen con el lazo.

jarocho, cha adj. y s. *Méx.* De Veracruz (México).

jarra s. f. Vasija de cuello ancho, con asa y un pico en el borde para verter el líquido. ◇ FAM. jarrero, jarro.

jarrete s. m. Corva de la rodilla. || Parte alta y carnosa de la pantorrilla.

jarro s. m. Jarra. ◇ FAM. jarrón. JARRA.

jarrón s. m. Vasija de adorno.

jaspe s. m. Roca de colores vivos y entremezclados, empleada en joyería. ◇ FAM. jaspeado, jaspear.

jaspeado, da adj. Veteado como el jaspe.

jauja s. f. Lugar o situación de prosperidad y abundancia.

jaula s. f. Caja para encerrar animales. || Embalaje a modo de caja, hecho de listones enrejados. ◇ FAM. enjaular.

jauría s. f. Conjunto de perros que cazan juntos.

javanés, sa adj. y s. De Java. ► s. m. Lengua del grupo indonesio que se habla en Java.

jayán, na s. Persona alta y fuerte. ‖ Persona tosca y grosera.

jayao s. m. *Cuba.* Pez marino cuya carne es muy apreciada.

jazmín s. m. Arbusto trepador de flores amarillas o blancas muy olorosas. ‖ Flor de esta planta.

jazz s. m. Género musical creado por los negros americanos, de ritmo cambiante y melodía sincopada con mucha improvisación.

jeans s. m. pl. Pantalón tejano.

jebe s. m. *Amér. Central* y *Amér. Merid.* Árbol del caucho.

jeep s. m. Automóvil todo terreno.

jefatura s. f. Dignidad y cargo de jefe. ‖ Sede de cierto tipo de organismos.

jefe, fa s. Persona que tiene a otras a sus órdenes. ‖ Líder o cabeza de algo. ‖ Tratamiento respetuoso de confianza. ‖ Categoría superior al capitán. ‖ *Méx. Fam.* Padre, madre. ◇ FAM. jefatura. / subjefe.

jején s. m. *Amér.* Insecto díptero, más pequeño que el mosquito y de picadura más irritante.

jenchicero s. m. *P. Rico.* Pozo o fuente de donde se saca agua.

jengibre s. m. Planta oriunda de Asia, de rizoma aromático que se utiliza como condimento.

jeniquén s. m. *Colomb., Cuba* y *P. Rico.* Pita, planta.

jenízaro s. m. Soldado de un cuerpo de infantería otomano. ‖ *Méx.* Individuo del cuerpo de policía.

jeque s. m. Entre los musulmanes, jefe de un territorio, lugar, comunidad, etc.

jerarca s. m. Persona que tiene elevada categoría dentro de una organización.

jerarquía s. f. Clasificación de las funciones, dignidades, etc., de acuerdo con una relación de subordinación. ‖ Organización de personas o cosas por categorías. ◇ FAM. jerarca, jerárquico, jerarquizar.

jerarquizar v. tr. [1g]. Organizar en jerarquías.

jerbo s. m. Mamífero roedor de largas patas posteriores provistas de tres dedos.

jeremías s. m. y f. Persona que se lamenta continuamente.

jerez s. m. Vino blanco de fina calidad y alta graduación.

jerga s. f. Lenguaje particular que usan los individuos de una profesión o clase. ‖ Jerigonza. ◇ FAM. jergal. / jerigonza.

jergón s. m. Colchón de paja, esparto o hierbas y sin bastas.

jerguilla s. f. *Chile.* Pez con una sola aleta dorsal.

jerigonza s. f. Habla especial y enrevesada, lenguaje difícil de entender. ‖ *Fam.*

Acción extraña y ridícula. ◇ FAM. JERGA.

jeringa s. f. Instrumento cilíndrico hueco para inyectar o extraer líquidos de los tejidos o cavidades naturales. ◇ FAM. jeringar, jeringuilla.

jeringuilla s. f. Jeringa pequeña para poner inyecciones.

jeroglífico, ca adj. y s. m. Dícese de la escritura en la que se usan figuras o símbolos. ► s. m. Cada figura o símbolo de esta escritura. ‖ Juego que consiste en deducir frases a partir de unos signos dados. ‖ Expresión o acción difícil de descifrar.

jerosolimitano, na adj. y s. De Jerusalén.

jersey s. m. Prenda de vestir de punto, generalmente con mangas, que llega aproximadamente hasta la cintura. ◇ FAM. yérsey, yersi.

jeruza s. f. *Guat.* y *Hond.* Cárcel, calabozo.

jesuita s. m. Miembro de la Compañía de Jesús, sociedad de clérigos regulares. ◇ FAM. jesuítico.

jesusear v. tr. [1]. *Guat.* Atribuir un hecho a una persona.

jet s. m. Avión a reacción. ‖ Conjunto de personas famosas de la alta sociedad.

jeta s. f. *Fam.* Boca abultada. ‖ *Fam.* Cara, parte anterior de la cabeza. ‖ *Méx. Fam.* Gesto de enojo en el rostro. ‖ *Méx. Fam.* Siesta. ► s. m. y f. Caradura. ◇ FAM. jetudo.

jetearse v. pron. [1]. *Méx. Fam.* Dormirse.

jetón, na adj. *Méx. Fam.* Malhumorado, enojado. ‖ *Méx. Fam.* Dormido.

ji s. f. Vigésima segunda letra del alfabeto griego.

jíbaro, ra adj. y s. Dícese del individuo de una tribu indígena del Ecuador. ‖ *Antill.* Dícese de la gente rústica y de lo relativo a ella. ‖ *R. Dom.* Dícese de los animales indómitos.

jibe s. m. *Cuba* y *R. Dom.* Criba usada en la construcción.

jibia s. f. Sepia.

jícama s. f. *Méx.* Nombre de varios tubérculos comestibles.

jicaque adj. *Guat.* y *Hond.* Inculto, necio, cerril.

jícara s. f. Vasija pequeña que suele emplearse para tomar chocolate. ‖ *Amér.* Vasija pequeña, hecha de la corteza del fruto de la güira. ‖ *Amér. Central* y *Méx.* Fruto del jícaro. ◇ FAM. jícaro.

jícaro s. m. *Amér. Central* y *Méx.* Árbol americano, güira.

jicote s. m. *Amér. Central* y *Méx.* Avispa gruesa de cuerpo negro. ‖ *Hond.* y *Nicar.* Panal de esta avispa.

jiennense o **jienense** adj. y s. m. y f. Jaenés, de Jaén (España).

jiguillo s. m. *P. Rico.* Arbusto de corteza y hojas aromáticas.

jijona s. m. Turrón blando hecho a base de almendras.

jilguero s. m. Ave muy común en España, de pico delgado, colores vivos y canto melodioso.

jilote s. m. *Amér. Central* y *Méx.* Mazorca de maíz, con sus granos aún tiernos.

jineta¹ s. f. Mamífero carnívoro de pelaje claro moteado de negro.

jineta² s. f. Forma de montar a caballo en que se llevan los estribos muy cortos y las piernas dobladas. ‖ Mujer que monta a caballo.

jinete s. m. Soldado de a caballo. ‖ Persona que va a caballo. ◇ FAM. jineta², jinetear.

jinetear v. tr. [1]. *Amér.* Domar caballos cerriles. ‖ *Méx.* Tardar en pagar un dinero con el fin de sacar ganancias. ◆ **jinetearse** v. pron. *Colomb.* y *Méx.* Montarse y asegurarse en la silla. ◇ FAM. JINETE.

jinotegano, na adj. y s. De Jinotega (Honduras). ‖ De Jinotega (Nicaragua).

jiote s. m. *Méx.* Erupción cutánea acompañada de escozor.

jipato, ta adj. *Amér. Central, Antill., Colomb., Ecuad.* y *Venez.* Pálido, anémico. ‖ *Cuba.* Dícese de la fruta que ha perdido la sustancia.

jiquera s. m. *Colomb.* Saco de cabuya.

jira s. f. Comida campestre.

jirafa s. f. Mamífero rumiante de cuello largo y esbelto y cabeza pequeña con dos cuernos poco desarrollados. ‖ CINE y TV. Brazo articulado que sostiene el micrófono.

jirón s. m. Trozo desgarrado de una tela. ‖ Pedazo de un cuerpo separado violenta o injustamente. ‖ *Perú.* Vía urbana compuesta de varias calles.

jitazo s. m. *Méx. Fam.* Éxito.

jitomate s. m. *Méx.* Variedad de tomate carnoso y grande.

¡jo! interj. Denota molestia o fastidio. ◇ FAM. ¡jolín!, ¡jolines!

jobillo s. m. *Antill.* Jobo.

jobo s. m. *Amér. Central, Antill., Colomb., Pan., P. Rico* y *Venez.* Árbol con flores hermafroditas en panojas, y fruto parecido a la ciruela. ◇ FAM. jobillo.

jochear v. tr. [1]. *Bol.* Torear, azuzar.

jockey s. m. Jinete profesional que monta los caballos de carreras.

jocoque s. m. *Méx.* Leche cortada, nata agria.

jocoso, sa adj. Gracioso, chistoso, alegre: *comentario jocoso.* ◇ FAM. jocosidad. JUEGO.

jocotal s. m. *Guat.* Variedad de jobo cuyo fruto es el jocote.

jocote s. m. *C. Rica* y *Guat.* Fruta parecida a la ciruela, de color rojo o amarillo. ◇ FAM. jocotal, jocotear.

jocotear v. intr. [1]. *C. Rica* y *Guat.* Salir al campo a cortar o a comer jocotes. ‖ *Guat.* Molestar mucho, hacer daño.

jocundo, da adj. Jovial, alegre, jocoso. ◇ FAM. jocundidad.

joder v. tr. y pron. [2]. *Vulg.* Practicar el coito. ‖ *Vulg.* Molestar, fastidiar.

jofaina s. f. Palangana.

jogging m. Actividad física que consiste en correr a pie.

jojana s. f. *Venez.* Modo burlesco de decir las cosas.

joker s. m. En los juegos de cartas, comodín.

jolgorio s. m. *Fam.* Regocijo, fiesta bulliciosa.

¡jolín! o **¡jolines!** interj. Denota sorpresa, alegría o enfado. ◇ FAM. ¡JO!

jolote s. m. *Guat., Hond.* y *Méx.* Pavo. ‖ *Méx.* Pez común de río.

jónico, ca adj. y s. Jonio. ◆ adj. Dícese del orden de la arquitectura griega caracterizado por una columna estriada, esbelta y coronada por un capitel flanqueado por dos volutas. ◆ s. m. Uno de los principales dialectos del griego.

jonio, nia adj. y s. De Jonia. ◆ adj. Relativo a las regiones de este nombre en Grecia y Asia antiguas. ◇ FAM. jónico.

jora s. f. *Amér. Merid.* Maíz germinado para hacer chicha.

jordano, na adj. y s. De Jordania.

jornada s. f. Día. ‖ Camino recorrido de una vez. ‖ Duración del trabajo diario o semanal de un trabajador. ‖ En el teatro clásico, acto de una obra. ◇ FAM. jornal.

jornal s. m. Estipendio que percibe un trabajador por cada día de trabajo. ‖ Este mismo trabajo. ◇ FAM. jornalero. / ajornalar. JORNADA.

jornalero, ra s. Persona que cobra un dinero fijo por cada día de trabajo, especialmente la que trabaja en el campo.

joroba s. f. Deformidad producida en el cuerpo por la torcedura de la columna vertebral. ‖ *Fam.* Fastidio. ◇ FAM. jorobado, jorobar.

jorobar v. tr. y pron. [1]. *Fam.* Fastidiar, molestar.

jorongo s. m. *Méx.* Poncho con que se cubren los campesinos. ‖ *Méx.* Colcha de lana.

joropo s. m. Música y baile típicos de Venezuela. ◇ FAM. joropear.

josefino, na adj. y s. De San José (Costa Rica). ‖ De San José (Uruguay).

jota¹ s. f. Nombre de la letra *j*. ‖ Lo mínimo: *no ver ni jota.*

jota² s. f. Baile popular de Aragón y otras regiones. ‖ Música y copla propias de este baile. ◇ FAM. jotero.

jote s. m. *Chile.* Especie de buitre de color negro, con cabeza y cola violáceas. ‖ *Chile.* Cometa grande de forma cuadrada.

joto s. m. *Colomb.* Bulto o paquete pequeño, hatillo.

joven adj. Relativo a la juventud. ◆ adj. y s. m. y f. Que tiene poca edad. ◇ FAM. juvenil, juventud. / rejuvenecer.

jovial adj. Alegre, risueño. ⬦ FAM. jovialidad, jovialmente.

joya s. f. Objeto de metal precioso, guarnecido a veces de perlas o piedras finas. ‖ Persona o cosa de mucha valía. ⬦ FAM. joyería, joyero. / enjoyar.

joyería s. f. Establecimiento donde se hacen o venden joyas. ‖ Arte y comercio de las joyas. ‖ Conjunto de joyas.

joyero, ra s. Persona que hace o vende joyas. ➤ s. m. Estuche, caja o armario para guardar joyas.

joyolina s. f. *Guat.* Prisión, cárcel.

juagar v. tr. [1b]. *Colomb.* Enjuagar.

juagaza s. f. *Colomb.* En los ingenios azucareros, meloja.

juanete s. m. Hueso de la base del dedo grueso del pie, cuando sobresale demasiado. ➤ pl. *Hond.* Cadera. ⬦ FAM. juanetudo.

jubilación s. f. Acción y efecto de jubilar o jubilarse. ‖ Cantidad que perciben los jubilados.

jubilar[1] v. tr. [1]. Eximir del servicio, por ancianidad o imposibilidad física, a un empleado. ➤ **jubilarse** v. pron. Conseguir la jubilación. ⬦ FAM. jubilación, jubilado. JÚBILO.

jubilar[2] adj. Perteneciente al jubileo.

jubileo s. m. En la religión hebraica, año santo celebrado cada cincuenta años. ‖ En la religión católica, indulgencia plenaria que concede a veces el papa. ⬦ FAM. jubilar[2]. JÚBILO.

júbilo s. m. Alegría muy intensa. ⬦ FAM. jubilar[2], jubileo, jubiloso.

jubón s. m. Prenda de vestir ajustada al cuerpo, con mangas o sin ellas, que cubría hasta la cintura.

judaísmo s. m. Religión de los judíos.

judaizante adj. y s. m. y f. Dícese de los judíos hispanos y portugueses bautizados, que conservaron pública o secretamente la fe judaica. ⬦ FAM. judaizar. JUDÍO, A.

judas s. m. Traidor.

judeocristiano, na adj. Dícese de la cultura heredera de la tradición judía y cristiana.

judeoespañol, la adj. De los judíos españoles o sefardíes. ➤ s. m. Variedad del español hablada por estos judíos.

judería s. f. Barrio en que habitaban los judíos.

judía s. f. Planta de fruto en vainas aplastadas con varias semillas de forma de riñón. ‖ Fruto y semilla de esta planta.

judiada s. f. Faena, trastada. ⬦ FAM. JUDÍO, A.

judicial adj. Relativo a la organización, ejercicio o administración de la justicia. ⬦ FAM. JUEZ.

judío, a adj. y s. Relativo a una comunidad étnica, cultural e histórica procedente de la antigua Palestina. ‖ Que profesa el judaísmo. ‖ De Judea. ⬦ FAM. judaico, ju-

daísmo, judaizante, judería, judiada, judeocristiano, judeoespañol.

judo s. m. Deporte de combate japonés, que constituye un método de defensa sin emplear armas. ⬦ FAM. judoka.

judoka s. m. y f. Persona que practica el judo.

juego s. m. Acción de jugar. ‖ Cualquier diversión que se realice siguiendo determinadas reglas. ‖ Práctica de los juegos de azar. ‖ Conjunto de piezas semejantes o para un mismo uso. ‖ Intriga o maquinación para conseguir algo. ‖ En tenis, cada una de las divisiones de un set. ‖ Conjunto de objetos necesarios para jugar un juego. ‖ Cartas, fichas, etc., que tiene cada jugador. ‖ Articulación de dos cosas de modo que tengan cierto movimiento. ‖ Este mismo movimiento. ➤ pl. Serie de fiestas o espectáculos públicos que se celebraban en Grecia y Roma. ● **Juego de azar,** aquel cuyo resultado depende casi exclusivamente de la suerte. ‖ **Juego de manos,** ejercicio de prestidigitación. ‖ **Juego de palabras,** figura que consiste en usar palabras en sentido equívoco, o en varias de sus acepciones. ● **Dar juego,** frase con que se denota que un asunto tendrá más efecto del que se cree. ‖ **Entrar en juego,** intervenir. ‖ **Estar en juego,** depender de otra cosa. ‖ **Hacer juego,** convenir, adecuarse una cosa con otra. ⬦ FAM. jocoso, videojuego. JUGAR.

juerga s. f. Diversión bulliciosa, particularmente la que hacen varias personas reunidas. ⬦ FAM. juerguearse, juerguista.

jueves s. m. Cuarto día de la semana.

juey s. m. *P. Rico.* Cangrejo de tierra. ‖ *P. Rico.* Persona codiciosa, avara.

juez s. m. y f. Persona que tiene autoridad y potestad para juzgar y sentenciar. ‖ En exámenes, concursos, etc., persona que juzga a los participantes. ‖ DEP. Persona encargada de hacer que se cumpla el reglamento. ● **Juez de paz,** el que resuelve asuntos de escasa importancia en algunos municipios. ⬦ FAM. judicial, juicio, juzgar.

jugada s. f. Cada una de las intervenciones de los jugadores en el juego. ‖ Lance del juego. ‖ Acción mala e inesperada.

jugador, ra adj. y s. Que juega. ‖ Que tiene el vicio de apostar al juego.

jugar v. intr. [1ñ]. Hacer algo como diversión. ‖ Tomar parte en un juego, deporte o sorteo. ‖ Intervenir los jugadores en el juego cada vez que les corresponde. ‖ No tomarse algo con seriedad. ➤ v. tr. Llevar a cabo partidas o partidos de juego. ‖ Hacer uso de las piezas o cartas en un juego. ➤ v. tr. y pron. Arriesgar en el juego. ‖ Exponerse a perder algo. ● **Jugarla,** o **jugársela** a alguien, hacer algo con intención de perjudicarle. ⬦ FAM. juego, jugada, jugador, jugarreta, juguete.

jugarreta s. f. *Fam.* Engaño, mala pasada. ◇ FAM. JUGAR.

juglar, resa s. Artista de la Edad Media que recitaba versos, cantaba y tocaba música. ◇ FAM. juglaresco, juglaría.

juglaría s. f. Actividad u oficio de los juglares.

jugo s. m. Líquido contenido en las sustancias vegetales y animales. ‖ Salsa que acompaña a ciertos guisos. ‖ Líquido orgánico que segregan ciertas glándulas. ‖ Contenido o interés de lo que se dice o escribe. ‖ Provecho que se saca de algo. ◇ FAM. jugosidad, jugoso. / enjugar.

juguete s. m. Objeto que sirve para que jueguen los niños. ‖ Persona o cosa dominada por una fuerza material o moral. ◇ FAM. juguetear, juguetería, juguetero. JUGAR.

juguetear v. intr. [1]. Entretenerse, enredar jugando. ◇ FAM. jugueteo, juguetón. JUGUETE.

juguetón, na adj. Que es aficionado a jugar.

juicio s. m. Facultad del entendimiento por la que se conoce, valora y compara. ‖ Opinión, criterio. ‖ Cordura, prudencia. ‖ DER. Tramitación de un pleito o una causa ante un juez o tribunal adecuado, y su resultado. ● **Juicio final**, juicio general de la humanidad, hecho por Cristo, al final del mundo. ◇ FAM. juicioso. / enjuiciar. JUEZ.

juicioso, sa adj. y s. Que tiene juicio. ➤ adj. Hecho con juicio.

juico, ca adj. *Hond.* Sordo.

jujeño, ña adj. y s. De Jujuy (Argentina).

julepe s. m. Mezcla de agua destilada, jarabe y otras materias medicamentosas. ‖ Juego de naipes que se juega con baraja de cuarenta cartas. ‖ *Fam.* Reprimenda, castigo. ◇ FAM. julepear.

julepear v. intr. [1]. Jugar al julepe. ➤ v. tr. *Colomb.* Insistir, urgir. ‖ *Colomb.* Molestar, mortificar. ‖ *P. Rico.* Embromar. ➤ v. tr. y pron. *Argent., Par.* y *Urug.* Infundir miedo.

julio¹ s. m. Séptimo mes del año.

julio² s. m. Unidad de medida de trabajo y energía, en el Sistema Internacional.

jumarse v. pron. [1]. *Colomb.* y *Cuba. Fam.* Emborracharse, embriagarse. ◇ FAM. jumera.

jumbo s. m. Avión comercial de gran capacidad.

jumentizar v. tr. y pron [1g]. *Colomb.* Hacerse bruto.

jumento, ta s. Asno, burro. ◇ FAM. jumentizar.

jumilla s. m. Vino abocado de alta graduación que se produce en la comarca de Jumilla, en Murcia.

junar v. tr. [1]. *Argent. Vulg.* Mirar, observar.

juncal adj. Relativo al junco. ‖ Gallardo, esbelto.

junco¹ s. m. Planta herbácea, de tallo recto y flexible, que crece en lugares húmedos. ‖ Bastón, especialmente si es delgado. ◇ FAM. juncal, juncar, juncoso, junquera, junquillo.

junco² s. m. Velero pequeño utilizado en Extremo Oriente.

jungla s. f. Formación herbácea característica de la India, con vegetación exuberante y fauna variada.

junio s. m. Sexto mes del año.

júnior o **junior** adj. Se aplica a la persona más joven que otra y que lleva el mismo nombre. ➤ adj. y s. m. y f. DEP. Dícese de la categoría que abarca los deportistas jóvenes.

junípero s. m. Enebro.

junqueño, ña adj. y s. De Juncos (Puerto Rico).

junquillo s. m. Planta herbácea de hojas parecidas a las del junco. ‖ ARQ. Moldura saliente en forma de junco.

junta s. f. Juntura. ‖ Reunión de personas para tratar algún asunto. ‖ Conjunto de individuos nombrados para dirigir los asuntos de una colectividad. ◇ FAM. juntero. / tapajuntas. JUNTAR.

juntar v. tr. [1]. Poner unas cosas en contacto con otras de manera que se toquen. ‖ Colocar cosas en un mismo sitio o formando parte de un conjunto. ‖ Reunir determinado número de algo. ➤ **juntarse** v. pron. Andar en compañía de alguien. ‖ Amancebarse. ◇ FAM. junta, juntura. / ajuntarse, arrejuntarse, conjuntar. JUNTO, TA.

juntero s. m. Individuo perteneciente a una junta o delegado en ella.

junto, ta adj. Unido, cercano. ‖ En compañía de. ➤ adv. l. Seguido de la prep. *a*, cerca de: *sentarse junto al fuego.* ➤ adv. m. A la vez. ◇ FAM. juntamente, juntar. / adjunto, cejijunto, tapajuntas, yunta.

juntura s. f. Parte o lugar en que se unen dos o más cosas. ◇ FAM. coyuntura. JUNTAR.

jupa s. f. *C. Rica.* y *Hond.* Calabaza redonda. ‖ *C. Rica* y *Hond.* Cabeza. ◇ FAM. jupón.

jupiarse v. pron. [1]. *Amér. Central.* Emborracharse.

jupón, na adj. y s. *Amér. Central.* Cabezón.

jura s. f. Acto de jurar obediencia y fidelidad a un soberano, a las leyes de un país, a un cargo, etc.: *jura de la bandera.*

jurado, da adj. Dícese del escrito o declaración realizados bajo juramento. ➤ s. m. Grupo de personas que examinan y califican en concursos, exposiciones, etc. ‖ Tribunal cuya misión consiste en determinar la culpabilidad del acusado. ‖ Cada una de las personas que forman el jurado.

juramentar v. tr. [1]. Tomar juramento a alguien. ➤ **juramentarse** v. pron. Obligarse con juramento.

juramento s. m. Acción de jurar. ‖ Blasfemia. ◇ FAM. juramentar. JURAR.

jurar v. tr. [1]. Afirmar o prometer algo tomando por testigo a una persona o cosa que se considera sagrada. ‖ Reconocer la soberanía de un monarca o de una institución y someterse a sus leyes. ◆ v. intr. Blasfemar, renegar. ◇ FAM. jura, jurado, jurador, juramento, jurero. / abjurar, conjurar, perjurar.

jurásico, ca adj. y s. m. GEOL. Dícese del segundo período del mesozoico.

jurel s. m. Pez de color azul por el lomo y blanco por el vientre, de cabeza corta y cola ahorquillada.

jurero, ra s. Chile y Ecuad. Persona que jura en falso.

jurídico, ca adj. Relativo al derecho, la justicia o las leyes. ◇ FAM. jurídicamente, juridicidad, jurisconsulto, jurisdicción, jurisprudencia, jurista.

jurisconsulto, ta s. Persona especializada en cuestiones jurídicas. ‖ Persona dedicada profesionalmente al derecho.

jurisdicción s. f. Poder para gobernar y aplicar las leyes. ‖ Territorio sobre el que se extiende dicho poder. ‖ Término de una provincia o lugar. ‖ Autoridad, potestad o dominio sobre otro. ◇ FAM. jurisdiccional. JURÍDICO, CA.

jurisprudencia s. f. Ciencia del derecho. ‖ Conjunto de las sentencias de los tribunales. ‖ Norma de juicio que suple omisiones de la ley y que se funda en las prácticas seguidas en casos análogos. ◇ FAM. jurisprudente. JURÍDICO, CA.

jurista s. m. y f. Persona que se dedica al derecho.

justa s. f. Competición literaria. ‖ Combate medieval a caballo y con lanza. ◇ FAM. justador, justar.

justamente adv. m. Con justicia. ‖ Con exactitud. ‖ En el mismo lugar o tiempo en que sucede una cosa.

justicia s. f. Acción por la que se reconoce o declara lo que pertenece o se debe a alguien. ‖ Conjunto de tribunales magistrados. ‖ Poder judicial. ‖ Representante de la ley. ‖ Cualidad o comportamiento justo. ‖ Atributo de Dios, por el cual premia o castiga a cada uno según sus merecimientos. ◇ FAM. justiciable, justicialismo, justiciar, justiciero. JUSTO, TA.

justicialismo s. m. Movimiento político argentino fundado por el general Perón. ◇ FAM. justicialista. JUSTICIA.

justiciar v. tr. [1]. Condenar, declarar culpable el juez al condenado. ◇ FAM. ajusticiar. JUSTICIA.

justiciero, ra adj. Que observa y hace observar estrictamente la justicia. ‖ Riguroso en el castigo de las faltas o delitos.

justificación s. f. Acción de justificar o justificarse. ‖ Aquello con que uno se justifica.

justificante adj. Que justifica. ◆ s. m. Documento con que se justifica algo.

justificar v. tr. y pron. [1a]. Aducir razones para demostrar que algo no es censurable. ◆ v. tr. Probar una cosa con razones, testigos o documentos. ‖ Defender a alguien. ‖ En imprenta, igualar el largo de las líneas. ◇ FAM. justificable, justificación, justificado, justificador, justificante, justificativo. / injustificado. JUSTO, TA.

justillo s. m. Prenda de vestir interior, ceñida y sin mangas, que llegaba hasta la cintura. ◇ FAM. JUSTO, TA.

justipreciar v. tr. [1]. Valorar o tasar con rigor una cosa. ◇ FAM. justipreciación, justiprecio. JUSTO, TA y PRECIO.

justo, ta adj. y s. Que actúa según la justicia, la moral o la ley. ‖ Que respeta los principios de la religión. ◆ adj. Que está de acuerdo con los principios de la moral o la ley. ‖ Conforme a la verdad o la razón. ‖ Lícito, fundado. ‖ Preciso, adecuado. ‖ Exacto. ‖ Ajustado, apretado. ◆ adv. m. Justamente. ◇ FAM. justamente, justedad, justeza, justicia, justificar, justillo. / ajustar, injusto, justipreciar.

juta s. f. Ecuad. y Perú. Variedad de ganso doméstico.

jutiapa adj. y s. m. y f. De Jutiapa (Guatemala).

juticalpense adj. y s. m. y f. De Juticalpa (Honduras).

juvenil adj. Relativo a la juventud. ◆ adj. y s. m. y f. DEP. Dícese de la categoría en que se engloban los deportistas de edad entre los 15 y los 18 años. ◇ FAM. JOVEN.

juventud s. f. Edad entre la pubertad y la edad adulta. ‖ Conjunto de jóvenes. ‖ Condición de joven. ◇ FAM. JOVEN.

juzgado s. m. Junta de jueces que concurren a dar sentencia. ‖ Territorio de su jurisdicción. ‖ Tribunal de un solo juez. ‖ Sitio donde se juzga.

juzgar v. tr. [1b]. Decidir en calidad de juez. ‖ Opinar, creer, considerar. ◇ FAM. juzgado, juzgador. / prejuzgar. JUEZ.

k s. f. Undécima letra del alfabeto español y octava de sus consonantes; representa un sonido de articulación velar, oclusivo y sordo.

kabuki s. m. Drama popular japonés.

kafkiano, na adj. Relativo a Kafka, escritor checo. || Dícese de una situación inquietante por su absurdidad o carencia de lógica.

káiser s. m. Título que se suele aplicar a los tres emperadores del II Reich alemán.

kamikaze s. m. Piloto suicida japonés durante la Segunda Guerra Mundial. || Avión que pilotaba.

kappa s. f. Décima letra del alfabeto griego.

karate o **kárate** s. m. Modalidad de lucha japonesa, basada en golpes secos realizados con la mano, los pies, etc.

karma s. m. En algunas religiones hindúes, creencia según la cual los actos realizados en una vida anterior influyen en las vidas sucesivas.

kart s. m. Pequeño automóvil de competición, sin suspensión.

katiusca s. f. Bota de caucho usada para protegerse del agua.

kayak s. m. Embarcación de pesca de los esquimales, formada con pieles de foca. || Canoa de paseo o deportiva.

kazaco, ca adj. y s. De Kazajstán.

kéfir s. m. Bebida fermentada, preparada a base de leche de vaca, cabra u oveja.

kelvin s. m. Unidad de medida de temperatura termodinámica.

keniata adj. y s. m. y f. De Kenia.

kerosén o **kerosene** s. m. Amér. Merid. Queroseno*.

keroseno s. m. Queroseno*.

ketchup s. m. Salsa de tomate espesa y sazonada con especias.

kilo s. m. Abreviatura de kilogramo. || Fam. Millón de pesetas.

kilo- pref. Significa 'mil': kilómetro.

kilogramo s. m. Unidad de medida de masa, equivalente a mil gramos. ◇ FAM. kilo. GRAMO.

kilometraje s. m. Número de kilómetros recorridos.

kilométrico, ca adj. Relativo al kilómetro. || Muy largo.

kilómetro s. m. Medida de longitud que equivale a mil metros. ◇ FAM. kilometraje, kilometrar, kilométrico. / cuentakilómetros. METRO¹.

kilopondio s. m. Unidad de fuerza que equivale al peso de un kilogramo.

kilotón s. m. Unidad empleada para evaluar la potencia de una bomba o una carga nuclear. ◇ FAM. TONELADA.

kilovatio s. m. Unidad de potencia equivalente a mil vatios.

kilt s. m. Falda de tela, que usan los escoceses.

kimono s. m. Quimono*.

kindergarten s. m. Guardería, jardín de infancia.

kiosco s. m. Quiosco*.

kirguiz adj. y s. m. y f. De Kirguizistán. ◆ s. m. Lengua turca hablada en Kirguizistán.

kirsch s. m. Aguardiente extraído de las cerezas fermentadas.

kit s. m. Juego de herramientas, repuestos, etc., con una utilidad específica. || Conjunto de piezas sueltas, acompañadas de instrucciones para su montaje.

kitsch adj. y s. m. Cursi, de mal gusto.

kiwi o **kivi** s. m. Ave corredora de Nueva Zelanda. || Fruta de piel rugosa y pulpa verde, originaria de Nueva Zelanda.

koala s. m. Mamífero marsupial trepador, originario de Australia.

koiné s. f. LING. Lengua común hablada y escrita en Grecia en las épocas helenística y romana. || LING. Toda lengua común.

kriptón s. m. Gas raro de la atmósfera.

kuchen s. m. Chile. Tipo de tarta.

kung fu s. f. Arte marcial de origen budista.

kurdo, da adj. y s. De un pueblo que vive en la región del Kurdistán, en Asia. ◆ s. m. Lengua hablada por los kurdos.

kuwaití adj. y s. m. y f. De Kuwait.

l

l s. f. Duodécima letra del alfabeto español y novena de sus consonantes; representa un sonido apicoalveolar, fricativo y sonoro.

la¹ art. det. Forma femenina singular del artículo determinado *el: la cadena.* ◆ pron. pers. f. sing. de 3.ª persona. Forma átona que funciona como complemento directo. ◇ FAM. laísmo.

la² s. m. MÚS. Sexta nota de la escala musical.

laberinto s. m. Lugar formado artificialmente por caminos que se entrecruzan, de manera que es difícil orientarse. ‖ Asunto complicado. ‖ Estructura del oído interno. ◇ FAM. laberíntico.

labia s. f. *Fam.* Facilidad de palabra y gracia en el hablar. ◇ FAM. LABIO.

labiada adj. y s. f. pl. Dícese de las plantas herbáceas o arbustivas con los pétalos en forma de labios. ◇ FAM. LABIO.

labial adj. Relativo a los labios. ‖ LING. Dícese del fonema en cuya articulación intervienen los labios. ◇ FAM. labializar. / bilabial. LABIO.

lábil adj. Que resbala o se desliza fácilmente. ‖ Inestable, cambiante. ‖ Débil, frágil. ◇ FAM. labilidad.

labio s. m. Cada una de las partes exteriores, inferior y superior, de la boca. ‖ Cada uno de los repliegues membranosos de la vulva. ‖ BOT. Cada uno de los lóbulos de determinadas flores. ◆ pl. Boca, órgano de la palabra. ◇ FAM. labia, labiada, labial, labioso. / labiodental, pintalabios.

labiodental adj. y s. f. LING. Dícese de las consonantes que se articulan con el labio inferior y los incisivos superiores.

labioso, sa adj. *Ecuad.* Adulador. ◇ FAM. LABIO.

labor s. f. Trabajo, acción de trabajar. ‖ Obra realizada por alguien. ‖ Labranza. ‖ Cava que se da a la tierra. ‖ Cualquier trabajo de los que se hacen con hilo. ◇ FAM. laborable, laboral, laboralista, laborar, laboratorio, laborear, laborero, laborioso, laborismo, labrar.

laborable adj. Se dice del día en que se trabaja.

laboral adj. Relativo al trabajo o a los trabajadores.

laboralista adj. y s. m. y f. Dícese del abogado especializado en derecho laboral.

laborar v. intr. [1]. Labrar, procurar o intentar algo con esfuerzo. ◇ FAM. laborante. / colaborar, elaborar. LABOR.

laboratorio s. m. Local dispuesto para realizar investigaciones científicas, análisis biológicos, trabajos fotográficos, etc. ◇ FAM. LABOR.

laborear v. tr. [1]. Labrar la tierra. ‖ Hacer excavaciones en una mina. ◇ FAM. laboreo. LABOR.

laborero s. m. *Bol., Chile* y *Perú.* Capataz.

laborioso, sa adj. Trabajador, inclinado al trabajo. ‖ Trabajoso, penoso. ◇ FAM. laboriosamente, laboriosidad. LABOR.

laborismo s. m. Movimiento político de los socialistas británicos. ◇ FAM. laborista. LABOR.

labrado, da adj. Dícese de los tejidos que tienen algún dibujo en relieve. ◆ s. m. Campo labrado.

labrador, ra s. Persona que se dedica a las faenas de la tierra. ‖ *Cuba, Par.* y *R. Dom.* Persona que labra la madera sacando la corteza de los árboles.

labranza s. f. Cultivo de los campos.

labrar v. tr. [1]. Trabajar un material dándole una forma determinada. ‖ Cultivar la tierra. ‖ Arar. ◆ v. tr. y pron. Preparar, conseguir: *labrarse el futuro.* ◇ FAM. labrado, labrador, labranza, labriego. LABOR.

labriego, ga s. Labrador.

laburar v. intr. [1]. *Argent.* y *Urug.* Trabajar. ◇ FAM. laburo.

laca s. f. Sustancia resinosa que se forma en las ramas de varias plantas orientales. ‖ Barniz preparado con esta resina. ‖ Objeto barnizado con numerosas capas de laca. ‖ Producto que se aplica para fijar el peinado. ◇ FAM. lacar, laquear.

lacar v. tr. [1a]. Barnizar o decorar con laca un objeto. ◇ FAM. lacado. LACA.

lacayo s. m. Criado de librea, que acompañaba a su amo. ‖ Persona servil.

laceador, ra s. *Amér. Central* y *Amér. Merid.* Persona encargada de echar el lazo a las reses.

lacear v. tr. [1]. Adornar o atar con lazos. ‖ Cazar con lazo. ◇ FAM. laceador. LAZO.

lacerar v. tr. y pron. [1]. Herir, producir un daño en el cuerpo. ◆ v. tr. Dañar, causar dolor. ◇ FAM. laceración, lacerado, lacerante. / dilacerar.

lacha s. f. *Fam.* Vergüenza, pundonor.

lachear v. tr. [1]. *Chile.* Galantear.

lacio, cia adj. Marchito, ajado. || Flojo, sin vigor. || Dícese del cabello liso.

lacón s. m. Pata delantera del cerdo, especialmente salado y curado.

lacónico, ca adj. Breve, conciso. || Que habla o escribe con brevedad o concisión. ◇ FAM. lacónicamente, laconismo.

lacra s. f. Señal que deja una enfermedad o daño físico. || Defecto o vicio de una cosa. || *Venez.* Úlcera. ◇ FAM. lacrar².

lacrar¹ v. tr. [1]. Cerrar con lacre. ◇ FAM. LACRE.

lacrar² v. tr. y pron. [1]. Dañar la salud de alguien o contagiar una enfermedad. ◇ FAM. LACRA.

lacre s. m. Compuesto a base de goma laca y trementina, que sirve para sellar y cerrar cartas. ◇ FAM. lacrar¹.

lacrimal adj. Relativo a las lágrimas. ◆ adj. y s. m. Dícese del órgano de secreción de las lágrimas. ◇ FAM. LÁGRIMA.

lacrimógeno, na adj. Que excita la secreción de las glándulas lacrimales. || Que mueve a llanto. ◇ FAM. LÁGRIMA.

lactancia s. f. Período de la vida en que el ser se alimenta fundamentalmente de leche. || Este sistema de alimentación.

lactante adj. y s. m. y f. Que se halla en período de lactancia. || Que da de mamar.

lactar v. tr. [1]. Amamantar o criar con leche. ◆ v. intr. Nutrirse con leche. ◇ FAM. lactancia, lactante: LÁCTEO, A.

lácteo, a adj. Perteneciente a la leche o parecido a ella. ◇ FAM. lactar, láctico lactosa. LECHE.

lactosa s. f. QUÍM. Azúcar contenido en la leche, que se desdobla en glucosa y galactosa. ◇ FAM. galactosa. LÁCTEO, A.

lacustre adj. Relativo a los lagos. ◇ FAM. LAGO.

ladeado, da adj. BOT. Dícese de las partes de una planta que miran a un lado únicamente.

ladear v. tr., intr. y pron. [1]. Torcer hacia un lado. ◆ **ladearse** v. pron. *Chile. Fam.* Prendarse, enamorarse. ◇ FAM. ladeado, ladeo. LADO.

ladera s. f. Declive de un monte o de una altura. ◇ FAM. LADO.

ladero s. m. *Argent.* Compinche. ◇ FAM. LADO.

ladilla s. f. Insecto que vive parásito en las partes vellosas del cuerpo humano. || *Argent., Chile, Méx.* y *Urug. Fam.* Persona molesta, impertinente.

ladino, na adj. Astuto, sagaz. || *Amér. Central.* Mestizo que sólo habla español. ◆ s. m. Lengua religiosa de los sefardíes.

lado s. m. Costado del cuerpo humano. || Parte de algo próxima a los bordes, en oposición al centro. || Con relación a un determinado punto, cada una de las partes de su contorno. || Cara, cada una de las superficies de un cuerpo laminar. || Lugar, sitio, especialmente con referencia a otro. || Medio o camino para hacer algo. || Aspecto, punto de vista. || MAT. Cada una de las líneas que limitan un ángulo o un polígono. ● **Al lado, muy cerca.** || **Dar de lado a uno** *(Fam.)*, rehuirle. || **Dejar a un lado**, o **de lado**, prescindir de una cosa. ◇ FAM. ladear, ladera, ladero. / cuadrilátero, equilátero, lateral, trilátero.

ladrar v. intr. [1]. Dar ladridos el perro. || *Fam.* Gritar o insultar a alguien. ◇ FAM. ladrador, ladrido.

ladrido s. m. Voz que emite el perro. || *Fam.* Grito, insulto.

ladrillo s. m. Pieza rectangular de barro cocido que se utiliza en la construcción. ◇ FAM. ladrillazo. / enladrillar.

ladrón, na adj. y s. Que roba. ◆ s. m. Cualquier dispositivo empleado para sustraer o desviar el caudal de un fluido. ◇ FAM. ladronear, ladronesco. / latrocinio.

lagar s. m. Recipiente donde se prensa la aceituna, se pisa la uva, etc. || Edificio donde hay un lagar.

lagartija s. f. Denominación de diversos saurios de menor tamaño que los lagartos. || *Méx.* Ejercicio gimnástico que se practica boca abajo con el cuerpo estirado, y consiste en subir y bajar, estirando los brazos, y sosteniéndose sólo con las manos y las puntas de los pies.

lagarto s. m. Reptil de color verdoso y cola larga que vive en zonas cálidas. || *Méx.* Caimán. ◆ s. f. y adj. *Fam.* Mujer pícara, taimada. ◇ FAM. lagartera, lagartija.

lago s. m. Masa de agua, dulce o salada, acumulada en el interior de los continentes. ◇ FAM. laguna. / lacustre.

lágrima s. f. Líquido salado producido por dos glándulas situadas bajo los párpados. ◆ pl. Pena. ◇ FAM. lagrimal, lagrimear. / lacrimal, lacrimógeno, lacrimoso.

lagrimal adj. Dícese de los órganos de secreción y excreción de las lágrimas. ◆ s. m. Parte del ojo próxima a la nariz.

lagrimear v. intr. [1]. Segregar lágrimas los ojos. || Llorar con frecuencia y facilidad. ◇ FAM. lagrimeo. LÁGRIMA.

lagrimeo s. m. Flujo de lágrimas.

lagua s. f. Especie de gachas que, en Bolivia y Perú, se preparan con fécula de patatas heladas o de chuño.

laguna s. f. Extensión natural de agua menor que el lago. || Omisión o imperfección en un trabajo. || Fallo de la memoria. ◇ FAM. lagunoso. LAGO.

lagunero, ra adj. y s. De La Laguna (España).

lagunés, sa adj. y s. Lagunero.

laico, ca adj. y s. Que no es eclesiástico ni religioso. || Independiente de la autoridad de los organismos religiosos. ◇ FAM. laicado, laical, laicizar. / lego.

laísmo s. m. LING. Uso de los pronombres femeninos de complemento directo *la, las,* en funciones de complemento indirecto que exigirían el empleo de *le, les.* ◇ FAM. laísta. LA[1].

laja s. f. Lancha, piedra lisa. ◇ FAM. enlajado.

lama[1] s. f. Barro de color oscuro que se halla en el fondo del mar y de los ríos. ‖ *Bol., Colomb.* y *Méx.* Moho. ‖ *Chile, Colomb., Hond., Méx.* y *P. Rico.* Musgo.

lama[2] s. f. Lámina. ‖ *Chile.* Tejido de lana con flecos.

lama[3] s. m. Monje budista tibetano. ◇ FAM. lamaísmo, lamaísta.

lambarero, ra adj. *Cuba.* Dícese de la persona ociosa, errante.

lambda s. f. Undécima letra del alfabeto griego.

lambetear v. tr. [1]. *Amér. Central* y *Amér. Merid.* Lamer. ◇ FAM. lambetazo.

lambiche adj. *Méx.* Adulador.

lambiscón, na adj. *Méx. Fam.* Que es servil o adulador.

lambucear v. tr. [1]. Lamer un plato o vasija.

lamé s. m. Tela adornada con finas láminas de oro o plata.

lameculos s. m. y f. *Vulg.* Persona servil y aduladora.

lamelibranquio adj. y s. m. Dícese del molusco de concha bivalva, como la almeja o el mejillón. ◇ FAM. BRANQUIA.

lamentable adj. Digno de ser lamentado. ‖ Que produce mala impresión.

lamentación s. f. Acción de lamentarse. ‖ Palabra o expresión con que alguien se lamenta.

lamentar v. tr. e intr. [1]. Experimentar disgusto o pena por alguna causa. ◆ v. tr. y pron. Expresar disgusto por una pena o desgracia. ◇ FAM. lamentable, lamentación. LAMENTO.

lamento s. m. Quejido, queja. ◇ FAM. lamentar, lamentoso.

lamer v. tr. y pron. [2]. Pasar la lengua por alguna cosa. ◆ v. tr. Tocar suavemente algo. ◇ FAM. lamedura, lametazo, lametón, lamido. / lameculos, relamer.

lametón s. m. Cada movimiento de la lengua al lamer.

lamido, da adj. Flaco. ‖ Relamido.

lámina s. f. Pieza plana delgada de un metal. ‖ Plancha en la cual se encuentra grabado un dibujo para estamparlo. ‖ Grabado, ilustración. ‖ Aspecto o figura de una persona o animal. ◇ FAM. laminar[1], laminar[2], laminoso.

laminado, da adj. Reducido a láminas o hecho con láminas. ◆ s. m. Acción y efecto de laminar.

laminar[1] v. tr. [1]. Transformar un material en láminas. ‖ Recubrir algo con láminas de otro material. ◇ FAM. laminación, laminado, laminador. LÁMINA.

laminar[2] adj. De forma de lámina. ‖ Dícese de la estructura de un cuerpo formada por varias capas superpuestas.

lampa s. f. *C. Rica, Chile, Ecuad.* y *Perú.* Azada. ◇ FAM. lampear.

lampalagua s. f. Boa acuática de América que mide unos 8 m de largo. ‖ *Chile.* Monstruo fabuloso que se bebe el agua de los ríos y los deja secos.

lámpara s. f. Utensilio destinado a producir luz. ‖ Objeto que sirve de soporte a una o más luces. ‖ Bombilla eléctrica. ‖ Válvula electrónica. ‖ Mancha. ◇ FAM. lamparería, lamparero, lamparilla, lamparón, lampista. / portalámparas.

lamparazo s. m. *Colomb.* Líquido que se bebe de un trago.

lamparilla s. f. Mariposa, candelilla que se enciende en un vaso de aceite. ‖ Plato o vaso en que ésta se pone.

lámparo, ra adj. *Colomb.* Dícese de la persona que se ha quedado sin blanca.

lamparón s. m. Mancha en la ropa. ◇ FAM. LÁMPARA.

lampazo s. m. MAR. Manojo grueso de filásticas para limpiar y enjugar las embarcaciones. ◇ FAM. lampacear.

lampear v. tr. [1]. *Chile.* Escuadrar. ‖ *Chile* y *Perú.* Remover la tierra con la lampa. ◇ FAM. LAMPA.

lampiño, ña adj. Que no tiene barba o que todavía no le ha salido. ‖ De poco pelo o vello. ◇ FAM. barbilampiño.

lampista s. m. y f. Electricista y fontanero. ◇ FAM. lampistería. LÁMPARA.

lamprea s. f. Vertebrado acuático de forma cilíndrica y alargada y boca en forma de ventosa.

lampuso, sa adj. *Cuba.* Atrevido, desvergonzado.

lana s. f. Fibra tupida y rizada, procedente del vellón de la oveja y otros rumiantes. ‖ Hilo de esta materia. ‖ Tela fabricada con este hilo. ◆ s. m. *Chile, Méx.* y *Perú. Fam.* Dinero. ‖ *Guat.* y *Hond.* Persona de clase social muy baja. ◇ FAM. lanar, lanería, lanilla, lanosidad, lanoso, lanudo.

lanar adj. Dícese del ganado o la res que tiene lana.

lance s. m. Acontecimiento, episodio, situación. ‖ Encuentro, riña, desafío. ‖ En el juego, cada uno de los accidentes o combinaciones notables que ocurren en él. ‖ En tauromaquia, suerte de capa. ‖ Acción de lanzar. ‖ *Chile.* Esguince, marro, regate. ◇ FAM. lancear. LANZAR.

lancear v. intr. [1]. En tauromaquia, dar lances con la capa.

lanceolado, da adj. BOT. Dícese del órgano laminar de una planta que termina en forma de lanza. ◇ FAM. LANZA.

lancero s. m. Soldado armado de lanza. ◇ FAM. LANZA.

lanceta s. f. Instrumento quirúrgico de hoja triangular y punta muy aguda. ◇ FAM. LANZA.

lancha[1] s. f. Piedra plana y de poco grosor. || *Ecuad.* Helada, escarcha. ◇ FAM. lanchar.

lancha² s. f. Bote grande para servicios auxiliares de los barcos y puertos. || Barco pequeño sin cubierta. ◇ FAM. lanchero.

landa s. m. Formación vegetal de la zona templada, compuesta principalmente por brezos, retamas y juncos.

landó s. m. Coche de caballos con cuatro ruedas y provisto en su interior de dos asientos situados frente a frente.

langosta s. f. Crustáceo con dos fuertes antenas y sin pinzas, muy apreciado por su carne. || Insecto herbívoro saltador, que forma terribles plagas para los cultivos. ◇ FAM. langostino.

langostino s. m. Crustáceo marino, de carne muy apreciada, cuerpo comprimido y cola muy prolongada.

languidecer v. intr. [2m]. Encontrarse en un estado prolongado de debilidad física o moral. || Perder vigor, intensidad, etc.

lánguido, da adj. Falto de fuerza, de vigor. || Sin ánimos, falto de alegría. ◇ FAM. languidamente, languidecer, languidez.

lanilla s. f. Pelo fino que le queda al tejido de la lana por el derecho. || Tela fina de lana.

lanolina s. f. Grasa extraída de la lana de oveja, que se utiliza como excipiente para numerosas pomadas.

lantano s. m. Metal de color plomizo del grupo de las tierras raras.

lanudo, da adj. De mucha lana. || *Venez.* Grosero, rústico.

lanza s. f. Arma ofensiva compuesta de una asta larga con una punta de hierro, afilada y cortante. || Combatiente armado de lanza. || Pieza de madera unida al juego delantero de un carruaje para darle dirección. ◇ FAM. lanceolado, lancero, lanceta, lanzada, lanzar / alancear.

lanzada s. f. Golpe dado o herida producida con una lanza.

lanzadera s. f. Instrumento del telar para hacer pasar los hilos de la trama por los de la urdimbre. || Pieza semejante de las máquinas de coser. || Vehículo espacial recuperable.

lanzado, da adj. Decidido, audaz.

lanzagranadas s. m. Arma destinada a lanzar granadas.

lanzallamas s. m. Arma que lanza un chorro de líquido inflamado a corta distancia.

lanzamiento s. m. Acción y efecto de lanzar. || En atletismo, prueba que consiste en arrojar lo más lejos posible un peso, disco, jabalina o martillo. || DER. Mandamiento judicial que obliga a una persona a abandonar la posesión de una cosa.

lanzamisiles s. m. Aparato destinado a lanzar misiles.

lanzar v. tr. y pron. [1g]. Aplicar un fuerte impulso a una cosa, de manera que recorra una distancia en el aire. ◆ v. tr. Pro-

ferir, exhalar. || Divulgar, dar a conocer. || En deporte, arrojar el disco, la jabalina, etc. ◆ **lanzarse** v. pron. Empezar a hacer algo con gran intensidad, decisión o violencia. ◇ FAM. lance, lanzadera, lanzado, lanzador, lanzamiento. / lanzacohetes, lanzagranadas, lanzallamas, lanzamisiles, lanzatorpedos, relanzar. LANZA.

laña s. f. Grapa que sirve para unir dos piezas. ◇ FAM. lañar.

laosiano, na adj. y s. De Laos. ◆ s. m. Lengua hablada en Laos.

lapa s. f. Molusco comestible de concha cónica, que vive fuertemente adherido a las rocas. || *Fam.* Persona pesada.

laparoscopia s. f. Examen interior del abdomen mediante un instrumento óptico.

lape adj. *Chile.* Dícese de la lana, hilo, etc., apelmazado o enredado. / *Chile.* Dícese de las fiestas muy animadas.

lapicera s. f. *Amér. Merid.* Estilográfica.

lapicero s. m. Instrumento en que se coloca el lápiz. || Lápiz.

lápida s. f. Losa con una inscripción en que se conmemora algo o a alguien. ◇ FAM. lapidar, lapidario.

lapidar v. tr. [1]. Apedrear, matar a pedradas. || *Colomb.* Labrar piedras preciosas. ◇ FAM. lapidación. LÁPIDA.

lapidario, ria adj. Relativo a las piedras preciosas. || Relativo a las lápidas. || Digno de perdurar por su perfección o solemnidad: *frase lapidaria.* ◆ s. Persona que labra piedras preciosas o comercia en ellas.

lapislázuli s. m. Piedra fina, opaca, de color azul intenso, que se utiliza en joyería y bisutería fina. ◇ FAM. AZUL.

lápiz s. m. Barra fina de grafito encerrada en un cilindro, que sirve para escribir o dibujar. || Nombre de varias sustancias minerales que sirven para dibujar. || Barra de cosmético para el maquillaje. ◇ FAM. lapicera, lapicero.

lapón, na adj. y s. De Laponia. ◆ s. m. Lengua hablada en Laponia.

lapso s. m. Curso de un espacio de tiempo. || Lapsus.

lapsus s. m. Equivocación cometida por descuido. ◇ FAM. lapso.

laque s. m. *Chile.* Boleadora.

lar s. m. Cada uno de los dioses romanos protectores del hogar. || Hogar, fogón. ◆ pl. Casa, hogar. ◇ FAM. llares.

lardo s. m. Tocino o sebo. ◇ FAM. lardear.

largar v. tr. [1b]. Soltar, dejar libre. || *Fam.* Dar, pegar: *largar una bofetada, un discurso.* || MAR. Aflojar, ir soltando poco a poco. ◆ **largarse** v. pron. *Fam.* Marcharse, irse.

largo, ga adj. Que tiene mucha o demasiada longitud. || De mucha o excesiva duración. || Que es más de lo justo: *dos kilos largos.* || Alto y delgado. || Liberal, dadivoso. || Astuto, listo. || LING. Dícese de las vocales o de las sílabas cuya duración de emisión suele ser el doble de las llamadas breves. ◆ s. m. Longitud. ‖ Trozo de tela de determinada anchura y longitud. ‖ En natación, recorrido de la longitud mayor de una piscina. ◆ adv. Mucho: *hablar largo*. ● **A lo largo**, en sentido longitudinal. ‖ **A lo largo de**, durante. ‖ **De largo**, desde hace mucho tiempo. ● **¡Largo!** interj. Expresión con que se echa bruscamente a alguien de un lugar. ◇ FAM. largamente, largar, larguero, largueza, larguirucho, largura. / alargar, largometraje, rabilargo.

largometraje s. m. Película cinematográfica cuya duración sobrepasa los sesenta minutos.

larguero, ra adj. *Chile*. Largo, abundante. ◆ s. m. Palo colocado longitudinalmente en una puerta, ventana, etc. ‖ DEP. Travesaño horizontal que une los postes de una portería.

largueza s. f. Generosidad.

larguirucho, cha adj. Muy delgado, alto y desgarbado.

largura s. f. Longitud.

laringe s. m. Órgano del aparato respiratorio, que contiene las cuerdas vocales. ◇ FAM. laringitis, laringología, laringoscopio, laringotomía.

laringitis s. f. Inflamación de la laringe.

laringología s. f. Estudio de la laringe y de su patología. ◇ FAM. laringólogo. / otorrinolaringología. LARINGE.

laringoscopio s. m. Instrumento con el que se examina la laringe. ◇ FAM. laringoscopia. LARINGE.

laringotomía s. m. MED. Abertura que se hace en la laringe.

larva s. f. Estadio de desarrollo que presentan animales como los batracios, los insectos y los crustáceos, diferente del estado adulto. ◇ FAM. larvado, larval, larvario.

larvado, da adj. Dícese de las enfermedades que se presentan ocultando su verdadera naturaleza. ‖ Oculto, misterioso.

larvario, ria o **larval** adj. ZOOL. Relativo a la larva.

las art. det. Forma femenina plural del artículo determinado *el: las rosas*.

lasaña s. f. Pieza de pasta alimenticia delgada y plana, que se prepara generalmente con carne picada.

lasca s. f. Trozo pequeño y delgado desprendido de una piedra.

lascivia s. f. Calidad de lascivo. ‖ Conducta lasciva.

lascivo, va adj. y s. Que muestra un deseo sexual exagerado. ◇ FAM. lascivia.

láser s. m. Aparato que produce una luz coherente, en forma de impulsos o continua, utilizado en industria, medicina, etc.

lasitud s. f. Cansancio, falta de vigor y de fuerzas.

laso, sa adj. Cansado. ‖ Lacio. ◇ FAM. lasitud.

lástima s. f. Sentimiento de compasión o disgusto que suscitan las desgracias y males. ‖ Objeto que inspira este sentimiento. ◇ FAM. lastimar; lastimero.

lastimar v. tr. y pron. [1]. Herir ligeramente o hacer daño. ◆ v. tr. Agraviar, ofender. ◇ FAM. lastimadura. LÁSTIMA.

lastimero, ra adj. Que mueve a lástima.

lastra s. f. Piedra plana y delgada.

lastrar v. tr. [1]. Poner lastre a una embarcación.

lastre s. m. Materia pesada que se embarca en un vehículo cuando la ausencia de carga hace difícil su conducción. ‖ Peso que lleva el globo aerostático para ganar o perder altitud. ‖ Estorbo, impedimento. ◇ FAM. lastrar.

lata s. f. Hojalata. ‖ Envase de hojalata. ● *Fam*. Molestia, pesadez. ● **Dar la lata** (Fam.), fastidiar, molestar. ◇ FAM. latería, latero, latoso. / abrelatas, enlatar, hojalata.

latencia s. f. Calidad de latente. ‖ Período de aparente inactividad metabólica de algunos animales y plantas.

latente adj. Que existe sin exteriorizarse. ‖ Dícese de las enfermedades sin síntomas aparentes. ◇ FAM. latencia.

lateral adj. Dícese de lo que está en un lado. ‖ No directo. ◆ adj. y s. f. LING. Dícese de los sonidos que se articulan dejando escapar el aire por los lados de la lengua. ◆ s. m. Lado de una avenida o carretera. ◇ FAM. lateralmente. / bilateral, colateral, trilateral, unilateral. LADO.

latero, ra adj. *Amér. Central* y *Amér. Merid*. Latoso.

látex s. m. Líquido blanco o amarillo segregado por determinadas plantas.

latido s. m. Movimiento alternativo de dilatación y de contracción del corazón y de las arterias. ‖ Golpe producido por este movimiento. ‖ Golpe intermitente de dolor.

latifundio s. m. Gran propiedad agrícola explotada extensivamente. ◇ FAM. latifundismo, latifundista. LATO, TA.

latigazo s. m. Golpe dado con un látigo. ‖ Chasquido del látigo. ‖ Represión áspera. ‖ *Fam*. Trago de vino o licor.

látigo s. m. Azote largo, delgado y flexible, de cuero, cuerda u otra materia. ◇ FAM. latigazo, latiguear, latigudo, latiguillo.

latigudo, da adj. *Chile*. Correoso, flexible, elástico.

latiguillo s. m. Expresión sin originalidad empleada alusivamente al hablar, escribir, etc. ‖ Exceso oratorio del actor o del orador, destinado a conseguir un aplauso.

latín s. m. Lengua de la antigua Roma. ● **Bajo latín**, latín empleado tras la caída del Imperio romano y durante la Edad Media. ◇ FAM. latinear, latinidad, latinismo, latinista, latinizar, latino. / latiniparla.

latiniparla s. f. Lenguaje de los que emplean voces latinas, más o menos castellanizadas. ⋄ FAM. LATÍN Y PARLA.

latinismo s. m. Vocablo o giro latino empleado en otra lengua.

latinizar v. tr. [1g]. Dar forma latina a voces de otra lengua. ‖ Introducir la cultura latina. ⋄ FAM. latinización, latinizador. LATÍN.

latino, na adj. y s. De la región italiana del Lacio o de las demás regiones del Imperio romano. ‖ Dícese de los países en que se hablan lenguas derivadas del latín, así como de sus hablantes. ◆ adj. Relativo al latín. ‖ Se dice de la Iglesia romana. ‖ Dícese de la vela triangular. ⋄ FAM. grecolatino, latinoamericano, neolatino. LATÍN.

latinoamericano, na adj. y s. De Latinoamérica.

latir v. intr. [3]. Dar latidos el corazón y las arterias. ‖ Estar latente. ⋄ FAM. LATENTE.

latitud s. f. Distancia desde un punto de la superficie terrestre al ecuador. ‖ Lugar considerado en relación con su distancia al ecuador. ⋄ FAM. latitudinal. LATO, TA.

latitudinal adj. Que se extiende a lo ancho.

lato, ta adj. Extenso o extendido. ‖ Aplícase al significado más extenso y no literal de una palabra. ⋄ FAM. latifundio, latitud. / dilatar.

latón s. m. Aleación de cobre y cinc. ⋄ FAM. latonería, latonero.

latoso, sa adj. Fastidioso, molesto, pesado. ⋄ FAM. LATA.

latrocinio s. m. Robo o fraude. ⋄ FAM. LADRÓN, NA.

lauca s. f. Chile. Calva, especialmente la de forma circular.

laucha s. f. Argent., Chile y Urug. Ratón de poco tamaño. ◆ adj. y s. f. Argent. Fam. Dícese de la persona lista y pícara. ◆ adj. Chile. Dícese de la persona delgada y de cara alargada.

laúd s. m. Instrumento musical de cuerdas pulsadas, cuyo cuerpo tiene forma de media pera, usado en los ss. XVI y XVII.

laudable adj. Digno de loa. ⋄ FAM. laudatorio, laudes. LOAR.

láudano s. m. Preparado farmacéutico a base de opio.

laudatorio, ria adj. Que contiene alabanza. ⋄ FAM. LAUDABLE.

laudes s. f. pl. Segunda parte del oficio, que se dice después de maitines. ⋄ FAM. LAUDABLE.

laureado, da adj. y s. Que ha sido condecorado o premiado.

laurear v. tr. [1]. Coronar con laurel en señal de gloria. ‖ Conceder un premio o condecoración. ⋄ FAM. laureado. LAUREL.

laurel s. m. Planta arbustiva o arbórea cuyas hojas se utilizan como condimento. ‖ Gloria, fama. ⋄ FAM. laurear, lauredal.

lava s. f. Materia líquida emitida por un volcán.

lavabo s. m. Pila provista de grifos y destinada a lavarse. ‖ Habitación destinada al aseo personal. ‖ Retrete.

lavacoches s. m. y f. Persona que se encarga de limpiar los coches.

lavadero s. m. Lugar, habitación o recipiente donde se lava la ropa. ‖ Instalación para lavar los minerales. ‖ Amér. Lugar de un río donde se lavan la arenas que contienen oro.

lavado s. m. Acción y efecto de lavar. ⋄ FAM. prelavado. LAVAR.

lavador, ra adj. y s. Que lava. ◆ s. f. Máquina automática para lavar la ropa.

lavafrutas s. m. Recipiente empleado en la mesa para lavar la fruta o enjuagarse los dedos.

lavaje s. m. Lavado de heridas, cavidades, etc., con líquidos antisépticos. ‖ Amér. Central y Amér. Merid. Acción de lavar.

lavamanos s. m. Lavabo pequeño, destinado a lavarse las manos.

lavanda s. f. Espliego. ‖ Esencia que se extrae del espliego. ⋄ FAM. lavándula.

lavandería s. f. Establecimiento dedicado a la industria del lavado de la ropa. ‖ Lugar donde ésta se lava y se plancha.

lavandina s. f. Argent. y Par. Lejía.

lavándula s. f. Espliego. ⋄ FAM. LAVANDA.

lavaplatos s. m. Máquina para lavar platos y menaje de cocina. ‖ Chile y Colomb. Fregadero.

lavar v. tr. y pron. [1]. Limpiar con agua u otro líquido. ◆ v. tr. Hacer desaparecer una mancha moral. ‖ Dar color con aguadas a un dibujo. ‖ Quitar con agua las impurezas de los minerales. ⋄ FAM. lavable, lavabo, lavadero, lavado, lavador, lavadura, lavaje, lavamiento, lavandería, lavandero, lavativa, lavatorio, lavotear. / lavacoches, lavafrutas, lavamanos, lavaplatos, lavaseco, lavavajillas.

lavaseco s. m. Chile. Tintorería.

lavativa s. f. Enema. ‖ Instrumento para administrarlo.

lavatorio s. m. Lavamanos. ‖ Acción de lavarse los dedos el sacerdote durante la misa. ‖ Amér. Central y Amér. Merid. Lavabo. ‖ Amér. Central y Amér. Merid. Jofaina.

lavavajillas s. m. Lavaplatos.

lavotear v. tr. y pron. [1]. Fam. Lavar mucho, aprisa y mal. ⋄ FAM. lavoteo. LAVAR.

laxante adj. Que laxa. ◆ s. m. MED. Purgante de acción suave.

laxar v. tr. y pron. [1]. Aflojar, disminuir la tensión de una cosa. ‖ Ayudar a la evacuación del vientre. ⋄ FAM. laxación, laxamiento, laxante, laxativo, laxo.

laxismo s. m. Sistema de moral que tiende a suavizar el rigor de las leyes o de las reglas. ⋄ FAM. laxista: LAXO, XA.

laxo, xa adj. Flojo, que no está firme o tenso. ‖ Poco firme o severo. ⋄ FAM. laxismo. LAXAR.

laya[1] s. f. Pala fuerte de hierro, con mango de madera, que sirve para labrar y remover la tierra. ◇ FAM. layar.

laya[2] s. f. Calidad, especie, clase.

lazada s. f. Nudo que se deshace con facilidad travado de uno de sus cabos. ‖ Cada una de las asas o anillas de este nudo.

lazareto s. m. Hospital de leprosos.

lazarillo s. m. Muchacho que guía y dirige a un ciego.

lazo s. m. Nudo de cintas o cosa semejante, que sirve de adorno. ‖ Lazada. ‖ Cuerda con un nudo corredizo para cazar o sujetar animales. ‖ Trampa, engaño. ‖ Vínculo, obligación. ‖ *Hond.* y *Méx.* Cuerda. ◇ FAM. lacear, lazada, lazar. / enlazar, entrelazar.

lazulita s. f. Lapislázuli.

le pron. pers. m. y f. sing. de 3.ª persona. Funciona como complemento indirecto. ◇ FAM. leísmo.

leal adj. y s. m. y f. Dícese de la persona fiel y noble. ◆ adj. Dícese de sus acciones y actitudes. ‖ Dícese de los animales fieles con su amo. ◇ FAM. lealtad. / desleal.

lealtad s. f. Calidad de leal.

leasing s. m. Sistema especial de arrendamiento de bienes de equipo.

lebeche s. m. Viento del suroeste de la costa mediterránea.

lebrancho s. m. *Antill.* Pez mugílido, lisa.

lebrato s. m. Liebre de menos de diez meses. ◇ FAM. LIEBRE.

lebrel adj. y s. m. Dícese de los perros de talla alta, hocico largo, cabeza alargada y aspecto esbelto. ◇ FAM. LIEBRE.

lebrero, ra adj. Dícese de los perros que sirven para cazar liebres. ◇ FAM. LIEBRE.

lebrillo s. m. Barreño.

lección s. f. Cada una de las partes en que se divide la materia de una disciplina. ‖ Materia que se aprende o estudia de una vez. ‖ Enseñanzas dadas en una sesión a una o más personas y estas mismas sesiones. ‖ Advertencia o consejo que corrige o escarmiento. ◇ FAM. lectivo. / aleccionar. LEER.

lecha s. f. Líquido seminal de los peces. ‖ Cada una de las dos bolsas que contienen este líquido. ◇ FAM. LECHE.

lechada s. f. Masa fina de cal, yeso o argamasa, usada para blanquear paredes o para unir hiladas de ladrillos. ‖ Líquido que tiene en suspensión cuerpos muy divididos. ◇ FAM. LECHE.

lechal adj. y s. m. Dícese del animal de cría que aún mama. ◇ FAM. LECHE.

leche s. f. Líquido blanco y opaco producido por las mamas de los mamíferos hembras. ‖ Líquido que se parece a la leche. ‖ Cosmético en forma de crema líquida. ● **Leche condensada,** la que se obtiene por evaporación en el vacío con adición de azúcar. ◇ FAM. lecha, lechada,

lechal, lechecillas, lechería, lechero, lechón, lechoso. / lácteo, sacaleches.

lechecillas s. f. pl. Conjunto de excrecencias carnosas comestibles, de diversas reses. ‖ Asaduras de res. ◇ FAM. LECHE.

lechero, ra adj. Relativo a la leche. ‖ Dícese de las hembras que se tienen para aprovechar su leche. ◆ s. Persona que tiene por oficio vender leche.

lechiguana s. f. *Argent.* Avispa pequeña y negra del orden de los himenópteros. ‖ *Argent.* Nido colgante de esa avispa. ‖ *Argent.* Miel que esta avispa produce.

lecho s. m. Cama para dormir. ‖ Fondo de un río, lago, etc. ‖ Cualquier material extendido que sirve de asiento a otro. ‖ Estrato.

lechón s. m. Cerdo que aún mama. ‖ Cerdo macho. ◇ FAM. LECHE.

lechoso, sa adj. Que tiene aspecto o cualidades de la leche. ‖ Que contiene látex. ◆ s. f. *R. Dom.* y *Venez.* Papaya.

lechuga s. f. Planta herbácea de hojas grandes, que se come corrientemente en ensalada. ◇ FAM. lechuguino.

lechuguino s. m. Lechuga pequeña antes de ser trasplantada. ◆ s. m. *Fam.* Hombre joven, excesivamente arreglado y presumido.

lechuza s. f. Ave rapaz nocturna, de cabeza redonda, con pico corto y encorvado en la punta. ◇ FAM. lechuzón.

lechuzón s. m. *Argent.* Lechuza campestre de gran tamaño.

lecitina s. f. Lípido fosforoso, abundante en la yema de huevo y el tejido nervioso.

lectivo, va adj. Dícese de los días y del tiempo destinados a dar lección en los centros docentes. ◇ FAM. LECCIÓN.

lector, ra adj. y s. Que lee. ◆ s. Profesor nativo que enseña su lengua materna. ◆ s. m. Aparato que transforma en impulsos eléctricos las señales o los datos registrados en una cinta magnética, un disco, etc. ◇ FAM. lectorado. LEER.

lectura s. f. Acción de leer. ‖ Escrito que se lee. ‖ Manera de interpretar un texto, una película, etc. ‖ INFORMÁT. Proceso por el cual se introduce información en la memoria del ordenador. ◇ FAM. LEER.

leer v. tr. [2i]. Interpretar mentalmente o en voz alta la palabra escrita. ‖ Dar una interpretación de un texto. ‖ Adivinar o percibir alguna cosa. ‖ MÚS. Mirar una partitura interpretando el valor de las notas y signos. ◇ FAM. lección, lector, lectura, legible, leíble, leyenda. / releer.

legación s. f. Empleo o cargo del legado. ‖ Asunto o mensaje que se encarga al legado. ‖ Personal que el legado tiene a sus órdenes. ‖ Casa u oficina del legado.

legado s. m. Persona que una suprema autoridad envía a otra, para tratar de un asunto. ‖ Disposición testamentaria en beneficio de una persona. ‖ Cosa que se deja o transmite a los sucesores.

legajo s. m. Conjunto, generalmente atado, de papeles referentes a un mismo asunto o materia. ◇ FAM. LIGAR.

legal adj. Establecido por la ley o de acuerdo con ella. ‖ Relativo a la ley y a la justicia. ‖ *Fam.* Digno de confianza. ◇ FAM. legalidad, legalismo, legalista, legalizar, legalmente. / ilegal. LEY.

legalidad s. f. Calidad de legal.

legalismo s. m. Preocupación por respetar minuciosamente la letra de la ley.

legalizar v. tr. [1g]. Dar estado legal a una cosa. ‖ Certificar la autenticidad de un documento o firma. ◇ FAM. legalizable, legalización. LEGAL.

légamo s. m. Cieno, lodo pegajoso. ◇ FAM. legamoso.

legaña s. f. Secreción de las glándulas de los párpados, de color amarillento o blanquecino. ◇ FAM. legañoso.

legar v. tr. [1b]. Dejar a alguien una cosa en testamento. ‖ Transmitir ideas, tradiciones, etc., a los que viven después. ◇ FAM. legación, legado, legatario. / alegar, delegar, relegar.

legatario, ria s. Beneficiario de un legado.

legendario, ria adj. Que constituye una leyenda o que sólo existe en ella. ‖ De mucha fama. ◇ FAM. LEYENDA.

legible adj. Que se puede leer. ◇ FAM. legibilidad. / ilegible. LEER.

legión s. f. Unidad fundamental del ejército romano. ‖ Gran número de personas o animales. ‖ Nombre que suele darse a ciertos cuerpos de tropa. ◇ FAM. legionario.

legionense adj. y s. m. y f. De León (España).

legislación s. f. Acción de legislar. ‖ Conjunto de leyes de un estado o referentes a una materia determinada.

legislar v. intr. y tr. [1]. Hacer, dictar o implantar leyes. ◇ FAM. legislable, legislación, legislador, legislativo, legislatura. LEY.

legislativo, va adj. Que tiene por misión hacer leyes. ‖ Relativo a los que legislan o a la legislación. ◆ adj. y s. m. Dícese del poder en que reside la potestad de hacer las leyes.

legislatura s. f. Conjunto de los órganos legislativos. ‖ Tiempo durante el cual funcionan los órganos legislativos.

legista s. m. y f. Persona entendida en cuestiones jurídicas. ◇ FAM. LEY.

legitimar v. tr. [1]. Certificar o probar la verdad o autenticidad de una cosa. ‖ Reconocer por legítimo al hijo que no lo era. ◇ FAM. legitimación, legitimador. LEGÍTIMO, MA.

legitimidad s. f. Calidad de legítimo. ‖ Derecho de un poder político a establecer su autoridad.

legítimo, ma adj. Conforme a la ley o al derecho. ‖ Justo, lícito. ‖ Auténtico, verdadero. ◇ FAM. legítimamente, legitimar, legitimario, legitimidad, legitimista. / ilegítimo. LEY.

lego, ga adj. y s. Laico. ‖ Ignorante. ◆ adj. y s. m. Dícese del religioso que no ha obtenido las órdenes sagradas. ◆ adj. y s. f. Dícese de la monja dedicada a las faenas caseras. ◇ FAM. LAICO, CA.

legra s. m. MED. Instrumento quirúrgico para legrar. ◇ FAM. legrar.

legrar v. tr. [1]. MED. Raspar o raer quirúrgicamente las superficies óseas o mucosas.

legua s. f. Medida de longitud que equivale a 5572 m. ◇ FAM. tragaleguas.

leguleyo, ya s. *Desp.* Jurista, abogado. ◇ FAM. LEY.

legumbre s. f. Fruto de las leguminosas. ‖ Hortaliza. ◇ FAM. leguminoso.

leguminoso, sa adj. y s. f. Relativo a un orden de plantas dicotiledóneas cuyo fruto es una vaina, como el guisante.

lehendakari s. m. Presidente del gobierno autónomo vasco.

leído, da adj. Dícese de la persona culta. ◇ FAM. LEER.

leísmo s. m. LING. Uso incorrecto del pronombre *le* en funciones de complemento directo, en lugar de *lo, la.* ◇ FAM. leísta. LE.

leitmotiv s. m. Tema musical que se repite insistentemente. ‖ Idea central de un discurso, conferencia, etc.

lejanía s. f. Calidad de lejano. ‖ Lugar que se ve lejos.

lejano, na adj. Que está lejos. ◇ FAM. lejanía. LEJOS.

lejía s. f. Agua que lleva disueltos álcalis o sales alcalinas y que se emplea para desinfectar y blanquear la ropa.

lejos adv. l. y t. A gran distancia en el espacio o el tiempo. ◇ FAM. lejano, lejura. / alejar.

lejura s. f. *Colomb.* y *Ecuad.* Parte muy lejana.

lelo, la adj. y s. Simple, pasmado, tonto. ◇ FAM. alelar.

lema s. m. Encabezamiento que precede a ciertas composiciones literarias para indicar el asunto. ‖ Frase que expresa una idea como guía de una conducta, institución, etc. ‖ Palabra o conjunto de palabras que se usan como contraseña en algunos concursos, para identificar a los autores. ◇ FAM. dilema.

lempira s. m. Unidad monetaria de Honduras.

lempirense adj. y s. m. y f. De Lempira (Honduras).

lémur s. m. Mamífero primate arborícola de Madagascar.

lencería s. f. Ropa blanca, y, especialmente, ropa interior. ‖ Tienda en que se vende esta ropa. ◇ FAM. lencero. LIENZO.

lenco, ca adj. y s. *Hond.* Tartamudo.

lengua s. f. Órgano carnoso de la cavidad

bucal, que sirve para degustar, deglutir y articular sonidos. ‖ Sistema de señales verbales propio de una comunidad, de un individuo, etc.: *lengua inglesa.* ● **Lengua materna,** la que una persona aprende. ‖ **Lengua muerta,** lengua que ya no se habla. ‖ **Lengua viva,** lengua que se habla actualmente. ● **Morderse** uno **la lengua,** contenerse en decir una cosa. ‖ **Tirar de la lengua** a uno *(Fam.),* provocarle a que hable de algo que debería callar. ◇ FAM. lenguado, lenguaje, lenguaraz, lengüeta, lengüetada, lengüetazo, lingual, lingüística. / bilingüe, deslenguado, monolingüe, trabalenguas, trilingüe.

lenguado s. m. Pez de cuerpo asimétrico, con los ojos a un mismo lado del cuerpo, apreciado por su carne. ◇ FAM. LENGUA.

lenguaje s. m. Cualquiera de los sistemas que emplea el hombre para comunicar sus sentimientos o ideas. ‖ Facultad humana que sirve para la comunicación. ‖ Manera de expresarse. ‖ Idioma, lengua. ‖ Conjunto de señales que dan a entender una cosa. ‖ INFORMÁT. Conjunto de caracteres, símbolos y reglas que permiten escribir las instrucciones que se dan a un ordenador. ◇ FAM. metalenguaje. LENGUA.

lenguaraz adj. Que habla con descaro y atrevimiento.

lengüeta s. f. Pieza delgada en forma de lengua. ‖ Lámina de madera o metal que produce el sonido en ciertos instrumentos musicales de viento.

lengüetada s. f. Acción de tomar o de lamer una cosa con la lengua.

lengüetazo s. m. Lengüetada.

lenidad s. f. Blandura en exigir el cumplimiento de los deberes o en castigar las faltas. ◇ FAM. lenificar, lenitivo.

lenificar v. tr. [1a]. Suavizar, ablandar. ◇ FAM. lenificación, lenificativo. LENIDAD.

leninismo s. m. Doctrina de Lenin, revolucionario y estadista ruso, considerada como desarrollo del marxismo. ◇ FAM. leninista.

lenitivo, va adj. Que ablanda y suaviza. ◆ s. m. Medio para mitigar un padecimiento físico o moral. ‖ MED. Sustancia que tiene una acción suavizante. ◇ FAM. LENIDAD.

lenocinio s. m. Acción y actividad de hacer de alcahuete.

lente s. f. Cristal u objeto transparente, limitado por dos superficies generalmente esféricas. ◆ s. m. pl. Anteojo o gafa. ● **Lente de contacto,** disco pequeño que se aplica directamente sobre la córnea para corregir defectos de la visión. ◇ FAM. lentilla.

lenteja s. f. Planta herbácea trepadora de semillas comestibles. ‖ Semilla de esta planta. ◇ FAM. lentejuela, lenticular.

lentejuela s. f. Lámina pequeña, redonda,

de material brillante, que se aplica a los vestidos como adorno. ◇ FAM. LENTEJA.

lenticular adj. De forma de lenteja. ◇ FAM. LENTEJA.

lentilla s. f. Lente de contacto. ◇ FAM. LENTE.

lentisco s. m. Arbusto que crece en la región mediterránea.

lentitud s. f. Calidad de lento[2].

lento[1] adv. m. MÚS. De forma lenta y pausada.

lento[2], ta adj. Tardo o pausado en el movimiento o en la acción. ‖ Tranquilo. ◇ FAM. lentamente, lentitud.

leña s. f. Conjunto de ramas, matas y troncos que se emplea para hacer fuego. ‖ *Fam.* Pelea, conjunto de golpes. ◇ FAM. leñador, leñero, leño, leñoso. / lignificar, lignito.

leñador, ra s. Persona que tiene por oficio cortar leña.

leñazo s. m. *Fam.* Garrotazo.

¡leñe! interj. *Fam.* y *vulg.* Denota disgusto o sorpresa.

leñero, ra s. Persona que tiene por oficio vender leña. ◆ s. f. Sitio destinado a guardar leña.

leño s. m. Trozo de árbol cortado y limpio de ramas. ‖ Conjunto de elementos conductores lignificados de las plantas. ‖ *Fam.* Persona torpe y de poco talento. ◇ FAM. leñazo. LEÑA.

leñoso, sa adj. Que es de la naturaleza de la madera. ◇ FAM. LEÑA.

leo s. m. y f. y adj. Persona nacida bajo el signo zodiacal de Leo.

león, na s. Mamífero carnicero de la familia félidos, de pelaje pardo y adornado por una melena en el caso del macho. ‖ Persona audaz y valiente. ‖ *Argent., Bol., Chile, Par.* y *Perú.* Puma. ◇ FAM. leo, leonado, leonera, leonino.

leonado, da adj. De color rubio oscuro.

leonense adj. y s. m. y f. De León (Nicaragua).

leonera s. f. Lugar en que se encierra a los leones. ‖ *Fam.* Sitio en que hay muchas cosas en desorden. ‖ *Colomb.* Reunión de personas de poco seso o de mala vida.

leonés, sa adj. y s. De León (España). ◆ adj. Del antiguo reino de León. ◆ s. m. Dialecto romance que se hablaba en el antiguo reino de León. ◇ FAM. castellanoleonés.

leonino, na adj. Relativo al león. ‖ Dícese del contrato oneroso en que toda la ventaja se da a una de las partes.

leopardo s. m. Mamífero carnívoro de África y Asia, de cuerpo esbelto y zarpas con uñas muy robustas.

leotardos s. m. pl. Media que cubre de los pies hasta la cintura.

leperada s. f. *Amér. Central* y *Méx.* Acción o dicho de lépero. ‖ *Amér. Central* y *Méx.* Dicho o expresión grosera.

lépero, ra adj. y s. *Amér. Central* y *Méx.* Grosero, ordinario. ◆ adj. *Cuba.* Astuto, perspicaz. ‖ *Ecuad. Fam.* Persona muy pobre y sin recursos. ◇ FAM. leperada.

lepidóptero, ra adj. y s. m. Relativo a un orden de insectos que en estado adulto tienen cuatro alas, como la mariposa.

leporino, na adj. *Relativo a la liebre.* ● **Labio leporino,** deformación congénita caracterizada por la división del labio superior. ◇ FAM. LIEBRE.

lepra s. f. Enfermedad infecciosa crónica, que cubre la piel de pústulas y escamas. ◇ FAM. leprosería, leproso.

lerdear v. intr. [1]. *Argent.* Andar pesada y torpemente.

lerdo, da adj. Torpe, tonto. ‖ Torpe, lento. ◇ FAM. lerdear.

leridano, na adj. y s. De Lérida (España).

lesbiana s. f. Mujer homosexual. ◇ FAM. lesbianismo, lésbico.

lesear v. intr. [1]. *Chile.* Tontear, hacer o decir leseras.

lesera s. f. *Chile* y *Perú.* Tontería, estupidez. ◇ FAM. lesear.

lesión s. f. Alteración patológica en la textura de los órganos, como llaga, contusión, inflamación, etc. ‖ Cualquier daño o perjuicio. ‖ DER. Perjuicio económico producido a una parte en un contrato. ‖ DER. Delito o falta derivados del daño corporal inferido dolorosamente a una persona sin ánimo de matar. ◇ FAM. lesionar, lesivo, leso. / ileso, lisiar.

lesionar v. tr. y pron. [1]. Causar lesión. ◇ FAM. lesionador. LESIÓN.

lesivo, va adj. DER. Que causa o puede causar lesión, daño o perjuicio. ◇ FAM. LESIÓN.

leso, sa adj. Que ha sido perjudicado o lesionado. ‖ *Argent., Bol.* y *Chile.* Tonto, torpe. ◇ FAM. LESIÓN.

letal adj. Mortífero.

letanía s. f. Larga y enojosa enumeración. ‖ Conjunto de plegarias formadas por una serie de cortas invocaciones, que los fieles rezan o cantan en honor de Dios, de la Virgen o de los santos.

letargo s. m. Sueño profundo o prolongado. ‖ Modorra, sopor. ‖ Hibernación. ◇ FAM. letárgico. / aletargar.

letón, na adj. y s. De Letonia. ◆ s. m. Lengua báltica hablada en Letonia.

letra s. f. Cada uno de los signos o figuras con que se representan los sonidos de un alfabeto. ‖ Modo particular de escribir. ‖ Sentido propio y exacto de las palabras empleadas en un texto. ‖ Texto de una obra musical, por oposición a la música. ◆ pl. Conjunto de las diversas ramas de los conocimientos humanos. ‖ Ciencias humanas, por oposición a ciencias técnicas. ● **Letra de cambio,** documento mercantil por el que una persona manda a otra pagar una determinada cantidad. ‖ **Letra menuda,** sagacidad o astucia para

actuar o comportarse. ‖ **Letra muerta,** escrito, regla o precepto que no tiene vigencia o que no se cumple. ● **Al pie de la letra,** según el sentido literal de las palabras. ◇ FAM. letrado, letrero, letrilla. / deletrear, literal, literatura.

letrado, da adj. y s. Docto, instruido. ◆ s. m. Abogado. ◇ FAM. iletrado. LETRA.

letrero s. m. Escrito que se coloca en determinado lugar para avisar o hacer pública alguna cosa. ◇ FAM. LETRA.

letrilla s. f. Composición poética de versos cortos a la que se suele poner música. ◇ FAM. LETRA.

letrina s. f. Retrete. ‖ Lugar sucio y repugnante.

leu s. m. Unidad monetaria de Rumania.

leucemia s. f. Enfermedad de la sangre que se manifiesta por un aumento de leucocitos en la médula ósea, bazo y ganglios.

leucocito s. m. Célula de la sangre y de la linfa, que asegura la defensa contra las infecciones.

leucoma s. f. Pequeña mancha blanquecina que aparece en la córnea, provocada por una herida o por un proceso inflamatorio.

leva s. f. Acción y efecto de levar. ‖ En mecánica, palanca. ‖ Reclutamiento, alistamiento. ‖ *Cuba.* Americana.

levadizo, za adj. Que se puede levantar con la ayuda de algún artificio. ◇ FAM. LEVAR.

levadura s. f. Hongo unicelular que produce la fermentación alcohólica de los hidratos de carbono. ‖ Masa constituida por estos hongos y usada en panadería, en la elaboración de la cerveza, etc. ◇ FAM. LEVAR.

levantamiento s. m. Acción y efecto de levantar o levantarse. ‖ Rebelión militar.

levantar v. tr. y pron. [1]. Llevar algo a un nivel más alto. ‖ Poner derecho o en posición vertical. ‖ Producir, ocasionar. ◆ v. tr. Dirigir la mirada, los ojos, etc., hacia arriba. ‖ Desmontar, recoger. ‖ Construir, edificar. ‖ Dar ánimo, valor, etc. ‖ Suprimir una pena o prohibición. ‖ Calumniar. ◆ **levantarse** v. pron. Ponerse de pie. ‖ Dejar la cama. ‖ Sublevarse. ◇ FAM. levantamiento, levante¹, levante², levántisco. LEVAR.

levante¹ s. m. Este, punto cardinal. ‖ Viento del este. ◇ FAM. levantino. LEVANTAR.

levante² s. m. *Chile.* Derecho que paga al dueño de un terreno el que corta maderas en él. ‖ *Colomb.* Edad de un bovino comprendida entre el destete y el principio de la ceba. ‖ *Colomb.* Actividad que produce esa categoría de bovinos. ‖ *Hond.* Calumnia. ◇ FAM. LEVANTAR.

levantisco, ca adj. Turbulento o rebelde. ◇ FAM. LEVANTAR.

levar v. tr. [1]. Recoger el ancla. ◆ v. intr.

Zarpar. ◇ FAM. leva, levadizo, levadura, levantar, levitar. / elevar, sublevar.

leve adj. De poco peso. ‖ Muy fino, sutil. ‖ De poca intensidad. ◇ FAM. levedad, levemente. / aliviar, liviano.

leviatán s. m. Monstruo marino bíblico, que se toma como representante del demonio.

levita s. f. Prenda de vestir masculina con faldones rectos que se cruzan por delante.

levitar v. intr. [1]. Elevarse en el aire una persona o cosa, sin intervención de ninguna causa física. ◇ FAM. levitación. LEVAR.

lexema s. m. Elemento léxico de un signo lingüístico que aporta el significado básico. ◇ FAM. LÉXICO, CA.

lexicalizar v. tr. y pron. [1g]. Transformar en uso léxico general un sentido figurado. ◇ FAM. lexicalización. LÉXICO, CA.

lexico- pref. Significa 'palabra': *lexicografía.*

léxico, ca adj. Relativo a los lexemas o al vocabulario. ◆ s. m. Conjunto de palabras o giros de una lengua, o los usados por un individuo, grupo, etc. ‖ Diccionario o vocabulario de una lengua. ◇ FAM. lexema, lexicalizar, lexicografía, lexicología, lexicón.

lexicografía s. f. Arte y técnica de componer diccionarios. ◇ FAM. lexicográfico, lexicógrafo. LÉXICO, CA.

lexicología s. f. Ciencia que estudia el léxico de una lengua, así como sus unidades y las relaciones entre las mismas. ◇ FAM. lexicológico, lexicólogo. LÉXICO, CA.

lexicón s. m. Diccionario, vocabulario. ◇ FAM. LÉXICO, CA.

ley s. f. Relación necesaria que enlaza entre sí fenómenos naturales. ‖ Precepto dictado por la suprema autoridad, en que se manda o prohíbe una cosa. ‖ Lealtad, fidelidad. ‖ Proporción de metal noble que entra en aleación. ● **Con todas las de la ley,** cumpliendo las condiciones indispensables para su buen acabamiento. ◇ FAM. legal, legislar, legista, legítimo, leguleyo.

leyenda s. f. Narración o relato de sucesos fabulosos, a veces con una base histórica, que se transmiten por tradición oral o escrita. ‖ Pie explicativo de un cuadro, grabado, mapa, moneda, etc. ◇ FAM. legendario. LEER.

lezna s. f. Punzón que utilizan los zapateros para agujerear el cuero y coserlo.

lía s. f. Poso de un líquido. ‖ Soga de esparto trenzado. ◇ FAM. LIAR.

liana s. f. Nombre común de varias especies de plantas trepadoras de la selva tropical. ‖ Enredadera.

liar v. tr. [1t]. Atar o envolver una cosa. ◆ v. tr. y pron. Enredar, complicar un asunto. ‖ Confundir a alguien. ◆ **liarse** v. pron. Mantener relaciones amorosas ilícitas. ◇ FAM. lía, lío. / aliarse, desliar.

libación s. f. Acción y efecto de libar.

libanés, sa adj. y s. Del Líbano.

libar v. tr. [1]. Chupar los insectos el néctar de las flores. ‖ Chupar el jugo de una cosa. ‖ Probar un licor. ◇ FAM. libación.

libelo s. m. Escrito infamatorio. ◇ FAM. libelista. LIBRO.

libélula s. f. Insecto de cuerpo alargado, dotado de cuatro alas membranosas, que vive en zonas de aguas estancadas.

líber s. m. BOT. Tejido interior de la corteza del tronco de los vegetales encargado de transportar la savia.

liberado, da adj. Dícese de la persona libre de una carga, obligación, etc., así como de usos, preceptos o normas.

liberal adj. y s. m. y f. Relativo al liberalismo o partidario de él. ◆ adj. Partidario de la libertad y la tolerancia. ‖ Desprendido, generoso. ‖ Se aplica al conjunto de las profesiones de carácter intelectual que se ejercen de forma independiente. ◇ FAM. liberalidad, liberalismo, liberalizar. LIBRE.

liberalidad s. f. Cualidad de liberal o generoso.

liberalismo s. m. Doctrina que defiende la libertad individual y una escasa participación del estado en las diferentes actividades de los ciudadanos.

liberalizar v. tr. y pron. [1g]. Hacer más libre o abierto algo. ◇ FAM. liberalización. LIBRE.

liberar v. tr. y pron. [1]. Libertar. ‖ Eximir a alguien de una obligación o carga. ◇ FAM. liberación, liberado, liberador, liberatorio. LIBRE.

liberiano, na adj. y s. De Liberia.

líbero s. m. En fútbol, jugador que desempeña una función defensiva, pero sin quedar sujeto al marcaje. ◇ FAM. LIBRE.

libertad s. f. Capacidad que tiene el hombre de actuar libremente, sin obligación alguna. ‖ Estado del que no sufre ni sujeción ni impedimento. ‖ Naturalidad, soltura. ◆ pl. Familiaridad, confianza. ◇ FAM. libertar, libertario, libertinaje, libertino, liberto. LIBRE.

libertar v. tr. y pron. [1]. Poner en libertad. ◇ FAM. libertador. LIBERTAD.

libertario, ria adj. y s. Anarquista, ácrata.

libertinaje s. m. Conducta viciosa o inmoral. ‖ Falta de respeto a la ley, la moral o la libertad de los demás.

libertino, na adj. y s. Que vive entregado al libertinaje.

liberto, ta s. Esclavo que recibía la libertad de su señor.

libidinoso, sa adj. Que muestra un deseo sexual exagerado.

libido s. f. PSIC. Deseo sexual. ◇ FAM. libidinoso.

libio, bia adj. y s. De Libia.

libra s. m. y f. y adj. Persona nacida bajo el signo zodiacal de Libra. ◆ s. f. Antigua unidad de peso, de valor variable, que equivale aproximadamente a medio kilo. ‖ Unidad monetaria del Reino Unido y de sus antiguas colonias. ‖ *Cuba*. Hoja de tabaco de calidad superior.

librado, da s. Persona contra la que se gira una letra de cambio.

librador, ra s. Persona que libra una letra de cambio.

libramiento s. m. Acción y efecto de librar. ‖ Orden que se da por escrito para que uno pague cierta cantidad de dinero.

libranza s. f. Orden de pago escrita que se da a una persona, para que pague a un tercero una cantidad de los fondos de que dispone.

librar v. tr. y pron. [1]. Dejar libre o preservar a alguien de un trabajo o peligro. ◆ v. tr. Expedir letras de cambio, órdenes de pago, etc. ‖ Eximir a alguien de una obligación. ‖ *Méx.* Pasar por un lugar estrecho. ◆ v. intr. Disfrutar del día de descanso semanal. ◇ FAM. librado, librador, libramiento, libranza. LIBRE.

libre adj. Dícese de la persona que goza de libertad o puede obrar con libertad. ‖ Excluido de determinadas obligaciones, cargos, etc. ‖ Sin obstáculo: *vía libre*. ‖ Vacante, vacío. ‖ Soltero. ◆ s. m. *Méx.* Taxi. ◇ FAM. liberal, liberar, líbero, libertad, librar, libremente. / librecambio, librepensador.

librea s. f. Traje de uniforme con distintivos, que llevan algunos empleados y criados. ‖ Pelaje de determinados animales.

librecambio s. m. Comercio entre países, sin trabas ni derechos aduaneros. ◇ FAM. librecambismo, librecambista. LIBRE y CAMBIO.

librepensador, ra adj. y s. Dícese de la persona que defiende la tolerancia y la razón frente a cualquier dogma, especialmente el religioso. ◇ FAM. librepensamiento. LIBRE y PENSADOR, RA.

librera s. f. *Guat.* y *Pan.* Mueble donde se colocan libros.

librería s. f. Establecimiento donde se venden libros. ‖ Mueble donde se colocan libros. ‖ *Argent.* Comercio donde se venden cuadernos, lápices y otros artículos de escritorio.

librero, ra s. Comerciante de libros. ◆ s. m. *Chile* y *Méx.* Librería, mueble donde se colocan libros.

libresco, ca adj. *Desp.* Relativo al libro. ‖ *Desp.* Dícese de la obra que se inspira en los libros y no en la realidad.

libreta s. f. Cuaderno en que se escriben anotaciones, cuentas, etc. ● **Libreta cívica** (*Argent.*), documento oficial con el que la mujer acredita su identidad. ‖ **Libreta de enrolamiento** (*Argent.*), cartilla militar. ◇ FAM. LIBRO.

libreto s. m. Texto o guión que sirve de base a una obra dramática musical. ◇ FAM. libretista. LIBRO.

librillo s. m. Conjunto de hojas de papel de fumar.

libro s. m. Conjunto de hojas manuscritas o impresas, encuadernadas, y que forman un volumen ordenado para la lectura. ‖ Conjunto de hojas cosidas o encuadernadas juntas, destinado a diversos usos. ‖ Tercera cavidad del estómago de los rumiantes. ● **Colgar los libros** (*Fam.*), abandonar los estudios. ◇ FAM. librera, librería, librero, libresco, libreta, libreto, librillo. / libelo.

licantropía s. f. Enfermedad mental en que el enfermo cree estar convertido en un lobo e imita su comportamiento. ◇ FAM. licántropo.

licencia s. f. Facultad o permiso para hacer algo. ‖ Abuso de confianza. ‖ DER. Autorización, permiso. ‖ DER. Documento en que consta. ◇ FAM. licenciar, licencioso.

licenciado, da adj. Declarado libre de algún servicio. ◆ s. Persona que ha obtenido el grado de licenciatura.

licenciar v. tr. [1]. Dar permiso o licencia. ‖ Dar a los soldados la licencia. ◆ licenciarse v. pron. Obtener el grado de licenciado. ◇ FAM. licenciado, licenciamiento, licenciatura. LICENCIA.

licenciatura s. f. Grado universitario que se obtiene al acabar los estudios universitarios.

licencioso, sa adj. Libertino, lujurioso.

liceo s. m. En algunos países, centros de segunda enseñanza. ‖ Sociedad cultural o recreativa. ◇ FAM. liceísta.

licitar v. tr. [1]. Ofrecer precio por una cosa en subasta. ◇ FAM. licitación, licitador, licitante. LÍCITO, TA.

lícito, ta adj. Permitido por la ley o la moral. ◇ FAM. lícitamente, licitar. / ilícito.

licor s. m. Sustancia líquida. ‖ Bebida alcohólica obtenida por destilación, a la que se añaden sustancias aromáticas. ◇ FAM. licorera, licorería, licorista. LÍQUIDO, DA.

licorería s. f. Fábrica o tienda de licores.

licuadora s. f. Aparato eléctrico para licuar frutas y otros alimentos.

licuar v. tr. y pron. [1]. Convertir en líquido una sustancia sólida o gaseosa. ◇ FAM. licuable, licuación, licuadora, licuefacción. / delicuescencia. LÍQUIDO, DA.

licuefacción s. f. Transformación de un gas en líquido. ◇ FAM. licuefacer, licuefactible, licuefactivo. LICUAR.

lid s. f. Combate, pelea. ‖ Discusión, controversia de razones y argumentos. ◆ pl. Conjunto de actividades. ◇ FAM. lidiar.

líder s. m. y f. Dirigente, jefe de un grupo, partido, etc. ‖ Empresa, producto, etc., que ocupa el primer lugar en determinado campo. ‖ Persona o equipo que, en el transcurso de una competición deportiva, va en cabeza. ◇ FAM. liderar, liderato, liderazgo.

liderato o **liderazgo** s. m. Condición de líder o ejercicio de sus actividades.

lidia s. f. Toreo.

lidiar v. intr. [1]. Batallar, pelear. || Enfrentarse a personas o cosas problemáticas. ◆ v. tr. Torear. ◇ FAM. lidia, lidiador. LID.

lido s. m. Banda de arena que separa del mar una laguna o albufera.

liebre s. m. Mamífero parecido al conejo, de largas patas posteriores, adaptadas a la carrera, y largas orejas puntiagudas. || *Chile.* Autobús pequeño. ◇ FAM. lebrato, lebrel, lebrero. / leporino.

liechtenstiano, na adj. y s. De Liechtenstein.

liendre s. f. Huevo de piojo.

lienzo s. m. Tela de lino, cáñamo o algodón. || Tela usada para pintar. || Cuadro. ◇ FAM. lencería.

lifting s. m. Operación de cirugía estética, cuya finalidad es suprimir las arrugas del rostro.

liga s. f. Cinta o tira de goma usada para sujetar a la pierna las medias o calcetines. || Venda o faja. || Aleación, mezcla. || Confederación de varios estados. || Sustancia viscosa para cazar pájaros. || Competición deportiva entre varios equipos. || *Méx.* Banda elástica para sujetar cosas. ◇ FAM. liguero, liguilla. / portaligas. LIGAR.

ligado s. m. MÚS. Modo de ejecutar una composición musical en que los sonidos de una línea melódica se suceden sin interrupción.

ligadura s. f. Acción y efecto de ligar. || Cualquier cosa que sirve para atar. || Atadura, compromiso. || Acción de constreñir una vena o una arteria en una intervención quirúrgica.

ligamento s. m. ANAT. Conjunto de cordones fibrosos y resistentes que unen huesos y articulaciones, o sostienen un órgano del cuerpo. ◇ FAM. ligamentoso. LIGAR.

ligar v. tr. [1b]. Atar o sujetar. || Existir una determinada relación. || Practicar una ligadura en un órgano. || Alear metales. || *Fam.* Entablar una relación amorosa superficial y pasajera. ◆ **ligarse** v. pron. Unirse a alguien o algo. ◇ FAM. liga, ligación, ligado, ligadura, ligamento, ligamiento, ligazón, ligón, ligue. / coaligar, coligar, desligar, legajo.

ligazón s. f. Unión, trabazón.

ligerear v. intr. [1]. *Chile.* Andar o despachar algo con ligereza.

ligereza s. f. Calidad de ligero. || Acto propio de una persona informal.

ligero, ra adj. Que obra o se mueve con rapidez. || Que pesa poco. || Muy fino, sutil. || De poca consistencia: *comida ligera.* || De poca intensidad o profundidad. || Irreflexivo, informal. ◇ FAM. ligeramente, ligerear, ligereza. / aligerar, ultraligero.

lignificar v. tr. [1]. BOT. Dar contextura de madera. ◇ FAM. lignificación. LEÑA.

lignito s. m. Carbón mineral de color negro de escaso poder calorífico. ◇ FAM. LEÑA.

ligón, na s. y adj. *Fam.* Persona que liga mucho o que consigue fácilmente relaciones amorosas.

liguano, na adj. *Chile.* Dícese de una raza americana de carneros, de lana gruesa y larga. || *Chile.* Dícese también de la lana producida por esta raza y de lo que se fabrica con ella.

ligue s. m. *Fam.* Relación amorosa pasajera. || *Fam.* Persona con la que se liga.

liguero, ra adj. Relativo a una liga deportiva. ◆ s. m. Especie de faja estrecha para sujetar las medias de las mujeres.

liguilla s. f. Liga deportiva que se juega entre un número reducido de equipos.

ligur adj. y s. m. y f. De Liguria, región marítima del norte de Italia. ◆ adj. Dícese de un antiguo pueblo establecido en el norte de Italia. ◆ s. m. Lengua hablada por este pueblo.

lija s. f. Pintarroja. || Piel seca de la pintarroja o de otro pez, que se emplea para pulir. || Papel fuerte que lleva pegado en una de sus caras vidrio molido, arena de cuarzo, etc., y que se usa para pulir o alisar. ● Dar lija (*Cuba* y *R. Dom. Fam.*), adular. ◇ FAM. lijar.

lijadora s. f. Máquina para alisar o pulir.

lijar v. tr. [1]. Alisar una superficie con papel de lija u otro abrasivo. ◇ FAM. lijado, lijadora. LIJA.

lila[1] s. f. Arbusto originario de Oriente medio, cultivado por sus flores olorosas, malvas o blancas. || Flor de este arbusto. ◆ adj. y s. m. De un color morado parecido al de estas flores.

lila[2] adj. y s. m. y f. *Fam.* Tonto, fatuo.

lile adj. *Chile.* Débil, decaído.

liliáceo, a adj. y s. f. Relativo a una familia de plantas de raíz en bulbo, como el lirio, el tulipán y el ajo. ◇ FAM. LIRIO.

liliputiense adj. y s. m. y f. De talla muy pequeña. || Enano.

lima[1] s. f. Instrumento de acero, con la superficie estriada, para desgastar y pulir metales y otras materias duras. || Acción de limar. ◇ FAM. limar, limatón.

lima[2] s. f. Fruto del limero, de color amarillo, pulpa sabrosa y sabor agridulce. || Bebida que se obtiene de este fruto. ◇ FAM. limero, limón.

limaco s. m. Babosa.

limadura s. f. Acción y efecto de limar. ◆ pl. Conjunto de partículas que se desprenden al limar un metal.

limar v. tr. [1]. Pulir, afinar, etc., con la lima. || Debilitar o cercenar: *limar asperezas.* ◇ FAM. limado, limador, limadura. LIMA[1].

limatón s. m. Lima[1] redondeada y gruesa. ◇ FAM. LIMA[1].

limbo s. m. En la religión católica, estado o lugar en que se encuentran las almas de

los niños que mueren sin bautizar. ‖ AS-
TRON. Cerco de un astro. ‖ BOT. Parte ancha y aplanada de hojas, sépalos y pétalos. • **Estar en el limbo** (*Fam.*), no enterarse de lo que pasa alrededor.

limeño, ña adj. y s. De Lima.

limero s. m. Planta arbórea de flores blancas y olorosas, cuyo fruto es la lima.

limitación s. f. Acción y efecto de limitar.
‖ *Impedimento.*

limitado, da adj. De corto entendimiento.
‖ Pequeño, escaso. ‖ Que tiene límites.
<> FAM. limitadamente. / ilimitado. LIMI-
TAR.

limitar v. tr. [1]. Fijar o señalar límites.
◆ v. tr. y pron. Reducir, recortar. ‖ Ceñirse a lo que se expresa. ◆ v. intr. Tener
un país, territorio, etc., límites comunes
con otro. <> FAM. limitable, limitación, limitado, limitador, limitativo. / delimitar,
extralimitarse. LÍMITE.

límite s. m. Línea real o imaginaria que
señala la separación entre dos cosas. ‖ Fin
o grado máximo de algo. ◆ adj. y s. m.
Dícese del punto, momento, etc., que no
se puede o no se debe sobrepasar. <> FAM.
limitar, limítrofe. / linde.

limítrofe adj. Que limita o linda.

limo s. m. Cieno, lodo. ‖ Depósito fino,
sedimentado en el fondo de ríos y pantanos, formado por pequeñas partículas.
<> FAM. limoso.

limón s. m. Fruto del limonero, de forma
ovoide, color amarillo y sabor generalmente ácido. <> FAM. limonada, limonar,
limonero. / lima².

limonada s. f. Refresco hecho con agua,
azúcar y zumo de limón.

limonar s. m. Terreno plantado de limo-
neros. ‖ *Guat.* Limonero.

limonero s. m. Árbol perenne de flores
blancas, teñidas de púrpura exteriormente, y cuyo fruto es el limón.

limonita s. f. Mineral de hidróxido de hierro usado para la obtención del hierro y
como pigmento.

limosna s. f. Cosa que se da gratuitamente
para socorrer una necesidad, como dinero, comida, ropa, etc. <> FAM. limosnero.

limosnero, ra adj. y s. Dícese de la persona que da limosnas. ◆ s. *Amér.* Mendigo, pordiosero.

limpia s. f. *Méx.* Cura supersticiosa para
liberar a alguien de algún hechizo.

limpiabotas s. m. y f. Persona que tiene
por oficio limpiar el calzado.

limpiador s. m. *Méx.* Limpiaparabrisas.

limpiamente adv. m. Con precisión y habilidad. ‖ Con honestidad y honradez.

limpiaparabrisas s. m. Dispositivo formado por una o dos varillas articuladas
que limpian el cristal del parabrisas de los
automóviles.

limpiar v. tr. y pron. [1]. Quitar la suciedad de una cosa. ◆ v. tr. Purificar, de-

purar. ‖ Apartar de un lugar o de una persona aquello que le es perjudicial. ‖ *Fam.*
Hurtar. <> FAM. limpia, limpiador. / limpiabotas, limpiaparabrisas. LIMPIO, PIA.

límpido adj. Limpio, puro, claro. <> FAM.
limpidez. LIMPIO, PIA.

limpieza s. f. Calidad de limpio. ‖ Acción
y efecto de limpiar. ‖ Integridad, nobleza.
‖ Destreza, perfección.

limpio, pia adj. Que no tiene suciedad. ‖
Que tiene el hábito del aseo y la pulcritud.
‖ Claro, despejado. ‖ Neto. ‖ Sin impurezas. • **En limpio,** indica el valor fijo que
queda de algo, deducidos los gastos. ‖ Sin
enmiendas ni tachones. <> FAM. limpiamente, limpiar, limpieza, limpión. / límpido.

limpión s. m. *Colomb., C. Rica* y *Venez.*
Paño para secar y limpiar los platos.

limusina s. f. Automóvil lujoso de gran tamaño.

linaje s. m. Ascendencia o descendencia
de un individuo. ‖ Clase, especie.

linaza s. f. Semilla del lino. <> FAM. LINO.

lince s. m. Mamífero carnívoro, de aspecto parecido a un gato, pero de mayor
tamaño, con orejas anchas y puntiagudas
y vista vivaz. ◆ s. m. y f. y adj. Persona
lista o sagaz.

linchar v. tr. [1]. Ejecutar una muchedumbre a alguien sin un proceso regular previo. <> FAM. linchamiento.

lindar v. intr. [1]. Tener límites dos terrenos, fincas, etc. <> FAM. lindante. / alindar,
colindar, deslindar. LINDE.

linde s. m. o f. Límite o línea que divide
terrenos, fincas, etc. <> FAM. lindar, lindero. LÍMITE.

lindero, ra adj. Limítrofe, lindante. ◆ s. m.
Linde.

lindeza s. f. Calidad de lindo. ‖ Hecho o
dicho gracioso. ◆ pl. Serie de insultos o
improperios.

lindo, da adj. Correcto de formas y agradable a la vista. • **De lo lindo,** mucho o
con exceso. <> FAM. lindamente, lindeza,
lindura.

línea s. f. Trazo continuo, real o imaginario, que señala el límite o el fin de algo.
‖ En geometría, sucesión continua de puntos en el espacio. ‖ Raya¹. ‖ En un escrito,
renglón. ‖ Contorno de una figura, silueta.
‖ Instalación que sirve para la comunicación, para la transmisión o para el transporte de energía. ‖ Vía de comunicación
regular, terrestre, marítima o aérea. ‖ Serie
continuada de personas o de cosas. ‖ Conjunto de jugadores de un equipo que desempeñan un mismo cometido. • **En toda
la línea,** completamente. ‖ **Leer entre líneas,** entender lo que se oculta o no se
expresa de forma clara. <> FAM. lineal,
linealidad, linear. / aerolínea, alinear,
aliñar, curvilíneo, delinear, entrelínea, interlínea, linier, linotipia, rectilíneo, tiralíneas.

lineal adj. Relativo a las líneas. || Que sigue un desarrollo constante.

linf- pref. Significa 'linfa': *linfático.*

linfa s. f. Líquido coagulable que circula por el sistema linfático y que cuenta entre sus componentes con unas células llamadas linfocitos. ◇ FAM. linfático, linfatismo, linfocito, linfoma. / endolinfa.

linfático, ca adj. Relativo a la linfa, o abundante en ella. || Dícese de la parte del aparato circulatorio que interviene en la formación y circulación de la linfa. ◆ adj. y s. Que padece linfatismo.

linfatismo s. m. MED. Disposición orgánica que presenta un desarrollo anormal del sistema linfático.

linfocito s. m. Variedad de leucocitos de pequeño tamaño.

linfoma s. m. Tumor maligno de los ganglios linfáticos.

lingotazo s. m. *Fam.* Trago de bebida alcohólica.

lingote s. m. Barra o pieza de metal bruto fundido.

lingual adj. Relativo a la lengua. || Dícese del sonido consonántico que se pronuncia con la intervención de la punta de la lengua. ◇ FAM. sublingual. LENGUA.

lingue s. m. *Argent.* y *Chile.* Árbol alto y frondoso, de madera flexible y de gran duración, que se emplea para fabricar muebles, vigas, etc., y su corteza se usa para curtir cueros.

lingüista s. m. y f. Persona que por estudio se dedica a la lingüística.

lingüística s. f. Ciencia que estudia el lenguaje y las lenguas. ◇ FAM. lingüista, lingüístico. / sociolingüística. LENGUA.

linier s. m. En algunos deportes, juez de línea. ◇ FAM. LÍNEA.

linimento s. m. Medicamento untuoso, compuesto por aceites y sustancias balsámicas, que se usa para dar fricciones.

lino s. m. Planta herbácea de hojas muy finas, flores de diferentes colores y fruto en cápsula de forma ovoidea. || Materia textil extraída de los tallos de esta planta y tejido de esta materia. ◇ FAM. linaza, linóleo, linóleum.

linóleo o **linóleum** s. m. Tela impermeable de yute cubierta con una capa de corcho en polvo, aglomerado con aceite de linaza y resina.

linotipia s. f. En artes gráficas, máquina de componer que funde los tipos por líneas enteras. ◇ FAM. linotipista. LÍNEA.

linterna s. f. Farol portátil con una sola cara de vidrio. || Utensilio manual que sirve para proyectar luz. || ARQ. Torre con aberturas que corona la cúpula de algunas construcciones.

linyera s. m. *Argent.* y *Urug.* Vagabundo, pordiosero. ◆ s. f. Hatillo de ropa y otros objetos personales.

lío s. m. Conjunto de cosas atadas. || Embrollo. || *Fam.* Relación amorosa ilícita.

● **Estar hecho un lío,** no entender algo con claridad. ◇ FAM. lioso. LIAR.

liofilizar v. tr. [1g]. Deshidratar un alimento u otra sustancia para asegurar su conservación. ◇ FAM. liofilización, liofilizador.

lionés, sa adj. y s. De Lyon.

lioso, sa adj. *Fam.* Enredador, chismoso. || *Fam.* Difícil de entender o de solucionar.

lip- pref. Lipo-*.

lipemia s. f. Presencia de grasa en la sangre. ◇ FAM. LÍPIDO.

lípido s. m. y adj. Sustancia orgánica denominada comúnmente *grasa,* insoluble en agua y soluble en bencina y éter. ◇ FAM. lipemia, lipoma, liposoluble.

lipo- pref. Significa 'grasa': *liposoluble.*

lipoma s. m. Tumor benigno formado por acumulación de grasa. ◇ FAM. LÍPIDO.

liposoluble adj. Soluble en las grasas o en los aceites. ◇ FAM. LÍPIDO y SOLUBLE.

lipotimia s. f. Pérdida pasajera del sentido causada por una repentina falta de riego cerebral.

liquen s. m. Planta constituida por la asociación de un hongo y un alga, que viven en simbiosis. ◆ pl. Tipo de estas plantas.

liquidación s. f. Acción y efecto de liquidar. || Venta de mercancías a bajo precio por necesidad de eliminar un stock.

liquidar v. tr. y pron. [1]. Licuar, convertir en líquido. ◆ v. tr. Pagar enteramente una cuenta. || Poner fin a algo. || Gastar algo completamente. || Ajustar formalmente una cuenta. || *Fam.* Matar. ◇ FAM. liquidable, liquidación, liquidador. LÍQUIDO, DA.

liquidez s. f. Calidad de líquido. || Disponibilidad de medios de pago. || Conjunto de activos financieros fácilmente realizables en dinero.

líquido, da adj. y s. m. Dícese de los cuerpos cuyas moléculas se mueven libremente, y se adaptan a la forma de la cavidad que los contiene. || Dícese del saldo que resulta de comparar el debe con el haber. ◆ adj. y s. f. LING. Dícese de aquellos fonemas que participan al mismo tiempo del carácter vocálico y consonántico, como *r* en *brazo.* ◇ FAM. liquidar, liquidez. / licor, licuar.

lira[1] s. f. Instrumento músico antiguo, compuesto de varias cuerdas tensadas. || Estrofa de cinco versos, tres heptasílabos y dos endecasílabos, en rima consonante. ◇ FAM. lírico.

lira[2] s. f. Unidad monetaria de Italia y Turquía.

lírica s. f. Género de poesía en que dominan los sentimientos del autor. || Conjunto de obras de esta poesía.

lírico, ca adj. Perteneciente o relativo a la lírica. || Dícese de las obras dramáticas cantadas, como la ópera o la zarzuela. ◆ adj. y s. Dícese del autor que cultiva

la poesía lírica. <> FAM. lírica, lirismo.
LIRA[1].

lirio s. m. Planta de bulbo escamoso, flores con seis pétalos azules, morados o blancos, y fruto en cápsula, que se usa en perfumería y como planta ornamental. <> FAM. liliáceo, lis.

lirismo s. m. Calidad de lírico. ‖ Expresión poética y exaltada de sentimientos personales, y de pasiones.

lirón s. m. Mamífero roedor de pelaje sedoso y larga cola, que hiberna en su madriguera comiendo los frutos que ha almacenado.

lis s. f. Lirio.

lisa s. f. Mújol.

lisboeta adj. y s. m. y f. De Lisboa.

lisbonense adj. y s. m. y f. Lisboeta.

lisbonés, sa adj. y s. Lisboeta.

lisiado, da adj. y s. Dícese de la persona que tiene alguna lesión permanente en las extremidades.

lisiar v. tr. y pron. [1]. Dejar lisiado. <> FAM. lisiado. LESIÓN.

liso, sa adj. Sin desigualdades, sin arrugas. ‖ Dícese del pelo sin rizar. ‖ De un solo color. ‖ Sin obstáculos. ● Lisa y llanamente, sin rodeos. <> FAM. lisamente, lisura. / alisar.

lisonja s. f. Alabanza, adulación. <> FAM. lisonjear, lisonjero.

lisonjear v. tr. [1]. Adular, halagar. ◆ v. tr. y pron. Envanecer, satisfacer el amor propio. <> FAM. lisonjeador. LISONJA.

lisonjero, ra adj. Halagüeño, satisfactorio, prometedor.

lista s. f. Tira, pedazo largo y estrecho de tela, papel, etc. ‖ Franja de distinto color, especialmente en los tejidos. ‖ Relación de nombres de personas, cosas, etc., que se forma con algún propósito. ● Lista de correos, oficina a la que se dirigen las cartas y paquetes, cuyos destinatarios han de presentarse en ella para recogerlos. ● Pasar lista, llamar en voz alta, para que respondan, las personas cuyos nombres figuran en una relación. <> FAM. listado, listar, listín, listón. / alistar.

listado, da adj. Que forma o tiene listas. ◆ s. m. Lista, relación. ‖ INFORMÁT. Salida en una impresora del resultado de un proceso de un ordenador.

listín s. m. Agenda para anotar direcciones y teléfonos. ‖ Guía de teléfonos.

listo, ta adj. Dícese de la persona que comprende y asimila las cosas con rapidez y acierto. ‖ Diligente, hábil. ‖ Preparado, dispuesto. <> FAM. listeza.

listón s. m. Tabla delgada y larga. ‖ Méx. Cinta de tela. ‖ DEP. Barra horizontal sobre la que se ha de saltar en determinadas pruebas. <> FAM. LISTA.

lisura s. f. Calidad de liso. ‖ Sinceridad, franqueza. ‖ Guat., Pan. y Perú. Palabra o acción grosera e irrespetuosa.

litera s. f. Cama fija en los barcos y trenes. ‖ Mueble formado por dos camas superpuestas.

literal adj. Conforme a la letra del texto y al sentido exacto y propio de las palabras que lo forman. <> FAM. literalidad, literalmente. LETRA.

literario, ria adj. Relativo a la literatura.

literato, ta adj. y s. Dícese de la persona versada en literatura. ◆ s. Escritor, persona que escribe por profesión.

literatura s. f. Arte que emplea la palabra hablada o escrita como forma de expresión. ‖ Conjunto de producciones literarias compuestas en determinada lengua o en determinado período. ‖ Conjunto de teorías y conocimientos de la composición literaria. <> FAM. literario, literato. LETRA.

litiasis s. f. Formación y presencia de cálculos en una cavidad o conducto de algún órgano. <> FAM. LÍTICO, CA.

lítico, ca adj. Relativo a la piedra. ‖ Relativo a la litiasis. <> FAM. litiasis, litografía, litología, litosfera.

litigar v. tr. [1b]. Entablar o mantener un litigio. ◆ v. intr. Altercar, contender. <> FAM. litigación, litigante. LITIGIO.

litigio s. m. Pleito, disputa en un juicio. ‖ Contienda, enfrentamiento. <> FAM. litigar, litigioso.

litio s. m. Metal alcalino, blando y muy ligero.

lito- pref. Significa 'piedra': litografía.

litografía s. f. Arte de reproducir por impresión los dibujos grabados o dibujados sobre una piedra caliza porosa. ‖ Reproducción obtenida mediante este procedimiento. <> FAM. litografiar, litográfico, litógrafo. LÍTICO, CA.

litología s. f. Ciencia que estudia las rocas. <> FAM. litológico, litólogo. LÍTICO, CA.

litoral adj. Relativo a la costa. ◆ s. m. Costa de un país o mar. ‖ Argent., Par. y Urug. Franja de tierra al lado de los ríos.

litosfera s. f. Capa externa del globo terrestre, constituida por la corteza y el manto superior. <> FAM. LÍTICO, CA y ESFERA.

lítote s. f. Figura retórica consistente en atenuar una opinión o afirmación, negando lo contrario de lo que se quiere afirmar.

litre s. m. Chile. Planta de flores amarillas y frutos pequeños y dulces, de los cuales se extrae la chicha, y cuya sombra y el contacto de sus ramas producen un sarpullido, especialmente en mujeres y niños.

litro s. m. Unidad de capacidad para líquidos y áridos, que equivale a 1 dm^3. ‖ Cantidad que cabe en este volumen. <> FAM. centilitro, decalitro, decilitro, hectolitro, mililitro.

lituano, na adj. y s. De Lituania. ◆ s. m. Lengua hablada en Lituania.

liturgia s. f. Conjunto de prácticas y reglas de culto que la Iglesia católica rinde a Dios. <> FAM. litúrgico.

liviano, na adj. Ligero, de poco peso. ‖ Leve, de poca importancia. ‖ Inconstante. ◇ FAM. liviandad. LEVE.

lívido, da adj. Cárdeno, que tira a morado.. ‖ Pálido. ◇ FAM. lividecer, lividez.

liza s. f. Campo dispuesto para que luchen dos o más personas. ‖ Lucha de personas, intereses, etc.

ll s. f. Letra doble que en español representa un sonido consonántico palatal fricativo y sonoro, aunque está muy extendida la pronunciación como y.

llaca s. f. Chile. Especie de zarigüeya de pelaje ceniciento, con una mancha negra sobre cada ojo.

llaga s. f. Úlcera. ‖ Pesadumbre, pena. ◇ FAM. llagar.

llallí s. f. Chile. Palomita o roseta de maíz. • Hacer llallí algo (Chile), destrozarlo.

llama¹ s. f. Masa gaseosa en combustión, en forma de lengua, que desprende luz y calor. ‖ Sentimiento apasionado o vivo. ◇ FAM. llamarada, llamarón, llamear. / flama, lanzallamas.

llama² s. f. Amér. Merid. Mamífero rumiante, variedad doméstica del guanaco, del que sólo se diferencia por ser de menor tamaño.

llamada s. f. Acción de llamar. ‖ Atracción ejercida por algo sobre alguien. ‖ Voz o señal con que se llama. ‖ Signo o número que se pone en el texto para remitir a otro lugar donde se corrige, amplía, etc., su contenido. ‖ Toque para que la tropa tome las armas o se ponga en formación.

llamado s. m. Amér. Llamada telefónica. ‖ Amér. Llamamiento.

llamador s. m. Aldaba o botón para llamar.

llamamiento s. m. Acción de llamar, especialmente al hacerlo solemne o patéticamente.

llamar v. tr. [1]. Hacer que alguien preste atención o vaya a un sitio determinado, pronunciando su nombre, haciendo gestos, etc. ‖ Convocar, citar. ‖ Aplicar un nombre a alguien. ‖ Telefonear. ◆ v. intr. Hacer sonar el timbre, campanilla, etc., para que acudan a abrir; servir, etc. ◆ llamarse v. pron. Tener por nombre. ◇ FAM. llamada, llamado, llamador, llamamiento, llamativo.

llamarada s. f. Llama grande que brota y se apaga pronto. ‖ Acceso repentino y breve de rubor. • Llamarada de petate (Mex.), fracaso de algo que despertaba grandes expectativas de éxito.

llamarón s. m. Colomb. y Ecuad. Llamarada.

llamativo, va adj. Que llama la atención. ◇ FAM. LLAMAR.

llame s. m. Chile. Lazo o trampa para cazar pájaros.

llampo s. m. Chile. Polvo y parte menuda del mineral que queda una vez separada la parte más gruesa.

llana s. f. Herramienta para extender el yeso o la argamasa. ◇ FAM. LLANO, NA.

llanamente adv. m. Con llaneza.

llanada s. f. Llanura. ◇ FAM. LLANO, NA.

llanarca s. m. Argent. Atajacaminos.

llanca s. f. Chile. Cualquier mineral de cobre, de color verde azulado. ‖ Chile. Pedrezuelas de este mineral, que usan los araucanos para hacer collares y adornar sus trajes.

llanear v. intr. [1]. Andar por el llano evitando las pendientes. ◇ FAM. llaneador. LLANO, NA.

llanero, ra adj. y s. De Los Llanos, región central de Venezuela. ‖ Colomb. y Venez. Del Meta (Colombia).

llaneza s. f. Sencillez, naturalidad. ◇ FAM. LLANO, NA.

llano, na adj. Dícese de la superficie igual y lisa, sin desniveles. ‖ Natural, sencillo. ◆ adj. y s. f. LING. Grave, que lleva el acento en la penúltima sílaba. ◆ s. m. Llanura. ◇ FAM. llana, llanada, llanamente, llanear, llaneza, llanura. / allanar, plano, rellano.

llanque s. m. Perú. Sandalia rústica.

llanta s. f. Cerco metálico de las ruedas de los vehículos. ‖ Amér. Cubierta de caucho de un neumático. ‖ Méx. Pliegue de grasa que se forma alrededor del cuerpo.

llantén s. m. Planta herbácea con cuyas hojas se hace una infusión empleada como astringente.

llanto s. m. Efusión de lágrimas acompañada generalmente de lamentos y sollozos.

llanura s. f. Región de escaso relieve y cuya altitud media es próxima al nivel del mar. ◇ FAM. penillanura. LLANO, NA.

llapar v. tr. [1]. Amér. Merid. En minería, añadir.

llapingacho s. m. Ecuad. Tortilla de patatas con queso.

llares s. f. pl. Cadena que pende en el hogar de la chimenea, con un gancho en el extremo para colgar la caldera. ◇ FAM. LAR.

llareta s. f. Argent., Bol., Chile y Perú. Planta herbácea cuyo tallo destila una resina balsámica, de uso medicinal, estimulante y estomacal.

llaullau s. m. Chile. Hongo comestible que se emplea en la fabricación de una especie de chicha.

llauquearse v. pron. [1]. Chile. Venirse abajo, desmoronarse.

llave s. f. Instrumento de metal duro que sirve para abrir o cerrar una cerradura. ‖ Dispositivo para abrir o cerrar el paso de un fluido. ‖ Nombre de diversos instrumentos que sirven para apretar o aflojar tuercas, para dar tensión o aflojar un mecanismo, etc. ‖ Aparato para abrir y cerrar con la mano un circuito eléctrico. ‖ Signo ortográfico representado como { } o [ ].

‖ Medio para descubrir algo secreto. ◇ FAM. llavear, llavero, llavín. / clave, portallaves.

llavero s. m. Utensilio que se utiliza para guardar las llaves.

llavín s. m. Llave pequeña con que se abre el picaporte.

llegada s. f. Acción y efecto de llegar. ‖ En deporte, meta.

llegar v. intr. [1]. Alcanzar el final de un *recorrido, camino,* etc. ‖ Producirse, ocurrir. ‖ Durar, existir hasta cuando se expresa. ‖ Alcanzar cierta altura, grado o nivel. ‖ Alcanzar el fin perseguido. ‖ Ser algo suficiente. • **Llegar a las manos,** pelearse dos personas. ◇ FAM. llegada. / allegar.

llenador, ra adj. *Chile.* Dícese del alimento que rápidamente produce saciedad.

llenar v. tr. y pron. [1]. Ocupar un espacio determinado. ‖ Hartar o hartarse de comida. ◆ v. tr. Poner o haber en un sitio gran cantidad de algo. ‖ Satisfacer plenamente deseos, aspiraciones, etc. ◇ FAM. llenador. / rellenar.

lleno, na adj. Que contiene algo tanto como permite su capacidad. ‖ Que contiene gran cantidad. ‖ Saciado. ‖ Que está un poco gordo. ◆ s. m. Gran concurrencia en un espectáculo público. • **De lleno,** enteramente, totalmente. ◇ FAM. llenar. / pleno.

llevar v. tr. [1]. Transportar algo de una parte a otra. ‖ Conducir un vehículo, montura, etc. ‖ Acompañar o guiar a alguien a determinado lugar. ‖ Tener la cualidad, estado o circunstancia que se especifica: *llevar razón.* ‖ Vestir o lucir un adorno personal. ‖ Dirigir un negocio o asunto. ‖ Exceder en tiempo, distancia, etc.: *lleva una hora esperando.* ‖ Soportar, sufrir. ‖ Ser causa de que algo suceda: *llevar la alegría a los padres.* ‖ Transmitir, comunicar. ‖ Cobrar determinada cantidad por algo. ◆ **llevarse** v. pron. Robar. ‖ Estar algo de moda. ● Recibir o sufrir un disgusto, sofocón, etc. ● **Llevar** alguien **las de ganar** o **las de perder** *(Fam.),* estar en ventaja o desventaja frente a sus oponentes. ◇ FAM. conllevar, sobrellevar.

lliclla s. f. *Bol., Ecuad.* y *Perú.* Manteleta vistosa con que las indias se cubren los hombros y la espalda.

llicta s. f. *Argent.* y *Bol.* Masa semiblanda hecha a base de patatas hervidas, de sabor salado y coloración gris oscura, que acompaña las hojas de coca del acullico.

lligues s. m. pl. *Chile.* Conjunto de habas pintadas que se utilizan como fichas en algunos juegos.

lloclla s. f. *Perú.* Avenida anegada de agua a causa de las lluvias torrenciales.

lloica s. f. *Chile.* Loica*.

llorar v. intr. y tr. [1]. Derramar lágrimas. ◆ v. tr. Estar muy afligido por una desgracia. ‖ Quejarse con el fin de despertar compasión. ◇ FAM. llorador, llorera, llorica, llorido, lloriquear, lloro, llorón, lloroso. / deplorar, implorar.

llorera s. f. *Fam.* Llanto fuerte y prolongado.

llorido s. m. *Méx.* Gemido, llanto.

lloriquear v. intr. [1]. Llorar de forma débil, desganada o monótona. ◇ FAM. lloriqueo. LLORAR.

llorón, na adj. y s. Que llora con poco motivo o se queja habitualmente. ◆ s. f. pl. *Argent.* y *Urug.* Par de espuelas grandes.

llover v. impers. [2e]. Caer agua de las nubes. ◆ v. intr. Venir u ocurrir de una vez muchas cosas. ● **Como llovido del cielo,** de modo imprevisto e inesperado. ‖ **Llover sobre mojado,** repetirse algo molesto. ◇ FAM. llovizna, lluvia.

llovizna s. f. Lluvia ligera, uniforme y menuda. ◇ FAM. lloviznar. LLOVER.

lloviznar v. impers. [1]. Caer llovizna.

lluvia s. f. Precipitación líquida de agua atmosférica en forma de gotas. ‖ Gran cantidad o abundancia de algo. ‖ *Argent., Chile* y *Nicar.* Agua que sale de la ducha. ◇ FAM. lluvioso. / pluvial¹. LLOVER.

lluvioso, sa adj. Dícese del tiempo o del lugar en que llueve mucho.

lo art. det. Forma neutra del artículo determinado *el: lo noble; a lo lejos.* ◆ pron. pers. m. y neutro sing. de 3.ª persona. Funciona como complemento directo y como predicado nominal: *no tiene coche porque lo vendió; parecía un general pero no lo era.* ◇ FAM. loísmo.

loa s. f. Alabanza, elogio. ‖ Composición poética en que se elogia a una persona o se celebra un acontecimiento.

loar v. tr. [1]. Alabar. ◇ FAM. loa, loable. / laudable.

lobato s. m. Lobezno.

lobero, ra adj. Lobuno. ◆ s. Persona que caza lobos por dinero. ◆ s. f. Guarida del lobo.

lobezno s. m. Cachorro de lobo.

lobisón s. m. *Argent., Par.* y *Urug.* Hombre a quien se atribuye la facultad de transformarse en bestia durante las noches de luna llena. ‖ *Argent., Par.* y *Urug.* Persona intratable.

lobo, ba s. Mamífero carnívoro, de orejas erguidas, hocico puntiagudo, mandíbula poderosa y cola larga. ● **Lobo de mar** *(Fam.),* marino viejo y experimentado. ◇ FAM. lobato, lobero, lobezno, lobuno.

lóbrego, ga adj. Oscuro, sombrío. ‖ Triste, melancólico. ◇ FAM. lobreguez. / enlobreguecer.

lobulado, da adj. Dividido en lóbulos: *hoja lobulada.*

lóbulo s. m. Cada una de las partes redondeadas del borde de algo. ‖ Parte inferior carnosa de la oreja. ◇ FAM. lobulado, lobular.

lobuno, na adj. Relativo al lobo. ‖ *Argent.*

Dícese del caballo cuyo pelaje es grisáceo en el lomo, más claro en las verijas y en el hocico, y negro en la cara, crines y remos.

local adj. Relativo a un lugar. || Municipal o provincial, por oposición a lo nacional. || Que se refiere sólo a una parte de un todo. ➡ s. m. Sitio cerrado y cubierto. ◇ FAM. localidad, localizar. LUGAR.

localidad s. f. Población o ciudad. || Asiento en un local de espectáculos. || Billete que da derecho a ocupar este asiento.

localizar v. tr. y pron. [1g]. Averiguar o señalar el lugar preciso donde ha ocurrido un hecho, se halla una persona o cosa, etc. ➡ v. tr. Circunscribir una cosa a ciertos límites. ◇ FAM. localización. LOCAL.

locativo, va adj. y s. m. LING. En algunas lenguas, dícese del caso que expresa el lugar donde se desarrolla la acción.

locería s. f. Amér. Central y Amér. Merid. Fábrica de loza. ◇ FAM. LOZA.

loción s. f. Masaje dado sobre una parte del cuerpo con un líquido, como medicación o higiene. || Líquido o sustancia para dar estos masajes.

loco¹ s. m. Chile. Molusco de carne sabrosa, pero dura, que se come guisado.

loco², ca adj. y s. Dícese de la persona que no tiene sanas sus facultades mentales. || Insensato, imprudente. || Dícese de la persona que sufre un fuerte estado pasional o un dolor físico intenso. ◇ FAM. locamente, locura, loquear, loquería, loquero. / alocado, enloquecer.

locomoción s. f. Acción de desplazarse de un punto a otro.

locomotor, ra adj. Propio para la locomoción, o que la produce. ➡ s. f. Máquina montada sobre ruedas que arrastra los vagones de un tren. ◇ FAM. locomoción, locomotriz. MOTOR, RA.

locomotriz adj. Forma femenina de *locomotor*.

locomóvil adj. y s. f. Que puede llevarse de un lugar a otro.

locrio s. m. R. Dom. Arroz cocido con carne, sin otros ingredientes.

locro s. m. Amér. Merid. Guiso de maíz, con patatas, carne, especias y otros ingredientes.

locuaz adj. Que habla mucho. ◇ FAM. locuacidad. LOCUCIÓN.

locución s. f. Modo de hablar. || Combinación de dos o más palabras con un sentido unitario. ◇ FAM. locuaz, locutor. / alocución, circunlocución, elocución.

locura s. f. Privación del juicio o del uso de la razón. || Dicho o hecho disparatado. || Afecto o entusiasmo muy intenso.

locutor, ra s. Profesional de la radio o televisión que se dirige a un auditorio. ◇ FAM. locutorio. / interlocutor. LOCUCIÓN.

locutorio s. m. Departamento donde reciben las visitas las monjas o los penados. || Cabina en que hay un teléfono para uso del público.

loden s. m. Tela de lana tupida parecida al fieltro y abrigo confeccionado con esta tela.

lodo s. m. Barro que forma la lluvia en un terreno. ◇ FAM. lodazal, lodoso. / enlodar.

logaritmo s. m. MAT. Exponente a que es necesario elevar una cantidad positiva para obtener un número dado. ◇ FAM. logarítmico.

lógica s. f. Disciplina que estudia la estructura, el fundamento y el uso de las expresiones del conocimiento humano. || Serie coherente de ideas y razonamiento.

lógico, ca adj. Relativo a la lógica. || Aprobado por la razón como bien deducido o pensado. || Natural, normal. ➡ s. Especialista en lógica. ◇ FAM. lógica, lógicamente. / ilógico. LOGOS.

logística s. f. Lógica formal. || Parte de la ciencia militar que se ocupa del traslado, disposición, etc., de las tropas. || Organización o método. ◇ FAM. logístico.

logogrifo s. m. Enigma que consiste en adivinar una palabra a partir de otras palabras, con las que tiene letras o sílabas en común. ◇ FAM. logográfico.

logomaquia s. f. Discusión en que se atiende más a las palabras que al fondo del asunto.

logopedia s. f. Técnica que tiene como finalidad corregir los defectos de fonación y de lenguaje. ◇ FAM. logopeda.

logos s. m. FILOS. Razón o cualquiera de sus manifestaciones. ◇ FAM. lógico.

logotipo s. m. Símbolo o dibujo que distingue una marca o nombre de una empresa o de un producto.

logrado, da adj. Bien hecho.

lograr v. tr. [1]. Conseguir lo que se pretendía. ◇ FAM. logrado, logro. / malograr.

logrero, ra s. Persona que guarda y retiene géneros, para venderlos después a precio excesivo. ➡ s. m. Argent., Chile, Colomb., Par., y Urug. Persona que procura lucrarse por cualquier medio.

logro s. m. Acción y efecto de lograr. || Ganancia, lucro. || Éxito. ◇ FAM. logrero. LOGRAR.

logroñés, sa adj. y s. De Logroño (España).

loica s. f. Chile. Pájaro de mayor tamaño que el estornino y canto melodioso. ◇ FAM. lloica.

loísmo s. m. LING. Uso incorrecto de *lo* por *le*. ◇ FAM. loísta. LO.

lojano, na adj. y s. De Loja (Ecuador).

lolo, la s. Chile. Chico, adolescente.

loma s. f. Altura pequeña y alargada. ◇ FAM. lomada. LOMO.

lomada s. f. Amér. Merid. Loma.

lombardo, da adj. y s. De Lombardía, región del norte de Italia.

lombriz s. f. Gusano de cuerpo cilíndrico

y alargado que vive en galerías que excava en el suelo.

lomera s. f. Correa que, acomodada en el lomo de la caballería, mantiene sujetos los arreos. ‖ Piel o tela que forma el lomo del libro encuadernado en media pasta. ◇ FAM. LOMO.

lomillería s. f. *Amér. Merid.* Taller donde se venden arreos para las caballerías.

lomillo s. m. Parte superior de la albarda. ◆ pl. Aparejo con dos almohadillas largas y estrechas, que se pone a las caballerías de carga. ◇ FAM. lomillería. LOMO.

lomo s. m. Parte inferior y central de la espalda. ‖ Espinazo de los cuadrúpedos. ‖ Parte por donde doblan a lo largo de la pieza, las telas y otras cosas. ‖ Tierra que levanta el arado entre surco y surco. ‖ Carne de cerdo que se obtiene del espinazo. ‖ Parte del libro opuesta al canal o corte de las hojas. ◇ FAM. loma, lomera, lomillo. / deslomar, lumbar, solomillo.

lona s. f. Tela recia e impermeable, con la que se confeccionan toldos, velas, etc. ● Irse, mandar o tirar lona (*Argent. Fam.*), perder o arruinar. ◇ FAM. loneta.

loncha s. f. Trozo largo, ancho y delgado que se corta de alguna cosa.

lonche s. m. *Méx.* Almuerzo de mediodía. ◇ FAM. lonchería.

lonchería s. m. *Amér. Central* y *Méx.* Restaurante donde se sirve comida rápida.

londinense adj. y s. m. y f. De Londres.

loneta s. f. Lona delgada propia para velas de botes. ‖ *Argent.* Pieza de este tejido con diversos usos.

long play s. m. Disco de larga duración.

longaniza s. f. Embutido largo y delgado hecho de carne de cerdo.

longevo, va adj. Viejo, de edad muy avanzada. ◇ FAM. longevidad.

longitud s. f. Dimensión mayor en un cuerpo plano o superficie. ‖ Distancia angular que existe desde un punto cualquiera de la superficie terrestre al primer meridiano. ◇ FAM. longitudinal.

longitudinal adj. Relativo a la longitud. ‖ En el sentido o dirección de la longitud.

lonja¹ s. f. Lámina delgada, larga y ancha que se corta de alguna cosa. ‖ *Argent.* Tira de cuero. ◇ FAM. lonjear.

lonja² s. f. Edificio donde se realizan operaciones comerciales, en especial venta de mercancías. ‖ Atrio a la entrada de un edificio.

lonjear v. tr. [1]. *Argent.* Hacer lonjas descarnando y rapando el pelo a un cuero.

lontananza s. f. Fondo de un cuadro más distante del plano principal. ● En lontananza, a lo lejos.

look s. m. *Fam.* Aspecto exterior que presenta alguien o algo.

loquear v. intr. [1]. Decir o cometer locuras. ‖ Divertirse con bulla y alboroto.

loquero, ra s. Persona que cuida de los

locos. ‖ *Méx. Fam.* Psiquiatra. ◆ s. f. *Amér.* Locura, desatino.

lora s. f. *Amér. Merid. Fam.* Mujer charlatana. ‖ *Chile.* Hembra del loro. ‖ *Colomb., C. Rica, Ecuad., Hond., Nicar.* y *Perú.* Loro.

lord s. m. Título de honor dado en Gran Bretaña a los miembros de la nobleza y a algunos altos cargos.

loriga s. f. Armadura de láminas de acero dispuestas a modo de escamas. ‖ Armadura del caballo.

loro s. m. Papagayo. ‖ *Fam.* Persona que habla mucho. ‖ *Chile.* Orinal para quien no puede levantarse de la cama. ‖ *Chile.* Persona enviada para que con cierto disimulo averigüe algo. ● Estar al loro (*Fam.*), estar al tanto de lo que sucede. ◇ FAM. lora.

losa s. f. Piedra llana y de poco grosor, que se emplea para pavimentar, cubrir sepulcros, etc. ◇ FAM. loseta. / enlosar.

loseta s. f. Losa pequeña.

lote s. m. Cada una de las partes en que se divide un todo que se ha de repartir. ‖ Parte que le toca a cada uno en la lotería u otros juegos en que se sortean sumas desiguales. ‖ Conjunto de objetos que se agrupan con un fin determinado. ◇ FAM. lotería.

lotería s. f. Juego de azar, administrado por el estado, en que se premian varios billetes sacados a la suerte, entre un gran número de ellos que se ponen en venta. ‖ Local donde se despachan estos billetes. ‖ Bingo. ‖ *Méx.* Juego de mesa que consta de una baraja de cartas con distintas figuras impresas, y varios cartones con casillas en las que aparecen las mismas figuras. ● Lotería primitiva, juego estatal en que se premia a los jugadores que tengan en sus boletos las combinaciones de seis números sacados a la suerte de entre cuarenta y nueve. ◇ FAM. lotero, loto². LOTE.

loto¹ s. m. Planta acuática, de hojas brillantes y flores grandes y olorosas, que abunda en las orillas del Nilo.

loto² s. f. Lotería primitiva.

loza s. f. Cerámica de pasta porosa recubierta por un barniz vítreo, transparente u opaco. ‖ Conjunto de objetos de este material, destinados al ajuar doméstico. ◇ FAM. locería. / enlozar.

lozanía s. f. Calidad de lozano.

lozano, na adj. Verde, muy frondoso: *planta lozana.* ‖ De aspecto sano y juvenil. ‖ Gallardo. ◇ FAM. lozanía.

lubina s. f. Especie de perca grande, de cuerpo estilizado, color metálico y tres espinas en la aleta anal, muy apreciada en alimentación.

lubricante adj. Que lubrica. ◆ s. m. Sustancia que sirve para lubricar.

lubricar v. tr. [1a]. Hacer resbaladiza una cosa. ‖ Impregnar con una sustancia grasa u oleosa las superficies que frotan entre sí para facilitar su funcionamiento. ◇ FAM. lubricación, lubricador, lubricante, lubricativo, lubrificar.

lubricante adj. y s. m. Lubricante.

lubrificar v. tr. [1a]. Lubricar. ◇ FAM. lubrificación, lubrificante. LUBRICAR.

lucense adj. y s. m. y f. De Lugo (España).

lucerna s. f. Claraboya. ‖ Araña grande para alumbrar. ◇ FAM. LUZ.

lucero s. m. Astro grande y brillante. ‖ Lunar blanco y grande que tienen en la frente algunos cuadrúpedos. ◇ FAM. LUZ.

lucha s. f. Acción y efecto de luchar. ‖ Batalla, combate. ‖ Discusión, disputa. ‖ Desasosiego, inquietud del ánimo. • **Hacer la lucha** (*Méx.*), esforzarse por conseguir algo.

luchar v. intr. [1]. Contender cuerpo a cuerpo dos o más personas. ‖ Batallar, batirse. ‖ Contraponerse, estar en oposición dos individuos, ideas, fuerzas, etc. ‖ Trabajar y esforzarse por algo. ◇ FAM. lucha, luchador, luchón.

luche[1] s. m. *Chile*. Juego de la raya[1].

luche[2] s. m. *Chile*. Especie de alga comestible.

luchón, na adj. *Méx*. Dícese de la persona que hace todo lo posible por alcanzar sus propósitos.

lucidez s. f. Calidad de lúcido.

lucido, da adj. Muy bonito o acertado. ‖ Excelente, destacado. ◇ FAM. LUCIR.

lúcido, da adj. Claro o inteligible. ‖ Que comprende claramente. ‖ En condiciones de pensar normalmente. ◇ FAM. lucidez. LUZ.

luciérnaga s. f. Insecto de cuerpo blando, cuya hembra carece de alas y está dotada de un aparato luminiscente. ◇ FAM. LUZ.

lucifer s. m. Nombre dado al príncipe de los demonios. ‖ Persona maligna.

lucífero, ra adj. Que da luz. ◇ FAM. LUZ.

lucio s. m. Pez de agua dulce, de cuerpo aplanado y alargado, boca grande con centenares de dientes y aletas posteriores que le permiten alcanzar una gran velocidad para atrapar a su presa.

lución s. m. Reptil saurio, de cuerpo cilíndrico y alargado, sin patas, cuya cola se rompe fácilmente.

lucir v. intr. [3g]. Brillar, resplandecer. ‖ Corresponder el provecho con el trabajo o esfuerzo empleado. ‖ *Amér*. Ofrecer cierta imagen o aspecto exterior. ◆ v. tr. Manifestar, mostrar una cosa o hacer ostentación de ella. ◆ v. intr. y pron. Sobresalir, resaltar. ◆ **lucirse** v. pron. Salir airoso. ‖ Quedar chasqueado, fracasar. ◇ FAM. lucido, lucimiento. / deslucir, enlucir, relucir, traslucir. LUZ.

lucrarse v. pron. [1]. Sacar provecho: *lucrarse con un negocio.*

lucrativo, va adj. Que proporciona lucro.

lucro s. m. Ganancia o provecho que se obtiene de algo, especialmente de un negocio. ◇ FAM. lucrarse, lucrativo.

luctuoso, sa adj. Digno de llanto: *noticia luctuosa.* ◇ FAM. LUTO.

lucubrar v. tr. [1]. Imaginar sin mucho fundamento, divagar. ◇ FAM. lucubración. ELUCUBRAR.

lúcuma s. f. *Chile* y *Perú*. Fruto del lúcumo, del tamaño de una manzana pequeña y muy usado en repostería. ◇ FAM. lúcumo.

lúcumo s. m. Árbol de Chile y Perú.

ludibrio s. m. Escarnio, desprecio.

lúdico, ca adj. Relativo al juego. ◇ FAM. ludopatía.

ludopatía s. f. Adicción patológica al juego. ◇ FAM. ludópata. LÚDICO, CA.

luego adv. t. Después, más tarde: *cenamos y luego fuimos al cine.* ◆ adv. l. Más allá, más adelante. ◆ conj. Denota deducción o consecuencia: *esto no puede ser, luego no es verdad.* • **Desde luego,** indudablemente. ‖ **Hasta luego,** fórmula de despedida. ‖ **Luego que,** en seguida que. ‖ **Luego, luego** (*Méx.*), en seguida.

luengo, ga adj. Largo: *luengas barbas.*

lugar s. m. Porción determinada de espacio ocupado. ‖ Sitio, paraje o localidad. ‖ Situación relativa de algo en una serie o jerarquía. ‖ Puesto, empleo. ‖ Ocasión, oportunidad. ‖ Causa, motivo. • **En lugar de,** en vez de. ‖ **Fuera de lugar,** inoportuno. ‖ **Tener lugar,** ocurrir, suceder algo. ‖ **A como dé lugar** (*Méx.* y *Venez.*), sea como sea. ◇ FAM. local, lugarteniente.

lugarteniente s. m. Persona con autoridad y poder para sustituir a otro en algún cargo. ◇ FAM. lugartenencia. LUGAR y TENIENTE.

lúgubre adj. Triste, fúnebre.

lugués, sa adj. y s. Lucense.

luisa s. f. Planta aromática de jardín, cuyas hojas se usan en infusiones por sus propiedades medicinales.

lujo s. m. Suntuosidad, abundancia de riqueza. ‖ Aquello que no está al alcance de la persona de que se trata. ‖ Abundancia de algo que no siempre es necesario. ◇ FAM. lujoso, lujuria.

lujuria s. f. Apetito desordenado del goce sexual. ‖ Exceso o abundancia de algo. ◇ FAM. lujuriante, lujuriar, lujurioso. LUJO.

lujuriante adj. Dícese de la vegetación abundante y frondosa.

lulo s. m. *Chile*. Lío o paquete de forma cilíndrica. ‖ *Chile*. Refiriéndose a adolescentes, persona alta y delgada.

lulú s. m. Perro pequeño de hocico puntiagudo y pelaje largo y abundante.

luma s. f. *Chile*. Árbol de gran tamaño, cuya madera, del mismo nombre, es dura y pesada. ‖ *Chile*. Bastón que usan los carabineros.

lumbago s. m. Dolor en la zona lumbar, de origen reumático o traumático.

lumbar adj. ANAT. Relativo a la región situada en el dorso, entre la última costilla y los glúteos. <> FAM. lumbago. LOMO.

lumbre s. f. Fuego encendido para cocinar o calentarse. ‖ Materia combustible encendida. ‖ Brillo o luz de algo. <> FAM. lumbrera. / alumbrar, columbrar, deslumbrar, relumbrar, vislumbrar.

lumbrera s. f. Abertura acristalada hecha en el techo para proporcionar luz. ‖ *Fam.* Persona de talento o muy inteligente.

lumen s. m. *Unidad de medida del flujo luminoso* en el Sistema Internacional. <> FAM. LUMINOSO, SA.

luminaria s. f. Cada una de las luces que se ponen en los balcones, calles, monumentos, etc., durante las fiestas. ‖ Luz que arde en las iglesias delante del altar. ‖ *Méx.* Actor o actriz muy famoso. <> FAM. LUMINOSO, SA.

luminiscencia s. f. Característica propia de numerosas sustancias que emiten luz a bajas temperaturas, bajo el efecto de una excitación. <> FAM. luminiscente. LUMINOSO, SA.

luminoso, sa adj. Que despide luz. ‖ Dícese de las ideas, explicaciones, etc., muy claras o acertadas. ‖ Dícese de los colores claros, vivos y brillantes. <> FAM. lumen, luminaria, lumínico, luminiscencia, luminosidad, luminotecnia. / iluminar.

luminotecnia s. f. Técnica de la iluminación con luz artificial. <> FAM. luminotécnico. LUMINOSO, SA.

lumpen s. m. Grupo social formado por los individuos más marginados de la sociedad, como mendigos, prostitutas, etc.

luna s. f. Satélite natural de la Tierra. ‖ Luz nocturna que este satélite refleja. ‖ Espejo o pieza de cristal de gran tamaño. ● **Estar en la luna** (*Fam.*), estar distraído. ‖ **Pedir la luna** (*Fam.*), pedir algo imposible. <> FAM. lunación, lunada, lunar, lunario, lunático, luneta, lúnula. / alunado, alunizar, elevalunas, medialuna, novilunio, plenilunio.

lunación s. f. Tiempo que media entre una conjunción de la Luna con el Sol y la siguiente.

lunada s. f. *Méx.* Fiesta que se realiza cuando hay luna llena.

lunar adj. Perteneciente o relativo a la Luna. ● s. m. Pequeña mancha en la piel. ‖ *Fam.* Defecto o imperfección. <> FAM. lunarejo. / semilunar. LUNA.

lunarejo, ja adj. y s. *Colomb.* y *Perú.* Dícese de la persona que tiene uno o más lunares en la cara.

lunario s. m. Calendario de las fases de la Luna.

lunático, ca adj. y s. Loco, maniático, extravagante. <> FAM. LUNA.

lunch s. m. Comida ligera que se ofrece a los invitados a una fiesta, celebración, etc. ‖ *Méx.* Lonche.

lunes s. m. Primer día de la semana.

luneta s. f. Ventanilla trasera de los automóviles. ‖ Cada uno de los cristales de las gafas. <> FAM. LUNA.

lunfardo s. m. *Argent.* Jerga hablada en los barrios bajos de Buenos Aires, parte de cuyos vocablos han pasado al lenguaje común. <> FAM. lunfardismo.

lúnula s. f. Figura de media luna que forman dos arcos al cortarse. ‖ Espacio blanquecino, con forma de media luna, de la raíz de la uña. <> FAM. LUNA.

lupa s. f. Lente de aumento sujeta a un mango.

lupanar s. m. Prostíbulo, burdel.

lúpulo s. m. Planta trepadora, cuyos frutos contienen una sustancia resinosa que se usa para aromatizar la cerveza.

lusitano, na adj. y s. De Lusitania, región de la antigua Hispania. ‖ Portugués. <> FAM. lusitánico.

luso, sa adj. y s. Portugués.

lustrabotas s. m. *Amér. Merid.* Limpiabotas.

lustrar v. tr. [1]. Dar brillo a algo. <> FAM. lustrador, lustrín. / deslustrar, ilustrar, lustrabotas. LUSTRE.

lustre s. m. Brillo, resplandor. ‖ Prestigio, fama. <> FAM. lustrar, lustroso. / ilustre.

lustrín s. m. *Chile.* Limpiabotas.

lustro s. m. Período de tiempo de cinco años.

lutecio s. m. Elemento químico metálico, del grupo de las tierras raras.

luteranismo s. m. Doctrina protestante que sostiene que la fe es la única justificación y vía de salvación del hombre. <> FAM. luterano.

luto s. m. Situación en la que se manifiesta externamente el dolor por la muerte de alguien. ‖ Ropa u otro signo exterior que indica esta situación. <> FAM. luctuoso. / enlutar.

lux s. m. Unidad de intensidad de iluminación en el Sistema Internacional. <> FAM. LUZ.

luxación s. f. Dislocación de un hueso. <> FAM. luxar.

luxemburgués, sa adj. y s. De Luxemburgo.

luz s. f. Agente físico que hace visibles los objetos. ‖ Utensilio o aparato para alumbrar. ‖ Ventana o abertura hecha en un edificio para iluminarlo. ‖ Corriente eléctrica. ‖ *Méx. Fam.* Dinero. ● pl. *Fam.* Inteligencia, cultura. ● **Luz mala** (*Argent.* y *Urug.*), fuego fatuo que en el campo producen de noche los huesos en descomposición. ● **Dar a luz**, parir una mujer. ‖ **Ver la luz**, nacer. <> FAM. lucerna, lucero, lúcido, luciérnaga, lucífero, lucir, lux. / contraluz, dilucidar, elucidar, parteluz, tragaluz.

lycra s. f. Tejido sintético, brillante y elástico, usado en la fabricación de bañadores, medias, etc.

m

m s. f. Decimotercera letra del alfabeto español y décima de sus consonantes; representa un sonido bilabial, nasal, oclusivo y sonoro. ‖ Cifra romana que vale mil:

mabí s. m. *P. Rico* y *R. Dom.* Árbol pequeño de corteza amarga.

mabita s. f. *Venez.* Mal de ojo. ➤ s. m. y f. *Venez.* Persona que tiene o trae mala suerte.

maca s. f. Señal que presenta la fruta por algún daño recibido. ‖ Defecto, deterioro o daño ligero. ◇ FAM. macarse.

macá s. m. *Argent.* Nombre de diversas aves que viven en el agua.

macabro, bra adj. Que participa de lo terrorífico de la muerte.

macacines s. f. pl. *Amér. Central.* Especie de calzado tosco, propio para el campo.

macaco, ca s. Mono pequeño de cola corta que vive en Asia y África. ➤ adj. y s. *Chile* y *Cuba.* Feo, deforme.

macachín s. m. *Argent.* y *Urug.* Pequeña planta de flores amarillas y tubérculo comestible, cuyas hojas y flores se utilizan con fines medicinales.

macadam o **macadán** s. m. Revestimiento de una calzada hecho con piedra machacada y arena, que se aglomera mediante un rodillo.

macagua s. f. *Amér. Merid.* Ave rapaz diurna que habita en los linderos de los bosques. ‖ *Cuba.* Planta arbórea cuyo fruto es similar a la bellota pero sin cáscara. ‖ *Venez.* Serpiente venenosa que vive en las regiones cálidas.

macana s. f. Palo corto y grueso. ‖ *Amér.* Garrote grueso de madera dura y pesada. ‖ *Amér. Merid.* Especie de chal, casi siempre de algodón, que usan las mestizas. ‖ *Argent.* Regalo de poca importancia. ‖ *Argent., Perú* y *Urug.* Desatino, embuste. ➤ **¡Qué macana!** (*Argent.*), exclamación que expresa contrariedad. ◇ FAM. macanazo, macanear, macanudo.

macanear v. tr. [1]. *Colomb.* Dirigir bien un negocio. ‖ *Cuba, P. Rico* y *R. Dom.* Golpear con la macana. ➤ v. intr. *Argent., Bol., Chile, Par.,* y *Urug.* Decir desatinos o embustes. ‖ *Colomb.* y *Hond.* Trabajar fuertemente y con asiduidad. ◇ FAM. macaneador, macaneo. MACANA.

macanudo, da adj. y s. Estupendo o extraordinario. ‖ *Amér. Central* y *Amér. Me-* rid. Muy bueno, en sentido material y moral.

macarela s. f. *Venez.* Caballa.

macarra adj. y s. m. Chulo, proxeneta. ‖ De mal gusto.

macarrón s. m. Pasta de harina de trigo en forma de canutos largos y delgados.

macarrónico, ca adj. Dícese del lenguaje, estilo, etc., incorrecto o falto de elegancia.

macedonio, nia adj. y s. De Macedonia. ➤ s. f. Postre preparado con diversas frutas mondadas y cortadas en trozos pequeños, aderezado con azúcar, licor o zumos de frutas. ◇ FAM. macedónico.

macerar v. tr. [1]. Ablandar una cosa apretándola, golpeándola o poniéndola en remojo. ◇ FAM. maceración, maceramiento.

macero s. m. Hombre que lleva la maza delante de los cuerpos o personas que usan esta señal de dignidad. ◇ FAM. MAZA.

maceta¹ s. f. Maza pequeña utilizada para golpear. ◇ FAM. MAZA.

maceta² s. f. Vaso de barro cocido con una perforación en su base que, lleno de tierra, sirve para cultivar plantas. ◇ FAM. macetero.

macetero s. m. Soporte para colocar macetas de flores.

macha s. f. *Chile* y *Perú.* Molusco de mar comestible.

machaca s. m. Machacante, soldado. ‖ *Fam.* Machacón. ➤ s. f. *Méx.* Carne seca y deshebrada.

machacante s. m. Soldado destinado a servir a un sargento. ‖ *Fam.* Duro, moneda.

machacar v. tr. [1a]. Golpear para hacer pedazos, deshacer o aplastar una sustancia. ➤ v. intr. Insistir o importunar. ◇ FAM. machaca, machacador, machacante, machacón, machaqueo. MACHO².

machacón, na adj. y s. Pesado, que repite las cosas. ◇ FAM. machaconería. MACHACAR.

machada s. f. Hato de machos cabríos. ‖ *Fam.* Acción propia de un machote¹.

machaje s. m. *Chile.* Conjunto de animales machos.

machamartillo. A machamartillo, con firmeza, con solidez moral o material.

macharse v. pron. [1]. *Argent.* y *Bol.* Emborracharse.

machete s. m. Arma blanca, más corta que la espada, ancha, pesada y de un solo filo. ‖ Cuchillo grande, que se utiliza para desmontar, abrirse paso en la espesura, etc. ‖ *Argent. Fam.* Chuleta, papelito que los estudiantes llevan oculto para copiar en los exámenes. ◇ FAM. machetazo, machetear, machetero.

machetear v. tr. [1]. Dar machetazos. ◆ v. tr. y pron. *Argent. Fam.* Reducir el texto de un examen a machete. ‖ *Argent.* Valerse el estudiante de machete durante un examen. ◆ v. intr. *Méx.* Trabajar con ahínco hasta alcanzar algún propósito.

machetero, ra s. Persona que abre camino con el machete a través de la maleza. ◆ adj. y s. *Méx.* Dícese del estudiante que se dedica con esmero a sus labores escolares.

machi s. m. y f. *Argent.* y *Chile.* Curandero.

machihembrar v. tr. [1]. Ensamblar dos tablas por medio de una ranura y una lengüeta. ◇ FAM. MACHO[1] Y HEMBRA.

machín s. m. *Colomb., Ecuad.* y *Venez.* Mono, mico.

machincuepa s. f. *Méx.* Voltereta que se da poniendo la cabeza en el suelo y dejándose caer sobre la espalda.

machismo s. m. Actitud que considera al sexo masculino superior al femenino. ◇ FAM. machista. MACHO[1].

macho[1] s. m. Del sexo masculino en los seres vivos. ‖ Hombre muy viril. ‖ Pieza que se introduce y encaja en otra. ‖ Cada una de las borlas que penden del traje de torear. ARQ. Pieza que sostiene algo. ◇ FAM. machada, machaje, machismo, machote[1]. / machihembrar, marimacho. MASCULINO, NA.

macho[2] s. m. Martillo grande usado por los forjadores y herreros. ‖ Yunque cuadrado. ◇ FAM. machacar, machucar. / remachar.

machote[1] s. m. y adj. *Fam.* Varón en quien se quieren destacar las cualidades consideradas típicamente masculinas.

machote[2] s. m. *C. Rica, Hond., Méx.* y *Nicar.* Borrador, modelo. ‖ *Méx.* Señal que se pone para medir los destajos en las minas. ‖ *Méx.* Formulario para rellenar.

machucar v. tr. [1a]. Causar herida o daño con golpes. ◇ FAM. machucador, machucadura, machucamiento. MACHO[2].

maciega s. f. *Argent., Bol.* y *Urug.* Hierba silvestre perjudicial para las plantas cultivadas.

macilento, ta adj. Flaco, pálido: *luz macilenta.*

macizo, za adj. Formado por una masa sólida, sin huecos en su interior. ‖ De carne dura y consistente. ◆ s. m. Conjunto de plantas que decoran los cuadros de los jardines. ‖ Conjunto de montañas de características uniformes. ◇ FAM. macicez.

macón, na adj. *Colomb.* Grandote, muy grande.

macondo s. m. *Colomb.* Árbol corpulento que alcanza de treinta a cuarenta metros de altura.

macramé s. m. Tejido en forma de red hecho a mano con hilos o cuerdas trenzadas y anudadas.

macro- pref. Significa 'grande': *macromolécula.*

macrobiótica s. f. Doctrina o régimen encaminado a prolongar la vida por medio de reglas higiénicas y una sana alimentación. ◇ FAM. macrobiótico.

macrocéfalo, la adj. y s. Que tiene la cabeza muy grande en relación con el cuerpo. ◇ FAM. macrocefalia.

macrocosmo o **macrocosmos** s. m. El universo considerado en oposición al hombre o microcosmos.

macroeconomía s. f. Estudios de los sistemas económicos en su conjunto.

macromolécula s. f. Molécula de gran tamaño formada por el enlace y repetición de gran número de moléculas sencillas.

macroscópico, ca adj. Que se ve a simple vista.

macuco, ca adj. *Chile.* Astuto, taimado. ◆ s. m. *Argent., Colomb.* y *Perú.* Muchacho grandullón.

mácula s. f. Mancha. ‖ *Fam.* Engaño, embuste. ◇ FAM. maculoso. / inmaculado. MANCHA.

macuto s. m. Mochila que se lleva a la espalda.

madalena s. f. Magdalena*.

madama s. f. Tratamiento afectado dado a las señoras. ‖ *Argent.* Mujer que regenta un burdel.

madeja s. f. Hilo recogido, sin soporte, en vueltas iguales.

madera s. f. Sustancia fibrosa y compacta del interior de los árboles. ‖ Pieza de esta materia labrada. ‖ *Fam.* Talento de alguien para realizar una determinada actividad. ◇ FAM. maderable, maderaje, maderamen, maderero, madero. / enmaderar.

maderable adj. Dícese del árbol o bosque que da madera útil.

maderamen o **maderaje** s. m. Conjunto de maderas que entran en la construcción de una obra.

maderero, ra adj. Relativo a la madera. ◆ s. Persona que comercia con la madera.

madero s. m. Pieza larga de madera escuadrada.

madrastra s. f. Mujer del padre respecto de los hijos llevados por éste al matrimonio, y habidos en otro anterior.

madraza s. f. *Fam.* Madre que mima mucho a sus hijos.

madrazo s. m. *Méx. Vulg.* Golpe muy fuerte.

madre s. f. Mujer o hembra que ha tenido uno o más hijos, con respecto a éstos. ‖

Causa u origen de una cosa. ‖ Cauce de un río o arroyo. ‖ Título que se da a determinadas monjas. ● **La madre del cordero**, dificultad de algo. ● **A toda madre** (*Méx. Vulg.*), estupendo, muy bueno. ‖ **Estar uno hasta la madre** (*Méx.*), estar harto. ◇ FAM. madrastra, madraza, madrejón, madriguera, madrina. / comadre, enmadrarse, madreperla, madreselva, materno, matriarcado, matricida, matriz, matrona.

madrear v. tr. [1]. *Méx. Vulg.* Golpear a alguien o algo con fuerza hasta herirlo o dañarlo. ◇ FAM. madrazo.

madrejón s. m. *Argent.* Cauce seco de un río. ◇ FAM. MADRE.

madreperla s. f. Molusco de concha casi circular, en cuyo interior recubierto de nácar se forma una perla.

madrépora s. f. Pólipo que vive formando colonias que constituyen los arrecifes coralinos o atolones. ◇ FAM. madrepórico.

madreselva s. f. Planta arbustiva de flores olorosas, que crece en los bosques del sur de Europa y en las montañas andinas.

madrigal s. m. Composición poética o musical, de carácter amoroso. ◇ FAM. madrigalesco, madrigalista, madrigalizar.

madriguera s. f. Pequeña cueva, estrecha y profunda, en que habitan ciertos animales. ◇ FAM. MADRE.

madrileño, ña adj. y s. De Madrid.

madrina s. f. Mujer que presenta y asiste al que recibe el bautismo o algún honor, grado, etc. ‖ Mujer que favorece o protege a alguien en sus pretensiones. ◇ FAM. madrinazgo. / amadrinar. MADRE.

madroño s. m. Planta arbustiva cuyo fruto esférico, rojo por fuera y amarillo en su interior, es comestible. ‖ Fruto de esta planta. ◇ FAM. madroñal, madroñera.

madrugada s. f. Amanecer². ‖ Horas que siguen a la medianoche.

madrugar v. intr. [1b]. Levantarse muy temprano. ‖ Anticiparse a otro en la ejecución de algo. ◇ FAM. madrugada, madrugador, madrugón.

madrugón s. m. *Fam.* Acción de levantarse muy temprano.

madurar v. tr. [1]. Volver maduro. ‖ Reflexionar sobre algo para preparar su ejecución. ◆ v. intr. y pron. Volverse maduros los frutos. ‖ Crecer en edad y prudencia. ◇ FAM. maduración, madurador, madurativo. MADURO, RA.

madurez s. f. Sazón de los frutos. ‖ Sensatez, cordura.

maduro, ra adj. Dícese del fruto que está en el momento oportuno de ser recolectado o comido. ‖ Entrado en años. ‖ Juicioso, prudente. ◇ FAM. madurar, madurez. / inmaduro, prematuro.

maestranza s. f. Conjunto de talleres donde se construye y repara armamento y material de guerra de todas clases. ‖ Conjunto de personas que trabajan en estos talleres. ◇ FAM. MAESTRE.

maestrazgo s. m. Dignidad del maestre en cualquiera de las órdenes militares. ◇ FAM. MAESTRE.

maestre s. m. Superior de una orden militar. ◇ FAM. maestranza, maestrazgo. / burgomaestre, contramaestre. MAESTRO, TRA.

maestresala s. m. Criado principal que sirve y distribuye la comida en la mesa.

maestría s. f. Gran destreza en enseñar o ejecutar una cosa. ◇ FAM. MAESTRO, TRA.

maestro, tra adj. Excelente o perfecto en su clase. ‖ Principal: *pared maestra.* ◆ s. Persona que tiene por función enseñar. ‖ Persona de gran sabiduría o habilidad en una ciencia o arte. ‖ Dueño de un taller. ◆ s. m. Matador de toros. ‖ MÚS. Compositor o intérprete. ◇ FAM. maestre, maestría. / amaestrar, magíster, magisterio, magistrado, magistral.

mafia s. f. Organización secreta de carácter criminal. ◇ FAM. mafioso.

magallánico, ca adj. y s. De Magallanes (Chile).

magazine s. m. Revista ilustrada. ‖ Programa de televisión o radio en que se mezclan entrevistas, humor, actuaciones, etcétera.

magdalena s. f. Bollo pequeño hecho de aceite, harina, huevo y leche. ● **Llorar como una Magdalena** (*Fam.*), llorar mucho.

magenta s. m. y adj. Color rojo violáceo que se utiliza en fotografía y en imprenta.

magia s. f. Arte que mediante ciertas prácticas produce supuestamente efectos contrarios a las leyes naturales. ‖ Atractivo de algo que parece exceder la realidad. ● **Magia negra**, conjunto de ritos y prácticas que se oponen a los maleficios de las fuerzas sobrenaturales. ◇ FAM. mágico, mago.

magiar adj. y s. m. y f. Húngaro.

mágico, ca adj. Relativo a la magia. ‖ Que sorprende o fascina.

magín s. m. Inteligencia. ‖ *Fam.* Imaginación. ◇ FAM. IMAGINAR.

magíster s. m. *Chile y Colomb.* Maestro, grado inmediatamente inferior al doctor en universidades. ◇ FAM. MAESTRO, TRA.

magisterio s. m. Labor o profesión de un maestro. ‖ Conjunto de los maestros de una nación, provincia, etc. ◇ FAM. MAESTRO, TRA.

magistrado s. m. Superior en el orden civil. ‖ Dignidad o empleo de juez. ◇ FAM. magistratura. MAESTRO, TRA.

magistral adj. Relativo al ejercicio del magisterio. ‖ Dícese de lo que se hace con maestría. ◇ FAM. MAESTRO, TRA.

magistratura s. f. Oficio o dignidad de magistrado. ‖ Tiempo que dura su ejercicio. ‖ Conjunto de los magistrados.

magma s. m. Masa formada por las rocas

fundidas del interior de la Tierra, a causa de la presión y la temperatura.

magnánimo, ma adj. Que muestra grandeza de ánimo y generosidad. ⬦ FAM. magnánimamente, magnanimidad. ÁNIMO.

magnate s. m. Persona importante del mundo de los negocios, de la industria y de las finanzas. ⬦ FAM. MAGNO, NA.

magnesia s. f. Óxido de magnesio. ⬦ FAM. magnesio.

magnesio s. m. Metal sólido, blanco plateado, que puede arder en el aire con llama deslumbrante. ⬦ FAM. magnésico. MAGNESIA.

magnetismo s. m. Parte de la física que estudia las propiedades de los imanes. ‖ Fuerza de atracción de un imán. ‖ Atractivo o influencia ejercidos por una persona sobre otra. ⬦ FAM. magnético, magnetita, magnetizar, magneto, magnetófono, magnetoscopio. / electromagnetismo, magnetosfera.

magnetita s. f. Mineral de color negro, que cristaliza en el sistema cúbico y tiene propiedades magnéticas. ⬦ FAM. MAGNETISMO.

magnetizar v. tr. [1g]. Comunicar a un cuerpo propiedades magnéticas. ‖ Deslumbrar o fascinar a alguien. ⬦ FAM. magnetizable, magnetización, magnetizador. / desmagnetizar. MAGNETISMO.

magneto s. f. Generador de corriente eléctrica en el que la inducción es producida por un imán permanente. ⬦ FAM. MAGNETISMO.

magnetófono o **magnetofón** s. m. Aparato de registro y reproducción del sonido, por medio de una cinta magnética. ⬦ FAM. magnetofónico. MAGNETISMO.

magnetoscopio s. m. Aparato de registro de imágenes y sonido sobre cinta magnética. ⬦ FAM. MAGNETISMO.

magnetosfera s. f. Parte externa de la atmósfera dotada de campo magnético. ⬦ FAM. MAGNETISMO y ESFERA.

magnicidio s. m. Asesinato de una persona relevante por su cargo o poder. ⬦ FAM. magnicida. MAGNO, NA.

magnificar v. tr. y pron. [1a]. Engrandecer, alabar. ‖ Exagerar. ⬦ FAM. magnificador, magníficat, magnífico. MAGNO, NA.

magníficat s. m. Canto de la Virgen María que se reza al final de las vísperas. ⬦ FAM. MAGNIFICAR.

magnificencia s. f. Calidad de magnífico. ⬦ FAM. magnificente. MAGNÍFICO, CA.

magnífico, ca adj. Excelente, admirable. ‖ Tratamiento dado a los rectores de las universidades. ⬦ FAM. magníficamente, magnificencia. MAGNIFICAR.

magnitud s. f. Cualquier característica de los cuerpos capaz de ser medida. ‖ Grandeza o importancia de algo. ⬦ FAM. MAGNO, NA.

magno, na adj. Grande, importante.

⬦ FAM. magnate, magnicidio, magnificar, magnitud. / maremagno.

magnolia s. f. Magnolio*. ‖ Flor del magnolio.

magnolio s. m. Planta ornamental, originaria de Asia y de América, de hojas alternas y flores grandes de olor suave.

mago, ga s. Persona que practica la magia. • **Los Reyes Magos**, personajes que acudieron, guiados por una estrella, a adorar a Jesús en Belén. ⬦ FAM. MAGIA.

magrear v. tr. [1]. *Vulg.* Sobar, manosear a una persona buscando placer sexual. ⬦ FAM. magreo.

magrebí adj. y s. m. y f. Del Magreb.

magro, gra adj. Con poca o ninguna grasa. ➤ s. m. Carne magra del cerdo. ⬦ FAM. magrez, magrura. / demacrar, enmagrecer.

magua s. f. *Cuba, P. Rico y Venez.* Chasco, decepción. ⬦ FAM. MAGUARSE.

maguey s. m. *Amér.* BOT. Agave.

magullar v. tr. y pron. [1]. Causar contusiones a un tejido orgánico, pero sin producir herida. ⬦ FAM. magulladura, magullamiento.

maharajá s. m. Marajá*.

mahatma s. m. Título dado en la India a personalidades espirituales eminentes.

mahometano, na adj. y s. Musulmán. ⬦ FAM. mahométrico, mahometismo, mahometista.

mahometismo s. m. Islamismo.

mahón s. m. Queso elaborado en Menorca con leche de vaca, salado y prensado.

mahonesa s. f. Mayonesa*.

maicena s. f. Harina fina de maíz. ⬦ FAM. MAÍZ.

maicillo s. m. *Chile.* Arena gruesa y amarillenta con que se cubre el pavimento de jardines y patios. ⬦ FAM. MAÍZ.

maillot s. m. Traje de baño de una sola pieza. ‖ DEP. Camiseta deportiva, especialmente la de ciclista.

maitén s. m. *Argent. y Chile.* Árbol de gran altura, de hojas dentadas muy apreciadas por el ganado.

maitencito s. m. *Chile.* Juego de muchachos parecido al de la gallina ciega.

maitines s. m. pl. Primera de las horas del oficio divino. ⬦ FAM. MATUTINO, NA.

maître s. m. Jefe de comedor de un restaurante u hotel.

maíz s. m. Cereal cultivado en Europa y América, cuyo fruto en mazorca se emplea en alimentación. ‖ Grano de esta planta. ⬦ FAM. maicena, maicero, maicillo, maizal.

maja s. f. Mazo del almirez. ⬦ FAM. MAJAR.

majada s. f. Lugar donde se recoge el ganado por la noche y se refugian los pastores. ‖ *Argent., Chile y Urug.* Manada de ganado lanar. ⬦ FAM. majadear.

majaderear v. tr. e intr. [1]. *Amér. Central*

y *Amér. Merid.* Molestar, incordiar, importunar.

majadería s. f. Dicho o hecho necio.

majadero, ra adj. y s. Insensato, pedante, necio. ◇ FAM. majaderear, majadería.

majado s. m. *Argent.* y *Chile.* Caldo de trigo o maíz triturado al que, en ocasiones, se añade carne machacada. ◇ FAM. MAJAR.

majagua s. f. *Antill., Colomb., Ecuad., Méx., Pan.* y *Salv.* Planta arbórea, de hojas grandes y fruto amarillo, cuya madera se emplea en ebanistería. ◇ FAM. majagual.

majar v. tr. [1]. Machacar una cosa desmenuzándola o aplastándola. ◇ FAM. maja, majado, majador, majadura, majamiento. / mayestad.

majara o **majareta** adj. y s. m. y f. *Fam.* Chiflado, perturbado.

majarete s. m. *P. Rico.* Desorden, barullo, confusión.

maje adj. *Méx. Fam.* Tonto, bobo.

majestad s. f. Condición o aspecto de una persona o cosa que inspira admiración y respeto. ‖ Título que se da a Dios y también a reyes y emperadores. ◇ FAM. majestuoso. / mayestad.

majestuoso, sa adj. y s. Que tiene majestad. ◇ FAM. majestuosamente, majestuosidad. MAJESTAD.

majo, ja adj. *Fam.* Guapo, hermoso, bonito. ‖ *Fam.* Simpático. ◇ FAM. majeza.

majorette s. f. Muchacha con uniforme de fantasía, que desfila en los festejos.

majuelo s. m. Planta espinosa de flores blancas, cuyo fruto, la majuela, tiene un sabor dulce.

mal[1] adj. Apócope de *malo: hace mal día.* ◆ s. m. Lo contrario del bien. ‖ Daño moral o material. ‖ Desgracia. ‖ Enfermedad, dolor. ● **Mal de Chagas** *(Argent.)*, enfermedad infecciosa febril transmitida por la vinchuca, endémica en algunas regiones de América.

mal[2] adv. m. De forma contraria a la debida: *hacer las cosas mal.* ‖ De manera impropia e inadecuada para un fin: *cenar tarde y mal.*

malabar adj. y s. m. y f. De Malabar. ● **Juegos malabares,** serie de ejercicios de agilidad, destreza y equilibrio que se practican generalmente como espectáculo. ◇ FAM. malabarismo, malabarista.

malabarismo s. m. Juegos malabares. ‖ Actuación hábil encaminada a sostener una situación dificultosa.

malabarista s. m. y f. Persona que hace juegos malabares. ‖ *Chile.* Persona que roba o quita una cosa con astucia.

malacara s. f. *Argent.* Caballo que tiene blanca la mayor parte de la cara.

malacate s. m. Máquina que, con la ayuda de caballerías, se usa para extraer mineral en las minas. ‖ *Hond., Méx.* y *Nicar.* Huso, instrumento para hilar.

malacitano, na adj. y s. Malagueño.

malacología s. f. Estudio de los moluscos. ◇ FAM. malacológico.

malaconsejado, da adj. y s. Que obra desatinadamente, llevado de malos consejos. ◇ FAM. ACONSEJAR.

malacostumbrado, da adj. Acostumbrado a excesiva comodidad o condescendencia. ◇ FAM. malacostumbrar. ACOSTUMBRAR.

málaga s. m. Vino de sabor dulce y color oscuro, que se elabora con la uva cosechada en los viñedos de Málaga.

malagana s. f. *Fam.* Desfallecimiento, desmayo.

malagueño, ña adj. y s. De Málaga (España). ◆ s. f. Cante y baile popular andaluz. ◇ FAM. málaga.

malaje adj. y s. m. y f. Dícese de la persona desagradable. ◇ FAM. MALO, LA.

malambo s. m. *Argent., Chile* y *Urug.* Baile rápido de zapateo, que ejecutan sólo los hombres, con acompañamiento de guitarra.

malamujer s. f. *Méx.* Especie de ortiga.

malandanza s. f. Desgracia, infortunio. ◇ FAM. malandante. ANDANZA.

malandrín, na adj. y s. Mentiroso, perverso.

malaquita s. f. Carbonato natural de cobre, de color verde, usado en joyería y marquetería.

malar adj. Relativo a la mejilla. ◆ s. m. Pómulo.

malaria s. f. Paludismo.

malaventurado, da adj. y s. Desgraciado. ◇ FAM. malaventura. VENTURA.

malaya s. f. *Chile* y *Perú.* Corte de carne de vacuno correspondiente a la parte superior de los costillares.

malayo, ya adj. y s. De Malaysia. ◆ s. m. Lengua hablada en Malaysia.

malbaratar v. tr. [1]. Vender a bajo precio. ‖ Despilfarrar, malgastar. ◇ FAM. malbaratador. BARATO, TA.

malcarado, da adj. Que tiene aspecto repulsivo. ‖ Que pone cara enfadada. ◇ FAM. CARA.

malcasar v. tr., intr. y pron. [1]. Casar o casarse desacertadamente. ◇ FAM. malcasado. CASAR[1].

malcomer v. tr. e intr. [2]. Comer poco y mal. ◇ FAM. malcomido. COMER.

malcriadez o **malcriadeza** s. f. *Amér. Central* y *Amér. Merid.* Cualidad de malcriado, grosería, indecencia.

malcriado, da adj. Falto de buena educación, descortés.

malcriar v. tr. [1t]. Educar mal a los hijos. ◇ FAM. malcriadez, malcriado. CRIAR.

maldad s. f. Calidad de malo. ‖ Acción mala. ◇ FAM. MALO, LA.

maldecir v. tr. [19a]. Sentir o expresar abominación, enfado o irritación. ◆ v. intr. Hablar mal de alguien. ◇ FAM. maldiciente, maldición, maldito, maledicencia. DECIR[1].

maldición s. f. Imprecación. ● **¡Maldición!** interj. Expresa enfado o contrariedad.

maldispuesto, ta adj. Indispuesto, algo enfermo. ‖ Que no tiene la disposición de ánimo necesaria para una cosa.

maldito, ta adj. Perverso. ‖ Que disgusta o molesta. ‖ Aplicado a un sustantivo con artículo, equivale al concepto de *nada* o *ninguno*: *maldita la falta que me hacen sus consejos*. ⬦ FAM. MALDECIR.

maldoso, sa adj. *Méx.* Que le gusta hacer maldades o travesuras. ⬦ FAM. MALO, LA.

maleable adj. Dícese del metal que puede batirse y extenderse en planchas o láminas. ⬦ FAM. maleabilidad.

maleante adj. y s. m. y f. Delincuente.

malear v. tr. y pron. [1]. Dañar, echar a perder. ‖ Pervertir. ⬦ FAM. maleante. MALO, LA.

malecón s. m. Muralla o terraplén para defensa contra las aguas.

maledicencia s. f. Acción y efecto de maldecir o murmurar.

maleducado, da adj. y s. Descortés, malcriado.

maleficio s. m. Influencia dañosa causada por arte de hechicería. ‖ Hechizo que causa este daño. ⬦ FAM. maleficencia, maleficiar, maléfico. MALO, LA.

maléfico, ca adj. Que perjudica con maleficios. ‖ Que ocasiona o puede ocasionar daño.

malemplear v. tr. y pron. [1]. Desperdiciar, malgastar.

malentendido s. m. Mala interpretación, error. ⬦ FAM. malentender. ENTENDIDO, DA.

malestar s. m. Sensación de encontrarse mal o molesto.

maleta¹ s. f. Caja de piel, lona u otra materia, con asas y cerradura, que se usa como equipaje manual. ‖ *Chile* y *Guat.* Alforja. ● **Largar** o **soltar** uno **la maleta** (*Chile*), morir. ⬦ FAM. maletero, maletín.

maleta² s. m. y f. *Fam.* Persona que practica con torpeza y desacierto su profesión. ⬦ FAM. maletilla.

maleta³ adj. *Amér. Central* y *Méx.* Malo, perverso.

maletero s. m. Compartimento de un vehículo o armario donde se pone el equipaje.

maletilla s. m. Joven que aspira a abrirse camino como torero. ⬦ FAM. MALETA².

maletín s. m. Maleta pequeña para llevar los útiles de aseo personal o de uso profesional.

maletudo, da adj. *Cuba, Colomb.* y *Ecuad.* Jorobado.

malevo, va adj. y s. *R. de la Plata, Bol.* y *Urug.* Malévolo, malhechor. ⬦ FAM. malevaje. MALO, LA.

malévolo, la adj. y s. Malicioso, mal intencionado. ⬦ FAM. malevolencia. MALO, LA.

maleza s. f. Abundancia de malas hierbas. ‖ Espesura de arbustos. ‖ *Chile, Colomb.* y *Perú.* Cualquier hierba mala. ‖ *Nicar.* y *R. Dom.* Achaque, enfermedad. ⬦ FAM. desmalezar. MALO, LA.

malformación s. f. Deformación congénita.

malgache adj. y s. m. y f. De Madagascar. ➡ s. m. Lengua hablada en Madagascar.

malgastar v. tr. [1]. Gastar en cosas malas o inútiles. ⬦ FAM. malgastador. GASTAR.

malhablado, da adj. y s. Que tiene costumbre de decir expresiones soeces. ⬦ FAM. HABLAR.

malhadado, da adj. Infeliz, desgraciado. ⬦ FAM. HADO.

malhechor, ra adj. Que comete delitos. ⬦ FAM. HACER.

malherir v. tr. [22]. Herir gravemente. ⬦ FAM. malherido. HERIR.

malhora s. m. y f. *Méx. Fam.* Amigo de hacer maldades o travesuras.

malhumor s. m. Mal humor. ⬦ FAM. malhumorado, malhumorar. HUMOR.

malhumorado, da adj. Que está de mal humor.

malí adj. y s. m. y f. De Malí.

malicia s. f. Maldad, mala intención. ‖ Picardía. ⬦ FAM. maliciar, maliciosamente, malicioso. MALO, LA.

maligno, na adj. y s. Propenso a pensar u obrar mal. ➡ adj. De índole perniciosa. ‖ Dícese de la enfermedad que evoluciona de modo desfavorable. ⬦ FAM. malignidad. MALO, LA.

malinchista adj. y s. m. y f. *Méx.* Dícese del individuo que desprecia lo nacional y adopta una actitud servil ante los extranjeros.

malintencionado, da adj. y s. Que tiene mala intención.

malla s. f. Tejido poco tupido, hecho con un hilo que va enlazándose consigo mismo formando agujeros. ‖ Cada uno de los elementos cuyo conjunto constituye este tejido. ‖ Cada una de las anillas del tejido de punto. ‖ *Argent., Perú* y *Urug.* Traje de baño. ➡ pl. Vestido elástico y ajustado al cuerpo, que se usa para ballet, gimnasia, etc.

mallín s. m. *Argent.* Pradera cenagosa.

mallo s. m. Juego que consiste en hacer rodar por el suelo unas bolas de madera, dándoles con un mazo. ‖ Mazo usado en este juego. ‖ Martillo metálico de gran tamaño.

mallorquín, na adj. y s. De Mallorca. ➡ s. m. Variedad del catalán que se habla en Mallorca.

malmeter v. tr. [2]. Enemistar. ‖ Incitar a obrar mal.

malnacido, da adj. y s. Mala persona, miserable.

malo, la adj. y s. Que no es o no está bueno. ➡ adj. Enfermo. ● **Por las malas,**

por la fuerza o coacción. ◇ FAM. mal¹, mal², malaje, maldad, maldoso, malear, maleficio, malevo, malévolo, maleza, malicia, maligno.

maloca s. f. *Amér. Merid.* Malón, ataque inesperado de indios. ‖ *Amér. Merid.* Invasión de hombres blancos en tierra de indios, con pillaje y exterminio. ◇ FAM. malón.

malogrado, da adj. Dícese de la persona que muere joven.

malograr v. tr. [1]. Perder, desaprovechar algo. ◆ **malograrse** v. pron. Frustrarse. ◇ FAM. malogrado, malogramiento, malogro. LOGRAR.

maloja s. f. *Cuba.* Planta de maíz que se usa como forraje. ◇ FAM. malojal, malojero, malojo.

malojo s. m. *Venez.* Maloja.

maloliente adj. Que exhala mal olor. ◇ FAM. OLER.

malón s. m. *Amér. Merid.* Ataque inesperado de indios. ‖ *Argent.* y *Chile. Fam.* Visita por sorpresa a una casa de amigos. ◇ FAM. MALOCA.

malparado, da adj. Que ha sufrido notable menoscabo. ◇ FAM. malparar. PARAR.

malpensado, da adj. y s. Que piensa mal de los demás. ◇ FAM. PENSAR.

malquerencia s. f. Mala voluntad hacia alguien.

malquistar v. tr. y pron. [1]. Enemistar.

malsano, na adj. Perjudicial para la salud. ‖ Enfermizo.

malsonante adj. Que suena mal. ‖ Incorrecto, grosero. ◇ FAM. malsonancia. SONAR.

malta s. f. Cebada germinada para elaborar cerveza o infusión. ◇ FAM. maltosa.

maltés, sa adj. y s. De Malta. ◆ s. m. Dialecto semítico hablado en el archipiélago maltés.

maltón, na adj. y s. *Bol., Chile, Ecuad.* y *Perú.* Dícese del animal o la persona de desarrollo precoz.

maltosa s. f. Azúcar formado por dos moléculas de glucosa, y que se obtiene por hidrólisis del almidón. ◇ FAM. MALTA.

maltraer v. tr. [10]. Maltratar, injuriar. ◇ FAM. maltraído. TRAER.

maltraído, da adj. *Bol., Chile* y *Perú.* Mal vestido, desaliñado.

maltratar v. tr. y pron. [1]. Golpear, insultar o tratar mal. ◇ FAM. maltratamiento, maltrato. TRATAR.

maltrato s. m. Acción y efecto de maltratar.

maltrecho, cha adj. Maltratado, malparado. ◇ FAM. TRATAR.

maluquera s. f. *Colomb.* y *Cuba.* Indisposición, enfermedad.

malva s. f. Planta cuyas flores, de color rosado o violáceo, se usan en infusiones laxantes y calmantes. ◆ adj. y s. m. De color violeta claro. ● **Estar criando malvas**

(*Fam.*), estar muerto y enterrado. ◇ FAM. malvarrosa, malvavisco, malvón.

malvado, da adj. y s. Muy malo, perverso. ◇ FAM. malvadamente.

malvarrosa s. f. Geranio rosa. ◇ FAM. MALVA.

malvavisco s. m. Planta cuya raíz se utiliza como emoliente. ◇ FAM. MALVA.

malvender v. tr. [2]. Vender a bajo precio, con poca o ninguna ganancia.

malversar v. tr. [1]. Sustraer o gastar indebidamente caudales ajenos, en especial los fondos públicos. ◇ FAM. malversación, malversador. VERSAR.

malvís s. m. Tordo¹ de plumaje verde oscuro, manchado de negro y rojo.

malvivir v. intr. [3]. Vivir mal.

malvón s. m. *Argent., Méx., Par.* y *Urug.* Geranio. ◇ FAM. MALVA.

mama s. f. Madre. ‖ Teta. ◇ FAM. mamá, mamar, mamario. / amamantar, mamella, mamífero, mamila.

mamá s. f. Mama, madre.

mamada s. f. Acción de mamar. ‖ *Argent., Perú* y *Urug. Vulg.* Borrachera. ‖ *Méx. Vulg.* Cosa, hecho o dicho absurdo.

mamadera s. f. Instrumento para descargar los pechos de las mujeres cuando tienen exceso de leche. ‖ *Amér. Central* y *Amér. Merid.* Biberón. ‖ *Cuba* y *P. Rico.* Tetilla del biberón.

mamado, da adj. *Vulg.* Borracho. ‖ *Méx. Vulg.* Fuerte, musculoso.

mamalón, na adj. *Cuba* y *P. Rico.* Holgazán.

mamancona s. f. *Chile.* Mujer vieja y gorda.

mamar v. tr. [1]. Chupar la leche de las mamas. ‖ Aprender algo desde niño. ◆ v. intr. *Méx. Vulg.* Echarse a perder una cosa. ◆ **mamarse** v. pron. Emborracharse. ◇ FAM. mamada, mamadera, mamado, mamador, mamón. MAMA.

mamarrachada s. f. *Fam.* Acción ridícula o extravagante.

mamarracho s. m. Persona o cosa defectuosa, ridícula o extravagante. ‖ *Fam.* Persona despreciable. ◇ FAM. mamarrachada.

mambo s. m. Baile de origen cubano, mezcla de rumba y de swing.

mamboretá s. m. *Argent., Par.* y *Urug.* Santateresa, insecto de color verde claro.

mamella s. f. Cada uno de los apéndices largos y ovalados del cuello de algunos mamíferos, particularmente las cabras. ◇ FAM. mamellado. MAMA.

mameluco, ca adj. y s. *Fam.* Dícese de la persona necia y boba. ◆ s. m. *Amér.* Prenda de vestir enteriza, especial para niños, que cubre el tronco y extremidades. ‖ *Amér. Merid.* y *Antill.* Mono de trabajo.

mamífero, ra adj. y s. m. ZOOL. Relativo a una clase de animales vertebrados caracterizados por la presencia de glándulas mamarias, y reproducción generalmente

vivípara. ◆ s. m. pl. Clase de estos animales. ◇ FAM. MAMA.

mamila s. f. Teta de la hembra, exceptuando el pezón. ‖ Tetilla del hombre. ‖ *Méx.* Biberón. ◇ FAM. mamilar. MAMA.

mamón, na adj. y s. Que todavía mama. ‖ Que mama demasiado. ‖ *Vulg.* Insulto sin significado preciso. ‖ *Méx. Vulg.* Arrogante, soberbio. ◆ s. m. *Méx.* Especie de bizcocho de almidón y huevo.

mamotreto s. m. Libro o legajo muy abultado. ‖ Armatoste.

mampara s. f. Tabique movible.

mampato, ta adj. y s. *Chile.* Dícese del animal de piernas cortas o de poca estatura. ◆ s. *Chile.* Persona de reducida estatura.

mamporro s. *Fam.* Golpe de poca importancia. ◇ FAM. MANO¹ y PORRA.

mampostería s. f. Obra de albañilería hecha de mampuesto. ◇ FAM. mampostear, mampostero. MAMPUESTO.

mampuesto s. m. Piedra pequeña sin labrar, que se puede colocar en una obra con la mano. ‖ *Amér. Central* y *Amér. Merid.* Cualquier objeto en que se apoya el arma de fuego para tomar mejor la puntería. ◇ FAM. mampostería. MANO¹ y PUESTO, TA.

mamúa s. f. *Argent.* y *Urug.* Borrachera.

mamut s. m. Elefante fósil del cuaternario, cuyo cuerpo estaba cubierto de pelos ásperos y largos.

mana¹ s. f. *Colomb.* Manantial. ◇ FAM. MANAR.

mana² s. f. *Amér. Central* y *Amér. Merid.* Maná. ‖ *Colomb.* Líquido azucarado que fluye de algunas plantas.

maná s. m. Alimento milagroso que, según la Biblia, Dios procuró a los hebreos en el desierto. ◇ FAM. mana².

manabita adj. y s. m. y f. De Manabí (Ecuador).

manada s. f. Conjunto de animales de una misma especie que viven o se desplazan juntos.

manager s. m. y f. Persona que se encarga de los intereses económicos de un deportista, un cantante, etc.

managua adj. y s. m. y f. Managüense.

managüense adj. y s. m. y f. De Managua.

managüero, ra adj. y s. Managüense.

manajú s. m. *Cuba.* Planta que produce una resina medicinal.

manantial s. m. Afloramiento a la superficie terrestre de las aguas de circulación subterránea y lugar donde éste se produce. ‖ Origen y principio de una cosa.

manar v. intr. y tr. [1]. Salir un líquido de algún sitio. ◇ FAM. mana¹, manante, manantial. / dimanar, emanar.

manare s. m. *Venez.* Cedazo hecho de palma, mimbres o bejucos, para cerner el almidón de yuca.

manatí s. m. Mamífero acuático de gran

tamaño, que vive en los ríos de la zona tropical de África y América.

manatieño, ña adj. y s. De Manatí (Puerto Rico).

manazas s. m. y f. pl. Persona de ademanes torpes o desmañados. ◇ FAM. MANO¹.

mancarrón, na adj. *Argent.* y *Chile.* Dícese del caballo grande y viejo.

mancebía s. f. Prostíbulo.

mancebo, ba adj. y s. Joven. ◆ s. m. Dependiente. ◇ FAM. mancebía. / amancebamiento.

mancha s. f. Señal que hace algo en un cuerpo ensuciándolo. ‖ Zona de una cosa de distinto color de la generalidad de ella. ‖ *Argent.* Juego de niños en el que uno, que es mancha, persigue a los demás hasta tocar a otro, que es entonces mancha. ◇ FAM. manchar. / mácula, quitamanchas.

manchar v. tr. y pron. [1]. Poner sucia o con manchas una cosa. ‖ Deshonrar, desacreditar. ◇ FAM. manchado. MANCHA.

manchego, ga adj. y s. De La Mancha (España).

mancillar v. tr. y pron. [1]. Manchar, deshonrar. ◇ FAM. mancilla, mancillado.

manco, ca adj. y s. Que le falta un brazo o una mano, o los dos, o los tiene inutilizados. ◇ FAM. mancar, manquedad, manquera.

mancomunar v. tr. y pron. [1]. Unir personas, esfuerzos o intereses para un fin. ◇ FAM. mancomunidad. COMÚN.

mancomunidad s. f. Acción y efecto de mancomunar. ‖ DER. En España, agrupación de municipios o provincias para resolver problemas comunes.

mancorna s. f. *Chile* y *Colomb.* Mancuerna, gemelos.

mancuerna s. f. Pareja de animales o cosas unidas. ‖ *Chile, Colomb.* y *Cuba.* Porción de tallo de la planta del tabaco con un par de hojas. ‖ *Chile, Colomb.* y *Cuba.* Disposición con que suele hacerse el corte de la planta al tiempo de la recolección. ‖ *Méx.* Pareja de aliados. ◆ pl. *Amér. Central, Méx.* y *Venez.* Par de gemelos de los puños de la camisa. ◇ FAM. mancorna, mancornar, mancuernillas. CUERNO.

mancuernillas s. f. pl. *Méx.* Mancuernas, gemelos.

manda s. f. Legado. ‖ *Argent., Chile* y *Méx.* Voto o promesa hecha a Dios o a un santo. ◇ FAM. MANDAR.

mandado, da s. Persona que ejecuta una comisión por mandato ajeno. ◆ s. m. Comisión, encargo. ‖ Mandato, orden. ‖ *Argent.* Compra de lo necesario para la comida. ‖ *Méx.* Conjunto de artículos de consumo familiar. ● Comerle a alguien **el mandado** (*Méx. Fam.*), ganarle la partida en algo.

mandamás adj. y s. m. y f. *Fam.* Jefe.

mandamiento s. m. Mandato, orden. || Cada uno de los preceptos del Decálogo y de la Iglesia. || DER. Orden escrita del juez, en la que se ordena la ejecución o la cumplimentación de alguna cosa.

mandanga s. f. Pachorra. || Cuento, chisme. || En el lenguaje de la droga, mariguana.

mandar v. tr. [1]. Imponer a alguien la realización de una cosa. || Enviar. ◆ v. tr. e intr. Gobernar, dirigir. ◆ **mandarse** v. pron. Méx. Fam. Sobrepasarse. ◇ FAM. manda, mandado, mandamás, mandamiento, mandante, mandatario, mandato, mando, mandón. / comandar, demandar.

mandarín s. m. Título dado antiguamente en China a los altos funcionarios. || LING. El más importante de los dialectos chinos.

mandarina s. f. Fruto del mandarinero, parecido a una pequeña naranja.

mandarinero o **mandarino** s. m. Árbol frutal cuyo fruto es la mandarina. ◇ FAM. mandarina.

mandatario, ria s. Persona que acepta de otra el encargo de representarla. ● **Primer mandatario**, jefe del estado.

mandato s. m. Orden o precepto. || Desempeño y duración de un cargo.

mandíbula s. f. Cada una de las dos piezas óseas o cartilaginosas que forman la boca de los animales, y en las que están incrustados los dientes. ● **Reír a mandíbula batiente**, reír a carcajadas. ◇ FAM. mandibular.

mandil s. m. Delantal que cuelga desde el cuello.

mandinga s. m. Amér. Central y Amér. Merid. Fam. El diablo.

mandioca s. f. Planta de cuya raíz se extrae la tapioca.

mando s. m. Autoridad del superior. || Conjunto de personas u organismos que tienen dicha autoridad. || Dispositivo empleado en los aparatos eléctricos para el manejo de los diferentes controles. ◇ FAM. telemando. MANDAR.

mandoble s. m. Cuchillada o golpe violento que se da esgrimiendo el arma con ambas manos. || Fam. Bofetada, golpe.

mandolina s. f. Instrumento musical semejante al laúd.

mandón, na adj. y s. Dícese de la persona demasiado aficionada a mandar. ◆ s. m. Amér. Central y Amér. Merid. Capataz de una mina. || Chile. Hombre que da la orden de salida en las carreras de caballos a la chilena. ◇ FAM. marimandón. MANDAR.

mandrágora o **mandrágula** s. f. Planta herbácea cuya raíz recuerda la forma de un cuerpo humano, utilizada como narcótico, y objeto de numerosas supersticiones en la antigüedad.

mandria adj. y s. m. y f. Pusilánime e inútil.

mandril s. m. Mono de gran tamaño, ho-

cico alargado y grueso con surcos azules y nariz escarlata.

manducar v. tr. e intr. [1a]. Fam. Comer.

maneado, da adj. Chile. Dícese de la persona torpe, lenta, irresoluta.

maneador s. m. Amér. Tira larga de cuero, que sirve para atar el caballo, apiolar animales y otros usos.

manecilla s. f. Broche de algunos objetos. || Aguja o saeta que señala la hora en la esfera de un reloj. || Signo con forma de mano que suele ponerse en los impresos. ◇ FAM. MANO¹.

manejable adj. Que se maneja con facilidad.

manejar v. tr. [1]. Usar o mover una cosa con las manos. || Regir, dirigir. || Amér. Conducir, guiar un automóvil. ◆ **manejarse** v. pron. Saber actuar en un negocio o situación. ◇ FAM. manejable, manejo. / tejemaneje. MANO¹.

manejo s. m. Acción y efecto de manejar o manejarse. || Maquinación, intriga.

manera s. f. Modo particular de ser, de hacer o de suceder algo. || Porte, modales. ● **A la manera de**, a semejanza de. || **De cualquier manera**, sin cuidado ni interés. || **De todas maneras** o **de una manera o de otra**, en cualquier caso o circunstancia. || **Sobre manera** o **en gran manera**, mucho. ◇ FAM. amanerar, sobremanera.

maneto, ta adj. Guat. y Venez. Patizambo. ◇ FAM. MANO¹.

manga¹ s. f. Parte de una prenda de vestir que cubre el brazo. || Tela cónica usada como colador o filtro. || Manguera. || En algunos deportes, parte en que puede dividirse una competición. || Anchura máxima de un buque. || Amér. Vía entre estacadas para el paso del ganado. || Méx. Capote impermeable. || Argent. Nube de langostas. || Argent. Desp. Grupo de personas. ● **Tener manga ancha** (Fam.), ser demasiado indulgente. || **Tirar la manga** (Argent. Fam.), pedir dinero prestado con exigencia y oportunismo. ◇ FAM. mango¹, manguera, manguear, manguito. / bocamanga, remangar.

manga² s. f. Variedad del mango². || Fruto de este árbol.

mangajo, ja s. Ecuad. Persona despreciable.

manganeso s. m. Metal grisáceo, muy duro y quebradizo, que se utiliza en la fabricación de aceros.

mangangá s. m. Argent., Par. y Urug. Especie de abejorro. || Amér. Merid. Individuo fastidioso por su continua insistencia.

mangante adj. y s. m. y f. Que manga o roba. || Sinvergüenza.

manganzón, na adj. y s. Amér. Central y Amér. Merid. Holgazán.

mangar v. tr. [1b]. Robar, hurtar. ◇ FAM. mangante, mangui.

mangazo s. m. Argent. Fam. Sablazo.

manglar s. m. Formación vegetal característica de las zonas litorales de la región tropical. ‖ Terreno en que se da este tipo de formación vegetal.

mangle s. Árbol propio de las regiones costeras litorales. ◇ FAM. manglar.

mango[1] s. m. Parte estrecha y larga por donde se agarra o sostiene un utensilio. ◇ FAM. MANGA[1].

mango[2] s. m. Árbol de fruto en drupa, amarillo, aromático y comestible. ‖ Fruto de este árbol.

mango[3] s. m. *Argent.* Dinero.

mangonear v. intr. y tr. [1]. *Fam.* Entremeterse uno en asuntos que no le conciernen queriendo dirigirlos. ◇ FAM. mangoneador, mangoneo.

mangosta s. f. Mamífero carnívoro propio de zonas cálidas.

mangrullo s. m. *Argent.* Torre rústica que servía de atalaya.

manguala s. f. *Colomb. Vulg.* Confabulación con fines ilícitos.

manguear v. tr. e intr. [1]. *Argent.* y *Chile.* Acosar al ganado mayor o menor para que entre en la manga[1]. ◆ v. tr. *Argent. Fam.* Tirar la manga[1].

manguera s. f. Tubo de material flexible por el que pasa el agua. ◇ FAM. MANGA[1].

mangui s. m y f. *Fam.* Ladronzuelo. ◇ FAM. MANGAR.

manguito s. m. Prenda tubular en que se introducen las manos para preservarlas del frío. ‖ Media manga que cubre desde el codo hasta la muñeca. ‖ Pieza cilíndrica que sirve para unir o acoplar tubos, barras, etc. ◇ FAM. MANGA[1].

manguruyú s. m. *Argent.* y *Par.* Pez de río, de gran tamaño, sin escamas, de carne muy apreciada.

maní s. m. *Amér. Central* y *Amér. Merid.* Cacahuete.

manía s. f. Idea fija, obsesiva. ‖ Afición o deseo exagerado de algo. ‖ *Fam.* Ojeriza. ◇ FAM. maníaco, maniático, manicomio.

maníaco, ca o **maniaco, ca** adj. y s. Que padece manías.

maniatar v. tr. [1]. Atar las manos. ◇ FAM. MANO[1] y ATAR.

maniático, ca adj. y s. Que tiene manías.

manicomio s. m. Hospital para enfermos mentales. ◇ FAM. MANÍA.

manicuro, ra s. Persona que tiene por oficio cuidar y embellecer las manos, especialmente las uñas. ◆ s. f. Cuidado de las manos y uñas. ◇ FAM. manicurista. MANO[1].

manido, da adj. Ajado por el uso. ‖ Falto de originalidad.

manierismo s. m. Estilo artístico practicado en el s. XVI, que se caracterizó por su falta de naturalidad y afectación. ◇ FAM. manierista.

manifestación s. f. Acción y efecto de manifestar o manifestarse. ‖ Demostración colectiva, generalmente al aire libre, en favor de una opinión o de una reivindicación.

manifestante s. m. y f. Persona que toma parte en una manifestación.

manifestar v. tr. y pron. [1j]. Dar a conocer una opinión, pensamiento, etc. ‖ Mostrar, hacer patente. ◆ **manifestarse** v. pron. Organizar o tomar parte en una manifestación. ◇ FAM. manifestación, manifestador, manifestante, manifiesto.

manifiesto, ta adj. Evidente, patente. ◆ s. m. Declaración escrita dirigida a la opinión pública.

manigordo s. m. *C. Rica.* Félido americano, ocelote.

manija s. f. Empuñadura o manivela de algunos utensilios o herramientas. ◇ FAM. MANO[1].

manilense adj. y s. m. y f. Manileño.

manileño, ña adj. y s. De Manila.

manilla s. f. Asa del picaporte de puertas y ventanas. ‖ Anilla para apresar las muñecas. ‖ Manecilla del reloj. ◇ FAM. MANO[1].

manillar s. m. Pieza de la bicicleta o de la motocicleta, en la cual el conductor apoya las manos para dirigir la máquina. ◇ FAM. MANO[1].

maniobra s. f. Cualquier operación manual. ‖ Operación que, con habilidad y malicia, se lleva a cabo para conseguir un determinado fin. ‖ Operación o conjunto de operaciones que se ejecutan al manejar una máquina o instrumento. ◆ pl. Conjunto de evoluciones y simulacros en que se ejercita la tropa. ◇ FAM. maniobrar. MANO[1] y OBRA.

maniobrar v. intr. y tr. [1]. Ejecutar maniobras.

manipular v. tr. [1]. Operar con las manos. ‖ Influir en alguien, en provecho propio o ajeno, valiéndose de métodos poco escrupulosos. ◇ FAM. manipulación, manipulador. MANO[1].

maniqueísmo s. m. Doctrina de Manes, escritor persa, fundada sobre un gnosticismo dualista. ‖ Visión de la realidad reducida a dos principios opuestos, especialmente el bien y el mal.

maniquí s. m. Armazón o muñeco de figura humana, que se usa para probar, arreglar o exhibir prendas de ropa. ◆ s. m. y f. Modelo, persona que exhibe trajes.

manirroto, ta adj. y s. Derrochador. ◇ FAM. MANO[1] y ROTO, TA.

manivela s. f. Palanca acodada en ángulo recto que, unida a un eje, sirve para hacerlo girar y accionar así un mecanismo. ◇ FAM. MANO[1].

manizaleño, ña adj. y s. De Manizales (Colombia).

manjar s. m. Cualquier cosa de comer, especialmente la comida exquisita. ‖ *Chile* y *Pan.* Dulce de leche. ◇ FAM. manjarete.

manjarete s. m. *Cuba* y *Venez.* Dulce de

maíz, leche y azúcar, que en Venezuela se prepara también con pulpa de coco.

mano[1] s. f. Parte del cuerpo humano que va desde la muñeca hasta la punta de los dedos. || En algunos animales, extremidad cuyo dedo pulgar puede oponerse a los otros. || En los cuadrúpedos, cada una de las patas delanteras. || Cada uno de los dos lados, derecho e izquierdo, respecto del que habla. || Destreza. || Poder. || Ayuda. || Referido al compromiso de boda, la mujer, *petición de mano*. || Cada jugada parcial de una partida. || *Chile, C. Rica y Hond.* Aventura, percance. || *Amér. Central y Amér. Merid.* Cada uno de los gajos de diez o más frutos que forman el racimo de bananas. ● **Mano de obra,** conjunto de obreros y forma de trabajo que representan. || **Mano derecha,** persona que es muy útil a otra. || **Mano dura,** severidad o dureza. || **Mano izquierda,** habilidad o astucia para resolver asuntos difíciles. ● **A manos llenas,** generosamente, en gran abundancia. || **Bajo mano,** de manera oculta o secreta. || **Con las manos en la masa,** en un mismo momento de estar cometiendo una falta o delito. || **Echar una mano,** ayudar. || **Ganar por la mano** a alguien, anticipársele en hacer algo. || **Llegar,** o **venir, a las manos,** pegarse en una disputa. || **Mano a mano,** en compañía, con familiaridad y confianza. || **Traer entre manos** algo, estar ocupándose en ello. || **Venir a mano,** tener oportunidad o facilidad para algo. ◇ FAM. manazas, manecilla, manejar, maneto, manicuro, manija, manilla, manillar, manipular, manivela, manojo, manosear, manotada, manotazo, manotear, manual, manubrio, manufactura. / balonmano, besamanos, cuadrúmano, desmanotado, lavamanos, mamporro, mampuesto, maniatar, maniobra, manirroto, manuscrito, pasamano.

mano[2] s. m. *Méx.* Compadre, amigo.

manojo s. m. Conjunto de cosas, casi siempre alargadas, que se pueden agarrar de una vez con la mano. || *Amér.* Atado de tabaco en rama. ◇ FAM. MANO[1].

manómetro s. m. Instrumento que sirve para medir la presión de un fluido. ◇ FAM. manométrico.

manopla s. f. Guante sin separaciones para los dedos, salvo el pulgar. || *Argent., Chile y Perú.* Llave inglesa, arma de hierro en forma de eslabón.

manosear v. tr. y pron. [1]. Tocar repetidamente una cosa con las manos. || *Argent.* Tratar reiteradamente sobre un tema o persona para que caigan en descrédito. ◇ FAM. manoseado, manoseador, manoseo. MANO[1].

manotazo s. m. Golpe dado con la mano.

manotear v. tr. [1]. Mover mucho las manos al hablar. ◇ FAM. manoteado, manoteo. MANO[1].

manquedad o **manquera** s. f. Circunstan-

cia de ser manco. || Falta o defecto. ◇ FAM. MANCO, CA.

mansalva. A mansalva, sin peligro.

mansarda s. f. Cubierta con vertientes quebradas, de las cuales la inferior es más empinada que la superior. || *Amér. Central y Amér. Merid.* Buhardilla, desván.

mansedumbre s. f. Condición de manso.

manseque s. m. *Chile.* Baile infantil.

mansión s. f. Casa, especialmente la suntuosa.

manso, sa adj. Benigno, apacible. || Dícese de los animales que no son bravos. ◇ FAM. mansamente, mansedad, mansedumbre. / amansar.

manta s. f. Pieza rectangular de tejido grueso para abrigarse, especialmente en la cama. || Tela ordinaria de algodón, que se fabrica y usa en México. || Costal de pita que se usa en las minas de América para transportar los minerales. ● **Liarse la manta a la cabeza,** tomar una decisión aventurada. || **Tirar de la manta,** descubrir lo que había interés en mantener secreto. ◇ FAM. mantear. MANTO.

manteado s. m. *Amér. Central.* Tienda de campaña.

mantear v. tr. [1]. Hacer saltar a una persona o peleie sobre una manta sostenida entre varios. ◇ FAM. manteador, manteamiento, manteo[1]. MANTA.

mantearse v. pron. [1]. *Chile.* Convertirse en manto una veta de metal. ◇ FAM. MANTO.

manteca s. f. Grasa de los animales, especialmente la del cerdo. || Sustancia grasa de la leche o de algunos frutos. ◇ FAM. mantecada, mantecado, mantecoso, mantequilla.

mantecada s. f. Especie de bollo de harina de flor, huevos, azúcar y mantequilla.

mantecado s. m. Bollo amasado con manteca de cerdo. || Helado elaborado con leche, huevos y azúcar.

mantel s. m. Pieza de tela con que se cubre la mesa para comer. ◇ FAM. mantelería, manteleta. / salvamanteles.

mantelería s. f. Juego de mantel y servilletas.

manteleta s. f. Esclavina de mujer a modo de chal.

mantener v. tr. y pron. [8]. Costear las necesidades económicas de alguien, especialmente las de alimentación. || Sostener una cosa para que no se caiga o se deforme. || Conservar. ◆ v. tr. Cumplir una promesa, juramento o palabra dada. || Proseguir en lo que se está ejecutando. ◆ **mantenerse** v. pron. Perseverar en una acción o posición. ◇ FAM. mantenedor, mantenida, mantenimiento. / manutención. TENER.

mantenida s. f. Amante a la que se mantiene económicamente.

manteo[1] s. m. Acción y efecto de mantear.

manteo[2] s. m. Capa larga que llevan los eclesiásticos sobre la sotana.

mantequería s. f. Fábrica de mantequilla. || Tienda en que se vende mantequilla y otros productos comestibles.

mantequilla s. f. Sustancia grasa comestible que se obtiene de la leche de vaca. || Esta misma sustancia, batida con azúcar. ◇ FAM. mantequería, mantequero, mantequillero. MANTECA.

mantilla s. f. Prenda femenina que cubre la cabeza. || Pieza de tela gruesa con que se envuelve a los niños por encima de los pañales. • **Estar en mantillas,** estar algo en sus comienzos.

mantillo s. m. Capa superior del suelo, formada en gran parte por la descomposición de materias orgánicas. || Abono formado por la fermentación del estiércol.

mantis s. f. Santateresa, insecto.

manto s. m. Prenda amplia que se coloca sobre la cabeza o los hombros y cubre todo o parte del vestido. || Velo negro llevado en señal de luto. || Parte del globo terrestre comprendida entre la corteza y el núcleo. || Capa de mineral que yace casi horizontalmente. ◇ FAM. manta, mantearse, mantilla, mantillo, mantón.

mantón s. m. Prenda femenina, generalmente de abrigo, que se lleva sobre los hombros.

manual adj. Que se ejecuta con las manos. ◆ s. m. Libro en que se resume lo más sustancial de una materia. ◇ FAM. manualidad, manualmente. MANO[1].

manualidad s. f. Trabajo realizado con las manos.

manubrio s. m. Empuñadura o manija de un instrumento. || *Argent.* y *Chile.* Manillar de la bicicleta. || *Chile.* Volante del automóvil. ◇ FAM. MANO[1].

manufactura s. f. Obra hecha a mano o con ayuda de una máquina. || Fábrica, taller. ◇ FAM. manufacturar. MANO[1].

manumitir v. tr. [3]. Dar libertad a un esclavo. ◇ FAM. manumisión, manumiso, manumisor.

manuscrito s. m. Documento o libro escrito a mano, especialmente el de algún valor o antigüedad. ◇ FAM. MANO[1] Y ESCRITO.

manutención s. f. Acción y efecto de mantener o mantenerse.

manzana s. f. Fruto comestible del manzano. || Conjunto de casas contiguas delimitado por calles. ◇ FAM. manzanal, manzanar, manzanilla, manzano.

manzanilla s. f. Planta herbácea aromática, cuyas flores se usan en infusión. || Flor o conjunto de flores de esta planta. || Infusión hecha con estas flores. || Vino blanco, variante del jerez, que se hace en Andalucía.

manzano s. m. Árbol cuyo fruto, la manzana, es una drupa con pepitas, comestible, redonda y carnosa. || *Méx.* y *P. Rico.*

Variedad de plátano, de fruto pequeño y muy dulce.

maña s. f. Destreza, habilidad. || Ardid, astucia. ◇ FAM. mañerear, mañoso. / amañar, artimaña, desmañado.

mañana s. f. Espacio de tiempo desde el amanecer hasta el mediodía. ◆ s. m. Tiempo futuro. ◆ adv. t. En el día que seguirá al de hoy. || En tiempo futuro. ◇ FAM. mañanita.

mañanita s. f. Especie de manteleta que usaban las mujeres sobre el camisón. ◆ pl. *Méx.* Composición musical que se canta para celebrar el cumpleaños de alguien.

mañerear v. intr. [1]. *Argent.* y *Chile.* Usar un animal malas mañas. || *Argent.* y *Urug.* Obrar, proceder con malas mañas.

mañíu s. m. *Chile.* Árbol semejante al alerce, cuya madera es muy apreciada.

maoísmo s. m. Doctrina política inspirada en el pensamiento de Mao, político chino, y aplicada a la revolución comunista china. ◇ FAM. maoísta.

maorí adj. y s. Dícese del individuo perteneciente a un pueblo polinésico que habita en Nueva Zelanda. ◆ s. m. Lengua hablada por dicho pueblo.

mapa s. m. Representación convencional, sobre un plano, de la Tierra o una parte de ella. ◇ FAM. mapamundi.

mapache s. m. Mamífero carnicero americano apreciado por su pelaje.

mapamundi s. m. Mapa que representa el globo terráqueo dividido en dos hemisferios.

mapuche adj. y s. m. y f. De un pueblo amerindio, el más numeroso de los araucanos, que habitaba en Chile y Argentina.

maqueta s. f. Representación, a escala reducida, de un aparato, un edificio, un decorado, etc. || Boceto de un libro, revista, o disco. ◇ FAM. maquetista.

maqui s. m. y f. Guerrillero, especialmente el que formaba parte de la resistencia contra la ocupación alemana durante la Segunda Guerra Mundial y el que combatía contra el régimen franquista en España.

maquiavélico, ca adj. Astuto o hábil para conseguir algo con engaño y falsedad.

maquiladora s. f. y adj. *Méx.* Taller de montaje.

maquilar v. tr. [1]. *Méx.* Realizar el conjunto de los procesos de fabricación de un producto. ◇ FAM. maquiladora.

maquillaje s. m. Acción y efecto de maquillar. || Producto adecuado para maquillar el rostro.

maquillar v. tr. y pron. [1]. Aplicar cosméticos a un rostro para disimular sus imperfecciones, embellecerlo o caracterizarlo. ◇ FAM. maquillador, maquillaje. / desmaquillador.

máquina s. f. Conjunto de mecanismos

combinados para transformar una forma de energía o para facilitar la realización de un trabajo. ‖ Locomotora. <> FAM. maquinal, maquinar, maquinaria, maquinilla, maquinismo, maquinista.

maquinal adj. Dícese de los movimientos o actos involuntarios o automáticos.

maquinar v. tr. [1]. Tramar algo oculta y artificiosamente. <> FAM. maquinación, maquinador. MÁQUINA.

maquinaria s. f. Conjunto de máquinas. ‖ Mecanismo.

maquinilla s. f. Utensilio para afeitar.

maquinista s. m. y f. Persona que inventa, construye o dirige máquinas.

maquis s. m. y f. Maqui *.

mar s. m. o f. Masa de agua salada que cubre la mayor parte de la superficie de la Tierra. ‖ Cada una de las partes en que se considera dividida esta masa. ‖ Abundancia extraordinaria de algo. ● **A mares**, mucho, con abundancia. ‖ **La mar de**, mucho. <> FAM. marea, marear, marejada, maremoto; mareógrafo, marina, marino, marisco, marisma, marítimo. / amarar, bajamar, maremagno, pleamar, tajamar, ultramar, verdemar.

marabú s. m. Ave zancuda, de pico muy grande y cuyo cuello, desprovisto de plumas, queda medio hundido entre las alas. ‖ Pluma de esta ave y adorno hecho con estas plumas.

marabunta s. f. Migración masiva de hormigas que devoran todo lo comestible que encuentran. ‖ Destrucción, desorden.

maraca s. f. Instrumento musical de percusión hecho con el fruto del totumo, que se fabrica hoy con otros materiales. ‖ *Antill*. Sonajero. ‖ *Chile*. Ramera. ‖ *Chile* y *Perú*. Juego de dados.

maracaibero, ra adj. y s. De Maracaibo (Venezuela).

maracayá s. m. *Amér. Merid*. Mamífero carnicero, pequeño, de cola larga y piel manchada.

maracucho, cha adj. y s. Maracaibero.

marajá s. m. Título que ostentaban ciertos soberanos indios.

maraña s. f. Maleza, espesura. ‖ Enredo. <> FAM. enmarañar.

marañense adj. y s. m. y f. De Marañao (Brasil).

marasmo s. m. Estado de extrema debilidad o extenuación debido a una enfermedad. ‖ Suspensión, inmovilidad física o moral.

maratón o **marathon** s. m. Carrera pedestre de gran fondo. <> FAM. maratoniano, maratónico.

maravedí s. m. Antigua moneda española.

maravilla s. f. Suceso o cosa extraordinaria que causa admiración. ‖ Admiración. ● **A las mil maravillas** o **de maravilla**, muy bien, perfectamente. <> FAM. maravillar, maravilloso.

maravillar v. tr. y pron. [1]. Admirar, asombrar.

maravilloso, sa adj. Extraordinario, admirable, excelente.

marbete s. m. Cédula que se pega a un objeto para indicar algo.

marca s. f. Señal hecha en una persona, animal o cosa. ‖ DEP. Resultado obtenido por un deportista en una prueba. <> FAM. marcar. / comarca, plusmarca.

marcado, da adj. Notable, manifiesto, evidente.

marcador s. m. *Argent*. Rotulador. ‖ DEP. Tablero en que se anotan los tantos conseguidos por un jugador o equipo.

marcaje s. m. DEP. Acción y efecto de marcar al contrario.

marcapaso o **marcapasos** s. m. MED. Aparato eléctrico destinado a regular el ritmo del corazón.

marcar v. tr. [1a]. Señalar, indicar. ‖ Fijar. ‖ DEP. Apuntarse un tanto un jugador o un equipo. ‖ DEP. Contrarrestar el juego de un contrario. <> FAM. marcado, marcador, marcaje. / demarcar, desmarcarse, remarcar. MARCA.

marcasita s. f. Sulfuro natural de hierro, utilizado en la producción de ácido sulfúrico.

marcha s. f. Acción de marchar. ‖ Forma o modo de andar, y velocidad con que se hace. ‖ Desplazamiento a pie de un conjunto de personas. ‖ Desenvolvimiento de un asunto. ‖ Cada una de las posiciones del cambio de velocidades. ‖ DEP. Ejercicio atlético derivado de la forma de andar ordinaria. ‖ MÚS. Pieza musical cuyo ritmo marcado evoca el paso del hombre o de un grupo en marcha. ● **A marchas forzadas**, indica la rapidez con que se hace algo. ‖ **Sobre la marcha**, improvisando. <> FAM. marchoso. MARCHAR.

marchamo s. m. Señal que se pone a los fardos en las aduanas y a determinados productos, como los embutidos, para su reconocimiento.

marchante, ta adj. Mercantil. ◆ s. Traficante. ‖ Persona que comercia con cuadros y otras obras de arte. ‖ *Amér*. Cliente habitual de un comercio. ● **A la marchanta** (*Argent*. y *Bol. Fam*.), a la rebatiña. ‖ (*Argent*.), de cualquier manera, descuidadamente. ● **Tirarse a la marchanta** (*Argent. Fam*.), abandonarse, dejarse estar. <> FAM. marchantía. / amarchantarse.

marchantía s. f. *Amér. Central, P. Rico* y *Venez*. Clientela.

marchar v. intr. y pron. [1]. Andar, ir o partir de un lugar. ◆ v. intr. Andar o funcionar una cosa o asunto. <> FAM. marcha.

marchitar v. tr. y pron. [1]. Ajar, poner mustias las plantas. ‖ Debilitar. <> FAM. marchitable, marchitamiento, marchito.

marchoso, sa adj. y s. *Fam*. Animado, juerguista. <> FAM. MARCHA.

marcial adj. Relativo a la guerra o a la

milicia. ‖ Firme, gallardo. ◇ FAM. marcialidad.

marciano, na adj. Relativo al planeta Marte. ➤ s. y adj. Habitante imaginario de este planeta.

marco s. m. Cerco que rodea algunas cosas o en el cual se encajan éstas. ‖ Unidad monetaria de Alemania y Finlandia. ◇ FAM. enmarcar.

marea s. f. Movimiento periódico y alternativo de ascenso y descenso del nivel de las aguas del mar. ● **Marea negra**, masa de petróleo vertida al mar. ◇ FAM. MAR.

marear v. tr., intr. y pron. [1]. Aturdir, molestar, fastidiar. ➤ **marearse** v. pron. Sentir mareo. ‖ Emborracharse ligeramente. ◇ FAM. mareamiento, mareante, mareo, mareoso. MAR.

marejada s. f. Movimiento tumultuoso del mar, con grandes olas, pero sin llegar a ser temporal. ◇ FAM. marejadilla. MAR.

marejadilla s. f. Marejada de olas menos grandes.

maremagno o **mare mágnum** s. m. Abundancia, confusión. ◇ FAM. MAR y MAGNO, NA.

maremoto s. m. Seísmo en el mar. ◇ FAM. MAR.

marengo adj. Dícese del color gris muy oscuro.

mareo s. m. Aturdimiento, cansancio mental. ‖ MED. Malestar que se manifiesta con náuseas, vómitos, sudoración, palidez, incapacidad de mantenerse en pie, etc.

mareógrafo s. m. Instrumento que registra la altura de las mareas. ◇ FAM. MAR.

marfil s. m. Parte dura de los dientes cubierta por esmalte, y en especial la de los colmillos de los elefantes. ‖ Color de esta materia.

marga s. f. Roca compuesta de arcilla y carbonato cálcico, que se usa como abono y para fabricar cemento. ◇ FAM. margar, margoso.

margarina s. f. Sustancia grasa comestible, elaborada con aceites vegetales.

margarita s. f. Nombre de diversas plantas herbáceas de flores con cabezuelas amarillas y pétalos blancos. ‖ Flor de estas plantas.

margen s. m. o f. Extremidad u orilla de una cosa. ‖ Espacio en blanco de una página manuscrita o impresa. ‖ Diferencia tolerada o previsible entre el cálculo de cierta cosa y su aproximación. ● **Al margen**, apartado, sin intervenir. ◇ FAM. marginal, marginar.

margesí s. m. Perú. Inventario de los bienes del estado, de la Iglesia y de las corporaciones oficiales.

marginado, da adj. y s. Que no está integrado en la sociedad.

marginador s. m. Tope de la máquina de escribir para que se detenga el carro en los puntos deseados.

marginal adj. Que está al margen. ‖ Secundario, poco importante.

marginar v. tr. [1]. Dejar márgenes en un escrito. ‖ Poner a una persona o grupo en condiciones sociales de inferioridad. ‖ No tener en cuenta, prescindir. ◇ FAM. marginación, marginado, marginador. MARGEN.

margullar v. tr. [1]. Cuba y Venez. Acodar plantas.

maría s. f. Fam. Asignatura a la que los estudiantes conceden poca importancia. ‖ En el lenguaje de la droga, mariguana.

mariachi o **mariache** s. m. Música mexicana de carácter alegre. ‖ Orquesta y músico que la interpreta.

marianista adj. Relativo a la Compañía de María. ➤ s. m. y adj. Miembro de dicha Compañía.

mariano, na adj. Relativo a la Virgen María y, en especial, a su culto. ◇ FAM. marianista.

marica s. m. Fam. Hombre afeminado u homosexual.

maricaeño, ña adj. y s. De Maricao (Puerto Rico).

maricón s. m. Vulg. Marica.

maridaje s. m. Unión y conformidad de los cónyuges. ‖ Unión y semejanza de unas cosas con otras.

maridar v. intr. [1]. Casar, contraer matrimonio. ➤ v. tr. y pron. Unir, enlazar.

marido s. m. Hombre casado, con respecto a su mujer. ◇ FAM. maridaje, maridar, marital.

mariguana o **marihuana** s. f. Nombre del cáñamo índico, cuyas hojas, fumadas como el tabaco, producen efecto narcótico. ◇ FAM. maría.

mariguanza s. f. Chile. Ceremonia supersticiosa que hacen los curanderos. ‖ Chile. Gesto de burla. ‖ Chile. Salto, pirueta. ‖ Chile. Manejo ilícito, deshonesto.

marimacho s. m. Fam. Mujer hombruna.

marimandón, na s. Persona autoritaria y dominante.

marimba s. f. Amer. Especie de xilófono procedente de África que se toca en América.

marimorena s. f. Pelea, riña.

marina s. f. Arte y ciencia de navegar. ‖ Potencia naval de una nación. ‖ Zona de terreno próxima al mar. ‖ Pintura de paisaje marítimo. ◇ FAM. marinar, marine, marinear, marinero. / aguamarina. MAR.

marinar v. tr. [1]. Sazonar el pescado para conservarlo.

marine s. m. Soldado de marina de Estados Unidos o en Reino Unido.

marinera s. f. Chile, Ecuad. y Perú. Baile popular.

marinería s. f. Oficio de marinero. ‖ Conjunto de marineros.

marinero, ra adj. Dícese del buque fácil de gobernar. ‖ Relativo a la marina o a los marineros. ➤ s. m. Hombre que sirve en las embarcaciones. ◇ FAM. marinera, marinería. MARINA.

maringuino s. m. *Amér. Central*. Denominación común a ciertos mosquitos y dípteros próximos.

marino, na adj. Relativo al mar. ➥ s. m. Experto en navegación. ‖ Persona que sirve en la marina. ◇ FAM. submarino. MAR.

marioneta s. f. Títere que se mueve por medio de hilos u otro artificio. ‖ Persona que se deja manejar fácilmente. ➥ pl. Teatro representado con estos títeres.

mariposa s. f. Cualquier insecto con cuatro alas de vistosos colores. ‖ Lamparilla de mecha. ‖ Tuerca en forma de mariposa. ‖ Modalidad de la natación en la que los brazos deben ser proyectados juntos hacia delante, sobre la superficie del agua. ◇ FAM. mariposear. / amariposado.

mariposear v. intr. [1]. Mostrar inconstancia en las acciones o caprichos. ◇ FAM. mariposeo. MARIPOSA.

mariquita[1] s. f. Pequeño insecto de color anaranjado con siete puntos negros. ➥ s. m. *Fam*. Hombre afeminado.

mariquita[2] s. f. *Argent*. Baile popular que ejecutan varias parejas enfrentadas con un pañuelo blanco en la mano. ‖ *Argent*. Música y cante con que se acompaña este baile.

marisabidilla s. f. Mujer que presume de sabia.

mariscada s. f. Comida a base de mariscos.

mariscal s. m. En algunos ejércitos, una de las más altas graduaciones. ◇ FAM. mariscalato, mariscalía.

mariscar v. intr. [1a]. Capturar mariscos.

marisco s. m. Invertebrado marino comestible provisto de esqueleto externo. ◇ FAM. mariscada, mariscar, marisquería, marisquero. MAR.

marisma s. f. GEOGR. Terreno pantanoso en las proximidades de la costa. ◇ FAM. MAR.

marista adj. Relativo a alguna de las congregaciones religiosas fundadas bajo la advocación de la Virgen. ➥ s. m. y adj. Miembro de dichas congregaciones.

marital adj. Relativo al marido o a la vida conyugal. ◇ FAM. MARIDO.

maritata s. f. *Bol*. y *Chile*. Cedazo de tela metálica usado en los establecimientos mineros. ‖ *Chile* y *Méx*. Canal cuyo fondo se cubre de pieles de carnero para que el mineral pulverizado se deposite en ellas. ➥ pl. *Guat*. y *Hond*. Conjunto de baratijas.

marítimo, ma adj. Relativo al mar o cercano a él. ◇ FAM. MAR.

marketing s. m. Conjunto de las operaciones que contribuyen al desarrollo de las ventas de un producto o de un servicio.

marlo s. m. *Amér. Merid*. Espiga de maíz

desgranada. ‖ *Argent*. Tronco de la cola de los caballos.

marmita s. f. Olla de metal, con tapadera ajustada. ◇ FAM. marmitón.

marmitako s. m. Guiso de atún con patatas.

marmitón s. Pinche de cocina.

mármol s. m. Roca caliza, veteada de colores variados, utilizada en escultura y arquitectura. ‖ Obra de este material. ◇ FAM. marmolería, marmolina, marmolista, marmóreo.

marmolería s. f. Obra de mármol. ‖ Taller de marmolista.

marmolina s. f. *Argent*. y *Chile*. Estuco de cal y polvo de mármol.

marmóreo, a adj. Que es de mármol o se parece a él.

marmota s. f. Mamífero roedor que hiberna varios meses en una madriguera. ‖ Persona que duerme mucho.

marocha s. f. *Hond*. Muchacha alocada.

maroma s. f. Cuerda gruesa. ‖ *Amér*. Función y pirueta de un acróbata. ‖ *Amér*. Cambio oportunista de opinión o de partido político. ‖ *Argent*. Lío, desorden. ◇ FAM. maromear, maromesina.

maromero, ra s. *Amér*. Acróbata. ‖ *Amér*. Político que varía de opinión o partido según las circunstancias. ‖ *P. Rico*. Persona que usa procedimientos de mala fe. ➥ adj. *Amér*. Versátil.

maromo s. m. *Vulg*. Individuo, tío, fulano.

marota s. f. *Méx*. Marimacho.

marote s. m. *Argent. Fam*. Cabeza.

marqués, sa s. Título nobiliario de categoría inferior al de duque y superior al de conde. ◇ FAM. marquesado.

marquesa s. f. *Amér*. Marquesina, alero o protección. ‖ *Chile*. Especie de cama de madera fina tallada. ◇ FAM. marquesina.

marquesina s. f. Especie de alero que resguarda de la lluvia una puerta, escalinata o andén.

marquesote s. m. *Hond*. y *Nicar*. Torta cocida al horno con figura de rombo.

marqueta s. f. *Guat*. Bloque de cualquier cosa que tiene forma prismática, especialmente el hielo.

marquetería s. f. Ebanistería.

marrajo, ja adj. Dícese del toro que acomete con malicia. ‖ Astuto, taimado. ➥ s. m. Pez marino parecido al tiburón.

marranear v. tr. [1]. Ensuciar, manchar. ‖ *Colomb*. Engañar. ➥ v. intr. Comportarse indignamente.

marrano, na s. Cerdo. ➥ adj. y s. *Fam*. Dícese de la persona sucia y desaseada. ◇ FAM. marranada, marranear, marranería.

marraqueta s. f. *Chile* y *Perú*. Conjunto de varios panes pequeños que se cuecen en una sola pieza.

marrar v. intr. y pron. [1]. Fallar, errar. ◇ FAM. marro.

marras. De marras, consabido.

marrasquino s. m. Licor fabricado con cerezas amargas.

marro s. m. Ladeo que se hace con el cuerpo para no ser atrapado. || Falta, equivocación. ◇ FAM. MARRAR.

marrón adj. y s. m. Castaño. ◆ s. m. Amér. Central. Martillo grande de hierro. || P. Rico. Badajo de campana.

marroquí adj. y s. m. y f. De Marruecos. ◇ FAM. marroquinería.

marroquinería s. f. Tafiletería. ◇ FAM. marroquinero. MARROQUÍ.

marrueco s. m. Chile. Bragueta del pantalón.

marrullería s. f. Astucia para engañar.

marsellés, sa adj. y s. De Marsella. ◆ s. f. Himno nacional francés.

marsopa s. f. Mamífero muy voraz, parecido al delfín.

marsupial adj. y s. m. Relativo a los mamíferos cuya hembra posee una bolsa ventral donde las crías completan su desarrollo. ◆ s. m. pl. Clase de estos animales. ◇ FAM. marsupio.

marsupio s. m. Bolsa ventral de los mamíferos marsupiales.

marta¹ s. f. Mamífero carnívoro de piel muy estimada. || Piel de este animal.

marta² s. f. Chile. Mujer que vive en una congregación de religiosas y ayuda en los quehaceres domésticos.

martajar v. tr. [1]. Méx. Picar el maíz u otra cosa.

martellina s. f. Martillo de hierro utilizado por canteros y marmolistas. ◇ FAM. MARTILLO.

martes s. m. Segundo día de la semana.

martillar o **martillear** v. tr. [1]. Golpear repetidamente con el martillo. ◇ FAM. martillado. MARTILLO.

martillero s. m. Argent., Chile y Perú. Dueño o encargado de un establecimiento para las subastas públicas.

martillo s. m. Herramienta formada por una cabeza metálica y un mango, que sirve para golpear. || Establecimiento de subastas. || Primer huesecillo del oído medio. || Pieza de ciertas armas de fuego. ◇ FAM. martillar, martillazo, martillear, martillero. / amartillar, martellina.

martín pescador s. m. Ave de pequeño tamaño, de plumaje brillante, que vive a orillas de los cursos de agua.

martineta s. f. Argent. y Urug. Ave que se caracteriza por tener un copete de plumas.

martinete¹ s. m. Ave parecida a la garza. || Penacho de plumas de esta ave. ◇ FAM. martineta.

martinete² s. m. Martillo o mazo movido mecánicamente.

martingala s. f. Artimaña, artificio.

martinicano, na o **martinico, ca** adj. y s. De Martinica.

martiniquense adj. y s. m. y f. Martinicano.

martiniqués, sa adj. y s. Martinicano.

mártir s. m. y f. Persona que ha sufrido o sufre martirio. ◇ FAM. martirio, martirizar, martirologio.

martirio s. m. Muerte o tormentos que alguien padece a causa de su fe religiosa, opiniones, etc. || Cualquier dolor o sufrimiento físico o moral.

martirizar v. tr. [1g]. Hacer sufrir martirio. ◆ v. tr. y pron. Atormentar, afligir. ◇ FAM. martirizador, martirizante. MÁRTIR.

martirologio s. m. Catálogo de los mártires o de los santos.

marxismo s. m. Doctrina de K. Marx, político, filósofo y economista alemán, y de sus continuadores. ◇ FAM. marxista.

marzo s. m. Tercer mes del año.

mas conj. advers. Pero.

más adv. c. Denota mayor cantidad o intensidad. || Equivale a tan: ¡qué cosa más buena! ◆ s. m. Signo de la suma (+). ● **Sus más y sus menos,** dificultades, complicaciones que tiene algo. ● **A lo más,** en el mayor grado, como mucho. || **De más,** de sobra. || **Más bien,** por el contrario. || **Por más que,** aunque. || **Sin más** o **sin más ni más,** sin motivo, de manera injustificada. ◇ FAM. además, demás.

masa s. f. Mezcla de un líquido con una materia sólida o pulverizada. || Agrupación de personas o cosas indiferenciadas. || Volumen. || Gente en general, pueblo. || Argent. Pastelito. ◇ FAM. masera, masificar, masilla, masita. / amasar.

masacrar v. tr. [1]. Asesinar en masa.

masacre s. f. Matanza de gentes indefensas. ◇ FAM. masacrar.

masaje s. m. Procedimiento terapéutico e higiénico que consiste en frotar o golpear rítmicamente en la superficie del cuerpo. ◇ FAM. masajista.

masato s. m. Amér. Merid. Bebida que se prepara con maíz o arroz, agua y azúcar, y a veces, con zumo de algunas frutas.

mascada s. f. Acción y efecto de mascar. || Amér. Central, Amér. Merid. y Méx. Porción de tabaco para mascar. || Chile, Colomb. y Cuba. Bocado, porción de comida que cabe en la boca. || Méx. Pañuelo grande para adorno.

mascadura s. f. Acción y efecto de mascar. || Hond. Pan o bollo que se toma con el café o el chocolate.

mascar v. tr. [1a]. Partir y deshacer con los dientes. ◇ FAM. mascada, mascado, mascador, mascadura. / masticar.

máscara s. f. Objeto con el que se cubre la cara para disfrazarse, ocultarse, protegerse, etc. || Disfraz. || Persona que va disfrazada. ◇ FAM. mascarada, mascarilla, mascarón. / enmascarar.

mascarada s. f. Fiesta de personas vestidas de máscara. || Farsa, enredo para engañar.

mascarilla s. f. Máscara que sólo cubre la parte superior del rostro. ‖ Vaciado que se saca sobre el rostro. ‖ Máscara de cirujano. ‖ Crema utilizada a modo de máscara para los cuidados estéticos de la cara. ‖ Aparato que se coloca encima de la cara para inhalar gases.

mascarón s. m. Máscara de fantasía utilizada como decoración en arquitectura.
● **Mascarón de proa,** figura simbólica que se colocaba en la proa de un barco.

mascota s. f. Persona, animal o cosa que trae suerte. ‖ *Méx.* Tela de cuadros negros y blancos.

masculinizar v. tr. y pron. [1g]. Dar o adquirir caracteres masculinos. ◇ FAM. masculinización. MASCULINO.

masculino, na adj. Relativo al varón o al ser dotado de órganos para fecundar. ‖ Varonil, enérgico. ◆ adj. y s. m. LING. Que tiene la forma atribuida gramaticalmente a los nombres que designan seres del sexo masculino, o considerados como tales. ◇ FAM. masculinidad, masculinizar. / emascular, macho¹.

mascullar v. tr. [1]. Hablar entre dientes.

masera s. f. Artesa para amasar. ‖ Paño con que se cubre la masa para que fermente.

masetero s. m. ANAT. Músculo elevador de la mandíbula inferior.

masía s. f. Casa rústica de Aragón y Cataluña.

masificar v. tr. [1a]. Convertir a un grupo en masa sin diferenciar. ◇ FAM. masificación. MASA.

masilla s. f. Mezcla pastosa utilizada para rellenar cavidades o unir tubos y otras piezas. ◇ FAM. enmasillar. MASA.

masita s. f. *Amér. Merid.* y *R. Dom.* Pastelito.

masivo, va adj. Que actúa o se hace en gran cantidad. ◇ FAM. masivamente.

masoca s. m. y f. *Fam.* Que practica el masoquismo o disfruta con él.

masonería s. f. Asociación secreta internacional, cuyos miembros profesan principios de fraternidad, basados en ideales humanitarios. ◇ FAM. masón. / francmasonería.

masoquismo s. m. Tendencia sexual del que goza padeciendo maltrato o humillación. ◇ FAM. masoca, masoquista. / sadomasoquismo.

mastaba s. f. Monumento funerario egipcio en forma de pirámide truncada.

mastectomía s. f. Extirpación quirúrgica de un pecho.

mastelero s. m. Palo menor que se coloca sobre los palos mayores de un barco. ◇ FAM. MÁSTIL.

máster s. m. Curso de especialización de la enseñanza superior.

masticador, ra adj. ZOOL. Dícese del aparato bucal de ciertos insectos, apto para la trituración del alimento.

masticar v. tr. [1a]. Mascar. ◇ FAM. masticable, masticador, masticatorio. MASCAR.

mástil s. m. Palo de una embarcación. ‖ Palo que sostiene algo. ‖ MÚS. Pieza estrecha y larga de algunos instrumentos de cuerda. ◇ FAM. mastelero.

mastín, na adj. y s. m. Dícese de una raza de perros guardianes muy leales, potentes y robustos.

mastodonte s. m. Mamífero fósil parecido el mamut. ‖ Persona o cosa de gran tamaño. ◇ FAM. mastodóntico.

mastodóntico, ca adj. De grandes dimensiones.

mastoides adj. y s. f. ANAT. Dícese de una apófisis situada en la parte inferior, posterior y externa del hueso temporal.

mastranto s. m. *Colomb.* y *Venez.* Nombre que se da a diversas plantas aromáticas.

mastuerzo s. m. Planta hortense. ◆ adj. y s. m. Dícese del hombre necio.

masturbarse v. pron. [1]. Procurarse solitariamente goce sexual. ◇ FAM. masturbación.

mata s. f. Arbusto de poca altura, de tallo leñoso muy ramificado. ‖ Cualquier planta herbácea o arbustiva. ‖ *Venez.* Grupo de árboles de una llanura. ● **Mata de pelo,** cabellera larga y espesa. ◇ FAM. matojo, matorral.

matacallos s. m. *Chile* y *Ecuad.* Planta parecida a la siempreviva, cuyas hojas se emplean para curar los callos.

matachín s. m. Matarife. ‖ *Fam.* Hombre pendenciero y matón.

matadero s. m. Establecimiento donde se mata el ganado para el consumo.

matado, da adj. *Méx. Fam.* Que se dedica con exagerado empeño a su trabajo o estudios.

matador, ra adj. y s. Que mata. ◆ adj. *Fam.* Feo, ridículo. ◆ s. m. Torero.

matagalpino, na adj. y s. De Matagalpa (Honduras). ‖ De Matagalpa (Nicaragua).

matahambre s. m. *Cuba.* Especie de mazapán.

matalahúva o **matalahúga** s. f. Anís.

matambre s. m. *Argent.* Lonja de carne que se saca de entre el cuero y el costillar del ganado vacuno. ‖ *Argent.* Fiambre hecho con esa capa de carne.

matamoscas s. m. Instrumento o sustancia para matar moscas.

matancero, ra adj. y s. De Matanzas (Cuba).

matanza s. f. Acción y efecto de matar. ‖ Mortandad de personas, ejecutada en una batalla, asalto, etc. ‖ Acción y época de matar los cerdos y preparar su carne.

matar v. tr. y pron. [1]. Quitar la vida. ◆ v. tr. Quitar las puntas, aristas, etc. ‖ Atenuar, extinguir. ◇ FAM. matachín, matadero, matado, matador, matanza, matarife, matazón, matón. / matacallos, matahambre, matambre, matamoscas, matarratas, matasanos, matasellos, matasuegras, rematar.

matarife s. m. Hombre que tiene por oficio matar y descuartizar las reses.

matarratas s. m. Sustancia para matar ratas. ‖ *Fam.* Aguardiente muy fuerte y de ínfima calidad.

matasanos s. m. y f. *Fam.* Mal médico.

matasellos s. m. Instrumento y marca empleados para inutilizar los sellos de las cartas en las oficinas de correos.

matasuegras s. m. Tubo de papel enrollado al que se sopla para que se desenrolle y emita un pitido.

matate s. m. *Méx.* Red rústica que se usa para cargar con mecapal a la cabeza.

matazón s. f. *Amér. Central, Colomb., Cuba y Venez.* Matanza de personas, masacre.

match s. m. Competición deportiva que se disputa entre dos participantes o dos equipos.

match-ball s. m. En tenis, tanto que decide la victoria final del jugador o pareja que se lo anota.

mate[1] adj. Apagado, sin brillo.

mate[2] s. m. En el juego de ajedrez, lance que pone término a la partida. ‖ En baloncesto, canasta obtenida al depositar la pelota en la cesta, sin lanzamiento a distancia.

mate[3] s. m. Planta arbórea de América del Sur. ‖ Hojas secas de esta planta e infusión que se prepara con ellas. ‖ *Amér. Merid.* Calabaza seca y vaciada, especialmente la que se utiliza para la infusión de yerba mate. ‖ *Amér. Merid.* Infusión de yerba mate. ‖ *Bol., Chile y R. de la Plata.* Juicio, talento, capacidad. ‖ *Bol. y R. de la Plata.* Calabacera. ‖ *Bol. y R. de la Plata.* Infusión de cualquier yerba medicinal que se toma con bombilla. ‖ *Chile y R. de la Plata. Fam.* Cabeza humana. ‖ *R. de la Plata.* Cualquier recipiente que se emplea para tomar la infusión de yerba mate. ◇ FAM. matear.

mateada s. f. *Amér. Merid.* Acción de matear. ‖ *Argent.* Reunión de varias personas para tomar mate[3].

matear v. intr. [1]. *Amér. Merid.* Tomar mate[3]. ◇ FAM. mateada. MATE[3].

matemáticas s. f. pl. Ciencia que trata de la cantidad. ◇ FAM. matemático.

matemático, ca adj. Relativo a las matemáticas. ‖ Exacto, preciso. ◆ s. Persona que se dedica a las matemáticas.

materia s. f. Sustancia de la que están hechas las cosas. ‖ Lo opuesto al espíritu. ‖ Tema o asunto sobre el que se estudia, se habla o se escribe. ◇ FAM. material.

material adj. Relativo a la materia. ‖ Físico, opuesto a lo espiritual. ◆ s. m. Ingrediente, materia u objetos que se necesitan para hacer una obra. ◇ FAM. materialidad, materialismo, materialista, ma-

terializar, materialmente. / inmaterial. MATERIA.

materialismo s. m. Posición filosófica que considera la materia como la única realidad.

materialista adj. Que valora en exceso los bienes materiales. ‖ Relativo al materialismo. ◆ s. m. y f. y adj. Partidario de esta doctrina.

materializar v. tr. [1g]. Representar algo bajo forma material. ◆ v. tr. y prnl. Realizar, llevar a cabo, concretar. ◇ FAM. materialización. MATERIAL.

maternal adj. Materno.

maternidad s. f. Estado o calidad de madre. ‖ Hospital destinado a la asistencia médica de parturientas y lactantes.

maternizar v. tr. [1g]. Dotar a la leche vacuna de las propiedades que posee la de la mujer. ◇ FAM. maternizado. MATERNO, NA.

materno, na adj. Relativo a la madre. ◇ FAM. maternal, maternidad, maternizar. MADRE.

matete s. m. *Argent. y Urug.* Enredo. ‖ *Argent. y Urug.* Reyerta, disputa. ‖ *Argent. y Urug.* Mezcla de sustancias deshechas en un líquido que forma una masa inconsistente.

mático o **matico** s. m. *Amér. Merid.* Planta arbustiva de cuyas hojas se extrae un aceite balsámico y astringente.

matinal adj. Matutino.

matiz s. m. Cada uno de los tonos que puede tener un color. ‖ Combinación de varios colores mezclados con proporción. ‖ Rasgo o aspecto que da a una cosa un carácter determinado. ◇ FAM. MATIZAR.

matizar v. tr. [1g]. Armonizar los colores. ‖ Dar a algo un matiz. ‖ Señalar los matices de algo. ◇ FAM. matización. MATIZ.

matojo s. m. *Desp.* Mata, hierba. ◇ FAM. MATA.

matón, na s. *Fam.* Bravucón, chulo. ◇ FAM. matonismo. MATAR.

matorral s. m. Terreno de arbustos bajos. ◇ FAM. MATA.

matraca s. f. Instrumento de madera que produce un ruido fuerte y opaco al sacudirlo. ◇ FAM. matraquear.

matraz s. m. Vasija esférica de cristal, terminada en un tubo estrecho y recto, que se emplea en los laboratorios químicos.

matrero, ra adj. Astuto, experimentado. ◆ adj. y s. *Amér. Merid.* Dícese del fugitivo que buscaba el monte para huir de la justicia. ‖ *Argent.* Dícese del ganado cimarrón. ◇ FAM. matrería.

matriarcado s. m. Organización social en la que las mujeres ostentan el poder. ◇ FAM. matriarcal. MADRE.

matricida s. m. y f. Persona que mata a su madre. ◇ FAM. matricidio. MADRE.

matrícula s. f. Lista de los nombres de las personas o cosas que se inscriben para un fin determinado. ‖ Placa que se coloca en las partes delantera y trasera de los vehículos en la que figura la identificación de éste. ◇ FAM. matricular.

matricular v. tr. y pron. [1]. Inscribir en matrícula. ◇ FAM. matriculación, matriculado, matriculador. MATRÍCULA.

matrimonio s. m. Contrato civil o sacramento que une a un hombre y una mujer. ‖ *Fam.* Marido y mujer. ◇ FAM. matrimonial, matrimoniar.

matritense adj. y s. m. y f. De Madrid. ‖ De Madriz (Nicaragua).

matriz s. f. Útero. ‖ Parte de un talonario, que queda encuadernada al separar los talones. ‖ Molde en que se funden metales o letras de imprenta. ‖ MAT. Cuadro de números distribuidos en filas y columnas. ◇ FAM. matricial. MADRE.

matrona s. f. Mujer madura. ‖ Comadrona. ◇ FAM. MADRE.

matucho, cha adj. y s. *Amér. Central* y *Amér. Merid.* Dícese del alumno externo de un colegio en el que también hay internos.

matungo, ga adj. y s. *Argent.* y *Cuba.* Dícese del caballo endeble.

maturín, na adj. y s. De Maturín (Venezuela).

maturrango, ga adj. y s. *Amér. Merid.* Mal jinete. ‖ *Chile.* Dícese de la persona pesada y tosca en sus movimientos.

matusalén s. m. Hombre de muchos años.

matute s. m. Introducción de género de contrabando.

matutino, na adj. Relativo a las horas de la mañana. ◇ FAM. matinal. / maitines.

maula s. f. Trasto, persona o cosa inútil. ◆ adj. y s. m. y f. *Argent., Perú* y *Urug.* Cobarde, despreciable. ◇ FAM. maulería, mauloso.

maular v. intr. [1w]. Maullar*.

maullar v. intr. [1w]. Dar maullidos el gato. ◇ FAM. maullador, maullido, maúllo.

maullido o **maúllo** s. m. Voz del gato.

mauloso, sa adj. y s. *Chile.* Embustero.

mauritano, na adj. y s. De Mauritania.

máuser s. m. Fusil de repetición.

mausoleo s. m. Monumento funerario.

maxilar adj. Relativo a la mandíbula. ◆ s. m. Cada uno de los huesos de la cara que forman la mandíbula. ◇ FAM. submaxilar.

máxima s. f. Sentencia que resume un principio moral o un juicio de orden general. ‖ Regla de conducta.

maximalismo s. m. Posición política extrema. ◇ FAM. maximalista. MÁXIMO, MA.

máxime adv. m. Más aún, con mayor motivo o más razón.

máximo, ma adj. Mayor o más importante en su especie. ◆ s. m. Límite superior o extremo a que puede llegar una cosa. ◆ adj. y s. f. Dícese de la tempe-

ratura del aire más elevada en un período de tiempo determinado. ◇ FAM. máxima, maximalismo, máxime.

maya adj. y s. m. y f. De un pueblo indio que habitaba la península del Yucatán y otras regiones adyacentes. ◆ s. m. Lengua hablada por este pueblo.

mayagüezano, na adj. y s. De Mayagüez (Puerto Rico).

mayestático, ca adj. Relativo a la majestad. ◇ FAM. MAJESTAD.

mayo s. m. Quinto mes del año.

mayólica s. f. Loza común con esmalte metálico.

mayonesa s. f. y adj. Salsa que se prepara batiendo aceite y yema de huevo.

mayor adj. Más grande, en cualquier aspecto material. ‖ Más intenso. ◆ adj. y s. m. y f. Dícese de la persona que ha pasado la edad madura. ◆ s. m. Grado militar de algunos países, que equivale al de comandante. ● **Al por mayor**, en gran cantidad. ◇ FAM. mayoral, mayorazgo, mayordomo, mayoría, mayorista, mayoritario, mayormente. / mayúsculo.

mayoral s. m. Capataz en las cuadrillas de trabajadores del campo.

mayorazgo s. m. Institución destinada a perpetuar en una familia la propiedad de ciertos bienes. ‖ Poseedor y conjunto de estos bienes.

mayordomo s. m. Jefe del servicio y administración de una casa.

mayoría s. f. La mayor parte de algo. ‖ Mayor número de votos en unas elecciones.

mayorista adj. Dícese del comercio en que se vende y se compra al por mayor. ◆ s. m. y f. Comerciante que compra y vende al por mayor.

mayuato s. m. *Argent.* Pequeño carnívoro semejante al coatí.

mayúsculo, la adj. Que es mayor de lo ordinario. ◆ adj. y s. f. Dícese de las letras que en un mismo contexto son de mayor tamaño que las minúsculas.

maza s. f. Utensilio usado para machacar, golpear, etc. ‖ Arma antigua. ‖ Emblema o insignia que llevan los maceros en las ceremonias. ◇ FAM. macero, maceta[1], mazazo, mazo.

mazacote s. m. Cualquier objeto de arte tosco o pesado. ‖ *Fam.* Cosa seca, dura y pegajosa. ◇ FAM. mazacotudo. / amazacotado.

mazacuata s. f. *Méx.* Especie de boa.

mazamorra s. f. *Colomb.* Ulceración en las pezuñas del ganado vacuno. ‖ *Colomb.* y *Perú.* Revoltillo de ideas o de cosas. ‖ *Perú.* Comida compuesta por harina de maíz con azúcar o miel. ‖ *R. de la Plata.* Comida criolla fría hecha con maíz blanco partido y hervido.

mazapán s. m. Pasta de almendras molidas y azúcar, cocida al horno.

mazazo s. m. Golpe que se da con maza

o mazo. ‖ Cosa que causa fuerte impresión.

mazmorra s. f. Prisión subterránea.

mazo s. m. Martillo grande de madera. ‖ Conjunto de cosas que forman un haz o paquete.

mazorca s. f. Espiga grande, con los granos muy juntos, como la del maíz. ‖ Baya del cacao. ‖ *Chile.* Junta de gobierno despótica. <> FAM. mazorquero.

mazorquero, ra adj. *Argent.* Relativo a la mazorca, junta de personas. <> s. *Argent.* y *Chile.* Miembro de la mazorca.

mazurca s. f. Danza de origen polaco. ‖ Música de esta danza.

me pron. pers. m. y f. sing. de 1.ª persona. Forma átona que funciona como complemento directo e indirecto: *me saludó*; *me dio la mano.*

meada s. f. *Vulg.* Orina expelida de una vez. ‖ *Vulg.* Sitio que moja o señal que deja.

meado s. m. Meada. <> pl. *Vulg.* Conjunto de orines.

meandro s. m. Sinuosidad que describe un río o un camino.

mear v. tr., intr. y pron. [1]. *Vulg.* Orinar. <> FAM. meada, meadero, meado. / micción.

meato s. m. ANAT. Conducto, canal u orificio.

meca s. f. Lugar que es el centro más importante de determinada actividad.

mecánica s. f. Parte de la física que estudia el equilibrio y movimiento de los cuerpos sometidos a cualquier tipo de fuerza. <> FAM. electromecánica. MECÁNICO, CA.

mecanicismo s. m. FILOS. Sistema que trata de explicar el conjunto de fenómenos naturales, únicamente mediante las leyes de la teoría del movimiento.

mecánico, ca adj. Relativo a la mecánica. ‖ Que se hace con máquina. ‖ Maquinal. <> s. Persona que se dedica al manejo, reparación o mantenimiento de las máquinas. <> FAM. mecánica, mecanicismo, mecanismo, mecanizar. / fotomecánico.

mecanismo s. m. Combinación de órganos o de piezas, dispuestos de manera que se obtenga un resultado determinado. <> FAM. servomecanismo. MECÁNICO, CA.

mecanizado s. m. Proceso de elaboración mecánica.

mecanizar v. tr. y pron. [1g]. Someter a elaboración mecánica. ‖ Convertir en maquinal. <> FAM. mecanización, mecanizado. MECÁNICO, CA.

mecano s. m. Juguete compuesto de piezas articuladas..

mecano- pref. Significa 'máquina': *mecanografía.*

mecanografía s. f. Técnica de escribir a máquina. <> FAM. mecanografiar, meca-

nográfico, mecanógrafo. / taquimecanografía.

mecapacle s. m. *Méx.* Zarzaparrilla.

mecapal s. m. *Amér. Central.* y *Méx.* Faja de cuero con dos cuerdas en los extremos que, aplicada a la frente, sirve para llevar carga a cuestas. <> FAM. mecapalero.

mecapatli s. m. Mecapacle.

mecate s. m. *Amér. Central, Méx.* y *Venez.* Cuerda.

mecedor, ra adj. Que mece o sirve para mecer. <> s. m. Columpio. <> s. f. Silla para mecerse.

mecenas s. m. y f. Protector de las letras y las artes. <> FAM. mecenazgo.

mecer v. tr. [2a]. Mover un líquido. <> v. tr. y pron. Imprimir un movimiento de vaivén a un cuerpo. <> FAM. mecedor, mecedura.

mecha s. f. Cuerda retorcida usada para la confección de velas y bujías. ‖ Mechón de cabellos. ‖ Cuerda o tubo cilíndrico con pólvora para dar fuego a una mina o explosivo. ‖ Ingrediente que se introduce como relleno en la carne, las aves, etc. ‖ *Amér. Merid.* Barrita con vueltas en espiral de los taladros, barrenos, etc. ‖ *Colomb., Ecuad.* y *Venez.* Burla, broma, chanza. ● **Aguantar mecha**, sufrir con resignación. <> FAM. mechar, mechas, mechero, mechón, mechudo.

mechar v. tr. [1]. Rellenar con algún ingrediente la carne, las aves, etc.

mechas s. f. pl. *Amér.* Conjunto de cabellos largos, melenas, greñas.

mechero s. m. Utensilio provisto de mecha, utilizado para dar luz o calor. ‖ Encendedor.

mechinal s. m. Cada uno de los agujeros que se dejan en un muro para apoyar los tablones que soportan el andamio.

mechón s. m. Porción de pelos, hebras, etc. <> FAM. mechonear. MECHA.

mechonear v. tr. y pron. [1]. *Amér. Merid.* Mesar el cabello, desgreñar. <> v. tr. *Amér.* Tirar del cabello a una persona. <> FAM. mechoneada. MECHÓN.

medalla s. f. Pieza de metal, generalmente circular, que lleva una figura grabada. ‖ Premio honorífico. <> FAM. medallón.

medallón s. m. Bajo relieve redondeado o elíptico. ‖ Joya en forma de caja pequeña. ‖ Rodaja de alimento.

médano s. m. Duna.

medellinense adj. y s. m. y f. De Medellín (Colombia).

media¹ s. f. Prenda de vestir que cubre el pie y la pierna. ‖ *Amér.* Calcetín.

media² s. f. Mitad de alguna cosa, en especial de unidades de medida.

mediacaña s. f. Forma de media caña, partida ésta longitudinalmente. ‖ ARQ. Moldura cóncava de sección semicircular.

mediado, da adj. Lleno, gastado o hecho más o menos hasta la mitad.

mediador, ra adj. y s. Que media o interviene en una discusión, problema, etc., tratando de solucionarlo.

mediagua s. f. *Amér.* Construcción con el techo inclinado y de una sola vertiente.

medialuna s. f. Croissant.

mediana s. f. Taco largo de billar. ‖ Espacio que hay entre los dos sentidos de circulación de una carretera o una autopista. ‖ MAT. Recta que une un vértice con el punto medio del lado opuesto.

medianería s. f. Pared, muro, seto, etc. común a dos propiedades.

medianero, ra adj. Que está en medio de dos cosas. ◆ adj. y s. Mediador, que media. ◇ FAM. medianería. MEDIO, DIA.

medianía s. f. Término medio entre dos extremos. ‖ Persona mediocre.

mediano, na adj. De calidad o tamaño intermedios. ◇ FAM. mediana, medianamente, medianía. MEDIO, DIA.

medianoche s. f. Las doce de la noche, hora que señala el final de un día y el inicio del siguiente.

mediante adv. m. Por medio de.

mediar v. intr. [1]. Llegar a la mitad de algo. ‖ Intervenir alguien en una discusión, problema, etc., entre varios, tratando de encontrar una solución. ‖ Interceder. ◇ FAM. mediación, mediado, mediador, mediante. / intermediar. MEDIO, DIA.

mediatizar v. tr. [1g]. Influir de modo decisivo en el poder, autoridad o negocio que otro ejerce. ◇ FAM. mediatización. MEDIATO, TA.

mediato, ta adj. Dícese de lo que está próximo a una cosa en tiempo, lugar o grado, mediando otra entre las dos. ◇ FAM. mediatizar. / inmediato. MEDIO, DIA.

mediatriz s. f. MAT. Recta perpendicular a un segmento por su punto medio. ◇ FAM. MEDIO, DIA.

medicación s. f. Conjunto de medicamentos y medios curativos que se aplican a una enfermedad.

medicamento s. m. Sustancia usada como remedio en un organismo enfermo. ◇ FAM. medicamentoso. MEDICINA.

medicar v. tr. y pron. [1a]. Administrar o recetar medicinas a un enfermo. ◇ FAM. medicación. MEDICINA.

medicina s. f. Ciencia que trata de las enfermedades, de su curación y prevención. ‖ Medicamento. ‖ Profesión de médico. ◇ FAM. medicamento, medicar, medicinal, medicinar, médico¹.

medicinal adj. Que tiene propiedades o usos curativos.

médico¹, ca adj. Relativo a la medicina: *examen médico.* ◆ s. Persona que ejerce profesionalmente la medicina.

médico², ca adj. Medo.

medida s. f. Acción y efecto de medir. ‖ Dimensión de un cuerpo o espacio que se puede medir. ‖ Unidad usada para medir.

‖ Disposición, prevención. ‖ Grado, proporción. ● **A medida que,** al mismo tiempo que.

medidor, ra adj. y s. Que mide o sirve para medir. ◆ s. m. *Amér.* Contador de agua, gas o electricidad.

medieval adj. Relativo al medievo. ◇ FAM. medievalidad, medievalismo, medievalista. MEDIEVO.

medievo s. m. Tiempo transcurrido desde el s. v hasta el s. xv de nuestra era. ◇ FAM. medieval.

medina s. f. En países árabes, casco antiguo de una ciudad.

medio, dia adj. Que es la mitad de algo: *medio litro.* ‖ Que está entre dos extremos. ◆ s. m. Término o punto central de algo. ‖ Aquello que sirve para conseguir algo. ‖ Elemento o ambiente en que vive un ser vivo. ◆ s. f. Valor intermedio: *una media de cien.* ◆ s. m. pl. Dinero, conjunto de bienes. ◆ adv. m. No del todo. ● **Medio ambiente,** conjunto de circunstancias físicas que rodean a los seres vivos. ● **A medias,** la mitad cada uno. ‖ **De medio a medio,** totalmente. ‖ **En medio,** equidistante de los extremos. ‖ **Por medio de,** mediante. ◇ FAM. media², medianero, mediano, mediar, mediato, mediatriz, médium. / entremedias, entremedio, intermedio, mediacaña, mediagua, medialuna, medianoche, mediodía, mediometraje, mediopensionista, promedio.

mediocre adj. Vulgar, de poca calidad, mediano. ◇ FAM. mediocridad.

mediodía s. m. Hora en que el Sol está en el punto más alto. ‖ Espacio de tiempo alrededor de las doce de la mañana. ‖ Sur.

medioevo s. m. Medievo*.

mediometraje s. m. Filme con una duración aproximada de sesenta minutos.

mediopensionista adj. y s. m. y f. Dícese del alumno que sigue el régimen de media pensión.

medir v. tr. [30]. Determinar la longitud, extensión, volumen o capacidad de algo. ‖ Examinar. ◆ v. tr. y pron. Contener, moderar: *medir las palabras.* ◇ FAM. medición, medida, medidor. / comedirse, desmedirse, mesura.

meditabundo, da adj. Que medita o reflexiona en silencio.

meditación s. f. Oración mental basada en la reflexión.

meditar v. tr. [1]. Aplicar el pensamiento a la consideración de algo. ◇ FAM. meditabundo, meditación, meditador, meditativo. / premeditar.

mediterráneo, a adj. Relativo al mar Mediterráneo y a los países y zonas costeras del mismo. ◇ FAM. transmediterráneo.

médium s. m. y f. Persona a la que se considera dotada de facultades para comunicarse con los espíritus. ◇ FAM. MEDIO, DIA.

medo, da adj. y s. Natural de Media, región histórica de Irán. ◇ FAM. médico².

medrar v. intr. [1]. Mejorar de fortuna o posición. || Crecer. ◇ FAM. desmedrar.

medroso, sa adj. y s. Miedoso. ◇ FAM. amedrentar. MIEDO.

médula o **medula** s. f. Sustancia grasa que rellena las cavidades de los huesos. || Centro del tallo y la raíz de una planta. || Parte más importante de un asunto, hecho, etc. ● **Médula espinal**, parte del sistema nervioso central que recorre el interior de la columna vertebral. ◇ FAM. medular.

medular adj. Relativo a la médula.

medusa s. f. Animal marino con forma de sombrilla y carente de esqueleto.

mefistofélico, ca adj. Perverso, diabólico.

mefítico, ca adj. Que, respirado, puede causar daño, en especial cuando huele mal.

mega- pref. Significa 'grande': megalito. || Con ciertas unidades de medida, significa 'un millón': megaciclo.

megaciclo s. m. Unidad de frecuencia equivalente a un millón de ciclos.

megafonía s. f. Técnica de aumentar el volumen del sonido por medios electrónicos.

megáfono s. m. Aparato que amplifica la voz. ◇ FAM. megafonía.

megahertzio s. m. Unidad de frecuencia equivalente a un millón de hertzios.

megalito s. m. Monumento prehistórico formado por grandes bloques de piedra. ◇ FAM. megalítico.

megalomanía s. f. Actitud de quien muestra un excesivo deseo de grandeza. ◇ FAM. megalómano.

megalópolis s. f. Ciudad de grandes dimensiones. ◇ FAM. POLIS.

megaterio s. m. Mamífero fósil del período cuaternario.

megatón s. m. Unidad que sirve para medir la potencia de un proyectil nuclear. ◇ FAM. TONELADA.

megavatio s. m. Unidad de potencia equivalente a un millón de vatios.

meigo, ga s. Brujo.

meiosis s. f. BIOL. Proceso de división celular en el que, a partir de una célula madre, se obtienen cuatro células hijas, reduciéndose a la mitad el número de cromosomas.

mejilla s. f. Cada una de las dos partes carnosas de la cara, debajo de los ojos.

mejillón s. m. Molusco bivalvo comestible, de concha negroazulada, que vive fijo en las rocas.

mejor adj. Superior a otra persona o cosa: *una casa mejor que la mía.* ◆ adv. m. Más bien: *ahora me tratan mejor.* ● **A lo mejor** *(Fam.)*, expresa posibilidad. || **Mejor que mejor** o **tanto mejor**, expresa mayor satisfacción. ◇ FAM. mejorar, mejoría.

mejora s. f. Acción y efecto de mejorar. || Obra que se hace en una finca o casa para mejorarla.

mejorana s. f. Planta herbácea de flores olorosas y usos medicinales.

mejorar v. tr. [1]. Hacer que algo sea mejor de lo que era. ◆ v. intr. y pron. Restablecerse un enfermo. || Ponerse el tiempo más benigno. ◇ FAM. mejora, mejorable, mejoramiento. / desmejorar, inmejorable. MEJOR.

mejoría s. f. Recuperación, alivio de una enfermedad.

mejunje s. m. Bebida, cosmético o medicamento formado por la mezcla de diversos ingredientes y de aspecto desagradable.

melancolía s. f. Tristeza vaga, profunda y permanente. ◇ FAM. melancólico, melancolizar.

melancólico, ca adj. y s. Que tiene melancolía o la produce.

melanina s. f. Pigmento pardo negruzco o negro, al que deben su coloración el cabello, la piel, etc. ◇ FAM. melanoma.

melanoma s. m. Nombre genérico de tumores formados a partir de células que contienen melanina.

melar v. intr. [1j]. Melificar. ◇ FAM. MIEL.

melaza s. f. Jarabe viscoso y dulce que queda como residuo de la fabricación del azúcar. ◇ FAM. MIEL.

melcocha s. f. Miel muy concentrada y caliente, que al enfriarse queda muy correosa. ◇ FAM. amelcochar. MIEL.

melé s. f. En rugby, aglomeración de jugadores.

melena¹ s. f. Cabello largo y suelto. || Crin del león. ◇ FAM. melenudo. / desmelenar.

melena² s. f. Pérdida por el ano de sangre ennegrecida, debida a hemorragias en el aparato digestivo.

melense adj. y s. m. y f. De Melo (Uruguay).

melenudo, da adj. De cabello largo y abundante.

melificar v. tr. e intr. [1a]. Elaborar las abejas la miel. ◇ FAM. melificación, melificado, melificador. MIEL.

melifluo, flua adj. Que tiene miel o se parece a ella. || Excesiva o falsamente amable: *mirada meliflua.* ◇ FAM. melifluidad.

melillense adj. y s. m. y f. De Melilla (España).

melindre s. m. Dulce de miel y harina. || Delicadeza exagerada o afectada. ◇ FAM. melindrear, melindrería, melindroso.

melindroso, sa adj. Que se comporta con extrema delicadeza.

melisa s. f. Planta herbácea de hojas ovales y flores blancas.

mella s. f. Rotura en el borde de algo. ||

Hueco que deja una cosa en el lugar que ocupaba. ‖ Daño o disminución que sufre algo. ● **Hacer mella,** impresionar, afectar. ◇ FAM. mellar.

mellar v. tr. y pron. [1]. Hacer mellas. ‖ Dañar algo material o inmaterial. ◇ FAM. mellado, melladura. MELLA.

mellizo, za adj. y s. Gemelo, cada uno de los hermanos nacidos en un mismo parto. ◇ FAM. cuatrillizo, quintillizo, trillizo.

melocotón s. m: Fruto del melocotonero. ◇ FAM. melocotonar, melocotonero.

melocotonero s. m. Árbol originario de Asia, de flores rosadas y fruto en drupa.

melodía s. f. Composición en la que se desarrolla una idea musical. ‖ Dulzura de la voz o de un instrumento. ◇ FAM. melódico, melodioso.

melodioso, sa adj. Dulce, grato al oído.

melodrama s. m. Obra dramática que trata de conmover por la violencia y el sentimentalismo de las situaciones. ‖ Suceso de tensión y emoción exagerada o falsa. ◇ FAM. melodramático. DRAMA.

meloja s. f. Espuma de la miel. ◇ FAM. MIEL.

melomanía s. f. Afición exagerada por la música. ◇ FAM. melómano.

melón s. m. Planta de tallo rastrero, de fruto grande y pulpa jugosa. ‖ Fruto de esta planta. ‖ Bobo. ◇ FAM. melonar, melonero.

melopea s. f. Entonación musical con que se recita algo. ‖ Fam. Borrachera.

meloso, sa adj. Semejante a la miel. ‖ Empalagoso, melifluo: *voz. melosa.* ◇ FAM. melosidad. MIEL.

melva s. f. Pez marino teleósteo parecido al bonito.

membrana s. f. Lámina o piel muy delgada, de material elástico y resistente. ◇ FAM. membranoso.

membrete s. m. Nombre, dirección o título de una persona o entidad, impreso en la parte superior del papel de escribir.

membrillero s. m. Membrillo, árbol.

membrillo s. m. Árbol originario de Asia, de fruto amarillo y muy aromático. ‖ Fruto de este árbol. ‖ Dulce que se elabora con este fruto. ◇ FAM. membrillar, membrillero.

membrudo, da adj. Robusto, forzudo. ◇ FAM. MIEMBRO.

memela s. f. *Méx.* Tortilla de maíz grande, gruesa y ovalada, que se sirve con salsa y queso.

memez s. f. Tontería, simpleza, necedad.

memo, ma adj. y s. Necio, bobo. ◇ FAM. memez.

memorable adj. Que merece recordarse o deja un recuerdo duradero.

memorándum s. m. *Libro de apuntes.* ‖ Nota diplomática en que se expone algún asunto.

memorar v. tr. y pron. [1]. Recordar una cosa. ◇ FAM. memorable, memorándum. / conmemorar, rememorar. MEMORIA.

memoria s. f. Capacidad de recordar cosas pasadas. ‖ Recuerdo. ‖ Disertación o resumen escrito. ‖ INFORMÁT. Dispositivo del ordenador capaz de almacenar información. ● pl. Autobiografía. ● **Ayuda memoria** *(Argent.),* apuntes usados por un conferenciante. ● **De memoria,** repitiendo exactamente lo aprendido u oído. ◇ FAM. memorar, memorial, memorioso, memorismo, memorista, memorístico, memorizar. / desmemoriado, inmemorable, inmemorial.

memorial s. m. Libro o cuaderno en que se apunta algo. ◇ FAM. memorialesco, memorialista. MEMORIA.

memorialista s. m. y f. Persona que escribe cartas u otros papeles por encargo.

memorismo s. m. Sistema de aprendizaje basado en el ejercicio de la memoria.

memorizar v. tr. [1g]. Fijar en la memoria. ◇ FAM. memorización. MEMORIA.

mena s. f. Mineral rico en metal, tal como se extrae del yacimiento o filón.

ménade s. f. Sacerdotisa de Baco, dios romano. ‖ Mujer furiosa.

menaje s. m. Conjunto de muebles, utensilios y ropas de la casa.

menarquía s. f. Aparición de la primera menstruación.

mención s. f. Acción y efecto de mencionar. ● **Mención honorífica,** en los concursos, distinción inferior al premio y al accésit.

mencionar v. tr. [1]. Citar o nombrar a alguien o algo. ◇ FAM. mención. MENTAR.

menda pron. pers. *Fam.* Persona que habla: *mi menda quiere beber.* ● s. m. y f. Una persona cualquiera.

mendacidad s. f. Hábito o costumbre de mentir.

mendaz adj. y s. m. y f. Mentiroso. ◇ FAM. mendacidad.

mendelevio s. m. Elemento químico radiactivo artificial, que se obtiene bombardeando el einstenio con partículas alfa.

mendelismo s. m. Teoría derivada de las leyes de Mendel, relativa a la transmisión hereditaria de los caracteres. ◇ FAM. mendeliano.

mendicante adj. y s. m. y f. Que mendiga o pide limosna.

mendicidad s. f. Condición de mendigo. ‖ Acción de mendigar.

mendigar v. tr. e intr. [1b]. Pedir limosna. ● v. tr. Suplicar algo con humillación. ◇ FAM. mendicante, mendicidad, mendigante, mendigo.

mendigo, ga s. Persona que vive habitualmente de pedir limosna.

mendocino, na adj. y s. De Mendoza (Argentina).

mendrugo s. m. Trozo de pan duro. ● adj. y s. m. *Fam.* Tonto, zoquete.

menear v. tr. y pron. [1]. Mover, agitar.

◆ **menearse** v. pron. Darse prisa, obrar con diligencia. ◇ FAM. meneo.

meneo s. m. Acción y efecto de menear. ‖ Vapuleo.

menester s. m. Falta o necesidad de algo. ‖ Ocupación, trabajo. ◇ FAM. menesteroso. / mester. MINISTERIO.

menesteroso, sa adj. y s. Pobre, necesitado.

menestra s. f. Guiso de verduras y trozos de carne o jamón.

menestral, la s. Artesano. ◇ FAM. menestralía. MINISTERIO.

mengala s. f. *Amér. Central.* Mujer del pueblo soltera y joven.

mengano, na s. Una persona cualquiera: *siempre están cotilleando con que si fulana esto, que si mengana lo otro.*

mengua s. f. Acción y efecto de menguar. ‖ Pobreza, escasez. ‖ Descrédito, deshonra.

menguado, da adj. y s. Tímido, apocado. ‖ Tonto, necio. ◆ s. m. Punto que se embebe al hacer ganchillo o punto.

menguante adj. Que mengua. ◆ s. f. Marea descendente. ● **Menguante de la Luna,** fase intermedia entre la luna llena y la nueva.

menguar v. intr. [1c]. Disminuir. ‖ En las labores de punto, ir disminuyendo en cada hilera el número de puntos. ‖ Disminuir la parte iluminada de la Luna. ◇ FAM. mengua, menguado, menguante.

menhir s. m. Monumento megalítico formado por un bloque de piedra hincado verticalmente en el suelo.

meninge s. f. ANAT. Cada una de las membranas que rodean el encéfalo y la médula espinal. ◇ FAM. meningitis. / meningococo.

meningitis s. f. Inflamación de las meninges.

meningococo s. m. Microorganismo responsable de diversas enfermedades, en especial de la meningitis. ◇ FAM. MENINGE y COCO[2].

menisco s. m. Lente convexa por un lado y cóncava por el otro. ‖ Superficie libre del líquido contenido en un tubo estrecho. ‖ Cartílago existente en ciertas articulaciones, como la rodilla.

menopausia s. f. Fin de la menstruación en la mujer.

menor adj. Que tiene menos altura, extensión, etc. que otra cosa o persona con la que se compara. ‖ Que no tiene la edad legal para ejercer todos los derechos civiles. ● **Al por menor,** aplícase a la venta de mercancías en pequeñas cantidades. ◇ FAM. minorar, minoría, minorista. / aminorar, pormenor. MENOS.

menorquín, na adj. y s. De la isla de Menorca (España).

menorragia s. f. Menstruación excesiva.

menos adv. c. Denota menor cantidad o intensidad de las cualidades y acciones: *tengo menos-dinero que antes.* ◆ prep. Excepto: *asistieron todos menos él.* ◆ s. m. Signo de la resta (-). ● **A menos que,** a no ser que: *no iré a menos que me acompañes.* ‖ **En menos,** en menor grado o cantidad. ◇ FAM. menor, menoscabar, menosprecio, mínimo, minúsculo.

menoscabar v. tr. [1]. Mermar. ‖ Estropear, deslucir. ‖ Perjudicar, dañar a alguien. ◇ FAM. menoscabador, menoscabo. MENOS.

menoscabo s. m. Efecto de menoscabar o menoscabarse.

menospreciar v. tr. [1]. ● Tener una cosa o a una persona en menos. ‖ Despreciar. ◇ FAM. menospreciable, menospreciador. MENOSPRECIO.

menosprecio s. m. Poco aprecio. ‖ Desprecio. ◇ FAM. menospreciar, menospreciativo. MENOS y PRECIO.

mensaje s. m. Noticia o comunicación enviada a alguien. ◇ FAM. mensajería, mensajero.

mensajería s. f. Servicio de reparto de paquetes, avisos, etc.

mensajero, ra s. Persona que lleva un mensaje, paquete, etc.

menso, sa adj. *Colomb.* y *Méx.* Tonto, pesado, bobo.

menstruación s. f. Fenómeno periódico por el que la mujer y la hembra de los simios eliminan sangre y material celular. ‖ Dicha sangre y material celular. ◇ FAM. menstrual, menstruar, menstruo.

mensú s. m. *Argent.* Peón rural, mensual.

mensual adj. Que ocurre cada mes. ‖ Que dura un mes. ◆ s. m. *Argent.* y *Urug.* Peón contratado para labores del campo. ◇ FAM. mensú, mensualidad, mensualmente. / bimensual, trimensual. MES.

mensualidad s. f. Sueldo de un mes. ‖ Cantidad pagada cada mes.

ménsula s. f. Repisa para sustentar cualquier cosa. ‖ Elemento arquitectónico saliente que se usa como apoyo de algo. ◇ FAM. MESA.

mensurable adj. Que se puede medir. ◇ FAM. mensurabilidad, mensurar. / inmensurable. MESURA.

menta s. f. Planta aromática, utilizada en infusión por sus propiedades estimulantes, y como aromatizante. ◆ pl. *Argent.* Fama, reputación. ● **De mentas** (*Argent.*), de oídas. ◇ FAM. mentol.

mentada. Mentada de madre (*Méx. Vulg.*), insulto.

mental adj. Relativo a la mente: *enfermo mental.*

mentalidad s. f. Modo de pensar: *mentalidad anticuada.*

mentalizar v. tr. y pron. [1g]. Convencer a alguien para que adopte cierta idea o comportamiento. ◇ FAM. mentalización. MENTE.

mentar v. tr. [1j]. Nombrar o mencionar. ◇ FAM. mentado. / mencionar. MENTE.

mente s. f. Conjunto de capacidades intelectuales humanas. ◇ FAM. mental, mentalidad, mentalizar, mentalmente, mentar, mentecato. / miente.

mentecato, ta adj. y s. Poco sensato. ‖ Tonto, necio. ◇ FAM. mentecatería, mentecatez. MENTE.

mentidero s. m. Fam. Sitio donde se reúne la gente para hacer tertulia.

mentir v. intr. [22]. Decir algo distinto de lo que se piensa, se sabe o se cree. ◇ FAM. mentidero, mentido, mentira, mentiroso, mentís. / desmentir.

mentira s. f. Cosa que se dice sabiendo que no es verdad, con intención de engañar.

mentiroso, sa adj. y s. Que miente. ◆ adj. Engañoso, fingido.

mentís s. m. Acción y efecto de desmentir.

mentol s. m. Alcohol que se extrae de la esencia de menta, usado en farmacia y cosmética. ◇ FAM. mentolado. MENTA.

mentón s. m. Extremo saliente de la mandíbula inferior.

mentor s. m. Consejero o guía de otro. ‖ Preceptor.

menú s. m. Lista de los platos que componen una comida o que ofrece un restaurante. ‖ INFORMÁT. Presentación de las opciones de un programa y del modo de acceder a cada una de ellas.

menudear v. tr. [1]. Hacer algo repetidas veces. ◆ v. intr. Ocurrir una cosa con frecuencia. ◆ v. tr. e intr. Chile y Colomb. Vender al por menor. ◇ FAM. menudeo. MENUDO, DA.

menudencia s. f. Cosa de poco valor o importancia. ◆ pl. Chile y Méx. Conjunto de vísceras de las aves.

menudillos s. m. pl. Conjunto de vísceras de las aves.

menudo, da adj. Pequeño. ‖ Poco importante. ‖ Minucioso, exacto. ◆ s. m. pl. Conjunto de las entrañas, manos y sangre de las reses. ‖ Menudillos. ◆ s. m. Méx. Guiso preparado con estómago de res, cocido en un caldo condimentado con especias y chile. ● A menudo, con frecuencia. ◇ FAM. menudear, menudencia, menudillos. / desmenuzar.

meñique adj. y s. m. Dícese del quinto dedo de la mano.

meollo s. m. Contenido o parte esencial de algo: el meollo del problema. ‖ Entendimiento, juicio. ‖ Seso, masa encefálica. ‖ Médula de los huesos. ◇ FAM. meolludo.

mequetrefe s. m. y f. Fam. Persona de poco juicio, inútil.

mercachifle s. m. Vendedor ambulante. ‖ Mercader de poca monta.

mercader, ra s. Comerciante. ◇ FAM. MERCADO.

mercadería s. f. Mercancía.

mercadillo s. m. Mercado pequeño en el que se venden géneros baratos, en días determinados.

mercado s. m. Conjunto de operaciones de compra y venta. ‖ Lugar o edificio público destinado al comercio. ‖ Conjunto de consumidores y productores de un artículo o línea de artículos. ● Mercado negro, tráfico de mercancías al margen de la ley. ◇ FAM. mercadear, mercader, mercadería, mercadillo, mercadotecnia, mercancía, mercante, mercantil, mercar. / hipermercado, supermercado.

mercadotecnia s. f. Conjunto de técnicas de estudio de mercado para favorecer la venta de un producto. ◇ FAM. mercadotécnico. MERCADO.

mercancía s. f. Cosa que se puede comprar o vender. ◇ FAM. MERCADO.

mercante adj. Relativo al comercio marítimo. ◆ adj. y s. m. Dícese del barco que transporta mercancías. ◇ FAM. MERCADO.

mercantil adj. Relativo al comercio. ◇ FAM. mercantilismo, mercantilizar. MERCADO.

mercantilismo s. m. Espíritu mercantil, que se aplica a cosas que no deben ser objeto de comercio. ◇ FAM. mercantilista. MERCANTIL.

mercantilizar v. tr. [1g]. Infundir el mercantilismo.

mercar v. tr. y pron. [1]. Comprar. ◇ FAM. MERCADO.

merced s. f. Beneficio o favor que hace una persona a otra. ‖ Dádiva o gracia. ● A merced de, bajo el dominio de alguien o algo. ‖ Merced a, gracias a. ◇ FAM. mercedario, mercenario.

mercenario, ria adj. y s. Dícese del soldado que combate por dinero. ◇ FAM. MERCED.

mercería s. f. Tienda de artículos de costura. ‖ Comercio de dichos artículos. ◇ FAM. mercero.

mercurial adj. Relativo al mercurio.

mercurio s. m. Metal líquido de color plateado brillante, usado en la fabricación de termómetros. ◇ FAM. mercurial, mercúrico.

merecer v. tr. [2m]. Ser alguien o algo digno de lo expresado. ◇ FAM. merecedor, merecido, merecimiento, meretriz, mérito. / desmerecer.

merecido s. m. Castigo de que se juzga digna a una persona. ◇ FAM. inmerecido. MERECER.

merendar v. intr. [1j]. Tomar la merienda. ◆ v. tr. Comer en la merienda una cosa.

merendero s. m. Establecimiento público, situado en el campo o en la playa, donde se va a merendar o a comer.

merendola o **merendona** s. f. Merienda abundante celebrada como una fiesta.

merengue s. m. Dulce elaborado con claras de huevo y azúcar. ‖ Argent., Par. y Urug. Fam. Lío, trifulca. ‖ R. Dom. Danza popular, conocida también en otros países. ◇ FAM. merengado, merengar.

meretriz s. f. Prostituta. ◇ FAM. MERECER.

merideño, ña adj. y s. De Mérida (Venezuela).

meridiano, na adj. Relativo a la hora del mediodía. ‖ Muy claro: *verdad meridiana*. ➝ s. m. En la esfera terrestre, círculo máximo que pasa por los polos. ◇ FAM. meridional. / posmeridiano.

meridional adj. y s. m. y f. Del sur o mediodía: *Asia meridional*.

merienda s. f. Comida ligera que se toma por la tarde. ‖ *Ecuad*. Cena. ◇ FAM. merendar, merendero, merendola, merendona.

merino, na adj. y s. m. Dícese de una raza de carneros que dan una lana fina y rizada, muy apreciada.

mérito s. m. Acción por la que alguien se merece algo. ‖ Aquello que da valor a algo: *un trabajo de mérito*. ◇ FAM. meritorio. / ameritar, benemérito, demérito, emérito. MERECER.

meritorio, ria adj. Digno de premio. ➝ s. Persona que hace las tareas más sencillas para formarse en un oficio.

merluza s. f. Pez comestible de cuerpo alargado y color gris, muy apreciado en alimentación. ‖ *Fam*. Borrachera. ◇ FAM. merluzo.

merluzo, za adj. y s. Tonto, bobo, necio.

mermar v. intr. y pron. [1]. Disminuir una parte de algo. ➝ v. tr. Quitar a uno parte de lo suyo. ◇ FAM. merma.

mermelada s. f. Conserva hecha de fruta cocida con azúcar o miel.

mero[1] s. f. Pez comestible, de carne muy apreciada, de color castaño rojizo y cuerpo comprimido.

mero[2]**, ra** adj. Puro, simple: *meras conjeturas*. ➝ adv. t. y c. *Méx*. Pronto. ● **Ser alguien el mero mero** (*Méx. Fam*.), ser el más importante en un lugar o circunstancia. ◇ FAM. meramente. / esmero.

merodear v. intr. [1]. Andar por un lugar para curiosear o con malas intenciones. ◇ FAM. merodeador, merodeo.

merolico s. m. *Méx*. Vendedor callejero que atrae a los transeúntes con su verborrea. ‖ *Méx*. Parlanchín, hablador.

merovingio, gia adj. y s. Relativo a una antigua dinastía de los francos que reinó en la Galia.

mes s. m. Cada una de las doce divisiones del año. ‖ Tiempo comprendido entre una fecha cualquiera y la misma del mes siguiente. ‖ Mensualidad. ◇ FAM. mensual. / bimestral, cuatrimestre, semestre, sietemesino, trimestre.

mesa s. f. Mueble compuesto por un tablero horizontal sostenido por una o varias patas. ‖ Presidencia de una asamblea, asociación, etc. ● **Mesa de luz** (*Argent*.), mesilla de noche. ● **A mesa puesta**, sin

tener que trabajar ni preocuparse de nada. ‖ **Sentarse a la mesa**, ocupar cada comensal su asiento para empezar a comer. ◇ FAM. mesero, meseta, mesilla. / comensal, ménsula, sobremesa.

mesada s. f. Dinero que se paga todos los meses. ‖ *Argent*. Encimera de cocina.

mesana s. f. Mástil de popa. ‖ Vela que se coloca en el mástil de popa.

mesar v. tr. y pron. [1]. Arrancar o estrujar los cabellos o barbas con las manos. ◇ FAM. mesadura.

mescalina s. f. Sustancia alucinógena obtenida a partir de algunas especies de cactus mexicanos.

mesencéfalo s. m. ANAT. Parte del encéfalo situada entre la protuberancia y el cerebro. ◇ FAM. ENCÉFALO.

mesenterio s. m. Repliegue membranoso del peritoneo, que une el intestino con la pared posterior del abdomen. ◇ FAM. mesentérico.

mesero, ra s. *Chile, Colomb., Ecuador, Guat.* y *Méx*. Camarero de restaurante. ◇ FAM. MESA.

meseta s. f. Terreno elevado y llano de gran extensión. ‖ Descansillo de la escalera. ◇ FAM. MESA.

mesianismo s. m. Creencia en la venida del Mesías. ‖ Confianza absoluta en un líder como remedio de todos los problemas.

mesías s. m. Enviado divino, redentor de Israel: *el Mesías, Salvador y Rey*. ‖ Persona de cuya intervención se espera la solución de problemas. ◇ FAM. mesiánico, mesianismo.

mesilla s. f. Mueble pequeño, con uno o varios cajones, que se coloca junto a la cabecera de la cama.

mesnada s. f. Compañía de gente armada al servicio de un señor.

meso- pref. Significa 'intermedio, medio': *mesocarpio*.

mesoamericano, na adj. y s. De Mesoamérica, nombre dado al conjunto de México, América Central y las Antillas.

mesocarpio o **mesocarpo** s. m. Zona media de un fruto carnoso, entre la epidermis y el hueso o las semillas.

mesocéfalo adj. Dícese de la persona y del cráneo cuyo índice cefálico varía entre 77 y 82. ◇ FAM. mesocefalia.

mesocracia s. f. Gobierno de la clase media. ‖ Burguesía. ◇ FAM. mesocrático.

mesolítico, ca adj. y s. m. Dícese del período de transición entre el paleolítico y el neolítico.

mesón[1] s. m. Restaurante decorado al estilo rústico. ‖ Venta, posada. ‖ *Chile*. Mostrador de los bares y cantinas, barra. ◇ FAM. mesonero.

mesón[2] s. m. Partícula elemental de masa intermedia entre la del electrón y la del protón.

mesonero, ra s. Dueño de un mesón.

mesopotámico, ca adj. y s. De Mesopotamia, región histórica de Asia.

mesosfera s. f. Capa atmosférica que se extiende entre la estratosfera y la termosfera.

mesotórax s. m. Segmento medio del tórax de los insectos.

mesozoico, ca adj. y s. m. GEOL. Dícese de la segunda era geológica, comprendida entre el paleozoico y el cenozoico.

mester s. m. Arte, oficio. ● **Mester de clerecía,** tipo de poesía erudita cultivada en la Edad Media por las personas doctas. || **Mester de juglaría,** poesía de los juglares. ◇ FAM. MENESTER.

mestizo, za adj. y s. Nacido de padre y madre de raza diferente. ◇ FAM. mestizaje, mestizar.

mesura s. f. Gravedad y compostura: *obrar con mesura.* || Moderación, comedimiento: *beber con mesura.* ◇ FAM. mesurado, mesurar. / conmensurar, desmesurado, mensurable. MEDIR.

mesurar v. tr. [1]. Infundir mesura. ● **mesurarse** v. pron. Contenerse, moderarse.

meta s. f. Fin u objetivo de una acción. || DEP. Línea en que termina una carrera. || DEP. Portería. ◇ FAM. guardameta.

meta- pref. Significa 'más allá', 'además', 'después', 'junto a': *metalenguaje.*

metabolismo s. m. Conjunto de reacciones químicas que se dan en las células vivas. ◇ FAM. metabólico.

metacarpo s. m. Parte del esqueleto de la mano comprendida entre la muñeca y las falanges de los dedos. ◇ FAM. metacarpiano. CARPO.

metacrilato s. m. Nombre genérico de los ésteres del ácido metacrílico.

metacrílico, ca adj. Dícese de un ácido sólido cristalino, cuyos ésteres, los metacrilatos, se usan en la fabricación de vidrios y plásticos. ◇ FAM. metacrilato. ACRÍLICO, CA.

metadona s. f. Producto farmacéutico usado como sustituto de la morfina, en ciertas curas de desintoxicación de drogadictos.

metafase s. f. Segunda fase de la división celular por mitosis.

metafísica s. f. Disciplina filosófica que se ocupa de la esencia del ser y de la realidad. ◇ FAM. metafísico. FÍSICA.

metáfora s. f. Figura literaria que consiste en usar palabras con un sentido distinto del propio, en virtud de una comparación tácita. ◇ FAM. metafórico, metaforizar.

metal s. m. Elemento químico sólido, de brillo característico, buen conductor del calor y de la electricidad. || Timbre de la voz. ◇ FAM. metalada, metalero, metálico, metalífero, metalista, metalizar, metalografía, metaloide, metalurgia. / semimetal.

metalada s. f. *Chile.* Cantidad de metal explotable contenido en una veta.

metalenguaje s. m. Lenguaje usado para estudiar o hablar del lenguaje mismo. ●

metalero, ra adj. *Chile.* Relacionado con los metales: *saco metalero.*

metálico, ca adj. Relativo al metal. ● s. m. Dinero: *pagar en metálico.*

metalizar v. tr. [1g]. Hacer que un cuerpo adquiera propiedades metálicas. ● **metalizarse** v. pron. Convertirse una cosa en metal o impregnarse de él. ◇ FAM. metalización, metalizado. METAL.

metalografía s. f. Estudio de las propiedades y estructura de los metales.

metaloide s. m. Antigua denominación de los elementos químicos no metálicos.

metalurgia s. f. Conjunto de procedimientos y técnicas de extracción, elaboración y tratamiento de los metales y sus aleaciones. ◇ FAM. metalúrgico, metalurgista. METAL.

metámero s. m. BIOL. Cada uno de los segmentos en que se divide el cuerpo de anélidos y artrópodos.

metamórfico, ca adj. y s. GEOL. Relativo al metamorfismo o que lo ha sufrido.

metamorfismo s. m. GEOL. Conjunto de transformaciones de las rocas en el interior de la corteza terrestre.

metamorfosis s. f. Transformación de una cosa en otra. || Conjunto de transformaciones de ciertos animales durante su desarrollo biológico. ◇ FAM. metamórfico, metamorfismo, metamorfosear.

metano s. m. Gas incoloro, principal componente del gas natural. ◇ FAM. metanol, metilo.

metanol s. m. Alcohol metílico, líquido incoloro muy tóxico obtenido de la destilación de la madera. ◇ FAM. METANO.

metapsíquica s. f. Parapsicología.

metástasis s. f. Reproducción de un tumor o enfermedad en otras zonas distintas del organismo.

metatarso s. m. Parte del esqueleto del pie comprendida entre el tarso y las falanges de los dedos. ◇ FAM. metatarsiano. TARSO.

metate s. m. *Méx.* Piedra rectangular y combada para moler grano.

metatórax s. m. Segmento posterior del tórax de los insectos.

metazoo adj. y s. m. Dícese del animal pluricelular constituido por células diferenciadas y agrupadas en tejidos y órganos.

metempsicosis o **metempsícosis** s. f. Creencia en la transmigración del alma de un cuerpo a otro, tras la muerte. ◇ FAM. PSICOSIS.

metense adj. y s. m. y f. Del Meta (Colombia).

meteorismo s. m. Acumulación de gases en el intestino.

meteorito s. m. Pequeño cuerpo sólido

que, procedente del espacio, se pone incandescente al penetrar en la atmósfera
terrestre.

meteorización s. f. Acción de los agentes
erosivos externos sobre las rocas de la corteza terrestre. <> FAM. meteorizar. ME-
TEORO.

meteoro o **metéoro** s. m. Cualquiera de
los fenómenos físicos aéreos, acuosos, luminosos o eléctricos, que tienen lugar en
la atmósfera. <> FAM. meteórico, meteorismo, meteorito, meteorización, meteorología.

meteorología s. f. Ciencia que estudia los
fenómenos naturales que se producen en
la atmósfera y que dan lugar al tiempo atmosférico. <> FAM. meteorológico, meteo-
rólogo. METEORO.

metepatas s. m. y f. Persona inoportuna,
patoso.

meter v. tr. y pron. [2]. Poner una cosa
dentro de otras, entre otras o en el interior
de algún sitio. || Poner a alguien en una
situación comprometida. ◆ v. tr. Ingresar
dinero. || Con voces como *miedo, prisa*
etc. causarlo. || Pegar. || Acortar o estrechar
una prenda. ◆ **meterse** v. pron. Entrar,
introducirse. || Intervenir, implicarse.
● **Meter la pata,** cometer una inconve-
niencia. || **Meterse con alguien,** provo-
carle, molestarle. <> FAM. metedor, me-
tedura, metiche, meticón, metido, meti-
miento. / arremetida, cometer, entremeter, entrometerse, malmeter, metepatas,
metomentodo, prometer, remeter, someter.

metiche adj. y s. m. y f. *Argent., Chile* y
Méx. Metomentodo.

meticón, na adj. Metomentodo, entrometido.

meticuloso, sa adj. Minucioso, escrupuloso, concienzudo. <> FAM. meticulosa-
mente, meticulosidad.

metido, da adj. Abundante en algo: *me-
tida en carnes.* || Concentrado, ocupado,
comprometido. ◆ adj. y s. *Amér. Central*
y *Amér. Merid.* Metomentodo.

metílico adj. Dícese del alcohol llamado
metanol.

metilo s. m. Radical monovalente del
metano, componente del alcohol metílico y otros cuerpos. <> FAM. metílico. ME-
TANO.

metódico, ca adj. Hecho con método. ||
Dícese de la persona que actúa y trabaja
con gran orden.

metodismo s. m. Movimiento religioso
protestante fundado en Inglaterra en el
s. XVIII. <> FAM. metodista. MÉTODO.

metodizar v. tr. [1g]. Poner orden y método en una cosa.

método s. m. Conjunto de operaciones
ordenadas con que se pretende obtener un
resultado. || Obra destinada a enseñar.
<> FAM. metódico, metodismo, metodizar,
metodología.

metodología s. f. Ciencia del método. ||
Aplicación de un método. <> FAM. meto-
dológico. MÉTODO.

metomentodo adj. y s. m. y f. Entrometido, chismoso.

metonimia s. f. Figura retórica que designa una cosa con el nombre de otra, tomando el contenido por el continente, el
todo por la parte, etc. <> FAM. metoní-
mico.

metopa o **métopa** s. f. ARQ. Parte del friso
dórico situada entre dos triglifos.

metraje s. m. Longitud de una película
cinematográfica. ◆ FAM. cortometraje,
largometraje, mediometraje. METRO[1].

metralla s. f. Munición menuda con que
se cargan ciertos artefactos explosivos. ||
Fragmento en que se divide un proyectil
al estallar. <> FAM. metrallazo, metralleta.
/ ametrallar.

metralleta s. f. Nombre genérico de determinadas armas automáticas portátiles.

métrica s. f. Arte que trata del ritmo, medida y combinación de los versos.

métrico, ca adj. Relativo al metro, unidad
física. || Relativo al metro o medida de los
versos. <> FAM. métrica, métricamente.
METRO[1].

metro[1] s. m. Unidad de medida de longitud, basada en el Sistema Internacional.
|| Medida de los versos. ● **Metro cuadrado,**
unidad de medida de superficie, equivalente al área de un cuadrado de un metro
de lado. || **Metro cúbico,** unidad de me-
dida de volumen, equivalente al volumen
de un cubo de un metro de lado. <> FAM.
metraje, métrico, metrificar, metrista, metrología, metrónomo. / centímetro, decámetro, decímetro, hectómetro, hexámetro,
kilómetro, milímetro.

metro[2] s. m. Apócope de *metropolitano,*
ferrocarril subterráneo.

metro- pref. Significa 'medida': *metrología.*

metrología s. f. Ciencia que estudia los
sistemas de pesas y medidas.

metrónomo s. m. Instrumento indicador
del grado de velocidad de la ejecución de
un fragmento musical. <> FAM. METRO[1].

metrópoli o **metrópolis** s. f. Estado o ciu-
dad, respecto a sus colonias. || Ciudad
principal. <> FAM. metropolitano. POLIS.

metropolitano, na adj. Relativo a la metrópoli. ◆ s. m. Ferrocarril eléctrico, subterráneo o elevado. <> FAM. metro[2]. ME-
TRÓPOLI.

mexica adj. y s. m. y f. *Méx.* Dícese de
un grupo indígena fundador de la ciudad
de Tenochtitlán. || *Méx.* Azteca.

mexicano, na adj. y s. De México.

mexiquense adj. y s. m. y f. Del Estado
de México (México).

mezcal s. m. Variedad de pita[1]. || Aguar-
diente que se obtiene de esta planta. ||
Hond. Fibra de esta planta preparada para
hacer cuerdas. || *Méx.* Bebida alcohólica

obtenida de la destilación de ciertas especies de maguey.

mezcla s. f. Acción y efecto de mezclar o mezclarse. ‖ Argamasa. ‖ Sustancia resultante de la combinación de varias. ‖ Reunión de cosas diversas. ◇ FAM. mezclilla. MEZCLAR.

mezclar v. tr. y pron. [1]. Juntar varias cosas para que sus partes queden unidas unas entre otras. ‖ Desordenar. ‖ Meter, involucrar a alguien en un asunto. ➤ **mezclarse** v. pron. Meterse uno entre otros. ◇ FAM. mezcla, mezclable, mezclado, mezclador, mezcolanza. / entremezclar.

mezclilla s. f. *Chile* y *Méx*. Tela basta de algodón, usada en la confección de pantalones de estilo vaquero.

mezcolanza s. f. *Fam*. Mezcla extraña, confusa e inconexa.

mezquinar v. tr. [1]. *Argent*. Esquivar, hacer a un lado.

mezquindad s. f. Calidad de mezquino. ‖ Acción o cosa mezquina.

mezquino, na adj. Escaso: *sueldo mezquino*. ➤ adj. y s. Ruin, despreciable. ‖ Avaro. ➤ s. m. *Méx*. Especie de verruga dolorosa que sale en las manos o los pies. ◇ FAM. mezquinar, mezquindad.

mezquita s. f. Templo destinado al culto y oración de los musulmanes.

mezquite s. m. *Méx*. Árbol de ramas espinosas, cuyas hojas y frutos se usan como forraje y en el tratamiento de las inflamaciones de los ojos.

mezzosoprano s. f. Voz femenina entre soprano y contralto.

mi[1] s. m. Tercera nota de la escala musical.

mi[2] adj. poses. Apócope de *mío, mía* que se usa antepuesto al sustantivo: *mi libro*.

mí pron. pers. m. y f. sing. de 1.ª persona. Forma tónica que funciona como complemento y se usa siempre con preposición.

miaja s. f. Migaja*.

mialgia s. f. Dolor muscular.

miasma s. m. Emanación que se desprende de sustancias o vegetales en descomposición. ◇ FAM. miasmático.

miau s. m. Maullido.

mica s. f. Mineral brillante del grupo de los silicatos, que se puede separar en hojas transparentes.

micción s. f. Acción y efecto de orinar. ◇ FAM. MEAR.

micelio s. m. Aparato vegetativo de los hongos formado por filamentos ramificados. ◇ FAM. micología, micosis.

micénico, ca adj. y s. De Micenas, antigua ciudad del Peloponeso.

michelín s. m. Acumulación de grasa que en forma de rollo rodea la cintura.

michoacano, na adj. y s. De Michoacán (México).

mico s. m. Mono de cola larga.

micología s. f. Parte de la botánica que

estudia los hongos. ◇ FAM. micólogo. MICELIO.

micosis s. f. Infección provocada por hongos en alguna parte del organismo. ◇ FAM. MICELIO.

micra s. f. Unidad de medida de longitud igual a la millonésima parte de un metro. ◇ FAM. micrón.

micro s. m. Apócope de *micrófono*. ‖ Apócope de *microbús*.

micro- pref. Significa 'pequeño': *microcosmo*. ‖ En unidades de medida, significa 'millonésima parte': *microamperio*.

microamperio s. m. Medida de intensidad eléctrica equivalente a una millonésima parte del amperio.

microbio s. m. Microorganismo. ◇ FAM. microbicida, microbiología.

microbiología s. f. Ciencia que estudia los microbios. ◇ FAM. microbiológico, microbiólogo. MICROBIO.

microbús s. m. Autobús pequeño usado en el transporte urbano. ◇ FAM. micro. BUS.

microcéfalo, la adj. y s. De cabeza pequeña. ◇ FAM. microcefalia.

microclima s. m. Conjunto de condiciones atmosféricas de un espacio reducido, aislado del medio general.

micrococo s. m. Bacteria de forma esférica o elíptica. ◇ FAM. COCO[2].

microcosmo o microcosmos s. m. El hombre considerado como un mundo en pequeño, reflejo del universo o macrocosmo.

microeconomía s. f. Estudio de la economía en función de las actividades individuales.

microelectrónica s. f. Tecnología que fabrica y diseña circuitos integrados y otros componentes electrónicos en miniatura.

microficha s. f. Fotografía que reproduce, a escala muy reducida, un documento de archivo.

microfilme s. m. Película de pequeño tamaño, para reproducir en ella libros, documentos, etc. ◇ FAM. microfilmador, microfilmar. FILME.

micrófono s. m. Aparato que transforma las ondas sonoras en oscilaciones eléctricas, para transmitirlas o registrarlas. ◇ FAM. micro.

microfotografía s. f. Fotografía de las investigaciones microscópicas. ◇ FAM. microfotográfico. FOTOGRAFÍA.

micrografía s. f. Técnica que se ocupa de la preparación de los objetos para ser vistos por el microscopio y de su posterior descripción. ◇ FAM. micrográfico, micrógrafo.

micrómetro s. m. Instrumento que permite efectuar medidas de gran precisión. ‖ Micra. ◇ FAM. micrométrico.

micrón s. m. Micra.

microonda s. f. Onda electromagnética

cuya longitud se halla comprendida entre 1 m y 1 mm.

microordenador s. m. Pequeño ordenador cuya unidad central de tratamiento está constituida por un microprocesador.

microorganismo s. m. Organismo microscópico, vegetal o animal.

microprocesador s. m. Circuito integrado que hace las funciones de la unidad central de un microordenador.

microscopia o **microscopía** s. f. Empleo del microscopio. || Conjunto de técnicas para la investigación por medio del microscopio.

microscópico, ca adj. Relativo al microscopio. || Que sólo puede observarse con el microscopio. || Extremadamente pequeño.

microscopio s. m. Instrumento óptico que sirve para observar objetos muy pequeños. ⬦ FAM. microscopia, microscópico.

microsurco s. m. Ranura extremadamente fina en la superficie de un disco fonógrafo. || El mismo disco.

miédica adj. y s. m. y f. Fam. Miedoso.

miedo s. m. Perturbación angustiosa del ánimo ante un peligro real o imaginario. ⬦ FAM. miédica, miedoso. / miedoso.

miedoso, sa adj. y s. Fam. Que tiene miedo o es propenso a sentirlo.

miel s. f. Sustancia viscosa y dulce, elaborada por las abejas. ● **Dejar con la miel en los labios** (Fam.), privar a alguien de lo que empezaba a disfrutar. ⬦ FAM. melar, melaza, melcocha, melero, melífero, melificar, meloja, meloso. / aguamiel, enmelar.

mielga s. f. Pez marino de piel gruesa y carne comestible.

mielitis s. f. Inflamación de la médula espinal. ⬦ FAM. mielítico. / poliomielitis.

miembro s. m. Extremidad del hombre o de los animales. || Órgano sexual masculino. || Individuo de una colectividad. || Parte de un todo o conjunto. ⬦ FAM. membrudo. / bimembre, desmembrar.

miente s. f. Pensamiento. ● **Parar, o poner mientes en** algo, considerarlo, meditarlo, fijarse en ello. ⬦ FAM. MENTE.

mientras adv. t. Entretanto: *mientras esperaba empezó a llover*. ➡ conj. Una oraciones expresando simultaneidad entre ellas. ● **Mientras que**, expresa contraste entre dos acciones.

miércoles s. m. Tercer día de la semana.

mierda s. f. Excremento. || Fam. Suciedad, porquería.

mies s. f. Cereal maduro. ➡ pl. Campo sembrado.

miga s. f. Parte blanda del pan. || Migaja. || Fam. Sustancia o contenido de algo. ➡ pl. Pan desmenuzado, humedecido con agua y frito. ● **Hacer buenas** o **malas migas** (Fam.), entenderse bien o mal dos personas. ⬦ FAM. migaja, migar.

migaja s. f. Fragmento pequeño de pan. || Porción pequeña de cualquier cosa. ⬦ FAM. miaja. / desmigajar. MIGA.

migar v. tr. [1b]. Desmenuzar el pan. || Echar migas de pan en un líquido. ⬦ FAM. desmigar. MIGA.

migración s. f. Movimiento de población humana de un lugar a otro. || Viaje periódico que realizan las aves y otros animales.

migraña s. f. Dolor intenso de cabeza.

migrar v. intr. [1]. Hacer migraciones. ⬦ FAM. migración, migratorio. / emigrar, inmigrar, transmigrar.

miguelete s. m. Antiguo guerrillero de la montaña de Cataluña.

mijo s. m. Planta herbácea originaria de Asia y cultivada en Europa y África. || Semilla de esta planta.

mil adj. num. card. y s. m. Diez veces cien. ➡ adj. num. ord. y s. Milésimo. ➡ s. m. Millar.

milagrería s. f. Tendencia a admitir como milagros hechos naturales.

milagrero, ra adj. y s. Que todo lo atribuye a milagros. || Que finge milagros.

milagro s. m. Hecho que no se explica por causas naturales y que se atribuye a una intervención divina. || Cosa extraordinaria. ⬦ FAM. milagrear, milagrería, milagrero, milagroso.

milagroso, sa adj. Que tiene carácter de milagro. || Asombroso, maravilloso. || Que obra o hace milagros.

milanés, sa adj. y s. De Milán.

milano s. m. Ave rapaz propia de las regiones cálidas o templadas, de cola larga y ahorquillada. ⬦ FAM. amilanar.

milenario, ria adj. Relativo al milenio. || Que dura, tiene o sobrepasa un milenio. ➡ s. m. Milenio. || Milésimo aniversario de un acontecimiento y fiestas con que se celebra.

milenarismo s. m. Creencia según la cual Cristo reinaría sobre la tierra durante mil años, antes del juicio final. || Creencia que fijaba el fin del mundo en el año mil. ⬦ FAM. milenarista. MILENIO.

milenio s. m. Período de mil años. ⬦ FAM. milenario, milenarismo. AÑO.

milenrama s. f. Planta herbácea de tallo estriado, hojas largas y flores blancas o rosadas.

milésimo, ma adj. num. ord. y s. m. Que corresponde en orden al número mil. ➡ adj. num. part. y s. Dícese de cada una de las mil partes iguales en que se divide un todo.

milhojas s. m. Pastel de hojaldre relleno de merengue o crema.

mili s. f. Fam. Apócope de *servicio militar*.

mili- pref. Significa 'milésima parte': *milímetro*.

milibar s. m. Unidad de medida de presión atmosférica.

milicia s. f. Conjunto de procedimientos

y técnicas seguidas para hacer la guerra. ‖ Profesión militar. ‖ Tropa o gente de guerra. ◇ FAM. mili, miliciano, MILITAR¹.

miliciano, na adj. Relativo a la milicia. ◆ s. y adj. Individuo de una milicia.

milico s. m. *Amér. Merid.* Militar; soldado.

miligramo s. m. Medida de masa equivalente a la milésima parte de un gramo.

mililitro s. m. Medida de capacidad equivalente a la milésima parte de un litro.

milimetrado, da adj. Graduado o dividido en milímetros.

milimétrico, ca adj. Relativo al milímetro. ‖ Muy exacto.

milímetro s. m. Medida de longitud equivalente a la milésima parte del metro. ◇ FAM. milimetrado, milimétrico. METRO¹.

militante adj. y s. m. y f. Que milita, especialmente en un partido político.

militar¹ adj. Relativo a las fuerzas armadas o a la guerra. ◆ s. m. y f. Miembro del ejército. ◇ FAM. militarismo, militarizar, militarmente. / milicia, milico, paramilitar. MILITAR².

militar² v. intr. [1]. Servir en el ejército o en una milicia. ‖ Pertenecer a un partido político, grupo, etc. ◇ FAM. militancia, militante, militar¹.

militarismo s. m. Predominio de los militares en el gobierno de un estado. ◇ FAM. militarista. MILITAR¹.

militarizar v. tr. [1g]. Organizar militarmente un cuerpo o servicio civil. ◇ FAM. militarización. / desmilitarizar. MILITAR¹.

milla s. f. Medida de longitud anglosajona equivalente aproximadamente a 1609 m. ‖ Medida internacional de navegación marítima o aérea equivalente aproximadamente a 1852 m.

millar s. m. Conjunto de mil unidades. ◇ FAM. millarada.

millón s. m. Conjunto de mil veces mil unidades. ◇ FAM. millonada, millonario, millonésimo. / billón, trillón.

millonada s. f. Cantidad muy grande, especialmente de dinero.

millonario, ria adj. y s. Muy rico, acaudalado. ◇ FAM. multimillonario. MILLÓN.

millonésimo, ma adj. num. ord. y s. m. Que ocupa por orden el número un millón. ◆ adj. num. part. y s. Dícese de cada una del millón de partes iguales en que se divide un todo.

milonga s. f. Copla andaluza derivada de un baile popular de origen argentino y uruguayo. ‖ *Argent.* y *Urug.* Composición musical de ritmo vivo y marcado, emparentado con el tango. ‖ *Argent.* y *Urug.* Canto con que se acompaña. ‖ *Argent.* y *Urug. Fam.* Reunión donde se baila. ◆ pl. *Argent. Fam.* Excusa, evasiva. ◇ FAM. milonguero.

milord s. m. Tratamiento que se da a los nobles británicos.

milpa s. f. *Amér. Central* y *Méx.* Maíz o maizal. ◇ FAM. milpear.

milpear v. intr. [1]. *Amér. Central* y *Méx.* Comenzar a brotar el maíz. ‖ *Amér. Central* y *Méx.* Plantar, cultivar el maíz.

milpiés s. m. Cochinilla, crustáceo.

milrayas s. m. Tejido con rayas de color muy finas y apretadas.

mimado, da adj. y s. Dícese, especialmente, del niño mal acostumbrado por el exceso de mimos.

mimar v. tr. [1]. Tratar a alguien con mimo. ‖ Maleducar, malcriar. ◇ FAM. mimado. MIMO.

mimbre s. m. Rama flexible de la mimbrera, usada en cestería. ◇ FAM. mimbrear, mimbrera.

mimbrera s. f. Planta arbustiva cuyas ramas, amarillas, largas y flexibles, se emplean en cestería. ◇ FAM. mimbreral. MIMBRE.

mímesis o **mimesis** s. f. Imitación de los gestos, manera de hablar, etc., de una persona, generalmente como burla.

mimetismo s. m. Propiedad que poseen ciertos seres vivos de adoptar el color y la forma de objetos de su entorno. ◇ FAM. mímesis, mimético. MIMO.

mímica s. f. Arte de imitar o expresarse mediante gestos, movimientos y posiciones corporales. ◇ FAM. mímico. MIMO.

mimo s. m. Cariño, halago. ‖ Actor de mímica. ◇ FAM. mimar, mimetismo, mímica, mimosa, mimoso. / pantomima.

mimosa s. f. Planta arbustiva o arbórea, de hojas pequeñas y flores amarillas olorosas, muy apreciada en jardinería.

mimoso, sa adj. Inclinado a hacer mimos, o que gusta de recibirlos.

mina s. f. Yacimiento de un mineral. ‖ Excavación para extraerlo. ‖ Aquello de lo que se puede sacar mucho provecho. ‖ Artefacto que explota al ser rozado su dispositivo. ‖ Barrita cilíndrica de grafito del interior de los lápices, colores, etc. ‖ *Argent.* y *Chile.* Mujer. ◇ FAM. minar, mineral, minería, minero. / portaminas.

minar v. tr. [1]. Abrir minas en un terreno. ‖ Colocar minas, artefactos explosivos. ‖ Debilitar o destruir poco a poco. ◇ FAM. minado, minador. / trasminar. MINA.

minarete s. m. Alminar.

mineral adj. Inorgánico. ◆ s. m. Compuesto natural inorgánico, que generalmente tiene una misma estructura cristalina fija. ◇ FAM. mineralizar, mineralogía. MINA.

mineralizar v. tr. y pron. [1g]. Transformar una sustancia en mineral. ◇ FAM. mineralización. MINERAL.

mineralogía s. f. Ciencia que tiene por objeto el estudio de los minerales. ◇ FAM. mineralógico, mineralogista. MINERAL.

minería s. f. Explotación de las minas o yacimientos. ‖ Conjunto de minas o yacimientos minerales de un país o región.

minero, ra adj. y s. De Minas Gerais (Brasil). ◆ adj. Relativo a la minería. ◆ s. m. Hombre que trabaja en las minas. ‖ *Argent.* Ratón, mamífero roedor.

minestrone s. f. Sopa elaborada a base de pasta y verduras.

minga s. f. *Amér. Merid.* Reunión de amigos y vecinos para hacer algún trabajo en común, que acaba con una comilona pagada por el que encarga el trabajo.

mingón, na adj. *Venez.* Dícese del niño muy mimado y consentido.

mini- pref. Significa 'pequeño, corto, breve': *minifalda.*

miniatura s. f. Reproducción a tamaño muy pequeño de algo. ‖ Pintura de pequeñas dimensiones. ‖ Dibujo o letra mayúscula con que se adornaban los libros antiguos. ◇ FAM. miniaturista, miniaturizar.

miniaturizar v. tr. [1g]. Dar a un mecanismo las dimensiones más pequeñas posibles. ◇ FAM. miniaturización. MINIATURA.

minifalda s. f. Falda muy corta.

minifundio s. m. Finca rústica de reducida extensión. ◇ FAM. minifundismo, minifundista.

minigolf s. m. Juego similar al golf, que se practica en un campo de pequeñas dimensiones.

minimalismo s. m. Tendencia artística surgida en los años setenta, que busca expresar lo máximo con los mínimos elementos.

minimizar v. tr. [1g]. Quitar importancia o valor a una cosa.

mínimo, ma adj. Que, en cantidad o en grado, es lo más pequeño posible, o lo más pequeño dentro de su especie. ◆ s. m. Grado más pequeño al que puede reducirse algo. ◆ s. f. Temperatura más baja registrada en la atmósfera o en un cuerpo durante un período determinado. ◇ FAM. minimalismo, minimizar. MENOS.

minino, na s. *Fam.* Gato, animal.

ministerial adj. Relativo al ministerio o a alguno de sus ministros. ◇ FAM. ministerialismo. / interministerial. MINISTERIO.

ministerio s. m. Cada uno de los departamentos en que se divide el gobierno de una nación. ‖ Cargo de ministro. ‖ Edificio en que se halla la oficina de cada departamento del gobierno. ‖ Función, empleo. ◇ FAM. ministerial, ministro. / menester, menestral.

ministro, tra s. Persona que está al frente de un ministerio, departamento. ‖ Persona que ejerce un ministerio o función especial. ◇ FAM. ministrable. / administrar. MINISTERIO.

minoico, ca adj. De Minos o de la Creta antigua.

minorar v. tr. y pron. [1]. Disminuir la extensión, intensidad, valor, etc., de algo. ◇ FAM. minoración, minorativo. MENOR.

minoría s. f. Parte menor de los componentes de una colectividad. ‖ Conjunto de votos opuestos a los de la mayoría. ◇ FAM. minoridad, minoritario. MENOR.

minorista adj. Dícese del comercio al por menor. ◆ s. m. y f. Persona que vende al por menor. ◇ FAM. MENOR.

minoritario, ria adj. Que está en minoría.

minuano, na adj. y s. De Lavalleja (Uruguay).

minucia s. f. Menudencia. ‖ Detalle, pormenor. ◇ FAM. minucioso.

minucioso, sa adj. Que se detiene en los menores detalles: *un relato minucioso.* ◇ FAM. minuciosamente, minuciosidad. MINUCIA.

minué s. m. Baile clásico francés, de movimiento moderado.

minuendo s. m. MAT. Cantidad de la que ha de restarse otra.

minúsculo, la adj. De pequeñas dimensiones, o de poca entidad. ◆ adj. y s. f. Dícese de las letras que se distinguen de las mayúsculas por su forma y menor tamaño. ◇ FAM. MENOS.

minusvalía s. f. Disminución del valor de un objeto o de un derecho, contabilizado en dos momentos distintos. ‖ Disminución de la capacidad de una persona por un defecto físico o psíquico. ◇ FAM. minusvalidez, minusválido. VALÍA.

minusválido, da adj. y s. Dícese de la persona que por un defecto psíquico o físico tiene menor capacidad para realizar ciertos movimientos, trabajos, etc.

minusvalorar v. tr. [1]. Subestimar. ◇ FAM. VALORAR.

minuta s. f. Extracto o borrador de un documento o contrato. ‖ Cuenta de honorarios de ciertos profesionales. ‖ Lista de platos de una comida, restaurante, etc. ◇ FAM. minutar[1].

minutar[1] v. tr. [1]. Hacer la minuta de un documento o contrato. ‖ Pasar la factura o minuta de cobro.

minutar[2] v. tr. [1]. Contar los minutos que dura algo.

minutero s. m. Manecilla del reloj que señala los minutos.

minuto s. m. Unidad de medida de tiempo que vale 60 segundos. ◇ FAM. minutar[2], minutero.

mío, a adj. y pron. poses. de 1.ª persona del sing. Establece relación de posesión o pertenencia: *estos libros son míos.* ◇ FAM. mi[2].

miocardio s. m. Capa de fibras musculares del corazón. ◇ FAM. miocarditis. CARDÍACO, CA.

miografía s. f. Descripción de los músculos.

miología s. f. Estudio de los músculos.

mioma s. m. Tumor formado a partir del tejido muscular.

mioncillo s. m. *Chile.* Carne de la parte inferior e interna del muslo del animal.

miopatía s. f. Atrofia muscular grave y progresiva.

miope adj. y s. m. y f. Que padece miopía. ‖ Que carece de perspicacia. ◇ FAM. miopía.

miopía s. f. Anomalía de la visión en que se ven borrosos los objetos alejados por una excesiva curvatura del cristalino.

miosis s. f. MED. Contracción anormal y permanente de la pupila.

mira s. f. Pieza que en ciertos instrumentos sirve para mirar a un punto con más precisión. ‖ Intención de algunas acciones.

mirada s. f. Acción de mirar. ‖ Modo, manera de mirar.

mirado, da adj. Prudente, comedido.

mirador s. m. Balcón cubierto y cerrado con cristales o persianas. ‖ Lugar bien situado para observar un paisaje.

miramiento s. m. Acción de mirar o considerar una cosa. ‖ Consideración o cortesía que se observa ante alguien.

mirar v. tr. y pron. [1]. Fijar la vista sobre alguien o algo. ‖ Registrar, revisar. ‖ Reflexionar sobre algo. ◆ v. tr. Tener un objetivo al hacer algo. ‖ Estar algo orientado en determinada dirección. ◇ FAM. mira, mirada, mirado, mirador, miramiento, mirilla, mirón, mirotón. / admirar, remirar.

miria- pref. Significa 'diez mil': *miriápodo*.

miríada s. f. Conjunto de diez mil unidades. ‖ Cantidad indefinidamente grande.

miriápodo, da adj. y s. m. Relativo a una clase de artrópodos con el tronco dividido en numerosos segmentos cada uno de ellos con uno o dos pares de patas, como el ciempiés.

mirilla s. f. Pequeña abertura de una puerta para mirar.

miriñaque s. m. Prenda interior femenina con que se ahuecaban las faldas. ‖ *Argent.* Armazón que las locomotoras llevan en su parte anterior para quitar los obstáculos.

mirlo s. m. Ave paseriforme, común en parques y bosques, de plumaje oscuro, negro en el macho y pardo en la hembra.

mirón, na adj. y s. Que mira con excesiva curiosidad.

mirotón s. m. *Chile.* Mirada rápida, generalmente con enfado.

mirra s. f. Gomorresina aromática y medicinal, suministrada por un árbol de Arabia y Abisinia.

mirto s. m. Arbusto de follaje siempre verde, de pequeñas flores blancas y olorosas. ◇ FAM. mirtáceo.

misa s. f. En la religión católica, sacrificio del cuerpo y sangre de Jesucristo, que realiza el sacerdote en el altar. ● **Ir a misa** algo, ser algo irrefutable. ◇ FAM. misal.

misachico s. m. *Argent.* Procesión que entre festejos realizan los campesinos en honor a un santo.

misal s. m. Libro litúrgico que se usa en la misa.

misántropo, pa s. Persona que se aparta del trato con la gente. ◇ FAM. misantropía, misantrópico.

miscelánea s. f. Mezcla o recopilación de cosas o textos diversos. ‖ *Méx.* Tienda pequeña.

misceláneo, a adj. Mixto, compuesto de cosas distintas. ◇ FAM. miscelánea.

miserable adj. y s. m. y f. Muy pobre. ‖ Digno de compasión. ‖ Escaso, insuficiente. ‖ Dícese de la persona perversa.

miseria s. f. Extrema pobreza. ‖ Desgracia, suceso funesto. ‖ Tacañería. ◇ FAM. miserable, misericordia, mísero. / conmiseración.

misericordia s. f. Compasión que impulsa a ayudar o perdonar. ◇ FAM. misericordioso. / inmisericorde. MISERIA.

mísero, ra adj. Miserable.

misia o **misiá** s. f. *Amér. Merid.* Tratamiento de cortesía equivalente a *señora*.

misil s. m. Proyectil autopropulsado, autodirigido o teledirigido durante su trayectoria o parte de ella. ◇ FAM. lanzamisiles.

misión s. f. Acción de enviar. ‖ Cosa encomendada a alguien. ‖ Evangelización de los pueblos no cristianos y territorio donde se practica. ◇ FAM. misional, misionar, misionero[1], misiva.

misionero, ra adj. Relativo a las misiones. ◆ s. Religioso dedicado a las misiones evangelizadoras.

misionero[2], ra adj. y s. De Misiones (Argentina).

misiva s. f. Carta que se envía a alguien. ◇ FAM. MISIÓN.

mismo, ma adj. y pron. dem. Expresa identidad o semejanza. ‖ Subraya aquello de que se trata. ◆ adv. m. Pospuesto a un adverbio tiene valor enfático. ‖ Pospuesto a un nombre o un adverbio añade un matiz de indiferencia. ● **Ser, o dar lo mismo,** ser indiferente. ◇ FAM. mismamente, mismidad.

misoginia s. f. Aversión a las mujeres. ◇ FAM. misógino.

misógino, na adj. y s. Que siente misoginia.

miss s. f. Tratamiento dado en los países de habla inglesa a la mujer soltera. ‖ Título que se da a la mujer ganadora de un concurso de belleza.

míster s. m. Tratamiento dado en los países de habla inglesa a los hombres. ‖ DEP. Entrenador de un equipo de fútbol.

misterio s. m. Cosa incomprensible para la mente humana o muy difícil de entender. ◇ FAM. misterioso, místico.

misterioso, sa adj. Que encierra o actúa con misterio.

mística s. f. Filosofía o teología que trata de los fenómenos que no se pueden explicar racionalmente.

misticismo s. m. Doctrina filosófica y re-

ligiosa que admite la realidad de una comunicación directa y personal con Dios
por intuición o éxtasis.

místico, ca adj. Relativo a la mística. ‖
Colomb., Cuba, Ecuad., Pan. y *P. Rico.*
Remilgado. ◆ adj. y s. Entregado a la mís-
tica. ◇ FAM. mística, misticismo. MISTERIO.

mistificar v. tr. [1a]. Embaucar, burlarse,
engañar. ‖ Falsear, falsificar. ◇ FAM. mis-
tificación, mistificador. / mixtificar.

mistol s. m. *Argent.* y *Par.* Planta de ramas
abundantes y espinosas, flores pequeñas y
fruto castaño ovoide, con el que se elabora arrope y otros alimentos.

mistral s. m. Viento que en el Mediterráneo viene de la parte intermedia entre el
poniente y la tramontana.

mitaca s. f. *Bol.* Cosecha.

mitad s. f. Cada una de las dos partes
iguales en que se divide un todo. ‖ Punto
o parte que equidista de sus extremos.

mítico, ca adj. Relativo al mito. ‖ Legendario, fabuloso.

mitificar v. tr. [1a]. Dar carácter de mito.
◇ FAM. mitificación. / desmitificar. MITO.

mitigar v. tr. y pron. [1b]. Moderar, calmar. ◇ FAM. mitigación, mitigador, miti-
gativo, mitigatorio.

mitin s. m. Acto público de propaganda,
especialmente de asuntos políticos o sociales.

mito s. m. Relato popular o literario que
cuenta acciones imaginarias de dioses
y héroes, basado en un hecho real, histórico o filosófico. ‖ Fantasía, cosa fabulosa.
◇ FAM. mítico, mitificar, mitología, mitomanía.

mitología s. f. Conjunto de los mitos y
leyendas propios de un pueblo o una religión. ‖ Estudios de los mitos. ◇ FAM. mitológico, mitologista, mitólogo. MITO.

mitomanía s. f. Tendencia a elaborar re-
latos de hechos imaginarios de forma inconsciente. ◇ FAM. mitómano. MITO.

mitómano, na s. Persona que tiende a
crear y cultivar mitos.

mitón s. m. Guante que deja los dedos al
descubierto.

mitosis s. f. BIOL. Proceso de división indirecta de la célula, que se caracteriza por
la duplicación de todos sus elementos, y
un reparto por igual entre las dos células
hijas. ◇ FAM. mitótico.

mitote s. m. *Amér.* Fiesta casera. ‖ *Amér.*
Aspaviento, melindre. ‖ *Méx.* Situación
en que impera el desorden o en que hay
mucho ruido o alboroto. ◇ FAM. mitotero.

mitotero, ra adj. y s. *Amér.* Que hace mitotes o melindres. ‖ *Amér.* Bullanguero,
amigo de diversiones. ‖ *Amér.* Que hace
mitotes, pendencias.

mitra s. f. Tocado de ceremonia con que
se cubren la cabeza los prelados en los
actos solemnes. ◇ FAM. mitrado, mitral.

mitral adj. Que tiene forma de mitra.

miura s. m. Toro perteneciente a la ganadería Miura, que se caracteriza por su
acometividad y fortaleza.

mixomatosis s. f. Enfermedad infecciosa
vírica del conejo.

mixteca adj. y s. m. y f. De un pueblo
amerindio cuyos antepasados se asentaron
al sur de México.

mixtificar v. tr. [1a]. Mistificar*. ◇ FAM.
mixtificación, mixtificador. MISTIFICAR.

mixto, ta adj. Formado de elementos de
diferente naturaleza. ◆ adj. y s. Mestizo.
◆ s. m. Cerilla, fósforo. ◇ FAM. mixtura.

mixtura s. f. Mezcla. ◇ FAM. mixturar.
MIXTO, TA.

mízcalo s. m. Níscalo*.

mnemo- pref. Significa 'memoria': *mnemotecnia.*

mnemotecnia o **mnemotécnica** s. f. Arte
de desarrollar la memoria. ◇ FAM. mne-
motécnico. / nemotecnia.

moaré s. m. Muaré*.

moaxaja s. f. Estrofa poética en árabe que
termina con una jarcha escrita en dialecto
mozárabe.

mobiliario, ria adj. Relativo al mueble. ‖
Dícese de los valores públicos negocia-
bles en bolsa. ◆ s. m. Conjunto de muebles de una casa. ◇ FAM. MUEBLE.

moca s. m. Variedad muy apreciada de
café. ‖ Crema con que se rellenan o adornan pasteles.

mocárabe s. m. Elemento decorativo del
arte musulmán que combina prismas trun-
cados en su parte inferior.

mocasín[1] s. m. Calzado plano, flexible y
sin cordones.

mocasín[2] s. m. Ofidio escamoso de América y Asia.

mocedad s. f. Edad o estado del mozo,
persona joven y soltera. ◇ FAM. MOZO, ZA.

mochales. Estar mochales *(Fam.),* estar
guillado, chiflado.

mochica adj. y s. m. y f. De un pueblo
amerindio que habitaba la costa norte de
Perú.

mochila s. f. Bolsa, generalmente de lona,
que se lleva a la espalda sujeta a los hombros por correas. ◇ FAM. mochilero.

mocho, cha adj. Dícese de las cosas a las
que falta la punta o remate ordinario. ‖
Fam. Pelado, con el pelo cortado. ‖ *Méx.*
Dícese de la persona o el animal a la que
le falta un miembro. ◆ adj. y s. *Chile.*
Dícese del religioso motilón y de la religiosa lega. ‖ *Ecuad.* Dícese de la persona
calva. ‖ *Méx.* Se dice de la persona mojigata, fanática de sus creencias religiosas.
‖ *Venez.* Manco. ◆ s. m. *Chile.* Pedazo
corto de un madero para aserrar. ◇ FAM.
desmochar.

mochuelo s. m. Ave rapaz nocturna, de
pequeño tamaño. ‖ *Fam.* Trabajo fastidioso del que nadie quiere encargarse.

moción s. f. Acción y efecto de mover,
moverse o ser movido. ‖ Proposición que

se hace a una asamblea o congreso. ◇ FAM. MOVER.

moco s. m. Sustancia espesa que segregan las membranas mucosas, en especial por la nariz. • **No ser una cosa moco de pavo,** no ser nada despreciable. ◇ FAM. mocoso, moquear, moquillo. / mucoso, soplamocos.

mocoso, sa adj. Que tiene mocos en las narices. ◆ s. *Fam.* Persona joven que se las da de adulto o de experto en algo.

moda s. f. Manera pasajera de actuar, vivir, pensar, etc., propia de una época. ◇ FAM. modisto. MODO[1].

modado, da adj. *Colomb.* Con los adverbios *bien* o *mal,* que tiene buenos o malos modales. ◇ FAM. MODO[1].

modal adj. Relativo al modo, especialmente al modo gramatical. ◆ s. m. pl. Conjunto de expresiones o comportamientos que se consideran o no correctos. ◇ FAM. MODO[1].

modalidad s. f. Modo, forma particular de ser o de manifestarse una cosa. ◇ FAM. MODO[1].

modelado s. m. Acción y efecto de modelar.

modelar v. tr. [1]. Dar forma artística a una sustancia plástica. ◆ **modelarse** v. pron. Imitar, ajustarse a un modelo. ◇ FAM. modelable, modelado, modelador. / remodelar.

modelismo s. m. Arte y técnica de construcción de modelos. ◇ FAM. aeromodelismo. MODELO.

modelo s. m. Cosa que se imita. ‖ Variedad particular de algo. ‖ Tipo industrial protegido por una patente. ◆ s. m. y f. Persona que posa para artistas o en publicidad. ◆ adj. y s. m. Dícese de aquello que merece ser imitado. ◇ FAM. modelar, modélico, modelismo, modelista. MODO[1].

módem s. m. INFORMÁT. Dispositivo que permite la comunicación entre dos ordenadores por medio de la red telefónica.

moderación s. f. Acción de moderar o moderarse. ‖ Cualidad de la persona que se mantiene en un justo medio.

moderado, da adj. No excesivo, que actúa con moderación.

moderador, ra s. Persona que dirige o modera en un debate.

moderar v. tr. [1]. Disminuir la intensidad. ‖ Hacer de moderador en un debate. ◆ v. tr. y pron. Hacer que algo vuelva a una justa medida. ◇ FAM. moderable, moderación, moderado, moderador, moderamiento, moderantismo, moderativo, moderatorio. MODO[1].

modernismo s. m. Afición, gusto por lo moderno. ‖ Tendencia literaria y arquitectónica desarrollada a principios del s. xx. ◇ FAM. modernista. MODERNO, NA.

modernizar v. tr. y pron. [1g]. Transformar según las costumbres y gustos mo-

dernos. ◇ FAM. modernización, modernizador. MODERNO, NA.

moderno, na adj. Actual o de época reciente. ◇ FAM. modernamente, modernidad, modernismo, modernizar. MODO[1].

modestia s. f. Cualidad de modesto.

modesto, ta adj. Sencillo, no lujoso. ◆ adj. y s. Que actúa con sencillez y recato. ◇ FAM. modestamente, modestia. / inmodesto. MODO[1].

módico, ca adj. Moderado, no excesivo. ◇ FAM. módicamente, modicidad. MODO[1].

modificación s. f. Acción y efecto de modificar.

modificar v. tr. y pron. [1a]. Hacer que una cosa sea diferente de como era sin alterar su naturaleza. ◆ v. tr. Determinar o especificar el sentido de una palabra. ◇ FAM. modificable, modificación, modificador, modificante, modificativo, modificatorio. MODO[1].

modismo s. m. Frase o locución de una lengua, cuyo significado se interpreta generalmente en sentido figurado. ◇ FAM. MODO[1].

modistilla s. f. *Fam.* Oficiala o aprendiza de modista.

modisto, ta s. Persona que confecciona o diseña vestidos, en especial de mujer. ◇ FAM. modistilla. MODA.

modo[1] s. m. Cada realización distinta que puede presentar una cosa variable. ‖ Forma de hacer una cosa. ‖ LING. Accidente gramatical del verbo que expresa cómo se concibe la acción verbal. ◆ pl. Forma de comportarse una persona. ◇ FAM. moda, modado, modal, modalidad, modelo, moderar, moderno, modesto, módico, modificar, modismo, modoso, módulo.

modo[2]. **Ni modo** (*Méx.*), expresión que indica que no se puede hacer nada ante algo que no tiene remedio.

modorra s. f. Somnolencia pesada. ◇ FAM. amodorrar.

modoso, sa adj. Respetuoso, recatado. ◇ FAM. modosidad. MODO[1].

modulador, ra adj. y s. Que modula o sirve para modular.

modular[1] v. intr. [1]. Pasar en una composición musical de una tonalidad a otra, dentro de un mismo fragmento. ‖ Hacer variar la amplitud, frecuencia o fase de la onda portadora. ◇ FAM. modulación, modulador. MÓDULO.

modular[2] adj. Relativo al módulo.

módulo s. m. Proporción entre las dimensiones de los elementos de un cuerpo. ‖ Unidad tomada para esta proporción. ‖ Elemento combinable con otro por su misma naturaleza o función. ◇ FAM. modular[1], modular[2]. MODO[1].

mofa s. f. Burla, escarnio.

mofar v. tr., intr. y pron. [1]. Hacer mofa. ◇ FAM. mofa, mofador.

mofeta s. f. Mamífero carnívoro de América, que se defiende de sus enemigos lanzando un líquido fétido por vía anal.

moflete s. m. *Fam.* Carrillo grueso y carnoso. ◇ FAM. mofletudo.

mogol, la adj. y s. Mongol.

mogolla s. f. *Colomb.* Pan moreno hecho de salvado.

mogollón s. m. Entremetimiento, gorronería. ‖ *Fam.* Gran cantidad de algo. ‖ *Fam.* Lío, jaleo, enredo.

mohair s. m. y adj. Pelo de cabra de angora y lana, y tejido hecho con él.

mohicano, na adj. y s. De una tribu amerindia extinguida, que habitó en Estados Unidos.

mohín s. m. Gesto gracioso que expresa generalmente enfado fingido.

mohína s. f. Enfado, disgusto, tristeza. ◇ FAM. mohín. / amohinar.

moho s. m. Hongo que se desarrolla sobre materia orgánica y ayuda a su descomposición. ‖ Película que se forma en la superficie de algunos metales. ◇ FAM. mohosearse, mohoso. / enmohecer.

mohosearse v. pron. [1]. *Colomb.* y *Perú.* Enmohecerse.

mohoso, sa adj. Cubierto de moho.

moisés s. m. Cuna de cestería para recién nacidos.

mojado, da adj. Dícese del sonido que se pronuncia aplicando más o menos el dorso de la lengua contra el paladar. ← adj. y s. Dícese de los chicanos residentes ilegalmente en Estados Unidos. ← s. m. Acción y efecto de mojar o mojarse.

mojador, ra adj. y s. Que moja. ← s. m. Utensilio para mojarse los dedos.

mojama s. f. Cecina de atún. ◇ FAM. amojamar.

mojar v. tr. y pron. [1]. Humedecer algo con un líquido o embeberlo en él. ‖ *Fam.* Convidar, celebrar. ← **mojarse** v. pron. Comprometerse, contraer obligación o responsabilidad. ◇ FAM. mojado, mojador, mojadura. / remojar.

mojarra s. f. Pez marino de color gris plateado con tornasoles y grandes fajas transversales negras. ‖ Lancha que se utiliza en la pesca del atún. ‖ *Amér. Central y Amér. Merid.* Cuchillo ancho y corto. ‖ *Argent.* Nombre genérico de varias especies de peces pequeños de agua dulce de América del Sur.

mojicón s. m. Bizcocho en forma de tronco. ‖ *Fam.* Puñetazo dado en la cara.

mojiganga s. f. Fiesta pública con disfraces de animales.

mojigato, ta adj. y s. Dícese de la persona de moralidad exagerada que se escandaliza fácilmente. ◇ FAM. mojigatería.

mojinete s. m. *Argent., Par. y Urug.* Remate triangular de las dos paredes más altas y angostas de un rancho, galpón o construcción similar, sobre las que se apoya el caballete.

mojón s. m. Piedra, poste, etc., que se pone para señalar los límites o la dirección en los caminos. ◇ FAM. amojonar.

moka s. m. Moca*.

mol s. m. QUÍM. Unidad básica de cantidad de sustancia, en el Sistema Internacional. ◇ FAM. molaridad. MOLÉCULA.

mola s. f. *Colomb.* y *Pan.* Especie de blusa confeccionada con telas de distintos colores. ‖ *Pan.* Adorno de tela.

molar[1] v. intr. [1]. Lucir, presumir. ‖ *Fam.* Gustar, agradar.

molar[2] adj. Relativo a la muela. ‖ Apto para moler. ← adj. y s. m. Dícese de la pieza dentaria lateral que sirve para triturar los alimentos. ◇ FAM. premolar. MUELA.

molaridad s. f. QUÍM. Concentración de una solución.

moldavo, va adj. y s. De Moldavia.

molde s. m. Instrumento hueco que sirve para dar forma a una materia. ◇ FAM. moldear, moldura. / amoldar.

moldeado s. m. Acción y efecto de moldear o dar forma.

moldear v. tr. [1]. Sacar un molde de una figura. ‖ Modelar, dar determinada forma a algo. ◇ FAM. moldeable, moldeado, moldeador, moldeamiento, moldeo. MOLDE.

moldura s. f. Parte saliente que sirve de adorno en arquitectura, ebanistería u otras artes. ◇ FAM. moldurar. MOLDE.

mole[1] adj. Mullido, blando. ◇ FAM. molicie. MULLIR.

mole[2] s. f. Cuerpo pesado y de enormes dimensiones. ‖ Corpulencia o voluminosidad. ◇ FAM. molécula, mole[1]. / demoler.

mole[3] s. m. *Méx.* Salsa espesa preparada con diferentes chiles y muchos otros ingredientes y especias. ‖ *Méx.* Guiso de carne de pollo, de guajolote o de cerdo que se prepara con esta salsa.

molécula s. f. Porción más pequeña de un cuerpo que puede existir en estado libre sin perder las propiedades de la sustancia original. ◇ FAM. mol, molecular. / macromolécula. MOLE[2].

molejón s. m. *Cuba.* Roca alta y tajada que sobresale en el mar. ◇ FAM. MUELA.

moler v. tr. [2e]. Golpear o frotar algo hasta reducirlo a trozos o polvo. ‖ Maltratar a alguien. ‖ *Cuba.* Exprimir la caña de azúcar en el molino. ‖ *Méx. Fam.* Molestar, fastidiar. ← v. tr. e intr. Cansar o fatigar mucho. ◇ FAM. moledor, moledura, molido, molienda, moliente, molimiento, molino. / muela, remoler.

molestar v. tr. y pron. [1]. Causar molestia. ← **molestarse** v. pron. Ofenderse. ‖ Tomarse algún trabajo por alguien.

molestia s. f. Perturbación del bienestar del cuerpo o de ánimo. ◇ FAM. molestar, molesto, molestoso.

molesto, ta adj. Que causa o siente molestia.

molibdeno s. m. Metal de color plomizo, maleable y poco fusible.

molicie s. f. Calidad de blando. ‖ Excesiva comodidad. ◇ FAM. MOLE¹.

molienda s. f. Acción y efecto de moler. ‖ Cantidad que se muele de una vez.

molinero, ra adj. Relativo al molino. ◆ s. Persona que tiene a su cargo un molino o que trabaja en él.

molinete s. m. Rueda con aspas con que se renueva el aire en el interior de un local. ‖ Juguete en que un objeto fijado al extremo de un palo gira con el viento.

molinillo s. m. Utensilio doméstico para moler.

molino s. m. Máquina para moler o triturar. ◇ FAM. molinería, molinero, molinete, molinillo. / remolino. MOLER.

molla s. f. Parte carnosa o blanda de una cosa orgánica. ‖ Miga del pan.

mollar adj. Blando, fácil de partir. ◇ FAM. MUELLE¹.

molleja s. f. Segundo estómago de las aves. ‖ Apéndice carnoso de las reses.

mollera s. f. Parte más alta de la cabeza. ‖ Seso, talento. ● **Duro de mollera** (Fam.), Obstinado. ◇ FAM. MULLIR.

mollete s. m. Méx. Rebanada de pan de corteza dura, untada de fríjoles y queso.

molo s. m. Chile. Malecón. ◆ FAM. MOLE².

molón s. m. Ecuad. y Perú. Trozo de piedra sin labrar. ◇ FAM. MUELA.

molote s. m. Amér. Central, Antill., Colomb. y Méx. Alboroto, escándalo. ‖ Méx. Moño. ‖ Méx. Empanada rellena de carne, papas, cebolla, chile, etc. ‖ Méx. Envoltura alargada, lío.

molusco adj. y s. m. Relativo al animal invertebrado de cuerpo blando, protegido por una concha calcárea.

momentáneo, a adj. Que dura sólo un momento.

momento s. m. Espacio breve de tiempo. ‖ Ocasión, oportunidad. ● **Al momento**, en seguida. ◇ FAM. momentáneo.

momia s. f. Cadáver desecado con el tiempo sin descomponerse. ‖ Cuerpo embalsamado. ◇ FAM. momificar.

momificar v. tr. y pron. [1a]. Convertir un cadáver en momia. ◇ FAM. momificación. MOMIA.

momo s. m. Gesto o mofa ridícula.

mona¹ s. f. Torta típica de Pascua adornada con huevos duros.

mona² s. f. Borrachera, embriaguez. ‖ Juego de naipes. ● **Como la mona** (Amér. Merid.), indica el mal resultado de una actividad o situación.

monacal adj. Relativo al género de vida de los monjes o de las monjas. ◇ FAM. monacato. MONJE.

monacato s. m. Estado de monje, vida monástica. ‖ Institución monástica.

monada s. f. Gesto o acción propia de monos. ‖ Gesto afectado. ‖ Cosa bonita, graciosa y pequeña.

mónada s. f. FILOS. Sustancia simple, activa e indivisible, cuyo número es infinito y de la que todos los seres están compuestos.

monaguillo s. m. Niño que ayuda a misa.

monarca s. m. Soberano de una monarquía. ◇ FAM. monarquía, monárquico, monarquismo.

monarquía s. f. Forma de gobierno en que la soberanía es ejercida de forma vitalicia por el rey. ‖ Estado regido así y su territorio.

monasterio s. m. Casa o convento de religiosos. ◇ FAM. monasterial, monástico.

monástico, ca adj. Relativo al estado de los monjes o al monasterio.

monda s. f. Acción de mondar. ‖ Cáscara.

mondadientes s. m. Instrumento para limpiar los dientes.

mondar v. tr. [1]. Limpiar algo quitándole lo inútil o extraño que tiene mezclado. ‖ Quitar la cáscara o vaina a las frutas y legumbres. ‖ Podar. ◇ FAM. monda, mondadura. / escamondar, mondadientes.

mondongo s. m. Intestinos y panza de las reses y del cerdo. ‖ Guat. y P. Rico. Traje o adorno ridículo. ‖ Méx. Guiso que se prepara con panza de res, menudo.

moneda s. f. Pieza de metal acuñada que sirve de medida común para el precio de las cosas. ● **Pagar en**, o **con la misma moneda**, corresponder a una acción con otra semejante. ‖ **Ser moneda corriente** (Fam.), estar algo admitido, ser frecuente. ◇ FAM. monedero, monetario, monetarismo, monetizar. / portamonedas.

monegasco, ca adj. y s. De Mónaco.

monería s. f. Acción propia del mono. ‖ Gesto gracioso de los niños.

monetario, ria adj. Relativo a la moneda.

monetarismo s. m. Doctrina económica que relaciona el volumen de la masa monetaria y el comportamiento de la economía.

mongol, la adj. y s. De Mongolia. ‖ De un grupo étnico que habita el centro de Asia. ◆ s. m. Lengua hablada por los mongoles. ◇ FAM. mongólico. / mogol.

mongólico, ca adj. Mongol. ◆ adj. y s. Afecto de mongolismo. ◇ FAM. mongolismo. MONGOL, LA.

mongolismo s. m. Enfermedad cromosómica que produce en la persona déficit intelectual y retraso del crecimiento.

monicaco s. m. Fam. Monigote, persona insignificante.

monigote s. m. Fam. Persona insignificante y de poco carácter. ‖ Chile y Perú. Seminarista. ‖ Cuba. Nombre vulgar de un bejuco silvestre que produce una flor blanca y morada. ‖ Cuba. Flor de esta planta. ‖ Cuba. Monaguillo. ‖ Cuba. Trozo o cilindro de madera en que los muchachos enrollan el hilo de la cometa.

monismo s. m. FILOS. Sistema filosófico según el cual existe una sola clase de realidad. ◇ FAM. monista.

monitor, ra s. Persona que enseña ciertos deportes. ◆ s. m. Receptor de televisión que sirve para controlar las transmisiones.

monja s. f. Religiosa que profesa los votos solemnes. ◇ FAM. monjil, monjita. MONJE.

monje s. m. Miembro de una orden religiosa masculina monástica. ◇ FAM. monja. / monacal.

monjita s. f. Argent. Pequeño pájaro cuyo plumaje blanco y negro recuerda el hábito de una monja.

mono, na adj. Bonito, gracioso. || Colomb. Rubio. ◆ s. Mamífero del orden de los antropoides. ◆ s. m. Traje de trabajo de una sola pieza. || Vulg. Síndrome de abstinencia de la droga. || Chile. Montón en que se exponen los frutos y mercancías en tiendas y mercados. || Chile y Méx. Muñeco. ◇ FAM. monada, monería.

mono- pref. Significa 'uno, único': monolingüe.

monocameralismo s. m. Sistema político en el que existe una sola asamblea legislativa. ◇ FAM. monocameral. CÁMARA.

monocarril s. m. Monorraíl.

monociclo s. m. Ciclo de una rueda que usan los equilibristas.

monocolor adj. Que es de un solo color.

monocorde adj. Dícese del instrumento musical de una sola cuerda. || Dícese de los sonidos que repiten una misma nota. || Monótono, sin variaciones. ◇ FAM. CUERDA.

monocotiledóneo, a adj. y s. f. BOT. Relativo a las plantas angiospermas cuyas semillas tienen un solo cotiledón. ◇ FAM. COTILEDÓN.

monocromático, ca adj. Monocromo.

monocromo, ma adj. De un solo color. ◇ FAM. monocromático.

monóculo s. m. Lente para un solo ojo. ◇ FAM. monocular.

monocultivo s. m. Cultivo único de un vegetal en una región.

monofásico, ca adj. Dícese de la corriente alterna de una sola fase.

monogamia s. f. Sistema en que está prohibido tener más de una esposa. ◇ FAM. monógamo. BIGAMIA.

monógamo, ma adj. y s. Casado con una sola mujer.

monografía s. f. Estudio sobre un tema concreto y delimitado. ◇ FAM. monográfico, monografista.

monograma s. m. Figura formada por dos o más letras de un nombre, utilizada como abreviatura de éste.

monoico, ca adj. BOT. Dícese de la planta que tiene las flores masculinas y femeninas en un solo pie.

monolingüe adj. Que habla una sola lengua. || Que está escrito en una sola lengua. ◇ FAM. LENGUA.

monolítico, ca adj. Relativo al monolito. || Que está hecho con una sola piedra. || Que presenta una cohesión perfecta.

monolito s. m. Monumento de piedra de una sola pieza. ◇ FAM. monolítico.

monólogo s. m. Acción de hablar alguien consigo mismo, como pensando en voz alta. || Obra dramática en que habla un solo personaje. ◇ FAM. monologar.

monomanía s. f. Preocupación obsesiva por una idea. ◇ FAM. monomaníaco, monomaniático.

mononuclear adj. Con un solo núcleo.

monopartidismo s. m. Sistema político en que predomina un solo partido. ◇ FAM. monopartidista. PARTIDISMO.

monopatín s. m. Juguete formado por una tabla con ruedas para desplazarse.

monoplano adj. y s. m. Dícese del avión que tiene un solo plano de sustentación.

monoplaza adj. y s. m. Dícese del vehículo de una sola plaza.

monopolio s. m. Privilegio exclusivo en la fabricación o control de un producto o servicio. ◇ FAM. monopolista, monopolístico, monopolizar.

monorraíl adj. y s. m. Dícese del ferrocarril que circula sobre un solo raíl.

monosabio s. m. En tauromaquia, mozo que ayuda al picador en la plaza.

monosílabo, ba adj. y s. m. Dícese de la palabra de una sola sílaba. ◇ FAM. monosilábico. SÍLABA.

monoteísmo s. m. Religión que sólo admite un Dios, como el judaísmo, el cristianismo y el islamismo. ◇ FAM. monoteísta. TEÍSMO.

monotipia s. f. Máquina de componer que funde y compone letras sueltas. ◇ FAM. monotipo. TIPO.

monotonía s. f. Uniformidad de tono. || Falta de variedad.

monótono, na adj. Que tiene monotonía. ◇ FAM. monótonamente, monotonía. TONO.

monovalente adj. QUÍM. Que tiene valencia uno. ◇ FAM. VALENCIA.

monseñor s. m. Título de ciertas dignidades eclesiásticas.

monserga s. f. Fam. Lenguaje confuso y enredado. || Fam. Pretensión fastidiosa o importuna.

monstruo s. m. Ser vivo de caracteres contrarios al orden natural. || Persona de características extrañas o extraordinarias. ◇ FAM. monstruosidad, monstruoso.

monstruoso, sa adj. De características propias de un monstruo. || Muy grande.

monta s. f. Acción y efecto de montar una caballería. || Valor o importancia de algo: asunto de poca monta. || Importe total o suma de varias partidas.

montacargas s. m. Aparato que sirve para el transporte vertical de pesos en una plataforma o jaula.

montaje s. m. Acción y efecto de montar. ‖ Selección y empalme en una cinta de las escenas de una película. ◇ FAM. fotomontaje. MONTAR.

montano, na adj. Relativo al monte. ◇ FAM. tramontano, ultramontano. MONTE.

montante adj. Que monta. ◆ s. m. Elemento vertical que sirve de soporte de una estructura. ‖ Jamba. ‖ Suma o importe de algo.

montaña s. f. Cualquier elevación natural del terreno. ‖ Dificultad o problema difícil de resolver. ◇ FAM. montañero, montañés, montañismo, montañoso. / pasamontañas. MONTE.

montañero, ra adj. y s. Dícese de quien hace montañismo.

montañés, sa adj. y s. Dícese de la persona que habita en la montaña. ‖ De Cantabria (España).

montañismo s. m. Práctica del excursionismo y deportes de montaña. ‖ Alpinismo.

montar v. tr., intr. y pron. [1]. Subir sobre un animal o una cosa. ◆ v. intr. Importar, ser de mucha entidad. ◆ v. tr. Colocar los elementos de algo en condiciones de funcionar. ‖ Importar algo una cantidad total. ‖ Cubrir el macho a la hembra. ● **Montárselo** (Fam.), organizarse de forma fácil y productiva. ◇ FAM. monta, montador, montaje, montante, monto, montura. / desmontar, montacargas, remontar. MONTE.

montaraz adj. Que vive o se ha criado en los montes. ‖ Rústico, insociable.

monte s. m. Montaña. ‖ Terreno sin roturar. ‖ Cierto juego de naipes. ◇ FAM. montano, montaña, montar, montaraz, montear, montera, montero, montés, montículo, montón, montubio, montuno, montuoso. / enmontarse, guardamonte, montepío, promontorio, saltamontes.

montecristino, na adj. y s. De Montecristi (Rep. Dominicana).

montenegrino, na adj. y s. De Montenegro.

montepiado, da adj. y s. Chile. Dícese de la persona que recibe un montepío o pensión.

montepío s. m. Establecimiento y fondo de dinero que forman los miembros de algún cuerpo o sociedad para ayudas mutuas. ‖ Pensión que se cobra de este establecimiento. ◇ FAM. montepiado. MONTE y PÍO², A.

montera s. f. Gorro, en especial el de terciopelo negro que usan los toreros. ◇ FAM. MONTE.

montés, sa adj. Dícese de las plantas y animales salvajes. ◇ FAM. MONTE.

montevideano, na adj. y s. De Montevideo.

montículo s. m. Pequeña elevación del terreno. ◇ FAM. MONTE.

monto s. m. Monta, importe total. ◇ FAM. MONTAR.

montón s. m. Conjunto de cosas puestas sin orden unas encima de otras. ‖ Fam. Número considerable, gran cantidad. ● **Echar montón** (Méx.), actuar en conjunto un grupo de personas para aprovecharse o abusar de alguien, atacarlo o burlarse de él. ◇ FAM. montonera, montonero. / amontonar. MONTE.

montonera s. f. Montón. ‖ Amér. Merid. Guerrilla, en la época de las luchas por la independencia. ‖ Colomb. Montón de hierba o paja.

montonero, ra adj. y s. Se aplicó a un movimiento guerrillero argentino que adoptó la táctica de la guerrilla urbana. ◆ adj. Méx. Fam. Se dice de quien actúa junto con otros en contra de alguien.

montubio, a adj. y s. Colomb., Ecuad. y Perú. Montaraz, agreste. ‖ Colomb., Ecuad. y Perú. Campesino de la costa. ◇ FAM. MONTE.

montuno, na adj. Amér. Central y Amér. Merid. Agreste, montaraz, rústico. ◇ FAM. MONTE.

montura s. f. Cabalgadura. ‖ Soporte de la parte esencial de algunos objetos. ‖ Conjunto de arreos de una caballería. ◇ FAM. MONTAR.

monumental adj. Relativo al monumento. ‖ Fam. Muy grande, impresionante. ◇ FAM. monumentalidad, monumentalizar. MONUMENTO.

monumento s. m. Obra arquitectónica o escultórica en memoria de un personaje o un acontecimiento. ‖ Edificio notable. ◇ FAM. monumental.

monzón s. m. Viento periódico del océano Índico. ◇ FAM. monzónico.

moña¹ s. f. Lazo con que se adornan las mujeres la cabeza. ‖ Adorno colocado en la divisa de los toros. ◇ FAM. MOÑO.

moña² s. f. Fam. Borrachera.

moño s. m. Cabello arrollado sobre la cabeza. ‖ Lazo de cintas. ‖ Penacho de plumas de algunas aves. ◇ FAM. moña¹.

moquear v. intr. [1]. Echar mocos. ◇ FAM. moqueo. MOCO.

moqueguano, na adj. y s. De Moquegua (Perú).

moqueta s. f. Tejido fuerte para tapizar el suelo. ◇ FAM. enmoquetar.

moquillo s. m. Enfermedad contagiosa de algunos animales. ‖ Ecuad. Nudo corredizo con que se sujeta el labio superior del caballo para domarlo. ◇ FAM. MOCO.

mor. Por mor de, por causa de, en consideración a.

mora s. f. Fruto de la morera y del moral. ‖ Zarzamora. ‖ Hond. Frambuesa. ◇ FAM. moráceo, morado, moral¹, morera. / zarzamora.

morada s. f. Lugar donde se mora.

morado, da adj. y s. m. Dícese del color violeta que tira a rojo o azul. ◆ adj. De color morado. ◇ FAM. moradura, moretón. / amoratarse. MORA.

moral¹ s. m. Árbol dicotiledóneo de flores unisexuales y fruto comestible. <> FAM. moraleda. MORA.

moral² adj. Relativo a las normas de conducta sobre el bien y el mal. ‖ Conforme a las buenas costumbres. ◆ s. f. Doctrina de la conducta humana respecto la bondad o la maldad. <> FAM. moraleja, moralidad, moralina, moralismo, moralista, moralizar, moralmente. / amoral, inmoral.

moraleja s. f. Enseñanza provechosa que se saca de una fábula, cuento, etc.

moralidad s. f. Conformidad con los preceptos de la sana moral. ‖ Cualidad de las acciones humanas que las hace buenas.

moralina s. f. Moral superficial o falsa.

moralizar v. tr. [1g]. Adecuar a las normas morales. ◆ v. intr. Hacer reflexiones morales. <> FAM. moralización, moralizador. / desmoralizar. MORAL².

morar v. intr. [1]. Residir habitualmente en un lugar. <> FAM. morada, morador.

moratoria s. f. Demora concedida para el pago de una deuda.

morazaneño, ña adj. y s. De Francisco Morazán (Honduras).

mórbido, da adj. Que padece enfermedad o la ocasiona. ‖ Suave, blando, delicado. <> FAM. morbidez. MORBO.

morbilidad s. f. Estudio de los efectos de una enfermedad en una población. ‖ Méx. Índice que indica el número de personas de una comunidad que enferman durante un período determinado.

morbo s. m. Enfermedad. ‖ Fam. Actitud o idea enfermiza. <> FAM. mórbido, morbilidad, morbosidad, morboso.

morbosidad s. f. Calidad de morboso. ‖ Conjunto de patologías que caracterizan el estado sanitario de un país.

morboso, sa adj. Que causa enfermedad. ‖ Que revela un estado físico o psíquico insano.

morcilla s. f. Embutido compuesto de sangre de cerdo y arroz o cebolla, cocidos y condimentados. ‖ Fam. Invención que añade un actor en su papel. ‖ Cuba. Mentira. <> FAM. morcillero.

mordacidad s. f. Calidad de mordaz.

mordaz adj. Corrosivo. ‖ Que critica con ironía y sarcasmo. <> FAM. mordacidad, mordazmente. MORDER.

mordaza s. f. Objeto que se pone en la boca para impedir hablar. ‖ Argent. Censura a la libertad de expresión o de acción. <> FAM. amordazar. MORDER.

mordedura s. f. Acción y efecto de morder. ‖ Herida o señal dejada al morder.

mordelón s. m. Méx. Fam. Policía de tráfico que acepta mordidas o sobornos.

morder v. tr. y pron. [2e]. Hincar los dientes en una cosa. ‖ Cuba, Méx., P. Rico y Venez. Fam. Pedir dinero a un funcionario público a un particular a cambio de evitarle una sanción. <> FAM. mordaz, mordaza, mordedor, mordedura, mordelón,

mordido, mordiente, mordisco, mordisquear. / remorder.

mordido, da adj. Incompleto. ◆ s. f. Mordisco. ‖ Bol., Colomb., Méx., Nicar. y Pan. Fam. Cantidad de dinero que un funcionario recibe indebidamente de un particular, por hacerle un servicio o evitarle una sanción. ‖ Bol., Colomb., Méx., Nicar. y Pan. Fruto de cohechos.

mordisco s. m. Trozo arrancado al morder. ‖ Mordedura leve.

mordisquear v. tr. [1]. Morder algo a pequeños bocados.

morena s. f. Pez marino, teleósteo de cuerpo cilíndrico y alargado.

moreno, na adj. y s. Dícese de la persona de raza blanca con la piel y el pelo oscuros. ◆ adj. Dícese del color oscuro que tira a negro. <> FAM. morenez. MORO, RA.

morera s. f. Planta arbórea cuyo fruto es la mora. <> FAM. moreral. MORA.

morería s. f. Barrio o territorio propio de los moros.

morete s. m. Méx. Moretón.

moretón s. m. Fam. Equimosis. <> FAM. morete. MORADO, DA.

morfema s. m. LING. El más pequeño de los elementos significativos realizados en un enunciado.

morfina s. f. Sustancia narcótica, alcaloide del opio. <> FAM. morfinomanía.

morfo- pref. Significa 'forma': morfología.

morfología s. f. Estudio de la forma de los seres vivos. ‖ LING. Estudio de la forma de las palabras. <> FAM. morfológico. / morfosintaxis.

morfosintaxis s. f. LING. Estudio conjunto de los hechos lingüísticos en su forma y en su función. <> FAM. MORFOLOGÍA y SINTAXIS.

morganático, ca adj. Dícese del matrimonio de una persona de estirpe real con otra de rango inferior.

morgue s. f. Depósito judicial de cadáveres.

moribundo, da adj. y s. Que está a punto de morir. <> FAM. MORIR.

morigerar v. tr. y pron. [1]. Moderar los excesos. <> FAM. morigeración, morigerado.

morillo s. m. Soporte para sustentar la leña en el hogar. <> FAM. MORO, RA.

morir v. intr. y pron. [27a]. Dejar de vivir, perder la vida. ◆ v. intr. Tener algo fin. <> FAM. moribundo. / muerte, muerto.

morisco, ca adj. y s. Moro. ‖ Dícese del moro bautizado que se quedó en España tras la Reconquista. ◆ adj. Relativo a ellos. <> FAM. MORO, RA.

mormado, da adj. Méx. Constipado, acatarrado.

mormarse v. pron. [1]. Méx. Acatarrarse, constiparse. <> FAM. MORO, RA.

mormón, na adj. y s. Que profesa el mormonismo. <> FAM. mormónico, mormonismo.

mormonismo s. m. Movimiento religioso establecido en EE.UU. en el s. XIX, que practica la poligamia.

moro, ra adj. y s. Del norte de África. || Se dice del individuo de la población musulmana de al-Ándalus. ◆ adj. Relativo a esta población. || *Amér. Merid.* Dícese del caballo tordo. ◇ FAM. moreno, morería, morillo, morisco, morocho.

morocho, cha adj. *Amér. Central* y *Amér. Merid.* *Fam.* Robusto, sano. || *Argent., Perú* y *Urug.* Dícese de la persona que tiene pelo negro y tez blanca. ◇ FAM. MORO, RA.

morona s. f. *Colomb.* y *Méx.* Migaja de pan.

morondo, da adj. Pelado o mondado de cabellos, hojas, etc.

moronga s. f. *Guat., Hond.* y *Méx.* Morcilla, salchicha.

moroso, sa adj. Que se retrasa en el pago o devolución de algo. ◇ FAM. morosidad.

morral s. m. Saco para el pienso que se cuelga de la cabeza de las bestias. || Bolsa que usan los cazadores. ◇ FAM. MORRO.

morralla s. f. Conjunto de personas o cosas inútiles y sin valor. || *Méx.* Dinero menudo. ◇ FAM. MORRO.

morrear v. intr., tr. y pron. [1]. Besarse en la boca largo tiempo o de forma repetida. ◇ FAM. morreo. MORRO.

morrena s. f. GEOGR. Materiales transportados por un glaciar.

morrillo s. m. Porción carnosa de las reses en la parte superior del cuello. || Cogote abultado. ◇ FAM. MORRO.

morriña s. f. Nostalgia, melancolía. ◇ FAM. morriñoso. / murrio.

morrión s. m. Parte del yelmo que cubre y defiende la cabeza. ◇ FAM. MORRO.

morro s. m. Hocico de los animales. || Labios de una persona, sobre todo abultados. || Extremo delantero y prolongado de ciertas cosas. ◇ FAM. morral, morralla, morrear, morrillo, morrión, morrudo.

morrocotudo, da adj. *Fam.* De mucha importancia o dificultad. || *Argent. Fam.* Fornido, corpulento. || *Argent. Fam.* Magnífico, muy grande. || *Chile.* Dícese de las obras literarias o artísticas faltas de proporción, gracia y variedad. || *Colomb.* Rico, acaudalado.

morrón adj. Dícese de una variedad de pimiento muy grueso.

morsa s. f. Mamífero marino de las regiones árticas, parecido a la foca. || *Argent.* Torno de carpintería.

morse s. m. Sistema de telegrafía que utiliza un alfabeto de puntos y rayas.

mortadela s. f. Embutido grueso de carne de cerdo picada.

mortaja s. f. Sudario. || *Amér. Central* y *Amér. Merid.* Hoja de papel para liar el tabaco del cigarrillo. ◇ FAM. amortajar. MUERTO, TA.

mortal adj. Que ha de morir. || Que causa o puede causar la muerte. ◆ s. m. y f. El ser humano. ◇ FAM. mortalidad, mortalmente. / inmortal[1]. MUERTE.

mortalidad s. f. Calidad de mortal. || Proporción de defunciones en una población o tiempo determinados.

mortandad s. f. Multitud de muertes producidas por una causa extraordinaria. ◇ FAM. MUERTE.

mortecino, na adj. Falto de vigor o viveza. ◇ FAM. MUERTE.

mortero s. m. Vasija ancha que sirve para machacar. || Arma de artillería de gran calibre. || Argamasa. ◇ FAM. morterazo.

mortífero, ra adj. Que puede ocasionar la muerte. ◇ FAM. MUERTE.

mortificar v. tr. y pron. [1a]. Castigar el cuerpo con penitencias. || Producir algo aflicción, remordimiento. ◇ FAM. mortificación, mortificador. MUERTE.

mortuorio, ria adj. Relativo al muerto o a las honras fúnebres. ◇ FAM. MUERTO, TA.

mosaico s. m. y adj. Obra hecha con pequeñas piezas de materiales diversos que se incrustan en un muro o pavimento formando un dibujo. ◆ s. m. *Méx.* Cada una de las losas pequeñas y cuadradas, generalmente con un dibujo, con que se cubre un piso.

mosca s. f. Insecto díptero de cuerpo negro y alas transparentes. || *Fam.* Dinero. || *Fam.* Moscón, persona pesada. ◆ adj. *Fam.* Que recela o está enfadado. • **Hacer mosca** (*Méx. Fam.*), estorbar la relación entre dos personas interponiéndose entre ellas. ◇ FAM. moscarda, moscardón, moscón, mosquear, mosquito. / amoscarse, espantamoscas, matamoscas, papamoscas.

moscarda s. f. Mosca de tamaño mediano.

moscardón s. m. Mosca grande y vellosa. || *Fam.* Moscón.

moscatel adj. y s. m. Dícese de una uva dulce y del vino que se produce con ella.

moscón s. m. *Fam.* Persona pesada y molesta, especialmente en requerimientos amorosos. ◇ FAM. mosconear. MOSCA.

moscovita adj. y s. m. y f. De Moscú.

mosén s. m. Tratamiento que se daba a los clérigos en regiones de la antigua Corona de Aragón.

mosqueado, da adj. Sembrado de pintas. || *Fam.* Enfadado.

mosquear v. tr. y pron. [1]. Ahuyentar las moscas. ◆ **mosquearse** v. pron. *Fam.* Enfadarse o resentirse. ◇ FAM. mosqueado, mosqueo. MOSCA.

mosquero s. m. Haz de hierbas o papeles atado a un palo para espantar las moscas.

mosquete s. m. Antigua arma de fuego portátil. ◇ FAM. mosquetazo, mosquetero, mosquetón.

mosquetero s. m. Soldado de infantería dotado de un mosquete.

mosquetón s. m. Carabina corta. || Anilla que se abre y cierra mediante un muelle.

mosquitera s. f. Mosquitero*.

mosquitero s. m. Tejido fino que se coloca en el lecho y las ventanas para protegerlos de los mosquitos. ‖ Objeto que se usa para espantar insectos.

mosquito s. m. Insecto díptero, de cuerpo *esbelto y aparato bucal perforador.* ◇ FAM. mosquitera, mosquitero. MOSCA.

mostacho s. m. Bigote poblado.

mostaza s. f. Planta herbácea que proporciona la semilla del mismo nombre. ‖ Salsa hecha con su semilla. ◇ FAM. mostacera, mostazal. MOSTO.

mosto s. m. Zumo de uva o manzana, antes de fermentar. ◇ FAM. mostaza.

mostrador s. m. Mesa de las tiendas para presentar el género.

mostrar v. tr. [1r]. Exponer a la vista, indicar, señalar. ‖ Dejar ver algo sin propósito de hacerlo. ◆ **mostrarse** v. pron. Manifestarse, darse a conocer. ◇ FAM. mostrable, mostrador, muestra. / demostrar.

mostrenco, ca adj. Sin hogar o dueño conocido. ◆ adj. y s. *Fam.* Ignorante o torpe.

mota s. f. Nudillo que se forma en el paño. ‖ Partícula de algo perceptible sobre un fondo. ‖ *Amér. Merid.* Cabello corto y ensortijado. ‖ *Méx. Fam.* Mariguana. ◇ FAM. moteado, motear, motoso, motudo.

mote[1] s. m. Apodo que se da a una persona. ‖ *Chile* y *Perú.* Error gramatical de un escrito o modo de hablar defectuoso. ◇ FAM. motejar, motete.

mote[2] s. m. *Amér.* Guiso de maíz desgranado, cocido y deshollejado. ‖ *Chile.* Postre de trigo quebrantado, después de haber sido cocido en lejía y deshollejado.

motejar v. tr. [1]. Aplicar a alguien calificaciones despectivas. ◇ FAM. motejador, motejo. MOTE[1].

motel s. m. Hotel formado por apartamentos y situado cerca de la carretera.

motete s. m. Breve composición musical de temática religiosa. ‖ Apodo, denuesto. ‖ *Amér. Central, Antill.* y *Méx.* Lío, envoltorio. ‖ *Amér. Central, Antill.* y *Méx.* Cesto grande de tiras de bejuco que los campesinos llevan en la espalda. ◇ FAM. MOTE[1].

motilidad s. f. Facultad de moverse. ◇ FAM. MOTOR, RA.

motilón, na adj. y s. De poco pelo.

motín s. m. Alzamiento desordenado contra la autoridad. ◇ FAM. amotinar.

motivación s. f. Acción y efecto de motivar. ‖ Motivo, causa o razón.

motivar v. tr. [1]. Ser causa o motivo de algo. ‖ Explicar la razón de algo. ◆ v. tr. y pron. Concienciar para la realización de una acción. ◇ FAM. motivación, motivador. / desmotivar, inmotivado. MOTIVO, VA.

motivo, va adj. Que puede mover. ◆ s. m. Causa o razón que determina que

exista o se haga algo. ◇ FAM. motivar. MOTOR, RA.

moto[1] s. f. Apócope de *motocicleta.*

moto[2] **, ta** s. *Méx.* Persona adicta a la mariguana.

moto- pref. Significa 'movido por motor': *motocicleta.*

motocicleta s. f. Vehículo de dos ruedas impulsado por un motor de explosión. ◇ FAM. moto[1], motociclismo, motociclista. MOTOCICLO.

motociclismo s. m. Deporte que se practica con motocicletas.

motociclo s. m. Vehículo automóvil de dos ruedas. ◇ FAM. motocicleta. CICLO.

motocross s. m. Carrera de motocicletas por un terreno muy accidentado.

motocultivador s. m. Máquina con arado y un motor, que se usa en agricultura. ◇ FAM. motocultor. CULTIVADOR, RA.

motocultor s. m. Motocultivador.

motonáutica s. f. Deporte de la navegación en embarcaciones a motor. ◇ FAM. motonáutico, motonave. NÁUTICA.

motonave s. f. Buque propulsado por medio de motores.

motor, ra adj. Que produce movimiento. ◆ s. m. Máquina que genera energía mecánica a partir de otra energía. ◇ FAM. motora, motorismo, motorizar. / automotor, bimotor, ciclomotor, electromotor, locomotor, motilidad, motivo, motriz, servomotor, trimotor, turbomotor. MOVER.

motora s. f. Embarcación menor provista de motor.

motorismo s. m. Manifestación deportiva en que se emplean automóviles y motocicletas. ◇ FAM. motorista. MOTOR, RA.

motorista s. m. y f. Persona que conduce o viaja en moto.

motorizar v. tr. y pron. [1g]. Dotar de medios mecánicos de tracción o transporte. ◇ FAM. motorización, motorizado. MOTOR, RA.

motoso, sa adj. y s. *Amér. Merid.* Motudo. ◇ FAM. MOTA.

motricidad s. f. Acción del sistema nervioso que determina la contracción muscular. ◇ FAM. psicomotricidad. MOTRIZ.

motriz adj. Forma femenina de *motor.* ◇ FAM. motricidad. MOTOR, RA.

motu propio loc. adv. Voluntariamente, de propia voluntad.

motudo, da adj. y s. *Amér. Merid.* Dícese del cabello dispuesto en forma de mota y de la persona que lo tiene. ◇ FAM. MOTA.

movedizo, za adj. Fácil de ser movido. ‖ Inseguro, poco estable.

mover v. tr. y pron. [2e]. Hacer que un cuerpo cambie de posición o situación. ‖ Inducir a hacer determinada acción. ‖ Suscitar, originar. ◆ **moverse** v. pron. Darse prisa. ◇ FAM. movedizo, movible, movido, móvil, movimiento. / amover, conmover, moción, motor, mueble, promover, remover.

movible adj. Que puede moverse o ser movido. ⬦ FAM. inamovible. MOVER.

movido, da adj. Agitado. ‖ Activo, inquieto. ‖ Borroso.

móvil adj. Que puede moverse o ser movido. ➤ s. m. Aquello que mueve o impulsa. ‖ Cuerpo en movimiento. ⬦ FAM. movilidad, movilizar. / automóvil, inmóvil, locomóvil. MOVER.

movilizar v. tr. [1g]. Poner en actividad o movimiento tropas, partidos políticos, capitales, etc. ‖ Poner en práctica un recurso para conseguir un fin. ⬦ FAM. movilización. / desmovilizar. MÓVIL.

movimiento s. m. Acción de moverse o ser movido. ‖ Tráfico, circulación de personas, animales o cosas. ‖ Impulso, pasión. ‖ Tendencia de ciertos grupos de personas a determinadas realizaciones. ‖ MÚS. Velocidad del tiempo.

moviola s. f. CINE y TV. Máquina usada para proyectar las imágenes, regulando su movimiento según las necesidades del montador o locutor.

moya s. m. Chile. Fulano.

mozalbete s. m. Joven de poca edad.

mozárabe adj. y s. m. y f. Dícese del cristiano que vivía en los territorios musulmanes de la península Ibérica. ➤ adj. Relativo a estas gentes. ➤ s. m. Lengua romance hablada por esta población. ⬦ FAM. mozarabía, mozarabismo. ÁRABE.

mozo, za adj. y s. Joven. ➤ s. Persona que sirve en oficios modestos. ➤ s. m. Camarero. ‖ Joven llamado al servicio militar. ⬦ FAM. mocear, mocedad, moceril, mozalbete, mozuelo. / aeromoza, remozar.

mozón, na adj. Perú. Bromista, burlón.

mozonada s. f. Perú. Broma, chanza. ⬦ FAM. mozón, mozonear.

mu s. m. Onomatopeya de la voz del toro o de la vaca. • No decir ni mu (Fam.), callar, en especial cuando se debería hablar.

muaré s. m. Tela fuerte de seda que forma aguas.

mucamo, ma s. Amér. Merid. Criado, servidor. ‖ Argent. Persona encargada de la limpieza en hospitales y hoteles.

muchacho, cha s. Adolescente, joven. ➤ s. f. Criada doméstica. ⬦ FAM. muchachada. / chacha, chacho.

muchedumbre s. f. Grupo numeroso, especialmente de personas. ⬦ FAM. MUCHO, CHA.

muchitanga s. f. Perú y P. Rico. Populacho. ‖ P. Rico. Grupo de muchachos que mete mucho ruido.

mucho, cha adj. y pron. indef. Que abunda en cantidad, número o intensidad: muchas aventuras. ➤ adv. c. En gran cantidad, con abundancia: llovió mucho. ➤ adv. t. Largo tiempo: tardó mucho en volver. • Como mucho, a lo sumo, como máximo. ‖ Ni con mucho, expresa la gran diferencia que hay de una cosa a otra. ‖ Por mucho que, aunque. ⬦ FAM. muchedumbre. / múltiple, multitud, muy.

mucílago o **mucilago** s. m. Sustancia viscosa presente en algunos vegetales. ⬦ FAM. mucilaginoso.

mucosidad s. f. Secreción viscosa de las membranas mucosas.

mucoso, sa adj. Semejante al moco. ➤ adj. y s. f. Dícese de la membrana o capa de las cavidades internas del cuerpo que segregan mucosidad. ⬦ FAM. mucosidad. MOCO.

múcura s. f. Bol., Colomb. y Venez. Ánfora de barro para transportar agua.

muda s. f. Acción y efecto de mudar o cambiar. ‖ Juego de ropa interior que se usa y se cambia de una vez.

mudanza s. f. Acción y efecto de mudar o mudarse. ‖ Cambio de domicilio y traslado de los enseres. ‖ Movimiento del baile.

mudar v. tr. e intr. [1]. Cambiar el aspecto, la naturaleza, el estado, etc. ‖ Renovar los animales la piel, el pelo o las plumas. ➤ mudarse v. pron. Cambiarse de ropa, en general por otra limpia. ‖ Trasladar la residencia a otra casa o lugar. ⬦ FAM. muda, mudable, mudadizo, mudamiento, mudanza. / demudar, mutar.

mudéjar adj. y s. m. y f. Relativo a la población musulmana que vivía en los reinos cristianos de la península Ibérica. ➤ adj. Dícese de un estilo arquitectónico, con influencias árabes, que floreció en la península Ibérica entre los ss. XIII y XV.

mudez s. f. Imposibilidad de hablar a consecuencia de lesiones cerebrales o trastornos psíquicos o emocionales.

mudo, da adj. y s. Privado de la facultad de hablar. ➤ adj. Silencioso, callado. ‖ LING. Dícese de la letra o signo que no se pronuncia, como la h del español. ⬦ FAM. mudez. / enmudecer, mutismo, sordomudo, tartamudo.

mueble adj. y s. m. Aplícase a aquellos bienes que se pueden trasladar. ➤ s. m. Objeto móvil que adorna y equipa una casa, oficina, etc. ⬦ FAM. mueblista. / amueblar, guardamuebles, inmueble, mobiliario. MOVER.

mueca s. f. Gesto expresivo del rostro.

muecín s. m. Almuecín.

muégano s. m. Méx. Dulce hecho con trocitos cuadrados de harina de trigo fritos y pegados unos a otros con miel.

muela s. f. Diente posterior a los caninos. ‖ Piedra para moler o para afilar. ⬦ FAM. molar², molejón, molón. / amolar, sacamuelas. MOLER.

muelle¹ adj. Blando, cómodo. ➤ s. m. Pieza elástica en espiral capaz de soportar deformaciones. ⬦ FAM. mollar, mullir.

muelle² s. m. Construcción a orillas del mar o de un río, o andén alto en una estación, para cargar y descargar.

muérdago s. m. Planta parásita que crece en las ramas de los árboles.

muérgano s. m. Colomb. y Venez. Objeto

inútil o invendible. ◆ adj. y s. *Ecuad.* Tonto o bobo.

muermo s. m. Enfermedad contagiosa de las caballerías. || *Fam.* Aburrimiento, tedio. || *Fam.* Somnolencia. ◇ FAM. amuermar.

muerte s. f. Final de la vida. || Homicidio. || Personificación de la muerte, generalmente en forma de esqueleto con una guadaña. || Destrucción, fin. ◆ **A muerte,** sin piedad. || En extremo: *odiarse a muerte.* || **De mala muerte,** pobre, de mal aspecto. || **De muerte,** muy grande: *susto de muerte.* ◇ FAM. mortal, mortandad, mortecino, mortífero, mortificar. MORIR.

muerto, ta adj. y s. Carente de vida. ◆ adj. Inactivo, apagado. || Cansado, agotado. • **Echarle** a alguien **el muerto,** atribuirle la culpa de algo. || **Muerto de hambre,** miserable o desgraciado. ◇ FAM. mortaja, mortuorio. MORIR.

muesca s. f. Concavidad que hay o se hace en una cosa para encajar otra. || Incisión o corte hecho como señal.

muestra s. f. Parte separada de un conjunto que se considera representativa del mismo. || Pequeña cantidad de una mercancía que se ofrece para darla a conocer. || Prueba, señal: *muestra de cariño.* || Modelo que se copia. ◇ FAM. muestrario, muestreo. MOSTRAR.

muestrario s. m. Colección de muestras de un producto comercial.

muestreo s. m. Selección de las muestras.

muflón s. m. Mamífero rumiante de las montañas de Europa y de América del Norte, parecido al carnero doméstico.

mugido s. m. Voz de las reses vacunas.

mugir v. intr. [3b]. Dar mugidos la res vacuna. ◇ FAM. mugido.

mugre s. f. Suciedad grasienta. ◇ FAM. mugriento. / enmugrecer.

mugriento, ta adj. Lleno de mugre.

muimui s. m. *Perú.* Muy muy.

muina s. f. *Méx.* Enojo, disgusto.

mujer s. f. Persona del sexo femenino. || Esposa. ◇ FAM. mujerero, mujeril.

mujerero, ra adj. *Amér. Central y Amér. Merid.* Mujeriego.

mújol s. m. Pez de cabeza grande y labios muy gruesos, muy apreciado por su carne y sus huevas.

mula s. f. Hembra del mulo. || *Fam.* Persona muy bruta o terca. || *Méx.* Ficha doble de dominó.

muladar s. m. Sitio donde se tira el estiércol o la basura.

muladí adj. y s. m. y f. Dícese del cristiano hispánico que durante la dominación musulmana abrazaba el islamismo.

mular adj. Relativo al mula o a la mula.

mulatear v. intr. [1]. *Chile.* Empezar a negrear o a ponerse morena la fruta que, cuando madura, es

mulato, ta adj. y s. Dícese del hijo de blanco y negra o viceversa. ◆ s. m. *Amér. Central y Amér. Merid.* Mineral de plata de color oscuro o verde cobrizo. ◇ FAM. mulatear. / amulatado.

muleta s. f. Especie de bastón en el que se apoya el antebrazo o la axila para ayudarse a andar. || Paño rojo sujeto a un palo, usado para torear al toro. ◇ FAM. muletilla.

muletilla s. f. Expresión que se repite innecesariamente en el lenguaje por costumbre o como apoyo al hablar.

mullir v. tr. [3h]. Ahuecar algo para que esté blando y esponjoso. ◇ FAM. mullido. / emoliente, mole[1], mollera. MUELLE[1].

mullo s. m. *Ecuad.* Abalorio, cuenta de rosario o collar.

mulo s. m. Mamífero híbrido resultante del cruce de caballo y asno. || *Fam.* Persona muy bruta o terca. ◇ FAM. mula, mular, mulero.

multa s. f. Pena o sanción económica que se impone por haber cometido una infracción, falta, delito, etc. ◇ FAM. multar.

multar v. tr. [1]. Imponer una multa.

multi- pref. Significa 'mucho': *multimillonario.*

multicolor adj. Que presenta gran número de colores.

multicopista adj. y s. f. Dícese de la máquina capaz de reproducir una o más copias de un escrito, dibujo, etc.

multifamiliar adj. y s. *Amér.* Dícese del edificio de varias plantas, con numerosos apartamentos, cada uno de los cuales está destinado para habitación de una familia.

multigrado adj. Dícese del aceite lubricante que no sufre alteración de sus propiedades con los cambios de temperatura.

multígrafo adj. y s. m. *Méx.* y *Venez.* Multicopista.

multimillonario, ria adj. y s. Muy rico.

multinacional adj. Relativo a varias naciones. ◆ adj. y s. f. Dícese de la empresa cuyas actividades e intereses se extienden a varios países.

multípara adj. Que pare varios hijos en un solo parto. || Dícese de la mujer que ha tenido más de un parto.

múltiple adj. Que no es uno ni simple: *múltiples funciones.* ◇ FAM. multiplicar, multiplicidad, múltiplo. MUCHO, CHA.

multiplicación s. f. Acción y efecto de multiplicar. || MAT. Operación aritmética que consiste en sumar de forma directa y abreviada un número, tantas veces como indica otro.

multiplicador, ra adj. y s. Que multiplica. ◆ adj. y s. m. MAT. Dícese del factor que en una multiplicación indica las veces que se debe sumar el multiplicando.

multiplicando adj. y s. m. MAT. Dícese del factor que en una multiplicación debe sumarse tantas veces como indica el multiplicador.

multiplicar v. tr. y pron. [1a]. Aumentar el número de algo varias veces. ◆ v. tr. MAT. Efectuar una multiplicación. ◆ **mul-**

tiplicarse v. pron. Reproducirse los seres vivos. ◇ FAM. multiplicable, multiplicación, multiplicador, multiplicando. MÚLTIPLE.

multiplicidad s. f. Calidad de múltiple. ‖ Abundancia de individuos, cosas, acciones, etc.: *multiplicidad de recursos.*

múltiplo, pla adj. y s. m. MAT. Dícese del número que contiene a otro dos o más veces exactamente. ◇ FAM. submúltiplo. MÚLTIPLE.

multitud s. f. Gran número de personas o cosas. ‖ Gente. ◇ FAM. multitudinario. MUCHO, CHA.

multitudinario, ria adj. Que forma multitud, o pertenece a ella.

multiuso adj. Que sirve para varios usos.

mundanal adj. Mundano.

mundano, na adj. Relativo al mundo como sociedad humana. ‖ Relativo a la alta sociedad, su lujo, sus diversiones, etc. ◇ FAM. mundanal, mundanamente. MUNDO.

mundial adj. Relativo al mundo entero. ◆ s. m. Competición deportiva en la que participan representantes de muchos países.

mundillo s. m. Conjunto de personas que se desenvuelve alrededor de una actividad o categoría: *el mundillo de los actores.*

mundo s. m. Conjunto de todo lo que existe. ‖ La Tierra como planeta. ‖ Cada parte, real o imaginaria, en que puede dividirse todo lo que existe: *mundo de las ideas.* ● **El otro mundo**, la vida de ultratumba. ● **No ser algo nada del otro mundo**, no ser excepcional. ‖ **Venir al mundo**, nacer. ◇ FAM. mundano, mundial, mundillo, mundología. / tercermundista, trasmundo, trotamundos.

mundología s. f. Experiencia del mundo y en el trato social.

munición s. f. Carga de las armas de fuego. ◇ FAM. municionar, municionero.

municipal adj. Relativo al municipio. ◆ adj. y s. m. Dícese del cuerpo de policía dependiente de un ayuntamiento, así como de sus miembros.

municipalidad s. f. El municipio como organismo administrativo.

municipalizar v. tr. [1g]. Asignar al municipio un servicio público que estaba a cargo de una empresa privada. ◇ FAM. municipalización, municipalizar.

municipio s. m. División administrativa básica menor regida por un ayuntamiento. ‖ Conjunto de ciudadanos que viven en ella. ‖ Ayuntamiento. ◇ FAM. municipal, municipalidad, municipalizar.

munido, da adj. *Argent.* y *Chile.* Provisto.

munificencia s. f. Generosidad muy espléndida. ◇ FAM. munificente, munífico.

muñeco, ca s. Figurilla humana de plástico, madera, etc., usada básicamente como juguete. ◆ s. m. *Fam.* Hombre de

poco carácter. ◆ s. f. Parte del brazo humano donde la mano se articula con el antebrazo. ● **Tener muñeca** (*Argent., Bol., Perú* y *Urug.*), tener habilidad, sutileza para manejar situaciones diversas. ◇ FAM. muñequear, muñequera, muñequilla.

muñeira s. f. Danza popular de Galicia.

muñequear v. tr. e intr. [1]. *Argent., Bol.* y *Par.* Buscar o procurarse influencia para obtener algo. ◆ v. intr. *Chile.* Empezar a echar muñequilla el maíz o plantas semejantes.

muñequera s. f. Tira de cuero, venda, etc., con que se ajusta la muñeca, especialmente en la práctica deportiva.

muñequilla s. f. *Chile.* Mazorca tierna de maíz y plantas semejantes cuando empieza a formarse.

muño s. m. *Chile.* Comida a base de harina de trigo o maíz tostado, sazonada con sal y ají.

muñón s. m. Parte de un miembro amputado que permanece adherida al cuerpo.

mural adj. Aplicado sobre una pared. ◆ s. m. Pintura hecha o colocada sobre un muro o pared. ◇ FAM. muralismo, muralista. MURO.

muralla s. f. Muro defensivo que rodea una plaza fuerte, fortaleza o ciudad. ◇ FAM. amurallar. MURO.

murciano, na adj. y s. De Murcia (España).

murciélago s. m. Mamífero volador nocturno de alas membranosas.

murga s. f. *Fam.* Compañía de músicos callejeros. ‖ *Fam.* Fastidio, molestia.

murmullo s. m. Ruido continuo suave y confuso. ◇ FAM. MURMURAR.

murmuración s. f. Comentario malintencionado sobre algo o alguien.

murmurar v. intr. [1]. Hablar mal de alguien, criticar. ‖ Producir murmullo. ◆ v. intr. y tr. Hablar entre dientes, generalmente quejándose. ◇ FAM. murmullo, murmuración, murmurador.

muro s. m. Pared o tapia gruesa. ◇ FAM. mural, muralla, murar. / extramuros, intramuros.

murriar v. tr. [1t]. *Colomb.* Impregnar una superficie con cemento muy diluido en agua. ◇ FAM. murriada.

murrio, rria adj. Que está melancólico o disgustado. ◆ s. f. Tristeza, melancolía. ◇ FAM. MORRIÑA.

murucuyá s. f. *Amér. Merid.* Pasionaria.

mus s. m. Juego de naipes.

musa s. f. Inspiración de un poeta. ‖ Poesía. ◆ pl. Conjunto de las ciencias y las artes humanísticas. ◇ FAM. música.

musaraña s. f. Mamífero insectívoro muy pequeño y voraz, que extermina animales dañinos para los cultivos. ‖ *Chile, Nicar., R. Dom.* y *Salv.* Fam. Mueca que se hace con el rostro. ● **Pensar en las musarañas** (*Fam.*), estar distraído. ◇ FAM. ARAÑA.

muscular adj. Relativo a los músculos. ◇ FAM. intramuscular. MÚSCULO.

musculatura s. f. Conjunto de los músculos del cuerpo.

músculo s. m. Órgano formado por tejido elástico capaz de contraerse y que sirve para producir el movimiento en el hombre y en los animales. ◇ FAM. muscular, musculatura, musculoso.

muselina s. f. Tela muy fina y transparente.

museo s. m. Lugar donde se guardan objetos científicos o artísticos para su estudio y exposición al público. ‖ Institución que lo dirige. ◇ FAM. museología.

musgo adj. y s. m. Relativo a un tipo de plantas de tallos cortos y apretados, que viven en el suelo, los árboles, las paredes etc., formando una especie de alfombra. ◇ FAM. musgoso.

música s. f. Arte de combinar los sonidos para producir un efecto expresivo o estético. ‖ Conjunto de composiciones de un país, estilo, época, etc.: *música pop.* ● **Con la música a otra parte** *(Fam.)*, se dice para despedir o amonestar a alguien que incomoda. ◇ FAM. musicable, musical, músico, musicógrafo, musicología. MUSA.

musical adj. Relativo a la música. ‖ Agradable al oído: *voz musical.* ◆ adj. y s. m. Dícese de la obra teatral o película con música, canciones, etc. ◇ FAM. musicalidad, musicalmente. MÚSICA.

music-hall s. m. Teatro de variedades que alterna números musicales con bailarines, cómicos, acróbatas, etc.

músico, ca adj. Relativo a la música. ◆ s. Persona que compone música. ‖ Persona que toca un instrumento musical.

musicógrafo, fa s. Persona que escribe tratados sobre música.

musicología s. f. Estudio científico de la teoría y de la historia de la música. ◇ FAM. musicólogo. MÚSICA.

musitar v. intr. [1]. Hablar en voz muy baja.

muslo s. m. Parte de la pierna desde la cadera hasta la rodilla.

mustang s. m. Caballo salvaje de las praderas de Norteamérica.

mustélido adj. y s. m. Relativo a una familia de mamíferos carnívoros de pequeño tamaño y cuerpo muy flexible.

musteriense adj. y s. m. Dícese de una cultura prehistórica desarrollada durante el paleolítico medio.

mustio, tia adj. Dícese de las plantas y flores marchitas. ‖ Abatido, triste. ‖ *Méx.* Que esconde su verdadero carácter tras una apariencia de seriedad y humildad. ◇ FAM. mustiarse.

musulmán, na adj. y s. Adepto a la religión de Mahoma. ‖ Relativo a esta religión. ◇ FAM. hispanomusulmán.

mutación s. f. Acción y efecto de mutar. ‖ BIOL. Alteración genética repentina e irreversible en el conjunto de caracteres hereditarios de un ser vivo.

mutante adj. Que muda. ◆ adj. y s. m. BIOL. Dícese del cromosoma que ha surgido por mutación de otro preexistente.

mutar v. tr. y pron. [1]. Mudar, transformar. ◇ FAM. mutabilidad, mutable, mutación, mutante. / conmutar, inmutar, permutar, transmutar. MUDAR.

mutilación s. f. Acción y efecto de mutilar o mutilarse.

mutilar v. tr. y pron. [1]. Cortar un miembro o parte del cuerpo. ‖ Quitar una parte a algo: *mutilar un texto.* ◇ FAM. mutilación, mutilado.

mutis s. m. En teatro, acción de salir de la escena un actor.

mutismo s. m. Silencio voluntario o impuesto. ◇ FAM. MUDO, DA.

mutro, tra adj. *Chile.* Dícese de la persona que pronuncia mal. ‖ *Chile.* Mudo. ‖ *Chile.* Tartamudo. ◆ s. *Chile.* Individuo que no habla español.

mutualidad s. f. Asociación en que sus miembros aportan una cantidad de dinero con la que se atienden ciertas necesidades de cualquiera de ellos. ◇ FAM. mutualismo, mutualista. MUTUO, TUA.

mutualismo s. m. Forma de asociación entre seres vivos de especies diferentes, en que ambas partes resultan beneficiadas.

mutualista adj. Relativo a la mutualidad. ◆ s. m. y f. Socio o accionista de una mutualidad.

mutuo, tua adj. Dícese de lo que se intercambia entre dos o más personas o cosas de forma respectiva. ◆ s. f. Mutualidad. ◇ FAM. mutualidad, mutuamente.

muy adv. c. Marca la intensidad de un adjetivo o de un adverbio: *muy bueno; muy mal.* ◇ FAM. MUCHO, CHA.

muy muy s. m. *Perú.* Crustáceo pequeño, con caparazón a modo de uña, que vive bajo la arena de la rompiente marina.

my s. f. Duodécima letra del alfabeto griego.

n

n s. f. Decimocuarta letra del alfabeto español y undécima de sus consonantes; representa un sonido nasal oclusivo y sonoro.

nabo s. m. Planta anual, de raíz carnosa, blanca y comestible. ◆ adj. *Argent.* y *Urug.* Estúpido, ingenuo. ◇ FAM. nabal, nabar.

nácar s. m. Sustancia blanca y dura, con irisaciones, que se forma en el interior de la concha de los moluscos. ◇ FAM. nacarado.

nacarado, da adj. De aspecto de nácar.

nacarigüe s. m. *Hond.* Potaje de carne y pinole.

nacatamal s. m. *Hond., Méx.* y *Nicar.* Tamal relleno de carne de cerdo. ◇ FAM. nacatamalera. TAMAL.

nacatamalera s. f. *Hond.* Persona que hace y vende nacatamales.

nacer v. intr. [2m]. Salir un ser del vientre de la madre si es vivíparo, de un huevo si es ovíparo o de una semilla si es un vegetal. || Salir el vello, el pelo, los frutos, etc. || Tener principio, originarse: *el Ebro nace en Fontibre.* ◆ **Volver a nacer** (*Fam.*), haber salido indemne de un gran peligro. ◇ FAM. nacido, naciente, nacimiento. / natal, natividad, nativo, nato, renacer.

nacido, da adj. y s. Dícese del ser humano en general. ◆ **Mal nacido,** persona despreciable. ◇ FAM. malnacido. NACER.

naciente adj. Que nace o está naciendo. ◆ s. m. Este, punto cardinal.

nacimiento s. m. Acción y efecto de nacer. || Origen, principio. || Representación del nacimiento de Jesucristo.

nación s. f. Conjunto de habitantes de un mismo territorio, que comparten unos vínculos históricos y se rigen por una misma estructura política. || Territorio ocupado por esta comunidad. ◇ FAM. nacional, nacionalidad, nacionalismo, nacionalizar.

nacional adj. Relativo a una nación. ◆ adj. y s. m. Se aplica al bando franquista durante la guerra civil española. ◇ FAM. internacional, multinacional, nacionalsocialismo, supranacional. NACIÓN.

nacionalidad s. f. Condición o cualidad de pertenecer a una nación.

nacionalismo s. m. Amor o apego a lo propio de la nación a la que se pertenece. || Tendencia que muestra un pueblo hacia la independencia o autonomía y movimiento político que lo defiende. ◇ FAM. nacionalista. NACIÓN.

nacionalista adj. Relativo al nacionalismo. ◆ adj. y s. m. y f. Partidario de esta doctrina y movimiento.

nacionalizar v. tr. y pron. [1g]. Conceder la nacionalidad. || Hacer que determinados bienes o industrias privadas pasen a manos del estado. ◇ FAM. nacionalización. NACIÓN.

nacionalsocialismo s. m. Doctrina nacionalista establecida por Hitler, basada en la supremacía de la raza germánica. ◇ FAM. nacionalsocialista. NACIONAL y SOCIALISMO.

naco s. m. *Amér. Central* y *Amér. Merid.* Andullo de tabaco. || *Colomb.* Puré de patata.

nada pron. indef. Ninguna cosa: *no hay nada.* || Muy poca cosa, algo sin importancia. ◆ adv. c. En absoluto: *no me gusta nada.* ◆ s. f. El no ser. ◆ **Como si nada,** sin dar a algo la mayor importancia. || Sin esfuerzo. || **De nada,** de poca importancia: *un regalo de nada.* || Expresión usada para responder a quien da las gracias. ◇ FAM. nadería, nadie. / nonada.

nadador, ra adj. y s. Que nada. || Que practica la natación como deporte.

nadar v. intr. [1]. Sostenerse y avanzar dentro del agua. || Flotar en un líquido. || Abundar en una cosa. ◇ FAM. nadador, nado. / natación, sobrenadar.

nadería s. f. Cosa de poco valor o importancia. ◇ FAM. NADA.

nadie pron. indef. Ninguna persona: *no había nadie.* ◆ **No ser nadie,** no ser alguien importante. ◇ FAM. NADA.

nadir s. m. Punto de la esfera celeste opuesto al cenit.

nado s. m. *Méx.* Acción de nadar. ◆ **A nado,** nadando: *cruzar un río a nado.*

nafta s. f. Líquido incoloro, volátil e inflamable que se obtiene del petróleo. || *Argent.* y *Urug.* Gasolina. ◇ FAM. naftalina.

naftalina s. f. Hidrocarburo sólido, de color blanco, que se usa contra la polilla.

naguabeño, ña adj. y s. De Naguabo (Puerto Rico).

nagual s. m. *Amér. Central* y *Méx.* Brujo, hechicero que se supone tiene la facultad de convertirse en animal. || *Guat., Hond.,*

Méx. y *Nicar.* Animal tutelar de una persona que es su compañero o protector espiritual durante toda su vida.

naguapate s. m. *Hond.* Planta cuyo cocimiento se usa contra las enfermedades venéreas.

nahua adj. y s. m. y f. De un pueblo amerindio de México y Centroamérica. ◆ s. m. Lengua hablada por este pueblo.

náhualt s. m. Dialecto nahua hablado en México.

naíf adj. Ingenuo. ‖ Dícese de un estilo pictórico caracterizado por su ingenuidad, vivos colores y falta de academicismo técnico.

nailon s. m. Material sintético con el que se fabrican algunos tejidos.

naipe s. m. Cartulina rectangular que con otras forma una baraja.

nalga s. f. Cada una de las dos partes carnosas situadas debajo de la espalda del hombre. ◇ FAM. nalgón, nalgudo, nalguear.

nalgón, na adj. *Colomb., Guat., Hond.* y *Méx.* Que tiene gruesas las nalgas.

nalguear v. tr. [1]. *C. Rica* y *Méx.* Golpear en las nalgas.

nambira s. f. *Hond.* Mitad de una calabaza que, quitada la pulpa, sirve para uso doméstico.

nana[1] s. f. Canción para dormir a los niños. ‖ *Amér. Central.* Madre. ‖ *Amér. Central, Méx.* y *Venez.* Niñera, nodriza.

nana[2] s. f. *Argent., Chile, Par.* y *Urug.* En lenguaje infantil, pupa. ◆ s. f. pl. *Amér. Merid.* Conjunto de achaques y dolencias sin importancia, en especial las de la vejez.

nanay adv. neg. *Fam.* Niega algo con rotundidad: *nanay, no quiero hacerlo.*

nancear v. intr. [1]. *Hond.* Alcanzar.

nanche s. m. *Amér. Central* y *Méx.* Planta arbustiva, de fruto pequeño, globoso, de color amarillo y muy sabroso.

nao s. f. Antigua nave comercial de gran tonelaje. ‖ Nave. ◇ FAM. NAVE.

napa s. f. Piel de algunos animales curtida y trabajada con la que se confeccionan, generalmente, prendas de vestir.

napalm s. m. Gel inflamable usado como carga de proyectiles incendiarios.

nape s. m. *Chile.* Cierto cangrejo que se utiliza como cebo.

napia s. f. *Fam.* Nariz, especialmente cuando es muy grande.

napolitano, na adj. y s. De Nápoles.

naranja s. f. Fruto comestible del naranjo, de pulpa jugosa y agridulce. ◆ adj. y s. m. Dícese del color parecido al de este fruto. ◆ De este color. ● **Media naranja** *(Fam.),* persona que se adapta perfectamente a otra. ‖ *Fam.* Una persona con respecto a su pareja. ● **Naranjas de la China** *(Fam.),* niega algo rotundamente. ◇ FAM. naranjada, naranjal, naranjilla, naranjillo, naranjo. / anaranjado.

naranjada s. f. Zumo de naranja con agua y azúcar.

naranjero s. m. *Argent.* Pájaro de plumaje vistoso, cuya área de distribución es muy amplia en el país.

naranjilla s. f. Naranja amarga de pequeño tamaño, usada en confitería. ‖ *Ecuad.* Planta de fruto comestible. ‖ *Ecuad.* Fruto de esta planta.

naranjillo s. m. *Argent.* Árbol con aguijones en ramas y corteza, cuyo follaje exhala un fuerte olor a naranja.

naranjo s. m. Árbol perenne de hojas verdes y flores blancas y olorosas, cuyo fruto es la naranja.

narcisismo s. m. Admiración exagerada hacia uno mismo.

narciso[1] s. m. Persona muy satisfecha de sí misma y excesivamente preocupada de su aspecto. ◇ FAM. narcisismo, narcisista.

narciso[2] s. m. Planta bulbosa, de flores amarillas o blancas, que se cultiva con fines ornamentales. ‖ Flor de esta planta.

narco- pref. Significa 'sueño' y 'droga': *narcolepsia, narcotráfico.*

narcosis s. f. Estado de sueño producido por narcóticos.

narcótico, ca adj. y s. m. Dícese de la sustancia que provoca sueño y pérdida de la sensibilidad. ◆ adj. Relativo a la narcosis. ◇ FAM. narcosis, narcotismo, narcotizar. / narcotráfico.

narcotismo s. m. Narcosis. ‖ Dependencia con respecto a los narcóticos.

narcotraficante adj. y s. m. y f. Que trafica en drogas tóxicas.

narcotráfico s. m. Tráfico ilegal de drogas o narcóticos. ◇ FAM. narcotraficante. NARCÓTICO, CA y TRÁFICO.

nardo s. m. Planta herbácea de flores blancas, muy olorosas. ‖ Flor de esta planta.

narguile s. m. Pipa oriental provista de un largo tubo flexible, en la que el humo pasa por un pomo lleno de agua perfumada.

narigada s. f. *Ecuad.* Porción de polvo de tabaco que se coge con dos dedos para aspirarlo por la nariz.

narigudo, da adj. y s. De nariz grande.

nariz s. f. Parte saliente de la cara, entre la boca y la frente, en la que reside el sentido del olfato. ‖ Sentido del olfato. ● **Darle en la nariz** algo a alguien, sospecharlo. ‖ **Hinchársele las narices** a alguien *(Fam.),* enfadarse mucho. ‖ **Meter las narices** en algo *(Fam.),* entrometerse. ◇ FAM. narigada, narigudo, narizón, narizudo. / nasal.

narizón, na adj. *Fam.* Narigudo.

narizudo, da adj. *Méx. Fam.* Que tiene grandes las narices.

narración s. f. Acción de narrar. ‖ Escrito en prosa en que se relata una historia.

narrar v. tr. [1]. Decir de palabra o por escrito alguna historia: *narrar lo sucedido.*

◇ FAM. narrable, narración, narrador, narrativo. / inenarrable.

narrativo, va adj. Relativo a la narración. ◆ s. f. Género literario en prosa que abarca la novela, el relato y el cuento.

narval s. m. Mamífero cetáceo de los mares árticos que posee un gran diente que se prolonga horizontalmente.

nasa s. f. Instrumento para pescar que consiste en una especie de cesta cilíndrica en la que quedan atrapados los peces.

nasal adj. Relativo a la nariz. ◆ adj. y s. f. LING. Dícese del sonido en cuya articulación el aire aspirado pasa por la nariz y de la letra que lo representa, como la *m*, *n* o *ñ*. ◇ FAM. nasalidad, nasalizar. NARIZ.

nasalizar v. tr. y pron. [1g]. LING. Hacer nasal o pronunciar como tal un sonido. ◇ FAM. nasalización. NASAL.

nassauense adj. y s. m. y f. De Nassau.

nata s. f. Capa cremosa que se forma en la superficie de la leche o de otros líquidos. || Lo mejor y más selecto: *la flor y nata de la sociedad.* ◇ FAM. natillas. / desnatar.

natación s. f. Acción y efecto de nadar, considerada como un ejercicio o como un deporte. ◇ FAM. natatorio. NADAR.

natal adj. Relativo al nacimiento. ◇ FAM. natalicio, natalidad. / prenatal. NACER.

natalense adj. y s. m. y f. De Natal (Brasil).

natalicio, cia adj. Relativo al día del nacimiento.

natalidad s. f. Número de nacimientos en un lugar y período de tiempo determinados.

natatorio, ria adj. Relativo a la natación. || Que sirve para nadar.

natillas s. f. pl. Crema que se elabora cociendo huevos, leche y azúcar. ◇ FAM. NATA.

natividad s. f. Nacimiento de Jesucristo, la Virgen o san Juan. ◇ FAM. Navidad. NACER.

nativo, va adj. Relativo al lugar donde ha nacido alguien. ◆ adj. y s. Nacido en el lugar de que se trata: *profesor de inglés nativo.* ◇ FAM. NACER.

nato, ta adj. Dícese de las cualidades o defectos que se tienen de nacimiento. || Dícese de los títulos o cargos inseparables de la persona que los desempeña. ◇ FAM. innato, nonato. NACER.

natral s. m. *Chile.* Terreno poblado de natris.

natre o **natri** s. m. *Chile.* Arbusto de flores blancas, con cuyo jugo amargo se untan el pecho las mujeres para destetar a los niños. ◇ FAM. natral.

natura s. f. Naturaleza. ◇ FAM. natural, naturismo, naturista.

natural adj. Relativo a la naturaleza. || Intrínseco a la naturaleza de un ser o a las circunstancias de un caso: *bondad natural.* || Sin artificio. ◆ adj. y s. m. y f. Originario de un país, región o provincia.

◆ s. m. Manera de ser. ● **Al natural,** sin artificio, sin aderezo. ◇ FAM. naturaleza, naturalidad, naturalismo, naturalista, naturalizar, naturalmente. / antinatural, connatural, sobrenatural. NATURA.

naturaleza s. f. Conjunto de los seres y cosas que forman el universo y en los que no ha intervenido el hombre. || Conjunto de caracteres fundamentales propios de un ser o de una cosa. || Tipo, clase. || Carácter, temperamento.

naturalidad s. f. Calidad de natural. || Espontaneidad, sencillez.

naturalismo s. m. Tendencia a reflejar la realidad tal como es, sin evitar sus aspectos más negativos.

naturalista adj. y s. m. y f. Relativo al naturalismo o partidario de él. || Especializado en ciencias naturales.

naturalizar v. tr. y pron. [1g]. Admitir a un extranjero como natural de un país. ◇ FAM. naturalización. / desnaturalizar. NATURAL.

naturismo s. m. Doctrina que defiende el uso de los medios naturales como forma de vida y de mantener la salud.

naufragar v. intr. [1b]. Hundirse o perderse un barco en el agua. || Fracasar. ◇ FAM. naufragio, náufrago. NAVE.

naufragio s. m. Acción y efecto de naufragar.

náufrago, ga adj. y s. Que ha sufrido un naufragio.

náusea s. f. Ansia de vomitar. || Repugnancia, asco. ◇ FAM. nauseabundo.

nauseabundo, da adj. Que produce náuseas: *olor nauseabundo.*

náutica s. f. Técnica y arte de navegar. ◇ FAM. motonáutica. NÁUTICO, CA.

náutico, ca adj. Relativo a la navegación. ◇ FAM. náutica. NAVE.

nautilo s. m. Molusco cefalópodo de los mares cálidos, cubierto por una concha en espiral.

nauyaca s. f. *Méx.* Serpiente grande y venenosa con el labio superior hendido, lo que le da el aspecto de tener cuatro fosas nasales.

nava s. f. Tierra baja y húmeda, a veces pantanosa.

navaja s. f. Cuchillo plegable. || Molusco de cuerpo alargado y carne muy apreciada. ◇ FAM. navajada, navajazo, navajero.

navajero, ra s. Atracador armado con navaja. ◆ adj. *Colomb.* Dícese de la persona muy hábil en alguna cosa.

naval adj. Relativo a las naves o a la navegación.

navarro, rra adj. y s. De Navarra (España).

nave s. f. Cualquier embarcación. || Vehículo espacial. || Espacio grande entre muros o filas de arcadas en un edificio. || *Colomb.* Hoja de puerta o ventana. ◇ FAM. naval, navegar, naveta, navicular, naviero, navío. / aeronave, astronave, cosmonave, nao, naufragar, náutico.

navegable adj. Dícese del río, lago, etc., donde se puede navegar.

navegación s. f. Acción y técnica de navegar.

navegante adj. y s. m. y f. Que navega.

navegar v. intr. [1b]. Viajar en una nave. ‖ Trasladarse la nave en el medio de que se trate. ⬦ FAM. navegable, navegación, navegador, navegante. NAVE.

naveta s. f. Cajón de mesa o escritorio. ‖ Monumento prehistórico funerario de Menorca en forma de nave invertida.

navicular adj. Que tiene forma de nave pequeña.

navidad s. f. Fiesta de la natividad de Jesucristo. ⬦ FAM. navideño. NATIVIDAD.

navideño, ña adj. Relativo a la Navidad.

naviero, ra adj. Relativo a la nave o a la navegación. ◆ adj. y s. Propietario de barcos. ◆ s. f. Empresa propietaria de barcos.

navío s. m. Embarcación de grandes dimensiones.

náyade s. f. Ninfa de los ríos y de las fuentes.

nazareno, na adj. y s. De Nazaret. ◆ s. m. Penitente que en las procesiones de Semana Santa va vestido con una túnica y un capirote. ◆ s. f. pl. *R. de la Plata.* Espuelas grandes usadas por los gauchos.

nazarí adj. y s. m. y f. De una dinastía musulmana que reinó en Granada desde el s. XIII al XV.

nazismo s. m. Nacionalsocialismo.

nebí s. m. Neblí*.

nebladura s. f. Daño que causa la niebla en las plantas, en especial en los sembrados. ⬦ FAM. NIEBLA.

neblí s. m. Halcón común.

neblina s. f. Niebla ligera. ⬦ FAM. neblinear, neblinoso. NIEBLA.

neblinear v. impers. [1]. *Chile.* Lloviznar.

nebulosa s. f. Gran masa celeste formada por materia cósmica, de aspecto de nube y a veces luminosa.

nebuloso, sa adj. Oscurecido por la niebla o por las nubes. ‖ Poco claro, confuso. ⬦ FAM. nebulosa, nebulosidad. NIEBLA.

necedad s. f. Calidad de necio. ‖ Dicho o hecho necio.

necesario, ria adj. Que no puede dejar de ser o suceder. ‖ Imprescindible, que hace falta para un fin. ⬦ FAM. necesariamente, neceser. / innecesario. NECESIDAD.

neceser s. m. Caja o estuche con los objetos de aseo o costura.

necesidad s. f. Todo lo que es necesario para alguien o algo. ‖ Hecho de ser necesaria una cosa. ‖ Escasez o pobreza. ‖ Evacuación de orina o excrementos. ⬦ FAM. necesario, necesitar.

necesitado, da adj. y s. Falto de lo necesario: *gente necesitada.*

necesitar v. tr. e intr. [1]. Tener necesidad de lo que se expresa. ⬦ FAM. necesitado. NECESIDAD.

necio, cia adj. y s. Tonto, ignorante. ⬦ FAM. necedad.

nécora s. f. Cangrejo de mar de caparazón de color rojo, muy apreciado en gastronomía.

necro- pref. Significa 'muerto' o 'muerte': *necrópolis.*

necrofagia s. f. Acción de alimentarse de cadáveres o carroña. ⬦ FAM. necrófago.

necrofilia s. f. Atracción sexual hacia los cadáveres y contacto de este tipo realizado con ellos. ‖ Atracción hacia la muerte.

necrología s. f. Biografía breve sobre una persona muerta recientemente. ‖ Lista de personas muertas. ⬦ FAM. necrológico.

necrológico, ca adj. Relativo a la necrología. ◆ s. f. Noticia aparecida en prensa que informa de la muerte de alguien.

necrópolis s. f. Cementerio.

necrosis s. f. Muerte de células o tejidos del organismo. ⬦ FAM. necrótico.

necrótico, ca adj. Relativo a la necrosis.

néctar s. m. Jugo azucarado que contienen ciertas flores. ‖ Licor delicioso. ⬦ FAM. nectarina, nectario.

nectarina s. f. Híbrido de melocotón y ciruelo.

nectario s. m. Órgano de la flor que segrega néctar.

neerlandés, sa adj. y s. Holandés. ◆ s. m. Lengua germánica hablada en los Países Bajos.

nefando, da adj. Abominable, que repugna u horroriza moralmente.

nefasto, ta adj. Que causa desgracia o va acompañado de ella: *día nefasto.* ‖ De muy mala calidad. ⬦ FAM. FASTO, TA.

nefr- pref. Significa 'riñón': *nefrología.*

nefrítico, ca adj. Relativo al riñón: *cólico nefrítico.* ◆ adj. y s. Que padece nefritis. ⬦ FAM. nefritis, nefrología.

nefritis s. f. Inflamación de los riñones.

nefrología s. f. Parte de la medicina que estudia el riñón y sus enfermedades. ⬦ FAM. nefrológico, nefrólogo. NEFRÍTICO, CA.

negación s. f. Acción y efecto de negar. ‖ LING. Palabra o partícula usada para negar.

negado, da adj. y s. Incapaz, inepto.

negar v. tr. [1d]. Decir que algo no existe o no es verdad. ‖ Denegar, no conceder lo que se pide. ‖ No reconocer un parentesco, amistad, etc. ◆ **negarse** v. pron. Decir que no se quiere hacer algo. ⬦ FAM. negable, negación, negado, negador, negativa, negativo. / abnegación, denegar, innegable, renegar.

negativa s. f. Acción de negar o negarse. ‖ Palabra, gesto, etc., con que se niega.

negativo, va adj. Que expresa o contiene una negación. ‖ Perjudicial, desfavorable. ‖ MAT. Dícese de los números reales menores de cero. ◆ s. m. Primera imagen fotográfica que se obtiene, en la que aparecen invertidos los colores. ◇ FAM. negativamente. / electronegativo. NEGAR.

negligé adj. Descuidado, desaliñado, aunque no exento de cierta elegancia. ◆ s. m. Bata o salto de cama elegante y algo atrevido.

negligencia s. f. Falta de cuidado, dejadez. ◇ FAM. negligente.

negligente adj. y s. m. y f. Que actúa con negligencia.

negociado s. m. Sección o dependencia de ciertas organizaciones administrativas. ‖ *Amér. Merid.* Negocio de importancia, ilícito y escandaloso.

negociante adj. y s. m. y f. Que se dedica a negocios. ‖ Dícese del que ejerce una profesión con un afán excesivo de dinero.

negociar v. intr. [1]. Comprar o vender mercancías, valores, etc., para obtener ganancias. ◆ v. tr. Tratar asuntos para llegar a un acuerdo. ‖ Descontar una letra de cambio. ◇ FAM. negociable, negociación, negociador, negociante. NEGOCIO.

negocio s. m. Cualquier operación, como compra, venta, etc., de la que se espera lograr un beneficio. ‖ Provecho o beneficio obtenido. ‖ Establecimiento comercial o industrial. ◇ FAM. negociado, negociar.

negrada s. f. *Cuba.* Conjunto de esclavos negros que constituía la dotación de una finca.

negrero, ra adj. y s. Dícese del que comerciaba con esclavos negros. ‖ Cruel, déspota con los inferiores.

negrita adj. y s. f. Dícese de un tipo de letra de trazo más grueso.

negrito s. m. *Cuba.* Ave paseriforme de color negro, con el dorso castaño.

negro, gra adj. y s. m. Dícese del color totalmente oscuro. ◆ adj. y s. Dícese de los individuos pertenecientes a una raza humana caracterizada por el color oscuro de la piel. ◆ adj. De color negro. ◆ s. f. MÚS. Figura que equivale a la mitad de una blanca. ● *Pasarlas negras (Fam.),* pasarlo muy mal. ‖ **Tener la negra** *(Fam.),* tener muy mala suerte. ◇ FAM. negrada, negrear, negrero, negrita, negrito, negroide, negrura, negruzco. / ennegrecer, renegrido.

negroide adj. y s. m. y f. Que presenta rasgos propios de la raza negra.

negruzco, ca adj. Que tira a negro.

neja s. f. *Méx.* Tortilla hecha de maíz cocido.

neme s. m. *Colomb.* Betún o asfalto.

nemo- pref. Mnemo-*.

nemotecnia o **nemotécnica** s. f. Mnemotecnia*.

nene, na s. Niño muy pequeño. ◇ FAM. NIÑO, ÑA.

neneque s. m. *Hond.* Persona muy débil incapaz de valerse por sí misma.

nenúfar s. m. Planta acuática de flores blancas.

neo- pref. Significa 'nuevo': *neoclasicismo.*

neocapitalismo s. m. Sistema económico capitalista caracterizado por un rápido desarrollo tecnológico y cierta intervención del estado. ◇ FAM. neocapitalista. CAPITALISMO.

neocelandés, sa adj. y s. Neozelandés*.

neoclasicismo s. m. Estilo artístico surgido a mediados del s. XVIII e inspirado en la antigüedad grecolatina. ◇ FAM. neoclásico. CLASICISMO.

neocolonialismo s. m. Nueva forma de colonialismo que tiende al dominio económico de los países subdesarrollados.

neodimio s. m. Metal del grupo de las tierras raras, de color brillante y atacable por los ácidos.

neófito, ta s. Persona recién convertida a una religión. ‖ Persona recientemente adherida a una causa, partido, etc.

neógeno, na adj. y s. m. GEOL. Dícese del segundo período del cenozoico.

neolatino, na adj. Que procede del latín o de los latinos.

neolítico, ca adj. y s. m. Dícese del segundo período de la Edad de Piedra, que se caracteriza por el uso de la piedra pulimentada.

neologismo s. m. Palabra, expresión o sentido nuevos en una lengua.

neomicina s. f. Antibiótico usado para combatir infecciones gastrointestinales.

neón s. m. Gas noble existente en la atmósfera, usado en tubos fluorescentes.

neorrealismo s. m. Escuela cinematográfica italiana surgida tras la Segunda Guerra Mundial que refleja la realidad social en sus aspectos más dramáticos. ◇ FAM. neorrealista. REALISMO.

neoyorquino, na adj. y s. De Nueva York.

neozelandés, sa adj. y s. De Nueva Zelanda.

nepalés, sa adj. y s. De Nepal. ◆ s. m. Lengua hablada en Nepal.

nepalí adj. y s. m. y f. Nepalés.

nepotismo s. m. Tendencia a favorecer en cargos, premios, etc., a familiares y conocidos.

neptunio s. m. Elemento químico metálico de brillo plateado.

nereida s. f. Ninfa del mar.

nervadura s. f. Disposición de los nervios de una hoja o ala de insecto. ‖ ARQ. Nervio de una bóveda, especialmente gótica.

nervio s. m. Cada uno de los haces de fibras blanquecinas que sirven de conductores de los impulsos nerviosos. ‖ Cualquier tendón o tejido duro y blanquecino. ‖ Haz fibroso en una hoja o ala de insecto. ‖ Fuerza, vigor. ‖ ARQ. Moldura saliente del interior de una bóveda. ◆ pl. Nerviosismo. ◇ FAM. nervadura, nervioso, nervudo. / enervar, inervar.

nerviosismo s. m. Estado pasajero de excitación nerviosa, intranquilidad.

nervioso, sa adj. Relativo a los nervios. ‖ Que muestra nerviosismo. ‖ Impetuoso, vigoroso. ◇ FAM. nerviosamente, nerviosidad, nerviosismo. NERVIO.

neto, ta adj. Exento de deducciones, de cargas: *salario neto.* ‖ Claro, bien definido. ◇ FAM. netamente. NÍTIDO, DA.

neumático, ca adj. Dícese de los aparatos que funcionan o se hinchan con aire u otros gases. ◆ s. m. Parte de la rueda de ciertos vehículos que rodea la llanta.

neumo- pref. Significa 'pulmón': *neumología.*

neumología s. f. Rama de la medicina que trata de las enfermedades de los pulmones o de las vías respiratorias. ◇ FAM. neumológico, neumólogo.

neumonía s. f. Pulmonía. ◇ FAM. neumónico. / bronconeumonía.

neuquino, na adj. y s. De Neuquén (Argentina).

neur- pref. Significa 'nervio': *neuralgia.*

neuralgia s. f. Dolor en un nervio. ◇ FAM. neurálgico. NEURONA.

neurálgico, ca adj. Relativo a la neuralgia. ‖ Muy importante.

neurastenia s. f. MED. Conjunto de estados nerviosos caracterizados por los síntomas de la depresión. ◇ FAM. neurasténico. NEURONA y ASTENIA.

neurita s. f. Prolongación de la célula nerviosa en forma de hilo. ◇ FAM. NEURONA.

neuritis s. f. Inflamación de un nervio. ◇ FAM. NEURONA.

neuro- pref. Neur-*: *neurología.*

neurología s. f. Rama de la medicina que estudia las enfermedades del sistema nervioso. ◇ FAM. neurólogo. NEURONA.

neurólogo, ga s. Especialista en neurología.

neurona s. f. Célula nerviosa. ◇ FAM. neuralgia, neurita, neuritis, neurología, neurosis. / neurastenia.

neurosis s. f. Afección nerviosa sin aparente causa fisiológica. ◇ FAM. neurótico. NEURONA.

neurótico, ca adj. Relativo a la neurosis. ◆ adj. y s. Afecto de esta enfermedad mental.

neutral adj. y s. m. y f. Que no toma partido.

neutralizar v. tr. y pron. [1g]. Hacer neutral. ‖ Contrarrestar. ‖ QUÍM. Hacer neutra una sustancia. ◇ FAM. neutralización. NEUTRO, TRA.

neutro, tra adj. Que no presenta ni uno ni otro de dos caracteres opuestos. ‖ No definido. ‖ FÍS. Que no presenta fenómeno eléctrico o magnético. ‖ LING. Dícese del género que no es ni masculino ni femenino, y de las palabras que tienen este género. ‖ QUÍM. Que no tiene carácter ácido ni básico. ◇ FAM. neutral, neutralidad, neutralizar, neutrón.

neutrón s. m. Partícula eléctricamente neutra que constituye, con los protones, el núcleo del átomo. ◇ FAM. neutrónico. NEUTRO, TRA.

nevado, da adj. Cubierto de nieve. ◆ s. m. *Amér.* Cumbre o área montañosa cubierta por nieves perpetuas. ◆ s. f. Acción y efecto de nevar. ‖ Cantidad de nieve caída de una vez.

nevar v. impers. [1j]. Caer nieve. ◇ FAM. nevado. NIEVE.

nevasca s. f. Nevada. ‖ Ventisca de nieve. ◇ FAM. NIEVE.

nevazón s. f. *Argent., Chile* y *Ecuad.* Temporal de nieve. ◇ FAM. NIEVE.

nevera s. f. Frigorífico, refrigerador. ‖ Habitación muy fría. ◇ FAM. nevería. NIEVE.

nevería s. f. *Méx.* Heladería.

nevisca s. f. Nevada corta de copos menudos. ◇ FAM. neviscar. NIEVE.

newton s. m. Unidad de fuerza en el Sistema Internacional.

nexo s. m. Nudo, unión, vínculo. ◇ FAM. anexo, conexo.

ni conj. cop. Partícula que enlaza palabras y frases indicando negación: *ni Juan ni Pedro han estado aquí.*

nica adj. y s. m. y f. *Fam.* Nicaragüense.

nicaragüense adj. y s. m. y f. De Nicaragua.

nicho s. m. Cada una de las concavidades construidas en un muro para colocar algo en ellas, en especial los cadáveres.

nicotina s. f. Alcaloide presente en las hojas del tabaco. ◇ FAM. nicotinismo, nicotismo.

nicotinismo o **nicotismo** s. m. Tabaquismo.

nidada s. f. Conjunto de los huevos o de las crías de un nido.

nidal s. m. Lugar donde las aves domésticas ponen los huevos.

nidificar v. intr. [1a]. Hacer las aves su nido.

nidífugo, ga adj. Dícese de las aves que son capaces de abandonar el nido nada más salir del huevo.

nido s. m. Pequeño abrigo o construcción que hacen las aves u otros animales para poner sus huevos. ‖ Nidada. ‖ Casa, hogar. ‖ Lugar donde están los recién nacidos en los hospitales. ◇ FAM. nidada, nidal, nidificar, nidífugo. / anidar.

niebla s. f. Nube que reposa sobre la superficie terrestre. ◇ FAM. nebladura, neblina, nebuloso. / antiniebla.

nieto, ta s. Respecto de una persona, hijo de un hijo suyo. ◇ FAM. bisnieto, biznieto, tataranieto.

nieve s. f. Precipitación de hielo, que cae en forma de copos blancos y ligeros. ‖ Nevada. ‖ *Fam.* Cocaína. ‖ *Cuba, Méx.* y *P. Rico.* Polo, sorbete helado. ◇ FAM. nevar, nevasca, nevazón, nevera, nevisca. / aguanieve, nival, níveo, quitanieves.

nigeriano, na adj. y s. De Nigeria.

night-club s. m. Sala de fiestas nocturna.

nigromancia o **nigromancía** s. f. Evocación de los muertos para saber el futuro o alguna cosa oculta. ‖ *Fam.* Magia negra. ◇ FAM. nigromántico.

nigua s. f. Insecto parecido a la pulga, pero más pequeño, que vive en América y en África.

nihilismo s. m. Negación de toda creencia. ◇ FAM. nihilista.

nihilista adj. y s. m. y f. Que profesa el nihilismo.

nilón s. m. Nailon*.

nimbo s. m. Círculo luminoso que rodea la cabeza de las imágenes religiosas. ‖ Círculo que aparece alrededor de un astro, especialmente del Sol o de la Luna. ‖ Nimboestrato. ◇ FAM. nimboestrato.

nimboestrato s. m. Capa de nubes bajas, densas y oscuras.

nimio, mia adj. Sin importancia, insignificante. ◇ FAM. nimiedad.

ninfa s. f. Deidad femenina de las aguas, bosques, etc. ‖ Muchacha joven y hermosa. ‖ ZOOL. En los insectos, estadio transitorio entre la larva y el imago.

ninfomanía s. f. Deseo sexual exagerado en la mujer. ◇ FAM. ninfómana, ninfomaníaco.

ningún adj. indef. Apócope de *ninguno* que se antepone a los sustantivos masculinos: *no tiene ningún vicio.*

ninguno, na adj. y pron. indef. Ni uno sólo de lo que se expresa: *ninguno protestó.* ◇ FAM. ningún.

ninot s. m. Muñeco o figura de las fallas valencianas.

niñato, ta adj. y s. *Desp.* Dícese del joven inexperto y presuntuoso.

niñero, ra adj. y s. Que le gustan mucho los niños. ◆ s. f. Criada encargada del cuidado de los niños.

niñez s. f. Período de la vida humana que se extiende desde la infancia a la pubertad.

niño, ña s. y adj. Persona en la etapa de la niñez o muy joven. ‖ Persona infantil, o de poca experiencia. ‖ *Amér.* En algunos países, tratamiento que se da a personas de mayor consideración social, especialmente a los solteros. ◆ s. f. Pupila del ojo. • **Niña de mano** (*Chile*), sirvienta que se ocupa del trabajo de la casa, excluyendo las funciones de la cocina. ◇ FAM. niñato, niñero, niñería, niñez. / aniñado, nene.

nipón, na adj. y s. De Japón.

níquel s. m. Metal blanco grisáceo, brillante, maleable y dúctil. ‖ Cuba y P. Rico. Moneda de cinco centavos. ‖ *Urug.* Moneda, bienes, dinero. ◇ FAM. niquelar.

niquelar v. tr. [1]. Recubrir con una capa de níquel. ◇ FAM. niquelado, niquelador, niqueladura. NÍQUEL.

niqui s. m. *Prenda de vestir ligera, con cuello y manga corta.*

nirvana s. m. En el budismo, estado de

beatitud caracterizado por la ausencia de dolor y la posesión de la verdad.

níscalo s. m. Hongo comestible de sombrerillo anaranjado. ◇ FAM. mízcalo.

níspero s. m. Árbol de tronco espinoso, con hojas grandes y flores blancas, que produce un fruto comestible. ‖ Fruto de este árbol. ‖ *Amér. Central* y *Amér. Merid.* Zapote, árbol. ‖ *Amér. Central* y *Amér. Merid.* Fruto de este árbol.

nitidez s. f. Calidad de nítido.

nítido, da adj. Limpio, transparente. ‖ No confuso, muy preciso: *palabra nítida.* ◇ FAM. nítidamente, nitidez. / neto.

nitrato s. m. Sal o éster del ácido nítrico. • **Nitrato de Chile,** compuesto de nitratos y otros elementos que se utiliza como abono natural.

nítrico, ca adj. Perteneciente o relativo al nitro o al nitrógeno. • **Ácido nítrico,** compuesto oxigenado derivado del nitrógeno, y que constituye un ácido fuerte y oxidante.

nitro s. m. Nitrato de potasio nativo.

nitrógeno s. m. Cuerpo simple no metálico gaseoso, incoloro, inodoro e insípido. ◇ FAM. nitrato, nítrico, nitro, nitrogenado. / nitroglicerina.

nitroglicerina s. f. Éster nítrico de la glicerina, líquido explosivo que entra en la composición de la dinamita. ◇ FAM. NITRÓGENO Y GLICERINA.

nival adj. Relativo a la nieve. ◇ FAM. NIEVE.

nivel s. m. Altura o grado en que está o al que llega una persona o cosa. ‖ Instrumento que sirve para comprobar la horizontalidad de un plano. ‖ Estado de un plano horizontal y grado de elevación de una línea o un plano en relación a una superficie horizontal de referencia. • **Nivel de vida,** grado de bienestar alcanzado por un individuo o grupo social. ◇ FAM. nivelar. / desnivel.

nivelación s. f. Acción y efecto de nivelar.

nivelar v. tr. [1]. Poner un plano o superficie en la posición horizontal. ‖ Medir o verificar con un nivel. ◆ v. tr. y pron. Poner o quedar a un mismo nivel, grado o altura: *nivelar la balanza de pagos.* ◇ FAM. nivelación, nivelador. NIVEL.

níveo, a adj. De nieve o semejante a ella. ◇ FAM. NIEVE.

nixtamal s. m. *Amér. Central* y *Méx.* Maíz preparado para hacer tortillas.

no adv. neg. Expresa la idea de negación, de rechazo, y se opone a *sí.* ‖ Se usa en frases interrogativas para expresar duda o extrañeza, o para pedir la confirmación de algo: *de acuerdo, ¿no?* ◆ s. m. Negación. • **No bien,** inmediatamente que, en cuanto. ‖ **No más,** solamente. ‖ Basta de ◇ FAM. non. / nonada, nonato, sino².

nobelio s. m. Elemento químico radiactivo que se obtiene artificialmente.

nobiliario, ria adj. Relativo a la nobleza.

noble adj. y s. m. y f. Que goza de ciertos privilegios y tiene ciertos títulos. ◆ adj. Magnánimo, de sentimientos elevados. || Dícese de algunos materiales muy finos o de las unidades más selectas de otros. || QUÍM. Se dice de las sustancias que no reaccionan con otras, y permanecen inalterables. ◇ FAM. nobiliario, noblemente, nobleza. / ennoblecer, innoble.

nobleza s. f. Calidad de noble, generosidad, magnanimidad. || Conjunto de los nobles de un país.

nocedal s. f. Noguera. ◇ FAM. nuez.

noche s. f. Tiempo comprendido entre la puesta y la salida del Sol. || Oscuridad que reina durante este tiempo. ● **De la noche a la mañana,** de pronto. ● FAM. nochero. / anoche, anochecer¹, medianoche, nochebuena, nochevieja, noctámbulo, nocturno, pernoctar, trasnochar.

nochebuena s. f. Noche de la vigilia de Navidad.

nochero, ra adj. y s. Argent. Noctámbulo. ◆ adj. y s. m. Argent. Caballo que se reserva para emplearlo por la noche. ◆ s. m. Vigilante nocturno.

nochevieja s. f. Última noche del año.

noción s. f. Conocimiento o idea de algo. || Conocimiento elemental. ◇ FAM. nocional.

nocivo, va adj. Dañino, perjudicial. ◇ FAM. nocividad.

noctámbulo, la adj. y s. Que acostumbra salir, pasear o divertirse de noche. ◇ FAM. noctambular. NOCHE Y AMBULANTE.

nocturnidad s. f. Calidad o condición de nocturno. || DER. Circunstancia agravante de la responsabilidad penal, que consiste en ejecutar un delito de noche.

nocturno, na adj. Relativo a la noche. || Dícese de las flores que se abren durante la noche y de los animales que desarrollan su actividad por la noche. ◆ s. m. Pieza musical de carácter soñador y melancólico. ◇ FAM. nocturnidad. NOCHE.

nodo s. m. ASTRON. Cada uno de los puntos opuestos en que la órbita de un astro corta la eclíptica. || MED. Nódulo.

nodriza s. f. Ama de cría. || En aposición, se aplica al vehículo que abastece de combustible a otro o a otros. ◇ FAM. NUTRIR.

nódulo s. m. Concreción de poco tamaño. || GEOL. Concreción mineral o rocosa situada en una roca de naturaleza distinta. || MED. Denominación de determinadas estructuras que aparecen en el organismo. ◇ FAM. NUDO.

nogal s. m. Árbol de gran tamaño, propio de las regiones templadas, con tronco grueso y copa extensa, cuyo fruto es la nuez. || Madera de este árbol. ◇ FAM. nogalina, noguera. NUEZ.

nogalina s. f. Colorante obtenido de la cáscara de la nuez.

noguera s. f. Nogal. ◇ FAM. nogueral. NOGAL.

nogueral s. m. Terreno plantado de nogales.

nolí s. m. Colomb. Palma cuyo fruto da aceite.

nómada adj. y s. m. y f. Que va de un lugar a otro sin tener una residencia fija.

nombradía s. f. Reputación, fama.

nombramiento s. m. Acción y efecto de nombrar. || Documento en que se nombra a alguien para un cargo u oficio.

nombrar v. tr. [1]. Decir el nombre de una persona o cosa. || Elegir a uno para desempeñar un cargo o empleo. ◇ FAM. nombramiento. / innombrable. NOMBRE.

nombre s. m. Palabra que sirve para designar una persona o cosa. || Fama, reputación. || LING. Categoría lingüística opuesta funcionalmente a verbo. ● **En nombre de** alguien, bajo su autoridad o responsabilidad. || **No tener nombre** algo (Fam.), ser muy indignante. ◇ FAM. nombradía, nombrar. / nomenclátor, nómina, nominal, nominar, pronombre, renombre, sobrenombre.

nomenclátor o **nomenclador** s. m. Catálogo o lista de nombres. ◇ FAM. nomenclatura. NOMBRE.

nomenclatura s. f. Conjunto de las voces técnicas de una ciencia o especialidad.

nomeolvides s. m. Planta de flores generalmente azules, pequeñas y elegantes. || Flor de esta planta. || Pulsera que lleva el nombre grabado.

nómina s. f. Relación de las personas que reciben un sueldo en una empresa. || Salario que recibe un trabajador. ◇ FAM. NOMBRE.

nominal adj. Relativo al nombre. || Que es o existe sólo de nombre. ◇ FAM. nominalismo, nominalizar, nominalmente. NOMBRE.

nominalismo s. m. FILOS. Doctrina que niega la existencia de los universales, opuesta al realismo y al idealismo. ◇ FAM. nominalista. NOMINAL.

nominar v. tr. [1]. Nombrar. || Designar para un puesto o cargo. ◇ FAM. nominación, nominado, nominador, nominativo. / denominar, innominado. NOMBRE.

nominativo, va adj. Que ha de llevar el nombre de su propietario. ◆ s. m. LING. Caso de la declinación al que corresponde la función del sujeto y de su atributo.

nomo s. m. Gnomo*.

non adj. y s. m. Impar, indivisible por dos. ◆ s. m. pl. Fam. Negación repetida de una cosa. ◇ FAM. NO.

nonada s. f. Cosa muy pequeña o de muy poca importancia. ◇ FAM. anonadar. NO Y NADA.

nonagésimo, ma adj. num. ord. y s. Que corresponde en orden al número noventa. ◆ adj. num. part. y s. m. Dícese de cada una de las noventa partes iguales en que se divide un todo.

nonato, ta adj. No nacido naturalmente. ◇ FAM. NO y NATO, TA.

nonio o **nonius** s. m. Dispositivo que, acoplado a una regla graduada, facilita la medición de objetos muy pequeños.

nono, na adj. Noveno. ◆ s. *Argent.* y *Urug.* Abuelo. ◆ s. f. Última de las cuatro partes en que los romanos dividían el día.

nopal s. m. Chumbera. ◇ FAM. nopalitos.

nopalitos s. m. pl. *Méx.* Hojas de nopal guisadas.

noque s. m. Fosa para curtir pieles. ‖ Cámara con paredes de madera donde se conserva la hierba mate después de tostada. ‖ *Argent., Bol.* y *Urug.* Recipiente de cuero o de madera, destinado a la elaboración del vino, a la conservación y transporte de líquidos, cereales, etc.

norcoreano, na adj. y s. De Corea del Norte.

nordeste s. m. Noreste*.

nórdico, ca adj. y s. De los países escandinavos. ◆ adj. y s. m. Dícese de las lenguas germánicas habladas en los países escandinavos.

noreste s. m. Punto del horizonte situado entre el norte y el este. ◆ adj. y s. m. Dícese del viento que sopla desde este punto. ◇ FAM. NORTE y ESTE¹.

noria s. f. Máquina y conjunto de instalaciones para elevar agua. ‖ Artefacto de feria que consiste en una rueda que gira verticalmente, de la que cuelgan asientos.

norma s. f. Regla que se debe seguir. ◇ FAM. normal, normativo.

normal adj. Conforme a la regla, a la norma. ‖ Dícese de lo que por su acomodación a la naturaleza o al uso o por su frecuencia, no produce extrañeza. ‖ Habitual. ‖ MAT. Perpendicular. ◇ FAM. normalidad, normalizar, normalmente. / anormal, paranormal, subnormal. NORMA.

normalidad s. f. Calidad o condición de normal.

normalizar v. tr. [1g]. Hacer que algo sea normal o recuperar la normalidad. ‖ Fijar normas. ◇ FAM. normalización. NORMAL.

normando, da adj. y s. De Normandía. ‖ De un conjunto de pueblos escandinavos que desde el s. IX se expandieron por Europa y se asentaron en ella.

normativo, va adj. Que sirve de norma o la implica. ◆ s. f. Conjunto de normas aplicables a una materia o actividad.

noroeste s. m. Punto del horizonte situado entre el norte y el oeste. ◆ adj. y s. m. Dícese del viento que sopla desde este punto. ◇ FAM. NORTE y OESTE.

norte s. m. Uno de los cuatro puntos cardinales, en la dirección de la Estrella Polar. ‖ Meta, fin que se pretende conseguir. ◆ adj. y s. m. Dícese del viento que sopla desde este punto. ◇ FAM. nordeste, nór-

dico, noreste, noroeste, norteamericano, norteño, nortino.

norteado, da adj. *Méx. Vulg.* Desorientado, perdido.

norteamericano, na adj. y s. De América del Norte. ‖ Estadounidense.

norteño, ña adj. y s. De la parte norte de un país. ◆ adj. Relativo al norte.

nortino, na adj. y s. *Chile* y *Perú.* Norteño.

noruego, ga adj. y s. De Noruega. ◆ s. m. Lengua hablada en Noruega.

nos pron. pers. Forma átona del pronombre personal de primera persona del plural *nosotros, nosotras*, en función de complemento directo e indirecto: *creo que nos ha visto; nos dieron el premio.* ‖ Se usa como sujeto, con sentido singular, aunque con concordancia plural, por jerarcas de la Iglesia en ocasiones solemnes: *nos os bendecimos.* ◇ FAM. nosotros, nuestro.

nosotros, tras pron. pers. de 1.ª persona del plural. Forma tónica apta para todas las funciones gramaticales.

nostalgia s. f. Tristeza que acompaña al recuerdo de épocas, personas o lugares a los que uno se siente vinculado afectivamente. ◇ FAM. nostálgico.

nota s. f. Escrito breve hecho para recordar algo. ‖ Advertencia o comentario sobre una parte de un texto. ‖ Calificación, puntuación dada sobre la conducta o el trabajo de alguien. ‖ Cuenta, factura. ‖ Aspecto o detalle de algo. ‖ MÚS. Cada uno de los siete sonidos de la escala musical y signos que los representan. ● **Dar la nota** (*Fam.*), llamar la atención, especialmente de forma negativa. ‖ **Tomar nota**, apuntar. ‖ Tener en cuenta. ◇ FAM. notar, notario. / anotar.

notable adj. Digno de ser tenido en cuenta, importante. ◆ s. m. Calificación inferior al sobresaliente y superior al aprobado. ◆ s. m. pl. Conjunto de personas principales en una colectividad. ◇ FAM. notabilidad, notablemente. NOTAR.

notación s. f. Sistema de signos empleados en una ciencia, arte, etc.: *notación musical.*

notar v. tr. [1]. Ver, sentir, advertir. ◆ **notarse** v. pron. Ser perceptible. ◇ FAM. notable, notación. / connotación, denotar. NOTA.

notaría s. f. Profesión y oficina del notario.

notarial adj. Relativo al notario. ‖ Autorizado por él.

notario, ria s. Funcionario público que da fe o garantía de los contratos, testamentos y otros actos extrajudiciales. ◇ FAM. notaría, notariado, notarial. NOTA.

noticia s. f. Comunicación o información, en especial de un acontecimiento reciente. ‖ Noción, conocimiento elemental. ◇ FAM. noticiar, noticiario, noticiero, noticioso.

noticiario s. m. Programa de radio o de televisión que se transmiten o dan noticias.

noticiero s. m. Noticiario de radio, prensa o televisión.

noticioso s. m. *Amér. Central* y *Amér. Merid.* Noticiario.

notificación s. f. Acción y efecto de notificar.

notificar v. tr. [1a]. Comunicar o dar una noticia. ◇ FAM. notificación, notificado, notificativo.

notorio, ria adj. Evidente, manifiesto. ‖ Conocido, famoso. ◇ FAM. notoriedad.

nova s. f. Etapa de la evolución de una estrella en la que aumenta considerablemente su brillo. ◇ FAM. NUEVO, VA.

novatada s. f. Broma que en una colectividad hacen los antiguos a los compañeros novatos.

novato, ta adj. y s. Nuevo o principiante. ◇ FAM. novatada. NUEVO, VA.

novecentismo s. m. Denominación dada a algunos movimientos artísticos del primer tercio del s. XX. ◇ FAM. novecentista.

novecientos, tas adj. num. card. y s. m. Nueve veces ciento.

novedad s. f. Calidad de nuevo. ‖ Cambio, transformación, especialmente en la moda. ‖ Noticia. ◇ FAM. NUEVO, VA.

novel adj. Principiante y sin experiencia. ◇ FAM. NUEVO, VA.

novela s. f. Obra literaria extensa en prosa. ‖ Género formado por estas obras. ◇ FAM. novelar, novelesco, novelista, novelística, novelístico, novelón. / fotonovela, radionovela, telenovela.

novelar v. intr. y tr. [1]. Escribir novelas o relatar en forma de novela. ◇ FAM. novelable. NOVELA.

novelesco, ca adj. Propio o característico de las novelas.

novelista s. m. y f. Autor de novelas.

novelística s. f. Tratado histórico o preceptivo de la novela. ‖ Literatura novelesca.

novelón s. m. *Desp.* Novela dramática, extensa y generalmente mal escrita.

noveno, na adj. num. ord. y s. Que corresponde en orden al número nueve. ◆ adj. num. part. y s. m. Dícese de cada una de las nueve partes en que se divide un todo. ◆ s. f. Conjunto de rezos y actos de devoción realizados durante nueve días seguidos.

noventa adj. num. card. y s. m. Nueve veces diez.

noviar v. intr. [1t]. *Argent.* Flirtear.

noviazgo s. m. Relación y período en que dos personas son novios.

noviciado s. m. Tiempo de prueba impuesto a los novicios antes de profesar. ‖ Conjunto de novicios y casa donde viven.

novicio, cia adj. y s. Dícese de la persona que se prepara para ingresar en una orden

religiosa. ‖ *Fam.* Nuevo, principiante. ◇ FAM. noviciado. NUEVO, VA.

noviembre s. m. Undécimo mes del año.

novillada s. f. Conjunto de novillos. ‖ Lidia de novillos.

novillero, ra s. Lidiador de novillos.

novillo, lla s. Toro o vaca de dos o tres años. ● **Hacer novillos** (*Fam.*), faltar un alumno a clase. ◇ FAM. novillada, novillero. NUEVO, VA.

novilunio s. m. Conjunción de la Luna con el Sol. ◇ FAM. LUNA.

novio, via s. Persona respecto a otra con la que mantiene relaciones amorosas con vistas a casarse. ◆ s. m. *Colomb., Ecuad.* y *Venez.* Planta de flores rojas, muy común en los jardines. ◇ FAM. noviar, noviazgo. NUEVO, VA.

novohispano, na adj. *Méx.* De la Nueva España.

nubarrón s. m. Nube grande, de aspecto negruzco.

nube s. f. Masa formada por finas partículas de agua que se mantiene en suspensión en la atmósfera gracias a los movimientos verticales del aire. ‖ Lo que forma una masa parecida a la anterior: *nube de insectos*. ● **En las nubes** (*Fam.*), distraído. ‖ **Poner en, o por, las nubes** (*Fam.*), alabar a alguien o algo. ‖ **Por las nubes** (*Fam.*), a un precio muy elevado. ◇ FAM. nubarrón, nublar, nuboso.

núbil adj. Que está en edad de casarse. ◇ FAM. nubilidad.

nublado, da adj. Cubierto de nubes. ◆ s. m. Nube que amenaza tempestad.

nublar v. tr. y pron. [1]. Formarse nubes, cubrirse el cielo de nubes. ‖ Enturbiar la vista. ‖ Confundir, turbar. ◇ FAM. nublado. / obnubilar. NUBE.

nubosidad s. f. Estado de nuboso.

nuboso, sa adj. Con abundantes nubes. ◇ FAM. nubosidad. NUBE.

nuca s. f. Región anatómica que corresponde a la parte posterior del cuello. ◇ FAM. desnucar.

nuche s. m. *Colomb.* Larva que se introduce en la piel de los animales.

nuclear adj. Relativo al núcleo, especialmente al del átomo. ◇ FAM. nuclearización. / antinuclear, desnuclearizar, polinuclear, termonuclear. NÚCLEO.

nuclearización s. f. Sustitución de las fuentes de energía tradicionales por energía nuclear.

nucleico adj. Dícese de los ácidos que son uno de los constituyentes fundamentales del núcleo de la célula. ◇ FAM. ribonucleico. NÚCLEO.

núcleo s. m. Parte central o fundamental de una cosa. ‖ ASTRON. Parte más luminosa y densa de un astro. ‖ BIOL. Corpúsculo de la célula en cuyo interior se encuentran los cromosomas. ‖ FÍS. Parte central de un átomo, formada por protones y neutrones. ◇ FAM. nuclear, nucleico, nucléolo.

nucléolo s. m. BIOL. Cuerpo esférico que se encuentra en el interior del núcleo de las células.

nuco s. m. *Chile.* Ave de rapiña, nocturna, semejante a la lechuza.

nudillo s. m. Articulación de las falanges de los dedos. ◇ FAM. NUDO.

nudismo s. m. Doctrina que defiende la vida al aire libre en un estado de completa desnudez. ◇ FAM. nudista. DESNUDAR.

nudo s. m. Entrelazamiento de uno o más hilos, cuerdas, etc. ‖ Vínculo que une a las personas entre sí. ‖ Porción dura o abultamiento en un sólido. ‖ Punto donde se cruzan o de donde arrancan varias cosas. ‖ Punto principal de un asunto. ‖ Parte abultada del tronco o tallo de una planta, donde se insertan las hojas. ‖ MAR. Unidad de velocidad equivalente a una milla marina por hora. ◇ FAM. nudillo, nudosidad, nudoso. / anudar, nódulo.

nuera s. f. Mujer del hijo, respecto de los padres de éste.

nuestro, tra adj. y pron. poses. de 1.ª persona del pl. Expresa la posesión o pertenéncia atribuida a dos o más personas, incluida la que habla: *nuestra casa.* ◇ FAM. NOS.

nueve adj. num. card. y s. m. Ocho y uno. ◆ adj. num. ord. y s. m. y f. Noveno.

nuevo, va adj. Recién hecho, aparecido o conocido. ‖ Que se suma o sustituye a lo de su misma clase. ‖ Que está poco o nada estropeado. ‖ Otro, distinto. ◆ s. f. Noticia, información. ● De nuevo, otra vez. ◇ FAM. nuevamente. / innovar, nova, novato, novedad, novel, novicio, novillo, novio, renovar.

nuez s. f. Fruto del nogal. ‖ ANAT. Prominencia que forma la laringe en la parte anterior del cuello. ◇ FAM. nocedal, nogal. / cascanueces.

nulidad s. f. Calidad de nulo. ‖ Persona incapaz.

nulo, la adj. Que no tiene validez, especialmente legal. ‖ Incapaz, inepto. ◇ FAM. nulidad. / anular¹.

numantino, na adj. y s. De Numancia, antigua ciudad española.

numen s. m. Cualquiera de las deidades paganas. ‖ Inspiración artística.

numeración s. f. Acción y efecto de numerar. ‖ Forma de escribir los números y de enunciarlos.

numerador s. m. Instrumento para numerar. ‖ MAT. Término superior de una fracción que indica de cuántas partes de la unidad se compone dicha fracción.

numeral adj. Perteneciente o relativo al número. ◆ adj. y s. m. LING. Dícese del adjetivo que sirve para indicar un número.

numerar v. tr. Contar las cosas de una serie según el orden de los números. ‖ Marcar con números. ◇ FAM. numerable, numeración, numerador. / enumerar, innumerable. NÚMERO.

numerario, ria adj. Relativo al número. ◆ adj. y s. Dícese del individuo que forma parte con carácter fijo de determinada corporación.

numérico, ca adj. Relativo a los números. ◇ FAM. alfanumérico. NÚMERO.

número s. m. Concepto matemático que expresa la relación existente entre la cantidad y la unidad. ‖ Símbolo o expresión con que se representa este concepto. ‖ Cantidad indeterminada. ‖ En las publicaciones periódicas, cada una de las aparecidas en distinta fecha de edición. ‖ Billete para una rifa o lotería. ‖ Parte de un espectáculo. ‖ LING. Categoría gramatical que permite la oposición entre el singular y el plural. ● Hacer números *(Fam.),* calcular. ‖ En números redondos, con unidades completas de cierto orden para expresar una cantidad aproximada. ‖ Ser alguien o algo el número uno *(Fam.),* sobresalir. ‖ Sin número, innumerables, muchos. ◇ FAM. numeral, numerar, numerario, numérico, numeroso. / sinnúmero.

numeroso, sa adj. Que comprende muchos elementos. ◆ pl. Muchos.

numerus clausus s. m. Número al que se limita la cantidad de personas admitidas en un cargo, lugar, etc.

numismática s. f. Ciencia que estudia las monedas y medallas. ◇ FAM. numismático.

nunca adv. t. En ningún tiempo, ninguna vez ● Nunca jamás, expresión enfática de negación.

nuncio s. m. Persona que lleva un mensaje. ‖ Representante del papa en un estado.

nupcial adj. Relativo a las nupcias. ◇ FAM. prenupcial. NUPCIAS.

nupcias s. f. pl. Matrimonio, casamiento. ◇ FAM. nupcial.

nurse s. f. Niñera.

nutria s. f. Mamífero carnívoro nadador, de cuerpo delgado, patas cortas y pelaje apreciado en peletería. ◇ FAM. nutriero.

nutrición s. f. Conjunto de las funciones orgánicas de transformación y utilización de los alimentos para el crecimiento y la actividad de un ser vivo. ◇ FAM. desnutrición. NUTRIR.

nutrido, da adj. Lleno, numeroso.

nutriero s. m. *Argent.* y *Urug.* Persona que se dedica a cazar nutrias y a traficar con sus pieles.

nutrir v. tr. y prn. [3]. Proporcionar el alimento a un organismo vivo. ‖ Mantener, fomentar la existencia de algunas cosas. ‖ Suministrar. ◇ FAM. nutrición, nutrido, nutriente, nutrimento, nutrimiento, nutritivo. / nodriza.

nutritivo, va adj. Que nutre.

ny s. f. *Decimotercera letra del alfabeto griego.*

nylon s. f. Nailon*.

ñ s. f. Decimoquinta letra del alfabeto español y duodécima de sus consonantes; representa un sonido nasal, palatal y sonoro.

ñacaniná s. f. *Argent.* Serpiente acuática de gran tamaño y muy agresiva.

ñácara s. f. *Amér. Central.* Úlcera, llaga.

ñachi s. m. *Chile.* Guiso o alimento de sangre de animal, especialmente de cordero. || *Chile. Fam.* Sangre.

ñacurutú s. m. *Amér. Central* y *Amér. Merid.* Ave nocturna domesticada de color amarillento y gris.

ñame s. m. Planta trepadora de las regiones cálidas, que forma un gran rizoma comestible. || Rizoma de esta planta.

ñanco s. m. *Chile.* Aguilucho.

ñandú s. m. Ave corredora parecida al avestruz, pero de menor tamaño, que vive en América.

ñandutí s. m. *Amér. Merid.* Encaje que imita la tela de araña.

ñangotado, da adj. y s. *P. Rico.* Servil, adulador. || *P. Rico.* Sin ambiciones.

ñaña s. f. *Argent.* y *Chile.* Hermana mayor. || *Chile.* Niñera.

ñáñaras s. f. pl. *Méx. Fam.* Escalofríos causados por el miedo.

ñaño, ña s. *Perú.* Niño. || *Argent.* y *Chile. Fam.* Hermano, compañero. ◆ adj. *Colomb.* y *Pan.* Consentido, mimado. || *Ecuad.* y *Perú.* Unido por amistad íntima. ⋄ FAM. ñaña.

ñapa s. f. *Amér. Central* y *Amér. Merid.* Propina. || *Amér. Central* y *Amér. Merid.* Añadidura.

ñapango, ga adj. *Colomb.* Mestizo, mulato.

ñapindá s. m. *R. de la Plata.* Especie de acacia muy espinosa, con flores amarillas y de grato aroma.

ñapo s. m. *Chile.* Especie de mimbre con que se tejen canastos.

ñaruso, sa adj. *Ecuad.* Dícese de la persona picada de viruelas.

ñata s. f. *Amér. Central* y *Amér. Merid.* Nariz.

ñato, ta adj. *Amér.* Chato. ⋄ FAM. ñata.

ñeco s. m. *Ecuad.* Golpe que se da con el puño, puñetazo.

ñeembucuense adj. y s. m. y f. De Ñeembucú (Paraguay).

ñeque adj. *C. Rica, Hond.* y *Nicar.* Fuerte, vigoroso. ◆ s. m. *Chile, Ecuad.* y *Perú.* Fuerza, energía. || *Perú.* Valor, coraje.

ñero, ra s. *Méx. Vulg.* Compañero, amigo.

ñipe s. m. *Chile.* Arbusto cuyas ramas se emplean para teñir.

ñire s. m. *Argent.* y *Chile.* Árbol de gran altura, con flores solitarias y hojas profundamente aserradas.

ñizca s. f. *Chile* y *Perú. Fam.* Porción mínima de algo.

ño, ña s. *Amér. Central* y *Amér. Merid.* Tratamiento vulgar de respeto por *don* y *doña*.

ñocha s. f. *Chile.* Planta herbácea cuyas hojas sirven para hacer canastas, sombreros y esteras.

ñoco, ca adj. y s. *Colomb., P. Rico, R. Dom.* y *Venez.* Dícese de la persona a quien le falta un dedo o una mano.

ñonga s. f. *Méx. Vulg.* Pene.

ñoñería s. f. Acción o dicho ñoño.

ñoñez s. f. Calidad de ñoño. || Ñoñería.

ñoño, ña adj. y s. Dícese de la persona excesivamente recatada o remilgada. ◆ adj. Sin gracia ni sustancia. ◆ s. *Méx.* Chocho, cursi, afectado. ⋄ FAM. ñoñería, ñoñez.

ñoqui s. m. Guiso de pasta dividida en trocitos y aderezada de diversas maneras. || *Argent. Desp.* Empleado público que asiste al trabajo sólo en fecha de cobro.

ñorbo s. m. *Ecuad.* y *Perú.* Flor pequeña, muy fragante, utilizada como adorno en las ventanas.

ñu s. m. Antílope que habita en África del Sur.

ñuto, ta adj. y s. m. *Argent., Colomb., Ecuad.* y *Perú.* Dícese de la carne blanda o ablandada a golpes. ◆ s. m. *Argent.* y *Perú.* Cosa hecha trizas o polvo.

O

o¹ s. f. Decimosexta letra del alfabeto español y cuarta de sus vocales; representa un sonido posterior medio y sonoro.

o² conj. disyunt. Indica exclusión, alternativa o contraposición entre las oraciones o términos que relaciona: *ser un buen o un mal estudiante.* || Indica equivalencia o inclusión: *el protagonista o personaje principal; en la guerra o en la paz.*

oasis s. m. Zona de un desierto donde la presencia de agua permite el crecimiento de vegetación. || Situación o lugar apacible.

oaxaqueño, ña adj. y s. De Oaxaca (México).

obcecar v. tr. y pron. [1a]. Cegar, ofuscar. ◇ FAM. obcecación. CEGAR.

obedecer v. tr. [2m]. Cumplir lo que otro manda. || Responder un animal o un mecanismo a la acción de quien los dirige. ◆ v. intr. Estar motivado por algo. ◇ FAM. obediencia, obediente. / desobedecer.

obediencia s. f. Acción y efecto de obedecer. || Calidad o actitud de obediente.

obelisco s. m. Monolito de base cuadrangular, tallado en forma de pirámide muy esbelta.

obenque s. m. MAR. Cada uno de los cabos gruesos que sujetan el extremo de un mástil desde su cabeza hasta la cofa.

obertura s. f. MÚS. Composición instrumental que precede a una ópera, oratorio, etcétera.

obesidad s. f. Aumento patológico de la grasa del cuerpo, que determina un peso superior al normal.

obeso, sa adj. Que padece obesidad. ◇ FAM. obesidad.

óbice s. m. Inconveniente, obstáculo.

obispado s. m. Dignidad, cargo y territorio sometido a la jurisdicción de un obispo. || Local en que ejerce su función.

obispo s. m. Prelado de la Iglesia que posee la plenitud del sacerdocio, a cuyo cargo está la dirección de una diócesis. || *Méx.* Borrego de cuatro cuernos. ● **Cada muerte de obispo** (*Amér. Merid., Cuba, Méx. y P. Rico*), cada mucho tiempo. ◇ FAM. obispado, obispal. / arzobispo.

óbito s. m. Fallecimiento, defunción, muerte. ◇ FAM. obituario.

obituario s. m. Libro parroquial en el que se anotan las muertes y entierros. || Sección necrológica de un periódico. || *Méx.* Defunción.

obiubi s. m. *Venez.* Mono de color negro que durante el día suele dormir con la cabeza entre las piernas.

objeción s. f. Inconveniente que se opone contra un plan o idea. ● **Objeción de conciencia**, negación, por motivos religiosos, éticos, etc., a prestar el servicio militar. ◇ FAM. objetar.

objetar v. tr. [1]. Hacer o poner objeciones. ◆ v. tr. e intr. Acogerse a la objeción de conciencia. ◇ FAM. objetante, objetor. OBJECIÓN.

objetivar v. tr. [1]. Considerar algo de manera objetiva. ◇ FAM. objetivación. OBJETIVO, VA.

objetividad s. f. Calidad de objetivo, imparcialidad.

objetivo, va adj. Relativo al objeto en sí. || Que obra, juzga, etc., con imparcialidad y justicia. || Dícese de los juicios, acciones, etc., de estas características. ◆ s. m. Fin, propósito. || Lente de una cámara, un microscopio, etc., que se dirige hacia el objeto que se quiere observar o fotografiar. || Zona de terreno que debe ser tomada militarmente. ◇ FAM. objetivamente, objetivar, objetividad. / teleobjetivo. OBJETO.

objeto s. m. Cosa material y determinada. || Causa, motivo o finalidad. || FILOS. Aquello que se percibe o se piensa. ◇ FAM. objetivo. / portaobjetos.

objetor, ra adj. y s. Que hace objeciones, especialmente de conciencia.

oblación s. f. Ofrenda de carácter religioso.

oblea s. f. Hoja muy fina, hecha de harina y agua o de goma arábiga. || Sello de farmacia.

oblicuo, cua adj. Que no es perpendicular ni paralelo a un plano o línea. ◇ FAM. oblicuamente, oblicuar, oblicuidad.

obligación s. f. Circunstancia de estar alguien obligado a algo. || Aquello que se está obligado a hacer. || Documento en el que se reconoce una deuda o se promete su pago. || Título con interés fijo que representa una suma exigible a la persona o entidad que lo emitió.

obligado, da adj. Que hay que hacer o cumplir. ◇ FAM. desobligado. OBLIGAR.

obligar v. tr. [1b]. Imponer como deber

por medio de una ley, una convención, etc. ‖ Forzar, poner en la necesidad de algo. ◆ **obligarse** v. pron. Comprometerse a cumplir una cosa. ◇ FAM. obligación, obligado, obligatorio.

obligatorio, ria adj. Que obliga a su cumplimiento o ejecución. ◇ FAM. obligatoriamente, obligatoriedad. OBLIGAR.

obliterar v. tr. y pron. [1]. MED. Obstruir una cavidad o conducto del cuerpo. ◇ FAM. obliteración, obliterador.

oblongo, ga adj. Más largo que ancho.

obnubilar v. tr. y pron. [1]. Provocar o sufrir una ofuscación. ‖ Dejar o quedar fascinado. ◇ FAM. obnubilación. NUBLAR.

oboe s. m. Instrumento musical de viento, formado por un tubo cónico de madera con orificios y llaves. ‖ Persona que toca el oboe.

óbolo s. m. Cantidad pequeña con que se contribuye a un fin determinado. ‖ Antigua moneda y unidad de peso griegas.

obra s. f. Cosa producida por un agente. ‖ Producto resultante de una actividad literaria o artística. ‖ Trabajo o tiempo empleado en la realización de una cosa material. ‖ Edificio en construcción. ‖ Reparación o reforma que se hace en un edificio. ● **De obra**, con actos. ◇ FAM. maniobra, ópera. OBRAR.

obrador s. m. Taller, lugar en que se trabaja una obra.

obraje s. m. Manufactura, fabricación. ‖ Fábrica, taller, especialmente de paños. ‖ *Amér.* Establecimiento de una explotación forestal. ‖ *Méx.* Despacho público de carnes porcinas. ◇ FAM. obrajero. OBRAR.

obrajero s. m. *Amér.* Capataz o jefe de un obraje. ‖ *Amér.* Artesano. ‖ *Méx.* Persona que atiende un despacho de carne porcina.

obrar v. tr. [1]. Ejecutar o realizar una cosa no material. ◆ v. intr. Existir algo en un sitio determinado. ◆ v. intr. y tr. Hacer una cosa, trabajar en ella. ‖ Causar algún efecto. ◇ FAM. obra, obrador, obraje, obrero. / operar.

obrero, ra adj. y s. Que trabaja manualmente para otros y a cambio de un salario. ◆ adj. Relativo a los trabajadores ◆ adj. y s. f. En los insectos sociales, dícese del individuo no reproductor que proporciona el abastecimiento de la colonia.

obsceno, na adj. y s. Que presenta o sugiere maliciosa y groseramente cosas relacionadas con el sexo. ◇ FAM. obscenidad.

obscurantismo s. m. Oscurantismo*.
obscurecer v. tr. [2m]. Oscurecer*.
obscuridad s. f. Oscuridad*.
obscuro, ra adj. y s. m. Oscuro*.

obsequiar v. tr. [1]. Hacer un obsequio, agasajar. ‖ Galantear.

obsequio s. m. Cosa que se da o se hace para complacer a alguien. ◇ FAM. obsequiar, obsequiosidad, obsequioso.

obsequioso, sa adj. Inclinado a hacer obsequios.

observación s. f. Acción y efecto de observar. ‖ Advertencia, indicación. ‖ Anotación o comentario que se hace a un texto.

observador, ra adj. y s. Que observa. ◆ s. Persona encargada de seguir el desarrollo de un acontecimiento, especialmente político.

observancia s. f. Cumplimiento exacto de aquello que se manda ejecutar. ◇ FAM. inobservancia. OBSERVAR.

observar v. tr. [1]. Examinar con atención. ‖ Advertir, darse cuenta de algo. ‖ Cumplir, guardar. ◇ FAM. observable, observación, observador, observancia, observante, observatorio. / inobservable.

observatorio s. m. Lugar apropiado para hacer observaciones, especialmente astronómicas o meteorológicas.

obsesión s. f. Idea o preocupación que no se puede alejar de la mente. ◇ FAM. obsesionar, obsesivo, obseso.

obsesionar v. tr. y pron. [1]. Ser motivo de obsesión, producir o sentir obsesión. ◇ FAM. obsesionante. OBSESIÓN.

obseso, sa adj. y s. Dominado por una obsesión.

obsidiana s. f. Roca volcánica, vítrea y compacta, de color oscuro o negro.

obsoleto, ta adj. Anticuado o caído en desuso.

obstaculizar v. tr. [1g]. Poner obstáculos.

obstáculo s. m. Aquello que dificulta o impide el paso o la realización de algo. ◇ FAM. obstaculizar. OBSTAR.

obstante. No obstante, sin que estorbe ni sea impedimento para otra cosa que se enuncia.

obstar v. intr. [1]. Impedir, estorbar, oponerse. ◇ FAM. obstáculo.

obstetricia s. f. Parte de la medicina que se ocupa de la gestación, el parto y el puerperio. ◇ FAM. obstétrico.

obstinación s. f. Acción y efecto de obstinarse.

obstinado, da adj. Que persevera con obstinación.

obstinarse v. pron. [1]. Sostenerse tenazmente en una resolución o en una opinión. ◇ FAM. obstinación, obstinado.

obstrucción s. f. Acción y efecto de obstruir.

obstruir v. tr. y pron. [29]. Situar o colocar un obstáculo. ◆ v. tr. Impedir o dificultar una acción. ◇ FAM. obstrucción, obstructor. / desobstruir.

obtención s. f. Acción y efecto de obtener.

obtener v. tr. [8]. Alcanzar, lograr. ◇ FAM. obtención, obtenible. TENER.

obturador, ra adj. y s. m. Que sirve para obturar. ◆ s. m. Dispositivo de un objetivo fotográfico que permite obtener diferentes tiempos de exposición.

obturar v. tr. y pron. [1]. Tapar o cerrar un orificio o conducto. <> FAM. obturación, obturador.

obtusángulo adj. Se dice del triángulo que tiene un ángulo obtuso.

obtuso, sa adj. Romo, sin punta. || Torpe, lento de comprensión. || MAT. Dícese del ángulo mayor que un ángulo recto. <> FAM. obtusángulo.

obús s. m. Pieza de artillería corta, intermedia entre el cañón y el mortero. || Proyectil disparado por esta pieza.

obviar v. tr. [1]. Evitar una dificultad u obstáculo. || No mencionar una cosa por considerarla evidente.

obvio, via adj. Manifiesto, evidente. <> FAM. obviamente, obviar.

oca[1] s. f. Ganso. || Juego de mesa formado por un tablero con casillas dispuestas en espiral, en las que la oca es la figura principal.

oca[2] s. f. Planta herbácea de Chile y Perú, con flores amarillentas y tubérculos comestibles, de sabor parecido al de las castañas. || Raíz de esta planta.

ocarina s. f. Instrumento musical de viento de forma ovoide.

ocasión s. f. Tiempo o lugar al que se asocian determinadas circunstancias. || Oportunidad. • **De ocasión**, que se compra barato o que no es nuevo. <> FAM. ocasional, ocasionar.

ocasional adj. Que sucede accidentalmente.

ocasionar v. tr. [1]. Ser causa o motivo de algo.

ocaso s. m. Puesta del Sol por el horizonte. || Occidente, punto cardinal. || Decadencia, declive.

occidental adj. y s. m. y f. De occidente. ◆ adj. Situado en el occidente.

occidente s. m. Oeste, punto cardinal. || Conjunto de los países europeos, o de influencia europea. <> FAM. occidental.

occipital adj. Relativo al occipucio. ◆ adj. y s. m. Dícese del hueso que forma la pared posterior e inferior del cráneo.

occipucio s. m. Parte inferior y posterior de la cabeza. <> FAM. occipital.

occitano, na adj. y s. De Occitania, conjunto de regiones situadas en el sur de Francia. ◆ s. m. Lengua de oc.

oceánico, ca adj. Relativo al océano. <> FAM. transoceánico. OCÉANO.

océano s. m. Vasta extensión de agua salada que cubre unas tres cuartas partes de la superficie terrestre. || Cada una de las grandes subdivisiones de esta masa. <> FAM. oceánico, oceanografía.

oceanografía s. f. Estudio físico, químico y biológico de las aguas y de los fondos marinos. <> FAM. oceanográfico. OCÉANO.

ocelo s. m. Órgano visual rudimentario de numerosos artrópodos. <> FAM. OJO.

ocelote s. m. Mamífero carnívoro, de pe-

laje gris con motas rojizas, muy apreciado en peletería. || Piel de este animal.

ochenta adj. num. card. y s. m. Ocho veces diez.

ocho[1] adj. num. card. y s. m. Siete y uno. ◆ adj. num. ord. y s. m. y f. Octavo.

ocho[2] s. m. Méx. Pajarillo propio de las tierras cálidas.

ochocientos, tas adj. num. card. y s. m. Ocho veces ciento. ◆ s. m. Denominación que se aplica al arte, la literatura, la historia y la cultura del s. XIX.

ocio s. m. Estado de la persona inactiva. || Tiempo libre, fuera de las obligaciones habituales. <> FAM. ociosear, ocioso.

ocioso, sa adj. y s. Que está en ocio, inactivo. ◆ adj. Inútil, trivial.

ocluir v. tr. y pron. [29]. Cerrar un orificio o el conducto de un canal. <> FAM. oclusión, oclusivo.

oclusión s. f. Acción y efecto de ocluir. || Articulación o pronunciación de los sonidos oclusivos.

oclusivo, va adj. Que produce oclusión. ◆ adj. y s. f. LING. Dícese del sonido consonántico que se pronuncia cerrando momentáneamente el paso del aire en la boca, como el representado por las letras p, t, k, b, d y g.

ocomiste s. m. Méx. Ardilla muy feroz que vive en los ocotales.

ocosial s. m. Perú. Terreno húmedo y deprimido, con alguna vegetación.

ocotal s. m. Guat. y Méx. Terreno poblado de ocotes.

ocote[1] s. m. Guat. y Méx. Pino de distintas especies, de madera resinosa, usada como combustible. <> FAM. ocotal.

ocote[2] s. m. Argent. Vulg. Ano. || Argent. Tripa gruesa, asadura. • **Estar con el ocote afuera** (Argent. Vulg.), estar malhumorado o enojado sin causa aparente.

ocozoal s. m. Méx. Culebra de cascabel que suele habitar en los lugares húmedos.

ocre s. m. Variedad de arcilla de color amarillo oscuro, utilizada en pintura. ◆ adj. y s. m. Dícese del color amarillo o naranja mezclado con marrón. ◆ adj. De color ocre.

octaedro s. m. y adj. MAT. Sólido de ocho caras. <> FAM. octaédrico.

octágono s. m. y adj. MAT. Polígono que tiene ocho ángulos y ocho lados. <> FAM. octagonal.

octanaje s. m. Porcentaje de octano de un carburante.

octano s. m. Hidrocarburo saturado que existe en los aceites de petróleo. <> FAM. octanaje.

octante s. m. Instrumento astronómico análogo al sextante, pero cuyo sector comprende sólo la octava parte del círculo.

octavilla s. f. Octava parte de un pliego de papel. || Impreso de propaganda política o social. || Combinación métrica de ocho versos de arte menor.

octavo, va adj. num. ord. y s. Que corresponde en orden al número ocho. ◆ adj. num. part. y s. m. Dícese de cada una de las ocho partes iguales en que se divide un todo. ◆ s. f. Estrofa compuesta por ocho versos endecasílabos. || MÚS. Octavo grado de la escala diatónica, que lleva el mismo nombre que el primero. || MÚS. Conjunto de notas contenidas en un intervalo de ocho grados. || REL. Período de ocho días que se prolonga en cada una de las principales fiestas del año y el último de estos ocho días.

octeto s. m. INFORMÁT. Conjunto de 8 bits. || MÚS. Composición vocal o instrumental a ocho voces. || MÚS. Formación de cámara, compuesta por ocho cantantes o instrumentistas.

octo- Significa 'ocho': octosílabo.

octogenario, ria adj. y s. Que se halla entre los ochenta y los noventa años de edad.

octogésimo, ma adj. num. ord. y s. Que corresponde en orden al número ochenta. ◆ adj. num. part. y s. m. Dícese de cada una de las ochenta partes iguales en que se divide un todo.

octógono s. m. y adj. Octágono*.

octosílabo, ba adj. y s. m. Dícese del verso que tiene ocho sílabas.

octubre s. m. Décimo mes del año.

ocular adj. Relativo a los ojos: globo ocular. ◆ s. m. Lente de un aparato óptico colocada en la parte a la que se aplica el ojo del observador. ◇ FAM. OJO.

oculista s. m. y f. Oftalmólogo. ◇ FAM. OJO.

ocultar v. tr. y pron. [1]. Impedir que sea vista, encontrada o notada una persona o cosa. ◆ v. tr. Callar intencionadamente alguna cosa. ◇ FAM. ocultación, ocultador. OCULTO, TA.

ocultismo s. m. Estudio y práctica de fenómenos que no pueden ser demostrados científicamente. ◇ FAM. ocultista. OCULTO, TA.

oculto, ta adj. Que no se ve, no se nota o no se encuentra. || Que no se comprende, misterioso. ◇ FAM. ocultamente, ocultar, ocultismo.

ocumo s. m. Venez. Planta comestible de tallo corto y flores amarillas.

ocupación s. f. Acción y efecto de ocupar. || Trabajo, oficio o actividad en que uno emplea el tiempo. ◇ FAM. ocupacional. OCUPAR.

ocupacional adj. Perteneciente o relativo a la ocupación, actividad, empleo.

ocupar v. tr. [1]. Tomar posesión, instalarse en un sitio por la fuerza. || Llenar un espacio o lugar. || Habitar una casa. || Ejercer un empleo o cargo. || Proporcionar trabajo. ◆ ocuparse v. pron. Encargarse, cuidar, atender. || Tratar, hablar o escribir sobre un tema. ◇ FAM. ocupación, ocupado, ocupante. / desocupar.

ocurrencia s. f. Dicho agudo y con gracia.

ocurrente adj. Gracioso, oportuno.

ocurrir v. intr. [3]. Suceder, acontecer. ◆ v. intr. y pron. Venir a la mente una idea. ◇ FAM. ocurrencia, ocurrente.

oda s. f. Composición poética de tema lírico. ◇ FAM. rapsoda.

odalisca s. f. Esclava o concubina turca.

odeón s. m. Teatro destinado a la representación de óperas.

odiar v. tr. [1]. Sentir odio.

odio s. m. Sentimiento vivo de antipatía o aversión hacia una persona o cosa. ◇ FAM. odiar, odiosidad, odioso.

odioso, sa adj. Digno de odio. || Antipático, desagradable.

odisea s. f. Viaje o serie de sucesos penosos y molestos.

odonato adj. y s. m. Relativo a un orden de insectos de larva acuática, como las libélulas.

odont- pref. Significa 'diente': odontología.

odontología s. f. Estudio de los dientes, de sus enfermedades y de su tratamiento. ◇ FAM. odontológico, odontólogo.

odontólogo, ga s. y adj. Médico especializado en odontología.

odorífero, ra u **odorífico, ca** adj. Aromático. ◇ FAM. OLOR.

odre s. m. Cuero para contener líquidos.

oeste s. m. Punto cardinal por donde se pone el Sol. ◆ adj. y s. m. Dícese del viento que sopla desde este punto. ◇ FAM. noroeste, sudoeste, suroeste. ESTE¹.

ofender v. tr. [2]. Hacer daño o causar molestia. || Impresionar algo desagradablemente los sentidos. ◆ ofenderse v. pron. Sentirse despreciado, molestarse. ◇ FAM. ofendido, ofensa, ofensivo, ofensor.

ofensa s. f. Acción y efecto de ofender u ofenderse. || Acto o palabra que ofende.

ofensivo, va adj. Que ofende o puede ofender. || Que ataca, que sirve para atacar. ◆ s. f. Acción y efecto de atacar. ◇ FAM. contraofensiva, inofensivo. OFENDER.

oferta s. f. Proposición o promesa que se hace a alguien. || Ofrecimiento de algo en venta. || Producto a precio rebajado. ◇ FAM. ofertar. OFRECER.

ofertar v. tr. [1]. Ofrecer en venta un producto. || Amér. Ofrecer, prometer algo. || Amér. Ofrecer, dar voluntariamente una cosa. || Amér. Central y Amér. Merid. Ofrecer algo a Dios o a un santo.

ofertorio s. m. Parte de la misa en que el sacerdote ofrece a Dios el pan y el vino que deben ser consagrados. ◇ FAM. OFRECER.

off. En off, en lenguaje cinematográfico, teatral, etc., voz, ruido o diálogo cuyo origen es exterior a la escena presentada.

office s. m. Habitación contigua a la cocina.

oficial adj. Que procede del gobierno o de la autoridad competente. ‖ Formal, establecido. ● s. m. Persona que en un oficio tiene el grado intermedio entre aprendiz y maestro. ‖ Título y función de un militar que posee cualquiera de los grados desde alférez a capitán general. ◇ FAM. oficiala, oficialía, oficialidad, oficialista, oficializar, oficialmente. / extraoficial, suboficial. OFICIO.

oficiala s. f. Trabajadora que tiene el grado intermedio entre aprendiza y maestra.

oficialía s. f. Cargo o categoría de oficial.

oficialidad s. f. Calidad de oficial. ‖ Conjunto de los oficiales de un ejército.

oficialista s. m. Argent. y Chile. Partidario o servidor incondicional del gobierno.

oficiante adj. y s. m. Que preside un oficio litúrgico.

oficiar v. tr. [1]. REL. Celebrar o dirigir el sacerdote un servicio religioso. ● v. intr. Actuar con el carácter que se determina. ◇ FAM. oficiante. OFICIO.

oficina s. f. Local donde se trabaja, prepara o gestiona algo. ◇ FAM. oficinista. / ofimática. OFICIO.

oficinista s. m. y f. Persona empleada en una oficina.

oficio s. m. Profesión mecánica o manual. ‖ Ocupación habitual. ‖ Función propia de alguna cosa. ‖ Comunicación oficial escrita. ‖ REL. Servicio religioso. ◇ FAM. oficial, oficiar, oficina, oficioso.

oficioso, sa adj. Que proviene de una autoridad, pero sin tener carácter oficial. ◇ FAM. oficiosidad. OFICIO.

ofidio adj. y s. m. Relativo a un suborden de reptiles escamosos de cuerpo alargado, cilíndrico y sin extremidades, como las serpientes.

ofimática s. f. Material informático para la oficina. ◇ FAM. OFICINA.

ofrecer v. tr. y pron. [2m]. Poner algo o ponerse a disposición de alguien. ‖ Mostrar. ● v. tr. REL. Dedicar o consagrar algo a Dios o a un santo. ● **ofrecerse** v. pron. Entregarse voluntariamente para hacer una cosa. ◇ FAM. oferta, ofertorio, ofrecedor, ofrecido, ofrecimiento, ofrenda.

ofrecido, da adj. Méx. Que se ofrece para ayudar a los demás, en actitud generalmente servil.

ofrecimiento s. m. Acción y efecto de ofrecer u ofrecerse.

ofrenda s. f. Cosa que se ofrece en señal de gratitud, en especial a Dios o a los santos. ◇ FAM. ofrendar. OFRECER.

oftalm- pref. Significa 'ojo': oftalmología.

oftalmología s. f. Especialidad médica que se ocupa de las afecciones de los ojos y de los trastornos de la visión. ◇ FAM. oftalmológico, oftalmólogo.

oftalmólogo, ga s. Médico especialista en oftalmología.

ofuscación s. f. Ofuscamiento.

ofuscamiento s. m. Turbación de la vista. ‖ Oscuridad de la razón.

ofuscar v. tr. y pron. [1a]. Turbar la vista o la razón. ◇ FAM. ofuscación, ofuscador, ofuscamiento.

ogro s. m. Gigante legendario que se alimentaba de carne humana. ‖ Persona cruel o de mal carácter.

¡oh! interj. Denota generalmente asombro, alegría o dolor.

ohmio s. m. Unidad de medida de resistencia eléctrica en el Sistema Internacional.

oídas. De oídas, dícese de lo que se conoce únicamente por haber oído hablar de ello.

oído s. m. Sentido y órgano de la audición. ‖ Aptitud para la música. ● **Dar oídos,** escuchar a alguien con benevolencia y creyendo lo que dice. ‖ **Duro de oído,** que no oye muy bien. ‖ **Regalar** a alguien **el oído,** halagarle.

oír v. tr. [26]. Percibir los sonidos. ‖ Atender o acceder a los ruegos o avisos de alguien. ● **Como quien oye llover** (Fam.), sin hacer caso. ◇ FAM. oíble, oído, oidor, oyente. / audición, desoír, entreoír.

ojal s. m. Pequeña abertura en una tela, cuero, etc., donde entra el botón. ◇ FAM. OJO.

¡ojalá! interj. Denota vivo deseo de que suceda una cosa.

ojanco s. m. Cuba. Pez rosado de ojos muy grandes.

ojeada s. f. Mirada rápida y superficial.

ojear[1] v. tr. [1]. Dirigir los ojos para mirar rápidamente a determinada parte. ◇ FAM. ojeada. OJO.

ojear[2] v. tr. [1]. Espantar la caza, ahuyentar. ◇ FAM. ojeador, ojeo.

ojera s. f. Mancha de color morado alrededor del párpado inferior. ◇ FAM. ojeroso. OJO.

ojeriza s. f. Antipatía que se tiene hacia alguien. ◇ FAM. OJO.

ojetada s. f. Méx. Acción vil.

ojete s. m. Agujero redondo hecho en una tela, cuero, etc. ‖ Vulg. Ano. ● adj. y s. m. y f. Méx. Vulg. Malo, aprovechado. ◇ FAM. OJO.

ojiva s. f. Figura formada por dos arcos que se cortan formando un círculo. ‖ Arco que tiene esta figura. ‖ Punta de un proyectil. ◇ FAM. ojival.

ojival adj. De figura de ojiva. ‖ ARQ. Dícese del estilo gótico.

ojo s. m. Órgano de la visión. ‖ Vista, mirada. ‖ Agujero que atraviesa algo de una parte a otra. ‖ Vista, perspicacia. ‖ Cuidado, tacto. ● **Cuatro ojos** (Fam.), persona que lleva gafas. ‖ **Ojo de buey,** ventana circular. ● **A ojo o a ojo de buen cubero** (Fam.), sin medida, aproximadamente. ‖ **A ojos vistas,** de forma manifiesta. ‖ **Abrir los ojos** a uno, descubrirle algo que ignoraba. ‖ **En un abrir y cerrar de ojos**

(Fam.), en un instante. ‖ **No pegar el ojo,** o **los ojos** *(Fam.)*, no poder dormir en toda la noche. ‖ **No tener ojos en la cara,** no darse cuenta de lo que es evidente. ‖ **¡Ojo!** interj. Expresión de aviso, atención o amenaza. ‖ **Ojo alerta,** o **avizor** *(Fam.)*, expresión con que se advierte a alguien que esté en actitud vigilante. ‖ **Pelar los ojos** *(Méx. Fam.)*, abrirlos con sorpresa o admiración. ‖ **Valer** una cosa **un ojo de la cara,** ser de mucho aprecio. ‖ Ser muy cara. <> FAM. ojal, ojear¹, ojera, ojeriza, ojete. / anteojo, binóculo, bisojo, desojarse, monóculo, ocelo, ocular, oculista.

ojota s. f. *Amér. Merid.* Calzado rústico del que salen amarras atravesadas sobre el empeine y el talón.

OK interj. *Fam.* De acuerdo.

okapi s. m. Mamífero rumiante africano, parecido a la jirafa, pero con el cuello más corto y la piel rayada como las cebras.

ola s. f. Onda formada por el viento en la superficie del mar o de un lago. ‖ Oleada. ‖ Fenómeno atmosférico que causa un cambio repentino en la temperatura. <> FAM. oleada, oleaje. / rompeolas.

olan s. m. *Méx.* Volante de un vestido.

¡olé! u **¡ole!** interj. Exclamación de entusiasmo con que se anima y aplaude.

oleáceo, a adj. y s. f. Relativo a una familia de árboles o arbustos de flores hermafroditas en racimo, como el olivo, el jazmín o el fresno.

oleada s. f. Movimiento o embate de una ola. ‖ Muchedumbre o aglomeración que se desplaza.

oleaginoso, sa adj. Que tiene la naturaleza del aceite. <> FAM. oleaginosidad. ÓLEO.

oleaje s. m. Sucesión continuada de olas.

oleicultura s. f. Cultivo del olivo y de las plantas oleaginosas en general. <> FAM. oleícola, oleicultor. ÓLEO.

oleífero, ra adj. Que contiene o produce aceite. <> FAM. ÓLEO.

óleo s. m. Procedimiento pictórico que utiliza un vehículo graso como disolvente. ‖ Pintura ejecutada con este procedimiento. ‖ Aceite consagrado que se usa en diversas ceremonias litúrgicas. <> FAM. oleaginoso, oleicultura, oleífero, oleoducto, oleómetro, oleoso. / petróleo.

oleo- pref. Significa 'aceite': *oleoducto.*

oleoducto s. m. Tubería que sirve para el transporte de productos petrolíferos líquidos. <> FAM. ÓLEO.

oleómetro s. m. Instrumento que sirve para medir la densidad de los aceites. <> FAM. ÓLEO.

oleoso, sa adj. Que tiene la naturaleza del aceite. <> FAM. oleosidad. ÓLEO.

oler v. tr. [2h]. Percibir los olores. ‖ Sospechar o adivinar algo que estaba oculto. ‖ Indagar. ◆ v. intr. Despedir olor. ● **No oler bien** una cosa, dar la impresión de que encierra algún daño o perjuicio.

<> FAM. oledor, oliscar. / maloliente. OLOR.

olfatear v. tr. [1]. Aplicar el olfato a algo. ‖ *Fam.* Curiosear, investigar. <> FAM. olfateo. OLFATO.

olfato s. m. Sentido que permite la percepción de los olores. ‖ Sagacidad para descubrir o advertir algo conveniente. <> FAM. olfatear, olfativo.

oligarquía s. f. Régimen político en que el poder es controlado por un pequeño grupo de individuos o familias. <> FAM. oligarca, oligárquico.

oligo- pref. Significa 'poco': *oligoelemento.*

oligoelemento s. m. BIOL. Sustancia necesaria, en muy pequeña cantidad, para el funcionamiento de los organismos vivos.

oligofrenia s. f. Desarrollo deficiente de la inteligencia. <> FAM. oligofrénico.

olimpiada u **olimpíada** s. f. Competición universal de juegos atléticos que se celebra cada cuatro años. <> FAM. olímpico.

olímpico, ca adj. Relativo al Olimpo o a la olimpiada.

olimpo s. m. Residencia de los antiguos dioses griegos. ‖ Conjunto de dioses mitológicos.

oliscar v. tr. [1a]. Olfatear ligeramente. ‖ Curiosear, husmear. <> FAM. OLER.

olisquear v. tr. [1]. Oliscar*.

oliva s. f. Aceituna. ‖ Olivo. <> FAM. oliváceo, olivino. OLIVO.

oliváceo, a adj. De color parecido al de la aceituna verde.

olivar s. m. Terreno plantado de olivos.

olivarda s. f. Planta herbácea, de olor fuerte y leñosa en la base, usada como astringente.

olivarero, ra adj. Relativo al cultivo del olivo y al comercio o aprovechamiento de sus frutos.

olivicultura s. f. Cultivo o arte de cultivar el olivo. <> FAM. olivícola, olivicultor. OLIVO.

olivino s. m. MIN. Silicato de magnesio y hierro, que se presenta en forma de cristales de color verde oliva. <> FAM. OLIVA.

olivo s. m. Planta arbórea con tronco grueso y torcido, y copa ancha y ramosa, que proporciona la aceituna. ● **Dar el olivo** *(Argent. Fam.)*, Despedir, expulsar. <> FAM. oliva, olivar, olivarero, olivicultura.

olla s. f. Vasija redonda que se utiliza para guisar. ‖ Plato compuesto de carnes, tocino, legumbres y hortalizas.

olmeca adj. y s. m. y f. De un pueblo amerindio que habitó en una extensa zona cercana al Golfo de México, desde el año 1200 hasta el año 100 a. C. aproximadamente.

olmeda s. f. Terreno plantado de olmos.

olmedo s. m. Olmeda*.

olmo s. m. Árbol de gran altura, con hojas dentadas, que proporciona una madera sólida y flexible. <> FAM. olmeda.

ológrafo, fa adj. DER. Dícese del testamento o memoria testamentaria de puño y letra del testador.

olor s. m. Emanación que producen ciertas sustancias e impresión percibida por el olfato. ◇ FAM. oler, olores, olorosear, oloroso. / inodoro, odorífero.

olores s. m. pl. Chile. Conjunto de especias.

olorosear v. tr. [1]. Chile. Oler.

oloroso, sa adj. Que exhala de sí fragancia.

olote s. m. Amér. Central y Méx. Raspa de la mazorca del maíz.

olvidadizo, za adj. Que se olvida con facilidad de las cosas. ‖ Ingrato, desagradecido.

olvidar v. tr. y pron. [1]. Dejar de retener algo en la memoria. ‖ Descuidar. ◇ FAM. olvidadizo, olvido. / inolvidable, nomeolvides.

olvido s. m. Acción y efecto de olvidar.

omaní adj. y s. m. y f. De Omán.

ombligo s. m. Cicatriz del cordón umbilical, en el centro del abdomen. ◇ FAM. ombliguero. / umbilical.

ombliguero s. m. Venda que sujeta el ombligo de los recién nacidos.

omega s. f. Última letra del alfabeto griego. ‖ Final de una cosa.

omeya adj. y s. m. y f. Dícese de los descendientes del jefe árabe Omeya.

ómicron s. f. Decimoquinta letra del alfabeto griego.

ominoso, sa adj. De mal agüero. ‖ Abominable.

omisión s. f. Acción y efecto de omitir. ‖ Cosa omitida. ‖ Descuido o negligencia.

omiso, sa adj. Negligente y descuidado.

omitir v. tr. [3]. Dejar de hacer alguna cosa. ‖ Dejar de decir o de señalar cierta cosa. ◇ FAM. omisible, omisión, omiso.

omni- pref. Significa 'todo': omnipotente.

ómnibus s. m. Vehículo de gran capacidad, destinado al transporte público.

omnipotente adj. Que todo lo puede. ◇ FAM. omnipotencia. PODER¹.

omnipresente adj. Que tiene capacidad de estar en todas partes al mismo tiempo. ◇ FAM. omnipresencia. PRESENTE.

omnisciente adj. Dícese del que sabe mucho. ◇ FAM. omnisciencia.

ómnium s. m. DEP. Competición ciclista en pista. ‖ DEP. Carrera en la que pueden participar todos los caballos.

omnívoro, ra adj. Que se alimenta de toda clase de comidas.

omóplato u **omoplato** s. m. Hueso plano situado en la parte posterior del hombro.

onagro s. m. Asno salvaje asiático.

onanismo s. m. Coito con eyaculación fuera de la vagina. ‖ Masturbación.

once¹ adj. num. card. y s. m. Diez y uno. ◆ adj. num. ord. y s. m. y f. Undécimo.

once² s. f. Chile. Merienda.

onceavo, va adj. num. part. y s. m. Se aplica a cada una de las once partes iguales en que se divide un todo.

onco- pref. Significa 'tumor': oncología.

oncología s. f. Parte de la medicina que trata de los tumores. ◇ FAM. oncológico, oncólogo.

onda s. f. Cada una de las elevaciones que se producen al perturbar la superficie de un líquido. ‖ Movimiento que se propaga en un fluido. ‖ Cada una de las curvas de una superficie o línea sinuosa. ‖ Méx. Fam. Asunto, tema, hecho. ‖ FIS. En la propagación del movimiento vibratorio, conjunto de partículas vibrantes. ● Captar la onda, entender lo que se dice. ‖ ¿Qué onda? (Méx.), ¿qué hay?, ¿qué tal? ‖ Ser alguien buena o mala onda (Argent. y Méx.), ser buena o mala persona. ◇ FAM. ondear, ondular. / microonda.

ondear v. intr. [1]. Formar ondas un cuerpo flexible: ondear las banderas. ◇ FAM. ondeante. ONDA.

ondina s. f. Ser imaginario que, según algunas mitologías, habitaba en las profundidades de las aguas.

ondular v. tr. e intr. [1]. Moverse formando ondas. ◆ v. tr. Formar ondas en algo. ◇ FAM. ondulación, ondulado, ondulante. ONDA.

oneroso, sa adj. Pesado, molesto. ‖ Que ocasiona gasto.

ónice s. f. Variedad de ágata, notable por las bandas de diversos colores que presenta, usada para hacer camafeos.

onírico, ca adj. Relativo a los sueños.

ónix s. f. Ónice*.

onomástico, ca adj. Relativo a los nombres propios, especialmente de persona. ◆ s. f. Disciplina que trata de la catalogación y estudio de los nombres propios. ‖ Día en que una persona celebra su santo.

onomatopeya s. f. Modo de formación de palabras que imita el sonido de lo que designan. ‖ Esta misma palabra. ◇ FAM. onomatopéyico.

onto- pref. Significa 'ser': ontología.

ontogenia s. f. BIOL. Serie de transformaciones sufridas por el individuo desde la fecundación del huevo hasta convertirse en un ser completo. ◇ FAM. ontogénico.

ontología s. f. Parte de la filosofía que estudia el ente en cuanto tal. ◇ FAM. ontológico, ontólogo.

onubense adj. y s. m. y f. De Huelva (España).

onza s. f. Antigua medida de peso. ‖ Porción de una tableta de chocolate.

onzavo, va adj. num. part. y s. m. Onceavo*.

opa adj. y s. Argent., Bol. y Urug. Tonto, retrasado mental.

opacar v. tr. y pron. [1a]. Amér. Hacer opaco, nublar.

opacidad s. f. Calidad de opaco.

opaco, ca adj. Que no deja pasar la luz. ‖ Sin brillo. ◇ FAM. opacar, opacidad.

opal s. m. Tejido fino de algodón con brillo.

opalescente adj. Semejante al ópalo. <> FAM. opalescencia. ÓPALO.

opalino, na adj. Relativo al ópalo. || De color entre blanco y azulado, con reflejos irisados.

ópalo s. m. Piedra semipreciosa, variedad de sílice hidratada, con reflejos cambiantes irisados. <> FAM. opalescente, opalino.

opción s. f. Facultad de elegir. || Elección. || Acción y efecto de optar. <> FAM. opcional. OPTAR.

opcional adj. Relativo a la opción.

open adj. DEP. Dícese de la competición en la que participan profesionales y aficionados.

ópera s. f. Composición dramática escrita para ser cantada y representada con acompañamiento de orquesta. || Género constituido por esta clase de obras. || Edificio donde se representan estas obras. <> FAM. opereta, operístico. OBRA.

operación s. f. Acción y efecto de operar. || Intervención quirúrgica. || Ejecución de una cosa. || Ejecución de un cálculo. <> FAM. operacional. OPERAR.

operador, ra adj. y s. Que opera. ◆ s. CINE y TV. Técnico encargado de la parte fotográfica de un rodaje.

operar v. intr. [1]. Actuar, producir las cosas el efecto al que se destinan. || Negociar, realizar compras y ventas. || MAT. Realizar combinaciones con números o expresiones para llegar a un resultado. ◆ v. tr. y pron. Realizar, producir un resultado. || Realizar o someterse a una operación quirúrgica. <> FAM. operable, operación, operador, operante, operario, operativo, operatorio. / cooperar, inoperante. OBRAR.

operario, ria s. Trabajador manual.

operativo, va adj. Dícese de lo que obra y hace su efecto.

operatorio, ria adj. Que puede operar. || Relativo a las operaciones quirúrgicas. <> FAM. posoperatorio, preoperatorio. OPERAR.

opérculo s. m. Pieza que tapa o cierra ciertas aberturas de algún organismo.

opereta s. f. Ópera corta o ligera.

opinar v. tr. e intr. [1]. Tener cierta opinión. || Expresar una opinión. <> FAM. opinable, opinión. / inopinado.

opinión s. f. Juicio, manera de pensar sobre un tema. || Fama, reputación. ● **Opinión pública**, manera de pensar más extendida en una sociedad.

opio s. m. Narcótico que se obtiene de las hojas de la adormidera.

opíparo, ra adj. Dícese de la comida abundante y espléndida.

oploteca s. f. Colección o museo de armas.

oponente adj. y s. m. y f. Que se opone.

oponer v. tr. y pron. [5]. Poner en contra. ◆ v. tr. Imputar, objetar. ◆ **oponerse** v. pron. Ser una cosa contraria a otra. <> FAM. oponente, oponible, oposición, opuesto. PONER.

oporto s. m. Vino tinto producido en Oporto (Portugal).

oportunidad s. f. Calidad de oportuno. || Circunstancia oportuna. || Producto vendido a bajo precio.

oportunista adj. y s. m. y f. Que aprovecha las oportunidades sin tener en cuenta principios ni convicciones.

oportuno, na adj. Dícese de lo que se hace o sucede en el tiempo, lugar o circunstancia a propósito o conveniente. || Ingenioso, ocurrente. <> FAM. oportunamente, oportunidad, oportunismo, oportunista. / importunar, inoportuno.

oposición s. f. Acción y efecto de oponer u oponerse. || Rechazo, contrariedad. || Concurso consistente en una serie de ejercicios a los que se someten los aspirantes a un cargo o empleo. || Grupo de fuerzas políticas o sociales contrarias al gobierno o sus dirigentes. <> FAM. opositar, opositor. OPONER.

opositar v. intr. [1]. Hacer oposiciones a un cargo o empleo.

opositor, ra s. Persona que aspira a un cargo o empleo mediante unas oposiciones. || Persona que se opone a otra.

opresión s. f. Acción y efecto de oprimir. || Dificultad para respirar.

opresivo, va adj. Opresor.

opresor, ra adj. y s. Que oprime.

oprimir v. tr. [3]. Hacer presión en una cosa. || Someter mediante el excesivo rigor o la violencia. || Causar ahogo o angustia. <> FAM. opresión, opresivo, opresor.

oprobio s. m. Deshonor público, ignominia. <> FAM. oprobiar, oprobioso.

optar v. tr. [1]. Elegir entre varias posibilidades. ◆ v. tr. Pretender alcanzar algo. <> FAM. opción, optativo. / adoptar.

optativo, va adj. Que depende de la opción o la admite. || Dícese de la asignatura que se puede escoger entre varias.

óptico, ca adj. Relativo a la visión. || Que pertenece al ojo. ◆ s. Persona que fabrica o vende aparatos ópticos, especialmente gafas. ◆ s. f. Parte de la física que trata de las propiedades de la luz y de los fenómenos de la visión. || Tienda de aparatos ópticos. || Manera de juzgar, punto de vista. <> FAM. optometría.

optimar v. tr. [1]. Lograr el resultado óptimo. <> FAM. optimación. ÓPTIMO, MA.

optimismo s. m. Tendencia a tomarse las cosas en su aspecto más favorable. <> FAM. optimista. ÓPTIMO, MA.

optimizar v. tr. [1g]. Optimar. <> FAM. optimización. ÓPTIMO, MA.

óptimo, ma adj. Que en su línea es lo mejor posible. <> FAM. optimar, optimismo, optimizar.

optometría s. f. Parte de la oftalmología

que permite determinar y corregir los vicios de refracción del ojo. <> FAM. optómetro. ÓPTICO, CA.

opuesto, ta adj. Contrario, que se opone a algo por estar enfrente. ‖ Que se opone o contradice a alguien o algo. ‖ Contradictorio, de naturaleza diferente.

opugnar v. tr. [1]. Oponerse con fuerza o violencia. ‖ Contradecir, impugnar. <> FAM. opugnación, opugnador. PUGNAR.

opulencia s. f. Gran abundancia o riqueza.

opulento, ta adj. Que tiene opulencia. <> FAM. opulencia.

opus s. m. Término que, seguido de un número, sirve para situar un fragmento musical en la producción de un compositor.

oquedad s. f. Espacio vacío en el interior de un cuerpo. <> FAM. oquedal. HUECO, CA.

oquedal s. m. Monte arbóreo limpio de hierba y matas.

ora conj. distrib. Implica relación de alternancia entre los elementos que enlaza: *ora leía, ora paseaba.* <> FAM. AHORA.

oración s. f. Palabras que se dirigen a Dios o a los santos. ‖ LING. Conjunto de elementos lingüísticos que forman una unidad sintáctica independiente y completa. <> FAM. oracional. ORAR.

oráculo s. m. Respuesta de una divinidad. ‖ Esta misma divinidad.

orador, ra s. Persona que pronuncia un discurso o habla en público.

oral adj. Relativo a la boca. ‖ Expresado verbalmente. <> FAM. oralmente.

¡órale! interj. *Méx. Fam.* ¡Oiga! ‖ *Méx.* ¡Venga!

orangután s. m. Mono que llega a los 2 m de altura, de cabeza gruesa, nariz chata, hocico saliente y cuerpo robusto.

orar v. intr. [1]. Hablar en público. ‖ Dirigir oraciones a Dios o a los santos. <> FAM. oración, orador, oratoria, oratorio. / adorar, perorar.

orate s. m. y f. Loco, demente.

oratoria s. f. Arte de hablar con elocuencia.

oratorio s. m. Lugar destinado para orar. ‖ Composición musical dramática, de tema religioso, para coro y orquesta.

orbe s. m. Mundo, universo. ‖ Esfera celeste o terrestre. <> FAM. orbicular, órbita.

orbicular adj. Redondo o circular. ◆ adj. y s. m. ANAT. Dícese del músculo circular que rodea la boca y el orificio palpebral. <> FAM. ORBE.

órbita s. f. Curva descrita por un astro en su movimiento de traslación. ‖ Cavidad ósea de la cara, en la que se halla alojado el ojo. ‖ Esfera, ámbito. <> FAM. orbital, orbitario. / desorbitar, exorbitante. ÓRBE.

orca s. f. Cetáceo de gran tamaño, de color azul oscuro por el lomo y blanco por el vientre, que vive en el Atlántico norte.

órdago s. m. Envite del resto en el juego del mus. ● **De órdago** (*Fam.*), excelente, de gran calidad.

orden s. m. Organización y disposición regular de las cosas. ‖ Normalidad, tranquilidad. ‖ Categoría, rango, clase. ‖ ARQ. Cada uno de los estilos de la arquitectura clásica. ‖ BOT. y ZOOL. División de la clasificación de las plantas y de los animales, intermedia entre la clase y la familia. ◆ s. f. Mandato dado por quien tiene autoridad para obligar a que se cumpla. ‖ Cuerpo de personas unidas por alguna regla común o por una distinción honorífica. ‖ Instituto religioso. ‖ Grado del ministerio sacerdotal. ● **Del orden de,** aproximadamente. ‖ **En orden a,** para, respecto a. ‖ **Estar a la orden del día,** ser frecuente o estar de moda. <> FAM. ordenanza, ordenar, ordinal, ordinario. / contraorden, desorden.

ordenación s. f. Acción y efecto de ordenar. ‖ Manera de estar ordenado algo. ‖ REL. Ceremonia religiosa en que se administran las órdenes sagradas.

ordenada adj. y s. f. MAT. Dícese de la coordenada vertical. <> FAM. coordenado. ORDENAR.

ordenador, ra adj. Que ordena. ◆ s. m. Máquina electrónica de gran capacidad de memoria, dotada de métodos de tratamiento de la información. <> FAM. microordenador. ORDENAR.

ordenamiento s. m. Acción y efecto de ordenar. ‖ DER. Colección de disposiciones referentes a determinada materia.

ordenanza s. f. Conjunto de preceptos dictados para la reglamentación de una comunidad. ‖ Mandato, disposición. ◆ s. m. En ciertas oficinas, empleado encargado de hacer recados. ‖ Soldado al servicio de un jefe u oficial. <> FAM. ORDEN.

ordenar v. tr. [1]. Poner en orden. ‖ Mandar. ◆ v. tr. y pron. REL. Administrar o recibir las órdenes sagradas. <> FAM. ordenación, ordenada, ordenado, ordenador, ordenamiento. / coordinar, reordenar, subordinar. ORDEN.

ordeñar v. tr. [1]. Extraer la leche de los animales hembras, exprimiéndoles las ubres. <> FAM. ordeñadura, ordeño.

ordinal adj. Dícese del número y del adjetivo numeral que indica orden de sucesión o colocación. <> FAM. ORDEN.

ordinariez s. f. Calidad de ordinario, grosero. ‖ Expresión o acción de mal gusto.

ordinario, ria adj. Común, corriente. ‖ Vulgar, grosero. ‖ No selecto, de clase inferior. <> FAM. ordinariez. / extraordinario. ORDEN.

ordovícico, ca adj. y s. m. GEOL. Dícese del segundo período del paleozoico.

orear v. tr. [1]. Dar el aire o el viento en algo refrescándolo, secándolo o quitándole el olor. ◆ v. intr. *Chile.* Pasársele a una persona la borrachera. ◆ **orearse**

v. pron. Salir al aire libre para refrescarse. ◇ FAM. oreo.

orégano s. m. Planta herbácea aromática, con tallos vellosos y hojas pequeñas, que se emplea como condimento.

oreja s. f. Órgano del oído, en particular la parte externa situada a cada lado de la cabeza. ‖ Oído. ‖ Cualquier apéndice de un objeto, especialmente si hay uno en cada lado. ‖ *Colomb.* Desviación circular que cruza la recta de una autopista a diferente altura que ésta. ‖ *Méx.* Agarradero de una vasija. ‖ *Méx.* Pan dulce en forma de dos orejas unidas. ‖ *Méx. y. Salv.* Espía, delator. • **Asomar, descubrir o enseñar, la oreja** *(Fam.)*, descubrir uno su condición o sus intenciones sin darse cuenta. ‖ **Con las orejas caídas, o gachas** *(Fam.)*, avergonzado, humillado o sin haber conseguido lo que se pretendía. ‖ **Parar la oreja** *(Argent., Chile y Méx. Fam.)*, aguzar el oído, prestar atención. ◇ FAM. orejera, orejero, orejudo. / aurícula, desorejar.

orejera s. f. Cada una de las dos piezas que sirven para proteger las orejas del frío.

orejero, ra s. *Chile. Fam.* Soplón, chismoso.

orensano, na adj. y s. De Orense (España).

orfanato s. m. Asilo de huérfanos. ◇ FAM. orfanatorio. ORFANDAD.

orfanatorio s. m. *Méx.* Asilo, orfanato.

orfandad s. f. Situación de huérfano. ‖ Pensión que disfrutan algunos huérfanos. ◇ FAM. orfanato, orfelinato. HUÉRFANO, NA.

orfebre s. m. y f. Persona que realiza o vende objetos de oro o plata. ◇ FAM. orfebrería.

orfebrería s. f. Arte, oficio, comercio y obra del orfebre.

orfelinato s. m. Orfanato. ◇ FAM. ORFANDAD.

orfeón s. m. Sociedad coral. ◇ FAM. orfeonista.

organdí s. m. Tela de algodón transparente, ligera y poco rígida.

organicismo s. m. Teoría que atribuye todas las enfermedades a la lesión material de un órgano. ◇ FAM. organicista. ÓRGANO.

orgánico, ca adj. Relativo a los órganos, a los tejidos vivos, a los seres organizados y a la constitución del ser. ‖ Relativo a la parte de la química que estudia los compuestos del carbono. ‖ Dícese de lo que atañe a la constitución de corporaciones o entidades, o a sus funciones. ◇ FAM. orgánicamente. / inorgánico. ÓRGANO.

organigrama s. m. Gráfico de la estructura de una organización. ◇ FAM. ORGANIZAR.

organillo s. m. Órgano pequeño y portátil, que se hace sonar por medio de un manubrio. ◇ FAM. organillero. ÓRGANO.

organismo s. m. Ser vivo orgánico. ‖ Conjunto de órganos que constituyen un ser vivo. ‖ Institución o entidad encargada de la gestión de un servicio público, de un partido, etc. ◇ FAM. microorganismo. ÓRGANO.

organización s. f. Acción y efecto de organizar u organizarse. ‖ Manera en que algo está organizado. ‖ Asociación constituida para determinado fin.

organizado, da adj. Que es un ser viviente. ‖ Provisto de órganos. ‖ Constituido, dispuesto.

organizar v. tr. [1g]. Preparar la realización de algo. ◆ v. tr. y pron. Disponer algo ordenadamente con miras a una función determinada. ◆ **organizarse** v. pron. Formarse algo espontáneamente. ◇ FAM. organización, organizado, organizador. / desorganizar, organigrama, reorganizar. ÓRGANO.

órgano s. m. Parte del cuerpo de los seres vivos destinada a realizar una función determinada. ‖ Aquello que sirve de instrumento o medio para la realización de algo. ‖ Instrumento musical de viento y teclado. ◇ FAM. organicismo, orgánico, organillo, organismo, organista, organístico, organizar, orgánulo.

orgánulo s. m. BIOL. Estructura o parte de una célula que en ésta cumple la función de un órgano.

orgasmo s. m. Culminación del placer sexual.

orgía s. f. Fiesta o banquete en que se come y bebe con exageración, y se cometen excesos sexuales. ‖ Desenfreno en la satisfacción de los deseos y pasiones.

orgullo s. m. Exceso de estimación propia. ‖ Sentimiento elevado de la propia dignidad. ◇ FAM. orgulloso. / enorgullecer.

orientación s. f. Acción y efecto de orientar u orientarse. ‖ Posición de un objeto, de un edificio, etc., con relación a los puntos cardinales. ‖ Dirección, tendencia.

oriental adj. y s. m. y f. De Oriente. ‖ *Uruguayo.* ◇ FAM. orientalista.

orientar v. tr. y pron. [1]. Colocar a alguien o algo en determinada dirección respecto a los puntos cardinales. ‖ Determinar dónde está la dirección que se ha de seguir. ‖ Dirigir una persona, cosa o acción hacia un fin determinado. ◆ **orientarse** v. pron. Estudiar la situación de un asunto o de una cuestión. ◇ FAM. orientable, orientación, orientador, orientativo. / desorientar. ORIENTE.

oriente s. m. Este, punto cardinal. ‖ Región que comprende Asia y las partes de Europa y África contiguas a ella. ◇ FAM. oriental, orientar.

orífice s. m. Artesano que trabaja en oro. ◇ FAM. ORO.

orificio s. m. Boca o agujero.

oriflama s. f. Estandarte, pendón o bandera. ◇ FAM. ORO y FLAMA.

origen s. m. Principio, causa, procedencia de algo. ‖ Ascendencia. ◇ FAM. original, originar, originario. / aborigen.

original adj. Relativo al origen. ‖ Singular, excéntrico. ◆ adj. y s. m. Dícese de aquellas cosas, especialmente obras intelectuales o artísticas, que no son repetición, copia o imitación de otras. ◇ FAM. originalidad, originalmente. ORIGEN.

originalidad s. f. Calidad de original.

originar v. tr. [1]. Producir o dar origen o principio a una cosa. ◆ **originarse** v. pron. Proceder una cosa de otra.

originario, ria adj. Que da origen. ‖ Que ha nacido en el lugar que se especifica o procede de él.

orilla s. f. Límite que separa una franja de tierra de un mar, río, lago, etc. ‖ Línea que limita la parte extrema de una superficie, tela, etc. ◆ pl. Argent. y Méx. Arrabal. ◇ FAM. orillar, orillero, orillo.

orillar v. tr., intr. y pron. [1]. Arrimar a la orilla. ◆ v. tr. Hacerle orillo a una tela. ‖ Esquivar un obstáculo o dificultad.

orillo s. m. Borde de una pieza de tela o paño.

orín[1] s. m. Óxido rojizo que se forma en el hierro.

orín[2] s. m. Orina.

orina s. f. Líquido amarillento excretado por los riñones. ◇ FAM. orín[2], orinal, orinar. / urinario.

orinal s. m. Recipiente para recoger la orina.

orinar v. intr. [1]. Expeler la orina. ◆ v. tr. Expeler por la uretra algún otro líquido. ◆ **orinarse** v. pron. Expeler la orina involuntariamente.

oriundo, da adj. y s. Originario, que ha nacido en el lugar que se especifica o procede de él. ◇ FAM. oriundez.

orla s. f. Adorno que se dibuja, imprime o cose en los bordes de un papel, tela, etc. ‖ Cuadro con las fotografías de todos los alumnos de una misma promoción académica. ◇ FAM. orlar.

orlar v. tr. [1]. Adornar con una orla.

ornamentar v. tr. [1]. Poner adornos. ◇ FAM. ornamentación. ORNAMENTO.

ornamento s. m. Adorno. ◆ pl. Conjunto de vestiduras que usan los ministros del culto católico en las funciones litúrgicas. ◇ FAM. ornamental, ornamentar. ORNAR.

ornar v. tr. y pron. [1]. Adornar. ◇ FAM. ornamento, ornato. / adornar, sobornar.

ornato s. m. Adorno, ornamento.

ornito- pref. Significa 'ave', 'pájaro': ornitología.

ornitología s. f. Parte de la zoología que estudia las aves. ◇ FAM. ornitológico, ornitólogo.

ornitorrinco s. m. Mamífero australiano, ovíparo, de pico parecido al del pato, patas palmeadas y cola ancha.

oro s. m. Metal precioso, de color amarillo brillante, dúctil y maleable. ‖ Dinero, riquezas. ◆ pl. Uno de los cuatro palos de la baraja española. ◆ **Oro negro** (Fam.), petróleo. ● **Hacerse uno de oro** (Fam.), enriquecerse. ◇ FAM. orificar, orífice. / áureo, dorar, oriflama.

oro- pref. Significa 'montaña': orografía.

orogénesis s. f. Formación de los sistemas montañosos. ◇ FAM. orogenia.

orogenia s. f. Parte de la geología que estudia la formación de las montañas. ◇ FAM. orogénico. OROGÉNESIS.

orografía s. f. Estudio del relieve terrestre. ‖ Conjunto de las montañas de una región, país, etc. ◇ FAM. orográfico.

orondo, da adj. Grueso, gordo. ‖ Que se muestra satisfecho de sí mismo.

oronja s. f. Hongo comestible de sombrerillo anaranjado.

oropel s. m. Lámina de cobre que imita el oro. ‖ Cosa o adorno de poco valor, pero de mucha apariencia.

oropéndola s. f. Ave de plumaje amarillo con las alas y cola negras, de canto muy característico.

orquesta s. f. Conjunto de instrumentistas que interpretan una obra musical. ‖ En un teatro, espacio destinado a los músicos. ◇ FAM. orquestal, orquestar, orquestina.

orquestar v. tr. [1]. Instrumentar música para orquesta. ‖ Dirigir o proyectar un plan, actividad, etc. ◇ FAM. orquestación. ORQUESTA.

orquídea s. f. Planta herbácea de flores muy vistosas. ‖ Flor de esta planta.

ortiga s. f. Planta herbácea cubierta de pelos que segregan un líquido irritante. ◇ FAM. ortigal. / urticaria.

orto[1] s. m. ASTRON. Salida de un astro por el horizonte.

orto[2] s. m. Argent., Chile y Urug. Vulg. Ano.

orto- pref. Significa 'recto': ortodoncia.

ortocentro s. m. Punto de intersección de las tres alturas de un triángulo.

ortodoncia s. f. Rama de la odontología que se ocupa de la corrección de la posición de las piezas dentarias.

ortodoxia s. f. Conformidad con el dogma católico. ‖ Conformidad con una doctrina o sistema.

ortodoxo, xa adj. Dícese de la persona o cosa que está de acuerdo con una teoría, principios, etc. ‖ Conforme al dogma católico. ‖ Dícese de la religión e Iglesia cismática griegas. ◇ FAM. ortodoxia.

ortoedro s. m. Prisma recto de base rectangular.

ortogonal adj. Dícese de dos rectas, dos círculos, etc., que se cortan en ángulo recto.

ortografía s. f. Manera de escribir correctamente las palabras de una lengua. ‖ Parte de la gramática que da reglas para escribir las palabras y puntuar las frases. ◇ FAM. ortográfico.

ortopedia s. f. Parte de la medicina y de

la cirugía que se ocupa de la corrección de las deformaciones del cuerpo. <> FAM. ortopeda, ortopédico, ortopedista.

ortóptero, ra adj. y s. m. Relativo a un orden de insectos masticadores con metamorfosis incompleta, como el grillo.

oruga s. f. Larva típica de los lepidópteros, en forma de gusano. || Llanta articulada que se aplica a las ruedas de un vehículo.

orujo s. m. Residuo que se obtiene del prensado de las uvas, aceitunas, etc. || Aguardiente que se fabrica con este residuo de la uva.

orureño, ña adj. y s. De Oruro. (Bolivia).

orza s. f. Especie de tinaja pequeña.

orzuela s. f. Méx. Condición del cabello que se abre en las puntas.

orzuelo s. m. Pequeña inflamación o grano que aparece en el borde libre de los párpados.

os pron. pers. Forma átona del pronombre personal de segunda persona del plural vosotros, vosotras, o del antiguo vos, que funciona como complemento directo o indirecto: os contaré una historia. <> FAM. VOS.

osadía s. f. Temeridad, atrevimiento. || Descaro, insolencia.

osado, sa adj. Que tiene osadía.

osamenta s. f. Esqueleto. <> FAM. ÓSEO, A.

osar v. intr. [1]. Atreverse. <> FAM. osadía, osado.

osario s. m. Lugar donde se entierran o se hallan enterrados huesos. <> FAM. ÓSEO, A.

oscense adj. y s. m. y f. De Huesca (España).

oscilador s. m. Aparato que convierte la energía eléctrica en ondas de radio.

oscilar v. intr. [1]. Desplazarse alternativamente un cuerpo en un sentido u otro de su posición de equilibrio. || Variar, cambiar algunas cosas dentro de determinados límites. <> FAM. oscilación, oscilador, oscilante, oscilatorio.

ósculo s. m. Beso. || ZOOL. Orificio u orificios de salida del agua en una esponja.

oscurantismo s. m. Actitud de oposición a la instrucción, a la razón y al progreso. <> FAM. oscurantista. OSCURO, RA.

oscurecer v. tr. [2m]. Privar de luz o claridad. || Disminuir el prestigio, la estimación, deslucir. <> v. impers. Anochecer. <> **oscurecerse** v. pron. Nublarse. <> FAM. oscurecimiento. OSCURO, RA.

oscuridad s. f. Falta de luz o claridad. || Falta de noticias acerca de un hecho, o de sus causas y circunstancias. || Confusión.

oscuro, ra adj. Que tiene poca luz o carece de ella. || Confuso; poco claro. || Humilde, sin fama. || Dícese del día o el cielo nublado. || Dícese del color que tira a negro. <> FAM. oscurantismo, oscurecer, oscuridad. / claroscuro.

óseo, a adj. De hueso. <> FAM. osamenta, osario, osificarse. HUESO.

osera s. f. Guarida del oso.

osezno s. m. Cachorro del oso.

osificarse v. pron. [1a]. BIOL. Convertirse en hueso o adquirir consistencia de hueso un tejido orgánico. <> FAM. osificación. ÓSEO, A.

osmio s. m. QUÍM. Metal duro, de color blanco, que se encuentra en el mineral de platino.

ósmosis u **osmosis** s. f. Fenómeno de difusión de dos disoluciones de distinta concentración, realizada a través de una membrana permeable. <> FAM. osmótico.

oso, sa s. Mamífero carnívoro, plantígrado, de cuerpo macizo y pesado. <> s. m. Méx. Fam. Acción ridícula o vergonzosa. <> FAM. osera, osezno.

oste- pref. Osteo-*.

osteítis s. f. Inflamación del tejido óseo.

ostensible adj. Manifiesto, patente.

ostentación s. f. Acción y efecto de ostentar. || Afectación por la que se hace alarde de alguna cosa.

ostentar v. tr. [1]. Mostrar una cosa, hacerla patente. || Exhibir con afectación y presunción una cosa. || Estar en posesión de algo que da derecho a ejercer ciertas actividades o a obtener ciertas ventajas. <> FAM. ostensible, ostensión, ostensorio, ostentación, ostentador, ostentoso.

ostentoso, sa adj. Magnífico, lujoso. || Dícese de aquello que se exhibe de forma llamativa con intención de que se note.

osteo- pref. Significa 'hueso': osteopatía.

osteología s. f. Parte de la anatomía que trata de los huesos. <> FAM. osteológico, osteólogo.

osteopatía s. f. MED. Nombre genérico de las enfermedades de los huesos.

ostión s. m. Chile y Méx. Molusco comestible de mayor tamaño que la ostra. <> FAM. ostionería.

ostionería s. f. Méx. Restaurante donde sirven ostiones y otros mariscos.

ostra s. f. Molusco bivalvo comestible, que vive fijado a las rocas marinas por una valva de su concha. <> FAM. ostricultura, ostrífero.

ostracismo s. m. Acción de tener apartada a una persona que no resulta grata.

ostrogodo, da adj. y s. De la rama oriental del pueblo germánico de los godos y de sus individuos. <> FAM. GODO, DA.

ot- pref. Oto-*.

otalgia s. f. Dolor de oídos.

otario, ria adj. Argent. y Urug. Tonto, fácil de engañar.

otear v. tr. [1]. Abarcar algo con la mirada desde un lugar elevado. || Explorar o mirar con atención. <> FAM. oteador.

otero s. m. Cerro aislado que domina un llano.

otitis s. f. Inflamación del oído.

oto- pref. Significa 'oído': otorrinolaringología.

otomano, na adj. y s. De Turquía.

otomí adj. y s. m. y f. De un pueblo amerindio que habitó en el centro de México
y que vive hoy en diversos estados del
país. ◆ s. m. Lengua hablada por este
pueblo.

otoñal adj. Relativo al otoño.

otoño s. m. Estación del año, compren-
dida entre el verano y el invierno. || Pe-
ríodo de la vida próximo a la vejez.
◇ FAM. otoñal.

otorgamiento s. m. Acción de otorgar. ||
Concesión, donación, licencia.

otorgar v. tr. [1]. Conceder algo como fa-
vor o recompensa. || Dar o conceder una
ley o mandato. || DER. Disponer, estable-
cer, etc., una cosa ante notario. ◇ FAM.
otorgador, otorgamiento, otorgante.

otorrinolaringología s. f. Parte de la medicina que trata de las enfermedades de
los oídos, la nariz y la laringe. ◇ FAM.
otorrinolaringólogo. LARINGOLOGÍA.

otro, tra adj. y pron. indef. Distinto de
aquello de que se habla.

out s. m. En tenis, indica que la pelota ha
salido fuera de los límites de la pista.

output s. m. INFORMÁT. Salida de datos de
los ordenadores.

ovación s. f. Aplauso ruidoso del público.
◇ FAM. ovacionar.

oval adj. Que tiene la forma de un óvalo.

ovalado, da adj. Oval.

ovalar v. tr. [1]. Dar forma de óvalo.

óvalo s. m. Curva cerrada semejante a la
de una elipse o a la de la sección más
larga de un huevo. ◇ FAM. oval, ovalado,
ovalar. HUEVO.

ovario s. m. Órgano de reproducción femenino. ◇ FAM. ovárico. HUEVO.

oveja s. f. Hembra del carnero. ● **Oveja
negra**, persona que dentro de una colectividad no sigue las líneas de conducta
aceptadas. ◇ FAM. ovejero, óvido, ovino.

overbooking s. m. Práctica consistente en
comprometer más plazas de las disponibles en viajes, hoteles, etc.

overlock s. m. Argent. y Chile. Costura en
forma de cadeneta que se utiliza para rematar los tejidos.

overo, ra adj. Amér. Central y Amér. Merid. Dícese de la caballería de color
blanco con manchas de colores.

overol s. m. Amér. Mono, traje de faena.

ovetense adj. y s. m. y f. De Oviedo (España).

óvido, da adj. y s. m. Relativo a los mamíferos rumiantes bóvidos de pequeño tamaño. ◇ FAM. OVEJA.

oviducto s. m. Conducto por el que los
huevos pasan del ovario al exterior.
◇ FAM. HUEVO.

ovillo s. m. Bola formada devanando un
hilo. || Cosa enredada y de figura redonda.
● **Hacerse un ovillo** (Fam.), acurrucarse,
encogerse. || Embrollarse. ◇ FAM. ovillar.
/ aovillarse, desovillar.

ovino, na adj. y s. m. Dícese del ganado
formado por ovejas y animales de la
misma familia. ◇ FAM. OVEJA.

ovíparo, ra adj. y s. Dícese del animal
que se reproduce por huevos. ◇ FAM.
HUEVO.

ovni s. m. Objeto volante de origen y naturaleza desconocidos.

ovo- pref. Significa 'huevo': ovoide.

ovoide adj. De forma de huevo. ◇ FAM.
HUEVO.

ovulación s. f. Producción y desprendimiento natural del óvulo en el ovario.
◇ FAM. anovulatorio. OVULAR¹.

ovular¹ v. intr. [1]. Salir el óvulo del ovario. ◇ FAM. ovulación. ÓVULO.

ovular² adj. Relativo al óvulo.

óvulo s. m. Célula femenina destinada a
ser fecundada. || BOT. Pequeño órgano
contenido en el ovario, que proporciona
la semilla después de la fecundación del
polen. ◇ FAM. ovular¹, ovular². HUEVO.

oxácido u **oxiácido** s. m. QUÍM. Ácido
que contiene oxígeno. ◇ FAM. OXÍGENO y
ÁCIDO, DA.

oxidación s. f. Acción y efecto de oxidar.

oxidante adj. Que oxida. ◇ FAM. antioxidante. OXIDAR.

oxidar v. tr. y pron. [1]. Combinar un ele-
mento con el oxígeno. || Pasar al estado de
óxido o recubrirse de óxido. ◇ FAM. oxidable, oxidación, oxidante. / desoxidar,
inoxidable. ÓXIDO.

óxido s. m. Compuesto que resulta de la
combinación de un elemento con el oxí-
geno. || Capa de este compuesto que se
forma sobre los metales expuestos al aire
o a la humedad. ◇ FAM. oxidar. / dióxido.
OXÍGENO.

oxigenado, da adj. Que contiene oxígeno.

oxigenar v. tr. [1]. Combinar un elemento
con el oxígeno. ◆ **oxigenarse** v. pron. Airearse. ◇ FAM. oxigenación, oxigenado. /
desoxigenar. OXÍGENO.

oxígeno s. m. Cuerpo simple gaseoso
existente en el aire, imprescindible para la
respiración. ◇ FAM. oxigenar. / oxácido,
óxido.

oxítono, na adj. y s. f. LING. Dícese de la
palabra que lleva el acento tónico en la
sílaba final. ◇ FAM. paroxítono, proparoxítono. TONO.

oxiuro s. m. Gusano pequeño, parásito
de diversos animales, especialmente del
hombre.

oyente adj. y s. m. y f. Que oye. ◇ FAM.
radioyente. OÍR.

ozono s. m. Gas azulado, existente en la
atmósfera, que protege a los seres vivos de
las radiaciones ultravioletas del Sol.
◇ FAM. ozonosfera.

ozonosfera s. f. Capa de la atmósfera terrestre que contiene ozono. ◇ FAM.
OZONO y ESFERA.

p s. f. Decimoséptima letra del alfabeto español y decimotercera de sus consonantes; representa un sonido bilabial, oclusivo y sordo.

pabellón s. m. Edificio que depende de otro mayor, contiguo o próximo a él, o que forma parte de un conjunto. ‖ Tienda de campaña de forma cónica. ‖ Bandera nacional. ‖ Parte exterior de la oreja. ◆ pl. *Colomb.* Conjunto de cohetes grandes y luminosos. ‖ *Venez.* Plato en que se sirve carne frita, arroz y fríjoles.

pabilo o **pábilo** s. m. Mecha de una vela. ◇ FAM. despabilar, espabilar.

pábulo s. m. Cosa o materia que sirve para mantener o fomentar una acción.

paca¹ s. f. Fardo de lana, algodón, alfalfa, etc., prensado y atado. ◇ FAM. pacotilla, paquete¹. / empacar.

paca² s. f. *Amér. Central* y *Amér. Merid.* Roedor domesticado del tamaño de una liebre, de cuerpo robusto y pelaje espeso. ◇ FAM. paco¹.

pacato, ta adj. y s. Mojigato. ‖ Pacífico, tranquilo. ◇ FAM. PAZ.

pacaya s. m. *C. Rica* y *Hond.* Palmera cuyos cogollos se toman como legumbre. ◆ s. f. *Guat.* Disgusto oculto.

pacense adj. y s. m. y f. De Badajoz (España).

paceño, ña adj. y s. De La Paz.

pacer v. intr. y tr. **[2m]**. Comer el ganado la hierba del campo. ◇ FAM. apacentar.

pacha s. f. *Méx.* y *Nicar.* Botella de bolsillo, aplanada, utilizada para llevar bebidas alcohólicas. ‖ *Nicar.* Biberón.

pachá s. m. Persona que se da buena vida.

pachacho, cha adj. *Chile.* Dícese de las personas o animales rechonchos y de piernas cortas.

pachaco, ca adj. *Amér. Central.* Inútil, enclenque. ‖ *Amér. Central.* Aplastado. ◇ FAM. PACHO, CHA.

pachamama s. f. *Amér. Merid.* Divinidad de origen inca que se identifica con la madre tierra.

pachamanca s. f. *Amér. Merid.* Carne condimentada con ají que se asa entre piedras calientes.

pachanga s. f. *Argent.* y *Méx. Fam.* Fiesta, diversión, baile. ◇ FAM. pachanguero.

pachanguero, ra adj. Dícese de un espectáculo, de una fiesta y principalmente de una música fácil, bulliciosa y pegadiza.

pacharán s. m. Licor originario de Navarra, fabricado con anís y arándanos.

pacheco s. m. *Ecuad.* y *Venez.* Frío intenso.

pacho, cha adj. *Nicar.* Flaco, aplastado. ◇ FAM. pachaco.

pachocha s. f. *Chile, Colomb., Cuba, Pan.* y *Perú.* Indolencia, flema.

pachón, na adj. y s. m. Dícese de una raza de perros de hocico cuadrado, patas cortas y pelo no muy largo, amarillo con manchas marrones. ◆ s. Persona calmosa y flemática. ◆ adj. *Chile, Hond., Méx.* y *Nicar.* Peludo, lanudo.

pachorra s. f. Cachaza, flema. ◇ FAM. pachorriento, pachorrudo.

pachorriento, ta adj. *Amér. Merid.* Lento y pesado.

pachucho, cha adj. Falto de tiesura o frescura. ‖ *Fam.* Decaído, física o moralmente.

pachuco s. m. Jerga hispana que se habla en Estados Unidos ◆ adj. y s. m. *Méx. Fam.* Joven mexicano emigrado al sur de Estados Unidos.

pachulí s. m. Planta aromática de la que se extrae esencia, que crece en Asia y Oceanía. ‖ Perfume de esta planta.

paciencia s. f. Capacidad de soportar molestias, trabajos y adversidades con fortaleza y resignación. ◇ FAM. impaciencia. PACIENTE.

paciente adj. Que tiene paciencia. ‖ LING. Dícese del sujeto de las oraciones pasivas. ◆ s. m. y f. Enfermo que está sometido a tratamiento médico. ◇ FAM. paciencia. PADECER.

pacificar v. tr. **[1a]**. Restablecer la paz. ◆ **pacificarse** v. pron. Tranquilizarse, calmarse. ◇ FAM. pacificación, pacificador. PAZ.

pacífico, ca adj. Que ama la paz. ‖ Tranquilo, sosegado. ◇ FAM. pacíficamente. PAZ.

pacifismo s. m. Doctrina encaminada a mantener la paz. ◇ FAM. pacifista. PAZ.

paco¹ s. m. *Amér. Central* y *Amér. Merid.* Paca². ‖ *Amér. Central* y *Amér. Merid.* Mineral de plata con ganga ferruginosa. ‖ *Chile, Colomb., Ecuad.* y *Pan. Fam.* Policía. ‖ *Chile* y *Perú.* Llama, rumiante.

◆ adj. y s. m. *Argent., Chile* y *Perú.* De color rojizo o bermejo.

paco² s. m. *Nicar.* Tamal de maíz lavado.

pacota s. f. *Méx.* Cosa de mala calidad. ‖ *Méx.* Persona insignificante.

pacotilla s. f. Conjunto de mercaderías que los marineros u oficiales de un buque pueden embarcar por su cuenta, libres de fletes. ● **De pacotilla,** de clase inferior. ◇ FAM. pacotillero. PACA¹.

pacotillero, ra adj. y s. Que negocia con pacotillas. ◆ s. *Amér. Central* y *Amér. Merid.* Buhonero o mercader ambulante.

pactar v. tr. [1]. Acordar dos o más personas o entidades algo que se comprometen a cumplir.

pacto s. m. Acuerdo entre dos o varias partes. ◇ FAM. pactar.

pacú s. m. *Argent.* Pez de gran tamaño, cuya carne es muy sabrosa y estimada, que vive en la cuenca del Plata.

pácul s. m. *Chile.* Planta cuya corteza es rica en tanino.

padecer v. tr. e intr. [2m]. Recibir la acción de algo que causa dolor físico o moral. ◆ v. tr. Soportar, aguantar. ◇ FAM. padecimiento. / compadecer, paciente, pasión, patíbulo.

padrastro s. m. Marido de una mujer respecto de los hijos habidos antes por ella. ‖ Trozo de pellejo que se levanta junto a las uñas.

padrazo s. m. *Fam.* Padre muy indulgente.

padre s. m. Hombre o macho respecto a sus hijos. ‖ Creador, iniciador, promotor. ‖ Título dado a ciertos religiosos. ◆ pl. El padre y la madre. ‖ Antepasados. ◆ adj. *Méx. Fam.* Estupendo, extraordinario, maravilloso. ◇ FAM. padrastro, padrazo, padrino. / compadre, empadrarse, padrenuestro, parricida, páter, paterno, patrilineal.

padrenuestro s. m. Oración cristiana enseñada por Jesucristo a sus discípulos.

padrillo s. m. *Argent., Chile, Par., Perú* y *Urug.* Caballo semental.

padrinazgo s. m. Acción y efecto de apadrinar. ‖ Título o cargo de padrino. ‖ Protección.

padrino s. m. Hombre que presenta o asiste a alguien en un sacramento o en otros actos. ◇ FAM. padrinazgo. / apadrinar. PADRE.

padrón s. m. Relación nominal de los habitantes de una entidad administrativa. ‖ *Bol., Colomb., P. Rico* y *Venez.* Semental. ◇ FAM. empadronar.

padrote s. m. *Amér. Central, Colomb., P. Rico* y *Venez.* Semental. ‖ *Amér. Central.* y *Méx.* Chulo, explotador de prostitutas.

paella s. f. Plato típico de la región valenciana, consistente en arroz guisado con distintas carnes, pescados, mariscos, verduras, etc. ‖ Paellera. ◇ FAM. paellera.

paellera s. f. Sartén de poco fondo con dos asas en que se hace la paella.

paga s. f. Sueldo mensual que se percibe por un trabajo fijo. ‖ Acción de pagar.

pagadero, ra adj. Que se ha de pagar en un plazo determinado.

pagado, da adj. Ufano, engreído.

paganismo s. m. Conjunto de creencias o actividades no cristianas y conjunto de personas que las practican.

pagano, na adj. Relativo al paganismo. ◆ adj. y s. Adepto al paganismo. ◇ FAM. paganismo, paganizar.

pagar v. tr. [1b]. Dar a uno lo que se le debe. ‖ Corresponder a una actitud, acción o sentimiento de otro. ‖ Cumplir una pena o castigo por un delito o mala acción. ◇ FAM. paga, pagable, pagadero, pagado, pagador, pagaré, pago¹.

pagaré s. m. Documento por el cual una persona se compromete a pagar una cantidad en determinada fecha.

pagel s. m. Breca.

página s. f. Cada una de las dos caras de una hoja de un libro o cuaderno. ◇ FAM. paginar. / compaginar.

paginar v. tr. [1]. Numerar las páginas. ◇ FAM. paginación. PÁGINA.

pago¹ s. m. Acción de pagar. ‖ Dinero o cosa con que se paga. ‖ Recompensa. ◇ FAM. impago. PAGAR.

pago² s. m. Distrito determinado de tierras, especialmente de viñas u olivares. ‖ Aldea, pueblo pequeño. ‖ *Argent., Par., Perú* y *Urug.* Lugar en el que ha nacido o está arraigada una persona.

pagoda s. f. Edificio religioso oriental.

pagua s. f. *Méx.* Variedad de aguacate.

paico s. m. *Amér. Merid.* Planta herbácea aromática, con cuyas hojas y flores se preparan infusiones.

paila s. f. Vasija grande de metal, redonda y poco profunda. ‖ *Amér. Central* y *Amér. Merid.* Sartén. ‖ *Chile. Fam.* Oreja. ‖ *Nicar.* Machete utilizado para cortar la caña de azúcar. ◇ FAM. pailón.

pailebot o **pailebote** s. m. Goleta pequeña, muy rasa y fina.

pailón s. m. *Bol.* y *Ecuad.* Hondonada redonda. ◆ adj. *Chile. Fam.* Orejudo. ‖ *Chile.* Torpe, necio. ‖ *Chile.* Dícese del joven extremadamente alto para su edad.

paina s. f. *Argent.* Copo blanco formado por los pelos que cubren las semillas del palo borracho.

paipay s. m. Abanico en forma de pala y con mango.

pairo s. m. MAR. Estado de la nave quieta con las velas extendidas. ◇ FAM. pairar.

país s. m. Territorio que constituye una unidad geográfica o política. ◇ FAM. paisaje, paisano.

paisa adj. y s. m. y f. *Fam.* De Medellín. (Colombia).

paisaje s. m. Extensión de terreno visto desde un lugar determinado. ‖ Pintura, grabado o dibujo que representa este terreno. ◇ FAM. paisajista, paisajístico. / apaisado. PAÍS.

paisajista adj. y s. m. y f. Dícese del pintor de paisajes.

paisanaje s. m. Conjunto de paisanos. ‖ Circunstancia de ser paisano.

paisano, na adj. y s. Con relación a una persona, otra que es del mismo país, población, región o provincia. ◆ s. Campesino. ◆ s. m. Hombre que no es militar. ‖ *Chile.* Nombre que reciben los extranjeros residentes en el país, especialmente los árabes y los sirios. ◇ FAM. paisanaje. PAÍS.

paja s. f. Caña o tallo seco de un cereal. ‖ Conjunto de estas cañas o tallos. ‖ Tubo pequeño y delgado que sirve para sorber líquidos. ‖ Cosa insignificante, inútil o de relleno. ‖ *Colomb., Guat.* y *Hond.* Grifo, llave para la salida del agua. ● **Por un quítame allá esas pajas** (*Fam.*), por una cosa sin importancia. ◇ FAM. pajar, pajero, pajizo, pajón. / empajar.

pajar s. m. Lugar donde se guarda la paja.

pájara s. f. Hembra del pájaro. ‖ Pajarita de papel. ‖ Mujer astuta y granuja. ‖ Cometa.

pajarera s. f. Jaula grande para pájaros.

pajarería s. f. Tienda donde se venden pájaros.

pajarero, ra adj. y s. Relativo a los pájaros. ◆ adj. *Amér.* Referido a las caballerías, asustadizo. ◆ s. Persona que tiene por oficio cazar, criar o vender pájaros. ◆ s. m. *Amér.* Muchacho encargado de espantar los pájaros en el sembrado.

pajarita s. f. Figura de papel que tiene forma de pájaro. ‖ Corbata en forma de mariposa.

pájaro s. m. Cualquier ave con capacidad para volar. ‖ Hombre astuto y granuja. ● **Pájaro bobo,** ave de las regiones polares, que adopta una posición erguida, tiene las extremidades inferiores en forma de aleta y está adaptada al medio acuático. ● **Matar dos pájaros de un tiro** (*Fam.*), hacer o lograr dos cosas con una sola diligencia. ◇ FAM. pájara, pajarera, pajarería, pajarero, pajarita, pajarón, pajarraco. / espantapájaros.

pajarón, na adj. y s. *Argent.* y *Chile. Fam.* Distraído, atolondrado.

pajarraco, ca s. Persona astuta y malintencionada. ◆ s. m. Pájaro grande y feo.

paje s. m. Criado joven que antiguamente servía a la nobleza.

pajero, ra s. *Nicar.* Fontanero. ◆ FAM. PAJA.

pajizo, za adj. Hecho o cubierto de paja. ‖ De color de paja.

pajolero, ra adj. *Fam.* Que produce molestia o enfado.

pajón s. m. *Cuba, R. Dom.* y *Venez.* Planta silvestre, rica en fibra, que en oca-

siones sirve de alimento al ganado. ◇ FAM. pajonal. PAJA.

pajonal s. m. *Argent., Chile, Urug.* y *Venez.* Sitio poblado de hierbas.

pajuerano, na adj. *Argent., Bol.* y *Urug. Desp.* Paleto, aldeano.

pakistaní adj. y s. m. y f. De Pakistán.

pala s. f. Utensilio compuesto por una tabla de madera o hierro adaptada a un mango. ‖ Parte ancha y delgada de ciertos instrumentos. ‖ Parte superior del calzado. ◇ FAM. palada, palastro, palazo, paleta. / apalear².

palabra s. f. Conjunto de sonidos de letras que representan un ser, una idea. ‖ Facultad natural de expresar el pensamiento por medio del lenguaje articulado. ‖ Ejercicio de esta facultad. ‖ Promesa. ● **Última palabra,** decisión que se da como definitiva e inalterable. ‖ Cosa que está de última moda. ● **Dejar con la palabra en la boca,** dejar de escuchar a alguien o marcharse sin escuchar lo que iba a decir. ‖ **Tomar la palabra** a alguien, no permitir que se vuelva atrás en la promesa que ha hecho. ◇ FAM. palabrear, palabreja, palabrería, palabrota. / apalabrar.

palabrear v. tr. [1]. *Chile, Colomb.* y *Ecuad.* Convenir verbalmente algún asunto. ‖ *Chile.* Insultar.

palabreja s. f. Palabra rara o que llama la atención.

palabrería s. f. Abundancia de palabras vanas.

palabrota s. f. Juramento, maldición o insulto groseros.

palacete s. m. Mansión de recreo, más pequeña que un palacio.

palaciego, ga adj. Relativo al palacio. ◆ s. Persona que forma parte de una corte.

palacio s. m. Edificio grande y suntuoso. ◇ FAM. palacete, palaciego. / palatino².

palada s. f. Porción que puede coger una pala de una sola vez. ‖ Cada movimiento que se hace al usar una pala.

paladar s. m. Bóveda ósea y membranosa que separa la boca de las fosas nasales. ‖ Gusto, sabor. ◇ FAM. paladear. / palatal, palatino¹.

paladear v. tr. y pron. [1]. Saborear, degustar lentamente. ◇ FAM. paladeo. PALADAR.

paladín s. m. Caballero que sobresalía por sus hazañas. ‖ Defensor de alguna persona o causa.

paladino, na adj. Público, manifiesto. ◇ FAM. paladinamente.

paladio s. m. Metal parecido al platino, dúctil y maleable.

palafito s. m. Vivienda construida sobre una plataforma soportada por postes de madera en un lago, pantano, etc.

palafrén s. m. Caballo manso en que montaban las damas.

palanca s. f. Barra que se apoya sobre un

punto y sirve para transmitir la fuerza aplicada a uno de sus extremos. ‖ Influencia que se usa para conseguir algo. ⬦ FAM. palanquear, palanqueta¹, palanquín¹. / apalancar.

palangana s. f. Recipiente circular con el fondo más estrecho que el borde, que se utiliza para lavarse. ⬦ s. m. *Argent.*, *Perú* y *Urug.* Fanfarrón, pedante. ⬦ adj. *Chile.* Se dice de la persona superficial. ⬦ FAM. palanganero.

palanganero s. m. Soporte donde se coloca la palangana.

palangre s. m. Cordel largo y grueso del que penden varios cordeles finos provistos de anzuelos para pescar.

palanquear v. tr. [1]. Apalancar. ‖ *Argent.* y *Urug. Fam.* Emplear alguien su influencia para conseguir algo. ⬦ FAM. PALANCA.

palanqueta¹ s. f. Barra pequeña de hierro para forzar puertas o cerraduras. ⬦ FAM. PALANCA.

palanqueta² s. f. *Méx.* Dulce alargado hecho con cacahuetes o pepitas de calabaza, mezclados con miel de azúcar.

palanquín¹ s. m. Mozo que lleva cargas de un lugar a otro. ⬦ FAM. PALANCA.

palanquín² s. m. Silla de manos usada en oriente.

palapa s. f. *Méx.* Construcción hecha con palos o troncos y con techo de palma, común en los lugares muy calurosos.

palastro s. m. Hierro o acero laminados. ⬦ FAM. PALA.

palatal adj. Relativo al paladar. ⬦ adj. y s. f. LING. Dícese del sonido que se articula con el paladar. ⬦ FAM. palatalización. PALADAR.

palatalización s. f. LING. Transformación de una consonante o de una vocal en palatal. ⬦ FAM. palatalizar. PALATAL.

palatino¹, na adj. ANAT. Relativo al paladar.

palatino², na adj. Relativo al palacio.

palca s. f. *Bol.* Cruce de dos ríos o de dos caminos. ‖ *Bol.* Horquilla formada por una rama.

palco s. m. Departamento de los teatros, plazas de toros, etc., en forma de balcón, con varios asientos. ⬦ FAM. BALCÓN.

palenque s. m. Valla de madera para defender o cerrar un terreno. ‖ *Amér. Merid.* Madero al que se atan los animales. ‖ *Méx.* Ruedo donde se realizan peleas de gallos. ⬦ FAM. palenquear.

palentino, na adj. y s. De Palencia (España).

paleo- pref. Significa 'primitivo' o 'antiguo': *paleolítico.*

paleoantropología s. f. Ciencia que estudia los restos humanos fósiles.

paleocristiano, na adj. Dícese del arte de los primeros siglos del cristianismo.

paleógeno, na adj. y s. m. GEOL. Dícese del primer período del cenozoico.

paleolítico, ca adj. y s. m. Dícese del primer período de la Edad de Piedra, que se caracteriza por el uso de la piedra tallada.

paleontografía s. f. Descripción de los seres orgánicos fósiles. ⬦ FAM. paleontográfico.

paleontología s. f. Estudio científico de los seres orgánicos fósiles. ⬦ FAM. paleontológico, paleontólogo.

paleozoico, ca adj. y s. m. GEOL. Dícese de la era geológica anterior al mesozoico y comprendida entre los -600 y -230 millones de años aproximadamente.

palero, ra s. *Méx.* Gancho, cómplice.

palestino, na adj. y s. De Palestina.

palestra s. f. En la antigüedad, lugar donde se practicaban combates o deportes. ‖ Lugar en que se compite o discute sobre algún asunto. ● **Salir a la palestra,** darse a conocer ante el público.

paleta s. f. Utensilio en forma de pala, ancho, plano, por lo común de madera, y que sirve para diversos usos. ‖ Tabla de madera sobre la que los pintores extienden y mezclan los colores. ‖ Utensilio de figura triangular y mango de madera, que usan los albañiles para manejar la mezcla o mortero. ‖ *Guat., Méx., Nicar.* y *Pan.* Dulce o helado en forma de pala o disco, con un palito encajado que sirve de mango. ⬦ FAM. paletada, paletilla. PALA.

paletada s. f. Porción que se coge de una vez con la paleta.

paleteado, da adj. *Chile. Fam.* Que tiene complexión fuerte y destacados atributos morales. ⬦ adj. y s. *Chile.* Sencillo, generoso, justo y cumplidor.

paletilla s. f. Omóplato. ‖ Espaldilla, cuarto delantero de las reses.

paleto, ta adj. y s. Dícese del campesino tosco e ignorante.

paletón s. m. Parte de la llave en que están los dientes.

pali s. m. Antigua lengua religiosa, hermana del sánscrito.

paliacate s. m. *Méx.* Pañuelo grande que se usa para adornar el cuello o cubrir la cabeza.

paliar v. tr. [1]. Atenuar un sufrimiento físico o moral. ‖ Disminuir la importancia de algo. ⬦ FAM. paliación, paliativo, paliatorio.

palidecer v. intr. [2m]. Ponerse pálido. ⬦ FAM. empalidecer. PÁLIDO, DA.

palidez s. f. Calidad o estado de pálido.

pálido, da adj. Que tiene el color atenuado, poco intenso. ⬦ FAM. palidecer, palidez.

palier s. m. Cada una de las dos mitades del eje del automóvil que transmite el giro a las ruedas motrices. ‖ *Argent.* Rellano con puertas o ascensor en la escalera de un piso.

palillero s. m. Objeto en que se colocan los palillos o mondadientes.

palillo s. m. Mondadientes. ‖ Cada una de las dos baquetas con que se toca el tambor. ‖ Danza argentina picaresca del s. XIX. ➤ pl. Par de pequeños palos que se usan como cubiertos en algunos países orientales. ◇ FAM. palillero. PALO.

palimpsesto s. m. Documento de pergamino raspado para escribir de nuevo sobre él.

palin- pref. Significa 'otra vez': *palíndromo.*

palíndromo s. m. *Escrito o palabra que tiene el mismo sentido leído de izquierda a derecha que a la inversa, como anilina.* ◇ FAM. palingenésico.

palingenesia s. f. Regeneración, retorno a la vida. ◇ FAM. palingenésico.

palio s. m. Distintivo del papa, los arzobispos y algunos obispos. ‖ Especie de dosel colocado sobre cuatro o más varas largas, utilizado para ciertas solemnidades.

palique s. m. *Fam.* Charla ligera. ◇ FAM. empalicar.

palisandro s. m. Madera pesada y dura, de color marrón oscuro con reflejos violetas, muy apreciada en ebanistería.

paliza s. f. Serie de golpes dados con la finalidad de dañar. ‖ Cualquier esfuerzo que produce un agotamiento. ‖ *Fam.* Derrota en una disputa o competición. ➤ s. m. y f. Persona pesada y latosa. ◇ FAM. PALO.

palizada s. f. Sitio cercado con estacas. ‖ Empalizada. ◇ FAM. PALO.

pallaco s. m. *Chile.* Mineral aprovechable que se recoge en una mina abandonada.

pallar s. m. *Perú.* Judía gruesa, redondeada y muy blanca.

palma s. f. Parte interior de la mano, entre la muñeca y la raíz de los dedos. ‖ Palmera, planta arbórea. ‖ Hoja de palmera. ‖ Triunfo, victoria. ➤ pl. Conjunto de aplausos o palmadas. ‖ **Llevarse la palma**, sobresalir. ◇ FAM. palmáceo, palmada, palmar², palmeado, palmear, palmera, palmiche¹, palmípedo, palmito², palmo, palmotear.

palmáceo, a adj. y s. Relativo a las plantas de la familia de las palmas.

palmada s. f. Golpe dado con la palma de la mano. ‖ Golpe de una palma contra otra, que produce un ruido.

palmar¹ v. intr. [1]. *Fam.* Morir.

palmar² adj. Relativo a la palma de la mano. ➤ s. m. Palmeral.

palmarés s. m. Lista de vencedores en una competición. ‖ Historial.

palmario, ria adj. Claro, evidente.

palmatoria s. f. Utensilio en forma de platillo, que sirve para sostener la vela.

palmeado, da adj. De forma de palma.

palmear v. tr. e intr. [1]. Dar palmadas. ➤ v. tr. DEP. En el baloncesto, golpear el balón con la punta de los dedos cuando éste ha salido rebotado del aro. ◇ FAM. palmeo. PALMA.

palmense adj. y s. m. y f. De Las Palmas de Gran Canaria (España).

palmeño, ña adj. y s. De La Palma (Panamá).

palmera s. f. Planta arbórea, de tronco simple, largo y esbelto, con un penacho de robustas hojas en su cima. ◇ FAM. palmeral. PALMA.

palmero, ra adj. y s. De Las Palmas (España).

palmesano, na adj. y s. De Palma de Mallorca (España).

palmiche¹ s. m. *Perú.* Palma propia de grandes altitudes.

palmiche² s. f. *Cuba.* Tela de pana ligera.

palmípedo, da adj. y s. f. Relativo a un grupo de aves nadadoras, cuyos dedos están unidos por una membrana. ➤ s. m. pl. Grupo de estas aves. ◇ FAM. PALMA.

palmito¹ s. m. *Fam.* Cara agraciada o bonita figura de mujer. ◇ FAM. PALMO.

palmito² s. m. Palmera pequeña de hojas en forma de abanico. ‖ Cogollo comestible de esta planta. ◇ FAM. PALMA.

palmo s. m. Distancia que hay con la mano abierta y extendida desde el extremo del pulgar hasta el del meñique. ● **Dejar** a uno **con un palmo de narices**, chasquearle. ◇ FAM. palmito¹. PALMO.

palmotear v. tr. [1]. Dar palmadas. ◇ FAM. palmoteo. PALMA.

palo s. m. Trozo de madera, más largo que ancho, generalmente cilíndrico. ‖ Golpe dado con un palo. ‖ Cada una de las cuatro series de la baraja de naipes. ‖ Nombre de diversas maderas de América del Sur. ‖ *Fam.* Varapalo, perjuicio. ‖ *R. de la Plata.* Pedacito del tronco de la rama que, en la yerba mate, se mezcla con la hoja triturada. ‖ MAR. Larga pieza circular que sostiene el velamen de un buque. ● **Palo borracho** (*Argent.* y *Urug.*), nombre de dos especies de árboles cuyas semillas, recubiertas de pelos sedosos, forman una paina. ‖ **Palo de agua** (*Amér. Central, Colomb., Ecuad.* y *Venez.*), lluvia torrencial. ‖ **Palo de algo** (*Amér.*), expresa excelencia. ‖ **Palo enjabonado** o **jabonado** (*Argent., Par.* y *Urug.*), cucaña. ‖ **Palo grueso** (*Chile*), persona influyente. ‖ **Palo santo** (*Argent.* y *Par.*), árbol de madera aromática. ‖ (*Argent.* y *Par.*), árbol de gran altura, de madera apreciada en ebanistería y tornería. ● **A palo seco**, sin nada accesorio ni complementario. ‖ **Pisar el palito** (*Argent.* y *Chile. Fam.*), caer alguien en una trampa. ◇ FAM. palillo, paliza, palizada, palote. / apalear, empalar, empalizada, varapalo.

paloma s. f. Ave de cabeza pequeña, cola ancha y pico corto, de diversos colores. ➤ s. m. *Méx.* Petardo triangular de papel y pólvora. ‖ *Méx.* Raya diagonal que se pone en un escrito en señal de aprobación. ◇ FAM. palomar, palomilla, palomino, palomita, palomo.

palomar s. m. Sitio donde se crían palomas.

palometa s. f. Pez comestible, parecido al jurel.

palomilla s. f. Mariposa pequeña. ‖ Pieza en forma de T o de triángulo, que sirve para sostener anaqueles. ‖ Tuerca con dos expansiones laterales en las que se apoyan los dedos para darle vueltas. ‖ *Chile.* Niño vagabundo o ruidoso. ‖ *Chile, Hond., Méx.* y *Pan.* Pandilla de vagabundos, plebe.

palomino s. m. Pollo de la paloma brava. ‖ *Fam.* Mancha de excremento de ave en un vestido.

palomita s. f. Grano de maíz que se abre al tostarlo.

palomo s. m. Macho de la paloma. ‖ Paloma torcaz.

palote s. m. Trazo recto que se hace como ejercicio caligráfico para aprender a escribir. <> FAM. PALO.

palpable adj. Que puede tocarse. ‖ Claro, evidente. <> FAM. palpablemente. / impalpable. PALPAR.

palpallén s. m. *Chile.* Arbusto con hojas dentadas, cubiertas de un vello blanquecino, y flores amarillas.

palpar v. tr. y pron. [1]. Tocar con las manos o con los dedos para examinar o reconocer algo o a alguien. <> FAM. palpable, palpación, palpamiento.

palpebral adj. Relativo a los párpados.

palpitación s. f. Acción y efecto de palpitar.

palpitante adj. Que palpita. ‖ Vivo, de actualidad.

palpitar v. intr. [1]. Contraerse y dilatarse el corazón. ‖ Manifestarse en las acciones o palabras de alguien cierto afecto o pasión. <> FAM. palpitación, palpitante, pálpito.

pálpito s. m. Presentimiento, corazonada.

palpo s. m. ZOOL. Pequeño apéndice móvil de las piezas bucales de los artrópodos.

palta s. f. *Amér. Merid.* Aguacate, fruto. <> FAM. palto.

palto s. m. *Amér. Merid.* Aguacate, árbol.

paludismo s. m. Enfermedad contagiosa endémica transmitida por el mosquito anofeles. <> FAM. palúdico. PAÚL.

palurdo, da adj. y s. m. Tosco e ignorante.

palustre adj. Relativo a lagunas o pantanos. <> FAM. PAÚL.

pamba s. f. *Méx.* Serie de palmadas que se da uno en la cabeza en son festivo.

pambazo s. m. *Urug.* Pan achatado y redondo.

pambil s. m. *Ecuad.* Palma esbelta y de follaje ancho, cuyos troncos se usan en la construcción.

pamela s. f. Sombrero femenino de alas amplias y flexibles.

pamema s. f. Pamplina.

pampa s. f. *Amér. Merid.* Llanura extensa sin vegetación arbórea. <> FAM. pampeano, pampeño, pampero. / empamparse.

pámpano s. m. Vástago tierno o pimpollo de la vid.

pampeano, na adj. y s. Pampero.

pampeño, ña adj. y s. Pampero.

pampero, ra adj. y s. De La Pampa (Argentina). ‖ De la región argentina de las pampas. <> s. m. *Amér. Merid.* Viento fuerte, frío y seco que sopla en el Río de la Plata.

pamplina s. f. Tontería. ‖ Melindre, lisonja.

pamplonés, sa adj. y s. De Pamplona (España).

pamplonica adj. y s. m. y f. Pamplonés.

pan s. m. Alimento obtenido por cocción en horno de una pasta previamente amasada y fermentada, compuesta esencialmente de harina, agua y sal. ‖ Alimento, sustento. ‖ Hoja o laminilla de oro, plata u otro metal. ● Ser algo **pan comido** (*Fam.*), ser muy fácil. <> FAM. panadería, panadero, panecillo, panera, panificar. / empanar, empanizar, ganapán.

pan- pref. Significa 'totalidad': *panamericanismo.*

pana s. f. Tela gruesa, parecida al terciopelo. ‖ *Chile.* Hígado de los animales. ‖ *Chile.* Conjunto de desperfectos que provocan el mal funcionamiento de una máquina. ‖ *Chile.* Detención de un vehículo por alguna avería.

panacea s. f. Remedio para los males físicos o morales.

panaché s. m. Mezcla de diversos vegetales cocidos.

panadería s. f. Oficio y establecimiento del panadero.

panadero, ra s. Persona que hace o vende pan.

panal s. m. Conjunto de celdas en forma de hexágono que contruyen las abejas para depositar en ellas la miel.

panamá s. m. Sombrero de pita[1] con el ala recogida, que suele bajar sobre los ojos. ‖ Tejido de algodón de hilos gruesos.

panameño, ña adj. y s. De Panamá. <> FAM. panamá.

panamericanismo s. m. Movimiento tendente a mejorar y desarrollar las relaciones entre los estados y los pueblos americanos. <> FAM. panamericanista, panamericano. AMERICANISMO.

panavisión s. f. Sistema de filmación y proyección que emplea grandes formatos.

panca s. f. *Bol.* y *Perú.* Vaina que envuelve la mazorca de maíz. <> FAM. despancar.

pancarta s. f. Placa destinada a dar al público un aviso, o a presentar un eslogan político o reivindicativo.

panceta s. f. Hoja de tocino con vetas de carne.

pancho, cha adj. Tranquilo. ‖ Satisfecho. <> FAM. PANZA.

pancista adj. y s. m. y f. *Fam.* Dícese de la persona acomodaticia. ◇ FAM. PANZA.

pancita s. f. *Méx.* Caldo que se prepara con panza de res. ◇ FAM. PANZA.

páncreas s. m. Glándula humana, situada detrás del estómago, que segrega un jugo que contribuye a la digestión intestinal. ◇ FAM. pancreático.

pancutras s. f. pl. *Chile.* Guiso que se prepara con tiras de masa cocida en caldo y agua.

panda[1] s. f. Pandilla. ◇ FAM. pandilla.

panda[2] s. m. Mamífero carnívoro parecido al oso, de pelaje blanco y negro, que vive en el Tíbet y el Himalaya.

pandemia s. f. Epidemia extendida por varias regiones o países, y que afecta prácticamente a todas las personas de esa zona.

pandemónium s. m. Lugar en que hay griterío y confusión. ◇ FAM. DEMONIO.

pandereta s. f. Instrumento musical de percusión, formado por una piel estirada y unida a uno o dos aros superpuestos con sonajas o cascabeles. ◇ FAM. panderetazo. PANDERO.

pandero s. m. Instrumento similar a la pandereta, pero de mayor tamaño. ◇ FAM. panderazo, pandereta.

pandilla s. f. Grupo de gente que se reúne para algún fin. ◇ FAM. PANDA[1].

pandino, na adj. y s. De Pando (Bolivia).

pando, da adj. *Méx.* Torcido, combado.

panecillo s. m. Pan pequeño.

panegírico, ca adj. y s. m. Dícese del discurso oratorio en alabanza de una persona. ◆ s. m. Elogio de una persona. ◇ FAM. panegirista, panegirizar.

panel[1] s. m. Cada uno de los compartimientos en que se dividen los lienzos de pared, las hojas de las puertas, etc. ◆ s. f. *Méx.* Camioneta cerrada para el transporte de mercancías.

panel[2] s. m. Grupo de personas que discute un asunto en público. ‖ *Cuba* y *P. Rico.* Jurado de un concurso.

panera s. f. Cesta o recipiente donde se guarda o se sirve el pan. ‖ Granero donde se guardan los cereales, el pan o la harina.

pánfilo, la adj. y s. Torpe, lento. ‖ Bobo, simple.

panfleto s. m. Folleto o papel de propaganda política. ‖ Discurso o escrito político de carácter subversivo. ◇ FAM. panfletario, panfletista.

pangal s. m. *Chile.* Plantío de pangues.

pangaré adj. y s. m. *Argent.* Dícese del caballo descolorido en algunas partes del cuerpo.

pangolín s. m. Mamífero de África y Asia, recubierto de escamas, que se nutre de hormigas y termes.

pangue s. m. *Chile* y *Perú.* Planta con hojas de pecíolos comestibles, que crece en terrenos húmedos. ◇ FAM. pangal.

pánico s. m. y adj. Terror o miedo muy grande, generalmente colectivo.

panícula s. f. BOT. Inflorescencia compuesta formada por racimos cuya longitud va disminuyendo. ◇ FAM. paniculado. / panocha, panoja.

paniculo s. m. ANAT. Capa de tejido adiposo que se desarrolla en la hipodermis. ◇ FAM. panicular.

panificadora s. f. Fábrica de pan.

panificar v. tr. [1a]. Hacer pan. ◇ FAM. panificable, panificación, panificadora. PAN.

panislamismo s. m. Movimiento religioso y político, orientado a conseguir la unión de todos los pueblos musulmanes. ◇ FAM. panislámico, panislamista. ISLAMISMO.

panizo s. m. Planta herbácea de grano redondo comestible. ‖ Semilla de esta planta.

panocha s. f. Panoja. ◇ FAM. PANÍCULA.

panoja s. f. Mazorca del maíz. ‖ Colgajo, ristra. ‖ BOT. Panícula. ◇ FAM. PANÍCULA.

panoli adj. y s. m. y f. *Fam.* Dícese de la persona de poco carácter o voluntad.

panoplia s. f. Armadura completa. ‖ Colección de armas puestas en orden.

panorama s. m. Vista extensa de un horizonte. ‖ Visión general de un tema. ◇ FAM. panorámica, panorámico.

panorámica s. f. Procedimiento cinematográfico para la toma de vistas.

panqué s. m. *Méx.* Bizcocho alargado, suave y esponjoso, cocido en un molde de papel encerado.

panqueque s. m. *Amér. Central* y *Amér. Merid.* Torta delgada de harina, leche, huevos, etc., rellena con ingredientes dulces o salados.

pantagruélico, ca adj. Opíparo.

pantaletas s. m. *Colomb., Méx.* y *Venez.* Bragas.

pantalla s. f. Lámina que se coloca delante o alrededor de la luz. ‖ Superficie que sirve para proyectar sobre ella imágenes fotográficas o cinematográficas. ‖ *Amér. Merid.* Instrumento para hacer o hacerse aire. ◇ FAM. pantallear.

pantallear v. tr. [1]. *Amér. Merid.* Abanicar.

pantalón s. m. Prenda de vestir ceñida a la cintura, que baja cubriendo por separado ambas piernas. ◇ FAM. pantaletas.

pantano s. m. Región cubierta por aguas poco profundas y en parte invadida por la vegetación. ‖ Embalse. ‖ Dificultad. ◇ FAM. pantanoso. / empantanar.

panteísmo s. m. Doctrina según la cual Dios se identifica con el mundo. ◇ FAM. panteísta, panteístico. TEÍSMO.

panteón s. m. Templo de la antigüedad clásica consagrado a todos los dioses. ‖ Tumba grande para el enterramiento de varias personas. ‖ *Amér.* Cementerio. ◇ FAM. panteonero.

panteonero s. m. *Amér.* Sepulturero.

pantera s. f. Leopardo. ‖ *Amér.* Yaguar.

panto- pref. Pan-*.

pantocrátor s. m. y adj. Representación de Cristo sentado en un trono y en acto de bendecir.

pantógrafo s. m. Instrumento que sirve para ampliar, copiar o reducir un dibujo.

pantómetro s. m. Instrumento topográfico para la medida de los ángulos y el trazado de perpendiculares sobre el terreno.

pantomima s. f. Mímica. ‖ Comedia, farsa. ◇ FAM. pantomímico. MIMO.

pantorrilla s. f. Masa carnosa de la parte posterior de la pierna.

pantufla s. f. Zapatilla sin talón.

panucho s. m. *Méx.* Tortilla de maíz rellena con frijoles, a la que se ponen encima tiras de carne o pescado.

panuco s. m. *Chile.* Harina tostada que se come en seco.

panudo adj. *Cuba.* Dícese del fruto del aguacate que tiene carne consistente.

panuela s. f. *Colomb.* y *Hond.* Chancaca dispuesta en panes.

panza s. f. Barriga o vientre. ‖ Primera cámara del estómago de los rumiantes. ◇ FAM. panzada, panzudo. / despanzurrar, pancho, pancista, pancita, repanchigarse, repantigarse.

panzada s. f. *Fam.* Hartazgo.

pañal s. m. Prenda de material absorbente que se pone a los bebés a modo de braga. • **Estar en pañales** *(Fam.),* tener poco o ningún conocimiento de alguna cosa o estar una cosa en sus inicios. ◇ FAM. PAÑO.

pañil s. m. *Chile.* Planta arbórea cuyas hojas se utilizan para curar úlceras.

paño s. m. Tejido muy tupido, especialmente de lana. ‖ Lienzo de pared. ‖ Trapo para limpiar. ◇ FAM. pañal, pañería, pañero, pañuelo. / alzapaño, entrepaño.

pañol s. m. *MAR.* Compartimiento del barco donde se guardan municiones, víveres, pertrechos, etc.

pañoleta s. f. Pañuelo triangular que se ponen las mujeres sobre los hombros.

pañuelo s. m. Pieza cuadrada de tela de una sola pieza, que tiene diversos usos. ◇ FAM. pañolería, pañolero, pañoleta. PAÑO.

papa[1] s. m. Jefe de la Iglesia católica romana. ◇ FAM. papado, papal, papisa, papista. / antipapa.

papa[2] s. f. *Amér.* Patata. ‖ *Chile.* Mentira. ◆ adj. *Argent.* y *Chile.* *Vulg.* Fácil. • **Papa de la guagua** *(Chile),* leche que el niño obtiene de la madre. ◇ FAM. PATATA.

papa[3] s. f. Paparrucha. ◆ pl. Sopa blanda, especialmente la que se da a los niños. • **No entender, hablar, saber, etc., ni papa** de algo, no entender, hablar, saber, etc., nada de ello. ◇ FAM. paparrucha, papear, papilla.

papá o **papa** s. m. *Fam.* Padre.

papada s. f. Abultamiento carnoso anormal debajo de la barba. ◇ FAM. PAPO.

papado s. m. Dignidad de papa. ‖ Administración, gobierno, magisterio de un papa. ◇ FAM. PAPA[1].

papagayo s. m. Ave prensora propia de los países tropicales, de pico grueso y encorvado y colores brillantes, que puede imitar el habla humana. ‖ *Argent.* Orinal de cama para varones.

papalina s. f. Gorra o birrete con dos puntas que tapa las orejas. ‖ Cofia de mujer, de tela ligera y con adornos.

papalote s. m. *Amér. Central, Antill.* y *Méx.* Cometa.

papamoscas s. m. Ave insectívora, de pico ganchudo y ancho en la base, de color gris con manchas pardas. ◆ s. m. y f. *Fam.* Papanatas.

papanatas s. m. y f. *Fam.* Persona que se pasma de cualquier cosa o que es fácil de engañar.

paparrucha o **paparruchada** s. f. *Fam.* Cosa insustancial y destinada que se dice o hace. ‖ *Fam.* Noticia falsa. ◇ FAM. PAPA[3].

papaverina s. f. Uno de los alcaloides del opio.

papaya s. f. Fruto del papayo, de forma oblonga, carnoso, grande y hueco, semejante al melón. ◆ adj. y s. f. *Chile.* Fácil, sencillo. ◇ FAM. papayo.

papayo s. m. Planta arbórea tropical, de tronco recto, desnudo y fibroso, con hojas grandes, cuyo fruto es la papaya.

papear v. tr. [1]. *Fam.* Comer. ◇ FAM. PAPA[3].

papel s. m. Lámina delgada hecha con pasta de fibras vegetales que se hace secar y endurecer por procedimientos especiales. ‖ Trozo u hoja de este material. ‖ Parte de la obra que representa cada actor. ‖ Función que uno desempeña en cierta situación o en una vida. ‖ Documento. ‖ *Fam.* Cualquier cosa inútil e inconsistente. • **Papel mojado,** el de poca importancia y que carece de valor legal. • **Hacer el papel,** fingir. ◇ FAM. papela, papeleo, papelera, papelería, papelero, papeleta, papelina, papelón. / cortapapeles, empapelar, papiro, papiroflexia, pisapapeles, sujetapapeles, traspapelar.

papela s. f. *Fam.* Documentación.

papeleo s. m. Acción y efecto de remover papeles. ‖ Trámites que se hacen sobre un asunto en las oficinas públicas. ◇ FAM. papelear. PAPEL.

papelera s. f. Cesto para echar papeles inservibles. ‖ Fábrica de papel.

papelería s. f. Tienda en que se venden papel y otros objetos de escritorio. ‖ Conjunto de papeles desordenados e inútiles.

papelerío s. m. ‖ *Amér.* Documentación excesiva y engorrosa en los trámites administrativos. ‖ *Argent.* Conjunto desordenado de papeles.

papeleta s. f. Papel pequeño en que se

acredita un derecho o se consigna algún dato de interés. ‖ *Fam.* Asunto, situación difícil o engorrosa.

papelina s. f. Pequeño envoltorio que contiene droga.

papelón s. m. *Fam.* Actuación deslucida o ridícula de alguien ante una situación. ‖ *Amér. Central* y *Amér. Merid.* Pan de azúcar sin refinar. ◇ FAM. papelonero. PAPEL.

papelonero, ra s. *Argent. Fam.* Persona que comete muchos papelones.

papera s. f. Bocio. ◆ pl. Enfermedad infecciosa que produce la inflamación de las glándulas parótidas. ◇ FAM. PAPO.

papiche adj. *Chile. Fam.* Dícese de la persona de mentón desproporcionado.

papila s. f. Pequeña prominencia que aparece en la superficie de una mucosa, principalmente en la lengua. ◇ FAM. papilar, papiloma.

papilionáceo, a adj. y s. f. Relativo a una familia de plantas de fruto tipo legumbre, como la judía y el guisante. ◆ s. f. pl. Familia de estas plantas.

papilla s. f. Comida triturada para niños y enfermos. ● **Hacer papilla** a alguien *(Fam.)*, dejarlo maltrecho, malparado. ◇ FAM. PAPA³.

papiloma s. m. Tumor benigno que se forma en la piel y en las mucosas.

papiro s. m. Planta de tallos largos de los que se sacaban láminas para escribir. ◇ FAM. PAPEL.

papiroflexia s. f. Técnica de hacer figuras doblando papel. ◇ FAM. papirofléxico. PAPEL.

papisa s. f. Forma femenina de *papa*¹.

papista s. m. y f. y adj. Nombre que algunos protestantes y ortodoxos dan a los católicos romanos. ● **Ser más papista que el papa**, defender un asunto con exageración. ◇ FAM. PAPA¹.

papo s. m. Parte abultada del animal entre la barba y el cuello. ‖ Buche de las aves. ◇ FAM. papada, papera, papudo. / sopapo.

paporretear v. tr. [1]. *Perú.* Repetir o aprender alguna cosa de memoria sin entenderla.

paquebote o **paquebot** s. m. Buque mercante que lleva correspondencia y pasajeros.

paquete¹ s. m. Bulto formado por un envoltorio no muy abultado. ‖ Persona que va detrás del conductor en una motocicleta. ‖ Persona torpe o molesta. ● **Meter a alguien un paquete**, reprenderle, castigarle. ◇ FAM. empaquetar. PACA¹.

paquete², **ta** adj. y s. *Argent.* Dícese de la persona bien vestida o de las casas o locales bien puestos. ● **Darse uno su paquete** *(Méx. Fam.)*, darse importancia. ◇ FAM. paquetear, paquetería.

paquetear v. intr. [1]. *Argent.* y *Urug.* Ir bien vestido para presumir.

paquetería s. f. *Argent., Par.* y *Urug.* Compostura en el vestido o en el arreglo de casas o locales. ‖ *Chile.* Mercería*.

paquistaní adj. y s. m. y f. Pakistaní*.

par adj. Igual, por cualidad, condición o cantidad, a otra cosa o persona. ◆ adj. y s. Dícese del número que es exactamente divisible por dos. ◆ s. m. Conjunto de dos personas o cosas de la misma especie. ‖ Título de dignidad en algunos estados. ● **A la par**, a la vez, además. ‖ **De par en par**, dícese de las puertas, ventanas, etc., completamente abiertas. ‖ **Sin par**, que no tiene igual, superior. ◇ FAM. parear, pareja, parejo, paridad. / dispar, impar, parisílabo.

para prep. Denota la utilidad, fin o destino a que se encamina una acción. ‖ Señala el tiempo en que finaliza o se ejecuta una acción: *estará listo para el jueves.* ‖ Con relación a: *le pagan poco para lo que trabaja.* ‖ Expresa que algo está todavía sin realizar: *esta ropa está para lavar.*

para- pref. Significa 'junto a' y 'contra': *paramilitar, parachoques.*

paraba s. f. *Bol.* Papagayo.

parabién s. m. Felicitación.

parábola s. f. Alegoría que sirve para explicar una verdad, una enseñanza. ‖ Curva plana abierta, simétrica respecto a un eje, con un solo foco. ◇ FAM. parabólico, parabolizar.

parabrisas s. m. Cristal situado en la parte delantera del vehículo. ◇ FAM. limpiaparabrisas. PARAR y BRISA.

paraca s. f. *Amér. Central* y *Amér. Merid.* Viento muy fuerte del Pacífico.

paracaídas s. m. Dispositivo destinado a amortiguar el movimiento vertical u horizontal de un cuerpo en la atmósfera. ◇ FAM. paracaidismo, paracaidista. PARAR y CAÍDO, DA.

paracaidismo s. m. Técnica o deporte del salto con paracaídas.

parachoques s. m. Pieza delantera y trasera de los vehículos que los protege contra posibles golpes. ◇ FAM. PARAR y CHOQUE.

paradero s. m. Sitio donde se para o se va a parar. ‖ Fin o estado a que se llega. ‖ *Amér. Merid.* y *Méx.* Apeadero de ferrocarril o parada de autobuses.

paradigma s. m. Ejemplo que sirve de norma. ‖ LING. Conjunto de formas que sirven de modelo en los diversos tipos de flexión: *paradigma verbal.* ◇ FAM. paradigmático.

paradisíaco, ca o **paradisiaco, ca** adj. Relativo al paraíso.

parado, da adj. Calmoso, remiso en palabras, acciones o movimientos. ‖ Desconcertado. ‖ *Amér.* De pie, en posición vertical. ‖ *Chile, Perú* y *P. Rico.* Orgulloso, engreído. ◆ adj. y s. Dícese del trabajador que está sin empleo. ◆ s. f. Acción de pararse o detenerse. ‖ Sitio donde se para. ‖ Desfile militar. ● **Estar, quedar,**

etc., uno bien o mal **parado**, estar, o quedar, etc., en buena o mala posición en una situación cualquiera. ‖ Estar bien o mal relacionado en un negocio o empresa, etc. ‖ **Hacer la parada** *(Méx.)*, hacer una seña a un vehículo de pasajeros para que se detenga.

paradoja s. f. Idea extraña, opuesta a lo que se considera verdadero o la opinión general. ‖ Expresión lógica en la que hay una incompatibilidad aparente. ◇ FAM. paradójico.

parador s. m. Establecimiento, situado generalmente en la carretera, donde se hospedan los viajeros. ◇ FAM. PARAR.

paraense adj. y s. m. y f. De Pará (Brasil).

parafernalia s. f. Conjunto de cosas generalmente ostentosas que rodean a una persona o cosa.

parafina s. f. Mezcla de hidrocarburos que se emplea para hacer velas, entre otros usos. ◇ FAM. parafínico.

parafrasear v. tr. [1]. Hacer una paráfrasis. ◇ FAM. parafraseador. PARÁFRASIS.

paráfrasis s. f. Interpretación ampliada de un texto. ◇ FAM. parafrasear, parafrástico. FRASE.

paragolpes s. m. *Argent., Par.* y *Urug.* Parachoques. ◇ FAM. PARAR y GOLPE.

parágrafo s. m. Párrafo.

paraguariense adj. y s. m. y f. De Paraguarí (Paraguay).

paraguas s. m. Utensilio portátil, compuesto de un mango y una cubierta circular de tela, que sirve para resguardarse de la lluvia. ◇ FAM. paragüero. PARAR y AGUA.

paraguayo, ya adj. y s. De Paraguay. ➤ s. f. Fruta semejante al melocotón, pero de forma más aplanada.

paragüero s. m. Mueble para colocar los paraguas y bastones.

paraiseño, ña adj. y s. De El Paraíso (Honduras).

paraíso s. m. Lugar en que, según la Biblia, colocó Dios a Adán y Eva. ‖ Cielo, lugar en que los bienaventurados gozan de la presencia de Dios. ‖ Lugar donde uno se encuentra muy a gusto, protegido o impune. ◇ FAM. paradisíaco.

paraje s. m. Lugar, principalmente el lejano o aislado. ◇ FAM. PARAR.

paralelepípedo s. m. Poliedro de seis caras, todas paralelogramos, siendo las caras opuestas iguales y paralelas dos a dos.

paralelismo s. m. Calidad de paralelo o circunstancia de ser dos cosas paralelas.

paralelo, la adj. Dícese de dos o más rectas que, dos a dos, se encuentran en un mismo plano y no se cortan. ‖ Que se desarrolla en la misma dirección, parecido. ➤ s. m. Círculo imaginario de la Tierra o de un astro cualquiera, en un plano paralelo al del ecuador, que sirve para medir la latitud. ‖ Comparación. ◇ FAM. para-

lelamente, paralelepípedo, paralelismo, paralelogramo.

paralelogramo s. m. Cuadrilátero cuyos lados son paralelos dos a dos.

parálisis s. f. Pérdida total o disminución del movimiento o la actividad. ◇ FAM. paralítico, paralizar.

paralítico, ca adj. y s. Dícese del enfermo de parálisis.

paralizar v. tr. y pron. [1g]. Causar parálisis de un miembro u órgano del cuerpo. ‖ Detener una actividad o movimiento. ◇ FAM. paralización, paralizador. PARÁLISIS.

paramecio s. m. Protozoo provisto de cilios, común en las aguas estancadas.

paramento s. m. Adorno con que se cubre una cosa. ◇ FAM. PARAR.

parámetro s. m. Elemento constante en el planteamiento de una cuestión. ‖ MAT. Constante de valor indeterminado.

paramilitar adj. Dícese de ciertas organizaciones civiles cuya estructura y disciplina son similares a las del ejército.

páramo s. m. Terreno elevado y yermo. ‖ Lugar frío y desagradable. ‖ *Colomb.* y *Ecuad.* Llovizna. ◇ FAM. emparamar.

paranaense adj. y s. De Paraná (Brasil).

parangón s. m. Comparación o símil. ◇ FAM. parangonar.

paraninfo s. m. Salón de actos de la universidad.

paranoia s. f. Psicosis crónica caracterizada por la fijación de ideas obsesivas en la mente del enfermo. ◇ FAM. paranoico.

paranomasia s. f. Paronomasia*.

paranormal adj. Dícese de los fenómenos que no pueden explicarse por medio de principios científicos reconocidos.

parapetarse v. pron. [1]. Resguardarse tras un parapeto.

parapeto s. m. Baranda o pretil de una escalera, puente, etc. ◇ FAM. parapetarse. PARAR.

paraplejía o **paraplejia** s. f. Parálisis de las extremidades inferiores. ◇ FAM. parapléjico.

parapsicología s. f. Estudio de los fenómenos paranormales, como la telepatía, la telequinesia, etc. ◇ FAM. parapsicológico, parapsicólogo. PSICOLOGÍA.

parar v. intr. y pron. [1]. Cesar en el movimiento o en la acción. ‖ *Amér.* Estar o ponerse de pie. ➤ v. intr. Llegar, después de pasar por distintas vicisitudes, a determinada situación. ‖ Alojarse, hospedarse. ➤ v. tr. Detener o impedir un movimiento o acción. ➤ **pararse** v. pron. Realizar con detenimiento lo que se expresa. ‖ Detenerse. ◇ FAM. paradero, parado, parador, paraje, paramento, parapeto, paro. / amparar, comparar, deparar, disparar, imparable, malparado, parabrisas, paracaídas, parachoques, paragolpes, paraguas, pararrayos, parasol, preparar, reparar, separar.

pararrayos o **pararrayo** s. m. Instalación

colocada en un edificio para protegerlo de los efectos de los rayos. ◇ FAM. PARAR y RAYO.

parasimpático, ca adj. Dícese de la parte del sistema nervioso vegetativo cuya función se opone a la del simpático.

parasíntesis s. f. LING. Modo de formación de palabras en que se combinan la composición y la derivación. ◇ FAM. parasintético. SÍNTESIS.

parásito, ta adj. y s. m. Dícese de la persona que vive a expensas de otros o de la sociedad. ‖ Dícese del animal o vegetal que vive adosado a otro organismo, del que obtiene su alimento. ◇ FAM. parasitario, parasiticida. / antiparasitario.

parasol s. m. Sombrilla, quitasol. ◇ FAM. PARAR y SOL².

parataxis s. f. LING. Coordinación de oraciones.

paratifoidea s. f. y adj. Enfermedad infecciosa parecida al tifus, pero menos grave. ◇ FAM. TIFOIDEO, A.

paraulata s. f. Venez. Ave de color ceniciento, similar al tordo.

parca s. f. En poesía, la muerte.

parcela s. f. Porción pequeña de terreno. ‖ Partícula, parte pequeña. ◇ FAM. parcelar, parcelario. PARTE.

parchar v. tr. [1]. Méx. Parchear.

parche s. m. Pedazo de cualquier material que se pega sobre una cosa. ‖ Trozo de lienzo untado de un medicamento, que se aplica sobre una zona enferma del cuerpo. ‖ Retoque mal hecho. ◇ FAM. parchar, parchear.

parchear v. tr. [1]. Fam. Poner parches.

parchís s. m. Juego que consta de un tablero con cuatro salidas, en el que cada jugador avanza hacia el casillero central según el número de puntos que saca al tirar un dado.

parcial adj. Que pertenece a una parte de un todo. ‖ Incompleto. ‖ Que procede con parcialidad. ◇ FAM. parcialidad, parcialmente. / imparcial. PARTE.

parcialidad s. f. Actitud de la persona que no procede con ecuanimidad o equidad. ‖ Grupo de personas que se separan de otro mayor.

parco, ca adj. Sobrio. ‖ Escaso. ◇ FAM. parcamente, parquedad.

¡pardiez! interj. Fam. ¡Caramba!

pardillo, lla adj. y s. Paleto, palurdo. ‖ Incauto, ingenuo. ◆ s. m. Ave canora de plumaje pardo en el dorso y rojo en el pecho.

pardo, da adj. y s. m. Dícese del color que resulta de una mezcla de tonos amarillos, rojos y negros. ‖ Oscuro. ◇ FAM. pardillo.

pareado, da adj. y s. m. Dícese de la estrofa compuesta por dos versos que riman entre sí.

parear v. tr. [1]. Juntar dos cosas, comparándolas entre sí. ‖ Formar una pareja con dos cosas. ◇ FAM. pareado. / aparear. PAR.

parecer¹ v. intr. [2m]. Tener determinada apariencia. ‖ Opinar. ◆ v. intr. y pron. Tener parecido, semejanza. ◇ FAM. parecer², parecido. / aparecer, aparentar, comparecer.

parecer² s. m. Opinión. ‖ Apariencia exterior.

parecido, da adj. Semejante. ◆ s. m. Semejanza.

pared s. f. Construcción vertical de albañilería que cierra o separa un espacio. ‖ Superficie lateral y vertical de algo. ● **Entre cuatro paredes**, aislado del trato con la gente. ‖ **Subirse por las paredes**, irritarse. ◇ FAM. paredón. / emparedar, parietal.

paredón s. m. Pared que queda en pie de un edificio en ruinas. ‖ Pared junto a la que se fusila a los condenados.

pareja s. f. Conjunto de dos personas, animales o cosas, especialmente si son varón y mujer. ‖ Con respecto a una persona o cosa, otra que forma par con ella. ◇ FAM. desparejar, emparejar. PAR.

parejo, ja adj. Igual o semejante. ‖ Liso, llano. ◇ FAM. aparejar, desparejo, disparejo. PAR.

paremiología s. f. Tratado de los refranes. ◇ FAM. paremiológico, paremiólogo.

parénquima s. m. Tejido esponjoso que forma las glándulas. ‖ BOT. Tejido vegetal que realiza funciones de fotosíntesis y almacenamiento.

parentela s. f. Conjunto de los parientes de alguien.

parenteral adj. Dícese de la vía de entrada de medicamentos, aparte de la vía digestiva.

parentesco s. m. Vínculo por consanguinidad o afinidad.

paréntesis s. m. Frase que se intercala en un período, con sentido independiente del mismo. ‖ Cada uno de los signos gráficos ( ) que encierran esta frase. ‖ Interrupción o suspensión. ◇ FAM. parentético. TESIS.

pareo s. m. Pañuelo grande que se enrolla alrededor del cuerpo a modo de vestido o falda.

parhelio s. m. Fenómeno luminoso que consiste en la aparición de varias imágenes del Sol reflejado en las nubes.

paria s. m. y f. Nombre dado en la India a todos los que no pertenecen a casta alguna. ‖ Persona excluida de las ventajas y trato de que gozan las demás.

parida s. f. Fam. Hecho o dicho desafortunado.

paridad s. f. Igualdad o semejanza. ‖ Comparación de una cosa con otra. ‖ Relación existente entre una unidad monetaria y su equivalencia en peso de metal. ◇ FAM. PAR.

pariente, ta s. Respecto a una persona, otra de su familia. ◇ FAM. parentela, parentesco. / emparentar.

parietal adj. y s. m. ANAT. Dícese de cada uno de los dos huesos que forman los lados y la parte media de la bóveda del cráneo. ◇ FAM. PARED.

parihuelas s. f. pl. Utensilio para transportar cosas entre dos personas, formado por dos barras horizontales entre las que está fijada una plataforma o cajón.

parima s. f. Argent. Especie de garza de color violeta.

paripé s. m. Fingimiento, simulación.

parir v. tr. e intr. [3]. Expeler las hembras de los mamíferos el hijo concebido. ◇ FAM. parto.

parisiense adj. y s. m. y f. Parisino.

parisílabo, ba o **parisilábico, ca** adj. y s. m. Dícese de las palabras y versos que tienen un número par de sílabas. ◇ FAM. PAR y SÍLABA.

parisino, na adj. y s. De París.

parka s. m. Chaquetón con capucha, forrado o acolchado.

parking s. m. Aparcamiento.

parla s. f. Charla insustancial. ‖ Locuacidad. ◇ FAM. latiniparla. PARLAR.

parlamentar v. intr. [1]. Hablar o conversar. ‖ Entrar en negociaciones para tratar sobre una diferencia. ◇ FAM. parlamento. PARLAR.

parlamentario, ria adj. Relativo al parlamento. ◆ s. Miembro de un parlamento. ◇ FAM. extraparlamentario, interparlamentario. PARLAMENTO.

parlamentarismo s. m. Sistema político en el que el gobierno es responsable ante el parlamento o asamblea.

parlamento s. m. Acción de parlamentar. ‖ Asamblea legislativa. ◇ FAM. parlamentario, parlamentarismo. PARLAMENTAR.

parlanchín, na adj. y s. Muy hablador. ‖ Hablador indiscreto.

parlar v. intr. [1]. Hablar, charlar. ‖ Hablar mucho y sin sustancia. ◇ FAM. parla, parlamentar, parlanchín, parlotear.

parlotear v. intr. [1]. Fam. Hablar mucho y de forma insustancial. ◇ FAM. parloteo. PARLAR.

parmesano adj. y s. m. Dícese del queso italiano de leche de vaca y pasta dura.

parnasiano, na adj. Relativo a un movimiento poético francés que propugnó una poesía culta e impersonal, a mediados del s. XIX. ◇ FAM. parnasianismo. PARNASO.

parnaso s. m. Conjunto de los poetas de una lengua, país, tiempo, etc. ‖ Colección de poesías. ◇ FAM. parnasiano.

paro s. m. Acción y efecto de parar. ‖ Situación de la persona que no tiene trabajo. ‖ Huelga, cesación en el trabajo. ◇ FAM. parón. PARAR.

parodia s. f. Imitación burlesca de algo. ◇ FAM. parodiar, paródico.

parodiar v. tr. [1]. Hacer una parodia. ‖ Imitar, remedar. ◇ FAM. parodiador. PARODIA.

parón s. m. Paro brusco o prolongado.

paronomasia s. f. Semejanza fonética entre dos o más vocablos. ‖ Figura retórica que consiste en la combinación de palabras fonéticamente semejantes. ◇ FAM. paronomástico.

parótida s. f. ANAT. Glándula salival situada en la parte más lateral y posterior de la boca. ◇ FAM. parotiditis.

paroxismo s. m. Ataque violento de una enfermedad. ‖ Exaltación violenta de un afecto o pasión. ◇ FAM. paroxismal, paroxístico.

paroxítono, na adj. y s. f. LING. Dícese de la palabra que lleva el acento tónico en la penúltima sílaba. ◇ FAM. OXÍTONO, NA.

parpadear v. intr. [1]. Mover los párpados. ‖ Oscilar o titilar una luz o un cuerpo luminoso. ◇ FAM. parpadeo. PÁRPADO.

parpadeo s. m. Movimiento rápido y repetido, de cierre y abertura de los párpados.

párpado s. m. Repliegue cutáneo, móvil, que protege la parte anterior de los globos oculares. ◇ FAM. parpadear.

parque s. m. Terreno cercado, con variedad de árboles y plantas, destinado a recreo. ‖ Conjunto de las máquinas, aparatos, vehículos, etc., destinados a un servicio público: parque de bomberos. ‖ Lugar en las ciudades destinado al estacionamiento de vehículos. ‖ Argent. y Méx. Conjunto de municiones de que dispone un ejército o grupo de soldados. ● **Parque nacional**, área donde se protegen la flora y la fauna. ◇ FAM. parquear. / aparcar.

parqué s. m. Suelo hecho con tablas de madera ensambladas.

parqueadero s. m. Colomb. y Pan. Aparcamiento.

parquear v. tr. [1]. Amér. Aparcar. ◇ FAM. parqueadero. PARQUE.

parquedad s. f. Moderación, sobriedad. ◇ FAM. PARCO, A.

parquet s. m. Parqué*.

parra s. f. Vid levantada artificialmente y que extiende mucho sus vástagos. ‖ Amér. Central. Especie de bejuco que destila un agua que beben los caminantes. ◇ FAM. parral. / emparrado.

parrafada s. f. Párrafo largo en discurso, conversación, impresos, etc. ‖ Fam. Conversación larga y confidencial.

párrafo s. m. Cada una de las divisiones de un escrito señaladas por letra mayúscula al principio del renglón y punto y aparte al final. ◇ FAM. parrafada. / párragrafo.

parral s. m. Conjunto de parras sostenidas con un armazón. ‖ Sitio donde hay parras.

parranda s. f. Juerga, especialmente la que consiste en ir de un sitio a otro.

parricida s. m. y f. Persona que mata a un progenitor o a su cónyuge. ◇ FAM. parricidio. PADRE.

parrilla s. f. Utensilio de hierro en forma

de rejilla, que se coloca sobre el fuego para asar o tostar los alimentos. ◇ FAM. parrillada. / emparrillado.

parrillada s. f. Plato compuesto por diversas clases de pescados, o carnes, asados a la parrilla. || *Argent*. y *Chile*. Asado de carne de vacuno preparado en una parrilla.

párroco s. m. y adj. Sacerdote encargado de una parroquia.

parroquia s. f. Iglesia que tiene a su cargo la jurisdicción espiritual de una diócesis. || Comunidad de fieles de dicha iglesia. || Clientela de un establecimiento. ◇ FAM. párroco, parroquial; parroquiano.

parroquiano, na adj. y s. Relativo a una parroquia. ◆ s. Cliente habitual.

parsimonia s. f. Moderación, especialmente en el gasto. || Calma, flema. ◇ FAM. parsimonioso.

parte s. f. Porción de un todo. || Elemento que forma parte de un conjunto. || Cantidad que corresponde a cada uno en cualquier distribución. || Sitio o lugar. || Cada una de las personas, equipos, ejércitos, etc., que dialogan, luchan o contienden. ◆ pl. *Fam*. Conjunto de los órganos genitales. ◆ s. m. Comunicación enviada o recibida, generalmente de tipo oficial. ● Parte de la oración, en la gramática tradicional, cada una de las clases de palabras que integran el sistema de una lengua. ● Dar parte, comunicar un aviso o noticia, particularmente a la autoridad. || Dar participación en un negocio. || De parte a parte, de un lado al extremo opuesto. || De parte de alguien o de algo, procedente de alguien o en su nombre. || A favor de alguien. ◇ FAM. participar, partícula, partir. / aparte, bipartición, departamento, parcela, parcial, tripartito.

parteluz s. m. ARQ. Columna delgada que divide en dos el hueco de una ventana. ◇ FAM. PARTIR Y LUZ.

partenaire s. m. y f. Persona que forma pareja con otra en el juego, cine, etc.

partenogénesis s. f. Reproducción a partir de un óvulo no fecundado. ◇ FAM. partenogenético.

partero, ra s. Persona que asiste a las mujeres en los partos. ◇ FAM. PARTO.

parterre s. m. Macizo o cuadro de jardín con césped y flores.

partición s. f. Acción y efecto de partir o repartir. || Reparto de un patrimonio o de un bien determinado. || MAT. División.

participación s. f. Acción y efecto de participar. || Parte que se juega en un décimo de lotería y papel en que consta. || Aviso, noticia: *participación de boda*.

participante adj. y s. m. y f. Que participa o interviene en algo.

participar v. tr. [1]. Comunicar, informar. ◆ v. intr. Tomar parte, intervenir. || Recibir una parte de algo. || Compartir, tener en común una particular cualidad, carác-

ter, opinión, etc. ◇ FAM. participación, participante, partícipe, participio. PARTE.

partícipe adj. y s. m. y f. Que tiene o participa en algo con otros. ◇ FAM. copartícipe. PARTICIPAR.

participio s. m. Forma no personal del verbo que puede realizar la función de adjetivo y sustantivo. ◇ FAM. participial. PARTICIPAR.

partícula s. f. Parte pequeña. || LING. Parte invariable como el adverbio o la preposición. ● Partícula elemental, elemento constituyente del átomo. ◇ FAM. particular. PARTE.

particular adj. Propio, peculiar de una persona o cosa. || Raro, extraordinario. || Que tiene carácter privado. || Singular, individual. || Concreto: *caso particular*. ◆ adj. y s. m. y f. Que no tiene título o cargo oficial. ◆ s. m. Asunto, materia de que se trata. ◇ FAM. particularidad, particularismo, particularizar; particularmente. PARTÍCULA.

particularidad s. f. Carácter particular de una cosa. || Detalle particular.

particularismo s. m. Preferencia excesiva que se da a los intereses particulares sobre los generales. ◇ FAM. particularista. PARTICULAR.

particularizar v. tr. [1g]. Expresar una cosa con todas sus particularidades. || Mostrar preferencia por alguien determinado. ◆ v. tr. y pron. Singularizar. ◇ FAM. particularización. PARTICULAR.

partida s. f. Acción de partir o marcharse. || Cierta cantidad de una mercancía que se entrega o se manda de una vez. || Cada una de las cantidades parciales o apartados que contiene una cuenta o presupuesto. || Asiento de bautismo, matrimonio, etc., que figura escrito en los libros de las parroquias o del registro civil, y copia certificada que se da de tales asientos. || Cada una de las manos de un juego o el conjunto de las mismas. ◇ FAM. contrapartida. PARTIR.

partidario, ria adj. y s. Que defiende o ayuda a una persona, idea, partido, etc.

partidismo s. m. Celo exagerado a favor de un partido, tendencia u opinión. ◇ FAM. partidista. / bipartidismo, monopartidismo, pluripartidismo. PARTIDO.

partido s. m. Agrupación de personas que defiende unas ideas e intereses determinados. || Persona casadera considerada desde la perspectiva de un matrimonio beneficioso. || Provecho, conveniencia. || Competición deportiva. ● Partido judicial, unidad territorial que comprende varios pueblos, cuya capitalidad recae en la población de mayor importancia. ● Sacar partido, obtener provecho de algo. ● Tomar partido, decidirse a favor de una de las partes en la lucha. ◇ FAM. partidario, partidismo. PARTIR.

partir v. tr. [3]. Separar en partes. || Repartir, distribuir. ◆ v. tr. y pron. Hender, rajar. ◆ v. intr. Alejarse de un lugar. ◆ **partirse** v. pron. *Fam.* Reírse mucho. ◇ FAM. partible, partición, partida, partido, partidor, partitivo. / compartir, departir, impartir, parteluz, repartir. PARTE.

partisano, na s. Miembro de un grupo armado clandestino que lucha contra un ejército ocupante o la autoridad constituida.

partitivo, va adj. Que puede partirse o dividirse. ◆ adj. y s. m. LING. Dícese de la partícula, complemento, caso o construcción gramatical que expresan una parte determinada de un todo.

partitura s. f. Texto escrito de una obra musical que contiene el conjunto de todas las partes vocales o instrumentales.

parto s. m. Acción de parir. ‖ Creación de la mente humana, de la inteligencia, etc. ◇ FAM. partero, parturienta. PARIR.

parturienta s. f. y adj. Mujer que está pariendo o acaba de parir.

parva s. f. Mies extendida en la era. ‖ Cantidad grande de una cosa. ◇ FAM. aparvar.

parvada s. f. *Méx.* Bandada.

parvo, va adj. Pequeño. ‖ Escaso en cantidad o número. ◇ FAM. parvedad, párvulo.

parvulario s. m. Centro de enseñanza para párvulos.

párvulo, la adj. y s. Dícese del niño pequeño, de pocos años. ◇ FAM. parvulario. PARVO, VA.

pasa s. f. y adj. Uva seca. ◇ FAM. paso[2].

pasable adj. Que es aceptable.

pasabocas s. m. pl. *Colomb.* Pequeña cantidad de comida que se toma acompañada de alguna bebida, tapa. ◇ FAM. PASAR y BOCA.

pasacalle s. m. Marcha popular de compás muy vivo. ◇ FAM. PASAR y CALLE.

pasada s. f. Acción de pasar o pasarse. ‖ Mano, cada operación que se hace de una vez en algún trabajo en que se realizan varias repetidas. ‖ *Fam.* Acción mal intencionada que perjudica a alguien. ‖ *Fam.* Acción o cosa exagerada.

pasadera s. f. Cualquier cosa colocada a modo de puente para atravesar una corriente de agua.

pasadero, ra adj. Que se puede pasar con facilidad. ‖ Pasable.

pasadizo s. m. Cualquier paso estrecho y corto, que sirve para pasar de un sitio a otro, atajando camino.

pasado, da adj. Dícese del período de tiempo anterior al presente. ‖ Estropeado por no ser reciente. ◆ s. m. Tiempo ya transcurrido. ‖ LING. Pretérito. ◇ FAM. antepasado. PASAR.

pasador s. m. Alfiler o pinza utilizado para sujetar el pelo o como adorno de la cabeza. ‖ Barra pequeña corrediza para asegurar puertas, ventanas, etc.

pasaje s. m. Sitio por donde se pasa. ‖

Billete para un viaje en barco o en avión. ‖ Conjunto de pasajeros de un mismo barco o avión. ‖ Fragmento de una obra literaria o musical. ‖ Calle estrecha y corta de paso entre dos calles.

pasajero, ra adj. Que dura poco tiempo, o pasa pronto. ◆ s. Persona que viaja en un vehículo sin conducirlo ella misma. ‖ *Chile* y *Colomb.* Persona que está de tránsito y se aloja en un hotel.

pasamanería s. f. Adorno consistente en galones, trencillas, etc., que sirve para guarnecer vestidos, cortinas, etc.

pasamano o **pasamanos** s. m. Barandal, listón que sujeta por encima los balaustres. ◇ FAM. pasamanería. PASAR y MANO[1].

pasamontañas s. m. Prenda que cubre toda la cabeza y el cuello, excepto los ojos y la nariz. ◇ FAM. PASAR y MONTAÑA.

pasante s. m. y f. Auxiliar que trabaja con un abogado para adquirir práctica en la profesión.

pasaporte s. m. Documento extendido por la autoridad para permitir a una persona el paso de un país a otro. ◆ **Dar pasaporte** a uno, despedirle. ◇ FAM. pasaportar. PASAR.

pasapurés s. m. Utensilio doméstico que sirve para hacer purés. ◇ FAM. PASAR y PURÉ.

pasar v. intr. [1]. Trasladarse de un lugar a otro. ‖ Ir a un sitio sin detenerse en él mucho tiempo. ‖ Poder atravesar algo por un espacio. ‖ Cambiar de actividad, estado o condición. ‖ Ser tenido en la opinión que se expresa. ‖ Acabarse una cosa. ‖ Transcurrir el tiempo: *pasar los años.* ‖ Estar algo en condiciones de ser utilizado. ‖ Ser admitido algo y poder seguir su curso. ‖ En algunos juegos, no apostar. ◆ v. tr. Llevar o mover una cosa de un sitio a otro próximo. ‖ Hacer cambiar de posición o correr sucesiva y ordenadamente cada uno de los elementos de una serie o conjunto. ‖ Atravesar, cruzar. ‖ Transmitir o transferir algo de un sujeto a otro. ‖ Introducir. ‖ Tragar, ingerir. ‖ Colar, filtrar. ‖ Tolerar. ‖ Sobrepasar, ir más allá de cierto punto o límite. ‖ Superar una prueba. ‖ Padecer, soportar. ‖ Permanecer determinado tiempo en el lugar o de la manera que se expresa: *pasar unos días en el campo.* ‖ *Méx.* Ensayar una parte o la totalidad de una obra teatral. ‖ DEP. Entregar la pelota, bola, balón, etc., a un compañero. ◆ v. tr. y pron. Cesar, tener fin. ◆ v. impers. Suceder, ocurrir. ◆ **pasarse** v. pron. Pudrirse o estropearse las frutas, carnes, etc. ‖ Excederse, exagerar. ◆ **Pasar por alto** algo, no tenerlo en cuenta, no mencionarlo. ◇ FAM. pasable, pasada, pasadera, pasadero, pasadizo, pasado, pasador, pasaje, pasajero, pasante, pasaporte, pase, pasear, paso[1], pasota. / pasabocas, pasacalle, pasamano, pasamontañas, pasapurés, pasatiempo, pasavolante, propasar, repasar, sobrepasar, traspasar.

pasarela s. f. Puente estrecho y pequeño para salvar un espacio. ‖ Pasillo estrecho y algo elevado por el que pasan los modelos en un desfile de modas.

pasatiempo s. m. Diversión, entretenimiento. ◇ FAM. PASAR Y TIEMPO.

pasavolante s. m. Acción hecha con precipitación y sin cuidado. ◇ FAM. PASAR y VOLANTE.

pascal s. m. Unidad de presión en el Sistema Internacional que equivale a la fuerza de un newton sobre un metro cuadrado.

pascana s. f. *Amér. Merid.* Jornada, etapa de un viaje. ‖ *Argent., Bol.* y *Perú.* Posada, mesón.

pascua s. f. Fiesta celebrada por los judíos para conmemorar la liberación del cautiverio de Egipto. ‖ Fiesta católica que conmemora la resurrección de Cristo. ◆ pl. Tiempo comprendido entre las fiestas de Navidad y Epifanía. ● **Estar como unas pascuas** (*Fam*), estar muy alegre. ‖ **Hacer la pascua**, fastidiar a alguien. ◇ FAM. pascual, pascuero.

pascual adj. Relativo a la pascua: *vigilia pascual*.

pascuero, ra adj. *Chile.* Relativo a la pascua. ● **Viejito pascuero** (*Chile.*), Papá Noël, Santa Claus.

pase s. m. Acción y efecto de pasar: *pase de modelos*. ‖ Lance o suerte de muleta en el que se mueve el toro de sitio mientras que el torero permanece parado. ‖ Documento en que se concede un privilegio o permiso. ‖ En ciertos deportes y juegos, acción y efecto de pasar.

paseandero, ra adj. y s. *Argent., Chile, Par., Perú* y *Urug.* Dícese de la persona a quien le gusta pasear o lo hace con frecuencia.

paseante adj. y s. m. y f. Que pasea o se pasea.

pasear v. intr., tr. y pron. [1]. Andar despacio por placer o por hacer ejercicio. ‖ Ir con el mismo fin, a caballo, en coche, etc. ◆ v. tr. Llevar de una parte a otra, exhibir. ◇ FAM. paseador, paseandero, paseante, paseo. PASAR.

paseíllo s. m. Desfile del torero y su cuadrilla, alrededor de la plaza de toros.

paseo s. m. Acción y efecto de pasear o pasearse. ‖ Lugar adecuado para pasear. ‖ Distancia corta. ● **Echar, o enviar, a paseo** (*Fam*), rechazar a alguien con enfado. ◇ FAM. paseíllo. PASEAR.

paseriforme adj. y s. m. Relativo a un orden de aves, generalmente de talla pequeña, cantoras, de vuelo ligero y que tienen las patas con cuatro dedos, como el mirlo o el ruiseñor.

pasillo s. m. Pieza larga y estrecha del interior de un edificio, que comunica unas habitaciones con otras. ◇ FAM. PASO[1].

pasión s. f. Inclinación impetuosa de la persona hacia lo que desea. ‖ Emoción fuerte y continua que domina la razón y orienta toda la conducta. ‖ Conjunto de padecimientos que sufrió Jesucristo, desde su detención hasta su muerte. ◇ FAM. pasional, pasionario. / apasionar, impasible. PADECER.

pasionaria s. f. Planta de tallos trepadores, flores blancas olorosas y fruto amarillo. ‖ Flor de esta planta.

pasito adv. m. Con gran tiento, en voz baja. ◇ FAM. PASO[1].

pasivo, va adj. Que recibe la acción, por oposición al sujeto o agente que la realiza. ‖ Que no opone resistencia. ‖ DER. Dícese de la remuneración que se percibe por servicios prestados anteriormente. ◆ s. m. Conjunto de obligaciones y deudas de una persona, empresa, etc. ● **Pasiva refleja** (LING.), construcción verbal de significado pasivo formada con un *se* y un verbo en voz activa, como *se venden pisos*. ‖ **Voz pasiva** (LING.), forma verbal formada por el auxiliar *ser* y el participio del verbo cuya acción se expresa, como *el ladrón fue perseguido por la policía*. ◇ FAM. pasivamente, pasividad.

pasma s. f. En argot, policía.

pasmado, da adj. y s. Dícese de la persona alelada o absorta.

pasmar v. tr. y pron. [1]. Enfriar mucho o bruscamente. ‖ *Fam.* Asombrar mucho a alguien. ◇ FAM. pasmado, pasmarote. PASMO.

pasmarote s. m. y f. *Fam.* Persona embobada o ensimismada con alguna cosa.

pasmo s. m. Enfermedad producida por enfriamiento. ‖ Admiración o asombro muy grande. ◇ FAM. pasmar, pasmoso. / espasmo.

paso[1] s. m. Acción de pasar. ‖ Movimiento de cada uno de los pies al andar. ‖ Longitud de este movimiento. ‖ Manera de andar: *ir a buen paso*. ‖ Pisada, señal dejada por los pies al andar. ‖ Sitio por donde se pasa o se puede pasar. ‖ Progreso conseguido en cualquier cosa. ‖ Cruce de dos vías de comunicación, en carreteras, caminos, ferrocarriles, etc. ‖ Cada uno de los avances que realiza un aparato contador. ◆ pl. En baloncesto, falta en que incurre el jugador que da tres o más pasos llevando la pelota en la mano sin botarla. ● **Paso a nivel**, cruce de una vía de tren con un camino o carretera al mismo nivel. ‖ **A cada paso**, con mucha frecuencia. ‖ **Abrir o abrirse, paso**, conseguir situarse en la vida. ‖ **Dar pasos**, gestionar. ‖ **Dar un paso en falso**, realizar una gestión contraproducente en algún asunto. ‖ **Salir al paso**, salir al encuentro de alguien para detenerle o interpelarle. ‖ **Salir del paso** (*Fam.*), librarse de alguna dificultad o superarla. ‖ **Seguir los pasos**, imitar a alguien en sus acciones. ◇ FAM.

pasillo, pasito. / compás, pasodoble. PA-
SAR.

paso², sa adj. Dícese de la fruta desecada
por cualquier procedimiento. ◇ FAM.
PASA.

pasodoble s. m. Música y danza españolas de ritmo vivo. ◇ FAM. PASO¹.

pasota adj. y s. m. y f. *Fam.* Dícese de la
persona que muestra desinterés por todo.

paspadura s. f. *Argent., Par.* y *Urug.*
Agrietamiento o excoriación de la piel.

paspartú s. m. Soporte de cartón, tela u
otro material, que en un cuadro enmarca
la lámina, grabado, etc.

pasqueño, ña adj. y s. De Pasco (Perú).

pasquín s. m. Escrito anónimo colocado
en lugares públicos con carácter clandestino y con un contenido crítico.

pasta s. f. Masa de harina trabajada con
manteca o aceite y otros ingredientes,
como azúcar, huevos, etc. ‖ Sustancia más
o menos consistente para elaborar productos alimenticios, farmacéuticos, técnicos, etc. ‖ Encuadernación hecha con cartón forrado de tela o de piel. ‖ *Fam.*
Dinero. ‖ *Argent.* Talento o disposición
natural. ● **Buena pasta** *(Fam.)*, carácter
apacible y bondadoso. ◇ FAM. pastaflora,
pastel, pastilla, pastoso¹. / empastar¹.

pastaflora s. f. Pasta muy delicada, hecha
con harina, azúcar y huevos.

pastar v. intr. y tr. [1]. Pacer. ◆ v. tr. Llevar o conducir al ganado al pasto.

paste s. m. *C. Rica, Guat., Hond.* y *Nicar.*
Planta cuyo fruto contiene un tejido poroso que se emplea a modo de esponja.

pastear v. tr. [1]. *Perú.* Espiar.

pastel s. m. Masa de harina, mantequilla,
huevos, azúcar, etc., que se adorna o rellena con diversos ingredientes, y se cuece
después al horno. ‖ Lápiz constituido básicamente por una pasta acuosa de carbonato de calcio, pigmentado con diversos colores. ● **Descubrirse el pastel** *(Fam.)*,
quedar a la vista algo que se procuraba
ocultar. ◇ FAM. pastelería, pastelero.
PASTA.

pastelería s. f. Arte de elaborar pasteles,
tartas y toda clase de dulces. ‖ Lugar
donde se preparan y venden estos productos.

pastelón s. m. *Chile.* Loseta que se emplea para pavimentar.

pasteurización s. f. Operación que consiste en calentar un líquido alimenticio a
una temperatura de unos 80°, para destruir
los gérmenes.

pasteurizar v. tr. [1g]. Efectuar la pasteurización. ◇ FAM. pasteurización, pas-
teurizado.

pastiche s. m. Obra artística o literaria hecha a imitación o con motivos tomados de
otras. ‖ Mezcla de cosas diferentes sin orden.

pastilla s. f. Pequeña porción de pasta de
diferentes materias, de forma redonda o

cuadrangular. ‖ Caramelo. ‖ Pequeña por-
ción medicinal que se traga con facilidad.
● **A toda pastilla** *(Fam.)*, con gran rapidez.
◇ FAM. pastillero. PASTA.

pastina s. f. *Argent.* Mezcla de albañilería
para sellar grietas o realizar junturas de
mampostería.

pastizal s. m. Terreno abundante en pastos.

pasto s. m. Acción de pastar. ‖ Hierba que
pace el ganado. ‖ Sitio en que pasta el ganado. ‖ *Argent., Chile, Méx.* y *Perú.* Césped. ● **A todo pasto**, mucho, sin restric-
ciones. ◇ FAM. pastar, pastizal, pastor,
pastorear, pastoso². pastura. / empastar².

pastor, ra s. Persona que guarda o lleva
el ganado a los pastos. ◆ s. m. Ministro
de una iglesia, especialmente protestante.
◇ FAM. pastoral, pastorela, pastoril. PASTO.

pastoral adj. Pastoril. ‖ Relativo a los pastores de una iglesia. ● **Carta pastoral** (REL.),
escrito dirigido por un obispo a sus feli-
greses.

pastorear v. tr. [1]. Llevar los ganados
al campo. ● **Sacar a pastorear** *(Argent.
Fam.)*, invitar a pasear a una persona que
normalmente sale poco.

pastorela s. f. Género poético, que narra
el enamoramiento entre un caballero y
una pastora. ‖ *Méx.* Representación teatral
en la que se escenifica el nacimiento del
Niño Jesús.

pastoril adj. Relativo a los pastores. ‖ Dícese de las obras líricas que tienen como
tema las relaciones amorosas entre los
pastores.

pastoso¹, sa adj. Dícese de las cosas blandas y moldeables. ‖ Espeso, pegajoso. ‖
Suave, sin resonancia metálica.

pastoso², sa adj. *Amér. Central* y *Amér.
Merid.* Dícese del terreno que tiene muchos pastos.

pastura s. f. Pasto, hierba que come el
ganado.

pasudo, da adj. *Colomb., Méx.* y *Venez.*
Dícese de la persona que tiene el pelo ensortijado como el de los negros. ‖ *Colomb., Méx.* y *Venez.* Dícese del pelo ensortijado.

pata s. f. Pie y pierna de los animales. ‖
Pieza que soporta un mueble o un objeto.
‖ *Fam.* Pierna de una persona. ● **A cuatro
patas** *(Fam.)*, con las manos y los pies o
las rodillas en el suelo. ‖ **A pata** *(Fam.)*,
andando. ‖ **Estirar la pata** *(Fam.)*, morirse.
‖ **Hacer la pata** *(Chile)*, dar coba, adular.
‖ **Hacer pata ancha o la pata ancha** *(Argent. Fam.)*, enfrentarse a un peligro o dificultad. ‖ **Mala pata** *(Fam.)*, mala suerte.
‖ **Meter la pata** *(Fam.)*, intervenir en algo
con desacierto. ‖ **Verle las patas a la sota**
(Argent. Fam.), darse cuenta de un peligro.
◇ FAM. patada, patalear, pataleta, patán,
patear, patilla, patojo, patoso, patuleco. /
despatarrarse, espatarrarse, metepatas, patitieso, patizambo.

patada s. f. Golpe dado con el pie o con la pata. • **A patadas** (*Fam.*), con excesiva abundancia. ‖ (*Fam.*), con desconsideración, de modo violento.

patagua s. f. *Chile.* Planta de flores blancas y madera muy útil.

patalear v. intr. [1]. Agitar las piernas o los pies. ‖ Golpear con los pies el suelo violentamente. ◇ FAM. pataleo. PATA.

pataleo s. m. Acción y efecto de patalear. ‖ Ruido hecho con las patas o con los pies.

pataleta s. f. Manifestación violenta y poco duradera de un disgusto o enfado. ◇ FAM. PATA.

patán s. m. Hombre rústico e ignorante. ◆ s. m. y adj. *Fam.* Hombre zafio y grosero. ◇ FAM. patanería. PATA.

patao s. m. *Cuba.* Pez comestible de color plateado, con el lomo abultado.

patasca s. f. *Amér.* Guiso de carne de cerdo cocida con maíz. ‖ *Pan.* Pendencia, disputa.

patata s. f. Planta herbácea, originaria de América del Sur, de tubérculos comestibles, ricos en almidón. ‖ Tubérculo de esta planta. ◇ FAM. patatal. / papa².

patatín. Que (si) patatín, que (si) patatán, resumen de un discurso considerado poco importante.

patatús s. m. *Fam.* Desmayo, ataque de nervios. ‖ *Fam.* Impresión, susto.

patay s. m. *Amér. Merid.* Pasta seca hecha del fruto del algarrobo.

paté s. m. Pasta hecha de carne o hígado picado.

patear v. tr. [1]. *Fam.* Dar golpes o pisotear algo con los pies. ‖ *Fam.* Tratar con desconsideración o malos tratos. ◆ v. intr. *Fam.* Dar patadas en el suelo en señal de enfado o disconformidad. ◇ FAM. pateo. / repatear. PATA.

patena s. f. REL. Recipiente de metal en que se pone la hostia durante la misa.

patentar v. tr. [1]. Conceder, obtener o expedir patentes.

patente adj. Manifiesto, visible, evidente. ◆ s. f. Documento expedido por el estado, en que se concede a alguien el derecho exclusivo a poner en práctica una determinada invención. ‖ Cualquier testimonio que acredita una cualidad o méritos o autoriza algo. ‖ *Amér. Merid.* Matrícula de un coche. ◇ FAM. patentar, patentizar.

patentización s. f. Tratamiento térmico a que se someten los alambres de acero para poder ser estirados.

patentizar v. tr. [1g]. Hacer patente o manifiesta una cosa. ◇ FAM. patentización. PATENTE.

pateo s. m. *Fam.* Acción de patear en señal de enfado o desagrado.

páter s. m. Sacerdote de un regimiento militar. ◇ FAM. PADRE.

paternal adj. Propio de los sentimientos de un padre.

paternalismo s. m. Carácter paternal. ‖ Actitud protectora de un superior respecto a sus subordinados. ◇ FAM. paternalista. PATERNO, NA.

paternidad s. f. Estado y cualidad de padre. ‖ Unión jurídica entre un padre y sus hijos.

paterno, na adj. Relativo al padre: *familia paterna.* ◇ FAM. paternal, paternalismo, paternidad. PADRE.

patero, ra adj. y s. *Chile. Fam.* Adulador, servil, soplón.

patético, ca adj. Dícese del gesto, actitud, etc., que es capaz de conmover y agitar el ánimo. ◇ FAM. patéticamente.

patí s. m. *Argent.* Pez de río, de color gris, cuya carne amarilla es muy apreciada.

patibulario, ria adj. Relativo al patíbulo. ‖ Que por su repugnante aspecto produce horror o espanto.

patíbulo s. m. Tablado o lugar en que se ejecuta la pena de muerte. ◇ FAM. patibulario. PADECER.

patidifuso, sa adj. *Fam.* Patitieso, atónito.

patilla s. f. Porción de pelo que crece por delante de las orejas. ‖ Cada una de las dos varillas del armazón de las gafas que sirven de sujeción. ‖ *Colomb., P. Rico, R. Dom.* y *Venez.* Sandía. ◇ FAM. patilludo. PATA.

patillano, na adj. y s. De Patillas (Puerto Rico).

patín¹ s. m. Nombre que se da al albatros. ◇ FAM. PATO.

patín² s. m. Plancha adaptable a la suela del zapato, provista de una especie de cuchilla o de cuatro ruedas, usado para patinar sobre el hielo o sobre una superficie dura y lisa. ‖ Embarcación compuesta de dos flotadores, y movida a remo, por una vela o por un sistema de paletas accionado por pedales. • **Patín del diablo** (*Méx.*), juguete consistente en una plataforma con dos ruedas y con una barra de dirección. ◇ FAM. patinar, patineta, patínete. / monopatín.

pátina s. f. Sulfuración natural del bronce que, expuesto al aire, se recubre de una capa verde. ‖ Brillo y coloración artificiales que se da a ciertos objetos para protegerlos o decorarlos.

patinador, ra adj. y s. Que patina. ◆ s. Persona que practica el patinaje como deporte.

patinaje s. m. Acción y efecto de patinar. ‖ Deporte que consiste en deslizarse sobre el hielo u otra superficie dura y lisa.

patinar v. intr. [1]. Deslizarse con patines. ‖ Resbalar o deslizarse por falta de adherencia. ‖ *Fam.* Equivocarse, errar. ◇ FAM. patinador, patinaje, patinazo. PATÍN².

patinazo s. m. Acción y efecto de patinar, especialmente de forma brusca. ‖ *Fam.* Indiscreción o equivocación.

patineta s. f. *Argent., Chile, Méx.* y *Urug.* Juguete que consiste en una plataforma montada sobre cuatro ruedas, el cual se impulsa con un pie.

patinete s. m. Juguete compuesto de una plancha montada sobre dos o tres ruedas y provista en su parte superior de un manillar.

patio s. m. Espacio cerrado por paredes o galerías que queda en el interior de un edificio, y que suele dejarse al descubierto. ‖ En los teatros, planta baja que ocupan las butacas o lunetas. ● **Pasarse al patio** (Argent. y Urug. Fam.), tomarse demasiada confianza. ◇ FAM. traspatio.

patiperrear v. intr. [1]. Chile. Vagabundear, caminar sin rumbo fijo.

patitieso, sa adj. Fam. Que se queda sin movimiento o no siente alguna parte del cuerpo. ‖ Fam. Que se queda sorprendido por algo extraordinario o inesperado.

patizambo, ba adj. y s. Que tiene las piernas torcidas hacia afuera y junta mucho las rodillas.

pato s. m. Ave palmípeda de pico ancho y patas pequeñas y palmeadas. ‖ Argent. Deporte en el que dos equipos de cuatro jugadores cada uno intenta introducir en el aro una pelota, llamada pato. ‖ Cuba. Orinal de cama para varón. ‖ P. Rico y Venez. Hombre afeminado. ● **Estar** o **andar pato** (Argent., Chile, y Urug. Fam.), estar o andar sin dinero. ‖ **Ser el pato de la boda** (Argent. Fam.), ser la persona a quien se le atribuyen culpas o responsabilidades ajenas. ◇ FAM. patín¹.

pato- pref. Significa 'enfermedad': patología.

patochada s. f. Dicho o hecho inoportuno u ofensivo.

patógeno, na adj. Que produce enfermedad.

patojo, ja adj. Que tiene las piernas o pies torcidos. ‖ Amér. Central y Amér. Merid. Cojo. ◆ s. Colomb. Niño, muchacho. ◇ FAM. PATA.

patología s. f. Ciencia médica que estudia las causas, síntomas y evolución de las enfermedades. ◇ FAM. patológico, patólogo.

patoso, sa adj. Que pretende ser gracioso sin conseguirlo. ‖ Torpe y sin gracia en los movimientos. ◇ FAM. PATA.

patota s. f. Amér. Merid. Pandilla de jóvenes gamberros. ● **En patota** (Argent. y Chile. Fam.), en grupo de amigos. ◇ FAM. patotero.

patotero, ra adj. Amér. Merid. Que manifiesta o posee los caracteres propios de una patota.

patraña s. f. Mentira de pura invención.

patria s. f. Lugar, ciudad o país en que se ha nacido y a la que se pertenece por diferentes vínculos. ◇ FAM. patriada, patriota. / apátrida, compatriota, expatriar, repatriar.

patriada s. f. Argent., Par. y Urug. Acción penosa y desinteresada.

patriarca s. m. Nombre dado a los primeros jefes de familia, en el Antiguo Testamento. ‖ Título de dignidad de algunos prelados. ‖ Persona más respetada y con mayor autoridad de una familia o colectividad. ◇ FAM. patriarcado, patriarcal.

patricio, cia adj. y s. Dícese de los ciudadanos, que en el Imperio romano, pertenecían a las clases más antiguas y ostentaban el poder en tiempos de la república.

patrilineal adj. Dícese de una forma de filiación que sólo se transmite por línea paterna. ◇ FAM. PADRE.

patrimonio s. m. Conjunto de bienes propios que cada uno posee. ‖ Bien que una persona hereda de sus ascendientes. ◇ FAM. patrimonial.

patriota s. m. y f. Persona que ama a su patria y quiere serle útil. ◇ FAM. patriotero, patriótico, patriotismo. PATRIA.

patriotero, ra adj. y s. Dícese de la persona que presume de patriota, o tiene un patriotismo superficial.

patriotismo s. m. Amor a la patria.

patrocinar v. tr. [1]. Favorecer o proteger a alguien o promover una causa, empresa, idea, etc. ‖ Sufragar los gastos que origina la realización de una actividad. ◇ FAM. patrocinador. PATROCINIO.

patrocinio s. m. Ayuda o protección que una persona recibe de otra con poder o influencia. ◇ FAM. patrocinar.

patrón, na s. Amo, señor, respecto de un criado, obrero, etc. ‖ Dueño de una casa en que se aloja alguien. ‖ REL. Santo o santa de quién se lleva el nombre, o bajo cuya advocación y protección se pone una iglesia, un pueblo, etc. ◆ s. m. Aquello que se toma como modelo para comparar o referirse a otra cosa de la misma especie. ‖ Persona que gobierna una embarcación menor. ● **Patrón monetario**, conjunto de relaciones que ligan el dinero patrón a los restantes tipos de dinero del país. ◇ FAM. patronear, patrono.

patronal adj. Relativo al patrono o al patronato. ◆ s. f. Conjunto de empresarios o patronos que actúan colectivamente.

patronato s. m. Derecho, poder o facultad del patrono. ‖ Corporación que forman los patronos. ‖ Institución o asociación dedicada a fines benéficos o piadosos.

patronímico, na adj. y s. Dícese del apellido familiar que antiguamente se formaba del nombre de los padres.

patrono, na s. Patrón, amo. ‖ Patrón, santo. ‖ Persona que contrata a empleados y obreros para la ejecución de un trabajo. ◇ FAM. patronal, patronato, patronazgo. PATRÓN, NA.

patrulla s. f. Partida de gente armada o soldados que ronda para mantener el orden y seguridad en campamentos, ciudades, etc. ‖ Méx. Automóvil en que patrullan los policías. ◇ FAM. patrullar.

patrullar v. intr. y tr. [1]. Ir de patrulla.

patuco s. m. Zapato de punto u otro material usado por los bebés.

patudo, da adj. *Chile. Fam.* y *vulg.* Dícese de la persona entrometida y de modales toscos. || *Chile.* Dícese de la persona desfachatada.

patulea s. f. Grupo de soldados indisciplinados. || *Fam.* Gente desbandada y maleante. || *Fam.* Grupo de niños revoltosos.

patuleco, ca adj. *Amér. Central* y *Amér. Merid.* Dícese de la persona que tiene un defecto físico en piernas y pies. ◇ FAM. PATA.

paturro, rra adj. *Colomb.* Dícese de la persona chaparra y rechoncha.

paúl s. m. Terreno pantanoso y cubierto de hierbas. ◇ FAM. paludismo, palustre.

paulatino, na adj. Lento, gradual. ◇ FAM. paulatinamente.

paulista adj. y s. m. y f. De Sao Paulo (Brasil).

pauperismo s. m. Existencia de un gran número de pobres en una zona.

paupérrimo, ma adj. Muy pobre, mísero. ◇ FAM. pauperismo. / depauperar. POBRE.

pausa s. f. Interrupción momentánea de una acción, un movimiento, etc. || Lentitud, tardanza. ◇ FAM. pausado, pausar.

pausado, da adj. Que se mueve con lentitud y sin precipitación.

pauta s. f. Raya o conjunto de rayas horizontales hechas en el papel para aprender a escribir e instrumento con que se hacen. || Guía o modelo para la ejecución de algo. ◇ FAM. pautado, pautar.

pava s. f. *Amér. Merid.* Recipiente de metal con asa en la parte superior, usado para calentar agua y, especialmente, para cebar el mate³.

pavada s. f. Manada de pavos. || *Fam.* Sosera. || *Argent., Perú* y *Urug.* Tontería, estupidez. ◇ FAM. pavear. PAVO, VA.

pavana s. f. Danza y composición musical noble y lenta de compás binario, que, en la antigua suite, iba seguida de la gallarda.

pavear v. intr. [1]. *Argent.* Decir o hacer pavadas.

pavero, ra s. Persona que cuida o vende pavos. ◆ s. m. Sombrero andaluz de ala ancha y recta y copa en forma de cono truncado.

pavés s. m. Escudo ovalado que cubría casi todo el cuerpo del combatiente. ◇ FAM. empavesada.

pavesa s. f. Partícula incandescente que se desprende de un cuerpo en combustión, reduciéndose a ceniza.

pávido, da adj. Lleno de miedo, asustado. ◇ FAM. impávido. PAVOR.

pavimentar v. tr. [1]. Recubrir con un pavimento. ◇ FAM. pavimentación. PAVIMENTO.

pavimento s. m. Revestimiento de suelo artificial, destinado a darle más firmeza y resistencia. ◇ FAM. pavimentar.

pavisoso, sa adj. Soso o sin gracia.

pavito, ta s. *Venez. Fam.* Gamberro, adolescente.

pavo, va s. Ave gallinácea que tiene la cabeza y el cuello cubierto de unas carnosidades rojas colgantes. || *Chile, C. Rica, Ecuad., Guat., Hond, Méx., Pan., Perú* y *Salv.* Pasajero clandestino, polizón. ◆ adj. y s. *Fam.* Dícese de la persona sosa y parada. ● **Pavo real**, ave gallinácea de magnífico plumaje, principalmente en el macho, cuyas plumas de la cola, moteadas de ocelos, pueden levantarse y extenderse en abanico. ● **Pelar la pava** *(Fam.)*, tener conversaciones los novios. ◇ FAM. pavada, pavero, pavito, pavón. / pavisoso.

pavón s. m. Pavo real. || Mariposa nocturna de manchas redondeadas en las alas. ◇ FAM. pavonear. PAVO, VA.

pavonear v. intr. y pron. [1]. Presumir, hacer ostentación de sí mismo. ◇ FAM. pavoneo. PAVÓN.

pavor s. m. Miedo muy grande. ◇ FAM. pávido, pavoroso. /*despavorido.

payada s. f. *Argent.* Competencia o contrapunto de dos o más payadores. || *Argent., Chile* y *Urug.* Canto del payador. ● **Payada de contrapunto** *(Argent., Chile* y *Urug.)*, competencia en la que alternándose los payadores, improvisan cantos sobre un mismo tema. ◇ FAM. payador, payar.

payador s. m. *Argent., Chile* y *Urug.* Cantor popular que, acompañándose con una guitarra, improvisa sobre temas variados.

payana s. f. *Argent.* Juego en el que los niños arrojan piedrecitas para recogerlas mientras llega su turno.

payasada s. f. Acción o dicho de payaso. || *Chile. Fam.* y *desp.* Acción o cosa deleznable, indigna de consideración. || *Chile.* Acción o manejo mal intencionado y turbio.

payaso, sa s. m. Artista de circo que hace de gracioso. ◆ s. Persona poco seria en su comportamiento. ◇ FAM. payasada.

payé s. m. *Argent., Par.* y *Urug.* Brujería, sortilegio, hechizo. || *Argent., Par.* y *Urug.* Amuleto, talismán.

payés, sa s. Campesino de Cataluña o de las islas Baleares.

payo, ya s. Entre los gitanos, persona que no es de su raza.

paz s. f. Ausencia de guerra. || Sosiego, estado de la persona no agitada. || Calma, silencio. ● **Dejar en paz**, no molestar o importunar. ● **Hacer las paces**, reconciliarse. ◇ FAM. pacificar, pacífico, pacifismo, pazguato. / apaciguar, pacato.

pazguato, ta adj. y s. Simple, pasmado. ◇ FAM. pazguatería. PAZ.

pazo s. m. En Galicia, casa solariega.

¡pche! o **¡pchs!** interj. Expresa desinterés o desprecio por algo.

pe s. f. Nombre de la letra *p.* ● **De pe a pa**, de principio a fin.

peaje s. m. Derecho que se paga por utilizar un puente, carretera, autopista, etc. ‖ Lugar donde se paga este derecho.

peana s. f. Basa para colocar encima una figura u otro objeto. ◇ FAM. PIE.

peatón, na s. Persona que va a pie. ◇ FAM. peatonal. PIE.

peatonal adj. De uso exclusivo para peatones.

pebete s. m. *Argent.* Pan ovalado que se amasa con trigo candeal, de miga esponjosa y corteza fina y tostada.

pebetero s. m. Recipiente para quemar perfumes.

peca s. f. Mancha pequeña de color pardo que aparece en la piel, en especial en la cara. ◇ FAM. pecoso.

pecado s. m. Transgresión voluntaria de la ley divina. ‖ Cosa lamentable, falta.

pecador, ra adj. y s. Que peca. ‖ Inclinado al pecado o que puede cometerlo.

pecaminoso, sa adj. Relativo al pecado o a los pecadores. ‖ Inmoral, censurable.

pecar v. intr. [1a]. Cometer un pecado. ‖ Cometer cualquier tipo de falta. ◇ FAM. pecado, pecador, pecaminoso, pecante. / impecable.

pecarí s. m. *Amér. Merid.* Especie de cerdo salvaje, saíno.

pecblenda s. f. Mineral de uranio de composición compleja en que entran varios metales raros, entre ellos el radio.

peccata minuta loc. Se usa en lenguaje familiar para designar un error o una falta de poca importancia.

pecera s. f. Vasija de cristal llena de agua, donde se tienen peces vivos. ◇ FAM. PEZ[1].

peceto s. m. *Argent.* Corte de carne extraído del cuarto trasero de los vacunos.

pechar v. tr. [1]. Pagar un tributo. ‖ *Amér. Central* y *Amér. Merid.* Sablear, estafar. ‖ *Amér. Central* y *Amér. Merid.* Empujar. ◆ v. tr. e intr. Asumir una responsabilidad u obligación que no es del agrado de uno. ◇ FAM. pechador.

pechblenda s. f. Pecblenda*.

peche adj. y s. m. y f. *Salv.* Débil, enclenque.

pechera s. f. En algunas prendas de vestir, parte que cubre el pecho.

pechero s. m. Babero que se pone a los niños. ‖ Pieza de un vestido que va sobrepuesta o suelta encima del pecho.

pechina s. f. Concha vacía de un molusco. ‖ ARQ. Cada uno de los cuatro triángulos curvilíneos que forman el anillo de la cúpula con los arcos sobre los que estriba.

pecho s. m. Parte del cuerpo entre el cuello y el abdomen, que contiene el corazón y los pulmones. ‖ Parte exterior y delantera de esta cavidad. ‖ Seno de la mujer. ● **A pecho descubierto**, sin armas defensivas. ‖ *Con sinceridad y nobleza.* ‖ **Dar el pecho**, dar de mamar al niño. ‖ **Entre pecho y espalda** (*Fam.*), en el estómago. ‖

Tomar a pecho una cosa, tomarla con mucho empeño. ◇ FAM. pechera, pechero, pechuga. / antepecho, pectoral, peto.

pechuga s. f. Pecho del ave, que está como dividido en dos. ◇ FAM. pechugón. / apechugar, despechugar. ·PECHO.

pechugón, na s. y adj. *Vulg.* Dícese de la mujer de senos prominentes.

pecíolo o **peciolo** s. m. BOT. Rabo pequeño de la hoja por el que se une al tallo.

pécora s. f. *Fam.* Mujer astuta y maligna. ‖ *Fam.* Prostituta.

pecoso, sa adj. Que tiene pecas.

pectina s. f. Sustancia química de origen vegetal, utilizada en la elaboración de mermeladas y jaleas de frutas.

pectoral adj. Relativo al pecho: *músculos pectorales.* ◆ adj. y s. m. Útil y provechoso para el pecho. ◇ FAM. expectorar. PECHO.

pecuario, ria adj. Relativo al ganado. ◇ FAM. agropecuario.

peculiar adj. Privativo o propio de cada persona o cosa. ◇ FAM. peculiaridad, peculiarmente.

pecuniario, ria adj. Relativo al dinero en efectivo.

pedagogía s. f. Ciencia que se ocupa de la educación de los jóvenes. ◇ FAM. pedagógico, pedagogo.

pedagogo, ga s. Maestro, educador. ‖ Experto en pedagogía.

pedal s. m. Palanca de un mecanismo, de una máquina o de un vehículo que se acciona con el pie. ◇ FAM. pedalada, pedalear. PIE.

pedalada s. f. Impulso dado a un pedal con el pie.

pedalear v. intr. [1]. Mover un pedal o los pedales, especialmente los de una bicicleta. ◇ FAM. pedaleo. PEDAL.

pedante adj. y s. m. y f. Dícese de la persona engreída, que hace ostentación de su erudición. ◇ FAM. pedantería, pedantesco.

pedantería s. f. Calidad de pedante. ‖ Dicho o hecho pedante.

pedazo s. m. Parte o porción de una cosa. ● **Caerse a pedazos** (*Fam.*), estar muy viejo. ‖ **Hacerse pedazos**, romperse algo. ‖ **Ser uno un pedazo de pan** (*Fam.*), ser muy bondadoso. ◇ FAM. apedazar, despedazar.

pederastia s. f. Relación sexual de un hombre con un niño. ‖ Homosexualidad masculina. ◇ FAM. pederasta.

pedernal s. m. Variedad de cuarzo que al ser golpeada con un eslabón da chispas. ◇ FAM. PIEDRA.

pedestal s. m. Cuerpo destinado a soportar una columna, una estatua, etc. ● **Estar, poner**, etc., a alguien **en un pedestal**, tenerle en muy buena opinión. ◇ FAM. PIE.

pedestre adj. Que se hace a pie: *carrera pedestre.* ‖ Vulgar, ordinario. ◇ FAM. PIE.

pedia- pref. Significa 'niño': *pediatría.*

pediatría s. f. Rama de la medicina que se ocupa de las enfermedades de los niños. ⬧ FAM. pediatra.

pedículo s. m. Pedúnculo de una hoja, flor o fruto. || Piojo. ⬧ FAM. pedicular, pediculosis.

pediculosis s. f. Enfermedad de la piel producida por los piojos.

pedicurista s. m. y f. *Méx.* Pedicuro.

pedicuro, ra s. Persona que se dedica al cuidado de los pies. ⬧ FAM. pedicurista. PIE.

pedida s. f. Petición de mano.

pedido s. m. Encargo de géneros hecho a un fabricante o vendedor. ● **Sobre pedido** (*Méx.*), por encargo.

pedigrí s. m. Genealogía de un animal de raza.

pedigüeño, ña adj. Demasiado aficionado a pedir. ⬧ FAM. pedigüeñería. PEDIR.

pedimento s. m. Petición. || DER. Escrito en que se pide algo a un juez o tribunal.

pedinche adj. *Méx.* Pedigüeño.

pedir v. tr. **[30].** Decir a alguien qué se desea obtener de él. || Mendigar. || Poner precio el vendedor a la mercancía. || Requerir una cosa algo como necesario o conveniente. ⬧ FAM. pedida, pedido, pedigüeño, pedimento, pedinche. / despedir, petición.

pedo s. m. Ventosidad que se expele por el ano. || *Fam.* Borrachera. ⬧ FAM. pedorrear, pedorreta. / peer.

pedofilia s. f. Atracción sexual de un adulto por los niños.

pedorrear v. intr. **[1].** Tirarse varios pedos seguidos. ⬧ FAM. pedorreo. PEDO.

pedorreta s. f. Sonido hecho con la boca, imitando al pedo.

pedrada s. f. Acción de arrojar una piedra. || Golpe dado con una piedra lanzada. || Señal que deja. ⬧ FAM. PIEDRA.

pedrea s. f. Lucha hecha a pedradas. || Conjunto de los premios menores de la lotería nacional. ⬧ FAM. PIEDRA.

pedregal s. m. Terreno cubierto de piedras sueltas. ⬧ FAM. PIEDRA.

pedregoso, sa adj. Dícese del terreno cubierto de piedras. ⬧ FAM. PIEDRA.

pedregullo s. m. *Amér. Merid.* Conjunto de piedras pequeñas, trituradas, que usan para afirmar caminos. ⬧ FAM. PIEDRA.

pedrera s. f. Cantera de donde se sacan las piedras. ⬧ FAM. PIEDRA.

pedrería s. f. Conjunto de piedras preciosas. ⬧ FAM. PIEDRA.

pedrisco s. m. Piedra o granizo grueso que cae de las nubes. ⬧ FAM. PIEDRA.

pedrusco s. m. *Fam.* Pedazo de piedra sin labrar. ⬧ FAM. PIEDRA.

pedúnculo s. m. Prolongación del cuerpo de algunos crustáceos. || BOT. Eje floral que sostiene las flores.

peeling s. m. Tratamiento cosmético o quirúrgico que consiste en descamar la piel de la cara para alisarla.

peer v. intr. y pron. **[2j].** Expeler por el ano los gases del intestino.

pega s. f. Acción de pegar una cosa con otra. || Obstáculo, contratiempo. || *Chile.* Lugar donde se trabaja. || *Chile.* Edad del hombre en que culminan sus atractivos. || *Chile, Colomb., Cuba* y *Perú. Fam.* Empleo, trabajo. || *Cuba* y *P. Rico.* Liga para cazar pájaros. ● **De pega,** falso, fingido.

pegadizo, za adj. Pegajoso. || Que se graba con facilidad en la memoria.

pegado s. m. Parche que contiene un preparado medicamentoso.

pegajoso, sa adj. Que se pega de forma espontánea. || *Fam.* Excesivamente cariñoso. ⬧ FAM. pegajosidad. PEGAR.

pegamento s. m. Sustancia que sirve para pegar.

pegamoide s. m. Tela recubierta con una mezcla de sustancias químicas, que imita el cuero.

pegamoscas s. f. Planta arbustiva cuya flor tiene el cáliz cubierto de pelos pejagosos en los que se quedan pegados los insectos.

pegar v. tr. **[1b].** Unir una cosa a otra por medio de pegamento, cola, etc., de modo que no puedan separarse. || Acercar una cosa a otra de forma que queden en contacto. || Maltratar con golpes. ➤ v. tr. y pron. Comunicar, contagiar. ➤ v. intr. Estar una cosa próxima o contigua a otra. ➤ **pegarse** v. pron. Adherirse los guisos al recipiente. ● **Pegársela** a alguien, engañarle. ⬧ FAM. pega, pegadizo, pegado, pegadura, pegajoso, pegamento, pegamiento, pegatina, pego, pegote. / apegarse, despegar, pegamoscas.

pegatina s. f. Adhesivo.

pegmatita s. f. Roca granítica de textura laminar, con cristales de gran tamaño, compuesta de feldespato y cuarzo.

pego s. m. Trampa que consiste en pegar dos naipes para que salgan como uno solo. ● **Dar el pego,** aparentar lo que no es.

pegote s. m. Cualquier cosa que está espesa y se pega al tacto. ● **Tirarse un pegote** (*Fam.*), echarse faroles, exagerar. ⬧ FAM. pegotear. PEGAR.

pegujal s. m. Conjunto de bienes de una persona. || Terreno de labor muy pequeño y de poca importancia. ⬧ FAM. pegujalero.

pegujalero, ra s. Labrador que tiene poca siembra o labor. || Ganadero que tiene poco ganado.

pehuén s. m. *Argent.* y *Chile.* Especie de pino.

peinado s. m. Cada una de las formas distintas de arreglarse el pelo o de peinarse.

peinador, ra adj. y s. Que peina. ➤ s. m. Prenda que se pone sobre el vestido al peinarse.

peinar v. tr. y pron. **[1].** Desenredar, alisar o arreglar el pelo con el peine. ➤ v. tr.

Desenredar cualquier clase de pelo o lana. ◇ FAM. peinado, peinador. / despeinar, repeinado. PEINE.

peine s. m. Utensilio, con muchas púas, que se utiliza para peinar el pelo. ◇ FAM. peinar, peineta, peinilla.

peineta s. f. Peine curvado que usan las mujeres como adorno o para sujetar el peinado. ‖ *Chile.* Peine.

peinilla s. f. *Colomb.* y *Ecuad.* Peine. ‖ *Colomb., Ecuad., Pan.* y *Venez.* Especie de machete.

pejegallo s. m. *Chile.* Pez sin escamas que tiene una cresta carnosa que le llega hasta la boca. ◇ FAM. GALLO.

pejerrey s. m. *Argent.* y *Chile.* Nombre de diversos peces marinos o de agua dulce, muy apreciados por su carne.

pejiguera s. f. *Fam.* Cosa que causa dificultades o molestias.

pela s. f. Peladura. ‖ *Fam.* Peseta. ‖ *Méx.* Azotaina, zurra.

peladez s. f. *Méx.* Acto o dicho grosero, falto de cortesía.

peladilla s. f. Almendra recubierta con azúcar cocido, perfumado y, a veces, coloreado. ◇ FAM. PELAR.

pelado, da adj. Desprovisto de lo que naturalmente suele adornarlo, cubrirlo o rodearlo. ‖ *Argent., Chile* y *Ecuad.* Dícese de la persona que ha perdido parte del cabello, calvo. ‖ *Argent., Chile* y *Urug.* Dícese de la persona que tiene el cabello muy corto. ◆ adj. y s. *Méx.* Mal educado, grosero. ‖ *Méx.* De clase social baja y sin educación. ◆ s. f. *Amér.* Acción y efecto de cortar el pelo. ‖ *Chile.* La muerte, representada por el esqueleto. ◆ s. m. *Chile.* Soldado raso. ◇ FAM. peladez. PELAR.

peladura s. f. Acción y efecto de pelar o descortezar una cosa. ‖ Mondadura, corteza.

pelagatos s. m. y f. *Fam.* Persona con escasos recursos económicos o de baja posición social.

pelagoscopio s. m. Aparato usado para estudiar el fondo del mar.

pelagra s. f. Enfermedad que se manifiesta por lesiones cutáneas y trastornos digestivos y nerviosos.

pelaje s. m. Naturaleza o calidad del pelo o de la lana de un animal.

pelambre s. m. o f. Gran cantidad de pelo. ‖ Conjunto de pelo arrancado o cortado. ◇ FAM. pelambrera. PELO.

pelambrera s. f. Cantidad de pelo espeso, largo y revuelto.

pelandusca s. f. *Fam.* Prostituta.

pelar v. tr. y pron. [1]. Cortar el pelo. ‖ Levantar la piel por haber tomado mucho el sol. ◆ v. tr. Quitar las plumas a un ave. ‖ Quitar la piel o corteza a una cosa. ‖ *Argent.* Desenvainar un arma. ‖ *Argent. Fam.* Sacar, exhibir algo. ‖ *Chile. Fam.* Hablar mal de alguien. ‖ *Méx. Fam.* Hacer

caso a alguien, prestar atención. ● **Duro de pelar** *(Fam.),* difícil de conseguir. ‖ Dícese de la persona difícil de convencer. ◇ FAM. pela, peladilla, pelado, pelador, peladura. / pelagatos, repelar. PELO.

pelargonio s. m. Geranio.

peldaño s. m. Cada uno de los tramos de una escalera.

pelea s. f. Acción y efecto de pelear o pelearse.

pelear v. intr. y pron. [1]. Combatir con sus fuerzas o sus armas para vencer a otros. ‖ Afanarse por conseguir algo. ◆ **pelearse** v. pron. Enfadarse, enemistarse. ◇ FAM. pelea, peleador, peleón, peleonero.

pelechar v. intr. [1]. Echar los animales pelo o pluma. ‖ Cambiar de pluma las aves. ◇ FAM. pelecho. PELO.

pelele s. m. Muñeco de figura humana, hecho de paja o trapos. ‖ *Fam.* Persona simple y de poco carácter.

peleón, na adj. Que pelea. ‖ *Fam.* Dícese del vino muy pedrusco.

peleonero, ra adj. *Méx.* Peleón, pendenciero.

peletería s. f. Tienda donde se venden objetos de piel. ‖ Arte de adobar y preparar las pieles con su pelo y de hacer con ellas prendas de abrigo o de adorno. ‖ *Cuba.* Zapatería.

peletero, ra s. Persona que tiene por oficio trabajar en pieles finas o venderlas. ◇ FAM. peletería. PIEL.

peliagudo, da adj. *Fam.* Dícese del negocio o asunto difícil de resolver.

pelícano o **pelicano** s. m. Ave palmípeda de pico recto, fuerte y largo, con una especie de bolsa debajo de la mandíbula inferior.

película s. f. Capa muy fina y delgada que cubre algo. ‖ Cinta de celuloide perforada, empleada en fotografía y en cinematografía. ◇ FAM. peliculón.

peliculón s. m. *Fam.* Película de cine muy buena.

peligrar v. intr. [1]. Estar en peligro.

peligro s. m. Situación en la que es posible que ocurra algún mal. ◇ FAM. peligrar, peligrosamente, peligrosidad, peligroso.

peligroso, sa adj. Que implica peligro. ‖ Que puede dañar.

pelillo s. m. *Fam.* Causa muy leve de disgusto.

pelirrojo, ja adj. Que tiene el pelo rojo.

pella s. f. Masa de cualquier material, de forma redondeada. ‖ Manteca del cerdo tal como se saca de él.

pelleja s. f. Pellejo, piel de un animal.

pellejerías s. f. pl. *Chile.* Escasez, miseria, serie de contratiempos causados por la pobreza.

pellejo s. m. Piel de un animal, generalmente separada del cuerpo. ‖ Odre para contener líquidos. ‖ Piel de algunos frutos.

‖ *Fam.* Piel del hombre. ● **Estar,** o **hallarse,** uno **en el pellejo de otro** (*Fam.*), encontrarse en las mismas circunstancias. ‖ **Jugarse el pellejo** (*Fam.*), arriesgar la vida. ◇ FAM. pelleja, pellejerías, pellejero. / despellejar. PIEL.

pellín s. m. *Chile*. Persona o cosa muy fuerte y de gran resistencia.

pelliza s. f. Prenda de abrigo hecha o forrada de piel. ◇ FAM. PIEL.

pellizcar v. tr. y pron. [1a]. Coger entre los dedos un poco de piel o carne y apretar, a veces retorciendo. ◆ v. tr. Coger una pequeña cantidad de una cosa. ◇ FAM. pellizco.

pellizco s. m. Acción de pellizcar. ‖ Pequeña cantidad que se coge de algo. ‖ Señal que queda en el cuerpo al pellizcarlo.

pellón s. m. *Amér. Central* y *Amér. Merid.* Pelleja curtida que forma parte del recado de montar. ◇ FAM. PIEL.

pelma s. m. y f. y adj. Pelmazo.

pelmazo, za s. y adj. *Fam.* Persona pesada y fastidiosa. ◇ FAM. pelma.

pelo s. m. Filamento que nace y crece entre los poros de la piel de casi todos los mamíferos. ‖ Conjunto de estos filamentos, y en especial los que crecen en la cabeza del hombre. ● **Al,** o **a, pelo** (*Fam.*), muy bien, muy oportunamente. ‖ **No tener** uno **pelos en la lengua** (*Fam.*), no tener reparo en decir lo que piensa. ‖ **No tener** uno **un pelo de tonto** (*Fam.*), ser listo y avisado. ‖ **Ponérsele** a uno **los pelos de punta** (*Fam.*), erizársele el cabello por efecto del miedo. ‖ **Tomar el pelo** a uno (*Fam.*), burlarse de él con disimulo o ironía. ◇ FAM. pelaje, pelambre, pelar, pelechar, pelón, peludo, pelusa. / depilar, despeluchar, despeluzar, entrepelado, espeluznante, peliagudo, pelirrojo, piloso, repelo, repelón, terciopelo.

pelón, na adj. y s. Que no tiene pelo en la cabeza. ‖ *Fam.* Pobre, de escasos recursos económicos.

pelota s. f. Bola formada generalmente por una materia blanda, y especialmente aquella con que se practican diversos deportes. ‖ Juego que se realiza con esta bola. ◆ s. m. y f. Pelotillero. ◆ pl. *Vulg.* Testículos. ● **Pelota vasca,** juego que se practica impulsando la pelota con la mano, u otro instrumento, contra un frontón. ● **Devolver la pelota** a alguien, responder a una acción o dicho con otros parecidos. ‖ **Hacer la pelota** a alguien (*Fam.*), adularle por algún interés. ◇ FAM. pelotari, pelotazo, pelotear, pelotero, pelotilla, pelotillero, pelotón. / despelotarse, empelotarse, recogepelotas.

pelotari s. m. y f. Jugador de pelota vasca.

pelotazo s. m. Golpe dado con la pelota.

pelotear v. intr. [1]. Jugar a la pelota como entrenamiento. ‖ Reñir dos o más personas entre sí. ◆ v. tr. *Argent. Fam.* Demorar o trabar deliberadamente un asunto. ‖ *Argent., Par.* y *Urug. Fam.* Tener a alguien a mal traer. ◇ FAM. peloteo. PELOTA.

pelotera s. f. *Fam.* Riña, pelea.

pelotero, ra s. Persona que recoge las pelotas en el juego. ‖ *Amér.* Jugador de pelota, especialmente el de fútbol y el de béisbol.

pelotilla s. f. Bola pequeña que se forma en algunos tejidos.

pelotillero, ra s. y adj. Persona aduladora y servil.

pelotón s. m. Conjunto de personas en desorden. ‖ En ciclismo, grupo numeroso de corredores que marchan agrupados. ‖ Grupo de soldados a las órdenes de un sargento. ◇ FAM. apelotonar. PELOTA.

pelotudo, da adj. y s. *Argent., Par.* y *Urug. Vulg.* Imbécil.

peluca s. f. Cabellera postiza. ◇ FAM. peluquear, peluquería, peluquero, peluquín.

peluche s. m. Felpa. ‖ Muñeco hecho de este tejido.

peludear v. intr. [1]. *Argent. Fam.* Emprender una tarea difícil.

peludo, da adj. y s. Que tiene mucho pelo. ◆ s. m. *Argent.* y *Urug.* Borrachera. ‖ *Argent.* y *Urug.* Armadillo, animal. ● **Caer como peludo de regalo** (*Argent.* y *Urug.*), llegar inoportunamente a un lugar. ◇ FAM. PELO.

peluquear v. tr. y pron. [1]. *Amér. Merid., C. Rica.* y *Méx.* Cortar o arreglar el cabello a una persona.

peluquería s. f. Establecimiento u oficio del peluquero.

peluquero, ra s. Persona que tiene por oficio cortar y arreglar el cabello.

peluquín s. m. Peluca pequeña.

pelusa s. f. Vello muy tenue. ‖ Pelo menudo que se desprende de las telas. ◇ FAM. PELO.

pelvis s. f. Cavidad ósea de los vertebrados, situada en la parte inferior del tronco, y que está formada por los dos coxales, el sacro y el cóccix.

pena s. f. Castigo impuesto. ‖ Tristeza producida por algo desagradable. ‖ Dificultad, trabajo. ‖ *Amér. Central, Colomb., Méx.* y *Venez.* Vergüenza, cortedad. ● **Sin pena ni gloria,** sin sobresalir o destacar. ◇ FAM. penal, penalidad, penalizar, penar, penoso. / apenar, apenas.

penacho s. m. Conjunto de plumas que tienen algunas aves en la cabeza. ‖ Adorno de plumas que se coloca en cascos y sombreros.

penado, da s. Delincuente, condenado a una pena.

penal adj. Relativo a los delitos y faltas y a las penas que se les asignan. ◆ s. m. Lugar donde se cumplen las penas privativas de libertad. ◇ FAM. penalista. PENA.

penalidad s. f. Dificultad que comporta trabajo y sufrimiento.

penalista s. m. y f. y adj. Abogado especialista en derecho penal.

penalizar v. tr. [1]. Imponer una sanción o castigo. ◇ FAM. penalización. / despenalizar. PENA.

penalty s. m. DEP. En fútbol, falta cometida por un equipo dentro del área de gol, y sanción que le corresponde.

penar v. intr. [1]. Padecer, sufrir un dolor o una pena. ← v. tr. Castigar al autor de una falta o delito con una pena. ◇ FAM. penable, penado. PENA.

penca s. f. Hoja carnosa y aplanada de ciertas plantas. ‖ Tallo de ciertas hortalizas.

pencar v. intr. [1a]. Hacer por fuerza algo que desagrada. ◇ FAM. apencar.

penco s. m. *Fam.* Jamelgo. ‖ *Fam.* Persona holgazana o inútil.

pencón, na adj. y s. Penquista.

pendejo s. m. Pelo del pubis y las ingles. ‖ *Fam.* Pendón, persona de vida irregular y desordenada. ‖ *Méx. Vulg.* Tonto. ‖ *Perú. Fam.* Astuto, mañoso.

pendencia s. f. Acción de reñir dos o más personas con palabras o acciones.

pender v. intr. [2]. Estar colgada alguna cosa. ‖ Estar por resolverse un asunto. ◇ FAM. pendiente, péndola, péndulo. / apéndice, depender, perpendicular, propender, suspender.

pendiente adj. Que pende. ‖ Que aún no se ha resuelto. ← s. m. Adorno que se coloca en el lóbulo de la oreja. ‖ *Méx.* Preocupación. ← s. f. Declive o inclinación de un terreno.

péndola s. f. Varilla vertical que sostiene un puente colgante u otra estructura. ‖ Péndulo de un reloj. ◇ FAM. PENDER.

pendón s. m. Bandera más larga que ancha que se usa como distintivo. ‖ *Fam.* Persona de vida desordenada. ◇ FAM. pendonear.

péndulo s. m. Cuerpo suspendido en un punto fijo y que oscila por acción de su peso. ◇ FAM. pendular. PENDER.

pene s. m. ANAT. Miembro viril.

penetración s. f. Acción y efecto de penetrar. ‖ Perspicacia o agudeza para entender las cosas.

penetrar v. intr. y tr. [1]. Introducir un cuerpo en otro por sus poros, huecos, etc. ‖ Introducirse en el interior de un espacio. ‖ Hacerse sentir con intensidad una cosa. ← v. tr. y pron. Comprender bien, profundizar. ◇ FAM. penetrabilidad, penetrable, penetración, penetrador, penetrante. / compenetrarse, impenetrable.

penibético, ca adj. Relativo a la cordillera Penibética. ◇ FAM. BÉTICO, CA.

penicilina s. f. Antibiótico extraído de los cultivos del hongo *Penicillium*, usado para combatir las enfermedades infecciosas.

penillanura s. f. Superficie ondulada, suave y de escaso relieve, producida por una erosión prolongada. ◇ FAM. LLANURA.

península s. f. Porción de tierra rodeada de agua por todas partes excepto por una, llamada istmo, mediante la cual se comunica con el continente. ◇ FAM. peninsular. ÍNSULA.

peninsular adj. y s. m. y f. De una península. ‖ De la península Ibérica.

penique s. m. Unidad monetaria británica que equivale a la centésima parte de la libra esterlina.

penitencia s. f. Mortificación que uno se impone a sí mismo para expiar sus pecados. ‖ Cosa desagradable que hay que soportar. ‖ REL. Uno de los siete sacramentos de la Iglesia católica. ◇ FAM. penitencial, penitenciaría, penitenciario, penitente.

penitenciaría s. f. Cárcel, prisión. ‖ Cargo de penitenciario.

penitenciario, ria adj. Dícese de los establecimientos en los que se cumplen penas de privación de libertad. ← s. m. Sacerdote que es confesor en una iglesia determinada.

penitente s. m. y f. Persona que hace penitencia. ‖ Persona que va en una procesión para hacer penitencia. ◇ FAM. impenitente. PENITENCIA.

penoso, sa adj. Que causa pena. ‖ Que es muy trabajoso. ‖ *Méx.* Que es muy tímido, o se avergüenza con facilidad.

penquista adj. y s. m. y f. De Concepción (Chile).

pensador, ra adj. Que piensa. ← s. Filósofo. ◇ FAM. librepensador. PENSAR.

pensamiento s. m. Facultad de pensar. ‖ Acto de esta facultad, cosa pensada. ‖ Idea principal, manera de opinar de un individuo o de un determinado ambiente. ‖ Planta de jardín, de flores muy irregulares, con los pétalos montados unos sobre otros. ‖ Flor de esta planta.

pensar v. tr. e intr. [1j]. Formar y ordenar en la mente ideas y conceptos. ‖ Examinar con cuidado una idea, asunto, etc. ← v. tr. Hacer proyectos para poner en práctica alguna cosa. ‖ Manifestar alguien una opinión. ● **¡Ni pensarlo!,** de ninguna manera. ‖ **Sin pensar,** de repente. ◇ FAM. pensable, pensado, pensador, pensamiento, pensativo. / impensado, malpensado, repensar.

pensativo, va adj. Que está absorto en sus pensamientos.

pensil o **pénsil** s. m. Jardín delicioso.

pensión s. f. Cantidad de dinero entregada periódicamente a alguien. ‖ Establecimiento hotelero de categoría inferior al hotel. ◇ FAM. pensionado, pensionar, pensionista.

pensionado, da adj. y s. Que tiene o cobra una pensión. ← s. m. Establecimiento de enseñanza donde pueden residir los alumnos.

pensionista s. m. y f. Persona que recibe

una pensión. || Persona que paga una pensión para la manutención y el alojamiento. <> FAM. mediopensionista. PENSIÓN.

penta- pref. Significa 'cinco': pentagrama.

pentadáctilo, la adj. BIOL. Que tiene cinco dedos.

pentadecágono s. m. Polígono que tiene quince ángulos y quince lados.

pentaedro s. m. MAT. Sólido de cinco caras.

pentágono s. m. Polígono de cinco ángulos y, por lo tanto, de cinco lados. <> FAM. pentagonal.

pentagrama o **pentágrama** s. m. MÚS. Sistema de cinco líneas paralelas, sobre las que se escriben las notas musicales.

pentámero, ra adj. BIOL. Que está formado por cinco partes o miembros.

pentano s. m. QUÍM. Hidrocarburo saturado, con cinco átomos de carbono y doce de hidrógeno.

pentathlon o **pentatlón** s. m. En atletismo, conjunto de cinco pruebas que realiza un mismo atleta.

pentecostés s. m. Fiesta cristiana que conmemora el descenso del Espíritu Santo sobre los apóstoles.

pentotal s. m. Droga usada como anestésico.

penúltimo, ma adj. y s. Inmediatamente antes del último. <> FAM. antepenúltimo. ÚLTIMO, MA.

penumbra s. f. Sombra débil entre la luz y la oscuridad. <> FAM. penumbroso. UMBRÍO, A.

penuria s. f. Escasez de las cosas más necesarias para vivir.

peña s. f. Roca de gran tamaño. || Fam. Grupo de amigos o compañeros. <> FAM. peñasco, peñón. / despeñar, pináculo.

peñascazo s. m. Chile y Nicar. Pedrada.

peñasco s. m. Peña grande y elevada. || ANAT. Región del hueso temporal, en la que se encuentra el oído interno. <> FAM. peñascal, peñascazo, peñascoso. PEÑA.

peñón s. m. Monte peñascoso.

peón s. m. Obrero no especializado, que suele ocupar la categoría profesional más baja. || Hombre que anda a pie. || Peonza. || Pieza del juego de las damas y del ajedrez. <> FAM. peonada, peonaje, peonza.

peonada s. f. Trabajo que un peón o jornalero hace en un día.

peonaje s. m. Conjunto de peones que trabajan en una obra.

peonía s. f. Planta herbácea, de grandes flores rojas, rosas o blancas, que se cultiva como planta ornamental. || Amér. Merid. y Cuba. Planta arbustiva trepadora, de pequeñas flores blancas o rojas y semillas gruesas y duras.

peonza s. f. Juguete de madera, de forma cónica, al que se arrolla una cuerda para lanzarlo y hacerlo bailar. <> FAM. PEÓN.

peor adj. De inferior calidad que aquello

con lo que se compara: es peor bailarín que su hermano. ◆ adv. m. Más malo que aquello con lo que se compara. <> FAM. peyorativo. / empeorar.

pepa s. f. Amér. Central y Amér. Merid. Pepita, semilla.

pepe s. m. Bol. y Venez. Petimetre, lechuguino.

pepenar v. tr. [1]. Amér. Recoger una cosa del suelo. || Amér. Central y Amér. Merid. Rebuscar, escoger entre la basura. <> FAM. pepena.

peperina s. f. Argent. Arbusto muy ramificado, de flores blancas y hojas aromáticas, usadas como infusión.

pepinazo s. m. Explosión de un proyectil. || En fútbol, disparo muy fuerte.

pepinillo s. m. Variedad de pepino pequeño en adobo.

pepino s. m. Planta de tallo rastrero, flores amarillas y fruto carnoso y cilíndrico. || Fruto de esta planta. ● Importar una cosa a alguien un pepino (Fam.), no importarle nada. <> FAM. pepinar, pepinillo.

pepita s. f. Semilla de ciertos frutos. || Trozo rodado de oro u otro metal. || Méx. Semilla de la calabaza que se come tostada y salada. <> FAM. pepa, pipa².

pepito s. m. Fam. Bocadillo de carne.

pepitoria s. f. Guiso de ave troceada, cuya salsa tiene yema de huevo.

pepona s. f. Muñeca grande de cartón.

pepsina s. f. Fermento del jugo gástrico, que interviene en la digestión de las proteínas. <> FAM. péptido, peptona. / dispepsia.

péptido, da adj. y s. m. Dícese de las proteínas formadas por la unión de unas cuantas moléculas de aminoácidos. <> FAM. PEPSINA.

peptona s. f. Sustancia soluble resultante de la digestión de las proteínas. <> FAM. PEPSINA.

pequén s. m. Chile. Ave rapaz diurna similar a la lechuza.

pequeñez s. f. Calidad de pequeño. || Nimiedad, cosa sin importancia. || Mezquindad, tacañería.

pequeño, ña adj. De poco tamaño. || Dícese de las personas de baja estatura. || De poca importancia, breve. ◆ adj. y s. Niño. <> FAM. pequeñez. / empequeñecer, pequeñoburgués.

pequeñoburgués, sa adj. y s. Que pertenece a la pequeña burguesía. || Desp. Que tiene prejuicios.

pequinés, sa adj. y s. De Pekín. || Dícese de una raza de perros de pequeño tamaño, de hocico corto, orejas gachas y pelo largo.

per- pref. Significa 'a través': pernoctar.

per cápita loc. Se usa en la terminología estadística con el significado de por habitante, como renta per cápita.

per se loc. Significa 'por sí mismo'.

pera s. f. Fruto del peral. || Instrumento de

goma, en forma de pera, que se utiliza para inyectar líquidos o aire. • **Pedir peras al olmo** *(Fam.)*, pretender algo imposible. ‖ **Poner a uno las peras a cuarto**, pedir a alguien cuentas, obligándole a hacer lo que no quería. ◇ FAM. peral, perilla.

peral s. m. Árbol frutal de flores blancas, cuyo fruto, la pera, es de carne jugosa, con pepitas pequeñas y negras. ◇ FAM. peraleda. PERA.

peralte s. m. Mayor elevación de la parte exterior de las curvas con respecto a la interior, en carreteras, vías de tren, etc.

peralto s. m. Altura de una figura geométrica desde su base. ◇ FAM. peralte. ALTO², TA.

perborato s. m. Sal del ácido bórico, oxidante, que se utiliza en farmacia y como detergente. ◇ FAM. BORO.

perca s. f. Pez de agua dulce con dos aletas dorsales, voraz y de carne muy apreciada.

percal s. m. Tela de algodón fina y barata. ◇ FAM. percalina.

percalina s. f. Percal ligero y brillante, empleado para entretelas y forros.

percance s. m. Contratiempo que entorpece el curso de algo.

percatar v. intr. y pron. [1]. Advertir, darse cuenta. ◇ FAM. percatación. CATAR.

percebe s. m. Crustáceo con seis pares de apéndices y un pedúnculo carnoso comestible. ‖ *Fam.* Tonto, ignorante.

percepción s. f. Acción de percibir. ‖ Representación de algo en la mente, idea.

perceptible adj. Que se puede percibir. ◇ FAM. perceptibilidad, perceptiblemente. / imperceptible. PERCIBIR.

percha s. f. Madero o estaca larga y delgada, colocados de forma que sirven para sostener algo. ‖ Mueble en que van dispuestos varios colgadores. ◇ FAM. perchero.

perchero s. m. Mueble con perchas para colgar en ellas abrigos, sombreros, etc.

percherón, na adj. y s. m. Dícese de una raza de caballos de tiro, originaria de Perche, de notable fuerza y corpulencia.

percibir v. tr. [3]. Recibir una cantidad a la que uno tiene derecho. ‖ Recibir impresiones por medio de los sentidos o por la inteligencia. ◇ FAM. percepción, perceptible, perceptivo, perceptor. / apercibir².

perciforme adj. y s. m. Dícese de los peces caracterizados por poseer espinas en las aletas.

perclorato s. m. Sal de cloro que se utiliza en higiene dental. ◇ FAM. CLORO.

percocho s. m. *Hond.* Traje o tela muy sucio.

percudir v. tr. [3]. Penetrar la suciedad en alguna prenda. ◇ FAM. despercudir.

percusión s. f. Acción y efecto de percutir. • **Instrumento de percusión**, nombre genérico de los instrumentos musicales de los que se obtiene el sonido golpeándolos con las manos, bastones o mazos. ◇ FAM. percusionista. PERCUTIR.

percusionista s. m. y f. Músico que toca un instrumento de percusión.

percusor s. m. Pieza que golpea, en especial la que provoca la explosión de la carga en las armas de fuego.

percutir v. tr. [3]. Golpear. ‖ MED. Explorar una parte del cuerpo golpeándola con los dedos. ◇ FAM. percusión, percusor, percutor. / repercutir.

percutor s. m. Percusor*.

perder v. tr. [2d]. Verse privado de una cosa que se poseía. ‖ Verse privado de alguien a causa de su muerte. ‖ Desperdiciar, malgastar. ‖ Desaprovechar una oportunidad. ‖ Ocasionar algún grave perjuicio a alguien. • v. tr. e intr. Resultar vencido en una competición, lucha, etc. • **perderse** v. pron. Equivocarse de camino o dirección. ‖ Dejarse llevar por los vicios. ◇ FAM. perdedor, perdición, pérdida, perdido, perdulario. / imperdible.

perdición s. f. Acción y efecto de perder o perderse. ‖ Perjuicio, daño moral o material.

pérdida s. f. Acción de perder algo o de perderse. ‖ Cantidad o cosa perdida. ‖ Daño que se recibe en alguna cosa. ‖ Escape de gas o líquido contenido en un recipiente. • **No tener pérdida** un lugar, ser fácil de hallar.

perdido, da adj. Que no tiene o no lleva destino determinado. • s. Persona viciosa y de costumbres libertinas. • **Ponerse perdido** *(Fam.)*, ensuciarse mucho.

perdigón s. m. Pollo de la perdiz. ‖ Pequeño grano de plomo usado como munición de caza. ◇ FAM. perdigonada. PERDIZ.

perdiguero, ra adj. y s. m. Dícese de una variedad de perros, con orejas grandes y caídas, muy apreciados para la caza. ◇ FAM. PERDIZ.

perdiz s. f. Ave galliforme, de cuerpo grueso, cabeza pequeña y pico y patas rojas, cuya carne es muy estimada. ◇ FAM. perdigón, perdiguero.

perdón s. m. Acción de perdonar. • **Con perdón**, se dice para excusarse por decir o hacer algo que molesta a otro.

perdonar v. tr. [1]. Librar a alguien de una pena, deuda, castigo, etc. ‖ No tener en cuenta la falta que otro comete. ◇ FAM. perdón, perdonable, perdonador. / imperdonable, perdonavidas. DONAR.

perdonavidas s. m. y f. Fanfarrón, valentón.

perdulario, ria adj. y s. Vicioso incorregible. ◇ FAM. PERDER.

perdurar v. intr. [1]. Durar algo largo tiempo o un tiempo indefinido. ◇ FAM. perdurabilidad, perdurable, perduración. DURAR.

perecedero, ra adj. Temporal, destinado a perecer. ◇ FAM. imperecedero. PERECER.

perecer v. intr. [2m]. Morir, fallecer. ‖ Hundirse, extinguirse: *aquellas ilusiones perecieron*. ◇ FAM. perecedero.

peregrinar v. intr. [1]. Andar por tierras extrañas. ‖ Ir a un santuario o lugar santo, por devoción o por voto. ◇ FAM. peregrinación, peregrinaje, peregrino.

peregrino, na adj. Dícese de las aves de paso. ‖ Singular, extravagante. ◆ adj. y s. Dícese de la persona que peregrina.

perejil s. m. Planta herbácea aromática, utilizada como condimento. ‖ *Fam.* Adorno excesivo. ◇ FAM. emperejilar.

perenne adj. Perpetuo, que no muere. ‖ Dícese de la planta que vive más de dos años. ◇ FAM. perennemente, perennidad, perennizar.

perentorio, ria adj. Urgente, apremiante. ‖ Dícese del último plazo que se concede para hacer algo. ◇ FAM. perentoriedad.

pereza s. f. Falta de ganas de hacer algo. ‖ Lentitud o descuido en las acciones o movimientos. ◇ FAM. perezoso. / desperezarse.

perezoso, sa adj. Que tiene pereza. ◆ s. m. Mamífero desdentado de América del Sur, de movimientos lentos y pesados. ◆ s. f. *Argent., Perú* y *Urug.* Tumbona, silla articulada y extensible con asiento y respaldo de lona.

perfección s. f. Calidad de perfecto. ‖ Acción y efecto de perfeccionar. ‖ Cosa perfecta. ◇ FAM. perfeccionar. PERFECTO, TA.

perfeccionar v. tr. y pron. [1]. Acabar completamente una obra con el mayor grado de perfección posible. ◇ FAM. perfeccionador, perfeccionamiento. PERFECCIÓN.

perfectible adj. Que puede ser mejorado o perfeccionado.

perfectivo, va adj. Que da o puede dar perfección. ‖ LING. Dícese de los verbos que expresan que la acción llega a su término cuando se realiza, como *morir, nacer*, etc.

perfecto, ta adj. Que tiene todas las cualidades requeridas. ‖ Que posee en grado máximo una determinada cualidad o defecto. ‖ LING. Dícese del tiempo verbal que expresa la acción como acabada. ◇ FAM. perfección, perfectamente, perfectible, perfectivo. / desperfecto, imperfecto, pluscuamperfecto.

perfidia s. f. Calidad de pérfido.

pérfido, da adj. y s. Desleal, traidor, que falta a su palabra. ◇ FAM. pérfidamente, perfidia.

perfil s. m. Contorno, línea que limita cualquier cuerpo. ‖ Contorno de alguna cosa no vista de frente. ‖ Conjunto de características o rasgos que caracterizan a una persona o cosa. ‖ Adorno delicado, especialmente el que se pone al borde, canto o extremo de algo. ◇ FAM. perfilado, perfilar.

perfilar v. tr. [1]. Precisar el contorno o perfil de una cosa. ‖ Afinar con esmero algo, para dejarlo perfecto.

perforación s. f. Acción y efecto de perforar. ‖ MED. Rotura de las paredes del intestino, el estómago, etc.

perforar v. tr. [1]. Agujerear algo atravesándolo en parte o en su totalidad. ◇ FAM. perforación, perforador.

performance s. f. ECON. Operación económica y rendimiento que se obtiene de esta operación. ‖ *Amér. Central* y *Amér. Merid.* Rendimiento o actuación de una persona en determinado puesto, actividad o profesión. ◆ s. m. *Méx.* Espectáculo en el que se combinan la música, la danza, el teatro y las artes plásticas.

perfumar v. tr. y pron. [1]. Dar perfume. ◆ v. tr. Exhalar perfume. ◇ FAM. perfumador. PERFUME.

perfume s. m. Solución líquida o sólida que se usa para dar buen olor. ‖ Olor muy agradable. ◇ FAM. perfumar, perfumería, perfumista. HUMO.

perfumería s. f. Tienda donde se venden perfumes y demás productos de tocador. ‖ Arte de fabricar perfumes.

pergamino s. m. Piel de carnero preparada para la escritura, encuadernación, etc. ‖ Documento escrito en esta piel. ◇ FAM. apergaminarse.

pergenio s. m. *Chile. Fam.* Persona chica y de mala traza. ‖ *Chile.* Entrometido.

pergeñar v. tr. [1]. Ejecutar una cosa con poca habilidad o rápidamente.

pérgola s. f. Galería formada por columnas que sostienen un enrejado, por donde trepan plantas ornamentales.

peri- pref. Significa 'alrededor': *pericarpio*.

perianto s. m. BOT. Conjunto de las envolturas florales, cáliz y corola, que rodean los estambres y el pistilo.

pericardio s. m. ANAT. Membrana de tejido conjuntivo que envuelve el corazón. ◇ FAM. pericárdico, pericarditis. CARDIACO, CA.

pericarpio s. m. BOT. Parte exterior de los frutos, que envuelve la semilla.

pericia s. f. Habilidad, cualidad del que es experto en alguna cosa. ◇ FAM. pericial. / impericia. PERITO, TA.

pericial adj. Relativo al perito.

periclitar v. intr. [1]. Declinar, decaer.

perico s. m. Loro. ‖ Abanico, pericón. ‖ Orinal. ◇ FAM. pericón, periquito.

pericón s. m. Abanico muy grande. ‖ *Argent.* y *Urug.* Baile tradicional cuyas variadas figuras dirige un bastonero y ejecutan parejas.

pericote s. m. *Amér. Central* y *Amér. Merid.* Rata muy grande del campo.

periferia s. f. Espacio que rodea un núcleo cualquiera. ‖ Zona de los alrededores de una ciudad. ◇ FAM. periférico.

perifollo s. m. Planta aromática que se utiliza como condimento. ◆ pl. *Fam.* Conjunto de adornos superfluos y generalmente de mal gusto en el traje o en el peinado. ◇ FAM. emperifollar.

perífrasis s. f. Figura retórica que consiste en expresar por medio de un rodeo un concepto único. ◇ FAM. perifrasear, perifrástico. FRASE.

perigeo s. m. Punto de la órbita de un astro o de un satélite artificial, que se encuentra más próximo a la Tierra.

perihelio s. m. Punto más cercano al Sol en la órbita de un planeta.

perilla s. f. Barba formada por los pelos que crecen en la barbilla. ‖ Adorno de figura de pera. • **De perillas** *(Fam.)*, muy bien, en el momento oportuno. ◇ FAM. PERA.

perillán, na adj. y s. Granuja, pícaro.

perímetro s. m. Ámbito. ‖ En geometría, contorno de una figura. ◇ FAM. perimétrico.

perimir v. tr. [2]. *Argent.* y *Colomb.* DER. Caducar el procedimiento por haber transcurrido el término fijado por la ley sin que lo hayan impulsado las partes.

perineo o **periné** s. m. Región anatómica comprendida entre el ano y los órganos sexuales.

perinola s. f. Peonza pequeña con un mango pequeño en la parte superior. ◇ FAM. pirinola.

periódico, ca adj. Dícese de lo que sucede o se hace con regularidad o frecuencia. ◆ s. m. Publicación impresa que se edita diariamente. ◇ FAM. periódicamente, periodicidad, periodismo, periodista, periodístico. PERÍODO.

periodismo s. m. Profesión de las personas que escriben en periódicos o revistas, o participan en la redacción de programas informativos radiados o televisados. ‖ Carrera de periodista.

periodista s. m. y f. Persona que ejerce el periodismo.

período o **periodo** s. m. Espacio de tiempo determinado, época. ‖ Tiempo que una cosa tarda en volver al estado o posición que tenía al principio. ‖ Ciclo de tiempo. ‖ LING. Conjunto de varias oraciones relacionadas por elementos de coordinación o de subordinación. ‖ MAT. Cifras que, en el desarrollo decimal de una fracción, se reproducen indefinidamente, a partir de una coma o a partir de cierto decimal. ‖ MED. Menstruación. ◇ FAM. periódico.

periostio s. m. ANAT. Membrana fibrosa que rodea los huesos. ◇ FAM. periostitis.

peripatético, ca adj. Relativo a la doctrina de Aristóteles, filósofo griego. ◆ adj. y s. Seguidor de esta doctrina.

peripecia s. f. Suceso que acontece de manera imprevista.

periplo s. m. Navegación alrededor. ‖ Cualquier viaje, especialmente si termina en el punto de partida.

peripuesto, ta adj. *Fam.* Acicalado, excesivamente arreglado.

periquete. En un periquete *(Fam.),* en un tiempo muy breve.

periquito s. m. Ave de pequeño tamaño y plumaje de vistosos colores. ◇ FAM. PERICO.

periscopio s. m. Instrumento óptico que, por medio de prismas y espejos, permite ver por encima de un obstáculo. ◇ FAM. periscópico.

perisodáctilo, ca adj. y s. m. Relativo a los mamíferos con un número impar de dedos, de los cuales el tercero está muy desarrollado.

perista s. m. y f. Persona que comercia con objetos robados.

peristilo s. m. Galería de columnas, alrededor de un edificio o parte de él.

peritaje s. m. Trabajo o informe que hace un perito. ‖ Carrera de perito.

perito, ta adj. y s. Experto, entendido en una ciencia o arte. ◆ s. Persona que, por sus especiales conocimientos, informa sobre hechos cuya apreciación se relaciona con su experiencia. ◇ FAM. peritaje, peritar. / pericia.

peritoneo s. m. Membrana serosa que cubre la cavidad interior del abdomen y los órganos que contiene. ◇ FAM. peritoneal, peritonitis.

peritonitis s. f. Inflamación del peritoneo.

perjudicar v. tr. y pron. [1a]. Causar o producir un daño material o moral. ◇ FAM. perjudicado, perjudicial, perjuicio.

perjudicial adj. Que perjudica o puede perjudicar.

perjuicio s. m. Acción y efecto de perjudicar o perjudicarse.

perjurar v. intr. [1]. Jurar mucho o por vicio. ◆ v. intr. y pron. Jurar en falso. ‖ Incumplir un juramento. ◇ FAM. perjurador, perjurio. JURAR.

perjurio s. m. Acción de perjurar. ‖ Delito de jurar en falso.

perla s. f. Concreción esférica que se forma en el interior de determinados moluscos. ‖ *Fam.* Cuerpo de forma similar. ‖ *Fam.* Persona o cosa excelente y muy valiosa. ◆ s. m. *Bol.* Chicha cruceña de gran calidad. • **De perlas**, perfectamente, muy bien. ◇ FAM. perlado, perlífero. / madreperla.

perlado, da adj. Que tiene el color, forma y brillo de las perlas.

perlé s. m. Hilo de algodón muy brillante.

permaná s. m. *Bol.* Chicha cruceña de gran calidad.

permanecer v. intr. [2m]. Mantenerse en un lugar durante un tiempo determinado.

‖ Continuar en el mismo estado, situación, condición, etc. ⬦ FAM. permanencia, permanente.

permanencia s. f. Estancia en un lugar. ‖ Calidad de permanente.

permanente adj. Que permanece, que dura. ➡ s. f. y adj. Peinado con rizos que se hace en el pelo mediante productos cosméticos.

permeable adj. Dícese del cuerpo que puede ser atravesado por agua u otros fluidos. ⬦ FAM. permeabilidad. / impermeable, semipermeable.

pérmico, ca adj. y s. m. GEOL. Dícese del último período del paleozoico.

permisivo, va adj. Que permite o tolera. ⬦ FAM. permisividad. PERMITIR.

permiso s. m. Acción y efecto de permitir. ‖ Autorización de cesar temporalmente el trabajo, estudios u otras obligaciones, especialmente las militares.

permitir v. tr. y pron. [3]. Manifestar, quien tiene autoridad para ello, que una persona puede hacer o dejar de hacer alguna cosa. ‖ No impedir algo. ➡ v. tr. Hacer posible. ➡ **permitirse** v. pron. Atreverse a hacer o decir algo. ⬦ FAM. permisible, permisión, permisivo, permiso.

permutar v. tr. [1]. Sustituir o cambiar una cosa por otra. ‖ Variar el orden. ⬦ FAM. permuta, permutabilidad, permutable, permutación. MUTAR.

pernambucano, na adj. y s. De Pernambuco (Brasil).

pernear v. intr. [1]. Mover violentamente las piernas. ⬦ FAM. PIERNA.

pernera s. f. Parte del pantalón que cubre la pierna. ⬦ FAM. PIERNA.

pernicioso, sa adj. Peligroso o muy perjudicial.

pernil s. m. Anca y muslo del animal, especialmente los de cerdo. ⬦ FAM. PIERNA.

pernio s. m. Pieza metálica articulada que se fija a las puertas y ventanas para que giren las hojas.

perno s. m. Pieza metálica que por un extremo termina en una cabeza, y el otro tiene una rosca en que se atornilla una tuerca. ⬦ FAM. pernio.

pernoctar v. intr. [1]. Pasar la noche en algún lugar fuera del propio domicilio. ⬦ FAM. NOCHE.

pero conj. advers. Expresa contraposición u oposición: *este chico es inteligente, pero vago.* ‖ Puede tener valor concesivo: *un hogar sencillo, pero acogedor.* ‖ Se usa como partícula enfática, encabezando alguna frase: *pero ¿cómo es posible?* ➡ s. m. Defecto, inconveniente. ⬦ FAM. empero.

perogrullada s. f. Verdad que por sabida es simpleza decirla.

perol s. m. Vasija semiesférica de metal, que sirve para guisar. ‖ *Venez.* Cosa, asunto. ⬦ FAM. perola.

perola s. f. Perol pequeño.

peroné s. m. Hueso largo y delgado de la parte externa de la pierna, entre la rodilla y el pie.

perorar v. intr. [1]. Pronunciar un discurso. ‖ Soltar una perorata. ⬦ FAM. peroración, perorata. ORAR.

perorata s. f. Discurso inoportuno y aburrido para el oyente.

perpendicular adj. Que forma un ángulo recto con una recta o plano. ➡ s. f. Línea que forma ángulo recto con otra. ⬦ FAM. perpendicularidad. PENDER.

perpetrar v. tr. [1]. Cometer algún acto considerado como delito. ⬦ FAM. perpetración, perpetrador.

perpetua s. f. Planta cuyas flores, una vez arrancadas, se conservan durante mucho tiempo. ‖ Flor de esta planta.

perpetuar v. tr. y pron. [1s]. Hacer que algo se prolongue durante mucho tiempo. ⬦ FAM. perpetuación. PERPETUO, TUA.

perpetuidad s. f. Calidad de perpetuo. ● **A perpetuidad,** para toda la vida.

perpetuo, tua adj. Que dura siempre. ‖ Que dura toda la vida: *cadena perpetua.* ⬦ FAM. perpetua, perpetuar, perpetuidad.

perplejidad s. f. Confusión, indecisión, duda.

perplejo, ja adj. Dudoso, confuso. ⬦ FAM. perplejidad.

perra s. f. Hembra del perro. ‖ *Fam.* Rabieta, berrinche. ‖ *Fam.* Idea fija, obstinación. ➡ pl. Dinero. ⬦ FAM. tragaperras. PERRO[1].

perrera s. f. Sitio donde se guardan o encierran los perros.

perrería s. f. Conjunto de perros. ‖ *Fam.* Mala jugada.

perrero, ra s. Persona encargada de recoger los perros vagabundos. ‖ Persona aficionada a tener o criar perros.

perro[1] s. m. Mamífero doméstico carnicero del que existen gran número de razas, tamaños, formas y pelajes. ‖ Persona despreciable y malvada. ● **Perro caliente,** bocadillo de salchicha asada o cocida, a la que se añade mostaza, ketchup, etc. ● **A cara de perro** (*Fam.*), sin concesiones, sin perdonar nada. ‖ **Atar los perros con longaniza** (*Fam.*), disfrutar de gran bienestar y riqueza. ‖ **Como el perro y el gato** (*Fam.*), mal avenidos. ⬦ FAM. perra, perrera, perrería, perrero, perro[2]. / aperrear, emperrarse.

perro[2]**, rra** adj. *Fam.* Muy malo, indigno. ⬦ FAM. perramente. PERRO[1].

persa adj. y s. m. y f. De Persia. ➡ s. m. Conjunto de lenguas de las que deriva el persa moderno.

persecución s. f. Acción de perseguir. ‖ Castigo o mal trato que sufre una persona o grupo por motivos religiosos, políticos, etc.

perseguir v. tr. [30a]. Seguir al que huye para cogerle. ‖ Tratar de obtener o poseer algo. ‖ Molestar, acosar, importunar.

◇ FAM. persecución, persecutorio, perseguible, perseguidor. SEGUIR.

perseverancia s. f. Constancia en la ejecución de las cosas.

perseverar v. intr. [1]. Mantenerse firme en una actitud, opinión, etc. ◇ FAM. perseverancia, perseverante. SEVERO, RA.

persiana s. f. Cierre formado por tablas largas y delgadas, unidas entre sí, que se coloca en ventanas, puertas y balcones.

persignar v. tr. y pron. [1]. Signar, hacer la señal de la cruz.

persistencia s. f. Acción y efecto de persistir.

persistente adj. Que persiste.

persistir v. intr. [3]. Mantenerse firme y constante en alguna cosa. || Seguir durando durante mucho tiempo. ◇ FAM. persistencia, persistente.

persona s. f. Individuo de la especie humana. || Cualquier individuo, cuyo nombre se omite o desconoce. || DER. Todo ser capaz de tener derechos y obligaciones. || LING. Categoría gramatical, propia del verbo y del pronombre, que hace referencia a la relación de los hablantes respecto al discurso. ● **En persona**, estando presente. ◇ FAM. personaje, personal, personalidad, personalismo, personalizar, personarse, personificar.

personaje s. m. Persona importante. || Cada uno de los seres que toman parte en la acción de una obra literaria, película, etc.

personal adj. Perteneciente a la persona o propio de ella. || Que se refiere, se dirige o interesa sólo a una persona. ◆ s. m. Conjunto de las personas que trabajan en un mismo organismo o empresa. ◆ s. f. y adj. En baloncesto, falta que comete un jugador sobre otro. ● **Pronombre personal**, el que lleva o es indicador de persona gramatical. ◇ FAM. personalmente. / impersonal, unipersonal. PERSONA.

personalidad s. f. Conjunto de características, rasgos, etc., que constituyen y diferencian a una persona. || Persona destacada en el campo social.

personalismo s. m. Inclinación a seguir los intereses, ideas o preferencias personales. ◇ FAM. personalista. PERSONA.

personalizar v. tr. [1g]. Referirse a una persona determinada. || Dar carácter personal a algo. ◇ FAM. despersonalizar. PERSONA.

personalmente adv. m. En la opinión de quien habla. || En persona.

personarse v. pron. [1]. Presentarse personalmente en cierto lugar. ◇ FAM. personación. PERSONA.

personificación s. f. Acción y efecto de personificar. || Persona o cosa que personifica algo que se expresa. || Prosopopeya.

personificar v. tr. [1a]. Atribuir lo que es propio de los seres humanos a animales o cosas. || Representar una persona cierta

acción, movimiento, opinión, etc. ◇ FAM. personificación. PERSONA.

perspectiva s. f. Forma de representar por medio del dibujo, en un plano, los objetos tal como aparecen a la vista. ¶ Aspecto que presentan, con relación al lugar desde donde se miran, los objetos vistos a distancia o considerados como un todo. || Esperanza o expectativa: *haber malas perspectivas económicas*.

perspicacia s. f. Calidad de perspicaz.

perspicaz adj. Que percibe a largas distancias: *vista perspicaz*. || Dícese de la persona aguda y sagaz que se percata de las cosas aunque éstas no estén claras. ◇ FAM. perspicacia.

persuadir v. tr. y pron. [3]. Convencer para que alguien crea, haga o quiera cierta cosa. ◇ FAM. persuasión, persuasivo, persuasor, persuasorio. / suasorio.

persuasión s. f. Acción y efecto de persuadir.

persuasivo, va adj. Hábil y eficaz para persuadir.

pertenecer v. intr. [2m]. Ser una cosa propiedad de uno. || Formar parte de algo. || Corresponder, tener la obligación de hacer cierta cosa. ◇ FAM. perteneciente, pertenencia, pertinente.

pertenencia s. f. Acción de pertenecer: *pertenencia a un partido político*. || DER. Acción o derecho que uno tiene a la propiedad de una cosa.

pértiga s. f. Vara larga. || En atletismo, vara larga y flexible que se usa para saltar.

pertinacia s. f. Calidad de pertinaz.

pertinaz adj. Duradero, persistente: *dolor pertinaz*. || Obstinado, terco. ◇ FAM. pertinacia.

pertinente adj. Oportuno, adecuado. || Referente, relativo: *esta decisión no es pertinente a mi cargo*. ◇ FAM. pertinencia. / impertinente. PERTENECER.

pertrechar v. tr. [1]. Abastecer de pertrechos. ◆ v. tr. y pron. Disponer lo necesario para la ejecución de una cosa.

pertrechos s. m. pl. Conjunto de utensilios necesarios para el ejército en campaña o para otras actividades. ◇ FAM. pertrechar.

perturbado, da adj. Alterado, inquieto. ◆ adj. y s. Enfermo mental.

perturbar v. tr. y pron. [1]. Producir desorden, alteración; o intranquilidad: *perturbar el orden público*. ◇ FAM. perturbable, perturbación, perturbado, perturbador. / imperturbable. TURBAR.

peruano, na adj. y s. De Perú.

perversidad s. f. Calidad de perverso.

perversión s. f. Acción y efecto de pervertir. || Desviación y corrupción de las costumbres: *perversiones sexuales*.

perverso, sa adj. y s. Que por placer realiza actos crueles o inmorales. ◇ FAM. perversamente, perversidad. PERVERTIR.

pervertir v. tr. y pron. [22]. Volver malo

o vicioso. ◇ FAM. perversión, perverso, pervertidor.

pervivencia s. f. Persistencia.

pervivir v. tr. [3]. Seguir viviendo. ◇ FAM. pervivencia. VIVIR.

pesa s. f. Masa tipo que sirve para hallar, por comparación efectuada con la balanza, el valor de otra masa. || Pieza pesada que, pendiente de una cuerda, sirve de contrapeso. || *Colomb., C. Rica, Mex., Nicar.* y *Venez.* Carnicería, tienda. ◇ FAM. PESO.

pesacartas s. m. Aparato para determinar el peso de las cartas.

pesada s. f. Cantidad que se pesa de una vez.

pesadez s. f. Calidad de pesado. || Sensación de cansancio o peso que se experimenta en algunas partes del cuerpo.

pesadilla s. f. Ensueño angustioso y tenaz, que causa terror. || Disgusto o preocupación intensa.

pesado, da adj. Que pesa mucho. || Muy lento en sus movimientos. || Dícese del sueño del que es difícil despertar. || Dícese del tiempo bochornoso. || Duro, insoportable. || Aburrido, molesto. || En boxeo, dícese de una categoría de peso. ◇ FAM. pesadamente, pesadez, pesadilla. / semipesado. PESAR¹.

pesadumbre s. f. Disgusto, padecimiento moral, y su causa. ◇ FAM. apesadumbrar. PESAR¹.

pesaje s. m. Acción de pesar o manera de hacerlo.

pésame s. m. Manifestación de sentimiento por el fallecimiento de alguien.

pesar¹ v. intr. [1]. Tener un peso determinado, o un peso notable. || Tener gran influencia o importancia. || Experimentar un sentimiento de pena, dolor, etc. ◆ v. tr. Determinar el peso de algo. ◇ FAM. pesada, pesado, pesador, pesadumbre, pesaje, pésame, pesante, pesar², peso. / pesacartas, sopesar.

pesar² s. m. Sentimiento de dolor que abate el ánimo. || Arrepentimiento. ● **A pesar de**, sin que lo que se expresa a continuación constituya impedimento para la cosa de que se trata. ◇ FAM. pesaroso. PESAR¹.

pesaroso, sa adj. Que siente un pesar².

pesca s. f. Acción y efecto de pescar. || Aquello que se pesca. || Arte de pescar.

pescadería s. f. Sitio donde se vende pescado.

pescadero, ra s. Persona que vende pescado.

pescadilla s. f. Cría de la merluza.

pescado s. m. Pez comestible sacado del agua.

pescador, ra s. y adj. Persona que pesca o se dedica a pescar.

pescante s. m. En los carruajes, asiento exterior desde donde el conductor dirige el vehículo.

pescar v. tr. [1a]. Sacar del agua peces u otros animales acuáticos. || Sacar alguna cosa del fondo del mar u otro líquido. || *Fam.* Contraer una enfermedad, costumbre, vicio, etc. || *Fam.* Percatarse de algo con rapidez y agudeza. ◇ FAM. pesca, pescadería, pescadero, pescadilla, pescado, pescador, pesquero. / repescar. PEZ¹.

pescozón s. m. Golpe dado con la mano en el pescuezo o en la cabeza.

pescuezo s. m. Parte del cuerpo de los animales hasta la nuca hasta el tronco. || *Fam.* Cuello de las personas. ◇ FAM. pescozón.

pesebre s. m. Especie de cajón o artesa donde comen los animales y lugar destinado para éste. || Nacimiento, belén.

peseta s. f. Unidad monetaria de España. ◆ pl. *Fam.* Dinero, capital. ◇ FAM. pesetero. PESO.

pesetero, ra adj. y s. *Fam.* Dícese de la persona aficionada al dinero, o que sólo busca la ganancia.

pesimismo s. m. Disposición a ver siempre el lado más desfavorable de las cosas. ◇ FAM. pesimista. PÉSIMO, MA.

pésimo, ma adj. Muy malo. ◇ FAM. pésimamente, pesimismo.

peso s. m. Fuerza resultante de la acción de la gravedad sobre un cuerpo. || Valor o importancia de algo. || Carga u obligación que uno tiene a su cuidado. || Pesa. || Balanza para pesar. || Unidad monetaria de algunos países americanos, de Filipinas y de Guinea-Bissau. || Categoría en que se encuadran los boxeadores en atención a su peso. ● **De peso**, dícese de la persona juiciosa, sensata e influyente y de las razones poderosas y decisivas. ◇ FAM. pesa, peseta. / contrapeso, sobrepeso. PESAR¹.

pespunte s. m. Labor de costura que se realiza mediante puntadas unidas, una detrás de otra. ◇ FAM. pespuntear. PUNTO.

pesquero, ra adj. Relativo a la pesca: *industria pesquera.* ◆ s. m. y adj. Embarcación o barco de pesca.

pesquisa s. f. Indagación que se hace de una cosa para averiguarla. ◇ FAM. pesquisar.

pestaña s. f. Cada uno de los pelos del borde de los párpados. || Saliente que sobresale en cualquier cosa. ● **Quemarse uno las pestañas** (*Fam.*), realizar un trabajo en el que se debe forzar la vista a causa de la poca luz. ◇ FAM. pestañear.

pestañear v. intr. [1]. Parpadear. || Tener vida. ● **No**, o **sin, pestañear**, prestar mucha atención. ◇ FAM. pestañeo. PESTAÑA.

pestañeo s. m. Movimiento rápido de los párpados.

peste s. f. Enfermedad infecciosa que ocasiona gran mortandad. || Mal olor. || *Fam.* Abundancia excesiva de una cosa molesta o nociva. ● **Decir, echar, hablar**, etc., **pestes**, expresión de crítica o enfado contra

pez

algo o alguien. ◇ FAM. pesticida, pestífero, pestilencia, pestilente. / apestar.

pesticida s. m. Producto químico destinado a luchar contra los parásitos animales y vegetales de los cultivos. ◇ FAM. PESTE.

pestilencia s. f. Peste, mal olor.

pestillo s. m. Pasador con que se asegura una puerta, ventana, etc. || Pieza prismática que sale de la cerradura. || *P. Rico.* Novio.

pestiño s. m. Dulce hecho con harina y huevo. || *Fam.* Persona o cosa pesada.

pesto s. m. *Argent.* Salsa hecha a base de albahaca y ajo que liga con aceite. || *Argent. Fam.* Paliza.

petaca s. f. Estuche para tabaco. || *Méx.* Maleta pequeña con tirante para colgarla al brazo. ◆ pl. *Méx. Fam.* Nalga. ◇ FAM. petacón.

petacón, na adj. *Colomb.* y *Méx.* Dícese de la persona que tiene las nalgas muy grandes.

pétalo s. m. Cada una de las piezas que forman la corola de una flor. ◇ FAM. apétalo, gamopétalo, polipétalo, tépalo.

petanca s. f. Juego de bochas originario de Provenza.

petar v. intr. [1]. *Fam.* Agradar, gustar.

petardear v. tr. [1]. Disparar petardos.

petardo s. m. Canuto lleno de pólvora u otro explosivo, que provoca detonaciones. || *Fam.* Persona o cosa muy pesada. ◇ FAM. petardear.

petate s. m. Lío de ropa de los marineros, soldados, etc. || Esterilla de palma usada para dormir. ● Liar uno **el petate** *(Fam.)*, marcharse de un sitio, especialmente cuando es despedido.

petenera s. f. Aire popular parecido a la malagueña. ● Salir por **peteneras** *(Fam.)*, hacer o decir algo inoportuno.

petición s. f. Acción de pedir. || Cláusula o conjunto de palabras con que se pide. || Escrito mediante el cual se pide alguna cosa. ◇ FAM. peticionar, peticionario, petitorio. PEDIR.

peticionario, ria adj. y s. Que pide o solicita oficialmente cierta cosa.

petimetre, tra s. Persona excesivamente preocupada por su aspecto físico.

petirrojo s. m. Ave de plumaje marrón, con el cuello y el pecho rojos y el vientre blanquecino. ◇ FAM. PETO Y ROJO, JA.

petizo, za o **petiso, sa** adj. y s *Amér. Merid.* Pequeño, bajo de estatura. ◆ s. m. *Amér. Merid.* Caballo de poca alzada.

peto s. m. Pieza del vestido que se coloca sobre el pecho. || *Cuba.* Pez comestible, de gran tamaño, con el lomo azul y el vientre pálido. ◇ FAM. petirrojo. PECHO.

petrel s. m. Ave palmípeda que vive en alta mar, en las zonas frías, y sólo acude a tierra para reproducirse.

pétreo, a adj. Relativo a la piedra o que

tiene sus características. || Pedregoso, cubierto de piedra. ◇ FAM. PIEDRA.

petrificar v. tr. y pron. [1a]. Convertir algo en piedra. || Dejar a alguien paralizado por el asombro. ◇ FAM. petrificación. PIEDRA.

petro- pref. Significa 'piedra': *petrogénesis.*

petrodólar s. m. Dólar que resulta de la comercialización del petróleo bruto. ◇ FAM. PETRÓLEO y DÓLAR.

petrogénesis s. f. Proceso geológico de formación de las rocas.

petróleo s. m. Mezcla de hidrocarburos combustible, de color oscuro, que se encuentra en estado líquido en el interior de la tierra. ◇ FAM. petrolero, petrolífero. / petrodólar, petroquímico. PIEDRA y ÓLEO.

petrolero, ra adj. Relativo al petróleo. ◆ adj. y s. m. Dícese del buque cisterna construido para el transporte de petróleo.

petrolífero, ra adj. Que contiene petróleo.

petrología s. f. Parte de la geología que estudia las rocas.

petroquímica s. f. Ciencia, técnica o industria de los productos químicos derivados del petróleo.

petroquímico, ca adj. Relativo a la técnica, ciencia o industria petroquímica. ◇ FAM. petroquímica. PETRÓLEO y QUÍMICO, CA.

petulancia s. f. Insolencia. || Presunción.

petulante adj. y s. m. y f. Pedante, engreído. ◇ FAM. petulancia.

petunia s. f. Planta de flores grandes y olorosas, que se cultiva como ornamental. || Flor de esta planta.

peuco s. m. *Chile.* Especie de gavilán que se alimenta de pájaros pequeños y lagartijas.

peúco s. m. Especie de calcetín que se pone a los niños que todavía no andan. ◇ FAM. PIE.

peumo s. m. *Chile.* Planta de propiedades medicinales.

peyorativo, va adj. Dícese de las palabras, expresiones, etc., que expresan una idea desfavorable. ◇ FAM. PEOR.

pez¹ s. m. Animal vertebrado acuático, generalmente ovíparo y de respiración branquial, de piel cubierta de escamas y con extremidades en forma de aletas. ● **Pez de colores**, pez de agua dulce de vistosos colores, que se cría en acuarios. || **Pez espada**, pez de los mares cálidos y templados cuya mandíbula superior se alarga en forma puntiaguda, como la hoja de una espada. || **Pez gordo**, persona importante. ● Como **pez en el agua**, cómodo, satisfecho, en su medio. ◇ FAM. pecera. / pescar, piscicultura, piscifactoría, pisciforme, piscina, piscis, piscívoro.

pez² s. f. *Materia oscura y pegajosa*, insoluble en agua, que se obtiene como residuo en la destilación de la trementina, los alquitranes y las maderas resinosas.

pezón s. m. Parte central, eréctil y más prominente de la glándula mamaria. ‖ Parte saliente de algo. ‖ Rabillo que sostiene la hoja, la flor o el fruto de las plantas. ◇ FAM. pezonera.

pezonera s. f. Pieza que protege el pezón y ayuda al bebé a succionar la leche.

pezuña s. f. En los animales de pata hendida, conjunto de los dedos de una misma pata cubierto con sus uñas. ‖ *Desp.* Pie del hombre. ◇ FAM. despezuñarse. PIE y UÑA.

phi s. f. Vigésima primera letra del alfabeto griego.

pi s. f. Decimosexta letra del alfabeto griego. ‖ MAT. Signo que representa la relación entre el diámetro de una circunferencia y su longitud, y que vale aproximadamente 3,1416.

piadoso, sa adj. Devoto, religioso. ‖ Inclinado a sentir compasión. ◇ FAM. piadosamente. PÍO[2], A.

piamadre o **piamáter** s. f. ANAT. Membrana más interna, de las tres que constituyen las meninges.

pianista s. m. y f. Músico que toca el piano.

piano s. m. Instrumento musical de cuerdas percutidas mediante pequeños martillos accionados por unas teclas. ◇ FAM. pianista, pianola.

pianola s. f. Piano que puede tocarse mecánicamente, por pedales o por medio de corriente eléctrica.

piapoco s. m. *Venez.* Tucán.

piar v. intr. [1t]. Emitir su sonido onomatopéyico las aves, y especialmente el pollo. ◇ FAM. piador. PÍO[1].

piara s. f. Manada de cerdos.

piastra s. f. En numerosos países, unidad monetaria principal o divisionaria.

pibe, ba s. *Argent.* Fórmula de tratamiento afectuosa. ‖ *Amér.* y *Urug.* Muchacho. • **Estar hecho un pibe** (*Argent.*), conservarse joven un adulto.

pica s. f. Vara para picar los toros. ‖ HIST. Especie de lanza larga de infantería. • **Poner una pica en Flandes** (*Fam.*), conseguir una cosa muy difícil. ◇ FAM. picazo. PICAR.

picacho s. m. Pico agudo de algunos montes y riscos.

picada s. f. Picotazo. ‖ *Amér.* Senda que se abre en un bosque o en un monte espeso. ‖ *Amér. Central, Argent., Bol., Chile, C. Rica, Par.* y *Urug.* Carrera ilegal de automotores que se realiza en la vía pública. ‖ *Argent.* Tapa, acompañamiento de una bebida alcohólica. ‖ *Colomb. Fam.* Punzada, dolor agudo.

picadero s. m. Escuela de equitación. ‖ *Argent.* y *Chile.* Pista o arena del circo. ‖ *Colomb.* Matadero.

picadillo s. m. Guiso a base de carne, to-

cino, ajos picados y otros ingredientes. ‖ Conjunto de alimentos picados.

picado, da adj. Que tiene en la piel cicatrices de viruelas. ‖ Dícese de los vinos que se avinagran. ‖ *Fam.* Resentido u ofendido por algo. ‖ *Amér. Central* y *Amér. Merid.* Algo embriagado. ◆ s. m. Descenso casi vertical de un avión. • **En picado**, caída o descenso brusco de una actividad.

picador, ra s. Persona que doma y adiestra los caballos. ‖ Torero a caballo que pica con garrocha a los toros. ‖ MIN. Persona que tiene por oficio arrancar el mineral por medio del pico. ◆ s. f. Aparato o máquina que sirve para picar carne, verduras, etc.

picadura s. f. Acción de picar o picarse. ‖ Punzada o mordedura de ciertos insectos, aves o reptiles. ‖ Tabaco picado para fumar.

picaflor s. m. Colibrí. ‖ *Amér. Central* y *Amér. Merid.* Hombre enamoradizo y galanteador. ◇ FAM. PICAR y FLOR.

picana s. f. *Amér. Merid.* y *Méx.* Aguijada, vara para aguijar los bueyes. ◇ FAM. picanear. PICAR.

picanear v. tr. [1]. *Amér. Merid.* Aguijar, usar la picana.

picante adj. Que pica al paladar. ‖ *Fam.* Dicho con intención o gracia maliciosa. ◆ s. m. Sustancia que tiene un sabor fuerte que excita o pica al paladar.

picapedrero, ra s. Persona que pica piedras. ◇ FAM. PICAR y PIEDRA.

picapica s. f. Polvos que provocan gran picor. ◇ FAM. PICAR.

picapleitos s. m. y f. *Desp.* Abogado. ◇ FAM. PICAR y PLEITO.

picaporte s. m. Aldaba, llamador. ‖ Dispositivo para cerrar de golpe una puerta. ◇ FAM. PICAR y PUERTA.

picar v. tr. [1a]. Punzar o morder las aves, los insectos y ciertos reptiles. ‖ Herir levemente con un instrumento punzante. ‖ Morder los peces el cebo. ‖ Cortar una cosa en trozos muy menudos. ‖ Recortar o agujerear, haciendo dibujos. ‖ Herir al toro con una pica desde el caballo. ◆ v. tr. e intr. Sentir escozor en alguna parte del cuerpo. ‖ Comer de diversas cosas y en pequeños trozos. ◆ v. intr. Calentar mucho el sol. ‖ *Argent.* y *Chile. Fam.* Acelerar un automotor. ◆ **picarse** v. pron. Agujerearse: *picarse un diente.* ‖ En argot, inyectarse una droga. ‖ Formarse olas pequeñas en el mar. ‖ Enfadarse, ofenderse. • **Picárselas** (*Argent.* y *Perú*), abandonar un lugar o situación repentinamente. ◇ FAM. pica, picada, picadero, picadillo, picado, picador, picadura, picana, picante, picazón, pico, picón, picor, pique, piqueta, piquete. / picaflor, picapedrero, picapica, picapleitos, picaporte, repicar.

picardía s. f. Manera de obrar hábil y con

cierto engaño o simulación. ‖ Dicho en el que hay malicia o intención pícara.

picaresca s. f. Modo de vivir de un pícaro.

picaresco, ca adj. Relativo a los pícaros.
• **Novela picaresca**, novela de carácter autobiográfico, donde se narran las peripecias de los pícaros.

pícaro, ra adj. y s. Dícese de la persona, no exenta de simpatía, que, con habilidad, comete engaños para sobrevivir.
◆ adj. Malicioso, picante. ◇ FAM. picardía, picaresca, picaresco.

picatoste s. m. Rebanada de pan, tostada con manteca o frita.

picazón s. f. Picor producido por algo que pica. ‖ Inquietud, desasosiego por un temor, aprensión, etc.

picea s. f. Árbol parecido al abeto de tronco rojizo, agujas verdes y piñas o conos colgantes.

picha s. f. Vulg. Pene.

pichanga s. f. Argent. Vino que no ha terminado de fermentar.

pichi s. m. Vestido sin mangas y escotado que se lleva sobre una blusa o jersey.

pichí s. m. Argent. y Chile. Orina en el lenguaje de los niños.

pichicato, ta adj. Amér. Mezquino, ruin.

pichincha s. f. Amér. Merid. Precio muy bajo, ganga. ◇ FAM. pichinchero.

pichinchero, ra s. Argent. Persona que busca u ofrece pichinchas.

pichiruche adj. Chile y Perú. Dícese de la persona insignificante.

pichón s. m. Palomo joven. ‖ Fam. Apelativo cariñoso.

pichulear v. tr. [1]. Argent. y Urug. Hacer negocios de poca importancia. ‖ Chile. Engañar. ◇ FAM. pichuleador, pichuleo, pichulero.

pichulero, ra s. Argent. Fam. Persona que pichulea.

picnic s. m. Merienda campestre.

pico s. m. Órgano de las aves formado por las dos mandíbulas y las piezas córneas que las recubren. ‖ Cúspide aguda de una montaña. ‖ Herramienta de mano compuesta de una pieza puntiaguda de acero templado, enastada en un mango de madera. ‖ Parte puntiaguda que sobresale en la superficie de alguna cosa. ‖ Cantidad de dinero que no se determina, por lo general grande. • **Andar, o irse, de picos pardos** (Fam.), divertirse, ir de juerga. ◇ FAM. picacho, picota, picotada, picotazo, picotear, picudo. / zapapico. PICAR.

picón s. m. Méx. Fam. Hecho o dicho irónico que se dice para provocar celos, resentimiento o enojo en una persona.

picor s. m. Sensación en alguna parte del cuerpo, producida por algo que pica. ‖ Escozor que se siente en el paladar por haber comido algo picante.

picota s. f. Columna donde se exhibían

las cabezas de los ajusticiados. ‖ Variedad de cereza. ‖ Fam. Nariz.

picotada s. f. Picotazo.

picotazo s. m. Golpe que da al picar un ave, insecto o reptil. ‖ Señal que deja dicho golpe.

picotear v. tr. [1]. Picar algo las aves.
◆ v. intr. Comer de diversas cosas y en ligeras proporciones. ◇ FAM. picoteo. PICO.

pícrico, ca adj. QUÍM. Dícese del ácido nitrogenado de fenol, que se utiliza en la industria de explosivos.

pictografía s. f. Tipo de escritura en el que se dibujan los objetos que se desea expresar. ◇ FAM. pictográfico. PINTAR.

pictograma s. m. Dibujo de una escritura pictográfica. ◇ FAM. PINTAR.

pictórico, ca adj. Relativo a la pintura. ‖ Que posee cualidades para ser pintado. ◇ FAM. PINTAR.

picudilla s. f. Cuba, P. Rico y Venez. Pez de carne muy estimada.

picuré s. m. Venez. Agutí, roedor.

pie s. m. Extremidad de la pierna o de la pata. ‖ Base o parte en que se apoya un objeto. ‖ En los calcetines, zapatos, etc., parte que cubre el pie. ‖ Medida de longitud de algunos países. ‖ Parte final de un escrito y espacio en blanco que queda en la parte inferior del papel. ‖ Leyenda de una fotografía, ilustración, grabado, etc. ‖ Ocasión, motivo. ‖ Chile. Cantidad de dinero que se da como garantía de lo que se ha comprado. • **A pie, o por su pie**, andando. ‖ **Buscarle tres pies al gato** (Fam.), ver complicaciones en un asunto que de por sí no las tiene. ◇ FAM. peana, peatón, pedal, pedestal, pedestre, pedicuro, peúco. / apear, balompié, ciempiés, hincapié, milpiés, pezuña, puntapié, re posapiés, rodapié, tentempié, traspié.

piedad s. f. Fervor en las prácticas religiosas. ‖ Compasión ante una persona que sufre. ◇ FAM. apiadar, despiadado. PÍO², A.

piedra s. f. Materia mineral dura y sólida, que se emplea en construcción. ‖ MED. Cálculo. • **De piedra**, paralizado por el asombro. ◇ FAM. pedernal, pedrada, pedrea, pedregal, pedregoso, pedregullo, pedrera, pedrería, pedrisco, pedrusco. / apedrear, empedrar, pétreo, petrificar, petrogénesis, petróleo, petrología, picapedrero.

piel s. f. Tejido externo que recubre el cuerpo del hombre y de los animales. ‖ Parte exterior que cubre la pulpa de ciertos frutos. ‖ Cuero curtido. ◇ FAM. peletero, pellejo, pelliza, pellón.

pienso s. m. Ración de alimento seco que se da al ganado.

pierna s. f. Extremidad inferior del hombre comprendida entre la rodilla y el pie. ‖ En los cuadrúpedos y aves, muslo. ‖ Argent. Fam. Persona dispuesta a prestar compañía. ● **A pierna suelta, o tendida** (Fam.), con tranquilidad. ‖ **Hacer pierna** (Argent. Fam.), colaborar, ayudar. ◇ FAM. pernear, pernera, pernil. / entrepierna.

pierrot s. m. Personaje del teatro francés que viste camisola blanca muy amplia, con grandes botones, y calzón ancho.

pieza s. f. Cada parte o elemento de un todo. ‖ Cada unidad en un conjunto de cosas. ‖ Animal de caza o pesca. ‖ Composición suelta de música vocal o instrumental. ● **Quedarse de una pieza,** quedarse paralizado por el asombro. ◇ FAM. despiece.

pífano s. m. Flautín de tono muy agudo.

pifia s. f. Fam. Error, descuido. ‖ Fam. Dicho o hecho indiscreto. ◇ FAM. pifiar.

pifiar v. tr. e intr. [1]. Cometer una pifia.

pigmentar v. tr. [1]. Dar color con un pigmento. ◆ v. tr. y pron. Producir coloración anormal en la piel y otros tejidos. ◇ FAM. pigmentación. PIGMENTO.

pigmento s. m. Sustancia coloreada producida por un ser vivo. ◇ FAM. pigmentar, pigmentario.

pigmeo, a adj. Relativo a un conjunto de pueblos de África y Asia, caracterizados por su baja estatura. ◆ adj. y s. De estatura muy pequeña.

pijada s. f. Tontería, menudencia. ‖ Dicho o hecho inoportuno.

pijama s. m. Conjunto de chaqueta y pantalón que se usa para dormir. ◇ FAM. piyama.

pije s. m. Chile y Perú. Cursi.

pijije s. m. Amér. Ave acuática, parecida al pato, de color rojizo oscuro y cuya carne es comestible.

pijo, ja adj. y s. Dícese de los jóvenes, cuyos gestos, indumentaria, etc., reflejan modas propias. ◆ s. m. Cosa insignificante. ◇ FAM. pijada, pijotería, pijotero.

pijotería s. f. Dicho o hecho que molesta. ‖ Menudencia.

pijotero, ra adj. Dícese de la persona que molesta o fastidia.

pila¹ s. f. Acumulación de cosas, trabajos, etc. ‖ Fam. Montón. ‖ Pilar que constituye un apoyo intermedio de un puente. ◇ FAM. pilar, pilastra, pilón¹, pilote. / apilar.

pila² s. f. Recipiente hondo donde cae o se echa el agua: pila bautismal. ‖ Generador de corriente eléctrica continua. ◇ FAM. pileta, pilón².

pilar s. m. Soporte vertical que sirve para sostener cualquier estructura. ‖ Mojón, señal que se pone en los caminos.

pilastra s. f. Pilar adosado a una pared.

pilca s. f. Amér. Merid. Pirca*.

pilcha s. f. Amér. Merid. Prenda de vestir pobre o en mal estado. ‖ Argent. Prenda de vestir, particularmente si es elegante y cara. ‖ Argent., Chile y Urug. Prenda del recado de montar. ◇ FAM. empilchar.

pilche s. m. Amér. Merid. Vasija de madera o de la corteza seca de un fruto.

píldora s. f. Medicamento en forma de bolita que se administra por vía oral, en especial la anticonceptiva. ● **Dorar la píldora** (Fam.), suavizar una mala noticia. ‖ **Tragarse uno la píldora,** creerse una mentira.

pileta s. f. Argent., Par. y Urug. Pila de cocina o de lavar. ‖ Argent. y Urug. Abrevadero. ‖ R. de la Plata. Piscina. ● **Tirarse a la pileta** (Argent. Fam.), emprender una acción de resultado incierto.

pililo s. m. Argent. y Chile. Persona sucia y andrajosa.

pillaje s. m. Robo, rapiña.

pillar v. tr. [1]. Robar, tomar por fuerza una cosa. ‖ Alcanzar a alguien o algo. ‖ Fam. Encontrar, sorprender. ◇ FAM. pillaje, pillo.

pillastre s. m. y f. Fam. Pillo, granuja.

pillería s. f. Fam. Acción propia del pillo. ‖ Conjunto de pillos.

pillo, lla adj. y s. Dícese de la persona, especialmente del niño, que busca su provecho con habilidad, astucia y engaño. ◇ FAM. pillastre, pillería. PILLAR.

pilmama s. f. Méx. Nodriza o niñera.

pilme s. m. Chile. Escarabajo negro que produce grandes daños en las huertas.

pilón¹ s. m. Pilar, columna, poste. ‖ Pesa móvil que se coloca en el brazo menor de la romana. ‖ Méx. Mercancía extra que el comerciante regala al cliente. ● **De pilón** (Méx.), por añadidura.

pilón² s. m. Receptáculo que en las fuentes sirve de abrevadero, lavadero, etc. ‖ Mortero para majar granos u otras cosas.

piloncillo s. m. Méx. Pieza en forma de cono truncado de azúcar moreno.

píloro s. m. ANAT. Orificio de comunicación entre el estómago y el duodeno.

piloso, sa adj. Relativo al pelo. ‖ Peludo. ◇ FAM. PELO.

pilotaje s. m. Acción de pilotar un vehículo. ‖ Ciencia que estudia el oficio de piloto.

pilotar v. tr. [1]. Dirigir un vehículo, globo, avión, etc. ◇ FAM. pilotaje. PILOTO.

pilote s. m. Madero hincado en el suelo para asegurar los cimientos. ◇ FAM. PILA¹.

piloto s. m. Persona que gobierna y dirige un vehículo, una embarcación, una aeronave, etc. ‖ Cosa destinada a servir de modelo o como prueba. ‖ Pequeña lámpara eléctrica de advertencia de vehículos, interruptores, etc. ◇ FAM. pilotar. / copiloto.

piltrafa s. f. Parte de carne flaca, que casi todo es pellejo. ‖ Conjunto de residuos menudos de cualquier cosa.

pilucho, cha adj. Chile. Desnudo.

pimentero s. m. Arbusto que da una semilla aromática y picante, usada como condimento. ‖ Recipiente para poner la pimienta.

pimentón s. m. Polvo de pimientos encarnados secos, que se utiliza como condimento.

pimienta s. f. Fruto del pimentero; que se emplea como condimento. ◇ FAM. pimentero. / salpimentar. PIMIENTO.

pimiento s. m. Planta herbácea con tallos ramosos, flores blancas y fruto en baya hueca, muy variable de tamaño y forma, y con multitud de semillas. ‖ Fruto de esta planta. ◇ FAM. pimental, pimentón, pimienta.

pimpampum s. m. Juego en que se procura derribar a pelotazos muñecos en fila.

pimpante adj. Flamante, satisfecho. ‖ Vistoso, garboso.

pimpina s. f. Venez. Botijo de cuerpo esférico y cuello largo.

pimpinela s. f. Planta herbácea vivaz, de tallos erguidos y flores en espiga, empleada como tónica.

pimplar v. tr. y pron. [1]. Fam. Beber vino en exceso.

pimpollo s. m. Vástago o tallo nuevo de las plantas. ‖ Fam. Persona joven y de aspecto atractivo.

pimpón s. m. Ping-pong.

pinacate s. m. Méx. Escarabajo de color negro que despide un olor fuerte cuando es atacado.

pinacoteca s. f. Museo de pintura.

pináculo s. m. Parte más alta de un edificio. ‖ Apogeo, momento más sublime de una cosa. ◇ FAM. PEÑA.

pinar s. m. Bosque de pinos. ◇ FAM. PINO[1].

pincel s. m. Utensilio compuesto por un mechón de cerdas o fibras sujeto a un mango. ◇ FAM. pincelada, pincelar.

pincelada s. f. Trazo dado con el pincel y señal que deja.

pinchadiscos s. m. y f. Fam. Disc-jockey.

pinchar v. tr. y pron. [1]. Introducir una cosa aguda y punzante en un cuerpo poroso. ‖ Fam. Incitar a alguien a hacer algo. ‖ Fam. Poner inyecciones. ◆ v. intr. Sufrir un pinchazo en una rueda de un vehículo. ‖ Fam. Fallar. ◆ **pincharse** v. pron. Fam. Inyectarse una droga. ◇ FAM. pinchadura, pinchazo, pinche, pincho. / pinchadiscos.

pinchazo s. m. Huella que queda al pincharse algo. ‖ Incisión en un neumático que le produce pérdida de aire.

pinche s. m. y f. Ayudante de cocina. ‖ Chile. Fam. Persona con quien se forma pareja en una relación amorosa informal y de corta duración. ◆ s. m. Chile. Fam. Trabajo ocasional. ◆ adj. y s. m. y f. Méx. Fam. Despreciable, miserable. ◇ FAM. compinche. PINCHAR.

pincho s. m. Punta aguda de cualquier cosa. ‖ Comida que se toma como aperitivo.

pindonguear v. intr. [1]. Fam. Callejear. ◇ FAM. pindongueo.

pineal adj. Relativo a la epífisis. ● **Glándula pineal,** epífisis.

pineda s. f. Pinar. ◇ FAM. PINO[1].

pinedo s. m. Amér. Merid. Pinar. ◇ FAM. PINO[1].

pingajo s. m. Andrajo que cuelga. ◇ FAM. pingajoso. PINGO.

pingo s. m. Pingajo. ‖ Argent., Chile y Urug. Caballo malo. ‖ Méx. Muchacho travieso. ◇ FAM. pingonear.

pingonear v. intr. [1]. Fam. Callejear. ◇ FAM. pingoneo.

ping-pong s. m. Tenis de mesa.

pingüe adj. Graso, mantecoso. ‖ Abundante, cuantioso.

pingüinera s. f. Argent. Lugar donde se agrupan los pingüinos.

pingüino s. m. Ave que vive en acantilados del Atlántico septentrional. ● **Pingüino antártico,** pájaro bobo. ◇ FAM. pingüinera.

pinitos s. m. pl. Conjunto de los primeros pasos del niño. ‖ Conjunto de los primeros pasos en una actividad, arte, etc.

pino[1] s. m. Árbol resinoso, de tronco rugoso y hojas en forma de aguja, cuya madera se emplea en carpintería o construcción. ◇ FAM. pinácea, pinar, pineda, pinedo, pinífero, pinocha. / piña, piñón[1].

pino[2] s. m. Chile. Relleno de empanada, compuesto de carne picada mezclada con huevo duro y otros ingredientes.

pinocha s. f. Hoja del pino.

pinul o **pinole** s. m. Amér. Central y Méx. Harina de maíz tostada que suele mezclarse con cacao, azúcar y canela, para preparar una bebida refrescante. ◇ FAM. pinolillo.

pinolillo s. m. Hond. Bebida refrescante compuesta por pinol, azúcar, cacao y canela. ‖ Méx. Insecto muy pequeño y de color rojo, cuya picadura es muy irritante y molesta.

pinta[1] s. f. Mota, lunar. ‖ Aspecto, apariencia. ● **Irse de pinta** (Méx.), faltar alguien a la escuela o al trabajo para ir a divertirse. ◇ FAM. pintarroja. PINTAR.

pinta[2] s. f. Medida de capacidad, cuyo valor varía según los países.

pintada s. f. Acción de pintar en las paredes, vallas, etc., letreros o escritos. ‖ Letrero o mural de este carácter. ‖ Ave mayor que la gallina común, de cabeza pelada y plumaje negro con manchas blancas, originaria de Guinea.

pintado, da adj. Que está matizado en diversos colores. ‖ Que tiene pintas o lunares. ● **El más pintado** (Fam.), el más experto, hábil.

pintalabios s. m. Barra para pintarse los labios.

pintar v. tr. [1]. Representar algo mediante líneas y colores. ‖ Cubrir de pintura la superficie de algo. ‖ Describir algo con la palabra. ◆ **pintarse** v. pron. Ponerse maquillaje en el rostro. ◇ FAM. pinta[1], pintada, pintado, pintarrajear, pintor, pintoresco, pintura. / despintar, pictografía, pictograma, pictórico, pintalabios, repintar.

pintarrajear v. tr. y pron. [1]. *Fam.* Pintar de cualquier forma o excesivamente.

pintarroja s. f. Pez de pequeño tamaño y piel rasposa, que vive en las costas atlánticas y mediterráneas. ◇ FAM. PINTA¹ y ROJO, JA.

pintor, ra s. Artista que se dedica a la pintura. ‖ Persona que tiene por oficio pintar paredes, puertas, ventanas, etc.

pintoresco, ca adj. Que llama la atención por su belleza, por su variedad, etc. ‖ Original, extravagante. ◇ FAM. PINTAR.

pintura s. f. Arte de pintar. ‖ Obra pintada. ‖ Materia colorante usada para pintar. ‖ Descripción. ● **No poder ver** a uno **ni en pintura** (*Fam.*), tenerle antipatía o aversión.

pinyin s. m. Sistema de notación fonética de los ideogramas chinos.

pinza s. f. Instrumento cuyos extremos se aproximan para sujetar algo. ‖ ZOOL. Apéndice prensil que poseen algunos animales artrópodos. ◇ FAM. pinzamiento.

pinzamiento s. m. Opresión de un órgano, músculo o parte de él.

pinzón s. m. Ave cantora, que vive en Europa occidental, de plumaje azul y verde con zonas negras y el cuello rojo.

piña s. f. Fruto del pino y otras plantas, en forma de cono, que se compone de varias piezas triangulares leñosas. ‖ Conjunto o grupo muy unido. ‖ Ananás, planta. ‖ *Argent.* y *Urug.* Trompada, puñetazo. ◇ FAM. apiñar. PINO¹.

piñata s. f. Cacharro lleno de dulces, que se cuelga para ser roto con un palo, llevando los ojos vendados.

piñón¹ s. m. Semilla del pino¹. ● **Estar** uno **a partir un piñón con** otro (*Fam.*), existir una gran conexión e intimidad entre ambos. ◇ FAM. apiñonado. PINO¹.

piñón² s. m. Pequeña rueda dentada que engrana con otra.

pío¹ s. m. Voz que imita el sonido del pollo. ● **No decir ni pío** (*Fam.*), guardar silencio absoluto. ◇ FAM. piar.

pío², a adj. Devoto, piadoso. ◇ FAM. piadoso, piedad. / impío, montepío.

pío³, a adj. Dícese del caballo o de la vaca de capa blanca con manchas negras, alazanas o castañas de gran tamaño.

piocha s. f. *Méx.* Barba terminada en punta que cubre únicamente la barbilla.

piojo s. m. Insecto parásito externo de los mamíferos, cuya sangre chupa. ◇ FAM. piojoso. / despiojar.

piojoso, sa adj. y s. Que tiene piojos. ‖ *Fam.* Miserable, mezquino.

piola s. f. *Amér.* Soga, cuerda. ‖ *Argent.*, *Chile* y *Perú.* Bramante. ◆ adj. *Argent.* Astuto. ◇ FAM. piolín.

piolet s. m. Pico ligero que utilizan los alpinistas.

piolín s. m. *Amér. Central* y *Amér. Merid.*

Cordel delgado de cáñamo, algodón u otra fibra.

pión s. m. Partícula elemental que posee una carga eléctrica positiva o negativa igual a la del electrón.

pionero, ra s. Explorador de tierras incultas. ‖ Precursor, persona que inicia una actividad nueva, disciplina, etc.

piorrea s. f. MED. Flujo de pus, especialmente en las encías.

pipa¹ s. f. Tonel para guardar líquidos. ‖ Utensilio formado por una cazoleta y una boquilla usado para fumar. ◆ s. m. *Méx.* Camión que lleva un depósito grande para transportar líquidos. ◇ FAM. pipeta.

pipa² s. f. Pepita de las frutas. ‖ *C. Rica.* Fruto completo del cocotero. ‖ *C. Rica.* *Fam.* Cabeza. ◇ FAM. PEPITA.

pipeta s. f. Tubo de cristal, que sirve para trasvasar pequeñas cantidades de líquido en los laboratorios.

pipí s. m. *Fam.* Orina.

pipián s. m. *Méx.* Salsa hecha con pepitas de calabaza tostadas y molidas o maíz con achiote, que sirve para adobar carnes.

pipila s. f. *Méx.* Pava, hembra del guajolote.

pipiol s. m. *Méx.* Dulce de harina en forma de hojuela.

pipirigallo s. m. Planta de flores rosadas que se cultiva como forraje.

pipón, na adj. *Amér. Central* y *Amér. Merid.* Barrigudo. ‖ *Argent.* y *Urug.* Harto de comida.

pippermint s. m. Licor de menta.

pique s. m. Resentimiento, disgusto. ‖ Sentimiento de emulación o de rivalidad. ‖ *Argent.*, *Nicar.* y *Pan.* Camino estrecho que se abre en un bosque. ‖ *Chile.* Juego infantil. ‖ *Chile* y *Hond.* Socavón que, con fines mineros, se hace en un monte. ‖ *Méx.* Enfrentamiento entre personas, sobre todo el que se manifiesta mediante ironías o agresiones indirectas. ● **A los piques** (*Argent. Fam.*), apresuradamente. ‖ **Irse a pique**, hundirse en el agua una embarcación. ‖ Frustrarse o malograrse una cosa o un intento. ‖ Arruinarse, perder la fortuna. ◇ FAM. PICAR.

piqué s. m. Tejido de algodón con dibujos en relieve.

piqueta s. f. Herramienta de albañil, con mango de madera y dos bocas opuestas, una plana y otra afilada. ◇ FAM. PICAR.

piquete s. m. Grupo de personas que intenta imponer o mantener una huelga. ‖ *Méx.* Porción de licor que se agrega al café y a otras bebidas. ◇ FAM. PICAR.

pira s. f. Hoguera para quemar los cadáveres y las víctimas de los sacrificios. ‖ Hoguera.

pirado, da adj. *Fam.* Loco, majareta.

piragua s. f. Embarcación larga y estrecha y de fondo plano, mayor que la canoa. ◇ FAM. piragüismo, piragüista.

piragüismo s. m. Deporte que se practica con la piragua.

piramidal adj. Que tiene forma de pirámide.

pirámide s. f. MAT. Poliedro que tiene como base un polígono y cuyas caras son triángulos que se juntan en un vértice común. ‖ ARQ. Monumento funerario con esa forma. ◇ FAM. piramidal.

piraña s. f. Pez de agua dulce, cuerpo comprimido y muy voraz.

pirar v. intr. y pron. [1]. *Fam.* Largarse, irse.

pirata adj. Clandestino; ilegal. ◆ s. m. y f. Persona que se dedica a asaltar y robar barcos en el mar. ◇ FAM. piratear, piratería, pirático.

piratear v. intr. [1]. Robar embarcaciones. ‖ Copiar, plagiar: *piratear un programa informático.*

pirca s. f. *Amér. Merid.* Tapia de piedras que en el campo suele acotar propiedades. ◇ FAM. pircar. / pilca.

pirco s. m. *Chile.* Guiso a base de porotos, choclo y zapallo.

pirenaico, ca adj. y s. De los Pirineos. ◇ FAM. transpirenaico.

pirético, ca adj. Relativo a la fiebre. ◇ FAM. antipirético. PIREXIA.

pirexia s. f. MED. Fiebre elevada. ◇ FAM. pirético.

pirgüín s. m. *Chile.* Sanguijuela que vive en los remansos de los ríos y que una vez penetra en el intestino de los animales, suele causarles la muerte.

pirincho, cha adj. y s. *Argent.* Dícese del pelo levantado y tieso.

pirinola s. f. *Méx.* Perinola.

piripi adj. *Fam.* Achispado, bebido.

pirita s. f. Nombre de diversos sulfuros metálicos naturales y en especial el sulfuro de hierro. ◇ FAM. piritoso. / calcopirita.

piro- pref. Significa 'fuego': *pirómano.*

pirógeno, na adj. MED. Que provoca fiebre.

pirograbado s. m. Grabado en madera, cuero o vidrio, realizado con una punta metálica incandescente. ◇ FAM. pirograbador. GRABADO.

pirólisis s. f. Descomposición química por la acción del calor.

piromancia o **piromancía** s. f. Adivinación supersticiosa por el color, chasquido y disposición de la llama. ◇ FAM. piromántico.

pirómano, na s. Que tiene tendencia a provocar incendios. ◇ FAM. piromanía.

pirómetro s. m. Instrumento para medir temperaturas muy elevadas.

piropear v. tr. [1]. Decir piropos. ◇ FAM. piropeo. PIROPO.

piropo s. m. Lisonja, alabanza dicha a una persona, especialmente cumplido halagador dirigido a una mujer. ◇ FAM. piropear.

pirotecnia s. f. Arte de preparar fuegos de artificio. ◇ FAM. pirotécnico.

piroxeno s. m. Silicato de hierro, magnesio, calcio y a veces aluminio, presente en las rocas eruptivas y metamórficas.

pirquén. Trabajar al pirquén (*Chile*), trabajar tal como el operario quiera, pagando lo convenido al dueño de la mina. ◇ FAM. pirquinear.

pirrarse v. pron. [1]. *Fam.* Gustarle a uno mucho algo o alguien.

pírrico, ca adj. Dícese del triunfo obtenido con más daño del vencedor que del vencido.

pirú s. m. *Méx.* Árbol de ramas colgantes, flores pequeñas y amarillas, y fruto globoso, con semilla de sabor parecido al de la pimienta.

pirueta s. f. Vuelta entera que se da sobre la punta o el talón de un solo pie. ‖ Voltereta. ◇ FAM. piruetear.

piruja s. f. *Méx.* Prostituta. ◇ FAM. pirujo.

pirujo, ja adj. *Guat.* Hereje, incrédulo.

pirul s. m. *Méx.* Pirú.

pirulí s. m. Caramelo en forma de cono con un palito que sirve de mango.

pis s. m. *Fam.* Orina.

pisada s. f. Acción de pisar al andar. ‖ Huella del pie.

pisadero s. m. *Argent.* Lugar donde se pisa el barro para la fabricación de adobe.

pisapapeles s. m. Utensilio pesado que se pone sobre los papeles para que no se muevan.

pisar v. tr. [1]. Poner un pie sobre alguna cosa. ‖ Apretar o estrujar algo con los pies o con algún instrumento adecuado. ‖ Pisotear. ◇ FAM. pisada, pisadero, pisador, pisadura, piso, pisón, pisotear, pisotón. / apisonar, pisapapeles.

piscicultura s. f. Arte de criar peces en un río, estanque o lago. ◇ FAM. piscícola, piscicultor. PEZ[1].

piscifactoría s. f. Establecimiento de piscicultura. ◇ FAM. PEZ[1] Y FACTORÍA.

pisciforme adj. Que tiene forma de pez[1]. ◇ FAM. PEZ[1].

piscina s. f. Estanque para bañarse o nadar. ◇ FAM. PEZ[1].

piscis s. m. y f. y adj. Persona nacida bajo el signo zodiacal de Piscis. ◇ FAM. PEZ[1].

piscívoro, ra adj. Que se alimenta de peces. ◇ FAM. PEZ[1].

pisco s. m. *Bol., Chile* y *Perú.* Aguardiente de uva. ‖ *Colomb.* y *Venez.* Pavo, ave. ● **Pisco saver** (*Bol., Chile* y *Perú*), cóctel de pisco, jugo de limón, azúcar y hielo picado.

piscolabis s. m. *Fam.* Refrigerio o aperitivo. ‖ *Amér.* Trago de aguardiente que suele tomarse como aperitivo.

piso s. m. Suelo, pavimento. ‖ Cada vivienda en un edificio de varias plantas. ◇ FAM. repisa. PISAR.

pisón s. m. Instrumento pesado y grueso

que sirve para apretar o apisonar tierra, asfalto, etc. ◇ FAM. PISAR.

pisotear v. tr. [1]. Pisar algo repetidamente. ‖ Humillar, maltratar. ◇ FAM. pisoteo. PISAR.

pisotón s. m. Pisada fuerte sobre el pie de alguien.

pispiar o **pispar** v. tr. [1]. Amér. Merid. Observar sin ser visto lo que otros hacen, espiar.

pista s. f. Rastro dejado por una persona o un animal. ‖ Indicio que sirve de guía para averiguar algo. ‖ Terreno destinado para el despegue y aterrizaje de aviones. ‖ Superficie que se utiliza para deportes u otras actividades. ◇ FAM. autopista, despistar.

pistache s. m. Méx. Semilla del pistachero, pistacho.

pistachero s. m. Planta que se cultiva por su fruto, el pistacho.

pistacho s. m. Fruto del pistachero, cuya semilla se utiliza en pastelería y en cocina. ◇ FAM. pistache, pistachero.

pistero[1] s. m. Colomb. Hematoma alrededor del ojo, producido por un puñetazo.

pistero[2], **ra** adj. y s. Amér. Central. Muy aficionado al dinero.

pistilo s. m. Órgano femenino de una flor.

pisto s. m. Fritada de pimientos, tomates, cebolla, calabacín, berenjena, etc. ‖ Amér. Central y Perú. Dinero. ● **Darse pisto** (Fam.), presumir de algo o de alguien. ◇ FAM. pistero[2].

pistola s. f. Arma de fuego, de cañón corto, que se dispara con una sola mano. ‖ Pulverizador para proyectar pintura u otros líquidos a presión. ◇ FAM. pistolera, pistolero, pistoletazo.

pistolera s. f. Funda en la que se guarda una pistola.

pistolero s. m. Persona que utiliza la pistola para atracar, asaltar o realizar atentados personales.

pistoletazo s. m. Tiro de pistola.

pistón s. m. Émbolo. ‖ Pieza central de la cápsula en que está colocado el fulminante. ‖ Llave de ciertos instrumentos musicales.

pita[1] s. f. Planta con hojas o pencas grandes, carnosas y terminadas en punta, de las que se extrae una fibra textil. ‖ Hilo que se hace de las hojas de esta planta. ‖ Amér. Central y Méx. Planta vivaz utilizada para hacer setos.

pita[2] s. f. Pitada.

pita[3] s. f. Voz que se usa repetida para llamar a las gallinas.

pitada s. f. Pitido. ‖ Señal de desagrado con silbidos y pitos. ‖ Amér. Merid. Acción de inhalar y exhalar el humo de un cigarro, calada.

pitagórico, ca adj. y s. Partidario del pitagorismo.

pitagorismo s. m. Doctrina de Pitágoras,

filósofo y matemático griego. ◇ FAM. pitagórico.

pitanza s. f. Ración de comida que se distribuye a los pobres. ‖ Fam. Alimento cotidiano.

pitar v. tr. e intr. [1]. Tocar o hacer sonar el pito. ‖ Silbar en señal de descontento. ◆ v. tr. Amér. Merid. Fumar. ● **Salir pitando** (Fam.), salir rápida y precipitadamente. ◇ FAM. pita[2], pitada, pitido. PITO.

pitazo s. m. Méx. Aviso velado que se le da a alguien para advertirle de algún peligro, soplo.

pitido s. m. Sonido emitido con un pito. ‖ Silbido de protesta.

pitihué s. m. Chile. Ave que se alimenta de insectos.

pitillera s. f. Estuche para cigarrillos.

pitillo s. m. Cigarrillo. ◇ FAM. pitillera. PITO.

pito s. m. Pequeño instrumento que produce al soplar un sonido agudo. ‖ Sonido fuerte y agudo. ‖ Fam. Pene. ● **Por pitos o por flautas** (Fam.), por un motivo u otro. ‖ **Tomar por el pito del sereno** (Fam.), abusar de la buena fe de alguien. ◇ FAM. pitar, pitillo, pitorro.

pitón[1] s. m. Serpiente de Asia y África, no venenosa, que asfixia a sus presas enrollándose alrededor de ellas.

pitón[2] s. m. Pitorro. ‖ Extremo superior del cuerno del toro. ‖ Chile, Ecuad. y Hond. Boquilla metálica que remata la manguera. ◇ FAM. empitonar. PITO.

pitonisa s. f. Mujer dotada del don de la profecía.

pitorá s. f. Colomb. Serpiente muy venenosa.

pitorrearse v. prn. [1]. Fam. Burlarse de alguien. ◇ FAM. pitorreo.

pitorro s. m. Parte de los botijos, porrones, etc., que tiene un agujero por donde sale el líquido para beber. ◇ FAM. PITO.

pitote s. m. Fam. Bulla, pendencia.

pituco, ca adj. y s. Amér. Merid. Cursi, petimetre. ‖ Argent. Persona elegantemente vestida.

pituitaria s. f. Membrana que recubre la cavidad nasal y es el órgano del olfato.

piuquén s. m. Chile. Especie de avutarda cuya carne es muy apreciada, que se domestica con facilidad.

piurano, na adj. y s. De Piura (Perú).

piure s. m. Chile. Animal en forma de saco con dos aberturas, la boca y el ano, cuya carne es muy apreciada.

pívot s. m. y f. En baloncesto, jugador que se mueve cercano al aro para recoger rebotes y encestar.

pivotar v. intr. [1]. Girar sobre un pivote. ‖ En baloncesto, girar sobre un pie para cambiar de posición. ◇ FAM. pivotante. PIVOTE.

pivote s. m. Extremo de una pieza cilíndrica, donde se inserta otra para girar. ◇ FAM. pívot, pivotar.

plano

piyama s. m. o f. *Amér.* Pijama.

pizarra s. f. Roca sedimentaria de grano muy fino, de color gris o azulado, que se divide fácilmente en láminas. ‖ Trozo de dicha roca preparado para escribir sobre él. ‖ Encerado. ⬦ FAM. pizarral, pizarrero, pizarrón.

pizarrón s. m. *Amér.* Pizarra, encerado.

pizca s. f. *Fam.* Porción mínima o muy pequeña. ‖ *Méx.* Recolección, cosecha. ⬦ FAM. pizcar..

pizcar v. tr. [1a]. *Méx.* Recoger la cosecha de maíz y algodón.

pizpireta adj. *Fam.* Dícese de la mujer viva, activa y coqueta.

pizza s. f. Torta de masa de pan, guarnecida, con tomate, queso, anchoas, olivas, etc. ⬦ FAM. pizzería.

placa s. f. Lámina u hoja delgada y rígida. ‖ Pieza de metal con inscripciones. ‖ Insignia de ciertas profesiones o grados. ‖ Matrícula de un vehículo. ● **Placa dental**, acumulación de sarro en los dientes.. ⬦ FAM. plaqueta.

placar v. tr. [1]. En rugby, detener un ataque, sujetando con las manos al contrario. ⬦ FAM. placaje.

placard s. m. *Argent.* y *Urug.* Armario empotrado.

placebo s. m. Sustancia sin valor medicinal.

pláceme s. m. Felicitación. ⬦ FAM. PLÁCER[1].

placenta s. f. En los mamíferos, órgano que relaciona el embrión con el útero materno durante la gestación. ⬦ FAM. placentario.

placentero, ra adj. Agradable, apacible.

placer[1] v. tr. [17]. Agradar. ⬦ FAM. pláceme, placentero, placer[2], plácido. / apacible, beneplácito, complacer, displicencia. .

placer[2] s. m. Sensación agradable, satisfacción. ‖ Diversión. ‖ Gusto, satisfacción.

placer[3] s. m. GEOL. Depósito de arena que contiene minerales explotables.

plácido, da adj. Agradable, tranquilo. ⬦ FAM. plácidamente, placidez. PLÁCER[1].

plafón s. m. Lámpara plana que se coloca pegada al techo.

plaga s. f. Desgracia pública, calamidad. ‖ Abundancia de algo perjudicial. ⬦ FAM. plagar, plaguicida.

plagar v. tr. y pron. [1b]. Llenar o cubrir con excesiva abundancia de algo perjudicial.

plagiar v. tr. [1]. Copiar o imitar una obra ajena, presentándola como propia. ‖ *Amér.* Secuestrar, robar. ⬦ FAM. plagiario, plagio.

plagio s. m. Acción y efecto de plagiar. ‖ *Amér.* Secuestro, robo.

plaguicida adj. y s. m. Que combate las plagas del campo.

plan s. m. Proyecto, intención de realizar algo. ‖ Programa o disposición detallada de una obra o acción y del modo de realizarlas. ⬦ FAM. planear[1], planificar.

plana s. f. Cada una de las caras de una hoja de papel, especialmente las escritas o impresas. ⬦ FAM. planilla. PLANO, NA.

plancha s. f. Lámina delgada y de grosor homogéneo. ‖ Utensilio de base triangular y con asa usado para planchar. ‖ En artes gráficas, reproducción preparada para la impresión. ‖ Desacierto, equivocación. ⬦ FAM. planchar, planchazo.

planchar v. tr. [1]. Alisar y desarrugar las prendas de ropa con la plancha. ➡ v. intr. *Argent., Chile* y *Urug.* No bailar una mujer ninguna pieza en una reunión porque nadie la invita a ello. ⬦ FAM. planchado, planchador. PLANCHA.

planchazo s. m. *Fam.* Desacierto o error.

plancton s. m. Conjunto de pequeños organismos que viven en suspensión en el mar o en el agua dulce. ⬦ FAM. planctónico.

planeador s. m. Avión sin motor que vuela utilizando las corrientes atmosféricas.

planeadora s. f. Lancha muy rápida, con motor fueraborda.

planear[1] v. tr. [1]. Hacer o forjar planes.

planear[2] v. intr. [1]. Volar un avión con los motores parados. ⬦ FAM. planeador, planeadora, planeo. PLANO, NA.

planeta s. m. Cuerpo celeste sin luz propia, que gira alrededor del Sol o de una estrella. ⬦ FAM. planetario.

planetario, ria adj. Relativo a los planetas. ➡ s. m. Aparato que representa los planetas del sistema solar y sus movimientos.

planicie s. f. Llanura muy extensa. ⬦ FAM. altiplanicie. PLANO, NA.

planificación s. f. Acción y efecto de planificar.

planificar v. tr. [1a]. Elaborar un plan detallado y preciso con un objetivo. ⬦ FAM. planificación. PLAN.

planilla s. f. *Amér. Central* y *Amér. Merid.* Liquidación, estado de cuentas. ‖ *Méx.* Cada uno de los grupos que contienden en un proceso electoral. ‖ *Méx.* Boleta para ser llenada de cupones. ⬦ FAM. PLANA.

planímetro s. m. Instrumento para medir áreas de superficies planas.

planisferio s. m. Mapa que representa la esfera celeste o la terrestre. ⬦ FAM. PLANO, NA y ESFERA.

plano, na adj. Llano, liso. ➡ s. m. Superficie formada por puntos situados a un mismo nivel. ‖ Representación gráfica, en proyección horizontal, de las diferentes partes de una ciudad, de un edificio, etc. ‖ CINE y TV. Cada una de las partes rodadas de una vez. ⬦ FAM. plana, planear[2], planicie, planímetro, / altiplano, aplanar, explanada, extraplano, monoplano, planisferio, semiplano. LLANO, NA.

planta s. f. Parte inferior del pie. ‖ Denominación dada a todo vegetal. ‖ Piso de un edificio. ‖ Representación gráfica de un objeto, terreno, etc. ‖ Nave o establecimiento industrial. • **De planta** (*Argent.* y *Méx.*), con carácter fijo. ◇ FAM. plantar, plantear, plantel, plantificar, plantígrado, plantilla.

plantación s. f. Acción y efecto de plantar. ‖ Gran explotación agrícola o cultivo extensivo de ciertas plantas industriales.

plantar v. tr. [1]. Meter en la tierra una planta, una semilla o un esqueje. ‖ Hincar algo en el suelo. ‖ *Fam.* Abandonar a alguien. ‖ *Fam.* Dejar a alguien esperando por no acudir a una cita. ◆ **plantarse** v. pron. *Fam.* Ponerse firme. ‖ *Fam.* Mantenerse firme, resistirse. ◇ FAM. plantación, plantado, plantador, plante, plantío, plantón. / desplantar, implantar, replantar, suplantar, trasplantar. PLANTA.

plante s. m. Protesta de un grupo de personas que se niegan a actuar de determinada manera, para exigir o rechazar algo.

planteamiento s. m. Acción y efecto de plantear.

plantear v. tr. [1]. Suscitar y poner en condiciones de resolver un problema, asunto, etc. ◇ FAM. planteamiento. / replantear. PLANTA.

plantel s. m. Institución donde se forman personas hábiles o capaces para cierta cosa. ‖ Criadero de plantas. ‖ *Argent.* Conjunto de animales que pertenecen a un establecimiento ganadero. ‖ *Argent.* y *Chile.* Conjunto de integrantes de un equipo deportivo.

planteo s. m. *Argent.* Protesta colectiva o individual.

plantificar v. tr. [1a]. *Fam.* Propinar una bofetada, una insolencia, etc. ‖ *Fam.* Colocar a alguien en un sitio contra su voluntad. ‖ *Fam.* Colocar algo en un lugar. ◇ FAM. plantificación. PLANTA.

plantígrado, da adj. y s. m. Se dice del cuadrúpedo que al andar apoya en el suelo toda la planta del pie.

plantilla s. f. Pieza usada como modelo para cortar, dibujar o hacer otra de la misma forma. ‖ Conjunto del personal fijo de una empresa. ‖ Pieza con que interiormente se cubre la planta del calzado.

plantío s. m. Lugar plantado recientemente de vegetales.

plantón s. m. Acto de dejar a alguien esperando inútilmente. ‖ Árbol joven que puede ser plantado. ‖ *Méx.* Grupo de gente que se congrega en un lugar público para protestar por alguna cosa.

plañidero, ra adj. Llorón, lastimero. ◆ s. f. Mujer pagada que iba llorando en los entierros.

plañir v. intr., tr. y pron. [3h]. Llorar y gemir. ◇ FAM. plañidero, plañido.

plaqueta s. f. Elemento de la sangre, que

interviene en su coagulación. ◇ FAM. PLACA.

plasma s. m. Parte líquida de la sangre antes de la coagulación. ◇ FAM. plasmático. / cataplasma, citoplasma, ectoplasma, endoplasma, protoplasma.

plasmar v. tr. y pron. [1]. Expresar en un dibujo, escultura, etc., algo que uno piensa y siente. ◇ FAM. plasmación.

plasta s. f. Cosa blanda o aplastada. ◆ s. m. y f. *Fam.* Persona pesada, molesta y aburrida.

plástica s. f. Arte de plasmar o de modelar una materia blanda.

plasticidad s. f. Calidad de plástico. ‖ Expresividad.

plástico, ca adj. Relativo a la plástica. ‖ Dúctil, blando, fácil de moldear. ◆ s. m. Sustancia sintética, que puede ser conformada por efecto del calor y la presión. ◇ FAM. plástica, plasticidad, plastificar. / termoplástico.

plastificar v. tr. [1a]. Revestir de plástico. ◇ FAM. plastificación, plastificado. PLÁSTICO, CA.

plasto s. m. Orgánulo de las células vegetales que puede cargarse de diversas sustancias nutritivas o de pigmentos.

plata s. f. Metal precioso, blanco, brillante e inalterable. ‖ *Amér. Central* y *Amér. Merid.* Dinero en general, riqueza. ◇ FAM. platear, platero, platino, platudo.

plataforma s. f. Superficie llana horizontal más elevada que lo que la rodea. ‖ Parte de un tranvía, un autobús o ferrocarril, en que los viajeros van de pie. ‖ Organización que agrupa a personas con ideas e intereses comunes. ‖ *Argent.* Andén de una estación de ferrocarril.

platanar o **platanal** s. m. Lugar poblado de plátanos.

plátano s. m. Banano, planta y fruto. ◇ FAM. platanar, platanal. / aplatanar.

platea s. f. Patio, parte baja de los teatros.

plateado, da adj. Bañado de plata. ‖ De color de plata.

platear v. tr. [1]. Revestir o cubrir de plata un objeto. ◇ FAM. plateado, plateador, plateadura. PLATA.

platelminto adj. y s. m. Relativo a un tipo de gusanos de cuerpo aplanado.

platense adj. y s. m. y f. De La Plata (Argentina).

plateresco, ca adj. y s. m. Dícese del estilo arquitectónico desarrollado en España durante el primer tercio del s. xvi.

platero s. m. Persona que vende objetos labrados u oro, o joyas con pedrería. ◇ FAM. plateresco, platería. PLATA.

plática s. f. Conversación. ‖ Sermón breve. ◇ FAM. platicar.

platicar v. tr. e intr. [1a]. Conversar. ◇ FAM. platicador. PLÁTICA.

platija s. f. Pez plano de piel rugosa y carne muy apreciada.

platillo s. m. Pieza pequeña semejante al

plato. ‖ MÚS. Cada una de las piezas metálicas circulares que forman un instrumento de percusión. ● **Platillo volante**, objeto que vuela, supuestamente extraterrestre.

platina s. f. Plataforma del microscopio en que se coloca el portaobjetos. ‖ Aparato para reproducir y grabar cintas magnetofónicas de casete.

platino s. m. Metal precioso de color blanco grisáceo, dúctil y de gran dureza. ⬦ FAM. platinífero. PLATA.

plato s. m. Recipiente redondo, poco profundo, que se emplea para poner en él la comida. ‖ Guiso, alimentos preparados para ser comidos. ‖ *Argent.* y *Chile. Fam.* Persona divertida, original y extravagante. ● **No haber roto un plato** (*Fam.*), no haber cometido ninguna falta. ‖ **Pagar uno los platos rotos** (*Fam.*), ser acusado o castigado por algo que no ha cometido. ⬦ FAM. platillo. / escurreplatos, lavaplatos.

plató s. m. En los estudios cinematográficos y de televisión, recinto acondicionado para servir de escenario.

platónico, ca adj. Relativo a la filosofía de Platón. ‖ Dícese del amor desinteresado, puro e ideal. ⬦ FAM. platonismo.

platonismo s. m. Sistema filosófico de Platón y sus discípulos.

platudo, da adj. *Amér. Fam.* Rico, acaudalado. ⬦ FAM. PLATA.

plausible adj. Digno de aplauso o de alabanza. ‖ Admisible, justificado. ⬦ FAM. plausibilidad. APLAUDIR.

playa s. f. Extensión casi plana y cubierta de arena, en la orilla del mar, un río, etc. ‖ *Amér. Merid.* Lugar llano y espacioso, explanada. ⬦ FAM. playero, playo. / desplayado.

play-back s. m. Interpretación mímica de una grabación previa.

play-boy s. m. Hombre elegante, atractivo, generalmente rico y de vida ociosa, que busca el éxito con las mujeres.

playero, ra adj. Que se usa para la playa. ⬥ s. m. *Argent.* Peón encargado en una playa de estacionamiento o maniobras.

playo, ya adj. y s. m. *Argent., Par.* y *Urug.* Que tiene poco fondo.

plaza s. f. Espacio libre y ancho, dentro de una población. ‖ Mercado, lugar donde se venden comestibles. ‖ Espacio reservado a un viajero en un medio de transporte. ‖ Empleo. ‖ Lugar donde se llevan a cabo corridas de toros. ‖ Población fortificada. ● **Sentar plaza**, servir de soldado. ⬦ FAM. plazoleta. / desplazar, emplazar², monoplaza.

plazo s. m. Espacio de tiempo señalado para hacer cierta cosa. ‖ Cada parte de una cantidad que hay que pagar en dos o más veces. ⬦ FAM. aplazar, emplazar¹.

plazoleta s. f. Plaza pequeña.

pleamar s. f. Altura máxima alcanzada

por la marea. ‖ Tiempo que dura esta altura. ⬦ FAM. PLENO, NA y MAR.

plebe s. f. Pueblo, populacho. ⬦ FAM. plebeyo, plebiscito.

plebeyo, ya adj. y s. Relativo a la plebe. ⬥ adj. Vulgar, grosero. ⬦ FAM. plebeyez. PLEBE.

plebiscito s. m. Modo de votación directa de todos los ciudadanos para decidir sobre alguna cuestión de importancia. ⬦ FAM. plebiscitario. PLEBE.

plegable adj. Que puede plegarse.

plegamiento s. m. GEOL. Proceso de deformación de los estratos de la corteza terrestre.

plegar v. tr. [1d]. Hacer pliegues en una cosa. ⬥ **plegarse** v. pron. Ceder, someterse. ⬦ FAM. plegable, plegadizo, plegado, plegador, plegadura, plegamiento, pliego, pliegue. / desplegar, replegar.

plegaria s. f. Oración o súplica que se hace para pedir una cosa.

pleistoceno adj. y s. m. GEOL. Dícese de la primera época del período cuaternario.

pleitear v. tr. [1]. Contender judicialmente. ⬦ FAM. pleiteador. PLEITO.

pleitesía s. f. Muestra reverente de cortesía. ⬦ FAM. PLEITO.

pleito s. m. Disputa, riña. ‖ DER. Controversia judicial entre dos o más partes. ⬦ FAM. pleitear, pleitesía, pleitista. / buscapleitos, picapleitos.

plenamar s. f. Pleamar*.

plenario, ria adj. Completo, lleno. ⬥ s. m. Reunión general.

plenilunio s. m. Luna llena. ⬦ FAM. PLENO, NA y LUNA.

plenipotenciario, ria adj. y s. Dícese del agente diplomático investido de plenos poderes. ⬦ FAM. PLENO, NA y POTENCIA.

plenitud s. f. Totalidad, integridad. ‖ Apogeo, mayor grado o intensidad.

pleno, a adj. Lleno, completo. ‖ Con toda su intensidad. ⬥ s. m. Reunión general de una corporación. ‖ *Argent.* En el juego de la ruleta, apuesta a uno o varios números. ⬦ FAM. plenamente, plenario, plenitud. / pleamar, plenilunio, plenipotenciario. LLENO, NA.

plesiosauro s. m. Reptil marino fósil del secundario. ⬦ FAM. SAURIO.

pletina s. f. Pieza metálica rectangular de poco grosor. ‖ Platina de casete.

plétora s. f. Gran abundancia de alguna cosa. ⬦ FAM. pletórico.

pletórico, ca adj. Pleno, rebosante, lleno.

pleura s. f. Membrana serosa que envuelve los pulmones. ⬦ FAM. pleural, pleuresía, pleuritis.

pleuresía s. f. Inflamación de la pleura.

plexiglás s. m. Materia plástica transparente e incolora.

plexo s. m. ANAT. Red de cordones vasculares o nerviosos.

pléyade s. f. Grupo de personas destacadas, especialmente en las letras, que desarrollan su actividad en la misma época.

pliego s. m. Hoja de papel, especialmente la de forma cuadrangular y doblada por la mitad. ◇ FAM. PLEGAR.

pliegue s. m. Doblez que queda en la parte por donde se ha doblado una cosa. ‖ GEOL. Deformación de las capas geológicas en forma de ondulaciones. ◇ FAM. PLEGAR.

plinto s. m. Parte cuadrada inferior de la basa de una columna. ‖ Aparato gimnástico usado para saltos y otros ejercicios.

plisar v. tr. [1]. Marcar pliegues en una tela. ◇ FAM. plisado.

plomada s. f. Pesa metálica que cuelga del extremo de un cordel y sirve para señalar la línea vertical.

plomería s. f. Conjunto de piezas de plomo que se ponen en los edificios. ‖ Oficio de plomero. ‖ *Amér.* Fontanería.

plomero s. m. Persona que trabaja o fabrica objetos de plomo. ‖ *Amér.* Fontanero.

plomizo, za adj. Que tiene plomo. ‖ De color de plomo o semejante al plomo en alguna de sus cualidades.

plomo s. m. Metal denso y pesado, de color gris azulado, dúctil y maleable. ‖ Fusible de hilo de plomo. ‖ Plomada. ‖ *Fam.* Persona pesada y molesta. ◇ FAM. plomada, plomería, plomero, plomizo. / aplomo, desplomarse, emplomar, plúmbeo.

pluma s. f. Órgano producido por la epidermis de las aves, formado por un tubo provisto de barbas. ‖ Pluma de ave que se usaba para escribir. ‖ Instrumento que sirve para escribir. ◆ s. m. En boxeo, una de las categorías de peso. ◇ FAM. plumado, plumaje, plumazo, plumero, plumífero, plumón, plumoso. / cortaplumas, desplumar, emplumar.

plumaje s. m. Conjunto de plumas que cubren el cuerpo de un ave.

plumazo s. m. Trazo hecho con la pluma de una sola vez.

plúmbeo, a adj. De plomo. ‖ Pesado como el plomo. ◇ FAM. plúmbico. PLOMO.

plumcake s. m. Bizcocho con pasas y frutas confitadas.

plumero s. m. Utensilio para limpiar el polvo, compuesto de un haz de plumas sujeto a un mango. ‖ Adorno de plumas.

plumier s. m. Caja o estuche donde los escolares guardan los lápices, plumas, gomas de borrar, etc.

plumífero, ra adj. Que tiene o lleva plumas.

plumón s. m. Cada una de las pequeñas plumas, de barbas muy finas, que tienen las aves debajo del plumaje exterior.

plural adj. Que expresa pluralidad. ◆ s. m. LING. Accidente gramatical llamado número que se refiere a dos o más personas, animales o cosas. ◇ FAM. pluralidad, pluralismo, pluralizar.

pluralidad s. f. Circunstancia de ser más de uno. ‖ Multitud.

pluralismo s. m. Multiplicidad. ‖ Sistema en que se admite la pluralidad, la diversidad de opiniones, de tendencias, etc.

pluralizar v. tr. [1g]. Atribuir a dos o más personas algo que es peculiar de una.

pluri- pref. Significa 'pluralidad': *pluriempleo.*

pluricelular adj. BIOL. Que consta de muchas células.

pluriempleo s. m. Ejercicio de varios empleos u ocupaciones por una persona.

pluripartidismo s. m. Sistema político que admite la coexistencia de varios partidos.

plurivalente adj. De varios valores. ◇ FAM. plurivalencia. VALER[1].

plus s. m. Cualquier cantidad de dinero suplementaria.

pluscuamperfecto s. m. LING. Tiempo del verbo que expresa una acción pasada que se ha producido antes que otra acción pasada.

plusmarca s. f. Récord deportivo. ◇ FAM. plusmarquista. MARCA.

plusmarquista s. m. y f. Deportista que ha establecido una plusmarca.

plusvalía s. f. Aumento del valor de un bien, por razones exteriores a él.

pluto- pref. Significa 'rico': *plutocracia.*

plutocracia s. f. Régimen político en que el gobierno está en manos de los ricos. ◇ FAM. plutócrata, plutocrático.

plutónico, ca adj. GEOL. Dícese de las rocas que han cristalizado lentamente a grandes profundidades, como el granito.

plutonio s. m. Elemento químico radiactivo, altamente tóxico, que se obtiene en los reactores nucleares de uranio.

pluvial[1] adj. Que procede de la lluvia: *régimen pluvial.* ◇ FAM. pluviómetro, pluviosidad, pluvioso. LLUVIA.

pluvial[2] s. m. Ave zancuda de las orillas arenosas de los lagos y ríos de África tropical.

pluviometría s. f. Rama de la meteorología que trata de la distribución geográfica de las lluvias.

pluviómetro s. m. Aparato para medir la cantidad de lluvia. ◇ FAM. pluviometría, pluviométrico. PLUVIAL[1].

pluviosidad s. f. Cantidad de lluvia caída en un lugar determinado durante un tiempo dado. ◇ FAM. PLUVIAL[1].

población s. f. Conjunto de los habitantes de un país o área geográfica. ‖ Ciudad, villa o lugar. ‖ *Chile.* Barrio marginal de chabolas.

poblado s. m. Población.

poblador, ra adj. y s. Que puebla. ◆ s. *Chile.* Que viven en chabolas.

poblano[1], **na** adj. y s. *Amér. Central y*

Amér. Merid. Lugareño, campesino. ⬦ FAM. PUEBLO.

poblano², na adj. y s. De Puebla (México).

poblar v. tr. [1r]. Ocupar con gente un lugar para que habite o trabaje en él. ‖ Habitar, vivir en un lugar cualquier clase de seres vivos. ➡ **poblarse** v. pron. Llenarse de una cosa. ⬦ FAM. población, poblado, poblador, poblamiento. / despoblar, repoblar, superpoblar. PUEBLO.

pobre s. m. y f. y adj. Persona que no tiene lo necesario para vivir. ‖ Mendigo. ‖ Infeliz, desdichado. ➡ adj. Escaso, insuficiente. ‖ De poco valor o calidad. ⬦ FAM. pobremente, pobreza. / empobrecer, paupérrimo.

pobreza s. f. Calidad o estado de pobre. ‖ Escasez, estrechez.

pocha s. f. Judía blanca temprana.

pocho¹, cha adj. Marchito, pasado. ‖ Pálido, descolorido.

pocho², cha s. *Méx.* Persona de origen mexicano que vive en Estados Unidos y ha adoptado las costumbres norteamericanas, en especial aquella que habla español con acento estadounidense.

pochote s. m. *C. Rica, Hond.* y *Méx.* Planta silvestre, muy espinosa, cuyo fruto encierra una materia algodonosa con que se rellenan almohadas.

pocilga s. f. Establo para el ganado de cerda. ‖ *Fam.* Lugar sucio y maloliente. ⬦ FAM. PUERCO, CA.

pócima s. f. Bebida medicinal hecha de materias vegetales.

poción s. f. Cualquier líquido medicinal para beber.

poco, ca adj. Escaso, limitado y corto en cantidad o calidad. ➡ s. m. Cantidad escasa de algo. ➡ adv. c. Con escasez, en corto grado. ➡ adv. t. Usado con verbos de tiempo, denota corta duración: *tardó poco en llegar.* ● **A poco de,** a breve término. ‖ **Poco a poco,** despacio, con lentitud. ‖ **Por poco,** expresión que indica que apenas faltó nada para que sucediera una cosa. ⬦ FAM. poquedad. / apocar, tampoco.

poda s. f. Acción y efecto de podar. ‖ Tiempo en que se poda.

podadera s. f. Herramienta para podar.

podar v. tr. [1]. Cortar las ramas superfluas de los árboles y otras plantas. ⬦ FAM. poda, podadera, podador.

podenco, ca adj. y s. Dícese de cierto perro que es adecuado para la caza.

poder¹ v. tr. [6]. Tener la facultad o potencia de hacer una cosa. ➡ v. intr. Ser posible que suceda una cosa. ● **Poderlas** *(Méx.),* tener mucho poder². ‖ **Poderle** algo a uno *(Méx.),* producirle gran pena o tristeza. ⬦ FAM. poder². / impotente, omnipotente, posible, potencia, potestad, pudiente.

poder² s. m. Facultad para hacer algo. ‖

Dominio o influencia. ‖ Fuerza, capacidad. ‖ Gobierno de un estado. ‖ Posesión de alguna cosa. ➡ pl. Facultad para hacer algo, dada por el que tiene autoridad para ello. ⬦ FAM. poderío, poderoso. / apoderar. PODER¹.

poderío s. m. Dominio, influencia. ‖ Bienes, riquezas. ‖ Fuerza, energía.

poderoso, sa adj. y s. Que tiene mucho poder². ‖ Rico, influyente. ➡ adj. Activo, eficaz. ⬦ FAM. todopoderoso. PODER².

podio o **podium** s. m. Plataforma sobre la que se coloca al vencedor de una prueba deportiva para homenajearlo. ⬦ FAM. POYO.

podo- pref. Significa 'pie': *podología.*

podología s. f. Rama de la medicina que trata de la afecciones y deformidades de los pies. ⬦ FAM. podólogo.

podredumbre s. f. Estado de aquello que está podrido.

podrido, da adj. Dícese de lo que resulta de pudrir o pudrirse. ⬦ FAM. podredumbre. PUDRIR.

poema s. m. Cualquier texto oral o escrito, compuesto en verso. ⬦ FAM. poemario, poemático.

poemario s. m. Conjunto o colección de poemas.

poesía s. f. Arte de evocar y sugerir sensaciones, emociones e ideas, mediante un empleo particular del lenguaje, sujeto a medidas, cadencias, ritmos e imágenes. ‖ Conjunto de versos, poema de poca extensión. ⬦ FAM. poeta, poético, poetizar. / poema.

poeta s. m. y f. Persona que compone poesía. ⬦ FAM. poetisa. POESÍA.

poético, ca adj. Relativo a la poesía. ‖ Propio de la poesía. ➡ s. f. Arte de componer poesía. ‖ Tratado sobre los principios y reglas de la poesía.

poetisa s. f. Mujer que compone poesía.

pointer adj. y s. m. Dícese de una raza de perros de caza, de cabeza larga, orejas largas y pelo corto.

poker s. m. Póquer*.

polaco, ca adj. y s. De Polonia. ➡ s. m. Lengua eslava hablada principalmente en Polonia.

polaina s. f. Especie de media calza que cubre la pierna hasta la rodilla.

polar adj. Relativo a uno de los polos, o a las zonas próximas a los polos. ⬦ FAM. bipolar, unipolar. POLO¹.

polaridad s. f. Cualidad que permite distinguir entre sí cada uno de los polos de un imán o de un generador eléctrico. ⬦ FAM. POLO¹.

polarización s. f. Acción y efecto de polarizar o polarizarse.

polarizar v. tr. y pron. [1g]. Modificar los rayos luminosos por medio de refracción o reflexión, de tal manera que queden incapaces de refractarse o reflejarse de nuevo en ciertas direcciones. ‖ Concentrar la atención o el ánimo en una cosa. ◆ v. intr. Suministrar una tensión fija a alguna parte de un aparato electrónico. ◇ FAM. polarización. / despolarizar. POLO¹.

polca s. f. Danza de origen polaco que se baila por parejas.

pólder s. m. Terreno pantanoso ganado al mar y rodeado de diques, propio de los Países Bajos.

polea s. f. Rueda acanalada, por donde pasa una cuerda, que gira alrededor de un eje y sirve para elevar cuerpos.

polémica s. f. Controversia, discusión. ◇ FAM. polémico, polemista, polemizar.

polémico, ca adj. Relativo a la polémica o al polemista.

polemista s. m. y f. Persona que polemiza o es aficionada a hacerlo.

polemizar v. intr. [1g]. Entablar o sostener una polémica.

polen s. m. Conjunto de granos microscópicos producidos por los estambres, que forman los elementos masculinos de las plantas con flores. ◇ FAM. polinización.

polenta s. f. En Italia, cocido de harina de maíz.

poleo s. m. Planta de hojas ovales y flores de color azul pálido, que se usa para preparar infusiones.

poli- pref. Significa 'mucho': polígono.

poliamida s. f. Compuesto químico usado en la industria textil.

poliandria s. f. Estado de una mujer casada con varios hombres.

policía s. f. Fuerza pública encargada de mantener el orden. || Cortesía y educación en el trato y costumbres. ◆ s. m. y f. Cada uno de los miembros de esta fuerza. ◇ FAM. policíaco, policial, polizonte.

policíaco, ca o **policiaco, ca** adj. Relativo a la policía.

policial adj. Policíaco.

policlínica s. f. Clínica de diversas especialidades médicas.

policopista adj. Bol. Multicopista.

policromo, ma o **polícromo, ma** adj. De varios colores. ◇ FAM. policromar; policromía.

polideportivo, va adj. y s. m. Dícese de las instalaciones destinadas al ejercicio de varios deportes.

poliédrico, ca adj. Relativo al poliedro.

poliedro s. m. Sólido limitado por varios polígonos, llamados caras. ◇ FAM. poliédrico.

poliéster s. m. Materia que se utiliza en la fabricación de fibras artificiales y materiales textiles.

polifacético, ca adj. Que ofrece varias facetas o aspectos. || Dícese de las personas de múltiples aptitudes. ◇ FAM. FACETA.

polifásico, ca adj. Que presenta varias fases. ◇ FAM. FASE.

polifonía s. f. MÚS. Conjunto de sonidos

simultáneos que forman un todo armónico. ◇ FAM. polifónico.

poligamia s. f. Forma de relación conyugal en la que se permite al varón tener varias esposas legítimas. ◇ FAM. polígamo. BIGAMIA.

polígloto, ta o **poligloto, ta** adj. Escrito en varias lenguas. ◆ adj. y s. Que habla varias lenguas. ◇ FAM. poliglotía, poliglotismo.

polígono s. m. Porción de plano limitado por segmentos de recta de extremos comunes dos a dos. ◇ FAM. poligonal.

polilla s. f. Insecto nocturno cuyas larvas destruyen los tejidos, especialmente la lana. ◇ FAM. apolillar.

polimerización s. f. Transformación de moléculas de poca masa molecular, mediante enlaces de éstas, en otras moléculas gigantes.

polímero s. m. Compuesto químico de elevado peso molecular formado por polimerización. ◇ FAM. polimerización.

polimorfismo s. m. Propiedad de los cuerpos que pueden cambiar de forma sin variar su naturaleza. || BIOL. Presencia en una sola especie de individuos de formas muy diferentes. ◇ FAM. polimorfo.

polinesio, sia adj. y s. De la Polinesia. ◆ s. m. Lengua hablada por los pueblos de la Polinesia.

polinización s. f. Transporte del polen desde los estambres hasta el estigma de la flor. ◇ FAM. polinizar. POLEN.

polinomio s. m. MAT. Suma algebraica de monomios.

polio s. f. Fam. Poliomielitis.

poliomielitis s. f. Enfermedad producida por un virus que se fija en la médula espinal y provoca parálisis. ◇ FAM. polio. MIELITIS.

polipasto s. m. Aparejo, sistema de poleas.

polipétalo, la adj. BOT. Dícese de la flor o corola que tiene varios pétalos.

pólipo s. m. Forma fija de los celentéreos, compuesta por un cuerpo cilíndrico con dos paredes, entre las que se encuentra la cavidad digestiva. || MED. Tumor benigno, blando, que se desarrolla en las cavidades de una mucosa.

polis s. f. En la antigua Grecia, ciudad-estado. ◇ FAM. acrópolis, cosmopolita, megalópolis, metrópoli, necrópolis.

polisacáridos s. m. pl. Hidratos de carbono.

polisemia s. f. Pluralidad de significados de una palabra. ◇ FAM. SEMA.

polisépalo, la adj. BOT. Dícese de la flor o cáliz que tiene varios sépalos.

polisílabo, ba adj. y s. m. De varias sílabas.

polispasto s. m. Polipasto*.

politécnico, ca adj. Que abarca conocimientos de diversas ciencias o artes.

politeísmo s. m. Forma de religión que

admite una pluralidad de dioses. <> FAM. politeísta. TEÍSMO.

política s. f. Ciencia, doctrina u opinión que trata del gobierno de un estado o de una sociedad. || Modo de actuar una persona o entidad en un asunto. || Habilidad para conseguir un determinado fin. <> FAM. político, politizar, politología. / geopolítica.

político, ca adj. Relativo a la política. || Dícese de la persona que muestra habilidad en el manejo de un asunto. || Dícese del parentesco que lo es por afinidad y no por consanguinidad. ◆ s. Persona que se dedica a la política. <> FAM. apolítico. POLÍTICA.

politizar v. tr. y pron. [1g]. Dar una formación política a una persona o un matiz político a una cosa. <> FAM. politización. / despolitizar. POLÍTICA.

politología s. f. Ciencia de la política. <> FAM. politólogo. POLÍTICA.

polivalente adj. Que es útil y eficaz en diversos aspectos. || Que tiene varios valores. <> FAM. polivalencia. VALER[1].

póliza s. f. Documento que justifica un contrato donde se recogen sus cláusulas. || Sello con que se satisface en determinados documentos el impuesto del timbre.

polizón s. m. Persona que se embarca clandestinamente.

polizonte s. m. *Desp.* Policía, agente.

polla s. f. Gallina joven. || *Vulg.* Pene.

pollera s. f. Sitio en que se crían los pollos. || Cesto estrecho de boca y ancho de base que sirve para criar pollos. || *Amér. Merid.* Falda de mujer.

pollería s. f. Tienda donde se venden pollos, huevos, etc.

pollina s. f. *P. Rico* y *Venez.* Flequillo.

pollino, na s. Asno joven y sin domar.

pollito, ta s. Cría de las aves. || Pollo, persona joven.

pollo s. m. Cría de las aves y particularmente de las gallinas. || Gallo o gallina joven destinado al consumo. || *Fam.* Hombre joven. <> FAM. polla, pollera, pollería, pollero, pollito. / empollar.

polo[1] s. m. Cualquiera de los extremos del eje de rotación de una esfera, en especial de la Tierra. || Cada uno de los extremos de un generador de electricidad, que sirven para conectar los conductores exteriores. || Helado alargado que se chupa cogiéndolo por un palillo hincado en su base. ● **Polo magnético**, lugar del globo terráqueo donde se dirige la aguja imantada. <> FAM. polar, polaridad, polarizar.

polo[2] s. m. Juego que se practica a caballo y consiste en impulsar una pelota, con la ayuda de un mazo, hacia la meta. <> FAM. polista.

pololear v. tr. [1]. *Amér. Central* y *Amér. Merid.* Molestar, importunar. || *Chile.* Requebrar, galantear. || *Chile.* Tontear, bromear.

pololo s. m. *Chile.* Individuo que pretende a una mujer con fines amorosos. || *Chile.* Insecto que al volar produce un zumbido como el moscardón. <> FAM. pololear.

polonio s. m. Metal radiactivo, que a menudo acompaña al radio.

poltrón, na adj. Holgazán, gandul. ◆ s. f. Butaca cómoda y ancha. <> FAM. poltronería. / apoltronarse.

polución s. f. Derrame involuntario de semen. || Contaminación. <> FAM. polucionar, poluto.

poluto, ta adj. Sucio, manchado. <> FAM. impoluto. POLUCIÓN.

polvareda s. f. Gran cantidad de polvo levantada del suelo por el viento o por otra causa.

polvera s. f. Estuche o cajita que sirve para contener los polvos de tocador y la borla con que suelen aplicarse.

polvillo s. m. *Amér.* Nombre genérico de varios hongos que atacan a los cereales.

polvo s. m. Tierra en pequeñísimas partículas, que con cualquier movimiento se levantan en el aire. || Cualquier materia reducida a partes muy menudas. ● **Hacer polvo** a alguien (*Fam.*), causarle un gran perjuicio o daño. || **Limpio de polvo y paja** (*Fam.*), sin molestias o gravamen. <> FAM. polvareda, polvera, polvillo, pólvora, polvorear, polvoriento, polvorizar, polvorón. / empolvar, espolvorear, guardapolvo, pulverizar, rapapolvo.

pólvora s. f. Mezcla explosiva usada para disparar proyectiles o para la propulsión de cohetes. <> FAM. polvorín. POLVO.

polvoriento, ta adj. Lleno o cubierto de polvo.

polvorilla s. m. y f. *Fam.* Persona inquieta y de genio muy vivo.

polvorín s. m. Lugar en que se almacenan explosivos, pólvora y otros artificios. || Pólvora fina.

polvorón s. m. Dulce de harina, manteca y azúcar, que al comerlo se deshace en polvo. <> FAM. POLVO.

poma s. f. Manzana pequeña y chata. <> FAM. pomar.

pomada s. f. Mezcla de sustancias grasas o vaselina con otros ingredientes, de uso medicinal y de aplicación externa.

pomar s. m. Huerta donde hay árboles frutales, especialmente manzanos. <> FAM. POMA.

pomelo s. m. Árbol parecido al naranjo, cultivado por sus frutos. || Fruto de este árbol, de sabor ácido, que se toma en zumo.

pomo s. m. Pieza de metal, madera, etc., que sirve de remate de algunas cosas o como tirador en muebles, puertas, etc. || Extremo de la guarnición de la espada. || *Argent.* Recipiente de material flexible en que se expenden cosméticos, fármacos o pinturas. || *Argent.* Juguete de forma cilíndrica, con el que se arroja agua durante el carnaval. ‖ *Méx.* Botella de bebida alcohólica.

pompa s. f. Ampolla formada por una película líquida llena de aire. ‖ Ostentación de grandeza. ‖ *Méx. Fam.* Nalga. ◇ FAM. pomposo.

pompi o **pompis** s. m. *Fam.* Trasero, culo.

pompo, pa adj. *Colomb.* y *Ecuad.* Que no tiene filo, romo.

pompón s. m. Borla que suele ponerse como adorno.

pomposo, sa adj. Hecho con pompa y lujo. ◇ FAM. pomposidad. POMPA.

pómulo s. m. Hueso saliente de cada una de las mejillas.

ponceño, ña adj. y s. De Ponce (Puerto Rico).

ponchada s. f. *Amér. Merid.* Cantidad importante de algo.

poncharse v. pron. [1]. *Guat.* y *Méx.* Pincharse la rueda de un automóvil.

ponchazos. A los ponchazos (*Argent.*), de la mejor manera posible. ‖ De cualquier manera.

ponche s. m. Bebida hecha mezclando un licor con agua caliente, limón y azúcar. ◇ FAM. ponchera.

poncho s. m. Manta cuadrada, con una abertura en el centro para pasar la cabeza, que cuelga de los hombros. ● **Alzar el poncho** (*Argent.*), marcharse, irse. ‖ **Perder el poncho** (*Argent.*), enloquecer de amor.

ponderación s. f. Atención y cuidado con que se hace o dice una cosa. ‖ Calidad de ponderado. ‖ Expresión con que se pondera. ‖ Exageración, encarecimiento.

ponderado, da adj. Que procede con tacto y prudencia.

ponderar v. tr. [1]. Alabar con fuerza a alguien o algo. ‖ Considerar con atención e imparcialidad un asunto. ◇ FAM. ponderable, ponderación, ponderado, ponderador, ponderativo, ponderoso. / imponderable, preponderar.

ponderativo, va adj. Que pondera de forma exagerada.

pondo s. m. *Ecuad.* Tinaja.

ponedora adj. Dícese de las aves que ponen muchos huevos.

ponencia s. f. Comunicación sobre un tema concreto que se somete al examen y resolución de una asamblea. ‖ Cargo de ponente.

ponente s. m. y f. Persona que presenta en una asamblea una propuesta a discutir. ◇ FAM. ponencia. PONER.

poner v. tr. y pron. [5]. Asignar a un objeto un lugar o un modo de estar en el espacio. ● v. tr. Disponer, preparar algo para un fin determinado. ‖ Establecer, instalar. ‖ Dar, imponer un nombre. ‖ Representar una obra teatral o proyectar una película. ‖ Conectar determinados aparatos eléctricos. ‖ Soltar el huevo las aves.

● **ponerse** v. pron. Con la preposición *a* seguida de infinitivo, comenzar una acción: *ponerse a llover.* ‖ Ocultarse los astros, especialmente el Sol, bajo el horizonte. ‖ Sufrir un cambio en la salud. ◇ FAM. ponedora, ponente, poniente, posición, postizo, postor, postura, puesta, puesto. / anteponer, apósito, apostar, componer, contraponer, deponer, disponer, exponer, imponer, interponer, oponer, posponer, proponer, reponer, sobreponer, superponer, suponer, trasponer, yuxtaponer.

poney s. m. Caballo de talla pequeña.

pongo s. m. *Amér. Merid.* Indio que hace el oficio de criado. ‖ *Amér. Merid.* Indio que sirve en una finca a cambio del permiso del patrón para sembrar una porción de tierra. ‖ *Ecuad.* y *Perú.* Cañón angosto y peligroso de un río.

poni s. m. Poney*.

poniente s. m. Oeste, punto cardinal. ‖ Viento del oeste. ◇ FAM. PONER.

pontevedrés, sa adj. y s. De Pontevedra (España).

pontifical adj. Relativo al pontífice.

pontífice s. m. Prelado supremo de la Iglesia católica romana. ◇ FAM. pontificado, pontifical, pontificar, pontificio.

pontificio, cia adj. Pontifical.

ponzoña s. f. Sustancia que tiene en sí cualidades nocivas para la salud. ◇ FAM. ponzoñoso. / emponzoñar.

pop adj. Dícese de lo relacionado con la cultura y la comunicación de masas, el consumismo, etc. ‖ Dícese de una forma musical de origen anglonorteamericano, que deriva del rock and roll, del rhythm and blues y de la música folk.

popa s. f. Parte posterior de la nave.

popayanense adj. y s. m. y f. De Popayán (Colombia).

pope s. m. Sacerdote de alguna de las iglesias ortodoxas.

popelín s. m. Tela de algodón, con algo de brillo, que forma cordoncillos horizontales.

popocho adj. *Colomb.* Repleto, harto.

popote s. m. *Méx.* Pajilla para sorber líquidos.

populachería s. f. *Desp.* Popularidad.

populacho s. m. Plebe, lo más bajo del pueblo. ◇ FAM. populachería. PUEBLO.

popular adj. Relativo al pueblo. ‖ Propio del pueblo: *lenguaje popular.* ‖ Muy conocido o extendido en una colectividad. ◇ FAM. popularidad, popularizar, popularmente. / impopular. PUEBLO.

popularidad s. f. Estimación y fama entre el pueblo.

popularizar v. tr. y pron. [1g]. Hacer popular a alguien o algo. ◇ FAM. popularización. / despopularizar. POPULAR.

populismo s. m. Doctrina política que defiende los intereses y aspiraciones del pueblo. ◇ FAM. populista. PUEBLO.

populoso, sa adj. Dícese del lugar muy poblado. ⟷ FAM. PUEBLO.

popurrí s. m. Composición musical que consiste en una serie de fragmentos de obras diversas. || Mezcla de cosas diversas.

popusa s. f. *Bol.*, *Guat.* y *Salv.* Tortilla de maíz con queso o trocitos de carne.

poquedad s. f. Calidad de poco. || Timidez, apocamiento. || Cosa insignificante. ⟷ FAM. POCO, CA.

póquer s. m. Juego de cartas de origen norteamericano en el que cada jugador recibe cinco cartas.

póquil s. m. *Chile.* Planta cuyas flores se usan en tintorería para dar color amarillo.

por prep. Forma el complemento agente de las oraciones pasivas. || Unida a un nombre de lugar, determina tránsito por él: *iremos por Madrid*. || Unida a un nombre de tiempo, indica la fecha aproximada. || Indica parte o lugar concreto: *lo cogió por el asa*. || Se usa para denotar la causa: *lo detuvieron por robo*. || Se usa para indicar el modo de ejecutar una cosa. || Indica idea de compensación: *lo uno por lo otro*. || Indica multiplicación de números: *ocho por cuatro*. || Con verbos en infinitivo, indica la acción futura que expresa ese infinitivo: *está por pulir*.

porcelana s. f. Loza fina, generalmente de color blanco, traslúcida, impermeable y muy vitrificada.

porcentaje s. m. Proporción de una cantidad respecto a otra, evaluada sobre la centena. ⟷ FAM. porcentual.

porcentual adj. Expresado o calculado en porcentaje.

porche s. m. Entrada adosada a un edificio, cubierta con un techo separado.

porcino, na adj. Relativo al cerdo. ⟷ FAM. PUERCO, CA.

porción s. f. Cantidad separada de otra mayor. || Parte que corresponde a cada uno en un reparto. ⟷ FAM. proporción.

pordiosear v. intr. [1]. Pedir limosna. || Pedir algo con insistencia y humillación.

pordiosero, ra adj. y s. Mendigo. ⟷ FAM. pordiosear. DIOS.

porfiado, da adj. Obstinado.

porfiar v. intr. [1t]. Disputar con obstinación. || Rogar con insistencia para conseguir algo. ⟷ FAM. porfía, porfiado, porfiador.

porífero, ra adj. y s. m. Relativo a un tipo de animales acuáticos cuyas paredes están perforadas por canales de circulación.

pormenor s. m. Detalle particular que completa un suceso. || Circunstancia secundaria en un asunto. ⟷ FAM. pormenorizar. MENOR.

pormenorizar v. tr. [1g]. Describir o enumerar con pormenores.

porno adj. Apócope de *pornográfico*: *cine porno*.

pornografía s. f. Representación de actos

sexuales en fotografías, revistas, películas, etc. ⟷ FAM. porno, pornográfico.

poro[1] s. m. Intersticio que hay entre las partículas de los sólidos. || Agujero muy pequeño que hay en la piel de los seres vivos o en la superficie de los vegetales. ⟷ FAM. porífero, porosidad, poroso.

poro[2] s. m. *Argent.* y *Urug.* Calabaza en forma de pera usada para cebar el mate. ⟷ FAM. porongo.

porongo s. m. *Argent.*, *Par.*, y *Urug.* Calabaza, poro. || *Bol.*, *Chile*, *Pan.*, *Par.* y *Urug.* Vasija de arcilla para guardar la chicha. || *Perú.* Recipiente metálico para vender leche. ⟷ FAM. poronguero. PORO[2].

poronguero, ra s. *Perú.* Vendedor de leche.

porosidad s. f. Calidad de poroso.

poroso, sa adj. Que tiene poros.

poroto s. m. *Amér. Merid.* Especie de alubia. || *Amér. Merid.* Guiso que se hace con estas alubias. || *Amér. Merid.* Niño. || *Amér. Merid.* Persona de poca importancia. • **Anotarse un poroto** (*Amér. Merid.*), anotarse un tanto en el juego o un acierto en cualquier actividad.

porque conj. caus. Por causa o razón de que: *no pudo asistir porque estaba enfermo*.

porqué s. m. *Fam.* Causa, razón o motivo: *preguntarse el porqué de algo*.

porquería s. f. Suciedad, inmundicia. || *Fam.* Acción sucia. || *Fam.* Grosería. || *Fam.* Cosa de poco valor. ⟷ FAM. PUERCO, CA.

porra s. f. Palo o bastón nudoso, más grueso por un extremo que por otro. || *Argent.* Maraña de cerdas, tierra y abrojos que se forma en la cola y crines de yeguarizos. || *Argent. Fam.* Pelo abundante y enmarañado. || *Méx.* Frases fijas que se dicen con fuerza para animar a alguien. || *Méx.* Conjunto de seguidores de un equipo deportivo. ⟷ FAM. porrada, porrazo, porrista, porrudo. / aporrear, mamporro.

porrada s. f. *Fam.* Abundancia de algo.

porrazo s. m. Golpe que se da con la porra u otra cosa. || Golpe fuerte que se recibe al caer o al topar con algo duro.

porrista s. m. y f. *Méx.* Miembro de una porra.

porro s. m. *Fam.* Cigarrillo de hojas de marihuana, hachís, etc.

porrón s. m. Vasija de vidrio de forma cónica, usada para beber vino a chorro por el pitón que sale de cerca de la base.

porrudo, da adj. y s. *Argent.* Dícese de la persona o animal que tiene porra.

porta s. f. y adj. Vena que conduce la sangre procedente del intestino y el bazo al hígado.

portaaviones s. m. Buque de guerra cuyo armamento principal está formado por aviones.

portada s. f. Adorno con que se realza la

puerta o fachada principal de un edificio. ‖ Primera plana de un libro, periódico o revista. <> FAM. contraportada. PUERTA.

portador, ra adj. y s. Que lleva o trae una cosa de una parte a otra.

portaequipajes s. m. Soporte que se dispone sobre el techo de los automóviles para el transporte de bultos. ‖ Maletero de un coche.

portaestandarte s. m. Oficial que lleva el estandarte.

portafolios s. m. Carpeta o cartera para llevar papeles, documentos, etc.

portal s. m. Zaguán donde está la puerta principal. ‖ Arco que corona una entrada. <> FAM. soportal. PUERTA.

portalámparas s. m. Dispositivo en el que se inserta el casquillo de la bombilla eléctrica.

portaligas s. m. Argent., Chile, Perú y Urug. Liguero de las mujeres.

portallaves s. m. Méx. y Venez. Llavero para guardar llaves.

portalón s. m. Puerta grande. ‖ Abertura hecha en el costado del buque. <> FAM. PUERTA.

portaminas s. m. Especie de lapicero cuya mina de grafito va suelta y es recambiable.

portamonedas s. m. Bolsa o cartera para llevar monedas.

portaobjetos s. m. Pequeña lámina de vidrio rectangular, donde se coloca el objeto para ser examinado en el microscopio.

portar v. tr. [1]. Llevar o traer. ◆ **portarse** v. pron. Actuar de cierta manera. <> FAM. portador, portátil, porte, portear, portor. / aportar, comportar, exportar, importar, portaaviones, portaequipajes, portaestandarte, portafolios, portahelicópteros, portalámparas, portaligas, portallaves, portaminas, portamonedas, portaobjetos, portavoz, reportar, soportar, transportar.

portátil adj. Fácil de ser llevado de una parte a otra.

portaviones s. m. Portaaviones*.

portavoz s. m. y f. Persona autorizada para hablar y representar a un grupo, partido, etc.

portazo s. m. Golpe recio dado con una puerta al cerrarse o ser cerrada. ‖ Acción de cerrar la puerta con brusquedad. <> FAM. PUERTA.

porte s. m. Acción de portear. ‖ Cantidad que se paga por el transporte de mercancías. ‖ Aspecto, planta, presencia.

portear v. tr. [1]. Transportar. <> FAM. porteador, porteo. PORTAR.

portento s. m. Persona o cosa que tiene dotes extraordinarias. <> FAM. portentoso.

portentoso, sa adj. Prodigioso, extraordinario.

porteño, ña adj. y s. De Buenos Aires. ‖ De Valparaíso (Chile). ‖ De Puerto Cortés (Honduras).

portería s. f. Parte de un edificio, donde está el portero. ‖ Empleo de portero. ‖ En ciertos deportes de equipo, armazón por donde ha de entrar el balón o la pelota.

portero, ra s. Persona que custodia la puerta de un edificio público o privado. ‖ En ciertos deportes de equipo, jugador que defiende la meta de su bando. <> FAM. portería. PUERTA.

pórtico s. m. Espacio cubierto y con columnas, situado delante de los templos u otros edificios. ‖ Galería con arcadas o columnas. <> FAM. porticado. PUERTA.

portilla s. f. Paso en los cercados de las fincas rústicas. ‖ Cada una de las ventanillas circulares practicadas en los costados del buque. <> FAM. PUERTA.

portillo s. m. Abertura que hay en las murallas, paredes o tapias. <> FAM. aportillar, desportillar. PUERTA.

portoalegrense adj. y s. m. y f. De Porto Alegre (Brasil).

portor s. m. Acróbata que sostiene o recibe a sus compañeros en los equilibrios de tierra o en los ejercicios aéreos. <> FAM. PORTAR.

portorriqueño, ña adj. y s. Puertorriqueño.

portovejense adj. y s. m. y f. De Portoviejo (Ecuador).

portuario, ria adj. Relativo al puerto de mar. <> FAM. PUERTO.

portuense adj. y s. m. y f. De cualquier población denominada Puerto.

portugués, sa adj. y s. De Portugal. ◆ s. m. Lengua hablada en Portugal y en Brasil. <> FAM. galaicoportugués, gallego-portugués.

porvenir s. m. Hecho o tiempo futuro. ‖ Situación futura.

pos- pref. Significa 'detrás, después de': posdata.

posada s. f. Establecimiento en que se hospedan viajeros o forasteros. ‖ Alojamiento. ‖ Méx. Cada una de las fiestas típicas que se celebran los nueve días anteriores a Navidad, en conmemoración de la peregrinación de José y María en busca de posada. <> FAM. posadero. POSAR¹.

posadense adj. y s. m. y f. De Posadas (Argentina).

posaderas s. f. pl. Nalgas. <> FAM. POSAR¹.

posadero, ra s. Patrón o dueño de una posada.

posar¹ v. tr. [1]. Dejar la carga que se trae, descansar. ◆ **posarse** v. pron. Detenerse las aves, mariposas, etc., en cierto sitio al acabar el vuelo. ‖ Depositarse en el fondo lo que está en suspensión en un líquido o en el aire. <> FAM. posada, posaderas, poso. / aposentar, posavasos, reposar.

posar² v. intr. [1]. Permanecer en una postura determinada, para servir de modelo a un pintor, escultor o fotógrafo. <> FAM. pose.

posavasos s. m. Soporte de cualquier material, utilizado para que los vasos de bebida no dejen huellas en las mesas.

posdata s. f. Texto que se añade a una carta ya concluida y firmada.

pose s. f. Postura, actitud, afectación. ◇ FAM. POSAR².

poseer v. tr. [2i]. Tener en propiedad. ‖ Tener un hombre trato sexual con una mujer. ◇ FAM. poseedor, poseído, posesión, posesivo, poseso. / desposeer.

poseído, da adj. y s. Dominado por una idea o pasión. ‖ Poseso.

posesión s. f. Acción de poseer: *una posesión legítima.* ‖ Cosa poseída. ◇ FAM. posesional, posesionar. POSEER.

posesivo, va adj. Que denota posesión. ◆ adj. y s. m. Dícese de la persona dominante y absorbente. ‖ LING. Dícese del adjetivo o pronombre que expresa posesión.

poseso, sa adj. y s. Dícese de la persona a la que se atribuye la posesión de algún espíritu.

posguerra s. f. Período de tiempo posterior a una guerra.

posibilidad s. f. Calidad de posible. ‖ Hecho de ser posible una cosa. ◆ pl. Conjunto de medios, caudal o hacienda de uno.

posibilitar v. tr. [1]. Facilitar y hacer posible una cosa.

posible adj. Que puede ser o suceder, que se puede hacer. ◆ s. m. pl. Conjunto de medios necesarios para hacer una cosa. ◇ FAM. posibilidad, posibilitar, posiblemente. / imposible. PODER¹.

posición s. f. Situación de una cosa, de un objeto o de una persona. ‖ Actitud, postura. ‖ Categoría social. ‖ Sitio fortificado. ◇ FAM. posicionar. / aposición, preposición. PONER.

positivismo s. m. Sistema filosófico que no admite otra realidad que los hechos que pueden captarse por los sentidos y ser verificados por la experiencia. ◇ FAM. positivista. POSITIVO, VA.

positivo, va adj. Que se basa en los hechos. ‖ Cierto, constante. ‖ FÍS. Se dice del polo en que hay defecto de electrones. ‖ MAT. Se dice del número mayor de cero. ◆ s. m. Copia fotográfica obtenida de un negativo. ◇ FAM. positivamente, positivismo. / diapositiva, electropositivo.

positrón s. m. Partícula del electrón que posee la misma masa que éste y una carga de signo contrario, es decir, positiva.

posmeridiano, na adj. Perteneciente o relativo a la tarde, o posterior al mediodía.

poso s. m. Sedimento del líquido contenido en una vasija. ◇ FAM. POSAR².

posología s. f. Estudio de las dosis y de las vías de administración de los medicamentos.

posponer v. tr. [5]. Poner o colocar una persona o cosa después de otra. ‖ Aplazar. ◇ FAM. posposición, pospositivo, pospuesto. PONER.

post- pref. Pos-*.

posta s. f. Conjunto de caballerías que se apostaban en los caminos para renovar las del correo, diligencias, etc. ‖ Bala pequeña de plomo. ◇ FAM. postal.

postal adj. Relativo al correo. ◆ s. f. y adj. Tarjeta que se envía por correo sin sobre. ◇ FAM. POSTA.

poste s. m. Madero, piedra o columna que se coloca verticalmente para servir de apoyo, señal, etc. ‖ Cada uno de los dos palos verticales de la portería del fútbol y de otros deportes.

póster s. m. Cartel grande destinado a la decoración.

postergar v. tr. [1b]. Hacer sufrir un retraso a una cosa. ‖ Colocar en lugar inferior al que tenía. ◇ FAM. postergación. / impostergable.

posteridad s. f. Generación venidera. ‖ El tiempo futuro.

posterior adj. Que sigue en el orden del tiempo. ‖ Que está detrás o en la parte de atrás de algo. ‖ LING. Dícese de la consonante cuya articulación se produce en la parte posterior del canal bucal. ◇ FAM. posteridad, posterioridad, posteriormente, postrero, póstumo.

posterioridad s. f. Calidad de posterior.

postigo s. m. Puerta pequeña abierta en otra mayor. ‖ Puerta de una sola hoja que cubre una ventana, cerrando el paso de la luz.

postilla s. f. Costra que se forma en las llagas cuando se van secando.

postín s. m. *Fam.* Presunción, vanidad. ● **De postín** *(Fam.),* de lujo. ◇ FAM. postinear.

postizo, za adj. Que suple una falta o escasez natural. ‖ Que está añadido, sobrepuesto. ‖ Falso, ficticio. ◆ s. m. Añadido de pelo que suple una escasez o falta. ◇ FAM. PONER.

postoperatorio, ria adj. Dícese del proceso que se verifica después de una operación quirúrgica.

postor s. m. Licitador que ofrece precio en una subasta. ◇ FAM. PONER.

postración s. f. Estado de gran abatimiento, con disminución de la energía física y psíquica.

postrar v. tr. y pron. [1]. Debilitar física o moralmente. ◆ **postrarse** v. pron. Arrodillarse en señal de respeto, veneración o súplica. ◇ FAM. postración, postrador.

postre s. m. Fruta, plato dulce, etc., que se toma al final de las comidas. ● **A la,** o **al, postre,** al final. ◇ FAM. POSTRERO, RA.

postrero, ra adj. y s. Que se encuentra el último en una serie. ◇ FAM. postre, postrimerías. POSTERIOR.

postrimerías s. f. pl. Último período en la duración de algo. ‖ *Últimos momentos de la vida.*

postulado s. m. Principio primero, cuya admisión es necesaria para establecer una demostración.

postulante adj. y s. m. y f. Que postula. ➜ s. m. y f. Persona que pide ingresar en una orden religiosa.

postular v. tr. [1]. Pedir en una colecta. || Pedir que se tome una determinada resolución. || Defender un principio o idea. ◇ FAM. postulación, postulado, postulador, postulante.

póstumo, ma adj. Que nace después de la muerte del padre. || Que aparece después de la muerte del autor. ◇ FAM. PÓSTERIOR.

postura s. f. Manera de estar o colocarse. || Actitud que se toma con respecto a un asunto, ideología, etc. ◇ FAM. PONER.

potabilizar v. tr. [1g]. Hacer potable. ◇ FAM. potabilizador. POTABLE.

potable adj. Que se puede beber sin que dañe. || *Fam.* Aceptable: *argumento potable*. ◇ FAM. potabilidad, potabilizar.

potaje s. m. Guiso hecho con legumbres secas, verduras y otros ingredientes. || *Fam.* Lío, desorden.

potasa s. f. Nombre común del hidróxido de potasio y los carbonatos de potasio.

potasio s. m. Metal alcalino ligero, blando y muy oxidable, cuyos compuestos se usan como abono. ◇ FAM. potasa, potásico.

pote s. m. Vasija cilíndrica con asa. ◇ FAM. potingue. BOTE².

potencia s. f. Capacidad para realizar una cosa o producir un efecto. || Fuerza, poder. || Estado soberano. || FILOS. Carácter, virtualidad, posibilidad. || FÍS. Trabajo realizado por unidad de tiempo. || MAT. Resultado de multiplicar una cantidad por sí misma cierto número de veces. • **En potencia**, de manera virtual, que puede producirse o ser producido. ◇ FAM. potencial, potenciar, potenciómetro, potente. / plenipotenciario. PODER¹.

potencial adj. Relativo a la potencia. || Que sólo existe en potencia. ➜ adj. y s. m. LING. Dícese de una forma verbal que indica posibilidad. ➜ s. m. Fuerza o poder disponibles: *potencial militar*. || Cantidad de energía liberable almacenada en un cuerpo. ◇ FAM. potencialidad, potencialmente. POTENCIA.

potenciar v. tr. [1]. Facilitar, fomentar, impulsar. ◇ FAM. potenciación. POTENCIA.

potenciómetro s. m. Aparato que mide diferencias de potencial.

potentado, da s. Persona poderosa y opulenta.

potente adj. Que tiene potencia. || Poderoso, fuerte. ◇ FAM. potentado. / prepotente. POTENCIA.

potestad s. f. Dominio, poder o facultad que se tiene sobre una persona o cosa. ➜ pl. REL. Conjunto de espíritus bienaventurados que forman el cuarto coro. ◇ FAM. potestativo. PODER¹.

potestativo, va adj. Voluntario, no obligatorio.

potingue s. m. *Fam.* Medicamento. || *Fam.* Cosmético. ◇ FAM. POTE.

potito s. m. Comida preparada y envasada para niños.

poto s. m. *Argent., Bol., Chile* y *Perú.* Nalgas. || *Perú.* Vasija pequeña de barro.

potosí s. m. Riqueza extraordinaria. • **Valer una cosa un Potosí** (*Fam.*), valer mucho.

potosino, na adj. y s. De Potosí (Bolivia).

potranco, ca s. Potro de menos de tres años.

potrerear v. intr. [1]. *Argent. Fam.* Jugar los niños libremente.

potrero, ra s. Persona que cuida de los potros. ➜ s. m. Lugar para la cría y pasto de ganado caballar. || *Amér.* Finca cercada destinada al sostenimiento de ganado. || *Argent.* Parcela en que se divide la estancia ganadera. ◇ FAM. empotrerar. POTRO, TRA.

potro, tra s. Caballo o yegua hasta la muda de la dentición de leche. ➜ s. m. Aparato gimnástico formado por una armazón de madera montada sobre patas. || Antiguo instrumento de tortura. ◇ FAM. potranco, potrero. / empotrar.

poyo s. m. Banco de obra junto a la pared. ◇ FAM. podio.

pozo s. m. Hoyo que se hace en la tierra para sacar agua o petróleo. || Hoyo profundo para bajar a las minas. || Depresión en el fondo del mar. || Parte más honda de un río. || Persona que tiene en alto grado lo que se expresa: *un pozo de ciencia*. || *Argent., Par.* y *Urug.* Socavón. || *Colomb.* Parte de un río adecuada para bañarse. • **Pozo negro** o **ciego**, depósito excavado para la recogida de las aguas residuales. || **Pozo sin fondo**, persona o cosa insaciable.

pozole s. m. *Guat.* Triturado utilizado para alimentar las aves de corral. || *Méx.* Guiso de maíz tierno, chile y carne. || *Méx.* Bebida refrescante de agua y harina de maíz batida.

práctica s. f. Acción de realizar un trabajo o actividad. || Destreza o habilidad que se adquiere con esa realización. || Uso o costumbre habitual. || Aplicación de los conocimientos adquiridos. ◇ FAM. prácticamente, practicar, práctico. / pragmático, praxis.

practicable adj. Que se puede practicar. || Dícese del camino, terreno, etc., por el que se puede pasar. || Que se puede abrir y cerrar. ◇ FAM. impracticable. PRACTICAR.

prácticamente adv. m. De manera práctica. || Casi: *prácticamente acabado*.

practicante adj. y s. m. y f. Que practica. || Dícese de la persona que profesa y practica su religión. ➜ s. m. y f. Auxiliar mé-

dico que pone inyecciones y hace pequeñas curas.

practicar v. tr. [1a]. Realizar una activi-
dad, trabajo, acto, etc. || Hacer una cosa
con cierta asiduidad o frecuencia. || Ha-
cer, ejecutar. ◇ FAM. practicable, practi-
cante. PRÁCTICA.

práctico, ca adj. Que produce provecho
o utilidad material. || Hábil para hacer
algo. || Que tiende a la realización o apli-
cación de determinados conocimientos.
◆ s. m. Persona que dirige las entradas y
salidas de los barcos en un puerto.

pradera s. f. Conjunto de prados. || Prado
grande.

prado s. m. Terreno muy húmedo en el
que se deja crecer o se siembra la hierba
para pasto del ganado. || Lugar entre ár-
boles y césped que sirve de paseo. ◇ FAM.
pradera.

pragmática s. f. Enfoque lingüístico que
estudia el lenguaje en relación con sus
usuarios y con las circunstancias de la comunicación.

pragmático, ca adj. Relativo a la acción
y no a la teoría. || Relativo a la pragmática.
|| Relativo al pragmatismo. ◇ FAM. prag-
mática, pragmatismo. PRÁCTICA.

pragmatismo s. m. Doctrina que toma
como criterio de verdad el valor práctico.
◇ FAM. pragmatista. PRAGMÁTICA, CA.

praliné s. m. Especie turrón de almendras
molidas.

prángana adj. Méx. Fam. Que es pobre
en extremo.

praseodimio s. m. Metal del grupo de las
tierras raras.

praxis s. f. Práctica, en oposición a teoría.
◇ FAM. PRÁCTICA.

pre- pref. Significa 'delante, antes': premolar, predecir.

preámbulo s. m. Introducción, prefacio. ||
Rodeo o digresión antes de empezar a decir una cosa claramente.

prebenda s. f. Renta aneja a un oficio
eclesiástico. || Fam. Oficio o empleo lu-
crativo y de poco trabajo.

preboste s. m. Persona que es cabeza o
jefe de una comunidad. ◇ FAM. prebostal,
prebostazgo.

precario, ria adj. Inestable, inseguro o
escaso. ◇ FAM. precariamente, precarie-
dad.

precaución s. f. Medida o actitud que
se toma para evitar un peligro o un mal.
◇ FAM. precautorio, precaver. CAUTO, TA.

precaver v. tr. y pron. [2]. Tomar las medidas necesarias para evitar o remediar un
mal. ◇ FAM. precavido. PRECAUCIÓN.

precavido, da adj. Que actúa con precaución.

precedente adj. y s. m. y f. Que precede.
◆ s. m. Acción o dicho anterior que sirve
para justificar hechos posteriores.

preceder v. tr. e intr. [2]. Ir delante en
tiempo, orden o lugar. ◆ v. tr. Tener pri-

macía, preferencia o superioridad sobre
una persona o cosa. ◇ FAM. precedencia,
precedente. CEDER.

preceptista adj. y s. m. y f. Que da o enseña preceptos.

preceptiva s. f. Conjunto de preceptos
aplicables a determinada materia.

preceptivo, va adj. Dícese de lo que
obliga a hacer algo.

precepto s. m. Orden o mandato de obli-
gado cumplimiento. || Norma o regla para
el ejercicio de una actividad. ◇ FAM. preceptista, preceptiva, preceptivo, preceptor, preceptuar.

preceptor, ra s. Persona encargada de la
instrucción y educación de los niños en
una casa.

preceptuar v. tr. [1s]. Dar preceptos.

preces s. f. pl. Conjunto de ruegos, súplicas.

preciado, da adj. Valioso, excelente,
digno de estimación.

preciarse v. pron. [1]. Vanagloriarse, presumir de algo.

precintar v. tr. [1]. Poner precinto.
◇ FAM. precintado. PRECINTO.

precinto s. m. Ligadura y sello que mantiene cerrado algo. ◇ FAM. precintar.

precio s. m. Valor atribuido en el mer-
cado a una cosa, expresado en dinero. ||
Lo que sirve de medio para obtener una
cosa. ◇ FAM. preciado, preciarse, precioso. / apreciar, depreciar, despreciar,
justipreciar, menosprecio, sobreprecio.

preciosidad s. f. Calidad de precioso. ||
Persona o cosa preciosa.

preciosismo s. m. Tendencia al refinamiento de las maneras y de la expresión literaria. ◇ FAM. preciosista. PRECIO-
SO, SA.

precioso, sa adj. Que tiene mucho valor.
|| Fam. Hermoso, muy bonito. ◇ FAM. pre-
ciosidad, preciosismo, preciosura. PRECIO.

preciosura s. f. Amér. Preciosidad.

precipicio s. m. Abismo, cavidad o declive alto y profundo en un terreno escar-
pado. || Ruina material o espiritual.

precipitación s. f. Acción y efecto de pre-
cipitar o precipitarse. || Cantidad total de
agua líquida o sólida precipitada por la
atmósfera.

precipitado, da adj. Hecho con mucha
prisa. ◆ adj. y s. m. QUÍM. Dícese de la
sustancia que se separa de su disolvente y
se deposita en el fondo del recipiente.

precipitar v. tr. y pron. [1]. Arrojar desde
un lugar alto. || Hacer que una cosa ocurra
antes del tiempo adecuado. ◆ precipitarse v. pron. Acudir de prisa a un lugar.
|| Proceder con irreflexión y apresura-
miento. ◇ FAM. precipicio, precipitación,
precipitado.

precisar v. tr. [1]. Necesitar. || Determinar
o expresar algo con detalle y exactitud.

precisión s. f. Calidad de preciso, nece-
sario. || Exactitud.

preciso, sa adj. Necesario. ‖ Exacto, justo. ‖ Claro, distinto. ⬦ FAM. precisamente, precisar, precisión. / impreciso.

precolombino, na adj. Relativo a la América anterior a la llegada de Cristóbal Colón.

preconcebir v. tr. [30]. Pensar o proyectar una cosa de antemano.

preconizar v. tr. [1g]. Recomendar o aconsejar con intensidad algo de interés general. ⬦ FAM. preconización, preconizador.

precoz adj. Que se produce, desarrolla o madura antes de tiempo. ‖ Dícese del niño que tiene un desarrollo físico, intelectual o moral superior al de su edad. ⬦ FAM. precocidad.

precursor, ra adj. y s. Que anuncia o empieza algo que tendrá su desarrollo o culminación posteriormente.

predatorio, ria adj. Propio del robo o saqueo. ‖ Relativo al acto de hacer presa. ⬦ FAM. predador.

predecesor, ra s. Ser que precede a otro en tiempo, orden o lugar. ‖ Antecesor, antepasado.

predecir v. tr. [19]. Anunciar algo que ha de suceder en el futuro. ⬦ FAM. predecible, predicción. DECIR¹.

predestinado, da adj. Elegido por Dios para lograr la gloria. ‖ Que fatalmente debe acabar de determinada forma.

predestinar v. tr. [1]. Destinar anticipadamente una cosa para un fin. ‖ Destinar y elegir Dios a los que han de lograr la gloria. ⬦ FAM. predestinación, predestinado. DESTINAR.

predeterminar v. tr. [1]. Determinar o decidir anticipadamente una cosa. ⬦ FAM. predeterminación. DETERMINAR.

prédica s. f. Desp. Sermón o discurso.

predicable adj. Digno de ser predicado. ‖ En lógica, que se puede afirmar o decir de un sujeto.

predicado s. m. LING. Miembro de la oración que enuncia algo del sujeto. ‖ En lógica, aquello que se afirma o niega del sujeto de una proposición. ⬦ FAM. predicativo. PREDICAR.

predicamento s. m. Prestigio, fama de que goza una persona.

predicar v. tr. [1a]. Hacer clara y patente una cosa. ‖ Pronunciar un sermón. ‖ Aconsejar. ‖ Reprender. ‖ En lógica, decir algo de un sujeto. ⬦ FAM. prédica, predicable, predicación, predicado, predicador, predicamento, predicante.

predicativo, va adj. Relativo al predicado.

predicción s. f. Acción y efecto de predecir. ‖ Palabras con que se predice.

predilección s. f. Preferencia con que se distingue a una persona o cosa entre otras. ⬦ FAM. predilecto. / dilección.

predilecto, ta adj. Preferido por amor o afecto especial.

predio s. m. Finca, hacienda, tierra o posesión inmueble.

predisponer v. tr. y pron. [5]. Disponer anticipadamente a alguien para alguna cosa. ‖ Poner a alguien a favor o en contra de algo. ⬦ FAM. predisposición, predispuesto. DISPONER.

predisposición s. f. Acción y efecto de predisponer.

predominar v. tr. e intr. [1]. Preponderar, destacar. ⬦ FAM. predominancia, predominante, predominio. DOMINAR.

predominio s. m. Superioridad, influjo.

preeminencia s. f. Primacía o privilegio que alguien o algo tiene sobre otros. ⬦ FAM. preeminente. EMINENCIA.

preexistir v. intr. [3]. Existir antes. ⬦ FAM. preexistencia, preexistente. EXISTIR.

prefabricar v. tr. [1a]. Fabricar de antemano los elementos de una construcción. ⬦ FAM. prefabricado. FABRICAR.

prefacio s. m. Introducción, preámbulo, prólogo.

prefecto s. m. Gobernador de un departamento francés. ‖ Presidente de una comunidad eclesiástica. ‖ Persona encargada de ciertas funciones. ⬦ FAM. prefectura. / subprefecto.

prefectura s. m. Cargo, oficina y jurisdicción del prefecto.

preferencia s. f. Tendencia o inclinación favorable hacia una persona o cosa. ‖ Primacía, ventaja. ‖ En un espectáculo público, localidad que se considera la mejor.

preferente adj. y s. m. y f. Que prefiere o se prefiere.

preferir v. tr. y pron. [22]. Gustar más una persona o cosa que otra. ⬦ FAM. preferencia, preferente, preferible, preferido.

prefigurar v. tr. [1]. Representar o describir una cosa anticipadamente. ⬦ FAM. prefiguración. FIGURA.

prefijar v. tr. [1]. Determinar o señalar anticipadamente. ‖ LING. Proveer de un prefijo. ⬦ FAM. prefijación. PREFIJO.

prefijo s. m. Elemento que se antepone a una palabra y que modifica su sentido. ‖ En telefonía, señal que precede a otra de servicio o funcional. ⬦ FAM. prefijar. FIJO, JA.

pregón s. m. Divulgación que se hace en voz alta de un hecho, noticia, aviso, etc. ‖ Discurso que se pronuncia en público con ocasión de alguna festividad. ⬦ FAM. pregonar, pregonero.

pregonar v. tr. [1]. Divulgar con un pregón. ‖ Difundir algo que debía permanecer oculto. ‖ Alabar en público a alguien.

pregonero, ra adj. y s. Que pregona. ◆ s. Persona que pronuncia un pregón.

pregunta s. f. Acción de preguntar. ‖ Frase con que se pregunta.

preguntar v. tr. y pron. [1]. Pedir información sobre algo que se desea saber o confirmar. ⬦ FAM. pregunta.

prehelénico, ca adj. Relativo a la Grecia

anterior a la civilización de los antiguos helenos.

prehispánico, ca adj. Precolombino.

prehistoria s. f. Historia de la humanidad desde su aparición hasta los primeros textos escritos. ‖ Período cronológico que precede a la historia. <> FAM. prehistórico, HISTORIA.

prehistórico, ca adj. De la prehistoria. ‖ Anticuado, viejo.

prehomínido s. m. Primate fósil próximo al hombre.

prejuicio s. m. Acción y efecto de prejuzgar.

prejuzgar v. tr. [1b]. Juzgar las cosas antes de conocerlas o sin tener los elementos necesarios. <> FAM. prejuicio. JUZGAR.

prelacía s. f. Prelatura.

prelado s. m. Clérigo con cargo o dignidad superior dentro de la Iglesia católica. <> FAM. prelacía, prelatura.

prelatura s. f. Oficio y dignidad de prelado.

prelavado s. m. En las lavadoras automáticas, lavado previo.

preliminar adj. Que sirve de preámbulo o introducción a una cosa. ◆ adj. y s. m. Que antecede o se antepone a algo.

preludiar v. intr. y tr. [1]. MÚS. Probar, ensayar un instrumento o la voz. ◆ v. tr. Iniciar o preparar una cosa.

preludio s. m. Aquello que precede o anuncia. ‖ Pieza musical breve, ejecutada antes de una obra. <> FAM. preludiar.

prematuro, ra adj. Que no está maduro. ‖ Que ocurre antes de tiempo. <> FAM. prematuramente. MADURO, RA.

premeditación s. f. Acción de premeditar. ‖ DER. Voluntad de ejecutar un delito de modo reflexivo y deliberado.

premeditado, da adj. Que se hace con premeditación.

premeditar v. tr. [1]. Reflexionar algo antes de hacerlo. <> FAM. premeditación, premeditado. MEDITAR.

premiar v. tr. [1]. Dar un premio. <> FAM. premiador. PREMIO.

premier s. m. y f. En Gran Bretaña y otros países, jefe del gobierno, primer ministro.

premio s. m. Aquello que se da a alguien en reconocimiento o recompensa de algo. ‖ Nombre dado a algunas competiciones, concursos, etc. ‖ El ganador de una de estas competiciones o concursos. ‖ Dinero sorteado en la lotería. <> FAM. premiar.

premioso, sa adj. Lento. <> FAM. premiosamente, premiosidad.

premisa s. f. Supuesto a partir del cual se infiere una cosa. ‖ En lógica, cada una de las proposiciones de un silogismo.

premolar s. m. y adj. Diente situado entre los caninos y los molares.

premonición s. f. Presentimiento. <> FAM. premonitorio.

premonitorio, ria adj. Que anuncia o presagia algo.

premura s. f. Apremio, prisa, urgencia. <> FAM. APREMIAR.

prenatal adj. Que existe o se usa antes del nacimiento.

prenda s. f. Pieza de vestido o de calzado. ‖ Aquello que se da o hace como garantía o prueba de algo. ‖ Cualidad o perfección física o moral. ◆ pl. Juego en que el jugador entrega un objeto o realiza una acción como castigo. ● **No soltar prenda** (Fam.), guardar un secreto. <> FAM. prendar.

prendar v. tr. [1]. Gustar mucho o impresionar favorablemente. ◆ **prendarse** v. pron. Enamorarse o entusiasmarse.

prendedor s. m. Instrumento para prender o asir algo.

prender v. tr. [2]. Agarrar. ‖ Detener o poner preso. ‖ *Amér.* Conectar la luz o un aparato eléctrico. ◆ v. tr. y pron. Enredarse una cosa en otra. ◆ v. intr. Arraigar una planta. ◆ v. intr. y tr. Encender, hacer arder. <> FAM. prendedor, prendido, prendimiento. / aprehender, comprender, desprender, emprender, inaprensible, prensil, prensor, presa, presilla, preso, prisión, reprender, sorprender.

prendido s. m. Adorno de un tocado o un vestido.

prensa s. f. Máquina para comprimir. ‖ Imprenta. ‖ Conjunto de publicaciones periódicas. ‖ Periodismo. ‖ Conjunto de personas dedicadas al periodismo. ● **Prensa del corazón**, prensa dedicada a temas sentimentales sobre personas famosas. ● **Tener buena, o mala, prensa**, gozar de buena o mala fama. <> FAM. prensar.

prensar v. tr. [1]. Apretar, comprimir. <> FAM. prensado, prensador, prensadura. PRENSA.

prensil adj. Que sirve para asir o prender. <> FAM. PRENDER.

prensor, ra adj. Que agarra. <> FAM. PRENDER.

prenupcial adj. Anterior a la boda.

preñar v. tr. [1]. Fecundar a una hembra. <> FAM. preñez. / empreñar.

preñez s. f. Gravidez.

preocupación s. f. Inquietud del pensamiento causada por una idea persistente. ‖ Pensamiento o idea que preocupa.

preocupar v. tr. y pron. [1]. Causar algo intranquilidad o inquietud. ◆ **preocuparse** v. pron. Tomar alguien algo a su cuidado. <> FAM. preocupación, preocupante. / despreocuparse.

preparación s. f. Acción y efecto de preparar o prepararse. ‖ Conocimientos que se tienen sobre alguna materia.

preparado s. m. Medicamento.

preparar v. tr. [1]. Poner en condiciones para cierto fin. ‖ Adquirir conocimientos para una prueba o examen. ◆ v. tr. y pron. Entrenar. ◆ **prepararse** v. pron. Estar algo próximo a suceder: *se prepara una tormenta.* <> FAM. preparación, preparado,

532

preparador, preparativo, preparatorio. PARAR.

preparativo s. m. Cosa dispuesta y preparada.

preponderancia s. f. Superioridad.

preponderar v. intr. [1]. Prevalecer, dominar o tener más fuerza. ◇ FAM. preponderancia, preponderante. PONDERAR.

preposición s. f. Partícula invariable que une dos palabras, sintagmas o frases. ◇ FAM. preposicional, prepositivo. POSICIÓN.

preposicional adj. Relativo a la preposición.

prepotencia s. f. Calidad de prepotente. || Abuso de poder.

prepotente adj. y s. m. y f. Que tiene mucho poder. || Que abusa o hace alarde de su poder. ◇ FAM. prepotencia. POTENTE.

prepucio s. m. Piel móvil que recubre el glande del pene.

prerrafaelismo s. m. Movimiento estético inglés del s. XIX, que tomó los modelos anteriores a Rafael, pintor del renacimiento. ◇ FAM. prerrafaelista.

prerrogativa s. f. Ventaja de ciertas funciones, cargos, etc. || Facultad privativa de alguno de los poderes del estado.

prerrománico, ca adj. Dícese del arte que precede al románico.

prerromano, na adj. Anterior al dominio de los antiguos romanos.

presa s. f. Acción de prender, agarrar. || Cosa apresada. || Obstáculo artificial para detener una corriente o curso de agua. || Embalse, lago artificial. || Acequia. ◇ FAM. PRENDER.

presagiar v. tr. [1]. Anunciar o prever algo que va a ocurrir.

presagio s. m. Señal que anuncia algún suceso. || Conjetura derivada de esta señal. ◇ FAM. presagiar.

presbiterianismo s. m. Rama del protestantismo que no reconoce la jerarquía episcopal. ◇ FAM. presbiteriano. PRESBÍTERO.

presbiterio s. m. Parte de la iglesia donde está el altar mayor.

presbítero s. m. Sacerdote, eclesiástico. ◇ FAM. presbiteral, presbiterianismo, presbiterio.

prescindir v. intr. [3]. Pasar sin alguien o algo. || Omitir, pasar por alto. ◇ FAM. prescindible. / imprescindible. ESCINDIR.

prescribir v. tr. [3n]. Ordenar, mandar. || Recetar. ◆ v. intr. Extinguirse un derecho o responsabilidad. ◇ FAM. prescripción, prescriptible, prescrito. / imprescriptible. ESCRIBIR.

prescripción s. f. Acción y efecto de prescribir. || Receta médica.

preselección s. f. Selección previa. ◇ FAM. preseleccionar. SELECCIÓN.

presencia s. f. Hecho de estar una persona o cosa en un lugar. || Aspecto exterior de una persona. ● Presencia de ánimo, serenidad, entereza. ◇ FAM. presencial, presenciar, presente.

presencial adj. Que presencia. || Relativo a la presencia.

presenciar v. tr. [1]. Estar presente o asistir a algo.

presentable adj. Que está en estado o en condiciones de presentarse o ser presentado. ◇ FAM. impresentable. PRESENTAR.

presentación s. f. Acción y efecto de presentar o presentarse. || Aspecto exterior de algo.

presentador, ra s. Persona que presenta un programa en radio o televisión.

presentar v. tr. [1]. Poner algo ante alguien para que lo vea, juzgue, etc. || Mostrar algo determinadas características. || Dar, ofrecer: presentar excusas. || Conducir un espectáculo o un programa en radio o televisión. ◆ v. tr. y pron. Mostrar alguien una persona a otra para que la conozca. ◆ presentarse v. pron. Aparecer inesperadamente. || Comparecer. ◇ FAM. presentable, presentación, presentador. / representar. PRESENTE.

presente adj. Que está en presencia de alguien o algo. ◆ adj. y s. m. Dícese del tiempo actual y de los acontecimientos que ocurren en él. || LING. Dícese del tiempo que indica que la acción expresada por el verbo se realiza actualmente. ◆ s. m. Regalo, obsequio. ◇ FAM. presentar. / omnipresente. PRESENCIA.

presentimiento s. m. Sentimiento que hace prever lo que va a suceder. || Cosa que se presiente.

presentir v. tr. [22]. Tener una sensación de que va a ocurrir algo. ◇ FAM. presentimiento. SENTIR[1].

preservar v. tr. y pron. [1]. Proteger o resguardar de un daño o peligro. ◇ FAM. preservación, preservador, preservativo.

preservativo, va adj. y s. m. Que preserva. ◆ s. m. Funda de goma en la que se introduce el pene durante el coito.

presidencia s. f. Acción y efecto de presidir. || Cargo de presidente. || Tiempo que dura este cargo. || Oficina o despacho que ocupa un presidente. ◇ FAM. presidencial, presidencialismo. PRESIDIR.

presidencial adj. Relativo a la presidencia o al presidente.

presidencialismo s. m. Régimen político en que el presidente de la república es también jefe del gobierno. ◇ FAM. presidencialista. PRESIDENCIA.

presidente, ta s. Cabeza o superior de un consejo, tribunal, junta o estado. ◇ FAM. vicepresidente. PRESIDIR.

presidiario, ria s. Persona que cumple en presidio su condena.

presidio s. m. Cárcel. ◇ FAM. presidiario.

presidir v. tr. [3]. Tener el lugar más importante en una asamblea, empresa, etc. || Dominar: la bondad preside sus actos. ◇ FAM. presidencia, presidente.

presilla s. f. Tira de tela cosida al borde de una prenda a modo de anilla, para abrochar o como adorno. ‖ Costurilla para que la tela no se abra. ◇ FAM. PRENDER.

presión s. f. Acción de apretar u oprimir. ‖ Coacción que se ejerce sobre una persona o grupo. ‖ FÍS. Fuerza ejercida por un fluido en cada unidad de superficie. ● **Presión atmosférica**, presión que ejerce el aire de la atmósfera. ◇ FAM. presionar.

presionar v. tr. [1]. Ejercer presión sobre alguien o algo.

preso, sa s. Persona encarcelada. ◇ FAM. apresar. PRENDER.

pressing s. m. DEP. Acoso o presión de los jugadores de un equipo sobre el contrario.

prestación s. f. Acción de prestar un servicio, ayuda, etc. ‖ Servicio prestado.

prestamista s. m. y f. Persona que presta dinero con interés.

préstamo s. m. Acción de prestar. ‖ Aquello que se presta. ‖ LING. Elemento que una lengua toma de otra.

prestancia s. f. Aspecto de distinción. ‖ Superior calidad.

prestar v. tr. [1]. Ceder por un tiempo algo para que después sea restituido. ‖ Contribuir al logro de una cosa. ‖ Con ciertos nombres, tener u observar lo que éstos significan: *prestar atención.* ◆ **prestarse** v. pron. Ofrecerse a hacer algo. ‖ Dar motivo para algo: *prestarse a error.* ◇ FAM. prestación, prestado, prestador, prestamista, préstamo, prestancia, prestatario, presto. / empréstito.

prestatario, ria s. Persona que toma dinero a préstamo.

presteza s. f. Prontitud, rapidez. ◇ FAM. PRESTO, TA.

prestidigitación s. f. Arte de producir ciertos efectos por medio de las manos y diversos trucos. ◇ FAM. prestidigitador.

prestidigitador, ra s. Persona que hace juegos de manos.

prestigiar v. tr. [1]. Dar prestigio. ◇ FAM. prestigiador. / desprestigiar. PRESTIGIO.

prestigio s. m. Buena fama. ◇ FAM. prestigiar, prestigioso.

prestigioso, sa adj. Que tiene prestigio.

presto, ta adj. Dispuesto para hacer lo que se expresa. ‖ Rápido. ◆ adv. t. Pronto, en seguida. ◇ FAM. presteza. PRESTAR.

presumible adj. Posible, probable.

presumido, da adj. y s. Que presume. ‖ Que se arregla mucho.

presumir v. tr. [3]. Creer que algo ocurre o va a ocurrir. ◆ v. intr. Vanagloriarse de sí mismo o de una cualidad. ‖ Cuidar excesivamente el arreglo personal. ◇ FAM. presumible, presumido, presunción, presuntivo, presunto, presuntuoso. SUMIR.

presunción s. f. Suposición o conjetura fundada en indicios o señales. ‖ Calidad de presumido. ◇ FAM. presuncioso. PRESUMIR.

presunto, ta adj. y s. Que se cree o supone que es lo que se expresa: *presunto culpable.* ◇ FAM. presuntamente. PRESUMIR.

presuntuoso, sa adj. y s. Vanidoso, presumido. ◆ adj. Con muchas pretensiones. ◇ FAM. presuntuosidad. PRESUMIR.

presuponer v. tr. [5]. Admitir la realidad de una cosa antes de tratar de otra. ◇ FAM. presuposición, presupuesto. SUPONER.

presuposición s. f. Suposición, supuesto. ‖ Proposición implícita ligada a la estructura interna de un enunciado.

presupuestar v. tr. [1]. Hacer un presupuesto.

presupuesto s. m. Suposición, supuesto. ‖ Estimación anticipada de los gastos e ingresos de un país, empresa, etc. ‖ Cómputo del coste previsto de una obra, reparación, etc. ◇ FAM. presupuestar, presupuestario. PRESUPONER.

presuroso, sa adj. Rápido, ligero. ◇ FAM. apresurar. PRISA.

prêt-à-porter. s. m. Conjunto de vestidos confeccionados en serie. ‖ Fabricación de estos vestidos.

pretencioso, sa adj. Presuntuoso.

pretender v. tr. [2]. Tratar de conseguir algo. ‖ Dar por cierto algo de cuya realidad se duda. ‖ Cortejar a una mujer. ◇ FAM. pretendiente, pretensión. TENDER.

pretendiente, ta adj. y s. Que pretende o solicita una cosa. ◆ s. m. Hombre que pretende a una mujer. ‖ Príncipe que reivindica un trono al que pretende tener derecho.

pretensión s. f. Intención, propósito. ‖ Derecho que alguien cree tener sobre algo. ‖ Aspiración ambiciosa o vanidosa.

pretérito, ta adj. Transcurrido, pasado. ◆ s. m. LING. Tiempo verbal que presenta la acción como realizada en el pasado.

pretextar v. tr. [1]. Alegar como pretexto.

pretexto s. m. Razón fingida que se alega para ocultar el motivo verdadero. ◇ FAM. pretextar. TEXTO.

pretil s. m. Barrera o barandilla que se pone a los lados del puente y otros parajes para preservar de caídas.

pretina s. f. Tira de tela que ciñe la cintura.

pretor s. m. Magistrado que administraba justicia en la antigua Roma o en una provincia. ◇ FAM. pretorial.

prevalecer v. intr. [2m]. Imponerse o triunfar una persona o cosa entre otras. ◇ FAM. prevaleciente. PREVALER.

prevaler v. intr. [9]. Prevalecer. ◆ **prevalerse** v. pron. Aprovecharse, servirse de algo. ◇ FAM. prevalecer. VALER¹.

prevaricación s. f. DER. Delito cometido por un funcionario en el ejercicio de sus funciones. ◇ FAM. prevaricar.

prevención s. f. Acción y efecto de prevenir. ‖ Opinión o idea generalmente desfavorable, formada con fundamento o sin él. ‖ Medida tomada para evitar un daño o peligro. ‖ Puesto de policía o vigilancia destinado a la custodia de los detenidos.

prevenido, da adj. Dispuesto para una cosa. ‖ Cuidadoso, precavido. <> FAM. desprevenido. PREVENIR.

prevenir v. tr. y pron. [21]. Preparar con anticipación las cosas para determinado fin. ‖ Tomar las medidas precisas para evitar un mal. ‖ Influir en el ánimo de uno a favor o en contra de alguien o algo: *me previno contra él.* ◆ v. tr. Avisar o informar a alguien de algo que le amenaza. <> FAM. prevención, prevenido, preventivo. VENIR.

preventivo, va adj. Que previene o evita: *medicina preventiva.*

prever v. tr. [2q]. Ver con anticipación, conjeturar algo que va a ocurrir. ‖ Tomar las medidas necesarias para hacer frente a algo. <> FAM. previsible, previsión, previsor, previsto. VER[1].

previo, via adj. Que precede o sirve de preparación a algo. <> FAM. previamente.

previsible adj. Que puede ser previsto.

previsión s. f. Acción y efecto de prever.

previsor, ra adj. y s. Que prevé o previene las cosas.

previsto, ta adj. Que se sabe o se prevé por anticipado: *tiempo previsto.* <> FAM. imprevisto. PREVER.

prez s. m. o f. Honor que proporciona una acción meritoria.

prieto, ta adj. Dícese del color muy oscuro, casi negro. ‖ Apretado, tenso. ◆ adj. y s. *Méx.* Muy moreno. <> FAM. APRETAR.

prima s. f. En algunos instrumentos musicales de cuerda, la primera y más delgada. ‖ Dinero que se da como incentivo o recompensa. ‖ Dinero que se paga a un asegurador. <> FAM. primar[2].

prima donna s. f. Primera cantante de una ópera.

primacía s. f. Calidad o hecho de ser el primero. ‖ Prioridad concedida a alguien o a algo. ‖ Dignidad u oficio de primado.

primado s. m. Prelado eclesiástico con jurisdicción sobre los arzobispos u obispos de una región o de un país. <> FAM. primacía.

primar[1] v. intr. [1]. Sobresalir, prevalecer.

primar[2] v. tr. [1]. Dar una prima, dinero.

primario, ria adj. Principal o primero en orden o importancia. ‖ Primitivo, sin civilizar. ◆ adj. y s. GEOL. Paleozoico.

primate adj. y s. m. Relativo a un orden de mamíferos trepadores, de uñas planas y cerebro muy desarrollado.

primavera s. f. La primera de las cuatro estaciones del año. ‖ Época de pleno vigor o desarrollo. ‖ Edad, años de una persona joven: *tener doce primaveras.* ‖ Planta herbácea de flores solitarias o agrupadas en umbelas, cultivada en jardinería. <> FAM. primaveral.

primaveral adj. Relativo a la primavera.

primer adj. Apócope de *primero: primer lugar; el primer día.*

primerizo, za adj. y s. Principiante.

primero, ra adj. y s. Que precede a todos los demás elementos de una serie: *la primera página.* ‖ Que predomina en calidad o importancia: *las primeras autoridades.* ◆ adv. ord. En primer lugar. ‖ Antes, más bien. ● **De primera** *(Fam.),* muy bien o muy bueno.

primicia s. f. Fruto primero de cualquier cosa. ‖ Noticia hecha pública por primera vez.

primigenio, nia adj. Primitivo, originario.

primípara s. f. y adj. Hembra que pare por primera vez.

primitivismo s. m. Condición propia de los pueblos primitivos. ‖ Tosquedad, rudeza. ‖ ARTE. Imitación de lo primitivo.

primitivo, va adj. De los primeros tiempos, del primer período de la historia. ‖ Inicial, originario. ‖ Salvaje, sin civilizar. ◆ adj. y s. Dícese de las sociedades humanas de civilización poco desarrollada. ‖ ARTE. Dícese de los artistas anteriores a un período clásico. ◆ adj. y s. f. Dícese de un tipo de lotería. <> FAM. primitivamente, primitivismo.

primo- pref. Significa 'primero': *primogénito.*

primo, ma adj. Primero. ◆ s. Respecto a una persona, hijo de un tío suyo. ‖ *Fam.* Persona poco cauta, que se deja engañar fácilmente. ● **Número primo,** número entero que sólo es divisible por sí mismo y la unidad.

primogénito, ta adj. y s. Dícese del hijo que nace el primero. <> FAM. primogenitura.

primor s. m. Delicadeza y esmero con que se hace una cosa. ‖ Cosa hecha de esta manera. <> FAM. primoroso.

primordial adj. Que es necesario, básico, esencial.

primoroso, sa adj. Que está hecho con primor. ‖ Que hace las cosas con primor.

prímula s. f. Primavera, planta.

princesa s. f. Esposa o hija de un príncipe.

principado s. m. Título o dignidad de príncipe. ‖ Territorio sujeto a la potestad de un príncipe.

principal adj. De más importancia o valor: *el papel principal.* ‖ LING. Dícese de la oración de la que dependen una o más subordinadas. ◆ adj. y s. Dícese del piso que está sobre el entresuelo. ◆ s. m. Jefe. <> FAM. principalidad, principalmente, príncipe. PRINCIPIO.

príncipe s. m. Título de un miembro de la realeza, en especial el hijo del rey. ‖ Título del soberano de un principado. <> FAM. princesa, principado, principesco. PRINCIPAL.

principeño, ña adj. y s. De Puerto Príncipe.

principesco, ca adj. Que es o parece propio de un príncipe.

principiante, ta adj. y s. Que comienza a ejercer un arte, trabajo, etc. ◇ FAM. principiar. PRINCIPIO.

principio s. m. Primera parte de una cosa. ‖ Primera fase de una acción o un período. ‖ Causa, origen. ‖ Concepto, idea fundamental que sirve de base a un razonamiento. ‖ Norma o base moral que rige el pensamiento o la conducta. ‖ Ley de carácter general que regula un conjunto de fenómenos físicos. ‖ Cada uno de los componentes de una sustancia. ➡ pl. Conjunto de nociones primeras de una ciencia o arte. ● **A principios**, en los primeros días. ‖ **Al principio**, en el primer momento, inicialmente. ‖ **En principio**, en un primer momento, sin entrar en detalles. ◇ FAM. principal, principiante.

pringar v. tr. [1b]. Mojar el pan en pringue u otra salsa. ➡ v. tr. y pron. Manchar con pringue o con algo grasiento. ‖ *Fam.* Comprometer a alguien en un asunto turbio. ➡ v. intr. *Fam.* Trabajar injustamente más que los demás. ➡ **pringarse** v. pron. *Fam.* Beneficiarse indebidamente en un negocio. ● **Pringarla** (*Fam.*), morir. ◇ FAM. pringado. PRINGUE.

pringoso, sa adj. Muy sucio de grasa o pringue.

pringue s. m. o f. Grasa que suelta el tocino cuando se fríe o se asa. ‖ Suciedad, grasa o porquería. ◇ FAM. pringar, pringoso.

prior, ra s. Superior o prelado ordinario del convento, o segundo prelado después del abad. ◇ FAM. priorato, priorazgo.

priorato s. m. Cargo de prior. ‖ Ejercicio de este cargo. ‖ Territorio a que se extiende la jurisdicción de un prior.

prioridad s. f. Anterioridad de una cosa respecto de otra, en el tiempo y en el espacio. ‖ Anterioridad en importancia, urgencia, etc. ◇ FAM. prioritario.

prioritario, ria adj. Que tiene prioridad respecto de algo.

prisa s. f. Rapidez con que sucede o se hace una cosa. ‖ Necesidad o deseo de apresurarse. ● **A prisa**, con rapidez. ‖ **Correr prisa** algo, ser urgente. ‖ **Darse prisa**, apresurarse. ‖ **De prisa**, con prontitud. ◇ FAM. aprisa, deprisa, presuroso.

prisión s. f. Establecimiento donde se encuentran los privados de libertad. ‖ Estado del que está preso. ‖ Cosa que ata o estorba físicamente. ◇ FAM. prisionero. / aprisionar. PRENDER.

prisionero, ra s. Persona que cae en poder del enemigo en una guerra. ‖ Preso.

prisma s. m. Cuerpo formado por dos planos paralelos y tantos paralelogramos como caras tienen los planos. ◇ FAM. prismático.

prismático, ca adj. Que tiene forma de prisma. ‖ Que contiene uno o varios prismas. ➡ s. m. pl. Anteojos.

privación s. f. Acción y efecto de privar o privarse. ‖ Carencia o falta de una cosa necesaria, que hace padecer.

privado, da adj. Que no pertenece a la colectividad sino a un particular: *camino privado*. ‖ Personal, íntimo: *vida privada*. ➡ s. m. Valido. ◇ FAM. privadamente, privatizar. PRIVAR.

privar v. tr. [1]. Dejar a alguien o a algo sin alguna cosa. ‖ Prohibir o vedar. ➡ v. tr. y pron. Dejar o quedar sin sentido. ➡ v. intr. Estar de moda una cosa. ‖ Gustar mucho. ➡ **privarse** v. pron. Renunciar a algo. ◇ FAM. privación, privado, privativo.

privativo, va adj. Propio de una cosa o persona, y no de otras. ‖ Que causa o significa privación.

privatizar v. tr. [1g]. Convertir en privados bienes o empresas públicas. ◇ FAM. privatización. PRIVADO, DA.

privilegiado, da adj. y s. Que goza de un privilegio. ‖ Extraordinario, superior: *mente privilegiada*.

privilegiar v. tr. [1]. Conceder privilegio.

privilegio s. m. Ventaja o exención exclusiva que se da a uno. ‖ Documento en que consta. ◇ FAM. privilegiado, privilegiar.

pro s. m. o f. Provecho. ➡ prep. En favor de: *asociación pro ciegos*. ● **El pro y el contra**, lo favorable y desfavorable de una cuestión.

pro- pref. Significa 'por, en vez de': *pronombre*. ‖ Significa 'delante': *proponer*. ‖ Significa 'hacia adelante': *promover*. ‖ Significa 'negación' o 'contradicción': *proscribir*.

proa s. f. Parte delantera de la nave.

probabilidad s. f. Calidad de probable o posible.

probable adj. Que se puede probar. ‖ Que es fácil que suceda. ◇ FAM. probabilidad, probablemente. / improbable. PROBAR.

probado, da adj. Acreditado por la experiencia. ‖ DER. Aceptado por el juez como verdad en los autos.

probador s. m. Habitación para probarse las prendas de vestir.

probar v. tr. [1r]. Demostrar la verdad de cierta cosa. ‖ Examinar las cualidades de una persona o cosa. ‖ Examinar si una cosa se adapta a su uso o sienta bien. ‖ Tomar una comida o bebida para apreciar su sabor. ➡ v. intr. Intentar hacer una cosa. ◇ FAM. probable, probado, probador, probativo, probatorio, probeta, probo, prueba. / aprobar, comprobar, reprobar.

probeta s. f. Recipiente de cristal, alargado, generalmente graduado, que se utiliza en los laboratorios. ◇ FAM. PROBAR.

probidad s. f. Calidad de probo.

problema s. m. Cuestión en que hay algo

que averiguar o que provoca preocupación. ‖ Situación difícil de resolver. ‖ Hecho que impide o dificulta alguna cosa. ◇ FAM. problemático.

problemático, ca adj. Que implica o causa problema. ◆ s. f. Conjunto de problemas relativos a una ciencia o actividad.

probo, ba adj. Honrado. ◇ FAM. probidad. / ímprobo. PROBAR.

proboscidio, dia adj. y s. m. Relativo a un orden de mamíferos ungulados de gran tamaño provistos de una trompa prensil, como el elefante.

procacidad s. f. Calidad de procaz. ‖ Dicho o hecho procaz.

procaz adj. Desvergonzado, grosero. ◇ FAM. procacidad.

procedencia s. f. Origen de donde procede alguien o algo.

proceder[1] v. intr. [2r]. Tener una cosa su principio u origen en algo u obtenerse de ello. ‖ Comportarse de una forma determinada. ‖ Iniciar una acción. ‖ Ser oportuno o conforme a unas normas de derecho, mandato o conveniencia. ‖ Iniciar un juicio contra alguien. ◇ FAM. procedencia, procedente, proceder², procedimiento, procesión, proceso. / improcedente.

proceder² s. m. Manera de actuar.

procedimiento s. m. Acción de proceder[1]. ‖ Método para hacer algo. ‖ Actuación por trámites judiciales o administrativos.

proceloso, sa adj. Borrascoso, tormentoso.

prócer adj. Noble, majestuoso. ◆ s. m. y f. Persona ilustre.

procesado, da adj. y s. DER. Dícese de la persona que es tratada y declarada como presunto reo en un proceso criminal.

procesador s. m. INFORMÁT. Programa o dispositivo que ejecuta una función homogénea. ◇ FAM. microprocesador. PROCESAR.

procesal adj. Relativo al proceso.

procesamiento s. m. Acción y efecto de procesar.

procesar v. tr. [1]. DER. Formar autos, instruir procesos. ‖ INFORMÁT. Desarrollar un proceso de datos. ◇ FAM. procesado, procesador, procesamiento. PROCESO.

procesión s. f. Sucesión de personas que avanzan una tras otra llevando imágenes de santos o cualquier otro signo religioso. ‖ Sucesión de personas o animales que avanzan uno tras otro en fila. ◇ FAM. procesional, procesionaria. PROCEDER[1].

procesionaria s. f. Oruga que se alimenta de las hojas del pino, roble y encina, a los que causa grandes estragos.

proceso s. m. Desarrollo de las fases sucesivas de un fenómeno. ‖ Método, sistema usado para llegar a un fin. ‖ Transcurso del tiempo. ‖ DER. Conjunto de actuaciones de una causa criminal. ‖ IN-

FORMÁT. Conjunto de operaciones a que se someten los datos para conseguir un determinado fin. ◇ FAM. procesal, procesar. / teleproceso. PROCEDER[1].

proclama s. f. Alocución política o militar de viva voz o por escrito. ‖ Notificación pública.

proclamación s. f. Acción y efecto de proclamar. ‖ Conjunto de actos y ceremonias con que se declara e inaugura un nuevo reinado, período, etc.

proclamar v. tr. [1]. Hacer saber una cosa de forma pública y solemne. ‖ Mostrar algo claramente. ◆ v. tr. y pron. Otorgar un título o dignidad. ◇ FAM. proclama, proclamación. CLAMAR.

proclive adj. Propenso a una cosa negativa. ◇ FAM. proclividad.

procrear v. tr. [1]. Engendrar. ◇ FAM. procreación, procreador. CREAR.

procurador, ra s. Persona que representa legalmente a otra ante los órganos de justicia.

procurar v. tr. y pron. [1]. Hacer esfuerzos o diligencias para conseguir lo que se expresa. ◆ v. tr. Proporcionar o facilitar a alguien una cosa. ◇ FAM. procurador. CURAR.

prodigalidad s. f. Calidad o comportamiento del pródigo. ‖ Copia o abundancia.

prodigar v. tr. y pron. [1b]. Dar mucho de algo. ◆ v. tr. Derrochar, malgastar. ◆ **prodigarse** v. pron. Exhibirse.

prodigio s. m. Suceso extraño que excede los límites regulares de la naturaleza. ‖ Persona, cosa o hecho extraordinario. ◇ FAM. prodigiosidad, prodigioso.

prodigioso, sa adj. Maravilloso, extraordinario. ‖ Excelente, primoroso, exquisito.

pródigo, ga adj. y s. Que malgasta. ◆ adj. Generoso. ‖ Que produce o da en abundancia. ◇ FAM. prodigalidad, prodigar.

producción s. f. Acción de producir. ‖ Cosa producida. ◇ FAM. coproducción, sobreproducción, superproducción. PRODUCIR.

producir v. tr. [20]. Hacer una cosa natural salir otra de sí misma: *los árboles producen frutos.* ‖ Fabricar, elaborar. ‖ Rentar, redituar. ‖ Causar, originar. ‖ Crear obras literarias o artísticas. ‖ Organizar y controlar la realización de una obra cinematográfica, televisiva, etc. ◆ **producirse** v. pron. Ocurrir. ◇ FAM. producción, producible, productividad, productivo, producto, productor. / reproducir.

productivo, va adj. Que tiene virtud de producir. ‖ Que proporciona mucha utilidad o ganancia. ◇ FAM. improductivo. PRODUCIR.

producto s. m. Cosa producida por la naturaleza o por la actividad humana. ‖ Resultado de alguna cosa. ‖ MAT. Resultado de una multiplicación. ● **Producto interior bruto**, suma de todos los bienes y servicios producidos en un país durante un año. ◇ FAM. subproducto. PRODUCIR.

productor, ra adj. y s. Que produce. ‖ Persona o entidad que produce obras cinematográficas, televisivas, etc.

proemio s. m. Prólogo de un discurso o libro. ◇ FAM. proemial.

proeza s. f. Hazaña, acción valerosa o heroica.

profanar v. tr. [1]. Tratar una cosa sagrada sin el debido respeto. ‖ Deshonrar, desacreditar a un muerto. ◇ FAM. profanación, profanador. PROFANO, NA.

profano, na adj. Que no es sagrado. ◆ adj. y s. Inexperto en determinada materia. ◇ FAM. profanar, profanidad.

profecía s. f. Don sobrenatural que consiste en conocer el futuro por inspiración divina. ‖ Oráculo del profeta. ‖ Predicción de un hecho futuro. ◇ FAM. PROFETA.

proferir v. tr. [22]. Emitir palabras o sonidos.

profesar v. tr. [1]. Ser adepto a ciertos principios, doctrinas, etc. ‖ Tener un afecto, sentimiento, etc. ‖ Ejercer una profesión. ◆ v. intr. Obligarse en una orden religiosa a cumplir los votos. ◇ FAM. profesión, profeso, profesor.

profesión s. f. Acción y efecto de profesar. ‖ Oficio o actividad permanente retribuida. ◇ FAM. profesional. PROFESAR.

profesional adj. Relativo a la profesión. ◆ adj. y s. m. y f. Que ejerce habitualmente una profesión, deporte, etc. ◇ FAM. profesionalidad, profesionalismo, profesionalizar. PROFESIÓN.

profesionalidad s. f. Calidad de profesional.

profeso, sa adj. y s. Dícese del religioso que ha profesado.

profesor, ra s. Persona que enseña o ejerce una ciencia o arte. ◇ FAM. profesorado. PROFESAR.

profesorado s. m. Conjunto de profesores. ‖ Cargo de profesor.

profeta s. m. El que posee el don de la profecía. ‖ El que anuncia un acontecimiento futuro. ◇ FAM. profecía, profético, profetisa, profetizar.

profetisa s. f. Mujer que posee el don de la profecía.

profetizar v. tr. [1g]. Hacer profecías. ◇ FAM. profetizador. PROFETA.

profiláctico, ca adj. Relativo a la profilaxis. ◆ s. m. Preservativo.

profilaxis s. f. Conjunto de medidas destinadas a impedir la aparición o la propagación de enfermedades. ◇ FAM. profiláctico.

prófugo, ga adj. Que huye de la justicia. ◆ s. m. Joven que se ausenta u oculta para eludir el servicio militar. ◇ FAM. FUGA.

profundidad s. f. Calidad de profundo. ‖

Honduras. ‖ Dimensión de los cuerpos perpendicular a una superficie dada.

profundizar v. tr. [1g]. Hacer más profundo. ◆ v. tr. e intr. Examinar o analizar algo a fondo.

profundo, da adj. Que tiene el fondo muy distante de la superficie. ‖ Que penetra muy adentro: *herida profunda*. ‖ Intenso, fuerte, muy grande: *sueño profundo*. ‖ Difícil de penetrar o comprender. ‖ Dícese de la voz, sonido, etc., que resuenan bajos. ◇ FAM. profundamente, profundidad, profundizar.

profusión s. f. Abundancia excesiva.

profuso, sa adj. Abundante. ‖ Excesivo. ◇ FAM. profusión.

progenie s. f. Descendencia, conjunto de hijos.

progenitor, ra s. Pariente en línea recta ascendente. ◆ s. m. pl. Padre y madre de una persona. ◇ FAM. progenie, progenitura.

progesterona s. f. Hormona producida por el ovario.

programa s. m. Exposición general de las intenciones o proyectos de una persona, partido, etc. ‖ Sesión de cine, teatro, etc., o emisión de televisión, radio, etc. ‖ *Argent. y Urug.* Amorío que no se toma en serio. ‖ INFORMÁT. Conjunto de instrucciones que permite ejecutar una serie de operaciones determinadas. ◇ FAM. programar, programático.

programador, ra adj. y s. Que programa. ◆ s. INFORMÁT. Persona que elabora programas informáticos.

programar v. tr. [1]. Establecer un programa para una determinada acción. ‖ INFORMÁT. Hacer un programa informático. ◇ FAM. programación, programador. PROGRAMA.

progre s. m. y f. Persona de ideas progresistas.

progresar v. intr. [1]. Hacer progresos. ◇ FAM. progresión, progresivo. PROGRESO.

progresión s. f. Acción de progresar. ‖ MAT. Serie de números ordenados según una constante. ● **Progresión aritmética** (MAT.), aquella en que la diferencia entre un número y el anterior es una constante. ‖ **Progresión geométrica** (MAT.), aquella en que el cociente entre un número y el anterior es una constante.

progresista adj. y s. m. y f. Dícese de la persona, partido o movimiento político con ideas o programas de tipo político y social avanzados. ◇ FAM. progre. PROGRESO.

progresivo, va adj. Que avanza o procura el avance. ‖ Que progresa.

progreso s. m. Acción de ir hacia adelante. ‖ Cambio gradual de algo tendiendo a aumentar o a mejorar. ◇ FAM. progresar, progresismo, progresista.

prohibición s. f. Acción y efecto de prohibir.

prohibir v. tr. [3q]. Vedar o impedir el uso o ejecución de algo. <> FAM. prohibición, prohibitivo, prohibitorio.

prohibitivo, va adj. Que prohíbe. ‖ Dícese del precio de las cosas que no están al alcance de la mayoría de la gente.

prohijar v. tr. [1u]. Adoptar como hijo. ‖ Tomar como propias doctrinas o ideas ajenas. <> FAM. prohijamiento. HIJO, JA.

prohombre s. m. Hombre ilustre.

prójimo, ma s. Desp. Individuo, tipo. ◆ s. m. Cualquier persona con respecto a otra. ◆ s. f. Prostituta.

prole s. f. Hijos, descendencia. <> FAM. proliferar.

prolegómeno s. m. Tratado que precede a una obra o escrito y establece los fundamentos generales del tema. <> FAM. PRÓLOGO.

proletariado s. m. Clase social cuyos miembros no poseen los medios de producción y venden su trabajo por un salario.

proletario, ria adj. Relativo al proletariado. ◆ s. Miembro de la clase social del proletariado. <> FAM. proletariado.

proliferación s. f. Acción y efecto de proliferar.

proliferar v. intr. [1]. Multiplicarse rápidamente. <> FAM. proliferación, proliferante, prolífero, prolífico. PROLE.

prolífero, ra adj. Prolífico.

prolífico, ca adj. Capaz de reproducirse. ‖ Muy productivo.

prolijidad s. f. Calidad de prolijo.

prolijo, ja adj. Demasiado largo y detallado. ◆ FAM. prolijidad. / desprolijo.

prologar v. tr. [1b]. Escribir el prólogo de una obra.

prólogo s. m. Texto antepuesto al cuerpo de una obra. ‖ Cosa que precede a otra, a la que sirve de preparación. <> FAM. prolegómeno, prologal, prologar.

prolongación s. f. Acción y efecto de prolongar. ‖ Parte prolongada de una cosa.

prolongar v. tr. y pron. [1b]. Aumentar la longitud o duración de algo. <> FAM. prolongable, prolongación, prolongado, prolongador, prolongamiento.

promediar v. tr. [1]. Calcular el promedio. ‖ Igualar dos partes de algo o repartirlo en dos partes iguales. ◆ v. intr. Llegar a su mitad un espacio de tiempo.

promedio s. m. Cantidad o valor medio que resulta de repartir la suma de todos los valores. <> FAM. promediar. MEDIO, DIA.

promesa s. f. Acción de prometer. ‖ Persona que promete.

prometer v. tr. [2]. Decir alguien que se obliga a hacer o dar algo. ‖ Afirmar la certeza de lo que se dice. ◆ v. intr. Dar muestras una persona o cosa de que llegará a ser muy buena o importante. ◆ **prometerse** v. pron. Darse palabra de matrimonio. <> FAM. promesa, prometedor, prometido, promisión, promisorio. / comprometer. METER.

prometido, da s. Persona con la que se ha concertado promesa de matrimonio.

prometio s. m. Metal del grupo de las tierras raras.

prominencia s. f. Calidad de prominente. ‖ Abultamiento, elevación.

prominente adj. Que sobresale más de lo normal. ‖ Dícese de la persona ilustre, destacada. <> FAM. prominencia. EMINENTE.

promiscuidad s. f. Calidad de promiscuo.

promiscuo, cua adj. Que tiene relaciones sexuales con varias personas. <> FAM. promiscuidad.

promisión s. f. Promesa, acción de prometer.

promoción s. f. Acción de promocionar. ‖ Conjunto de personas que han obtenido al mismo tiempo un grado, título, etc. <> FAM. promocionar. PROMOVER.

promocionar v. tr. y pron. [1]. Hacer que alguien mejore en su cargo o categoría. ◆ v. tr. Dar impulso a una empresa, producto, etc.

promontorio s. m. Elevación del terreno de poca altura. ‖ Altura de tierra que avanza dentro del mar. <> FAM. MONTE.

promotor, ra adj. y s. Que promueve. ‖ Que promociona.

promover v. tr. [2e]. Iniciar o activar cierta acción. ‖ Ascender a una persona a un cargo superior. ‖ Producir, causar. <> FAM. promoción, promotor, promovedor. MOVER.

promulgar v. tr. [1b]. Publicar algo de forma oficial, en especial una ley. <> FAM. promulgación, promulgador.

pronador adj. Dícese del músculo que hace girar la mano.

prono, na adj. Tumbado boca abajo.

pronombre s. m. Parte de la oración que sustituye al nombre o lo determina. <> FAM. pronominal. NOMBRE.

pronominal adj. Relativo al pronombre. ‖ Se dice del verbo que se conjuga con dos pronombres de la misma persona.

pronosticar v. tr. [1a]. Hacer un pronóstico. <> FAM. pronosticación, pronosticador. PRONÓSTICO.

pronóstico s. m. Anuncio de una cosa futura, basado en ciertos indicios. ‖ Juicio médico sobre la evolución de una enfermedad o lesión. <> FAM. pronosticar.

prontitud s. f. Rapidez o diligencia en hacer una cosa.

pronto, ta adj. Rápido, inmediato. ‖ Dispuesto, preparado. ◆ s. m. Fam. Decisión o impulso repentino. ◆ adv. t. En seguida, en un breve espacio de tiempo. ● **De pronto**, de manera repentina o inesperada. <> FAM. prontitud.

prontuario s. m. Compendio de las reglas de una ciencia.

pronunciación s. f. Acción y efecto de pronunciar. ‖ Manera de pronunciar.

pronunciado, da adj. Muy perceptible o acusado.

pronunciamiento s. m. Alzamiento militar dirigido contra un gobierno. || Sentencia o mandato de un juez.

pronunciar v. tr. [1]. Emitir y articular sonidos para hablar. || DER. Dictar una resolución judicial. ◆ v. tr. y pron. Acentuar, resaltar. ◆ **pronunciarse** v. pron. Declararse a favor o en contra de alguien o algo. || Sublevarse. ◇ FAM. pronunciable, pronunciación, pronunciado, pronunciador, pronunciamiento.

propagación s. f. Acción y efecto de propagar.

propaganda s. f. Publicidad para difundir un producto, un espectáculo, etc. || Material o trabajo empleado para este fin. ◇ FAM. propagandístico. PROPAGAR.

propagar v. tr. y pron. [1b]. Extender, difundir o aumentar una cosa. ◇ FAM. propagación, propagador, propaganda.

propalar v. tr. [1]. Divulgar algo oculto. ◇ FAM. propalador.

propano s. m. Hidrocarburo gaseoso, empleado como combustible.

proparoxítono, na adj. y s. f. LING. Dícese de la palabra que lleva el acento tónico en la antepenúltima sílaba. ◇ FAM. OXÍTONO, NA.

propasarse v. pron. [1]. Excederse de lo razonable en lo que se hace y dice. || Faltar al respeto o cometer un atrevimiento.

propender v. intr. [2]. Tender uno a una cosa. ◇ FAM. propensión, propenso. PENDER.

propenso, sa adj. Que propende a cierta cosa.

propiciar v. tr. [1]. Hacer o volver propicio. || Favorecer activamente la ejecución de algo. ◇ FAM. propiciación, propiciador, propiciatorio. PROPICIO, CIA.

propicio, cia adj. Favorable, adecuado. ◇ FAM. propiciar.

propiedad s. f. Derecho de usar y disponer de una cosa. || Cosa poseída. || Cualidad esencial de una persona o cosa. || Adecuación de las palabras con la idea que se quiere expresar. ◇ FAM. propietario, PROPIO, PIA.

propietario, ria adj. y s. Que tiene derecho de propiedad sobre una cosa. || Que tiene un cargo o empleo de forma permanente. ◇ FAM. copropietario. PROPIEDAD.

propileo s. m. Pórtico con columnas de un templo griego.

propina s. f. Dinero que se da de más como gratificación.

propinar v. tr. [1]. Dar: *propinar una bofetada.* ◇ FAM. propina.

propio, pia adj. Que pertenece en propiedad a una persona. || Característico de una persona o cosa. || Apropiado, adecuado. || Natural, no adquirido o artificial. || El mismo: *vino el propio director.* || Se dice del nombre que sólo puede aplicarse a un único ser u objeto. ◇ FAM. propia-

mente, propiedad. / apropiarse, expropiar, impropio.

proponer v. tr. [5]. Exponer un proyecto, negocio, etc., para que sea aceptado. || Presentar a una persona para un empleo, premio, etc. ◆ v. tr. y pron. Tomar la decisión de lograr una cosa. ◇ FAM. proposición, propósito, propuesta. PONER.

proporción s. f. Disposición o correspondencia entre las cosas. || Tamaño, medida. || Importancia o intensidad de algo. || MAT. Igualdad entre dos razones. ◇ FAM. proporcional, proporcionalidad, proporcionar. / desproporción. PORCIÓN.

proporcional adj. Relativo a la proporción, o que la incluye en sí. || MAT. Que está relacionado por una proporción.

proporcionar v. tr. [1]. Hacer que algo tenga la debida proporción. ◆ v. tr. y pron. Poner a disposición de uno lo que necesita. ◇ FAM. proporcionable, proporcionado. PROPORCIÓN.

proposición s. f. Acción y efecto de proponer. || Cosa propuesta. || En lógica, enunciado susceptible de ser verdadero o falso. || LING. Unidad lingüística de estructura oracional.

propósito s. m. Aquello que uno se propone hacer. || Objetivo, finalidad. • **A propósito,** oportuno, adecuado. || De forma voluntaria o deliberada. || **A propósito de,** con relación a. ◇ FAM. despropósito. PROPONER.

propuesta s. f. Proposición que se expone con un determinado fin. || Recomendación de cierta persona para un empleo o cargo.

propugnar v. tr. [1]. Defender una postura o idea que se considera conveniente. ◇ FAM. propugnación, propugnador. PUGNAR.

propulsar v. tr. [1]. Impeler hacia adelante. ◇ FAM. propulsión, propulsor. / turbopropulsor.

propulsión s. f. Acción de propulsar o impeler. ◇ FAM. autopropulsión. PROPULSAR.

prorrata s. f. Parte proporcional que debe pagar o percibir cada uno en un reparto.

prórroga s. f. Acción de prorrogar. || Plazo durante el cual se prorroga algo. || Aplazamiento temporal del servicio militar.

prorrogar v. tr. [1b]. Hacer que algo dure más tiempo. || Retardar la ejecución de algo. ◇ FAM. prórroga, prorrogable, prorrogación, prorrogativo. / improrrogable. ROGAR.

prorrumpir v. intr. [3]. Emitir repentina y bruscamente un grito, suspiro, risa, etc.

prosa s. f. Forma ordinaria del lenguaje hablado o escrito, no sujeta a las reglas propias de la poesía. ◇ FAM. prosaico, prosificar, prosista, prosístico, prosudo.

prosaico, ca adj. Relativo a la prosa. || Vulgar, anodino.

proscenio s. m. Parte del escenario comprendida entre el borde del mismo y los bastidores. ◇ FAM. ESCENA.

proscribir v. tr. [3n]. Desterrar por causa política. ‖ Prohibir. ⬦ FAM. proscripción, proscriptor, proscrito. ESCRIBIR.

proscripción s. f. Acción y efecto de proscribir.

prosecución s. f. Acción de proseguir. ‖ Persecución.

proseguir v. tr. e intr. [30a]. Continuar lo empezado. ⬦ FAM. prosecución, proseguible, proseguimiento. SEGUIR.

proselitismo s. m. Empeño en ganar prosélitos.

prosélito s. m. Persona ganada para una opinión, una doctrina, un partido, etc. ⬦ FAM. proselitismo, proselitista.

prosificar v. tr. [1a]. Poner en prosa una composición poética. ⬦ FAM. prosificación, prosificador. PROSA.

prosodia s. f. Parte de la gramática que enseña la recta pronunciación y acentuación. ‖ Estudio de los rasgos fónicos que afectan a la métrica. ‖ Parte de la fonología que estudia los rasgos fónicos de una secuencia. ⬦ FAM. prosódico.

prosopopeya s. f. Tropo que consiste en atribuir cualidades de los seres animados a los inanimados y abstractos. ‖ *Fam.* Afectación en la manera de ser o hablar.

prospección s. f. Exploración de los yacimientos minerales de un terreno. ‖ Estudio de posibilidades futuras basado en indicios presentes. ⬦ FAM. prospectivo, prospecto.

prospectivo, va adj. Relativo al futuro. ➤ s. f. Ciencia que estudia las condiciones técnicas, científicas, económicas y sociales de la sociedad futura.

prospecto s. m. Anuncio breve de una obra, espectáculo, etc. ‖ Impreso pequeño que acompaña a un medicamento, máquina, etc.

prosperar v. intr. [1]. Tener prosperidad. ‖ Imponerse una opinión, idea, etc.

prosperidad s. f. Bienestar material o mejora de la situación económica. ‖ Buena suerte, éxito.

próspero, ra adj. Favorable, afortunado. ‖ Que mejora y se enriquece progresivamente. ⬦ FAM. prosperar, prosperidad.

próstata s. f. Cuerpo glandular, propio del sexo masculino, que rodea el cuello de la vejiga y la uretra. ⬦ FAM. prostático.

prosternarse v. pron. [1]. Postrarse.

prostíbulo s. m. Casa de prostitución. ⬦ FAM. prostibulario. PROSTITUIR.

próstilo adj. ARQ. Dícese del templo o edificio griego que presenta una hilera de columnas sólo en la fachada anterior.

prostitución s. f. Acto por el cual una persona admite relaciones sexuales por dinero. ‖ Envilecimiento, degradación.

prostituir v. tr. y pron. [29]. Entregar o entregarse a la prostitución. ‖ Envilecer o degradar, generalmente por interés. ⬦ FAM. prostíbulo, prostitución, prostituto.

prostituto, ta s. Persona que se dedica a la prostitución.

protagonismo s. m. Calidad de protagonista. ‖ Afán de mostrarse como la persona más calificada y necesaria en algo.

protagonista s. m. y f. Personaje principal de una obra literaria, cinematográfica, etc. ‖ *Persona o cosa que tiene la parte principal en algo.* ⬦ FAM. protagonismo, protagonizar.

protagonizar v. tr. [1g]. Actuar como protagonista.

protección s. f. Acción y efecto de proteger. ‖ Persona o cosa que protege. ⬦ FAM. proteccionismo. PROTEGER.

proteccionismo s. m. Sistema que protege la producción y el comercio nacional. ⬦ FAM. proteccionista. PROTECCIÓN.

protector, ra adj. y s. Que protege.

protectorado s. m. Situación de un estado que está bajo la protección de otro. ‖ Estado bajo la protección de otro.

proteger v. tr. [2b]. Resguardar a alguien o a algo de peligros o daños. ‖ Favorecer, apoyar, defender. ⬦ FAM. protección, protector, protectorado, protegido. / desproteger.

protegido, da s. Favorito, ahijado.

proteico[1], ca adj. Que cambia de formas, ideas o aspecto.

proteico[2], ca adj. Relativo a las proteínas.

proteína s. f. Sustancia química que forma parte de la materia fundamental de la célula. ⬦ FAM. proteico[2], proteínico, prótido.

protésico, ca adj. Relativo a la prótesis. ➤ s. Ayudante del odontólogo encargado de preparar y ajustar prótesis dentales.

prótesis s. f. Adición artificial para sustituir un órgano del cuerpo. ‖ Pieza que sustituye ese órgano. ‖ LING. Adición de una letra al principio de una palabra. ⬦ FAM. protésico. TESIS.

protesta s. f. Acción y efecto de protestar. ‖ Documento, acto o palabras con que se protesta.

protestante adj. Relativo al protestantismo. ➤ adj. y s. m. y f. Que profesa el protestantismo.

protestantismo s. m. Conjunto de las iglesias y comunidades cristianas surgidas de la Reforma. ‖ Doctrina de estas iglesias. ⬦ FAM. protestante. PROTESTAR.

protestar v. intr. [1]. Mostrar vehementemente desacuerdo y oposición. ‖ Quejarse. ➤ v. tr. Hacer el protesto de una letra de cambio. ⬦ FAM. protesta, protestantismo, protestativo.

prótido s. m. y adj. Proteína.

proto- pref. Significa 'primero': *protohistoria.*

protocolario, ria adj. Relativo o conforme al protocolo.

protocolizar v. tr. [1g]. DER. Incluir en el protocolo una escritura o un documento. ⬦ FAM. protocolización. PROTOCOLO.

protocolo s. m. Conjunto de reglas establecidas para ciertas ceremonias. || DER. Serie de documentos que un notario autoriza y custodia. <> FAM. protocolar, protocolario, protocolizar.

protohistoria s. f. Período de la historia de la humanidad siguiente a la prehistoria. <> FAM. protohistórico. HISTORIA.

protón s. m. Partícula elemental cargada de electricidad positiva, constituyente del núcleo del átomo. <> FAM. protónico.

protoplasma s. m. Sustancia que constituye la parte esencial y viva de una célula. <> FAM. protoplasmático. PLASMA.

protórax s. m. Primer segmento del tórax de los insectos.

prototipo s. m. Primer ejemplar, modelo. || Persona o cosa que representa una virtud o una cualidad. <> FAM. prototípico. TIPO.

protozoo adj. y s. m. Relativo a los seres unicelulares de núcleo diferenciado, sin clorofila.

protráctil adj. Que puede estirarse hacia afuera.

protuberancia s. f. Prominencia más o menos redonda. || Erupción de materia alrededor del Sol. <> FAM. protuberante.

provecho s. m. Beneficio, utilidad. || Efecto que produce en el organismo una comida o bebida. || Rendimiento o adelantamiento en alguna materia. <> FAM. provechoso. / aprovechar.

proveer v. tr. y pron. [2ñ]. Disponer lo necesario para un fin. || Suministrar lo necesario o conveniente para un fin. ◆ v. tr. Cubrir un empleo o cargo. || DER. Dictar un juez o tribunal una resolución. <> FAM. proveedor, providencia, providente, próvido, provisión, provisor, provisto. / desproveer. VER¹.

provenir v. intr. [21]. Proceder, derivarse, tener su origen. <> FAM. proveniencia, proveniente. VENIR.

provenzal adj. y s. m. y f. De Provenza. ◆ s. m. Dialecto de la lengua de oc; hablado antiguamente en el sur de Francia. || Lengua hablada en Provenza.

proverbial adj. Relativo al proverbio. || Conocido de todos.

proverbio s. m. Sentencia, refrán. <> FAM. proverbial. VERBO.

providencia s. f. Medida que se toma para remediar un daño o peligro. || Previsión y cuidado que Dios tiene de sus criaturas. <> FAM. providencial, providencialismo. PROVEER.

providencial adj. Relativo a la providencia de Dios. || Que libra de un peligro o una desgracia inminente.

providencialismo s. m. Doctrina según la cual todo sucede por la Providencia. <> FAM. providencialista. PROVIDENCIA.

provincia s. f. División territorial y administrativa de algunos países. ◆ pl. Por oposición a capital, el resto de las ciudades de un país. <> FAM. provincial, provincialismo, provinciano.

provincialismo s. m. Voz o giro particular de una provincia.

provinciano, na adj. y s. Habitante u originario de una provincia. || Poco habituado a la vida y costumbres de la capital.

provisión s. f. Acción y efecto de proveer. || Conjunto de cosas necesarias o útiles para el mantenimiento. || Argent. y Urug. Tienda de comestibles. <> FAM. provisional. / aprovisionar, improvisar. PROVEER.

provisional adj. No definitivo, temporal. <> FAM. provisionalmente. PROVISIÓN.

provocación s. f. Acción de provocar.

provocar v. tr. [1a]. Desafiar a alguien a que haga una cosa. || Molestar a alguien para que se irrite. || Tratar de despertar deseo sexual en alguien. || Ocasionar, causar. || Colomb., Perú y Venez. Apetecer. <> FAM. provocación, provocador.

proxeneta s. m. y f. Persona que procura la prostitución de otra o vive de sus ganancias. <> FAM. proxenético.

proximidad s. f. Calidad de próximo. || Cercanía, contorno.

próximo, ma adj. Que está muy cerca. || Que está o sigue justo después. <> FAM. próximamente, proximidad. / aproximar.

proyección s. f. Acción y efecto de proyectar. || Acción de proyectar imágenes sobre una pantalla. || MAT. Figura plana que resulta de trazar líneas rectas a partir de todos los puntos de un sólido. || PSIC. Mecanismo por el que el sujeto proyecta sobre otro lo que le es propio pero que no acepta como suyo.

proyectar v. tr. [1]. Lanzar o arrojar a distancia. || Hacer planes o proyectos. || Hacer un proyecto de arquitectura o de ingeniería. || Formar sobre una pantalla la imagen óptica de diapositivas, películas, etc. || MAT. Hacer una proyección. ◆ v. tr. y pron. Hacer visible una figura sobre una superficie. <> FAM. proyección, proyectil, proyectivo, proyecto, proyector.

proyectil s. m. Cualquier cuerpo que es lanzado contra algo.

proyecto s. m. Intención de hacer algo o plan para realizarlo. || Redacción o disposición provisional de un tratado, ley, etc. || Conjunto de planos para construir un edificio, máquina, etc. <> FAM. proyectista. / anteproyecto. PROYECTAR.

proyector s. m. Aparato que proyecta una luz de gran intensidad. || Aparato que sirve para proyectar imágenes.

prudencia s. f. Moderación, cautela. || Sensatez, buen juicio. <> FAM. prudencial, prudente. / imprudencia.

prueba s. f. Acción y efecto de probar. || Ensayo que se hace de una cosa. || Señal o indicio que permite demostrar una cosa. || Examen para demostrar determinadas cualidades o habilidades. || Competición deportiva. || DER. Aquello que sirve para atestiguar la verdad de un hecho. ● **En prueba de,** como muestra o señal. ‖ **Poner a prueba,** probar. ◇ FAM. PROBAR.

prurito s. m. Picazón, comezón. ‖ Deseo persistente de realizar algo de la mejor manera posible.

prusiano, na adj. y s. De Prusia.

pseudo- pref. Seudo-*.

psi s. f. Vigésima tercera letra del alfabeto griego.

psico- pref. *Significa 'alma, mente':* psicología.

psicoanálisis s. m. Método y técnica psicológica que tiene por objeto dilucidar el significado inconsciente de la conducta. ◇ FAM. psicoanalista, psicoanalítico, psicoanalizar. ANÁLISIS.

psicodélico, ca adj. Relativo al estado de soñar despierto. ‖ Causante de este estado. ‖ Extravagante, raro.

psicodrama s. m. Técnica de psicoterapia de grupo en la que los pacientes son invitados a escenificar sus problemas.

psicógeno, na adj. De origen psíquico.

psicología s. f. Ciencia que estudia la actividad psíquica. ‖ Carácter de un individuo, un pueblo, etc. ‖ Capacidad, perspicacia. ◇ FAM. psicológico, psicólogo. / parapsicología.

psicólogo, ga s. Especialista en psicología.

psicometría s. f. Conjunto de métodos de medida de los fenómenos psicológicos. ◇ FAM. psicómetra.

psicomotricidad s. f. Relación de las funciones motoras y mentales.

psicópata s. m. y f. Enfermo afecto de psicopatía.

psicopatía s. f. Trastorno psíquico por el que se altera la conducta del individuo. ◇ FAM. psicópata, psicopático.

psicoquinesia s. f. Acción de la mente sobre la materia.

psicosis s. f. Término genérico que designa las enfermedades mentales. ‖ Obsesión colectiva. ◇ FAM. metempsicosis.

psicosomático, ca adj. Relativo al cuerpo y a la mente.

psicotecnia s. f. Conjunto de tests que permiten apreciar las reacciones psicológicas de los individuos. ◇ FAM. psicotécnico.

psicoterapeuta s. m. y f. Especialista en psicoterapia.

psicoterapia s. f. Conjunto de medios terapéuticos para la superación del conflicto psíquico. ◇ FAM. psicoterapeuta, psicoterapéutico, psicoterápico. TERAPIA.

psicótropo, pa o **psicotropo, pa** adj. y s. m. Dícese de la sustancia o medicamento que actúa sobre el psiquismo.

psique s. f. Conjunto de las funciones sensitivas, afectivas y mentales de un individuo. ◇ FAM. psíquico.

psiquiatra s. m. y f. Especialista en psiquiatría.

psiquiatría s. f. Parte de la medicina que estudia y trata las enfermedades mentales. ◇ FAM. psiquiatra, psiquiátrico.

psiquiátrico, ca adj. Relativo a la psiquiatría. ◆ s. m. Hospital donde se trata a los enfermos mentales.

psíquico, ca adj. Relativo a la psique o al psiquismo.

psoriasis s. f. Dermatosis generalmente crónica.

ptero- pref. *Significa 'ala':* pterodáctilo.

pterodáctilo s. m. Reptil volador fósil de gran tamaño.

pteridófito, ta adj. y s. m. BOT. Relativo a un tipo de plantas sin flores que comprende los helechos y plantas próximas.

púa s. f. Cuerpo rígido y delgado acabado en punta afilada. ‖ Chapa triangular que se usa para tocar instrumentos de cuerda.

pub s. m. Bar, cafetería, cervecería.

púber adj. y s. m. y f. Que está en la pubertad. ◇ FAM. impúber. PUBERTAD.

pubertad s. f. Inicio de la adolescencia. ◇ FAM. púber. PUBIS.

pubis s. m. Parte inferior del vientre, cubierta de vello. ‖ Parte media o anterior del hueso coxal. ◇ FAM. pubertad.

publicación s. f. Acción de publicar. ‖ Obra publicada.

publicar v. tr. [1a]. Difundir una cosa. ‖ Imprimir o editar una obra. ‖ Escribir y hacer imprimir una obra. ◇ FAM. publicable, publicación. PÚBLICO, CA.

publicidad s. f. Condición de ser una cosa conocida por todos. ‖ Conjunto de técnicas y medios utilizados para dar a conocer un producto o servicio. ◇ FAM. publicista, publicitario. PÚBLICO, CA.

publicista s. m. y f. Profesional de la publicidad. ‖ Autor que escribe para el público en publicaciones periódicas.

publicitario, ria adj. Relativo a la publicidad. ◆ s. Publicista.

público, ca adj. Relativo a la comunidad. ‖ Que puede ser usado o frecuentado por todos. ‖ Conocido por todos. ◆ s. m. Conjunto de personas que asisten o frecuentan un lugar, espectáculo, etc. ◇ FAM. públicamente, publicar, publicidad.

¡pucha! interj. *Amér.* Expresa enfado o disgusto.

pucherazo s. m. Fraude o falsificación electoral consistente en computar votos no emitidos en una elección.

puchero s. m. Vasija para guisar, alta, abombada y con asas. ‖ Olla, guiso. ‖ *Fam.* Alimento diario necesario para mantenerse.

pucho s. m. *Amér. Merid.* Colilla de cigarro. ‖ *Amér. Merid.* Pequeña cantidad sobrante de alguna cosa. ● **A puchos** (*Amér. Merid.*), poco a poco. ‖ **No valer un pucho** (*Amér. Merid.*), no valer nada. ‖ **Sobre el pucho** (*Amér. Merid.*), enseguida.

puchuncay adj. *Ecuad.* Dícese del último hijo.

pudding s. m. Pudin.

pudendo, da adj. Que debe causar vergüenza. ● **Partes pudendas,** órganos de la reproducción. ◇ FAM. PUDOR.

pudibundo, da adj. Mojigato. ◇ FAM. pudibundez. PUDOR.

púdico, ca adj. Que tiene pudor. ◇ FAM. impúdico. PUDOR.

pudiente adj. y s. m. y f. Rico, influyente. ◇ FAM. PODER.

pudin o **pudín** s. m. Plato dulce que se prepara con bizcocho o pan deshecho en leche y azúcar y frutas secas.

pudor s. m. Sentimiento de vergüenza hacia lo relacionado con el sexo. ‖ Timidez. ◇ FAM. pudendo, pudibundo, púdico.

pudrir v. tr. y pron. [3j]. Corromper, alterar una materia orgánica. ◇ FAM. pudrimiento. / podrido, putrefacción, pútrido.

pudú s. m. *Argent.* y *Chile.* Pequeño mamífero rumiante parecido a la cabra montés.

pueblada s. f. *Amér. Merid.* Revuelta popular.

pueblerino, na adj. y s. Que es propio de pueblo o de la gente de los pueblos. ‖ *Desp.* Tosco, que no sabe desenvolverse.

pueblero, ra adj. *Argent.* y *Urug.* Relativo a una ciudad o pueblo. ‖ *Argent.* y *Urug.* Habitante u originario de una ciudad o pueblo, en oposición a campesino.

pueblo s. m. Conjunto de personas que forman una comunidad. ‖ Conjunto de individuos con la misma nacionalidad. ‖ Conjunto de los ciudadanos de un país en relación con los gobernantes. ‖ Conjunto de personas de clase humilde. ‖ Población pequeña. ◇ FAM. poblano¹, poblar, pueblada, pueblerino, pueblero / populacho, popular, populismo, populoso.

puelche s. m. *Chile.* Viento que sopla de la cordillera de los Andes hacia poniente.

puente s. m. Estructura construida sobre ríos, fosos, etc., para cruzarlos. ‖ Día laborable que se considera como festivo por estar entre dos que lo son. ‖ Conexión que se hace para permitir el paso de la electricidad entre dos cables. ‖ MAR. Lugar de un barco donde se halla el puesto de mando. ‖ MÚS. Pieza de madera sobre la cual se apoyan las cuerdas en algunos instrumentos. ● **Puente aéreo,** comunicación aérea entre dos lugares con vuelos frecuentes. ◇ FAM. entrepuente.

puercada s. f. *Amér. Central* y *Méx.* Porquería, injusticia.

puerco, ca s. y adj. Cerdo. ● **Puerco espín,** roedor cuyo cuerpo está cubierto de pinchos. ◇ FAM. porcino, porquería, porquero, puercada. / emporcar, pocilga, puercoespín.

puercoespín s. m. Puerco espín.

pueri- pref. Significa 'niño': *puericultura.*

puericultor, ra s. Persona que se dedica a la puericultura.

puericultura s. f. Estudio de la salud y cuidados que deben darse a los niños pequeños. ◇ FAM. puericultor. PUERIL.

pueril adj. Relativo o propio de un niño. ‖ Iluso, infundado. ◇ FAM. puericultura, puerilidad.

puerperio s. m. Tiempo que sigue al parto. ◇ FAM. puerperal.

puerro s. m. Planta hortícola de hojas anchas y planas y bulbo comestible.

puerta s. f. Abertura de comunicación cerrada por uno o más batientes. ‖ Lo que cierra esta abertura. ‖ Entrada a una ciudad. ‖ Medio, camino para alcanzar algo. ‖ DEP. Portería. ● **A las puertas,** inminente. ‖ **A puerta cerrada,** en privado. ‖ **Coger,** o **tomar la puerta,** marcharse de un sitio. ◇ FAM. portada, portal, portalón, portazo, portero, pórtico, portilla, portillo. / compuerta, contrapuerta, picaporte.

puerto s. m. Lugar natural o artificial de la costa que sirve de abrigo a las embarcaciones. ‖ Situación, persona o lugar en que se encuentra amparo. ‖ Punto de paso entre montañas. ◇ FAM. portuario. / aeropuerto, helipuerto.

puertorriqueño, ña adj. y s. De Puerto Rico.

pues conj. Expresa una relación de causa, consecuencia o ilación: *no insistas, pues ya lo tengo decidido.* ‖ Introduce expresiones exclamativas: *¡pues será caradura!* ◇ FAM. después.

puesta s. f. Acción y efecto de poner o ponerse. ‖ Período de la producción de huevos de las aves. ‖ Cantidad de huevos puestos en un tiempo determinado. ‖ Acción de ponerse un astro. ● **Puesta a punto,** operación consistente en revisar un mecanismo o dispositivo. ‖ **Puesta en escena,** realización escénica o cinematográfica de una obra o guión. ◇ FAM. PONER.

puestero, ra s. *Amér.* Persona que tiene un puesto de venta en un mercado. ‖ *Argent., Chile, Par.* y *Urug.* Persona que tiene a su cargo un puesto de estancia.

puesto, ta adj. Bien vestido o arreglado. ◆ s. m. Lugar que ocupa una cosa. ‖ Sitio determinado para la ejecución de una cosa. ‖ Instalación desmontable donde se vende al por menor. ‖ Cargo, empleo. ‖ Resguardo que sirve para acechar la caza. ‖ Destacamento permanente de guardia civil o de carabineros. ‖ *Argent., Chile* y *Urug.* Cada una de las partes en que se divide una estancia. ● **Puesto que,** expresión que introduce una oración con sentido continuativo o causal: *puesto que no te gusta, no comas.* ◇ FAM. puestero. / apuesto, mampuesto, peripuesto. PONER.

puf s. m. Especie de taburete bajo y de materia blanda.

¡puf! interj. Indica asco o desprecio.

pufo s. m. *Fam.* Estafa, engaño.

púgil s. m. Boxeador. ◇ FAM. pugilato, pugilismo, pugilista, pugilístico.

pugna s. f. Batalla, pelea. ‖ Oposición, disputa.

pugnar v. intr. [1]. Combatir, luchar, especialmente con armas no materiales. ‖ Hacer grandes esfuerzos para conseguir una cosa. ◇ FAM. pugna. / expugnar, impugnar, opugnar, propugnar, repugnar.

puja¹ s. f. Acción de pujar¹.

puja² s. f. Acción de pujar². ‖ Cantidad que ofrece un licitador.

pujanza s. f. Fuerza con que crece o se desarrolla algo.

pujar¹ v. tr. [1]. Hacer esfuerzos por proseguir una acción. ◇ FAM. puja¹, pujante, pujanza. / sobrepujar.

pujar² v. tr. e intr. [1]. Aumentar el precio puesto a una cosa que se vende o subasta. ◇ FAM. puja².

pulcritud s. f. Calidad de pulcro.

pulcro, cra adj. Aseado, cuidado, limpio. ‖ Delicado, esmerado en la conducta, el habla, etc. ◇ FAM. pulcritud.

pulga s. f. Insecto parásito sin alas y de patas posteriores saltadoras. • Tener malas pulgas (Fam.), tener mal genio. ◇ FAM. pulgón, pulgoso, pulguero, pulguiento. / espulgar.

pulgada s. f. Unidad de medida de longitud, equivalente a algo más de 23 mm. ◇ FAM. PULGAR.

pulgar s. m. y adj. Dedo primero y más grueso de los de la mano. ◇ FAM. pulgada.

pulgón s. m. Nombre de unos pequeños insectos, de 1 mm de longitud, que a menudo pululan en los vegetales.

pulguero, ra adj. Que tiene pulgas.

pulguiento, ta adj. Amér. Que tiene pulgas.

pulido, da adj. Arreglado con mucho cuidado y esmero. ➼ s. m. Acción y efecto de pulimentar. ◇ FAM. pulidez. PULIR.

pulimentar v. tr. [1]. Dar pulimento.

pulimento s. m. Sustancia que sirve para alisar y dar lustre a una superficie. ◇ FAM. pulimentar. PULIR.

pulir v. tr. [3]. Suavizar y lustrar una superficie por medio de frotación. ‖ Perfeccionar algo. ➼ v. tr. y pron. Quitar la tosquedad a una persona. ‖ Fam. Derrochar el dinero. ◇ FAM. pulido, pulidor, pulimento. / repulir.

pulla s. f. Dicho con que indirectamente se zahiere a alguien.

pulmón s. m. Víscera par situada en el tórax, que constituye el órgano principal del aparato respiratorio. ‖ Órgano de la respiración de ciertas arañas y moluscos. ◇ FAM. pulmonar, pulmonía.

pulmonaria s. f. Planta herbácea empleada contra las enfermedades pulmonares. ‖ Liquen de color pardo que crece sobre los troncos de diversos árboles.

pulmonía s. f. Inflamación del pulmón.

pulover s. m. Argent. y Urug. Jersey.

pulpa s. f. Parte blanda de las frutas. ‖ Materia vegetal reducida al estado de pasta. ◇ FAM. pulposo.

pulpería s. f. Amér. Central y Amér. Merid. Tienda donde se venden comestibles y otros géneros. ◇ FAM. pulpero.

púlpito s. m. Plataforma con antepecho y tornavoz que hay en las iglesias para predicar desde ella, cantar, etc.

pulpo s. m. Molusco cefalópodo con ocho brazos provistos de ventosas, que vive en las rocas, cerca de las costas.

pulque s. m. Méx. Bebida de aguamiel fermentada que suele mezclarse con jugos de frutas.

pulsación s. f. Acción de pulsar. ‖ Cada uno de los golpes comunicados a la sangre por los latidos del corazón. ‖ Cada uno de los toques que se dan sobre un teclado.

pulsador, ra adj. y s. Que pulsa. ➼ s. m. Dispositivo que ha de ser presionado para provocar el funcionamiento de algo.

pulsar v. tr. [1]. Tocar o presionar algo con la yema de los dedos. ‖ Dar un toque o golpe sobre una tecla, una cuerda de un instrumento, etc. ‖ Tantear un asunto. ◇ FAM. pulsación, pulsador. PULSO.

púlsar s. m. ASTRON. Fuente de radiación radioeléctrica, cuyas emisiones son muy breves y se repiten a intervalos regulares.

pulsera s. f. Aro que se lleva en la muñeca. ◇ FAM. PULSO.

pulso s. m. Latido intermitente de las arterias que se percibe en cierto punto de la muñeca. ‖ Firmeza en la mano para hacer un trabajo delicado. ‖ Habilidad y prudencia con un asunto, negocio, etc. • A pulso, haciendo fuerza con la muñeca sin apoyar el brazo. ‖ Con el propio esfuerzo. ◇ FAM. pulsar, pulsera.

pulular v. intr. [1]. Reproducirse en un sitio con rapidez y abundancia insectos, sabandijas, etc. ‖ Bullir, abundar y moverse en un sitio personas o cosas. ◇ FAM. pululación.

pulverizador, ra adj. Que pulveriza. ➼ s. m. Instrumento que sirve para proyectar un líquido en finísimas gotas.

pulverizar v. tr. y pron. [1g]. Reducir a polvo una cosa. ➼ v. tr. Esparcir un líquido en gotas menudísimas. ‖ Fam. Destruir. ◇ FAM. pulverizable, pulverización, pulverizador. POLVO.

puma s. m. Mamífero carnívoro de cabeza corta y ancha, que vive en las zonas frías de América.

puna s. f. Amér. Central y Amér. Merid. Páramo. ‖ Amér. Central y Amér. Merid. Soroche. ‖ Amér. Central y Amér. Merid. Tierra alta próxima a una cordillera.

punción s. f. MED. Introducción en el organismo de un instrumento punzante para obtener muestras. ◇ FAM. puncionar. PUNZAR.

puneño, ña adj. y s. De Puno (Perú).

punible adj. Que merece castigo.

púnico, ca adj. y s. De Cartago, antigua

ciudad del África septentrional. ➤ s. m.
Dialecto fenicio propio de Cartago.
punir v. tr. [3]. Castigar. ◇ FAM. punible.
/ impune.
punk adj. Dícese de un movimiento musical y cultural aparecido en Gran Bretaña
hacia 1975. ➤ s. m. y f. Individuo que
sigue dicho movimiento.
punta s. f. Extremo agudo y punzante de
algo. ‖ Extremo de un objeto alargado. ‖
Colilla de cigarro. ‖ Pequeña cantidad de
algo. ‖ Lengua de tierra que penetra en el
mar. ‖ Clavo. ‖ *Amér.* Gran cantidad de
algo, montón. ➤ pl. Puntilla. ● **De punta,**
levantado, de pie. ‖ **De punta a punta,** de
un extremo a otro. ◇ FAM. puntal, puntazo, puntera, puntilla. / apuntado, apuntar, despuntar, empuntar, puntapié, puntiagudo, repuntar, sacapuntas. PUNTO.
puntada s. f. Cada uno de los agujeros
hechos al coser. ‖ Espacio entre dos de
estos agujeros. ‖ Porción de hilo que
ocupa este espacio. ‖ *Fam.* Indirecta, insinuación. ◇ FAM. PUNTO.
puntal s. m. Madero sólido o barra que
sirve para sostener un muro, techo, etc. ‖
Persona o cosa que es el apoyo de otra. ‖
Amér. Central y *Amér. Merid.* Tentempié,
refrigerio. ‖ *Venez.* Merienda ligera.
◇ FAM. apuntalar. PUNTO.
puntapié s. m. Golpe dado con la punta
del pie.
puntarense adj y s m y f. De Punta Arenas (Chile).
puntazo s. m. Herida hecha con la punta
de un arma o de otro instrumento punzante. ‖ Pulla, indirecta. ◇ FAM. PUNTA.
puntear v. tr. [1]. Comprobar un escrito,
relación o cuenta punto por punto. ‖ Dibujar, pintar o grabar con puntos. ‖ *Argent., Chile* y *Urug.* Remover la tierra con
la punta de la pala. ‖ MÚS. Tocar un instrumento hiriendo cada cuerda con un
dedo. ➤ v. intr. *Amér. Merid.* y *Méx.* Marchar a la cabeza de un grupo de personas
o animales. ◇ FAM. punteado, punteo.
PUNTO.
puntera s. f. Parte del calzado, media
o calcetín que cubre la punta del pie.
◇ FAM. PUNTA.
puntería s. f. Acción de disponer un arma
de modo que se dé en el blanco. ‖ Destreza para dar en el blanco. ◇ FAM.
PUNTO.
puntero, ra adj. y s. Que sobresale en
alguna actividad. ‖ *Amér. Merid.* y *Méx.*
Dícese de la persona o animal que va delante de un grupo. ➤ s. m. Palo terminado
en punta usado para señalar los encerados, mapas, etc. ‖ Cincel de boca puntiaguda y cabeza plana. ‖ *Amér. Merid.* y
Méx. En algunos deportes, el que juega en
primera fila. ‖ *Argent.* En el fútbol, delantero. ‖ *Argent.* El que se halla en primer
puesto en las competencias de velocidad.
◇ FAM. PUNTO.

puntiagudo, da adj. Que acaba en punta
aguda.
puntilla s. f. Encaje estrecho con el borde
en forma de puntas u ondas. ‖ Puñal empleado para rematar al toro. ● **De puntillas,** pisando sólo con la punta de los pies.
◇ FAM. apuntillar. PUNTA.
puntillismo s. m. Técnica pictórica del
s. XIX, caracterizada por toques de color
cortos y sueltos. ◇ FAM. puntillista.
PUNTO.
puntillo s. m. Orgullo exagerado. ◇ FAM.
puntilloso. PUNTO.
punto s. m. Dibujo o relieve redondeado
y muy pequeño. ‖ Signo de puntuación (.)
que indica una pausa. ‖ Parte extremadamente pequeña del espacio. ‖ Lugar determinado. ‖ Momento, instante: *llegó en
el punto en que yo salía.* ‖ Estado, situación en que se encuentra algo. ‖ Cada una
de las distintas partes de un escrito, discusión, etc. ‖ Aspecto, cuestión. ‖ Unidad
con que se valoran juegos, concursos, las
notas escolares, etc. ‖ Cada una de las
puntadas que se dan para coser un tejido
o una herida. ‖ Cada una de las diversas
maneras de pasar y trabar el hilo en los
tejidos de punto. ‖ Tejido hecho de laza-
das trabadas entre sí. ‖ ARQ. Curvatura de
un arco o una viga. ● **Punto de ebullición,**
temperatura a la que hierve un cuerpo.
‖ **Punto de fusión,** temperatura a la que se
funde un cuerpo. ‖ **Punto de vista,** manera
de juzgar o considerar algo. ‖ **Punto débil,**
parte más vulnerable de alguien o algo.
● **A punto,** preparado. ‖ **A punto de,** expresa la inminencia de que ocurra algo. ‖
Al punto, en seguida. ‖ **Punto por punto,**
sin perder detalle. ◇ FAM. punta, puntada,
puntear, puntería, puntero, puntillismo,
puntillo. / contrapunto, pespunte, puntual,
puntuar.
puntuación s. f. Acción y efecto de puntuar. ‖ Conjunto de los signos gráficos que
sirven para puntuar un escrito.
puntual adj. Relativo al punto. ‖ Que
llega a los sitios a tiempo o hace las cosas
al tiempo prometido. ‖ Exacto, detallado.
◇ FAM. puntualidad, puntualizar. PUNTO.
puntualidad s. f. Calidad de puntual.
puntualizar v. tr. [1g]. Especificar, referir
con exactitud algo impreciso o incompleto. ◇ FAM. puntualización. PUNTUAL.
puntuar v. tr. [1s]. Poner en la escritura
signos ortográficos. ‖ Calificar con puntos.
➤ v. intr. Entrar en el cómputo de los
puntos un resultado. ◇ FAM. puntuable,
puntuación. PUNTO.
punzada s. f. Pinchazo. ‖ Sentimiento de
aflicción producido por un hecho, palabra, etc. ‖ Dolor intenso, agudo y brusco.
punzante adj. Que punza. ‖ Irónico, mordaz.
punzar v. tr. [1g]. Pinchar. ‖ Causar dolor
o aflicción. ◇ FAM. punción, punzada,
punzador, punzadura, punzante, punzón.

punzón s. m. Instrumento alargado y puntiagudo para abrir orificios, grabar metales, etc. ‖ Buril.

puñado s. m. Cantidad de cualquier cosa que cabe dentro del puño. ‖ Número restringido de personas o cosas. ◇ FAM. PUÑO.

puñal s. m. Arma de acero, de hoja corta y puntiaguda, que hiere con la punta. ◇ FAM. puñalada. / apuñalar. PUÑO.

puñalada s. f. Golpe dado con el puñal, u otra arma semejante. ‖ Herida que produce este golpe.

puñeta s. f. Bocamanga adornada con bordados o puntillas. ‖ Fam. Tontería, cosa nimia. • **Hacer la puñeta** a alguien (Fam.), fastidiarle. ‖ **Mandar** a alguien **a hacer puñetas** (Fam.), despedirle desconsideradamente. ◇ FAM. puñetero. PUÑO.

puñetero, ra adj. y s. Fam. Pícaro. ‖ Fam. Que fastidia, molesta o causa un perjuicio. ◇ FAM. puñetería. PUÑETA.

puño s. m. Mano cerrada. ‖ Parte de la espada, bastón, etc., por donde se agarran. ‖ Pieza que se pone en la parte inferior de la manga de la camisa y otras prendas de vestir. ◇ FAM. puñado, puñal, puñeta, puñetazo. / empuñar.

pupa s. f. Erupción en los labios. ‖ Voz infantil usada para expresar dolor, daño, etc. ‖ Cualquier lesión cutánea.

pupila s. f. Parte negra y redonda del ojo.

pupilo, la s. Huérfano que se encuentra bajo la custodia de un tutor.

pupitre s. m. Mueble con tapa inclinada para escribir encima.

pupo s. m. Argent., Bol. y Chile. Ombligo.

puquio s. m. Amér. Merid. Manantial, fuente.

purasangre s. m. Caballo de una raza de carreras.

puré s. m. Plato que se hace de legumbres, verduras, patatas, etc., cocidas y trituradas formando una pasta. ◇ FAM. pasapurés.

purga s. f. Acción y efecto de purgar o purgarse. ‖ Medicina purgante. ‖ Eliminación en una empresa, partido, etc., de una o de varias personas por razones generalmente políticas.

purgación s. f. Blenorragia.

purgante adj. Que purga. • s. m. Sustancia que facilita o acelera la evacuación del contenido intestinal.

purgar v. tr. y pron. [1b]. Administrar un purgante. • v. tr. Purificar algo eliminando lo que no conviene. ‖ Padecer un castigo por un delito. ◇ FAM. purga, purgable, purgación, purgador, purgante, purgativo, purgatorio. / expurgar.

purgatorio s. m. En la religión católica, lugar en el que las almas purgan sus faltas. ‖ Lugar donde se padecen penalidades.

purificación s. f. Acción de purificar o purificarse. ‖ Fiesta en honor de la Virgen.

purificar v. tr. y pron. [1a]. Quitar las impurezas. ◇ FAM. purificación, purificador, purificatorio. PURO, RA

purista adj. y s. m. y f. Que se preocupa de la pureza del lenguaje. ◇ FAM. purismo. PURO, RA.

puritanismo s. m. Doctrina de los puritanos. ‖ Rigor moral.

puritano, na adj. y s. Que profesa una moral rigurosa. ◇ FAM. puritanismo.

puro, ra adj. Sin mezcla ni impurezas: aire puro. ‖ Casto. ‖ Íntegro, difícil de corromper por interés. ‖ Que es sólo lo que se expresa: la pura verdad. ‖ Dícese del estilo o lenguaje exento de barbarismos. • s. m. Cigarro. ◇ FAM. pureza, purificar, purista. / coltapuros, depurar, impuro.

púrpura adj. y s. m. Dícese del color rojo que tira a morado. • adj. De color púrpura. • s. f. Molusco gasterópodo que segrega un colorante rojo. ◇ FAM. purpurina.

purpurina s. f. Polvo finísimo de bronce o de metal blanco.

purria s. f. Cosa sin valor. ‖ Fam. Gente despreciable.

purulento, ta adj. Que tiene aspecto semejante al pus o lo contiene. ◇ FAM. purulencia. PUS.

pus s. m. Líquido espeso y amarillento que se forma en los focos de infección. ◇ FAM. purulento. / supurar.

pusilánime adj. Falto de ánimo y de audacia. ◇ FAM. pusilanimidad. ÁNIMO.

pústula s. f. Vesícula que contiene pus. ◇ FAM. pustuloso.

putada s. f. Vulg. Acción malintencionada.

putativo, va adj. Que es considerado como padre, hermano, etc., sin serlo.

puteada s. f. Amér. Vulg. Insulto grosero.

putear v. intr. [1]. Frecuentar el trato con prostitutas. ‖ Amér. Vulg. Insultar groseramente. • v. tr. Vulg. Perjudicar a alguien. ◇ FAM. putada, puteada. PUTO, TA.

putiza s. f. Méx. Vulg. Golpiza.

puto, ta s. Vulg. Prostituto. ◇ FAM. putear.

putrefacción s. f. Acción y efecto de pudrir o pudrirse. ◇ FAM. putrescencia, putrescible. PUDRIR.

putrescencia s. f. Estado de putrefacción.

pútrido, da adj. Podrido. ◇ FAM. putridez. PUDRIR.

pututo o **pututu** s. m. Bol. y Perú. Cuerno de buey utilizado como instrumento musical.

puya s. f. Punta de la garrocha del picador. ‖ Chile. Planta de propiedades medicinales. ◇ FAM. puyazo.

puyazo s. m. Herida hecha con la puya o garrocha.

puyo, ya adj. Argent. Dícese del poncho más corto de lo ordinario.

puzzle s. m. Rompecabezas, juego.

q

q s. f. Decimoctava letra del alfabeto español y decimocuarta de sus consonantes; representa un sonido oclusivo, velar y sordo.

quark s. m. Fís. Partícula fundamental hipotética con la que se forman otras partículas, como el protón y el neutrón.

quasar s. m. Astro de apariencia estelar que constituye una fuente de radiación de gran potencia.

que pron. relat. Pronombre invariable que sigue a un nombre o a otro pronombre, y puede ir precedido del artículo o la preposición: *este es el amigo del que te he hablado.* ◆ pron. interrog. Inquiere o pregunta por la naturaleza, cantidad, etc., de algo: *¿qué color prefieres?* ◆ pron. exclamat. Encarece la naturaleza, intensidad, etc., de algo: *¡qué calor hace! ‖* Cuán: *¡qué bien te ha quedado! ‖* ◆ conj. Introduce una oración subordinada sustantiva: *quiero que vengas. ‖* Se utiliza como conjunción comparativa: *prefiero luchar que salir corriendo. ‖* Toma carácter de conjunción ilativa: *habla tan mal que no se le entiende. ‖* Forma parte de varios modos adverbiales y conjuntivos: *a menos que, con tal que.*

quebrachal s. m. *Amér. Merid.* Lugar poblado de quebrachos.

quebracho s. m. *Amér. Merid.* Árbol de altura, de madera dura usada en la construcción. ◇ FAM. quebrachal.

quebradillano, na adj. y s. De Quebradillas (Puerto Rico).

quebradizo, za adj. Fácil de quebrarse. ‖ Enfermizo, débil.

quebrado, da adj. Desigual y tortuoso. ◆ adj. y s. m. MAT. Dícese del número que expresa una o varias partes proporcionales de la unidad. ◆ s. f. Abertura estrecha entre montañas. ‖ Quiebra, depresión en el terreno. ‖ *Amér. Central* y *Amér. Merid.* Arroyo que corre por una zona montañosa.

quebrantahuesos s. m. Ave rapaz diurna de gran tamaño, parecida al buitre pero con la cabeza y el cuello con plumas.

quebrantar v. tr. [1]. Romper algo sin llegar a deshacerlo. ‖ Violar una ley, palabra u obligación. ‖ Debilitar el vigor, la fuerza, la resistencia. ◆ v. tr. y pron. Cascar o hender algo. ◇ FAM. quebrantable, quebrantado, quebrantador, quebranta-miento, quebranto. / inquebrantable, quebrantahuesos. QUEBRAR.

quebranto s. m. Acción y efecto de quebrantar o quebrantarse. ‖ Debilidad, desaliento. ‖ Pérdida o daño.

quebrar v. tr. [1j]. Rajar o romper con violencia. ‖ Estorbar la continuación de algo. ‖ *Méx.* Matar. ◆ v. tr. y pron. Doblar o torcer algo. ◆ v. intr. Cesar en una actividad por no poder hacer frente a las obligaciones. ‖ Romper la amistad con uno. ◆ **quebrarse** v. pron. Interrumpirse la continuidad de una cordillera o terreno. ‖ Herniarse. ◇ FAM. quebradizo, quebrado, quebradura, quebramiento, quebrantar, quebrazón, quiebra, quiebro. / requebrar, resquebrar.

quebrazón s. f. *Amér. Central, Chile, Colomb.* y *Méx.* Destrozo grande de objetos de vidrio o loza.

quechemarín s. m. Embarcación pequena y sólida de dos palos.

quechua adj. y s. m. y f. De los pueblos amerindios del área andina. ◆ s. m. Lengua hablada por estos pueblos.

queda s. f. Hora de la noche señalada para que los habitantes se recojan en sus casas: *toque de queda.* ◇ FAM. QUEDO, DA.

quedada s. f. *Méx.* Solterona.

quedar v. intr. y pron. [1]. Permanecer en cierto lugar o estado. ◆ v. intr. Haber todavía de cierta cosa. ‖ Resultar en cierta situación o estado: *quedar en ridículo. ‖* Pasar de un estado a otro: *quedar en la miseria. ‖* Acordar, convenir en lo que se expresa. ‖ Estar situado algo en un lugar. ‖ Faltar lo que se expresa para alcanzar o terminar algo. ‖ Con los adv. *bien, mal,* o con *como,* dar lugar a ser juzgado como se expresa: *quedó como un señor.* ◆ **quedarse** v. pron. Apoderarse, conservar en su poder. ‖ *Argent., Chile* y *Urug.* Morirse. ‖ *Méx.* Permanecer soltera una mujer. ◇ FAM. quedada. QUEDO, DA.

quedo, da adj. Suave, silencioso. ◆ adv. m. Con voz baja: *hablar quedo.* ◇ FAM. queda, quedamente, quedar. QUIETO, TA.

quehacer s. m. Ocupación, negocio. ‖ *Méx.* Labor de la casa.

queimada s. f. Bebida típica de Galicia, hecha con orujo quemado con llama, trozos de limón y azúcar.

queja s. f. Expresión de dolor, pena, disconformidad, disgusto o descontento. ‖

Motivo que lleva a alguien a quejarse. ‖ Querella.

quejarse v. pron. [1]. Expresar queja: *quejarse de algo.* ⟷ FAM. queja, quejica, quejido, quejoso, quejumbroso. / aquejar.

quejica adj. y s. m. y f. *Fam.* Que se queja mucho sin motivo.

quejido s. m. Exclamación lastimosa de pena o dolor.

quejigo s. m. Árbol de tronco grueso y fruto en bellota.

quejoso, sa adj. Que tiene queja. ‖ *Argent., Colomb., Méx., Par. y Urug.* Quejumbroso.

quejumbroso, sa adj. Que expresa queja: *voz quejumbrosa.*

queldón s. m. *Chile.* Maqui.

quelite s. m. *Méx.* Hierba silvestre, tierna y comestible.

quelmahue s. m. *Chile.* Mejillón pequeño de color negro.

quelonio, nia adj. y s. m. Relativo a un orden de reptiles de cuerpo protegido por un caparazón duro, como la tortuga.

queltehue s. m. *Chile.* Ave zancuda que se tiene en los jardines para que destruya los insectos nocivos.

queltro s. m. *Chile.* Suelo preparado para la siembra.

quema s. f. Acción y efecto de quemar o quemarse. ‖ Incendio, fuego. ‖ *Argent.* Lugar donde se queman basuras o residuos.

quemada s. f. *Méx.* Quemadura. ‖ *Méx.* Ridículo.

quemadero s. m. Lugar destinado a quemar algo.

quemador, ra adj. y s. Que quema. ➧ s. m. Dispositivo que regula una combustión.

quemadura s. f. Herida, señal o destrozo causado por el fuego o algo que quema.

quemar v. tr. y pron. [1]. Consumir o destruir con fuego. ‖ Estropear la comida el excesivo fuego. ‖ Secar una planta el excesivo calor o frío. ➧ v. tr. Pigmentar la piel el sol. ‖ Malgastar, derrochar. ‖ *Méx.* Denunciar, calumniar. ➧ v. tr., intr. y pron. Causar dolor o lesión algo muy caliente. ‖ Destruir objetos o tejidos orgánicos una sustancia corrosiva, el frío, etc. ➧ v. intr. Estar una cosa muy caliente. ➧ v. intr. y pron. Enfadar, soliviantar. ⟷ FAM. quema, quemada, quemadero, quemado, quemador, quemadura, quemazón, quemón. / requemar, resquemor.

quemarropa. A quemarropa, a poca distancia, muy cerca.

quemazón s. f. Calor excesivo. ‖ Sensación de ardor o picor.

quemón s. m. *Méx. Fam.* Ridículo, quemada. ● **Darse un quemón** (*Méx.*), conocer algo.

quena s. f. Flauta o caramillo usada por algunos pueblos amerindios de tradición musical incaica.

quepis s. m. Gorra militar con visera.

queratina s. f. Sustancia de naturaleza proteica, que interviene en la constitución de las uñas, pelo, plumas, etc.

querella s. f. Discordia, discusión. ‖ DER. Acusación presentada ante un juez o tribunal. ⟷ FAM. querellarse.

querellarse v. pron. [1]. Presentar querella judicial contra alguien. ⟷ FAM. querellador, querellante. QUERELLA.

querencia s. f. Inclinación hacia alguien o algo. ‖ Tendencia de personas y animales a volver al lugar en que se criaron. ⟷ FAM. querencioso. / aquerenciarse, malquerencia. QUERER[1].

querendón, na adj. y s. *Amér.* Dícese de la persona cariñosa.

querer[1] v. tr. [7]. Tener la intención de poseer o lograr algo. ‖ Decidir, tomar una determinación. ‖ Pedir o exigir cierto precio: *¿cuánto quiere por esta joya?* ‖ Tener amor o cariño. ‖ Pretender, intentar. ‖ Estar próximo a ser o verificarse algo: *parece que quiere llover.* ● **Querer decir,** significar. ‖ Dar a entender una cosa: ‖ **Sin querer,** de forma involuntaria. ⟷ FAM. querencia, querendón, querer[2], querido. / comoquiera, dondequiera, quienquiera, siquiera.

querer[2] s. m. Cariño, amor.

queretano, na adj. y s. De Querétaro (México).

querido, da s. Persona que mantiene relaciones sexuales con otra que está casada.

quermes s. m. Insecto parecido a la cochinilla.

querosén s. m. *Amér.* Queroseno*.

queroseno o **querosene** s. m. Hidrocarburo obtenido como producto intermedio entre la gasolina y el gas-oil.

querubín s. m. Persona, especialmente niño, de gran belleza. ⟷ FAM. querúbico.

quesadilla s. f. Pastel de queso y masa. ‖ Pastelillo relleno de almíbar, dulce de fruta, etc. ‖ *Ecuad. y Hond.* Pan de maíz, relleno de queso y azúcar, que se fríe en manteca.

quesero, ra adj. Relativo al queso. ➧ s. Persona que hace o vende queso. ➧ s. f. Utensilio para guardar o servir el queso.

queso s. m. Alimento elaborado a partir de la leche cuajada. ● **Darla con queso** (*Fam.*), engañar o estafar. ⟷ FAM. quesadilla, quesería, quesero. / requesón.

quetro s. m. *Chile.* Pato grande que tiene alas sin plumas.

quetzal s. m. Ave de los bosques centroamericanos y mexicanos, de plumaje verde tornasolado. ‖ Moneda de Guatemala.

quevedos s. m. pl. Anteojos que se sujetan en la nariz.

quezalteco, ca adj. y s. De Quezaltenango (Guatemala).

¡quia! interj. *Fam.* Denota incredulidad o negación.

quiaca s. f. *Chile.* Planta arbórea de pequeñas flores blancas.

quiasmo s. m. Figura retórica que consiste en la ordenación cruzada de dos secuencias bimembres, con el orden invertido.

quibdoano, na adj. y s. De Quibdó (Colombia).

quiché adj. y s. m. y f. De un pueblo amerindio de Guatemala. ➤ s. m. Lengua hablada por este pueblo.

quichelense adj. y s. m. y f. De El Quiché (Guatemala).

quichua adj. y s. m. y f. Quechua*.

quicio s. m. Larguero del marco de una puerta o ventana. ● **Fuera de quicio**, fuera de orden. ‖ **Sacar de quicio**, exagerar una cosa. ‖ Exasperar. ⟡ FAM. desquiciar, enquiciar, resquicio.

quid s. m. Razón, esencia, punto más delicado o importante: *ese es el quid del problema.*

quiebra s. f. Acción de quebrar. ‖ Rotura o abertura de algo. ‖ Fracaso, posibilidad de fallar o fracasar. ⟡ FAM. QUEBRAR.

quiebro s. m. Gesto que se hace con el cuerpo doblándolo por la cintura. ‖ Gorgorito hecho con la voz. ⟡ FAM. QUEBRAR.

quien pron. relat. Se refiere a personas: *la mujer de quien te hablé.* ‖ Equivale a *el que*, y carece de antecedente expreso: *cásate con quien quieras.* ➤ pron. interrog. Introduce frases interrogativas: *¿quién llama?* ‖ Introduce frases exclamativas: *¡quién lo diría!* ⟡ FAM. quienquiera.

quienquiera pron. indef. Cualquiera, persona indeterminada.

quietismo s. m. Inacción, quietud, inercia.

quieto, ta adj. Que no se mueve ni traslada de lugar. ‖ Parado, que no avanza en su desarrollo. ‖ Pacífico, tranquilo. ⟡ FAM. quietismo, quietud. / aquietar, inquieto, quedo.

quietud s. f. Falta de movimiento. ‖ Sosiego, reposo.

quijada s. f. Cada uno de los dos huesos del cráneo de los mamíferos en que están encajados los dientes y muelas.

quijote¹ s. m. Parte superior de las ancas de las caballerías.

quijote² s. m. Persona que interviene en asuntos que no siempre la atañen, en defensa de la justicia. ⟡ FAM. quijotada, quijotesco.

quila s. f. *Amér. Merid.* Planta parecida al bambú.

quilate s. m. Unidad para pesar perlas y piedras preciosas, que vale 200 mg. ‖ Cantidad de oro puro contenido en una aleación de este metal. ⟡ FAM. aquilatar.

quilco s. m. *Chile.* Canasta grande.

quilico s. m. *Ecuad.* Ave rapaz de plumaje rojizo.

quilificar v. tr. y pron. [1a]. Convertir el alimento en quilo¹. ⟡ FAM. quilificación. QUILO¹.

quilla s. f. Pieza que va de proa a popa y forma la base del barco. ‖ Esternón de las aves, o parte saliente del mismo.

quillango s. m. *Argent., Chile y Urug.* Manta de pieles.

quillay s. m. *Argent. y Chile.* Árbol de gran tamaño con una gruesa corteza que en medios rurales se emplea para lavar.

quillotano, na adj. y s. De Quillota (Chile).

quilmay s. m. *Chile.* Planta trepadora de hermosas flores.

quilo¹ s. m. Líquido blanquecino, resultado de la digestión de los alimentos en el intestino delgado. ⟡ FAM. quilífero, quilificar.

quilo² s. m. Kilo*.

quilo³ s. m. *Chile.* Planta arbustiva de tallos trepadores y fruto azucarado. ‖ *Chile.* Fruto de esta planta.

quilogramo s. m. Kilogramo*.

quilombo s. m. *Venez.* Cabaña campestre. ‖ *Chile y R. de la Plata.* Casa de mujeres públicas. ‖ *Argent. Vulg.* Lío, gresca.

quilómetro s. m. Kilómetro*.

quiltro s. m. *Chile.* Perro ordinario. ➤ adj. y s. *Chile. Fam.* Dícese de la persona despreciable y sin ninguna importancia.

quimba s. f. *Amér. Central y Amér. Merid.* Garbo, contoneo. ‖ *Colomb., Ecuad. y Venez.* Calzado rústico.

quimbambas s. f. pl. *Fam.* Lugar indeterminado y muy lejano.

quimbayá adj. y s. m. y f. De un pueblo amerindio de lengua caribe que ocupaba el valle central del río Cauca (Colombia).

quimbo s. m. *Cuba.* Machete.

quimera s. f. Animal fantástico con el busto de mujer y el cuerpo de cabra. ‖ Creación de la mente, que se toma como algo real o posible. ⟡ FAM. quimérico, quimerizar.

química s. f. Ciencia que estudia las propiedades, composición y transformación de los cuerpos. ⟡ FAM. químico. / bioquímica, geoquímica, quimioterapia, termoquímica.

químico, ca adj. Relativo a la química. ➤ s. Especialista en química. ⟡ FAM. químicamente. / petroquímico. QUÍMICA.

quimioterapia s. f. *MED.* Tratamiento de las enfermedades mediante sustancias químicas. ⟡ FAM. QUÍMICA y TERAPIA.

quimo s. m. Líquido contenido en el estómago, que resulta de la digestión gástrica de los alimentos. ⟡ FAM. quimificar.

quimono s. m. Túnica japonesa muy amplia, de una sola pieza.

quina¹ s. f. Acierto de cinco números en la lotería.

quina² s. f. Planta arbórea cuya corteza tiene propiedades astringentes y antipiréticas. ‖ Corteza de esta planta. ⟡ FAM. quinina.

quinario, ria adj. *MAT.* Que tiene por base el número cinco.

quincalla s. f. Artículo de metal, de poco precio o escaso valor. ◇ FAM. quincallería, quincallero.

quince adj. num. card. y s. m. Diez y cinco. ◆ adj. num. ord. y s. m. y f. Decimoquinto.

quinceavo, va adj. num. part. y s. m. Quinzavo.

quincena s. f. Serie de quince días consecutivos. ‖ *Méx.* Paga que se recibe cada quince días. ◇ FAM. quincenal.

quincenal adj. Que se sucede o repite cada quincena. ‖ Que dura una quincena.

quincha s. f. *Amér. Merid.* Tejido o trama de junco con que se afianza un techo o pared. ‖ *Argent., Chile* y *Perú.* Pared hecha de cañas o juncos recubiertos de barro. ◇ FAM. quinchar.

quinchamalí s. m. *Chile.* Planta de propiedades medicinales.

quinchar v. tr. [1]. *Amér. Merid.* Cercar o cubrir con quinchas. ◆ v. intr. *Amér. Merid.* Hacer quinchas.

quinchihue s. m. *Amér. Central* y *Amér. Merid.* Planta de usos medicinales.

quincho s. m. *Argent.* Cobertizo para comidas al aire libre.

quincuagésimo, ma adj. num. ord. y s. Que corresponde en orden al número cincuenta. ◆ adj. num. part. y s. m. Dícese de cada una de las cincuenta partes iguales en que se divide un todo.

quinde s. m. *Colomb., Ecuad.* y *Perú.* Colibrí.

quingos s. m. *Amér. Central* y *Amér. Merid.* Zigzag.

quiniela s. f. Juego de apuestas sobre las predicciones de los resultados de fútbol, carreras, etc. ‖ Papel en que se hacen dichas predicciones. ‖ *Argent., Par., R. Dom.* y *Urug.* Juego que consiste en apostar a las últimas cifras de los premios mayores de la lotería. ◇ FAM. quinielero, quinielista, quinielístico.

quinielero, ra s. *Argent., Par., R. Dom.* y *Urug.* Capitalista u organizador de quinielas.

quinientos, tas adj. num. card. y s. m. Cinco veces cien. ◆ adj. num. ord. y s. Que ocupa el número quinientos.

quinina s. f. Principal alcaloide de la quina², que se emplea como febrífugo. ◇ FAM. QUINA².

quinoa o **quinua** s. f. *Argent., Bol.* y *Perú.* Nombre de diversas plantas anuales de hojas tiernas comestibles y flores pequeñas en racimos.

quinoto s. m. *Argent.* Arbusto de frutos pequeños de color naranja, usados para preparar dulces y licores. ‖ *Argent.* Fruto de este arbusto.

quinqué s. m. Lámpara con un depósito de aceite o petróleo.

quinquenio s. m. Período de cinco años. ‖ Subida de un sueldo al cumplirse cinco años de trabajo. ◇ FAM. quinquenal. AÑO.

quinqui s. m. y f. Miembro de un grupo social marginal que, frecuentemente, recurre a la delincuencia.

quinta s. f. Remplazo anual para prestar el servicio militar. ‖ *Amér. Central* y *Amér. Merid.* Casa de recreo, chalet.

quintaesencia s. f. Lo más puro, intenso y acendrado de algo. ‖ Última esencia o extracto. ◇ FAM. quintaesenciar. ESENCIA.

quintal s. m. Antigua unidad de peso. ● **Quintal métrico**, peso de 100 kg.

quinteto s. m. Estrofa de cinco versos de arte mayor. ‖ MÚS. Composición para cinco voces o instrumentos. ‖ MÚS. Grupo de cinco músicos.

quintillizo, za adj. y s. Dícese de cada uno de los cinco hermanos nacidos en un mismo parto. ◇ FAM. MELLIZO, ZA.

quinto, ta adj. num. ord. y s. Que corresponde en orden al número cinco. ◆ adj. num. part. y s. m. Dícese de cada una de las cinco partes iguales en que se divide un todo. ◆ s. m. Recluta.

quintral s. m. *Chile.* Muérdago de flores rojas. ‖ *Chile.* Enfermedad que sufren las sandías. ◇ FAM. aquintralarse.

quintril s. m. *Chile.* Fruto del algarrobo.

quintuplicar v. tr. y pron. [1a]. Ser o hacer cinco veces mayor. ◇ FAM. quíntuple, quintuplicación, quíntuplo.

quíntuplo, pla adj. y s. m. Que contiene un número cinco veces exactamente.

quinzavo adj. num. part. y s. m. Dícese de cada una de las quince partes iguales en que se divide un todo.

quiñazo s. m. *Chile, Colomb., Ecuad., Pan.* y *Perú.* Encontronazo.

quiosco s. m. Pabellón abierto por todos los lados que decora terrazas y jardines. ‖ Pabellón pequeño instalado en la vía pública para vender periódicos, flores, etc. ◇ FAM. quiosquero.

quipe s. m. *Perú.* Bulto que se lleva a la espalda.

quique s. m. *Amér. Merid.* Especie de comadreja. ● **Ser como un quique** (Chile), ser vivo, rápido y pronto.

quiquiriquí s. m. Voz onomatopéyica del canto del gallo.

quiro- pref. Significa 'mano': *quiromancia.*

quirófano s. m. Sala donde se hacen operaciones quirúrgicas.

quiromancia o **quiromancía** s. f. Procedimiento de adivinación fundado en el estudio de la mano. ◇ FAM. quiromántico.

quiróptero, ra adj. y s. m. Relativo a un orden de mamíferos adaptados para el vuelo, como el murciélago.

quirque s. m. *Chile.* Lagartija.

quirquincho s. m. *Amér. Merid.* Nombre de varias familias de mamíferos, con abundantes pelos cerdosos sobre su caparazón.

quirúrgico, ca adj. Relativo a la cirugía. ◇ FAM. CIRUGÍA.

quisa s. f. *Bol.* Plátano maduro y tostado. || *Perú.* Ortiga.

quisca s. f. *Chile.* Espina grande, especialmente de los cactus. || *Chile.* Quisco. || *Chile.* En coa, cuchillo.

quisco s. m. *Chile.* Cacto espinoso con aspecto de cirio. ◇ FAM. quisca.

quisicosa s. f. *Fam.* Acertijo. || *Fam.* Cosa extraña. ◇ FAM. COSA.

quisque. Cada quisque *(Fam.)*, cada cual.

quisqueyano, na adj. y s. De Santo Domingo.

quisquilloso, sa adj. y s. Que da demasiada importancia a las cosas. || Muy susceptible. ◇ FAM. quisquillosidad.

quiste s. m. Formación patológica con contenido líquido, que se desarrolla en diferentes regiones del cuerpo. ◇ FAM. enquistarse.

quitamanchas s. m. Producto que sirve para quitar manchas.

quitanieves s. m. Máquina que aparta la nieve de la carretera.

quitar v. tr. y pron. [1]: Separar o apartar una cosa de otra o de donde estaba.

◆ v. tr. Despojar o privar de una cosa. || Impedir, obstar. ◆ **quitarse** v. pron. Apartarse de un lugar. || Abandonar una costumbre o vicio. ◇ FAM. quite. / desquitar, quitamanchas, quitanieves, quitasol.

quitasol s. m. Sombrilla de gran tamaño.

quitasolillo s. m. *Cuba.* Planta de raíz picante y aromática.

quite s. m. Movimiento con que se evita un golpe o un ataque. || En tauromaquia, suerte que efectúa el torero para apartar el toro. ● **Estar al quite**, estar preparado para defender a alguien ◇ FAM. QUITAR.

quiteño, ña adj. y s. De Quito.

quitilipi s. m. *Argent.* Nacurutú, ave.

quitina s. f. Sustancia orgánica que forma parte de la cutícula de los insectos y otros artrópodos. ◇ FAM. quitinoso.

quitinoso, sa adj. Que tiene quitina.

quiulla s. f. *Chile.* Gaviota serrana.

quizá o **quizás** adv. Expresa posibilidad o duda.

quórum s. m. Número de miembros que una asamblea debe reunir para que sea válida una votación o deliberación.

r

r s. f. Decimonovena letra del alfabeto español y decimoquinta de sus consonantes; representa un sonido alveolar, vibrante y sonoro.

rabadilla s. f. Punta o extremidad de la columna vertebral. ⬦ FAM. RABO.

rábano s. m. Planta hortícola comestible, con raíz en tubérculo. ‖ Raíz de esta planta. ⬦ FAM. rabanal.

rabel s. m. Instrumento musical medieval parecido al laúd.

rabí s. m. Rabino.

rabia s. f. Enfermedad transmitida por la mordedura de algunos animales. ‖ Ira, enfado, violencia. ⬦ FAM. rabiar, rábico, rabieta, rabioso. / cascarrabias, enrabiar.

rabiar v. intr. [1]. Padecer intensamente un dolor. ‖ Desear mucho una cosa. ‖ Irritarse. ● **A rabiar** *(Fam.)*, con exceso.

rabicorto, ta adj. Dícese del animal que tiene corto el rabo.

rabieta s. f. *Fam.* Enfado o llanto corto y violento.

rabihorcado s. m. Ave palmípeda de los mares tropicales, de plumaje oscuro y vuelo poderoso y rápido. ‖ *Colomb.* Planta cuyas hojas se usan para techar.

rabilargo s. m. Ave de plumaje negro en la cabeza y azul en las alas y la cola.

rabillo s. m. Pecíolo. ‖ Pedúnculo. ‖ Tira de tela que ajusta ciertas prendas. ● **Rabillo del ojo**, ángulo externo del ojo.

rabino s. m. Doctor de la ley judía. ‖ Jefe espiritual de una comunidad judía. ⬦ FAM. rabí, rabínico.

rabioso, sa adj. Encolerizado, furioso. ‖ Muy violento o intenso. ◆ adj. y s. Que padece rabia.

rabo s. m. Cola de algunos animales. ‖ Pecíolo, pedúnculo. ⬦ FAM. rabadilla, rabillo, rabón, rabudo. / rabicorto, rabihorcado, rabilargo, taparrabo.

rabón, na adj. Dícese del animal que no tiene rabo o lo tiene muy corto. ‖ *Argent.* y *Méx.* Dícese de la prenda de vestir que queda corta. ◆ s. f. *Amér. Central* y *Amér. Merid.* Mujer que suele acompañar a los soldados en las marchas y en campaña.

racanear v. tr. [1]. Actuar como un rácano.

rácano, na adj. y s. *Fam.* Tacaño. ⬦ FAM. racanear, racanería.

racha s. f. Ráfaga de viento. ‖ Período breve de fortuna o desgracia en cualquier actividad. ⬦ FAM. racheado.

racheado, da adj. Dícese del viento que sopla por rachas.

racial adj. Relativo a la raza.

racimo s. m. Infrutescencia de la vid, compuesta por varias uvas. ‖ Conjunto de cosas dispuestas en forma similar a como lo hacen las uvas en su tallo. ⬦ FAM. racimado. / arracimarse.

raciocinio s. m. Capacidad de pensar. ⬦ FAM. raciocinar. RAZÓN.

ración s. f. Cantidad de comida que se da a cada individuo. ‖ Cantidad prefijada de cualquier cosa. ⬦ FAM. racionar. RAZÓN.

racional adj. Relativo a la razón. ‖ Dotado de razón. ‖ MAT. Dícese del número entero. ⬦ FAM. racionalidad, racionalismo, racionalizar, racionalmente. / irracional. RAZÓN.

racionalismo s. m. FILOS. Filosofía del conocimiento basada en la razón. ⬦ FAM. racionalista. RACIONAL.

racionalizar v. tr. [1g]. Reducir a conceptos racionales. ‖ Organizar algo haciéndolo más eficaz y menos costoso. ⬦ FAM. racionalización. RACIONAL.

racionar v. tr. [1]. Distribuir en raciones. ‖ Reducir el consumo repartiendo algo. ⬦ FAM. racionamiento. RACIÓN.

racismo s. m. Ideología que afirma la superioridad de un grupo racial respecto a los demás. ⬦ FAM. racista. RAZA.

rácor o **racor** s. m. Pieza con dos roscas internas para unir dos tubos.

rada s. f. Bahía o ensenada que constituye un puerto natural.

radar o **rádar** s. m. Dispositivo que detecta la presencia y la posición de objetos por medio de ondas. ⬦ FAM. radarista.

radiación s. f. Acción y efecto de emitir luz u otra energía.

radiactividad s. f. Desintegración espontánea de un núcleo atómico, con emisión de radiación electromagnética.

radiactivo, va adj. Que emite radiaciones. ⬦ FAM. radiactividad. ACTIVO, VA.

radiado, da adj. Formado por rayos divergentes. ◆ adj. y s. Relativo a una antigua división del reino animal, que comprendía los equinodermos y los celentéreos.

radiador s. m. Aparato de calefacción. ‖

Dispositivo en que se enfría el líquido de refrigeración de algunos motores.

radial adj. Relativo al radio[1]. || Dícese de la disposición análoga a la de los radios de una rueda. <> FAM. RADIO[1].

radián s. m. Unidad de medida de ángulos, en el Sistema Internacional, que corresponde a un arco de longitud igual a su radio. <> FAM. RADIO[1].

radiante adj. Que radia. || Resplandeciente, muy brillante. || Que denota intensa alegría o felicidad.

radiar v. tr. [1]. Difundir por radio. || Emitir radiaciones. <> FAM. radiación, radiado, radiador, radiante. / irradiar.

radical adj. Relativo a la raíz. || Fundamental, completo. || LING. Concerniente a la raíz. ◆ adj. y s. m. y f. Relativo al radicalismo. || Tajante, intransigente. ◆ s. m. LING. Raíz de una palabra. || MAT. Signo (√) de la raíz cuadrada. || QUÍM. Parte de un compuesto molecular que puede existir en estado no combinado. <> FAM. radicalismo, radicalizar, radicalmente. RAÍZ.

radicalismo s. m. Doctrina y actitud que postula medidas drásticas para mejorar las condiciones sociales. || Modo extremado de tratar los asuntos.

radicalizar v. tr. y pron. [1g]. Hacer radical, extremista.

radicar v. intr. y pron. [1a]. Arraigar. ◆ v. intr. Encontrarse ciertas cosas en determinado lugar. || Estribar. ◆ **radicarse** v. pron. Establecerse. <> FAM. radicación. RAÍZ.

radier s. m. *Chile*. Losa de hormigón sin armar.

radiestesia s. f. Sensibilidad de ciertas personas para descubrir manantiales, yacimientos, etc. <> FAM. radiestesista.

radio[1] s. m. En una circunferencia, distancia entre uno de sus puntos y el centro. || Cada varilla que une la llanta con el eje de una rueda. || ANAT. El más corto de los dos huesos del antebrazo. <> FAM. radial, radián, radio[2], radio[3]. / extrarradio, rayo.

radio[2] s. m. Elemento metálico que posee radiactividad. <> FAM. radón. RADIO[1].

radio[3] s. f. Apócope de *radiodifusión* y *radioemisora*. ◆ s. m. Apócope de *radiotelegrama*. ◆ s. m. o f. Apócope de *radiorreceptor*. <> FAM. RADIO[1].

radio- pref. Significa 'radiación': *radiodifusión*.

radioaficionado, da s. Persona que, por afición, se dedica a la radiotransmisión y radiorrecepción por ondas.

radiobaliza s. f. Emisor para guiar a los buques o aviones.

radiocasete s. m. Aparato formado por una radio y un casete.

radiocomunicación s. f. Transmisión de mensajes y señales a distancia, efectuada por medio de ondas radioeléctricas.

radiodiagnóstico s. m. Aplicación de las radiaciones al diagnóstico médico.

radiodifundir v. tr. [3]. Radiar, transmitir por radio. <> FAM. radiodifusión, radiodifusor. DIFUNDIR.

radiodifusión s. f. Emisión por medio de ondas hertzianas.

radioelectricidad s. f. Técnica de transmisión por ondas electromagnéticas. <> FAM. radioeléctrico. ELECTRICIDAD.

radioemisora s. f. Emisora.

radioescucha s. m. y f. Persona que recibe las emisiones radiofónicas, radiotelefónicas o radiotelegráficas.

radiofonía s. f. Sistema de transmisión que utiliza las propiedades de las ondas radioeléctricas. <> FAM. radiofónico.

radiografía s. f. Fotografía por medio de rayos X. <> FAM. radiografiar, radiográfico.

radiología s. f. Aplicación de los rayos X al diagnóstico y a la terapéutica. <> FAM. radiológico, radiólogo.

radiometría s. f. FÍS. Medida de la intensidad de una radiación. <> FAM. radiómetro.

radionovela s. f. Narración en capítulos emitida por radio.

radiorreceptor s. m. Aparato receptor de radiocomunicaciones.

radioscopia s. f. Examen del interior del cuerpo o de un objeto por medio de rayos X. <> FAM. radioscópico.

radiosonda s. f. Aparato que transmite las informaciones de un equipo meteorológico instalado en un globo sonda.

radiotaxi s. m. Taxi con un enlace telefónico de onda corta.

radiotelefonía s. f. Sistema de enlace telefónico por medio de ondas hertzianas. <> FAM. radiotelefónico, radiotelefonista, radioteléfono. TELEFONÍA.

radioteléfono s. m. Teléfono que usa ondas radioeléctricas.

radiotelegrafía s. f. Telegrafía sin hilos. <> FAM. radiotelegrafiar, radiotelegrafista, radiotelégrafo. TELEGRAFÍA.

radiotelevisión s. f. Transmisión de imágenes por medio de ondas electromagnéticas.

radioterapia s. f. MED. Tratamiento por medio de radiaciones. <> FAM. radioterapeuta, radioterapéutico. TERAPIA.

radiotransmisor s. m. Transmisor por ondas hertzianas.

radioyente s. m. y f. Persona que escucha emisiones de radio.

radón s. m. Elemento gaseoso radiactivo. <> FAM. RADIO[2].

raer v. tr. [16]. Raspar una superficie con un instrumento duro, áspero o cortante. || Rasar, igualar con el rasero. <> FAM. raedor, raedura, raíble, raído.

ráfaga s. f. Golpe de viento de poca duración. || Golpe de luz vivo e instantáneo. || Serie de disparos sucesivos de un arma.

rafia s. f. Palmera que crece en África y América y da una fibra textil muy sólida. || Fibra de esta palmera.

raglán adj. Dícese de la manga en que la pieza que la forma cubre el hombro hasta el cuello.

ragtime s. m. Estilo musical de origen negroamericano, que fue una de las fuentes del jazz.

ragú s. m. Guisado de carne con patatas, zanahorias, etc.

raid s. m. Incursión militar rápida en territorio enemigo. ‖ Vuelo a larga distancia.

raído, da adj. Dícese del vestido o cualquier otra tela muy gastados o deteriorados por el uso. ◇ FAM. RAER.

raigambre s. f. Conjunto de raíces del vegetal. ‖ Tradición o antecedentes que ligan a alguien a un sitio. ◇ FAM. RAÍZ.

raíl s. m. Carril de las vías férreas. ◇ FAM. monorraíl.

raíz s. f. Órgano de los vegetales que fija la planta al suelo. ‖ Causa u origen de algo. ‖ LING. Parte irreductible común a todas las palabras de una misma familia. ● **Raíz cuadrada,** número que ha de multiplicarse por sí mismo para obtener un número determinado. ● **A raíz de,** a consecuencia de. ‖ **De raíz,** por completo. ‖ **Echar raíces,** establecerse en un sitio. ◇ FAM. arraigar, enraizar, erradicar, radical, radicar, raigambre.

raja s. f. Hendedura, abertura o quiebra de una cosa. ‖ Porción delgada que se corta de algo. ◇ FAM. rajar.

rajá s. m. Soberano de la India.

rajadiablo adj. y s. m. Chile. Dícese de la persona aficionada a hacer picardías y travesuras.

rajado, da adj. Cobarde. ‖ Chile. Vulg. Desinteresado, generoso. ◆ s. Chile. Persona que conduce a gran velocidad un automóvil.

rajar v. tr. [1]. Partir algo en rajas. ‖ Fam. Hablar mucho. ‖ Amér. Central y Amér. Merid. Desacreditar a alguien. ‖ Chile. Fam. Suspender a alguien en un examen. ◆ v. tr. y pron. Hacer rajas en una cosa. ◆ **rajarse** v. pron. Fam. Acobardarse. ‖ Amér. Central, Chile, Perú y P. Rico. Dar con generosidad. ‖ Chile. Gastar mucho dinero en obsequios y fiestas. ◇ FAM. rajado, rajadura. RAJA.

rajatabla. A rajatabla, con todo rigor.

ralea s. f. Especie, clase. ‖ Desp. Raza, casta.

ralentí s. m. Régimen más débil del motor de un vehículo. ‖ Disminución de energía, de intensidad. ◇ FAM. ralentizar.

ralentizar v. tr. [1g]. Retardar. ◇ FAM. ralentización. RALENTÍ.

rallador s. m. Utensilio de cocina que sirve para rallar.

rallar v. tr. [1]. Desmenuzar una cosa restregándola con el rallador. ◇ FAM. rallador, ralladura.

rallye s. m. Carrera, generalmente automovilística.

ralo, la adj. Claro, poco espeso. ◇ FAM. raleza.

rama s. f. Parte que nace del tronco o del tallo de una planta. ‖ Cada una de las divisiones de un arte o ciencia. ‖ Parte secundaria que deriva de una principal. ● **Andarse,** o **irse, por las ramas,** detenerse en lo menos sustancial de algo. ◇ FAM. ramada, ramaje, ramal, ramificarse. / enramar. RAMO.

ramada s. f. Amér. Central y Amér. Merid. Cobertizo de ramas de árboles. ‖ Chile. Puesto de feria construido con ramas.

ramadán s. m. Noveno mes del año musulmán, dedicado al ayuno.

ramaje s. m. Conjunto de ramas.

ramal s. m. Cada uno de los cabos de que se componen las cuerdas, sogas, etc. ‖ Parte que arranca de la línea principal de una vía, conducto, etc. ◇ FAM. ramalazo. RAMA.

ramalazo s. m. Acometida repentina y pasajera de un dolor, enfermedad, desgracia, daño, etc.

rambla s. f. Lecho ancho que recoge las aguas pluviales. ‖ Avenida o calle ancha con árboles. ◇ FAM. arramblar.

rameado, da adj. Dícese del dibujo que representa ramos.

ramera s. f. Prostituta.

ramificación s. f. Acción y efecto de ramificarse. ‖ División de las arterias, venas y nervios. ‖ Consecuencia de un hecho.

ramificarse v. pron. [1a]. Dividirse en ramas. ◇ FAM. ramificación. RAMA.

ramillete s. m. Ramo pequeño. ‖ Conjunto de cosas selectas.

ramo s. m. Rama que nace de una principal. ‖ Rama cortada. ‖ Manojo de flores. ‖ Parte en que se divide una ciencia o actividad. ◇ FAM. rama, rameado, ramillete.

rampa s. f. Plano inclinado. ‖ Terreno en pendiente.

rampla s. f. Chile. Carrito de mano utilizado para transportar mercaderías o muebles. ‖ Chile. Acoplado de un camión.

ramplón, na adj. Vulgar, chabacano. ◇ FAM. ramplonería.

rana s. f. Anfibio saltador y nadador, que vive junto a estanques y lagunas. ◇ FAM. renacuajo.

rancagüino, na adj. y s. De Rancagua (Chile).

ranchería s. f. Méx. Pueblo pequeño.

ranchero, ra s. m. Persona que guisa el rancho. ‖ Persona que trabaja o vive en un rancho. ◆ s. f. Canción popular mexicana. ● **No cantar las rancheras** (Méx. Fam.), no hacer mal alguna actividad.

ranchito s. m. Venez. Barraca mal construida que se levanta en las afueras de las poblaciones.

rancho s. m. Comida que se hace para muchos y se compone de un solo guiso. ‖ Antill. y Méx. Granja donde se crían caballos y otros cuadrúpedos. <> FAM. ranchería, ranchero, ranchito.

rancio, cia adj. Dícese del vino y de los comestibles que con el tiempo adquieren sabor y olor más fuerte. ‖ Dícese de las cosas antiguas y de las personas apegadas a ellas. <> FAM. rancidez, ranciedad. / enranciar.

ranger s. m. Cuerpo especial del ejército americano.

ranglán adj. Raglán*.

rango s. m. Categoría social. ‖ Clase, índole, categoría.

rangoso, sa adj. *Amér. Central, Cuba* y *Chile.* Generoso.

ranking s. m. Clasificación por grados en orden decreciente.

ranura s. f. Hendidura o canal estrecho de un objeto.

rapapolvo s. m. *Fam.* Represión severa: *echar un rapapolvo.*

rapar v. tr. y pron. [1]. Afeitar. ‖ Cortar mucho el pelo. <> FAM. rapador, rapadura.

rapaz adj. Inclinado al robo o a la rapiña. ◆ adj. y s. f. Relativo a un orden de aves carnívoras, de pico curvado y garras fuertes y encorvadas. <> FAM. rapacería, rapacidad.

rape s. m. Pez comestible, de cabeza enorme y comprimida.

rapé s. m. Tabaco en polvo para ser tomado por la nariz.

rapidez s. f. Movimiento acelerado.

rápido, da adj. Que se mueve o se hace muy de prisa. ◆ Veloz. ◆ s. m. Tren que hace pocas paradas. ‖ Corriente impetuosa de los ríos. <> FAM. rápidamente, rapidez. / raudo.

rapingacho s. m. *Perú.* Tortilla de queso.

rapiña s. f. Saqueo. ● **Ave de rapiña,** ave rapaz. <> FAM. rapiñar.

rapiñar v. tr. [1]. *Fam.* Robar o quitar algo a escondidas.

raposo, sa s. Zorro. ‖ *Fam.* Persona astuta. <> FAM. raposear, raposería.

rappel s. m. Descuento que concede una firma a sus clientes, en relación con su cifra de compras. ‖ En alpinismo, técnica de descenso rápido con la ayuda de una cuerda doble.

rapport s. m. Informe, reseña, reportaje.

rapsoda s. m. En la antigua Grecia, persona que recorría los lugares recitando y cantando poemas épicos. ‖ Poeta. ◆ s. m. y f. Recitador de versos. <> FAM. rapsodia, rapsódico. ODA.

rapsodia s. f. Fragmento de un poema épico, especialmente homérico. ‖ Obra musical constituida por fragmentos de otras.

raptar v. tr. [1]. Secuestrar a una persona para obtener un rescate. ‖ Llevarse a una persona consigo con fines sexuales.

rapto s. m. Acción y efecto de raptar. ‖ Impulso súbito y violento, arrebato. <> FAM. raptar, raptor.

raqueta s. f. Pala provista de una red, utilizada para jugar al tenis y a otros juegos de pelota. ‖ Marco de madera con una rejilla, que se ata al calzado para andar sobre la nieve.

raquídeo, a adj. Del raquis. <> FAM. cefalorraquídeo. RAQUIS.

raquis s. m. Columna vertebral. ‖ BOT. Eje de cualquier inflorescencia. <> FAM. raquídeo, raquitismo.

raquítico, ca adj. y s. Que padece raquitismo. ◆ adj. Débil.

raquitismo s. m. Enfermedad infantil, caracterizada por la falta de solidez de los huesos. <> FAM. raquítico. RAQUIS.

rareza s. f. Calidad de raro. ‖ Cosa o acción rara.

rarificar v. tr. [1a]. Enrarecer.

rarífico, ca adj. *Chile.* Raro, extravagante, poco frecuente.

raro, ra adj. Escaso en su clase o especie. ‖ Poco frecuente. ‖ De poca densidad. ◆ adj. y s. Extraño, extravagante. <> FAM. raramente, rareza, rarificar, rarífico. / enrarecer.

ras s. m. Plano del nivel que alcanza una cosa. ● **A ras de,** al mismo nivel de otra cosa. <> FAM. RASO, SA.

rasante adj. Que pasa rozando el suelo u otra superficie. ◆ s. m. Inclinación del perfil longitudinal de una calle o vía.

rasar v. tr. y pron. [1]. Igualar con el rasero. ‖ Pasar rozando ligeramente un cuerpo con otro. <> FAM. rasadura, rasante. / arrasar, enrasar. RASO, SA.

rasca s. f. *Fam.* Frío. ‖ *Amér. Central* y *Amér. Merid.* Borrachera, embriaguez. ◆ adj. *Argent.* y *Chile.* Ordinario.

rascacielos s. m. Edificio con gran número de pisos. <> FAM. RASCAR y CIELO.

rascar v. tr. y pron. [1a]. Restregar la piel con algo áspero. ‖ Restregar una superficie con algo agudo o raspante. ◆ v. tr. Arañar, hacer arañazos. <> FAM. rascador, rascadura, rascamiento. / rascacielos.

rascuache adj. *Méx.* Pobre, miserable. ‖ *Méx.* De baja calidad.

rasera s. f. Espumadera. <> FAM. RASO, SA.

rasero s. m. Palo con que se nivelan las medidas de áridos. ● **Por el mismo rasero,** sin hacer diferencias. <> FAM. RASO, SA.

rasgado, da adj. De forma alargada o ancha. ◆ s. m. Rasgón.

rasgar v. tr. y pron. [1b]. Romper una cosa poco consistente, tirando de ella. ◆ v. tr. Rasguear. <> FAM. rasgado, rasgadura, rasgo, rasgón, rasguear, rasguño.

rasgo s. m. Línea trazada al escribir. ‖ Línea característica del rostro. ‖ Aspecto de la personalidad. ‖ Acción de carácter notable y digna de alabanza. ● **A grandes rasgos,** sin detalles.

rasgón s. m. Rotura que se hace al rasgar una tela o papel.

rasguear v. tr. [1]. Tocar la guitarra rozando las cuerdas con las puntas de los dedos. ➤ v. intr. Hacer rasgos al escribir. ◇ FAM. rasgueado, rasgueo. RASGAR.

rasguñada s. f. *Méx.* Rasguño.

rasguño s. m. Arañazo, raspadura. ◇ FAM. rasguñada, rasguñar. RASGAR.

rasilla s. f. Ladrillo fino, hueco y delgado. ◇ FAM. RASO, SA.

rasmillarse v. pron. [1]. *Chile.* Rasgarse la piel ligeramente.

rasmillón s. m. *Amér.* Rasguño. ◇ FAM. rasmillarse.

raso, sa adj. Llano, liso. || Despejado, sin nubes. || Que va a poca altura del suelo. || Lleno hasta el borde. ➤ s. m. Tejido de seda, liso y brillante. ● **Al raso**, al aire libre. ◇ FAM. ras, rasar, rasera, rasero, rasilla, rasurar.

raspa s. f. Filamento de la cáscara del grano de los cereales. || Núcleo de la espiga del maíz. || Espina del pescado. || *Amér. Central* y *Amér. Merid.* Reprimenda. || *Méx. Fam.* Vulgo, pueblo.

raspadilla s. f. *Méx.* y *Perú.* Hielo rallado y endulzado con jarabe.

raspado, da adj. *C. Rica.* Desvergonzado. ➤ s. m. Acción y efecto de raspar. Legrado. || *Méx.* Hielo rallado al que se añade jarabe de frutas y se come como helado. ◇ FAM. raspadilla. RASPAR.

raspadura s. f. Acción y efecto de raspar. || Lo que se saca al raspar una superficie. || Señal que se deja después de raspar.

raspar v. tr. [1]. Frotar o rascar una superficie. || Alisar o suavizar. || Producir una cosa aspereza. || Rozar ligeramente. ➤ v. intr. *Venez.* Salir apresuradamente. ◇ FAM. raspa, raspado, raspadura, raspamiento, raspón, rasponazo, rasposo.

raspón s. m. Rasponazo. || *Colomb.* Sombrero de paja que usan los campesinos.

rasponazo s. m. Señal producida por un cuerpo que raspa.

rasposo, sa adj. Que tiene abundantes raspas. || Áspero al tacto. || De trato desapacible. || *Argent.* y *Urug.* Dícese de la prenda de vestir raída y en mal estado, y del que la lleva. ➤ adj. y s. *Argent.* y *Urug.* Mezquino, tacaño.

rasquetear v. tr. [1]. *Amér. Merid.* Cepillar el pelo de un caballo.

rasquiña s. f. *Amér. Central* y *Argent.* Picor, escozor.

rastra s. f. Rastrillo. || Rastro, instrumento agrícola. || Cualquier cosa que va colgando o arrastrando. || Cosa que sirve para arrastrar pesos. || Ristra de frutos secos. || *Argent.* y *Urug.* Cinturón ancho adornado con monedas o medallas.

rastrear v. tr. [1]. Buscar siguiendo el rastro. || Inquirir, hacer indagaciones. ➤ v. intr. Hacer alguna labor con el rastrillo ◇ FAM. rastreador, rastreo. RASTRO.

rastrero, ra adj. Que va arrastrando. || Que va por el aire casi rozando el suelo. || Mezquino, innoble, despreciable. || BOT.

Dícese de los tallos que están extendidos sobre el suelo.

rastrillada s. f. Todo lo que se recoge de una vez con el rastrillo o rastro. || *Argent.* y *Urug.* Surco o huellas que dejan las tropas de animales sobre el pasto o la tierra.

rastrillar v. tr. [1]. Pasar la rastra. || Recoger o limpiar con el rastrillo. || *Argent.* Batir áreas urbanas o despobladas para registrarlas. ◇ FAM. rastrillado, rastrillador. RASTRILLO.

rastrillo s. m. Instrumento agrícola con dientes o púas, que tiene diversos usos. || *Méx.* Instrumento para afeitar. ◇ FAM. rastrillada, rastrillar. RASTRO.

rastro s. m. Indicio, pista. || Señal que queda en un sitio de algo. || Rastrillo. || Mercado de cosas viejas. ◇ FAM. rastra, rastrear, rastrero, rastrillo. / arrastrar.

rastrojo s. m. Conjunto de restos que quedan de las mieses segadas. || Campo con estos restos.

rasurar v. tr. y pron. [1]. Afeitar, raer la barba con la navaja o maquinilla. ◇ FAM. rasura, rasuración. RASO, SA.

rata s. f. Mamífero roedor de cabeza pequeña y hocico puntiagudo, muy nocivo y voraz. ➤ s. m. y f. *Fam.* Persona tacaña. ● **Hacerse la rata** (*Argent. Fam.*), faltar a clase, hacer novillos. ◇ FAM. ratear[1], ratero, raticida, ratón. / desratizar, matarratas.

ratear[1] v. intr. [1]. Hurtar cosas de poco valor. ◇ FAM. RATA.

ratear[2] v. tr. [1]. Disminuir o rebajar la proporción de algo. || Distribuir, repartir proporcionalmente algo. ◇ FAM. rateo.

ratero, ra adj. y s. Dícese del ladrón que hurta cosas de poco valor. ◇ FAM. ratería. RATA.

raticida s. m. Producto que destruye las ratas.

ratificar v. tr. y pron. [1a]. Confirmar y mantener la validez o verdad de algo. ◇ FAM. ratificación, ratificatorio.

ratio s. m. Relación entre diversas magnitudes constantes.

rato s. m. Espacio de tiempo, especialmente cuando es corto. ● **A ratos**, en algunos momentos. || **Para rato**, para mucho tiempo. || **Pasar el rato**, entretenerse con algo.

ratón s. m. Pequeño mamífero roedor, semejante a la rata pero de menor tamaño. || INFORMÁT. Dispositivo manual que mueve el cursor en la pantalla. ◇ FAM. ratonera. RATA.

ratonera s. f. Trampa para cazar ratones. || Madriguera de ratones. || Trampa preparada para atrapar o engañar a alguien.

raudal s. m. Afluencia de agua que corre con fuerza. || Abundancia de una o varias cosas. ● **A raudales**, en abundancia.

raudo, da adj. Rápido, veloz. ◇ FAM. raudal. RÁPIDO, DA.

raulí s. m. *Argent.* y *Chile.* Planta arbórea de gran altura cuya madera se utiliza en construcción.

raviolis o **ravioles** s. m. pl. Trozo de masa con carne picada que se sirve cocido con salsa y queso rallado.

raya[1] s. f. Señal larga y estrecha en un cuerpo o superficie. ‖ Línea que queda en el peinado al separar los cabellos. ‖ Guión largo que se usa para separar oraciones, indicar el diálogo, etc. ‖ Límite. ‖ En el lenguaje de la droga, dosis de droga en polvo. ‖ *Méx.* Salario del obrero o campesino. • **Pasarse de la raya,** propasar el límite de lo tolerable. ‖ **Poner,** o **tener, a raya,** no dejar que alguien se propase. ◇ FAM. rayadillo, rayano, rayar, rayuela. / milrayas.

raya[2] s. f. Pez de cuerpo plano y aletas pectorales triangulares muy desarrolladas y unidas a la cabeza.

rayadillo s. m. Tela de algodón rayada.

rayado, da adj. Que tiene rayas.

rayador s. m. *Amér. Merid.* Ave de pico largo y mandíbula superior mucho más corta que la inferior.

rayano, na adj. Que linda con algo. ‖ Casi igual. ◇ FAM. RAYA[1].

rayar v. tr. [1]. Hacer o trazar rayas. ‖ Tachar lo escrito. ‖ *Méx.* Pagar la raya[1]. ◆ v. tr. y pron. Estropearse algo por efecto de rayas. ◆ v. intr. Confinar, lindar. ‖ Asemejarse una cosa a otra. ◇ FAM. rayado. / subrayar. RAYA[1].

rayo s. m. Descarga, acompañada de explosión, y de luz, entre dos nubes o entre una nube y la Tierra. ‖ Línea que parte de un punto de energía. ‖ Línea de luz procedente de un cuerpo luminoso. ‖ Cosa que tiene mucha fuerza o eficacia. ◇ FAM. pararrayos. RADIO[1].

rayón s. m. Fibra textil artificial fabricada a base de celulosa. ‖ Tejido elaborado con dicha fibra.

rayuela s. f. Juego que consiste en tirar tejos a una raya[1], en el que gana el que se acerca más a ella. ◇ FAM. RAYA[1].

raza s. f. Agrupación de seres humanos que presentan rasgos físicos comunes. ‖ Grupo en que se subdividen algunas especies botánicas y zoológicas. ‖ Origen o linaje. ‖ *Méx. Fam.* Grupo de gente. ‖ *Méx. Fam.* Plebe. ‖ *Perú.* Descaro. • **De raza,** de una raza seleccionada. ◇ FAM. racial, racismo.

razón s. f. Facultad de pensar. ‖ Conjunto de palabras con que se expresa un discurso. ‖ Argumento para probar una cosa. ‖ Causa o motivo. ‖ Verdad o acierto en lo que se hace o dice. ‖ Noticia, información. ‖ MAT. Cociente entre dos cantidades. • **A razón de,** correspondiendo la cantidad que toca a cada parte. ‖ **Dar razón,** informar. ‖ **Entrar en razón,** darse cuenta de lo que es razonable. ‖ **Perder la razón,** volverse loco. ◇ FAM. razona-

ble, razonar. / raciocinio, ración, racional, sinrazón.

razonable adj. Conforme a la razón.

razonamiento s. m. Acción y efecto de razonar. ‖ Serie de conceptos encaminados a demostrar algo.

razonar v. intr. [1]. Pensar. ‖ Dar las razones de algo. ◆ v. tr. Exponer las razones en que se apoya algo. ◇ FAM. razonado, razonador; razonamiento. RAZÓN.

re s. m. Segunda nota de la escala musical.

re-[1] pref. Significa 'repetición': *reelegir*. ‖ Significa 'aumento': *redoblar.* ‖ Significa 'movimiento hacia atrás': *refluir.* ‖ Significa 'negación' o 'inversión': *reprobar.*

re-[2] pref. Significa 'muy' e intensifica el significado de las palabras a las que se une: *reguapo.*

reabrir v. tr. y pron. [3m]. Volver a abrir.

reacción s. f. Acción provocada por otra y contraria a ésta. ‖ Respuesta a un estímulo. ‖ Tendencia política conservadora, opuesta a las innovaciones. ‖ Sistema de propulsión de aeronaves mediante gases a presión. ‖ QUÍM. Fenómeno entre cuerpos químicos en contacto que da lugar a nuevas sustancias. ◇ FAM. reaccionar, reaccionario, reactivo, reactor. ACCIÓN.

reaccionar v. intr. [1]. Producirse una reacción por efecto de un estímulo. ‖ Volver a recobrar actividad. ‖ Defenderse. ‖ Oponerse fuertemente a algo. ‖ QUÍM. Entrar en reacción.

reaccionario, ria adj. Relativo a la reacción en política. ◆ adj. y s. Partidario de ella. ‖ Contrario a toda innovación.

reacio, cia adj. Que muestra oposición o resistencia a algo.

reactancia s. f. En electricidad, resistencia.

reactivar v. tr. [1]. Activar de nuevo, dar más actividad. ◇ FAM. reactivación. ACTIVAR.

reactor s. m. Motor de reacción. ‖ Avión provisto de motor de reacción. ‖ Aparato donde se efectúa una reacción. ◇ FAM. turborreactor. REACCIÓN.

readaptar v. tr. y pron. [1]. Adaptar de nuevo. ◇ FAM. readaptación. ADAPTAR.

readmitir v. tr. [3]. Admitir de nuevo. ◇ FAM. readmisión. ADMITIR.

reafirmar v. tr. y pron. [1]. Afirmar de nuevo.

reagrupar v. tr. y pron. [1]. Agrupar de nuevo. ◇ FAM. reagrupación, reagrupamiento. AGRUPAR.

reajustar v. tr. [1]. Volver a ajustar. ‖ Aumentar o disminuir salarios, impuestos, precios, etc. ◇ FAM. reajuste. AJUSTAR.

reajuste s. m. Acción y efecto de reajustar. ‖ Reorganización.

real[1] adj. Relativo al rey o a la realeza. ◆ s. m. Moneda equivalente a veinticinco céntimos de peseta. ◇ FAM. realeza. REY.

real² adj. Que tiene existencia verdadera y efectiva. ● **Números reales**, conjunto de números racionales e irracionales. ◇ FAM. realidad, realismo, realizar, realmente. / irreal.

realce s. m. Acción y efecto de realzar. || Importancia.

realeza s. f. Dignidad real. || Magnificencia como la que rodea a un rey.

realidad s. f. Calidad de real². || Cosa o hecho real². || Lo efectivo o que tiene valor práctico. || Verdad.

realismo s. m. Consideración de las cosas tal como son en realidad. || Sentido práctico al actuar. || Tendencia literaria y artística que representa la naturaleza tal como es. ◇ FAM. realista. / hiperrealismo, neorrealismo, surrealismo, REAL².

realista adj. Del realismo. || Que obra con sentido práctico.

realización s. f. Acción y efecto de realizar o realizarse.

realizador, ra s. Director de cine o de una emisión de televisión.

realizar v. tr. y pron. [1g]. Hacer real². ◄ v. tr. Ejecutar una cosa. || Dirigir una película o una emisión de televisión. ◄ **realizarse** v. pron. Cumplir las propias aspiraciones. ◇ FAM. realizable, realización, realizador. / irrealizable. REAL².

realquilar v. tr. [1]. Alquilar de nuevo. ◇ FAM. realquilado. ALQUILAR.

realzar v. tr. y pron. [1g]. Hacer que algo o alguien parezca mayor, mejor o más importante. ◇ FAM. realce. ALZAR.

reanimar v. tr. y pron. [1]. Restablecer las fuerzas o el aliento. || Infundir valor y ánimo. ◇ FAM. reanimación. ANIMAR.

reanudar v. tr. y pron. [1]. Continuar algo que se había interrumpido. ◇ FAM. reanudación. ANUDAR.

reaparecer v. intr. [2m]. Aparecer de nuevo. ◇ FAM. reaparición. APARECER.

reaparición s. f. Acción y efecto de volver a abrir un establecimiento.

reavivar v. tr. y pron. [1]. Excitar o avivar de nuevo. ◇ FAM. reavivación. AVIVAR.

rebaba s. f. Resalte que sobresale en los bordes de algo.

rebaja s. f. Disminución de un precio. ◄ pl. Acción de vender a bajo precio, en un establecimiento comercial.

rebajar v. tr. [1]. Hacer más bajo el nivel o la altura de algo. || Disminuir el precio o la cantidad de algo. ◄ v. tr. y pron. Humillar a alguien. || Dispensar a un militar de un servicio. ◇ FAM. rebaja, rebajado, rebajamiento. BAJAR.

rebalsar v. tr., intr. y pron. [1]. Detener y recoger el agua u otro líquido de modo que forme una balsa. ◄ v. intr. *Argent.*, *Chile* y *Urug.* Rebosar. ◇ FAM. rebalse. BALSA¹.

rebanada s. f. Porción delgada que se saca de una cosa, especialmente del pan. ◇ FAM. rebanar.

rebanar v. tr. [1]. Hacer rebanadas. || Cortar una cosa de parte a parte.

rebañar v. tr. [1]. Apoderarse de algo sin dejar nada. || Apurar el contenido de un plato. ◇ FAM. rebañadura. / arrebañar.

rebaño s. m. Hato grande de ganado, especialmente lanar.

rebasar v. tr. [1]. Pasar o exceder de un límite o señal. || Dejar algo atrás en una marcha, camino, etc.

rebatinga s. f. *Méx.* Rebatiña.

rebatiña s. m. Acción de recoger arrebatadamente una cosa que se disputan varios.

rebatir v. tr. [3]. Refutar con argumentos lo aducido por otro. ◇ FAM. rebatible, rebatimiento. / irrebatible. BATIR.

rebato s. m. Llamamiento hecho a la gente por medio de tambor, campana, etc., cuando sobreviene un peligro. ◇ FAM. arrebatar.

rebeca s. f. Cierto tipo de jersey abrochado por delante.

rebeco s. m. Gamuza, mamífero.

rebelarse v. pron. [1]. Negarse a obedecer. || Oponer resistencia. ◇ FAM. rebelde, rebelión. BÉLICO, CA.

rebelde adj. y s. m. y f. Que se rebela. || DER. Dícese de la persona que es declarada en rebeldía. ◄ adj. Dícese de la persona o animal difícil de gobernar o educar. || Dícese de las cosas difíciles de dominar. ◇ FAM. rebeldía. REBELARSE.

rebeldía s. f. Calidad de rebelde. || Acción propia de un rebelde. || DER. Situación del que no comparece a un juicio.

rebelión s. f. Acción y efecto de rebelarse.

rebencazo s. m. *Amér. Merid.* Golpe dado con un rebenque.

rebenque s. m. Látigo de cuero con el cual se castigaba a los galeotes. || *Amér. Merid.* Látigo de jinete. ◇ FAM. rebencazo.

reblandecer v. tr. y pron. [2m]. Ablandar, poner tierno. ◇ FAM. reblandecimiento. BLANDO, DA.

rebobinar v. tr. [1]. Enrollar hacia atrás un rollo de película, una cinta magnética, etc. ◇ FAM. rebobinado. BOBINA.

reborde s. m. Borde saliente de algo. ◇ FAM. rebordear. BORDE¹.

reborujar v. tr. [1]. *Méx.* Desordenar.

rebosar v. intr. y pron. [1]. Salirse un líquido por los bordes de un recipiente. ◄ v. intr. y tr. Estar muy lleno. || Abundar con exceso. || Manifestarse claramente una cualidad o sentimiento: *rebosar alegría.* ◇ FAM. rebosante.

rebotado, da adj. y s. *Fam.* Dícese de la persona que ha abandonado un estado religioso o una actividad profesional.

rebotar v. intr. [1]. Botar repetidamente un cuerpo elástico. || Botar un objeto al chocar. ◄ v. tr. Rechazar una cosa a otra que choca con ella. || *Argent.* y *Méx.* Rechazar el banco un cheque por falta de fondos. || *Méx.* Enturbiar el agua. ⬦ FAM. rebotado, rebotador, rebote. BOTAR.

rebote s. m. Acción y efecto de rebotar. || Cada uno de los botes que da el cuerpo que rebota. || En el baloncesto, jugada en que la pelota golpea el tablero sin entrar en el aro.

rebotica s. f. Habitación interior de la farmacia.

rebozar v. tr. y pron. [1g]. Embozar, cubrir casi todo el rostro con una prenda. ← v. tr. Pasar un alimento por huevo batido, harina, pan rallado, etc. ⬦ FAM. rebozado. REBOZO.

rebozo s. m. Parte de una prenda que cubre la cara. || Simulación, pretexto. || *Amér. Central* y *Méx.* Manto amplio que usan las mujeres como abrigo. ⬦ FAM. rebozar. BOZO.

rebrotar v. tr. [1]. Volver a brotar. ⬦ FAM. rebrote. BROTAR.

rebujar v. tr. y pron. [1]. Arrebujar.

rebujo s. m. Envoltorio hecho con desaliño. || Maraña de papeles, hilos, pelo, etc. ⬦ FAM. rebujar. / arrebujar.

rebullir v. intr. y pron. [3h]. Empezar a moverse lo que estaba quieto.

rebuscado, da adj. Dícese del estilo o lenguaje afectado, o complicado.

rebuscar v. tr. [1a]. Buscar algo con minuciosidad. ● **Rebuscársela** (*Argent., Chile* y *Par. Fam.*), ingeniarse para sortear las dificultades cotidianas. ⬦ FAM. rebuscado, rebuscamiento, rebusque. BUSCAR.

rebusque s. m. *Argent.* y *Par. Fam.* Acción y efecto de rebuscársela. || *Argent.* y *Par. Fam.* Solución ingeniosa con que se sortean las dificultades cotidianas.

rebuznar v. intr. [1]. Dar rebuznos.

rebuzno s. m. Voz del asno. ⬦ FAM. rebuznar.

recabar v. tr. [1]. Conseguir con instancias y súplicas lo que se desea. || Pedir, solicitar.

recado s. m. Mensaje que se da o envía a otro. || Paquete, envío. || Diligencia, compra, etc., que debe hacer una persona. || *Amér. Central* y *Amér. Merid.* Apero de montar. || *Nicar.* Picadillo con que se rellenan las empanadas. ⬦ FAM. recadero.

recaer v. intr. [16]. Caer nuevamente enfermo. || Reincidir en vicios, errores, etc. || Ir a parar sobre alguien cierta cosa. || Estar situada una cosa donde se expresa. ⬦ FAM. recaída. CAER.

recalar v. tr. y pron. [1]. Empapar un líquido un cuerpo. ← v. intr. Aparecer por algún sitio una persona. || *MAR.* Llegar un buque a un punto de la costa.

recalcar v. tr. [1a]. Apretar mucho una cosa contra otra. || Decir algo acentuándolo con énfasis. || Destacar algo.

recalcitrante adj. Reacio, terco, obstinado.

recalentado s. m. *Méx. Fam.* Guiso que queda de una fiesta y se come al día siguiente.

recalentar v. tr. [1j]. Calentar de nuevo o demasiado. ⬦ FAM. recalentado, recalentamiento. CALENTAR.

recámara s. f. Habitación contigua a otra, para servicios auxiliares. || Parte del arma de fuego donde se coloca el proyectil. || *Amér. Central, Colomb.* y *Méx.* Alcoba, dormitorio.

recamarera s. f. *Méx.* Criada.

recambiar v. tr. [1]. Sustituir una cosa por otra de la misma clase. ⬦ FAM. recambiable, recambio. CAMBIAR.

recambio s. m. Acción y efecto de recambiar. || Pieza de repuesto.

recapacitar v. tr. e intr. [1]. Pensar detenidamente una cosa.

recapitular v. tr. [1]. Resumir breve y ordenadamente algo ya dicho o escrito anteriormente. ⬦ FAM. recapitulación. CAPÍTULO.

recargado, da adj. Cargado en exceso. || Exagerado, excesivo.

recargar v. tr. [1b]. Cargar demasiado o aumentar la carga. || Aumentar una cantidad que se debe pagar. || Poner mucho de algo en algún sitio. || Volver a cargar. ⬦ FAM. recarga, recargable, recargado, recargamiento, recargo. CARGAR.

recargo s. m. Aumento en una cantidad de dinero que debe pagarse.

recatado, da adj. Que actúa con modestia o recato.

recatar v. tr. y pron. [1]. Encubrir u ocultar lo que no se quiere que se vea o sepa. || Comportarse con recato. ⬦ FAM. recatado, recato. CATAR.

recato s. m. Honestidad, pudor. || Cautela, reserva.

recauchaje s. m. *Chile.* Acción de volver a cubrir con caucho una llanta desgastada. ⬦ FAM. recauchar. CAUCHO.

recaudación s. f. Acción y efecto de recaudar. || Cantidad recaudada.

recaudar v. tr. [1]. Reunir cierta cantidad de dinero. ⬦ FAM. recaudación, recaudador, recaudamiento, recaudatorio, recaudo.

recaudería s. f. *Méx.* Tienda en la que se venden especias.

recaudo s. m. Recaudación. ● **A buen recaudo,** bien guardado.

rección s. f. *LING.* Acción y efecto de regir una palabra a otra u otras. ⬦ FAM. REGIR.

recelar v. tr. y pron. [1]. Temer, desconfiar, sospechar. ⬦ FAM. recelo, receloso. CELAR[1].

recelo s. m. Acción y efecto de recelar.

recensión s. f. Crítica o comentario de una obra.

recepción s. f. Acción y efecto de recibir. || Ceremonia para recibir a un personaje importante. || Fiesta particular. || Lugar donde se recibe y atiende a los clientes en hoteles, empresas, etc. ◇ FAM. recepcionista. RECIBIR.

recepcionista s. m. y f. Persona empleada en una recepción.

receptáculo s. m. Cavidad que contiene algo. ◇ FAM. RECIBIR.

receptividad s. f. Calidad de receptivo. ‖ MED. Aptitud para contraer determinadas enfermedades.

receptivo, va adj. Que recibe o tiene aptitudes para recibir. ◇ FAM. receptividad. RECIBIR.

receptor, ra adj. y s. Que recibe. ➤ s. m. Aparato que recibe una señal de telecomunicación. ◇ FAM. radiorreceptor. RECIBIR.

recesar v. intr. [1]. *Bol., Cuba, Nicar.* y *Perú.* Cesar temporalmente en sus actividades una corporación. ➤ v. tr. *Perú.* Clausurar una cámara legislativa, una universidad, etc.

recesión s. f. Disminución de la actividad económica de un país. ◇ FAM. recesivo, receso.

recesivo, va adj. Que tiende a la recesión o la provoca. ‖ BIOL. Dícese del carácter hereditario que no aparece en el individuo que lo posee, pero puede aparecer en su descendencia.

receso s. m. Separación, desvío. ‖ *Amér.* Suspensión temporal de actividades en los cuerpos colegiados, asambleas, etc. ‖ *Amér.* Tiempo que dura esta suspensión.

receta s. f. Fórmula que indica los distintos componentes que entran en un preparado y el modo de preparación. ‖ Escrito que contiene una prescripción médica. ◇ FAM. recetar, recetario.

recetar v. tr. [1]. Prescribir un medicamento o tratamiento.

recetario s. m. Conjunto de recetas.

rechazar v. tr. [1g]. Resistir, obligar a retroceder. ‖ No admitir lo que alguien propone u ofrece. ◇ FAM. rechazador, rechazo.

rechazo s. m. Acción y efecto de rechazar. ‖ MED. Reacción del organismo ante la agresión de un cuerpo extraño.

rechifla s. f. Burla contra las palabras o acción de alguien.

rechiflado, da adj. *Argent.* y *Urug.* Enojado, amargado.

rechiflar v. tr. [1]. Silbar con insistencia. ➤ **rechiflarse** v. pron. *Fam.* Burlarse. ◇ FAM. rechifla, rechiflado. CHIFLAR.

rechinar v. intr. [1]. Hacer algo un ruido desapacible, como los dientes al frotarlos. ◇ FAM. rechinador, rechinamiento.

rechistar v. intr. [1]. Chistar.

rechoncho, cha adj. *Fam.* Grueso y de poca altura.

rechupete. De rechupete (*Fam.*), muy bueno.

recibí s. m. Expresión con que en los recibos u otros documentos se declara haber recibido aquello de que se trata.

recibido, da adj. *Amér.* Que ha terminado un ciclo de estudios.

recibidor s. m. Antesala, vestíbulo.

recibimiento s. m. Acción y manera de recibir. ‖ Recibidor.

recibir v. tr. [3]. Llegar a alguien algo que se le da o envía. ‖ Tomar una cosa dentro de sí a otra. ‖ Padecer lo que se expresa. ‖ Acoger una propuesta, opinión, etc. ‖ Salir al encuentro de alguien que llega. ‖ Admitir, acoger a una persona. ➤ v. tr. e intr. Atender visitas. ➤ **recibirse** v. pron. *Amér.* Terminar un ciclo de estudios. ◇ FAM. recepción, receptáculo, receptivo, receptor, recibí, recibido, recibidor, recibimiento, recibo, recipiente.

recibo s. m. Acción y efecto de recibir. ‖ Documento en que se declara haber recibido dinero u otra cosa.

reciclar v. tr. [1]. Someter una materia a un mismo ciclo para incrementar los efectos de éste. ‖ Someter una materia a un proceso para que vuelva a ser utilizable. ‖ Poner al día, modernizar. ◇ FAM. reciclado, reciclaje, reciclamiento. CICLO.

recién adv. t. Sucedido poco antes. ‖ *Amér.* Se emplea con todos los tiempos verbales, indicando que la acción expresada por el verbo se acaba de realizar.

reciente adj. Que ha sucedido poco antes. ‖ Fresco, acabado de hacer. ◇ FAM. recién, recientemente.

recifense adj. y s. m. y f. De Recife (Brasil).

recinto s. m. Espacio cerrado dentro de ciertos límites.

recio, cia adj. Fuerte, robusto. ‖ Duro, violento. ➤ adv. m. Con vigor y violencia. ◇ FAM. reciedumbre, reciura. / arreciar.

recipiente s. m. Objeto para contener algo. ◇ FAM. RECIBIR.

reciprocidad s. f. Correspondencia mutua.

recíproco, ca adj. Que tiene lugar entre dos personas o cosas, que obran una sobre otra. ‖ LING. Dícese del verbo pronominal que expresa la acción mutua de varios sujetos. ‖ MAT. Se dice de los números que multiplicados dan la unidad. ◇ FAM. recíprocamente, reciprocidad.

recital s. m. Audición de un solista. ‖ Sesión artística dada por un solo intérprete, o dedicada a un solo género.

recitar v. tr. [1]. Decir en voz alta textos, versos, etc. ◇ FAM. recitación, recitado, recitador, recital, recitativo.

reclamación s. f. Acción y efecto de reclamar. ‖ Oposición o impugnación que se hace a una cosa.

reclamar v. intr. [1]. Pedir que sea revocado un acuerdo, fallo, etc. ➤ v. tr. Pedir o exigir con derecho o con instancia una cosa. ‖ Exigir, mostrar necesidad: *reclamar la atención.* ◇ FAM. reclamación, reclamante, reclamo. CLAMAR.

reclamo s. m. Voz con que un ave llama

a otra. ‖ Cualquier cosa con que se atrae la atención sobre otra. ‖ Objeto con que se imita el canto de las aves para atraerlas.

reclinar v. tr. y prom. [1]. Inclinar una cosa sobre otra. ‖ Inclinar el cuerpo apoyándolo. ◇ FAM. reclinación, reclinatorio.

reclinatorio s. m. Mueble dispuesto para arrodillarse.

recluir v. tr. y pron. [29]. Encerrar o retener a alguien en un lugar. ◇ FAM. reclusión, recluso.

reclusión s. f. Encierro o prisión voluntaria o forzada.

recluso, sa adj. y s. Preso.

recluta s. m. Mozo alistado para el servicio militar.

reclutar v. tr. [1]. Alistar reclutas. ‖ Reunir personas para alguna obra o fin. ◇ FAM. recluta, reclutador, reclutamiento.

recobrar v. tr. [1]. Recuperar. ◆ **recobrarse** v. pron. Restablecerse después de un daño, enfermedad, etc. ◇ FAM. recobro. / cobrar, recuperar.

recochineo s. m. *Fam.* Burla, ensañamiento.

recodo s. m. Ángulo o curva muy marcada de calles, ríos, etc.

recogedor s. m. Utensilio para recoger la basura amontonada.

recogepelotas s. m. y f. Persona que recoge pelotas en partidos de tenis.

recoger v. tr. [2b]. Tomar o agarrar alguna cosa que se ha caído. ‖ Buscar y reunir cosas de distintos sitios. ‖ Ir a buscar a alguien o algo al lugar donde está. ‖ Recibir los efectos de algo que se ha hecho. ‖ Reunir ordenadamente los utensilios al terminar el trabajo. ‖ Albergar. ‖ Ceñir, sujetar, enrollar. ◆ **recogerse** v. pron. Retirarse alguien a su casa. ‖ Retirarse a un sitio adecuado para meditar, rezar, etc. ◇ FAM. recogedor, recogida, recogido, recogimiento. / recogepelotas. COGER.

recogido, da adj. Que ocupa poco espacio. ‖ Resguardado, acogedor. ◆ s. m. Peinado que se hace ciñendo y sujetando el pelo.

recogimiento s. m. Acción y efecto de recoger o recogerse.

recolección s. f. Acción y efecto de recolectar. ◇ FAM. recolector. COLECCIÓN.

recolectar v. tr. [1]. Recoger los frutos de la tierra. ‖ Reunir: *recolectar dinero.* ◇ FAM. recolector. RECOLECCIÓN.

recoleto, ta adj. Que lleva una vida retirada y austera. ‖ Dícese del lugar apartado y solitario.

recomendación s. f. Acción y efecto de recomendar. ‖ Alabanza en favor de alguien para interceder acerca de otro. ‖ Consejo.

recomendado, da s. Persona que ha recibido una recomendación.

recomendar v. tr. [1j]. Aconsejar. ‖ Encargar, pedir a uno que cuide o se ocupe de cierta persona o cosa. ‖ Hablar en favor

de una persona. ◇ FAM. recomendable, recomendación, recomendado, recomendante, recomendatorio. ENCOMENDAR.

recomenzar v. tr. [1e]. Comenzar de nuevo.

recomerse v. pron. [2]. Reconcomerse. ◇ FAM. COMER.

recompensa s. f. Acción y efecto de recompensar. ‖ Cosa que recompensa.

recompensar v. tr. [1]. Premiar una acción o servicio. ‖ Compensar. ◇ FAM. recompensa, recompensable. COMPENSAR.

recomponer v. tr. [5]. Componer de nuevo, reparar.

reconcentrar v. tr. y pron. [1]. Concentrar. ◆ **reconcentrarse** v. pron. Abstraerse, ensimismarse. ◇ FAM. reconcentración, reconcentramiento. CONCENTRAR.

reconciliar v. tr. y pron. [1]. Hacer que se concilien de nuevo dos o más personas, grupos, etc. ◇ FAM. reconciliación, reconciliador. / irreconciliable. CONCILIAR[2].

reconcomerse v. pron. [2]. Estar intensamente descontento y no demostrarlo. ◇ FAM. reconcomio, reconcomerse.

reconcomio s. m. Deseo. ‖ Recelo o sospecha. ‖ Sentimiento de la persona que se reconcome.

recóndito, ta adj. Muy escondido y oculto. ◇ FAM. reconditez.

reconducir v. tr. [20]. Llevar de nuevo una cosa a donde estaba. ◇ FAM. reconducción. CONDUCIR.

reconfortar v. tr. [1]. Confortar física o espiritualmente a alguien. ◇ FAM. reconfortante. CONFORTAR.

reconocer v. tr. [2m]. Examinar a una persona o cosa para conocer su identidad o estado. ‖ Admitir, aceptar. ‖ Mostrar gratitud por un beneficio recibido. ‖ Distinguir de las demás personas a una por sus rasgos propios. ‖ Conceder a uno una relación de parentesco. ◆ **reconocerse** v. pron. Ser reconocible algo como lo que es. ‖ Declararse culpable de algo. ◇ FAM. reconocedor, reconocible, reconocido, reconocimiento. CONOCER.

reconocido, da adj. Agradecido.

reconocimiento s. m. Acción y efecto de reconocer o reconocerse. ‖ Gratitud, agradecimiento.

reconquista s. f. Acción y efecto de reconquistar.

reconquistar v. tr. [1]. Volver a conquistar un territorio que se había perdido. ‖ Recuperar la opinión, el afecto, etc. ◇ FAM. reconquista, reconquistador. CONQUISTAR.

reconsiderar v. tr. [1]. Volver a considerar algo.

reconstituir v. tr. y pron. [29]. Volver a constituir, rehacer. ◇ FAM. reconstitución, reconstituyente. CONSTITUIR.

reconstituyente adj. y s. m. Dícese del medicamento destinado a mejorar la vitalidad general del organismo.

reconstruir v. tr. [29]. Construir de nuevo. ‖ Volver a formar algo que se ha deshecho o roto. ‖ Volver a componer el desarrollo de un hecho. ◇ FAM. reconstrucción. CONSTRUIR.

reconvención s. f. Acción y efecto de reconvenir. ‖ Cosa con que se reconviene a una persona.

reconvenir v. tr. [21]. Censurar, reprender a alguien por sus actos o palabras. ◇ FAM. reconvención. CONVENIR.

reconversión s. f. Acción y efecto de reconvertir. ‖ Proceso económico de modernización de industrias.

reconvertir v. tr. [22]. Hacer que vuelva a su ser o estado lo que había sufrido un cambio. ◇ FAM. reconversión. CONVERTIR.

recopilación s. f. Compendio. ‖ Colección de escritos.

recopilar v. tr. [1]. Juntar en compendio, recoger diversas cosas. ◇ FAM. recopilación, recopilado, recopilador. / compilar.

récord s. m. Marca deportiva que supera las anteriores. ‖ Cualquier cosa que supera una realización precedente. ‖ *Méx.* Expediente, historial. ◇ FAM. recordman. CORRER.

recordar v. tr. e intr. [1r]. Tener o traer algo a la memoria. ‖ Hacer que alguien tenga presente algo. ◆ v. tr. y pron. Parecerse a alguien o algo. ◇ FAM. recordable, recordativo, recordatorio, recuerdo.

recordatorio s. m. Estampa impresa con motivo de una primera comunión, fallecimiento o aniversario.

recordman s. m. Deportista masculino que ostenta un récord.

recorrer v. tr. [2]. Atravesar un lugar en toda su extensión o longitud. ‖ Efectuar un trayecto. ‖ Leer por encima un libro, escrito, etc. ◇ FAM. recorrido. CORRER.

recorrido s. m. Acción y efecto de recorrer. ‖ Espacio que se recorre.

recortable s. m. Hoja de papel con figuras para recortar.

recortado, da adj. Dícese de las cosas cuyo borde tiene muchas desigualdades.

recortar v. tr. [1]. Cortar lo que sobra de una cosa. ‖ Cortar figuras en un papel, cartón, etc. ‖ Disminuir o reducir: *recortar el presupuesto.* ◆ **recortarse** v. pron. Perfilarse. ◇ FAM. recortable, recortado, recortadura, recorte. CORTAR.

recorte s. m. Acción y efecto de recortar. ‖ Suelto o noticia breve de un periódico. ◆ pl. Conjunto de restos que sobran al recortar.

recostar v. tr. y pron. [1r]. Reclinar, apoyar el cuerpo o una cosa en algún sitio. ◇ FAM. COSTADO.

recova s. f. *Argent., Par.* y *Urug.* Soportal.

recoveco s. m. Curva o revuelta en una calle, pasillo, etc. ‖ Rincón escondido. ‖ Rodeo o manera complicada de actuar.

recrear v. tr. [1]. Crear de nuevo. ◆ v. tr. y pron. Divertir, deleitar. ◇ FAM. recreación, recreativo, recreo. CREAR.

recreativo, va adj. Que recrea o divierte: *salón recreativo.*

recreo s. m. Acción y efecto de recrear, divertir. ‖ Intervalo entre clases, en que los niños juegan o descansan.

recriminar v. tr. y pron. [1]. Reprochar, censurar a alguien. ◇ FAM. recriminación, recriminador, recriminatorio. CRIMEN.

recrudecer v. intr. y pron. [2m]. Tomar nuevo incremento algo malo o desagradable. ◇ FAM. recrudecimiento. CRUDO, DA.

rectal adj. ANAT. Relativo al recto.

rectangular adj. Relativo al ángulo recto o al rectángulo.

rectángulo, la adj. Que tiene ángulos rectos. ◆ s. m. Paralelogramo que tiene los cuatro ángulos rectos y los lados contiguos desiguales. ◇ FAM. rectangular. RECTO, TA y ÁNGULO.

rectificar v. tr. [1a]. Poner o hacer recto. ‖ Quitar defectos o imperfecciones. ‖ Acabar la superficie de una pieza mecánica alisándola. ‖ QUÍM. Purificar los líquidos. ◆ v. tr. o pron. Enmendar los actos, las palabras o el proceder². ◇ FAM. rectificable, rectificación, rectificador, rectificativo. RECTO, TA.

rectilíneo, a adj. Que se compone de líneas rectas. ‖ Dícese del carácter de las personas rectas. ◇ FAM. RECTO, TA y LÍNEA.

rectitud s. f. Calidad de recto.

recto, ta adj. Que tiene forma lineal, sin ángulos ni curvas. ‖ Que va sin desviarse a donde se dirige. ‖ Justo, severo, firme. ‖ Dícese del sentido literal de las palabras. ‖ MAT. Dícese del ángulo de 90°. ◆ s. m. ANAT. Segmento terminal del tubo digestivo. ◆ s. f. MAT. Línea recta. ◇ FAM. rectal, rectificar, rectitud. / rectángulo, rectilíneo, semirrecta.

rector, ra adj. y s. Que señala la dirección u orientación de algo. ◆ s. Persona que rige una universidad. ◆ s. m. Párroco. ◇ FAM. rectorado, rectoral, rectoría. / vicerrector. REGIR.

rectorado s. m. Oficio, cargo y oficina del rector. ‖ Tiempo durante el cual se ejerce el cargo de rector.

rectoría s. f. Rectorado. ‖ Casa del párroco.

recua s. f. Grupo de caballerías que van juntas. ‖ *Fam.* Conjunto de cosas que van unas detrás de otras. ◇ FAM. recuero.

recuadro s. m. Superficie limitada por una línea en forma de cuadrado o rectángulo. ‖ Esta línea. ◇ FAM. recuadrar. CUADRO.

recubrir v. tr. [3m]. Cubrir algo. ◇ FAM. recubrimiento. CUBRIR.

recuento s. m. Acción y efecto de contar el número de personas o cosas de un conjunto. ◇ FAM. recontar. CONTAR.

recuerdo s. m. Acción y efecto de recordar. ‖ Objeto que sirve para recordar una persona, situación o lugar.

recular v. intr. [1]. Retroceder, andar hacia atrás. ‖ *Fam.* Ceder en una actitud u opinión. <> FAM. CULO.

recuperar v. tr. [1]. Volver a tener algo perdido. ‖ Volver a poner en servicio algo inservible. ‖ Aprobar un examen después de haberlo suspendido. ➧ **recuperarse** v. pron. Volver a la normalidad física o moral tras una crisis. <> FAM. recuperable, recuperación, recuperador, recuperativo. / irrecuperable. RECOBRAR.

recurrente adj. y s. m. y f. Que se repite. ➧ s. m. y f. y adj. DER. Persona que entabla un recurso. ➧ adj. ANAT. Que vuelve hacia atrás.

recurrir v. intr. [3]. Buscar ayuda en alguien o en algo. ‖ DER. Acudir a un juez o autoridad con una demanda o petición. <> FAM. recurrente, recurrible, recurso.

recurso s. m. Medio al que se recurre para lograr algo. ‖ DER. Medio de impugnación que persigue un nuevo examen de una resolución judicial. ➧ pl. Conjunto de bienes o medios materiales.

recusar v. tr. [1]. Rechazar. ‖ DER. Rechazar a un juzgador. <> FAM. recusable, recusación, recusante. ACUSAR.

red s. f. Aparejo hecho con cuerdas o alambres trabados en forma de mallas. ‖ Conjunto de tuberías, vías de comunicación, etc., que se entrecruzan. ‖ Conjunto organizado de personas, establecimientos, etc. ‖ Ardid o engaño. <> FAM. redada, redecilla; redil. / enredar, retículo.

redacción s. f. Acción y efecto de redactar. ‖ Escrito que se ha redactado. ‖ Lugar u oficina donde se redacta. ‖ Conjunto de redactores de un periódico, editorial, etc.

redactar v. tr. [1]. Poner por escrito cosas sucedidas, acordadas o pensadas. <> FAM. redacción, redactor.

redactor, ra s. Persona que redacta un periódico, libro, etc.

redada s. f. Acción de lanzar la red. ‖ Conjunto de animales que se capturan de una vez con la red. ‖ Operación policíaca que consiste en apresar de una vez a un conjunto de personas.

redecilla s. f. Tejido de malla de que se hacen las redes. ‖ Prenda de malla para recoger el pelo. ‖ Cavidad del estómago de los rumiantes.

rededor. Al (en) rededor, alrededor*.

redención s. f. Acción y efecto de redimir o redimirse.

redentor, ra adj. y s. Que redime. ➧ s. m. Jesucristo.

redicho, cha adj. Que habla con afectada corrección.

redil s. m. Aprisco rodeado con un vallado. <> FAM. RED.

redilas s. f. pl. *Méx.* Armazón de tablas alrededor de la plataforma de un camión.

redimir v. tr. y pron. [3]. Rescatar al es-

clavo mediante el pago de un precio. ‖ Poner fin a una vejación, penuria, dolor, etc. ‖ DER. Dejar libre una cosa de un gravamen. ➧ v. tr. Comprar de nuevo una cosa que se había vendido. <> FAM. redención, redentor, redimible.

redingote s. m. Especie de capote con mangas.

redistribuir v. tr. [29]. Distribuir de nuevo. <> FAM. redistribución. DISTRIBUIR.

rédito s. m. Interés, renta.

redoblar v. tr. [1]. Doblar una cosa sobre sí misma. ➧ v. tr. y pron. Aumentar algo el doble de lo que era. ➧ v. intr. Tocar redobles. <> FAM. redoblado, redoblamiento, redoble. DOBLAR.

redoble s. m. Toque vivo y sostenido en el tambor.

redoma s. f. Recipiente de laboratorio ancho de base.

redomado, da adj. Muy cauteloso y astuto. ‖ Consumado, experto. <> FAM. DOMAR.

redondear v. tr. y pron. [1]. Hacer redondo o más redondo. ‖ Completar algo. ➧ v. tr. Convertir una cantidad en un número completo de unidades. <> FAM. redondeado, redondeo. REDONDO, DA.

redondel s. m. Ruedo. ‖ *Fam.* Círculo o circunferencia.

redondela s. f. *Chile.* Círculo. ‖ *Chile.* Objeto circular.

redondilla adj. y s. f. Se dice de un tipo de letra derecha y circular. ➧ s. f. Estrofa de cuatro versos octosílabos que riman el primero con el cuarto y el segundo con el tercero.

redondo, da adj. De forma esférica o circular. ‖ Perfecto, sin fallos. ‖ Claro, sin rodeos. ‖ Dícese del número de cuya parte fraccionaria se prescinde. ➧ adj. y s. f. Dícese de un tipo de letra, de forma circular y derecha. ➧ s. m. Carne de res de forma cilíndrica. ➧ s. f. MÚS. Figura que equivale a cuatro negras. • **A la redonda,** alrededor. ‖ **En redondo,** dando la vuelta completa. ‖ De manera categórica. <> FAM. redondear, redondel, redondela, redondez, redondilla. / rotonda.

redova s. f. *Méx.* Trozo pequeño de madera hueco que se toca a manera de tambor. ‖ *Méx.* Grupo musical que toca composiciones típicas del norte del país.

reducción s. f. Acción y efecto de reducir o reducirse.

reducir v. tr. y pron. [20]. Disminuir el tamaño, extensión, intensidad, etc. ‖ Cambiar una cosa en otra más pequeña. ‖ Dominar, someter. ‖ Resumir. ‖ Concentrar por ebullición: *reducir una salsa.* ➧ v. tr. En un vehículo, pasar de una marcha a otra más corta. ‖ MAT. Simplificar. ➧ **reducirse** v. pron. Ceñirse o amoldarse a algo. <> FAM. reducción, reducible, reducido, reductible, reducto, reductor.

reducto s. m. Lugar que presenta condiciones para encerrarse o defenderse. ‖ Lugar que se considera posesión exclusiva de un determinado grupo, ideología, etc.

redundancia s. f. Repetición inútil de una palabra o concepto.

redundar v. intr. [1]. Resultar una cosa en beneficio de alguien o algo. ◇ FAM. redundancia, redundante.

reduplicar v. tr. [1a]. Duplicar. ‖ Aumentar o intensificar. ◇ FAM. reduplicación. DUPLICAR.

reeditar v. tr. [1]. Editar de nuevo. ◇ FAM. reedición. EDITAR.

reeducar v. tr. [1a]. Volver a educar. ◇ FAM. reeducación. EDUCAR.

reelegir v. tr. [30b]. Volver a elegir. ◇ FAM. reelección, reelecto, reelegible. ELEGIR.

reembolsar v. tr. [1]. Rembolsar*.

reemplazar v. tr. [1g]. Remplazar*.

reemprender v. tr. [2]. Reanudar algo interrumpido.

reencarnar v. intr. y pron. [1]. Encarnarse un alma en otro cuerpo. ◇ FAM. reencarnación. ENCARNAR.

reencontrar v. tr. y pron. [1r]. Encontrar de nuevo; dar de nuevo con una persona o cosa. ◇ FAM. reencuentro. ENCONTRAR.

reenganchar v. tr. y pron. [1]. Continuar en el servicio militar. ◇ FAM. reenganchamiento, reenganche. ENGANCHAR.

reestrenar v. tr. [1]. Volver a estrenar, especialmente películas u obras teatrales. ◇ FAM. reestreno. ESTRENAR.

reestructurar v. tr. [1]. Modificar la estructura de una obra, proyecto, etc. ◇ FAM. reestructuración. ESTRUCTURAR.

reexpedir v. tr. [30]. Enviar algo recibido previamente. ◇ FAM. reexpedición. EXPEDIR.

refacción s. f. Chile y Méx. Pieza de repuesto de un aparato. ◇ FAM. refaccionaria.

refaccionaria s. f. Méx. Tienda de refacciones de automóviles.

refajo s. m. Falda interior de paño que usaban las mujeres. ◇ FAM. FAJA.

refalosa s. f. Argent. y Chile. Baile popular.

refectorio s. m. Comedor común de un colegio o convento.

referencia s. f. Acción de referirse, de aludir a algo. ‖ Nota con que en un texto se remite a otra parte o texto. ‖ Noticia, información. ‖ Informe sobre las cualidades de alguien o algo.

referéndum s. m. Procedimiento por el que se somete al voto popular una ley o asunto. ◇ FAM. REFERIR.

referente adj. Que se refiere a la cosa que se expresa.

referí s. m. Amér. Central y Amér. Merid. Árbitro.

réferi s. m. Méx. Referí*.

referir v. tr. [22]. Dar a conocer, narrar. ‖ Enviar en un texto a otro lugar del mismo

o a otro texto. ‖ Atribuir algo a un origen, época, etc. ◆ v. tr. y pron. Aludir: se refería a ti. ◇ FAM. referencia, referéndum, referente, referible.

refilar v. intr. [1]. Chile. Pasar tocando ligeramente algo.

refilón. De refilón, de lado. ‖ De forma superficial.

refinado, da adj. Exquisito, elegante. ‖ Astuto. ‖ Perfecto, consumado. ◆ s. m. Acción y efecto de refinar.

refinar v. tr. [1]. Hacer más pura una cosa, separando las impurezas. ‖ Perfeccionar una cosa. ◇ FAM. refinación, refinado, refinador, refinamiento, refinería, refino. FINO, NA.

refinería s. f. Instalación industrial donde se refinan determinados productos, como azúcar, petróleo, etc.

reflectar v. intr. [1]. Reflejar la luz, el calor, etc. ◇ FAM. reflectante, reflector. REFLEJAR.

reflector, ra adj. Que reflecta. ◆ s. m. Aparato que lanza un foco luminoso en determinada dirección.

reflejar v. intr. [1]. Rechazar una superficie lisa la luz, el calor, el sonido, etc. ◆ v. tr. Manifestar, hacer patente una cosa. ◆ v. tr. y pron. Devolver una superficie brillante la imagen de un objeto. ◇ FAM. reflejo. / reflectar. REFLEXIÓN.

reflejo, ja adj. Que ha sido reflejado. ‖ Dícese de un efecto que siendo producido en un sitio se reproduce espontáneamente en otro. ‖ Dícese de las acciones involuntarias. ◆ s. m. Luz reflejada. ‖ Imagen reflejada. ‖ Cosa que manifiesta otra. ‖ Reacción rápida ante un acontecimiento o estímulo repentino.

reflexión s. f. Acción y efecto de reflejar. ‖ Acción y efecto de reflexionar. ◇ FAM. reflexionar, reflexivo. / irreflexión, reflejar. FLEXIÓN.

reflexionar v. tr. [1]. Considerar algo con atención.

reflexivo, va adj. Que refleja o reflecta. ‖ Que habla o actúa con reflexión. ‖ LING. Dícese del pronombre personal átono que designa la misma persona o cosa que el sujeto. ‖ LING. Dícese del verbo cuyo complemento es un pronombre reflexivo.

reflorecer v. intr. [2m]. Florecer de nuevo. ◇ FAM. reflorecimiento. FLORECER.

refluir v. intr. [29]. Volver hacia atrás una corriente líquida. ◇ FAM. reflujo. FLUIR.

reflujo s. m. Retroceso de la marea. ‖ Retroceso de algo.

reforma s. f. Acción y efecto de reformar. ‖ Movimiento religioso que, iniciado en el s. XVI, motivó la formación de las iglesias protestantes. ◇ FAM. contrarreforma, REFORMAR.

reformar v. tr. [1]. Modificar con el fin de mejorar. ◆ v. tr. y pron. Cambiar o corregir el comportamiento de una persona. ⬦ FAM. reforma, reformable, reformado, reformador, reformativo, reformatorio, reformismo. FORMAR.

reformatorio, ria adj. Que reforma. ➡ s. m. Establecimiento penitenciario para el tratamiento correccional de menores.

reformismo s. m. Doctrina orientada a la transformación de las estructuras políticas y sociales. ⬦ FAM. reformista. REFORMAR.

reforzar v. tr. [1n]. Añadir nuevas fuerzas a algo. || Fortalecer. ⬦ FAM. reforzado, reforzador, refuerzo. FORZAR.

refracción s. f. FÍS. Cambio de dirección de una onda al pasar de un medio a otro. ⬦ FAM. refractar, refractario. / refringir. FRACCIÓN.

refractar v. tr. y pron. [1]. Producir la refracción.

refractario, ria adj. Opuesto a una idea, enseñanza, etc. || Inmune a alguna enfermedad. ➡ adj. y s. m. Que resiste temperaturas muy altas.

refrán s. m. Sentencia que consta de pocas palabras y es de carácter popular y didáctico. ⬦ FAM. refranero.

refranero s. m. Colección de refranes.

refregar v. tr. y pron. [1d]. Frotar una cosa con otra. || Fam. Recordar algo ofensivo. ⬦ FAM. refriega. FREGAR.

refreír v. tr. [25a]. Volver a freír. ⬦ FAM. refrito. FREÍR.

refrenar v. tr. [1]. Sujetar al caballo con el freno. ➡ v. tr. y pron. Contener, reprimir. ⬦ FAM. refrenable, refrenamiento. / irrefrenable. FRENAR.

refrendar v. tr. [1]. Autorizar un documento con la firma de la persona hábil para ello. || Corroborar, aceptar una cosa confirmándola.

refrescar v. tr. y pron. [1a]. Disminuir la temperatura o el calor. || Hacer que se recuerden cosas olvidadas. ➡ v. intr. Disminuir la temperatura del ambiente. ➡ v. intr. y pron. Tomar un refresco. ⬦ FAM. refrescador, refrescamiento, refrescante, refresco. FRESCO, CA.

refresco s. m. Bebida fría que se toma para refrescarse. || Aperitivo, refrigerio. || Méx. Gaseosa.

refriega s. f. Combate de poca importancia. || Riña o disputa violenta. ⬦ FAM. REFREGAR.

refrigeración s. f. Acción de eliminar calor o producir frío.

refrigerador, ra adj. Que refrigera. ➡ s. m. Nevera. ➡ s. f. Perú. Nevera.

refrigerar v. tr. y pron. [1]. Enfriar. ⬦ FAM. refrigeración, refrigerador, refrigerante, refrigerativo, refrigerio. FRÍO, A.

refrigerio s. m. Comida ligera para reparar fuerzas.

refringir v. tr. y pron. [3b]. Refractar. ⬦ FAM. refringencia, refringente. REFRACCIÓN.

refrito s. m. Condimento formado por tro-

zos pequeños y fritos de algo. || Fam. Cosa compuesta por fragmentos. ⬦ FAM. REFREÍR.

refucilar v. intr. [1]. Amér. Central y Amér. Merid. Relampaguear.

refuerzo s. m. Acción y efecto de reforzar. || Cosa con que se refuerza algo. || Ayuda, complemento. ➡ pl. Conjunto de tropas que se suman a otras para aumentar su fuerza o eficacia.

refugiado, da adj. y s. Que se ve obligado a buscar refugio fuera de su país por razones políticas, sociales, etc.

refugiar v. tr. y pron. [1]. Acoger o amparar a uno. ⬦ FAM. refugiado, refugio.

refugio s. m. Asilo, acogida o amparo. || Lugar que sirve para resguardar de un peligro, las inclemencias del tiempo, etc.

refulgir v. intr. [3b]. Resplandecer, brillar. ⬦ FAM. refulgencia, refulgente. FULGIR.

refundir v. tr. [3]. Volver a fundir. || Méx. Guardar algo de tal modo que luego no se encuentre. ➡ v. tr. y pron. Fundir, reunir. ⬦ FAM. refundición, refundidor. FUNDIR.

refunfuñar v. intr. [1]. Emitir voces confusas en señal de enojo o desagrado. ⬦ FAM. refunfuñador, refunfuño.

refutar v. tr. [1]. Impugnar con argumentos lo que otros dicen. ⬦ FAM. refutable, refutación, refutatorio. / irrefutable.

regadera s. f. Vasija portátil para regar. || Méx. Ducha. ◆ **Estar como una regadera**, estar loco. ⬦ FAM. regaderazo. REGAR.

regaderazo s. m. Méx. Baño ligero tomado con una regadera.

regadío, a adj. y s. m. Dícese del terreno dedicado a cultivos que se fertilizan con el riego. ⬦ FAM. REGAR.

regalado, da adj. Agradable, cómodo. || Fam. Muy barato.

regalar v. tr. [1]. Dar algo a alguien como muestra de afecto o agradecimiento. || Halagar. ➡ v. tr. y pron. Deleitar, recrear. ➡ **regalarse** v. pron. Procurarse comodidad, placer, etc. ⬦ FAM. regalado, regalamiento, regalo.

regaliz s. m. Planta leguminosa de raíz medicinal. || Trozo seco de la raíz de esta planta. || Barrita o pastilla elaborada con el jugo de la raíz de dicha planta.

regalo s. m. Aquello que se regala. || Placer, gusto. || Comodidad, placer con que se vive.

regalonear v. tr. [1]. Argent. y Chile. Mimar. ➡ v. intr. Argent. y Chile. Dejarse mimar.

regañadientes. A regañadientes, de mala gana.

regañar v. intr. [1]. Dar muestras de enfado con palabras y gestos. || Fam. Reñir, disputar. ➡ v. tr. Fam. Reprender a una persona. ⬦ FAM. regañina, regaño.

regañina s. f. Regaño, reprensión.

regaño s. m. Palabras con que se regaña. || Fam. Reprensión.

regar v. tr. [1d]. Echar agua sobre la tierra, las plantas, etc. ‖ Atravesar un río una comarca o territorio. ◆ v. tr. y pron. Esparcir, derramar. ● **Regarla** (*Méx. Fam.*), cometer un grave desatino. ◇ FAM. regable, regadera, regadío, regador, regante, regato, reguera, reguero, riego. / irrigar.

regata s. f. Competición entre varias embarcaciones

regate s. m. Movimiento rápido del cuerpo para evitar un golpe o caída. ‖ *Fam.* Habilidad para eludir una dificultad, etc. ‖ DEP. Acción de esquivar a un contrario. ◇ FAM. regatear.

regatear v. tr. [1]. Debatir el comprador y el vendedor el precio de una mercancía. ‖ *Fam.* Escatimar, ahorrar. ◆ v. tr. e intr. Hacer regates. ◇ FAM. regateo. REGATE.

regato s. m. Arroyo muy pequeño. ◇ FAM. REGAR.

regazo s. m. Cavidad que forma una falda entre la cintura y la rodilla. ‖ Parte del cuerpo en que se forma esta cavidad. ‖ Aquello que da y proporciona amparo y refugio.

regencia s. f. Gobierno establecido durante la minoría de edad, la ausencia o la incapacidad de un rey. ◇ FAM. REGIR.

regenerar v. tr. y pron. [1]. Volver a poner en buen estado una cosa gastada. ‖ Hacer que una persona abandone un vicio. ‖ Reciclar. ◇ FAM. regeneración, regenerado, regenerador, regenerativo. GENERAR.

regenta s. f. En algunos centros de enseñanza, profesora.

regentar v. tr. [1]. Desempeñar temporalmente cierto cargo o empleo. ‖ Dirigir un negocio.

regente adj. y s. m. y f. Que rige o gobierna. ◆ s. m. Jefe del gobierno durante la minoría de edad, la ausencia o la enfermedad de un soberano. ‖ Persona que dirige o lleva el mando de un negocio. ◇ FAM. regenta, regentar. REGIR.

reggae s. m. Estilo musical de origen jamaicano, de ritmo simple y repetitivo.

regicida adj. y s. m. y f. Se dice del que mata a un rey o reina, o atenta contra ellos. ◇ FAM. regicidio. REY.

regidor, ra adj. Que rige o gobierna. ◆ s. Persona que cuida del orden de los movimientos y de los efectos escénicos.

régimen s. m. Sistema o plan por el que se regula o rige una cosa o actividad. ‖ Forma de gobierno. ‖ Conjunto de medidas sobre alimentación que ha de seguir una persona por motivos de salud, para adelgazar, etc. ‖ LING. Hecho de regir un verbo, sustantivo, etc., cierto complemento. ◇ FAM. REGIR.

regimiento s. m. Unidad del ejército al mando de un coronel. ◇ FAM. REGIR.

regio, gia adj. Relativo al rey. ‖ Suntuoso, espléndido. ‖ *Argent., Chile y Urug. Fam.* Excelente, magnífico. ◇ FAM. REY.

regiomontano, na adj. y s. De Monterrey (México).

región s. f. Parte de un territorio definido por unas características propias. ‖ Espacio. ◇ FAM. regional, regionalismo.

regional adj. Relativo a una región.

regionalismo s. m. Doctrina política que basa el desarrollo y estructura de una colectividad en la autonomía y los valores propios de las regiones que la constituyen. ‖ Palabra o locución propios de una región. ◇ FAM. regionalista. REGIÓN.

regir v. tr. [30b]. Dirigir, gobernar. ‖ Guiar. ‖ LING. Tener una palabra bajo su dependencia, otra palabra de la oración. ◆ v. intr. Estar vigente una ley, norma, etc. ‖ Funcionar bien. ◇ FAM. regencia, regente, regidor, régimen, regimiento. / reacción, rector.

registrado, da adj. Dícese de un modelo o marca que ha sido inscrito en un registro como propiedad de una persona o entidad.

registrador, ra adj. Que registra. ◆ adj. y s. Dícese del aparato que anota automáticamente determinados datos, fenómenos, etc.

registrar v. tr. [1]. Examinar con cuidado en busca de alguien o algo. ‖ Grabar la imagen o el sonido. ‖ Señalar ciertos instrumentos, determinados fenómenos. ◆ v. tr. y pron. Inscribir en un registro una firma, un nombre comercial, etc. ◇ FAM. registrado, registrador, registro.

registro s. m. Acción y efecto de registrar. ‖ Libro en que se anotan hechos y datos. ‖ Oficina donde se anotan propiedades, patentes, etc.

regla s. f. Instrumento alargado que sirve para trazar líneas o efectuar mediciones. ‖ Precepto, norma. ‖ Moderación. ‖ Ley básica. ‖ Menstruación. ‖ MAT. Método para realizar una operación. ● **En regla**, como es debido. ◇ FAM. reglamento, reglar, regleta, regular[1], regular[2]. / arreglar.

reglaje s. m. Operación de reglar el papel. ‖ Reajuste hecho en las piezas de un mecanismo o aparato.

reglamentación s. f. Acción y efecto de reglamentar. ‖ Conjunto de reglas.

reglamentar v. tr. [1]. Sujetar algo a un reglamento. ◇ FAM. reglamentación. REGLAMENTO.

reglamento s. m. Conjunto de normas para la aplicación o desarrollo de una ley, la realización de una actividad, deporte, etc. ◇ FAM. reglamentar, reglamentario. REGLA.

reglar v. tr. [1]. Reglamentar. ‖ Tirar líneas usando una regla. ◇ FAM. reglaje. REGLA.

regleta s. f. Lámina de metal que sirve para espaciar algo, especialmente en imprenta. ‖ Soporte aislante sobre el que se colocan los componentes de un circuito eléctrico. ◇ FAM. REGLA.

regocijar v. tr. y pron. [1]. Alegrar, causar

regocijo. <> FAM. regocijado, regocijador. REGOCIJO.

regocijo s. m. Alegría, júbilo. <> FAM. regocijar. GOZO.

regodearse v. pron. [1]. Deleitarse, complacerse con algo. ‖ *Argent., Chile* y *Colomb.* Tardar alguien en decidirse por algo, manifestando duda al elegir y haciéndose rogar. <> FAM. regodeo.

regodeón, na adj. *Chile* y *Colomb. Fam.* Exigente, descontento.

regordete, ta adj. *Fam.* Pequeño y grueso. <> FAM. GORDO, DA.

regresar v. intr. [1]. Volver de nuevo al lugar de donde se ha salido. ◆ v. intr. y pron. *Amér.* Volver: *nos regresamos hoy mismo.* ◆ v. tr. *Amér.* Devolver o restituir algo a su poseedor. <> FAM. regresión, regresivo, regreso.

regresión s. f. Retroceso: *regresión de las ventas.*

regreso s. m. Acción y efecto de regresar.

reguera s. f. Canal en la tierra para el riego. <> FAM. REGAR.

reguero s. m. Chorro o arroyo pequeño. ‖ Señal que queda de un líquido que se ha ido vertiendo. ‖ Reguera. <> FAM. REGAR.

regulación s. f. Acción y efecto de regular[1]. <> FAM. termorregulación. REGULAR[1].

regular[1] v. tr. [1]. Poner en orden: *regular la circulación.* ‖ Reglamentar. ‖ Ajustar. <> FAM. regulable, regulación, regulador, regularizar, regulativo. REGLA.

regular[2] adj. Sujeto y conforme a una regla. ‖ Mediano, intermedio: *libro regular.* ‖ LING. Aplícase a las palabras formadas según la regla general de su clase: *verbos regulares.* ‖ MAT. Dícese de la figura en que los ángulos, lados, etc., son iguales entre sí. <> FAM. regularidad, regularmente. / irregular. REGLA.

regularidad s. f. Calidad de regular[2]. ‖ Periodicidad: *va al cine con regularidad.*

regularizar v. tr. y pron. [1g]. Poner algo en un estado de normalidad. <> FAM. regularización, regularizador. REGULAR[1].

régulo s. m. Parte más pura de los minerales. ‖ Señor de un pequeño estado. <> FAM. REY.

regurgitar v. intr. [1g]. Echar por la boca, sin vómito, lo contenido en el esófago o en el estómago, como los rumiantes. <> FAM. regurgitación.

regusto s. m. Sabor que queda después de la comida o bebida. ‖ Sensación o recuerdo impreciso que dejan ciertas vivencias.

rehabilitación s. f. Acción y efecto de rehabilitar. ‖ Conjunto de métodos para la recuperación tras una enfermedad o accidente.

rehabilitar v. tr. y pron. [1]. Habilitar de nuevo: *rehabilitar una casa en ruinas.* <> FAM. rehabilitación. HABILITAR.

rehacer v. tr. y pron. [11b]. Volver a ha-

cer o restaurar algo. ◆ **rehacerse** v. pron. Recuperar la salud, el ánimo, etc.

rehén s. m. Persona que alguien retiene para obligar a otra, a un grupo, etc., a cumplir ciertas condiciones.

rehilamiento s. m. LING. Vibración que se produce en el punto de articulación de algunas consonantes.

rehilete s. m. *Méx.* Juguete de niños que consiste en una varilla en cuya punta hay una estrella de papel que gira movida por el viento. ‖ *Méx.* Aparato mecánico que echa agua en círculos y se usa para regar el pasto.

rehogar v. tr. [1d]. Freír ligeramente un alimento en aceite, mantequilla o grasa.

rehuir v. tr., intr. y pron. [29a]. Evitar o eludir: *rehuyó contestar la pregunta.* <> FAM. rehuida. HUIR.

rehusar v. tr. [1w]. Rechazar o no aceptar una cosa.

reimplantar v. tr. [1]. Volver a implantar. ‖ Colocar de nuevo en su lugar un órgano que había sido cortado o separado del cuerpo. <> FAM. reimplantación. IMPLANTAR.

reimpresión s. f. Acción y efecto de reimprimir.

reimprimir v. tr. [3]. Imprimir de nuevo una obra. <> FAM. reimpresión. IMPRIMIR.

reina s. f. Mujer que reina por derecho propio. ‖ Esposa del rey. ‖ En el ajedrez, pieza más importante despues del rey. ● **Reina mora.** *(Argent.),* pájaro de melodioso canto, plumaje azul brillante y fácilmente domesticable. <> FAM. REY.

reinado s. m. Ejercicio de las funciones de un rey o reina y tiempo que éste dura. ‖ Espacio de tiempo en que predomina algo.

reinar v. intr. [1]. Ejercer su poder un rey, reina o príncipe de estado. ‖ Predominar una o varias personas o cosas sobre otras. ‖ Prevalecer, persistir. <> FAM. reinado, reino. REY.

reincidencia s. f. Reiteración de una misma falta o defecto.

reincidir v. intr. [3]. Volver a incurrir en un error, falta o delito. <> FAM. reincidencia, reincidente. INCIDIR[1].

reincorporar v. tr. y pron. [1]. Volver a incorporar. <> FAM. reincorporación. INCORPORAR.

reineta adj. y s. f. Dícese de una variedad de manzana, de color dorado y muy aromática.

reingresar v. intr. [1]. Volver a ingresar. <> FAM. reingreso. INGRESAR.

reino s. m. Territorio o estado sujetos al gobierno de un rey o reina. ‖ Ámbito, campo. ‖ Cada uno de los tres grandes grupos en que se consideran divididos los seres naturales: *reino mineral, vegetal* y *animal.* <> FAM. interregno, subreino. REINAR.

reinserción s. f. Acción y efecto de reinsertar.

reinsertar v. tr. y pron. [1]. Integrar de nuevo en la sociedad a alguien que vive marginado. ◇ FAM. reinserción, reinsertado. INSERTAR.

reinstalar v. tr. y pron. [1]. Volver a instalar. ◇ FAM. reinstalación. INSTALAR.

reintegrar v. tr. y pron. [1]. Volver a incorporar a alguien a un trabajo, empleo, etc. ◆ v. tr. Devolver o pagar a una persona una cosa. ◇ FAM. reintegrable, reintegración, reintegro. INTEGRAR.

reintegro s. m. Pago de una cantidad que se debe a alguien. ‖ En la lotería, premio equivalente a la cantidad jugada.

reír v. intr. y pron. [25]. Expresar alegría o regocijo con ciertos sonidos característicos. ◆ **reírse** v. pron. Burlarse o no hacer caso. ◇ FAM. risa. / hazmerreír, sonreír.

reiteración s. f. Acción y efecto de reiterar.

reiterar v. tr. y pron. [1]. Repetir, volver a hacer o decir algo. ◇ FAM. reiteración, reiterado, reiterativo.

reivindicar v. tr. [1a]. Reclamar alguien aquello a que tiene derecho. ◇ FAM. reivindicable, reivindicación, reivindicativo, reivindicatorio. VINDICAR.

reja[1] s. f. Pieza del arado que remueve la tierra. ◇ FAM. rejo, rejón.

reja[2] s. f. Red de barras de hierro para cerrar una abertura, aislar un lugar, etc. ◇ FAM. rejilla. / enrejar.

rejego, ga adj. Méx. Fam. Terco, rebelde.

rejilla s. f. Red de madera, alambre, etc., para cerrar una abertura. ‖ Tejido hecho con los tallos flexibles de ciertas plantas, usado como respaldo o asiento de sillas. ‖ Armazón de barras de hierro que sostiene el combustible en el hogar. ◇ FAM. REJA[2].

rejo s. m. Punta de hierro. ‖ Amér. Central y Amér. Merid. Azote, látigo. ‖ Cuba y Venez. Soga o pedazo de cuero que sirve para atar animales. ‖ Ecuad. Acción de ordeñar. ‖ Ecuad. Conjunto de vacas para ordeñar. ◇ FAM. REJA[1].

rejón s. m. Asta de madera con una punta de hierro que sirve para rejonear. ◇ FAM. rejonazo, rejonear. REJA[1].

rejonear v. tr. [1]. Herir el jinete al toro con un rejón. ◇ FAM. rejoneador, rejoneo. REJÓN.

rejuvenecer v. tr., intr. y pron. [2m]. Dar la fortaleza o energía propias de la juventud. ◇ FAM. rejuvenecimiento. JOVEN.

relación s. f. Situación que se da entre dos cosas, ideas, etc., cuando existe alguna circunstancia que las une. ‖ Trato o comunicación. ‖ Lista. ‖ Narración, explicación. ‖ Argent. Copla que intercambian los integrantes de las parejas en algunos bailes folklóricos. ● **Relaciones públicas**, actividad profesional cuyo objeto es difundir la imagen pública de una persona, entidad, etc. ‖ Persona que desempeña

esta actividad. ◇ FAM. relacional, relacionar, relativo. / correlación, interrelación.

relacionar v. tr. [1]. Poner en relación. ‖ Narrar, referir. ◆ **relacionarse** v. pron. Establecer relaciones de amistad, sociales, etc.

relajación s. f. Acción y efecto de relajar o relajarse.

relajado, da adj. Argent. y Urug. Vicioso, desvergonzado. ‖ Pan. Que acostumbra a tomar las cosas en broma. ‖ LING. Dícese de los sonidos que se realizan en determinadas posiciones con una tensión muscular menor de la habitual.

relajante adj. Que relaja. ◆ adj. y s. m. Argent. y Chile. Dícese de los alimentos y bebidas muy azucarados y empalagosos.

relajar v. tr. y pron. [1]. Poner flojo o menos tenso. ‖ Distraer el ánimo. ‖ Hacer menos severa una norma, ley, etc. ◆ **relajarse** v. pron. Viciarse, caer en malas costumbres. ◇ FAM. relajación, relajado, relajador, relajamiento, relajante, relajo.

relajo s. m. Desorden, falta de seriedad. ‖ Degradación de costumbres. ‖ Argent., Chile, Méx. y Urug. Acción inmoral o deshonesta. ‖ Cuba, Méx. y P. Rico. Barullo, desorden, alboroto. ‖ Cuba y P. Rico. Escarnio que se hace de alguien o algo.

relamer v. tr. [2]. Volver a lamer. ◆ **relamerse** v. pron. Lamerse los labios. ‖ Deleitarse, regodearse. ◇ FAM. relamido. LAMER.

relamido, da adj. Afectado, pulcro en exceso.

relámpago s. m. Resplandor muy vivo e instantáneo producido en las nubes por una descarga eléctrica. ‖ Persona o cosa muy rápida. ◇ FAM. relampaguear.

relampaguear v. impers. [1]. Haber relámpagos. ◆ v. intr. Lanzar destellos: sus ojos relampaguearon. ◇ FAM. relampagueo. RELÁMPAGO.

relanzar v. tr. [1g]. Volver a lanzar algo o promocionarlo.

relatar v. tr. [1]. Contar, narrar. ◇ FAM. relato, relator.

relatividad s. f. Calidad de relativo. ● **Teoría de la relatividad** (FÍS.), teoría formulada por Einstein, físico alemán, sobre la imposibilidad de encontrar un sistema de referencia absoluto.

relativismo s. m. FILOS. Doctrina que niega la existencia de verdades absolutas. ◇ FAM. relativista. RELATIVO, VA.

relativizar v. tr. [1g]. Conceder a algo un valor o importancia menor.

relativo, va adj. Que hace referencia a una persona o cosa. ‖ Que no es absoluto: verdad relativa. ◆ adj. y s. m. LING. Dícese de los pronombres que, quien, etc., o de los adverbios como, cuando, etc., que introducen una proposición subordinada. ◇ FAM. relativamente, relatividad, relativismo, relativizar. RELACIÓN.

relato s. m. Acción de relatar. ‖ Narración breve, cuento.

relax s. m. Relajación física o psíquica.

relé s. m. Aparato que provoca una modificación en un circuito eléctrico.

releer v. tr. [2i]. Leer de nuevo.

relegar v. tr. [1b]. Apartar, dejar de lado: *relegar al olvido*. ◇ FAM. relegación. LEGAR.

relente s. m. Humedad fría de la atmósfera en las noches serenas.

relevante adj. Sobresaliente, excelente. ‖ Importante o significativo. ◇ FAM. relevancia. / irrelevante. RELEVAR.

relevar v. tr. [1]. Hacer de relieve una cosa. ‖ Liberar de una obligación. ‖ Enaltecer o engrandecer una cosa. ‖ Remplazar. ◇ DEP. Sustituir una persona a otra de su mismo equipo, en el transcurso de una prueba. ◇ FAM. relevación, relevante, relevo, relieve.

relevista adj. y s. m. y f. Dícese del deportista que participa en pruebas de relevo.

relevo s. m. Acción de relevar. ‖ DEP. Prueba en que los competidores de un mismo equipo se relevan, realizando cada uno de ellos una parte del recorrido. ◇ FAM. relevista. RELEVAR.

relicario s. m. Lugar donde se guardan reliquias. ‖ Caja o estuche para guardarlas. ◇ FAM. RELIQUIA.

relieve s. m. Cualquier parte que sobresale en una superficie plana. ‖ Renombre, prestigio. • **Poner de relieve,** destacar. ◇ FAM. altorrelieve, bajorrelieve. RELEVAR.

religión s. f. Conjunto de creencias, dogmas y prácticas relativas a lo que un individuo considera divino o sagrado. ◇ FAM. religioso. / correligionario.

religiosamente adv. m. Con puntualidad y exactitud: *pagó religiosamente*.

religiosidad s. f. Esmero en cumplir las obligaciones religiosas. ‖ Puntualidad, exactitud al realizar o cumplir algo.

religioso, sa adj. Relativo a la religión. ‖ Que practica una religión y cumple sus preceptos. ◆ adj. y s. Dícese del que ha tomado hábito en una orden religiosa. ◇ FAM. religiosamente, religiosidad. RELIGIÓN.

relinchar v. tr. [1]. Emitir su voz el caballo. ◇ FAM. relinchador, relincho.

relincho s. m. Voz del caballo.

relinga s. f. Cabo que refuerza la orilla de una vela. ‖ MAR. Cuerda en que van colocados los plomos y corchos de las redes.

reliquia s. f. Residuo de algo. ‖ Vestigio de cosas pasadas. ‖ Parte del cuerpo de un santo, o cosa que lo ha tocado. ◇ FAM. relicario.

rellano s. m. Espacio llano entre dos tramos de escalera.

rellena s. f. *Méx.* Morcilla, moronga.

rellenar v. tr. y pron. [1]. Volver a llenar una cosa. ◆ v. tr. Llenar de carne picada u otros ingredientes un ave u otro manjar. ◇ FAM. relleno. LLENAR.

relleno, na adj. Muy lleno. ◆ s. m. Conjunto de ingredientes con que se rellena un alimento. ‖ Parte superflua con que se alarga innecesariamente un discurso o escrito.

reloj s. m. Dispositivo o máquina que sirve para medir el tiempo. • **Contra reloj,** dícese de las carreras ciclistas en que los corredores, de uno en uno, intentan alcanzar la meta en el menor tiempo posible. ‖ Muy rápidamente. ◇ FAM. relojería, relojero.

relojería s. f. Técnica de hacer y reparar relojes. ‖ Taller donde se hacen o componen. ‖ Tienda donde se venden.

relucir v. intr. [3g]. Despedir o reflejar luz una cosa. ‖ Sobresalir en alguna cualidad. ◇ FAM. reluciente. LUCIR.

reluctancia s. f. FÍS. Resistencia que ofrece un circuito a la fuerza magnética.

reluctante adj. Reacio, opuesto. ◇ FAM. reluctancia.

relumbrar v. intr. [1]. Resplandecer. ◇ FAM. LUMBRE.

rem s. m. FÍS. Unidad que mide el daño causado por radiación en el hombre.

remachar v. tr. [1]. Machacar la punta o la cabeza del clavo ya clavado. ‖ Insistir sobre algo. ◇ FAM. remachado, remachador, remache. MACHO².

remache s. m. Acción y efecto de remachar. ‖ Clavo cuya punta, una vez clavada, se remacha por el extremo opuesto.

remanente s. m. y adj. Parte que queda o se reserva de algo.

remangar v. tr. y pron. [1b]. Recoger hacia arriba las mangas u otra parte de una prenda de vestir. ◇ FAM. remango. / arremangar. MANGA¹.

remansarse v. pron. [1]. Detenerse una corriente de agua.

remanso s. m. Detención o suspensión de una corriente de agua. • **Remanso de paz,** lugar tranquilo. ◇ FAM. remansarse.

remar v. intr. [1]. Mover los remos para impulsar una embarcación. ◇ FAM. REMO.

remarcable adj. Notable, sobresaliente.

remarcar v. tr. [1a]. Volver a marcar una cosa. ‖ Insistir en lo dicho o escrito. ◇ FAM. remarcable. MARCAR.

rematado, da adj. Sin remedio, por completo: *un loco rematado*.

rematador, ra s. *Argent.* Persona a cargo de una subasta pública.

rematar v. tr. [1]. Acabar de matar. ‖ Concluir, finalizar. ‖ Constituir algo el final o extremidad de otra cosa. ‖ *Amér. Merid.* y *Méx.* Comprar o vender en subasta pública. ◇ FAM. rematado, rematador, remate. MATAR.

remate s. m. Acción de rematar. ‖ Fin, extremidad o conclusión de algo. ‖ *Amér. Merid.* y *Méx.* Venta pública en la que se

adjudican los objetos al mejor postor, subasta.

rembolsar v. tr. y pron. [1]. Devolver una
cantidad al que la había desembolsado.
◇ FAM. rembolsable, rembolso, EMBOLSAR.

rembolso s. m. Acción y efecto de rembolsar o rembolsarse. • **A o contra rembolso**, envío de una mercancía cuyo importe debe pagar el destinatario en el
momento de recibirla.

remedar v. tr. [1]. Imitar. || Burlarse de
alguien imitando sus gestos y ademanes.
◇ FAM. remedable, remedador, remedo.

remediar v. tr. [1]. Reparar un daño. || So-
correr una necesidad. || Evitar. ◇ FAM. re-
mediable, remediador, remedio. / irremediable.

remedio s. m. Medio que se toma para
reparar o evitar un daño. || Medicina o
procedimiento para curar o aliviar una en-
fermedad. || Ayuda, auxilio.

remedo s. m. Acción de remedar. || Copia,
parodia.

rememorar v. tr. [1]. Recordar, traer a la
memoria: *rememorar días pasados.*
◇ FAM. rememoración, rememorativo.
MEMORAR.

remendar v. tr. [1j]. Reforzar lo viejo o
roto con un remiendo. || Enmendar, corre-
gir. ◇ FAM. remendado, remendón, remiendo. ENMENDAR.

remendón, na adj. y s. Que tiene por oficio remendar.

remera s. f. y adj. Cada una de las plumas
grandes del ala de un ave. • s. f. *Argent.*
Camiseta de manga corta.

remero, ra s. Persona que rema en una
embarcación. ◇ FAM. REMO.

remesa s. f. Envío de una cosa. || Aquello
que se envía de una vez.

remeter v. tr. [2]. Volver a meter algo o
meterlo más adentro.

remezón s. m. *Amér. Central y Amér. Merid.* Temblor de tierra de poca intensidad.

remiendo s. m. Acción y efecto de re-
mendar. || Pedazo de tela que se cose a
una prenda vieja o rota. || Pequeña repa-
ración.

remilgado, da adj. Escrupuloso, delicado
en exceso.

remilgo s. m. Gesto o acción que muestra
delicadeza exagerada o afectada. ◇ FAM.
remilgado, remilgoso.

remilgoso, sa adj. *Méx.* Remilgado, delicado.

reminiscencia s. f. Recuerdo. || Aquello
que sobrevive de una cosa.

remisible adj. Que se puede remitir o perdonar. ◇ FAM. irremisible. REMITIR.

remisión s. f. Acción y efecto de remitir.
|| En un escrito, nota que remite al lector
a otra parte del mismo o a otro diferente.

remiso, sa adj. Reacio, contrario a algo.

remite s. m. Nota escrita en los sobres,
paquetes, etc., con el nombre y señas de
la persona que hace el envío.

remitente adj. y s. m. y f. Que remite o
envía algo. || Remite.

remitir v. tr. [3]. Enviar. || En una obra
escrita, hacer una remisión. || Diferir o re-
trasar. ◆ v. tr., intr. y pron. Ceder, perder
intensidad. ◇ FAM. remisible, remisión,
remisivo, remiso, remisorio, remite, remitente.

remo s. m. Especie de pala larga y estrecha usada para impulsar una embarcación. ◇ FAM. remar, remero.

remodelar v. tr. [1]. Modificar la forma o
estructura de algo.

remojar v. tr. y pron. [1]. Empapar en
agua una cosa. ◆ v. tr. || Celebrar algo
invitando a los amigos a beber. ◇ FAM.
remojo, remojón. MOJAR.

remojo s. m. Acción de remojar. • **A, o
en, remojo**, dentro del agua u otro líquido: *poner garbanzos en remojo.*

remojón s. m. Acción y efecto de mojar
o mojarse. || Chapuzón, baño.

remolacha s. f. Planta de tallo derecho,
hojas grandes y raíz carnosa, de la que se
extrae azúcar.

remolcador, ra adj. y s. Que remolca.
◆ s. m. Embarcación pequeña y potente
destinada a remolcar barcos.

remolcar v. tr. [1a]. Llevar una embar-
cación a otra. || Llevar por tierra un vehí-
culo a otro. ◇ FAM. remolcador, remolque.

remoler v. intr. [2e]. Moler mucho una
cosa. || *Chile y Perú.* Ir de juerga, diver-
tirse. || *Guat. y Perú.* Incomodar, fastidiar.
◇ FAM. remolienda. MOLER.

remolienda s. f. *Chile y Perú.* Juerga, jarana.

remolino s. m. Movimiento giratorio y rápido del aire, agua, polvo, humo, etc.
◇ FAM. arremolinarse. MOLINO.

remolón, na adj. y s. Flojo, perezoso.
◇ FAM. remolonear.

remolonear v. intr. y pron. [1]. Hacerse
el remolón.

remolque s. m. Acción y efecto de re-
molcar. || Cosa que se lleva remolcada por
agua o por tierra.

remonta s. f. Servicio que comprende la
compra, reproducción, cría y cuidado de
los caballos para el ejército.

remontar v. tr. [1]. Subir una pendiente.
|| Superar una dificultad. ◆ v. tr. y pron.
Elevar algo en el aire. ◆ **remontarse**
v. pron. Subir o volar muy alto. ◇ FAM.
remonta, remonte. MONTAR.

remonte s. m. Acción y efecto de remon-
tar. || Aparato utilizado para remontar una
pista de esquí.

rémora s. f. Pez marino que se adhiere
fuertemente a otros peces y a objetos flo-
tantes. || Obstáculo, freno.

remorder v. tr. [2e]. Causar remordimiento. ◇ FAM. remordimiento. MORDER.

remordimiento s. m. Inquietud o pesar
por haber hecho una mala acción.

remotamente adv. m. De manera imprecisa o vaga. ● **Ni remotamente**, en absoluto, de ningún modo.

remoto, ta adj. Muy lejos en el tiempo y en el espacio: *época remota; país remoto.* || Poco probable. ◇ FAM. remotamente.

remover v. tr. [2e]. Mover una cosa o varias agitándolas o dándoles vueltas. || Trasladar de un lugar a otro, o quitar un obstáculo o inconveniente. ◇ FAM. remoción, removimiento. MOVER.

remozar v. tr. [1g]. Dar aspecto más nuevo o moderno: *remozar la fachada de un edificio.* ◇ FAM. remozamiento. MOZO, ZA.

remplazar v. tr. [1g]. Sustituir. ◇ FAM. remplazable, remplazo. / irremplazable. EMPLAZAR².

remplazo s. m. Acción y efecto de remplazar. || Renovación parcial del ejército activo.

remuneración s. f. Acción y efecto de remunerar. || Cosa que se da o sirve para remunerar.

remunerar v. tr. [1]. Pagar, recompensar, premiar. ◇ FAM. remuneración, remunerador, remuneratorio.

renacentista adj. Relativo al renacimiento. ◆ adj. y s. m. y f. Dícese del que cultiva los estudios propios del renacimiento.

renacer v. intr. [2m]. Volver a nacer. || Tomar nuevas energías y fuerzas. ◇ FAM. renaciente, renacimiento. NACER.

renacimiento s. m. Acción de renacer. || Movimiento cultural europeo de los ss. XV y XVI, inspirado en la antigüedad clásica grecolatina. ◇ FAM. renacentista. RENACER.

renacuajo s. m. Larva de la rana. || Calificativo cariñoso que se da a los niños pequeños. ◇ FAM. RANA.

renal adj. Relativo al riñón. ◇ FAM. suprarrenal. RIÑÓN.

rencilla s. f. Riña o discusión de la que se deriva un resentimiento o enemistad. ◇ FAM. rencilloso. REÑIR.

renco, ca adj. y s. Cojo, especialmente por lesión de la cadera. ◇ FAM. rengo, renquear.

rencor s. m. Sentimiento tenaz de odio o antipatía. ◇ FAM. rencoroso.

rendición s. f. Acción y efecto de rendir o rendirse.

rendido, da adj. Sumiso, obsequioso, galante. || Muy cansado.

rendija s. f. Ranura, raja. ◇ FAM. HENDER.

rendimiento s. m. Producto, utilidad. || Sumisión, humildad.

rendir v. tr. y pron. [30]. Vencer, obligar a las tropas enemigas a que se entreguen. || Cansar, fatigar mucho. || Someter. ◆ v. tr. e intr. Producir utilidad o provecho. ◇ FAM. rendición, rendido, rendimiento. / renta, rinde.

renegado, da adj. y s. Que reniega de su patria, creencias, etc.

renegar v. tr. [1d]. Negar con insistencia. ◆ v. intr. Rechazar alguien su patria, raza, religión o creencias. || *Fam.* Refunfuñar, protestar en voz baja. ◇ FAM. renegado, reniego. NEGAR.

renegrido, da adj. Ennegrecido por el humo, la suciedad, etc. || Que tiene un color muy oscuro. ◇ FAM. NEGRO, GRA.

renglón s. m. Serie de palabras o caracteres escritos en línea recta. ● **Leer entre renglones**, adivinar la intención del que escribe.

rengo, ga adj. y s. Renco*. || *Chile y Méx.* Cojo. ◇ FAM. renguera. RENCO, CA.

renguera s. f. *Chile y Méx.* Cojera.

reniego s. m. Cosa que se hace o dice protestando, renegando.

renio s. m. Elemento químico metálico, de color blanco.

reno s. m. Mamífero rumiante, parecido al ciervo, que vive en las regiones frías del hemisferio norte.

renombrado, da adj. Célebre, famoso.

renombre s. m. Celebridad, fama. ◇ FAM. renombrado. NOMBRE.

renovación s. f. Acción y efecto de renovar.

renovar v. tr. y pron. [1r]. Dar nueva fuerza, actividad, etc. || Cambiar una cosa por otra nueva. || Reanudar. ◇ FAM. renovable, renovación, renovador, renuevo. NUEVO, VA.

renquear v. intr. [1]. Cojear. || Vivir, actuar o funcionar con dificultad o trabajosamente. ◇ FAM. renqueo. RENCO, CA.

renta s. f. Beneficio que rinde anualmente una cosa. || Aquello que paga en dinero o en frutos un arrendatario. || *Chile y Méx.* Alquiler. ◇ FAM. rentar. RENDIR.

rentabilizar v. tr. [1g]. Hacer algo rentable. ◇ FAM. rentabilización. RENTABLE.

rentable adj. Que produce ganancias, provechoso. ◇ FAM. rentabilidad, rentabilizar. RENTAR.

rentar v. tr. [1]. Producir renta. ◇ FAM. rentable. RENTA.

renuencia s. f. Resistencia u oposición a hacer algo.

renuente adj. Reacio, remiso. ◇ FAM. renuencia.

renuevo s. m. Brote que echa el árbol después de podado o cortado. ◇ FAM. RENOVAR.

renuncia s. f. Acción y efecto de renunciar. || Documento que contiene o recoge esta acción.

renunciar v. intr. y tr. [1]. Dejar voluntariamente. || No querer admitir o aceptar algo. ◇ FAM. renuncia, renunciable, renunciación, renunciamiento, renunciante, renuncio. / irrenunciable.

renuncio s. m. *Fam.* Mentira o contradicción: *coger en renuncio.*

reñido, da adj. Que está enemistado con otro. || Dícese de las oposiciones, eleccio-

nes, carreras, etc., de mucha rivalidad.
reñir v. tr. [24]. Reprender, regañar. ◆ v. intr. Discutir, pelear. ‖ Enemistarse, romper. ⬦ FAM. reñido, riña. / rencilla.
reo, a s. Persona acusada de un delito en un proceso penal.
reoca. Ser la reoca, ser alguien o algo extraordinario, fuera de lo corriente.
reojo. Mirar de reojo, mirar con disimulo, sin volver la cabeza.
reorganización s. f. Acción y efecto de reorganizar.
reorganizar v. tr. y pron. [1g]. Organizar de nuevo. ⬦ FAM. reorganización, reorganizador. ORGANIZAR.
reóstato s. m. Resistencia variable que, colocada en un circuito eléctrico, permite modificar la intensidad de la corriente.
repajolero, ra adj. y s. Fam. Gracioso, salado.
¡repámpanos! interj. Denota sorpresa, enfado o disgusto.
repanchigarse v. pron. [1b]. Repantigarse. ⬦ FAM. arrepanchigarse. PANZA.
repanocha. Ser la repanocha, ser la repera.
repantigarse v. pron. [1b]. Arrellanarse en un asiento. ⬦ FAM. PANZA.
reparación s. f. Acción y efecto de reparar algo que está roto. ‖ Compensación o satisfacción de una ofensa o daño.
reparador, ra adj. y s. Que repara o arregla. ‖ Que restablece las fuerzas: sueño reparador.
reparar v. tr. [1]. Arreglar algo roto o estropeado. ‖ Recuperar las fuerzas. ‖ Remediar un daño o falta. ◆ v. intr. Considerar. ‖ Notar, advertir. ⬦ FAM. reparable, reparación, reparador, reparo. / irreparable. PARAR.
reparo s. m. Objeción, traba. ‖ Dificultad, apuro.
repartición s. f. Acción y efecto de repartir. ‖ Amér. Central y Amér. Merid. Cada una de las dependencias que, en una organización administrativa, están destinadas a despachar determinadas clases de asuntos.
repartidor, ra adj. y s. Que reparte: repartidor de periódicos.
repartija s. f. Argent. y Chile. Reparto desordenado, hecho a la rebatiña.
repartimiento s. m. Acción y efecto de repartir.
repartir v. tr. y pron. [3]. Distribuir entre varios. ◆ v. tr. Dar a cada cosa su destino. ⬦ FAM. repartible, repartición, repartidor, repartija, repartimiento, reparto. PARTIR.
reparto s. m. Acción y efecto de repartir. ‖ Relación de los actores que intervienen en una obra y de los personajes que representan.
repasada s. f. Argent. y Urug. Mujer que ha tenido muchos amoríos.
repasador s. m. Argent., Par. y Urug.

Paño de cocina que se emplea para secar la vajilla.
repasar v. tr. [1]. Volver a mirar algo para corregir sus imperfecciones. ‖ Releer lo estudiado. ‖ Volver a pasar algo por el mismo sitio. ⬦ FAM. repasada, repasador, repaso. PASAR.
repaso s. m. Acción y efecto de repasar. ● **Dar un repaso** a alguien (Fam.), reñir, regañar a alguien.
repatear v. intr. [1]. Fam. Fastidiar, desagradar mucho.
repatriar v. tr., intr. y pron. [1]. Hacer que alguien regrese a su patria. ⬦ FAM. repatriación, repatriado. PATRIA.
repe s. m. Ecuad. Manjar preparado con plátano verde triturado, mezclado con queso y cocido con leche.
repechar v. intr. [1]. Argent. y Urug. Reponerse lentamente de una enfermedad.
repeinado, da adj. Acicalado, peripuesto. ⬦ FAM. repeinar. PEINAR.
repelar v. tr. [1]. Pelar completamente. ‖ Méx. Protestar airadamente, rezongar.
repelente adj. Que repele o produce repulsión. ◆ adj. y s. m. y f. Fam. Sabihondo, redicho.
repeler v. tr. [2]. Arrojar o apartar de sí a alguien o algo. ‖ Rechazar, contradecir. ‖ Causar aversión o repugnancia. ⬦ FAM. repelencia, repelente, repulsión.
repelo s. m. Parte pequeña de algo que queda levantado y arrancado parcialmente: repelo de la uña. ‖ Repugnancia.
repelón s. m. Tirón del pelo. ⬦ FAM. PELO.
repelús o **repeluzno** s. m. Sensación de temor, repugnancia o asco. ‖ Escalofrío producido por dicha sensación.
repente s. m. Fam. Movimiento súbito de personas o animales. ● **De repente,** de manera repentina. ⬦ FAM. repentino.
repentino, na adj. Que se produce de forma rápida o inesperada.
repera. Ser la repera, ser alguien o algo sorprendente, en buen o mal sentido.
repercusión s. f. Acción y efecto de repercutir. ‖ Resonancia de un hecho: crisis de repercusión mundial.
repercutir v. intr. [3]. Producir eco o rebotar el sonido. ‖ Causar efecto una cosa en otra. ⬦ FAM. repercusión. PERCUTIR.
repertorio s. m. Lista o catálogo. ‖ Lista de obras musicales o teatrales que tiene preparadas un actor, compañía, etc.
repesca s. f. Fam. Acción y efecto de repescar.
repescar v. tr. [1a]. Fam. Admitir nuevamente al que ha sido eliminado en un examen, competición, etc. ⬦ FAM. repesca. PESCAR.
repetición s. f. Acción y efecto de repetir. ‖ Cosa que se repite. ● **De repetición,** dícese del arma de fuego que puede hacer varios disparos sin recargarse.
repetidor, ra adj. Que repite. ◆ s. m.

Amplificador de señales usado en las telecomunicaciones: *repetidor de televisión.*

repetir v. tr. y pron. [30]. Volver a hacer o decir lo que se había hecho o dicho. ‖ Volver al mismo curso por haberlo suspendido. ◆ v. intr. Venir a la boca el sabor de lo que se ha comido o bebido. ◆ v. intr. y pron. Suceder varias veces una misma cosa. ◇ FAM. repetición, repetido, repetidor. / irrepetible.

repicar v. tr. [1a]. Tañer repetidamente las campanas en señal de fiesta. ◇ FAM. repique, repiquetear. PICAR.

repintar v. tr. [1]. Pintar nuevamente. ◆ **repintarse** v. pron. Maquillarse de forma exagerada. ◇ FAM. repinte. PINTAR.

repipi adj. y s. m. y f. *Fam.* Afectado, cursi.

repique s. m. Acción y efecto de repicar.

repiquetear v. tr. e intr. [1]. Repicar vivamente. ◇ FAM. repiqueteo. REPICAR.

repisa s. f. Estante. ‖ Elemento arquitectónico que sobresale de un muro y sirve para sostener una estatua, balcón, etc. ◇ FAM. PISO.

replantar v. tr. [1]. Volver a plantar. ‖ Trasplantar una planta. ◇ FAM. replantación. PLANTAR.

replantear v. tr. [1]. Plantear de nuevo una cuestión. ◇ FAM. replanteamiento, replanteo. PLANTEAR.

replegar v. tr. [1d]. Plegar muchas veces algo. ◆ **replegarse** v. pron. Retirarse ordenadamente las tropas. ◇ FAM. repliegue. PLEGAR.

repleto, ta adj. Muy lleno, abarrotado.

réplica s. f. Acción y efecto de replicar. ‖ Palabras, escrito, etc., con que se replica. ‖ Reproducción exacta de una obra de arte. ◇ FAM. contrarréplica. REPLICAR.

replicar v. intr. [1a]. Contestar a una respuesta o argumento. ◆ v. intr. y tr. Poner objeciones a lo que se dice o manda. ◇ FAM. réplica.

repliegue s. m. Pliegue doble. ‖ Acción y efecto de replegar o replegarse las tropas.

repoblación s. f. Acción y efecto de repoblar. ‖ Vegetación de un terreno que ha sido repoblado.

repoblar v. tr. y pron. [1r]. Volver a poblar. ‖ Plantar árboles y otras especies vegetales. ◇ FAM. repoblación, repoblador. POBLAR.

repollo s. m. Cabeza o grumo que forman apiñándose las hojas de algunas plantas. ‖ Variedad de col de hojas grandes y apretadas.

reponer v. tr. [5]. Volver a poner. ‖ Completar lo que falta. ‖ Replicar. ◆ **reponerse** v. pron. Recobrar la salud o la hacienda. ◇ FAM. reposición, repuesto. PONER.

reportaje s. m. Trabajo periodístico, cinematográfico, etc., de carácter informativo. ◇ FAM. reportero. REPORTAR.

reportar v. tr. y pron. [1]. Moderar un impulso, pasión, etc. ◆ v. tr. Proporcionar: *reportar beneficios.* ◇ FAM. reportaje. PORTAR.

reportero, ra s. y adj. Periodista dedicado a recoger y redactar noticias, sobre todo el especializado en la elaboración de reportajes. ◇ FAM. reporteril. REPORTAJE.

reposabrazos s. m. Pieza saliente del interior de un vehículo que sirve para apoyar el brazo.

reposacabezas s. m. Parte superior de un sillón o asiento de automóvil que sirve para apoyar la cabeza.

reposado, da adj. Tranquilo, pausado, sosegado.

reposapiés s. m. Especie de estribo situado a ambos lados de las motocicletas que sirve para apoyar los pies.

reposar v. intr. [1]. Descansar. ◆ v. intr. y pron. Permanecer quieto. ‖ Posarse un líquido. ◇ FAM. reposado, reposo, reposabrazos, reposacabezas, reposapiés. POSAR¹.

reposera s. f. *Argent.* y *Par.* Tumbona, silla de tijera con asiento y respaldo de lona.

reposición s. f. Acción y efecto de reponer o reponerse. ‖ Película, obra teatral, etc., que se repone.

reposo s. m. Acción y efecto de reposar. ‖ Tranquilidad.

repostar v. tr. y pron. [1]. Reponer provisiones, combustible, etc.

repostería s. f. Oficio y técnica de hacer pasteles, dulces, etc. ‖ Tienda donde se hacen y venden estos productos. ◇ FAM. repostero.

repostero, ra s. Persona que se dedica a la repostería. ◆ *Chile* y *Perú.* Despensa.

reprender v. tr. [2]. Reñir, regañar. ◇ FAM. reprensible, reprensión, reprensor, represalia. / irreprensible. PRENDER.

reprensión s. f. Acción y efecto de reprender. ‖ Expresión o palabras con que se reprende.

represa s. f. Construcción que sirve para contener o regular el curso de las aguas. ‖ Balsa, estanque. ◆ FAM. represar. REPRIMIR.

represalia s. f. Daño que se causa a otro para vengar un daño recibido. ◇ FAM. REPRENDER.

represar v. tr. y pron. [1]. Detener el curso del agua corriente. ‖ Contener, reprimir.

representación s. f. Acción y efecto de representar. ‖ Obra, espectáculo que se representa. ‖ Persona o conjunto de personas que representan a una colectividad. ‖ Imagen de la realidad que se tiene en la mente.

representante adj. y s. m. y f. Que representa. ◆ s. m. y f. Agente que representa a una persona, entidad, colectivo, etc.

representar v. tr. [1]. Ser imagen o símbolo de algo. ‖ Actuar oficialmente en nombre de otro. || Interpretar una obra dramática. → v. tr. y pron. Hacer presente en la imaginación a alguien o algo. ⋄ FAM. representable, representación, representante, representativo. PRESENTAR.

representativo, va adj. Que representa. || Característico. || Importante. ⋄ FAM. representatividad. REPRESENTAR.

represión s. f. Acción y efecto de reprimir. || Acción destinada a contener o castigar con violencia actuaciones políticas o sociales.

represivo, va adj. Que reprime: *medidas represivas.*

reprimenda s. f. Regañina fuerte.

reprimir v. tr. y pron. [3]. Contener, refrenar. ⋄ FAM. represa, represión, represivo, represor, reprimenda. / irreprimible.

reprise s. f. Capacidad de aceleración del motor de un vehículo, para pasar de un régimen bajo de revoluciones a otro superior.

reprobable adj. Que puede reprobarse.

reprobar v. tr. [1r]. Censurar o no aprobar, dar por malo. || *Argent., Chile* y *Méx.* No aprobar un curso o examen. ⋄ FAM. reprobable, reprobación, reprobador, reprobatorio, réprobo. PROBAR.

réprobo, ba adj. y s. Condenado al infierno.

reprochar v. tr. y pron. [1]. Dirigir quejas a alguien desaprobando su conducta. ⋄ FAM. reprochable, reprochador, reproche. / irreprochable.

reproche s. m. Acción de reprochar. || Expresión con que se reprocha.

reproducción s. f. Acción y efecto de reproducir o reproducirse.

reproducir v. tr. y pron. [20]. Volver a producir. → v. tr. Repetir. || Sacar copia de algo por diversos procedimientos. → **reproducirse** v. pron. Propagar una especie. ⋄ FAM. reproducción, reproductivo, reproductor. PRODUCIR.

reproductor, ra adj. y s. Que reproduce o sirve para reproducir.

reprografía s. f. Reproducción de documentos por medios mecánicos, como la fotocopia, la fotografía, etc. ⋄ FAM. reprográfico, reprógrafo.

reptación s. f. Desplazamiento del cuerpo sobre una superficie sin ayuda de ningún miembro.

reptar v. intr. [1]. Desplazarse arrastrándose, como lo hacen los reptiles y otros animales. ⋄ FAM. reptación, reptador, reptante. REPTIL.

reptil adj. y s. m. Dícese de una clase de vertebrados ovíparos, de sangre fría, como las tortugas, los cocodrilos, las serpientes y los lagartos. ⋄ FAM. reptar.

república s. f. Forma de gobierno en la que el poder del jefe de estado o presidente procede del voto de los ciudadanos. ⋄ FAM. republicanismo, republicano.

republicanismo s. m. Sistema político que defiende la república como forma de gobierno.

republicano, na adj. Relativo a la república. → adj. y s. Partidario de la república.

repudiar v. tr. [1]. Rechazar, condenar. || Rechazar legalmente el marido a su mujer. ⋄ FAM. repudiable, repudiación, repudio.

repuesto s. m. Provisión, conjunto de cosas guardadas para caso de necesidad. || Recambio: *repuestos para el coche.* ⋄ FAM. REPONER.

repugnancia s. f. Asco, aversión. || Oposición entre dos cosas.

repugnar v. intr. [1]. Causar repugnancia. → **repugnarse** v. pron. Ser opuesta una cosa a otra. ⋄ FAM. repugnancia, repugnante. PUGNAR.

repujar v. tr. [1]. Labrar a martillo, punzón y cincel chapas metálicas. ⋄ FAM. repujado, repujador.

repulir v. tr. y pron. [3]. Acicalar en exceso.

repulsa s. f. Condena enérgica. || Reprimenda.

repulsión s. f. Acción y efecto de repeler. || Repugnancia. ⋄ FAM. repulsa, repulsivo. REPELER.

repulsivo, va adj. Que causa repulsión: *aspecto repulsivo.*

repuntar v. tr. [1]. *Argent.* y *Urug.* Reunir el ganado que está disperso. → v. intr. *Argent.* y *Chile.* Volver a cobrar impulso un hecho o fenómeno cuya intensidad había disminuido. || *Argent., Chile* y *Urug.* Recuperar una posición favorable. ⋄ FAM. PUNTA.

reputación s. f. Fama, crédito. ⋄ FAM. reputado, reputar.

reputado, da adj. Famoso por su gran calidad.

reputar v. tr. [1]. Estimar, juzgar la calidad de alguien o algo.

requebrar v. tr. [1j]. Piropear. ⋄ FAM. requiebro. QUEBRAR.

requemar v. tr. y pron. [1]. Quemar o tostar en exceso. || Atormentar, reconcomerse. ⋄ FAM. requemado. QUEMAR.

requerimiento s. m. Acción y efecto de requerir. || DER. Acto judicial por el que se obliga a que se haga o se deje de hacer algo.

requerir v. tr. [22]. Solicitar algo la autoridad. || Necesitar. || Solicitar, pretender. ⋄ FAM. requeridor, requerimiento, requisito.

requesón s. m. Masa de la leche cuajada. || Cuajada que se saca de los residuos de la leche después de hecho el queso. ⋄ FAM. QUESO.

requiebro s. m. Galantería, piropo.

réquiem s. m. Plegaria que se reza en la iglesia por los difuntos. || Música compuesta sobre este texto.

requisa s. f. Acción y efecto de requisar. ‖ Inspección.

requisar v. tr. [1]. Expropiar una autoridad competente ciertos bienes. <> FAM. requisa, requisición.

requisito s. m. Condición necesaria para una cosa. <> FAM. REQUERIR.

res s. f. Animal cuadrúpedo de las especies domésticas de ganado vacuno, lanar, etc., o salvajes, como jabalíes, venados, etc. <> FAM. resero.

resabiar v. tr. y pron. [1]. Hacer que una persona o un animal adquiera una mala costumbre. <> FAM. resabiado, resabio. SABER[1].

resabido, da adj. y s. Que presume de saber mucho. <> FAM. resaber. SABIDO, DA.

resabio s. m. Sabor desagradable. ‖ Vicio o mala costumbre.

resaca s. f. Movimiento de retroceso de las olas. ‖ Malestar que se siente al día siguiente de haber bebido en exceso.

resalado, da adj. *Fam.* Que tiene mucha gracia o donaire.

resaltador s. m. *Argent.* Marcador de fibra, de punta gruesa cortada transversalmente, usado para señalar con colores traslúcidos diversas partes de un texto.

resaltar v. intr. [1]. Distinguirse, destacar. ‖ Sobresalir: *la cornisa resalta de la fachada.* <> FAM. resaltador, resalte, resalto. SALTAR.

resalte o **resalto** s. m. Parte que sobresale de la superficie de algo.

resarcir v. tr. y pron. [3a]. Indemnizar, reparar un daño. <> FAM. resarcible, resarcimiento.

resbaladilla s. f. *Méx.* Tobogán pequeño para niños.

resbaladizo, za adj. Que hace resbalar fácilmente. ‖ Difícil, comprometido: *es un asunto muy resbaladizo.*

resbalar v. intr. y pron. [1]. Escurrirse, deslizarse. ‖ Incurrir en un desliz o error. <> FAM. resbaladilla, resbaladizo, resbalador, resbaladura, resbalamiento, resbalín, resbalón, resbaloso.

resbalín s. m. *Chile.* Tobogán pequeño para los niños.

resbalón s. m. Acción y efecto de resbalar. ‖ *Fam.* Desliz.

rescatar v. tr. [1]. Recuperar por la fuerza o a cambio de dinero lo caído en poder ajeno. ◆ v. tr. y pron. Liberar de un daño, peligro, molestia, etc. <> FAM. rescatado, rescatador, rescate.

rescate s. m. Acción y efecto de rescatar. ‖ Precio que se paga para rescatar a alguien.

rescindir v. tr. [3]. Dejar sin efecto una obligación, un contrato, etc. <> FAM. rescindible, rescisión, rescisorio. / irrescindible. ESCINDIR.

rescisión s. f. Acción y efecto de rescindir.

rescoldo s. m. Resto de brasa que queda bajo las cenizas.

resecar[1] v. tr. y pron. [1a]. Secar mucho. <> FAM. resecación. RESECO, CA.

resecar[2] v. tr. Hacer una resección.

resección s. f. Operación consistente en separar un órgano o parte de él. <> FAM. resecar[2]. SECCIÓN.

reseco, ca adj. Demasiado seco. ‖ Flaco, enjuto. <> FAM. resecar[1]. SECO, CA.

resentido, da adj. y s. Que muestra o tiene resentimiento.

resentimiento s. m. Rencor, animadversión.

resentirse v. pron. [22]. Debilitarse. ‖ Sentir dolor o molestia a causa de una enfermedad pasada. ‖ Sentir disgusto o pena por algo. <> FAM. resentido, resentimiento. SENTIR[1].

reseña s. f. Breve exposición crítica o comentario sobre una obra literaria, científica, etc. ‖ Descripción de los rasgos distintivos de alguien o algo. ‖ Relato breve. <> FAM. reseñar. SEÑA.

reseñar v. tr. [1]. Hacer una reseña. <> FAM. reseñador. RESEÑA.

resero s. m. *Argent.* y *Urug.* Arreador de reses, especialmente de ganado vacuno, destinadas al consumo de la población y aprovechamiento industrial. <> FAM. RES.

reserva s. f. Acción de pedir con antelación una plaza de avión, tren, etc. y documento que lo acredita. ‖ Provisión. ‖ Prudencia, cautela. ‖ Duda, objeción. ‖ Parte del ejército que no está en servicio activo. ‖ En ciertos países, territorio que se concede a una población indígena. ‖ Parque nacional. ◆ s. m. Vino con una crianza mínima de tres años. • **Sin reservas**, con sinceridad.

reservado, da adj. Muy callado, introvertido. ‖ Confidencial. ◆ s. m. Compartimento destinado a determinados usos o personas.

reservar v. tr. [1]. Hacer una reserva: *reservó dos billetes de tren.* ‖ Guardar para más adelante. ‖ Destinar un lugar o cosa para persona o uso determinados. <> FAM. reserva, reservable, reservación, reservado, reservista.

reservista adj. y s. m. Dícese del militar que pertenece a la reserva.

resfriado s. m. Enfermedad de las vías respiratorias de escasa gravedad, acompañada de tos, mucosidad, estornudos, etc.

resfriarse v. pron. [1t]. Coger un resfriado. <> FAM. resfriado, resfriamiento, resfrío. FRÍO, A.

resfrío s. m. *Argent.* Enfriamiento, resfriado.

resguardar v. tr. y pron. [1]. Defender o proteger. <> FAM. resguardo. GUARDAR.

resguardo s. m. Cosa que sirve para resguardar. ‖ Documento escrito que acredita haber realizado una gestión, pago o entrega.

residencia s. f. Acción y efecto de residir. ‖ Lugar en que se reside. ‖ Casa, especialmente la lujosa. ‖ Casa donde residen y conviven personas afines. <> FAM. residencial. RESIDIR.

residencial adj. Dícese de la zona de una localidad donde se hallan las viviendas más lujosas: *barrio residencial.*

residir v. intr. [3]. Vivir habitualmente en un lugar. <> FAM. residencia, residente.

residual adj. Relativo al residuo. ‖ Dícese de lo que queda o sobra como residuo.

residuo s. m. Parte que queda de un todo. ‖ Aquello que resulta de la descomposición o destrucción de algo. <> FAM. residual.

resignación s. f. Acción y efecto de resignar o resignarse. ‖ Capacidad para soportar las situaciones adversas.

resignar v. tr. [1]. Entregar una autoridad el mando a otra en ciertos casos. ◆ **resignarse** v. pron. Conformarse, aceptar las situaciones adversas. <> FAM. resignación, resignadamente. SIGNAR.

resina s. f. Sustancia orgánica vegetal, de consistencia pastosa, que se obtiene de forma natural o artificialmente. <> FAM. resinífero, resinoso. / gomorresina.

resistencia s. f. Acción y efecto de resistir o resistirse. ‖ Capacidad para resistir. ‖ Causa que se opone a la acción de una fuerza. ‖ Elemento que se intercala en un circuito eléctrico para dificultar el paso de la corriente o hacer que ésta se transforme en calor.

resistente adj. Fuerte, duro: *un material resistente.*

resistir v. tr. e intr. [3]. Aguantar, soportar. ◆ v. tr. y pron. Combatir los deseos, las pasiones, etc. ◆ **resistirse** v. pron. Oponerse con fuerza a hacer lo que se expresa. <> FAM. resistencia, resistente, resistible, resistivo. / irresistible.

resma s. f. Conjunto de quinientos pliegos de papel.

resobar v. tr. [1]. Sobar mucho a alguien o algo. <> FAM. resobado. SOBAR.

resol s. m. Reverberación del sol. <> FAM. resolana. SOL².

resolana s. f. *Amér.* Luz y calor producidos por la reverberación del sol.

resollar v. intr. [1r]. Respirar fuertemente. <> FAM. resuello.

resolución s. f. Acción y efecto de resolver. ‖ Determinación, audacia. ‖ DER. Decisión de una autoridad judicial o gubernativa.

resolutivo, va adj. Que resuelve con rapidez y eficacia.

resoluto, ta adj. Resuelto, decidido. ‖ Experto, diestro.

resolver v. tr. y pron. [2n]. Hallar la solución a algo. ‖ Decidir: *resolvieron volver a casa.* <> FAM. resoluble, resolución, re-

solutivo, resoluto, resolutorio, resuelto. / irresoluble.

resonancia s. f. Prolongación de un sonido que va disminuyendo gradualmente. ‖ Gran divulgación que adquiere un hecho.

resonar v. intr. [1r]. Hacer sonidos por repercusión o sonar mucho. <> FAM. resonación, resonador, resonancia, resonante. SONAR.

resoplar v. intr. [1]. Dar resoplidos. <> FAM. resoplido. SOPLAR.

resoplido s. m. Resuello, jadeo.

resorte s. m. Muelle, pieza elástica. ‖ Medio para lograr un fin. <> FAM. resortera.

resortera s. f. *Méx.* Horquilla con mango y con una tira de hule que sirve para disparar piedras, tirachinas.

respaldar¹ v. tr. y pron. [1]. Apoyar o proteger. ◆ **respaldarse** v. pron. Apoyarse en el respaldo de un asiento.

respaldar² s. m. Respaldo.

respaldo s. m. Parte de un asiento en que se apoya la espalda. ‖ Apoyo, amparo. <> FAM. respaldar¹, respaldar². ESPALDA.

respe s. m. Résped*.

respectar v. intr. [1]. Tocar, atañer: *por lo que a mí respecta, estás admitido.*

respectivo, va adj. Correspondiente: *respectivos asientos.*

respecto s. m. Relación de una cosa con otra. ● **Al respecto**, en relación con la cosa de que se trata. <> FAM. respectar, respectivo.

résped o réspede s. m. Lengua de la culebra o de la víbora. ‖ Aguijón de la abeja o de la avispa.

respetable adj. Digno de respeto. ‖ Considerable en número, en tamaño: *distancia respetable.* <> FAM. respetabilidad. RESPETAR.

respetar v. tr. [1]. Tratar con la debida consideración. ‖ Obedecer una orden, cumplir una norma. ‖ No destruir cierta cosa, conservarla. <> FAM. respetable, respeto, respetuoso.

respeto s. m. Acción o actitud de respetar. ‖ Miedo, temor.

respetuoso, sa adj. Que se porta con respeto o lo demuestra. <> FAM. respetuosamente, respetuosidad. / irrespetuoso. RESPETAR.

respingar v. intr. [1b]. Sacudirse y gruñir una bestia. <> FAM. respingo, respingón.

respingo s. m. Sacudida brusca del cuerpo debido a un sobresalto, susto, etc. ‖ *Chile y Méx.* Frunce, arruga.

respingón, na adj. Dícese de la nariz con la punta hacia arriba.

respiración s. f. Acción y efecto de respirar.

respiradero s. m. Abertura por donde entra y sale el aire.

respirar v. intr. [1]. Realizar los seres vivos el proceso de absorber y expulsar aire. ‖ Sentirse aliviado, liberado. ‖ Estar vivo.

◆ v. tr. Absorber cualquier sustancia por los pulmones. ◇ FAM. respirable, respiración, respiradero, respiratorio, respiro. / irrespirable. ESPIRAR.

respiro s. m. Descanso en el trabajo. ‖ Alivio en un dolor, preocupación, pena, etc.

resplandecer v. intr. [2m]. Brillar. ‖ Sobresalir, destacar. ◇ FAM. resplandeciente, resplandecimiento. RESPLANDOR.

resplandeciente adj. Que resplandece.

resplandor s. m. Luz muy clara. ‖ Brillo muy intenso. ◇ FAM. resplandecer. ESPLENDOR.

responder v. tr. e intr. [2]. Expresar algo para satisfacer una duda, pregunta, etc. ‖ Manifestar o expresar que se ha recibido una llamada. ‖ Contestar a una carta recibida. ‖ Replicar. ◆ v. intr. Experimentar el resultado o efecto de algo. ‖ Sufrir un castigo por algo que se ha cometido. ‖ Garantizar. ◇ FAM. respondón, responsable, responso, respuesta. / corresponder.

respondón, na adj. y s. Que suele responder de modo irrespetuoso.

responsabilidad s. f. Cualidad o circunstancia de responsable.

responsabilizar v. tr. [1g]. Hacer responsable de algo a alguien. ◆ **responsabilizarse** v. pron. Asumir la responsabilidad de algo.

responsable adj. y s. m. y f. Que debe responder, rendir cuentas de sus actos o de los de otros. ‖ Culpable. ◆ adj. Serio, eficaz. ◇ FAM. responsabilidad, responsabilizar. / irresponsable. RESPONDER.

responso s. m. Oración por los difuntos. ◇ FAM. responsar. RESPONDER.

respuesta s. f. Acción y efecto de responder. ‖ Reacción de un ser vivo a un estímulo.

resquebrajadura s. f. Hendidura, grieta.

resquebrajar v. tr. y pron. [1]. Hacer o causar resquebrajaduras en algo. ◇ FAM. resquebrajadizo, resquebrajadura, resquebrajamiento, resquebrajoso. RESQUEBRAR.

resquebrar v. intr. y pron. [1j]. Empezar a quebrarse una cosa. ◇ FAM. resquebrajar. QUEBRAR.

resquemor s. m. Resentimiento. ◇ FAM. resquemar. QUEMAR.

resquicio s. m. Abertura entre el quicio y la puerta. ‖ Hendidura pequeña.

resta s. f. Operación aritmética que consiste en hallar la diferencia entre dos cantidades. ‖ Resultado de esta operación.

restablecer v. tr. [2m]. Volver a establecer. ◆ **restablecerse** v. pron. Recobrar la salud. ◇ FAM. restablecimiento. ESTABLECER.

restallar v. intr. [1]. Chasquear el látigo o la honda. ‖ Hacer fuerte ruido, crujir. ◇ FAM. restallido. ESTALLAR.

restante adj. Que resta: *los restantes años de su vida.*

restar v. tr. [1]. Quitar parte de alguna cosa. ‖ MAT. Hallar la diferencia entre

dos cantidades. ◆ v. intr. Quedar, faltar. ◇ FAM. resta, restante, resto. / arrestar, contrarrestar.

restauración s. f. Acción y efecto de restaurar. ‖ Período histórico que comienza con la reposición de un rey destronado. ‖ Rama de la hostelería que abarca las comidas y restaurantes.

restaurador, ra s. Persona que tiene por oficio restaurar objetos artísticos o valiosos. ‖ Persona que tiene o dirige un restaurante.

restaurante s. m. Establecimiento donde se sirven comidas.

restaurar v. tr. [1]. Restablecer, devolver a alguien o a algo su estado. ‖ Reparar o arreglar una obra de arte. ‖ Recuperar, recobrar. ◇ FAM. restauración, restaurador, restaurante.

restinga s. f. Banco de arena en el mar a poca profundidad.

restirador s. m. *Méx.* Mesa movible que usan los dibujantes.

restituir v. tr. [29]. Dar a alguien lo que antes tenía. ‖ Restablecer, volver a poner algo en el estado que antes tenía. ◇ FAM. restitución, restituible, restituidor, restitutorio.

resto s. m. Parte que queda de un todo. ‖ MAT. Resultado de una resta. ‖ MAT. Exceso del dividendo sobre el producto del divisor por el cociente. ◆ pl. Conjunto de residuos o sobras de comida. ‖ Cuerpo o parte del cuerpo de una persona muerta. ‖ Vestigio. ◇ FAM. RESTAR.

restregar v. tr. y pron. [1d]. Pasar con fuerza una cosa sobre otra. ◇ FAM. restregadura, restregamiento. ESTREGAR.

restricción s. f. Acción y efecto de restringir. ◆ pl. Reducción impuesta en el suministro de productos de consumo.

restrictivo, va adj. Que restringe o sirve para restringir.

restringir v. tr. [3b]. Reducir, limitar. ◇ FAM. restricción, restrictivo, restringente, restringible.

resucitar v. tr. [1]. Devolver de la muerte a la vida. ‖ *Fam.* Poner de nuevo en uso, en vigor. ‖ *Fam.* Reanimar. ◆ v. intr. Volver a la vida. ◇ FAM. resucitado, resucitador. SUSCITAR.

resuello s. m. Acción y efecto de resollar. ◇ FAM. RESOLLAR.

resuelto, ta adj. Solucionado, decidido. ‖ Que actúa con determinación, firmeza y seguridad. ◇ FAM. RESOLVER.

resulta s. f. Resultado. ● **De resultas**, a consecuencia.

resultado s. m. Efecto o consecuencia de algo.

resultante adj. Que resulta. ◆ s. f. MAT. Vector único equivalente a un sistema de vectores.

resultar v. intr. [1]. Producirse algo como consecuencia o efecto de una causa. ‖ Ser algo lo que se expresa. ‖ Ocurrir, suceder.

‖ Producir una cosa el efecto que se expresa. ‖ Tener una cosa un resultado, generalmente bueno. ◇ FAM. resulta, resultado, resultante, resultón.

resultón, na adj. *Fam.* Que tiene una presencia física agradable o atractiva.

resumen s. m. Acción y efecto de resumir o resumirse. ‖ Exposición resumida de un *asunto o materia.*

resumidero s. m. *Amér.* Conducto por el que se desaguan las aguas residuales o de lluvia.

resumir v. tr. y pron. [3]. Exponer algo de forma más breve. ➙ **resumirse** v. pron. Resultar. ◇ FAM. resumen. SUMIR.

resurgencia s. f. Reaparición al aire libre, bajo forma de gran fuente, del agua absorbida en las cavidades subterráneas.

resurgir v. intr. [3b]. Surgir de nuevo. ‖ Volver a tener fuerza. ◇ FAM. resurgencia, resurgimiento, resurrección. SURGIR.

resurrección s. f. Acción y efecto de resucitar. ◇ FAM. RESURGIR.

retablo s. m. Construcción vertical pintada o esculpida, situada detrás del altar. ‖ Serie de figuras pintadas o de talla que representan un suceso de la historia sagrada. ‖ Representación teatral de tema religioso. ◇ FAM. TABLA.

retacear v. tr. [1]. *Argent., Par., Perú y Urug.* Escatimar lo que se da a otro, material o moralmente.

retaco s. m. Especie de escopeta corta. ‖ En el billar, taco más corto que el normal. ‖ Persona baja y robusta. ◇ FAM. retacón. TACO.

retacón, na adj. *Amér.* Dícese de la persona baja y robusta.

retaguardia s. f. Conjunto de tropas últimas de una marcha. ‖ Fuerza militar más alejada de la línea de fuego. ◇ FAM. GUARDIA.

retahíla s. f. Serie de cosas que se suceden con monotonía.

retal s. m. Pedazo sobrante de piel, tela, chapa, papel, etc.

retama s. f. Diversos arbustos de flores amarillas, comunes en algunas landas. ◇ FAM. retamal, retamar.

retar v. tr. [1]. Desafiar. ‖ *Amér. Merid.* Regañar. ◇ FAM. retador, reto.

retardar v. tr. y pron. [1]. Retrasar, frenar. ◇ FAM. retardación, retardado, retardador, retardativo, retardatorio, retardo. TARDAR.

retardo s. m. Retraso.

retazo s. m. Retal de una tela. ‖ Fragmento de un discurso, libro, etc. ‖ *Méx.* Residuos de carne de res. ◇ FAM. retazar.

retejar v. tr. [1]. Reparar un tejado. ◇ FAM. retejado, retejador, retejo. TEJAR'.

retel s. m. Instrumento de pesca para pescar cangrejos de río.

retén s. m. Provisión de una cosa. ‖ Tropa que refuerza un puesto militar. ‖ *Chile.* Pequeño cuartel de carabineros. ‖ *Méx.*

Puesto militar o policial para controlar las carreteras.

retención s. f. Acción y efecto de retener. ‖ Parte retenida de un haber. ‖ Detención o marcha muy lenta de los vehículos. ‖ MED. Dificultad para evacuar un conducto o cavidad.

retener v. tr. [8]. Hacer que alguien o algo permanezca donde estaba. ‖ Conservar para sí. ➙ v. tr. y pron. Imponer prisión preventiva. ‖ Reprimir, contener. ‖ Recordar. ‖ Dejar de dar algo o parte de ello para destinarlo a otro fin. ◇ FAM. retén, retención, retenedor, retenido, retentiva, retentivo. TENER.

retentiva s. f. Memoria, facultad de recordar.

reticencia s. f. Omisión voluntaria de lo que se debería decir. ‖ Figura retórica que consiste en dejar incompleta una frase, para dar a entender lo que se calla. ◇ FAM. reticente.

reticular adj. De figura de red o retículo.

retículo s. m. Tejido en forma de red. ‖ Conjunto de hilos que se ponen en un instrumento óptico para precisar la visual. ◇ FAM. reticular. RED.

retina s. f. Membrana sensible del globo ocular, formada por una expansión del nervio óptico.

retintín s. m. Sensación en el oído al vibrar un cuerpo sonoro. ‖ *Fam.* Entonación al hablar, irónica y maliciosa.

retinto, ta adj. Dícese del animal de color castaño oscuro.

retirado, da adj. Alejado, distante. ➙ s. f. Acción y efecto de retirarse, especialmente en la guerra.

retirar v. tr. y pron. [1]. Quitar, separar. ‖ Dejar de prestar servicio activo en una profesión. ➙ **retirarse** v. pron. Apartarse del trato con la gente. ‖ Irse a dormir. ‖ Abandonar el lugar de la lucha. ◇ FAM. retirado, retiro. TIRAR.

retiro s. m. Acción y efecto de retirar o retirarse. ‖ Situación de la persona retirada. ‖ Pensión que cobra esta persona. ‖ Lugar distante y tranquilo. ‖ Alejamiento de la gente o el ruido.

reto s. m. Acción de retar. ‖ Palabras con que se reta. ‖ Provocación, desafío. ‖ *Bol. y Chile.* Insulto, injuria.

retobado, da adj. *Amér. Central, Ecuad. y Méx.* Respondón, rebelde. ‖ *Amér. Central, Cuba y Ecuad.* Indómito, obstinado. ‖ *Argent., Méx. y Urug.* Enojado, airado.

retobar v. tr. [1]. *Argent. y Urug.* Forrar o cubrir algo con cuero. ‖ *Chile.* Envolver o forrar los fardos con cuero o arpillera. ‖ *Méx.* Rezongar, responder. ➙ **retobarse** v. pron. *Argent. y Urug.* Ponerse displicente y en actitud de reserva excesiva. ‖ *Argent.* Enojarse. ◇ FAM. retobado.

retocar v. tr. [1a]. Tocar repetidamente una cosa. ‖ Restaurar o perfeccionar un dibujo, pintura, etc. ‖ Dar la última mano a una cosa. ◇ FAM. retocado, retocador, retoque. TOCAR.

retomar v. tr. [1]. Continuar algo que se había interrumpido.

retoñar v. intr. [1r]. Volver a echar brotes o tallos una planta. ‖ Resurgir lo que había dejado de existir o se había debilitado.

retoño s. m. Vástago o tallo que echa de nuevo la planta. ‖ *Fam.* Hijo de corta edad. ◇ FAM. retoñar.

retoque s. m. Acción y efecto de retocar.

retorcer v. tr. y pron. [2f]. Hacer que una cosa dé vueltas alrededor de sí misma. ‖ Dirigir un argumento contra el que lo emplea. ◆ **retorcerse** v. pron. Contraerse el cuerpo violentamente por alguna causa. ◇ FAM. retorcedura, retorcido, retorcimiento, retorsión, retortijón. TORCER.

retorcido, da adj. Dícese del lenguaje o estilo complicado y de la persona que lo emplea. ‖ De malas intenciones.

retórica s. f. Arte que enseña a expresarse correctamente y con elocuencia. ‖ Tratado de este arte. ◆ pl. *Fam.* Exceso de palabras inútiles. ◇ FAM. retórico.

retornar v. intr. y pron. [1]. Volver al lugar o la situación en que se estaba. ◆ v. tr. Volver a poner una cosa donde estaba. ◇ FAM. retorno. TORNAR.

retorno s. m. Acción y efecto de retornar.

retortero. Llevar, o traer, al retortero, dar mucho trabajo.

retortijón s. m. Dolor agudo en el abdomen. ◇ FAM. RETORCER.

retozar v. intr. [1g]. Saltar o brincar alegremente. ◆ v. intr. y tr. Darse a juegos amorosos. ◇ FAM. retozador, retozo.

retracción s. f. Acción y efecto de retraer. ‖ MED. Reducción de volumen en ciertos tejidos orgánicos.

retractar v. tr. y pron. [1]. Volverse atrás de una cosa que se ha dicho. ◇ FAM. retractable, retractación.

retráctil adj. Dícese de ciertas estructuras orgánicas que pueden retraerse o esconderse. ◇ FAM. retractilidad. RETRAER.

retraer v. tr. y pron. [10]. Retirar, esconder. ‖ Apartar o disuadir a alguien de un intento. ◆ **retraerse** v. pron. Apartarse del trato con la gente. ‖ Retirarse, retroceder. ◇ FAM. retracción, retráctil, retraído, retraimiento. TRAER.

retraído, da adj. y s. Que gusta de la soledad. ‖ Tímido.

retranca s. f. *Colomb.* y *Cuba.* Freno de un vehículo o máquina.

retransmisor s. m. Repetidor de telecomunicaciones.

retransmitir v. tr. [3]. Volver a transmitir. ‖ Difundir emisiones de radio o televisión procedentes de otra estación. ‖ Difundir acontecimientos desde donde se producen. ◇ FAM. retransmisión, retransmisor. TRANSMITIR.

retrasado, da adj. y s. Que padece retraso mental.

retrasar v. tr. y pron. [1]. Aplazar algo. ◆ v. tr. Retroceder las agujas del reloj. ◆ v. intr. y pron. Señalar un reloj una hora anterior a la real. ◇ FAM. retrasado, retraso. TRAS.

retraso s. m. Acción y efecto de retrasar o retrasarse. ● **Retraso mental,** estado de deficiencia intelectual congénita.

retratar v. tr. [1]. Hacer un retrato. ◆ v. tr. y pron. Describir a una persona o cosa. ◇ FAM. retratista, retrato.

retratista s. m. y f. Persona que pinta o hace retratos.

retrato s. m. Dibujo, fotografía, etc., que representa la figura de alguien o algo. ‖ Descripción de una persona o cosa. ◇ FAM. autorretrato. RETRATAR.

retrechero, ra adj. *Fam.* Que elude hacer o decir algo. ‖ *Fam.* Simpático y con mucho atractivo. ◇ FAM. retrechería.

retreta s. f. Toque militar para señalar la retirada o el momento en que la tropa debe regresar al cuartel.

retrete s. m. Habitación dispuesta para evacuar las necesidades. ‖ Recipiente utilizado para ello.

retribución s. f. Recompensa o pago de una cosa.

retribuir v. tr. [29]. Pagar un servicio o trabajo recibido. ◇ FAM. retribución, retributivo, retribuyente.

retro adj. *Fam.* Que señala un retorno hacia una época pasada.

retro- pref. Significa 'hacia atrás': *retroactivo.*

retroacción s. f. Regresión, retroceso.

retroactivo, va adj. Que tiene aplicación, efectividad o fuerza sobre lo pasado. ◇ FAM. retroactividad. ACTIVO, VA.

retroceder v. intr. [2]. Volver hacia atrás. ‖ Detenerse ante un obstáculo o peligro. ◇ FAM. retroceso. CEDER.

retroceso s. m. Acción y efecto de retroceder. ‖ Recrudecimiento de una enfermedad que comenzaba a decaer. ‖ Movimiento hacia atrás que imprime un arma de fuego al disparar.

retrógrado, da adj. *Desp.* Apegado excesivamente al pasado.

retrospección s. f. Mirada o examen retrospectivo.

retrospectivo, va adj. Que se refiere a tiempo pasado. ◇ FAM. retrospección.

retrotraer v. tr. y pron. [10]. Retroceder con la memoria a un tiempo o época pasada. ◇ FAM. retrotracción. TRAER.

retrovisor s. m. y adj. Espejo pequeño de un automóvil que permite al conductor ver detrás de sí.

retrucar v. intr. [1a]. En el billar, pegar la bola impulsada por otra en la banda y devolver el golpe a ésta al retroceder. ‖ *Argent., Perú* y *Urug. Fam.* Replicar prontamente con acierto y energía. ◇ FAM. retruque. TROCAR.

retruécano s. m. Figura retórica que consiste en invertir los términos de una proposición en otra siguiente.

retumbar v. intr. [1]. Resonar. ◇ FAM. retumbante, retumbo.

reuma o **reúma** s. m. o f. Reumatismo.

reumatismo s. m. Enfermedad caracterizada por dolores en las articulaciones. ◇ FAM. reuma, reumático, reumatología.

reumatología s. f. Parte de la medicina que trata del reumatismo. ◇ FAM. reumatológico, reumatólogo. REUMATISMO.

reunificar v. tr. [1]. Volver a unir. ◇ FAM. reunificación. UNIFICAR.

reunión s. f. Acción y efecto de reunir o reunirse. || Conjunto de personas reunidas.

reunir v. tr. y pron. [3r]. Volver a unir. || Juntar, congregar. ◆ v. tr. Recoger, ir juntando cosas. || Poseer determinadas cualidades o requisitos. ◇ FAM. reunión. UNIR.

reválida s. f. Acción y efecto de revalidar. || Examen que se hace al finalizar ciertos estudios.

revalidar v. tr. [1]. Dar validez de nuevo a algo. ◇ FAM. reválida, revalidación. VALIDAR.

revalorizar v. tr. y pron. [1g]. Dar mayor valor a una cosa. ◇ FAM. revalorización, revalorizador. VALORIZAR.

revaluar v. tr. [1s]. Volver a evaluar. ◆ v. tr. y pron. Revalorizar. ◇ FAM. revaluación. VALUAR.

revancha s. f. Desquite, venganza.

revelación s. f. Acción y efecto de revelar o revelarse. || Persona que empieza a reflejar un gran talento. || Manifestación de un misterio o desvelamiento de una verdad por Dios.

revelado s. m. Conjunto de operaciones para hacer visible la imagen impresa en la placa fotográfica.

revelar v. tr. [1]. Descubrir lo que se mantenía secreto u oculto. || Evidenciar algo. || Efectuar un revelado. ◆ **revelarse** v. pron. Manifestarse como se expresa. ◇ FAM. revelable, revelación, revelado, revelador, revelamiento. VELAR².

revenirse v. pron. [21]. Ponerse algo correoso por la humedad o el calor. ◇ FAM. revenimiento. VENIR.

reventa s. f. Establecimiento que vende con recargo entradas para espectáculos. || Venta de entradas con recargo. ◇ FAM. revender. VENTA.

reventadero s. m. Chile. Lugar donde las olas del mar se deshacen. || Méx. Manantial; hervidero.

reventado, da adj. y s. Rendido, muy cansado. || Argent. Fam. Dícese de la persona malintencionada.

reventar v. tr., intr. y pron. [1j]. Abrir una cosa por impulso interior. ◆ v. tr. Deshacer o aplastar con violencia. || Fam. Molestar, fastidiar mucho. || Fam. Causar un daño grave. ◆ v. intr. Tener deseos incontenibles de algo: revienta por hablar. ◆ v. tr. y pron. Cansar sometiendo a un

trabajo excesivo. ◆ v. intr. y pron. Fam. Morir violentamente. ◇ FAM. reventadero, reventado, reventador, reventón.

reventón, na adj. Dícese de ciertas cosas que parece que van a reventar. ◆ s. m. Acción y efecto de reventar o reventarse. || Rotura brusca de la cubierta del neumático. || Méx. Fiesta.

reverberación s. f. Acción y efecto de reverberar. || Prolongación del tiempo de duración de un sonido.

reverberar v. intr. [1]. Reflejarse la luz de un cuerpo luminoso en otro. ◇ FAM. reverberación.

reverdecer v. intr. y tr. [2m]. Recobrar el verdor los campos. || Renovarse o tomar nuevo vigor. ◇ FAM. VERDE.

reverencia s. f. Respeto o admiración hacia alguien o algo. || Inclinación del cuerpo en señal de respeto o cortesía. || Tratamiento dado a algunos religiosos. ◇ FAM. reverencial, reverenciar, reverencioso, reverendo, reverente.

reverenciar v. tr. [1]. Respetar o venerar. ◇ FAM. reverenciador. REVERENCIA.

reverendísimo, ma adj. y s. Se aplica como tratamiento dado a los cardenales, arzobispos, obispos y otras dignidades eclesiásticas.

reverendo, da adj. y s. Se aplica como tratamiento que se da a sacerdotes y religiosos. ◇ FAM. reverendísimo. REVERENCIA.

reverente adj. Que reverencia. ◇ FAM. irreverente. REVERENCIA.

reversa s. f. Chile, Colomb. y Méx. Marcha atrás de un vehículo.

reversible adj. Que puede revertir. || Dícese de las prendas que pueden usarse por el derecho y por el revés. ◇ FAM. reversibilidad. / irreversible. REVERTIR.

reverso s. m. Revés de algo.

revertir v. intr. [22]. Volver una cosa al estado o condición que tuvo antes. || Derivar de una cosa el efecto o resultado que se expresa. || Volver una cosa a la propiedad del dueño que antes tuvo. ◇ FAM. reversible, reversión, reverso, revés.

revés s. m. Lado o parte opuesta a la que se considera como principal. || Golpe que se da con el dorso de la mano. || Desgracia, contratiempo. || En algunos deportes, golpe dado a la pelota con el dorso de la pala o raqueta. ● **Al revés**, de manera opuesta o contraria. ◇ FAM. enrevesado, envés, resve. REVERTIR.

revestimiento s. m. Capa que resguarda o adorna algo.

revestir v. tr. y pron. [30]. Vestir una determinada ropa sobre otra. || Presentar determinado aspecto o cualidad. ◆ v. tr. Recubrir con algo. || Disfrazar una cosa representando algo distinto de lo que es. ◇ FAM. revestimiento. VESTIR.

revisada s. f. Amér. Revisión, acción de revisar.

revisar v. tr. [1]. Examinar una cosa con

cuidado. ⬦ FAM. revisable, revisada, revisión, revisionismo, revisor. VISAR.

revisión s. f. Acción de revisar. ‖ Reconocimiento médico.

revisionismo s. m. Actitud de quienes propugnan la revisión de las bases de una doctrina. ⬦ FAM. revisionista. REVISAR.

revisor, ra adj. Que revisa o examina con cuidado una cosa. ➡ s. Persona que revisa los billetes en un transporte público.

revista s. f. Publicación periódica. ‖ Espectáculo teatral consistente en una serie de números de canto, baile y humor. ‖ Crítica de producciones literarias, teatrales, etc. ‖ Inspección, examen detallado. ‖ Presentación de tropas para que un superior las inspeccione. ⬦ FAM. revistero.

revistero s. m. Mueble auxiliar para guardar revistas.

revitalizar v. tr. [1g]. Dar más fuerza o vitalidad. ⬦ FAM. revitalización. VITALIZAR.

revival s. m. Retorno de un estilo, moda, etc., del pasado.

revivificar v. tr. [1a]. Vivificar, reavivar. ⬦ FAM. revivificación. VIVIFICAR.

revivir v. intr. [3]. Volver a la vida, resucitar. ‖ Volver en sí de que parecía muerto. ‖ Resurgir. ‖ Traer a la memoria.

revocar v. tr. [1a]. Anular un mandato, una resolución, etc. ‖ Enlucir o pintar las paredes exteriores de un edificio. ⬦ FAM. revocabilidad, revocable, revocación, revocador, revocadora, revocante, revocatorio. / Irrevocable.

revolcado s. m. *Guat.* Guiso de pan tostado, tomate, chile y otros condimentos.

revolcar v. tr. [1]. Derribar a alguien y maltratarle en el suelo. ➡ **revolcarse** v. pron. Echarse sobre algo refregándose o dando vueltas sobre ello. ⬦ FAM. revolcado, revolcón. VOLCAR.

revolcón s. m. Acción y efecto de revolcar o revolcarse.

revolear v. tr. [1]. *Argent.* y *Urug.* Hacer correas, lazos, etc., o ejecutar molinetes con cualquier objeto.

revolotear v. intr. [1]. Volar dando vueltas. ‖ Moverse una cosa por el aire dando vueltas. ⬦ FAM. revoloteo. VOLAR.

revoltijo o **revoltillo** s. m. Conjunto de muchas cosas desordenadas. ‖ Confusión o enredo.

revoltoso, sa adj. Travieso. ‖ Que promueve disturbios.

revoltura s. f. *Chile* y *Méx. Fam.* Desorden, mezcla confusa.

revolución s. f. Cambio brusco y violento en la estructura social o política de un estado. ‖ Cambio total y radical. ‖ Movimiento orbital de un astro. ‖ Movimiento, alrededor de un eje, de una figura. ⬦ FAM. revolucionar, revolucionario. / contrarrevolución. REVOLVER.

revolucionar v. tr. [1]. Perturbar el orden de un país, una entidad, etc. ‖ Producir una alteración en cualquier cosa.

revolucionario, ria adj. Relativo a la revolución. ➡ adj. y s. Partidario de la revolución.

revolvedora s. f. *Méx.* Máquina en forma de torno para mezclar los materiales de construcción.

revolver v. tr. [2e]. Mezclar varias cosas dándoles vueltas. ‖ Enredar lo ordenado. ‖ Indignar, inquietar. ‖ Meditar. ➡ **revolverse** v. pron. Darse la vuelta o moverse de un lado para otro. ‖ Enfrentarse a alguien o a algo. ⬦ FAM. revoltijo, revoltura, revolución, revolvedora, revuelta, revuelto. VOLVER.

revólver s. m. Arma de fuego individual, de repetición, cuyo cargador está formado por un tambor.

revuelo s. m. Agitación, turbación. ‖ Agitación de cosas semejante al movimiento de las alas. ‖ Acción y efecto de revolotear.

revuelta s. f. Alteración del orden público. ‖ Riña, disputa. ‖ Punto en que una cosa se desvía. ‖ Vuelta.

revuelto, ta adj. Travieso, revoltoso. ‖ Dícese del tiempo variable. ➡ s. m. Plato hecho de huevos y otros ingredientes.

revulsivo, va adj. y s. m. Que provoca una reacción brusca. ‖ MED. Que purga o provoca el vómito. ⬦ FAM. revulsión.

rey s. m. Monarca o príncipe soberano de un reino. ‖ Persona o cosa que sobresale entre las demás de su especie. ‖ Pieza principal del juego de ajedrez. ‖ Carta de la baraja que tiene pintada la figura de un rey. ⬦ FAM. real¹, reina, reinar. / regicida, regio, régulo, virrey.

reyerta s. f. Contienda, disputa, riña.

reyuno, na adj. y s. *Argent.* Se aplicaba al caballo que pertenecía al Estado y que llevaba cortada la mitad de la oreja derecha. ‖ *Chile.* Se aplicaba a la moneda que tenía el sello del rey de España.

rezadora s. f. *Urug.* Mujer que se encarga de rezar en los velatorios.

rezagarse v. pron. [1b]. Quedarse atrás. ⬦ FAM. rezagado. ZAGA.

rezar v. intr. [1g]. Dirigir a Dios o a los santos alabanzas o súplicas. ‖ *Fam.* Gruñir, refunfuñar. ➡ v. tr. Decir una oración. ‖ Leer o decir las oraciones del oficio divino. ‖ *Fam.* Decir o decirse algo en un escrito. ⬦ FAM. rezadora, rezo.

rezo s. m. Acción de rezar. ‖ Oración, plegaria. ‖ Oficio eclesiástico que se reza diariamente.

rezongar v. intr. [1b]. Gruñir, refunfuñar. ⬦ FAM. rezongador.

rezumar v. intr. y pron. [1]. Salir un líquido a través de los poros del recipiente que lo contiene. ➡ v. tr. Tener una persona alguna cualidad en alto grado. ⬦ FAM. ZUMO.

rho s. f. Decimoséptima letra del alfabeto griego.

ría s. f. Valle fluvial invadido por el mar.

‖ En atletismo e hípica, espacio de agua colocado tras una valla fija.

riachuelo s. m. Río pequeño y de poco caudal.

riada s. f. Crecida del caudal de un río. ‖ Inundación.

ribazo s. m. Terreno en declive pronunciado a orillas de una carretera o un río. ‖ Talud entre dos fincas a distinto nivel.

ribeiro s. m. Vino español de la provincia de Orense.

ribera s. f. Margen y orilla del mar o del río. ‖ Tierra cercana a los ríos, aunque no esté a su margen. ◇ FAM. ribereño. / ribazo.

ribereño, ña adj. Relativo a la ribera o propio de ella. ◆ adj. y s. Habitante de la ribera.

ribete s. m. Cinta o cosa parecida con que se adorna la orilla de una prenda; calzado, etc. ‖ Añadidura, adorno. ‖ Detalle que se añade en una conversación o escrito para darle amenidad. ◆ pl. Indicio de lo que se expresa. ◇ FAM. ribetear.

ribonucleico, ca adj. Dícese de un grupo de ácidos nucleicos localizados en el citoplasma y el nucléolo. ◇ FAM. NUCLEICO.

ribosoma s. m. Partícula de las células vivas, que asegura la síntesis de las proteínas. ◇ FAM. ribosómico. SOMA.

ricachón, na adj. y s. Fam. Desp. Muy rico.

ricamente adv. m. Con abundancia y riqueza. ‖ Muy a gusto, con comodidad.

ricino s. m. Planta de cuyas semillas; tóxicas, se extrae un aceite utilizado como purgante o como lubricante.

rico, ca adj. y s. Que posee grandes bienes o gran fortuna. ◆ adj. Que posee en abundancia lo que se expresa. ‖ Sabroso. ‖ Fértil. ‖ Magnífico, suntuoso. ‖ Agradable, simpático. ◇ FAM. ricachón, ricamente, riqueza. / enriquecer.

ricota s. f. Argent. y Chile. Pasta cremosa que se obtiene del cuajo de la leche y del suero del queso.

rictus s. m. Contracción de la boca que da al rostro una expresión de risa forzada, dolor, miedo, etc.

ridiculez s. f. Dicho o hecho extravagante. ‖ Cosa muy pequeña.

ridiculizar v. tr. [1g]. Poner en ridículo.

ridículo, la adj. Que mueve a risa o burla. ‖ Insignificante, escaso. ‖ Extraño, irregular. ◆ s. m. Situación que provoca risa o burla. ◇ FAM. ridiculez, ridiculizar.

riego s. m. Acción y efecto de regar. ‖ Agua para regar. ● Riego sanguíneo, circulación de la sangre. ◇ FAM. REGAR.

riel s. m. Barra pequeña de metal, en bruto. ‖ Carril de una vía férrea. ◇ FAM. desrielar, rielar.

rielar v. intr. [1j]. Reflejarse una luz sobre una superficie, especialmente en el agua.

rienda s. f. Cada una de las dos correas para conducir las caballerías. ◆ pl. Dirección o gobierno de algo. ● A rienda suelta, con violencia. ‖ Sin freno ni regla. ‖ Dar rienda suelta o soltar las riendas, dar entera libertad.

riesgo s. m. Peligro o inconveniente posible. ● Correr el riesgo, estar expuesto a la desgracia o contratiempo que se expresa. ◇ FAM. riesgoso. / arriesgar.

riesgoso, sa adj. Amér. Arriesgado, aventurado, peligroso.

rifa s. f. Sorteo de una cosa por medio de billetes numerados. ◇ FAM. rifar.

rifar v. tr. [1]. Sortear mediante rifa. ◆ rifarse v. pron. Fam. Disputarse una cosa dos o más personas. ● Rifársela (Méx. Fam.), arriesgar la vida.

rifle s. m. Tipo de fusil rayado y de repetición.

riflero s. m. Chile. Persona que hace negocios ocasionales y generalmente deshonestos o ilícitos.

rigidez s. f. Calidad de rígido. ‖ Rectitud, integridad.

rígido, da adj. Muy difícil de torcerse o doblarse. ‖ Severo, riguroso, inflexible. ‖ Inexpresivo, frío. ◇ FAM. rigidez.

rigor s. m. Severidad, dureza. ‖ Gran exactitud y precisión. ‖ Rigidez de los músculos. ◇ FAM. rigorismo, rigorista, riguroso.

rigorismo s. m. Exceso de severidad en moral o en disciplina.

rigüe s. m. Hond. Tortilla de maíz.

riguroso, sa adj. Que implica rigor. ◇ FAM. rigurosamente, rigurosidad. RIGOR.

rima s. f. Repetición de sonidos en varios versos a partir de la última vocal acentuada. ‖ Composición poética. ◇ FAM. rimar.

rimar v. intr. [1]. Haber rima entre dos o más palabras. ‖ Componer versos. ◆ v. tr. Hacer que rimen dos o más palabras.

rimbombante adj. Muy aparatoso y ostentoso. ‖ Enfático y grandilocuente. ◇ FAM. rimbombancia. BOMBA.

rímel s. m. Cosmético para las pestañas.

rin s. m. Méx. Aro metálico de la rueda de un automóvil al cual se ajusta la llanta.

rincón s. m. Ángulo entrante que resulta del encuentro de dos superficies. ‖ Lugar alejado o retirado. ‖ Espacio o lugar pequeño y oculto. ‖ Argent. y Colomb. Rinconada. ◇ FAM. rinconada, rinconera. / arrinconar.

rinconada s. f. Ángulo de dos casas, calles, caminos, etc. ‖ Argent. y Colomb. Porción de un terreno destinado a ciertos usos de la hacienda.

rinconera s. f. Mueble pequeño para colocar en un rincón.

rinde s. m. Argent. Provecho que da una cosa. ◇ FAM. RENDIR.

ring s. m. Lugar donde se disputan los combates de lucha o boxeo.

ringlera s. f. Fila o hilera de cosas. ◇ FAM. ringlero.

ringlero s. m. Cada una de las líneas de papel pautado para aprender a escribir.

ringletear v. intr. [1]. *Chile.* Corretear; callejear.

ringorrango s. m. *Fam.* Adorno superfluo y extravagante.

rinitis s. f. Inflamación de la mucosa de las fosas nasales.

rino- pref. Significa 'nariz': *rinoplastia.*

rinoceronte s. m. Mamífero de gran tamaño, caracterizado por la presencia de uno o dos cuernos sobre la nariz.

rinología s. f. Estudio de las afecciones nasales. ◇ FAM. rinólogo.

rinoplastia s. f. Operación quirúrgica para arreglar la nariz.

riña s. f. Acción de reñir. ◇ FAM. REÑIR.

riñón s. m. Órgano par, que segrega la orina. ◆ pl. Parte del cuerpo que corresponde a la pelvis. ● **Costar** algo **un riñón** *(Fam.),* costar muy caro. ◇ FAM. riñonada. / desriñonar, renal.

riñonada s. f. Tejido adiposo que envuelve los riñones. ‖ Lugar del cuerpo en que están los riñones. ‖ Guiso de riñones.

río s. m. Curso de agua que desemboca en el mar. ‖ Abundancia de algo. ◇ FAM. ría, riachuelo, riada.

riobambeño, ña adj. y s. De Riobamba (Ecuador).

riograndense adj. y s. m. y f. De Rio Grande do Sul (Brasil).

rioja s. m. Vino español producido y elaborado en La Rioja.

riojano, na adj. y s. De La Rioja (Argentina). ‖ De La Rioja (España). ◇ FAM. rioja.

rionegrino, na adj. y s. De Río Negro (Argentina).

ripio s. m. Conjunto de palabras de relleno en un discurso o escrito. ‖ Palabra innecesaria que se emplea para completar el verso. ‖ Conjunto de materiales de desecho para rellenar huecos. ‖ *Argent., Chile* y *Perú.* Casquijo que se usa para pavimentar. ◇ FAM. ripioso.

riqueza s. f. Cualidad de rico. ‖ Abundancia de bienes, fortuna. ‖ Conjunto de cualidades que tiene una persona. ◇ FAM. RICO, CA.

risa s. f. Acción de reír. ‖ Sonido que produce esta acción. ● **Muerto de risa** *(Fam.),* inactivo, abandonado por los demás. ◇ FAM. risotada, risueño. / irrisorio. REÍR.

risco s. m. Peñasco alto y escarpado. ◇ FAM. riscal, riscoso. / arriscado, derriscar, enriscado.

risotada s. f. Risa ruidosa. ◇ FAM. risotear. RISA.

ristra s. f. Conjunto de ajos o cebollas atados. ‖ Serie de cosas que van o se suceden una tras otra. ◇ FAM. enristrar².

ristre s. m. Hierro del peto de la armadura, donde afianzaba el cabo de la lanza. ◇ FAM. enristrar¹.

risueño, ña adj. Que tiene la cara son-

riente o es propenso a reír. ‖ De aspecto alegre. ‖ Próspero, favorable. ◇ FAM. RISA.

ritmo s. m. Disposición armoniosa de voces y cláusulas en el lenguaje. ‖ Orden en la sucesión de algo. ‖ MÚS. Proporción de los tiempos. ◇ FAM. rítmico. / arritmia, biorritmo.

rito s. m. Acto religioso tradicional. ‖ Conjunto de normas para una ceremonia o culto religioso. ‖ Costumbre repetida de forma invariable. ◇ FAM. ritual, ritualidad, ritualismo.

ritual adj. Relativo al rito. ◆ s. m. Conjunto de ritos. ‖ Ceremonial.

ritualismo s. m. Tendencia a acentuar la importancia del rito en el culto. ‖ Exagerada sujeción a las formalidades, trámites o normas establecidos en alguna cosa. ◇ FAM. ritualista. RITO.

rival s. m. y f. Competidor. ◇ FAM. rivalidad, rivalizar.

rivalidad s. f. Oposición entre quienes aspiran a obtener una cosa. ‖ Competencia, disputa. ‖ Enemistad.

rivalizar v. intr. [1g]. Competir.

rivera s. f. Arroyo.

rizar v. tr. y pron. [1g]. Formar rizos en el pelo. ‖ Formar el viento olas pequeñas. ◆ v. tr. Hacer en tela, papel, etc., pliegues muy pequeños. ◇ FAM. rizado, rizador, rizo. / desrizar.

rizo s. m. Mechón de pelo en forma de onda. ● **Rizar el rizo** *(Fam.),* hacer más complicada una cosa. ◇ FAM. rizoso. RIZAR.

rizófago, ga adj. Que se alimenta de raíces.

rizoma s. f. Tallo subterráneo de algunas plantas.

ro s. f. Rho*.

róbalo o **robalo** s. m. Lubina.

robar v. tr. [1] Quitar a alguien algo que le pertenece. ‖ Quitar cualquier cosa no material. ‖ Tomar naipes o fichas en ciertos juegos. ◇ FAM. robo. / arrobar.

robinsón s. m. Hombre que en la soledad y sin ayuda ajena llega a bastarse a sí mismo.

roble s. m. Árbol de gran tamaño, común en bosques de Europa. ‖ Madera de este árbol. ◇ FAM. robleda, robledal, robledo.

robo s. m. Acción y efecto de robar. ‖ Cosa robada. ◇ FAM. antirrobo. ROBAR.

robot s. m. Aparato electrónico capaz de actuar de forma automática. ‖ Autómata. ◇ FAM. robótica. / fotorrobot.

robótica s. f. Conjunto de técnicas utilizadas para el diseño y construcción de robots.

robustecer v. tr. y pron. [2m]. Hacer más fuerte o vigoroso. ◇ FAM. robustecedor, robustecimiento. ROBUSTO, TA.

robusto, ta adj. Fuerte, resistente. ‖ Dícese de la persona de buena salud y fuertes miembros. ◇ FAM. robustecer, robustez.

roca s. f. Masa grande de piedra. ‖ Piedra dura y sólida. ‖ Cosa o persona muy firme, dura y estable. ◇ FAM. rocalla, rocoso, roquedal, roquedo, roquero.

rocalla s. f. Conjunto de fragmentos de roca desprendidos. ‖ Jardín formado por piedras. ◇ FAM. rocalloso. ROCA.

rocambolesco, ca adj. Exagerado, extraordinario, inverosímil.

roce s. m. Acción de rozar o rozarse. ‖ Señal que queda de esa acción. ‖ Fam. Trato frecuente. ‖ Fam. Enfado. ◇ FAM. ROZAR.

rochar v. tr. [1]. Chile. Sorprender en alguna cosa ilícita.

rochela s. f. Colomb. y Venez. Bullicio, tumulto, alboroto.

rochense adj. y s. m. y f. De Rocha (Uruguay).

rociada s. f. Acción y efecto de rociar. ‖ Rocío. ‖ Conjunto de cosas que se esparcen al arrojarlas. ‖ Represión áspera.

rociar v. tr. [1t]. Esparcir en menudas gotas un líquido. ‖ Arrojar cosas de modo que caigan diseminadas. ◆ v. impers. Caer rocío. ◇ FAM. rociada, rociado, rociador. ROCÍO.

rocín s. m. Caballo de mala raza y de poca alzada. ‖ Caballo de trabajo. ‖ Fam. Hombre tosco e ignorante.

rocío s. m. Vapor que se condensa en la atmósfera en gotas muy menudas. ‖ Conjunto de esas gotas. ‖ Lluvia corta y pasajera. ◇ FAM. rociar.

rock s. m. Rock and roll. ‖ Conjunto de los estilos musicales derivados del rock and roll de los años cincuenta.

rock and roll s. m. Estilo musical y baile creado en la década de los cincuenta y derivado del jazz y el blues. ◇ FAM. rock, rockero.

rockero, ra s. Cantante o seguidor del rock and roll.

rococó s. m. y adj. Estilo artístico desarrollado en Europa durante el s. XVIII.

rocoto s. m. Amér. Merid. Planta de una especie de ají grande.

rodaballo s. m. Pez marino de cuerpo comprimido.

rodado, da adj. Dícese del tránsito de vehículos de ruedas. ‖ Dícese de la caballería que tiene manchas redondas en la piel. ◆ s. m. Argent. Cualquier vehículo con ruedas.

rodaja s. f. Rueda, loncha o tajada redonda. ◇ FAM. RUEDA.

rodaje s. m. Acción de filmar una película cinematográfica. ‖ Acción de hacer funcionar un motor nuevo para ajustarlo. ‖ Experiencia para dominar cualquier materia o trabajo.

rodal s. m. Lugar o espacio redondeado que se distingue de lo que le rodea. ◇ FAM. RUEDA.

rodamiento s. m. Cojinete formado por dos cilindros entre los que se intercala un

juego de bolas o rodillos que pueden girar libremente.

rodapié s. m. Banda de poca altura que se pone alrededor de los pies de los muebles. ‖ Zócalo de una pared.

rodar v. intr. [1r]. Moverse algo dando vueltas. ‖ Dar vueltas un cuerpo alrededor de su eje. ‖ Moverse por medio de ruedas. ‖ Caer dando vueltas. ◆ v. tr. Proceder al rodaje de una película. ‖ Hacer el rodaje de un automóvil. ◇ FAM. rodado, rodador, rodadura, rodaje, rodamiento. / rotar. RUEDA.

rodear v. tr. [1] Estar o poner una persona o cosa alrededor de alguien o algo. ‖ Argent., Chile, Colomb., Cuba, Nicar. y Perú. Reunir el ganado mayor en un sitio determinado. ◆ v. intr. Dar un rodeo. ◆ rodearse v. pron. Procurarse alguien ciertas personas o cosas a su alrededor. ◇ FAM. rodeo. RUEDA.

rodela s. f. Escudo redondo y pequeño. ◇ FAM. RUEDA.

rodeo s. m. Acción de rodear. ‖ Desviación del camino derecho. ‖ Manera indirecta de hacer algo a fin de eludir dificultades. ‖ Manera de decir algo poco clara. ‖ En algunas partes de América, deporte y espectáculo con reses bravas y caballos. ‖ Argent., Chile y Urug. Acción de contar o separar el ganado.

rodete s. m. Objeto en forma de rosca o rueda. ‖ Moño hecho con las trenzas del pelo. ◇ FAM. RUEDA.

rodilla s. f. Articulación del muslo con la pierna. ‖ En los cuadrúpedos, unión del antebrazo con la caña. ◇ FAM. rodillazo, rodillera. / arrodillarse.

rodillera s. f. Tricot flexible que se pone en las rodillas. ‖ Remiendo en la parte del pantalón que cubre la rodilla.

rodillo s. m. Cilindro de madera u otro material para diversos usos, o el que forma parte de diversas máquinas. ◇ FAM. RUEDA.

rodio[1] s. m. Elemento metálico parecido al cromo y al cobalto.

rodio[2]**, dia** adj. y s. De Rodas, isla griega.

rododendro s. m. Arbusto ornamental de flores grandes.

rodrigón s. m. Estaca que sostiene una planta.

rodríguez s. m. Fam. Hombre que permanece solo en el domicilio trabajando, mientras la familia está de vacaciones.

roedor, ra adj. Que roe. ◆ adj. y s. m. Relativo a un orden de mamíferos que poseen largos incisivos para roer, como la rata.

roer v. tr. [2i]. Raspar con los dientes una cosa. ‖ Ir gastando poco a poco una cosa. ◇ FAM. roedor, roedura. / corroer.

rogar v. tr. [1m]. Pedir por gracia. ‖ Instar con súplicas. ◇ FAM. rogativas, rogativo, rogatorio, ruego. / abrogar, arrogarse, derogar, erogar, interrogar, prorrogar, subrogar.

rogativas s. f. pl. Conjunto de ritos populares católicos de súplica.

rojez s. f. Cualidad de rojo. || Zona enrojecida de la piel.

rojizo, za adj. Que tira a rojo.

rojo, ja adj. y s. De ideología de izquierdas. ● adj. y s. m. Dícese del primer color del espectro solar. ● adj. De color rojo. || Pelirrojo. ● **Al rojo vivo,** incandescente. || En estado de gran excitación. ◇ FAM. rojez, rojizo. / enrojecer, infrarrojo, pelirrojo, petirrojo, sonrojar, ultrarrojo.

rol s. m. Lista de nombres. || Papel o función que desempeña una persona, grupo o entidad. ◇ FAM. enrolar.

rollizo, za adj. Robusto y grueso. ● s. m. Madero redondo.

rollo s. m. Cilindro de cualquier materia. || Envoltijo de cuerda, hilo, etc. || Carrete de película. || Fam. Labia, verbosidad. || Fam. Persona o cosa pesada, aburrida. || Fam. Tema, asunto. ◇ FAM. arrollar, enrollar.

romana s. f. Balanza de dos brazos desiguales.

romance adj. Románico. ● s. m. Idioma español. || Composición poética en que riman en asonante los pares y quedan libres los impares. || Aventura amorosa. ◇ FAM. romancear, romancero, romanza. ROMANO, NA.

romancear v. tr. [1]. Traducir al romance. ◇ FAM. romanceador. ROMANCE.

romancero, ra s. Persona que canta romances. ● s. m. Colección de romances.

románico, ca adj. Dícese de las lenguas derivadas del latín. ● adj. y s. m. Dícese del arte que se desarrolló en Europa desde el s. XI hasta el s. XIII. ◇ FAM. prerrománico. ROMANO, NA.

romanizar v. tr. y pron. [1g]. Difundir o adoptar la civilización romana. ◇ FAM. romanización. ROMANO, NA.

romano, na adj. y s. De Roma o del Imperio romano. ● adj. De la Iglesia católica. ◇ FAM. romana, romance, románico, romanizar. / grecorromano, hispanorromano, prerromano.

romanticismo s. m. Movimiento intelectual y artístico surgido a fines del s. XVIII. || Calidad de romántico. ◇ FAM. romántico.

romántico, ca adj. Relativo al romanticismo. ● adj. y s. Dícese del escritor que refleja el carácter del romanticismo. || Sentimental, fantástico.

romanza s. f. Aria o composición musical de carácter sencillo y tierno. ◇ FAM. ROMANCE.

rombal adj. De figura de rombo o en forma de rombo.

rómbico, ca adj. Que tiene forma de rombo. || Dícese de un sistema de cristalización.

rombo s. m. Cuadrilátero cuyos lados son iguales y forman ángulos oblicuos. ◇ FAM. rombal, rómbico, romboedro, romboide.

romboedro s. m. Paralelepípedo cuyas seis caras son rombos iguales. ◇ FAM. romboédrico. ROMBO.

romboide s. m. Paralelogramo cuyos lados, iguales dos a dos, no son perpendiculares. ◇ FAM. romboidal. ROMBO.

romería s. f. Marcha que se hace por devoción a un santuario. || Fiesta popular junto a una ermita o santuario. || Gran número de personas que afluyen a un lugar. ◇ FAM. romero².

romeritos s. m. pl. Méx. Planta herbácea con la cual se prepara un plato del mismo nombre. || Méx. Guiso con romeritos, papas, ajonjolí, tortas de camarones y salsa de chile rojo.

romero¹ s. m. Arbusto aromático, usado en cocina. ◇ FAM. romeral, romeritos.

romero², ra adj. y s. Que va en romería. || Peregrino.

romo, ma adj. Obtuso y sin punta. || Torpe, tonto. || Chato.

rompecabezas s. m. Juego que consiste en componer determinada figura dispuesta en piezas. || Fam. Problema, acertijo difícil.

rompehielos s. m. Buque construido especialmente para romper los hielos que obstruyen un canal.

rompeolas s. m. Obra levantada a la entrada de una rada o de un puerto, para protegerlos contra el mar abierto.

romper v. tr. y pron. [2p]. Hacer trozos o fragmentos algo. || Hacer un agujero o abertura en una cosa. ● v. tr. Dividir la unión o continuidad de algo. || Quebrantar la observancia de la ley, contrato, etc. ● v. intr. Deshacerse las olas en espuma. || Empezar aquello que se expresa. ◇ FAM. rompedor, rompible, rompiente, rompimiento, roto, rotura. / corromper, irrompible, rompecabezas, rompehielos, rompeolas, ruptura.

rompiente s. m. Escollo sobre el que rompen las olas.

rompope s. m. Amér. Central y Méx. Bebida hecha con aguardiente, huevos, leche, azúcar y canela.

ron s. m. Aguardiente obtenido por fermentación y destilación de melazas y zumo de caña de azúcar.

roncar v. intr. [1a]. Producir un sonido ronco al respirar, mientras se duerme. ◇ FAM. ronquido.

roncear v. tr. [1]. Argent., Chile y Méx. Mover una cosa de un lado a otro, ladeándola con las manos o por medio de palancas.

roncha s. f. Tumor pequeño eruptivo de la piel. || Cardenal, moradura. || Rebanada. ◇ FAM. enronchar.

ronco, ca adj. Que tiene ronquera. || Ás-

pero y bronco. ◇ FAM. ronquear, ronquera. / enronquecer.

ronda s. f. Acción y efecto de rondar. ||
Recorrido efectuado de noche para vigi-
lar. || Rondalla. || Paseo, calle o carretera
que rodea una ciudad. || Cada serie de
consumiciones que toma un grupo de personas: *pagar una ronda.* ◇ FAM. rondalla,
rondar.

rondalla s. f. *Conjunto de jóvenes que
van tocando y cantando por la calle.*

rondar v. intr. y tr. [1]. Hacer una ronda
de vigilancia. || Salir los jóvenes de ronda.
|| Andar de noche paseando por las calles.
◆ v. tr. Dar vueltas alrededor de una
cosa. || *Fam.* Ir detrás de uno importunán-
dole para conseguir algo de él. || *Fam.*
Cortejar a una moza. ◇ FAM. rondador,
rondín. RONDA.

rondín s. m. *Bol.* y *Chile.* Individuo que
ronda de noche.

rondón s. m. *Amér. Central, Colomb.* y
Venez. Planta de propiedades medicina-
les. || *Hond.* Especie de escarabajo.

ronquear v. intr. [1]. Estar ronco.

ronquera s. f. Afección de la laringe que
provoca alteración del timbre de la voz,
haciéndolo bronco y poco sonoro.

ronquido s. m. Ruido que se hace al roncar.

ronronear v. intr. [1]. Emitir el gato cierto
sonido ronco. || Producir un ruido similar
un motor. ◇ FAM. ronroneo.

ronzal s. m. Ramal o cabestro de una caballería.

ronzar v. tr. [1g]. Masticar una cosa dura
haciendo ruido.

roña s. f. Sarna. || Porquería, suciedad pe-
gada. || *Fam.* Tacañería. ◆ s. m. y f. *Fam.*
Persona tacaña. ◇ FAM. roñoso.

roñoso, sa adj. Que tiene o produce roña.
|| Sucio, puerco. || *Fam.* Oxidado. || *Fam.* Ta-
caño. || *Ecuad.* Sin pulimento, áspero.

ropa s. f. Cualquier prenda de tela. ||
Prenda de vestir. ● **Ropa vieja,** guisado de
la carne que ha sobrado. ◇ FAM. ropaje,
ropero. / arropar, guardarropa.

ropaje s. m. Vestido suntuoso. || Conjunto
de ropas.

ropero s. m. y adj. Armario o cuarto
donde se guarda la ropa. ◆ s. m. Con-
junto de vestidos. || *Amér.* Persona muy
corpulenta.

roque[1] s. m. Torre del ajedrez. ◇ FAM.
enroque.

roque[2] adj. Dormido: *estar roque; quedarse roque.*

roquefort s. m. Queso francés hecho con
leche de oveja, en el que se desarrollan
esporas de un moho especial.

rorro s. m. *Fam.* Niño de pecho.

ros s. m. Gorro militar duro, con visera.

rosa s. f. Flor del rosal. ◆ adj. y s. m.
Dícese del color rojo claro. ● **Rosa de los
vientos,** o **náutica,** figura circular donde
se marcan los rumbos en que se divide el

horizonte. ◇ FAM. rosáceo, rosado, rosal,
rosario, roséola, roseta.

rosáceo, a adj. De color algo rosado.
◆ adj. y s. f. Relativo a una familia de
plantas a la que pertenece el rosal.

rosada s. f. Escarcha.

rosado, da adj. Dícese del color rosa.
◆ adj. y s. m. Se dice del vino clarete.
|| *Argent., Chile* y *Colomb.* Dícese del
caballo cuya capa presenta manchas
rosadas y blancas. ◇ FAM. sonrosado.
ROSA.

rosal s. m. Arbusto espinoso cultivado
por sus flores, con frecuencia olorosas.
◇ FAM. rosaleda, rosalera, rosedal. ROSA.

rosaleda s. f. Sitio plantado de rosales.

rosarino, na adj. y s. De Rosario (Argentina).

rosario s. m. Rezo de la Iglesia católica.
|| Sarta de cuentas que se usa para hacer
este rezo. || Sarta, serie. ● **Como el rosario
de la aurora** (Fam.), mal. ◇ FAM. ROSA.

rosbif s. m. Trozo de carne de buey o de
vaca asado.

rosca s. f. Cosa de forma cilíndrica y do-
blada formando un aro. || Filete en espiral
de un tornillo. ● **Hacer la rosca** a uno
(Fam.), adularle por interés. || **Pasarse
de rosca** (Fam.), excederse. ◇ FAM. roscar, rosco, roscón, rosquilla. / enroscar.

roscar v. tr. [1a]. Hacer roscas.

rosco s. m. Rosca de pan. || Entre estu-
diantes, cero.

roscón s. m. Bollo en forma de rosca
grande.

rosedal s. f. *Argent.* y *Urug.* Sitio plantado
de rosales.

roséola s. f. MED. Rubéola. ◇ FAM. ROSA.

roseta s. f. Mancha que aparece en las
mejillas. ◆ pl. Palomita de maíz. ◇ FAM.
ROSA.

rosetón s. m. Cualquier adorno parecido
a una flor, de forma redonda. || ARQ. Gran
ventana circular, cerrada por vidrieras.

rosicler s. m. Color rosado de la aurora.

rosquilla s. f. Bollo en forma de rosca pequeña. ◇ FAM. rosquillero. ROSCA.

rosticería s. f. *Chile, Méx.* y *Nicar.* Establecimiento donde se asan y se venden
pollos.

rostro s. m. Cara, semblante. || Pico del
ave. ◇ FAM. enrostrar.

rotación s. f. Acción y efecto de girar.

rotar v. intr. [1]. Rodar. || Alternarse varias
personas en un cargo o puesto. ◇ FAM.
rotación, rotativo, rotatorio, rotor. RO-
DAR.

rotativo, va adj. Que rota. ◆ adj. y s. f.
Dícese de una máquina de imprimir a
gran velocidad. ◆ adj. y s. m. Dícese del
periódico impreso con esta máquina.

rotería s. f. *Chile.* Acción desagradable y
desleal. || *Chile.* Dicho que denota falta de
cortesía o de educación.

roterío s. m. *Chile. Fam.* Clase de los rotos, plebe.

rotisería s. f. *Argent.* y *Chile.* Tienda de fiambres.

roto, ta adj. y s. Andrajoso. ‖ *Chile.* Dícese del individuo de la clase baja. ‖ *Chile.* Mal educado. ‖ *Méx.* Dícese del petimetre del pueblo. ‖ *Perú.* Apodo de los chilenos. ◆ s. m. Rotura grande. ◇ FAM. rotería, roterío, rotoso. / arrotado, manirroto. ROMPER.

rotonda s. f. Edificio, sala o cenador de planta circular o semicircular. ‖ Plaza circular. ◇ FAM. REDONDO, DA.

rotor s. m. Parte giratoria en determinadas máquinas.

rotoso, sa adj. *Amér. Merid.* Desharrapado, harapiento. ◆ s. *Chile.* Persona de baja condición cultural o social.

rótula s. f. Hueso de la rodilla. ‖ Unión entre dos piezas que permite el movimiento de ambas. ◇ FAM. rotular².

rotulador, ra adj. y s. Que rotula¹. ◆ s. m. Instrumento para escribir o dibujar, con una tinta especial y punta de fieltro.

rotular¹ v. tr. [1]. Poner un rótulo. ◇ FAM. rotulación, rotulado, rotulador. RÓTULO.

rotular² adj. Relativo a la rótula.

rótulo s. m. Cartel, letrero. ‖ Título de un escrito o de una parte del mismo. ◇ FAM. rotular¹, rotulista.

rotundo, da adj. Dícese del lenguaje preciso. ‖ Terminante, categórico. ◇ FAM. rotundamente, rotundidad, rotundidez.

rotura s. f. Acción y efecto de romper o romperse. ◇ FAM. roturar. ROMPER.

roturar v. tr. [1]. Arar por primera vez las tierras incultas. ◇ FAM. roturación, roturador. ROTURA.

rouge s. m. *Chile.* Lápiz de labios. ‖ *Chile.* Colorete.

roulotte s. f. Caravana, remolque.

round s. m. DEP. En boxeo, asalto.

royalty s. m. Pago al titular de la propiedad por el uso de una patente, marca, derechos de autor, etc.

roza s. f. Método de cultivo consistente en roturar parcelas de terreno en sectores de selva o bosque. ‖ Acción y efecto de rozar.

rozado s. m. *Argent.* Roza.

rozadura s. f. Roce. ‖ Herida superficial.

rozamiento s. m. Roce. ‖ Resistencia que se opone a la rotación o al deslizamiento de un cuerpo sobre otro.

rozar v. intr., tr. y pron. [1g]. Tocar ligeramente una persona o cosa a otra. ‖ Acercarse una cosa mucho a algo. ◆ v. tr. y pron. Raspar, ajar o manchar una cosa a otra. ‖ Limpiar un terreno de hierbas inútiles antes de labrarlo. ◆ **rozarse** v. pron. Tener trato. ◇ FAM. roce, roza, rozado, rozadura, rozamiento.

rúa s. f. Calle.

ruana s. f. *Amér. Merid.* Especie de poncho.

ruano adj. y s. m. Dícese del caballo con crin y cola blancas.

rubéola o **rubeola** s. f. Enfermedad vírica contagiosa.

rubí s. m. Variedad del corindón, de color rojo vivo.

rubiales s. m. y f. y adj. *Fam.* Persona rubia.

rubicundo, da adj. Rubio rojizo. ‖ Dícese de la persona de buen color y aspecto saludable. ◇ FAM. rubicundez. RUBIO, BIA.

rubidio s. m. Metal parecido al potasio, pero menos frecuente.

rubio, bia adj. Del color del oro. ◆ adj. y s. Dícese de la persona que tiene el pelo de este color. ◆ adj. y s. m. Dícese de cierto tipo de tabaco. ◇ FAM. rubiales. / rubicundo.

rublo s. m. Unidad monetaria de Rusia.

rubor s. m. Color rojo muy vivo. ‖ Color que sube al rostro por vergüenza. ‖ Vergüenza. ◇ FAM. ruborizar, ruboroso.

ruborizar v. tr. y pron. [1g]. Causar rubor. ◇ FAM. ruborizado. RUBOR.

rúbrica s. f. Rasgo o conjunto de rasgos que, como parte de la firma, se suele añadir al nombre. ◇ FAM. rubricar.

rubricar v. tr. [1a]. Poner uno su rúbrica. ‖ Suscribir.

rubro s. m. *Amér. Central* y *Amér. Merid.* Título o rótulo. ‖ *Amér. Merid.* y *Méx.* Conjunto de artículos de consumo de un mismo tipo o relacionados con determinada actividad.

ruca s. f. *Argent.* y *Chile.* Choza, cabaña.

rucio, cia adj. Dícese de los animales de color pardo claro, blanquecino o canoso. ‖ *Chile.* Rubio. ◆ s. m. Asno, pollino.

ruco, ca adj. *Amér. Central* y *Méx.* Viejo, inútil.

rudeza s. f. Calidad de rudo.

rudimentario, ria adj. Elemental, poco desarrollado.

rudimentos s. m. pl. Conjunto de primeros conocimientos de una ciencia o profesión. ◇ FAM. rudimentario. RUDO, DA.

rudo, da adj. Tosco, áspero. ‖ Descortés, grosero. ‖ Torpe. ‖ Riguroso, violento. ◇ FAM. rudeza, rudimentos.

rueca s. f. Utensilio con una rueda que sirve para hilar.

rueda s. f. Pieza de forma circular que gira alrededor de un eje. ‖ Corro, círculo. ‖ Rodaja. ● **Rueda de la fortuna** (*Méx.*), aparato de feria en forma de gran rueda, noria. ‖ **Rueda de prensa**, entrevista periodística que sostienen varios informadores con una persona. ◇ FAM. rodaja, rodal, rodar, rodear, rodela, rodete, rodillo, ruedo.

ruedo s. m. Espacio destinado a la lidia en las plazas de toros. ‖ Borde de una cosa redonda. ‖ Cosa colocada alrededor de otra adornando su borde. ‖ Corro, cerco de personas.

ruego s. m. Súplica, petición. ◇ FAM. ROGAR.

rufián s. m. Proxeneta. ‖ Hombre despre-

rugby 588

ciable, que engaña y estafa. ◇ FAM. rufia-
near, rufianería, rufianesco.
rugby s. m. Deporte que se practica con
un balón ovoide.
rugido s. m. Voz del león y otros animales. ‖ Bramido.
rugir v. intr. [3b]. Producir un sonido
ronco y fuerte el león, el tigre u otros animales. ‖ Emitir grandes gritos y voces. ‖
Bramar el viento, el mar, etc. ◇ FAM. rugido, rugidor.
rugoso, sa adj. Que tiene arrugas. ◇ FAM.
rugosidad. ARRUGA.
ruibarbo s. m. Planta herbácea que se usa
como purgante.
ruido s. m. Sonido irregular, confuso y no
armonioso. ‖ Interés, comentario que sus-
cita algo. ◇ FAM. ruidoso.
ruin adj. Vil, despreciable. ‖ Avaro, tacaño. ◇ FAM. ruindad.
ruina s. f. Acción de destruirse algo. ‖ Hecho de quedarse sin bienes. ‖ Persona o
cosa en mal estado. ➠ pl. Conjunto de
restos de una construcción destruida.
◇ FAM. ruinoso. / arruinar.
ruiseñor s. m. Ave de plumaje marrón
claro y canto melodioso.
rular v. tr. e intr. [1]. Rodar. ◇ FAM. ruleta, rulo.
rulemán s. m. Argent. y Urug. Rodamiento, cojinete.
rulenco, ca adj. Chile. Enclenque y raquítico.
rulero s. m. Amér. Merid. Rulo, cilindro
para rizar el pelo.
ruleta s. f. Juego de azar en que el ganador es designado por una bola que gira
sobre una rueda con casillas numeradas.
ruletear v. intr. Amér. Central y Méx.
Fam. Conducir un taxi. ◇ FAM. ruletero.
rulo s. m. Rodillo para allanar la tierra. ‖
Rizo de pelo. ‖ Cilindro hueco para ondular o rizar el pelo. ‖ Chile. Tierra de secano o sin riego. ◇ FAM. RULAR.
ruma s. f. Amér. Merid. Montón de cosas.
rumano, na adj. y s. De Rumania. ➠ s.
m. Lengua románica hablada en Rumania.
rumba s. f. Baile popular cubano y música de dicho baile.
rumbear v. intr. [1]. Amér. Orientarse, tomar un rumbo.
rumbo s. m. Dirección que se sigue al andar o navegar. ‖ Dirección, camino, derro-
tero. ‖ Fam. Generosidad. ‖ Fam. Mucho

gasto o lujo. ◇ FAM. rumbear, rumboso.
rumboso, sa adj. Fam. Que gasta con esplendidez.
rumiante adj. y s. m. Relativo a un suborden de mamíferos con estómago dividido en tres o cuatro cavidades, como el
camello.
rumiar v. tr. [1]. Masticar el alimento los
rumiantes por segunda vez. ‖ Fam. Pensar.
◇ FAM. rumiador, rumiante.
rumor s. m. Noticia vaga u oficiosa. ‖
Ruido confuso, sordo e insistente. ◇ FAM.
rumorearse.
rumorearse v. impers. [1]. Circular un rumor.
rúna s. f. Argent. y Bol. Papa pequeña de
cocción lenta.
rungues s. m. pl. Chile. Conjunto de troncos sin hojas.
runrún s. m. Fam. Ruido confuso. ‖ Argent., Chile y Perú. Juguete que gira produciendo un zumbido. ◇ FAM. runrunear.
rupestre adj. Relativo a las rocas. ‖ Dícese de las pinturas, grabados y relieves
prehistóricos realizados sobre las rocas.
rupia s. f. Moneda de diversos países asiá-
ticos y africanos.
ruptura s. f. Acción y efecto de romper o
romperse, especialmente las relaciones
entre personas. ◇ FAM. ROMPER.
rural adj. Relativo al campo. ◇ FAM. RÚS-
TICO, CA.
ruso, sa adj. y s. De la Federación Rusa.
➠ s. m. Lengua hablada en la Federación
Rusa.
rústico, ca adj. Relativo al campo, o propio de sus gentes. ➠ s. Persona del
campo. ◇ FAM. rusticidad, rustiquez. / rural.
ruta s. f. Camino establecido para un
viaje, expedición, etc. ‖ Conducta, comportamiento. ◇ FAM. rutina.
rutenio s. m. Metal perteneciente al grupo
del platino.
rutido s. m. Méx. Ruido lejano de agua.
rutilar v. intr. [1]. Brillar mucho, resplandecer. ◇ FAM. rutilancia, rutilante.
rutina s. f. Costumbre, o manera de hacer
algo de forma mecánica y usual. ‖ INFOR-
MÁT. Parte de un programa que realiza una
determinada función típica. ◇ FAM. rutinario. RUTA.
rutinario, ria adj. Que se hace o practica
de rutina. ➠ adj. y s. Que obra por rutina.

S

s s. f. Vigésima letra del alfabeto español y decimosexta de sus consonantes; representa un sonido apicoalveolar, fricativo y sordo, aunque está muy extendida la pronunciación como *z*.

sábado s. m. Sexto día de la semana. ⬦ FAM. sabático, sabbat.

sabaleta s. f. *Bol.* y *Colomb.* Pez similar al sábalo.

sábalo s. m. Pez marino con forma de lanzadera. ⬦ FAM. sabaleta.

sabana s. f. Formación herbácea característica de las regiones tropicales con larga estación seca. ⬦ FAM. sabanear.

sábana s. f. Pieza de lienzo que se usa como ropa de cama. ● **Pegársele** a uno **las sábanas** (*Fam.*), levantarse de la cama más tarde de lo acostumbrado.

sabandija s. f. Bicho pequeño. ‖ Persona despreciable.

sabanear v. intr. [1] *Amér. Central, Colomb.* y *Venez.* Recorrer la sabana para vigilar el ganado o reunirlo.

sabañón s. m. Lesión inflamatoria producida por el frío.

sabático, ca adj. Relativo al sábado. ● **Año sabático**, año de descanso, en el que no se trabaja.

sabatina s. f. *Chile.* Zurra, felpa.

sabbat s. m. Sábado judío, día festivo.

sabedor, ra adj. Conocedor, enterado de cierta cosa.

sabelotodo s. m. y f. *Desp.* Sabihondo.

saber[1] v. tr. [12]. Conocer una cosa. ‖ Tener conocimientos o habilidad para hacer algo. ⬦ v. tr. e intr. Tener noticias de alguien o algo. ⬦ v. intr. Tener determinado sabor. ‖ Ser capaz de comportarse de la manera que se expresa. ‖ Ser sagaz y astuto. ‖ *Argent., Ecuad., Guat.* y *Perú.* Soler, acostumbrar. ● **A saber**, anuncia la explicación de lo que precede. ‖ **Saber mal** una cosa a alguien, disgustarle, enfadarle. ⬦ FAM. sabedor, saber[2], sabichoso, sabidillo, sabido, sabiduría, sabihondo, sabio, sabor. / resabiar, sabelotodo, sapiencia.

saber[2] s. m. Conocimiento, sabiduría.

sabichoso, sa adj. *Cuba* y *P. Rico.* Entendido, sabihondo.

sabicú s. m. *Cuba.* Árbol grande de flores blancas y amarillas.

sabidillo, lla adj. y s. *Desp.* Sabihondo. ⬦ FAM. marisabidilla. SABER[1].

sabido, da adj. Que luce y presume de sus conocimientos. ⬦ FAM. consabido, resabido. SABER[1].

sabiduría s. f. Posesión de profundos conocimientos sobre algo. ‖ Capacidad de pensar o juzgar con prudencia y equidad.

sabiendas. A sabiendas, de un modo cierto. ‖ Con conocimiento.

sabihondo, da adj. y s. *Fam.* Que presume de saber mucho. ⬦ FAM. sabihondez. SABER[1].

sabina s. f. Arbusto conífero de las regiones mediterráneas.

sabio, bia adj. y s. Que domina alguna ciencia o posee grandes conocimientos. ⬦ adj. Sensato, inteligente. ⬦ FAM. sabiamente. SABER[1].

sabiondo, da adj. y s. Sabihondo*.

sablazo s. m. Golpe dado con el sable. ‖ Herida hecha con él. ‖ *Fam.* Acción de obtener dinero de alguien con habilidad.

sable s. m. Arma blanca, algo curva, comúnmente de un solo corte. ‖ *Cuba.* Pez plateado brillante, de cuerpo delgado y aplastado. ⬦ FAM. sablazo, sablear, sablero, sablista.

sablear v. intr. [1]. *Fam.* Dar sablazos, sacar dinero a alguien. ⬦ FAM. sableador. SABLE.

sablero, ra adj. y s. *Chile. Fam. Desp.* Que sablea.

sabor s. m. Sensación que una cosa produce en el sentido del gusto. ‖ Cualidad que se percibe a través del gusto: *sabor a fresa*. ‖ Placer o deleite que producen las cosas que gustan. ⬦ FAM. saborear, sabroso. / desaborido, sápido, sinsabor. SABER[1].

saborear v. tr. y pron. [1]. Percibir con deleite el sabor de algo. ⬦ FAM. saboreador, saboreo. SABOR.

sabotaje s. m. Daño o deterioro de instalaciones o máquinas como procedimiento de lucha. ‖ Oposición u obstrucción disimulada contra proyectos, órdenes, etc. ⬦ FAM. sabotear.

sabotear v. tr. [1]. Hacer sabotaje. ⬦ FAM. saboteador. SABOTAJE.

sabroso, sa adj. Agradable al sentido del gusto. ‖ Sustancioso. ⬦ FAM. SABOR.

sabueso, sa adj. y s. m. Dícese de un tipo de perro podenco, de olfato muy fino. ⬦ s. m. Policía, detective.

saca[1] s. f. Acción y efecto de sacar.

saca² s. f. Costal grande de tela fuerte, más largo que ancho. ⬦ FAM. SACO.

sacabocado o **sacabocados** s. m. Instrumento para taladrar.

sacacorchos s. m. Instrumento para quitar tapones de corcho.

sacadura s. f. *Chile.* Acción y efecto de sacar.

sacaleches s. m. Instrumento que, aplicado al pezón, permite extraer por aspiración la leche de la glándula mamaria.

sacamuelas s. m. y f. *Desp.* Dentista. || *Fam.* Persona charlatana.

sacapuntas s. m. Instrumento que sirve para afilar lápices.

sacar v. tr. [1a]. Hacer salir algo o a alguien fuera del lugar o situación en que estaba. || Conseguir, obtener. || Sonsacar. || Ganar algo por suerte. || Extraer una cosa de otra. || Producir, fabricar. || Divulgar un producto, canción, etc. || Exteriorizar, manifestar: *sacar los colores.* || Resolver un problema, cuenta, etc. || Comprar entradas, billetes, etc. || Hacer una fotografía. || Aventajar en algo. || DEP. Poner en juego el balón o la pelota. • **Sacar adelante**, mantener a alguien. || Poner en marcha un negocio, asunto, etc. || **Sacar de sí**, enfurecer. || **Sacar en claro**, o **en limpio**, aclarar algo. || **Sacarle a algo** (*Méx. Fam.*), tener miedo de algo: *le saco a ir sola.* ⬦ FAM. saca¹, sacadura, saque. / entresacar, sacabocado, sacacorchos, sacaleches, sacamuelas, sacapuntas, sacatinta, sacavueltas, socaliña, sonsacar.

sacárido s. m. Hidrato de carbono. ⬦ FAM. sacarífero, sacarina, sacarino, sacarosa. / polisacáridos.

sacarífero, ra adj. Que produce o contiene azúcar.

sacarina s. f. Sustancia blanca que da un sabor azucarado.

sacarino, na adj. Que tiene azúcar. || Parecido al azúcar.

sacarosa s. f. Azúcar formado por fructosa y glucosa.

sacatinta s. f. *Amér. Central.* Planta arbustiva de cuyas hojas se extrae un tinte azul violeta.

sacavueltas s. m. y f. *Chile. Fam.* Persona que rehúye una obligación, responsabilidad o trabajo.

sacerdocio s. m. Función y estado del sacerdote. || Consagración al desempeño de una función.

sacerdote s. m. Ministro de una religión. || En la Iglesia católica, hombre que ha recibido el sacramento del orden y puede celebrar la misa. ⬦ FAM. sacerdocio, sacerdotal, sacerdotisa.

sacerdotisa s. f. Mujer consagrada al culto de una divinidad.

sache o **sachet** s. m. *Argent.* Envase sellado de plástico o celofán para contener líquidos.

sacho s. m. *Chile.* Instrumento consistente

en un armazón de madera con una piedra, que se utiliza como ancla.

saciar v. tr. y pron. [1]. Satisfacer el hambre o la sed. || Satisfacer plenamente ambiciones, deseos, etc. ⬦ FAM. saciable, saciedad. / insaciable.

saciedad s. f. Estado de satisfecho o de harto.

saco s. m. Receptáculo flexible, abierto por arriba. || Lo contenido en él. || Abrigo no ajustado. || Saqueo. || *Amér.* Chaqueta. || ANAT. Estructura del organismo, cubierta por una membrana. • **No echar en saco roto** (*Fam.*), no olvidar algo. ⬦ FAM. saca², saquear. / ensacar.

sacón, na adj. *Méx. Fam.* Miedoso, cobarde.

sacralizar v. tr. [1g]. Conferir carácter sagrado. ⬦ FAM. sacralización. SAGRADO, DA.

sacramentar v. tr. y pron. [1]. Administrar el viático y la extremaunción. ⬦ FAM. sacramentación, sacramentado. SACRAMENTO.

sacramento s. m. Acto ritual sagrado, destinado a santificar a los hombres. • **Últimos sacramentos**, penitencia, eucaristía y extremaunción. ⬦ FAM. sacramental, sacramentar. SAGRADO, DA.

sacrificar v. tr. [1a]. Ofrecer algo a una divinidad en señal de reconocimiento. || Matar reses para el consumo. || Exponer a un riesgo o trabajo para obtener algún beneficio. ➤ **sacrificarse** v. pron. Renunciar a algo en beneficio de alguien. ⬦ FAM. sacrificador, sacrificio. SAGRADO, DA.

sacrificio s. m. Acción de sacrificar. || Renuncia, privación.

sacrilegio s. m. Profanación de una cosa, persona o lugar sagrados. || Falta de respeto hacia algo que lo merece.

sacrílego, ga adj. y s. Que comete o contiene sacrilegio. ⬦ FAM. sacrilegio. SAGRADO, DA.

sacristán s. m. Hombre que ayuda al sacerdote en el altar y cuida de la iglesia. ⬦ FAM. sacristana. SACRISTÍA.

sacristana s. f. Monja encargada del cuidado de la sacristía.

sacristía s. f. En las iglesias, lugar donde se guardan los ornamentos del culto. ⬦ FAM. sacristán. SAGRADO, DA.

sacro, cra adj. Sagrado. ➤ adj. y s. m. Dícese del hueso situado en el extremo inferior de la columna vertebral. ⬦ FAM. sacrosanto. SAGRADO, DA.

sacrosanto, ta adj. Que es a la vez sagrado y santo.

sacudida s. f. Acción y efecto de sacudir: *sacudida sísmica.*

sacudir v. tr. [3]. Agitar violentamente. || Golpear una cosa o agitarla en el aire para limpiarla. || *Fam.* Golpear, pegar a alguien. ➤ v. tr. y pron. Quitarse una cosa de encima con violencia. ➤ **sacudirse** v. pron. *Fam.* Desembarazarse de alguien o de

algo. ⋄ FAM. sacudida, sacudidor, sacu-
dimiento.

sádico, ca adj. y s. Relativo al sadismo. ‖
Cruel.

sadismo s. m. Crueldad. ‖ Tendencia sexual de quien encuentra placer haciendo
sufrir a otro. ⋄ FAM. sádico. / sadomasoquismo.

sadomasoquismo s. m. Asociación de
tendencias sádicas y masoquistas. ⋄ FAM.
sadomasoquista. SADISMO y MASOQUISMO.

saeta s. f. Flecha. ‖ Manecilla de reloj. ‖
Modalidad de cante flamenco, que se
canta en las procesiones de Semana
Santa. ⋄ FAM. saetazo, saetera. / asaetar,
sagita, sagitario.

saetera s. f. Arpillera o ventanilla para
disparar saetas.

safari s. m. Expedición de caza mayor en
África. ‖ Excursión similar efectuada en
otros territorios.

safena adj. y s. f. ANAT. Dícese de dos venas de las piernas.

sáfico, ca adj. Dícese de un verso griego
o latino de once sílabas, y de la estrofa en
que se empleaba.

safio s. m. Cuba. Pez similar al congrio.

saga s. f. Leyenda de la antigua literatura
nórdica. ‖ Epopeya familiar que se desarrolla a lo largo de varias generaciones.

sagacidad s. f. Calidad de sagaz.

sagaz adj. Agudo, astuto. ‖ Dícese del perro hábil para barruntar la caza. ⋄ FAM.
sagacidad, sagazmente.

sagita s. f. MAT. Porción de recta comprendida entre el punto medio de un arco
de círculo y el de su cuerda. ⋄ FAM.
SAETA.

sagitario s. m. y f. y adj. Persona nacida
bajo el signo zodiacal de Sagitario.
⋄ FAM. SAETA.

sagrado, da adj. Relativo a la divinidad o
a su culto. ‖ Que inspira mucho respeto.
⋄ FAM. sagrario. / consagrar, sacralizar,
sacramento, sacrificar, sacrílego, sacristía,
sacro.

sagrario s. m. Parte del templo en que se
guardan las cosas sagradas. ‖ Lugar donde
se guarda a Cristo sacramentado. ‖ En algunas catedrales, capilla que sirve de parroquia.

saguaipe s. m. Argent. Sanguijuela. ‖ Argent., Par. y Urug. Gusano parásito que se
aloja en el hígado ovino o del hombre.

sahariana s. f. Chaqueta de tela delgada
y ligera con bolsillos sobrepuestos y cinturón.

sahariano, na adj. y s. Del Sahara.
⋄ FAM. sahariana.

sainete s. m. Obra dramática jocosa y de
carácter popular. ‖ Cosa que realza la gracia o el mérito de otra cosa. ‖ Argent. Fam.
Suceso grotesco. ⋄ FAM. sainetero, sai-
netesco, sainetista.

sajadura s. f. Incisión o corte hecho en la
carne.

sajar v. tr. [1]. Hacer sajaduras. ⋄ FAM.
saja, sajadura.

sajón, na adj. y s. De un pueblo germánico que invadió Gran Bretaña en el s. v.
‖ De Sajonia. ⋄ FAM. anglosajón.

sake o **saki** s. m. Bebida alcohólica japonesa hecha de arroz.

sal s. f. Sustancia incolora, soluble y de
gusto acre, empleada como condimento.
‖ Gracia, ingenio. ‖ QUÍM. Compuesto formado por la sustitución del hidrógeno de
un ácido por un metal. ◆ pl. Sustancia
para reanimar. ‖ Sustancia perfumada para
el baño. ● **Sal gema**, sal común. ● **Echarle
la sal** a algo (Méx. Fam.), comunicarle la
mala suerte. ⋄ FAM. salar, salero, salífero,
salificar, salina, salino, salitre, salobre,
salsa. / ensalada, salcocho, salpimentar.

sala s. f. Pieza principal de la casa. ‖ Habitación grande para ciertos usos. ‖ Local
donde se celebran espectáculos, conferencias, etc. ‖ Cada una de las secciones
en que se dividen los tribunales colegiados. ‖ Conjunto de magistrados que integran cada una de estas secciones y lugar
donde se reúnen. ⋄ FAM. salón. / antesala,
maestrasala.

salacot s. m. Sombrero ligero que se usa
en países cálidos.

saladero s. m. Lugar destinado para salar
carnes o pescados.

salado, da adj. Que tiene exceso de sal.
‖ Gracioso, agudo. ‖ Amér. Desgraciado,
gafe. ‖ Argent., Chile y Urug. Fam. Caro,
costoso. ⋄ FAM. resalado. SALAR.

salamanca s. f. Argent. Salamandra de cabeza chata. ‖ Argent., Chile y Urug. Cueva
natural que hay en algunos cerros.

salamandra s. f. Anfibio de piel lisa, de
color negro con manchas amarillas, y con
forma de lagarto. ⋄ FAM. salamanquesa.

salamanquesa s. f. Saurio de cuerpo
comprimido y ceniciento y piel rugosa.
⋄ FAM. SALAMANDRA.

salame s. m. Salami. ◆ s. m. y f. Argent.,
Par. y Urug. Tonto, ingenuo. ⋄ FAM. salamín. SALAMI.

salami s. m. Embutido parecido al salchichón. ⋄ FAM. salame.

salamín s. m. Argent., Par. y Urug. Variedad de salame en forma de chorizo. ‖ Argent. Fam. Salame, ingenuo.

salar v. tr. [1]. Poner en sal carnes y pescados para que se conserven. ‖ Sazonar
con sal. ‖ Echar más sal de la necesaria.
◆ v. tr. y pron. Cuba, Hond. y Perú. Manchar, deshonrar. ‖ Amér. Central, Perú y
P. Rico. Desgraciar, echar a perder. ‖ Argent. y C. Rica. Dar o causar mala suerte.
⋄ FAM. saladero, salado, salador, sala-
dura, salazón. / desalar. SAL.

salarial adj. Relativo al salario.

salario s. m. Remuneración del trabajo
efectuado por una persona. ⋄ FAM. sala-
riado, salarial. / asalariar.

salaz adj. Lujurioso. ⋄ FAM. salacidad.

salazón s. f. Acción y efecto de salar alimentos. ‖ Productos alimenticios así conservados. ‖ *Amér. Central, Cuba y Méx.* Desgracia, mala suerte.

salchicha s. f. Embutido de carne de cerdo en tripa delgada. ◇ FAM. salchichería, salchichero, salchichón.

salchichón s. m. Embutido en tripa gruesa, hecho a base de jamón y tocino mezclado con pimienta en grano.

salcocho s. m. *Amér. Central y Amér. Merid.* Cocción de un alimento en agua y sal antes de condimentarlo. ‖ *Cuba.* Restos de comida para los cerdos. ◇ FAM. salcochar. SAL y COCHO, CHA.

saldar v. tr. [1]. Pagar por completo una deuda. ‖ Vender mercancías a bajo precio. ‖ Poner fin a algo. ◇ FAM. saldo.

saldo s. m. Diferencia entre el debe y el haber de una cuenta. ‖ Liquidación de una deuda u obligación. ‖ Resultado final. ‖ Mercancía vendida a bajo precio.

saledizo, za adj. Saliente, que sobresale. ◆ s. m. Salidizo.

salero s. m. Recipiente donde se guarda o se sirve la sal. ‖ *Fam.* Gracia, donaire. ◇ FAM. saleroso. SAL.

saleroso, sa adj. *Fam.* Que tiene salero, gracia y simpatía.

salesiano, na adj. y s. Dícese de los miembros de la congregación de religiosos fundada por san Juan Bosco.

salicáceo, a adj. y s. f. Relativo a una familia de plantas arbóreas con flores sin pétalos, como el sauce. ◇ FAM. SAUCE.

salicílico, ca adj. Dícese de un ácido que posee propiedades antisépticas y antiinflamatorias. ◇ FAM. acetilsalicílico.

sálico, ca adj. Relativo a una ley que excluía del trono a las mujeres.

salida s. f. Acción y efecto de salir. ‖ Viaje, excursión o paseo. ‖ Lugar por donde se sale. ‖ Posibilidad de venta de los géneros. ‖ Solución a algo. ‖ Pretexto, escapatoria. ‖ Ocurrencia, dicho oportuno. ‖ Lugar donde se sitúan los participantes de una carrera y momento en que se inicia.

salidizo s. m. Elemento que sobresale de una construcción.

salido, da adj. Saliente. ‖ Dícese de los animales cuando están en celo. ‖ *Fam.* Que siente un gran deseo sexual.

salidor, ra adj. *Amér. Central y Amér. Merid.* Que gusta de callejear.

saliente adj. Que sobresale materialmente o en importancia. ◆ s. m. Parte que sobresale de una cosa. ‖ Oriente, levante.

salificar v. tr. [1a]. QUÍM. Transformar en sal. ◇ FAM. salificable, salificación. SAL.

salina s. f. Mina de sal. ‖ Explotación donde se beneficia el agua del mar o de lagos salinos. ◇ FAM. SAL.

salinidad s. f. Calidad de salino. ‖ Cantidad de sal que contiene el agua.

salino, na adj. Relativo a la sal. ‖ Que contiene sal. ‖ QUÍM. Que tiene las características de una sal. ◇ FAM. salinidad. SAL.

salir v. intr. y pron. [28]. Ir fuera de un lugar. ‖ Cesar en un cargo o irse de una sociedad, partido, etc. ‖ Lograr: *salirse con la suya.* ◆ v. intr. Marcharse. ‖ Mantener relación con otra persona. ‖ Aparecer, manifestarse: *sale en la tele.* ‖ Nacer, brotar. ‖ Sobresalir. ‖ Tener algo su origen en otra cosa. ‖ Resultar: *salir muy listo.* ‖ Dar un resultado. ‖ Costar cierta cantidad. ‖ Corresponder una cantidad en un reparto. ‖ Parecerse a otra persona. ‖ Ser elegido por sorteo o votación. ‖ Ir a parar, desembocar. ‖ Responder por alguien. ‖ Decir o hacer algo inesperado. ‖ Empezar un juego. ◆ **salirse** v. pron. Derramarse un líquido del recipiente en que está. ● **Salir adelante**, superar una dificultad. ‖ Llegar a feliz término. ◇ FAM. saledizo, salida, salidizo, salido, salidor, saliente. / sobresalir.

salitre s. m. Nitrato de potasio. ‖ Sustancia salina. ◇ FAM. salitrado, salitral, salitrera, salitroso. SAL.

salitrera s. f. Sitio donde existe salitre. ‖ *Chile.* Centro de explotación del salitre.

saliva s. f. Líquido claro que vierte en la boca, producido por las glándulas de la mucosa bucal. ◇ FAM. salivadera, salival, salivar, salivoso.

salivadera s. f. *Amér. Merid.* Escupidera.

salival adj. Relativo a la saliva. ‖ Que segrega la saliva.

salivar v. intr. [1]. Segregar saliva. ◇ FAM. salivación. / ensalivar. SALIVA.

salmantino, na adj. y s. De Salamanca (España).

salmer s. m. ARQ. Piedra del muro de donde arranca un arco.

salmo s. m. Canto litúrgico de la religión de Israel, presente en la liturgia cristiana. ◇ FAM. salmodia. / ensalmo.

salmodia s. f. Manera de cantar o de recitar los salmos. ‖ *Fam.* Canto monótono. ◇ FAM. salmodiar. SALMO.

salmón s. m. Pez parecido a la trucha, de carne anaranjada. ‖ Color rosa algo mezclado con ocre. ◇ FAM. asalmonado.

salmonella s. f. Género de bacterias que producen infecciones intestinales. ◇ FAM. salmonelosis.

salmonelosis s. f. MED. Infección intestinal producida por la salmonella.

salmonete s. m. Pez de color rojo, muy apreciado por su carne.

salobre adj. Que por su naturaleza tiene sabor de sal, o que la contiene. ◇ FAM. salobral, salobridad. SAL.

salomónico, ca adj. Relativo a Salomón. ‖ ARQ. Dícese de un tipo de columna que tiene el fuste en forma helicoidal.

salón s. m. Sala, pieza principal de la casa. ‖ Local grande donde se celebran fiestas, juntas o actos. ‖ Exposición. ‖ Ciertos establecimientos: *salón de té*. ‖ *Méx.* Aula. • **Salón de belleza**, peluquería de señoras. • **De salón**, propio de un ambiente frívolo y mundano. ◇ FAM. SALA.

salpicada s. f. *Méx.* Salpicadura.

salpicadera s. f. *Méx.* Guardabarros.

salpicadero s. m. Tablero de los automóviles situado frente al conductor en que se hallan algunos mandos e indicadores.

salpicadura s. f. Acción y efecto de salpicar. ➡ pl. Conjunto de manchas con que está salpicado algo.

salpicar v. tr. e intr. [1a]. Esparcir en gotas pequeñas un líquido. ➡ v. tr. y pron. Mojar o ensuciar con esas gotas. ◇ FAM. salpicada, salpicadera, salpicadero, salpicadura, salpicón.

salpicón s. m. Salpicadura. ‖ Picadillo de diversas clases de carne o pescado. ‖ *Ecuad.* Bebida refrescante de zumo de fruta.

salpimentar v. tr. [1j]. Adobar con sal y pimienta. ‖ Amenizar algo con gracias, agudezas, etc. ◇ FAM. SAL y PIMIENTA.

salpullido s. m. Urticaria. ◇ FAM. salpullir. SARPULLIDO.

salsa s. f. Sustancia líquida o pastosa que acompaña a ciertos platos. ‖ Aquello que da gracia o amenidad a algo. ‖ Género musical que resulta de la fusión de varios tipos de ritmos caribeños. • **Dar la salsa** (*Argent.*), dar una paliza. ‖ *Argent.* Vencer. ‖ **En su propia salsa**, en su ambiente. ◇ FAM. salsera. SAL.

salsamentaría s. f. *Colomb.* Tienda donde se venden embutidos.

salsera s. f. Recipiente en que se sirve la salsa.

saltado, da adj. *Amér. Merid.* Dícese del alimento poco frito.

saltador, ra adj. y s. Que salta. ➡ s. m. Cuerda para saltar.

saltagatos s. m. *Colomb.* Saltamontes.

saltamontes s. m. Insecto de color pardo o verde y patas posteriores saltadoras.

saltanejoso, sa adj. *Cuba* y *Méx.* Dícese del terreno ondulado.

saltaperico s. m. *Cuba.* Hierba silvestre de flores azuladas.

saltar v. intr. [1]. Levantarse del suelo con impulso. ‖ Arrojarse desde una altura. ‖ Estallar. ‖ Manifestar enfado bruscamente. ➡ v. tr. Atravesar. ‖ Pasar bruscamente de una cosa a otra. ➡ v. intr. y pron. Desprenderse una cosa de otra. ➡ v. tr. y pron. Omitir parte de algo. ◇ FAM. saltable, saltado, saltador, saltarín, saltear, salto, saltón. / asaltar, resaltar, saltagatos, saltamontes, saltimbanqui, sobresaltar.

salteador, ra s. Ladrón que roba en los caminos.

saltear v. tr. [1]. Asaltar en despoblado. ‖ Hacer una cosa sin continuidad. ‖ Freír a fuego vivo. ◇ FAM. salteador. SALTAR.

salteño, ña adj. y s. De Salta (Argentina). ‖ De Salto (Uruguay).

salterio s. m. Antiguo instrumento musical de cuerdas. ‖ Libro que consta de 150 salmos. ‖ Libro de coro que contiene sólo los salmos.

saltimbanqui s. m. y f. *Fam.* Titiritero. ◇ FAM. SALTAR.

salto s. m. Acción y efecto de saltar. ‖ Distancia que se salta. ‖ Despeñadero muy profundo. ‖ Cambio brusco, diferencia notable. ‖ Omisión de una parte de un escrito. ‖ Prueba atlética que consiste en saltar determinada altura o longitud. ‖ Cascada de agua. • **Salto de cama**, bata usada al levantarse de la cama. ‖ **Salto mortal**, salto de acrobacia lanzándose de cabeza y dando una o varias vueltas en el aire. • **A salto de mata**, huyendo con rapidez. ‖ Sin orden o previsión.

saltón, na adj. Prominente: *ojos saltones*. ‖ *Chile.* Suspicaz. ‖ *Chile* y *Colomb.* Se dice de los alimentos medio crudos.

salubre adj. Saludable. ◇ FAM. salubridad. / insalubre. SALUD.

salubridad s. f. Calidad de salubre.

salud s. f. Estado de un ser orgánico exento de enfermedades. ‖ Condiciones físicas de un organismo en un determinado momento. ‖ Estado de una colectividad, institución, etc. ‖ **Curarse en salud**, prevenirse contra algo. ‖ **¡Salud!** interj. Expresión con que se saluda a alguien. ‖ Fórmula para brindar. ‖ *Argent., Chile, Méx., Par.* y *Urug. Fam.* Expresión que se dice a alguien cuando estornuda. ◇ FAM. salubre, saludable, saludar.

saluda s. m. Impreso que envía una persona que ocupa un cargo a alguien, con una comunicación formularia y sin firma.

saludable adj. Que conserva o restablece la salud. ‖ De aspecto sano o de buena salud. ‖ Provechoso para un fin.

saludar v. tr. [1]. Dirigir palabras o gestos de cortesía a una persona. ‖ Recibir, acoger de una determinada manera. ‖ Honrar con el signo de subordinación y de atención ordenado por los reglamentos militares. ◇ FAM. saluda, saludador, saludo. / salutación, salve. SALUD.

saludo s. m. Acción de saludar. ‖ Palabras o gestos con los que se saluda. ➡ pl. Expresión de cortesía hacia alguien.

salutación s. f. Saludo.

salva s. f. Conjunto de disparos de cañón que se hacen durante el combate o en honor de alguien. ◇ FAM. SALVE.

salvación s. f. Acción y efecto de salvar o salvarse. ‖ Consecución de la gloria y bienaventuranza eternas.

salvado s. m. Cáscara desmenuzada del grano de los cereales.

salvador, ra adj. y s. Que salva. ➡ s. m. Jesucristo.

salvadoreño, ña adj. y s. De El Salvador.

salvaguarda s. f. Salvaguardia*.

salvaguardar v. tr. [1]. Proteger, defender: *salvaguardar el honor*. ◇ FAM. sal-

vaguarda, salvaguardia. SALVAR y GUAR-
DAR.

salvaguardia s. f. Acción de asegurar o
garantizar. ‖ Documento u otra cosa que
sirve para ello. ‖ Salvoconducto.

salvajada s. f. Dicho o hecho propio de
un salvaje.

salvaje adj. Que crece de forma natural.
‖ Que no está domesticado. ‖ Se dice del
terreno no cultivado. ‖ *Fam.* Violento, irrefrenable. ◆ adj. y s. m. y f. Que vive
en estado primitivo, sin civilización. ‖
Fam. Necio, inculto. ‖ *Fam.* Cruel, bárbaro, inhumano. ◇ FAM. salvajada, salvajismo.

salvajismo s. m. Modo de obrar propio de
los salvajes.

salvamanteles s. m. Pieza que se pone
debajo de las fuentes para resguardar el
mantel.

salvamento s. m. Acción y efecto de salvar o salvarse.

salvar v. tr. y pron. [1]. Librar de un peligro o riesgo. ◆ v. tr. Evitar un riesgo o
dificultad. ‖ Exceptuar, excluir. ‖ Vencer
un obstáculo. ‖ Recorrer una distancia. ‖
Dar Dios la gloria eterna. ◆ salvarse
v. pron. Alcanzar la gloria eterna. ◇ FAM.
salvable, salvación, salvado, salvador, salvamento, salvo. / insalvable, salvaguardar,
salvamanteles, salvavidas.

salvavidas s. m. Objeto utilizado para flotar en el agua.

salve s. f. Oración dedicada a la Virgen.
● ¡Salve! interj. Voz latina empleada para
saludar. ◇ FAM. salva. SALUDAR.

salvedad s. f. Razonamiento que limita o
excusa, excepción.

salvia s. f. Planta herbácea o arbustiva
que se cultiva por sus propiedades tónicas
o como planta ornamental.

salvilla s. f. *Chile.* Vinagreras.

salvo, va adj. Ileso, librado de un peligro.
◆ adv. Excepto. ● A salvo, fuera de peligro. ◇ FAM. salvedad. / salvoconducto.
SALVAR.

salvoconducto s. m. Documento expedido por una autoridad para poder transitar libremente por determinada zona o
territorio.

samario s. m. Metal del grupo de las tierras raras.

samaritano, na adj. y s. De Samaria, ciudad del Asia antigua.

samba s. f. Baile popular y ritmo de origen brasileño, parecido a la rumba, pero
de ritmo más vivo.

sambenito s. m. Escapulario que se ponía
a los penitentes de la Inquisición. ‖ Descrédito que pesa sobre alguien.

sambumbia s. f. *Colomb.* Cosa deshecha
en trozos muy pequeños. ‖ *Cuba.* Bebida
hecha con miel de caña, agua y ají. ‖ *Méx.*
Bebida hecha con piña, agua y azúcar.

samotana s. f. *C. Rica, Hond.* y *Nicar.*
Bulla, jaleo.

samovar s. m. Aparato que sirve para obtener y conservar el agua hirviendo, especialmente para la preparación del té.

sampa s. f. *Argent.* Arbusto que crece en
lugares salitrosos.

sampaulero, ra adj. y s. Sampaulista.

sampaulista adj. y s. m. y f. De Sao Paulo
(Brasil).

sampedrano, na adj. y s. De San Pedro
Sula (Honduras).

samuray s. m. Miembro de una clase de
guerreros japoneses.

samuro s. m. *Colomb.* y *Venez.* Ave rapaz.

san adj. Apócope de *santo.*

sanar v. intr. [1]. Recobrar la salud.
◆ v. tr. Curar. ◇ FAM. sanable, sanador,
sanativo. / subsanar. SANO, NA.

sanatorio s. m. Establecimiento destinado
a la cura o convalecencia de un tipo determinado de enfermos.

sanción s. f. Pena establecida para el que
infringe una ley. ‖ Castigo por una acción
mal hecha. ‖ Aprobación o legitimación
dada a algo. ◇ FAM. sancionar.

sancionar v. tr. [1]. Autorizar un acto, uso
o costumbre. ‖ Aplicar un castigo. ◇ FAM.
sancionable, sancionador. SANCIÓN.

sanco s. m. *Argent.* Guiso a base de harina, sangre de res, cebolla y grasa. ‖
Chile. Barro espeso. ‖ *Chile.* Gachas preparadas con harina tostada de maíz o de
trigo.

sancocho s. m. *Amér. Central* y *Amér.
Merid.* Cocido a base de carne, yuca, plá-
tano y otros ingredientes. ◇ FAM. COCHO,
CHA.

sanctasanctórum s. m. Parte interior y
más sagrada del tabernáculo de los hebreos. ‖ Lugar muy reservado y respetado.
‖ Aquello que para una persona es de más
valor. ◇ FAM. SANTO, TA.

sanctus s. m. Parte de la misa. ◇ FAM.
SANTO, TA.

sandalia s. f. Calzado formado por una
suela que se asegura con cintas o correas.

sándalo s. m. Árbol de Asia, de madera
olorosa. ‖ Madera de este árbol y esencia
que se extrae de ella.

sandez s. f. Calidad de sandio. ‖ Necedad,
tontería, simpleza.

sandía s. f. Planta herbácea que se cultiva por su fruto de pulpa roja y refrescante. ‖ Fruto de esta planta, casi esférico
y de gran tamaño. ◇ FAM. sandial, san-
diar.

sandinismo s. m. Movimiento político nicaragüense de carácter popular. ◇ FAM.
sandinista.

sandio, dia adj. y s. Tonto, majadero.
◇ FAM. sandez.

sanducero, ra adj. y s. De Paysandú
(Uruguay).

sandunga s. f. *Fam.* Salero, gracia natural.
‖ *Chile, Colomb., Méx., Perú* y *P. Rico.*
Jolgorio.

sandwich s. m. Emparedado, bocadillo de pan de molde.

saneamiento s. m. Acción y efecto de sanear.

sanear v. tr. [1]. Dar condiciones de salubridad. || Remediar, reparar, equilibrar. ◇ FAM. saneado, saneamiento. SANO, NA.

sanfelipeño, ña adj. y s. De San Felipe (Venezuela).

sanfermines s. m. pl. Festejos que se celebran en Pamplona en la festividad de san Fermín.

sanfrancisco s. m. Bebida sin alcohol a base de zumos.

sangermeño, ña adj. y s. De San Germán (Puerto Rico).

sangrado s. m. En imprenta, sangría.

sangradura s. f. Corte hecho en una vena para sangrar.

sangrante adj. Que sangra.

sangrar v. intr. [1]. Echar sangre. ◆ v. tr. Extraer sangre con fines terapéuticos. || En imprenta, comenzar una línea más adentro que las otras. || Dar salida al líquido contenido en un sitio. || Fam. Hurtar, sisar. ◇ FAM. sangrado, sangradura, sangrante, sangría. / desangrar. SANGRE.

sangre s. f. Líquido rojo que circula por las venas y arterias. || Linaje, familia. ● Sangre azul, linaje noble. || **Sangre fría**, serenidad, entereza. ● A sangre fría, con premeditación. || Llevar algo en la sangre, ser innato o hereditario. || No llegar la sangre al río (Fam.), no tener algo consecuencias graves. || Tener sangre de horchata, no alterarse por nada. ◇ FAM. sangrar, sangriento, sanguijuela, sanguinario, sanguíneo, sanguinolento. / consanguinidad, ensangrentar, purasangre.

sangría s. f. Acción y efecto de sangrar, extraer sangre. || Bebida refrescante compuesta de vino, azúcar, limón y otros ingredientes. || Salida que se da al agua de un río o canal. || Gasto o pérdida que se produce en una cosa por extracciones sucesivas. || En imprenta, acción y efecto de sangrar.

sangriento, ta adj. Que echa sangre. || Que causa derramamiento de sangre. || Sanguinario. || Cruel, que ofende gravemente.

sangriligero, ra adj. Amér. Central. Simpático.

sangripesado, da adj. Amér. Central. Antipático.

sangrón, na adj. Méx. Fam. Que es antipático, odioso.

sanguaraña s. f. Ecuad. y Perú. Circunloquio, rodeo para decir una cosa. || Perú. Baile popular.

sanguijuela s. f. Gusano anélido que se alimenta de la sangre de los vertebrados. || Fam. Persona ávida de dinero que poco a poco va apoderándose de los bienes de otro. ◇ FAM. SANGRE.

sanguinario, ria adj. Cruel, despiadado. ◇ FAM. SANGRE.

sanguíneo, a adj. Relativo a la sangre. || Que tiene sangre. || De color de sangre. || Fácilmente irritable. ◇ FAM. SANGRE.

sanguinolento, ta adj. Que echa sangre. || Manchado o inyectado de sangre: ojos sanguinolentos. ◇ FAM. sanguinolencia. SANGRE.

sanidad s. f. Calidad de sano. || Salubridad. || Conjunto de servicios e instalaciones que se refieren a la salud pública.

sanitario, ria adj. Relativo a la conservación de la salud. ◆ adj. y s. m. Se dice de los aparatos de higiene instalados en los cuartos de baño. ◆ s. m. Empleado de los servicios de sanidad.

sanjuanero, ra adj. y s. De San Juan de Puerto Rico.

sanjuanino, na adj. y s. De San Juan (Argentina).

sanluiseño, ña adj. y s. De San Luis (Argentina).

sanmarinés, sa adj. y s. De San Marino.

sano, na adj. y s. Que goza de buena salud. ◆ adj. Bueno para la salud. || Que está en buen estado. || Exento de vicios, malicia, etc. ● Sano y salvo, sin daño. ◇ FAM. sanar, sanear, sanidad, sanitario. / insano, malsano, matasanos.

sánscrito, ta adj. y s. m. Dícese de la lengua sagrada de los brahmanes, y de los libros escritos en esta lengua.

sanseacabó Fam. Expresión con que se da por terminado un asunto. ◇ FAM. ACABAR.

sansón s. m. Hombre muy forzudo.

santacruceño, ña adj. y s. De Santa Cruz (Argentina).

santafecino, na adj. y s. De Santa Fe (Argentina).

santanderiense adj. y s. m. y f. Santanderino.

santanderino, na adj. y s. De Santander (España).

santateresa s. f. Insecto de color verde con patas anteriores prensoras.

santería s. f. Amér. Tienda de objetos religiosos. || Cuba. Brujería.

santero, ra adj. Que rinde culto supersticioso a los santos. ◆ s. Persona que cuida de un santuario o ermita. || Persona que vende, pinta o esculpe santos.

santiagueño, ña adj. y s. De Santiago del Estero (Argentina). || Santiaguero.

santiaguero, ra adj. y s. De Santiago de Cuba (Cuba).

santiaguino, na adj. y s. De Santiago de Chile.

santiamén. En un santiamén (Fam.), en un instante.

santidad s. f. Calidad de santo. || Tratamiento honorífico dado al papa.

santificar v. tr. [1a]. Hacer santo. || Rendir culto a un santo o a las cosas santas. ||

Celebrar las fiestas religiosas. ⬦ FAM. santificable, santificación, santificador, santificativo. SANTO, TA.

santiguar v. tr. y pron. [1c]. Hacer la señal de la cruz. ➡ **santiguarse** v. pron. *Fam.* Escandalizarse. ⬦ FAM. santiguamiento, santiguo. SANTO, TA.

santísimo, ma adj. Tratamiento aplicado a la Virgen, a la Trinidad y al papa. ➡ s. m. Jesucristo en la eucaristía.

santo, ta adj. Relativo a la religión. ‖ Conforme a la ley moral. ‖ Dícese de los días de la semana que preceden a la Pascua y de esa semana. ‖ Que produce un efecto o provecho especial. ‖ Con ciertos nombres encarece su significado: *hacer su santa voluntad.* ‖ ➡ adj. y s. Virtuoso, muy resignado. ‖ Dícese de la persona canonizada por la Iglesia católica. ➡ s. Imagen de un santo. ➡ s. m. Respecto de una persona, festividad del santo cuyo nombre lleva. ● Santo y seña, contraseña que sirve a los centinelas como identificación. ● A santo de qué, con qué motivo. ‖ Írsele a alguien el santo al cielo *(Fam.)*, olvidársele lo que iba a decir o a hacer. ‖ Quedarse para vestir santos, quedarse una mujer soltera. ⬦ FAM. san, santería, santero, santidad, santificar, santiguar, santísimo, santón, santoral, santuario, santurrón. / camposanto, sacrosanto, sanctasanctórum, sanctus.

santón s. m. Anacoreta de alguna religión no cristiana. ‖ Persona muy autorizada e influyente en una colectividad.

santoral s. m. Libro que contiene vidas de santos. ‖ Lista de los santos que se conmemoran en cada día del año.

santuario s. m. Lugar sagrado. ‖ Templo en que se venera una imagen o las reliquias de un santo. ‖ Lugar íntimo, reservado.

santurrón, na adj. y s. Beato. ⬦ FAM. santurronería. SANTO, TA.

saña s. f. Insistencia cruel en el daño que se causa. ‖ Furor, rabia con que se ataca. ⬦ FAM. sañoso, sañudo. / ensañarse.

sañudo, da o **sañoso, sa** adj. Que actúa con saña.

sao s. m. *Cuba.* Pradera con partes de arbolado y matorrales.

sapaneco, ca adj. *Hond.* Bajo, rechoncho.

sápido, da adj. Con sabor. ⬦ FAM. sapidez. / insípido. SABOR.

sapiencia s. f. Sabiduría. ⬦ FAM. sapiencial, sapiente. SABER[1].

sapo s. m. Batracio de forma rechoncha, piel verrugosa y ojos saltones. ‖ *Chile.* Mancha en el interior de las piedras preciosas. ‖ *Chile.* Acto casual. ‖ *Cuba.* Pez pequeño de cabeza grande y boca muy hendida. ➡ adj. *Chile.* Disimulado, astuto. ● Ser sapo de otro pozo *(Argent. Fam.)*, pertenecer a otra clase, medio social o esfera laboral. ‖ Tragarse un sapo

(Argent.), verse obligada una persona a aceptar una situación desagradable.

saponificar v. tr. [1a]. Transformar en jabón. ⬦ FAM. saponificable, saponificación. JABÓN.

saprófago, ga adj. y s. m. ZOOL. Que se alimenta de materias orgánicas en descomposición.

saprófito, ta adj. y s. m. Dícese del vegetal que vive sobre sustancias orgánicas en descomposición. ⬦ FAM. saprófago.

saque s. m. DEP. Acción de sacar.

saquear v. tr. [1]. Apoderarse los soldados al ocupar un lugar de todo lo que encuentra. ‖ Apoderarse de cuanto se encuentra en un lugar. ⬦ FAM. saqueador, saqueo. SACO.

saqueo s. m. Acción y efecto de saquear.

sarampión s. m. Enfermedad infecciosa y contagiosa, caracterizada por una erupción de manchas rojas en la piel.

sarao s. m. Reunión o fiesta de sociedad, con baile o música.

sarape s. m. *Guat.* y *Méx.* Poncho de colores vivos.

sarasa s. m. *Fam.* Hombre homosexual.

saraviado, da adj. *Colomb.* y *Venez.* Dícese del ave moteada.

sarazo, za adj. *Colomb., Cuba, Méx.* y *Venez.* Dícese del fruto que empieza a madurar, especialmente del maíz.

sarcasmo s. m. Ironía hiriente y mordaz. ⬦ FAM. sarcástico.

sarcástico, ca adj. y s. Que contiene o emplea sarcasmos.

sarcófago s. m. Tumba en la que los antiguos colocaban los cuerpos que no iban a ser quemados.

sarcoma s. m. Tumor maligno del tejido conjuntivo.

sardana s. f. Danza y música tradicional catalana.

sardina s. f. Pez parecido al arenque, común en el Mediterráneo y en el Atlántico. ⬦ FAM. sardinero.

sardinel s. m. *Colomb.* y *Perú.* Bordillo de la acera.

sardo, da adj. y s. De Cerdeña. ➡ s. m. Lengua neolatina hablada en Cerdeña.

sardónico, ca adj. Sarcástico, irónico: *risa sardónica.*

sarga s. f. Tela cuyo tejido forma unas líneas diagonales.

sargazo s. m. Alga de color pardo que flota en el agua.

sargento s. m. Suboficial de grado inferior. ‖ *Fam.* Persona autoritaria y brusca. ● Sargento primero, suboficial con grado superior al de sargento e inferior al de brigada.

sari s. m. En la India, vestido femenino constituido por una sola pieza de tela de algodón o de seda.

sariama s. f. *Argent.* Ave zancuda de color rojo con un copete.

sariga s. f. *Bol.* y *Perú.* Zarigüeya.

sarmiento s. m. Tallo joven de la vid. ‖ Tallo o rama leñosa trepadora. ◇ FAM. sarmentoso.

sarna s. f. Enfermedad de la piel, caracterizada por vesículas y pústulas que producen un vivo escozor. ◇ FAM. sarnoso.

sarnoso, sa adj. Que tiene sarna.

sarpullido s. m. Urticaria. ◇ FAM. sarpullir. / salpullido.

sarraceno, na s. y adj. Nombre que daban los cristianos de la Edad Media a los musulmanes de Europa y de África.

sarro s. m. Sedimento que dejan en los recipientes algunos líquidos. ‖ Capa blanquecina que cubre la lengua. ‖ Sustancia que se deposita sobre el esmalte de los dientes. ◇ FAM. sarroso.

sarta s. f. Serie de cosas sujetas una tras otra en un hilo, cuerda, etc. ‖ Sucesión, retahíla. ◇ FAM. ensartar.

sartén s. f. Utensilio de cocina poco profundo de mango largo. • **Tener la sartén por el mango** (Fam.), dominar la situación.

sarteneja s. f. Ecuad. y Méx. Grieta formada por la sequía en un terreno. ‖ Ecuad. y Méx. Huella de ganado. ◇ FAM. sartenejal.

sartenejal s. m. Ecuad. Zona donde se forman sartenejas.

sartorio s. m. Músculo de la parte anterior del muslo.

sastre, tra s. Artesano que confecciona trajes, especialmente de hombre. ◇ FAM. sastrería.

sastrería s. f. Oficio de sastre. ‖ Lugar donde trabaja el sastre.

satanás s. m. Lucifer. ◇ FAM. satánico, satanismo.

satánico, ca adj. Relativo a Satanás. ‖ Muy perverso.

satanismo s. m. Carácter de lo satánico. ‖ Culto a Satanás.

satélite s. m. Cuerpo celeste que gravita alrededor de un planeta. → adj. y s. m. Que depende de otro en el plano político, militar o económico. • **Satélite artificial**, vehículo espacial puesto en órbita alrededor de un planeta.

satén s. m. Tejido parecido al raso. ◇ FAM. satinar.

satinar v. tr. [1]. Dar brillo a una tela, papel, etc. ◇ FAM. satinado. SATÉN.

sátira s. f. Obra literaria que censura o ridiculiza a alguien o algo. ‖ Escrito, dibujo, etc., con el mismo fin. ◇ FAM. satírico, satirizar.

satírico, ca adj. Relativo a la sátira. ‖ Que escribe sátiras.

satirizar v. intr. [1g]. Escribir sátiras. → v. tr. Hacer objeto de sátiras. ◇ FAM. satirizante. SÁTIRA.

sátiro s. m. En la mitología griega, genio de la naturaleza, medio hombre medio cabra. ‖ Hombre lascivo.

satisfacción s. f. Acción de satisfacer o satisfacerse. ‖ Aquello que satisface. ‖ Estado del que está satisfecho. ‖ Acto por el cual se repara un daño, ofensa o injusticia.

satisfacer v. tr. [11a]. Complacer o realizar un deseo, apetito, etc. ‖ Pagar, abonar. ‖ Agradar, gustar. ‖ Solucionar, resolver. → **satisfacerse** v. pron. Vengarse de un agravio o perjuicio. ‖ Contentarse o conformarse con algo. ◇ FAM. satisfacción, satisfactorio, satisfecho.

satisfactorio, ria adj. Que satisface. ‖ Grato, bueno.

satisfecho, cha adj. Complacido, contento. ‖ Que ha calmado alguna necesidad o deseo. ◇ FAM. insatisfecho. SATISFACER.

sato s. m. Cuba y P. Rico. Perro pequeño y vagabundo.

saturar v. tr. y pron. [1]. Llenar completamente. → v. tr. Hacer que una solución contenga la mayor cantidad posible de cuerpos disueltos. ◇ FAM. saturable, saturación, saturado.

saturnal adj. Relativo a Saturno. → s. f. Orgía. → pl. Fiesta que se celebraba en la antigua Roma en honor de Saturno.

saturnismo s. m. Intoxicación crónica por las sales de plomo.

sauce s. m. Árbol o arbusto de hojas lanceoladas, que crece junto al agua. • **Sauce llorón**, el de ramas muy largas, flexibles y colgantes. ◇ FAM. sauceda, saucedal. / salicáceo.

saucedal o **sauceda** s. m. Lugar poblado de sauces.

saudí adj. y s. m. y f. De Arabia Saudí.

saudita adj. y s. m. y f. Saudí.

sauna s. f. Baño de vapor. ‖ Local donde se toma.

saurio adj. y s. m. Relativo a un orden de reptiles de cola larga y cuerpo escamoso. ◇ FAM. brontosaurio, dinosaurio, plesiosauro.

savia s. f. Líquido que circula por los vegetales y los nutre.

saxo s. m. Apócope de saxófono.

saxofón o **saxófono** s. m. Instrumento musical de viento, de metal y con varias llaves. ◇ FAM. saxo, saxofonista.

saya s. f. Falda, refajo o enagua. ‖ Vestidura talar.

sayal s. m. Tela de lana muy basta.

sayo s. m. Casaca antigua de guerra. ‖ Fam. Cualquier vestido amplio y de hechura simple. ◇ FAM. saya, sayal. / capisayo.

sayón s. m. Verdugo. ‖ Cofrade que va en las procesiones de Semana Santa con una túnica larga. ‖ Hombre de aspecto fiero.

sazón s. f. Madurez o perfección de algo. ‖ Sabor que se da a las comidas. • **A la sazón**, entonces, en ese momento. ◇ FAM. sazonar. / desazón.

sazonar v. tr. [1]. Aderezar. ◇ FAM. sazonador. SAZÓN.

scooter s. m. Motocicleta de cuadro abierto y motor protegido.

scout adj. y s. m. Explorador.

script s. m. y f. Colaborador del realizador de una película.

se[1] pron. pers. reflexivo m. y f. sing. de 3.ª persona. Forma átona que funciona como complemento directo o indirecto: *los dos se aman; el niño se lava las manos.* ‖ Indica intransitividad: *el barco se hundió.* ‖ Marca la voz pasiva: *el periódico se agotó en seguida.* ‖ Marca impersonalidad o indeterminación: *se ruega no fumar.*

se[2] pron. pers. m. y f. sing. de 3.ª persona. Forma del dativo en combinación con el acusativo: *se las dio.*

sebáceo, a adj. Relativo al sebo. ‖ Dícese de la glándula cutánea que segrega una grasa que lubrifica el pelo y la piel.

sebo s. m. Grasa sólida que se obtiene de los animales. ‖ *Fam.* Gordura o exceso de grasa. ● **Hacer sebo** (*Argent.*), vaguear, simular que se trabaja. ◇ FAM. sebáceo, seborragia, seborrea, seboso.

seborrea o **seborragia** s. f. Aumento patológico de la secreción de las glándulas sebáceas de la piel. ◇ FAM. seborreico. SEBO.

sebucán s. m. *Colomb., Cuba y Venez.* Talega de tela basta utilizada para exprimir la yuca rallada y hacer el cazabe.

secadero s. m. Recinto o local para secar ciertos productos.

secador, ra adj. Que seca. ◆ s. Aparato para secar.

secano s. m. Tierra de cultivo sin riego. ◇ FAM. SECO, CA.

secante[1] adj. Que seca. ◆ adj. y s. m. Dícese de un papel poroso, que posee la propiedad de absorber los líquidos.

secante[2] adj. y s. f. MAT. Dícese de las líneas o superficies que cortan a otras líneas o superficies. ◇ FAM. cosecante. SEGAR.

secar v. tr. y pron. [1a]. Dejar o quedar seca una cosa. ◇ FAM. secadero, secado, secador, secamiento, secante[1]. / desecar. SECO, CA.

sección s. f. Corte o hendidura. ‖ Cada una de las partes en que se divide un todo continuo. ‖ Unidad en que se divide una compañía, escuadrón o batería. ‖ Dibujo del perfil de un edificio, máquina, etc. ‖ MAT. Superficie que resulta de la intersección de un sólido y un plano. ◇ FAM. seccionar. / bisección, disección, intersección, resección, sector, vivisección.

seccionar v. tr. [1]. Cortar. ‖ Dividir en secciones.

secesión s. f. Acción de separarse de una colectividad o nación parte de su pueblo o territorio. ◇ FAM. secesionismo.

secesionismo s. m. Tendencia u opinión favorable a la secesión. ◇ FAM. secesionista. SECESIÓN.

seco, ca adj. Que carece de humedad, no mojado. ‖ Que tiene muy poca agua o que carece de ella. ‖ Dícese de las plantas sin vida. ‖ Dícese de las frutas sin jugo. ‖ Dícese del país o del clima de escasa lluvia. ‖ Flaco, de pocas carnes. ‖ Poco amable, tajante. ‖ Riguroso, estricto. ‖ Ronco, áspero y sin resonancia. ◆ s. m. *Chile.* Puñetazo, coscorrón. ● **A secas,** sin otra cosa. ‖ **En seco,** fuera del agua. ‖ De repente, bruscamente. ◇ FAM. secano, secar, sequedad, sequía. / lavaseco, reseco.

secoya s. f. Secuoya*.

secreción s. f. Separación. ‖ Acción de secretar. ‖ Sustancia segregada.

secretar v. tr. [1]. Producir las glándulas, membranas y células una sustancia. ◇ FAM. secreción, secretor, secretorio.

secretaría s. f. Sección de un organismo, empresa, etc., que lleva los asuntos de administración. ‖ Cargo y oficina del secretario.

secretariado s. m. Cargo o empleo de secretario. ‖ Carrera o profesión de secretario. ‖ Cuerpo o conjunto de secretarios. ‖ Organismo central de un movimiento artístico, cultural, etc.

secretario, ria s. Persona encargada de la administración en un organismo, empresa, etc., o al servicio de otra persona. ● **Secretario de estado,** jefe de un departamento ministerial. ‖ En algunos países, ministro. ‖ **Secretario general,** máximo dirigente de algunos partidos políticos. ◇ FAM. secretaría, secretariado, secretarial. / subsecretario, vicesecretario.

secretear v. intr. [1]. *Fam.* Hablar en voz baja o en secreto. ◇ FAM. secreteo. SECRETO, TA.

secreter s. m. Mueble con cajones y un tablero para escribir.

secreto, ta adj. Oculto, escondido. ‖ Reservado, confidencial. ◆ s. m. Aquello que no debe decirse. ‖ Cosa oculta, escondida o desconocida. ‖ Sigilo. ◇ FAM. secretamente, secretear.

secta s. f. Conjunto de fieles de una parcialidad religiosa o ideológica. ‖ Conjunto de seguidores de una doctrina que se considera falsa. ◇ FAM. sectario. SEGUIR.

sectario, ria adj. Intolerante, fanático de un partido o de una idea. ◆ adj. y s. Que es partidario de una secta.

sector s. m. Parte delimitada de un todo. ‖ Parte de una clase o de una colectividad que presenta caracteres peculiares. ‖ Cada una de las partes en que se divide la economía para su estudio. ‖ MAT. Porción de círculo limitado por dos radios y arco que los une. ◇ FAM. sectorial. SECCIÓN.

sectorial adj. Relativo a un sector. ‖ Dividido en sectores.

secuaz adj. y s. m. y f. Con respecto a alguien, se dice de la persona que sigue su partido, opinión, etc. ◇ FAM. SEGUIR.

secuela s. f. Consecuencia de una cosa, en especial de una enfermedad. ‖ *Chile.* Curso que sigue un pleito. ◇ FAM. SEGUIR.

secuencia s. f. Serie ordenada de cosas

que guardan entre sí cierta relación. ‖ CINE y TV. Sucesión de imágenes o escenas que forman un conjunto. ⬦ FAM. secuencial, secuenciar. SEGUIR.

secuencial adj. Relativo a la secuencia.

secuenciar v. tr. [1]. Establecer una serie o sucesión de cosas que guardan entre sí cierta relación.

secuestrar v. tr. [1]. Raptar a una persona, exigiendo algo por su rescate. ‖ Apoderarse por la violencia del mando de una nave, avión, etc. ‖ DER. Embargar judicialmente algún bien. ⬦ FAM. secuestrado, secuestrador, secuestro.

secuestro s. m. Acción y efecto de secuestrar.

secular adj. Seglar. ‖ Que dura un siglo o que existe desde hace siglos. ➥ adj. y s. m. y f. Dícese del clero o sacerdote que no vive sujeto a votos religiosos o monásticos. ⬦ FAM. secularizar. / finisecular, seglar. SIGLO.

secularizar v. tr. y pron. [1g]. Hacer pasar o pasar un clérigo al estado secular. ‖ Hacer secular lo eclesiástico. ⬦ FAM. secularización. SECULAR.

secundar v. tr. [1]. Apoyar, ayudar a alguien en sus deseos o propósitos, o colaborar con él. ⬦ FAM. secundario. SEGUIR.

secundario, ria adj. Que ocupa el segundo lugar en un orden. ‖ De menor importancia que otra cosa. ➥ adj. y s. m. GEOL. Mesozoico.

secuoya s. f. Árbol conífero que puede alcanzar los 140 m de altura.

sed s. f. Gana y necesidad de beber. ‖ Necesidad de agua que tienen algunas cosas. ‖ Deseo vehemente. ⬦ FAM. sediento.

seda s. f. Sustancia en forma de filamento, segregada por las larvas de ciertos insectos. ‖ Hilo formado con esta sustancia. ‖ Tejido fabricado con este hilo. • **Seda artificial,** rayón. • **Como una seda** (Fam.), muy dócil y sumiso. ‖ Con mucha facilidad. ⬦ FAM. sedal, sedería, sedoso.

sedal s. m. Hilo de la caña de pescar.

sedán s. m. Modelo de automóvil de carrocería cerrada.

sedante adj. y s. m. Que calma el dolor o disminuye la excitación nerviosa. ‖ Que calma o sosiega el ánimo.

sedar v. tr. [1]. Apaciguar, sosegar. ⬦ FAM. sedación, sedante, sedativo.

sede s. f. Lugar donde tiene su domicilio una entidad, organización, etc. ‖ Asiento o trono de un prelado que ejerce jurisdicción. ‖ Capital de una diócesis. ‖ Diócesis. • **Santa Sede,** jurisdicción y potestad del papa. ⬦ FAM. SEO. SENTAR.

sedentario, ria adj. Dícese de la actividad de poco movimiento o de la persona que la ejerce. ➥ adj. y s. Dícese de las colectividades que permanecen en un lugar fijo. ⬦ FAM. SENTAR.

sedería s. f. Tienda de géneros de seda. ‖

Conjunto de géneros de esta clase. ‖ Comercio o elaboración de dichos géneros.

sedición s. f. Levantamiento contra la autoridad legal, de carácter menos grave que la rebelión. ⬦ FAM. sedicioso.

sedicioso, sa adj. y s. Que promueve una sedición o interviene en ella. ➥ adj. Dícese de los actos o palabras del que promueve una sedición.

sediento, ta adj. y s. Que tiene sed. ➥ adj. Que necesita agua o humedad. ‖ Que tiene ansia o deseo vehemente de una cosa.

sedimentar v. tr. [1]. Depositar sedimento un líquido. ➥ **sedimentarse** v. pron. Depositarse las materias suspendidas en un líquido. ‖ Afianzarse los conocimientos, los sentimientos, etc. ⬦ FAM. sedimentación. SEDIMENTO.

sedimentario, ria adj. Relativo al sedimento. ‖ Dícese de la roca formada por sedimentación de fragmentos de otras rocas.

sedimento s. m. Depósito que se forma en un líquido en el que existen sustancias en suspensión. ‖ Depósito dejado por las aguas, el viento y otros agentes de erosión. ‖ Huella o señal que queda en el ánimo. ⬦ FAM. sedimentar, sedimentario. SENTAR.

sedoso, sa adj. Parecido a la seda o suave como la seda.

seducir v. tr. [20]. Persuadir, incitar con promesas o engaños a hacer algo, especialmente a tener relaciones sexuales. ‖ Atraer, fascinar. ⬦ FAM. seducción, seductivo, seductor.

seductor, ra adj. Que seduce.

sefardí adj. y s. m. y f. De los judíos oriundos de España, o de aquellos que, sin serlo, practican los ritos religiosos judeoespañoles. ➥ s. m. Dialecto romance hablado por los sefardíes.

sefardita adj. y s. m. y f. Sefardí.

segador, ra adj. y s. Que siega. ➥ s. f. Máquina para segar.

segar v. tr. [1d]. Cortar la mies o la hierba. ‖ Cortar, cercenar. ⬦ FAM. segable, segador, segueta, siega. / secante².

seglar adj. y s. m. y f. Laico, que no es eclesiástico ni religioso. ⬦ FAM. SECULAR.

segmentar v. tr. y pron. [1]. Cortar, dividir en segmentos. ⬦ FAM. segmentación. SEGMENTO.

segmento s. m. Parte cortada de una cosa. ‖ Aro metálico que asegura el cierre de un émbolo del motor. ‖ MAT. Porción de recta comprendida entre dos puntos. ‖ MAT. Parte del círculo entre el arco y la cuerda. ‖ ZOOL. Artejo. ⬦ FAM. segmentar.

segoviano, na adj. y s. De Segovia (España).

segregación s. f. Acción de separar. • **Segregación racial,** separación, en una comunidad, de las personas de una o más etnias.. ◇ FAM. segregacionismo. SEGREGAR.

segregacionismo s. m. Política de segregación racial. ◇ FAM. segregacionista. SEGREGACIÓN.

segregar v. tr. [1b]. Separar o apartar una cosa de otra o a alguien de algo. ‖ Secretar. ◇ FAM. segregación, segregativo.

segueta s. f. Sierra de marquetería. ◇ FAM. seguetear. SEGAR.

seguidilla s. f. Estrofa formada por dos pentasílabos y dos heptasílabos. ‖ Canción y danza popular española. ‖ *Argent.* Sucesión rápida de hechos. ◇ FAM. SEGUIR.

seguido, da adj. Continuo, ‖ Que está en línea recta. ◆ adv. m. A continuación. ‖ *Amér.* Con frecuencia, a menudo.

seguimiento s. m. Acción y efecto de seguir.

seguir v. tr. e intr. [30a]. Ir después o detrás de alguien o algo. ◆ v. tr. Acompañar, ir con alguien. ‖ Ir en determinada dirección. ‖ Tener como modelo, imitar. ‖ Ser partidario de alguien o algo. ‖ Actuar según un instinto, opinión, etc. ‖ Cursar una carrera o estudios. ◆ v. intr. Continuar en cierto estado o haciendo una cosa. ◆ v. tr. y pron. Suceder una cosa a otra o ser causa de ella. ◇ FAM. seguidilla, seguido, seguidor, seguimiento, siga, siguiente. / conseguir, consiguiente, enseguida, perseguir, proseguir, secta, secuaz, secuela, secuencia, secundar, séquito, subseguir.

seguiriya s. f. Cante flamenco de contenido triste, con copla de cuatro versos.

según prep. Conforme, con arreglo a. ‖ En la opinión de: *según él*. ◆ adv. Como, tal como: *ocurrió según estaba previsto*. ‖ En conformidad a lo que: *según veamos*. ‖ Expresa simultaneidad de dos acciones: *según hablaba, iba emocionándose*. ‖ Denota eventualidad o contingencia: *no sé si iré, según*.

segundero s. m. Manecilla del reloj que señala los segundos.

segundilla s. f. *Colomb.* Refrigerio, alimento ligero.

segundino s. m. *Chile.* Mezcla de aguardiente y yema de huevo.

segundo, da adj. num. ord. y s. Que corresponde en orden al número dos. ◆ adj. Que sigue a lo primero. ◆ s. m. El que sigue en importancia al principal. ‖ Cada una de las 60 partes iguales en que se divide un minuto. ‖ Período de tiempo muy corto, momento. ● **Con segundas**, con intención doble o solapada.

segundón s. m. Hijo segundo en las familias en que hay mayorazgo. ‖ Cualquier hijo no primogénito.

seguridad s. f. Calidad de seguro. ‖ Garantía que una persona a otra de que cumplirá algo. ● **Seguridad social**, conjunto de leyes y organismos que protegen

a los individuos contra ciertos riesgos sociales.

seguro, ra adj. Libre de todo daño, peligro o riesgo. ‖ Que no admite duda o error. ‖ Firme, estable. ◆ s. m. Contrato por el que los aseguradores se comprometen a indemnizar un eventual daño o accidente. ‖ Dispositivo para impedir el funcionamiento de una máquina, mecanismo, etc. ‖ *Méx.* Imperdible. ◆ adv. m. Con seguridad. ● **A buen seguro**, probablemente. ‖ **De seguro**, a buen seguro. ‖ **Sobre seguro**, sin correr riesgos. ‖ **Tener** una cosa **por segura**, no dudar de que ocurrirá o se realizará. ◇ FAM. seguramente, seguridad. / asegurar, inseguro.

seis adj. num. card. y s. m. Cinco y uno. ◆ adj. num. ord. y s. m. y f. Sexto.

seiscientos, tas adj. num. card. y s. m. Seis veces ciento. ◆ s. m. Arte, literatura, historia y cultura del s. XVII.

seísmo s. m. Sismo*.

seláceo, a adj. y s. m. Relativo a una subclase de peces marinos de esqueleto cartilaginoso, como el tiburón o la raya.

selección s. f. Acción de seleccionar. ‖ Conjunto de personas o cosas seleccionadas. ‖ Elección de animales o plantas en vistas a la reproducción. ◇ FAM. preselección. SELECCIONAR.

seleccionador, ra adj. y s. Que selecciona. ◆ s. DEP. Persona encargada de seleccionar los componentes de un equipo.

seleccionar v. tr. [1]. Escoger entre varias personas o cosas las que se consideran más adecuadas para algo. ◇ FAM. selección, seleccionador, selectivo, selecto, selector. ELECCIÓN.

selectividad s. f. Calidad de selectivo. ‖ Conjunto de pruebas a que se someten los alumnos para ingresar en la universidad.

selectivo, va adj. Que sirve para efectuar una selección. ‖ Que implica una selección. ◇ FAM. selectividad. SELECCIONAR.

selecto, ta adj. Que es lo mejor en su especie.

selector, ra adj. Que selecciona. ◆ s. m. Dispositivo que permite seleccionar en un aparato una determinada función. ‖ Pedal para accionar el cambio de velocidades de una motocicleta.

selénico, ca adj. Relativo a la Luna o a sus movimientos. ◇ FAM. selenita, selenografía.

selenio s. m. Elemento químico no metálico, análogo al azufre.

selenita s. m. y f. Supuesto habitante de la Luna.

selenografía s. f. Descripción de la superficie de la Luna. ◇ FAM. selenógrafo. SELÉNICO, CA.

selenosis s. f. Mancha blanca en la uñas.

self-service s. m. Autoservicio.

sellar v. tr. [1]. Imprimir el sello a una cosa. ‖ Dejar la huella o señal de una cosa

sellado, sellador, selladura. SELLO.

sello s. m. Utensilio que sirve para estampar lo que está grabado en él. ‖ Lo que queda estampado con él. ‖ Viñeta de papel que se usa como señal de pago de algún derecho. ‖ Disco de metal o de cera para cerrar un documento, paquete, etc. ‖ Sortija con una placa en la que se graba algo. ‖ *Chile, Colomb.* y *Perú.* Reverso de las monedas. ◇ FAM. sellar. / matasellos.

selva s. f. Bosque extenso, inculto y muy poblado de árboles. ◇ FAM. selvático. / madreselva, silvestre, silvicultura.

selvático, ca adj. Relativo a la selva.

sema s. m. LING. Unidad mínima de significación no susceptible de realización independiente. ◇ FAM. semáforo, semántico, semiología, semiótica. / polisemia.

sema- pref. Significa 'señal': *semáforo.*

semáforo s. m. Dispositivo de señalización luminosa para la regulación del tráfico urbano. ‖ Aparato de señales de ferrocarril. ◇ FAM. SEMA.

semana s. f. Serie de siete días, del lunes al domingo. ‖ Período de siete días consecutivos. ‖ Salario ganado en una semana. ◇ FAM. semanal, semanario.

semanal adj. Que dura una semana. ‖ Que sucede o se repite cada semana.

semanario s. m. Publicación periódica semanal. ‖ Juego de algunas cosas, formado por siete unidades.

semántico, ca adj. Relativo al significado. ◆ s. f. Parte de la lingüística que estudia el significado de las palabras. ◇ FAM. semantista. SEMA.

semblante s. m. Cara, rostro. ‖ Apariencia favorable o desfavorable de una cosa. ◇ FAM. semblantear, semblanza.

semblantear v. tr. e intr. [1]. *Argent., Chile, Nicar., Par., Salv.* y *Urug.* Mirar a alguien a la cara para adivinar sus intenciones y pensamientos.

semblanza s. f. Descripción física o moral de una persona.

sembradero s. m. *Colomb.* Porción de tierra de labor.

sembradío, a adj. Dícese del terreno destinado a sembrar.

sembrado s. m. Terreno donde se ha efectuado la siembra.

sembrar v. tr. [1j]. Esparcir las semillas en la tierra para que germinen. ‖ Esparcir. ‖ Dar motivo u origen a algo. ◇ FAM. sembradero, sembradío, sembrado, sembrador, siembra.

semejante adj. Que se parece a otra persona o cosa. ‖ Tal: *no tengo semejante intención.* ‖ MAT. Dícese de las figuras de distinto tamaño, pero proporcionales. ◆ s. m. Cualquier persona con respecto a otra. ◇ FAM. semejanza. SEMEJAR.

semejanza s. f. Calidad de semejante. ‖ Símil.

semejar v. intr. y pron. [1]. Parecer o te-

ner semejanza. ◇ FAM. semejable, semejante. / asemejar, símil.

semen s. m. Esperma. ◇ FAM. seminal, seminífero. / inseminación.

semental adj. y s. m. Dícese del animal macho que se destina a la reproducción. ◇ FAM. SIMIENTE.

sementera s. f. Acción y efecto de sembrar. ‖ Tierra sembrada. ‖ Cosa sembrada. ‖ Tiempo en que se siembra. ◇ FAM. SIMIENTE.

semestral adj. Que sucede o se repite cada semestre. ‖ Que dura un semestre.

semestre s. m. Período de seis meses. ‖ Renta o sueldo que se cobra o paga cada seis meses. ◇ FAM. semestral. MES.

semi- pref. Significa 'medio, casi': *semicírculo.*

semicilindro s. m. Cada una de las dos mitades de un cilindro. ◇ FAM. semicilíndrico. CILINDRO.

semicírculo s. m. Cada una de las dos mitades del círculo separadas por un diámetro. ◇ FAM. semicircular. CÍRCULO.

semicircunferencia s. f. Mitad de una circunferencia.

semiconsonante adj. y s. f. LING. Aplícase a las vocales *i, u,* en principio de diptongo.

semicorchea s. m. MÚS. Figura equivalente a la mitad de la corchea.

semidiós, sa s. Hijo de un dios y de un mortal. ‖ Divinidad secundaria, como el fauno o la ninfa.

semiesfera s. f. Hemisferio. ◇ FAM. semiesférico. ESFERA.

semifinal s. f. Prueba deportiva que precede a la final. ◇ FAM. semifinalista. FINAL.

semifusa s. f. MÚS. Figura equivalente a la mitad de la fusa.

semilla s. f. Embrión que, tras la germinación, da una nueva planta. ‖ Aquello que es causa u origen de algo. ◆ pl. Conjunto de granos que se siembran. ◇ FAM. semillero. / simiente.

semillero s. m. Lugar donde se siembran plantas que después se han de trasplantar. ‖ Lugar donde se conservan semillas. ‖ Aquello que es causa y origen de que suceda o se realice algo.

semilunar adj. Que tiene forma de media luna.

seminal adj. Relativo al semen. ‖ Relativo a la semilla. ◇ FAM. SEMEN.

seminario s. m. Establecimiento religioso donde se forma a los que aspiran al sacerdocio. ‖ Serie de conferencias o actividades sobre un tema determinado. ◇ FAM. seminarista.

seminarista s. m. Alumno de un seminario.

semiología s. f. Semiótica. ◇ FAM. semiológico. SEMA.

semiótica s. f. Ciencia que estudia los signos dentro de la vida social. ◇ FAM. semiótico. SEMA.

semipesado, da adj. y s. m. Dícese de una categoría de boxeo intermedia entre el peso medio y el peso pesado.

semiplano s. m. MAT. Porción de plano limitado por una recta.

semirrecta s. f. MAT. Cada una de las dos partes determinadas en una recta por un punto. ◇ FAM. semirrecto. RECTO, TA.

semita adj. y s. m. y f. Dícese de los árabes, hebreos y otros pueblos. ◆ adj. Semítico. ◆ s. f. *Argent.*, *Bol.* y *Ecuad.* Especie de bollo, cemita. ◇ FAM. semítico, semitismo.

semítico, ca adj. Relativo a los semitas.

semitismo s. m. Conjunto de las doctrinas, instituciones y costumbres de los pueblos semitas. ◇ FAM. antisemitismo. SEMITA.

semitono s. m. MÚS. Cada una de las dos partes en que se divide el intervalo de un tono.

semivocal adj. y s. f. LING. Aplícase a las vocales *i*, *u* al final de un diptongo.

sémola s. f. Pasta de harina reducida a granos muy menudos.

sempiterno, na adj. Eterno. ◇ FAM. SIEMPRE.

senado s. m. En algunos países, una de las asambleas parlamentarias. ‖ Edificio donde se reúne esta asamblea. ◇ FAM. senador, senatorial.

senador, ra s. Miembro de un senado.

senatorial adj. Relativo al senado o al senador.

sencillez s. f. Calidad de sencillo.

sencillo, lla adj. Simple, sin composición. ‖ Sin lujo. ‖ Sin dificultad o complicación. ‖ Exento de artificio o afectación. ‖ De carácter natural y espontáneo. ◆ s. m. *Amér. Central* y *Amér. Merid.* Dinero suelto. ◇ FAM. sencillamente, sencillez.

senda s. f. Camino estrecho. ‖ Cualquier camino. ◇ FAM. sendero.

sendero s. m. Senda.

sendos, das adj. pl. Dícese de aquellas cosas de las que corresponde una para cada una de otras personas o cosas.

senectud s. f. Vejez. ◇ FAM. SENIL.

senegalés, sa adj. y s. De Senegal.

senequismo s. m. Doctrina moral de Séneca, filósofo y político latino. ◇ FAM. senequista.

senescal s. m. Mayordomo mayor de la casa real. ‖ Jefe o cabeza principal de la nobleza. ◇ FAM. senescalado.

senil adj. Relativo a los viejos o a la vejez. ‖ Que muestra decadencia física. ◇ FAM. senilidad. / senectud.

sénior adj. y s. m. Dícese de la persona de más edad respecto a otra del mismo nombre. ‖ Dícese de una categoría deportiva. ◇ FAM. SEÑOR, RA.

seno s. m. Concavidad o hueco. ‖ Mama de la mujer. ‖ Espacio entre el vestido y el pecho. ‖ Útero. ‖ Amparo, refugio. ‖ Parte interna de algo. ‖ Cavidad de algunos huesos. ‖ Conducto venoso de la cavidad craneal. ‖ MAT. Perpendicular que va desde uno de los extremos del arco al radio que pasa por la otra extremidad. ◇ FAM. coseno, ensenada, sinuoso, sinusitis.

sensación s. f. Impresión que las cosas producen a través de los sentidos. ‖ Impresión de sorpresa o admiración. ‖ Presentimiento, corazonada. ◇ FAM. sensacional, sensacionalismo. SENTIR[1].

sensacional adj. Que causa gran sensación. ‖ Estupendo.

sensacionalismo s. m. Tendencia a causar sensación, a difundir noticias sensacionales. ◇ FAM. sensacionalista. SENSACIÓN.

sensatez s. f. Calidad de sensato.

sensato, ta adj. Que piensa y actúa con prudencia y buen juicio. ◇ FAM. sensatez. / insensato.

sensibilidad s. f. Facultad de los seres animados de percibir o experimentar sensaciones. ‖ Calidad de las cosas sensibles. ‖ Grado o medida de la eficacia de ciertos aparatos.

sensibilizar v. tr. [1g]. Hacer sensible o aumentar la sensibilidad. ‖ En fotografía, hacer sensible a la luz una materia. ◇ FAM. sensibilización, sensibilizado, sensibilizador. SENSIBLE.

sensible adj. Que goza de sensibilidad. ‖ Que recibe o capta una impresión externa. ‖ Perceptible por los sentidos. ‖ Que se impresiona ante los placeres estéticos. ‖ Muy claro y manifiesto. ‖ Que indica las más ligeras variaciones: *un termómetro muy sensible.* ‖ Que se deja llevar fácilmente por el sentimiento. ◇ FAM. sensibilidad, sensibilizar, sensiblería. / fotosensible, hipersensible, insensible. SENTIR[1].

sensiblería s. f. Sentimentalismo exagerado o afectado.

sensitiva s. f. Planta arbustiva o herbácea de las regiones cálidas, cuyas hojas se repliegan al menor contacto.

sensitivo, va adj. Relativo a los sentidos. ‖ Que excita la sensibilidad. ‖ Capaz de sentir. ◇ FAM. sensitiva. SENTIR[1].

sensor s. m. Dispositivo que detecta una determinada acción y la transmite adecuadamente. ◇ FAM. SENTIR[1].

sensorial adj. Relativo a los sentidos. ◇ FAM. SENTIR[1].

sensual adj. Relativo a las sensaciones. ‖ Que produce satisfacción o placer a los sentidos. ‖ Relativo al deseo sexual. ◇ FAM. sensualidad, sensualismo. SENTIR[1].

sensualidad s. f. Calidad de sensual. ‖ Propensión o tendencia exagerada a los placeres de los sentidos.

sentada s. f. Tiempo durante el cual alguien permanece sentado. ‖ Manifestación no violenta que consiste en sentarse en un lugar público. ● **De una sentada** (*Fam.*), de una vez.

sentado, da adj. Sensato, juicioso. ● **Dar**

algo por sentado, considerarlo como fuera de duda o discusión.

sentador, ra adj. *Argent.* y *Chile.* Dícese de la prenda de vestir que sienta bien.

sentar v. tr. y pron. [1j]. Poner a uno en algún sitio de manera que quede apoyado sobre las nalgas. ◆ v. tr. Poner algo de modo que permanezca firme. ‖ Fundamentar, establecer. ‖ *Argent., Chile, Ecuad., Perú* y *Urug.* Frenar bruscamente al caballo, haciendo que levante las manos. ◆ v. intr. *Fam.* Digerir bien o mal un alimento. ‖ *Fam.* Caer bien o mal una cosa. ◆ **sentarse** v. pron. Posarse un líquido. ◇ FAM. sentada, sentado, sentador. / asentar, sede, sedentario, sedimento.

sentencia s. f. Dicho breve que contiene un principio moral. ‖ Dictamen, parecer. ‖ Resolución judicial en un proceso. ‖ Proposición, enunciado. ◇ FAM. sentenciar, sentencioso.

sentenciar v. tr. [1]. Pronunciar una sentencia. ‖ Dictar sentencia en materia penal. ◇ FAM. sentenciador. SENTENCIA.

sentencioso, sa adj. Que contiene una sentencia. ‖ Con afectada gravedad.

sentido, da adj. Que contiene sentimiento. ‖ Que se ofende o resiente fácilmente. ◆ s. m. Función por la que un organismo recibe información sobre el medio exterior. ‖ Entendimiento, inteligencia. ‖ Razón de ser, finalidad. ‖ Significado de las palabras. ‖ Manera de interpretar algo. ‖ Dirección. ‖ *Amér. Central* y *Amér. Merid.* Sien. ● **Doble sentido,** equívoco. ‖ **Sentido común,** capacidad de actuar razonablemente. ● **Perder el sentido,** desmayarse. ◇ FAM. contrasentido. SENTIR[1].

sentimental adj. Relativo al sentimiento. ◆ adj. y s. m. y f. Que denota una sensibilidad algo romántica o exagerada. ◇ FAM. sentimentalismo, sentimentalmente. SENTIMIENTO.

sentimentalismo s. m. Calidad de sentimental.

sentimiento s. m. Acción y efecto de sentir. ‖ Estado afectivo del ánimo. ‖ Parte afectiva del ser humano, por oposición a razón. ‖ Afecto, amor. ‖ Aflicción, pena. ◇ FAM. sentimental. SENTIR[1].

sentina s. f. Albañal, cloaca. ‖ Lugar de gran vicio. ‖ Parte baja de la bodega de un buque donde se acumulan las aguas.

sentir[1] v. tr. [22]. Percibir una sensación por medio de los sentidos. ‖ Oír. ‖ Experimentar determinada sensación. ‖ Lamentar algún suceso doloroso. ‖ Creer, opinar. ‖ Presentir, barruntar. ◆ **sentirse** v. pron. Encontrarse en determinada situación o estado. ‖ Considerarse de cierta manera. ‖ Tener un dolor o molestia. ‖ *Chile* y *Méx.* Ofenderse. ◇ FAM. sentido, sentimiento, sentir[2]. / asentir, consentir, presentir, resentirse, sensación, sensible, sensitivo, sensor, sensorial, sensual.

sentir[2] s. m. Sentimiento. ‖ Opinión, parecer. ◇ FAM. disentir. SENTIR[1].

sentón s. m. *Méx.* Golpe que se da uno en las nalgas al caer.

seña s. f. Detalle o particularidad de una cosa, por la que se la reconoce o diferencia. ‖ Gesto o ademán para comunicarse. ‖ Cosa que acuerdan dos personas para entenderse. ◆ pl. Domicilio de una persona. ◇ FAM. señal, señuelo. / contraseña, enseña, enseñar, insigne, insignia, reseña. SIGNO.

señal s. f. Aquello que indica la existencia de algo. ‖ Signo conocido para advertir, anunciar, etc. ‖ Detalle que distingue una cosa de las demás. ‖ Huella, indicio. ‖ Medio usado para indicar algo. ‖ Dinero que se da como garantía de un pago. ‖ Sonido que da un aparato telefónico. ● **Señal de tráfico,** indicación que se pone para regular el tráfico. ◇ FAM. señalar, señalizar. SEÑA.

señalada s. f. *Argent.* Acción de señalar el ganado. ‖ *Argent.* Ceremonia campesina que consiste en señalar el ganado.

señalado, da adj. Notable, extraordinario.

señalar v. tr. [1]. Ser la señal o indicio de algo. ‖ Hacer o poner señales. ‖ Indicar, referir. ‖ Llamar la atención hacia alguien o algo, con la mano, un gesto, etc. ‖ Determinar el tiempo, el lugar, etc., para cierto fin. ‖ Hacer la señal convenida para algo. ‖ Producir heridas o cicatrices. ◆ **señalarse** v. pron. Distinguirse de los demás. ◇ FAM. señalada, señalado, señalamiento. SEÑAL.

señalización s. f. Acción y efecto de señalizar. ‖ Conjunto de señales.

señalizar v. tr. [1g]. Instalar o utilizar señales en una carretera, vía férrea, puerto, etc. ◇ FAM. señalización. SEÑAL.

señor, ra adj. y s. Que es dueño de una cosa. ‖ Noble, distinguido. ◆ adj. Señorial. ‖ Gran: *dar un señor disgusto.* ◆ s. Tratamiento de respeto. ◆ s. m. Dios. ‖ Hombre, en contraposición a mujer. ‖ Poseedor de un feudo. ◆ s. f. Esposa. ‖ Mujer, en contraposición a hombre. ◇ FAM. señorear, señoría, señoril, señorío, señorito. / enseñorearse, monseñor.

señorear v. tr. [1]. Dominar o mandar en algo como señor. ‖ Ser una cosa más elevada que otra. ‖ Dominar las pasiones.

señoría s. f. Tratamiento dado a personas con determinada dignidad. ‖ Persona que recibe este tratamiento.

señorial adj. Relativo al señorío. ‖ Majestuoso, noble.

señorío s. m. Dominio o mando sobre algo. ‖ Distinción, elegancia. ‖ Poder, autoridad de un señor. ‖ Territorio sobre el que se extendía esta autoridad. ◇ FAM. señorial. SEÑOR, RA.

señorito, ta s. Nombre que dan los criados al amo. ‖ *Desp.* Joven acomodado y

ocioso. ◆ s. f. Tratamiento dado a la mujer soltera. || Maestra. ◇ FAM. señoritismo.
SEÑOR, RA.

señuelo s. m. Ave con que se atrae a otra. || Cualquier cosa que sirve para atraer a las aves. || Aquello que sirve para atraer o indicar con engaño. || *Argent.* y *Bol.* Grupo de cabestros usado para atraer el resto del ganado. ◇ FAM. SEÑA.

seo s. f. Catedral. ◇ FAM. SEDE.

sépalo s. m. BOT. Pieza floral situada debajo de la corola. ◇ FAM. asépalo, disépalo, gamosépalo, polisépalo.

separación s. f. Acción de separar o separarse. || Espacio entre dos cosas separadas. || Objeto que separa. || Suspensión de la vida conyugal sin rotura del vínculo.

separado, da adj. y s. Que tiene la separación conyugal.

separar v. tr. y prnl. [1]. Establecer distancia entre personas, animales o cosas que estaban juntos. ◆ v. tr. Interponerse entre los que pelean. || Coger parte de una cosa o ponerla en otro sitio. || Distinguir unas cosas de otras. ◆ **separarse** v. prnl. Abandonar una asociación, doctrina, etc. || Realizar la separación conyugal. ◇ FAM. separable, separación, separado, separador, separata, separatismo, separativo, separo. / inseparable. PARAR.

separata s. f. Ejemplar publicado por separado.

separatismo s. m. Tendencia a separar un territorio del estado del que forma parte. ◇ FAM. separatista. SEPARAR.

separo s. m. *Méx.* Lugar donde se encierra a los detenidos.

sepe s. m. *Bol.* Nombre de diversas especies de termes de América del Sur.

sepelio s. m. Acción de enterrar los cadáveres con la ceremonia religiosa correspondiente. ◇ FAM. SEPULTAR.

sepia s. f. Molusco de concha interna, parecido al calamar. || Colorante obtenido de este molusco. || Color pardo rojizo.

septembrino, na adj. Relativo al mes de septiembre.

septenario, ria adj. Que consta de siete elementos. ◆ s. m. Tiempo de siete días.

septenio s. m. Período de siete años. ◇ FAM. AÑO.

septentrión s. m. Norte. ◇ FAM. septentrional.

septentrional adj. Relativo al septentrión.

septicemia s. f. Enfermedad causada por la proliferación en la sangre de bacterias patógenas. ◇ FAM. septicémico. SÉPTICO, CA.

séptico, ca adj. Que causa una infección. || Causado o contaminado por microbios. ◇ FAM. septicemia. / antiséptico.

septiembre s. m. Noveno mes del año. ◇ FAM. septembrino.

séptimo, ma adj. num. ord. y s. Que corresponde en orden al número siete. ◆ adj. num. part. y s. m. Dícese de cada

una de las siete partes iguales en que se divide un todo. ● **Séptimo arte**, el cine.

septuagenario, ria adj. y s. De edad comprendida entre los setenta y los ochenta años.

septuagésimo, ma adj. num. ord. y s. Que corresponde en orden al número setenta. ◆ adj. num. part. y s. m. Dícese de cada una de las setenta partes iguales en que se divide un todo.

septuplicar v. tr. y prnl. [1a]. Ser o hacer algo siete veces mayor. ◇ FAM. septuplicación. SÉPTUPLO, PLA.

séptuplo, pla adj. y s. m. Que contiene un número siete veces exactamente. ◇ FAM. septuplicar.

sepulcro s. m. Obra que se construye levantada del suelo, para dar sepultura al cadáver de una persona. || Hueco del altar donde están depositadas las reliquias. || Urna con una imagen de Jesucristo difunto. ◇ FAM. sepulcral. SEPULTAR.

sepultar v. tr. [1]. Poner en la sepultura a un muerto. || Cubrir totalmente. || Esconder, ocultar. ◇ FAM. sepultador, sepultura, sepulturero. / insepulto, sepelio, sepulcro.

sepultura s. f. Acción y efecto de sepultar. || Hoyo hecho en la tierra para enterrar un cadáver. ● **Dar sepultura**, enterrar.

sepulturero, ra s. Persona que sepulta los cadáveres.

sequedad s. f. Calidad de seco.

sequía s. f. Tiempo seco de larga duración. ◇ FAM. SECO, CA.

séquito s. m. Grupo de gente que acompaña a una persona ilustre o célebre. || Conjunto de los seguidores o partidarios de un personaje, idea, doctrina, etc. ◇ FAM. SEGUIR.

ser¹ v. [15]. Verbo auxiliar que sirve para la conjugación de todos los verbos en la voz pasiva. || Verbo sustantivo que afirma del sujeto lo que significa el atributo. ◆ v. intr. Haber o existir. || Servir para una cosa. || Estar en lugar o situación. || Suceder, ocurrir: *el eclipse fue ayer.* || Valer, costar: *a cómo es el pescado.* || Pertenecer a uno: *esta casa es mía.* || Constituir: *el robo es delito.* || Junto con sustantivos, adjetivos o participios, tener las propiedades, condiciones, etc., que se expresan: *es médico.* || Se utiliza para indicar tiempo: *son las dos.* ● **Érase una vez**, encabezamiento de los cuentos infantiles. || **Es más**, expresión con que se refuerza o confirma lo dicho. || **Lo que sea de cada quien** (*Méx.*), hablando con franqueza, para ser sinceros. || **Ser de lo que no hay**, expresa lo extraordinario de una cosa o persona. || **Ser alguien muy suyo**, tener un carácter muy especial. ◇ FAM. ser². / esencia.

ser² s. m. Principio activo y radical constitutivo de las cosas. || Ente. ● **Ser supremo**, Dios.

sera s. f. Espuerta grande, generalmente sin asas.

seráfico, ca adj. Relativo al serafín. ‖ *Fam.* Plácido, bondadoso.

serafín s. m. Persona de gran belleza. ◇ FAM. seráfico.

serbio, bia adj. y s. De Serbia. ◆ s. m. Variedad del serbocroata hablada en Serbia. ◇ FAM. serbocroata.

serbocroata adj. Relativo a Serbia y Croacia. ◆ s. m. Lengua de Serbia, Croacia y otras regiones de la antigua Yugoslavia.

serenar v. tr., intr. y pron. [1]. Situar en estado de calma o normalidad.

serenata s. f. Pequeño concierto nocturno en honor de alguien.

serenidad s. f. Calidad o estado de sereno².

sereno¹ s. m. Humedad de la atmósfera durante la noche. ‖ Vigilante nocturno de las calles.

sereno², na adj. Claro, sin nubes. ‖ Tranquilo, ecuánime. ◇ FAM. serenar, serenidad.

serial s. m. Novela radiofónica o televisiva, por capítulos.

sericicultura s. f. Industria dedicada a la producción de seda. ◇ FAM. sericícola, sericicultor.

serie s. f. Conjunto de cosas relacionadas entre sí y que se suceden. ‖ Serial televisivo. ◇ FAM. serial, seriar.

seriedad s. f. Calidad de serio.

serigrafía s. f. Procedimiento de impresión mediante una pantalla o tamiz metálico fino.

seringa s. f. *Amér.* Goma elástica, nombre de varias plantas productoras de caucho.

serio, ria adj. Que no se ríe o no es alegre. ‖ Responsable, reflexivo. ‖ Importante, digno de consideración. ◇ FAM. seriamente, seriedad.

sermón s. m. Discurso religioso pronunciado por un sacerdote. ‖ *Fam.* Amonestación, represión. ◇ FAM. sermonario, sermonear.

sermonear v. tr. [1]. *Fam.* Reprender repetida e insistentemente. ◇ FAM. sermoneador, sermoneo. SERMÓN.

sero- pref. Significa 'suero': *seropositivo.*

serología s. f. Estudio de los sueros. ◇ FAM. SUERO.

seropositivo, va adj. y s. Que presenta un diagnóstico positivo, en particular para el virus del sida.

serosidad s. f. Líquido que lubrica ciertas membranas.

seroso, sa adj. MED. Relativo al suero o la serosidad. ◇ FAM. serosidad. SUERO.

serpentear o **serpear** v. intr. [1]. Moverse formando vueltas y ondulaciones. ◇ FAM. serpenteado, serpenteo. SERPIENTE.

serpentín s. m. Tubo en espiral usado para el enfriamiento de la destilación en los alambiques. ◇ FAM. SERPIENTE.

serpentina s. f. Tira de papel estrecha y enrollada que se lanza en las fiestas. ‖ Piedra de color verdoso. ◇ FAM. SERPIENTE.

serpiente s. f. Reptil sin extremidades, que se desplaza reptando. ◇ FAM. serpear, serpentear, serpentín, serpentina, sierpe.

serrado, da adj. De dientes pequeños, como los de la sierra.

serrallo s. m. Lugar de la casa donde los musulmanes tienen a sus mujeres.

serrana s. f. Composición poética parecida a la serranilla. ‖ Modalidad de cante flamenco. ◇ FAM. serranilla. SERRANO, NA.

serranía s. f. Conjunto de montañas de altura moderada. ◇ FAM. SIERRA.

serranilla s. f. Composición lírica escrita por lo general en versos cortos.

serrano, na adj. y s. De la sierra. ◇ FAM. serrana. SIERRA.

serrar v. tr. [1j]. Cortar con una sierra. ◇ FAM. serrado, serrador, serrería, serrín. / aserrar. SIERRA.

serrería s. f. Taller donde se sierra la madera.

serrín s. m. Conjunto de partículas de madera o corcho que se desprenden de éstos al serrarlos.

serruchar v. tr. [1]. *Argent., Chile, Méx.* y *P. Rico.* Aserrar con el serrucho. ◆ **serruchar el piso** (*Argent.* y *Chile. Fam.*), hacer peligrar intencionadamente la situación laboral de otro.

serrucho s. m. Sierra de mano de hoja ancha. ‖ *Chile.* Inspector del transporte colectivo que revisa y corta los billetes. ‖ *Chile.* Persona que tiene el hábito de hacer perder a alguien su situación laboral. ◇ FAM. serruchar. / aserruchar. SIERRA.

servicial adj. Que sirve o ayuda con diligencia. ◆ s. m. *Bol.* Sirviente, criado.

servicio s. m. Acción de servir. ‖ Personal de trabajos domésticos. ‖ Estado de alguien o algo que sirve a lo que está obligado. ‖ Conjunto de objetos con el mismo fin. ‖ Favor, obsequio. ‖ Retrete. ‖ Cubierto de mesa. ‖ En algunos deportes, saque. ‖ Organización y personal que sirve a intereses colectivos. ◇ FAM. servicial. / autoservicio. SERVIR.

servidor, ra s. Persona que sirve.

servidumbre s. f. Conjunto de sirvientes. ‖ Sujeción excesiva a algo. ‖ Condición de siervo.

servil adj. Relativo a los siervos. ‖ Que muestra excesiva sumisión. ◇ FAM. servilismo, servilmente. SIERVO, VA.

servilismo s. m. Calidad de servil.

servilleta s. f. Pieza de tela o papel usada en la comida para limpiarse y proteger el vestido. ◇ FAM. servilletero.

servilletero s. m. Utensilio para guardar la servilleta.

servio, via adj. y s. Serbio*.

servir v. tr. e intr. [30]. Trabajar para alguien, especialmente en tareas domésticas. ‖ Prestar ayuda o hacer un favor. ‖ Asistir a la mesa trayendo la comida o bebida. ◆ v. intr. Ser útil para un fin. ‖ En algunos deportes, realizar el saque de pelota. ◆ v. tr. Atender a los clientes en un comercio ◆ v. tr. y pron. Poner comida o bebida a alguien. ‖ En el juego, dar cartas. ◆ **servirse** v. pron. Con la prep. *de*, emplear para un fin. ◇ FAM. servible, servicio, servidor, servidumbre, sirviente. SIERVO, VA.

servo- pref. Significa 'auxiliar': *servofreno*.

servoasistido, da adj. Accionado mediante un sistema auxiliar. ◇ FAM. ASISTIR.

servocroata adj. Serbocroata*.

servodirección s. f. Mecanismo que facilita el funcionamiento de la dirección de un vehículo automóvil.

servofreno s. m. Mecanismo que facilita el funcionamiento de los frenos.

servomecanismo s. m. Mecanismo que realiza por sí mismo cierto programa de acción.

servomotor s. m. Mecanismo de mando impulsado por energía exterior.

sesada s. f. Seso de un animal. ‖ Fritada de sesos.

sésamo s. m. Ajonjolí.

sesear v. intr. [1]. Pronunciar la *z* o la *c* ante *e, i,* como *s.* ◇ FAM. seseo. CECEAR.

sesenta adj. num. card. y s. m. Seis veces diez. ◆ adj. num. ord. y s. m. y f. Sexagésimo.

sesera s. m. Parte de la cabeza del animal en que están los sesos. ‖ *Fam.* Seso, masa encefálica. ‖ *Fam.* Inteligencia.

sesgar v. tr. [1b]. Cortar o colocar algo al sesgo. ◇ FAM. sesgado, sesgadura, sesgo.

sesgo, ga adj. Cortado o colocado oblicuamente. ◆ s. m. Cariz que toma un asunto. ● **Al sesgo,** en diagonal.

sesión s. f. Reunión de una asamblea o junta. ‖ Representación o proyección que se realiza ante el público.

seso s. m. Masa encefálica. ‖ Sensatez, buen juicio. ● **Calentarse,** o **devanarse, los sesos,** meditar o cavilar mucho. ‖ **Tener sorbido el seso** (*Fam.*), ejercer sobre alguien mucha influencia. ◇ FAM. sesada, sesera, sesudo.

sestear v. intr. [1]. Dormir la siesta. ‖ Recogerse el ganado a la sombra durante el calor. ◇ FAM. sesteo. SIESTA.

sestercio s. m. Antigua moneda romana de plata o bronce.

sesudo, da adj. Sensato. ‖ Inteligente. ◇ FAM. sesudez. SESO.

set s. m. En tenis, ping-pong y balonvolea, cada parte de un partido.

seta s. f. Hongo con forma de sombrero y sostenido por un pie.

setecientos, tas adj. num. card. y s. m. Siete veces ciento.

setenta adj. num. card. y s. m. Siete veces diez. ◆ adj. num. ord. y s. m. y f. Septuagésimo.

setiembre s. m. Septiembre*.

seto s. m. Cercado hecho con palos o varas entretejidos.

setter adj. y s. m. Dícese de una raza de perros de caza ingleses, de pelo largo, sedoso y ondulado.

seudo- pref. Significa 'falso' o 'supuesto': *seudónimo*.

seudónimo s. m. Nombre ficticio que toma una persona para disimular su identidad.

severidad s. f. Calidad de severo.

severo, ra adj. Falto de indulgencia, muy exigente. ‖ Rígido en el cumplimiento de la norma. ‖ Serio, grave. ◇ FAM. severamente, severidad. / aseverar, perseverar.

seviche s. m. *Ecuad., Par,* y *Perú.* Cebiche*.

sevicia s. f. Crueldad excesiva. ‖ Malos tratos.

sevillano, na adj. y s. De Sevilla (España).

sex- pref. Significa 'seis': *sexenio*.

sexagenario, ria adj. y s. De edad comprendida entre los sesenta y los setenta años.

sexagesimal adj. Que tiene por base el número sesenta.

sexagésimo, ma adj. num. ord. y s. Que corresponde en orden al número sesenta. ◆ adj. num. part. y s. m. Dícese de cada una de las sesenta partes iguales en que se divide un todo. ◇ FAM. sexagesimal.

sex-appeal s. m. Atractivo físico y sexual.

sexenio s. m. Período de seis años. ◇ FAM. AÑO.

sexi adj. Sexy*.

sexismo s. m. Actitud discriminatoria hacia las personas por razón de su sexo. ◇ FAM. sexista. SEXO.

sexo s. m. Constitución orgánica que distingue macho y hembra. ‖ Conjunto de individuos del mismo sexo. ‖ Sexualidad. ◇ FAM. sexi, sexismo, sexología, sexuado, sexual, sexualidad, sexy.

sexología s. f. Estudio de la sexualidad y sus trastornos. ◇ FAM. sexólogo. SEXO.

sex-shop s. m. Tienda de objetos eróticos o pornográficos.

sex-symbol s. m. y f. Estrella del espectáculo que simboliza el ideal sexual masculino o femenino.

sextante s. m. Instrumento que se usa en navegación para medir la altura de los astros.

sexto, ta adj. num. ord. y s. Que corresponde en orden al número cinco. ◆ adj. num. part. y s. m. Dícese de cada una de las seis partes iguales en que se divide un todo.

sextuplicar v. tr. y pron. [1a]. Ser o hacer una cosa seis veces mayor. ◇ FAM. sextuplicación. SÉXTUPLO, PLA.

séxtuplo, pla adj. y s. m. Que incluye en sí seis veces una cantidad. ◇ FAM. sextuplicar.

sexuado, da adj. Que posee sexo. ◇ FAM. asexuado. SEXO.

sexual adj. Relativo al sexo. ◇ FAM. asexual, bisexual, heterosexual, homosexual, transexual, unisexual. SEXO.

sexualidad s. f. Conjunto de caracteres fisiológicos que determinan a cada sexo. ‖ Actividad sexual y su satisfacción.

sexy adj. Dícese de la persona con atractivo físico.

shock s. m. Impresión violenta e imprevista que trastorna. ◇ FAM. electroshock.

short s. m. Pantalón muy corto.

show s. m. Número de un espectáculo de variedades.

si[1] conj. cond. Expresa la condición necesaria para que se produzca algo. ‖ Introduce oraciones interrogativas indirectas. ‖ Adquiere valor concesivo en algunos usos. ◇ FAM. sino[2].

si[2] s. m. Séptima nota de la escala musical.

sí[1] pron. pers. m. y f. sing. de 3.ª persona. Forma tónica que funciona como complemento y se usa siempre con preposición. ◇ FAM. ensimismarse.

sí[2] adv. afirm. Responde afirmativamente a una pregunta. ◆ s. m. Consentimiento o permiso.

sial s. m. Capa externa sólida de la corteza terrestre.

siamés, sa adj. y s. Dícese del gemelo unido al otro por alguna parte de su cuerpo. ‖ Dícese de una raza de gatos de pelaje sedoso.

sibarita adj. y s. m. y f. Aficionado a los placeres refinados. ◇ FAM. sibarítico.

siberiano, na adj. De Siberia, región del norte de la Federación Rusa.

sibila s. f. Adivinadora, profetisa. ◇ FAM. sibilino, sibilítico.

sibilante adj. Que tiene el carácter de un silbido. ◆ adj. y s. f. LING. Dícese de la consonante fricativa en cuya pronunciación se emite una especie de silbido. ◇ FAM. SILBAR.

sibilino, na adj. Relativo a las sibilas. ‖ Oscuro, misterioso.

sic adv. m. Indica que a lo que se refiere es cita textual.

sicario s. m. Asesino asalariado.

siciliano, na adj. y s. De Sicilia. ◆ s. m. Dialecto italiano hablado en Sicilia.

sico- pref. Psico-*.

sicomoro s. m. Árbol dicotiledóneo parecido a la higuera con hojas como la morera.

sicote s. m. Cuba y P. Rico. Suciedad entremezclada con sudor que se acumula en el cuerpo, particularmente en los pies.

sicu s. m. Argent. Instrumento musical compuesto por una doble hilera de tubos de longitud decreciente. ◇ FAM. sicuri.

sicuri s. m. Argent. Tañedor de sicu. ‖ Argent. Sicu.

sida s. m. Afección de transmisión sexual o sanguínea que altera gravemente el sistema inmunitario.

sidecar s. m. Vehículo de una sola rueda

y provisto de un asiento, que se acopla lateralmente a las motocicletas.

sideral adj. Relativo a los astros.

siderurgia s. f. Metalurgia del hierro. ◇ FAM. siderúrgico.

sidra s. f. Bebida alcohólica que se obtiene por fermentación del zumo de manzanas. ◇ FAM. sidrería, sidrero.

siega s. f. Acción, efecto y tiempo de segar. ◇ FAM. SEGAR.

siembra s. f. Acción, efecto y época de sembrar. ◇ FAM. SEMBRAR.

siemens s. m. Unidad de conductancia eléctrica en el Sistema Internacional.

siempre adv. t. En todo tiempo. ‖ Que ocurre cuando se da una situación determinada. ‖ En todo caso, cuando menos. ◆ adv. Méx. A fin de cuentas, definitiva o finalmente. ● **Siempre que,** cada vez que. ‖ **Siempre y cuando,** con tal que. ◇ FAM. sempiterno, siempreviva.

siempreviva s. f. Planta herbácea indígena de Australia, de flores ornamentales.

sien s. f. Parte lateral de la cabeza entre la frente, la oreja y la mejilla.

siena adj. y s. m. Dícese del color amarillo oscuro.

sierpe s. f. Serpiente.

sierra s. f. Herramienta formada por una hoja de acero con el borde dentado que sirve para cortar madera, hierro, etc. ‖ Cordillera de montes. ◇ FAM. serranía, serrano, serrar, serrucho.

siervo, va s. Esclavo. ◇ FAM. servil, servir.

siesta s. f. Sueño que se echa después de comer. ◇ FAM. sestear.

siete adj. num. card. y s. m. Seis y uno. ◆ adj. num. ord. y s. m. y f. Séptimo. ‖ Argent., Colomb. y Nicar. Ano.

sietecolores s. m. Argent., Chile, Ecuad. y Perú. Pájaro pequeño con plumaje de variados colores.

sietecueros s. m. C. Rica, Cuba, Nicar. y Perú. Inflamación de los dedos. ‖ Chile, Colomb., Ecuad. y Hond. Callo que se forma en el talón del pie.

sietemesino, na adj. y s. Nacido a los siete meses de embarazo. ‖ Fam. Raquítico, enclenque. ◇ FAM. MES.

sífilis s. f. Enfermedad venérea infecciosa ◇ FAM. sifilítico.

sifón s. m. Tubo encorvado para trasvasar líquidos. ‖ Tubo utilizado para obstruir la salida de gases en ciertas cañerías. ‖ Botella con agua carbónica provista de un tubo acodado con llave.

sifonero s. m. Argent. Sodero, persona que reparte soda.

siga. A la siga de (Chile), en pos de, tras de. ◇ FAM. SEGUIR.

sigilo s. m. Secreto que se guarda de una cosa o noticia. ‖ Silencio o disimulo para pasar inadvertido. ◇ FAM. sigiloso.

sigla s. f. Letra inicial que se usa como abreviatura. ‖ Denominación que se forma con varias de estas letras.

siglo s. m. Espacio de tiempo de cien años. ◇ FAM. secular.

sigma s. f. Decimoctava letra del alfabeto griego.

signar v. tr. [1]. Poner el signo. ‖ Firmar. ◆ v. tr. y pron. Hacer la señal de la cruz. ◇ FAM. signatario, signatura. / asignar, consignar, designar, persignar, resignar. SIGNO.

signatario, ria adj. y s. Que firma.

signatura s. f. Acción de firmar. ‖ Señal de un libro para indicar su colocación dentro de una biblioteca.

significación s. f. Acción y efecto de significar algo. ‖ Trascendencia, importancia.

significado, da adj. Conocido, importante, reputado. ‖ Idea, concepto o representación mental que expresa una palabra, símbolo, etc. ‖ LING. Concepto representado por el significante.

significante s. m. LING. Imagen acústica o manifestación fonética del signo lingüístico.

significar v. tr. [1a]. Ser una cosa signo o representación de otra. ◆ v. intr. Valer, tener importancia. ◆ **significarse** v. pron. Hacerse notar, distinguirse. ◇ FAM. significación, / significado, significante, significativo. / insignificante. SIGNO.

significativo, va adj. Que expresa un significado particular.

signo s. m. Cualquier cosa que evoca o representa la idea de otra. ‖ Carácter usado en la escritura o imprenta. ● **Signo lingüístico**, unidad mínima de la oración, constituida por un significante y un significado. ◇ FAM. signar, significar. / seña.

siguiente adj. Que sigue. ‖ Ulterior, posterior. ◇ FAM. SEGUIR.

sílaba s. f. Fonema o conjunto de fonemas que se pronuncian con una sola emisión de voz. ◇ FAM. silabear, silábico. / bisílabo, decasílabo, dodecasílabo, endecasílabo, heptasílabo, hexasílabo, imparisílabo, monosílabo, octosílabo, parisílabo, pentasílabo, polisílabo, tetrasílabo, trisílabo.

silabear v. intr. y tr. [1]. Pronunciar separando las sílabas. ◇ FAM. silabeo. SÍLABA.

silábico, ca adj. Relativo a la sílaba.

silba s. f. Acción de silbar en señal de desaprobación.

silbar v. intr. y tr. [1]. Dar o producir silbidos. ◆ v. intr. Producir el aire un sonido muy agudo, similar al silbido. ◇ FAM. silba, silbador, silbante, silbatina, silbato, silbido. / sibilante.

silbatina s. f. Argent., Chile, Ecuad. y Perú. Silba.

silbato s. m. Instrumento pequeño y hueco, que produce un silbido al soplar a través de él.

silbido o **silbo** s. m. Sonido agudo que hace el aire o se produce con la boca o

las manos. ‖ Voz aguda y penetrante de algunos animales.

silenciador s. m. Dispositivo que se utiliza para amortiguar el ruido de algo.

silenciar v. tr. [1]. Guardar silencio sobre algo. ◇ FAM. silenciador. SILENCIO.

silencio s. m. Ausencia de todo ruido o sonido. ‖ Hecho de estar callado. ◇ FAM. silenciar, silencioso.

silencioso, sa adj. Que calla o tiene costumbre de callar. ‖ Que no hace ruido o es poco ruidoso.

sílex s. m. Piedra silícea muy dura.

sílfide s. f. Ninfa del aire. ‖ Mujer bella y esbelta.

silfo s. m. Genio del aire de las mitologías celta y germánica. ◇ FAM. sílfide.

silgado, da adj. Ecuad. Enjuto, delgado.

silicato s. m. Sal del ácido silícico.

sílice s. f. Anhídrido de silicio. ◇ FAM. silicato, silíceo, silícico, silicio, silicona, silicosis. / sílex.

silíceo, a adj. De sílice o semejante a ella.

silícico, ca adj. Relativo a la sílice. ‖ Dícese del ácido compuesto de silicio, oxígeno e hidrógeno.

silicio s. m. Metaloide que se obtiene del cuarzo.

silicona s. f. Polímero sintético compuesto por silicio y oxígeno, de gran aplicación industrial.

silicosis s. f. Enfermedad pulmonar originada por inhalación de polvo de sílice. ◇ FAM. silicótico. SÍLICE.

silla s. f. Asiento individual con respaldo y patas. ‖ Aparejo para montar a caballo. ‖ Sede de un prelado. ◇ FAM. sillería, sillero, sillín, sillón. / ensillar, telesilla.

sillería s. f. Juego de sillas y sillones con que se amuebla una habitación. ‖ Tienda y taller donde se hacen sillas.

sillín s. m. Asiento de bicicleta y otros vehículos análogos.

sillita. Sillita de oro (Argent.), asiento que forman dos personas tomándose de las muñecas.

sillón s. m. Asiento de brazos, generalmente mullido y amplio.

silo s. m. Fosa o cavidad subterránea para guardar grano, forrajes, etc. ‖ Cualquier lugar subterráneo, profundo y oscuro. ‖ Chile. Pasto prensado que se guarda para alimento del ganado.

silogismo s. m. Razonamiento que contiene tres proposiciones de las que una se deduce de las otras. ◇ FAM. silogístico, silogizar.

silueta s. f. Dibujo de sólo los trazos del contorno de algo. ‖ Contorno de un objeto al proyectarse sobre un fondo más claro. ◇ FAM. siluetar, siluetear.

silúrico, ca adj. y s. m. GEOL. Dícese del tercer período del paleozoico.

silvestre adj. Que crece o se cría espontáneamente, sin cultivo. ‖ Inculto, rústico. ◇ FAM. SELVA.

silvicultura s. f. Cultivo y explotación racional de los bosques. <> FAM. silvicultor. SELVA.

sima s. f. Hendidura natural profunda en una región calcárea.

simaruba s. f. *Argent., Colomb., C. Rica, Ecuad.* y *Venez.* Árbol de cuya corteza se hace infusión contra las calenturas.

simbiosis s. f. Asociación de organismos de distinta especie para obtener mutuo provecho. <> FAM. simbiótico.

simbol s. m. *Argent.* Gramínea de tallos largos y flexibles, empleada como pasto.

simbólico, ca adj. Relativo al símbolo. ‖ Sin valor o eficacia por sí mismo.

simbolismo s. m. Conjunto o sistema de símbolos. <> FAM. simbolista. SÍMBOLO.

simbolizar v. tr. [1g]. Servir una cosa como símbolo de otra. <> FAM. simbolizable, simbolización. SÍMBOLO.

símbolo s. m. Signo que representa algo abstracto, como imagen de esa cosa. ‖ Todo signo convencional de representación. <> FAM. simbólico, simbolismo, simbolizar, simbología.

simbología s. f. Estudio de los símbolos.

simetría s. f. Armonía existente entre los elementos de un conjunto. ‖ Repetición de las partes de un cuerpo respecto a una línea o plano. <> FAM. simétrico. / asimetría.

simétrico, ca adj. Relativo a la simetría o que la tiene.

simiente s. f. Semilla. <> FAM. semental, sementera. SEMILLA.

simiesco, ca adj. Que se asemeja al simio o es propio de él.

símil s. m. Comparación, ejemplo. <> FAM. similar, similitud. / asimilar, facsímil, verosímil. SEMEJAR.

similar adj. Semejante, análogo, parecido.

similitud s. f. Semejanza, parecido. <> FAM. disimilitud. SÍMIL.

simio, mia adj. y s. m. Relativo a un suborden de primates, de rostro desnudo y manos y pies prensiles, cuyos dedos terminan en uñas. <> FAM. simiesco.

simonía s. f. REL. Acción de negociar con cosas espirituales. <> FAM. simoníaco, simoniático.

simpa s. f. *Argent.* y *Perú.* Trenza.

simpatía s. f. Inclinación afectiva hacia personas, animales o cosas. ‖ Modo de ser o actuar de una persona que la hace atractiva y agradable. <> FAM. simpático, simpatizar.

simpático, ca adj. Que inspira simpatía. ‖ ANAT. Parte del sistema nervioso vegetativo, que tiene funciones antagónicas a las del parasimpático. <> FAM. parasimpático. SIMPATÍA.

simpatizante adj. y s. m. y f. Que se siente atraído por un partido u opinión sin adherirse totalmente a él.

simpatizar v. intr. [1g]. Sentir simpatía

hacia alguien o algo. <> FAM. simpatizador, simpatizante. SIMPATÍA.

simple adj. No compuesto de partes. ‖ Sencillo, poco complicado. ◆ adj. y s. m. y f. Cándido, incauto. ‖ Necio, tonto. <> FAM. simplemente, simpleza, simplicidad, simplificar, simplista, simplón.

simpleza s. f. Calidad de simple, ingenuo o tonto. ‖ Tontería, necedad. ‖ *Fam.* Insignificancia, nimiedad.

simplicidad s. f. Calidad de simple. ‖ Sencillez.

simplificar v. tr. [1a]. Hacer más sencillo o más fácil. <> FAM. simplificable, simplificador. SIMPLE.

simplista adj. y s. m. y f. Que simplifica mucho las cosas.

simplón, na adj. y s. *Fam.* Tonto, sencillo, ingenuo.

simposio o **simposium** s. m. Reunión, congreso científico.

simulación s. f. Acción y efecto de simular.

simulacro s. m. Acción por la que se finge realizar una cosa.

simulador, ra adj. y s. Que simula. ◆ s. m. Aparato que reproduce el funcionamiento de otro que se quiere estudiar.

simular v. tr. [1]. Hacer aparecer como real algo que no lo es. <> FAM. simulación, simulacro, simulador. / disimular.

simultanear v. tr. [1]. Realizar varias cosas al mismo tiempo.

simultáneo, a adj. Que se hace u ocurre al mismo tiempo que otra cosa. <> FAM. simultáneamente, simultanear, simultaneidad.

sin prep. Denota privación o carencia. ‖ Además de.

sin-¹ pref. Significa 'falta' o 'carencia': *sinsentido*.

sin-² pref. Significa 'unión' o 'simultaneidad': *sincronía*.

sinagoga s. f. Casa de oración de las comunidades judías.

sinalefa s. f. Pronunciación en una sola sílaba de la vocal final de una palabra y la vocal inicial de la siguiente.

sincerarse v. pron. [1]. Hablar con sinceridad sobre los verdaderos pensamientos, sentimientos, etc., de uno.

sinceridad s. f. Cualidad de sincero, franqueza.

sincero, ra adj. Que se expresa como piensa o siente. ‖ Veraz, no hipócrita. <> FAM. sinceramente, sincerarse, sinceridad.

síncopa s. f. LING. Supresión de un fonema o grupo de fonemas en el interior de una palabra. <> FAM. sincopar. SÍNCOPE.

sincopado, da adj. LING. Dícese de la voz que ha sufrido síncopa. ‖ MÚS. Dícese de la nota que se halla entre dos o más notas de menos valor. ‖ MÚS. Dícese del ritmo o canto que tiene notas sincopadas.

sincopar v. tr. [1]. LING. Suprimir un so-

nido en el interior de una palabra. ⬦ FAM.
sincopado. SÍNCOPA.

síncope s. m. Suspensión repentina de la
actividad cardíaca y respiratoria con pérdida del conocimiento. ⬦ FAM. síncopa.

sincretismo s. m. Doctrina que trata
de conciliar ideas o teorías diferentes.
⬦ FAM. sincrético.

sincronía s. f. Circunstancia de coincidir
hechos o fenómenos en el tiempo. || LING.
Carácter de los fenómenos lingüísticos ob-
servados en un estadio de lengua dado.
⬦ FAM. sincrónico, sincronismo, sincronizar.

sincrónico, ca adj. Que ocurre o se verifica a la vez que otra cosa.

sincronismo s. m. Circunstancia de ocurrir dos o más cosas al mismo tiempo.

sincronizada s. f. Méx. Guiso consistente
en dos tortillas de maíz o de trigo con una
rebanada de jamón y otra de queso.

sincronizar v. tr. [1g]. Hacer que dos o
más cosas o fenómenos sean sincrónicos.
⬦ FAM. sincronización, sincronizada. SIN-
CRONÍA.

sindéresis s. f. Buen juicio natural para
juzgar rectamente.

sindical adj. Relativo al síndico. || Relativo
al sindicato.

sindicalismo s. m. Sistema de organización social y obrera por sindicatos.
⬦ FAM. sindicalista. SÍNDICO.

sindicar v. tr. y pron. [1a]. Agrupar en un
sindicato. ⬦ FAM. sindicable, sindicación.
SÍNDICO.

sindicato s. m. Agrupación de trabajadores formada para la defensa de intereses
profesionales comunes.

síndico s. m. Persona que liquida al deu-
dor en una quiebra. || Persona elegida por
una corporación para cuidar de sus intereses. ⬦ FAM. sindical, sindicalismo, sindicar, sindicato.

síndrome s. m. Conjunto de síntomas que
caracterizan una enfermedad.

sine die loc. DER. Sin fijar día.

sine qua non loc. Dícese de la condición
necesaria e indispensable para algo.

sinécdoque s. f. Tropo de dicción en que
se emplea una palabra en lugar de otra
alterando su significado.

sinecura s. f. Cargo o empleo retribuido
que ocasiona poco o ningún trabajo.
⬦ FAM. CURA.

sinestesia s. f. Asociación espontánea de
sensaciones por correspondencia de otras
pertenecientes a zonas diferentes del
cuerpo. ⬦ FAM. ANESTESIA.

sinfín s. m. Infinidad, sinnúmero.

sinfonía s. f. Conjunto de voces o instru-
mentos que suenan a la vez. || Composi-
ción instrumental para orquesta. ⬦ FAM.
sinfónico.

singapurés, sa adj. y s. De Singapur.

singladura s. f. Distancia recorrida por
una nave en veinticuatro horas.

single s. m. Disco fonográfico de corta
duración.

singular adj. Único, solo. || Extraordinario,
raro. ◆ adj. y s. m. LING. Dícese del número que señala una sola persona o cosa.
⬦ FAM. singularidad, singularizar, singu-
larmente.

singularidad s. f. Calidad de singular.

singularizar v. tr. [1g]. Hacer que una
cosa se distinga entre otras. || Referirse a
alguien o algo en particular. ◆ singula-
rizarse v. pron. Distinguirse por algo particular.

sinhueso s. f. Fam. Lengua, órgano.

siniestrado, da adj. Que ha sufrido un siniestro.

siniestralidad s. f. Propensión a sufrir siniestro.

siniestro, tra adj. Izquierdo. || Malinten-
cionado, perverso. || Infausto, funesto.
◆ s. m. Suceso catastrófico con pérdidas
materiales y humanas. ⬦ FAM. siniestrado, siniestralidad.

sinnúmero s. m. Número incalculable.

sino[1] s. m. Destino, hado determinado por
los astros.

sino[2] conj. advers. Contrapone a un con-
cepto afirmativo otro negativo. || Denota
idea de excepción. ⬦ FAM. SI[1] Y NO.

sinodal adj. Relativo al sínodo.

sínodo s. m. Concilio. || Junta de eclesiás-
ticos. ◆ FAM. sinodal, sinódico.

sinonimia s. f. Circunstancia de ser sinó-
nimos dos o más palabras. || Figura reté-
rica en que se utilizan sinónimos.

sinónimo, ma adj. y s. m. Dícese de las
palabras que tienen un significado igual o
muy próximo. ⬦ FAM. sinonimia, sinoní-
mico.

sinopsis s. f. Compendio o resumen esquemático de una materia o ciencia.
◆ FAM. sinóptico.

sinovia s. f. Líquido transparente y viscoso
que lubrica las articulaciones. ⬦ FAM. si-
novial, sinovitis.

sinrazón s. f. Acción injusta cometida con
abuso de poder.

sinsabor s. m. Disgusto, pesar.

sínsoras s. f. pl. P. Rico. Lugar lejano.

sintáctico, ca adj. Relativo a la sintaxis.

sintagma s. m. LING. Unidad sintáctica
elemental de una frase. ⬦ FAM. sintagmático.

sintagmático, ca adj. LING. Relativo al
sintagma.

sintaxis s. f. Parte de la gramática que estudia la estructura de la oración. ⬦ FAM.
sintáctico. / morfosintaxis.

síntesis s. f. Exposición de conjunto, apre-
ciación global. || Reunión de elementos en
un todo. || Resumen, compendio. || BIOL.
Proceso por el que se producen materias
complejas a partir de moléculas simples.
⬦ FAM. sintético, sintetizar. / fotosíntesis,
parasíntesis. TESIS.

sintético, ca adj. Relativo a la síntesis. ||

Que resume o sintetiza. ‖ Obtenido por síntesis.

sintetizador, ra adj. Que sintetiza. ◆ s. m. Órgano electrónico utilizado en estudios de composición musical.

sintetizar v. tr. [1g]. Reducir a síntesis. ◇ FAM. sintetizable, sintetizador. SÍNTESIS.

síntoma s. m. Fenómeno que revela un trastorno funcional o una lesión. ‖ Señal, indicio. ◇ FAM. sintomático, sintomatología.

sintomatología s. f. Estudio de los síntomas de las enfermedades.

sintonía s. f. Estado en que el aparato receptor se halla adaptado a la misma longitud de onda que el emisor. ‖ Facultad de adaptarse a las características de una persona, de un medio, etc. ‖ Melodía de un programa televisivo o radiofónico. ◇ FAM. sintónico, sintonizar. TONO.

sintonizador, ra adj. Que sintoniza. ◆ s. m. Sistema para aumentar o disminuir la longitud de onda de un aparato.

sintonizar v. tr. [1g]. Hacer coincidir la frecuencia de un radiorreceptor con la de la estación emisora. ◆ v. intr. Adaptarse a las características de una persona, un medio, etc. ◇ FAM. sintonización, sintonizador. SINTONÍA.

sinuoso, sa adj. Con ondulaciones o recodos. ‖ Que disimula su intención. ◇ FAM. sinuosidad. SENO.

sinusitis s. f. Inflamación de los senos de la cara. ◇ FAM. SENO.

sinvergüenza adj. y s. m. y f. Que comete actos reprochables en provecho propio. ‖ Pillo, granuja, tunante. ◇ FAM. sinvergonzonería, sinvergüencería. VERGÜENZA.

sionismo s. m. Movimiento que propugnaba la formación de una nación independiente judía en Palestina. ◇ FAM. sionista.

sioux adj. y s. m. y f. Siux*.

siqu- pref. Psico-*.

siquiera conj. conc. Equivale a *bien que*, *aunque*. ◆ adv. Por lo menos, tan sólo.

sir s. m. Tratamiento honorífico empleado por los británicos.

sirena s. f. Ninfa marina con cuerpo de ave o pez y busto de mujer. ‖ Alarma de gran potencia que se usa en ambulancias, fábricas, etc., para avisar de algo.

sirimiri s. m. Lluvia muy fina, persistente y penetrante.

sirio, ria adj. y s. De Siria. ◆ s. m. Dialecto árabe hablado en Siria.

siripita s. f. *Bol*. Grillo. ‖ *Bol*. Persona entrometida y pequeña.

siroco s. m. Viento seco y cálido que sopla desde el Sahara.

sirope s. m. Jarabe de azúcar para endulzar los postres.

sirviente, ta s. Persona dedicada al servicio doméstico, criado. ◇ FAM. SERVIR.

sisa s. f. Parte que se hurta de lo que se maneja por cuenta de otro, sobre todo en cosas menudas. ‖ Corte hecho en una prenda de vestir para que ajuste al cuerpo. ◇ FAM. sisar.

sisar v. tr. [1]. Hurtar o sustraer, generalmente en pequeñas cantidades. ‖ Hacer sisas en las prendas de vestir. ‖ *Ecuad*. Pegar, principalmente pedazos de loza y cristal. ◇ FAM. sisador, sisón. SISA.

sisear v. intr. y tr. [1]. Emitir repetidamente el sonido de *s* y *ch*, para llamar a alguien. ◇ FAM. siseo.

siseo s. m. Acción y efecto de sisear.

sísmico, ca adj. Relativo a los sismos.

sismo s. m. Temblor que se produce en la superficie de la Tierra, terremoto. ◇ FAM. sísmico, sismógrafo, sismología. / seísmo.

sismógrafo s. m. Aparato muy sensible destinado a registrar la hora, duración y amplitud de los sismos.

sismología s. f. Ciencia y tratado de los sismos. ◇ FAM. sismológico, sismólogo. SISMO.

sisón, na adj. y s. *Fam*. Que sisa mucho.

sistema s. m. Conjunto de elementos interrelacionados con un mismo propósito. ‖ Conjunto de diversos órganos de idéntica naturaleza. ‖ Medio o procedimiento empleado para realizar algo. ◇ FAM. sistemático, sistematizar. / ecosistema.

sistemático, ca adj. Relativo a un sistema. ‖ Que se ajusta a un sistema.

sistematizar v. tr. [1g]. Estructurar, organizar con un sistema. ◇ FAM. sistematización. SISTEMA.

sístole s. f. Movimiento de contracción del corazón y las arterias.

sitar s. m. Instrumento musical indio, de cuerdas pulsadas.

sitial s. m. Asiento de ceremonia. ◇ FAM. SITIO[1].

sitiar v. tr. [1]. Cercar una plaza o fortaleza, apoderarse de ella. ‖ Acosar. ◇ FAM. sitiado, sitiador, sitio[2]. SITIO[1].

sitio[1] s. m. Porción determinada del espacio que es o puede ser ocupada. ‖ *Chile* y *Ecuad*. Terreno apto para la edificación. ‖ *Cuba*. Finca, menor que la hacienda, dedicada al cultivo y a la cría de animales domésticos. ‖ *Méx*. Lugar en la vía pública autorizado como base para coches de alquiler. ◇ FAM. sitial, sitiar, sitio, situar.

sitio[2] s. m. Acción y efecto de sitiar. ‖ Operación contra una plaza fuerte para apoderarse de ella.

sito, ta adj. Situado. ◇ FAM. SITIO[1].

situación s. f. Disposición de una cosa respecto al lugar que ocupa. ‖ Estado o condición de una persona o de una cosa.

situado, da adj. Que tiene una situación social o económica estable.

situar v. tr. y pron. [1s]. Poner en determinado lugar o situación. ◆ **situarse** v. pron. Conseguir una buena posición económica o social. ◇ FAM. situación, situado. SITIO[1].

siútico, ca adj. *Chile*. *Fam*. Dícese de la

persona que presume de fina o imita a las clases más elevadas. || *Chile. Fam.* Cursi.

siux adj. y s. m. y f. Dícese de los individuos de numerosas tribus amerindias que vivían en América del Norte.

skay s. m. Materia sintética que imita la piel o el cuero.

sketch s. m. Breve escena dialogada intercalada en una obra de teatro, cine, etc.

ski s. m. Esquí*.

slálom s. m. DEP. Carrera de habilidad en el descenso, en esquí.

slip s. m. Calzón corto o ajustado que sirve de ropa interior masculina, de bañador o para practicar deporte.

slogan s. m. Eslogan*.

smash s. m. DEP. Golpe con que se devuelve la pelota.

smog s. m. *Amér.* Contaminación de la atmósfera, formada por los humos y gases de fábricas, vehículos automóviles, etc.

smoking s. m. Esmoquin*.

snack-bar o **snack** s. m. Restaurante que sirve comidas rápidas a todas horas.

snob adj. y s. m. y f. Esnob*.

so¹ s. m. *Fam.* Se usa para reforzar calificativos de insulto.

so² prep. Bajo, debajo de. <> FAM. sótano.

so- pref. Significa 'bajo, debajo de': *socavar.* || Indica, cuando se añade a un verbo, que la acción se realiza de manera incompleta: *sofreír.*

¡so! interj. Se usa para hacer que se paren las caballerías.

sobaco s. m. Concavidad que forma el arranque del brazo con el cuerpo. <> FAM. sobaquera, sobaquina.

sobado, da adj. Manido, ajado, muy usado.

sobador s. m. *Argent.* Utensilio para ablandar el cuero.

sobajar v. tr. [1]. *Méx.* Humillar, rebajar.

sobandero s. m. *Colomb.* Persona que se dedica a arreglar los huesos dislocados. <> FAM. SOBAR.

sobaquera s. f. Abertura o refuerzo del vestido por la parte del sobaco.

sobaquina s. f. Sudor de los sobacos.

sobar v. tr. [1]. Tocar y oprimir una cosa repetidamente para que se ablande o para amasarla o doblarla. || Manosear, palpar. || *Amér. Central* y *Amér. Merid.* Curar una dislocación ósea. || *Argent.* Dar masajes, friccionar. || *Argent.* Fatigar al caballo. • **Sobar el lomo** (*Argent.* y *Chile. Fam.*), adular, halagar, dar coba. <> FAM. soba, sobado, sobador, sobadura, sobandero, sóbeo, sobón. / resobar.

sobeo s. m. Acción y efecto de sobar.

soberado s. m. *Chile* y *Colomb.* Desván.

soberanía s. f. Calidad de soberano. || Dignidad o autoridad suprema.

soberano, na adj. y s. Que ejerce o posee la autoridad suprema o independiente. • adj. Supremo, excelente. || Grande, enorme. • s. Rey o príncipe gobernante de un país. <> FAM. soberanía.

soberbia s. f. Estimación excesiva de sí mismo en menosprecio de los demás. <> FAM. soberbiar, soberbio. / ensoberbecer.

soberbiar v. tr. [1]. *Ecuad.* Rechazar algo por soberbia.

soberbio, bia adj. Que tiene soberbia. || Altivo, arrogante. || Grandioso, magnífico.

sobón, na adj. y s. *Fam.* Que soba. || *Fam.* Que por sus excesivas caricias y halagos se hace fastidioso.

sobornar v. tr. [1]. Dar dinero o dádivas a alguien para que realice una acción ilícita o injusta. <> FAM. sobornable, sobornador, soborno. / insobornable. ORNAR.

soborno s. m. Acción y efecto de sobornar. || Dinero o cosa con que se soborna.

sobra s. f. Exceso de algo sobre su justo ser. • pl. Resto, parte que queda de alguna cosa.

sobrado, da adj. Abundante, superior a lo necesario. || *Chile.* Enorme, colosal. || *Chile. Fam.* Que excede de cierto límite. || *Chile* y *Colomb. Desp.* Dícese de la persona arrogante que se muestra convencida de su propia valía.

sobrante adj. y s. m. Que sobra. • adj. Excesivo, demasiado.

sobrar v. intr. [1]. Haber más de lo necesario de algo. || Estorbar, estar de más. || Restar, quedar algo de una cosa. • v. tr. *Argent.* Tratar a los demás con superioridad. <> FAM. sobra, sobrado, sobrante. SOBRE².

sobrasada s. f. Embutido de carne de cerdo.

sobre¹ s. m. Bolsa de papel para contener cartas. <> FAM. SOBRE².

sobre² prep. Encima, por encima de. || Acerca de. || Además de. || Con dominio y superioridad. || Expresa aproximación en una cantidad. || A o hacia. <> FAM. sobrar, sobre¹. / súper.

sobre- pref. Significa 'posición superior': *sobrecubierta.* || Significa 'aumento, intensificación': *sobreañadir.*

sobreabundar v. intr. [1]. Abundar mucho, haber de sobra. <> FAM. sobreabundancia, sobreabundante. ABUNDAR.

sobrealimentar v. tr. y pron. [1]. Dar más alimento del normalmente necesario. <> FAM. sobrealimentación. ALIMENTAR.

sobreañadir v. tr. [3]. Añadir nuevamente.

sobrebota s. f. *Amér. Central.* Polaina de cuero curtido.

sobrecama s. f. *Ecuad.* Especie de boa.

sobrecarga s. f. Exceso de carga.

sobrecargar v. tr. [1b]. Cargar algo más de lo conveniente. <> FAM. sobrecarga, sobrecargo. CARGAR.

sobrecargo s. m. Miembro de la tripulación de un avión o barco encargado de la carga o pasaje.

sobrecoger v. tr. [2b]. Coger desprevenido, sorprender. ◆ v. tr. y pron. Asustar, espantar. ◇ FAM. sobrecogedor; sobrecogimiento. COGER.

sobrecubierta s. f. Cubierta que se pone sobre otra.

sobredosis s. f. Dosis excesiva de medicamento, en especial de estupefacientes.

sobreentender v. tr. y pron. [2d]. Sobrentender*.

sobreesdrújulo, la adj. Sobresdrújulo*.

sobreestimar v. tr. [1]. Sobrestimar*.

sobreexceder v. tr. [2]. Sobrexceder*.

sobreexcitar v. tr. y pron. [1]. Sobrexcitar*.

sobregirar v. tr. [1]. Chile y Méx. Sobrepasar el límite de crédito autorizado o los fondos de una cuenta bancaria.

sobrehilar v. tr. [1u]. Dar puntadas en el borde de una tela para que no se deshilache. ◇ FAM. sobrehilado. HILO.

sobrehumano, a adj. Superior a lo humano.

sobreimprimir v. tr. [3k]. Imprimir dos o más imágenes en el mismo lugar. ◇ FAM. sobreimpresión. IMPRIMIR.

sobrellevar v. tr. [1]. Aguantar con dificultad, soportar.

sobremanera adv. m. Muy o mucho más de lo normal.

sobremesa s. f. Tiempo durante el cual, después de haber comido, los comensales siguen reunidos en la mesa.

sobrenadar v. intr. [1]. Mantenerse encima de un líquido sin hundirse o sin mezclarse con él.

sobrenatural adj. Que excede a las leyes de la naturaleza.

sobrenombre s. m. Apodo o nombre usado para designar a una persona en vez de hacerlo con su propio nombre.

sobrentender v. tr. y pron. [2d]. Entender algo que no está expreso. ◇ FAM. sobrentendido. ENTENDER.

sobrepasar v. tr. [1]. Aventajar, exceder en algo.

sobrepeso s. m. Exceso de peso.

sobreponer v. tr. [5]. Añadir o aplicar algo encima de una cosa. ◆ **sobreponerse** v. pron. No dejarse abatir por las adversidades. ◇ FAM. sobrepuesto. PONER.

sobreproducción s. f. Producción excesiva de un producto.

sobrepujar v. tr. [1]. Exceder una persona o cosa a otra en la cualidad o línea que se expresa. ◇ FAM. sobrepujanza. PUJAR[1].

sobresaliente adj. y s. m. y f. Que sobresale. ◆ s. m. Máxima calificación posible en un examen.

sobresalir v. intr. [28]. Exceder en figura, tamaño, cualidades, etc. ◇ FAM. sobresaliente. SALIR.

sobresaltar v. tr. y pron. [1]. Asustar, provocar un temor o sobresalto. ◇ FAM. sobresalto. SALTAR.

sobresalto s. m. Sorpresa, alteración por un suceso repentino.

sobresdrújulo, la adj. y s. f. LING. Dícese de la palabra acentuada en cualquiera de las sílabas anteriores a la antepenúltima.

sobreseer v. tr. e intr. [2i]. DER. Suspender la tramitación de una causa. ◇ FAM. sobreseimiento.

sobrestimar v. tr. [1]. Estimar algo o a alguien por encima de su valor o merecimiento. ◇ FAM. sobrestimación. ESTIMAR.

sobresueldo s. m. Salario que se añade al sueldo fijo.

sobretensión s. f. Tensión eléctrica superior a la normal.

sobretodo s. m. Prenda de vestir ancha y larga que se pone encima del traje.

sobrevenir v. intr. [21]. Suceder un accidente o cualquier cosa improvisada o repentinamente.

sobrevivir v. intr. [3]. Vivir después de la muerte de alguien o después de determinado suceso. ◇ FAM. sobreviviente. VIVIR.

sobrevolar v. tr. [1r]. Volar sobre un lugar, ciudad, etc.

sobrexceder v. tr. [2]. Exceder, superar, rebasar.

sobrexcitar v. tr. [1]. Excitar con exceso. ◇ FAM. sobrexcitación. EXCITAR.

sobriedad s. f. Calidad de sobrio.

sobrino, na s. Con respecto a una persona, hijo o hija de un hermano o hermana y también hijo de un primo o prima.

sobrio, bria adj. Moderado, especialmente en el beber. ‖ Que denota moderación, no exagerado. ‖ Que no está borracho. ◇ FAM. sobriedad.

soca s. f. Amér. Último retoño de la caña de azúcar, que sirve para plantarla. ‖ Bol. Brote de la cosecha de arroz.

socaire s. m. Resguardo o abrigo que ofrece una cosa por el lado opuesto a aquel donde sopla el viento.

socaliña s. f. Ardid con que se saca a alguien algo que no está obligado a dar. ◇ FAM. socaliñar. SACAR.

socapar v. tr. [1]. Bol. y Ecuad. Encubrir faltas ajenas. ◇ FAM. CAPA.

socar v. tr. y pron. [1a]. Amér. Central. Embriagar, emborrachar.

socarrar v. tr. y pron. [1]. Quemar o tostar superficialmente.

socarrón, na adj. y s. Que con palabras aparentemente serias o ingenuas se burla disimuladamente. ◇ FAM. socarronería.

socavar v. tr. [1]. Excavar por debajo de algo. ‖ Debilitar física o moralmente. ◇ FAM. socavación, socavón. CAVAR.

socavón s. m. Cueva excavada en la ladera de un cerro o monte. ‖ Hundimiento que se produce en el suelo.

soche s. m. Colomb. y Ecuad. Mamífero similar al ciervo.

sociable adj. Que busca la compañía de sus semejantes. ‖ Fácil de trato. ◇ FAM. sociabilidad. / insociable. SOCIEDAD.

social adj. Que concierne a la sociedad o a las clases sociales. ‖ Relativo a una sociedad comercial. ◇ FAM. socialismo, socializar. / antisocial, asocial, socialdemocracia. SOCIEDAD.

socialdemocracia s. f. Denominación del partido socialista en ciertos países. ◇ FAM. socialdemócrata. SOCIAL y DEMOCRACIA.

socialdemócrata adj. y s. m. y f. Partidario de la socialdemocracia.

socialismo s. m. Denominación de diversas doctrinas políticas y económicas que propugnan la propiedad pública de los medios de producción. ◇ FAM. socialista. / nacionalsocialismo. SOCIAL.

socialista adj. Relativo al socialismo. ◆ adj. y s. m. y f. Partidario del socialismo.

socializar v. tr. [1g]. Transferir al estado las propiedades particulares. ◇ FAM. socialización, socializador. SOCIAL.

sociedad s. f. Reunión permanente de personas, pueblos o naciones que conviven bajo unas leyes comunes. ‖ Agrupación de individuos para cumplir un fin. ◇ FAM. sociable, social, sociología. SOCIO, CIA.

socio, cia s. Persona asociada con otra u otras para algún fin. ‖ Miembro de una sociedad o asociación. ◇ FAM. sociedad. / asociar, disociar.

sociocultural adj. Relativo a las estructuras sociales y a la cultura que contribuye a caracterizarlas. ◇ FAM. CULTURA.

socioeconómico, ca adj. Que interesa a la sociedad definida en términos económicos.

sociolingüística s. f. Ciencia que estudia las relaciones entre el lenguaje y la sociedad.

sociología s. f. Disciplina que estudia el desarrollo de las sociedades humanas. ◇ FAM. sociológico, sociólogo. SOCIEDAD.

socolar v. tr. [1r]. Colomb., Ecuad., Hond. y Nicar. Rozar, limpiar de maleza un terreno.

socollón s. m. Amér. Central y Cuba. Sacudida violenta.

socorrer v. tr. [2]. Ayudar en una necesidad o peligro. ◇ FAM. socorredor, socorrido, socorrismo, socorrista, socorro.

socorrido, da adj. Que resuelve fácilmente una dificultad.

socorrismo s. m. Conjunto de primeros auxilios para la ayuda inmediata en un accidente.

socorrista s. m. y f. Persona especialmente adiestrada para prestar socorro en caso de accidente.

socorro s. m. Acción y efecto de socorrer. ‖ Aquello con que se socorre.

socoyote s. m. Méx. Hijo menor de una familia, benjamín.

socrático, ca adj. Relativo a Sócrates y a su filosofía.

socucho s. m. Amér. Central y Amér. Merid. Sucucho*.

soda s. f. Agua efervescente que contiene ácido carbónico. ◇ FAM. sodero.

sodero s. m. Argent. Persona que reparte soda.

sódico, ca adj. Que contiene sodio.

sodio s. m. Metal alcalino, blando y muy ligero, de color plateado. ◇ FAM. sódico.

sodomía s. f. Coito anal. ◇ FAM. sodomítico, sodomizar.

sodomizar v. tr. [1g]. Practicar la sodomía.

soez adj. Grosero, ofensivo, de mal gusto.

sofá s. m. Asiento con respaldo y brazos para varias personas.

sofisma s. m. Razonamiento que pretende hacer pasar lo falso por verdadero. ◇ FAM. sofista, sofisticar, sofístico.

sofista s. m. y f. Persona que usa sofismas.

sofisticado, da adj. Que carece de naturalidad. ‖ Dícese de un aparato o técnica muy perfeccionados, de gran complejidad.

sofisticar v. tr. [1a]. Falsificar, adulterar. ‖ Dar exceso de artificio. ◇ FAM. sofisticación, sofisticado. SOFISMA.

sofocar v. tr. [1a]. Dominar, extinguir algo. ◆ v. tr. y pron. Abochornar, sonrojar. ◆ sofocarse v. pron. Padecer sensación de ahogo. ◇ FAM. sofocación, sofocador, sofocante. SOFOCO.

sofoco s. m. Acción y efecto de sofocar. ‖ Sensación de calor o de ahogo. ◇ FAM. sofocar, sofocón.

sofocón s. m. Fam. Desazón, disgusto o enfado muy grande.

sofreír v. tr. [25a]. Rehogar o freír ligeramente. ◇ FAM. sofrito. FREÍR.

sofrenar v. tr. [1]. Reprimir el jinete a la caballería. ‖ Refrenar una pasión del ánimo.

sofrito s. m. Condimento a base de tomate o cebolla fritos.

sofrología s. f. Técnica de relajamiento fundada en la hipnosis.

software s. m. INFORMÁT. Conjunto de programas de ordenador y técnicas informáticas.

soga s. f. Cuerda gruesa de esparto.

soja s. f. Planta oleaginosa trepadora originaria de Asia, que da semillas de las que se obtiene aceite y harina.

sojuzgar v. tr. [1b]. Someter, dominar o mandar con violencia. ◇ FAM. sojuzgador. SUBYUGAR.

sol¹ s. m. Quinta nota de la escala musical. ◇ FAM. solfa.

sol² s. m. Estrella luminosa, centro de nuestro sistema planetario. ‖ Luz o radiación solar. ‖ Estrella fija. ◇ FAM. solana, solano, solar², solario, solárium, soleado, solsticio. / asolear, girasol, insolación, parasol, quitasol, resol, tornasol.

solamente adv. m. Nada más, con exclusión de: *solamente tengo cien pesetas.* ⬦ FAM. SÓLO.

solana s. f. Lugar donde da el sol de lleno. ⬦ FAM. SOL².

solanáceo, a adj. y s. f. Relativo a la planta dicotiledónea de flores acampanadas y fruto en cápsula.

solano s. m. Viento del este. ⬦ FAM. SOL².

solapa s. f. Doblez que tienen algunas prendas de vestir en la parte del pecho. || Cualquier cosa o parte de una cosa montada sobre otra, a la que cubre parcialmente. ⬦ FAM. solapar.

solapado, da adj. Que esconde con malicia su intención.

solapar v. tr. [1]. Poner dos o más cosas de modo que una cubra parcialmente a la otra. || Disimular, ocultar algo por malicia. ◆ v. intr. Cubrirse parcialmente dos o más cosas. ⬦ FAM. solapado. SOLAPA.

solar¹ v. tr. [1r]. Revestir el suelo con ladrillos. || Echar suelas al calzado. ⬦ FAM. solado, solador, soladura. SUELO.

solar² adj. y s. m. Se dice de la casa más antigua y noble de una familia. ◆ s. m. Linaje noble. || Suelo. || Terreno en que está construido un edificio. || *Cuba.* Casa de vecindad, inquilinato. ⬦ FAM. solariego, solera. SUELO.

solar³ adj. Relativo al Sol. || Relativo a la energía proporcionada por el Sol. ⬦ FAM. SOL³.

solariego, ga adj. y s. De linaje antiguo y noble. ⬦ FAM. SOLAR².

solárium o solario s. m. Terraza o lugar análogo cuya orientación permite un máximo de insolación. ⬦ FAM. SOL².

solaz s. m. Esparcimiento y recreo del cuerpo o del espíritu. ⬦ FAM. solazar.

solazar v. tr. y prón. [1g]. Proporcionar solaz.

soldada s. f. Sueldo de un soldado o marinero.

soldadera s. f. *Guat.* Mujer del soldado. || *Méx.* Ramera, mujer de baja condición.

soldado s. m. Persona que sirve en la milicia. || Militar sin graduación. ⬦ FAM. soldada, soldadera, soldadesco.

soldador, ra s. Persona que suelda por oficio. || Instrumento para soldar.

soldadura s. f. Acción y efecto de soldar. || Lugar de unión de dos cosas soldadas.

soldar v. tr. [1r]. Unir sólidamente entre sí dos cosas. ⬦ FAM. soldador, soldadura. SÓLIDO, DA.

solecismo s. m. Vicio de dicción consistente en alterar la sintaxis normal de un idioma.

soledad s. f. Falta de compañía. || Lugar solitario. ⬦ FAM. SOLO, LA.

solemne adj. Que se celebra con mucho ceremonial y esplendor. || Pomposo, majestuoso, enfático. ⬦ FAM. solemnidad, solemnizar.

solemnidad s. f. Calidad de solemne. || Festividad solemne.

solemnizar v. tr. [1g]. Celebrar, festejar de manera solemne.

soler v. intr. [2e]. Acostumbrar, hacer ordinariamente u ocurrir con frecuencia. ⬦ FAM. insólito.

solera s. f. Cualidad que da carácter especial a alguien o algo. || Piedra fija del molino. || *Argent.* y *Chile.* Prenda de vestir ligera y sin tirantes que usan las mujeres durante el verano. || *Chile.* Faja de piedra que forma el borde de las aceras. || *Méx.* Baldosa, ladrillo.

soleta s. f. *R. Dom.* Sandalia rústica de cuero. || *Méx.* Especie de galleta en forma alargada, dulce y crujiente.

solfa s. f. Arte de solfear. || Conjunto de signos con que se escribe la música. ⬦ FAM. solfear, solfista. SOL¹ y FA.

solfear v. tr. [1]. Cantar un fragmento musical pronunciando el nombre de las notas. ⬦ FAM. solfeo. SOLFA.

solfeo s. m. Acción y efecto de solfear.

solicitar v. tr. [1]. Pretender, pedir con diligencia. || Tratar de conseguir la amistad o el amor de alguien. ⬦ FAM. solicitación, solicitador, solicitante. SOLÍCITO, TA.

solícito, ta adj. Diligente, afanoso por servir, atender o ser agradable. ⬦ FAM. solicitar, solicitud.

solicitud s. f. Calidad de solícito. || Acción y efecto de solicitar. || Instancia, documento formal con que se solicita algo.

solidaridad s. f. Comunidad de intereses y responsabilidades. || Adhesión circunstancial a la causa de otros.

solidario, ria adj. Que muestra o implica solidaridad. ⬦ FAM. solidariamente, solidaridad, solidarizar. / insolidario. SÓLIDO, DA.

solidarizar v. tr. y prón. [1g]. Hacer solidario a alguien.

solideo s. m. Casquete que usan los eclesiásticos.

solidez s. f. Calidad de sólido.

solidificar v. tr. y prón. [1a]. Hacer que un fluido pase a estado sólido. ⬦ FAM. solidificación. SÓLIDO, DA.

sólido, da adj. Firme, fuerte, macizo. || Con un fundamento real, durable: *un argumento sólido.* ◆ s. m. Cuerpo con forma y consistencia propias que opone resistencia a ser dividido. ⬦ FAM. sólidamente, solidario, solidez, solidificar. / consolidar, soldar.

soliloquio s. m. Discurso de una persona consigo misma. ⬦ FAM. SOLO, LA.

solimitano, na adj. y s. De Jerusalén.

solio s. m. Trono, silla real con dosel.

solista adj. y s. m. y f. Dícese del músico o cantante que interpreta un solo o varios solos. ⬦ FAM. SOLO, LA.

solitaria s. f. Tenia, gusano intestinal.

solitario, ria adj. Solo, sin compañía. || No habitado, desierto. ◆ adj. y s. Que ama la soledad. ◆ s. m. Diamante grueso que se engasta solo en una joya. || Juego de naipes que ejecuta una persona sola. ◇ FAM. solitaria. SOLO, LA.

soliviantar v. tr. y pron. [1]. Inducir a rebelarse. ‖ Inquietar, alterar el ánimo. ◇ FAM. soliviantado.

sollozar v. intr. [1g]. Llorar convulsivamente. ◇ FAM. sollozo.

sollozo s. m. Acción y efecto de sollozar.

solo, la adj. Único en su especie. ‖ Sin compañía. ‖ Sin añadir otra cosa. ◆ s. m. Composición que canta o toca una persona sola. ‖ Café sin leche. ◇ FAM. soledad, soliloquio, solista, solitario.

sólo o **solo** adv. m. Solamente, con exclusión de: *sólo faltan dos días.* ◇ FAM. solamente.

solomillo s. m. Capa muscular que se extiende por entre las costillas y el lomo. ◇ FAM. LOMO.

solsticio s. m. ASTRON. Punto de la eclíptica más alejado del ecuador. ‖ ASTRON. Época del año en la cual el Sol alcanza uno de estos puntos. ◇ FAM. SOL².

soltar v. tr. y pron. [1r]. Desasir, desprender. ‖ Dar salida o libertad. ◆ v. tr. Dar una paliza o golpe. ‖ Desprenderse de algo. ‖ Romper en risa, llanto, etc. ◆ **soltarse** v. pron. Perder la contención. ◇ FAM. soltero, soltura, suelto.

soltería s. f. Estado de soltero.

soltero, ra adj. y s. Que no ha contraído matrimonio. ◇ FAM. soltería, solterón. SOLTAR.

soltura s. f. Agilidad, desenvoltura con que se hace una cosa.

soluble adj. Que se puede disolver. ‖ Que se puede resolver. ◇ FAM. solubilidad, solución, soluto. / insoluble, liposoluble.

solución s. f. Acción y efecto de disolver. ‖ Acción y efecto de solucionar. ‖ Modo de resolver una dificultad. ‖ Desenlace. ◇ FAM. solucionar. SOLUBLE.

solucionar v. tr. [1]. Resolver un asunto o hallar solución o término a un proceso. ◇ FAM. solucionable. SOLUCIÓN.

soluto s. m. QUÍM. Sustancia en disolución. ◇ FAM. SOLUBLE.

solvencia s. f. Acción y efecto de solventar. ‖ Calidad de solvente. ◇ FAM. insolvencia. SOLVENTE.

solventar v. tr. [1]. Resolver, dar solución a una dificultad. ‖ Pagar una deuda o cuenta.

solvente adj. Libre de deudas. ‖ Que tiene capacidad para satisfacer sus deudas. ◆ s. m. Disolvente químico. ◇ FAM. solvencia, solventar.

soma s. f. BIOL. Conjunto de células no reproductoras de los seres vivos. ◇ FAM. somático, somatizar. / cromosoma, ribosoma.

soma- pref. Significa 'cuerpo': *somático.*

somalí adj. y s. m. y f. De Somalia. ◆ s. m. Lengua hablada en Somalia.

somanta s. f. *Fam.* Tunda, paliza.

somático, ca adj. Que concierne al cuerpo de un ser animado. ◇ FAM. psicosomático. SOMA.

somatizar v. tr. [1g]. Dar origen un conflicto psíquico a una afección física.

sombra s. f. Oscuridad, falta de luz. ‖ Imagen oscura que proyecta un cuerpo al interceptar la luz. ‖ Espectro, aparición. ‖ Protección, amparo. ‖ Cantidad muy pequeña. ‖ Causa de inquietud o preocupación. ‖ *Fam.* Gracia, donaire. ◇ FAM. sombrear, sombrero, sombrilla, sombrío. / ensombrecer, umbrío.

sombrear v. tr. [1]. Dar o producir sombra. ◇ FAM. sombreado. SOMBRA.

sombrerete s. m. Caperuza de una chimenea.

sombrerillo s. m. Parte superior de los hongos.

sombrero s. m. Prenda para cubrir la cabeza, generalmente con copa y ala. ● **Sacarse el sombrero** (*Argent., Bol., Chile, Ecuad.* y *Perú*), frase que expresa admiración. ◇ FAM. sombrerería, sombrerero, sombrerete, sombrerillo. SOMBRA.

sombrilla s. f. Utensilio con forma de paraguas, usado para protegerse del sol.

sombrío, a adj. Casi siempre con sombra. ‖ Triste, tétrico.

somero, ra adj. Superficial.

someter v. tr. y pron. [2]. Poner algo o alguien bajo la autoridad o dominio de otro. ◆ v. tr. Exponer algo a la consideración de otros. ◇ FAM. sometimiento. / sumisión, sumiso. METER.

somier s. m. Bastidor rectangular de las camas sobre el que se coloca el colchón.

somnífero, ra adj. y s. m. Que produce sueño. ◇ FAM. SUEÑO.

somno- pref. Significa 'sueño': *somnolencia.*

somnolencia s. f. Adormecimiento, sopor, ganas de dormir. ◇ FAM. somnoliento. SUEÑO.

somnoliento, ta adj. Que tiene somnolencia.

somormujo s. m. Ave palmípeda de pico recto y patas cortas, que vive en aguas tranquilas y se alimenta de peces e insectos.

sompopo s. m. *Hond.* Guiso hecho de carne rehogada en manteca. ‖ *Hond.* y *Nicar.* Variedad de hormiga amarilla.

son s. m. Sonido agradable, especialmente el musical. ‖ Estilo, modo de hacer una cosa. ◇ FAM. unísono. SONIDO.

sonado, da adj. Muy nombrado, famoso. ‖ Dícese del boxeador que ha perdido facultades mentales por los golpes recibidos.

sonaja s. f. En algunos juguetes o instrumentos, par de chapas de metal que suenan al agitarlas. ◇ FAM. sonajera, sonajero. SONAR.

sonajera s. f. *Chile.* Sonajero.

sonajero s. m. Juguete consistente en un mango con sonajas.

sonambulismo s. m. Sueño anormal en que la persona anda y habla dormida.

sonámbulo, la adj. y s. Que padece sonambulismo. ◇ FAM. sonambulismo. SUEÑO Y AMBULANTE.

sonar v. intr. [1r]. Producir o emitir un sonido. ‖ Mencionarse, nombrarse. ‖ Parecer algo aquello que se expresa. ‖ *Argent., Chile* y *Urug.* Morir o padecer una enfermedad mortal. ‖ *Argent., Chile* y *Par. Fam.* Fracasar, perder, tener mal fin algo o alguien. ‖ *Chile.* Sufrir las consecuencias de algún hecho o cambio. ‖ *Méx.* Golpear a alguien fuertemente. ◆ v. tr. Hacer que algo produzca un sonido. ◆ v. tr. y pron. Limpiar las narices de mocos. ● **Hacer sonar** *(Chile)*, castigar fuertemente. ‖ *Chile.* Ganar en una pelea, dejando al adversario fuera de combate. ◇ FAM. sonado, sonaja, sonante, sonata, sonería, sonido, sonoro. / altisonante, altísono, asonancia, consonante, disonar, malsonante, resonar.

sonata s. f. Composición musical que comprende trozos de diferente carácter. ◇ FAM. SONAR.

sonda s. f. Acción y efecto de sondar. ‖ Instrumento mecánico o eléctrico, para la exploración de zonas inaccesibles. ‖ MED. Instrumento alargado y fino que se introduce en el cuerpo con fines terapéuticos o diagnósticos. ◇ FAM. sondar, sondear. / ecosonda, radiosonda.

sondar v. tr. [1]. Examinar con una sonda zonas inaccesibles. ‖ MED. Introducir la sonda en una parte del cuerpo. ◇ FAM. sondable. / insondable. SONDA.

sondear v. tr. [1]. Sondar, examinar zonas inaccesibles. ‖ Procurar averiguar algo con discreción. ◇ FAM. sondeo. SONDA.

sondeo s. m. Acción y efecto de sondar o sondear. ‖ Método estadístico de encuesta.

sonería s. f. Conjunto de mecanismos que sirven para hacer sonar un reloj. ◇ FAM. SONAR.

soneto s. m. Composición poética de catorce versos, que se distribuyen en dos cuartetos y dos tercetos. ◇ FAM. sonetista.

sónico, ca adj. Relativo a la velocidad del sonido. ◇ FAM. supersónico. SONIDO.

sonido s. m. Efecto de las vibraciones rápidas de los cuerpos, percibido por el oído. ‖ Toda emisión de voz. ‖ LING. Pronunciación particular de cada letra. ◇ FAM. son, sónico, soniquete, sonómetro, sonsonete. / infrasonido, ultrasonido. SONAR.

soniquete s. m. Sonsonete.

sonómetro s. m. Aparato que mide la intensidad de los sonidos.

sonoridad s. f. Calidad de sonoro.

sonorizar v. tr. [1g]. Convertir en sonoro. ‖ Instalar en un lugar equipos de sonido. ‖ LING. Convertir en sonora una consonante sorda. ◇ FAM. sonorización, sonorizador. SONORO, RA.

sonoro, ra adj. Que suena o puede sonar.

‖ Que tiene un sonido armonioso. ‖ Que refleja bien el sonido. ‖ Relativo al sonido. ◆ adj. y s. f. LING. Dícese del sonido que se articula con vibración de las cuerdas vocales. ◇ FAM. sonoridad, sonorizar. / insonoro. SONAR.

sonreír v. intr. y pron. [25]. Reír levemente, sin emitir sonido. ◇ FAM. sonriente, sonrisa. REÍR.

sonriente adj. y s. m. y f. Que sonríe.

sonrisa s. f. Gesto de sonreír.

sonrojar v. tr. y pron. [1]. Ruborizar, causar rubor o vergüenza. ◇ FAM. sonrojo. ROJO, JA.

sonrosado, da adj. De color rosado. ◇ FAM. ROSADO, DA.

sonsacar v. tr. [1a]. Sacar, lograr algo con maña y disimulo. ◇ FAM. sonsacador, sonsacamiento. SACAR.

sonsera s. f. *Argent.* Zoncera*.

sonsonete s. m. Sonido repetido y monótono.

soñador, ra adj. Que sueña mucho. ◆ adj. y s. Que discurre de un modo fantasioso.

soñar v. tr. e intr. [1r]. Representarse en la imaginación cosas durante el sueño. ‖ Fantasear, imaginar como verdad cosas que no lo son. ◆ v. intr. Desear mucho algo. ◇ FAM. soñador. SUEÑO.

sopa s. f. Pedazo de pan empapado en cualquier líquido alimenticio. ‖ Plato de pan, fideos, etc., y el caldo en que se han cocido. ◇ FAM. sopero. / ensopar.

sopaipilla s. f. *Argent.* y *Chile.* Masa frita que se hace con harina, manteca, grasa o aceite y zapallo. ● **Sopaipilla pasada** *(Chile)*, la que se sirve empapada en almíbar o miel.

sopapo s. m. Golpe dado con la mano debajo de la barbilla. ‖ Bofetada, cachete.

sope s. m. *Méx.* Tortilla de maíz gruesa y pequeña con frijoles, salsa, queso y otros ingredientes.

sopero, ra adj. y s. m. Dícese del plato hondo en que se suele comer la sopa. ◆ s. f. Recipiente hondo en que se sirve la sopa.

sopesar v. tr. [1]. Levantar una cosa para tantear su peso. ‖ Considerar las ventajas o inconvenientes de una cosa.

sopetón s. m. Golpe fuerte y brusco dado con la mano. ● **De sopetón**, de repente.

soplado s. m. Procedimiento de moldeo para la fabricación de objetos huecos.

soplagaitas adj. y s. m. y f. *Fam.* Tonto, estúpido.

soplamocos s. m. *Fam.* Sopapo, cachete.

soplar v. intr. y tr. [1]. Despedir aire con violencia por la boca. ◆ v. intr. Hacer aire con un fuelle. ‖ Moverse el viento. ◆ v. tr. Hurtar, quitar. ‖ Inspirar, sugerir. ‖ Delatar, denunciar. ◆ v. tr. y pron. Hinchar algo con aire. ‖ Efectuar el soplado de un metal. ◇ FAM. soplado, soplador, sopladura, soplete, soplido, soplo, soplón. / resoplar, soplagaitas, soplamocos.

soplete s. m. Aparato que produce una llama, usado para soldar o fundir.

soplido s. m. Soplo brusco y fuerte.

soplo s. m. Acción y efecto de soplar. || Instante breve de tiempo. || Delación. || MED. Sonido anormal percibido por auscultación de un órgano.

soplón, na adj. y s. Fam. Que acusa o denuncia en secreto. ← s. m. Amér. Central. Apuntador de teatro.

soponcio s. m. Fam. Desmayo, síncope.

sopor s. m. Estado de sueño profundo patológico. || Adormecimiento, somnolencia. <> FAM. soporífero.

soporífero, ra adj. y s. m. Que produce sueño.

soportal s. m. Espacio cubierto que en algunas casas precede a la entrada principal. || Pórtico.

soportar v. tr. [1]. Sostener o resistir una carga o peso. || Aguantar, tolerar. <> FAM. soportable, soporte. / insoportable. PORTAR.

soporte s. m. Apoyo, sostén. || INFORMÁT. Medio material capaz de recibir y almacenar información.

soprano s. m. Voz más aguda, propia de mujer o de niño. ← s. m. y f. Persona que tiene voz de soprano. <> FAM. mezzosoprano.

soquete s. m. Argent., Chile, Par. y Urug. Calcetín corto.

sor s. f. Tratamiento que se da a algunas religiosas.

sorber v. tr. [2]. Beber algo aspirando. || Empapar, absorber. <> FAM. sorbedor, sorbible, sorbo. / absorber, absorber.

sorbete s. m. Refresco helado, de consistencia pastosa. || Amér. Central y Amér. Merid. Paja para sorber líquidos.

sorbo s. m. Acción de sorber. || Cantidad de líquido que se sorbe de una vez.

sordera s. f. Pérdida o disminución del sentido del oído.

sórdido, da adj. Sucio, pobre y miserable. || Avaro, mezquino. <> FAM. sordidez.

sordina s. f. Pieza que se coloca en los instrumentos musicales para disminuir su sonoridad.

sordo, da adj. y s. Privado del sentido del oído. ← adj. Silencioso, que suena poco. || Insensible a lo que se le dice. || No manifiesto, contenido. ← adj. y s. f. LING. Dícese del sonido que se articula sin vibración de las cuerdas vocales. <> FAM. sordera, sordina. / ensordecer, sordomudo.

sordomudo, da adj. y s. Que es sordo y mudo. <> FAM. sordomudez. SORDO, DA y MUDO, DA.

soriano, na adj. y s. De Soria (España).

soriasis s. f. Afección cutánea caracterizada por unas escamas que cubren unas placas rojas.

sorna s. f. Burla o disimulo con que se hace o dice algo.

soroche s. m. Amér. Merid. Dificultad de respirar que, a causa de la menor densidad del aire, se siente en ciertos lugares elevados. || Bol. y Chile. Galena. <> FAM. asorocharse.

sorprendente adj. Que causa sorpresa. || Extraordinario, raro.

sorprender v. tr. y pron. [2]. Causar algo impresión o extrañeza. ← v. tr. Pillar desprevenido a alguien. || Descubrir lo que alguien oculta. <> FAM. sorprendente, sorpresa, sorpresivo. PRENDER.

sorpresa s. f. Acción y efecto de sorprender. || Aquello que da motivo para que alguien se sorprenda.

sorpresivo, va adj. Amér. Que sorprende o produce sorpresa.

sortear v. tr. [1]. Someter algo a la decisión de la suerte. || Esquivar, evitar con habilidad. <> FAM. sorteable, sorteador, sorteo. SUERTE.

sorteo s. m. Acción y efecto de sortear. || Operación de sortear los premios de la lotería. || Operación de sortear los mozos en las quintas.

sortija s. f. Anillo que se pone en los dedos. <> FAM. ensortijar.

sortilegio s. m. Adivinación por prácticas supersticiosas. || Cualquier acción realizada por arte de magia. <> FAM. SUERTE.

sos s. m. Petición de auxilio o socorro.

sosa s. f. Óxido de sodio.

sosaina adj. y s. m. y f. Fam. Dícese de la persona sosa.

sosegado, da adj. Quieto, tranquilo, reposado.

sosegar v. tr. y pron. [1d]. Apaciguar, tranquilizar. ← v. intr. y pron. Descansar después de algún esfuerzo. <> FAM. sosegado, sosegador, sosiego.

sosegate. Dar, o pegar, un sosegate (Argent. y Urug.), reprimenda de palabra u obra para corregir una conducta.

sosera o **sosería** s. f. Calidad de soso. || Dicho o hecho insulso, falto de gracia.

sosiego s. m. Tranquilidad, reposo, serenidad. <> FAM. desasosiego. SOSEGAR.

soslayar v. tr. [1]. Ladear una cosa para que pase por un sitio estrecho. || Eludir o esquivar alguna dificultad. <> FAM. soslayo.

soslayo, ya adj. Oblicuo, ladeado. ● **De soslayo**, de costado.

soso, sa adj. Falto de sal o sabor. ← adj. y s. Sin gracia. <> FAM. sosaina, sosedad, sosera, sosería. / insulso, pavisoso.

sospecha s. f. Acción y efecto de sospechar.

sospechar v. tr. [1]. Creer o imaginar por indicios o conjeturas. ← v. intr. Desconfiar o recelar. <> FAM. sospecha, sospechable, sospechoso. / insospechado, suspicaz.

sospechoso, sa adj. Que da motivo para

sospechar. ← s. Persona que inspira sospechas.

sostén s. m. Acción de sostener. || Cosa que sostiene. || Prenda interior femenina que se usa para sujetar el pecho.

sostener v. tr. y pron. [8]. Sujetar a alguien o algo para impedir que caiga o se mueva. || Mantener o defender con seguridad y firmeza. ← v. tr. Prestar ayuda o apoyo. ← sostenerse v. pron. Mantenerse un cuerpo en un medio. ◇ FAM. sostén, sostenedor, sostenido, sostenimiento. / insostenible. TENER.

sostenido, da adj. MÚS. Dícese de la nota musical cuya entonación es un semitono más alta que la de su sonido natural.

sota s. f. Décima carta de cada palo de la baraja española.

sotabanco s. m. Ático, piso habitable colocado encima de la cornisa general de un edificio.

sotabarba s. f. Papada que sobresale de la barba.

sotacura s. m. Amér. Central y Amér. Merid. Coadjutor de una parroquia.

sotana s. f. Vestidura talar que llevan los eclesiásticos.

sótano s. m. Piso o pieza situada bajo el nivel de la calle. ◇ FAM. SO².

sotavento s. m. MAR. Costado de la nave opuesto al barlovento. ◇ FAM. VIENTO.

sote s. m. Colomb. Insecto similar a la pulga, cuya hembra deposita sus crías bajo la epidermis produciendo picazón.

soterrar v. tr. [1j]. Enterrar. || Esconder, ocultar. ◇ FAM. soterrado. TIERRA.

soto s. m. Lugar poblado de árboles a orillas de un río.

sotol s. m. Méx. Planta herbácea, de tallo corto y hojas con espinas en los bordes y una púa terminal. || Méx. Bebida alcohólica obtenida del tallo de esta planta.

soufflé s. m. Plato de origen francés, preparado con claras de huevo montadas y cocido al horno.

soul s. m. Estilo musical estadounidense surgido en los sesenta, derivado del blues y otras formas de la música negra.

soviético, ca adj. y s. De la antigua Unión Soviética.

soya s. f. Soja*.

spanglish s. m. Lengua o jerga, mezcla de español e inglés, hablada en sectores de la población hispana en Estados Unidos.

sparring s. m. Boxeador que entrena a otro antes de un combate.

sport s. m. Deporte. ● De sport, se aplica a las prendas de vestir cómodas e informales.

spot s. m. Espacio publicitario de televisión.

spray s. m. Envase de algunos líquidos mezclados con un gas a presión.

sprint s. m. DEP. Esfuerzo máximo de un corredor, particularmente al aproximarse a la meta.

squash s. m. Deporte parecido al frontón, practicado en un espacio cerrado y más reducido.

stand s. m. Caseta reservada a los participantes en una exposición o feria.

standard adj. y s. m. Estándar*.

standing s. m. Nivel de vida.

star s. f. Estrella de cine o de teatro.

starter s. m. Dispositivo de arranque del carburador de un coche.

statu quo s. m. Estado actual de las cosas.

status s. m. Estatus*.

stock s. m. Existencias, provisión de un producto o material.

stop s. m. Parada. || Señal de tráfico que indica la obligación de detener el vehículo. ◇ FAM. auto-stop.

strip-tease s. m. Espectáculo durante el que se desnuda una persona.

su adj. poses. Apócope de suyo, suya, que se usa antepuesto al sustantivo: su casa.

suaca s. m. Méx. Fam. Paliza.

suahili s. m. Swahili*.

suasorio, ria adj. Relativo a la persuasión o propio para persuadir: palabras suasorias. ◇ FAM. PERSUADIR.

suave adj. Liso y blando al tacto. || Dulce, grato. || Tranquilo: temperamento suave. ◇ FAM. suavemente, suavidad, suavizar.

suavidad s. f. Calidad de suave.

suavizante adj. Que suaviza. ← s. m. Producto que se añade a la ropa en el último aclarado para que quede esponjosa.

suavizar v. tr. y pron. [1g]. Hacer suave: suavizar asperezas. ◇ FAM. suavizador, suavizante. SUAVE.

sub- pref. Significa 'bajo, debajo de', referido a posición física: subterráneo, o a una jerarquía: subdirector. || Significa 'jerarquía por delegación': subcontratar.

suba s. f. Argent. y Urug. Alza, subida de precios. ◇ FAM. SUBIR.

subacuático, ca adj. Que se realiza debajo del agua.

subafluente s. m. Curso de agua que desemboca en un afluente.

subalimentación s. f. Alimentación insuficiente en cantidad o calidad.

subalterno, na adj. y s. Inferior, subordinado. || Se aplica al personal que realiza trabajos que no requieren conocimientos técnicos.

subarrendar v. tr. [1j]. Dar o tomar en arrendamiento una cosa del que ya la tiene arrendada. ◇ FAM. subarrendador, subarrendamiento, subarrendatario, subarriendo. ARRENDAR.

subarrendatario, ria s. Persona que toma en subarriendo una cosa.

subarriendo s. m. Acción y efecto de subarrendar. || Precio en que se subarrienda.

subasta s. f. Forma de venta en que se adjudica una cosa al que más dinero ofrece por ella. ◇ FAM. subastar.

subastar v. tr. [1]. Vender o contratar en

pública subasta. <> FAM. subastador. SU-
BASTA.

subatómico, ca adj. Dícese de toda partícula constitutiva del átomo.

subcampeón, na s. y adj. DEP. Deportista
que obtiene el segundo puesto en una
competición.

subcelular adj. Que tiene una estructura
más elemental que la de la célula.

subclase s. f. BIOL. Categoría de clasificación de animales o plantas entre la
clase y el orden.

subconjunto s. m. MAT. Conjunto cuyos elementos pertenecen a otro conjunto.

subconsciencia s. f. Estado de la conciencia en que el sujeto no se da cuenta
de ciertas percepciones o emociones.
<> FAM. subconsciente. CONSCIENCIA.

subconsciente adj. Relativo a la subconsciencia. ◆ s. m. Conjunto de contenidos
psíquicos no presentes en la conciencia,
pero que pueden aflorar en ciertos momentos.

subcontratación s. f. Contratación que
una empresa hace para ciertos servicios,
que forman parte de otros más generales
para los que dicha entidad ha sido contratada. <> FAM. CONTRATAR.

subcostal adj. Que está debajo de las costillas.

subcultura s. f. Tipo de cultura nacida
dentro de clases o grupos minoritarios, en
algunos casos marginados.

subcutáneo, a adj. Que está, se introduce
o se desarrolla debajo de la piel: *inyección subcutánea.*

subdelegado, da adj. y s. Que sirve a las
órdenes de un delegado.

subdelegar v. tr. [1b]. Transmitir o ceder
un delegado sus funciones a alguien.
<> FAM. subdelegable, subdelegación,
subdelegado. DELEGAR.

subdesarrollo s. m. Falta o insuficiencia
de desarrollo. || Situación de atraso y po-
breza en que viven grandes áreas económicas del mundo. <> FAM. subdesarro-
llado. DESARROLLO.

subdirector, ra s. Persona que sustituye
o ayuda al director en sus funciones.
<> FAM. subdirección. DIRECTOR. RA.

súbdito, ta adj. y s. Sujeto a la autoridad
de un superior. ◆ s. Ciudadano de un
país.

subdividir v. tr. y pron. [3]. Dividir lo ya
dividido. <> FAM. subdivisión. DIVIDIR.

subdominante s. f. MÚS. Cuarta nota de
la escala diatónica. <> FAM. DOMINAR.

subduplo, pla adj. Dícese del número o
cantidad que es mitad exacta de otro u
otra.

subempleo s. m. ECON. Falta de empleo
de una parte de la mano de obra.

súber s. m. Corcho, tejido vegetal. <> FAM.
suberoso.

subespecie s. f. Subdivisión de la especie.

subestimar v. tr. y pron. [1]. Estimar a
alguien o algo en menos de lo que
vale.

subfusil s. m. Arma portátil de tiro, automática y de gran velocidad de disparo.

subgénero s. m. Subdivisión de un género.

subgrupo s. m. Subdivisión de un grupo.
|| MAT. Subconjunto que, con las operacio-
nes en él definidas, adquiere estructura de
grupo.

subida s. f. Acción y efecto de subir. ||
Camino o terreno que va ascendiendo.

subido, da adj. Dícese del color, sabor u
olor muy intenso.

subíndice s. m. Pequeño número o letra
situado en la parte inferior de un signo
matemático, una palabra, etc.

subinspector, ra s. Persona que suple o
ayuda al inspector en sus funciones.
<> FAM. subinspección. INSPECTOR. RA.

subintendente s. m. y f. Persona que sustituye o ayuda al intendente en sus funciones.

subir v. intr. [3]. Ir desde un lugar a otro
más alto o superior. || Crecer la altura o el
volumen de algo. || Cabalgar, montar. ||
Aumentar el precio, valor, etc. || Importar
una cuenta. ◆ v. tr. Recorrer un espacio
hacia arriba. || Hacer más alto. ◆ **Subírse-
le a uno** (*Méx. Fam.*), emborracharse.
<> FAM. suba, subida, subido.

súbito, ta adj. Repentino, inesperado.
<> FAM. súbitamente.

subjetivo, va adj. Relativo a la propia
forma de pensar, sentir, etc. <> FAM. sub-
jetivamente, subjetividad. SUJETO. TA.

subjuntivo, va adj. y s. m. LING. Dícese
del modo verbal que expresa duda, posibilidad, temor, deseo, etc.

sublevación s. f. Acción y efecto de sublevar o sublevarse.

sublevar v. tr. y pron. [1]. Hacer que una
persona se resista a obedecer a una au-
toridad. || Irritar o enfadar mucho. <> FAM.
sublevación, sublevamiento. LEVAR.

sublimación s. f. Acción y efecto de sublimar.

sublimar v. tr. y pron. [1]. Engrandecer,
exaltar. || QUÍM. Hacer que un cuerpo pase
directamente del estado sólido al gaseoso.
<> FAM. sublimable, sublimación, subli-
mado. SUBLIME.

sublime adj. Excelente, excepcional. <> FAM.
sublimar, sublimidad.

subliminal adj. Dícese de ciertas percepciones de las que el sujeto no llega a tener
conciencia.

sublingual adj. Situado por debajo de la
lengua.

submarinismo s. m. Conjunto de técnicas
y actividades que se desarrollan debajo
del agua. <> FAM. submarinista. SUBMA-
RINO.

submarino, na adj. Que está o se realiza
bajo la superficie del mar. ◆ s. m. Barco

capacitado para navegar bajo el agua. ◇ FAM. submarinismo. MARINO, NA.

submaxilar adj. ANAT. Situado debajo de la mandíbula inferior.

submúltiplo, pla adj. y s. m. Dícese del número o cantidad contenido en otro un número exacto de veces.

subnormal adj. y s. m. y f. Se aplica a la persona deficiente mental.

suboficial s. m. Categoría militar entre la de tropa y la de oficial.

subordinación s. f. Dependencia, sujeción. ‖ LING. Relación de dependencia entre dos elementos de distinta categoría gramatical.

subordinado, da adj. y s. Sujeto a otro o bajo su dependencia. ← adj. y s. f. LING. Dícese del elemento gramatical o proposición que depende de otro u otra.

subordinar v. tr. y pron. [1]. Someter, sujetar. ‖ LING. Hacer dependiente un elemento gramatical con respecto a otro. ◇ FAM. subordinación, subordinado, subordinante. / insubordinación. ORDENAR.

subprefecto s. m. Persona que ayuda o sustituye al prefecto en sus funciones.

subproducto s. m. Producto secundario obtenido del proceso de elaboración de otro principal.

subranquial adj. Situado debajo de las branquias. ◇ FAM. BRANQUIA.

subrayar v. tr. [1]. Señalar por debajo con una raya en lo escrito. ‖ Recalcar, destacar. ◇ FAM. subrayable, subrayado. RAYAR.

subreino s. m. BIOL. Cada uno de los dos grupos en que se dividen los reinos animal y vegetal.

subrepticio, cia adj. Que se hace ocultamente.

subrogar v. tr. y pron. [1m]. DER. Poner una persona o cosa en lugar de otra. ◇ FAM. subrogación. ROGAR.

subsanar v. tr. [1]. Resolver una dificultad. ‖ Remediar un defecto o resarcir un daño. ◇ FAM. subsanable, subsanación. SANAR.

subscribir v. tr. y pron. [3n]. Suscribir*.

subscripción s. m. Suscripción*.

subsecretario, ria s. Persona que sustituye o ayuda al secretario. ‖ En España, secretario general de un ministerio, cargo máximo después del ministro. ◇ FAM. subsecretaría. SECRETARIO, RIA.

subseguir v. intr. y pron. [30a]. Seguir una cosa inmediatamente a otra. ◇ FAM. subsiguiente. SEGUIR.

subsidiar v. tr. [1]. Conceder subsidio.

subsidiario, ria adj. Que se da como subsidio.

subsidio s. m. Ayuda económica de carácter oficial que se concede a una persona o entidad. ◇ FAM. subsidiar, subsidiario.

subsiguiente adj. Que sigue inmediatamente a lo que se expresa.

subsistencia s. f. Hecho de subsistir. ‖ Conjunto de medios necesarios para el sustento de la vida humana.

subsistir v. intr. [3]. Durar, conservarse. ‖ Vivir. ◇ FAM. subsistencia, subsistente.

subsuelo s. m. Terreno que está debajo de una capa de tierra.

subsumir v. tr. [3]. Incluir algo en un conjunto más amplio.

subte s. m. *Argent.* Apócope de *subterráneo*, ferrocarril.

subteniente s. m. Empleo superior del cuerpo de suboficiales.

subterfugio s. m. Evasiva, escapatoria, pretexto.

subterráneo, a adj. Que está debajo de tierra. ‖ *Argent.* Ferrocarril metropolitano, metro. ◇ FAM. subte. TIERRA.

subtipo s. m. Subdivisión de un tipo.

subtítulo s. m. Título secundario que se añade a otro principal. ‖ CINE y TV. Texto que traduce los diálogos de películas en versión original. ◇ FAM. subtitular. TÍTULO.

suburbano, na adj. Que está muy próximo a la ciudad.

suburbio s. m. Barrio situado en los alrededores de una ciudad. ◇ FAM. suburbano, suburbial. URBE.

subvalorar v. tr. y pron. [1]. Dar o atribuir a alguien o a algo menor valor o importancia de la que tiene.

subvención s. f. Ayuda económica otorgada generalmente por un organismo oficial. ◇ FAM. subvencionar.

subversión s. f. Acción y efecto de subvertir.

subversivo, va adj. Capaz de subvertir o que tiende a ello. ‖ Que intenta alterar el orden social.

subvertir v. tr. [22]. Trastornar, perturbar, destruir: *subvertir el orden social.* ◇ FAM. subversión, subversivo, subversor.

subyacer v. intr. [2g]. Existir algo debajo de otra cosa o como trasfondo de ella. ◇ FAM. subyacente. YACER.

subyugar v. tr. y pron. [1b]. Someter, dominar. ◇ FAM. subyugable, subyugación, subyugador. / sojuzgar. YUGO.

succionar v. tr. [1]. Chupar, sorber. ‖ Absorber. ◇ FAM. succión.

sucedáneo, a adj. y s. m. Dícese de la sustancia que puede remplazar a otra.

suceder v. intr. [2]. Producirse un hecho o suceso. ‖ Ir alguien o algo después de otra persona o cosa. ← v. tr. Ocupar una persona el cargo o puesto que tenía otra. ‖ Heredar a alguien. ◇ FAM. sucedáneo, sucedido, sucesible, sucesión, sucesivo, suceso, sucesor. CEDER.

sucedido s. m. *Fam.* Cosa que ocurre o sucede. ‖ *Argent.* Relato comúnmente aleccionador de un hecho más o menos extraordinario.

sucesión s. f. Acción y efecto de suceder. ‖ *Prole, descendencia.* ‖ *Herencia.* ‖ MAT. Conjunto de números que siguen una ley dada.

sucesivo, va adj. Que sucede o sigue a otra cosa.

suceso s. m. Cosa que sucede. ‖ Delito, accidente o hecho dramático.

sucesor, ra adj. y s. Que sucede a otro en un cargo o herencia.

suche adj. *Chile* y *Nicar.* Subalterno. ‖ *Venez.* Agrio, sin madurar.

suciedad s. f. Calidad de sucio. ‖ Inmundicia, porquería.

sucinto, ta adj. Breve, resumido: *una sucinta explicación.*

sucio, cia adj. Que tiene manchas, impurezas, etc. ‖ Que se ensucia fácilmente. ‖ Indecente, obsceno. ◇ FAM. suciedad. / ensuciar.

sucre s. m. Unidad monetaria de Ecuador.

sucrense adj. y s. m. y f. Sucreño.

sucreño, ña adj. y s. De Sucre (Bolivia).

sucucho s. m. *Amér.* Habitación pequeña y precaria que sirve de vivienda.

suculento, ta adj. Sabroso, nutritivo.

sucumbir v. intr. [3]. Ceder, rendirse. ‖ Morir, perecer.

sucursal adj. y s. f. Dícese del establecimiento que depende de otro principal.

sud- pref. Significa 'sur': *sudeste.*

sudadera s. f. Camiseta de manga larga que se usa principalmente para hacer ejercicio o deporte.

sudafricano, na adj. y s. Del sur de África o de la República Sudafricana.

sudamericano, na adj. y s. Suramericano*.

sudar v. intr. y tr. [1]. Expulsar el sudor. ‖ Destilar las plantas algún líquido o jugo. ‖ *Fam.* Trabajar mucho. ◇ FAM. sudación, sudadera, sudario, sudor. / exudar.

sudario s. m. Lienzo en que se envuelve a un difunto.

sudestada s. f. *Argent.* Viento fuerte, acompañado de un temporal, que viene del sudeste, del lado de la mar.

sudeste s. m. Punto del horizonte situado entre el sur y el este. ← adj. y s. m. Dícese del viento que sopla desde este punto. ◇ FAM. sudestada. SUR y ESTE¹.

sudista adj. y s. m. y f. Partidario de los estados del sur, en la guerra de Secesión norteamericana. ◇ FAM. SUR.

sudoeste s. m. Punto del horizonte situado entre el sur y el oeste. ← adj. y s. m. Dícese del viento que sopla desde este punto. ◇ FAM. SUR y OESTE.

sudor s. m. Líquido transparente segregado por ciertas glándulas de la piel. ‖ *Fam.* Trabajo y fatiga. ◇ FAM. sudoral, sudorífero, sudorífico, sudoríparo, sudoroso, sudoso. / antisudoral. SUDAR.

sudoríparo, ra adj. Que produce o segrega sudor.

sueco, ca adj. y s. De Suecia. ← s. m. Idioma hablado en Suecia.

suegro, gra s. Con respecto a un cónyuge, padre o madre del otro. ◇ FAM. consuegro, matasuegras.

suela s. f. Parte del calzado que toca el suelo. ◇ FAM. SUELO.

sueldo s. m. Cantidad de dinero que se recibe regularmente por un trabajo. ◇ FAM. sobresueldo.

suelo s. m. Superficie por la que se anda. ‖ Piso o pavimento. ‖ Terreno sobre el que se cultivan plantas. ◇ FAM. suela. / asolar, entresuelo, solar¹, solar³, subsuelo.

suelto, ta adj. Que no está sujeto. ‖ Ligero, veloz. ‖ Poco compacto. ‖ Separado, que no hace juego. ← adj. y s. m. Dícese de la moneda fraccionaria. ← s. m. Escrito breve y sin firma, impreso en un periódico. ◇ FAM. SOLTAR.

sueño s. m. Acto de dormir o de soñar. ‖ Ganas de dormir. ‖ Fantasía, cosa irrealizable. ● Quitar el sueño *(Fam.)*, preocupar mucho. ◇ FAM. soñar. / ensueño, insomnio, somnífero, somnolencia, sonámbulo.

suero s. m. Parte acuosa de un líquido orgánico. ‖ MED. Disolución en agua de ciertas sales o sustancias. ◇ FAM. serología, seroso.

suerte s. f. Encadenamiento de los sucesos. ‖ Hecho o conjunto de hechos que se consideran positivos o negativos. ‖ Casualidad a la que se fía la resolución de una cosa. ‖ Hecho favorable. ‖ En tauromaquia, cada uno de los lances en que se divide la lidia. ‖ *Argent.* En el juego de la taba, parte cóncava de ésta. ● Por suerte, afortunadamente. ◇ FAM. suertero.

suertero, ra adj. *Ecuad.* y *Hond.* Dichoso, feliz, afortunado. ← s. m. *Perú.* Vendedor de billetes de lotería.

suéter s. m. Jersey.

suevo, va adj. y s. De unas tribus germánicas que en el s. v penetraron en la península Ibérica.

sufí adj. Relativo al sufismo. ← s. m. y f. y adj. Partidario del sufismo.

suficiencia s. f. Capacidad, aptitud. ‖ Presunción, soberbia.

suficiente adj. Bastante. ‖ Apto, idóneo. ‖ Pedante, presumido. ← s. m. Calificación de aprobado. ◇ FAM. suficiencia. / autosuficiente, insuficiente.

sufijación s. f. LING. Acción de añadir un sufijo a una palabra.

sufijo s. m. LING. Elemento que va detrás de las palabras para modificar su sentido o función. ◇ FAM. sufijación, FIJO, JA.

sufismo s. m. Doctrina mística del islam. ◇ FAM. sufí, sufista.

sufragar v. tr. [1b]. Costear los gastos que ocasiona algo. ← v. intr. *Amér.* Votar a cierto candidato. ◇ FAM. sufragio.

sufragio s. m. Sistema electoral. ‖ Voto. ◇ FAM. sufragismo. SUFRAGAR.

sufragismo s. m. Movimiento surgido en Inglaterra, que defendía la concesión del voto a la mujer. ◇ FAM. sufragista. SUFRAGIO.

sufrido, da adj. Que sufre con resignación, sin queja.

sufrimiento s. m. Capacidad para sufrir o estado del que sufre.

sufrir v. tr. e intr. [3]. Padecer un daño o perjuicio. ◆ v. tr. Tolerar, soportar. ‖ Experimentar cierta acción, fenómeno, etc. ◇ FAM. sufrible, sufrido, sufridor, sufrimiento. / insufrible.

sugerencia s. f. Acción de sugerir. ‖ Idea que se sugiere.

sugerir v. tr. [22]. Provocar en alguien una idea. ◇ FAM. sugerencia, sugerente, sugeridor, sugestivo.

sugestión s. f. Acción y efecto de sugestionar. ◇ FAM. autosugestión. SUGESTIONAR.

sugestionar v. tr. [1]. Influir sobre alguien haciéndole actuar en un determinado sentido. ◇ FAM. sugestión, sugestionable, sugestionador. SUGESTIVO, VA.

sugestivo, va adj. Que sugiere. ‖ Muy atractivo o prometedor. ◇ FAM. sugestionar. SUGERIR.

sui generis loc. Singular, único, especial.

suicida s. m. y f. Persona que comete suicidio.

suicidarse v. pron. [1]. Cometer suicidio.

suicidio s. m. Acción de quitarse voluntariamente la vida. ‖ Acción muy arriesgada e imprudente. ◇ FAM. suicida, suicidarse.

suindá s. m. Argent. Ave de gran tamaño, de color pardusco con manchas negras.

suite s. f. Obra musical. ‖ En un hotel de lujo, serie de varias habitaciones comunicadas entre sí.

suizo, za adj. y s. De Suiza. ◆ s. m. Bollo muy esponjoso hecho de harina, huevo y azúcar.

sujeción s. f. Acción de sujetar o sujetarse. ‖ Cosa o medio que sujeta.

sujetador, ra adj. y s. Que sujeta. ◆ s. m. Prenda interior femenina que sujeta y levanta el pecho.

sujetar v. tr. y pron. [1]. Agarrar a alguien o algo con fuerza. ‖ Someter a alguien a cierto dominio, disciplina, etc. ◇ FAM. sujeción, sujetador, sujeto.

sujeto, ta adj. Expuesto o propenso a una cosa. ◆ s. m. Persona, sin especificar. ‖ LING. Palabra o conjunto de palabras sobre las que el predicado enuncia algo y función que realizan en la oración. ◇ FAM. subjetivo. SUJETAR.

sulf- pref. Significa 'azufre': sulfhídrico.

sulfamida s. f. Sustancia química de poderosa acción bactericida.

sulfatar v. tr. [1]. Impregnar con sulfato de cobre algo. ◇ FAM. sulfatación, sulfatado, sulfatador. SULFATO.

sulfato s. m. QUÍM. Sal del ácido sulfúrico. ◇ FAM. sulfatar, sulfito. SULFURO.

sulfhídrico, ca adj. y s. m. Dícese de un ácido tóxico y gaseoso.

sulfito s. m. QUÍM. Sal del ácido sulfuroso.

sulfurado, da adj. Que se encuentra en estado de sulfuro. ‖ Enfadado, furioso.

sulfurar v. tr. [1]. Combinar un cuerpo con azufre. ◆ v. tr. y pron. Irritar o encolerizar. ◇ FAM. sulfuración, sulfurado. SULFURO.

sulfúrico, ca adj. Dícese de un ácido líquido oleoso, muy usado en la industria. ‖ Ecuad. Se dice de la persona irascible.

sulfuro s. m. QUÍM. Sal del ácido sulfhídrico. ◇ FAM. sulfato, sulfhídrico, sulfurar, sulfúrico, sulfuroso. AZUFRE.

sulfuroso, sa adj. QUÍM. Que contiene una combinación de azufre.

sultán s. m. Emperador turco. ‖ Príncipe o gobernador de otros países islámicos. ◇ FAM. sultana, sultanato.

sultana s. f. Mujer del sultán. ‖ Antigua embarcación turca.

suma s. f. Operación aritmética que consiste en reunir varias cantidades en una sola. ‖ Resultado de esta operación. ‖ Agregado de muchas cosas. ‖ Resumen. ◇ FAM. sumar, sumario, sumo.

sumando s. m. MAT. Cada una de las cantidades que se suman.

sumar v. tr. [1]. Realizar la operación aritmética de la suma. ◆ v. tr. y pron. Juntar, reunir. ◆ **sumarse** v. pron. Agregarse, adherirse. ◇ FAM. sumador, sumando. / consumar. SUMA.

sumario, ria adj. Breve, conciso. ◆ s. m. Resumen, compendio. ‖ DER. Conjunto de actuaciones encaminadas a preparar el juicio criminal. ◇ FAM. sumarial, sumariar, sumarísimo. SUMA.

sumarísimo, ma adj. DER. Dícese de cierta clase de juicios que se tramitan con gran rapidez.

sumergible adj. Que se puede sumergir. ◆ s. m. Submarino.

sumergir v. tr. y pron. [3b]. Poner algo dentro de un líquido. ◆ **sumergirse** v. pron. Concentrarse totalmente en algo. ◇ FAM. sumergible, sumergimiento, sumersión.

sumerio, ria adj. y s. De Sumeria. ◆ s. m. Lengua hablada en Sumeria.

sumersión s. f. Acción y efecto de sumergir o sumergirse.

sumidero s. m. Conducto o canal que sirve de desagüe. ‖ Boca de una alcantarilla. ◇ FAM. resumidero. SUMIR.

sumiller s. m. En hostelería, persona encargada de los vinos y licores.

suministrar v. tr. [1]. Proporcionar a alguien lo necesario. ◇ FAM. suministrable, suministración, suministrador, suministro.

suministro s. m. Acción y efecto de suministrar. ‖ Aquello que se suministra.

sumir v. tr. y pron. [3]. Hundir, sumergir. ‖ Méx. Abollar alguna cosa. ◇ FAM. sumidero. / asumir, presumir, resumir, subsumir.

sumisión s. f. Acción y efecto de someter o someterse. ‖ Comportamiento amable y servicial. ◇ FAM. SOMETER.

sumiso, sa adj. Obediente, dócil. <> FAM. insumiso. SOMETER.

súmmum s. m. El colmo, el máximo grado.

sumo, ma adj. Supremo. || Muy grande, enorme. • **A lo sumo**, indica el límite a que puede llegar algo. <> FAM. sumamente, súmmum. SUMA.

sunco, ca adj. y s. *Chile.* Manco.

suntuario, ria adj. Relativo al lujo.

suntuoso, sa adj. Muy lujoso, espléndido. <> FAM. suntuario, suntuosidad.

supeditar v. tr. y pron. [1]. Hacer depender una cosa de otra. <> FAM. supeditación.

súper adj. y adv. m. *Fam.* Estupendo, genial. • adj. y s. f. Se aplica a la gasolina de 96 octanos. • s. m. *Fam.* Apócope de *supermercado.* <> FAM. superar, superior¹. / supremo. SOBRE².

super- pref. Significa 'encima de', referido a una posición física: *superposición;* o 'superioridad' referido a una jerarquía: *superintendente.* || Significa 'abundancia': *superalimentar.*

superar v. tr. [1]. Exceder. || Vencer dificultades, obstáculos, etc. • **superarse** v. pron. Hacer una cosa mejor que otras veces. <> FAM. superable, superación, superador, superávit. / insuperable. SÚPER.

superávit s. m. Exceso de los ingresos sobre los gastos. <> FAM. SUPERAR.

supercarburante s. m. Gasolina de alto octanaje.

superchería s. f. Engaño, treta. || Superstición.

superciliar adj. Relativo a la región de las cejas. <> FAM. CILIO.

superconductividad s. f. Propiedad de los metales y aleaciones metálicas que pierden su resistencia eléctrica al ser enfriados a temperaturas próximas al cero absoluto. <> FAM. CONDUCTIVIDAD.

superdotado, da adj. y s. De cualidades que exceden a las normales.

superestructura s. f. Parte de una construcción que queda por encima del nivel del suelo o de la línea de apoyo.

superficial adj. Relativo a la superficie. || Poco profundo. || Frívolo, insustancial. <> FAM. superficialidad, superficialmente. SUPERFICIE.

superficie s. f. Parte externa que limita un cuerpo. || Apariencia externa. || Espacio geométrico cuya extensión se expresa en dos dimensiones. <> FAM. superficial.

superfluo, flua adj. No necesario. <> FAM. superfluidad.

superhombre s. m. Hombre de cualidades extraordinarias.

superíndice s. m. Número, letra, etc., colocado en el extremo superior de una palabra, símbolo matemático, etc.

superintendente s. m. y f. Persona a cuyo cargo está la dirección superior de algo.

superior¹ adj. Que está situado encima de otra cosa o más alto que ella. || De más calidad, categoría, etc. • adj. y s. m. Se dice de la persona que tiene a otras bajo su mando. <> FAM. superioridad, superiormente, superior². SÚPER.

superior², ra adj. y s. Aplícase a la persona que dirige una comunidad religiosa.

superioridad s. f. Calidad de superior. || Ventaja. || Persona o conjunto de personas con superior autoridad.

superlativo, va adj. Muy grande o excelente en su línea. • adj. y s. m. LING. Dícese del grado del adjetivo o adverbio que expresa el significado de éstos en su mayor intensidad.

supermercado s. m. Establecimiento comercial de grandes dimensiones donde el cliente puede servirse a sí mismo.

supernova s. f. Estrella en explosión, que libera una gran cantidad de energía.

superpoblar v. tr. [1r]. Aumentar en exceso la densidad de población de una zona. <> FAM. superpoblación, superpoblado. POBLAR.

superponer v. tr. y pron. [5]. Poner una cosa encima de otra. || Anteponer. <> FAM. superponible, superposición. PONER.

superposición s. f. Acción y efecto de superponer o superponerse.

superproducción s. f. Exceso de producción. || Película cinematográfica de gran espectacularidad y elevado presupuesto.

supersónico, ca adj. Dícese de la velocidad superior a la del sonido.

superstición s. f. Creencia que tiene su fundamento en causas sobrenaturales o desconocidas. <> FAM. supersticioso.

supervalorar v. tr. [1]. Dar a alguien o algo más valor del que le corresponde. <> FAM. supervaloración. VALORAR.

supervisar v. tr. [1]. Examinar algo la persona a quien corresponde hacerlo. <> FAM. supervisión, supervisor. VISAR.

superviviente adj. y s. m. y f. Que sobrevive. <> FAM. supervivencia. VIVIR.

supinación s. f. Posición de estar tendido boca arriba. || Movimiento del antebrazo que hace volver la mano hacia arriba.

supinador adj. y s. m. Dícese de cada uno de los músculos del antebrazo que efectúan la supinación.

supino, na adj. Tumbado sobre la espalda. || Aplicado a cualidades negativas, grande o extraordinario: *ignorancia supina.* <> FAM. supinación, supinador.

suplantar v. tr. [1]. Ocupar con malas artes el lugar de otro. <> FAM. suplantable, suplantación, suplantador. PLANTAR.

suplementario, ria adj. Que sirve para suplir o completar algo.

suplemento s. m. Aquello que completa, suple o amplía otra cosa. || Cuaderno u hoja adicional de un periódico o revista. <> FAM. SUPLIR.

suplencia s. f. Acción de suplir una persona a otra. ‖ Tiempo que dura esta acción.

supletorio, ria adj. Que sirve para suplir algo que falta. ◆ adj. y s. m. Dícese del teléfono que depende de otro principal.

súplica s. f. Acción y efecto de suplicar. ‖ Escrito o palabras con que se suplica.

suplicar v. tr. [1a]. Pedir algo de modo humilde e insistente. ◇ FAM. súplica, suplicación, suplicatorio, suplicio.

suplicio s. m. Sufrimiento corporal que se aplica a alguien como castigo. ‖ Padecimiento físico o moral intenso y prolongado.

suplir v. tr. [3]. Completar o remediar la falta de algo. ‖ Hacer las veces de otro. ◇ FAM. suplementario, suplemento, suplencia, suplente, supletorio.

suponer v. tr. [5]. Considerar algo como cierto o posible. ‖ Implicar, llevar consigo. ‖ Costar, importar. ◇ FAM. suposición, supuesto. / presuponer. PONER.

suposición s. f. Acción y efecto de suponer. ‖ Aquello que se supone.

supositorio s. m. Medicamento sólido preparado para ser introducido por el recto o la vagina.

supra- pref. Significa 'sobre, arriba, más allá': *supranacional*.

supranacional adj. Aplícase al organismo que está por encima del gobierno de una nación.

suprarrenal adj. Que está situado encima de los riñones.

supremacía s. f. Superioridad sobre los demás. ‖ Grado supremo.

supremo, ma adj. Que está situado en la posición más alta o por encima de todos. ‖ Que tiene el grado máximo de algo. ◇ FAM. supremacía. SÚPER.

supresión s. f. Acción y efecto de suprimir.

suprimir v. tr. [3]. Hacer que desaparezca o deje de hacerse algo. ‖ Omitir. ◇ FAM. supresión, supresor.

supuesto, ta adj. Pretendido, presunto. ◆ s. m. Hipótesis, suposición. ● **Por supuesto**, expresa asentimiento. ◇ FAM. SUPONER.

supurar v. intr. [1]. Formarse pus en una herida, grano, etc., y expulsarlo. ◇ FAM. supuración, supurativo, supuratorio. PUS.

sur s. m. Punto cardinal opuesto al norte. ◆ adj. y s. m. Dícese del viento que sopla desde este punto. ◇ FAM. sureño; sureste, suroeste. / sudeste, sudoeste.

sur- pref. Significa 'sur': *suramericano*.

sura s. f. Cada uno de los capítulos en que se divide el Corán.

surafricano, na adj. y s. Sudafricano*.

suramericano, na adj. y s. De América del Sur.

surcar v. tr. [1a]. Ir por el espacio volando. ‖ Navegar por el mar. ‖ Hacer surcos en la tierra. ◇ FAM. surcador: SURCO.

surco s. m. Hendidura que deja en la tie-

rra el arado. ‖ Señal, huella. ‖ Arruga en el rostro. ◇ FAM. surcar. / microsurco.

surcoreano, na adj. y s. De Corea del Sur.

sureño, ña adj. y s. Natural del sur de un país.

sureste s. m. Sudeste*.

surf s. m. Deporte acuático que consiste en deslizarse sobre las olas montado sobre una tabla especial.

surgir v. intr. [3b]. Brotar agua u otro líquido. ‖ Levantarse, aparecer. ◇ FAM. surgidor. / insurgente, resurgir.

surinamita adj. y s. m. y f. De Surinam.

surmenage s. m. Estado de agotamiento físico y mental de intensa fatiga.

suroeste s. m. Sudoeste*.

surrealismo s. m. Movimiento artístico europeo del s. xx que pretendía reflejar las imágenes del subconsciente. ◇ FAM. surrealista. REALISMO.

surtidero s. m. Canal de desagüe de un estanque. ‖ Surtidor de agua.

surtido, da adj. y s. m. Dícese del conjunto de cosas variadas, pero de una misma especie.

surtidor, ra adj. y s. Que surte o provee. ◆ s. m. Chorro de agua que brota hacia arriba. ‖ Aparato que distribuye gasolina.

surtir v. tr. y pron. [3]. Proveer de una cosa. ◆ v. intr. Brotar un líquido, especialmente hacia arriba. ◇ FAM. surtidero, surtido, surtidor.

surubí s. m. *Argent.* Nombre de diversas especies de peces grandes que habitan en la Cuenca del Plata y cuya piel es de color pardusco con distintas tonalidades.

surumbo, ba adj. *Guat.* y *Hond.* Tonto, lelo.

surumpe s. m. *Perú.* Inflamación de los ojos producida por la reverberación del sol en la nieve.

suruví s. m. *Argent.* Surubí*.

susceptible adj. Capaz de recibir modificación o impresión. ‖ Que se ofende con facilidad. ◇ FAM. susceptibilidad.

suscitar v. tr. [1]. Promover, provocar: *suscitar entusiasmo*. ◇ FAM. suscitación. / resucitar.

suscribir v. tr. [3n]. Firmar al pie de un escrito. ‖ Adherirse, apoyar. ◆ v. tr. y pron. Abonar a una publicación periódica, asociación, etc. ◇ FAM. suscripción, suscriptor, suscrito, suscritor. ESCRIBIR.

suscripción s. f. Acción y efecto de suscribir o suscribirse.

susodicho, cha adj. y s. Citado, mencionado antes. ◇ FAM. DICHO, CHA.

suspender v. tr. [2]. Levantar o sostener en alto. ‖ Detener temporalmente una obra, acción, etc. ‖ No obtener la puntuación necesaria para pasar un examen. ‖ Encantar, embelesar. ◇ FAM. suspendedor, suspensión, suspensivo, suspenso, suspensores, suspensorio. PENDER.

suspense s. m. Emoción, misterio, intriga.

suspensión s. f. Acción y efecto de suspender. || Conjunto de dispositivos de un vehículo que amortiguan las sacudidas debidas a las desigualdades del terreno. || Mezcla formada por un sólido en pequeñas partículas y un líquido en el que no es soluble.

suspensivo, va adj. Que puede suspender o interrumpir algo.

suspenso, sa adj. Perplejo, admirado. ➤ s. m. Calificación que indica que no se ha aprobado un examen. || *Amér.* Expectación impaciente y ansiosa por el desarrollo de un suceso, especialmente de un relato.

suspensores s. m. pl. *Chile, Perú* y *P. Rico.* Tirantes para sujetar los pantalones.

suspensorio, ria adj. Que sirve para suspender o levantar en alto.

suspicacia s. f. Calidad de suspicaz. || Desconfianza.

suspicaz adj. Propenso a desconfiar o sospechar. ◇ FAM. suspicacia. SOSPECHAR.

suspirar v. intr. [1]. Dar suspiros. ◇ FAM. suspiro. ESPIRAR.

suspiro s. m. Aspiración fuerte y prolongada seguida de una espiración, que generalmente es expresión de pena, alivio, etc. || *Argent.* y *Chile.* Nombre de distintas especies de enredaderas de hojas alternas y flores de diversos colores.

sustancia s. f. Materia de que están formados los cuerpos. || Esencia o naturaleza de las cosas. || Parte nutritiva de un alimento. || Contenido fundamental de un escrito, discurso, etc. || Valor o importancia de una cosa. ◇ FAM. sustancial, sustanciar, sustancioso, sustantivo.

sustancial adj. Relativo a la sustancia. || Fundamental, muy importante. ◇ FAM. consustancial, insustancial. SUSTANCIA.

sustanciar v. tr. [1]. Extractar, resumir. ◇ FAM. sustanciación. / transustanciar. SUSTANCIA.

sustancioso, sa adj. Muy importante, valioso. || Muy nutritivo.

sustantivar v. tr. y pron. [1]. LING. Hacer que una palabra, sintagma u oración realicen la función de sustantivo. ◇ FAM. sustantivación. SUSTANTIVO, VA.

sustantivo, va adj. Fundamental. ➤ s. m. y adj. LING. Parte de la oración que designa a los seres materiales o inmateriales y desempeña fundamentalmente las funciones de sujeto y complemento. ◇ FAM. sustantivar, sustantividad. SUSTANCIA.

sustentáculo s. m. Cosa que apoya o sostiene a otra.

sustentar v. tr. y pron. [1]. Sostener, aguantar. || Mantener, alimentar. || Basar, fundar. ◇ FAM. sustentable, sustentación, sustentáculo, sustentador, sustentamiento, sustentante, sustento.

sustento s. m. Alimento, conjunto de cosas necesarias para vivir.

sustituir v. tr. [29]. Poner a alguien o algo en lugar de otro. ◇ FAM. sustitución, sustituible, sustituidor, sustitutivo, sustituto. / insustituible.

sustituto, ta s. y adj. Persona que sustituye a otra en sus funciones.

susto s. m. Impresión repentina causada por el miedo o la sorpresa. || Temor. ◇ FAM. asustar.

sustracción s. f. Acción y efecto de sustraer o sustraerse. || MAT. Resta.

sustraendo s. m. MAT. Cantidad que hay que restar de otra.

sustraer v. tr. [10]. Robar, hurtar. || Apartar, separar. || MAT. Restar. ◇ FAM. sustracción, sustraendo. TRAER.

sustrato s. m. Terreno situado debajo del que se considera. || LING. Influencia fonética, léxica, etc., que ejerce una lengua sobre otra que se ha impuesto sobre ella. ◇ FAM. ESTRATO.

susungá s. f. *Colomb.* y *Ecuad.* Espumadera.

susurrar v. intr. [1]. Hablar en voz muy baja. ◇ FAM. susurrador, susurrante, susurro.

susurro s. m. Acción y efecto de susurrar.

sute adj. *Colomb.* y *Venez.* Enteco, débil. ➤ s. m. *Colomb.* Gorrino, lechón. || *Hond.* Especie de aguacate.

sutil adj. Fino, delicado. || Ingenioso, agudo. ◇ FAM. sutileza, sutilidad, sutilizar, sutilmente.

sutileza s. f. Calidad de sutil. || Habilidad, ingenio.

sutura s. f. Cosido quirúrgico con que se cierra una herida. || Línea de unión de dos huesos del cráneo. ◇ FAM. suturar.

suturar v. tr. [1]. Coser una herida.

suyo, ya adj. y pron. poses. de 3.ª persona. Establece relación de posesión o pertenencia: *el coche es suyo.* ● **Hacer uno de las suyas** *(Fam.)*, obrar de manera propia y personal. ◇ FAM. su.

swahili s. m. Lengua bantú, con influencias persas y árabes, hablada en África oriental.

swing s. m. En boxeo, golpe dado lateralmente balanceando el brazo. || Estilo musical de jazz, de ritmo bailable.

t

t s. f. Vigésima primera letra del alfabeto español y decimoséptima de sus consonantes; representa un sonido dental, oclusivo y sordo.

taba s. f. Astrágalo, hueso del tarso. ‖ Juego en que se tira al aire una taba de carnero a modo de dado.

tabacalera s. f. *Méx.* Tabaquería.

tabacalero, ra adj. Relativo al cultivo, fabricación y venta del tabaco.

tabaco s. m. Planta herbácea, originaria de la América tropical, cuyas hojas se emplean para fabricar cigarros, cigarrillos, etc. ‖ Hoja de esta planta. ‖ Cigarro. ◇ FAM. tabacal, tabacalera, tabacalero, tabaquera, tabaquería, tabaquero, tabaquismo.

tabal s. m. Atabal. ‖ Barril en que se conservan pescados en salazón.

tabanco s. m. Tenderete para la venta de comestibles en la calle o en el mercado.

tábano s. m. Insecto díptero de color brillante, que se alimenta de la sangre que chupa a animales domésticos.

tabaquera s. f. Caja o bote para guardar el tabaco.

tabaquería s. f. Tienda donde se vende tabaco. ‖ *Cuba* y *Méx.* Taller donde se elaboran los cigarros puros.

tabaquero, ra adj. Relativo al tabaco. ◆ s. Persona que cultiva, elabora o comercializa el tabaco.

tabaquismo s. m. Intoxicación causada por el abuso del tabaco.

tabardo s. m. Prenda de abrigo de paño tosco. ‖ Especie de abrigo sin mangas.

tabarra s. f. *Fam.* Molestia, pesadez.

tabasco s. m. Salsa mexicana muy picante. ‖ Ají con que se elabora.

taberna s. f. Establecimiento público donde se venden bebidas, y a veces se sirven comidas. ◇ FAM. tabernáculo, tabernario, tabernero.

tabernáculo s. m. Tienda donde los antiguos hebreos colocaban el arca de la Alianza. ◇ FAM. TABERNA.

tabernero, ra s. Persona que trabaja en una taberna.

tabicar v. tr. [1a]. Cerrar con tabiques.

tabique s. m. Pared delgada para separar espacios interiores. ‖ *Méx.* Ladrillo de caras cuadrangulares. ‖ ANAT. Membrana que separa dos cavidades: *tabique nasal.* ◇ FAM. tabicar.

tabla s. f. Trozo de madera plano y de poco grosor. ‖ Bancal de huerto. ‖ Lista de nombres, números, etc., dispuestos en un determinado orden. ‖ Pintura hecha sobre una madera plana. ◆ pl. En los juegos de ajedrez y damas, situación en que nadie puede ganar la partida. ‖ Escenario de un teatro. ● Hacer tabla rasa, prescindir de algo o desentenderse de ello. ◇ FAM. tablada, tablado, tablear, tablero, tableta, tabletear, tablilla, tablón. / entablar, retablo, tabular¹, tabular².

tablada s. f. *Argent.* Lugar, antiguamente próximo al matadero, donde se selecciona el ganado para el consumo.

tablado s. m. Suelo de tablas construido en alto sobre un armazón. ‖ Suelo de un escenario. ◇ FAM. tablao. TABLA.

tablao s. m. Escenario usado para espectáculos flamencos.

tablear v. tr. [1]. Dividir un madero en tablas. ‖ Dividir en tablas una huerta o un jardín. ◇ FAM. tableo. TABLA.

tablero s. m. Plancha de madera u otro material rígido. ‖ Tabla o conjunto de tablas unidas por el canto. ‖ Superficie cuadrada, con recuadros, figuras, etc., para jugar al ajedrez o a otros juegos de mesa.

tableta s. f. Pastilla. ‖ *Argent.* Alfajor cuadrado o rectangular hecho con dos hojas de masa unidas entre sí por dulce, y recubierto con un baño de azúcar. ‖ *Argent.* Confitura plana y alargada.

tabletear v. intr. [1]. Hacer chocar tablas o maderas para producir ruido. ◇ FAM. tableteado, tableteo. TABLA.

tablilla s. f. Tabla pequeña en la cual se expone al público una lista o un anuncio.

tabloide s. m. y adj. Tipo de periódico cuyo formato es la mitad del habitual en estas publicaciones.

tablón s. m. Tabla gruesa. ‖ *Fam.* Borrachera. ‖ *Amér.* Faja de tierra preparada para la siembra.

tabú s. m. Aquello que no se puede mencionar o tratar debido a ciertas convenciones sociales, prejuicios, etc.

tabuco s. m. Cuchitril, habitación pequeña y miserable.

tabulador s. m. Dispositivo de la máquina de escribir y de los ordenadores que fija los márgenes en el lugar deseado.

tabular¹ v. tr. [1]. Expresar algo por medio de tablas. ‖ Señalar los márgenes de un escrito con un tabulador. ⬦ FAM. tabulación, tabulador. TABLA.

tabular² adj. Que tiene forma de tabla. ⬦ FAM. TABLA.

taburete s. m. Asiento individual sin brazos ni respaldo.

tacañería s. f. Calidad de tacaño.

tacaño, ña adj. y s. Mezquino, avaro. ⬦ FAM. tacañear, tacañería.

tacatá o **tacataca** s. m. Andador de niños.

tacha s. f. Falta o defecto. ‖ Tachuela grande. ‖ Venez. Vasija, tacho². ⬦ FAM. tachar, tacho², tachón², tachuela¹. / intachable.

tachadura s. f. Acción y efecto de tachar algo en un escrito.

tachar v. tr. [1]. Borrar o suprimir algo en un escrito. ‖ Atribuir a alguien o algo una falta o defecto. ⬦ FAM. tachadura, tache, tachón¹. TACHA.

tache s. m. Méx. Tacha, falta.

tachero, ra s. Argent. Fam. Taxista.

tacho¹ s. m. Argent. Fam. Taxi. ⬦ FAM. tachero.

tacho² s. m. Amér. Central y Amér. Merid. Recipiente grande en que se acaba de cocer el zumo de la caña dulce y se le da el punto de azúcar. ‖ Amér. Merid. Recipiente para calentar agua y otros usos culinarios. ‖ Amér. Merid. Cubo de la basura. ‖ Argent. y Chile. Vasija de metal, de fondo redondeado y con asas. ‖ Argent. y Chile. Cualquier recipiente de latón, hojalata, plástico, etc. ‖ Urug. Cubo para fregar suelos. • *Irse al tacho* (Argent. y Chile. Fam.), derrumbarse, fracasar una persona o un negocio. ‖ Argent. y Chile. Fam. Morirse. ⬦ FAM. tachuela². TACHA.

tachón¹ s. m. Raya, borrón, etc., con que se tacha algo.

tachón² s. m. Tachuela grande. ⬦ FAM. tachonar. TACHA.

tachuela¹ s. f. Clavo corto y de cabeza ancha. ‖ Chile y Nicar. Fam. Persona de estatura muy baja. ⬦ FAM. TACHA.

tachuela² s. f. Colomb. Especie de escudilla de metal que se usa para calentar algunas cosas. ‖ Colomb. y Venez. Taza de metal, a veces de plata y con adornos, que se tiene en el tinajero para beber agua. ⬦ FAM. TACHO².

tácito, ta adj. Callado, silencioso. ‖ Que no se expresa claramente, pero se supone. ⬦ FAM. tácitamente, taciturno.

taciturno, na adj. Callado, silencioso. ‖ Triste, melancólico. ⬦ FAM. taciturnidad. TÁCITO, TA.

tacla s. f. Instrumento agrícola utilizado por los incas.

tacneño, ña adj. y s. De Tacna (Perú).

taco s. m. Pedazo de madera u otro material, que se usa para rellenar un hueco, fijar algo, etc. ‖ Bloc de calendario. ‖ Pedazo de jamón, queso, etc., de cierto grosor. ‖ Palo que se usa en el billar para gol-

pear la bola. ‖ Fam. Lío, confusión. ‖ Fam. Palabrota. ‖ Amér. Merid. y P. Rico. Tacón. ‖ Argent. En el polo, maza de astil con que se impulsa la bocha. ‖ Méx. Tortilla de maíz arrollada con algún ingrediente como carne de pollo, de res, papas, etc., en el centro. ➡ pl. Fam. Número de años de edad: *treinta tacos*. ⬦ FAM. tacón, taquear, taquería. / retaco.

tacómetro s. m. Aparato que mide las vueltas que da un eje o la velocidad de revolución de un mecanismo.

tacón s. m. Pieza semicircular unida exteriormente a la suela del calzado en la parte correspondiente al talón¹. ⬦ FAM. taconazo, taconear. TACO.

taconear v. intr. [1]. Hacer ruido con los tacones. ⬦ FAM. taconeo. TACÓN.

tacopatle s. m. Méx. Planta de aplicaciones medicinales que se utiliza para curar mordeduras de víbora.

táctica s. f. Método que se sigue para conseguir un objetivo. ‖ Conjunto de reglas a que se sujetan las operaciones militares. ⬦ FAM. táctico.

táctico, ca adj. Relativo a la táctica.

táctil adj. Relativo al tacto.

tacto s. m. Sentido corporal con el que se percibe la forma, aspereza, temperatura, etc., de los objetos. ‖ Habilidad para tratar con alguien, llevar un asunto, etc. ⬦ FAM. táctil. / contacto, intacto.

tacuaco, ca adj. Chile. Retaco, rechoncho.

tacuara s. f. Argent., Par. y Urug. Planta gramínea, especie de bambú de cañas muy resistentes. ⬦ FAM. tacuaral.

tacuarembocero, ra adj. y s. De Tacuarembó (Uruguay).

tacurú s. m. Argent. y Par. Hormiga pequeña. ‖ Argent. y Par. Hormiguero muy alto y cónico que hacen las hormigas o las termitas de sus excrementos mezclados con tierra y saliva.

taekwondo s. m. Arte marcial coreano que desarrolla especialmente las técnicas de salto.

tafetán s. m. Tela fina de seda tupida.

tafilete s. m. Cuero curtido y lustroso. ⬦ FAM. tafiletería.

tafiletería s. f. Industria y comercio con artículos de tafilete.

tagalo, la adj. y s. De un pueblo autóctono de Filipinas de rasgos malayos. ➡ s. m. Lengua indonesia que, junto con el inglés, es la lengua oficial de Filipinas.

tahalí s. m. Banda de cuero colgada en bandolera para llevar la espada, el sable o el tambor.

tahitiano, na adj. y s. De Tahití.

tahona s. f. Panadería. ⬦ FAM. tahonero.

tahúr s. m. y f. Persona que se dedica al juego como profesión o hace trampas en él.

taifa s. f. Cada uno de los reinos que surgieron al disgregarse el califato de Córdoba.

taiga s. f. Bosque de coníferas propio de latitudes frías del hemisferio norte.

tailandés, sa adj. y s. De Tailandia.

taima s. f. *Chile.* Emperramiento, obstinación. <> FAM. taimado, taimarse.

taimado, da adj. y s. Astuto. || *Chile.* Obstinado, emperrado.

taimarse v. pron. [1]. *Chile.* Emperrarse, obstinarse.

taino, na o taíno, na adj. y s. De un pueblo amerindio que en la época del descubrimiento habitaba en La Española, Puerto Rico, este de Cuba y parte de Jamaica.

taita s. m. *Chile, C. Rica y Ecuad. Fam.* Voz infantil con que se alude al padre y a otras personas que merecen respeto.

tajá s. f. *Cuba.* Especie de pájaro carpintero.

tajada s. f. Porción cortada de una cosa. || *Fam.* Borrachera.

tajado, da adj. Dícese del terreno cortado en vertical que forma una pared.

tajamar s. m. Tablón de forma curva que corta el agua cuando navega la embarcación. || Espolón. || *Argent. y Ecuad.* Dique pequeño. || *Argent. y Perú.* Zanja en la ribera de los ríos para amenguar el efecto de las crecidas. || *Chile, Ecuad. y Perú.* Malecón, dique. <> FAM. TAJAR y MAR.

tajante adj. Que no admite discusión o contradicción. || Sin término medio.

tajar v. tr. [1]. Cortar, dividir algo. ◆ **tajarse** v. pron. *Fam.* Emborracharse. <> FAM. tajada, tajado, tajante, tajo. / atajar, destajar, tarajar.

tajo s. m. Corte hecho con un instrumento afilado. || Corte profundo y casi vertical en el terreno. || *Fam.* Trabajo, tarea.

tal adj. y pron. Igual, semejante: *nunca vi tal cosa.* || Tan grande: *tal es su poder.* || No especificado: *un tal García.* ◆ adv. m. Así, de esta manera: *tal me dijo.*

tala¹ s. f. Acción y efecto de talar. || *Chile.* Acción de comer los animales la hierba que no puede ser cortada por la hoz.

tala² s. f. *Argent.* Planta maderable, cuya raíz se usa para teñir.

talabarte s. m. Cinturón del que cuelga la espada o el sable. <> FAM. talabartería, talabartero.

talacha s. f. *Méx. Fam.* Trabajo o tarea pequeña, principalmente la relacionada con el cuidado o mantenimiento de algo. || *Méx. Fam.* Reparación, en especial la de carrocerías de automóviles.

taladrador, ra adj. y s. Que taladra. ◆ s. f. Máquina que sirve para hacer agujeros en materiales duros mediante una broca.

taladrar v. tr. [1]. Agujerear. || Herir los oídos un sonido fuerte y agudo. <> FAM. taladrado, taladrador. TALADRO.

taladro s. m. Instrumento para taladrar. ||

Agujero hecho con este instrumento. <> FAM. taladrar.

talaje s. m. *Chile.* Acción de pacer los ganados. || *Chile.* Precio que se paga por ello.

tálamo s. m. Lecho conyugal. || ANAT. Parte del encéfalo situada en la base del cerebro. <> FAM. epitalamio, hipotálamo.

talamoco, ca adj. *Ecuad.* Falto de pigmentación, albino.

talante s. m. Humor, estado de ánimo. || Gana, agrado, gusto.

talar¹ v. tr. [1]. Cortar por el pie los árboles. <> FAM. tala¹, talador.

talar² adj. Dícese de la vestidura que llega hasta los talones.

talasocracia s. f. Dominio económico o político de los mares.

talasoterapia s. f. Uso curativo de los baños de agua de mar y de los climas marinos. <> FAM. TERAPIA.

talco s. m. Silicato de magnesio, blando y suave al tacto, usado en cosmética y fabricación de pinturas.

talega s. f. Bolsa ancha y corta, generalmente de tela. <> FAM. talego, taleguilla.

talegazo s. m. Golpe sufrido al caer de lleno en el suelo.

talego s. m. Saco largo y estrecho de tela basta. || *Vulg.* Cárcel. || *Vulg.* Mil pesetas. <> FAM. talegazo. / entalegar. TALEGA.

taleguilla s. f. Calzón del traje de torero. <> FAM. TALEGA.

talento s. m. Inteligencia, capacidad intelectual. || Antigua moneda usada por griegos y romanos. <> FAM. talentoso.

talero s. m. *Argent., Chile y Urug.* Látigo para azotar a las caballerías formado por un mango corto y una tira de cuero ancha.

talgüen s. m. *Chile.* Planta arbustiva de madera fuerte e incorruptible, muy estimada en carpintería.

talio s. m. Metal blanco y maleable, usado en sistemas de comunicación.

talión s. m. Pena en que alguien sufre el mismo daño que ha causado.

talismán s. m. Objeto al que se atribuye un poder sobrenatural.

talla s. f. Acción y efecto de tallar. || Escultura. || Estatura. || Importancia o valor: *actor de talla.* || Medida de una prenda de vestir y de quien la usa. || *Chile.* Dicho oportuno, espontáneo.

tallador, ra s. Persona que talla. || *Argent., Chile, Guat., Mex. y Perú.* Persona que da las cartas o lleva las apuestas en una mesa de juego.

tallar v. tr. [1]. Dar forma a un material cortándolo y modelándolo. || Medir la estatura. ◆ v. intr. *Chile.* Hablar de amores un hombre y una mujer. <> FAM. talla, tallado, tallador, talle, tallista. / entallar¹.

tallarín s. m. Tira estrecha de pasta alimenticia que se consume cocida.

talle s. m. Cintura de una persona. || Medida de una prenda de vestir tomada desde el cuello hasta la cintura. ‖ Disposición del cuerpo humano. ◇ FAM. entallar². TALLAR.

taller s. m. Lugar donde se realizan trabajos manuales o artísticos. ‖ Lugar donde se reparan aparatos, máquinas, etc.

tallista s. m. y f. Persona que talla madera o *piedras preciosas.*

tallo s. m. Órgano de las plantas que sirve de soporte a. hojas, flores y frutos. ‖ *Colomb.* Variedad de frijol. ◇ FAM. talludo. / entallecer.

talludo, da adj. Que tiene tallo grande o muchos tallos. ‖ Dícese de la persona ya madura, en especial cuando actúa como un joven.

talmud s. m. Libro religioso de los judíos. ◇ FAM. talmúdico, talmudista.

talo s. m. BOT. Cuerpo vegetativo de algunas plantas, en el que no se diferencian raíz, tallo y hojas.

talofito, ta adj. y s. f. BOT. Relativo a las plantas cuyo aparato vegetativo está constituido por un talo, como las algas, los hongos y los líquenes.

talón¹ s. m. Parte posterior del pie humano, de forma redondeada. ‖ Zona del calzado que cubre esta parte. • **Pisarle** a alguien **los talones** *(Fam.),* seguirle muy de cerca. ◇ FAM. talonada, talonazo, talonear, talonera.

talón² s. m. Cheque. ◇ FAM. talonario.

talonario s. m. Libro o cuadernillo de talones o cheques.

talonear v. intr. [1]. *Méx. Vulg.* Prostituirse una persona. ◆ v. tr. *Argent.* Incitar el jinete con los talones a la cabalgadura. ‖ *Méx. Vulg.* Pedir prestado o regalado algo, en especial dinero.

talonera s. f. Remiendo que se pone en el talón de medias, calcetines, botas, etc. ‖ *Argent.* Tira de tela colocada en el interior de la bocamanga para protegerla del roce. ‖ *Argent.* y *Chile.* Pieza de cuero que asegura la espuela al talón de la bota.

talqueza s. f. *C. Rica.* Hierba usada para recubrir las chozas.

talquino, na adj. y s. De Talca (Chile).

taltuza s. f. *C. Rica.* Roedor similar a la rata.

talud s. m. Inclinación de un terreno o de un muro.

taludín s. m. *Guat.* Reptil similar al caimán.

tamagá o **tamagás** s. f. *Amér. Central.* Cierta serpiente venenosa.

tamal s. m. *Amér.* Masa de maíz con manteca, cocida y envuelta en una hoja de maíz o plátano, que suele rellenarse de carne, pollo, chile, etc. ‖ *Amér. Central* y *Amér. Merid.* Lío, embrollo, intriga. ◇ FAM. tamalada, tamalero. / nacatamal.

tamalada s. f. *Méx.* Comida en la que se sirven tamales principalmente.

tamalero, ra adj. *Amér.* Se dice del individuo que hace o vende tamales.

tamango s. m. *Amér. Merid.* Calzado rústico de cuero.

tamaño, ña adj. Semejante, tal: *tamaña tontería.* ◆ s. m. Conjunto de las medidas físicas de alguien o algo.

tamarindo s. m. Planta arbórea de fruto en legumbre, originaria de África tropical. ‖ *Fruto de este árbol.*

tamarugo s. m. *Chile.* Árbol parecido al algarrobo. ◇ FAM. tamarugal.

tamba s. f. *Ecuad.* Especie de manta usada como abrigo, chiripá.

tambache s. m. *Méx. Fam.* Bulto o envoltorio grande. ‖ *Méx. Fam.* Pila o montón de cosas.

tambalearse v. pron. [1]. Moverse de un lado a otro por falta de equilibrio, de fuerzas, etc. ◇ FAM. tambaleante, tambaleo.

tambarria s. f. *Colomb., Ecuad., Hond.* y *Nicar.* Jolgorio, parranda.

tambero, ra adj. y s. f. *Argent.* Dícese del ganado manso, especialmente de las vacas lecheras. ◆ adj. *Amér. Merid.* Relativo al tambo¹. ◆ s. *Amér. Merid.* Persona que tiene un tambo o está encargada de él.

también adv. m. Afirma la conformidad o relación de una cosa con otra ya expresada. ◇ FAM. TANTO, TA Y BIEN.

tambo¹ s. m. Edificación usada como lugar de descanso de viajeros o soldados. ‖ *Argent.* Establecimiento ganadero destinado al ordeño de vacas y a la venta. ‖ *Argent.* Corral donde se ordeña. ‖ *Perú.* Tienda rural pequeña. ◇ FAM. tambero.

tambo² s. m. *Méx. Vulg.* Cárcel.

tambocha s. f. *Colomb.* Hormiga muy venenosa que tiene la cabeza roja.

tambor s. m. Instrumento músico de percusión, formado por una caja cilíndrica hueca, con las bases cubiertas por una piel. ‖ Músico que toca el tambor. ‖ Aro de madera sobre el que se coloca la tela para bordarla. ◇ FAM. tamborear, tamboril.

tamborear v. intr. [1]. Golpear con los dedos haciendo un ruido similar al del tambor. ◇ FAM. tamboreo. TAMBOR.

tamboril s. m. Tambor pequeño. ◇ FAM. tamborilear, tamborilero. TAMBOR.

tamborilear v. intr. [1]. Tocar el tamboril. ‖ Tamborear. ◇ FAM. tamborileo. TAMBORIL.

tamiz s. m. Cedazo muy tupido. ◇ FAM. tamizar.

tamizar v. tr. [1g]. Pasar una cosa por el tamiz. ◇ FAM. tamización. TAMIZ.

tampoco adv. neg. Sirve para negar una cosa después de haberse negado otra: *ayer no vino ni hoy tampoco.* ◇ FAM. TANTO, TA Y POCO, CA.

tampón s. m. Almohadilla para entintar sellos, estampillas, etc. ‖ Artículo higiénico, de forma cilíndrica y muy absorbente, usado por las mujeres durante la menstruación.

tam-tam s. m. Tambor africano.

tamuga s. f. *Amér. Central.* Fardo.

tan adv. c. Apócope de *tanto.* Se antepone a un adjetivo o a otro adverbio para intensificar su significado: *es tan caro.* ‖ Denota idea de equivalencia o igualdad: *tan duro como el hierro.*

tanate s. m. *Amér. Central y Méx.* Cesto cilíndrico de palma o tule tejidos. ‖ *Amér. Central.* Lío, fardo. ‖ *Méx. Vulg.* Testículo. ◆ pl. *Amér. Central.* Conjunto de trastos, cachivaches.

tanatorio s. m. Edificio destinado a servicios funerarios.

tanda s. f. Turno, partida. ‖ Serie de ciertas cosas de un mismo género que se dan seguidas sin interrupción. ‖ *Amér. Central y Amér. Merid.* Parte de una representación teatral. ‖ *Argent.* En televisión, sucesión de avisos publicitarios que se intercalan en un programa.

tándem s. m. Bicicleta para dos o más personas. ‖ Equipo de dos personas.

tandero, ra s. *Chile.* Persona que acostumbra a usar chanzas.

tanela s. f. *C. Rica.* Pasta de hojaldre acompañada con miel.

tanga s. m. Bikini de mujer o bañador de hombre muy pequeños.

tangalear v. intr. [1]. *Colomb. y Hond.* Demorar el cumplimiento de una obligación intencionadamente.

tangán s. m. *Ecuad.* Tablero colgado del techo, articulado con cuerdas, que se usa a modo de despensa.

tangencial adj. Relativo a la tangente. ‖ Secundario, accesorio.

tangente adj. Que está en contacto con otra cosa. ◆ adj. y s. f. MAT. Dícese de las líneas o superficies que tienen puntos comunes sin cortarse. ● **Salirse por la tangente** *(Fam.),* eludir una dificultad. ⬪ FAM. tangencia, tangencial / cotangente. TANGIBLE.

tangible adj. Que se puede tocar. ⬪ FAM. tangente. / intangible.

tango s. m. Baile argentino, de ritmo lento y muy marcado. ‖ Música y letra de este baile. ‖ Variedad del cante y baile flamenco. ⬪ FAM. tanguear, tanguillo, tanguista.

tanguear v. intr. [1]. *Argent. y Urug.* Tocar o cantar tangos.

tanguillo s. m. Variante de los tangos flamencos de Cádiz.

tanguista s. m. y f. Cantante de tangos. ◆ s. f. Bailarina contratada en ciertos locales para que baile con los clientes.

tanino s. m. Sustancia contenida en la corteza de algunos árboles que se usa para curtir pieles y como astringente.

tanque s. m. Vehículo terrestre acorazado, de uso militar, armado con cañón, varias ametralladoras, etc. ‖ Depósito de agua u otro líquido preparado para su transporte.

tantalio s. m. Metal denso, muy resistente a la corrosión, usado en la fabricación de aceros especiales.

tántalo s. m. Ave parecida a la cigüeña, de plumaje blanco y negro, que vive en África tropical y meridional.

tantear v. tr. [1]. Medir, calcular aproximadamente. ‖ Pensar, considerar. ‖ *Hond. y Méx.* Acechar a alguien para asaltarle. ‖ *Méx. Fam.* Tomarle el pelo a alguien, burlarse de él. ◆ v. tr. e intr. Señalar los tantos en el juego. ⬪ FAM. tanteador, tanteo. TANTO, TA.

tanteo s. m. Acción y efecto de tantear. ‖ Número de tantos que se consiguen en un deporte o juego.

tanto, ta adj. y pron. En correlación con *como,* introduce una comparación de igualdad: *come tanto como yo.* ‖ Expresa una cantidad o número indeterminado: *a tantos de enero.* ‖ Mucho, gran cantidad. ◆ pron. dem. Equivale a *eso:* no podré *llegar a tanto.* ◆ adv. c. Hasta tal punto, tal cantidad: *no trabajes tanto.* ◆ s. m. Unidad de cuenta en muchos juegos o deportes. ● **Tanto por ciento,** porcentaje. ● **Al tanto,** enterado de algo. ‖ **Por tanto,** o **por lo tanto,** como consecuencia. ⬪ FAM. tan, tantear. / entretanto, también, tampoco.

tañer v. tr. [2k]. Tocar un instrumento musical de percusión o de cuerda. ⬪ FAM. tañedor, tañido / atañer.

tañido s. m. Acción y efecto de tañer. ‖ Sonido del instrumento que se tañe.

taoísmo s. m. Religión de la China. ⬪ FAM. taoísta.

tapa s. f. Pieza con la que se cierra la abertura superior de un recipiente. ‖ Cubierta de un libro encuadernado. ‖ Pequeña ración de comida que se sirve como aperitivo. ‖ Capa de suela que lleva el tacón del calzado. ‖ *Chile.* En la camisa, pechera. ⬪ FAM. tapadera, tapar, tapón.

tapacubos s. m. Tapa que se adapta a la cara exterior de la llanta de la rueda.

tapadera s. f. Tapa que se ajusta a la boca de un recipiente.

tapadillo. De tapadillo *(Fam.),* a escondidas, ocultamente.

tapado, da adj. y s. *Amér.* Dícese del personaje o candidato político cuyo nombre se mantiene en secreto hasta el momento propicio. ‖ *Argent.* Dícese de la persona o animal cuya valía se mantiene oculta. ‖ *Argent. y Chile.* Dícese de la caballería sin mancha ni señal alguna en su capa. ◆ s. m. *Colomb. y Hond.* Comida que preparan los indígenas con plátanos y carne, que se asan en un hoyo hecho en la tierra. ‖ *Amér. Merid.* Abrigo o capa de señora o de niño. ‖ *Argent., Bol. y Perú.* Tesoro enterrado. ◆ s. f. *Colomb.* Acción y efecto de tapar.

tapajuntas s. m. Listón que tapa la unión de una puerta o ventana con la pared.

tapanco s. m. *Méx.* Entarimado o piso de madera que se pone sobre vigas o columnas en habitaciones con gran altura, para dividirlas a lo alto en dos espacios.

tapar v. tr. [1]. Cubrir o cerrar lo que está descubierto o abierto. ‖ Encubrir, ocultar. ◆ v. tr. y pron. Abrigar o cubrir con ropas. ◇ FAM. tapado, tapador, tapadura. / destapar, tapacubos, tapajuntas, taparrabo. TAPA.

taparrabo o **taparrabos** s. m. Pieza de tela, piel, etc., con que los miembros de ciertos pueblos se tapan los genitales.

tapayagua s. f. *Amér.* Llovizna.

tape s. m. *Argent.* y *Urug.* Persona aindiada.

tapete s. m. Alfombra pequeña. ‖ Tela, hule, etc., con que se cubren las mesas u otros muebles.

tapia s. f. Pared que separa o aísla un terreno. ● **Más sordo que una tapia** (*Fam.*), muy sordo. ◇ FAM. tapialar, tapiar.

tapialar v. tr. [1]. *Ecuad.* Tapiar.

tapiar v. tr. [1]. Cerrar o limitar con tapias. ◇ FAM. tapiado, tapiador. TAPIA.

tapicería s. f. Oficio e industria de fabricar tapices o de tapizar. ‖ Taller del tapicero. ‖ Conjunto de tapices.

tapioca s. f. Fécula comestible obtenida de la mandioca.

tapir s. m. *Amér.* Mamífero de cabeza grande, trompa pequeña y orejas redondeadas, propio del sur de México, centro y sur de América.

tapisca s. f. *Amér. Central* y *Méx.* Recolección del maíz.

tapití s. m. *Argent.* Liebre mediana, de coloración pardusca con matices rojizos, que habita en bosques y selvas.

tapiz s. m. Paño tejido con lana, lino, etc., que se usa para decorar o cubrir paredes, puertas, suelos, etc. ◇ FAM. tapicería, tapicero, tapizar.

tapizar v. tr. [1g]. Cubrir las paredes con tapices. ‖ Forrar con tela paredes, muebles, etc. ◇ FAM. tapizado. TAPIZ.

tapón s. m. Pieza que tapa la boca de botellas, frascos y otros recipientes u orificios. ‖ Embotellamiento de vehículos. ‖ Acumulación de cerumen en el oído. ‖ En baloncesto, acción de interceptar el balón lanzado a canasta. ‖ *Fam.* Persona gruesa y pequeña. ◇ FAM. taponar, taponazo, taponería, taponero. TAPA.

taponar v. tr. y pron. [1]. Cerrar un orificio, conducto, etc., con un tapón. ◇ FAM. taponamiento. / destaponar. TAPÓN.

taponazo s. m. Ruido que se produce al destapar una botella de líquido espumoso. ‖ Golpe que da el tapón al salir despedido.

tapujo s. m. Disimulo, engaño: *hablar sin tapujos.*

taquear v. intr. [1]. *Argent.* En el billar y el polo, golpear la bola con el taco. ‖ *Argent.* Ejercitarse en el uso del taco. ‖ *Ar-*

gent. y *Chile.* Taconear. ◇ FAM. taqueo. TACO.

táqueo s. m. *Argent.* En el juego del polo, dominio del taco.

taquería s. f. *Méx.* Restaurante o expendio de comida donde se venden tacos.

taqui- pref. Significa 'rápido': *taquigrafía.*

taquicardia s. f. Ritmo cardiaco acelerado. ◇ FAM. CARDIACO, CA.

taquigrafía s. f. Sistema de escritura a base de signos especiales que permite escribir a gran velocidad. ◇ FAM. taquigrafiar, taquigráfico, taquígrafo. / taquimecanografía.

taquígrafo, fa s. Persona que se dedica a la taquigrafía. ◆ s. m. Aparato registrador de velocidad.

taquilla s. f. Ventanilla donde se despachan billetes para un transporte, entradas de espectáculos, etc. ‖ Dinero recaudado en este despacho. ‖ Armario pequeño en que se guardan objetos personales o papeles. ‖ *Amér. Central.* Taberna. ‖ *Chile, C. Rica* y *Ecuad.* Clavo pequeño. ◇ FAM. taquillaje, taquillero, taquillón.

taquillaje s. m. Venta de billetes o entradas.

taquillero, ra s. Persona encargada del despacho de billetes o entradas. ◆ adj. Dícese del espectáculo o artista que consigue recaudar mucho dinero.

taquillón s. m. Mueble bajo, más largo que ancho, con puertas y cajones.

taquimecanografía s. f. Actividad y conocimientos del que domina la mecanografía y la taquigrafía. ◇ FAM. taquimecanógrafo. TAQUIGRAFÍA y MECANOGRAFÍA.

taquímetro s. m. Instrumento usado para medir a la vez distancias y ángulos. ‖ Tacómetro. ◇ FAM. taquimetría.

tara[1] s. f. Peso del embalaje, vehículo, etc., que contiene o transporta una mercancía. ‖ Defecto físico o psíquico grave. ◇ FAM. tarado, tarar.

tara[2] s. f. *Chile* y *Perú.* Planta arbustiva de cuya madera se extrae un tinte. ‖ *Colomb.* Serpiente venenosa. ‖ *Venéz.* Langosta de tierra de mayor tamaño que la común.

tarabilla[1] s. m. y f. *Fam.* Persona que habla mucho y atropelladamente.

tarabilla[2] s. f. Trozo de madera clavado al marco de una puerta o ventana de forma que la asegure al girar.

tarabita s. f. *Amér. Merid.* Maroma por la cual corre la cesta del andarivel. ‖ *Ecuad.* y *Perú.* Andarivel para pasar los ríos y hondonadas que no tienen puerta.

taracol s. m. *Antill.* Crustáceo similar al cangrejo.

tarado, da adj. y s. Que tiene alguna tara física o psíquica. ‖ *Méx. Fam.* Tonto, estúpido.

tarambana o **tarambanas** adj. y s. m. y f. *Fam.* Alocado, de poco juicio.

taranta s. f. Canto flamenco de la zona oriental andaluza. ‖ *C. Rica* y *Ecuad.* Arrebato pasajero. ‖ *Hond.* Desvanecimiento, aturdimiento.

tarantín s. m. *Amér. Central, Cuba* y *P. Rico.* Cachivache, trasto. ‖ *Venez.* Tienda muy pobre.

tarántula s. f. Araña de tórax velloso y patas fuertes, cuya picadura es peligrosa.

tarapaqueño, ña adj. y s. De Tarapacá (Chile).

tarar v. tr. [1]. Señalar el peso de tara de una mercancía. ◇ FAM. TARA[1].

tararear v. tr. [1]. Cantar en voz baja sólo con sonidos, sin decir palabra. ◇ FAM. tararero.

tararira[1] s. f. *Argent.* y *Urug.* Pez que vive en las grandes cuencas de América del Sur, cuya carne es muy estimada.

tararira[2] s. m. y f. *Fam.* Persona bulliciosa y de poca formalidad.

tarasca s. f. Figura de serpiente monstruosa que se saca en algunas procesiones. ‖ *Chile* y *C. Rica.* Boca grande. ◇ FAM. tarascón.

tarasco, ca adj. y s. De un pueblo amerindio que habita en el noroeste de México (Michoacán).

tarascón s. m. *Argent., Bol., Ecuad.* y *Perú.* Mordedura.

tarco s. m. *Argent.* Jacarandá.

tardanza s. f. Acción y efecto de tardar.

tardar v. intr. [1]. Invertir un tiempo determinado en hacer una cosa. ◆ v. intr. y pron. Emplear más tiempo del previsto en hacer algo. ◇ FAM. tardanza, tarde, tardío, tardo. / retardar.

tarde s. f. Tiempo que transcurre desde el mediodía hasta el anochecer. ◆ adv. t. A hora avanzada del día o de la noche. ‖ Después del momento oportuno o previsto. ● **De tarde en tarde,** con poca frecuencia. ◇ FAM. atardecer[1]. TARDAR.

tardío, a adj. Dícese de los frutos que tardan más en madurar. ‖ Que ocurre fuera de tiempo.

tardo, da adj. Pausado o lento. ‖ Que habla, entiende o percibe con lentitud: *ser tardo en reaccionar.*

tarea s. f. Trabajo que ha de hacerse en un tiempo limitado. ‖ *Argent., Chile, Méx.* y *Urug.* Trabajo escolar que los maestros piden a los estudiantes para que lo hagan en su casa. ◇ FAM. atarear.

tareco s. m. *Cuba, Ecuad.* y *Venez.* Cachivache, trasto.

tarifa s. f. Tabla de precios o impuestos. ◇ FAM. tarifar.

tarijeño, ña adj. y s. De Tarija (Bolivia).

tarima s. f. Plataforma de madera, a poca altura del suelo. ◇ FAM. entarimar.

tarja s. f. *Amér. Central* y *Amér. Merid.* Tarjeta de visita. ‖ *Méx.* Pila del fregadero donde se lavan los platos.

tarjar v. tr. [1]. *Chile.* Tachar parte de un escrito.

tarjeta s. f. Cartulina en que va impreso los datos de una persona o empresa, con

una invitación, aviso, etc. ‖ Pieza rectangular con un uso concreto. ◇ FAM. tarja.

tarot s. m. Juego de naipes usado en adivinación o cartomancia.

tarquín s. m. Cieno, lodo.

tarraconense adj. y s. m. y f. De la antigua Tarraco, hoy Tarragona (España).

tarro s. m. Vasija cilíndrica, generalmente más alta que ancha. ‖ *Fam.* Cabeza.

tarsana s. f. *C. Rica, Ecuad.* y *Perú.* Corteza de un árbol que se utiliza para lavar.

tarso s. m. Región posterior del pie, formada en el hombre por siete huesos. ◇ FAM. metatarso.

tarta s. f. Pastel grande, hecho generalmente de masa de harina y relleno de frutas, crema, etc. ◇ FAM. tartera. TORTA.

tartaja adj. y s. m. y f. *Fam.* Que tartajea.

tartajear v. intr. [1]. *Fam.* Hablar con torpeza, alterando el orden de las palabras o pronunciándolas mal. ◇ FAM. tartaja, tartajeo.

tartamudear v. intr. [1]. Hablar con pronunciación entrecortada y repitiendo las sílabas o sonidos. ◇ FAM. tartamudeo. TARTAMUDO, DA.

tartamudez s. f. Trastorno del habla que se manifiesta por la alteración de la fluidez y el ritmo al hablar.

tartamudo, da adj. y s. Que tartamudea. ◇ FAM. tartamudear, tartamudez. MUDO, DA.

tartán s. m. Tela de lana, con cuadros o listas cruzadas, originaria de Escocia.

tartana s. f. Carruaje de dos ruedas, con cubierta abovedada y asientos laterales. ‖ Embarcación menor de vela.

tártaro, ra adj. De un conjunto de pueblos de origen mongol y turco.

tartera s. f. Fiambrera, recipiente provisto de tapa. ◇ FAM. TARTA.

tarugo s. m. Trozo de madera o pan, generalmente grueso y corto. ‖ *Fam.* Persona inculta o torpe. ◇ FAM. atarugar.

tasa s. f. Acción y efecto de tasar. ‖ Precio fijado oficialmente para un determinado artículo.

tasación s. f. Valoración.

tasajo s. m. Cecina, pedazo de carne salada y conservada seca.

tasar v. tr. [1]. Fijar la autoridad competente el precio o valor de algo. ‖ Valorar, evaluar. ‖ Poner límite para evitar excesos o por tacañería. ◇ FAM. tasa, tasación, tasador. / taxativo.

tasca s. f. Taberna. ‖ *Perú.* Conjunto de corrientes encontradas y oleaje fuerte, que dificultan un desembarco.

tasi s. m. *Argent.* Enredadera silvestre.

tata s. f. *Fam.* En lenguaje infantil, niñera. ◆ s. m. *Amér.* Padre, papá y ocasionalmente abuelo.

tatabro s. m. *Colomb.* Pecarí.

tataibá s. m. *Par.* Planta de fruto áspero y amarillo.

tatarabuelo, la s. Respecto a una persona, el padre o la madre de su bisabuelo o su bisabuela. <> FAM. ABUELO, LA.

tataranieto, ta s. Respecto a una persona, hijo o hija de su biznieto o de su biznieta. <> FAM. NIETO, TA.

tataré s. m. *Argent.* y *Par.* Árbol grande cuya madera amarilla se utiliza en ebanistería.

¡tate! interj. Se usa para detener a alguien. || Demuestra extrañeza o asombro.

tatemar v. tr. [1]. *Méx.* Quemar alguna cosa. || *Méx.* Asar los alimentos en el horno o en una barbacoa.

tatetí s. m. *Argent.* Juego del tres en raya.

tatú s. m. *Argent., Bol., Chile, Par.* y *Urug.* Especie de armadillo de gran tamaño.

tatuaje s. m. Palabra o dibujo grabado en el cuerpo humano, mediante la inserción de sustancias colorantes bajo la piel.

tatuar v. tr. y pron. [1s]. Hacer un tatuaje. <> FAM. tatuaje.

tau s. f. Decimonovena letra del alfabeto griego.

tauca s. f. *Bol.* y *Ecuad.* Montón, gran cantidad de cosas. || *Chile.* Talega grande donde se guarda el dinero.

taula s. f. Tipo de monumento megalítico con figura de T.

taumaturgia s. f. Facultad de realizar prodigios o milagros. <> FAM. taumatúrgico, táumaturgo.

taurino, na adj. Relativo a los toros o a las corridas de toros. <> FAM. TORO.

tauro s. m. y f. y adj. Persona nacida bajo el signo zodiacal de Tauro. <> FAM. TORO.

tauromaquia s. f. Técnica y arte de torear. <> FAM. tauromáquico. TORO.

tautología s. f. Repetición inútil de un mismo pensamiento. <> FAM. tautológico.

taxativo, va adj. Que limita y reduce al sentido estricto de la palabra o a determinadas circunstancias. <> FAM. taxativamente. TASAR.

taxi s. m. Automóvil de alquiler con chófer, provisto de un taxímetro. <> FAM. taxista. / radiotaxi. TAXÍMETRO.

taxidermia s. f. Arte de disecar animales muertos. <> FAM. taxidermista. DERMIS.

taxidermista s. m. y f. Persona que se dedica a la taxidermia.

taxímetro s. m. Contador que, en los taxis, indica el precio que se debe pagar por la distancia recorrida. <> FAM. taxi.

taxista s. m. y f. Conductor de taxi.

taxonomía s. f. Ciencia de la clasificación en historia natural. <> FAM. taxonómico, taxonomista, taxónomo.

taya s. f. *Colomb.* Serpiente venenosa.

taza s. f. Vasija de distintas formas y tamaños, con asa, en que se toman bebidas. || Lo que cabe en ella. || Pilón donde cae el agua de las fuentes. || Receptáculo del retrete. <> FAM. tazón.

tazón s. m. Vasija mayor que la taza y, generalmente, sin asa.

te¹ s. f. Nombre de la letra *t*.

te² pron. pers. m. y f. sing. de 2.ª persona. Forma átona que funciona como complemento directo e indirecto: *te vi en el cine.*

té s. m. Planta originaria de China meridional, de flores blancas y frutos en cápsula, que se cultiva por sus hojas. || Hojas de esta planta, secadas, enrolladas y tostadas ligeramente. || Infusión que se hace con estas hojas. <> FAM. teína, tetera.

tea s. f. Astilla muy resinosa, que, encendida, sirve para alumbrar.

teatral adj. Relativo al teatro. || Efectista, exagerado o que intenta llamar la atención. <> FAM. teatralidad, teatralizar. TEATRO.

teatralizar v. tr. e intr. [1g]. Dar carácter teatral.

teatro s. m. Edificio donde se representan obras dramáticas. || Género literario cuyas obras están pensadas para ser representadas. || Arte de componer obras dramáticas o de representarlas. || Conjunto de actividades relacionadas con estas obras. <> FAM. teatral. / anfiteatro.

tebeo s. m. Revista infantil con historietas.

teca¹ s. f. BOT. Cada una de las dos mitades de la antera completa, formada por dos sacos que contienen el polen.

teca² s. f. Árbol de Asia tropical, que suministra una madera dura, elástica e incorruptible.

techar v. tr. [1]. Poner el techo a un edificio.

techo s. m. Parte interior de la cubierta de una habitación, edificio, etc. || Tejado, cubierta de un edificio. <> FAM. techar, techumbre. / entretecho.

techumbre s. f. Cubierta de un edificio.

teckel s. m. Perro basset de pelo raso y duro o largo.

tecla s. f. Pieza que, pulsada con la presión de los dedos, hace sonar un instrumento musical o funcionar un mecanismo. ● **Dar en la tecla** (*Fam.*), acertar. <> FAM. teclado, teclear, teclista.

teclado s. m. Conjunto ordenado de teclas de un instrumento o mecanismo.

teclear v. intr. [1]. Pulsar o tocar las teclas. <> FAM. tecleado, tecleo. TECLA.

técnica s. f. Conjunto de procedimientos y métodos de una ciencia, arte, oficio, etc. || Cada uno de dichos procedimientos. || Habilidad para utilizarlos. || Conjunto de las aplicaciones prácticas de las ciencias. || Sistema para conseguir algo.

tecnicismo s. m. Calidad de técnico. || LING. Término de cierta técnica.

técnico, ca adj. Relativo a la aplicación de las ciencias y de las artes: *una carrera técnica.* || Dícese de los términos o de las expresiones propias del lenguaje de un arte, una ciencia o un oficio. ◆ s. Persona que posee los conocimientos especiales de una técnica u oficio. <> FAM. técnica, técnicamente, tecnicismo, tecnificar, tecnocracia, tecnología. / politécnico.

tecnicolor s. m. Procedimiento usado para lograr películas en color.

tecno s. m. Variedad de música pop, que surgió a partir de 1980, caracterizada por el uso de sofisticados aparatos electrónicos.

tecno- pref. Significa 'técnica, arte, industria': *tecnología*.

tecnocracia s. f. Gobierno de los técnicos o especialistas en diversas materias. ◇ FAM. tecnócrata, tecnocrático. TÉCNICO, CA.

tecnología s. f. Estudio de los medios, de las técnicas y de los procesos empleados en las diferentes ramas de la industria. ◇ FAM. tecnológico, tecnólogo. TÉCNICO, CA.

tecol s. m. *Méx.* Gusano que ataca el tallo del maguey, reduciéndolo a una sustancia pétrea.

tecolote s. m. *Amér. Central* y *Méx.* Búho.

tecomate s. m. *Guat.* y *Méx.* Planta de aplicaciones medicinales, de fruto comestible y corteza utilizada para hacer vasijas. ‖ *Méx.* Vasija de barro de forma similar a la jícara.

tecpaneca adj. y s. m. y f. De un pueblo nahua que habitaba en el valle de México.

tectónico, ca adj. Relativo a la corteza terrestre. ◆ s. f. Parte de la geología que estudia las deformaciones de la corteza terrestre y los movimientos que la han originado.

tedéum s. m. Himno de alabanza y de acción de gracias de la Iglesia católica.

tedio s. m. Aburrimiento, fastidio, hastío. ◇ FAM. tedioso.

tefe s. m. *Colomb.* y *Ecuad.* Jirón de tela o piel. ‖ *Ecuad.* Cicatriz facial.

teflón s. m. Materia plástica y antiadherente, resistente al calor y a la corrosión.

tegucigalpense adj. y s. m. y f. De Tegucigalpa.

tegumento s. m. Tejido que recubre algunas partes de los seres orgánicos.

teína s. f. Principio activo del té, semejante a la cafeína. ◇ FAM. TÉ.

teísmo s. m. Doctrina que afirma la existencia de un Dios personal. ◇ FAM. teísta. / ateísmo, monoteísmo, panteísmo, politeísmo.

teja s. f. Pieza de barro cocido o de cemento, generalmente de forma de canal, usada para cubrir los tejados. ● **A toca teja** (*Fam.*), en dinero efectivo. ◇ FAM. tejado, tejamaní, tejamanil, tejar[1], tejar[2], tejaván, tejo[1].

tejado s. m. Parte superior y exterior de un edificio, que suele estar recubierta por tejas o pizarras.

tejamaní o **tejamanil** s. m. *Cuba, Méx.* y *P. Rico.* Tabla delgada que se coloca como teja en los techos de las casas.

tejano, na adj. y s. De Texas. ◆ adj. y s.

m. pl. Se dice de cierto pantalón de tela de algodón, muy resistente.

tejar[1] v. tr. [1]. Cubrir de tejas la cubierta de un edificio. ◇ FAM. retejar. TEJA.

tejar[2] s. m. Fábrica de tejas, ladrillos y adobes.

tejaván s. m. *Méx.* Construcción rústica y muy pobre, generalmente de techo de teja.

tejedor, ra adj. Que teje. ◆ adj. y s. *Chile* y *Perú. Fam.* Intrigante, enredador. ◆ s. Persona que tiene por oficio tejer. ◆ s. f. Máquina de hacer punto.

tejemaneje s. m. *Fam.* Actividad y destreza para realizar algo. ‖ *Fam.* Intriga y manejos poco honestos para conseguir una cosa. ◇ FAM. TEJER y MANEJAR.

tejer v. tr. [2]. Formar en el telar la tela con la trama y la urdimbre. ‖ Entrelazar hilos, esparto, etc., para formar trencillas, esteras, etc. ‖ *Chile* y *Perú.* Intrigar. ◇ FAM. tejedor, tejedura, tejido. / entretejer, tejemaneje, textil.

tejido s. m. Manufacturado textil, obtenido por entrecruzamiento ordenado de hilos. ‖ Textura de una tela. ‖ Conjunto organizado de células que tienen la misma estructura y la misma función.

tejo[1] s. m. Disco hecho de teja, metal, etc., que se usa para lanzarlo en ciertos juegos. ◇ FAM. tejuelo. TEJA.

tejo[2] s. m. Árbol de hojas planas y color verde oscuro, que se usa por su madera y como planta ornamental.

tejocote s. m. *Méx.* Planta de fruto amarillo, comestible y agridulce, parecido a la ciruela, cuyas raíces se usan como diurético.

tejón s. m. Mamífero carnívoro, de color gris y patas cortas, común en los bosques de Europa donde excava sus madrigueras.

tejuelo s. m. Cuadrito de papel, piel u otro material, que se pega al lomo de un libro. ‖ Hueso corto y resistente que sirve de base al casco de las caballerías. ◇ FAM. TEJO[1].

tela s. f. Tejido fabricado en un telar. ‖ Capa que se forma en la superficie de algo. ‖ Lienzo pintado. ‖ Tejido que forman las arañas. ‖ *Fam.* Dinero. ● **Poner en tela de juicio** algo, tener dudas acerca de ello. ◇ FAM. telar, telón. / entretela, telaraña.

telar s. m. Máquina para tejer. ‖ Parte superior del escenario de un teatro, que queda fuera de la vista del público, de donde bajan telones y bambalinas. ◆ pl. Fábrica de tejidos.

telaraña s. f. Tela que forma la araña con el hilo que segrega. ◇ FAM. TELA y ARAÑA.

tele s. f. *Fam.* Abrev. de *televisión*.

tele- pref. Significa 'lejos, a distancia': *teléfono*.

telecabina s. m. Teleférico de un solo cable provisto de cabinas.

telecomunicación s. f. Transmisión a distancia de mensajes hablados, sonidos, imágenes o señales convencionales. ◆ pl. Conjunto de medios de comunicación a distancia.

telediario s. m. Diario de información general transmitido a través de la televisión.

teledifusión s. f. Transmisión de imágenes de televisión, efectuada a través de ondas electromagnéticas.

teledirigido, da adj. Accionado por mando a distancia.

teledirigir v. tr. [3b]. Conducir o mandar a distancia. ◇ FAM. teledirigido. DIRIGIR.

telefax s. m. Servicio de copia a distancia que emplea copiadoras normalizadas y los circuitos de la red telefónica pública. ‖ Documento transmitido por este servicio. ◇ FAM. fax.

teleférico s. m. Medio de transporte formado por uno o varios cables portantes de cabinas suspendidas en un carril.

telefilm o **telefilme** s. m. Película realizada para la televisión.

telefonazo s. m. Fam. Llamada telefónica.

telefonear v. intr. [1]. Llamar por teléfono. ◆ v. tr. Comunicar algo por teléfono.

telefonema s. m. Telegrama dado por teléfono.

telefonía s. f. Sistema de telecomunicaciones establecido para transmitir la voz. ◇ FAM. radiotelefonía. TELÉFONO.

telefónico, ca adj. Relativo al teléfono o a la telefonía.

telefonista s. m. y f. Persona que se ocupa del servicio de teléfonos.

teléfono s. m. Instalación que permite sostener una conversación entre personas situadas en lugares distantes entre sí. ‖ Aparato que permite establecer comunicación telefónica con otro aparato igual. ◇ FAM. telefonazo, telefonear, telefonema, telefonía, telefónico, telefonista. / videoteléfono.

telefotografía s. f. Arte de tomar fotografías de personas u objetos lejanos mediante el teleobjetivo. ‖ Fotografía así obtenida.

telegrafía s. f. Sistema de telecomunicación que asegura la transmisión de mensajes escritos, mediante la utilización de un código de señales o por otros medios apropiados. ◇ FAM. radiotelegrafía. TELÉGRAFO.

telegrafiar v. tr. [1t]. Comunicar un mensaje mediante el telégrafo.

telegráfico, ca adj. Relativo al telégrafo o a la telegrafía. ‖ Conciso, escueto.

telégrafo s. m. Conjunto de aparatos que permiten transmitir escritos con rapidez y a larga distancia. ◇ FAM. telegrafía, telegrafiar, telegráfico, telegrafista, telegrama.

telegrama s. m. Comunicación, mensaje transmitido por telégrafo. ◇ FAM. radiotelegrama. TELÉGRAFO.

teleimpresor s. m. y adj. Aparato telegráfico que permite la impresión a distancia mediante un procedimiento cualquiera.

telekinesia s. f. Telequinesia.

telele s. m. Fam. Patatús, soponcio.

telemando s. m. Sistema que permite dirigir a distancia una maniobra. ‖ Aparato que opera con este sistema.

telemática s. f. Conjunto de técnicas y servicios que asocian la telecomunicación y la informática.

telemetría s. f. Medición de distancias lejanas por medio del telémetro.

telémetro s. m. Aparato que permite medir la distancia a la que se encuentra un objeto lejano. ◇ FAM. telemetría, telemétrico.

telenovela s. f. Novela filmada para ser emitida por capítulos en televisión.

telenque adj. Chile. Dícese de la persona enteca y enfermiza.

teleobjetivo s. m. Objetivo fotográfico capaz de fotografiar personas u objetos lejanos.

teleósteo adj. y s. m. Relativo a un orden de peces, de esqueleto completamente osificado.

telepatía s. f. Transmisión extrasensorial de sensaciones y pensamientos a gran distancia. ◇ FAM. telepático.

teleproceso s. m. INFORMÁT. Procesamiento de datos a larga distancia, a través de un ordenador conectado a una red informática.

telequinesia s. f. En parapsicología, movimiento espontáneo de objetos sin intervención de una fuerza o energía observables.

telera s. f. Cuba. Galleta delgada y cuadrilonga. ‖ Méx. Pan blanco, de forma ovalada y con dos hendiduras a lo largo.

telescopio s. m. Instrumento óptico astronómico, que permite la observación de cuerpos muy alejados. ◇ FAM. telescópico.

telesilla s. m. Teleférico provisto de unas sillas suspendidas en un cable único.

telespectador, ra s. Espectador de televisión.

telesquí s. m. Teleférico que permite a los esquiadores subir hasta las pistas sobre sus esquís.

teletexto s. m. Sistema de información realizado por medio de la televisión donde el mensaje aparece impreso en forma de texto.

teletipo s. m. Teleimpresor.

televidente s. m. y f. Telespectador.

televisar v. tr. [1]. Transmitir por televisión.

televisión s. f. Transmisión a distancia, por vía eléctrica, de imágenes o sonidos. ‖ Televisor. ◇ FAM. tele, televidente, televisar, televisivo, televisor. / radiotelevisión. VISIÓN.

televisivo, va adj. Relativo a la televisión. ‖ Adecuado o apto para ser televisado.

televisor s. m. Aparato receptor de televisión.

télex s. m. Servicio telegráfico con conexión directa entre los usuarios por medio de teleimpresores.

telón s. m. Lienzo grande que se pone en el escenario de un teatro, de modo que pueda bajarse y subirse. ◇ FAM. telonero. TELA.

telonero, ra adj. y s. Dícese del artista que interviene antes de la figura principal.

telúrico, ca adj. Relativo a la Tierra como planeta.

telurio o **teluro** s. m. Cuerpo simple no metálico, de color blanco azulado, laminar y frágil.

tema s. m. Asunto, materia o idea de que trata una obra de arte, un escrito, una discusión, etc. ‖ Idea musical, formada por una melodía, que sirve de base a una composición musical. ‖ Unidad de estudio en que se divide una asignatura, oposición, etc. ◇ FAM. temario, temático.

temario s. m. Conjunto de temas propuestos para su estudio o discusión.

temático, ca adj. Relativo al tema: *núcleo temático.* ◆ s. f. Tema de una obra, ciencia, autor, etc.

tembladera s. f. Tembleque.

temblar v. intr. [1j]. Agitarse, moverse con sacudidas cortas, rápidas y reiteradas. ‖ Tener mucho miedo. ‖ *Argent., Chile.* y *Méx.* Ocurrir un movimiento sísmico. ◇ FAM. tembladera, tembleque, temblor, tembloroso. / estremecer, retemblar, trémulo.

tembleque s. m. Temblor intenso. ◇ FAM. temblequear. TEMBLAR.

temblequear v. intr. [1]. *Fam.* Temblar intensamente.

temblor s. m. Agitación involuntaria, continuada y repetida del cuerpo o de una de sus partes. ● **Temblor de tierra**, terremoto.

tembloroso, sa adj. Que tiembla. ‖ Entrecortado: *voz temblorosa.*

temer v. intr. [2]. Sentir temor. ◆ v. tr. Recelar de algo, sospechar. ◇ FAM. temeroso, temible, temor. / tímido, timorato.

temerario, ria adj. Atrevido, imprudente. ‖ Que se dice, hace o piensa sin fundamento. ◇ FAM. temeridad.

temeridad s. f. Calidad de temerario. ‖ Acción temeraria.

temeroso, sa adj. Que causa temor. ‖ Que siente temor de algo.

temible adj. Capaz de causar temor o digno de ser temido.

temor s. m. Miedo, sentimiento de inquietud, de incertidumbre. ‖ Recelo, aprensión hacia algo. ◇ FAM. atemorizar. TEMER.

témpano s. m. Plancha flotante de hielo. ‖ Lámina.

tempate s. m. *C. Rica* y *Hond.* Piñón.

temperamental adj. Relativo al temperamento. ‖ Que tiene reacciones intensas y de frecuentes cambios de estado de ánimo.

temperamento s. m. Conjunto de disposiciones físicas innatas de un individuo que determinan su carácter. ‖ Vitalidad, vivacidad. ‖ Capacidad expresiva vigorosa de un artista, autor, etc. ◇ FAM. temperamental. TEMPERAR.

temperancia s. f. Templanza, moderación.

temperante adj. Que posee la virtud de la templanza. ‖ *Amér. Merid.* Abstemio.

temperar v. tr. y pron. [1]. Suavizar, moderar. ◆ v. intr. *Amér. Central, Colomb., P. Rico* y *Venez.* Cambiar de clima una persona por razones de salud o placer. ◇ FAM. temperación, temperado, temperamento, temperancia, temperante, temperatura. / atemperar, intemperie. TEMPLAR.

temperatura s. f. Magnitud física que mide la sensación subjetiva de calor o frío producida por el contacto de un cuerpo. ‖ Grado de calor de un cuerpo. ‖ Fiebre.

tempestad s. f. Fuerte perturbación de la atmósfera, tormenta. ‖ Agitación violenta del agua del mar, causada por el ímpetu y fuerza del viento. ‖ Agitación súbita y violenta del ánimo. ◇ FAM. tempestuoso. TIEMPO.

tempestuoso, sa adj. Dícese del tiempo que amenaza tempestad o en el que se producen tempestades. ‖ Tenso, que amenaza una situación violenta.

templado, da adj. Moderado, que actúa con moderación. ‖ Ni frío ni caliente. ‖ *Fam.* Valiente, que tiene entereza.

templanza s. f. Virtud cardinal que consiste en moderar los apetitos y los placeres de los sentidos. ‖ Sobriedad.

templar v. tr. [1]. Moderar o suavizar la fuerza o violencia de algo. ‖ Moderar, aplacar: *templar los ánimos.* ‖ MÚS. Afinar un instrumento. ◆ v. tr. y pron. Quitar el frío, calentar ligeramente. ◆ **templarse** v. pron. Contenerse, no cometer excesos. ‖ *Amér. Merid.* Enamorarse. ◇ FAM. templado, templador, templadura, templanza, temple. / destemplar. TEMPLO.

templario s. m. Caballero de la orden religiosa y militar del Temple.

temple s. m. Carácter o estado de ánimo de alguien. ‖ Fortaleza, serenidad para afrontar dificultades. ‖ Tratamiento térmico al que se someten ciertos materiales, como el vidrio o el acero, para mejorar sus propiedades físicas.

templete s. m. Construcción pequeña en forma de templo. ‖ Quiosco.

templo s. m. Edificio destinado al culto religioso. ◇ FAM. templario, templete.

tempo s. m. MÚS. Velocidad con que se ejecuta una composición.

temporada s. f. Espacio de tiempo de varios días o meses que forman un conjunto. || Período durante el que se realiza cierta actividad. • **De temporada,** de manera no permanente. ◇ FAM. TIEMPO.

temporal[1] adj. Que dura sólo cierto tiempo. || Secular, profano. ◆ s. m. Tempestad. • **Capear el temporal** *(Fam.),* pasar de la mejor forma posible una situación crítica o difícil. ◇ FAM. temporalidad, temporalmente. / intemporal. TIEMPO.

temporal[2] adj. Relativo a las sienes. ◆ adj. y s. m. Dícese del hueso del cráneo situado en la región de la sien.

temporero, ra adj. y s. Que ejerce un trabajo temporalmente. ◇ FAM. TIEMPO.

temporizador s. m. Dispositivo electrónico que permite regular una operación en un intervalo de tiempo determinado. ◇ FAM. TIEMPO.

temporizar v. intr. [1g]. Contemporizar. ◇ FAM. TIEMPO.

tempranero, ra adj. Que se produce antes del tiempo normal para ello. || Que se levanta más pronto de lo acostumbrado.

temprano, na adj. Que es el primero en aparecer: *fruta temprana.* ◆ adv. t. En las primeras horas del día o de la noche. || Muy pronto. ◇ FAM. tempranero. TIEMPO.

temucano, na adj. y s. De Temuco (Chile).

tenacidad s. f. Calidad de tenaz.

tenacillas s. f. pl. Nombre de diversos utensilios en forma de tenaza, que tienen diferentes usos.

tenaz adj. Difícil de quitar o separar. || Firme, perseverante. || Que opone resistencia a romperse o deformarse. ◇ FAM. tenacidad, tenazmente.

tenaza s. f. Instrumento compuesto de dos piezas cruzadas, móviles y articuladas, que se pueden cerrar para asir o sujetar objetos. ◇ FAM. tenacillas. / atenazar.

tenca s. f. Pez de agua dulce, con cuerpo algardo de color verde, que vive en los fondos cenagosos. || *Argent.* y *Chile.* Ave similar a la alondra. || *Chile.* Mentira, engaño.

tendajón s. m. *Méx.* Tienda pequeña. ◇ FAM. TIENDA.

tendal s. m. *Amér. Central* y *Amér. Merid.* Lugar soleado donde se coloca el café y otros granos para secarlos. || *Argent., Chile* y *Urug.* Cantidad de cuerpos o cosas que por causa violenta han quedado tendidos. || *Chile.* Tiendecilla ambulante, puesto. || *Ecuad.* Barbacoa empleada en las haciendas para tener al sol el cacao. ◇ FAM. tendalada. TENDER.

tendalada s. f. *Amér. Central* y *Amér. Merid.* Conjunto de cosas extendidas en desorden.

tendedero o **tendedor** s. m. Lugar donde se tiende algo.

tendencia s. f. Acción, fuerza por la que un cuerpo se mueve hacia otro o hacia algo. || Inclinación del hombre hacia cier-

tos fines. || Idea política, filosófica, religiosa o artística orientada en una dirección. ◇ FAM. tendencioso. TENDER.

tendencioso, sa adj. No imparcial u objetivo, que presenta o manifiesta determinada tendencia. ◇ FAM. tendenciosidad. TENDENCIA.

tender v. tr. [2d]. Desdoblar, desplegar lo que estaba doblado, arrugado, etc. || Colgar la ropa mojada para que se seque. ◆ v. tr. y pron. Colocar a alguien o ponerse extendido a lo largo sobre una superficie. ◆ v. intr. Estar alguien inclinado hacia algún fin. • **Tender la cama** *(Méx.),* hacer la cama. || **Tender la mesa** *(Amér. Central* y *Amér. Merid.),* poner la mesa ◇ FAM. tendal, tendedero, tended.r, tendencia, tendente, tenderete, tend'do, tendón, tienda. / atender, contender, distender, entender, extender, pretender.

ténder s. m. Vehículo que llevaba la locomotora de vapor.

tenderete s. m. Puesto de venta callejero. || Juego de naipes. ◇ FAM. TENDER.

tendero, ra s. Dueño o dependiente de una tienda, especialmente de comestibles. ◇ FAM. TIENDA.

tendido, da adj. Dícese del galope del caballo o de otro animal cuando es muy fuerte. ◆ s. m. Acción y efecto de tender un cable, alambre, etc. || Graderío descubierto de las plazas de toros.

tendinitis s. f. MED. Inflamación de un tendón.

tendón s. m. Haz de tejido conjuntivo fibroso que une los músculos a los huesos. ◇ FAM. tendinitis. TENDER.

tenducho s. m. Tienda pobre y de mal aspecto. ◇ FAM. TIENDA.

tenebrismo s. m. Tendencia pictórica que acentúa el contraste entre luces y sombras. ◇ FAM. tenebrista. TENEBROSO, SA.

tenebroso, sa adj. Oscuro, cubierto de sombras. || Cargado de misterio. ◇ FAM. tenebrismo, tenebrosidad. / entenebrecer. TINIEBLA.

tenedor, ra s. Persona que tiene o posee algo. ◆ s. m. Instrumento de mesa en forma de horca con dos o más púas, que sirve para pinchar alimentos sólidos.

tener v. tr. [8]. Poseer, ser alguna cosa de la propiedad de alguien. || Asir, sujetar. || Expresa una relación de contigüidad física, intelectual, etc., entre el sujeto y el complemento: *tener miedo.* || Atribuye una cualidad, estado o circunstancia al complemento: *tiene los ojos azules.* ◆ v. tr. y pron. Estimar, considerar. || Como verbo auxiliar, se une a un participio que concuerda en género y número con el complemento directo: *tengo pensado un viaje.* || Con *que* y un infinitivo, expresa obligación, necesidad o propósito: *tienes que venir.* ◆ **tenerse** v. pron. Dominarse, contenerse. • **No tenerlas** alguien **todas consigo,** no estar seguro. || **Tener a bien,**

fórmula de cortesía con que se invita a aceptar o hacer algo. <> FAM. tenedor, tenencia, teniente, tenor[1]. / abstenerse, atenerse, contener, detener, entretener, mantener, obtener, retener, sostener, tentempié, tentenelaire, terrateniente.

tenería s. f. Lugar donde se curten y trabajan las pieles.

tenia s. f. Gusano plano y segmentado, parásito del intestino delgado de los mamíferos.

tenida s. f. Chile. Traje.

teniente s. m. y f. Grado militar de oficial inmediatamente inferior al de capitán. <> FAM. tenientazgo. / lugarteniente, subteniente. TENER.

tenis s. m. Deporte que se practica entre dos o cuatro jugadores provistos de raquetas, consistente en enviar una pelota, por encima de una red situada en el centro de la pista. || Méx. Zapato de lona u otro material, especial para hacer deporte. • **Tenis de mesa**, pimpón. <> FAM. tenista.

tenista s. m. y f. Jugador de tenis.

tenor[1] s. m. Contenido de un escrito, enunciado, etc. <> FAM. TENER.

tenor[2] s. m. Voz más aguda entre las masculinas. || Cantante que posee este tipo de voz. <> FAM. tenora.

tenora s. f. Instrumento de viento, de lengüeta doble como el oboe, con la campana o pabellón de metal. <> FAM. TENOR[2].

tenorio s. m. Donjuán.

tensar v. tr. y pron. [1]. Poner tensa alguna cosa: *tensar un cable*. <> FAM. tensado, tensor. / destensar. TENSO, SA.

tensión s. f. Estado de un cuerpo sometido a la acción de dos fuerzas contrarias que lo estiran. || Estado emocional de la persona que siente temor, angustia, etc. || Diferencia de potencial eléctrico. || Presión de un gas. • **Tensión arterial**, presión ejercida por la sangre sobre las paredes de las arterias. <> FAM. hipertensión, hipotensión, sobretensión. TENSO, SA.

tenso, sa adj. Que se halla en tensión. <> FAM. tensar, tensión.

tensor, ra adj. y s. Que tensa o sirve para tensar. • s. m. Resorte o cualquier otro mecanismo que sirva para tensar. <> FAM. tensorial. TENSAR.

tentación s. f. Impulso espontáneo o provocado exteriormente que induce a hacer algo, generalmente reprobable. || Cosa, situación o persona que tienta. || Méx. Fam. Curiosidad, inquietud.

tentáculo s. m. Apéndice móvil de que están provistos numerosos animales, como los moluscos, utilizado para agarrarse o como órgano sensorial. <> FAM. tentacular. TENTAR.

tentador, ra adj. y s. Que tienta o es apetecible.

tentar v. tr. y pron. [1j]. Tocar una cosa para reconocerla o examinarla, por medio del tacto. || Instigar, inducir a la tentación.

<> FAM. tentación, tentáculo, tentador, tentativa, tienta, tiento. / atentar.

tentativa s. f. Acción de intentar, experimentar o tantear algo.

tentempié s. m. Fam. Refrigerio. <> FAM. TENER y PIE.

tentenelaire s. m. Argent. y Perú. Colibrí. <> FAM. TENER y AIRE.

tenue adj. Delgado, de poco grosor. || Delicado, de poca consistencia o sustancia. <> FAM. tenuidad. / atenuar, extenuar.

teñir v. tr. y pron. [24]. Dar a una cosa, mediante un tinte, un color distinto del que tenía. <> FAM. teñible, teñido, teñidura, tinta, tinte, tinto, tintorería, tintura. / desteñir.

teo- pref. Significa 'dios': *teocracia*.

teocali s. m. Méx. Templo de los mexicas o de otros pueblos mexicanos antiguos.

teocracia s. f. Gobierno ejercido por Dios o por los que están investidos de autoridad religiosa. <> FAM. teocrático.

teodolito s. m. Instrumento utilizado en geodesia y topografía, que sirve para medir ángulos horizontales y verticales.

teologal adj. Teológico.

teología s. f. Ciencia que trata de Dios y de sus atributos y perfecciones. <> FAM. teologal, teológico, teologizar, teólogo.

teólogo, ga adj. Teológico. • s. Persona que se dedica a la teología.

teorema s. m. Proposición científica que puede demostrarse.

teoría s. f. Conocimiento especulativo independiente de toda aplicación. || Conjunto de teoremas, sometidos a la verificación experimental, y que están encaminados a establecer la veracidad de un sistema científico. <> FAM. teorema, teórico, teorizar.

teórico, ca adj. Relativo a la teoría. • s. Persona que cultiva la parte teórica de una ciencia. • s. f. Teoría, conocimiento especulativo.

teorizar v. tr. [1g]. Considerar de manera teórica un asunto. • v. intr. Formular una teoría o teorías. <> FAM. teorizador, teorizante. TEORÍA.

teosofía s. f. Doctrina religiosa que tiene por objeto el conocimiento de Dios y la elevación del espíritu hasta la unión con la divinidad. <> FAM. teosófico, teósofo.

tepache s. m. Méx. Bebida fermentada preparada con el jugo y la cáscara de ciertas frutas, como la piña, y azúcar.

tepalcate s. m. Méx. Tiesto, cacharro. • pl. Méx. Conjunto de los fragmentos de una vasija de barro quebrada.

tépalo s. m. BOT. Pieza del perianto de ciertas flores, pétalo y sépalo a la vez. <> FAM. PÉTALO.

tepe s. m. Pedazo de tierra muy trabado por las raíces del césped o la hierba.

tepeguaje s. m. Méx. Árbol de madera dura empleada en construcción. || Méx. Madera de este árbol.

tepetate s. m. *Méx.* Piedra amarillenta blanquecina, porosa, que cortada en bloques se usa mucho en la construcción.

tepetomate s. m. *Méx.* Especie de madroño con raíces medicinales y fruto comestible, cuya madera se utiliza en ebanistería.

tepezcuinte o **tepezcuintle** s. m. *C. Rica, Guat.* y *Méx.* Mamífero roedor, del tamaño de un conejo, de cuerpo grueso y piel de color amarillo rojizo.

teporocho, cha s. *Méx.* Indigente que vaga por las calles, especialmente el que padece algún trastorno mental o está bajo los efectos del alcohol o alguna droga.

tepú s. m. *Chile.* Planta cuya madera se emplea para leña.

tequense adj. y s. m. y f. De Los Teques (Venezuela).

tequesquite s. m. *Méx.* Sal natural que queda al desecarse los lagos salobres, usada en la elaboración de jabón y en medicina popular.

tequiar v. tr. [1]. *Amér. Central.* Dañar, perjudicar.

tequiche s. m. *Venez.* Plato a base de harina de maíz tostado, mantequilla y leche de coco.

tequila s. m. Bebida alcohólica mexicana que se obtiene por la destilación de cierta especie de maguey.

tequio s. m. *Amér. Central.* Molestia, perjuicio. ◇ FAM. tequiar.

terapeuta s. m. y f. Persona que se dedica a la terapéutica.

terapéutica s. f. Parte de la medicina que tiene por objeto el tratamiento de las enfermedades. ◇ FAM. terapeuta, terapéutico, terapia.

terapéutico, ca adj. Relativo a la terapia o la terapéutica.

terapia s. f. Tratamiento o curación de una enfermedad. ◇ FAM. fisioterapia, helioterapia, psicoterapia, quimioterapia, radioterapia, talasoterapia. TERAPÉUTICA.

terbio s. m. Elemento químico perteneciente al grupo de las tierras raras.

tercena s. f. *Ecuad.* Carnicería, tienda donde se vende carne.

tercer adj. num. ord. Apócope de *tercero*.
● **Tercer mundo**, conjunto de países con subdesarrollo económico y social.

tercermundista adj. Relativo al Tercer mundo. ◇ FAM. tercermundismo. MUNDO.

tercero, ra adj. num. ord. y s. Que corresponde en orden al número tres. ◆ adj. num. part. y s. m. Dícese de cada una de las tres partes en que se divide un todo. ◆ adj. y s. Dícese de la persona o cosa que interviene en un asunto o conflicto.

terceto s. m. Forma estrófica de tres versos endecasílabos. ‖ Conjunto de tres. ‖ MÚS. Composición breve para tres voces.

tercia s. f. Segunda de las cuatro partes en que los romanos dividían el día.

terciar v. intr. [1]. Intervenir para zanjar una disputa o contienda. ‖ Tomar parte en una acción de otros. ◆ **terciarse** v. pron. Presentarse la ocasión de hacer algo. ◇ FAM. terciador.

terciario, ria adj. Que ocupa el tercer lugar en un orden. ◆ adj. y s. m. GEOL. Cenozoico.

tercio s. m. Cada una de las tres partes iguales en que se divide un todo. ‖ Cuerpo militar de voluntarios. ‖ En tauromaquia, cada una de las tres etapas de la lidia. ◇ FAM. tercia.

terciopelo s. m. Tejido de superficie velluda, empleado para vestidos y tapicería. ◇ FAM. aterciopelado. PELO.

terco, ca adj. Obstinado en exceso. ‖ *Ecuad.* Desabrido, despegado. ◇ FAM. terquedad.

terebeco, ca adj. *C. Rica.* Trémulo, tembloroso. ◇ FAM. terebequear.

terebequear v. intr. [1]. *C. Rica.* Temblar.

tereque s. m. *Ecuad., Nicar., P. Rico* y *Venez.* Trasto, cacharro.

tergal s. m. Hilo o fibra sintética de poliéster.

tergiversar v. tr. [1]. Alterar, desfigurar los hechos. ◇ FAM. tergiversable, tergiversación, tergiversador.

termal adj. Relativo a las termas. ‖ Dícese del agua de manantial que brota a temperatura superior a la del ambiente.

termas s. f. pl. Baños públicos de los antiguos romanos. ‖ Baños de agua mineral caliente. ◇ FAM. termal. TÉRMICO, CA.

termes s. m. Insecto que vive en sociedades muy organizadas y en ocasiones se alimenta de la madera. ◇ FAM. termita, térmite, termitero.

térmico, ca adj. Relativo al calor y a la temperatura. ◇ FAM. termas, termo.

terminación s. f. Acción y efecto de terminar. ‖ Conclusión, extremo. ‖ Final de una palabra, sufijo o desinencia variable.

terminal adj. Final, que pone término a algo. ◆ adj. y s. f. Dícese del lugar de origen o final de una línea de transporte público. ◆ s. m. INFORMÁT. Dispositivo que permite la entrada de datos en el ordenador.

terminante adj. Categórico, concluyente, preciso.

terminar v. tr. [1]. Llevar a fin o dar término de una cosa. ◆ v. intr. y pron. Tener fin una cosa. ◇ FAM. terminable, terminación, terminante. / determinar, exterminar, interminable. TÉRMINO.

término s. m. Extremo, límite. ‖ Fin, último momento de algo. ‖ Plazo de tiempo. ‖ Palabra, vocablo. ◇ FAM. terminal, terminar, terminología.

terminología s. f. Conjunto de términos o vocablos propios de determinada profesión, materia, etc. ◇ FAM. terminológico, terminólogo. TÉRMINO.

termita o **térmite** s. f. Termes.

termitero s. m. Nido que construyen los termes.

termo s. m. Botella o vasija que conserva la temperatura de lo que contiene. ◇ FAM. TÉRMICO, CA.

termo- pref. Significa 'calor': *termodinámica*.

termocompresor s. m. Aparato que aprovecha la energía de un sistema de alto vapor para otro de baja presión.

termodinámica s. f. Parte de la física que estudia la acción mecánica del calor. ◇ FAM. termodinámico. DINÁMICA.

termoelectricidad s. f. Electricidad producida por la acción del calor. ◇ FAM. termoeléctrico. ELECTRICIDAD.

termoestable adj. Que no se altera por la acción del calor. ◇ FAM. termostato. ESTABLE.

termófilo, la adj. Dícese de los organismos que necesitan temperaturas altas para su desarrollo.

termometría s. f. Medida de la temperatura.

termómetro s. m. Instrumento que sirve para medir la temperatura. ◇ FAM. termometría, termométrico.

termonuclear adj. Dícese de las reacciones de fusión nuclear entre elementos ligeros.

termoplástico, ca adj. y s. m. Que se ablanda por la acción del calor y se endurece al enfriarse.

termoquímica s. f. Parte de la química que estudia las cantidades de calor que acompañan a las reacciones químicas.

termorregulación s. f. Regulación automática de la temperatura. ‖ Mecanismo fisiológico que mantiene constante la temperatura interna en el hombre, los mamíferos y las aves. ◇ FAM. termorregulador. REGULACIÓN.

termosfera s. f. Capa de la atmósfera que se encuentra por encima de los 80 km de altura.

termostato s. m. Dispositivo que sirve para mantener la temperatura constante. ◇ FAM. TERMOESTABLE.

termotecnia s. f. Técnica del tratamiento del calor.

terna s. f. Conjunto de tres personas de las que se elige una para desempeñar un cargo.

ternada s. f. *Chile*. Pantalón, chaleco y chaqueta hechos de la misma tela.

ternario, ria adj. Compuesto de tres elementos.

ternasco s. m. Cordero que todavía se alimenta de leche.

terne adj. *Fam*. Terco, obstinado.

ternejo, ja adj. *Ecuad. y Perú*. Se dice de la persona fuerte, vigorosa y valiente.

ternero, ra s. Cría de la vaca. ◆ s. f. Carne de esta cría.

terno s. m. Conjunto de tres elementos de la misma especie. ‖ Juramento, blasfemia.

‖ *Cuba* y *P. Rico*. Adorno de joyas con pendiente, collar y alfiler. ◇ FAM. terna, ternada, ternario.

ternura s. f. Actitud cariñosa y afable. ‖ Calidad de tierno. ◇ FAM. TIERNO, NA.

tero s. m. *Argent*. Ave zancuda de plumaje blanco mezclado de negro y pardo.

terquedad s. f. Calidad o actitud de terco.

terracería s. f. *Méx*. Tierra que se acumula en terraplenes o camellones, en los caminos o carreteras en obra o construcción. ● **Camino** o **carretera de terracería** (*Méx.*), el que no está asfaltado o revestido. ◇ FAM. TIERRA.

terracota s. f. Escultura de arcilla cocida. ◇ FAM. TIERRA.

terrado s. m. Cubierta plana de un edificio. ◇ FAM. TIERRA.

terral adj. y s. m. Dícese de la brisa que sopla de tierra al mar. ◇ FAM. TIERRA

terraplén s. m. Masa de tierra para elevar un terreno. ‖ Desnivel del terreno con cierta pendiente. ◇ FAM. TIERRA.

terráqueo, a adj. De la Tierra: *globo terráqueo*. ◇ FAM. TIERRA.

terrario o **terrarium** s. m. Instalación para la cría y cuidado de reptiles, anfibios, artrópodos, etc. ◇ FAM. TIERRA.

terrateniente s. m. y f. Propietario de tierras o fincas rurales. ◇ FAM. TIERRA y TENER.

terraza s. f. Terrado, cubierta de un edificio. ‖ Balcón grande.

terrazo s. m. Pavimento con aspecto de granito, mosaico o mármol. ◇ FAM. terraza. TIERRA.

terregal s. m. *Méx*. Tierra suelta. ‖ *Méx*. Polvareda. ◇ FAM. TIERRA.

terremoto s. m. Sismo. ◇ FAM. TIERRA.

terrenal adj. Relativo a la tierra. ◇ FAM. TIERRA.

terreno, na adj. Terrestre. ‖ Terrenal. ◆ s. m. Espacio de tierra destinado a un uso concreto. ‖ Campo o esfera de acción. ‖ DEP. Campo de juego. ◇ FAM. TIERRA.

térreo, a adj. De tierra o parecido a ella. ◇ FAM. TIERRA.

terrero, ra adj. Relativo a la tierra. ‖ *P. Rico*. Dícese de la casa de un solo piso. ◆ adj. y s. m. *Méx*. Polvareda. ◆ s. m. *Hond*. y *P. Rico*. Lugar en que abunda el salitre. ◇ FAM. TIERRA.

terrestre adj. Relativo a la Tierra. ‖ Que vive en la tierra. ◆ s. m. y f. Habitante de la Tierra. ◇ FAM. extraterrestre. TIERRA.

terrible adj. Que inspira o puede inspirar terror. ‖ Atroz, desmesurado. ◇ FAM. terriblemente. TERROR.

terrícola adj. y s. m. y f. Que vive en la tierra. ◇ FAM. TIERRA.

territorial adj. Relativo al territorio. ◇ FAM. extraterritorial. TERRITORIO.

territorio s. m. Porción de tierra delimitada geográfica o administrativamente. ◇ FAM. territorial, territorialidad. TIERRA.

terrizo, za adj. Que está hecho de tierra. <> FAM. TIERRA.

terrón s. m. Masa pequeña y compacta de tierra, azúcar, etc. <> FAM. TIERRA.

terror s. m. Miedo muy grande e intenso. <> FAM. terrible, terrorífico, terrorismo. / aterrar², aterrorizar.

terrorífico, ca adj. Que aterroriza.

terrorismo s. m. Conjunto de actos de violencia que pretenden crear inseguridad o derribar el gobierno establecido. ‖ Dominación por el terror. <> FAM. terrorista. TERROR.

terrorista adj. Relativo al terrorismo. ◆ adj. y s. m. y f. Que practica el terrorismo.

terroso, sa adj. Que participa de la naturaleza y propiedades de la tierra. <> FAM. terrosidad. TIERRA.

terso, sa adj. Limpio, transparente. ‖ Liso, sin arrugas. ‖ Se dice del lenguaje puro, fluido. <> FAM. tersar, tersura.

tertulia s. f. Reunión habitual de personas que se juntan para conversar. ‖ *Méx.* Guateque, baile familiar. <> FAM. tertuliano, tertuliante, tertuliar. / contertulio.

tertuliano, na adj. y s. Que participa en una tertulia.

tertuliante adj. y s. m. y f. Tertuliano.

tertuliar v. intr. [1]. *Amér. Central* y *Amér. Merid.* Estar de tertulia.

tesauro s. m. Diccionario, catálogo, antología. <> FAM. TESORO.

tesina s. f. Tesis breve necesaria en ocasiones para obtener el grado de licenciatura en estudios universitarios.

tesis s. f. Proposición que se mantiene con argumentos. ‖ Trabajo de investigación que se presenta para obtener el grado de doctor universitario. <> FAM. tesina. / antítesis, epéntesis, hipótesis, paréntesis, prótesis, síntesis.

tesitura s. f. Actitud o disposición del ánimo.

tesón s. m. Constancia, perseverancia. <> FAM. tesonería.

tesorería s. f. Cargo y oficina del tesorero.

tesorero, ra s. Persona que guarda y contabiliza los fondos de una entidad. <> FAM. tesorería. TESORO.

tesoro s. m. Cantidad de dinero, joyas u objetos preciosos, reunida y guardada. ‖ Persona o cosa digna de estimación. ‖ Repertorio lexicográfico. <> FAM. tesorero. / atesorar, tesauro.

test s. m. Prueba para valorar las aptitudes, funciones mentales, etc.

testa s. f. Cabeza del hombre y de los animales. <> FAM. testarada, testarazo, testarudo, testuz.

testado, da adj. Que muere habiendo hecho testamento. <> FAM. intestado. TESTAR.

testador, ra s. Persona que hace testamento.

testaferro s. m. Persona que presta su nombre en un negocio ajeno.

testamento s. m. Declaración que hace una persona distribuyendo sus bienes para después de su muerte. ‖ Documento en que consta. <> FAM. testamentario. TESTAR.

testar v. intr. [1]. Hacer testamento. <> FAM. testado, testador, testamento. / atestar². TESTIGO.

testarazo s. m. Golpe, porrazo.

testarudez s. f. Calidad de testarudo.

testarudo, da adj. y s. Terco, obstinado. <> FAM. testarudez. TESTA.

teste s. m. *Argent.* Verruga pequeña que sale en los dedos de la mano.

testículo s. m. Glándula genital masculina. <> FAM. testicular.

testificar v. tr. [1a]. Atestiguar, declarar como testigo. ‖ Probar algo con testigos o documentos. <> FAM. testificación, testificativo. TESTIGO.

testigo s. m. y f. Persona que declara en un juicio o da testimonio de algo. ‖ Persona que presencia una cosa. ◆ s. m. *DEP.* Objeto que un corredor entrega a otro en las pruebas de relevos. <> FAM. testar, testificar, testimonio. / atestiguar.

testimonial adj. Que constituye testimonio o sirve como tal.

testimoniar v. tr. [1]. Atestiguar, testificar.

testimonio s. m. Declaración que hace un testigo de algo. ‖ Prueba de la certeza de una cosa. <> FAM. testimonial, testimoniar. TESTIGO.

testosterona s. f. Hormona producida por los testículos.

testuz s. m. o f. En algunos animales, frente, y en otros, nuca. <> FAM. TESTA.

teta s. f. Mama. ‖ Pezón. <> FAM. tetero, tetilla, tetina, tetuda. / destetar.

tétano o **tétanos** s. m. Enfermedad infecciosa que produce contracciones convulsivas de los músculos. <> FAM. tetánico.

tetera s. f. Vasija para la infusión y el servicio del té. ‖ *Amér. Central* y *P. Rico.* Tetilla de biberón. <> FAM. TÉ.

tetero s. m. *Colomb.* Biberón.

tetilla s. f. Teta de los mamíferos machos. ‖ Pezón de goma del biberón.

tetina s. f. Tetilla de biberón.

tetra- pref. Significa 'cuatro': *tetraedro.*

tetraciclina s. f. Antibiótico fungicida.

tetraedro s. m. Poliedro de cuatro caras.

tetrágono adj. y s. m. Dícese del polígono de cuatro lados y cuatro ángulos. <> FAM. tetragonal.

tetraplejía s. f. Parálisis de los cuatro miembros.

tétrico, ca adj. Triste, lúgubre.

teutón, na adj. y s. De un antiguo pueblo germánico que habitó cerca de la desembocadura del Elba. ‖ *Fam.* Alemán. <> FAM. teutónico.

textil adj. Relativo a los tejidos y al arte de tejer. <> FAM. textura. TEJER.

texto s. m. Conjunto de palabras que componen un escrito. ‖ Pasaje citado de una obra literaria. ◇ FAM. textual. / contexto, pretexto, teletexto, videotexto.

textual adj. Relativo al texto.

textura s. f. Entrelazamiento y disposición de los hilos en un tejido. ‖ Sensación que produce al tacto una determinada materia. ◇ FAM. contextura. TEXTIL.

tez s. f. Cutis, superficie de la piel del rostro. ◇ FAM. atezar.

tezontle s. m. *Méx.* Piedra volcánica de color rojizo usada en la construcción.

theta s. f. Octava letra del alfabeto griego.

ti pron. pers. m. y f. sing. de 2.ª persona. Se usa siempre con preposición y funciona como complemento.

tiangue o **tianguis** s. m. *Méx.* Mercado, principalmente el que se instala periódicamente en la calle.

tiara s. f. Mitra alta que utiliza el papa.

tibetano, na adj. y s. Del Tíbet. ◆ s. m. Lengua hablada en la región del Tíbet.

tibia s. f. Hueso anterior de la pierna entre la rodilla y el pie. ◇ FAM. tibial.

tibio, bia adj. Templado, ni muy frío, ni muy caliente. ‖ Indiferente, poco vehemente. ◇ FAM. tibieza. / entibiar.

tiburón s. m. Pez marino de gran tamaño y muy voraz, con el dorso gris azulado.

tic s. m. Contracción brusca involuntaria de ciertos músculos.

ticholo s. m. *Argent.* Dulce de caña de azúcar o de guayaba, que se presenta en panes pequeños.

ticket s. m. Tique*.

tico, ca adj. y s. *Amér. Central y Méx. Fam.* De Costa Rica.

tictac s. m. Voz onomatopéyica que imita el sonido del reloj.

tiempo s. m. El devenir como sucesión continuada de momentos. ‖ Duración de la vida de una persona o de una acción. ‖ Momento oportuno, ocasión. ‖ Estación del año. ‖ Edad. ‖ Estado de la atmósfera. ‖ LING. Accidente del verbo que expresa el momento en que se realiza la acción. ● **Al tiempo** *(Méx.)*, se dice del refresco que está templado, que no está caliente ni frío. ◇ FAM. temprano. / contemporáneo, contemporizar, contratiempo, entretiempo, extemporáneo, intempestivo, pasatiempo, tempestad, temporada, temporal¹, temporero, temporizador, temporizar.

tienda s. f. Establecimiento comercial al por menor. ‖ Pabellón desmontable, de lona, tela o piel, que se monta al aire libre. ◇ FAM. tendajón, tendero, tenducho. / trastienda. TENDER.

tienta s. f. Prueba para comprobar la bravura de las reses. ◇ FAM. TENTAR.

tiento s. m. Acción y efecto de tocar. ‖ Tacto, acierto para hablar u obrar. ‖ *Argent., Chile* y *Urug.* Tira delgada de cuero sin curtir. ◇ FAM. TENTAR.

tierno, na adj. Blando, delicado, fácil de romper. ‖ Reciente, de poco tiempo. ‖

Afectuoso, cariñoso. ◇ FAM. ternura. / enternecer.

tierra s. f. Planeta del sistema solar habitado por el hombre. ‖ Parte sólida del planeta Tierra. ‖ Materia inorgánica de que se compone el suelo natural. ‖ Terreno cultivable. ● **Tierras raras**, grupo formado por los elementos químicos cuyo número atómico está comprendido entre el 57 y el 71. ‖ Grupo de los minerales que contienen estos elementos. ● **Echar** algo **por tierra**, malograrlo. ‖ **Echarle tierra** a alguien *(Argent.* y *Méx. Fam.)*, decir cosas de alguien para perjudicarlo. ◇ FAM. terracería, terracota, terrado, terral, terraplén, terráqueo, terrario, terrarium, terrazo, terregal, terremoto, terrenal, terreno, térreo, terrero, terrestre, terrícola, territorio, terrizo, terrón, terroso. / aterrar¹, aterrizar, desterrar, enterrar, soterrar, subterráneo, terrateniente.

tieso, sa adj. Erguido, firme. ‖ Poco flexible, rígido. ‖ Engreído, soberbio. ◇ FAM. tiesura.

tiesto s. m. Maceta, vaso de barro para cultivar plantas. ‖ *Chile.* Cualquier clase de vasija.

tiesura s. f. Calidad de tieso.

tifoideo, a adj. Relativo al tifus. ◇ FAM. paratifoidea. TIFUS.

tifón s. m. Ciclón propio del mar de China.

tifus s. m. Denominación de diversas enfermedades contagiosas que cursan con cuadro febril y estupor. ◇ FAM. tifoideo.

tigre, gresa s. m. Mamífero carnicero de gran tamaño con la piel rayada. ‖ *Amér.* Jaguar. ‖ *Ecuad.* Pájaro con el plumaje pardo manchado semejante a la piel del tigre. ◇ FAM. tigrillo.

tigrillo s. m. *Amér. Central, Colomb., Ecuad., Perú* y *Venez.* Mamífero carnicero de pequeño tamaño, parecido al gato montés.

tihuén s. m. *Chile.* Planta de la familia del laurel.

tijera s. f. Instrumento de acero con dos brazos móviles que cortan por el interior. ◇ FAM. tijereta, tijeretada, tijeretazo, tijeretear.

tijeral s. m. *Chile.* Armazón que sostiene el techo de una edificación.

tijereta s. f. Insecto de cuerpo alargado y abdomen terminado en pinzas. ‖ *Amér.* Ave migratoria, del tamaño de una golondrina, con una cola parecida a las hojas de la tijera.

tijeretada s. f. Tijeretazo.

tijeretazo s. m. Corte hecho de un golpe con las tijeras.

tijeretear v. tr. [1]. Dar varios cortes con las tijeras. ◇ FAM. tijereteo. TIJERA.

tila s. f. Tilo. ‖ Flor del tilo. ‖ Infusión del tilo.

tílburi s. m. Carruaje de dos ruedas, ligero y sin cubierta.

tildar v. tr. [1]. Aplicar a alguien una falta o defecto. ‖ Poner tilde a las letras que lo precisan. ‖ *Amér.* atildar. TILDE.

tilde s. m. o f. Acento gráfico. ◇ FAM. tildar.

tiliche s. m. *Amér. Central.* y *Méx.* Baratija, cachivache. ◇ FAM. tilichero.

tilichero, ra s. m. *Amér. Central.* Vendedor de tiliches. ‖ *Méx.* Lugar para guardar los cachivaches. ‖ *Méx.* Conjunto de éstos.

tílico, ca adj. *Bol.* Débil, apocado, cobarde. ‖ *Bol. y Méx.* Persona enclenque y flacucha.

tilín s. m. Voz onomatopéyica del sonido de la campanilla.

tilingo, ga adj. *Argent., Méx.* y *Perú.* Atolondrado, lelo, bobo. ‖ *Argent., Perú* y *Urug.* Dícese de la persona que dice tonterías y se comporta con afectación.

tilma s. f. *Méx.* Manta de algodón que llevan los hombres del campo, a modo de capa, anudada sobre el hombro.

tilo s. m. Árbol de flores blanquecinas, olorosas y medicinales. ◇ FAM. tila.

timador, ra s. Persona que tima.

timar v. tr. [1]. Estafar, quitar o robar algo con engaño. ‖ Engañar con promesas. ◇ FAM. timador, timo¹.

timba s. f. *Fam.* Partida en un juego de azar. ‖ *Amér. Central.* y *Méx.* Barriga. ◇ FAM. timbón.

timbal s. m. Tambor hecho con una caja metálica semiesférica y una piel tirante. ◇ FAM. timbalero.

timbó s. m. *Argent.* y *Urug.* Planta arbórea de gran altura, cuya madera se usa para la construcción de canoas.

timbón, na adj. *Amér. Central.* y *Méx.* Dícese de la persona barrigona.

timbrado, da adj. Dícese de la voz que tiene buen timbre.

timbrar v. tr. [1]. Estampar un timbre, sello o membrete en un papel o documento. ◇ FAM. timbrador. TIMBRE.

timbrazo s. m. Toque fuerte de un timbre.

timbre s. m. Aparato para llamar, movido por un resorte, electricidad, etc. ‖ Sonido característico de una voz. ‖ Sello. ◇ FAM. timbrado, timbrar, timbrazo.

timidez s. f. Calidad de tímido.

tímido, da adj. y s. Falto de seguridad en uno mismo. ◇ FAM. tímidamente, timidez. TEMER.

timo¹ s. m. Acción y efecto de timar.

timo² s. m. Glándula endocrina situada detrás del esternón.

timón s. m. Pieza para gobernar la nave. ‖ *Colomb.* Volante de un automóvil. ◇ FAM. timonear, timonel.

timonear v. intr. [1]. Gobernar el timón.

timonel s. m. Marinero que maneja el timón.

timorato, ta adj. Tímido, indeciso. ‖ Mojigato, de moralidad exagerada. ◇ FAM. TEMER.

tímpano s. m. Tamboril. ‖ Membrana del oído. ‖ Instrumento de percusión formado por tiras de vidrio. ◇ FAM. timpánico, timpanitis.

tina s. f. Vasija de madera de forma de media cuba. ‖ *Chile.* Maceta para plantas de adorno. ◇ FAM. tinaco, tinaja.

tinaco s. m. *Amér. Central* y *Méx.* Depósito de agua situado en la azotea de la casa. ‖ *Ecuad.* Tinaja grande para depositar la chicha.

tinaja s. f. Vasija grande y de boca muy ancha. ◇ FAM. tinajero. TINA.

tinajero, ra s. Persona que hace o vende tinajas. ‖ *Cuba, Nicar., P. Rico* y *Venez.* Lugar donde se guardan tinajas y cántaros para el servicio de agua potable.

tincanque s. m. *Chile.* Capirotazo.

tincar v. tr. [1]. *Argent.* y *Chile.* Dar un golpe a algo para lanzarlo con fuerza. ◆ v. intr. *Chile.* Tener un presentimiento, intuir algo. ◇ FAM. tincazo.

tincazo s. m. *Argent.* y *Ecuad.* Capirotazo.

tincunaco s. m. *Argent.* Topamiento, ceremonia.

tindío s. m. *Perú.* Ave acuática muy similar a la gaviota.

tinerfeño, ña adj. y s. De Santa Cruz de Tenerife (España).

tinga s. f. *Méx.* Guiso que se prepara con carne deshebrada de pollo o puerco, chile, cebolla y especias.

tinglado s. m. Cobertizo. ‖ Tablado instalado a bastante altura. ‖ *Fam.* Enredo, intriga, maquinación.

tingo. Del tingo al tango *(Méx.)*, de aquí para allá.

tiniebla s. f. Oscuridad, falta de luz. ◇ FAM. tenebroso.

tino s. m. Destreza al disparar. ‖ Habilidad, destreza. ‖ Juicio, cordura. ◇ FAM. tinoso. / atinar.

tinoso, sa adj. *Colomb.* y *Venez.* Se dice de la persona hábil, diestra y segura.

tinta s. f. Preparación coloreada, líquida o pastosa, que se usa para escribir o imprimir. ‖ Líquido que segregan los calamares, pulpos, etc. ◇ FAM. tintar, tintero. / chupatintas, sacatinta. TEÑIR.

tintar v. tr. y pron. [1]. Teñir. ◇ FAM. entintar. TINTA.

tinte s. m. Acción y efecto de teñir. ‖ Color o sustancia con que se tiñe. ‖ *Fam.* Tintorería. ◇ FAM. TEÑIR.

tintero s. m. Recipiente en que se pone la tinta de escribir.

tintín s. m. Sonido de la campanilla, de un timbre, del chocar de los vasos o copas, etc. ◇ FAM. tintinar. / retintín.

tintinear v. intr. [1]. Producir el sonido del tintín. ◇ FAM. tintineante, tintineo. TINTÍN.

tintineo s. m. Acción y efecto de tintinear.

tinto, ta adj. Que está teñido. ‖ *Amér.* Dícese del color rojo oscuro. ◆ adj. y s. m.

Dícese del vino de color oscuro. ⬦ FAM. tintorro. / retinto. TEÑIR.

tintorería s. f. Establecimiento donde se tiñen las telas y se lavan prendas de vestir. ⬦ FAM. tintorero. TEÑIR.

tintorro s. m. *Fam.* Vino tinto.

tintura s. f. Tinte, acción y efecto de teñir. ‖ Líquido en que se ha disuelto una sustancia colorante. ⬦ FAM. TEÑIR.

tiña s. f. Enfermedad contagiosa de la piel del cráneo. ‖ Tacañería. ⬦ FAM. tiñoso.

tío, a s. Con respecto a una persona, hermano o hermana de su padre o madre. ‖ *Fam.* Expresión con que se designa despectiva o admirativamente a alguien. ‖ *Fam.* Compañero, amigo.

tiovivo s. m. Artefacto de feria en el que giran caballitos de madera, cochecillos, etc., para diversión.

tip s. m. *Méx.* Dato, pista que sirve para aclarar un asunto.

tipa s. f. *Amér. Central* y *Amér. Merid.* Árbol de la familia de las leguminosas, de madera dura y amarillenta, muy empleada en ebanistería. ‖ *Argent.* Cesto de varillas o de mimbre sin tapa.

tipear v. intr. [1]. *Amér. Central* y *Amér. Merid.* Mecanografiar, escribir a máquina.

tipicidad s. f. Calidad de típico.

típico, ca adj. Que caracteriza a algo o alguien. ⬦ FAM. tipicidad, tipismo. / atípico. TIPO.

tipificar v. tr. [1a]. Adaptar algo a un tipo o norma común. ‖ Representar una persona o cosa el modelo del género, especie, etc., a que pertenece. ⬦ FAM. tipificación. TIPO.

tipismo s. m. Conjunto de características o rasgos típicos.

tiple s. m. Voz más aguda entre las humanas. ⬧ s. m. y f. Persona que tiene esta voz. ⬦ FAM. atiplar, vicetiple.

tipo s. m. Modelo característico de los rasgos de un género, especie, etc. ‖ Conjunto de los caracteres distintivos de una raza. ‖ Figura, silueta del cuerpo de una persona. ‖ Letra de imprenta. ‖ *Fam.* Persona, individuo. ⬦ FAM. tipear, típico, tipificar, tipografía, tipología. / arquetipo, biotipo, estenotipia, estereotipo, fenotipo, genotipo, logotipo, monotipia, prototipo, subtipo, teletipo.

tipografía s. f. Procedimiento de impresión con formas o moldes en relieve. ‖ Imprenta, lugar donde se imprime. ⬦ FAM. tipográfico, tipógrafo. TIPO.

tipógrafo, fa s. Operario que compone o corrige textos destinados a la impresión.

tipología s. f. Estudio y clasificación de tipos. ‖ Estudio de los caracteres del hombre, comunes a las diferentes razas.

tique s. m. Vale, bono, cédula o recibo que acredita ciertos derechos.

tiquismiquis o **tiquis miquis** s. m. *Fam.* Persona maniática o muy aprensiva.

tira s. f. Pedazo largo, delgado y estrecho de tela u otra materia. ‖ Serie de dibujos que aparece en la prensa. ⬧ s. m. *Chile* y *Méx.* Policía. ⬦ FAM. tirita. TIRAR.

tirabuzón s. m. Sacacorchos. ‖ Rizo de pelo largo en espiral.

tirachinos o **tirachinas** s. m. Horquilla con mango y dos gomas elásticas para disparar piedras. ⬦ FAM. TIRAR Y CHINA.

tirada s. f. Acción y efecto de tirar. ‖ Distancia grande entre dos lugares. ‖ Serie ininterrumpida de cosas. ‖ Número de ejemplares de una edición. ‖ *Méx. Fam.* Objetivo, propósito.

tiradero s. m. *Méx.* Desorden.

tirado, da adj. Que se vende muy barato. ‖ *Fam.* Sencillo, fácil. ‖ *Fam.* Despreciable, que ha perdido la vergüenza.

tirador, ra s. Persona que tira, lanza o dispara. ⬧ s. m. Instrumento con que se estira. ‖ Asa de que se estira. ‖ *Argent.* Cinturón de cuero curtido propio de la vestimenta del gaucho. ‖ *Argent.* y *Urug.* Tirante; cada una de las dos tiras que sostienen un pantalón. ⬦ FAM. francotirador. TIRAR.

tiraje s. m. Acción y efecto de tirar, imprimir. ‖ *Amér.* Tiro de la chimenea.

tiralíneas s. m. Instrumento de dibujo para trazar líneas. ⬦ FAM. TIRAR Y LÍNEA.

tiranía s. f. Gobierno despótico, injusto, cruel. ‖ Abuso excesivo de autoridad, fuerza o superioridad.

tiránico, ca adj. Relativo a la tiranía. ‖ Propio de un tirano.

tiranizar v. tr. [1g]. Gobernar un tirano un estado. ‖ Someter a tiranía. ⬦ FAM. tiranización. TIRANO, NA.

tirano, na adj. y s. Dícese del soberano despótico y cruel. ‖ Que abusa de su poder, fuerza o superioridad. ⬦ FAM. tiranía, tiránico, tiranizar.

tirante adj. Tenso, estirado. ⬧ s. m. Cada una de las dos tiras, generalmente elásticas, que sostienen desde los hombros una prenda de vestir. ⬦ FAM. tirantez. / atirantar. TIRAR.

tirantez s. f. Calidad o estado de tirante.

tirar v. tr. [1]. Arrojar, lanzar en dirección determinada. ‖ Derribar, volcar una cosa. ‖ Desechar, deshacerse de algo. ‖ Trazar líneas, rayas, etc. ‖ Imprimir un libro, periódico, etc. ‖ Jugar las cartas, los dados, etc. ⬧ v. tr. e intr. Disparar la carga de un arma de fuego. ⬧ v. intr. Atraer, gustar. ‖ Hacer fuerza para traer hacia sí. ‖ Funcionar algo correctamente. ‖ Tender, propender. ‖ Parecerse, asemejarse. ‖ Apretar, ser estrecho o corto. ⬧ **tirarse** v. pron. Abalanzarse, arrojarse, dejarse caer. ⬧ **Tirarle a** algo *(Méx. Fam.)*, tener el propósito de alcanzarlo o conseguirlo. ⬦ FAM. tira, tirada, tirado, tirador, tiraje, tirante, tiro, tirón. / estirar, retirar, tirachinas, tiralíneas.

tiras s. f. pl. *Chile.* Conjunto de ropas de vestir.

tirita s. f. Tira adhesiva para proteger las heridas.

tiritar v. intr. [1]. Temblar de frío o por efecto de la fiebre. ◇ FAM. tiritera, tiritona. / titiritar.

tiritera o **tiritona** s. f. Acción y efecto de tiritar.

tiro s. m. Acción y efecto de tirar. ‖ Disparo de un arma de fuego. ‖ Lugar donde se tira al blanco. ‖ Conjunto de caballerías que tiran de un carruaje. ‖ Corriente de aire que se produce en un conducto. ‖ *Hond.* Senda por la que se arrastra la madera. ● **Al tiro** (*Chile, Colomb., C. Rica, Ecuad.* y *Perú*), en seguida, prontamente. ◇ FAM. tirotear. TIRAR.

tiroideo, a adj. Relativo al tiroides.

tiroides s. m. Glándula endocrina situada delante de la tráquea, que regula el metabolismo. ◇ FAM. tiroideo. / hipertiroidismo.

tirol s. m. *Méx.* Recubrimiento de apariencia rugosa que se pone en los techos como adorno.

tirón s. m. Acción y efecto de tirar bruscamente de algo. ‖ Robo en que se arranca con fuerza el bolso de alguien.

tirotear v. tr. y pron. [1]. Disparar repetidamente armas de fuego contra alguien. ◇ FAM. tiroteo. TIRO.

tiroteo s. m. Acción y efecto de tirotear.

tirria s. f. *Fam.* Ojeriza, antipatía inmotivada hacia alguien.

tisana s. f. Infusión de hierbas medicinales.

tísico, ca adj. y s. Que padece de tisis.

tisis s. f. Nombre clásico de la tuberculosis. ◇ FAM. tísico.

tiste s. m. *Amér. Central.* Bebida refrescante a base de harina de maíz tostado, cacao, achiote y azúcar.

tisú s. m. Tela de seda entretejida con hilos de oro y plata. ‖ Pañuelo de papel suave.

titán s. m. Persona excepcional en algún aspecto.

titanio s. m. Metal pulverulento, de color gris de acero.

títere s. m. Figurilla que se mueve por hilos o con las manos. ‖ Persona carente de voluntad. ◇ FAM. titiritero.

tití s. m. Simio de América del Sur de larga cola tupida.

titilar v. intr. [1]. Agitarse con temblor alguna parte del cuerpo. ‖ Centellear una luz o cuerpo luminoso. ◇ FAM. titilación, titilador, titileo.

titipuchal s. m. *Méx.* Multitud, muchedumbre, desorden.

titiritar v. intr. [1]. Tiritar.

titiritero, ra s. Persona que maneja los títeres. ‖ Acróbata.

titubear v. intr. [1]. Oscilar, tambalearse una cosa. ‖ Balbucir, hablar de manera vacilante y confusa. ‖ Dudar, mostrarse indeciso. ◇ FAM. titubeo.

titulación s. f. Acción y efecto de titular o titularse.

titulado, da adj. y s. Que tiene un título académico o nobiliario.

titular¹ v. tr. [1]. Poner título o nombre a algo. ◆ **titularse** v. pron. Llamarse, tener por título. ‖ Obtener un título académico. ◇ FAM. titulación, titulado. TÍTULO.

titular² adj. y s. m. y f. Que ocupa un cargo con el título correspondiente. ◆ s. m. Encabezamiento de una información en los géneros periodísticos.

título s. m. Nombre o frase que designa la materia o partes de un texto, libro, etc. ‖ Dignidad adquirida o heredada. ‖ Subdivisión de una ley o reglamento. ‖ Testimonio o instrumento dado para ejercer un empleo, dignidad o profesión. ‖ Documento de propiedad o derecho. ◇ FAM. titular¹, titular². / subtítulo.

tiuque s. m. *Chile.* Ave rapaz de plumaje oscuro y pico grande. ‖ *Chile.* Persona malintencionada y astuta.

tiza s. f. Barra de arcilla blanca usada para escribir en los encerados. ◇ FAM. tizate.

tizate s. m. *Guat., Hond.* y *Nicar.* Yeso, tiza.

tiznado, da adj. *Amér. Central.* Borracho, ebrio.

tiznar v. tr. y pron. [1]. Manchar con tizne, hollín u otra sustancia semejante. ◇ FAM. tiznadura. TIZNE.

tizne s. m. o f. Hollín, humo que se pega a los objetos que han sido puestos al fuego. ◇ FAM. tiznar. TIZÓN.

tizón s. m. Palo a medio quemar que arde produciendo mucho humo. ◇ FAM. tiznada, tizonazo. / atizar, tizne.

tlachique s. m. *Méx.* Pulque sin fermentar.

tlaconete s. m. *Méx.* Babosa, molusco gasterópodo.

tlacuache s. m. *Méx.* Mamífero marsupial de color gris, zarigüeya.

tlalcoyote s. m. *Méx.* Mamífero similar al coyote que hace su madriguera en cuevas, dañino para los sembrados.

tlapalería s. f. *Méx.* Comercio en el que se venden artículos de ferretería y droguería.

toabajeño, ña adj. y s. De Toa Baja (Puerto Rico).

toalla s. f. Pieza de tejido suave y esponjoso para secarse. ◇ FAM. toallero.

toallero s. m. Utensilio para poner o colgar las toallas.

toalteño, ña adj. y s. De Toa Alta (Puerto Rico).

toar v. tr. [1]. Remolcar una embarcación.

toba s. f. Piedra caliza, porosa y ligera.

tobera s. f. Abertura tubular por donde entra el aire en un horno. ◇ FAM. TUBO.

tobiano, na adj. *Argent.* Dícese del caballo overo cuyo pelaje presenta manchas blancas en la parte superior del cuerpo.

tobillera s. f. Venda, generalmente elástica, con que se sujeta o protege el tobillo. || *Méx.* Calcetín corto.

tobillo s. m. Parte ósea inferior de la pierna en que ésta se junta con el pie. ◇ FAM. tobillera.

tobogán s. m. Pista deslizante por la que las personas sentadas se dejan resbalar. || Especie de trineo bajo montado sobre dos patines largos y cubierto con una tabla.

toca s. f. Prenda de tela blanca con que las monjas se cubren la cabeza. ◇ FAM. tocado¹, tocador¹, toquilla.

tocadiscos s. m. Aparato que reproduce los sonidos grabados en un disco.

tocado¹ s. m. Cualquier prenda con que se cubre o adorna la cabeza. || Arreglo personal, particularmente de las mujeres.

tocado², da adj. Que empieza a pudrirse. || Algo perturbado, medio loco.

tocador¹ s. m. Mueble provisto de espejo ante el cual se peinan y maquillan las mujeres. || Habitación destinada a este fin.

tocador², ra adj. y s. Que toca un instrumento musical.

tocante adj. Que toca. • Tocante a, referente a.

tocar v. tr. [1a]. Entrar en contacto una parte del cuerpo, especialmente la mano, con otra cosa. || Hacer sonar un instrumento musical. || Tratar un asunto. ◆ v. tr. y pron. Estar una cosa en contacto con otra. ◆ v. intr. Corresponder, tener relación, referirse. || Caer en suerte. ◇ FAM. tocable, tocado², tocador², tocamiento, tocante, toque, toquetear. / intocable, retocar, tocadiscos.

tocata s. f. Breve composición musical.

tocateja. A tocateja (*Fam.*), de una vez.

tocayo, ya s. Persona con el mismo nombre que otra.

tucho, cha adj. Tosco, tonto, inculto. ◆ s. m. Ladrillo ordinario y tosco.

tocineta s. f. *Colomb.* y *P. Rico.* Tocino, panceta.

tocino s. m. Carne grasa del cerdo y especialmente la salada. ◇ FAM. tocinería, tocinero, tocineta. / atocinarse.

toco s. m. *Perú.* Hornacina rectangular muy usada en la arquitectura incaica.

tocología s. f. Obstetricia. ◇ FAM. tocólogo.

tocomocho s. m. Timo consistente en ceder un billete de lotería, aparentemente premiado, por menos de su valor.

tocón, na adj. *Colomb.* Rabón.

tocotoco s. m. *Venez.* Pelícano.

tocuyo s. m. *Amér. Merid.* Tela burda de algodón.

todavía adv. t. Expresa la duración de una acción, de un estado: *todavía no ha llegado.* ◆ adv. m. A pesar de ello, no obstante. || Con *más, menos, mejor*, etc., expresa encarecimiento o ponderación.

todo, da adj. y pron. indef. Dícese de lo considerado en el conjunto de sus partes. || Cada: *juega al tenis todos los martes.*

◆ s. m. Cosa íntegra. • Ante, por encima de, o sobre todo, primera o principalmente. || Del todo, completamente. ◇ FAM. total. / metomentodo, sabelotodo, sobretodo, todopoderoso.

todopoderoso, sa adj. y s. m. Que todo lo puede.

tofo s. m. *Chile.* Arcilla blanca refractaria.

toga s. f. Especie de traje talar usado por los magistrados y abogados.

toilette s. f. Peinado, arreglo personal. || Tocador, mueble. || Cuarto de aseo.

tola¹ s. f. *Amér. Merid.* Nombre de diferentes especies de arbustos que crecen en las laderas de la cordillera.

tola² s. f. *Ecuad.* Tumba en forma de montículo, perteneciente a diversas culturas precolombinas.

tolda s. f. *Amér. Central* y *Amér. Merid.* Tela para hacer toldos. || *Colomb.* Toldo de las embarcaciones menores. || *P. Rico.* Saca que se utiliza para llevar granos. || *P. Rico* y *Urug.* Cubierta de lona que se coloca en las carretas.

toldillo s. m. *Colomb.* Mosquitero.

toldo s. m. Cubierta que se extiende para dar sombra. || *Argent.* y *Chile.* Tienda de algunos pueblos amerindios hecha con pieles y ramas. ◇ FAM. tolda, toldillo. / entoldar.

tole tole s. m. *Argent.* y *Urug.* Alboroto, pelea, tumulto.

toledano, na adj. y s. De Toledo (España).

tolerancia s. f. Acción y efecto de tolerar. || Respeto a las formas de pensar o actuar de los otros. ◇ FAM. intolerancia. TOLERAR.

tolerante adj. Que tolera.

tolerantismo s. m. Opinión favorable a la tolerancia de cultos religiosos en un país.

tolerar v. tr. [1]. Soportar, sufrir. || Permitir, consentir. || Aguantar, admitir, resistir. ◇ FAM. tolerabilidad, tolerable, tolerancia, tolerante, tolerantismo.

tolete s. m. *Amér. Central, Colomb., Cuba* y *Venez.* Garrote corto. ◆ adj. y s. m. y f. *Cuba.* Torpe, lerdo, tardo en entendimiento.

tolimense adj. y s. m. y f. De Tolima (Colombia).

tolla s. f. *Chile* y *Cuba.* Artesa para dar de beber al ganado.

toloache s. m. *Méx.* Planta herbácea de propiedades narcóticas usada en medicina tradicional, que en dosis altas puede provocar la locura y la muerte.

tololoche s. m. *Méx.* Contrabajo.

tolonguear v. tr. [1]. *C. Rica.* Acariciar, mimar.

tolteca adj. y s. m. y f. De un pueblo amerindio de México que perteneció al grupo nahua.

tolueno s. m. Hidrocarburo líquido semejante al benceno. ◇ FAM. trinitrotolueno.

toma s. f. Acción de tomar. || Porción de una cosa tomada de una vez. || Conquista, ocupación. ‖ *Chile.* Muro para desviar el agua de su cauce, presa. ‖ *Colomb.* Cauce, acequia. ‖ CINE y TV. Acción y efecto de filmar.

tomacorriente s. m. *Argent.* y *Méx.* Conmutador.

tomado, da adj. Dícese de la voz baja, sin sonoridad, por padecer afección en la garganta.

tomador, ra adj. y s. Que toma. ‖ *Amér.* Aficionado a la bebida.

tomadura s. f. Acción y efecto de tomar. ● Tomadura de pelo *(Fam.)*, burla, broma, abuso.

tomar v. tr. [1]. Agarrar, asir. ‖ Aceptar, admitir. ‖ Conquistar, ocupar por la fuerza. ‖ Adquirir mediante pago. ‖ Filmar, fotografiar. ‖ Contratar a una persona. ‖ Juzgar, considerar. ‖ Elegir entre varias cosas. ◆ v. tr., intr. y pron. Comer, beber. ◆ v. intr. Seguir una dirección determinada. ◇ FAM. toma, tomado, tomador, tomadura. / retomar, tomacorriente, tomavistas.

tomate s. m. Fruto de la tomatera. ‖ Tomatera. ‖ *Guat.* y *Méx.* Planta herbácea cuyo fruto es parecido al tomate, pero del tamaño de una ciruela y de color amarillo verdoso. ‖ *Guat.* y *Méx.* Fruto de esta planta, que se emplea para preparar salsas. ◇ FAM. tomatal, tomatera, tomatero, tomaticán. / entomatada, jitomate.

tomatera s. f. Planta herbácea de fruto comestible, rojo y carnoso, de forma casi esférica y piel lisa y brillante.

tomaticán s. m. *Argent.* y *Chile.* Guiso a base de patatas, cebollas, tomates y otras verduras.

tomavistas s. m. Cámara de filmar para uso doméstico.

tómbola s. f. Especie de rifa pública de objetos y local en que se celebra.

tómbolo s. m. Istmo de arena que une una isla al continente.

tomillo s. m. Planta arbustiva, de flores blancas o rosadas, utilizada en perfumería, cocina y farmacología. ◇ FAM. tomillar.

tomo s. m. División de una obra que suele corresponder a un volumen completo. ‖ Libro, volumen.

ton s. m. Apócope de tono. ● Sin ton ni son *(Fam.)*, sin motivo.

tonada s. f. Composición poética para ser cantada. ‖ *Amér.* Tonillo, entonación. ‖ *Argent.* Nombre genérico de diversas manifestaciones del cancionero folklórico. ◇ FAM. tonadilla. TONO.

tonadilla s. f. Tonada o canción ligera. ◇ FAM. tonadillero. TONADA.

tonal adj. Relativo al tono o a la tonalidad.

tonalidad s. f. Conjunto de sonidos que sirve de base en una composición musical. ‖ Sistema de colores y tonos.

tonel s. m. Recipiente grande, abombado

y de base circular. ‖ *Fam.* Persona muy gorda. ◇ FAM. tonelada.

tonelada s. f. Unidad de masa que vale 1 000 kilogramos. ‖ Cantidad enorme. ◇ FAM. tonelaje. / kilotón, megatón. TONEL.

tonelaje s. m. Cabida o capacidad total de un buque mercante o de un vehículo de transporte. ‖ Peso expresado en toneladas.

tonga s. f. *Cuba.* Pila de cosas alargadas colocadas unas sobre otras debidamente. ◇ FAM. tongada.

tongada s. f. Conjunto de cosas de una misma clase.

tongo s. m. Trampa realizada en competiciones deportivas.

tónica s. f. Tendencia general, tono, estilo. ‖ Bebida refrescante, gaseosa.

tónico, ca adj. Que recibe el tono o acento. ‖ Que tiene un efecto estimulante. ◆ s. m. Loción para la piel del rostro. ● Acento tónico, acento de intensidad que recae sobre una de las sílabas de una palabra. ◇ FAM. tónica. / diatónico. TONO.

tonificar v. tr. [1a]. Entonar, dar fuerza y vigor al organismo. ◇ FAM. tonificación, tonificador, tonificante. TONO.

tonillo s. m. Entonación monótona y desagradable al hablar, leer o recitar. ‖ Retintín, entonación despectiva e irónica.

tono s. m. Intensidad, grado de elevación de un sonido. ‖ Manera particular de expresarse por escrito, estilo. ‖ Grado de intensidad de los colores. ‖ Forma de conducta. ‖ Energía, dinamismo. ◇ FAM. ton, tonada, tonal, tonalidad, tónico, tonificar, tonillo. / atonal, atonía, átono, entonar, monótono, oxítono, semitono, sintonía.

tontada s. f. Tontería, simpleza.

tontaina adj. y s. m. y f. *Fam.* Tonto.

tontear v. intr. [1]. Decir o hacer tonterías. ‖ Bromear o galantear como preliminares de una relación erótica.

tontera s. f. Tontería, calidad de tonto.

tontería s. f. Dicho o hecho de tonto. ‖ Calidad de tonto.

tonto, ta adj. y s. De poca inteligencia o entendimiento. ‖ Que obra con ingenuidad. ◆ adj. Falto de sentido o finalidad. ◇ FAM. tontada, tontaina, tontear, tontera, tontería. / atontar, atontolinar, entontecer.

top s. m. Prenda femenina corta que se utiliza como corsé.

topacio s. m. Piedra fina, amarilla y transparente.

topamiento s. m. *Argent.* Ceremonia del carnaval en la que varios hombres y mujeres se consagran compadres.

topar v. tr. [1]. Chocar una cosa con otra. ‖ *Amér.* Echar a pelear los gallos para probarlos. ◆ v. tr., intr. y pron. Encontrar casualmente lo que se buscaba. ◇ FAM. topamiento, tope², topetar, topetazo, topetear, topetón, topón.

tope[1] s. m. Límite, extremo a que se puede llegar.

tope[2] s. m. Parte donde una cosa topa con otra. ‖ Obstáculo, limitación. ‖ Pieza para detener el movimiento de un mecanismo.

topetazo s. m. *Fam.* Golpe dado al chocar dos cuerpos.

topetear v. tr. [1]. Dar golpes con la cabeza los animales con cuernos.

tópico, ca adj. Relativo a un lugar determinado. ◆ adj. y s. m. Dícese del medicamento de uso externo. ◆ s. m. Tema o asunto muy repetido. ‖ *Amér.* Tema de conversación.

topinabur s. m. *Argent.* Planta forrajera alimenticia, cuyos tubérculos son similares a la batata.

topless s. m. Modo de vestir femenino que muestra el busto.

topo[1] s. m. Mamífero insectívoro que excava galerías en el suelo. ‖ *Fam.* Persona con muy poca vista.

topo[2] s. m. Lunar de una tela. ‖ Carácter de imprenta. ‖ *Argent., Chile* y *Perú.* Alfiler grande que remata en forma de cuchara con grabados regionales.

topo- pref. Significa 'lugar': *toponimia.*

topocho, cha adj. *Venez.* Se dice de la persona rechoncha.

topografía s. f. Técnica de representación de la superficie de un terreno. ‖ Disposición, relieve de un terreno. ◇ FAM. topográfico, topógrafo.

topología s. f. Ciencia que estudia los razonamientos matemáticos prescindiendo de sus significados concretos. ◇ FAM. topológico.

topometría s. f. Conjunto de operaciones efectuadas para la determinación métrica de los elementos de un mapa.

topón s. m. *Chile, Colomb.* y *Hond.* Topetazo. ‖ *Colomb.* Puñetazo.

toponimia s. f. Estudio del origen y significado de los nombres de lugar. ◇ FAM. toponímico, topónimo.

topónimo s. m. Nombre propio de lugar.

toque s. m. Acción de tocar. ‖ Pequeña aplicación medicinal. ‖ Golpe suave. ‖ Llamamiento, advertencia. ‖ Tañido. ‖ *Méx.* Calambre que produce en el cuerpo el contacto con una corriente eléctrica. ‖ *Méx.* Cigarrillo de marihuana. ● **Darse un toque** (*Méx.*), aspirar el humo de un cigarrillo de marihuana. ◇ FAM. TOCAR.

toquetear v. tr. [1]. Manosear, tocar reiteradamente. ◇ FAM. toqueteo. TOCAR.

toqui s. m. *Chile.* Caudillo, cacique araucano.

toquilla s. f. Pañuelo de punto plegado que usan las mujeres para abrigarse. ◇ FAM. TOCA.

torácico, ca adj. Relativo al tórax.

tórax s. m. Pecho. ‖ Cavidad del pecho. ‖ Segunda parte del cuerpo de los insectos. ◇ FAM. torácico. / mesotórax, metatórax, protórax.

torbellino s. m. Remolino de viento o de polvo. ‖ Movimiento circular del agua en un curso fluvial. ‖ Persona vivaz, inquieta y muy activa.

torcaz adj. y s. f. Dícese de una variedad de paloma de cuello verdoso y blanquecino. ◇ FAM. torcaza.

torcaza s. f. *Amér.* Paloma torcaz.

torcedura s. f. Acción y efecto de torcer. ‖ Distensión de las partes blandas que rodean las articulaciones.

torcer v. tr. y pron. [2f]. Inclinar una cosa o ponerla sesgada. ‖ Retorcer, dar vueltas a una cosa. ‖ Mudar la voluntad. ◆ v. tr. Desviar algo de su posición o dirección. ◆ **torcerse** v. pron. Dificultarse o frustrarse algo. ◇ FAM. torcedor, torcedura, torcido, torcimiento, torzal. / retorcer, torsión, tuerto.

torcido, da adj. Que no es o no está recto. ‖ Que no obra con rectitud. ‖ *Amér.* Se dice de la persona desafortunada.

tordillo, lla adj. y s. Tordo[2].

tordo[1] s. m. *Amér. Central, Argent.* y *Chile.* Estornino, pájaro. ‖ *Argent.* Médico.

tordo[2], **da** adj. y s. Dícese de la caballería que tiene el pelo mezclado de negro y blanco. ◇ FAM. tordillo.

torear v. tr. e intr. [1]. Incitar a un toro para que acometa y burlarlo cuando lo hace. ‖ Lidiar al toro en una plaza y matarlo siguiendo las reglas del toreo. ◆ v. tr. *Fam.* Evitar algo. ‖ *Argent.* y *Chile.* Provocar, dirigir insistentemente a alguien palabras que pueden molestarle. ‖ *Chile.* Azuzar, provocar. ◆ v. intr. *Argent., Bol.* y *Par.* Ladrar un perro y amenazar con morder. ◇ FAM. toreador, toreo. TORO.

toreo s. m. Acción y arte de torear.

torero, ra adj. Relativo al toro, al toreo o al torero. ◆ s. Persona que lidia toros. ◆ s. f. Chaquetilla corta y ceñida al cuerpo. ◇ FAM. TORO.

toril s. m. En las plazas de toros, lugar donde están encerradas las reses. ◇ FAM. entorilar. TORO.

torito s. m. *Argent.* y *Perú.* Nombre de diversas especies de coleópteros cuya coloración varía entre el castaño y el negro. ‖ *Cuba.* Pez con dos espinas como cuernos. ‖ *Ecuad.* y *Nicar.* Especie de orquídea.

tormenta s. f. Perturbación atmosférica con aparato eléctrico, aire y lluvia. ‖ Manifestación violenta del estado de ánimo. ◇ FAM. tormentoso. TORMENTO.

tormento s. m. Aflicción, congoja. ‖ Dolor físico. ◇ FAM. tormenta. / atormentar.

tormentoso, sa adj. Que ocasiona o amenaza tormenta.

torna s. f. Acción de tornar, volver. ‖ Pedazo de pan que se añade para completar el peso.

tornadizo, za adj. y s. Veleidoso, inconstante.

tornado s. m. Torbellino de aire o huracán impetuoso.

tornar v. intr. [1]. Regresar, volver. ➤ v. tr. Devolver, restituir. ➤ v. tr. y pron. Cambiar, transformar. ◇ FAM. torna, tornadizo, tornado. / entornar, retornar, trasnasol, tornavoz, trastornar, turnar. TORNO.

tornasol s. m. Reflejo de la luz en algunas telas haciéndolas cambiar de color. ‖ Girasol. ◇ FAM. tornasolar. TORNAR y SOL².

tornasolar v. tr. y pron. [1]. Hacer tornasoles en una cosa. ◇ FAM. tornasolado. TORNASOL.

tornavoz s. m. Dispositivo que recoge y refleja el sonido.

torneado, da adj. Hecho a torno. ‖ De curvas suaves.

tornear v. tr. [1]. Labrar o dar forma a una cosa con el torno. ◇ FAM. torneado, torneador, torneadura. TORNO.

torneo s. m. Competición deportiva.

tornería s. Oficio, arte y taller del tornero.

tornero, ra s. Persona que realiza trabajos con el torno.

tornillo s. m. Pieza cilíndrica o cónica, por lo general metálica, con fileteado o resalto helicoidal. ◇ FAM. atornillar, destornillar. TORNO.

torniquete s. m. Aparato formado por dos brazos iguales en cruz y giratorios para regular la entrada en un local. ‖ Instrumento quirúrgico para contener la hemorragia.

torno s. m. Aparato para la tracción o elevación de cargas por medio de un cable o cadena que se enrolla en un cilindro horizontal. ‖ Máquina que hace girar un objeto o una pieza para labrarlos o tallarlos. ● En torno, alrededor. ◇ FAM. tornar, tornear, tornería, tornero, tornillo. / contorno.

toro s. m. Macho adulto del ganado vacuno o bovino, provisto de dos cuernos. ‖ Hombre muy fuerte y robusto. ‖ Méx. Arbusto de flores olorosas. ➤ pl. Corrida de toros. ● Agarrar o coger el toro por los cuernos (Fam.), afrontar un asunto difícil con decisión. ◇ FAM. torear, torero, toril. / taurino, tauro, taurófilo, tauromaquia.

toronja s. f. Fruto del toronjo. ◇ FAM. toronjil, toronjo.

toronjil s. m. Planta labiada con cuyas hojas y flores se prepara una infusión de propiedades medicinales.

toronjo s. m. Variedad de cidro que produce las toronjas.

torpe adj. Difícil de mover o de moverse. ‖ Falto de agilidad y destreza. ◇ FAM. torpemente, torpeza. / entorpecer.

torpedear v. tr. [1]. Lanzar torpedos contra un objetivo enemigo. ◇ FAM. torpedeamiento, torpedeo. TORPEDO.

torpedero, ra adj. y s. Dícese de la embarcación o del avión cuya arma principal es el torpedo. ◇ FAM. cazatorpedero. TORPEDO.

torpedo s. m. Pez marino parecido a la raya que produce descargas eléctricas. ‖ Proyectil explosivo submarino. ◇ FAM. torpedear, torpedero. / lanzatorpedos.

torpeza s. f. Calidad de torpe. ‖ Acción o dicho torpe.

torpor s. m. Lentitud de movimiento de un miembro o músculo del cuerpo.

torrado adj. y s. m. Garbanzo tostado recubierto de sal.

torrar v. tr. [1]. Tostar al fuego. ◇ FAM. torrado, torrefacto, torrezno, tórrido, torrija.

torre s. f. Construcción o cuerpo de edificio más alto que ancho, de planta cuadrada, que sobresale. ‖ En el ajedrez, pieza con forma de torre. ‖ Cuba y P. Rico. Chimenea del ingenio de azúcar. ◇ FAM. torreón, torreta.

torrefacto, ta adj. Que está tostado al fuego. ◇ FAM. torrefacción. TORRAR.

torreja s. f. Amér. Torrija. ‖ Chile. Rodaja de fruta.

torrencial adj. Relativo a los torrentes. ‖ Abundante.

torrente s. m. Curso de agua impetuoso, rápido e irregular. ‖ Abundancia, gran concurrencia. ◇ FAM. torrencial, torrentera, torrentoso.

torrentera s. f. Cauce de un torrente.

torrentoso, sa adj. Amér. Dícese de los ríos y arroyos de corriente impetuosa.

torreón s. m. Torre fortificada para la defensa de una plaza.

torreta s. f. Cabina acristalada en la que, principalmente en los aviones de bombardeo, van instalados ametralladoras y cañones. ‖ Estructura elevada en que se concentran los hilos de una red eléctrica.

torrezno s. m. Pedazo de tocino frito. ◇ FAM. TORRAR.

tórrido, da adj. Muy caliente, ardiente. ◇ FAM. TORRAR.

torrija s. f. Rebanada de pan frito, empapada en leche o vino y endulzada con miel o azúcar. ‖ Chile. Ruedecita de limón o naranja que se pone en las bebidas. ◇ FAM. torreja. TORRAR.

torsión s. f. Acción y efecto de torcer o torcerse. ◇ FAM. contorsión, distorsión, extorsión. TORCER.

torso s. m. Tronco del cuerpo humano.

torta s. f. Masa de harina, de forma redonda o alargada, que se cuece a fuego lento. ‖ Fam. Bofetada. ‖ Fam. Golpe, caída. ‖ Argent., Chile y Urug. Pastel, tarta. ◇ FAM. tortazo, tortilla. / tarta.

tortazo s. m. Fam. Bofetada. ‖ Fam. Golpe que se da a alguien al caer.

tortel s. m. Rosco de hojaldre.

tortícolis s. m. o f. Afección dolorosa del cuello en que se tiene éste torcido.

tortilla s. f. Fritada de huevos batidos. ‖ Amér. Central, Antill. y Méx. Pieza delgada y circular de masa de maíz cocida. ‖ Argent. y Chile. Panecillo en forma de disco, chato, por lo común salado, hecho con harina de trigo o maíz y cocido al rescoldo. ● **Tortilla de harina.** *(Méx.)*, la que está hecha con harina de trigo. ◇ FAM. tortillería, tortillero. TORTA.

tórtola s. f. Ave parecida a la paloma, pero más pequeña, con una cola larga en forma de abanico. ◇ FAM. tortolito, tórtolo.

tortolito, ta adj. y s. *Fam.* Dícese de la persona atolondrada. ◆ pl. *Fam.* Pareja de enamorados.

tórtolo s. m. Macho de la tórtola.

tortuga s. f. Denominación común a cualquier reptil quelonio de cuerpo corto, encerrado en un caparazón óseo y escamoso.

tortuoso, sa adj. Que da muchas vueltas y rodeos, sinuoso. ◇ FAM. tortuosidad.

tortura s. f. Suplicio físico o moral que se provoca a alguien. ‖ Sufrimiento intenso y continuado. ◇ FAM. torturar.

torturar v. tr. y pron. [1]. Someter a tortura o causarla. ◇ FAM. torturador. TORTURA.

torvisco s. m. Planta arbustiva de flores amarillentas y olorosas y fruto en drupa de color rojo.

torvo, va adj. De aspecto malvado.

tory adj. y s. m. HIST. Dícese del partido conservador de Gran Bretaña y de los miembros del mismo.

torzal s. m. Cordoncillo de seda para coser. ◇ FAM. TORCER.

tos s. f. Espiración brusca y enérgica del aire contenido en los pulmones. ◇ FAM. tosedera, toser.

tosco, ca adj. Sin pulimento, hecho con poca habilidad. ◆ adj. y s. Rústico, carente de cultura. ◇ FAM. toscamente, tosquedad.

tosedera s. f. *Amér.* Tos persistente.

toser v. intr. [2]. Tener un acceso de tos.

tosquedad s. f. Calidad de tosco.

tostada s. f. Rebanada de pan tostado.

tostadero, ra adj. Que tuesta. ◆ s. m. Instalación industrial para tostar café.

tostador, ra adj. Que tuesta. ◆ s. m. Aparato para tostar café en grano. ◆ s. f. Aparato para hacer tostadas.

tostar v. tr. y pron. [1r]. Exponer algo al fuego hasta que se dore, sin quemarse. ‖ *Chile.* Vapulear, azotar. ◇ FAM. tostación, tostada, tostadero, tostado, tostador, tostadura, tostón.

tostón s. m. Trozo de pan frito que se añade a sopas, purés, etc. ‖ *Fam.* Fastidio, pesadez.

total adj. Completo, que comprende todo. ◆ s. m. Suma, resultado de una adición. ‖ Totalidad. ◆ adv. m. En suma, en conclusión. ◇ FAM. totalidad, totalitario, totalizar, totalmente. TODO, DA.

totalidad s. f. Todo el total, el conjunto de todos los componentes.

totalitario, ria adj. Que incluye la totalidad. ‖ Dícese del régimen político que

concentra todo el poder en el estado. ◇ FAM. totalitarismo. TOTAL.

totalitarismo s. m. Calidad de totalitario. ‖ Sistema de los regímenes totalitarios. ◇ FAM. totalitarista. TOTALITARIO, RIA.

totalizar v. tr. [1g]. Sumar, hacer o determinar el total de varias cantidades o sumas. ◇ FAM. totalizador. TOTAL.

tótem s. m. Entidad natural que es objeto de culto por ciertos pueblos. ‖ Emblema que lo representa. ◇ FAM. totémico, totemismo.

totemismo s. m. Conjunto de ritos y creencias basado en el tótem.

totonaca adj. y s. m. y f. De un pueblo amerindio de México que habitaba en la región central del estado de Veracruz.

totonicapense adj. y s. m. y f. De Totonicapán (Guatemala).

totopo s. m. *Méx.* Trozo de tortilla de maíz tostado o frito.

totora s. f. *Amér. Merid.* Especie de junco que crece a orillas de los lagos y junto al mar. ◇ FAM. totoral.

totuma s. f. *Amér. Central y Amér. Merid.* Fruto del totumo. ‖ *Amér. Central y Amér. Merid.* Vasija hecha con este fruto.

totumo s. m. *Amér. Central y Amér. Merid.* Planta cuyo fruto es una calabaza con la que se fabrican vasijas. ◇ FAM. totuma.

tour s. m. Vuelta. ‖ Excursión, viaje turístico. ◇ FAM. turismo.

tour operator s. m. Operador turístico.

tournée s. f. Viaje de recreo. ‖ Gira artística de una compañía de teatro u orquesta.

toxemia s. f. Conjunto de accidentes provocados por las toxinas transportadas por la sangre. ◇ FAM. TOXINA.

toxicidad s. f. Calidad de tóxico.

tóxico, ca adj. y s. m. Dícese de las sustancias venenosas. ◇ FAM. toxicidad, toxicología, toxicomanía, toxina. / intoxicar.

toxicología s. f. Ciencia que trata de la capacidad tóxica de diversos productos. ◇ FAM. toxicológico, toxicólogo. TÓXICO, CA.

toxicomanía s. f. Adicción a ingerir sustancias tóxicas que producen dependencia. ◇ FAM. toxicómano. TÓXICO, CA.

toxina s. f. Sustancia tóxica elaborada por los seres vivos. ◇ FAM. toxemia. TÓXICO, CA.

tozudo, da adj. Que sostiene fijamente una actitud u opinión, sin dejarse persuadir por razones. ◇ FAM. tozudez.

traba s. f. Cosa que sujeta a otras entre sí asegurándolas o impidiendo su movimiento. ‖ Aquello que obstaculiza algo.

trabajado, da adj. Que está cansado a causa del trabajo. ‖ Elaborado con minuciosidad y gran cuidado.

trabajador, ra adj. Que trabaja. ◆ s. Operario, obrero.

trabajar v. intr. [1]. Realizar un esfuerzo en una actividad. ‖ Tener una ocupación,

oficio estable. ◆ v. tr. Ejecutar, realizar o disponer algo con método y orden. ◇ FAM. trabajado, trabajador, trabajo.

trabajo s. m. Acción y efecto de trabajar. || Ocupación retribuida. || Obra resultante de una actividad física o intelectual. || Dificultad, molestia. ◇ FAM. trabajoso. TRABAJAR.

trabajoso, sa adj. Que da o cuesta mucho trabajo. || *Chile.* Molesto, enfadoso. || *Colomb.* Se dice de la persona poco complaciente y muy exigente.

trabalenguas s. m. Palabra o frase difícil de pronunciar.

trabar v. tr. [1]. Juntar o unir una cosa con otra para afianzarlas. || Poner trabas. || Comenzar o iniciar algo. || Impedir el desarrollo de algo. ◆ **trabarse** v. pron. Entorpecérsele a uno la lengua al hablar. ◇ FAM. traba, trabadura, trabamiento, trabazón, trabilla. / arquitrabe, entrabar, trabalenguas.

trabazón s. f. Enlace o relación conveniente de dos cosas.

trabilla s. f. Tira de tela o cuero que por debajo del pie sujeta los bordes del pantalón, polaina, etc. || Pequeña tira de tela por la que se pasa una correa, cinta, etc.

trabucar v. tr y pron. [1a]. Desordenar, trastornar. || Pronunciar o escribir una cosa por otra. ◇ FAM. trabucación, trabucador, trabuco.

trabuco s. m. Arma de fuego más corta y de mayor calibre que la escopeta. ◇ FAM. trabucazo. TRABUCAR.

traca s. f. Serie de petardos o cohetes que estallan sucesivamente.

trácala s. f. *Méx.* y *P. Rico. Fam.* Trampa, engaño. ◇ FAM. tracalero.

tracalada s. f. *Amér. Central* y *Amér. Merid.* Gran cantidad de personas o cosas, montón, multitud.

tracalero, ra adj. y s. *Méx.* y *P. Rico.* Tramposo, embaucador.

tracción s. f. Acción de tirar o arrastrar algo para moverlo. || Acción de poner tirante una cuerda, cable, etc. ◇ FAM. tractor. TRAER.

tracto s. m. BIOL. Haz de fibras nerviosas con el mismo origen y la misma terminación, que cumplen la misma función fisiológica. ◇ FAM. TRAER.

tractor, ra adj. y s. Que produce la tracción. ◆ s. m. Vehículo de motor usado en los trabajos agrícolas. ◇ FAM. tractorar, tractorear, tractorista. TRACCIÓN.

tradición s. f. Transmisión de creencias, costumbres, etc., de unas generaciones a otras. || Estas mismas creencias, costumbres, etc. ◇ FAM. tradicional, tradicionalismo.

tradicional adj. Relativo a la tradición. || Usual, acostumbrado.

tradicionalismo s. m. Apego a las ideas, costumbres, etc., del pasado. || Sistema político surgido en el s. XIX que defendía

el Antiguo Régimen. ◇ FAM. tradicionalista. TRADICIÓN.

traducción s. f. Acción y efecto de traducir. || Obra del traductor.

traducir v. tr. [20]. Expresar en una lengua lo que está expresado en otra. ◇ FAM. traducción, traducible, traductor.

traductor, ra adj. Que traduce. ◆ s. Persona que se dedica profesionalmente a la traducción.

traer v. tr. [10]. Llevar algo desde un lugar a otro más próximo al que habla. || Causar, ocasionar. || Llevar puesto: *traía un traje nuevo*. ◆ **traerse** v. pron. *Fam.* Tramar, urdir. ◇ FAM. traído. / abstraer, atraer, contraer, distraer, extraer, maltraer, retraer, retrotraer, sustraer, tracción, tracto.

trafagar v. intr. [1b]. Andar con mucho trabajo.

tráfago s. m. Trajín, ajetreo. ◇ FAM. trafagar, trafagoso. / atrafagar.

traficante adj. y s. m. y f. Que trafica.

traficar v. intr. [1a]. Comerciar, negociar, especialmente de forma irregular o con mercancías ilegales. ◇ FAM. traficante, tráfico.

tráfico s. m. Acción de traficar. || Circulación de vehículos por calles y carreteras. || Comunicación y transporte de personas, mercancías, etc. ◇ FAM. narcotráfico. TRAFICAR.

tragacanto s. m. Planta arbustiva de Asia Menor e Irán que segrega una goma usada en farmacia e industria. || Esta goma.

tragaderas s. f. pl. *Fam.* Faringe, garganta. || *Fam.* Credulidad.

tragadero s. m. Agujero u orificio que traga o absorbe el agua u otro líquido.

tragaldabas s. m. y f. *Fam.* Persona muy tragona.

tragaleguas s. m. y f. *Fam.* Persona que anda mucho y deprisa.

tragaluz s. m. Claraboya.

tragantona s. f. *Fam.* Comilona, banquete.

tragaperras s. m. o f. Máquina de juego que funciona automáticamente al introducir en ella una o varias monedas.

tragar v. tr. y pron. [1b]. Hacer que algo pase de la boca al aparato digestivo. || Comer mucho. || Absorber. || Dar crédito a algo. || Soportar, tolerar. ● **No tragar** a alguien (*Fam.*), sentir antipatía hacia él. ◇ FAM. tragable, tragaderas, tragadero, tragador, tragaldabas, tragantona, trago, tragón. / atragantarse, intragable, tragaleguas, tragaluz, tragaperras.

tragedia s. f. Obra dramática de asunto serio y final desdichado. || Género de estas obras. || Suceso desgraciado de la vida. ◇ FAM. trágico. / tragicomedia.

trágico, ca adj. Relativo a la tragedia. ◆ adj. y s. Dícese del autor de tragedias y del actor que las interpreta.

tragicomedia s. f. Obra dramática con elementos propios de la comedia y de la tragedia. ‖ Género de estas obras. <> FAM. tragicómico. TRAGEDIA y COMEDIA.

trago s. m. Cantidad de líquido que se bebe de una vez.

tragón, na adj. y s. *Fam.* Que come mucho. <> FAM. tragonería. TRAGAR.

traición s. f. Violación de la lealtad y fidelidad debidas. ‖ Delito cometido contra la patria o el estado al favorecer o servir al enemigo. <> FAM. traicionar, traicionero, traidor.

traicionar v. tr. [1]. Cometer traición. ‖ *Fam.* Engañar alguien a su pareja en el terreno sentimental.

traicionero, ra adj. y s. Traidor: *mirada traicionera.*

traído, da adj. Gastado, viejo: *una falda muy traída.* <> FAM. TRAER.

traidor, ra adj. y s. Que traiciona.

tráiler s. m. Avance de una película. ‖ Remolque, en especial el que llevan los grandes camiones.

traílla s. f. Cuerda o correa con que los cazadores llevan atados a los perros. <> FAM. tralla.

traína s. f. Red de pesca marina en forma de una gran bolsa o embudo, cuya boca se mantiene abierta. <> FAM. trainera.

trainera s. f. Embarcación alargada y de poco calado, usada especialmente para la pesca de sardinas con red.

traje s. m. Vestido exterior completo de una persona. • **Traje de baño,** bañador. <> FAM. trajear.

trajeado, da adj. Arreglado en cuanto al vestido.

trajear v. tr. y pron. [1]. Proveer o proveerse de trajes. <> FAM. trajeado. TRAJE.

trajín s. m. Acción de trajinar. ‖ Ajetreo, jaleo.

trajinar v. tr. [1]. Llevar mercancías de un lugar a otro. ◆ v. intr. Desarrollar una actividad intensa. <> FAM. trajín, trajinera.

trajinera s. f. *Méx.* Embarcación pequeña, por lo general adornada con flores, que se usa en los canales de Xochimilco.

tralla s. f. Trencilla del extremo del látigo. ‖ Látigo provisto de esta trencilla. <> FAM. trallazo. TRAÍLLA.

trama s. f. Conjunto de hilos que, cruzados con los de la urdimbre, forman una tela. ‖ Disposición interna de las distintas partes de un asunto. ‖ Argumento de una obra literaria o de cine. ‖ Treta, confabulación. <> FAM. tramar, tramo. / entramado.

tramar v. tr. [1]. Preparar con sigilo, maquinar. ‖ Cruzar los hilos de la trama por los de la urdimbre. <> FAM. tramador. TRAMA.

tramitar v. tr. [1]. Hacer pasar un asunto por los trámites necesarios para resolverlo. <> FAM. tramitación, tramitador. TRÁMITE.

trámite s. m. Acción de tramitar. ‖ Diligencia que hay que realizar para la resolución de un asunto. <> FAM. tramitar.

tramo s. m. Cada una de las partes en que están divididas ciertas superficies: *un tramo de calle.* ‖ Parte de una escalera comprendida entre dos rellanos. <> FAM. TRAMA.

tramontano, na adj. Que está al otro lado de los montes. ◆ s. f. Viento del norte, frío y seco. <> FAM. MONTANO, NA.

tramoya s. f. Maquinaria teatral con la que se realizan los cambios de decorado y los efectos especiales. <> FAM. tramoyista.

tramoyista s. m. y f. Persona que idea, construye o maneja las tramoyas en el teatro.

trampa s. f. Artificio para cazar animales. ‖ Puerta abierta en el suelo. ‖ Plan para engañar a alguien. ‖ Infracción maliciosa en el juego o la competición con el fin de sacar provecho. <> FAM. trampear, trampilla, tramposo. / entrampar.

trampear v. intr. [1]. *Fam.* Vivir pidiendo prestado con engaños para salir de apuros.

trampilla s. f. Ventanilla en el suelo de una habitación.

trampolín s. m. Tabla inclinada y flexible que sirve a los nadadores y a los gimnastas para impulsarse en un salto.

tramposo, sa adj. y s. Que hace trampas en el juego.

tranca s. f. Palo grueso y fuerte. ‖ Palo con que se aseguran puertas y ventanas. ‖ *Fam.* Borrachera. ‖ *Méx.* Puerta tranquera. <> FAM. trancazo, tranco, tranquera. / atrancar.

trancazo s. m. Golpe dado con una tranca. ‖ *Fam.* Gripe. ‖ *Cuba.* Trago largo de licor. ‖ *Méx.* Fam. Golpe muy fuerte.

trance s. m. Momento crítico, decisivo o difícil. ‖ Estado en que un médium manifiesta fenómenos paranormales.

tranco s. m. Paso largo. • **Al tranco** (*Argent., Chile* y *Urug.*), hablando de caballerías y de personas, a paso largo.

tranquera s. f. *Amér. Merid.* Puerta rústica de un alambrado hecha con maderas.

tranquilidad s. f. Calidad de tranquilo.

tranquilizante adj. Que tranquiliza. ◆ adj. y s. m. Dícese de los medicamentos de acción relajante o sedante.

tranquilizar v. tr. y pron. [1g]. Poner tranquilo, calmar, sosegar. <> FAM. tranquilizador, tranquilizante. TRANQUILO, LA.

tranquillo s. m. *Fam.* Habilidad que se adquiere con la práctica.

tranquilo, la adj. Que está en calma, no agitado. ‖ Que no está nervioso ni excitado. ‖ De carácter pacífico. ◆ adj. y s. Dícese de la persona despreocupada. <> FAM. tranquilamente, tranquilidad, tranquilizar. / intranquilo.

trans- pref. Significa 'más allá, del otro lado': *transalpino.* ‖ Significa 'movimiento a través': *transcontinental.* ‖ Significa 'cambio': *transferencia.*

transa s. f. *Méx. Fam.* Engaño, especialmente el que se hace para despojar a alguien de sus bienes.

transacción s. f. Negocio, trato, comercio. ‖ Acción y efecto de transigir. ◇ FAM. transaccional, transar.

transaccional, transar.

transalpino, na adj. De las regiones del otro lado de los Alpes.

transandino, na adj. De las regiones del otro lado de los Andes.

transar v. intr. y pron. [1]. *Amér.* Transigir, ceder. ◆ v. tr. *Méx. Fam.* Despojar tramposamente a uno de algo. ◇ FAM. transa. TRANSACCIÓN.

transatlántico, ca adj. De las regiones del otro lado del Atlántico. ◆ s. m. Barco de grandes dimensiones destinado al transporte de pasajeros en largas travesías.

transbordador, ra adj. Que transborda. ◆ s. m. Embarcación o vehículo funicular que circula entre dos puntos de un río, canal, etc., y que sirve para transportar viajeros, mercancías, etc.

transbordar v. tr. e intr. [1]. Trasladar cosas o personas de un vehículo a otro, especialmente de un tren a otro. ◇ FAM. transbordador, transbordo. BORDE[1].

transbordo s. m. Acción y efecto de transbordar.

transcontinental adj. Que atraviesa un continente.

transcribir v. tr. [3n]. Copiar un escrito con el mismo o distinto sistema de escritura. ‖ Escribir lo que se oye. ‖ Arreglar para un instrumento la música escrita para otro. ◇ FAM. transcripción, transcriptor, transcrito. ESCRIBIR.

transcripción s. f. Acción y efecto de transcribir. ‖ Cosa transcrita.

transculturación s. f. Proceso por el que un pueblo o grupo social va adoptando rasgos culturales de otro. ◇ FAM. CULTURA.

transcurrir v. intr. [3]. Pasar el tiempo. ◇ FAM. transcurso. CORRER.

transcurso s. m. Acción y efecto de transcurrir. ‖ Período de tiempo.

transeúnte adj. y s. m. y f. Que transita por algún lugar. ‖ Que está de paso en un lugar. ◇ FAM. TRANSITAR.

transexual adj. y s. m. y f. De sexo incierto, o que tiende a sentirse del sexo opuesto. ◇ FAM. transexualidad, transexualismo. SEXUAL.

transferencia s. f. Acción y efecto de transferir. ‖ Operación bancaria que consiste en cambiar fondos de una cuenta corriente a otra.

transferir v. tr. [22]. Pasar a alguien o algo de un lugar a otro. ‖ Ceder a otro el derecho sobre una cosa. ‖ Remitir fondos bancarios de una cuenta a otra. ◇ FAM. transferencia, transferible, transferidor. / intransferible.

transfigurar v. tr. y pron. [1]. Hacer cambiar de forma o aspecto a alguien o algo. ◇ FAM. transfigurable, transfiguración. FIGURA.

transformación s. f. Acción y efecto de transformar o transformarse. ◇ FAM. transformacional. TRANSFORMAR.

transformador, ra adj. Que transforma. ◆ s. m. Aparato que transforma la corriente eléctrica de un voltaje a otro.

transformar v. tr. y pron. [1]. Cambiar la forma, aspecto, etc., de alguien o algo. ‖ Convertir una cosa en otra mediante un determinado proceso. ◇ FAM. transformable, transformación, transformador, transformativo, transformismo. FORMAR.

transformismo s. m. Teoría biológica que explica la aparición de las distintas especies a través de sucesivas transformaciones de unas especies en otras. ‖ Género de variedades en que un artista imita a personajes, cambiando rápidamente de trajes, maquillaje, etc. ◇ FAM. transformista. TRANSFORMAR.

transformista adj. Relativo a la teoría del transformismo. ◆ s. m. y f. Artista que se dedica al transformismo.

tránsfuga s. m. y f. Persona que pasa de un partido político a otro. ◇ FAM. transfuguismo. FUGA.

transfundir v. tr. [3]. Hacer pasar poco a poco un líquido de un recipiente a otro. ◇ FAM. transfusión, transfusor. FUNDIR.

transfusión s. f. Acción y efecto de transfundir. ● **Transfusión de sangre**, introducción de sangre de un individuo en los vasos sanguíneos de otro.

transgredir v. tr. [3ñ]. Violar, quebrantar una ley o norma. ◇ FAM. transgresión, transgresivo, transgresor.

transgresión s. f. Acción y efecto de transgredir.

transgresor, ra adj. y s. Que transgrede.

transiberiano, na adj. Que atraviesa Siberia.

transición s. f. Acción y efecto de pasar de un estado, modo de ser, etc., a otro distinto.

transido, da adj. Muy afligido, angustiado.

transigencia s. f. Calidad de transigente.

transigente adj. Que transige. ◇ FAM. intransigente. TRANSIGIR.

transigir v. intr. [3b]. Ceder a los deseos u opiniones de otro, a fin de llegar a un acuerdo. ◇ FAM. transigencia, transigente.

transistor s. m. Dispositivo electrónico, basado en el uso de semiconductores, que se aplica como amplificador, convertidor, etc.

transitable adj. Dícese del sitio por el que se puede transitar. ◇ FAM. intransitable. TRANSITAR.

transitar v. intr. [1]. Ir por una vía pública. ◇ FAM. transitable. / transeúnte. TRÁNSITO.

transitividad s. f. Calidad de transitivo.

transitivo, va adj. LING. Dícese del verbo que puede llevar complemento directo. ◇ FAM. transitividad. / intransitivo.

trapo

tránsito s. m. Acción de transitar. ‖ Movimiento de gente y vehículos por calles, carreteras, etc. <> FAM. transitar, transitorio.

transitorio, ria adj. Que dura poco tiempo o que no es definitivo. ‖ Caduco, perecedero. <> FAM. transitoriedad. TRÁNSITO.

transmediterráneo, a adj. Que atraviesa el mar Mediterráneo.

transmigrar v. intr. [1]. Emigrar. ‖ Pasar un alma de un cuerpo a otro, según ciertas creencias. <> FAM. transmigración, transmigratorio. MIGRAR.

transmisión s. f. Acción y efecto de transmitir. ‖ Dispositivo que transmite energía desde su origen hasta el punto en que debe aplicarse: *transmisión delantera*.

transmisor, ra adj. Que transmite o puede transmitir. ◆ s. m. Aparato que sirve para transmitir las señales eléctricas, telefónicas o telegráficas. <> FAM. radiotransmisor. TRANSMITIR.

transmitir v. tr. [3]. Hacer llegar a alguien un mensaje. ‖ Comunicar, difundir por medio de la radio, telégrafo, etc. ‖ Contagiar una enfermedad. <> FAM. transmisible, transmisión, transmisor. / intransmisible, retransmitir.

transmutar v. tr. y pron. [1]. Convertir una cosa en otra. <> FAM. transmutable, transmutación, transmutatorio, transmutatorio. / intransmutable. MUTAR.

transoceánico, ca adj. Del otro lado del océano. ‖ Que atraviesa un océano.

transpacífico, ca adj. Del otro lado del océano Pacífico. ‖ Que atraviesa el océano Pacífico.

transparencia s. f. Calidad de transparente. ‖ Diapositiva.

transparentar v. tr. y pron. [1]. Dejar un cuerpo que se vea a través de él la luz o lo que hay detrás. ‖ Mostrar, revelar.

transparente adj. Dícese del cuerpo a través del cual pueden verse claramente los objetos. ‖ Traslúcido. ‖ Evidente. ◆ s. m. Cortina para atenuar la luz. <> FAM. transparencia, transparentar.

transpiración s. f. Acción y efecto de transpirar.

transpirar v. intr. [1]. Expulsar a través de la piel un líquido orgánico. ‖ Expulsar las plantas vapor de agua. <> FAM. transpiración. / antitranspirante. ESPIRAR.

transpirenaico, ca adj. Situado al otro lado de los Pirineos. ‖ Que atraviesa los Pirineos.

transportador, ra adj. y s. Que transporta. ◆ s. m. Semicírculo graduado para medir o trazar ángulos.

transportar v. tr. [1]. Llevar personas o cosas de un lugar a otro. ◆ v. tr. y pron. Extasiar, embelesar. <> FAM. transportador, transporte, transportista. / aerotransportado. PORTAR.

transporte s. m. Acción y efecto de trans-

portar. ‖ Medio o vehículo usado para transportar personas o cosas.

transustanciar v. tr. y pron. [1t]. Convertir totalmente una sustancia en otra. <> FAM. transustanciación, transustancial. SUSTANCIAL.

transversal adj. Que atraviesa una cosa de un lado a otro perpendicularmente. ‖ Oblicuo, en diagonal. <> FAM. transversalidad, transversalmente, transverso.

transverso, sa adj. Colocado o dirigido en dirección transversal.

tranvía s. m. Vehículo para el transporte urbano de personas, que se mueve por electricidad a través de raíles. <> FAM. tranviario.

trapacería s. f. Fraude, engaño. <> FAM. trapacear.

trapajoso, sa adj. Andrajoso, desaseado. <> FAM. TRAPO.

trápala s. f. Alboroto, jaleo. ‖ *Fam.* Embuste, engaño. ◆ s. m. y f. *Fam.* Charlatán, hablador. <> FAM. trapalear.

trapalear v. intr. [1]. Hacer ruido con los pies andando de un lado para otro. ‖ *Fam.* Usar de embustes o engaños.

trapeador s. m. *Chile* y *Méx.* Trapo, bayeta para limpiar el suelo.

trapear v. tr. [1]. *Amér.* Fregar el suelo con un trapo o bayeta. <> FAM. trapeador. TRAPO.

trapecio s. m. Palo horizontal suspendido en sus extremos por dos cuerdas paralelas. ‖ Cuadrilátero que sólo tiene dos lados paralelos. ‖ Músculo plano y triangular situado en la parte posterior del cuello. <> FAM. trapecista, trapezoedro, trapezoide.

trapecista s. m. y f. Artista de circo que actúa en el trapecio.

trapero, ra s. Persona que se dedica al comercio de trapos y objetos usados. <> FAM. TRAPO.

trapezoedro s. m. Poliedro de veinticuatro caras que son trapecios.

trapezoide s. m. Cuadrilátero irregular que no tiene ningún lado paralelo a otro. <> FAM. trapezoidal. TRAPECIO.

trapiche s. m. *Argent., Chile* y *Méx.* Molino para reducir a polvo los minerales. ‖ *Argent.* y *Méx.* Molino para prensar frutas y extraer su jugo. ‖ *Méx.* Ingenio azucarero. <> FAM. trapichear, trapichero.

trapichear v. intr. [1]. *Fam.* Buscar medios, no siempre lícitos, para lograr algo. ‖ *Amér. Central* y *Amér. Merid.* Tener amoríos ocultos. <> FAM. trapicheo. TRAPICHE.

trapillo. De trapillo (*Fam.*), con ropa normal, de andar por casa.

trapío s. m. Buena planta del toro. ‖ *Fam.* Gracia, garbo de una mujer.

trapisonda s. f. *Fam.* Discusión o riña ruidosa. ‖ *Fam.* Embrollo, enredo. <> FAM. trapisondear.

trapo s. m. Trozo de tela vieja o inútil. ‖

Paño usado para limpiar. ‖ Velamen. ‖ En tauromaquia, capote, muleta. ‖ *Chile.* Tejido, tela. ➤ pl. Conjunto de prendas de vestir, especialmente de mujer. ◇ FAM. trapajoso, trapear, trapería, trapero. / trapío.

tráquea s. f. Conducto del aparato respiratorio que comunica la laringe con los bronquios. ◇ FAM. traqueal, traqueotomía.

traqueotomía s. f. Abertura que se hace en la tráquea para evitar la asfixia.

traquetear v. intr. [1]. Moverse repetidamente una cosa produciendo un ruido característico. ◇ FAM. traquetear.

traro s. m. *Argent.* y *Chile.* Carancho, ave rapaz.

tras prep. Después de: *tras la cena fuimos al cine.* ‖ Detrás de: *estaba tras los árboles.* ‖ En busca de: *ir tras la fama.* ◇ FAM. trasero. / atrás, detrás, retrasar.

tras- pref. Trans-*.

trasbocar v. tr. [1a]. *Amér. Central* y *Amér. Merid.* Vomitar.

trascendencia s. f. Importancia, valor. ‖ Gravedad.

trascendental adj. Muy importante, interesante o valioso.

trascendente adj. Que trasciende. ‖ Trascendental. ◇ FAM. intrascendente. TRASCENDER.

trascender v. intr. [2d]. Empezar a conocerse lo que estaba oculto. ‖ Extenderse los efectos o consecuencias de algo. ➤ v. tr. Penetrar, averiguar. ◇ FAM. trascendencia, trascendental, trascendente.

trascordarse v. pron. [1r]. Perder la noción de algo por olvido o confusión con otra cosa.

trascoro s. m. Parte de las iglesias situada detrás del coro.

trasegar v. tr. [1d]. Revolver, desordenar cosas. ‖ Mudar de vasija un líquido. ‖ *Fam.* Beber mucho. ◇ FAM. trasiego.

trasero, ra adj. Situado detrás. ➤ s. m. *Fam.* Nalgas, culo. ➤ s. f. Parte posterior de un objeto, edificio, etc. ◇ FAM. TRAS.

trasfondo s. m. Lo que está más allá del fondo visible, o detrás de la apariencia.

trashumancia s. f. Migración estacional del ganado, con objeto de buscar nuevos pastos. ◇ FAM. trashumante, trashumar. HUMUS.

trashumante adj. Que trashuma.

trasiego s. m. Acción y efecto de trasegar. ‖ Ajetreo, jaleo.

traslación s. f. Acción y efecto de trasladar o trasladarse.

trasladar v. tr. y pron. [1]. Cambiar de lugar o de tiempo una persona o cosa. ➤ v. tr. Hacer pasar a alguien de un puesto a otro de la misma categoría. ◇ FAM. traslación, trasladable, traslado, traslativo.

traslado s. m. Acción y efecto de trasladar.

traslúcido, da adj. Que deja pasar la luz, pero no permite ver con claridad lo que hay detrás. ◇ FAM. traslucidez. TRASLUCIR.

traslucir v. tr. y pron. [3g]. Permitir algo que a través de ello se perciba cierta cosa. ◇ FAM. traslúcido, trasluciente. LUCIR.

trasluz. Al trasluz, dícese de la forma de mirar una cosa, poniéndola entre la luz y el ojo.

trasmano. A trasmano, en lugar apartado o mal comunicado.

trasminante adj. *Chile.* Se dice del frío penetrante e intenso.

trasminar v. tr., intr. y pron. Filtrarse. ◇ FAM. trasminante. MINAR.

trasmundo s. m. La otra vida. ‖ Mundo fantástico o imaginario.

trasnochado, da adj. Pasado de moda, falto de novedad.

trasnochar v. intr. [1]. Pasar la noche sin dormir o acostándose muy tarde. ◇ FAM. trasnochado, trasnochador, trasnoche, trasnocho. NOCHE.

traspapelar v. tr. y pron. [1]. Perder, extraviar un papel entre otros. ◇ FAM. PAPEL.

traspasar v. tr. [1]. Pasar de un lado a otro de un cuerpo, atravesarlo. ‖ Pasar más allá de cierto límite o barrera. ‖ Cruzar un río, camino, etc. ‖ Ceder el alquiler de un local o vender un negocio. ◇ FAM. traspasable, traspasador, traspaso. PASAR.

traspaso s. m. Acción y efecto de traspasar. ‖ Acción de traspasar un negocio o local y precio que se paga por ello.

traspatio s. m. *Amér.* Patio interior de la casa, situado tras el patio principal.

traspié s. m. Resbalón o tropezón. ‖ Error o indiscreción.

trasplantar v. tr. [1]. Trasladar plantas de un terreno a otro. ‖ MED. Realizar un trasplante. ◇ FAM. trasplantable, trasplantación, trasplantador, trasplante. PLANTAR.

trasplante s. m. Acción y efecto de trasplantar. ‖ MED. Sustitución de un órgano enfermo o dañado por otro sano.

trasponer v. tr. y pron. [5]. Poner a alguien o algo en un lugar diferente. ‖ Traspasar, atravesar. ➤ **trasponerse** v. pron. Quedarse medio dormido. ◇ FAM. trasponedor, trasposición, traspositivo, traspuesto. PONER.

trasposición s. f. Acción y efecto de trasponer o trasponerse.

trasquilar v. tr. [1]. Esquilar. ‖ Cortar el pelo con desigualdades. ◇ FAM. trasquila, trasquilador, trasquiladura, trasquilón. / tresquilar. ESQUILAR.

trasquilón s. m. Desigualdad en el corte del pelo.

trastada s. f. *Fam.* Mala pasada. ‖ *Fam.* Travesura. ◇ FAM. TRASTO.

trastazo s. m. *Fam.* Porrazo, golpe. ◇ FAM. TRASTO.

traste¹ s. m. Cada uno de los salientes colocados a lo largo del mástil de una gui-

tarra u otro instrumento de cuerda. ‖
Amér. Trasto. ◇ FAM. trastear[1]. TRASTO.
traste² s. m. *Chile.* Trasero, asentaderas.
trastear¹ v. intr. [1]. Pisar las cuerdas de
los instrumentos de trastes. ◆ v. tr. Poner
los trastes a la guitarra o a otro instrumento. ◇ FAM. TRASTE.
trastear² v. intr. [1], Revolver, mover trastos de un lado a otro. ‖ Hacer travesuras.
◆ v. tr. En tauromaquia, dar al toro pases
de muleta. ◇ FAM. trasteo. TRASTO.
trastero, ra adj. ● s. m. Dícese de la habitación donde se guardan trastos, muebles, etc. ◆ s. m. *Méx.* Mueble de cocina
para guardar platos y vasijas.
trastienda s. f. Habitación situada detrás
de la tienda. ‖ Reserva, doblez.
trasto s. m. Mueble, utensilio, etc., en especial si es viejo o inútil. ◆ pl. Conjunto
de utensilios o herramientas propios de alguna actividad. ◆ **Tirarse los trastos a la
cabeza** *(Fam.),* discutir violentamente.
◇ FAM. trastada, trastazo, traste¹, trastear²,
trastero.
trastocar v. tr. [1a]. Cambiar de sitio, desordenar las cosas. ◆ **trastocarse** v. pron.
Trastornarse, enloquecerse. ◇ FAM. TROCAR.
trastornar v. tr. [1]. Causar a alguien una
gran molestia. ‖ Inquietar, intranquilizar. ‖
Desordenar, trastocar. ◆ v. tr. y pron. Perturbar las facultades mentales. ◇ FAM.
trastornable, trastornador, trastornadura,
trastornamiento, trastorno. TORNAR.
trastorno s. m. Acción y efecto de trastornar o trastornarse. ‖ Alteración en la salud.
trastrocar v. tr. y pron. [1f]. Cambiar el
orden o sentido de las cosas. ◇ FAM. tras-
trocamiento, trastrueque. TROCAR.
trasunto s. m. Imitación exacta, imagen o
representación de algo.
trasvasar v. tr. [1]. Pasar un líquido de un
lugar a otro. ◇ FAM. trasvase. VASO.
trasvase s. m. Acción y efecto de trasvasar. ‖ Conjunto de obras de canalización
para pasar agua de un río a otro.
trata s. f. Tráfico de seres humanos.
tratable adj. Que se puede tratar. ‖ Razonable o amable al trato. ◇ FAM. intratable. TRATAR.
tratadista s. m. y f. Autor de tratados.
tratado s. m. Acuerdo entre naciones o
documento en el que consta. ‖ Obra sobre
determinada materia. ◇ FAM. tratadista.
TRATAR.
tratamiento s. m. Acción y efecto de tratar o tratarse. ‖ Título de cortesía. ‖ Método
o cuidados para curar una enfermedad.
tratante s. m. y f. Persona que se dedica
a la compra y venta de géneros: *tratante
de ganado.*
tratar v. tr. [1]. Comportarse con alguien
de una determinada manera. ‖ Dar tratamiento, aplicar un calificativo: *tratar de
usted.* ‖ Someter a ciertos cuidados médi-
cos, de cosmética, etc. ‖ Discutir o nego-

ciar sobre un asunto. ◆ v. tr., intr. y pron.
Relacionarse con alguien. ◆ v. intr. Hablar o escribir sobre cierto asunto, tema,
etc. ‖ Intentar: *trató de engañarme.* ◇ FAM.
trata, tratable, tratado, tratamiento, tratante, tratativa, trato. / contratar, maltratar,
maltrecho.
tratativa s. f. *Argent.* y *Perú.* Etapa preliminar de una negociación.
trato s. m. Acción y efecto de tratar o tratarse. ‖ Manera de dirigirse a una persona.
‖ Acuerdo entre dos personas o partes.
trauma s. m. Traumatismo. ‖ Trastorno
emocional. ◇ FAM. traumático, traumatismo, traumatizar, traumatología.
traumatismo s. m. MED. Conjunto de lesiones de los tejidos orgánicos provocadas
accidentalmente por un agente exterior.
traumatizar v. tr. [1g]. Causar un trauma.
traumatología s. f. Parte de la medicina
que se ocupa de los traumatismos. ◇ FAM.
traumatológico, traumatólogo. TRAUMA.
través s. m. Inclinación o torcimiento.
● **A través** o **al través,** pasando de un lado
a otro, o colocado al lado opuesto que se
expresa. ◇ FAM. travesaño, travesero, travesía, traviesa, travieso. / atravesar.
travesaño s. m. Pieza de madera o metal
que atraviesa algo de una parte a otra. ‖
En fútbol, palo horizontal de la portería.
travesero, ra adj. Que se coloca de través.
travesía s. f. Vía transversal entre otras
dos más importantes. ‖ Viaje por mar o
aire. ‖ *Argent.* Región vasta y desértica. ‖
Chile. Viento oeste que sopla desde el
mar.
travestí o **travesti** s. m. y f. y adj. Persona
que utiliza vestiduras del sexo contrario. ‖
Afecto de travestismo.
travestido, da adj. Disfrazado o encubierto. ◆ s. Travestí.
travestir v. tr. y pron. [30]. Vestir a una
persona con ropas del otro sexo. ◇ FAM.
travestí, travestido, travestismo. VESTIR.
travestismo s. m. Adopción, por ciertos
individuos afectos de inversión sexual, de
ropas y hábitos propios del sexo opuesto.
travesura s. f. Acción realizada por los
niños, con afán de divertirse y sin malicia,
con la que causan algún trastorno.
traviesa s. f. Cada una de las piezas sobre
las que se asientan los rieles. ◇ FAM. TRA-
VÉS.
travieso, sa adj. Inquieto o revoltoso.
◇ FAM. travesura. TRAVÉS.
trayecto s. m. Espacio que se recorre de
un punto a otro. ‖ Acción de recorrer dicho espacio. ◇ FAM. trayectoria.
trayectoria s. f. Línea descrita en el espacio por un punto en movimiento. ‖ Conducta u orientación en el hacer u obrar.
traza s. f. Diseño, plano o proyecto de
una obra de construcción. ‖ Aspecto, apariencia. ‖ Habilidad para hacer algo.
trazado s. m. Acción de trazar. ‖ Diseño

o plano para hacer una obra de construcción. ‖ Recorrido de un canal o camino.

trazar v. tr. [1g]. Hacer trazos. ‖ Representar a grandes líneas: *trazar un retrato*. ‖ Disponer los medios oportunos para conseguir algo. ◇ FAM. traza, trazable, trazado, trazador, trazo.

trazo s. m. Signo, línea trazada sobre una superficie. ‖ Línea del rostro. ‖ En la escritura, cada una de las partes en que se considera dividida la letra.

trébedes s. f. pl. Aro o triángulo de hierro con tres pies, que sirve para poner vasijas sobre el fuego.

trébol s. m. Planta de hojas agrupadas de tres en tres y flores blancas, rosadas o amarillas, que se utiliza como forraje.

trece adj. num. card. y s. m. Diez y tres. ◆ adj. num. ord. y s. m. y f. Decimotercero. ● **Mantenerse**, o **seguir**, alguien **en sus trece**, persistir obstinadamente en una postura o propósito.

trecho s. m. Espacio o distancia indeterminada de tiempo o lugar.

tregua s. f. Cesación temporal de hostilidades entre enemigos que están en guerra. ‖ Descanso temporal en una actividad.

treinta adj. num. card. y s. m. Tres veces diez. ◆ adj. num. ord. y s. m. y f. Trigésimo.

tremebundo, da adj. Terrible, que causa terror.

tremendismo s. m. Corriente estética desarrollada en España durante el s. xx caracterizada por una exageración de los aspectos más crudos de la realidad. ◇ FAM. tremendista. TREMENDO, DA.

tremendo, da adj. Terrible, digno de ser temido. ‖ Muy grande o extraordinario. ● **Tomarse las cosas a la tremenda** (*Fam.*), darles demasiada importancia. ◇ FAM. tremebundo, tremendismo.

trementina s. f. Resina semilíquida, de consistencia viscosa y pegajosa, que se extrae del abeto, del pino y otros árboles.

tremolar v. tr. [1]. Enarbolar y agitar en el aire los pendones, banderas, estandartes, etc. ◇ FAM. tremolina. TRÉMOLO, LA.

tremolina s. f. Movimiento ruidoso del aire. ‖ *Fam.* Bulla, confusión: *armarse la tremolina*.

trémolo s. m. MÚS. Repetición rápida de un mismo sonido.

trémulo, la adj. Que tiembla. ‖ Que tiene un movimiento parecido al temblor. ◇ FAM. tremolar, trémolo. TEMBLAR.

tren s. m. Conjunto de una locomotora y de los vagones arrastrados por ella. ‖ Conjunto de aparatos o instrumentos para realizar una operación. ‖ Lujo, comodidades, etc., con que se vive. ● **A todo tren**, con lujo. ‖ A toda velocidad. ◇ FAM. aerotrén.

trena s. f. *Fam.* Cárcel.

trenca s. f. Abrigo, impermeable o no, corto y con capucha.

trenza s. f. Conjunto de tres o más, cuer-

das, mechones de pelo, etc., entretejidos cruzándose. ◇ FAM. trenzar.

trenzado s. m. Trenza. ‖ En la danza, salto ligero cruzando los pies.

trenzar v. tr. [1g]. Hacer trenzas con algo. ◆ v. intr. Hacer trenzados danzando. ◇ FAM. trenzado. / destrenzar. TRENZA.

trepa s. f. Acción y efecto de trepar. ◆ s. m. y f. Persona que actúa sin escrúpulos para progresar.

trepador, ra adj. Que trepa o es capaz de trepar: *planta trepadora*. ◆ adj. y s. f. Dícese de las aves que tienen el dedo externo hacia atrás para trepar con facilidad por los árboles.

trepanar v. tr. [1]. Perforar el cráneo. ◇ FAM. trepanación.

trepar v. tr. e intr. [1]. Subir a un lugar alto o poco accesible, ayudándose de los pies y las manos. ◆ v. intr. Crecer una planta adhiriéndose a otra, a una pared, etc. ◇ FAM. trepa, trepador.

trepidar v. intr. [1]. Temblar, agitarse algo fuertemente. ‖ *Amér.* Titubear, dudar. ◇ FAM. trepidación, trepidante.

tres adj. num. card. y s. m. Dos y uno. ◆ adj. num. ord. y s. m. y f. Tercero.

trescientos, tas adj. num. card. y s. m. Tres veces ciento. ◆ adj. num. ord. y s. m. Que corresponde en orden al número trescientos.

tresillo s. m. Juego de naipes entre tres personas, cada una de las cuales recibe nueve cartas. ‖ Conjunto de un sofá y dos butacas que hacen juego en diseño y tapizado. ‖ MÚS. Grupo de tres notas de igual valor que se ejecuta en el mismo tiempo que dos notas de igual duración.

treta s. f. Engaño, ardid para conseguir algo.

tri- pref. Significa 'tres': *triciclo*.

tríada s. f. Grupo de tres unidades. ◇ FAM. triádico.

trial s. m. Prueba motociclista de habilidad sobre terreno montañoso y con obstáculos preparados al efecto.

triangular¹ v. tr. [1]. Disponer en forma de triángulo. ◇ FAM. triangulación, triangulado. TRIÁNGULO.

triangular² adj. Que tiene forma de un triángulo.

triángulo s. m. Polígono de tres lados y tres ángulos. ‖ Instrumento de percusión formado por una varilla de acero doblada en triángulo. ◇ FAM. triangular¹, triangular². ÁNGULO.

triásico, ca adj. y s. m. GEOL. Dícese del primer período del mesozoico.

tribal adj. Relativo a la tribu.

tribu s. f. Agrupación política, social y económica propia de los pueblos primitivos, dirigida por un jefe. ‖ *Fam.* Familia numerosa. ◇ FAM. tribal, tribual, tribuno.

tribulación s. f. Disgusto, pena. ‖ Dificultad. ◇ FAM. atribular.

tribuna s. f. Plataforma elevada desde

donde se habla al público. || Plataforma elevada destinada a los asistentes a un acto o espectáculo. ARQ. Ventana en el interior de una iglesia. ◇ FAM. tribunal. TRIBUNO.

tribunal s. m. Órgano del estado formado por uno o varios magistrados que juzgan conjuntamente. || Conjunto de magistrados que componen el tribunal. || Conjunto de personas reunidas para juzgar en un concurso, examen u oposición.

tribuno s. m. Antiguo magistrado romano que era elegido por el pueblo para defender sus intereses. ◇ FAM. tribuna, tribunado. TRIBU.

tributar v. tr. [1]. Pagar un tributo. || Ofrecer un obsequio o manifestar respeto como demostración de admiración o gratitud. ◇ FAM. tributable, tributación, tributante. TRIBUTO.

tributario, ria adj. Relativo al tributo: *derecho tributario.* || GEOGR. Afluente. ◆ adj. y s. Que paga tributo.

tributo s. m. Contribución, impuesto u otra obligación fiscal. || Carga u obligación que se impone a alguien por el disfrute de algo: *en tributo de amistad.* ◇ FAM. tributar, tributario.

tríceps adj. y s. m. Dícese de los músculos con tres cabezas o tendones en uno de sus extremos. ◇ FAM. BÍCEPS.

triciclo s. m. Velocípedo de tres ruedas.

tricolor adj. De tres colores.

tricornio s. m. Sombrero con el ala dura y doblada formando tres picos, usado por la Guardia civil. ◇ FAM. CUERNO.

tricot s. m. Género de punto. ◇ FAM. tricota, tricotar, tricotosa.

tricota s. f. *Argent.* Suéter, prenda de punto.

tricotar v. tr. [1]. Tejer, hacer labores de punto.

tricotosa s. f. y adj. Máquina de hacer géneros de punto.

tridente s. m. Arpón con tres puntas. ◇ FAM. DIENTE.

tridimensional adj. Que tiene tres dimensiones. ◇ FAM. DIMENSIÓN.

triedro, dra adj. MAT. Que tiene tres caras.

trienio s. m. Período de tres años. || Incremento económico en un sueldo al cumplirse tres años de antigüedad en un puesto de trabajo. ◇ FAM. trienal. AÑO.

trifásico, ca adj. Dícese de un sistema de tres corrientes alternas iguales y desplazadas un tercio de período una de otra. ◇ FAM. FASE.

triforio s. m. ARQ. Calado de la galería que corre sobre las naves laterales de una iglesia.

trifulca s. f. *Fam.* Disputa, pelea, riña con mucho alboroto.

trigémino s. m. ANAT. Par nervioso craneal que sensibiliza la mayor parte de la cara.

triglifo o **tríglifo** s. m. ARQ. Motivo ornamental del friso dórico.

trigo s. m. Planta herbácea que produce el grano que da origen a la harina, utilizada principalmente en la elaboración del pan. || Grano de esta planta. ◇ FAM. trigal, trigueño, triguero.

trigonometría s. f. MAT. Estudio de las relaciones que se establecen entre los lados y los ángulos de un rectángulo. ◇ FAM. trigonométrico.

trigueño, ña adj. Que tiene el color del trigo, en especial el pelo.

triguero, ra adj. Relativo al trigo.

trilátero, ra adj. Que tiene tres lados. ◇ FAM. LADO.

trilingüe adj. Escrito en tres lenguas. || Que habla tres lenguas. ◇ FAM. LENGUA.

trilita s. f. Trinitrotolueno.

trilito s. m. Dolmen formado por tres piedras, dos de ellas verticales, que sostienen a una tercera horizontal.

trilla s. f. Acción y efecto de trillar. || Tiempo en que se trilla.

trillado, da adj. Muy conocido o sabido. || Dícese del camino muy frecuentado.

trillador, ra adj. y s. Que trilla. ◆ s. f. Máquina para trillar.

trillar v. tr. [1]. Triturar la mies y separar el grano de la paja. ◇ FAM. trilla, trillado, trillador, trillo.

trillizo, za adj. y s. Dícese de cada uno de los tres hermanos nacidos en un parto triple. ◇ FAM. MELLIZO, ZA.

trillo s. m. Instrumento para trillar. || *Amér. Central* y *Antill.* Senda, camino angosto, abierto comúnmente por el continuo tránsito de peatones.

trillón s. m. Un millón de billones. ◇ FAM. MILLÓN.

trilobites adj. y s. m. Relativo a una clase de artrópodos marinos fósiles de la era primaria, cuyo cuerpo estaba dividido en tres partes.

trilogía s. f. Conjunto de tres obras literarias, cinematográficas, etc., de un autor.

trimestre s. m. Período de tres meses. ◇ FAM. trimestral. MES.

trinar v. intr. [1]. Cantar las aves. || *Fam.* Rabiar, estar muy enfadado: *está que trina.* ◇ FAM. trino[1].

trinca s. f. Conjunto de tres cosas de una misma clase. || Grupo o conjunto de tres personas. || MAR. Cabo que sirve para trincar una cosa. ◇ FAM. trincar[1].

trincar[1] v. tr. [1a]. Agarrar, robar. || *Fam.* Detener, encarcelar. || MAR. Asegurar o sujetar con trincas los efectos de a bordo. || FAM. trinquete[3]. TRINCA.

trincar[2] v. tr. [1a]. Beber bebidas alcohólicas.

trincha s. f. Ajustador que ciñe el chaleco, el pantalón u otras prendas.

trinchar v. tr. [1]. Cortar, partir en trozos la comida para servirla. ◇ FAM. trinchador, trinchante, trinche.

trinche s. m. *Colomb., Ecuad.* y *Méx.* Tenedor. ◆ adj. *Chile* y *Ecuad.* Mueble donde se trincha.

trinchera s. f. Zanja que permite moverse y disparar a cubierto del enemigo y que constituye una posición defensiva. ‖ Gabardina. ◇ FAM. atrincherar.

trineo s. m. Vehículo provisto de patines que se desliza sobre la nieve y el hielo.

trinidad s. f. Misterio de la fe católica según el cual hay tres personas distintas que forman un solo Dios. ◇ FAM. trinitario. TRINO², NA.

trinitaria s. m. *Colomb., P. Rico* y *Venez.* Planta trepadora de flores moradas o rojas.

trinitario, ria adj. y s. De la orden religiosa de la Trinidad. ‖ De Trinidad, estado insular de las Pequeñas Antillas. ‖ De Trinidad (Uruguay).

trinitrotolueno s. m. Compuesto derivado del tolueno, que constituye un potente explosivo. ◇ FAM. TOLUENO.

trino¹ s. m. Gorjeo emitido por los pájaros. ◇ FAM. TRINAR.

trino², na adj. Que contiene en sí tres cosas distintas o participa de ellas. ◇ FAM. trinidad.

trinomio s. m. Polinomio con tres términos.

trinquete¹ s. m. MAR. Palo de proa, en las embarcaciones de dos o más palos. ‖ MAR. Verga mayor y vela que se sujeta a ella.

trinquete² s. m. Frontón cerrado.

trinquete³ s. m. Mecanismo que resbala sobre los dientes de una rueda en un sentido, a la vez que impide que gire hacia el otro. ‖ *Méx.* Engaño para obtener alguna cosa ilícita. ◇ FAM. TRINCAR¹.

trío s. m. Conjunto de tres personas o cosas. ‖ MÚS. Conjunto de tres voces o tres instrumentos.

tripa s. f. Intestino o vísceras completas. ‖ Parte abultada de algún objeto. ‖ *Colomb.* y *Venez.* Cámara de las ruedas del automóvil. ● **Hacer de tripas corazón** *(Fam.)*, esforzarse por disimular el asco, desagrado, etc., que produce algo. ◇ FAM. tripería, tripero, tripitas, tripón, tripudo. / destripar.

tripanosoma s. m. Parásito de la sangre o de los tejidos de los vertebrados, causante de enfermedades infecciosas, como la del sueño.

tripartito, ta adj. Dividido en tres partes, órdenes o clases. ◇ FAM. tripartición, tripartir. PARTE.

tripitas s. f. pl. *Méx.* Comida a base de desperdicios o tripas.

triple adj. y s. m. Que contiene tres veces una cosa. ◆ adj. Que consta de tres elementos. ◇ FAM. triplicar, triplicidad.

triplicar v. tr. Multiplicar por tres. ◆ v. tr. Hacer tres veces una misma cosa. ◇ FAM. triplicación. TRIPLE.

trípode s. m. Armazón de tres pies, para sostener ciertos instrumentos.

tríptico s. m. Pintura, grabado, etc., de tres cuerpos, en que los dos exteriores se cierran sobre el central. ‖ Tratado o composición literaria que consta de tres partes.

triptongo s. m. Sílaba compuesta por tres vocales. ◇ FAM. DIPTONGO.

tripulación s. f. Conjunto de personas al servicio de una embarcación o una aeronave.

tripulante s. m. y f. Miembro de una tripulación.

tripular v. tr. [1]. Conducir o prestar servicio en una embarcación o aeronave. ◇ FAM. tripulación, tripulante.

tripulina s. f. *Chile.* Confusión, barullo.

triquina s. f. Gusano parásito que en estado adulto vive en el intestino de ciertos mamíferos. ◇ FAM. triquinosis.

triquinosis s. f. Enfermedad parasitaria causada por la triquina.

triquiñuela s. f. *Fam.* Ardid, artimaña.

triquitraque s. m. Ruido como de golpes y movimiento de cosas, repetidos y desordenados. ‖ Estos golpes.

tris s. m. Leve sonido que hace una cosa delicada al quebrarse. ‖ *Fam.* Porción muy pequeña de tiempo o lugar.

triscar v. intr. [1a]. Saltar de un lugar a otro, como hacen las cabras. ◇ FAM. triscador.

trisílabo, ba adj. y s. m. Que tiene tres sílabas. ◇ FAM. trisilábico. SÍLABA.

triste adj. Afligido; apesadumbrado. ‖ Doloroso, desgraciado. ‖ Insignificante, humilde, mísero. ‖ Descolorido, pálido. ◆ s. m. *Amér.* Composición popular de tema amoroso que se canta al son de la guitarra. ◇ FAM. tristeza. / entristecer.

tristeza s. f. Estado de ánimo afligido. ‖ Calidad de triste.

tritón s. m. Anfibio parecido a la salamandra, de cola comprimida lateralmente, que vive en charcas y estanques.

triturar v. tr. [1]. Reducir una materia sólida a trozos muy menudos sin llegar a convertirse en polvo. ‖ Mascar, masticar. ◇ FAM. triturable, trituración, triturador.

triunfalismo s. m. Actitud de los que dan muestra de confianza excesiva en ellos mismos y en sus posibilidades de éxito. ◇ FAM. triunfalista. TRIUNFO.

triunfar v. intr. [1]. Quedar victorioso. ‖ Tener éxito: *quiere triunfar en la vida.* ◇ FAM. triunfador, triunfante. TRIUNFO.

triunfo s. m. Acción y efecto de triunfar. ‖ Trofeo. ‖ En ciertos juegos de naipes, palo de más valor. ‖ Carta de dicho palo. ‖ *Argent.* y *Perú.* Baile popular. ◇ FAM. triunfal, triunfalismo, triunfante.

triunvirato s. m. Magistratura de la antigua Roma que estaba formada por tres personas.

triunviro s. m. Cada uno de los tres magistrados que en la antigua Roma formaba parte de un triunvirato. ◇ FAM. triunviral, triunvirato.

trivalente adj. QUÍM. Que tiene valencia tres. <> FAM. VALENCIA.

trivial adj. Que carece de toda importancia, trascendencia o interés. <> FAM. trivialidad, trivializar, trivialmente.

trivializar v. tr. y pron. [1g]. Quitar importancia a algo.

triza s. f. Trozo pequeño de algo. ● **Hacer trizas** (Fam.), destrozar algo completamente. <> FAM. trizar.

trocar v. tr. [1f]. Cambiar una cosa por otra. ◆ v. tr. y pron. Mudar, variar una cosa en otra distinta: *trocar la risa en llanto.* <> FAM. trocable, trocador, trueque. / retrucar, trastocar, trastrocar, trocear.

trocear v. tr. [1]. Dividir algo en trozos. <> FAM. troceo. TROZO.

trocha s. f. Camino abierto en la maleza. || Atajo. || Argent. Vía ferroviaria.

troche. A troche y moche (Fam.), sin orden ni medida.

trofeo s. m. Objeto, recuerdo de un éxito o de una victoria: *trofeo de guerra.* || Premio que se entrega en una competición.

troglodita adj. y s. m. y f. Cavernícola. || *Fam.* Bárbaro, rudo, grosero. <> FAM. troglodítico.

troj o **troje** s. f. Granero limitado por tabiques, donde se almacenan frutos o cereales.

trola s. f. *Fam.* Mentira, engaño. <> FAM. trolero.

trole s. m. Dispositivo que transmite la corriente de la red aérea a los vehículos eléctricos. <> FAM. trolebús.

trolebús s. m. Autobús de tracción eléctrica, sin raíles, que se mueve mediante un trole doble.

trolero, ra adj. y s. *Fam.* Mentiroso.

tromba s. f. Chaparrón repentino.

trombo s. m. Coágulo sanguíneo que se forma dentro de una vena o vaso. <> FAM. trombocito, trombosis.

trombocito s. m. Plaqueta.

trombón s. m. Instrumento musical de viento, de la familia del metal, semejante a una trompeta grande.

trombosis s. f. Formación o desarrollo de un trombo en el interior de un vaso sanguíneo o del corazón.

trompa s. f. Instrumento musical de viento compuesto de un largo tubo cónico arrollado sobre sí mismo y terminado por un pabellón muy ancho. || Peonza. || Prolongación muscular, hueca y elástica, de la nariz de algunos animales, capaz de absorber fluidos. || Aparato chupador de algunos insectos. || *Fam.* Borrachera. <> FAM. trompada, trompazo, trompear, trompeta, trompiza, trompo, trompudo.

trompada s. f. Golpe recio y violento que da o recibe una persona o cosa al chocar o al caerse.

trompazo s. m. Trompada.

trompear v. tr. [1]. *Amér.* Dar trompadas o puñetazos.

trompeta s. f. Instrumento musical de viento formado por un tubo de metal, ligeramente cónico en su extremo y terminado en un pabellón. <> FAM. trompetear, trompetilla, trompetista. TROMPA.

trompetilla s. f. Instrumento en forma de trompeta, empleado por los sordos para oír mejor. || *Méx.* Gesto de burla que consiste en hacer ruido expulsando con fuerza el aire por la boca.

trompetista s. m. y f. Persona que toca la trompeta.

trompicón s. m. Tropezón. || Porrazo. ● **A trompicones,** sin continuidad, con dificultades. <> FAM. trompicar.

trompiza s. f. *Amér. Merid.* Riña o pelea a puñetazos. <> FAM. TROMPA.

trompo s. m. Peonza. <> FAM. TROMPA.

trompudo, da adj. *Amér.* Dícese de la persona de labios prominentes. <> FAM. TROMPA.

tronado, da adj. Viejo y deteriorado por el uso. || *Fam.* Loco, ido. ◆ s. f. Tempestad con gran cantidad de truenos.

tronar v. impers. [1r]. Producirse o sonar truenos. ◆ v. intr. Producir, causar algo un ruido parecido al trueno. || *Fam.* Hablar o escribir violentamente contra alguien o algo. || *Méx. Fam.* Reprobar un curso un estudiante. || *Méx. Fam.* Romper relaciones una pareja, separarse. ● **Tronárselas** (*Méx.*), fumar marihuana. <> FAM. tronado, tronador, trueno. / atronar.

tronchante adj. Que produce risa, que hace reír.

tronchar v. tr. y pron. [1]. Partir el tronco, tallo o ramas de una planta, u otra cosa semejante. ◆ **troncharse** v. pron. *Fam.* Reírse mucho sin poder contenerse. || *Colomb.* Dislocarse un tobillo. <> FAM. tronchante, troncho. TRONCO.

troncho s. m. Tallo de las hortalizas. || *Colomb.* y *Nicar.* Porción, pedazo.

tronco s. m. Tallo principal de una planta arbórea. || Parte del cuerpo, sin la cabeza y las extremidades. || Ascendiente o línea de ascendientes común de dos ramas o familias. <> FAM. troncal. / entroncar, tronchar, truncar.

tronera s. f. Abertura en el costado de un buque o parapeto de una muralla para disparar. || Ventana muy pequeña y angosta. || Agujero abierto en la mesa de billar. <> FAM. TRUENO.

tronío s. m. *Fam.* Rumbo y ostentación en el gasto de dinero.

trono s. m. Asiento con gradas y dosel en el que se sientan los monarcas y otras personas de alta dignidad. || Dignidad de rey o soberano. <> FAM. destronar, entronizar.

tronzar v. tr. [1g]. Dividir, cortar en trozos. <> FAM. tronzador. TRUNCAR.

tropa s. f. Conjunto de soldados, cabos y sargentos. || Multitud o reunión de gran número de personas. || *Amér. Merid.* Recua de ganado. || *Argent.* y *Urug.* Manada de ganado que se lleva de un lugar a otro. ● pl. Conjunto de cuerpos que componen un ejército, división, etc. <> FAM: tropel, tropilla.

tropel s. m. Muchedumbre que se mueve con desorden y gran ruido. ‖ Conjunto revuelto y desordenado de cosas. <> FAM. atropellar. TROPA.

tropelía s. f. Atropello, acto violento o ilegal.

tropezar v. intr. [1e]. Topar en algún obstáculo al caminar, perdiendo el equilibrio. ‖ Encontrar un obstáculo o dificultad que impide avanzar. ● v. intr. y pron. Fam. Encontrar casualmente una persona a otra. <> FAM. tropezón, tropiezo.

tropezón s. m. Acción y efecto de tropezar. ‖ Tropiezo o equivocación. ‖ Fam. Pedazo pequeño de carne que se mezcla con la sopa o las legumbres.

tropical adj. Relativo a los trópicos: clima tropical. <> FAM. subtropical. TRÓPICO.

trópico s. m. Región situada entre los paralelos terrestres trópico de Cáncer y trópico de Capricornio. <> FAM. tropical.

tropiezo s. m. Tropezón, traspié. ‖ Estorbo o impedimento para realizar o lograr algo. ‖ Falta, equivocación. ‖ Contratiempo.

tropilla s. f. Argent. Yeguada guiada por una madrina. <> FAM. TROPA.

tropismo s. m. BIOL. Orientación de crecimiento de plantas y microorganismos en respuesta a determinados estímulos externos. <> FAM. fototropismo; heliotropismo.

tropo s. m. Figura retórica que consiste en usar una palabra en un significado no habitual, como la metáfora, la metonimia y la sinécdoque.

troposfera s. f. Primera capa de la atmósfera, en contacto con la superficie de la Tierra.

troquel s. m. Matriz o molde metálico empleado en las operaciones de acuñación o estampado. ‖ Instrumento para recortar con precisión. <> FAM. troquelar.

troquelar v. tr. [1]. Acuñar con un troquel. ‖ Recortar piezas de cuero, cartón, etc., con un troquel. <> FAM. troquelado. TROQUEL.

trotaconventos s. f. Fam. Alcahueta.

trotamundos adj. y s. m. y f. Fam. Aficionado a viajar y recorrer países.

trotar v. intr. [1]. Ir las caballerías al trote. <> FAM. trotador, trote. / trotaconventos, trotamundos.

trote s. m. Aire saltado, entre el paso y el galope, del caballo y otros cuadrúpedos. ‖ Ocupación, trabajo o actividad muy intensa. ● Al, o a, trote (Fam.), muy de prisa y sin descanso.

troupe s. f. Compañía ambulante de teatro o de circo.

trova s. f. Verso o poesía. ‖ Canción amorosa compuesta o cantada por los trovadores.

trovador s. m. Poeta lírico en lengua pro-

venzal de la Edad Media. ‖ En lenguaje poético, poeta. <> FAM. trova, trovadoresco, trovar.

troyano, na adj. y s. De Troya, antigua ciudad de Asia Menor.

trozo s. m. Parte o porción de una cosa separada del todo. <> FAM. trocear. / destrozar.

trucaje s. m. Acción y efecto de trucar. ‖ CINE y TV. Técnica para producir efectos ópticos, acústicos, etc., con apariencia de realidad.

trucar v. tr. [1a]. Disponer las cartas para hacer trampas en los juegos de naipes, o hacer trucos en el juego de billar. ‖ Falsificar, modificar por fraude. <> FAM. trucaje, truco. TROCAR.

trucha s. f. Pez de agua dulce con dos aletas dorsales, de carne muy apreciada. ‖ Amér. Central. Puesto o tenducho de mercería, generalmente portátil.

truco s. m. Ardid o artimaña para lograr un fin. ‖ Procedimiento para producir un efecto con apariencia de verdad. ‖ Argent. Juego de naipes, variedad del truque.

truculento, ta adj. Que exagera la crueldad o el dramatismo. <> FAM. truculencia.

trueno s. m. Ruido del rayo. ‖ Estallido, explosión. <> FAM. tronera. TRONAR.

trueque s. m. Cambio, acción y efecto de trocar. <> FAM. TROCAR.

trufa s. f. Hongo comestible muy apreciado, que crece bajo tierra en los bosques. ‖ Golosina en forma de bombón de chocolate. <> FAM. trufar.

trufar v. tr. [1]. Rellenar de trufas las aves o ponerlas en otros manjares.

truhán, na adj. y s. Granuja, bribón, sinvergüenza. ‖ Bufón. <> FAM. truhanear, truhanería, truhanesco.

trujal s. m. Prensa en que se estrujan uvas o se exprimen las aceitunas. ‖ Molino de aceite.

trujillano, na adj. y s. De Trujillo (Venezuela).

trujillense adj. y s. m. y f. Trujillano.

trumao s. m. Chile. Tierra arenisca muy fina procedente de rocas volcánicas.

truncar v. tr. [1a]. Cortar una parte de una cosa, especialmente su extremo. ‖ Dejar incompleto el sentido de lo que se escribe o lee. ‖ Impedir que algo se desarrolle completamente. <> FAM. truncamiento. / tronzar. TRONCO.

truque s. m. Juego de envite.

trusa s. f. Méx. y Perú. Calzoncillos. ‖ Perú. Bragas.

trust s. m. Combinación económica y financiera que reúne bajo un mismo control un grupo de empresas.

tse-tsé s. f. Mosca africana cuya picadura transmite la enfermedad del sueño.

tu adj. poses. Apócope de tuyo, que se usa antepuesto al sustantivo: tus amigos.

tú pron. pers. m. y f. sing. de 2.ª persona. Funciona como sujeto o como predicado nominal: *tú lo has dicho.* ◇ FAM. tutear, tuyo.

tuatuá s. f. *Cuba* y *P. Rico.* Planta ornamental de propiedades medicinales.

tuareg adj. y s. m. y f. De un pueblo sahariano o nómada establecido en el norte de África.

tuba s. f. Instrumento musical de viento, de cobre, de la familia de los bombardinos. ◇ FAM. TUBO.

tubérculo s. m. Porción engrosada de una planta, especialmente en un tallo subterráneo, como la patata, la chufa, etc. ‖ MED. Pequeño tumor redondeado del interior de los tejidos. ◇ FAM. tuberculosis, tuberculoso, tuberosidad.

tuberculosis s. f. Enfermedad infecciosa producida por el bacilo de Koch y caracterizada por la formación de tubérculos, principalmente en los pulmones.

tuberculoso, sa adj. Relativo al tubérculo o a la tuberculosis. ‖ De forma de tubérculo. ◆ adj. y s. Que padece tuberculosis.

tubería s. f. Conducto formado por tubos. ‖ Conjunto de tubos de una instalación.

tuberosidad s. f. MED. Tumor, tubérculo, hinchazón. ◇ FAM. tuberoso. TUBÉRCULO.

tubo s. m. Pieza cilíndrica, hueca y alargada que tiene diversas aplicaciones: *tubo de desagüe.* ‖ Recipiente alargado de forma cilíndrica hecho de una materia maleable: *tubo de pasta dentífrica.* ● **Mandar a alguien por un tubo** *(Méx. Fam.),* despedirlo de mala manera. ‖ **Pegar con un tubo** *(Méx. Fam.),* tener mucho éxito. ◇ FAM. tuba, tubería, tubular, túbulo. / entubar, intubar, tobera.

tubular adj. Relativo al tubo. ‖ En forma de tubo.

túbulo s. m. ANAT. Tubo pequeño, especialmente los del riñón y los testículos.

tucán s. m. Ave trepadora de América tropical, con el plumaje vivamente coloreado y pico voluminoso.

tuco[1] s. m. *Argent.* Insecto similar al cocuyo con una fosforescencia en el abdomen. ‖ *Perú.* Especie de búho.

tuco[2] s. m. *Argent., Chile* y *Urug.* Salsa de tomate cocida con cebolla, orégano, perejil, ají, etc., con la que se acompañan diversos platos, especialmente pastas.

tuco[3], ca adj. *Bol., Ecuad.* y *P. Rico.* Manco. ◆ s. m. *Amér. Central, Ecuad.* y *P. Rico.* Muñón.

tucumano, na adj. y s. De Tucumán (Argentina).

tucúquere s. m. *Chile.* Pájaro de gran tamaño, similar al búho.

tucuso s. m. *Venez.* Especie de colibrí.

tucutuco s. m. *Amér. Merid.* Mamífero insectívoro similar al topo, que vive en galerías subterráneas.

tuerca s. f. Pieza cuya superficie interna está labrada por un surco en espiral en el que se ajusta la rosca de un tornillo.

tuerto, ta adj. y s. Falto de un ojo o de la vista de un ojo. ◇ FAM. TORCER.

tuétano s. m. Médula, sustancia blanda contenida en los huesos. ● **Hasta los tuétanos** *(Fam.),* hasta lo más íntimo o profundo de algo.

tufarada s. f. Racha de olor fuerte que se percibe.

tufo[1] s. m. Emanación gaseosa que se desprende de las fermentaciones y de las combustiones imperfectas. ‖ Olor desagradable. ‖ *Fam.* Vanidad, orgullo. ◇ FAM. tufarada. / atufar.

tufo[2] s. m. Mechón de pelo que cae por delante de las orejas o frente a la frente.

tugurio s. m. Vivienda o habitación pequeña y miserable.

tul s. m. Tela delgada en forma de malla entrelazada, tejida con hilos muy finos de seda, algodón o lino.

tule s. m. *Méx.* Planta de tallos largos y erectos que crece a la orilla de los ríos y lagos, con cuyas hojas se hacen petates.

tulenco, ca adj. *Amér. Central.* Cojo, lisiado.

tuliu s. m. Metal del grupo de las tierras raras.

tulipa s. f. Tulipán pequeño. ‖ Pantalla de forma parecida a la de un tulipán, que se pone en algunas lámparas.

tulipán s. m. Planta de flores ornamentales, con seis pétalos de hermoso colorido. ● Flor de esta planta. ◇ FAM. tulipa.

tullido, da adj. y s. Paralítico o imposibilitado para mover el cuerpo o algún miembro. ◇ FAM. tullir.

tullir v. tr. [3h]. Dejar tullido. ◆ **tullirse** v. pron. Quedar tullido. ◇ FAM. tullimiento. TULLIDO, DA.

tulpa s. f. *Colomb., Ecuad.* y *Perú.* Cada una de las piedras que forman el fogón de las cocinas campesinas.

tumba[1] s. f. Sepulcro, sepultura.

tumba[2] s. f. Tumbo, sacudida violenta. ‖ *Antill.* y *Colomb.* Operación de cortar o talar un monte o bosque.

tumbado s. m. *Colomb.* y *Ecuad.* En las habitaciones, cielo raso.

tumbar v. tr. [1]. Derribar, hacer caer a alguien o algo. ‖ *Fam.* Dejar sin sentido. ◆ **tumbarse** v. pron. Acostarse, tenderse. ◇ FAM. tumba[2], tumbo, tumbona.

tumbo s. m. Sacudida o vaivén violento.

tumbona s. f. Silla extensible y articulada que sirve para estar tumbado o recostado.

tumefacción s. f. MED. Hinchazón de alguna parte del cuerpo.

tumefacto, ta adj. Hinchado. ◇ FAM. tumefacción. TUMOR.

tumescencia s. f. MED. Tumefacción, hinchazón. ◇ FAM. tumescente. TUMOR.

túmido, da adj. MED. Hinchado.

tumor s. m. Aumento patológico del volumen de los tejidos o de un órgano, debido a una proliferación anormal celular.

◇ FAM. tumefacto, tumescencia, túmido, tumoración, tumoral, tumoroso.

tumoración s. f. Inflamación causada por un tumor.

túmulo s. m. Sepulcro levantado sobre el suelo. ‖ Armazón sobre el que se coloca el ataúd y que se erige para la celebración de las exequias de un difunto.

tumulto s. m. Alboroto o desorden de una multitud. ‖ Agitación ruidosa y desordenada. ◇ FAM. tumultuario, tumultuoso.

tumultuoso, sa o **tumultuario, ria** adj. Que causa o promueve tumultos. ‖ Desordenado, confuso, alborotado.

tuna¹ s. f. Fruto del nopal, de color verde, morado o amarillo, de pulpa jugosa y cáscara gruesa cubierta de espinas. ◇ FAM. tunal.

tuna² s. f. Vida holgazana y vagabunda. ‖ Estudiantina. ◇ FAM. tunante, tuno.

tunante, ta adj. y s. Granuja, pícaro. ◇ FAM. tunantería. TUNA².

tunco, ca adj. *Guat., Hond.* y *Méx.* Dícese de la persona manca o lisiada. ◆ s. m. *Hond.* y *Méx.* Cerdo, puerco.

tunda s. f. *Fam.* Paliza, azotaina. ‖ *Fam.* Esfuerzo que produce agotamiento.

tundir¹ v. tr. [3]. Cortar o igualar el pelo de los paños y pieles. ◇ FAM. tundición, tundido, tundidor, tundidura.

tundir² v. tr. [3]. *Fam.* Golpear o azotar a alguien. ‖ *Fam.* Agotar el cansancio o esfuerzo. ◇ FAM. tunda. / contundir.

tundra s. f. GEOGR. Formación vegetal que comprende musgos, líquenes y algunos árboles enanos, propia de climas fríos.

tunecí adj. y s. m. y f. Tunecino.

tunecino, na adj. y s. De Túnez o de Tunicia.

túnel s. m. Galería subterránea que se abre para dar paso a una vía de comunicación.

tungsteno s. m. Volframio.

túnica s. f. Vestidura en forma de camisa, larga, amplia y sin mangas. ‖ Vestido más o menos holgado y largo.

tunjano, na adj. y s. De Tunja (Colombia).

tuno, na adj. y s. Tunante, pícaro. ◆ s. m. Estudiante que forma parte de una tuna².

tuntún. Al tuntún (*Fam.*), a la ligera, sin reflexión.

tuntunita s. f. *Colomb.* Repetición molesta y fastidiosa.

tupé s. m. Mechón o rizo de cabello sobre la frente. ‖ *Fam.* Atrevimiento, descaro.

tupí adj. y s. m. y f. Tupí-guaraní.

tupición s. f. *Amér. Central* y *Amér. Merid.* Confusión, turbación.

tupido, da adj. Dícese del conjunto de cosas, elementos, etc., muy apretados entre sí. ‖ *Argent., Méx.* y *Urug.* Abundante, copioso. ◇ FAM. tupidez. TUPIR.

tupí-guaraní adj. y s. m. y f. De un pueblo amerindio que comprende diversas tri-

bus extendidas a lo largo de la costa atlántica y de la cuenca del Amazonas. ◆ s. m. Familia de lenguas amerindias de América del Sur.

tupir v. tr. y pron. [3]. Hacer o poner algo más tupido o espeso. ◇ FAM. tupición, tupido.

turba¹ s. f. Carbón fósil que se forma en las turberas por descomposición parcial de materias vegetales. ◇ FAM. turbera.

turba² s. f. Muchedumbre de gente incontrolada. ◇ FAM. TURBAR.

turbante s. m. Tocado que consiste en una larga tira de tela que se arrolla a la cabeza.

turbar v. tr. y pron. [1]. Alterar, perturbar el orden o estado natural de algo. ‖ Alterar el ánimo causando rubor. ‖ Interrumpir de manera molesta o violenta. ◇ FAM. turba², turbación, turbador, turbamiento. / conturbar, estorbar, perturbar, turbulento.

turbera s. f. Yacimiento de turba.

túrbido, da adj. Turbio.

turbina s. f. Máquina motriz compuesta de una rueda móvil sobre la que se aplica la energía de un fluido propulsor. ◇ FAM. TURBO.

turbinto s. m. *Amér. Merid.* Árbol con cuyas bayas se elabora una bebida.

turbio, bia adj. Sucio o revuelto con algo que quita la transparencia natural. ‖ *Fam.* Confuso, deshonesto: *un negocio turbio.* ◇ FAM. turbiedad, turbieza. / enturbiar, túrbido.

turbión s. m. Aguacero impetuoso, con viento y de poca duración.

turbo s. m. Apócope de *turbocompresor.* ◆ adj. y s. m. Dícese del motor sobrealimentado por un turbocompresor. ◇ FAM. turbina. TURBOCOMPRESOR.

turbo- pref. Significa 'turbina': *turbocompresor.*

turboalternador s. m. Grupo generador de electricidad, compuesto de una turbina y un alternador.

turbocompresor s. m. Compresor accionado por una turbina. ◇ FAM. turbo. COMPRESOR, RA.

turbogenerador s. m. Generador eléctrico accionado por una turbina de vapor o de gas.

turbohélice s. m. Turbopropulsor.

turbomotor s. m. Órgano de propulsión cuyo elemento esencial es una turbina de gas.

turbopropulsor s. m. Propulsor aeronáutico compuesto de una turbina de gas que acciona una o varias hélices. ◇ FAM. PROPULSAR.

turborreactor s. m. Turbina de gas utilizada en aeronáutica y que funciona por reacción directa en la atmósfera.

turbulencia s. f. Calidad de turbio o turbulento. ‖ Confusión, alboroto. ‖ Agitación desordenada de un fluido.

turbulento, ta adj. Agitado, alborotado.

Que promueve alborotos, disturbios. ‖ Dícese del movimiento de un fluido que presenta turbulencias. <> FAM. turbulencia. TURBAR.

turco, ca adj. y s. De Turquía. ‖ De un pueblo procedente del Turkestán, que se estableció en Asia Menor y en la parte oriental de Europa. ‖ *Amér.* Dícese de la persona de origen árabe, sirio o turco, residente en el país. ◆ s. m. Lengua hablada en Turquía.

turgente adj. Hinchado, abultado. <> FAM. turgencia.

turismo s. m. Práctica de viajar por placer. <> FAM. turista, turístico. TOUR.

turma s. f. Testículo. ‖ *Colomb.* Variedad del ñame o de la papa.

turmalina s. f. Mineral silicato de aluminio, de coloración variada, que forma prismas alargados.

túrmix s. f. *Fam.* Batidora eléctrica.

turnar v. intr. y pron. [1]. Alternar o establecer un turno con otras personas en la realización de algo. ◆ v. tr. *Méx.* Remitir un expediente o asunto, un funcionario a otro. <> FAM. turno. TORNAR.

turno s. m. Orden por el que se suceden unas a otras las personas que se turnan. ‖ Momento en el que corresponde actuar a cada uno.

turolense adj. y s. m. y f. De Teruel (España).

turón s. m. Mamífero carnívoro, de piel de color pardo oscuro, que al ser atacado segrega un líquido hediondo.

turquesa s. f. Mineral formado por un fosfato de alúmina, que constituye una piedra preciosa de color azul verdoso. ◆ adj. y s. m. Dícese del color azul verdoso.

turrón s. m. Masa de almendras, piñones, avellanas o nueces, tostadas y mezcladas con miel o azúcar. <> FAM. turronería, turronero.

turulato, ta adj. *Fam.* Estupefacto, alelado.

tusa s. f. *Amér. Central* y *Amér. Merid.* Gente insignificante o despreciable. ‖ *Amér. Central* y *Cuba.* Mujer despreciable. ‖ *Argent.* y *Chile.* Crin del caballo. ‖ *Argent.* y *Chile.* Acción de tusar. ‖ *Bol.*, *Colomb.* y *Venez.* Mazorca de maíz desgranada. ‖ *Chile.* Barbas de la mazorca de

maíz. ‖ *Colomb.* Marca de viruela. ‖ *Cuba.* Cigarrillo que se lía con hojas de maíz. ‖ *Cuba.* Mazorca de maíz.

tusar v. tr. [1]. *Amér.* Trasquilar. ‖ *Argent.* Cortar las crines al caballo. <> FAM. tusa. TUSO, SA.

tuso, sa adj. *Colomb.* y *P. Rico.* Se dice de la persona que tiene el pelo cortado al ras. ‖ *Colomb.* y *Venez.* Dícese de la persona que está picada de viruelas. ‖ *P. Rico.* Dícese del animal que carece de rabo o que lo tiene corto. <> FAM. tusar.

tute s. m. Juego de naipes que se juega con baraja española y cuyo objetivo es llegar a reunir los cuatro reyes o los cuatro caballos de la baraja. ● **Dar un tute** a algo (*Fam.*), usarlo mucho. ‖ **Darse un tute** (*Fam.*), hacer un gran esfuerzo.

tutear v. tr. y pron. [1]. Tratar a una persona empleando el pronombre *tú* en vez de *usted*. <> FAM. tuteo. TÚ.

tutela s. f. Autoridad y cargo de tutor. ‖ Amparo, protección. <> FAM. tutelar[1], tutelar[2]. TUTOR, RA.

tutelar[1] v. tr. [1]. Ejercer una tutela sobre alguien. <> FAM. tutelaje. TUTELA.

tutelar[2] adj. Relativo a la tutela.

tutor, ra s. Persona que representa al menor o incapacitado en los actos civiles. ‖ Profesor encargado de orientar a los alumnos. <> FAM. tutela, tutoría.

tutoría s. f. Cargo y función de tutor.

tuttifrutti o **tutti frutti** s. m. Helado de frutas variadas.

tutú s. m. Vestido típico de bailarina de ballet, consistente en un corpiño ajustado y una falda generalmente de tul.

tutuma s. f. *Amér. Merid.* Recipiente hecho con una calabaza. ‖ *Chile.* Chichón, bulto.

tuya s. f. Planta originaria de Asia o América, cultivada en parques por su follaje ornamental.

tuyo, ya adj. y pron. poses. de 2.ª persona del sing. Establece relación de posesión o pertenencia: *tengo unos libros tuyos*. <> FAM. tu. TÚ.

tuza s. f. *Méx.* Pequeño roedor similar al topo.

tweed s. m. Tejido escocés de lana virgen, fuerte e impermeable.

twist s. m. Baile con balanceo rítmico y torsiones del cuerpo, que se impuso a principios de los años sesenta.

u

u¹ s. f. Vigésima segunda letra del alfabeto español y quinta de sus vocales; representa un sonido posterior, cerrado y sonoro.

u² conj. disyunt. Se emplea en vez de *o* ante palabras que empiezan por *o* o por *ho: uno u otro*.

ubajay s. m. *Argent*. Planta arbórea de fruto comestible. ‖ *Argent*. Fruto de esta planta.

ubérrimo, ma adj. Muy abundante y fértil. ◇ FAM. UBRE.

ubicar v. intr. y pron. [1a]. Estar o encontrarse en determinado lugar o espacio. ◆ v. tr. *Amér*. Situar o instalar en determinado espacio o lugar. ◇ FAM. ubicación, ubicuo.

ubicuo, cua adj. Que está o puede estar en todas partes. ‖ Dícese de la persona muy activa. ◇ FAM. ubicuidad. UBICAR.

ubre s. f. Glándula mamaria. ◇ FAM. ubérrimo.

ucraniano, na adj. y s. De Ucrania. ◆ s. m. Lengua hablada en Ucrania.

¡uf! interj. Expresa cansancio, fastidio, etc.: *¡uf! ¡qué calor!*

ufano, na adj. Engreído. ‖ Satisfecho, alegre. ◇ FAM. ufanarse, ufanía.

ufología s. f. Ciencia que estudia los ovnis. ◇ FAM. ufólogo.

ujier s. m. Portero de un palacio. ‖ Empleado subalterno de algunos tribunales.

¡újule! interj. *Méx. Fam.* ¡Vaya! ‖ *Méx.* ¡Huy!

ukelele s. m. Instrumento musical parecido a una guitarra pequeña.

úlcera s. f. Lesión en la piel de difícil cicatrización. ◇ FAM. ulcerar, ulcerativo, ulceroso.

ulcoate s. m. *Méx.* Víbora venenosa negra, de pecho amarillo.

uliginoso, sa adj. BOT. Que crece o vive en lugares húmedos.

ulpo s. m. *Chile* y *Perú*. Especie de mazamorra hecha con harina tostada y agua.

ulterior adj. Que se dice, sucede o se hace después de otra cosa.

ultimadamente adv. *Méx. Fam.* Finalmente, a todo esto.

últimamente adv. t. Hace poco, en el pasado más reciente.

ultimar v. tr. [1]. Terminar algo. ‖ *Amér*. Matar, rematar. ◇ FAM. ultimación, ultimadamente, ultimador. ÚLTIMO, MA.

ultimátum s. m. Resolución o determinación definitiva.

último, ma adj. Que está después que todos los demás en el espacio o en el tiempo. ‖ Decisivo, definitivo, exclusivo. ◇ FAM. últimamente, ultimar, ultimátum. / penúltimo, ulterior.

ultra adj. Relativo a la política extremista. ◆ s. m. y f. Persona que tiene ideas políticas extremistas.

ultra- pref. Significa más allá: *ultratumba*. ‖ Significa muy, en exceso: *ultraligero*.

ultracorrección s. f. LING. Fenómeno por el que se deforma una palabra por considerarla equivocadamente incorrecta.

ultraísmo s. m. Movimiento poético español de la segunda década del s. XX. ◇ FAM. ultraísta.

ultrajar v. tr. [1]. Cometer ultraje. ◇ FAM. ultrajador, ultrajante. ULTRAJE.

ultraje s. m. Injuria, ofensa de palabra o de obra. ◇ FAM. ultrajar, ultrajoso.

ultraligero s. m. Pequeño avión hecho con materiales ligeros.

ultramar s. m. País o territorio situado al otro lado del mar. ◇ FAM. ultramarino. MAR.

ultramarino, na adj. Que está del otro lado del mar. ◆ s. m. pl. Conjunto de víveres que se venden en una tienda de comestibles. ‖ Esta tienda.

ultramontano, na adj. Que está más allá o de la otra parte de los montes.

ultranza. A ultranza, firme, a todo trance.

ultrarrojo, ja adj. Infrarrojo.

ultrasonido s. m. Onda sonora de elevada frecuencia, no audible por el oído humano. ◇ FAM. ultrasónico. SONIDO.

ultravioleta adj. y s. m. FÍS. Dícese de las radiaciones situadas en el espectro luminoso más allá del violeta.

ulular v. intr. [1]. Dar aullidos o alaridos. ◇ FAM. AULLAR.

umbela s. f. BOT. Inflorescencia en forma de parasol. ◇ FAM. umbelífero.

umbelífero, ra adj. y s. f. Relativo a una familia de plantas con flores dispuestas en umbelas, como la zanahoria y el apio.

umbilical adj. Relativo al ombligo. ◇ FAM. umbilicado. OMBLIGO.

umbral s. m. Pieza o escalón que forma la parte inferior de una puerta. ‖ Comienzo, principio. ‖ Límite.

umbrela s. f. ZOOL. Órgano de la medusa en forma de campana.

umbría s. f. Lugar que está siempre en sombra.

umbrío, a adj. Dícese del lugar donde da poco el sol. ◇ FAM. umbría, umbroso. / penumbra. SOMBRA.

un, una art. indet. Sirve para indicar una persona o cosa de un modo indeterminado: *llevaba unos zapatos amarillos*. || Introduce una expresión temporal indeterminada: *un día me darás la razón*. ◆ adj. Apócope de *uno*, número.

unánime adj. Que tiene o expresa un mismo parecer, opinión o sentimiento. ◇ FAM. unanimidad. ÁNIMO.

unanimidad s. f. Calidad de unánime.

unción s. f. Acción y efecto de ungir. || Extremaunción. ◇ FAM. extremaunción. UNGIR.

uncir v. tr. [3a]. Atar al yugo un animal. ◇ FAM. desuncir.

undécimo, ma adj. num. ord. y s. Que corresponde en orden al número once. ◆ adj. num. part. y s. m. Dícese de cada una de las once partes iguales en que se divide un todo.

underground adj. Dícese de las manifestaciones artísticas realizadas fuera de los circuitos comerciales ordinarios.

ungir v. tr. [3b]. Extender superficialmente sobre algo grasa, aceite, etc. || Signar con óleo sagrado. ◇ FAM. unción, ungimiento, ungüento. UNTAR.

ungüento s. m. Cualquier sustancia que sirve para ungir o untar, especialmente con fines curativos.

unguiculado, da adj. y s. m. Dícese de los mamíferos cuyos dedos terminan en uñas. ◇ FAM. UÑA.

ungulado, da adj. Dícese de los mamíferos cuyos dedos terminan en cascos o pezuñas. ◇ FAM. UÑA.

uni- pref. Significa 'uno': *unicameral*.

unicameral adj. Dícese del órgano legislativo de un estado que sólo tiene una cámara. ◇ FAM. CÁMARA.

unicelular adj. BIOL. Formado por una sola célula.

unicidad s. f. Calidad de único.

único, ca adj. Solo y sin otro de su especie. || Singular, excepcional. ◇ FAM. únicamente, unicidad. UNO, UNA.

unicornio s. m. Animal fabuloso, con cuerpo de caballo y un cuerno recto en mitad de la frente. ◇ FAM. CUERNO.

unidad s. f. Cada una de las cosas diferenciadas que se encuentran en un conjunto. || Conjunto de varias partes homogéneas o estrictamente unidas que forman un todo indivisible. || Convergencia de pensamientos y sentimientos. || Magnitud tomada como término de comparación al medir otra magnitud de la misma especie. ◇ FAM. unitario. UNO, UNA.

unificar v. tr. y pron. [1a]. Reunir varias cosas o personas para crear un todo homogéneo. ◇ FAM. unificación, unificador. / reunificar. UNO, UNA.

uniformar v. tr. y pron. [1]. Hacer uniforme. ◆ v. tr. Hacer que alguien lleve uniforme. ◇ FAM. uniformador, uniforme. FORMAR.

uniforme adj. Dícese de dos o más cosas que tienen la misma forma. ◆ s. m. Vestido distintivo de un cuerpo, colegio, etc. ◇ FAM. uniformemente, uniformidad, uniformizar. UNIFORMAR.

uniformizar v. tr. [1g]. Hacer que varias personas o cosas formen un conjunto uniforme.

unigénito, ta adj. Dícese del hijo único.

unilateral adj. Relativo a una sola parte o aspecto de una cuestión.

unión s. f. Acción y efecto de unir. || Alianza, asociación. ◇ FAM. UNIR.

uníparo, ra adj. BOT. Que produce un solo cuerpo, miembro, flor, etc. || ZOOL. Dícese de las especies de mamíferos que sólo tienen una cría en cada camada.

unipersonal adj. Que consta de una sola persona. || Que corresponde o pertenece a una sola persona.

unir v. tr. y pron [3]. Hacer que dos o más personas o cosas queden juntas, comunicadas, formando una unidad, realizando una misma actividad, etc. ◇ FAM. unible, unidor, unión, unitivo. / desunir, reunir. UNO, UNA.

unisex adj. Apto para hombres y mujeres.

unisexual adj. Dícese de las especies en las que cada individuo presenta un sólo sexo. ◇ FAM. unisex. SEXUAL.

unísono, na adj. Que tiene el mismo sonido o tono que otra cosa. ● **Al unísono**, que suena al mismo tiempo. ◇ FAM. unisonancia, unisonar. SON.

unitario, ria adj. Que tiende a la unidad o la conserva. || Compuesto por una sola unidad. ◇ FAM. UNIDAD.

universal adj. Relativo al universo. || Que se refiere o es común a todo el mundo, todas las épocas o todos los hombres. ◇ FAM. universalidad, universalizar, universalmente. UNIVERSO.

universalizar v. tr. [1g]. Generalizar, hacer universal.

universidad s. f. Institución y edificio donde se imparte la enseñanza superior. ◇ FAM. universitario. UNIVERSO.

universitario, ria adj. Relativo a la universidad. ◆ adj. y s. Que profesa, realiza o ha realizado estudios en la universidad.

universo s. m. Mundo, conjunto de todo lo que existe. ◇ FAM. universal, universidad.

univitelino, na adj. BIOL. Dícese de los gemelos originados a partir de un mismo óvulo.

unívoco, ca adj. Que sólo tiene un significado. || Que tiene igual naturaleza o

valor que otra cosa. ◇ FAM. unívoca-
mente, univocidad.

uno, una adj. Indica el número que da
inicio a la serie natural de los números. ‖
Único. ‖ Antepuesto a un número cardinal, significa poco más o menos: *vinieron
unos veinte.* ‖ Idéntico. ➡ adj. num. ord.
y s. m. Primero: *página uno.* ➡ pron. indef. Indica una persona indeterminada.
➡ s. m. Signo con que se expresa la unidad. ● **A una**, a un tiempo, juntamente. ‖
No dar, acertar, tocar, etc., **una** *(Fam.)*,
estar poco acertado en la resolución de
algo. ‖ **Una de dos**, contrapone en disyuntiva dos cosas o ideas. ◇ FAM. un, único,
unidad, unificar, unir. / aunar.

untado, da adj. *Argent.* y *Chile.* Ebrio.

untar v. tr. [1]. Cubrir con materia grasa
una superficie. ‖ Mojar algo con una sustancia grasa. ‖ Sobornar con dádivas.
➡ v. tr. y pron. Mancharse con una materia
untuosa o sucia. ◇ FAM. untador, unta-
dura, untamiento, unto. / ungir.

unto s. m. Materia grasa que se emplea
para untar o engrasar. ‖ Ungüento. ‖ *Chile.*
Betún para limpiar el calzado. ◇ FAM. untuoso. UNTAR.

untuoso, sa adj. Craso, pegajoso. ‖ Empalagoso. ◇ FAM. untuosidad. UNTO.

uña s. f. Lámina córnea que nace y crece
en las extremidades de los dedos. ‖ Pezuña. ‖ Muesca hecha en algunos objetos para utilizarla aplicando el dedo.
● **De uñas**, muy enfadado. ‖ **No tener uñas
para guitarrero** *(Argent., Par.* y *Urug.
Fam.)*, carecer de cualidades para hacer
una cosa. ‖ **Rascarse con sus propias uñas**
(Méx.), valerse por sí mismo. ‖ **Ser uña y
carne,** o **carne y uña** *(Fam.)*, estar muy
avenidas dos o más personas. ◇ FAM.
uñero. / cortaúñas, pezuña, unguiculado,
ungulado.

uñero s. m. Inflamación en la raíz de la
uña. ‖ Daño producido por una uña
cuando crece introduciéndose en la
carne.

¡upa! interj. Se emplea para animar a hacer un esfuerzo. ◇ FAM. aupar.

¡upe! interj. *C. Rica.* Se utiliza para llamar
a los moradores de una casa, cuando se
entra en ella.

uperisación o **uperización** s. f. Procedimiento de esterilización de la leche consistente en mantenerla a alta temperatura
durante menos de un segundo. ◇ FAM.
uperisar, uperizar.

ura s. f. *Argent.* Larva que excava bajo la
piel originando grandes molestias.

uralita s. f. Nombre comercial de una
mezcla de cemento y amianto, utilizada
en la construcción.

uranio s. m. Metal radiactivo duro y muy
denso.

uranografía s. f. Cosmografía. ◇ FAM.
uranógrafo.

urbanidad s. f. Comportamiento con el

que se demuestra buena educación en
el trato social. ◇ FAM. URBE.

urbanismo s. m. Ciencia que se refiere a
la construcción y ordenación de aglome-
raciones, ciudades y pueblos. ◇ FAM. ur-
banista.

urbanización s. f. Acción y efecto de urbanizar. ‖ Terreno en que se establece un
núcleo residencial urbanizado.

urbanizar v. tr. [1g]. Acondicionar un terreno para desarrollar o crear una aglomeración urbana. ◇ FAM. urbanización,
urbanizador. URBANO, NA.

urbano, na adj. Relativo a la ciudad.
◇ FAM. urbanismo, urbanístico, urbanizar.
URBE.

urbe s. f. Ciudad importante y grande.
◇ FAM. urbanidad, urbano. / conurbación,
suburbio.

urdimbre s. f. Conjunto de los hilos paralelos, regularmente espaciados y dispuestos en sentido longitudinal para pasar
la trama en las piezas de tela.

urdir v. tr. [3]. Preparar los hilos de la
urdimbre. ‖ Maquinar algo contra alguien.
◇ FAM. urdidor, urdidura, urdimbre.

urea s. f. Sustancia que se halla en la
orina. ◇ FAM. uremia, uréter, uretra,
úrico.

uremia s. f. Enfermedad producida por la
presencia y acumulación de urea en
la sangre. ◇ FAM. urémico. UREA.

uréter s. m. Cada uno de los dos conductos que transportan la orina desde los riñones hasta la vejiga.

uretra s. f. Conducto por donde se expele
la orina. ◇ FAM. urético, uretral. UREA.

urgencia s. f. Calidad de urgente. ‖ Falta,
necesidad apremiante de algo.

urgente adj. Que urge. ‖ Que se cursa
con más rapidez que lo ordinario. ◇ FAM.
urgencia, urgentemente. URGIR.

urgir v. intr. [3b]. Apremiar, acuciar.
◇ FAM. urgente.

úrico, ca adj. Relativo a la orina. ‖ Dícese
del ácido incoloro y poco soluble que se
halla en la orina. ◇ FAM. urología. UREA.

urinario, ria adj. Relativo a la orina.
➡ s. m. Local público dispuesto para orinar. ◇ FAM. ORINA.

urna s. f. Vasija utilizada especialmente
para guardar las cenizas de los muertos. ‖
Caja de cristal para guardar objetos de
modo que queden visibles pero protegidos. ‖ Caja que sirve para depositar las pa-
peletas en las votaciones.

urogallo s. m. Ave gallinácea que vive en
los bosques de Europa.

urología s. f. Estudio de las enfermedades
de las vías urinarias. ◇ FAM. urológico,
urólogo. ÚRICO, CA.

urpila s. f. *Argent., Bol.* y *Ecuad.* Especie
de paloma pequeña.

urque s. m. *Chile.* Patata de mala calidad.

urraca s. f. Ave con el plumaje negro y
blanco y larga cola, de gran tamaño, pa-

recida al cuervo. || *Amér.* Ave con el dorso de color pardo y vientre blancuzco, que suele vivir en parques y jardines.

urticaria s. f. Erupción cutánea caracterizada por la aparición de granos o manchas y gran escozor. ◇ FAM. ORTIGA.

urú s. m. *Argent.* Nombre de diversas aves propias de zonas selváticas, de coloración pardusca y hábitos terrestres.

urucú s. m. *Argent.* Árbol de poca altura, flores rojas y fruto oval.

uruguayo, ya adj. y s. De Uruguay.

urunday o **urundey** s. m. Árbol de América Meridional, de madera resinosa de color rojo, apreciada en carpintería.

úrutaú s. m. *Argent., Par.* y *Urug.* Ave nocturna similar a la lechuza.

usado, da adj. Deslucido o desgastado por el uso.

usanza s. f. Uso, costumbre, moda.

usapuca s. f. *Argent.* Garrapata.

usar v. tr. [1]. Hacer o llevar algo por costumbre. ◆ v. tr. e intr. Utilizar, valerse de una cosa. ◆ v. intr. y pron. Llevarse, estar de moda. ◇ FAM. usado. USO.

usía s. m. y f. Vuestra señoría.

usina s. f. *Argent., Bol., Chile, Colomb.* y *Urug.* Instalación industrial, particularmente la destinada a producir gas, energía eléctrica, etc. ● **Usina de rumores** *(Argent.),* medio que genera informaciones no confirmadas y tendenciosas.

uslero s. m. *Chile.* Palo cilíndrico de madera que se utiliza en la cocina para extender la masa.

uso s. m. Acción y efecto de usar. || Capacidad para usar algo. || Modo de emplear algo. || Costumbre, moda. ◇ FAM. usanza, usar, usual, usuario, usufructo. / abuso, desuso, inusitado, multiuso.

usted pron. pers. m. y f. de 2.ª pers. Se emplea como tratamiento de respeto y se usa con el verbo y formas pronominales en 3.ª persona. ◆ pl. En zonas de Andalucía, Canarias y América, equivale a *vosotros.*

usual adj. De uso frecuente, común o fácil. ◇ FAM. inusual. USO.

usuario, ria adj. y s. Que usa normal u ordinariamente alguna cosa. || DER. Dícese de la persona que tiene derecho de usar de una cosa ajena con cierta limitación.

usufructo s. m. Derecho de uso de un bien de otro, comprendiendo el derecho de percibir los beneficios o intereses. || Utilidad, fruto o provecho que se saca de alguna cosa. ◇ FAM. usufructuar, usufructuario. USO.

usufructuario, ria adj. y s. Que posee y disfruta de algo, especialmente de un usufructo.

usupuca s. f. *Argent.* Usapuca*.

usura s. f. Infracción que se comete al prestar dinero a un interés excesivo. ◇ FAM. usurar, usurario, usurero.

usurero, ra s. Persona que presta con usura.

usurpar v. tr. [1]. Apoderarse injustamente de lo que pertenece a otro. ◇ FAM. usurpación, usurpador.

usuta s. f. *Argent., Bol.* y *Perú.* Sandalia de cuero o fibra vegetal usada por los campesinos.

uta s. f. *Perú.* Enfermedad de úlceras faciales, muy común en las quebradas hondas de Perú.

utensilio s. m. Objeto usado para trabajos manuales, labores domésticas o en algún arte u oficio. ◇ FAM. ÚTIL[1].

uterino, na adj. ANAT. Relativo al útero. ◇ FAM. intrauterino. ÚTERO.

útero s. m. Órgano de la gestación en la mujer y en las hembras de los mamíferos. ◇ FAM. uterino.

útil[1] adj. Que produce provecho, comodidad, etc., material e inmaterial. || Que sirve para algo. ◇ FAM. utensilio, utilidad, utilitario, utilitarismo, utilizar. / inútil.

útil[2] s. m. Utensilio. ◆ s. m. pl. *Chile* y *Méx.* Conjunto de libros, lápices, etc., que usan los escolares. ◇ FAM. utillaje.

utilidad s. f. Calidad de útil[1]. || Provecho o interés que se saca de una cosa.

utilitario, ria adj. Que antepone la utilidad a todo. ◆ adj. y s. m. Dícese del vehículo automóvil pequeño, funcional y de bajo consumo.

utilitarismo s. m. Sistema moral que hace de la utilidad el principio y norma de toda acción.

utilizar v. tr. y pron. [1g]. Valerse de alguien o algo de forma útil[1]. ◇ FAM. utilizable, utilización. ÚTIL[1].

utillaje s. m. Conjunto de útiles necesarios para una actividad.

uto-azteca s. m. Familia de lenguas amerindias de América del Norte y América Central.

utopía s. f. Sistema o proyecto irrealizable. ◇ FAM. utópico, utopista.

utrero, ra s. Novillo o ternera de dos a tres años.

uva s. f. Fruto comestible de la vid, redondeado y jugoso, que nace apiñado con otros formando racimos. ● **Uva de playa,** fruto del uvero, de color morado y del tamaño de una cereza grande. ● **Estar de mala uva** *(Fam.),* estar de mal humor. || **Tener mala uva** *(Fam.),* tener mal carácter o mala intención. ◇ FAM. uvero.

uve s. f. Nombre de la letra *v.* ● **Uve doble,** nombre de la letra *w.*

uvero s. m. *Amér. Central.* Árbol cuyo fruto es la uva de playa. ◇ FAM. UVA.

úvula s. f. ANAT. Campanilla. ◇ FAM. uvular.

uxoricidio s. m. Delito que comete el que mata a su mujer. ◇ FAM. uxoricida.

¡uy! interj. Expresa dolor, sorpresa o agrado.

uzbeko, ka adj. y s. De Uzbekistán.

v

v s. f. Vigésima tercera letra del alfabeto español y decimoctava de sus consonantes; representa el mismo sonido que la *b*.

vaca s. f. Hembra adulta del toro. ‖ *Ecuad.* Pulpa de coco. ⬦ FAM. vacada, vacaraí, vacaray, vacuna, vacuno, vaquear, vaquería, vaquero, vaquilla.

vacación s. f. Suspensión temporal del trabajo o estudios por descanso, y tiempo que dura. ⬦ FAM. vacacional. VACAR.

vacada s. f. Hato de ganado vacuno.

vacante adj. y s. m. y f. Dícese del espacio desocupado, vacío. ◆ adj. y s. f. Dícese del cargo, empleo, dignidad o plaza que está sin proveer.

vacar v. intr. [1a]. Cesar temporalmente en el negocio, trabajo o estudios habituales. ‖ Quedar vacante un empleo. ⬦ FAM. vacación, vacante, vacuo. / vagar².

vacaraí s. m. *Argent.* y *Par.* Ternero nonato, extraído del vientre de su madre al tiempo de matarla.

vacaray s. m. *Argent.* y *Urug.* Vacaraí*.

vaciado¹ s. m. Acción de vaciar en un molde. ‖ Figura formada en molde.

vaciado², **da** adj. *Méx. Fam.* Gracioso, simpático.

vaciar v. tr. y pron. [1t]. Dejar algo vacío. ‖ Sacar o verter el contenido de algo. ◆ v. tr. Formar un hueco en alguna cosa. ‖ Formar un objeto en un molde hueco. ◆ v. intr. Desaguar. ⬦ FAM. vaciado¹, vaciador, vaciamiento. VACÍO, A.

vaciedad s. f. Necedad, sandez, tontería. ⬦ FAM. VACÍO, A.

vacilación s. f. Acción y efecto de vacilar. ‖ Duda.

vacilar v. intr. [1]. Moverse una cosa de un lado a otro por falta de estabilidad. ‖ Estar poco firme. ‖ Dudar. ‖ *Amér. Central* y *Méx.* Divertirse, estar de juerga. ⬦ FAM. vacilación, vacilante, vacile, vacilón.

vacile s. m. *Vulg.* Guasa, tomadura de pelo. ‖ *Méx.* Diversión.

vacilón, **na** adj. y s. *Vulg.* Burlón. ◆ adj. Llamativo. ◆ s. m. *Amér. Central* y *Méx.* Juerga, fiesta, diversión. ‖ *Amér. Central, Méx.* y *Venez.* Juerguista.

vacío, **a** adj. Desocupado, que no contiene nada. ‖ Sin gente. ‖ Vano. ◆ s. m. Espacio en el que no existe ninguna materia. ‖ Abismo, precipicio. ◆ **Hacer el vacío** a alguien, aislarle. ⬦ FAM. vaciar, vaciedad.

vacuidad s. f. Calidad de vacuo.

vacuna s. f. Virus u otra sustancia biológica que se inocula a un individuo o animal para inmunizarlo contra una enfermedad. ⬦ FAM. vacunar. / autovacuna. VACA.

vacunar v. tr. y pron. [1]. Inocular una vacuna. ⬦ FAM. vacunación, vacunador. VACUNA.

vacuno, **na** adj. Bovino.

vacuo, **cua** adj. Vacío, insustancial, falto de contenido. ⬦ FAM. vacuidad. / evacuar. VACAR.

vacuola s. f. BIOL. Cavidad del citoplasma de las células que encierra diversas sustancias en disolución acuosa.

vade s. m. Carpeta que se tiene sobre el escritorio. ‖ Mueble de escritorio con tapa inclinada.

vadear v. tr. [1]. Atravesar un río u otra corriente de agua por un vado. ⬦ FAM. vadeable. / invadeable. VADO.

vademécum s. m. Tratado breve que contiene las nociones elementales de una ciencia o arte.

vado s. m. Paraje de un río o corriente de agua con fondo firme y poco profundo, por donde se puede pasar. ‖ En la vía pública, espacio modificado en la acera y bordillo que se destina al libre acceso de vehículos a locales o fincas situadas frente al mismo. ⬦ FAM. vadear.

vagabundeaje s. m. *Chile.* Vagancia, holgazanería.

vagabundear v. intr. [1]. Llevar vida de vagabundo. ‖ Ir de un lugar a otro sin rumbo fijo. ⬦ FAM. vagabundeo. VAGABUNDO, DA.

vagabundo, **da** adj. Que anda o va errante. ◆ adj. y s. Que no tiene trabajo ni lugar donde vivir. ⬦ FAM. vagabundeaje, vagabundear, vagabundería. VAGAR¹.

vagancia s. f. Acción de vagar¹. ‖ Cualidad de vago. ‖ *Fam.* Pereza.

vagar¹ v. intr. [1b]. Andar errante. ‖ Estar ocioso. ⬦ FAM. vagabundo, vagancia. / divagar. VAGO², GA.

vagar² s. m. Tiempo libre. ‖ Tranquilidad, lentitud. ⬦ FAM. vago¹. VACAR.

vagido s. m. Llanto o gemido de un recién nacido.

vagina s. f. Órgano genital interno de la mujer, que comunica el útero con la vulva. ◇ FAM. vaginal, vaginitis. / invaginar.

vago[1]**, ga** adj. y s. Poco o nada trabajador. ◇ FAM. VAGAR[2].

vago[2]**, ga** adj. Errante. ‖ Falto de precisión. ◇ FAM. vagamente, vagar[1], vaguear, vaguedad.

vagón s. m. Coche de un metro o ferrocarril. ◇ FAM. vagoneta.

vagoneta s. f. Vagón pequeño y descubierto, para transporte de mercancías.

vaguada s. f. Parte más honda de un valle por donde circulan las aguas.

vaguear v. intr. [1]. Holgazanear, haraganear. ◇ FAM. VAGO[2]-GA.

vaguedad s. f. Calidad de vago, impreciso. ‖ Expresión vaga o frase imprecisa. ◇ FAM. VAGO[2], GA.

vaharada s. f. Acción y efecto de echar el vaho o aliento por la boca. ‖ Afluencia súbita y momentánea de un olor.

vahído s. m. Desvanecimiento breve, desmayo.

vaho s. m. Vapor que despiden los cuerpos. ‖ Aliento. ◇ FAM. vaharada.

vaina s. f. Funda de algunas armas, herramientas o instrumentos. ‖ *Fam.* Persona inútil y molesta. ‖ *Amér.* Contrariedad, molestia. ‖ BOT. Envoltura alargada formada por dos piezas en que están encerradas las semillas de ciertas leguminosas, como las judías o los guisantes. ◇ FAM. vainica, vainilla. / envainar.

vainica s. f. Labor de costura consistente en un deshilado sujeto por unos nudos, que se hace como adorno.

vainilla s. f. Planta trepadora de las regiones tropicales que se cultiva por su fruto, utilizado como condimento y aromatizante. ‖ Fruto de esta planta.

vaivén s. m. Movimiento alternativo de un cuerpo en una y otra dirección. ◇ FAM. IR Y VENIR.

vajear v. tr. [1]. *C. Rica, Cuba y Guat.* Adormecer ciertos reptiles a sus víctimas con el aliento. ‖ *C. Rica, Cuba y Guat.* Perturbar o aturdir con malas artes.

vajilla s. f. Conjunto de platos, fuentes, tazas, etc., que se emplean en el servicio de la mesa. ◇ FAM. lavavajillas.

valdepeñas s. m. Vino que se elabora en la provincia de Ciudad Real.

valdiviano, na adj. y s. De Valdivia (Chile). ◆ s. m. *Chile.* Guiso a base de charqui, cebollas, pimientos y ajos.

vale s. m. Papel canjeable por cualquier cosa. ‖ Nota firmada que se da en una entrega para acreditarla. ‖ *Méx.* Amigo, compinche, camarada.

valedero, ra adj. Que tiene valor o validez.

valedor, ra s. Persona que protege a otra. ◆ s. m. *Méx. Fam.* Camarada, compañero.

valedura s. f. *Colomb.* y *Cuba.* En un juego, regalo que hace el ganador al que

pierde o al que está mirando. ‖ *Méx.* Favor, ayuda.

valencia s. f. Número que representa la capacidad de unión de un elemento químico para combinarse con otros. ◇ FAM. monovalente, trivalente. VALER[1].

valenciano, na adj. y s. De Valencia (España). ◆ s. m. Variedad del catalán que se habla en gran parte del territorio de Valencia, Castellón y Alicante. ◆ s. f. *Méx.* Dobladillo del pantalón hacia afuera.

valentía s. f. Calidad de valiente. ‖ Hecho o hazaña valiente o heroica. ‖ Valor para arrostrar peligros.

valentón, na adj. y s. *Desp.* Que presume de valiente. ◇ FAM. valentonada. VALIENTE.

valentonada s. f. Jactancia o exageración del propio valor.

valer[1] v. tr. [9]. Tener las cosas un precio determinado. ‖ Equivaler. ‖ Amparar, ayudar. ◆ v. intr: Tener poder, autoridad o fuerza. ‖ Ser útil, apto. ‖ Tener ciertas cualidades. ◆ **¡Vale!** interj. Expresa aprobación. ‖ Denota el deseo de que cese algo. ◆ **Hacer valer,** imponer, hacer prevalecer. ◇ FAM. vale, valedero, valedor, valedura, valencia, valer[2], valía, válido, valido, va-liente, valimiento, valioso, valor, valuar. / desvalido, equivaler, plurivalente, polivalente, prevaler.

valer[2] s. m. Valor, valía.

valeriana s. f. Planta herbácea de flores rosas o blancas, que se usa como antiespasmódico.

valeroso, sa adj. Valiente, animoso. ◇ FAM. valerosidad. VALOR.

valí s. m. Gobernador de una provincia en diversos estados musulmanes.

valía s. f. Valor, cualidad de la persona o cosa que vale. ◇ FAM. minusvalía, plusvalía. VALER[1].

validar v. tr. [1]. Dar validez. ◇ FAM. validación. / convalidar, revalidar. VÁLIDO, DA.

validez s. f. Calidad de válido.

valido s. m. Persona que gozaba de la amistad de un soberano y ejercía gran influencia en el gobierno. ◇ FAM. VALER[1].

válido, da adj. Que tiene valor o fuerza legal. ◇ FAM. validar, validez. / inválido. VALER[1].

valiente adj. y s. m. y f. Que tiene valor. ◆ adj. Grande, intenso, excesivo. ◇ FAM. valentía, valentón, valientemente. / envalentonar. VALER[1].

valija s. f. Maleta. ‖ Saco de cuero donde se lleva la correspondencia. ‖ Este mismo correo. ◇ FAM. desvalijar.

valioso, sa adj. Que vale mucho.

valkiria s. f. Valquiria*.

valla s. f. Cerca hecha con diversos materiales, para delimitar un lugar o para cercarlo. ‖ Cartelera publicitaria. ◇ FAM. vallado, vallar. / guardavalla.

vallado s. m. Valla, cerca.

vallar v. tr. [1]. Cercar con vallas.

valle s. m. Llanura de terreno entre montañas. ‖ Conjunto de casas o pueblos situados en esta llanura. ‖ Cuenca de un río.

vallisoletano, na adj. y s. De Valladolid (España).

vallisto, ta adj. y s. *Argent.* De los Valles Calchaquíes (Argentina).

valluno, na adj. y s. Del Valle del Cauca (Colombia). ‖ De Valle (Honduras).

valona. Hacerle a uno **la valona** *(Méx. Fam.)*, echarle a uno una mano. ‖ *Méx.* Hacerse cómplice de alguien, cubriéndolo con el silencio.

valor s. m. Cualidad de una persona o cosa por la que merece ser apreciada. ‖ Significación, importancia. ‖ Calidad de valiente. ‖ Descaro, desvergüenza. ‖ Precio de una cosa. ‖ MÚS. Duración de una nota. ◆ pl. Conjunto de títulos, acciones, etc. ◇ FAM. valeroso, valorar, valorizar. VALER¹.

valoración s. f. Acción y efecto de valorar o de evaluar.

valorar v. tr. [1]. Fijar el precio de una cosa. ‖ Hacer que aumente el valor de algo. ‖ Apreciar el valor de alguien o algo. ◇ FAM. valoración, valorativo. / infravalorar, minusvalorar, subvalorar, supervalorar. VALOR.

valorizar v. tr. [1g]. Valorar, evaluar. ◇ FAM. valorización, valorizador. / desvalorizar, revalorizar. VALOR.

valquiria s. f. Cada una de ciertas divinidades de la mitología escandinava.

vals s. m. Baile de origen alemán, de ritmo vivo y rápido. ‖ Música de este baile.

valuar v. tr. [1s]. Valorar, evaluar. ◇ FAM. valuación. / devaluar, evaluar, revaluar. VALER¹.

valva s. f. Cada una de las dos partes de la concha de los moluscos y otros animales. ◇ FAM. valvar, válvula. / bivalvo.

válvula s. f. Obturador sometido a la presión de un resorte y cuyo movimiento sirve para regular el paso de un fluido. ‖ ANAT. Pequeño repliegue que se forma en algunos vasos para impedir el reflujo de sangre en sentido opuesto al de la corriente. ◇ FAM. valvular. VALVA.

vampiresa s. f. Actriz que interpreta personajes de mujer coqueta y fatal. ‖ Mujer fatal.

vampirismo s. m. Creencia en los vampiros. ‖ Codicia excesiva.

vampiro s. m. Cadáver que, según la superstición, sale de su tumba para chupar la sangre de los vivos. ‖ Persona que se enriquece del trabajo ajeno. ‖ Murciélago de América tropical, generalmente insectívoro, pero que puede succionar la sangre de los animales domésticos y del hombre. ◇ FAM. vampiresa, vampirismo.

vanadio s. m. Metal blanco que se obtiene en forma de polvo gris y se usa para aumentar la resistencia del acero.

vanagloria s. f. Presunción de una cualidad que uno tiene o se atribuye. ◇ FAM. vanagloriarse, vanaglorioso. VANO, NA y GLORIA.

vanagloriarse v. pron. [1]. Jactarse, presumir.

vandalaje s. m. *Amér. Central* y *Amér. Merid.* Vandalismo.

vandálico, ca adj. Relativo a los vándalos o al vandalismo.

vandalismo s. m. Devastación propia de los antiguos vándalos. ‖ Tendencia a hacer destrozos y a promover escándalos.

vándalo, la adj. y s. De un pueblo bárbaro procedente de Escandinavia. ‖ Salvaje, bárbaro. ◇ FAM. vandalaje, vandálico, vandalismo.

vanesa s. f. Mariposa diurna de vuelo rápido.

vanguardia s. f. Parte de un ejército que va delante del cuerpo principal. ‖ Aquello que se anticipa a su propio tiempo. ◇ FAM. vanguardismo. GUARDIA.

vanguardismo s. m. Posición o tendencia de vanguardia. ◇ FAM. vanguardista. VANGUARDIA.

vanidad s. f. Calidad de vano. ‖ Orgullo inspirado en un alto concepto de los propios méritos. ‖ Ostentación, fasto. ◇ FAM. vanidoso. VANO, NA.

vanidoso, sa adj. y s. Que tiene y muestra vanidad.

vano, na adj. Falto de realidad, sustancia o entidad. ‖ Hueco, vacío. ‖ Presuntuoso, frívolo. ‖ Inútil. ‖ Sin fundamento. ◆ s. m. Hueco de un muro o pared. ◇ FAM. vanamente, vanidad. / desvanecer, envanecer, evanescente, vanagloria.

vapor s. m. Gas en que se transforma un líquido o un sólido al absorber calor. ‖ MAR. Embarcación de vapor. ◇ FAM. vaporizar, vaporoso. / evaporar.

vaporización s. f. Transformar un líquido en vapor. ‖ Pulverizar un líquido.

vaporizador s. m. Recipiente en que se realiza la vaporización. ‖ Aparato para vaporizar, dispersar un líquido.

vaporizar v. tr. y pron. [1g]. Convertir un líquido en vapor por la acción del calor. ‖ Dispersar, proyectar en gotas finísimas. ◇ FAM. vaporización, vaporizador. VAPOR.

vaporoso, sa adj. Tenue, ligero, muy fino o transparente.

vapulear v. tr. y pron. [1]. Golpear repetida y violentamente. ‖ Reprender duramente. ◇ FAM. vapuleador, vapuleamiento, vapuleo.

vapuleo s. m. Acción y efecto de vapulear.

vaquear v. intr. [1]. *Argent.* Practicar la caza del ganado salvaje en los primeros tiempos de la ganadería argentina. ◇ FAM. VACA.

vaquería s. f. Lugar donde se ordeñan las vacas o se vende su leche. ‖ *Argent., Méx.* y *Urug.* Batida de caza de ganado salvaje que se realizó a principios del s. XIX. ◇ FAM. VACA.

vaquero, ra adj. Propio de los pastores de ganado bovino. ◆ adj. y s. m. pl. Dícese del pantalón tejano. ◆ s. Pastor de ganado vacuno. ◇ FAM. VACA.

vaquetón, na s. *Méx. Fam.* Persona vaga[1] o dejada.

vaquilla s. f. *Chile* y *Nicar.* Ternera de año y medio a dos años. ◆ pl. Conjunto de reses que se corren y son toreadas por aficionados en festejos populares. ◇ FAM. vaquillona. VACA.

vaquillona s. f. *Argent., Chile, Nicar.* y *Perú.* Ternera de dos a tres años.

váquira s. f. *Colomb.* y *Venez.* Pecarí.

vara s. f. Rama delgada, larga y sin hojas. ‖ Palo largo y delgado. ‖ Cada una de las dos barras que sirven para enganchar la caballería al carro. ◇ FAM. varal, varear, varejón, varilla. / varapalo.

varadero s. m. Lugar donde se ponen las embarcaciones para limpiarlas, pintarlas o carenarlas.

varal s. m. Vara larga y gruesa. ‖ Cada uno de los dos palos donde encajan las estacas de los costados de la caja de los carros. ‖ *Argent.* En los saladeros, armazón de cañas para tender la carne al aire libre.

varapalo s. m. Golpe dado con un palo o vara. ‖ Azotaina, zurra. ‖ Disgusto o contratiempo grande.

varar v. intr. [1]. Encallar una embarcación. ◆ v. tr. Sacar a la playa una embarcación. ◇ FAM. varadero, varadura, varamiento.

vareador, ra s. Persona que varea los árboles. ◆ s. m. *Argent.* Peón encargado de varear los caballos en la competición.

varear v. tr. [1]. Golpear, dar golpes con una vara o palo. ‖ Golpear las ramas de ciertos árboles con una vara para recolectar el fruto. ‖ *Argent.* Entrenar a un caballo de competición. ◇ FAM. varea, vareador, vareo. VARA.

varejón s. m. *Amér. Merid.* y *Nicar.* Vara delgada, verde por lo común. ‖ *Colomb.* Variedad de yuca.

varí s. m. *Chile* y *Perú.* Ave rapaz diurna de plumaje grisáceo.

variable adj. Que varía o es capaz de variar. ‖ Inestable, inconstante. ◆ s. f. MAT. Magnitud que puede tomar distintos valores dentro de un conjunto. ◇ FAM. variabilidad, variablemente. / invariable. VARIAR.

variación s. f. Acción y efecto de variar. ‖ MÚS. Cada una de las diferentes formas en que se presenta un tema o estructura musical.

variado, da adj. Que tiene variedad.

variante s. f. Cada una de las diferentes formas en que se presenta algo. ‖ Variedad, diferencia. ‖ Desviación de un trecho de una carretera o camino. ‖ En quinielas de fútbol, signo distinto de uno.

variar v. tr. [1t]. Hacer que una cosa sea diferente a como era antes. ‖ Dar variedad. ◆ v. intr. Cambiar, ser diferente. ◇ FAM. variable, variación, variado, variante. / desvariar. VARIO, RIA.

varice o **várice** s. f. Variz*.

varicela s. f. Enfermedad infecciosa benigna que produce fiebre, erupciones en la piel y confiere inmunidad.

variedad s. f. Calidad de vario. ‖ Cada una de las distintas clases de algo. ‖ Inconstancia, inestabilidad. ◆ pl. Espectáculo compuesto por diversos números de diferentes tipos. ● De variedad (*Méx. Fam.*), divertido, jocoso.

varietés s. f. pl. Variedad, espectáculo.

varilla s. f. Barra larga y delgada. ‖ Cada una de las tiras que forman la armazón de un abanico, paraguas, etc. ◇ FAM. varillaje. VARA.

varillaje s. m. Conjunto de varillas.

vario, ria adj. Diverso, diferente. ‖ Variado. ◆ adj. y pron. indef. pl. Alguno. ◇ FAM. variar, variedad.

variopinto, ta adj. Mezclado, diverso.

variz s. f. Dilatación permanente de una vena. ◇ FAM. varicoso.

varón s. m. Persona del sexo masculino. ‖ Hombre de respeto o autoridad. ◇ FAM. varonil.

varonil adj. Relativo al varón. ‖ Propio del hombre.

vasallaje s. m. Estado o condición del vasallo. ‖ Sumisión servil, obediencia incondicional.

vasallo, lla adj. y s. Dícese de la persona sujeta a un señor a causa de un feudo. ◆ s. Súbdito. ◇ FAM. vasallaje. / avasallar.

vasco, ca adj. y s. Del País Vasco (España). ◆ s. m. Lengua prerromana hablada en el País Vasco, Navarra y el territorio vasco francés. ◇ FAM. vascón, vascuence.

vascón, na adj. y s. De un pueblo prerromano de la península Ibérica que vivió en la actual Navarra y en parte de Huesca, Guipúzcoa y La Rioja.

vascuence s. m. Lengua vasca.

vascular adj. Relativo a los vasos del organismo de las plantas y animales. ◇ FAM. VASO.

vasectomía s. f. Operación quirúrgica con el fin de esterilizar al varón.

vaselina s. f. Sustancia lubricante extraída del petróleo.

vasija s. f. Recipiente para contener líquidos o alimentos. ◇ FAM. VASO.

vaso s. m. Recipiente cóncavo, especialmente el cilíndrico que sirve para beber. ‖ Cantidad de líquido que cabe en él. ‖ Conducto por donde circula un líquido orgánico. ◇ FAM. vasija. / envasar, posavasos, trasvasar, vascular, vasoconstricción, vasodilatación.

vasoconstricción s. f. Disminución del

calibre de los vasos sanguíneos. ◇ FAM. vasoconstrictor. VASO y CONSTREÑIR.

vasodilatación s. f. Aumento del calibre de los vasos sanguíneos. ◇ FAM. vasodilatador. VASO y DILATACIÓN.

vástago s. m. Ramo tierno de una planta. ‖ Con respecto a una persona, hijo o descendiente. ‖ Varilla metálica que sirve para articular o sostener otras piezas.

vasto, ta adj. Muy amplio o extenso. ◇ FAM. vastedad.

váter s. m. Water*.

vaticano, na adj. De Ciudad del Vaticano. ‖ Relativo al Vaticano, al papa, o a la corte pontificia.

vaticinar v. tr. [1]. Adivinar, predecir. ◇ FAM. vaticinador. VATICINIO.

vaticinio s. m. Acción y efecto de vaticinar. ◇ FAM. vaticinar, vatídico.

vatio s. m. Unidad de potencia eléctrica en el Sistema Internacional. ◇ FAM. kilovatio, megavatio, wat.

¡vaya! interj. Expresa sorpresa, agrado, desilusión, etc.

vecindad s. f. Calidad de vecino. ‖ Conjunto de personas que viven en un mismo edificio o barrio. ‖ *Méx.* Conjunto de viviendas populares con patio común.

vecindario s. m. Conjunto de los vecinos de una población.

vecino, na adj. y s. Que vive cerca, en la misma casa, en el mismo barrio, etc. ‖ Que tiene casa en una población. ◇ FAM. vecinal, vecindad, vecindario. / avecinar, avecindar, convecino.

vector s. m. Agente que transporta algo de un lugar a otro. ‖ MAT. Segmento de recta orientado en el que se distingue un origen y un extremo. ◇ FAM. vectorial.

veda s. f. Acción y efecto de vedar. ‖ Tiempo en que está prohibido cazar o pescar.

vedado, da s. m. y adj. Terreno acotado y cerrado.

vedar v. tr. [1]. Prohibir. ‖ Impedir. ◇ FAM. veda, vedado. / veto.

vedette s. f. Artista principal de un espectáculo de variedades, teatro, cine, etc.

vedismo s. m. Religión hindú que dio origen al brahmanismo.

vega s. f. Terreno bajo, llano y fértil. ◇ FAM. envegarse.

vegabajeño, ña adj. y s. De Vega Baja (Puerto Rico).

vegetación s. f. Conjunto de plantas o de vegetales de un área determinada. ◆ pl. Hipertrofia de las amígdalas y, sobre todo, de los folículos linfáticos de la parte posterior de las fosas nasales.

vegetal adj. Relativo a las plantas. ◆ s. m. Ser orgánico que crece y vive, pero no cambia de lugar por impulso voluntario. ◇ FAM. vegetación, vegetar, vegetariano.

vegetar v. intr. y pron. [1]. Crecer las plantas. ◆ v. intr. Vivir alguien sin interés o inquietud moral o intelectual. ‖ Vivir holgazaneando. ◇ FAM. vegetativo. VEGETAL.

vegetariano, na s. y adj. Persona que practica el vegetarianismo. ◇ FAM. vegetarianismo. VEGETAL.

vegetativo, va adj. Dícese del órgano u organismo que realiza funciones vitales, excepto las reproductoras. ‖ Que vegeta.

vehemencia s. f. Calidad de vehemente.

vehemente adj. Que obra con ímpetu. ‖ Que se deja llevar por los impulsos. ◇ FAM. vehemencia.

vehículo s. m. Medio de transporte terrestre, aéreo o acuático. ‖ Aquello que sirve de transmisor o conductor de algo.

veinte adj. num. card. ◆ s. m. Dos veces diez. ◆ adj. num. ord. y s. Vigésimo.

veintena s. f. Conjunto o grupo de veinte unidades.

vejación s. f. Acción y efecto de vejar.

vejar v. tr. [1]. Maltratar o molestar humillando. ◇ FAM. vejación, vejador, vejatorio.

vejatorio, ria adj. Que veja o es capaz de vejar.

vejestorio s. m. *Desp.* Persona muy vieja. ◇ FAM. VIEJO, JA.

vejez s. f. Calidad de viejo. ‖ Último período de la vida del hombre. ◇ FAM. VIEJO, JA.

vejiga s. f. Receptáculo abdominal en el que se acumula la orina. ◇ FAM. vesícula.

vela¹ s. f. Acción de velar¹. ‖ Cilindro de cera u otra materia grasa, con pabilo para que pueda encenderse y dar luz. ◆ pl. *Fam.* Moco que cuelga de la nariz. ● A dos velas *(Fam.)*, con carencia o escasez de dinero. ◇ FAM. velón. / duermevela. VELAR¹.

vela² s. f. Lona fuerte capaz de recibir el impulso del viento, y que sirve para propulsar una embarcación. ‖ Práctica deportiva de la navegación de vela. ‖ Barco de vela. ◇ FAM. velaje, velamen, velero. VELO.

velada s. f. Reunión nocturna para entretenimiento y diversión. ‖ Sesión musical, literaria o deportiva que se celebra por la noche. ◇ FAM. VELAR¹.

velador, ra s. m. Mesa pequeña y redonda que con un solo pie, que se base se ramifica en tres. ‖ *Amér. Merid.* Mesa de noche. ◆ s. f. *Argent., Méx.* y *Urug.* Lámpara que suele colocarse en la mesilla de noche. ‖ *Méx.* Vela gruesa y corta que se prende ante un santo por devoción. ◆ s. *Méx.* Vigilante nocturno de un edificio. ◇ FAM. VELAR¹.

velamen o **velaje** s. m. Conjunto de las velas de una embarcación. ◇ FAM. VELA².

velar¹ v. intr. [1]. Permanecer despierto el tiempo destinado a dormir. ‖ Cuidar solícitamente algo. ◆ v. tr. Asistir de noche a un enfermo o pasarla con un difunto. ◇ FAM. vela¹, velada, velador, velatorio, velorio. / desvelar¹, vigilar, vigilia.

velar² v. tr. y pron. [1]. Cubrir algo con un velo. ◆ v. tr. Ocultar, disimular. ◆ **velarse** v. pron. Borrarse una imagen fotográfica por la acción indebida de la luz. ◇ FAM. desvelar², revelar. VELO.

velar³ adj. Relativo al velo del paladar. ◆ adj. y s. f. LING. Dícese del fonema cuyo punto de articulación está cerca del velo del paladar, como *k* y *g*.

velatorio s. m. Acción de velar¹ a un difunto, y lugar donde se hace. ◇ FAM. VELAR¹.

veleidad s. f. Naturaleza inconstante y caprichosa. ◇ FAM. veleidoso.

velero, ra adj. Dícese de la embarcación muy ligera o que navega mucho. ◆ s. m. Buque de vela². ◇ FAM. motovelero. VELA².

veleta s. f. Pieza giratoria que indica la dirección del viento. ◆ s. m. y f. Persona que cambia a menudo de opinión.

veliz o **velís** s. m. *Méx.* Maleta de mano de cuero o de metal.

vello s. m. Pelo corto y suave que cubre algunas partes del cuerpo humano. ‖ Pelusa de algunas frutas y plantas. ◇ FAM. vellocino, vellón, vellosidad, velloso, velludo.

vellocino s. m. Vellón que resulta de esquilar las ovejas.

vellón s. m. Toda la lana de un carnero u oveja, que sale junta al esquilarla.

vellosidad s. f. Abundancia de vello.

velludo, da adj. Que tiene mucho vello.

velo s. m. Tejido muy fino y transparente que se emplea para cubrir ligeramente algo. ‖ Manto con que cubren la cabeza las religiosas. ‖ Cosa delgada o ligera que encubre otra. • **Velo del paladar**, especie de cortina muscular y membranosa que separa la boca de la faringe. • **Correr**, o **echar, un tupido velo** sobre algo, callarlo, ocultarlo. ◇ FAM. vela², velar², velar³.

velocidad s. f. Magnitud física que representa el espacio recorrido en una unidad de tiempo. ‖ Gran rapidez en el movimiento. ‖ Cada una de las combinaciones o relaciones de engranaje de un motor de automóvil.

velocímetro s. m. Contador de velocidad.

velocípedo s. m. Vehículo que constituyó el origen de la bicicleta.

velocista s. m. y f. y adj. Atleta especializado en las carreras de velocidad.

velódromo s. m. Pista para determinadas carreras ciclistas.

velón s. m. Lámpara metálica de aceite, compuesta de un depósito con uno o varios picos por los que pasa la mecha, y provista de una pantalla de hojalata. ‖ *Chile* y *Perú.* Vela¹ de sebo muy gruesa que suele ser corta. ◇ FAM. VELA¹.

velorio s. m. Fiesta nocturna para celebrar algo. ‖ Velatorio. ◇ FAM. VELAR¹.

veloz adj. Que se mueve o puede moverse con rapidez. ◇ FAM. velocidad, ve-

locímetro, velocípedo, velocista, velódromo.

vena s. f. Vaso que conduce la sangre o la linfa al corazón. ‖ Lista o raya de algunas piedras y maderas. ‖ Conducto natural subterráneo por donde circula el agua. ‖ Inspiración poética. ‖ Disposición natural para alguna actividad. ‖ Filón. ‖ BOT. Nervio de la hoja. ◇ FAM. venal¹, venático, venoso. / avenar.

venablo s. m. Dardo o lanza corta arrojadiza. • **Echar venablos**, prorrumpir en expresiones de cólera.

venada s. f. *Amér.* Cierva.

venadear v. tr. [1]. *Méx.* Asesinar a alguien en el campo y a mansalva.

venado s. m. Ciervo. ◇ FAM. venada.

venal¹ adj. Relativo a las venas.

venal² adj. Destinado a ser vendido o expuesto a la venta. ‖ Que se deja sobornar.

venático, ca adj. y s. *Fam.* Que tiene vena de loco, maniático.

vencedor, ra adj. y s. Que vence o gana: *atleta vencedor*.

vencejo¹ s. m. Lazo con que se ata algo, especialmente las mieses. ◇ FAM. desvencijar.

vencejo² s. m. Ave parecida a la golondrina, pero de alas más estrechas y cola más corta.

vencer v. tr. [2a]. Derrotar al enemigo en un combate. ‖ Resultar el primero o quedar por encima de otros con los que se compite. ‖ Aventajar: *lo vence en virtudes*. ‖ Superar una dificultad, problema, etc. ◆ v. tr. y pron. Rendir a una persona las cosas físicas o morales que actúan sobre ella: *le venció el sueño*. ‖ Ladear, inclinar. ◆ v. intr. Terminar cierto plazo. ◆ v. tr. e intr. Dominar las pasiones, afectos, etc. ◇ FAM. vencedor, vencible, vencimiento. / convencer, invencible, victoria.

vencimiento s. m. Acción y efecto de vencer. ‖ Inclinación o torcimiento de algo material. ‖ Cumplimiento de un plazo.

venda s. f. Franja de tela o gasa para cubrir heridas o para sujetar la cura aplicada en ellas. • **Tener una venda en los ojos**, no querer saber la verdad. ◇ FAM. vendaje, vendar.

vendaje s. m. Conjunto de vendas que se enrollan alrededor de una parte del cuerpo.

vendar v. tr. [1]. Atar o cubrir con una venda.

vendaval s. m. Viento fuerte del sur, que no llega a ser temporal. ◇ FAM. VIENTO.

vendedor, ra adj. y s. Que vende o tiene por oficio vender.

vender v. tr. [2]. Ceder a otro algo a un determinado precio. ‖ Traicionar la confianza o amistad que se debe a otro. ◆ **venderse** v. pron. Dejarse sobornar o corromper. • **Estar vendido**, no poder fiarse de las personas que tiene alrededor.

‖ **Vender cara** una cosa, hacer que cueste mucho trabajo conseguirla. ◇ FAM. vendedor, vendible, venta. / malvender.

vendetta s. f. Venganza originada por una ofensa o un asesinato entre dos clanes.

vendimia s. f. Recolección de la uva y tiempo en que se efectúa. ◇ FAM. vendimiar.

vendimiar v. tr. [1]. Recoger la uva de las viñas. ◇ FAM. vendimiador. VENDIMIA.

veneciano, na adj. y s. De Venecia.

veneno s. m. Sustancia que ocasiona la muerte o graves trastornos en el organismo. ◇ FAM. venenoso. / contraveneno, envenenar.

venenoso, sa adj. Que contiene veneno, capaz de envenenar. ◇ FAM. venenosidad. VENENO.

venerable adj. Digno de veneración. ‖ REL. Dícese del título dado a un siervo de Dios en vías de beatificación.

veneración s. f. Acción y efecto de venerar.

venerar v. tr. [1]. Sentir y mostrar respeto y devoción por alguien. ‖ REL. Dar culto a Dios, a los santos y a las cosas sagradas. ◇ FAM. venerable, veneración, venerador.

venéreo, a adj. Relativo al placer o al acto sexual. ‖ Dícese de las enfermedades infecciosas contraídas por vía sexual.

venezolano, na adj. y s. De Venezuela.

venganza s. f. Acción y efecto de vengar o vengarse.

vengar v. tr. y pron. [1b]. Dar respuesta a un agravio o daño. ◇ FAM. vengable, vengador, venganza, vengativo.

vengativo, va adj. Inclinado a vengarse de un daño u ofensa.

venia s. f. Permiso, licencia para obrar. ◇ FAM. venial.

venial adj. Que de manera leve es contrario a la ley o precepto. ● **Pecado venial**, pecado leve. ◇ FAM. venialidad. VENIA.

venida s. f. Acción de venir. ‖ Regreso.

venidero, ra adj. Que está por venir o suceder: años venideros.

venir v. intr. [21]. Moverse, trasladarse de allá para acá. ‖ Estar próximo en el tiempo: el año que viene. ‖ Proceder, tener su origen: ese carácter le viene de familia. ‖ Con los adverbios bien, mal, etc., ajustarse, acomodarse: el pantalón le viene grande. ‖ Seguido de la prep. en y un sustantivo, toma la significación del verbo correspondiente a dicho sustantivo: venir en conocimiento de algo. ‖ Con la prep. a y verbos como ser, decir, etc., expresa idea de aproximación: viene a tener la misma altura. ‖ Con la prep. sobre significa caer. ◇ v. intr. y pron. Llegar al sitio donde está el que habla: vinieron a verme. ● **Venir a menos**, descender de posición económica o social. ‖ **Venir ancho, o grande**, algo a alguien (Fam.), ser excesivo para su capacidad o mérito. ‖ **Venir rodado** algo (Fam.), suceder de la forma deseada. ◇ FAM. venida, venidero. / advenimiento, avenida, avenir, bienvenido, contravenir, convenir, devenir², intervenir, porvenir, prevenir, provenir, revenirse, sobrevenir, vaivén.

venoso, sa adj. Relativo a las venas. ‖ Dícese de la sangre pobre en oxígeno y rica en gas carbónico, que circula por las venas y arterias pulmonares. ◇ FAM. endovenoso, intravenoso. VENA.

venta s. f. Acción y efecto de vender. ‖ Cantidad de cosas que se venden. ‖ Parador, posada ◇ FAM. compraventa, reventa. VENDER.

ventaja s. f. Hecho de ir o estar delante de otro u otros en una actividad, juego, etc. ‖ Provecho, utilidad. ◇ FAM. ventajear, ventajero, ventajista, ventajoso. / aventajar, desventaja.

ventajear v. tr. [1]. Argent., Colomb., Guat. y Urug. Sacar ventaja a alguien mediante procedimientos reprobables.

ventajero, ra adj. y s. Argent., P. Rico, R. Dom. y Urug. Ventajista.

ventajista adj. y s. m. y f. Dícese de la persona que por cualquier medio, lícito o no, procura obtener ventaja.

ventajoso, sa adj. Que reporta, ofrece o tiene ventajas.

ventana s. f. Abertura practicada, a una cierta distancia del suelo, en la pared de una construcción, para dar luz y ventilación. ‖ Hoja u hojas de madera o cristales, con que se cierra esta abertura. ● **Arrojar, echar, tirar**, algo **por la ventana** (Fam.), malgastarlo, desperdiciarlo, en especial una oportunidad. ◇ FAM. ventanaje, ventanal, ventanazo, ventanilla, ventanillo. / contraventana.

ventanal s. m. Ventana grande.

ventanilla s. f. Abertura pequeña que hay en la pared de los bancos, oficinas, etc., por la cual los empleados atienden al público. ‖ Abertura cubierta con cristal, que tienen los automóviles, vagones de tren y otros vehículos.

ventanillo s. m. Postigo pequeño de puerta o ventana. ‖ Pequeña abertura hecha en la puerta exterior de las casas, que permite ver a la persona que llama.

ventarrón s. m. Viento muy fuerte. ◇ FAM. VIENTO.

ventear v. impers. [1]. Soplar el viento. ◆ v. tr. Olfatear el aire los animales. ‖ Sacar una cosa al viento. ◇ FAM. VIENTO.

ventila s. f. Méx. Conjunto de ventanillas que regulan la entrada de aire en una habitación. ‖ Méx. Ventanilla de un automóvil.

ventilación s. f. Acción y efecto de ventilar. ‖ Corriente de aire que se establece al ventilar una habitación.

ventilador s. m. Aparato provisto de un eje con aspas que ventila y refrigera.

ventilar v. tr. y pron. [1]. Renovar el aire de un lugar. ◆ v. tr. Sacar una cosa al aire y agitarla para que se le vaya la humedad o el polvo. ‖ Tratar, intentar resolver algo. ◇ FAM. ventila, ventilación, ventilador. VIENTO.

ventisca s. f. Borrasca o tempestad de viento y nieve. ◇ FAM. ventiscar, ventisquear, ventisquero. VIENTO.

ventiscar v. impers. [1a]. Nevar con viento fuerte.

ventisquear v. impers. [1]. Ventiscar*.

ventisquero s. m. Parte del monte más expuesto a las ventiscas. ‖ En los montes, lugar donde se conserva largo tiempo la nieve y el hielo. ‖ Masa de nieve o hielo que hay en este lugar.

ventolera s. f. Golpe o racha de viento fuerte pero poco duradero. ‖ Idea repentina y extravagante. ◇ FAM. VIENTO.

ventosa s. f. Objeto cóncavo que, al hacerse el vacío, queda adherida por presión a una superficie. ‖ ZOOL. Órgano de fijación y succión de algunos animales, como el pulpo o la sanguijuela.

ventosear v. intr. [1]. Expeler ventosidades.

ventosidad s. f. Gas intestinal, especialmente el que es expulsado por el ano. ◇ FAM. ventosear. VENTOSO, SA.

ventoso, sa adj. Dícese del día, del tiempo o del lugar en que hace un viento fuerte. ◇ FAM. ventosa, ventosidad, VIENTO.

ventrículo s. m. Cada una de las dos cavidades del corazón, cuyas contracciones envían la sangre a las arterias. ◇ FAM. ventricular.

ventrílocuo, cua adj. y s. Dícese de la persona que puede hablar sin mover los labios y los músculos faciales. ◇ FAM. ventriloquia. VIENTRE.

ventriloquia s. f. Arte del ventrílocuo.

ventura s. f. Felicidad, buena suerte, fortuna. ‖ Contingencia, casualidad. ● **A la buena ventura**, a lo que la suerte depare, sin plan concreto. ● **Por ventura**, quizá. ◇ FAM. venturoso. / aventura, bienaventuranza, buenaventura, desventura, malaventurado.

venturoso, sa adj. Afortunado, dichoso, que causa felicidad.

venus s. m. Desnudo escultórico de mujer que representa a la diosa Venus. ‖ Mujer muy hermosa.

ver¹ v. tr. [2j]. Percibir mediante el sentido de la vista. ‖ Observar, examinar, considerar alguna cosa. ‖ Comprender, entender: *no quiere ver los motivos de mi enfado*. ‖ Conocer, ser testigo de un hecho, de un acontecimiento. ‖ Juzgar, considerar apto, idóneo, posible: *yo no lo veo de esta manera*. ‖ Probar. ‖ Imaginar, fantasear. ◆ v. tr. y pron. Visitar, encontrar a alguien. ◆ **verse** v. pron. Ser algo visible. ‖ Estar o hallarse en un sitio o lance. ● **A ver**, expresión en tono interrogativo, acompañada de un verbo expresa curiosidad o expectación. ‖ **No poder ver** a una persona *(Fam.)*, tenerle antipatía. ‖ **Vérselas con** alguien *(Fam.)*, disputar, pelearse con él. ◇ FAM. ver², vidente, vídeo, visar, visera, visible, visillo, visión, visitar, viso, visor, vista, visto, visual. / entrever, evidente, prever, proveer.

ver² s. m. Sentido de la vista. ‖ Aspecto, apariencia.

vera s. f. Orilla de un mar, río, etc. ● **A la vera de** alguien o algo, a su lado, junto a.

veracidad s. f. Calidad de veraz.

veracruzano, na adj. y s. De Veracruz (México).

veragüense adj. y s. m. y f. De Veraguas (Panamá).

veranear v. intr. [1]. Pasar el verano en algún lugar distinto del que habitualmente se reside. ◇ FAM. veraneante, veraneo. VERANO.

veraneo s. m. Acción de veranear.

veraniego, ga adj. Relativo al verano: *ropa veraniega*.

veranillo s. m. Tiempo breve de calor durante el otoño: *el veranillo de san Martín*.

veranito s. m. *Argent. Fam.* Período corto de bonanza. ● **Veranito de san Juan** *(Argent.)*, veranillo que en el hemisferio sur suele aparecer a fines de junio.

verano s. m. Estación del año, comprendida entre la primavera y el otoño. ◇ FAM. veranear, veraniego, veranillo, veranito.

veras s. f. pl. Verdad en aquello que se dice o hace. ● **De veras**, realmente, sinceramente. ‖ **De a de veras** *(Méx.)*, de verdad. ◇ FAM. VERDAD.

veraz adj. Que dice siempre la verdad. ‖ Que corresponde enteramente a la verdad o realidad. ◇ FAM. veracidad. VERDAD.

verbal adj. Relativo a la palabra. ‖ Que se hace de palabra y no por escrito. ‖ Relativo al verbo: *forma verbal*. ◇ FAM. verbalismo, verbalmente. VERBO.

verbalismo s. m. Propensión a fundar el razonamiento más en las palabras que en los conceptos.

verbena s. f. Planta herbácea, de cualidades astringentes, usada en medicina. ‖ Fiesta popular nocturna, que se celebra en las vísperas de ciertas festividades. ◇ FAM. verbenero.

verbenero, ra adj. Relativo a las verbenas: *traje verbenero*. ‖ Alegre, movido, multicolor. ◆ adj. y s. Que es aficionado a las verbenas.

verbigracia adv. Por ejemplo.

verbo s. m. Palabra, representación oral de una idea. ‖ Lenguaje: *atrae al auditorio con su verbo fácil*. ‖ LING. Categoría lingüística opuesta funcionalmente al nombre, y que expresa dentro de la oración la acción o estado del sujeto. ◇ FAM. verbal, verborrea, verbosidad. / adverbio, proverbio.

verborrea s. f. *Fam.* Verbosidad o locuacidad excesiva.

verbosidad s. f. Abundancia de palabras en la forma de expresarse.

verdad s. f. Conformidad entre lo que se dice con lo que se siente o piensa. ‖ Principio o juicio dado o aceptado como cierto. ‖ Realidad, existencia real de una cosa. • **A decir verdad,** con certeza y seguridad. ‖ Se usa para rectificar alguna idea expresada anteriormente. ◇ FAM. verdadero. / veras, veraz, veredicto, verídico, verificar, verosímil.

verdadero, ra adj. Que es conforme a la verdad. ‖ Que tiene la cualidad propia a su naturaleza: *amor verdadero.* ‖ Real, efectivo. ‖ Sincero, veraz, que dice siempre la verdad.

verdal adj. BOT. Dícese de la fruta que mantiene el color verde aun después de madura y, también del árbol que la produce.

verde adj. y s. m. Dícese del cuarto color del espectro solar comprendido entre el amarillo y el azul. ◄ adj. De color verde. ‖ Dícese de la leña recién cortada que todavía conserva su humedad. ‖ Dícese de las legumbres o verduras que se consumen frescas. ‖ Dícese de las frutas que todavía no están maduras. ‖ Obsceno, licencioso: *viejo verde.* ‖ Dícese de los movimientos ecologistas y de sus miembros. ◄ s. m. Hierba, follaje. • **Poner verde** a alguien *(Fam.)*, censurarle o criticarle. ◇ FAM. verdal, verdear, verdecer, verdecillo, verderón, verdín, verdor, verdoso, verdura. / reverdecer, verdemar.

verdear v. intr. y pron. [1]. Mostrar algo su color verde. ‖ Empezar a brotar plantas en los campos u hojas en los árboles.

verdecer v. intr. [2m]. Verdear los campos, plantas o árboles.

verdecillo s. m. Ave de forma rechoncha, pico corto y grueso y plumaje listado de color amarillo.

verdemar adj. y s. m. Dícese del color semejante al del mar.

verderón s. m. Ave de plumaje verde oliva, que se alimenta de semillas y es muy frecuente en los bosques y jardines de Europa.

verdiales s. m. pl. Fandango bailable propio de Málaga.

verdín s. m. Cardenillo. ‖ Capa verde que se encuentra en las aguas dulces, lugares húmedos y en la corteza de los frutos cuando se pudren.

verdolaga s. f. Planta herbácea de hojas carnosas comestibles y flores amarillentas o rojas.

verdor s. m. Color verde vivo de las plantas.

verdugo s. m. Tallo verde de un árbol. ‖ Estoque muy delgado. ‖ Funcionario de justicia que ejecuta las penas de muerte.

verdulería s. f. Tienda o puesto donde se venden verduras.

verdulero, ra s. Persona que vende verdura. ‖ *Fam.* Persona descarada y ordinaria.

verdura s. f. Hortaliza que se come fresca o cocida. ◇ FAM. verdulería, verdulero. VERDE.

verecundia s. f. Vergüenza, timidez. ◇ FAM. VERGÜENZA.

vereda s. f. Camino angosto, formado generalmente por el paso repetido de personas y ganado. ‖ *Amér. Merid.* y *Cuba.* Lugar de una calle reservado para la circulación de peatones, acera. • **Hacer entrar, o meter, por, o en, vereda** a alguien, obligarle a llevar una vida ordenada y regular.

veredicto s. m. Fallo pronunciado por un jurado sobre un hecho sometido a su juicio. ‖ Parecer o juicio emitido por alguien autorizado en la materia de que se trata. ◇ FAM. VERDAD.

verga s. f. Palo colocado en un mástil que sirve para asegurar la vela. ‖ *Vulg.* Miembro genital de los mamíferos. ◇ FAM. envergadura.

vergel s. m. Huerto con flores y árboles frutales.

verglás s. m. Capa de hielo, fina y transparente, en la superficie del suelo o de los cuerpos sólidos.

vergonzante adj. Que por vergüenza actúa de forma encubierta.

vergonzoso, sa adj. Que causa vergüenza. ◄ adj. y s. Propenso a sentir vergüenza.

vergüenza s. f. Sentimiento o pérdida de la propia dignidad ocasionado por alguna falta cometida, una ofensa o por el temor a la humillación o deshonra. ‖ Timidez, embarazo. ‖ Estimación de la propia honra. ‖ Deshonor, infamia, indignidad. ◄ pl. Aparato genital. ◇ FAM. vergonzante, vergonzoso. / avergonzar, desvergüenza, sinvergüenza, verecundia.

vericueto s. m. Lugar o paraje áspero, alto y escarpado, por donde sólo se puede pasar con dificultad.

verídico, ca adj. Que dice o incluye verdad. ‖ Verosímil, creíble, que parece verdadero. ◇ FAM. VERDAD.

verificar v. tr. [1a]. Probar que es verdadero algo de lo que se dudaba. ‖ Comprobar la verdad de algo que ya se sabía, o un resultado que se había obtenido. ◄ **verificarse** v. pron. Resultar cierto lo que se había pronosticado. ◇ FAM. verificable, verificación, verificador, verificativo. / averiguar. VERDAD.

verija s. f. *Amér. Central* y *Amér. Merid.* Ijar, ijada.

verja s. f. Enrejado que se emplea como puerta, ventana o cerca.

verme s. m. Gusano o lombriz intestinal. ◇ FAM. vermicida, vermicular, vermífugo.

vermi- pref. Significa 'gusano': *vermicular*.

vermicida adj. y s. m. Dícese del medicamento utilizado para combatir los parásitos intestinales.

vermicular adj. Que se parece a los gusanos o participa de sus cualidades. || Que tiene gusanos o vermes, o los cría.

vermífugo, ga adj. y s. m. Vermicida.

vermut o **vermú** s. m. Licor compuesto de vino blanco, ajenjo y otras sustancias. || Aperitivo que se toma antes de comer. || *Argent., Chile* y *Colomb.* Función de cine o teatro que se da por la tarde.

vernáculo, la adj. Propio del país de que se trata.

verónica s. f. Planta de flores azules o coloreadas de blanco o púrpura, común en bosques y prados. || Lance del toreo de capa.

verosímil adj. Que tiene apariencia de verdadero o que puede ser creíble. ◇ FAM. verosimilitud. / inverosímil. VERDAD y SÍMIL.

verraco s. m. Cerdo semental. || *Amér. Central* y *Amér. Merid.* Pecarí. ◇ FAM. verraquear.

verraquear v. intr. [1]. *Fam.* Llorar los niños con mucha fuerza y rabia.

verruga s. f. Pequeño abultamiento, duro y rugoso, que sale en la piel de las manos o del rostro. ◇ FAM. verrugoso.

versado, da adj. Entendido o instruido en alguna materia.

versalita adj. y s. f. En artes gráficas, dícese de la letra mayúscula de igual tamaño que la minúscula. ◇ FAM. VERSO.

versallesco, ca adj. Relativo a la corte francesa establecida en Versalles: *una fuente versallesca.*

versar v. intr. [1]. Tener como asunto o tema la materia que se expresa. ◇ FAM. versado. / conversar, malversar. VERTER.

versátil adj. Que cambia con facilidad de gustos, opiniones o sentimientos. || Adaptable, amoldable. || *Méx.* Dícese de la persona polifacética. ◇ FAM. versatilidad. VERTER.

versículo s. m. Cada una de las divisiones breves de un capítulo de la Biblia y de otros libros sagrados. || Cada uno de los versos de un poema sin rima ni metro fijo y determinado. ◇ FAM. VERSO.

versificar v. intr. [1a]. Componer versos. ◆ v. tr. Poner en verso. ◇ FAM. versificación, versificador. VERSO.

versión s. f. Traducción de un texto. || Interpretación particular de un hecho, asunto, tema, etc. || Cada una de las distintas interpretaciones de una obra musical, teatral, etc. ◇ FAM. VERTER.

verso s. m. Conjunto de palabras combinadas según ciertas reglas, provistas de un determinado ritmo y, a veces, también de una medida. ◇ FAM. versalita, versículo, versificar. VERTER.

versus prep. Por oposición a, frente a.

vértebra s. f. Cada uno de los huesos que constituyen la columna vertebral. ◇ FAM. vertebrado, vertebral, vertebrar.

vertebración s. f. Acción y efecto de vertebrar.

vertebrado, da adj. y s. m. Dícese de los animales provistos de columna vertebral. ◇ FAM. invertebrado. VÉRTEBRA.

vertebral adj. Relativo a las vértebras: *columna vertebral.*

vertebrar v. tr. [1]. Dar a algo una estructura y organización internas. ◇ FAM. vertebración. VÉRTEBRA.

vertedero s. m. Sitio a donde o por donde se vierten escombros, aguas residuales, basuras, etc.

verter v. tr. y pron. [2d]. Derramar o vaciar un líquido o cosas pequeñas, como polvo, fuera del recipiente que los contiene. || Inclinar un recipiente para vaciar su contenido. ◆ v. tr. Traducir de una lengua a otra. ◆ v. intr. Desembocar una corriente de agua en otra más importante o en el mar. ◇ FAM. vertedero, vertedor, vertible, vertido, vertiente. / extravertido, introvertido, versar, versátil, versión, verso, vierteaguas.

vertical adj. Perpendicular al horizonte o al plano horizontal. || Dícese de las organizaciones, estructuras, etc., que se caracterizan por su fuerte subordinación al estrato superior máximo. ◆ s. m. ASTRON. Círculo mayor de la esfera celeste, cuyo plano contiene la vertical del punto de observación. ◇ FAM. verticalidad, verticalismo, verticalmente. VÉRTICE.

verticalismo s. m. Organización vertical o jerarquizada del poder.

vértice s. m. Punto en que concurren los dos lados de un ángulo o las aristas de tres o más planos de un poliedro. || Cúspide. ◇ FAM. vertical, verticilo. / vórtice.

verticilo s. m. BOT. Conjunto de hojas, flores o ramas dispuestas en un mismo plano alrededor del tallo. ◇ FAM. verticilado. VÉRTICE.

vertido s. m. Acción y efecto de verter. || Aquello que se vierte.

vertiente s. m. o f. Pendiente o declive por donde corre el agua. ◆ s. f. Modo de presentarse una cosa entre varias posibles.

vertiginoso, sa adj. Relativo al vértigo. || Dícese del movimiento muy acelerado: *velocidad vertiginosa.* ◇ FAM. vertiginosamente, vertiginosidad. VÉRTIGO.

vértigo s. m. Sensación de falta de equilibrio en el espacio. || Arrebato, pérdida momentánea del juicio. ◇ FAM. vertiginoso.

vesania s. f. Demencia o furia muy intensa. ◇ FAM. vesánico.

vesícula s. f. Ampolla pequeña de la epidermis que contiene un líquido seroso. || ANAT. Órgano en forma de saco que contiene aire o líquido. ◇ FAM. vesicular. VE-JIGA.

vespasiana s. f. *Argent.* y *Chile.* Urinario público.

vespertino, na adj. Relativo a la tarde. ◇ FAM. VÍSPERA.

vesre s. m. *Argent.* Creación de palabras por inversión de sílabas que se usa en jerga o con fines humorísticos. ◇ FAM. RE-VÉS.

vestal adj. y s. f. Dícese de las doncellas romanas consagradas a la diosa Vesta.

vestíbulo s. m. Portal que da entrada a un edificio. ‖ Recibidor. ‖ ANAT. Cavidad central del oído interno de los vertebrados. ◇ FAM. vestibular.

vestido s. m. Pieza de tela, piel, etc., que se usa para cubrir el cuerpo. ‖ Prenda de vestir exterior femenina de una sola pieza.

vestidura s. f. Vestido. ➤ pl. REL. Vestido que, sobrepuesto al ordinario, usa el sacerdote para el culto divino.

vestigio s. m. Señal o memoria que queda de algo antiguo, pasado o destruido. ‖ Indicio, pista, señal. ◇ FAM. investigar.

vestimenta s. f. Conjunto de prendas de vestir de una persona.

vestir v. tr. y pron. [30]. Cubrir el cuerpo con un vestido. ➤ v. tr. Proveer a alguien de vestido. ‖ Cubrir, disimular: *vistió las paredes con cuadros.* ➤ v. intr. Estar vestido de un determinado modo. ➤ **vestirse** v. pron. Ser cliente de un determinado sastre o modista. ◇ FAM. vestido, vestidor, vestidura, vestimenta, vestuario. / desvestir, investir, revestir, travestir.

vestón s. m. *Chile.* Americana, chaqueta.

vestuario s. m. Conjunto de vestidos, en especial el que se usa en un espectáculo, película, etc. ‖ En ciertos establecimientos públicos y en los teatros, lugar para cambiarse de ropa.

veta s. f. Franja que, por su color u otras características, se distingue de la masa que la rodea. ‖ Vena, filón. ◇ FAM. vetear.

vetar v. tr. [1]. Poner veto, prohibir.

vetarro, rra adj. y s. *Méx. Fam.* Viejo, envejecido.

vetazo s. m. *Ecuad.* Latigazo.

vetear v. tr. [1]. Señalar o pintar vetas.

veteranía s. f. Calidad o condición de veterano.

veterano, na adj. y s. Dícese de la persona experimentada en cualquier actividad. ◇ FAM. veteranía. VIEJO, JA.

veterinaria s. f. Ciencia y profesión que estudia y cura las enfermedades de los animales. ◇ FAM. veterinario.

veterinario, ria adj. Relativo a la veterinaria. ➤ s. Persona que por profesión o estudio se dedica a la veterinaria.

veto s. m. Facultad que tiene una persona o corporación para vedar o impedir una cosa. ◇ FAM. vetar. VEDAR.

vetusto, ta adj. Muy viejo, muy antiguo. ◇ FAM. vetustez. VIEJO, JA.

vez s. f. Cada realización de un suceso o una acción en momento y circunstancias distintas: *la primera vez que vi el mar.* ‖ Tiempo u ocasión en que ocurre algo o se ejecuta una acción. ‖ Tiempo u ocasión de hacer una cosa por turno. ‖ Puesto que corresponde a uno en una cola, turno, etc. ● **A la vez**, simultáneamente. ‖ **A mi, tu**, etc., **vez**, expresa una correspondencia de acciones. ‖ **De una vez**, con una sola acción. ‖ **En vez de**, en sustitución de. ‖ **Tal vez**, posiblemente.

vía s. f. Camino que se sigue para ir a un lugar. ‖ Parte del suelo sobre el que se asientan los carriles del ferrocarril. ‖ Raíl del ferrocarril. ‖ Medio de transporte o comunicación. ‖ Sistema para realizar o conseguir alguna cosa. ‖ ANAT. Cada uno de los conductos que forman un sistema: *vías urinarias.* ● **De vía estrecha** *(Desp.)*, dícese de la persona o cosa mediocre dentro de su categoría. ‖ **En vías de**, en camino, a punto de. ◇ FAM. viaducto, viaje, vial¹, viandante, viario, viático. / aerovía, autovía, aviar, cambiavía, desviar, entrevía, enviar, extraviar, ferroviario.

vía crucis s. m. Camino señalado con catorce estaciones que representan los pasos que dio Jesucristo hacia el Calvario. ‖ Conjunto de rezos que se hacen delante de estas estaciones.

viable adj. Que tiene probabilidades de llevarse a cabo. ‖ MED. Capaz de vivir: *feto viable.* ◇ FAM. viabilidad. / inviable.

viaducto s. m. Puente con arcos sobre una hondonada. ◇ FAM. VÍA.

viajante adj. Que viaja. ➤ s. m. y f. Representante de una casa comercial que hace viajes para negociar ventas o compras.

viajar v. intr. [1]. Ir, desplazarse de un lugar a otro: *viajar en tren.* ‖ Efectuar un medio de transporte el trayecto establecido. ◇ FAM. viajante. VIAJE.

viaje s. m. Acción y efecto de viajar: *hizo dos viajes este verano.* ‖ Recorrido que se hace andando o viviendo de un lugar a otro. ‖ Carga transportada de una sola vez de un lugar a otro. ‖ *Fam.* Estado alucinatorio provocado por el consumo de drogas. ● **Agarrar viaje** *(Argent., Perú* y *Urug. Fam.)*, aceptar una propuesta. ◇ FAM. viajar, viajero. VÍA.

viajero, ra adj. y s. Que viaja.

vial¹ adj. Relativo a la vía. ◇ FAM. vialidad. VÍA.

vial² s. m. Frasco destinado a contener un medicamento inyectable o bebible.

vianda s. f. Alimento que sirve de sustento al hombre.

viandante s. m. y f. Peatón, transeúnte. ◇ FAM. VÍA.

viaraza s. f. *Argent., Colomb., Guat.* y *Urug.* Acción irreflexiva y repentina.

viario, ria adj. Relativo a los caminos y carreteras. ◇ FAM. VÍA.

viático s. m. Dinero o conjunto de provisiones para hacer un viaje. ‖ En la liturgia cristiana, sacramento de la eucaristía que se administra a un enfermo en peligro de muerte. ⬦ FAM. VÍA.

víbora s. f. Serpiente venenosa, con cabeza triangular, vivípara, que vive con preferencia en lugares pedregosos y soleados. ‖ Persona murmuradora y maldiciente. ⬦ FAM. viborear. / viperino.

viborear v. intr. [1]. *Méx.* Hablar mal de alguien, chismorrear. ‖ *Méx.* Inventar chismes.

vibración s. f. Acción y efecto de vibrar. ‖ FÍS. Movimiento periódico de un sistema material alrededor de su posición de equilibrio.

vibrador s. m. Aparato que produce vibraciones mecánicas.

vibrante adj. Que vibra. ⬅ adj. y s. f. LING. Dícese del sonido que se emite interrumpiendo rápidamente varias veces el paso del aire, como la *r* y la *rr*.

vibrar v. tr. [1]. Hacer moverse cualquier cosa larga y elástica con un movimiento trémulo. ‖ Temblar la voz. ⬅ v. intr. Estremecerse ante algo. ⬦ FAM. vibración, vibrador, vibráfono, vibrante, vibrátil, vibratorio.

vibrátil adj. Susceptible de vibrar: *cilio vibrátil.*

vibratorio, ria adj. Que vibra o puede vibrar.

vicaría s. f. Oficio o dignidad de vicario y territorio de su jurisdicción. ‖ Despacho o residencia del vicario.

vicario, ria adj. y s. Dícese de la persona que hace las veces de otra en determinados asuntos. ⬅ s. m. Sacerdote que ejerce su ministerio en una parroquia bajo la autoridad de un párroco. ⬦ FAM. vicaría, vicarial, vicariato.

vice- pref. Se antepone al nombre de un cargo para designar la categoría inferior o el de la persona que puede sustituir al que ocupa aquél: *vicealmirante.*

vicealmirante s. m. Oficial de la armada, inmediatamente inferior al almirante. ⬦ FAM. vicealmirantazgo. ALMIRANTE.

vicecónsul s. m. y f. Funcionario de categoría inmediatamente inferior al cónsul. ⬦ FAM. viceconsulado. CÓNSUL.

vicepresidente, ta s. Persona capacitada para suplir al presidente en ciertos casos. ⬦ FAM. vicepresidencia. PRESIDENTE, TA.

vicerrector, ra s. Persona que hace las veces de rector o rectora.

vicesecretario, ria s. Persona capacitada para sustituir al secretario. ⬦ FAM. vicesecretaría. SECRETARIO, RIA.

vicetiple s. f. Cantante, corista.

viceversa adv. a. Invirtiendo el orden de los términos de una afirmación: *viaje Madrid-Londres y viceversa.*

vichar o **vichear** v. tr. [1]. *Argent.* y *Urug. Fam.* Espiar, acechar.

vichy s. m. Tejido de algodón con ligamento de tafetán y combinaciones de colores vivos y sólidos.

viciado, da adj. Dícese del aire no renovado en un espacio cerrado.

viciar v. tr. y pron. [1]. Pervertir o corromper a alguien. ⬅ v. tr. Alterar, falsear. ⬅ **viciarse** v. pron. Aficionarse con exceso a algo. ⬦ FAM. viciado, VICIO.

vicio s. m. Disposición habitual al mal. ‖/ Afición excesiva por algo. ‖ Costumbre o hábito censurable desde el punto de vista moral. ‖ Frondosidad excesiva para el rendimiento vegetal. • **De vicio** *(Fam.),* sin motivo. ⬦ FAM. viciar, vicioso. / enviciar.

vicioso, sa adj. Que está lleno de vicios o dominado por ellos.

vicisitud s. f. Alternancia de sucesos opuestos. ‖ Suceso contrario al desarrollo de algo. ⬦ FAM. vicisitudinario.

víctima s. f. Persona o animal destinado al sacrificio. ‖ Persona que sufre las consecuencias de una acción propia o de otros. ‖ Persona que muere en un accidente, desastre, etc.

victoria s. f. Triunfo o ventaja que se consigue sobre el contrario en disputa o lid. ⬦ FAM. victorioso. / invicto. VENCER.

victoriano, na adj. y s. Relativo a la reina Victoria de Gran Bretaña y a su época.

victorioso, sa adj. Que ha conseguido una victoria. ‖ Dícese de las acciones con las cuales se consigue un triunfo.

vicuña s. f. *Amér. Merid.* Mamífero andino parecido al guanaco, pero de menor tamaño; es de color leonado, habita en los Andes y es apreciado por su fina lana. ‖ *Amér. Merid.* Lana de este animal. ‖ *Amér. Merid.* Tejido fabricado con dicha lana.

vid s. f. Planta arbustiva, con frecuencia trepadora, cultivada por su fruto, la uva, cuyo jugo fermentado produce el vino. ⬦ FAM. viticultura.

vida s. f. Conjunto de las propiedades características de los seres orgánicos transmisible a la descendencia. ‖ Hecho de existir seres vivos. ‖ Tiempo en el que un organismo está en actividad. ‖ Período de tiempo entre el nacimiento y la muerte. ‖ Duración de las cosas. ‖ Conjunto de todo lo necesario para vivir, sustento. ‖ Modo de vivir. ‖ Energía, vitalidad, vigor. ‖ Biografía. ‖ Persona o ser humano. ‖ Conducta o manera de vivir. • **Buscar**, o **buscarse, la vida,** usar medios conducentes para ganarse el sustento. ‖ **De por vida,** por todo el tiempo de la vida. ‖ **De toda la vida,** desde hace mucho tiempo. ⬦ FAM. vidorra, vidorria, vidurria. / buscavidas, perdonavidas, salvavidas, vital, vitamina. VIVIR.

vidalita s. f. *Argent.* Canción popular de carácter melancólico. ‖ *Argent.* Nombre de otras canciones, como la baguala.

vidente adj. y s. m. y f. Dícese de la persona capaz de adivinar el porvenir o cosas

oculta. <> FAM. clarividencia, invidente.
VER¹.

video- pref. Significa 'televisión' o 'vídeo': *videocámara*.

vídeo s. m. Técnica de grabación y reproducción de imágenes y sonidos por medios electrónicos, a través de un magnetoscopio, una cámara y un televisor. ‖ Sucesión de imágenes obtenidas con esta técnica. ‖ Aparato para grabar o reproducir películas de vídeo. <> FAM. VER¹.

videoarte s. m. Expresión artística a través de la utilización de los medios y técnicas del vídeo.

videocámara s. f. Cámara de vídeo.

videocasete s. f. Casete que permite el registro y la reproducción de un programa televisivo o de una película de vídeo.

videoclip s. m. Pequeño cortometraje realizado en vídeo, que presenta una canción ilustrada con imágenes.

videoclub s. m. Comercio dedicado a la venta o alquiler de películas de vídeo.

videodisco s. m. Disco donde se graban imágenes y sonidos para su posterior reproducción en televisión.

videófono s. m. Videoteléfono.

videojuego s. m. Aparato que permite reproducir en una pantalla diversos juegos contenidos en un disquete o casete, y juego contenido en dicho aparato.

videoteca s. f. Colección de videocasetes. ‖ Mueble o lugar donde se guardan.

videoteléfono s. m. Aparato que combina el teléfono y la televisión.

videotexto s. m. Transmisión de textos informatizados a través de la pantalla del televisor.

vidorra s. f. *Fam.* Vida placentera y cómoda.

vidorria s. f. *Colomb.* y *Venez.* Vida cargada de penalidades.

vidriado s. m. Operación de vidriar. ‖ Objeto de barro o loza sometido a esta operación. ‖ Barniz que se usa en esta operación.

vidriar v. tr. [1]. Recubrir objetos de barro y loza con un barniz que fundido al horno toma la apariencia del vidrio. ◆ **vidriarse** v. pron. Ponerse algo vidrioso, en especial la mirada. <> FAM. vidriado. VIDRIO.

vidriera s. f. Bastidor con vidrios con que se cierran puertas y ventanas, que puede servir de elemento decorativo.

vidriero, ra s. Persona que fabrica, trabaja o vende vidrios.

vidrio s. m. Cuerpo sólido, mineral, no cristalino, generalmente frágil, que resulta de la solidificación progresiva de ciertas sustancias tras su fusión. ‖ Pieza u objeto de este material. <> FAM. vidriar, vidriera, vidriería, vidriero, vidrioso. / vitral, vítreo, vitrificar, vitrina, vitriolo.

vidrioso, sa adj. Que tiene el aspecto del vidrio o es semejante a él. ‖ Dícese de la mirada o de los ojos que parecen no mirar

a ningún punto determinado. <> FAM. vidriosidad. VIDRIO.

vidurria s. f. *Argent. Fam.* Vida regalada.

viedmense adj. y s. m. y f. De Viedma (Argentina).

vieira s. f. Molusco comestible que puede nadar en el mar cerrando bruscamente sus valvas. ‖ Concha de este molusco.

viejera s. f. *P. Rico.* Vejez. ‖ *P. Rico.* Cosa inservible y vieja.

viejerío s. m. *Méx.* Conjunto de mujeres, no necesariamente viejas.

viejo, ja adj. y s. De mucha edad: *animal viejo.* ◆ adj. Antiguo, no reciente. ‖ Deslucido, estropeado. ◆ s. *Amér.* Apelativo cariñoso que se aplica a los padres y también entre cónyuges y amigos. ◆ s. f. *Méx. Fam.* Mujer. <> FAM. vejestorio, vejez, viejera, viejerío, viejorrón. / avejentar, envejecer, veterano, vetusto.

viejorrón s. m. *Méx.* Mujer muy guapa.

vienés, sa adj. y s. De Viena.

viento s. m. Movimiento del aire que se desplaza de una zona de altas presiones a una zona de bajas presiones. ‖ Cuerda con que se ata o se sujeta algo para mantenerlo en su posición. ‖ Rumbo de una embarcación. ‖ Olor que deja una pieza de caza en los lugares por donde ha pasado. ● **Viento blanco** (*Argent.*), borrasca de viento y nieve. ● **Beber uno los vientos por alguien** (*Fam.*), estar muy enamorado. ‖ **Como el viento,** rápida y velozmente. ‖ **Con viento fresco** (*Fam.*), forma de despedir o despedirse de mala manera o con enfado y desprecio. ‖ **Contra viento y marea,** arrastrando inconvenientes y dificultades. ‖ **Correr malos vientos,** ser las circunstancias adversas. <> FAM. vendaval, ventarrón, ventear, ventilar, ventisca, ventolera, ventoso. / aventar, sotavento.

vientre s. m. Cavidad del cuerpo de los vertebrados que contiene principalmente el estómago y los intestinos. ‖ Región del cuerpo que corresponde a esa cavidad. <> FAM. ventrílocuo, ventrudo.

viequeño, ña adj. y s. De Vieques (Puerto Rico).

viernes s. m. Quinto día de la semana.

vierteaguas s. m. Resguardo que cubre puertas, ventanas, etc., para que por él resbale el agua de la lluvia. <> FAM. VERTER y AGUA.

vietnamita adj. y s. m. y f. De Vietnam. ◆ s. m. Lengua hablada en Vietnam.

viga s. f. Pieza horizontal de una construcción, destinada a soportar una carga. ‖ Prensa compuesta de un gran madero horizontal, que gira alrededor de un extremo, para exprimir la aceituna. <> FAM. vigueta. / envigar.

vigente adj. Que está en vigor y observancia: *ley vigente.* <> FAM. vigencia. VIGOR.

vigésimo, ma adj. num. ord. y s. Que corresponde en orden al número veinte.

◆ adj. num. part. y s. m. Dícese de cada una de las veinte partes iguales en que se divide un todo.

vigía s. f. Atalaya, torre. ◆ s. m. y f. Persona que tiene a su cargo vigilar, generalmente desde una atalaya.

vigilancia s. f. Acción y efecto de vigilar. ‖ Servicio montado y dispuesto para vigilar.

vigilante adj. Que está en vela[1], que vigila. ◆ s. m. y f. Persona encargada de vigilar.

vigilar v. tr. e intr. [1]. Estar atento, observar, velar[1] sobre alguien o algo. ◇ FAM. vigía, vigilancia, vigilante. VELAR[1].

vigilia s. f. Acción de estar despierto o en vela. ‖ Falta de sueño o dificultad en dormirse. ‖ REL. Víspera de una festividad religiosa. ‖ REL. Abstinencia por precepto eclesiástico. ◇ FAM. VELAR[1].

vigo s. m. *Hond.* Parche, emplasto.

vigor s. m. Fuerza o capacidad con la que se lleva a cabo algo: *actuar con vigor.* ‖ Validez legal de leyes, decretos, etc. ‖ Vitalidad, energía. ◇ FAM. vigorizar, vigoroso. / vigente.

vigorizar v. tr. y pron. [1g]. Dar vigor a alguien o algo. ◇ FAM. vigorizador. VIGOR.

vigoroso, sa adj. Que tiene vigor. ◇ FAM. vigorosamente, vigorosidad. VIGOR.

vigüela s. f. *Argent., Méx.* y *Urug.* Vihuela.

vigués, sa adj. y s. De Vigo (España).

vigueta s. f. Barra de hierro laminado usada en construcción.

vihuela s. f. Antiguo instrumento musical de cuerda, semejante a la guitarra. ◇ FAM. vihuelista.

vikingo, ga adj. y s. De un pueblo escandinavo de guerreros y navegantes que, entre los ss. VIII y XI, llevó a cabo expediciones por las islas del Atlántico y por casi toda Europa occidental.

vil adj. Innoble y digno de desprecio, que entraña maldad. ◇ FAM. vileza, vilipendiar, vilmente. / envilecer.

vilano s. m. BOT. Limbo del cáliz de una flor, que sirve para transportar las semillas con ayuda del viento.

vileza s. f. Calidad de vil. ‖ Acción o expresión vil, infame.

vilipendiar v. tr. [1]. Despreciar, insultar o tratar con desdén. ◇ FAM. vilipendiador, vilipendio. VIL.

villa s. f. Casa aislada de las demás, con jardín o huerta, generalmente la que está en el campo y sirve de recreo. ‖ Denominación dada por motivos históricos a ciertas poblaciones, ya sean grandes o pequeñas. ● Villa miseria *(Argent.),* barrio marginal de chabolas. ◇ FAM. villancico, villano, villorrio.

villamelón s. m. *Méx. Fam.* Profano que habla con aire de suficiencia de lo que no entiende.

villancico s. m. Canción popular, de tema religioso, que se canta en Navidad. ◇ FAM. VILLA.

villanía s. f. Condición de villano, no noble. ‖ Acción vil o ruin, o expresión indecorosa u obscena: *decir villanías.*

villano, na adj. y s. Dícese de los vecinos de una villa o aldea, pertenecientes al estado llano. ◆ adj. Ruin, infame. ◆ adj. Rústico, no refinado. ◇ FAM. villanesco, villanía. VILLA.

villorrio s. m. *Desp.* Población falta de comodidades y de lo necesario para vivir en ella agradablemente. ◇ FAM. VILLA.

vinagre s. m. Líquido agrio y astringente, resultante de la fermentación del vino o de otro líquido alcohólico. ◇ FAM. vinagrera, vinagreta, vinagroso. / avinagrar. VINO.

vinagrera s. f. Vasija destinada a contener vinagre para el uso diario. ‖ *Amér. Merid.* Acidez de estómago. ◆ pl. Utensilio para el servicio de mesa, compuesto de una vasija para el aceite y otra para el vinagre.

vinagreta s. f. Salsa fría compuesta de vinagre, aceite y sal, y algún que otro ingrediente, como cebolla, perejil o mostaza.

vinajera s. f. Cada una de las dos jarritas que contienen el vino y el agua que se emplean en la misa.

vinatero, ra adj. Relativo al vino. ◆ s. Persona que comercia con vino o lo transporta para venderlo.

vincha s. f. *Amér. Merid.* Cinta o pañuelo que se ciñe a la cabeza para sujetar el pelo.

vinchuca s. f. *Argent., Chile* y *Perú.* Nombre de diversos insectos, de tamaño mediano, generalmente perjudiciales para el hombre por transmitir el mal de Chagas.

vinculación s. f. Acción y efecto de vincular[1].

vincular[1] v. tr. y pron. [1]. Unir con vínculos una cosa a otra. ◆ v. tr. Sujetar ciertos bienes o propiedades a vínculo. ‖ Someter la suerte o el comportamiento de alguien o de algo a los de otra persona o cosa. ◇ FAM. vinculable, vinculación, vinculante. / desvincular. VÍNCULO.

vincular[2] adj. Relativo al vínculo.

vínculo s. m. Unión, ligazón o atadura que une una persona o cosa con otra. ‖ Sujeción de una propiedad, derecho, etc., a determinadas personas, con prohibición de partirlo o enajenarlo. ◇ FAM. vincular[1], vincular[2].

vindicar v. tr. y pron. [1a]. Vengar. ‖ Defender o rehabilitar a quien ha sido calumniado injustamente. ◇ FAM. vindicación, vindicador, vindicativo, vindicatorio. / reivindicar.

vindicativo, va adj. Vengativo. ‖ Que sirve para vindicar.

vinícola adj. Relativo a la elaboración del vino: *industria vinícola.* ◇ FAM. vinicultor, vinicultura. VINO.

vinicultura s. f. Técnica para la elaboración y crianza de vinos.

vinilo s. m. Derivado del etileno usado en la fabricación de plásticos.

vino s. m. Bebida alcohólica que se hace del zumo de las uvas fermentado. <> FAM. vinagre, vinajera, vinatería, vinatero, vínico, vinícola, vinífero, vinoso. / catavino, viña.

viña s. f. Terreno plantado de vides. <> FAM. viñador, viñatero, viñedo. VINO.

viñador, ra s. Persona que trabaja en el cultivo de las viñas.

viñamarino, na adj. y s. De Viña del Mar (Chile).

viñatero, ra s. Propietario de viñas. || *Argent.* y *Perú.* Viticultor.

viñedo s. m. Terreno plantado de vides.

viñeta s. f. Dibujo que se pone como adorno al principio o al final de los libros o de sus capítulos. || Cada uno de los recuadros de una serie en la que con dibujos y texto se compone una historieta de un cómic o tebeo.

viola s. f. Instrumento musical de cuerda y arco, de forma y construcción parecidas a las del violín. <> FAM. violín, violón, violonchelo.

violáceo, a adj. y s. Violado. ◆ adj. y s. f. Relativo a una familia de plantas herbáceas, como la violeta.

violación s. f. Acción y efecto de violar. || Relación sexual impuesta por coacción y que constituye un delito.

violado, da adj. y s. m. De color violeta.

violador, ra adj. y s. Dícese del que viola, particularmente de la persona que comete violación sexual contra otra.

violar v. tr. [1]. Infringir, obrar en contra de una ley, precepto, etc. || Cometer violación sexual. <> FAM. violación, violador. / inviolable. VIOLENTO, TA.

violencia s. f. Calidad de violento. || Acción y efecto de violentar. || Acción en la que se hace uso excesivo de la fuerza.

violentar v. tr. [1]. Vencer la resistencia de alguien o algo mediante la fuerza o la violencia. || Dar una interpretación forzada o falsa a un texto. ◆ **violentarse** v. pron. Vencer alguien su repugnancia a hacer algo.

violento, ta adj. Que se hace o sucede con brusquedad o fuerza excesiva. || Que se sirve de la fuerza contra la razón y la justicia. || Que está fuera de su natural estado. || Irritable, iracundo. || Dícese de la interpretación falsa que se da a un dicho, escrito, etc. ◆ FAM. violar, violencia, violentamente, violentar.

violeta s. f. Planta herbácea muy apreciada en jardinería por sus flores. || Flor de esta planta. ◆ adj. y s. m. Dícese del color que ocupa el séptimo lugar en el espectro solar. ◆ adj. De color violeta. <> FAM. violáceo, violado, violetero. / ultravioleta.

violín s. m. Instrumento musical de cuerda, el más pequeño y agudo de su familia, que se frota con un arco. ◆ s. m. y f. Violinista. ● **Violín en bolsa** (*Argent. Fam.*), indica la intención de eliminar a alguien de un asunto. <> FAM. violinista. VIOLA.

violinista s. m. y f. Persona que toca el violín.

violón s. m. Contrabajo. ◆ s. m. y f. Persona que toca este instrumento en un conjunto instrumental. <> FAM. VIOLA.

violoncelo o **violoncello** s. m. Violonchelo*.

violonchelo s. m. Instrumento musical de cuerda frotada con arco, parecido al contrabajo pero más pequeño. ◆ s. m. y f. Persona que toca este instrumento. <> FAM. violonchelista. VIOLA.

vip s. m. y f. Persona muy importante.

viperino, na adj. y s. m. Relativo a la víbora. || Que tiene sus características. <> FAM. VÍBORA.

vira s. f. Especie de saeta, muy delgada y de punta muy aguda. || Banda de cuero con que se refuerza el calzado.

vira vira s. f. *Argent., Chile, Perú* y *Venez.* Planta cubierta de una pelusa blanca, que se emplea en infusión como pectoral.

virago s. f. Mujer varonil. <> FAM. VIRIL[1].

viraje s. m. Acción y efecto de virar.

virar v. intr. y tr. [1]. Girar cambiando de dirección, en especial un barco. ◆ v. intr. Evolucionar, cambiar de ideas, de manera de actuar, etc. ◆ v. tr. En fotografía, someter el papel impresionado a determinados procesos químicos para cambiar su color. <> FAM. viraje.

viraró s. m. *Argent.* y *Urug.* Árbol de la familia de las leguminosas, de hojas lustrosas, que llega a los veinte metros de altura.

virgen adj. y s. m. y f. Dícese de la persona que no ha tenido unión sexual. ◆ adj. Que se conserva en su estado originario: *selva virgen.* || Genuino, privado de sustancias extrañas: *aceite virgen.* ◆ s. f. En la religión católica, María, madre de Jesús. <> FAM. virginal, virginidad, virgo. / desvirgar. vivalavirgen.

virginal adj. Relativo a la persona que es virgen. || Relativo a la Virgen María. || Puro, intacto, inmaculado.

virginidad s. f. Estado o cualidad de virgen.

virgo s. m. Himen. ◆ s. m. y f. y adj. Persona nacida bajo el signo zodiacal de Virgo.

virguería s. f. Detalle exagerado e innecesario que se añade a algo. || Cosa extraordinaria hecha con perfección y detalle.

virgulilla s. f. Signo ortográfico en forma de coma.

vírico, ca adj. Relativo a los virus.

viril[1] adj. Varonil, propio de hombre. ||

Fuerte, valiente. <> FAM. virago, virilidad, virilizarse, virilmente.

viril² s. m. Vidrio muy claro y transparente que se pone delante de algunas cosas para preservarlas, pero sin ocultarlas.

virilidad s. f. Calidad de viril¹. ‖ Edad adulta del hombre.

virilizarse v. tr. y pron. [1g]. Adquirir una mujer caracteres sexuales masculinos. <> FAM. virilización. VIRIL¹.

viringo, ga adj. Colomb. Desnudo.

virola s. f. Anillo metálico que se coloca en el extremo de ciertos objetos para adorno, protección, remate, etc.

virología s. f. Parte de la microbiología que estudia los virus.

virosis s. f. Enfermedad cuyo origen se atribuye a los virus.

virreina s. f. Mujer que gobierna como virrey. ‖ Esposa del virrey.

virreinato s. m. Cargo o dignidad de virrey. ‖ Territorio gobernado por un virrey.

virrey s. m. Hombre que con este título gobierna en nombre y con autoridad del rey. <> FAM. virreina, virreinal, virreinato. REY.

virtual adj. Que tiene la posibilidad de ser, que es en potencia pero no en la realidad. <> FAM. virtualidad. VIRTUD.

virtud s. f. Cualidad moral particular a observar determinados deberes, a cumplir determinadas acciones. ‖ Facultad de alguien o algo de producir un efecto, particularmente bueno. ‖ Castidad. <> FAM. virtual, virtuoso. / desvirtuar.

virtuosismo s. m. Excepcional dominio de la técnica de un arte, particularmente de una ejecución musical.

virtuoso, sa adj. y s. Dotado de virtudes. ◆ s. Artista dotado de virtuosismo. ‖ Persona de gran talento en algo. <> FAM. virtuosismo. VIRTUD.

viruela s. f. Enfermedad muy contagiosa y epidémica, debida a un virus, que se manifiesta con la aparición de ampollas con pus.

virulento, ta adj. Violento o mordaz: discurso virulento. ‖ MED. Ocasionado por un virus o que participa de su naturaleza. ‖ MED. Infectado, que tiene pus. <> FAM. virulencia. VIRUS.

virus s. m. Microorganismo no celular, invisible para el microscopio óptico y que sólo puede desarrollarse en el interior de una célula viva. ● Virus informático, programa elaborado accidental o intencionadamente que se introduce en la memoria de un ordenador con objeto de que, al ser procesado, produzca daños en dicha memoria. <> FAM. vírico, virología, virosis, virulento.

viruta s. f. Lámina fina de madera, metal, etc., desprendida por la acción de una herramienta. ‖ C. Rica. Mentira, embuste.

vis a vis loc. Frente a frente: se encontraron vis a vis.

visa s. f. Amér. Visado.

visado s. m. Acción y efecto de visar. ‖ Sello o certificación que se pone en un documento, en especial en un pasaporte, al visarlo. <> FAM. visa, visar.

visar v. tr. [1]. Reconocer o examinar un documento que la autoridad competente, poniéndole la certificación necesaria para que tenga validez. <> FAM. visado. / revisar, supervisar. VER¹.

viscacha s. f. Amér. Central y Amér. Merid. Vizcacha*.

víscera s. f. Órgano contenido en las principales cavidades del cuerpo del hombre o de los animales. <> FAM. visceral.

visceral adj. Relativo a las vísceras. ‖ Que proviene de lo más profundo del ser, inconsciente: miedo visceral.

viscosa s. f. Materia textil obtenida a través del tratamiento de la celulosa con algunos compuestos químicos.

viscosidad s. f. Calidad de viscoso. ‖ Materia viscosa.

viscoso, sa adj. De consistencia pastosa y pegajosa: saliva viscosa. <> FAM. viscosidad.

visera s. f. Ala pequeña de las gorras y otras prendas semejantes, para dar sombra a los ojos. ‖ En los automóviles, pieza movible que se puede abatir sobre el cristal delantero para protegerse del sol. <> FAM. VER¹.

visibilidad s. f. Calidad de visible. ‖ Mayor o menor distancia a que pueden verse o verse los objetos con claridad, según las condiciones atmosféricas.

visible adj. Que se puede ver. ‖ Evidente, que no ofrece dudas. <> FAM. visibilidad, visibilizar, visiblemente. / invisible. VER¹.

visigodo, da adj. y s. De una de las dos ramas del pueblo germánico de los godos, que fundó un reino en España. <> FAM. visigótico. GODO, DA.

visillo s. m. Cortina fina y transparente que se coloca en la parte interior de los cristales de una ventana o balcón. <> FAM. VER¹.

visión s. f. Percepción por el órgano de la vista. ‖ Hecho de ver o de representarse algo. ‖ Cosa que se ve o aparece. ● Ver uno visiones (Fam.), dejarse llevar mucho de la imaginación, creyendo lo que no hay. <> FAM. visionar, visionario, visionudo. / cosmovisión, panavisión, televisión. VER¹.

visionar v. tr. [1]. Ver una película cinematográfica o televisiva, generalmente fuera de los cauces de distribución.

visionario, ria adj. y s. Que ve visiones.

visionudo, da s. Méx. Fam. Persona que se comporta y habla de manera extravagante para llamar la atención.

visir s. m. Ministro principal de los soberanos musulmanes. <> FAM. visirato.

visita s. f. Acción de visitar. ‖ Persona que

visita. ‖ Acto en el que el médico reconoce a un enfermo.

visitador, ra adj. y s. Que hace visitas con frecuencia. ◆ s. Persona encargada de hacer visitas de inspección.

visitadora s. f. Hond., P. Rico, R. Dom. y Venez. Lavativa.

visitar v. tr. [1]. Ir a ver a alguien al lugar donde se encuentra. ‖ Ir a un lugar, país, población, etc., para conocerlo o con fines turísticos. ‖ Examinar un médico a los enfermos. ◇ FAM. visita, visitación, visitador, visitadora, visitante. VER[1].

vislumbrar v. tr. [1]. Ver algo de una manera confusa o imprecisa. ‖ Presentir, ver una pequeña posibilidad de algo. ◇ FAM. vislumbre. LUMBRE.

vislumbre s. f. Reflejo o débil resplandor de una luz. ‖ Indicio o intuición de algo. ‖ Apariencia o leve semejanza de algo.

viso s. m. Reflejo de algo que lo hace parecer de color distinto al suyo propio. ‖ Aspecto o apariencia de algo. ◇ FAM. VER[1].

visón s. m. Mamífero carnívoro que vive en Europa, Asia y América. ‖ Prenda hecha con la piel de este animal.

visor s. m. Dispositivo montado en una cámara fotográfica o cinematográfica, que sirve para delimitar la imagen. ◇ FAM. retrovisor. VER[1].

víspera s. f. Día anterior a otro determinado. ◆ pl. Tiempo anterior a un suceso. ◇ FAM. vespertino.

vista s. f. Sentido corporal localizado en los ojos, mediante el cual es posible percibir la luz, los colores, los objetos. ‖ Acción y efecto de ver. ‖ Ojo o conjunto de ellos. ‖ Mirada. ‖ Aspecto, apariencia. ‖ Acierto o sagacidad para percibir cosas que otros no perciben. ● A la vista, visible, evidente. ‖ A primera, o a simple, vista, sin fijar o detenerse mucho en algo. ‖ A vista de pájaro, desde lo alto. ‖ Con vistas a, con el propósito de. ‖ Hacer la vista gorda (Fam.), fingir con disimulo que no se ha visto algo. ‖ Volver la vista atrás, recordar hechos pasados, meditar sobre ellos. ◇ FAM. vistazo, vistoso. / avistar, tomavistas. VER[1].

vistazo s. m. Ojeada, mirada rápida y superficial.

visto, ta adj. Llevado por mucha gente, anticuado. ‖ Con bien o mal, considerado: una acción mal vista. ● Visto bueno, fórmula que se pone al final de un documento, con la firma de la persona que lo aprueba. ‖ Visto que, puesto que. ‖ Visto y no visto, con gran rapidez. ◇ FAM. VER[1].

vistoso, sa adj. Que atrae la atención por su brillantez, viveza de colores, etcétera. ◇ FAM. vistosamente, vistosidad. VISTA.

visual adj. Relativo a la visión. ◆ s. f. Línea recta imaginaria que va desde el ojo del espectador al objeto observado.

◇ FAM. visualidad, visualizar. / audiovisual. VER[1].

visualizar v. tr. [1g]. Hacer visible lo que no se puede ver a simple vista. ‖ Representar mediante imágenes ópticas fenómenos de otro carácter. ‖ Formar en la mente una imagen visual de un concepto abstracto. ◇ FAM. visualización. VISUAL.

vital adj. Relativo a la vida. ‖ De mucha importancia o trascendencia. ‖ Vitalista, optimista. ◇ FAM. vitalicio, vitalidad, vitalismo, vitalizar. VIDA.

vitalicio, cia adj. Que dura desde que se obtiene hasta el fin de la vida: cargo vitalicio.

vitalidad s. f. Calidad de vital o circunstancia de ser vital o trascendente una cosa. ‖ Actividad, eficacia.

vitalismo s. m. Doctrina biológica que hace de un principio vital el principio explicativo de la vida. ◇ FAM. vitalista. VITAL.

vitalista adj. Relativo al vitalismo. ◆ adj. y s. m. y f. Partidario de esa doctrina.

vitalizar v. tr. [1g]. Dar o infundir fuerza o vigor. ◇ FAM. vitalización. / revitalizar. VITAL.

vitamina s. f. Sustancia orgánica indispensable para el crecimiento y buen funcionamiento del organismo, que por sí mismo no puede sintetizar. ◇ FAM. vitaminado, vitamínico. / avitaminosis. VIDA.

vitaminado, da adj. Que contiene vitaminas.

vitamínico, ca adj. Relativo a las vitaminas. ‖ Que contiene vitaminas.

vitela s. f. Piel de vaca, fina y pulida, que se usa para escribir en ella.

vitelino, na adj. Relativo al vitelo. ◇ FAM. univitelino. VITELO.

vitelo s. m. BIOL. Citoplasma del huevo de los animales. ◇ FAM. vitelino.

viticultor, ra s. Persona que se dedica a la viticultura.

viticultura s. f. Cultivo de la vid. ◇ FAM. vitícola, viticultor. VID.

vitola s. f. Marca con que se distinguen, según su tamaño, los cigarros puros. ‖ Faja o banda que llevan como distintivo de fábrica los cigarros puros. ‖ Aspecto de una persona o una cosa.

vítor s. m. Aclamación o expresión con que se elogia a alguien. ◇ FAM. vitorear.

vitorear v. tr. [1]. Aplaudir o aclamar con vítores.

vitoriano, na adj. y s. De Vitoria (España).

vitral s. m. Vidriera de colores. ◇ FAM. VIDRIO.

vítreo, a adj. De vidrio o que tiene sus propiedades. ‖ Que es semejante o parecido al vidrio. ◇ FAM. VIDRIO.

vitrificar v. tr. y pron. [1a]. Convertir en vidrio una materia o darle su aspecto. ‖ Fundir al horno el vidriado de piezas de loza y alfarería. ◇ FAM. vitrificable, vitrificación. VIDRIO.

vitrina s. f. Escaparate o mueble con puertas y paredes de cristal para exponer objetos o artículos de comercio. ◇ FAM. VIDRIO.

vitriolo s. m. Nombre anticuado que se da a los sulfatos. ‖ Ácido sulfúrico concentrado. ◇ FAM. vitriólico. VIDRIO.

vitualla s. f. Conjunto de víveres. ◇ FAM. avituallar.

vituperar v. tr. [1]. Criticar, censurar o reprender duramente a alguien. ◇ FAM. vituperable, vituperación, vituperio.

vituperio s. m. Oprobio. ‖ Acción que causa deshonra. ◇ FAM. vituperioso. / gatuperio. VITUPERAR.

viudedad s. f. Viudez. ‖ DER. Pensión o renta que cobra el cónyuge sobreviviente por razón de viudez.

viudez s. f. Estado de viudo.

viudita s. f. Argent. y Chile. Ave de blanco plumaje que tiene el extremo de la cola y los bordes de las alas ribeteados de negro.

viudo, da adj. y s. Dícese de la persona a quien se le ha muerto su cónyuge y no ha vuelto a casarse. ◇ FAM. viudedad, viudez, viudita. / enviudar.

¡viva! interj. Expresa alegría y aplauso. ◇ FAM. vivar¹. VIVIR.

vivac s. m. Campamento provisional que los montañeros instalan para pasar la noche.

vivace adj. y adv. m. MÚS. Vivo, rápido: *allegro vivace.*

vivacidad s. f. Calidad de vivaz. ‖ Viveza, esplendor.

vivalavirgen s. m. Persona despreocupada que busca su diversión.

vivales s. m. y f. Fam. Persona lista en provecho propio. ◇ FAM. VIVO, VA.

vivaque s. m. Vivac*.

vivar¹ v. tr. [1]. Amér. Central y Amér. Merid. Vitorear, aclamar con vivas.

vivar² s. m. Lugar donde se cría la caza menor, en especial, tipo de conejera móvil. ◇ FAM. VIVIR.

vivaracho, cha adj. Fam. Dícese de la persona, generalmente joven, de carácter vivo, alegre y despierto. ◇ FAM. VIVO, VA.

vivaz adj. Vigoroso, eficaz. ‖ Perspicaz, agudo. ‖ Dícese de las plantas que viven varios años, pero cuyos órganos aéreos mueren cada dos años. ◇ FAM. vivacidad. VIVO, VA.

vivencia s. f. Hecho o experiencia propios de cada persona, que contribuye a formar su carácter y personalidad. ◇ FAM. VIVIR.

víveres s. m. pl. Conjunto de alimentos o provisiones.

vivero s. m. Terreno donde se crían plantas para trasplantarlas después a su lugar definitivo. ‖ Lugar donde se crían o guardan vivos dentro del agua, peces, moluscos, etc. ◇ FAM. VIVIR.

viveza s. f. Rapidez, agilidad. ‖ Brillantez,

luminosidad. ‖ Agudeza de ingenio. ‖ Energía, ardor, pasión.

vívido, da adj. Intenso, lleno de vida. ‖ Que tiene una luminosidad intensa: *la vívida luz del sol.* ◇ FAM. VIVO, VA.

vividor, ra adj. y s. Dícese de la persona que sabe disfrutar de la vida. ◆ s. Persona que vive a expensas de los demás.

vivienda s. f. Refugio natural, o construido por el hombre, en el que éste habita de modo temporal o permanente.

vivificar v. tr. [1a]. Dar nueva vida, hacer vital. ‖ Reanimar, fortalecer, dar fuerza y vigor. ◇ FAM. vivificación, vivificador, vivificativo. / revivificar. VIVO, VA.

vivíparo, ra adj. y s. Dícese del animal cuyas crías se desarrollan en el período fetal en el interior de la hembra.

vivir v. intr. [3]. Tener vida, estar vivo. ‖ Durar con vida. ‖ Alimentarse y tener las cosas necesarias para la vida. ‖ Permanecer en la memoria. ‖ Mantenerse, obtener de algo los medios de subsistencia: *vive de su propio trabajo.* ‖ Habitar. ◇ FAM. vida, ¡viva!, vivar², vivencia, víveres, vivero, vividor, vivienda, viviente, vivo. / convivir, desvivirse, invivible, malvivir, pervivir, revivir, sobrevivir, supervivente.

vivisección s. f. Disección practicada, con fines científicos, en un animal vivo. ◇ FAM. VIVO, VA y SECCIÓN.

vivo, va adj. Que vive, que tiene vida. ‖ Que continúa existiendo. ‖ Intenso: *color vivo.* ‖ Vivaz, espabilado, inquieto. ‖ Que se manifiesta con fuerza, con intensidad: *dolor vivo.* ‖ Que se altera con facilidad: *temperamento vivo.* ‖ Eficaz, persuasivo. ‖ Rápido, ágil. ◆ adj. y s. Avispado, listo: *ser más vivo que el hambre.* ◆ s. m. Borde, canto u orilla de algo. ◇ FAM. vivales, vivaracho, vivaz, viveza, vívido, vivificar, siempreviva, vivalavirgen, vivisección. VIVIR.

viz- pref. Vice-*.

vizcacha s. f. Amér. Merid. Roedor de pelaje grisáceo con el vientre blanco y la cara blanca y negra. ◇ FAM. vizcachera.

vizcachera s. f. Amér. Merid. Madriguera de la vizcacha.

vizcaíno, na adj. y s. De Vizcaya (España).

vizconde, desa s. Título nobiliario inmediatamente inferior al de conde. ◇ FAM. vizcondado. CONDE, DESA.

vocablo s. m. Palabra o término de una lengua. ◇ FAM. vocabulario. VOZ.

vocabulario s. m. Conjunto de palabras reunidas según cierto criterio y ordenadas alfabética o sintácticamente que hace referencia a una lengua, ciencia, arte, autor, etc.: *vocabulario técnico.* ‖ Diccionario.

vocación s. f. Inclinación natural de una persona por un arte, una profesión o un determinado género de vida. ‖ Llamada al sacerdocio o a la vida religiosa. ◇ FAM. vocacional.

vocacional adj. Relativo a la vocación.

vocal adj. Relativo a la voz. ‖ Que se expresa con la voz, verbalmente. ⬥ s. m. y f. Persona que en una junta o asociación tiene derecho de voz. ⬥ s. f. Sonido del lenguaje producido por las vibraciones de las cuerdas vocales. ‖ Letra que representa este sonido, en español: *a, e, i, o, u.* ◇ FAM. vocálico, vocalismo, vocalista, vocalizar. / semivocal. VOZ.

vocálico, ca adj. Relativo a las letras vocales. ◇ FAM. intervocálico. VOCAL.

vocalismo s. m. Sistema de vocales de una lengua.

vocalista s. m. y f. Cantante de un conjunto musical.

vocalizar v. intr. y pron. [1g]. Realizar ejercicios de canto, sin nombrar las notas. ⬥ v. tr. e intr. Articular en la debida distinción las vocales, consonantes y sílabas de una palabra. ◇ FAM. vocalización, vocalizador. VOCAL.

vocativo s. m. LING. Uno de los casos de la declinación usado para invocar, mandar o suplicar. ◇ FAM. VOZ.

voceador, ra s. *Méx.* Vendedor de periódicos callejero.

vocear v. intr. [1]. Dar voces o gritos. ⬥ v. tr. Pregonar algo, anunciar en voz alta. ‖ Difundir algo que debía callarse. ◇ FAM. voceador. VOZ.

vocerío s. m. Confusión de voces altas y desentonadas. ◇ FAM. VOZ.

vocero, ra s. Portavoz, persona que habla en nombre de otro u otros. ◇ FAM. VOZ.

vociferar v. intr. [1]. Hablar a grandes voces o dando gritos. ◇ FAM. vociferación, vociferador, vociferante. VOZ.

vocinglero, ra adj. y s. Que grita o habla muy alto. ‖ Que habla mucho y vanamente. ◇ FAM. vocinglería. VOZ.

vodca s. m. o f. Vodka*.

vodevil s. m. Comedia ligera y divertida. ◇ FAM. vodevilesco.

vodka s. m. o f. Aguardiente de centeno, maíz o cebada, que se consume en los países de Europa oriental.

voladizo, za adj. y s. m. Dícese de la parte que sobresale del muro o de la pared de un edificio.

volado; da adj. Dícese del tipo de imprenta que se coloca en la parte superior del renglón. ⬥ s. m. *Argent.* En prendas de vestir, volante. ‖ *Méx.* Aventura de tipo amoroso. ‖ *Méx.* Moneda lanzada al aire para decidir la suerte. ⬧ **Salir** uno **volado** (*Méx. Fam.*), salir a escape.

volador, ra adj. Que vuela. ⬥ s. m. Pez marino cuyas aletas pectorales están tan desarrolladas que le permiten dar saltos fuera del agua, como si volase. ‖ *Méx.* Práctica ritual prehispánica que consistía en girar en el aire en un trapecio suspendido de una rueda giratoria.

volandas. En volandas, por el aire. ‖ Con mucha rapidez.

volante adj. Que vuela. ⬥ s. m. Rueda de mano que sirve para accionar y guiar el mecanismo de dirección de un automóvil. ‖ Hoja de papel que sirve para anotaciones o en que se manda un aviso. ‖ Adorno de tela fruncida, que se pone en prendas de vestir, o en visillos, cortinas, etc. ‖ Anillo provisto de dos topes que regulariza el movimiento de un reloj. ◇ FAM. pasavolante. VOLAR.

volantín s. m. Cordel con varios anzuelos, que se usa para pescar.

volar v. intr. [1r]. Ir, moverse o mantenerse en el aire por medio de alas o de otro modo. ‖ Viajar, ir por el aire. ‖ Correr, moverse muy de prisa. ‖ Transcurrir rápidamente el tiempo. ‖ *Fam.* Desaparecer: *el dinero voló en pocos días.* ⬥ v. intr. y pron. Elevarse algo en el aire. ⬥ v. tr. Hacer estallar en pedazos algo con una sustancia explosiva. ‖ *Méx.* Sustraer, robar. ◇ FAM. volada, voladizo, volado, volador, voladura, volante, volantín, volatería, volátil, volear, vuelo. / revolotear, sobrevolar.

volatería s. f. Conjunto de aves de diversas especies. ‖ Caza de aves que se hace con otras aves enseñadas para ello. ◇ FAM. volatero. VOLAR.

volátil adj. y s. m. y f. Que vuela o puede volar. ⬥ adj. Voluble, inconstante: *persona volátil.* ‖ QUÍM. Dícese de la sustancia que tiene la propiedad de volatilizarse. ◇ FAM. volatilidad, volatilizar. VOLAR.

volatilizar v. tr. y pron. [1g]. Transformar un cuerpo sólido o líquido en gaseoso o en vapor. ⬥ **volatilizarse** v. pron. *Fam.* Desaparecer inesperada o rápidamente una cosa. ◇ FAM. volatilizable, volatilización. VOLÁTIL.

volatín s. m. Volatinero. ‖ Acrobacia. ◇ FAM. volatinero.

volatinero, ra s. Persona que realiza, con habilidad, ejercicios y saltos sobre una cuerda o alambre.

volcán s. m. Abertura en la corteza terrestre, por la que salen a la superficie productos a alta temperatura del interior de la tierra. ‖ Pasión ardiente o agitada. ‖ *Colomb.* Precipicio. ‖ *P. Rico.* Conjunto de cosas amontonadas. ◇ FAM. volcánico. / vulcanismo, vulcanita, vulcanología.

volcánico, ca adj. Relativo a los volcanes. ‖ Ardiente, apasionado.

volcar v. tr. y pron. [1f]. Inclinar un recipiente u otra cosa de manera que pierda su posición normal, se caiga o vierta su contenido. ⬥ v. tr., intr. y pron. Tumbarse o darse la vuelta un vehículo. ⬥ **volcarse** v. pron. *Fam.* Poner el máximo interés y esfuerzo en alguien o algo. ◇ FAM. volquete, vuelco. / revolcar.

volea s. f. En algunos deportes, acción de golpear la pelota antes de que bote. ◇ FAM. balonvolea. VOLEAR.

volear v. tr. [1]. Golpear algo en el aire para impulsarlo. ◇ FAM. volea, voleo. VO-LAR.

voleibol s. m. Deporte que se disputa entre dos equipos de seis jugadores, lanzando un balón, que se golpea con la mano, por encima de una red.

voleo s. m. Golpe dado en el aire a algo antes de que caiga al suelo. ● **A,** o **al, voleo,** dícese de la manera de sembrar, esparciendo la semilla en el aire a puñados. ‖ *Fam.* Sin criterio.

volframio s. m. QUÍM. Metal de color gris casi negro, que se utiliza para fabricar los filamentos de las lámparas incandescentes.

volitivo, va adj. Relativo a la voluntad: *acto volitivo.* ◇ FAM. VOLUNTAD.

volován s. m. *Méx.* Especie de pastelillo hojaldrado.

volquete s. m. Vehículo cuya caja se puede hacer girar sobre el eje, para volcarla y vaciar su contenido. ‖ Vagón de bordes altos para el transporte de mercancías a granel. ◇ FAM. VOLCAR.

voltaico, ca adj. Dícese de la electricidad producida por las pilas. ◇ FAM. VOLTIO.

voltaje s. m. Tensión eléctrica. ◇ FAM. VOLTIO.

voltamperio s. m. Unidad de medida de la potencia aparente de corriente eléctrica alterna. ◇ FAM. VOLTIO y AMPERIO.

voltario, ria adj. *Chile.* Dadivoso, gastador. ‖ *Chile.* Obstinado, caprichoso.

volteada. **Caer en la volteada** (*Argent. Fam.*), verse alguien comprometido en una situación desagradable y ajena.

volteado s. m. *Méx. Fam.* Homosexual.

voltear v. tr. y pron. [1]. Dar una vuelta o varias vueltas a algo o alguien. ‖ Dar vueltas a algo hasta ponerlo al revés de como estaba colocado. ‖ *Amér. Merid.* y *Méx.* Derribar con violencia, derramar. ◇ FAM. volteado, volteador, volteo. VUELTA.

voltereta s. f. Vuelta dada en el aire. ◇ FAM. VUELTA.

voltímetro s. m. Aparato que sirve para medir una diferencia de potencial en voltios.

voltio s. m. Unidad de potencial eléctrico en el Sistema Internacional. ◇ FAM. voltaico, voltaje, voltímetro. / electronvoltio, voltamperio.

voluble adj. Inconstante, que cambia con frecuencia de actitud o manera de pensar. ‖ BOT. Dícese del tallo y de la planta que crecen en espiral alrededor de un soporte. ◇ FAM. volubilidad.

volumen s. m. Libro, cada una de las partes separadas de una misma obra. ‖ Espacio ocupado por un cuerpo. ‖ Medida del espacio en tres dimensiones ocupado por un cuerpo. ‖ Intensidad de los sonidos o de la voz. ◇ FAM. volumetría, voluminoso.

volumetría s. f. Medida de volúmenes. ◇ FAM. volumétrico. VOLUMEN.

voluminoso, sa adj. Grande, de mucho volumen.

voluntad s. f. Capacidad de determinarse a hacer o no hacer algo. ‖ Energía, capacidad con la que se ejerce esta facultad: *tener voluntad.* ‖ Deseo, aquello que se quiere: *respetar la voluntad de alguien.* ◇ FAM. voluntario, voluntarioso. / volitivo.

voluntariado s. m. Servicio militar que se cumple mediante compromiso voluntario.

voluntario, ria adj. Que nace de la propia voluntad. ◆ s. Persona que se presta voluntariamente a hacer algo. ◆ s. m. Soldado que ingresa en filas por propia voluntad. ◇ FAM. voluntariado, voluntariamente, voluntariedad. / involuntario. VOLUNTAD.

voluntarioso, sa adj. Que pone o tiene voluntad, resolución o constancia. ‖ Obstinado, terco.

voluptuoso, sa adj. Que inspira o expresa placer. ◇ FAM. voluptuosidad.

voluta s. f. ARQ. Adorno en figura de espiral que forma los ángulos de los capiteles jónicos y compuestos.

volver v. tr. [2n]. Dar la vuelta, cambiar de posición, de sentido o dirección. ‖ Cerrar o entornar una puerta, ventana, etc. ‖ Poner una prenda de modo que quede por fuera la parte interior o revés. ‖ Devolver. ◆ v. tr. y pron. Cambiar o hacer que alguien o algo cambie de estado, actitud, parecer, etc. ◆ intr. y pron. Regresar al lugar del que se salió. ‖ Con la prep. *a* y un verbo en infinitivo, hacer otra vez lo que este verbo expresa: *volver a equivocarse.* ◆ **volverse** v. pron. Girar la cabeza o la mirada hacia algo o alguien. ● **Volverse** alguien **atrás,** no cumplir lo que había dicho. ◇ FAM. vuelta, vuelto. / devolver, envolver, revolver.

vómer s. m. ANAT. Hueso que forma la parte superior del tabique de las fosas nasales.

vomitar v. tr. [1]. Arrojar por la boca lo contenido en el estómago. ‖ Arrojar o lanzar violentamente de sí. ‖ Proferir maldiciones, insultos, etc. ◇ FAM. vomitado, vomitivo, vómito, vomitona, vomitorio.

vomitivo, va adj. y s. m. Dícese de la sustancia que provoca el vómito.

vómito s. m. Acción y efecto de vomitar. ‖ Cosa vomitada.

vorágine s. f. Remolino muy fuerte e impetuoso que forman las aguas. ‖ Pasión desenfrenada, mezcla de sentimientos intensos.

voraz adj. Que come mucho y con avidez. ‖ Que consume con rapidez: *incendio voraz.* ◇ FAM. voracidad. / devorar, vorágine.

vórtice s. m. Torbellino hueco que puede

originarse en un fluido en movimiento. ‖ Centro de un ciclón. ⬦ FAM. VÉRTICE.

vos pron. pers. m. y f. sing. de 2.ª persona. Antigua forma de tratamiento. ‖ *Amér.* Tú. ⬦ FAM. *vosear, vosotros, vuestro. / os.*

vosear v. tr. [1]. Dar a una persona tratamiento de *vos.* ⬦ FAM. *voseo. VOS.*

voseo s. m. Empleo hispanoamericano de *vos* por *tú.*

vosotros, tras pron. pers. pl. de 2.ª persona. Funciona como sujeto o como complemento cuando va precedido de preposición.

votación s. f. Acción y efecto de votar. ‖ Sistema de emisión de votos: *votación secreta.*

votar v. intr. y tr. [1]. Dar su voto o decir su dictamen en una elección o deliberación. ⬦ FAM. *votación, votante. VOTO.*

votivo, va adj. Ofrecido por voto o relativo a él.

voto s. m. Opinión o parecer de cada una de las personas llamadas a hacerlo en orden a una elección, consulta, etc. ‖ Derecho a votar: *no tener ni voz ni voto.* ‖ Promesa de carácter religioso, hecha a Dios, a la Virgen o a un santo. ‖ Juramento, blasfemia o expresión irreverente. ‖ Deseo de aquello que se expresa. ⬦ FAM. *votar, votivo. / devoto.*

voyeur s. m. y f. Persona a la que le gusta observar, sin participar en lo que ocurre.

¡vóytelas! interj. *Méx. Fam.* ¡Caramba!, exclamación de sorpresa.

voz s. f. Sonido emitido por el hombre y los animales, al pasar el aire de los pulmones por la laringe y vibrar las cuerdas vocales. ‖ Sonido producido por algo. ‖ Cualquier manera de expresarse una colectividad o algo que no hable: *la voz de la conciencia.* ‖ Grito que da alguien. ‖ Acción de expresar alguien su opinión en una asamblea. ‖ Palabra, vocablo. ‖ Rumor, opinión. ‖ LING. Forma que toma el verbo según la acción sea realizada o sufrida por el sujeto: *voz activa; voz pasiva.* ⬦ FAM. *vocear, vocerío, vocero, vociferar, vocinglero / altavoz, portavoz, tornavoz, vocablo, vocal, vocativo.*

vudú s. m. Culto muy difundido entre los negros de las Antillas y de los estados del sur de Estados Unidos.

vuelco s. m. Acción y efecto de volcar. ‖ *Fam.* Alteración brusca que sufre algo, trastorno. ⬦ FAM. VOLCAR.

vuelo s. m. Acción y efecto de volar. ‖ Desplazamiento activo en el aire de diversos animales, por medio de alas. ‖ Espacio que de una vez se recorre volando. ‖ Amplitud de un vestido, desde la parte que no se ajusta al cuerpo. ‖ Viaje en avión o en cualquier otro ingenio espacial. ⬦ FAM. *revuelo. VOLAR.*

vuelta s. f. Movimiento circular completo de un cuerpo alrededor de un punto o so-

bre sí mismo. ‖ Movimiento de una cosa que la sitúa en la posición contraria a la que tenía. ‖ Paseo. ‖ Regreso, retorno. ‖ Curvatura de una línea, camino, etc. ‖ *Figura circular* que se da o se hace dar a algo que se enrolla o está enrollado alrededor de otra cosa. ‖ Repetición: *la segunda vuelta de una competición.* ‖ Dinero sobrante que se devuelve al pagar algo. ‖ En ciclismo y otros deportes, carrera en etapas en torno a una región, país, etc. • **No tener vuelta de hoja** *(Fam.),* ser algo claro y evidente. ‖ **Poner de vuelta y media** *(Fam.),* insultar, reprender duramente o hablar muy mal de alguien. ⬦ FAM. *voltear, voltereta. / sacavueltas. VOLVER.*

vuelto, ta adj. En posición contraria a la normal. ◆ s. m. *Amér.* Cambio, dinero sobrante de un pago. ⬦ FAM. VOLVER.

vuestro, tra adj. y pron. poses. de 2.ª persona del pl. Expresa la posesión o pertenencia atribuida a dos o más personas, incluida la que escucha: *estos libros son vuestros.* ◆ adj. f. Forma de respeto referido a una persona: *vuestra majestad.* ⬦ FAM. VOS.

vulcanismo s. m. Conjunto de manifestaciones volcánicas. ⬦ FAM. VOLCÁN.

vulcanizadora s. f. *Méx.* Negocio en el que se arreglan llantas de coche.

vulcanizar v. tr. [1g]. Combinar azufre con caucho para hacerlo más impermeable y duradero. ⬦ FAM. *vulcanización.*

vulcanología s. f. Estudio de los volcanes y de los fenómenos volcánicos. ⬦ FAM. *vulcanólogo. VOLCÁN.*

vulgar adj. Relativo al vulgo. ‖ Común o general, por oposición a científico o técnico. ‖ Ordinario, falto de finura: *modales vulgares.* ⬦ FAM. *vulgaridad, vulgarismo, vulgarizar, vulgarmente. VULGO.*

vulgaridad s. f. Calidad de vulgar, falto de finura. ‖ Hecho, expresión, cosa, etc., que carece de distinción o refinamiento.

vulgarismo s. m. Palabra o expresión propia de las gentes incultas.

vulgarizar v. tr. y pron. [1g]. Hacer vulgar o común algo. ◆ v. tr. Hacer asequible al vulgo una ciencia o una técnica. ⬦ FAM. *vulgarización, vulgarizador. VULGAR.*

vulgo s. m. Estrato inferior de la población considerado como menos culto y más ordinario o tosco. ⬦ FAM. *vulgar. / divulgar.*

vulnerable adj. Que puede dañarse con facilidad. ⬦ FAM. *vulnerabilidad. / invulnerable. VULNERAR.*

vulnerar v. tr. [1]. Causar daño o perjuicio a alguien física o moralmente. ‖ Quebrantar una ley, precepto, etc. ⬦ FAM. *vulneración.*

vulva s. f. Parte externa del aparato genital de las hembras de los mamíferos, que constituye la abertura de la vagina.

W

w s. f. Letra llamada *uve doble* que propiamente no pertenece al alfabeto español; sólo se usa en palabras extranjeras.

wagon-lit s. m. Coche cama.

walkie-talkie s. m. Aparato portátil, emisor y receptor de ondas de radio.

walkman s. m. Reproductor portátil de casetes, dotado de auriculares que permite la audición individual.

washingtoniano, na adj. y s. De Washington, capital de Estados Unidos.

wat s. m. Nombre del vatio en la nomenclatura internacional. ⊳ FAM. VATIO.

wáter s. m. Retrete, excusado.

waterpolo s. m. Deporte acuático de equipo, que consiste en introducir un balón en la portería contraria.

watt s. m. Wat*.

wau s. f. LING. Nombre que se da al sonido *u* semiconsonántico o semivocálico.

wc s. m. Wáter.

week-end s. m. Fin de semana.

western s. m. Película de acción que se desarolla en el Oeste americano del s. XIX.

whisky s. m. Licor obtenido por la fermentación alcohólica de cereales.

winchester s. m. Fusil de repetición norteamericano.

windsurf o **windsurfing** s. m. Modalidad de surf, en la que la tabla es propulsada por el viento mediante una vela.

wolframio s. m. Volframio*.

X

x s. f. Vigésima cuarta letra del alfabeto español y decimonovena de sus consonantes; representa un sonido doble; compuesto de *k* y de *s*. ‖ Cifra romana que equivale a diez. ‖ MAT. Signo de la incógnita.

xenofobia s. f. Hostilidad hacia los extranjeros. ⊳ FAM. xenófobo.

xenón s. m. Gas inerte, incoloro e inodoro, que se encuentra en el aire en proporciones ínfimas.

xero- pref. Significa 'seco': xerófilo.

xerocopia s. f. Copia obtenida por xerografía. ⊳ FAM. xerocopiar. COPIA.

xerófilo, la adj. BIOL. Dícese de las plantas que viven en medios secos.

xeroftalmia s. f. Disminución de la transparencia de la córnea, provocada por la carencia de vitamina A.

xerografía s. f. Procedimiento electrostático para imprimir en seco. ⊳ FAM. xerografiar, xerográfico.

xeto, ta adj. *Méx.* Dícese de la persona que tiene labio leporino.

xi s. f. Decimocuarta letra del alfabeto griego.

xifoides adj. y s. m. ANAT. Dícese de la apófisis que constituye la parte inferior del esternón.

xihuilt s. m. Año azteca compuesto de 20 meses.

xilema s. m. Conjunto de los vasos leñosos de las plantas.

xilo- pref. Significa 'madera': xilografía.

xilófago, ga adj. y s. m. Dícese de los insectos que se nutren de la madera.

xilófono o **xilofón** s. m. Instrumento musical de percusión, compuesto de láminas de madera o metal.

xilografía s. f. Arte de grabar en madera. ‖ Impresión obtenida con una plancha de madera. ⊳ FAM. xilográfico, xilógrafo.

xiuhmolpilli s. m. Siglo azteca compuesto de 52 años.

xocoyote s. m. *Méx.* Benjamín, último de los hijos de una familia.

xoxalero, ra s. *Méx.* Hechicero, brujo.

xtabentún s. m. *Méx.* Enredadera de flores blancas, cuya semilla posee un fuerte narcótico que enloquece y emborracha. ‖ *Méx.* Bebida embriagante que se elabora con esta planta.

xumil s. m. *Méx.* Insecto comestible que se adereza con sal y limón.

y¹ s. f. Vigésima quinta letra del alfabeto español y vigésima de sus consonantes; representa un sonido palatal, fricativo y sonoro. ◇ FAM. ye.

y² conj. cop. Enlace coordinante que une palabras, sintagmas u oraciones con la misma función. ‖ Precedida y seguida de la misma palabra da idea de repetición: *horas y horas.* ‖ Tiene valor de enlace al comienzo de frases interrogativas: *¿y tu trabajo?*

ya adv. t. Expresa el tiempo pasado: *ya se ha hablado de esto.* ‖ Indica el tiempo presente pero con relación al pasado: *era rico, pero ya es pobre.* ‖ En tiempo u ocasión futura: *ya nos veremos.* ‖ Finalmente o últimamente: *ya es preciso decidirse.* ‖ Luego, inmediatamente: *ya voy.* ◆ adv. afirm. Expresa asentimiento: *¿sabes que te han despedido? — Ya.* ◆ conj. distrib. Indica que cada una de varias alternativas conducen a la misma consecuencia: *ya con gozo, ya con dolor.* ● **Ya que**, expresión causal o consecutiva.

yabucoeño, ña adj. y s. De Yabucoa (Puerto Rico).

yabuna s. f. *Cuba.* Hierba gramínea muy abundante en las sabanas. ◇ FAM. yabunal.

yac s. m. Yak*.

yacaré s. m. *Argent., Bol.* y *Par.* Reptil parecido al cocodrilo pero de menor tamaño, que se alimenta de peces y vertebrados y su piel se aprovecha comercialmente.

yacente adj. Que yace: *estatua yacente.*

yacer v. intr. [2g]. Estar echado o tendido. ‖ Estar enterrado en cierto sitio. ‖ Acostarse, cohabitar con alguien. ◇ FAM. yacente, yacimiento. / adyacente, subyacer.

yacimiento s. m. Acumulación natural y local de minerales, rocas, fósiles o restos prehistóricos.

yagua s. f. *Colomb.* y *Venez.* Planta palmácea. ‖ *Cuba* y *P. Rico.* Tejido fibroso que envuelve la parte más tierna de la palma real.

yagual s. m. *Amér. Central* y *Méx.* Rodete que se pone sobre la cabeza para llevar pesos.

yaguané adj. y s. m. *Argent., Par.* y *Urug.* Vacuno o caballar con el pescuezo y los costillares de distinto color al del resto del cuerpo. ◆ s. m. *Amér.* Mofeta, zorrillo.

yaguar s. m. Mamífero carnívoro americano, parecido al leopardo, de color amarillento con pequeños anillos negros. ◇ FAM. yaguareté.

yaguareté s. m. *Argent., Par.* y *Urug.* Yaguar.

yaguasa s. f. *Cuba* y *Hond.* Ave acuática similar al pato salvaje.

yaití s. m. *Cuba.* Planta cuya madera, que es muy dura, se emplea para hacer vigas y horcones.

yak s. m. Rumiante de gran tamaño, de pelaje lanoso y ondulado, que vive en el Tíbet y es utilizado como animal de labor y carga.

yal s. m. *Chile.* Pájaro pequeño de pico amarillo y plumaje gris.

yambo s. m. Pie de la poesía griega y latina compuesto de una sílaba breve y otra larga acentuada. ◇ FAM. yámbico.

yanqui s. m. y f. y adj. Estadounidense, norteamericano.

yantar v. tr. [1]. Antiguamente, comer, ingerir alimentos.

yapa s. f. *Amér. Central* y *Amér. Merid.* Propina, añadidura. ◇ FAM. yapar.

yapar v. tr. [1]. *Amér. Central* y *Amér. Merid.* Añadir el vendedor algo a lo comprado. ‖ *Argent.* Agregar a un objeto otro de la misma materia o que sirve para el mismo uso.

yapú s. m. *Argent.* Pájaro de color negro mezclado con amarillo, propio de las zonas selváticas y boscosas.

yarará s. f. *Amér. Merid.* Serpiente venenosa, de unos 150 cm de longitud, de color pardo claro con dibujos más oscuros, cuya mordedura puede ser mortal.

yaraví s. m. *Bol.* y *Perú.* Canto melancólico de origen incaico.

yarda s. f. Medida de longitud anglosajona equivalente a 91,4 cm.

yare s. m. *Venez.* Jugo venenoso que se extrae de la yuca amarga. ‖ *Venez.* Masa de yuca dulce con la que se hace el cazabe.

yareta s. f. *Amér. Merid.* Planta que crece en los páramos andinos.

yarey s. f. *Cuba.* Planta con cuyas fibras se hacen sombreros.

yataí o **yatay** s. m. *Argent., Par.* y *Urug.* Planta de cuyos frutos se obtiene aguardiente y las yemas terminales son utilizadas como alimento para el ganado.

yate s. m. MAR. Embarcación de recreo, de vela o a motor.

yautía s. f. Amér. Central y Amér. Merid. Planta herbácea de tubérculos comestibles.

yaya s. f. Perú. Especie de ácaro.

yayo, ya s. Fam. Abuelo.

ye s. f. Nombre de la letra y. ◇ FAM. yeísmo. Y¹.

yedra s. f. Hiedra*.

yegua s. f. Hembra del caballo. ‖ Amér. Central. Colilla de cigarro. ➡ adj. Amér. Central y P. Rico. Estúpido, tonto. ◇ FAM. yeguada, yeguar, yeguarizo, yegüero.

yeguada s. f. Manada o rebaño de caballos. ‖ Amér. Central y P. Rico. Tontería, disparate.

yeguarizo, za adj. y s. Argent. Caballar.

yeísmo s. m. Fenómeno fonético que consiste en pronunciar la ll como y. ◇ FAM. yeísta. YE.

yelmo s. m. Parte de la armadura que cubría la cabeza y la cara.

yema s. f. Brote en forma de botón escamoso, que aparece en el tallo de las plantas. ‖ Parte central, de color amarillo, del huevo de los animales. ‖ Dulce compuesto de azúcar y yema de huevo. ‖ Parte del extremo del dedo, opuesto a la uña. ◇ FAM. yemita. / gemación.

yemení adj. y s. m. y f. Del Yemen.

yemita s. f. Méx. Dulce a base de huevo, azúcar y otros ingredientes.

yen s. m. Unidad monetaria de Japón.

yerba s. f. Hierba*. ‖ R. de la Plata. Producto industrializado, elaborado a partir de la planta yerba mate, que se consume en infusión. • **Yerba mate** (Argent., Par. y Urug.), planta de hojas lampiñas y aserradas, fruto en drupa roja y flores blancas. ◇ FAM. yerbal, yerbatal, yerbatero, yerbear, yerbero. / enyerbar. HIERBA.

yerbal s. m. Argent. y Urug. Plantación de yerba mate.

yerbatal s. m. Argent. Yerbal.

yerbatero, ra adj. y s. Chile, Colomb., Ecuad., Méx., P. Rico y Venez. Dícese del médico o curandero que cura con hierbas. ➡ adj. R. de la Plata. Relativo a la yerba mate o a su industria. ➡ s. Chile, Colomb., Ecuad., Méx., P. Rico y Venez. Vendedor de hierbas de forraje. ‖ R. de la Plata. Persona que se dedica al cultivo, industrialización o venta de la yerba mate.

yerbero, ra s. Méx. Curandero. ➡ s. f. Argent. y Par. Conjunto de dos recipientes para la yerba y el azúcar con que se prepara el mate³.

yerbilla s. f. Guat. Tela de algodón con cuadros de colores diferentes.

yermo, ma adj. Inhabitado, despoblado. ➡ adj. y s. m. Dícese del terreno o campo erial o no cultivado.

yerno s. m. Respecto de una persona, marido de su hija.

yero s. m. Planta herbácea que crece en la península Ibérica y cuya semilla se utiliza como alimento para el ganado. ◇ FAM. yeral.

yerra s. f. R. de la Plata. Acción y efecto de marcar con el hierro el ganado. ◇ FAM. HIERRO.

yerro s. m. Falta o equivocación cometida por descuido o ignorancia. ◇ FAM. ERRAR.

yérsey o **yersi** s. m Amér. Central y Amér. Merid. Jersey. ‖ Méx. Tejido fino de punto. ◇ FAM. JERSEY.

yerto, ta adj. Tieso, rígido o inerte. ◇ FAM. ERGUIR.

yesca s. f. Materia muy seca en la que prende fácilmente cualquier chispa. ◇ FAM. yesquero.

yesero, ra adj. Relativo al yeso. ➡ s. Persona que tiene por oficio fabricar o vender yeso.

yeso s. m. Roca sedimentaria formada por sulfato cálcico hidratado y cristalizado, que se utiliza en escultura, inmovilización de miembros fracturados, construcción, etc. ◇ FAM. yesal, yesar, yesería, yesero, yesoso. / enyesar.

yesquero s. m. P. Rico. Mechero, encendedor.

yeta s. f. Argent. y Urug. Desgracia, mala suerte.

yeti s. m. Ser legendario que vive en la vertiente sur del Himalaya y que en occidente se denomina abominable hombre de las nieves.

ye-ye adj. y s. m. y f. Fam. Dícese de la música pop de los años sesenta, así como su baile, intérpretes, estética, fans, etc.

yeyuno s. m. Parte del intestino delgado que está a continuación del duodeno.

yiddish s. m. Lengua germánica hablada por las comunidades judías de Europa central y oriental.

yiro s. m. Argent. y Urug. Vulg. Prostituta.

yo pron. pers. m. y f. sing. de 1.ª persona. Funciona como sujeto: yo como. ➡ s. m. FILOS. Sujeto pensante, por oposición al mundo exterior. ◇ FAM. EGO.

yod s. f. LING. Nombre dado a la i semiconsonante o semivocal.

yodo s. m. Cuerpo simple no metálico de color gris negruzco con brillo metálico y bajo punto de fusión. ◇ FAM. yodado.

yoga s. m. Disciplina espiritual y corporal hindú destinada a alcanzar la perfección del espíritu a través de un conjunto de técnicas de concentración mental. ◇ FAM. yogui.

yoghourt s. m. Yogur.

yogui s. m. y f. Persona que practica yoga.

yogur s. m. Producto lácteo preparado con leche fermentada. ◇ FAM. yogurtera.

yogurtera s. f. Aparato para elaborar yogur.

yola s. f. MAR. Embarcación estrecha y muy ligera, movida a remo.

yonqui s. m. y f. *Fam.* Persona que se inyecta droga habitualmente.

yóquey o **yoqui** s. m. Jockey*.

yoyó o **yo-yo** s. m. Juguete consistente en un disco acanalado como una lanzadera, al que se hace subir y bajar a lo largo de un hilo atado a su eje.

yuan s. m. Unidad monetaria de China.

yuca s. f. Planta americana, de hojas largas y flores blancas, con cuya raíz se elabora una harina alimenticia. ◇ FAM. yucal.

yudo s. m. Judo*.

yudoca s. m. y f. Judoka*.

yugo s. m. Instrumento de madera al cual se uncen dos animales de tiro, y al que va sujeta la lanza del carro, el timón del arado, etc. ‖ Ley o dominio que somete y obliga a obedecer. ◇ FAM. yugular¹, yugular². / cónyuge, subyugar.

yugoslavo, va adj. y s. De la antigua Yugoslavia. ◇ FAM. ESLAVO, VA.

yugular¹ v. tr. [1]. Degollar, cortar el cuello. ◇ FAM. YUGO.

yugular² adj. ANAT. Relativo al cuello. ➤ s. f. y adj. Una de las grandes venas del cuello. ◇ FAM. YUGO.

yunque s. m. Bloque de hierro acerado sobre el que se forjan los metales. ‖ ANAT. Segundo huesecillo del oído medio.

yunta s. f. Par de bueyes, mulas u otros animales que sirven en las labores del campo. ◇ FAM. yuntas, JUNTO, TA.

yuntas s. f. pl. *Venez.* Par de gemelos.

yuppie s. m. y f. Joven profesional de formación universitaria e ideología conservadora, que trabaja en la ciudad y goza de una posición económica elevada.

yuquerí s. m. *Argent.* Planta de fruto similar a la zarzamora.

yuré s. m. *C. Rica.* Especie de paloma pequeña.

yurro s. m. *C. Rica.* Manantial, arroyuelo.

yuruma s. f. *Venez.* Médula de una planta palmácea con la que se elabora una harina panificable.

yurumí s. m. *Amér. Merid.* Tipo de oso hormiguero.

yute s. m. Planta asiática de cuya corteza se obtiene una fibra usada en la elaboración de sacos y esteras. ‖ Tejido hecho con esta fibra.

yuto-azteca s. m. Uto-azteca*.

yuxta- pref. Significa 'al lado' o 'cerca de': *yuxtaponer.*

yuxtaponer v. tr. y pron. [1]. Poner una cosa junto a otra. ◇ FAM. yuxtaposición. PONER.

yuxtaposición s. f. Unión de oraciones sin utilizar un nexo.

yuyero, ra adj. *Argent.* Se dice de la persona aficionada a las hierbas medicinales. ‖ *Argent.* Dícese del curandero que receta estas hierbas. ‖ *Argent.* Dícese de la persona que las vende.

yuyo s. m. *Amér. Merid.* Hierba. ➤ s. m. pl. *Colomb.* y *Ecuad.* Conjunto de hierbas que sirven de condimento. ‖ *Perú.* Conjunto de hierbas tiernas comestibles. ● **Yuyo colorado** (*Argent.*), planta utilizada para hacer lejía. ◇ FAM. yuyal, yuyero.

Z

z s. f. Vigésima sexta letra del alfabeto español y vigésima primera de sus consonantes; representa un sonido fricativo, interdental y sordo, aunque está muy extendida la pronunciación como *s*.

zabordar v. intr. [1]. MAR. Varar un barco en tierra. ◇ FAM. zabordamiento. BORDE[1].

zacapa adj. y s. m. y f. De Zacapa (Guatemala).

zacatal s. m. *Amér. Central* y *Méx.* Pastizal.

zacate s. m. *Amér. Central* y *Méx.* Hierba, pasto, forraje. || *Méx.* Estropajo. ◇ FAM. zacatal, zacatón.

zacateca s. m. *Cuba.* Empleado de una funeraria.

zacatón, na s. *Méx. Fam.* Persona huidiza, cobarde. || *Méx. Fam.* Persona miedosa. ◆ s. m. *C. Rica.* y *Méx.* Hierba alta para pasto. || *Méx.* Planta con cuya raíz se fabrican cepillos.

zafacoca s. f. *Amér. Central* y *Amér. Merid.* Riña.

zafacón s. m. *P. Rico.* y *R. Dom.* Cubo de basura.

zafado, da adj. y s. *Argent.* Atrevido, descarado, insolente. || *Méx.* Loco, chiflado. ◇ FAM. zafaduría.

zafadura s. f. *Amér. Central* y *Amér. Merid.* Dislocación, luxación.

zafaduría s. f. *Argent.* y *Urug.* Conducta o lenguaje atrevidos.

zafarrancho s. m. Acción y efecto de desembarazar una parte de la embarcación, para dejarla dispuesta a determinada faena. || *Fam.* Destrozo, estrago. || *Fam.* Riña o pelea.

zafarse v. pron. [1]. Escaparse, esconderse. || Excusarse de hacer algo. || *Amér.* Dislocarse, descoyuntarse un hueso. ◇ FAM. zafadura.

zafio, fia adj. Tosco, inculto o grosero en los modales o en el comportamiento. ◇ FAM. zafiedad.

zafiro s. m. Variedad transparente del corindón de color azul.

zafra[1] s. f. Vasija de metal, grande, con tapadera, donde se coloca el aceite para guardarlo o almacenarlo.

zafra[2] s. f. Cosecha y fabricación de la caña de azúcar.

zaga s. f. Parte de atrás o posterior de una cosa. || DEP. Defensa de un equipo. ● **A, a la, o en, zaga,** detrás o en la parte posterior. ◇ FAM. zaguero. / rezagarse.

zagal, la s. Muchacho o muchacha que ha llegado a la adolescencia.

zaguán s. m. Pieza o habitación cubierta, inmediata a la entrada de un edificio y que sirve de vestíbulo.

zaguero, ra adj. y s. Que va, está situado o se coloca detrás. ◆ s. m. En deportes de equipo, jugador que se coloca detrás.

zaherir v. tr. [22]. Reprender, censurar con humillación o malos tratos. ◇ FAM. zaheridor, zaherimiento. HERIR.

zahína s. f. Planta gramínea que se utiliza como alimento para pájaros y como forraje.

zahón s. m. Prenda que llevan los cazadores y gente de campo para resguardar el traje.

zahorí s. m. y f. Persona a quien se atribuye la facultad de descubrir aguas subterráneas y yacimientos minerales.

zahúrda s. f. Pocilga para cerdos. || Vivienda sucia y miserable.

zaino[1]**, na** adj. Traidor, falso, poco digno de confianza.

zaino[2]**, na** adj. Dícese de la caballería de pelaje castaño oscuro. || Dícese de la res vacuna de color negro.

zaireño, ña adj. y s. De Zaire.

zalagarda s. f. Riña, pelea. || Emboscada.

zalamería s. f. Halago, demostración de cariño, afectada y empalagosa. ◇ FAM. zalamero.

zamarra s. f. Prenda de vestir, en forma de chaleco, hecha de piel con su pelo. ◇ FAM. zamarrear, zamarro, zamarronear. / chamarra.

zamarro s. m. Zamarra. ◆ pl. *Colomb., Ecuad.* y *Venez.* Especie de zahón para montar.

zamarronear v. tr. [1]. *Argent., Chile* y *Ecuad.* Zamarrear.

zamba s. f. *Amér. Merid.* Danza popular que se baila en pareja suelta y con revoleo de pañuelos.

zambo, ba adj. y s. Que tiene torcidas las piernas hacia afuera, desde las rodillas. || *Amér.* Dícese del hijo de negro e india o viceversa. ◇ FAM. patizambo.

zambomba s. f. Instrumento musical rústico que produce un sonido fuerte y áspero. ● **¡Zambomba!** interj. *Fam.* Denota sorpresa o asombro. ◇ FAM. zambombazo.

zambombazo s. m. *Fam.* Estampido o explosión con mucho ruido y fuerza. ‖ *Fam.* Porrazo, golpe.

zambullida s. f. Acción y efecto de zambullir o zambullirse.

zambullir v. tr. y pron. [3h]. Sumergir o sumergirse en el agua de forma impetuosa y rápida. ◇ FAM. zambullida.

zambutir v. tr. [3]. *Méx.* Introducir, meter, hundir.

zamorano, na adj. y s. De Zamora (España).

zampabollos s. m. y f. *Fam.* Persona glotona.

zampar v. tr. [1]. Meter bruscamente una cosa en un líquido o en un sitio. ◆ v. intr. y pron. Comer de prisa y con exageración. ◇ FAM. zampón. / zampabollos.

zampoña s. f. Instrumento musical rústico a modo de flauta o gaita.

zamuro s. m. *Colomb.* y *Venez.* Zopilote.

zanahoria s. f. Planta herbácea que se cultiva por su raíz rica en azúcar y comestible. ‖ Raíz de esta planta.

zanate s. m. *C. Rica, Guat., Hond., Nicar.* y *Méx.* Pájaro de plumaje negro que se alimenta de semillas. ◇ FAM. zanatal.

zanca s. f. Pata de algunas aves, cuando es larga. ‖ *Fam.* Pierna del hombre cuando es larga y delgada. ‖ Viga inclinada que sirve de apoyo a los peldaños de una escalera. ◇ FAM. zancada, zancadilla, zanco, zancón, zancudo.

zancada s. f. Paso más largo del normal.

zancadilla s. f. Acción de cruzar uno su pierna por entre las de otro para hacerle perder el equilibrio y caer. ‖ *Fam.* Ardid o engaño para perjudicar a alguien. ◇ FAM. zancadillear. ZANCA.

zanco s. m. Cada uno de los dos palos altos, con soportes donde se apoyan los pies, sobre los que se anda en algunos juegos.

zancón, na adj. *Fam.* Zancudo, que tiene las zancas largas. ‖ *Colomb., Guat., Méx.* y *Venez.* Dícese del traje demasiado corto.

zancudo, da adj. Que tiene las zancas largas. ◆ adj. y s. Dícese del ave de largas patas que busca su alimento en las aguas dulces poco profundas. ◆ s. m. *Amér.* Mosquito.

zanganear v. intr. [1]. *Fam.* Holgazanear.

zángano, na s. m. Abeja macho. ◆ s. *Fam.* Persona holgazana que no hace nada de provecho. ◇ FAM. zanganear, zanganería.

zanguango, ga adj. y s. Indolente, perezoso. ◆ s. *Amér. Merid.* Persona que se comporta de manera estúpida y torpe.

zanja s. f. Excavación larga y estrecha que se hace en la tierra. ‖ *Amér. Central* y *Amér. Merid.* Surco que abre en la tierra la corriente de un arroyo. ◇ FAM. zanjar, zanjón.

zanjar v. tr. [1]. Abrir o excavar zanjas. ‖ Resolver un asunto o problema.

zanjón s. m. *Chile.* Precipicio, despeñadero.

zapa¹ s. f. Especie de pala que usan los zapadores. ‖ Excavación de galería subterránea o zanja al descubierto. ◇ FAM. zapar. / zapapico.

zapa² s. f. Piel áspera de algunos peces como la raya o lija.

zapador s. m. Soldado que se ocupa de abrir trincheras o zanjas.

zapallo s. m. *Amér. Merid.* Calabacera. ‖ *Amér. Merid.* Fruto de esta planta.

zapapico s. m. Herramienta con mango de madera y dos bocas opuestas, terminada la una en punta y la otra en corte angosto.

zapar v. tr. e intr. [1]. Hacer excavaciones. ◇ FAM. zapador. ZAPA¹.

zapata s. f. Calzado que llega a media pierna. ‖ Pieza del sistema de freno de algunos vehículos y que, por rozamiento, retarda o detiene su movimiento.

zapateado s. m. Modalidad de baile flamenco, caracterizada por el rítmico golpear de los pies. ‖ Música de este baile.

zapatear v. tr. [1]. Dar golpes en el suelo con los pies calzados. ‖ En el baile, dar golpes con los pies llevando un ritmo muy vivo. ◇ FAM. zapateado, zapateo. ZAPATO.

zapateo s. m. Acción y efecto de zapatear.

zapatero, ra s. Persona que tiene por oficio hacer, componer o vender zapatos.

zapatilla s. f. Zapato ligero y cómodo para estar en casa. ‖ Zapato ligero usado en ballet. ‖ Calzado deportivo hecho de un material flexible. ◇ FAM. zapatillazo, zapatillero. ZAPATO.

zapato s. m. Calzado de piel u otro material, con la planta de suela, goma, etc., que no pasa del tobillo. ◇ FAM. zapata, zapatazo, zapatear, zapatería, zapatero, zapatilla, zapatudo.

zapatudo, da adj. *Cuba* y *P. Rico.* Dícese del alimento correoso.

zapotazo s. m. *Méx. Fam.* Golpe que al caer se da uno contra el suelo.

zapote s. m. *Amér.* Planta cuyo fruto, de forma esférica y blando, es comestible y de sabor muy dulce. ◇ FAM. zapotal.

zapoteca adj. y s. m. y f. De un pueblo amerindio que habita en los estados de Oaxaca, Chiapas y Veracruz.

zapoyolito s. m. *Amér. Central* y *Amér. Merid.* Ave trepadora similar al perico.

zar s. m. Título que se daba al emperador de Rusia y a los soberanos de Bulgaria y Serbia. ◇ FAM. zarina, zarismo, zarista.

zarabanda s. f. Antigua danza popular española. ‖ Música y copla de esta danza. ‖ Jaleo, agitación, desorden.

zaragata s. f. *Fam.* Alboroto, riña. ◇ FAM. zaragatear.

zaragate s. m. *Amér. Central* y *Venez.* Persona pícara o despreciable.

zaragozano, na adj. y s. De Zaragoza (España).

zaragüelles s. m. pl. Especie de calzones anchos, con perneras formando pliegues.

zaragutear v. intr. [1]. *Méx.* Holgazanear, vagabundear.

zaramullo s. m. *Perú* y *Venez.* Persona bellaca y despreciable.

zaranda s. f. *Venez.* Trompo hueco que zumba al girar, trompa.

zarandajas s. f. pl. Insignificancia, cosa sin importancia.

zarandear v. tr. y pron. [1]. Mover a alguien o algo de un lado a otro con rapidez y energía. || Cribar. || *Chile, Perú, P. Rico* y *Venez.* Contonearse. ◇ FAM. zarandeo.

zarate s. f. *Hond.* Sarna.

zarcillo s. m. Pendiente en forma de aro. || BOT. Hoja o brote en forma de filamento voluble.

zarigüeya s. f. Mamífero americano, cuya hembra posee una larga cola prensil que sirve para mantener a las crías sobre la espalda.

zarina s. f. Emperatriz de Rusia. || Esposa del zar.

zarpa s. f. Mano con dedos y uñas afiladas de ciertos animales, como el león, el tigre, etc. || *Fam.* y *vulg.* Mano humana. ◇ FAM. zarpazo.

zarpar v. intr. [1]. Salir un barco del lugar en que está anclado. ◆ v. tr. Levar anclas.

zarpazo s. m. Golpe dado con la zarpa.

zarrapastroso, sa adj. y s. *Fam.* De aspecto sucio y descuidado.

zarza s. f. Planta espinosa, cuyos frutos están compuestos de pequeñas drupas. ◇ FAM. zarzal, zarzo, zarzoso. / enzarzar, zarzamora, zarzaparrilla.

zarzamora s. f. Fruto de la zarza. || *Zarza.*

zarzaparrilla s. f. Planta arbustiva, de tallo voluble y espinoso, de la que se obtiene la bebida refrescante homónima.

zarzo s. m. Tejido plano hecho con varas, cañas o mimbres.

zarzuela s. f. Obra dramática española, en la que alternan los fragmentos hablados y los cantados. || Plato con varias clases de pescado condimentado con una salsa especial. ◇ FAM. zarzuelista.

¡zas! interj. Expresa el sonido que produce un golpe, o la brusquedad con que se hace o sucede algo.

zascandil s. m. y f. *Fam.* Persona aturdida, informal y entrometida.

zeda s. f. Zeta, letra griega.

zedilla s. f. Cedilla*.

zéjel s. m. Estrofa derivada de la moaxaja, utilizada en numerosas cantigas galaico-portuguesas y villancicos.

zenit s. m. Cenit*.

zepelín s. m. Globo dirigible de estructura metálica rígida.

zeta s. f. Nombre de la letra z. || Sexta letra del alfabeto griego. ◆ s. m. *Fam.*

Coche patrulla de la policía nacional. ◇ FAM. zeda, zedilla.

zeugma o **zeuma** s. m. LING. Figura que consiste en no repetir en dos o más enunciados un término expresado en uno de ellos: *era guapa y (era) delgada.*

zigoto s. m. Cigoto*.

zigzag s. m. Línea formada por segmentos que forman alternativamente ángulos entrantes y salientes. ◇ FAM. zigzaguear.

zinc s. m. Cinc*.

zíngaro, ra adj. y s. Cíngaro*.

zíper s. m. *Méx.* Cremallera.

zipizape s. m. *Fam.* Riña, discusión.

zoc s. m. *Méx.* Murciélago.

zócalo s. m. Cuerpo inferior del exterior de un edificio, que sirve para elevar los basamentos a un mismo nivel. || Rodapié colocado en una pared. || *Méx.* Plaza mayor.

zoco s. m. En los países árabes, mercado generalmente cubierto.

zodíaco s. m. ASTRON. Zona de la esfera celeste en la que se desplaza el Sol, la Luna y los principales planetas del sistema solar, y que está dividida en doce partes llamadas signos del zodíaco. ◇ FAM. zodiacal.

zolcuate s. m. *Méx.* Serpiente venenosa que en su canto imita a la codorniz.

zombi o **zombie** s. m. Según el vudú, cadáver desenterrado y revivido artificialmente. || *Fam.* Persona pasmada, o atontada.

zompopo s. m. *Amér. Central.* Hormiga de cabeza grande.

zona s. f. Extensión o superficie cuyos límites están determinados atendiendo a diferentes criterios. || Parte de una cosa cualquiera. || DEP. En baloncesto, parte del terreno de juego delimitada bajo la canasta. ◇ FAM. zonal.

zoncera s. f. *Amér.* Comportamiento tonto. || *Argent.* Dicho, hecho u objeto de poco o ningún valor. ◇ FAM. ZONZO, ZA.

zonda s. m. *Argent.* Viento cálido y seco proveniente del oeste, que sopla en el área de la cordillera y alcanza particular intensidad en la región de Cuyo.

zongo, ga adj. *Méx.* Dícese de la persona esquiva y huraña.

zonote s. m. *Méx.* Manantial profundo, depósito de agua, cenote.

zonzo, za adj. y s. Soso, insulso. ◆ adj. Tonto, simple. ◇ FAM. zoncera, zoncería.

zoo s. m. Abreviatura de *parque zoológico.*

zoo- pref. Significa 'animal': *zoología.*

zoófago, ga adj. y s. Que se alimenta de materias animales.

zoofilia s. f. Atracción erótica hacia los animales.

zoogeografía s. f. Estudio de la distribución de los animales en la superficie terrestre. ◇ FAM. zoogeográfico. GEOGRAFÍA.

zoografía s. f. Parte de la zoología que describe los animales. ◇ FAM. zoográfico.

zoolatría s. f. Adoración, culto a los animales. ◇ FAM. zoólatra.

zoología s. f. Rama de las ciencias naturales que estudia los animales. ◇ FAM. zoológico, zoólogo.

zoológico, ca adj. Relativo a la zoología. ● **Parque zoológico**, establecimiento acondicionado para que vivan en él animales salvajes, a fin de exponerlos al público o para destinarlos a la experimentación científica. ◇ FAM. zoo. ZOOLOGÍA.

zoom s. m. Objetivo de una cámara fotográfica, de cine, etc., cuya distancia focal puede variarse de una forma continua.

zoomorfo, fa adj. Que tiene forma o apariencia de animal.

zoonosis s. f. Enfermedad propia de los animales que puede ser transmitida a las personas.

zoospora s. f. Espora que puede nadar por medio de cilios vibrátiles, que producen diversos hongos y algas. ◇ FAM. ESPORA.

zootecnia s. f. Ciencia de la producción y de la explotación de los animales domésticos. ◇ FAM. zootécnico.

zopenco, ca adj. y s. Fam. Muy torpe, tonto, tosco, bruto.

zopilota s. m. Méx. Abeja silvestre.

zopilote s. m. C. Rica, Guat., Hond., Méx. y Nicar. Ave de color negro parecida al buitre. ◇ FAM. zopilotear.

zopilotear v. tr. [1]. Méx. Comer con voracidad.

zoquete adj. y s. m. y f. Fam. Torpe, tardo para entender. || Colomb., Guat., Méx. y Pan. Mentecato, bellaco. ◆ s. m. Trozo de madera que sobra al labrar un madero. || Chile y Cuba. Pescozón, guantada.

zorra s. f. Hembra del zorro. || Fam. Ramera, prostituta. || Argent. Carro de cuatro ruedas que se desliza sobre rieles. || Chile. Vulg. Vulva.

zorrillo s. m. Amér. Mofeta.

zorrino s. m. Argent. Nombre de diversas especies de mustélidos, característicos por el olor pestilente que arrojan sus glándulas anales al verse amenazados.

zorro s. m. Mamífero carnívoro de cola larga y tupida y hocico puntiagudo, que se alimenta de aves y de pequeños mamíferos. ◆ adj. y s. Fam. Astuto, taimado. ◆ pl. Utensilio para sacudir el polvo. ◇ FAM. zorra, zorrera, zorrillo.

zorzal¹ s. m. Ave de color grisáceo o marrón, de formas esbeltas y canto melodioso.

zorzal², la adj. y s. Chile. Vulg. Papanatas, dícese del hombre simple al que es muy fácil engañar. ◇ FAM. zorzalear.

zorzalear v. tr. [1]. Chile. Sacar dinero a una persona, sablear. || Chile. Abusar de alguien con buena fe.

zote adj. y s. m. y f. Torpe e ignorante.

zozobra s. f. Acción y efecto de zozobrar. || Inquietud, temor. ◇ FAM. zozobrar, zozobroso.

zozobrar v. intr. [1]. Naufragar o irse a pique una embarcación. || Fracasar o frustarse un proyecto o empresa.

zueca s. f. Chile. Zueco.

zueco s. m. Zapato de madera de una sola pieza. || Zapato de cuero con suela de madera o de corcho. ◇ FAM. zueca.

zulo s. m. Escondite, generalmente subterráneo.

zulú adj. y s. m. De cierto pueblo de raza negra que habita en África austral.

zumba s. f. Cencerro grande. || Broma. || Amér. Zurra, paliza. || Méx. Borrachera.

zumbar v. intr. [1]. Producir un sonido continuado y bronco. || Guat. Hablar mal de alguien. ◆ v. tr. Fam. Dar golpes o una paliza a alguien. ◆ v. intr. y pron. Fam. Burlarse de alguien. ◇ FAM. zumba, zumbador, zumbido.

zumbido s. m. Acción y efecto de zumbar. || Sensación sonora que percibe el oído, caracterizada por un sonido silbante y debida a la irritación de las terminaciones de los nervios auditivos.

zumo s. m. Líquido que se extrae exprimiendo o majando legumbres, frutas, etc. ◇ FAM. rezumar.

zunteco s. m. Hond. Avispa de color negro.

zunzún s. m. Cuba. Colibrí.

zurcido s. m. Acción y efecto de zurcir. || Cosido, remiendo.

zurcir v. tr. [3a]. Coser la rotura o desgaste de una tela, recomponiendo los hilos que faltan del tejido o reforzándolo con pequeñas puntadas. ◇ FAM. zurcido, zurcidor.

zurdazo s. m. En fútbol, disparo con la pierna izquierda.

zurdo, da adj. y s. Que usa la mano o el pie izquierdos para hacer lo que, en general, se hace con la derecha o el derecho. ◆ adj. y s. f. Dícese de la mano o la pierna izquierdas. ◇ FAM. zurdazo.

zurrar v. tr. [1]. Golpear o pegar a una persona o animal. || Curtir y trabajar las pieles. ◇ FAM. zurra, zurrador.

zurriago¹ s. m. Látigo, tira de cuero o cuerda, que se emplea para golpear. ◇ FAM. zurriagazo.

zurriago², ga adj. Méx. Dícese de la persona rematadamente tonta.

zurrón s. m. Morral, talego para llevar la caza o provisiones.

zurrumbanco, ca adj. C. Rica. y Méx. Dícese de la persona que está atolondrada por el alcohol.

zutano, na s. Una persona cualquiera, en correlación con fulano o mengano.

apéndices

MODELOS DE CONJUGACIÓN VERBAL

—

FORMACIÓN DE PALABRAS

—

SUFIJOS

apéndices

MODELOS DE CONJUGACIÓN VERBAL

FORMACIÓN DE PALABRAS

SUFIJOS

1 AMAR

INDICATIVO	SUBJUNTIVO
presente	**presente**
amo	ame
amas	ames
ama	ame
amamos	amemos
amáis	améis
aman	amen
imperfecto	**imperfecto**
amaba	amara, -ase
amabas	amaras, -ases
amaba	amara, -ase
amábamos	amáramos, -ásemos
amabais	amarais, -aseis
amaban	amaran, -asen
indefinido	**futuro**
amé	amare
amaste	amares
amó	amare
amamos	amáremos
amasteis	amareis
amaron	amaren
futuro	**IMPERATIVO**
amaré	
amarás	ama
amará	ame
amaremos	amemos
amaréis	amad
amarán	amen
condicional	**FORMAS NOMINALES**
amaría	
amarías	**infinitivo** **gerundio**
amaría	amar amando
amaríamos	
amaríais	**participio**
amarían	amado

1a SACAR

INDICATIVO	SUBJUNTIVO	IMPERATIVO
indefinido	**presente**	
saqué	saque	
sacaste	saques	saca
sacó	saque	saque
sacamos	saquemos	saquemos
sacasteis	saquéis	sacad
sacaron	saquen	saquen

1b PAGAR

INDICATIVO	SUBJUNTIVO	IMPÉRATIVO
indefinido	**presente**	
pagué	pague	
pagaste	pagues	paga
pagó	pague	pague
pagamos	paguemos	paguemos
pagasteis	paguéis	pagad
pagaron	paguen	paguen

1c AGUAR

INDICATIVO	SUBJUNTIVO	IMPERATIVO
indefinido	**presente**	
agüé	agüe	
aguaste	agües	agua
aguó	agüe	agüe
aguamos	agüemos	agüemos
aguasteis	agüéis	aguad
aguaron	agüen	agüen

1d REGAR

INDICATIVO	SUBJUNTIVO
presente	**presente**
riego	riegue
riegas	riegues
riega	riegue
regamos	reguemos
regáis	reguéis
riegan	rieguen
indefinido	**IMPERATIVO**
regué	
regaste	riega
regó	riegue
regamos	reguemos
regasteis	regad
regaron	rieguen

1e EMPEZAR

INDICATIVO	SUBJUNTIVO
presente	**presente**
empiezo	empiece
empiezas	empieces
empieza	empiece
empezamos	empecemos
empezáis	empecéis
empiezan	empiecen
indefinido	**IMPERATIVO**
empecé	
empezaste	empieza
empezó	empiece
empezamos	empecemos
empezasteis	empezad
empezaron	empiecen

1f TROCAR

INDICATIVO	SUBJUNTIVO
presente	**presente**
trueco	trueque
truecas	trueques
trueca	trueque
trocamos	troquemos
trocáis	troquéis
truecan	truequen

INDICATIVO	IMPERATIVO
indefinido	
troqué	
trocaste	trueca
trocó	trueque
trocamos	troquemos
trocasteis	trocad
trocaron	truequen

1g CAZAR

INDICATIVO	SUBJUNTIVO	IMPERATIVO
indefinido	*presente*	
cacé	cace	
cazaste	caces	caza
cazó	cace	cace
cazamos	cacemos	cacemos
cazasteis	cacéis	cazad
cazaron	cacen	cacen

1h ANDAR

INDICATIVO	SUBJUNTIVO	
indefinido	*imperfecto*	*futuro*
anduve	anduviera, -ese	anduviere
anduviste	anduvieras, -eses	anduvieres
anduvo	anduviera, -ese	anduviere
anduvimos	anduviéramos,	anduviéremos
anduvisteis	-ésemos	anduviereis
anduvieron	anduvierais, -eseis	anduvieren
	anduvieran, -esen	

1i DESOSAR

INDICATIVO	SUBJUNTIVO	IMPERATIVO
presente	*presente*	
deshueso	deshuese	
deshuesas	deshueses	deshuesa
deshuesa	deshuese	deshuese
desosamos	desosemos	desosemos
desosáis	desoséis	desosad
deshuesan	deshuesen	deshuesen

1j PENSAR

INDICATIVO	SUBJUNTIVO	IMPERATIVO
presente	*presente*	
pienso	piense	
piensas	pienses	piensa
piensa	piense	piense
pensamos	pensemos	pensemos
pensáis	penséis	pensad
piensan	piensen	piensen

1k ERRAR

INDICATIVO	SUBJUNTIVO	IMPERATIVO
presente	*presente*	
yerro	yerre	
yerras	yerres	yerra
yerra	yerre	yerre
erramos	erremos	erremos
erráis	erréis	errad
yerran	yerren	yerren

1m ROGAR

INDICATIVO	SUBJUNTIVO
presente	*presente*
ruego	ruegue
ruegas	ruegues
ruega	ruegue
rogamos	roguemos
rogáis	roguéis
ruegan	rueguen

indefinido	IMPERATIVO
rogué	
rogaste	ruega
rogó	ruegue
rogamos	roguemos
rogasteis	rogad
rogaron	rueguen

1n FORZAR

INDICATIVO	SUBJUNTIVO
presente	*presente*
fuerzo	fuerce
fuerzas	fuerces
fuerza	fuerce
forzamos	forcemos
forzáis	forcéis
fuerzan	fuercen
indefinido	
forcé	
forzaste	fuerza
forzó	fuerce
forzamos	forcemos
forzasteis	forzad
forzaron	fuercen

1ñ JUGAR

INDICATIVO	SUBJUNTIVO
presente	*presente*
juego	juegue
juegas	juegues
juega	juegue
jugamos	juguemos
jugáis	juguéis
juegan	jueguen

indefinido	IMPERATIVO
jugué	
jugaste	juega
jugó	juegue
jugamos	juguemos
jugasteis	jugad
jugaron	jueguen

1p DAR

INDICATIVO	SUBJUNTIVO
presente	*imperfecto*
doy	diera, -ese
das	dieras, -eses
da	diera, -ese
damos	diéramos, -ésemos
dais	dierais, -eseis
dan	dieran, -esen

INDICATIVO   SUBJUNTIVO

indefinido	*futuro*
di	diere
diste	dieres
dio	diere
dimos	diéremos
disteis	diereis
dieron	dieren

1q AGORAR

INDICATIVO	SUBJUNTIVO	IMPERATIVO
presente	*presente*	
agüero	agüere	
agüeras	agüeres	agüera
agüera	agüere	agüere
agoramos	agoremos	agoremos
agoráis	agoréis	agorad
agüeran	agüeren	agüeren

1r CONTAR

INDICATIVO	SUBJUNTIVO	IMPERATIVO
presente	*presente*	
cuento	cuente	
cuentas	cuentes	cuenta
cuenta	cuente	cuente
contamos	contemos	contemos
contáis	contéis	contad
cuentan	cuenten	cuenten

1s ACTUAR

INDICATIVO	SUBJUNTIVO	IMPERATIVO
presente	*presente*	
actúo	actúe	
actúas	actúes	actúa
actúa	actúe	actúe
actuamos	actuemos	actuemos
actuáis	actuéis	actuad
actúan	actúen	actúen

1t VACIAR

INDICATIVO	SUBJUNTIVO	IMPERATIVO
presente	*presente*	
vacío	vacíe	
vacías	vacíes	vacía
vacía	vacíe	vacíe
vaciamos	vaciemos	vaciemos
vaciáis	vaciéis	vaciad
vacían	vacíen	vacíen

1u AISLAR

INDICATIVO	SUBJUNTIVO	IMPERATIVO
presente	*presente*	
aíslo	aísle	
aíslas	aísles	aísla
aísla	aísle	aísle
aislamos	aislemos	aislemos
aisláis	aisléis	aislad
aíslan	aíslen	aíslen

1v AHINCAR

INDICATIVO	SUBJUNTIVO
presente	*presente*
ahínco	ahínque
ahíncas	ahínques
ahínca	ahínque
ahincamos	ahinquemos
ahincáis	ahinquéis
ahíncan	ahínquen

indefinido	IMPERATIVO
ahinqué	
ahincaste	ahínca
ahincó	ahínque
ahincamos	ahinquemos
ahincasteis	ahincad
ahincaron	ahínquen

1w AUNAR

INDICATIVO	SUBJUNTIVO	IMPERATIVO
presente	*presente*	
aúno	aúne	
aúnas	aúnes	aúna
aúna	aúne	aúne
aunamos	aunemos	aunemos
aunáis	aunéis	aunad
aúnan	aúnen	aúnen

1x ENRAIZAR

INDICATIVO	SUBJUNTIVO
presente	*presente*
enraízo	enraíce
enraízas	enraíces
enraíza	enraíce
enraizamos	enraicemos
enraizáis	enraicéis
enraízan	enraícen

indefinido	IMPERATIVO
enraicé	
enraizaste	enraíza
enraizó	enraíce
enraizamos	enraicemos
enraizasteis	enraizad
enraizaron	enraícen

1y AVERGONZAR

INDICATIVO	SUBJUNTIVO
presente	*presente*
avergüenzo	avergüence
avergüenzas	avergüences
avergüenza	avergüence
avergonzamos	avergoncemos
avergonzáis	avergoncéis
avergüenzan	avergüencen

indefinido	IMPERATIVO
avergoncé	
avergonzaste	avergüenza
avergonzó	avergüence
avergonzamos	avergoncemos
avergonzasteis	avergonzad
avergonzaron	avergüencen

2 TEMER

INDICATIVO	SUBJUNTIVO
presente	*presente*
temo	tema
temes	temas
teme	tema
tememos	temamos
teméis	temáis
temen	teman

imperfecto	*imperfecto*
temía	temiera, -ese
temías	temieras, -eses
temía	temiera, -ese
temíamos	temiéramos, -ésemos
temíais	temierais, -eseis
temían	temieran, -esen

indefinido	*futuro*
temí	temiere
temiste	temieres
temió	temiere
temimos	temiéremos
temisteis	temiereis
temieron	temieren

futuro	IMPERATIVO
temeré	
temerás	teme
temerá	tema
temeremos	temamos
temeréis	temed
temerán	teman

condicional	FORMAS NOMINALES
temería	
temerías	*infinitivo* *gerundio*
temería	temer temiendo
temeríamos	
temeríais	*participio*
temerían	temido

2a MECER

INDICATIVO	SUBJUNTIVO	IMPERATIVO
presente	*presente*	
mezo	meza	
meces	mezas	mece
mece	meza	meza
mecemos	mezamos	mezamos
mecéis	mezáis	meced
mecen	mezan	mezan

2b PROTEGER

INDICATIVO	SUBJUNTIVO	IMPERATIVO
presente	*presente*	
protejo	proteja	
proteges	protejas	protege
protege	proteja	proteja
protegemos	protejamos	protejamos
protegéis	protejáis	proteged
protegen	protejan	protejan

2c NACER

INDICATIVO	SUBJUNTIVO	IMPERATIVO
presente	*presente*	
nazco	nazca	
naces	nazcas	nace
nace	nazca	nazca
nacemos	nazcamos	nazcamos
nacéis	nazcáis	naced
nacen	nazcan	nazcan

2d TENDER

INDICATIVO	SUBJUNTIVO	IMPERATIVO
presente	*presente*	
tiendo	tienda	
tiendes	tiendas	tiende
tiende	tienda	tienda
tendemos	tendamos	tendamos
tendéis	tendáis	tended
tienden	tiendan	tiendan

2e MOVER

INDICATIVO	SUBJUNTIVO	IMPERATIVO
presente	*presente*	
muevo	mueva	
mueves	muevas	mueve
mueve	mueva	mueva
movemos	movamos	movamos
movéis	mováis	moved
mueven	muevan	muevan

2f TORCER

INDICATIVO	SUBJUNTIVO	IMPERATIVO
presente	*presente*	
tuerzo	tuerza	
tuerces	tuerzas	tuerce
tuerce	tuerza	tuerza
torcemos	torzamos	torzamos
torcéis	torzáis	torced
tuercen	tuerzan	tuerzan

2g YACER

INDICATIVO	SUBJUNTIVO
presente	*presente*
yazco, yazgo o yago	yazca, yazga o yaga
yaces	yazcas, yazgas o yagas
yace	yazca, yazga o yaga
yacemos	yazcamos, yazgamos o yagamos
yacéis	yazcáis, yazgáis o yagáis
yacen	yazcan, yazgan o yagan

IMPERATIVO

yace o yaz
yazca, yazga o yaga
yazcamos, yazgamos o yagamos
yaced
yazcan, yazgan o yagan

2h OLER

INDICATIVO	SUBJUNTIVO	IMPERATIVO
presente	*presente*	
huelo	huela	
hueles	huelas	huele
huele	huela	huela
olemos	olamos	olamos
oléis	oláis	oled
huelen	huelan	huelan

2i LEER

INDICATIVO	SUBJUNTIVO	
indefinido	*imperfecto*	*futuro*
leí	leyera, -ese	leyere
leíste	leyeras, -eses	leyeres
leyó	leyera, -ese	leyere
leímos	leyéramos, ésemos	leyéremos
leísteis	leyerais, -eseis	leyereis
leyeron	leyeran, -esen	leyeren

FORMAS NOMINALES

gerundio
leyendo

2j VER

INDICATIVO		SUBJUNTIVO
presente	*imperfecto*	*presente*
veo	veía	vea
ves	veías	veas
ve	veía	vea
vemos	veíamos	veamos
veis	veíais	veáis
ven	veían	vean

IMPERATIVO	FORMAS NOMINALES
ve	*participio*
vea	visto
veamos	
ved	
vean	

2k TAÑER

INDICATIVO	SUBJUNTIVO	
indefinido	*imperfecto*	*futuro*
tañí	tañera, -ese	tañere
tañiste	tañeras, -eses	tañeres
tañó	tañera, -ese	tañere
tañimos	tañéramos, ésemos	tañéremos
tañisteis	tañerais, -eseis	tañereis
tañeron	tañeran, -esen	tañeren

FORMAS NOMINALES

gerundio
tañendo

2m CARECER

INDICATIVO	SUBJUNTIVO	IMPERATIVO
presente	*presente*	
carezco	carezca	
careces	carezcas	carece
carece	carezca	carezca
carecemos	carezcamos	carezcamos
carecéis	carezcáis	careced
carecen	carezcan	carezcan

2n VOLVER

INDICATIVO	SUBJUNTIVO	IMPERATIVO
presente	*presente*	
vuelvo	vuelva	
vuelves	vuelvas	vuelve
vuelve	vuelva	vuelva
volvemos	volvamos	volvamos
volvéis	volváis	volved
vuelven	vuelvan	vuelvan

FORMAS NOMINALES

participio
vuelto

2ñ PROVEER

INDICATIVO

indefinido
proveí
proveíste
proveyó
proveímos
proveísteis
proveyeron

SUBJUNTIVO

imperfecto	*futuro*
proveyera, -ese	proveyere
proveyeras, -eses	proveyeres
proveyera, -ese	proveyere
proveyéramos, -ésemos	proveyéremos
proveyerais, -eseis	proveyereis
proveyeran, -esen	proveyeren

FORMAS NOMINALES

participio
provisto

2p ROMPER

FORMAS NOMINALES

participio
roto

2q PREVER

INDICATIVO		IMPERATIVO
presente	*indefinido*	
preveo	preví	
prevés	previste	prevé
prevé	previó	prevea
prevemos	previmos	preveamos
prevéis	previsteis	preved
prevén	previeron	prevean

3 PARTIR

INDICATIVO	SUBJUNTIVO
presente	**presente**
parto	parta
partes	partas
parte	parta
partimos	partamos
partís	partáis
parten	partan

imperfecto	**imperfecto**
partía	partiera, -ese
partías	partieras, -eses
partía	partiera, -ese
partíamos	partiéramos, -ésemos
partíais	partierais, -eseis
partían	partieran, -esen

indefinido	**futuro**
partí	partiere
partiste	partieres
partió	partiere
partimos	partiéremos
partísteis	partiereis
partieron	partieren

futuro	**IMPERATIVO**
partiré	
partirás	parte
partirá	parta
partiremos	partamos
partiréis	partid
partirán	partan

condicional	**FORMAS NOMINALES**
partiría	
partirías	**infinitivo** **gerundio**
partiría	partir partiendo
partiríamos	
partiríais	**participio**
partirían	partido

3a ZURCIR

INDICATIVO	SUBJUNTIVO	IMPERATIVO
presente	**presente**	
zurzo	zurza	
zurces	zurzas	zurce
zurce	zurza	zurza
zurcimos	zurzamos	zurzamos
zurcís	zurzáis	zurcid
zurcen	zurzan	zurzan

3b SURGIR

INDICATIVO	SUBJUNTIVO	IMPERATIVO
presente	**presente**	
surjo	surja	
surges	surjas	surge
surge	surja	surja
surgimos	surjamos	surjamos
surgís	surjáis	surgid
surgen	surjan	surjan

3c DELINQUIR

INDICATIVO	SUBJUNTIVO	IMPERATIVO
presente	**presente**	
delinco	delinca	
delinques	delincas	delinque
delinque	delinca	delinca
delinquimos	delincamos	delincamos
delinquís	delincáis	delinquid
delinquen	delincan	delincan

3d ASIR

INDICATIVO	SUBJUNTIVO	IMPERATIVO
presente	**presente**	
asgo	asga	
ases	asgas	ase
ase	asga	asga
asimos	asgamos	asgamos
asís	asgáis	asid
asen	asgan	asgan

3e DISCERNIR

INDICATIVO	SUBJUNTIVO	IMPERATIVO
presente	**presente**	
discierno	discierna	
disciernes	disciernas	discierne
discierne	discierna	diecierna
discernimos	discernamos	discernamos
discernís	discernáis	discernid
disciernen	disciernan	disciernan

3f ADQUIRIR

INDICATIVO	SUBJUNTIVO	IMPERATIVO
presente	**presente**	
adquiero	adquiera	
adquieres	adquieras	adquiere
adquiere	adquiera	adquiera
adquirimos	adquiramos	adquiramos
adquirís	adquiráis	adquirid
adquieren	adquieran	adquieran

3g LUCIR

INDICATIVO	SUBJUNTIVO	IMPERATIVO
presente	**presente**	
luzco	luzca	
luces	luzcas	luce
luce	luzca	luzca
lucimos	luzcamos	luzcamos
lucís	luzcáis	lucid
lucen	luzcan	luzcan

3h MULLIR

INDICATIVO	SUBJUNTIVO	
indefinido	**imperfecto**	**futuro**
mullí	mullera, -ese	mullere
mulliste	mulleras, -eses	mulleres
mulló	mullera, -ese	mullere
mullimos	mulléramos, -ésemos	mulléremos
mullisteis	mullerais, -eseis	mullereis
mulleron	mulleran, -esen	mulleren

FORMAS NOMINALES

gerundio
mullendo

3i EMBAIR

INDICATIVO	SUBJUNTIVO	
indefinido	*imperfecto*	*futuro*
embaí	embayera, -ese	embayere
embaíste	embayeras, -eses	embayeres
embayó	embayera, -ese	embayere
embaímos	embayéramos,	embayéremos
embaísteis	-ésemos	embayereis
embayeron	embayerais, -eseis	embayeren
	embayeran, -esen	

FORMAS NOMINALES

gerundio
embayendo

3j PUDRIR

FORMAS NOMINALES

infinitivo	*participio*
pudrir o podrir	podrido

3k IMPRIMIR

FORMAS NOMINALES

participio
impreso o imprimido

3m ABRIR

FORMAS NOMINALES

participio
abierto

3n ESCRIBIR

FORMAS NOMINALES

participio
escrito

3ñ ABOLIR

INDICATIVO

presente
abolimos
abolís

3p DISTINGUIR

INDICATIVO	SUBJUNTIVO	IMPERATIVO
presente	*presente*	
distingo	distinga	
distingues	distingas	distingue
distingue	distinga	distinga
distinguimos	distingamos	distingamos
distinguís	distingáis	distinguid
distinguen	distingan	distingan

3q COHIBIR

INDICATIVO	SUBJUNTIVO	IMPERATIVO
presente	*presente*	
cohíbo	cohíba	
cohíbes	cohíbas	cohíbe
cohíbe	cohíba	cohíba
cohibimos	cohibamos	cohibamos
cohibís	cohibáis	cohibid
cohíben	cohíban	cohíban

3r REUNIR

INDICATIVO	SUBJUNTIVO	IMPERATIVO
presente	*presente*	
reúno	reúna	
reúnes	reúnas	reúne
reúne	reúna	reúna
reunimos	reunamos	reunamos
reunís	reunáis	reunid
reúnen	reúnan	reúnan

4 ESTAR

INDICATIVO	SUBJUNTIVO
presente	*presente*
estoy	esté
estás	estés
está	esté
estamos	estemos
estáis	estéis
están	estén
imperfecto	*imperfecto*
estaba	estuviera, -ese
estabas	estuvieras, -eses
estaba	estuviera, -ese
estábamos	estuviéramos, -ésemos
estabais	estuvierais, -eseis
estaban	estuvieran, -esen
indefinido	*futuro*
estuve	estuviere
estuviste	estuvieres
estuvo	estuviere
estuvimos	estuviéremos
estuvisteis	estuviereis
estuvieron	estuvieren

futuro	IMPERATIVO
estaré	
estarás	está
estará	esté
estaremos	estemos
estaréis	estad
estarán	estén

condicional	FORMAS NOMINALES
estaría	
estarías	*infinitivo* *gerundio*
estaría	estar estando
estaríamos	
estaríais	*participio*
estarían	estado

5 PONER

INDICATIVO	SUBJUNTIVO
presente	*presente*
pongo	ponga
pones	pongas
pone	ponga
ponemos	pongamos
ponéis	pongáis
ponen	pongan
imperfecto	*imperfecto*
ponía	pusiera, -ese
ponías	pusieras, -eses
ponía	pusiera, -ese
poníamos	pusiéramos, -ésemos
poníais	pusierais, -eseis
ponían	pusieran, -esen
indefinido	*futuro*
puse	pusiere
pusiste	pusieres
puso	pusiere
pusimos	pusiéremos
pusisteis	pusiereis
pusieron	pusieren
futuro	IMPERATIVO
pondré	
pondrás	pon
pondrá	ponga
pondremos	pongamos
pondréis	poned
pondrán	pongan

condicional	FORMAS NOMINALES
pondría	
pondrías	*infinitivo* *gerundio*
pondría	poner poniendo
pondríamos	
pondríais	*participio*
pondrían	puesto

6 PODER

INDICATIVO	SUBJUNTIVO
presente	*presente*
puedo	pueda
puedes	puedas
puede	pueda
podemos	podamos
podéis	podáis
pueden	puedan
imperfecto	*imperfecto*
podía	pudiera, -ese
podías	pudieras, -eses
podía	pudiera, -ese
podíamos	pudiéramos, -ésemos
podíais	pudierais, -eseis
podían	pudieran, -esen
indefinido	*futuro*
pude	pudiere
pudiste	pudieres
pudo	pudiere
pudimos	pudiéremos
pudisteis	pudiereis
pudieron	pudieren

INDICATIVO	IMPERATIVO
futuro	
podré	
podrás	puede
podrá	pueda
podremos	podamos
podréis	poded
podrán	puedan

condicional	FORMAS NOMINALES
podría	
podrías	*infinitivo* *gerundio*
podría	poder pudiendo
podríamos	
podríais	*participio*
podrían	podido

7 QUERER

INDICATIVO	SUBJUNTIVO
presente	*presente*
quiero	quiera
quieres	quieras
quiere	quiera
queremos	queramos
queréis	queráis
quieren	quieran
imperfecto	*imperfecto*
quería	quisiera, -ese
querías	quisieras, -eses
quería	quisiera, -ese
queríamos	quisiéramos, -ésemos
queríais	quisierais, -eseis
querían	quisieran, -esen
indefinido	*futuro*
quise	quisiere
quisiste	quisieres
quiso	quisiere
quisimos	quisiéremos
quisisteis	quisiereis
quisieron	quisieren
futuro	IMPERATIVO
querré	
querrás	quiere
querrá	quiera
querremos	queramos
querréis	quered
querrán	quieran

condicional	FORMAS NOMINALES
querría	
querrías	*infinitivo* *gerundio*
querría	querer queriendo
querríamos	
querríais	*participio*
querrían	querido

8 TENER

INDICATIVO	SUBJUNTIVO
presente	*presente*
tengo	tenga
tienes	tengas
tiene	tenga
tenemos	tengamos
tenéis	tengáis
tienen	tengan

INDICATIVO	SUBJUNTIVO
imperfecto	*imperfecto*
tenía	tuviera, -ese
tenías	tuvieras, -eses.
tenía	tuviera, -ese
teníamos	tuviéramos, -ésemos
teníais	tuvierais, -eseis
tenían	tuvieran, -esen

indefinido	*futuro*
tuve	tuviere
tuviste	tuvieres
tuvo	tuviere
tuvimos	tuviéremos
tuvisteis	tuviereis
tuvieron	tuvieren

futuro	IMPERATIVO
tendré	
tendrás	ten
tendrá	tenga
tendremos	tengamos
tendréis	tened
tendrán	tengan

condicional	FORMAS NOMINALES
tendría	
tendrías	*infinitivo* *gerundio*
tendría	tener teniendo
tendríamos	
tendríais	*participio*
tendrían	tenido

9 VALER

INDICATIVO	SUBJUNTIVO
presente	*presente*
valgo	valga
vales	valgas
vale	valga
valemos	valgamos
valéis	valgáis
valen	valgan

imperfecto	*imperfecto*
valía	valiera, -ese
valías	valieras, -eses
valía	valiera, -ese
valíamos	valiéramos, -ésemos
valíais	valierais, -eseis
valían	valieran, -esen

indefinido	*futuro*
valí	valiere
valiste	valieres
valió	valiere
valimos	valiéremos
valisteis	valiereis
valieron	valieren

futuro	IMPERATIVO
valdré	
valdrás	vale
valdrá	valga
valdremos	valgamos
valdréis	valed
valdrán	valgan

INDICATIVO	FORMAS NOMINALES
condicional	
valdría	
valdrías	*infinitivo* *gerundio*
valdría	valer valiendo
valdríamos	
valdríais	*participio*
valdrían	valido

10 TRAER

INDICATIVO	SUBJUNTIVO
presente	*presente*
traigo	traiga
traes	traigas
trae	traiga
traemos	traigamos
traéis	traigáis
traen	traigan

imperfecto	*imperfecto*
traía	trajera, -ese
traías	trajeras, -eses
traía	trajera, -ese
traíamos	trajéramos, -ésemos
traíais	trajerais, -eseis
traían	trajeran, -esen

indefinido	*futuro*
traje	trajere
trajiste	trajeres
trajo	trajere
trajimos	trajéremos
trajisteis	trajereis
trajeron	trajeren

futuro	IMPERATIVO
traeré	
traerás	trae
traerá	traiga
traeremos	traigamos
traeréis	traed
traerán	traigan

condicional	FORMAS NOMINALES
traería	
traerías	*infinitivo* *gerundio*
traería	traer trayendo
traeríamos	
traeríais	*participio*
traerían	traído

11 HACER

INDICATIVO	SUBJUNTIVO
presente	*presente*
hago	haga
haces	hagas
hace	haga
hacemos	hagamos
hacéis	hagáis
hacen	hagan

imperfecto	*imperfecto*
hacía	hiciera, -ese
hacías	hicieras, -eses
hacía	hiciera, -ese
hacíamos	hiciéramos, -ésemos
hacíais	hicierais, -eseis
hacían	hicieran, -esen

INDICATIVO	SUBJUNTIVO
indefinido	*futuro*
hice	hiciere
hiciste	hicieres
hizo	hiciere
hicimos	hiciéremos
hicisteis	hiciereis
hicieron	hicieren

futuro	IMPERATIVO
haré	
harás	haz
hará	haga
haremos	hagamos
haréis	haced
harán	hagan

condicional	FORMAS NOMINALES
haría	
harías	*infinitivo* *gerundio*
haría	hacer haciendo
haríamos	
haríais	*participio*
harían	hecho

11a SATISFACER

IMPERATIVO

satisfaz o satisface
satisfaga
satisfagamos
satisfaced
satisfagan

11b REHACER

INDICATIVO

indefinido
rehíce
rehiciste
rehízo
rehicimos
rehicisteis
rehicieron

12 SABER

INDICATIVO	SUBJUNTIVO
presente	*presente*
sé	sepa
sabes	sepas
sabe	sepa
sabemos	sepamos
sabéis	sepáis
saben	sepan

imperfecto	*imperfecto*
sabía	supiera, -ese
sabías	supieras, -eses
sabía	supiera, -ese
sabíamos	supiéramos, -ésemos
sabíais	supierais, -eseis
sabían	supieran, -esen

indefinido	*futuro*
supe	supiere
supiste	supieres
supo	supiere
supimos	supiéremos
supisteis	supiereis
supieron	supieren

INDICATIVO	IMPERATIVO
futuro	
sabré	
sabrás	sabe
sabrá	sepa
sabremos	sepamos
sabréis	sabed
sabrán	sepan

condicional	FORMAS NOMINALES
sabría	
sabrías	*infinitivo* *gerundio*
sabría	saber sabiendo
sabríamos	
sabríais	*participio*
sabrían	sabido

13 CABER

INDICATIVO	SUBJUNTIVO
presente	*presente*
quepo	quepa
cabes	quepas
cabe	quepa
cabemos	quepamos
cabéis	quepáis
caben	quepan

imperfecto	*imperfecto*
cabía	cupiera, -ese
cabías	cupieras, -eses
cabía	cupiera, -ese
cabíamos	cupiéramos, -ésemos
cabíais	cupierais, -eseis
cabían	cupieran, -esen

indefinido	*futuro*
cupe	cupiere
cupiste	cupieres
cupo	cupiere
cupimos	cupiéremos
cupisteis	cupiereis
cupieron	cupieren

futuro	IMPERATIVO
cabré	
cabrás	cabe
cabrá	quepa
cabremos	quepamos
cabréis	cabed
cabrán	quepan

condicional	FORMAS NOMINALES
cabría	
cabrías	*infinitivo* *gerundio*
cabría	caber cabiendo
cabríamos	
cabríais	*participio*
cabrían	cabido

14 HABER

INDICATIVO	SUBJUNTIVO
presente	*presente*
he	haya
has	hayas
ha (hay)	haya
hemos (habemos)	hayamos
habéis	hayáis
han	hayan

INDICATIVO	SUBJUNTIVO
imperfecto	*imperfecto*
había	hubiera, -ese
habías	hubieras, -eses
había	hubiera, -ese
habíamos	hubiéramos, -ésemos
habíais	hubierais, -eseis
habían	hubieran, -esen

indefinido	*futuro*
hube	hubiere
hubiste	hubieres
hubo	hubiere
hubimos	hubiéremos
hubisteis	hubiereis
hubieron	hubieren

futuro	IMPERATIVO
habré	
habrás	he
habrá	haya
habremos	hayamos
habréis	habed
habrán	hayan

condicional	FORMAS NOMINALES
habría	
habrías	*infinitivo* *gerundio*
habría	haber habiendo
habríamos	
habríais	*participio*
habrían	habido

15 SER

INDICATIVO	SUBJUNTIVO
presente	*presente*
soy	sea
eres	seas
es	sea
somos	seamos
sois	seáis
son	sean

imperfecto	*imperfecto*
era	fuera, -ese
eras	fueras, -eses
era	fuera, -ese
éramos	fuéramos, -ésemos
erais	fuerais, -eseis
eran	fueran, -esen

indefinido	*futuro*
fui	fuere
fuiste	fueres
fue	fuere
fuimos	fuéremos
fuisteis	fuereis
fueron	fueren

futuro	IMPERATIVO
seré	
serás	sé
será	sea
seremos	seamos
seréis	sed
serán	sean

INDICATIVO	FORMAS NOMINALES
condicional	
sería	
serías	*infinitivo* *gerundio*
sería	ser siendo
seríamos	
seríais	*participio*
serían	sido

16 CAER

INDICATIVO	SUBJUNTIVO
presente	*presente*
caigo	caiga
caes	caigas
cae	caiga
caemos	caigamos
caéis	caigáis
caen	caigan

imperfecto	*imperfecto*
caía	cayera, -ese
caías	cayeras, -eses
caía	cayera, -ese
caíamos	cayéramos, -ésemos
caíais	cayerais, -eseis
caían	cayeran, -esen

indefinido	*futuro*
caí	cayere
caíste	cayeres
cayó	cayere
caímos	cayéremos
caísteis	cayereis
cayeron	cayeren

futuro	IMPERATIVO
caeré	
caerás	cae
caerá	caiga
caeremos	caigamos
caeréis	caed
caerán	caigan

condicional	FORMAS NOMINALES
caería	
caerías	*infinitivo* *gerundio*
caería	caer cayendo
caeríamos	
caeríais	*participio*
caerían	caído

17 PLACER

INDICATIVO	SUBJUNTIVO
presente	*presente*
plazco	plazca
places	plazcas
place	plazca, plega o plegue
placemos	plazcamos
placéis	plazcáis
placen	plazcan

imperfecto	*imperfecto*
placía	placiera, -ese
placías	placieras, -eses
placía	placiera, -ese o
placíamos	pluguiera, -ese
placíais	placiéramos, -ésemos
placían	placierais, -eseis
	placieran, -esen

INDICATIVO	SUBJUNTIVO
indefinido	*futuro*
plací	placiere
placiste	placieres
plació o plugo	placiere o pluguiere
placimos	placiéremos
placisteis	placiereis
placieron o	placieren
pluguieron	
futuro	IMPERATIVO
placeré	
placerás	place
placerá	plazca
placeremos	plazcamos
placeréis	placed
placerán	plazcan
condicional	FORMAS NOMINALES
placería	
placerías	*infinitivo* *gerundio*
placería	placer placiendo
placeríamos	
placeríais	*participio*
placerían	placido

18 IR

INDICATIVO	SUBJUNTIVO
presente	*presente*
voy	vaya
vas	vayas
va	vaya
vamos	vayamos
vais	vayáis
van	vayan
imperfecto	*imperfecto*
iba	fuera, -ese
ibas	fueras, -eses
iba	fuera, -ese
íbamos	fuéramos, -ésemos
ibais	fuerais, -eseis
iban	fueran, -esen
indefinido	*futuro*
fui	fuere
fuiste	fueres
fue	fuere
fuimos	fuéremos
fuisteis	fuereis
fueron	fueren
futuro	IMPERATIVO
iré	
irás	ve
irá	vaya
iremos	vayamos
iréis	id
irán	vayan
condicional	FORMAS NOMINALES
iría	
irías	*infinitivo* *gerundio*
iría	ir yendo
iríamos	
iríais	*participio*
irían	ido

19 DECIR

INDICATIVO	SUBJUNTIVO
presente	*presente*
digo	diga
dices	digas
dice	diga
decimos	digamos
decís	digáis
dicen	digan
imperfecto	*imperfecto*
decía	dijera, -ese
decías	dijeras, -eses
decía	dijera, -ese
decíamos	dijéramos, -ésemos
decíais	dijerais, -eseis
decían	dijeran, -esen
indefinido	*futuro*
dije	dijere
dijiste	dijeres
dijo	dijere
dijimos	dijéremos
dijisteis	dijereis
dijeron	dijeren
futuro	IMPERATIVO
diré	
dirás	di
dirá	diga
diremos	digamos
diréis	decid
dirán	digan
condicional	FORMAS NOMINALES
diría	
dirías	*infinitivo* *gerundio*
diría	decir diciendo
diríamos	
diríais	*participio*
dirían	dicho

19a BENDECIR

INDICATIVO	IMPERATIVO
futuro	
bendeciré	
bendecirás	bendice
bendecirá	bendiga
bendeciremos	bendigamos
bendeciréis	bendecid
bendecirán	bendigan
condicional	FORMAS NOMINALES
bendeciría	
bendecirías	*participio*
bendeciría	bendecido
bendeciríamos	
bendeciríais	
bendecirían	

20 CONDUCIR

INDICATIVO	SUBJUNTIVO
presente	*presente*
conduzco	conduzca
conduces	conduzcas
conduce	conduzca
conducimos	conduzcamos
conducís	conduzcáis
conducen	conduzcan

INDICATIVO	SUBJUNTIVO
imperfecto	*imperfecto*
conducía	condujera, -ese
conducías	condujeras, -eses
conducía	condujera, -ese
conducíamos	condujéramos, -ésemos
conducíais	condujerais, -eseis
conducían	condujeran, -esen

indefinido	*futuro*
conduje	condujere
condujiste	condujeres
condujo	condujere
condujimos	condujéremos
condujisteis	condujereis
condujeron	condujeren

futuro	IMPERATIVO
conduciré	
conducirás	conduce
conducirá	conduzca
conduciremos	conduzcamos
conduciréis	conducid
conducirán	conduzcan

condicional	FORMAS NOMINALES
conduciría	
conducirías	*infinitivo* *gerundio*
conduciría	conducir conduciendo
conduciríamos	
conduciríais	*participio*
conducirían	conducido

21 VENIR

INDICATIVO	SUBJUNTIVO
presente	*presente*
vengo	venga
vienes	vengas
viene	venga
venimos	vengamos
venís	vengáis
vienen	vengan

imperfecto	*imperfecto*
venía	viniera, -ese
venías	vinieras, -eses
venía	viniera, -ese
veníamos	viniéramos, -ésemos
veníais	vinierais, -eseis
venían	vinieran, -esen

indefinido	*futuro*
vine	viniere
viniste	vinieres
vino	viniere
vinimos	viniéremos
vinisteis	viniereis
vinieron	vinieren

futuro	IMPERATIVO
vendré	
vendrás	ven
vendrá	venga
vendremos	vengamos
vendréis	venid
vendrán	vengan

INDICATIVO	FORMAS NOMINALES
condicional	
vendría	
vendrías	*infinitivo* *gerundio*
vendría	venir viniendo
vendríamos	
vendríais	*participio*
vendrían	venido

22 SENTIR

INDICATIVO	SUBJUNTIVO
presente	*presente*
siento	sienta
sientes	sientas
siente	sienta
sentimos	sintamos
sentís	sintáis
sienten	sientan

imperfecto	*imperfecto*
sentía	sintiera, -ese
sentías	sintieras, -eses
sentía	sintiera, -ese
sentíamos	sintiéramos, -ésemos
sentíais	sintierais, -eseis
sentían	sintieran, -esen

indefinido	*futuro*
sentí	sintiere
sentiste	sintieres
sintió	sintiere
sentimos	sintiéremos
sentisteis	sintiereis
sintieron	sintieren

futuro	IMPERATIVO
sentiré	
sentirás	siente
sentirá	sienta
sentiremos	sintamos
sentiréis	sentid
sentirán	sientan

condicional	FORMAS NOMINALES
sentiría	
sentirías	*infinitivo* *gerundio*
sentiría	sentir sintiendo
sentiríamos	
sentiríais	*participio*
sentirían	sentido

23 ERGUIR

INDICATIVO	SUBJUNTIVO
presente	*presente*
irgo o yergo	irga o yerga
irgues o yergues	irgas o yergas
irgue o yergue	irga o yerga
erguimos	irgamos o yergamos
erguís	irgáis o yergáis
irguen o yerguen	irgan o yergan

imperfecto	*imperfecto*
erguía	irguiera, -ese
erguías	irguieras, -eses
erguía	irguiera, -ese
erguíamos	irguiéramos, -ésemos
erguíais	irguierais, -eseis
erguían	irguieran, -esen

INDICATIVO	IMPERATIVO
indefinido	*futuro*
erguí	irguiere
erguiste	irguieres
irguió	irguiere
erguimos	irguiéremos
erguisteis	irguiereis
irguieron	irguieren

futuro	IMPERATIVO
erguiré	
erguirás	irgue o yergue
erguirá	irga o yerga
erguiremos	irgamos o yergamos
erguiréis	erguid
erguirán	irgan o yergan

condicional	FORMAS NOMINALES
erguiría	
erguirías	*infinitivo* *gerundio*
erguiría	erguir irguiendo
erguiríamos	
erguiríais	*participio*
erguirían	erguido

24 CEÑIR

INDICATIVO	SUBJUNTIVO
presente	*presente*
ciño	ciña
ciñes	ciñas
ciñe	ciña
ceñimos	ciñamos
ceñís	ciñáis
ciñen	ciñan

imperfecto	*imperfecto*
ceñía	ciñera, -ese
ceñías	ciñeras, -eses
ceñía	ciñera, -ese
ceñíamos	ciñéramos, -ésemos
ceñíais	ciñerais, -eseis
ceñían	ciñeran, -esen

indefinido	*futuro*
ceñí	ciñere
ceñiste	ciñeres
ciñó	ciñere
ceñimos	ciñéremos
ceñisteis	ciñereis
ciñeron	ciñeren

futuro	IMPERATIVO
ceñiré	
ceñirás	ciñe
ceñirá	ciña
ceñiremos	ciñamos
ceñiréis	ceñid
ceñirán	ciñan

condicional	FORMAS NOMINALES
ceñiría	
ceñirías	*infinitivo* *gerundio*
ceñiría	ceñir ciñendo
ceñiríamos	
ceñiríais	*participio*
ceñirían	ceñido

25 REÍR

INDICATIVO	SUBJUNTIVO
presente	*presente*
río	ría
ríes	rías
ríe	ría
reímos	riamos
reís	riáis
ríen	rían

imperfecto	*imperfecto*
reía	riera, -ese
reías	rieras, -eses
reía	riera, -ese
reíamos	riéramos, -ésemos
reíais	rierais, -eseis
reían	rieran, -esen

indefinido	*futuro*
reí	riere
reíste	rieres
rió	riere
reímos	riéremos
reísteis	riereis
rieron	rieren

futuro	IMPERATIVO
reiré	
reirás	ríe
reirá	ría
reiremos	riamos
reiréis	reíd
reirán	rían

condicional	FORMAS NOMINALES
reiría	
reirías	*infinitivo* *gerundio*
reiría	reír riendo
reiríamos	
reiríais	*participio*
reirían	reído

25a FREÍR

FORMAS NO PERSONALES

participio
frito

26 OÍR

INDICATIVO	SUBJUNTIVO
presente	*presente*
oigo	oiga
oyes	oigas
oye	oiga
oímos	oigamos
oís	oigáis
oyen	oigan

imperfecto	*imperfecto*
oía	oyera, -ese
oías	oyeras, -eses
oía	oyera, -ese
oíamos	oyéramos, -ésemos
oíais	oyerais, -eseis
oían	oyeran, -esen

INDICATIVO	SUBJUNTIVO
indefinido	*futuro*
oí	oyere
oíste	oyeres
oyó	oyere
oímos	oyéremos
oísteis	oyereis
oyeron	oyeren
futuro	IMPERATIVO
oiré	
oirás	oye
oirá	oiga
oiremos	oigamos
oiréis	oíd
oirán	oigan
condicional	FORMAS NOMINALES
oiría	
oirías	*infinitivo* *gerundio*
oiría	oír oyendo
oiríamos	
oiríais	*participio*
oirían	oído

27 DORMIR

INDICATIVO	SUBJUNTIVO
presente	*presente*
duermo	duerma
duermes	duermas
duerme	duerma
dormimos	durmamos
dormís	durmáis
duermen	duerman
imperfecto	*imperfecto*
dormía	durmiera, -ese
dormías	durmieras, -eses
dormía	durmiera, -ese
dormíamos	durmiéramos, -ésemos
dormíais	durmierais, -eseis
dormían	durmieran, -esen
indefinido	*futuro*
dormí	durmiere
dormiste	durmieres
durmió	durmiere
dormimos	durmiéremos
dormisteis	durmiereis
durmieron	durmieren
futuro	IMPERATIVO
dormiré	
dormirás	duerme
dormirá	duerma
dormiremos	durmamos
dormiréis	dormid
dormirán	duerman
condicional	FORMAS NOMINALES
dormiría	
dormirías	*infinitivo* *gerundio*
dormiría	dormir durmiendo
dormiríamos	
dormiríais	*participio*
dormirían	dormido

27a MORIR

FORMAS NO PERSONALES

participio
muerto

28 SALIR

INDICATIVO	SUBJUNTIVO
presente	*presente*
salgo	salga
sales	salgas
sale	salga
salimos	salgamos
salís	salgáis
salen	salgan
imperfecto	*imperfecto*
salía	saliera, -ese
salías	salieras, -eses
salía	saliera, -ese
salíamos	saliéramos, -ésemos
salíais	salierais, -eseis
salían	salieran, -esen
indefinido	*futuro*
salí	saliere
saliste	salieres
salió	saliere
salimos	saliéremos
salisteis	saliereis
salieron	salieren
futuro	IMPERATIVO
saldré	
saldrás	sal
saldrá	salga
saldremos	salgamos
saldréis	salid
saldrán	salgan
condicional	FORMAS NOMINALES
saldría	
saldrías	*infinitivo* *gerundio*
saldría	salir saliendo
saldríamos	
saldríais	*participio*
saldrían	salido

29 HUIR

INDICATIVO	SUBJUNTIVO
presente	*presente*
huyo	huya
huyes	huyas
huye	huya
huimos	huyamos
huís	huyáis
huyen	huyan
imperfecto	*imperfecto*
huía	huyera, -ese
huías	huyeras, -eses
huía	huyera, -ese
huíamos	huyéramos, -ésemos
huíais	huyerais, -eseis
huían	huyeran, -esen

INDICATIVO	IMPERATIVO
indefinido	*futuro*
huí	huyere
huiste	huyeres
huyó	huyere
huimos	huyéremos
huisteis	huyereis
huyeron	huyeren

futuro	IMPERATIVO
huiré	
huirás	huye
huirá	huya
huiremos	huyamos
huiréis	huid
huirán	huyan

condicional	FORMAS NOMINALES
huiría	
huirías	*infinitivo* *gerundio*
huiría	huir huyendo
huiríamos	
huiríais	*participio*
huirían	huido

29a REHUIR

INDICATIVO	SUBJUNTIVO	IMPERATIVO
presente	*presente*	
rehúyo	rehúya	
rehúyes	rehúyas	rehúye
rehúye	rehúya	rehúya
rehuimos	rehuyamos	rehuyamos
rehuís	rehuyáis	rehuid
rehúyen	rehúyan	rehúyan

30 PEDIR

INDICATIVO	SUBJUNTIVO
presente	*presente*
pido	pida
pides	pidas
pide	pida
pedimos	pidamos
pedís	pidáis
piden	pidan
imperfecto	*imperfecto*
pedía	pidiera, -ese
pedías	pidieras, -eses
pedía	pidiera, -ese
pedíamos	pidiéramos, -ésemos
pedíais	pidierais, -eseis
pedían	pidieran, -esen
indefinido	*futuro*
pedí	pidiere
pediste	pidieres
pidió	pidiere
pedimos	pidiéremos
pedisteis	pidiereis
pidieron	pidieren
futuro	IMPERATIVO
pediré	
pedirás	pide
pedirá	pida
pediremos	pidamos
pediréis	pedid
pedirán	pidan

condicional	FORMAS NOMINALES
pediría	
pedirías	*infinitivo* *gerundio*
pediría	pedir pidiendo
pediríamos	
pediríais	*participio*
pedirían	pedido

30a SEGUIR

INDICATIVO	SUBJUNTIVO	IMPERATIVO
presente	*presente*	
sigo	siga	
sigues	sigas	sigue
sigue	siga	siga
seguimos	sigamos	sigamos
seguís	sigáis	seguid
siguen	sigan	sigan

30b REGIR

INDICATIVO	SUBJUNTIVO	IMPERATIVO
presente	*presente*	
rijo	rija	
riges	rijas	rige
rige	rija	rija
regimos	rijamos	rijamos
regís	rijáis	regid
rigen	rijan	rijan

31 ARGÜIR

INDICATIVO	SUBJUNTIVO
presente	*presente*
arguyo	arguya
arguyes	arguyas
arguye	arguya
argüimos	arguyamos
argüís	arguyáis
arguyen	arguyan
imperfecto	*imperfecto*
argüía	arguyera, -ese
argüías	arguyeras, -eses
argüía	arguyera, -ese
argüíamos	arguyéramos, -ésemos
argüíais	arguyerais, -eseis
argüían	arguyeran, -esen
indefinido	*futuro*
argüí	arguyere
argüiste	arguyeres
arguyó	arguyere
argüimos	arguyéremos
argüisteis	arguyereis
arguyeron	arguyeren
futuro	IMPERATIVO
argüiré	
argüirás	arguye
argüirá	arguya
argüiremos	arguyamos
argüiréis	argüid
argüirán	arguyan

condicional	FORMAS NOMINALES
argüiría	
argüirías	*infinitivo* *gerundio*
argüiría	argüir arguyendo
argüiríamos	
argüiríais	*participio*
argüirían	argüido

I DERIVACIÓN

La **derivación** es un mecanismo que permite crear una palabra nueva, un **derivado**, a partir de una palabra ya existente, por el procedimiento de añadirle un **afijo**, un elemento que puede entrar a formar parte de distintos términos, a los que modifica en su significado y/o en su categoría gramatical. Así podemos construir los derivados *crueldad* y *soledad* a partir de las palabras *cruel* y *solo* si añadimos a ambos el afijo *-dad*.

Los afijos se caracterizan por no ser palabras y no aparecer sueltos; sólo los encontramos unidos a una raíz formando algún derivado. Forman un conjunto limitado (un total de 200 o 300 elementos en cada lengua). Se clasifican según su posición respecto a la raíz:

prefijos, se colocan delante de la raíz: *re + coger, super + interesante,*

sufijos, van detrás de la raíz: *jardín + ero, gener + al,*

infijos, aparecen en medio de la raíz. La infijación no es un procedimiento habitual en español. Algunos autores consideran que se puede hablar de infijos en algunos casos de sufijación apreciativa: *lej + it + os.*

Es posible llevar a cabo varias derivaciones sucesivas sobre una misma palabra. Así, por ejemplo, tomando una raíz como base, es decir, un elemento primitivo, que no es divisible en unidades significativas más pequeñas, se puede construir un derivado añadiendo un afijo: *nación* más el sufijo *-al* produce *nacional*. Pero también es posible derivar elementos ya derivados: con *nacional* como base, añadiendo el afijo *-ismo* conseguimos *nacionalismo*.

Una **familia de palabras** es el conjunto de todas las palabras derivadas de una misma raíz. Por ejemplo, *empapelar, papelería, papelera, papelón, papeleo, papeleta, papelista,* pertenecen a la misma familia, puesto que todas son derivadas de *papel*.

PREFIJACIÓN

La **prefijación** es el procedimiento por el cual construimos un derivado al añadir un prefijo a una palabra ya existente.

Podemos clasificar los derivados por prefijación en función del significado que añaden los prefijos:

1) Prefijos de negación. La palabra derivada significa lo contrario que la base: *deportivo* > *antideportivo, preocupación* > *despreocupación.*

2) Prefijos locativos. Los prefijos usados para crear derivados de este grupo indican conceptos referentes al espacio, posición y localización del elemento base: *sala* > *antesala, volar* > *sobrevolar.*

3) Prefijos temporales. Crean derivados que añaden significados temporales a la base: *anoche* > *anteanoche, guerra* > *posguerra.*

4) Prefijos de cantidad y tamaño. Constituyen el grupo de prefijos más productivo: *semanal* > *bisemanal, copiar* > *multicopiar.*

5) Prefijos de intensificación. Se utilizan para producir un efecto de exageración: *millonario* > *archimillonario, flexible* > *extraflexible.*

Muchas veces es difícil distinguir entre composición y prefijación. Hay dos tipos de casos dudosos:

a) Prefijoides: son elementos que en latín o griego eran raíces y que ahora aparecen en formas cultas o técnicas: *tele-, radio-,* etc. Puesto que no son palabras, no aparecen nunca sueltas y es habitual considerarlos prefijos.

b) Preposiciones y adverbios como *sobre* o *mal* pueden aparecer como primer elemento de ciertas palabras: *malcarado, sobremesa.* Es posible considerar que no se trata de la misma unidad, que hay una preposición *sobre* y un prefijo *sobre-* por separado, o por el contrario, que estas palabras son compuestos.

SUFIJACIÓN

APRECIATIVA

Hay un gran número de sufijos que alteran el significado de la palabra a la que se añaden, pero sin cambiar su categoría gramatical. Se suelen dividir en:

diminutivos, transmiten idea de pequeñez: *casita, cuentecillo,*

aumentativos, implican amplia dimensión: *señorona, golazo.*

Estos elementos tienen como significado básico un cambio de tamaño: una *mesita* es más pequeña que una *mesaza.* Pero se utilizan muy frecuentemente en español de un modo subjetivo o emocional, añadiendo significados valorativos, matices cariñosos o despectivos: *lueguito* no puede ser un *luego* pequeño, un *raterillo* y un *ladronazo* pueden medir exactamente lo mismo.

Suele decirse que los diminutivos están valorados positivamente y que los aumentativos suelen ser peyorativos. Pero tanto diminutivos como aumentativos pueden interpretarse de los dos modos:

diminutivo y peyorativo, *reyezuelo, discursejo,*

diminutivo y positivo, *amorcito, cerquita,*

| **aumentativo y peyorativo,** | *calzonazos, tiparraco,* |
| **aumentativo y positivo,** | *golazo, machote.* |

Por último encontramos sufijos que solamente aportan valoraciones subjetivas. Son los que implican desagrado o ridiculez, sin marcar diferencias de tamaño y frecuentemente con un matiz irónico:

peyorativos, *gentuza, señoringa, vivales, intelectualoide.*

Hay palabras de nuestra lengua que se formaron en su día como diminutivos o aumentativos y que contienen sufijos apreciativos, pero que en este momento han dejado de significar tamaño o valoración. Son palabras que no podemos deducir de la raíz y el sufijo que contienen: *bombilla, horquilla, colilla, sillín, zapatilla, camarote.*

NO APRECIATIVA

El proceso de añadir sufijos no apreciativos a distintas bases tiene como resultado palabras derivadas con significados muy variados.

Nombres derivados por sufijación

Son aquellos nombres que se forman al añadir un sufijo a otras palabras. Podemos clasificarlos según el cambio de significado que supone ese sufijo, que dependerá tanto de la palabra primitiva como de cada sufijo en particular.

1) *Nombres derivados de otros nombres*

Predominan los significados relacionados con la colectividad, situación y designación profesionales:

- A partir de frutos derivamos los árboles o plantas que los producen: *limón > limonero.*

- Y también los lugares de cultivo: *café > cafetal.*

- Designamos acción repentina o golpe producido por el instrumento designado por la base: *pata > patada.*

- Si la base refiere a un ser animado, podemos indicar sus acciones peculiares: *chiquillo > chiquillada.*

- Formaciones que designan grupos políticos y culturales: *fascista > fascismo.*

- También añaden el significado de 'grupo o colectividad de': *estudiante > estudiantado.*

- Denominaciones de oficios y cargos, a veces combinados con lugares: *virrey > virreinato, peluca > peluquero.*

- También aportan el significado de lugar de venta o manufactura de la base y el receptáculo de objetos concretos: *pollo > pollería, moneda > monedero.*

- Con algunas bases animadas, indica el lugar de trabajo del profesional que designa: *panadero > panadería.*
- También crean nombres de cualidad que representan la abstracción de la base: *brujo > brujería.*

2) Nombres derivados de adjetivos

En general, suelen indicar la cualidad inherente al adjetivo base: *bello > belleza.*

3) Nombres derivados de verbos

- Indican la acción y el efecto del verbo base: *afeitar afeitado.*
- También suelen nombrar al agente, a quien lleva a cabo la acción del verbo base: *fabricar > fabricante.*
- Y en algunos casos, el material que se usa para el proceso o que resulta de él: *embalar > embalaje.*
- Con verbos base que significan 'realizar algún sonido' podemos derivar el sonido en cuestión: *silbar > silbido.*

Adjetivos derivados por sufijación

Son los adjetivos resultantes de añadir un sufijo a otra palabra. Los clasificaremos, también, según sea la palabra base y según el cambio de significado que pueda suponer el sufijo.

1) Adjetivos derivados de otros adjetivos

Destacan los que indican:

- Matizaciones de la cualidad expresada por el adjetivo base: *verde > verdoso.*
- El grado máximo de una cualidad: *delicado > delicadísimo.*

2) Adjetivos derivados de nombres

Suelen expresar una cualidad inherente del nombre base, es decir: *labor > laboral* y, en consecuencia *laboral* significa 'relacionado con la labor' o 'propio de la labor'; *espacio > espacial.*

3) Adjetivos derivados de verbos

Pueden significar:

- Susceptible de recibir la acción del verbo base: *comer > comestible.* Aptitud para recibir la acción del verbo: *quebrar > quebradizo.*
- La cualidad de llevar a cabo la acción del verbo base habitual o frecuentemente: *conciliar > conciliador.*

4) *Adjetivos derivados de adverbios*

No es posible derivar adjetivos de adverbios en -mente, pero sí a partir de otros tipos de adverbios: *lejos > lejano.*

Verbos derivados por sufijación

1) *Verbos derivados de adjetivos*

Significan:

- El principio del proceso que lleva a la consecución de la cualidad que expresa el adjetivo base: *pálido > palidecer.*
- El mismo tipo de proceso que el grupo anterior, pero sin matiz incoativo: *simple > simplificar.*

2) *Verbos derivados de nombres*

Se pueden clasificar por su significado según:

- Signifiquen la acción que lleva a cabo típicamente el nombre base: *relámpago > relampaguear.*
- La acción que tiene como efecto el nombre base. Pueden incluir connotaciones iterativas: *gol > golear.*

3) *Verbos derivados de otros verbos*

Suelen tener, además de otros matices, algunos valores apreciativos:

- Pueden tener significados diminutivos frecuentativos: *morder > mordisquear.*
- Frecuentativos aumentativos: *tirar > tirotear.*
- Frecuentativos peyorativos: *pintar > pintarrajear.*

Adverbios derivados por sufijación

La manera morfológica más productiva de crear adverbios es a partir de adjetivos a los que se añade el sufijo -mente, con el significado de 'modo y manera' que expresa el adjetivo: *ligero > ligeramente.*

PARASÍNTESIS

Llamamos **parasíntesis** al proceso de formación de palabras que une **prefijación** y **sufijación**. No deben confundirse los parasintéticos con elementos resultado de una doble derivación: *desorganizar* contiene un prefijo *des-* y un sufijo *-izar*, pero se han añadido a la raíz sucesivamente, primero se deriva *organizar* y luego, sobre esta base, se forma *desorganizar*. Hablaremos de parasintéticos sólo cuando no haya estadios intermedios de este tipo, cuando prefijo y sufijo hayan tenido que añadirse al mismo tiempo: *acaramelar* es un parasintético porque no existe ni **caramelar* ni **acaramelo*.

Hay un par de formaciones parasintéticas productivas en español:

- Generar verbos a partir de nombres o de adjetivos, añadiendo al mismo tiempo un prefijo *a-* o *en-* y un sufijo *-izar, -ificar* o *-ecer* (o simplemente una terminación verbal de la primera conjugación *-ar*): *trampa > entrampar, pavor > empavorecer, vinagre > avinagrar, viejo > envejecer, luna > alunizar.*

- También es frecuente formar adjetivos a partir de nombres añadiéndoles el prefijo *a-* y el sufijo *-ado: canal > acanalado, naranja > anaranjado, caramelo > acaramelado.*

RETRODERIVACIÓN

Se llama **retroderivación** o **derivación regresiva** al proceso que tiene como resultado una palabra derivada con un número inferior de sílabas o de sonidos que el de la base: *deteriorar > deterioro, recortar > recorte.*

II COMPOSICIÓN

La **composición** es el procedimiento que permite crear una palabra nueva, un **compuesto**, al combinar dos palabras ya existentes en la lengua, dos raíces: *vanagloria, cieloraso.*

También son posibles en español compuestos formados a partir de más de dos palabras, en ocasiones resultado de la transformación de frases enteras en una sola palabra: *enhorabuena, correveidile, hazmerreír, tentempié.*

Algunos elementos que en este momento funcionan como prefijos o sufijos son de hecho raíces latinas o griegas y algunos autores explican las palabras que forman como compuestos: *agorafobia, dactilógrafo, piscifactoría.*

Los elementos que más frecuentemente se combinan para crear palabras compuestas en español son:

verbo + nombre = nombre:	*lavaplatos, rompecabezas*
adjetivo + adjetivo = adjetivo:	*agridulce, claroscuro*
nombre + nombre = nombre:	*compraventa, carricoche*
nombre + adjetivo = adjetivo:	*boquiabierto, pelirrojo*
nombre + adjetivo = nombre:	*bancarrota, hierbabuena*
preposición + nombre = nombre:	*sobremesa, contratiempo*
preposición + verbo = verbo:	*sobreponer, contradecir*
adverbio + verbo = verbo:	*malcasar, maldecir*
adverbio + adjetivo = adjetivo:	*malcontento, bienamado*

III ACRONIMIA

Los **acrónimos** son palabras formadas a partir de siglas, de las letras iniciales de los títulos o frases, que se pronuncian como si se tratara de palabras normales de la lengua. En algunos casos hemos olvidado su origen, lo que significaba cada letra: *UNICEF (United Nations International Children's Emergency Fund)*. A veces nuestra lengua toma acrónimos ya formados en otras lenguas y ni siquiera somos conscientes de que lo son: *radar (RAdio Detection And Ranging)*, *laser (Light Amplification by Stimulated Emission of Radiation)*, *BASIC (Beginner's All-purpose Symbolic Instruction Code)*. También es posible adoptar acrónimos de otra lengua traduciéndolos: *SIDA (Síndrome de InmunoDeficiencia Adquirida)*, del inglés *AIDS (Acquired Immune Deficiency Syndrome)*.

Algunos acrónimos se pueden pronunciar directamente, del mismo modo en que leeríamos una palabra cualquiera, aunque puedan resultar algo extraños fonéticamente: *OVNI*; otros los pronunciamos enunciando el nombre de cada letra: *DDT (dedeté)*, *LP (elepé)*.

También llaman acrónimos algunos autores a palabras formadas, no ya a partir de la inicial de otras, sino a partir de una sílaba o una parte de éstas: *motel < mo*[tor] + [ho]*tel*.

IV ACORTAMIENTOS

Son frecuentes, aunque no muy regulares, los nuevos términos resultado de acortar, de eliminar una parte del nombre base. Algunos están limitados a usos familiares o coloquiales: *película > peli*, *profesor > profe*. Pero otros están fijados y se utilizan en cualquier registro: *automóvil > auto*.

V PRÉSTAMOS

Otra manera de crear palabras en una lengua es tomar términos de otras lenguas. Así podemos usar el nombre que tienen las nuevas realidades en su comunidad de origen: *fútbol* es un préstamo del inglés *(football)*, frente al término propio del español *balompié*. Aunque no haya objetos nuevos que nombrar, a veces se toma una palabra de una lengua de prestigio, de moda, en lugar de la palabra española.

SUFIJOS

SUFIJOS	RESULTADO GRAMATICAL	SIGNIFICADO	EJEMPLO
-áceo, cea	adj.	Semejante, con apariencia de	grisáceo, violáceo
	s.	Familia de plantas, animales	liliácea, crustáceo
-aco, ca	adj.	Perteneciente o relativo a	demoníaco, policíaco
		Gentilicio	austriaco, eslovaco
-ada	s.	Acción propia o peculiar de	payasada, canallada
		Golpe o movimiento brusco de	patada, pedrada
		Acción repentina o enérgica	sentada, frenada
		Conjunto de	millonada, peonada
		Cantidad o contenido de	cucharada, paletada
-ado, da	adj.	Semejante, con apariencia de	azulado, redondeado
-ado	s.	Título, grupo, demarcación	obispado, consulado
		Conjunto de	profesorado, electorado
		Acción y efecto de	lavado, peinado
-aje	s.	Conjunto de	ropaje, obreraje
		Acción y efecto de	etiquetaje embalaje
		Medida o proporción	kilometraje, peaje
-al		Lugar donde existe o abunda	patatal, cangrejal
		Árbol de	nogal, peral
	adj.	Perteneciente, relativo a	tropical, constitucional
-algia	s.	Dolor de	neuralgia, odontalgia
-amen	s.	Conjunto de	velamen, pelamen
-ancia	s.	Acción y efecto de	tolerancia, discrepancia
		Cualidad de	elegancia, arrogancia
-ano, na	adj.	Gentilicio	bogotano, valenciano
		Perteneciente o relativo a	aldeano, ciudadano
		Seguidor o partidario de	franciscano, mahometano
-anza	s.	Acción y efecto de	labranza, enseñanza
-ar	s.	Lugar donde existe o abunda	melonar, pinar
	adj.	Perteneciente o relativo a	lunar, polar
-ar	v.	Acción cuya consecuencia es	explosionar, taponar
-ario, ria	adj.	Perteneciente o relativo a	reglamentario, legionario
	s.	Parte en relación jurídica	arrendatario, becario
		Oficio, profesión o cargo	bibliotecario, funcionario
		Colección, serie de	bestiario, recetario
-ata	s.	Registro coloquial o juvenil	cubata, bocata
-ato	s.	Título, grupo, demarcación	generalato, decanato
		Cría de animal	lobato, ballenato
-avo, va	adj.	Partitivo	onceavo, quinceavo
-azgo	s.	Título, grupo, demarcación	almirantazgo, mayorazgo
-azo	s.	Golpe o movimiento brusco de	tortazo, garrotazo
-bilidad	s.	Cualidad de	variabilidad, afabilidad
-ble	adj.	Susceptible de ser	lavable, bailable
		Que puede	variable, oxidable
-cardio, dia	s.	Corazón	miocardio, taquicardia
-cida	adj.	Que mata o elimina a	parricida, homicida
-cidio	s.	Asesinato o eliminación	uxoricidio, homicidio
-ción	s.	Acción y efecto de	abolición, alteración
-cola	adj.	Habitante de	arborícola, terrícola
		Que cultiva o cría	agrícola, apícola

SUFIJOS	RESULTADO GRAMATICAL	SIGNIFICADO	EJEMPLO
-cracia	s.	Gobierno o sistema	democracia, burocracia
-crata	adj.	Seguidor de un sistema	demócrata, burócrata
-cultor, ra	s.	Cultivador	agricultor, horticultor
-dad	s.	Cualidad de	suciedad, soledad
-demia	s.	Enfermedad	epidemia, endemia
-dero, ra	adj.	Susceptible de ser	casadero, llevadero
-dero	s.	Lugar donde se	vertedero, embarcadero
-dizo, za	adj.	Propensión o aptitud para ser	arrojadizo, encontradizo
-dor, ra	s.	Que sirve para	vaporizador, lavadora
		Lugar donde se suele	comedor, recibidor
		Que realiza la acción de	secuestrador, ensordecedor
		Oficio, profesión o cargo	empapelador, controlador
-dura	s.	Acción o efecto de	escocedura, quemadura
-ear	v.	Hacer algo que causa	agujerear, golear
		Hacer repetidamente	picotear, lloriquear
-ecer	v.	Empezar a	enriquecer, palidecer
-eco	adj.	Gentilicio	mixteco, zapoteco
-edo, da	s.	Conjunto de	roqueda, polvareda
		Lugar donde existe o abunda	arboleda, robledo
-edro	s.	Cara, lado	dodecaedro, poliedro
-ego, ga	adj.	Gentilicio	manchego, gallego
-encia	s.	Acción y efecto de	asistencia, advertencia
		Cualidad de	violencia, congruencia
-eno, na	s.	Ordinales	noveno, onceno
-ense	adj.	Gentilicio	bonaerense, gerundense
-eño, ña	adj.	Gentilicio	madrileño, catamarqueño
-era	s.	Recipiente de	pecera, bombonera
		Conjunto de	cabellera, chopera
-ería	s.	Profesión y lugar	fontanería, carpintería
		Tienda o lugar donde se vende	pescadería, papelería
		Pluralidad o colectividad de	chiquillería, morería
		Cualidad de	grosería, tacañería
-ero, ra	s.	Oficio, profesión o cargo	zapatero, guerrillero
		Recipiente de	billetero, granero
		Árbol de	limonero, melocotonero
		Conjunto de	refranero, avispero
	adj.	Gentilicio	pampero, cartagenero
		Perteneciente o relativo a	harinero, maderero
-és, sa	adj.	Gentilicio	avilés, barcelonés
		Perteneciente o relativo a	cortés, montés
-esco, ca	adj.	Perteneciente o relativo a	novelesco, burlesco
-ez	s.	Cualidad de	acidez, solidez
-eza	s.	Cualidad de	belleza, lindeza
-fagia	s.	Comida, alimento habitual	omofagia, onicofagia
-fago, ga	adj.	Que come o ingiere	coprófago, antropófago
-fero, ra	adj.	Que lleva o que produce	petrolífero, soporífero
-filia	s.	Amor o afición a	parafilia, paidofilia
-filo, la	adj.	Amante o aficionado a	aliadófilo, vascófilo
-fito	s.	Vegetal	saprofito, briofito
-fobia	s.	Odio o aversión a	claustrofobia, hidrofobia
-fobo, ba	adj.	Que siente odio o aversión a	anglófobo, clerófobo

SUFIJOS	RESULTADO GRAMATICAL	SIGNIFICADO	EJEMPLO
-fono, na	s.	Sonido, voz	audífono, megáfono
	adj.	Que habla un idioma	anglófono, francófono
-fonía	s.	Sonido, voz	psicofonía, sinfonía
-forme	adj.	Con forma de	cruciforme, pisciforme
-fugo, ga	adj.	Que ahuyenta, aleja	febrífugo, calorífugo
-gamia	s.	Unión, matrimonio	poligamia, endogamia
-gamo, ma	adj.	Unido, casado con	polígamo, bígamo
-genia	s.	Producción, generación	filogenia, endogenia
-geno, na	adj.	Que engendra o produce	erógeno, patógeno
-geo	s.	Tierra o suelo	hipogeo, apogeo
-ginia	s.	Mujer, femenino	poliginia, monoginia
-gino, na	adj.	Relacionado con lo femenino	andrógino, misógino
-gono	s.	Ángulo	tetrágono, polígono
-grafía	s.	Escritura	cronografía, encefalografía
-grafo, fa	adj.	Que escribe o describe	bolígrafo, biógrafo
-grama	s.	Escrito, gráfico	telegrama, cardiograma
-í	adj.	Gentilicio	magrebí, iraní
-ía	s.	Cualidad de	alegría, valentía
		Estamento, jurisdicción	alcaldía, abadía
-iano, na	adj.	Gentilicio	bostoniano, murciano
		Seguidor o partidario de	hegeliano, cristiano
-ico, ca	adj.	Perteneciente o relativo a	patriótico, turístico
-ido	s.	Acción y efecto de	teñido, encendido
		Sonido de	estallido, ladrido
-ido, da	adj.	Familia, género o especie	arácnido, salmónido
-ificar	v.	Causar, producir	santificar, gasificar
-il	adj.	Propio o relativo a	monjil, estudiantil
-ín, ina	adj.	Que suele hacer algo	bailarín, saltarín
		Gentilicio	mallorquín, menorquín
-ína	s.	Sustancia natural o sintética	cafeína, proteína
-ino, na	adj.	Gentilicio	rionegrino, granadino
-ismo	s.	Movimiento político, cultural	socialismo, anarquismo
		Deporte	montañismo, atletismo
		Cualidad de	simplismo, continuismo
-ista	s.	Profesional de	ebanista, electricista
		Partidario o seguidor de	fascista, socialista
		Practicante de un deporte	tenista, caballista
-ístico, ca	adj.	Perteneciente o relativo a	futbolístico, novelístico
-itis	s.	Inflamación de	amigdalitis, faringitis
-izar	v.	Causar, producir	señalizar, impermeabilizar
-izo, za	adj.	Semejante o parecido a	plomizo, rojizo
-latra	adj.	Que adora a	idólatra,ególatra
-latría	s.	Adoración por	idolatría, zoolatría
-lisis	s.	Disolución	electrolisis, catálisis
-lito	s.	Piedra	monolito, fotolito
-logía	s.	Estudio, especialidad	musicología, parapsicología
-logo, ga	adj.	Estudioso, especialista en	musicólogo, traumatólogo
-mancia	s.	Adivinación mediante	quiromancia, cartomancia
-manía	s.	Afición o vicio	mitomanía, megalomanía
-mano, na	adj.	Muy aficionado a	melómano, toxicómano

SUFIJOS	RESULTADO GRAMATICAL	SIGNIFICADO	EJEMPLO
-mante	adj.	Que practica la adivinación	quiromante, nigromante
-mente	adv.	De modo y manera	tranquilamente, suavemente
-mento	s.	Acción o efecto de	armamento, salvamento
-metría	s.	Medida	cronometría, geometría
-metro	s.	Medida o aparato que mide	cronómetro, voltímetro
-miento	s.	Acción o efecto de	casamiento, vencimiento
-nomía	s.	Especialidad	economía, gastronomía
-nomo, ma	s.	Especializado, entendido en	astrónomo, gastrónomo
-nte	s.	Que hace, produce la acción	cantante, sirviente
	adj.	Que suele producir	degradante, delirante
-oide	adj.	Semejante	esferoide, ovoide
		Que pretende ser	intelectualoide, sentimentaloide
-óleo	s.	Aceite	petróleo, gasóleo
-oma	s.	Tumor	carcinoma, sarcoma
-ope	adj.	Referente a la mirada	hipermétrope, miope
-opía	s.	Mirada	hipermetropía, miopía
-osis	s.	Proceso, estado anormal	tuberculosis, adiposis
-oso, sa	adj.	Abundante en	ansioso, pedregoso
		Semejante o parecido a	verdoso, amargoso
-pata	s.	Enfermo o médico	cardiopata, homeopata
-patía	s.	Enfermedad, afección	cardiopatía, ludopatía
-podo	s.	Referente a los pies	gasterópodo, cefalópodo
-polis	s.	Ciudad	necrópolis, metrópolis
-sión	s.	Acción y efecto de	pretensión, perversión
-sor	s.	Que realiza la acción de	sucesor, invasor
-tad	s.	Cualidad de	lealtad, pubertad
-teca	s.	Caja, archivo de	biblioteca, discoteca
-tecnia	s.	Arte, industria de	luminotecnia, mercadotecnia
-tivo, va	adj.	Perteneciente o relativo a	deportivo, instintivo
		Que hace, o sirve para	curativo, preservativo
-tor, ra	s.	Que realiza la acción de	redentor, promotor
		Oficio relacionado con	conductor, actor
-torio, ria	adj.	Que hace, o sirve para	difamatorio, meritorio
		Lugar donde suele hacerse	dormitorio, sanatorio
-tud	s.	Cualidad de	altitud, decrepitud
-udo, da	adj.	Que abunda en	cabezudo, peludo
		Que tiene forma de	ganchudo, picudo
-ura	s.	Cualidad de	blancura, ternura
-voro, ra	adj.	Que se alimenta de	carnívoro, herbívoro

Esta obra se terminó de imprimir en febrero de 2013
en los talleres de Litográfica Ingramex, S.A. de C.V.
Centeno 162-1, Col. Granjas Esmeralda,
C.P. 09810, México, D.F